**K LEAGUE**

2015 K리그 연감 1983-2014

# K LEAGUE
## Annual Report
# 2015

(사) 한국프로축구연맹

# 차 례 •

## 축구장 규격 규정

| | |
|---|---|
| 형태 | 직사각형 |
| 길이 | 최소 90m(1000야드) ~ 최대 120m(1300야드) |
| 너비 | 최소 45m(500야드) ~ 최대 90m(1000야드) |
| 길이(국제경기 기준) | 최소 100m(1100야드) ~ 최대 110m(1200야드) |
| 너비(국제경기 기준) | 최소 64m(700야드) ~ 최대 75m(800야드) |
| 골대 높이 | 2.44m(8피트) |

## 축구장 약어 표시

| | |
|---|---|
| E.L | 엔드라인(End Line) |
| C.KL | 코너킥 왼쪽 지점 |
| PAL EL | 페널티 에어리어 왼쪽 엔드라인 부근 |
| GAL EL | 골 에어리어 왼쪽 엔드라인 부근 |
| GAL 내 EL | 골 에어리어 왼쪽 안 엔드라인 부근 |
| GAR 내 EL | 골 에어리어 오른쪽 안 엔드라인 부근 |
| GAR EL | 골 에어리어 오른쪽 엔드라인 부근 |
| PAR EL | 페널티 에어리어 오른쪽 엔드라인 부근 |
| C.KR | 코너킥 오른쪽 지점 |
| PAL CK | 페널티 에어리어 왼쪽 코너킥 지점 부근 |
| PAR CK | 페널티 에어리어 오른쪽 코너킥 지점 부근 |
| GAL 내 | 골 에어리어 왼쪽 안 |
| GA 정면 내 | 골 에어리어 정면 안 |
| GAR 내 | 골 에어리어 오른쪽 안 |
| PAL | 페널티 에어리어 왼쪽 |
| PAR | 페널티 에어리어 오른쪽 |
| PAL TL | 페널티 에어리어 왼쪽 터치라인 부근 |
| GAL | 골 에어리어 왼쪽 |
| GA 정면 | 골 에어리어 정면 |
| GAR | 골 에어리어 오른쪽 |
| PAR TR | 페널티 에어리어 오른쪽 터치라인 부근 |
| TL | 터치라인(Touch Line) |
| PAL 내 | 페널티 에어리어 왼쪽 안 |
| PA 정면 내 | 페널티 에어리어 정면 안 |
| PAR 내 | 페널티 에어리어 오른쪽 안 |
| PAL | 페널티 에어리어 왼쪽 |
| PA 정면 | 페널티 에어리어 정면 |
| PAR | 페널티 에어리어 오른쪽 |
| AKL | 아크서클 왼쪽 |
| AK 정면 | 아크서클 정면 |
| AKR | 아크서클 오른쪽 |
| MFL TL | 미드필드 왼쪽 터치라인 부근 |
| MFR TL | 미드필드 오른쪽 터치라인 부근 |
| MFL | 미드필드 왼쪽 |
| MF 정면 | 미드필드 정면 |
| MFR | 미드필드 오른쪽 |
| HLL | 하프라인(Half Live) 왼쪽 |
| HL 정면 | 하프라인 정면 |
| HLR | 하프라인 오른쪽 |
| 자기 측 MFL | 자기 측 미드필드 왼쪽 |
| 자기 측 MF 정면 | 자기 측 미드필드 정면 |
| 자기 측 MFR | 자기 측 미드필드 오른쪽 |

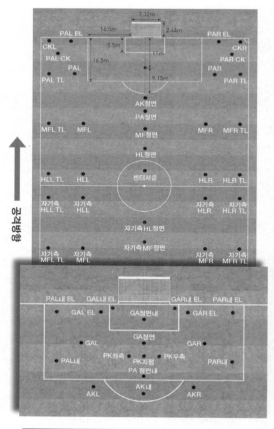

## 경기 기록 용어

| | | |
|---|---|---|
| 1. 패스 종류 | ⌒ | 머리 높이 이상의 패스 |
| | → | 무릎에서 가슴 높이 정도의 패스 |
| | ~ | 땅볼 패스 |
| 2. 기타 약어 | B | 공이 골대의 가로축(Cross Bar)에 맞을 때 |
| | H | 헤딩 패스나 슈팅 / Half time |
| | L | 좌측(Left) |
| | P | 공이 골대의 세로축(Post)에 맞을 때 |
| | R | 우측(Right) |
| | AK | 아크서클(Arc Circle) |
| | CK | 코너킥(Corner Kicks) |
| | FO | 모든 종류의 파울 |
| | GA | 골 에어리어(Goal Area) |
| | GK | 골키퍼 / 골킥(Goal Kick) |
| | MF | 미드필더 / 미드필드(Midfield) |
| | OS | 오프사이드(Offside) |
| | PA | 페널티 에어리어(Penalty Area) |
| | PK | 페널티킥(Penalty Kick) |
| | PSO | 승부차기(Penalty Shoot-Out) |
| | GL | 득점(Goal) |
| | AS | 도움(Assist) |
| | ST | 슈팅(Shoot) |

감독상(클래식)_ **최강희**
전북 현대 모터스

감독상(챌린지)_ 조진호
대전 시티즌

MVP(클래식)_ **이동국**
전북 현대 모터스

MVP(챌린지)_ 아드리아노
대전 시티즌

영플레이어상_ **김승대**
포항 스틸러스

# 2014년 K리그 일지

| 월 | 일 | 내용 |
|---|---|---|
| 1월 | 06일 | 김정남 부총재 사임 |
| | 15일 | EPL 유스 시스템 벤치마킹 보고서 전 구단 배포 |
| | 20일 | 2014년 제1차 이사회 및 정기 총회 개최 |
| | 24일 | 2013년 수입 - 지출 결산 경영공시 |
| 2월 | 11일 | K리그 클래식 개막 D-25, 팬과 함께 'Talk about K LEAGUE' 캠페인 전개 |
| | 16일 | 축구산업아카데미 1기 수료식 |
| | 18일 | 구단 대표 및 실무 담당자(33명), J리그 클럽 지역밀착 활동 벤치마킹 |
| | 19일 | K리그 U-18 리그, 'K리그 주니어'로 대회 명칭 변경 |
| | 24일 | K리그 유소년 축구 페스티벌 개최 |
| | 28일 | 2014년 제2차 이사회 개최 |
| 3월 | 03일 | K리그 클래식 미디어데이 개최 |
| | 06일 | 현대오일뱅크, 4년 연속 K리그 타이틀 스폰서 참여 |
| | 08일 | K리그 클래식 선수 총 428명 등록 |
| | 08일 | 현대오일뱅크 K리그 클래식 2014 개막 |
| | 14일 | K리그 챌린지 구단 실무자 대상 CS(Customer Satisfaction) 강화 교육 실시 |
| | 15일 | 2014 아디다스 올인 K리그 주니어 개막 |
| | 17일 | 현대오일뱅크 K리그 챌린지 미디어데이 개최 |
| | 22일 | 현대오일뱅크 K리그 챌린지 2014 개막 |
| | 25일 | 매월 마지막 주 수요일 'K리그 축구의 날' 시행 |
| | 28일 | K리그 - 국방부, 군장병 복지증진 위한 MOU 체결 |
| | 28일 | 상벌위원회, 심판 관련 부적절 발언 관련 최강희 전북 감독 징계 |
| | 31일 | 구단 실무자 대상 유소년 축구 저변확대사업 워크숍 개최 |
| 4월 | 02일 | 2014 K리그 오피셜 가이드 '토크 어바웃 K리그' 발간 |
| | 14일 | 이랜드그룹, 프로축구단 창단 발표 |
| | 16일 | 상벌위원회, 지속적인 항의 및 경기 재개 지연 관련 박항서 상주 감독 징계 |
| | 17일 | 2014년 K리그 선수 연봉 현황 발표 |
| | 17일 | K리그 주말 경기 행사 자제 및 안산 홈 경기 연기 |
| | 23일 | K리그, 선수 인권 보호와 폭력 근절 위해 클린센터 확대 운영 및 각종 장치 마련 |
| | 29일 | 프로축구 전문 경영인 교육 과정 'K리그 GM 아카데미' 개설 |
| | 30일 | K리그 구단 행정력 강화 위한 실무지침 매뉴얼 구단 배포 |
| 5월 | 01일 | 서울시, 이랜드 프로축구구단(가칭)과 프로축구 연고협약 체결 |
| | 09일 | 2014년 제3차 이사회 개최 |
| | 12일 | K리그 유소년 축구 발전 세미나 개최 |
| | 19일 | 상벌위원회, 타 종목 불법베팅 선수 5명(챌린지) 및 관리 책임 소홀한 부천FC 징계 |
| | 20일 | 프로축구 전문 경영진 교육 프로그램 'K리그 GM 아카데미' 2차 과정 실시 |
| | 22일 | 1차 K리그 세일즈 아카데미 개최 |
| | 26일 | 2014 K리그 CEO 아카데미 개최 |
| 6월 | 16일 | K리그 공식 웹진 'Talk about K LEAGUE' 창간 |
| | 25일 | K리그, 상호 존중과 배려 위한 '리스펙트 캠페인' 동참 |
| 7월 | 02일 | 2차 K리그 세일즈 아카데미 개최 |
| | 21일 | 고양 이광재 경기 중 미판정 반칙에 대한 사후징계 |
| | 23일 | 안양 김동기 경기 중 퇴장 판정에 대한 사후감면 |
| | 25일 | '하나은행 K리그 올스타 with 팀 박지성' 개최 |
| | 29일 | 상벌위원회, 심판판정 관련 부정적 언급 박항서 상주 감독, 난폭한 행위 강원 김오규, 심판 폭언 안산 김동우 징계, 포항 신화용 사후징계 |
| | 30일 | 은퇴 선수와 함께하는 K리그 다문화 축구 교실 개설 |

| 월 | 일 | 내용 |
|---|---|---|
| 8월 | 02일 | 축구산업아카데미 2기 개강 |
| | 08일 | 울산 카사, 사후 동영상 분석으로 출장정지 감면 |
| | 21일 | 3차 K리그 세일즈 아카데미 개최 |
| | 22일 | 2014년 제4차 이사회 개최 |
| | 25일 | 상벌위원회, 경기 중 난폭한 행위 수원 최재수 징계 |
| 9월 | 04일 | 상벌위원회, 경기 중 골대 옆 광고보드 파손 관련 대구 허재원 징계 |
| | 12일 | K리그 선수 및 임직원 기부금으로 마련한 '움직이는 체육관' 첫 선 |
| | 18일 | 4차 K리그 세일즈 아카데미 개최 |
| | 29일 | 2014 아디다스 올인 K리그 주니어, 광주 U-18팀 우승 |
| | 30일 | 상벌위원회, 동영상 분석으로 전북 카이오 사후징계, 부천 이희찬 사후감면 |
| 10월 | 01일 | 유소년 축구인성교육 프로그램 'FUTURE GREAT' 전국 배포 |
| | 07일 | 'Talk about Referee' 개최 |
| | 08일 | 상벌위원회, 미판정 반칙 울산 유준수 사후징계 |
| | 15일 | 제5차 이사회 개최(서면) |
| | 16일 | 상벌위원회, 경기 중 반스포츠적 행위 고양 김지웅 징계 |
| | 23일 | 상벌위원회, 판정항의 부천 최진한 감독 & 광주 김영철 코치, 난폭한 행위 대전 아드리아노 & 안양 김재웅 징계 |
| | 27일 | 현대오일뱅크 K리그 클래식 스플릿라운드 그룹A 미디어데이 'Talk about HOT6' 개최 |
| | 28일 | 현대오일뱅크 K리그 클래식 스플릿 라운드 일정 확정 |
| | 29일 | 5차 K리그 세일즈 아카데미 개최 |
| 11월 | 03일 | 프로축구연맹, K리그 시즌권 판매 확대 방안 레퍼런스북 전 구단 배포 |
| | 03일 | K리그, 경찰청과 업무협약, 군경에 복지혜택 확대 |
| | 05일 | 10월 '소니코리아 이달의 감독' 최강희 감독 선정 |
| | | 상벌위원회, 판정 항의 이우형 안양 감독 & 이영민 코치 징계, 경기후 심판진 위협 및 폭언 안양 남궁도 징계, 수원FC 정민우, 안양 최진수 사후징계 |
| | | 대전, 현대오일뱅크 K리그 챌린지 2014 우승, 클래식 승격 확정 |
| | 08일 | 전북, 현대오일뱅크 K리그 클래식 2014 우승 |
| | 13일 | 2015 신인선수 선발 드래프트 클럽 우선지명 선수 공시 |
| | 17일 | 2015년 K리그 신인선수 선발 드래프트 540명 신청 |
| | 21일 | 서울 이랜드 FC, 신생팀 우선지명 선수 11명 공시 |
| | 22일 | 광주, K리그 챌린지 플레이오프 진출 확정 |
| | 25일 | K리그 연고 지자체 공무원 - 구단 직원 간담회 개최 |
| | 28일 | K리그 각 구단에 업무지원 위한 종합 매뉴얼집 배포 |
| | | 상벌위원회, 관중 흉염 관련 전북 구단 징계, 제주 정다훤 사후징계 |
| 12월 | 01일 | 2014년 제6차 이사회 개최 |
| | | 현대오일뱅크 K리그 대상 개최 |
| | 05일 | 상벌위원회, 구단 관계자의 SNS 통한 K리그 명예훼손 관련 성남 구단에 경고 부과 |
| | 06일 | 광주 승격, 경남 강등, 2014 현대오일뱅크 K리그 종료 |
| | 08일 | K리그 세일즈 아카데미 6회 교육 개최 |
| | 09일 | 2015 K리그 신인선수 선발 드래프트, 총 84명 선발 |
| | 10일 | K리그 선수위원회, 1차 회의 개최 |
| | 11일 | K리그 유소년 지도자, 스페인 프리메라리가 유스 시스템 현지 연수 실시 |
| | | 2015 K리그 신인선수 교육 실시 |
| | 12일 | 2014 K리그 CEO 아카데미 개최 |
| | 15일 | 프로축구 교육 프로그램 'K리그 GM 아카데미' 4차 과정 실시 |
| | 17일 | 11월 '소니코리아 이달의 감독' 최강희 전북 감독, 'ICE-WATCH 이달의 심판' 이규환 부심 선정 |
| | 19일 | 프로축구연맹, 'Talk about Referee 2' 개최 |
| | 22일 | 축구산업아카데미 2기생 수료식 개최 |
| | | 2015년도 FA 자격 취득 선수 공시 |

# Section 1

# 구 단 별  2 0 1 4  기 록 포 인 트

**전북 현대 모터스** ─────────────
　연혁 ｜ 전북 현대 모터스 2014년 선수명단 ｜ 전북 현대 모터스
　2014년 개인기록

**수원 삼성 블루윙즈** ─────────────
　연혁 ｜ 수원 삼성 블루윙즈 2014년 선수명단 ｜ 수원 삼성 블루윙
　즈 2014년 개인기록

**FC서울** ─────────────────────
　연혁 ｜ FC서울 2014년 선수명단 ｜ FC서울 2014년 개인기록

**포항 스틸러스** ───────────────
　연혁 ｜ 포항 스틸러스 2014년 선수명단 ｜ 포항 스틸러스 2013년
　개인기록

**제주 유나이티드** ──────────────
　연혁 ｜ 제주 유나이티드 2014년 선수명단 ｜ 제주 유나이티드
　2014년 개인기록

**울산 현대** ─────────────────
　연혁 ｜ 울산 현대 2014년 선수명단 ｜ 울산 현대 2014년 개인기록

**전남 드래곤즈** ───────────────
　연혁 ｜ 전남 드래곤즈 2014년 선수명단 ｜ 전남 드래곤즈 2014년
　개인기록

**부산 아이파크** ───────────────
　연혁 ｜ 부산 아이파크 2014년 선수명단 ｜ 부산 아이파크 2014년
　개인기록

**성남FC** ─────────────────────
　연혁 ｜ 성남FC 2014년 선수명단 ｜ 성남FC 2014년 개인기록

**인천 유나이티드** ──────────────
　연혁 ｜ 인천 유나이티드 2014년 선수명단 ｜ 인천 유나이티드
　2014년 개인기록

**경남FC** ─────────────────────
　연혁 ｜ 경남FC 2014년 선수명단 ｜ 경남FC 2014년 개인기록

**상주 상무** ─────────────────
　연혁 ｜ 상주 상무 2014년 선수명단 ｜ 상주 상무 2014년 개인기록

**대전 시티즌** ───────────────
　연혁 ｜ 대전 시티즌 2014년 선수명단 ｜ 대전 시티즌 2014년 개인
　기록

**광주FC** ───────────────────
　연혁 ｜ 광주FC 2014년 선수명단 ｜ 광주FC 2014년 개인기록

**안산 경찰청** ───────────────
　연혁 ｜ 안산 경찰청 2014년 선수명단 ｜ 안산 경찰청 2014년 개인기록

**강원FC** ───────────────────
　연혁 ｜ 강원FC 2014년 선수명단 ｜ 강원FC 2014년 개인기록

**FC안양** ───────────────────
　연혁 ｜ FC안양 2014년 선수명단 ｜ FC안양 2014년 개인기록

**수원FC** ───────────────────
　연혁 ｜ 수원FC 2014년 선수명단 ｜ 수원FC 2014년 개인기록

**대구FC** ───────────────────
　연혁 ｜ 대구FC 2014년 선수명단 ｜ 대구FC 2014년 개인기록

**고양 Hi FC** ─────────────────
　연혁 ｜ 고양 Hi FC 2014년 선수명단 ｜ 고양 Hi FC 2014년 선수명단

**충주 험멜** ─────────────────
　연혁 ｜ 충주 험멜 2014년 선수명단 ｜ 충주 험멜 2014년 개인기록

**부천FC 1995** ────────────────
　연혁 ｜ 부천FC 1995 2014년 선수명단 ｜ 부천FC 1995 2014년
　개인기록

# 전 북 현 대 모 터 스

창단년도_ 1994년
전화_ 063-273-1763~5
팩스_ 063-273-1762
홈페이지_ www.hyundai-motorsfc.com
주소_ 우 561-370 전라북도 전주시 기린대로 1055번지
　　　전주월드컵경기장 2층
　　　2F, Jeonju World Cup Stadium, 1055 Girin-daero,
　　　Jeollabuk-do, KOREA 561-370

## 연혁

1994 전북 다이노스 축구단 창단
1995 95 아디다스컵 4위
　　　95 하이트배 코리안리그 7위
1996 96 아디다스컵 7위
　　　96 라피도컵 프로축구대회 5위
　　　96 프로축구 페어플레이상 수상
1997 구단명칭(전북 현대 다이노스 축구단) 및 심볼마크 변경
　　　97 아디다스컵 9위
　　　97 라피도컵 프로축구대회 6위
　　　97 프로스펙스컵 9위
　　　97 프로축구 공격상 수상
1998 98 아디다스코리아컵 B조 4위(B조 최다득점)
　　　98 필립모리스코리아컵 7위
　　　98 현대컵 K-리그 6위
1999 구단 CI 변경(엠블럼 제작 및 마스코트 변경)
　　　제47회 대통령배 축구대회 준우승(2군)
　　　현대자동차 직영 체제로 전환
　　　새 경영진 체제 출범: 정몽구 구단주, 이용훈 단장(4대) 취임
　　　99 대한화재컵 B조 3위(최다득점)
　　　99 바이코리아컵 K-리그 7위
　　　99 아디다스컵 5위
　　　제4회 삼보컴퓨터 FA컵 준우승
2000 구단 명칭(전북 현대 다이노스 → 전북 현대 모터스) 및 엠블럼 변경
　　　2000 대한화재컵 A조 3위
　　　2000 삼성 디지털 K-리그 4위
　　　제5회 서울은행 FA컵 우승
2001 제3회 2001 포스데이타 수퍼컵 준우승
　　　2001 아디다스컵 B조 2위
　　　중국 친선경기
　　　독일 브레멘 친선경기
　　　2001 포스코 K-리그 9위
　　　제6회 서울은행 FA컵 3위
2002 제12회 아시안컵 위너스컵 준우승
　　　아디다스컵 2002 A조 4위
　　　2002 삼성 파브 K-리그 7위
　　　제7회 서울-하나은행 FA컵 4위
2003 삼성 하우젠 K-리그 2003 5위
　　　제8회 하나은행 FA컵 우승
2004 AFC 챔피언스리그 4강(총 10전 6승 1무 3패)
　　　제5회 2004 K-리그 수퍼컵 우승
　　　삼성 하우젠 K-리그 2004 전기 2위

삼성 하우젠컵 2004 3위
삼성 하우젠 K-리그 후기 12위(정규리그 통합 5위)
제9회 하나은행 FA컵 8강
2005 통영컵 국제프로축구대회(총 3전 1승 2패)
　　　삼성 하우젠컵 2005 12위
　　　삼성 하우젠 K-리그 2005 전기 11위
　　　중국 노능태산 친선경기(총 1전 1패)
　　　삼성 하우젠 K-리그 후기 12위(정규리그 통합 12위)
　　　제10회 하나은행 FA컵 우승
2006 구단 엠블럼 변경
　　　AFC 챔피언스리그 우승(총 12전 7승 1무 4패)
　　　삼성 하우젠컵 2006 6위
　　　삼성 하우젠 K-리그 2006 전기 7위
　　　삼성 하우젠 K-리그 2006 후기 13위(정규리그 통합 11위)
　　　제11회 하나은행 FA컵 8강(총 2전 1승 1패)
　　　FIFA 클럽월드컵: 클럽 아메리카전(멕시코)
2007 삼성 하우젠컵 2007 6위
　　　제12회 하나은행 FA컵 16강(0 : 1 패)
　　　AFC 챔피언스리그 8강
　　　삼성 하우젠 K-리그 8위
2008 삼성 하우젠컵 2008 B조 1위
　　　제13회 하나은행 FA컵 8강
　　　삼성 하우젠 K-리그 2008 4위
2009 피스컵 코리아 2009 B조 3위
　　　2009 K-리그 정규리그 1위 / K-리그 챔피언십 우승
2010 쏘나타 K-리그 정규 3위(총 28전 15승 6무 7패), 플레이오프 3위
　　　포스코컵 2010(A조 1위) 준우승(7전 5승 2무 1패)
　　　2010 AFC 챔피언스리그(F조 2위) 8강(총 9전 6승 3패)
2011 현대오일뱅크 K-리그 정규 1위 / 챔피언십 우승
　　　2011 AFC 챔피언스리그 준우승
2012 현대오일뱅크 K-리그 2012 준우승
　　　제17회 하나은행 FA컵 8강
　　　2012 AFC 챔피언스리그 H조 3위
2013 구단 CI 변경(엠블럼 및 캐릭터 변경)
　　　현대오일뱅크 K-리그 클래식 2013 3위
　　　제18회 하나은행 FA컵 준우승
　　　2013 AFC 챔피언스리그 16강
2014 현대오일뱅크 K-리그 클래식 2014 우승
　　　제19회 하나은행 FA컵 4강
　　　2014 AFC 챔피언스리그 16강

## 전북 현대 모터스 2014년 선수명단

대표이사_ 김충호  단장_ 이철근  사무국장_ 김동탁
감독_ 최강희  코치_ 박충균  코치_ 김상식  피지컬코치_ 파비오  GK코치_ 최은성  주무_ 김상수
스카우터_ 차종복  의무_ 김병우  의무_ 김재오  의무_ 김병선  통역_ 김민수  장비_ 이민호  분석관_ 김용신

| 포지션 | 선수명 | | 생년월일 | 출신교 | 키(cm) / 몸무게(kg) |
|---|---|---|---|---|---|
| GK | 권 순 태 | 權 純 泰 | 1984.09.11 | 전주대 | 184 / 85 |
| | 김 민 식 | 金 民 植 | 1985.10.29 | 호남대 | 187 / 83 |
| | 이 범 수 | 李 範 守 | 1990.12.10 | 경희대 | 190 / 84 |
| DF | 이 규 로 | 李 奎 魯 | 1988.08.20 | 광양제철고 | 180 / 68 |
| | 이 재 명 | 李 在 明 | 1991.07.25 | 진주고 | 182 / 74 |
| | 김 기 희 | 金 基 熙 | 1989.07.13 | 홍익대 | 188 / 80 |
| | 정 인 환 | 鄭 仁 煥 | 1986.12.15 | 연세대 | 187 / 86 |
| | 최 보 경 | 崔 普 慶 | 1988.04.12 | 동국대 | 184 / 79 |
| | 윌 킨 슨 | Alexander William Wilkinson | 1984.08.13 | *호주 | 187 / 83 |
| | 박 원 재 | 朴 源 載 | 1984.05.28 | 위덕대 | 175 / 69 |
| | 최 철 순 | 崔 喆 淳 | 1987.02.08 | 충북대 | 175 / 68 |
| | 권 경 원 | 權 敬 源 | 1992.01.31 | 동아대 | 188 / 83 |
| | 이 강 진 | 李 康 珍 | 1986.04.25 | 중동고 (중퇴) | 184 / 78 |
| | 권 영 진 | 權 永 秦 | 1991.01.23 | 성균관대 | 176 / 74 |
| | 이 주 용 | 李 周 勇 | 1992.09.26 | 동아대 | 180 / 76 |
| | 문 진 용 | 文 眞 勇 | 1991.12.14 | 경희대 | 192 / 85 |
| MF | 한 교 원 | 韓 敎 元 | 1990.06.15 | 조선이공대 | 182 / 73 |
| | 리 치 | Vinicius Cunha Reche | 1984.01.28 | *브라질 | 175 / 73 |
| | 레오나르도 | Leonardo Rodriguez Pereira | 1986.09.22 | *브라질 | 173 / 70 |
| | 이 승 기 | 李 承 琪 | 1988.06.02 | 울산대 | 177 / 67 |
| | 김 인 성 | 金 仁 成 | 1989.09.09 | 성균관대 | 180 / 77 |
| | 정 혁 | 鄭 赫 | 1986.05.21 | 전주대 | 175 / 70 |
| | 이 재 성 | 李 在 城 | 1992.08.10 | 고려대 | 180 / 70 |
| | 신 형 민 | 辛 炯 旼 | 1986.07.18 | 홍익대 | 184 / 82 |
| | 정 훈 | 鄭 勳 | 1985.08.31 | 동아대 | 175 / 70 |
| | 박 세 직 | 朴 世 直 | 1989.05.25 | 한양대 | 178 / 79 |
| | 이 승 현 | 李 昇 鉉 | 1985.07.25 | 한양대 | 176 / 69 |
| | 조 영 준 | 趙 泳 俊 | 1991.08.24 | 건국대 | 187 / 78 |
| | 정 종 희 | 鄭 宗 熙 | 1992.03.01 | 울산대 | 178 / 72 |
| | 주 현 탁 | 朱 玄 鐸 | 1991.05.18 | 경기대 | 170 / 64 |
| | 최 근 종 | 崔 根 鍾 | 1995.09.18 | 광명고 | 174 / 66 |
| | 최 정 규 | 崔 晶 圭 | 1995.04.22 | 군산제일고 | 178 / 70 |
| | 김 남 일 | 金 南 一 | 1977.03.14 | 한양대 | 182 / 76 |
| FW | 카 이 오 | Kaio Felipe Goncalves | 1987.07.06 | *브라질 | 185 / 80 |
| | 이 승 렬 | 李 昇 烈 | 1989.03.06 | 신갈고 | 182 / 74 |
| | 이 상 협 | 李 相 俠 | 1986.08.03 | 동북고 | 180 / 84 |
| | 이 동 국 | 李 同 國 | 1979.04.29 | 위덕대 | 185 / 80 |
| | 김 동 찬 | 金 東 璨 | 1986.04.19 | 호남대 | 169 / 70 |

# 전북 현대 모터스 2014년 개인기록 _ K리그 클래식

| 경기번호 | 02 | 08 | 16 | 21 | 27 | 35 | 38 | 43 | 51 | 55 |
|---|---|---|---|---|---|---|---|---|---|---|
| 날 짜 | 03.08 | 03.15 | 03.23 | 03.26 | 03.29 | 04.06 | 04.09 | 04.12 | 04.19 | 04.26 |
| 홈/원정 | 홈 | 원정 | 원정 | 홈 | 홈 | 원정 | 원정 | 홈 | 원정 | 홈 |
| 장 소 | 전주W | 인천 | 상주 | 전주W | 전주W | 서울W | 제주W | 전주W | 광양 | 전주W |
| 상 대 | 부산 | 인천 | 상주 | 포항 | 성남 | 서울 | 제주 | 울산 | 전남 | 경남 |
| 결 과 | 승 | 승 | 무 | 패 | 승 | 무 | 패 | 승 | 승 | 승 |
| 점 수 | 3 : 0 | 1 : 0 | 0 : 0 | 1 : 3 | 1 : 0 | 1 : 1 | 0 : 2 | 1 : 0 | 2 : 0 | 4 : 1 |
| 승 점 | 3 | 6 | 7 | 7 | 10 | 11 | 11 | 14 | 17 | 20 |
| 순 위 | 1 | 1 | 2 | 3 | 2 | 2 | 5 | 2 | 1 | 1 |
| 슈팅수 | 12 : 10 | 17 : 10 | 17 : 10 | 8 : 9 | 12 : 6 | 6 : 10 | 12 : 7 | 9 : 7 | 15 : 11 | 15 : 5 |

| 위치 | 배번 | 선수 | 02 | 08 | 16 | 21 | 27 | 35 | 38 | 43 | 51 | 55 |
|---|---|---|---|---|---|---|---|---|---|---|---|---|
| GK | 1 | 권 순 태 | | ○ 0/0 | ○ 0/0 | | ○ 0/0 | ○ 0/0 | ○ 0/0 | ○ 0/0 | ○ 0/0 | ○ 0/0 |
| | 23 | 최 은 성 | ○ 0/0 | | | ○ 0/0 | | | | | | |
| | 31 | 김 민 식 | | | | | | | | | | |
| DF | 3 | 이 재 명 | | ○ 0/0 | ○ 0/0 C | ○ 0/0 | ○ 0/0 | | | | | |
| | 5 | 정 인 환 | ○ 0/0 | ○ 0/0 | | | ○ 0/0 | | | | | |
| | 6 | 최 보 경 | △ 0/0 | | | ▽ 0/0 | | ○ 0/0 C | | ▽ 0/0 | | |
| | 18 | 윌 킨 슨 | | ○ 0/0 | ○ 0/0 | ○ 0/0 | ○ 0/0 | ○ 0/0 | ○ 0/0 | ○ 0/0 | ○ 0/0 | ○ 0/0 |
| | 19 | 박 원 재 | ○ 0/0 | | | | | | | ○ 0/0 | | |
| | 22 | 신 형 민 | | | | | | | | | | |
| | 25 | 최 철 순 | | | | | | | ○ 0/0 | ○ 0/0 | ○ 0/0 C | ○ 0/0 |
| | 27 | 권 경 원 | | | | | | | | | | |
| | 28 | 이 강 진 | | | | | | | | ○ 0/0 C | | △ 0/0 |
| | 29 | 권 영 진 | | | | | | | | | | |
| MF | 2 | 이 규 로 | ○ 0/0 | | ○ 0/0 | | ○ 0/0 | ○ 0/0 | ○ 0/0 | | ○ 0/1 C | ○ 0/0 |
| | 4 | 김 기 희 | ○ 0/0 | ○ 0/0 | ○ 0/0 C | ○ 0/0 | ○ 0/0 | ○ 0/0 | ○ 0/0 C | ○ 0/1 | | |
| | 7 | 한 교 원 | ○ 1/0 | △ 0/0 | ▽ 0/0 | ▽ 0/0 | ▽ 0/0 | ○ 0/0 C | △ 0/0 | ▽ 0/0 | △ 1/0 | ▽ 0/0 |
| | 8 | 마 르 코 스 | △ 0/0 | | | ▽ 0/0 | | △ 0/0 | | ▽ 0/0 | | |
| | 8 | 리 치 | | | | | | | | | | |
| | 9 | 카 이 오 | ▽ 0/0 | ▽ 0/0 | △ 0/0 | ▽ 1/0 C | △ 0/1 | ▽ 0/0 | | | △ 0/0 | △ 1/0 |
| | 10 | 레 오 나 르 도 | △ 1/0 | | △ 0/0 | △ 0/0 | △ 0/0 | ▽ 1/0 | △ 0/0 | △ 0/0 | ▽ 0/0 C | ▽ 0/0 |
| | 11 | 이 승 기 | ▽ 0/1 | △ 0/0 | | | | | | △ 0/0 | ○ 0/0 | ▽ 0/1 |
| | 13 | 김 인 성 | | ▽ 0/0 | | △ 0/0 C | ○ 0/0 | | ▽ 0/0 | ▽ 0/0 | | |
| | 15 | 정 혁 | ○ 1/0 | ○ 1/0 | | ○ 0/0 | ▽ 0/0 | | | ○ 0/0 C | | ○ 0/0 |
| | 17 | 이 재 성 | | ○ 0/0 | | | | | ○ 0/0 | | ○ 0/0 | ○ 0/0 |
| | 23 | 정 훈 | | | | | | | | | | |
| | 26 | 이 승 현 | | | | | | | | | | |
| | 32 | 이 주 용 | | | | | | | | | | |
| | 55 | 김 남 일 | ▽ 0/0 | ○ 0/0 | | | ○ 0/0 | | ▽ 0/0 C | | ▽ 0/0 C | |
| FW | 14 | 이 승 렬 | | ▽ 0/0 C | △ 0/0 | ▽ 0/0 | ▽ 0/0 | | | | | |
| | 16 | 이 상 협 | | | | | | △ 0/0 | ○ 0/0 | | △ 0/0 | △ 0/0 |
| | 20 | 이 동 국 | ○ 0/0 | △ 0/0 | ○ 0/0 | △ 0/0 | ○ 1/0 | △ 0/0 | △ 0/0 | ○ 1/0 | ▽ 1/0 | ▽ 1/1 |
| | 26 | 김 신 | | | | | | | ▽ 0/0 | | | |
| | 35 | 김 동 찬 | | | | | | | | | | |

선수자료 : 득점/도움   ☐ = 대기   ○ = 선발출장   △ = 교체 IN   ▽ = 교체 OUT   ◈ = 교체 IN/OUT   C = 경고   S = 퇴장

| 위치 | 배번 | 상대 | 경기번호 62 | 67 | 75 | 80 | 88 | 95 | 102 | 107 | 109 | 116 |
|---|---|---|---|---|---|---|---|---|---|---|---|---|
| | | | 날짜 05.03 | 05.10 | 07.05 | 07.09 | 07.13 | 07.20 | 07.23 | 08.03 | 08.06 | 08.09 |
| | | | 홈/원정 원정 | 홈 | 원정 | 홈 | 홈 | 원정 | 홈 | 원정 | 홈 | 원정 |
| | | | 장소 수원W | 전주W | 부산A | 전주W | 창원C | 전주W | 문수 | 전주W | 전주W | 탄천 |
| | | | 상대 수원 | 인천 | 부산 | 제주 | 경남 | 상주 | 울산 | 전남 | 수원 | 성남 |
| | | | 결과 패 | 무 | 승 | 무 | 승 | 승 | 무 | 승 | 승 | 승 |
| | | | 점수 0:1 | 1:1 | 2:0 | 1:1 | 4:1 | 6:0 | 0:0 | 2:0 | 3:2 | 3:0 |
| | | | 승점 20 | 21 | 24 | 25 | 28 | 31 | 32 | 35 | 38 | 41 |
| | | | 순위 2 | 2 | 2 | 2 | 2 | 2 | 2 | 1 | 1 | 1 |
| | | | 슈팅수 18:4 | 21:9 | 12:8 | 20:9 | 14:12 | 20:9 | 12:14 | 16:8 | 19:9 | 12:15 |
| GK | 1 | 권 순 태 | ○0/0 | ○0/0 | ○0/0 | ○0/0 | ○0/0 | △0/0 | ○0/0 | ○0/0 | ○0/0 | ○0/0 |
| | 23 | 최 은 성 | | | | | | ▽0/0 | | | | |
| | 31 | 김 민 식 | | | | | | | | | | |
| DF | 3 | 이 재 명 | △0/0 | | | | | | | | | |
| | 5 | 정 인 환 | | ○0/0 | ○0/0 | ○0/0 | ○0/0 | ○0/0 C | ○0/0 | ○0/0 | ○0/0 | |
| | 6 | 최 보 경 | | | | | ○0/0 | | | | △0/0 | ○0/0 |
| | 18 | 윌 킨 슨 | ○0/0 | △0/0 | | | | ○0/0 | ○0/0 | ○0/0 | ○0/0 C | ○0/0 |
| | 19 | 박 원 재 | ▽0/0 | | | | | | | | | |
| | 22 | 신 형 민 | | | ○0/0 | ○0/0 | ○0/0 | ○0/0 | ○0/0 | ○0/0 | | |
| | 25 | 최 철 순 | ○0/0 | ○0/0 | ○0/0 C | | ○0/1 | ○0/0 | ○0/0 | ○0/0 | ○0/1 | |
| | 27 | 권 경 원 | | | ○0/0 | ▽0/0 C | | | | △0/0 | | △0/0 |
| | 28 | 이 강 진 | | | | | | | | | | |
| | 29 | 권 영 진 | | | | | | | | | ▽0/0 | |
| MF | 2 | 이 규 로 | | ▽0/0 | | ○0/0 | | | | ○0/0 | | ○0/0 C |
| | 4 | 김 기 희 | ○0/0 | ○0/0 | ○0/0 | ○0/0 | ▽0/0 | | | | | |
| | 7 | 한 교 원 | ▽0/0 | ▽0/0 | ○1/0 | ▽0/0 | ○0/1 | ○1/0 | ▽0/0 | ○1/1 | ▽1/0 | ▽1/1 |
| | 8 | 마 르 코 스 | | | | | | | | | | |
| | 8 | 리 치 | | | | | | | | | | |
| | 9 | 카 이 오 | △0/0 | ○0/0 | △0/0 | △1/0 | △0/0 C | △2/0 | △0/0 C | | △0/0 | ▽1/0 C |
| | 10 | 레 오 나 르 도 | ▽0/0 | △0/0 | ▽0/0 | △0/0 | ▽1/0 | ○1/2 | ▽0/0 | ▽0/1 | △0/1 C | ▽0/0 |
| | 11 | 이 승 기 | ○0/0 | ○0/0 | | | | △1/2 | ▽0/0 | ▽0/0 | ○0/1 | ○0/0 |
| | 13 | 김 인 성 | | | △0/0 | △0/0 | △0/0 | | △0/0 | | | △0/0 |
| | 15 | 정 혁 | ○0/0 | ○0/0 | | | | | | | | |
| | 17 | 이 재 성 | ○0/0 | ○0/1 | ▽1/0 C | ○0/0 | ○1/0 | ○0/0 | ○0/0 | ○1/0 | ▽0/0 | ○0/1 |
| | 23 | 정 훈 | | | | | | | | | | |
| | 26 | 이 승 현 | | | | | | | | | | |
| | 32 | 이 주 용 | | | ○0/0 | ○0/0 | ○0/0 | ○0/0 | ○0/0 C | | ○0/0 | ○0/0 |
| | 55 | 김 남 일 | | | | | | | | | | |
| FW | 14 | 이 승 렬 | △0/0 | | | | | | | △0/0 C | | |
| | 16 | 이 상 협 | | △0/0 | △0/0 | ▽0/0 | △1/0 | ▽0/0 | △0/0 | △0/0 | | △1/0 |
| | 20 | 이 동 국 | ○0/0 | ▽1/0 | ▽0/2 | ○0/1 | ▽1/0 | ▽1/2 | ○0/0 | ▽0/0 C | ○2/0 | |
| | 26 | 김 신 | | | | | | | | | | |
| | 35 | 김 동 찬 | | | | | | | | | | |

| 위치 | 배번 | 경기번호 | 123 | 128 | 138 | 142 | 150 | 152 | 157 | 166 | 170 | 177 |
|---|---|---|---|---|---|---|---|---|---|---|---|---|
| | | 날짜 | 08.16 | 08.23 | 08.31 | 09.06 | 09.10 | 09.14 | 09.20 | 09.28 | 10.01 | 10.04 |
| | | 홈/원정 | 원정 | 홈 | 원정 | 홈 | 원정 | 홈 | 홈 | 원정 | 홈 | 원정 |
| | | 장소 | 포항 | 전주W | 광양 | 전주W | 부산A | 전주W | 전주W | 포항 | 전주W | 탄천 |
| | | 상대 | 포항 | 서울 | 전남 | 상주 | 부산 | 경남 | 서울 | 포항 | 제주 | 성남 |
| | | 결과 | 승 | 패 | 패 | 승 | 무 | 승 | 무 | 무 | 승 | 승 |
| | | 점수 | 2:0 | 1:2 | 1:2 | 2:0 | 1:1 | 1:0 | 0:0 | 2:2 | 2:0 | 1:0 |
| | | 승점 | 44 | 44 | 44 | 47 | 48 | 51 | 52 | 53 | 56 | 59 |
| | | 순위 | 1 | 1 | 1 | 1 | 1 | 1 | 1 | 1 | 1 | 1 |
| | | 슈팅수 | 13:3 | 11:13 | 11:8 | 11:5 | 12:10 | 21:4 | 9:10 | 12:6 | 11:14 | 4:10 |
| GK | 1 | 권 순 태 | ○ 0/0 C | ○ 0/0 | ○ 0/0 | ○ 0/0 | ○ 0/0 | ○ 0/0 C | ○ 0/0 | ○ 0/0 | ▽ 0/0 | |
| | 23 | 최 은 성 | | | | | | | | | | |
| | 31 | 김 민 식 | | | | | | | | | △ 0/0 | ○ 0/0 |
| DF | 3 | 이 재 명 | | | | | | | | | | |
| | 5 | 정 인 환 | ○ 0/0 | ○ 0/0 | ○ 0/0 | △ 0/0 C | ○ 0/0 | ▽ 0/0 | | | | |
| | 6 | 최 보 경 | | | | ○ 0/0 | | | | △ 0/1 | ○ 0/0 | △ 0/0 |
| | 18 | 윌 킨 슨 | ○ 0/0 | | ○ 0/0 C | | | | | ○ 0/0 | ○ 0/0 | ○ 0/0 C |
| | 19 | 박 원 재 | | | | | | | | | | |
| | 22 | 신 형 민 | ○ 0/0 C | ○ 0/0 C | ○ 0/0 C | | | ○ 0/0 | ○ 0/0 | | | ○ 0/0 |
| | 25 | 최 철 순 | ○ 0/0 | ○ 0/0 | ○ 0/0 | ○ 0/0 C | ○ 0/0 C | ○ 0/0 | ○ 0/0 | ○ 0/0 | ○ 0/0 | ○ 0/0 |
| | 27 | 권 경 원 | △ 0/0 | | | | | | | | | |
| | 28 | 이 강 진 | | | | | | | | | | |
| | 29 | 권 영 진 | | | | | | | | | | |
| MF | 2 | 이 규 로 | | | | | | | | | | △ 0/0 |
| | 4 | 김 기 희 | | | ○ 0/0 | ○ 0/0 | ○ 0/0 | ○ 0/0 | ○ 0/0 | ○ 0/0 C | | ○ 0/0 |
| | 7 | 한 교 원 | ○ 0/0 | ▽ 0/0 | ▽ 1/0 | | ○ 0/0 | ▽ 0/0 | | ▽ 0/0 | | ○ 1/0 |
| | 8 | 마 르 코 스 | | | | | | | | | | |
| | 8 | 리 치 | | | | △ 0/0 | | | ▽ 0/0 | | | |
| | 9 | 카 이 오 | △ 0/0 | △ 0/0 | △ 0/0 | ○ 0/0 | | ▽ 0/0 | △ 0/0 | ▽ 0/0 | | |
| | 10 | 레 오 나 르 도 | | △ 0/0 C | | ▽ 0/2 | ▽ 0/0 | △ 0/1 | ▽ 0/0 | ○ 1/0 | ○ 0/1 | ▽ 0/0 |
| | 11 | 이 승 기 | ○ 1/0 | ○ 0/0 | ○ 0/1 | ○ 1/0 | ○ 0/1 | ○ 0/0 | | | | |
| | 13 | 김 인 성 | | | | ▽ 0/0 | | | | | | |
| | 15 | 정 혁 | | | | ○ 0/0 | ▽ 0/0 C | | | | ○ 0/0 C | |
| | 17 | 이 재 성 | ▽ 0/0 | ○ 0/0 | ○ 0/0 | | | | | | | |
| | 23 | 정 훈 | | | | | | | ▽ 0/0 C | | △ 0/0 C | |
| | 26 | 이 승 현 | | | | | | △ 0/0 | △ 0/0 | △ 0/0 | ○ 0/0 | △ 0/0 |
| | 32 | 이 주 용 | ○ 0/0 C | ○ 0/1 | ○ 0/0 | ○ 1/0 | ○ 0/0 | | | ○ 0/0 | | ○ 0/0 CC |
| | 55 | 김 남 일 | ▽ 0/0 | | ▽ 0/0 C | ▽ 0/0 | △ 0/0 | ○ 1/0 C | ○ 0/0 C | ▽ 0/0 C | | ▽ 0/0 |
| FW | 14 | 이 승 렬 | | | | ▽ 0/0 | | | | | | ▽ 0/1 |
| | 16 | 이 상 협 | | | △ 0/0 | △ 0/0 | △ 0/0 | | | | △ 0/0 | |
| | 20 | 이 동 국 | ○ 1/1 | ○ 1/0 | ○ 0/0 | | ○ 1/0 | ○ 0/0 | | ○ 0/0 | ▽ 1/0 | ○ 0/0 |
| | 26 | 김 신 | | | | | | | | | | |
| | 35 | 김 동 찬 | | | | | | | | △ 0/0 | △ 1/0 | ▽ 1/1 |

선수자료 : 득점/도움  ¤ = 대기  ○ = 선발출장  △ = 교체 IN  ▽ = 교체 OUT  ◈ = 교체 IN/OUT  C = 경고  S = 퇴장

| 위치 | 배번 | 경기번호 | 185 | 187 | 194 | 201 | 205 | 211 | 217 | 223 |
|---|---|---|---|---|---|---|---|---|---|---|
| | | 날짜 | 10.12 | 10.18 | 10.26 | 11.02 | 11.08 | 11.15 | 11.22 | 11.30 |
| | | 홈/원정 | 홈 | 원정 | 홈 | 원정 | 원정 | 홈 | 원정 | 홈 |
| | | 장소 | 전주W | 인천 | 전주W | 서울W | 제주W | 전주W | 수원W | 전주W |
| | | 상대 | 울산 | 인천 | 수원 | 서울 | 제주 | 포항 | 수원 | 울산 |
| | | 결과 | 승 | 승 | 승 | 승 | 승 | 승 | 승 | 무 |
| | | 점수 | 1:0 | 2:0 | 1:0 | 1:0 | 3:0 | 1:0 | 2:1 | 1:1 |
| | | 승점 | 62 | 65 | 68 | 71 | 74 | 77 | 80 | 81 |
| | | 순위 | 1 | 1 | 1 | 2 | 1 | 1 | 1 | 1 |
| | | 슈팅수 | 15:5 | 8:6 | 7:9 | 7:8 | 20:11 | 9:5 | 10:14 | 14:9 |
| GK | 1 | 권 순 태 | | ○ 0/0 | ○ 0/0 | ○ 0/0 | ○ 0/0 | ○ 0/0 | ○ 0/0 | ○ 0/0 |
| | 23 | 최 은 성 | | | | | | | | |
| | 31 | 김 민 식 | ○ 0/0 | | | | | | | |
| DF | 3 | 이 재 명 | ○ 0/1 | ○ 0/1 | | ○ 0/0 C | | | | |
| | 5 | 정 인 환 | | | | | | | | △ 0/0 |
| | 6 | 최 보 경 | ○ 0/0 | ○ 0/0 | △ 0/0 | ○ 0/0 | △ 0/0 | ○ 0/0 | ○ 0/0 | ○ 0/0 C |
| | 18 | 윌 킨 슨 | | | | ○ 0/0 C | ○ 0/0 | | | ○ 0/0 |
| | 19 | 박 원 재 | | | | | | | | |
| | 22 | 신 형 민 | ○ 0/0 | ○ 0/0 | ○ 0/0 | ○ 0/0 | ○ 0/0 | ○ 0/0 C | ▽ 0/0 | ▽ 0/0 |
| | 25 | 최 철 순 | ○ 0/0 | ▽ 0/0 | ○ 0/0 | ○ 0/0 C | | ○ 0/0 | ○ 0/0 | ○ 0/0 |
| | 27 | 권 경 원 | | | | | | | | |
| | 28 | 이 강 진 | | | | | | | | |
| | 29 | 권 영 진 | | | | | | | | |
| MF | 2 | 이 규 로 | | △ 0/0 | | | ▽ 0/0 C | | | |
| | 4 | 김 기 희 | | ○ 0/0 | ○ 0/0 | ○ 0/0 | ○ 0/1 | ○ 0/0 | ○ 0/0 C | |
| | 7 | 한 교 원 | | ○ 1/0 | ▽ 0/0 | | △ 0/0 | | | △ 1/0 |
| | 8 | 마 르 코 스 | | | | | | | | |
| | 8 | 리 치 | | | | | | | | |
| | 9 | 카 이 오 | ○ 1/0 | ▽ 0/0 | ▽ 0/0 | ○ 1/0 | ▽ 0/0 | ▽ 1/0 C | ▽ 0/0 | ○ 0/0 C |
| | 10 | 레 오 나 르 도 | ▽ 0/0 | ▽ 0/0 | ○ 0/0 C | △ 0/0 | ○ 1/1 | ▽ 0/1 C | ○ 0/0 | ○ 0/0 |
| | 11 | 이 승 기 | ○ 0/0 | ○ 1/1 | △ 0/0 | ○ 0/0 | ○ 1/0 | ○ 0/0 | ○ 0/1 | ○ 0/1 |
| | 13 | 김 인 성 | | | | | | | | |
| | 15 | 정 혁 | ▽ 0/0 | | | | | △ 0/0 | △ 1/0 | ▽ 0/0 |
| | 17 | 이 재 성 | | | | | ○ 0/1 C | ○ 0/0 | ○ 0/0 | ▽ 0/0 |
| | 23 | 정 훈 | | | | | | | | |
| | 26 | 이 승 현 | △ 0/0 | | | | | | △ 1/0 | |
| | 32 | 이 주 용 | | | ○ 0/0 | | ○ 0/0 | ○ 0/0 | ○ 0/0 | ○ 0/0 |
| | 55 | 김 남 일 | ○ 0/0 | ○ 0/0 | ○ 1/0 C | ▽ 0/0 C | ▽ 0/0 | ▽ 0/0 | ▽ 0/0 | |
| FW | 14 | 이 승 렬 | ▽ 0/0 | | | | | | | |
| | 16 | 이 상 협 | △ 0/0 | | △ 0/0 | | △ 1/0 | △ 0/0 | | △ 0/0 |
| | 20 | 이 동 국 | | △ 0/0 | ▽ 0/0 | | | △ 0/0 | | |
| | 26 | 김 신 | | | | | | | | |
| | 35 | 김 동 찬 | △ 0/0 | △ 0/0 | | | | | | |

# 수 원 삼 성 블 루 윙 즈

창단년도_ 1995년

전화_ 031-247-2002

팩스_ 031-257-0766

홈페이지_ www.bluewings.kr

주소_ 우 442-817 경기도 수원시 팔달구 월드컵로 310(우만동)

수원월드컵경기장 4층

4F, Suwon World Cup Stadium, 310, World cup-ro(Uman-dong),

Paldal-gu, Suwon- si, Gyeonggi-do, KOREA 442-817

## 연혁

| | |
|---|---|
| 1995 | 수원 삼성 블루윙즈 축구단 창단식 |
| | 제1대 윤성규 단장 취임 |
| 1996 | 라피도컵 프로축구대회 후기리그 우승 |
| 1998 | 제2대 허영호 단장 취임 |
| | 98 현대컵 K-리그 우승 |
| 1999 | 시즌 전관왕 달성 |
| | 제1회 99 티켓링크 수퍼컵 우승 |
| | 대한화재컵 우승 |
| | 아디다스컵 우승 |
| | 99 K-리그 우승 |
| 2000 | 제2회 2000 티켓링크 수퍼컵 우승 |
| | 2000 아디다스컵 우승 |
| 2001 | 아디다스컵 2001 우승 |
| | 제20회 아시안 클럽 챔피언십 우승 |
| | 제7회 아시안 슈퍼컵 우승 |
| | K-리그 사상 최단기간 100승 달성(3/31) |
| 2002 | 제21회 아시안 클럽 챔피언십 우승 |
| | 제8회 아시안 슈퍼컵 우승 |
| | 제7회 서울-하나은행 FA컵 우승 |
| 2004 | 제3대 안기헌 단장 취임, 차범근 감독 취임 |
| | 삼성 하우젠 K-리그 2004 후기 우승 |
| | 삼성 하우젠 K-리그 2004 우승 |

| | |
|---|---|
| 2005 | A3 챔피언스컵 우승 |
| | 제6회 K-리그 수퍼컵 2005 우승 |
| | 삼성 하우젠컵 2005 우승 |
| 2006 | 삼성 하우젠 K-리그 2006 후기 우승 |
| | 제11회 하나은행 FA컵 준우승 |
| 2007 | K-리그 사상 최단기간 200승 달성(3/17) |
| | K-리그 사상 최단기간 총관중 400만 기록(234경기) |
| 2008 | 삼성 하우젠컵 2008 우승 |
| | 삼성 하우젠 K-리그 2008 우승 |
| 2009 | 제14회 하나은행 FA컵 우승 |
| 2010 | 윤성효 감독 취임 |
| | 제15회 하나은행 FA컵 우승 |
| 2011 | 제4대 오근영 단장 취임 |
| | 수원월드컵경기장 첫 만석(10/3 서울전, 44,537명) |
| 2012 | 제5대 이석명 단장 취임(6/1) |
| | 수원월드컵경기장 최다 관중 경신(4/1 서울전 45,192명) |
| | K-리그 최초 30경기 홈 연속득점(6/27 전남전, 3 : 2 승) |
| | K-리그 최단기간 300승 달성(10/3 서울전, 1 : 0 승) |
| | K-리그 연고도시 최초 600만 관중 달성(11/25 부산전, 2 : 1 승) |
| 2013 | 서정원 감독 취임 |
| | 풀 스타디움상 수상 |
| 2014 | 박찬형 대표이사 취임 |
| | 풀 스타디움상, 팬프렌들리 클럽상 수상 |

## 수원 삼성 블루윙즈 2014년 선수명단

대표이사_ 박찬형   단장_ 이석명   사무국장_ 리호승

감독_ 서정원   수석코치_ 이병근   코치_ 최성용·고종수   GK코치_ 신범철   스카우터_ 조현두·조재민·김재호   주무_ 정동은

의무_ 유환모·김광태·윤청구   장비_ 양지겸덕   비디오분석_ 전택수   통역_ 김민석

| 포지션 | 선수명 | | 생년월일 | 출신교 | 키(cm) / 몸무게(kg) |
|---|---|---|---|---|---|
| GK | 정 성 룡 | 鄭 成 龍 | 1985.01.04 | 대구사이버대 | 190 / 90 |
| | 노 동 건 | 盧 東 健 | 1991.10.04 | 고려대 | 190 / 88 |
| | 양 형 모 | 梁 瀅 模 | 1991.07.16 | 충북대 | 186 / 82 |
| | 이 상 욱 | 李 相 旭 | 1990.03.09 | 호남대 | 190 / 89 |
| DF | 최 재 수 | 催 在 洙 | 1983.05.02 | 연세대 | 174 / 68 |
| | 양 상 민 | 梁 相 玟 | 1984.02.24 | 숭실대 | 182 / 78 |
| | 조 성 진 | 趙 成 眞 | 1990.12.14 | 유성생명고 | 187 / 78 |
| | 구 자 룡 | 具 滋 龍 | 1992.04.06 | 매탄고 | 182 / 75 |
| | 홍 철 | 洪 喆 | 1990.09.17 | 단국대 | 176 / 69 |
| | 조 원 득 | 趙 元 得 | 1991.06.21 | 단국대 | 177 / 69 |
| | 이 우 석 | 李 禹 錫 | 1995.03.27 | 매탄고 | 181 / 76 |
| | 민 상 기 | 閔 尙 基 | 1991.08.27 | 매탄고 | 185 / 81 |
| | 헤이네르 | Reiner Ferreira Correa Gomes | 1985.11.17 | *브라질 | 182 / 75 |
| | 오 범 석 | 吳 範 錫 | 1984.07.29 | 포철공고 | 181 / 78 |
| MF | 김 은 선 | 金 恩 宣 | 1988.03.30 | 대구대 | 181 / 78 |
| | 이 상 호 | 李 相 湖 | 1987.05.09 | 현대고 | 174 / 67 |
| | 김 두 현 | 金 斗 炫 | 1982.07.14 | 통진종고 | 177 / 73 |
| | 오 장 은 | 吳 章 銀 | 1985.07.24 | 조천중학교 | 175 / 73 |
| | 산 토 스 | Natanael de Sousa Santos Junior | 1985.12.25 | *브라질 | 165 / 64 |
| | 고 차 원 | 高 次 願 | 1986.04.30 | 아주대학교 | 170 / 68 |
| | 서 정 진 | 徐 訂 晋 | 1989.09.06 | 보인고 | 175 / 68 |
| | 조 지 훈 | 趙 志 焄 | 1990.05.29 | 연세대 | 188 / 80 |
| | 배 기 종 | 裵 起 鐘 | 1983.05.26 | 광운대 | 180 / 76 |
| | 권 창 훈 | 權 昶 勳 | 1994.06.30 | 매탄고 | 174 / 66 |
| | 홍 순 학 | 洪 淳 學 | 1980.0919 | 연세대 | 177 / 72 |
| | 고 민 성 | 高 旼 成 | 1995.11.20 | 매탄고 | 175 / 65 |
| | 신 세 계 | 申 世 界 | 1990.09.16 | 성균관대 | 178 / 73 |
| | 김 대 경 | 金 大 景 | 1991.09.02 | 숭실대 | 179 / 69 |
| FW | 로 저 | Roger Rodrigues da Silva | 1985.01.07 | *브라질 | 184 / 80 |
| | 정 대 세 | 鄭 大 世 | 1984.03.02 | 도쿄조선대 | 180 / 79 |
| | 염 기 훈 | 廉 基 勳 | 1983.03.30 | 호남대 | 182 / 78 |
| | 이 종 성 | 李 宗 成 | 1992.08.05 | 매탄고 | 186 / 70 |
| | 하 태 균 | 河 太 均 | 1987.11.02 | 단국대 | 188 / 80 |

## 수원 삼성 블루윙즈 2014년 개인기록 _ K리그 클래식

| 위치 | 배번 | 이름 | 06 | 11 | 13 | 23 | 30 | 31 | 42 | 48 | 49 | 58 |
|---|---|---|---|---|---|---|---|---|---|---|---|---|
| | | 경기번호 | 06 | 11 | 13 | 23 | 30 | 31 | 42 | 48 | 49 | 58 |
| | | 날짜 | 03.09 | 03.16 | 03.22 | 03.26 | 03.30 | 04.05 | 04.09 | 04.13 | 04.19 | 04.27 |
| | | 홈/원정 | 원정 | 홈 | 원정 | 원정 | 홈 | 원정 | 홈 | 원정 | 원정 | 홈 |
| | | 장소 | 제주W | 수원W | 포항 | 탄천 | 수원W | 진주J | 수원W | 인천 | 문수 | 수원W |
| | | 상대 | 제주 | 상주 | 포항 | 성남 | 부산 | 경남 | 전남 | 인천 | 울산 | 서울 |
| | | 결과 | 승 | 무 | 패 | 패 | 승 | 무 | 승 | 승 | 무 | 패 |
| | | 점수 | 1:0 | 2:2 | 1:2 | 0:2 | 1:0 | 2:2 | 1:0 | 3:0 | 2:2 | 0:1 |
| | | 승점 | 3 | 4 | 4 | 4 | 7 | 8 | 11 | 14 | 15 | 15 |
| | | 순위 | 2 | 3 | 5 | 11 | 5 | 6 | 6 | 2 | 3 | 6 |
| | | 슈팅수 | 4:15 | 13:12 | 6:11 | 13:11 | 15:7 | 15:14 | 12:7 | 11:11 | 12:19 | 11:4 |
| GK | 1 | 정성룡 | o 0/0 | o 0/0 | o 0/0 | o 0/0 | o 0/0 | o 0/0 | o 0/0 | o 0/0 | o 0/0 | o 0/0 |
| | 21 | 노동건 | | | | | | | | | | |
| DF | 2 | 최재수 | | | | | o 0/0 | o 0/0 | | | | |
| | 3 | 양상민 | | | | | | | | | | |
| | 5 | 조성진 | o 0/0 | o 0/0 | o 0/0 | o 0/0 | o 0/0 C | o 0/0 | o 0/0 | o 0/0 | o 0/0 | |
| | 15 | 구자룡 | | | | | o 0/0 | ▽ 0/0 | | | △ 0/0 | |
| | 17 | 홍철 | o 0/0 | o 0/0 | o 0/0 | | △ 0/0 | | o 0/0 | o 0/0 C | o 0/0 | o 0/0 C |
| | 30 | 신세계 | o 0/0 | o 0/0 | | | | △ 0/0 | | | | |
| | 39 | 민상기 | | | | | | | | | | |
| | 44 | 곽광선 | o 0/0 | | | | | | | | | |
| | 45 | 헤이네르 | | | | | | | o 0/0 | o 0/0 | o 0/0 | |
| | 47 | 오범석 | | | | | | | | | | |
| | 6 | 김은선 | o 0/0 | ▽ 0/0 C | △ 0/0 | △ 0/0 | | o 0/0 | o 0/0 | o 1/0 | | o 0/0 |
| | 7 | 이상호 | | | | | | | | | | |
| MF | 8 | 김두현 | | | ▽ 0/0 | ▽ 0/0 | | ▽ 0/0 | ▽ 0/0 | ▽ 0/0 | ▽ 0/0 | ▽ 0/0 |
| | 9 | 오장은 | o 0/0 | o 0/0 | o 0/0 | ▽ 0/0 | o 0/0 | o 0/0 C | o 0/0 | | o 0/0 | o 0/0 |
| | 12 | 고차원 | | | | ▽ 1/0 | | | | | ▽ 0/0 | |
| | 13 | 서정진 | ▽ 0/0 | | o 0/0 | | | | o 0/0 | △ 0/0 | | △ 0/0 |
| | 16 | 조지훈 | △ 0/0 | △ 0/0 | △ 0/0 CC | | △ 0/0 | △ 0/0 | | △ 0/0 | | △ 0/0 |
| | 19 | 배기종 | | △ 2/0 | △ 0/0 | | o 0/0 | o 1/0 | ▽ 0/0 | △ 0/1 | ▽ 0/0 | △ 0/0 |
| | 22 | 권창훈 | | | | | | | | | | |
| | 26 | 염기훈 | o 0/0 | o 0/0 | o 0/0 | o 0/0 | o 0/0 | o 1/0 | o 1/0 | o 0/1 | o 0/2 | o 0/0 |
| | 27 | 이종성 | | | | | | | | | | |
| FW | 10 | 산토스 | ▽ 0/0 | | ▽ 0/1 | | | △ 0/0 | ▽ 0/0 | ▽ 1/0 | ▽ 1/0 | ▽ 0/0 |
| | 11 | 로저 | △ 0/0 | | | | ▽ 0/0 C | ▽ 0/0 | △ 0/0 | | | |
| | 14 | 정대세 | ▽ 0/0 C | | | | △ 1/0 | △ 0/1 | o 0/0 C | o 1/0 | | △ 0/0 |
| | 25 | 조동건 | △ 0/0 | △ 0/0 | ▽ 0/1 | ▽ 0/0 | | | | | | |
| | 28 | 하태균 | | | | | | | | | | |
| | 36 | 김대경 | | | | | | | | | | |

선수자료 : 득점/도움  ☆ = 대기  o = 선발출장  △ = 교체 IN  ▽ = 교체 OUT  ◈ = 교체 IN/OUT  C = 경고  S = 퇴장

| 위치 | 배번 |  | 62 | 68 | 73 | 83 | 85 | 92 | 98 | 106 | 109 | 119 |
|---|---|---|---|---|---|---|---|---|---|---|---|---|
|  |  | 경기번호 | 62 | 68 | 73 | 83 | 85 | 92 | 98 | 106 | 109 | 119 |
|  |  | 날짜 | 05.03 | 05.10 | 07.05 | 07.09 | 07.12 | 07.19 | 07.23 | 08.03 | 08.06 | 08.10 |
|  |  | 홈/원정 | 홈 | 원정 | 홈 | 홈 | 원정 | 홈 | 원정 | 홈 | 원정 | 홈 |
|  |  | 장소 | 수원W | 상주 | 수원W | 수원W | 서울W | 수원W | 부산A | 수원W | 전주W | 수원W |
|  |  | 상대 | 전북 | 상주 | 경남 | 울산 | 서울 | 인천 | 부산 | 포항 | 전북 | 제주 |
|  |  | 결과 | 승 | 무 | 무 | 승 | 패 | 승 | 승 | 승 | 패 | 승 |
|  |  | 점수 | 1:0 | 1:1 | 0:0 | 3:2 | 0:2 | 3:2 | 2:0 | 4:1 | 2:3 | 1:0 |
|  |  | 승점 | 18 | 19 | 20 | 23 | 23 | 26 | 29 | 32 | 32 | 35 |
|  |  | 순위 | 4 | 5 | 5 | 4 | 4 | 5 | 5 | 3 | 3 | 3 |
|  |  | 슈팅수 | 4:18 | 22:9 | 14:13 | 13:8 | 9:18 | 10:16 | 10:6 | 12:11 | 9:19 | 15:10 |
| GK | 1 | 정성룡 | ○ 0/0 | ○ 0/0 |  |  | ○ 0/0 | ○ 0/0 | ○ 0/0 | ○ 0/0 | ○ 0/0 | ○ 0/0 |
|  | 21 | 노동건 |  |  | ○ 0/0 | ○ 0/0 |  |  |  |  |  |  |
| DF | 2 | 최재수 | ○ 0/0 C | ○ 0/0 |  |  |  | △ 0/0 |  | ○ 0/0 |  | ○ 0/0 |
|  | 3 | 양상민 |  |  |  |  |  |  |  |  |  |  |
|  | 5 | 조성진 | ○ 0/0 | ○ 0/0 | ○ 0/0 | ○ 0/0 | ○ 0/0 | ○ 0/0 | ○ 0/0 C | ○ 0/0 |  | ○ 0/0 |
|  | 15 | 구자룡 |  |  |  | △ 0/0 | ▽ 0/0 |  |  |  |  |  |
|  | 17 | 홍철 |  |  | ○ 0/0 | ○ 0/0 |  | ▽ 0/0 | ○ 0/0 C |  | ○ 0/0 C |  |
|  | 30 | 신세계 |  |  | ○ 0/0 | ▽ 0/0 | ○ 0/0 | ○ 0/0 | ○ 0/0 | ○ 0/0 | ○ 0/0 C | ○ 0/0 |
|  | 39 | 민상기 | ▽ 0/0 |  |  |  |  |  |  | ○ 0/0 |  | △ 0/0 |
|  | 44 | 곽광선 |  |  |  |  |  |  |  |  |  |  |
|  | 45 | 헤이네르 | △ 0/0 | ○ 0/0 | ○ 0/0 | ○ 0/0 | ○ 0/0 | ○ 0/0 |  |  |  | ○ 0/0 |
|  | 47 | 오범석 |  |  |  |  |  |  |  |  |  |  |
|  | 6 | 김은선 | ○ 0/0 | ○ 0/0 | ○ 0/0 | ○ 1/0 | ○ 0/0 C | ○ 0/0 C |  |  | ○ 0/0 | ○ 1/0 |
|  | 7 | 이상호 |  |  |  |  |  |  |  |  |  |  |
| MF | 8 | 김두현 | ▽ 0/1 | ○ 0/0 | ▽ 0/0 | ▽ 0/1 | ○ 0/0 C | ▽ 0/0 | ○ 0/0 | ▽ 0/0 | ▽ 1/0 | ▽ 0/1 |
|  | 9 | 오장은 | ○ 0/0 C | ○ 0/0 |  |  |  |  |  |  |  |  |
|  | 12 | 고차원 | ○ 1/0 | ▽ 0/0 | ○ 0/0 | ▽ 0/0 | ▽ 0/0 | ▽ 1/0 | ▽ 0/0 | ▽ 0/0 |  | △ 0/0 |
|  | 13 | 서정진 |  |  | △ 0/0 | ▽ 0/0 | ○ 0/1 | ○ 0/0 C | ○ 1/1 | ○ 0/1 | ○ 0/0 | ▽ 0/0 |
|  | 16 | 조지훈 |  |  |  |  |  | △ 0/0 C |  |  |  |  |
|  | 19 | 배기종 |  | △ 0/0 | △ 0/0 |  | △ 0/0 |  |  |  | △ 0/0 |  |
|  | 22 | 권창훈 |  |  |  | △ 0/0 | △ 0/0 | △ 0/0 |  | ▽ 0/0 C | △ 1/1 | △ 0/0 |
|  | 26 | 염기훈 | ○ 0/0 C | ○ 0/0 |  |  |  |  | △ 0/0 | ○ 0/0 | △ 0/1 | ○ 1/0 |
|  | 27 | 이종성 | △ 0/0 |  |  |  |  |  |  | △ 0/0 | △ 0/0 |  |
| FW | 10 | 산토스 | ▽ 0/0 | ▽ 0/0 | ▽ 0/0 | ○ 1/1 | ▽ 0/0 C | ○ 1/1 | △ 1/0 | ▽ 2/0 | ▽ 0/1 | ▽ 0/0 |
|  | 11 | 로저 | ○ 0/0 C | ▽ 0/0 C |  |  | ○ 1/0 C | ○ 0/0 C | ○ 0/1 | △ 0/0 | ○ 1/1 | ○ 0/0 |
|  | 14 | 정대세 | △ 0/0 | △ 0/0 | ○ 0/0 | △ 0/0 | △ 0/0 |  | ▽ 1/0 |  | △ 0/0 |  |
|  | 25 | 조동건 |  |  |  |  |  |  |  |  |  |  |
|  | 28 | 하태균 |  |  |  |  |  |  |  |  |  |  |
|  | 36 | 김대경 |  |  | △ 0/0 |  |  |  |  |  |  |  |

| 위치 | 배번 | | 124 | 131 | 133 | 139 | 149 | 156 | 159 | 165 | 174 | 178 |
|---|---|---|---|---|---|---|---|---|---|---|---|---|
| | | 날짜 | 08.17 | 08.24 | 08.30 | 09.03 | 09.10 | 09.14 | 09.20 | 09.27 | 10.01 | 10.05 |
| | | 홈/원정 | 원정 | 홈 | 원정 | 홈 | 홈 | 원정 | 홈 | 원정 | 홈 | 원정 |
| | | 장소 | 광양 | 수원W | 진주J | 수원W | 수원W | 제주W | 수원W | 상주 | 수원W | 서울W |
| | | 상대 | 전남 | 성남 | 경남 | 부산 | 울산 | 제주 | 포항 | 상주 | 인천 | 서울 |
| | | 결과 | 패 | 무 | 승 | 무 | 승 | 무 | 승 | 승 | 무 | 승 |
| | | 점수 | 1:3 | 1:1 | 1:0 | 1:1 | 2:0 | 0:0 | 2:1 | 1:0 | 1:1 | 1:0 |
| | | 승점 | 35 | 36 | 39 | 40 | 43 | 44 | 47 | 50 | 51 | 54 |
| | | 순위 | 3 | 3 | 3 | 3 | 3 | 3 | 3 | 3 | 3 | 2 |
| | | 슈팅수 | 13:10 | 16:9 | 14:8 | 18:12 | 7:11 | 14:10 | 15:5 | 11:7 | 19:3 | 9:9 |
| GK | 1 | 정 성 룡 | ○ 0/0 | ○ 0/0 | ○ 0/0 | ○ 0/0 | ○ 0/0 | ○ 0/0 | ○ 0/0 C | ○ 0/0 | ○ 0/0 | ○ 0/0 |
| | 21 | 노 동 건 | | | | | | | | | | |
| DF | 2 | 최 재 수 | ○ 0/0 S | | | | | | | | | |
| | 3 | 양 상 민 | | | | | | | | | | |
| | 5 | 조 성 진 | ○ 0/0 | ○ 0/0 | ○ 0/0 | ○ 0/0 | ○ 0/0 | ○ 0/0 | ○ 0/0 | ○ 0/0 | | ○ 0/0 |
| | 15 | 구 자 룡 | | | | | | | | | | |
| | 17 | 홍 철 | | ○ 0/0 | ○ 0/0 | ○ 0/0 | ○ 0/0 | ○ 0/0 C | ○ 0/0 | ○ 0/0 | ○ 0/0 | ○ 0/0 C |
| | 30 | 신 세 계 | ○ 0/0 C | ○ 0/0 | △ 0/0 | ○ 0/0 | ▽ 0/0 | | | | | |
| | 39 | 민 상 기 | | | | ▽ 0/0 | | | | ○ 0/1 | | |
| | 44 | 곽 광 선 | | | | | | | | | | |
| | 45 | 헤 이 네 르 | ○ 0/0 | | ○ 0/0 | | △ 0/0 | | | | | |
| | 47 | 오 범 석 | | | | | | | | ○ 0/0 | ○ 0/0 C | ○ 0/0 |
| | 6 | 김 은 선 | ○ 0/0 C | ○ 0/0 | ○ 0/0 | ○ 0/0 | ○ 0/0 | ○ 0/0 | ○ 0/0 | ○ 0/0 | ○ 0/0 | ○ 0/0 |
| | 7 | 이 상 호 | | | | | | | | △ 0/0 | | |
| MF | 8 | 김 두 현 | ▽ 0/0 | ▽ 0/0 | ○ 0/0 | ▽ 0/0 | ▽ 0/0 | | | | | |
| | 9 | 오 장 은 | | | | | | | | | | |
| | 12 | 고 차 원 | ▽ 0/0 | △ 0/0 | ○ 0/1 | ▽ 0/0 | | ▽ 0/0 | ▽ 0/0 | △ 0/0 | | |
| | 13 | 서 정 진 | ▽ 0/0 | ▽ 0/0 | | △ 0/0 | ○ 1/0 | △ 0/0 | ▽ 0/0 | ▽ 0/0 | ▽ 0/1 | △ 0/0 |
| | 16 | 조 지 훈 | | △ 0/0 | | | △ 0/0 | △ 0/0 C | △ 0/0 | △ 0/0 | △ 0/0 | △ 0/0 |
| | 19 | 배 기 종 | | | △ 0/0 | △ 0/0 | | | | | | |
| | 22 | 권 창 훈 | △ 0/0 | | | △ 0/0 | △ 0/0 | ▽ 0/0 | ▽ 0/0 | ▽ 0/0 | ▽ 0/0 | ▽ 0/0 |
| | 26 | 염 기 훈 | ○ 0/1 | ○ 0/0 | ○ 0/0 | ○ 0/0 | ○ 0/0 | ○ 0/0 | ○ 1/1 | ○ 0/0 | △ 0/0 | ○ 0/1 |
| | 27 | 이 종 성 | | | | | | | | | | |
| FW | 10 | 산 토 스 | △ 1/0 | ○ 1/0 | ▽ 0/0 C | ▽ 0/0 | ▽ 0/1 | ▽ 0/0 | | ▽ 1/0 | ▽ 0/0 | ▽ 0/0 |
| | 11 | 로 저 | △ 0/0 | ▽ 0/0 | △ 1/0 | ○ 1/0 | ○ 0/0 | ▽ 0/0 | ○ 1/0 | ○ 1/0 | ○ 0/0 | ▽ 1/0 |
| | 14 | 정 대 세 | ○ 0/0 | △ 0/0 | ▽ 0/0 | | | | | | | △ 0/0 |
| | 25 | 조 동 건 | | | | | | | | | | |
| | 28 | 하 태 균 | | | | | | △ 0/0 | △ 0/0 C | | △ 0/0 | |
| | 36 | 김 대 경 | | | | | | | | | | |

선수자료: 득점/도움  ¤ = 대기  ○ = 선발출장  △ = 교체 IN  ▽ = 교체 OUT  ◈ = 교체 IN/OUT  C = 경고  S = 퇴장

| 위치 | 배번 | 경기번호 | 182 | 190 | 194 | 200 | 206 | 213 | 217 | 225 |
|---|---|---|---|---|---|---|---|---|---|---|
| | | 날 짜 | 10.11 | 10.19 | 10.26 | 11.01 | 11.09 | 11.16 | 11.22 | 11.30 |
| | | 홈/원정 | 홈 | 홈 | 원정 | 원정 | 홈 | 원정 | 홈 | 원정 |
| | | 장 소 | 수원W | 수원W | 전주W | 문수 | 수원W | 제주W | 수원W | 포항 |
| | | 상 대 | 전남 | 성남 | 전북 | 울산 | 서울 | 제주 | 전북 | 포항 |
| | | 결 과 | 승 | 무 | 패 | 승 | 패 | 승 | 패 | 승 |
| | | 점 수 | 2 : 1 | 2 : 2 | 0 : 1 | 3 : 0 | 0 : 1 | 1 : 0 | 1 : 2 | 2 : 1 |
| | | 승 점 | 57 | 58 | 58 | 61 | 61 | 64 | 64 | 67 |
| | | 순 위 | 2 | 2 | 2 | 1 | 2 | 2 | 2 | 2 |
| | | 슈팅수 | 14 : 11 | 11 : 4 | 9 : 7 | 12 : 9 | 16 : 14 | 12 : 8 | 14 : 10 | 10 : 8 |
| GK | 1 | 정 성 룡 | ○ 0/0 | ○ 0/0 | ○ 0/0 | ○ 0/0 | ○ 0/0 | | | ○ 0/0 |
| | 21 | 노 동 건 | | | | | | ○ 0/0 | ○ 0/0 | |
| DF | 2 | 최 재 수 | | | | | | △ 0/0 | | ○ 0/0 |
| | 3 | 양 상 민 | ○ 0/0 C | | | △ 0/0 | △ 0/0 | | | |
| | 5 | 조 성 진 | ○ 0/0 | ○ 0/0 | ○ 0/0 | ○ 0/0 C | | ○ 0/0 | ○ 0/0 | ○ 0/0 |
| | 15 | 구 자 룡 | | | | △ 0/0 | | | | △ 0/0 |
| | 17 | 홍 철 | | ○ 0/0 C | ▽ 0/0 | ▽ 0/0 | ○ 0/0 | ○ 0/0 | ○ 0/0 | |
| | 30 | 신 세 계 | | | | | | | | |
| | 39 | 민 상 기 | ○ 0/0 | ○ 0/0 | ○ 0/0 C | ○ 0/0 | ○ 0/0 C | ○ 0/0 | ○ 0/0 | ▽ 0/0 |
| | 44 | 곽 광 선 | | | | | | | | |
| | 45 | 헤이네르 | | | | | ○ 0/0 | | | |
| | 47 | 오 범 석 | ○ 0/0 | ○ 0/0 | ○ 0/0 | ○ 0/0 | ○ 0/0 | ○ 0/0 | ○ 0/0 C | ○ 0/0 |
| | 6 | 김 은 선 | ▽ 0/0 | ▽ 0/0 | ○ 0/0 | ○ 0/0 | ○ 0/0 | ○ 0/0 | ○ 0/0 | ○ 0/0 |
| | 7 | 이 상 호 | △ 0/0 | △ 0/0 | ▽ 0/0 | △ 1/0 | △ 0/0 | ▽ 0/0 | △ 0/0 | ○ 0/1 |
| MF | 8 | 김 두 현 | △ 0/1 | ○ 1/0 | ○ 0/0 | ○ 0/0 | ▽ 0/0 | ○ 1/0 | △ 0/0 | △ 0/0 |
| | 9 | 오 장 은 | | | | | | | | |
| | 12 | 고 차 원 | ▽ 0/0 | | ▽ 0/0 | | ▽ 0/0 | ○ 0/0 C | | ▽ 0/0 |
| | 13 | 서 정 진 | | ▽ 0/0 | | ▽ 0/0 | | | ▽ 0/0 | |
| | 16 | 조 지 훈 | | | | | | | | ▽ 0/0 |
| | 19 | 배 기 종 | | | | | | | | |
| | 22 | 권 창 훈 | ○ 0/1 | △ 0/0 | | | △ 0/0 | △ 0/0 | ▽ 0/0 | |
| | 26 | 염 기 훈 | ○ 0/0 | ○ 0/0 | ○ 0/0 | ○ 0/0 | ○ 0/0 | △ 0/0 | ○ 0/0 | △ 0/1 |
| | 27 | 이 종 성 | | | | | | | | |
| FW | 10 | 산 토 스 | ○ 2/0 | ○ 0/0 | △ 0/0 | ▽ 1/1 | ▽ 0/0 | ▽ 0/0 | ○ 0/1 | ○ 1/0 |
| | 11 | 로 저 | ▽ 0/0 | ▽ 0/0 | △ 0/0 | ○ 0/0 | ○ 0/0 C | | △ 0/0 | |
| | 14 | 정 대 세 | △ 0/0 | △ 1/0 | ○ 0/0 | | △ 0/0 | ○ 0/0 | ▽ 1/0 | ○ 1/0 |
| | 25 | 조 동 건 | | | | | | | | |
| | 28 | 하 태 균 | | | | | | | | |
| | 36 | 김 대 경 | | | | | | | | |

# FC서울

**창단년도**_ 1983년
**전화**_ 02-306-5050
**팩스**_ 02-306-1620
**홈페이지**_ www.fcseoul.com
**주소**_ 우 121-849 서울특별시 마포구 월드컵로 240
서울월드컵경기장 내
Seoul World Cup Stadium, 240, World Cup-ro, Mapo-gu,
Seoul, KOREA 121-849

## 연혁

1983 럭키금성황소축구단 창단
제1대 구자경 구단주 취임
1985 85 축구대제전 수퍼리그 우승
1986 86 축구대제전 준우승
1987 제1회 윈플라이컵 준우승
1988 제6회 홍콩 구정컵 3위
제43회 전국축구선수권대회 우승
1989 89 한국프로축구대회 준우승
1990 90 한국프로축구대회 우승
서울 연고지 이전
1991 구단명칭 'LG치타스'로 변경(마스코트: 황소 → 치타)
제2대 구본무 구단주 취임
1992 92 아디다스컵 준우승
1993 93 한국프로축구대회 준우승
1994 94 아디다스컵 준우승
1996 안양 연고지 이전(구단명칭 '안양LG치타스'로 변경)
1997 제2회 FA컵 3위
1998 제3대 허창수 구단주 취임
제3회 삼보체인지업 FA컵 우승
1999 99 아디다스컵 준우승
99 티켓링크 수퍼컵 준우승
2000 2000 삼성 디지털 K-리그 우승
2001 2001 포스데이타 수퍼컵 우승
2001 포스코 K-리그 준우승
2002 2001-02 아시안 클럽 챔피언십 준우승
2004 서울 연고지 복귀(구단명칭 'FC서울'로 변경)
2005 보카 주니어스 친선경기
K리그 단일 시즌 최다 관중 신기록 수립(45만 8,605명)
문화관광부 제정 제1회 스포츠산업대상 수상

2006 삼성 하우젠컵 2006 우승
FC 도쿄 친선경기
2007 삼성 하우젠컵 2007 준우승
프로스포츠 단일 경기 최다 관중 기록 수립(5만 5,397명)
맨체스터 유나이티드 친선경기, FC 도쿄 친선경기
2008 삼성 하우젠 K-리그 2008 준우승
LA 갤럭시 친선경기
2009 AFC 챔피언스리그 2009 8강
맨체스터 유나이티드 친선경기
2010 쏘나타 K리그 2010 우승
포스코컵 2010 우승
프로스포츠 단일 경기 최다 관중 신기록 수립(6만 747명)
K리그 단일 시즌 최다 총관중 신기록(54만 6,397명)
K리그 최다 홈 18연승 타이기록 수립
2011 AFC 챔피언스리그 2011 8강
구단 최다 7연승 신기록 수립
K리그 최초 2시즌 연속 50만 총관중 달성
2012 현대오일뱅크 K리그 2012 우승
K리그 단일 정규리그 최다 승점 신기록 수립(96점)
K리그 단일 정규리그 최다 승수 신기록 수립(29승)
K리그 3시즌 연속 최다 총관중 달성
2013 AFC 챔피언스리그 2013 준우승
K리그 통산 400승 달성
2014 제19회 하나은행 FA컵 준우승
AFC 챔피언스리그 2014 4강
K리그 최초 2년 연속 AFC 챔피언스리그 4강 진출
K리그 역대 최다 관중 1~10위 석권
(7/12 對수원 46,549명 입장/K리그 역대 최다 관중 9위 기록)
바이엘 04 레버쿠젠 친선경기

## FC서울 2014년 선수명단

대표이사_ 장기주  단장_ 이재하
감독_ 최용수  코치_ 김성재·이기형·김한윤·아디  피지컬코치_ 칸노 아쯔시  GK코치_ 원종덕
트레이너_ 박성률·황보현·최규정  전력분석_ 김정훈  통역_ 김현수  장비담당_ 이천길  주무_ 이재일

| 포지션 | 선수명 | | 생년월일 | 출신학교 | 키(cm) / 몸무게(kg) |
|---|---|---|---|---|---|
| GK | 김 용 대 | 金龍大 | 1979.10.11 | 연세대 | 189 / 82 |
| | 한 일 구 | 韓壹九 | 1987.02.18 | 고려대 | 194 / 93 |
| | 유 상 훈 | 柳相勳 | 1989.05.25 | 홍익대 | 194 / 84 |
| | 양 한 빈 | 梁韓彬 | 1991.08.30 | 백암중 | 195 / 90 |
| | 김 철 호 | 金喆鎬 | 1995.10.25 | 오산고 | 190 / 83 |
| DF | 최 효 진 | 崔孝鎭 | 1983.08.18 | 아주대 | 172 / 70 |
| | 이 웅 희 | 李雄熙 | 1988.07.18 | 배재대 | 182 / 78 |
| | 김 주 영 | 金周榮 | 1988.07.09 | 연세대 | 184 / 80 |
| | 차 두 리 | 車두리 | 1980.07.25 | 고려대 | 181 / 79 |
| | 김 진 규 | 金珍圭 | 1985.02.16 | 안동고 | 183 / 84 |
| | 김 치 우 | 金致佑 | 1983.11.11 | 중앙대 | 175 / 68 |
| | 심 상 민 | 沈相旼 | 1993.05.21 | 중앙대 | 172 / 70 |
| | 김 남 춘 | 金南春 | 1989.04.19 | 광운대 | 184 / 78 |
| | 오 스 마 르 | Osmar Barba Ibañez | 1988.06.05 | *스페인 | 192 / 86 |
| | 이 준 형 | 李駿炯 | 1991.02.12 | 명지대 | 184 / 78 |
| | 김 우 현 | 金祐賢 | 1991.09.20 | 고려대 | 181 / 66 |
| | 김 동 우 | 金東佑 | 1988.02.05 | 조선대 | 189 / 87 |
| | 황 현 수 | 黃賢秀 | 1995.07.22 | 오산고 | 183 / 80 |
| | 송 승 주 | 宋承柱 | 1991.04.26 | 동북고 | 177 / 76 |
| MF | 문 기 한 | 文記韓 | 1989.03.17 | 동북고 | 177 / 72 |
| | 고 요 한 | 高요한 | 1988.03.10 | 토월중 | 170 / 65 |
| | 강 승 조 | 康承助 | 1986.01.20 | 단국대 | 183 / 74 |
| | 최 현 태 | 崔玹態 | 1987.09.15 | 동아대 | 179 / 75 |
| | 한 태 유 | 韓泰酉 | 1981.03.31 | 명지대 | 186 / 79 |
| | 고 명 진 | 高明桭 | 1988.01.09 | 석관중 | 185 / 77 |
| | 윤 일 록 | 尹日錄 | 1992.03.07 | 진주고 | 178 / 65 |
| | 김 동 석 | 金東錫 | 1987.03.26 | 용강중 | 174 / 68 |
| | 고 광 민 | 高光民 | 1988.09.21 | 아주대 | 172 / 63 |
| | 이 상 협 | 李相協 | 1990.01.01 | 고려대 | 177 / 74 |
| | 정 승 용 | 鄭昇勇 | 1991.03.25 | 동북고 | 182 / 76 |
| | 최 명 훈 | 崔明訓 | 1993.01.03 | 숭실대 | 173 / 68 |
| | 조 남 기 | 趙南紀 | 1990.09.24 | 동국대 | 180 / 72 |
| | 김 원 식 | 金元植 | 1991.11.05 | 동북고 | 186 / 78 |
| FW | 에스쿠데로 | Sergio Escudero | 1988.09.01 | *일본 | 171 / 71 |
| | 에 벨 톤 | Everton Leandro dos Santos Pinto | 1986.10.14 | *브라질 | 178 / 71 |
| | 몰 리 나 | Mauricio Alejandro Molina Uribe | 1980.04.30 | *콜롬비아 | 176 / 66 |
| | 박 희 성 | 朴喜成 | 1990.04.07 | 고려대 | 188 / 80 |
| | 최 정 한 | 崔正漢 | 1989.06.03 | 연세대 | 178 / 73 |
| | 김 현 성 | 金賢聖 | 1989.09.27 | 동북고 | 186 / 77 |
| | 윤 주 태 | 尹柱泰 | 1990.06.22 | 연세대 | 181 / 78 |
| | 정 동 철 | 鄭東哲 | 1992.01.20 | 경희대 | 180 / 70 |
| | 정 조 국 | 鄭조국 | 1984.04.23 | 대신고 | 186 / 77 |
| | 심 제 혁 | 沈帝赫 | 1995.03.05 | 오산고 | 176 / 74 |

# FC서울 2014년 개인기록 _ K리그 클래식

| 위치 | 배번 | | 03 | 07 | 17 | 22 | 25 | 35 | 37 | 44 | 52 | 58 |
|---|---|---|---|---|---|---|---|---|---|---|---|---|
| | | 경기번호 | 03 | 07 | 17 | 22 | 25 | 35 | 37 | 44 | 52 | 58 |
| | | 날 짜 | 03.08 | 03.15 | 03.23 | 03.26 | 03.29 | 04.06 | 04.09 | 04.12 | 04.20 | 04.27 |
| | | 홈/원정 | 홈 | 원정 | 홈 | 홈 | 원정 | 홈 | 원정 | 홈 | 홈 | 원정 |
| | | 장 소 | 서울W | 탄천 | 서울W | 서울W | 문수 | 서울W | 상주 | 서울W | 서울W | 수원W |
| | | 상 대 | 전남 | 성남 | 부산 | 제주 | 울산 | 전북 | 상주 | 경남 | 포항 | 수원 |
| | | 결 과 | 패 | 무 | 패 | 승 | 패 | 무 | 패 | 무 | 패 | 승 |
| | | 점 수 | 0:1 | 0:0 | 0:1 | 2:0 | 1:2 | 1:1 | 1:2 | 0:0 | 0:1 | 1:0 |
| | | 승 점 | 0 | 1 | 1 | 4 | 4 | 5 | 5 | 6 | 6 | 9 |
| | | 순 위 | 4 | 9 | 10 | 9 | 8 | 9 | 11 | 11 | 11 | 10 |
| | | 슈팅수 | 9:14 | 11:13 | 18:7 | 14:11 | 11:12 | 10:6 | 15:9 | 10:10 | 11:3 | 4:11 |
| GK | 1 | 김용대 | ○0/0 | ○0/0 | ○0/0 | ○0/0 | ○0/0 | ○0/0 | ○0/0 | ○0/0 | ○0/0 | ○0/0 |
| | 31 | 유상훈 | | | | | | | | | | |
| DF | 2 | 최효진 | △0/0 | | | △0/0 | | | | | △0/0 | |
| | 3 | 이용희 | | | | ○0/0 | | | | ○0/0 | | |
| | 4 | 김주영 | ○0/0 C | ○0/0 | ○0/0 | ○0/0 | ○1/0 | ○0/0 C | ○0/0 | ○0/0 | | ○0/0 |
| | 5 | 차두리 | | | | ○0/0 | ○0/0 | ○0/0 | ○0/0 | | | |
| | 6 | 김진규 | ○0/0 | ○0/0 | | | ○0/0 | | ○0/1 | | | |
| | 7 | 김치우 | ○0/0 | ○0/0 | ○0/0 | △0/0 | △0/0 | ○0/0 | | | | ○0/1 |
| | 21 | 심상민 | | | | ▽0/0 | ▽0/0 | | | | | |
| | 26 | 김남춘 | | | | | | | | | | |
| | 28 | 오스마르 | ○0/0 | ○0/0 | ○0/0 | ○0/0 | ○0/0 C | ○0/0 | | ○0/0 | | ○0/0 |
| MF | 13 | 고요한 | ○0/0 | ▽0/0 | ▽0/0 | ○1/0 | ○0/0 | ○0/0 | ○0/0 | | | ▽0/0 C |
| | 15 | 최정한 | | | | | | | | | | |
| | 16 | 강승조 | ▽0/0 C | ▽0/0 | ▽0/0 | ○0/0 | ▽0/1 | | ▽0/0 | | | ▽0/0 |
| | 17 | 최현태 | | △0/0 | | △0/0 | ▽0/0 | | ▽0/0 C | | ○0/0 | △0/0 |
| | 22 | 고명진 | ○0/0 | ○0/0 | ○0/0 | | | ○0/0 | ○0/0 | | | |
| | 24 | 윤일록 | ▽0/0 | ○0/0 | ○0/0 | △1/0 | ○0/0 | ○1/0 | | △0/0 | | ○0/0 |
| | 25 | 김동석 | | | | | | | | | | |
| | 27 | 고광민 | ▽0/0 | | | | | | | △0/0 | | |
| | 29 | 이상협 | | | | | ▽0/0 | | | ▽0/0 | ▽0/0 | |
| FW | 9 | 에스쿠데로 | ○0/0 | △0/0 | △0/0 | ○0/1 | ○0/0 | △0/0 | △1/0 | | | △1/0 |
| | 10 | 에벨톤 | | | | | | | | | | |
| | 10 | 하파엘 | △0/0 | △0/0 C | ▽0/0 | | △0/0 C | △0/0 | △0/0 | | | △0/0 C |
| | 11 | 몰리나 | | | | | | | | | | |
| | 14 | 박희성 | | | △0/0 | ▽0/0 | △0/0 | | | | | |
| | 18 | 김현성 | △0/0 | ▽0/0 | | | | ▽0/1 | ○0/0 | △0/0 | ○0/0 | |
| | 19 | 윤주태 | | | | | | | | | | ▽0/0 |
| | 36 | 정조국 | | | | | | | | | | |
| | 40 | 심제혁 | | | | | | | | | | |

선수자료: 득점 / 도움   ☐ = 대기   ○ = 선발출장   △ = 교체 IN   ▽ = 교체 OUT   ◈ = 교체 IN / OUT   C = 경고   S = 퇴장

| 위치 | 배번 | | 경기번호 | 64 | 72 | 74 | 82 | 85 | 96 | 101 | 108 | 114 | 120 |
|---|---|---|---|---|---|---|---|---|---|---|---|---|---|
| | | | 날짜 | 05.03 | 05.18 | 07.05 | 07.09 | 07.12 | 07.19 | 07.23 | 08.03 | 08.06 | 08.10 |
| | | | 홈/원정 | 원정 | 홈 | 원정 | 원정 | 홈 | 원정 | 홈 | 원정 | 홈 | 원정 |
| | | | 장소 | 인천 | 서울W | 광양 | 포항 | 서울W | 제주W | 서울W | 김해 | 서울W | 부산A |
| | | | 상대 | 인천 | 성남 | 전남 | 포항 | 수원 | 제주 | 상주 | 경남 | 울산 | 부산 |
| | | | 결과 | 패 | 승 | 무 | 무 | 승 | 무 | 승 | 무 | 패 | 승 |
| | | | 점수 | 0:1 | 1:0 | 2:2 | 0:0 | 2:0 | 1:1 | 2:1 | 1:1 | 0:1 | 2:0 |
| | | | 승점 | 9 | 12 | 13 | 14 | 17 | 18 | 21 | 22 | 22 | 25 |
| | | | 순위 | 11 | 9 | 7 | 9 | 7 | 7 | 7 | 7 | 7 | 7 |
| | | | 슈팅수 | 12:9 | 11:6 | 25:12 | 5:6 | 18:9 | 10:20 | 10:6 | 8:13 | 16:7 | 10:7 |
| GK | 1 | 김용대 | | ○ 0/0 | ○ 0/0 | ▽ 0/0 | | | | | | | |
| | 31 | 유상훈 | | | | △ 0/0 | ○ 0/0 | ○ 0/0 | ○ 0/0 | ○ 0/0 | ○ 0/0 | ○ 0/0 | ○ 0/0 |
| DF | 2 | 최효진 | | | ○ 0/0 | | | | | | | | |
| | 3 | 이웅희 | | ○ 0/0 | | | ○ 0/0 | ▽ 0/0 | ○ 0/0 | ○ 0/0 | ○ 0/0 | ○ 0/0 | ○ 0/0 |
| | 4 | 김주영 | | | ○ 0/0 | ○ 0/0 C | | ○ 0/0 | ○ 0/0 | ○ 0/0 | ○ 0/0 | ○ 0/0 C | ○ 0/0 |
| | 5 | 차두리 | | ○ 0/0 | ○ 0/1 | △ 0/0 C | ○ 0/0 C | ○ 0/1 | ▽ 0/0 | | △ 0/0 | ○ 0/0 | ○ 0/0 |
| | 6 | 김진규 | | ○ 0/0 | ○ 0/0 | ○ 0/0 C | ○ 0/0 | ○ 0/0 | ○ 1/0 | ○ 0/0 | | ▽ 0/0 | △ 0/0 |
| | 7 | 김치우 | | ○ 0/0 | | ○ 0/0 | ○ 0/0 | ○ 0/0 | ○ 0/0 C | ○ 0/0 | ○ 0/1 | ▽ 0/0 | ▽ 0/0 |
| | 21 | 심상민 | | | | | | | | | | | |
| | 26 | 김남춘 | | | | | | | | | | | |
| | 28 | 오스마르 | | ○ 0/0 | ○ 0/0 C | ○ 1/0 | ○ 0/0 | ○ 0/0 | ○ 0/0 | ○ 0/0 | ▽ 0/0 C | | ○ 0/0 C |
| MF | 13 | 고요한 | | ▽ 0/0 | ▽ 0/0 | ▽ 0/0 | △ 0/0 | △ 0/0 | ○ 0/1 | ▽ 0/0 | | | |
| | 15 | 최정한 | | | | | | | | | | △ 0/0 | |
| | 16 | 강승조 | | ▽ 0/0 | △ 0/0 | | △ 0/0 | △ 0/0 | | | △ 0/0 | | |
| | 17 | 최현태 | | △ 0/0 | ▽ 0/0 | ▽ 0/0 | | | | | | ○ 0/0 | |
| | 22 | 고명진 | | ○ 0/0 | ○ 0/0 | ○ 0/0 | ○ 0/0 | ○ 0/0 | ○ 0/0 | ○ 0/0 C | ○ 0/0 | ○ 0/0 C | ○ 0/0 |
| | 24 | 윤일록 | | ○ 0/0 | ○ 0/0 | ○ 0/1 | ▽ 0/0 | △ 0/0 | ◆ 0/0 | | △ 0/0 | ○ 0/0 | |
| | 25 | 김동석 | | | | | | | | | | | |
| | 27 | 고광민 | | | | | | | ▽ 0/0 | △ 0/1 | ▽ 0/0 C | | △ 0/0 |
| | 29 | 이상협 | | | △ 0/0 | △ 0/0 | ▽ 0/0 | | | | | | |
| FW | 9 | 에스쿠데로 | | ○ 0/0 | ▽ 0/0 | ○ 0/0 | ▽ 0/0 | ▽ 0/0 | ○ 0/0 | ▽ 1/0 C | ▽ 0/0 | △ 0/0 | ○ 1/0 |
| | 10 | 에벨톤 | | | | | | | △ 1/0 | ▽ 0/0 | ○ 1/0 | ○ 0/0 | ○ 0/0 |
| | 10 | 하파엘 | | | | | | | | | | | |
| | 11 | 몰리나 | | | | ○ 1/1 | ○ 0/1 | ○ 0/1 | | ○ 1/0 | ○ 0/0 | ○ 0/0 | △ 1/0 |
| | 14 | 박희성 | | △ 0/0 | △ 1/0 | | | | | △ 0/0 | | | ▽ 0/0 |
| | 18 | 김현성 | | | | | | | | | | | |
| | 19 | 윤주태 | | | | | △ 0/0 | △ 1/0 | △ 0/0 | | | △ 0/0 | |
| | 36 | 정조국 | | | | | | | | | | | |
| | 40 | 심제혁 | | | | | | | △ 0/0 | | | | |

| 위치 | 배번 | 선수 | 122 | 128 | 137 | 144 | 148 | 153 | 157 | 168 | 178 | 172 |
|---|---|---|---|---|---|---|---|---|---|---|---|---|
| | | 날짜 | 08.16 | 08.23 | 08.31 | 09.07 | 09.10 | 09.13 | 09.20 | 09.24 | 10.05 | 10.09 |
| | | 홈/원정 | 홈 | 원정 | 홈 | 원정 | 원정 | 홈 | 원정 | 홈 | 홈 | 원정 |
| | | 장소 | 서울W | 전주W | 서울W | 포항 | 탄천 | 서울W | 전주W | 서울W | 서울W | 울산 |
| | | 상대 | 인천 | 전북 | 제주 | 포항 | 성남 | 인천 | 전북 | 경남 | 수원 | 울산 |
| | | 결과 | 승 | 승 | 무 | 승 | 승 | 승 | 무 | 무 | 패 | 승 |
| | | 점수 | 5:1 | 2:1 | 0:0 | 1:0 | 2:1 | 3:1 | 0:0 | 1:1 | 0:1 | 3:0 |
| | | 승점 | 28 | 31 | 32 | 35 | 38 | 41 | 42 | 43 | 43 | 46 |
| | | 순위 | 7 | 7 | 7 | 7 | 6 | 5 | 5 | 5 | 6 | 5 |
| | | 슈팅수 | 13:9 | 13:11 | 10:8 | 10:7 | 7:8 | 6:13 | 10:9 | 9:9 | 9:9 | 12:7 |
| GK | 1 | 김용대 | ○0/0 | ○0/0 | ○0/0 | | ○0/0 | | ○0/0 | ○0/0 | ○0/0 | |
| | 31 | 유상훈 | | | | ○0/0 | | ○0/0 | | | | ○0/0 |
| DF | 2 | 최효진 | | ○0/0 | | ○0/0 C | ○0/0 | ○0/1 C | | | ○0/0 | ○0/0 |
| | 3 | 이웅희 | | ○0/0 | ○0/0 | ○0/0 | ○0/0 C | | ○0/0 | ○0/0 | ○0/0 | ○0/0 |
| | 4 | 김주영 | | ○0/0 | ○0/0 | | | ○0/0 C | ○0/0 | ○0/0 | ▽0/0 | |
| | 5 | 차두리 | | | | ○0/0 C | | ○0/0 | ○0/0 | ○0/0 | ○0/0 | |
| | 6 | 김진규 | ○0/1 | | | ○0/0 | ○0/0 | △1/0 | ○0/0 C | | | ○0/0 C |
| | 7 | 김치우 | ○1/1 | | | | | | | | △0/0 | |
| | 21 | 심상민 | | | | | | | | | | |
| | 26 | 김남춘 | ○0/0 | ▽0/0 | | △0/0 | | | ○0/0 | | | ○1/0 |
| | 28 | 오스마르 | ○0/1 | | △0/0 | ○0/0 | | ▽0/0 | ▽0/0 | | | |
| MF | 13 | 고요한 | ○1/0 | ○0/0 C | △0/0 | ▽0/0 C | | ○0/0 | ▽0/0 | △1/0 | ▽0/0 | ○0/2 |
| | 15 | 최정한 | △0/0 | | | | △0/1 | ▽1/0 C | | △0/0 | | ▽0/0 |
| | 16 | 강승조 | △0/0 | | | | | ○0/0 | ▽0/0 | ○0/0 | | |
| | 17 | 최현태 | ▽0/0 | ○0/0 | ▽0/0 | | ▽0/0 | | | | | △0/0 |
| | 22 | 고명진 | | △0/1 | ○0/0 | ○0/0 | ○1/0 | △0/0 | ○0/0 C | | ○0/0 | ▽0/0 |
| | 24 | 윤일록 | ▽1/1 | ○2/0 | ▽0/0 | | | | | | | |
| | 25 | 김동석 | | | | | | | | | | ▽0/0 C |
| | 27 | 고광민 | ○0/0 | | ○0/0 | ○0/0 C | ○1/0 | | △0/0 | | ○0/0 | |
| | 29 | 이상협 | ○1/0 | ▽0/0 | △0/0 | ▽0/0 | △0/0 C | ▽0/0 | △0/0 | ▽0/0 | | △0/0 |
| FW | 9 | 에스쿠데로 | | | | △0/1 | ▽0/0 | | | | ○0/0 | ○2/0 |
| | 10 | 에벨톤 | | △0/0 | ▽0/0 | ○1/0 | ○0/0 | | ○0/0 | | ▽0/0 | |
| | 10 | 하파엘 | | | | | | | | | | |
| | 11 | 몰리나 | △1/0 | | ○0/0 | | | | △0/0 | △0/0 | ○0/0 C | △0/0 |
| | 14 | 박희성 | ▽0/0 | | ▽0/0 | ▽0/0 | ▽0/0 | | | ▽0/0 C | ▽0/0 | |
| | 18 | 김현성 | | | | | | | | | | |
| | 19 | 윤주태 | | | | △0/0 | △0/0 | ○1/0 | | | | △0/0 |
| | 36 | 정조국 | | | | | | | | | △0/0 | |
| | 40 | 심제혁 | | | | | | | | △0/0 | | |

선수자료 : 득점/도움  ☆ = 대기  ○ = 선발출장  △ = 교체 IN  ▽ = 교체 OUT  ◈ = 교체 IN/OUT  C = 경고  S = 퇴장

| 위치 | 배번 | | 186 | 188 | 197 | 201 | 206 | 212 | 219 | 224 | | | |
|---|---|---|---|---|---|---|---|---|---|---|---|---|---|
| | | 경기번호 | 186 | 188 | 197 | 201 | 206 | 212 | 219 | 224 | | | |
| | | 날짜 | 10.12 | 10.18 | 10.26 | 11.02 | 11.09 | 11.16 | 11.26 | 11.30 | | | |
| | | 홈/원정 | 원정 | 원정 | 홈 | 홈 | 원정 | 홈 | 홈 | 원정 | | | |
| | | 장소 | 상주 | 광양 | 서울W | 서울W | 수원W | 서울W | 서울W | 제주W | | | |
| | | 상대 | 상주 | 전남 | 부산 | 전북 | 수원 | 울산 | 포항 | 제주 | | | |
| | | 결과 | 패 | 승 | 무 | 패 | 승 | 무 | 무 | 승 | | | |
| | | 점수 | 0:1 | 2:1 | 1:1 | 0:1 | 1:0 | 2:2 | 0:0 | 2:1 | | | |
| | | 승점 | 46 | 49 | 50 | 50 | 53 | 54 | 55 | 58 | | | |
| | | 순위 | 5 | 5 | 4 | 5 | 3 | 3 | 3 | 3 | | | |
| | | 슈팅수 | 4:11 | 10:12 | 11:8 | 8:7 | 14:16 | 16:6 | 13:6 | 14:12 | | | |
| GK | 1 | 김용대 | | ○ 0/0 | ○ 0/0 | | | | ○ 0/0 | ○ 0/0 | | | |
| | 31 | 유상훈 | ○ 0/0 | | | ○ 0/0 | ○ 0/0 | ○ 0/0 | | | | | |
| DF | 2 | 최효진 | ○ 0/0 | | | ○ 0/0 | | | | | | | |
| | 3 | 이웅희 | ○ 0/0 C | ○ 0/0 | ○ 0/1 | ○ 0/0 | ○ 0/0 | ○ 0/0 | | | | | |
| | 4 | 김주영 | | ○ 1/0 | ○ 0/0 | | | ○ 0/0 | | | | | |
| | 5 | 차두리 | | ○ 0/0 | ○ 0/0 | ○ 0/0 | ○ 0/0 | | ○ 0/0 | △ 0/0 | | | |
| | 6 | 김진규 | | ○ 0/0 | ○ 0/0 | ○ 0/0 | ○ 0/0 | | ○ 0/0 | ○ 0/0 | | | |
| | 7 | 김치우 | | ○ 0/0 | ○ 0/0 | | | △ 0/0 | ○ 0/0 | | | | |
| | 21 | 심상민 | | | | | | | | | | | |
| | 26 | 김남춘 | ○ 0/0 | | | | ○ 0/0 C | | | | | | |
| | 28 | 오스마르 | ○ 0/0 | ○ 0/0 | | ○ 0/0 C | ○ 0/0 | ○ 0/0 | ○ 0/0 | ○ 1/0 | | | |
| MF | 13 | 고요한 | ○ 0/0 | ▽ 0/0 | ▽ 0/0 | △ 0/0 | △ 1/0 | ○ 0/0 | | ▽ 0/0 | | | |
| | 15 | 최정한 | ▽ 0/0 | | | | | | | | | | |
| | 16 | 강승조 | △ 0/0 C | | | | | | | | | | |
| | 17 | 최현태 | | △ 0/0 | | | | | | △ 0/0 | | | |
| | 22 | 고명진 | | ○ 0/0 | ○ 0/0 | ○ 0/0 | ○ 0/0 | ○ 1/0 | | | | | |
| | 24 | 윤일록 | | | | △ 0/0 | ▽ 0/0 | ○ 1/0 | ▽ 0/0 | ○ 1/0 | | | |
| | 25 | 김동석 | ▽ 0/0 | | | | | | △ 0/0 | | | | |
| | 27 | 고광민 | ▽ 0/0 | | | | ○ 0/0 | ○ 0/1 | ○ 0/1 | △ 0/0 | | | |
| | 29 | 이상협 | ○ 0/0 C | | | △ 0/0 | | ▽ 0/0 | ▽ 0/0 | ▽ 0/0 | | | |
| FW | 9 | 에스쿠데로 | ○ 0/0 | ▽ 0/0 | ▽ 0/0 | ▽ 0/0 C | △ 0/0 | ▽ 0/1 | ○ 0/0 | ○ 0/1 | | | |
| | 10 | 에벨톤 | | △ 0/0 | | | ▽ 0/0 | | ○ 0/0 | ○ 0/1 | | | |
| | 10 | 하파엘 | | | | | | | | | | | |
| | 11 | 몰리나 | △ 0/0 | ▽ 1/1 | ○ 0/0 | ▽ 0/0 | | | △ 0/0 | △ 0/0 | | | |
| | 14 | 박희성 | | | △ 1/0 | △ 0/0 | ▽ 0/0 | | ▽ 0/0 | ▽ 0/0 | | | |
| | 18 | 김현성 | | | | | | | | | | | |
| | 19 | 윤주태 | △ 0/0 | | | | | | | | | | |
| | 36 | 정조국 | | △ 0/0 | | | | | | | | | |
| | 40 | 심제혁 | | | | | △ 0/0 | △ 0/0 | | | | | |

27

# 포 항 스 틸 러 스

**창단년도_** 1973년

**전화_** 054-282-2002

**팩스_** 054-282-9500

**홈페이지_** www.steelers.co.kr

**주소_** 우 790-300 경상북도 포항시 남구 동해안로 6213번길 20
(괴동동) 스틸야드 內

Steelyard, 20, Donghaean-ro 6213beon-gil, Nam-gu,
Pohang-si, Gyeongsangbuk-do, KOREA 790-300

## 연혁

| | |
|---|---|
| 1973 실업축구단 창단 | 2004 삼성 하우젠 K-리그 2004 준우승 |
| 1974 제22회 대통령배 전국축구대회 우승 | 2005 A3 챔피언스컵 준우승 |
| 1982 코리안리그 우승 | 삼성하우젠 K-리그 2005 통합 5위(전기 4위, 후기 6위) |
| 1984 프로축구단 전환 | K-리그 최초 팀 통산 1,000호 골 달성(10월 29일 울산전) |
| 1985 구단 명칭 변경(돌핀스 → 아톰즈) | 2006 삼성 하우젠 K-리그 2006 우승(전기 2위, 후기 2위) |
| 1986 86 축구대제전 종합우승 | 2007 삼성 하우젠 K-리그 2007 통합 3위(전기 2위, 후기 2위) |
| 1988 87 한국프로축구대회 우승 | 제12회 하나은행 FA컵 준우승 |
| 1990 국내 최초 축구전용구장 준공(11월 1일) | 2008 제13회 하나은행 FA컵 우승 |
| 1992 92 한국프로축구대회 우승 | 2009 2009 AFC 챔피언스리그 우승 |
| 1993 93 아디다스컵 우승 | 피스컵 코리아 2009 우승 |
| 1995 95 하이트배 코리안리그 후기 우승 | FIFA 클럽월드컵 3위 |
| 1996 제1회 FA컵 우승 | 2009 K-리그 통합 2위 |
| 1997 구단 명칭 변경(아톰즈 → 스틸러스) | 2010 2010 AFC 챔피언스리그 8강 |
| 제16회 아시안 클럽 챔피언십 우승 | 쏘나타 K-리그 2010 9위 |
| 1998 국내 최초 프로팀 통산 200승 달성(8월 26일) | 2011 제16회 하나은행 FA컵 4강 |
| 제17회 아시안 클럽 챔피언십 우승(2연패) | 러시앤캐시컵 2011 8강 |
| 2000 송라 스틸러스 클럽하우스 준공(북구 송라면) | 현대오일뱅크 K-리그 2011 정규리그 2위 / 챔피언십 3위 |
| 2001 제6회 서울은행 FA컵 우승 | 2012 제17회 하나은행 FA컵 우승 |
| 2002 제7회 서울·하나은행 FA컵 준우승 | 현대오일뱅크 K-리그 2012 3위 |
| 2003 사명 변경[(주)포항프로축구 → (주)포항 스틸러스] | 2013 현대오일뱅크 K-리그 클래식 2013 우승 |
| 유소년 클럽시스템 도입(U-18, U-15, U-12 클럽) | 제18회 하나은행 FA컵 우승 |
| 축구장 2면 준공 | 2014 현대오일뱅크 K-리그 클래식 2014 4위 |

## 포항 스틸러스 2014년 선수명단

대표이사_ 장성환  단장_ 이재열
감독_ 황선홍  수석코치_ 강철  코치_ 윤희준, 피지컬코치_ 플라비오  GK코치_ 김일진  주무_ 임정민, 재활트레이너_ 김태수·안승훈, 장비_ 이상열

| 포지션 | 선수명 | | 생년월일 | 출신교 | 키(cm) / 몸무게(kg) |
|---|---|---|---|---|---|
| GK | 신 화 용 | 申 和 容 | 1983.04.13 | 청주대 | 182 / 78 |
| | 김 다 솔 | 金 다 솔 | 1989.01.04 | 연세대 | 188 / 77 |
| | 김 진 영 | 金 珍 英 | 1992.03.02 | 건국대 | 195 / 85 |
| | 강 현 무 | 姜 賢 茂 | 1995.03.13 | 포철고 | 185 / 78 |
| DF | 박 희 철 | 朴 喜 撤 | 1986.01.07 | 홍익대 | 178 / 75 |
| | 김 광 석 | 金 光 碩 | 1983.02.12 | 청평공고 | 183 / 73 |
| | 김 대 호 | 金 大 虎 | 1988.05.15 | 숭실대 | 180 / 78 |
| | 김 원 일 | 金 源 一 | 1986.10.18 | 숭실대 | 185 / 77 |
| | 신 광 훈 | 申 光 勳 | 1987.03.18 | 포철공고 | 178 / 73 |
| | 윤 준 성 | 尹 峻 成 | 1989.09.28 | 경희대 | 187 / 82 |
| | 김 준 수 | 金 俊 洙 | 1991.07.29 | 영남대 | 178 / 78 |
| | 배 슬 기 | 裵 슬 기 | 1985.06.09 | 광양제철고 | 183 / 78 |
| | 김 형 일 | 金 亨 鎰 | 1984.04.27 | 경희대 | 187 / 88 |
| | 박 선 주 | 朴 宣 住 | 1993.03.26 | 연세대 | 174 / 62 |
| | 이 원 재 | 李 源 在 | 1986.02.24 | 포철공고 | 185 / 81 |
| | 길 영 태 | 吉 永 泰 | 1991.06.15 | 관동대 | 185 / 79 |
| MF | 김 태 수 | 金 泰 樹 | 1981.08.25 | 광운대 | 180 / 76 |
| | 황 지 수 | 黃 智 秀 | 1981.03.17 | 호남대 | 175 / 72 |
| | 김 재 성 | 金 在 成 | 1983.10.03 | 아주대 | 175 / 72 |
| | 문 창 진 | 文 昶 辰 | 1993.07.12 | 포철공고 | 170 / 63 |
| | 이 명 주 | 李 明 周 | 1990.04.24 | 영남대 | 177 / 72 |
| | 강 상 우 | 姜 傷 佑 | 1993.10.07 | 경희대 | 176 / 62 |
| | 손 준 호 | 孫 準 浩 | 1992.05.12 | 영남대 | 178 / 62 |
| | 이 광 혁 | 李 侊 赫 | 1995.09.11 | 포철고 | 169 / 60 |
| | 박 준 희 | 朴 俊 熙 | 1991.03.01 | 건국대 | 184 / 77 |
| FW | 김 승 대 | 金 承 大 | 1991.04.01 | 영남대 | 175 / 64 |
| | 배 천 석 | 裵 千 爽 | 1990.04.27 | 숭실대 | 189 / 79 |
| | 신 영 준 | 辛 詠 俊 | 1989.09.06 | 호남대 | 179 / 71 |
| | 박 은 철 | 朴 恩 哲 | 1989.11.17 | 안동고 | 177 / 70 |
| | 이 광 훈 | 李 侊 勳 | 1993.11.26 | 포철공고 | 170 / 65 |
| | 고 무 열 | 高 武 烈 | 1990.09.05 | 숭실대 | 185 / 78 |
| | 유 제 호 | 劉 濟 湖 | 1992.08.10 | 아주대 | 172 / 63 |
| | 이 진 석 | 李 桭 錫 | 1991.09.10 | 영남대 | 187 / 79 |
| | 강 수 일 | 姜 修 一 | 1987.07.15 | 상지대 | 184 / 74 |
| | 유 창 현 | 柳 昌 鉉 | 1985.05.14 | 대구대 | 181 / 75 |
| | 조 찬 호 | 趙 澯 鎬 | 1986.04.10 | 연세대 | 170 / 68 |

# 포항 스틸러스 2014년 개인기록_ K리그 클래식

| 경기번호 | 01 | 09 | 13 | 21 | 26 | 34 | 39 | 45 | 52 | 59 |
|---|---|---|---|---|---|---|---|---|---|---|
| 날 짜 | 03.08 | 03.15 | 03.22 | 03.26 | 03.29 | 04.06 | 04.09 | 04.12 | 04.20 | 04.27 |
| 홈/원정 | 홈 | 원정 | 홈 | 원정 | 홈 | 원정 | 홈 | 홈 | 원정 | 홈 |
| 장 소 | 포항 | 부산A | 포항 | 전주W | 포항 | 광양 | 포항 | 포항 | 서울W | 포항 |
| 상 대 | 울산 | 부산 | 수원 | 전북 | 상주 | 전남 | 경남 | 제주 | 서울 | 인천 |
| 결 과 | 패 | 패 | 승 | 승 | 승 | 무 | 승 | 승 | 승 | 승 |
| 점 수 | 0 : 1 | 1 : 3 | 2 : 1 | 3 : 1 | 4 : 2 | 2 : 2 | 3 : 0 | 3 : 0 | 1 : 0 | 3 : 0 |
| 승 점 | 0 | 0 | 3 | 6 | 9 | 10 | 13 | 16 | 19 | 22 |
| 순 위 | 4 | 12 | 7 | 5 | 3 | 4 | 2 | 1 | 1 | 1 |
| 슈팅수 | 12 : 10 | 6 : 11 | 11 : 6 | 9 : 8 | 8 : 9 | 11 : 10 | 8 : 8 | 7 : 5 | 3 : 11 | 9 : 8 |

| 위치 | 배번 | 선수 | 01 | 09 | 13 | 21 | 26 | 34 | 39 | 45 | 52 | 59 |
|---|---|---|---|---|---|---|---|---|---|---|---|---|
| GK | 1 | 신 화 용 | ○ 0/0 | ○ 0/0 | ○ 0/0 | ○ 0/0 | ○ 0/0 | ○ 0/0 | ○ 0/0 | ○ 0/0 | ○ 0/0 | ○ 0/0 |
| | 31 | 김 다 솔 | | | | | | | | | | |
| | 41 | 김 진 영 | | | | | | | | | | |
| DF | 2 | 박 희 철 | ○ 0/0 | ○ 0/0 C | | ○ 0/0 | ▽ 0/0 | | ○ 0/0 | ▽ 0/0 C | | ▽ 0/0 C |
| | 3 | 김 광 석 | ○ 0/0 | | ○ 0/0 | | ○ 0/0 | ○ 0/0 | ○ 0/0 | ○ 0/0 | | ○ 1/0 |
| | 6 | 김 준 수 | | | | △ 0/0 | | | | | | |
| | 13 | 김 원 일 | ○ 0/0 C | ○ 0/0 | ○ 0/0 | | ○ 0/0 C | | | | ○ 0/0 | |
| | 17 | 신 광 훈 | ○ 0/0 | ○ 0/0 C | | ○ 0/0 C | ○ 0/1 | | ○ 0/0 | ○ 0/0 | | ○ 1/0 |
| | 20 | 윤 준 성 | | | | △ 0/0 | | | | | | |
| | 22 | 김 대 호 | | | ○ 0/0 | | | ○ 0/0 | | | △ 0/0 C | △ 0/1 C |
| | 24 | 배 슬 기 | | | | ○ 0/0 C | | | ○ 0/0 | ○ 0/0 | | ○ 0/0 |
| | 27 | 박 선 주 | | | | △ 0/0 | △ 0/0 | | | | ○ 0/0 | △ 0/0 |
| | 32 | 김 형 일 | | | | ▽ 0/0 | | | | | | |
| | 38 | 길 영 태 | | | | | | | | | | |
| MF | 5 | 김 태 수 | ▽ 0/0 | ▽ 0/0 | ▽ 0/1 | | ▽ 0/0 | ○ 0/0 | ○ 0/0 | | | ○ 0/0 |
| | 7 | 김 재 성 | ○ 0/0 | ▽ 0/0 | ▽ 0/0 C | | ○ 0/0 C | ○ 1/0 | △ 0/0 | ▽ 2/0 | ○ 0/1 C | |
| | 9 | 황 지 수 | | | | | | | | | ○ 0/0 CC | △ |
| | 19 | 문 창 진 | △ 0/0 | △ 0/0 | △ 1/0 | ○ 0/0 C | ▽ 0/0 | | ▽ 0/2 | | | △ 0/0 |
| | 25 | 박 준 희 | | | | | | | | | | |
| | 28 | 손 준 호 | | | | ○ 0/0 | △ 1/0 | | ○ 0/0 | ○ 0/1 C | △ 0/0 | ○ 0/0 |
| | 29 | 이 명 주 | ○ 0/0 | ○ 1/0 | ○ 0/1 | ○ 1/1 | ○ 0/2 C | △ 1/0 C | ▽ 0/1 | ○ 0/1 C | | ○ 1/0 |
| | 34 | 이 광 혁 | | | | | | | | | | |
| FW | 11 | 강 수 일 | | | | | | △ 0/0 | ▽ 1/0 | | ▽ 0/0 | ▽ 0/0 |
| | 12 | 김 승 대 | ▽ 0/0 | ○ 0/0 | ○ 0/0 | ○ 1/1 C | ○ 1/0 | | ○ 2/0 | ▽ 1/1 | ○ 1/0 | ○ 0/1 |
| | 14 | 배 천 석 | △ 0/0 | △ 0/0 | | | | | | △ 0/0 | | |
| | 15 | 신 영 준 | △ 0/0 | | | | | △ 0/0 | △ 0/0 | △ 0/0 | | |
| | 16 | 이 광 훈 | | | | ▽ 0/0 | | ▽ 0/0 | | | | |
| | 18 | 고 무 열 | ▽ 0/0 | ○ 0/1 C | ▽ 0/0 | | ▽ 1/0 | ○ 0/0 | ▽ 0/0 | ▽ 0/0 | △ 0/0 | ▽ 0/0 |
| | 21 | 이 진 석 | | | △ 0/0 | | | | | | | |
| | 23 | 유 창 현 | | △ 0/0 | △ 1/0 | ▽ 1/1 | △ 0/0 | ▽ 0/0 | △ 0/0 | | ▽ 0/0 | |
| | 26 | 조 찬 호 | ○ 0/0 | | | | | | | | | |
| | 30 | 강 상 우 | | | | | | | | | | |

선수자료 : 득점/도움  ¤ = 대기  ○ = 선발출장  △ = 교체 IN  ▽ = 교체 OUT  ◆ = 교체 IN/OUT  C = 경고  S = 퇴장

| 위치 | 배번 | | 61 | 69 | 77 | 82 | 87 | 94 | 100 | 106 | 113 | 115 |
|---|---|---|---|---|---|---|---|---|---|---|---|---|
| | | 경기번호 | 61 | 69 | 77 | 82 | 87 | 94 | 100 | 106 | 113 | 115 |
| | | 날짜 | 05.03 | 05.10 | 07.05 | 07.09 | 07.12 | 07.20 | 07.23 | 08.03 | 08.06 | 08.09 |
| | | 홈/원정 | 원정 | 홈 | 원정 | 홈 | 원정 | 홈 | 원정 | 원정 | 홈 | 원정 |
| | | 장소 | 탄천 | 포항 | 제주W | 포항 | 문수 | 포항 | 인천 | 수원W | 포항 | 상주 |
| | | 상대 | 성남 | 전남 | 제주 | 서울 | 울산 | 부산 | 인천 | 수원 | 성남 | 상주 |
| | | 결과 | 패 | 승 | 무 | 무 | 승 | 승 | 무 | 패 | 승 | 승 |
| | | 점수 | 1:3 | 3:1 | 0:0 | 0:0 | 2:0 | 2:0 | 0:0 | 1:4 | 1:0 | 2:0 |
| | | 승점 | 22 | 25 | 26 | 27 | 30 | 33 | 34 | 34 | 37 | 40 |
| | | 순위 | 1 | 1 | 1 | 1 | 1 | 1 | 1 | 2 | 2 | 2 |
| | | 슈팅수 | 9:8 | 17:8 | 7:17 | 6:5 | 7:13 | 9:7 | 7:8 | 11:12 | 8:3 | 9:9 |
| GK | 1 | 신화용 | ○ 0/0 | ○ 0/0 C | ○ 0/0 | ○ 0/0 | ○ 0/0 | ○ 0/0 | ○ 0/0 C | | | ○ 0/0 |
| | 31 | 김다솔 | | | | | | | | ○ 0/0 | ○ 0/0 | |
| | 41 | 김진영 | | | | | | | | | | |
| DF | 2 | 박희철 | | △ 0/0 | ▽ 0/0 | ○ 0/0 | | ▽ 0/0 | | | ▽ 0/0 C | |
| | 3 | 김광석 | ○ 0/0 | ○ 0/0 | ○ 0/0 | ○ 0/0 | ○ 0/0 | ○ 0/0 | ○ 0/0 | ○ 0/0 | | ○ 0/0 |
| | 6 | 김준수 | | | | | | | | | | |
| | 13 | 김원일 | | ○ 0/0 | ○ 0/0 | ○ 0/0 | | ○ 0/0 C | | | | |
| | 17 | 신광훈 | ○ 0/0 | ○ 0/0 | ○ 0/0 C | | ○ 0/0 | ○ 1/0 | ○ 0/0 | ○ 0/0 C | ○ 1/0 | ○ 0/0 |
| | 20 | 윤준성 | | | | | | | | | | |
| | 22 | 김대호 | ▽ 0/0 C | | ○ 0/0 | ○ 0/0 | ○ 0/0 C | △ 0/0 | | | | |
| | 24 | 배슬기 | ○ 1/0 | | | | | | △ 0/0 | | | |
| | 27 | 박선주 | △ 0/0 C | ○ 0/0 | △ 0/0 | ▽ 0/0 | ▽ 0/0 | | | | | |
| | 32 | 김형일 | | | | | | ○ 0/0 C | ○ 0/0 | ○ 0/0 | ○ 0/0 | ○ 0/0 |
| | 38 | 길영태 | | | | | | | | | | |
| MF | 5 | 김태수 | ○ 0/0 | ▽ 0/0 | | | | | | △ 0/0 | ▽ 0/0 | ○ 0/0 |
| | 7 | 김재성 | | | | △ 0/0 | △ 1/0 | ▽ 0/1 | ▽ 0/0 | ○ 0/0 C | ○ 0/0 C | ▽ 0/0 |
| | 9 | 황지수 | ○ 0/0 C | △ 0/0 | ○ 0/0 | ○ 0/0 | ○ 0/0 | ○ 0/0 C | ○ 0/0 | ▽ 1/0 C | | |
| | 19 | 문창진 | | △ 0/0 | △ 0/0 | ▽ 0/0 | ▽ 0/0 | | | | | ▽ 0/0 |
| | 25 | 박준희 | | | | | | | | | | |
| | 28 | 손준호 | △ 0/0 | ○ 0/0 C | ○ 0/0 CC | | | ○ 0/0 | ○ 0/0 | ○ 0/0 C | | ○ 0/0 |
| | 29 | 이명주 | ○ 0/1 | ○ 1/2 | | | | | | | | |
| | 34 | 이광혁 | | | △ 0/0 | ▽ 0/0 C | △ 0/0 | △ 0/0 | △ 0/0 | ▽ 0/0 | | |
| FW | 11 | 강수일 | ○ 0/0 | | | ○ 0/0 | ▽ 0/2 | ○ 1/0 | ▽ 0/0 | ○ 0/0 | △ 0/0 | △ 1/0 |
| | 12 | 김승대 | ▽ 0/0 | ○ 1/0 | ○ 0/0 C | ○ 0/0 | ○ 1/0 | ○ 0/0 | ○ 0/0 | ○ 0/0 | | ○ 0/2 |
| | 14 | 배천석 | △ 0/0 | | | | | | | | | |
| | 15 | 신영준 | | | | △ 0/0 | | | | △ 0/0 | △ 0/0 | △ 0/0 C |
| | 16 | 이광훈 | ▽ 0/0 | | | | | | | ▽ 0/0 | | |
| | 18 | 고무열 | | ▽ 0/0 | | | | △ 0/0 | △ 0/0 | △ 0/0 | ▽ 0/0 | ▽ 1/0 |
| | 21 | 이진석 | | | | | | | | | | |
| | 23 | 유창현 | | | ▽ 0/0 | △ 0/0 | △ 0/0 | ▽ 0/0 | | | | △ 0/0 |
| | 26 | 조찬호 | | | | | | | | | | |
| | 30 | 강상우 | | | ▽ 0/0 | | | | | | | |

31

| 위치 | 배번 | 이름 | 경기번호 123 | 127 | 136 | 144 | 146 | 151 | 159 | 166 | 169 | 179 |
|---|---|---|---|---|---|---|---|---|---|---|---|---|
| | | 날짜 | 08.16 | 08.23 | 08.31 | 09.07 | 09.10 | 09.13 | 09.20 | 09.28 | 10.01 | 10.05 |
| | | 홈/원정 | 홈 | 원정 | 원정 | 홈 | 원정 | 홈 | 원정 | 홈 | 원정 | 홈 |
| | | 장소 | 포항 | 창원C | 문수 | 포항 | 광양 | 포항 | 수원W | 포항 | 양산 | 포항 |
| | | 상대 | 전북 | 경남 | 울산 | 서울 | 전남 | 성남 | 수원 | 전북 | 경남 | 부산 |
| | | 결과 | 패 | 무 | 승 | 패 | 승 | 승 | 패 | 무 | 패 | 무 |
| | | 점수 | 0 : 2 | 0 : 0 | 2 : 1 | 0 : 1 | 1 : 0 | 1 : 0 | 1 : 2 | 2 : 2 | 1 : 2 | 0 : 0 |
| | | 승점 | 40 | 41 | 44 | 44 | 47 | 50 | 50 | 51 | 51 | 52 |
| | | 순위 | 2 | 2 | 2 | 2 | 2 | 1 | 2 | 2 | 2 | 3 |
| | | 슈팅수 | 3 : 13 | 6 : 5 | 10 : 18 | 7 : 10 | 6 : 13 | 2 : 10 | 5 : 15 | 6 : 12 | 9 : 8 | 7 : 4 |
| GK | 1 | 신화용 | ○ 0/0 | | | ○ 0/0 | ○ 0/0 | ○ 0/0 | ○ 0/0 C | ○ 0/0 | ○ 0/0 | ○ 0/0 |
| | 31 | 김다솔 | | ○ 0/0 | | | | | ○ 0/0 | | | |
| | 41 | 김진영 | | | | | | | | | | |
| DF | 2 | 박희철 | △ 0/0 C | | ○ 0/0 C | | ○ 0/0 | ▽ 0/0 | | ○ 0/0 | | |
| | 3 | 김광석 | ○ 0/0 | | ○ 0/0 C | | ○ 0/0 | ○ 0/0 | ○ 0/0 C | ○ 0/0 | ○ 0/0 | ○ 0/0 |
| | 6 | 김준수 | | ○ 0/0 | △ 0/0 | | ○ 0/0 C | ○ 0/0 | ▽ 0/0 | | | |
| | 13 | 김원일 | | | | | ○ 0/0 | | | ○ 0/0 C | ▽ 0/0 | ○ 0/0 |
| | 17 | 신광훈 | ○ 0/0 | | | | ○ 0/0 C | ○ 0/0 | ○ 0/0 | ○ 0/0 C | ○ 0/1 | ○ 0/0 |
| | 20 | 윤준성 | | | △ 0/0 C | | | | △ 0/0 | △ 0/1 | △ 0/0 | △ 0/0 |
| | 22 | 김대호 | ▽ 0/0 | | | | | | | ○ 0/0 | ○ 0/0 C | ○ 0/0 |
| | 24 | 배슬기 | ○ 0/0 | ○ 0/0 | ○ 0/0 CC | | | | △ 0/0 | | | |
| | 27 | 박선주 | | ○ 0/0 C | ○ 0/0 | ○ 0/0 C | | △ 0/0 | ○ 0/0 | ○ 0/0 C | △ 0/0 | ○ 0/0 |
| | 32 | 김형일 | | | | ○ 0/0 | ○ 0/0 | | | ○ 0/0 C | | |
| | 38 | 길영태 | | ○ 0/0 C | | | | | | | | |
| MF | 5 | 김태수 | ○ 0/0 | | | △ 0/0 | ○ 0/0 | ○ 0/0 | ▽ 0/0 | ○ 0/0 | | ▽ 0/0 |
| | 7 | 김재성 | ▽ 0/0 | | ▽ 1/1 | ○ 0/0 | ○ 0/0 | ○ 0/1 | | ○ 0/0 | ▽ 0/0 | |
| | 9 | 황지수 | | | | ▽ 0/0 | ▽ 0/0 | | | | △ 0/0 C | ▽ 0/0 |
| | 19 | 문창진 | △ 0/0 | ○ 0/0 | △ 0/0 | △ 0/0 | ▽ 1/0 | ○ 0/0 | △ 0/0 | | ○ 0/0 | △ 0/0 |
| | 25 | 박준희 | | ○ 0/0 | | | | | | | | |
| | 28 | 손준호 | ○ 0/0 C | ○ 0/0 | ○ 0/0 C | | | | | | | ○ 0/0 |
| | 29 | 이명주 | | | | | | | | | | |
| | 34 | 이광혁 | | | △ 0/0 | | △ 0/0 | △ 0/0 | | | | |
| FW | 11 | 강수일 | ○ 0/0 C | ▽ 0/0 | ▽ 1/0 | ▽ 0/0 | ▽ 0/0 | ▽ 0/0 | ○ 0/0 | △ 1/1 C | ○ 0/0 | ▽ 0/0 |
| | 12 | 김승대 | ○ 0/0 | △ 0/0 | ○ 0/1 C | | | | | | | ○ 0/0 |
| | 14 | 배천석 | | | | | | | | | | |
| | 15 | 신영준 | | ▽ 0/0 | | | △ 0/0 | △ 0/0 | ○ 0/0 C | ▽ 0/0 | | |
| | 16 | 이광훈 | | | | | | | | | | |
| | 18 | 고무열 | ▽ 0/0 | | ○ 0/0 | ▽ 0/0 | ▽ 0/0 | ○ 1/0 | ▽ 0/0 | ○ 0/0 | ○ 1/0 C | ○ 0/0 |
| | 21 | 이진석 | | | | | | | | | | |
| | 23 | 유창현 | △ 0/0 | ▽ 0/0 | | △ 0/0 | △ 0/0 | △ 0/1 | ○ 1/0 | ▽ 1/0 | ▽ 0/0 C | |
| | 26 | 조찬호 | | | | | | | | | | |
| | 30 | 강상우 | | | | | | | | | | |

선수자료 : 득점/도움   ☐ = 대기   ○ = 선발출장   △ = 교체 IN   ▽ = 교체 OUT   ◆ = 교체 IN/OUT   C = 경고   S = 퇴장

| 위치 | 배번 | 경기번호 | 181 | 189 | 193 | 199 | 207 | 211 | 219 | 225 | | | |
|---|---|---|---|---|---|---|---|---|---|---|---|---|---|
| | | 날 짜 | 10.11 | 10.18 | 10.26 | 11.01 | 11.09 | 11.15 | 11.26 | 11.30 | | | |
| | | 홈/원정 | 원정 | 원정 | 홈 | 홈 | 홈 | 원정 | 원정 | 홈 | | | |
| | | 장 소 | 인천 | 제주W | 포항 | 포항 | 포항 | 전주W | 서울W | 포항 | | | |
| | | 상 대 | 인천 | 제주 | 상주 | 제주 | 울산 | 전북 | 서울 | 수원 | | | |
| | | 결 과 | 패 | 패 | 승 | 무 | 무 | 패 | 무 | 패 | | | |
| | | 점 수 | 1:2 | 0:3 | 3:0 | 1:1 | 2:2 | 0:1 | 0:0 | 1:2 | | | |
| | | 승 점 | 52 | 52 | 55 | 56 | 57 | 57 | 58 | 58 | | | |
| | | 순 위 | 3 | 3 | 3 | 2 | 4 | 4 | 5 | 5 | | | |
| | | 슈팅수 | 12:3 | 9:13 | 12:3 | 9:7 | 13:7 | 5:9 | 6:13 | 8:10 | | | |
| GK | 1 | 신 화 용 | ○ 0/0 | ○ 0/0 | ○ 0/0 | ○ 0/0 | ▽ 0/0 | | | | | | |
| | 31 | 김 다 솔 | | | | | | ○ 0/0 | ○ 0/0 | ○ 0/0 | | | |
| | 41 | 김 진 영 | | | | | △ 0/0 | | | | | | |
| DF | 2 | 박 희 철 | | | | | | ○ 0/0 | | | | | |
| | 3 | 김 광 석 | ○ 0/0 | ○ 0/0 | | | | ○ 0/0 | ○ 0/0 | ○ 1/0 | | | |
| | 6 | 김 준 수 | ○ 0/0 C | ○ 0/0 CC | | | | | ○ 0/0 | ▽ 0/0 | | | |
| | 13 | 김 원 일 | | | ○ 0/0 | ○ 1/0 C | ○ 0/0 | ▽ 0/0 | | | | | |
| | 17 | 신 광 훈 | ○ 0/0 C | ○ 0/0 | ○ 0/0 | ○ 0/0 | ○ 0/0 | ○ 0/0 | ○ 0/0 C | ○ 0/0 | | | |
| | 20 | 윤 준 성 | | | △ 0/0 | | △ 0/0 | △ 0/0 | △ 0/0 | △ 0/0 | | | |
| | 22 | 김 대 호 | △ 0/0 | ○ 0/0 | ○ 0/0 | ○ 0/0 | ○ 0/0 C | | ○ 0/0 | ○ 0/0 | | | |
| | 24 | 배 슬 기 | ▽ 0/0 | ○ 0/0 | | | | | ○ 0/0 | ○ 0/0 | | | |
| | 27 | 박 선 주 | ▽ 0/0 | | | | | | | | | | |
| | 32 | 김 형 일 | | | ○ 1/0 | ○ 0/0 | ○ 0/0 | △ 0/0 C | | △ 0/0 | | | |
| | 38 | 길 영 태 | | | | | | | | | | | |
| MF | 5 | 김 태 수 | ○ 0/0 | | | △ 0/0 | ○ 0/0 | ○ 0/0 C | ○ 0/0 | | | | |
| | 7 | 김 재 성 | | ▽ 0/0 | ▽ 1/0 C | | ▽ 1/0 | ▽ 0/0 | ▽ 0/0 | ○ 0/0 | | | |
| | 9 | 황 지 수 | ○ 0/0 | | ○ 0/0 | ○ 0/0 C | ▽ 0/0 | ○ 0/1 | ○ 0/0 | | | | |
| | 19 | 문 창 진 | | | | | | | | △ 0/0 | | | |
| | 25 | 박 준 희 | | | | | | | | | | | |
| | 28 | 손 준 호 | ○ 0/0 | ○ 0/0 | ○ 0/1 | ○ 0/0 | △ 0/0 | ○ 0/0 | ○ 0/0 C | | | | |
| | 29 | 이 명 주 | | | | | | | | | | | |
| | 34 | 이 광 혁 | | | | | | | | | | | |
| FW | 11 | 강 수 일 | △ 0/0 | | ▽ 0/0 | | ○ 0/0 | △ 0/0 | ▽ 0/0 | ○ 0/0 | | | |
| | 12 | 김 승 대 | | ○ 0/0 | ○ 1/0 | ○ 0/1 C | ○ 1/0 | ○ 0/0 | ▽ 0/0 | ▽ 0/1 | | | |
| | 14 | 배 천 석 | | | | | | | | | | | |
| | 15 | 신 영 준 | | | △ 0/0 | ▽ 0/0 C | | | | | | | |
| | 16 | 이 광 훈 | | | | | | | | | | | |
| | 18 | 고 무 열 | ○ 1/0 | ▽ 0/0 | | ▽ 0/0 | | | | | | | |
| | 21 | 이 진 석 | | | | | | | | | | | |
| | 23 | 유 창 현 | ▽ 0/0 | △ 0/0 | ▽ 0/0 | △ 0/0 | ▽ 0/1 | | △ 0/0 | △ 0/0 | | | |
| | 26 | 조 찬 호 | | | | | | | | | | | |
| | 30 | 강 상 우 | △ 0/0 | △ 0/0 C | △ 0/0 | △ 0/0 | | ▽ 0/0 | △ 0/0 | ▽ 0/0 | | | |

33

# 제주 유나이티드

**창단년도**_ 1982년

**전화**_ 064-738-0934~6

**팩스**_ 064-738-0600

**홈페이지**_ www.jeju-utd.com

**주소**_ 우 697-828 제주특별자치도 서귀포시 일주서로 166-31
(강정동)
166-31, Iljuseo-ro(Gangjeong-dong), Seogwipo-si, Jeju-do,
KOREA 697-828

## 연혁

1982 유공 코끼리 축구단 창단
(프로축구단 제2호)
초대 최종현 구단주, 조규항 단장 취임
초대 이종환 감독 취임
1983 프로축구 원년 구단으로 리그 참가
(연고지: 서울, 인천, 경기)
83 수퍼리그 3위
1984 84 축구대제전 수퍼리그 전반기 우승
84 축구대제전 수퍼리그 챔피언결정전
준우승
1985 제2대 김정남 감독 취임
제1회 일본 국제평화기원 축구대회 우승
85 축구대제전 수퍼리그 5위
1986 86 축구대제전 5위
86 프로축구선수권 3위
1987 87 한국프로축구대회 3위
1988 88 한국프로축구대회 3위
1989 89 한국프로축구대회 우승
1990 2군 창설(함흥철 감독, 조윤환 코치 취임)
제21회 태국 킹스컵 축구대회 3위
90 한국프로축구대회 4위
90 한국프로축구 2군리그 준우승
인천, 경기 → 서울 연고지 이전 (12월)
1991 91 한국프로축구대회 4위
1992 92 한국프로축구대회 6위
92 아디다스컵 4위
제2대 이계원 단장 취임
제3대 박성화 감독 취임
1993 93 한국프로축구대회 5위
93 아디다스컵 6위
제2대 김항덕 구단주 취임
1994 94 아디다스컵 우승
94 하이트배 코리안리그 준우승
제4대 니폼니시 감독(러시아) 취임
1995 95 아디다스컵 4위
95 하이트배 코리안리그 전반기 리그 5위
95 하이트배 코리안리그 후반기 리그 2위

1996 서울 → 부천 연고지 이전 (1월)
유공 코끼리 → 부천 유공 구단명칭 변경
96 아디다스컵 우승
96 라피도컵 프로축구대회 전기리그 4위
96 라피도컵 프로축구대회 전기리그 2위
1997 97 아디다스컵 5위
97 라피도컵 프로축구대회 10위
97 프로스펙스컵 B조 3위
부천 유공 → 부천 SK 구단명칭 변경(10월)
1998 98 아디다스컵 코리아컵 준우승
98 필립모리스코리아컵 준우승
98 현대컵 K-리그 7위
제5대 조윤환 감독 취임
1999 제3대 강성길 단장 취임
99 대한화재컵 A조 3위
99 아디다스컵 8위
99 바이코리아컵 K-리그 3위
2000 2000 대한화재컵 우승
2000 삼성 디지털 K-리그 준우승
2000 아디다스컵 9위
2001 아디다스컵 2001 B조 5위
2001 포스코 K-리그 7위
제6대 최윤겸 감독 취임
2002 아디다스컵 2002 A조 3위
2002 삼성 파브 K-리그 8위
제7대 트나즈 트르판 감독(터키) 취임
2003 제8대 하재훈 감독 취임
삼성 하우젠 K-리그 2003 12위
제8회 하나은행 FA컵 공동 3위
2004 제9대 정해성 감독 취임
삼성 하우젠 K-리그 2004 13위
삼성 하우젠컵 2004 11위
제9회 하나은행 FA컵 준우승
2005 제4대 정순기 단장 취임
제3대 신한철 SK(주) 대표이사 구단주 취임
삼성 하우젠 K-리그 2005 5위
삼성 하우젠컵 2005 4위

2006 부천 → 제주 연고지 이전
부천SK → 제주 유나이티드 FC 구단명칭 변경
삼성 하우젠 K-리그 2006 13위
삼성 하우젠컵 2006 8위
2007 제주 유나이티드 FC 클럽하우스 준공
삼성 하우젠 K-리그 2007 11위
삼성 하우젠컵 2007 A조 6위
2007 하나은행 FA컵 공동 3위
2008 제10대 알툴 감독 취임
삼성 하우젠 K-리그 2008 10위
삼성 하우젠컵 2008 A조 5위
제주유나이티드에프씨 주식회사로 독립법
인 전환
2009 제1대 변명기 대표이사 취임
2009 K-리그 14위
피스컵 코리아 2009 8강
제11대 박경훈 감독 취임
코리안 풋볼 드림매치 2009 연변FC 초청
경기
2010 제4대 구자영 구단주 취임
쏘나타 K리그 2010 준우승
제15회 하나은행 FA컵 공동 3위 및 페어
플레이상 수상
K리그 개인상 수상(감독상, MVP, 'FAN'tastic
Player)
2011 현대오일뱅크 K리그 2011 9위
AFC 챔피언스리그 2011 조별예선 3위
2012 축구단 창단 30주년
현대오일뱅크 K리그 2012 6위
제17회 하나은행 FA컵 페어플레이상 수상
2013 현대오일뱅크 K리그 클래식 2013 9위
제18회 하나은행 FA컵 공동3위
팬 프렌들리 클럽 수상
2014 현대오일뱅크 K리그 클래식 2014 5위
제19회 하나은행 FA컵 32강
대한민국 스포츠산업대상 대통령표창 수상
(프로구단 최초)

## 제주 유나이티드 2014년 선수명단

감독_ 박경훈   수석코치_ 이도영   코치_ 조성환   피지컬코치_ 니시가타   GK코치_ 정기동   주무_ 정진하
스카우터_ 박동우   분석관_ 권혁수   AT_ 김장열·정상록·김우중

| 포지션 | 성명 | 한자명 | 생년월일 | 출신교 | 키(cm) / 몸무게(kg) |
|---|---|---|---|---|---|
| GK | 김 인 석 | 金仁錫 | 1992.04.23 | 군장대 | 182 / 80 |
| | 김 경 민 | 金耿民 | 1991.11.01 | 한양대 | 189 / 82 |
| | 김 형 록 | 金洞菉 | 1991.06.17 | 동아대 | 184 / 78 |
| | 김 호 준 | 金鎬浚 | 1984.06.21 | 고려대 | 190 / 89 |
| DF | 강 준 우 | 康準佑 | 1982.06.03 | 인천대 | 186 / 84 |
| | 김 봉 래 | 金鳳來 | 1990.07.02 | 명지대 | 175 / 62 |
| | 김 상 원 | 金相沅 | 1992.02.20 | 울산대 | 175 / 71 |
| | 알 렉 스 | Aleksandar Jovanovic | 1989.08.04 | *호주 | 196 / 83 |
| | 오 반 석 | 吳반석 | 1988.05.20 | 건국대 | 189 / 81 |
| | 이 용 | 李龍 | 1989.01.21 | 고려대 | 187 / 80 |
| | 정 다 훤 | 鄭多烜 | 1987.12.22 | 충북대 | 180 / 74 |
| | 한 용 수 | 韓龍洙 | 1990.05.05 | 한양대 | 183 / 80 |
| | 황 도 연 | 黃渡然 | 1991.02.27 | 광양제철고 | 183 / 72 |
| | 황 인 호 | 黃仁浩 | 1990.03.26 | 대구대 | 186 / 81 |
| MF | 김 수 범 | 金洙範 | 1990.10.02 | 상지대 | 174 / 66 |
| | 김 영 신 | 金映伸 | 1986.02.28 | 연세대 | 174 / 67 |
| | 드 로 겟 | Hugo Patricio Droguett Diocares | 1982.09.02 | *칠레 | 170 / 72 |
| | 박 수 창 | 朴洙瘡 | 1989.06.20 | 경희대 | 174 / 70 |
| | 배 세 현 | 裵世玄 | 1995.03.27 | 제주제일고 | 175 / 73 |
| | 송 진 형 | 宋珍炯 | 1987.08.13 | 당산서중 | 176 / 69 |
| | 조 준 현 | 曹準鉉 | 1989.09.26 | 한남대 | 171 / 68 |
| | 진 대 성 | 晋大星 | 1989.09.19 | 전주대 | 179 / 72 |
| | 허 범 산 | 許範山 | 1989.09.14 | 우석대 | 180 / 70 |
| | 오 승 범 | 吳承範 | 1981.02.26 | 오현고 | 174 / 70 |
| | 윤빛가람 | 尹빛가람 | 1990.05.07 | 중앙대 | 178 / 75 |
| | 장 은 규 | 張殷圭 | 1992.08.15 | 건국대 | 173 / 70 |
| | 이 현 호 | 李賢晧 | 1988.11.28 | 탐라대 | 170 / 64 |
| FW | 김 현 | 金玄 | 1993.05.03 | 전주영생고 | 191 / 85 |
| | 황 일 수 | 黃一琇 | 1987.08.08 | 동아대 | 173 / 72 |
| | 배 일 환 | 朴俊赫 | 1988.07.20 | 단국대 | 178 / 77 |
| | 루 이 스 | Luiz Carlos Marques Lima | 1989.05.30 | *브라질 | 172 / 70 |

# 제주 유나이티드 2014년 개인기록 _ K리그 클래식

| 위치 | 배번 | | 06 | 12 | 14 | 22 | 29 | 32 | 38 | 45 | 54 | 56 |
|---|---|---|---|---|---|---|---|---|---|---|---|---|
| | | 경기번호 | 06 | 12 | 14 | 22 | 29 | 32 | 38 | 45 | 54 | 56 |
| | | 날 짜 | 03.09 | 03.16 | 03.22 | 03.26 | 03.30 | 04.05 | 04.09 | 04.12 | 04.20 | 04.26 |
| | | 홈/원정 | 홈 | 원정 | 홈 | 원정 | 홈 | 원정 | 홈 | 원정 | 홈 | 홈 |
| | | 장 소 | 제주W | 광양 | 제주W | 서울W | 제주W | 상주 | 제주W | 포항 | 제주W | 제주W |
| | | 상 대 | 수원 | 전남 | 성남 | 서울 | 경남 | 상주 | 전북 | 포항 | 인천 | 부산 |
| | | 결 과 | 패 | 승 | 승 | 패 | 무 | 승 | 승 | 패 | 승 | 승 |
| | | 점 수 | 0:1 | 2:1 | 1:0 | 0:2 | 1:1 | 1:0 | 2:0 | 0:3 | 1:0 | 2:1 |
| | | 승 점 | 0 | 3 | 6 | 6 | 7 | 10 | 13 | 13 | 16 | 19 |
| | | 순 위 | 8 | 4 | 4 | 6 | 7 | 4 | 3 | 4 | 3 | 3 |
| | | 슈팅수 | 15:4 | 10:11 | 8:9 | 11:14 | 15:6 | 17:13 | 7:12 | 5:7 | 10:12 | 11:11 |
| GK | 1 | 김 호 준 | ○0/0 | ○0/0 | ○0/0 | ○0/0 | ○0/0 | ○0/0 | ○0/0 | ○0/0 | ○0/0 | ○0/0 |
| | 21 | 김 경 민 | | | | | | | | | | |
| DF | 2 | 정 다 원 | ○0/0 | ○1/0 | ○0/0 | ○0/0 | ○0/0 | ○0/0 | ○0/0 | ○0/0 C | ○0/0 | ○0/0 |
| | 4 | 강 준 우 | | △0/0 | | | | △0/0 | △0/0 | | | |
| | 5 | 오 반 석 | ○0/0 | | ○0/0 | ○0/0 C | | ○0/0 C | ○0/0 | | △0/0 | △0/0 |
| | 6 | 황 도 연 | | | | | | | | ○0/0 | ○0/0 | ○0/0 |
| | 15 | 알 렉 스 | | | ○0/0 | ○0/0 | ○0/0 | ○0/0 | ○0/0 | ○0/0 | ▽0/0 | |
| | 22 | 김 수 범 | ○0/0 | ○0/0 | | ○0/0 C | ▽0/0 C | | | | ▽0/0 | ▽0/0 C |
| | 24 | 이 용 | ○0/0 | ○0/0 | | △0/0 | ○0/0 | | ○0/0 | ○0/0 C | | |
| | 27 | 김 봉 래 | | | | | | △0/0 | | | | |
| MF | 8 | 오 승 범 | △0/0 | △0/0 | △0/0 | ▽0/0 | | ○0/0 | ○0/0 | ▽0/0 | | |
| | 10 | 송 진 형 | ▽0/0 | ▽0/0 | ○1/0 | ○0/0 C | ○1/0 | ○0/1 | ▽0/0 | ○0/0 | | ○0/0 |
| | 14 | 윤 빛 가 람 | ▽0/0 | | | ○0/0 | △0/0 | | ○1/0 | ○0/0 C | | ○1/1 |
| | 17 | 허 범 산 | | | | | | | | | | △0/0 |
| | 18 | 진 대 성 | | | | | | △0/0 | △0/0 | △0/0 | | △1/0 |
| | 19 | 드 로 겟 | ○0/0 | ○1/0 | | | △0/0 | ○0/1 | ○1/0 | ○0/0 | | |
| | 20 | 에 스 티 벤 | ○0/0 | | | | ▽0/0 | △0/0 | ▽0/0 | | | ▽0/0 |
| | 26 | 박 수 창 | | | | | | | | | | |
| | 35 | 김 상 원 | | | | | | | | | | |
| | 37 | 장 은 규 | | | | | | | | | ▽0/0 C | ○0/0 |
| FW | 7 | 스 토 키 치 | △0/0 | △0/0 C | ▽0/0 | | ▽0/0 | | | △0/0 | | |
| | 7 | 루 이 스 | | | | | | | | | | |
| | 9 | 김 현 | ○0/0 | ▽0/0 | △0/1 | ▽0/0 | △0/0 | ▽0/0 | ▽1/1 | ○0/0 | ○0/0 C | ○0/1 |
| | 11 | 황 일 수 | ▽0/0 | ○0/1 | △0/0 | ○0/0 | △0/0 | | | | | |
| | 13 | 배 일 환 | △0/0 | | | ▽0/0 | | ○0/0 | ▽0/0 | ▽0/1 C | ▽0/0 | ○0/0 |
| | 16 | 김 영 신 | | | | ▽0/0 | | | | | | |
| | 25 | 이 현 호 | | | | | | | | | | |

선수자료 : 득점/도움    ☆ = 대기    ○ = 선발출장    △ = 교체 IN    ▽ = 교체 OUT    ◆ = 교체 IN/OUT    C = 경고    S = 퇴장

| 위치 | 배번 | 경기번호 | 63 | 71 | 77 | 80 | 89 | 96 | 97 | 105 | 112 | 119 |
|---|---|---|---|---|---|---|---|---|---|---|---|---|
| | | 날짜 | 05.03 | 05.10 | 07.05 | 07.09 | 07.13 | 07.19 | 07.23 | 08.02 | 08.06 | 08.10 |
| | | 홈/원정 | 원정 | 원정 | 홈 | 원정 | 원정 | 홈 | 홈 | 원정 | 홈 | 원정 |
| | | 장소 | 문수 | 창원C | 제주W | 전주W | 탄천 | 제주W | 제주W | 부산A | 제주W | 수원W |
| | | 상대 | 울산 | 경남 | 포항 | 전북 | 성남 | 서울 | 전남 | 부산 | 상주 | 수원 |
| | | 결과 | 무 | 무 | 무 | 무 | 승 | 무 | 승 | 무 | 패 | 패 |
| | | 점수 | 1:1 | 1:1 | 0:0 | 1:1 | 2:1 | 1:1 | 2:0 | 1:1 | 2:3 | 0:1 |
| | | 승점 | 20 | 21 | 22 | 23 | 26 | 27 | 30 | 31 | 31 | 31 |
| | | 순위 | 3 | 3 | 3 | 5 | 4 | 4 | 3 | 3 | 4 | 4 |
| | | 슈팅수 | 11:14 | 10:15 | 17:7 | 9:20 | 10:17 | 20:10 | 11:17 | 11:6 | 16:20 | 10:15 |
| GK | 1 | 김 호 준 | ○ 0/0 | ○ 0/0 | ○ 0/0 | ○ 0/0 | ○ 0/0 | ○ 0/0 | ○ 0/0 | ○ 0/0 | | ○ 0/0 |
| | 21 | 김 경 민 | | | | | | | | | | |
| DF | 2 | 정 다 훤 | ○ 0/0 | ○ 0/0 | ▽ 0/0 C | | △ 0/0 | ▽ 0/0 | ○ 0/0 | ▽ 0/0 | | ○ 0/0 |
| | 4 | 강 준 우 | | | | | | | | | | |
| | 5 | 오 반 석 | ○ 0/0 | ○ 0/0 | △ 0/0 | ○ 0/0 | ○ 0/0 | ○ 0/0 | ○ 0/0 | ○ 0/0 | ▽ 0/0 | ○ 0/0 |
| | 6 | 황 도 연 | ○ 0/0 | ○ 0/0 | ▽ 0/0 | ○ 0/0 C | | | △ 0/0 | | ○ 0/0 | |
| | 15 | 알 렉 스 | | | ○ 0/0 | ○ 0/0 C | ○ 0/0 C | ○ 0/0 | ○ 1/1 | ▽ 0/0 | | ○ 0/0 |
| | 22 | 김 수 범 | | | ○ 0/0 | ▽ 0/0 | ○ 0/0 C | ○ 0/0 C | ▽ 0/0 | ○ 0/0 C | | ○ 0/0 |
| | 24 | 이 용 | ○ 0/0 | ○ 0/0 | | △ 0/0 | | | | | | △ 0/0 |
| | 27 | 김 봉 래 | | | △ 0/0 | ▽ 0/1 | △ 0/0 | | | △ 0/0 | | |
| MF | 8 | 오 승 범 | | | | | △ 0/0 | | | | △ 0/0 | ▽ 0/0 |
| | 10 | 송 진 형 | ○ 0/0 | ○ 0/0 | ○ 0/0 | ○ 1/0 | ○ 0/0 | ▽ 0/0 | ○ 0/0 | ○ 0/0 | ○ 0/0 | ○ 0/0 |
| | 14 | 윤 빛 가 람 | ○ 0/1 | ○ 0/0 | ○ 0/0 C | ▽ 0/1 | ▽ 0/0 | ○ 0/0 | ○ 0/1 | | ○ 1/0 | ○ 0/0 |
| | 17 | 허 범 산 | | | | | | | | | | |
| | 18 | 진 대 성 | △ 0/0 | △ 1/0 | | | | | | | △ 0/0 | ▽ 0/0 |
| | 19 | 드 로 겟 | ○ 0/0 | ○ 0/0 | ▽ 0/0 | ○ 0/0 | ○ 0/0 | ○ 1/0 | ○ 1/0 | | | |
| | 20 | 에 스 티 벤 | ▽ 0/0 | ▽ 0/0 | | | | | | | | |
| | 26 | 박 수 창 | △ 1/0 | △ 0/0 | | ▽ 0/0 | | ▽ 0/0 | ▽ 1/0 | | | △ 0/0 |
| | 35 | 김 상 원 | | | | | | | | | | |
| | 37 | 장 은 규 | | △ 0/0 | ○ 0/0 C | ○ 0/0 C | | ○ 0/0 | ○ 0/0 | ○ 0/0 C | ▽ 0/0 | |
| FW | 7 | 스 토 키 치 | | | | | | | | | | |
| | 7 | 루 이 스 | | | | | | | | | | |
| | 9 | 김 현 | ○ 0/0 | ○ 0/0 | △ 0/0 | △ 0/0 | ○ 0/0 | △ 0/0 | △ 0/0 | △ 0/0 | ▽ 0/1 | |
| | 11 | 황 일 수 | | | ○ 0/0 | ○ 0/0 | ▽ 1/0 | ○ 0/0 | ○ 0/0 | ○ 1/0 | ○ 0/0 | ▽ 0/0 |
| | 13 | 배 일 환 | | | | | | | △ 0/0 | | △ 0/0 | △ 0/0 |
| | 16 | 김 영 신 | | | | | ○ 0/0 | | | | | |
| | 25 | 이 현 호 | ▽ 0/0 | ▽ 0/0 | △ 0/0 | | △ 0/0 | △ 0/0 | ▽ 0/0 | ▽ 0/0 | | |

| 위치 | 배번 | 선수 | 121 | 130 | 137 | 140 | 147 | 156 | 160 | 163 | 170 | 176 |
|---|---|---|---|---|---|---|---|---|---|---|---|---|
| | | 경기번호 | 121 | 130 | 137 | 140 | 147 | 156 | 160 | 163 | 170 | 176 |
| | | 날짜 | 08.16 | 08.24 | 08.31 | 09.06 | 09.10 | 09.14 | 09.21 | 09.27 | 10.01 | 10.04 |
| | | 홈/원정 | 홈 | 원정 | 원정 | 홈 | 원정 | 홈 | 원정 | 홈 | 원정 | 홈 |
| | | 장소 | 제주W | 인천 | 서울W | 제주W | 상주 | 제주W | 탄천 | 제주W | 전주W | 제주W |
| | | 상대 | 울산 | 인천 | 서울 | 전남 | 상주 | 수원 | 성남 | 인천 | 전북 | 울산 |
| | | 결과 | 승 | 무 | 무 | 승 | 승 | 무 | 무 | 패 | 패 | 승 |
| | | 점수 | 1:0 | 0:0 | 0:0 | 6:2 | 2:1 | 0:0 | 1:1 | 0:2 | 0:2 | 1:0 |
| | | 승점 | 34 | 35 | 36 | 39 | 42 | 43 | 44 | 44 | 44 | 47 |
| | | 순위 | 4 | 5 | 5 | 4 | 4 | 4 | 4 | 4 | 4 | 4 |
| | | 슈팅수 | 8:11 | 15:9 | 8:10 | 19:17 | 14:10 | 10:14 | 10:8 | 18:9 | 14:11 | 13:6 |
| GK | 1 | 김호준 | ▽0/0 | | ○0/0 | ○0/1 | ○0/0 | ○0/0 | ○0/0 | ○0/0 | | ○0/0 |
| | 21 | 김경민 | △0/0 | ○0/0 | | | | | | | | |
| DF | 2 | 정다훤 | ○0/0 | ○0/0 | ○0/0 | ○0/0 | ○0/0 | ○0/0 | ○0/0 | | | ○0/0 |
| | 4 | 강준우 | | | | | | | | | | |
| | 5 | 오반석 | ○0/0 | ○0/0 | ○0/0 | ○0/0 | ○0/0 | ○0/0 | ○0/0 C | | | ○0/0 |
| | 6 | 황도연 | | | | | | | △0/0 C | ▽0/0 | | △0/0 |
| | 15 | 알렉스 | ○0/0 | ○0/0 | ○0/0 | ○0/0 | ○0/0 | ▽0/0 | ○0/0 | ○0/0 C | | ○0/0 |
| | 22 | 김수범 | ▽0/0 | ○0/0 | ○0/0 | ○0/1 C | ○0/0 | ○0/0 C | ○0/0 C | | ○0/0 | ▽0/0 |
| | 24 | 이용 | △0/0 | | | | | | | △0/0 | | |
| | 27 | 김봉래 | | | | | | | | | | |
| MF | 8 | 오승범 | | | | △0/0 | | | | ▽0/0 | | ○0/0 |
| | 10 | 송진형 | ▽0/0 C | | ○0/0 | ▽0/0 | ▽0/1 | ▽0/0 | ○0/0 | ○0/0 | ▽0/0 | ○0/0 |
| | 14 | 윤빛가람 | ○0/0 | ○0/0 | ○0/0 | ▽0/0 | ○0/0 | ○0/0 | ○0/0 C | | ○0/0 | ○0/0 |
| | 17 | 허범산 | | | | | | | | | | |
| | 18 | 진대성 | | △0/0 | | △0/0 | △0/0 | △0/0 | | | | |
| | 19 | 드로겟 | ○0/1 | ○0/0 | | ○0/1 | ▽1/0 | | ○1/0 | ▽0/0 | ▽0/0 | ○0/0 |
| | 20 | 에스티벤 | | | | | | | | | | |
| | 26 | 박수창 | ○0/0 | ▽0/0 | | ▽4/1 C | ○0/0 | ▽0/0 | | | △0/0 | ▽0/0 |
| | 35 | 김상원 | | | | | | | | | | |
| | 37 | 장은규 | ○0/0 | ○0/0 | ○0/0 | ○0/0 | ○0/0 | ○0/0 C | ○0/0 | | ○0/0 C | |
| FW | 7 | 스토키치 | | | | | | | | | | |
| | 7 | 루이스 | | ▽0/0 | △0/0 | △1/0 | △0/0 | △0/0 | ▽0/0 | | | |
| | 9 | 김현 | △0/0 | △0/0 | △0/0 | | | | | ○0/0 C | ▽0/0 | △0/0 |
| | 11 | 황일수 | ○1/0 | ▽0/0 | △0/1 | △1/0 | ○1/1 | ▽1/0 | ○0/0 | ○0/0 C | ▽0/0 | ▽1/0 |
| | 13 | 배일환 | | △0/0 | ▽0/0 | | △0/0 | △0/0 | △0/0 | △0/0 | | △0/0 |
| | 16 | 김영신 | | | | | | | | △0/0 | | |
| | 25 | 이현호 | | | | ▽0/0 | | | | ○0/0 | △0/0 | |

선수자료 : 득점/도움   ☆ = 대기   ○ = 선발출장   △ = 교체 IN   ▽ = 교체 OUT   ◈ = 교체 IN/OUT   C = 경고   S = 퇴장

| 위치 | 배번 | 경기번호 | 184 | 189 | 196 | 199 | 205 | 213 | 218 | 224 | | | |
|---|---|---|---|---|---|---|---|---|---|---|---|---|---|
| | | 날 짜 | 10.12 | 10.18 | 10.26 | 11.01 | 11.08 | 11.16 | 11.22 | 11.30 | | | |
| | | 홈/원정 | 원정 | 홈 | 원정 | 원정 | 홈 | 홈 | 원정 | 홈 | | | |
| | | 장 소 | 부산A | 제주W | 거제 | 포항 | 제주W | 제주W | 울산 | 제주W | | | |
| | | 상 대 | 부산 | 포항 | 경남 | 포항 | 전북 | 수원 | 울산 | 서울 | | | |
| | | 결 과 | 패 | 승 | 패 | 무 | 패 | 패 | 승 | 패 | | | |
| | | 점 수 | 1 : 2 | 3 : 0 | 0 : 1 | 1 : 1 | 0 : 3 | 0 : 1 | 1 : 0 | 1 : 2 | | | |
| | | 승 점 | 47 | 50 | 50 | 51 | 51 | 51 | 54 | 54 | | | |
| | | 순 위 | 4 | 4 | 5 | 2 | 4 | 6 | 4 | 4 | | | |
| | | 슈팅수 | 14 : 5 | 13 : 9 | 5 : 15 | 7 : 9 | 11 : 20 | 8 : 12 | 8 : 14 | 12 : 14 | | | |
| GK | 1 | 김 호 준 | ○ 0/0 | ○ 0/0 | ○ 0/0 | ○ 0/0 | ○ 0/0 | ○ 0/0 | ○ 0/0 C | ○ 0/0 | | | |
| | 21 | 김 경 민 | | | | | | | | | | | |
| DF | 2 | 정 다 훤 | ▽ 0/0 | ○ 0/0 | ○ 0/0 | ○ 0/0 C | | ○ 0/0 | ○ 0/0 C | | | | |
| | 4 | 강 준 우 | | | | | | | △ 0/0 | | | | |
| | 5 | 오 반 석 | ○ 0/0 | ○ 0/1 | ○ 0/0 | ○ 0/0 | ○ 0/0 C | ○ 0/0 | ○ 0/0 | ○ 0/0 | | | |
| | 6 | 황 도 연 | | | | | △ 0/0 C | | | | | | |
| | 15 | 알 렉 스 | ○ 0/0 | ○ 0/0 | ○ 0/0 | ○ 0/0 C | ○ 0/0 S | | | ○ 0/0 | | | |
| | 22 | 김 수 범 | ○ 0/0 | ○ 1/0 | ○ 0/0 | ○ 0/0 | ○ 0/0 | ○ 0/0 | ○ 0/0 | ○ 0/0 C | | | |
| | 24 | 이 용 | | | | | | ▽ 0/0 | ○ 0/0 C | △ 0/0 S | | | |
| | 27 | 김 봉 래 | | | | | △ 0/0 | | | | | | |
| MF | 8 | 오 승 범 | | △ 0/0 | | △ 0/0 | | | | | | | |
| | 10 | 송 진 형 | ▽ 0/1 | △ 0/0 | △ 0/0 | | ▽ 0/0 | ▽ 0/0 | △ 0/0 | ○ 0/0 | | | |
| | 14 | 윤빛가람 | ○ 0/0 | ▽ 0/0 | ○ 0/0 | ○ 1/0 | ○ 0/0 | ○ 0/0 | ▽ 0/0 | ○ 0/0 | | | |
| | 17 | 허 범 산 | | | | | | | | | | | |
| | 18 | 진 대 성 | △ 0/0 | △ 0/0 | △ 0/0 | △ 0/0 | | | △ 1/0 | △ 0/0 | | | |
| | 19 | 드 로 겟 | ○ 1/0 C | ○ 1/0 | ▽ 0/0 | ▽ 0/0 | ▽ 0/0 C | ▽ 0/0 | ▽ 0/0 | ○ 0/0 | | | |
| | 20 | 에 스 티 벤 | | | | | | | | | | | |
| | 26 | 박 수 창 | ▽ 0/0 | | △ 0/0 | △ 0/0 | △ 0/0 | | | | | | |
| | 35 | 김 상 원 | | | | | | | | △ 0/0 | | | |
| | 37 | 장 은 규 | ○ 0/0 C | ○ 0/0 | ○ 0/0 | ▽ 0/0 | ▽ 0/0 | | | | | | |
| FW | 7 | 스 토 키 치 | | | | | | | | | | | |
| | 7 | 루 이 스 | | | | | | △ 0/0 | | | | | |
| | 9 | 김 현 | △ 0/0 | ○ 1/0 | ▽ 0/0 | ▽ 0/0 | △ 0/0 | ○ 0/0 | ○ 0/0 | ▽ 0/1 | | | |
| | 11 | 황 일 수 | ○ 0/0 | ▽ 0/0 | ○ 0/0 | ○ 0/1 | ○ 0/0 | ○ 0/0 | ○ 0/0 | ▽ 1/0 | | | |
| | 13 | 배 일 환 | △ 0/0 | ▽ 0/1 | ▽ 0/0 | ○ 0/0 | ○ 0/0 | △ 0/0 | ▽ 0/0 | ▽ 0/0 | | | |
| | 16 | 김 영 신 | | | | | | ○ 0/0 | ○ 0/0 | ○ 0/0 C | | | |
| | 25 | 이 현 호 | | | | | ○ 0/0 | | | | | | |

# 울 산 현 대

**창단년도_** 1983년

**전화_** 052-202-6141~4

**숙소전화_** 052-209-7114

**팩스_** 052-202-6145

**홈페이지_** www.uhfc.tv

**트위터_** twitter.com/@ulsanfc

**페이스북_** www.facebook.com/ulsanfc

**주소_** 우 682-808 울산광역시 동구 봉수로 507(서부동) 현대스포츠클럽
Hyundai Sports Club, 507, Bongsuro(Seobu-dong), Dong-gu,
Ulsan, KOREA 682-808

## 연혁

| | |
|---|---|
| 1983 | 12월 6일 현대 호랑이 축구단 창단(인천/경기 연고) |
| 1984 | 84 축구대제전 수퍼리그 종합 3위 |
| 1985 | 85 축구대제전 수퍼리그 종합 4위 |
| 1986 | 86 프로축구선수권대회 우승 |
| | 86 축구대제전 종합 3위 |
| 1987 | 강원도로 연고지 이전 |
| | 87 한국프로축구대회 4위 |
| 1988 | 88 한국프로축구대회 2위 |
| 1989 | 89 한국프로축구대회 6위 |
| 1990 | 울산광역시로 연고지 이전 |
| | 90 한국프로축구대회 5위 |
| 1991 | 91 한국프로축구대회 2위 |
| 1992 | 92 한국프로축구대회 3위 |
| | 92 아디다스컵 5위 |
| 1993 | 93 한국프로축구대회 3위 |
| | 93 아디다스컵 2위 |
| 1994 | 94 하이트배 코리안리그 4위 |
| | 94 아디다스컵 5위 |
| 1995 | 95 하이트배 코리안리그 3위(전기 2위, 후기 3위) |
| | 95 아디다스컵 우승 |
| 1996 | 96 라피도컵 프로축구대회 통합우승 |
| | (전기 우승, 후기 9위) |
| | 96 아디다스컵 4위 |
| | 아시안컵 위너스컵 3위 |
| 1997 | 97 라피도컵 프로축구대회 전기리그 우승 |
| | 97 아디다스컵 3위 |
| | 97 프로스펙스컵 A조 4위 |
| 1998 | 모기업 현대자동차에서 현대중공업으로 이전 |
| | 98 아디다스코리아컵 우승 |
| | 98 필립모리스코리아컵 8위 |
| | 98 현대컵 K-리그 준우승 |
| | 제3회 삼보체인지업 FA컵 준우승 |
| 1999 | 99 바이코리아컵 K-리그 6위 |
| | 99 대한화재컵 3위 |
| | 99 아디다스컵 8강 |
| | 제4회 삼보컴퓨터 FA컵 3위 |
| 2000 | 2000 삼성 디지털 K-리그 10위 |
| | 2000 대한화재컵 B조 3위 |
| | 2000 아디다스컵 8강 6위 |
| 2001 | 2001 포스코 K-리그 6위 |
| | 아디다스컵 2001 B조 4위 |
| 2002 | 2002 삼성 파브 K-리그 준우승 |
| | 아디다스컵 2002 준우승 |
| 2003 | 삼성 하우젠 K-리그 2003 준우승 |
| | 제8회 하나은행 FA컵 3위 |
| 2004 | 삼성 하우젠 K-리그 2004 통합순위 1위(전기 3위, 후기 3위) |
| | 삼성 하우젠컵 2004 5위 |
| 2005 | 삼성 하우젠 K-리그 2005 우승(전기 3위, 후기 3위) |
| | 삼성 하우젠컵 2005 준우승 |
| 2006 | 제7회 삼성 하우젠 수퍼컵 2006 우승(3월 4일) |
| | A3 챔피언스컵 2006 우승 / AFC 챔피언스리그 공동 3위 |
| 2007 | 삼성 하우젠컵 2007 우승 |
| | 삼성 하우젠 K-리그 2007 정규리그 4위 |
| 2008 | 법인설립 (주)울산 현대 축구단 |
| | '울산 현대 호랑이 축구단'에서 '울산 현대 축구단'으로 구단명칭 변경 |
| | 삼성 하우젠 K-리그 2008 B조 3위 |
| | 삼성 하우젠 K-리그 2008 플레이오프 최종 3위(정규리그 4위) |
| 2009 | '(주)울산 현대 축구단'에서 '(주)현대중공업 스포츠'로 법인 변경 |
| | 아시아축구연맹 챔피언스리그 E조 3위 |
| | 피스컵 코리아 2009 4강 |
| | 2009 K-리그 8위 |
| 2010 | 포스코컵 2010 8강 |
| | 쏘나타 K-리그 2010 플레이오프 최종 5위(정규리그 4위) |
| 2011 | 제16회 하나은행 FA컵 4강 |
| | 러시앤캐시컵 2011 우승, 득점왕(김신욱), 도움왕(최재수) 배출 |
| | 현대오일뱅크 K-리그 2011 6위 |
| | 현대오일뱅크 K-리그 2011 챔피언십 준우승 |
| | K리그 통산 최초 400승 달성(7월 16일 강원전, 강릉종합운동장) |
| | 곽태휘·김영광 2011 K리그 대상 베스트 11 선정 |
| 2012 | 제17회 하나은행 FA컵 4강 |
| | 현대오일뱅크 K리그 2012 5위 |
| | 2012 K리그 대상 페어플레이상 수상, 이근호·곽태휘 베스트 11 선정 |
| | 김호곤 감독 통산 100승 달성(8월 8일 성남전, 탄천종합운동장) |
| | 2012 AFC 챔피언스리그 우승(10승 2무) / 페어플레이상 / MVP(이근호) |
| | AFC 올해의 클럽상 / 올해의 감독상(김호곤) / 올해의 선수상(이근호) |
| | FIFA 클럽 월드컵 6위 |
| 2013 | 현대오일뱅크 K리그 클래식 2013 준우승 |
| | 김신욱·김치곤·김승규·이용, 2013 K리그 대상 베스트 11 선정 |
| | 김신욱, 2013 K리그 대상 MVP, 아디다스 올인 팬타스틱 플레이어 선정 |
| 2014 | 현대오일뱅크 K리그 클래식 2014 6위 |
| | K리그 최다 461승 기록 중 |

## 울산 현대 2014년 선수명단

대표이사_ 권오갑  단장_ 송동진  국장_ 김영국
감독_ 조민국  수석코치_ 임종헌  코치_ 김도균  코치_ 서혁수  GK코치_ 박창주
주치의_ 염윤석  트레이너_ 안덕수, 송영식, 이인철  스카우터_ 최태욱  통역_ 박용수·민경호  전력분석관_ 피동훈  주무_ 김광수

| 포지션 | 선수명 | | 생년월일 | 출신교 | 키(cm) / 몸무게(kg) |
|---|---|---|---|---|---|
| GK | 김 승 규 | 金 承 奎 | 1990.09.30 | 현대고 | 187 / 80 |
| | 이 희 성 | 李 熹 性 | 1990.05.27 | 현대고 | 184 / 80 |
| | 이 준 식 | 李 浚 植 | 1991.10.14 | 남부대 | 186 / 83 |
| DF | 이 재 성 | 李 宰 誠 | 1988.07.05 | 고려대 중퇴 | 188 / 75 |
| | 이 용 | 李 鎔 | 1986.12.24 | 중앙대 | 180 / 74 |
| | 정 동 호 | 丁 東 浩 | 1990.03.07 | 부경고 | 174 / 68 |
| | 이 재 원 | 李 哉 沅 | 1983.03.04 | 고려대 | 182 / 75 |
| | 박 동 혁 | 朴 東 爀 | 1979.04.18 | 고려대 | 180 / 75 |
| | 김 치 곤 | 金 致 坤 | 1983.07.29 | 동래고 | 183 / 77 |
| | 김 근 환 | 金 根 煥 | 1986.08.12 | 경희대 | 193 / 86 |
| MF | 서 용 덕 | 徐 庸 德 | 1989.09.10 | 연세대 중퇴 | 175 / 70 |
| | 이 호 | 李 浩 | 1984.10.22 | 중동고 | 182 / 75 |
| | 고 창 현 | 高 昌 賢 | 1983.09.15 | 초당대 | 170 / 68 |
| | 따 르 따 | Vinicius Silva Soares | 1989.04.13 | *브라질 | 171 / 67 |
| | 김 선 민 | 金 善 珉 | 1991.12.12 | 예원예술대 | 168 / 65 |
| | 김 영 삼 | 金 英 三 | 1982.04.04 | 고려대 | 174 / 71 |
| | 백 지 훈 | 白 知 勳 | 1985.02.28 | 안동고 | 177 / 68 |
| | 김 성 환 | 金 城 煥 | 1986.12.15 | 동아대 | 183 / 80 |
| | 유 준 수 | 柳 俊 秀 | 1988.05.08 | 고려대 | 184 / 80 |
| | 김 민 균 | 金 民 均 | 1988.11.30 | 명지대 | 173 / 68 |
| | 한 재 웅 | 韓 載 雄 | 1984.09.28 | 부평고 | 178 / 73 |
| | 하 성 민 | 河 成 敏 | 1987.06.13 | 부평고 | 184 / 78 |
| | 김 학 찬 | 金 學 贊 | 1992.03.05 | 홍익대 | 183 / 75 |
| | 김 훈 성 | 金 勳 成 | 1991.05.20 | 고려대 | 178 / 74 |
| | 임 동 천 | 林 東 天 | 1992.11.13 | 고려대 | 184 / 75 |
| | 김 윤 식 | 金 尤 植 | 1991.03.07 | 경희대 | 170 / 69 |
| | 차 태 영 | 車 泰 泳 | 1991.02.06 | 울산대 | 176 / 70 |
| | 정 희 수 | 鄭 熙 樹 | 1991.03.11 | 고려대 | 175 / 73 |
| | 손 재 영 | 孫 材 榮 | 1991.09.09 | 숭실대 | 186 / 75 |
| | 박 태 윤 | 朴 泰 潤 | 1991.04.05 | 중앙대 | 174 / 68 |
| FW | 김 신 욱 | 金 信 煜 | 1988.04.14 | 중앙대 | 196 / 94 |
| | 카 사 | Filip Kasalica | 1988.12.17 | *몬테네그로 | 179 / 75 |
| | 양 동 현 | 梁 東 炫 | 1986.03.28 | 동북고 | 186 / 80 |
| | 안 진 범 | 安 進 範 | 1992.03.10 | 고려대 | 170 / 68 |
| | 조 인 형 | 曹 仁 珩 | 1990.02.01 | 인천대 | 174 / 74 |

# 울산 현대 2014년 개인기록 _ K리그 클래식

| 위치 | 배번 | 이름 | 01 | 10 | 18 | 20 | 25 | 36 | 41 | 43 | 49 | 60 |
|---|---|---|---|---|---|---|---|---|---|---|---|---|
| | | 경기번호 | 01 | 10 | 18 | 20 | 25 | 36 | 41 | 43 | 49 | 60 |
| | | 날짜 | 03.08 | 03.16 | 03.23 | 03.26 | 03.29 | 04.06 | 04.09 | 04.12 | 04.19 | 04.27 |
| | | 홈/원정 | 원정 | 홈 | 홈 | 원정 | 홈 | 원정 | 홈 | 원정 | 홈 | 원정 |
| | | 장소 | 포항 | 문수 | 문수 | 광양 | 문수 | 부산A | 문수 | 전주W | 문수 | 상주 |
| | | 상대 | 포항 | 경남 | 인천 | 전남 | 서울 | 부산 | 성남 | 전북 | 수원 | 상주 |
| | | 결과 | 승 | 승 | 승 | 패 | 승 | 무 | 패 | 패 | 무 | 무 |
| | | 점수 | 1:0 | 3:0 | 3:0 | 0:1 | 2:1 | 0:0 | 0:1 | 0:1 | 2:2 | 1:1 |
| | | 승점 | 3 | 6 | 9 | 9 | 12 | 13 | 13 | 13 | 14 | 15 |
| | | 순위 | 2 | 1 | 1 | 1 | 1 | 1 | 1 | 3 | 4 | 5 |
| | | 슈팅수 | 10:12 | 11:7 | 19:7 | 15:8 | 12:11 | 10:8 | 19:10 | 7:9 | 19:12 | 20:17 |
| GK | 18 | 김 승 규 | ○0/0 | ○0/0 | ○0/0 | ○0/0 | ○0/0 | ○0/0 | ○0/0 | ○0/0 | ○0/0 | ○0/0 |
| | 21 | 이 희 성 | | | | | | | | | | |
| | 40 | 이 준 식 | | | | | | | | | | |
| DF | 2 | 이 용 | ○0/0 | ○0/0 | ▽0/1 | ○0/0 | ○0/0 | ○0/0 C | ○0/0 | | ○0/1 | ○0/0 |
| | 3 | 정 동 호 | | | | | | | | | | ▽0/0 |
| | 4 | 이 재 원 | | | | | | | | | | |
| | 6 | 박 동 혁 | | △0/0 | ▽0/0 | ▽0/0 | | | | ▽0/0 C | | |
| | 22 | 김 치 곤 | ○0/0 | ○1/0 | ○0/0 C | ○0/0 | ○0/0 | ○0/0 | ○0/0 | ○0/0 | | ○0/0 C |
| | 24 | 한 재 웅 | | | | | | | | | | |
| | 25 | 이 재 성 | | | | | | | | | | |
| | 26 | 이 명 재 | | | △0/0 | | △0/0 | | | | | |
| | 39 | 김 근 환 | | | | | | | | | | |
| | 66 | 강 민 수 | ○0/0 | ○0/0 | ○0/0 | ○0/0 | ○0/0 C | ○0/0 C | ○0/0 | ○0/0 C | | ○0/0 |
| MF | 5 | 서 용 덕 | | | | | | | | | | |
| | 7 | 고 창 현 | △0/0 C | ○0/0 | ○0/0 C | ▽0/0 C | | ▽0/0 | | | △0/0 | |
| | 8 | 반 데 르 | | | | | | | | | | |
| | 10 | 카 사 | | | | | | | | | | |
| | 11 | 따 르 따 | | | | | | | | | | |
| | 13 | 김 선 민 | ▽0/0 | ▽0/0 | | | | | | | ▽0/0 | |
| | 14 | 김 영 삼 | ○0/0 | ○0/0 | ○0/0 | ○0/0 | ○0/0 C | ○0/0 | ○0/0 | ○0/0 | ○0/0 | ○0/0 |
| | 15 | 백 지 훈 | △0/0 | ▽0/0 | △0/0 | | △0/0 | | ▽0/0 | △0/0 | | ▽0/0 |
| | 16 | 김 성 환 | ○0/0 | | | | ○0/0 | ○0/0 C | ○0/0 | ○0/0 C | △0/0 | ○0/0 C |
| | 18 | 김 용 태 | ▽0/0 | | | ○0/0 | ▽0/0 | ▽0/0 C | ○0/0 | ▽0/0 | ▽0/0 | △1/0 |
| | 23 | 김 민 균 | | △0/0 | △0/0 | △0/0 | | | | | ○1/0 | △0/0 |
| | 26 | 하 성 민 | | | | | | | | | | |
| | 27 | 안 진 범 | | △0/0 | ○0/0 | △0/0 | △0/0 | △0/0 | △0/0 | | | |
| | 32 | 최 태 욱 | △0/0 | | | | | | | | | |
| | 33 | 조 인 형 | | | | | | | | | | |
| | 88 | 이 호 | | | | | | | | | | |
| FW | 8 | 까 이 끼 | | | | | | △0/0 | | | | |
| | 9 | 김 신 욱 | ○1/0 | ○1/0 | ▽1/1 | ○0/0 | ○2/0 C | ○0/0 | ▽0/0 | ○0/0 | ○0/0 | ○0/0 |
| | 9 | 박 용 지 | | | | | ▽0/0 | | | ▽0/0 | | |
| | 17 | 유 준 수 | | | | △0/0 | | △0/0 | △0/0 | | ○1/0 | |
| | 20 | 양 동 현 | | | | | | | | | | |
| | 77 | 한 상 운 | ▽0/0 | ▽0/2 | ○1/0 | ○0/0 | ○0/0 | ○0/0 | ○0/0 | ○0/0 | △0/0 | ○0/0 |
| | 90 | 알 미 르 | | | | | | | | △0/0 | △0/0 | |
| | 99 | 하 피 냐 | ○0/0 | ○0/0 | ○1/1 | ▽0/0 | ▽0/0 | ▽0/0 | ○0/0 | △0/0 | ▽0/0 | ▽0/0 |

선수자료 : 득점/도움   ☐ = 대기   ○ = 선발출장   △ = 교체 IN   ▽ = 교체 OUT   ◈ = 교체 IN/OUT   C = 경고   S = 퇴장

| 위치 | 배번 | 선수 | 경기번호 63 | 70 | 76 | 83 | 87 | 93 | 102 | 104 | 114 | 117 |
|---|---|---|---|---|---|---|---|---|---|---|---|---|
| | | 날짜 | 05.03 | 05.11 | 07.06 | 07.09 | 07.12 | 07.19 | 07.23 | 08.02 | 08.06 | 08.09 |
| | | 홈/원정 | 홈 | 홈 | 원정 | 원정 | 홈 | 원정 | 홈 | 원정 | 원정 | 홈 |
| | | 장소 | 문수 | 문수 | 탄천 | 수원W | 문수 | 창원C | 문수 | 인천 | 서울W | 문수 |
| | | 상대 | 제주 | 부산 | 성남 | 수원 | 포항 | 경남 | 전북 | 인천 | 서울 | 전남 |
| | | 결과 | 무 | 승 | 무 | 패 | 패 | 승 | 무 | 패 | 승 | 승 |
| | | 점수 | 1:1 | 3:0 | 1:1 | 2:3 | 0:2 | 1:0 | 0:0 | 0:2 | 1:0 | 1:0 |
| | | 승점 | 16 | 19 | 20 | 20 | 20 | 23 | 24 | 24 | 27 | 30 |
| | | 순위 | 6 | 5 | 5 | 6 | 6 | 6 | 6 | 6 | 6 | 5 |
| | | 슈팅수 | 14:11 | 16:7 | 11:14 | 8:13 | 13:7 | 9:13 | 14:12 | 11:11 | 7:16 | 15:10 |
| GK | 18 | 김 승 규 | o 0/0 C | o 0/0 | o 0/0 | o 0/0 | o 0/0 | o 0/0 | o 0/0 | o 0/0 | o 0/0 C | o 0/0 |
| | 21 | 이 희 성 | | | | | | | | | | |
| | 40 | 이 준 식 | | | | | | | | | | |
| DF | 2 | 이 용 | ▽ 0/0 | | △ 0/0 | o 0/1 | o 0/0 | o 0/0 C | o 0/0 | o 0/0 C | o 0/0 | |
| | 3 | 정 동 호 | △ 0/0 | o 0/0 C | △ 0/0 | | | | ▽ 0/0 | | o 0/0 | |
| | 4 | 이 재 원 | | | o 0/0 | △ 1/0 C | o 0/0 C | | | o 0/0 C | ▽ 0/0 | |
| | 6 | 박 동 혁 | ▽ 0/0 | | | | | △ 0/0 | o 0/0 C | | | |
| | 22 | 김 치 곤 | o 0/0 S | | | o 0/0 | o 0/0 | o 0/0 | o 0/0 | o 0/0 | | o 0/0 |
| | 24 | 한 재 웅 | | | | | | | | | △ 0/0 | |
| | 25 | 이 재 성 | | | | | | | | | | |
| | 26 | 이 명 재 | | | | | | | | | | |
| | 39 | 김 근 환 | | | o 0/0 | o 0/0 | o 0/0 | o 0/0 | o 0/0 | o 0/0 | | o 0/0 |
| | 66 | 강 민 수 | o 0/0 C | o 0/1 | | | | | | | | |
| MF | 5 | 서 용 덕 | | | ▽ 0/0 | ▽ 0/0 | △ 0/0 | ▽ 0/0 | △ 0/0 | | | |
| | 7 | 고 창 현 | | ▽ 0/1 | | o 1/0 | ▽ 0/0 | ▽ 0/0 | △ 0/0 | △ 0/0 | | |
| | 8 | 반 데 르 | | | | | | | △ 0/0 | | ▽ 0/1 | o 0/0 |
| | 10 | 카 사 | | | | | o 0/0 | ▽ 0/0 | ▽ 0/0 | | o 0/0 CC | ▽ 0/1 C |
| | 11 | 따 르 따 | | | | | | | | o 0/0 | | ▽ 0/0 |
| | 13 | 김 선 민 | △ 0/0 | | ▽ 0/0 | △ 0/0 | △ 0/0 | ▽ 0/0 | | | | △ 0/0 |
| | 14 | 김 영 삼 | o 0/0 | o 0/0 C | o 0/0 | o 0/0 | o 0/0 | | | o 0/0 C | | o 0/0 |
| | 15 | 백 지 훈 | | | △ 0/0 | | | ▽ 0/0 | | △ 0/0 | △ 0/0 | |
| | 16 | 김 성 환 | | | o 0/0 | o 0/0 | o 0/0 | o 0/0 C | o 0/0 | ▽ 0/0 C | △ 0/0 | △ 0/0 |
| | 18 | 김 용 태 | o 0/0 | o 1/0 C | o 0/0 | o 0/0 C | | | | | | |
| | 23 | 김 민 균 | | o 0/0 | ▽ 0/0 | ▽ 0/0 | | | △ 0/0 | | | |
| | 26 | 하 성 민 | | | | | | | | o 0/0 | o 0/0 C | o 0/0 |
| | 27 | 안 진 범 | | o 1/0 | o 0/0 | △ 0/0 | △ 0/0 | △ 0/0 | ▽ 0/0 | | | △ 0/0 |
| | 32 | 최 태 욱 | | | | | | | | | | |
| | 33 | 조 인 형 | | | | | | | | | | |
| | 88 | 이 호 | | | | | | | | | | |
| FW | 8 | 까 이 끼 | | | | | | | | | | |
| | 9 | 김 신 욱 | o 1/0 | △ 0/0 | | | | △ 1/0 | o 0/0 | o 0/0 C | o 1/0 | o 0/0 |
| | 9 | 박 용 지 | △ 0/0 | ▽ 0/0 | △ 0/0 | | ▽ 0/0 | | | | | |
| | 17 | 유 준 수 | o 0/0 | o 0/0 | o 1/0 | ▽ 0/0 | | | | | | |
| | 20 | 양 동 현 | | | | | | o 0/0 C | | ▽ 0/0 | ▽ 0/0 | ▽ 1/0 |
| | 77 | 한 상 운 | o 0/0 | ▽ 1/0 | | | | | | | | |
| | 90 | 알 미 르 | | | | | | | | | | |
| | 99 | 하 피 냐 | ▽ 0/0 | △ 0/0 | | | | | | | | |

43

| 위치 | 배번 | 선수 | 121 | 129 | 136 | 143 | 149 | 154 | 158 | 167 | 176 | 172 |
|---|---|---|---|---|---|---|---|---|---|---|---|---|
| | | 날짜 | 08.16 | 08.23 | 08.31 | 09.07 | 09.10 | 09.13 | 09.20 | 09.28 | 10.04 | 10.09 |
| | | 홈/원정 | 원정 | 홈 | 홈 | 홈 | 원정 | 원정 | 홈 | 원정 | 원정 | 홈 |
| | | 장소 | 제주W | 문수 | 문수 | 문수 | 수원W | 부산A | 문수 | 광양 | 제주W | 울산 |
| | | 상대 | 제주 | 상주 | 포항 | 경남 | 수원 | 부산 | 인천 | 전남 | 제주 | 서울 |
| | | 결과 | 패 | 승 | 패 | 승 | 패 | 승 | 무 | 무 | 패 | 패 |
| | | 점수 | 0:1 | 3:0 | 1:2 | 2:1 | 0:2 | 3:1 | 1:1 | 1:1 | 0:1 | 0:3 |
| | | 승점 | 30 | 33 | 33 | 36 | 36 | 39 | 40 | 41 | 41 | 41 |
| | | 순위 | 5 | 5 | 6 | 6 | 7 | 6 | 6 | 7 | 7 | 7 |
| | | 슈팅수 | 11:8 | 12:16 | 18:10 | 13:9 | 11:7 | 8:11 | 10:4 | 9:13 | 6:13 | 7:12 |
| GK | 18 | 김 승 규 | ○ 0/0 | ○ 0/0 | ○ 0/0 | | | | | | ○ 0/0 | |
| | 21 | 이 희 성 | | | | ○ 0/0 | ○ 0/0 | ○ 0/0 | ○ 0/0 | ○ 0/0 | | ○ 0/0 |
| | 40 | 이 준 식 | | | | | | | | | | |
| DF | 2 | 이 용 | ○ 0/0 | ○ 0/0 C | | | | ○ 0/0 | | ○ 0/0 | | |
| | 3 | 정 동 호 | | △ 0/0 | | ○ 0/1 | ○ 0/0 | | ○ 0/0 | | ○ 0/0 C | ○ 0/0 |
| | 4 | 이 재 원 | | ○ 0/0 | | ○ 0/0 C | ○ 0/0 | ○ 0/0 C | | | | ○ 0/0 S |
| | 6 | 박 동 혁 | | | | | ○ 0/0 | | | ○ 0/0 | | |
| | 22 | 김 치 곤 | ○ 0/0 | ○ 0/0 | ▽ 0/0 | ○ 0/0 C | | ○ 0/0 | ▽ 0/0 | | ○ 0/0 | ○ 0/0 |
| | 24 | 한 재 웅 | △ 0/0 | | | | | △ 0/1 | | ▽ 0/0 | | △ 0/0 |
| | 25 | 이 재 성 | | | | | | | | | △ 0/0 | ○ 0/0 |
| | 26 | 이 명 재 | | | | | | | | | | |
| | 39 | 김 근 환 | ○ 0/0 | △ 0/0 | | △ 0/0 | ▽ 0/0 | | △ 0/0 | ○ 0/0 | | |
| | 66 | 강 민 수 | | | | | | | | | | |
| MF | 5 | 서 용 덕 | | ▽ 0/0 | ○ 0/0 | ▽ 1/0 | △ 0/0 | △ 0/0 | | | | |
| | 7 | 고 창 현 | | ○ 2/0 | ▽ 0/1 C | ▽ 0/0 | ▽ 0/0 C | | ▽ 0/0 | △ 1/0 | | ▽ 0/0 |
| | 8 | 반 데 르 | ▽ 0/0 | | | | | | | | | |
| | 10 | 카 사 | ○ 0/0 | ▽ 0/1 | ▽ 0/0 C | | | | ▽ 0/0 | | | △ 0/0 |
| | 11 | 따 르 따 | ○ 0/0 | ▽ 1/1 | | ▽ 0/0 | ▽ 0/0 | ○ 0/0 | ○ 0/1 | | ▽ 0/0 | ○ 0/0 |
| | 13 | 김 선 민 | △ 0/0 | | | △ 0/0 | | ▽ 0/0 | | | | |
| | 14 | 김 영 삼 | ○ 0/0 | | | △ 0/0 | △ 0/0 | | | | | |
| | 15 | 백 지 훈 | △ 0/0 | | | △ 0/0 | | ▽ 1/0 | ▽ 1/0 | △ 0/0 | ▽ 0/0 | △ 0/0 |
| | 16 | 김 성 환 | | △ 0/0 | | ○ 0/0 C | | ○ 1/0 C | ○ 0/0 | ○ 0/1 C | | ○ 0/0 |
| | 18 | 김 용 태 | | | | | | | | | | |
| | 23 | 김 민 균 | | | | ○ 1/0 | ○ 0/0 | ▽ 0/0 | | | ▽ 0/0 | |
| | 26 | 하 성 민 | ○ 0/0 C | ○ 0/0 | ○ 0/0 | ○ 0/0 | | ○ 0/1 | ○ 0/0 C | | ▽ 0/0 | |
| | 27 | 안 진 범 | | | | △ 0/1 | △ 0/0 | △ 1/0 | △ 0/0 | | | |
| | 32 | 최 태 욱 | | | | | | | | | | |
| | 33 | 조 인 형 | | | | | | | | | | |
| | 88 | 이 호 | | | | | | | | ○ 0/0 | ○ 0/0 | ○ 0/0 |
| FW | 8 | 까 이 끼 | | | | | | | | | | |
| | 9 | 김 신 욱 | ○ 0/0 | ○ 0/1 | ○ 1/0 | | | | | | | |
| | 9 | 박 용 지 | | | | | | | | | | |
| | 17 | 유 준 수 | | ▽ 0/0 | ○ 0/0 | ○ 0/0 | ○ 0/0 | ○ 0/0 | ○ 0/0 | | ○ 0/0 C | |
| | 20 | 양 동 현 | ▽ 0/0 | | | | | | ○ 0/0 | | ○ 0/0 | ▽ 0/0 C |
| | 77 | 한 상 운 | | | | | | | | | | |
| | 90 | 알 미 르 | | | | | | | | | | |
| | 99 | 하 피 냐 | | | | | | | | | | |

선수자료: 득점/도움   ☆ = 대기   ○ = 선발출장   △ = 교체 IN   ▽ = 교체 OUT   ◈ = 교체 IN/OUT   C = 경고   S = 퇴장

| 위치 | 배번 | | 185 | 192 | 195 | 200 | 207 | 212 | 218 | 223 | | |
|---|---|---|---|---|---|---|---|---|---|---|---|---|
| | | 날짜 | 10.12 | 10.19 | 10.26 | 11.01 | 11.09 | 11.16 | 11.22 | 11.30 | | |
| | | 홈/원정 | 원정 | 홈 | 원정 | 홈 | 원정 | 원정 | 홈 | 원정 | | |
| | | 장소 | 전주W | 문수 | 탄천 | 문수 | 포항 | 서울W | 울산 | 전주W | | |
| | | 상대 | 전북 | 상주 | 성남 | 수원 | 포항 | 서울 | 제주 | 전북 | | |
| | | 결과 | 패 | 승 | 승 | 패 | 무 | 무 | 패 | 무 | | |
| | | 점수 | 0:1 | 2:1 | 4:3 | 0:3 | 2:2 | 2:2 | 0:1 | 1:1 | | |
| | | 승점 | 41 | 44 | 47 | 47 | 48 | 49 | 49 | 50 | | |
| | | 순위 | 7 | 6 | 6 | 4 | 5 | 5 | 6 | 6 | | |
| | | 슈팅수 | 5:15 | 8:15 | 10:8 | 9:12 | 7:13 | 6:16 | 14:8 | 9:14 | | |
| GK | 18 | 김 승 규 | | ○ 0/0 C | | ○ 0/0 | ○ 0/0 | | ○ 0/0 | ○ 0/0 | | |
| | 21 | 이 희 성 | ○ 0/0 | | ○ 0/0 C | | | ▽ 0/0 | | | | |
| | 40 | 이 준 식 | | | | | | △ 0/0 C | | | | |
| DF | 2 | 이 용 | | ○ 0/0 | ▽ 0/0 | | | ▽ 0/0 | ○ 0/0 | ○ 0/0 | | |
| | 3 | 정 동 호 | ○ 0/0 | ○ 0/0 | ○ 0/0 | ○ 0/0 | ○ 0/0 C | | ○ 0/0 | △ 0/0 | | |
| | 4 | 이 재 원 | | | | ▽ 0/0 | ○ 0/0 | | | | | |
| | 6 | 박 동 혁 | △ 0/0 | | △ 1/0 | △ 0/0 | △ 0/0 | | | △ 0/0 | | |
| | 22 | 김 치 곤 | ○ 0/0 | ○ 0/0 | ○ 0/0 | ○ 0/0 | ○ 1/0 | ○ 0/0 | ○ 0/0 | | | |
| | 24 | 한 재 웅 | ▽ 0/0 | | | | | | | △ 0/0 | | |
| | 25 | 이 재 성 | ○ 0/0 | ○ 0/0 | ○ 0/0 | ○ 0/0 | ○ 0/0 | ○ 1/0 | ○ 0/0 | | | |
| | 26 | 이 명 재 | | | | | | | | | | |
| | 39 | 김 근 환 | ○ 0/0 | | | △ 0/0 | △ 0/0 | | | | | |
| | 66 | 강 민 수 | | | | | | | | | | |
| MF | 5 | 서 용 덕 | △ 0/0 | | ▽ 0/0 | | | | | ▽ 0/0 | | |
| | 7 | 고 창 현 | △ 0/0 | ▽ 0/0 | | | ▽ 0/1 | ▽ 0/0 | △ 0/0 | | | |
| | 8 | 반 데 르 | | | | | | | | | | |
| | 10 | 카 사 | | | | ▽ 0/0 C | | | | | | |
| | 11 | 따 르 따 | | ▽ 0/0 | ○ 1/0 | | ○ 0/0 | ○ 1/0 | ▽ 0/0 | ▽ 0/1 | | |
| | 13 | 김 선 민 | | △ 0/0 | | | | | | | | |
| | 14 | 김 영 삼 | ○ 0/0 | | | | | ○ 0/0 C | | ○ 0/0 CC | | |
| | 15 | 백 지 훈 | | | | | | | ▽ 0/0 | | | |
| | 16 | 김 성 환 | ○ 0/0 C | | ○ 0/0 | ○ 0/0 | ○ 0/0 C | ○ 0/0 | ▽ 0/0 C | ○ 0/0 C | | |
| | 18 | 김 용 태 | | | | | | | | | | |
| | 23 | 김 민 균 | | ▽ 0/0 | | | | | | | | |
| | 26 | 하 성 민 | ▽ 0/0 | △ 0/0 C | △ 0/0 | ○ 0/0 | | △ 0/0 | ○ 0/0 C | | | |
| | 27 | 안 진 범 | | △ 0/0 | △ 0/1 C | ▽ 0/0 | ▽ 0/0 | ○ 0/0 | ○ 0/0 | ○ 0/0 | | |
| | 32 | 최 태 욱 | | | | | | | | | | |
| | 33 | 조 인 형 | ▽ 0/0 | | | | | | | | | |
| | 88 | 이 호 | ○ 0/0 C | ○ 0/0 | ○ 1/0 | | ○ 0/0 | ○ 0/0 | △ 0/0 | ○ 0/0 | | |
| FW | 8 | 까 이 끼 | | | | | | | | | | |
| | 9 | 김 신 욱 | | | | | | | | | | |
| | 9 | 박 용 지 | | | | | | | | | | |
| | 17 | 유 준 수 | | ○ 0/1 | ▽ 0/0 | △ 0/0 | △ 0/0 | △ 0/0 | ○ 1/0 | | | |
| | 20 | 양 동 현 | | ○ 2/0 | ○ 1/2 | ○ 0/0 | ○ 1/0 C | ○ 0/0 | △ 0/0 | ▽ 0/0 | | |
| | 77 | 한 상 운 | | | | | | | | | | |
| | 90 | 알 미 르 | | | | | | | | | | |
| | 99 | 하 피 냐 | | | | | | | | | | |

# 전 남 드 래 곤 즈

창단년도_ 1994년

전화_ 061-815-0114

팩스_ 061-815-0119

홈페이지_ www.dragons.co.kr

주소_ 우 545-875 전라남도 광양시 백운로 1641 광양축구전용
구장 내

1641 Baegun-ro, Gwangyang-Si, Jeonnam, KOREA
545-875

## 연혁

| | |
|---|---|
| 1994 | (주)전남 프로축구 설립(11월 1일) |
| | 전남 드래곤즈 프로축구단 창단(12월 16일) |
| | (사장: 한경식, 단장: 서정복, 감독: 정병탁) |
| 1995 | 95 하이트배 코리안리그 전기 6위, 후기 5위 |
| 1996 | 제2대 단장 및 감독 이취임식(단장: 조병옥 감독: 허정무) |
| | 96 라피도컵 프로축구대회 전기 6위, 후기 6위 |
| 1997 | 제2대 사장 및 3대 단장 이취임식(사장: 박종태, 단장: 김영석) |
| | 97 아디다스컵 준우승, 페어플레이상 |
| | 97 라피도컵 프로축구대회 준우승 |
| | 제2회 FA컵 우승, 페어플레이상 |
| 1998 | 제3회 삼보체인지 FA컵 3위 |
| | 제3대 감독 취임(감독: 이회택) |
| 1999 | 제9회 아시안컵 위너스컵 준우승 |
| | 바이코리아컵 K-리그 3위 |
| | 제3대 사장 취임(사장: 한경식) |
| | 프로축구 올해의 페어플레이팀 |
| 2000 | 대한화재컵 준우승 |
| | 아디다스컵 공동 3위 |
| 2001 | 2001 포스코 K-리그 8위 |
| | 제4대 사장, 단장 취임(사장: 김문순, 단장: 서정복) |
| 2002 | 삼성 파브 K-리그 5위 |
| 2003 | 삼성 하우젠 K-리그 4위 |
| | 제8회 하나은행 FA컵 준우승, 페어플레이상 |
| | 대한민국 최초 클럽시스템 도입 |
| | U-15 광양제철중학교 전국대회 2관왕 |
| | U-12 광양제철남초등학교 동원컵 왕중왕전 우승 |
| 2004 | 제4대 감독 취임(감독: 이장수) |
| | 제1회 통영컵 대회 우승 |
| | 제5대 사장, 단장 취임(사장: 박성주, 단장: 김종대) |
| | 삼성 하우젠 K-리그 3위 |
| 2005 | 제5대 감독 취임(감독: 허정무) |
| | J-리그 오이타 트리니타와 자매결연(8월 4일) |
| | 삼성 하우젠 K-리그 11위 |
| | 11월 6일 창단멤버 김태영 통산 250경기 출장 뒤 은퇴 |
| | 제10회 하나은행 FA컵 3위 |

| | |
|---|---|
| 2006 | 제6대 사장 취임(사장: 공윤찬) |
| | 삼성 하우젠 K-리그 6위 |
| | 제11회 하나은행 FA컵 우승 |
| | 올해의 프로축구대상 특별상 |
| | 팀 통산 500득점 달성 |
| 2007 | 제7대 사장 취임(사장: 이건수) |
| | 제12회 하나은행 FA컵 우승(사상 최초 2연패) |
| | 삼성 하우젠 K-리그 10위 |
| | AFC 챔피언스리그 출전 |
| | 팀 통산 홈 구장 100승 달성 |
| | 허정무 감독 국가대표 감독 선임 |
| 2008 | 제6대 감독 취임(감독: 박항서) |
| | 제6대 단장 취임(단장: 김영훈) |
| | AFC 챔피언스리그 출전 |
| | 삼성 하우젠 K-리그 9위 |
| | 삼성 하우젠컵 준우승 |
| 2009 | 2009 K-리그 4위 |
| 2010 | 쏘나타 K-리그 10위 |
| | 2010 하나은행 FA컵 3위 |
| | 지동원, 윤석영 2010 광저우아시안게임 동메달 |
| | 제7대 감독 취임(감독: 정해성) |
| 2011 | 제8대 사장 취임(사장: 유종호) |
| | 현대오일뱅크 K-리그 2011 7위 |
| | 팀 통산 200승 달성 |
| | 팀 통산 700골 달성(지동원) |
| | 유스 출신 지동원 잉글랜드 프리미어리그 선더랜드 이적 |
| 2012 | 윤석영 2012 런던 올림픽 동메달 |
| | 제8대 감독 취임(감독: 하석주/ 08.16) |
| | 감사나눔 운동 시작 |
| | 현대오일뱅크 K-리그 2012 11위 |
| 2013 | 유스 출신 윤석영 잉글랜드 프리미어리그 QPR 이적 |
| | 제9대 사장 취임(사장: 박세연 / 8월) |
| | 현대오일뱅크 K-리그 클래식 2013 10위 |
| | 팀 통산 800호골 달성(임경현) |
| 2014 | 현대오일뱅크 K-리그 클래식 2014 7위 |
| | 제9대 감독 취임(감독: 노상래 / 11.29) |

# 전남 드래곤즈 2014년 선수명단

대표이사_ 박세연  사무국장_ 백형군
감독_ 하석주  수석코치_ 노상래  코치_ 이민성·김도근  GK코치_ 이광석
주무_ 박광원  의무_ 강훈·남기원·배기수  스카우터_ 이정섭  통역_ 안영재  분석관_ 심기웅  장비사_ 김동율

| 포지션 | 성명 | | 생년월일 | 출신교 | 키(cm) / 몸무게(kg) |
|---|---|---|---|---|---|
| GK | 김 병 지 | 金 秉 址 | 1970.04.08 | 알로이시오기계공고 | 184 / 78 |
| | 김 대 호 | 金 大 乎 | 1986.04.15 | 숭실대 | 185 / 84 |
| | 한 유 성 | 韓 侑 成 | 1991.06.09 | 경희대 | 190 / 75 |
| DF | 김 태 호 | 金 台 鎬 | 1989.09.22 | 아주대 | 182 / 76 |
| | 박 선 용 | 朴 宣 勇 | 1989.03.12 | 광양제철고 | 173 / 67 |
| | 홍 진 기 | 洪 眞 基 | 1990.10.20 | 홍익대 | 182 / 82 |
| | 임 종 은 | 林 宗 垠 | 1990.06.18 | 현대고 | 192 / 85 |
| | 현 영 민 | 玄 泳 民 | 1979.12.25 | 건국대 | 179 / 73 |
| | 방 대 종 | 方 大 鍾 | 1985.01.28 | 광양제철고 | 184 / 80 |
| | 김 영 우 | 金 永 佑 | 1984.06.15 | 경기대 | 177 / 67 |
| | 마 상 훈 | 馬 相 訓 | 1991.07.25 | 순천고 | 183 / 79 |
| | 김 동 철 | 金 東 徹 | 1990.10.01 | 고려대 | 180 / 75 |
| | 이 중 권 | 李 重 卷 | 1992.01.01 | 광양제철고 | 176 / 69 |
| | 이 재 억 | 李 在 億 | 1989.06.03 | 아주대 | 178 / 77 |
| | 이 슬 찬 | 李 슬 찬 | 1993.08.15 | 광양제철고 | 172 / 65 |
| | 코 니 | Robert Richard Cornthwaite | 1985.10.24 | *호주 | 197 / 90 |
| MF | 이 승 희 | 李 承 熙 | 1988.06.10 | 홍익대 | 184 / 79 |
| | 레안드리뉴 | George Leandro Abreu de Lima | 1985.11.09 | *브라질 | 167 / 67 |
| | 이 현 승 | 李 弦 昇 | 1988.12.14 | 수원공고 | 171 / 68 |
| | 김 영 욱 | 金 泳 旭 | 1991.04.29 | 광양제철고 | 177 / 70 |
| | 송 창 호 | 宋 昌 鎬 | 1986.02.20 | 동아대 | 183 / 77 |
| | 박 용 재 | 朴 容 材 | 1989.11.28 | 아주대 | 184 / 79 |
| FW | 스 테 보 | Pnctnk Ristik Tebnlia  Stevica | 1982.05.23 | *마케도니아 | 188 / 71 |
| | 박 준 태 | 朴 俊 泰 | 1989.12.02 | 고려대 | 172 / 63 |
| | 크리즈만 | Sandi Krizman | 1989.08.17 | *크로아티아 | 179 / 76 |
| | 이 종 호 | 李 宗 浩 | 1992.02.24 | 광양제철고 | 180 / 77 |
| | 심 동 운 | 沈 東 雲 | 1990.03.03 | 홍익대 | 169 / 69 |
| | 박 기 동 | 朴 基 東 | 1988.11.01 | 숭실대 | 191 / 83 |
| | 안 용 우 | 安 庸 佑 | 1991.08.10 | 동의대 | 176 / 69 |
| | 이 인 규 | 李 寅 圭 | 1992.09.16 | 남부대 | 184 / 75 |
| | 김 민 수 | 金 珉 秀 | 1990.07.09 | 연세대 | 177 / 73 |
| | 전 현 철 | 全 玄 哲 | 1990.07.03 | 아주대 | 174 / 70 |

# 전남 드래곤즈 2014년 개인기록 _ K리그 클래식

| 위치 | 배번 | 선수명 | 03 | 12 | 15 | 20 | 28 | 34 | 42 | 47 | 51 | 57 |
|---|---|---|---|---|---|---|---|---|---|---|---|---|
| | | 경기번호 | 03 | 12 | 15 | 20 | 28 | 34 | 42 | 47 | 51 | 57 |
| | | 날짜 | 03.08 | 03.16 | 03.22 | 03.26 | 03.30 | 04.06 | 04.09 | 04.13 | 04.19 | 04.26 |
| | | 홈/원정 | 원정 | 홈 | 원정 | 홈 | 원정 | 홈 | 원정 | 홈 | 홈 | 원정 |
| | | 장소 | 서울W | 광양 | 창원C | 광양 | 인천 | 광양 | 수원W | 광양 | 광양 | 탄천 |
| | | 상대 | 서울 | 제주 | 경남 | 울산 | 인천 | 포항 | 수원 | 부산 | 전북 | 성남 |
| | | 결과 | 승 | 패 | 승 | 승 | 무 | 무 | 패 | 승 | 패 | 승 |
| | | 점수 | 1:0 | 1:2 | 3:2 | 1:0 | 0:0 | 2:2 | 0:1 | 2:1 | 0:2 | 1:0 |
| | | 승점 | 3 | 3 | 6 | 9 | 10 | 11 | 11 | 14 | 14 | 17 |
| | | 순위 | 2 | 4 | 3 | 2 | 3 | 3 | 4 | 3 | 5 | 4 |
| | | 슈팅수 | 14:9 | 11:10 | 14:11 | 8:15 | 9:10 | 10:11 | 7:12 | 8:11 | 11:15 | 10:12 |
| GK | 1 | 김병지 | ○ 0/0 | ○ 0/0 | ○ 0/0 | ○ 0/0 | ○ 0/0 | ○ 0/0 | ○ 0/0 | | ○ 0/0 | ○ 0/0 |
| DF | 2 | 김태호 | ○ 0/0 C | ○ 0/0 | ○ 0/0 | ○ 0/0 | ○ 0/0 | ○ 0/0 | ▽ 0/0 | | | |
| | 4 | 홍진기 | | ○ 0/0 | | | | | ○ 0/0 | | | |
| | 5 | 임종은 | ○ 0/0 | ○ 0/0 | ○ 0/0 | ○ 0/0 | ○ 0/0 | ○ 0/0 | | ○ 0/0 | | ○ 0/0 |
| | 13 | 현영민 | ○ 0/0 | ○ 0/0 C | ○ 0/1 C | ○ 0/0 | ○ 0/0 | ○ 1/0 C | | ○ 0/0 | | ○ 0/1 |
| | 15 | 방대종 | ○ 0/0 | | ○ 0/0 | ○ 0/0 | ○ 0/0 | ○ 0/0 | | ○ 0/0 | | ○ 0/0 |
| | 23 | 마상훈 | | | | | | | | | | |
| | 24 | 김동철 | | | | | | ▽ 0/0 C | | | | |
| | 30 | 이재억 | | | | | | | | | | |
| | 33 | 이슬찬 | | | | | | | | | | |
| | 55 | 코니 | | △ 0/0 | △ 0/0 | △ 0/0 | | | ○ 0/0 | △ 0/0 | △ 0/0 | |
| MF | 3 | 박선용 | | | | △ 0/0 | | | ○ 0/0 | | | ○ 0/0 |
| | 6 | 이승희 | ○ 0/0 C | ○ 0/0 | ▽ 0/0 | ○ 0/0 | ○ 0/0 C | ▽ 0/0 C | | | | ▽ 0/0 |
| | 7 | 레안드리뉴 | ▽ 0/0 | △ 0/0 | ▽ 0/0 | ▽ 0/0 | △ 0/0 | | | ▽ 0/1 | | △ 0/0 |
| | 8 | 이현승 | ○ 1/0 C | ▽ 0/0 | ○ 0/1 C | ▽ 0/0 C | | ○ 0/0 | | △ 0/0 | | |
| | 14 | 김영욱 | | | | | | | | | △ 0/0 | |
| | 16 | 송창호 | | | | | | △ 0/0 | △ 0/0 | ▽ 0/0 | | ○ 0/0 |
| | 19 | 김영우 | △ 0/0 | △ 0/0 | | | | | | | | |
| | 22 | 박용재 | | | | | | | | | | |
| | 26 | 이중권 | | | | | | | | | | |
| FW | 10 | 스테보 | ○ 0/0 | ○ 0/0 | ○ 1/0 | ○ 1/0 | ○ 0/0 | △ 0/1 | | ○ 0/0 | | ○ 0/0 |
| | 11 | 박준태 | | | | | | △ 0/0 | | | | △ 0/0 |
| | 12 | 크리즈만 | | | △ 0/0 | △ 0/0 | ▽ 0/0 | | ▽ 0/0 C | | | |
| | 17 | 이종호 | ▽ 0/0 | △ 0/0 | ▽ 1/0 | ▽ 0/0 | ○ 0/0 | ○ 1/0 | △ 0/0 | △ 1/0 | ▽ 0/0 C | △ 1/0 |
| | 18 | 심동운 | △ 0/0 | ▽ 0/0 | | | △ 0/0 | ○ 0/0 | ○ 0/0 | △ 0/0 | | |
| | 20 | 박기동 | | | | | | ▽ 0/0 | ○ 0/0 | | | |
| | 25 | 안용우 | ▽ 0/0 | ○ 0/0 | ○ 1/1 | ○ 0/1 | ○ 0/0 | ▽ 0/0 | | ○ 1/0 C | | ▽ 0/0 |
| | 27 | 이인규 | | | | | | | | | | |
| | 77 | 전현철 | △ 0/0 | | | △ 0/0 | | △ 0/0 | ▽ 0/0 | | | ▽ 0/0 |

선수자료 : 득점/도움   ☆ = 대기   ○ = 선발출장   △ = 교체 IN   ▽ = 교체 OUT   ◈ = 교체 IN/OUT   C = 경고   S = 퇴장

| 위치 | 배번 | 이름 | 65 | 69 | 74 | 79 | 86 | 91 | 97 | 107 | 110 | 117 |
|---|---|---|---|---|---|---|---|---|---|---|---|---|
| | | 경기번호 | 65 | 69 | 74 | 79 | 86 | 91 | 97 | 107 | 110 | 117 |
| | | 날 짜 | 05.04 | 05.10 | 07.05 | 07.09 | 07.12 | 07.19 | 07.23 | 08.03 | 08.06 | 08.09 |
| | | 홈/원정 | 홈 | 원정 | 홈 | 홈 | 원정 | 홈 | 원정 | 원정 | 홈 | 원정 |
| | | 장 소 | 광양 | 포항 | 광양 | 광양 | 상주 | 광양 | 제주W | 전주W | 광양 | 문수 |
| | | 상 대 | 상주 | 포항 | 서울 | 경남 | 상주 | 성남 | 제주 | 전북 | 인천 | 울산 |
| | | 결 과 | 승 | 패 | 무 | 승 | 승 | 승 | 패 | 패 | 패 | 패 |
| | | 점 수 | 4:3 | 1:3 | 2:2 | 3:1 | 2:1 | 2:0 | 0:2 | 0:2 | 1:2 | 0:1 |
| | | 승 점 | 20 | 20 | 21 | 24 | 27 | 30 | 30 | 30 | 30 | 30 |
| | | 순 위 | 3 | 4 | 4 | 3 | 2 | 2 | 4 | 5 | 5 | 6 |
| | | 슈팅수 | 15:10 | 8:17 | 12:25 | 11:15 | 6:14 | 14:8 | 17:11 | 8:16 | 9:10 | 10:15 |
| GK | 1 | 김병지 | ○0/0 | ○0/0 | ○0/0 | ○0/0 | ○0/0 | ○0/0 | ○0/0 | ○0/0 | ○0/0 | ○0/0 |
| DF | 2 | 김태호 | | | ○0/0 | ○0/0 | ○0/0 | ○0/0 | ○0/0 | ○0/0 | ○0/0 C | ○0/0 |
| | 4 | 홍진기 | | | | △0/0 | △0/0 | | | ▽0/0 | | |
| | 5 | 임종은 | ○0/0 | ○0/0 | ○0/0 | | | ○0/0 C | | | ▽0/0 | |
| | 13 | 현영민 | ○0/1 | ○0/0 C | ▽0/0 C | ▽0/1 | | ○0/0 | ○0/0 | | ○0/1 | |
| | 15 | 방대종 | ○1/0 | ○0/0 | ○0/0 C | ○0/0 | | ○0/0 | ○0/0 | △0/0 | ▽0/0 | ○0/0 |
| | 23 | 마상훈 | | | | | | | | | △0/0 | |
| | 24 | 김동철 | △0/0 | | | | △0/0 | | ○0/0 | | | |
| | 30 | 이재억 | | | | | | | | | | |
| | 33 | 이슬찬 | | △0/0 | | | | | | | | |
| | 55 | 코 니 | △0/1 | | | ○0/0 | | | ○0/0 | | ○0/0 C | ○0/0 |
| MF | 3 | 박선용 | ○0/0 | | | | | | | | | |
| | 6 | 이승희 | | | ○0/0 | ○0/0 | ○1/0 | ▽0/0 C | ○0/0 | ○0/0 | ○0/0 | |
| | 7 | 레안드리뉴 | ▽0/0 | ▽0/0 | | | ◆0/0 | | | | ▽1/0 | △0/0 |
| | 8 | 이현승 | ▽1/0 | ○0/0 | ▽0/0 | | | ○0/0 | | ▽0/0 | | ▽0/0 |
| | 14 | 김영욱 | | | | | ▽0/0 | △0/0 | ▽0/0 | | | ▽0/0 |
| | 16 | 송창호 | ○1/0 | ○0/1 | △0/0 | ○0/0 | | | ○1/0 | △0/0 | ○0/0 C | △0/0 C |
| | 19 | 김영우 | | | | | | | △0/0 | △0/0 | △0/0 | |
| | 22 | 박용재 | | | | | | | | | | |
| | 26 | 이중권 | | ▽0/0 | | | | | | | | |
| FW | 10 | 스테보 | ○0/1 | ○0/0 | ○1/0 | ○0/1 | △0/0 C | ○1/0 | ○0/0 | △0/0 | ○0/0 | ○0/0 |
| | 11 | 박준태 | ◆0/0 | | | | ◆0/0 | | | | | |
| | 12 | 크리즈만 | | | | | | | △0/0 | ○0/0 | △0/0 | △0/0 |
| | 17 | 이종호 | ○1/1 | ▽0/0 | ○1/0 | ○2/0 | ○1/0 | ▽0/0 | ▽0/0 | ○0/0 | ▽0/0 | △0/0 |
| | 18 | 심동운 | | | | △0/0 | | | | | | |
| | 20 | 박기동 | | | | | ▽0/0 | | | | | |
| | 25 | 안용우 | ○0/0 | ○0/0 | ▽0/1 | ○1/0 | ○0/0 | ○0/0 | | ○0/0 | | ○0/0 |
| | 27 | 이인규 | | △0/0 | | | | | | | ▽0/0 | |
| | 77 | 전현철 | | △1/0 | ○0/0 | △0/0 | ▽0/0 | △0/0 | | | | |

| 위치 | 배번 | 선수 | 124 | 132 | 138 | 140 | 146 | 155 | 161 | 167 | 171 | 175 |
|---|---|---|---|---|---|---|---|---|---|---|---|---|
| | | 경기번호 | 124 | 132 | 138 | 140 | 146 | 155 | 161 | 167 | 171 | 175 |
| | | 날 짜 | 08.17 | 08.24 | 08.31 | 09.06 | 09.10 | 09.14 | 09.21 | 09.28 | 10.01 | 10.04 |
| | | 홈/원정 | 홈 | 원정 | 홈 | 원정 | 홈 | 원정 | 홈 | 홈 | 원정 | 홈 |
| | | 장 소 | 광양 | 부산A | 광양 | 제주W | 광양 | 상주 | 광양 | 광양 | 탄천 | 광양 |
| | | 상 대 | 수원 | 부산 | 전북 | 제주 | 포항 | 상주 | 부산 | 울산 | 성남 | 경남 |
| | | 결 과 | 승 | 승 | 승 | 패 | 패 | 패 | 승 | 무 | 패 | 무 |
| | | 점 수 | 3:1 | 1:0 | 2:1 | 2:6 | 0:1 | 0:1 | 2:1 | 1:1 | 0:1 | 0:0 |
| | | 승 점 | 33 | 36 | 39 | 39 | 39 | 39 | 42 | 43 | 43 | 44 |
| | | 순 위 | 5 | 4 | 4 | 5 | 5 | 7 | 6 | 6 | 6 | 5 |
| | | 슈팅수 | 10:13 | 13:6 | 8:11 | 17:19 | 13:6 | 13:13 | 12:4 | 13:9 | 6:13 | 13:9 |
| GK | 1 | 김 병 지 | ○ 0/0 | ○ 0/0 | ○ 0/0 | ○ 0/0 | ○ 0/0 | ○ 0/0 | ○ 0/0 | ○ 0/0 | ○ 0/0 | ○ 0/0 |
| DF | 2 | 김 태 호 | ▽ 0/0 | ○ 0/0 | ○ 0/0 | ○ 0/2 | ○ 0/0 | ○ 0/0 | ○ 0/0 | ○ 0/0 | ○ 0/0 | ○ 0/0 C |
| | 4 | 홍 진 기 | ○ 0/0 | ○ 0/0 C | | | | ▽ 0/0 | △ 0/0 | | | |
| | 5 | 임 종 은 | △ 0/0 | ○ 0/0 | ○ 0/0 | ▽ 0/0 | | | △ 0/0 | | | △ 0/0 |
| | 13 | 현 영 민 | ○ 0/0 C | | ○ 0/1 | ○ 0/0 C | ○ 0/0 C | ○ 0/0 | ○ 0/0 | ○ 0/0 C | ○ 0/0 | |
| | 15 | 방 대 종 | ○ 0/0 | △ 0/0 | ○ 0/0 | ○ 0/0 | | | ○ 0/0 | ○ 0/0 | ○ 0/0 | ○ 0/0 |
| | 23 | 마 상 훈 | | | | | | | | | | |
| | 24 | 김 동 철 | | | | | | | ○ 0/0 | △ 0/0 | ○ 0/0 C | |
| | 30 | 이 재 억 | | | | | ○ 0/0 | ▽ 0/0 C | △ 0/0 | | ○ 0/0 | |
| | 33 | 이 슬 찬 | | | | | | | | | | |
| | 55 | 코 니 | | | | | △ 0/0 | △ 0/0 | ▽ 0/0 C | ○ 0/0 | | ○ 0/0 |
| MF | 3 | 박 선 용 | | | | | | | | | ○ 0/0 | |
| | 6 | 이 승 희 | ○ 0/0 C | ○ 0/0 | ○ 0/0 | ○ 0/0 | ○ 0/0 | ○ 0/0 | | ○ 0/0 C | | ○ 0/0 |
| | 7 | 레안드리뉴 | △ 0/1 | △ 0/0 | △ 0/0 C | △ 0/0 | △ 0/0 | | △ 0/0 | △ 0/0 | △ 0/0 | △ 0/0 |
| | 8 | 이 현 승 | | | | | ○ 0/0 | | ▽ 0/1 | ▽ 0/0 | ▽ 0/0 | |
| | 14 | 김 영 욱 | | | | | | | | | | |
| | 16 | 송 창 호 | ○ 0/0 | ○ 0/0 | ○ 0/0 | ▽ 0/0 | ○ 0/0 | | ○ 1/0 | ▽ 0/0 | △ 0/0 | ▽ 0/0 C |
| | 19 | 김 영 우 | ○ 0/0 | ○ 0/0 C | | △ 0/0 C | △ 0/0 | | △ 0/0 | ▽ 0/0 C | ▽ 0/0 | △ 0/0 |
| | 22 | 박 용 재 | | | | | | ▽ 0/0 | | | | |
| | 26 | 이 중 권 | | | | | | | | | | |
| FW | 10 | 스 테 보 | ○ 1/0 | ○ 1/0 | ○ 1/0 | △ 1/0 | ○ 0/0 | ○ 0/0 | ○ 0/1 | ○ 1/0 | | ○ 0/0 |
| | 11 | 박 준 태 | | | | | ▽ 0/0 | | | | ▽ 0/0 | ▽ 0/0 |
| | 12 | 크 리 즈 만 | | | | | | | | | | |
| | 17 | 이 종 호 | ▽ 0/0 | ▽ 0/0 | ▽ 0/0 | | | | | | | |
| | 18 | 심 동 운 | | ▽ 0/0 | ▽ 0/0 C | ○ 1/0 | ○ 0/0 | ○ 0/0 | ○ 1/0 | ○ 0/1 | ○ 0/0 | ▽ 0/0 |
| | 20 | 박 기 동 | | | | ▽ 0/0 | | | | | ○ 0/0 C | ▽ 0/0 |
| | 25 | 안 용 우 | △ 2/0 C | ○ 0/1 | ○ 0/1 C | | | | | | | ○ 0/0 |
| | 27 | 이 인 규 | | | | | | | | | | |
| | 77 | 전 현 철 | ▽ 0/0 | ◈ 0/0 | △ 1/0 | ○ 0/0 | ▽ 0/0 | ○ 0/0 | | △ 0/0 | △ 0/0 | |

선수자료 : 득점/도움   ☆ = 대기   ○ = 선발출장   △ = 교체 IN   ▽ = 교체 OUT   ◈ = 교체 IN/OUT   C = 경고   S = 퇴장

| 위치 | 배번 | | 182 | 188 | 198 | 202 | 210 | 215 | 221 | 228 | | |
|---|---|---|---|---|---|---|---|---|---|---|---|---|
| | | 경기번호 | 182 | 188 | 198 | 202 | 210 | 215 | 221 | 228 | | |
| | | 날짜 | 10.11 | 10.18 | 10.26 | 11.01 | 11.09 | 11.15 | 11.22 | 11.29 | | |
| | | 홈/원정 | 원정 | 홈 | 원정 | 홈 | 원정 | 원정 | 홈 | 홈 | | |
| | | 장소 | 수원W | 광양 | 인천 | 광양 | 창원C | 부산A | 광양 | 광양 | | |
| | | 상대 | 수원 | 서울 | 인천 | 성남 | 경남 | 부산 | 상주 | 인천 | | |
| | | 결과 | 패 | 패 | 무 | 무 | 패 | 무 | 승 | 무 | | |
| | | 점수 | 1:2 | 1:2 | 3:3 | 1:1 | 1:3 | 1:1 | 3:1 | 0:0 | | |
| | | 승점 | 44 | 44 | 45 | 46 | 46 | 47 | 50 | 51 | | |
| | | 순위 | 6 | 6 | 7 | 1 | 6 | 6 | 3 | 3 | | |
| | | 슈팅수 | 11:14 | 12:10 | 9:14 | 8:7 | 14:15 | 12:13 | 12:10 | 11:5 | | |
| GK | 1 | 김병지 | ○0/0 | ○0/0 | ○0/0 | ○0/0 | ○0/0 | ○0/0 | ○0/0 | ○0/0 | | |
| DF | 2 | 김태호 | | △0/0 | ○0/1 | ▽0/0 C | △0/0 | ○0/0 C | △0/0 | ○0/0 | | |
| | 4 | 홍진기 | | | ○0/0 C | | | ○0/1 | | | | |
| | 5 | 임종은 | | ○0/0 | ○0/0 | ▽0/0 | ○0/0 | ○0/0 C | ○0/0 | ○0/0 | | |
| | 13 | 현영민 | ○0/1 C | ○0/0 | ▽0/0 | ○0/0 | ○0/0 | | ○0/0 | ○0/0 | | |
| | 15 | 방대종 | ○0/0 C | ○0/0 C | | ○0/0 | ○0/0 | | | ○0/0 | | |
| | 23 | 마상훈 | | | | | | | | | | |
| | 24 | 김동철 | ○0/0 | | | △0/0 | ▽0/0 C | | | ▽0/0 | | |
| | 30 | 이재억 | | | | | | ○0/0 | ○0/0 | | | |
| | 33 | 이슬찬 | | | | | | | | | | |
| | 55 | 코 니 | ○0/0 | △0/0 | △2/0 | △0/0 | △0/0 | | | | | |
| MF | 3 | 박선용 | | | | | | ○0/0 | ○0/0 | | | |
| | 6 | 이승희 | ○0/0 C | ○0/0 | ○0/0 C | ▽0/0 | | ○0/0 C | | △0/0 | | |
| | 7 | 레안드리뉴 | ▽1/0 | ▽0/0 | | ○0/0 | △0/0 | △0/0 | ▽1/1 | ▽0/0 C | | |
| | 8 | 이현승 | | | | | | | | | | |
| | 14 | 김영욱 | | ▽0/0 C | △0/0 | | ○0/0 | △0/0 | △0/0 | △0/0 | | |
| | 16 | 송창호 | | ○0/0 | ▽0/0 | ○0/0 C | ▽1/0 | | | ▽0/0 | | |
| | 19 | 김영우 | ○0/0 | ▽0/0 | △0/0 | △0/0 | ▽0/0 | | | | | |
| | 22 | 박용재 | | | | | | | ▽0/1 | | | |
| | 26 | 이중권 | | | | | | | | | | |
| FW | 10 | 스테보 | | ○1/0 | ○0/0 | ○0/0 | ○0/0 | ○1/0 | ○2/0 C | ○0/0 | | |
| | 11 | 박준태 | | | | | | | | | | |
| | 12 | 크리즈만 | | | | | | | | | | |
| | 17 | 이종호 | ▽0/0 | ○0/0 | ○0/0 | ○1/0 C | ○0/0 | | ○0/1 | ○0/0 | | |
| | 18 | 심동운 | ○0/0 | | | ▽0/0 | | ▽0/0 | | | | |
| | 20 | 박기동 | | | | | | | | △0/0 | | |
| | 25 | 안용우 | ○0/0 | △0/1 | ○1/0 | ○0/0 | ○0/0 C | ▽0/0 | ○0/0 | ○0/0 | | |
| | 27 | 이인규 | △0/0 | | | | | | ▽0/0 | | | |
| | 77 | 전현철 | △0/0 | | | | | ▽0/0 | △0/0 | | | |

# 부 산  아 이 파 크

**IPARK**

**창단년도_** 1983년

**전화_** 051-941-1100

**팩스_** 051-941-6715

**홈페이지_** www.busanipark.com

**주소_** 우 618-803 부산광역시 강서구 체육공원로 43(대저 1동, 강서 체육공원)

43, Cheyukgongwon-ro, Gangseo-gu, Busan, KOREA 618-141

## 연혁

| | |
|---|---|
| 1983 | 대우 로얄즈 프로축구단 창단(전신) |
| 1984 | 84 축구대제전 수퍼리그 종합우승 |
| 1986 | 제5회 아시안 클럽 챔피언십 우승 |
| 1987 | 제1회 아프로 - 아시안 클럽 챔피언십 우승 |
| | 87 한국프로축구대회 종합우승 |
| 1989 | 전국축구선수권대회(왕중왕전) 우승 |
| 1990 | 전국축구선수권대회(왕중왕전) 우승 |
| 1991 | 91 한국프로축구대회 종합우승 |
| 1997 | 97 아디다스컵 우승 |
| | 97 라피도컵 프로축구대회 우승 |
| | 97 프로스펙스컵 우승 |
| 1998 | 98 필립모리스코리아컵 우승 |
| 1999 | 99 바이코리아컵 K-리그 준우승 |
| 2000 | 구단 인수(현대산업개발) |
| | 부산 아이콘스 프로축구단 창단 |
| | 제5회 서울은행 FA컵 3위 입상 |
| 2001 | 아디다스컵 2001 준우승 |
| 2003 | 부산 아이콘스 클럽하우스 완공 |
| | 주식회사 부산 아이콘스 독립 법인 출범 |

| | |
|---|---|
| 2004 | 삼성 하우젠 K-리그 2004 통합 7위 |
| | 제9회 하나은행 FA컵 우승 |
| 2005 | 구단명 부산 아이파크, 사명 아이파크 스포츠㈜ 변경 |
| | 삼성 하우젠 K-리그 2004 전기리그 우승 |
| | AFC 챔피언스리그 4강 진출 |
| | 삼성 하우젠 K-리그 2005 공동 3위 |
| 2006 | 삼성 하우젠 K-리그 2006 전기 6위 / 후기 8위 |
| 2007 | 삼성 하우젠 K-리그 2007 13위 |
| 2008 | 삼성 하우젠컵 2008 6강 진출 |
| | 삼성 하우젠 K리그 2008 12위 |
| 2009 | 2009 K리그 12위 |
| | 피스컵 코리아 2009 2위 |
| 2010 | 쏘나타 K-리그 2010 8위 |
| | 제15회 하나은행 FA컵 준우승 |
| 2011 | 러시엔캐시컵 2011 준우승 |
| | 현대오일뱅크 K리그 2011 정규 5위 / 챔피언십 6위 |
| 2012 | 현대오일뱅크 K리그 2012 그룹A(상위 스플릿), 7위 |
| 2013 | 현대오일뱅크 K리그 클래식 2013 그룹A(상위 스플릿), 6위 |
| 2014 | 현대오일뱅크 K리그 클래식 2014 그룹B 8위 |

# 부산 아이파크 2014년 선수명단

대표이사_ 김원동    단장_ 안병모
감독_ 윤성효    코치_ 백기홍·이진행    피지컬코치_ 데니스    GK코치_ 신의손    주무_ 정승은    트레이너_ 김민철·박해일    통역_ 김민수

| 포지션 | 선수명 | | 생년월일 | 출신교 | 키(cm) / 몸무게(kg) |
|---|---|---|---|---|---|
| GK | 이 범 영 | 李 範 永 | 1989.04.02 | 신갈고 | 194 / 90 |
| | 이 창 근 | 李 昌 根 | 1993.08.30 | 동래고 | 186 / 77 |
| | 윤 정 규 | 尹 晸 奎 | 1991.12.04 | 명지대 | 189 / 82 |
| | 김 기 용 | 金 基 容 | 1990.12.07 | 고려대 | 191 / 85 |
| DF | 박 준 강 | 朴 峻 江 | 1991.06.06 | 광양제철고 | 174 / 68 |
| | 이 정 환 | 李 政 桓 | 1991.03.23 | 숭실대 | 176 / 70 |
| | 김 응 진 | 金 應 鎭 | 1987.03.09 | 광양제철고 | 183 / 77 |
| | 이 경 렬 | 李 京 烈 | 1988.01.16 | 고려대 | 186 / 80 |
| | 황 재 훈 | 黃 載 訓 | 1986.03.10 | 건국대 | 185 / 80 |
| | 유 지 노 | 柳 志 弩 | 1989.11.06 | 광양제철고 | 180 / 72 |
| | 이 원 영 | 李 元 煐 | 1981.03.13 | 보인정보고 | 186 / 82 |
| | 김 찬 영 | 金 燦 榮 | 1989.04.01 | 경희대 | 191 / 88 |
| | 권 진 영 | 權 鎭 永 | 1991.10.23 | 숭실대 | 180 / 72 |
| | 구 현 준 | 具 賢 峻 | 1993.12.13 | 동래고 | 183 / 74 |
| | 장 학 영 | 張 學 榮 | 1981.08.24 | 경기대 | 170 / 63 |
| | 닐손 주니어 | Nilson Ricardo da Silva Junior | 1989.03.31 | *브라질 | 183 / 78 |
| | 유 지 훈 | 柳 志 訓 | 1988.06.09 | 한양대 | 173 / 66 |
| | 연 제 민 | 延 濟 民 | 1993.05.28 | 한남대 | 186 / 78 |
| MF | 신 연 수 | 申 然 秀 | 1992.04.06 | 매탄고 | 180 / 70 |
| | 임 상 협 | 林 相 協 | 1988.07.08 | 류츠케이자이대 | 180 / 74 |
| | 정 석 화 | 鄭 錫 華 | 1991.05.17 | 고려대 | 171 / 63 |
| | 김 익 현 | 金 益 現 | 1989.04.30 | 고려대 중퇴 | 176 / 71 |
| | 전 성 찬 | 全 成 贊 | 1987.12.27 | 광운대 | 181 / 74 |
| | 주 세 종 | 周 世 鍾 | 1990.10.30 | 건국대 | 176 / 68 |
| | 홍 동 현 | 洪 東 賢 | 1991.10.30 | 숭실대 | 181 / 75 |
| | 파 그 너 | Jose Fagner Silva da Luz | 1988.05.25 | *브라질 | 168 / 62 |
| | 김 용 태 | 金 龍 泰 | 1984.05.20 | 울산대 | 176 / 65 |
| | 최 광 희 | 崔 光 熙 | 1984.05.17 | 울산대 | 172 / 65 |
| FW | 한 지 호 | 韓 志 皓 | 1988.12.15 | 홍익대 | 180 / 73 |
| | 윤 동 민 | 尹 東 民 | 1988.07.20 | 경희대 | 176 / 72 |
| | 코 마 젝 | Nickola Komazec | 1987.11.15 | 세르비아 | 189 / 85 |
| | 김 신 영 | 金 信 泳 | 1983.06.16 | 한양대 | 186 / 80 |
| | 짜 시 오 | Jacio Marcos de Jesus | 1989.07.30 | *브라질 | 175 / 79 |
| | 김 지 민 | 金 智 珉 | 1993.06.05 | 동래고 | 181 / 65 |
| | 박 용 지 | 朴 龍 志 | 1992.10.09 | 중앙대 | 183 / 72 |

**부산 아이파크 2014년 개인기록** _ K리그 클래식

| 위치 | 배번 | 이름 | 02 | 09 | 17 | 24 | 30 | 36 | 40 | 47 | 50 | 56 |
|---|---|---|---|---|---|---|---|---|---|---|---|---|
| | | 날짜 | 03.08 | 03.15 | 03.23 | 03.26 | 03.30 | 04.06 | 04.09 | 04.13 | 04.19 | 04.26 |
| | | 홈/원정 | 원정 | 홈 | 원정 | 홈 | 원정 | 홈 | 원정 | 원정 | 홈 | 원정 |
| | | 장소 | 전주W | 부산A | 서울W | 부산A | 수원W | 부산A | 인천 | 광양 | 부산A | 제주W |
| | | 상대 | 전북 | 포항 | 서울 | 상주 | 수원 | 울산 | 인천 | 전남 | 성남 | 제주 |
| | | 결과 | 패 | 승 | 승 | 무 | 패 | 무 | 무 | 패 | 승 | 패 |
| | | 점수 | 0:3 | 3:1 | 1:0 | 1:1 | 0:1 | 0:0 | 0:0 | 1:2 | 1:0 | 1:2 |
| | | 승점 | 0 | 3 | 6 | 7 | 7 | 8 | 9 | 9 | 12 | 12 |
| | | 순위 | 6 | 6 | 5 | 4 | 5 | 7 | 7 | 8 | 7 | 7 |
| | | 슈팅수 | 10:12 | 11:6 | 7:18 | 13:7 | 7:15 | 8:10 | 13:16 | 11:8 | 6:14 | 11:11 |
| GK | 1 | 이 범 영 | ○ 0/0 | ○ 0/0 | ○ 0/0 C | ○ 0/0 | ○ 0/0 | ○ 0/0 | ○ 0/0 | ○ 0/0 | ○ 0/0 | ○ 0/0 |
| | 21 | 이 창 근 | | | | | | | | | | |
| DF | 2 | 박 준 강 | ○ 0/0 | ○ 0/0 | ○ 0/0 | ○ 0/0 | ○ 0/0 | ○ 0/0 | ○ 0/0 | ○ 0/0 C | ○ 0/0 CC | |
| | 5 | 김 응 진 | ▽ 0/0 C | | | ○ 0/1 | | | | | | |
| | 6 | 이 경 렬 | | | | | | | ○ 0/0 | ○ 0/0 | | ○ 0/0 |
| | 13 | 황 재 훈 | | | | | | | | | | |
| | 15 | 유 지 노 | | | | | | | | | △ 0/0 | |
| | 20 | 이 원 영 | ○ 0/0 | ○ 0/0 | ○ 0/0 CC | | ○ 0/0 | ○ 0/0 | | △ 0/0 | | ○ 0/0 |
| | 23 | 김 찬 영 | △ 0/0 | ○ 0/0 | | ○ 0/0 | ○ 0/0 | ○ 0/0 | ○ 0/0 | | | △ 0/0 C |
| | 27 | 권 진 영 | | | | | | | | | | ○ 0/0 |
| | 30 | 유 지 훈 | | | | | | | | | | |
| | 32 | 구 현 준 | | | | | | | | | | |
| | 33 | 장 학 영 | ○ 0/0 | ○ 0/0 | ○ 0/0 | ○ 0/0 | ○ 0/0 | ○ 0/0 | ○ 0/0 | ○ 0/0 | | |
| MF | 34 | 연 제 민 | | | | | | | | | | |
| | 4 | 신 연 수 | | | | | ▽ 0/0 C | | | | | |
| | 11 | 임 상 협 | ○ 0/0 | ○ 2/0 | ○ 0/0 | ○ 0/0 | ○ 0/0 | ○ 0/0 | ○ 0/0 | ▽ 0/0 | △ 0/0 | |
| | 14 | 정 석 화 | ○ 0/0 | ▽ 0/0 C | ▽ 0/0 | | △ 0/0 | ▽ 0/0 | △ 0/0 | ○ 0/0 | | |
| | 18 | 김 용 태 | | | | | | | | | | |
| | 22 | 전 성 찬 | | △ 0/0 | | | | △ 0/0 | | △ 0/0 | | |
| | 24 | 주 세 종 | | | | | | | | | | |
| | 25 | 닐손주니어 | ○ 0/0 | ○ 0/0 | ○ 0/0 | ○ 0/0 | ○ 0/0 | ○ 0/0 | ○ 0/0 | ○ 0/0 | | ▽ 0/0 |
| | 26 | 홍 동 현 | △ 0/0 | ▽ 0/1 C | ▽ 0/0 C | ▽ 0/0 | △ 0/0 | ▽ 0/0 | ▽ 0/0 | ▽ 0/0 C | | ▽ 0/0 |
| | 51 | 파 그 너 | ▽ 0/0 | ▽ 0/0 | ▽ 0/0 | ○ 0/0 S | | | ▽ 0/0 | ▽ 0/1 | ▽ 1/0 | ○ 0/0 |
| | 77 | 최 광 희 | | | | | | | | | | |
| FW | 7 | 한 지 호 | | △ 0/0 | △ 0/0 | △ 0/0 | ○ 0/0 C | ○ 0/0 | △ 0/0 | △ 0/0 | ▽ 0/0 | ○ 0/0 |
| | 8 | 윤 동 민 | | | | | | | | | | |
| | 9 | 박 용 지 | | | | | | | | | | |
| | 9 | 코 마 젝 | △ 0/0 | | | | | | | | | |
| | 10 | 짜 시 오 | | | | | | | | | | |
| | 17 | 김 익 현 | | △ 0/0 | △ 0/0 | | ▽ 0/0 | △ 0/0 | ▽ 0/0 | ○ 0/0 C | ▽ 0/0 | △ 0/0 |
| | 19 | 김 신 영 | ▽ 0/0 | | | | | | | | | |
| | 20 | 양 동 현 | ○ 0/0 | ○ 1/1 | ○ 1/0 | ○ 1/0 | ○ 0/0 | ○ 0/0 C | ○ 0/0 | ○ 1/0 | ○ 0/0 C | △ 0/0 |
| | 29 | 김 지 민 | | | | | | | | | | |

선수자료 : 득점/도움   ☐ = 대기   ○ = 선발출장   △ = 교체 IN   ▽ = 교체 OUT   ◈ = 교체 IN/OUT   C = 경고   S = 퇴장

| 위치 | 배번 | 경기번호 | 66 | 70 | 75 | 81 | 90 | 94 | 98 | 105 | 111 | 120 |
|---|---|---|---|---|---|---|---|---|---|---|---|---|
| | | 날짜 | 05.04 | 05.11 | 07.05 | 07.09 | 07.13 | 07.20 | 07.23 | 08.02 | 08.06 | 08.10 |
| | | 홈/원정 | 홈 | 원정 | 홈 | 원정 | 홈 | 원정 | 홈 | 홈 | 원정 | 홈 |
| | | 장소 | 부산A | 문수 | 부산A | 상주 | 부산A | 포항 | 부산A | 부산A | 창원C | 부산A |
| | | 상대 | 경남 | 울산 | 전북 | 상주 | 인천 | 포항 | 수원 | 제주 | 경남 | 서울 |
| | | 결과 | 무 | 패 | 패 | 패 | 무 | 패 | 패 | 무 | 무 | 패 |
| | | 점수 | 2:2 | 0:3 | 0:2 | 0:2 | 2:2 | 0:2 | 0:2 | 1:1 | 1:1 | 0:2 |
| | | 승점 | 13 | 13 | 13 | 13 | 14 | 14 | 14 | 15 | 16 | 16 |
| | | 순위 | 7 | 7 | 8 | 10 | 10 | 10 | 10 | 10 | 11 | 11 |
| | | 슈팅수 | 11:9 | 7:16 | 8:12 | 8:19 | 11:11 | 7:9 | 6:10 | 6:11 | 9:14 | 7:10 |
| GK | 1 | 이범영 | ○0/0 | ○0/0 | | ○0/0 | ○0/0 | ○0/0 | ○0/0 | ○0/0 | ○0/0 | ○0/0 |
| | 21 | 이창근 | | | ○0/0 | | | | | | | |
| DF | 2 | 박준강 | ○0/1 C | ○0/0 | ○0/0 C | | ○0/0 | ▽0/0 | | | | |
| | 5 | 김응진 | | | | | | | | ○0/0 C | ▽0/0 | |
| | 6 | 이경렬 | ○0/0 C | △0/0 | ○0/0 C | ○0/0 | ○0/0 | ○0/0 | ○0/0 | ○0/0 C | | ○0/0 |
| | 13 | 황재훈 | | | | △0/0 | | | | | | ▽0/0 |
| | 15 | 유지노 | | | | | | | | | | ○0/0 |
| | 20 | 이원영 | ○0/0 | ▽0/0 C | | ▽0/0 C | △0/0 | ○0/0 | ○0/0 | | △0/0 | |
| | 23 | 김찬영 | △0/0 | | △0/0 | | ○0/0 | | ▽0/0 C | | | |
| | 27 | 권진영 | | | ▽0/0 | ○0/0 CC | | △0/0 | | | | |
| | 30 | 유지훈 | | | | | | | | | | |
| | 32 | 구현준 | | | | | | | | ○0/0 | ○0/0 | |
| | 33 | 장학영 | ○0/0 | ○0/0 | ○0/0 | ○0/0 | ○0/1 | ○0/0 | ○0/0 | ○0/0 | ○0/0 | ○0/0 C |
| MF | 34 | 연제민 | | | | | | | | ○0/0 | ○0/0 | ○0/0 |
| | 4 | 신연수 | | | | | | | | | | |
| | 11 | 임상협 | ○1/0 | ○0/0 C | ○0/0 | ○0/0 S | | | ○0/0 | ○1/0 | ○0/0 | |
| | 14 | 정석화 | ○1/0 C | ▽0/0 | ▽0/0 | △0/0 | ○0/0 | | △0/0 | | △0/0 | |
| | 18 | 김용태 | | | | | | ○0/0 | ○0/0 | ▽0/0 | ▽0/1 | ○0/0 |
| | 22 | 전성찬 | | | | | | | | | | ▽0/0 |
| | 24 | 주세종 | ▽0/0 | | | | ▽0/0 | △0/0 | ○0/0 | ○0/0 | ▽0/0 C | |
| | 25 | 닐손주니어 | ○0/0 C | ○0/0 | ○0/0 | ▽0/0 | ○0/0 | ▽0/0 | | △0/0 | | |
| | 26 | 홍동현 | ▽0/0 | ▽0/0 | | | ▽0/0 C | | △0/0 | | | |
| | 51 | 파그너 | △0/0 | ○0/0 | ▽0/0 C | ○0/0 | ▽2/0 | ○0/0 | ○0/0 | ▽0/0 | △0/0 | ▽0/0 |
| | 77 | 최광희 | | | | | | | | | | |
| FW | 7 | 한지호 | | △0/0 | ○0/0 | ▽0/0 | ○0/0 | ▽0/0 | | | | ○0/0 |
| | 8 | 윤동민 | | | | | | | | | | |
| | 9 | 박용지 | | | | | ○0/0 | ▽0/0 | △0/0 | | ○1/0 C | △0/0 |
| | 9 | 코마젝 | | | | | | | | | | |
| | 10 | 짜시오 | | | | | | | | △0/0 | | △0/0 |
| | 17 | 김익현 | | △0/0 C | ○0/0 | ○0/0 | | ▽0/0 | | ▽0/0 | ○0/0 | |
| | 19 | 김신영 | | | △0/0 | | △0/0 | △0/0 | △0/0 | | ○0/0 C | △0/0 |
| | 20 | 양동현 | ○0/0 | ○0/0 | | ○0/0 | △0/0 | | | | | |
| | 29 | 김지민 | | | △0/0 | △0/0 | | | | | | |

| 위치 | 배번 | | 경기번호 | 125 | 132 | 134 | 139 | 150 | 154 | 161 | 164 | 173 | 179 |
|---|---|---|---|---|---|---|---|---|---|---|---|---|---|
| | | | 날짜 | 08.17 | 08.24 | 08.30 | 09.03 | 09.10 | 09.13 | 09.21 | 09.27 | 10.01 | 10.05 |
| | | | 홈/원정 | 원정 | 홈 | 원정 | 원정 | 홈 | 홈 | 원정 | 홈 | 홈 | 원정 |
| | | | 장소 | 탄천 | 부산A | 인천 | 수원W | 부산A | 부산A | 광양 | 부산A | 부산A | 포항 |
| | | | 상대 | 성남 | 전남 | 인천 | 수원 | 전북 | 울산 | 전남 | 성남 | 상주 | 포항 |
| | | | 결과 | 승 | 패 | 패 | 무 | 무 | 패 | 패 | 승 | 무 | 무 |
| | | | 점수 | 4 : 2 | 0 : 1 | 0 : 3 | 1 : 1 | 1 : 1 | 1 : 3 | 1 : 2 | 1 : 0 | 1 : 1 | 0 : 0 |
| | | | 승점 | 19 | 19 | 19 | 20 | 21 | 21 | 21 | 24 | 25 | 26 |
| | | | 순위 | 10 | 11 | 12 | 11 | 11 | 11 | 12 | 12 | 12 | 12 |
| | | | 슈팅수 | 9 : 14 | 6 : 13 | 7 : 14 | 12 : 18 | 10 : 12 | 11 : 8 | 4 : 12 | 8 : 9 | 19 : 14 | 4 : 7 |
| GK | 1 | 이 범 영 | | | | | ○ 0/0 | | | ○ 0/0 | ○ 0/0 C | ○ 0/0 | ○ 0/0 |
| | 21 | 이 창 근 | | ○ 0/0 | ○ 0/0 | | ○ 0/0 | ○ 0/0 | ○ 0/0 | | | | |
| DF | 2 | 박 준 강 | | | | | | | | | | | |
| | 5 | 김 응 진 | | | | | | | | | | | |
| | 6 | 이 경 렬 | | ○ 0/0 | ○ 0/0 | ○ 0/0 | ○ 0/0 C | ○ 0/0 | ○ 1/0 | ○ 0/0 C | ○ 0/0 | ○ 0/0 | ○ 0/0 |
| | 13 | 황 재 훈 | | ▽ 0/0 C | | | ○ 0/0 C | ○ 0/0 C | | | | | |
| | 15 | 유 지 노 | | ○ 0/0 C | ○ 0/0 | ○ 0/0 | | ○ 0/0 C | | ○ 0/0 | | ○ 0/0 | ○ 0/0 |
| | 20 | 이 원 영 | | | | | | | | | | | |
| | 23 | 김 찬 영 | | | | | △ 0/0 | | | | | | △ 0/0 |
| | 27 | 권 진 영 | | △ 0/0 | | | ▽ 0/0 C | | | | | | |
| | 30 | 유 지 훈 | | | | | | | | | | ○ 0/0 | |
| | 32 | 구 현 준 | | | | | | | | | | | |
| | 33 | 장 학 영 | | ○ 0/0 | ○ 0/0 | ○ 0/0 | ○ 0/0 | ○ 0/0 | ○ 0/0 | ○ 0/0 | ○ 0/0 | ○ 0/0 | |
| MF | 34 | 연 제 민 | | ○ 0/0 | ○ 0/0 | ○ 0/0 | | ○ 0/0 | ○ 0/0 C | ○ 0/0 | ○ 0/0 C | ○ 0/0 | ○ 0/0 |
| | 4 | 신 연 수 | | | | | | | | | | | |
| | 11 | 임 상 협 | | ○ 2/0 C | ○ 0/0 | ○ 0/0 | ○ 0/0 | ○ 0/0 | △ 0/0 | △ 0/0 C | | | ○ 0/0 C |
| | 14 | 정 석 화 | | | | | △ 0/0 | | △ 0/0 | △ 0/0 | | | ▽ 0/0 |
| | 18 | 김 용 태 | | ○ 0/0 | ○ 0/0 | ▽ 0/0 | | | ▽ 0/0 | | | | |
| | 22 | 전 성 찬 | | | ▽ 0/0 | | | | ▽ 0/0 | | ▽ 0/0 | ▽ 0/0 | ▽ 0/0 |
| | 24 | 주 세 종 | | △ 1/1 | ○ 0/0 | ▽ 0/0 | | ○ 0/0 | △ 0/0 C | ▽ 0/0 | ○ 0/0 C | | ○ 1/0 |
| | 25 | 닐손쥬니어 | | | | | | | ○ 0/0 | | ○ 0/0 | ○ 0/0 | ○ 0/0 |
| | 26 | 홍 동 현 | | | | | ○ 0/0 C | | | | △ 0/0 | ○ 0/0 | △ 0/0 C |
| | 51 | 파 그 너 | | ▽ 1/0 | ○ 0/0 | ○ 0/0 | △ 0/0 | ○ 0/0 | ○ 0/1 | ○ 1/0 | ○ 1/0 | ○ 1/0 C | ▽ 0/0 |
| | 77 | 최 광 희 | | | | | | | | | | ○ 0/0 | |
| FW | 7 | 한 지 호 | | △ 0/0 C | △ 0/0 C | | ○ 0/0 | | ▽ 0/0 | ▽ 0/0 | △ 0/0 | | |
| | 8 | 윤 동 민 | | | | | | | | | | | |
| | 9 | 박 용 지 | | ○ 0/0 C | ▽ 0/0 | △ 0/0 | ▽ 0/0 | △ 0/0 C | | ○ 0/0 | ▽ 0/0 C | ○ 0/0 | △ 0/0 |
| | 9 | 코 마 젝 | | | | | | | | | | | |
| | 10 | 짜 시 오 | | | △ 0/0 | △ 0/0 C | | | △ 0/0 | | ▽ 0/0 | | |
| | 17 | 김 익 현 | | ▽ 0/0 | ◆ 0/0 | | ○ 1/0 | ○ 0/0 CC | | | ▽ 0/0 | | |
| | 19 | 김 신 영 | | | | | ▽ 0/0 | | | | | | |
| | 20 | 양 동 현 | | | | | | | | | | | |
| | 29 | 김 지 민 | | | | | | | | | | | |

선수자료 : 득점/도움   ☒ = 대기   ○ = 선발출장   △ = 교체 IN   ▽ = 교체 OUT   ◆ = 교체 IN/OUT   C = 경고   S = 퇴장

| 위치 | 배번 | | 경기번호 | 184 | 191 | 197 | 203 | 208 | 215 | 220 | 227 | | | | |
|---|---|---|---|---|---|---|---|---|---|---|---|---|---|---|---|
| | | | 날 짜 | 10.12 | 10.19 | 10.26 | 11.02 | 11.08 | 11.15 | 11.22 | 11.29 | | | | |
| | | | 홈/원정 | 홈 | 홈 | 원정 | 원정 | 홈 | 홈 | 원정 | 원정 | | | | |
| | | | 장 소 | 부산A | 부산A | 서울W | 상주 | 부산A | 부산A | 양산 | 탄천 | | | | |
| | | | 상 대 | 제주 | 경남 | 서울 | 상주 | 인천 | 전남 | 경남 | 성남 | | | | |
| | | | 결 과 | 승 | 승 | 무 | 승 | 승 | 무 | 승 | 패 | | | | |
| | | | 점 수 | 2:1 | 4:0 | 1:1 | 3:2 | 1:0 | 1:1 | 1:0 | 0:1 | | | | |
| | | | 승 점 | 29 | 32 | 33 | 36 | 39 | 40 | 43 | 43 | | | | |
| | | | 순 위 | 11 | 9 | 9 | 1 | 1 | 1 | 1 | 1 | | | | |
| | | | 슈팅수 | 5:14 | 13:5 | 8:11 | 10:11 | 4:3 | 13:12 | 3:11 | 7:6 | | | | |
| GK | 1 | 이 범 영 | | ○ 0/0 | ○ 0/0 | ○ 0/0 | ○ 0/0 | ○ 0/0 | ○ 0/0 | ○ 0/0 C | | | | | |
| | 21 | 이 창 근 | | | | | | | | | ○ 0/0 | | | | |
| DF | 2 | 박 준 강 | | | | | | | | | | | | | |
| | 5 | 김 응 진 | | | | | | ○ 0/0 | | | | | | | |
| | 6 | 이 경 렬 | | ○ 0/0 | ○ 1/0 | ○ 0/0 C | | ○ 0/0 | ○ 0/0 C | ○ 0/0 | ○ 0/0 C | | | | |
| | 13 | 황 재 훈 | | | | | | | | | | | | | |
| | 15 | 유 지 노 | | ○ 0/0 | ○ 0/0 | ○ 0/0 | ○ 0/0 | ○ 0/0 | ○ 0/0 | ○ 0/0 C | | | | | |
| | 20 | 이 원 영 | | | | | | | | | | | | | |
| | 23 | 김 찬 영 | | | △ 0/0 | △ 0/0 | △ 0/0 | △ 0/0 | △ 0/0 C | | △ 0/0 | | | | |
| | 27 | 권 진 영 | | | | | | | | | | | | | |
| | 30 | 유 지 훈 | | ○ 0/0 | ○ 0/0 | ○ 0/0 | ○ 0/0 | ○ 0/0 | ○ 0/0 | ○ 0/0 | | | | | |
| | 32 | 구 현 준 | | | | | | | | | | | | | |
| | 33 | 장 학 영 | | △ 0/0 | △ 0/1 | ▽ 0/0 C | | △ 0/1 | | | | | | | |
| MF | 34 | 연 제 민 | | ○ 0/0 | ○ 0/0 | ○ 0/0 | ○ 0/0 | ○ 0/0 | ○ 0/0 | ○ 0/0 | ○ 0/0 | | | | |
| | 4 | 신 연 수 | | | | | | | | | | | | | |
| | 11 | 임 상 협 | | ○ 1/0 | ○ 1/1 | ○ 1/0 | ○ 2/1 | ○ 0/0 | ○ 0/0 | ○ 0/0 | ▽ 0/0 | | | | |
| | 14 | 정 석 화 | | △ 0/0 | △ 0/0 | | | | | | ▽ 0/0 | | | | |
| | 18 | 김 용 태 | | | | △ 0/0 | △ 0/0 | | △ 1/0 | △ 0/0 | | | | | |
| | 22 | 전 성 찬 | | ▽ 0/0 | ▽ 0/0 | ▽ 0/0 | ▽ 0/0 | ▽ 0/0 | ▽ 0/0 | ▽ 0/0 | △ 0/0 | | | | |
| | 24 | 주 세 종 | | ▽ 0/1 | ▽ 0/2 | ○ 0/0 | ○ 0/0 | ○ 1/0 | ▽ 0/1 C | ○ 0/0 | ○ 0/0 C | | | | |
| | 25 | 닐손주니어 | | ○ 0/0 | ○ 1/0 | ○ 0/0 | ○ 0/0 | ○ 0/0 | ○ 0/0 | ○ 1/0 | ○ 0/0 | | | | |
| | 26 | 홍 동 현 | | | | | | | | | | | | | |
| | 51 | 파 그 너 | | ○ 1/0 C | | △ 0/0 | ▽ 1/1 | ▽ 0/0 | △ 0/0 | △ 0/0 | | | | | |
| | 77 | 최 광 희 | | ▽ 0/1 | ▽ 0/0 | | ▽ 0/1 | ▽ 0/0 | ▽ 0/0 | ▽ 0/0 | ○ 0/0 | | | | |
| FW | 7 | 한 지 호 | | | | | | | | | | | | | |
| | 8 | 윤 동 민 | | | | | | | | △ 0/0 | ▽ 0/0 | | | | |
| | 9 | 박 용 지 | | △ 0/0 | ○ 1/0 | ▽ 0/0 C | △ 0/0 | △ 0/0 | ○ 0/0 | ▽ 0/0 C | | | | | |
| | 9 | 코 마 젝 | | | | | | | | | | | | | |
| | 10 | 짜 시 오 | | | | | | | | | | | | | |
| | 17 | 김 익 현 | | | | | | | | | | | | | |
| | 19 | 김 신 영 | | | | | | | | | | | | | |
| | 20 | 양 동 현 | | | | | | | | | | | | | |
| | 29 | 김 지 민 | | | | | | | | △ 0/0 | | | | | |

57

# 성남 FC

**창단년도**_ 1989년

**전화**_ 031-709-4133

**팩스**_ 031-709-4443

**홈페이지**_ www.seongnamfc.com

**주소**_ 우 463-839 경기도 성남시 분당구 탄천로 215(야탑동)

　　　탄천종합운동장

　　　Tancheon Sports Complex, 215, Tancheon-Ro(Yatap-dong)

　　　Bundang- gu, Seongnam-si, Gyeonggi-do, KOREA 463-839

## 연혁

| | |
|---|---|
| 1988 | 일화프로축구단 창단인가(9월 20일) |
| | ㈜통일스포츠 설립(10월 28일) |
| 1989 | 창단식(3월 18일) |
| | 89 한국프로축구대회 5위 |
| 1992 | 92 아디다스컵 우승 |
| | 92 한국프로축구대회 준우승 |
| 1993 | 92 한국프로축구대회 우승 |
| 1994 | 94 하이트배 코리안리그 우승 |
| 1995 | 95 하이트배 코리안리그 챔피언결정전 우승 |
| | 제15회 아시안 클럽 챔피언십 우승 |
| | 95 하이트배 코리안리그 전기 우승 |
| 1996 | 제11회 아프로-아시안 클럽 챔피언십 우승, 그랜드슬램 달성 |
| | 제2회 아시안 슈퍼컵 우승 |
| | 연고지 이전(3월 27일, 서울 강북 → 충남 천안) |
| | 96 AFC 선정 최우수클럽상 수상 |
| 1997 | 제16회 아시안 클럽 챔피언십 준우승 |
| | 제2회 FA컵 준우승 |
| 1999 | 제4회 삼보컴퓨터 FA컵 우승 |
| | 제47회 대통령배 전국축구대회 우승(2군) |
| | 연고지 이전(12월 27일, 충남 천안 → 경기 성남) |
| 2000 | 제2회 2000 티켓링크 수퍼컵 준우승 |
| | 대한화재컵 3위 |
| | 아디다스컵 축구대회 준우승 |
| | 삼성 디지털 K-리그 3위 |
| | 제5회 서울은행 FA컵 3위 |
| 2001 | 2001 포스코 K-리그 우승 |
| | 2군리그 우승 |
| | 아디다스컵 축구대회 3위 |
| | 제6회 서울은행 FA컵 8강 |
| 2002 | 삼성 파브 K-리그 우승 |
| | 아디다스컵 우승 |
| | 제3회 2001 포스데이타 수퍼컵 우승 |
| | 제7회 서울-하나은행 FA컵 3위 |

| | |
|---|---|
| 2003 | 삼성 하우젠 K-리그 우승 |
| | 2군리그 우승(중부) |
| 2004 | 삼성 하우젠컵 2004 우승 |
| | A3 챔피언스컵 우승 |
| | AFC 챔피언스리그 준우승 |
| | 제5회 2004 K-리그 수퍼컵 준우승 |
| | 2군리그 준우승 |
| 2005 | 삼성 하우젠 K-리그 2005 후기리그 우승 |
| 2006 | 삼성 하우젠 K-리그 2006 우승(전기 1위 / 후기 9위) |
| | 삼성 하우젠컵 2006 준우승 |
| 2007 | 삼성 하우젠 K-리그 2007 준우승(정규리그 1위) |
| 2008 | 삼성 하우젠 K-리그 2008 5위(정규리그 3위) |
| 2009 | 2009 K-리그 준우승(정규리그 4위) |
| | 제14회 2009 하나은행 FA컵 준우승 |
| | 2군리그 준우승 |
| 2010 | AFC 챔피언스리그 우승 |
| | FIFA클럽월드컵 4강 |
| | 쏘나타 K리그 2010 4위(정규리그 5위) |
| | AFC '올해의 클럽' 수상 |
| 2011 | 제16회 2011 하나은행 FA컵 우승 |
| | R리그 A조 1위 |
| 2012 | 홍콩 아시안챌린지컵 우승 |
| | 2012 피스컵수원 준우승 |
| 2013 | 현대오일뱅크 K리그 클래식 2013 8위 |
| | 성남시민프로축구단 창단발표 |
| | 성남시와 통일그룹 간 양해각서 체결 |
| | 시민구단 지원조례 제정 |
| | 성남일화천마프로축구단 인수계약서 체결 |
| | 초대 박종환 감독 취임, 초대 신문선 대표이사 취임 |
| 2014 | 구단명칭 법원 등기 이전 완료, 엠블럼 및 마스코트 확정 |
| | 창단식 개최 |
| | 제2대 김학범 감독 취임 |
| | 제19회 하나은행 FA컵 우승 |
| | 현대오일뱅크 K리그 클래식 2014 9위 |

## 성남FC 2014년 선수명단

대표이사_ 신문선   경영지원실장_ 신귀영   선수운영단장_ 김하목
감독_ 김학범   수석코치_ 이영진   코치_ 송상우   스카우터_ 오주포   트레이너_ 김기현·전명구·김정훈   전력분석관_ 김길배   주무_ 김동호

| 포지션 | 선수명 | | 생년월일 | 출신교 | 키(cm) / 몸무게(kg) |
|---|---|---|---|---|---|
| GK | 전 상 욱 | 全 相 昱 | 1979.09.22 | 단국대 | 193 / 83 |
| | 권 태 안 · | 權 泰 安 | 1992.04.09 | 매탄고 | 190 / 85 |
| | 박 준 혁 | 朴 俊 赫 | 1987.04.11 | 전주대 | 180 / 84 |
| | 정 산 | 鄭 山 | 1989.02.10 | 경희대 | 190 / 83 |
| DF | 곽 해 성 | 郭 海 盛 | 1991.12.06 | 광운대 | 178 / 70 |
| | 박 희 성 | 朴 熙 成 | 1987.04.07 | 호남대 | 172 / 67 |
| | 이 요 한 | 李 曜 漢 | 1985.12.18 | 동북고 | 184 / 76 |
| | 심 우 연 | 沈 愚 燃 | 1985.04.03 | 건국대 | 195 / 88 |
| | 박 진 포 | 朴 珍 鋪 | 1987.08.13 | 대구대 | 173 / 72 |
| | 윤 영 선 | 尹 榮 善 | 1988.10.04 | 단국대 | 185 / 78 |
| | 김 영 남 | 金 榮 男 | 1991.03.24 | 중앙대 | 173 / 73 |
| | 장 석 원 | 張 碩 元 | 1989.08.11 | 단국대 | 185 / 79 |
| | 정 우 재 | 鄭 宇 宰 | 1992.06.28 | 예원예술대 | 178 / 72 |
| | 임 채 민 | 林 採 民 | 1990.11.18 | 영남대 | 180 / 75 |
| | 유 청 윤 | 柳 清 潤 | 1992.09.07 | 경희대 | 184 / 76 |
| | 박 신 우 | 朴 神 佑 | 1990.05.14 | 수원대 | 178 / 75 |
| | 박 재 성 | 朴 在 成 | 1991.06.19 | 대구대 | 177 / 68 |
| MF | 김 철 호 | 金 喆 湜 | 1983.09.26 | 강원관광대 | 177 / 68 |
| | 제파로프 | Server Djeparov | 1982.10.03 | *우즈베키스탄 | 172 / 68 |
| | 김 태 환 | 金 太 煥 | 1989.07.24 | 울산대 | 177 / 72 |
| | 바우지비아 | Ferreira da Silva Leite Caique | 1992.10.23 | *브라질 | 176 / 64 |
| | 정 선 호 | 鄭 先 晧 | 1989.03.25 | 동의대 | 182 / 76 |
| | 김 평 래 | 金 平 來 | 1987.11.09 | 중앙대 | 180 / 75 |
| | 나 진 성 | 羅 珍 星 | 1991.12.14 | 한국국제대 | 176 / 66 |
| | 이 종 원 | 李 鐘 元 | 1989.03.14 | 경신고 | 177 / 72 |
| | 염 유 신 | 廉 裕 申 | 1992.08.10 | 선문대 | 186 / 74 |
| | 강 진 욱 | 姜 珍 旭 | 1986.02.13 | 중동고 | 183 / 74 |
| FW | 김 동 섭 | 金 東 燮 | 1989.03.29 | 장훈고 | 188 / 80 |
| | 김 동 희 | 金 東 熙 | 1989.05.06 | 연세대 | 169 / 62 |
| | 황 의 조 | 黃 義 助 | 1992.08.28 | 연세대 | 184 / 73 |
| | 이 민 우 | 李 珉 雨 | 1991.12.01 | 광주대 | 178 / 72 |
| | 이 창 훈 | 李 昶 勳 | 1986.12.17 | 인천대 | 173 / 67 |
| | 김 남 건 | 金 南 建 | 1990.08.06 | 선문대 | 171 / 71 |

# 성남FC 2014년 개인기록 _ K리그 클래식

| 위치 | 배번 | | 04 | 07 | 14 | 23 | 27 | 33 | 41 | 46 | 50 | 57 |
|---|---|---|---|---|---|---|---|---|---|---|---|---|
| | | 경기번호 | 04 | 07 | 14 | 23 | 27 | 33 | 41 | 46 | 50 | 57 |
| | | 날짜 | 03.09 | 03.15 | 03.22 | 03.26 | 03.29 | 04.05 | 04.09 | 04.13 | 04.19 | 04.26 |
| | | 홈/원정 | 원정 | 홈 | 원정 | 홈 | 원정 | 홈 | 원정 | 홈 | 원정 | 홈 |
| | | 장소 | 창원C | 탄천 | 제주W | 탄천 | 전주W | 탄천 | 문수 | 탄천 | 부산A | 탄천 |
| | | 상대 | 경남 | 서울 | 제주 | 수원 | 전북 | 인천 | 울산 | 상주 | 부산 | 전남 |
| | | 결과 | 패 | 무 | 패 | 승 | 패 | 무 | 승 | 무 | 패 | 패 |
| | | 점수 | 0:1 | 0:0 | 0:1 | 2:0 | 0:1 | 0:0 | 1:0 | 0:0 | 0:1 | 0:1 |
| | | 승점 | 0 | 1 | 1 | 4 | 4 | 5 | 8 | 9 | 9 | 9 |
| | | 순위 | 8 | 9 | 12 | 9 | 9 | 9 | 8 | 7 | 8 | 10 |
| | | 슈팅수 | 8 : 8 | 13 : 11 | 9 : 8 | 11 : 13 | 6 : 12 | 17 : 10 | 10 : 19 | 18 : 5 | 14 : 6 | 12 : 10 |
| GK | 1 | 전 상 욱 | ○ 0/0 | | | | | | | | | |
| | 28 | 박 준 혁 | | ○ 0/0 | ○ 0/0 | ○ 0/0 | ○ 0/0 | ○ 0/0 | ○ 0/0 | ○ 0/0 | ○ 0/0 | ○ 0/0 |
| DF | 2 | 곽 해 성 | ▽ 0/0 | ○ 0/0 | ○ 0/0 | ○ 0/0 C | | | | | | |
| | 3 | 박 희 성 | △ 0/0 | | | | | | | | | |
| | 4 | 이 요 한 | | | | | ○ 0/0 | △ 0/0 | | | | △ 0/0 |
| | 5 | 심 우 연 | | | | | △ 0/0 | | | | | |
| | 6 | 박 진 포 | ○ 0/0 | ○ 0/0 C | ○ 0/0 | ○ 0/0 | ○ 0/0 CC | | ○ 0/0 | ○ 0/0 | | ▽ 0/0 |
| | 20 | 윤 영 선 | ○ 0/0 | ○ 0/0 | ○ 0/0 | ○ 0/0 C | ○ 0/0 | ○ 0/0 | ○ 0/0 | ○ 0/0 | ○ 0/0 | ○ 0/0 |
| | 24 | 장 석 원 | | | | | | | | | | |
| | 25 | 정 우 재 | | | | | | | | | | |
| | 26 | 임 채 민 | ○ 0/0 | | | | | | ○ 0/0 C | | | ○ 0/0 |
| | 29 | 유 청 윤 | | | | | | | | | | |
| | 31 | 박 재 성 | | | | | | | | | | |
| MF | 7 | 김 철 호 | ○ 0/0 | ○ 0/0 | ○ 0/0 | ○ 1/0 | ▽ 0/0 | ○ 0/0 | ○ 1/0 | ○ 0/0 | | ○ 0/0 |
| | 8 | 김 성 준 | △ 0/0 | | | | | △ 0/0 | △ 0/0 | △ 0/0 | △ 0/0 | |
| | 10 | 제 파 로 프 | ▽ 0/0 | | | △ 0/0 | | | | | | |
| | 11 | 김 태 환 | ○ 0/0 C | ○ 0/0 | ▽ 0/0 | ○ 0/0 | ○ 0/0 | ○ 0/0 | ○ 0/0 C | ○ 0/0 | ▽ 0/0 | ○ 0/0 |
| | 12 | 바 우 지 비 아 | | ○ 0/0 | ○ 0/0 | ▽ 1/0 C | ▽ 0/0 | ▽ 0/0 | ▽ 0/0 | ▽ 0/1 | ▽ 0/0 | |
| | 14 | 정 선 호 | | | | | | | | | △ 0/0 | |
| | 15 | 김 평 래 | | | | △ 0/0 | △ 0/0 | ○ 0/0 | ○ 0/0 C | ○ 0/0 C | ○ 0/0 | ○ 0/0 |
| | 22 | 이 종 원 | ○ 0/0 | ○ 0/0 | ▽ 0/0 | ▽ 0/0 | ○ 0/0 | ○ 0/0 | ○ 0/0 | ○ 0/0 | ▽ 0/0 | ○ 0/0 |
| | 23 | 김 영 남 | | | | | | | | | | |
| | 27 | 김 남 건 | | | △ 0/0 | | | | | | | |
| FW | 9 | 김 동 섭 | ○ 0/0 | ▽ 0/0 C | ▽ 0/0 | ▽ 0/0 | ▽ 0/0 | ○ 0/0 | ▽ 0/0 | ◈ 0/0 | ○ 0/0 | ▽ 0/0 |
| | 13 | 김 동 희 | △ 0/0 | | | | | | ◈ 0/0 | | △ 0/0 | △ 0/0 |
| | 16 | 황 의 조 | | | △ 0/0 | △ 0/0 | | △ 0/0 | △ 0/0 | | | |
| | 17 | 이 민 우 | | △ 0/0 | | | | | | △ 0/0 | △ 0/0 | △ 0/0 |
| | 18 | 이 창 훈 | ▽ 0/0 | ○ 0/0 | ○ 0/0 | ○ 0/1 C | ○ 0/0 C | ▽ 0/0 | ○ 0/0 | ○ 0/0 | ▽ 0/0 | ▽ 0/0 |
| | 32 | 기 가 | | | | | △ 0/0 | | | | | |

선수자료 : 득점/도움  ☆ = 대기  ○ = 선발출장  △ = 교체 IN  ▽ = 교체 OUT  ◈ = 교체 IN/OUT  C = 경고  S = 퇴장

| 위치 | 배번 | 선수 | 61 | 72 | 76 | 84 | 89 | 91 | 99 | 103 | 113 | 116 |
|---|---|---|---|---|---|---|---|---|---|---|---|---|
| | | 경기번호 | 61 | 72 | 76 | 84 | 89 | 91 | 99 | 103 | 113 | 116 |
| | | 날짜 | 05.03 | 05.18 | 07.06 | 07.09 | 07.13 | 07.19 | 07.23 | 08.02 | 08.06 | 08.09 |
| | | 홈/원정 | 홈 | 원정 | 홈 | 원정 | 홈 | 원정 | 홈 | 원정 | 원정 | 홈 |
| | | 장소 | 탄천 | 서울W | 탄천 | 인천 | 탄천 | 광양 | 탄천 | 상주 | 포항 | 탄천 |
| | | 상대 | 포항 | 서울 | 울산 | 인천 | 제주 | 전남 | 경남 | 상주 | 포항 | 전북 |
| | | 결과 | 승 | 패 | 무 | 무 | 패 | 패 | 승 | 무 | 패 | 패 |
| | | 점수 | 3:1 | 0:1 | 1:1 | 1:1 | 1:2 | 0:2 | 1:0 | 1:1 | 0:1 | 0:3 |
| | | 승점 | 12 | 12 | 13 | 14 | 14 | 14 | 17 | 18 | 18 | 18 |
| | | 순위 | 7 | 8 | 8 | 8 | 9 | 9 | 8 | 8 | 9 | 9 |
| | | 슈팅수 | 8:9 | 6:11 | 14:11 | 14:13 | 17:10 | 8:14 | 10:7 | 15:15 | 3:8 | 15:12 |
| GK | 1 | 전 상 욱 | | | | | | | | | | |
| | 28 | 박 준 혁 | ○ 0/0 | ○ 0/0 | ○ 0/0 | ○ 0/0 | ○ 0/0 | ○ 0/0 | ○ 0/0 | ○ 0/0 | | ○ 0/0 |
| DF | 2 | 곽 해 성 | | | | | ○ 0/0 | | | | | △ 0/0 |
| | 3 | 박 희 성 | ○ 0/0 | ○ 0/0 | ○ 0/0 | ○ 0/0 | ○ 0/0 | ○ 0/0 | ○ 0/0 | ○ 0/0 | ○ 0/0 | ▽ 0/0 |
| | 4 | 이 요 한 | | | | △ 0/0 | ○ 0/0 | | | | | ○ 0/0 C |
| | 5 | 심 우 연 | △ 0/0 | ▽ 0/0 | ○ 0/0 | ○ 0/0 | | | | | | |
| | 6 | 박 진 포 | | | ○ 0/0 | | | | ○ 0/0 | ○ 0/0 | ○ 0/0 | ○ 0/0 |
| | 20 | 윤 영 선 | ○ 0/0 C | ○ 0/0 | | | | | ○ 0/0 | △ 0/0 | | |
| | 24 | 장 석 원 | | | | | ○ 0/0 C | | | ▽ 0/0 | | |
| | 25 | 정 우 재 | | | | | | △ 0/0 | ▽ 0/0 C | | | |
| | 26 | 임 채 민 | ○ 0/0 | ○ 0/0 C | ○ 0/0 | ○ 0/0 C | | ○ 0/0 C | ○ 0/0 | ○ 0/0 | | ○ 0/0 C |
| | 29 | 유 청 윤 | | | | | | | | | | |
| | 31 | 박 재 성 | | | | | | | | | | |
| MF | 7 | 김 철 호 | △ 0/0 | | | △ 0/1 | △ 0/0 | | | | △ 0/0 | ○ 0/0 |
| | 8 | 김 성 준 | | | | | | | | | | |
| | 10 | 제 파 로 프 | ○ 1/1 | ▽ 0/0 | ○ 0/0 | ○ 0/0 | ▽ 0/0 C | | | ▽ 0/0 | △ 0/0 | ▽ 0/0 |
| | 11 | 김 태 환 | ○ 1/0 | ○ 0/0 | ○ 0/0 C | | ○ 0/0 | ▽ 0/0 C | ○ 1/0 | ○ 0/1 | ○ 0/0 | ○ 0/0 |
| | 12 | 바 우 지 비 아 | | ◆ 0/0 | | | | | | | | |
| | 14 | 정 선 호 | ▽ 1/0 | ○ 0/0 | ○ 0/0 | ○ 0/0 C | ▽ 0/1 C | ○ 0/0 | ○ 0/0 C | | ○ 0/0 | ○ 0/0 |
| | 15 | 김 평 래 | ▽ 0/0 | | | | | | | ○ 0/0 | ▽ 0/0 | |
| | 22 | 이 종 원 | ○ 0/0 C | ○ 0/0 | ○ 0/0 | ○ 0/0 C | ○ 0/0 | ▽ 0/0 | ○ 0/0 | | | |
| | 23 | 김 영 남 | | | | | ○ 0/0 | ○ 0/0 C | | ▽ 0/0 | | |
| | 27 | 김 남 건 | | | | | | | | △ 0/0 | | |
| FW | 9 | 김 동 섭 | | △ 0/0 | ▽ 0/0 | ▽ 0/0 | △ 0/0 | ▽ 0/0 | △ 0/0 | ▽ 0/0 | ▽ 0/0 | △ 0/0 |
| | 13 | 김 동 희 | ▽ 0/0 | ○ 0/0 | ▽ 0/0 | △ 0/0 | ▽ 1/0 | ○ 0/0 | ▽ 0/0 | ○ 1/0 | ○ 0/0 | ○ 0/0 C |
| | 16 | 황 의 조 | ○ 0/0 | ○ 0/0 C | △ 1/0 | △ 1/0 | ○ 0/0 | △ 0/0 | ○ 0/0 | ▽ 0/0 | △ 0/0 | ▽ 0/0 |
| | 17 | 이 민 우 | △ 0/0 | | | △ 0/0 | ▽ 0/0 | △ 0/0 | △ 0/0 | △ 0/0 | | △ 0/0 |
| | 18 | 이 창 훈 | | | | | ▽ 0/0 C | | | | | |
| | 32 | 기 가 | | | | | | | | | | |

| 위치 | 배번 | 이름 | 125 | 131 | 135 | 141 | 148 | 151 | 160 | 164 | 171 | 177 |
|---|---|---|---|---|---|---|---|---|---|---|---|---|
| | | 날 짜 | 08.17 | 08.24 | 08.30 | 09.06 | 09.10 | 09.13 | 09.21 | 09.27 | 10.01 | 10.04 |
| | | 홈/원정 | 홈 | 원정 | 원정 | 홈 | 홈 | 원정 | 홈 | 원정 | 홈 | 홈 |
| | | 장 소 | 탄천 | 수원W | 상주 | 탄천 | 탄천 | 포항 | 탄천 | 부산A | 탄천 | 탄천 |
| | | 상 대 | 부산 | 수원 | 상주 | 인천 | 서울 | 포항 | 제주 | 부산 | 전남 | 전북 |
| | | 결 과 | 패 | 무 | 무 | 승 | 패 | 패 | 무 | 패 | 승 | 패 |
| | | 점 수 | 2 : 4 | 1 : 1 | 1 : 1 | 2 : 0 | 1 : 2 | 0 : 1 | 1 : 1 | 0 : 1 | 1 : 0 | 0 : 1 |
| | | 승 점 | 18 | 19 | 20 | 23 | 23 | 23 | 24 | 24 | 27 | 27 |
| | | 순 위 | 11 | 10 | 10 | 9 | 9 | 9 | 10 | 10 | 9 | 10 |
| | | 슈팅수 | 14 : 9 | 9 : 16 | 9 : 11 | 15 : 8 | 8 : 7 | 10 : 2 | 8 : 10 | 9 : 8 | 13 : 6 | 10 : 4 |
| GK | 1 | 전 상 욱 | ○ 0/0 | | | | | ○ 0/0 | | | | |
| | 28 | 박 준 혁 | | ○ 0/0 | ○ 0/0 | ○ 0/0 | ○ 0/0 | | ○ 0/0 | ○ 0/0 | ○ 0/0 | ○ 0/0 |
| DF | 2 | 곽 해 성 | | ▽ 0/0 | | ○ 0/0 | | | | | | △ 0/0 |
| | 3 | 박 희 성 | ○ 0/1 C | ○ 0/0 | | ○ 0/0 | ○ 0/0 | ○ 0/0 | ○ 0/0 | ○ 0/0 | ○ 0/0 | ▽ 0/0 C |
| | 4 | 이 요 한 | ○ 0/0 CC | | △ 0/0 | △ 0/0 C | ○ 0/0 | △ 0/0 | | △ 0/0 | △ 0/0 | |
| | 5 | 심 우 연 | | | | | | | | | | |
| | 6 | 박 진 포 | ▽ 0/0 | ○ 0/0 | ○ 1/0 | ○ 0/0 | ○ 0/0 | ○ 0/0 | ○ 0/0 C | ○ 0/0 | ○ 0/1 | ○ 0/0 |
| | 20 | 윤 영 선 | | | | | | | | | | |
| | 24 | 장 석 원 | △ 0/0 | ○ 0/0 | ▽ 0/0 | ○ 0/0 | ○ 0/0 | | | ○ 0/0 | | ○ 0/0 |
| | 25 | 정 우 재 | | | | | | | | | | |
| | 26 | 임 채 민 | ○ 0/0 | ▽ 0/0 | ○ 0/0 | | | ○ 0/0 C | ○ 0/0 | | | ○ 0/0 C |
| | 29 | 유 청 윤 | | △ 0/0 | | | | | | ○ 0/0 | | |
| | 31 | 박 재 성 | | | | △ 0/0 | | | | | | |
| MF | 7 | 김 철 호 | | | | ▽ 0/0 | ▽ 0/0 C | ▽ 0/0 | ○ 0/0 | ○ 0/0 C | ○ 0/0 | ○ 0/0 |
| | 8 | 김 성 준 | | | | | | | | | | |
| | 10 | 제 파 로 프 | ○ 1/0 | ○ 0/0 | ○ 0/1 | | △ 0/0 | ○ 0/0 | ○ 1/0 | ○ 0/0 | | ○ 0/0 |
| | 11 | 김 태 환 | ○ 0/0 | ○ 1/0 | | ○ 0/1 | ○ 0/1 | | | ○ 0/0 C | △ 0/0 C | |
| | 12 | 바 우 지 비 아 | | | | | | | △ 0/0 | | | △ 0/0 |
| | 14 | 정 선 호 | ○ 0/0 | ○ 0/0 | ○ 0/0 C | | ▽ 0/0 | ○ 0/0 | ○ 0/0 | ▽ 0/0 | | ▽ 0/0 |
| | 15 | 김 평 래 | | △ 0/0 | ○ 0/0 | ○ 0/0 | △ 0/0 | ○ 0/0 | △ 0/0 C | | △ 0/0 | |
| | 22 | 이 종 원 | | | | | | | | | | |
| | 23 | 김 영 남 | | | | | | | | | | |
| | 27 | 김 남 건 | | | | | | | | | | |
| FW | 9 | 김 동 섭 | ○ 0/0 | ▽ 0/0 | ▽ 0/0 | △ 0/0 | | ▽ 0/0 | | | ▽ 1/0 C | ○ 0/0 |
| | 13 | 김 동 희 | ○ 1/0 | ○ 0/1 | ○ 0/0 | ▽ 1/0 | ▽ 0/0 | △ 0/0 | ▽ 0/0 | △ 0/0 | ▽ 0/0 | ▽ 0/0 |
| | 16 | 황 의 조 | △ 0/0 | △ 0/0 | △ 0/0 | ○ 1/0 | ○ 1/0 | ▽ 0/0 | | | | |
| | 17 | 이 민 우 | | | | | △ 0/0 | △ 0/0 | ▽ 0/0 | | | △ 0/0 |
| | 18 | 이 창 훈 | ▽ 0/0 | | | ▽ 0/0 | △ 0/0 | | ○ 0/0 | ▽ 0/0 | ▽ 0/0 | ○ 0/0 C |
| | 32 | 기 가 | | | | | | | | | | |

선수자료: 득점/도움   ¤ = 대기   ○ = 선발출장   △ = 교체 IN   ▽ = 교체 OUT   ◈ = 교체 IN/OUT   C = 경고   S = 퇴장

| 위치 | 배번 | | 183 | 190 | 195 | 202 | 209 | 216 | 222 | 227 | | | |
|---|---|---|---|---|---|---|---|---|---|---|---|---|---|
| | | 경기번호 | 183 | 190 | 195 | 202 | 209 | 216 | 222 | 227 | | | |
| | | 날 짜 | 10.11 | 10.19 | 10.26 | 11.01 | 11.08 | 11.16 | 11.26 | 11.29 | | | |
| | | 홈/원정 | 원정 | 원정 | 홈 | 원정 | 원정 | 홈 | 원정 | 홈 | | | |
| | | 장 소 | 창원C | 수원W | 탄천 | 광양 | 상주 | 탄천 | 인천 | 탄천 | | | |
| | | 상 대 | 경남 | 수원 | 울산 | 전남 | 상주 | 경남 | 인천 | 부산 | | | |
| | | 결 과 | 승 | 무 | 패 | 무 | 무 | 무 | 승 | 승 | | | |
| | | 점 수 | 2:0 | 2:2 | 3:4 | 1:1 | 1:1 | 1:1 | 1:0 | 1:0 | | | |
| | | 승 점 | 30 | 31 | 31 | 32 | 33 | 34 | 37 | 40 | | | |
| | | 순 위 | 9 | 10 | 10 | 1 | 2 | 3 | 2 | 2 | | | |
| | | 슈팅수 | 8:13 | 4:11 | 8:10 | 7:8 | 9:9 | 11:12 | 7:11 | 6:7 | | | |
| GK | 1 | 전 상 욱 | | | | | | | | | | | |
| | 28 | 박 준 혁 | ○ 0/0 | ○ 0/0 | ○ 0/0 | ○ 0/0 | ○ 0/0 | ○ 0/0 | ○ 0/0 C | ○ 0/0 C | | | |
| DF | 2 | 곽 해 성 | ○ 0/0 | ▽ 0/0 | ▽ 0/0 | | ○ 0/0 | | ○ 0/0 | ○ 1/0 | | | |
| | 3 | 박 희 성 | | △ 0/0 C | | ○ 0/0 | | | | | | | |
| | 4 | 이 요 한 | △ 0/0 | | △ 0/0 C | | | △ 0/0 | | △ 0/0 | | | |
| | 5 | 심 우 연 | | | | | | | | | | | |
| | 6 | 박 진 포 | ○ 0/0 | ○ 0/0 | ○ 0/0 C | | ○ 0/0 | ○ 0/1 | ○ 0/0 C | ○ 0/0 | | | |
| | 20 | 윤 영 선 | | | △ 0/0 | △ 0/0 | | ○ 0/0 | ○ 0/0 C | ○ 0/0 | | | |
| | 24 | 장 석 원 | ○ 0/0 | ○ 0/0 C | ○ 0/0 | ▽ 0/0 | ○ 0/0 | | △ 0/0 | ○ 0/0 | | | |
| | 25 | 정 우 재 | | | | | | | | | | | |
| | 26 | 임 채 민 | ○ 0/0 | ○ 0/1 | ○ 0/0 | ○ 0/0 | ○ 0/0 | ○ 0/0 | ○ 0/0 C | | | | |
| | 29 | 유 청 윤 | | | | | | | | | | | |
| | 31 | 박 재 성 | | | | | | | | | | | |
| MF | 7 | 김 철 호 | ○ 0/0 | ○ 0/0 | ○ 0/0 | ○ 0/0 | ○ 0/0 | ▽ 0/0 | | | | | |
| | 8 | 김 성 준 | | | | | | | | | | | |
| | 10 | 제파로프 | | △ 1/0 | ○ 1/1 | ○ 1/0 C | ○ 0/0 | ○ 1/0 | | | | | |
| | 11 | 김 태 환 | ○ 1/0 | ○ 0/0 | ○ 1/0 C | ○ 0/1 | | | | ○ 0/0 | | | |
| | 12 | 바우지비아 | ▽ 0/0 | ▽ 0/0 | | | | | | ▽ 0/0 | | | |
| | 14 | 정 선 호 | ○ 1/0 | ○ 0/1 | ○ 0/0 | ○ 0/0 | ○ 0/0 | ○ 0/0 | ○ 0/0 | ○ 0/0 C | | | |
| | 15 | 김 평 래 | | | | ○ 0/0 | | ○ 0/0 | ○ 0/0 C | △ 0/0 | | | |
| | 22 | 이 종 원 | △ 0/0 | | △ 0/0 | | | △ 0/0 | ▽ 0/0 | ○ 0/0 | | | |
| | 23 | 김 영 남 | | | | △ 0/0 C | | | | | | | |
| | 27 | 김 남 건 | | | | | | | | | | | |
| FW | 9 | 김 동 섭 | ▽ 0/0 | ○ 1/0 | ▽ 1/0 | ▽ 0/0 | ▽ 0/0 | ▽ 0/0 | ▽ 1/0 | ▽ 0/0 | | | |
| | 13 | 김 동 희 | ▽ 0/0 | ▽ 0/0 | ▽ 0/1 C | ▽ 0/0 | ▽ 1/0 | ▽ 0/0 | ▽ 0/0 | ▽ 0/0 | | | |
| | 16 | 황 의 조 | | | | △ 0/0 | △ 0/0 | △ 0/0 | △ 0/0 | △ 0/0 | | | |
| | 17 | 이 민 우 | | | | | | | | | | | |
| | 18 | 이 창 훈 | △ 0/0 | △ 0/0 | | | △ 0/0 | | △ 0/0 | | | | |
| | 32 | 기 가 | | | | | | | | | | | |

63

# 인 천 유 나 이 티 드

**창단년도_** 2003년

**전화_** 032-880-5500

**팩스_** 032-423-1509

**홈페이지_** www.incheonutd.com

**주소_** 우 400-140 인천광역시 중구 참외전로 246(도원동
7-1) 인천축구전용경기장 내

Incheon Football Stadium, 246, Chamoejeon-ro(7-1,
Dowon-dong), Jung-gu, Incheon, KOREA 400-140

## 연혁

2003 인천시민프로축구단 창단발표(안상수 인천광역시장)
인천시민프로축구단 발기인 총회
(주)인천시민프로축구단 법인 설립
안종복 단장 임용
'인천 유나이티드' 명칭 공모 최우수작 선정
인천시민프로축구단 1차 시민주 공모 실시
한국프로축구연맹 창단 승인
베르너 로란트 초대감독 선임

2004 2차 시민주 공모
캐치프레이즈 'Blue Hearts 2004'
캐릭터 '유티' 확정
창단식 및 일본 감바 오사카 초청경기(문학경기장)
K-리그 데뷔
장외룡 감독대행체제 출범
삼성 하우젠 K-리그 2004 통합 12위(전기 13위, 후기 4위)
삼성 하우젠컵 2004 8위

2005 캐치프레이즈 '푸른물결 2005' 확정
장외룡 감독 취임
일본 감바 오사카 초청경기
삼성 하우젠 K-리그 2005 정규리그 통합 1위(전기 2위,
후기 4위)로 플레이오프 진출
삼성 하우젠 K-리그 2005 준우승
삼성 하우젠 K-리그 2005 정규리그 관중 1위
(총 관중 31만 6,591명, 평균관중 2만 4,353명)
삼성 하우젠컵 2005 8위
장외룡 감독 삼성 하우젠 K-리그 대상, 올해의 감독상 수상
인천 유나이티드 서포터즈 삼성 하우젠 K-리그 대상 공로상 수상

2006 프로축구 최초의 23억여원 경영흑자 달성
캐치프레이즈 '시민속으로(into the community)' 확정
인천 유나이티드 소재 다큐멘터리 영화 〈비상〉 개봉
'아이()-유나이티드' 어린이 축구교실 운영 실시
U-12팀 창단
2군리그 우승
삼성 하우젠 K-리그 2006 통합 13위(전기 10위, 후기 6위)
삼성 하우젠컵 2006 14위 / 제11회 하나은행 FA컵 3위

2007 안종복 사장 취임
7억여 원 경영흑자 달성
캐치프레이즈 'My Pride My United' 확정
장외룡 감독 잉글랜드 프리미어리그 유학
박이천 감독대행 취임
기사자료집 'My Pride My United 창단에서 흑자경영까지' 발간
U-15팀 창단

삼성 하우젠 K-리그 2007 9위 / 삼성 하우젠컵 2007 3위
제12회 하나은행 FA컵 3위

2008 3년 연속 경영흑자 달성
'인천축구전용경기장' (가칭) 착공
장외룡 감독 복귀
U-18 대건고 창단
인천지역 유치원 순회 무료 축구교실
인천UTD 영화 '비상' MBC 특선 방영
일본 감바 오사카와 한일프로축구 교류전
온두라스 올림픽 대표팀과 친선경기
2군리그 우승
삼성 하우젠 K-리그 7위 / 삼성 하우젠컵 A조 6위

2009 일리야 페트코비치 감독 선임
2009 K-리그 5위(플레이오프 진출)
피스컵 코리아 A조 2위(플레이오프 진출)
2군리그 2년 연속 우승
인천 '히딩크 축구센터' 기공
U-15팀 광성중 창단

2010 2010남아공 월드컵 대표 감독 출신 허정무 감독 선임
쏘나타 K-리그 2010 11위 / 포스코컵 2010 C조 4위
프랑스 AS모나코와 친선경기
U-15 광성중 제11회 오룡기 전국 중등 축구대회 우승
2010 K-리그 득점왕 유병수

2011 조건도 대표이사 취임
현대오일뱅크 K리그 2011 13위 / 러시앤캐시컵 2011 A조 4위
U-12 제9회 MBC 꿈나무리그 전국 결승 우승

2012 인천축구전용경기장 준공 및 개막전(2012년 3월 11일 VS 수원)
조동암 대표이사 취임
김봉길 감독 취임
현대오일뱅크 K리그 2012 B그룹 1위(통합 9위)
현대오일뱅크 K리그 2012 베스트11 수비수 부문 정인환 선수 수상
19경기 연속 무패 팀최다 기록 수립

2013 현대 오일뱅크 K리그 클래식 상위스플릿 진출
인천유나이티드 주주명판 및 주주동산 건립
창단 10주년 기념 경기 개최 (2013년 10월 6일, 인천 vs 서울)
현대오일뱅크 K리그 클래식 2013 그룹A 7위 (통합 7위)
캐치프레이즈 '인천축구지대본' 확정

2014 캐치프레이즈 '승리, 그 이상의 감동' 확정
김광석 대표이사 취임
현대오일뱅크 K리그 클래식 2014 B그룹 4위(통합 10위)
2014년도 2차(13~25R) 그린스타디움상 수상

**인천 유나이티드 2014년 선수명단**

대표이사_ 김광석  사무국장_ 김학범
감독_ 김봉길  수석코치_ 유동우  코치_김현수·명진영  피지컬코치_ 반델레이  GK코치_ 이용발  주무_ 최영상
스카우터_ 신진원  의무트레이너_ 이승재·이동원·양승민  통역_ 천지훈

| 포지션 | 선수명 | | 생년월일 | 출신교 | 키(cm) / 몸무게(kg) |
|---|---|---|---|---|---|
| GK | 권 정 혁 | 權 正 赫 | 1978.08.02 | 고려대 | 193 / 83 |
| | 조 수 혁 | 趙 秀 赫 | 1987.03.18 | 건국대 | 187 / 80 |
| | 윤 평 국 | 尹 平 國 | 1992.02.08 | 인천대 | 189 / 85 |
| | 이 태 희 | 李 太 熙 | 1995.04.26 | 대건고 | 188 / 80 |
| | 유 현 | 劉 鉉 | 1984.08.01 | 중앙대 | 183 / 83 |
| DF | 용 현 진 | 龍 賢 眞 | 1988.07.19 | 건국대 | 179 / 75 |
| | 이 상 희 | 李 祥 喜 | 1988.05.18 | 홍익대 | 187 / 82 |
| | 김 진 환 | 金 眞 奐 | 1989.03.01 | 경희대 | 186 / 78 |
| | 박 태 민 | 朴 太 民 | 1986.01.21 | 연세대 | 180 / 74 |
| | 이 윤 표 | 李 尤 杓 | 1984.09.94 | 한남대 | 184 / 79 |
| | 김 용 찬 | 金 容 燦 | 1990.04.08 | 아주대 | 173 / 69 |
| | 안 재 준 | 安 宰 晙 | 1986.02.08 | 고려대 | 186 / 79 |
| | 임 하 람 | 林 하 람 | 1990.11.18 | 연세대 | 186 / 87 |
| | 최 종 환 | 崔 鐘 桓 | 1987.08.12 | 부경대 | 178 / 66 |
| | 김 용 환 | 金 容 奐 | 1993.05.25 | 숭실대 | 178 / 68 |
| | 정 해 권 | 鄭 海 權 | 1991.12.27 | 초당대 | 177 / 70 |
| | 김 성 은 | 金 聖 恩 | 1991.10.17 | 선문대 | 178 / 70 |
| MF | 배 승 진 | 裵 乘 振 | 1987.11.03 | 울산대 | 182 / 74 |
| | 문 상 윤 | 文 相 潤 | 1991.01.09 | 아주대 | 178 / 71 |
| | 이 보 | Olivio da Rosa | 1986.10.02 | 브라질 | 178 / 66 |
| | 구 본 상 | 具 本 祥 | 1989.10.04 | 명지대 | 180 / 74 |
| | 이 석 현 | 李 碩 賢 | 1990.06.13 | 선문대 | 177 / 68 |
| | 김 도 혁 | 金 鍍 爀 | 1992.02.08 | 연세대 | 174 / 69 |
| | 김 봉 진 | 金 奉 珍 | 1990.07.18 | 동의대 | 181 / 74 |
| | 조 수 철 | 趙 秀 哲 | 1990.10.30 | 우석대 | 180 / 67 |
| FW | 설 기 현 | 薛 琦 鉉 | 1979.01.08 | 광운대 | 187 / 82 |
| | 이 천 수 | 李 天 秀 | 1981.07.09 | 고려대 | 174 / 65 |
| | 권 혁 진 | 權 赫 珍 | 1988.03.23 | 숭실대 | 182 / 78 |
| | 남 준 재 | 南 濬 在 | 1988.04.07 | 연세대 | 183 / 75 |
| | 이 효 균 | 李 孝 均 | 1988.03.12 | 동아대 | 185 / 80 |
| | 진 성 욱 | 陳 成 昱 | 1993.12.16 | 대건고 | 183 / 82 |
| | 디 오 고 | Diogo da Silva Farias | 1990.06.13 | 브라질 | 184 / 79 |

# 인천 유나이티드 2014년 개인기록 _ K리그 클래식

| 위치 | 배번 | 경기번호 | 05 | 08 | 18 | 19 | 28 | 33 | 40 | 48 | 54 | 59 |
|---|---|---|---|---|---|---|---|---|---|---|---|---|
| | | 날짜 | 03.09 | 03.15 | 03.23 | 03.26 | 03.30 | 04.05 | 04.09 | 04.13 | 04.20 | 04.27 |
| | | 홈/원정 | 원정 | 홈 | 원정 | 원정 | 홈 | 원정 | 홈 | 홈 | 원정 | 원정 |
| | | 장소 | 상주 | 인천 | 문수 | 창원C | 인천 | 탄천 | 인천 | 인천 | 제주W | 포항 |
| | | 상대 | 상주 | 전북 | 울산 | 경남 | 전남 | 성남 | 부산 | 수원 | 제주 | 포항 |
| | | 결과 | 무 | 패 | 패 | 패 | 무 | 무 | 무 | 패 | 패 | 패 |
| | | 점수 | 2:2 | 0:1 | 0:3 | 0:1 | 0:0 | 0:0 | 0:0 | 0:3 | 0:1 | 0:3 |
| | | 승점 | 0 | 0 | 0 | 0 | 0 | 0 | 0 | 0 | 0 | 0 |
| | | 순위 | 6 | 8 | 12 | 12 | 12 | 12 | 12 | 12 | 12 | 12 |
| | | 슈팅수 | 13:12 | 10:17 | 7:19 | 9:16 | 10:9 | 10:17 | 16:13 | 11:11 | 12:10 | 8:9 |
| GK | 1 | 권 정 혁 | o 0/0 | o 0/0 | o 0/0 | o 0/0 | o 0/0 | o 0/0 | o 0/0 | o 0/0 | o 0/0 | o 0/0 |
| | 51 | 유 현 | | | | | | | | | | |
| DF | 2 | 용 현 진 | | | | o 0/0 | o 0/0 | o 0/0 | o 0/0 | o 0/0 | o 0/0 C | o 0/0 C |
| | 5 | 김 진 환 | o 0/0 | | | | | | | | | |
| | 13 | 박 태 민 | o 0/1 | o 0/0 | o 0/0 | o 0/0 | o 0/0 | o 0/0 | o 0/0 | ▽ 0/0 | | |
| | 16 | 이 윤 표 | o 0/1 | o 0/0 | o 0/0 | o 0/0 | o 0/0 | o 0/0 | o 0/0 | o 0/0 | o 0/0 | o 0/0 |
| | 20 | 안 재 준 | | o 0/0 | o 0/0 | o 0/0 | o 0/0 | o 0/0 | o 0/0 C | o 0/0 | | o 0/0 C |
| | 24 | 임 하 람 | | | | | | | | | | |
| | 26 | 김 용 환 | | | | | | | | | | |
| MF | 4 | 배 승 진 | | | | o 0/0 C | o 0/0 C | o 0/0 | o 0/0 | o 0/0 | | o 0/0 C |
| | 6 | 문 상 윤 | o 0/0 | ▽ 0/0 | △ 0/0 | △ 0/0 | o 0/0 | o 0/0 | o 0/0 | ▽ 0/0 | △ 0/0 | △ 0/0 |
| | 7 | 이 보 | o 0/0 | o 0/0 | | | △ 0/0 | △ 0/0 | | | △ 0/0 | △ 0/0 |
| | 8 | 구 본 상 | o 0/0 | o 0/0 C | ▽ 0/0 | ▽ 0/0 | ▽ 0/0 | ▽ 0/0 | ▽ 0/0 | | o 0/0 C | ▽ 0/0 |
| | 14 | 이 석 현 | △ 0/0 | △ 0/0 | ▽ 0/0 | ▽ 0/0 | ▽ 0/0 | ▽ 0/0 | △ 0/0 | | | ▽ 0/0 |
| | 21 | 김 도 혁 | | | | | | | | ▽ 0/0 | | |
| | 25 | 최 종 환 | o 0/0 | o 0/0 | | o 0/0 S | | | | △ 0/0 | | |
| | 33 | 조 수 철 | | | | | | | | | | |
| FW | 9 | 설 기 현 | | | | | ▽ 0/0 | ▽ 0/0 | ▽ 0/0 | △ 0/0 | | |
| | 10 | 이 천 수 | ▽ 0/0 | ▽ 0/0 C | ▽ 0/0 | ▽ 0/0 | | | | | ▽ 0/0 | o 0/0 C |
| | 11 | 니 콜 리 치 | ▽ 0/0 | ▽ 0/0 | | o 0/0 | | | △ 0/0 | o 0/0 | | △ 0/0 S |
| | 19 | 디 오 고 | | | | | | | | | | |
| | 22 | 권 혁 진 | | | | | | | | | | |
| | 23 | 남 준 재 | △ 1/0 | o 0/0 | ▽ 0/0 | | o 0/0 | ▽ 0/0 | △ 0/0 | | | |
| | 28 | 이 효 균 | △ 1/0 | △ 0/0 | o 0/0 | △ 0/0 | △ 0/0 | △ 0/0 | ▽ 0/0 | o 0/0 C | o 0/0 C | o 0/0 |
| | 29 | 진 성 욱 | | | | △ 0/0 | | △ 0/0 C | | | | |
| | 99 | 주앙파울로 | ▽ 0/0 | △ 0/0 | △ 0/0 | △ 0/0 | | | | △ 0/0 | | |

선수자료: 득점/도움  ¤ = 대기   ○ = 선발출장   △ = 교체 IN   ▽ = 교체 OUT   ◈ = 교체 IN/OUT   C = 경고   S = 퇴장

| 위치 | 배번 | 이름 | 64 | 67 | 78 | 84 | 90 | 92 | 100 | 104 | 110 | 118 |
|---|---|---|---|---|---|---|---|---|---|---|---|---|
| | | 경기번호 | 64 | 67 | 78 | 84 | 90 | 92 | 100 | 104 | 110 | 118 |
| | | 날짜 | 05.03 | 05.10 | 07.06 | 07.09 | 07.13 | 07.19 | 07.23 | 08.02 | 08.06 | 08.10 |
| | | 홈/원정 | 홈 | 원정 | 홈 | 홈 | 원정 | 원정 | 홈 | 홈 | 원정 | 홈 |
| | | 장소 | 인천 | 전주W | 인천 | 인천 | 부산A | 수원W | 인천 | 인천 | 광양 | 인천 |
| | | 상대 | 서울 | 전북 | 상주 | 성남 | 부산 | 수원 | 포항 | 울산 | 전남 | 경남 |
| | | 결과 | 승 | 무 | 패 | 무 | 무 | 패 | 무 | 승 | 승 | 승 |
| | | 점수 | 1:0 | 1:1 | 1:2 | 1:1 | 2:2 | 2:3 | 0:0 | 2:0 | 2:1 | 2:0 |
| | | 승점 | 0 | 0 | 0 | 0 | 0 | 0 | 0 | 0 | 0 | 0 |
| | | 순위 | 12 | 12 | 12 | 12 | 12 | 12 | 12 | 11 | 10 | 9 |
| | | 슈팅수 | 9:12 | 9:21 | 13:9 | 13:14 | 11:11 | 16:10 | 8:7 | 11:11 | 10:9 | 4:8 |
| GK | 1 | 권정혁 | ○ 0/0 | ○ 0/0 | ○ 0/0 | ○ 0/0 | ○ 0/0 | ○ 0/0 | ○ 0/0 | ○ 0/0 | ○ 0/0 | ○ 0/0 |
| | 51 | 유현 | | | | | | | | | | |
| DF | 2 | 용현진 | ○ 0/0 C | | | ○ 0/0 | | ○ 0/0 | ○ 0/0 | ○ 0/0 | | ○ 0/0 |
| | 5 | 김진환 | | | | | | | | | | |
| | 13 | 박태민 | ○ 0/0 | ○ 0/0 | ○ 0/0 | ○ 0/0 | ○ 0/0 | ○ 0/0 C | ○ 0/0 | ○ 0/0 | ○ 1/0 | ○ 0/0 |
| | 16 | 이윤표 | ○ 0/0 | ○ 0/0 | ○ 0/0 | ○ 0/0 | ○ 0/0 | ○ 0/0 | ○ 0/0 | ○ 0/0 | ○ 0/0 | ○ 0/0 |
| | 20 | 안재준 | ○ 0/0 C | | ○ 0/0 | ○ 0/0 | ○ 0/0 | | | | | |
| | 24 | 임하람 | △ 0/0 | ○ 0/0 C | | | | | | | △ 0/0 | △ 0/0 |
| | 26 | 김용환 | | | | | | | | | △ 0/0 C | ○ 0/0 |
| MF | 4 | 배승진 | | ○ 0/0 | | ▽ 0/0 | | | | △ 0/0 | | |
| | 6 | 문상윤 | ○ 0/0 CC | | △ 0/0 | ○ 0/1 | △ 1/0 | 1/1 | | ○ 0/0 | ○ 0/0 | ○ 0/0 |
| | 7 | 이보 | ▽ 1/0 | ○ 0/0 | ▽ 1/0 C | ○ 0/0 | ○ 1/0 | | | △ 0/0 | ▽ 0/0 | ○ 1/0 |
| | 8 | 구본상 | ○ 0/0 C | | ○ 0/0 | △ 0/0 | ▽ 0/0 | ▽ 0/0 | ○ 0/0 | ○ 0/2 | ▽ 0/0 | |
| | 14 | 이석현 | | ▽ 0/0 | ▽ 0/0 | △ 0/0 | △ 0/0 | ○ 0/0 | ▽ 0/0 | ○ 0/0 | | ○ 0/1 |
| | 21 | 김도혁 | ▽ 0/0 | ▽ 0/0 C | △ 0/1 | ▽ 0/0 | ▽ 0/0 C | △ 0/0 | ○ 0/0 | ▽ 0/0 C | | ▽ 0/0 |
| | 25 | 최종환 | △ 0/0 | ○ 0/0 | ○ 0/0 | | | | △ 0/0 | △ 1/0 | ○ 0/0 | △ 0/0 |
| | 33 | 조수철 | | △ 1/0 | △ 0/0 | | | ▽ 0/0 | | | | |
| FW | 9 | 설기현 | | | | | | | | | | |
| | 10 | 이천수 | ▽ 0/0 | ▽ 0/0 C | | ▽ 0/0 | ○ 0/1 | ▽ 0/0 | ▽ 0/0 | ▽ 0/0 | | ▽ 0/0 |
| | 11 | 니콜리치 | | | | | | | | | | |
| | 19 | 디오고 | | | | | ○ 0/0 | | | | | |
| | 22 | 권혁진 | △ 0/0 C | △ 0/0 | | | | | | △ 0/0 | | |
| | 23 | 남준재 | | | | ○ 0/0 | | ▽ 0/0 | △ 0/0 | | | |
| | 28 | 이효균 | ○ 0/0 | ○ 0/1 | ○ 0/0 | ○ 1/0 | △ 0/0 | ○ 1/0 | | ▽ 0/0 C | ▽ 0/0 | ▽ 0/0 |
| | 29 | 진성욱 | | △ 0/0 | ▽ 0/0 | △ 0/0 | | △ 0/0 | △ 0/0 | ▽ 1/0 | △ 1/0 | △ 1/0 |
| | 99 | 주앙파울로 | | | | | | | | | | |

| 위치 | 배번 | 선수 | 122 | 130 | 134 | 141 | 145 | 153 | 158 | 163 | 174 | 180 |
|---|---|---|---|---|---|---|---|---|---|---|---|---|
| | | 경기번호 | 122 | 130 | 134 | 141 | 145 | 153 | 158 | 163 | 174 | 180 |
| | | 날짜 | 08.16 | 08.24 | 08.30 | 09.06 | 09.10 | 09.13 | 09.20 | 09.27 | 10.01 | 10.05 |
| | | 홈/원정 | 원정 | 홈 | 홈 | 원정 | 원정 | 원정 | 원정 | 원정 | 원정 | 홈 |
| | | 장소 | 서울W | 인천 | 인천 | 탄천 | 창원C | 서울W | 문수 | 제주W | 수원W | 인천 |
| | | 상대 | 서울 | 제주 | 부산 | 성남 | 경남 | 서울 | 울산 | 제주 | 수원 | 상주 |
| | | 결과 | 패 | 무 | 승 | 패 | 무 | 패 | 무 | 승 | 무 | 승 |
| | | 점수 | 1:5 | 0:0 | 3:0 | 0:2 | 0:0 | 1:3 | 1:1 | 2:0 | 1:1 | 1:0 |
| | | 승점 | 0 | 0 | 0 | 0 | 0 | 0 | 0 | 0 | 0 | 0 |
| | | 순위 | 9 | 8 | 8 | 8 | 8 | 8 | 8 | 8 | 8 | 8 |
| | | 슈팅수 | 9:13 | 9:15 | 14:7 | 8:15 | 12:9 | 13:6 | 4:10 | 9:18 | 3:19 | 12:8 |
| GK | 1 | 권정혁 | ○ 0/0 | ○ 0/0 | ○ 0/0 | ○ 0/0 | ○ 0/0 | ○ 0/0 | ○ 0/0 | ○ 0/0 | | |
| | 51 | 유현 | | | | | | | | | ○ 0/0 | ○ 0/0 |
| DF | 2 | 용현진 | ○ 0/0 C | ○ 0/0 | ○ 0/0 | ○ 0/0 C | ○ 0/0 | ○ 0/0 | ▽ 0/0 C | | △ 0/0 | |
| | 5 | 김진환 | | | | | | | | | | |
| | 13 | 박태민 | ○ 0/0 | ○ 0/0 | ○ 0/0 | ○ 0/0 | ○ 0/0 | ○ 0/0 | ○ 0/0 | ○ 0/1 | ○ 0/0 C | |
| | 16 | 이윤표 | ○ 0/0 | ○ 0/0 C | ○ 0/0 | ○ 0/0 | ○ 0/0 C | ○ 0/0 | ○ 0/0 | ▽ 0/0 | | ○ 0/0 |
| | 20 | 안재준 | ○ 0/0 | ○ 0/0 | ○ 0/0 | ○ 0/0 | ○ 0/0 | ○ 0/0 | ○ 0/0 | ○ 0/0 | ○ 0/0 | ○ 0/0 |
| | 24 | 임하람 | | | | | △ 0/0 | | | △ 0/0 | ○ 0/0 | △ 0/0 |
| | 26 | 김용환 | ○ 0/0 | | | | | | △ 0/0 | ○ 0/0 | | ○ 0/0 |
| MF | 4 | 배승진 | | | | | | | | | | |
| | 6 | 문상윤 | ○ 0/1 | ○ 0/0 | △ 0/0 | | | | | | | △ 0/0 |
| | 7 | 이보 | ○ 0/0 | △ 0/0 | ○ 2/1 | ○ 0/0 | ○ 0/0 | △ 0/1 | ○ 0/0 C | ○ 0/2 | ○ 0/0 | ○ 1/0 |
| | 8 | 구본상 | | ○ 0/0 | ○ 0/0 C | ○ 0/0 | ○ 0/0 | ○ 0/0 | ○ 0/1 | | | |
| | 14 | 이석현 | △ 0/0 | ▽ 0/0 | | △ 0/0 | | △ 0/0 | | | | |
| | 21 | 김도혁 | ▽ 0/0 C | ○ 0/0 | ○ 1/1 | ▽ 0/0 | ▽ 0/0 | ▽ 0/0 | ○ 0/0 | ○ 0/0 | ▽ 0/0 | ▽ 0/0 |
| | 25 | 최종환 | △ 0/0 | △ 0/0 | △ 0/0 | △ 0/0 | ○ 0/0 | ▽ 0/0 | ○ 0/0 | ○ 1/0 | ○ 1/0 | ○ 0/0 |
| | 33 | 조수철 | | | | | | | | | | |
| FW | 9 | 설기현 | | | | | | ▽ 0/0 | ▽ 0/0 | ▽ 0/0 | | |
| | 10 | 이천수 | ▽ 0/0 | ▽ 0/0 C | ▽ 0/0 | ○ 0/0 C | ▽ 0/0 | ○ 0/0 S | | | △ 0/0 | ▽ 0/0 |
| | 11 | 니콜리치 | | | | | | | | | | |
| | 19 | 디오고 | | | | | | | | ▽ 0/0 | ▽ 0/0 C | ▽ 0/0 |
| | 22 | 권혁진 | | | | | △ 0/0 | | | | | |
| | 23 | 남준재 | | | ▽ 0/0 | ▽ 0/0 | | | ▽ 1/0 | ▽ 1/0 | | |
| | 28 | 이효균 | ▽ 0/0 | △ 0/0 | ▽ 0/0 | ▽ 0/0 | | △ 1/0 | △ 0/0 | △ 0/0 | | |
| | 29 | 진성욱 | △ 1/0 | ▽ 0/0 | △ 0/0 | △ 0/0 | △ 0/0 | ○ 0/0 | △ 0/0 | △ 0/0 | | △ 0/0 |
| | 99 | 주앙파울로 | | | | | | | | | | |

선수자료: 득점/도움  ¤ = 대기  ○ = 선발출장  △ = 교체 IN  ▽ = 교체 OUT  ◈ = 교체 IN/OUT  C = 경고  S = 퇴장

| 위치 | 배번 | 이름 | 경기번호 181 | 187 | 198 | 204 | 208 | 214 | 222 | 228 | | |
|---|---|---|---|---|---|---|---|---|---|---|---|---|
| | | 날짜 | 10.11 | 10.18 | 10.26 | 11.02 | 11.08 | 11.15 | 11.26 | 11.29 | | |
| | | 홈/원정 | 홈 | 홈 | 홈 | 홈 | 원정 | 홈 | 홈 | 원정 | | |
| | | 장소 | 인천 | 인천 | 인천 | 인천 | 부산A | 인천 | 인천 | 광양 | | |
| | | 상대 | 포항 | 전북 | 전남 | 경남 | 부산 | 상주 | 성남 | 전남 | | |
| | | 결과 | 승 | 패 | 무 | 무 | 패 | 무 | 패 | 무 | | |
| | | 점수 | 2 : 1 | 0 : 2 | 3 : 3 | 1 : 1 | 0 : 1 | 1 : 1 | 0 : 1 | 0 : 0 | | |
| | | 승점 | 0 | 0 | 0 | 0 | 0 | 0 | 0 | 0 | | |
| | | 순위 | 8 | 8 | 8 | 2 | 6 | 5 | 5 | 6 | | |
| | | 슈팅수 | 3 : 12 | 6 : 8 | 14 : 9 | 8 : 13 | 3 : 4 | 22 : 8 | 11 : 7 | 5 : 11 | | |
| GK | 1 | 권정혁 | | | | | | | | | | |
| | 51 | 유 현 | ○ 0/0 | ○ 0/0 | ○ 0/0 | ○ 0/0 | ○ 0/0 | ○ 0/0 | ○ 0/0 | ○ 0/0 | | |
| DF | 2 | 용현진 | | | | ▽ 0/0 | | | | | | |
| | 5 | 김진환 | | | | | | | | △ 0/0 | | |
| | 13 | 박태민 | ○ 0/0 | ○ 0/0 | ○ 0/0 | ○ 0/0 C | | ○ 0/0 | ○ 0/0 C | ○ 0/0 | | |
| | 16 | 이윤표 | ○ 0/0 | ○ 0/0 | ○ 0/0 | ○ 0/0 | ○ 0/0 | ○ 0/0 | ○ 0/0 | ○ 0/0 | | |
| | 20 | 안재준 | ○ 0/0 C | ○ 0/0 C | ○ 0/0 | ○ 0/0 | ○ 0/0 | ○ 0/0 | ○ 0/0 | ▽ 0/0 | | |
| | 24 | 임하람 | △ 0/0 | | | △ 0/0 | | ○ 0/0 | | ○ 0/0 | | |
| | 26 | 김용환 | ○ 0/0 | ○ 0/0 | | ○ 0/0 | ○ 0/0 | ○ 0/0 | ○ 0/0 | | | |
| MF | 4 | 배승진 | | | | | | | | | | |
| | 6 | 문상윤 | △ 0/0 | △ 0/0 | △ 1/0 | ○ 0/0 | ▽ 0/0 | △ 0/0 | △ 0/0 | ▽ 0/0 | | |
| | 7 | 이 보 | ○ 0/0 | ○ 0/0 | ○ 0/1 | ▽ 0/0 | ▽ 0/0 | ○ 0/1 | ○ 0/0 | | | |
| | 8 | 구본상 | ○ 0/0 | ○ 0/0 C | ○ 0/0 | ○ 0/0 C | | ○ 0/0 | | | | |
| | 14 | 이석현 | | △ 0/0 | | | ○ 1/0 | △ 0/0 | | △ 0/0 | | |
| | 21 | 김도혁 | ▽ 0/0 | ▽ 0/0 C | ▽ 0/0 C | | ▽ 0/0 | ○ 1/0 | ▽ 0/0 | | | |
| | 25 | 최종환 | ○ 0/1 | ○ 0/0 | ○ 0/0 | △ 0/0 | ○ 0/0 | ○ 0/0 | ○ 0/0 C | ○ 0/0 | | |
| | 33 | 조수철 | | | | △ 0/0 | ○ 0/0 | | | ○ 0/0 | | |
| FW | 9 | 설기현 | | | | | | | | | | |
| | 10 | 이천수 | ▽ 1/0 | ▽ 0/0 | ○ 0/1 | ▽ 0/1 | | ▽ 0/0 | ▽ 0/0 | | | |
| | 11 | 니콜리치 | | | | | | | | | | |
| | 19 | 디오고 | ▽ 0/0 | | ▽ 1/0 | ▽ 0/0 | ○ 0/0 | ▽ 0/0 | ▽ 0/0 | ▽ 0/0 | | |
| | 22 | 권혁진 | | | | | △ 0/0 | | | △ 0/0 | | |
| | 23 | 남준재 | | | | | | | | | | |
| | 28 | 이효균 | | ▽ 0/0 C | | | △ 0/0 | | | △ 0/0 | | |
| | 29 | 진성욱 | △ 1/0 C | △ 0/0 | △ 1/0 | △ 0/0 | | △ 0/0 | △ 0/0 C | | | |
| | 99 | 주앙파울로 | | | | | | | | | | |

# 경 남 F C

**창단년도**_ 2006년

**전화**_ 055-283-2020

**팩스**_ 055-283-2992

**홈페이지**_ www.gyeongnamfc.com

**주소**_ 우 642-070 경상남도 창원시 성산구 비음로 97

창원축구센터

1F Changwon Football Center, 97, Bieum-ro
(Sapajeong-dong), Seongsan-gu, Changwon-si,
Gyeongsangnam-do, KOREA 642-070

## 연혁

| | | | |
|---|---|---|---|
| 2005 | 경남도민프로축구단 창단준비위원회 발족 | 2008 | 삼성 하우젠컵 A조 4위 |
| | 경남도민프로축구단 발기인 총회 | | 삼성 하우젠 K-리그 8위 |
| | (주)경남도민프로축구단 법인 설립 | | 제13회 하나은행 FA컵 준우승 |
| | 박창식 대표이사, 김충단·전형두 단장 임명 | 2009 | 2009 K-리그 7위 |
| | 박항서 감독 취임 | | 피스컵 코리아 B조 4위 |
| | 도민주 공모 | | 제14회 하나은행 FA컵 16강 |
| | 한국프로축구연맹 창단 승인 | 2010 | 엠블럼 변경 |
| 2006 | 창단식(창원경륜경기장) | | 쏘나타 K리그 2010 6위 |
| | K-리그 데뷔 | | 포스코컵 2010 4강 |
| | 삼성 하우젠컵 2006 3위 | | 제15회 하나은행 FA컵 16강 |
| | 삼성 하우젠 K-리그 2006 전기 13위 / 후기 11위 | | 최진한 감독 취임 |
| 2007 | 제2대 전형두 대표이사 취임 | 2011 | 현대오일뱅크 K리그 2011 8위 |
| | 삼성 하우젠컵 B조 6위 | | 러시앤캐시컵 2011 4강 |
| | 삼성 하우젠 K-리그 정규리그 4위(6강 플레이오프 진출) | 2012 | 현대오일뱅크 K리그 2012 그룹A 진출, 8위 |
| | 제3대 김영조 대표이사 취임 | | 제17회 하나은행 FA컵 준우승 |
| | 제2대 조광래 감독 취임 | 2013 | 통산 100승 달성 |
| | 삼성 하우젠 베스트팀 선정 | | 현대오일뱅크 K리그 2013 대상 플러스 스타디움상 수상 |
| | 제4대 김영만 대표이사 취임 | | 현대오일뱅크 K리그 대상 팬 프렌들리 클럽상 수상 |
| | | 2014 | 이차만 감독 취임 |
| | | | 브랑코 감독대행 취임 |
| | | | 현대오일뱅크 K리그 클래식 2014 11위 |

## 경남FC 2014년 선수명단

대표이사_ 안종복  단장_ 박재영
감독_ 브랑코 바비치  코치_ 이흥실·김현수  피지컬코치_ 월터  GK코치_ 김동훈  트레이너_ 박성필·김도완  전력분석관_ 한동균  주무_ 백영재

| 포지션 | 선수명 | | 생년월일 | 출신교 | 키(cm)/ 몸무게(kg) |
|---|---|---|---|---|---|
| GK | 김 영 광 | 金 永 光 | 1983.06.28 | 한려대 | 188 / 78 |
| | 손 정 현 | 孫 政 玄 | 1991.11.25 | 광주대 | 191 / 87 |
| | 김 교 빈 | 金 敎 彬 | 1987.12.29 | 광운대 | 193 / 87 |
| DF | 이 학 민 | 李 學 珉 | 1991.03.11 | 상지대 | 175 / 68 |
| | 강 민 혁 | 康 珉 赫 | 1982.07.10 | 대구대 | 180 / 76 |
| | 김 준 엽 | 金 俊 燁 | 1988.05.10 | 홍익대 | 178 / 72 |
| | 우 주 성 | 禹 周 成 | 1993.06.08 | 중앙대 | 184 / 75 |
| | 루 크 | Luke ramon DeVere | 1989.11.05 | *호주 | 186 / 88 |
| | 고 재 성 | 高 在 成 | 1985.01.28 | 대구대 | 175 / 70 |
| | 최 성 민 | 崔 晟 旼 | 1991.08.20 | 동국대 | 185 / 79 |
| | 이 한 샘 | 李 한 샘 | 1989.10.18 | 건국대 | 187 / 80 |
| | 권 완 규 | 權 完 規 | 1991.11.20 | 성균관대 | 183 / 73 |
| | 박 주 성 | 朴 住 成 | 1984.02.20 | 마산공고 | 183 / 83 |
| | 스 레 텐 | Sreten Sretenovic | 1985.01.12 | *세르비아 | 191 / 87 |
| | 황 선 보 | 黃 善 保 | 1989.03.13 | 토월중 | 178 / 75 |
| | 원 태 연 | 元 泰 然 | 1990.05.11 | 성균관대 | 187 / 80 |
| | 전 상 훈 | 田 尙 勳 | 1989.09.10 | 연세대 | 175 / 69 |
| | 여 성 해 | 呂 成 海 | 1987.08.06 | 한양대 | 189 / 81 |
| MF | 진 경 선 | 陳 慶 先 | 1980.04.10 | 아주대 | 178 / 72 |
| | 이 창 민 | 李 昌 珉 | 1994.01.20 | 중앙대 | 178 / 72 |
| | 문 주 원 | 文 周 元 | 1983.05.08 | 경희대 | 177 / 73 |
| | 최 영 준 | 催 榮 峻 | 1991.12.15 | 건국대 | 181 / 73 |
| | 오 제 헌 | 吳 制 憲 | 1994.07.23 | 용호고 | 174 / 69 |
| | 고 래 세 | 高 來 世 | 1992.03.23 | 진주고 | 181 / 70 |
| | 김 영 빈 | 金 榮 彬 | 1984.04.08 | 고려대 | 185 / 79 |
| FW | 안 성 빈 | 安 聖 彬 | 1988.10.03 | 선문대 | 178 / 73 |
| | 김 도 엽 | 金 仁 漢 | 1988.11.26 | 선문대 | 180 / 74 |
| | 박 지 민 | 朴 智 敏 | 1994.03.07 | 경희대 | 183 / 76 |
| | 송 수 영 | 宋 修 映 | 1991.07.08 | 연세대 | 172 / 67 |
| | 이 재 안 | 李 宰 安 | 1988.06.21 | 한라대 | 181 / 81 |
| | 한 의 권 | 韓 義 權 | 1994.06.30 | 관동대 | 182 / 73 |
| | 김 준 환 | 金 晙 煥 | 1988.01.01 | 세한대 | 170 / 65 |
| | 김 슬 기 | 金 슬 기 | 1992.11.06 | 전주대 | 174 / 69 |
| | 이 호 석 | 李 鎬 碩 | 1991.05.21 | 동국대 | 173 / 65 |
| | 임 창 균 | 林 昌 均 | 1990.04.19 | 경희대 | 173 / 70 |
| | 스토야노비치 | Milos Stojanovic | 1984.12.25 | *세르비아 | 183 / 78 |

# 경남FC 2014년 개인기록 _ K리그 클래식

| 위치 | 배번 | | 04 | 10 | 15 | 19 | 29 | 31 | 39 | 44 | 53 | 55 |
|---|---|---|---|---|---|---|---|---|---|---|---|---|
| | | 경기번호 | 04 | 10 | 15 | 19 | 29 | 31 | 39 | 44 | 53 | 55 |
| | | 날짜 | 03.09 | 03.16 | 03.22 | 03.26 | 03.30 | 04.05 | 04.09 | 04.12 | 04.20 | 04.26 |
| | | 홈/원정 | 홈 | 원정 | 홈 | 홈 | 원정 | 홈 | 원정 | 원정 | 홈 | 원정 |
| | | 장소 | 창원C | 문수 | 창원C | 창원C | 제주W | 진주J | 포항 | 서울W | 창원C | 전주W |
| | | 상대 | 성남 | 울산 | 전남 | 인천 | 제주 | 수원 | 포항 | 서울 | 상주 | 전북 |
| | | 결과 | 승 | 패 | 패 | 승 | 무 | 무 | 패 | 무 | 무 | 패 |
| | | 점수 | 1:0 | 0:3 | 2:3 | 1:0 | 1:1 | 2:2 | 0:3 | 0:0 | 0:0 | 1:4 |
| | | 승점 | 3 | 3 | 3 | 6 | 7 | 8 | 8 | 9 | 10 | 10 |
| | | 순위 | 2 | 7 | 8 | 7 | 8 | 7 | 9 | 8 | 8 | 8 |
| | | 슈팅수 | 8:8 | 7:11 | 11:14 | 16:9 | 6:15 | 14:15 | 8:8 | 10:10 | 13:8 | 5:15 |
| GK | 1 | 김 영 광 | ○0/0 | | ○0/0 | ○0/0 | ○0/0 C | ○0/0 | ○0/0 | | | ○0/0 |
| | 31 | 손 정 현 | | ○0/0 | | | | | | | | |
| DF | 2 | 이 학 민 | | | | | | | ○0/0 | | ○0/0 | ○0/0 |
| | 4 | 김 준 엽 | | | | | △0/0 | | | ○0/0 C | | |
| | 5 | 우 주 성 | ○0/0 | ○0/0 | ○0/0 | ○0/0 | ○0/0 | ○0/0 | ○0/0 | ○0/0 | | |
| | 6 | 루 크 | ○1/0 C | ○0/0 | | | | | ○0/0 | | ○0/0 C | ○0/0 C |
| | 13 | 고 재 성 | | | | | | | | | | |
| | 15 | 최 성 민 | | | | | | | | | | |
| | 20 | 이 한 샘 | ○0/0 C | | | | | | | | | |
| | 23 | 권 완 규 | | ○0/0 | | ○1/0 C | ▽0/0 | | | | | |
| | 27 | 박 주 성 | ○0/0 | ○0/0 | ○0/0 | ▽0/0 | ○0/0 | ○0/0 | ○0/0 | | ○0/0 | ○0/0 |
| | 30 | 스 레 텐 | | | ○0/0 | ○0/0 C | ○0/0 C | ○0/0 | ○0/0 | | ○0/0 C | ○1/0 |
| | 90 | 여 성 해 | | | | | | | | | | |
| MF | 7 | 진 경 선 | | | | | | | | | | |
| | 10 | 송 호 영 | ▽0/0 | | | | | | | △0/0 | △0/0 | |
| | 10 | 보산치치 | ▽0/0 | △0/0 | ○0/1 | ▽0/0 | ▽0/0 | △0/0 | | ▽0/0 | | |
| | 13 | 최 현 연 | | | | | | | ○0/0 | | | |
| | 14 | 이 창 민 | ▽0/0 | ○0/0 | ○1/0 | ○0/0 | ○0/1 | ○0/1 | ▽0/0 C | | △0/0 | ▽0/0 |
| | 18 | 문 주 원 | | | | | | | | | ○0/0 | ▽0/0 C |
| | 26 | 최 영 준 | | | | ▽0/0 | | △0/0 | △0/0 | | ○0/0 | |
| | 30 | 조 용 태 | | | | | | | | | | △0/0 |
| | 34 | 김 영 빈 | | | | | | | | | | |
| | 71 | 조 원 희 | ○0/0 | ▽0/0 | ○0/1 | ○0/0 | ○0/0 | ○0/0 | ○0/0 | ○0/0 C | ○0/0 | |
| | 77 | 고 래 세 | | | | | | | | | | |
| FW | 8 | 임 창 균 | | | | △0/0 | △0/0 | | | | | |
| | 9 | 스토야노비치 | △0/0 | ▽0/0 C | ▽1/0 | ▽0/0 | ○1/0 | ▽0/0 | ▽0/0 | ○0/0 | | ○0/0 |
| | 10 | 안 성 빈 | | | | | | | | | | |
| | 11 | 김 도 엽 | △0/0 | ○0/0 | ▽0/0 | | ○0/0 | △0/0 | | ▽0/0 | ▽0/0 | |
| | 12 | 박 지 민 | | | | △0/0 | △0/0 | | △0/0 | | | |
| | 16 | 송 수 영 | ○0/1 | △0/0 | △0/0 | | △0/0 | ▽1/0 | ○0/0 | △0/0 | △0/0 | ○0/1 |
| | 17 | 이 재 안 | ○0/0 | ▽0/0 | | ○0/0 | ▽0/0 | ○1/0 | | | ▽0/0 | |
| | 22 | 한 의 권 | | | | | | | △0/0 | | | |
| | 28 | 에 딘 | | | | | | | | | | |
| | 33 | 김 슬 기 | | | ○0/0 C | ○0/0 | | | ▽0/1 | △0/0 | △0/0 | ▽0/0 |
| | 44 | 이 호 석 | △0/0 | △0/0 C | △0/0 | | | | | | | △0/0 |

선수자료: 득점/도움　¤ = 대기　○ = 선발출장　△ = 교체 IN　▽ = 교체 OUT　◆ = 교체 IN/OUT　C = 경고　S = 퇴장

| 위치 | 배번 | 경기번호 | 66 | 71 | 73 | 79 | 88 | 93 | 99 | 108 | 111 | 118 |
|---|---|---|---|---|---|---|---|---|---|---|---|---|
| | | 날짜 | 05.04 | 05.10 | 07.05 | 07.09 | 07.13 | 07.19 | 07.23 | 08.03 | 08.06 | 08.10 |
| | | 홈/원정 | 원정 | 홈 | 원정 | 원정 | 홈 | 홈 | 원정 | 홈 | 홈 | 원정 |
| | | 장소 | 부산A | 창원C | 수원W | 광양 | 창원C | 창원C | 탄천 | 김해 | 창원C | 인천 |
| | | 상대 | 부산 | 제주 | 수원 | 전남 | 전북 | 울산 | 성남 | 서울 | 부산 | 인천 |
| | | 결과 | 무 | 무 | 무 | 패 | 패 | 패 | 패 | 무 | 무 | 패 |
| | | 점수 | 2:2 | 1:1 | 0:0 | 1:3 | 1:4 | 0:1 | 0:1 | 1:1 | 1:1 | 0:2 |
| | | 승점 | 11 | 12 | 13 | 13 | 13 | 13 | 13 | 14 | 15 | 15 |
| | | 순위 | 9 | 9 | 9 | 11 | 11 | 11 | 11 | 12 | 12 | 12 |
| | | 슈팅수 | 9:11 | 15:10 | 13:14 | 15:11 | 12:14 | 13:9 | 7:10 | 13:8 | 14:9 | 8:4 |
| GK | 1 | 김 영 광 | ○ 0/0 | ○ 0/0 | ○ 0/0 | ○ 0/0 | ○ 0/0 | ○ 0/0 | ○ 0/0 | ○ 0/0 | ○ 0/0 | ○ 0/0 |
| | 31 | 손 정 현 | | | | | | | | | | |
| DF | 2 | 이 학 민 | ○ 0/0 C | ○ 0/0 CC | | | △ 1/0 | ▽ 0/0 | △ 0/0 | | ○ 0/0 C | ○ 0/0 |
| | 4 | 김 준 엽 | | | ○ 0/0 | | ○ 0/0 | △ 0/0 | ▽ 0/0 | | | |
| | 5 | 우 주 성 | | | | | | | | | | |
| | 6 | 루 크 | | ○ 0/0 | | | | ○ 0/0 | ○ 0/0 | ○ 0/0 C | ○ 0/0 | ▽ 0/0 C |
| | 13 | 고 재 성 | | | | | | | | | | |
| | 15 | 최 성 민 | | | △ 0/0 | ○ 0/0 C | | | | | | |
| | 20 | 이 한 샘 | ○ 0/0 | ▽ 0/0 C | ○ 0/0 | ○ 0/0 | ○ 0/0 C | | | | | |
| | 23 | 권 완 규 | | | | | | | | | | |
| | 27 | 박 주 성 | ○ 0/0 | ○ 1/0 | | | | | ▽ 0/0 | | ○ 0/0 | ○ 0/0 |
| | 30 | 스 레 텐 | ○ 0/0 | | ○ 0/0 C | ○ 0/0 | | | | ○ 1/0 | ○ 0/0 | ○ 0/0 |
| | 90 | 여 성 해 | | | | | ○ 0/0 C | ○ 0/0 | ○ 0/0 | ○ 0/0 | ○ 0/0 | ○ 0/0 |
| MF | 7 | 진 경 선 | | | | | ○ 0/0 | ○ 0/0 | ○ 0/0 | ▽ 0/1 C | ○ 0/0 | ○ 0/0 |
| | 10 | 송 호 영 | | | | | | | | | | |
| | 10 | 보 산 치 치 | ▽ 0/0 | | | △ 0/0 | | | | | | |
| | 13 | 최 현 연 | | | | | | | | | | |
| | 14 | 이 창 민 | ○ 0/0 | | ▽ 0/0 | ○ 0/0 | ○ 0/0 | ▽ 0/0 | | ○ 0/0 | ○ 0/1 | |
| | 18 | 문 주 원 | | | | | | | | | | |
| | 26 | 최 영 준 | | | ○ 0/0 | ○ 0/0 | ○ 0/1 | | | △ 0/0 | △ 0/0 | |
| | 30 | 조 용 태 | | | | | | | | | | |
| | 34 | 김 영 빈 | | | | | | | | | | |
| | 71 | 조 원 희 | ○ 0/0 | ○ 0/0 | | | | | | | | |
| | 77 | 고 래 세 | | | | | | | | | | |
| FW | 8 | 임 창 균 | | △ 0/0 | △ 0/0 | △ 0/0 C | | | | | | |
| | 9 | 스토야노비치 | ○ 0/0 | ▽ 0/0 | ○ 0/0 | ▽ 0/0 C | △ 0/0 C | | ○ 0/0 | ▽ 0/0 | △ 0/0 | △ 0/0 |
| | 10 | 안 성 빈 | | | | | | | | | | |
| | 11 | 김 도 엽 | △ 0/0 | ▽ 0/0 | ▽ 0/0 | ○ 1/0 | ▽ 0/0 C | ○ 0/0 | ○ 0/0 | △ 0/0 | △ 0/0 | △ 0/0 |
| | 12 | 박 지 민 | | | | | | | | | | |
| | 16 | 송 수 영 | ▽ 1/0 | ○ 0/1 | ○ 0/0 | ▽ 0/0 | ▽ 0/0 | ▽ 0/0 | | ○ 0/0 | ○ 0/0 | ▽ 0/0 |
| | 17 | 이 재 안 | ○ 0/1 | △ 0/0 | ▽ 0/0 | ▽ 0/0 | ▽ 0/0 | ○ 0/0 | | ▽ 0/0 | ○ 0/0 | ○ 0/0 |
| | 22 | 한 의 권 | | △ 0/0 | | | | | | | | |
| | 28 | 에 딘 | | | | | | | △ 0/0 | ▽ 0/0 | ▽ 1/0 | ▽ 0/0 |
| | 33 | 김 슬 기 | △ 0/0 | | | △ 0/0 | △ 0/0 | △ 0/0 | △ 0/0 | △ 0/0 | ▽ 0/0 | △ 0/0 |
| | 44 | 이 호 석 | | | | | | | | | | |

| 위치 | 배번 | 이름 | 126 | 127 | 133 | 143 | 145 | 152 | 162 | 168 | 169 | 175 |
|---|---|---|---|---|---|---|---|---|---|---|---|---|
| | | 날짜 | 08.17 | 08.23 | 08.30 | 09.07 | 09.10 | 09.14 | 09.20 | 09.24 | 10.01 | 10.04 |
| | | 홈/원정 | 원정 | 홈 | 홈 | 원정 | 홈 | 원정 | 홈 | 원정 | 홈 | 원정 |
| | | 장소 | 상주 | 창원C | 진주J | 문수 | 창원C | 전주W | 창원C | 서울W | 양산 | 광양 |
| | | 상대 | 상주 | 포항 | 수원 | 울산 | 인천 | 전북 | 상주 | 서울 | 포항 | 전남 |
| | | 결과 | 승 | 무 | 패 | 패 | 무 | 패 | 승 | 무 | 승 | 무 |
| | | 점수 | 3:1 | 0:0 | 0:1 | 1:2 | 0:0 | 0:1 | 1:0 | 1:1 | 2:1 | 0:0 |
| | | 승점 | 18 | 19 | 19 | 19 | 20 | 20 | 23 | 24 | 27 | 28 |
| | | 순위 | 12 | 11 | 11 | 12 | 12 | 12 | 11 | 11 | 10 | 9 |
| | | 슈팅수 | 15:15 | 5:6 | 8:14 | 9:13 | 9:12 | 4:21 | 20:9 | 9:9 | 8:9 | 9:13 |
| GK | 1 | 김영광 | ○ 0/0 | ○ 0/0 | ○ 0/0 | ○ 0/0 | ○ 0/0 | ○ 0/0 | ○ 0/0 | ○ 0/0 C | ○ 0/0 | ○ 0/0 |
| | 31 | 손정현 | | | | | | | | | | |
| DF | 2 | 이학민 | ▽ 0/0 C | | | | | | | | | |
| | 4 | 김준엽 | | | | ○ 0/0 | | | | ○ 0/0 | ○ 0/0 C | ○ 0/0 |
| | 5 | 우주성 | | | | | | | | | | |
| | 6 | 루 크 | | ▽ 0/0 | | | | | | | | |
| | 13 | 고재성 | | | | | | | ▽ 1/0 | ○ 0/0 C | ▽ 0/0 | ○ 0/0 |
| | 15 | 최성민 | | | | | | | | | | |
| | 20 | 이한샘 | | | | ▽ 0/0 | | ○ 0/0 | △ 0/0 | ○ 0/0 | | △ 0/0 C |
| | 23 | 권완규 | ○ 0/0 | ○ 0/0 | ○ 0/0 | ○ 0/0 | ○ 0/0 | ○ 0/0 | ○ 0/0 | ○ 0/0 | ○ 0/0 | ○ 0/0 |
| | 27 | 박주성 | ○ 0/0 | ○ 0/0 | ○ 0/0 | | | | | | | |
| | 30 | 스레텐 | ○ 0/0 | ○ 0/0 | ○ 0/0 | ○ 0/1 | ○ 0/0 | | ○ 0/0 | ○ 0/0 C | ○ 0/0 C | |
| | 90 | 여성해 | ○ 1/0 | ○ 0/0 | ○ 0/0 | ○ 0/0 | ○ 0/0 | ○ 0/0 C | ○ 0/0 | ○ 0/0 | | ▽ 0/0 |
| MF | 7 | 진경선 | ○ 0/0 C | ○ 0/0 | ○ 0/0 | ○ 0/0 | | ○ 0/0 | | | ▽ 1/0 C | ○ 0/0 |
| | 10 | 송호영 | | | | | | | | | | |
| | 10 | 보산치치 | | | | | | | | | | |
| | 13 | 최현연 | | | | | | | | | | |
| | 14 | 이창민 | ▽ 0/0 | ○ 0/0 | ○ 0/0 | △ 0/0 C | △ 0/0 | ▽ 0/0 | ○ 0/0 | | ○ 1/0 | |
| | 18 | 문주원 | | | | | ○ 0/0 | ○ 0/0 | | △ 0/0 | | |
| | 26 | 최영준 | △ 0/0 | ○ 0/0 C | | △ 0/0 | | | | | △ 0/0 | △ 0/0 |
| | 30 | 조용태 | | | | | | | | | | |
| | 34 | 김영빈 | | | | | | | | | | |
| | 71 | 조원희 | | | | | | | | | | |
| | 77 | 고래세 | | | | △ 0/0 | | | | | | |
| FW | 8 | 임창균 | | | | | | | | | | |
| | 9 | 스토야노비치 | | △ 1/0 | △ 0/0 | ○ 0/0 | | △ 0/0 | ▽ 0/0 | | | |
| | 10 | 안성빈 | | | | | | | | | | |
| | 11 | 김도엽 | ○ 0/0 | ○ 0/0 | △ 0/0 | | ▽ 0/0 | | ○ 0/0 C | ○ 0/0 | ▽ 0/0 | ▽ 0/0 |
| | 12 | 박지민 | | | | | | | | △ 0/0 C | | |
| | 16 | 송수영 | △ 0/0 | △ 0/0 | ▽ 0/0 | ○ 0/0 | | ◈ 0/0 | ▽ 0/0 C | △ 0/0 | △ 0/0 | △ 0/0 |
| | 17 | 이재안 | ○ 1/1 | ▽ 0/0 | | | | | | | △ 1/1 | ▽ 0/0 |
| | 22 | 한의권 | | | △ 0/0 | △ 0/0 | △ 0/0 | | | | | |
| | 28 | 에 딘 | ▽ 0/0 | | | △ 0/0 | ▽ 1/0 | ○ 0/0 C | △ 0/0 | ▽ 0/0 | ▽ 0/0 | ▽ 0/0 |
| | 33 | 김슬기 | | | | ▽ 0/0 | ▽ 0/0 | | | | | |
| | 44 | 이호석 | | | | | ○ 0/0 C | ▽ 0/0 | △ 0/0 | △ 0/0 | △ 0/0 C | |

선수자료: 득점/도움  ☆ = 대기  ○ = 선발출장  △ = 교체 IN  ▽ = 교체 OUT  ◈ = 교체 IN/OUT  C = 경고  S = 퇴장

| 위치 | 배번 | 경기번호 | 183 | 191 | 196 | 204 | 210 | 216 | 220 | 226 | 승강PO 01 | 승강PO 02 |
|---|---|---|---|---|---|---|---|---|---|---|---|---|
| | | 날짜 | 10.11 | 10.19 | 10.26 | 11.02 | 11.09 | 11.16 | 11.22 | 11.29 | 12.03 | 12.06 |
| | | 홈/원정 | 홈 | 원정 | 홈 | 원정 | 홈 | 원정 | 홈 | 원정 | 원정 | 홈 |
| | | 장소 | 창원C | 부산A | 거제 | 인천 | 창원C | 탄천 | 양산 | 상주 | 광주W | 창원C |
| | | 상대 | 성남 | 부산 | 제주 | 인천 | 전남 | 성남 | 부산 | 상주 | 광주 | 광주 |
| | | 결과 | 패 | 패 | 승 | 무 | 승 | 무 | 패 | 패 | 패 | 무 |
| | | 점수 | 0:2 | 0:4 | 1:0 | 1:1 | 3:1 | 1:1 | 0:1 | 1:3 | 1:3 | 1:1 |
| | | 승점 | 28 | 28 | 31 | 32 | 35 | 36 | 36 | 36 | 0 | 1 |
| | | 순위 | 10 | 12 | 11 | 2 | 2 | 2 | 2 | 5 | 2 | 2 |
| | | 슈팅수 | 13:8 | 5:13 | 15:5 | 13:8 | 15:14 | 12:11 | 11:3 | 11:19 | 8:7 | 14:10 |
| GK | 1 | 김 영 광 | ○ 0/0 | ○ 0/0 | | ○ 0/0 | | | | | | ○ 0/0 |
| | 31 | 손 정 현 | | | ○ 0/0 | | ○ 0/0 | ○ 0/0 | ○ 0/0 C | ○ 0/0 | ○ 0/0 | |
| DF | 2 | 이 학 민 | | | | ○ 0/0 | ○ 0/0 | ▽ 0/0 | ▽ 0/0 | △ 0/0 | ▽ 0/0 | ○ 0/0 |
| | 4 | 김 준 엽 | ○ 0/0 | △ 0/0 | | | | | | | △ 0/0 | ○ 0/0 C |
| | 5 | 우 주 성 | | | | | | | | | | |
| | 6 | 루 크 | ▽ 0/0 | | | | | | | | | |
| | 13 | 고 재 성 | ○ 0/0 | ○ 0/0 | ▽ 0/0 | ○ 0/0 | ▽ 0/0 | ▽ 0/0 | ▽ 0/0 C | ○ 0/0 | ▽ 0/1 | △ 0/0 |
| | 15 | 최 성 민 | | | △ 0/0 | | | | | | | |
| | 20 | 이 한 샘 | | | | | | | | | | |
| | 23 | 권 완 규 | ○ 0/0 | ○ 0/0 C | | | △ 0/0 | △ 0/0 | | | | |
| | 27 | 박 주 성 | ○ 0/0 | ○ 0/0 | ○ 0/0 | ○ 0/0 | ○ 0/0 | ○ 0/0 | ○ 0/0 C | ○ 0/0 | | |
| | 30 | 스 레 텐 | | ○ 0/0 C | ○ 0/0 | ○ 0/0 | ○ 0/0 | ○ 0/0 | ○ 0/0 | ○ 0/0 | ○ 0/0 C | ○ 0/0 |
| | 90 | 여 성 해 | ○ 0/0 | ○ 0/0 C | | | | △ 0/0 | | △ 0/0 | | ○ 0/0 C |
| MF | 7 | 진 경 선 | ▽ 0/0 | ▽ 0/0 | ○ 0/0 | ▽ 0/0 | ○ 0/0 | ○ 0/0 C | ○ 0/0 | | | |
| | 10 | 송 호 영 | | | | | | | | | | |
| | 10 | 보 산 치 치 | | | | | | | | | | |
| | 13 | 최 현 연 | | | | | | | | | | |
| | 14 | 이 창 민 | ○ 0/0 | ○ 0/0 | | | | △ 0/0 | ○ 0/0 C | | ▽ 0/0 | ▽ 0/0 |
| | 18 | 문 주 원 | | ▽ 0/0 | | | | | | | | |
| | 26 | 최 영 준 | △ 0/0 | | ○ 0/0 | ○ 0/0 | ○ 0/1 | ○ 0/0 | ○ 0/0 | ▽ 0/0 | ○ 0/0 | ▽ 0/1 C |
| | 30 | 조 용 태 | | | | | | | | | | |
| | 34 | 김 영 빈 | | | ○ 0/0 | ○ 0/0 | ○ 0/0 | ○ 0/0 | ○ 0/0 | ○ 0/0 | | ▽ 0/0 |
| | 71 | 조 원 희 | | | | | | | | | | |
| | 77 | 고 래 세 | | | | | | | | | | |
| FW | 8 | 임 창 균 | | | | | | | | | | |
| | 9 | 스토야노비치 | | | △ 1/0 | ▽ 1/0 | ▽ 1/0 | ○ 0/0 | ○ 0/0 | ○ 1/0 C | ○ 1/0 | ○ 0/0 |
| | 10 | 안 성 빈 | △ 0/0 | | ▽ 0/0 | ○ 0/0 | ○ 1/0 | ○ 0/0 | ▽ 0/0 | ○ 0/0 C | ○ 0/0 | ▽ 0/0 C |
| | 11 | 김 도 엽 | △ 0/0 | △ 0/0 C | | | | | | | | |
| | 12 | 박 지 민 | | | | | | | | | | |
| | 16 | 송 수 영 | | | ○ 0/0 | ▽ 0/0 | ○ 1/0 | ▽ 0/0 | ▽ 0/0 | ▽ 0/0 | ○ 0/0 | ○ 1/0 |
| | 17 | 이 재 안 | ○ 0/0 | ○ 0/0 | | | | | | | ○ 0/0 | |
| | 22 | 한 의 권 | | △ 0/0 | △ 0/1 | △ 0/0 | | △ 0/0 | △ 0/0 | △ 0/0 | △ 0/0 | △ 0/0 |
| | 28 | 에 딘 | ▽ 0/0 | ▽ 0/0 | | | | | | | | |
| | 33 | 김 슬 기 | | | | △ 0/0 | | | | △ 0/0 | △ 0/0 | |
| | 44 | 이 호 석 | | | | ▽ 0/0 | △ 0/0 | △ 0/0 | | | | △ 0/0 |

# 상 주 상 무

**창단년도_** 2011년

**전화_** 054-537-7220

**팩스_** 054-534-8170

**홈페이지_** www.sangjufc.co.kr

**주소_** 우 742-210 경상북도 상주시 북상주로 24-7(계산동 474-1)

24-7, Buksangju-ro(474-1, Gyesan-dong), Sangju-si,

Gyeongsangbuk-do, KOREA 742-210

## 연혁

| | |
|---|---|
| 2010 | 상주 연고 프로축구단 유치 신청(12월) |
| | 한국프로축구연맹 상무축구팀 상주시 연고 확정 |
| 2011 | 상주시와 국군체육부대 연고 협약 |
| | 한국프로축구연맹 대의원총회 인가 신청 |
| | 상무축구단 운영주체를 상주시로 결정 |
| | 성백영 구단주 취임, 이재철 단장 취임 |
| | 상주 상무 피닉스 프로축구단 K리그 참가 |
| | 현대오일뱅크 K리그 2011 14위 |
| 2012 | 사단법인 상주시민프로축구단 법인 설립(11,26) |
| | 이재철 대표이사 취임 |
| | 현대오일뱅크 K리그 2012 16위 |

| | |
|---|---|
| 2013 | '상주 상무 피닉스 프로축구단'에서 '상주 상무 프로축구단' 으로 구단명칭 변경 |
| | 현대오일뱅크 K리그 챌린지 우승 |
| | K리그 최초 11연승 (13,09,01 vs안양 ~13,11,10 vs고양) |
| | 현대오일뱅크 K리그 챌린지 초대 감독상 박항서, |
| | 득점왕 이근호 |
| | K리그 최초 클래식 승격 |
| 2014 | 현대오일뱅크 K리그 클래식 2014 참가 |
| | 제2대 이정백 구단주 취임 |
| | 제19회 하나은행 FA컵 4강 |
| | 현대오일뱅크 K리그 클래식 2014 12위 |

## 상주 상무 2014년 선수명단

대표이사_ 이재철    사무국장_ 이한우

감독_ 박항서    수석코치_ 이영익    코치_ 김태완·최종범    피지컬코치_ 장태준    GK코치_ 곽상득    의무트레이너_ 이종규·엄정우    주무_ 조형채

| 포지션 | 선수명 | | 생년월일 | 출신교 | 키(cm) / 몸무게(kg) | 전 소속팀 |
|---|---|---|---|---|---|---|
| GK | *김 민 식 | 金 旼 植 | 1985.10.29 | 호남대 | 187 / 83 | 전북 |
| | 홍 정 남 | 洪 正 男 | 1988.05.21 | 제주상업고 | 186 / 79 | 전북 |
| | 김 근 배 | 金 根 培 | 1986.08.07 | 고려대 | 187 / 79 | 강원 |
| | 박 지 영 | 朴 至 永 | 1987.02.07 | 건국대 | 190 / 82 | 안양 |
| DF | *최 철 순 | 崔 喆 淳 | 1987.02.08 | 충북대 | 175 / 68 | 전북 |
| | *고 재 성 | 高 在 成 | 1985.01.18 | 대구대 | 175 / 70 | 경남 |
| | *유 지 훈 | 柳 志 訓 | 1988.06.09 | 한양대 | 173 / 66 | 부산 |
| | *이 재 성 | 李 宰 誠 | 1988.07.05 | 고려대 | 187 / 75 | 울산 |
| | *백 종 환 | 白 鐘 煥 | 1985.04.18 | 인천대 | 178 / 66 | 강원 |
| | 이 용 기 | 李 龍 起 | 1985.05.30 | 연세대 | 188 / 84 | 경남 |
| | 이 후 권 | 李 厚 權 | 1990.10.30 | 광운대 | 180 / 73 | 부천 |
| | 김 창 훈 | 金 昶 勳 | 1987.04.03 | 고려대 | 183 / 76 | 인천 |
| | 최 호 정 | 崔 皓 程 | 1989.12.08 | 관동대 | 182 / 75 | 대구 |
| | 안 재 훈 | 安 在 勳 | 1988.02.01 | 건국대 | 187 / 83 | 수원FC |
| | 김 지 웅 | 金 智 雄 | 1990.05.19 | 광운대 | 180 / 72 | 부천 |
| | 김 경 민 | 金 耿 民 | 1990.08.15 | 연세대 | 175 / 68 | 부천 |
| | 장 현 우 | 張 現 宇 | 1993.05.26 | 동북고 | 184 / 80 | 서울 |
| MF | 곽 광 선 | 郭 珖 善 | 1886.03.28 | 숭실대 | 187 / 77 | 수원 |
| | 강 민 수 | 姜 敏 壽 | 1986.02.14 | 고양고 | 186 / 76 | 울산 |
| | *이 상 호 | 李 相 湖 | 1987.05.09 | 울산대 | 173 / 65 | 수원 |
| | *이 승 현 | 李 昇 鉉 | 1985.07.25 | 한양대 | 176 / 69 | 전북 |
| | *이 호 | 李 浩 | 1984.10.22 | 울산과학대 | 182 / 76 | 울산 |
| | *정 훈 | 鄭 勳 | 1985.08.31 | 동아대 | 175 / 74 | 전북 |
| | 송 원 재 | 宋 愿 宰 | 1989.02.21 | 고려대 | 175 / 72 | 부천 |
| | 박 태 웅 | 朴 泰 雄 | 1988.01.30 | 숭실대 | 170 / 70 | 수원 |
| | 양 준 아 | 梁 準 我 | 1989.06.13 | 고려대 | 188 / 81 | 제주 |
| | 조 호 연 | 趙 晧 衍 | 1988.06.05 | 광운대 | 183 / 76 | 부천 |
| FW | 권 순 형 | 權 純 亨 | 1986.06.16 | 고려대 | 176 / 73 | 제주 |
| | 서 상 민 | 徐 相 民 | 1986.07.25 | 연세대 | 178 / 71 | 전북 |
| | 박 경 익 | 朴 慶 益 | 1991.08.13 | 광주대 | 175 / 69 | 울산 |
| | 유 수 현 | 柳 秀 賢 | 1986.05.13 | 선문대 | 175 / 68 | 수원FC |
| | 이 현 웅 | 李 鉉 雄 | 1988.04.27 | 연세대 | 175 / 68 | 수원 |
| | *이 상 협 | 李 相 俠 | 1986.08.03 | 동북고 | 179 / 81 | 제주 |
| | *이 근 호 | 李 根 鎬 | 1985.04.11 | 한중대 | 177 / 73 | 울산 |
| | *김 동 찬 | 金 東 燦 | 1986.04.19 | 호남대 | 169 / 70 | 전북 |
| | *하 태 균 | 河 太 均 | 1987.11.02 | 단국대 | 188 / 80 | 수원 |
| | *장 혁 진 | 張 赫 鎭 | 1989.12.06 | 대경대 | 178 / 71 | 강원 |
| | 한 경 인 | 韓 京 仁 | 1987.05.28 | 명지대 | 180 / 76 | 대전 |
| | 이 정 협 | 李 廷 協 | 1991.06.24 | 숭실대 | 186 / 76 | 부산 |
| | 송 제 헌 | 宋 制 憲 | 1986.07.17 | 선문대 | 177 / 76 | 전북 |
| | 박 승 일 | 朴 乘 一 | 1989.01.08 | 경희대 | 178 / 75 | 제주 |
| | 조 동 건 | 趙 東 建 | 1986.04.16 | 건국대 | 180 / 77 | 수원 |
| | 한 상 운 | 韓 相 云 | 1986.05.03 | 단국대 | 182 / 76 | 울산 |

* 2014 시즌 중 전역.

## 상주 상무 2014년 개인기록 _ K리그 클래식

| 위치 | 배번 | 선수 | 05 | 11 | 16 | 24 | 26 | 32 | 37 | 46 | 53 | 60 |
|---|---|---|---|---|---|---|---|---|---|---|---|---|
| | | 경기번호 | 05 | 11 | 16 | 24 | 26 | 32 | 37 | 46 | 53 | 60 |
| | | 날짜 | 03.09 | 03.16 | 03.23 | 03.26 | 03.29 | 04.05 | 04.09 | 04.13 | 04.20 | 04.27 |
| | | 홈/원정 | 홈 | 원정 | 홈 | 원정 | 원정 | 홈 | 홈 | 원정 | 원정 | 홈 |
| | | 장소 | 상주 | 수원W | 상주 | 부산A | 포항 | 상주 | 상주 | 탄천 | 창원C | 상주 |
| | | 상대 | 인천 | 수원 | 전북 | 부산 | 포항 | 제주 | 서울 | 성남 | 경남 | 울산 |
| | | 결과 | 무 | 무 | 무 | 무 | 패 | 패 | 승 | 무 | 무 | 무 |
| | | 점수 | 2:2 | 2:2 | 0:0 | 1:1 | 2:4 | 0:1 | 2:1 | 0:0 | 0:0 | 1:1 |
| | | 승점 | 1 | 2 | 3 | 4 | 4 | 4 | 7 | 8 | 9 | 10 |
| | | 순위 | 6 | 8 | 7 | 8 | 10 | 11 | 10 | 10 | 10 | 8 |
| | | 슈팅수 | 12:13 | 12:13 | 10:17 | 7:13 | 9:8 | 13:17 | 9:15 | 5:18 | 8:13 | 17:20 |
| GK | 21 | 홍 정 남 | | | | | | | | | | |
| | 31 | 김 민 식 | ○ 0/0 | ○ 0/0 | | ○ 0/0 | ○ 0/0 | | ○ 0/0 C | ○ 0/0 | ○ 0/0 C | ○ 0/0 |
| | 31 | 김 근 배 | | | ○ 0/0 C | | | ○ 0/0 | | | | |
| | 41 | 박 지 영 | | | | | | | | | | |
| DF | 3 | 김 창 훈 | | | | △ 0/0 | △ 0/0 | | | | ○ 0/0 | |
| | 6 | 송 원 재 | ○ 0/0 | ▽ 0/0 | △ 0/0 | ○ 0/0 | ▽ 0/0 | | | | | ○ 0/0 |
| | 13 | 고 재 성 | | ○ 0/1 | ▽ 0/0 | | | | | | | △ 0/0 |
| | 24 | 이 용 기 | | | | △ 0/0 C | | | | | | |
| | 25 | 최 철 순 | ○ 0/0 | ○ 0/0 C | | ○ 0/0 | ○ 0/0 | | | | | |
| | 25 | 이 재 성 | ○ 0/0 | ○ 0/0 | ○ 0/0 S | | | ○ 0/0 | △ 0/0 | | | |
| | 28 | 안 재 훈 | | | | | | | ○ 0/0 | ○ 0/0 | ○ 0/0 | ○ 0/0 C |
| | 30 | 유 지 훈 | | | ○ 0/0 C | | ○ 0/0 | ○ 0/0 | ○ 0/0 C | ○ 0/0 C | | ○ 0/1 |
| | 44 | 곽 광 선 | | | | | | | | | | |
| | 66 | 강 민 수 | | | | | | | | | | |
| MF | 2 | 이 후 권 | | | ▽ 0/0 C | | | | | | | △ 0/0 |
| | 5 | 최 호 정 | | | | | | | ○ 0/0 | ○ 0/0 | | |
| | 7 | 이 상 호 | ▽ 0/1 | | ○ 0/0 | ○ 1/0 | ○ 1/0 | ○ 0/0 | ○ 0/0 | ▽ 0/0 | ▽ 0/0 | |
| | 12 | 권 순 형 | | | | | | | ○ 0/1 | ○ 0/0 | | ○ 0/0 C |
| | 14 | 양 준 아 | ○ 0/1 | ○ 0/0 | ○ 0/0 | ○ 0/0 | ○ 1/0 C | | ○ 0/0 S | | | ○ 0/0 |
| | 16 | 서 상 민 | △ 0/0 | ▽ 0/0 | | ▽ 0/0 C | ○ 0/0 | ▽ 0/0 | ▽ 0/0 | ▽ 0/0 | ▽ 0/0 | |
| | 23 | 정 훈 | | | | ▽ 0/0 | | | | | | |
| | 26 | 이 승 현 | △ 0/0 | ▽ 0/0 | | △ 0/0 | | | ▽ 0/0 | △ 0/0 | ▽ 0/0 | ○ 1/0 |
| | 30 | 박 승 일 | | | | | | △ 0/0 | | | | |
| | 36 | 유 수 현 | | | | | | | | | | |
| | 38 | 이 현 웅 | | | | | | | | | | |
| | 77 | 백 종 환 | ○ 0/0 | ○ 0/0 | ○ 0/0 | ○ 0/0 C | △ 0/0 | ○ 0/0 C | △ 0/0 | | | ○ 0/0 |
| | 88 | 이 호 | ○ 1/0 | ○ 0/0 | ○ 0/0 | ○ 0/0 | ○ 0/0 | ○ 0/0 | ○ 0/1 | | ○ 0/0 | ○ 0/0 |
| FW | 16 | 이 상 협 | | △ 0/0 C | | | | | | | | |
| | 20 | 한 경 인 | | | | | | | | | | |
| | 25 | 조 동 건 | | | | | | | | | | |
| | 26 | 이 정 협 | △ 1/0 | ○ 0/0 | ▽ 0/0 C | | ▽ 0/0 | △ 0/0 | △ 0/0 | △ 0/0 | | ▽ 0/0 |
| | 27 | 송 제 헌 | | | | | | | | | △ 0/0 | |
| | 28 | 하 태 균 | ○ 0/0 | | ○ 0/0 | ▽ 0/0 | | | | ▽ 1/0 | ▽ 0/0 | |
| | 34 | 박 경 익 | | | | | | | | | | |
| | 35 | 김 동 찬 | ▽ 0/0 | △ 2/0 | | ○ 0/0 | △ 0/0 | △ 0/0 | | △ 0/0 | △ 0/0 | △ 0/0 |
| | 77 | 한 상 운 | | | | | | | | | | |
| | 89 | 장 혁 진 | ▽ 0/0 | △ 0/0 | △ 0/0 | | | ▽ 0/0 | ▽ 0/0 | | | ▽ 0/0 |
| | 99 | 이 근 호 | | | | △ 0/0 | ○ 0/1 | ○ 0/0 | ▽ 1/0 | ○ 0/0 | ○ 0/0 | |

선수자료 : 득점/도움   ☆ = 대기   ○ = 선발출장   △ = 교체 IN   ▽ = 교체 OUT   ◆ = 교체 IN/OUT   C = 경고   S = 퇴장

| 위치 | 배번 | | 65 | 68 | 78 | 81 | 86 | 95 | 101 | 103 | 112 | 115 |
|---|---|---|---|---|---|---|---|---|---|---|---|---|
| | | 날짜 | 05.04 | 05.10 | 07.06 | 07.09 | 07.12 | 07.20 | 07.23 | 08.02 | 08.06 | 08.09 |
| | | 홈/원정 | 원정 | 홈 | 원정 | 홈 | 홈 | 원정 | 원정 | 홈 | 원정 | 홈 |
| | | 장소 | 광양 | 상주 | 인천 | 상주 | 상주 | 전주W | 서울W | 상주 | 제주W | 상주 |
| | | 상대 | 전남 | 수원 | 인천 | 부산 | 전남 | 전북 | 서울 | 성남 | 제주 | 포항 |
| | | 결과 | 패 | 무 | 승 | 승 | 패 | 패 | 패 | 무 | 승 | 패 |
| | | 점수 | 3:4 | 1:1 | 2:1 | 2:0 | 1:2 | 0:6 | 1:2 | 1:1 | 3:2 | 0:2 |
| | | 승점 | 10 | 11 | 14 | 17 | 17 | 17 | 17 | 18 | 21 | 21 |
| | | 순위 | 10 | 10 | 7 | 7 | 8 | 8 | 9 | 9 | 8 | 8 |
| | | 슈팅수 | 10:15 | 9:22 | 9:13 | 19:8 | 14:6 | 9:20 | 6:10 | 15:15 | 20:16 | 9:9 |
| GK | 21 | 홍정남 | | | | | | | | | | |
| | 31 | 김민식 | ○ 0/0 | ○ 0/0 | ○ 0/0 | ○ 0/0 | ○ 0/0 | | ○ 0/0 | ○ 0/0 | ○ 0/0 | ○ 0/0 |
| | 31 | 김근배 | | | | | | ○ 0/0 | | | | |
| | 41 | 박지영 | | | | | | | | | | |
| DF | 3 | 김창훈 | | | | | | | | | | |
| | 6 | 송원재 | | | | | | | | | △ 0/0 | |
| | 13 | 고재성 | | ▽ 0/0 | △ 0/0 | ▽ 0/0 | | | ○ 0/0 | ▽ 0/0 | ▽ 0/0 | ▽ 0/0 |
| | 24 | 이용기 | | | | | ○ 0/0 C | | | | | |
| | 25 | 최철순 | | | | | | | | | | |
| | 25 | 이재성 | ○ 0/0 | ○ 0/0 | | | | | | | | |
| | 28 | 안재훈 | ○ 0/0 | ○ 1/0 C | ○ 0/0 | ○ 0/0 C | | | | ○ 0/0 | | ○ 0/0 |
| | 30 | 유지훈 | ○ 1/1 C | ○ 0/1 | ○ 0/1 | | ○ 0/0 | | ○ 0/0 C | | | ○ 0/0 |
| | 44 | 곽광선 | | | | | | ○ 0/0 | ○ 0/0 C | △ 0/0 | | |
| | 66 | 강민수 | | | | △ 0/0 | △ 0/0 | ○ 0/0 | | | ○ 1/0 | ○ 0/0 |
| MF | 2 | 이후권 | | | | ○ 0/0 C | | ○ 0/0 | | | | ▽ 0/0 |
| | 5 | 최호정 | △ 0/0 | ○ 0/0 | △ 0/0 | ○ 0/0 | ○ 0/0 | ▽ 0/0 | △ 0/0 | ○ 0/0 | | |
| | 7 | 이상호 | ○ 1/0 C | | ○ 0/0 | ○ 1/0 | ▽ 0/0 | | | | ○ 1/1 | ○ 0/0 |
| | 12 | 권순형 | ▽ 0/0 | ○ 0/0 | ○ 0/0 | ○ 1/0 | ○ 1/0 | ○ 0/0 | ○ 0/1 C | ○ 0/0 | | △ 0/0 |
| | 14 | 양준아 | △ 0/0 C | △ 0/0 | ○ 0/0 | ○ 0/0 | ○ 0/0 | ○ 0/0 C | | ○ 0/0 | | |
| | 16 | 서상민 | | | | △ 0/0 | ▽ 0/1 | ○ 0/0 | ○ 0/0 | ○ 0/0 | ○ 0/0 | ○ 0/0 C |
| | 23 | 정훈 | | | | | △ 0/0 | ▽ 0/0 | ○ 0/0 C | ▽ 0/0 | | |
| | 26 | 이승현 | ▽ 0/0 | ○ 0/0 | ▽ 0/0 | △ 0/1 | | | ○ 1/0 | △ 0/0 C | ▽ 0/0 | ▽ 0/0 |
| | 30 | 박승일 | | | | | | | | | | |
| | 36 | 유수현 | | | | | | ▽ 0/0 | △ 0/0 | | | |
| | 38 | 이현웅 | | | | | | | | | | |
| | 77 | 백종환 | ▽ 0/0 C | | ▽ 0/0 | | | | ▽ 0/0 C | ○ 1/0 | △ 0/0 | ▽ 0/0 |
| | 88 | 이호 | ○ 0/0 | ○ 0/0 | ○ 0/0 C | ○ 0/0 | | | | | | |
| FW | 16 | 이상협 | | | | | | | | | | |
| | 20 | 한경인 | | | | | | | | | | |
| | 25 | 조동건 | | | | | | | | | △ 0/0 | |
| | 26 | 이정협 | | ▽ 0/0 | | | ▽ 0/0 | △ 0/0 | | | | |
| | 27 | 송제헌 | | ▽ 0/0 | | | △ 0/0 | | | | | |
| | 28 | 하태균 | ○ 1/0 C | | ○ 2/0 | ▽ 0/0 | | | ○ 0/0 | | | |
| | 34 | 박경익 | | | | | | | | | | |
| | 35 | 김동찬 | △ 0/0 | △ 0/0 | ▽ 0/0 | | ○ 0/0 | | | △ 0/0 | ▽ 0/0 | △ 0/0 |
| | 77 | 한상운 | | | | | | △ 0/0 | △ 0/0 | ▽ 0/0 | | |
| | 89 | 장혁진 | | | | | ▽ 0/0 | | | | | |
| | 99 | 이근호 | ○ 0/1 | △ 0/0 | | △ 0/0 | △ 0/0 | ○ 0/0 | ▽ 0/0 C | ○ 0/0 | ○ 1/0 | ○ 0/0 |

| 위치 | 배번 | | 126 | 129 | 135 | 142 | 147 | 155 | 162 | 165 | 173 | 180 |
|---|---|---|---|---|---|---|---|---|---|---|---|---|
| | | 경기번호 | 126 | 129 | 135 | 142 | 147 | 155 | 162 | 165 | 173 | 180 |
| | | 날짜 | 08.17 | 08.23 | 08.30 | 09.06 | 09.10 | 09.14 | 09.20 | 09.27 | 10.01 | 10.05 |
| | | 홈/원정 | 홈 | 원정 | 홈 | 원정 | 홈 | 홈 | 원정 | 홈 | 원정 | 원정 |
| | | 장소 | 상주 | 문수 | 상주 | 전주W | 상주 | 상주 | 창원C | 상주 | 부산A | 인천 |
| | | 상대 | 경남 | 울산 | 성남 | 전북 | 제주 | 전남 | 경남 | 수원 | 부산 | 인천 |
| | | 결과 | 패 | 패 | 무 | 패 | 패 | 승 | 패 | 패 | 무 | 패 |
| | | 점수 | 1:3 | 0:3 | 1:1 | 0:2 | 1:2 | 1:0 | 0:1 | 0:1 | 1:1 | 0:1 |
| | | 승점 | 21 | 21 | 22 | 22 | 22 | 25 | 25 | 25 | 26 | 26 |
| | | 순위 | 8 | 8 | 9 | 10 | 10 | 9 | 9 | 9 | 11 | 11 |
| | | 슈팅수 | 15:15 | 16:12 | 11:9 | 5:11 | 10:14 | 13:13 | 9:20 | 7:11 | 14:19 | 8:12 |
| GK | 21 | 홍정남 | | | | ○ 0/0 | | ○ 0/0 | ○ 0/0 | ○ 0/0 | ○ 0/0 | ○ 0/0 C |
| | 31 | 김민식 | ○ 0/0 | | | | | | | | | |
| | 31 | 김근배 | | ○ 0/0 | | | ○ 0/0 | | | | | |
| | 41 | 박지영 | | | | | | | | | | |
| DF | 3 | 김창훈 | | | | | | | | | △ 0/1 | ▽ 0/0 |
| | 6 | 송원재 | | | | | | △ 0/0 | △ 0/0 | △ 0/0 | | |
| | 13 | 고재성 | | | | ▽ 0/0 | | | | | | |
| | 24 | 이용기 | | | | | | | | △ 0/0 C | | △ 0/0 C |
| | 25 | 최철순 | | | | | | | | | | |
| | 25 | 이재성 | | | | | | | | ○ 0/0 | | |
| | 28 | 안재훈 | ○ 0/0 | ○ 0/0 | | ○ 0/0 | | | △ 0/0 | ▽ 0/0 C | ○ 0/0 | |
| | 30 | 유지훈 | ○ 0/0 C | | ▽ 0/0 | ○ 0/0 | ▽ 0/0 | ○ 0/0 | | ○ 0/0 S | | |
| | 44 | 곽광선 | ○ 0/0 | ○ 0/0 | ○ 0/0 | ○ 0/0 C | ○ 0/0 | | | ▽ 0/0 | ○ 0/0 | ○ 0/0 |
| | 66 | 강민수 | | | ○ 0/0 C | ○ 0/0 | ○ 0/0 | ○ 0/0 | ○ 0/0 C | | ○ 0/0 C | ○ 0/0 |
| MF | 2 | 이후권 | | △ 0/0 | △ 0/0 | | △ 0/0 C | | | ○ 0/0 | ▽ 0/0 | |
| | 5 | 최호정 | ○ 0/0 | ▽ 0/0 | ○ 0/0 | ○ 0/0 | ○ 0/0 | ○ 0/0 | ○ 0/0 | ○ 0/0 | | |
| | 7 | 이상호 | ○ 0/0 | ○ 0/0 C | | | | | ▽ 0/0 | | | |
| | 12 | 권순형 | ▽ 0/0 | ○ 0/0 | ○ 0/0 | | ▽ 0/0 | ○ 0/1 | ▽ 0/0 | | ○ 0/0 C | |
| | 14 | 양준아 | ▽ 0/0 | | | | ○ 0/0 | ○ 0/0 | | ○ 0/0 | ○ 0/0 C | |
| | 16 | 서상민 | ○ 0/0 | ○ 0/0 | | ▽ 0/0 C | | | ▽ 0/0 C | ○ 0/0 | ○ 0/0 | ○ 0/0 |
| | 23 | 정훈 | | | | | | | | | | |
| | 26 | 이승현 | ▽ 0/1 | ▽ 0/0 | | | | | | | | |
| | 30 | 박승일 | | | | | △ 0/0 | △ 0/0 | △ 0/0 | △ 0/0 | | |
| | 36 | 유수현 | | | | | | | | | | |
| | 38 | 이현웅 | | | | △ 0/0 | | | | ▽ 0/0 | | △ 0/0 |
| | 77 | 백종환 | | ▽ 0/0 | | | | | | | | |
| | 88 | 이호 | △ 0/0 | | | ○ 0/0 | ▽ 0/0 | | ○ 1/0 C | | | |
| FW | 16 | 이상협 | | | | | | | | | | |
| | 20 | 한경인 | | | | | △ 0/0 C | ○ 0/0 | | | ▽ 0/0 | ▽ 0/0 |
| | 25 | 조동건 | △ 0/0 | ○ 0/0 | ▽ 0/0 | ○ 0/0 | ○ 1/0 | ▽ 0/0 | ○ 0/0 | | ○ 0/0 C | |
| | 26 | 이정협 | | △ 0/0 C | △ 0/0 | ▽ 0/0 | ▽ 0/0 | | | | △ 0/0 | ▽ 0/0 |
| | 27 | 송제헌 | | | △ 0/0 C | | | | | | | |
| | 28 | 하태균 | | | | | △ 0/0 | | | | | |
| | 34 | 박경익 | | | | | | | ○ 0/1 | △ 0/0 | △ 1/0 | △ 0/0 |
| | 35 | 김동찬 | △ 0/0 | △ 0/0 C | | | | | | | | |
| | 77 | 한상운 | | | | ○ 0/1 | ○ 0/0 | ○ 0/1 C | ○ 0/0 | ○ 0/0 | ○ 0/0 C | ○ 0/0 |
| | 89 | 장혁진 | | | | | | | | | | |
| | 99 | 이근호 | ○ 1/0 | | | ○ 1/0 | | | ○ 0/0 | | | |

선수자료 : 득점/도움  ¤ = 대기  ○ = 선발출장  △ = 교체 IN  ▽ = 교체 OUT  ◈ = 교체 IN/OUT  C = 경고  S = 퇴장

| 위치 | 배번 | 경기번호 | 186 | 192 | 193 | 203 | 209 | 214 | 221 | 226 | | | |
|---|---|---|---|---|---|---|---|---|---|---|---|---|---|
| | | 날짜 | 10.12 | 10.19 | 10.26 | 11.02 | 11.08 | 11.15 | 11.22 | 11.29 | | | |
| | | 홈/원정 | 홈 | 원정 | 원정 | 홈 | 홈 | 원정 | 원정 | 홈 | | | |
| | | 장소 | 상주 | 문수 | 포항 | 상주 | 상주 | 인천 | 광양 | 상주 | | | |
| | | 상대 | 서울 | 울산 | 포항 | 부산 | 성남 | 인천 | 전남 | 경남 | | | |
| | | 결과 | 승 | 패 | 패 | 패 | 무 | 무 | 패 | 승 | | | |
| | | 점수 | 1:0 | 1:2 | 0:3 | 2:3 | 1:1 | 1:1 | 1:3 | 3:1 | | | |
| | | 승점 | 29 | 29 | 29 | 29 | 30 | 31 | 31 | 34 | | | |
| | | 순위 | 10 | 11 | 12 | 6 | 5 | 4 | 6 | 4 | | | |
| | | 슈팅수 | 11:4 | 15:8 | 3:12 | 11:10 | 9:9 | 8:22 | 10:12 | 19:11 | | | |
| GK | 21 | 홍정남 | ○ 0/0 | ○ 0/0 | ○ 0/0 | ○ 0/0 | ○ 0/0 | ○ 0/0 | ○ 0/0 | | | | |
| | 31 | 김민식 | | | | | | | | | | | |
| | 31 | 김근배 | | | | | | | | | | | |
| | 41 | 박지영 | | | | | | | | ○ 0/0 | | | |
| DF | 3 | 김창훈 | ○ 0/0 C | ▽ 1/0 C | ▽ 0/0 | | ○ 0/0 | ○ 0/0 | ▽ 0/0 | ○ 0/0 | | | |
| | 6 | 송원재 | △ 0/0 | △ 0/0 | | | | | | | | | |
| | 13 | 고재성 | | | | | | | | | | | |
| | 24 | 이용기 | | | | | | | | ○ 0/0 | | | |
| | 25 | 최철순 | | | | | | | | | | | |
| | 25 | 이재성 | | | | | | | | | | | |
| | 28 | 안재훈 | △ 0/0 | | ○ 0/0 | ○ 0/0 | | ○ 0/0 | | | | | |
| | 30 | 유지훈 | | | | | | | | | | | |
| | 44 | 곽광선 | ▽ 0/0 | ○ 0/0 C | | ○ 0/0 | ▽ 0/0 | △ 0/0 C | ○ 0/0 C | | | | |
| | 66 | 강민수 | ○ 0/0 | ○ 0/0 C | ○ 0/0 C | | ○ 0/0 | ○ 0/0 | ○ 0/0 C | ○ 0/0 | | | |
| MF | 2 | 이후권 | | | | ○ 0/0 | ○ 0/0 C | ▽ 0/0 C | ○ 0/0 | △ 0/0 | | | |
| | 5 | 최호정 | ○ 0/0 C | ○ 0/0 | | ○ 0/0 C | ▽ 0/0 | ○ 0/0 C | ○ 0/1 | ○ 0/0 | | | |
| | 7 | 이상호 | | | | | | | | | | | |
| | 12 | 권순형 | ○ 0/0 | ○ 0/0 | | ○ 0/0 | ○ 0/0 C | △ 0/0 | ▽ 0/0 | | | | |
| | 14 | 양준아 | ○ 0/0 | ○ 0/0 | ○ 0/0 | ○ 0/0 | ○ 1/0 | ○ 1/0 C | ○ 0/0 | ○ 0/0 C | | | |
| | 16 | 서상민 | ○ 0/0 | ○ 0/0 | | ○ 1/0 | ▽ 0/0 | △ 0/0 C | ○ 0/0 | △ 1/0 | | | |
| | 23 | 정훈 | | | | | | | | | | | |
| | 26 | 이승현 | | | | | | | | | | | |
| | 30 | 박승일 | | | | ▽ 0/0 | △ 0/0 | ▽ 0/0 | ○ 0/0 | ○ 0/1 | | | |
| | 36 | 유수현 | | | | | | | | ▽ 0/0 | | | |
| | 38 | 이현웅 | | | △ 0/0 | | | | | ▽ 0/1 | | | |
| | 77 | 백종환 | | | | | | | | | | | |
| | 88 | 이호 | | | | | | | | | | | |
| FW | 16 | 이상협 | | | | | | | | | | | |
| | 20 | 한경인 | | △ 0/0 | △ 0/0 | △ 0/0 | | | △ 0/0 | ▽ 0/0 C | | | |
| | 25 | 조동건 | ○ 0/0 | ▽ 0/0 | ○ 0/0 | ○ 1/0 | ○ 0/0 | ○ 0/0 | ○ 1/0 | △ 0/1 | | | |
| | 26 | 이정협 | ▽ 1/0 | ▽ 0/0 | | ▽ 0/0 | △ 1/0 | ▽ 0/0 | △ 0/0 | ○ 2/0 | | | |
| | 27 | 송제헌 | | | | △ 0/0 | | | △ 0/0 | | | | |
| | 28 | 하태균 | | | | | | | | | | | |
| | 34 | 박경익 | △ 0/0 | △ 0/0 C | ▽ 0/0 | △ 0/1 | △ 0/0 C | △ 0/0 C | | | | | |
| | 35 | 김동찬 | | | | | | | | | | | |
| | 77 | 한상운 | ▽ 0/1 | ○ 0/0 C | | ○ 0/1 | ○ 0/0 | ○ 0/0 | ▽ 0/0 | | | | |
| | 89 | 장혁진 | | | | | | | | | | | |
| | 99 | 이근호 | | | | | | | | | | | |

# 대 전 시 티 즌

**창단년도_** 1997년
**전화_** 042-824-2002
**팩스_** 042-824-7048
**홈페이지_** www.DCFC.co.kr
**트위터_** http://twitter.com/daejeonfc (@daejeonfc)
**페이스북_** http://www.facebook.com/dcfc1997
**유튜브_** http://www.youtube.com/user/1997dcfc
**주소_** 우 305-325 대전광역시 유성구 월드컵대로 32(노은동)
　　　　대전월드컵경기장 서관 3층
　　　　3F, West Gate, Daejeon World Cup Stadium, 32, World
　　　　Cup-daero(Noeun-dong), Yuseong-gu, Daejeon, KOREA
　　　　305-325

## 연혁

| | |
|---|---|
| 1996 (주)대전프로축구 창설 | 삼성 하우젠 K-리그 2005 전기 8위, 후기 7위 |
| 1997 대전 시티즌 프로축구단 창설 | 1차 시민주 공모 |
| 97 라피도컵 프로축구대회 7위 | 2006 2차 시민주 공모 |
| 97 아디다스컵 페어플레이팀 수상 | 삼성 하우젠 K-리그 2006 전기 3위, 후기 12위 |
| 97 라피도컵 '올해의 페어플레이'팀 수상 | 삼성 하우젠컵 2006 4위 (B조 5위) |
| 1998 98 현대컵 K-리그 9위 | 2007 삼성 하우젠컵 2007 10위 (B조 5위) |
| 1999 99 바이코리아컵 K-리그 8위 | 삼성 하우젠 K-리그 6위 (6강 진출) |
| 2000 2000 삼성 디지털 K-리그 8위 | 2008 삼성 하우젠컵 2008년 B조 4위 |
| 2001 2001 포스코 K-리그 10위 | 삼성 하우젠 K-리그 13위 |
| 제5회 서울은행 FA컵 우승 | 2009 2009 K-리그 9위 |
| 2002 2002 삼성 파브 K-리그 10위 | 피스컵 A조 5위 |
| 제6회 하나-서울은행 FA컵 4강 | 제14회 하나은행 FA컵 4강 |
| 2003 AFC 챔피언스리그 본선진출 | 제14회 하나은행 FA컵 페어플레이팀 수상 |
| 삼성 하우젠 K-리그 6위 | 2010 쏘나타 K리그 2010 13위 |
| 제7회 하나은행 FA컵 8강 | 포스코컵 2010 C조 5위 |
| 2004 2006 삼성 하우젠 K-리그 통합 11위(전기 11위, | 2011 현대오일뱅크 K리그 2011 15위 |
| 후기 11위) | 러시앤캐시컵 2011 A조 6위 |
| 삼성 하우젠컵 2004 준우승 | 2012 현대오일뱅크 K리그 2012 13위 |
| 제9회 하나은행 FA컵 4강 | 2013 현대오일뱅크 K리그 클래식 2013 14위 |
| 2005 삼성 하우젠컵 2005 10위 | 2014 현대오일뱅크 K리그 챌린지 2014 우승 |
| 삼성 하우젠 K-리그 2005 10위 | |

# 대전 시티즌 2014년 선수명단

대표이사_ 김세환
감독_ 조진호 수석코치_ 김영민 코치_ 윤균상 GK코치_ 양영민 주무_ 윤영재
스카우터_ 김영근 전력분석관_ 안재섭 재활트레이너_ 이규성, 성형호 통역_ 정종욱 장비_ 김선기

| 포지션 | 선수명 | | 생년월일 | 출신교 | 키(cm) / 몸무게(kg) |
|---|---|---|---|---|---|
| GK | 김 선 규 | 金善奎 | 1987.10.07 | 동아대 | 185 / 79 |
| | 박 주 원 | 朴柱元 | 1990.10.19 | 홍익대 | 191 / 80 |
| | 한 상 혁 | 韓祥赫 | 1991.11.19 | 배재대 | 189 / 80 |
| DF | 곽 재 민 | 郭在旻 | 1991.10.23 | 한남대 | 185 / 79 |
| | 김 대 중 | 金大中 | 1992.10.13 | 홍익대 | 188 / 83 |
| | 김 상 필 | 金相必 | 1989.04.26 | 성균관대 | 189 / 87 |
| | 김 영 승 | 金泳勝 | 1993.02.22 | 호원대 | 182 / 67 |
| | 김 윤 재 | 金潤載 | 1992.05.14 | 홍익대 | 186 / 82 |
| | 김 한 섭 | 金翰燮 | 1982.05.08 | 동국대 | 177 / 74 |
| | 송 주 한 | 宋株韓 | 1993.06.16 | 인천대 | 180 / 76 |
| | 안 영 규 | 安泳奎 | 1989.12.04 | 울산대 | 183 / 77 |
| | 윤 원 일 | 尹遠溢 | 1986.10.23 | 선문대 | 182 / 70 |
| | 이 인 식 | 李仁植 | 1991.09.20 | 중앙대 | 186 / 80 |
| | 이 호 | 李虎 | 1986.01.06 | 경희대 | 187 / 82 |
| | 임 창 우 | 任倉佑 | 1992.02.13 | 현대고 | 183 / 72 |
| | 장 원 석 | 張原碩 | 1986.04.16 | 호남대 | 179 / 71 |
| MF | 김 성 수 | 金聖洙 | 1992.12.26 | 배재대 | 172 / 66 |
| | 김 연 수 | 金淵水 | 1995.01.16 | 충남기계공고 | 180 / 63 |
| | 김 종 국 | 金鐘局 | 1989.01.08 | 울산대 | 179 / 71 |
| | 서 승 훈 | 徐承勳 | 1991.08.31 | 중원대 | 175 / 70 |
| | 신 동 혁 | 新洞革 | 1987.07.17 | 대회중 | 176 / 70 |
| | 유 성 기 | 俞盛棋 | 1991.12.21 | 연세대 | 176 / 73 |
| | 이 광 진 | 李廣鎭 | 1991.07.23 | 동북고 | 178 / 66 |
| | 정 석 민 | 鄭錫珉 | 1988.01.27 | 인제대 | 183 / 75 |
| | 지 경 득 | 池炅得 | 1988.07.18 | 배재대 | 174 / 70 |
| | 황 진 산 | 黃鎭山 | 1989.02.25 | 현대고 | 177 / 72 |
| FW | 김 은 중 | 金殷中 | 1979.04.08 | 동북고 | 184 / 78 |
| | 김 찬 희 | 金燦熙 | 1990.06.25 | 한양대 | 183 / 76 |
| | 마 라 냥 | Francinilson Santos Meirelles | 1990.05.03 | *브라질 | 168 / 63 |
| | 반델레이 | Vanderlei Francisco | 1987.09.25 | *브라질 | 182 / 74 |
| | 서 명 원 | 徐明原 | 1995.04.19 | 신평고 | 180 / 76 |
| | 아드리아노 | Carlos Adriano de Sousa Cruz | 1987.09.28 | *브라질 | 171 / 65 |
| | 이 동 현 | 李東炫 | 1989.11.19 | 경희대 | 186 / 81 |
| | 주 익 성 | 朱益成 | 1992.09.10 | 태성고 | 177 / 70 |
| | 황 지 웅 | 黃址雄 | 1989.04.30 | 동국대 | 175 / 68 |

# 대전 시티즌 2014년 개인기록 _ K리그 챌린지

| 경기번호 | 03 | 09 | 12 | 20 | 22 | 29 | 32 | 39 | 44 | 49 |
|---|---|---|---|---|---|---|---|---|---|---|
| 날 짜 | 03.22 | 03.30 | 04.05 | 04.13 | 04.19 | 04.27 | 05.04 | 05.11 | 05.14 | 05.18 |
| 홈/원정 | 원정 | 홈 | 원정 | 홈 | 원정 | 원정 | 홈 | 홈 | 원정 | 원정 |
| 장 소 | 수원 W | 대전 W | 원주 | 대전 W | 충주 | 부천 | 대전 W | 대전 W | 안양 | 광주 W |
| 상 대 | 수원 FC | 고양 | 강원 | 광주 | 충주 | 부천 | 대구 | 안산 | 안양 | 광주 |
| 결 과 | 패 | 승 | 승 | 승 | 승 | 승 | 무 | 승 | 승 | 승 |
| 점 수 | 1 : 4 | 4 : 1 | 3 : 1 | 4 : 0 | 4 : 0 | 2 : 1 | 0 : 0 | 2 : 0 | 3 : 2 | 2 : 0 |
| 승 점 | 0 | 3 | 6 | 9 | 12 | 15 | 16 | 19 | 22 | 25 |
| 순 위 | 5 | 6 | 2 | 2 | 1 | 1 | 1 | 1 | 1 | 1 |
| 슈팅수 | 11 : 15 | 13 : 14 | 13 : 8 | 15 : 11 | 13 : 9 | 13 : 11 | 8 : 9 | 14 : 12 | 12 : 9 | 5 : 11 |

| 위치 | 배번 | 선수 | 03 | 09 | 12 | 20 | 22 | 29 | 32 | 39 | 44 | 49 |
|---|---|---|---|---|---|---|---|---|---|---|---|---|
| GK | 1 | 박 주 원 | | | | | | | | | | |
| | 31 | 김 선 규 | ○ 0/0 | ○ 0/0 | ○ 0/0 | ○ 0/0 | ○ 0/0 | ○ 0/0 | ○ 0/0 | ○ 0/0 | ○ 0/0 | ○ 0/0 |
| DF | 2 | 김 한 섭 | | | | ▽ 0/0 | ▽ 0/0 | | △ 0/0 | | △ 0/0 | |
| | 3 | 장 원 석 | ▽ 0/0 | ○ 1/0 | | ○ 0/1 | △ 0/0 C | ○ 0/0 | ○ 0/0 | ○ 0/0 | ○ 0/0 C | ○ 0/0 |
| | 5 | 안 영 규 | ○ 0/0 C | ○ 0/0 | ○ 0/0 | ○ 0/0 | ○ 0/0 C | ○ 0/0 | ○ 0/0 | ○ 0/0 | ○ 0/0 | ○ 0/0 |
| | 6 | 임 창 우 | △ 0/0 | ○ 0/0 | ○ 0/0 | | | ○ 1/0 | | ○ 0/0 | ○ 1/0 | ○ 0/0 |
| | 13 | 김 상 필 | | | | | | | | | | |
| | 15 | 곽 재 민 | | | | | | | | | | |
| | 19 | 이 호 | | | | | | | | | | |
| | 22 | 김 영 승 | | | | | | | | | | |
| | 30 | 송 주 한 | | △ 0/0 | ○ 0/1 | ○ 0/2 | ○ 0/1 | ▽ 0/0 | ▽ 0/0 | △ 0/0 | ▽ 1/0 | ○ 0/0 C |
| | 33 | 윤 원 일 | ○ 0/0 | ○ 0/0 | ○ 0/0 | ▽ 0/0 | ○ 0/0 | ○ 0/0 | ○ 0/0 | ○ 0/0 | ○ 0/0 | |
| | 37 | 이 인 식 | | | | △ 0/0 | | | | | | △ 0/0 |
| | 55 | 김 대 중 | | | | | | | | | | |
| | 91 | 산 토 스 | ▽ 0/0 | | | | | | | | | |
| MF | 7 | 정 석 민 | ○ 0/0 | ○ 0/1 | ○ 0/0 | ○ 0/0 | ○ 0/0 | ○ 0/0 | ○ 0/0 | ○ 0/0 | ○ 0/0 | ○ 0/0 |
| | 8 | 김 종 국 | | | | | ▽ 0/1 | ▽ 0/0 C | ▽ 0/0 | ▽ 0/0 | ○ 0/0 | ○ 0/0 |
| | 12 | 유 성 기 | | | | | ▽ 0/0 | | | | | |
| | 16 | 황 진 산 | | ▽ 0/0 | | | △ 0/0 | △ 0/1 | | ○ 0/1 | ▽ 0/0 | ○ 1/0 |
| | 17 | 신 동 혁 | | | | | | | | | | ◆ 0/0 |
| | 23 | 이 광 진 | ○ 0/0 | ○ 0/0 | ○ 0/0 | ○ 0/0 | | | | | | |
| | 24 | 김 성 수 | | | | △ 0/0 | | | | | | |
| FW | 9 | 반 델 레 이 | | △ 0/0 | △ 1/0 | | | | △ 0/0 | △ 0/0 | △ 1/1 | △ 0/1 |
| | 10 | 아드리아노 | ○ 1/0 | ▽ 2/0 | ▽ 2/0 | ▽ 2/0 | ○ 2/0 | ○ 1/0 C | ○ 0/0 C | ○ 2/0 C | | ○ 1/0 |
| | 11 | 황 지 웅 | ○ 0/0 | △ 0/1 | △ 0/1 | △ 1/0 | △ 1/0 | △ 0/0 | △ 0/0 | △ 0/0 | ○ 0/0 | ▽ 0/0 |
| | 14 | 서 명 원 | ▽ 0/0 | ○ 1/0 | ○ 1/1 | ○ 0/0 | ○ 0/1 | ○ 0/0 | ○ 0/0 | ▽ 0/1 | | |
| | 18 | 김 은 중 | | △ 0/0 | | △ 0/0 | | △ 0/0 | | | △ 0/0 | |
| | 19 | 이 동 현 | ○ 0/0 | ▽ 0/0 | | | | | | | | |
| | 20 | 김 찬 희 | △ 0/0 C | | ▽ 0/0 | ▽ 2/0 | ○ 1/1 | ▽ 0/0 C | ▽ 0/0 | | ▽ 0/1 | ▽ 0/0 C |
| | 27 | 주 익 성 | | | | | | | | | | |
| | 87 | 마 라 낭 | | | | | | | | | | |

선수자료 : 득점/도움   ☆ = 대기   ○ = 선발출장   △ = 교체 IN   ▽ = 교체 OUT   ◆ = 교체 IN/OUT   C = 경고   S = 퇴장

| 위치 | 배번 | | 경기번호 | 51 | 56 | 62 | 70 | 71 | 79 | 83 | 89 | 91 | 96 |
|---|---|---|---|---|---|---|---|---|---|---|---|---|---|
| | | | 날짜 | 05.24 | 05.31 | 06.07 | 06.16 | 06.21 | 06.29 | 07.06 | 07.13 | 07.19 | 07.26 |
| | | | 홈/원정 | 홈 | 원정 | 홈 | 홈 | 원정 | 원정 | 홈 | 홈 | 원정 | 원정 |
| | | | 장소 | 대전W | 고양 | 대전W | 대전W | 대구 | 안산 | 대전W | 대전W | 부천 | 충주 |
| | | | 상대 | 수원FC | 고양 | 부천 | 충주 | 대구 | 안산 | 강원 | 안양 | 부천 | 충주 |
| | | | 결과 | 승 | 무 | 승 | 승 | 승 | 패 | 무 | 승 | 무 | 승 |
| | | | 점수 | 2:0 | 0:0 | 1:0 | 1:0 | 3:2 | 1:6 | 2:2 | 4:0 | 1:1 | 3:0 |
| | | | 승점 | 28 | 29 | 32 | 35 | 38 | 38 | 39 | 42 | 43 | 46 |
| | | | 순위 | 1 | 1 | 1 | 1 | 1 | 1 | 1 | 1 | 1 | 1 |
| | | | 슈팅수 | 6:13 | 12:10 | 13:14 | 17:6 | 13:5 | 14:21 | 18:9 | 22:20 | 11:12 | 14:12 |
| GK | 1 | 박주원 | | | | | | | | △0/0 | ○0/0 C | ○0/0 | ○0/0 |
| | 31 | 김선규 | | ○0/0 | ○0/0 | ○0/0 | ○0/0 | ○0/0 | ○0/0 | ▽0/0 | | | |
| DF | 2 | 김한섭 | | | | | | | | | △0/0 | ▽0/0 | |
| | 3 | 장원석 | | ▽0/0 | ○0/0 | ○0/0 | ▽0/0 | ○0/0 | ▽0/0 | ○0/1 | ○0/0 | | ▽0/1 |
| | 5 | 안영규 | | ○0/0 | ○0/0 | ▽0/0 | ○0/0 | ○0/0 C | | ○1/0 C | ○0/0 | | ○0/0 |
| | 6 | 임창우 | | ○0/0 C | ○0/0 | ○0/0 | ○0/0 | ○0/0 | ○0/0 | ○0/0 | ○0/0 | | ○0/0 |
| | 13 | 김상필 | | | | | | | | | | | |
| | 15 | 곽재민 | | | | | | | | | | | |
| | 19 | 이　　호 | | | | | | | | | | | |
| | 22 | 김영승 | | | | | | △0/0 | | | | | |
| | 30 | 송주한 | | △0/0 | | △0/0 | ○0/0 | ○0/0 | ○0/0 | | ○0/0 | | △0/0 |
| | 33 | 윤원일 | | ○0/0 | ○0/0 | ○0/0 | | | ○0/0 | ○0/0 | ▽0/0 C | | ○0/0 |
| | 37 | 이인식 | | | | ○0/0 | △0/0 | | △0/0 | | | | |
| | 55 | 김대중 | | | | | | | | | | | |
| | 91 | 산토스 | | | | | | | | | | | |
| MF | 7 | 정석민 | | ○0/0 C | ○0/0 | ○0/0 | ○0/0 | ○1/0 | ○0/0 | ○0/0 | ○0/0 | | ○1/0 |
| | 8 | 김종국 | | ○0/0 | ○0/0 | ○0/0 | ○0/0 | ○1/0 | | ○0/0 C | ○0/0 | | ○0/0 |
| | 12 | 유성기 | | | | | | | | | | | |
| | 16 | 황진산 | | ○0/0 | ▽0/0 | △0/0 | ○0/0 | ▽0/0 | △0/0 | ○0/0 | | ▽0/0 | |
| | 17 | 신동혁 | | | | | | | | | | | |
| | 23 | 이광진 | | | | | | | | | | | |
| | 24 | 김성수 | | | | | | | | | | | |
| FW | 9 | 반델레이 | | ▽0/0 | △0/0 | △0/0 | | | △1/0 | ▽0/0 | △0/0 | △1/0 | ▽0/0 |
| | 10 | 아드리아노 | | ○1/1 | ▽0/0 | ▽0/0 | ○1/0 | ○1/0 C | ○0/0 | ○0/1 C | ○3/1 | | ○2/0 |
| | 11 | 황지웅 | | △0/0 | △0/0 | | △0/0 | △0/1 | ▽0/0 | △0/0 | △0/0 | | △0/0 |
| | 14 | 서명원 | | ▽0/0 | ○0/0 | ○1/0 | ▽0/0 | ▽0/1 | ○0/0 | ▽0/0 | | | |
| | 18 | 김은중 | | △1/0 | △0/0 | | △0/0 | △0/0 | | | | △0/0 | △0/0 |
| | 19 | 이동현 | | | | | | | | | | | |
| | 20 | 김찬희 | | | ▽0/0 | ▽0/0 | ▽0/0 | ▽0/1 | ○0/0 C | △1/0 | ▽1/2 | ▽0/0 | ▽0/0 |
| | 27 | 주익성 | | | | | | | | | | | |
| | 87 | 마라냥 | | | | | | | | ○0/0 | | ○0/0 | ○0/0 |

| 위치 | 배번 | 선수 | 102 | 113 | 116 | 124 | 128 | 133 | 136 | 110 | 141 | 146 |
|---|---|---|---|---|---|---|---|---|---|---|---|---|
| | | 경기번호 | 102 | 113 | 116 | 124 | 128 | 133 | 136 | 110 | 141 | 146 |
| | | 날 짜 | 08.09 | 08.24 | 08.30 | 09.07 | 09.13 | 09.17 | 09.20 | 09.24 | 09.27 | 10.04 |
| | | 홈/원정 | 홈 | 원정 | 홈 | 원정 | 원정 | 홈 | 홈 | 홈 | 원정 | 원정 |
| | | 장 소 | 대전W | 안양 | 대전W | 춘천 | 수원W | 대전W | 대전W | 대전W | 대구 | 고양 |
| | | 상 대 | 고양 | 안양 | 대구 | 강원 | 수원FC | 광주 | 충주 | 안산 | 대구 | 고양 |
| | | 결 과 | 승 | 무 | 승 | 승 | 무 | 패 | 무 | 무 | 패 | 무 |
| | | 점 수 | 1:0 | 1:1 | 1:0 | 2:1 | 2:2 | 0:1 | 1:1 | 0:0 | 0:1 | 2:2 |
| | | 승 점 | 49 | 50 | 53 | 56 | 57 | 57 | 58 | 59 | 59 | 60 |
| | | 순 위 | 1 | 1 | 1 | 1 | 1 | 1 | 1 | 1 | 1 | 1 |
| | | 슈팅수 | 15:15 | 15:13 | 14:20 | 14:13 | 7:13 | 11:17 | 13:15 | 21:13 | 7:10 | 10:9 |
| GK | 1 | 박 주 원 | ○ 0/0 | ○ 0/0 | ○ 0/0 | ○ 0/0 | ○ 0/0 C | | ○ 0/0 | ○ 0/0 | ○ 0/0 | ○ 0/0 |
| | 31 | 김 선 규 | | | | | | ○ 0/0 | | | | |
| DF | 2 | 김 한 섭 | | | | △ 0/0 | △ 0/0 | ▽ 0/0 | △ 0/0 | | △ 0/0 | ○ 1/0 |
| | 3 | 장 원 석 | ▽ 0/0 | | | ○ 0/0 | ○ 0/0 | ▽ 0/0 C | ○ 0/0 C | ○ 0/0 | | ▽ 0/0 |
| | 5 | 안 영 규 | ○ 0/0 | | ○ 0/0 | ○ 0/0 | | ○ 0/0 | ○ 0/1 | ○ 0/0 | | ○ 0/0 |
| | 6 | 임 창 우 | ○ 0/0 | | ○ 0/0 | | | | | | | △ 0/0 |
| | 13 | 김 상 필 | | | | | | | | | | |
| | 15 | 곽 재 민 | | | | | | | | | | |
| | 19 | 이 호 | | | | | | | | | | ○ 0/0 C |
| | 22 | 김 영 승 | | | | | | △ 0/0 | △ 0/0 | | | |
| | 30 | 송 주 한 | ◈ 0/0 | ○ 0/0 | | ○ 0/0 | ○ 0/0 | ○ 0/0 | ▽ 0/0 | ○ 0/0 C | ▽ 0/0 | ○ 0/1 |
| | 33 | 윤 원 일 | ○ 0/0 | ○ 0/0 | ○ 0/0 | ○ 0/0 | ○ 0/0 | ○ 0/0 | ○ 0/0 | ○ 0/0 | ○ 0/0 | |
| | 37 | 이 인 식 | | | | | | | | | | ▽ 0/0 C |
| | 55 | 김 대 중 | △ 0/0 | | | △ 0/0 | △ 0/0 | ○ 0/0 | | | | △ 0/0 |
| | 91 | 산 토 스 | | | | | | | | | | |
| MF | 7 | 정 석 민 | ○ 1/0 | | ○ 0/0 | ○ 0/1 C | ○ 0/0 C | | | ○ 0/0 | | ▽ 0/0 |
| | 8 | 김 종 국 | ○ 0/0 | ▽ 0/0 C | | | ▽ 0/0 | ○ 0/0 C | | | | |
| | 12 | 유 성 기 | | | | | | | ▽ 0/0 | ▽ 0/0 | | |
| | 16 | 황 진 산 | | △ 0/0 | | | ◈ 0/0 | ▽ 0/0 C | △ 0/0 | | ▽ 0/0 | |
| | 17 | 신 동 혁 | | | | | | | | △ 0/0 | | |
| | 23 | 이 광 진 | | | | | | | | | | |
| | 24 | 김 성 수 | | | | | | | | | | △ 0/0 |
| FW | 9 | 반 델 레 이 | ▽ 0/0 | | ▽ 0/0 | △ 0/1 | | | | | | △ 1/0 |
| | 10 | 아 드 리 아 노 | ○ 0/0 | ○ 0/1 | ○ 1/0 | ○ 1/0 | ○ 1/0 | ○ 0/0 | ○ 1/0 | ○ 0/0 | ○ 0/0 | ○ 0/0 |
| | 11 | 황 지 웅 | △ 0/0 | ▽ 0/0 | △ 0/1 | | △ 0/0 | △ 0/0 | △ 0/0 | △ 0/0 | ○ 0/0 | |
| | 14 | 서 명 원 | | △ 0/0 | ▽ 0/0 | ▽ 0/0 | ▽ 0/0 | ○ 0/0 | ▽ 0/0 | ▽ 0/0 | | |
| | 18 | 김 은 중 | | △ 0/0 | | | △ 0/0 | △ 0/0 | | | △ 0/0 | |
| | 19 | 이 동 현 | | | | | | | | | | |
| | 20 | 김 찬 희 | ○ 0/0 C | ○ 1/0 | ○ 0/0 | ○ 1/0 | ○ 1/0 | ▽ 0/0 | ○ 0/0 | ▽ 0/0 | | |
| | 27 | 주 익 성 | | | | | | | | | | |
| | 87 | 마 라 냥 | ○ 0/0 | | ▽ 0/0 | ▽ 0/0 | ○ 0/0 | ▽ 0/1 | ○ 0/0 | ▽ 0/0 | ▽ 0/0 | ○ 0/0 |

선수자료: 득점/도움   ☆ = 대기   ○ = 선발출장   △ = 교체 IN   ▽ = 교체 OUT   ◈ = 교체 IN/OUT   C = 경고   S = 퇴장

| 위치 | 배번 | | 155 | 156 | 161 | 168 | 173 | 180 | | | | | | | |
|---|---|---|---|---|---|---|---|---|---|---|---|---|---|---|---|
| | | 날짜 | 10.12 | 10.18 | 10.25 | 11.01 | 11.08 | 11.16 | | | | | | | |
| | | 홈/원정 | 홈 | 홈 | 원정 | 홈 | 홈 | 원정 | | | | | | | |
| | | 장소 | 대전H | 대전H | 광주W | 대전H | 대전H | 안산 | | | | | | | |
| | | 상대 | 강원 | 안양 | 광주 | 부천 | 수원FC | 안산 | | | | | | | |
| | | 결과 | 승 | 패 | 패 | 승 | 승 | 무 | | | | | | | |
| | | 점수 | 3:0 | 1:3 | 0:1 | 1:0 | 5:2 | 1:1 | | | | | | | |
| | | 승점 | 63 | 63 | 63 | 66 | 69 | 70 | | | | | | | |
| | | 순위 | 1 | 1 | 1 | 1 | 1 | 1 | | | | | | | |
| | | 슈팅수 | 7:8 | 16:16 | 3:12 | 10:8 | 18:19 | 10:17 | | | | | | | |
| GK | 1 | 박주원 | | | ○ 0/0 | ○ 0/0 | ○ 0/0 | | | | | | | | |
| | 31 | 김선규 | ○ 0/1 | ○ 0/0 | | | | ○ 0/0 | | | | | | | |
| DF | 2 | 김한섭 | ▽ 0/0 | ▽ 0/0 | ○ 0/0 | ○ 0/0 | ▽ 0/2 | ▽ 0/0 | | | | | | | |
| | 3 | 장원석 | ○ 0/1 | ○ 0/0 | | | ○ 0/0 | ○ 0/0 | | | | | | | |
| | 5 | 안영규 | ○ 0/0 | ○ 0/0 C | ▽ 0/0 | ○ 0/0 | ○ 0/0 | | | | | | | | |
| | 6 | 임창우 | ▽ 0/0 | ○ 0/0 | ○ 0/0 | ○ 0/0 | ○ 0/0 | | | | | | | | |
| | 13 | 김상필 | | | | | | ○ 0/0 | | | | | | | |
| | 15 | 곽재민 | | | | | | △ 0/0 | | | | | | | |
| | 19 | 이 호 | ○ 0/0 | ○ 0/0 | ○ 0/0 | △ 0/0 | | | | | | | | | |
| | 22 | 김영승 | | | | | △ 0/0 | ○ 1/0 | | | | | | | |
| | 30 | 송주한 | ○ 0/0 | | ○ 0/0 | ○ 0/0 | ○ 0/0 | | | | | | | | |
| | 33 | 윤원일 | | | | | △ 0/0 | | | | | | | | |
| | 37 | 이인식 | | | | | | | | | | | | | |
| | 55 | 김대중 | △ 0/0 | △ 0/0 | | | | ○ 0/0 | | | | | | | |
| | 91 | 산토스 | | | | | | | | | | | | | |
| MF | 7 | 정석민 | ○ 1/0 C | ○ 0/0 | ○ 0/0 C | ○ 1/0 C | | | | | | | | | |
| | 8 | 김종국 | | | ▽ 0/0 | ▽ 0/0 | ○ 0/0 C | | | | | | | | |
| | 12 | 유성기 | △ 0/0 | △ 0/1 | △ 0/0 | ▽ 0/0 | | ○ 0/1 C | | | | | | | |
| | 16 | 황진산 | | ▽ 0/0 | △ 0/0 C | | | | | | | | | | |
| | 17 | 신동혁 | | | | | △ 0/0 | | | | | | | | |
| | 23 | 이광진 | | | | △ 0/0 C | ○ 0/0 | ○ 0/0 | | | | | | | |
| | 24 | 김성수 | | | | | △ 0/0 | ▽ 0/0 | | | | | | | |
| FW | 9 | 반델레이 | ○ 0/0 | ○ 0/0 | ○ 0/0 C | △ 0/0 | ▽ 2/0 | | | | | | | | |
| | 10 | 아드리아노 | ○ 2/0 | ○ 1/0 | | | | ○ 0/0 | | | | | | | |
| | 11 | 황지웅 | | | | | | ○ 0/0 | | | | | | | |
| | 14 | 서명원 | | △ 0/0 | ○ 0/0 | ○ 0/0 | ▽ 1/0 | | | | | | | | |
| | 18 | 김은중 | | | △ 0/0 | ▽ 0/1 | ○ 2/0 | | | | | | | | |
| | 19 | 이동현 | | | | | | | | | | | | | |
| | 20 | 김찬희 | | | | | ▽ 0/0 C | | | | | | | | |
| | 27 | 주익성 | △ 0/0 | | | | △ 0/0 | | | | | | | | |
| | 87 | 마라냥 | ▽ 0/0 | ▽ 0/0 | ▽ 0/0 | | | | | | | | | | |

# 광주 FC

**창단년도_** 2010년

전화_ 062-373-7733

팩스_ 062-371-7734

홈페이지_ www.gwangjuifc.com

주소_ 우 502-831 광주광역시 서구 금화로 240(풍암동) 월드컵
　　　 경기장 2층

　　　 2F, Gwangju World Cup Stadium, 240, Geumhwa-ro,
　　　 Seo-gu, Gwangju, KOREA 502-831

## 연혁

| | | | |
|---|---|---|---|
| 2010 | 광주시민프로축구단 창단발표 | | U-15 금석배 전국학생 축구대회 저학년부 우승(광덕중) |
| | 범시민 창단준비위원회 발족 | | U-15 금석배 전국학생 축구대회 고학년부 준우승(광덕중) |
| | (주)광주시민프로축구단 법인 설립 | | U-15 2012 권역별 초중고 주말리그 3위(광덕중) |
| | 시민주 공모 2,146백만 원, 430,376주(40,432명) | 2013 | 현대오일뱅크 K리그 챌린지 2013 3위 |
| | 축구단 명칭 공모(881명, 10월 말 선정) | | 광주시민프로축구단 창단 첫 3연승 달성 |
| | → 구단 명칭 선정: 광주FC | | 광주시민프로축구단 창단 첫 100호골 기록 |
| | 축구단 창단신청 및 승인(프로축구연맹) | | 제18회 하나은행 FA컵 16강 |
| | 단장 및 감독 선임 | | U-18 금호고 아디다스 올인 챌린지리그 5위(왕중왕전) |
| | 창단식 | | U-15 광덕중 추계중등축구연맹회장배 준우승(청룡) |
| 2011 | 현대오일뱅크 K리그 2011 시즌 11위 | | U-15 광덕중 제42회 전국소년체육대회 동메달 |
| | 시·도민구단 창단 최다승 달성 | 2014 | 현대오일뱅크 K리그 챌린지 2014 정규리그 4위 |
| | 러시앤캐시컵 2011 시즌 11위 | | 현대오일뱅크 K리그 승강 플레이오프 우승 |
| | 이승기 선수 2011 신인상 수상 | | (2015 클래식 승격) |
| 2012 | 현대오일뱅크 K리그 2012 15위 | | 제19회 하나은행 FA컵 16강 |
| | 제17회 하나은행 FA컵 16강 | | U-18 2014 아디다스 올인 K리그 주니어 우승(금호고) |
| | U-18 14회 백운기 전국고등학교 축구대회 우승 | | U-18 제22회 백록기 전국고등학교축구대회 우승(금호고) |
| | U-18 2012 챌린지리그 2위(금호고) | | U-15 2014 금석배 전국 중학생 축구대회 3위(광덕중) |
| | U-18 2012 챌린지리그 페어플레이상(금호고) | | U-15 제15회 오룡기 전국 중학교 축구대회 3위(광덕중) |

## 광주FC 2014년 선수명단

대표이사_ 정원주    단장_ 박해구
감독_ 남기일    수석코치_ 김영철    피지컬코치_ 카를로스    GK코치_ 알베스    팀닥터_ 이준형    트레이너_ 김범수·정용선
전력분석관_ 정재선    통역_ 서주항    주무_ 정민화

| 포지션 | 선수명 | | 생년월일 | 출신교 | 키(cm) / 몸무게(kg) |
|---|---|---|---|---|---|
| GK | 백 민 철 | 白 珉 喆 | 1977.07.28 | 동국대 | 185 / 80 |
| | 류 원 우 | 柳 垣 宇 | 1990.08.05 | 광양제철고 | 185 / 78 |
| | 제 종 현 | 諸 鐘 炫 | 1991.12.06 | 숭실대 | 191 / 88 |
| DF | 이 완 | 李 宛 | 1984.05.03 | 연세대 | 181 / 76 |
| | 정 호 정 | 鄭 好 正 | 1988.09.01 | 광운대 | 180 / 76 |
| | 마 철 준 | 馬 哲 俊 | 1980.11.16 | 경희대 | 180 / 70 |
| | 정 준 연 | 鄭 俊 硯 | 1989.04.30 | 광양제철고 | 178 / 70 |
| | 오 도 현 | 吳 到 鉉 | 1994.12.06 | 금호고 | 188 / 82 |
| | 박 병 주 | 朴 炳 柱 | 1985.03.24 | 단국대 | 185 / 79 |
| | 전 준 형 | 田 俊 亨 | 1986.08.28 | 용문중 | 181 / 77 |
| | 김 영 빈 | 金 榮 彬 | 1991.09.20 | 광주대 | 184 / 79 |
| | 최 성 환 | 崔 誠 桓 | 1981.10.06 | 전주대 | 185 / 78 |
| MF | 박 진 옥 | 朴 鎭 玉 | 1982.05.28 | 경희대 | 170 / 66 |
| | 이 종 민 | 李 宗 珉 | 1983.09.01 | 서귀포고 | 175 / 68 |
| | 김 민 수 | 金 玟 洙 | 1984.12.14 | 한남대 | 179 / 72 |
| | 송 승 민 | 宋 承 珉 | 1992.01.11 | 인천대 | 188 / 77 |
| | 김 우 철 | 金 禹 哲 | 1989.07.04 | 단국대 | 180 / 71 |
| | 송 한 복 | 宋 韓 福 | 1984.04.12 | 배재고 | 182 / 76 |
| | 여 름 | 呂 름 | 1989.06.22 | 광주대 | 175 / 69 |
| | 이 찬 동 | 李 燦 東 | 1993.01.10 | 인천대 | 183 / 80 |
| | 홍 태 곤 | 洪 兌 坤 | 1992.05.05 | 홍익대 | 180 / 76 |
| | 권 수 현 | 權 修 鉉 | 1991.03.26 | 아주대 | 178 / 70 |
| | 임 선 영 | 林 善 永 | 1988.03.21 | 수원대 | 185 / 78 |
| | 김 유 성 | 金 侑 聖 | 1988.12.04 | 경희대 | 183 / 75 |
| | 김 호 남 | 金 浩 男 | 1989.06.14 | 광주대 | 178 / 72 |
| FW | 안 종 훈 | 安 鐘 薰 | 1989.07.05 | 조선대 | 171 / 68 |
| | 윤 상 호 | 尹 相 皓 | 1992.06.04 | 호남대 | 178 / 67 |
| | 안 성 남 | 安 成 男 | 1984.04.17 | 중앙대 | 174 / 68 |
| | 박 현 | 朴 賢 | 1988.09.24 | 인천대 | 175 / 67 |
| | 호마링요 | Jefferson Jose Lopes Andrade | 1989.11.14 | *브라질 | 177 / 75 |
| | 파 비 오 | Fabio Neves Florentino | 1986.10.04 | *브라질 | 171 / 66 |
| | 디 에 고 | Diego Pelicles da Silva | 1982.10.23 | *브라질 | 181 / 81 |
| | 이 진 호 | 李 珍 浩 | 1984.09.03 | 울산과학대 | 184 / 80 |
| | 조 용 태 | 趙 容 泰 | 1986.03.31 | 연세대 | 180 / 69 |

# 광주FC 2014년 개인기록 _ K리그 챌린지

| 위치 | 배번 | 선수 | 경기번호 02 | 10 | 11 | 20 | 24 | 30 | 31 | 36 | 41 | 49 |
|---|---|---|---|---|---|---|---|---|---|---|---|---|
| | | 날짜 | 03.22 | 03.30 | 04.05 | 04.13 | 04.20 | 04.27 | 05.03 | 05.10 | 05.14 | 05.18 |
| | | 홈/원정 | 원정 | 홈 | 홈 | 원정 | 홈 | 홈 | 홈 | 원정 | 홈 | 홈 |
| | | 장소 | 대구 | 광주W | 광주W | 대전W | 광주W | 광주W | 광주W | 원주 | 광주W | 광주W |
| | | 상대 | 대구 | 부천 | 충주 | 대전 | 안양 | 안산 | 고양 | 강원 | 수원FC | 대전 |
| | | 결과 | 패 | 승 | 무 | 패 | 승 | 무 | 패 | 패 | 승 | 패 |
| | | 점수 | 1:2 | 2:0 | 0:0 | 0:4 | 2:0 | 1:1 | 1:2 | 1:2 | 1:0 | 0:2 |
| | | 승점 | 0 | 3 | 4 | 4 | 7 | 8 | 8 | 8 | 11 | 11 |
| | | 순위 | 4 | 5 | 4 | 8 | 6 | 5 | 6 | 8 | 5 | 7 |
| | | 슈팅수 | 12:6 | 11:7 | 15:3 | 11:15 | 13:6 | 4:5 | 10:7 | 8:13 | 8:12 | 11:5 |
| GK | 1 | 제 종 현 | | | | | | | | | | |
| | 21 | 백 민 철 | | | | | ○ 0/0 | ○ 0/0 | ○ 0/0 | ○ 0/0 | ○ 0/0 C | ○ 0/0 |
| | 41 | 류 원 우 | ○ 0/0 | ○ 0/0 | ○ 0/0 | ○ 0/0 | | | | | | |
| DF | 2 | 정 준 연 | ○ 0/0 | ○ 0/0 | ○ 0/0 | ○ 0/0 | | | △ 0/0 C | | △ 0/0 | △ 0/0 |
| | 3 | 전 준 형 | ○ 0/0 C | ▽ 0/0 | ○ 0/0 | ▽ 0/0 | | | | | | |
| | 6 | 최 성 환 | | | | | △ 0/0 | | | | ○ 0/0 C | ○ 0/0 C |
| | 8 | 이 완 | ○ 0/1 | △ 0/0 | | △ 0/0 | ○ 0/0 | ○ 0/0 C | ○ 1/0 C | ○ 0/0 | ○ 1/0 | |
| | 13 | 마 철 준 | | | | | | | | △ 0/0 | | |
| | 15 | 김 영 빈 | | | | | ○ 0/0 | ○ 0/0 | ○ 0/0 | ○ 0/0 | ○ 0/0 | ○ 0/0 |
| | 17 | 이 종 민 | ○ 0/0 | | ○ 1/0 | ▽ 0/0 | | | | | | |
| | 19 | 박 진 욱 | | | | | ○ 0/0 | ○ 0/0 | ○ 0/0 | ○ 0/0 | ○ 0/0 | ○ 0/0 |
| | 24 | 오 도 현 | | △ 0/0 | | △ 0/0 | | | | | | |
| | 33 | 정 호 정 | | | ○ 0/0 | ○ 0/0 | ○ 0/0 | ○ 0/0 | ○ 0/0 | ▽ 0/0 | | |
| MF | 4 | 여 름 | ○ 0/0 | ○ 0/0 | ○ 0/0 C | ▽ 0/0 | △ 0/0 | △ 0/0 | | | | |
| | 5 | 임 선 영 | ○ 1/0 | ○ 1/0 | ○ 0/0 | ○ 0/0 | ▽ 0/0 | | | | | |
| | 16 | 김 유 성 | | | | | | ▽ 0/0 | ○ 0/0 | ○ 0/0 | ▽ 0/0 C | ▽ 0/0 |
| | 18 | 김 우 철 | | | | | | | | | | |
| | 22 | 송 한 복 | △ 0/0 | | | | ▽ 0/0 | | | ▽ 0/0 | | |
| | 23 | 권 수 현 | | | | | | | | ○ 0/0 | | |
| | 25 | 송 승 민 | | △ 0/0 | △ 0/0 | △ 0/0 | ○ 0/2 | ○ 0/0 | ○ 0/0 | | △ 0/0 | ○ 0/0 |
| | 27 | 홍 태 곤 | | | | | | | | | | |
| | 30 | 조 용 태 | | | | | | | | | | |
| | 34 | 안 성 남 | | | | | | | | | | |
| | 37 | 박 현 | | | | | | | | | | |
| | 38 | 윤 상 호 | | | | | | | | | | |
| | 40 | 이 찬 동 | ▽ 0/0 | ○ 0/0 | ○ 0/0 C | ○ 0/0 | | | △ 0/0 | ▽ 0/0 C | △ 0/0 | △ 0/0 |
| FW | 7 | 김 민 수 | ▽ 0/0 | ▽ 0/1 | ▽ 0/0 | ○ 0/0 C | △ 1/0 | △ 0/0 | △ 0/0 | ▽ 0/0 | ▽ 0/0 | △ 0/0 |
| | 9 | 호 마 링 요 | ▽ 0/0 | ○ 0/0 | ▽ 0/0 | | ○ 0/0 C | ▽ 0/0 | ▽ 0/0 | ▽ 1/0 | | |
| | 10 | 파 비 오 | | | | | | | | | | |
| | 11 | 김 호 남 | ○ 0/0 | ▽ 0/0 | ▽ 0/0 | ○ 0/0 | ▽ 1/0 | ▽ 0/0 C | ○ 0/0 | △ 0/0 | | ▽ 0/0 |
| | 14 | 안 종 훈 | △ 0/0 | | | △ 0/0 | | ○ 0/0 | ○ 0/0 | ○ 0/1 | ○ 0/0 C | |
| | 26 | 이 진 호 | △ 0/0 | | | △ 0/0 | ○ 0/0 | △ 0/0 | | | ○ 0/0 C | ○ 0/0 |
| | 36 | 디 에 고 | | | | | | | | | | |

선수자료 : 득점/도움   ¤ = 대기   ○ = 선발출장   △ = 교체 IN   ▽ = 교체 OUT   ◈ = 교체 IN/OUT   C = 경고   S = 퇴장

| 위치 | 배번 | 상대 | 53 | 59 | 64 | 66 | 74 | 80 | 82 | 88 | 92 | 98 |
|---|---|---|---|---|---|---|---|---|---|---|---|---|
| | | 경기번호 | 53 | 59 | 64 | 66 | 74 | 80 | 82 | 88 | 92 | 98 |
| | | 날 짜 | 05.25 | 06.01 | 06.08 | 06.14 | 06.22 | 06.30 | 07.05 | 07.12 | 07.19 | 07.27 |
| | | 홈/원정 | 원정 | 원정 | 홈 | 원정 | 원정 | 홈 | 원정 | 원정 | 홈 | 홈 |
| | | 장 소 | 부천 | 충주 | 광주W | 안양 | 수원W | 광주W | 고양 | 안산 | 광주W | 광주W |
| | | 상 대 | 부천 | 충주 | 강원 | 안양 | 수원FC | 대구 | 고양 | 안산 | 수원FC | 부천 |
| | | 결 과 | 무 | 무 | 무 | 패 | 무 | 승 | 승 | 패 | 승 | 무 |
| | | 점 수 | 1:1 | 1:1 | 1:1 | 1:2 | 0:0 | 2:1 | 4:2 | 0:1 | 2:0 | 1:1 |
| | | 승 점 | 12 | 13 | 14 | 14 | 15 | 18 | 21 | 21 | 24 | 25 |
| | | 순 위 | 7 | 8 | 8 | 8 | 7 | 7 | 5 | 8 | 3 | 7 |
| | | 슈팅수 | 13:6 | 11:9 | 10:7 | 19:7 | 12:19 | 10:6 | 13:8 | 15:5 | 10:5 | 11:2 |
| GK | 1 | 제 종 현 | | | | | ○ 0/0 | ○ 0/0 | ○ 0/0 | ○ 0/0 | ○ 0/0 | ○ 0/0 |
| | 21 | 백 민 철 | | | | | | | | | | |
| | 41 | 류 원 우 | ○ 0/0 | ○ 0/0 | ○ 0/0 | ○ 0/0 | | | | | | |
| DF | 2 | 정 준 연 | | △ 0/0 | ○ 0/0 | ○ 0/0 | ○ 0/0 | ○ 0/0 | ○ 0/0 | ○ 0/0 | ○ 0/0 | ○ 0/0 |
| | 3 | 전 준 형 | | | | | ○ 0/0 | ○ 0/0 | ○ 0/0 | ○ 0/0 | | |
| | 6 | 최 성 환 | ○ 0/0 | ○ 0/0 | | | | | | | | |
| | 8 | 이 완 | ○ 1/0 | ○ 0/0 | ○ 0/0 | | ○ 0/1 | | | | | |
| | 13 | 마 철 준 | | | | | | | | | ○ 0/0 | ○ 0/0 |
| | 15 | 김 영 빈 | ○ 0/0 C | ○ 0/0 | ○ 0/0 | △ 1/0 | ○ 0/0 | | | | ○ 0/0 | ○ 0/0 |
| | 17 | 이 종 민 | △ 0/0 | ○ 1/0 | | ○ 0/1 S | | | ○ 0/1 | ○ 1/0 | ○ 0/0 | ○ 0/0 C |
| | 19 | 박 진 욱 | ▽ 0/0 | | | ▽ 0/0 | | | | | | |
| | 24 | 오 도 현 | | | ○ 0/0 | | △ 0/0 | △ 0/0 | △ 0/0 | △ 0/0 | △ 0/0 | △ 0/0 |
| | 33 | 정 호 정 | | | | △ 0/0 | ○ 0/0 | ○ 0/0 C | ○ 0/0 | ○ 0/0 | ○ 0/0 | ○ 0/0 |
| MF | 4 | 여 름 | ○ 0/0 | ○ 0/0 | ▽ 0/0 | ○ 0/0 C | ○ 0/0 | ○ 0/0 | ○ 0/1 | ○ 0/0 | ○ 0/1 | ▽ 0/0 |
| | 5 | 임 선 영 | | | △ 0/0 | ○ 0/0 | ○ 0/0 C | ○ 1/0 | ○ 1/0 | | ▽ 0/0 | |
| | 16 | 김 유 성 | | ▽ 0/0 | | | | | | | ◆ 0/0 | ▽ 0/0 C |
| | 18 | 김 우 철 | | | | | ▽ 0/0 | | | | | |
| | 22 | 송 한 복 | | | | | | | | | | |
| | 23 | 권 수 현 | ▽ 0/0 | | | | | | | | | |
| | 25 | 송 승 민 | ○ 0/0 | △ 0/0 | △ 0/0 | △ 0/0 | | △ 0/0 | | | | |
| | 27 | 홍 태 곤 | | △ 0/0 | | | △ 0/0 | | | | | |
| | 30 | 조 용 태 | | | | | | | | △ 0/0 | | △ 0/0 |
| | 34 | 안 성 남 | | | | | | | | | | |
| | 37 | 박 현 | | | | | | | △ 0/0 | | ○ 0/0 C | ○ 0/0 |
| | 38 | 윤 상 호 | | | | | | | | | | |
| | 40 | 이 찬 동 | ○ 0/0 | ○ 0/0 CC | | | ○ 0/0 C | ▽ 0/0 | ○ 1/0 | ▽ 0/0 C | ○ 0/0 C | ○ 0/0 |
| FW | 7 | 김 민 수 | | | ▽ 0/0 | ▽ 0/0 | | ▽ 0/1 | ▽ 0/0 | ▽ 0/0 | | |
| | 9 | 호 마 링 요 | ○ 0/0 | ○ 0/0 | ▽ 0/0 | | | | | | | |
| | 10 | 파 비 오 | △ 0/0 | ▽ 0/0 | ○ 0/0 | ▽ 0/0 | ▽ 0/0 | △ 0/0 | △ 1/0 | △ 0/0 | △ 1/0 | △ 0/0 |
| | 11 | 김 호 남 | ○ 0/0 | ▽ 0/0 | ○ 1/0 | ○ 0/0 | ○ 0/0 | ○ 1/0 C | ▽ 0/0 | ○ 0/0 | ○ 1/0 | ○ 1/0 |
| | 14 | 안 종 훈 | | | | △ 0/0 | ○ 0/0 | ▽ 0/0 | ▽ 0/1 | ▽ 0/0 | ▽ 0/0 | ▽ 0/0 |
| | 26 | 이 진 호 | | | | | | | | | | |
| | 36 | 디 에 고 | | | | | | | | | | |

| | | 경기번호 | 105 | 107 | 111 | 118 | 123 | 127 | 133 | 139 | 144 | 150 |
|---|---|---|---|---|---|---|---|---|---|---|---|---|
| | | 날 짜 | 08.10 | 08.16 | 08.23 | 08.31 | 09.06 | 09.13 | 09.17 | 09.21 | 09.28 | 10.05 |
| | | 홈/원정 | 원정 | 홈 | 원정 | 홈 | 홈 | 홈 | 원정 | 원정 | 홈 | 원정 |
| | | 장 소 | 안양 | 광주W | 대구 | 광주W | 광주W | 광주W | 대전W | 춘천 | 광주W | 수원W |
| | | 상 대 | 안양 | 충주 | 대구 | 강원 | 안산 | 고양 | 대전 | 강원 | 안양 | 수원FC |
| | | 결 과 | 승 | 무 | 무 | 승 | 패 | 무 | 승 | 승 | 패 | 무 |
| | | 점 수 | 1:0 | 0:0 | 0:0 | 2:0 | 0:1 | 1:1 | 1:0 | 4:2 | 1:2 | 0:0 |
| | | 승 점 | 28 | 29 | 30 | 33 | 33 | 34 | 37 | 40 | 40 | 41 |
| | | 순 위 | 5 | 5 | 6 | 4 | 4 | 5 | 4 | 3 | 5 | 6 |
| 위치 | 배번 | 슈팅수 | 9:13 | 10:11 | 11:10 | 7:3 | 14:10 | 16:8 | 17:11 | 8:12 | 9:7 | 17:1 |
| GK | 1 | 제 종 현 | ○ 0/0 | ○ 0/0 | ○ 0/0 | ○ 0/0 | ○ 0/0 | ○ 0/0 | ○ 0/0 C | ○ 0/0 | ○ 0/0 | ○ 0/0 |
| | 21 | 백 민 철 | | | | | | | | | | |
| | 41 | 류 원 우 | | | | | | | | | | |
| DF | 2 | 정 준 연 | | | ○ 0/0 | ○ 0/0 | ○ 0/0 | ○ 0/0 C | | | | ○ 0/0 C |
| | 3 | 전 준 형 | | | | | | | | | | |
| | 6 | 최 성 환 | | | | | | | | | | |
| | 8 | 이 완 | | | | △ 0/0 | | | △ 0/0 | | | |
| | 13 | 마 철 준 | ○ 1/0 | ○ 0/0 | ○ 0/0 C | ○ 0/0 | ○ 0/0 C | | ○ 0/0 | ▽ 0/0 | ▽ 0/0 C | |
| | 15 | 김 영 빈 | ○ 0/0 | ○ 0/0 C | ○ 0/0 C | | | ○ 0/0 | | △ 0/0 | | ○ 0/0 |
| | 17 | 이 종 민 | ○ 0/0 | ○ 0/0 | | ○ 0/0 | ○ 0/0 | ○ 0/0 | ○ 0/0 | ○ 0/2 C | | |
| | 19 | 박 진 옥 | | | | | | | | | | |
| | 24 | 오 도 현 | ○ 0/0 | ○ 0/0 | ▽ 0/0 C | ○ 0/0 C | ○ 0/0 | ○ 0/0 C | ○ 0/0 | ○ 0/0 | △ 0/0 | |
| | 33 | 정 호 정 | ○ 0/0 | ○ 0/0 | ○ 0/0 | ○ 0/1 | | | | | | |
| MF | 4 | 여 름 | ○ 0/0 | ○ 0/0 | ○ 0/0 | | | | | | | △ 0/0 |
| | 5 | 임 선 영 | | | | | | | | | △ 1/0 | ○ 0/0 |
| | 16 | 김 유 성 | △ 0/0 | △ 0/0 | | | | | | | | |
| | 18 | 김 우 철 | | | | ○ 0/0 | ▽ 0/0 | | △ 0/0 | | | |
| | 22 | 송 한 복 | | | | | | | | | | |
| | 23 | 권 수 현 | | | | | | | | | | |
| | 25 | 송 승 민 | | | | ○ 0/0 | ○ 0/0 C | ○ 0/0 | | | △ 0/0 | △ 0/0 |
| | 27 | 홍 태 곤 | | | | △ 0/0 | △ 0/0 C | | | | | |
| | 30 | 조 용 태 | | | | △ 0/0 | ▽ 1/0 | ▽ 0/0 | ▽ 0/0 | ▽ 0/0 | ○ 1/0 | ○ 0/0 |
| | 34 | 안 성 남 | | | | | | | | | | △ 0/0 |
| | 37 | 박 현 | ▽ 0/0 | ○ 0/0 | ▽ 0/0 | ▽ 0/0 | | △ 0/0 | △ 0/0 | | | △ 0/0 |
| | 38 | 윤 상 호 | ▽ 0/0 | ▽ 0/0 | △ 0/0 | ▽ 0/0 | ▽ 0/0 C | ○ 0/0 | | | | |
| | 40 | 이 찬 동 | △ 0/0 | △ 0/0 | ▽ 0/0 | ○ 0/0 C | | | ○ 0/0 C | ○ 0/0 | ○ 0/0 | ▽ 0/0 |
| FW | 7 | 김 민 수 | | | | △ 0/0 | △ 1/0 C | △ 0/0 | ▽ 0/0 | | | |
| | 9 | 호 마 링 요 | | | | | | | | | | |
| | 10 | 파 비 오 | △ 0/0 C | △ 0/0 | ▽ 0/0 | | △ 0/0 | ○ 1/0 | ○ 0/0 | ○ 2/0 | ○ 0/0 | ▽ 0/0 |
| | 11 | 김 호 남 | ○ 0/0 | ○ 0/0 | ▽ 0/0 C | | ○ 0/0 C | △ 0/0 | ▽ 0/1 | ○ 1/0 | ○ 0/1 | ▽ 0/0 |
| | 14 | 안 종 훈 | | | | | | | | | | |
| | 26 | 이 진 호 | | | | | | | | | | |
| | 36 | 디 에 고 | ▽ 0/0 | ▽ 0/0 | ○ 0/0 | | | | ○ 1/0 C | ▽ 0/1 | ○ 0/0 | ○ 0/0 |

선수자료 : 득점/도움   ☼ = 대기   ○ = 선발출장   △ = 교체 IN   ▽ = 교체 OUT   ◈ = 교체 IN/OUT   C = 경고   S = 퇴장

| 위치 | 배번 | | 152 | 158 | 161 | 166 | 171 | 176 | 181 | 182 | 승강PO 01 | 승강PO 02 |
|---|---|---|---|---|---|---|---|---|---|---|---|---|
| | | 경기번호 | 152 | 158 | 161 | 166 | 171 | 176 | 181 | 182 | 승강PO 01 | 승강PO 02 |
| | | 날 짜 | 10.11 | 10.18 | 10.25 | 11.01 | 11.08 | 11.16 | 11.22 | 11.29 | 12.03 | 12.06 |
| | | 홈/원정 | 홈 | 원정 | 홈 | 원정 | 원정 | 원정 | 원정 | 원정 | 홈 | 원정 |
| | | 장 소 | 광주W | 충주 | 광주W | 안산 | 부천 | 고양 | 원주 | 안산 | 광주W | 창원C |
| | | 상 대 | 대구 | 충주 | 대전 | 안산 | 부천 | 고양 | 강원 | 안산 | 경남 | 경남 |
| | | 결 과 | 승 | 패 | 승 | 패 | 승 | 무 | 승 | 승 | 승 | 무 |
| | | 점 수 | 2:1 | 1:2 | 1:0 | 2:3 | 2:0 | 0:0 | 1:0 | 3:0 | 3:1 | 1:1 |
| | | 승 점 | 44 | 44 | 47 | 47 | 50 | 51 | 54 | 57 | 3 | 4 |
| | | 순 위 | 4 | 5 | 5 | 6 | 3 | 4 | 1 | 1 | 1 | 1 |
| | | 슈팅수 | 15:5 | 9:8 | 12:3 | 12:9 | 17:8 | 9:5 | 7:13 | 16:9 | 7:8 | 10:14 |
| GK | 1 | 제 종 현 | o 0/0 | o 0/0 | o 0/0 | o 0/0 | o 0/0 | o 0/0 | o 0/0 C | o 0/0 | o 0/0 | o 0/0 |
| | 21 | 백 민 철 | | | | | | | | | | |
| | 41 | 류 원 우 | | | | | | | | | | |
| DF | 2 | 정 준 연 | | △ 0/0 | o 0/0 | o 0/0 | o 0/0 | o 0/0 C | o 0/0 | | | |
| | 3 | 전 준 형 | | | | | | | | | | |
| | 6 | 최 성 환 | | | | | | | | | | |
| | 8 | 이 완 | | | | | o 0/0 | o 0/0 | o 0/0 | o 0/0 | o 0/0 | o 0/0 C |
| | 13 | 마 철 준 | o 0/0 | o 0/0 | o 0/0 | o 0/0 | | | | △ 0/0 | | |
| | 15 | 김 영 빈 | o 0/0 C | o 0/1 | | | o 0/0 C | o 0/0 | o 0/0 | o 0/0 C | o 0/0 | |
| | 17 | 이 종 민 | o 0/0 | o 0/0 | o 0/0 | o 0/0 | o 0/1 | o 0/0 C | o 0/0 | o 0/1 | o 0/0 | o 0/0 |
| | 19 | 박 진 욱 | | | | | | | | | | |
| | 24 | 오 도 현 | | | △ 0/0 | △ 0/0 | △ 0/0 | | △ 0/0 | | △ 0/0 | △ 0/0 |
| | 33 | 정 호 정 | o 0/1 C | ▽ 0/0 | o 0/0 | o 0/0 | | | | | | |
| MF | 4 | 여 름 | ▽ 0/0 C | | △ 0/0 | △ 0/0 | ▽ 0/0 | o 0/0 C | o 0/0 C | ▽ 0/0 | o 0/1 | o 0/1 |
| | 5 | 임 선 영 | ▽ 0/0 | o 0/0 | o 1/0 | o 1/0 | ▽ 0/0 | o 0/0 | o 0/1 | o 0/0 | ▽ 0/0 | |
| | 16 | 김 유 성 | | △ 0/0 | | | | | | | | |
| | 18 | 김 우 철 | | | | | | | | | | |
| | 22 | 송 한 복 | | | | | | | | | | |
| | 23 | 권 수 현 | | | | | | | | | | |
| | 25 | 송 승 민 | | | | | | | △ 0/0 | | △ 0/0 | △ 0/0 C |
| | 27 | 홍 태 곤 | | | | △ 0/0 | | | | | | |
| | 30 | 조 용 태 | ▽ 0/0 | o 0/0 | △ 0/0 | | △ 0/0 | ▽ 0/0 | ▽ 0/0 | ▽ 0/0 | ▽ 1/0 | ▽ 0/0 |
| | 34 | 안 성 남 | o 0/1 | o 1/0 | ▽ 0/0 | o 1/0 | ▽ 0/0 | △ 0/0 | △ 0/0 | | | |
| | 37 | 박 현 | △ 0/0 | | | | | △ 0/0 | | | | |
| | 38 | 윤 상 호 | △ 0/0 | △ 0/0 | | | | ▽ 0/0 | △ 0/0 | | | |
| | 40 | 이 찬 동 | △ 0/0 | o 0/0 C | ▽ 0/0 | ▽ 0/0 | o 0/0 | o 0/0 | o 0/0 | o 0/0 C | ▽ 0/0 | o 0/0 |
| FW | 7 | 김 민 수 | | | | | | | | | | |
| | 9 | 호마링요 | | | | | | | | | | |
| | 10 | 파 비 오 | o 2/0 | ▽ 0/0 | o 0/1 | ▽ 0/0 | △ 1/0 | ◆ 0/0 | | △ 2/1 | △ 0/0 | △ 0/0 |
| | 11 | 김 호 남 | | | o 0/0 C | o 0/1 | o 0/1 | o 0/0 | ▽ 1/0 | o 0/1 | o 0/0 | o 1/0 |
| | 14 | 안 종 훈 | | | | | | | | | | |
| | 26 | 이 진 호 | | | | | | | | | | |
| | 36 | 디 에 고 | o 0/0 | ▽ 0/0 | ▽ 0/0 C | ▽ 0/1 | o 1/0 C | | ▽ 0/0 | ▽ 1/0 | ▽ 1/0 | ▽ 0/0 |

93

# 안 산 경 찰 청

**창단년도_** 1996년
**전화_** 031-480-2002
**팩스_** 031-480-2055
**홈페이지_** www.ansanfc.kr
**주소_** 우 425-866 경기도 안산시 단원구 화랑로 260 와 스타디움 3층

Wa Stadium 3F, 260, Hwarang-ro, Danwon-gu, Ansan-si, Gyeonggi-do, KOREA 425-866

## 연혁

| | |
|---|---|
| 1995 | 경찰축구단 창단 결정 |
| | 경찰과 대한축구협회 간 약정서 체결 |
| 1996 | 축구협회로부터 선수 20명 추천받아 의무경찰로 배치 |
| | 경찰축구단 창단 |
| | 제15회 서울시장기 겸 제77회 전국체전 서울시 예선 우승 |
| 1997 | 제78회 전국체육대회 3위 |
| 1998 | 제46회 대통령배 축구대회 3위 |
| 1998 | 1998년 한국추계실업축구연맹전 준우승 |
| 1999 | 1999년 한국춘계실업축구연맹전 3위 |
| | 제80회 전국체육대회 3위 |
| 2000 | 제48회 대통령배 축구대회 3위 |
| | 제10회 전국실업축구선수권대회 3위 |
| | 2000년 한국추계실업축구연맹전 3위 |
| | 제81회 전국체육대회 준우승 |
| 2001 | 2001년 한국춘계실업축구연맹전 준우승 |
| | 제11회 전국실업축구선수권대회 3위 |
| | 2001년 한국추계실업축구연맹전 준우승 |
| 2002 | 한국춘계실업축구연맹전 3위 |
| | 제12회 전국실업축구선수권대회 3위 |
| | 한국추계실업축구연맹전 우승(PK 7 : 6) |
| | 제83회 전국체육대회 3위(동메달) |

| | |
|---|---|
| 2003 | 제51회 대통령배 전국축구대회 준우승 |
| | 제8회 하나은행 FA컵 8강 |
| 2004 | 제52회 대통령배 전국축구대회 8강 |
| 2005 | K2 축구선수권대회 준우승 |
| 2006 | 상반기 프로2군리그 조 1위 |
| 2007 | 제55회 대통령배 전국축구대회 8강 |
| 2008 | 제89회 전국체육대회 준우승 |
| 2009 | R-리그(프로2군) 전체 2위 |
| 2011 | NATIONAL 축구선수권대회 3위 |
| | R리그(프로2군) 조 2위 |
| 2012 | NATIONAL 축구선수권대회 3위 |
| | R리그(프로2군) A조 1위 우승 |
| 2013 | 현대오일뱅크 K리그 챌린지 2013 2위 준우승 |
| 2014 | 안산시와 경찰축구단 연고협약 |
| | 안산 경찰청 프로축구단 창단 |
| | 제1대 구단주 취임 |
| | 제2대 구단주 취임(제종길 안산시장) |
| | 현대오일뱅크 K리그 챌린지 2014 3위 |

# 안산 경찰청 2014년 선수명단

대표이사_ 함정대    사무국장_ 박공원

감독_ 조동현    수석코치_ 기덕서    코치_ 한종원    의무트레이너_ 최종욱    주무_ 김영진

| 포지션 | 선수명 | | 생년월일 | 출신교 | 키(cm) / 몸무게(kg) | 전 소속팀 |
|---|---|---|---|---|---|---|
| GK | 유 현 * | 劉 鉉 | 1984.08.01 | 중앙대 | 183 / 83 | 인천 |
| | 송 유 걸 * | 宋 裕 傑 | 1985.02.16 | 경희대 | 187 / 85 | 강원 |
| | 전 태 현 | 全 泰 譞 | 1986.08.18 | 울산대 | 194 / 88 | 제주 |
| DF | 강 철 민 * | 姜 澈 珉 | 1988.08.09 | 단국대 | 168 / 68 | 경남 |
| | 양 상 민 * | 梁 相 珉 | 1984.02.24 | 숭실대 | 182 / 80 | 수원 |
| | 이 원 재 * | 李 原 在 | 1986.02.24 | 위덕대 | 185 / 81 | 포항 |
| | 김 동 우 * | 金 東 佑 | 1988.02.05 | 조선대 | 189 / 87 | 서울 |
| | 오 범 석 * | 吳 範 錫 | 1984.07.29 | 서남대 | 181 / 77 | 수원 |
| | 이 호 * | 李 虎 | 1986.01.06 | 경희대 | 187 / 82 | 대전 |
| | 송 승 주 * | 宋 承 柱 | 1991.04.26 | 방송통신대 | 177 / 76 | 서울 |
| | 안 동 은 | 安 烢 垠 | 1988.10.01 | 경운대 | 185 / 79 | 고양 |
| | 김 성 현 | 金 成 炫 | 1993.06.25 | 국제사이버대 | 183 / 70 | 경남 |
| MF | 문 기 한 * | 文 起 韓 | 1989.03.17 | 영남사이버대 | 177 / 72 | 서울 |
| | 최 광 희 * | 崔 光 熙 | 1984.05.17 | 울산대 | 172 / 65 | 부산 |
| | 박 종 진 | 朴 宗 眞 | 1987.06.24 | 숭실대 | 177 / 76 | 수원 |
| | 김 원 식 * | 金 元 植 | 1991.11.05 | 방송통신대 | 186 / 78 | 서울 |
| | 김 도 훈 * | 金 度 勳 | 1988.07.26 | 한양대 | 174 / 70 | 강원 |
| | 박 준 승 * | 朴 俊 勝 | 1990.02.27 | 홍익대 | 181 / 70 | 수원 |
| | 김 병 석 | 金 秉 析 | 1985.09.17 | 숭실대 | 182 / 76 | 대전 |
| | 유 호 준 | 柳 好 俊 | 1985.01.14 | 광운대 | 184 / 87 | 경남 |
| | 조 재 철 | 趙 載 喆 | 1986.05.18 | 아주대 | 178 / 64 | 경남 |
| | 이 재 권 | 李 在 權 | 1987.07.30 | 고려대 | 176 / 69 | 서울 |
| | 이 용 래 | 李 容 來 | 1986.04.17 | 고려대 | 175 / 73 | 수원 |
| | 박 희 도 | 朴 禧 燾 | 1986.03.20 | 동국대 | 181 / 75 | 전북 |
| | 한 덕 희 | 韓 德 熙 | 1987.02.20 | 아주대 | 170 / 69 | 대전 |
| | 박 현 범 | 朴 玹 範 | 1987.05.07 | 연세대 | 193 / 88 | 수원 |
| | 좌 준 협 | 左 峻 協 | 1991.05.07 | 전주대 | 177 / 78 | 제주 |
| FW | 정 조 국 * | 鄭 조 國 | 1984.04.23 | 배재대 | 186 / 77 | 서울 |
| | 고 경 민 | 高 敬 旻 | 1987.04.11 | 한양대 | 177 / 73 | 안양 |
| | 안 성 빈 * | 安 聖 彬 | 1988.10.03 | 수원대 | 178 / 73 | 경남 |
| | 서 동 현 | 徐 東 鉉 | 1985.06.05 | 건국대 | 186 / 75 | 제주 |
| | 윤 준 하 | 尹 俊 河 | 1987.01.04 | 대구대 | 175 / 78 | 대전 |
| | 강 종 국 | 姜 鐘 鞠 | 1991.11.12 | 홍익대 | 192 / 75 | 경남 |
| | 김 신 철 | 金 伸 哲 | 1990.11.29 | 연세대 | 178 / 76 | 부천 |
| | 박 세 환 | 朴 世 桓 | 1993.06.05 | 고려사이버대 | 170 / 66 | 충주 |

* 2014 시즌 중 전역.

# 안산 경찰청 2014년 개인기록 _ K리그 챌린지

| 위치 | 배번 | | 01 | 06 | 13 | 18 | 30 | 39 | 55 | 60 | 69 | 75 |
|---|---|---|---|---|---|---|---|---|---|---|---|---|
| | | 경기번호 | 01 | 06 | 13 | 18 | 30 | 39 | 55 | 60 | 69 | 75 |
| | | 날 짜 | 03.22 | 03.29 | 04.05 | 04.12 | 04.27 | 05.11 | 05.26 | 06.02 | 06.15 | 06.23 |
| | | 홈/원정 | 원정 | 홈 | 원정 | 원정 | 원정 | 원정 | 원정 | 원정 | 원정 | 원정 |
| | | 장 소 | 강릉 | 안산 | 수원W | 안양 | 광주W | 대전W | 고양 | 대구 | 강릉 | 부천 |
| | | 상 대 | 강원 | 대구 | 수원FC | 안양 | 광주 | 대전 | 고양 | 대구 | 강원 | 부천 |
| | | 결 과 | 승 | 승 | 승 | 패 | 무 | 패 | 패 | 무 | 패 | 승 |
| | | 점 수 | 3:0 | 3:2 | 3:0 | 0:2 | 1:1 | 0:2 | 0:2 | 2:2 | 1:3 | 4:3 |
| | | 승 점 | 3 | 6 | 9 | 9 | 10 | 10 | 10 | 11 | 11 | 14 |
| | | 순 위 | 2 | 1 | 1 | 2 | 3 | 6 | 9 | 9 | 9 | 8 |
| | | 슈팅수 | 7:7 | 13:8 | 13:6 | 10:9 | 5:4 | 12:14 | 5:16 | 8:15 | 10:12 | 11:13 |
| GK | 1 | 전 태 현 | | | | △0/0 | | | | | | |
| | 25 | 송 유 걸 | | | | | | | ○0/0 | | | |
| | 51 | 유 현 | ○0/0 | ○0/0 | ○0/0 | ▽0/0 | ○0/0 | ○0/0 | | ○0/0 | ○0/0 | ○0/0 C |
| DF | 2 | 강 철 민 | | | | | | | | | | |
| | 3 | 양 상 민 | ○1/0 | ○0/0 | ○0/0 | ○0/0 | ○0/0 C | ○0/0 C | ○0/0 C | | ○0/0 | ○0/0 C |
| | 19 | 이 호 | | | | | | △0/0 | ○0/0 C | | | |
| | 26 | 안 동 은 | △0/0 | △0/0 | △0/0 | ○0/0 | △0/0 | ▽0/0 C | | | | |
| | 34 | 김 성 현 | | | | | | | | | | |
| | 39 | 김 동 우 | | | | | | | | | ○0/0 | ○1/0 C |
| | 44 | 송 승 주 | | | | | | | | | | |
| | 47 | 오 범 석 | ○0/0 | ○0/0 | ○0/0 C | ○0/0 C | ○0/0 C | | | ▽0/0 | ○1/0 C | ○1/0 C |
| | 55 | 이 원 재 | | | | | | △0/0 | | ○1/0 C | | |
| MF | 4 | 박 현 범 | | | | | | △0/0 | ○0/0 | | | |
| | 7 | 이 용 래 | ○0/0 | ○0/0 | ○0/1 | ○0/0 | ○0/0 | ○0/0 | | | ○0/0 | ▽0/1 |
| | 8 | 문 기 한 | ○0/1 | ○0/0 | ▽0/0 C | ▽0/0 C | ○0/0 | ○0/0 C | ○0/0 C | | ▽0/0 | ▽0/1 |
| | 12 | 김 병 석 | | △0/0 | | △0/0 | | | | ▽0/0 | ○0/0 | △0/0 |
| | 15 | 유 호 준 | | | | | | | | | | |
| | 17 | 조 재 철 | ▽0/0 | ▽0/0 C | ▽0/0 | | | | | ○0/0 | ▽0/0 C | ○0/0 |
| | 18 | 박 종 진 | ○0/0 | ○0/0 | ○0/0 | ○0/0 | ○0/0 | ○0/0 | ○0/0 | ▽0/0 | | |
| | 21 | 이 재 권 | ○0/0 | ▽3/0 | ○0/0 | ○0/0 | ▽0/0 C | ○0/0 C | △0/0 | | | |
| | 24 | 김 도 훈 | | | | | | | | | | |
| | 27 | 한 덕 희 | | | | | | | | | | |
| | 30 | 박 희 도 | △0/0 | | | | | ○0/0 | ○0/0 C | ○0/0 C | | ▽0/2 |
| | 33 | 좌 준 협 | | | | | | | | | | |
| | 43 | 김 원 식 | | | | | | | | | | |
| | 77 | 최 광 희 | ○0/1 | ○0/0 | ○0/0 | ○0/0 | ○0/0 | | △0/0 | ○0/0 C | △0/0 | ○0/0 |
| FW | 10 | 서 동 현 | ◈0/0 C | ▽0/0 | ▽0/0 | ▽0/0 | △0/0 | ▽0/0 | ▽0/0 | | | |
| | 10 | 안 성 빈 | | △0/0 | △0/0 | △0/0 | | ▽0/0 | ▽0/0 | △0/1 | △0/0 | |
| | 13 | 윤 준 하 | | | | | | | ▽1/0 | ▽0/0 | | |
| | 19 | 고 경 민 | ○1/0 | ○0/2 | ▽1/0 | | ○0/0 | | | | | ○1/0 |
| | 28 | 강 종 국 | | | | | | | | △0/0 | | △0/0 |
| | 32 | 김 신 철 | | | | △0/0 | | | | | | |
| | 35 | 박 세 환 | | | | | | | | | | |
| | 36 | 정 조 국 | ▽1/0 | | △2/0 | ○0/0 C | ▽1/0 | | △0/0 | △0/0 | | △1/0 |

선수자료 : 득점/도움   ¤ = 대기   ○ = 선발출장   △ = 교체 IN   ▽ = 교체 OUT   ◈ = 교체 IN/OUT   C = 경고   S = 퇴장

| 위치 | 배번 | 선수 | 79 | 85 | 88 | 43 | 94 | 33 | 100 | 103 | 63 | 115 |
|---|---|---|---|---|---|---|---|---|---|---|---|---|
| | | 경기번호 | 79 | 85 | 88 | 43 | 94 | 33 | 100 | 103 | 63 | 115 |
| | | 날짜 | 06.29 | 07.07 | 07.12 | 07.16 | 07.20 | 07.23 | 07.28 | 08.09 | 08.13 | 08.25 |
| | | 홈/원정 | 홈 | 홈 | 홈 | 원정 | 홈 | 홈 | 홈 | 홈 | 홈 | 홈 |
| | | 장소 | 안산 | 안산 | 안산 | 충주 | 안산 | 안산 | 안산 | 안산 | 안산 | 안산 |
| | | 상대 | 대전 | 충주 | 광주 | 충주 | 대구 | 부천 | 강원 | 부천 | 수원FC | 고양 |
| | | 결과 | 승 | 무 | 승 | 무 | 승 | 패 | 패 | 승 | 승 | 무 |
| | | 점수 | 6:1 | 0:0 | 1:0 | 1:1 | 2:1 | 1:2 | 1:3 | 3:1 | 4:3 | 1:1 |
| | | 승점 | 17 | 18 | 21 | 22 | 25 | 25 | 25 | 28 | 31 | 32 |
| | | 순위 | 7 | 8 | 7 | 6 | 4 | 5 | 6 | 4 | 2 | 4 |
| | | 슈팅수 | 21:14 | 13:15 | 5:15 | 16:12 | 10:12 | 11:5 | 17:10 | 12:8 | 14:14 | 11:9 |
| GK | 1 | 전태현 | | | | | | ○ 0/0 | | ○ 0/0 | | ○ 0/0 |
| | 25 | 송유걸 | | | | | | | | | ○ 0/0 | |
| | 51 | 유현 | ○ 0/0 | ○ 0/0 | ○ 0/0 | ○ 0/0 | ○ 0/0 | | ○ 0/0 | | | |
| DF | 2 | 강철민 | | | | △ 0/0 | | | | | | |
| | 3 | 양상민 | ▽ 0/0 | ○ 0/0 | | ○ 0/0 | ○ 0/0 | | ○ 0/0 | | | |
| | 19 | 이호 | | | | | | | | | | |
| | 26 | 안동은 | | | | | | | | | | |
| | 34 | 김성현 | | | | | | | | | | |
| | 39 | 김동우 | ○ 0/0 C | | ○ 0/0 | | ○ 0/0 | ○ 0/0 S | | | | |
| | 44 | 송승주 | | | | | | | | △ 1/0 | | |
| | 47 | 오범석 | ○ 0/0 | ○ 0/0 C | | ○ 0/0 C | ○ 0/0 | ○ 0/0 C | ○ 0/0 C | | | ○ 0/0 |
| | 55 | 이원재 | | | | | | ▽ 0/0 | | ○ 0/0 | ○ 0/0 | ○ 0/0 |
| MF | 4 | 박현범 | ▽ 0/0 | | | | | | | ○ 0/0 | △ 0/0 | △ 0/0 |
| | 7 | 이용래 | ○ 0/0 | ○ 0/0 | ○ 0/0 | ○ 0/0 | ○ 0/0 | ○ 0/0 C | ○ 0/0 C | ○ 1/0 | ○ 0/1 | ○ 0/0 |
| | 8 | 문기한 | △ 1/0 | △ 0/0 C | ▽ 0/1 | △ 0/0 | | ▽ 0/0 | | | | |
| | 12 | 김병석 | | | ○ 0/0 | | ○ 0/0 | ○ 0/0 | ○ 0/0 | | | |
| | 15 | 유호준 | | | | | | | | | | |
| | 17 | 조재철 | ○ 0/1 | ○ 0/0 | ○ 0/0 | ○ 1/0 | ○ 0/0 | ▽ 0/0 | ○ 0/0 | ○ 1/0 | ○ 1/0 C | |
| | 18 | 박종진 | △ 0/0 | ○ 0/0 | ○ 0/0 C | | | | | ▽ 0/1 C | | |
| | 21 | 이재권 | ▽ 0/0 | ▽ 0/0 | △ 0/0 C | | ▽ 0/0 | △ 1/0 | ○ 0/0 | ▽ 0/0 | △ 0/0 | ○ 0/0 C |
| | 24 | 김도훈 | | | | | △ 0/0 | | | | | |
| | 27 | 한덕희 | | | | | | | | △ 0/0 | | |
| | 30 | 박희도 | ○ 2/0 | ○ 0/0 | ○ 0/0 C | | ○ 1/0 | ○ 0/1 | ○ 0/0 | ▽ 0/0 | | |
| | 33 | 좌준협 | | | | | | | | | | |
| | 43 | 김원식 | | | | | | | | | | △ 0/0 |
| | 77 | 최광희 | ○ 0/2 C | | ○ 0/0 | | ▽ 0/0 | △ 0/2 | ○ 0/0 | △ 0/0 | | △ 0/0 |
| FW | 10 | 서동현 | | ▽ 0/0 | ▽ 1/0 | ○ 0/0 | ○ 0/0 | ▽ 0/0 | ▽ 0/0 | ○ 0/1 | ▽ 0/0 | ▽ 1/0 C |
| | 10 | 안성빈 | | △ 0/0 | △ 0/0 C | △ 0/0 | | | | | △ 1/0 | ▽ 0/1 |
| | 13 | 윤준하 | | | | ▽ 0/0 | ▽ 0/0 | △ 0/0 | ▽ 0/0 | ▽ 0/0 | | ▽ 0/0 |
| | 19 | 고경민 | ○ 1/0 | ▽ 0/0 | ▽ 0/0 | ▽ 0/0 | △ 1/0 | ○ 0/0 C | △ 1/0 | △ 0/0 | ○ 2/0 | ○ 0/0 |
| | 28 | 강종국 | | | | | | | | | | |
| | 32 | 김신철 | | | | | | | | | ○ 0/0 C | |
| | 35 | 박세환 | | | | | | | | | | |
| | 36 | 정조국 | △ 2/1 | △ 0/0 | △ 0/0 | | | △ 0/0 | △ 0/0 | | | |

| 위치 | 배번 | | 경기번호 | 119 | 123 | 130 | 134 | 137 | 110 | 143 | 147 | 153 | 25 |
|---|---|---|---|---|---|---|---|---|---|---|---|---|---|
| | | | 날 짜 | 08.31 | 09.06 | 09.14 | 09.17 | 09.20 | 09.24 | 09.27 | 10.04 | 10.11 | 10.15 |
| | | | 홈/원정 | 홈 | 원정 | 원정 | 원정 | 원정 | 원정 | 원정 | 홈 | 홈 | 홈 |
| | | | 장 소 | 안산 | 광주W | 안양 | 수원W | 부천 | 대전W | 충주 | 안산 | 안산 | 안산 |
| | | | 상 대 | 충주 | 광주 | 안양 | 수원FC | 부천 | 대전 | 충주 | 안양 | 수원FC | 고양 |
| | | | 결 과 | 승 | 승 | 승 | 패 | 무 | 무 | 무 | 패 | 승 | 무 |
| | | | 점 수 | 2:0 | 1:0 | 2:1 | 1:2 | 2:2 | 0:0 | 2:2 | 0:3 | 2:1 | 0:0 |
| | | | 승 점 | 35 | 38 | 41 | 41 | 42 | 43 | 44 | 44 | 47 | 48 |
| | | | 순 위 | 3 | 2 | 2 | 2 | 2 | 2 | 2 | 2 | 2 | 2 |
| | | | 슈팅수 | 10:13 | 10:14 | 10:9 | 13:11 | 12:11 | 13:21 | 7:14 | 9:13 | 12:16 | 6:7 |
| GK | 1 | 전 태 현 | | | | | | | | ○ 0/0 | ○ 0/0 | ○ 0/0 | ○ 0/0 |
| | 25 | 송 유 걸 | | | | | ○ 0/0 | | | | | | |
| | 51 | 유 현 | | ○ 0/0 | ○ 0/0 C | ○ 0/0 | | ○ 0/0 | ○ 0/0 | | | | |
| DF | 2 | 강 철 민 | | | | | | | | | | | |
| | 3 | 양 상 민 | | | | | | | | | | | |
| | 19 | 이 호 | | | | | △ 0/0 | | | | | | |
| | 26 | 안 동 은 | | | | | | | | | | | |
| | 34 | 김 성 현 | | | | | | | | | △ 0/0 C | ○ 0/0 C | ○ 0/0 |
| | 39 | 김 동 우 | | | | ○ 0/0 | ○ 0/0 C | | ○ 0/0 | | | | |
| | 44 | 송 승 주 | | | △ 0/0 | | | | | | | | |
| | 47 | 오 범 석 | | ○ 0/0 | | | | | | | | | |
| | 55 | 이 원 재 | | ○ 0/0 | ○ 0/0 | | | ▽ 0/0 | ○ 0/0 | | | | |
| MF | 4 | 박 현 범 | | ○ 0/0 | ○ 0/0 | ▽ 0/0 | ○ 0/0 | ▽ 0/0 | ▽ 0/0 | ▽ 0/0 | ○ 0/0 C | ▽ 0/0 | ▽ 0/0 |
| | 7 | 이 용 래 | | ▽ 0/0 C | | ○ 0/0 | ○ 1/0 | ○ 0/0 | ○ 0/0 | ○ 0/0 C | ○ 0/0 | ○ 0/0 | ○ 0/0 |
| | 8 | 문 기 한 | | △ 0/0 C | ▽ 0/0 | ▽ 0/0 C | | | △ 0/0 | ▽ 0/0 | | | |
| | 12 | 김 병 석 | | ○ 0/0 | ○ 0/0 | | | | | ○ 0/0 | | ○ 0/0 C | ○ 0/0 |
| | 15 | 유 호 준 | | △ 0/0 | | | △ 0/0 | △ 0/0 | | ▽ 0/0 | △ 0/0 | ▽ 0/0 | |
| | 17 | 조 재 철 | | ○ 1/0 | ○ 0/0 | ○ 1/0 C | ○ 0/0 | ○ 1/0 | | | | ○ 1/0 | ○ 0/0 |
| | 18 | 박 종 진 | | | | ▽ 0/0 C | △ 0/0 | | | | | | |
| | 21 | 이 재 권 | | ○ 0/0 | ○ 0/1 | ○ 0/0 | | ○ 0/0 | ○ 0/0 | ○ 0/0 C | ○ 1/0 | ○ 0/0 C | ○ 0/0 |
| | 24 | 김 도 훈 | | △ 0/0 C | | | △ 0/0 | | | △ 0/0 | | | |
| | 27 | 한 덕 희 | | | | | | | | | △ 0/0 | △ 0/0 C | △ 0/0 |
| | 30 | 박 희 도 | | | | | | | | | | ▽ 0/0 | ▽ 0/0 C |
| | 33 | 좌 준 협 | | | | | | | | | | | |
| | 43 | 김 원 식 | | | | | | | | △ 0/0 | | | |
| | 77 | 최 광 희 | | | | | ○ 0/0 | ▽ 0/0 C | ○ 0/0 C | ○ 0/0 | | | |
| FW | 10 | 서 동 현 | | ▽ 1/0 | ▽ 0/0 | ▽ 0/0 | ○ 0/0 | ○ 0/1 C | | ○ 0/0 CC | | ▽ 1/0 | ○ 0/0 |
| | 10 | 안 성 빈 | | | △ 0/0 | | △ 0/0 C | △ 0/1 C | | | | | |
| | 13 | 윤 준 하 | | ▽ 0/1 | ○ 0/0 | ○ 1/1 | ▽ 0/0 | ▽ 0/0 | | ▽ 0/0 | ▽ 0/0 | | △ 0/0 |
| | 19 | 고 경 민 | | ○ 0/1 | ○ 1/0 | | ▽ 0/0 | ○ 1/0 | ○ 0/0 | ▽ 1/0 | ○ 0/0 C | ○ 0/1 | ○ 0/0 |
| | 28 | 강 종 국 | | | △ 0/0 | | | △ 0/0 | △ 0/0 | ○ 0/0 | ○ 0/0 C | △ 0/0 | △ 0/0 |
| | 32 | 김 신 철 | | | | | | | | | △ 0/0 | ○ 0/1 | △ 0/0 |
| | 35 | 박 세 환 | | | | | | | | | | △ 0/0 | |
| | 36 | 정 조 국 | | | | | | | | | | | |

선수자료: 득점/도움  ¤ = 대기  ○ = 선발출장  △ = 교체 IN  ▽ = 교체 OUT  ◈ = 교체 IN/OUT  C = 경고  S = 퇴장

| 위치 | 배번 | 경기번호 | 159 | 162 | 166 | 48 | 175 | 180 | 182 |
|---|---|---|---|---|---|---|---|---|---|
| | | 날짜 | 10.19 | 10.25 | 11.01 | 11.05 | 11.09 | 11.16 | 11.29 |
| | | 홈/원정 | 원정 | 홈 | 홈 | 홈 | 원정 | 홈 | 홈 |
| | | 장소 | 대구 | 안산 | 안산 | 안산 | 고양 | 안산 | 안산 |
| | | 상대 | 대구 | 강원 | 광주 | 안양 | 고양 | 대전 | 광주 |
| | | 결과 | 승 | 승 | 승 | 무 | 패 | 무 | 패 |
| | | 점수 | 2:1 | 1:0 | 3:2 | 1:1 | 1:2 | 1:1 | 0:3 |
| | | 승점 | 51 | 54 | 57 | 58 | 58 | 59 | 59 |
| | | 순위 | 2 | 2 | 2 | 2 | 2 | 2 | 3 |
| | | 슈팅수 | 11:14 | 6:18 | 9:12 | 11:11 | 10:10 | 17:10 | 9:16 |
| GK | 1 | 전 태 현 | ○ 0/0 | ○ 0/0 | ○ 0/0 | ○ 0/0 | | ○ 0/0 | ○ 0/0 |
| | 25 | 송 유 걸 | | | | | | | |
| | 51 | 유 현 | | | | | | | |
| DF | 2 | 강 철 민 | | | | | | | |
| | 3 | 양 상 민 | | | | | | | |
| | 19 | 이 호 | | | | | | | |
| | 26 | 안 동 은 | | | | | | | |
| | 34 | 김 성 현 | ○ 0/0 | ○ 0/0 | ○ 0/0 C | | ○ 0/0 | ○ 0/0 | ○ 0/0 |
| | 39 | 김 동 우 | | | | | | | |
| | 44 | 송 승 주 | | | | | | | |
| | 47 | 오 범 석 | | | | | | | |
| | 55 | 이 원 재 | | | | | | | |
| MF | 4 | 박 현 범 | ▽ 0/0 C | ▽ 0/0 | ▽ 0/0 | ▽ 0/0 | △ 0/0 C | | |
| | 7 | 이 용 래 | ○ 1/0 | ○ 0/0 | ○ 0/0 | ○ 0/0 | | △ 0/0 C | ○ 0/0 C |
| | 8 | 문 기 한 | | | | | | | |
| | 12 | 김 병 석 | ○ 0/0 | | ○ 0/0 | ○ 0/0 | ▽ 0/0 | ○ 0/0 | ○ 0/0 |
| | 15 | 유 호 준 | △ 0/0 | △ 0/0 C | ○ 0/0 | ○ 0/0 | ○ 0/0 | ○ 0/0 | ○ 0/0 |
| | 17 | 조 재 철 | ○ 0/0 | ○ 0/0 | ○ 0/0 | ▽ 0/0 | △ 0/0 | ○ 0/0 | ○ 0/0 |
| | 18 | 박 종 진 | △ 0/0 | ▽ 0/0 C | △ 0/0 | ○ 0/0 | ○ 0/0 C | | ▽ 0/0 |
| | 21 | 이 재 권 | ○ 0/0 | ○ 0/0 | ○ 1/1 C | ○ 0/0 | ▽ 0/0 | △ 0/0 C | ○ 0/0 CC |
| | 24 | 김 도 훈 | | | | | | | |
| | 27 | 한 덕 희 | | | △ 0/0 | | ○ 0/0 C | ▽ 0/0 | △ 0/0 |
| | 30 | 박 희 도 | △ 0/1 | △ 0/0 | | △ 1/0 | | △ 0/0 | △ 0/0 |
| | 33 | 좌 준 협 | | △ 0/0 | | △ 0/0 | ○ 0/0 | ○ 0/0 | |
| | 43 | 김 원 식 | | | | | | | |
| | 77 | 최 광 희 | | | | | | | |
| FW | 10 | 서 동 현 | ○ 1/0 | ○ 1/0 | ○ 1/0 | ○ 0/0 | △ 0/0 C | | ○ 0/0 CC |
| | 10 | 안 성 빈 | | | | | | | |
| | 13 | 윤 준 하 | ▽ 0/1 | ○ 0/0 | ▽ 0/0 C | ▽ 0/0 | ○ 1/0 | ○ 1/0 | △ 0/0 |
| | 19 | 고 경 민 | ○ 0/0 | ○ 0/0 | ○ 0/0 | ○ 0/0 | ▽ 0/0 C | | ▽ 0/0 |
| | 28 | 강 종 국 | | ▽ 0/0 | | | ○ 0/0 | ▽ 0/0 | |
| | 32 | 김 신 철 | ▽ 0/0 | | ▽ 0/0 | △ 0/1 | ▽ 0/0 | ○ 0/0 | ▽ 0/0 |
| | 35 | 박 세 환 | | | | | ○ 0/0 | ▽ 0/0 | |
| | 36 | 정 조 국 | | | | | | | |

# 강원 FC

창단년도_ 2008년
전화_ 033-655-0500
팩스_ 033-655-6660
홈페이지_ www.gangwon-fc.com
주소_ 우 210-922 강원도 강릉시 종합운동장길 88(교2동 349-2)
　　　강릉상공회의소 2층
　　　2F, Gangneung CCI, 88, Jonghabundongjang-gil(349-2,
　　　Gyo 2-dong), Gangneung-si, Gangwon-do, KOREA 210-922

## 연혁

| | | | |
|---|---|---|---|
| 2008 | 강원도민프로축구단 창단추진 발표 | | 2010 K리그 대상 페어플레이상 수상 |
| | 강원도민프로축구단 창단준비팀 구성 | 2011 | 캐치프레이즈 '강원천하' 확정 |
| | 강원도민프로축구단 창단준비위원회 발족 | | 김상호 감독 선임 |
| | 강원도민프로축구단 발기인 총회, 김병두 초대 대표 | | 마스코트 '강웅이' 탄생 |
| | 이사 취임 | | 남종현 대표이사 취임 |
| | (주)강원도민프로축구단 법인 설립 | | U-15 및 U-18 유스팀 창단 |
| | 도민주 공모 | | R리그 정성민 득점왕 수상 |
| | 한국프로축구연맹 창단승인 | | 현대오일뱅크 K리그 2011 16위 |
| | 제4차 이사회 - 신임 김원동 대표이사 취임 | 2012 | 캐치프레이즈 'stand up! 2012!!' 확정 |
| | 초대 최순호 감독 선임 | | 정선지역 U-12 유소년클럽 창단 |
| | 창단식 및 엠블럼 공개 | | 오재석 2012 런던올림픽 최종멤버 선발 |
| 2009 | 김영후 조모컵 2009 한일올스타전 선발 | | 김학범 감독 선임 |
| | 2009 K-리그 홈경기 20만 관중(관중동원 3위) 돌파 | | 김은중 K리그 통산 8번째 400경기 출장 |
| | 2009 K-리그 13위 | | 현대오일뱅크 K리그 2012 14위 |
| | 제5회 대한민국 스포츠산업대상 프로스포츠 부문 최 | 2013 | 캐치프레이즈'투혼 2013'확정 |
| | 우수마케팅상 대상 수상 | | 임은주 대표이사 취임 |
| | 2009 K-리그 대상 김영후 신인선수상, 페어플레이상, | | 김용갑 감독 선임 |
| | 서포터스 나르샤 공로상 수상 | | 현대오일뱅크 K리그 클래식 2013 12위 |
| | 김원동 대표이사 2009 대한축구협회 특별공헌상 수상 | 2014 | 캐치프레이즈 'Power of Belief 2014 Born again GWFC' |
| 2010 | 캐치프레이즈 '무한비상' 확정 | | 확정 |
| | 선수단 숙소 '오렌지하우스' 개관 | | 알툴 감독 선임 |
| | 유소년클럽 창단 | | 임은주 대표이사 취임 |
| | 소나타 K리그 2010 12위 | | 현대오일뱅크 K리그 챌린지 2014 4위 |

# 강원FC 2014년 선수명단

대표이사_ 임은주
감독대행_ 박효진  코치_ 나일균  GK코치_ 이충호  의무트레이너_ 차창일·김찬종  전력분석관_ 전우성  통역_ 김봉기  주무_ 이정훈

| 포지션 | 선수명 | | 생년월일 | 출신교 | 키(cm) / 몸무게(kg) |
|---|---|---|---|---|---|
| GK | 황 교 충 | 黃 敎 忠 | 1985.04.09 | 한양대 | 186 / 77 |
| | 양 동 원 | 梁 棟 原 | 1987.02.05 | 백암종고 | 190 / 90 |
| | 강 성 관 | 姜 聖 觀 | 1987.11.06 | 상지대 | 184 / 80 |
| | 홍 상 준 | 洪 尙 儁 | 1990.05.10 | 건국대 | 187 / 81 |
| DF | 최 우 재 | 碓 佑 在 | 1990.03.27 | 중앙대 | 184 / 75 |
| | 이 재 훈 | 李 在 勳 | 1990.01.10 | 연세대 | 178 / 70 |
| | 정 우 인 | 鄭 愚 仁 | 1988.02.01 | 경희대 | 185 / 79 |
| | 배 효 성 | 裵 曉 星 | 1982.01.01 | 관동대 | 183 / 82 |
| | 이 창 용 | 李 昌 勇 | 1990.08.27 | 용인대 | 180 / 75 |
| | 박 상 진 | 朴 相 珍 | 1987.03.03 | 경희대 | 170 / 68 |
| | 김 윤 호 | 金 倫 澔 | 1990.09.21 | 관동대 | 176 / 73 |
| | 김 오 규 | 金 吾 奎 | 1989.06.20 | 관동대 | 182 / 74 |
| | 박 대 한 | 朴 大 韓 | 1991.05.01 | 성균관대 | 173 / 69 |
| | 정 헌 식 | 鄭 軒 植 | 1991.05.03 | 한양대 | 189 / 84 |
| | 조 민 우 | 趙 民 宇 | 1992.05.13 | 동국대 | 185 / 75 |
| MF | 이 우 혁 | 李 愚 赫 | 1993.02.24 | 문성고 | 185 / 76 |
| | 서 보 민 | 徐 寶 民 | 1990.06.22 | 관동대 | 177 / 69 |
| | 이 종 인 | 李 鐘 仁 | 1989.09.26 | 오산중 | 172 / 69 |
| | 권 순 용 | 權 純 勇 | 1990.12.24 | 단국대 | 180 / 71 |
| | 한 석 종 | 韓 石 鐘 | 1992.07.19 | 숭실대 | 186 / 79 |
| | 최 인 후 | 崔 仁 厚 | 1995.05.04 | 동북고 | 180 / 70 |
| | 백 종 환 | 白 鐘 煥 | 1985.04.18 | 인천대 | 178 / 66 |
| FW | 김 영 후 | 金 泳 厚 | 1983.03.11 | 숭실대 | 183 / 80 |
| | 최 진 호 | 崔 鎭 虎 | 1989.09.22 | 관동대 | 173 / 70 |
| | 최 승 인 | 崔 昇 仁 | 1991.03.05 | 동래고 | 180 / 75 |
| | 김 동 기 | 金 東 棋 | 1989.05.27 | 경희대 | 188 / 84 |
| | 정 찬 일 | 丁 粲 佾 | 1991.04.27 | 동국대 | 176 / 70 |
| | 알 렉 스 | Wesley Alex Maiolino | 1988.02.10 | *브라질 | 176 / 70 |
| | 장 혁 진 | 張 爀 鎭 | 1989.12.06 | 대경대 | 178 / 71 |
| | 알 미 르 | Jose Almir Barros Neto | 1985.08.22 | *브라질 | 179 / 75 |
| | 조 엘 손 | Joelson Franca Dias | 1988.05.29 | *브라질 | 172 / 68 |

# 강원FC 2014년 개인기록 _ K리그 챌린지

| 위치 | 배번 | 선수 | 경기번호 01 | 07 | 12 | 19 | 21 | 28 | 35 | 36 | 42 | 46 |
|---|---|---|---|---|---|---|---|---|---|---|---|---|
| | | 날짜 | 03.22 | 03.29 | 04.05 | 04.13 | 04.19 | 04.27 | 05.05 | 05.10 | 05.14 | 05.18 |
| | | 홈/원정 | 홈 | 원정 | 홈 | 원정 | 홈 | 홈 | 원정 | 홈 | 원정 | 원정 |
| | | 장소 | 강릉 | 안양 | 원주 | 부천 | 원주 | 원주 | 충주 | 원주 | 고양 | 대구 |
| | | 상대 | 안산 | 안양 | 대전 | 부천 | 대구 | 수원FC | 충주 | 광주 | 고양 | 대구 |
| | | 결과 | 패 | 패 | 패 | 무 | 패 | 승 | 승 | 승 | 승 | 패 |
| | | 점수 | 0:3 | 0:1 | 1:3 | 2:2 | 0:1 | 1:0 | 3:1 | 2:1 | 3:2 | 0:2 |
| | | 승점 | 0 | 0 | 0 | 1 | 1 | 4 | 7 | 10 | 13 | 13 |
| | | 순위 | 6 | 10 | 10 | 10 | 10 | 9 | 8 | 7 | 2 | 3 |
| | | 슈팅수 | 7:7 | 13:9 | 8:13 | 9:10 | 12:12 | 13:15 | 15:10 | 13:8 | 16:14 | 12:10 |
| GK | 1 | 황 교 충 | | ○ 0/0 C | ○ 0/0 | | | ○ 0/0 C | ○ 0/0 | ○ 0/0 | ○ 0/0 | ○ 0/0 C |
| | 21 | 양 동 원 | ○ 0/0 | | | | | | | | | ○ 0/0 |
| | 23 | 강 성 관 | | | | ○ 0/0 | | | | | | |
| DF | 2 | 최 우 재 | ○ 0/0 | ○ 0/0 C | ▽ 0/0 | | | △ 0/0 | | | | |
| | 3 | 이 재 훈 | | △ 0/0 | ○ 0/0 | ○ 0/0 | ○ 0/0 | ○ 0/0 | ○ 0/0 | | ○ 0/1 | ○ 0/0 |
| | 4 | 정 우 인 | | | △ 0/0 | ○ 0/0 C | ○ 0/0 | ○ 0/0 C | ○ 0/0 | | | |
| | 5 | 배 효 성 | | ○ 0/0 | | ○ 0/0 S | | | ○ 0/0 | | ○ 0/0 C | ○ 0/0 C |
| | 6 | 이 창 용 | | | | | | | | | | |
| | 13 | 박 상 진 | | | | ○ 0/0 C | | | | | | |
| | 20 | 김 오 규 | ○ 0/0 C | ○ 0/0 | ○ 0/0 | ○ 0/0 | ○ 0/0 | | | | | |
| | 27 | 박 대 한 | ○ 0/0 | ▽ 0/0 | | | | | | | | |
| | 30 | 정 헌 식 | ○ 0/0 | ○ 0/0 C | ○ 0/0 | | ○ 0/0 | | ○ 0/0 C | ○ 0/0 C | | |
| | 91 | 산 토 스 | | | | | | | | | | |
| | 92 | 조 민 우 | | | | | | | | | | |
| MF | 7 | 이 우 혁 | △ 0/0 | | ○ 0/1 | ○ 1/0 | ▽ 0/0 | ○ 1/1 | ○ 0/1 | | ○ 0/1 | ○ 0/0 |
| | 17 | 서 보 민 | ○ 0/0 | △ 0/0 | | ○ 0/0 | △ 0/0 | | △ 0/0 | △ 0/0 | △ 0/0 | △ 0/0 |
| | 22 | 이 종 인 | | | | | | | | | | |
| | 25 | 한 석 종 | | | | ○ 0/1 | ○ 0/0 | ○ 0/0 | | | | |
| | 77 | 백 종 환 | | | | | | | | | | |
| | 83 | 치 프 리 안 | ▽ 0/0 | ▽ 0/0 | ○ 0/0 C | ▽ 0/0 | ▽ 0/0 | ▽ 0/0 C | | | △ 0/0 | △ 0/0 |
| FW | 9 | 김 영 후 | △ 0/0 | ○ 0/0 | ○ 0/0 | | △ 0/0 | | △ 0/0 | △ 1/0 | △ 0/0 | ○ 0/0 C |
| | 10 | 최 진 호 | ○ 0/0 | ○ 0/0 | ▽ 0/0 | ▽ 0/0 | ○ 0/0 | ○ 0/1 | ○ 0/0 | ○ 0/0 | ▽ 3/0 | ○ 0/0 |
| | 11 | 최 승 인 | ▽ 0/0 | △ 0/0 | △ 1/0 | △ 0/0 C | △ 0/0 | △ 0/0 | △ 0/0 | ◈ 0/0 | | |
| | 15 | 김 윤 호 | ○ 0/0 C | ○ 0/0 | | | | △ 0/0 | ▽ 0/0 C | ○ 0/1 | ○ 0/0 | |
| | 16 | 이 준 엽 | | | | △ 0/0 | | | | | | |
| | 19 | 김 동 기 | ○ 0/0 | ▽ 0/0 | | | ○ 0/0 C | ○ 0/0 C | ▽ 1/0 | ▽ 2/0 | ○ 0/0 | ▽ 0/0 C |
| | 32 | 정 찬 일 | | | | | | | | | | |
| | 88 | 알 렉 스 | | | | | | | | | | |
| | 89 | 장 혁 진 | | | | | | | | | | |
| | 90 | 알 미 르 | | | | | | | | | | |
| | 99 | 조 엘 손 | | △ 0/0 | ▽ 0/0 | ▽ 1/0 | ▽ 0/0 | ▽ 0/0 | ▽ 0/0 | ▽ 1/0 | ▽ 0/0 | ▽ 0/0 |

선수자료 : 득점/도움   ¤ = 대기   ○ = 선발출장   △ = 교체 IN   ▽ = 교체 OUT   ◈ = 교체 IN/OUT   C = 경고   S = 퇴장

| 위치 | 배번 | | 54 | 58 | 64 | 69 | 73 | 78 | 83 | 86 | 95 | 100 |
|---|---|---|---|---|---|---|---|---|---|---|---|---|
| | | 경기번호 | 54 | 58 | 64 | 69 | 73 | 78 | 83 | 86 | 95 | 100 |
| | | 날짜 | 05.25 | 06.01 | 06.08 | 06.15 | 06.22 | 06.29 | 07.06 | 07.12 | 07.21 | 07.28 |
| | | 홈/원정 | 홈 | 홈 | 원정 | 홈 | 홈 | 원정 | 원정 | 홈 | 원정 | 원정 |
| | | 장소 | 춘천 | 강릉 | 광주W | 강릉 | 춘천 | 수원W | 대전W | 춘천 | 안양 | 안산 |
| | | 상대 | 충주 | 부천 | 광주 | 안산 | 안양 | 수원FC | 대전 | 고양 | 안양 | 안산 |
| | | 결과 | 승 | 패 | 무 | 승 | 무 | 무 | 무 | 패 | 패 | 승 |
| | | 점수 | 5:2 | 0:2 | 1:1 | 3:1 | 0:0 | 1:1 | 2:2 | 0:1 | 1:2 | 3:1 |
| | | 승점 | 16 | 16 | 17 | 20 | 21 | 22 | 23 | 23 | 23 | 26 |
| | | 순위 | 2 | 3 | 4 | 4 | 4 | 3 | 4 | 4 | 7 | 3 |
| | | 슈팅수 | 15:17 | 16:12 | 7:10 | 12:10 | 12:10 | 17:24 | 9:18 | 13:8 | 18:8 | 10:17 |
| GK | 1 | 황교충 | ○ 0/0 | ○ 0/0 | ○ 0/0 | ○ 0/0 | ○ 0/0 | ○ 0/0 | ○ 0/0 | ○ 0/0 | | |
| | 21 | 양동원 | | | | | | | | | ○ 0/0 | ○ 0/0 |
| | 23 | 강성관 | | | | | | | | | | |
| DF | 2 | 최우재 | | | | | ○ 0/0 C | △ 0/0 | △ 0/0 | △ 0/0 | ○ 0/0 C | |
| | 3 | 이재훈 | ○ 0/0 | ○ 0/0 | ○ 0/0 C | ○ 0/0 | ○ 0/0 | ○ 0/0 | ○ 0/0 | ○ 0/0 | | ○ 0/0 |
| | 4 | 정우인 | ○ 0/0 | ○ 0/0 | ○ 0/0 | ○ 0/0 C | | ○ 0/0 C | ○ 0/0 | ▽ 0/0 | ○ 0/0 | ○ 0/1 |
| | 5 | 배효성 | ○ 0/0 | ○ 0/0 | ○ 0/0 C | | ○ 0/0 | ○ 0/0 | ○ 0/0 C | ▽ 0/0 | ○ 0/0 | ○ 0/0 C |
| | 6 | 이창용 | △ 0/0 | | ▽ 0/0 | | ○ 0/0 | ○ 0/0 C | ○ 0/0 S | | ○ 0/0 | |
| | 13 | 박상진 | | | | | ○ 0/0 | ○ 0/0 C | | | | |
| | 20 | 김오규 | ○ 0/0 | ○ 0/0 | ○ 0/0 | ○ 0/0 C | | ○ 0/0 | ○ 0/0 | ○ 0/0 C | ○ 0/0 S | |
| | 27 | 박대한 | | | | | | | | | | |
| | 30 | 정헌식 | | | | | △ 0/0 | | | | ○ 0/0 | |
| | 91 | 산토스 | | | | | | | △ 0/0 | | | |
| | 92 | 조민우 | | | | | | | | | | |
| MF | 7 | 이우혁 | ○ 0/0 | ○ 0/0 | ○ 0/1 | ▽ 0/0 | ▽ 0/0 | ▽ 0/0 | | ○ 0/0 | ○ 0/0 | ▽ 0/0 |
| | 17 | 서보민 | | △ 0/0 | △ 1/0 | △ 0/0 | △ 0/0 | △ 0/0 | | △ 0/0 | ○ 0/0 C | △ 0/0 |
| | 22 | 이종인 | | | | △ 0/0 | △ 0/0 | | | | | |
| | 25 | 한석종 | ○ 0/0 | ▽ 0/0 | ▽ 0/0 | ○ 0/0 | ○ 0/0 C | ○ 0/0 | ▽ 0/0 | ▽ 0/0 | | |
| | 77 | 백종환 | | | | | | | | | | |
| | 83 | 치프리안 | △ 0/0 | △ 0/0 | △ 0/0 | ○ 0/1 | △ 0/0 | | | | | |
| FW | 9 | 김영후 | ▽ 1/0 | ○ 0/0 | ○ 0/0 S | | | ▽ 0/0 C | | | | |
| | 10 | 최진호 | ▽ 3/2 | ▽ 0/0 | | | | ▽ 0/0 | ○ 1/0 | ▽ 0/1 | | ○ 1/0 C |
| | 11 | 최승인 | | | | | | | | | △ 0/0 | △ 0/0 |
| | 15 | 김윤호 | ▽ 0/1 | ○ 0/0 | | △ 0/0 C | | △ 0/0 | ○ 0/0 C | ○ 0/0 | | △ 0/0 |
| | 16 | 이준엽 | | | | | | | | | | |
| | 19 | 김동기 | △ 0/0 | △ 0/0 | ○ 0/0 | ▽ 0/0 | ○ 0/0 | | △ 0/0 | △ 0/0 | ○ 0/0 C | ▽ 1/0 |
| | 32 | 정찬일 | | | | | | | | | △ 0/0 | |
| | 88 | 알렉스 | | | | | | | ○ 1/1 | ○ 0/0 | | |
| | 89 | 장혁진 | | | | | | | | | | |
| | 90 | 알미르 | | | | | | | ○ 1/0 | ○ 0/0 C | ○ 1/0 C | ▽ 1/0 |
| | 99 | 조엘손 | ○ 1/0 | ▽ 0/0 | ▽ 0/0 | ▽ 3/0 | ▽ 0/0 | ▽ 0/0 | | ▽ 0/0 | | |

| 위치 | 배번 | | 101 | 108 | 112 | 118 | 124 | 126 | 132 | 139 | 142 | 149 |
|---|---|---|---|---|---|---|---|---|---|---|---|---|
| | | 날 짜 | 08.09 | 08.16 | 08.23 | 08.31 | 09.07 | 09.13 | 09.17 | 09.21 | 09.27 | 10.05 |
| | | 홈/원정 | 홈 | 원정 | 원정 | 원정 | 홈 | 원정 | 홈 | 홈 | 홈 | 홈 |
| | | 장 소 | 춘천 | 고양 | 부천 | 광주W | 춘천 | 충주 | 춘천 | 춘천 | 원주 | 원주 |
| | | 상 대 | 수원FC | 고양 | 부천 | 광주 | 대전 | 충주 | 대구 | 광주 | 부천 | 충주 |
| | | 결 과 | 승 | 무 | 승 | 패 | 패 | 승 | 승 | 패 | 승 | 승 |
| | | 점 수 | 2:1 | 0:0 | 1:0 | 0:2 | 1:2 | 1:0 | 4:1 | 2:4 | 2:0 | 1:0 |
| | | 승 점 | 29 | 30 | 33 | 33 | 33 | 36 | 39 | 39 | 42 | 45 |
| | | 순 위 | 3 | 4 | 2 | 5 | 5 | 4 | 3 | 5 | 3 | 2 |
| | | 슈팅수 | 11:12 | 6:5 | 5:6 | 3:7 | 13:14 | 7:7 | 10:16 | 12:8 | 9:12 | 9:12 |
| GK | 1 | 황 교 충 | △0/0 | | | | | | | | | |
| | 21 | 양 동 원 | ▽0/0 | ○0/0 | ○0/0 | ○0/0 | ○0/0 | ○0/0 | ○0/0 | ○0/0 | ○0/0 | ○0/0 |
| | 23 | 강 성 관 | | | | | | | | | | |
| DF | 2 | 최 우 재 | △0/0 | ○0/0 | ▽0/0 | | | | | | | |
| | 3 | 이 재 훈 | ○0/1 | ○0/0 | ○0/0 | ○0/0 | ○0/1 | ○0/0 | ○0/0 | ○0/0 | ○0/0 C | ○0/0 |
| | 4 | 정 우 인 | ○1/0 | ○0/0 | | | ○0/0 | ○0/0 | ○0/0 | ▽0/0 | ○0/0 | ▽0/0 C |
| | 5 | 배 효 성 | ○0/0 C | | ○0/0 | | | ○0/0 | ○1/0 | ○0/0 | ○0/0 | ○0/0 |
| | 6 | 이 창 용 | ○0/1 | ○0/0 | ○0/0 | ○0/0 | ○0/0 | ○1/0 | ○0/0 | ○0/0 | ○0/0 C | △0/0 |
| | 13 | 박 상 진 | | | | | | | | | | |
| | 20 | 김 오 규 | | | | | ○0/0 | ○0/0 | ○0/0 C | ○0/0 | ○1/0 C | ○0/0 |
| | 27 | 박 대 한 | | | | | | | | | | |
| | 30 | 정 헌 식 | ○0/0 | ○0/0 C | ○0/0 | ○0/0 | | | | | | |
| | 91 | 산 토 스 | | | | | | | | | | |
| | 92 | 조 민 우 | | | | | ▽0/0 | △0/0 | | | | |
| MF | 7 | 이 우 혁 | ○0/0 | ○0/0 | ○0/0 | ○0/0 | ○0/0 | | | ○0/1 | ○0/0 | ○0/0 |
| | 17 | 서 보 민 | △0/0 | | | △0/0 | △0/0 | △0/0 | ▽0/0 | ○0/1 | | △1/0 C |
| | 22 | 이 종 인 | | | | | | | | | | |
| | 25 | 한 석 종 | ▽0/0 | | △0/0 | ▽0/0 | | | | | | |
| | 77 | 백 종 환 | | | | | | | | | ▽0/0 | ○0/0 |
| | 83 | 치 프 리 안 | | | | | | | | | | |
| FW | 9 | 김 영 후 | | ▽0/0 | △1/0 | ▽0/0 | ▽0/0 C | | △0/0 | △0/0 | ▽1/0 | △0/1 |
| | 10 | 최 진 호 | ○0/0 | △0/0 | ▽0/1 | ○0/0 | ○0/0 | ○0/1 | ▽3/1 | ○1/0 | ▽0/2 | ▽0/0 |
| | 11 | 최 승 인 | | ▽0/0 | | △0/0 | △0/0 | △0/0 | ▽0/2 | ▽0/0 | △1/0 | ▽0/0 |
| | 15 | 김 윤 호 | | △0/0 | △0/0 | | | ○0/0 | ▽0/0 | ○0/0 C | ○0/0 | △0/0 |
| | 16 | 이 준 엽 | | | | | | | | | | |
| | 19 | 김 동 기 | | ▽0/0 | ▽0/0 C | ▽0/0 C | | ▽0/0 | | △0/0 | △0/0 | △0/0 |
| | 32 | 정 찬 일 | | | | | | | | | | |
| | 88 | 알 렉 스 | ○1/0 | △0/0 | ○0/0 C | | △1/0 | | | | ○0/0 | ○0/0 |
| | 89 | 장 혁 진 | | | | | | | | | ○0/0 | ▽0/0 |
| | 90 | 알 미 르 | ▽0/0 | | ○0/0 | ○0/0 | ▽0/0 | ▽0/0 | △0/0 | △0/0 | | |
| | 99 | 조 엘 손 | | ○0/0 | | | △0/0 | | | | | |

선수자료: 득점/도움　▯ = 대기　○ = 선발출장　△ = 교체 IN　▽ = 교체 OUT　◈ = 교체 IN/OUT　C = 경고　S = 퇴장

| 위치 | 배번 | | 155 | 157 | 162 | 169 | 174 | 177 | 181 |
|---|---|---|---|---|---|---|---|---|---|
| | | 날짜 | 10.12 | 10.18 | 10.25 | 11.02 | 11.09 | 11.16 | 11.22 |
| | | 홈/원정 | 원정 | 홈 | 원정 | 원정 | 홈 | 원정 | 홈 |
| | | 장소 | 대전H | 원주 | 안산 | 대구 | 원주 | 수원W | 원주 |
| | | 상대 | 대전 | 고양 | 안산 | 대구 | 안양 | 수원FC | 광주 |
| | | 결과 | 패 | 승 | 패 | 패 | 승 | 승 | 패 |
| | | 점수 | 0 : 3 | 1 : 0 | 0 : 1 | 1 : 6 | 2 : 0 | 2 : 1 | 0 : 1 |
| | | 승점 | 45 | 48 | 48 | 48 | 51 | 54 | 54 |
| | | 순위 | 4 | 4 | 4 | 5 | 3 | 3 | 2 |
| | | 슈팅수 | 8 : 7 | 16 : 5 | 18 : 6 | 15 : 17 | 12 : 8 | 14 : 7 | 13 : 7 |
| GK | 1 | 황 교 충 | | ○ 0/0 | ○ 0/0 | | ○ 0/0 | ○ 0/0 | ○ 0/0 |
| | 21 | 양 동 원 | ○ 0/0 | | | ○ 0/0 | | | |
| | 23 | 강 성 관 | | | | | | | |
| DF | 2 | 최 우 재 | | | | | ○ 0/0 | ▽ 1/0 C | ○ 0/0 |
| | 3 | 이 재 훈 | ○ 0/0 | ○ 0/0 | ○ 0/0 | ○ 0/0 C | | ○ 0/0 | ○ 0/0 |
| | 4 | 정 우 인 | △ 0/0 C | | | | ○ 0/0 | ○ 0/0 | ○ 0/0 |
| | 5 | 배 효 성 | ○ 0/0 | ○ 1/0 | ○ 0/0 C | ○ 0/0 C | △ 0/0 | △ 0/0 C | |
| | 6 | 이 창 용 | ○ 0/0 | | ○ 0/0 | ○ 0/0 C | | △ 0/0 | |
| | 13 | 박 상 진 | | | | | ▽ 0/0 | | |
| | 20 | 김 오 규 | ○ 0/0 | ○ 0/0 | ○ 0/0 | ○ 0/0 | ○ 0/0 | ○ 0/0 | ○ 0/0 |
| | 27 | 박 대 한 | | | | | | | |
| | 30 | 정 헌 식 | | | | | | | |
| | 91 | 산 토 스 | | | | | | | |
| | 92 | 조 민 우 | | | | | | | △ 0/0 |
| MF | 7 | 이 우 혁 | ▽ 0/0 | | | | ▽ 0/0 | | |
| | 17 | 서 보 민 | △ 0/0 | ▽ 0/0 | ▽ 0/0 | ▽ 0/0 | ○ 1/0 | ○ 0/0 | ▽ 0/0 |
| | 22 | 이 종 인 | | | | | | | |
| | 25 | 한 석 종 | | △ 0/0 | | △ 0/0 C | | | |
| | 77 | 백 종 환 | ○ 0/0 C | ○ 0/0 | ○ 0/0 C | ○ 0/0 | ○ 0/0 | ▽ 0/0 | ○ 0/0 |
| | 83 | 치 프 리 안 | | | | | | | |
| FW | 9 | 김 영 후 | △ 0/0 | | | ○ 0/0 | | | △ 0/0 |
| | 10 | 최 진 호 | ○ 0/0 | ▽ 0/0 | ○ 0/0 | ▽ 0/0 | ○ 0/0 | ○ 1/0 | ○ 0/0 |
| | 11 | 최 승 인 | | △ 0/0 | △ 0/0 | | | | |
| | 15 | 김 윤 호 | | | | △ 0/0 | △ 0/0 | △ 0/0 | |
| | 16 | 이 준 엽 | | | | | | | |
| | 19 | 김 동 기 | ▽ 0/0 C | △ 0/0 | △ 0/0 | | | | |
| | 32 | 정 찬 일 | | ▽ 0/0 | ▽ 0/0 | ▽ 0/0 | ▽ 0/0 | ▽ 0/1 C | ▽ 0/0 |
| | 88 | 알 렉 스 | ○ 0/0 | ○ 0/0 | ▽ 0/0 | △ 1/0 | ○ 1/0 | ○ 0/0 | ▽ 0/0 |
| | 89 | 장 혁 진 | ▽ 0/0 | ○ 0/1 C | ○ 0/0 | ○ 0/0 | △ 0/0 | ○ 0/1 | ○ 0/0 |
| | 90 | 알 미 르 | | | | | | | △ 0/0 |
| | 99 | 조 엘 손 | | | △ 0/0 | | | | |

# FC안 양

**창단년도_** 2013년

**전화_** 031-476-3377

**팩스_** 031-476-2020

**홈페이지_** www.fc-anyang.com

**주소_** 우 431-847 경기도 안양시 동안구 평촌대로 389

389, Pyeongchon-daero, Dongan-gu, Anyang-si,
Gyeonggi-do, KOREA 431-847

## 연혁

| | |
|---|---|
| 2012 | 창단 및 지원 조례안 가결 |
| | 프로축구연맹 리그 참가 승인 |
| | 재단법인 설립 승인 |
| | 초대 이우형 감독 선임 |
| | 구단명 확정 |
| 2013 | 초대 오근영 단장 선임 |
| | 프로축구단 창단식 |
| | 현대오일뱅크 K리그 챌린지 2013 5위 (12승 9무 14패) |
| | K리그 대상 챌린지 베스트 11(최진수, MF) |
| 2014 | 현대오일뱅크 K리그 챌린지 2014 5위(15승 6무 15패) |
| | K리그대상 사랑나눔상 |
| | 챌린지 베스트 11(최진수, MF) |
| | 제2대 이필운 구단주, 박영조 단장 선임 |

## FC안양 2014년 선수명단

구단주_최대호  단장_오근영  사무국장_권익진
감독_이우형  수석코치_이영민  코치_유병훈  GK코치_최익형  스카우터_이상욱  AT(팀장)_고영재  AT_서준석  주무_우수광

| 포지션 | 선수명 | | 생년월일 | 출신교 | 키(cm) / 몸무게(kg) |
|---|---|---|---|---|---|
| GK | 이 진 형 | 李 鎭 亨 | 1988.02.22 | 단국대 | 189 / 85 |
| | 정 민 교 | 鄭 敏 敎 | 1987.04.22 | 배재대 | 183 / 80 |
| | 최 필 수 | 崔 弼 守 | 1991.06.20 | 성균관대 | 191 / 88 |
| DF | 가 솔 현 | 價 率 賢 | 1991.02.12 | 고려대 | 192 / 86 |
| | 김 효 준 | 金 孝 峻 | 1978.10.13 | 경일대 | 184 / 77 |
| | 정 수 호 | 鄭 修 昊 | 1990.04.09 | 한양대 | 184 / 79 |
| | 이 으 뜸 | 李 으 뜸 | 1989.09.02 | 용인대 | 177 / 70 |
| | 김 태 봉 | 金 泰 奉 | 1988.02.28 | 한민대 | 175 / 66 |
| | 조 철 인 | 趙 哲 仁 | 1990.09.15 | 영남대 | 185 / 74 |
| | 오 세 길 | 吳 世 吉 | 1992.01.31 | 세한대 | 178 / 69 |
| | 강 성 호 | 姜 成 熩 | 1991.03.27 | 한중대 | 184 / 78 |
| | 백 동 규 | 白 棟 圭 | 1991.05.30 | 동아대 | 186 / 80 |
| | 변 성 환 | 卞 盛 煥 | 1979.12.22 | 울산대 | 176 / 69 |
| | 송 병 용 | 宋 炳 龍 | 1991.03.03 | 한남대 | 181 / 74 |
| | 남 대 식 | 南 大 植 | 1990.03.07 | 건국대 | 190 / 80 |
| | 박 민 | 朴 愍 | 1986.05.06 | 대구대 | 184 / 70 |
| | 구 대 영 | 具 大 榮 | 1992.05.09 | 홍익대 | 177 / 72 |
| MF | 김 종 성 | 金 鐘 成 | 1988.03.12 | 아주대 | 187 / 82 |
| | 최 진 수 | 崔 津 樹 | 1990.06.17 | 현대고 | 178 / 68 |
| | 박 정 식 | 朴 正 植 | 1988.01.20 | 광운대 | 173 / 63 |
| | 주 현 재 | 周 鉉 宰 | 1989.05.26 | 홍익대 | 180 / 74 |
| | 정 다 슬 | 鄭 다 슬 | 1987.04.18 | 한양대 | 183 / 75 |
| | 고 대 우 | 高 大 祐 | 1987.02.09 | 배재대 | 170 / 65 |
| | 정 재 용 | 鄭 宰 容 | 1990.09.14 | 고려대 | 188 / 78 |
| | 김 원 민 | 金 元 敏 | 1987.08.12 | 건국대 | 175 / 66 |
| FW | 이 상 원 | 李 相 元 | 1991.04.24 | 아주대 | 183 / 70 |
| | 정 대 선 | 鄭 大 善 | 1987.06.27 | 중앙대 | 179 / 73 |
| | 박 성 진 | 朴 省 珍 | 1985.01.28 | 동국대 | 179 / 75 |
| | 펠 리 피 | Felipe Barreto Adao | 1985.11.26 | *브라질 | 189 / 80 |
| | 바 그 너 | Wagner Querino da Silva | 1987.01.31 | *브라질 | 174 / 76 |
| | 조 성 준 | 趙 聖 俊 | 1990.11.27 | 청주대 | 176 / 70 |
| | 정 영 일 | 鄭 泳 日 | 1992.12.17 | 예원예술대 | 185 / 75 |
| | 남 궁 도 | 南 宮 道 | 1982.06.04 | 경희고 | 186 / 83 |
| | 김 재 웅 | 金 裁 雄 | 1988.01.01 | 경희대 | 173 / 68 |

# FC안양 2014년 개인기록 _ K리그 챌린지

| 위치 | 배번 | | 경기번호 | 05 | 07 | 14 | 18 | 24 | 26 | 34 | 40 | 44 | 52 |
|---|---|---|---|---|---|---|---|---|---|---|---|---|---|
| | | | 날짜 | 03.23 | 03.29 | 04.06 | 04.12 | 04.20 | 04.26 | 05.05 | 05.11 | 05.14 | 05.24 |
| | | | 홈/원정 | 원정 | 홈 | 원정 | 홈 | 원정 | 원정 | 홈 | 원정 | 홈 | 홈 |
| | | | 장소 | 고양 | 안양 | 부천 | 안양 | 광주W | 대구 | 안양 | 충주 | 안양 | 안양 |
| | | | 상대 | 고양 | 강원 | 부천 | 안산 | 광주 | 대구 | 수원FC | 충주 | 대전 | 대구 |
| | | | 결과 | 무 | 승 | 승 | 승 | 패 | 무 | 패 | 패 | 패 | 승 |
| | | | 점수 | 1:1 | 1:0 | 1:0 | 2:0 | 0:2 | 1:1 | 0:2 | 1:2 | 2:3 | 2:0 |
| | | | 승점 | 1 | 4 | 7 | 10 | 10 | 11 | 11 | 11 | 11 | 14 |
| | | | 순위 | 5 | 4 | 2 | 1 | 2 | 2 | 4 | 4 | 5 | 3 |
| | | | 슈팅수 | 11:5 | 9:13 | 9:17 | 9:10 | 6:13 | 10:10 | 11:9 | 11:15 | 9:12 | 9:14 |
| GK | 1 | 이진형 | | ○0/0 | ○0/0 | ○0/0 | ○0/0 | ○0/0 C | ○0/0 | ○0/0 | ○0/0 | ○0/0 | ○0/0 |
| | 25 | 최필수 | | | | | | | | | | | |
| DF | 3 | 가솔현 | | | | | | | | | | ○0/1 | ○0/0 |
| | 4 | 김효준 | | ○0/0 C | | ○0/0 | ○0/0 | ○0/0 | ○0/0 | ○0/0 | ○0/0 | | |
| | 5 | 정수호 | | | | | | | ○0/0 | ○0/0 | | | |
| | 6 | 김종성 | | | ○0/0 | ○0/0 | ○0/0 C | ▽0/0 C | ○0/0 C | | | ○1/0 | ▽0/0 | △0/0 |
| | 22 | 김태봉 | | | ○0/0 | ○0/0 C | ○0/0 | ○0/0 | | △0/0 | | ○0/1 | ○0/1 |
| | 23 | 조철인 | | | | | | | | △0/0 | | | |
| | 30 | 백동규 | | | △0/0 | △0/0 | △0/0 | △0/0 | | | | △0/0 | |
| | 35 | 변성환 | | | | | | | | | | | |
| | 79 | 박민 | | ○0/0 | | ○0/0 | ○0/0 | ○0/1 | ○0/0 | | | | ○0/0 |
| | 90 | 구대영 | | ○0/0 | | | | | | ▽0/0 | | | |
| MF | 13 | 최진수 | | ▽0/0 | ○0/0 | ▽1/0 C | ○0/0 C | | ○0/0 C | | | ○0/1 C | ▽0/0 |
| | 14 | 박정식 | | ○0/0 | | | △0/0 | ○0/0 | △0/0 | | | | |
| | 16 | 주현재 | | | | | | ▽1/0 | | ▽0/0 | ▽0/0 | ▽0/0 | |
| | 17 | 이으뜸 | | ○0/0 | ○1/0 | ○0/0 | ○0/0 | ○0/0 | ○0/0 | ○0/0 | ○0/0 | | |
| | 19 | 이상원 | | | | | | | | | | | |
| | 20 | 정다슬 | | △0/0 | | △0/0 | | | | | | | |
| | 42 | 정재용 | | | | | | | | ○0/0 | | △0/0 | ○0/0 |
| | 77 | 김원민 | | ▽1/0 | ▽0/0 C | | | △0/0 | △0/0 | ○0/0 | △0/0 | | △0/0 |
| FW | 7 | 정대선 | | ○0/0 | △0/0 | ○0/0 | ○0/0 | | △0/0 | ○0/0 | ▽0/0 | △0/0 | |
| | 8 | 박성진 | | ○0/1 | ○0/0 | ○0/0 | ▽0/0 C | ○0/0 | ○0/1 | ○0/0 | ○0/0 | ○0/0 | |
| | 9 | 펠리피 | | ▽0/0 | ▽0/0 | | | △0/0 | ▽0/0 C | △0/0 | | △1/0 | ○0/0 C |
| | 10 | 바그너 | | | | △0/0 | ▽1/0 | | ▽0/0 C | ▽0/0 | | ○0/0 | |
| | 11 | 조성준 | | △0/0 | ▽0/0 | △0/0 | △0/0 | | | | | | ▽1/0 |
| | 33 | 남궁도 | | | | | | | | | | | |
| | 99 | 김재웅 | | △0/0 | | | ▽1/0 C | ▽0/0 C | | | △0/0 | ▽1/0 | △0/0 |

선수자료 : 득점/도움   ☆ = 대기   ○ = 선발출장   △ = 교체 IN   ▽ = 교체 OUT   ◆ = 교체 IN/OUT   C = 경고   S = 퇴장

| 위치 | 배번 | 이름 | 57 | 61 | 66 | 73 | 76 | 81 | 89 | 95 | 97 | 105 |
|---|---|---|---|---|---|---|---|---|---|---|---|---|
| | | 경기번호 | 57 | 61 | 66 | 73 | 76 | 81 | 89 | 95 | 97 | 105 |
| | | 날 짜 | 05.31 | 06.06 | 06.14 | 06.22 | 06.28 | 07.05 | 07.13 | 07.21 | 07.26 | 08.10 |
| | | 홈/원정 | 원정 | 홈 | 홈 | 원정 | 홈 | 홈 | 원정 | 홈 | 원정 | 홈 |
| | | 장 소 | 수원W | 안양 | 안양 | 춘천 | 안양 | 안양 | 대전W | 안양 | 대구 | 안양 |
| | | 상 대 | 수원FC | 고양 | 광주 | 강원 | 충주 | 부천 | 대전 | 강원 | 대구 | 광주 |
| | | 결 과 | 패 | 승 | 승 | 무 | 패 | 승 | 패 | 승 | 승 | 패 |
| | | 점 수 | 1:3 | 3:1 | 2:1 | 0:0 | 1:3 | 3:1 | 0:4 | 2:1 | 2:1 | 0:1 |
| | | 승 점 | 14 | 17 | 20 | 21 | 21 | 24 | 24 | 27 | 30 | 30 |
| | | 순 위 | 6 | 2 | 2 | 3 | 4 | 2 | 3 | 2 | 2 | 2 |
| | | 슈팅수 | 13:19 | 16:12 | 7:19 | 10:12 | 13:13 | 13:10 | 20:22 | 8:18 | 8:22 | 13:9 |
| GK | 1 | 이 진 형 | ○0/0 | ○0/0 | ○0/0 | ○0/0 | ○0/0 | | ○0/0 | ○0/0 | | ○0/0 |
| | 25 | 최 필 수 | | | | | | ○0/0 | | | | |
| DF | 3 | 가 솔 현 | ○0/0 | ○1/0 | ○0/0 | ○0/0 | ○0/0 | ○0/0 | ○0/0 | ○0/0 | ○0/0 | ▽0/0 C |
| | 4 | 김 효 준 | | | | | | | | | | |
| | 5 | 정 수 호 | | | | | | | | | | |
| | 6 | 김 종 성 | | | △0/0 | △0/0 | ○0/0 | | | ○0/0 C | ○0/0 | ○0/0 |
| | 22 | 김 태 봉 | ○0/0 | ○0/2 | ○0/0 | ○0/0 | ○0/0 | ○0/0 | △0/0 | ○0/0 | ○0/0 | ○0/0 |
| | 23 | 조 철 인 | | | | | | | | | | |
| | 30 | 백 동 규 | | △0/0 | | | | | | ○0/0 | ○0/0 C | ○0/0 |
| | 35 | 변 성 환 | | | | | | | | | | |
| | 79 | 박    민 | ○0/0 | ○0/0 | ○1/0 | ○0/0 | ○0/0 | ○1/0 | ○0/0 | ○0/0 | ○0/0 | ○0/0 |
| | 90 | 구 대 영 | | | | | | | ▽0/0 | △0/0 | △0/0 C | |
| MF | 13 | 최 진 수 | ○0/0 | ○0/1 C | ○0/1 | ○0/0 C | | ○0/1 | ▽0/0 | ○0/0 | ▽0/1 | ○0/0 |
| | 14 | 박 정 식 | | | | | | ○0/0 | | | | |
| | 16 | 주 현 재 | ▽0/0 | ▽1/0 C | ▽0/0 | ▽0/0 | ▽0/0 | | | △0/0 S | | |
| | 17 | 이 으 뜸 | ○0/0 C | ○0/0 | ○0/0 | ○0/0 | ○0/0 | ○0/0 | ○0/0 | ○0/1 C | ○0/0 | ○0/0 |
| | 19 | 이 상 원 | | | | | | | ▽0/0 C | △0/0 | | |
| | 20 | 정 다 슬 | | | | | | | △0/0 | | △0/0 | |
| | 42 | 정 재 용 | ○0/0 C | ○0/0 C | ○0/0 | ○0/0 C | | ○1/0 C | ○0/0 | ▽2/0 C | ▽0/0 | ▽0/0 |
| | 77 | 김 원 민 | △0/0 | ▽0/0 | △1/0 | ▽0/0 | | ▽0/1 | | | | |
| FW | 7 | 정 대 선 | | △0/0 | ○0/1 C | △0/0 | △0/0 | △0/0 | | ▽0/0 | ▽1/0 | ▽0/0 |
| | 8 | 박 성 진 | ▽0/0 | ○0/0 | ○0/0 | ○0/0 | ○0/0 | ○0/0 | ○0/0 | | △0/0 | △0/0 |
| | 9 | 펠 리 피 | ○1/0 | | △0/0 | ▽0/0 | △0/0 | ▽1/0 | ▽0/0 | | | △0/0 |
| | 10 | 바 그 너 | △0/0 | △0/0 | | △0/0 | △0/0 | △0/0 | △0/0 | | | △0/0 |
| | 11 | 조 성 준 | ▽0/0 C | | | | ▽0/0 | ▽0/0 | | | | |
| | 33 | 남 궁 도 | | | | | | | | | | |
| | 99 | 김 재 웅 | △0/0 | ▽1/0 | ▽0/0 C | | ▽1/0 | △0/0 | ○0/0 | ▽0/0 | ○0/0 | ○0/0 |

109

| 위치 | 배번 | 경기번호 | 106 | 113 | 117 | 125 | 130 | 131 | 138 | 144 | 147 | 154 |
|---|---|---|---|---|---|---|---|---|---|---|---|---|
| | | 날짜 | 08.16 | 08.24 | 08.30 | 09.07 | 09.14 | 09.17 | 09.20 | 09.28 | 10.04 | 10.12 |
| | | 홈/원정 | 원정 | 홈 | 원정 | 홈 | 홈 | 원정 | 홈 | 원정 | 원정 | 홈 |
| | | 장소 | 부천 | 안양 | 고양 | 안양 | 안양 | 충주 | 안양 | 광주W | 안산 | 안양 |
| | | 상대 | 부천 | 대전 | 고양 | 수원FC | 안산 | 충주 | 고양 | 광주 | 안산 | 충주 |
| | | 결과 | 승 | 무 | 승 | 패 | 패 | 패 | 패 | 승 | 승 | 승 |
| | | 점수 | 2:1 | 1:1 | 2:1 | 0:3 | 1:2 | 1:4 | 0:1 | 2:1 | 3:0 | 4:1 |
| | | 승점 | 33 | 34 | 37 | 37 | 37 | 37 | 37 | 40 | 43 | 46 |
| | | 순위 | 2 | 2 | 2 | 3 | 3 | 5 | 6 | 6 | 3 | 3 |
| | | 슈팅수 | 11:24 | 13:15 | 19:20 | 13:12 | 9:10 | 9:19 | 8:7 | 7:9 | 13:9 | 15:19 |
| GK | 1 | 이 진 형 | ○ 0/0 | ○ 0/0 | ○ 0/0 | ○ 0/0 | ○ 0/0 | ○ 0/0 | ○ 0/0 | | ○ 0/0 | ○ 0/0 |
| | 25 | 최 필 수 | | | | | | | ○ 0/0 | | | |
| DF | 3 | 가 솔 현 | ○ 0/0 | ○ 0/1 C | ○ 0/0 | | ○ 0/0 | ○ 0/0 C | | ○ 0/0 | ○ 0/0 C | ○ 0/0 |
| | 4 | 김 효 준 | | | | | | | ○ 0/0 C | ▽ 0/0 C | | |
| | 5 | 정 수 호 | | | | | | | | | | |
| | 6 | 김 종 성 | ○ 0/0 C | ○ 0/0 | ▽ 0/0 C | | | ○ 0/0 C | | ○ 0/0 C | ▽ 0/0 | |
| | 22 | 김 태 봉 | ○ 0/0 | ○ 0/0 | ○ 0/0 | ○ 0/0 | ○ 0/0 | ○ 0/0 | ○ 0/0 | | ○ 0/1 | ○ 0/0 |
| | 23 | 조 철 인 | | | | | | | | | | |
| | 30 | 백 동 규 | △ 0/0 | ○ 0/0 C | | ○ 0/0 C | ▽ 0/0 | ○ 0/0 | ▽ 0/0 | △ 0/0 | | |
| | 35 | 변 성 환 | | | | | | | | | | |
| | 79 | 박      민 | ○ 0/0 | ○ 0/0 | ○ 0/0 | ○ 0/0 | ▽ 0/0 | ○ 0/0 | | ○ 0/0 | | |
| | 90 | 구 대 영 | △ 0/0 | | | ○ 0/0 | | | | | ○ 0/0 | ○ 0/0 |
| MF | 13 | 최 진 수 | ○ 1/0 | ○ 0/0 | ○ 0/0 | ○ 0/0 | ○ 0/0 | ▽ 0/0 C | ○ 0/0 C | | ○ 1/1 | ○ 1/0 |
| | 14 | 박 정 식 | | | | | ○ 0/0 | | ▽ 0/0 | | △ 0/0 | △ 0/0 |
| | 16 | 주 현 재 | | | | | | | | ▽ 0/1 C | | |
| | 17 | 이 으 뜸 | ○ 0/0 | | ○ 0/1 C | | ○ 0/0 | ○ 0/0 C | ○ 0/0 | | | |
| | 19 | 이 상 원 | | | | | | | | | | |
| | 20 | 정 다 슬 | | | | △ 0/0 | ▽ 0/0 | | | ○ 0/0 | | |
| | 42 | 정 재 용 | ▽ 1/1 | ▽ 0/0 | ○ 1/0 | ○ 0/0 | ▽ 0/0 | ▽ 0/0 | | ○ 0/0 | | ○ 0/0 |
| | 77 | 김 원 민 | △ 0/0 | △ 0/0 | △ 0/1 | △ 0/0 | △ 0/0 | △ 0/0 | ▽ 0/0 | △ 0/0 | △ 0/0 | △ 0/0 |
| FW | 7 | 정 대 선 | | △ 0/0 | | △ 0/0 | | | △ 0/0 | △ 1/0 | ▽ 0/0 C | ▽ 0/0 |
| | 8 | 박 성 진 | ○ 0/1 | ▽ 0/0 | ○ 1/0 | ○ 0/0 | ○ 1/0 C | ○ 0/0 | ○ 0/0 | ○ 1/0 | ○ 2/0 | ○ 1/2 |
| | 9 | 펠 리 피 | | | △ 0/0 | △ 0/0 | △ 0/0 C | | △ 0/0 | | | |
| | 10 | 바 그 너 | | | | | | △ 0/0 | △ 0/0 | | | |
| | 11 | 조 성 준 | ▽ 0/0 | ▽ 0/0 | ▽ 0/0 | ▽ 0/0 | ▽ 0/1 C | ○ 0/0 | | ▽ 0/0 | ▽ 0/0 | ▽ 2/1 |
| | 33 | 남 궁 도 | | | | | | | | | △ 0/0 | △ 0/0 |
| | 99 | 김 재 웅 | ▽ 0/0 C | △ 1/0 | ▽ 0/0 | ▽ 0/0 | △ 0/0 | △ 1/0 | △ 0/0 | | ○ 0/0 C | ▽ 0/0 |

선수자료 : 득점/도움  ¤ = 대기  ○ = 선발출장  △ = 교체 IN  ▽ = 교체 OUT  ◈ = 교체 IN/OUT  C = 경고  S = 퇴장

| 위치 | 배번 | 경기번호 | 163 | 167 | 48 | 174 | 178 |
|---|---|---|---|---|---|---|---|
| | | 날짜 | 10.25 | 11.01 | 11.05 | 11.09 | 11.16 |
| | | 홈/원정 | 홈 | 원정 | 원정 | 원정 | 홈 |
| | | 장소 | 안양 | 수원W | 안산 | 원주 | 안양 |
| | | 상대 | 부천 | 수원FC | 안산 | 강원 | 대구 |
| | | 결과 | 패 | 패 | 무 | 패 | 무 |
| | | 점수 | 1:2 | 1:2 | 1:1 | 0:2 | 2:2 |
| | | 승점 | 49 | 49 | 50 | 50 | 51 |
| | | 순위 | 3 | 3 | 3 | 5 | 5 |
| | | 슈팅수 | 9:12 | 8:18 | 11:11 | 8:12 | 19:10 |
| GK | 1 | 이진형 | ○ 0/0 | ○ 0/0 | ○ 0/0 | ○ 0/0 | ○ 0/0 |
| | 25 | 최필수 | | | | | |
| DF | 3 | 가솔현 | ○ 0/0 | ○ 0/0 | ○ 0/0 C | ○ 0/0 | ○ 0/0 C |
| | 4 | 김효준 | | | | | |
| | 5 | 정수호 | | | | | |
| | 6 | 김종성 | ○ 0/0 | ○ 0/0 | ○ 0/0 | ▽ 0/0 | ▽ 0/0 |
| | 22 | 김태봉 | △ 0/0 | ○ 0/0 | ○ 0/0 | ○ 0/0 | ○ 0/0 |
| | 23 | 조철인 | | | | | |
| | 30 | 백동규 | ○ 0/0 | ○ 0/0 | ○ 0/0 | ○ 0/0 | ○ 0/0 |
| | 35 | 변성환 | ▽ 0/0 | | | | |
| | 79 | 박 민 | | | | | |
| | 90 | 구대영 | ○ 0/0 | ○ 0/0 CC | | ○ 0/0 C | ▽ 0/0 C |
| MF | 13 | 최진수 | ○ 1/0 | ○ 0/0 C | | | ○ 0/1 |
| | 14 | 박정식 | △ 0/0 | | ○ 0/0 | ○ 0/0 | |
| | 16 | 주현재 | | ▽ 0/0 | ○ 1/0 | ▽ 0/0 | △ 0/0 |
| | 17 | 이으뜸 | ▽ 0/0 | | ○ 0/0 | △ 0/0 | △ 0/0 |
| | 19 | 이상원 | | | | | |
| | 20 | 정다슬 | | | | | |
| | 42 | 정재용 | | ○ 0/1 | ○ 0/0 | ▽ 0/0 | ○ 0/0 |
| | 77 | 김원민 | ▽ 0/0 | ◆ 0/0 | | | |
| FW | 7 | 정대선 | △ 0/0 | △ 0/0 C | | | △ 0/0 |
| | 8 | 박성진 | ○ 0/0 | ○ 1/0 C | | ○ 0/0 | ○ 1/0 |
| | 9 | 펠리피 | | △ 0/0 | ▽ 0/0 | △ 0/0 | |
| | 10 | 바그너 | | | △ 0/0 | | |
| | 11 | 조성준 | ○ 0/0 C | | ○ 0/0 | ○ 0/0 | ○ 1/0 |
| | 33 | 남궁도 | | ▽ 0/0 | | | |
| | 99 | 김재웅 | | | | △ 0/0 C | ▽ 0/0 |

# 수 원 FC

**창단년도_** 2003년
**전화_** 031-228-4521~3
**팩스_** 031-228-4458
**홈페이지_** www.suwonfc.com
**주소_** 우 440-200 경기도 수원시 장안구 경수대로 893 수원종
합운동장 내
Suwon Sports Complex, 893, Gyeongsu-daero,
Jangan-gu, Suwon-si, Gyeonggi-do, KOREA 440-200

## 연혁

| | |
|---|---|
| 2003 | 수원시청축구단 창단 |
| | 제49회 경기도체육대회 우승 |
| | 인터막스 K2 전기리그 6위 |
| | 인터막스 K2 후기리그 3위 |
| | 제8회 하나은행 FA컵 16강 |
| 2004 | 제52회 대통령배 전국축구대회 16강 |
| | 제50회 경기도체육대회 우승 |
| | 현대자동차 K2 전기리그 5위 |
| | 2004 K2 선수권대회 준우승 |
| | 제9회 하나은행 FA컵 16강 |
| | 현대자동차 K2 후기리그 3위 |
| 2005 | 제53회 대통령배 전국축구대회 16강 |
| | 제51회 경기도체육대회 우승 |
| | 국민은행 K2 전기리그 우승 |
| | 생명과학기업 STC 2005 K2 선수권대회 우승 |
| | 국민은행 K2 챔피언결정전 준우승 / 후기리그 5위 |
| 2006 | 제54회 대통령배 전국축구대회 8강 |
| | 제52회 경기도체육대회 우승 |
| | STC내셔널리그 전기리그 6위 |
| | 제87회 전국체육대회 축구 준우승 |
| | STC내셔널리그 후기리그 3위 |
| 2007 | 제55회 대통령배 전국축구대회 우승 |
| | 제53회 경기도체육대회 우승 |

| | |
|---|---|
| | KB국민은행 내셔널리그 전기리그 4위 |
| | 한국수력원자력 2007내셔널축구 선수권대회 우승 |
| | 제88회 전국체육대회 축구 준우승 |
| | KB국민은행 내셔널리그 챔피언결정전 준우승 |
| | KB국민은행 내셔널리그 후기리그 우승 |
| 2008 | 제56회 대통령배 전국축구대회 16강 |
| | 제54회 경기도 체육대회 우승 |
| | KB국민은행 내셔널리그 전기리그 3위 |
| | KB국민은행 내셔널리그 챔피언결정전 준우승 |
| | KB국민은행 내셔널리그 후기리그 우승 |
| 2009 | 교보생명 내셔널리그 통합1위 / 후기리그 준우승 |
| 2010 | 제56회 경기도 체육대회 축구 준우승 |
| | 대한생명 내셔널리그 통합우승 / 후기리그 준우승 |
| 2011 | 제57회 경기도 체육대회 축구 우승 |
| | 제92회 전국체육대회 일반부 우승 |
| 2012 | 우리은행 2012 내셔널축구선수권대회 우승 |
| | 프로축구 2부 리그 참가 확정 |
| 2013 | 현대오일뱅크 K리그 챌린지 참가 |
| | 제18회 하나은행 FA컵 8강 진출(챌린지팀 중 유일) |
| | 현대오일뱅크 K리그 챌린지 4위 |
| 2014 | 2014 하나은행 FA컵 16강 진출 |
| | 현대오일뱅크 K리그 챌린지 정규리그 6위 |

## 수원FC 2014년 선수명단

구단주_ 염태영   이사장_ 위철환   감독_ 조덕제
수석코치_ 조종화   코치_ 양종후   골키퍼코치_ 이승준   의무트레이너_ 김동영

| 포지션 | 선수명 | | 생년월일 | 출신교 | 키(cm) / 몸무게(kg) |
|---|---|---|---|---|---|
| GK | 이 정 형 | 李 正 炯 | 1981.04.16 | 고려대 | 185 / 80 |
| | 박 형 순 | 朴 炯 淳 | 1989.10.23 | 광운대 | 185 / 78 |
| | 이 상 기 | 李 相 基 | 1987.03.08 | 성균관대 | 190 / 85 |
| DF | 손 시 헌 | 孫 時 憲 | 1992.09.18 | 숭실대 | 187 / 86 |
| | 블 라 단 | Vladan Adzic | 1987.07.05 | *몬테네그로 | 192 / 85 |
| | 김 영 찬 | 金 英 讚 | 1993.09.04 | 고려대 | 189 / 80 |
| | 이 준 호 | 李 俊 號 | 1989.01.27 | 중앙대 | 180 / 74 |
| | 김 창 훈 | 金 昶 訓 | 1990.02.17 | 광운대 | 189 / 84 |
| | 오 광 진 | 吳 光 珍 | 1987.06.04 | 울산대 | 172 / 66 |
| | 조 태 우 | 趙 太 羽 | 1987.01.19 | 아주대 | 180 / 73 |
| | 차 준 엽 | 車 俊 燁 | 1992.02.20 | 조선대 | 186 / 80 |
| | 김 재 환 | 金 載 桓 | 1988.05.27 | 전주대 | 184 / 80 |
| MF | 이 치 준 | 李 治 峻 | 1985.01.20 | 중앙대 | 174 / 73 |
| | 김 서 준 | 金 胥 寯 | 1989.03.24 | 한남대 | 173 / 71 |
| | 김 혁 진 | 金 奕 辰 | 1991.03.6 | 경희대 | 175 / 72 |
| | 김 정 빈 | 金 禎 彬 | 1987.08.23 | 선문대 | 176 / 70 |
| | 권 용 현 | 權 容 玄 | 1991.10.23 | 호원대 | 170 / 70 |
| | 김 용 한 | 金 容 漢 | 1990.07.30 | 수원대 | 174 / 66 |
| | 김 홍 일 | 金 弘 一 | 1987.09.29 | 연세대 | 178 / 69 |
| | 조 용 민 | 趙 庸 珉 | 1992.01.15 | 광주대 | 170 / 63 |
| | 김 재 연 | 金 載 淵 | 1989.02.08 | 연세대 | 179 / 74 |
| | 임 성 택 | 林 成 澤 | 1988.07.19 | 아주대 | 178 / 74 |
| | 김 본 광 | 金 本 光 | 1988.09.30 | 탐라대 | 172 / 64 |
| | 오 세 룡 | 吳 世 龍 | 1988.06.13 | 명지대 | 177 / 72 |
| | 조 민 형 | 曹 民 亨 | 1993.04.07 | 기전대 | 175 / 70 |
| | 김 민 기 | 金 玟 基 | 1990.06.21 | 건국대 | 180 / 78 |
| FW | 김 한 원 | 金 漢 元 | 1981.08.06 | 세경대 | 181 / 75 |
| | 박 종 찬 | 朴 鐘 燦 | 1981.10.02 | 한남대 | 176 / 65 |
| | 하 정 헌 | 河 廷 憲 | 1987.10.14 | 우석대 | 178 / 70 |
| | 자 파 | Jonas Augusto Bouvie | 1986.10.05 | *브라질 | 180 / 79 |
| | 정 민 우 | 鄭 珉 優 | 1992.12.01 | 호남대 | 177 / 73 |
| | 조 진 수 | 趙 珍 洙 | 1983.09.02 | 건국대 | 184 / 80 |

## 수원FC 2014년 개인기록 _ K리그 챌린지

| 위치 | 배번 | 경기번호 | 03 | 08 | 13 | 16 | 23 | 28 | 34 | 38 | 41 | 47 |
|---|---|---|---|---|---|---|---|---|---|---|---|---|
| | | 날짜 | 03.22 | 03.29 | 04.05 | 04.12 | 04.19 | 04.27 | 05.05 | 05.10 | 05.14 | 05.17 |
| | | 홈/원정 | 홈 | 원정 | 홈 | 원정 | 홈 | 원정 | 원정 | 홈 | 원정 | 홈 |
| | | 장소 | 수원W | 충주 | 수원W | 고양 | 수원W | 원주 | 안양 | 수원W | 광주W | 수원W |
| | | 상대 | 대전 | 충주 | 안산 | 고양 | 부천 | 강원 | 안양 | 대구 | 광주 | 고양 |
| | | 결과 | 승 | 무 | 패 | 패 | 승 | 패 | 승 | 무 | 패 | 무 |
| | | 점수 | 4:1 | 2:2 | 0:3 | 0:1 | 3:2 | 0:1 | 2:0 | 1:1 | 0:1 | 1:1 |
| | | 승점 | 3 | 4 | 4 | 4 | 7 | 7 | 10 | 11 | 11 | 12 |
| | | 순위 | 1 | 2 | 6 | 8 | 5 | 7 | 6 | 3 | 4 | 3 |
| | | 슈팅수 | 15:11 | 12:16 | 6:13 | 19:4 | 10:14 | 15:13 | 9:11 | 14:11 | 12:8 | 16:19 |
| GK | 23 | 박형순 | | | | ○0/0 | | | ○0/0 | ○0/0 | ○0/0 | |
| | 43 | 이상기 | ○0/0 | ○0/0 | ○0/0 | | ○0/0 | ○0/0 | | | | ○0/0 |
| DF | 5 | 블라단 | | | | | | | | | | |
| | 6 | 김영찬 | | | | | | | △0/0 | △0/0 | ○0/0 | ○0/0 C |
| | 14 | 이준호 | ○0/0 | ○0/0 | ○0/0 | ○0/0 | ○0/0 | ○0/0 | ○0/0 C | ○0/0 | ○0/0 | ○0/0 |
| | 17 | 김창훈 | | | | | | | | | | |
| | 19 | 오광진 | ○0/0 | ▽0/0 | | | | | | | | |
| | 25 | 조태우 | ○0/0 C | ○0/0 | ○0/0 | ○0/0 | | ○0/0 | ○0/0 | ○0/0 | ○0/0 | ○0/0 |
| | 26 | 차준엽 | | | | | | | | | | |
| | 33 | 김재환 | △0/0 | | | ○0/0 | ○0/0 | ○0/0 | | | | |
| MF | 3 | 이치준 | | | | ○0/0 | ○0/0 | ○0/0 C | ○0/0 | | | |
| | 7 | 김서준 | ○0/1 | ○0/2 | ▽0/0 C | | ○0/0 | | | ▽0/0 | ○1/0 | ▽1/0 |
| | 8 | 김혁진 | | △0/0 | | △0/0 | △0/0 | △0/0 | ▽0/0 | | | |
| | 13 | 하정헌 | | | | ▽0/0 | ▽0/0 | ▽1/0 | ▽0/0 C | ▽0/0 | | △0/0 C |
| | 15 | 김정빈 | ▽1/0 | ▽0/0 | ▽0/0 | ▽0/0 | | | ○0/1 | | | ○0/0 |
| | 16 | 권용현 | △0/1 | △0/0 | △0/0 | △0/0 | △0/0 | △0/0 | △1/0 | △0/0 | △0/0 | ○0/1 |
| | 20 | 김홍일 | | | | | | | | | | |
| | 24 | 김재연 | | | | | | | ○0/0 | ○0/0 | | ○0/0 |
| | 31 | 김민기 | | | △0/0 C | | | | | | | |
| | 32 | 김본광 | ▽0/0 | ○0/0 | ○0/0 | ○0/0 C | ○2/0 C | ○0/0 C | | ○0/0 | ○0/0 C | ▽0/0 |
| | 36 | 유수현 | ○1/0 | ▽0/0 | ○0/0 | ○0/0 | | ○0/0 | | ○0/0 | ○0/0 C | |
| FW | 9 | 자파 | | | | | | | | | | |
| | 10 | 김한원 | ○1/0 | ○0/0 | ○0/0 | | ○0/0 | | ○0/0 C | ▽0/0 | | |
| | 11 | 박종찬 | | ○0/0 C | ○0/0 C | △0/0 | ▽0/0 | ▽0/0 | ▽0/0 | | | ▽0/0 |
| | 18 | 정민우 | △1/0 | △1/0 | △1/0 | ○0/0 | △0/2 | △0/0 | △1/0 | △0/0 | △0/0 | ○0/0 |
| | 22 | 조용민 | | | | | | | | | | |
| | 27 | 조진수 | ▽0/0 | | | | | | | ▽0/0 | ▽0/0 | △0/0 |
| | 30 | 임성택 | ○0/0 | ○1/0 | ○0/0 | ▽0/0 | ▽0/0 | ▽0/0 | ○0/0 | | ○0/0 | △0/0 |

선수자료: 득점/도움   ☆ = 대기   ○ = 선발출장   △ = 교체 IN   ▽ = 교체 OUT   ◈ = 교체 IN/OUT   C = 경고   S = 퇴장

| 위치 | 배번 | 이름 | 51 | 57 | 67 | 74 | 78 | 84 | 87 | 92 | 99 | 101 |
|---|---|---|---|---|---|---|---|---|---|---|---|---|
| | | 경기번호 | 51 | 57 | 67 | 74 | 78 | 84 | 87 | 92 | 99 | 101 |
| | | 날짜 | 05.24 | 05.31 | 06.14 | 06.22 | 06.29 | 07.06 | 07.12 | 07.19 | 07.27 | 08.09 |
| | | 홈/원정 | 원정 | 홈 | 원정 | 홈 | 홈 | 원정 | 홈 | 원정 | 원정 | 원정 |
| | | 장소 | 대전W | 수원W | 부천 | 수원W | 수원W | 대구 | 수원W | 광주W | 고양 | 춘천 |
| | | 상대 | 대전 | 안양 | 부천 | 광주 | 강원 | 대구 | 충주 | 광주 | 고양 | 강원 |
| | | 결과 | 패 | 승 | 승 | 무 | 무 | 무 | 무 | 패 | 승 | 패 |
| | | 점수 | 0:2 | 3:1 | 3:2 | 0:0 | 1:1 | 0:0 | 1:1 | 0:2 | 3:0 | 1:2 |
| | | 승점 | 12 | 15 | 18 | 19 | 20 | 21 | 22 | 22 | 25 | 25 |
| | | 순위 | 5 | 4 | 4 | 5 | 5 | 5 | 6 | 8 | 6 | 7 |
| | | 슈팅수 | 13:6 | 19:13 | 12:18 | 19:12 | 24:17 | 13:12 | 12:15 | 5:10 | 9:18 | 12:11 |
| GK | 23 | 박 형 순 | ○ 0/0 | △ 0/0 | | ○ 0/0 | ○ 0/0 | ○ 0/0 | ○ 0/0 | ○ 0/0 | ○ 0/1 | ○ 0/0 |
| | 43 | 이 상 기 | | ▽ 0/0 | ○ 0/0 C | | | | | | | |
| DF | 5 | 블 라 단 | | | | | | | | | ○ 0/0 | ○ 0/0 |
| | 6 | 김 영 찬 | | ▽ 0/0 C | ○ 0/0 | ○ 0/0 | ○ 0/1 | ○ 0/0 | ○ 0/0 | ○ 0/0 C | | |
| | 14 | 이 준 호 | | | | | | | | | ○ 0/0 | |
| | 17 | 김 창 훈 | | | | | | ○ 0/0 | ○ 0/0 | ○ 0/0 | ○ 0/0 | ○ 0/0 |
| | 19 | 오 광 진 | | | | | | | | | | |
| | 25 | 조 태 우 | ○ 0/0 | ○ 0/0 | ○ 0/0 | ○ 0/0 | ○ 0/0 | | | △ 0/0 | △ 0/0 | |
| | 26 | 차 준 엽 | | △ 0/0 | △ 0/0 | | | | | | | |
| | 33 | 김 재 환 | | | | | | | | | | |
| MF | 3 | 이 치 준 | ▽ 0/0 | ○ 0/0 | | △ 0/0 | ○ 0/0 | ○ 0/0 C | ○ 0/0 | | ○ 0/0 | |
| | 7 | 김 서 준 | ○ 0/0 C | ○ 0/0 | ○ 1/0 | ○ 0/0 | ○ 0/0 | ○ 0/0 | ○ 0/0 | ○ 0/0 | ○ 1/0 | ▽ 0/0 |
| | 8 | 김 혁 진 | ○ 0/0 | ▽ 0/0 | ○ 0/0 | ▽ 0/0 | △ 0/0 | ○ 0/0 | ▽ 0/0 | ▽ 0/0 | ▽ 0/0 | ▽ 0/0 |
| | 13 | 하 정 헌 | ▽ 0/0 | | | △ 1/0 | △ 0/0 | ▽ 0/0 | ▽ 0/0 C | | △ 0/0 | △ 0/0 |
| | 15 | 김 정 빈 | | ○ 0/0 | ○ 0/0 C | ○ 0/0 | ○ 0/0 | ○ 0/0 | ○ 0/1 | | | |
| | 16 | 권 용 현 | △ 0/0 | ○ 0/1 | ○ 0/2 | ○ 0/0 | ○ 0/0 | ○ 0/0 | | | △ 0/0 | △ 0/1 |
| | 20 | 김 홍 일 | | | | | | | | | | △ 0/0 |
| | 24 | 김 재 연 | ○ 0/0 | | ○ 0/0 | | | | | ▽ 0/0 | ○ 0/0 | ○ 0/0 |
| | 31 | 김 민 기 | ○ 0/0 C | | | | | △ 0/0 | | | | |
| | 32 | 김 본 광 | ○ 0/0 | ○ 0/0 C | ▽ 0/0 | ○ 0/0 | ○ 0/0 CC | | ○ 0/0 C | | ○ 0/0 | ○ 1/0 |
| | 36 | 유 수 현 | | | | | | | | | | |
| FW | 9 | 자 파 | | | | | | | | | ▽ 1/0 | ○ 0/0 |
| | 10 | 김 한 원 | | | | | | △ 0/0 | △ 0/0 | ○ 0/0 C | ○ 0/0 | ○ 0/0 C |
| | 11 | 박 종 찬 | ▽ 0/0 | △ 1/0 | ▽ 1/0 C | | ▽ 0/0 | | | | | |
| | 18 | 정 민 우 | △ 0/0 | ○ 1/1 | △ 0/0 | ▽ 0/0 | △ 0/0 | ○ 0/0 C | ○ 0/0 | ○ 0/0 C | △ 0/0 | △ 0/0 |
| | 22 | 조 용 민 | | | | ▽ 0/0 | △ 1/0 | | | | | |
| | 27 | 조 진 수 | △ 0/0 | | | △ 0/0 | | | | △ 0/0 | △ 0/0 | |
| | 30 | 임 성 택 | ○ 0/0 | ○ 1/0 | ▽ 0/1 | ○ 0/0 | ▽ 0/0 | ▽ 0/0 | ▽ 1/0 | ▽ 0/0 | ▽ 1/0 | ▽ 0/0 |

구단별 기록포인트 · 수원FC

| 위치 | 배번 | 성명 | 63 | 109 | 114 | 120 | 125 | 128 | 134 | 140 | 145 | 150 |
|---|---|---|---|---|---|---|---|---|---|---|---|---|
| | | 경기번호 | 63 | 109 | 114 | 120 | 125 | 128 | 134 | 140 | 145 | 150 |
| | | 날 짜 | 08.13 | 08.17 | 08.24 | 09.01 | 09.07 | 09.13 | 09.17 | 09.21 | 09.28 | 10.05 |
| | | 홈/원정 | 원정 | 홈 | 원정 | 홈 | 원정 | 홈 | 홈 | 원정 | 홈 | 홈 |
| | | 장 소 | 안산 | 수원W | 충주 | 수원W | 안양 | 수원W | 수원W | 대구 | 수원W | 수원W |
| | | 상 대 | 안산 | 대구 | 충주 | 부천 | 안양 | 대전 | 안산 | 대구 | 고양 | 광주 |
| | | 결 과 | 패 | 패 | 무 | 승 | 승 | 무 | 승 | 승 | 무 | 무 |
| | | 점 수 | 3:4 | 2:4 | 0:0 | 1:0 | 3:0 | 2:2 | 2:1 | 2:1 | 1:1 | 0:0 |
| | | 승 점 | 25 | 25 | 26 | 29 | 32 | 33 | 36 | 39 | 40 | 41 |
| | | 순 위 | 8 | 8 | 8 | 7 | 6 | 6 | 6 | 4 | 4 | 5 |
| | | 슈팅수 | 14:14 | 11:17 | 14:19 | 7:12 | 12:13 | 13:7 | 11:13 | 16:12 | 11:3 | 1:17 |
| GK | 23 | 박 형 순 | ○ 0/0 | ○ 0/0 | ○ 0/0 | | | | | | | ○ 0/0 |
| | 43 | 이 상 기 | | | | ○ 0/0 C | ○ 0/0 | ○ 0/0 | ○ 0/0 | ○ 0/0 | ○ 0/0 | |
| DF | 5 | 블 라 단 | ○ 0/0 | | ○ 0/0 CC | | ○ 0/0 | | | ○ 0/0 | ○ 0/0 | ○ 0/0 |
| | 6 | 김 영 찬 | | | | | ○ 0/0 | ○ 0/0 C | △ 0/0 | | | ○ 0/0 |
| | 14 | 이 준 호 | ▽ 0/0 | | | ○ 0/0 | ○ 0/0 | ○ 0/0 | ○ 0/0 | ○ 0/1 | ○ 0/0 | ▽ 0/0 |
| | 17 | 김 창 훈 | ○ 0/0 | | ○ 1/0 | ○ 0/0 C | ○ 0/0 C | ○ 0/0 | ○ 0/0 | ○ 0/0 | ○ 0/0 | ○ 0/0 C |
| | 19 | 오 광 진 | | | | | | | | | | |
| | 25 | 조 태 우 | | | | | | | | | | |
| | 26 | 차 준 엽 | | | | ○ 0/0 | △ 0/0 | | | △ 0/0 | △ 0/0 | |
| | 33 | 김 재 환 | | | | | | | | | | |
| MF | 3 | 이 치 준 | ○ 0/0 | △ 0/0 | △ 0/0 C | | | ○ 0/0 C | ▽ 0/0 | | ▽ 0/0 | ▽ 0/0 C |
| | 7 | 김 서 준 | △ 0/0 | ○ 0/2 | ▽ 0/0 | ○ 0/1 C | | | ○ 1/0 | ○ 1/0 C | ○ 0/0 | ○ 0/0 |
| | 8 | 김 혁 진 | | ▽ 0/0 C | | | | △ 0/0 | △ 0/0 | ▽ 0/0 | ▽ 0/0 | △ 0/0 |
| | 13 | 하 정 헌 | ▽ 0/0 | | | | | | | | | |
| | 15 | 김 정 빈 | ○ 0/0 | | | ○ 0/0 | | ○ 0/0 C | ▽ 0/0 | ▽ 0/0 | | |
| | 16 | 권 용 현 | ○ 0/0 | | △ 0/0 | △ 0/0 | ▽ 0/0 | ▽ 1/0 | △ 0/0 | ○ 0/2 | | ▽ 0/0 |
| | 20 | 김 홍 일 | | | △ 0/0 | △ 0/0 | ○ 0/0 C | | | ▽ 0/0 | | |
| | 24 | 김 재 연 | ▽ 0/0 | ▽ 0/0 | | | | △ 0/0 | △ 0/0 | ▽ 0/0 | | |
| | 31 | 김 민 기 | | | | | | | | | △ 0/0 | |
| | 32 | 김 본 광 | ○ 0/0 C | ○ 0/0 | ▽ 0/0 | △ 0/0 | ○ 0/0 | ▽ 0/0 | | | | |
| | 36 | 유 수 현 | | | | | | | | | | |
| FW | 9 | 자 파 | ○ 2/1 C | ○ 0/0 | ○ 0/0 | ○ 0/0 C | ▽ 1/0 | ○ 1/0 | ○ 0/0 | | ○ 0/0 | ○ 0/0 |
| | 10 | 김 한 원 | | ○ 0/0 C | ○ 0/0 C | ▽ 1/0 | ○ 1/1 | ○ 1/0 | ○ 1/0 C | | ○ 1/0 C | ○ 0/0 CC |
| | 11 | 박 종 찬 | | | | | | | | △ 0/0 | △ 0/0 | |
| | 18 | 정 민 우 | △ 1/1 | ○ 1/0 | ▽ 0/0 | △ 0/0 | △ 0/0 | △ 0/0 | | | △ 0/0 | ○ 0/0 |
| | 22 | 조 용 민 | | | | | | | | | | |
| | 27 | 조 진 수 | | | | | | | | | | |
| | 30 | 임 성 택 | △ 0/1 C | ▽ 0/0 | ○ 0/0 | ○ 0/0 | ▽ 0/0 | ○ 0/0 | ○ 0/0 | ○ 1/0 | ▽ 0/0 | |

선수자료 : 득점/도움   ¤ = 대기   ○ = 선발출장   △ = 교체 IN   ▽ = 교체 OUT   ◈ = 교체 IN/OUT   C = 경고   S = 퇴장

| 위치 | 배번 | 경기번호 | 153 | 160 | 165 | 167 | 173 | 177 | | | | | |
|---|---|---|---|---|---|---|---|---|---|---|---|---|---|
| | | 날 짜 | 10.11 | 10.19 | 10.26 | 11.01 | 11.08 | 11.16 | | | | | |
| | | 홈/원정 | 원정 | 원정 | 홈 | 홈 | 원정 | 홈 | | | | | |
| | | 장 소 | 안산 | 부천 | 수원 W | 수원 W | 대전 H | 수원 W | | | | | |
| | | 상 대 | 안산 | 부천 | 충주 | 안양 | 대전 | 강원 | | | | | |
| | | 결 과 | 패 | 무 | 승 | 승 | 패 | 패 | | | | | |
| | | 점 수 | 1 : 2 | 2 : 2 | 3 : 0 | 2 : 1 | 2 : 5 | 1 : 2 | | | | | |
| | | 승 점 | 41 | 42 | 45 | 48 | 48 | 48 | | | | | |
| | | 순 위 | 6 | 6 | 6 | 4 | 5 | 6 | | | | | |
| | | 슈팅수 | 16 : 12 | 8 : 13 | 15 : 14 | 18 : 8 | 19 : 18 | 7 : 14 | | | | | |
| GK | 23 | 박 형 순 | ○ 0/0 | | | | | | | | | | |
| | 43 | 이 상 기 | | ○ 0/0 | ○ 0/0 | ○ 0/0 | ○ 0/0 | ○ 0/0 | | | | | |
| DF | 5 | 블 라 단 | ○ 0/0 | ○ 0/0 | ○ 0/0 | ○ 0/0 | ▽ 0/0 C | | | | | | |
| | 6 | 김 영 찬 | ○ 0/0 | | ○ 0/0 | | △ 0/0 | ○ 0/0 C | | | | | |
| | 14 | 이 준 호 | | | | | | | | | | | |
| | 17 | 김 창 훈 | ○ 0/0 | ○ 0/0 | △ 0/0 | ○ 0/0 C | ○ 0/0 | ○ 0/0 | | | | | |
| | 19 | 오 광 진 | | | | | | | | | | | |
| | 25 | 조 태 우 | | | | | | | | | | | |
| | 26 | 차 준 엽 | | | | | | | | | | | |
| | 33 | 김 재 환 | | | | | | | | | | | |
| MF | 3 | 이 치 준 | △ 0/0 | | | | △ 0/0 | | | | | | |
| | 7 | 김 서 준 | ▽ 0/0 | ○ 0/0 | ○ 0/0 | ▽ 0/0 C | ▽ 0/0 | ▽ 0/0 | | | | | |
| | 8 | 김 혁 진 | ○ 0/0 C | ○ 0/0 C | | △ 0/0 | ○ 0/0 | △ 0/0 C | | | | | |
| | 13 | 하 정 헌 | | | | | | | | | | | |
| | 15 | 김 정 빈 | ○ 0/0 | ○ 1/0 | ○ 1/0 | ○ 1/0 | ○ 0/0 | ○ 0/0 | | | | | |
| | 16 | 권 용 현 | ▽ 0/0 | ▽ 0/0 | ▽ 0/0 | ▽ 0/0 | ○ 0/1 | ○ 0/0 C | | | | | |
| | 20 | 김 홍 일 | | | | | | | | | | | |
| | 24 | 김 재 연 | | | | | | | | | | | |
| | 31 | 김 민 기 | | | | | | | | | | | |
| | 32 | 김 본 광 | ▽ 0/0 | △ 0/0 | ○ 0/0 | ○ 0/0 | ○ 0/0 | ○ 0/0 | | | | | |
| | 36 | 유 수 현 | | | | | | | | | | | |
| FW | 9 | 자 파 | ○ 1/0 | ▽ 0/0 | △ 1/0 | ○ 0/0 | ▽ 0/0 | ○ 0/0 | | | | | |
| | 10 | 김 한 원 | | ○ 0/0 | ○ 0/1 | ○ 1/1 | ○ 0/0 C | ○ 1/0 C | | | | | |
| | 11 | 박 종 찬 | ○ 0/1 | ○ 0/0 | ▽ 0/0 | △ 0/0 | △ 1/0 | ▽ 0/0 | | | | | |
| | 18 | 정 민 우 | | △ 1/0 | ▽ 1/1 | ○ 0/0 | | | | | | | |
| | 22 | 조 용 민 | △ 0/0 | | △ 0/0 | △ 0/0 | | △ 0/0 | | | | | |
| | 27 | 조 진 수 | | | | | | | | | | | |
| | 30 | 임 성 택 | △ 0/0 C | ○ 0/1 | ○ 0/0 | ▽ 0/0 | ○ 1/0 | ○ 0/0 | | | | | |

# 대구 FC

**창단년도_** 2002년
**전화_** 053-256-2003
**팩스_** 053-746-9199
**홈페이지_** www.daegufc.co.kr
**주소_** 우 706-130 대구광역시 수성구 유니버시아드로 180(대흥동
504) 대구스타디움
Daegu Stadium, 180, Universiade-ro(504, Daeheung-dong),
Suseong-gu, Daegu, KOREA 706-130

## 연혁

| | |
|---|---|
| 2002 | 발기인 총회 |
| | (주)대구시민프로축구단 창립총회 |
| | 대표이사 노희찬 선임 |
| | 초대 감독 박종환 선임 |
| | 1차 시민주 공모 |
| | 대구FC로 구단명칭 결정 |
| | 한국프로축구연맹 창단 인가 승인 |
| 2003 | 초대단장 이대섭 선임 |
| | 2차 시민주 공모 |
| | 엠블럼 및 유니폼 선정 |
| | 대구FC 창단식 |
| | 삼성 하우젠 K-리그 2003 11위 |
| 2004 | 주주동산 건립 |
| | 삼성 하우젠 K-리그 2004 통합 10위 |
| | 삼성 하우젠컵 2004 9위 |
| 2005 | 대구스포츠기념관 개관 |
| | 대구FC컵 달구벌 축구대회 창설 |
| | 삼성 하우젠 K-리그 2005 전기 12위, 후기 3위 |
| 2006 | 대구FC 통영컵 우승 |
| | 제2기 이인중 대표이사 취임 |
| | 제2기 최종준 단장 취임 |
| | 김범일(대구광역시 시장) 구단주 취임 |
| | 제3기 최종준 대표이사 취임 |
| | 삼성 하우젠 K-리그 2006 통합 7위 |
| | 삼성 하우젠컵 2006 13위 |
| | 제2대 변병주 감독 취임 |
| 2007 | 삼성 하우젠 K-리그 2007 12위 |
| | 삼성 하우젠컵 2007 A조 3위 |
| | 유소년 클럽 창단 |
| | '삼성 하우젠 K-리그 대상' 페어플레이팀상 수상 |
| 2008 | 삼성 하우젠 K-리그 2008 11위 |
| | 삼성 하우젠컵 2008 B조 5위 |
| | 대구FC U-18클럽 창단(현풍고) |
| | 대구FC U-15 청소년 축구대회 개최 |
| 2009 | 제3기 박종선 단장 취임 |
| | 제4기 박종선 대표이사 취임 |

| | |
|---|---|
| | 2009 K-리그 15위 |
| | 피스컵 코리아 2009 A조 3위 |
| | 팀 최다 4연승 기록 |
| | 대구FC 유소년축구센터 개관 |
| | 제3대 이영진 감독 취임 |
| 2010 | 쏘나타 K-리그 2010 15위 |
| | 포스코컵 2010 C조 2위(8강 진출) |
| | U-12 '2010 동원컵 전국초등축구리그' 왕중왕전 32강 |
| 2011 | 제4기 김재하 단장 취임 |
| | 제5기 김재하 대표이사 취임 |
| | 현대오일뱅크 K-리그 2011 12위 |
| | 러시앤캐시컵 2011 B조 5위 |
| | U-12 제21회 히로시마 유소년 축구대회 우승 |
| | U-18 제52회 청룡기 전국고교축구대회 우승(현풍고등학교) |
| | 대구FC U-15클럽 창단(율원중학교) |
| | 제4대 모아시르 페레이라(브라질) 감독 취임 |
| 2012 | 주주동산 리모델링 |
| | 2012년 제1차(1R~15R) 플러스 스타디움상 수상 |
| | U-12 창녕군수배 2012 하계 전국 유소년클럽 축구페스티벌 |
| | 우승(U-10팀), 3위(U-12팀) |
| | U-12 후쿠오카 국제대회 3위 |
| | U-18 대구시 축구협회장기 우승(현풍고) |
| | U-15 대구시 축구협회장기 준우승(율원중) |
| | 현대오일뱅크 K-리그 2012 10위(역대 최다승 기록) |
| 2013 | 교육부 인증기관 선정 (교육과학기술부) |
| | 대구사랑나눔 교육기부 감사패 수여(대구광역시교육청) |
| | 경북교육기부기관 선정 (경상북도 교육청) |
| | 2013년 제2차 팬 프렌들리 클럽 수상 (프로축구연맹) |
| | 월 적십자회원 유공장 금장 수상 (대한적십자사) |
| | 공로상: 사랑나눔상 수상(프로축구연맹) |
| | 현대오일뱅크 K-리그 클래식 2013 13위 |
| 2014 | 제7대 최덕주 감독 취임 |
| | U-18 문체부장관기 준우승(현풍고) |
| | 제5기 조광래 단장 취임 |
| | 제6기 조광래 대표이사 취임 |
| | 현대오일뱅크 K-리그 챌린지 2014 7위 |

# 대구FC 2014년 선수명단

대표이사_ 조광래 단장_ 조광래 사무국장_ 유재하
감독_ 최덕주 수석코치_ 정정용 코치_ 김인수 GK코치_ 권찬수 트레이너_ 노현욱, 박해승 스카우터_ 성호상 통역_ 김대덕 주무_ 김태철

| 포지션 | 선수명 | | 생년월일 | 출신교 | 신장(cm)/체중(kg) |
|---|---|---|---|---|---|
| GK | 이 양 종 | 李 洋 鐘 | 1989.07.17 | 관동대 | 191 / 87 |
| | 조 현 우 | 趙 賢 祐 | 1991.09.25 | 선문대 | 189 / 73 |
| | 박 민 선 | 朴 玟 宣 | 1991.04.04 | 용인대 | 187 / 83 |
| DF | 금 교 진 | 琴 敎 眞 | 1992.01.03 | 영남대 | 175 / 69 |
| | 박 성 용 | 朴 成 庸 | 1991.06.26 | 단국대 | 187 / 80 |
| | 지 병 주 | 池 秉 珠 | 1990.03.20 | 인천대 | 178 / 74 |
| | 김 태 진 | 金 泰 振 | 1984.08.30 | 강릉농고 | 173 / 70 |
| | 노 행 석 | 魯 幸 錫 | 1988.11.17 | 동국대 | 186 / 80 |
| | 허 재 원 | 許 宰 源 | 1984.07.01 | 광운대 | 188 / 83 |
| | 조 영 훈 | 曹 永 焄 | 1989.04.13 | 동국대 | 176 / 74 |
| | 김 주 빈 | 金 周 彬 | 1990.12.07 | 관동대 | 183 / 75 |
| | 김 동 진 | 金 東 珍 | 1992.12.28 | 아주대 | 177 / 74 |
| | 이 준 희 | 李 準 熙 | 1988.06.01 | 경희대 | 182 / 78 |
| | 박 종 진 | 朴 鐘 珍 | 1980.05.04 | 호남대 | 170 / 69 |
| | 전 형 섭 | 全 亨 涉 | 1990.02.21 | 성균관대 | 176 / 71 |
| | 최 원 권 | 崔 源 權 | 1981.11.08 | 동북고 | 175 / 72 |
| MF | 김 대 열 | 金 大 烈 | 1987.04.12 | 단국대 | 175 / 68 |
| | 황 순 민 | 黃 順 民 | 1990.09.14 | 카미무라고 | 178 / 69 |
| | 신 창 무 | 辛 蒼 武 | 1992.09.17 | 우석대 | 170 / 67 |
| | 김 귀 현 | 金 貴 鉉 | 1990.01.04 | 남해해성중 | 170 / 70 |
| | 이 동 명 | 李 東 明 | 1987.10.04 | 부평고 | 181 / 75 |
| | 안 상 현 | 安 相 炫 | 1986.03.05 | 능곡중 | 182 / 78 |
| | 남 세 인 | 南 世 仁 | 1993.01.15 | 동의대 | 167 / 58 |
| | 윤 영 승 | 尹 英 勝 | 1991.08.13 | 도쿄조선대 | 178 / 69 |
| | 임 근 영 | 林 根 永 | 1995.05.15 | 현대고 | 182 / 75 |
| | 인 준 연 | 印 峻 延 | 1991.03.12 | 신평고 | 180 / 78 |
| FW | 조 형 익 | 趙 亨 翼 | 1985.09.13 | 명지대 | 172 / 74 |
| | 노 병 준 | 盧 炳 俊 | 1979.09.29 | 한양대 | 177 / 67 |
| | 장 백 규 | 張 伯 圭 | 1991.10.09 | 선문대 | 173 / 64 |
| | 마테우스 | Matheus Humberto Maximiano | 1989.05.31 | *브라질 | 186 / 88 |
| | 김 흥 일 | 金 興 一 | 1992.11.02 | 동아대 | 178 / 72 |
| | 한 승 엽 | 韓 承 燁 | 1990.11.04 | 경기대 | 188 / 85 |
| | 정 대 교 | 鄭 大 敎 | 1992.04.27 | 영남대 | 178 / 72 |
| | 네 벨 톤 | Neverton Inacio Dionizio | 1992.06.07 | *브라질 | 172 / 68 |
| | 조 나 탄 | Johnathan Aparecido da Silva | 1990.03.29 | *브라질 | 184 / 74 |

# 대구FC 2014년 개인기록 _ K리그 챌린지

| 위치 | 배번 | 선수 | 02 | 06 | 15 | 17 | 21 | 26 | 32 | 38 | 45 | 46 |
|---|---|---|---|---|---|---|---|---|---|---|---|---|
| | | 경기번호 | 02 | 06 | 15 | 17 | 21 | 26 | 32 | 38 | 45 | 46 |
| | | 날짜 | 03.22 | 03.29 | 04.06 | 04.12 | 04.19 | 04.26 | 05.04 | 05.10 | 05.14 | 05.18 |
| | | 홈/원정 | 홈 | 원정 | 홈 | 원정 | 원정 | 홈 | 원정 | 원정 | 홈 | 홈 |
| | | 장소 | 대구 | 안산 | 대구 | 충주 | 원주 | 대구 | 대전W | 수원W | 대구 | 대구 |
| | | 상대 | 광주 | 안산 | 고양 | 충주 | 강원 | 안양 | 대전 | 수원FC | 부천 | 강원 |
| | | 결과 | 승 | 패 | 패 | 승 | 승 | 무 | 무 | 무 | 패 | 승 |
| | | 점수 | 2:1 | 2:3 | 0:1 | 3:2 | 1:0 | 1:1 | 0:0 | 1:1 | 0:1 | 2:0 |
| | | 승점 | 3 | 3 | 3 | 6 | 9 | 10 | 11 | 12 | 12 | 15 |
| | | 순위 | 3 | 5 | 8 | 5 | 4 | 3 | 3 | 2 | 3 | 2 |
| | | 슈팅수 | 6:12 | 8:13 | 9:13 | 12:11 | 12:12 | 10:10 | 9:8 | 11:14 | 8:10 | 10:12 |
| GK | 1 | 이양종 | ○ 0/0 | ○ 0/0 | ○ 0/0 | ○ 0/0 | ○ 0/0 | ○ 0/0 | ○ 0/0 | ○ 0/0 | ○ 0/0 | ○ 0/0 |
| | 21 | 조현우 | | | | | | | | | | |
| | 31 | 박민선 | | | | | | | | | | |
| DF | 2 | 금교진 | ○ 0/0 | ○ 1/0 | ○ 0/0 | ○ 0/0 | ○ 0/0 | ○ 0/0 | ○ 0/0 C | ○ 0/0 | | |
| | 3 | 박성용 | | | | | | | | | | |
| | 6 | 노행석 | | | | △ 1/0 | ○ 0/0 | ○ 0/0 | ○ 0/0 C | ○ 1/0 | | ○ 0/0 |
| | 8 | 허재원 | ○ 0/0 | ○ 0/0 | ○ 0/0 C | ○ 0/0 | ▽ 0/0 | ○ 0/0 | | ○ 0/0 | ○ 0/0 | ○ 0/0 C |
| | 13 | 조영훈 | ○ 0/0 | ○ 1/0 | ○ 0/0 | ○ 0/0 | △ 0/0 | ○ 0/0 | | △ 0/0 | | |
| | 15 | 김주빈 | | | | | △ 0/0 | | | | | △ 0/0 |
| | 16 | 김동진 | | | ○ 0/0 | | | | | | | |
| | 22 | 이준희 | ○ 0/0 | ○ 0/1 CC | | ○ 0/0 | ○ 0/0 C | | | ○ 0/0 C | | ○ 0/0 |
| | 24 | 박종진 | | | | | | | | | | ○ 0/0 |
| | 81 | 최원권 | | | | | | | | | | |
| MF | 9 | 김대열 | ○ 0/0 | ○ 0/0 | ○ 0/0 | ○ 1/0 | ○ 0/0 | ○ 0/0 | ○ 0/0 | ○ 0/0 C | ○ 0/0 C | ▽ 0/1 |
| | 10 | 황순민 | ○ 1/0 | ▽ 0/0 | ○ 0/0 | ○ 0/0 | ▽ 0/0 | ○ 1/0 | ○ 0/0 | △ 0/0 | ▽ 0/0 | ▽ 1/0 |
| | 11 | 신창무 | ▽ 0/0 | ○ 0/0 | | | | | ▽ 0/0 | ▽ 0/0 | | △ 0/0 |
| | 14 | 김귀현 | | | | | | | | | | ○ 0/0 |
| | 18 | 이동명 | | | | | | | | | | |
| | 20 | 안상현 | ○ 0/0 | ○ 0/0 | ○ 0/0 | ○ 0/0 C | ○ 0/0 C | ○ 0/0 | | | | |
| FW | 7 | 조형익 | △ 0/0 | △ 0/0 | ○ 0/0 | △ 0/0 | | △ 0/0 | △ 0/0 | | | ○ 1/0 |
| | 17 | 노병준 | | | | | △ 0/0 | △ 0/0 C | | | | |
| | 19 | 장백규 | ▽ 1/0 | △ 0/0 | ▽ 0/0 | ○ 1/0 | ○ 0/1 | ○ 0/1 | ○ 0/0 | ▽ 0/1 | | |
| | 25 | 마테우스 | △ 0/0 | ▽ 0/0 C | | | | | △ 0/0 | | △ 0/0 | ▽ 0/0 |
| | 26 | 윤영승 | △ 0/0 | | | | ▽ 0/0 C | ▽ 0/0 C | | △ 0/0 | | |
| | 27 | 김흥일 | | | | | | | | ▽ 0/0 | | |
| | 30 | 한승엽 | ▽ 0/0 | △ 0/0 | △ 0/0 | | | | ▽ 0/0 | | | |
| | 33 | 정대교 | | | △ 0/0 | | | | | | | |
| | 77 | 인준연 | | | | | | | | | △ 0/0 | |
| | 80 | 네벨톤 | | | | | | | | | | △ 0/0 |
| | 99 | 조나탄 | | ▽ 0/0 | ▽ 0/0 | ▽ 0/0 | ○ 1/0 | | | | | |

선수자료 : 득점/도움  ☆ = 대기  ○ = 선발출장  △ = 교체 IN  ▽ = 교체 OUT  ◈ = 교체 IN/OUT  C = 경고  S = 퇴장

| 위치 | 배번 | | 52 | 60 | 65 | 68 | 71 | 80 | 84 | 90 | 94 | 97 |
|---|---|---|---|---|---|---|---|---|---|---|---|---|
| | | 경기번호 | 52 | 60 | 65 | 68 | 71 | 80 | 84 | 90 | 94 | 97 |
| | | 날짜 | 05.24 | 06.02 | 06.08 | 06.15 | 06.21 | 06.30 | 07.06 | 07.13 | 07.20 | 07.26 |
| | | 홈/원정 | 원정 | 홈 | 홈 | 원정 | 홈 | 원정 | 홈 | 원정 | 원정 | 홈 |
| | | 장소 | 안양 | 대구 | 대구 | 고양 | 대구 | 광주W | 대구 | 부천 | 안산 | 대구 |
| | | 상대 | 안양 | 안산 | 충주 | 고양 | 대전 | 광주 | 수원FC | 부천 | 안산 | 안양 |
| | | 결과 | 패 | 무 | 승 | 승 | 패 | 패 | 무 | 승 | 패 | 패 |
| | | 점수 | 0:2 | 2:2 | 2:1 | 2:1 | 2:3 | 1:2 | 0:0 | 1:0 | 1:2 | 1:2 |
| | | 승점 | 15 | 16 | 19 | 22 | 22 | 22 | 23 | 26 | 26 | 26 |
| | | 순위 | 2 | 2 | 2 | 2 | 2 | 2 | 3 | 2 | 2 | 3 |
| | | 슈팅수 | 14:9 | 15:8 | 7:12 | 13:11 | 5:13 | 6:10 | 12:13 | 4:11 | 12:10 | 22:8 |
| GK | 1 | 이양종 | ○0/0 | ○0/0 | ○0/0 | | | ○0/0 | ○0/0 | ○0/0 | ○0/0 | ○0/0 |
| | 21 | 조현우 | | | | | | | | | | |
| | 31 | 박민선 | | | | ○0/0 | ○0/0 | | | | | |
| DF | 2 | 금교진 | | | ○0/0 | ○0/0 | | ○0/0 C | ○0/0 C | | △0/0 | |
| | 3 | 박성용 | | | | | | | | ○0/0 | | △0/0 |
| | 6 | 노행석 | ○0/0 | ○0/0 | ○0/0 C | ▽0/0 | ○0/0 | ○0/0 | ○0/0 C | | ○0/0 C | |
| | 8 | 허재원 | ○0/0 | ○0/0 | ○1/0 | ○0/1 | ○0/0 | ○1/0 | ○0/0 | ○0/0 C | | ○0/0 |
| | 13 | 조영훈 | | | | | | | | | | |
| | 15 | 김주빈 | △0/0 | △0/0 | ○1/0 | ○0/0 | ○0/1 | ○0/0 | ○0/0 | | | △0/0 |
| | 16 | 김동진 | | | | | | | | ○0/0 | ▽0/0 | |
| | 22 | 이준희 | ○0/0 | ○1/0 C | | | ○0/1 | ○0/0 | ○0/0 | ○0/0 | ○0/1 | ○0/0 |
| | 24 | 박종진 | ○0/0 | △0/0 | | | | | | | | |
| | 81 | 최원권 | | | | | | | | | | |
| MF | 9 | 김대열 | ○0/0 | ○0/0 | ○0/0 C | ▽0/0 | | ○0/0 | ○0/0 | | △0/0 | ○0/0 |
| | 10 | 황순민 | ▽0/0 | ○0/1 | | | △0/0 | ▽0/0 | ▽0/0 | ○0/0 | ▽0/0 | ○0/0 |
| | 11 | 신창무 | ▽0/0 | ▽0/0 | ▽0/1 | △0/0 | △0/0 | | | | | |
| | 14 | 김귀현 | ▽0/0 C | ○0/0 | | ○0/0 C | ▽0/0 | | | | ○0/0 | |
| | 18 | 이동명 | | ○0/0 | ○0/0 | | ○0/0 C | | | | | |
| | 20 | 안상현 | ○0/0 C | | ○0/0 | | ○0/0 | ○0/0 | ○0/0 | ○0/0 | | ○0/0 C |
| FW | 7 | 조형익 | ○0/0 | ▽1/0 | ○0/0 | ▽0/0 | ○1/0 | ○0/0 C | ▽0/0 | △0/1 | △0/0 | ◆0/1 |
| | 17 | 노병준 | | | | | | △0/0 | △0/0 | | ▽1/0 | ▽0/0 |
| | 19 | 장백규 | | | △0/0 | ○0/0 | ○0/0 | ▽0/0 | ○0/0 | ▽0/0 | | |
| | 25 | 마테우스 | | | | ○0/0 | | | ▽0/0 | △1/0 C | ○0/0 | ▽0/0 |
| | 26 | 윤영승 | | | ▽0/0 | ▽0/0 | ▽0/0 | | | | | |
| | 27 | 김홍일 | | | △0/0 | | | | | △0/0 | | |
| | 30 | 한승엽 | △0/0 | | | | | | | | | |
| | 33 | 정대교 | △0/0 | | | △0/0 | | | | | | |
| | 77 | 인준연 | | ▽0/0 | | | | | | | | |
| | 80 | 네벨톤 | | | | | | | | | | |
| | 99 | 조나탄 | | △0/0 | △0/0 | △2/0 | △0/0 | △0/0 | △0/0 | ▽0/0 | ○0/0 | ○1/0 |

| 위치 | 배번 | 선수 | 경기번호 104 | 109 | 111 | 116 | 122 | 129 | 132 | 140 | 141 | 148 |
|---|---|---|---|---|---|---|---|---|---|---|---|---|
| | | | 날짜 08.10 | 08.17 | 08.23 | 08.30 | 09.06 | 09.14 | 09.17 | 09.21 | 09.27 | 10.04 |
| | | | 홈/원정 원정 | 원정 | 홈 | 원정 | 홈 | 홈 | 원정 | 홈 | 홈 | 원정 |
| | | | 장소 충주 | 수원W | 대구 | 대전W | 대구 | 대구 | 춘천 | 대구 | 대구 | 부천 |
| | | | 상대 충주 | 수원FC | 광주 | 대전 | 고양 | 부천 | 강원 | 수원FC | 대전 | 부천 |
| | | | 결과 무 | 승 | 무 | 패 | 패 | 승 | 패 | 패 | 승 | 승 |
| | | | 점수 1:1 | 4:2 | 0:0 | 0:1 | 0:1 | 2:0 | 1:4 | 1:2 | 1:0 | 1:0 |
| | | | 승점 27 | 30 | 31 | 31 | 31 | 34 | 34 | 34 | 37 | 40 |
| | | | 순위 6 | 4 | 5 | 5 | 6 | 5 | 8 | 8 | 7 | 7 |
| | | | 슈팅수 11:14 | 17:11 | 10:11 | 20:14 | 13:13 | 15:10 | 16:10 | 12:16 | 10:7 | 8:12 |
| GK | 1 | 이양종 | △0/0 | | | | | | | | | |
| | 21 | 조현우 | | ○0/0 | ○0/0 | ○0/0 | ○0/0 | ○0/0 | ○0/0 | ○0/0 | ○0/0 | ○0/0 |
| | 31 | 박민선 | ▽0/0 | | | | | | | | | |
| DF | 2 | 금교진 | | | | | | | | ○1/0 | | |
| | 3 | 박성용 | | △0/0 C | | △0/0 | | | △0/0 | | △0/0 | ○1/0 |
| | 6 | 노행석 | ○0/0 | ▽0/0 | ○0/0 | ○0/0 | ○0/0 | ○1/0 C | ▽0/0 | ○0/0 | ○0/0 | |
| | 8 | 허재원 | ○0/0 | ○1/0 C | ○0/0 | ○0/0 C | ○0/0 | ○0/0 | ○0/0 | ○0/0 | ○0/0 C | |
| | 13 | 조영훈 | | | | | | | | | | |
| | 15 | 김주빈 | | ○0/0 | | ▽0/0 C | ▽0/0 C | | ▽0/0 | | | |
| | 16 | 김동진 | | | | | | ○0/0 | ○0/0 C | ○0/0 | △0/0 | △0/0 |
| | 22 | 이준희 | ○0/0 | ○0/0 | ○0/0 | ○0/0 C | △0/0 | | | | ▽0/0 | ○0/0 |
| | 24 | 박종진 | | | | | | | | | ○0/0 | △0/0 |
| | 81 | 최원권 | ○0/0 | ○0/0 | ○0/0 | ○0/0 C | ○0/0 C | ○0/0 | ○0/0 C | | ▽0/0 | ▽0/0 |
| MF | 9 | 김대열 | ○0/0 | ○1/1 | | | | | | | | |
| | 10 | 황순민 | ○0/0 | ○0/1 | ○0/0 | ▽0/0 C | ▽0/0 | ▽0/0 | ○1/0 | ○0/0 | ▽0/1 | ○0/1 C |
| | 11 | 신창무 | | | | | | | | | | |
| | 14 | 김귀현 | ○0/0 C | | | △0/0 | △0/0 | ○0/0 | ▽0/0 | △0/0 | ○0/0 C | ▽0/0 |
| | 18 | 이동명 | | | | | | | △0/0 | | | |
| | 20 | 안상현 | ○1/0 | ▽0/0 C | ○0/0 | ○0/0 | ○0/0 | ○0/0 | ○0/0 | ○0/0 CC | | ○0/0 |
| FW | 7 | 조형익 | | ▽0/0 | ▽0/0 | ○0/0 | ▽0/0 | ○0/1 | ▽0/0 | ○0/0 | △0/0 | ▽0/0 |
| | 17 | 노병준 | ▽0/0 | ○1/0 C | ○0/0 | | ○0/0 C | | | △0/0 | ▽0/0 | |
| | 19 | 장백규 | | | | | | | | | | |
| | 25 | 마테우스 | | | | | | | | | ○0/0 | ○0/0 |
| | 26 | 윤영승 | | | | | | | | | | |
| | 27 | 김홍일 | | △0/0 | | △0/0 | ▽0/0 | ○0/0 | △0/0 | △0/0 | | |
| | 30 | 한승엽 | | | | | | | | | | |
| | 33 | 정대교 | △0/0 | | | | | △0/0 | ▽0/0 | ▽0/1 | ▽0/0 | △0/0 C |
| | 77 | 인준연 | | | | | | | | | | |
| | 80 | 네벨톤 | | | | | | | | | | |
| | 99 | 조나탄 | ○0/1 | △1/0 | △0/0 | △0/0 | △0/0 | ○1/0 C | ○0/0 | ▽0/1 | ○1/0 | ○0/0 |

선수자료: 득점/도움   ☼ = 대기   ○ = 선발출장   △ = 교체 IN   ▽ = 교체 OUT   ◈ = 교체 IN/OUT   C = 경고   S = 퇴장

| 위치 | 배번 | | 경기번호 | 152 | 159 | 164 | 169 | 172 | 178 | | | | |
|---|---|---|---|---|---|---|---|---|---|---|---|---|---|
| | | | 날 짜 | 10.11 | 10.19 | 10.26 | 11.02 | 11.08 | 11.16 | | | | |
| | | | 홈/원정 | 원정 | 홈 | 원정 | 홈 | 홈 | 원정 | | | | |
| | | | 장 소 | 광주W | 대구 | 고양 | 대구 | 대구 | 안양 | | | | |
| | | | 상 대 | 광주 | 안산 | 고양 | 강원 | 충주 | 안양 | | | | |
| | | | 결 과 | 패 | 패 | 승 | 승 | 패 | 무 | | | | |
| | | | 점 수 | 1:2 | 1:2 | 4:2 | 6:1 | 1:2 | 2:2 | | | | |
| | | | 승 점 | 40 | 40 | 43 | 46 | 46 | 47 | | | | |
| | | | 순 위 | 8 | 8 | 7 | 7 | 7 | 7 | | | | |
| | | | 슈팅수 | 5:15 | 14:11 | 9:15 | 17:15 | 19:10 | 10:19 | | | | |
| GK | 1 | 이 양 종 | | | | | | | | | | | |
| | 21 | 조 현 우 | | ○ 0/0 | ○ 0/0 | ○ 0/0 | ○ 0/0 | ○ 0/0 | ○ 0/0 C | | | | |
| | 31 | 박 민 선 | | | | | | | | | | | |
| DF | 2 | 금 교 진 | | | | | | | | | | | |
| | 3 | 박 성 용 | | | ○ 0/0 | | | | ○ 0/0 | | | | |
| | 6 | 노 행 석 | | ○ 0/0 C | | ○ 0/0 C | ○ 0/0 | ○ 0/0 | △ 0/0 | | | | |
| | 8 | 허 재 원 | | ○ 0/0 C | ○ 0/0 | ○ 0/0 C | ○ 0/1 | ○ 0/0 | ▽ 0/0 | | | | |
| | 13 | 조 영 훈 | | | | | | | | | | | |
| | 15 | 김 주 빈 | | | | | | | | | | | |
| | 16 | 김 동 진 | | | | | | | ○ 0/0 C | | | | |
| | 22 | 이 준 희 | | ○ 0/0 C | ○ 0/0 | ○ 0/1 | ○ 0/0 | ○ 0/0 C | | | | | |
| | 24 | 박 종 진 | | ○ 0/0 | △ 0/0 | | | | | | | | |
| | 81 | 최 원 권 | | ○ 0/0 | ○ 0/0 | ○ 0/0 | ○ 0/0 | ○ 1/0 C | ○ 0/0 | | | | |
| MF | 9 | 김 대 열 | | ▽ 0/0 | | ▽ 0/0 | ○ 0/0 | ○ 0/0 | ○ 1/0 | | | | |
| | 10 | 황 순 민 | | ○ 0/0 | ○ 0/0 | ○ 1/0 | ○ 0/1 | ○ 0/0 C | | | | | |
| | 11 | 신 창 무 | | | | | △ 0/0 | | | | | | |
| | 14 | 김 귀 현 | | | ▽ 0/0 | △ 1/0 | △ 0/0 | | | | | | |
| | 18 | 이 동 명 | | | | | | | | | | | |
| | 20 | 안 상 현 | | ○ 0/0 | ○ 0/0 | ○ 0/0 | ○ 0/0 | ○ 0/1 | ○ 0/0 | | | | |
| FW | 7 | 조 형 익 | | △ 0/0 | △ 0/0 | △ 0/0 | | | | | | | |
| | 17 | 노 병 준 | | | ▽ 0/0 | ○ 0/1 | ▽ 2/0 | ○ 0/0 C | ○ 0/2 | | | | |
| | 19 | 장 백 규 | | | | △ 1/0 | ▽ 0/1 | ▽ 0/1 | ○ 0/0 | | | | |
| | 25 | 마 테 우 스 | | ▽ 1/0 | ▽ 0/0 | ▽ 0/1 | | △ 0/0 | △ 0/0 | | | | |
| | 26 | 윤 영 승 | | | | | | | | | | | |
| | 27 | 김 홍 일 | | | | | | | | | | | |
| | 30 | 한 승 엽 | | | | | | | | | | | |
| | 33 | 정 대 교 | | △ 0/0 | △ 0/0 | | △ 0/0 | | ▽ 0/0 | | | | |
| | 77 | 인 준 연 | | | | | | | | | | | |
| | 80 | 네 벨 톤 | | | | | | | | | | | |
| | 99 | 조 나 탄 | | ○ 0/0 | ○ 1/0 | ▽ 1/0 | ▽ 4/0 | ○ 0/0 | ○ 1/0 | | | | |

# 고 양 Hi FC

**창단년도_** 1999년
**전화_** 031-923-4642/4630
**팩스_** 031-923-4631
**홈페이지_** www.gyhifc.com
**주소_** 우 411-807 경기도 고양시 일산서구 중앙로 1601(대화동
2320) 고양종합운동장 내
Goyang Sports Complex, 1601 Joongang-ro, Ilsanseo-
gu, Kyeonggi-do, KOREA 411-807

## 연혁

| | |
|---|---|
| 2006 | 제54회 대통령배 전국축구대회 우승 |
| | 생명과학기업 STC 컵 2006 내셔널 후기리그 우승 |
| | 생명과학기업 STC 컵 2006 내셔널리그 통합 준우승 |
| 2007 | 안산할렐루야축구단 유소년 창단 |
| 2008 | 내셔널 선수권 대회 준우승 |
| 2009 | 제33회 태국 퀸스컵 국제축구대회 우승 |
| 2010 | 다문화가정과 함께하는 자선축구경기 |
| | (국가대표 올스타팀 vs 안산할렐루야축구단) |
| 2010 | 다문화 M키즈 유소년FC 창단 |
| 2012 | 안산 H FC 팀 명칭 변경 |
| | 고양시 연고지 체결 |
| | K리그(챌린저) 고양 Hi FC 출범 |
| 2013 | 프로구단 최초 예비 사회적 기업 인증 |
| 2014 | 고양 Hi FC 유소년 U-12, 15, 18 육성반 창단 |
| | 삼성 꿈나무 장학재단과 함께하는 '하이드림' 창단 |
| | 기획재정부지정 지정기부금단체 선정 |
| | 스포츠마케팅어워드코리아 2014 '올해의 스포츠 마케터 대상' 수상 |

## 고양 Hi FC 2014년 선수명단

이사장_ 정성진 단장_ 이웅규 부단장_ 김대웅, 최수남
기술위원장_ 이영무 감독대행_ 이성길 주무_ 김학수 의무트레이너_ 윤찬희 팀닥터_ 김창원

| 포지션 | 선수명 | | 생년월일 | 출신교 | 키(cm)/ 몸무게(kg) |
|---|---|---|---|---|---|
| GK | 강진웅 | 姜珍熊 | 1985.05.01 | 선문대 | 184 / 82 |
| | 여명용 | 呂明龍 | 1987.06.11 | 한양대 | 190 / 82 |
| | 정규민 | 鄭揆玟 | 1995.04.01 | 서해고 | 192 / 77 |
| DF | 이세환 | 李世煥 | 1986.04.21 | 고려대 | 180 / 75 |
| | 최병도 | 崔炳燾 | 1984.01.18 | 경기대 | 185 / 77 |
| | 황규범 | 黃圭範 | 1989.08.30 | 경희고 | 176 / 66 |
| | 여효진 | 余孝珍 | 1983.04.25 | 고려대 | 188 / 82 |
| | 배민호 | 裵珉浩 | 1991.10.25 | 한양대 | 175 / 73 |
| | 이훈 | 李勳 | 1991.04.02 | 아주대 | 185 / 79 |
| | 안현식 | 安現植 | 1987.04.24 | 연세대 | 182 / 74 |
| MF | 오기재 | 吳起在 | 1983.09.26 | 영남대 | 182 / 75 |
| | 윤동헌 | 尹東憲 | 1983.05.02 | 고려대 | 173 / 68 |
| | 신재필 | 申在必 | 1982.05.25 | 안양공고 | 180 / 74 |
| | 이도성 | 李道成 | 1984.03.22 | 배재대 | 170 / 60 |
| | 김상균 | 金相均 | 1991.02.13 | 동신대 | 182 / 74 |
| | 최봉균 | 崔奉均 | 1991.06.24 | 한양대 | 173 / 67 |
| | 주민규 | 朱珉奎 | 1990.04.13 | 한양대 | 183 / 82 |
| FW | 정민무 | 鄭旻武 | 1985.03.03 | 포철공고 | 173 / 70 |
| | 이광재 | 李珖載 | 1980.01.01 | 대구대 | 185 / 77 |
| | 한빛 | 韓빛 | 1992.03.17 | 건국대 | 181 / 74 |
| | 박병원 | 朴炳元 | 1983.09.02 | 경기대 | 176 / 73 |
| | 박성호 | 朴成皞 | 1992.05.18 | 호남대 | 178 / 74 |
| | 김지웅 | 金知雄 | 1989.01.14 | 경희대 | 176 / 72 |
| | 이성재 | 李成宰 | 1987.09.16 | 위덕대 | 177 / 74 |
| | 호니 | Roniere Jose da Silva Filho | 1986.04.23 | 브라질 | 180 / 74 |
| | 마이콘 | Maycon Carvalho Inez | 1986.07.21 | 브라질 | 182 / 78 |

# 고양 Hi FC 2014년 개인기록 _ K리그 챌린지

| 위치 | 배번 | 경기번호 | 05 | 09 | 15 | 16 | 27 | 31 | 37 | 42 | 47 | 55 |
|---|---|---|---|---|---|---|---|---|---|---|---|---|
| | | 날짜 | 03.23 | 03.30 | 04.06 | 04.12 | 04.26 | 05.03 | 05.10 | 05.14 | 05.17 | 05.26 |
| | | 홈/원정 | 홈 | 원정 | 원정 | 홈 | 홈 | 원정 | 원정 | 홈 | 원정 | 홈 |
| | | 장소 | 고양 | 대전 W | 대구 | 고양 | 고양 | 광주 W | 부천 | 고양 | 수원 W | 고양 |
| | | 상대 | 안양 | 대전 | 대구 | 수원FC | 충주 | 광주 | 부천 | 강원 | 수원FC | 안산 |
| | | 결과 | 무 | 패 | 승 | 승 | 무 | 승 | 패 | 패 | 무 | 승 |
| | | 점수 | 1:1 | 1:4 | 1:0 | 1:0 | 1:1 | 2:1 | 0:1 | 2:3 | 1:1 | 2:0 |
| | | 승점 | 1 | 1 | 4 | 7 | 8 | 11 | 11 | 11 | 12 | 15 |
| | | 순위 | 5 | 8 | 7 | 3 | 5 | 3 | 5 | 5 | 5 | 3 |
| | | 슈팅수 | 5:11 | 14:13 | 13:9 | 4:19 | 12:9 | 7:10 | 9:10 | 14:16 | 19:16 | 16:5 |
| GK | 1 | 강진웅 | ○ 0/0 | ○ 0/0 | | | | | | ▽ 0/0 | | |
| | 23 | 여명용 | | | ○ 0/0 C | ○ 0/0 C | ○ 0/0 | ○ 0/0 | ○ 0/0 | △ 0/0 | ○ 0/0 | ○ 0/0 |
| DF | 2 | 이세환 | ▽ 0/0 | | | △ 0/0 | ○ 0/0 | ▽ 0/0 C | ○ 0/0 | ○ 0/0 | | ○ 0/0 |
| | 3 | 배민호 | | | | ○ 0/0 | ○ 0/0 | ○ 0/0 C | ○ 0/0 | | ○ 0/0 | |
| | 4 | 최병도 | | | △ 0/0 | ○ 0/0 | ○ 0/0 | ○ 0/0 | ▽ 0/0 | ○ 0/0 | ○ 0/0 | ○ 0/0 |
| | 5 | 이 훈 | ○ 0/0 | ○ 0/0 | | | | | | | | |
| | 8 | 신재필 | | △ 0/0 | ○ 0/0 S | | ○ 0/0 | ▽ 0/0 | ▽ 0/0 | ▽ 0/0 | | ▽ 0/0 |
| | 19 | 여효진 | ○ 0/0 | ○ 0/0 | ○ 0/0 | ○ 0/0 | ○ 0/0 | ○ 0/0 | ○ 0/0 C | ○ 0/0 C | | ○ 0/0 C |
| | 20 | 오기재 | ○ 0/0 | ▽ 0/0 | ○ 0/0 | | | | | | | |
| | 22 | 황규범 | △ 0/0 C | ○ 0/0 | ○ 0/0 | ▽ 0/0 | | △ 0/0 | | | | ○ 0/0 |
| | 25 | 안현식 | | | | | ▽ 0/0 | | △ 0/0 | | ○ 0/0 C | |
| MF | 6 | 김상균 | | | | | | | | | | |
| | 7 | 이도성 | ○ 0/1 | ▽ 0/0 | △ 0/0 | ○ 0/0 | ○ 0/0 | ○ 0/0 | ○ 0/0 | ○ 0/0 | ○ 0/0 | ○ 0/0 |
| | 15 | 박병원 | ▽ 0/0 | ▽ 0/0 | ○ 0/0 | ▽ 0/1 | ▽ 0/0 | ▽ 0/0 | ○ 0/0 | ○ 0/0 | ○ 0/0 | ▽ 0/1 C |
| | 18 | 주민규 | ▽ 0/0 | ○ 1/0 | ○ 0/0 C | ○ 0/0 CC | | ○ 0/0 | | ○ 1/0 | ○ 0/1 C | |
| | 21 | 윤동헌 | ○ 0/0 | ○ 0/0 | ▽ 0/0 | | △ 0/0 | △ 0/0 | △ 0/1 | △ 0/0 | | △ 0/0 |
| FW | 9 | 마이콘 | | | | | | | | | | |
| | 10 | 호 니 | ○ 0/0 | ○ 0/0 | ▽ 0/0 | ▽ 0/0 | △ 1/0 | | | ▽ 0/0 | ▽ 0/0 | |
| | 11 | 정민무 | △ 0/0 | | △ 0/0 | | | ▽ 0/0 | | | △ 0/0 C | ▽ 0/0 |
| | 13 | 한 빛 | | | △ 0/0 | | △ 0/0 | ○ 0/0 | | ▽ 0/0 | | △ 0/0 | △ 0/0 |
| | 14 | 이성재 | △ 1/0 C | △ 0/0 | ▽ 0/0 C | ○ 0/0 | ▽ 0/0 | | | | | |
| | 17 | 이광재 | | | | △ 0/0 | △ 0/0 | △ 0/0 | △ 0/0 | △ 0/0 | △ 0/0 | △ 0/1 |
| | 24 | 박성호 | | | | | | | | | | |
| | 30 | 김지웅 | | | | | | | | | | |
| | 88 | 알렉스 | ○ 0/0 | ○ 0/0 | ○ 1/0 | ○ 1/0 | ○ 0/1 | ○ 2/0 | ○ 0/0 | ○ 1/1 | ○ 1/0 | ○ 2/0 |

선수자료 : 득점/도움   ¤ = 대기   ○ = 선발출장   △ = 교체 IN   ▽ = 교체 OUT   ◈ = 교체 IN/OUT   C = 경고   S = 퇴장

| 위치 | 배번 | | 56 | 61 | 68 | 72 | 77 | 82 | 86 | 93 | 99 | 102 |
|---|---|---|---|---|---|---|---|---|---|---|---|---|
| | | 경기번호 | 56 | 61 | 68 | 72 | 77 | 82 | 86 | 93 | 99 | 102 |
| | | 날짜 | 05.31 | 06.06 | 06.15 | 06.21 | 06.28 | 07.05 | 07.12 | 07.20 | 07.27 | 08.09 |
| | | 홈/원정 | 홈 | 원정 | 홈 | 원정 | 홈 | 홈 | 원정 | 홈 | 홈 | 원정 |
| | | 장소 | 고양 | 안양 | 고양 | 충주 | 고양 | 고양 | 춘천 | 고양 | 고양 | 대전W |
| | | 상대 | 대전 | 안양 | 대구 | 충주 | 부천 | 광주 | 강원 | 충주 | 수원FC | 대전 |
| | | 결과 | 무 | 패 | 패 | 무 | 승 | 패 | 승 | 승 | 패 | 패 |
| | | 점수 | 0:0 | 1:3 | 1:2 | 2:2 | 1:0 | 2:4 | 1:0 | 3:1 | 0:3 | 0:1 |
| | | 승점 | 16 | 16 | 16 | 17 | 20 | 20 | 23 | 26 | 26 | 26 |
| | | 순위 | 2 | 4 | 6 | 6 | 5 | 7 | 5 | 3 | 4 | 6 |
| | | 슈팅수 | 10:12 | 12:16 | 11:13 | 11:14 | 12:9 | 8:13 | 8:13 | 12:16 | 18:9 | 15:15 |
| GK | 1 | 강진웅 | | | | ○ 0/0 | ○ 0/0 | ○ 0/0 | ○ 0/0 | ○ 0/0 | ○ 0/0 | |
| | 23 | 여명용 | ○ 0/0 | ○ 0/0 | | | ○ 0/0 C | | | | | ○ 0/0 |
| DF | 2 | 이세환 | ○ 0/0 C | | ○ 0/0 | ○ 0/0 | ○ 0/0 C | | ○ 0/0 | ○ 0/0 | | ○ 0/0 |
| | 3 | 배민호 | | ▽ 0/0 | | △ 0/0 | | ○ 0/0 | ○ 0/0 | | △ 0/0 | |
| | 4 | 최병도 | ○ 0/0 | ○ 0/0 | ○ 0/0 | ○ 0/0 | ○ 0/0 | ○ 0/0 | ○ 0/1 C | ○ 0/1 | | ○ 0/0 |
| | 5 | 이 훈 | | | | | △ 0/0 | | △ 0/0 | △ 0/0 | | |
| | 8 | 신재필 | | | | | | | | | | |
| | 19 | 여효진 | ○ 0/0 | ○ 0/0 | ○ 0/0 | ○ 0/0 C | ○ 0/0 | ○ 0/0 C | | | ▽ 0/0 | |
| | 20 | 오기재 | | | | | | △ 0/0 | ▽ 0/0 | ▽ 0/0 | ▽ 0/0 | ▽ 0/0 C |
| | 22 | 황규범 | ○ 0/0 | ○ 0/0 | ○ 0/0 | ▽ 0/0 | ○ 0/0 C | ○ 0/0 C | | | | |
| | 25 | 안현식 | △ 0/0 | ○ 0/0 | | | | △ 0/0 | ○ 0/0 | ○ 0/0 | | ○ 0/0 C |
| MF | 6 | 김상균 | | | | | | | | | | |
| | 7 | 이도성 | ○ 0/0 | ○ 0/0 C | ○ 0/0 | ○ 0/0 C | ○ 0/0 C | | ○ 0/0 | 1/0 | ○ 0/0 C | ○ 0/0 |
| | 15 | 박병원 | ▽ 0/0 | ▽ 0/0 | ▽ 0/0 | ▽ 0/0 | ▽ 0/0 | ▽ 0/0 C | ▽ 0/0 | ▽ 0/1 | ▽ 0/0 | ▽ 0/0 |
| | 18 | 주민규 | ○ 0/0 | ○ 0/0 C | | ○ 0/0 | ○ 0/0 | | ○ 1/0 | | | |
| | 21 | 윤동헌 | △ 0/0 | △ 0/0 | ○ 0/0 | ○ 0/0 C | ▽ 1/0 | ○ 1/0 | ▽ 0/0 | ○ 0/1 | | ▽ 0/0 |
| FW | 9 | 마이콘 | | | | | | | | | △ 0/0 | △ 0/0 |
| | 10 | 호 니 | | △ 1/0 | ▽ 0/0 | △ 0/1 | △ 0/0 | △ 0/0 | △ 0/0 | | | △ 0/0 |
| | 11 | 정민무 | ▽ 0/0 C | | | △ 0/1 | ▽ 0/0 | | | ○ 1/0 | ▽ 0/0 | △ 0/0 |
| | 13 | 한 빛 | ▽ 0/0 | △ 0/0 | △ 0/0 | | | ▽ 0/0 | ▽ 0/0 C | △ 0/0 C | △ 1/0 | |
| | 14 | 이성재 | | | | | | △ 0/0 | ▽ 0/0 | ▽ 0/0 | △ 0/0 | |
| | 17 | 이광재 | △ 0/0 C | ▽ 0/0 | ○ 0/0 | △ 0/1 | ○ 0/1 C | ○ 0/1 | | | △ 0/0 | ▽ 0/0 |
| | 24 | 박성호 | | | | | | | | | | |
| | 30 | 김지웅 | | | | | | | | | | |
| | 88 | 알렉스 | ○ 0/0 | ○ 0/1 | ○ 1/0 C | ○ 2/0 | | | | | | |

| 위치 | 배번 | | 경기번호 | 108 | 115 | 117 | 122 | 127 | 135 | 138 | 145 | 146 | 151 |
|---|---|---|---|---|---|---|---|---|---|---|---|---|---|
| | | | 날 짜 | 08.16 | 08.25 | 08.30 | 09.06 | 09.13 | 09.17 | 09.20 | 09.28 | 10.04 | 10.11 |
| | | | 홈/원정 | 홈 | 원정 | 홈 | 원정 | 원정 | 원정 | 원정 | 원정 | 홈 | 홈 |
| | | | 장 소 | 고양 | 안산 | 고양 | 대구 | 광주W | 부천 | 안양 | 수원W | 고양 | 고양 |
| | | | 상 대 | 강원 | 안산 | 안양 | 대구 | 광주 | 부천 | 안양 | 수원FC | 대전 | 부천 |
| | | | 결 과 | 무 | 무 | 패 | 승 | 무 | 승 | 승 | 무 | 무 | 무 |
| | | | 점 수 | 0:0 | 1:1 | 1:2 | 1:0 | 1:1 | 1:0 | 1:0 | 1:1 | 2:2 | 0:0 |
| | | | 승 점 | 27 | 28 | 28 | 31 | 32 | 35 | 38 | 39 | 40 | 41 |
| | | | 순 위 | 7 | 7 | 7 | 7 | 7 | 7 | 4 | 7 | 8 | 7 |
| | | | 슈팅수 | 5:6 | 9:11 | 20:19 | 13:13 | 8:16 | 15:14 | 7:8 | 3:11 | 9:10 | 3:12 |
| GK | 1 | 강 진 웅 | | | | | ○ 0/0 | ○ 0/0 | | | | | ○ 0/0 |
| | 23 | 여 명 용 | | ○ 0/0 | ○ 0/0 | ○ 0/0 | | | | ○ 0/0 | ○ 0/0 C | ○ 0/0 | ○ 0/0 |
| DF | 2 | 이 세 환 | | ○ 0/0 | ○ 0/0 C | ○ 0/0 | ○ 0/0 | ○ 0/0 C | | ○ 0/0 | | | |
| | 3 | 배 민 호 | | | △ 0/0 | | | | ○ 0/0 | △ 0/0 | ▽ 0/0 | | ○ 0/0 |
| | 4 | 최 병 도 | | ○ 0/0 | ○ 0/0 | ○ 0/0 | ○ 0/0 | ○ 0/0 | ○ 1/0 | ○ 0/0 | ○ 0/0 | ○ 0/0 C | ○ 0/0 |
| | 5 | 이 훈 | | | | | △ 0/0 | | △ 0/0 | | | | ○ 0/0 |
| | 8 | 신 재 필 | | | | | △ 0/0 | | | ▽ 0/0 C | | | ▽ 0/0 |
| | 19 | 여 효 진 | | ○ 0/0 C | ○ 0/0 C | ○ 0/0 | | △ 0/0 C | | ○ 0/0 | ○ 0/0 | ○ 1/0 | ○ 0/0 C |
| | 20 | 오 기 재 | | | ▽ 0/0 | ○ 0/0 C | ▽ 0/0 | ○ 0/0 | ▽ 0/0 C | | ○ 0/0 C | ○ 0/0 | ○ 0/0 |
| | 22 | 황 규 범 | | | | | ▽ 0/0 | ○ 0/0 C | | ○ 0/0 | | ○ 0/0 C | |
| | 25 | 안 현 식 | | ○ 0/0 | ○ 0/0 C | | ○ 0/0 C | ○ 0/0 | | | | | |
| MF | 6 | 김 상 균 | | | | | | △ 0/0 | | | | | |
| | 7 | 이 도 성 | | ○ 0/0 | ○ 0/0 | ○ 0/0 | ○ 0/0 C | ○ 0/0 | ○ 0/0 C | ○ 0/0 | ○ 0/0 | ○ 0/0 C | ○ 0/0 |
| | 15 | 박 병 원 | | ○ 0/0 | ○ 1/0 | ○ 0/0 | ○ 1/0 | ○ 0/0 | ○ 0/0 | ○ 0/0 | ▽ 1/0 | ○ 0/0 | ▽ 0/0 |
| | 18 | 주 민 규 | | ○ 0/0 | ○ 0/0 | ○ 0/0 | ○ 1/0 | ○ 0/0 | △ 0/0 | | ◆ 0/0 | | △ 0/0 |
| | 21 | 윤 동 헌 | | ○ 0/0 | ▽ 0/1 | ▽ 0/0 | ▽ 0/0 | ○ 0/0 | ▽ 0/0 | ○ 0/1 | ○ 0/0 | ▽ 0/1 | ▽ 0/0 |
| FW | 9 | 마 이 콘 | | △ 0/0 | | | | | | | | | |
| | 10 | 호 니 | | | △ 0/0 | | △ 0/0 | ◆ 0/0 | | | △ 0/0 | △ 0/0 | |
| | 11 | 정 민 무 | | ▽ 0/0 | ▽ 0/0 | ▽ 0/0 | ▽ 0/0 | ▽ 0/0 C | | | | | |
| | 13 | 한 빛 | | | | | | | | | | | △ 0/0 |
| | 14 | 이 성 재 | | △ 0/0 | △ 0/0 | △ 1/0 C | | | | ○ 0/0 | △ 0/0 | | |
| | 17 | 이 광 재 | | ▽ 0/0 | △ 0/0 | △ 0/0 | | | ▽ 0/0 | ▽ 1/0 | ○ 0/0 | ○ 1/0 C | |
| | 24 | 박 성 호 | | | | | | | | | | | △ 0/0 |
| | 30 | 김 지 웅 | | | | | | | | | | △ 0/0 S | |
| | 88 | 알 렉 스 | | | | | | | | | | | |

선수자료 : 득점/도움  ☲ = 대기  ○ = 선발출장  △ = 교체 IN  ▽ = 교체 OUT  ◆ = 교체 IN/OUT  C = 경고  S = 퇴장

| 위치 | 배번 | 이름 | 25 | 157 | 164 | 170 | 175 | 176 |
|---|---|---|---|---|---|---|---|---|
| | | 경기번호 | 25 | 157 | 164 | 170 | 175 | 176 |
| | | 날짜 | 10.15 | 10.18 | 10.26 | 11.02 | 11.09 | 11.16 |
| | | 홈/원정 | 원정 | 원정 | 홈 | 원정 | 홈 | 홈 |
| | | 장소 | 안산 | 원주 | 고양 | 충주 | 고양 | 고양 |
| | | 상대 | 안산 | 강원 | 대구 | 충주 | 안산 | 광주 |
| | | 결과 | 무 | 패 | 패 | 무 | 승 | 무 |
| | | 점수 | 0 : 0 | 0 : 1 | 2 : 4 | 0 : 0 | 2 : 1 | 0 : 0 |
| | | 승점 | 42 | 42 | 42 | 43 | 46 | 47 |
| | | 순위 | 6 | 6 | 8 | 8 | 8 | 8 |
| | | 슈팅수 | 7 : 6 | 5 : 16 | 15 : 9 | 5 : 13 | 10 : 10 | 5 : 9 |
| GK | 1 | 강진웅 | ○ 0/0 | ○ 0/0 | | ○ 0/0 | ○ 0/0 | ○ 0/0 |
| | 23 | 여명용 | | | ○ 0/0 | | | |
| DF | 2 | 이세환 | | | | ○ 0/0 | ○ 1/0 | ○ 0/0 |
| | 3 | 배민호 | ○ 0/0 | ○ 0/0 | | | | |
| | 4 | 최병도 | ○ 0/0 | ○ 0/0 | ○ 0/0 | ○ 0/0 | ○ 0/0 | ○ 0/0 |
| | 5 | 이 훈 | △ 0/0 | | | | | |
| | 8 | 신재필 | | △ 0/0 | | △ 0/0 | △ 0/0 | △ 0/0 |
| | 19 | 여호진 | ▽ 0/0 | | | ▽ 0/0 | ○ 0/1 C | ▽ 0/0 C |
| | 20 | 오기재 | ○ 0/0 C | ▽ 0/0 | ▽ 0/0 | ▽ 0/0 | ○ 0/1 | ○ 0/0 |
| | 22 | 황규범 | ▽ 0/0 | ○ 0/0 C | ○ 0/0 | ○ 0/0 | ○ 0/0 C | ○ 0/0 |
| | 25 | 안현식 | ○ 0/0 | ○ 0/0 | ○ 0/0 | ○ 0/0 | ○ 0/0 | ○ 0/0 |
| MF | 6 | 김상균 | | | | △ 0/0 | | |
| | 7 | 이도성 | ○ 0/0 | ○ 0/0 C | ○ 0/0 C | | ▽ 0/0 C | ○ 0/0 |
| | 15 | 박병원 | ○ 0/0 | ○ 0/0 | ○ 0/0 | ○ 0/0 | | |
| | 18 | 주민규 | △ 0/0 | △ 0/0 | ○ 1/0 | | | |
| | 21 | 윤동헌 | ▽ 0/0 | | ○ 1/0 | ○ 0/0 | ▽ 0/0 | ▽ 0/0 |
| FW | 9 | 마이콘 | | | | | | |
| | 10 | 호 니 | | | △ 0/0 | | | |
| | 11 | 정민무 | | | | | | |
| | 13 | 한 빛 | | ▽ 0/0 | △ 0/0 | | | |
| | 14 | 이성재 | | △ 0/0 CC | | | | |
| | 17 | 이광재 | ○ 0/0 | ○ 0/0 | ▽ 0/0 | ○ 0/0 | ○ 0/0 | ○ 0/0 |
| | 24 | 박성호 | △ 0/0 | ▽ 0/0 | | | △ 0/0 | △ 0/0 |
| | 30 | 김지웅 | | | | ○ 0/0 | ○ 1/0 | ○ 0/0 |
| | 88 | 알렉스 | | | | | | |

# 충 주 험 멜

창단년도_ 1999년
전화_ 043-723-2090~1
팩스_ 043-723-2092
홈페이지_ www.hummelfc.com
주소_ 우 380-950 충청북도 충주시 예성로 266 충주종합운동장
　　　 Chungju Sports Complex, 266, Yeseong-ro, Chungju-si,
　　　 Chungcheongbuk-do, KOREA 380-950

## 연혁

| | |
|---|---|
| 1999 | 험멜코리아 축구단 창단 |
| | 제1대 구단주 취임 |
| 2000 | 대통령배 8강 |
| | 서울시장기배 우승 |
| | 전국체전 서울대표 |
| 2001 | 대통령배 8강 |
| 2002 | 덴마크 험멜컵 준우승 |
| 2003 | 대통령배 24강 |
| | K2리그 참가, K2 후기리그 6위 |
| | 전국체전 3위(동메달) |

| | |
|---|---|
| 2010 | 충주시와 연고체결 |
| 2012 | 1만 4,000여 명 관중동원(내셔널리그 역대 최다기록) |
| | 프로 전환 선언 |
| | 프로축구연맹으로부터 공식2부리그 참가 승인 |
| 2013 | 충주 험멜 프로축구단 창단식 |
| | 초대 이재철 감독 취임 |
| | 제2대 김종필 감독 취임 |
| 2014 | 마스코트 '충이 & 메리' 탄생 |

**충주 험멜 2014년 선수명단**

구단주_ 변석화  단장_ 한규정  부단장_ 최석락  사무국장_ 장재현,
감독_ 김종필  플레잉코치_ 김효일  플레잉GK코치_ 이정래  의무트레이너_ 이로운  주무_ 한상규  통역_ 이영훈

| 포지션 | 선수명 | | 생년월일 | 출신교 | 키(cm) / 몸무게(kg) |
|---|---|---|---|---|---|
| GK | 황 성 민 | 金 承 奎 | 1991.06.23 | 한남대 | 188 / 83 |
| | 박 청 효 | 朴 靑 孝 | 1990.02.13 | 연세대 | 188 / 78 |
| | 이 진 규 | 李 眞 奎 | 1988.05.20 | 동의대 | 190 / 79 |
| DF | 이 민 규 | 李 敏 圭 | 1989.01.06 | 홍익대 | 176 / 68 |
| | 유 종 현 | 劉 宗 賢 | 1988.03.14 | 건국대 | 195 / 90 |
| | 박 희 성 | 朴 喜 成 | 1990.03.22 | 원광대 | 183 / 76 |
| | 김 재 훈 | 金 載 薰 | 1988.02.21 | 건국대 | 185 / 79 |
| | 박 요 한 | 朴 요 한 | 1989.01.16 | 연세대 | 177 / 73 |
| | 박 태 수 | 朴 太 洙 | 1989.12.01 | 홍익대 | 185 / 79 |
| | 한 상 학 | 韓 尙 學 | 1990.07.16 | 숭실대 | 192 / 87 |
| | 오 태 환 | 吳 泰 煥 | 1984.10.25 | 경희대 | 184 / 80 |
| | 이 택 기 | 李 宅 基 | 1989.03.31 | 아주대 | 186 / 77 |
| | 송 민 국 | 宋 旻 鞠 | 1985.04.25 | 광운대 | 182 / 70 |
| | 이 승 현 | 李 勝 賢 | 1989.10.27 | 한민대 | 185 / 75 |
| | 김 한 빈 | 金 漢 彬 | 1991.03.31 | 선문대 | 173 / 67 |
| | 이 재 원 | 李 在 源 | 1992.06.02 | 남부대 | 191 / 83 |
| | 권 현 민 | 權 賢 旼 | 1991.04.11 | 대구대 | 178 / 73 |
| | 하 파 엘 | Raphael Assis Martins Xavier | 1992.03.28 | *브라질 | 184 / 84 |
| | 노 연 빈 | 盧 然 彬 | 1990.04.02 | 청주대 | 179 / 71 |
| MF | 박 진 수 | 朴 鎭 琇 | 1987.03.01 | 고려대 | 181 / 78 |
| | 박 재 범 | 朴 宰 範 | 1988.03.14 | 호남대 | 179 / 72 |
| | 지 경 득 | 池 炅 得 | 1988.07.18 | 배재대 | 174 / 70 |
| | 최 승 호 | 崔 勝 瑚 | 1992.03.31 | 예원예술대 | 179 / 70 |
| | 이 준 호 | 李 準 鎬 | 1991.11.07 | 홍익대 | 173 / 65 |
| | 임 진 욱 | 林 珍 旭 | 1991.04.22 | 동국대 | 182 / 76 |
| | 변 웅 | 卞 雄 | 1986.05.07 | 울산대 | 175 / 71 |
| | 김 정 훈 | 金 正 訓 | 1991.12.23 | 관동대 | 175 / 68 |
| | 황 재 훈 | 黃 在 焄 | 1990.11.25 | 진주고 | 176 / 65 |
| | 치프리안 | Ciprian Vasilache | 1983.09.14 | *루마니아 | 174 / 70 |
| FW | 이 완 희 | 李 完 熙 | 1987.07.10 | 홍익대 | 188 / 85 |
| | 한 홍 규 | 韓 洪 奎 | 1990.07.26 | 성균관대 | 183 / 78 |
| | 정 성 민 | 鄭 成 民 | 1989.05.02 | 광운대 | 184 / 77 |
| | 황 훈 희 | 黃 勳 熙 | 1987.04.06 | 성균관대 | 177 / 73 |
| | 양 상 준 | 梁 相 俊 | 1988.11.21 | 홍익대 | 178 / 72 |
| | 김 성 민 | 金 成 民 | 1985.04.19 | 고려대 | 175 / 70 |
| | 김 주 형 | 金 柱 亨 | 1989.08.23 | 동의대 | 180 / 72 |
| | 깔 레 오 | Coelho Goncalves | 1995.09.22 | *브라질 | 180 / 84 |

## 충주 험멜 2014년 개인기록 _ K리그 챌린지

| 위치 | 배번 | 이름 | 04 | 08 | 11 | 17 | 22 | 27 | 35 | 40 | 50 | 54 |
|---|---|---|---|---|---|---|---|---|---|---|---|---|
| | | 경기번호 | 04 | 08 | 11 | 17 | 22 | 27 | 35 | 40 | 50 | 54 |
| | | 날짜 | 03.23 | 03.29 | 04.05 | 04.12 | 04.19 | 04.26 | 05.05 | 05.11 | 05.18 | 05.25 |
| | | 홈/원정 | 원정 | 홈 | 원정 | 홈 | 홈 | 원정 | 홈 | 홈 | 홈 | 원정 |
| | | 장소 | 부천 | 충주 | 광주W | 충주 | 충주 | 고양 | 충주 | 충주 | 충주 | 춘천 |
| | | 상대 | 부천 | 수원FC | 광주 | 대구 | 대전 | 고양 | 강원 | 안양 | 부천 | 강원 |
| | | 결과 | 승 | 무 | 무 | 패 | 패 | 무 | 패 | 승 | 패 | 패 |
| | | 점수 | 3 : 2 | 2 : 2 | 0 : 0 | 2 : 3 | 0 : 4 | 1 : 1 | 1 : 3 | 2 : 1 | 0 : 2 | 2 : 5 |
| | | 승점 | 3 | 4 | 5 | 5 | 5 | 6 | 6 | 9 | 9 | 9 |
| | | 순위 | 3 | 3 | 3 | 6 | 7 | 8 | 9 | 8 | 10 | 10 |
| | | 슈팅수 | 14 : 15 | 16 : 12 | 3 : 15 | 11 : 12 | 9 : 13 | 9 : 12 | 10 : 15 | 15 : 11 | 11 : 9 | 17 : 15 |
| GK | 1 | 황성민 | ○ 0/0 | ○ 0/0 | ○ 0/0 | ○ 0/0 | ○ 0/0 | ○ 0/0 | ○ 0/0 | ○ 0/0 | ○ 0/0 | ○ 0/0 |
| | 21 | 박청효 | | | | | | | | | | |
| | 79 | 이정래 | | | | | | | | | | |
| DF | 2 | 노연빈 | | △ 0/0 | ▽ 0/0 | | | | | | | |
| | 3 | 이민규 | ○ 0/0 C | ▽ 0/0 | △ 0/0 | ○ 0/0 | ▽ 0/0 | ▽ 0/0 | ○ 0/0 | | | ○ 0/0 C |
| | 5 | 유종현 | | | | △ 0/0 | ○ 0/0 | △ 0/0 | | ○ 0/0 | ○ 0/0 | ○ 0/0 |
| | 6 | 박희성 | | | | | | | | | | |
| | 7 | 김재훈 | ○ 0/0 | ○ 0/1 C | ○ 0/0 | ○ 0/0 | ○ 0/0 | ○ 0/0 | ▽ 0/0 | | | |
| | 11 | 박요한 | | | | | | △ 0/0 C | ▽ 0/0 | ○ 0/0 | | ○ 0/0 |
| | 15 | 박태수 | ○ 0/1 | | ○ 0/0 | ○ 0/0 C | ○ 0/0 | ○ 0/0 | ○ 0/0 | ○ 1/0 C | | ○ 0/0 C |
| | 18 | 한상학 | ▽ 0/0 | | | | | | | ▽ 1/0 C | ▽ 0/0 | |
| | 23 | 이택기 | | | | | | | | | | |
| | 27 | 김한빈 | | | △ 0/0 | | | △ 0/0 | | ○ 0/0 | | ○ 0/1 |
| | 34 | 김성현 | | | | ○ 0/0 | | | △ 0/0 | | | ○ 0/0 |
| | 36 | 김동권 | ○ 0/0 C | ○ 0/0 C | ○ 0/0 C | | ○ 0/0 | | ○ 0/0 CC | | | |
| | 92 | 하파엘 | | | | | | | | | | |
| MF | 4 | 박진수 | △ 0/0 | ○ 0/0 | ○ 0/0 | ○ 0/1 C | ○ 0/0 | ○ 0/0 | ○ 0/0 | | △ 0/0 | ○ 0/0 |
| | 14 | 지경득 | | | | | | | | | | |
| | 16 | 최승호 | | | | | | | | ○ 0/1 | ○ 0/0 | |
| | 17 | 이준호 | | | | | | | | | | |
| | 19 | 임진욱 | | | | | | | | | | ▽ 0/0 |
| | 21 | 양동협 | ▽ 0/0 | ○ 1/0 | ▽ 0/0 | ▽ 0/0 | ▽ 0/0 | ▽ 0/1 | ▽ 0/0 | | | |
| | 22 | 변 웅 | ○ 1/0 | ○ 0/0 | ○ 0/0 C | ○ 0/0 | ○ 0/0 | ○ 0/0 | ○ 0/0 C | △ 0/0 | | ○ 0/0 C |
| | 55 | 황재훈 | | | | | | | ▽ 0/0 | △ 0/0 | | ▽ 0/0 |
| | 83 | 치프리안 | | | | | | | | | | |
| FW | 8 | 이완희 | △ 1/0 | ○ 0/0 | ○ 0/0 | | | | | | | ○ 1/0 |
| | 9 | 한홍규 | ▽ 0/0 | ▽ 0/0 | ▽ 0/0 | ○ 2/0 | ▽ 0/0 | ▽ 0/0 | ▽ 1/0 | ▽ 0/0 | ○ 0/0 | ▽ 1/0 |
| | 10 | 정성민 | ○ 1/0 | ○ 1/0 | | | △ 0/0 | ○ 1/0 | ○ 0/0 | △ 0/0 | △ 0/0 | △ 0/0 |
| | 14 | 조준재 | ○ 0/1 | ○ 0/1 | ○ 0/0 | ○ 0/0 | ○ 0/0 | ○ 0/0 | ○ 0/0 | ○ 0/0 | | ▽ 0/0 |
| | 28 | 김정훈 | △ 0/0 | △ 0/0 | △ 0/0 | ◆ 0/0 | △ 0/0 | | △ 0/0 | | | △ 0/0 C |
| | 30 | 황훈희 | | | | △ 0/0 | | | | ○ 0/0 | △ 0/0 | |
| | 32 | 양상준 | | | | | | | | | | |
| | 34 | 김성민 | | | | ▽ 0/0 | | | | | | |
| | 35 | 박세환 | | | | | | | | | | △ 0/0 |
| | 95 | 깔레오 | | | | | | | | | | |

선수자료 : 득점/도움   ☆ = 대기   ○ = 선발출장   △ = 교체 IN   ▽ = 교체 OUT   ◆ = 교체 IN/OUT   C = 경고   S = 퇴장

| 위치 | 배번 | | 59 | 65 | 70 | 72 | 76 | 85 | 87 | 43 | 93 | 96 |
|---|---|---|---|---|---|---|---|---|---|---|---|---|
| | | 경기번호 | 59 | 65 | 70 | 72 | 76 | 85 | 87 | 43 | 93 | 96 |
| | | 날짜 | 06.01 | 06.08 | 06.16 | 06.21 | 06.28 | 07.07 | 07.12 | 07.16 | 07.20 | 07.26 |
| | | 홈/원정 | 홈 | 원정 | 원정 | 홈 | 원정 | 원정 | 원정 | 홈 | 원정 | 홈 |
| | | 장소 | 충주 | 대구 | 대전W | 충주 | 안양 | 안산 | 수원W | 충주 | 고양 | 충주 |
| | | 상대 | 광주 | 대구 | 대전 | 고양 | 안양 | 안산 | 수원FC | 안산 | 고양 | 대전 |
| | | 결과 | 무 | 패 | 패 | 무 | 승 | 무 | 무 | 무 | 패 | 패 |
| | | 점수 | 1:1 | 1:2 | 0:1 | 2:2 | 3:1 | 0:0 | 1:1 | 1:1 | 1:3 | 0:3 |
| | | 승점 | 10 | 10 | 10 | 11 | 14 | 15 | 16 | 17 | 17 | 17 |
| | | 순위 | 10 | 10 | 10 | 10 | 10 | 9 | 9 | 9 | 9 | 10 |
| | | 슈팅수 | 9:11 | 12:7 | 6:17 | 14:11 | 13:13 | 15:13 | 15:12 | 12:16 | 16:12 | 12:14 |
| GK | 1 | 황성민 | | | ○ 0/0 | ○ 0/0 | ○ 0/0 | | | | | |
| | 21 | 박청효 | | | | | | | | | | |
| | 79 | 이정래 | ○ 0/0 | ○ 0/0 | | | | ○ 0/0 | ○ 0/0 | ○ 0/0 | ○ 0/0 | ○ 0/0 C |
| DF | 2 | 노연빈 | | △ 0/0 | ○ 0/0 | ○ 0/0 | ○ 0/0 C | ○ 0/0 C | ○ 0/0 | | ○ 0/0 | ○ 0/0 |
| | 3 | 이민규 | | ○ 0/0 | | ○ 0/0 | | | | | | |
| | 5 | 유종현 | ○ 0/0 C | ○ 0/0 | ○ 0/0 | ○ 0/0 | ○ 0/0 | | | | | |
| | 6 | 박희성 | ○ 0/0 C | | | | | | | | | |
| | 7 | 김재훈 | ◆ 0/0 | | | | | | ○ 0/0 | ○ 0/0 | | |
| | 11 | 박요한 | ○ 0/1 | ○ 0/0 C | ○ 0/0 | ○ 0/0 | ○ 0/1 | ○ 0/0 | | | ○ 0/0 | ○ 0/0 |
| | 15 | 박태수 | ○ 0/0 C | ○ 0/0 C | ○ 0/0 C | | ○ 0/2 | ○ 0/0 | | | ○ 0/0 C | ○ 0/0 |
| | 18 | 한상학 | | | | ▽ 0/0 C | | | | | ○ 0/0 | |
| | 23 | 이택기 | | | | | | | | | | |
| | 27 | 김한빈 | ○ 0/0 | | | | | ○ 0/0 | | | | |
| | 34 | 김성현 | | | | | | | | | | |
| | 36 | 김동권 | | | | | | | | | | |
| | 92 | 하파엘 | | | | | | | | | | |
| MF | 4 | 박진수 | | ▽ 0/0 | △ 0/0 | △ 0/0 | △ 0/0 | | | | △ 0/0 | |
| | 14 | 지경득 | | | | | | △ 0/0 | ▽ 0/0 | ▽ 0/0 | ▽ 0/0 | |
| | 16 | 최승호 | ○ 0/0 | ○ 0/0 | | ○ 0/0 | ○ 0/0 | ○ 0/0 | ○ 0/0 | ○ 0/0 | △ 0/0 | △ 0/0 |
| | 17 | 이준호 | | | | | △ 0/0 | | △ 0/0 | △ 0/0 | | |
| | 19 | 임진욱 | ○ 0/0 | ○ 1/0 | ○ 0/0 | ▽ 1/0 | ▽ 0/0 | ▽ 0/0 | | | | ▽ 0/0 |
| | 21 | 양동협 | | | | | | | | | | |
| | 22 | 변 웅 | | ○ 0/0 | ▽ 0/0 | | | | | | | |
| | 55 | 황재훈 | | | | | | | | | | |
| | 83 | 치프리안 | | | | | | △ 0/0 | △ 0/0 | ▽ 0/0 C | | ○ 0/0 |
| FW | 8 | 이완희 | △ 1/0 | △ 0/0 | △ 0/0 | ▽ 0/1 | | ▽ 0/0 | ▽ 0/0 | △ 0/0 | ▽ 0/0 C | △ 0/0 |
| | 9 | 한홍규 | ▽ 0/0 C | ▽ 0/1 | ▽ 0/0 | △ 0/0 | ▽ 1/0 | △ 0/0 | △ 1/0 | ▽ 0/0 | ▽ 0/0 | ▽ 0/0 |
| | 10 | 정성민 | ○ 0/0 | | ○ 0/0 | ○ 0/0 | ○ 0/0 | ○ 0/0 | ○ 0/0 | | ○ 1/0 | ▽ 0/0 C |
| | 14 | 조준재 | | ▽ 0/0 | ▽ 0/0 | △ 0/0 | △ 1/0 | | | | | |
| | 28 | 김정훈 | | | | ○ 1/0 | ▽ 1/0 | ○ 0/0 | ○ 0/0 | ○ 1/0 C | ○ 0/1 | ○ 0/0 |
| | 30 | 황훈희 | ▽ 0/0 | | | | | | | | | |
| | 32 | 양상준 | | | | | | | | △ 0/0 | △ 0/0 | △ 0/0 |
| | 34 | 김성민 | | | | | | | | | | |
| | 35 | 박세환 | △ 0/0 | △ 0/0 | △ 0/0 | | | | | | | |
| | 95 | 깔레오 | | | | | | | | | | |

| 위치 | 배번 | 선수 | 104 | 107 | 114 | 119 | 121 | 126 | 131 | 136 | 143 | 149 |
|---|---|---|---|---|---|---|---|---|---|---|---|---|
| | | 날 짜 | 08.10 | 08.16 | 08.24 | 08.31 | 09.06 | 09.13 | 09.17 | 09.20 | 09.27 | 10.05 |
| | | 홈/원정 | 홈 | 원정 | 홈 | 원정 | 원정 | 홈 | 홈 | 원정 | 홈 | 원정 |
| | | 장 소 | 충주 | 광주W | 충주 | 안산 | 부천 | 충주 | 충주 | 대전W | 충주 | 원주 |
| | | 상 대 | 대구 | 광주 | 수원FC | 안산 | 부천 | 강원 | 안양 | 대전 | 안산 | 강원 |
| | | 결 과 | 무 | 무 | 무 | 패 | 무 | 패 | 승 | 무 | 무 | 패 |
| | | 점 수 | 1:1 | 0:0 | 0:0 | 0:2 | 0:0 | 0:1 | 4:1 | 1:1 | 2:2 | 0:1 |
| | | 승 점 | 18 | 19 | 20 | 20 | 21 | 21 | 24 | 25 | 26 | 26 |
| | | 순 위 | 10 | 10 | 9 | 9 | 9 | 9 | 9 | 9 | 9 | 9 |
| | | 슈팅수 | 14:11 | 11:10 | 19:14 | 13:10 | 8:7 | 7:7 | 19:9 | 15:13 | 14:7 | 12:9 |
| GK | 1 | 황성민 | ○0/0 | ○0/0 | ○0/0 | ○0/0 | ○0/0 C | | | | | |
| | 21 | 박청효 | | | | | | ○0/0 | ○0/0 | ○0/0 | ○0/0 | ○0/0 |
| | 79 | 이정래 | | | | | | | | | | |
| DF | 2 | 노연빈 | ○0/0 | ○0/0 | ○0/0 | ○0/0 C | ○0/0 | ○0/0 | 1/0 | ○0/0 | ○0/0 | ○0/0 |
| | 3 | 이민규 | | | | | | | | | | |
| | 5 | 유종현 | ○0/0 | ○0/0 | ○0/0 C | ○0/0 | ○0/0 | ○0/0 | ○0/0 C | | | |
| | 6 | 박희성 | | | | | | | | | | |
| | 7 | 김재훈 | | | | | ○0/0 | | | ○0/0 | | ○0/0 |
| | 11 | 박요한 | ○0/0 | ○0/0 | ○0/0 | ○0/0 | | ○0/0 | ○0/0 | | ○0/0 | △0/0 |
| | 15 | 박태수 | | | ○0/0 | ○0/0 | ○0/0 CC | | | ○0/1 C | ○0/0 | ▽0/0 |
| | 18 | 한상학 | | | | | | | | | | |
| | 23 | 이택기 | ○0/0 | ○0/0 | ○0/0 | ○0/0 | ○0/0 | ▽0/0 | | | | |
| | 27 | 김한빈 | ○0/1 | ○0/0 | | ○0/0 | ○0/0 C | ○0/0 | | | | |
| | 34 | 김성현 | | | | | | | | | | |
| | 36 | 김동권 | | | | | | | | | | |
| | 92 | 하파엘 | | | | | | △0/0 | | ○0/0 | | |
| MF | 4 | 박진수 | ○0/0 | ○0/0 | ▽0/0 | ○0/0 | ○0/0 C | ○0/0 | ○1/0 | ▽0/0 | | ○0/0 |
| | 14 | 지경득 | △0/0 | △0/0 | △0/0 | △0/0 | ▽0/0 | △0/0 | ▽0/2 | | ▽0/1 | |
| | 16 | 최승호 | | | | ○0/0 | ▽0/0 | ▽0/0 | △0/0 | △0/0 C | △0/0 C | ○0/0 C |
| | 17 | 이준호 | | | | | | | | △0/0 | | |
| | 19 | 임진욱 | ▽1/0 | ▽0/0 | ▽0/0 | ▽0/0 | ○0/0 | ○0/0 | ▽1/0 | ○1/0 | ○1/0 | ○0/0 |
| | 21 | 양동협 | | | | | | | | | | |
| | 22 | 변 웅 | △0/0 | △0/0 C | | | △0/0 | | | | △0/0 | |
| | 55 | 황재훈 | | | | | | | | | | |
| | 83 | 치프리안 | ○0/0 | ▽0/0 | ▽0/0 | △0/0 | △0/0 | | ▽0/0 C | ▽0/0 | ▽0/0 C | |
| FW | 8 | 이완희 | | | | | △0/0 | | | | | |
| | 9 | 한홍규 | | | △0/0 C | ▽0/0 C | | ▽0/0 | ▽0/0 | △0/0 | | △0/0 |
| | 10 | 정성민 | ▽0/0 | ▽0/0 | | ▽0/0 | | ○0/0 | ○1/0 | ▽0/0 | ○1/0 C | ▽0/0 |
| | 14 | 조준재 | | | | | | | | | | |
| | 28 | 김정훈 | ▽0/0 | ○0/0 | ○0/0 | ○0/0 C | | ▽0/0 | △0/0 | ▽0/0 | △0/0 | ▽0/0 |
| | 30 | 황훈희 | | | | | | | | | | |
| | 32 | 양상준 | | | | | | | | | | △0/0 |
| | 34 | 김성민 | | | | | | | | | | |
| | 35 | 박세환 | | | | | | | | | | |
| | 95 | 깔레오 | △0/0 | | △0/0 | | △0/0 | | △0/0 | △0/0 | | |

선수자료: 득점/도움   ☆ = 대기   ○ = 선발출장   △ = 교체 IN   ▽ = 교체 OUT   ◈ = 교체 IN/OUT   C = 경고   S = 퇴장

| 위치 | 배번 | | 경기번호 | 154 | 158 | 165 | 170 | 172 | 179 | | | | |
|---|---|---|---|---|---|---|---|---|---|---|---|---|---|
| | | | 날짜 | 10.12 | 10.18 | 10.26 | 11.02 | 11.08 | 11.16 | | | | |
| | | | 홈/원정 | 원정 | 홈 | 원정 | 홈 | 원정 | 홈 | | | | |
| | | | 장소 | 안양 | 충주 | 수원W | 충주 | 대구 | 충주 | | | | |
| | | | 상대 | 안양 | 광주 | 수원FC | 고양 | 대구 | 부천 | | | | |
| | | | 결과 | 패 | 승 | 패 | 무 | 승 | 무 | | | | |
| | | | 점수 | 1:4 | 2:1 | 0:3 | 0:0 | 2:1 | 1:1 | | | | |
| | | | 승점 | 26 | 29 | 29 | 30 | 33 | 34 | | | | |
| | | | 순위 | 9 | 9 | 9 | 9 | 9 | 9 | | | | |
| | | | 슈팅수 | 19:15 | 8:9 | 14:15 | 13:5 | 10:19 | 8:6 | | | | |
| GK | 1 | 황성민 | | | | | ○ 0/0 | ○ 0/0 | ○ 0/0 | | | | |
| | 21 | 박청효 | | ○ 0/0 | ○ 0/0 C | ○ 0/0 | | | | | | | |
| | 79 | 이정래 | | | | | | | | | | | |
| DF | 2 | 노연빈 | | | ○ 0/0 | ○ 0/0 C | ○ 0/0 | ○ 0/0 | ○ 0/0 | | | | |
| | 3 | 이민규 | | | | | | | | | | | |
| | 5 | 유종현 | | ○ 0/0 | ○ 1/0 | ○ 0/0 | ○ 0/0 | ○ 1/0 | ○ 0/0 | | | | |
| | 6 | 박희성 | | | | | | | | | | | |
| | 7 | 김재훈 | | ○ 0/0 | ▽ 0/0 | | ○ 0/0 C | ○ 0/0 | ○ 1/0 | | | | |
| | 11 | 박요한 | | | ○ 0/0 | ○ 0/0 | ○ 0/0 | ○ 0/0 | ○ 0/0 | | | | |
| | 15 | 박태수 | | | | | | | | | | | |
| | 18 | 한상학 | | ▽ 0/0 | | | | | | | | | |
| | 23 | 이택기 | | ○ 0/0 | ○ 0/0 C | ○ 0/0 | ○ 0/0 | ○ 0/0 | | | | | |
| | 27 | 김한빈 | | ○ 0/0 | △ 0/0 | ○ 0/0 | | | | | | | |
| | 34 | 김성현 | | | | | | | | | | | |
| | 36 | 김동권 | | | | | | | | | | | |
| | 92 | 하파엘 | | | | | | | | | | | |
| MF | 4 | 박진수 | | ○ 0/0 | ○ 0/0 | ▽ 0/0 | △ 0/0 | △ 0/1 | △ 0/0 | | | | |
| | 14 | 지경득 | | | | | | | | | | | |
| | 16 | 최승호 | | | ○ 0/1 C | ○ 0/0 | ▽ 0/0 | ○ 0/1 | ○ 0/0 C | | | | |
| | 17 | 이준호 | | △ 0/0 | △ 0/0 | △ 0/0 C | △ 0/0 | △ 0/0 | △ 0/0 | | | | |
| | 19 | 임진욱 | | ▽ 1/0 | ○ 0/0 | ○ 0/0 | | | | | | | |
| | 21 | 양동협 | | | | | | | | | | | |
| | 22 | 변 웅 | | | | | | | | | | | |
| | 55 | 황재훈 | | △ 0/0 | | △ 0/0 | | | | | | | |
| | 83 | 치프리안 | | ○ 0/0 | | | | | | | | | |
| FW | 8 | 이완희 | | | | | △ 0/0 | △ 0/0 | △ 0/0 | | | | |
| | 9 | 한홍규 | | △ 0/0 | ▽ 1/0 C | ▽ 0/0 | ▽ 0/0 | ▽ 0/0 C | ▽ 0/0 | | | | |
| | 10 | 정성민 | | ▽ 0/0 | △ 0/0 | △ 0/0 | ○ 0/0 | ▽ 1/0 | ▽ 0/0 | | | | |
| | 14 | 조준재 | | | | | | | | | | | |
| | 28 | 김정훈 | | ○ 0/0 | ▽ 0/0 | ▽ 0/0 C | ○ 0/0 | ▽ 0/0 | ▽ 0/0 | | | | |
| | 30 | 황훈희 | | | | | | | | | | | |
| | 32 | 양상준 | | | | | ▽ 0/0 | ○ 0/0 | ○ 0/0 | | | | |
| | 34 | 김성민 | | | | | | | | | | | |
| | 35 | 박세환 | | | | | | | | | | | |
| | 95 | 깔레오 | | | | | | | | | | | |

135

# 부 천 FC 1995

**창단년도_** 2007년
**전화_** 032-655-1995
**팩스_** 032-655-1996
**홈페이지_** www.bfc1995.com
**주소_** 우 420-857 경기도 부천시 원미구 소사로 482(춘의동 8)
482, Sosa-ro, Wonmi-gu, Bucheon-si, Gyounggi-do,
KOREA 420-857

## 연혁

| | |
|---|---|
| 2006 | 새로운 부천축구클럽 창단 시민모임 발족 |
| 2007 | 창단 캠페인 'BUCHEON IS BACK' 시작 |
| | 부천시와 연고지 협약 |
| | 부천FC1995 창단 |
| | 제1대 배기선 구단주 취임 |
| | 정해춘 단장 취임 |
| | 곽경근 감독 취임 |
| 2008 | K3리그 데뷔 |
| | KFA 2008 풋살대회 3위 |
| | 부천FC 사랑의 자선경기 개최 |
| 2009 | AFC Wimbledon과 자매결연 |
| | FC United of Manchester 월드풋볼드림매치 개최 |
| 2010 | (주)부천에프씨1995 발기인 총회 |
| | 원미구내 부천FC 거리 탄생 |
| | (주)부천에프씨1995 법인 설립 |
| | 1차 시민주 공모 |
| | 정해춘 대표이사 취임 |
| 2011 | U-10 클럽팀 창단 |
| | 챌린저스 컵대회 3위 |
| | 곽경근 2대 감독 취임 |

| | |
|---|---|
| 2012 | 프로축구단 가입 신청서 제출 |
| | 부천시의회 부천FC 지원 조례안 가결 |
| | 프로축구연맹 가입 승인 |
| 2013 | 2차 시민주 공모 |
| | 2013 프로시즌 출정식 |
| | U-18 클럽팀 창단 |
| | K리그 데뷔 |
| | 현대오일뱅크 K리그 챌린지 2013 7위 |
| | U-12 클럽팀 창단 |
| | U-15 클럽팀 창단 |
| 2014 | 신경학 대표이사 취임 |
| | 최진한 감독 취임 |
| | 정홍연 선수 K리그 100경기 출장 기록 |
| | U-12 2014 전국 초등 축구리그 경기서부권역 준우승 |
| | 2014 전국 초등 축구리그 경기서부권역 수비상, 이재하 |
| | 제12회 MBC 꿈나무축구리그 전국결선 3위 |
| | 김종구 단장 취임 |
| | 현대오일뱅크 K리그 챌린지 2014 10위 |

**부천FC 1995 2014년 선수명단**

대표이사_ 신경학  단장_ 김종구
감독_ 최진한  코치_ 송선호  GK코치_ 박종문  의무트레이너_ 엄성현  통역_ 김현재  전력분석원_ 박성동  주무_ 이창민

| 포지션 | 선수명 | | 생년월일 | 출신교 | 키(cm) / 몸무게(kg) |
|---|---|---|---|---|---|
| GK | 하 강 진 | 金承奎 | 1990.09.30 | 현대고 | 187 / 80 |
| | 이 희 현 | 李熙鉉 | 1986.10.07 | 한려대 | 186 / 80 |
| | 강 훈 | 姜訓 | 1991.05.15 | 광운대 | 188 / 75 |
| DF | 박 재 홍 | 朴栽弘 | 1990.04.06 | 연세대 | 189 / 87 |
| | 오 재 혁 | 吳宰赫 | 1989.02.20 | 건동대 | 174 / 63 |
| | 석 동 우 | 石東祐 | 1990.05.27 | 용인대 | 175 / 63 |
| | 박 종 오 | 朴宗吾 | 1991.04.12 | 한양대 | 188 / 80 |
| | 강 지 용 | 姜地龍 | 1988.11.23 | 한양대 | 187 / 85 |
| | 유 대 현 | 柳大鉉 | 1990.02.28 | 홍익대 | 175 / 68 |
| | 한 상 현 | 韓相睍 | 1991.08.25 | 성균관대 | 189 / 85 |
| | 안 일 주 | 安日珠 | 1988.05.03 | 동국대 | 187 / 76 |
| | 정 주 일 | 鄭珠日 | 1991.03.06 | 조선대 | 179 / 70 |
| | 정 홍 연 | 鄭洪然 | 1983.08.18 | 동의대 | 185 / 77 |
| | 전 광 환 | 田廣煥 | 1982.07.29 | 울산대 | 173 / 66 |
| MF | 주 일 태 | 朱一泰 | 1991.11.28 | 수원대 | 176 / 70 |
| | 한 종 우 | 韓宗佑 | 1986.03.17 | 상지대 | 184 / 68 |
| | 허 건 | 許建 | 1988.01.03 | 관동대 | 184 / 75 |
| | 김 태 영 | 金兌映 | 1987.09.14 | 예원예술대 | 166 / 60 |
| | 김 륜 도 | 金侖度 | 1991.07.09 | 광운대 | 187 / 74 |
| | 이 경 수 | 李侊受 | 1991.07.21 | 수원대 | 173 / 68 |
| | 이 제 승 | 李濟昇 | 1991.11.29 | 청주대 | 174 / 67 |
| | 고 보 연 | 高輔演 | 1991.07.11 | 아주대 | 180 / 74 |
| | 박 성 준 | 朴星俊 | 1991.08.26 | 전주대 | 177 / 65 |
| | 박 경 완 | 朴景浣 | 1988.07.22 | 아주대 | 175 / 68 |
| | 홍 요 셉 | 洪요셉 | 1991.09.18 | 송호대 | 175 / 68 |
| | 박 용 준 | 朴鏞埈 | 1993.06.21 | 선문대 | 177 / 73 |
| | 이 희 찬 | 李熙燦 | 1995.03.02 | 포철고 | 178 / 77 |
| | 박 재 철 | 朴在哲 | 1990.03.29 | 한양대 | 173 / 63 |
| | 박 정 훈 | 朴正勳 | 1988.06.28 | 고려대 | 180 / 74 |
| FW | 유 준 영 | 柳峻永 | 1990.02.17 | 경희대 | 177 / 70 |
| | 공 민 현 | 孔敏懸 | 1990.01.19 | 청주대 | 182 / 70 |
| | 최 인 창 | 崔仁暢 | 1990.02.17 | 한양대 | 195 / 83 |
| | 최 낙 민 | 崔洛玟 | 1989.05.27 | 경기대 | 185 / 77 |
| | 호드리고 | Rodrigo Domingos dos Santos | 1987.01.25 | 브라질 | 180 / 78 |
| | 곽 래 승 | 郭來昇 | 1990.09.11 | 우석대 | 186 / 79 |
| | 송 호 영 | 宋號營 | 1988.01.21 | 한양대 | 176 / 61 |

## 부천FC 1995 2014년 개인기록 _ K리그 챌린지

| 위치 | 배번 | 경기번호 | 04 | 10 | 14 | 19 | 23 | 29 | 37 | 45 | 50 | 53 |
|---|---|---|---|---|---|---|---|---|---|---|---|---|
| | | 날짜 | 03.23 | 03.30 | 04.06 | 04.13 | 04.19 | 04.27 | 05.10 | 05.14 | 05.18 | 05.25 |
| | | 홈/원정 | 홈 | 원정 | 홈 | 홈 | 원정 | 홈 | 홈 | 원정 | 원정 | 홈 |
| | | 장소 | 부천 | 광주W | 부천 | 부천 | 수원W | 부천 | 부천 | 대구 | 충주 | 부천 |
| | | 상대 | 충주 | 광주 | 안양 | 강원 | 수원FC | 대전 | 고양 | 대구 | 충주 | 광주 |
| | | 결과 | 패 | 패 | 패 | 무 | 패 | 패 | 승 | 승 | 승 | 무 |
| | | 점수 | 2:3 | 0:2 | 0:1 | 2:2 | 2:3 | 1:2 | 1:0 | 1:0 | 2:0 | 1:1 |
| | | 승점 | 0 | 0 | 0 | 1 | 1 | 1 | 4 | 7 | 10 | 11 |
| | | 순위 | 7 | 9 | 9 | 9 | 9 | 10 | 10 | 10 | 9 | 8 |
| | | 슈팅수 | 15:14 | 7:11 | 17:9 | 10:9 | 14:10 | 11:13 | 10:9 | 10:8 | 9:11 | 6:13 |
| GK | 21 | 양진웅 | ○0/0 | ○0/0 | ○0/0 | ○0/0 | | | | | | |
| | 33 | 강 훈 | | | | | ○0/0 | ○0/0 | ○0/0 | ○0/0 | ○0/0 | ○0/0 |
| | 40 | 하강진 | | | | | | | | | | |
| DF | 2 | 석동우 | ○0/0 | ▽0/0 | ○0/0 C | ○0/0 | ○0/0 | ○0/0 | | ○0/0 | | ○0/0 |
| | 3 | 박종오 | | | | | | | | △0/0 | | |
| | 4 | 안일주 | | | | | | | | | | |
| | 5 | 박재홍 | ○0/0 | ○0/0 C | | ○0/0 C | ○0/0 | | | △0/0 | ○0/0 | △0/0 |
| | 6 | 강지용 | ○1/0 | ○0/0 C | ○0/0 | | | | ○0/0 C | ○0/1 | ▽1/0 | |
| | 13 | 주일태 | △0/0 C | | | | | | | | | |
| | 17 | 이희찬 | | | | | | | | | | |
| | 21 | 정주일 | | | | | | | | | | |
| | 22 | 유대현 | ▽0/0 | | | | | ○0/0 | ○0/0 | △0/0 | ○0/0 C | ○0/0 |
| | 30 | 신호은 | | | | | | | | ▽0/0 | | |
| | 37 | 한상현 | | ▽0/0 | | | | | | | | |
| | 39 | 박용준 | | △0/0 | | | | | | | | |
| | 55 | 정홍연 | | | | ○0/1 | ○0/0 | ○0/0 | ○0/0 | ○0/0 | ○0/0 | |
| | 78 | 전민관 | ▽0/0 | | | | | | | | | |
| | 79 | 김건호 | | ○0/0 | ○0/0 C | ○0/0 C | ○0/0 C | | | | | |
| MF | 7 | 박정훈 | | | | | | | | | | |
| | 14 | 한종우 | | ○0/0 | ○0/0 | △0/0 | | | | | | |
| | 15 | 전광환 | | | | | | | | | | |
| | 19 | 유준영 | ○0/1 | | △0/0 | | △0/1 | △0/0 | △1/0 | | ○1/0 | △0/0 |
| | 20 | 김륜도 | ○0/0 | ○0/0 C | ○0/0 | ▽0/0 | ▽0/0 C | ○0/0 | ▽0/0 C | | ○0/0 | ▽0/0 |
| | 24 | 이경수 | | | ▽0/0 C | | | △0/0 | | ○0/0 C | △0/0 | |
| | 27 | 이제승 | | ▽0/0 | △0/0 | △0/0 | | △0/1 | △0/0 | | | △0/0 |
| | 28 | 김태영 | ○0/0 | | ▽0/0 | ▽0/0 | ▽1/0 | ▽0/0 | | | | |
| | 29 | 고보연 | | | | | | | | ▽0/0 | △0/0 | ▽0/0 |
| | 32 | 박경완 | | | | | | | | | | △0/0 |
| | 34 | 박재철 | △0/0 | ○0/0 | △0/0 | ○1/0 | ▽0/0 | ▽0/0 | ▽0/0 | | | |
| | 88 | 경재윤 | | △0/0 | ▽0/0 | ▽0/0 | △0/0 | | | | | |
| FW | 9 | 공민현 | | | | △0/0 | △0/0 | △0/0 | ○0/0 C | | ▽0/1 | ○0/0 |
| | 11 | 호드리고 | ○1/0 | ○0/0 | ○0/0 | ○0/0 | ○0/0 | ○1/0 | ○0/0 C | | ▽1/0 | ○1/0 |
| | 18 | 최인창 | △0/0 C | △0/0 | ○0/0 | ○1/1 | ○1/1 | ○0/0 | ▽0/0 | ○0/0 | ○0/0 | ○0/0 |
| | 25 | 곽래승 | ▽0/0 | | | | | | | | | |
| | 26 | 최낙민 | | | | | | | | | | |

선수자료: 득점/도움   ¤ = 대기   ○ = 선발출장   △ = 교체 IN   ▽ = 교체 OUT   ◈ = 교체 IN/OUT   C = 경고   S = 퇴장

| 위치 | 배번 | | 58 | 62 | 67 | 75 | 77 | 81 | 90 | 91 | 33 | 98 |
|---|---|---|---|---|---|---|---|---|---|---|---|---|
| | | 경기번호 | 58 | 62 | 67 | 75 | 77 | 81 | 90 | 91 | 33 | 98 |
| | | 날짜 | 06.01 | 06.07 | 06.14 | 06.23 | 06.28 | 07.05 | 07.13 | 07.19 | 07.23 | 07.27 |
| | | 홈/원정 | 원정 | 원정 | 홈 | 홈 | 원정 | 원정 | 홈 | 홈 | 원정 | 원정 |
| | | 장소 | 강릉 | 대전W | 부천 | 부천 | 고양 | 안양 | 부천 | 부천 | 안산 | 광주W |
| | | 상대 | 강원 | 대전 | 수원FC | 안산 | 고양 | 안양 | 대구 | 대전 | 안산 | 광주 |
| | | 결과 | 승 | 패 | 패 | 패 | 패 | 패 | 패 | 무 | 승 | 무 |
| | | 점수 | 2:0 | 0:1 | 2:3 | 3:4 | 0:1 | 1:3 | 0:1 | 1:1 | 2:1 | 1:1 |
| | | 승점 | 14 | 14 | 14 | 14 | 14 | 14 | 14 | 15 | 18 | 19 |
| | | 순위 | 6 | 7 | 7 | 9 | 9 | 9 | 10 | 10 | 9 | 9 |
| | | 슈팅수 | 12:16 | 14:13 | 18:12 | 13:11 | 9:12 | 10:13 | 11:4 | 12:11 | 5:11 | 2:11 |
| GK | 21 | 양진웅 | | | | | | | | | | |
| | 33 | 강훈 | ○0/0 | ○0/0 | ○0/0 | ○0/0 | ○0/0 | ○0/0 | | | | |
| | 40 | 하강진 | | | | | | | ○0/0 | ○0/0 | ○0/0 | ○0/0 |
| DF | 2 | 석동우 | ○0/0 C | | ○0/1 | ▽0/0 | △0/0 | ▽0/0 | | △0/0 | | |
| | 3 | 박종오 | | | | | | | | | | △0/0 |
| | 4 | 안일주 | | | | | | ○0/0 | ○0/0 | ○0/0 | ▽0/0 | ○0/0 |
| | 5 | 박재홍 | | | △0/0 | | | | | △0/0 | ○0/0 | ○0/0 C |
| | 6 | 강지용 | ○0/0 | | ○0/0 C | ○1/0 | ○0/0 C | ○0/0 | ○0/0 | ○1/0 | | ○0/0 C |
| | 13 | 주일태 | | | | △0/0 | ▽0/0 | | | | | △0/0 |
| | 17 | 이희찬 | | | | | | | | | | |
| | 21 | 정주일 | | | | | | | | | | |
| | 22 | 유대현 | ○0/0 C | ○0/0 | | ▽0/0 | ○0/0 | ○0/1 | ○0/0 | ○0/1 | | ○0/0 |
| | 30 | 신호은 | | | | | | | | | | |
| | 37 | 한상현 | | | | | | | | | | |
| | 39 | 박용준 | | | | | | | | | | ▽1/0 |
| | 55 | 정홍연 | ○0/0 | ○0/0 C | ○0/0 | ○0/0 | ○0/0 | ○0/0 C | ○0/0 | ▽0/0 | | |
| | 78 | 전민관 | | | | | | | | | | |
| | 79 | 김건호 | | | | | | | | | | |
| MF | 7 | 박정훈 | | | | | | | | | | |
| | 14 | 한종우 | | | | | | | | | | |
| | 15 | 전광환 | | | | | | ○0/0 | ○0/0 | ▽0/0 | ○0/0 | ○0/0 |
| | 19 | 유준영 | △0/0 | △0/0 | △0/0 | △0/0 C | ▽0/0 | △0/0 | △0/0 | | △0/0 | △0/0 |
| | 20 | 김륜도 | ○0/0 | ○0/0 | ○0/0 | ○0/0 | ○0/0 | | ○0/0 | ○0/0 | | ○0/0 |
| | 24 | 이경수 | | △0/0 | | | △0/0 | | | | | ▽0/0 |
| | 27 | 이제승 | ○1/0 | ▽0/0 | ○0/0 | ▽0/1 | ▽0/0 | ▽0/0 | ▽0/0 | ○0/0 | ▽0/0 C | |
| | 28 | 김태영 | △0/0 | | | ▽0/1 C | | ▽0/0 | △0/0 | | | |
| | 29 | 고보연 | ▽0/0 | ▽0/0 | ▽0/0 | △0/0 | △0/0 C | | | △1/0 | | ▽0/0 |
| | 32 | 박경완 | △0/0 | △0/0 | ▽0/0 C | | | △0/0 | | | | |
| | 34 | 박재철 | | | △0/0 | | | | | | | |
| | 88 | 경재윤 | | | | | | | | | | |
| FW | 9 | 공민현 | ○0/0 | ○0/0 | ○1/0 C | ○1/0 | ○0/0 | ○0/0 | ○0/0 | ○1/0 | ○0/0 C | |
| | 11 | 호드리고 | ▽1/0 | ○0/0 | ○0/1 | ○1/0 | ○0/0 | ○1/0 | ▽0/0 | ○0/1 | ○0/0 | ○0/0 |
| | 18 | 최인창 | ▽0/0 | ○0/0 | ○1/0 C | ○0/1 | ○0/0 | △0/0 | ▽0/0 | ▽0/0 | △0/0 C | |
| | 25 | 곽래승 | | | | | | | △0/0 | △0/0 | ▽0/0 | |
| | 26 | 최낙민 | | | | | | | | | | |

| 위치 | 배번 | 이름 | 103 | 106 | 112 | 120 | 121 | 129 | 135 | 137 | 142 | 148 |
|---|---|---|---|---|---|---|---|---|---|---|---|---|
| | | 경기번호 | 103 | 106 | 112 | 120 | 121 | 129 | 135 | 137 | 142 | 148 |
| | | 날짜 | 08.09 | 08.16 | 08.23 | 09.01 | 09.06 | 09.14 | 09.17 | 09.20 | 09.27 | 10.04 |
| | | 홈/원정 | 원정 | 홈 | 홈 | 원정 | 홈 | 원정 | 홈 | 홈 | 원정 | 홈 |
| | | 장소 | 안산 | 부천 | 부천 | 수원W | 부천 | 대구 | 부천 | 부천 | 원주 | 부천 |
| | | 상대 | 안산 | 안양 | 강원 | 수원FC | 충주 | 대구 | 고양 | 안산 | 강원 | 대구 |
| | | 결과 | 패 | 패 | 패 | 패 | 무 | 패 | 패 | 무 | 패 | 패 |
| | | 점수 | 1:3 | 1:2 | 0:1 | 0:1 | 0:0 | 0:2 | 0:1 | 2:2 | 0:2 | 0:1 |
| | | 승점 | 19 | 19 | 19 | 19 | 20 | 20 | 20 | 21 | 21 | 21 |
| | | 순위 | 9 | 9 | 9 | 10 | 10 | 10 | 10 | 10 | 10 | 10 |
| | | 슈팅수 | 8:12 | 24:11 | 6:5 | 12:7 | 7:8 | 10:15 | 14:15 | 11:2 | 12:9 | 12:8 |
| GK | 21 | 양진웅 | | | | | | | | | | |
| | 33 | 강 훈 | | | | ○ 0/0 | ○ 0/0 | ○ 0/0 | | | | |
| | 40 | 하강진 | ○ 0/0 | ○ 0/0 | ○ 0/0 | | | | ○ 0/0 | ○ 0/0 | ○ 0/0 | ○ 0/0 |
| DF | 2 | 석동우 | | | | | | | | | | |
| | 3 | 박종오 | | | | | | | | | | |
| | 4 | 안일주 | ○ 0/0 | ○ 0/0 | ○ 0/0 | ○ 0/0 | ○ 0/0 C | | ○ 0/0 C | ○ 0/0 | ○ 0/0 | ○ 0/0 |
| | 5 | 박재홍 | | △ 0/0 | ○ 0/0 C | ▽ 0/0 | ○ 0/0 | ○ 0/0 | ○ 0/0 | ○ 0/0 | | |
| | 6 | 강지용 | ○ 0/0 | ○ 0/0 | ○ 0/0 | ○ 0/0 C | | ▽ 0/0 | | | ○ 0/0 | ○ 0/0 |
| | 13 | 주일태 | | | | | | | | | | |
| | 17 | 이희찬 | | | | | | ○ 0/0 C | ▽ 0/0 | ○ 0/0 S | | |
| | 21 | 정주일 | △ 0/0 | △ 0/0 | ○ 0/0 | ○ 0/0 | ○ 0/0 C | | ▽ 0/0 | ▽ 0/0 | | ○ 0/0 |
| | 22 | 유대현 | ○ 0/0 | ▽ 0/0 | | | ▽ 0/0 | ○ 0/0 | ○ 0/0 | ○ 0/1 | | ○ 0/0 |
| | 30 | 신호은 | | | | | | | | | | |
| | 37 | 한상현 | | | | | | | | | | |
| | 39 | 박용준 | △ 0/0 | | | △ 0/0 | ▽ 0/0 | | | | | |
| | 55 | 정홍연 | ○ 0/0 | | ○ 0/0 C | | ○ 0/0 | ○ 0/0 | △ 0/0 | ○ 0/0 | ○ 0/0 | ○ 0/0 |
| | 78 | 전민관 | | | | | | | | | | |
| | 79 | 김건호 | | | | | | | | | | |
| MF | 7 | 박정훈 | | | | | | △ 0/0 | ○ 0/0 | △ 0/0 | △ 0/0 | |
| | 14 | 한종우 | | | | | | △ 0/0 | ○ 0/0 | | △ 0/0 | |
| | 15 | 전광환 | ▽ 0/0 C | ○ 0/0 | ○ 0/0 | ○ 0/0 | | ○ 0/0 | | ○ 0/0 | ○ 0/0 | ○ 0/0 |
| | 19 | 유준영 | △ 0/1 | △ 0/1 | ○ 0/0 | ▽ 0/0 | ▽ 0/0 | △ 0/0 | △ 0/0 | ○ 0/0 | ○ 0/0 | ▽ 0/0 |
| | 20 | 김륜도 | ○ 0/0 C | ○ 0/0 | ○ 0/0 | ○ 0/0 | ○ 0/0 | △ 0/0 | | ○ 1/0 | ○ 0/0 | ○ 0/0 |
| | 24 | 이경수 | | | | △ 0/0 | | | | | | |
| | 27 | 이제승 | ▽ 0/0 | ▽ 0/0 | △ 0/0 | △ 0/0 | | | △ 0/0 | | △ 0/0 | |
| | 28 | 김태영 | | | ▽ 0/0 | | ▽ 0/0 | ▽ 0/0 | | ◆ 0/0 | | |
| | 29 | 고보연 | | | | | | | | | | |
| | 32 | 박경완 | | | | | | | | | | |
| | 34 | 박재철 | | | | | | | | | | |
| | 88 | 경재윤 | | | | | | | | | | |
| FW | 9 | 공민현 | ○ 0/0 | ○ 0/0 | ▽ 0/0 | ○ 0/0 | ○ 0/0 | | ○ 0/0 | ○ 0/1 | ▽ 0/0 | ○ 0/0 |
| | 11 | 호드리고 | ○ 1/0 | ○ 1/0 | ▽ 0/0 | | | ▽ 0/0 | | | ○ 0/0 | ○ 0/0 |
| | 18 | 최인창 | ▽ 0/0 | ▽ 0/0 | △ 0/0 | △ 0/0 C | △ 0/0 C | | ▽ 0/0 | △ 1/0 | △ 0/0 | △ 0/0 |
| | 25 | 곽래승 | | | | | | | | | | |
| | 26 | 최낙민 | | | | | | ▽ 0/0 | | | | |

선수자료 : 득점/도움  ☆ = 대기  ○ = 선발출장  △ = 교체 IN  ▽ = 교체 OUT  ◆ = 교체 IN/OUT  C = 경고  S = 퇴장

| 위치 | 배번 | 이름 | 151 | 160 | 163 | 168 | 171 | 179 |
|---|---|---|---|---|---|---|---|---|
| | | 경기번호 | 151 | 160 | 163 | 168 | 171 | 179 |
| | | 날짜 | 10.11 | 10.19 | 10.25 | 11.01 | 11.08 | 11.16 |
| | | 홈/원정 | 원정 | 홈 | 원정 | 원정 | 홈 | 원정 |
| | | 장소 | 고양 | 부천 | 안양 | 대전H | 부천 | 충주 |
| | | 상대 | 고양 | 수원FC | 안양 | 대전 | 광주 | 충주 |
| | | 결과 | 무 | 무 | 승 | 패 | 패 | 무 |
| | | 점수 | 0:0 | 2:2 | 2:1 | 0:1 | 0:2 | 1:1 |
| | | 승점 | 22 | 23 | 26 | 26 | 26 | 27 |
| | | 순위 | 10 | 10 | 10 | 10 | 10 | 10 |
| | | 슈팅수 | 12:3 | 13:8 | 12:9 | 8:10 | 8:17 | 6:8 |
| GK | 21 | 양 진 웅 | | | | | | |
| | 33 | 강　　훈 | | | ○ 0/0 | ○ 0/0 C | ○ 0/0 | ○ 0/0 |
| | 40 | 하 강 진 | ○ 0/0 | ○ 0/0 C | | | | |
| DF | 2 | 석 동 우 | | | | | | |
| | 3 | 박 종 오 | | | | | | |
| | 4 | 안 일 주 | ○ 0/0 | ○ 0/0 | ○ 0/0 | ○ 0/0 | ○ 0/0 | ○ 0/0 |
| | 5 | 박 재 홍 | | | | | | |
| | 6 | 강 지 용 | ○ 0/0 C | ○ 1/0 C | ○ 0/0 | ○ 0/0 | ○ 0/0 | ○ 0/0 |
| | 13 | 주 일 태 | | | | | | |
| | 17 | 이 희 찬 | | △ 0/0 | △ 0/0 C | | | |
| | 21 | 정 주 일 | ▽ 0/0 | ▽ 0/0 | ○ 0/1 | ▽ 0/0 | ▽ 0/0 | ▽ 0/0 |
| | 22 | 유 대 현 | ○ 0/0 | ○ 0/0 | ○ 0/0 | ○ 0/0 | ○ 0/0 | ○ 0/0 |
| | 30 | 신 호 은 | | | | | | |
| | 37 | 한 상 현 | | | | | | |
| | 39 | 박 용 준 | | | | | | |
| | 55 | 정 홍 연 | ○ 0/0 | ▽ 0/0 C | ○ 0/0 C | ○ 0/0 | ○ 0/0 | ○ 0/0 |
| | 78 | 전 민 관 | | | | | | |
| | 79 | 김 건 호 | | | | | | |
| MF | 7 | 박 정 훈 | △ 0/0 | | | | ▽ 0/0 C | △ 0/0 C |
| | 14 | 한 종 우 | | | | | | |
| | 15 | 전 광 환 | ▽ 0/0 | ○ 0/0 | ▽ 0/0 | ○ 0/0 | ○ 0/0 | ○ 0/0 |
| | 19 | 유 준 영 | ▽ 0/0 | ○ 0/0 | ▽ 0/1 C | ○ 0/0 C | | ○ 1/0 |
| | 20 | 김 류 도 | ○ 0/0 | ○ 0/0 | ○ 0/0 | ○ 0/0 | ○ 0/0 C | ○ 0/0 |
| | 24 | 이 경 수 | | | | | | |
| | 27 | 이 제 승 | | △ 0/0 | △ 0/0 | | △ 0/0 | |
| | 28 | 김 태 영 | | | | | | |
| | 29 | 고 보 연 | △ 0/0 | | | | | |
| | 32 | 박 경 완 | | | | | | |
| | 34 | 박 재 철 | | | | | | |
| | 88 | 경 재 윤 | | | | | | |
| FW | 9 | 공 민 현 | ○ 0/0 | ○ 1/0 | ○ 0/0 | ○ 0/0 | ○ 0/0 | ○ 0/0 |
| | 11 | 호 드 리 고 | ○ 0/0 | ○ 0/0 | ○ 2/0 | ○ 0/0 | ○ 0/0 | ○ 0/0 C |
| | 18 | 최 인 창 | △ 0/0 | | | △ 0/0 | △ 0/0 | |
| | 25 | 곽 래 승 | | | | | | |
| | 26 | 최 낙 민 | | | | | | |

# 2014년 팀별·선수별 기록

## 2014년 팀별 연속 승패 · 득실점 기록 | 전북 _ K리그 클래식

| 일자 | 상대 | 홈/원정 | 승 | 무 | 패 | 득점 | 실점 | 연속기록 승 | 무 | 패 | 득점 | 실점 | 무득점 | 무실점 |
|---|---|---|---|---|---|---|---|---|---|---|---|---|---|---|
| 03.08 | 부산 | 홈 | ▲ | | | 3 | 0 | | | | | | | |
| 03.15 | 인천 | 원정 | ▲ | | | 1 | 0 | | | | | | | |
| 03.23 | 상주 | 원정 | | ■ | | 0 | 0 | | | | | | | |
| 03.26 | 포항 | 홈 | | | ▼ | 1 | 3 | | | | | | | |
| 03.29 | 성남 | 홈 | ▲ | | | 1 | 0 | | | | | | | |
| 04.06 | 서울 | 원정 | | ■ | | 1 | 1 | | | | | | | |
| 04.09 | 제주 | 원정 | | | ▼ | 0 | 2 | | | | | | | |
| 04.12 | 울산 | 홈 | ▲ | | | 1 | 0 | | | | | | | |
| 04.19 | 전남 | 원정 | ▲ | | | 2 | 0 | | | | | | | |
| 04.26 | 경남 | 홈 | ▲ | | | 4 | 1 | | | | | | | |
| 05.03 | 수원 | 원정 | | | ▼ | 0 | 1 | | | | | | | |
| 05.10 | 인천 | 홈 | | ■ | | 1 | 1 | | | | | | | |
| 07.05 | 부산 | 원정 | ▲ | | | 2 | 0 | | | | | | | |
| 07.09 | 제주 | 홈 | | ■ | | 1 | 1 | | | | | | | |
| 07.13 | 경남 | 원정 | ▲ | | | 4 | 1 | | | | | | | |
| 07.20 | 상주 | 홈 | ▲ | | | 6 | 0 | | | | | | | |
| 07.23 | 울산 | 원정 | | ■ | | 0 | 0 | | | | | | | |
| 08.03 | 전남 | 홈 | ▲ | | | 2 | 0 | | | | | | | |
| 08.06 | 수원 | 홈 | ▲ | | | 3 | 2 | | | | | | | |
| 08.09 | 성남 | 원정 | ▲ | | | 3 | 0 | | | | | | | |
| 08.16 | 포항 | 원정 | ▲ | | | 2 | 0 | | | | | | | |
| 08.23 | 서울 | 홈 | | | ▼ | 1 | 2 | | | | | | | |
| 08.31 | 전남 | 원정 | | | ▼ | 1 | 2 | | | | | | | |
| 09.06 | 상주 | 홈 | ▲ | | | 2 | 0 | | | | | | | |
| 09.10 | 부산 | 원정 | | ■ | | 1 | 1 | | | | | | | |
| 09.14 | 경남 | 홈 | ▲ | | | 1 | 0 | | | | | | | |
| 09.20 | 서울 | 홈 | | ■ | | 0 | 0 | | | | | | | |
| 09.28 | 포항 | 원정 | | ■ | | 2 | 2 | | | | | | | |
| 10.01 | 제주 | 홈 | ▲ | | | 2 | 0 | | | | | | | |
| 10.04 | 성남 | 원정 | ▲ | | | 1 | 0 | | | | | | | |
| 10.12 | 울산 | 홈 | ▲ | | | 1 | 0 | | | | | | | |
| 10.18 | 인천 | 원정 | ▲ | | | 2 | 0 | | | | | | | |
| 10.26 | 수원 | 홈 | ▲ | | | 1 | 0 | | | | | | | |
| 11.02 | 서울 | 원정 | ▲ | | | 1 | 0 | | | | | | | |
| 11.08 | 제주 | 원정 | ▲ | | | 3 | 0 | | | | | | | |
| 11.15 | 포항 | 홈 | ▲ | | | 1 | 0 | | | | | | | |
| 11.22 | 수원 | 원정 | ▲ | | | 2 | 1 | | | | | | | |
| 11.30 | 울산 | 홈 | | ■ | | 1 | 1 | | | | | | | |

## 2014년 팀별 연속 승패 · 득실점 기록 | 수원 _ K리그 클래식

| 일자 | 상대 | 홈/원정 | 승 | 무 | 패 | 득점 | 실점 | 연속기록 승 | 무 | 패 | 득점 | 실점 | 무득점 | 무실점 |
|---|---|---|---|---|---|---|---|---|---|---|---|---|---|---|
| 03.09 | 제주 | 원정 | ▲ | | | 1 | 0 | | | | | | | |
| 03.16 | 상주 | 홈 | | ■ | | 2 | 2 | | | | | | | |
| 03.22 | 포항 | 원정 | | | ▼ | 1 | 2 | | | | | | | |
| 03.26 | 성남 | 원정 | | | ▼ | 0 | 2 | | | | | | | |
| 03.30 | 부산 | 홈 | ▲ | | | 1 | 0 | | | | | | | |
| 04.05 | 경남 | 원정 | | ■ | | 2 | 2 | | | | | | | |
| 04.09 | 전남 | 홈 | ▲ | | | 1 | 0 | | | | | | | |
| 04.13 | 인천 | 원정 | ▲ | | | 3 | 0 | | | | | | | |
| 04.19 | 울산 | 원정 | | ■ | | 2 | 2 | | | | | | | |
| 04.27 | 서울 | 홈 | | | ▼ | 1 | 2 | | | | | | | |
| 05.03 | 전북 | 홈 | ▲ | | | 1 | 0 | | | | | | | |
| 05.10 | 상주 | 원정 | | ■ | | 1 | 1 | | | | | | | |
| 07.05 | 경남 | 홈 | ▲ | | | 2 | 0 | | | | | | | |
| 07.09 | 울산 | 홈 | ▲ | | | 3 | 2 | | | | | | | |
| 07.12 | 서울 | 원정 | | | ▼ | 0 | 2 | | | | | | | |
| 07.19 | 인천 | 홈 | ▲ | | | 3 | 2 | | | | | | | |
| 07.23 | 부산 | 원정 | ▲ | | | 2 | 0 | | | | | | | |
| 08.03 | 포항 | 홈 | ▲ | | | 4 | 1 | | | | | | | |
| 08.06 | 전북 | 원정 | | | ▼ | 2 | 3 | | | | | | | |
| 08.10 | 제주 | 홈 | ▲ | | | 1 | 0 | | | | | | | |
| 08.17 | 전남 | 원정 | | | ▼ | 1 | 3 | | | | | | | |
| 08.24 | 성남 | 홈 | | ■ | | 1 | 1 | | | | | | | |
| 08.30 | 경남 | 원정 | ▲ | | | 1 | 0 | | | | | | | |
| 09.03 | 부산 | 홈 | | ■ | | 1 | 1 | | | | | | | |
| 09.10 | 울산 | 홈 | ▲ | | | 2 | 0 | | | | | | | |
| 09.14 | 제주 | 원정 | | ■ | | 0 | 0 | | | | | | | |
| 09.20 | 포항 | 홈 | ▲ | | | 2 | 1 | | | | | | | |
| 09.27 | 상주 | 원정 | ▲ | | | 1 | 0 | | | | | | | |
| 10.01 | 인천 | 홈 | | ■ | | 1 | 1 | | | | | | | |
| 10.05 | 서울 | 원정 | ▲ | | | 1 | 0 | | | | | | | |
| 10.11 | 전남 | 홈 | ▲ | | | 2 | 1 | | | | | | | |
| 10.19 | 성남 | 홈 | | ■ | | 2 | 2 | | | | | | | |
| 10.26 | 전북 | 원정 | | | ▼ | 1 | 2 | | | | | | | |
| 11.01 | 울산 | 원정 | ▲ | | | 3 | 0 | | | | | | | |
| 11.09 | 서울 | 홈 | | | ▼ | 0 | 1 | | | | | | | |
| 11.16 | 제주 | 원정 | ▲ | | | 1 | 0 | | | | | | | |
| 11.22 | 전북 | 홈 | | | ▼ | 1 | 2 | | | | | | | |
| 11.30 | 포항 | 원정 | ▲ | | | 2 | 1 | | | | | | | |

## 2014년 팀별 연속 승패 · 득실점 기록 | 서울 _ K리그 클래식

| 일자 | 상대 | 홈/원정 | 승 | 무 | 패 | 득점 | 실점 | 연속기록 | | | | | | |
|------|------|---------|-----|-----|-----|------|------|-----|-----|-----|-----|-----|-----|-----|
| | | | | | | | | 승 | 무 | 패 | 득점 | 실점 | 무득점 | 무실점 |
| 03.08 | 전남 | 홈 | | | ▼ | 0 | 1 | | | | | | | |
| 03.15 | 성남 | 원정 | | ■ | | 0 | 0 | | | | | | | |
| 03.23 | 부산 | 홈 | | | ▼ | 0 | 1 | | | | | | | |
| 03.26 | 제주 | 홈 | ▲ | | | 2 | 0 | | | | | | | |
| 03.29 | 울산 | 원정 | | | ▼ | 1 | 2 | | | | | | | |
| 04.06 | 전북 | 홈 | | ■ | | 1 | 1 | | | | | | | |
| 04.09 | 상주 | 원정 | | | ▼ | 1 | 2 | | | | | | | |
| 04.12 | 경남 | 홈 | | ■ | | 0 | 0 | | | | | | | |
| 04.20 | 포항 | 홈 | | | ▼ | 0 | 1 | | | | | | | |
| 04.27 | 수원 | 원정 | ▲ | | | 1 | 0 | | | | | | | |
| 05.03 | 인천 | 원정 | | | ▼ | 0 | 1 | | | | | | | |
| 05.18 | 성남 | 홈 | ▲ | | | 1 | 0 | | | | | | | |
| 07.05 | 전남 | 원정 | | ■ | | 2 | 2 | | | | | | | |
| 07.09 | 포항 | 원정 | | ■ | | 0 | 0 | | | | | | | |
| 07.12 | 수원 | 홈 | ▲ | | | 2 | 0 | | | | | | | |
| 07.19 | 제주 | 원정 | | ■ | | 1 | 1 | | | | | | | |
| 07.23 | 상주 | 홈 | | ■ | | 1 | 1 | | | | | | | |
| 08.03 | 경남 | 원정 | | ■ | | 1 | 1 | | | | | | | |
| 08.06 | 울산 | 홈 | | | ▼ | 0 | 1 | | | | | | | |
| 08.10 | 부산 | 원정 | ▲ | | | 2 | 0 | | | | | | | |
| 08.16 | 인천 | 홈 | ▲ | | | 5 | 1 | | | | | | | |
| 08.23 | 전북 | 원정 | ▲ | | | 2 | 1 | | | | | | | |
| 08.31 | 제주 | 홈 | | ■ | | 0 | 0 | | | | | | | |
| 09.07 | 포항 | 원정 | ▲ | | | 1 | 0 | | | | | | | |
| 09.10 | 성남 | 원정 | ▲ | | | 2 | 1 | | | | | | | |
| 09.13 | 인천 | 홈 | ▲ | | | 3 | 1 | | | | | | | |
| 09.20 | 전북 | 원정 | | ■ | | 0 | 0 | | | | | | | |
| 09.24 | 경남 | 홈 | | ■ | | 1 | 1 | | | | | | | |
| 10.05 | 수원 | 홈 | | | ▼ | 0 | 1 | | | | | | | |
| 10.09 | 울산 | 원정 | ▲ | | | 3 | 0 | | | | | | | |
| 10.12 | 상주 | 원정 | | | ▼ | 0 | 1 | | | | | | | |
| 10.18 | 전남 | 원정 | ▲ | | | 2 | 1 | | | | | | | |
| 10.26 | 부산 | 홈 | | ■ | | 1 | 1 | | | | | | | |
| 11.02 | 전북 | 홈 | | | ▼ | 0 | 1 | | | | | | | |
| 11.09 | 수원 | 원정 | ▲ | | | 1 | 0 | | | | | | | |
| 11.16 | 울산 | 홈 | | ■ | | 2 | 2 | | | | | | | |
| 11.26 | 포항 | 홈 | | ■ | | 0 | 0 | | | | | | | |
| 11.30 | 제주 | 원정 | ▲ | | | 2 | 1 | | | | | | | |

## 2014년 팀별 연속 승패 · 득실점 기록 | 포항 _ K리그 클래식

| 일자 | 상대 | 홈/원정 | 승 | 무 | 패 | 득점 | 실점 | 연속기록 | | | | | | |
|------|------|---------|-----|-----|-----|------|------|-----|-----|-----|-----|-----|-----|-----|
| | | | | | | | | 승 | 무 | 패 | 득점 | 실점 | 무득점 | 무실점 |
| 03.08 | 울산 | 홈 | | | ▼ | 0 | 1 | | | | | | | |
| 03.15 | 부산 | 원정 | | | ▼ | 1 | 3 | | | | | | | |
| 03.22 | 수원 | 홈 | ▲ | | | 2 | 1 | | | | | | | |
| 03.26 | 전북 | 원정 | ▲ | | | 3 | 1 | | | | | | | |
| 03.29 | 상주 | 홈 | ▲ | | | 4 | 2 | | | | | | | |
| 04.06 | 전남 | 원정 | | ■ | | 2 | 2 | | | | | | | |
| 04.09 | 경남 | 홈 | ▲ | | | 3 | 0 | | | | | | | |
| 04.12 | 제주 | 홈 | ▲ | | | 3 | 0 | | | | | | | |
| 04.20 | 서울 | 원정 | ▲ | | | 1 | 0 | | | | | | | |
| 04.27 | 인천 | 홈 | ▲ | | | 3 | 0 | | | | | | | |
| 05.03 | 성남 | 원정 | | | ▼ | 1 | 3 | | | | | | | |
| 05.10 | 전남 | 홈 | ▲ | | | 3 | 1 | | | | | | | |
| 07.05 | 제주 | 원정 | | ■ | | 0 | 0 | | | | | | | |
| 07.09 | 서울 | 홈 | | ■ | | 0 | 0 | | | | | | | |
| 07.12 | 울산 | 원정 | ▲ | | | 2 | 0 | | | | | | | |
| 07.20 | 부산 | 홈 | ▲ | | | 2 | 0 | | | | | | | |
| 07.23 | 인천 | 원정 | | ■ | | 0 | 0 | | | | | | | |
| 08.03 | 수원 | 원정 | | | ▼ | 1 | 2 | | | | | | | |
| 08.06 | 성남 | 홈 | | ■ | | 0 | 0 | | | | | | | |
| 08.09 | 상주 | 원정 | ▲ | | | 2 | 0 | | | | | | | |
| 08.16 | 전북 | 홈 | | | ▼ | 0 | 2 | | | | | | | |
| 08.23 | 경남 | 원정 | | ■ | | 0 | 0 | | | | | | | |
| 08.31 | 울산 | 원정 | ▲ | | | 2 | 1 | | | | | | | |
| 09.07 | 서울 | 홈 | | | ▼ | 0 | 1 | | | | | | | |
| 09.10 | 전남 | 원정 | ▲ | | | 1 | 0 | | | | | | | |
| 09.13 | 성남 | 홈 | ▲ | | | 1 | 0 | | | | | | | |
| 09.20 | 수원 | 원정 | | | ▼ | 1 | 2 | | | | | | | |
| 09.28 | 전북 | 홈 | | ■ | | 2 | 2 | | | | | | | |
| 10.01 | 경남 | 원정 | | | ▼ | 1 | 2 | | | | | | | |
| 10.05 | 부산 | 홈 | | ■ | | 0 | 0 | | | | | | | |
| 10.11 | 인천 | 원정 | | | ▼ | 1 | 2 | | | | | | | |
| 10.18 | 제주 | 원정 | | | ▼ | 0 | 3 | | | | | | | |
| 10.26 | 상주 | 홈 | ▲ | | | 3 | 0 | | | | | | | |
| 11.01 | 제주 | 홈 | | ■ | | 1 | 1 | | | | | | | |
| 11.09 | 울산 | 홈 | | ■ | | 2 | 2 | | | | | | | |
| 11.15 | 전북 | 원정 | | | ▼ | 0 | 1 | | | | | | | |
| 11.26 | 서울 | 원정 | | ■ | | 0 | 0 | | | | | | | |
| 11.30 | 수원 | 홈 | | | ▼ | 1 | 2 | | | | | | | |

## 2014년 팀별 연속 승패·득실점 기록 Ⅰ 제주 _ K리그 클래식

| 일자 | 상대 | 홈/원정 | 승 | 무 | 패 | 득점 | 실점 | 연속기록 | | | | | | |
|------|------|---------|----|----|----|------|------|----|----|----|------|------|------|------|
| | | | | | | | | 승 | 무 | 패 | 득점 | 실점 | 무득점 | 무실점 |
| 03.09 | 수원 | 홈 | | | ▼ | 0 | 1 | | | | | | | |
| 03.16 | 전남 | 원정 | ▲ | | | 2 | 1 | | | | | | | |
| 03.22 | 성남 | 홈 | ▲ | | | 1 | 0 | | | | | | | |
| 03.26 | 서울 | 원정 | | | ▼ | 0 | 2 | | | | | | | |
| 03.30 | 경남 | 홈 | | ■ | | 1 | 1 | | | | | | | |
| 04.05 | 상주 | 원정 | ▲ | | | 1 | 0 | | | | | | | |
| 04.09 | 전북 | 홈 | ▲ | | | 2 | 0 | | | | | | | |
| 04.12 | 포항 | 원정 | | | ▼ | 0 | 3 | | | | | | | |
| 04.20 | 인천 | 홈 | ▲ | | | 1 | 0 | | | | | | | |
| 04.26 | 부산 | 홈 | ▲ | | | 2 | 1 | | | | | | | |
| 05.03 | 울산 | 원정 | | ■ | | 1 | 1 | | | | | | | |
| 05.10 | 경남 | 원정 | | ■ | | 1 | 1 | | | | | | | |
| 07.05 | 포항 | 홈 | | ■ | | 0 | 0 | | | | | | | |
| 07.09 | 전북 | 원정 | | ■ | | 1 | 1 | | | | | | | |
| 07.13 | 성남 | 원정 | ▲ | | | 2 | 1 | | | | | | | |
| 07.19 | 서울 | 홈 | | ■ | | 1 | 1 | | | | | | | |
| 07.23 | 전남 | 홈 | ▲ | | | 2 | 0 | | | | | | | |
| 08.02 | 부산 | 원정 | | ■ | | 1 | 1 | | | | | | | |
| 08.06 | 상주 | 홈 | | | ▼ | 2 | 3 | | | | | | | |
| 08.10 | 수원 | 원정 | | | ▼ | 0 | 1 | | | | | | | |
| 08.16 | 울산 | 홈 | ▲ | | | 1 | 0 | | | | | | | |
| 08.24 | 인천 | 원정 | | ■ | | 0 | 0 | | | | | | | |
| 08.31 | 서울 | 원정 | | ■ | | 0 | 0 | | | | | | | |
| 09.06 | 전남 | 홈 | ▲ | | | 6 | 2 | | | | | | | |
| 09.10 | 상주 | 원정 | ▲ | | | 2 | 1 | | | | | | | |
| 09.14 | 수원 | 홈 | | ■ | | 1 | 1 | | | | | | | |
| 09.21 | 성남 | 원정 | | ■ | | 1 | 1 | | | | | | | |
| 09.27 | 인천 | 홈 | | | ▼ | 0 | 2 | | | | | | | |
| 10.01 | 전북 | 원정 | | | ▼ | 0 | 2 | | | | | | | |
| 10.04 | 울산 | 홈 | ▲ | | | 1 | 0 | | | | | | | |
| 10.12 | 부산 | 원정 | | | ▼ | 1 | 2 | | | | | | | |
| 10.18 | 포항 | 홈 | | | | 3 | 0 | | | | | | | |
| 10.26 | 경남 | 원정 | | | ▼ | 0 | 1 | | | | | | | |
| 11.01 | 포항 | 원정 | | ■ | | 1 | 1 | | | | | | | |
| 11.08 | 전북 | 홈 | | | ▼ | 0 | 3 | | | | | | | |
| 11.16 | 수원 | 홈 | | | ▼ | 0 | 1 | | | | | | | |
| 11.22 | 울산 | 원정 | ▲ | | | 1 | 0 | | | | | | | |
| 11.30 | 서울 | 홈 | | | ▼ | 1 | 2 | | | | | | | |

## 2014년 팀별 연속 승패·득실점 기록 Ⅰ 울산 _ K리그 클래식

| 일자 | 상대 | 홈/원정 | 승 | 무 | 패 | 득점 | 실점 | 연속기록 | | | | | | |
|------|------|---------|----|----|----|------|------|----|----|----|------|------|------|------|
| | | | | | | | | 승 | 무 | 패 | 득점 | 실점 | 무득점 | 무실점 |
| 03.08 | 포항 | 원정 | ▲ | | | 1 | 0 | | | | | | | |
| 03.16 | 경남 | 홈 | ▲ | | | 3 | 0 | | | | | | | |
| 03.23 | 인천 | 홈 | ▲ | | | 3 | 0 | | | | | | | |
| 03.26 | 전남 | 원정 | | | ▼ | 0 | 1 | | | | | | | |
| 03.29 | 서울 | 홈 | ▲ | | | 2 | 1 | | | | | | | |
| 04.06 | 부산 | 원정 | | ■ | | 0 | 0 | | | | | | | |
| 04.09 | 성남 | 홈 | | | ▼ | 0 | 1 | | | | | | | |
| 04.12 | 전북 | 원정 | | | ▼ | 0 | 1 | | | | | | | |
| 04.19 | 수원 | 홈 | | ■ | | 2 | 2 | | | | | | | |
| 04.27 | 상주 | 원정 | | ■ | | 1 | 1 | | | | | | | |
| 05.03 | 제주 | 홈 | | ■ | | 1 | 1 | | | | | | | |
| 05.11 | 부산 | 홈 | ▲ | | | 3 | 0 | | | | | | | |
| 07.06 | 성남 | 원정 | | ■ | | 1 | 1 | | | | | | | |
| 07.09 | 수원 | 원정 | | | ▼ | 2 | 3 | | | | | | | |
| 07.12 | 포항 | 홈 | | | ▼ | 0 | 2 | | | | | | | |
| 07.19 | 경남 | 원정 | ▲ | | | 1 | 0 | | | | | | | |
| 07.23 | 전북 | 홈 | | ■ | | 0 | 0 | | | | | | | |
| 08.02 | 인천 | 원정 | | | ▼ | 0 | 1 | | | | | | | |
| 08.06 | 서울 | 원정 | ▲ | | | 1 | 0 | | | | | | | |
| 08.09 | 전남 | 홈 | ▲ | | | 1 | 0 | | | | | | | |
| 08.16 | 제주 | 원정 | | | ▼ | 0 | 1 | | | | | | | |
| 08.23 | 상주 | 홈 | ▲ | | | 3 | 0 | | | | | | | |
| 08.31 | 포항 | 홈 | | | ▼ | 1 | 2 | | | | | | | |
| 09.07 | 경남 | 홈 | ▲ | | | 2 | 1 | | | | | | | |
| 09.10 | 수원 | 원정 | | | ▼ | 0 | 2 | | | | | | | |
| 09.13 | 부산 | 원정 | ▲ | | | 3 | 1 | | | | | | | |
| 09.20 | 인천 | 홈 | | ■ | | 1 | 1 | | | | | | | |
| 09.28 | 전남 | 원정 | | ■ | | 1 | 1 | | | | | | | |
| 10.04 | 제주 | 원정 | | | ▼ | 0 | 1 | | | | | | | |
| 10.09 | 서울 | 홈 | | | ▼ | 0 | 3 | | | | | | | |
| 10.12 | 전북 | 원정 | | | ▼ | 0 | 2 | | | | | | | |
| 10.19 | 상주 | 홈 | ▲ | | | 2 | 0 | | | | | | | |
| 10.26 | 성남 | 원정 | ▲ | | | 4 | 3 | | | | | | | |
| 11.01 | 수원 | 홈 | | | ▼ | 0 | 3 | | | | | | | |
| 11.09 | 포항 | 원정 | | ■ | | 2 | 2 | | | | | | | |
| 11.16 | 서울 | 원정 | | ■ | | 2 | 2 | | | | | | | |
| 11.22 | 제주 | 홈 | | | ▼ | 0 | 1 | | | | | | | |
| 11.30 | 전북 | 원정 | | ■ | | 1 | 1 | | | | | | | |

## 2014년 팀별 연속 승패·득실점 기록 ㅣ 전남 _ K리그 클래식

| 일자 | 상대 | 홈/원정 | 승 | 무 | 패 | 득점 | 실점 | 연속기록 승 | 무 | 패 | 득점 | 실점 | 무득점 | 무실점 |
|---|---|---|---|---|---|---|---|---|---|---|---|---|---|---|
| 03.08 | 서울 | 원정 | ▲ | | | 1 | 0 | | | | | | | |
| 03.16 | 제주 | 홈 | | | ▼ | 1 | 2 | | | | | | | |
| 03.22 | 경남 | 원정 | ▲ | | | 3 | 2 | | | | | | | |
| 03.26 | 울산 | 홈 | ▲ | | | 1 | 0 | | | | | | | |
| 03.30 | 인천 | 원정 | | ■ | | 0 | 0 | | | | | | | |
| 04.06 | 포항 | 홈 | | ■ | | 2 | 2 | | | | | | | |
| 04.09 | 수원 | 원정 | | | ▼ | 0 | 1 | | | | | | | |
| 04.13 | 부산 | 홈 | ▲ | | | 2 | 1 | | | | | | | |
| 04.19 | 전북 | 홈 | | | ▼ | 0 | 2 | | | | | | | |
| 04.26 | 성남 | 원정 | ▲ | | | 1 | 0 | | | | | | | |
| 05.04 | 상주 | 홈 | ▲ | | | 4 | 3 | | | | | | | |
| 05.10 | 포항 | 원정 | | | ▼ | 1 | 3 | | | | | | | |
| 07.05 | 서울 | 홈 | | ■ | | 2 | 2 | | | | | | | |
| 07.09 | 경남 | 홈 | ▲ | | | 3 | 1 | | | | | | | |
| 07.12 | 상주 | 원정 | ▲ | | | 2 | 1 | | | | | | | |
| 07.19 | 성남 | 홈 | ▲ | | | 2 | 0 | | | | | | | |
| 07.23 | 제주 | 원정 | | | ▼ | 0 | 2 | | | | | | | |
| 08.03 | 전북 | 원정 | | | ▼ | 0 | 2 | | | | | | | |
| 08.06 | 인천 | 홈 | | | ▼ | 1 | 2 | | | | | | | |
| 08.09 | 울산 | 원정 | | | ▼ | 0 | 1 | | | | | | | |
| 08.17 | 수원 | 홈 | ▲ | | | 3 | 1 | | | | | | | |
| 08.24 | 부산 | 원정 | ▲ | | | 1 | 0 | | | | | | | |
| 08.31 | 전북 | 홈 | ▲ | | | 2 | 1 | | | | | | | |
| 09.06 | 제주 | 원정 | | | ▼ | 2 | 6 | | | | | | | |
| 09.10 | 포항 | 홈 | | | ▼ | 0 | 1 | | | | | | | |
| 09.14 | 상주 | 원정 | | | ▼ | 0 | 1 | | | | | | | |
| 09.21 | 부산 | 홈 | ▲ | | | 2 | 1 | | | | | | | |
| 09.28 | 울산 | 홈 | | ■ | | 1 | 1 | | | | | | | |
| 10.01 | 성남 | 원정 | | | ▼ | 0 | 1 | | | | | | | |
| 10.04 | 경남 | 홈 | | ■ | | 0 | 0 | | | | | | | |
| 10.11 | 수원 | 원정 | | | ▼ | 1 | 2 | | | | | | | |
| 10.18 | 서울 | 홈 | | | ▼ | 1 | 2 | | | | | | | |
| 10.26 | 인천 | 원정 | | ■ | | 3 | 3 | | | | | | | |
| 11.01 | 성남 | 홈 | | ■ | | 1 | 1 | | | | | | | |
| 11.09 | 경남 | 원정 | | | ▼ | 1 | 3 | | | | | | | |
| 11.15 | 부산 | 원정 | | ■ | | 1 | 1 | | | | | | | |
| 11.22 | 상주 | 홈 | ▲ | | | 3 | 1 | | | | | | | |
| 11.29 | 인천 | 홈 | | ■ | | 0 | 0 | | | | | | | |

## 2014년 팀별 연속 승패·득실점 기록 ㅣ 부산 _ K리그 클래식

| 일자 | 상대 | 홈/원정 | 승 | 무 | 패 | 득점 | 실점 | 연속기록 승 | 무 | 패 | 득점 | 실점 | 무득점 | 무실점 |
|---|---|---|---|---|---|---|---|---|---|---|---|---|---|---|
| 03.08 | 전북 | 원정 | | | ▼ | 0 | 3 | | | | | | | |
| 03.15 | 포항 | 홈 | ▲ | | | 3 | 1 | | | | | | | |
| 03.23 | 서울 | 원정 | ▲ | | | 1 | 0 | | | | | | | |
| 03.26 | 상주 | 홈 | | ■ | | 1 | 1 | | | | | | | |
| 03.30 | 수원 | 원정 | | | ▼ | 0 | 1 | | | | | | | |
| 04.06 | 울산 | 홈 | | ■ | | 0 | 0 | | | | | | | |
| 04.09 | 인천 | 원정 | | ■ | | 0 | 0 | | | | | | | |
| 04.13 | 전남 | 원정 | | | ▼ | 1 | 2 | | | | | | | |
| 04.19 | 성남 | 홈 | ▲ | | | 1 | 0 | | | | | | | |
| 04.26 | 제주 | 원정 | | | ▼ | 1 | 2 | | | | | | | |
| 05.04 | 경남 | 홈 | | ■ | | 2 | 2 | | | | | | | |
| 05.11 | 울산 | 원정 | | | ▼ | 0 | 3 | | | | | | | |
| 07.05 | 전북 | 홈 | | | ▼ | 0 | 2 | | | | | | | |
| 07.09 | 상주 | 원정 | | | ▼ | 0 | 1 | | | | | | | |
| 07.13 | 인천 | 홈 | | ■ | | 2 | 2 | | | | | | | |
| 07.20 | 포항 | 원정 | | | ▼ | 0 | 1 | | | | | | | |
| 07.23 | 수원 | 홈 | | | ▼ | 0 | 2 | | | | | | | |
| 08.02 | 제주 | 홈 | | ■ | | 1 | 1 | | | | | | | |
| 08.06 | 경남 | 원정 | | ■ | | 1 | 1 | | | | | | | |
| 08.10 | 서울 | 홈 | | | ▼ | 0 | 2 | | | | | | | |
| 08.17 | 성남 | 원정 | ▲ | | | 4 | 2 | | | | | | | |
| 08.24 | 전남 | 홈 | | | ▼ | 0 | 1 | | | | | | | |
| 08.30 | 인천 | 원정 | | | ▼ | 0 | 3 | | | | | | | |
| 09.03 | 수원 | 원정 | | ■ | | 1 | 1 | | | | | | | |
| 09.10 | 전북 | 홈 | | ■ | | 1 | 1 | | | | | | | |
| 09.13 | 울산 | 홈 | | | ▼ | 1 | 3 | | | | | | | |
| 09.21 | 전남 | 원정 | | | ▼ | 1 | 2 | | | | | | | |
| 09.27 | 성남 | 홈 | ▲ | | | 1 | 0 | | | | | | | |
| 10.01 | 상주 | 홈 | | ■ | | 1 | 1 | | | | | | | |
| 10.05 | 포항 | 원정 | | ■ | | 0 | 0 | | | | | | | |
| 10.12 | 제주 | 홈 | ▲ | | | 2 | 1 | | | | | | | |
| 10.19 | 경남 | 홈 | ▲ | | | 4 | 0 | | | | | | | |
| 10.26 | 서울 | 원정 | | ■ | | 1 | 1 | | | | | | | |
| 11.02 | 상주 | 원정 | ▲ | | | 3 | 2 | | | | | | | |
| 11.08 | 인천 | 홈 | ▲ | | | 1 | 0 | | | | | | | |
| 11.15 | 전남 | 홈 | | ■ | | 1 | 1 | | | | | | | |
| 11.22 | 경남 | 원정 | ▲ | | | 1 | 0 | | | | | | | |
| 11.29 | 성남 | 원정 | | | ▼ | 0 | 1 | | | | | | | |

## 2014년 팀별 연속 승패 · 득실점 기록 I 성남  _ K리그 클래식

| 일자 | 상대 | 홈/원정 | 승 | 무 | 패 | 득점 | 실점 | 승 | 무 | 패 | 득점 | 실점 | 무득점 | 무실점 |
|---|---|---|---|---|---|---|---|---|---|---|---|---|---|---|
| 03.09 | 경남 | 원정 | | | ▼ | 0 | 1 | | | | | | | |
| 03.15 | 서울 | 홈 | | ■ | | 0 | 0 | | | | | | | |
| 03.22 | 제주 | 원정 | | | ▼ | 0 | 1 | | | | | | | |
| 03.26 | 수원 | 홈 | ▲ | | | 2 | 0 | | | | | | | |
| 03.29 | 전북 | 원정 | | | ▼ | 0 | 1 | | | | | | | |
| 04.05 | 인천 | 홈 | | ■ | | 0 | 0 | | | | | | | |
| 04.09 | 울산 | 원정 | ▲ | | | 1 | 0 | | | | | | | |
| 04.13 | 상주 | 홈 | | ■ | | 0 | 0 | | | | | | | |
| 04.19 | 부산 | 원정 | | | ▼ | 0 | 1 | | | | | | | |
| 04.26 | 전남 | 홈 | | | ▼ | 0 | 1 | | | | | | | |
| 05.03 | 포항 | 홈 | ▲ | | | 3 | 1 | | | | | | | |
| 05.18 | 서울 | 원정 | | | ▼ | 0 | 1 | | | | | | | |
| 07.06 | 울산 | 홈 | | ■ | | 1 | 1 | | | | | | | |
| 07.09 | 인천 | 원정 | | ■ | | 1 | 1 | | | | | | | |
| 07.13 | 제주 | 홈 | | | ▼ | 1 | 2 | | | | | | | |
| 07.19 | 전남 | 원정 | | | ▼ | 0 | 2 | | | | | | | |
| 07.23 | 경남 | 홈 | ▲ | | | 1 | 0 | | | | | | | |
| 08.02 | 상주 | 원정 | | ■ | | 1 | 1 | | | | | | | |
| 08.06 | 포항 | 원정 | | ■ | | 1 | 1 | | | | | | | |
| 08.09 | 전북 | 홈 | | | ▼ | 0 | 3 | | | | | | | |
| 08.17 | 부산 | 홈 | | | ▼ | 2 | 4 | | | | | | | |
| 08.24 | 수원 | 원정 | | ■ | | 1 | 1 | | | | | | | |
| 08.30 | 상주 | 원정 | | ■ | | 1 | 1 | | | | | | | |
| 09.06 | 인천 | 홈 | ▲ | | | 2 | 0 | | | | | | | |
| 09.10 | 서울 | 홈 | | | ▼ | 1 | 2 | | | | | | | |
| 09.13 | 포항 | 원정 | | | ▼ | 0 | 1 | | | | | | | |
| 09.21 | 제주 | 홈 | | ■ | | 1 | 1 | | | | | | | |
| 09.27 | 부산 | 원정 | | | ▼ | 0 | 1 | | | | | | | |
| 10.01 | 전남 | 홈 | ▲ | | | 1 | 0 | | | | | | | |
| 10.04 | 전북 | 홈 | | | ▼ | 0 | 1 | | | | | | | |
| 10.11 | 경남 | 원정 | ▲ | | | 2 | 0 | | | | | | | |
| 10.19 | 수원 | 원정 | | ■ | | 2 | 2 | | | | | | | |
| 10.26 | 울산 | 홈 | | | ▼ | 3 | 4 | | | | | | | |
| 11.01 | 전남 | 원정 | | ■ | | 1 | 1 | | | | | | | |
| 11.08 | 상주 | 원정 | | ■ | | 1 | 1 | | | | | | | |
| 11.16 | 경남 | 홈 | | ■ | | 1 | 1 | | | | | | | |
| 11.26 | 인천 | 원정 | ▲ | | | 1 | 0 | | | | | | | |
| 11.29 | 부산 | 홈 | ▲ | | | 1 | 0 | | | | | | | |

## 2014년 팀별 연속 승패 · 득실점 기록 I 인천  _ K리그 클래식

| 일자 | 상대 | 홈/원정 | 승 | 무 | 패 | 득점 | 실점 | 승 | 무 | 패 | 득점 | 실점 | 무득점 | 무실점 |
|---|---|---|---|---|---|---|---|---|---|---|---|---|---|---|
| 03.09 | 상주 | 원정 | | ■ | | 2 | 2 | | | | | | | |
| 03.15 | 전북 | 홈 | | | ▼ | 0 | 1 | | | | | | | |
| 03.23 | 울산 | 원정 | | | ▼ | 0 | 3 | | | | | | | |
| 03.26 | 경남 | 원정 | | | ▼ | 0 | 1 | | | | | | | |
| 03.30 | 전남 | 홈 | | ■ | | 0 | 0 | | | | | | | |
| 04.05 | 성남 | 원정 | | ■ | | 0 | 0 | | | | | | | |
| 04.09 | 부산 | 홈 | | ■ | | 0 | 0 | | | | | | | |
| 04.13 | 수원 | 홈 | | | ▼ | 0 | 3 | | | | | | | |
| 04.20 | 제주 | 원정 | | | ▼ | 0 | 1 | | | | | | | |
| 04.27 | 포항 | 원정 | | | ▼ | 0 | 3 | | | | | | | |
| 05.03 | 서울 | 홈 | ▲ | | | 1 | 0 | | | | | | | |
| 05.10 | 전북 | 원정 | | ■ | | 1 | 1 | | | | | | | |
| 07.06 | 상주 | 홈 | | | ▼ | 1 | 2 | | | | | | | |
| 07.09 | 성남 | 홈 | | ■ | | 1 | 1 | | | | | | | |
| 07.13 | 부산 | 원정 | | ■ | | 2 | 2 | | | | | | | |
| 07.19 | 수원 | 원정 | | | ▼ | 2 | 3 | | | | | | | |
| 07.23 | 포항 | 홈 | | ■ | | 0 | 0 | | | | | | | |
| 08.02 | 울산 | 홈 | ▲ | | | 2 | 0 | | | | | | | |
| 08.06 | 전남 | 원정 | ▲ | | | 2 | 0 | | | | | | | |
| 08.10 | 경남 | 홈 | ▲ | | | 2 | 0 | | | | | | | |
| 08.16 | 서울 | 원정 | | | ▼ | 1 | 5 | | | | | | | |
| 08.24 | 제주 | 홈 | | ■ | | 0 | 0 | | | | | | | |
| 08.30 | 부산 | 홈 | ▲ | | | 3 | 0 | | | | | | | |
| 09.06 | 성남 | 원정 | | | ▼ | 0 | 2 | | | | | | | |
| 09.10 | 경남 | 원정 | | ■ | | 0 | 0 | | | | | | | |
| 09.13 | 서울 | 원정 | | | ▼ | 1 | 3 | | | | | | | |
| 09.20 | 울산 | 원정 | | ■ | | 1 | 1 | | | | | | | |
| 09.27 | 제주 | 원정 | ▲ | | | 2 | 0 | | | | | | | |
| 10.01 | 수원 | 원정 | | ■ | | 1 | 1 | | | | | | | |
| 10.05 | 상주 | 홈 | ▲ | | | 1 | 0 | | | | | | | |
| 10.11 | 포항 | 홈 | ▲ | | | 2 | 1 | | | | | | | |
| 10.18 | 전북 | 홈 | | | ▼ | 0 | 2 | | | | | | | |
| 10.26 | 전남 | 홈 | | ■ | | 3 | 3 | | | | | | | |
| 11.02 | 경남 | 홈 | | ■ | | 1 | 1 | | | | | | | |
| 11.08 | 부산 | 원정 | | | ▼ | 0 | 1 | | | | | | | |
| 11.15 | 상주 | 홈 | | ■ | | 1 | 1 | | | | | | | |
| 11.26 | 성남 | 홈 | | | ▼ | 0 | 1 | | | | | | | |
| 11.29 | 전남 | 원정 | | ■ | | 0 | 0 | | | | | | | |

# 2014년 팀별 연속 승패 · 득실점 기록 Ⅰ 경남 _ K리그 클래식

| 일자 | 상대 | 홈/원정 | 승 | 무 | 패 | 득점 | 실점 | 연속기록 | | | | | | |
|---|---|---|---|---|---|---|---|---|---|---|---|---|---|---|
| | | | | | | | | 승 | 무 | 패 | 득점 | 실점 | 무득점 | 무실점 |
| 03.09 | 성남 | 홈 | ▲ | | | 1 | 0 | | | | | | | |
| 03.16 | 울산 | 원정 | | | ▼ | 0 | 3 | | | | | | | |
| 03.22 | 전남 | 홈 | | | ▼ | 2 | 3 | | | | | | | |
| 03.26 | 인천 | 홈 | ▲ | | | 1 | 0 | | | | | | | |
| 03.30 | 제주 | 원정 | | ■ | | | | | | | | | | |
| 04.05 | 수원 | 홈 | | | | 2 | 2 | | | | | | | |
| 04.09 | 포항 | 원정 | | | ▼ | 0 | 3 | | | | | | | |
| 04.12 | 서울 | 원정 | | ■ | | 0 | 0 | | | | | | | |
| 04.20 | 상주 | 홈 | | ■ | | 0 | 0 | | | | | | | |
| 04.26 | 전북 | 원정 | | | ▼ | 1 | 4 | | | | | | | |
| 05.04 | 부산 | 원정 | | | | 2 | 2 | | | | | | | |
| 05.10 | 제주 | 홈 | | ■ | | 1 | 1 | | | | | | | |
| 07.05 | 수원 | 원정 | | ■ | | 0 | 0 | | | | | | | |
| 07.09 | 전남 | 원정 | | | ▼ | 1 | 3 | | | | | | | |
| 07.13 | 전북 | 홈 | | | ▼ | 1 | 4 | | | | | | | |
| 07.19 | 울산 | 홈 | | | ▼ | 0 | 1 | | | | | | | |
| 07.23 | 성남 | 원정 | | | ▼ | 0 | 1 | | | | | | | |
| 08.03 | 서울 | 홈 | | ■ | | 1 | 1 | | | | | | | |
| 08.06 | 부산 | 홈 | | ■ | | 1 | 1 | | | | | | | |
| 08.10 | 인천 | 원정 | | | ▼ | 0 | 2 | | | | | | | |
| 08.17 | 상주 | 원정 | ▲ | | | 3 | 1 | | | | | | | |
| 08.23 | 포항 | 홈 | | ■ | | 0 | 0 | | | | | | | |
| 08.30 | 수원 | 홈 | | | ▼ | 0 | 2 | | | | | | | |
| 09.07 | 울산 | 원정 | | | ▼ | 1 | 2 | | | | | | | |
| 09.10 | 인천 | 홈 | | ■ | | 0 | 0 | | | | | | | |
| 09.14 | 전북 | 원정 | | | ▼ | 0 | 1 | | | | | | | |
| 09.20 | 상주 | 홈 | ▲ | | | 1 | 0 | | | | | | | |
| 09.24 | 서울 | 원정 | | ■ | | 1 | 1 | | | | | | | |
| 10.01 | 포항 | 홈 | ▲ | | | 2 | 1 | | | | | | | |
| 10.04 | 전남 | 원정 | | ■ | | 0 | 0 | | | | | | | |
| 10.11 | 성남 | 홈 | | | ▼ | 0 | 2 | | | | | | | |
| 10.19 | 부산 | 원정 | | | ▼ | 0 | 4 | | | | | | | |
| 10.26 | 제주 | 홈 | ▲ | | | 1 | 0 | | | | | | | |
| 11.02 | 인천 | 원정 | | ■ | | 1 | 1 | | | | | | | |
| 11.09 | 전남 | 홈 | ▲ | | | 3 | 1 | | | | | | | |
| 11.16 | 성남 | 원정 | | ■ | | 1 | 1 | | | | | | | |
| 11.22 | 부산 | 홈 | | | ▼ | 0 | 1 | | | | | | | |
| 11.29 | 상주 | 원정 | | | ▼ | 1 | 3 | | | | | | | |
| 12.03 | 광주 | 원정 | | | ▼ | 1 | 3 | | | | | | | |
| 12.06 | 광주 | 홈 | | ■ | | 1 | 1 | | | | | | | |

# 2014년 팀별 연속 승패 · 득실점 기록 Ⅰ 상주 _ K리그 클래식

| 일자 | 상대 | 홈/원정 | 승 | 무 | 패 | 득점 | 실점 | 연속기록 | | | | | | |
|---|---|---|---|---|---|---|---|---|---|---|---|---|---|---|
| | | | | | | | | 승 | 무 | 패 | 득점 | 실점 | 무득점 | 무실점 |
| 03.09 | 인천 | 홈 | | ■ | | 2 | 2 | | | | | | | |
| 03.16 | 수원 | 원정 | | ■ | | 2 | 2 | | | | | | | |
| 03.23 | 전북 | 홈 | | ■ | | 0 | 0 | | | | | | | |
| 03.26 | 부산 | 원정 | | ■ | | 1 | 1 | | | | | | | |
| 03.29 | 포항 | 원정 | | | ▼ | 2 | 4 | | | | | | | |
| 04.05 | 제주 | 홈 | | | ▼ | 0 | 1 | | | | | | | |
| 04.09 | 서울 | 홈 | ▲ | | | 2 | 1 | | | | | | | |
| 04.13 | 성남 | 원정 | | ■ | | 0 | 0 | | | | | | | |
| 04.20 | 경남 | 원정 | | ■ | | 0 | 0 | | | | | | | |
| 04.27 | 울산 | 홈 | | ■ | | 1 | 1 | | | | | | | |
| 05.04 | 전남 | 원정 | | | ▼ | 3 | 4 | | | | | | | |
| 05.10 | 수원 | 홈 | | ■ | | 1 | 1 | | | | | | | |
| 07.06 | 인천 | 원정 | ▲ | | | 2 | 1 | | | | | | | |
| 07.09 | 부산 | 홈 | ▲ | | | 2 | 0 | | | | | | | |
| 07.12 | 전남 | 홈 | | | ▼ | 1 | 2 | | | | | | | |
| 07.20 | 전북 | 원정 | | | ▼ | 0 | 6 | | | | | | | |
| 07.23 | 서울 | 원정 | | | ▼ | 1 | 2 | | | | | | | |
| 08.02 | 성남 | 홈 | | ■ | | 1 | 1 | | | | | | | |
| 08.06 | 제주 | 원정 | ▲ | | | 3 | 2 | | | | | | | |
| 08.09 | 포항 | 홈 | | | ▼ | 0 | 2 | | | | | | | |
| 08.17 | 경남 | 홈 | | | ▼ | 1 | 3 | | | | | | | |
| 08.23 | 울산 | 원정 | | | ▼ | 0 | 3 | | | | | | | |
| 08.30 | 성남 | 홈 | | ■ | | 1 | 1 | | | | | | | |
| 09.06 | 전북 | 원정 | | | ▼ | 0 | 2 | | | | | | | |
| 09.10 | 제주 | 홈 | | | ▼ | 1 | 2 | | | | | | | |
| 09.14 | 전남 | 홈 | ▲ | | | 1 | 0 | | | | | | | |
| 09.20 | 경남 | 원정 | | | ▼ | 0 | 1 | | | | | | | |
| 09.27 | 수원 | 홈 | | | ▼ | 0 | 1 | | | | | | | |
| 10.01 | 부산 | 원정 | | ■ | | 1 | 1 | | | | | | | |
| 10.05 | 인천 | 원정 | | ■ | | 1 | 1 | | | | | | | |
| 10.12 | 서울 | 홈 | ▲ | | | 1 | 0 | | | | | | | |
| 10.19 | 울산 | 원정 | | | ▼ | 1 | 2 | | | | | | | |
| 10.26 | 포항 | 원정 | | | ▼ | 0 | 3 | | | | | | | |
| 11.02 | 부산 | 홈 | | | ▼ | 2 | 3 | | | | | | | |
| 11.08 | 성남 | 홈 | | ■ | | 1 | 1 | | | | | | | |
| 11.15 | 인천 | 원정 | | ■ | | 1 | 1 | | | | | | | |
| 11.22 | 전남 | 원정 | | | ▼ | 1 | 3 | | | | | | | |
| 11.29 | 경남 | 홈 | ▲ | | | 3 | 1 | | | | | | | |

■ : 승강 플레이오프

## 2014년 팀별 연속 승패 · 득실점 기록 ㅣ 대전 _ K리그 챌린지

| 일자 | 상대 | 홈/원정 | 승 | 무 | 패 | 득점 | 실점 | 연속기록 |||||||
|---|---|---|---|---|---|---|---|---|---|---|---|---|---|---|
| | | | | | | | | 승 | 무 | 패 | 득점 | 실점 | 무득점 | 무실점 |
| 03.22 | 수원FC | 원정 | | | ▼ | 1 | 4 | | | | | | | |
| 03.30 | 고양 | 홈 | ▲ | | | 4 | 1 | | | | | | | |
| 04.05 | 강원 | 원정 | ▲ | | | 3 | 1 | | | | | | | |
| 04.13 | 광주 | 홈 | ▲ | | | 4 | 0 | | | | | | | |
| 04.19 | 충주 | 원정 | ▲ | | | 4 | 0 | | | | | | | |
| 04.27 | 부천 | 원정 | ▲ | | | 2 | 1 | | | | | | | |
| 05.04 | 대구 | 홈 | | ■ | | 0 | 0 | | | | | | | |
| 05.11 | 안산 | 홈 | ▲ | | | 2 | 0 | | | | | | | |
| 05.14 | 안양 | 원정 | ▲ | | | 3 | 2 | | | | | | | |
| 05.18 | 광주 | 원정 | ▲ | | | 2 | 0 | | | | | | | |
| 05.24 | 수원FC | 홈 | ▲ | | | 2 | 0 | | | | | | | |
| 05.31 | 고양 | 원정 | | ■ | | 0 | 0 | | | | | | | |
| 06.07 | 부천 | 홈 | ▲ | | | 1 | 0 | | | | | | | |
| 06.16 | 충주 | 홈 | ▲ | | | 1 | 0 | | | | | | | |
| 06.21 | 대구 | 원정 | ▲ | | | 3 | 2 | | | | | | | |
| 06.29 | 안산 | 원정 | | | ▼ | 1 | 6 | | | | | | | |
| 07.06 | 강원 | 홈 | | ■ | | 2 | 2 | | | | | | | |
| 07.13 | 안양 | 홈 | ▲ | | | 4 | 0 | | | | | | | |
| 07.19 | 부천 | 원정 | | ■ | | 1 | 1 | | | | | | | |
| 07.26 | 충주 | 원정 | ▲ | | | 3 | 0 | | | | | | | |
| 08.09 | 고양 | 홈 | ▲ | | | 1 | 0 | | | | | | | |
| 08.24 | 안양 | 원정 | | ■ | | 1 | 1 | | | | | | | |
| 08.30 | 대구 | 홈 | ▲ | | | 1 | 0 | | | | | | | |
| 09.07 | 강원 | 원정 | ▲ | | | 2 | 1 | | | | | | | |
| 09.13 | 수원FC | 원정 | | ■ | | 2 | 2 | | | | | | | |
| 09.17 | 광주 | 홈 | | | ▼ | 0 | 1 | | | | | | | |
| 09.20 | 충주 | 홈 | | ■ | | 1 | 1 | | | | | | | |
| 09.24 | 안산 | 홈 | | ■ | | 0 | 0 | | | | | | | |
| 09.27 | 대구 | 원정 | | | ▼ | 0 | 1 | | | | | | | |
| 10.04 | 고양 | 원정 | | ■ | | 2 | 2 | | | | | | | |
| 10.12 | 강원 | 홈 | ▲ | | | 3 | 0 | | | | | | | |
| 10.18 | 안양 | 홈 | | | ▼ | 1 | 3 | | | | | | | |
| 10.25 | 광주 | 원정 | | | ▼ | 0 | 1 | | | | | | | |
| 11.01 | 부천 | 홈 | ▲ | | | 1 | 0 | | | | | | | |
| 11.08 | 수원FC | 홈 | ▲ | | | 5 | 2 | | | | | | | |
| 11.16 | 안산 | 원정 | | ■ | | 1 | 1 | | | | | | | |

## 2014년 팀별 연속 승패 · 득실점 기록 ㅣ 광주 _ K리그 클래식

| 일자 | 상대 | 홈/원정 | 승 | 무 | 패 | 득점 | 실점 | 연속기록 |||||||
|---|---|---|---|---|---|---|---|---|---|---|---|---|---|---|
| | | | | | | | | 승 | 무 | 패 | 득점 | 실점 | 무득점 | 무실점 |
| 03.22 | 대구 | 원정 | | | ▼ | 1 | 2 | | | | | | | |
| 03.30 | 부천 | 홈 | ▲ | | | 2 | 0 | | | | | | | |
| 04.05 | 충주 | 홈 | | ■ | | 0 | 0 | | | | | | | |
| 04.13 | 대전 | 원정 | | | ▼ | 0 | 4 | | | | | | | |
| 04.20 | 안양 | 홈 | | ■ | | 1 | 1 | | | | | | | |
| 04.27 | 안산 | 원정 | | ■ | | 1 | 1 | | | | | | | |
| 05.03 | 고양 | 홈 | | | ▼ | 1 | 2 | | | | | | | |
| 05.10 | 강원 | 원정 | | | ▼ | 1 | 2 | | | | | | | |
| 05.14 | 수원FC | 홈 | ▲ | | | 1 | 0 | | | | | | | |
| 05.18 | 대전 | 홈 | | | ▼ | 0 | 2 | | | | | | | |
| 05.25 | 부천 | 원정 | | ■ | | 1 | 1 | | | | | | | |
| 06.01 | 충주 | 원정 | | ■ | | 1 | 1 | | | | | | | |
| 06.08 | 강원 | 홈 | | ■ | | 1 | 1 | | | | | | | |
| 06.14 | 안양 | 원정 | | | ▼ | 1 | 2 | | | | | | | |
| 06.22 | 수원FC | 원정 | | ■ | | 0 | 0 | | | | | | | |
| 06.30 | 대구 | 홈 | ▲ | | | 2 | 1 | | | | | | | |
| 07.05 | 고양 | 원정 | ▲ | | | 4 | 2 | | | | | | | |
| 07.12 | 안산 | 원정 | | | ▼ | 1 | 2 | | | | | | | |
| 07.19 | 수원FC | 홈 | ▲ | | | 2 | 0 | | | | | | | |
| 07.27 | 부천 | 홈 | | ■ | | 1 | 1 | | | | | | | |
| 08.10 | 안양 | 원정 | ▲ | | | 1 | 0 | | | | | | | |
| 08.16 | 충주 | 홈 | | ■ | | 0 | 0 | | | | | | | |
| 08.23 | 대구 | 원정 | | ■ | | 0 | 0 | | | | | | | |
| 08.31 | 강원 | 홈 | ▲ | | | 2 | 0 | | | | | | | |
| 09.06 | 안산 | 홈 | | | ▼ | 0 | 1 | | | | | | | |
| 09.13 | 고양 | 홈 | | ■ | | 1 | 1 | | | | | | | |
| 09.17 | 대전 | 원정 | ▲ | | | 1 | 0 | | | | | | | |
| 09.21 | 강원 | 원정 | ▲ | | | 4 | 2 | | | | | | | |
| 09.28 | 안양 | 홈 | | | ▼ | 1 | 2 | | | | | | | |
| 10.05 | 수원FC | 원정 | | ■ | | 0 | 0 | | | | | | | |
| 10.11 | 대구 | 홈 | ▲ | | | 2 | 1 | | | | | | | |
| 10.18 | 충주 | 원정 | | | ▼ | 1 | 2 | | | | | | | |
| 10.25 | 대전 | 홈 | ▲ | | | 1 | 0 | | | | | | | |
| 11.01 | 안산 | 원정 | | | ▼ | 2 | 3 | | | | | | | |
| 11.08 | 부천 | 원정 | ▲ | | | 2 | 0 | | | | | | | |
| 11.16 | 고양 | 원정 | | ■ | | 0 | 0 | | | | | | | |
| 11.22 | 강원 | 원정 | ▲ | | | 1 | 0 | | | | | | | |
| 11.29 | 안산 | 원정 | ▲ | | | 3 | 0 | | | | | | | |
| 12.03 | 경남 | 홈 | ▲ | | | 3 | 1 | | | | | | | |
| 12.06 | 경남 | 원정 | | ■ | | 1 | 1 | | | | | | | |

■ : 승강 플레이오프

## 2014년 팀별 연속 승패 · 득실점 기록 l 안산 _ K리그 챌린지

| 일자 | 상대 | 홈/원정 | 승 | 무 | 패 | 득점 | 실점 | 연속기록 승 | 무 | 패 | 득점 | 실점 | 무득점 | 무실점 |
|---|---|---|---|---|---|---|---|---|---|---|---|---|---|---|
| 03.22 | 강원 | 원정 | ▲ | | | 3 | 0 | | | | | | | |
| 03.29 | 대구 | 홈 | ▲ | | | 3 | 2 | | | | | | | |
| 04.05 | 수원FC | 원정 | ▲ | | | 3 | 0 | | | | | | | |
| 04.12 | 안양 | 원정 | | | ▼ | 0 | 2 | | | | | | | |
| 04.27 | 광주 | 원정 | | ■ | | 1 | 1 | | | | | | | |
| 05.11 | 대전 | 원정 | | | ▼ | 0 | 2 | | | | | | | |
| 05.26 | 고양 | 원정 | | | ▼ | 0 | 2 | | | | | | | |
| 06.02 | 대구 | 원정 | | ■ | | 2 | 2 | | | | | | | |
| 06.15 | 강원 | 원정 | | | ▼ | 1 | 3 | | | | | | | |
| 06.23 | 부천 | 원정 | ▲ | | | 4 | 3 | | | | | | | |
| 06.29 | 대전 | 홈 | ▲ | | | 6 | 1 | | | | | | | |
| 07.07 | 충주 | 홈 | | ■ | | 0 | 0 | | | | | | | |
| 07.12 | 광주 | 홈 | ▲ | | | 1 | 0 | | | | | | | |
| 07.16 | 충주 | 원정 | | ■ | | 1 | 1 | | | | | | | |
| 07.20 | 대구 | 홈 | ▲ | | | 2 | 1 | | | | | | | |
| 07.23 | 부천 | 홈 | | | ▼ | 1 | 2 | | | | | | | |
| 07.28 | 강원 | 홈 | | | ▼ | 1 | 3 | | | | | | | |
| 08.09 | 부천 | 홈 | ▲ | | | 4 | 3 | | | | | | | |
| 08.13 | 수원FC | 홈 | ▲ | | | 4 | 3 | | | | | | | |
| 08.25 | 고양 | 홈 | | ■ | | 1 | 1 | | | | | | | |
| 08.31 | 충주 | 홈 | ▲ | | | 2 | 0 | | | | | | | |
| 09.06 | 광주 | 원정 | ▲ | | | 1 | 0 | | | | | | | |
| 09.14 | 안양 | 원정 | ▲ | | | 2 | 1 | | | | | | | |
| 09.17 | 수원FC | 원정 | | | ▼ | 1 | 2 | | | | | | | |
| 09.20 | 부천 | 원정 | | ■ | | 2 | 2 | | | | | | | |
| 09.24 | 대전 | 원정 | | ■ | | 0 | 0 | | | | | | | |
| 09.27 | 충주 | 원정 | | ■ | | 2 | 2 | | | | | | | |
| 10.04 | 안양 | 홈 | | | ▼ | 0 | 3 | | | | | | | |
| 10.11 | 수원FC | 홈 | ▲ | | | 2 | 1 | | | | | | | |
| 10.15 | 고양 | 홈 | | ■ | | 0 | 0 | | | | | | | |
| 10.19 | 대구 | 원정 | ▲ | | | 2 | 1 | | | | | | | |
| 10.25 | 강원 | 홈 | ▲ | | | 1 | 0 | | | | | | | |
| 11.01 | 광주 | 홈 | ▲ | | | 3 | 2 | | | | | | | |
| 11.05 | 안양 | 홈 | | ■ | | 1 | 1 | | | | | | | |
| 11.09 | 고양 | 원정 | | | ▼ | 1 | 2 | | | | | | | |
| 11.16 | 대전 | 홈 | | ■ | | 1 | 1 | | | | | | | |
| 11.29 | 광주 | 홈 | | | ▼ | 0 | 3 | | | | | | | |

## 2014년 팀별 연속 승패 · 득실점 기록 l 강원 _ K리그 챌린지

| 일자 | 상대 | 홈/원정 | 승 | 무 | 패 | 득점 | 실점 | 연속기록 승 | 무 | 패 | 득점 | 실점 | 무득점 | 무실점 |
|---|---|---|---|---|---|---|---|---|---|---|---|---|---|---|
| 03.22 | 안산 | 홈 | | | ▼ | 0 | 3 | | | | | | | |
| 03.29 | 안양 | 원정 | | | ▼ | 0 | 1 | | | | | | | |
| 04.05 | 대전 | 홈 | | | ▼ | 1 | 3 | | | | | | | |
| 04.13 | 부천 | 원정 | | ■ | | 2 | 2 | | | | | | | |
| 04.19 | 대구 | 홈 | | | ▼ | 0 | 1 | | | | | | | |
| 04.27 | 수원FC | 홈 | ▲ | | | 1 | 0 | | | | | | | |
| 05.05 | 충주 | 원정 | ▲ | | | 3 | 1 | | | | | | | |
| 05.10 | 광주 | 홈 | ▲ | | | 2 | 1 | | | | | | | |
| 05.14 | 고양 | 원정 | ▲ | | | 3 | 2 | | | | | | | |
| 05.18 | 대구 | 원정 | | | ▼ | 0 | 2 | | | | | | | |
| 05.25 | 충주 | 홈 | ▲ | | | 5 | 2 | | | | | | | |
| 06.01 | 부천 | 홈 | | | ▼ | 0 | 2 | | | | | | | |
| 06.08 | 광주 | 원정 | | ■ | | 1 | 1 | | | | | | | |
| 06.15 | 안산 | 홈 | ▲ | | | 3 | 1 | | | | | | | |
| 06.22 | 안양 | 홈 | | ■ | | 0 | 0 | | | | | | | |
| 06.29 | 수원FC | 원정 | | ■ | | 1 | 1 | | | | | | | |
| 07.06 | 대전 | 원정 | | ■ | | 2 | 2 | | | | | | | |
| 07.12 | 고양 | 홈 | | | ▼ | 0 | 1 | | | | | | | |
| 07.21 | 안양 | 원정 | | | ▼ | 1 | 2 | | | | | | | |
| 07.28 | 안산 | 원정 | ▲ | | | 3 | 1 | | | | | | | |
| 08.09 | 수원FC | 홈 | ▲ | | | 2 | 1 | | | | | | | |
| 08.16 | 고양 | 원정 | | ■ | | 0 | 0 | | | | | | | |
| 08.23 | 부천 | 원정 | ▲ | | | 1 | 0 | | | | | | | |
| 08.31 | 광주 | 원정 | | | ▼ | 0 | 2 | | | | | | | |
| 09.07 | 대전 | 홈 | | | ▼ | 1 | 2 | | | | | | | |
| 09.13 | 충주 | 원정 | ▲ | | | 1 | 0 | | | | | | | |
| 09.17 | 대구 | 홈 | ▲ | | | 4 | 1 | | | | | | | |
| 09.21 | 광주 | 홈 | | | ▼ | 2 | 4 | | | | | | | |
| 09.27 | 부천 | 홈 | ▲ | | | 2 | 0 | | | | | | | |
| 10.05 | 충주 | 홈 | ▲ | | | 1 | 0 | | | | | | | |
| 10.12 | 대전 | 원정 | | | ▼ | 0 | 3 | | | | | | | |
| 10.18 | 고양 | 홈 | ▲ | | | 1 | 0 | | | | | | | |
| 10.25 | 안산 | 원정 | | | ▼ | 0 | 1 | | | | | | | |
| 11.02 | 대구 | 원정 | | | ▼ | 1 | 6 | | | | | | | |
| 11.09 | 안양 | 홈 | ▲ | | | 2 | 0 | | | | | | | |
| 11.16 | 수원FC | 원정 | ▲ | | | 2 | 1 | | | | | | | |
| 11.22 | 광주 | 홈 | | | ▼ | 0 | 1 | | | | | | | |

## 2014년 팀별 연속 승패 · 득실점 기록 | 안양 _ K리그 챌린지

| 일자 | 상대 | 홈/원정 | 승 | 무 | 패 | 득점 | 실점 | 연속기록 승 | 무 | 패 | 득점 | 실점 | 무득점 | 무실점 |
|---|---|---|---|---|---|---|---|---|---|---|---|---|---|---|
| 03.23 | 고양 | 원정 | | | ■ | 1 | 1 | | | | | | | |
| 03.29 | 강원 | 홈 | ▲ | | | 1 | 0 | | | | | | | |
| 04.06 | 부천 | 원정 | ▲ | | | 1 | 0 | | | | | | | |
| 04.12 | 안산 | 홈 | ▲ | | | 2 | 0 | | | | | | | |
| 04.20 | 광주 | 원정 | | | ▼ | 0 | 2 | | | | | | | |
| 04.26 | 대구 | 원정 | | ■ | | 1 | 1 | | | | | | | |
| 05.05 | 수원FC | 홈 | | | ▼ | 0 | 2 | | | | | | | |
| 05.11 | 충주 | 원정 | | | ▼ | 1 | 2 | | | | | | | |
| 05.14 | 대전 | 홈 | | | ▼ | 2 | 3 | | | | | | | |
| 05.24 | 대구 | 홈 | ▲ | | | 2 | 0 | | | | | | | |
| 05.31 | 수원FC | 원정 | | | ▼ | 1 | 3 | | | | | | | |
| 06.06 | 고양 | 홈 | ▲ | | | 3 | 1 | | | | | | | |
| 06.14 | 광주 | 홈 | ▲ | | | 2 | 1 | | | | | | | |
| 06.22 | 강원 | 원정 | | ■ | | 0 | 0 | | | | | | | |
| 06.28 | 충주 | 홈 | | | ▼ | 1 | 3 | | | | | | | |
| 07.05 | 부천 | 홈 | ▲ | | | 3 | 1 | | | | | | | |
| 07.13 | 대전 | 원정 | | | ▼ | 0 | 4 | | | | | | | |
| 07.21 | 강원 | 홈 | ▲ | | | 2 | 1 | | | | | | | |
| 07.26 | 대구 | 원정 | ▲ | | | 2 | 1 | | | | | | | |
| 08.10 | 광주 | 홈 | | | ▼ | 0 | 1 | | | | | | | |
| 08.16 | 부천 | 원정 | ▲ | | | 2 | 1 | | | | | | | |
| 08.24 | 대전 | 홈 | | ■ | | 1 | 1 | | | | | | | |
| 08.30 | 고양 | 원정 | ▲ | | | 2 | 1 | | | | | | | |
| 09.07 | 수원FC | 홈 | | | ▼ | 0 | 3 | | | | | | | |
| 09.14 | 안산 | 홈 | | | ▼ | 1 | 2 | | | | | | | |
| 09.17 | 충주 | 원정 | | | ▼ | 1 | 4 | | | | | | | |
| 09.20 | 고양 | 홈 | | | ▼ | 0 | 1 | | | | | | | |
| 09.28 | 광주 | 원정 | ▲ | | | 2 | 1 | | | | | | | |
| 10.04 | 안산 | 원정 | ▲ | | | 3 | 0 | | | | | | | |
| 10.12 | 충주 | 홈 | ▲ | | | 4 | 1 | | | | | | | |
| 10.18 | 대전 | 원정 | ▲ | | | 3 | 1 | | | | | | | |
| 10.25 | 부천 | 홈 | | | ▼ | 1 | 2 | | | | | | | |
| 11.01 | 수원FC | 원정 | | | ▼ | 1 | 2 | | | | | | | |
| 11.05 | 안산 | 원정 | | ■ | | 1 | 1 | | | | | | | |
| 11.09 | 강원 | 원정 | | | ▼ | 0 | 2 | | | | | | | |
| 11.16 | 대구 | 홈 | | ■ | | 2 | 2 | | | | | | | |

## 2014년 팀별 연속 승패 · 득실점 기록 | 수원FC _ K리그 챌린지

| 일자 | 상대 | 홈/원정 | 승 | 무 | 패 | 득점 | 실점 | 연속기록 승 | 무 | 패 | 득점 | 실점 | 무득점 | 무실점 |
|---|---|---|---|---|---|---|---|---|---|---|---|---|---|---|
| 03.22 | 대전 | 홈 | ▲ | | | 4 | 1 | | | | | | | |
| 03.29 | 충주 | 원정 | | ■ | | 2 | 2 | | | | | | | |
| 04.05 | 안산 | 홈 | | | ▼ | 0 | 3 | | | | | | | |
| 04.12 | 고양 | 원정 | | | ▼ | 0 | 1 | | | | | | | |
| 04.19 | 부천 | 홈 | ▲ | | | 3 | 2 | | | | | | | |
| 04.27 | 강원 | 원정 | | | ▼ | 0 | 1 | | | | | | | |
| 05.05 | 안양 | 원정 | ▲ | | | 2 | 0 | | | | | | | |
| 05.10 | 대구 | 홈 | | ■ | | 1 | 1 | | | | | | | |
| 05.14 | 광주 | 원정 | | | ▼ | 0 | 1 | | | | | | | |
| 05.17 | 고양 | 홈 | | ■ | | 1 | 1 | | | | | | | |
| 05.24 | 대전 | 원정 | | | ▼ | 0 | 2 | | | | | | | |
| 05.31 | 안양 | 홈 | ▲ | | | 3 | 1 | | | | | | | |
| 06.14 | 부천 | 원정 | ▲ | | | 3 | 2 | | | | | | | |
| 06.22 | 광주 | 홈 | | ■ | | 0 | 0 | | | | | | | |
| 06.29 | 강원 | 홈 | | ■ | | 1 | 1 | | | | | | | |
| 07.06 | 대구 | 원정 | | ■ | | 0 | 0 | | | | | | | |
| 07.12 | 충주 | 홈 | | ■ | | 1 | 1 | | | | | | | |
| 07.19 | 광주 | 원정 | | | ▼ | 0 | 2 | | | | | | | |
| 07.27 | 고양 | 원정 | ▲ | | | 3 | 0 | | | | | | | |
| 08.09 | 강원 | 원정 | | | ▼ | 1 | 2 | | | | | | | |
| 08.13 | 안산 | 원정 | | | ▼ | 3 | 4 | | | | | | | |
| 08.17 | 대구 | 홈 | | | ▼ | 2 | 4 | | | | | | | |
| 08.24 | 충주 | 원정 | | ■ | | 0 | 0 | | | | | | | |
| 09.01 | 부천 | 홈 | ▲ | | | 1 | 0 | | | | | | | |
| 09.07 | 안양 | 원정 | ▲ | | | 3 | 0 | | | | | | | |
| 09.13 | 대전 | 홈 | | ■ | | 2 | 2 | | | | | | | |
| 09.17 | 안산 | 홈 | ▲ | | | 2 | 1 | | | | | | | |
| 09.21 | 대구 | 원정 | ▲ | | | 2 | 1 | | | | | | | |
| 09.28 | 고양 | 홈 | | ■ | | 1 | 1 | | | | | | | |
| 10.05 | 광주 | 홈 | | ■ | | 0 | 0 | | | | | | | |
| 10.11 | 안산 | 원정 | | | ▼ | 1 | 2 | | | | | | | |
| 10.19 | 부천 | 원정 | | ■ | | 1 | 1 | | | | | | | |
| 10.26 | 충주 | 홈 | ▲ | | | 3 | 0 | | | | | | | |
| 11.01 | 안양 | 홈 | ▲ | | | 2 | 1 | | | | | | | |
| 11.08 | 대전 | 원정 | | | ▼ | 2 | 5 | | | | | | | |
| 11.16 | 강원 | 홈 | | | ▼ | 1 | 2 | | | | | | | |

# 2014년 팀별 연속 승패 · 득실점 기록 ㅣ 대구 _ K리그 챌린지

| 일자 | 상대 | 홈/원정 | 승 | 무 | 패 | 득점 | 실점 | 연속기록 | | | | | | |
|---|---|---|---|---|---|---|---|---|---|---|---|---|---|---|
| | | | | | | | | 승 | 무 | 패 | 득점 | 실점 | 무득점 | 무실점 |
| 03.22 | 광주 | 홈 | ▲ | | | 2 | 1 | | | | | | | |
| 03.29 | 안산 | 원정 | | | ▼ | 2 | 3 | | | | | | | |
| 04.06 | 고양 | 홈 | | | ▼ | 0 | 1 | | | | | | | |
| 04.12 | 충주 | 원정 | ▲ | | | 3 | 2 | | | | | | | |
| 04.19 | 강원 | 원정 | ▲ | | | 1 | 0 | | | | | | | |
| 04.26 | 안양 | 홈 | | ■ | | 1 | 1 | | | | | | | |
| 05.04 | 대전 | 원정 | | ■ | | 0 | 0 | | | | | | | |
| 05.10 | 수원FC | 원정 | | ■ | | 1 | 1 | | | | | | | |
| 05.14 | 부천 | 홈 | | | ▼ | 0 | 1 | | | | | | | |
| 05.18 | 강원 | 홈 | ▲ | | | 2 | 0 | | | | | | | |
| 05.24 | 안양 | 원정 | | | ▼ | 0 | 2 | | | | | | | |
| 06.02 | 안산 | 홈 | | ■ | | 2 | 2 | | | | | | | |
| 06.08 | 충주 | 홈 | ▲ | | | 2 | 1 | | | | | | | |
| 06.15 | 고양 | 원정 | ▲ | | | 2 | 1 | | | | | | | |
| 06.21 | 대전 | 홈 | | | ▼ | 2 | 3 | | | | | | | |
| 06.30 | 광주 | 원정 | | | ▼ | 1 | 2 | | | | | | | |
| 07.06 | 수원FC | 홈 | | ■ | | 0 | 0 | | | | | | | |
| 07.13 | 부천 | 원정 | | | ▼ | 1 | 0 | | | | | | | |
| 07.20 | 안산 | 원정 | | | ▼ | 1 | 2 | | | | | | | |
| 07.26 | 안양 | 홈 | | | ▼ | 1 | 2 | | | | | | | |
| 08.10 | 충주 | 원정 | | ■ | | 1 | 1 | | | | | | | |
| 08.17 | 수원FC | 원정 | ▲ | | | 4 | 2 | | | | | | | |
| 08.23 | 광주 | 홈 | | ■ | | 0 | 0 | | | | | | | |
| 08.30 | 대전 | 원정 | | | ▼ | 0 | 1 | | | | | | | |
| 09.06 | 고양 | 홈 | | | ▼ | 0 | 1 | | | | | | | |
| 09.14 | 부천 | 홈 | ▲ | | | 2 | 0 | | | | | | | |
| 09.17 | 강원 | 원정 | | | ▼ | 1 | 4 | | | | | | | |
| 09.21 | 수원FC | 홈 | | | ▼ | 1 | 2 | | | | | | | |
| 09.27 | 대전 | 홈 | ▲ | | | 1 | 0 | | | | | | | |
| 10.04 | 부천 | 원정 | ▲ | | | 1 | 0 | | | | | | | |
| 10.11 | 광주 | 원정 | | | ▼ | 1 | 2 | | | | | | | |
| 10.19 | 안산 | 홈 | | | ▼ | 1 | 2 | | | | | | | |
| 10.26 | 고양 | 원정 | ▲ | | | 4 | 2 | | | | | | | |
| 11.02 | 강원 | 홈 | ▲ | | | 6 | 1 | | | | | | | |
| 11.08 | 충주 | 홈 | | | ▼ | 1 | 2 | | | | | | | |
| 11.16 | 안양 | 원정 | | ■ | | 2 | 2 | | | | | | | |

# 2014년 팀별 연속 승패 · 득실점 기록 ㅣ 고양 _ K리그 챌린지

| 일자 | 상대 | 홈/원정 | 승 | 무 | 패 | 득점 | 실점 | 연속기록 | | | | | | |
|---|---|---|---|---|---|---|---|---|---|---|---|---|---|---|
| | | | | | | | | 승 | 무 | 패 | 득점 | 실점 | 무득점 | 무실점 |
| 03.23 | 안양 | 홈 | | ■ | | 1 | 1 | | | | | | | |
| 03.30 | 대전 | 원정 | | | ▼ | 1 | 4 | | | | | | | |
| 04.06 | 대구 | 원정 | ▲ | | | 1 | 0 | | | | | | | |
| 04.12 | 수원FC | 홈 | ▲ | | | 1 | 0 | | | | | | | |
| 04.26 | 충주 | 홈 | | ■ | | 1 | 0 | | | | | | | |
| 05.03 | 광주 | 원정 | ▲ | | | 2 | 1 | | | | | | | |
| 05.10 | 부천 | 원정 | | | ▼ | 0 | 1 | | | | | | | |
| 05.14 | 강원 | 홈 | | | ▼ | 2 | 3 | | | | | | | |
| 05.17 | 수원FC | 원정 | | ■ | | 1 | 1 | | | | | | | |
| 05.26 | 안산 | 홈 | ▲ | | | 2 | 0 | | | | | | | |
| 05.31 | 대전 | 홈 | | ■ | | 0 | 0 | | | | | | | |
| 06.06 | 안양 | 원정 | | | ▼ | 1 | 3 | | | | | | | |
| 06.15 | 대구 | 홈 | | | ▼ | 1 | 2 | | | | | | | |
| 06.21 | 충주 | 원정 | | ■ | | 2 | 2 | | | | | | | |
| 06.28 | 부천 | 홈 | ▲ | | | 1 | 0 | | | | | | | |
| 07.05 | 광주 | 홈 | | | ▼ | 2 | 4 | | | | | | | |
| 07.12 | 강원 | 원정 | ▲ | | | 1 | 0 | | | | | | | |
| 07.20 | 충주 | 홈 | ▲ | | | 3 | 1 | | | | | | | |
| 07.27 | 수원FC | 홈 | | | ▼ | 0 | 3 | | | | | | | |
| 08.09 | 대전 | 원정 | | | ▼ | 0 | 1 | | | | | | | |
| 08.16 | 강원 | 홈 | | ■ | | 0 | 0 | | | | | | | |
| 08.25 | 안산 | 원정 | | ■ | | 1 | 1 | | | | | | | |
| 08.30 | 안양 | 홈 | | | ▼ | 1 | 2 | | | | | | | |
| 09.06 | 대구 | 원정 | ▲ | | | 1 | 0 | | | | | | | |
| 09.13 | 광주 | 원정 | | ■ | | 1 | 1 | | | | | | | |
| 09.17 | 부천 | 원정 | ▲ | | | 1 | 0 | | | | | | | |
| 09.20 | 안양 | 원정 | ▲ | | | 1 | 0 | | | | | | | |
| 09.28 | 수원FC | 원정 | | ■ | | 1 | 1 | | | | | | | |
| 10.04 | 대전 | 홈 | | ■ | | 2 | 2 | | | | | | | |
| 10.11 | 부천 | 홈 | | ■ | | 0 | 0 | | | | | | | |
| 10.15 | 안산 | 원정 | | ■ | | 0 | 0 | | | | | | | |
| 10.18 | 강원 | 원정 | | | ▼ | 0 | 1 | | | | | | | |
| 10.26 | 대구 | 홈 | | | ▼ | 2 | 4 | | | | | | | |
| 11.02 | 충주 | 원정 | | ■ | | 0 | 0 | | | | | | | |
| 11.09 | 안산 | 홈 | ▲ | | | 2 | 1 | | | | | | | |
| 11.16 | 광주 | 홈 | | ■ | | 0 | 0 | | | | | | | |

## 2014년 팀별 연속 승패 · 득실점 기록 | 충주 _ K리그 챌린지

| 일자 | 상대 | 홈/원정 | 승 | 무 | 패 | 득점 | 실점 | 연속기록 승 | 무 | 패 | 득점 | 실점 | 무득점 | 무실점 |
|---|---|---|---|---|---|---|---|---|---|---|---|---|---|---|
| 03.23 | 부천 | 원정 | ▲ | | | 3 | 2 | | | | | | | |
| 03.29 | 수원FC | 홈 | | ■ | | 2 | 2 | | | | | | | |
| 04.05 | 광주 | 원정 | | ■ | | 0 | 0 | | | | | | | |
| 04.12 | 대구 | 홈 | | | ▼ | 2 | 3 | | | | | | | |
| 04.19 | 대전 | 홈 | | | ▼ | 0 | 4 | | | | | | | |
| 04.26 | 고양 | 원정 | | ■ | | 1 | 1 | | | | | | | |
| 05.05 | 강원 | 홈 | | | ▼ | 1 | 3 | | | | | | | |
| 05.11 | 안양 | 홈 | ▲ | | | 2 | 1 | | | | | | | |
| 05.18 | 부천 | 홈 | | | ▼ | 0 | 2 | | | | | | | |
| 05.25 | 강원 | 원정 | | | ▼ | 2 | 5 | | | | | | | |
| 06.01 | 광주 | 홈 | | ■ | | 1 | 1 | | | | | | | |
| 06.08 | 대구 | 원정 | | | ▼ | 1 | 2 | | | | | | | |
| 06.16 | 대전 | 원정 | | | ▼ | 0 | 1 | | | | | | | |
| 06.21 | 고양 | 홈 | | ■ | | 2 | 2 | | | | | | | |
| 06.28 | 안양 | 원정 | ▲ | | | 3 | 1 | | | | | | | |
| 07.07 | 안산 | 원정 | | ■ | | 0 | 0 | | | | | | | |
| 07.12 | 수원FC | 원정 | | ■ | | 1 | 1 | | | | | | | |
| 07.16 | 안산 | 홈 | | ■ | | 1 | 1 | | | | | | | |
| 07.20 | 고양 | 원정 | | | ▼ | 1 | 3 | | | | | | | |
| 07.26 | 대전 | 홈 | | | ▼ | 0 | 3 | | | | | | | |
| 08.10 | 대구 | 홈 | | ■ | | 1 | 1 | | | | | | | |
| 08.16 | 광주 | 원정 | | ■ | | 0 | 0 | | | | | | | |
| 08.24 | 수원FC | 홈 | | ■ | | 0 | 0 | | | | | | | |
| 08.31 | 안산 | 원정 | | | ▼ | 0 | 2 | | | | | | | |
| 09.06 | 부천 | 원정 | | ■ | | 0 | 0 | | | | | | | |
| 09.13 | 강원 | 홈 | | | ▼ | 0 | 1 | | | | | | | |
| 09.17 | 안양 | 홈 | ▲ | | | 4 | 1 | | | | | | | |
| 09.20 | 대전 | 원정 | | ■ | | 1 | 1 | | | | | | | |
| 09.27 | 안산 | 홈 | | ■ | | 2 | 2 | | | | | | | |
| 10.05 | 강원 | 원정 | | | ▼ | 0 | 1 | | | | | | | |
| 10.12 | 안양 | 원정 | | | ▼ | 1 | 4 | | | | | | | |
| 10.18 | 광주 | 홈 | ▲ | | | 2 | 1 | | | | | | | |
| 10.26 | 수원FC | 원정 | | | ▼ | 0 | 3 | | | | | | | |
| 11.02 | 고양 | 홈 | | ■ | | 0 | 0 | | | | | | | |
| 11.08 | 대구 | 원정 | ▲ | | | 2 | 1 | | | | | | | |
| 11.16 | 부천 | 홈 | | ■ | | 1 | 1 | | | | | | | |

## 2014년 팀별 연속 승패 · 득실점 기록 | 부천 _ K리그 챌린지

| 일자 | 상대 | 홈/원정 | 승 | 무 | 패 | 득점 | 실점 | 연속기록 승 | 무 | 패 | 득점 | 실점 | 무득점 | 무실점 |
|---|---|---|---|---|---|---|---|---|---|---|---|---|---|---|
| 03.23 | 충주 | 홈 | | | ▼ | 2 | 3 | | | | | | | |
| 03.30 | 광주 | 원정 | | | ▼ | 0 | 2 | | | | | | | |
| 04.06 | 안양 | 홈 | | | ▼ | 0 | 1 | | | | | | | |
| 04.13 | 강원 | 홈 | | ■ | | 2 | 2 | | | | | | | |
| 04.19 | 수원FC | 원정 | | | ▼ | 2 | 3 | | | | | | | |
| 04.27 | 대전 | 홈 | | | ▼ | 1 | 2 | | | | | | | |
| 05.10 | 고양 | 홈 | ▲ | | | 1 | 0 | | | | | | | |
| 05.14 | 대구 | 원정 | ▲ | | | 1 | 0 | | | | | | | |
| 05.18 | 충주 | 원정 | ▲ | | | 2 | 0 | | | | | | | |
| 05.25 | 광주 | 홈 | | ■ | | 1 | 1 | | | | | | | |
| 06.01 | 강원 | 원정 | ▲ | | | 2 | 0 | | | | | | | |
| 06.07 | 대전 | 원정 | | | ▼ | 0 | 1 | | | | | | | |
| 06.14 | 수원FC | 홈 | | | ▼ | 2 | 3 | | | | | | | |
| 06.23 | 안산 | 홈 | | | ▼ | 3 | 4 | | | | | | | |
| 06.28 | 고양 | 원정 | | | ▼ | 0 | 1 | | | | | | | |
| 07.05 | 안양 | 원정 | | | ▼ | 1 | 3 | | | | | | | |
| 07.13 | 대구 | 홈 | | | ▼ | 0 | 1 | | | | | | | |
| 07.19 | 대전 | 홈 | | ■ | | 1 | 1 | | | | | | | |
| 07.23 | 안산 | 원정 | ▲ | | | 2 | 1 | | | | | | | |
| 07.27 | 광주 | 원정 | | ■ | | 1 | 1 | | | | | | | |
| 08.09 | 안산 | 원정 | | | ▼ | 1 | 3 | | | | | | | |
| 08.16 | 안양 | 홈 | | | ▼ | 1 | 2 | | | | | | | |
| 08.23 | 강원 | 홈 | | | ▼ | 0 | 1 | | | | | | | |
| 09.01 | 수원FC | 원정 | | | ▼ | 0 | 1 | | | | | | | |
| 09.06 | 충주 | 홈 | | ■ | | 0 | 0 | | | | | | | |
| 09.14 | 대구 | 원정 | | | ▼ | 0 | 2 | | | | | | | |
| 09.17 | 고양 | 홈 | | | ▼ | 0 | 1 | | | | | | | |
| 09.20 | 안산 | 홈 | | ■ | | 2 | 2 | | | | | | | |
| 09.27 | 강원 | 원정 | | | ▼ | 0 | 1 | | | | | | | |
| 10.04 | 대구 | 홈 | | | ▼ | 0 | 1 | | | | | | | |
| 10.11 | 고양 | 원정 | | ■ | | 0 | 0 | | | | | | | |
| 10.19 | 수원FC | 홈 | | ■ | | 2 | 2 | | | | | | | |
| 10.25 | 안양 | 원정 | ▲ | | | 2 | 1 | | | | | | | |
| 11.01 | 대전 | 원정 | | | ▼ | 0 | 1 | | | | | | | |
| 11.08 | 광주 | 홈 | | | ▼ | 0 | 2 | | | | | | | |
| 11.16 | 충주 | 원정 | | ■ | | 1 | 1 | | | | | | | |

| 팀명 | 승점 | 상대팀 | 승 | 무 | 패 | 득점 | 실점 | 자책 | 득실 | 도움 | 코너킥 | 파울 | 파울득 | 오프사이드 | 슈팅(유효) | PK득점 | PK실패 | 경고 | 퇴장 |
|---|---|---|---|---|---|---|---|---|---|---|---|---|---|---|---|---|---|---|---|
| 전북 | 81 | 합계 | 24 | 9 | 5 | 61 | 22 | 0 | 39 | 44 | 135 | 595 | 615 | 65 | 492(240) | 5 | 2 | 65 | 0 |
| | 9 | 경남 | 3 | 0 | 0 | 9 | 2 | 0 | 7 | 4 | 15 | 39 | 42 | 3 | 50(24) | 2 | 0 | 3 | 0 |
| | 7 | 부산 | 2 | 1 | 0 | 6 | 1 | 0 | 5 | 4 | 10 | 53 | 42 | 3 | 36(23) | 0 | 1 | 4 | 0 |
| | 7 | 상주 | 2 | 1 | 0 | 8 | 0 | 0 | 8 | 8 | 12 | 48 | 37 | 3 | 48(18) | 0 | 0 | 5 | 0 |
| | 5 | 서울 | 1 | 2 | 1 | 3 | 3 | 0 | 0 | 0 | 8 | 73 | 65 | 9 | 33(17) | 1 | 0 | 13 | 0 |
| | 9 | 성남 | 3 | 0 | 0 | 5 | 0 | 0 | 5 | 4 | 9 | 48 | 46 | 5 | 28(14) | 0 | 0 | 6 | 0 |
| | 9 | 수원 | 3 | 0 | 0 | 6 | 4 | 0 | 2 | 4 | 9 | 52 | 71 | 9 | 54(29) | 0 | 0 | 5 | 0 |
| | 8 | 울산 | 2 | 2 | 0 | 3 | 1 | 0 | 2 | 2 | 17 | 66 | 67 | 5 | 50(29) | 0 | 0 | 7 | 0 |
| | 7 | 인천 | 2 | 1 | 0 | 4 | 1 | 0 | 3 | 3 | 6 | 41 | 60 | 4 | 46(18) | 0 | 0 | 1 | 0 |
| | 6 | 전남 | 2 | 0 | 1 | 5 | 2 | 0 | 3 | 5 | 14 | 40 | 40 | 2 | 42(15) | 0 | 0 | 7 | 0 |
| | 7 | 제주 | 2 | 1 | 0 | 6 | 3 | 0 | 3 | 5 | 24 | 56 | 56 | 9 | 63(31) | 0 | 0 | 4 | 0 |
| | 7 | 포항 | 2 | 1 | 0 | 6 | 5 | 0 | 1 | 3 | 11 | 79 | 89 | 13 | 42(22) | 1 | 1 | 10 | 0 |

| 팀명 | 승점 | 상대팀 | 승 | 무 | 패 | 득점 | 실점 | 자책 | 득실 | 도움 | 코너킥 | 파울 | 파울득 | 오프사이드 | 슈팅(유효) | PK득점 | PK실패 | 경고 | 퇴장 |
|---|---|---|---|---|---|---|---|---|---|---|---|---|---|---|---|---|---|---|---|
| 수원 | 67 | 합계 | 19 | 10 | 9 | 52 | 37 | 0 | 15 | 33 | 169 | 580 | 477 | 73 | 464(223) | 3 | 0 | 45 | 1 |
| | 5 | 경남 | 1 | 2 | 0 | 3 | 2 | 0 | 1 | 2 | 16 | 35 | 34 | 2 | 43(16) | 0 | 0 | 1 | 0 |
| | 7 | 부산 | 2 | 1 | 0 | 4 | 1 | 0 | 3 | 1 | 14 | 58 | 46 | 6 | 43(25) | 1 | 0 | 5 | 0 |
| | 5 | 상주 | 1 | 2 | 0 | 4 | 3 | 0 | 1 | 2 | 24 | 45 | 37 | 3 | 46(21) | 0 | 0 | 2 | 0 |
| | 3 | 서울 | 1 | 0 | 3 | 1 | 4 | 0 | -3 | 1 | 25 | 71 | 38 | 10 | 45(21) | 0 | 0 | 9 | 0 |
| | 2 | 성남 | 0 | 2 | 1 | 3 | 5 | 0 | -2 | 0 | 10 | 52 | 36 | 12 | 40(14) | 0 | 0 | 1 | 0 |
| | 10 | 울산 | 3 | 1 | 0 | 10 | 4 | 0 | 6 | 7 | 11 | 73 | 61 | 12 | 44(24) | 0 | 0 | 2 | 0 |
| | 7 | 인천 | 2 | 1 | 0 | 7 | 3 | 0 | 4 | 6 | 8 | 42 | 40 | 2 | 40(23) | 1 | 0 | 4 | 0 |
| | 6 | 전남 | 2 | 0 | 1 | 4 | 4 | 0 | 0 | 3 | 18 | 35 | 36 | 1 | 39(21) | 1 | 0 | 5 | 1 |
| | 3 | 전북 | 1 | 0 | 3 | 4 | 6 | 0 | -2 | 3 | 11 | 73 | 48 | 9 | 36(17) | 0 | 0 | 8 | 0 |
| | 10 | 제주 | 3 | 1 | 0 | 9 | 3 | 0 | 3 | 1 | 17 | 49 | 47 | 7 | 45(18) | 0 | 0 | 4 | 0 |
| | 9 | 포항 | 3 | 0 | 1 | 9 | 5 | 0 | 4 | 7 | 15 | 47 | 54 | 9 | 43(23) | 0 | 0 | 4 | 0 |

| 팀명 | 승점 | 상대팀 | 승 | 무 | 패 | 득점 | 실점 | 자책 | 득실 | 도움 | 코너킥 | 파울 | 파울득 | 오프사이드 | 슈팅(유효) | PK득점 | PK실패 | 경고 | 퇴장 |
|---|---|---|---|---|---|---|---|---|---|---|---|---|---|---|---|---|---|---|---|
| 서울 | 58 | 합계 | 15 | 13 | 10 | 42 | 28 | 0 | 14 | 30 | 155 | 485 | 553 | 62 | 427(193) | 3 | 2 | 44 | 0 |
| | 3 | 경남 | 0 | 3 | 0 | 2 | 2 | 0 | 0 | 1 | 8 | 43 | 46 | 7 | 27(10) | 0 | 0 | 3 | 0 |
| | 4 | 부산 | 1 | 1 | 1 | 3 | 2 | 0 | 1 | 1 | 15 | 28 | 52 | 6 | 39(21) | 1 | 2 | 1 | 0 |
| | 3 | 상주 | 1 | 0 | 2 | 3 | 4 | 0 | -1 | 2 | 16 | 45 | 48 | 2 | 29(14) | 0 | 0 | 6 | 0 |
| | 7 | 성남 | 2 | 1 | 0 | 3 | 1 | 0 | 2 | 2 | 16 | 54 | 36 | 1 | 29(16) | 0 | 0 | 4 | 0 |
| | 9 | 수원 | 3 | 0 | 1 | 4 | 1 | 0 | 3 | 4 | 15 | 41 | 68 | 10 | 45(21) | 0 | 0 | 4 | 0 |
| | 4 | 울산 | 1 | 1 | 2 | 6 | 5 | 0 | 1 | 5 | 11 | 60 | 47 | 7 | 55(16) | 0 | 0 | 6 | 0 |
| | 6 | 인천 | 1 | 3 | 0 | 8 | 3 | 0 | 5 | 5 | 12 | 24 | 47 | 5 | 31(21) | 1 | 0 | 3 | 0 |
| | 4 | 전남 | 1 | 1 | 1 | 4 | 4 | 0 | 0 | 3 | 16 | 21 | 37 | 1 | 44(17) | 1 | 0 | 5 | 0 |
| | 5 | 전북 | 1 | 2 | 1 | 3 | 3 | 0 | 0 | 2 | 16 | 69 | 69 | 4 | 41(23) | 0 | 0 | 7 | 0 |
| | 8 | 제주 | 2 | 2 | 0 | 5 | 2 | 0 | 3 | 4 | 15 | 50 | 45 | 10 | 48(17) | 0 | 0 | 1 | 0 |
| | 5 | 포항 | 1 | 2 | 1 | 1 | 1 | 0 | 0 | 1 | 15 | 50 | 58 | 9 | 39(17) | 0 | 0 | 4 | 0 |

| 팀명 | 승점 | 상대팀 | 승 | 무 | 패 | 득점 | 실점 | 자책 | 득실 | 도움 | 코너킥 | 파울 | 파울득 | 오프사이드 | 슈팅(유효) | PK득점 | PK실패 | 경고 | 퇴장 |
|---|---|---|---|---|---|---|---|---|---|---|---|---|---|---|---|---|---|---|---|
| 포항 | 58 | 합계 | 16 | 10 | 12 | 50 | 39 | 0 | 11 | 38 | 152 | 674 | 501 | 58 | 309(150) | 3 | 5 | 86 | 0 |
| | 4 | 경남 | 1 | 1 | 1 | 4 | 2 | 0 | 2 | 2 | 4 | 45 | 30 | 3 | 23(8) | 0 | 0 | 7 | 0 |
| | 4 | 부산 | 1 | 1 | 1 | 3 | 3 | 0 | 0 | 2 | 15 | 56 | 39 | 5 | 22(8) | 1 | 0 | 5 | 0 |
| | 9 | 상주 | 3 | 0 | 0 | 9 | 2 | 0 | 7 | 6 | 11 | 58 | 34 | 6 | 29(13) | 0 | 0 | 4 | 0 |
| | 5 | 서울 | 1 | 2 | 1 | 1 | 1 | 0 | 0 | 1 | 8 | 61 | 49 | 7 | 22(11) | 0 | 0 | 9 | 0 |
| | 6 | 성남 | 2 | 0 | 1 | 3 | 3 | 0 | 0 | 2 | 9 | 41 | 28 | 2 | 19(10) | 1 | 1 | 6 | 0 |
| | 3 | 수원 | 1 | 0 | 3 | 5 | 9 | 0 | -4 | 4 | 19 | 58 | 44 | 4 | 35(16) | 0 | 1 | 9 | 0 |
| | 7 | 울산 | 2 | 1 | 1 | 6 | 4 | 0 | 2 | 6 | 21 | 80 | 56 | 10 | 42(21) | 0 | 0 | 11 | 0 |
| | 4 | 인천 | 1 | 1 | 1 | 4 | 2 | 0 | 2 | 2 | 17 | 66 | 56 | 1 | 28(17) | 1 | 2 | 6 | 0 |
| | 7 | 전남 | 2 | 1 | 0 | 6 | 3 | 0 | 3 | 4 | 10 | 53 | 33 | 1 | 34(15) | 0 | 0 | 3 | 0 |
| | 4 | 전북 | 1 | 1 | 2 | 5 | 6 | 0 | -1 | 5 | 14 | 93 | 75 | 5 | 23(15) | 0 | 0 | 10 | 0 |
| | 5 | 제주 | 1 | 2 | 1 | 4 | 4 | 0 | 0 | 4 | 24 | 63 | 57 | 14 | 32(16) | 0 | 1 | 14 | 0 |

| 팀명 | 승점 | 상대팀 | 승 | 무 | 패 | 득점 | 실점 | 자책 | 득실 | 도움 | 코너킥 | 파울 | 파울득 | 오프사이드 | 슈팅(유효) | PK득점 | PK실패 | 경고 | 퇴장 |
|---|---|---|---|---|---|---|---|---|---|---|---|---|---|---|---|---|---|---|---|
| 제주 | 54 | 합계 | 14 | 12 | 12 | 39 | 37 | 3 | 2 | 26 | 158 | 503 | 484 | 71 | 441(191) | 3 | 1 | 50 | 2 |
|  | 2 | 경남 | 0 | 2 | 1 | 2 | 3 | 0 | -1 | 1 | 15 | 31 | 44 | 6 | 30(15) | 1 | 0 | 1 | 0 |
|  | 4 | 부산 | 1 | 1 | 1 | 4 | 4 | 1 | 0 | 3 | 15 | 25 | 35 | 6 | 36(14) | 0 | 0 | 5 | 0 |
|  | 6 | 상주 | 2 | 0 | 1 | 5 | 4 | 0 | 1 | 3 | 16 | 40 | 30 | 8 | 47(21) | 1 | 0 | 1 | 0 |
|  | 2 | 서울 | 0 | 2 | 2 | 2 | 5 | 0 | -3 | 1 | 15 | 47 | 50 | 7 | 51(18) | 0 | 0 | 6 | 1 |
|  | 7 | 성남 | 2 | 1 | 0 | 4 | 2 | 0 | 2 | 2 | 9 | 46 | 37 | 4 | 28(16) | 1 | 1 | 6 | 0 |
|  | 1 | 수원 | 0 | 1 | 3 | 0 | 3 | 1 | -3 | 0 | 14 | 50 | 47 | 11 | 43(9) | 0 | 0 | 2 | 0 |
|  | 10 | 울산 | 3 | 1 | 0 | 4 | 1 | 0 | 3 | 2 | 19 | 50 | 51 | 8 | 40(19) | 0 | 0 | 4 | 0 |
|  | 4 | 인천 | 1 | 1 | 1 | 1 | 2 | 0 | -1 | 0 | 15 | 57 | 48 | 2 | 43(19) | 0 | 0 | 6 | 0 |
|  | 9 | 전남 | 3 | 0 | 0 | 10 | 3 | 0 | 7 | 8 | 15 | 40 | 24 | 5 | 40(23) | 0 | 0 | 3 | 0 |
|  | 4 | 전북 | 1 | 1 | 2 | 3 | 6 | 0 | -3 | 3 | 14 | 57 | 56 | 6 | 41(18) | 0 | 0 | 8 | 1 |
|  | 5 | 포항 | 1 | 2 | 1 | 4 | 4 | 0 | 0 | 3 | 11 | 60 | 62 | 7 | 42(19) | 0 | 0 | 8 | 0 |

| 팀명 | 승점 | 상대팀 | 승 | 무 | 패 | 득점 | 실점 | 자책 | 득실 | 도움 | 코너킥 | 파울 | 파울득 | 오프사이드 | 슈팅(유효) | PK득점 | PK실패 | 경고 | 퇴장 |
|---|---|---|---|---|---|---|---|---|---|---|---|---|---|---|---|---|---|---|---|
| 울산 | 50 | 합계 | 13 | 11 | 14 | 44 | 43 | 2 | 1 | 27 | 168 | 570 | 581 | 72 | 433(217) | 4 | 3 | 70 | 2 |
|  | 9 | 경남 | 3 | 0 | 0 | 6 | 1 | 0 | 5 | 4 | 11 | 43 | 41 | 6 | 33(16) | 0 | 0 | 6 | 0 |
|  | 7 | 부산 | 2 | 1 | 0 | 6 | 1 | 0 | 5 | 4 | 11 | 54 | 44 | 2 | 34(23) | 0 | 1 | 9 | 0 |
|  | 7 | 상주 | 2 | 1 | 0 | 6 | 2 | 0 | 4 | 4 | 15 | 47 | 35 | 8 | 40(22) | 1 | 1 | 5 | 0 |
|  | 7 | 서울 | 2 | 1 | 1 | 5 | 6 | 0 | -1 | 1 | 13 | 52 | 58 | 14 | 32(10) | 0 | 0 | 10 | 1 |
|  | 4 | 성남 | 1 | 1 | 1 | 5 | 5 | 0 | 0 | 3 | 17 | 41 | 41 | 4 | 40(25) | 1 | 0 | 2 | 0 |
|  | 1 | 수원 | 0 | 1 | 3 | 4 | 10 | 2 | -6 | 2 | 25 | 63 | 70 | 8 | 47(27) | 0 | 0 | 4 | 0 |
|  | 4 | 인천 | 1 | 1 | 1 | 4 | 3 | 0 | 1 | 4 | 11 | 49 | 54 | 3 | 40(15) | 0 | 0 | 7 | 0 |
|  | 4 | 전남 | 1 | 1 | 1 | 2 | 2 | 0 | 0 | 2 | 16 | 38 | 50 | 2 | 39(17) | 0 | 0 | 3 | 0 |
|  | 2 | 전북 | 0 | 2 | 2 | 1 | 3 | 0 | -2 | 1 | 17 | 69 | 64 | 8 | 35(15) | 0 | 0 | 10 | 0 |
|  | 1 | 제주 | 0 | 1 | 3 | 1 | 4 | 0 | -3 | 0 | 19 | 55 | 45 | 2 | 45(20) | 1 | 1 | 7 | 1 |
|  | 1 | 포항 | 1 | 1 | 2 | 4 | 6 | 0 | -2 | 2 | 13 | 59 | 79 | 9 | 48(27) | 0 | 0 | 4 | 0 |

| 팀명 | 승점 | 상대팀 | 승 | 무 | 패 | 득점 | 실점 | 자책 | 득실 | 도움 | 코너킥 | 파울 | 파울득 | 오프사이드 | 슈팅(유효) | PK득점 | PK실패 | 경고 | 퇴장 |
|---|---|---|---|---|---|---|---|---|---|---|---|---|---|---|---|---|---|---|---|
| 전남 | 51 | 합계 | 14 | 9 | 15 | 48 | 53 | 0 | -5 | 32 | 175 | 522 | 472 | 49 | 419(173) | 2 | 0 | 61 | 0 |
|  | 7 | 경남 | 2 | 1 | 1 | 7 | 6 | 0 | 1 | 5 | 26 | 50 | 48 | 2 | 52(21) | 0 | 0 | 6 | 0 |
|  | 10 | 부산 | 3 | 1 | 0 | 6 | 3 | 0 | 3 | 5 | 16 | 62 | 45 | 6 | 45(23) | 0 | 0 | 8 | 0 |
|  | 9 | 상주 | 3 | 0 | 1 | 9 | 6 | 0 | 3 | 7 | 23 | 53 | 53 | 7 | 46(23) | 0 | 0 | 4 | 0 |
|  | 4 | 서울 | 1 | 1 | 1 | 4 | 4 | 0 | 0 | 2 | 14 | 38 | 21 | 5 | 38(10) | 1 | 0 | 7 | 0 |
|  | 7 | 성남 | 2 | 1 | 1 | 4 | 2 | 0 | 2 | 1 | 13 | 63 | 46 | 3 | 38(16) | 1 | 0 | 6 | 0 |
|  | 3 | 수원 | 1 | 0 | 2 | 4 | 4 | 0 | 0 | 0 | 15 | 37 | 34 | 7 | 28(13) | 0 | 0 | 7 | 0 |
|  | 4 | 울산 | 1 | 1 | 1 | 2 | 2 | 0 | 0 | 2 | 10 | 51 | 34 | 2 | 31(15) | 0 | 0 | 4 | 0 |
|  | 3 | 인천 | 0 | 3 | 1 | 4 | 5 | 0 | -1 | 2 | 14 | 67 | 61 | 7 | 38(13) | 0 | 0 | 7 | 0 |
|  | 3 | 전북 | 1 | 0 | 2 | 2 | 5 | 0 | -3 | 2 | 8 | 42 | 38 | 3 | 27(9) | 0 | 0 | 5 | 0 |
|  | 0 | 제주 | 0 | 0 | 3 | 3 | 10 | 0 | -7 | 2 | 26 | 25 | 40 | 2 | 45(14) | 0 | 0 | 3 | 0 |
|  | 1 | 포항 | 0 | 1 | 2 | 3 | 6 | 0 | -3 | 2 | 10 | 34 | 52 | 5 | 31(16) | 0 | 0 | 4 | 0 |

| 팀명 | 승점 | 상대팀 | 승 | 무 | 패 | 득점 | 실점 | 자책 | 득실 | 도움 | 코너킥 | 파울 | 파울득 | 오프사이드 | 슈팅(유효) | PK득점 | PK실패 | 경고 | 퇴장 |
|---|---|---|---|---|---|---|---|---|---|---|---|---|---|---|---|---|---|---|---|
| 부산 | 43 | 합계 | 10 | 13 | 15 | 37 | 49 | 1 | -12 | 20 | 166 | 556 | 547 | 62 | 330(167) | 2 | 2 | 79 | 2 |
|  | 8 | 경남 | 2 | 2 | 0 | 8 | 3 | 1 | 5 | 6 | 17 | 56 | 69 | 4 | 36(20) | 0 | 0 | 10 | 0 |
|  | 5 | 상주 | 1 | 2 | 1 | 5 | 6 | 0 | -1 | 4 | 23 | 53 | 60 | 3 | 50(21) | 0 | 0 | 4 | 2 |
|  | 4 | 서울 | 1 | 1 | 1 | 2 | 3 | 0 | -1 | 0 | 8 | 55 | 27 | 0 | 22(11) | 0 | 0 | 8 | 0 |
|  | 9 | 성남 | 3 | 0 | 1 | 6 | 3 | 0 | 3 | 1 | 11 | 73 | 55 | 6 | 30(14) | 1 | 1 | 17 | 0 |
|  | 1 | 수원 | 0 | 1 | 2 | 1 | 4 | 0 | -3 | 0 | 18 | 47 | 53 | 9 | 25(13) | 0 | 0 | 6 | 0 |
|  | 1 | 울산 | 0 | 1 | 2 | 1 | 6 | 0 | -5 | 1 | 12 | 46 | 50 | 4 | 26(15) | 0 | 0 | 6 | 0 |
|  | 5 | 인천 | 1 | 2 | 1 | 3 | 5 | 0 | -2 | 2 | 18 | 56 | 49 | 5 | 35(18) | 0 | 1 | 3 | 0 |
|  | 1 | 전남 | 0 | 1 | 3 | 3 | 6 | 0 | -3 | 2 | 25 | 46 | 59 | 4 | 34(18) | 0 | 0 | 8 | 0 |
|  | 1 | 전북 | 0 | 1 | 3 | 1 | 6 | 0 | -5 | 0 | 9 | 45 | 51 | 5 | 28(16) | 1 | 0 | 9 | 0 |
|  | 4 | 제주 | 1 | 1 | 1 | 4 | 4 | 0 | 0 | 2 | 13 | 39 | 21 | 3 | 22(8) | 0 | 0 | 4 | 0 |
|  | 4 | 포항 | 1 | 1 | 1 | 3 | 3 | 0 | 0 | 2 | 12 | 40 | 53 | 8 | 22(13) | 0 | 0 | 4 | 0 |

| 팀명 | 승점 | 상대팀 | 승 | 무 | 패 | 득점 | 실점 | 자책 | 득실 | 도움 | 코너킥 | 파울 | 파울득 | 오프사이드 | 슈팅(유효) | PK득점 | PK실패 | 경고 | 퇴장 |
|---|---|---|---|---|---|---|---|---|---|---|---|---|---|---|---|---|---|---|---|
| 성남 | 40 | 합계 | 9 | 13 | 16 | 32 | 39 | 0 | -7 | 18 | 208 | 493 | 593 | 55 | 393(189) | 4 | 1 | 65 | 0 |
| | 7 | 경남 | 2 | 1 | 1 | 4 | 2 | 0 | 2 | 1 | 17 | 44 | 61 | 3 | 37(18) | 0 | 0 | 3 | 0 |
| | 3 | 부산 | 1 | 0 | 3 | 3 | 6 | 0 | -3 | 1 | 28 | 57 | 71 | 5 | 43(25) | 0 | 0 | 7 | 0 |
| | 4 | 상주 | 0 | 4 | 0 | 3 | 3 | 0 | 0 | 3 | 25 | 52 | 56 | 8 | 51(28) | 0 | 0 | 2 | 0 |
| | 1 | 서울 | 0 | 1 | 2 | 1 | 3 | 0 | -2 | 1 | 9 | 36 | 54 | 4 | 27(11) | 0 | 0 | 6 | 0 |
| | 5 | 수원 | 1 | 2 | 0 | 5 | 3 | 0 | 2 | 4 | 16 | 38 | 51 | 4 | 24(11) | 0 | 0 | 5 | 0 |
| | 4 | 울산 | 1 | 1 | 1 | 5 | 5 | 0 | 0 | 3 | 24 | 43 | 40 | 6 | 32(18) | 1 | 0 | 8 | 0 |
| | 8 | 인천 | 2 | 2 | 0 | 4 | 1 | 0 | 3 | 2 | 21 | 57 | 65 | 4 | 53(24) | 0 | 0 | 9 | 0 |
| | 4 | 전남 | 1 | 1 | 2 | 2 | 4 | 0 | -2 | 1 | 17 | 46 | 63 | 2 | 40(18) | 1 | 0 | 7 | 0 |
| | 0 | 전북 | 0 | 0 | 3 | 0 | 5 | 0 | -5 | 0 | 15 | 49 | 48 | 3 | 31(12) | 0 | 0 | 9 | 0 |
| | 1 | 제주 | 0 | 1 | 2 | 2 | 4 | 0 | -2 | 1 | 20 | 38 | 44 | 11 | 34(13) | 1 | 1 | 7 | 0 |
| | 3 | 포항 | 1 | 0 | 2 | 3 | 3 | 0 | 0 | 1 | 16 | 33 | 40 | 5 | 21(11) | 1 | 0 | 2 | 0 |

| 팀명 | 승점 | 상대팀 | 승 | 무 | 패 | 득점 | 실점 | 자책 | 득실 | 도움 | 코너킥 | 파울 | 파울득 | 오프사이드 | 슈팅(유효) | PK득점 | PK실패 | 경고 | 퇴장 |
|---|---|---|---|---|---|---|---|---|---|---|---|---|---|---|---|---|---|---|---|
| 인천 | 40 | 합계 | 8 | 16 | 14 | 33 | 46 | 0 | -13 | 23 | 165 | 634 | 570 | 59 | 375(171) | 3 | 0 | 53 | 3 |
| | 5 | 경남 | 1 | 2 | 1 | 3 | 2 | 0 | 1 | 1 | 19 | 73 | 70 | 6 | 33(15) | 1 | 0 | 4 | 0 |
| | 5 | 부산 | 1 | 2 | 1 | 5 | 3 | 0 | 2 | 3 | 22 | 51 | 54 | 5 | 44(19) | 1 | 0 | 3 | 0 |
| | 5 | 상주 | 1 | 2 | 1 | 5 | 5 | 0 | 0 | 4 | 17 | 60 | 61 | 6 | 60(31) | 1 | 0 | 2 | 0 |
| | 3 | 서울 | 1 | 0 | 2 | 3 | 8 | 0 | -5 | 2 | 11 | 49 | 22 | 3 | 31(20) | 0 | 0 | 8 | 1 |
| | 2 | 성남 | 0 | 2 | 2 | 1 | 4 | 0 | -3 | 1 | 13 | 66 | 54 | 2 | 42(17) | 0 | 0 | 6 | 0 |
| | 1 | 수원 | 0 | 1 | 2 | 3 | 7 | 0 | -4 | 2 | 5 | 43 | 38 | 10 | 30(13) | 0 | 0 | 3 | 0 |
| | 4 | 울산 | 1 | 1 | 1 | 2 | 3 | 0 | -1 | 3 | 15 | 55 | 48 | 3 | 22(11) | 0 | 0 | 4 | 1 |
| | 6 | 전남 | 1 | 3 | 0 | 5 | 4 | 0 | 1 | 3 | 24 | 63 | 66 | 7 | 39(17) | 0 | 0 | 2 | 0 |
| | 1 | 전북 | 0 | 1 | 2 | 1 | 4 | 0 | -3 | 1 | 14 | 64 | 40 | 1 | 25(8) | 0 | 0 | 9 | 0 |
| | 4 | 제주 | 1 | 1 | 1 | 2 | 1 | 0 | 1 | 2 | 14 | 48 | 55 | 9 | 30(12) | 0 | 0 | 5 | 0 |
| | 4 | 포항 | 1 | 1 | 1 | 2 | 4 | 0 | -2 | 1 | 11 | 62 | 62 | 7 | 19(8) | 0 | 0 | 7 | 1 |

| 팀명 | 승점 | 상대팀 | 승 | 무 | 패 | 득점 | 실점 | 자책 | 득실 | 도움 | 코너킥 | 파울 | 파울득 | 오프사이드 | 슈팅(유효) | PK득점 | PK실패 | 경고 | 퇴장 |
|---|---|---|---|---|---|---|---|---|---|---|---|---|---|---|---|---|---|---|---|
| 경남 | 36 | 합계 | 7 | 15 | 16 | 30 | 52 | 2 | -22 | 17 | 127 | 571 | 482 | 71 | 408(173) | 2 | 1 | 65 | 0 |
| | 2 | 부산 | 0 | 2 | 2 | 3 | 8 | 0 | -5 | 2 | 22 | 73 | 55 | 8 | 39(24) | 0 | 0 | 10 | 0 |
| | 7 | 상주 | 2 | 1 | 1 | 5 | 4 | 0 | 1 | 1 | 14 | 61 | 51 | 6 | 59(24) | 1 | 0 | 7 | 0 |
| | 3 | 서울 | 0 | 3 | 0 | 2 | 2 | 0 | 0 | 1 | 12 | 49 | 39 | 7 | 32(14) | 0 | 0 | 10 | 0 |
| | 4 | 성남 | 1 | 1 | 2 | 4 | 2 | 0 | -2 | 1 | 11 | 62 | 40 | 2 | 40(15) | 0 | 0 | 3 | 0 |
| | 2 | 수원 | 0 | 2 | 1 | 2 | 3 | 0 | -1 | 2 | 12 | 36 | 33 | 7 | 35(14) | 0 | 0 | 1 | 0 |
| | 0 | 울산 | 0 | 0 | 3 | 1 | 6 | 1 | -5 | 1 | 9 | 42 | 37 | 9 | 29(8) | 0 | 0 | 4 | 0 |
| | 5 | 인천 | 1 | 2 | 1 | 2 | 3 | 0 | -1 | 0 | 14 | 75 | 69 | 9 | 46(25) | 0 | 0 | 4 | 0 |
| | 4 | 전남 | 1 | 1 | 2 | 6 | 7 | 0 | -1 | 3 | 12 | 51 | 48 | 3 | 50(22) | 0 | 1 | 6 | 0 |
| | 0 | 전북 | 0 | 0 | 3 | 2 | 9 | 1 | -7 | 2 | 6 | 44 | 39 | 6 | 21(7) | 0 | 0 | 9 | 0 |
| | 5 | 제주 | 1 | 2 | 0 | 3 | 2 | 0 | 1 | 3 | 9 | 48 | 29 | 8 | 36(12) | 0 | 0 | 6 | 0 |
| | 4 | 포항 | 1 | 1 | 1 | 2 | 4 | 0 | -2 | 1 | 6 | 30 | 42 | 5 | 21(8) | 1 | 0 | 5 | 0 |

| 팀명 | 승점 | 상대팀 | 승 | 무 | 패 | 득점 | 실점 | 자책 | 득실 | 도움 | 코너킥 | 파울 | 파울득 | 오프사이드 | 슈팅(유효) | PK득점 | PK실패 | 경고 | 퇴장 |
|---|---|---|---|---|---|---|---|---|---|---|---|---|---|---|---|---|---|---|---|
| 상주 | 34 | 합계 | 7 | 13 | 18 | 39 | 62 | 2 | -23 | 28 | 162 | 530 | 539 | 42 | 416(176) | 4 | 0 | 81 | 5 |
| | 4 | 경남 | 1 | 1 | 2 | 4 | 5 | 0 | -1 | 4 | 13 | 55 | 58 | 4 | 51(18) | 0 | 0 | 6 | 1 |
| | 5 | 부산 | 1 | 2 | 1 | 6 | 5 | 0 | 1 | 5 | 19 | 62 | 52 | 6 | 51(25) | 1 | 0 | 8 | 1 |
| | 6 | 서울 | 2 | 0 | 1 | 4 | 3 | 0 | 1 | 4 | 14 | 49 | 45 | 7 | 26(14) | 0 | 0 | 10 | 2 |
| | 4 | 성남 | 0 | 4 | 0 | 3 | 3 | 0 | 0 | 1 | 12 | 58 | 49 | 2 | 40(13) | 1 | 0 | 8 | 0 |
| | 2 | 수원 | 0 | 2 | 1 | 3 | 4 | 1 | -1 | 3 | 8 | 40 | 44 | 7 | 28(14) | 0 | 0 | 5 | 0 |
| | 1 | 울산 | 0 | 1 | 2 | 2 | 6 | 0 | -4 | 1 | 16 | 37 | 43 | 4 | 48(19) | 0 | 0 | 10 | 0 |
| | 5 | 인천 | 1 | 2 | 1 | 5 | 5 | 0 | 0 | 3 | 18 | 65 | 58 | 2 | 37(13) | 2 | 0 | 9 | 0 |
| | 3 | 전남 | 1 | 0 | 1 | 6 | 9 | 0 | -3 | 4 | 25 | 54 | 51 | 2 | 47(21) | 0 | 0 | 10 | 0 |
| | 1 | 전북 | 0 | 1 | 2 | 0 | 8 | 0 | -8 | 0 | 9 | 41 | 45 | 2 | 24(14) | 0 | 0 | 7 | 1 |
| | 3 | 제주 | 1 | 0 | 2 | 4 | 5 | 0 | -1 | 2 | 18 | 32 | 38 | 3 | 43(16) | 0 | 0 | 3 | 0 |
| | 0 | 포항 | 0 | 0 | 3 | 2 | 9 | 1 | -7 | 1 | 10 | 37 | 56 | 7 | 21(9) | 0 | 0 | 5 | 0 |

## 2014년 팀 간 경기 기록 _ K리그 챌린지

| 팀명 | 승점 | 상대팀 | 승 | 무 | 패 | 득점 | 실점 | 자책 | 득실 | 도움 | 코너킥 | 파울 | 파울득 | 오프사이드 | 슈팅(유효) | PK득점 | PK실패 | 경고 | 퇴장 |
|---|---|---|---|---|---|---|---|---|---|---|---|---|---|---|---|---|---|---|---|
| 대전 | 70 | 합계 | 20 | 10 | 0 | 64 | 36 | 1 | 28 | 43 | 174 | 563 | 530 | 94 | 448(206) | 3 | 0 | 44 | 0 |
|  | 10 | 강원 | 3 | 1 | 0 | 10 | 4 | 0 | 6 | 9 | 25 | 64 | 62 | 14 | 52(28) | 0 | 0 | 5 | 0 |
|  | 8 | 고양 | 2 | 2 | 0 | 7 | 3 | 0 | 4 | 3 | 14 | 65 | 61 | 4 | 50(22) | 0 | 0 | 3 | 0 |
|  | 6 | 광주 | 2 | 0 | 0 | 6 | 2 | 0 | 4 | 4 | 18 | 65 | 69 | 12 | 34(15) | 0 | 0 | 6 | 0 |
|  | 7 | 대구 | 2 | 1 | 0 | 4 | 3 | 1 | 1 | 4 | 22 | 39 | 64 | 14 | 42(16) | 0 | 0 | 3 | 0 |
|  | 10 | 부천 | 3 | 1 | 0 | 5 | 2 | 0 | 3 | 3 | 19 | 63 | 61 | 8 | 47(19) | 0 | 0 | 5 | 0 |
|  | 7 | 수원FC | 2 | 1 | 0 | 10 | 8 | 0 | 2 | 4 | 17 | 77 | 47 | 9 | 42(24) | 3 | 0 | 9 | 0 |
|  | 5 | 안산 | 1 | 2 | 0 | 4 | 7 | 0 | -3 | 3 | 15 | 60 | 62 | 19 | 59(28) | 0 | 0 | 5 | 0 |
|  | 7 | 안양 | 2 | 1 | 0 | 9 | 6 | 0 | 3 | 7 | 26 | 58 | 49 | 4 | 65(33) | 0 | 0 | 5 | 0 |
|  | 10 | 충주 | 3 | 1 | 0 | 9 | 1 | 0 | 8 | 6 | 18 | 72 | 55 | 10 | 57(21) | 0 | 0 | 3 | 0 |
| 팀명 | 승점 | 상대팀 | 승 | 무 | 패 | 득점 | 실점 | 자책 | 득실 | 도움 | 코너킥 | 파울 | 파울득 | 오프사이드 | 슈팅(유효) | PK득점 | PK실패 | 경고 | 퇴장 |
| 광주 | 57 | 합계 | 15 | 12 | 11 | 44 | 35 | 2 | 9 | 30 | 193 | 679 | 611 | 110 | 442(188) | 5 | 0 | 68 | 1 |
|  | 10 | 강원 | 3 | 1 | 1 | 9 | 5 | 0 | 4 | 7 | 17 | 94 | 71 | 17 | 40(20) | 1 | 0 | 6 | 1 |
|  | 5 | 고양 | 1 | 2 | 1 | 6 | 5 | 1 | 1 | 2 | 27 | 76 | 60 | 12 | 48(21) | 2 | 0 | 7 | 0 |
|  | 7 | 대구 | 2 | 1 | 1 | 5 | 4 | 0 | 1 | 5 | 20 | 75 | 60 | 9 | 48(19) | 0 | 0 | 9 | 0 |
|  | 6 | 대전 | 2 | 0 | 2 | 2 | 6 | 0 | -4 | 2 | 22 | 74 | 62 | 15 | 51(19) | 0 | 0 | 7 | 0 |
|  | 8 | 부천 | 2 | 2 | 0 | 6 | 2 | 0 | 4 | 3 | 21 | 61 | 85 | 9 | 52(21) | 2 | 0 | 5 | 0 |
|  | 8 | 수원FC | 2 | 2 | 0 | 3 | 0 | 0 | 3 | 1 | 22 | 70 | 60 | 12 | 47(21) | 0 | 0 | 11 | 0 |
|  | 4 | 안산 | 1 | 1 | 3 | 6 | 6 | 1 | 0 | 5 | 20 | 90 | 87 | 23 | 61(29) | 0 | 0 | 11 | 0 |
|  | 6 | 안양 | 2 | 0 | 2 | 5 | 4 | 0 | 1 | 4 | 22 | 72 | 60 | 3 | 50(18) | 0 | 0 | 5 | 0 |
|  | 3 | 충주 | 0 | 3 | 1 | 2 | 3 | 0 | -1 | 1 | 22 | 67 | 66 | 10 | 45(20) | 0 | 0 | 7 | 0 |
| 팀명 | 승점 | 상대팀 | 승 | 무 | 패 | 득점 | 실점 | 자책 | 득실 | 도움 | 코너킥 | 파울 | 파울득 | 오프사이드 | 슈팅(유효) | PK득점 | PK실패 | 경고 | 퇴장 |
| 안산 | 59 | 합계 | 16 | 11 | 10 | 58 | 51 | 1 | 7 | 33 | 159 | 584 | 607 | 75 | 399(210) | 4 | 3 | 91 | 1 |
|  | 6 | 강원 | 2 | 0 | 2 | 6 | 6 | 0 | 0 | 2 | 24 | 54 | 67 | 9 | 40(21) | 0 | 1 | 7 | 0 |
|  | 2 | 고양 | 0 | 2 | 2 | 2 | 5 | 0 | -3 | 1 | 19 | 57 | 57 | 13 | 32(21) | 1 | 1 | 12 | 0 |
|  | 10 | 광주 | 3 | 1 | 1 | 6 | 6 | 1 | 0 | 3 | 14 | 89 | 89 | 10 | 38(11) | 0 | 0 | 17 | 0 |
|  | 10 | 대구 | 3 | 1 | 0 | 9 | 6 | 0 | 3 | 7 | 20 | 59 | 73 | 8 | 42(28) | 0 | 0 | 5 | 0 |
|  | 5 | 대전 | 1 | 2 | 1 | 7 | 4 | 0 | 3 | 4 | 16 | 67 | 57 | 7 | 63(34) | 1 | 0 | 9 | 0 |
|  | 7 | 부천 | 2 | 1 | 1 | 10 | 8 | 0 | 2 | 8 | 20 | 48 | 67 | 4 | 46(28) | 0 | 0 | 11 | 1 |
|  | 9 | 수원FC | 3 | 0 | 1 | 10 | 6 | 0 | 4 | 4 | 15 | 79 | 60 | 9 | 52(27) | 1 | 1 | 9 | 0 |
|  | 4 | 안양 | 1 | 1 | 2 | 3 | 7 | 0 | -4 | 2 | 13 | 75 | 84 | 9 | 40(18) | 0 | 0 | 11 | 0 |
|  | 6 | 충주 | 1 | 3 | 0 | 5 | 3 | 0 | 2 | 2 | 18 | 56 | 53 | 6 | 46(22) | 0 | 0 | 10 | 0 |
| 팀명 | 승점 | 상대팀 | 승 | 무 | 패 | 득점 | 실점 | 자책 | 득실 | 도움 | 코너킥 | 파울 | 파울득 | 오프사이드 | 슈팅(유효) | PK득점 | PK실패 | 경고 | 퇴장 |
| 강원 | 54 | 합계 | 16 | 6 | 15 | 48 | 51 | 0 | -3 | 31 | 119 | 594 | 540 | 70 | 428(225) | 6 | 0 | 70 | 5 |
|  | 7 | 고양 | 2 | 1 | 1 | 4 | 3 | 0 | 1 | 3 | 13 | 66 | 50 | 9 | 51(31) | 0 | 0 | 7 | 0 |
|  | 4 | 광주 | 1 | 1 | 3 | 5 | 9 | 0 | -4 | 4 | 19 | 72 | 94 | 4 | 48(29) | 0 | 0 | 4 | 1 |
|  | 3 | 대구 | 1 | 0 | 3 | 5 | 10 | 0 | -5 | 3 | 11 | 61 | 66 | 9 | 49(18) | 1 | 0 | 11 | 0 |
|  | 1 | 대전 | 0 | 1 | 3 | 4 | 10 | 0 | -6 | 1 | 11 | 64 | 58 | 6 | 38(15) | 0 | 0 | 7 | 1 |
|  | 7 | 부천 | 2 | 1 | 1 | 5 | 4 | 0 | 1 | 4 | 11 | 46 | 55 | 4 | 39(25) | 0 | 0 | 7 | 1 |
|  | 10 | 수원FC | 3 | 1 | 0 | 6 | 3 | 0 | 3 | 5 | 12 | 75 | 53 | 17 | 55(27) | 0 | 0 | 9 | 0 |
|  | 6 | 안산 | 2 | 0 | 2 | 6 | 6 | 0 | 0 | 2 | 13 | 68 | 52 | 12 | 47(26) | 3 | 0 | 9 | 0 |
|  | 4 | 안양 | 1 | 1 | 2 | 3 | 3 | 0 | 0 | 4 | 12 | 80 | 58 | 5 | 55(27) | 2 | 0 | 10 | 2 |
|  | 12 | 충주 | 4 | 0 | 0 | 10 | 3 | 0 | 7 | 6 | 17 | 92 | 54 | 4 | 46(27) | 0 | 0 | 6 | 0 |
| 팀명 | 승점 | 상대팀 | 승 | 무 | 패 | 득점 | 실점 | 자책 | 득실 | 도움 | 코너킥 | 파울 | 파울득 | 오프사이드 | 슈팅(유효) | PK득점 | PK실패 | 경고 | 퇴장 |
| 안양 | 51 | 합계 | 15 | 6 | 15 | 49 | 52 | 0 | -3 | 32 | 145 | 577 | 618 | 69 | 403(189) | 6 | 1 | 73 | 1 |
|  | 7 | 강원 | 2 | 1 | 1 | 3 | 3 | 0 | 0 | 1 | 26 | 60 | 79 | 4 | 35(16) | 1 | 0 | 10 | 1 |
|  | 7 | 고양 | 2 | 1 | 1 | 6 | 4 | 0 | 2 | 6 | 24 | 53 | 81 | 6 | 54(26) | 0 | 0 | 8 | 0 |
|  | 6 | 광주 | 2 | 0 | 2 | 4 | 5 | 0 | -1 | 3 | 15 | 64 | 70 | 5 | 33(16) | 1 | 0 | 9 | 0 |
|  | 8 | 대구 | 2 | 2 | 0 | 7 | 4 | 0 | 3 | 4 | 13 | 66 | 69 | 13 | 46(21) | 0 | 0 | 9 | 0 |
|  | 4 | 대전 | 1 | 1 | 2 | 6 | 9 | 0 | -3 | 5 | 10 | 51 | 50 | 4 | 58(26) | 0 | 0 | 6 | 0 |
|  | 9 | 부천 | 3 | 0 | 1 | 4 | 3 | 0 | 1 | 4 | 15 | 65 | 75 | 5 | 42(19) | 0 | 0 | 8 | 0 |
|  | 0 | 수원FC | 0 | 0 | 4 | 2 | 10 | 0 | -8 | 1 | 16 | 72 | 58 | 7 | 45(19) | 0 | 0 | 6 | 0 |
|  | 7 | 안산 | 2 | 1 | 1 | 7 | 3 | 0 | 4 | 4 | 8 | 87 | 73 | 11 | 42(28) | 1 | 0 | 11 | 0 |
|  | 3 | 충주 | 1 | 0 | 3 | 7 | 10 | 0 | -3 | 4 | 18 | 59 | 63 | 9 | 48(18) | 2 | 0 | 5 | 0 |

| 팀명 | 승점 | 상대팀 | 승 | 무 | 패 | 득점 | 실점 | 자책 | 득실 | 도움 | 코너킥 | 파울 | 파울득 | 오프사이드 | 슈팅(유효) | PK득점 | PK실패 | 경고 | 퇴장 |
|---|---|---|---|---|---|---|---|---|---|---|---|---|---|---|---|---|---|---|---|
| 수원FC | 48 | 합계 | 12 | 12 | 12 | 52 | 49 | 0 | 3 | 33 | 193 | 517 | 623 | 94 | 459(214) | 8 | 1 | 70 | 0 |
| | 1 | 강원 | 0 | 1 | 3 | 3 | 6 | 0 | -3 | 2 | 25 | 55 | 72 | 13 | 58(32) | 1 | 0 | 10 | 0 |
| | 5 | 고양 | 1 | 2 | 1 | 5 | 3 | 0 | 2 | 2 | 27 | 65 | 67 | 9 | 55(25) | 1 | 0 | 5 | 0 |
| | 2 | 광주 | 0 | 2 | 2 | 0 | 3 | 0 | -3 | 0 | 18 | 60 | 70 | 9 | 37(14) | 0 | 0 | 9 | 0 |
| | 5 | 대구 | 1 | 2 | 1 | 5 | 6 | 0 | -1 | 4 | 21 | 63 | 60 | 9 | 54(21) | 1 | 1 | 8 | 0 |
| | 4 | 대전 | 1 | 1 | 2 | 8 | 10 | 0 | -2 | 3 | 25 | 48 | 74 | 11 | 60(23) | 2 | 0 | 6 | 0 |
| | 10 | 부천 | 3 | 1 | 0 | 9 | 6 | 0 | 3 | 7 | 16 | 56 | 66 | 10 | 37(21) | 1 | 0 | 10 | 0 |
| | 3 | 안산 | 1 | 0 | 3 | 6 | 10 | 0 | -4 | 5 | 12 | 60 | 78 | 15 | 47(24) | 1 | 0 | 9 | 0 |
| | 12 | 안양 | 4 | 0 | 0 | 10 | 2 | 0 | 8 | 5 | 21 | 60 | 72 | 8 | 58(29) | 1 | 0 | 9 | 0 |
| | 6 | 충주 | 1 | 3 | 0 | 6 | 3 | 0 | 3 | 5 | 28 | 50 | 64 | 10 | 53(25) | 0 | 0 | 4 | 0 |
| 대구 | 47 | 합계 | 13 | 8 | 15 | 50 | 47 | 2 | 3 | 30 | 145 | 604 | 541 | 73 | 411(172) | 2 | 2 | 65 | 0 |
| | 9 | 강원 | 3 | 0 | 1 | 10 | 5 | 0 | 5 | 6 | 13 | 69 | 60 | 8 | 55(24) | 0 | 1 | 5 | 0 |
| | 6 | 고양 | 2 | 0 | 2 | 6 | 5 | 0 | 1 | 5 | 19 | 65 | 59 | 4 | 44(22) | 0 | 0 | 6 | 0 |
| | 4 | 광주 | 1 | 1 | 2 | 4 | 5 | 0 | -1 | 0 | 19 | 61 | 74 | 6 | 27(13) | 1 | 0 | 6 | 0 |
| | 4 | 대전 | 1 | 1 | 2 | 3 | 4 | 0 | -1 | 2 | 21 | 65 | 39 | 4 | 44(18) | 0 | 0 | 10 | 0 |
| | 9 | 부천 | 3 | 0 | 1 | 4 | 1 | 0 | 3 | 3 | 12 | 62 | 63 | 5 | 35(13) | 0 | 0 | 7 | 0 |
| | 5 | 수원FC | 1 | 2 | 1 | 6 | 5 | 0 | 1 | 4 | 17 | 66 | 60 | 7 | 52(18) | 1 | 0 | 10 | 0 |
| | 1 | 안산 | 0 | 1 | 3 | 6 | 9 | 0 | -3 | 3 | 16 | 75 | 55 | 17 | 49(18) | 0 | 0 | 5 | 0 |
| | 2 | 안양 | 0 | 2 | 2 | 4 | 7 | 2 | -3 | 4 | 22 | 70 | 65 | 12 | 56(23) | 0 | 0 | 7 | 0 |
| | 7 | 충주 | 2 | 1 | 1 | 7 | 6 | 0 | 1 | 3 | 6 | 71 | 66 | 10 | 49(23) | 0 | 1 | 9 | 0 |
| 고양 | 47 | 합계 | 11 | 14 | 11 | 36 | 41 | 0 | -5 | 23 | 137 | 579 | 554 | 91 | 369(179) | 3 | 1 | 74 | 2 |
| | 4 | 강원 | 1 | 1 | 2 | 3 | 4 | 0 | -1 | 2 | 14 | 53 | 62 | 10 | 32(12) | 1 | 0 | 8 | 0 |
| | 5 | 광주 | 1 | 2 | 1 | 6 | 6 | 0 | -1 | 2 | 9 | 66 | 72 | 7 | 28(10) | 0 | 0 | 10 | 0 |
| | 6 | 대구 | 2 | 0 | 2 | 5 | 6 | 0 | -1 | 1 | 20 | 63 | 62 | 11 | 52(30) | 2 | 0 | 9 | 1 |
| | 2 | 대전 | 0 | 2 | 2 | 3 | 7 | 0 | -4 | 1 | 20 | 65 | 60 | 13 | 48(19) | 0 | 1 | 9 | 1 |
| | 7 | 부천 | 2 | 1 | 1 | 2 | 1 | 0 | 1 | 1 | 9 | 62 | 77 | 4 | 39(17) | 0 | 0 | 8 | 0 |
| | 5 | 수원FC | 1 | 2 | 1 | 3 | 5 | 0 | -2 | 2 | 20 | 68 | 62 | 10 | 44(23) | 0 | 0 | 9 | 0 |
| | 8 | 안산 | 2 | 2 | 0 | 5 | 2 | 0 | 3 | 5 | 16 | 61 | 55 | 17 | 42(18) | 0 | 0 | 9 | 0 |
| | 4 | 안양 | 1 | 1 | 2 | 4 | 6 | 0 | -2 | 3 | 13 | 84 | 48 | 6 | 44(26) | 0 | 0 | 8 | 0 |
| | 6 | 충주 | 1 | 3 | 0 | 6 | 4 | 0 | 2 | 6 | 16 | 57 | 56 | 13 | 40(24) | 0 | 0 | 4 | 0 |
| 충주 | 34 | 합계 | 6 | 16 | 14 | 37 | 57 | 0 | -20 | 23 | 149 | 549 | 538 | 59 | 443(206) | 3 | 1 | 63 | 0 |
| | 0 | 강원 | 0 | 0 | 4 | 3 | 10 | 0 | -7 | 1 | 11 | 56 | 60 | 9 | 46(19) | 0 | 0 | 6 | 0 |
| | 3 | 고양 | 0 | 3 | 1 | 4 | 6 | 0 | -2 | 3 | 20 | 57 | 54 | 4 | 52(21) | 0 | 0 | 5 | 0 |
| | 6 | 광주 | 1 | 3 | 0 | 3 | 2 | 0 | 1 | 2 | 11 | 68 | 64 | 6 | 31(14) | 1 | 0 | 12 | 0 |
| | 4 | 대구 | 1 | 1 | 2 | 6 | 7 | 0 | -1 | 5 | 32 | 68 | 69 | 4 | 47(20) | 0 | 0 | 5 | 0 |
| | 1 | 대전 | 0 | 1 | 3 | 1 | 9 | 0 | -8 | 1 | 17 | 58 | 69 | 11 | 42(19) | 0 | 0 | 5 | 0 |
| | 5 | 부천 | 1 | 2 | 1 | 4 | 5 | 0 | -1 | 2 | 9 | 54 | 65 | 7 | 41(21) | 0 | 0 | 10 | 0 |
| | 3 | 수원FC | 0 | 3 | 1 | 3 | 6 | 0 | -3 | 2 | 23 | 66 | 46 | 5 | 64(29) | 0 | 0 | 7 | 0 |
| | 3 | 안산 | 0 | 3 | 1 | 3 | 5 | 0 | -2 | 1 | 9 | 57 | 53 | 8 | 54(29) | 1 | 0 | 8 | 0 |
| | 9 | 안양 | 3 | 0 | 1 | 10 | 7 | 0 | 3 | 6 | 17 | 65 | 58 | 5 | 66(34) | 1 | 0 | 5 | 0 |
| 부천 | 27 | 합계 | 6 | 9 | 21 | 33 | 52 | 0 | -19 | 21 | 141 | 640 | 499 | 70 | 390(182) | 2 | 1 | 59 | 1 |
| | 4 | 강원 | 1 | 1 | 2 | 4 | 5 | 0 | -1 | 2 | 18 | 59 | 45 | 6 | 40(15) | 1 | 0 | 5 | 1 |
| | 4 | 고양 | 1 | 1 | 2 | 1 | 2 | 0 | -1 | 1 | 22 | 79 | 62 | 6 | 45(16) | 0 | 0 | 7 | 0 |
| | 2 | 광주 | 0 | 2 | 2 | 2 | 6 | 0 | -4 | 1 | 7 | 89 | 59 | 7 | 23(15) | 0 | 0 | 7 | 0 |
| | 3 | 대구 | 1 | 0 | 3 | 1 | 4 | 0 | -3 | 0 | 16 | 65 | 62 | 10 | 43(17) | 0 | 0 | 3 | 0 |
| | 1 | 대전 | 0 | 1 | 3 | 2 | 5 | 0 | -3 | 2 | 13 | 63 | 58 | 10 | 45(17) | 0 | 0 | 5 | 0 |
| | 1 | 수원FC | 0 | 1 | 3 | 6 | 9 | 0 | -3 | 4 | 20 | 69 | 55 | 8 | 57(27) | 0 | 0 | 10 | 0 |
| | 4 | 안산 | 1 | 1 | 2 | 8 | 10 | 0 | -2 | 6 | 9 | 69 | 48 | 12 | 37(25) | 1 | 0 | 9 | 0 |
| | 3 | 안양 | 1 | 0 | 3 | 4 | 7 | 0 | -3 | 4 | 21 | 78 | 58 | 9 | 63(28) | 0 | 0 | 8 | 0 |
| | 5 | 충주 | 1 | 2 | 1 | 5 | 4 | 0 | 1 | 2 | 15 | 69 | 52 | 6 | 37(22) | 0 | 1 | 7 | 0 |

## 2014년 팀 간 경기 기록 _ 승강 플레이오프

| 팀명 | 승점 | 상대팀 | 승 | 무 | 패 | 득점 | 실점 | 자책 | 득실 | 도움 | 코너킥 | 파울 | 파울득 | 오프사이드 | 슈팅(유효) | PK득점 | PK실패 | 경고 | 퇴장 |
|---|---|---|---|---|---|---|---|---|---|---|---|---|---|---|---|---|---|---|---|
| 경남 | 1 | 광주 | 0 | 1 | 1 | 2 | 4 | 1 | -2 | 2 | 6 | 35 | 23 | 6 | 22(10) | 0 | 0 | 5 | 0 |
| 광주 | 4 | 경남 | 1 | 1 | 0 | 4 | 2 | 0 | 2 | 2 | 7 | 26 | 35 | 7 | 17(7) | 0 | 0 | 2 | 0 |

## 2014년 팀별 경기기록 및 승률 _ K리그 클래식

| 팀명 | | 전북 | 수원 | 서울 | 포항 | 제주 | 전남 | 울산 | 부산 | 인천 | 성남 | 경남 | 상주 |
|---|---|---|---|---|---|---|---|---|---|---|---|---|---|
| 합산 | 승점 | 81 | 67 | 58 | 58 | 54 | 51 | 50 | 43 | 40 | 40 | 36 | 34 |
| | 승 | 24 | 19 | 15 | 16 | 14 | 14 | 13 | 10 | 8 | 9 | 7 | 7 |
| | 무 | 9 | 10 | 13 | 10 | 12 | 9 | 11 | 13 | 16 | 13 | 15 | 13 |
| | 패 | 5 | 9 | 10 | 12 | 12 | 15 | 14 | 15 | 14 | 16 | 16 | 18 |
| | 득 | 61 | 52 | 42 | 50 | 39 | 48 | 44 | 37 | 33 | 32 | 30 | 39 |
| | 실 | 22 | 37 | 28 | 39 | 37 | 53 | 43 | 49 | 46 | 39 | 52 | 62 |
| | 차 | 39 | 15 | 14 | 11 | 2 | -5 | 1 | -12 | -13 | -7 | -22 | -23 |
| | 승률 | 75 | 63.2 | 56.6 | 55.3 | 52.6 | 48.7 | 48.7 | 43.4 | 42.1 | 40.8 | 38.2 | 35.5 |

| 구분 | | 홈 | 원정 | 홈 | 원정 | 홈 | 원정 | 홈 | 원정 | 홈 | 원정 | 홈 | 원정 | 홈 | 원정 | 홈 | 원정 | 홈 | 원정 | 홈 | 원정 | 홈 | 원정 | 홈 | 원정 |
|---|---|---|---|---|---|---|---|---|---|---|---|---|---|---|---|---|---|---|---|---|---|---|---|---|---|
| 홈/원정 | 승 | 13 | 11 | 10 | 9 | 6 | 9 | 10 | 6 | 9 | 5 | 9 | 5 | 8 | 5 | 6 | 4 | 6 | 2 | 6 | 3 | 6 | 1 | 5 | 2 |
| | 무 | 4 | 5 | 6 | 4 | 7 | 6 | 5 | 5 | 4 | 8 | 6 | 3 | 4 | 7 | 8 | 5 | 8 | 8 | 6 | 7 | 7 | 8 | 7 | 6 |
| | 패 | 2 | 3 | 3 | 6 | 6 | 4 | 4 | 8 | 6 | 6 | 5 | 10 | 6 | 8 | 5 | 10 | 5 | 9 | 7 | 9 | 6 | 10 | 7 | 11 |
| | 득 | 33 | 28 | 28 | 24 | 20 | 22 | 31 | 19 | 24 | 15 | 31 | 17 | 24 | 20 | 22 | 15 | 18 | 15 | 20 | 12 | 17 | 13 | 21 | 18 |
| | 실 | 11 | 11 | 19 | 18 | 14 | 14 | 15 | 24 | 17 | 20 | 24 | 29 | 19 | 24 | 21 | 28 | 16 | 30 | 21 | 18 | 19 | 33 | 23 | 39 |
| | 차 | 22 | 17 | 9 | 6 | 6 | 8 | 16 | -5 | 7 | -5 | 7 | -12 | 5 | -4 | 1 | -13 | 2 | -15 | -1 | -6 | -2 | -20 | -2 | -21 |
| | 승률 | 78.9 | 71.1 | 68.4 | 57.9 | 50 | 63.2 | 65.8 | 44.7 | 57.9 | 47.4 | 60 | 36.1 | 55.6 | 42.5 | 52.6 | 34.2 | 52.6 | 31.6 | 47.4 | 34.2 | 50 | 26.3 | 44.7 | 26.3 |

## 2014년 팀별 경기기록 및 승률 _ K리그 챌린지

| 팀명 | | 대전 | 안산 | 광주 | 강원 | 안양 | 수원FC | 고양 | 대구 | 충주 | 부천 |
|---|---|---|---|---|---|---|---|---|---|---|---|
| 합산 | 승점 | 70 | 59 | 57 | 54 | 51 | 48 | 47 | 47 | 34 | 27 |
| | 승 | 20 | 16 | 15 | 16 | 15 | 12 | 11 | 13 | 6 | 6 |
| | 무 | 10 | 11 | 12 | 6 | 6 | 12 | 14 | 8 | 16 | 9 |
| | 패 | 6 | 10 | 11 | 15 | 15 | 12 | 11 | 15 | 14 | 21 |
| | 득 | 64 | 58 | 44 | 48 | 49 | 52 | 36 | 50 | 37 | 33 |
| | 실 | 36 | 51 | 35 | 51 | 52 | 49 | 41 | 47 | 57 | 52 |
| | 차 | 28 | 7 | 9 | -3 | -3 | 3 | -5 | 3 | -20 | -19 |
| | 승률 | 69.4 | 58.1 | 55.3 | 51.4 | 50 | 50 | 50 | 47.2 | 38.9 | 29.2 |

| 구분 | | 홈 | 원정 | 홈 | 원정 | 홈 | 원정 | 홈 | 원정 | 홈 | 원정 | 홈 | 원정 | 홈 | 원정 | 홈 | 원정 | 홈 | 원정 | 홈 | 원정 |
|---|---|---|---|---|---|---|---|---|---|---|---|---|---|---|---|---|---|---|---|---|---|
| 홈/원정 | 승 | 12 | 8 | 10 | 6 | 8 | 7 | 10 | 6 | 8 | 7 | 7 | 5 | 5 | 6 | 7 | 6 | 3 | 3 | 5 | 1 |
| | 무 | 4 | 6 | 5 | 6 | 6 | 6 | 1 | 5 | 2 | 4 | 8 | 4 | 7 | 7 | 4 | 4 | 9 | 7 | 6 | 3 |
| | 패 | 2 | 4 | 4 | 6 | 4 | 7 | 8 | 7 | 8 | 7 | 3 | 9 | 6 | 5 | 8 | 7 | 6 | 8 | 11 | 10 |
| | 득 | 33 | 31 | 32 | 26 | 20 | 24 | 27 | 21 | 27 | 22 | 28 | 24 | 21 | 15 | 24 | 26 | 21 | 16 | 18 | 15 |
| | 실 | 10 | 26 | 25 | 26 | 13 | 22 | 23 | 28 | 25 | 27 | 22 | 27 | 24 | 17 | 20 | 27 | 29 | 28 | 29 | 23 |
| | 차 | 23 | 5 | 7 | 0 | 7 | 2 | 4 | -7 | 2 | -5 | 6 | -3 | -3 | -2 | 4 | -1 | -8 | -12 | -11 | -8 |
| | 승률 | 77.8 | 61.1 | 65.8 | 50 | 61.1 | 50 | 55.3 | 47.2 | 50 | 50 | 61.1 | 38.9 | 47.2 | 52.8 | 44.4 | 50 | 41.7 | 36.1 | 22.2 | 36.1 |

## 2014년 팀별 경기기록 및 승률 _ 승강 플레이오프

| 팀명 | | 광주 | | 경남 | |
|---|---|---|---|---|---|
| 합산 | 승점 | 4 | | 1 | |
| | 승 | 1 | | | |
| | 무 | 1 | | 1 | |
| | 패 | | | 1 | |
| | 득 | 4 | | 2 | |
| | 실 | 2 | | 4 | |
| | 차 | 2 | | -2 | |
| | 승률 | 75 | | 25 | |
| 구분 | | 홈 | 원정 | 홈 | 원정 |
| 홈/원정 | 승 | 1 | | | |
| | 무 | | 1 | 1 | |
| | 패 | | | | 1 |
| | 득 | 3 | 1 | 1 | 1 |
| | 실 | 1 | 1 | 1 | 3 |
| | 차 | 2 | | | -2 |
| | 승률 | 100 | 50 | 50 | |

## 2014년 개인 최다기록 _ K리그 클래식

| 구분 | 기록 | 선수명 | 구단 | 상세기록 | 비고사항 |
|---|---|---|---|---|---|
| 최다 득점 | 14골 | 산토스 | 수원 | 14골 | |
| 최다 도움 | 10개 | 이승기 | 전북 | 10개 | |
| | | 레오나르도 | 전북 | 10개 | |
| 최다 페널티킥 | 4골 | 제파로프 | 성남 | 4번 | |
| 최다 코너킥 | 87개 | 윤빛가람 | 제주 | 87개 | |
| 최다 슈팅 | 83개 | 스테보 | 전남 | 83개 | |
| 최다 오프사이드 | 28개 | 로저 | 수원 | 28개 | |
| 최다 파울 | 86개 | 구본상 | 인천 | 86개 | |
| 최다 경고 | 12개 | 김성환 | 울산 | 12개 | |
| 최다 득점 경기수 | 12번 | 이동국 | 전북 | 12경기 | 13골 |
| | | 스테보 | 전남 | 12경기 | 13골 |
| | | 산토스 | 수원 | 12경기 | 14골 |
| 최다 도움 경기수 | 9번 | 이승기 | 전북 | 9경기 | 10개 |
| 최다 결승골 | 6개 | 이동국 | 전북 | 6골 | |
| 최다 결승 어시스트 | 5개 | 레오나르도 | 전북 | 5개 | |
| 1경기 최다 득점 | 4골 | 박수창 | 제주 | 4골 | 2014/09/06 제주 : 전남(제주W) |
| 경기당 평균 최다 득점 | | 김신욱 | 울산 | 0.45 | 9골/20경기 |
| | | 이명주 | 포항 | 0.45 | 5골/11경기 |
| 가장 빠른 골 | | 산토스 | 수원 | 0:44(초) | 2014/08/03 수원 : 포항(수원W) |
| 가장 늦은 골 | | 이명주 | 포항 | 94:49(분:초) | 2014.04.27 포항 : 인천(포항) |

## 2014년 개인 최다기록 _ K리그 챌린지

| 구분 | 기록 | 선수명 | 구단 | 상세기록 | 비고사항 |
|---|---|---|---|---|---|
| 최다 득점 | 27골 | 아드리아노 | 대전 | 27골 | |
| 최다 도움 | 9개 | 최진호 | 강원 | 9개 | |
| | | 권용현 | 수원FC | 9개 | |
| 최다 페널티킥 | 5골 | 김한원 | 수원FC | 5번 | |
| 최다 코너킥 | 132개 | 김서준 | 수원FC | 132개 | |
| 최다 슈팅 | 113개 | 아드리아노 | 대전 | 113개 | |
| 최다 오프사이드 | 51개 | 아드리아노 | 대전 | 51개 | |
| 최다 파울 | 79개 | 김찬희 | 대전 | 79개 | |
| 최다 경고 | 12개 | 여효진 | 고양 | 12개 | |
| 최다 득점 경기수 | 19번 | 아드리아노 | 대전 | 19번 | 27골 |
| 최다 도움 경기수 | 8번 | 최진수 | 안양 | 8번 | 8개 |
| 최다 결승골 | 8골 | 아드리아노 | 대전 | 8골 | |
| 최다 결승 어시스트 | 4개 | 최진호 | 강원 | 4개 | |
| 1경기 최다 득점 | 4골 | 조나탄 | 대구 | 4골 | 2014.11.02 대구 : 강원(대구) |
| 경기당 평균 최다 득점 | | 아드리아노 | 대전 | 0.84 | 27골/32경기 |
| 가장 빠른 골 | | 박용준 | 부천 | 0:40(분:초) | 2014.07.27 광주 : 부천(광주W) |
| 가장 늦은 골 | | 김한원 | 수원FC | 97:36(분:초) | 2014/11/01 수원FC : 안양(수원W) |

## 2014년 전 경기 전 시간 출장자

| 구분 | 출장 내용 | 선수명 | 소속 | 출장수 | 교체수 |
|---|---|---|---|---|---|
| 클래식 | 전 경기·전 시간 출장 | 김병지 | 전남 | 38 | 0 |
| 챌린지 | 전 경기 출장 | 권용현 | 수원FC | 36 | 24 |

## 2014년 팀별 개인 기록 | 전북 _ K리그 클래식

| 선수명 | 출장 | 교체 | 득점 | 도움 | 코너킥 | 파울 | 파울득 | 오프사이드 | 슈팅 | 유효슈팅 | 경고 | 퇴장 | 실점 | 자책 |
|---|---|---|---|---|---|---|---|---|---|---|---|---|---|---|
| 권경원 | 5 | 4 | 0 | 0 | 0 | 4 | 0 | 0 | 1 | 1 | 1 | 0 | 0 | 0 |
| 권순태 | 34 | 2 | 0 | 0 | 0 | 1 | 8 | 0 | 0 | 2 | 0 | 19 | 0 | 0 |
| 권영진 | 1 | 1 | 0 | 0 | 0 | 0 | 0 | 0 | 0 | 0 | 0 | 0 | 0 | 0 |
| 김기희 | 28 | 1 | 0 | 2 | 0 | 41 | 17 | 2 | 5 | 1 | 4 | 0 | 0 | 0 |
| 김남일 | 20 | 13 | 2 | 0 | 0 | 42 | 35 | 1 | 9 | 4 | 0 | 0 | 0 | 0 |
| 김동찬 | 22 | 20 | 4 | 1 | 5 | 15 | 19 | 3 | 24 | 9 | 1 | 0 | 0 | 0 |
| 김민식 | 21 | 1 | 0 | 0 | 0 | 0 | 5 | 0 | 0 | 0 | 2 | 0 | 29 | 0 |
| 김 신 | 1 | 1 | 0 | 0 | 0 | 1 | 0 | 0 | 0 | 0 | 0 | 0 | 0 | 0 |
| 김인성 | 11 | 10 | 0 | 0 | 0 | 13 | 14 | 2 | 8 | 3 | 1 | 0 | 0 | 0 |
| 레오나르도 | 35 | 28 | 6 | 10 | 52 | 24 | 43 | 11 | 74 | 39 | 5 | 0 | 0 | 0 |
| 리 치 | 2 | 2 | 0 | 0 | 0 | 0 | 1 | 0 | 0 | 0 | 0 | 0 | 0 | 0 |
| 마르코스 | 5 | 5 | 0 | 0 | 9 | 1 | 2 | 0 | 9 | 3 | 0 | 0 | 0 | 0 |
| 박원재 | 3 | 1 | 0 | 0 | 0 | 5 | 5 | 0 | 0 | 0 | 0 | 0 | 0 | 0 |
| 신형민 | 25 | 2 | 0 | 0 | 0 | 39 | 47 | 1 | 14 | 5 | 4 | 0 | 0 | 0 |
| 윌킨슨 | 25 | 1 | 0 | 0 | 0 | 23 | 12 | 1 | 2 | 1 | 5 | 0 | 0 | 0 |
| 이강진 | 2 | 1 | 0 | 0 | 0 | 2 | 0 | 0 | 0 | 1 | 0 | 0 | 0 | 0 |
| 이규로 | 14 | 4 | 0 | 1 | 1 | 16 | 18 | 0 | 5 | 1 | 3 | 0 | 0 | 0 |
| 이동국 | 31 | 15 | 13 | 6 | 0 | 25 | 46 | 13 | 81 | 51 | 1 | 0 | 0 | 0 |
| 이범수 | | | | | | | | | | | | | | |
| 이상협 | 24 | 23 | 0 | 3 | 7 | 18 | 21 | 4 | 33 | 8 | 1 | 0 | 0 | 0 |
| 이승기 | 26 | 8 | 5 | 10 | 45 | 30 | 53 | 3 | 25 | 13 | 0 | 0 | 0 | 0 |
| 이승렬 | 9 | 9 | 0 | 1 | 0 | 13 | 8 | 1 | 6 | 3 | 0 | 0 | 0 | 0 |
| 이승현 | 24 | 20 | 3 | 2 | 0 | 22 | 13 | 5 | 29 | 15 | 1 | 0 | 0 | 0 |
| 이재명 | 8 | 1 | 0 | 2 | 0 | 12 | 10 | 1 | 1 | 0 | 2 | 0 | 0 | 0 |
| 이재성 | 26 | 4 | 3 | 1 | 2 | 25 | 55 | 2 | 37 | 14 | 2 | 0 | 0 | 0 |
| 이주용 | 22 | 0 | 1 | 1 | 0 | 42 | 17 | 0 | 16 | 7 | 4 | 0 | 0 | 0 |
| 정인환 | 18 | 3 | 0 | 0 | 0 | 19 | 14 | 2 | 3 | 0 | 4 | 0 | 0 | 0 |
| 정 혁 | 19 | 7 | 3 | 0 | 9 | 44 | 38 | 1 | 23 | 16 | 3 | 0 | 0 | 0 |
| 정 훈 | 7 | 6 | 0 | 0 | 0 | 13 | 6 | 0 | 0 | 0 | 0 | 0 | 0 | 0 |
| 최보경 | 19 | 8 | 0 | 1 | 0 | 18 | 12 | 0 | 4 | 2 | 2 | 0 | 0 | 0 |
| 최은성 | 3 | 1 | 0 | 0 | 0 | 0 | 1 | 0 | 0 | 0 | 0 | 0 | 3 | 0 |
| 최철순 | 34 | 1 | 0 | 0 | 0 | 40 | 48 | 1 | 8 | 2 | 6 | 0 | 0 | 1 |
| 카이오 | 32 | 27 | 9 | 1 | 0 | 42 | 32 | 6 | 74 | 34 | 6 | 0 | 0 | 0 |
| 한교원 | 32 | 20 | 11 | 3 | 0 | 44 | 56 | 8 | 45 | 23 | 1 | 0 | 0 | 0 |

## 2014년 팀별 개인 기록 | 수원 _ K리그 클래식

| 선수명 | 출장 | 교체 | 득점 | 도움 | 코너킥 | 파울 | 파울득 | 오프사이드 | 슈팅 | 유효슈팅 | 경고 | 퇴장 | 실점 | 자책 |
|---|---|---|---|---|---|---|---|---|---|---|---|---|---|---|
| 고민성 | 0 | 0 | 0 | 0 | 0 | 0 | 0 | 0 | 0 | 0 | 0 | 0 | 0 | 0 |
| 고차원 | 26 | 21 | 3 | 1 | 0 | 14 | 31 | 3 | 22 | 10 | 1 | 0 | 0 | 0 |
| 곽광선 | 4 | 0 | 0 | 0 | 0 | 4 | 4 | 0 | 0 | 0 | 2 | 0 | 0 | 0 |
| 구자룡 | 7 | 6 | 0 | 0 | 0 | 2 | 7 | 0 | 0 | 0 | 0 | 0 | 0 | 0 |
| 권창훈 | 20 | 19 | 1 | 2 | 8 | 12 | 18 | 3 | 17 | 8 | 1 | 0 | 0 | 0 |
| 김대경 | 1 | 1 | 0 | 0 | 0 | 0 | 0 | 0 | 0 | 0 | 0 | 0 | 0 | 0 |
| 김두현 | 31 | 20 | 3 | 4 | 60 | 37 | 25 | 1 | 26 | 10 | 4 | 0 | 0 | 0 |
| 김은선 | 37 | 5 | 3 | 0 | 0 | 80 | 37 | 0 | 32 | 14 | 4 | 0 | 0 | 0 |
| 노동건 | 4 | 0 | 0 | 0 | 0 | 0 | 0 | 0 | 0 | 0 | 0 | 0 | 4 | 0 |
| 로 저 | 32 | 19 | 7 | 2 | 0 | 62 | 38 | 28 | 77 | 41 | 6 | 0 | 0 | 0 |
| 민상기 | 20 | 4 | 0 | 1 | 0 | 30 | 10 | 0 | 5 | 3 | 2 | 0 | 0 | 0 |
| 배기종 | 14 | 12 | 3 | 1 | 0 | 12 | 14 | 1 | 14 | 7 | 0 | 0 | 0 | 0 |
| 산토스 | 35 | 27 | 14 | 7 | 3 | 27 | 24 | 15 | 77 | 37 | 2 | 0 | 0 | 0 |
| 서정진 | 29 | 21 | 4 | 1 | | 27 | 28 | 8 | 22 | 12 | 1 | 0 | 0 | 0 |
| 신세계 | 20 | 4 | 0 | 0 | 0 | 28 | 11 | 0 | 6 | 2 | 2 | 0 | 0 | 0 |
| 양상민 | 3 | 2 | 0 | 0 | 0 | 3 | 3 | 0 | 2 | 0 | 0 | 0 | 0 | 0 |
| 연제민 | | | | | | | | | | | | | | |
| 염기훈 | 35 | 5 | 4 | 8 | 85 | 15 | 56 | 5 | 46 | 25 | 1 | 0 | 0 | 0 |
| 오범석 | 11 | 0 | 0 | 0 | 0 | 17 | 8 | 0 | 2 | 1 | 2 | 0 | 0 | 0 |
| 오장은 | | | | | | | | | | | | | | |
| 이상욱 | | | | | | | | | | | | | | |
| 이상호 | 9 | 8 | 1 | 1 | 1 | 10 | 16 | 2 | 9 | 4 | 0 | 0 | 0 | 0 |
| 이종성 | 3 | 3 | 0 | 0 | 0 | 3 | 0 | 0 | 0 | 0 | 0 | 0 | 0 | 0 |
| 정대세 | 28 | 16 | 7 | 1 | 0 | 55 | 36 | 15 | 65 | 38 | 2 | 0 | 0 | 0 |
| 정성룡 | 34 | 0 | 0 | 0 | 0 | 1 | 1 | 0 | 0 | 1 | 0 | 0 | 33 | 0 |
| 조동건 | 4 | 4 | 0 | 0 | 0 | 0 | 6 | 0 | 1 | 0 | 0 | 0 | 0 | 0 |
| 조성진 | 37 | 0 | 0 | 0 | 0 | 50 | 14 | 0 | 5 | 3 | 3 | 0 | 0 | 0 |
| 조지훈 | 16 | 16 | 0 | 0 | 0 | 10 | 4 | 0 | 6 | 1 | 4 | 0 | 0 | 0 |
| 최재수 | 10 | 2 | 0 | 1 | 8 | 10 | 0 | 0 | 1 | 1 | 0 | 0 | 0 | 0 |
| 하태균 | 3 | 3 | 0 | 0 | 0 | 3 | 0 | 0 | 2 | 1 | 1 | 0 | 0 | 0 |
| 헤이네르 | 17 | 2 | 0 | 0 | 0 | 19 | 11 | 0 | 6 | 2 | 0 | 0 | 0 | 0 |
| 홍순학 | 0 | 0 | 0 | 0 | 0 | 0 | 0 | 0 | 0 | 0 | 0 | 0 | 0 | 0 |
| 홍 철 | 29 | 4 | 0 | 0 | 9 | 37 | 49 | 1 | 16 | 4 | 7 | 0 | 0 | 0 |

## 2014년 팀별 개인 기록 | 서울  _K리그 클래식

| 선수명 | 출장 | 교체 | 득점 | 도움 | 코너킥 | 파울 | 파울득 | 오프사이드 | 슈팅 | 유효슈팅 | 경고 | 퇴장 | 실점 | 자책 |
|---|---|---|---|---|---|---|---|---|---|---|---|---|---|---|
| 강승조 | 17 | 14 | 0 | 1 | 9 | 18 | 16 | 0 | 7 | 2 | 2 | 0 | 0 | 0 |
| 고광민 | 20 | 9 | 1 | 3 | 0 | 12 | 24 | 1 | 7 | 5 | 2 | 0 | 0 | 0 |
| 고명진 | 31 | 4 | 2 | 1 | 19 | 31 | 51 | 2 | 30 | 10 | 3 | 0 | 0 | 0 |
| 고요한 | 32 | 19 | 4 | 3 | 0 | 38 | 41 | 3 | 30 | 13 | 3 | 0 | 0 | 0 |
| 김남춘 | 7 | 2 | 1 | 0 | 0 | 5 | 2 | 0 | 2 | 2 | 1 | 0 | 0 | 0 |
| 김동석 | 3 | 3 | 0 | 0 | 0 | 3 | 3 | 0 | 0 | 0 | 0 | 0 | 0 | 0 |
| 김동우 | 0 | 0 | 0 | 0 | 0 | 0 | 0 | 0 | 0 | 0 | 0 | 0 | 0 | 0 |
| 김용대 | 24 | 1 | 0 | 0 | 0 | 0 | 0 | 0 | 0 | 0 | 0 | 0 | 19 | 0 |
| 김주영 | 29 | 1 | 2 | 0 | 0 | 21 | 15 | 0 | 11 | 5 | 0 | 0 | 0 | 0 |
| 김진규 | 33 | 3 | 2 | 1 | 0 | 43 | 17 | 5 | 24 | 11 | 3 | 0 | 0 | 0 |
| 김철호 | 0 | 0 | 0 | 0 | 0 | 0 | 0 | 0 | 0 | 0 | 0 | 0 | 0 | 0 |
| 김치우 | 25 | 6 | 1 | 3 | 24 | 15 | 36 | 0 | 22 | 10 | 1 | 0 | 0 | 0 |
| 김현성 | 6 | 4 | 0 | 1 | 0 | 6 | 13 | 3 | 4 | 2 | 0 | 0 | 0 | 0 |
| 몰리나 | 19 | 10 | 5 | 3 | 58 | 9 | 28 | 0 | 49 | 25 | 1 | 0 | 0 | 0 |
| 박희성 | 19 | 19 | 2 | 0 | 0 | 21 | 31 | 7 | 18 | 10 | 1 | 0 | 0 | 0 |
| 심상민 | 2 | 2 | 0 | 0 | 0 | 1 | 2 | 0 | 0 | 0 | 0 | 0 | 0 | 0 |
| 심제혁 | 4 | 4 | 0 | 0 | 0 | 6 | 0 | 0 | 3 | 0 | 0 | 0 | 0 | 0 |
| 양한빈 | 0 | 0 | 0 | 0 | 0 | 0 | 0 | 0 | 0 | 0 | 0 | 0 | 0 | 0 |
| 에벨톤 | 16 | 7 | 3 | 1 | 2 | 44 | 12 | 0 | 20 | 11 | 0 | 0 | 0 | 0 |
| 에스쿠데로 | 32 | 20 | 6 | 4 | 0 | 42 | 39 | 15 | 54 | 26 | 2 | 0 | 0 | 0 |
| 오스마르 | 34 | 3 | 2 | 1 | 0 | 33 | 22 | 1 | 24 | 8 | 5 | 0 | 0 | 0 |
| 유상훈 | 15 | 1 | 0 | 0 | 0 | 0 | 4 | 0 | 0 | 0 | 0 | 0 | 9 | 0 |
| 윤일록 | 27 | 15 | 7 | 2 | 5 | 35 | 46 | 2 | 49 | 24 | 0 | 0 | 0 | 0 |
| 윤주태 | 10 | 9 | 2 | 0 | 0 | 2 | 11 | 2 | 12 | 7 | 0 | 0 | 0 | 0 |
| 이상협 | 21 | 19 | 1 | 0 | 35 | 16 | 22 | 0 | 9 | 3 | 2 | 0 | 0 | 0 |
| 이웅희 | 24 | 1 | 0 | 1 | 0 | 28 | 25 | 0 | 10 | 6 | 2 | 0 | 0 | 0 |
| 정승용 | 0 | 0 | 0 | 0 | 0 | 0 | 0 | 0 | 0 | 0 | 0 | 0 | 0 | 0 |
| 정조국 | 2 | 2 | 0 | 0 | 0 | 0 | 2 | 1 | 0 | 0 | 0 | 0 | 0 | 0 |
| 차두리 | 28 | 5 | 0 | 2 | 2 | 29 | 22 | 4 | 15 | 3 | 0 | 0 | 0 | 0 |
| 최명훈 | 0 | 0 | 0 | 0 | 0 | 0 | 0 | 0 | 0 | 0 | 0 | 0 | 0 | 0 |
| 최정한 | 7 | 7 | 1 | 0 | 0 | 8 | 7 | 3 | 4 | 2 | 1 | 0 | 0 | 0 |
| 최현태 | 17 | 14 | 0 | 0 | 0 | 16 | 6 | 0 | 2 | 1 | 1 | 0 | 0 | 0 |
| 최효진 | 13 | 3 | 1 | 0 | 1 | 15 | 15 | 0 | 7 | 4 | 3 | 0 | 0 | 0 |
| 하파엘 | 9 | 9 | 0 | 0 | 0 | 9 | 7 | 1 | 5 | 1 | 3 | 0 | 0 | 0 |
| 한일구 | 0 | 0 | 0 | 0 | 0 | 0 | 0 | 0 | 0 | 0 | 0 | 0 | 0 | 0 |
| 한태유 | 0 | 0 | 0 | 0 | 0 | 0 | 0 | 0 | 0 | 0 | 0 | 0 | 0 | 0 |
| 황현수 | 0 | 0 | 0 | 0 | 0 | 0 | 0 | 0 | 0 | 0 | 0 | 0 | 0 | 0 |

## 2014년 팀별 개인 기록 | 포항  _K리그 클래식

| 선수명 | 출장 | 교체 | 득점 | 도움 | 코너킥 | 파울 | 파울득 | 오프사이드 | 슈팅 | 유효슈팅 | 경고 | 퇴장 | 실점 | 자책 |
|---|---|---|---|---|---|---|---|---|---|---|---|---|---|---|
| 강상우 | 8 | 8 | 0 | 0 | 0 | 10 | 13 | 2 | 6 | 2 | 1 | 0 | 0 | 0 |
| 강수일 | 29 | 21 | 6 | 3 | 0 | 36 | 33 | 5 | 34 | 17 | 2 | 0 | 0 | 0 |
| 고무열 | 27 | 19 | 5 | 1 | 0 | 47 | 37 | 3 | 42 | 18 | 2 | 0 | 0 | 0 |
| 길영태 | 1 | 0 | 0 | 0 | 0 | 3 | 1 | 0 | 0 | 1 | 0 | 0 | 0 | 0 |
| 김광석 | 33 | 0 | 2 | 0 | 0 | 37 | 37 | 0 | 6 | 2 | 2 | 0 | 0 | 0 |
| 김다솔 | 1 | 1 | 0 | 0 | 0 | 0 | 0 | 0 | 0 | 0 | 0 | 0 | 0 | 0 |
| 김대호 | 24 | 8 | 0 | 1 | 0 | 33 | 28 | 1 | 23 | 9 | 3 | 0 | 0 | 0 |
| 김승대 | 30 | 6 | 10 | 8 | 0 | 60 | 34 | 21 | 23 | 29 | 14 | 0 | 0 | 0 |
| 김원일 | 18 | 2 | 1 | 0 | 0 | 40 | 10 | 0 | 7 | 3 | 5 | 0 | 0 | 0 |
| 김재성 | 29 | 5 | 7 | 4 | 33 | 36 | 26 | 10 | 37 | 17 | 6 | 0 | 0 | 0 |
| 김준수 | 10 | 4 | 0 | 0 | 0 | 9 | 3 | 0 | 4 | 1 | 1 | 0 | 0 | 0 |
| 김진영 | 1 | 1 | 0 | 0 | 0 | 0 | 0 | 0 | 0 | 0 | 0 | 0 | 1 | 0 |
| 김태수 | 28 | 11 | 0 | 1 | 0 | 37 | 27 | 0 | 14 | 6 | 7 | 0 | 0 | 0 |
| 김형일 | 14 | 3 | 1 | 0 | 0 | 13 | 24 | 0 | 4 | 2 | 3 | 0 | 0 | 0 |
| 문창진 | 24 | 17 | 2 | 2 | 24 | 20 | 15 | 1 | 15 | 6 | 1 | 0 | 0 | 0 |
| 박선주 | 18 | 12 | 0 | 0 | 0 | 27 | 12 | 0 | 6 | 4 | 4 | 0 | 0 | 0 |
| 박준희 | 1 | 0 | 0 | 0 | 0 | 1 | 0 | 0 | 1 | 0 | 0 | 0 | 0 | 0 |
| 박희철 | 19 | 9 | 0 | 0 | 0 | 39 | 4 | 0 | 3 | 0 | 6 | 0 | 0 | 0 |
| 배슬기 | 14 | 1 | 0 | 0 | 0 | 22 | 18 | 1 | 3 | 3 | 3 | 0 | 0 | 0 |
| 배천석 | 0 | 0 | 0 | 0 | 0 | 0 | 0 | 0 | 0 | 0 | 0 | 0 | 0 | 0 |
| 손준호 | 25 | 4 | 1 | 2 | 19 | 66 | 59 | 0 | 18 | 7 | 8 | 0 | 0 | 0 |
| 신광훈 | 33 | 0 | 3 | 2 | 1 | 46 | 36 | 3 | 15 | 9 | 8 | 0 | 0 | 0 |
| 신영준 | 15 | 14 | 0 | 0 | 9 | 11 | 5 | 0 | 5 | 3 | 3 | 0 | 0 | 0 |
| 신화용 | 31 | 1 | 0 | 0 | 0 | 0 | 1 | 0 | 0 | 0 | 3 | 0 | 29 | 0 |
| 유제호 | 0 | 0 | 0 | 0 | 0 | 0 | 0 | 0 | 0 | 0 | 0 | 0 | 0 | 0 |
| 유창현 | 28 | 27 | 4 | 3 | 0 | 25 | 29 | 5 | 13 | 9 | 1 | 0 | 0 | 0 |
| 윤준성 | 11 | 11 | 0 | 1 | 0 | 2 | 0 | 0 | 1 | 1 | 1 | 0 | 0 | 0 |
| 이광혁 | 9 | 9 | 0 | 0 | 1 | 6 | 5 | 0 | 1 | 1 | 1 | 0 | 0 | 0 |
| 이광훈 | 4 | 4 | 0 | 0 | 0 | 4 | 0 | 0 | 0 | 0 | 0 | 0 | 0 | 0 |
| 이명주 | 11 | 2 | 5 | 9 | 5 | 19 | 18 | 1 | 25 | 15 | 3 | 0 | 0 | 0 |
| 이진석 | 1 | 1 | 0 | 0 | 0 | 0 | 0 | 0 | 0 | 0 | 0 | 0 | 0 | 0 |
| 조찬호 | 3 | 2 | 0 | 0 | 0 | 3 | 3 | 0 | 3 | 2 | 0 | 0 | 0 | 0 |
| 황지수 | 21 | 8 | 1 | 0 | 0 | 31 | 20 | 1 | 9 | 4 | 7 | 0 | 0 | 0 |

## 2014년 팀별 개인 기록 | 제주 _ K리그 클래식

| 선 수 명 | 출장 | 교체 | 득점 | 도움 | 코너킥 | 파울 | 파울득 | 오프사이드 | 슈팅 | 유효슈팅 | 경고 | 퇴장 | 실점 | 자책 |
|---|---|---|---|---|---|---|---|---|---|---|---|---|---|---|
| 강 준 우 | 4 | 4 | 0 | 0 | 0 | 0 | 0 | 0 | 0 | 0 | 0 | 0 | 0 | 0 |
| 김 경 민 | 2 | 1 | 0 | 0 | 0 | 0 | 0 | 0 | 0 | 0 | 0 | 0 | 0 | 0 |
| 김 봉 래 | 7 | 6 | 0 | 1 | 0 | 1 | 4 | 0 | 1 | 1 | 0 | 0 | 0 | 0 |
| 김 상 원 | 1 | 1 | 0 | 0 | 0 | 0 | 0 | 0 | 0 | 0 | 0 | 0 | 0 | 0 |
| 김 수 범 | 31 | 8 | 1 | 1 | 0 | 46 | 49 | 1 | 6 | 2 | 10 | 0 | 0 | 0 |
| 김 영 신 | 6 | 2 | 0 | 0 | 0 | 6 | 8 | 1 | 2 | 0 | 1 | 0 | 0 | 0 |
| 김　현 | 33 | 23 | 2 | 5 | 0 | 60 | 38 | 10 | 48 | 22 | 2 | 0 | 0 | 0 |
| 김 형 록 | 0 | 0 | 0 | 0 | 0 | 0 | 0 | 0 | 0 | 0 | 0 | 0 | 0 | 0 |
| 김 호 준 | 37 | 1 | 0 | 1 | 0 | 0 | 9 | 0 | 0 | 0 | 1 | 0 | 37 | 0 |
| 드 로 겟 | 36 | 11 | 10 | 3 | 58 | 27 | 40 | 9 | 64 | 29 | 4 | 0 | 0 | 0 |
| 루 이 스 | 7 | 7 | 1 | 0 | 0 | 0 | 4 | 0 | 1 | 1 | 0 | 0 | 0 | 0 |
| 박 수 창 | 21 | 16 | 6 | 1 | 0 | 19 | 24 | 12 | 49 | 24 | 1 | 0 | 0 | 0 |
| 배 일 환 | 26 | 22 | 0 | 2 | 0 | 22 | 29 | 6 | 20 | 7 | 1 | 0 | 0 | 0 |
| 송 진 형 | 36 | 15 | 3 | 3 | 2 | 23 | 22 | 10 | 64 | 23 | 3 | 0 | 0 | 0 |
| 스토키치 | 5 | 5 | 0 | 0 | 1 | 7 | 4 | 4 | 7 | 3 | 1 | 0 | 0 | 0 |
| 알 렉 스 | 31 | 3 | 1 | 1 | 0 | 36 | 10 | 0 | 9 | 2 | 4 | 1 | 0 | 1 |
| 에스티벤 | 12 | 8 | 0 | 0 | 1 | 11 | 8 | 0 | 1 | 0 | 4 | 0 | 0 | 0 |
| 오 반 석 | 36 | 4 | 0 | 1 | 0 | 40 | 39 | 1 | 7 | 4 | 4 | 0 | 0 | 0 |
| 오 승 범 | 15 | 12 | 0 | 0 | 0 | 12 | 13 | 0 | 2 | 0 | 0 | 0 | 0 | 0 |
| 윤빛가람 | 37 | 11 | 4 | 4 | 87 | 28 | 42 | 0 | 60 | 27 | 3 | 0 | 0 | 0 |
| 이　용 | 18 | 8 | 0 | 0 | 0 | 10 | 13 | 1 | 5 | 0 | 2 | 1 | 0 | 2 |
| 이 현 호 | 11 | 9 | 0 | 0 | 1 | 1 | 4 | 4 | 5 | 2 | 0 | 0 | 0 | 0 |
| 장 은 규 | 22 | 5 | 0 | 0 | 0 | 51 | 26 | 0 | 5 | 1 | 7 | 0 | 0 | 0 |
| 정 다 훤 | 34 | 5 | 1 | 0 | 0 | 55 | 35 | 0 | 10 | 2 | 4 | 0 | 0 | 0 |
| 좌 준 협 | 0 | 0 | 0 | 0 | 0 | 0 | 0 | 0 | 0 | 0 | 0 | 0 | 0 | 0 |
| 진 대 성 | 19 | 19 | 3 | 0 | 1 | 4 | 16 | 7 | 14 | 7 | 0 | 0 | 0 | 0 |
| 허 범 산 | 1 | 1 | 0 | 0 | 0 | 0 | 1 | 0 | 0 | 0 | 0 | 0 | 0 | 0 |
| 황 도 연 | 12 | 6 | 0 | 0 | 0 | 13 | 13 | 0 | 0 | 0 | 3 | 0 | 0 | 0 |
| 황 일 수 | 31 | 13 | 7 | 3 | 8 | 23 | 44 | 6 | 65 | 33 | 1 | 0 | 0 | 0 |

## 2014년 팀별 개인 기록 | 울산 _ K리그 클래식

| 선 수 명 | 출장 | 교체 | 득점 | 도움 | 코너킥 | 파울 | 파울득 | 오프사이드 | 슈팅 | 유효슈팅 | 경고 | 퇴장 | 실점 | 자책 |
|---|---|---|---|---|---|---|---|---|---|---|---|---|---|---|
| 강 민 수 | 11 | 0 | 0 | 1 | 0 | 15 | 19 | 0 | 1 | 0 | 4 | 0 | 0 | 0 |
| 고 창 현 | 25 | 21 | 4 | 3 | 43 | 31 | 27 | 1 | 29 | 15 | 5 | 0 | 0 | 0 |
| 김 근 환 | 17 | 6 | 0 | 0 | 0 | 11 | 9 | 2 | 4 | 1 | 0 | 0 | 0 | 1 |
| 김 민 균 | 14 | 10 | 2 | 0 | 4 | 10 | 14 | 1 | 18 | 7 | 0 | 0 | 0 | 0 |
| 김 선 민 | 18 | 16 | 0 | 0 | 1 | 7 | 5 | 0 | 16 | 10 | 0 | 0 | 0 | 0 |
| 김 성 환 | 28 | 6 | 1 | 1 | 5 | 42 | 45 | 3 | 22 | 4 | 12 | 0 | 0 | 0 |
| 김 승 규 | 29 | 0 | 0 | 0 | 0 | 0 | 0 | 0 | 0 | 0 | 4 | 0 | 0 | 0 |
| 김 신 욱 | 20 | 4 | 9 | 0 | 0 | 33 | 41 | 14 | 58 | 38 | 2 | 0 | 0 | 0 |
| 김 영 삼 | 24 | 2 | 0 | 0 | 0 | 31 | 28 | 0 | 1 | 1 | 6 | 0 | 0 | 0 |
| 김 용 태 | 12 | 6 | 2 | 0 | 0 | 8 | 10 | 0 | 13 | 6 | 3 | 0 | 0 | 0 |
| 김 치 곤 | 34 | 1 | 0 | 0 | 0 | 37 | 22 | 1 | 12 | 6 | 3 | 1 | 0 | 0 |
| 까 이 끼 | 1 | 1 | 0 | 0 | 0 | 0 | 0 | 0 | 0 | 0 | 0 | 0 | 0 | 0 |
| 따 르 따 | 20 | 11 | 3 | 0 | 16 | 46 | 35 | 5 | 27 | 9 | 0 | 0 | 0 | 0 |
| 마 스 다 | 0 | 0 | 0 | 0 | 0 | 0 | 0 | 0 | 0 | 0 | 0 | 0 | 0 | 0 |
| 박 동 혁 | 15 | 11 | 1 | 0 | 0 | 14 | 5 | 0 | 9 | 3 | 2 | 0 | 0 | 0 |
| 박 용 지 | 6 | 6 | 0 | 0 | 0 | 6 | 6 | 0 | 6 | 0 | 0 | 0 | 0 | 0 |
| 박 태 윤 | 0 | 0 | 0 | 0 | 0 | 0 | 0 | 0 | 0 | 0 | 0 | 0 | 0 | 0 |
| 반 데 르 | 4 | 3 | 0 | 1 | 0 | 7 | 4 | 5 | 0 | 7 | 4 | 0 | 0 | 0 |
| 백 지 훈 | 13 | 12 | 0 | 0 | 1 | 12 | 4 | 0 | 4 | 2 | 0 | 0 | 0 | 0 |
| 서 용 덕 | 13 | 12 | 1 | 0 | 0 | 12 | 14 | 1 | 16 | 9 | 4 | 0 | 0 | 0 |
| 손 재 영 | 0 | 0 | 0 | 0 | 0 | 0 | 0 | 0 | 0 | 0 | 0 | 0 | 0 | 0 |
| 안 진 범 | 24 | 18 | 2 | 2 | 10 | 23 | 16 | 6 | 18 | 11 | 1 | 0 | 0 | 0 |
| 알 미 르 | 2 | 2 | 0 | 0 | 0 | 3 | 4 | 0 | 1 | 0 | 0 | 0 | 0 | 0 |
| 양 동 현 | 16 | 5 | 5 | 2 | 0 | 20 | 34 | 13 | 29 | 13 | 3 | 0 | 0 | 0 |
| 유 준 수 | 23 | 10 | 3 | 1 | 0 | 19 | 24 | 3 | 23 | 13 | 1 | 0 | 0 | 0 |
| 이 명 재 | 2 | 2 | 0 | 0 | 0 | 2 | 1 | 0 | 0 | 0 | 0 | 0 | 0 | 0 |
| 이　용 | 31 | 5 | 0 | 3 | 18 | 32 | 49 | 1 | 8 | 4 | 4 | 0 | 0 | 0 |
| 이 재 성 | 9 | 1 | 1 | 0 | 0 | 8 | 11 | 1 | 5 | 2 | 0 | 0 | 0 | 0 |
| 이 재 원 | 13 | 3 | 1 | 0 | 0 | 17 | 27 | 0 | 8 | 5 | 5 | 1 | 0 | 1 |
| 이 준 식 | 1 | 1 | 0 | 0 | 0 | 0 | 1 | 0 | 0 | 0 | 1 | 0 | 1 | 0 |
| 이　호 | 10 | 1 | 1 | 0 | 0 | 10 | 11 | 1 | 12 | 4 | 1 | 0 | 0 | 0 |
| 이 희 성 | 9 | 1 | 0 | 0 | 0 | 0 | 0 | 0 | 0 | 0 | 1 | 0 | 14 | 0 |
| 임 동 천 | 0 | 0 | 0 | 0 | 0 | 0 | 0 | 0 | 0 | 0 | 0 | 0 | 0 | 0 |
| 정 동 호 | 20 | 6 | 0 | 1 | 0 | 24 | 34 | 0 | 9 | 6 | 3 | 0 | 0 | 0 |
| 조 인 형 | 1 | 1 | 0 | 0 | 0 | 3 | 1 | 0 | 1 | 1 | 0 | 0 | 0 | 0 |
| 최 태 욱 | 1 | 1 | 0 | 0 | 0 | 0 | 0 | 0 | 0 | 0 | 0 | 0 | 0 | 0 |
| 카　사 | 12 | 8 | 0 | 2 | 0 | 23 | 18 | 9 | 17 | 5 | 0 | 0 | 0 | 0 |
| 하 성 민 | 17 | 5 | 0 | 1 | 0 | 35 | 9 | 0 | 3 | 1 | 5 | 0 | 0 | 0 |
| 하 피 냐 | 12 | 8 | 1 | 1 | 5 | 20 | 25 | 5 | 33 | 18 | 0 | 0 | 0 | 0 |
| 한 상 운 | 12 | 5 | 2 | 2 | 36 | 7 | 10 | 0 | 23 | 14 | 0 | 0 | 0 | 0 |
| 한 재 웅 | 7 | 7 | 0 | 1 | 0 | 4 | 6 | 1 | 3 | 1 | 0 | 0 | 0 | 0 |

## 2014년 팀별 개인 기록 | 전남 _ K리그 클래식

| 선수명 | 출장 | 교체 | 득점 | 도움 | 코너킥 | 파울 | 파울득 | 오프사이드 | 슈팅 | 유효슈팅 | 경고 | 퇴장 | 실점 | 자책 |
|---|---|---|---|---|---|---|---|---|---|---|---|---|---|---|
| 김 대 호 | 0 | 0 | 0 | 0 | 0 | 0 | 0 | 0 | 0 | 0 | 0 | 0 | 0 | 0 |
| 김 동 철 | 11 | 7 | 0 | 0 | 0 | 10 | 11 | 0 | 4 | 0 | 3 | 0 | 0 | 0 |
| 김 병 지 | 38 | 0 | 0 | 0 | 0 | 0 | 0 | 0 | 0 | 0 | 0 | 0 | 53 | 0 |
| 김 영 우 | 19 | 16 | 0 | 0 | 0 | 13 | 8 | 0 | 8 | 2 | 3 | 0 | 0 | 0 |
| 김 영 욱 | 11 | 10 | 0 | 0 | 5 | 12 | 9 | 1 | 8 | 1 | 0 | 0 | 0 | 0 |
| 김 태 호 | 32 | 6 | 0 | 3 | 0 | 43 | 25 | 0 | 7 | 1 | 6 | 0 | 0 | 0 |
| 레안드리뉴 | 30 | 30 | 3 | 3 | 0 | 26 | 38 | 2 | 32 | 17 | 2 | 0 | 0 | 0 |
| 마 상 훈 | 1 | 1 | 0 | 0 | 0 | 0 | 0 | 0 | 0 | 0 | 0 | 0 | 0 | 0 |
| 박 기 동 | 7 | 5 | 0 | 0 | 0 | 4 | 10 | 3 | 7 | 3 | 1 | 0 | 0 | 0 |
| 박 선 용 | 9 | 1 | 0 | 0 | 1 | 13 | 16 | 0 | 6 | 1 | 0 | 0 | 0 | 0 |
| 박 용 재 | 2 | 2 | 0 | 0 | 0 | 2 | 3 | 0 | 1 | 0 | 0 | 0 | 0 | 0 |
| 박 준 태 | 7 | 9 | 0 | 0 | 1 | 3 | 3 | 1 | 2 | 0 | 0 | 0 | 0 | 0 |
| 방 대 종 | 32 | 3 | 1 | 0 | 0 | 36 | 35 | 1 | 22 | 8 | 2 | 0 | 0 | 0 |
| 송 창 호 | 28 | 14 | 4 | 1 | 14 | 23 | 27 | 0 | 38 | 13 | 4 | 0 | 0 | 0 |
| 스 테 보 | 35 | 4 | 13 | 4 | 0 | 64 | 46 | 21 | 83 | 41 | 2 | 0 | 0 | 0 |
| 심 동 운 | 20 | 11 | 2 | 1 | 5 | 16 | 16 | 3 | 31 | 15 | 1 | 0 | 0 | 0 |
| 안 용 우 | 31 | 7 | 6 | 6 | 70 | 19 | 27 | 2 | 41 | 21 | 4 | 0 | 0 | 0 |
| 이 슬 찬 | 1 | 1 | 0 | 0 | 0 | 1 | 0 | 0 | 0 | 0 | 0 | 0 | 0 | 0 |
| 이 승 희 | 31 | 6 | 1 | 0 | 0 | 51 | 16 | 0 | 22 | 3 | 9 | 0 | 0 | 0 |
| 이 인 규 | 4 | 4 | 0 | 0 | 0 | 7 | 2 | 0 | 1 | 0 | 1 | 0 | 0 | 0 |
| 이 재 억 | 6 | 2 | 0 | 0 | 0 | 7 | 2 | 0 | 1 | 0 | 1 | 0 | 0 | 0 |
| 이 종 호 | 31 | 18 | 10 | 2 | 0 | 43 | 71 | 10 | 50 | 30 | 2 | 0 | 0 | 0 |
| 이 중 권 | 1 | 1 | 0 | 0 | 0 | 0 | 0 | 0 | 0 | 0 | 0 | 0 | 0 | 0 |
| 이 현 승 | 19 | 11 | 2 | 2 | 8 | 20 | 24 | 1 | 16 | 6 | 3 | 0 | 0 | 0 |
| 임 종 은 | 29 | 6 | 0 | 0 | 0 | 19 | 10 | 0 | 2 | 0 | 2 | 0 | 0 | 0 |
| 전 현 철 | 21 | 19 | 2 | 0 | 1 | 13 | 6 | 3 | 15 | 5 | 0 | 0 | 0 | 0 |
| 코 니 | 21 | 13 | 2 | 1 | 0 | 10 | 8 | 1 | 6 | 3 | 2 | 0 | 0 | 0 |
| 크리즈만 | 8 | 7 | 0 | 0 | 0 | 8 | 9 | 0 | 9 | 1 | 1 | 0 | 0 | 0 |
| 한 유 성 | 0 | 0 | 0 | 0 | 0 | 0 | 0 | 0 | 0 | 0 | 0 | 0 | 0 | 0 |
| 현 영 민 | 32 | 3 | 1 | 7 | 70 | 46 | 38 | 0 | 13 | 4 | 10 | 0 | 0 | 0 |
| 홍 진 기 | 12 | 5 | 0 | 1 | 0 | 18 | 10 | 0 | 2 | 1 | 2 | 0 | 0 | 0 |

## 2014년 팀별 개인 기록 | 부산 _ K리그 클래식

| 선수명 | 출장 | 교체 | 득점 | 도움 | 코너킥 | 파울 | 파울득 | 오프사이드 | 슈팅 | 유효슈팅 | 경고 | 퇴장 | 실점 | 자책 |
|---|---|---|---|---|---|---|---|---|---|---|---|---|---|---|
| 구 현 준 | 2 | 0 | 0 | 0 | 0 | 2 | 0 | 0 | 0 | 0 | 0 | 0 | 0 | 0 |
| 권 진 영 | 6 | 4 | 0 | 0 | 0 | 13 | 3 | 0 | 0 | 0 | 3 | 0 | 0 | 0 |
| 김 기 용 | 0 | 0 | 0 | 0 | 0 | 0 | 0 | 0 | 0 | 0 | 0 | 0 | 0 | 0 |
| 김 신 영 | 8 | 7 | 0 | 0 | 0 | 4 | 1 | 1 | 9 | 4 | 1 | 0 | 0 | 0 |
| 김 용 태 | 14 | 8 | 1 | 1 | 1 | 11 | 7 | 0 | 5 | 1 | 0 | 0 | 0 | 0 |
| 김 응 진 | 5 | 2 | 0 | 1 | 0 | 8 | 7 | 0 | 1 | 0 | 2 | 0 | 0 | 0 |
| 김 익 현 | 19 | 14 | 1 | 0 | 28 | 24 | 20 | 0 | 8 | 5 | 4 | 0 | 0 | 0 |
| 김 지 민 | 3 | 3 | 0 | 0 | 0 | 2 | 2 | 1 | 0 | 0 | 0 | 0 | 0 | 0 |
| 김 찬 영 | 23 | 13 | 0 | 0 | 0 | 16 | 7 | 1 | 2 | 0 | 3 | 0 | 0 | 0 |
| 닐손쥬니어 | 30 | 4 | 2 | 0 | 0 | 42 | 19 | 1 | 17 | 8 | 2 | 0 | 0 | 0 |
| 박 용 지 | 21 | 14 | 2 | 0 | 0 | 30 | 15 | 7 | 15 | 6 | 0 | 0 | 0 | 0 |
| 박 준 강 | 14 | 1 | 0 | 1 | 0 | 20 | 12 | 0 | 3 | 2 | 5 | 0 | 0 | 0 |
| 신 연 수 | 1 | 1 | 0 | 0 | 0 | 0 | 0 | 0 | 0 | 0 | 0 | 0 | 0 | 0 |
| 양 동 현 | 14 | 2 | 4 | 1 | 0 | 25 | 20 | 9 | 34 | 20 | 2 | 0 | 0 | 0 |
| 연 제 민 | 20 | 2 | 0 | 0 | 0 | 18 | 10 | 0 | 5 | 1 | 2 | 0 | 0 | 0 |
| 유 지 노 | 19 | 1 | 0 | 0 | 0 | 23 | 28 | 2 | 6 | 2 | 2 | 0 | 0 | 0 |
| 유 지 훈 | 9 | 0 | 0 | 0 | 3 | 9 | 4 | 0 | 5 | 3 | 0 | 0 | 0 | 0 |
| 윤 동 민 | 2 | 2 | 0 | 0 | 0 | 2 | 1 | 0 | 0 | 0 | 0 | 0 | 0 | 0 |
| 윤 정 규 | 0 | 0 | 0 | 0 | 0 | 0 | 0 | 0 | 0 | 0 | 0 | 0 | 0 | 0 |
| 이 경 렬 | 30 | 1 | 2 | 0 | 0 | 39 | 16 | 0 | 10 | 3 | 8 | 0 | 0 | 1 |
| 이 범 영 | 31 | 0 | 0 | 0 | 0 | 0 | 0 | 0 | 0 | 0 | 0 | 0 | 38 | 0 |
| 이 원 영 | 14 | 5 | 0 | 0 | 0 | 14 | 19 | 2 | 6 | 1 | 4 | 0 | 0 | 0 |
| 이 정 환 | 0 | 0 | 0 | 0 | 0 | 0 | 0 | 0 | 0 | 0 | 0 | 0 | 0 | 0 |
| 이 창 근 | 7 | 0 | 0 | 0 | 0 | 0 | 2 | 0 | 0 | 0 | 0 | 0 | 11 | 0 |
| 임 상 협 | 35 | 5 | 11 | 2 | 1 | 64 | 60 | 20 | 45 | 34 | 4 | 1 | 0 | 0 |
| 장 학 영 | 33 | 4 | 0 | 3 | 1 | 23 | 36 | 1 | 7 | 3 | 2 | 0 | 0 | 0 |
| 전 성 찬 | 17 | 16 | 0 | 0 | 1 | 14 | 18 | 0 | 7 | 3 | 3 | 0 | 0 | 0 |
| 정 석 화 | 26 | 19 | 1 | 0 | 1 | 14 | 19 | 1 | 13 | 4 | 3 | 0 | 0 | 0 |
| 주 세 종 | 22 | 11 | 2 | 5 | 48 | 41 | 32 | 0 | 24 | 12 | 5 | 0 | 0 | 0 |
| 짜 시 오 | 6 | 6 | 0 | 0 | 0 | 3 | 3 | 0 | 2 | 1 | 1 | 0 | 0 | 0 |
| 최 광 희 | 8 | 6 | 0 | 2 | 0 | 10 | 15 | 0 | 4 | 2 | 0 | 0 | 0 | 0 |
| 코 마 젝 | 1 | 1 | 0 | 0 | 0 | 0 | 2 | 0 | 2 | 1 | 0 | 0 | 0 | 0 |
| 파 그 너 | 34 | 19 | 10 | 0 | 3 | 46 | 23 | 16 | 64 | 34 | 3 | 1 | 0 | 0 |
| 한 지 호 | 22 | 14 | 0 | 0 | 1 | 24 | 35 | 5 | 26 | 12 | 3 | 0 | 0 | 0 |
| 홍 동 현 | 17 | 14 | 0 | 1 | 35 | 20 | 20 | 0 | 18 | 5 | 6 | 0 | 0 | 0 |
| 황 재 훈 | 5 | 3 | 0 | 0 | 0 | 7 | 4 | 0 | 0 | 0 | 3 | 0 | 0 | 0 |

## 2014년 팀별 개인 기록 | 성남 _ K리그 클래식

| 선수명 | 출장 | 교체 | 득점 | 도움 | 코너킥 | 파울 | 파울득 | 오프사이드 | 슈팅 | 유효슈팅 | 경고 | 퇴장 | 실점 | 자책 |
|---|---|---|---|---|---|---|---|---|---|---|---|---|---|---|
| 곽해성 | 15 | 6 | 1 | 0 | 0 | 9 | 8 | 2 | 6 | 2 | 1 | 0 | 0 | 0 |
| 기 가 | 1 | 1 | 0 | 0 | 0 | 0 | 0 | 0 | 0 | 0 | 0 | 0 | 0 | 0 |
| 김남건 | 2 | 2 | 0 | 0 | 0 | 0 | 0 | 0 | 0 | 0 | 0 | 0 | 0 | 0 |
| 김동섭 | 34 | 29 | 4 | 0 | 0 | 30 | 39 | 6 | 35 | 14 | 2 | 0 | 0 | 0 |
| 김동희 | 32 | 25 | 5 | 2 | 0 | 26 | 47 | 4 | 33 | 20 | 2 | 0 | 0 | 0 |
| 김성준 | 5 | 5 | 0 | 0 | 1 | 3 | 0 | 0 | 1 | 1 | 0 | 0 | 0 | 0 |
| 김영남 | 4 | 2 | 0 | 0 | 0 | 4 | 1 | 0 | 1 | 2 | 0 | 0 | 0 | 0 |
| 김철호 | 29 | 9 | 2 | 1 | 0 | 43 | 39 | 0 | 25 | 11 | 2 | 0 | 0 | 0 |
| 김태환 | 36 | 3 | 5 | 4 | 81 | 71 | 59 | 17 | 50 | 27 | 7 | 0 | 0 | 0 |
| 김평래 | 22 | 9 | 0 | 0 | 0 | 15 | 14 | 0 | 6 | 3 | 4 | 0 | 0 | 0 |
| 바우지비아 | 13 | 12 | 1 | 1 | 0 | 16 | 14 | 3 | 12 | 5 | 2 | 0 | 0 | 0 |
| 박재성 | 1 | 1 | 0 | 0 | 0 | 0 | 0 | 0 | 0 | 0 | 0 | 0 | 0 | 0 |
| 박준혁 | 35 | 0 | 0 | 0 | 0 | 0 | 5 | 0 | 0 | 0 | 2 | 0 | 33 | 0 |
| 박진포 | 32 | 2 | 1 | 2 | 0 | 45 | 59 | 0 | 6 | 3 | 6 | 0 | 0 | 0 |
| 박희성 | 22 | 4 | 0 | 1 | 0 | 16 | 14 | 0 | 17 | 4 | 1 | 0 | 0 | 0 |
| 심우연 | 5 | 3 | 0 | 0 | 0 | 2 | 1 | 0 | 0 | 0 | 0 | 0 | 0 | 0 |
| 염유신 | 0 | 0 | 0 | 0 | 0 | 0 | 0 | 0 | 0 | 0 | 0 | 0 | 0 | 0 |
| 유청윤 | 2 | 1 | 0 | 0 | 0 | 1 | 1 | 0 | 1 | 1 | 0 | 0 | 0 | 0 |
| 윤영선 | 19 | 3 | 0 | 0 | 0 | 17 | 19 | 2 | 3 | 0 | 2 | 0 | 0 | 0 |
| 이민우 | 15 | 15 | 0 | 0 | 1 | 6 | 8 | 0 | 12 | 6 | 0 | 0 | 0 | 0 |
| 이요한 | 17 | 0 | 0 | 0 | 0 | 10 | 14 | 0 | 0 | 0 | 5 | 0 | 0 | 0 |
| 이종원 | 22 | 8 | 0 | 0 | 0 | 34 | 32 | 0 | 28 | 14 | 2 | 0 | 0 | 0 |
| 이창훈 | 21 | 14 | 0 | 1 | 0 | 32 | 21 | 2 | 28 | 13 | 4 | 0 | 0 | 0 |
| 임채민 | 34 | 1 | 0 | 1 | 0 | 37 | 77 | 0 | 16 | 4 | 9 | 0 | 0 | 0 |
| 장석원 | 20 | 6 | 0 | 0 | 0 | 15 | 21 | 0 | 2 | 1 | 2 | 0 | 0 | 0 |
| 전상욱 | 3 | 0 | 0 | 0 | 0 | 0 | 1 | 0 | 0 | 0 | 0 | 0 | 6 | 0 |
| 정 산 | 0 | 0 | 0 | 0 | 0 | 0 | 0 | 0 | 0 | 0 | 0 | 0 | 0 | 0 |
| 정선호 | 28 | 6 | 2 | 2 | 8 | 30 | 31 | 0 | 41 | 18 | 5 | 0 | 0 | 0 |
| 정우재 | 2 | 2 | 0 | 0 | 0 | 1 | 0 | 0 | 0 | 0 | 0 | 0 | 0 | 0 |
| 제파로프 | 24 | 9 | 7 | 3 | 85 | 26 | 22 | 3 | 38 | 23 | 2 | 0 | 0 | 0 |
| 황의조 | 28 | 20 | 4 | 0 | 0 | 23 | 45 | 19 | 46 | 23 | 1 | 0 | 0 | 0 |

## 2014년 팀별 개인 기록 | 인천 _ K리그 클래식

| 선수명 | 출장 | 교체 | 득점 | 도움 | 코너킥 | 파울 | 파울득 | 오프사이드 | 슈팅 | 유효슈팅 | 경고 | 퇴장 | 실점 | 자책 |
|---|---|---|---|---|---|---|---|---|---|---|---|---|---|---|
| 구본상 | 33 | 7 | 0 | 3 | 10 | 86 | 31 | 0 | 20 | 2 | 6 | 0 | 0 | 0 |
| 권정혁 | 28 | 0 | 0 | 0 | 0 | 0 | 7 | 0 | 0 | 0 | 0 | 0 | 35 | 0 |
| 권혁진 | 6 | 6 | 0 | 0 | 0 | 4 | 0 | 1 | 2 | 1 | 1 | 0 | 0 | 0 |
| 김도혁 | 26 | 20 | 2 | 2 | 2 | 37 | 35 | 1 | 23 | 12 | 6 | 0 | 0 | 0 |
| 김용찬 | 0 | 0 | 0 | 0 | 0 | 0 | 0 | 0 | 0 | 0 | 0 | 0 | 0 | 0 |
| 김용환 | 14 | 2 | 0 | 0 | 0 | 23 | 23 | 0 | 1 | 1 | 0 | 0 | 0 | 0 |
| 김진환 | 2 | 1 | 0 | 0 | 0 | 0 | 0 | 0 | 0 | 0 | 0 | 0 | 0 | 0 |
| 남준재 | 17 | 13 | 3 | 0 | 0 | 18 | 39 | 3 | 17 | 9 | 0 | 0 | 0 | 0 |
| 니콜리치 | 7 | 5 | 0 | 0 | 0 | 11 | 9 | 3 | 7 | 0 | 1 | 0 | 0 | 0 |
| 디오고 | 11 | 9 | 1 | 0 | 0 | 24 | 27 | 9 | 13 | 8 | 1 | 0 | 0 | 0 |
| 문상윤 | 31 | 17 | 3 | 3 | 53 | 17 | 21 | 3 | 31 | 12 | 2 | 0 | 0 | 0 |
| 박태민 | 36 | 1 | 1 | 2 | 0 | 37 | 18 | 0 | 6 | 2 | 4 | 0 | 0 | 0 |
| 배승진 | 11 | 2 | 0 | 0 | 0 | 26 | 20 | 1 | 8 | 3 | 1 | 0 | 0 | 0 |
| 설기현 | 7 | 7 | 0 | 0 | 0 | 18 | 14 | 1 | 4 | 2 | 0 | 0 | 0 | 0 |
| 안재준 | 36 | 1 | 0 | 0 | 0 | 49 | 26 | 2 | 10 | 5 | 3 | 0 | 0 | 0 |
| 용현진 | 24 | 3 | 0 | 0 | 0 | 33 | 24 | 1 | 1 | 1 | 6 | 0 | 0 | 0 |
| 유 현 | 10 | 0 | 0 | 0 | 0 | 1 | 2 | 0 | 0 | 0 | 0 | 0 | 11 | 0 |
| 이 보 | 33 | 12 | 7 | 6 | 47 | 39 | 51 | 5 | 62 | 36 | 2 | 0 | 0 | 0 |
| 이상희 | 0 | 0 | 0 | 0 | 0 | 0 | 0 | 0 | 0 | 0 | 0 | 0 | 0 | 0 |
| 이석현 | 25 | 21 | 1 | 1 | 2 | 27 | 33 | 0 | 33 | 13 | 0 | 0 | 0 | 0 |
| 이윤표 | 37 | 1 | 0 | 1 | 0 | 56 | 55 | 4 | 9 | 5 | 2 | 0 | 0 | 0 |
| 이천수 | 28 | 23 | 1 | 3 | 36 | 41 | 31 | 9 | 48 | 26 | 5 | 1 | 0 | 0 |
| 이효균 | 29 | 20 | 4 | 1 | 0 | 31 | 28 | 5 | 20 | 10 | 4 | 0 | 0 | 0 |
| 임하람 | 12 | 8 | 0 | 0 | 0 | 10 | 8 | 0 | 1 | 0 | 1 | 0 | 0 | 0 |
| 조수철 | 6 | 4 | 0 | 0 | 0 | 3 | 4 | 0 | 2 | 1 | 0 | 0 | 0 | 0 |
| 조수혁 | 0 | 0 | 0 | 0 | 0 | 0 | 0 | 0 | 0 | 0 | 0 | 0 | 0 | 0 |
| 주앙파울로 | 5 | 5 | 0 | 0 | 0 | 3 | 0 | 0 | 1 | 0 | 2 | 0 | 0 | 0 |
| 진성욱 | 26 | 25 | 6 | 0 | 0 | 25 | 30 | 4 | 26 | 14 | 3 | 0 | 0 | 0 |
| 최종환 | 30 | 11 | 3 | 1 | 11 | 38 | 42 | 6 | 19 | 6 | 7 | 1 | 1 | 0 |

## 2014년 팀별 개인 기록 | 경남

### _ K리그 클래식

| 선수명 | 출장 | 교체 | 득점 | 도움 | 코너킥 | 파울 | 파울득 | 오프사이드 | 슈팅 | 유효슈팅 | 경고 | 퇴장 | 실점 | 자책 |
|---|---|---|---|---|---|---|---|---|---|---|---|---|---|---|
| 고 래 세 | 1 | 1 | 0 | 0 | 0 | 0 | 0 | 1 | 0 | 0 | 0 | 0 | 0 | 0 |
| 고 재 성 | 12 | 6 | 1 | 0 | 12 | 14 | 22 | 0 | 21 | 8 | 2 | 0 | 0 | 0 |
| 권 완 규 | 17 | 3 | 1 | 0 | 0 | 27 | 8 | 1 | 7 | 3 | 3 | 0 | 0 | 0 |
| 김 교 빈 | 0 | 0 | 0 | 0 | 0 | 0 | 0 | 0 | 0 | 0 | 0 | 0 | 0 | 0 |
| 김 도 엽 | 27 | 18 | 1 | 0 | 0 | 19 | 49 | 6 | 49 | 24 | 3 | 0 | 0 | 0 |
| 김 슬 기 | 20 | 18 | 0 | 1 | 15 | 8 | 20 | 3 | 6 | 2 | 1 | 0 | 0 | 0 |
| 김 영 광 | 32 | 0 | 0 | 0 | 0 | 0 | 8 | 0 | 0 | 0 | 2 | 0 | 43 | 0 |
| 김 영 빈 | 6 | 0 | 0 | 0 | 0 | 8 | 2 | 0 | 2 | 0 | 0 | 0 | 0 | 0 |
| 김 준 엽 | 13 | 4 | 0 | 0 | 0 | 18 | 11 | 0 | 5 | 0 | 2 | 0 | 0 | 0 |
| 루 크 | 13 | 3 | 1 | 0 | 0 | 12 | 8 | 0 | 1 | 4 | 5 | 0 | 0 | 0 |
| 문 주 원 | 7 | 3 | 0 | 0 | 0 | 11 | 10 | 0 | 5 | 0 | 1 | 0 | 0 | 0 |
| 박 주 성 | 35 | 2 | 1 | 0 | 0 | 36 | 26 | 1 | 6 | 4 | 2 | 0 | 0 | 0 |
| 박 지 민 | 4 | 4 | 0 | 0 | 0 | 0 | 0 | 1 | 0 | 1 | 0 | 0 | 0 | 0 |
| 박 청 효 | 0 | 0 | 0 | 0 | 0 | 0 | 0 | 0 | 0 | 0 | 0 | 0 | 0 | 0 |
| 보산치치 | 10 | 9 | 0 | 1 | 6 | 8 | 3 | 0 | 10 | 7 | 0 | 0 | 0 | 0 |
| 손 정 현 | 6 | 0 | 0 | 0 | 0 | 1 | 2 | 0 | 0 | 0 | 0 | 1 | 9 | 0 |
| 송 수 영 | 33 | 26 | 4 | 3 | 36 | 22 | 32 | 12 | 58 | 25 | 1 | 0 | 0 | 0 |
| 송 호 영 | 3 | 3 | 0 | 0 | 2 | 2 | 1 | 0 | 1 | 1 | 0 | 0 | 0 | 0 |
| 스 레 텐 | 32 | 0 | 2 | 1 | 0 | 62 | 18 | 2 | 9 | 3 | 7 | 0 | 0 | 1 |
| 스토아노비치 | 30 | 19 | 7 | 0 | 0 | 51 | 40 | 25 | 40 | 25 | 4 | 0 | 0 | 0 |
| 안 성 빈 | 7 | 3 | 1 | 0 | 1 | 9 | 4 | 0 | 5 | 1 | 0 | 0 | 0 | 0 |
| 에 딘 | 15 | 14 | 2 | 0 | 0 | 26 | 16 | 13 | 15 | 8 | 1 | 0 | 0 | 0 |
| 여 성 해 | 20 | 3 | 1 | 0 | 0 | 28 | 5 | 0 | 4 | 3 | 3 | 0 | 0 | 0 |
| 우 주 성 | 9 | 0 | 0 | 0 | 0 | 6 | 5 | 0 | 2 | 1 | 1 | 0 | 0 | 1 |
| 이 재 안 | 26 | 15 | 3 | 3 | 9 | 19 | 35 | 0 | 35 | 16 | 0 | 0 | 0 | 0 |
| 이 창 민 | 32 | 11 | 2 | 3 | 7 | 26 | 14 | 3 | 49 | 14 | 3 | 0 | 0 | 0 |
| 이 학 민 | 19 | 8 | 1 | 0 | 1 | 32 | 19 | 0 | 9 | 3 | 5 | 0 | 0 | 0 |
| 이 한 샘 | 12 | 4 | 0 | 0 | 0 | 14 | 3 | 1 | 4 | 1 | 4 | 0 | 0 | 0 |
| 이 호 석 | 12 | 11 | 0 | 0 | 7 | 21 | 7 | 1 | 7 | 0 | 3 | 0 | 0 | 0 |
| 임 창 균 | 5 | 5 | 0 | 0 | 0 | 4 | 4 | 0 | 10 | 5 | 1 | 0 | 0 | 0 |
| 전 상 훈 | 0 | 0 | 0 | 0 | 0 | 0 | 0 | 0 | 0 | 0 | 0 | 0 | 0 | 0 |
| 조 용 태 | 1 | 1 | 0 | 0 | 0 | 1 | 1 | 0 | 0 | 0 | 0 | 0 | 0 | 0 |
| 조 원 희 | 12 | 1 | 0 | 0 | 0 | 16 | 20 | 0 | 6 | 3 | 2 | 0 | 0 | 0 |
| 진 경 선 | 23 | 5 | 1 | 1 | 31 | 32 | 49 | 1 | 19 | 8 | 4 | 0 | 0 | 0 |
| 최 성 민 | 3 | 2 | 0 | 0 | 0 | 5 | 0 | 0 | 0 | 0 | 0 | 1 | 0 | 0 |
| 최 영 준 | 21 | 11 | 0 | 2 | 0 | 21 | 26 | 0 | 13 | 4 | 1 | 0 | 0 | 0 |
| 최 현 연 | 1 | 0 | 0 | 0 | 0 | 2 | 0 | 1 | 0 | 0 | 0 | 0 | 0 | 0 |
| 한 의 권 | 11 | 11 | 0 | 1 | 0 | 11 | 10 | 1 | 2 | 2 | 0 | 0 | 0 | 0 |

### _ K리그 승강 플레이오프

| 선수명 | 대회 | 출장 | 교체 | 득점 | 도움 | 코너킥 | 파울 | 파울득 | 오프사이드 | 슈팅 | 유효슈팅 | 경고 | 퇴장 | 실점 |
|---|---|---|---|---|---|---|---|---|---|---|---|---|---|---|
| 고 재 성 | 2 | 2 | 0 | 1 | 0 | 1 | 1 | 0 | 1 | 0 | 0 | 0 | 0 | 0 |
| 김 슬 기 | 0 | 0 | 0 | 0 | 0 | 0 | 0 | 0 | 0 | 0 | 0 | 0 | 0 | 0 |
| 김 영 광 | 1 | 0 | 0 | 0 | 0 | 0 | 0 | 0 | 0 | 0 | 0 | 0 | 0 | 1 |
| 김 영 빈 | 1 | 1 | 0 | 0 | 0 | 0 | 0 | 0 | 0 | 0 | 0 | 0 | 0 | 0 |
| 김 준 엽 | 2 | 1 | 0 | 0 | 0 | 1 | 1 | 0 | 0 | 1 | 0 | 0 | 0 | 0 |
| 박 주 성 | 2 | 0 | 0 | 0 | 0 | 0 | 0 | 0 | 0 | 0 | 0 | 0 | 0 | 0 |
| 손 정 현 | 1 | 0 | 0 | 0 | 0 | 0 | 0 | 0 | 0 | 0 | 0 | 0 | 0 | 3 |
| 송 수 영 | 2 | 0 | 1 | 0 | 4 | 2 | 1 | 2 | 6 | 5 | 0 | 0 | 0 | 0 |
| 스 레 텐 | 2 | 0 | 0 | 0 | 5 | 1 | 0 | 1 | 1 | 1 | 1 | 0 | 0 | 1 |
| 스토아노비치 | 2 | 0 | 0 | 0 | 4 | 4 | 1 | 1 | 0 | 0 | 0 | 0 | 0 | 0 |
| 안 성 빈 | 2 | 0 | 0 | 0 | 3 | 2 | 0 | 3 | 0 | 1 | 0 | 0 | 0 | 0 |
| 여 성 해 | 1 | 0 | 0 | 0 | 0 | 3 | 1 | 0 | 0 | 1 | 0 | 0 | 0 | 0 |
| 이 재 안 | 1 | 1 | 0 | 0 | 0 | 0 | 5 | 0 | 0 | 0 | 0 | 0 | 0 | 0 |
| 이 창 민 | 2 | 2 | 0 | 0 | 0 | 7 | 1 | 0 | 6 | 3 | 0 | 0 | 0 | 0 |
| 이 학 민 | 1 | 0 | 0 | 0 | 0 | 1 | 0 | 0 | 2 | 0 | 0 | 0 | 0 | 0 |
| 이 호 석 | 1 | 1 | 0 | 0 | 0 | 0 | 0 | 0 | 0 | 0 | 0 | 0 | 0 | 0 |
| 진 경 선 | 2 | 0 | 0 | 0 | 2 | 3 | 0 | 1 | 0 | 0 | 0 | 0 | 0 | 0 |
| 최 성 민 | 0 | 0 | 0 | 0 | 0 | 0 | 0 | 0 | 0 | 0 | 0 | 0 | 0 | 0 |
| 최 영 준 | 2 | 1 | 0 | 1 | 0 | 5 | 4 | 0 | 1 | 1 | 0 | 0 | 0 | 0 |
| 한 의 권 | 2 | 2 | 0 | 0 | 0 | 0 | 3 | 0 | 2 | 1 | 0 | 0 | 0 | 0 |

### 2014년 팀별 개인 기록 | 상주 _ K리그 클래식

| 선수명 | 출장 | 교체 | 득점 | 도움 | 코너킥 | 파울 | 파울득 | 오프사이드 | 슈팅 | 유효슈팅 | 경고 | 퇴장 | 실점 | 자책 |
|---|---|---|---|---|---|---|---|---|---|---|---|---|---|---|
| 강 민 수 | 19 | 2 | 1 | 0 | 0 | 25 | 22 | 1 | 3 | 2 | 6 | 0 | 0 | 0 |
| 고 재 성 | 12 | 10 | 0 | 1 | 4 | 8 | 8 | 2 | 9 | 3 | 0 | 0 | 0 | 0 |
| 곽 광 선 | 18 | 5 | 0 | 0 | 0 | 25 | 18 | 0 | 5 | 2 | 5 | 0 | 0 | 0 |
| 권 순 형 | 27 | 9 | 2 | 3 | 50 | 20 | 32 | 1 | 34 | 14 | 4 | 0 | 0 | 0 |
| 김 경 민 | 0 | 0 | 0 | 0 | 0 | 0 | 0 | 0 | 0 | 0 | 0 | 0 | 0 | 0 |
| 김 근 배 | 5 | 0 | 0 | 0 | 0 | 0 | 0 | 0 | 0 | 0 | 0 | 0 | 12 | 0 |
| 김 동 찬 | 17 | 15 | 2 | 0 | 5 | 13 | 16 | 1 | 29 | 11 | 1 | 0 | 0 | 0 |
| 김 민 식 | 18 | 0 | 0 | 0 | 0 | 0 | 0 | 0 | 0 | 0 | 0 | 0 | 29 | 0 |
| 김 지 웅 | 0 | 0 | 0 | 0 | 0 | 0 | 0 | 0 | 0 | 0 | 0 | 0 | 0 | 0 |
| 김 창 훈 | 13 | 8 | 1 | 1 | 3 | 12 | 15 | 0 | 1 | 1 | 2 | 0 | 0 | 0 |
| 박 경 익 | 10 | 10 | 1 | 1 | 4 | 7 | 4 | 1 | 1 | 1 | 3 | 0 | 0 | 0 |
| 박 승 일 | 11 | 9 | 0 | 0 | 1 | 9 | 6 | 0 | 1 | 0 | 1 | 0 | 0 | 0 |
| 박 지 영 | 1 | 0 | 0 | 0 | 0 | 0 | 0 | 0 | 0 | 0 | 0 | 0 | 1 | 0 |
| 박 태 웅 | 0 | 0 | 0 | 0 | 0 | 0 | 0 | 0 | 0 | 0 | 0 | 0 | 0 | 0 |
| 백 종 환 | 16 | 8 | 1 | 0 | 6 | 31 | 5 | 0 | 3 | 1 | 4 | 0 | 0 | 0 |
| 서 상 민 | 30 | 14 | 2 | 1 | 0 | 48 | 80 | 2 | 38 | 14 | 5 | 0 | 0 | 0 |
| 송 원 재 | 13 | 9 | 0 | 0 | 4 | 3 | 10 | 0 | 5 | 1 | 0 | 0 | 0 | 0 |
| 송 제 헌 | 6 | 6 | 0 | 0 | 0 | 4 | 3 | 1 | 4 | 1 | 1 | 0 | 0 | 0 |
| 안 재 훈 | 22 | 3 | 1 | 0 | 0 | 25 | 13 | 0 | 5 | 1 | 4 | 1 | 0 | 0 |
| 양 준 아 | 30 | 3 | 3 | 1 | 2 | 22 | 47 | 2 | 38 | 14 | 5 | 0 | 0 | 0 |
| 유 수 현 | 0 | 0 | 0 | 0 | 0 | 0 | 0 | 0 | 0 | 0 | 0 | 0 | 0 | 0 |
| 유 지 훈 | 18 | 2 | 1 | 4 | 18 | 25 | 19 | 0 | 1 | 1 | 6 | 2 | 0 | 0 |
| 이 근 호 | 18 | 6 | 4 | 2 | 1 | 13 | 41 | 8 | 39 | 19 | 1 | 0 | 0 | 1 |
| 이 상 협 | 1 | 1 | 0 | 0 | 0 | 1 | 0 | 1 | 1 | 0 | 1 | 0 | 0 | 0 |
| 이 상 호 | 17 | 5 | 2 | 4 | 18 | 29 | 0 | 0 | 26 | 14 | 2 | 0 | 0 | 0 |
| 이 승 현 | 17 | 14 | 2 | 2 | 0 | 18 | 10 | 3 | 24 | 12 | 1 | 0 | 0 | 0 |
| 이 용 기 | 0 | 0 | 0 | 0 | 0 | 0 | 0 | 0 | 0 | 0 | 0 | 0 | 0 | 0 |
| 이 재 성 | 10 | 1 | 0 | 0 | 2 | 6 | 6 | 0 | 5 | 2 | 1 | 0 | 0 | 0 |
| 이 정 협 | 25 | 23 | 4 | 0 | 1 | 15 | 17 | 4 | 21 | 10 | 2 | 0 | 0 | 0 |
| 이 현 웅 | 5 | 5 | 0 | 0 | 0 | 2 | 4 | 0 | 2 | 1 | 0 | 0 | 0 | 0 |
| 이 　 호 | 17 | 2 | 2 | 1 | 0 | 13 | 12 | 1 | 7 | 3 | 3 | 0 | 0 | 0 |
| 이 후 권 | 15 | 9 | 0 | 0 | 0 | 18 | 6 | 0 | 8 | 0 | 2 | 0 | 0 | 0 |
| 장 혁 진 | 7 | 7 | 0 | 1 | 0 | 1 | 3 | 0 | 1 | 0 | 0 | 0 | 0 | 0 |
| 장 현 우 | 0 | 0 | 0 | 0 | 0 | 0 | 0 | 0 | 0 | 0 | 0 | 0 | 0 | 0 |
| 정 　 훈 | 5 | 4 | 0 | 0 | 1 | 9 | 4 | 0 | 1 | 0 | 1 | 0 | 0 | 0 |
| 조 동 건 | 19 | 6 | 3 | 1 | 0 | 22 | 46 | 6 | 38 | 16 | 0 | 0 | 0 | 0 |
| 조 호 연 | 0 | 0 | 0 | 0 | 0 | 0 | 0 | 0 | 0 | 0 | 0 | 0 | 0 | 0 |
| 최 철 순 | 4 | 0 | 0 | 0 | 0 | 1 | 9 | 0 | 2 | 1 | 1 | 0 | 0 | 1 |
| 최 호 정 | 27 | 7 | 0 | 1 | 0 | 36 | 25 | 0 | 11 | 2 | 3 | 0 | 0 | 0 |
| 하 태 균 | 11 | 6 | 4 | 0 | 0 | 18 | 22 | 1 | 20 | 12 | 1 | 0 | 0 | 0 |
| 한 경 인 | 9 | 8 | 0 | 0 | 1 | 9 | 6 | 1 | 3 | 1 | 0 | 0 | 0 | 0 |
| 한 상 운 | 17 | 5 | 0 | 4 | 37 | 14 | 10 | 4 | 30 | 15 | 3 | 0 | 0 | 0 |
| 홍 정 남 | 14 | 0 | 0 | 0 | 0 | 1 | 2 | 0 | 0 | 0 | 1 | 0 | 20 | 0 |

### 2014년 팀별 개인 기록 | 대전 _ K리그 챌린지

| 선수명 | 출장 | 교체 | 득점 | 도움 | 코너킥 | 파울 | 파울득 | 오프사이드 | 슈팅 | 유효슈팅 | 경고 | 퇴장 | 실점 | 자책 |
|---|---|---|---|---|---|---|---|---|---|---|---|---|---|---|
| 곽 재 민 | 1 | 1 | 0 | 0 | 0 | 1 | 0 | 0 | 0 | 0 | 0 | 0 | 0 | 0 |
| 김 대 중 | 8 | 6 | 0 | 0 | 3 | 4 | 0 | 0 | 0 | 0 | 0 | 0 | 0 | 0 |
| 김 상 필 | 1 | 0 | 0 | 0 | 0 | 0 | 0 | 0 | 0 | 0 | 0 | 0 | 0 | 0 |
| 김 선 규 | 21 | 1 | 0 | 1 | 0 | 0 | 4 | 0 | 0 | 0 | 0 | 0 | 24 | 0 |
| 김 성 수 | 4 | 4 | 0 | 0 | 0 | 5 | 0 | 0 | 0 | 0 | 0 | 0 | 0 | 0 |
| 김 연 수 | 1 | 0 | 0 | 0 | 0 | 1 | 0 | 2 | 1 | 0 | 0 | 0 | 0 | 0 |
| 김 영 승 | 5 | 4 | 1 | 0 | 0 | 1 | 2 | 1 | 0 | 0 | 0 | 0 | 0 | 0 |
| 김 윤 재 | 0 | 0 | 0 | 0 | 0 | 0 | 0 | 0 | 0 | 0 | 0 | 0 | 0 | 0 |
| 김 은 중 | 17 | 16 | 3 | 1 | 0 | 6 | 11 | 1 | 12 | 6 | 0 | 0 | 0 | 0 |
| 김 종 국 | 22 | 9 | 1 | 1 | 1 | 26 | 15 | 1 | 34 | 15 | 5 | 0 | 0 | 0 |
| 김 찬 희 | 27 | 19 | 8 | 5 | 0 | 79 | 57 | 0 | 79 | 34 | 5 | 0 | 0 | 0 |
| 김 한 섭 | 18 | 15 | 1 | 2 | 8 | 13 | 9 | 1 | 4 | 2 | 0 | 0 | 0 | 0 |
| 마 라 낭 | 16 | 8 | 0 | 1 | 14 | 17 | 29 | 3 | 25 | 8 | 0 | 0 | 0 | 0 |
| 박 주 원 | 16 | 1 | 0 | 0 | 0 | 2 | 0 | 0 | 0 | 0 | 2 | 0 | 12 | 0 |
| 반 델 레 이 | 23 | 20 | 7 | 3 | 0 | 34 | 26 | 3 | 36 | 20 | 1 | 0 | 0 | 0 |
| 산 토 스 | 1 | 1 | 0 | 0 | 0 | 0 | 0 | 0 | 0 | 0 | 0 | 0 | 0 | 0 |
| 서 명 원 | 26 | 14 | 4 | 2 | 26 | 27 | 34 | 5 | 34 | 16 | 0 | 0 | 0 | 0 |
| 서 승 훈 | 0 | 0 | 0 | 0 | 0 | 0 | 0 | 0 | 0 | 0 | 0 | 0 | 0 | 0 |
| 송 주 한 | 30 | 12 | 1 | 5 | 25 | 19 | 27 | 1 | 34 | 16 | 5 | 0 | 0 | 0 |
| 신 동 혁 | 0 | 0 | 0 | 0 | 0 | 0 | 0 | 0 | 0 | 0 | 0 | 0 | 0 | 0 |
| 아드리아노 | 32 | 5 | 27 | 4 | 5 | 76 | 76 | 51 | 113 | 57 | 5 | 0 | 0 | 0 |
| 안 영 규 | 34 | 2 | 1 | 1 | 0 | 45 | 24 | 0 | 16 | 5 | 5 | 0 | 0 | 0 |
| 유 성 기 | 9 | 6 | 0 | 2 | 9 | 19 | 6 | 0 | 7 | 3 | 1 | 0 | 0 | 0 |
| 윤 원 일 | 27 | 3 | 0 | 0 | 0 | 23 | 24 | 0 | 2 | 1 | 1 | 0 | 0 | 0 |
| 이 광 진 | 7 | 1 | 0 | 0 | 2 | 9 | 13 | 0 | 6 | 2 | 1 | 0 | 0 | 0 |
| 이 동 현 | 2 | 1 | 0 | 0 | 0 | 2 | 0 | 1 | 2 | 2 | 0 | 0 | 0 | 0 |
| 이 인 식 | 6 | 5 | 0 | 0 | 0 | 11 | 3 | 0 | 2 | 0 | 0 | 0 | 0 | 0 |
| 이 　 호 | 5 | 1 | 0 | 0 | 0 | 7 | 6 | 0 | 5 | 3 | 1 | 0 | 0 | 0 |
| 임 창 우 | 28 | 3 | 2 | 0 | 3 | 29 | 25 | 2 | 23 | 11 | 1 | 0 | 0 | 0 |
| 장 원 석 | 31 | 9 | 1 | 4 | 45 | 33 | 43 | 1 | 12 | 6 | 4 | 0 | 0 | 1 |
| 정 석 민 | 33 | 2 | 5 | 2 | 0 | 55 | 49 | 3 | 33 | 14 | 6 | 0 | 0 | 0 |
| 주 익 성 | 2 | 2 | 0 | 0 | 1 | 0 | 0 | 0 | 2 | 0 | 0 | 0 | 0 | 0 |
| 한 상 혁 | 0 | 0 | 0 | 0 | 0 | 0 | 0 | 0 | 0 | 0 | 0 | 0 | 0 | 0 |
| 황 지 웅 | 28 | 24 | 1 | 4 | 2 | 13 | 25 | 3 | 20 | 11 | 0 | 0 | 0 | 0 |
| 황 진 산 | 21 | 17 | 1 | 2 | 22 | 11 | 10 | 0 | 10 | 5 | 2 | 0 | 0 | 0 |

## 2014년 팀별 개인 기록 | 광주 _ K리그 챌린지

| 선수명 | 출장 | 교체 | 득점 | 도움 | 코너킥 | 파울 | 파울득 | 오프사이드 | 슈팅 | 유효슈팅 | 경고 | 퇴장 | 실점 | 자책 |
|---|---|---|---|---|---|---|---|---|---|---|---|---|---|---|
| 권수현 | 2 | 1 | 0 | 0 | 3 | 7 | 2 | 0 | 2 | 1 | 0 | 0 | 0 | 0 |
| 김민수 | 19 | 18 | 2 | 2 | 39 | 26 | 17 | 9 | 20 | 10 | 2 | 0 | 0 | 0 |
| 김영빈 | 26 | 2 | 1 | 1 | 0 | 39 | 10 | 0 | 9 | 1 | 6 | 0 | 0 | 0 |
| 김우철 | 4 | 3 | 0 | 0 | 0 | 8 | 2 | 0 | 4 | 0 | 0 | 0 | 0 | 0 |
| 김유성 | 11 | 10 | 0 | 0 | 0 | 9 | 10 | 1 | 4 | 2 | 2 | 0 | 0 | 0 |
| 김호남 | 35 | 13 | 7 | 5 | 70 | 51 | 40 | 32 | 74 | 33 | 5 | 0 | 0 | 0 |
| 디에고 | 14 | 8 | 3 | 2 | 0 | 27 | 27 | 8 | 21 | 9 | 3 | 0 | 0 | 0 |
| 류원우 | 8 | 0 | 0 | 0 | 0 | 0 | 5 | 0 | 0 | 0 | 0 | 0 | 11 | 0 |
| 마철준 | 16 | 4 | 1 | 0 | 0 | 11 | 9 | 2 | 4 | 2 | 3 | 0 | 0 | 1 |
| 박진욱 | 8 | 2 | 0 | 0 | 0 | 16 | 9 | 0 | 1 | 0 | 1 | 0 | 0 | 0 |
| 박현 | 12 | 9 | 0 | 0 | 15 | 12 | 11 | 5 | 8 | 2 | 1 | 0 | 0 | 0 |
| 백민철 | 6 | 0 | 0 | 0 | 0 | 0 | 0 | 0 | 0 | 0 | 1 | 0 | 7 | 0 |
| 송승민 | 19 | 11 | 0 | 0 | 0 | 22 | 25 | 5 | 18 | 6 | 1 | 0 | 0 | 0 |
| 송한복 | 6 | 5 | 0 | 0 | 1 | 13 | 5 | 0 | 1 | 0 | 0 | 0 | 0 | 0 |
| 안성남 | 8 | 5 | 2 | 1 | 3 | 14 | 9 | 6 | 13 | 9 | 0 | 0 | 0 | 0 |
| 안종훈 | 15 | 8 | 0 | 2 | 5 | 17 | 18 | 3 | 8 | 1 | 1 | 0 | 0 | 0 |
| 여름 | 27 | 11 | 0 | 2 | 1 | 46 | 30 | 0 | 21 | 7 | 5 | 0 | 0 | 0 |
| 오도현 | 20 | 15 | 0 | 0 | 1 | 26 | 8 | 0 | 2 | 0 | 3 | 0 | 0 | 0 |
| 윤상호 | 13 | 12 | 0 | 0 | 0 | 16 | 14 | 1 | 7 | 4 | 1 | 0 | 0 | 0 |
| 이완 | 19 | 4 | 3 | 2 | 3 | 27 | 23 | 0 | 13 | 7 | 2 | 0 | 0 | 0 |
| 이종민 | 28 | 2 | 3 | 6 | 32 | 40 | 38 | 5 | 30 | 13 | 4 | 1 | 0 | 0 |
| 이진호 | 7 | 4 | 0 | 0 | 0 | 17 | 6 | 1 | 5 | 2 | 1 | 0 | 0 | 0 |
| 이찬동 | 31 | 13 | 1 | 0 | 0 | 75 | 75 | 0 | 20 | 7 | 11 | 0 | 0 | 0 |
| 임선영 | 22 | 6 | 7 | 1 | 0 | 33 | 21 | 11 | 48 | 19 | 1 | 0 | 0 | 1 |
| 전준형 | 8 | 2 | 0 | 0 | 0 | 8 | 6 | 0 | 3 | 1 | 0 | 0 | 0 | 0 |
| 정준연 | 30 | 5 | 0 | 0 | 0 | 28 | 55 | 0 | 2 | 0 | 4 | 0 | 0 | 0 |
| 정호정 | 28 | 3 | 0 | 2 | 1 | 22 | 29 | 2 | 9 | 2 | 2 | 0 | 0 | 0 |
| 제종현 | 24 | 0 | 0 | 0 | 0 | 0 | 0 | 0 | 0 | 0 | 0 | 2 | 17 | 0 |
| 조용태 | 17 | 14 | 2 | 0 | 0 | 10 | 19 | 4 | 20 | 9 | 0 | 0 | 0 | 0 |
| 최성환 | 5 | 1 | 0 | 0 | 0 | 6 | 9 | 1 | 3 | 1 | 2 | 0 | 0 | 0 |
| 파비오 | 26 | 20 | 10 | 2 | 19 | 30 | 37 | 3 | 53 | 33 | 1 | 0 | 0 | 0 |
| 호마링요 | 10 | 6 | 1 | 0 | 0 | 22 | 32 | 11 | 18 | 6 | 1 | 0 | 0 | 0 |
| 홍태곤 | 5 | 5 | 0 | 0 | 0 | 1 | 1 | 0 | 1 | 0 | 1 | 0 | 0 | 0 |

## _ K리그 승강 플레이오프

| 선수명 | 출장 | 교체 | 득점 | 도움 | 코너킥 | 파울 | 파울득 | 오프사이드 | 슈팅 | 유효슈팅 | 경고 | 퇴장 | 실점 | 자책 |
|---|---|---|---|---|---|---|---|---|---|---|---|---|---|---|
| 김영빈 | 2 | 0 | 0 | 0 | 0 | 1 | 2 | 0 | 1 | 0 | 0 | 0 | 0 | 0 |
| 김호남 | 2 | 0 | 1 | 0 | 2 | 4 | 2 | 3 | 4 | 2 | 0 | 0 | 0 | 0 |
| 디에고 | 2 | 2 | 1 | 0 | 0 | 0 | 2 | 0 | 3 | 3 | 0 | 0 | 0 | 0 |
| 마철준 | 0 | 0 | 0 | 0 | 0 | 0 | 0 | 0 | 0 | 0 | 0 | 0 | 0 | 0 |
| 백민철 | 0 | 0 | 0 | 0 | 0 | 0 | 0 | 0 | 0 | 0 | 0 | 0 | 0 | 0 |
| 송승민 | 2 | 0 | 0 | 2 | 3 | 5 | 1 | 2 | 0 | 1 | 0 | 0 | 0 | 0 |
| 안성남 | 0 | 0 | 0 | 0 | 0 | 0 | 0 | 0 | 0 | 0 | 0 | 0 | 0 | 0 |
| 여름 | 2 | 0 | 0 | 2 | 1 | 2 | 4 | 0 | 3 | 0 | 0 | 0 | 0 | 0 |
| 오도현 | 2 | 2 | 0 | 0 | 1 | 0 | 0 | 0 | 0 | 0 | 0 | 0 | 0 | 0 |
| 윤상호 | 0 | 0 | 0 | 0 | 0 | 0 | 0 | 0 | 0 | 0 | 0 | 0 | 0 | 0 |
| 이완 | 2 | 0 | 0 | 0 | 2 | 3 | 0 | 0 | 1 | 0 | 0 | 0 | 0 | 0 |
| 이종민 | 2 | 0 | 0 | 2 | 2 | 0 | 0 | 0 | 0 | 0 | 0 | 0 | 0 | 0 |
| 이찬동 | 2 | 1 | 0 | 0 | 0 | 5 | 6 | 0 | 1 | 0 | 0 | 0 | 0 | 0 |
| 임선영 | 2 | 0 | 0 | 0 | 4 | 2 | 1 | 1 | 3 | 1 | 0 | 0 | 0 | 0 |
| 정준연 | 2 | 0 | 0 | 0 | 0 | 1 | 3 | 0 | 0 | 0 | 0 | 0 | 0 | 0 |
| 정호정 | 2 | 0 | 0 | 0 | 0 | 0 | 0 | 0 | 0 | 0 | 0 | 0 | 0 | 0 |
| 제종현 | 2 | 0 | 0 | 0 | 0 | 0 | 0 | 0 | 0 | 0 | 0 | 0 | 2 | 0 |
| 조용태 | 2 | 2 | 1 | 0 | 0 | 0 | 4 | 0 | 1 | 1 | 0 | 0 | 0 | 0 |
| 파비오 | 2 | 2 | 0 | 0 | 0 | 1 | 1 | 0 | 2 | 0 | 0 | 0 | 0 | 0 |

## 2014년 팀별 개인 기록 | 안산 _ K리그 챌린지

| 선수명 | 출장 | 교체 | 득점 | 도움 | 코너킥 | 파울 | 파울득 | 오프사이드 | 슈팅 | 유효슈팅 | 경고 | 퇴장 | 실점 | 자책 |
|---|---|---|---|---|---|---|---|---|---|---|---|---|---|---|
| 강 종 국 | 12 | 9 | 0 | 0 | 0 | 5 | 4 | 3 | 4 | 1 | 1 | 0 | 2 | 0 |
| 강 철 민 | 1 | 1 | 0 | 0 | 0 | 0 | 0 | 0 | 0 | 0 | 0 | 0 | 0 | 0 |
| 고 경 민 | 34 | 11 | 11 | 4 | 0 | 40 | 52 | 13 | 67 | 41 | 3 | 0 | 0 | 0 |
| 김 도 훈 | 4 | 4 | 0 | 0 | 0 | 3 | 0 | 1 | 0 | 1 | 0 | 0 | 0 | 0 |
| 김 동 우 | 11 | 1 | 0 | 0 | 0 | 5 | 3 | 3 | 5 | 3 | 1 | 0 | 0 | 0 |
| 김 병 석 | 28 | 5 | 0 | 0 | 0 | 21 | 44 | 1 | 7 | 1 | 1 | 0 | 0 | 0 |
| 김 성 현 | 9 | 1 | 0 | 0 | 0 | 13 | 4 | 0 | 1 | 0 | 3 | 0 | 0 | 0 |
| 김 신 철 | 11 | 8 | 0 | 2 | 13 | 11 | 15 | 0 | 5 | 2 | 1 | 0 | 0 | 0 |
| 김 원 식 | 2 | 2 | 0 | 0 | 0 | 0 | 0 | 0 | 0 | 0 | 0 | 0 | 0 | 0 |
| 문 기 한 | 21 | 15 | 1 | 2 | 24 | 32 | 12 | 0 | 8 | 2 | 6 | 0 | 0 | 0 |
| 박 세 환 | 3 | 2 | 0 | 0 | 0 | 3 | 3 | 0 | 0 | 0 | 0 | 0 | 0 | 0 |
| 박 종 진 | 25 | 11 | 0 | 1 | 1 | 24 | 22 | 0 | 5 | 2 | 6 | 0 | 0 | 0 |
| 박 현 범 | 21 | 15 | 0 | 0 | 0 | 28 | 11 | 0 | 9 | 4 | 3 | 0 | 0 | 0 |
| 박 희 도 | 22 | 11 | 4 | 4 | 42 | 27 | 38 | 6 | 28 | 15 | 4 | 0 | 0 | 0 |
| 서 동 현 | 30 | 19 | 7 | 2 | 0 | 50 | 35 | 16 | 42 | 23 | 8 | 0 | 0 | 0 |
| 송 승 주 | 2 | 2 | 1 | 0 | 0 | 0 | 0 | 1 | 1 | 0 | 0 | 0 | 0 | 0 |
| 송 유 걸 | 3 | 0 | 0 | 0 | 0 | 0 | 0 | 0 | 0 | 0 | 0 | 0 | 7 | 0 |
| 안 동 은 | 6 | 5 | 0 | 0 | 0 | 4 | 7 | 0 | 0 | 0 | 1 | 0 | 0 | 0 |
| 안 성 빈 | 15 | 15 | 1 | 3 | 0 | 13 | 13 | 2 | 13 | 4 | 1 | 0 | 0 | 0 |
| 양 상 민 | 14 | 1 | 1 | 0 | 0 | 30 | 30 | 19 | 0 | 17 | 4 | 3 | 0 | 1 |
| 오 범 석 | 16 | 1 | 2 | 0 | 0 | 36 | 25 | 3 | 16 | 7 | 2 | 0 | 0 | 0 |
| 유  현 | 20 | 1 | 0 | 0 | 0 | 3 | 5 | 0 | 0 | 0 | 2 | 0 | 23 | 0 |
| 유 호 준 | 13 | 9 | 0 | 0 | 0 | 17 | 12 | 10 | 19 | 8 | 1 | 0 | 0 | 0 |
| 윤 준 하 | 23 | 18 | 4 | 3 | 0 | 42 | 29 | 11 | 16 | 10 | 1 | 0 | 0 | 0 |
| 이 용 래 | 33 | 3 | 3 | 3 | 25 | 37 | 44 | 3 | 32 | 16 | 6 | 0 | 0 | 0 |
| 이 원 재 | 11 | 3 | 1 | 0 | 0 | 8 | 4 | 1 | 3 | 2 | 1 | 0 | 0 | 0 |
| 이 재 권 | 35 | 12 | 6 | 2 | 4 | 49 | 54 | 2 | 22 | 14 | 10 | 0 | 0 | 0 |
| 이  호 |  |  |  |  |  |  |  |  |  |  |  |  |  |  |
| 전 태 현 | 14 | 1 | 0 | 0 | 0 | 2 | 2 | 0 | 0 | 0 | 0 | 0 | 19 | 0 |
| 정 조 국 | 12 | 11 | 7 | 1 | 0 | 12 | 11 | 3 | 34 | 24 | 1 | 0 | 0 | 0 |
| 조 재 철 | 32 | 7 | 7 | 1 | 15 | 35 | 61 | 1 | 40 | 21 | 4 | 0 | 0 | 0 |
| 좌 준 협 | 4 | 2 | 0 | 0 | 0 | 4 | 2 | 0 | 0 | 0 | 0 | 0 | 0 | 0 |
| 최 광 희 | 20 | 7 | 0 | 5 | 5 | 22 | 64 | 0 | 5 | 2 | 1 | 0 | 0 | 0 |
| 한 덕 희 | 8 | 7 | 0 | 0 | 0 | 5 | 4 | 0 | 0 | 0 | 2 | 0 | 0 | 0 |

## 2014년 팀별 개인 기록 | 강원 _ K리그 챌린지

| 선수명 | 출장 | 교체 | 득점 | 도움 | 코너킥 | 파울 | 파울득 | 오프사이드 | 슈팅 | 유효슈팅 | 경고 | 퇴장 | 실점 | 자책 |
|---|---|---|---|---|---|---|---|---|---|---|---|---|---|---|
| 강 성 관 | 1 | 0 | 0 | 0 | 0 | 0 | 0 | 0 | 0 | 0 | 0 | 0 | 2 | 0 |
| 김 동 기 | 27 | 21 | 4 | 0 | 0 | 45 | 41 | 10 | 27 | 18 | 7 | 1 | 0 | 0 |
| 김 영 후 | 23 | 17 | 4 | 1 | 0 | 27 | 21 | 11 | 40 | 22 | 3 | 1 | 0 | 0 |
| 김 오 규 | 31 | 0 | 1 | 0 | 0 | 28 | 56 | 2 | 8 | 2 | 6 | 1 | 0 | 0 |
| 김 윤 호 | 25 | 15 | 0 | 2 | 2 | 29 | 35 | 2 | 16 | 5 | 5 | 0 | 0 | 0 |
| 박 대 한 | 3 | 1 | 0 | 0 | 0 | 5 | 0 | 0 | 2 | 0 | 2 | 0 | 0 | 0 |
| 박 상 진 | 4 | 1 | 0 | 0 | 0 | 5 | 0 | 0 | 2 | 0 | 2 | 0 | 0 | 0 |
| 배 효 성 | 27 | 3 | 2 | 0 | 0 | 29 | 13 | 1 | 2 | 2 | 9 | 1 | 0 | 0 |
| 백 종 환 | 9 | 2 | 0 | 0 | 0 | 21 | 7 | 0 | 1 | 0 | 2 | 0 | 0 | 0 |
| 산 토 스 | 1 | 1 | 0 | 0 | 0 | 2 | 0 | 0 | 0 | 0 | 0 | 0 | 0 | 0 |
| 서 보 민 | 31 | 26 | 3 | 1 | 3 | 15 | 9 | 3 | 33 | 17 | 2 | 0 | 0 | 0 |
| 알 렉 스 | 15 | 5 | 5 | 1 | 3 | 20 | 15 | 3 | 46 | 25 | 1 | 0 | 0 | 0 |
| 알 미 르 | 12 | 7 | 2 | 0 | 0 | 30 | 15 | 2 | 18 | 10 | 2 | 0 | 0 | 0 |
| 양 동 원 | 16 | 1 | 0 | 0 | 0 | 0 | 0 | 0 | 0 | 0 | 0 | 0 | 26 | 0 |
| 이 우 혁 | 30 | 8 | 2 | 5 | 32 | 38 | 24 | 0 | 24 | 10 | 3 | 0 | 0 | 0 |
| 이 재 훈 | 34 | 1 | 0 | 3 | 0 | 39 | 28 | 1 | 7 | 1 | 3 | 0 | 0 | 0 |
| 이 종 인 | 2 | 2 | 0 | 0 | 0 | 1 | 1 | 0 | 0 | 0 | 0 | 0 | 0 | 0 |
| 이 준 엽 | 1 | 1 | 0 | 0 | 0 | 2 | 0 | 0 | 0 | 0 | 0 | 0 | 0 | 0 |
| 이 창 용 | 22 | 4 | 1 | 0 | 0 | 41 | 39 | 0 | 8 | 4 | 3 | 1 | 0 | 0 |
| 장 혁 진 | 28 | 10 | 1 | 3 | 2 | 20 | 10 | 11 | 2 | 11 | 4 | 1 | 0 | 0 |
| 정 우 인 | 28 | 5 | 1 | 1 | 0 | 43 | 30 | 0 | 3 | 2 | 6 | 0 | 0 | 0 |
| 정 찬 일 | 7 | 7 | 0 | 1 | 0 | 15 | 9 | 0 | 6 | 4 | 1 | 0 | 0 | 0 |
| 정 헌 식 | 12 | 1 | 0 | 0 | 0 | 20 | 10 | 0 | 0 | 0 | 4 | 0 | 0 | 0 |
| 조 민 우 | 3 | 3 | 0 | 0 | 0 | 3 | 1 | 0 | 0 | 0 | 0 | 0 | 0 | 0 |
| 조 엘 손 | 19 | 17 | 6 | 0 | 0 | 26 | 32 | 9 | 44 | 31 | 0 | 0 | 0 | 0 |
| 최 승 인 | 20 | 21 | 2 | 2 | 0 | 19 | 16 | 8 | 18 | 8 | 1 | 0 | 0 | 0 |
| 최 우 재 | 15 | 8 | 1 | 0 | 0 | 15 | 26 | 0 | 8 | 3 | 4 | 0 | 0 | 0 |
| 최 인 후 | 0 | 0 | 0 | 0 | 0 | 0 | 0 | 0 | 0 | 0 | 0 | 0 | 0 | 0 |
| 최 진 호 | 33 | 13 | 13 | 9 | 46 | 23 | 60 | 16 | 74 | 44 | 1 | 0 | 0 | 0 |
| 치프리안 | 13 | 11 | 0 | 1 | 12 | 17 | 7 | 1 | 18 | 8 | 2 | 0 | 0 | 0 |
| 한 석 종 | 21 | 10 | 0 | 1 | 0 | 25 | 27 | 2 | 13 | 5 | 2 | 0 | 0 | 0 |
| 홍 상 준 | 0 | 0 | 0 | 0 | 0 | 0 | 0 | 0 | 0 | 0 | 0 | 0 | 0 | 0 |
| 황 교 충 | 21 | 1 | 0 | 0 | 0 | 2 | 0 | 0 | 0 | 0 | 3 | 0 | 23 | 0 |

## 2014년 팀별 개인 기록 | 안양 _ K리그 챌린지

| 선수명 | 출장 | 교체 | 득점 | 도움 | 코너킥 | 파울 | 파울득 | 오프사이드 | 슈팅 | 유효슈팅 | 경고 | 퇴장 | 실점 | 자책 |
|---|---|---|---|---|---|---|---|---|---|---|---|---|---|---|
| 가 솔 현 | 26 | 1 | 1 | 2 | 0 | 35 | 19 | 1 | 7 | 5 | 6 | 0 | 0 | 0 |
| 고 대 우 | 0 | 0 | 0 | 0 | 0 | 0 | 0 | 0 | 0 | 0 | 0 | 0 | 0 | 0 |
| 구 대 영 | 14 | 6 | 0 | 0 | 0 | 18 | 14 | 0 | 5 | 1 | 5 | 0 | 0 | 0 |
| 김 원 민 | 25 | 25 | 2 | 2 | 1 | 17 | 17 | 3 | 20 | 8 | 1 | 0 | 0 | 0 |
| 김 재 웅 | 27 | 23 | 7 | 0 | 4 | 67 | 97 | 17 | 40 | 21 | 7 | 0 | 0 | 0 |
| 김 종 성 | 26 | 9 | 1 | 0 | 0 | 49 | 30 | 1 | 10 | 6 | 4 | 0 | 0 | 0 |
| 김 태 봉 | 35 | 3 | 1 | 5 | 0 | 21 | 30 | 0 | 16 | 6 | 1 | 0 | 0 | 0 |
| 김 효 준 | 11 | 2 | 0 | 0 | 0 | 7 | 8 | 2 | 1 | 0 | 3 | 0 | 0 | 0 |
| 남 궁 도 | 3 | 3 | 0 | 0 | 0 | 4 | 9 | 1 | 2 | 0 | 0 | 0 | 0 | 0 |
| 남 대 식 | 0 | 0 | 0 | 0 | 0 | 0 | 0 | 0 | 0 | 0 | 0 | 0 | 0 | 0 |
| 바 그 너 | 17 | 16 | 1 | 0 | 0 | 7 | 15 | 2 | 32 | 14 | 1 | 0 | 0 | 0 |
| 박 민 | 23 | 1 | 2 | 1 | 0 | 19 | 17 | 0 | 11 | 4 | 0 | 0 | 0 | 0 |
| 박 성 진 | 34 | 6 | 8 | 6 | 0 | 40 | 30 | 9 | 46 | 24 | 3 | 0 | 0 | 0 |
| 박 정 식 | 13 | 7 | 0 | 0 | 0 | 10 | 11 | 0 | 4 | 2 | 0 | 0 | 0 | 0 |
| 백 동 규 | 24 | 9 | 0 | 0 | 0 | 30 | 24 | 1 | 2 | 1 | 4 | 0 | 0 | 0 |
| 변 성 환 | 1 | 1 | 0 | 0 | 0 | 0 | 0 | 0 | 0 | 0 | 0 | 0 | 0 | 0 |
| 송 병 용 | 0 | 0 | 0 | 0 | 0 | 0 | 0 | 0 | 0 | 0 | 0 | 0 | 0 | 0 |
| 이 상 원 | 2 | 2 | 0 | 0 | 0 | 2 | 0 | 1 | 2 | 0 | 1 | 0 | 0 | 0 |
| 이 으 뜸 | 31 | 3 | 0 | 1 | 39 | 33 | 67 | 3 | 21 | 9 | 4 | 0 | 0 | 0 |
| 이 진 형 | 34 | 0 | 0 | 0 | 0 | 0 | 14 | 0 | 0 | 0 | 1 | 0 | 50 | 0 |
| 정 다 슬 | 7 | 6 | 0 | 0 | 0 | 1 | 5 | 0 | 1 | 1 | 0 | 0 | 0 | 0 |
| 정 대 선 | 25 | 20 | 2 | 1 | 2 | 33 | 38 | 7 | 29 | 17 | 3 | 0 | 0 | 0 |
| 정 민 교 | 0 | 0 | 0 | 0 | 0 | 0 | 0 | 0 | 0 | 0 | 0 | 0 | 0 | 0 |
| 정 수 호 | 4 | 0 | 0 | 0 | 0 | 2 | 2 | 0 | 0 | 0 | 0 | 0 | 0 | 0 |
| 정 재 용 | 25 | 10 | 6 | 2 | 0 | 40 | 19 | 1 | 29 | 13 | 6 | 0 | 0 | 0 |
| 조 성 준 | 22 | 17 | 4 | 2 | 0 | 25 | 44 | 3 | 21 | 12 | 3 | 0 | 0 | 0 |
| 조 철 인 | 1 | 1 | 0 | 0 | 0 | 0 | 0 | 0 | 0 | 0 | 0 | 0 | 0 | 0 |
| 주 현 재 | 16 | 15 | 3 | 1 | 7 | 28 | 11 | 2 | 18 | 10 | 2 | 1 | 0 | 0 |
| 최 진 수 | 31 | 6 | 5 | 8 | 92 | 55 | 63 | 1 | 55 | 21 | 11 | 0 | 0 | 0 |
| 최 필 수 | 2 | 0 | 0 | 0 | 0 | 1 | 0 | 0 | 0 | 0 | 0 | 0 | 2 | 0 |
| 펠 리 피 | 23 | 20 | 3 | 0 | 0 | 34 | 32 | 14 | 31 | 14 | 3 | 0 | 0 | 0 |

## 2014년 팀별 개인 기록 | 수원FC _ K리그 챌린지

| 선수명 | 출장 | 교체 | 득점 | 도움 | 코너킥 | 파울 | 파울득 | 오프사이드 | 슈팅 | 유효슈팅 | 경고 | 퇴장 | 실점 | 자책 |
|---|---|---|---|---|---|---|---|---|---|---|---|---|---|---|
| 권 용 현 | 36 | 24 | 2 | 9 | 1 | 33 | 60 | 6 | 28 | 15 | 1 | 0 | 0 | 0 |
| 김 민 기 | 4 | 3 | 0 | 0 | 0 | 4 | 5 | 0 | 2 | 0 | 0 | 0 | 0 | 0 |
| 김 본 광 | 29 | 8 | 3 | 0 | 14 | 39 | 50 | 7 | 39 | 14 | 9 | 0 | 0 | 0 |
| 김 서 준 | 32 | 11 | 6 | 6 | 13 | 32 | 44 | 2 | 46 | 18 | 5 | 0 | 0 | 0 |
| 김 영 찬 | 19 | 5 | 0 | 1 | 0 | 24 | 28 | 0 | 8 | 6 | 5 | 0 | 0 | 0 |
| 김 재 연 | 15 | 8 | 0 | 0 | 0 | 17 | 14 | 0 | 11 | 1 | 0 | 0 | 0 | 0 |
| 김 재 환 | 4 | 1 | 0 | 0 | 0 | 1 | 5 | 0 | 0 | 0 | 0 | 0 | 0 | 0 |
| 김 정 빈 | 31 | 6 | 4 | 2 | 3 | 53 | 37 | 5 | 28 | 16 | 2 | 0 | 0 | 0 |
| 김 창 훈 | 20 | 1 | 1 | 0 | 0 | 24 | 27 | 1 | 13 | 4 | 4 | 0 | 0 | 0 |
| 김 한 원 | 24 | 4 | 8 | 3 | 6 | 30 | 45 | 2 | 28 | 14 | 11 | 0 | 0 | 0 |
| 김 혁 진 | 27 | 20 | 0 | 2 | 7 | 27 | 24 | 0 | 13 | 6 | 4 | 0 | 0 | 0 |
| 김 홍 일 | 5 | 5 | 0 | 0 | 0 | 5 | 4 | 0 | 1 | 3 | 2 | 1 | 0 | 0 |
| 박 종 찬 | 20 | 15 | 3 | 1 | 0 | 21 | 42 | 20 | 29 | 16 | 3 | 0 | 0 | 0 |
| 박 형 순 | 18 | 1 | 0 | 1 | 0 | 0 | 3 | 0 | 0 | 0 | 0 | 0 | 21 | 0 |
| 블 라 단 | 14 | 1 | 0 | 0 | 0 | 22 | 14 | 0 | 5 | 2 | 3 | 0 | 0 | 0 |
| 손 시 헌 | 0 | 0 | 0 | 0 | 0 | 0 | 0 | 0 | 0 | 0 | 0 | 0 | 0 | 0 |
| 오 광 진 | 2 | 1 | 0 | 0 | 0 | 3 | 2 | 0 | 0 | 0 | 0 | 0 | 0 | 0 |
| 유 수 현 | 7 | 1 | 1 | 0 | 0 | 8 | 19 | 1 | 9 | 6 | 1 | 0 | 0 | 0 |
| 이 상 기 | 2 | 1 | 0 | 0 | 0 | 0 | 0 | 0 | 0 | 0 | 2 | 0 | 28 | 0 |
| 이 정 형 | 0 | 0 | 0 | 0 | 0 | 0 | 0 | 0 | 0 | 0 | 0 | 0 | 0 | 0 |
| 이 준 호 | 19 | 2 | 0 | 1 | 3 | 20 | 27 | 2 | 17 | 7 | 1 | 0 | 0 | 0 |
| 이 치 준 | 21 | 9 | 0 | 0 | 22 | 26 | 18 | 2 | 18 | 8 | 5 | 0 | 0 | 0 |
| 임 성 택 | 34 | 17 | 6 | 3 | 3 | 35 | 52 | 4 | 45 | 24 | 2 | 0 | 0 | 0 |
| 자 파 | 18 | 5 | 7 | 1 | 0 | 27 | 25 | 20 | 43 | 21 | 2 | 0 | 0 | 0 |
| 정 민 우 | 31 | 22 | 8 | 5 | 0 | 26 | 35 | 7 | 47 | 24 | 3 | 0 | 0 | 0 |
| 조 민 형 | 0 | 0 | 0 | 0 | 0 | 0 | 0 | 0 | 0 | 0 | 0 | 0 | 0 | 0 |
| 조 용 민 | 6 | 6 | 1 | 0 | 2 | 0 | 1 | 0 | 3 | 1 | 0 | 0 | 0 | 0 |
| 조 진 수 | 8 | 8 | 0 | 0 | 0 | 5 | 8 | 4 | 3 | 1 | 0 | 0 | 0 | 0 |
| 조 태 우 | 16 | 2 | 0 | 0 | 0 | 19 | 16 | 1 | 4 | 0 | 1 | 0 | 0 | 0 |
| 차 준 엽 | 6 | 5 | 0 | 0 | 0 | 4 | 3 | 0 | 1 | 0 | 0 | 0 | 0 | 0 |
| 하 정 헌 | 14 | 14 | 2 | 0 | 0 | 13 | 15 | 9 | 12 | 6 | 3 | 0 | 0 | 0 |

# 2014년 팀별 개인 기록 l 대구 _ K리그 챌린지

| 선수명 | 출장 | 교체 | 득점 | 도움 | 코너킥 | 파울 | 파울득 | 오프사이드 | 슈팅 | 유효슈팅 | 경고 | 퇴장 | 실점 | 자책 |
|---|---|---|---|---|---|---|---|---|---|---|---|---|---|---|
| 금교진 | 15 | 1 | 2 | 0 | 2 | 21 | 14 | 0 | 6 | 3 | 3 | 0 | 0 | 0 |
| 김귀현 | 18 | 11 | 1 | 0 | 0 | 36 | 11 | 0 | 7 | 2 | 4 | 0 | 0 | 0 |
| 김대열 | 26 | 6 | 3 | 2 | 17 | 51 | 66 | 1 | 19 | 6 | 3 | 0 | 0 | 0 |
| 김동진 | 10 | 3 | 0 | 0 | 0 | 18 | 21 | 0 | 3 | 2 | 2 | 0 | 0 | 0 |
| 김주빈 | 14 | 8 | 1 | 1 | 0 | 14 | 8 | 0 | 5 | 1 | 2 | 0 | 0 | 0 |
| 김홍일 | 9 | 8 | 0 | 0 | 0 | 4 | 1 | 0 | 3 | 0 | 0 | 0 | 0 | 0 |
| 남세인 | 0 | 0 | 0 | 0 | 0 | 0 | 0 | 0 | 0 | 0 | 0 | 0 | 0 | 0 |
| 네벨톤 | 1 | 1 | 0 | 0 | 0 | 1 | 0 | 0 | 1 | 0 | 0 | 0 | 0 | 0 |
| 노병준 | 19 | 12 | 4 | 3 | 28 | 15 | 34 | 12 | 37 | 20 | 4 | 0 | 0 | 0 |
| 노행석 | 31 | 5 | 3 | 0 | 0 | 58 | 19 | 0 | 15 | 7 | 7 | 0 | 0 | 0 |
| 마테우스 | 18 | 14 | 2 | 1 | 2 | 32 | 17 | 3 | 8 | 6 | 2 | 0 | 0 | 0 |
| 박민선 | 3 | 1 | 0 | 0 | 0 | 0 | 1 | 0 | 0 | 0 | 0 | 0 | 5 | 0 |
| 박성용 | 11 | 5 | 1 | 0 | 0 | 8 | 5 | 0 | 3 | 2 | 2 | 0 | 0 | 0 |
| 박종진 | 7 | 3 | 0 | 0 | 0 | 3 | 8 | 0 | 0 | 0 | 0 | 0 | 0 | 0 |
| 신창무 | 12 | 11 | 0 | 1 | 6 | 12 | 11 | 1 | 6 | 3 | 1 | 0 | 0 | 0 |
| 안상현 | 32 | 2 | 1 | 1 | 0 | 50 | 63 | 1 | 14 | 4 | 7 | 0 | 0 | 0 |
| 윤영승 | 8 | 8 | 0 | 0 | 3 | 9 | 7 | 3 | 12 | 3 | 2 | 0 | 0 | 0 |
| 이동명 | 4 | 1 | 0 | 0 | 0 | 5 | 1 | 0 | 1 | 0 | 1 | 0 | 0 | 0 |
| 이양종 | 19 | 1 | 0 | 0 | 0 | 0 | 0 | 0 | 0 | 0 | 0 | 0 | 21 | 0 |
| 이준희 | 31 | 2 | 1 | 0 | 4 | 49 | 33 | 1 | 19 | 11 | 8 | 0 | 1 | 0 |
| 인준연 | 2 | 2 | 0 | 0 | 0 | 1 | 3 | 0 | 3 | 1 | 0 | 0 | 0 | 0 |
| 임근영 | 0 | 0 | 0 | 0 | 0 | 0 | 0 | 0 | 0 | 0 | 0 | 0 | 0 | 0 |
| 장백규 | 18 | 10 | 3 | 4 | 13 | 16 | 30 | 2 | 19 | 6 | 0 | 0 | 0 | 0 |
| 전형섭 | 0 | 0 | 0 | 0 | 0 | 0 | 0 | 0 | 0 | 0 | 0 | 0 | 0 | 0 |
| 정대교 | 13 | 13 | 0 | 1 | 3 | 10 | 7 | 0 | 12 | 2 | 1 | 0 | 0 | 0 |
| 조나탄 | 29 | 17 | 14 | 2 | 0 | 56 | 28 | 8 | 82 | 39 | 1 | 0 | 0 | 0 |
| 조영훈 | 7 | 2 | 1 | 0 | 0 | 5 | 4 | 1 | 0 | 0 | 0 | 0 | 0 | 0 |
| 조현우 | 15 | 0 | 0 | 0 | 0 | 2 | 0 | 0 | 0 | 1 | 0 | 0 | 21 | 0 |
| 조형익 | 31 | 20 | 3 | 3 | 0 | 35 | 52 | 22 | 38 | 19 | 1 | 0 | 0 | 0 |
| 지병주 | 0 | 0 | 0 | 0 | 0 | 0 | 0 | 0 | 0 | 0 | 0 | 0 | 0 | 0 |
| 최원권 | 15 | 1 | 1 | 0 | 9 | 16 | 15 | 0 | 7 | 5 | 4 | 0 | 0 | 0 |
| 한승엽 | 8 | 8 | 0 | 0 | 0 | 13 | 7 | 3 | 5 | 1 | 0 | 0 | 0 | 0 |
| 허재원 | 33 | 3 | 2 | 0 | 0 | 31 | 29 | 2 | 25 | 6 | 8 | 0 | 0 | 1 |
| 황순민 | 33 | 14 | 5 | 5 | 62 | 32 | 37 | 13 | 57 | 21 | 3 | 0 | 0 | 0 |

# 2014년 팀별 개인 기록 l 고양 _ K리그 챌린지

| 선수명 | 출장 | 교체 | 득점 | 도움 | 코너킥 | 파울 | 파울득 | 오프사이드 | 슈팅 | 유효슈팅 | 경고 | 퇴장 | 실점 | 자책 |
|---|---|---|---|---|---|---|---|---|---|---|---|---|---|---|
| 강진웅 | 17 | 1 | 0 | 0 | 0 | 0 | 10 | 0 | 0 | 0 | 0 | 0 | 19 | 0 |
| 김상균 | 2 | 2 | 0 | 0 | 0 | 0 | 1 | 0 | 0 | 0 | 0 | 0 | 0 | 0 |
| 김지웅 | 4 | 1 | 0 | 0 | 0 | 8 | 5 | 2 | 3 | 2 | 0 | 1 | 0 | 0 |
| 마이콘 | 3 | 3 | 0 | 0 | 0 | 2 | 4 | 2 | 2 | 0 | 0 | 0 | 0 | 0 |
| 박병원 | 34 | 16 | 3 | 3 | 4 | 51 | 83 | 25 | 44 | 23 | 2 | 0 | 0 | 0 |
| 박성호 | 5 | 5 | 0 | 0 | 0 | 3 | 0 | 0 | 0 | 0 | 0 | 0 | 0 | 0 |
| 배민호 | 19 | 6 | 0 | 0 | 7 | 14 | 23 | 1 | 6 | 2 | 1 | 0 | 0 | 0 |
| 신재필 | 14 | 12 | 0 | 0 | 0 | 9 | 12 | 0 | 3 | 1 | 1 | 1 | 0 | 0 |
| 안현식 | 25 | 4 | 0 | 0 | 0 | 34 | 9 | 0 | 3 | 1 | 4 | 0 | 0 | 0 |
| 알렉스 | 14 | 0 | 11 | 3 | 24 | 24 | 21 | 14 | 58 | 34 | 1 | 0 | 0 | 0 |
| 여명용 | 20 | 1 | 0 | 0 | 0 | 0 | 8 | 0 | 0 | 0 | 4 | 0 | 22 | 0 |
| 여효진 | 30 | 5 | 1 | 1 | 0 | 54 | 29 | 2 | 4 | 1 | 12 | 0 | 0 | 0 |
| 오기재 | 22 | 12 | 0 | 1 | 0 | 29 | 24 | 6 | 11 | 4 | 5 | 0 | 0 | 0 |
| 윤동헌 | 33 | 20 | 3 | 5 | 96 | 18 | 24 | 3 | 47 | 19 | 1 | 0 | 0 | 0 |
| 이광재 | 28 | 18 | 2 | 4 | 0 | 29 | 28 | 11 | 28 | 9 | 3 | 0 | 0 | 0 |
| 이도성 | 33 | 3 | 1 | 1 | 1 | 63 | 46 | 1 | 17 | 3 | 10 | 0 | 0 | 0 |
| 이성재 | 15 | 13 | 0 | 0 | 0 | 9 | 10 | 1 | 15 | 7 | 5 | 0 | 0 | 0 |
| 이세환 | 25 | 3 | 1 | 0 | 0 | 28 | 29 | 1 | 10 | 6 | 5 | 0 | 0 | 0 |
| 이훈 | 9 | 6 | 0 | 0 | 0 | 4 | 5 | 0 | 2 | 1 | 0 | 0 | 0 | 0 |
| 이희찬 | 0 | 0 | 0 | 0 | 0 | 0 | 0 | 0 | 0 | 0 | 0 | 0 | 0 | 0 |
| 정규민 | 0 | 0 | 0 | 0 | 0 | 0 | 0 | 0 | 0 | 0 | 0 | 0 | 0 | 0 |
| 정민무 | 16 | 15 | 1 | 1 | 0 | 21 | 10 | 5 | 11 | 6 | 3 | 0 | 0 | 0 |
| 주민규 | 30 | 8 | 5 | 1 | 0 | 67 | 87 | 9 | 62 | 34 | 5 | 0 | 0 | 0 |
| 최병도 | 34 | 2 | 1 | 2 | 0 | 11 | 37 | 3 | 11 | 6 | 3 | 0 | 0 | 0 |
| 최봉균 | 0 | 0 | 0 | 0 | 0 | 0 | 0 | 0 | 0 | 0 | 0 | 0 | 0 | 0 |
| 한빛 | 16 | 15 | 1 | 0 | 0 | 16 | 15 | 1 | 7 | 4 | 2 | 0 | 0 | 0 |
| 호니 | 21 | 20 | 2 | 1 | 5 | 7 | 8 | 0 | 18 | 12 | 0 | 0 | 0 | 0 |
| 황규범 | 26 | 7 | 0 | 0 | 0 | 60 | 32 | 1 | 7 | 2 | 8 | 0 | 0 | 0 |

| 선수명 | 출장 | 교체 | 득점 | 도움 | 코너킥 | 파울 | 파울득 | 오프사이드 | 슈팅 | 유효슈팅 | 경고 | 퇴장 | 실점 | 자책 |
|---|---|---|---|---|---|---|---|---|---|---|---|---|---|---|
| 권현민 | 0 | 0 | 0 | 0 | 0 | 0 | 0 | 0 | 0 | 0 | 0 | 0 | 0 | 0 |
| 김동권 | 6 | 0 | 0 | 0 | 0 | 10 | 10 | 0 | 0 | 0 | 5 | 0 | 0 | 0 |
| 김성민 | 1 | 1 | 0 | 0 | 0 | 0 | 1 | 0 | 0 | 0 | 0 | 0 | 0 | 0 |
| 김성현 | 3 | 1 | 0 | 0 | 0 | 2 | 1 | 0 | 1 | 0 | 0 | 0 | 0 | 0 |
| 김재훈 | 19 | 4 | 1 | 0 | 1 | 34 | 21 | 11 | 0 | 9 | 5 | 2 | 0 | 0 |
| 김정훈 | 29 | 19 | 3 | 1 | 23 | 28 | 21 | 3 | 38 | 21 | 4 | 0 | 0 | 0 |
| 김주형 | 0 | 0 | 0 | 0 | 0 | 0 | 0 | 0 | 0 | 0 | 0 | 0 | 0 | 0 |
| 김한빈 | 19 | 3 | 0 | 2 | 5 | 14 | 13 | 2 | 4 | 1 | 0 | 0 | 0 | 0 |
| 김효일 | 0 | 0 | 0 | 0 | 0 | 0 | 0 | 0 | 0 | 0 | 0 | 0 | 0 | 0 |
| 깔레오 | 4 | 4 | 0 | 0 | 0 | 1 | 1 | 1 | 3 | 0 | 0 | 0 | 0 | 0 |
| 노연빈 | 25 | 3 | 1 | 0 | 0 | 48 | 50 | 16 | 5 | 4 | 0 | 0 | 0 | 0 |
| 박세환 | 4 | 4 | 0 | 0 | 0 | 2 | 0 | 2 | 0 | 2 | 0 | 0 | 0 | 0 |
| 박요한 | 26 | 4 | 0 | 0 | 20 | 26 | 6 | 1 | 3 | 0 | 0 | 0 | 0 | 0 |
| 박진수 | 30 | 13 | 1 | 2 | 0 | 34 | 36 | 0 | 26 | 9 | 2 | 0 | 0 | 0 |
| 박청효 | 8 | 0 | 0 | 0 | 0 | 0 | 0 | 0 | 0 | 0 | 0 | 1 | 14 | 0 |
| 박태수 | 25 | 1 | 1 | 4 | 0 | 59 | 31 | 4 | 20 | 8 | 10 | 0 | 0 | 0 |
| 박희성 | 1 | 0 | 0 | 0 | 0 | 5 | 0 | 0 | 0 | 0 | 0 | 1 | 0 | 0 |
| 변 웅 | 16 | 7 | 1 | 0 | 2 | 31 | 25 | 4 | 10 | 6 | 4 | 0 | 0 | 0 |
| 송민국 | 0 | 0 | 0 | 0 | 0 | 0 | 0 | 0 | 0 | 0 | 0 | 0 | 0 | 0 |
| 양동협 | 7 | 6 | 1 | 1 | 14 | 13 | 8 | 0 | 13 | 8 | 0 | 0 | 0 | 0 |
| 양상준 | 7 | 5 | 0 | 0 | 0 | 12 | 10 | 1 | 5 | 3 | 0 | 0 | 0 | 0 |
| 유종현 | 30 | 2 | 2 | 0 | 0 | 42 | 31 | 2 | 18 | 7 | 3 | 0 | 0 | 0 |
| 이민규 | 11 | 4 | 0 | 0 | 5 | 12 | 11 | 0 | 3 | 1 | 2 | 0 | 0 | 0 |
| 이완희 | 17 | 15 | 3 | 1 | 0 | 16 | 18 | 1 | 20 | 10 | 1 | 0 | 0 | 0 |
| 이정래 | 7 | 0 | 0 | 0 | 0 | 0 | 0 | 0 | 0 | 0 | 0 | 1 | 11 | 0 |
| 이준호 | 10 | 10 | 0 | 0 | 0 | 3 | 1 | 0 | 2 | 1 | 0 | 0 | 0 | 0 |
| 이택기 | 15 | 1 | 0 | 0 | 0 | 5 | 13 | 0 | 5 | 1 | 1 | 0 | 0 | 0 |
| 임진욱 | 21 | 11 | 7 | 0 | 0 | 31 | 14 | 4 | 33 | 20 | 0 | 0 | 0 | 0 |
| 정근희 | 0 | 0 | 0 | 0 | 0 | 0 | 0 | 0 | 0 | 0 | 0 | 0 | 0 | 0 |
| 정성민 | 30 | 15 | 7 | 0 | 0 | 29 | 44 | 12 | 53 | 25 | 2 | 0 | 0 | 0 |
| 조준재 | 14 | 6 | 1 | 2 | 0 | 11 | 30 | 2 | 15 | 8 | 0 | 0 | 0 | 0 |
| 지경득 | 12 | 12 | 0 | 0 | 0 | 11 | 3 | 0 | 3 | 1 | 0 | 0 | 0 | 0 |
| 최승호 | 24 | 11 | 0 | 3 | 36 | 22 | 23 | 0 | 4 | 1 | 2 | 0 | 0 | 0 |
| 치프리안 | 13 | 10 | 0 | 0 | 22 | 18 | 18 | 3 | 42 | 23 | 3 | 0 | 0 | 0 |
| 하파엘 | 2 | 1 | 0 | 0 | 0 | 1 | 0 | 1 | 0 | 0 | 0 | 0 | 0 | 0 |
| 한상학 | 6 | 5 | 1 | 0 | 0 | 10 | 8 | 0 | 1 | 2 | 0 | 0 | 0 | 0 |
| 한홍규 | 32 | 30 | 7 | 1 | 0 | 45 | 65 | 15 | 55 | 21 | 5 | 0 | 0 | 0 |
| 황성민 | 21 | 0 | 0 | 0 | 0 | 1 | 8 | 0 | 0 | 0 | 1 | 0 | 32 | 0 |
| 황재훈 | 5 | 5 | 0 | 0 | 1 | 4 | 7 | 0 | 8 | 2 | 0 | 0 | 0 | 0 |
| 황훈희 | 4 | 3 | 0 | 0 | 0 | 2 | 1 | 0 | 0 | 0 | 0 | 0 | 0 | 0 |

| 선수명 | 출장 | 교체 | 득점 | 도움 | 코너킥 | 파울 | 파울득 | 오프사이드 | 슈팅 | 유효슈팅 | 경고 | 퇴장 | 실점 | 자책 |
|---|---|---|---|---|---|---|---|---|---|---|---|---|---|---|
| 강지용 | 30 | 2 | 5 | 1 | 0 | 55 | 36 | 2 | 21 | 13 | 8 | 0 | 0 | 0 |
| 강 훈 | 19 | 0 | 0 | 0 | 0 | 2 | 2 | 0 | 0 | 0 | 1 | 0 | 26 | 0 |
| 경재윤 | 4 | 4 | 0 | 0 | 0 | 4 | 3 | 0 | 3 | 1 | 0 | 0 | 0 | 0 |
| 고보연 | 11 | 11 | 1 | 0 | 1 | 13 | 6 | 0 | 7 | 2 | 1 | 0 | 0 | 0 |
| 공민현 | 31 | 6 | 4 | 2 | 0 | 76 | 49 | 10 | 34 | 16 | 3 | 0 | 0 | 0 |
| 곽래승 | 4 | 4 | 0 | 0 | 0 | 4 | 5 | 0 | 3 | 1 | 0 | 0 | 0 | 0 |
| 김건호 | 4 | 0 | 0 | 0 | 0 | 10 | 6 | 0 | 2 | 1 | 3 | 0 | 0 | 0 |
| 김륜도 | 34 | 5 | 1 | 0 | 0 | 47 | 26 | 2 | 21 | 10 | 5 | 0 | 0 | 0 |
| 김태영 | 15 | 14 | 1 | 1 | 0 | 8 | 20 | 3 | 11 | 8 | 1 | 0 | 0 | 0 |
| 박경완 | 5 | 5 | 0 | 0 | 0 | 2 | 0 | 2 | 3 | 1 | 1 | 0 | 0 | 0 |
| 박용준 | 5 | 5 | 1 | 0 | 0 | 3 | 1 | 1 | 1 | 1 | 0 | 0 | 0 | 0 |
| 박재철 | 8 | 6 | 1 | 0 | 10 | 5 | 4 | 2 | 5 | 4 | 0 | 0 | 0 | 0 |
| 박재홍 | 18 | 6 | 0 | 0 | 0 | 21 | 9 | 1 | 1 | 1 | 4 | 0 | 0 | 0 |
| 박정훈 | 7 | 6 | 0 | 0 | 0 | 6 | 7 | 2 | 5 | 2 | 2 | 0 | 0 | 0 |
| 박종오 | 2 | 2 | 0 | 0 | 0 | 0 | 0 | 0 | 0 | 0 | 0 | 0 | 0 | 0 |
| 석동우 | 17 | 6 | 0 | 1 | 0 | 21 | 24 | 0 | 6 | 2 | 2 | 0 | 0 | 0 |
| 신호은 | 1 | 1 | 0 | 0 | 0 | 2 | 0 | 0 | 0 | 0 | 0 | 0 | 0 | 0 |
| 안일주 | 20 | 1 | 0 | 0 | 0 | 21 | 24 | 0 | 8 | 4 | 2 | 0 | 0 | 0 |
| 양진웅 | 1 | 1 | 0 | 0 | 0 | 0 | 0 | 0 | 0 | 0 | 0 | 0 | 8 | 0 |
| 유대현 | 29 | 5 | 0 | 3 | 35 | 37 | 39 | 2 | 15 | 5 | 2 | 0 | 0 | 0 |
| 유준영 | 31 | 24 | 3 | 5 | 17 | 23 | 28 | 6 | 35 | 19 | 3 | 0 | 0 | 0 |
| 이경수 | 9 | 8 | 0 | 0 | 13 | 7 | 12 | 2 | 13 | 7 | 2 | 0 | 0 | 0 |
| 이제승 | 28 | 21 | 1 | 2 | 42 | 40 | 30 | 3 | 37 | 11 | 1 | 0 | 0 | 0 |
| 이희찬 | 6 | 4 | 0 | 0 | 4 | 11 | 2 | 0 | 4 | 2 | 1 | 0 | 0 | 0 |
| 이희현 | 0 | 0 | 0 | 0 | 0 | 0 | 0 | 0 | 0 | 0 | 0 | 0 | 0 | 0 |
| 전광환 | 20 | 4 | 0 | 0 | 0 | 24 | 31 | 2 | 7 | 1 | 0 | 0 | 0 | 0 |
| 전민관 | 1 | 1 | 0 | 0 | 0 | 0 | 0 | 0 | 0 | 0 | 0 | 0 | 0 | 0 |
| 정주일 | 15 | 9 | 0 | 1 | 17 | 18 | 20 | 3 | 17 | 6 | 1 | 0 | 0 | 0 |
| 정홍연 | 30 | 3 | 0 | 1 | 0 | 19 | 25 | 0 | 5 | 0 | 0 | 0 | 0 | 0 |
| 주일태 | 4 | 4 | 0 | 0 | 0 | 2 | 1 | 0 | 2 | 2 | 1 | 0 | 0 | 0 |
| 최낙민 | 1 | 1 | 0 | 0 | 0 | 0 | 3 | 1 | 0 | 0 | 0 | 0 | 0 | 0 |
| 최인창 | 31 | 20 | 4 | 2 | 0 | 70 | 37 | 8 | 40 | 21 | 5 | 0 | 0 | 0 |
| 하강진 | 13 | 0 | 0 | 0 | 0 | 0 | 0 | 0 | 0 | 0 | 1 | 0 | 18 | 0 |
| 한상현 | 1 | 1 | 0 | 0 | 0 | 0 | 0 | 0 | 0 | 0 | 0 | 0 | 0 | 0 |
| 한종우 | 6 | 3 | 0 | 0 | 0 | 9 | 6 | 0 | 1 | 1 | 0 | 0 | 0 | 0 |
| 호드리고 | 31 | 6 | 11 | 2 | 0 | 77 | 34 | 21 | 86 | 44 | 2 | 0 | 0 | 0 |

## 2014년 득점 순위 _ K리그 클래식

| 순위 | 선수명 | 소속 | 경기수 | 득점수 | 경기당 득점률 | 교체 IN/OUT |
|---|---|---|---|---|---|---|
| 1 | 산 토 스 | 수원 | 35 | 14 | 40 | 27 |
| 2 | 이 동 국 | 전북 | 31 | 13 | 41.9 | 15 |
| 3 | 스 테 보 | 전남 | 35 | 13 | 37.1 | 4 |
| 4 | 한 교 원 | 전북 | 32 | 11 | 34.4 | 20 |
| 5 | 임 상 협 | 부산 | 35 | 11 | 31.4 | 5 |
| 6 | 김 승 대 | 포항 | 30 | 10 | 33.3 | 6 |
| 7 | 이 종 호 | 전남 | 31 | 10 | 32.3 | 18 |
| 8 | 파 그 너 | 부산 | 34 | 10 | 29.4 | 19 |
| 9 | 드 로 겟 | 제주 | 36 | 10 | 27.8 | 11 |
| 10 | 김 신 욱 | 울산 | 20 | 9 | 45 | 4 |
| 11 | 양 동 현 | 울산 | 30 | 9 | 30 | 9 |
| 12 | 카 이 오 | 전북 | 32 | 9 | 28.1 | 27 |
| 13 | 제파로프 | 성남 | 24 | 7 | 29.2 | 9 |
| 14 | 윤 일 록 | 서울 | 27 | 7 | 25.9 | 15 |
| 15 | 정 대 세 | 수원 | 28 | 7 | 25 | 16 |
| 16 | 김 재 성 | 포항 | 29 | 7 | 24.1 | 15 |
| 17 | 스토야노비치 | 경남 | 30 | 7 | 23.3 | 7 |
| 18 | 황 일 수 | 제주 | 31 | 7 | 22.6 | 13 |
| 19 | 로 저 | 수원 | 32 | 7 | 21.9 | 12 |
| 20 | 이 보 | 인천 | 33 | 7 | 21.2 | 12 |
| 21 | 박 수 창 | 제주 | 21 | 6 | 28.6 | 16 |
| 22 | 진 성 욱 | 인천 | 26 | 6 | 23.1 | 25 |
| 23 | 이 상 호 | 수원 | 26 | 6 | 23.1 | 13 |
| 24 | 강 수 일 | 포항 | 29 | 6 | 20.7 | 21 |
| 25 | 안 용 우 | 전남 | 31 | 6 | 19.4 | 7 |
| 26 | 에스쿠데로 | 서울 | 32 | 6 | 18.8 | 20 |
| 27 | 레오나르도 | 전북 | 35 | 6 | 17.1 | 20 |
| 28 | 이 명 주 | 포항 | 11 | 5 | 45.5 | 2 |
| 29 | 몰 리 나 | 서울 | 19 | 5 | 26.3 | 10 |
| 30 | 이 승 기 | 전북 | 26 | 5 | 19.2 | 8 |
| 31 | 고 무 열 | 포항 | 27 | 5 | 18.5 | 19 |
| 32 | 김 동 희 | 성남 | 32 | 5 | 15.6 | 25 |
| 33 | 김 태 환 | 성남 | 36 | 5 | 13.9 | 3 |
| 34 | 하 태 균 | 수원 | 14 | 4 | 28.6 | 9 |
| 35 | 이 근 호 | 상주 | 18 | 4 | 22.2 | 6 |
| 36 | 김 동 찬 | 전북 | 22 | 4 | 18.2 | 20 |
| 37 | 이 정 협 | 상주 | 25 | 4 | 16 | 23 |
| 38 | 고 창 현 | 울산 | 25 | 4 | 16 | 21 |
| 39 | 이 재 성 | 전북 | 26 | 4 | 15.4 | 4 |
| 40 | 유 창 현 | 포항 | 28 | 4 | 14.3 | 27 |
| 41 | 황 의 조 | 성남 | 28 | 4 | 14.3 | 20 |
| 42 | 송 창 호 | 전남 | 28 | 4 | 14.3 | 14 |
| 43 | 이 효 균 | 인천 | 29 | 4 | 13.8 | 20 |
| 44 | 고 요 한 | 서울 | 32 | 4 | 12.5 | 9 |
| 45 | 송 수 영 | 경남 | 33 | 4 | 12.1 | 26 |
| 46 | 김 동 섭 | 성남 | 34 | 4 | 11.8 | 29 |
| 47 | 염 기 훈 | 수원 | 35 | 4 | 11.4 | 5 |
| 48 | 윤빛가람 | 제주 | 37 | 4 | 10.8 | 11 |
| 49 | 배 기 종 | 수원 | 14 | 3 | 21.4 | 12 |
| 50 | 에 벨 톤 | 서울 | 16 | 3 | 18.8 | 7 |
| 51 | 남 준 재 | 인천 | 17 | 3 | 17.7 | 13 |
| 52 | 진 대 성 | 제주 | 19 | 3 | 15.8 | 19 |
| 53 | 정 혁 | 전북 | 19 | 3 | 15.8 | 7 |
| 54 | 따 르 따 | 울산 | 20 | 3 | 15 | 11 |
| 55 | 조 동 건 | 상주 | 23 | 3 | 13 | 10 |
| 55 | 유 준 수 | 울산 | 23 | 3 | 13 | 10 |
| 57 | 이 상 협 | 전북 | 24 | 3 | 12.5 | 23 |
| 58 | 이 승 현 | 전북 | 24 | 3 | 12.5 | 20 |
| 59 | 고 차 원 | 수원 | 26 | 3 | 11.5 | 21 |
| 60 | 이 재 안 | 경남 | 26 | 3 | 11.5 | 15 |
| 61 | 김 용 태 | 부산 | 26 | 3 | 11.5 | 14 |
| 62 | 이 호 | 울산 | 27 | 3 | 11.1 | 3 |
| 63 | 레안드리뉴 | 전남 | 30 | 3 | 10 | 30 |
| 64 | 최 종 환 | 인천 | 30 | 3 | 10 | 11 |
| 65 | 양 준 아 | 상주 | 30 | 3 | 10 | 3 |
| 66 | 김 두 현 | 수원 | 31 | 3 | 9.7 | 20 |
| 67 | 문 상 윤 | 인천 | 31 | 3 | 9.7 | 17 |
| 68 | 신 광 훈 | 포항 | 33 | 3 | 9.1 | 0 |
| 69 | 송 진 형 | 제주 | 36 | 3 | 8.3 | 15 |
| 70 | 김 은 선 | 수원 | 37 | 3 | 8.1 | 5 |
| 71 | 윤 주 태 | 서울 | 10 | 2 | 20 | 9 |
| 72 | 김 민 균 | 울산 | 14 | 2 | 14.3 | 3 |
| 73 | 에 딘 | 경남 | 15 | 2 | 13.3 | 14 |
| 74 | 백 지 훈 | 울산 | 19 | 2 | 10.5 | 19 |
| 74 | 박 희 성 | 서울 | 19 | 2 | 10.5 | 11 |
| 76 | 이 현 승 | 전북 | 19 | 2 | 10.5 | 11 |
| 77 | 김 남 일 | 전북 | 20 | 2 | 10 | 13 |
| 78 | 심 동 운 | 전남 | 20 | 2 | 10 | 11 |
| 79 | 전 현 철 | 전남 | 21 | 2 | 9.5 | 19 |
| 80 | 코 니 | 전남 | 21 | 2 | 9.5 | 13 |
| 81 | 주 세 종 | 부산 | 22 | 2 | 9.1 | 11 |
| 82 | 안 진 범 | 울산 | 24 | 2 | 8.3 | 18 |
| 83 | 문 창 진 | 포항 | 24 | 2 | 8.3 | 17 |
| 84 | 김 도 혁 | 인천 | 26 | 2 | 7.7 | 20 |
| 85 | 박 용 지 | 부산 | 27 | 2 | 7.4 | 20 |
| 86 | 권 순 형 | 상주 | 27 | 2 | 7.4 | 9 |
| 87 | 정 선 호 | 성남 | 28 | 2 | 7.1 | 6 |
| 88 | 서 정 진 | 수원 | 29 | 2 | 6.9 | 21 |
| 89 | 한 상 운 | 상주 | 29 | 2 | 6.9 | 10 |
| 90 | 김 철 호 | 성남 | 29 | 2 | 6.9 | 9 |
| 91 | 김 주 영 | 서울 | 29 | 2 | 6.9 | 1 |
| 92 | 서 상 민 | 상주 | 30 | 2 | 6.7 | 14 |
| 93 | 닐손주니어 | 부산 | 30 | 2 | 6.7 | 4 |
| 94 | 이 경 렬 | 부산 | 30 | 2 | 6.7 | 1 |
| 95 | 고 명 진 | 서울 | 31 | 2 | 6.5 | 4 |
| 96 | 이 창 민 | 경남 | 32 | 2 | 6.3 | 11 |
| 97 | 스 레 텐 | 경남 | 32 | 2 | 6.3 | 0 |
| 98 | 김 현 | 제주 | 33 | 2 | 6.1 | 23 |
| 99 | 김 진 규 | 서울 | 33 | 2 | 6.1 | 3 |
| 100 | 김 광 석 | 포항 | 33 | 2 | 6.1 | 0 |
| 101 | 오스마르 | 서울 | 34 | 2 | 5.9 | 3 |
| 102 | 김 치 곤 | 울산 | 34 | 2 | 5.9 | 2 |
| 103 | 조 수 철 | 인천 | 6 | 1 | 16.7 | 4 |
| 104 | 루 이 스 | 제주 | 7 | 1 | 14.3 | 7 |
| 104 | 최 정 한 | 서울 | 7 | 1 | 14.3 | 7 |
| 106 | 안 성 빈 | 경남 | 7 | 1 | 14.3 | 3 |
| 107 | 김 남 춘 | 서울 | 7 | 1 | 14.3 | 2 |
| 108 | 박 경 익 | 상주 | 10 | 1 | 10 | 10 |
| 109 | 디 오 고 | 인천 | 11 | 1 | 9.1 | 9 |
| 110 | 하 피 냐 | 울산 | 12 | 1 | 8.3 | 8 |
| 111 | 서 용 덕 | 울산 | 13 | 1 | 7.7 | 12 |
| 111 | 바우지비아 | 성남 | 13 | 1 | 7.7 | 12 |
| 113 | 김 창 훈 | 상주 | 13 | 1 | 7.7 | 8 |

| 114 | 루 크 | 경남 | 13 | 1 | 7.7 | 3 |
|---|---|---|---|---|---|---|
| 114 | 이 재 원 | 울산 | 13 | 1 | 7.7 | 3 |
| 116 | 김 형 일 | 포항 | 14 | 1 | 7.1 | 3 |
| 116 | 배 슬 기 | 포항 | 14 | 1 | 7.1 | 3 |
| 118 | 박 동 혁 | 울산 | 15 | 1 | 6.7 | 11 |
| 119 | 곽 해 성 | 성남 | 15 | 1 | 6.7 | 6 |
| 120 | 백 종 환 | 상주 | 16 | 1 | 6.3 | 8 |
| 121 | 권 완 규 | 경남 | 17 | 1 | 5.9 | 3 |
| 122 | 김 원 일 | 포항 | 18 | 1 | 5.6 | 2 |
| 123 | 김 학 민 | 부산 | 19 | 1 | 5.3 | 14 |
| 124 | 이 학 민 | 경남 | 19 | 1 | 5.3 | 8 |
| 125 | 이 재 성 | 울산 | 19 | 1 | 5.3 | 2 |
| 126 | 권 창 훈 | 수원 | 20 | 1 | 5 | 19 |
| 127 | 고 광 민 | 서울 | 20 | 1 | 5 | 9 |
| 128 | 여 성 해 | 경남 | 20 | 1 | 5 | 3 |
| 129 | 이 상 협 | 서울 | 21 | 1 | 4.8 | 19 |
| 130 | 황 지 수 | 포항 | 21 | 1 | 4.8 | 8 |
| 131 | 안 재 훈 | 상주 | 22 | 1 | 4.6 | 3 |
| 132 | 이 주 용 | 전북 | 22 | 1 | 4.6 | 0 |
| 133 | 진 경 선 | 경남 | 23 | 1 | 4.4 | 5 |
| 134 | 고 재 성 | 경남 | 24 | 1 | 4.2 | 16 |
| 135 | 이 석 현 | 인천 | 25 | 1 | 4 | 21 |
| 136 | 김 치 우 | 서울 | 25 | 1 | 4 | 6 |
| 137 | 손 준 호 | 포항 | 25 | 1 | 4 | 4 |
| 138 | 정 석 화 | 부산 | 26 | 1 | 3.9 | 19 |
| 139 | 김 도 엽 | 경남 | 27 | 1 | 3.7 | 18 |
| 140 | 유 지 훈 | 부산 | 27 | 1 | 3.7 | 2 |
| 141 | 이 천 수 | 인천 | 28 | 1 | 3.6 | 23 |
| 142 | 김 성 환 | 울산 | 28 | 1 | 3.6 | 6 |
| 143 | 강 민 수 | 상주 | 30 | 1 | 3.3 | 3 |
| 144 | 김 수 범 | 제주 | 31 | 1 | 3.2 | 9 |
| 145 | 이 승 희 | 전남 | 31 | 1 | 3.2 | 6 |
| 146 | 알 렉 스 | 제주 | 31 | 1 | 3.2 | 3 |
| 147 | 방 대 종 | 전남 | 32 | 1 | 3.1 | 9 |
| 147 | 현 영 민 | 전남 | 32 | 1 | 3.1 | 5 |
| 149 | 박 진 포 | 성남 | 32 | 1 | 3.1 | 2 |
| 150 | 정 다 훤 | 제주 | 34 | 1 | 2.9 | 5 |
| 151 | 박 주 성 | 경남 | 35 | 1 | 2.9 | 2 |
| 152 | 박 태 민 | 인천 | 36 | 1 | 2.8 | 1 |

## 2014년 득점 순위 _ K리그 챌린지

| 순위 | 선수명 | 소속 | 경기수 | 득점수 | 경기당 득점률 | 교체 IN/OUT |
|---|---|---|---|---|---|---|
| 1 | 아드리아노 | 대전 | 32 | 27 | 84.4 | 5 |
| 2 | 알 렉 스 | 강원 | 29 | 16 | 55.2 | 5 |
| 3 | 조 나 탄 | 대구 | 29 | 14 | 48.3 | 17 |
| 4 | 최 진 호 | 강원 | 33 | 13 | 39.4 | 13 |
| 5 | 호드리고 | 부천 | 31 | 11 | 35.5 | 6 |
| 6 | 고 경 민 | 안산 | 34 | 11 | 32.4 | 11 |
| 7 | 파 비 오 | 광주 | 26 | 10 | 38.5 | 20 |
| 8 | 김 한 원 | 수원FC | 24 | 8 | 33.3 | 4 |
| 9 | 김 찬 희 | 대전 | 27 | 8 | 29.6 | 19 |
| 10 | 정 민 우 | 수원FC | 31 | 8 | 25.8 | 22 |
| 11 | 박 성 진 | 안양 | 34 | 8 | 23.5 | 6 |
| 12 | 정 조 국 | 안산 | 12 | 7 | 58.3 | 11 |
| 13 | 자 파 | 수원FC | 18 | 7 | 38.9 | 5 |
| 14 | 임 진 욱 | 충주 | 21 | 7 | 33.3 | 11 |
| 15 | 임 선 영 | 광주 | 22 | 7 | 31.8 | 6 |

| 16 | 반델레이 | 대전 | 23 | 7 | 30.4 | 20 |
|---|---|---|---|---|---|---|
| 17 | 김 재 웅 | 안양 | 27 | 7 | 25.9 | 23 |
| 18 | 서 동 현 | 안산 | 30 | 7 | 23.3 | 19 |
| 19 | 정 성 민 | 충주 | 30 | 7 | 23.3 | 15 |
| 20 | 한 홍 규 | 충주 | 32 | 7 | 21.9 | 30 |
| 21 | 조 재 철 | 안산 | 32 | 7 | 21.9 | 7 |
| 22 | 김 호 남 | 광주 | 35 | 7 | 20 | 13 |
| 23 | 조 엘 손 | 강원 | 19 | 6 | 31.6 | 17 |
| 24 | 정 재 용 | 안양 | 25 | 6 | 24 | 10 |
| 25 | 김 서 준 | 수원FC | 32 | 6 | 18.8 | 11 |
| 26 | 임 성 택 | 수원FC | 34 | 6 | 17.7 | 17 |
| 27 | 이 재 권 | 안산 | 35 | 6 | 17.1 | 12 |
| 28 | 주 민 규 | 고양 | 30 | 5 | 16.7 | 8 |
| 29 | 강 지 용 | 부천 | 30 | 5 | 16.7 | 2 |
| 30 | 최 진 수 | 안양 | 31 | 5 | 16.1 | 6 |
| 31 | 황 순 민 | 대구 | 33 | 5 | 15.2 | 14 |
| 32 | 정 석 민 | 대전 | 33 | 5 | 15.2 | 2 |
| 33 | 노 병 준 | 대구 | 19 | 4 | 21.1 | 12 |
| 34 | 조 성 준 | 안양 | 22 | 4 | 18.2 | 17 |
| 35 | 박 희 도 | 안산 | 22 | 4 | 18.2 | 11 |
| 36 | 윤 준 하 | 안산 | 23 | 4 | 17.4 | 18 |
| 37 | 김 영 후 | 강원 | 23 | 4 | 17.4 | 17 |
| 38 | 서 명 원 | 대전 | 26 | 4 | 15.4 | 14 |
| 39 | 김 동 기 | 강원 | 27 | 4 | 14.8 | 21 |
| 40 | 최 인 창 | 부천 | 31 | 4 | 12.9 | 20 |
| 41 | 공 민 현 | 부천 | 31 | 4 | 12.9 | 6 |
| 41 | 김 정 빈 | 수원FC | 31 | 4 | 12.9 | 6 |
| 43 | 알 미 르 | 강원 | 12 | 3 | 25 | 7 |
| 44 | 디 에 고 | 광주 | 14 | 3 | 21.4 | 8 |
| 45 | 주 현 재 | 안양 | 16 | 3 | 18.8 | 10 |
| 46 | 김 은 중 | 대전 | 17 | 3 | 17.7 | 16 |
| 47 | 이 완 희 | 충주 | 17 | 3 | 17.7 | 15 |
| 48 | 장 백 규 | 대구 | 18 | 3 | 16.7 | 10 |
| 49 | 이 완 | 광주 | 19 | 3 | 15.8 | 4 |
| 50 | 박 종 찬 | 수원FC | 20 | 3 | 15 | 15 |
| 51 | 펠 리 피 | 안양 | 23 | 3 | 13 | 20 |
| 52 | 김 대 열 | 대구 | 26 | 3 | 11.5 | 6 |
| 53 | 이 종 민 | 광주 | 28 | 3 | 10.7 | 2 |
| 54 | 김 정 훈 | 충주 | 29 | 3 | 10.3 | 19 |
| 55 | 김 본 광 | 수원FC | 29 | 3 | 10.3 | 8 |
| 56 | 서 보 민 | 강원 | 31 | 3 | 9.7 | 26 |
| 57 | 유 준 영 | 부천 | 31 | 3 | 9.7 | 24 |
| 58 | 조 형 익 | 대구 | 31 | 3 | 9.7 | 20 |
| 59 | 노 행 석 | 대구 | 31 | 3 | 9.7 | 5 |
| 60 | 윤 동 헌 | 고양 | 33 | 3 | 9.1 | 20 |
| 61 | 이 용 래 | 안산 | 33 | 3 | 9.1 | 3 |
| 62 | 허 재 원 | 대구 | 33 | 3 | 9.1 | 2 |
| 63 | 박 병 원 | 고양 | 34 | 3 | 8.8 | 16 |
| 64 | 안 성 남 | 광주 | 8 | 2 | 25 | 5 |
| 65 | 하 정 헌 | 수원FC | 14 | 2 | 14.3 | 14 |
| 66 | 이 성 재 | 고양 | 15 | 2 | 13.3 | 13 |
| 67 | 금 교 진 | 대구 | 15 | 2 | 13.3 | 1 |
| 68 | 오 범 석 | 안산 | 16 | 2 | 12.5 | 1 |
| 69 | 조 용 태 | 광주 | 17 | 2 | 11.8 | 14 |
| 70 | 마테우스 | 대구 | 18 | 2 | 11.1 | 14 |
| 71 | 김 민 수 | 광주 | 19 | 2 | 10.5 | 18 |
| 72 | 최 승 인 | 강원 | 20 | 2 | 10 | 21 |
| 73 | 호 니 | 고양 | 21 | 2 | 9.5 | 20 |

| | | | | | | |
|---|---|---|---|---|---|---|
| 74 | 박 민 | 안양 | 23 | 2 | 8.7 | 1 |
| 75 | 김 원 민 | 안양 | 25 | 2 | 8 | 25 |
| 76 | 정 대 선 | 안양 | 25 | 2 | 8 | 20 |
| 77 | 배 효 성 | 강원 | 27 | 2 | 7.4 | 3 |
| 78 | 이 광 재 | 고양 | 28 | 2 | 7.1 | 18 |
| 79 | 임 창 우 | 대전 | 28 | 2 | 7.1 | 3 |
| 80 | 이 우 혁 | 강원 | 30 | 2 | 6.7 | 8 |
| 81 | 유 종 현 | 충주 | 30 | 2 | 6.7 | 2 |
| 82 | 권 용 현 | 수원FC | 36 | 2 | 5.6 | 24 |
| 83 | 송 승 주 | 안산 | 2 | 1 | 50 | 2 |
| 84 | 김 지 웅 | 고양 | 4 | 1 | 25 | 1 |
| 85 | 박 용 준 | 부천 | 5 | 1 | 20 | 5 |
| 86 | 김 영 승 | 대전 | 5 | 1 | 20 | 4 |
| 87 | 조 용 민 | 수원FC | 6 | 1 | 16.7 | 6 |
| 88 | 한 상 학 | 충주 | 6 | 1 | 16.7 | 5 |
| 89 | 양 동 협 | 충주 | 7 | 1 | 14.3 | 6 |
| 90 | 조 영 훈 | 대구 | 7 | 1 | 14.3 | 2 |
| 91 | 유 수 현 | 수원FC | 7 | 1 | 14.3 | 4 |
| 92 | 박 재 철 | 부천 | 8 | 1 | 12.5 | 4 |
| 93 | 호마링요 | 광주 | 10 | 1 | 10 | 6 |
| 94 | 고 보 연 | 부천 | 11 | 1 | 9.1 | 11 |
| 95 | 박 성 용 | 대구 | 11 | 1 | 9.1 | 5 |
| 96 | 이 원 재 | 안산 | 11 | 1 | 9.1 | 3 |
| 97 | 김 동 우 | 안산 | 11 | 1 | 9.1 | 1 |
| 98 | 김 주 빈 | 대구 | 14 | 1 | 7.1 | 8 |
| 99 | 조 준 재 | 충주 | 14 | 1 | 7.1 | 6 |
| 100 | 양 상 민 | 안산 | 14 | 1 | 7.1 | 1 |
| 101 | 안 성 빈 | 안산 | 15 | 1 | 6.7 | 15 |
| 102 | 김 태 영 | 부천 | 15 | 1 | 6.7 | 14 |
| 103 | 최 우 재 | 강원 | 15 | 1 | 6.7 | 8 |
| 104 | 최 원 권 | 대구 | 16 | 1 | 6.7 | 1 |
| 105 | 정 민 무 | 고양 | 16 | 1 | 6.3 | 15 |
| 105 | 한 빛 | 고양 | 16 | 1 | 6.3 | 15 |
| 107 | 변 웅 | 충주 | 16 | 1 | 6.3 | 7 |
| 108 | 마 철 준 | 광주 | 16 | 1 | 6.3 | 4 |
| 109 | 바 그 너 | 안양 | 17 | 1 | 5.9 | 16 |

## 2014년 득점 순위 _ 승강 플레이오프

| 순위 | 선수명 | 소속 | 경기수 | 득점수 | 경기당 득점률 | 교체 IN/OUT |
|---|---|---|---|---|---|---|
| 1 | 조 용 태 | 광주 | 2 | 1 | 50 | 2 |
| 1 | 디 에 고 | 광주 | 2 | 1 | 50 | 2 |
| 3 | 김 호 남 | 광주 | 2 | 1 | 50 | 0 |
| 3 | 송 수 영 | 경남 | 2 | 1 | 50 | 2 |
| 3 | 스토야노비치 | 경남 | 2 | 1 | 50 | 0 |

## 2014년 도움 순위 _ K리그 클래식

| 순위 | 선수명 | 소속 | 경기수 | 득점수 | 경기당 도움률 | 교체 IN/OUT |
|---|---|---|---|---|---|---|
| 1 | 이 승 기 | 전북 | 26 | 10 | 38.5 | 8 |
| 2 | 레오나르도 | 전북 | 35 | 10 | 28.6 | 28 |
| 3 | 이 명 주 | 포항 | 11 | 9 | 81.8 | 2 |
| 4 | 김 승 대 | 포항 | 30 | 8 | 26.7 | 6 |
| 5 | 염 기 훈 | 수원 | 35 | 8 | 22.9 | 5 |
| 6 | 현 영 민 | 전남 | 32 | 7 | 21.9 | 3 |
| 7 | 산 토 스 | 수원 | 35 | 7 | 20 | 27 |
| 8 | 한 상 운 | 상주 | 29 | 6 | 20.7 | 10 |

| | | | | | | |
|---|---|---|---|---|---|---|
| 9 | 이 동 국 | 전북 | 31 | 6 | 19.4 | 15 |
| 10 | 안 용 우 | 전남 | 31 | 6 | 19.4 | 7 |
| 11 | 이 보 | 인천 | 33 | 6 | 18.2 | 12 |
| 12 | 주 세 종 | 부산 | 22 | 5 | 22.7 | 11 |
| 13 | 김 현 | 제주 | 33 | 5 | 15.2 | 23 |
| 14 | 유 지 훈 | 부산 | 27 | 4 | 14.8 | 2 |
| 15 | 서 정 진 | 수원 | 29 | 4 | 13.8 | 21 |
| 16 | 김 재 성 | 포항 | 29 | 4 | 13.8 | 15 |
| 17 | 김 두 현 | 수원 | 31 | 4 | 12.9 | 20 |
| 18 | 에스쿠데로 | 서울 | 32 | 4 | 12.5 | 20 |
| 19 | 스 테 보 | 전남 | 35 | 4 | 11.4 | 4 |
| 20 | 김 태 환 | 성남 | 36 | 4 | 11.1 | 3 |
| 21 | 윤빛가람 | 제주 | 37 | 4 | 10.8 | 11 |
| 22 | 몰 리 나 | 서울 | 19 | 3 | 15.8 | 10 |
| 23 | 따 르 따 | 울산 | 20 | 3 | 15 | 11 |
| 24 | 고 광 민 | 서울 | 20 | 3 | 15 | 9 |
| 25 | 제파로프 | 성남 | 24 | 3 | 12.5 | 9 |
| 26 | 고 창 현 | 울산 | 25 | 3 | 12 | 21 |
| 27 | 김 치 우 | 서울 | 25 | 3 | 12 | 6 |
| 28 | 이 재 안 | 경남 | 26 | 3 | 11.5 | 15 |
| 29 | 이 상 호 | 수원 | 26 | 3 | 11.5 | 13 |
| 30 | 이 재 성 | 전북 | 26 | 3 | 11.5 | 4 |
| 31 | 권 순 형 | 상주 | 27 | 3 | 11.1 | 9 |
| 32 | 유 창 현 | 포항 | 28 | 3 | 10.7 | 27 |
| 33 | 이 천 수 | 인천 | 28 | 3 | 10.7 | 23 |
| 34 | 강 수 일 | 포항 | 29 | 3 | 10.3 | 21 |
| 35 | 레안드리뉴 | 전남 | 30 | 3 | 10 | 30 |
| 36 | 양 동 현 | 울산 | 30 | 3 | 10 | 9 |
| 37 | 문 상 윤 | 인천 | 31 | 3 | 9.7 | 17 |
| 38 | 황 일 수 | 제주 | 31 | 3 | 9.7 | 13 |
| 39 | 이 용 | 울산 | 31 | 3 | 9.7 | 5 |
| 40 | 한 교 원 | 전북 | 32 | 3 | 9.4 | 20 |
| 41 | 고 요 한 | 서울 | 32 | 3 | 9.4 | 19 |
| 42 | 이 창 민 | 경남 | 32 | 3 | 9.4 | 9 |
| 43 | 김 태 호 | 전남 | 32 | 3 | 9.4 | 6 |
| 44 | 송 수 영 | 경남 | 33 | 3 | 9.1 | 26 |
| 45 | 구 본 상 | 인천 | 33 | 3 | 9.1 | 7 |
| 46 | 장 학 영 | 부산 | 33 | 3 | 9.1 | 4 |
| 47 | 파 그 너 | 부산 | 34 | 3 | 8.8 | 19 |
| 48 | 송 진 형 | 제주 | 36 | 3 | 8.3 | 15 |
| 49 | 드 로 겟 | 제주 | 36 | 3 | 8.3 | 11 |
| 50 | 최 광 희 | 부산 | 8 | 2 | 25 | 6 |
| 51 | 이 재 명 | 전북 | 8 | 2 | 25 | 1 |
| 52 | 카 사 | 울산 | 12 | 2 | 16.7 | 8 |
| 53 | 이 근 호 | 상주 | 18 | 2 | 11.1 | 9 |
| 54 | 이 현 승 | 전남 | 19 | 2 | 10.5 | 11 |
| 55 | 권 창 훈 | 수원 | 20 | 2 | 10 | 19 |
| 56 | 김 신 욱 | 울산 | 20 | 2 | 10 | 4 |
| 57 | 최 영 준 | 경남 | 21 | 2 | 9.5 | 11 |
| 58 | 조 동 건 | 상주 | 23 | 2 | 8.7 | 10 |
| 59 | 이 승 현 | 전북 | 24 | 2 | 8.3 | 20 |
| 60 | 안 진 범 | 울산 | 24 | 2 | 8.3 | 18 |
| 61 | 문 창 진 | 포항 | 24 | 2 | 8.3 | 17 |
| 62 | 손 준 호 | 포항 | 25 | 2 | 8 | 4 |

| 63 | 배 일 환 | 제주 | 26 | 2 | 7.7 | 22 |
| 64 | 김 도 혁 | 인천 | 26 | 2 | 7.7 | 20 |
| 65 | 윤 일 록 | 서울 | 27 | 2 | 7.4 | 15 |
| 66 | 정 선 호 | 성남 | 28 | 2 | 7.1 | 6 |
| 67 | 차 두 리 | 서울 | 28 | 2 | 7.1 | 5 |
| 68 | 김 기 희 | 전북 | 28 | 2 | 7.1 | 1 |
| 69 | 이 종 호 | 전남 | 31 | 2 | 6.5 | 18 |
| 70 | 김 동 희 | 성남 | 32 | 2 | 6.3 | 25 |
| 71 | 로 저 | 수원 | 32 | 2 | 6.3 | 19 |
| 72 | 박 진 포 | 성남 | 32 | 2 | 6.3 | 2 |
| 73 | 김 진 규 | 서울 | 33 | 2 | 6.1 | 3 |
| 74 | 신 광 훈 | 포항 | 33 | 2 | 6.1 | 0 |
| 75 | 최 철 순 | 전북 | 34 | 2 | 5.9 | 1 |
| 76 | 임 상 협 | 부산 | 35 | 2 | 5.7 | 5 |
| 77 | 박 태 민 | 인천 | 36 | 2 | 5.6 | 1 |
| 78 | 박 용 재 | 전남 | 2 | 1 | 50 | 2 |
| 79 | 반 데 르 | 울산 | 4 | 1 | 25 | 3 |
| 80 | 이 현 웅 | 상주 | 5 | 1 | 20 | 5 |
| 81 | 김 응 진 | 부산 | 5 | 1 | 20 | 2 |
| 82 | 김 현 성 | 서울 | 6 | 1 | 16.7 | 4 |
| 83 | 최 정 한 | 서울 | 7 | 1 | 14.3 | 7 |
| 83 | 한 재 웅 | 울산 | 7 | 1 | 14.3 | 7 |
| 83 | 장 혁 진 | 상주 | 7 | 1 | 14.3 | 7 |
| 86 | 김 봉 래 | 제주 | 7 | 1 | 14.3 | 6 |
| 87 | 이 승 렬 | 전북 | 9 | 1 | 11.1 | 9 |
| 88 | 박 경 익 | 상주 | 10 | 1 | 10 | 10 |
| 89 | 보산치치 | 경남 | 10 | 1 | 10 | 9 |
| 90 | 한 의 권 | 경남 | 11 | 1 | 9.1 | 11 |
| 90 | 윤 준 성 | 포항 | 11 | 1 | 9.1 | 11 |
| 92 | 박 승 일 | 상주 | 11 | 1 | 9.1 | 9 |
| 93 | 하 피 냐 | 울산 | 12 | 1 | 8.3 | 8 |
| 94 | 홍 진 기 | 전남 | 12 | 1 | 8.3 | 5 |
| 95 | 조 원 희 | 경남 | 12 | 1 | 8.3 | 1 |
| 96 | 바우지비아 | 성남 | 13 | 1 | 7.7 | 12 |
| 97 | 김 창 훈 | 상주 | 13 | 1 | 7.7 | 8 |
| 98 | 최 효 진 | 서울 | 13 | 1 | 7.7 | 3 |
| 99 | 배 기 종 | 수원 | 14 | 1 | 7.1 | 12 |
| 100 | 이 규 로 | 전북 | 14 | 1 | 7.1 | 4 |
| 101 | 박 준 강 | 부산 | 14 | 1 | 7.1 | 1 |
| 102 | 에 벨 톤 | 서울 | 16 | 1 | 6.3 | 7 |
| 103 | 강 승 조 | 서울 | 17 | 1 | 5.9 | 14 |
| 103 | 홍 동 현 | 부산 | 17 | 1 | 5.9 | 14 |
| 105 | 하 성 민 | 울산 | 17 | 1 | 5.9 | 5 |
| 106 | 최 보 경 | 전북 | 19 | 1 | 5.3 | 8 |
| 107 | 김 슬 기 | 경남 | 20 | 1 | 5 | 18 |
| 108 | 심 동 운 | 전남 | 20 | 1 | 5 | 11 |
| 109 | 정 동 호 | 울산 | 20 | 1 | 5 | 6 |
| 110 | 민 상 기 | 수원 | 20 | 1 | 5 | 4 |
| 111 | 박 수 창 | 제주 | 21 | 1 | 4.8 | 16 |
| 112 | 이 창 훈 | 성남 | 21 | 1 | 4.8 | 14 |
| 113 | 코 니 | 전남 | 21 | 1 | 4.8 | 13 |
| 114 | 황 지 수 | 포항 | 21 | 1 | 4.8 | 8 |
| 115 | 김 동 찬 | 전북 | 22 | 1 | 4.6 | 20 |
| 116 | 박 희 성 | 성남 | 22 | 1 | 4.6 | 4 |
| 117 | 이 주 용 | 전북 | 22 | 1 | 4.6 | 0 |
| 118 | 유 준 수 | 울산 | 23 | 1 | 4.4 | 10 |
| 119 | 진 경 선 | 경남 | 23 | 1 | 4.4 | 5 |
| 120 | 고 재 성 | 경남 | 24 | 1 | 4.2 | 16 |
| 121 | 김 대 호 | 포항 | 24 | 1 | 4.2 | 8 |
| 122 | 이 웅 희 | 서울 | 24 | 1 | 4.2 | 1 |
| 123 | 이 석 현 | 인천 | 25 | 1 | 4 | 21 |
| 124 | 고 차 원 | 수원 | 26 | 1 | 3.9 | 21 |
| 125 | 김 용 태 | 부산 | 26 | 1 | 3.9 | 14 |
| 126 | 고 무 열 | 포항 | 27 | 1 | 3.7 | 19 |
| 127 | 최 호 정 | 상주 | 27 | 1 | 3.7 | 7 |
| 128 | 이 호 | 울산 | 27 | 1 | 3.7 | 3 |
| 129 | 정 대 세 | 수원 | 28 | 1 | 3.6 | 16 |
| 130 | 송 창 호 | 전남 | 28 | 1 | 3.6 | 14 |
| 131 | 김 태 수 | 포항 | 28 | 1 | 3.6 | 11 |
| 132 | 김 성 환 | 울산 | 28 | 1 | 3.6 | 6 |
| 133 | 이 효 균 | 인천 | 29 | 1 | 3.5 | 20 |
| 134 | 김 철 호 | 성남 | 29 | 1 | 3.5 | 9 |
| 135 | 서 상 민 | 상주 | 30 | 1 | 3.3 | 14 |
| 136 | 최 종 환 | 인천 | 30 | 1 | 3.3 | 11 |
| 137 | 양 준 아 | 상주 | 30 | 1 | 3.3 | 3 |
| 138 | 강 민 수 | 상주 | 30 | 1 | 3.3 | 2 |
| 139 | 김 수 범 | 제주 | 31 | 1 | 3.2 | 8 |
| 140 | 고 명 진 | 서울 | 31 | 1 | 3.2 | 4 |
| 141 | 알 렉 스 | 제주 | 31 | 1 | 3.2 | 1 |
| 142 | 카 이 오 | 전북 | 32 | 1 | 3.1 | 27 |
| 143 | 스 레 텐 | 경남 | 32 | 1 | 3.1 | 0 |
| 144 | 오스마르 | 서울 | 34 | 1 | 2.9 | 3 |
| 145 | 임 채 민 | 성남 | 34 | 1 | 2.9 | 1 |
| 146 | 오 반 석 | 제주 | 36 | 1 | 2.8 | 4 |
| 147 | 이 윤 표 | 인천 | 37 | 1 | 2.7 | 1 |
| 147 | 김 호 준 | 제주 | 37 | 1 | 2.7 | 1 |

## 2014년 도움 순위 _ K리그 챌린지

| 순위 | 선수명 | 소속 | 경기수 | 득점수 | 경기당 도움률 | 교체 IN/OUT |
|---|---|---|---|---|---|---|
| 1 | 최 진 호 | 강원 | 33 | 9 | 27.3 | 13 |
| 2 | 권 용 현 | 수원FC | 36 | 9 | 25 | 24 |
| 3 | 최 진 수 | 안양 | 31 | 8 | 25.8 | 6 |
| 4 | 이 종 민 | 광주 | 28 | 6 | 21.4 | 2 |
| 5 | 김 서 준 | 수원FC | 32 | 6 | 18.8 | 11 |
| 6 | 박 성 진 | 안양 | 34 | 6 | 17.7 | 6 |
| 7 | 최 광 희 | 안산 | 20 | 5 | 25 | 7 |
| 8 | 서 명 원 | 대전 | 26 | 5 | 19.2 | 14 |
| 9 | 김 찬 희 | 대전 | 27 | 5 | 18.5 | 19 |
| 10 | 송 주 한 | 대전 | 30 | 5 | 16.7 | 12 |
| 11 | 이 우 혁 | 강원 | 30 | 5 | 16.7 | 8 |
| 12 | 유 준 영 | 부천 | 31 | 5 | 16.1 | 24 |
| 13 | 정 민 우 | 수원FC | 31 | 5 | 16.1 | 22 |
| 14 | 윤 동 헌 | 고양 | 33 | 5 | 15.2 | 20 |
| 15 | 황 순 민 | 대구 | 33 | 5 | 15.2 | 14 |
| 16 | 김 호 남 | 광주 | 35 | 5 | 14.3 | 13 |
| 17 | 김 태 봉 | 안양 | 35 | 5 | 14.3 | 3 |
| 18 | 장 백 규 | 대구 | 18 | 4 | 22.2 | 10 |

| 19 | 박 희 도 | 안산 | 22 | 4 | 18,2 | 11 |
| 20 | 박 태 수 | 충주 | 25 | 4 | 16 | 1 |
| 21 | 황 지 웅 | 대전 | 28 | 4 | 14,3 | 24 |
| 22 | 이 광 재 | 고양 | 28 | 4 | 14,3 | 18 |
| 23 | 알 렉 스 | 강원 | 29 | 4 | 13,8 | 5 |
| 24 | 장 원 석 | 대전 | 31 | 4 | 12,9 | 9 |
| 25 | 이 준 희 | 대구 | 31 | 4 | 12,9 | 2 |
| 26 | 아드리아노 | 대전 | 32 | 4 | 12,5 | 5 |
| 27 | 고 경 민 | 안산 | 34 | 4 | 11,8 | 11 |
| 28 | 지 경 득 | 충주 | 12 | 3 | 25 | 12 |
| 29 | 안 성 빈 | 안산 | 15 | 3 | 20 | 15 |
| 30 | 노 병 준 | 대구 | 19 | 3 | 15,8 | 12 |
| 31 | 반델레이 | 대전 | 23 | 3 | 13 | 20 |
| 32 | 윤 준 하 | 안산 | 23 | 3 | 13 | 18 |
| 33 | 최 승 호 | 충주 | 24 | 3 | 12,5 | 11 |
| 34 | 김 한 원 | 수원FC | 24 | 3 | 12,5 | 4 |
| 35 | 유 대 현 | 부천 | 29 | 3 | 10,3 | 5 |
| 36 | 조 형 익 | 대구 | 31 | 3 | 9,7 | 20 |
| 37 | 이 용 래 | 안산 | 33 | 3 | 9,1 | 3 |
| 38 | 임 성 택 | 수원FC | 34 | 3 | 8,8 | 17 |
| 39 | 박 병 원 | 고양 | 34 | 3 | 8,8 | 16 |
| 40 | 이 재 훈 | 강원 | 34 | 3 | 8,8 | 1 |
| 41 | 유 성 기 | 대전 | 9 | 2 | 22,2 | 6 |
| 42 | 장 혁 진 | 강원 | 9 | 2 | 22,2 | 3 |
| 43 | 김 신 철 | 안산 | 11 | 2 | 18,2 | 8 |
| 44 | 디 에 고 | 광주 | 14 | 2 | 14,3 | 8 |
| 45 | 조 준 재 | 충주 | 14 | 2 | 14,3 | 6 |
| 46 | 안 종 훈 | 광주 | 15 | 2 | 13,3 | 8 |
| 47 | 김 한 섭 | 대전 | 18 | 2 | 11,1 | 15 |
| 48 | 김 민 수 | 광주 | 19 | 2 | 10,5 | 18 |
| 49 | 송 승 민 | 광주 | 19 | 2 | 10,5 | 11 |
| 50 | 이 완 | 광주 | 19 | 2 | 10,5 | 4 |
| 51 | 김 한 빈 | 충주 | 19 | 2 | 10,5 | 3 |
| 52 | 최 승 인 | 강원 | 20 | 2 | 10 | 21 |
| 53 | 황 진 산 | 대전 | 21 | 2 | 9,5 | 17 |
| 54 | 문 기 한 | 안산 | 21 | 2 | 9,5 | 15 |
| 55 | 조 성 준 | 안양 | 22 | 2 | 9,1 | 17 |
| 56 | 김 원 민 | 안양 | 25 | 2 | 8 | 25 |
| 57 | 김 윤 호 | 강원 | 25 | 2 | 8 | 15 |
| 58 | 정 재 용 | 안양 | 25 | 2 | 8 | 10 |
| 59 | 파 비 오 | 광주 | 26 | 2 | 7,7 | 20 |
| 60 | 김 대 열 | 대구 | 26 | 2 | 7,7 | 6 |
| 61 | 박 요 한 | 충주 | 26 | 2 | 7,7 | 4 |
| 62 | 가 솔 현 | 안양 | 26 | 2 | 7,7 | 1 |
| 63 | 여 름 | 광주 | 27 | 2 | 7,4 | 11 |
| 64 | 이 제 승 | 부천 | 28 | 2 | 7,1 | 21 |
| 65 | 정 호 정 | 광주 | 28 | 2 | 7,1 | 3 |
| 66 | 조 나 탄 | 대구 | 29 | 2 | 6,9 | 17 |
| 67 | 서 동 현 | 안산 | 30 | 2 | 6,7 | 19 |
| 68 | 박 진 수 | 충주 | 30 | 2 | 6,7 | 13 |
| 69 | 최 인 창 | 부천 | 31 | 2 | 6,5 | 20 |
| 70 | 호드리고 | 부천 | 31 | 2 | 6,5 | 6 |
| 70 | 공 민 현 | 부천 | 31 | 2 | 6,5 | 6 |
| 70 | 김 정 빈 | 수원FC | 31 | 2 | 6,5 | 6 |
| 73 | 이 으 뜸 | 안양 | 31 | 2 | 6,5 | 3 |
| 74 | 정 석 민 | 대전 | 33 | 2 | 6,1 | 2 |
| 74 | 허 재 원 | 대구 | 33 | 2 | 6,1 | 2 |

| 76 | 최 병 도 | 고양 | 34 | 2 | 5,9 | 2 |
| 77 | 이 재 권 | 안산 | 35 | 2 | 5,7 | 12 |
| 78 | 정 찬 일 | 강원 | 7 | 1 | 14,3 | 7 |
| 79 | 양 동 협 | 충주 | 7 | 1 | 14,3 | 6 |
| 80 | 안 성 남 | 광주 | 8 | 1 | 12,5 | 5 |
| 81 | 신 창 무 | 대구 | 12 | 1 | 8,3 | 11 |
| 81 | 정 조 국 | 안산 | 12 | 1 | 8,3 | 11 |
| 83 | 정 대 교 | 대구 | 13 | 1 | 7,7 | 13 |
| 84 | 김 주 빈 | 대구 | 14 | 1 | 7,1 | 8 |
| 85 | 김 태 영 | 부천 | 15 | 1 | 6,7 | 14 |
| 86 | 정 주 일 | 부천 | 15 | 1 | 6,7 | 9 |
| 87 | 주 현 재 | 안양 | 16 | 1 | 6,3 | 15 |
| 87 | 정 민 무 | 고양 | 16 | 1 | 6,3 | 15 |
| 89 | 마 라 낭 | 대전 | 16 | 1 | 6,3 | 8 |
| 90 | 김 은 중 | 대전 | 17 | 1 | 5,9 | 16 |
| 91 | 이 완 희 | 충주 | 17 | 1 | 5,9 | 15 |
| 92 | 석 동 우 | 부천 | 17 | 1 | 5,9 | 6 |
| 93 | 마테우스 | 대구 | 18 | 1 | 5,6 | 14 |
| 94 | 자 파 | 수원FC | 18 | 1 | 5,6 | 5 |
| 95 | 박 형 순 | 수원FC | 18 | 1 | 5,6 | 1 |
| 96 | 김 영 westbound 호 | 수원FC | 19 | 1 | ·5,3 | 5 |
| 97 | 김 재 훈 | 충주 | 19 | 1 | 5,3 | 4 |
| 98 | 이 준 호 | 수원FC | 19 | 1 | 5,3 | 2 |
| 99 | 박 종 찬 | 수원FC | 20 | 1 | 5 | 15 |
| 100 | 호 니 | 고양 | 21 | 1 | 4,8 | 20 |
| 101 | 한 석 종 | 강원 | 21 | 1 | 4,8 | 10 |
| 102 | 김 선 규 | 대전 | 21 | 1 | 4,8 | 1 |
| 103 | 오 기 재 | 고양 | 22 | 1 | 4,6 | 12 |
| 104 | 김 종 국 | 대전 | 22 | 1 | 4,6 | 9 |
| 105 | 임 선 영 | 광주 | 22 | 1 | 4,6 | 6 |
| 106 | 이 창 용 | 강원 | 22 | 1 | 4,6 | 4 |
| 107 | 김 영 후 | 강원 | 23 | 1 | 4,4 | 17 |
| 108 | 박 민 | 안양 | 23 | 1 | 4,4 | 1 |
| 109 | 정 대 선 | 안양 | 25 | 1 | 4 | 20 |
| 110 | 박 종 진 | 안산 | 25 | 1 | 4 | 11 |
| 111 | 치프리안 | 충주 | 26 | 1 | 3,9 | 21 |
| 112 | 김 영 빈 | 광주 | 26 | 1 | 3,9 | 2 |
| 113 | 정 우 인 | 강원 | 28 | 1 | 3,6 | 5 |
| 114 | 김 정 훈 | 충주 | 29 | 1 | 3,5 | 19 |
| 115 | 주 민 규 | 고양 | 30 | 1 | 3,3 | 8 |
| 116 | 여 효 진 | 고양 | 30 | 1 | 3,3 | 5 |
| 117 | 정 홍 연 | 부천 | 30 | 1 | 3,3 | 3 |
| 118 | 강 지 용 | 부천 | 30 | 1 | 3,3 | 2 |
| 119 | 서 보 민 | 강원 | 31 | 1 | 3,2 | 26 |
| 120 | 한 홍 규 | 충주 | 32 | 1 | 3,1 | 30 |
| 121 | 조 재 철 | 안산 | 32 | 1 | 3,1 | 7 |
| 122 | 안 상 현 | 대구 | 32 | 1 | 3,1 | 2 |
| 123 | 이 도 성 | 고양 | 33 | 1 | 3 | 3 |
| 124 | 안 영 규 | 대전 | 34 | 1 | 2,9 | 2 |

### 2014년 도움 순위 _ 승강 플레이오프

| 순위 | 선수명 | 소속 | 경기수 | 득점수 | 경기당 득점률 | 교체 IN/OUT |
|---|---|---|---|---|---|---|
| 1 | 여 름 | 광주 | 2 | 2 | 100 | 0 |
| 2 | 고 재 성 | 경남 | 2 | 1 | 50 | 2 |
| 3 | 최 영 준 | 경남 | 2 | 1 | 50 | 1 |

## 2014년 골키퍼 실점 기록 _ K리그 클래식

| 선수명 | 구단 | 총경기수 | 출전경기수 | 실점 | 1경기당 실점 |
|---|---|---|---|---|---|
| 김 병 지 | 전남 | 38 | 38 | 53 | 1.39 |
| 김 호 준 | 제주 | 38 | 37 | 37 | 1 |
| 박 준 혁 | 성남 | 38 | 35 | 33 | 0.94 |
| 권 순 태 | 전북 | 38 | 34 | 19 | 0.56 |
| 정 성 룡 | 수원 | 38 | 34 | 33 | 0.97 |
| 김 영 광 | 경남 | 38 | 32 | 43 | 1.34 |
| 신 화 용 | 포항 | 38 | 31 | 29 | 0.94 |
| 이 범 영 | 부산 | 38 | 31 | 38 | 1.23 |
| 김 승 규 | 울산 | 38 | 29 | 28 | 0.97 |
| 권 정 혁 | 인천 | 38 | 28 | 35 | 1.25 |
| 김 용 대 | 서울 | 38 | 24 | 19 | 0.79 |
| 김 민 식 | 상주 | 38 | 18 | 29 | 1.61 |
| 유 상 훈 | 서울 | 38 | 15 | 9 | 0.6 |
| 홍 정 남 | 상주 | 38 | 14 | 20 | 1.43 |
| 유 현 | 인천 | 38 | 10 | 11 | 1.1 |
| 이 희 성 | 울산 | 38 | 9 | 14 | 1.56 |
| 김 다 솔 | 포항 | 38 | 7 | 9 | 1.29 |
| 이 창 근 | 부산 | 38 | 7 | 11 | 1.57 |
| 손 정 현 | 경남 | 38 | 6 | 9 | 1.5 |
| 김 근 배 | 상주 | 38 | 5 | 12 | 2.4 |
| 노 동 건 | 수원 | 38 | 4 | 4 | 1 |
| 김 민 식 | 전북 | 38 | 3 | 0 | 0 |
| 최 은 성 | 전북 | 38 | 3 | 3 | 1 |
| 전 상 욱 | 성남 | 38 | 3 | 6 | 2 |
| 김 경 민 | 제주 | 38 | 2 | 0 | 0 |
| 김 진 영 | 포항 | 38 | 1 | 1 | 1 |
| 박 지 영 | 상주 | 38 | 1 | 1 | 1 |
| 이 준 식 | 울산 | 38 | 1 | 1 | 1 |
| 백 민 철 | 광주 | 38 | 6 | 7 | 1.17 |
| 양 진 웅 | 부천 | 36 | 4 | 8 | 2 |
| 박 민 선 | 대구 | 36 | 3 | 5 | 1.67 |
| 송 유 걸 | 안산 | 37 | 3 | 7 | 2.33 |
| 최 필 수 | 안양 | 36 | 2 | 2 | 1 |
| 강 성 관 | 강원 | 37 | 1 | 2 | 2 |
| 강 종 국 | 안산 | 37 | 1 | 2 | 2 |

## 2014년 골키퍼 실점 기록 _ 승강 플레이오프

| 선수명 | 구단 | 총경기수 | 출전경기수 | 실점 | 1경기당 실점 |
|---|---|---|---|---|---|
| 제 종 현 | 광주 | 2 | 2 | 2 | 1 |
| 김 영 광 | 경남 | 2 | 1 | 1 | 1 |
| 손 정 현 | 경남 | 2 | 1 | 3 | 3 |

## 2014년 골키퍼 실점 기록 _ K리그 챌린지

| 선수명 | 구단 | 총경기수 | 출전경기수 | 실점 | 1경기당 실점 |
|---|---|---|---|---|---|
| 이 진 형 | 안양 | 36 | 34 | 50 | 1.47 |
| 제 종 현 | 광주 | 38 | 24 | 17 | 0.71 |
| 황 교 충 | 강원 | 37 | 21 | 23 | 1.1 |
| 김 선 규 | 대전 | 36 | 21 | 24 | 1.14 |
| 황 성 민 | 충주 | 36 | 21 | 32 | 1.52 |
| 여 명 용 | 고양 | 36 | 20 | 22 | 1.1 |
| 유 현 | 안산 | 37 | 20 | 23 | 1.15 |
| 이 양 종 | 대구 | 36 | 19 | 21 | 1.11 |
| 강 훈 | 부천 | 36 | 19 | 26 | 1.37 |
| 이 상 기 | 수원FC | 36 | 19 | 28 | 1.47 |
| 박 형 순 | 수원FC | 36 | 18 | 21 | 1.17 |
| 강 진 웅 | 고양 | 36 | 17 | 19 | 1.12 |
| 박 주 원 | 대전 | 36 | 16 | 12 | 0.75 |
| 양 동 원 | 강원 | 37 | 16 | 26 | 1.63 |
| 조 현 우 | 대구 | 36 | 15 | 21 | 1.4 |
| 전 태 현 | 안산 | 37 | 14 | 19 | 1.36 |
| 하 강 진 | 부천 | 36 | 13 | 18 | 1.38 |
| 류 원 우 | 광주 | 36 | 8 | 11 | 1.38 |
| 박 청 효 | 충주 | 36 | 8 | 14 | 1.75 |
| 이 정 래 | 충주 | 36 | 7 | 11 | 1.57 |

## 2014년 구단별 관중 기록 _ K리그 클래식

| 구단 | 총관중 | 경기수 | 평균관중 | 2013 시즌 평균관중 | 전년 대비 증감률 | 비고 |
|---|---|---|---|---|---|---|
| 경남 | 86,285 | 19 | 4,541 | 5,961 | -23.8% | |
| 부산 | 61,819 | 19 | 3,254 | 4,083 | -20.3% | |
| 상주 | 48,606 | 19 | 2,558 | 2,538 | 0.8% | 13년 승격 |
| 서울 | 323,244 | 19 | 17,013 | 16,607 | 2.4% | |
| 성남 | 71,344 | 19 | 3,755 | 2,825 | 32.9% | |
| 수원 | 372,551 | 19 | 19,608 | 17,689 | 10.8% | |
| 울산 | 126,572 | 19 | 7,032 | 8,834 | -20.4% | |
| 인천 | 86,815 | 19 | 4,569 | 7,077 | -35.4% | |
| 전남 | 67,294 | 20 | 3,365 | 2,278 | 47.7% | |
| 전북 | 249,954 | 19 | 13,155 | 10,161 | 29.5% | |
| 제주 | 127,520 | 19 | 6,712 | 6,464 | 3.8% | |
| 포항 | 186,216 | 19 | 9,801 | 9,700 | 1.0% | |
| 계 | 1,808,220 | 228 | 7,931 | 7,656 | 3.6% | |

## 2014년 구단별 관중 기록 _ K리그 챌린지

| 구단 | 총관중 | 경기수 | 평균관중 | 2013 시즌 평균관중 | 전년 대비 증감률 | 비고 |
|---|---|---|---|---|---|---|
| 강원 | 19,209 | 19 | 1,011 | 2,978 | -66.1% | 13년 강등 |
| 고양 | 10,508 | 18 | 584 | 738 | -20.9% | |
| 광주 | 24,200 | 18 | 1,344 | 2,341 | -42.6% | |
| 대구 | 17,383 | 18 | 966 | 6,855 | -85.9% | 13년 강등 |
| 대전 | 57,538 | 18 | 3,197 | 5,667 | -43.6% | 13년 강등 |
| 부천 | 19,374 | 18 | 1,076 | 1,715 | -37.2% | |
| 수원FC | 17,823 | 18 | 990 | 939 | 5.4% | |
| 안산 | 13,528 | 19 | 712 | | | |
| 안양 | 28,298 | 18 | 1,572 | 1,815 | -13.4% | |
| 충주 | 13,938 | 18 | 774 | 1,663 | -53.4% | |
| 계 | 221,799 | 182 | 1,219 | 1,685 | -27.7% | |

## 2014년 구단별 관중 기록 _ 승강 플레이오프

| 구분 | 관중수 | 경기수 | 평균관중 | 2013 시즌 평균관중 | 전년 대비 증감률 | 비고 |
|---|---|---|---|---|---|---|
| 경남 | 1,969 | 1 | 1,969 | | | 2013년 승강 플레이오프: 강원 vs 상주 |
| 광주 | 2,667 | 1 | 2,667 | | | |
| 계 | 4,636 | 2 | 2,318 | 5,255 | -55.9% | |

# 심판배정 기록 _ K리그 클래식

| 성명 | 심판구분 | 횟수 |
|---|---|---|
| 강도준 | 부심 | 6 |
| | 합계 | 6 |
| 강동호 | 부심 | 5 |
| | 합계 | 5 |
| 고형진 | 주심 | 14 |
| | 대기심 | 13 |
| | 합계 | 27 |
| 곽승순 | 부심 | 4 |
| | 합계 | 4 |
| 김대용 | 주심 | 1 |
| | 대기심 | 6 |
| | 합계 | 7 |
| 김동진 | 대기심 | 17 |
| | 합계 | 30 |
| 김상우 | 주심 | 17 |
| | 대기심 | 17 |
| | 합계 | 34 |
| 김성일 | 부심 | 35 |
| | 합계 | 35 |
| 김성호 | 주심 | 25 |
| | 대기심 | 12 |
| | 합계 | 37 |
| 김영수 | 주심 | 1 |
| | 대기심 | 8 |
| | 합계 | 9 |
| 김영하 | 부심 | 3 |
| | 합계 | 3 |
| 김용수 | 부심 | 38 |
| | 합계 | 38 |
| 김종혁 | 주심 | 14 |
| | 합계 | 28 |
| 김희곤 | 주심 | 3 |
| | 대기심 | 11 |
| | 합계 | 14 |
| 노수용 | 부심 | 39 |
| | 합계 | 39 |
| 노태식 | 부심 | 40 |
| | 합계 | 40 |
| 류희선 | 주심 | 13 |
| | 대기심 | 10 |
| | 합계 | 23 |
| 매호영 | 대기심 | 11 |
| | 합계 | 11 |
| 박병진 | 대기심 | 3 |
| | 합계 | 3 |
| 박상준 | 부심 | 3 |
| | 합계 | 3 |
| 박인선 | 부심 | 1 |
| | 합계 | 1 |
| 방기열 | 부심 | 3 |
| | 합계 | 3 |
| 서동진 | 대기심 | 1 |
| | 합계 | 1 |
| 서무희 | 부심 | 3 |
| | 합계 | 3 |
| 설귀선 | 부심 | 1 |
| | 합계 | 1 |
| 손재선 | 부심 | 39 |
| 송민석 | 합계 | 39 |
| | 주심 | 15 |
| | 대기심 | 20 |
| | 합계 | 35 |
| 양병은 | 부심 | 3 |
| | 합계 | 3 |
| 우상일 | 주심 | 22 |
| | 대기심 | 16 |
| | 합계 | 38 |
| 유선호 | 주심 | 26 |
| | 대기심 | 13 |
| | 합계 | 39 |
| 윤광열 | 부심 | 34 |
| | 합계 | 34 |
| 윤창수 | 대기심 | 3 |
| | 합계 | 3 |
| 이규환 | 부심 | 38 |
| | 합계 | 38 |
| 이동준 | 주심 | 15 |
| | 대기심 | 18 |
| | 합계 | 33 |
| 이민후 | 주심 | 22 |
| | 합계 | 35 |
| 이정민 | 부심 | 35 |
| | 합계 | 35 |
| 임원택 | 대기심 | 2 |
| | 합계 | 2 |
| 장준모 | 부심 | 39 |
| | 합계 | 39 |
| 전기록 | 부심 | 39 |
| | 합계 | 39 |
| 정동식 | 대기심 | 8 |
| | 합계 | 8 |
| 정해상 | 부심 | 31 |
| | 합계 | 31 |
| 지승민 | 부심 | 7 |
| | 합계 | 7 |
| 최명용 | 주심 | 27 |
| | 대기심 | 12 |
| | 합계 | 39 |
| 최민병 | 부심 | 10 |
| | 합계 | 10 |

# 심판배정 기록 _ K리그 챌린지

| 성명 | 심판구분 | 횟수 |
|---|---|---|
| 강도준 | 부심 | 25 |
| | 합계 | 25 |
| 강동호 | 부심 | 24 |
| | 합계 | 24 |
| 고형진 | 주심 | 4 |
| | 대기심 | 1 |
| | 합계 | 5 |
| 곽승순 | 부심 | 30 |
| | 합계 | 30 |
| 김경민 | 부심 | 25 |
| | 합계 | 25 |
| 김대용 | 주심 | 14 |
| | 대기심 | 15 |
| | 합계 | 29 |
| 김동진 | 주심 | 2 |
| | 대기심 | 2 |
| | 합계 | 4 |
| 김상우 | 주심 | 3 |
| | 합계 | 3 |
| 김성일 | 부심 | 4 |
| | 합계 | 4 |
| 김성호 | 주심 | 3 |
| | 대기심 | 3 |
| | 합계 | 6 |
| 김영수 | 주심 | 16 |
| | 대기심 | 17 |
| | 합계 | 33 |
| 김영하 | 부심 | 23 |
| | 합계 | 23 |
| 김용수 | 부심 | 1 |
| | 합계 | 1 |
| 김종혁 | 주심 | 4 |
| | 대기심 | 2 |
| | 합계 | 6 |
| 김희곤 | 주심 | 14 |
| | 대기심 | 9 |
| | 합계 | 23 |
| 노수용 | 부심 | 1 |
| | 합계 | 1 |
| 노태식 | 부심 | 1 |
| | 합계 | 1 |
| 류희선 | 주심 | 2 |
| | 합계 | 2 |
| 매호영 | 주심 | 15 |
| | 대기심 | 22 |
| | 합계 | 37 |
| 박병진 | 주심 | 15 |
| | 대기심 | 17 |
| | 합계 | 32 |
| 박상준 | 부심 | 28 |
| | 합계 | 28 |
| 박인선 | 부심 | 27 |
| | 합계 | 27 |
| 박진호 | 주심 | 14 |
| | 대기심 | 20 |
| | 합계 | 34 |
| 방기열 | 부심 | 29 |
| | 합계 | 29 |
| 서동진 | 주심 | 14 |
| | 대기심 | 17 |
| | 합계 | 31 |
| 서무희 | 부심 | 28 |
| | 합계 | 28 |
| 설귀선 | 부심 | 28 |
| | 합계 | 28 |
| 손재선 | 부심 | 2 |
| | 합계 | 2 |
| 송민석 | 주심 | 5 |
| | 대기심 | 3 |
| | 합계 | 8 |
| 양병은 | 부심 | 25 |
| | 합계 | 25 |
| 우상일 | 주심 | 4 |
| | 합계 | 4 |
| 유선호 | 주심 | 3 |
| | 대기심 | 3 |
| | 합계 | 6 |
| 윤광열 | 부심 | 1 |
| | 합계 | 1 |
| 윤창수 | 주심 | 13 |
| | 대기심 | 13 |
| | 합계 | 26 |
| 이규환 | 부심 | 2 |
| | 합계 | 2 |
| 이동준 | 주심 | 3 |
| | 대기심 | 3 |
| | 합계 | 6 |
| 이민후 | 주심 | 4 |
| | 대기심 | 1 |
| | 합계 | 5 |
| 이정민 | 부심 | 4 |
| | 합계 | 4 |
| 임원택 | 주심 | 12 |
| | 대기심 | 19 |
| | 합계 | 31 |
| 장준모 | 부심 | 1 |
| | 합계 | 1 |
| 전기록 | 부심 | 2 |
| | 합계 | 2 |
| 정동식 | 주심 | 15 |
| | 대기심 | 14 |
| | 합계 | 29 |
| 정해상 | 부심 | 4 |
| | 합계 | 4 |
| 지승민 | 부심 | 26 |
| | 합계 | 26 |
| 최명용 | 주심 | 3 |
| | 대기심 | 1 |
| | 합계 | 4 |
| 최민병 | 부심 | 23 |
| | 합계 | 23 |

# 심판배정 기록 _ 승강 플레이오프

| 성명 | 심판구분 | 횟수 |
|---|---|---|
| 고형진 | 대기심 | 1 |
| | 합계 | 1 |
| 김상우 | 주심 | 1 |
| | 합계 | 1 |
| 김성호 | 추가부심 | 2 |
| | 합계 | 2 |
| 노태식 | 부심 | 1 |
| | 합계 | 1 |
| 손재선 | 부심 | 1 |
| | 합계 | 1 |
| 우상일 | 추가부심 | 1 |
| | 합계 | 1 |
| 유선호 | 주심 | 1 |
| | 추가부심 | 1 |
| | 합계 | 2 |
| 이정민 | 부심 | 1 |
| | 합계 | 1 |
| 장준모 | 부심 | 1 |
| | 합계 | 1 |
| 최명용 | 대기심 | 1 |
| | 합계 | 1 |

## 2014년도 구단별 신인선수선발 기록

### 구단별 자유선발 / 우선지명 선수

| 구단 | 자유선발 | 우선지명선수 | | | |
|---|---|---|---|---|---|
| 선발인원 | | 학교명 | 2014 우선지명선수 | 2014 우선지명 대학진학인원 | 이전년도(2009~2013) 우선지명선수 프로입단 |
| 경남 | 송수영 우주성 | 진주고 | | 3 | |
| 부산 | 홍동현 | 개성고 | | 0 | |
| 상주 | | 용운고 | | 4 | |
| 서울 | 심상민 | 오산고 | 황현수 윤현오 김철호 심제혁 | 2 | 정동철(2011) 최명훈(2012) |
| 성남 | 곽해성 이민우 | 풍생고 | | 5 | |
| 수원 | | 매탄고 | 고민성 이우석 | 6 | |
| 울산 | 김용진 | 현대고 | | 7 | |
| 인천 | 김대중 김도혁 | 대건고 | 이태희 | 3 | 김용환(2012) |
| 전남 | 안용우 | 광양제철고 | | 5 | |
| 전북 | | 영생고 | 김 신 | 9 | 이주용(2011) |
| 제주 | 김경민 류승우 | U-18 | 배세현 | 7 | 장은규(2011) 김상원(2011) |
| 포항 | 김진영 | 포항제철고 | 이광혁 강현무 이희찬 강기훈 | 5 | 송준호(2011) 유제호(2011) |
| 강원 | | 강릉제일고 | | 5 | |
| 광주 | 권수현 | 금호고 | | 9 | 홍태곤(2011) |
| 대구 | 박성용 | 현풍고 | | | 신창우(2011) 정대교(2011) 남세인(2012) |
| 대전 | | 충남기계공고 | 김연수 | 1 | 염유신(2011) |
| 부천 | 박종오 | | | | |
| 안양 | 구대영 | | | | |

### 구단별 드래프트 지명 선수

| 구단 | 1순위 | 2순위 | 3순위 | 4순위 | 5순위 | 6순위 | 번외지명 | 계 |
|---|---|---|---|---|---|---|---|---|
| 선발인원 | 8명 | 6명 | 11명 | 5명 | 7명 | 7명 | 43명 | 87명 |
| 경남 | | 권완규 | 최성민 | 손정현 | 한의권 | 원태연 | 이학민 김슬기 김준환 정주일 | 9 |
| 부산 | 선승우 | | | | | | 윤정규 이정환 | 3 |
| 서울 | 윤주태 | | 김우현 | | | | 이준형 | 3 |
| 성남 | 유청윤 | | | 박재성 | | | | 2 |
| 수원 | 조원득 | | 양형모 | | | | | 2 |
| 울산 | 김선민 | | 정찬일 | 김학찬 | 김훈성 | 김윤식 | 임동천 차태영 신제환 | 8 |
| 인천 | 윤상호 | | | 김용기 | | 정해권 | 김태준 김성은 | 5 |
| 전남 | | | 한유성 | | | | | 1 |
| 전북 | | | 조영준 | | | | 주현탁 최근종 | 3 |
| 제주 | | | | | 김형록 | | | 1 |
| 포항 | 박준희 | | 길영태 | | | | | 2 |
| 강원 | | | | | | | | 0 |
| 고양 | | | | | | | 배민호 한 빛 최봉균 정규민 | 4 |
| 광주 | | 이찬동 | | | 송승민 김영빈 | | | 3 |
| 대구 | | 장백규 | 김동진 | | | | 박민선 | 3 |
| 대전 | | | 유성기 | | 김영승 | | 곽재민 김윤재 한상혁 서승훈 | 6 |
| 부천 | | 김륜도 | 강 훈 | 석동우 | 최진석 | 곽래승 | 이제승 고보연 유대현 박재철 이경수 이희현 박성준 신호은 홍요셉 박경완 한상현 | 16 |
| 수원FC | | 정민우 | | 김혁진 | 김창훈 | | 조용민 | 4 |
| 안양 | | 최필수 | 백동규 | | | | 강성호 | 3 |
| 충주 | | 이호석 | | | | 노연빈 | 조준재 김한빈 김정훈 임진욱 이준호 오태환 박희성 | 9 |

# 역대 통산 팀별 경기 기록

| 팀명 | 상대팀 | 승 | 무 | 패 | 득점 | 실점 | 도움 | 경고 | 퇴장 |
|---|---|---|---|---|---|---|---|---|---|
| 울산 | 강원 | 8 | 1 | 2 | 21 | 13 | 14 | 20 | 1 |
| | 경남 | 16 | 3 | 4 | 39 | 17 | 30 | 40 | 1 |
| | 광주 | 4 | 1 | - | 7 | 3 | 5 | 5 | - |
| | 광주상무 | 15 | 6 | 3 | 35 | 13 | 26 | 40 | - |
| | 국민은행 | 4 | - | - | 14 | 3 | 11 | - | - |
| | 대구 | 17 | 8 | 6 | 49 | 30 | 34 | 66 | - |
| | 대전 | 30 | 15 | 11 | 91 | 49 | 67 | 89 | 2 |
| | 버팔로 | 3 | 2 | 1 | 10 | 5 | 7 | 10 | - |
| | 부산 | 52 | 43 | 52 | 164 | 162 | 113 | 202 | 12 |
| | 상무 | 2 | 1 | - | 4 | 1 | 2 | - | - |
| | 상주 | 6 | - | 2 | 19 | 10 | 13 | 10 | - |
| | 서울 | 54 | 46 | 47 | 183 | 172 | 123 | 198 | 10 |
| | 성남 | 40 | 34 | 39 | 136 | 134 | 91 | 156 | 4 |
| | 수원 | 25 | 17 | 23 | 78 | 80 | 62 | 112 | 2 |
| | 인천 | 16 | 7 | 9 | 46 | 30 | 33 | 71 | 1 |
| | 전남 | 29 | 20 | 18 | 83 | 66 | 56 | 131 | 2 |
| | 전북 | 33 | 19 | 26 | 114 | 102 | 72 | 135 | 4 |
| | 제주 | 53 | 48 | 42 | 167 | 150 | 114 | 180 | 5 |
| | 포항 | 45 | 46 | 56 | 170 | 174 | 123 | 198 | 4 |
| | 한일은행 | 5 | 5 | 1 | 16 | 8 | 14 | 9 | - |
| | 할렐루야 | 4 | 2 | 1 | 13 | 7 | 10 | 1 | - |
| | 소계 | 461 | 326 | 341 | 1,459 | 1,228 | 1,020 | 1,673 | 48 |

| 팀명 | 상대팀 | 승 | 무 | 패 | 득점 | 실점 | 도움 | 경고 | 퇴장 |
|---|---|---|---|---|---|---|---|---|---|
| 포항 | 강원 | 7 | 1 | 2 | 19 | 6 | 15 | 19 | - |
| | 경남 | 14 | 6 | 4 | 42 | 23 | 27 | 48 | - |
| | 광주 | 3 | 1 | - | 8 | 2 | 6 | 8 | - |
| | 광주상무 | 16 | 4 | 1 | 37 | 17 | 22 | 40 | - |
| | 국민은행 | 4 | 1 | 3 | 14 | 9 | 11 | 5 | - |
| | 대구 | 15 | 10 | 6 | 51 | 33 | 37 | 63 | 1 |
| | 대전 | 24 | 17 | 8 | 71 | 38 | 49 | 73 | 1 |
| | 버팔로 | 4 | 2 | - | 13 | 5 | 10 | 4 | 1 |
| | 부산 | 47 | 47 | 53 | 169 | 176 | 116 | 188 | 3 |
| | 상무 | 2 | 1 | - | 4 | 2 | 3 | 3 | - |
| | 상주 | 6 | - | 1 | 18 | 8 | 14 | 14 | - |
| | 서울 | 51 | 46 | 46 | 207 | 185 | 142 | 203 | 7 |
| | 성남 | 50 | 31 | 31 | 148 | 120 | 104 | 149 | - |
| | 수원 | 29 | 21 | 26 | 93 | 85 | 61 | 133 | 3 |
| | 울산 | 56 | 46 | 45 | 174 | 170 | 128 | 216 | 6 |
| | 인천 | 11 | 12 | 9 | 48 | 44 | 34 | 63 | 2 |
| | 전남 | 26 | 20 | 20 | 79 | 73 | 54 | 129 | 2 |
| | 전북 | 28 | 19 | 26 | 103 | 92 | 68 | 122 | 3 |
| | 제주 | 56 | 42 | 49 | 194 | 183 | 137 | 178 | 5 |
| | 한일은행 | 5 | 4 | 2 | 12 | 8 | 7 | 3 | - |
| | 할렐루야 | 5 | 3 | 3 | 15 | 11 | 8 | 6 | - |
| | 소계 | 459 | 334 | 335 | 1,519 | 1,290 | 1,053 | 1,667 | 34 |

| 팀명 | 상대팀 | 승 | 무 | 패 | 득점 | 실점 | 도움 | 경고 | 퇴장 |
|---|---|---|---|---|---|---|---|---|---|
| 서울 | 강원 | 9 | - | 1 | 26 | 12 | 17 | 19 | 1 |
| | 경남 | 12 | 9 | 6 | 33 | 23 | 26 | 58 | - |
| | 광주 | 3 | - | 1 | 9 | 5 | 7 | 6 | - |
| | 광주상무 | 15 | 5 | 4 | 38 | 14 | 19 | 33 | - |
| | 국민은행 | 2 | 1 | - | 6 | 2 | 4 | - | - |
| | 대구 | 13 | 7 | 8 | 47 | 27 | 32 | 47 | 2 |
| | 대전 | 22 | 18 | 12 | 72 | 53 | 44 | 83 | 1 |
| | 버팔로 | 6 | - | - | 17 | 5 | 12 | 4 | - |
| | 부산 | 52 | 46 | 44 | 179 | 160 | 116 | 176 | 9 |
| | 상무 | 1 | 2 | - | 3 | 2 | 3 | 1 | - |
| | 상주 | 5 | - | 2 | 13 | 9 | 10 | 16 | - |
| | 성남 | 33 | 38 | 39 | 133 | 144 | 92 | 187 | 6 |
| | 수원 | 25 | 16 | 31 | 80 | 96 | 54 | 164 | - |
| | 울산 | 47 | 46 | 54 | 172 | 183 | 121 | 215 | 10 |
| | 인천 | 13 | 13 | 7 | 53 | 36 | 40 | 64 | 2 |
| | 전남 | 28 | 23 | 17 | 94 | 72 | 60 | 131 | 2 |
| | 전북 | 30 | 22 | 19 | 111 | 92 | 67 | 133 | 1 |
| | 제주 | 55 | 47 | 41 | 189 | 163 | 127 | 183 | 5 |
| | 포항 | 46 | 46 | 51 | 185 | 207 | 133 | 200 | 10 |
| | 한일은행 | 8 | 1 | 2 | 26 | 9 | 20 | 7 | - |
| | 할렐루야 | 3 | 1 | 3 | 9 | 7 | 8 | 1 | - |
| | 소계 | 428 | 342 | 342 | 1,495 | 1,321 | 1,012 | 1,731 | 49 |

| 팀명 | 상대팀 | 승 | 무 | 패 | 득점 | 실점 | 도움 | 경고 | 퇴장 |
|---|---|---|---|---|---|---|---|---|---|
| 부산 | 강원 | 5 | 5 | 1 | 15 | 8 | 8 | 25 | - |
| | 경남 | 10 | 4 | 14 | 31 | 32 | 23 | 68 | 3 |
| | 광주 | 2 | 2 | 1 | 7 | 5 | | 10 | 1 |
| | 광주상무 | 8 | 7 | 9 | 25 | 24 | 21 | 29 | 1 |
| | 국민은행 | 6 | 2 | - | 18 | 6 | 11 | 3 | - |
| | 대구 | 10 | 7 | 11 | 42 | 48 | 26 | 54 | 2 |
| | 대전 | 35 | 10 | 15 | 98 | 66 | 63 | 104 | - |
| | 버팔로 | 3 | - | 3 | 13 | 12 | 9 | 10 | - |
| | 상무 | 1 | - | 2 | 5 | 6 | 4 | - | - |
| | 상주 | 4 | 4 | 1 | 14 | 12 | 11 | 12 | 2 |
| | 서울 | 44 | 46 | 52 | 160 | 179 | 86 | 219 | 12 |
| | 성남 | 35 | 36 | 38 | 123 | 135 | 77 | 193 | 4 |
| | 수원 | 17 | 19 | 40 | 78 | 115 | 48 | 161 | 5 |
| | 울산 | 52 | 43 | 52 | 162 | 164 | 110 | 238 | 15 |
| | 인천 | 8 | 16 | 9 | 38 | 34 | 14 | 63 | - |
| | 전남 | 25 | 14 | 29 | 90 | 102 | 61 | 141 | 7 |
| | 전북 | 21 | 17 | 28 | 77 | 96 | 46 | 140 | 2 |
| | 제주 | 50 | 49 | 48 | 151 | 157 | 78 | 220 | 3 |
| | 포항 | 53 | 47 | 47 | 176 | 169 | 105 | 221 | 7 |
| | 한일은행 | 8 | 1 | 2 | 22 | 11 | 17 | 5 | - |
| | 할렐루야 | 3 | 5 | 3 | 13 | 10 | 7 | 9 | 1 |
| | 소계 | 400 | 334 | 405 | 1,348 | 1,391 | 830 | 1,925 | 65 |

| 팀명 | 상대팀 | 승 | 무 | 패 | 득점 | 실점 | 도움 | 경고 | 퇴장 |
|---|---|---|---|---|---|---|---|---|---|
| 제주 | 강원 | 7 | 2 | 3 | 28 | 12 | 18 | 20 | - |
| | 경남 | 8 | 12 | 8 | 34 | 35 | 19 | 52 | - |
| | 광주 | 1 | 1 | 2 | 6 | 8 | 5 | 6 | - |
| | 광주상무 | 13 | 5 | 5 | 29 | 14 | 19 | 36 | 1 |
| | 국민은행 | 5 | 1 | 2 | 13 | 7 | 8 | 4 | - |
| | 대구 | 14 | 10 | 7 | 42 | 28 | 24 | 58 | - |
| | 대전 | 23 | 11 | 19 | 66 | 56 | 47 | 86 | 2 |
| | 버팔로 | 6 | - | - | 16 | 5 | 11 | 4 | 1 |
| | 부산 | 48 | 49 | 50 | 157 | 151 | 105 | 200 | 4 |
| | 상무 | 1 | 1 | 1 | 4 | 2 | 3 | 2 | - |
| | 상주 | 3 | 2 | 2 | 12 | 11 | 6 | 8 | - |
| | 서울 | 41 | 46 | 55 | 163 | 189 | 112 | 199 | 8 |
| | 성남 | 31 | 40 | 42 | 138 | 160 | 87 | 174 | 10 |
| | 수원 | 20 | 14 | 34 | 78 | 110 | 46 | 122 | 3 |
| | 울산 | 42 | 48 | 53 | 150 | 167 | 94 | 195 | 4 |
| | 인천 | 9 | 13 | 8 | 27 | 27 | 15 | 52 | 3 |
| | 전남 | 31 | 18 | 14 | 95 | 70 | 71 | 109 | 5 |
| | 전북 | 23 | 16 | 35 | 92 | 109 | 58 | 124 | 4 |

| | | | | | | | | |
|---|---|---|---|---|---|---|---|---|
| 포항 | 49 | 42 | 56 | 183 | 194 | 130 | 177 | 4 |
| 한일은행 | 4 | 4 | 3 | 15 | 9 | 11 | 6 | - |
| 할렐루야 | 4 | 5 | 2 | 22 | 16 | 15 | 4 | - |
| 소계 | 383 | 341 | 401 | 1,370 | 1,380 | 904 | 1,638 | 49 |

| 팀명 | 상대팀 | 승 | 무 | 패 | 득점 | 실점 | 도움 | 경고 | 퇴장 |
|---|---|---|---|---|---|---|---|---|---|
| 성남 | 강원 | 9 | 1 | 5 | 25 | 15 | 16 | 35 | 1 |
| | 경남 | 14 | 5 | 5 | 40 | 25 | 18 | 45 | - |
| | 광주 | 3 | - | 3 | 13 | 14 | 7 | 11 | 1 |
| | 광주상무 | 13 | 5 | 6 | 34 | 21 | 24 | 26 | 2 |
| | 대구 | 19 | 9 | 7 | 56 | 34 | 37 | 66 | - |
| | 대전 | 36 | 13 | 8 | 92 | 49 | 71 | 98 | 3 |
| | 버팔로 | 4 | 1 | 1 | 8 | 5 | 4 | 8 | 1 |
| | 부산 | 38 | 36 | 35 | 135 | 123 | 100 | 139 | 7 |
| | 상주 | 4 | 5 | 1 | 16 | 8 | 9 | 6 | - |
| | 서울 | 39 | 38 | 33 | 144 | 133 | 99 | 172 | 4 |
| | 수원 | 18 | 22 | 24 | 87 | 98 | 49 | 127 | 2 |
| | 울산 | 39 | 34 | 40 | 134 | 136 | 96 | 179 | 7 |
| | 인천 | 12 | 14 | 6 | 46 | 27 | 27 | 71 | 1 |
| | 전남 | 30 | 23 | 20 | 82 | 66 | 51 | 150 | 3 |
| | 전북 | 27 | 16 | 27 | 92 | 95 | 63 | 127 | 3 |
| | 제주 | 42 | 40 | 31 | 160 | 138 | 96 | 151 | 5 |
| | 포항 | 31 | 31 | 50 | 120 | 148 | 77 | 176 | 7 |
| | 소계 | 378 | 293 | 302 | 1,284 | 1,135 | 844 | 1,587 | 47 |

| 팀명 | 상대팀 | 승 | 무 | 패 | 득점 | 실점 | 도움 | 경고 | 퇴장 |
|---|---|---|---|---|---|---|---|---|---|
| 수원 | 강원 | 7 | 2 | 2 | 21 | 10 | 15 | 24 | 2 |
| | 경남 | 11 | 9 | 7 | 36 | 26 | 26 | 46 | 2 |
| | 광주 | 3 | 1 | - | 9 | 4 | 5 | 13 | - |
| | 광주상무 | 15 | 4 | 4 | 33 | 13 | 23 | 25 | 1 |
| | 대구 | 19 | 6 | 2 | 45 | 23 | 30 | 51 | - |
| | 대전 | 27 | 16 | 10 | 82 | 41 | 54 | 95 | 1 |
| | 부산 | 40 | 19 | 17 | 115 | 78 | 67 | 138 | 7 |
| | 상주 | 4 | 2 | 1 | 13 | 5 | 6 | 10 | - |
| | 서울 | 31 | 16 | 25 | 96 | 94 | 63 | 166 | 4 |
| | 성남 | 24 | 22 | 18 | 98 | 87 | 64 | 120 | - |
| | 울산 | 23 | 17 | 25 | 80 | 78 | 41 | 127 | 3 |
| | 인천 | 18 | 7 | 5 | 46 | 27 | 29 | 62 | - |
| | 전남 | 27 | 14 | 18 | 84 | 69 | 47 | 99 | 3 |
| | 전북 | 28 | 18 | 18 | 95 | 94 | 63 | 127 | 4 |
| | 제주 | 34 | 14 | 20 | 110 | 78 | 78 | 105 | 5 |
| | 포항 | 26 | 21 | 29 | 85 | 93 | 53 | 140 | 4 |
| | 소계 | 337 | 188 | 201 | 1,048 | 806 | 664 | 1,348 | 36 |

| 팀명 | 상대팀 | 승 | 무 | 패 | 득점 | 실점 | 도움 | 경고 | 퇴장 |
|---|---|---|---|---|---|---|---|---|---|
| 전북 | 강원 | 9 | - | 2 | 27 | 15 | 19 | 30 | - |
| | 경남 | 16 | 4 | 6 | 54 | 31 | 34 | 53 | 2 |
| | 광주 | 3 | 1 | - | 15 | 4 | 12 | 10 | - |
| | 광주상무 | 13 | 7 | 4 | 36 | 21 | 25 | 37 | - |
| | 대구 | 17 | 7 | 7 | 55 | 33 | 33 | 58 | 1 |
| | 대전 | 17 | 15 | 17 | 62 | 59 | 40 | 85 | 2 |
| | 부산 | 28 | 17 | 21 | 96 | 77 | 67 | 97 | 4 |
| | 상주 | 6 | 1 | - | 21 | 1 | 16 | 9 | - |
| | 서울 | 19 | 22 | 30 | 92 | 111 | 55 | 146 | 2 |
| | 성남 | 27 | 16 | 27 | 95 | 92 | 62 | 153 | 4 |
| | 수원 | 18 | 18 | 28 | 94 | 95 | 64 | 128 | 2 |
| | 울산 | 26 | 19 | 33 | 102 | 114 | 69 | 160 | 5 |
| | 인천 | 10 | 9 | 11 | 38 | 35 | 28 | 71 | - |
| | 전남 | 24 | 23 | 19 | 87 | 72 | 53 | 140 | 2 |

| | | | | | | | | |
|---|---|---|---|---|---|---|---|---|
| 제주 | 35 | 16 | 23 | 109 | 92 | 72 | 144 | 2 |
| 포항 | 26 | 19 | 28 | 92 | 103 | 57 | 148 | 2 |
| 소계 | 294 | 194 | 256 | 1,075 | 955 | 706 | 1,469 | 28 |

| 팀명 | 상대팀 | 승 | 무 | 패 | 득점 | 실점 | 도움 | 경고 | 퇴장 |
|---|---|---|---|---|---|---|---|---|---|
| 전남 | 강원 | 8 | 7 | 2 | 28 | 20 | 19 | 38 | - |
| | 경남 | 12 | 5 | 7 | 32 | 27 | 24 | 47 | - |
| | 광주 | 1 | 3 | 3 | 5 | 12 | 4 | 14 | - |
| | 광주상무 | 12 | 6 | 3 | 27 | 14 | 16 | 34 | - |
| | 대구 | 14 | 10 | 8 | 54 | 44 | 40 | 72 | 4 |
| | 대전 | 24 | 15 | 16 | 73 | 53 | 46 | 83 | 1 |
| | 부산 | 29 | 14 | 25 | 102 | 90 | 68 | 103 | 2 |
| | 상주 | 8 | 1 | 2 | 17 | 8 | 10 | 11 | - |
| | 서울 | 17 | 23 | 28 | 72 | 94 | 49 | 115 | 3 |
| | 성남 | 20 | 23 | 30 | 66 | 82 | 42 | 146 | 4 |
| | 수원 | 18 | 14 | 27 | 69 | 84 | 42 | 112 | 2 |
| | 울산 | 18 | 20 | 29 | 65 | 83 | 40 | 129 | 2 |
| | 인천 | 5 | 16 | 10 | 25 | 27 | 16 | 67 | 3 |
| | 전북 | 19 | 23 | 24 | 72 | 87 | 52 | 116 | 3 |
| | 제주 | 14 | 18 | 31 | 70 | 95 | 44 | 92 | 3 |
| | 포항 | 20 | 20 | 26 | 73 | 79 | 42 | 126 | 1 |
| | 소계 | 239 | 218 | 271 | 850 | 899 | 554 | 1,305 | 28 |

| 팀명 | 상대팀 | 승 | 무 | 패 | 득점 | 실점 | 도움 | 경고 | 퇴장 |
|---|---|---|---|---|---|---|---|---|---|
| 대전 | 강원 | 10 | 4 | 5 | 36 | 30 | 25 | 41 | 1 |
| | 경남 | 4 | 10 | 8 | 19 | 37 | 13 | 42 | - |
| | 고양 | 2 | 2 | - | 7 | 3 | 3 | 3 | - |
| | 광주 | 5 | 2 | 3 | 14 | 8 | 9 | 23 | - |
| | 광주상무 | 10 | 10 | 5 | 30 | 20 | 12 | 35 | - |
| | 대구 | 13 | 17 | 10 | 57 | 50 | 38 | 101 | 3 |
| | 부산 | 15 | 10 | 35 | 66 | 98 | 42 | 108 | 3 |
| | 부천 | 3 | 1 | - | 5 | 2 | 3 | 5 | - |
| | 상주 | 3 | 2 | 1 | 6 | 5 | 6 | 10 | - |
| | 서울 | 12 | 18 | 22 | 53 | 72 | 37 | 95 | 3 |
| | 성남 | 8 | 13 | 36 | 49 | 92 | 31 | 100 | 3 |
| | 수원 | 10 | 16 | 27 | 41 | 82 | 29 | 100 | 3 |
| | 수원FC | 2 | 1 | 1 | 10 | 8 | 4 | 9 | - |
| | 안산 | 1 | 2 | 1 | 4 | 7 | 3 | 5 | - |
| | 안양 | 2 | 1 | 1 | 9 | 6 | 7 | 5 | - |
| | 울산 | 11 | 15 | 30 | 49 | 91 | 24 | 103 | 1 |
| | 인천 | 5 | 6 | 17 | 21 | 38 | 11 | 62 | - |
| | 전남 | 16 | 15 | 24 | 53 | 73 | 36 | 113 | 4 |
| | 전북 | 17 | 15 | 17 | 59 | 62 | 41 | 93 | 1 |
| | 제주 | 19 | 11 | 23 | 56 | 66 | 33 | 78 | 1 |
| | 충주 | 3 | 1 | - | 9 | 1 | 6 | 3 | - |
| | 포항 | 8 | 17 | 24 | 38 | 71 | 18 | 85 | 2 |
| | 소계 | 179 | 189 | 290 | 694 | 923 | 430 | 1,219 | 25 |

| 팀명 | 상대팀 | 승 | 무 | 패 | 득점 | 실점 | 도움 | 경고 | 퇴장 |
|---|---|---|---|---|---|---|---|---|---|
| 인천 | 강원 | 8 | 1 | 4 | 22 | 16 | 16 | 20 | - |
| | 경남 | 4 | 11 | 9 | 25 | 27 | 16 | 47 | - |
| | 광주 | 2 | 4 | - | 8 | 6 | 5 | 6 | - |
| | 광주상무 | 7 | 4 | 6 | 20 | 17 | 11 | 24 | - |
| | 대구 | 12 | 11 | 7 | 44 | 41 | 26 | 69 | 2 |
| | 대전 | 17 | 6 | 5 | 38 | 21 | 23 | 68 | 1 |
| | 부산 | 9 | 16 | 8 | 34 | 28 | 22 | 57 | - |
| | 상주 | 4 | 3 | 3 | 10 | 8 | 5 | 9 | - |
| | 서울 | 13 | 13 | 16 | 53 | 53 | 24 | 68 | 2 |
| | 성남 | 6 | 14 | 12 | 27 | 46 | 19 | 69 | 1 |

| | 승 | 무 | 패 | 득점 | 실점 | 도움 | 경고 | 퇴장 |
|---|---|---|---|---|---|---|---|---|
| 수원 | 5 | 7 | 18 | 27 | 46 | 13 | 69 | 4 |
| 울산 | 9 | 7 | 16 | 30 | 46 | 19 | 62 | 1 |
| 전남 | 10 | 16 | 5 | 27 | 25 | 12 | 61 | 4 |
| 전북 | 11 | 9 | 10 | 35 | 38 | 24 | 69 | - |
| 제주 | 8 | 13 | 9 | 27 | 27 | 12 | 56 | 1 |
| 포항 | 9 | 12 | 11 | 44 | 48 | 23 | 70 | 3 |
| 소계 | 128 | 147 | 136 | 454 | 493 | 270 | 824 | 19 |

| 팀명 | 상대팀 | 승 | 무 | 패 | 득점 | 실점 | 도움 | 경고 | 퇴장 |
|---|---|---|---|---|---|---|---|---|---|
| 대구 | 강원 | 7 | 7 | 5 | 26 | 23 | 17 | 36 | - |
| | 경남 | 3 | 2 | 15 | 19 | 45 | 13 | 46 | 1 |
| | 고양 | 2 | - | 2 | 6 | 5 | 5 | 6 | - |
| | 광주 | 2 | 4 | 4 | 13 | 14 | 4 | 21 | - |
| | 광주상무 | 14 | 5 | 4 | 42 | 25 | 26 | 43 | - |
| | 대전 | 10 | 17 | 13 | 50 | 57 | 34 | 82 | 2 |
| | 부산 | 11 | 7 | 10 | 48 | 42 | 30 | 62 | 2 |
| | 부천 | 3 | - | 1 | 4 | 1 | 3 | 7 | - |
| | 상주 | 4 | 2 | - | 9 | 3 | 2 | 8 | - |
| | 서울 | 8 | 7 | 13 | 27 | 47 | 17 | 69 | - |
| | 성남 | 7 | 9 | 19 | 34 | 56 | 18 | 72 | 1 |
| | 수원 | 2 | 6 | 19 | 23 | 45 | 13 | 58 | 2 |
| | 수원FC | 1 | 2 | 1 | 6 | 5 | 4 | 10 | - |
| | 안산 | - | 1 | 3 | 6 | 9 | 3 | 5 | - |
| | 안양 | - | 2 | 2 | 4 | 7 | 4 | 7 | - |
| | 울산 | 6 | 8 | 17 | 30 | 49 | 16 | 60 | 2 |
| | 인천 | 7 | 11 | 12 | 41 | 44 | 26 | 80 | - |
| | 전남 | 8 | 10 | 14 | 44 | 54 | 27 | 69 | 3 |
| | 전북 | 7 | 7 | 17 | 33 | 55 | 24 | 72 | - |
| | 제주 | 7 | 10 | 14 | 28 | 42 | 19 | 63 | 2 |
| | 충주 | 2 | 1 | 1 | 7 | 6 | 3 | 9 | - |
| | 포항 | 6 | 10 | 15 | 33 | 51 | 24 | 61 | 1 |
| | 소계 | 117 | 128 | 201 | 533 | 685 | 332 | 946 | 16 |

| 팀명 | 상대팀 | 승 | 무 | 패 | 득점 | 실점 | 도움 | 경고 | 퇴장 |
|---|---|---|---|---|---|---|---|---|---|
| 경남 | 강원 | 6 | 4 | 3 | 18 | 11 | 14 | 21 | - |
| | 광주 | 4 | 1 | 1 | 8 | 5 | 7 | 12 | - |
| | 광주상무 | 7 | 4 | 3 | 14 | 9 | 9 | 20 | - |
| | 대구 | 15 | 2 | 3 | 45 | 19 | 23 | 39 | 2 |
| | 대전 | 8 | 10 | 4 | 37 | 19 | 22 | 46 | 1 |
| | 부산 | 14 | 4 | 10 | 32 | 31 | 24 | 55 | 1 |
| | 상주 | 3 | 1 | 4 | 10 | 10 | 6 | 13 | - |
| | 서울 | 6 | 9 | 12 | 23 | 33 | 12 | 58 | 1 |
| | 성남 | 5 | 5 | 14 | 25 | 40 | 13 | 42 | - |
| | 수원 | 7 | 9 | 11 | 26 | 36 | 18 | 50 | 1 |
| | 울산 | 4 | 3 | 16 | 17 | 39 | 14 | 39 | 1 |
| | 인천 | 9 | 11 | 4 | 27 | 25 | 16 | 36 | 1 |
| | 전남 | 7 | 5 | 12 | 27 | 32 | 17 | 56 | 1 |
| | 전북 | 6 | 4 | 16 | 31 | 54 | 20 | 58 | 1 |
| | 제주 | 8 | 12 | 8 | 35 | 34 | 18 | 60 | - |
| | 포항 | 4 | 6 | 14 | 23 | 42 | 13 | 58 | - |
| | 소계 | 113 | 90 | 135 | 398 | 439 | 246 | 663 | 9 |

| 팀명 | 상대팀 | 승 | 무 | 패 | 득점 | 실점 | 도움 | 경고 | 퇴장 |
|---|---|---|---|---|---|---|---|---|---|
| 강원 | 경남 | 3 | 4 | 6 | 11 | 18 | 6 | 20 | - |
| | 고양 | 2 | 1 | 1 | 4 | 3 | 3 | 7 | - |
| | 광주 | 3 | 4 | 5 | 13 | 14 | 10 | 17 | 1 |
| | 광주상무 | 1 | 1 | 2 | 4 | 6 | 3 | 4 | - |
| | 대구 | 5 | 7 | 7 | 23 | 26 | 16 | 42 | - |
| | 대전 | 5 | 4 | 10 | 30 | 36 | 23 | 35 | 1 |

| | 승 | 무 | 패 | 득점 | 실점 | 도움 | 경고 | 퇴장 |
|---|---|---|---|---|---|---|---|---|
| 부산 | 1 | 5 | 5 | 8 | 15 | 6 | 17 | 1 |
| 부천 | 2 | 1 | 1 | 5 | 4 | 4 | 7 | 1 |
| 상주 | 1 | 4 | 4 | 10 | 11 | 5 | 11 | - |
| 서울 | 1 | - | 9 | 12 | 26 | 6 | 19 | - |
| 성남 | 5 | 1 | 9 | 15 | 25 | 10 | 20 | - |
| 수원 | 2 | 2 | 7 | 10 | 21 | 5 | 13 | - |
| 수원FC | 3 | 1 | - | 6 | 3 | 5 | 9 | - |
| 안산 | 2 | - | 2 | 6 | 6 | 2 | 9 | - |
| 안양 | 1 | 1 | 2 | 3 | 3 | - | 10 | 2 |
| 울산 | 2 | 1 | 8 | 13 | 21 | 11 | 15 | - |
| 인천 | 4 | 1 | 8 | 16 | 22 | 13 | 30 | - |
| 전남 | 2 | 7 | 8 | 20 | 28 | 11 | 35 | - |
| 전북 | 2 | - | 9 | 15 | 27 | 10 | 25 | - |
| 제주 | 3 | 2 | 7 | 12 | 28 | 5 | 21 | - |
| 충주 | 4 | - | - | 10 | 3 | 6 | 6 | - |
| 포항 | 2 | 1 | 7 | 6 | 19 | 3 | 17 | 1 |
| 소계 | 59 | 45 | 117 | 252 | 365 | 163 | 389 | 7 |

| 팀명 | 상대팀 | 승 | 무 | 패 | 득점 | 실점 | 도움 | 경고 | 퇴장 |
|---|---|---|---|---|---|---|---|---|---|
| 광주 | 강원 | 5 | 4 | 3 | 14 | 13 | 9 | 20 | 1 |
| | 경남 | 1 | 1 | 4 | 5 | 8 | 3 | 14 | - |
| | 고양 | 3 | 3 | 3 | 11 | 13 | 6 | 14 | - |
| | 대구 | 4 | 4 | 2 | 14 | 13 | 10 | 23 | - |
| | 대전 | 3 | 2 | 5 | 8 | 14 | 6 | 18 | 1 |
| | 부산 | 1 | 2 | 2 | 5 | 7 | 5 | 15 | - |
| | 부천 | 5 | 3 | 1 | 13 | 9 | 10 | 14 | - |
| | 상주 | 6 | 1 | 5 | 14 | 14 | 8 | 23 | - |
| | 서울 | 1 | - | 3 | 5 | 9 | 3 | 13 | - |
| | 성남 | 3 | - | 3 | 14 | 13 | 9 | 16 | - |
| | 수원 | - | 1 | 3 | 4 | 9 | - | 13 | - |
| | 수원FC | 4 | 2 | 3 | 12 | 11 | 9 | 23 | - |
| | 안산 | 4 | 1 | 5 | 14 | 13 | 10 | 21 | - |
| | 안양 | 4 | 2 | 3 | 17 | 12 | 10 | 13 | - |
| | 울산 | - | 1 | 4 | 3 | 7 | 3 | 11 | - |
| | 인천 | - | 4 | 2 | 6 | 8 | 4 | 14 | - |
| | 전남 | 3 | 3 | 1 | 12 | 9 | 6 | 13 | - |
| | 전북 | - | 1 | 3 | 4 | 15 | 4 | 9 | - |
| | 제주 | 2 | 1 | 3 | 8 | 6 | 5 | 5 | - |
| | 충주 | 3 | 4 | 2 | 11 | 6 | 6 | 14 | - |
| | 포항 | - | 1 | 3 | 2 | 8 | 1 | 16 | - |
| | 소계 | 52 | 41 | 61 | 196 | 213 | 131 | 323 | 3 |

| 팀명 | 상대팀 | 승 | 무 | 패 | 득점 | 실점 | 도움 | 경고 | 퇴장 |
|---|---|---|---|---|---|---|---|---|---|
| 상주 | 강원 | 4 | 1 | 4 | 11 | 10 | 8 | 11 | - |
| | 경남 | 4 | 1 | 3 | 10 | 10 | 8 | 22 | 1 |
| | 고양 | 3 | 1 | 1 | 7 | 5 | 7 | 7 | - |
| | 광주 | 5 | 1 | 6 | 14 | 14 | 9 | 22 | 1 |
| | 대구 | - | 2 | 4 | 3 | 9 | 3 | 7 | - |
| | 대전 | 1 | 2 | 3 | 6 | 9 | 4 | 5 | - |
| | 부산 | 1 | 4 | 4 | 12 | 14 | 8 | 17 | 1 |
| | 부천 | 3 | 2 | - | 9 | 4 | 4 | 6 | 1 |
| | 서울 | 2 | - | 5 | 9 | 13 | 6 | 18 | 3 |
| | 성남 | 1 | 5 | 4 | 8 | 16 | 4 | 18 | - |
| | 수원 | 1 | 2 | 4 | 5 | 13 | 5 | 12 | - |
| | 수원FC | 3 | 2 | 1 | 8 | 8 | 6 | 10 | - |
| | 안산 | 3 | 1 | 1 | 10 | 6 | 6 | 6 | - |
| | 안양 | 3 | 1 | 1 | 11 | 6 | 6 | 4 | - |
| | 울산 | - | 2 | 6 | 10 | 19 | 8 | 21 | - |

| 상대팀 | 승 | 무 | 패 | 득점 | 실점 | 도움 | 경고 | 퇴장 |
|---|---|---|---|---|---|---|---|---|
| 인천 | 3 | 3 | 4 | 8 | 10 | 4 | 19 | - |
| 전남 | 2 | 1 | 8 | 8 | 17 | 5 | 22 | - |
| 전북 | - | 1 | 6 | 1 | 21 | 1 | 13 | 2 |
| 제주 | 2 | 2 | 3 | 11 | 12 | 6 | 13 | - |
| 충주 | 4 | 1 | - | 10 | 3 | 7 | 8 | - |
| 포항 | 1 | - | 6 | 8 | 18 | 4 | 19 | - |
| 소계 | 46 | 35 | 73 | 179 | 231 | 119 | 280 | 9 |

| 팀명 | 상대팀 | 승 | 무 | 패 | 득점 | 실점 | 도움 | 경고 | 퇴장 |
|---|---|---|---|---|---|---|---|---|---|
| 안산 | 강원 | 2 | - | 2 | 6 | 6 | 2 | 7 | - |
| | 고양 | 3 | 3 | 3 | 15 | 8 | 11 | 23 | 1 |
| | 광주 | 5 | 1 | 4 | 13 | 14 | 9 | 29 | 2 |
| | 대구 | 3 | 1 | - | 9 | 6 | 7 | 5 | - |
| | 대전 | 1 | 2 | 1 | 7 | 4 | 4 | 9 | - |
| | 부천 | 6 | 2 | 1 | 21 | 11 | 14 | 27 | 1 |
| | 상주 | 1 | 1 | 3 | 5 | 10 | 4 | 19 | - |
| | 수원FC | 6 | - | 3 | 17 | 15 | 9 | 23 | 1 |
| | 안양 | 5 | 1 | 3 | 10 | 14 | 8 | 26 | - |
| | 충주 | 4 | 4 | 1 | 15 | 10 | 8 | 17 | - |
| | 소계 | 36 | 15 | 21 | 118 | 98 | 76 | 185 | 5 |

| 팀명 | 상대팀 | 승 | 무 | 패 | 득점 | 실점 | 도움 | 경고 | 퇴장 |
|---|---|---|---|---|---|---|---|---|---|
| 안양 | 강원 | 2 | 1 | 1 | 3 | 3 | 1 | 10 | 1 |
| | 고양 | 5 | 2 | 2 | 11 | 7 | 9 | 15 | - |
| | 광주 | 3 | 2 | 4 | 12 | 17 | 7 | 19 | - |
| | 대구 | 2 | 2 | - | 7 | 4 | 4 | 9 | - |
| | 대전 | 1 | 1 | 2 | 6 | 9 | 5 | 6 | - |
| | 부천 | 5 | 1 | 3 | 12 | 10 | 9 | 21 | - |
| | 상주 | 1 | 1 | 3 | 6 | 11 | 4 | 6 | - |
| | 수원FC | 1 | 2 | 6 | 9 | 18 | 5 | 23 | - |
| | 안산 | 3 | 1 | 5 | 14 | 10 | 9 | 18 | - |
| | 충주 | 4 | 2 | 3 | 19 | 14 | 13 | 12 | - |
| | 소계 | 27 | 15 | 29 | 99 | 103 | 66 | 139 | 1 |

| 팀명 | 상대팀 | 승 | 무 | 패 | 득점 | 실점 | 도움 | 경고 | 퇴장 |
|---|---|---|---|---|---|---|---|---|---|
| 수원F | 강원 | - | 1 | 3 | 3 | 6 | 2 | 10 | - |
| | 고양 | 2 | 4 | 3 | 9 | 9 | 5 | 20 | 2 |
| | 광주 | 3 | 2 | 4 | 11 | 12 | 9 | 18 | - |
| | 대구 | 1 | 2 | 1 | 5 | 6 | 4 | 8 | - |
| | 대전 | 1 | 1 | 2 | 8 | 10 | 3 | 6 | - |
| | 부천 | 5 | 3 | 1 | 20 | 16 | 14 | 21 | 1 |
| | 상주 | - | 2 | 3 | 3 | 8 | 2 | 12 | - |
| | 안산 | 3 | - | 6 | 15 | 17 | 10 | 20 | - |
| | 안양 | 6 | 2 | 1 | 18 | 9 | 10 | 22 | 1 |
| | 충주 | 4 | 3 | 2 | 13 | 7 | 8 | 10 | - |
| | 소계 | 25 | 20 | 26 | 105 | 100 | 67 | 147 | 4 |

| 팀명 | 상대팀 | 승 | 무 | 패 | 득점 | 실점 | 도움 | 경고 | 퇴장 |
|---|---|---|---|---|---|---|---|---|---|
| 고양 | 강원 | 1 | 1 | 2 | 3 | 4 | 2 | 8 | - |
| | 광주 | 3 | 3 | 3 | 13 | 11 | 6 | 19 | - |
| | 대구 | 2 | - | 2 | 5 | 6 | 1 | 9 | 1 |
| | 대전 | - | 2 | 2 | 3 | 7 | 1 | 9 | 1 |
| | 부천 | 3 | 3 | 3 | 12 | 13 | 5 | 18 | - |
| | 상주 | 1 | 1 | 3 | 5 | 7 | 1 | 5 | - |
| | 수원FC | 3 | 4 | 2 | 9 | 9 | 5 | 14 | - |
| | 안산 | 3 | 3 | 3 | 8 | 15 | 7 | 16 | - |
| | 안양 | 2 | 2 | 5 | 7 | 11 | 5 | 20 | - |
| | 충주 | 3 | 6 | - | 14 | 8 | 11 | 19 | 1 |
| | 소계 | 21 | 25 | 25 | 79 | 91 | 44 | 137 | 3 |

| 팀명 | 상대팀 | 승 | 무 | 패 | 득점 | 실점 | 도움 | 경고 | 퇴장 |
|---|---|---|---|---|---|---|---|---|---|
| 부천 | 강원 | 1 | 1 | 2 | 4 | 5 | 2 | 5 | 1 |
| | 고양 | 3 | 3 | 3 | 13 | 12 | 9 | 15 | - |
| | 광주 | 1 | 3 | 5 | 9 | 13 | 5 | 16 | - |
| | 대구 | 1 | - | 3 | 1 | 4 | - | 3 | - |
| | 대전 | - | 1 | 3 | 2 | 5 | 2 | 5 | - |
| | 상주 | - | 2 | 3 | 4 | 9 | 1 | 8 | - |
| | 수원FC | 1 | 3 | 5 | 16 | 20 | 7 | 20 | - |
| | 안산 | 1 | 2 | 6 | 11 | 21 | 8 | 18 | - |
| | 안양 | 3 | 1 | 5 | 10 | 12 | 8 | 19 | - |
| | 충주 | 3 | 2 | 4 | 8 | 12 | 5 | 21 | - |
| | 소계 | 14 | 18 | 39 | 78 | 113 | 47 | 130 | 1 |

| 팀명 | 상대팀 | 승 | 무 | 패 | 득점 | 실점 | 도움 | 경고 | 퇴장 |
|---|---|---|---|---|---|---|---|---|---|
| 충주 | 강원 | - | - | 4 | 3 | 10 | 1 | 6 | - |
| | 고양 | - | 6 | 3 | 8 | 14 | 6 | 14 | - |
| | 광주 | 2 | 4 | 3 | 6 | 11 | 3 | 19 | 1 |
| | 대구 | 1 | 1 | 2 | 6 | 7 | 5 | 5 | - |
| | 대전 | - | 1 | 3 | 1 | 9 | 1 | 5 | - |
| | 부천 | 4 | 2 | 3 | 12 | 8 | 9 | 30 | - |
| | 상주 | - | 1 | 4 | 3 | 10 | 3 | 12 | - |
| | 수원FC | 2 | 3 | 4 | 7 | 13 | 4 | 17 | - |
| | 안산 | 1 | 4 | 4 | 10 | 15 | 6 | 14 | - |
| | 안양 | 3 | 2 | 4 | 14 | 19 | 9 | 22 | - |
| | 소계 | 13 | 24 | 34 | 70 | 116 | 47 | 144 | 1 |

| 팀명 | 상대팀 | 승 | 무 | 패 | 득점 | 실점 | 도움 | 경고 | 퇴장 |
|---|---|---|---|---|---|---|---|---|---|
| 광주 상무 | 강원 | 2 | 1 | 1 | 6 | 4 | 2 | 9 | - |
| | 경남 | 3 | 4 | 7 | 9 | 14 | 8 | 24 | - |
| | 대구 | 4 | 5 | 14 | 25 | 42 | 18 | 34 | - |
| | 대전 | 5 | 10 | 10 | 20 | 30 | 13 | 41 | - |
| | 부산 | 9 | 7 | 8 | 24 | 25 | 18 | 38 | 1 |
| | 서울 | 4 | 5 | 15 | 14 | 38 | 9 | 38 | - |
| | 성남 | 6 | 5 | 13 | 31 | 34 | 17 | 45 | - |
| | 수원 | 4 | 4 | 15 | 13 | 33 | 6 | 37 | 2 |
| | 울산 | 3 | 6 | 15 | 13 | 35 | 7 | 35 | - |
| | 인천 | 6 | 4 | 7 | 17 | 20 | 13 | 23 | 1 |
| | 전남 | 3 | 6 | 12 | 14 | 27 | 11 | 30 | - |
| | 전북 | 4 | 7 | 13 | 21 | 36 | 11 | 35 | - |
| | 제주 | 5 | 5 | 13 | 14 | 29 | 7 | 32 | 3 |
| | 포항 | 1 | 4 | 16 | 17 | 37 | 9 | 27 | - |
| | 소계 | 59 | 73 | 159 | 228 | 404 | 149 | 448 | 7 |

| 팀명 | 상대팀 | 승 | 무 | 패 | 득점 | 실점 | 도움 | 경고 | 퇴장 |
|---|---|---|---|---|---|---|---|---|---|
| 할렐 루야 | 국민은행 | 6 | 2 | - | 17 | 4 | 9 | 1 | - |
| | 부산 | 3 | 5 | 3 | 10 | 13 | 8 | 8 | - |
| | 상무 | 1 | - | 2 | 5 | 4 | 3 | 2 | - |
| | 서울 | 3 | 1 | 3 | 7 | 9 | 7 | 4 | - |
| | 울산 | 1 | 2 | 4 | 7 | 13 | 6 | 3 | - |
| | 제주 | 2 | 5 | 4 | 16 | 22 | 10 | 9 | 1 |
| | 포항 | 3 | 3 | 5 | 11 | 15 | 11 | 3 | 1 |
| | 한일은행 | - | 6 | 1 | 4 | 5 | 3 | 3 | - |
| | 소계 | 19 | 24 | 22 | 77 | 85 | 57 | 33 | 2 |

| 팀명 | 상대팀 | 승 | 무 | 패 | 득점 | 실점 | 도움 | 경고 | 퇴장 |
|---|---|---|---|---|---|---|---|---|---|
| 한일 은행 | 국민은행 | 1 | 2 | 1 | 6 | 7 | 4 | 2 | - |
| | 부산 | 2 | 1 | 8 | 11 | 22 | 7 | 10 | - |
| | 상무 | - | 2 | 1 | 5 | 6 | 4 | 1 | - |
| | 서울 | 2 | 1 | 8 | 9 | 26 | 7 | 8 | - |

| 상대팀 | 승 | 무 | 패 | 득점 | 실점 | 도움 | 경고 | 퇴장 |
|---|---|---|---|---|---|---|---|---|
| 울산 | 1 | 5 | 5 | 8 | 16 | 4 | 7 | - |
| 제주 | 3 | 4 | 4 | 9 | 15 | 8 | 6 | - |
| 포항 | 2 | 4 | 5 | 8 | 12 | 8 | 4 | - |
| 할렐루야 | 1 | 6 | - | 5 | 4 | 3 | 2 | - |
| 소계 | 12 | 25 | 32 | 61 | 108 | 45 | 40 | - |

| 팀명 | 상대팀 | 승 | 무 | 패 | 득점 | 실점 | 도움 | 경고 | 퇴장 |
|---|---|---|---|---|---|---|---|---|---|
| 국민은행 | 부산 | - | 2 | 6 | 6 | 18 | 2 | 2 | - |
| | 서울 | - | 2 | 2 | 2 | 6 | 2 | 2 | - |
| | 울산 | - | - | 4 | 3 | 14 | 3 | 1 | - |
| | 제주 | 2 | 1 | 5 | 7 | 13 | 4 | 9 | 1 |
| | 포항 | 3 | 1 | 4 | 9 | 14 | 6 | 4 | - |
| | 한일은행 | 1 | 2 | 1 | 7 | 6 | 5 | 3 | - |
| | 할렐루야 | - | 2 | 6 | 4 | 17 | 3 | 3 | 1 |
| | 소계 | 6 | 10 | 28 | 38 | 88 | 25 | 24 | 2 |

| 팀명 | 상대팀 | 승 | 무 | 패 | 득점 | 실점 | 도움 | 경고 | 퇴장 |
|---|---|---|---|---|---|---|---|---|---|
| 상무 | 부산 | 2 | - | 1 | 6 | 5 | 6 | 1 | - |
| | 서울 | - | 2 | 1 | 2 | 3 | 2 | 2 | - |
| | 울산 | - | 1 | 2 | 1 | 4 | - | 4 | - |
| | 제주 | 1 | 1 | 2 | 1 | 4 | 1 | - | - |
| | 포항 | - | 1 | 2 | 2 | 4 | 2 | 3 | - |
| | 한일은행 | 1 | 2 | - | 6 | 5 | 6 | 1 | - |
| | 할렐루야 | 2 | - | 1 | 4 | 5 | 2 | - | - |
| | 소계 | 6 | 7 | 8 | 23 | 30 | 19 | 11 | - |

| 팀명 | 상대팀 | 승 | 무 | 패 | 득점 | 실점 | 도움 | 경고 | 퇴장 |
|---|---|---|---|---|---|---|---|---|---|
| 전북버팔로 | 부산 | 3 | - | 3 | 12 | 13 | 7 | 12 | - |
| | 서울 | - | - | 6 | 5 | 17 | 4 | 6 | 1 |
| | 성남 | 1 | 1 | 4 | 5 | 8 | 4 | 10 | 1 |
| | 울산 | 1 | 2 | 3 | 5 | 10 | 4 | 10 | - |
| | 제주 | - | - | 6 | 5 | 16 | 2 | 6 | 1 |
| | 포항 | - | 2 | 4 | 5 | 13 | 4 | 4 | 1 |
| | 소계 | 5 | 5 | 26 | 37 | 77 | 25 | 48 | 4 |

## 역대 통산 팀 최다 연승

| 순위 | 연속 | 팀명 | 기록 내용 |
|---|---|---|---|
| 1 | 11경기 | 상주 | 2013.09.01~2013.11.10 |
| 2 | 9경기 | 울산 | 2002.10.19~2003.03.23 |
| | | 성남 | 2002.11.10~2003.04.30 |
| | | 전북 | 2014.10.01~2014.11.22 |
| 5 | 8경기 | 부산 | 1998.05.23~1998.07.26 |
| | | 수원 | 1999.07.29~1999.08.29 |
| | | 울산 | 2003.05.24~2003.07.06 |
| | | 성남 | 2003.08.03~2003.09.14 |
| | | 수원 | 2008.03.19~2008.04.26 |
| | | 포항 | 2009.06.21~2009.07.25 |
| | | 전북 | 2010.06.06~2010.08.08 |
| | | 전북 | 2012.05.11~2012.07.01 |

## 역대 통산 팀 최다 연속 무승부

| 순위 | 연속 | 팀명 | 기록 내용 |
|---|---|---|---|
| 1 | 10경기 | 안양[서울] | 1997.05.10~1997.07.13 |
| 2 | 9경기 | 일화[성남] | 1992.05.09~1992.06.20 |
| | | 전남 | 2006.03.18~2006.04.29 |

| 4 | 7경기 | 전남 | 1997.05.18~1997.07.09 |
|---|---|---|---|
| | | 대구 | 2004.08.01~2004.08.29 |
| | | 포항 | 2005.03.16~2005.04.27 |

## 역대 통산 팀 최다 연패

| 순위 | 연속 | 팀명 | 기록 내용 | 비고 |
|---|---|---|---|---|
| 1 | 14경기 | 상주 | 2012.09.16~2012.12.01 | 기권패 |
| 2 | 10경기 | 전북버팔로 | 1994.09.10~1994.11.12 | |
| 3 | 8경기 | 대우[부산] | 1994.08.13~1994.09.10 | |
| | | 광주상무 | 2008.08.24~2008.09.28 | |
| | | 광주상무 | 2009.09.13~2009.11.01 | |
| | | 강원 | 2010.05.05~2010.07.24 | |
| | | 강원 | 2011.06.18~2011.08.13 | |
| | | 강원 | 2013.07.16~2013.09.01 | |

## 역대 통산 팀 최다 연속 무승

| 순위 | 연속 | 팀명 | 기록 내용 | 비고 |
|---|---|---|---|---|
| 1 | 23경기 | 광주상무 | 2008.04.30~2008.10.18 | |
| 2 | 22경기 | 대전 | 1997.05.07~1997.10.12 | |
| | | 부천[제주] | 2002.11.17~2003.07.12 | |
| | | 부산 | 2005.07.06~2006.04.05 | |
| 3 | 21경기 | 안양[서울] | 1997.03.22~1997.07.13 | |
| | | 광주상무 | 2010.05.05~2010.11.07 | |
| 4 | 20경기 | 대전 | 2002.08.04~2003.03.23 | |
| 5 | 19경기 | 상주 | 2012.08.08~2012.12.01 | 기권패 포함 |
| | | 대전 | 2013.04.07~2013.08.15 | |

## 역대 통산 팀 최다 연속 무패

| 순위 | 연속 | 팀명 | 기록 내용 |
|---|---|---|---|
| 1 | 21경기 | 대우[부산] | 1991.05.08~1991.08.31 |
| | | 전남 | 1997.05.10~1997.09.27 |
| 3 | 20경기 | 전북 | 2011.07.03~2012.03.17 |
| 4 | 19경기 | 성남 | 2006.10.22~2007.05.26 |
| | | 울산 | 2007.05.09~2007.09.29 |
| | | 인천 | 2012.08.04~2012.11.28 |
| | | 포항 | 2012.10.28~2013.05.11 |
| 8 | 18경기 | 수원 | 2008.03.09~2008.06.28 |
| 9 | 17경기 | 안양[서울] | 2000.05.14~2000.07.29 |
| | | 서울 | 2008.06.28~2008.10.29 |

## 역대 통산 팀 최다 연속 득점

| 순위 | 연속 | 팀명 | 기록 내용 |
|---|---|---|---|
| 1 | 31경기 | 럭키금성[서울] | 1989.09.23~1990.09.01 |
| 2 | 26경기 | 수원 | 2011.07.02~2012.04.14 |
| | | 전북 | 2013.03.03~2013.09.01 |
| 4 | 25경기 | 안양[서울] | 2000.04.29~2000.09.30 |
| 3 | 24경기 | 대구 | 2008.05.05~2008.10.29 |
| | | 전북 | 2009.12.06~2010.08.22 |
| | | 포항 | 2012.10.28~2013.07.03 |

## 역대 통산 팀 최다 연속 실점

| 순위 | 연속 | 팀명 | 기록 내용 |
|---|---|---|---|
| 1 | 27경기 | 부산 | 2005.07.06~2006.05.05 |
| 2 | 24경기 | 강원 | 2009.04.26~2009.10.24 |
| 3 | 23경기 | 천안(성남) | 1996.07.04~1996.10.30 |
| 4 | 22경기 | 전북 | 2005.05.08~2005.10.23 |
| | | 대구 | 2010.04.11~2010.10.03 |

## 역대 통산 팀 최다 연속 무득점

| 순위 | 연속 | 팀명 | 기록 내용 | 비고 |
|---|---|---|---|---|
| 1 | 15경기 | 상주 | 2012.08.26~2012.12.01 | 기권패 포함 |
| 2 | 7경기 | 대전 | 2008.10.19~2009.03.14 | |
| 3 | 6경기 | 대우(부산) | 1992.09.02~1992.09.26 | |
| | | 인천 | 2005.03.13~2005.04.09 | |
| | | 제주 | 2009.09.19~2009.11.01 | |
| | | 부산 | 2013.09.08~2013.10.27 | |

## 역대 통산 팀 최다 연속 무실점

| 순위 | 연속 | 팀명 | 기록 내용 |
|---|---|---|---|
| 1 | 8경기 | 일화(성남) | 1993.04.10~1993.05.29 |
| | | 전북 | 2014.10.01~2014.11.15 |
| 2 | 7경기 | 수원 | 2008.03.19~2008.04.20 |
| 3 | 6경기 | 대우(부산) | 1987.04.04~1987.04.19 |
| | | 일화(성남) | 1993.08.14~1993.09.08 |
| | | 성남 | 2008.07.12~2008.08.30 |
| | | 상주 | 2013.09.01~2013.10.05 |

## 역대 구단별 통산 200·300·400승 기록

| 구분 | 구단명 | 일자 | 경기수 | 비고 |
|---|---|---|---|---|
| 200승 | 포항 | 98.08.26 | 516경기 | 천안 : 포항 |
| | 부산 | 98.08.29 | 516경기 | 포항 : 부산 |
| | 울산 | 99.06.26 | 527경기 | 울산 : 천안 |
| | 부천(제주) | 99.10.06 | 560경기 | 부천 : 천안 |
| | 안양(서울) | 01.08.29 | 610경기 | 안양 : 울산 |
| | 성남 | 03.09.03 | 547경기 | 성남 : 울산 |
| | 수원 | 07.03.17 | 433경기 | 수원 : 부산 |
| | 전북 | 10.07.28 | 572경기 | 전북 : 경남 |
| 300승 | 울산 | 05.10.02 | 772경기 | 부산 : 울산 |
| | 포항 | 05.10.23 | 792경기 | 광주상무 : 포항 |
| | 부산 | 06.07.19 | 820경기 | 제주 : 부산 |
| | 서울 | 08.08.30 | 876경기 | 서울 : 광주상무 |
| | 제주 | 09.04.22 | 912경기 | 제주 : 광주상무 |
| | 성남 | 09.05.23 | 758경기 | 성남 : 전남 |
| | 수원 | 12.10.03 | 640경기 | 수원 : 서울 |
| 400승 | 울산 | 11.07.16 | 991경기 | 강원 : 울산 |
| | 포항 | 12.03.25 | 1,021경기 | 상주 : 포항 |
| | 서울 | 13.06.01 | 1,049경기 | 서울 : 전남 |
| | 부산 | 14.11.22 | 1,138경기 | 부산 : 경남 |

## 역대 선수별 통산 출전 순위

| 순위 | 선수명 | 소속팀 | 출전 |
|---|---|---|---|
| 1 | 김병지 | 전남 | 679 |
| 2 | 최은성 | 전북 | 532 |
| 3 | 김기동 | 포항 | 501 |
| 4 | 김상식 | 전북 | 458 |
| 5 | 김은중 | 대전 | 444 |
| 6 | 우성용 | 인천 | 439 |
| 7 | 김한윤 | 성남 | 430 |
| 8 | 이운재 | 전남 | 410 |
| 9 | 신태용 | 성남 | 401 |
| 10 | 김현수 | 대구 | 383 |

## 역대 선수별 통산 득점 순위

| 순위 | 선수명 | 소속팀 | 득점 | 출전 |
|---|---|---|---|---|
| 1 | 이동국 | 전북 | 167 | 379 |
| 2 | 데 얀 | 서울 | 141 | 230 |
| 3 | 김은중 | 대전 | 123 | 444 |
| 4 | 우성용 | 인천 | 116 | 439 |
| 5 | 김도훈 | 성남 | 114 | 257 |
| 6 | 김현석 | 울산 | 110 | 371 |
| 7 | 샤 샤 | 성남 | 104 | 271 |
| 8 | 윤상철 | 안양 | 101 | 300 |
| 9 | 신태용 | 성남 | 99 | 401 |
| 10 | 정조국 | 서울 | 83 | 264 |

## 역대 선수별 통산 도움 순위

| 순위 | 선수명 | 소속팀 | 도움 | 출전 |
|---|---|---|---|---|
| 1 | 신태용 | 성남 | 68 | 401 |
| 2 | 에닝요 | 전북 | 64 | 214 |
| 3 | 이동국 | 전북 | 61 | 379 |
| 4 | 데니스 | 강원 | 59 | 272 |
| 5 | 몰리나 | 서울 | 58 | 174 |
| 6 | 황진성 | 포항 | 58 | 279 |
| 7 | 염기훈 | 수원 | 56 | 204 |
| 8 | 김은중 | 대전 | 56 | 444 |
| 9 | 김현석 | 울산 | 54 | 371 |
| 10 | 최태욱 | 울산 | 51 | 313 |
| | 현영민 | 전남 | 51 | 348 |

## 역대 선수별 통산 파울 순위

| 순위 | 선수명 | 소속팀 | 파울 | 출전 |
|---|---|---|---|---|
| 1 | 김상식 | 전북 | 970 | 458 |
| 2 | 김한윤 | 성남 | 905 | 430 |
| 3 | 김진우 | 경남 | 795 | 310 |
| 4 | 유경렬 | 대구 | 741 | 335 |
| 5 | 김기동 | 포항 | 688 | 501 |
| 5 | 오범석 | 수원 | 657 | 261 |
| 7 | 라돈치치 | 수원 | 651 | 238 |
| 8 | 우성용 | 인천 | 643 | 439 |
| 9 | 최진철 | 전북 | 632 | 312 |
| 10 | 김남일 | 전북 | 601 | 242 |

## 역대 선수별 통산 경고 순위

| 순위 | 선수명 | 소속팀 | 경고 | 출전 |
|---|---|---|---|---|
| 1 | 김한윤 | 성 남 | 143 | 430 |
| 2 | 양상민 | 수 원 | 81 | 248 |
| 3 | 김상식 | 전 북 | 79 | 458 |
| 4 | 최진철 | 전 북 | 75 | 312 |
| 5 | 강민수 | 상 주 | 72 | 264 |
| 5 | 오범석 | 수 원 | 71 | 261 |
| 7 | 현영민 | 전 남 | 71 | 348 |
| 8 | 유경렬 | 대 구 | 70 | 335 |
| 9 | 김치곤 | 울 산 | 68 | 342 |
| 10 | 김남일 | 전 북 | 67 | 242 |

## 역대 선수별 통산 퇴장 순위

| 순위 | 선수명 | 소속팀 | 퇴장 | 출전 |
|---|---|---|---|---|
| 1 | 박광현 | 성 남 | 5 | 208 |
|  | 송주석 | 울 산 | 5 | 248 |
| 3 | 사 샤 | 성 남 | 4 | 99 |
|  | 호제리오 | 대 구 | 4 | 158 |
| 5 | 코 니 | 전 남 | 3 | 95 |
|  | 조윤환 | 전 북 | 3 | 102 |
|  | 산드로C | 전 남 | 3 | 131 |
|  | 하 리 | 경 남 | 3 | 135 |
|  | 백영철 | 대 구 | 3 | 157 |
|  | 최거룩 | 대 전 | 3 | 165 |
|  | 조병영 | 서 울 | 3 | 178 |
|  | 이상호 | 전 남 | 3 | 191 |
|  | 최동호 | 울 산 | 3 | 208 |
|  | 에닝요 | 전 북 | 3 | 214 |
|  | 이영진 | 대 구 | 3 | 220 |
|  | 김재형 | 전 북 | 3 | 229 |
|  | 윤희준 | 포 항 | 3 | 252 |
|  | 전재호 | 강 원 | 3 | 290 |
|  | 임중용 | 인 천 | 3 | 294 |
|  | 배효성 | 강 원 | 3 | 297 |
|  | 김치곤 | 울 산 | 3 | 342 |
|  | 현영민 | 전 남 | 3 | 348 |
|  | 김한윤 | 성 남 | 3 | 430 |

## 역대 선수별 통산 연속 득점

| 순위 | 선수명 | 소속팀 | 연속 | 기간 |
|---|---|---|---|---|
| 1 | 황선홍 | 포 항 | 8경기 | 95.08.19~95.10.04 |
|  | 김도훈 | 전 북 |  | 00.06.17~00.07.16 |
| 2 | 안정환 | 부 산 | 7경기 | 99.07.24~99.09.04 |
|  | 이동국 | 전 북 |  | 13.05.11~13.07.13 |
| 3 | 조영증 | 럭키금성 | 6경기 | 84.07.22~84.08.12 |
|  | 윤상철 | L G |  | 94.10.22~94.11.16 |
|  | 정정수 | 울 산 |  | 00.04.05~00.05.17 |
|  | 이천수 | 울 산 |  | 03.06.18~03.07.06 |
|  | 따바레즈 | 포 항 |  | 05.10.19~06.03.15 |

| | | | |
|---|---|---|---|
| 데닐손 | 대 전 |  | 07.04.07~07.04.25 |
| 두 두 | 성 남 |  | 08.06.25~08.07.23 |
| 로브렉 | 전 북 |  | 10.05.26~10.07.24 |
| 아드리아노 | 대 전 |  | 14.03.22~14.04.27 |

## 역대 선수별 통산 연속 도움

| 순위 | 선수명 | 소속팀 | 연속 | 기간 |
|---|---|---|---|---|
| 1 | 라 데 | 포 항 | 6경기 | 96.07.28~96.09.04 |
| 2 | 몰리나 | 서 울 | 5경기 | 12.04.29~12.05.28 |
| 3 | 김용세 | 유 공 | 4경기 | 86.10.29~86.11.09 |
|  | 조정현 | 유 공 |  | 94.05.28~94.06.11 |
|  | 박건하 | 수 원 |  | 97.04.02~97.04.12 |
|  | 정정수 | 울 산 |  | 98.07.22~98.08.26 |
|  | 데니스 | 수 원 |  | 99.05.30~99.07.07 |
|  | 데니스 | 수 원 |  | 99.07.29~99.08.11 |
|  | 고종수 | 수 원 |  | 01.07.07~01.07.21 |
|  | 메 도 | 포 항 |  | 02.07.13~02.07.27 |
|  | 데니스 | 수 원 |  | 02.11.02~02.11.17 |
|  | 송종국 | 수 원 |  | 07.04.04~07.04.14 |
|  | 최태욱 | 전 북 |  | 09.07.04~09.07.26 |
|  | 고명진 | 서 울 |  | 11.07.09~11.08.06 |
|  | 이 근 | 울 산 |  | 12.08.22~12.09.23 |
|  | 최태욱 | 서 울 |  | 12.08.26~12.09.26 |
|  | 레오나르도 | 전 북 |  | 13.08.04~13.08.24 |
|  | 에스쿠데로 | 서 울 |  | 13.11.02~13.11.24 |
|  | 유지훈 | 부 산 |  | 14.04.21~14.07.06 |

## 역대 선수별 통산 연속 공격포인트

| 순위 | 선수명 | 소속팀 | 연속 | 기간 |
|---|---|---|---|---|
| 1 | 이명주 | 포 항 | 10경기 | 14.03.15~14.05.10 |
| 2 | 마니치 | 부 산 | 9경기 | 97.09.07~97.10.19 |
|  | 까보레 | 경 남 |  | 07.08.15~07.10.06 |
|  | 에닝요 | 대 구 |  | 08.07.12~08.09.28 |
|  | 이근호 | 상 주 |  | 13.04.13~13.08.04 |
| 6 | 김용세 | 유 공 | 8경기 | 86.10.15~86.11.09 |
|  | 황선홍 | 포 항 |  | 95.08.19~95.10.04 |
|  | 김도훈 | 전 북 |  | 00.06.17~00.07.16 |
|  | 김대의 | 성 남 |  | 02.08.18~02.09.18 |
|  | 두 두 | 성 남 |  | 08.05.18~08.07.23 |
|  | 에닝요 | 전 북 |  | 12.04.27~12.06.27 |

## 역대 대회별 통산 최다 득점

| 연도 | 대회명 | 득점(경기수) | 선수명(소속팀) |
|---|---|---|---|
| 83 | 수퍼리그 | 9(14) | 박윤기(유공) |
| 84 | 축구대제전 수퍼리그 | 16(28) | 백종철(현대) |
| 85 | 축구대제전 수퍼리그 | 12(21) | 피아퐁(럭금), 김용세(유공) |
| 86 | 축구대제전 | 10(19) | 정해원(대우) |
|  | 프로축구선수권대회 | 9(15) | 함현기(현대) |
| 87 | 한국프로축구대회 | 15(30) | 최상국(포철) |
| 88 | 한국프로축구대회 | 12(23) | 이기근(포철) |

| | | | |
|---|---|---|---|
| 89 | 한국프로축구대회 | 20(39) | 조긍연(포철) |
| 90 | 한국프로축구대회 | 12(30) | 윤상철(럭금) |
| 91 | 한국프로축구대회 | 16(37) | 이기근(포철) |
| 92 | 한국프로축구대회 | 10(30) | 임근재(LG) |
| | 아디다스컵 | 5(6) | 노수진(유공) |
| 93 | 한국프로축구대회 | 10(23) | 차상해(포철) |
| | 아디다스컵 | 3(5) | 임근재(LG), 강재훈(현대) |
| | | 3(2) | 최문식(포철) |
| 94 | 하이트배 코리안리그 | 21(28) | 윤상철(LG) |
| | 아디다스컵 | 4(6) | 라데(포철) |
| 95 | 하이트배 코리안리그 | 15(26) | 노상래(전남) |
| | 아디다스컵 | 6(7) | 김현석(현대) |
| 96 | 라피도컵 프로축구대회 | 18(24) | 신태용(천안) |
| | 아디다스컵 | 5(8) | 세르게이(부천) |
| | | 5(6) | 이원식(부천) |
| 97 | 라피도컵 프로축구대회 | 9(17) | 김현석(울산) |
| | 아디다스컵 | 8(9) | 서정원(안양) |
| | 프로스펙스컵 | 6(7) | 마니치(부산) |
| 98 | 현대컵 K-리그 | 14(20) | 유상철(울산) |
| | 필립모리스코리아컵 | 7(9) | 김종건(울산) |
| | 아디다스코리아컵 | 11(10) | 김현석(울산) |
| 99 | 바이코리아컵 K-리그 | 18(26) | 샤샤(수원) |
| | 대한화재컵 | 6(9) | 안정환(부산) |
| | | 6(8) | 김종건(울산) |
| | 아디다스컵 | 3(3) | 데니스(수원) |
| 00 | 삼성 디지털 K-리그 | 12(20) | 김도훈(전북) |
| | 대한화재컵 | 6(10) | 이원식(부천) |
| | 아디다스컵 | 2(3) | 서정원(수원), 김현수(성남), |
| | | 2(2) | 이상윤(성남), 고종수(수원), |
| | | | 왕정현(안양) |
| 01 | 포스코 K-리그 | 13(22) | 산드로(수원) |
| | 아디다스컵 | 7(9) | 김도훈(전북) |
| 02 | 삼성 파브 K-리그 | 14(27) | 에드밀손(전북) |
| | 아디다스컵 | 10(11) | 샤샤(성남) |
| 03 | 삼성 하우젠 K-리그 | 28(40) | 김도훈(성남) |
| 04 | 삼성 하우젠 K-리그 | 14(22) | 모따(전남) |
| | 삼성 하우젠컵 | 7(7) | 카르로스(울산) |
| 05 | 삼성 하우젠 K-리그 | 13(17) | 마차도(울산) |
| | 삼성 하우젠컵 | 7(12) | 산드로(대구) |
| 06 | 삼성 하우젠 K-리그 | 16(28) | 우성용(성남) |
| | 삼성 하우젠컵 | 8(13) | 최성국(울산) |
| 07 | 삼성 하우젠 K-리그 | 18(26) | 까보레(경남) |
| | 삼성 하우젠컵 | 7(9) | 루이지뉴(대구) |
| 08 | 삼성 하우젠 K-리그 | 16(27) | 두두(성남) |
| | 삼성 하우젠컵 | 9(8) | 에닝요(대구) |
| 09 | K-리그 | 21(29) | 이동국(전북) |
| | 피스컵 코리아 | 4(5) | 유창현(포항), 노병준(포항) |
| 10 | 쏘나타 K리그 | 22(28) | 유병수(인천) |
| | 포스코컵 | 6(7) | 데얀(서울) |
| 11 | 현대오일뱅크 K리그 | 24(30) | 데얀(서울) |
| | 러시앤캐시컵 | 11(8) | 김신욱(울산) |
| 12 | 현대오일뱅크 K리그 | 31(42) | 데얀(서울) |
| 13 | 현대오일뱅크 K리그 클래식 | 19(29) | 데얀(서울) |
| | | 19(36) | 김신욱(울산) |
| | 현대오일뱅크 K리그 챌린지 | 15(25) | 이근호(상주) |
| | | 15(29) | 이상협(상주) |
| | | 15(32) | 알렉스(고양) |
| 14 | 현대오일뱅크 K리그 클래식 | 14(35) | 산토스(수원) |
| | 현대오일뱅크 K리그 챌린지 | 27(32) | 아드리아노(대전) |

## 역대 대회별 통산 최다 도움

| 연도 | 대회명 | 도움(경기수) | 선수명(소속팀) |
|---|---|---|---|
| 83 | 수퍼리그 | 6(15) | 박창선(할렐루야) |
| 84 | 축구대제전 수퍼리그 | 9(27) | 렌스베르겐(현대) |
| 85 | 축구대제전 수퍼리그 | 6(21) | 피아퐁(럭키금성) |
| 86 | 축구대제전 | 8(15) | 강득수(럭키금성) |
| | 프로축구선수권대회 | 4(12) | 전영수(현대) |
| | | 4(14) | 여범규(대우) |
| | | 4(16) | 신동철(유공) |
| 87 | 한국프로축구대회 | 8(30) | 최상국(포항) |
| 88 | 한국프로축구대회 | 5(15) | 김종부(포항) |
| | | 5(23) | 함현기(현대), 황보관(유공), |
| | | | 강득수(럭키금성) |
| 89 | 한국프로축구대회 | 11(39) | 이흥실(포항) |
| 90 | 한국프로축구대회 | 7(29) | 송주석(현대) |
| 91 | 한국프로축구대회 | 8(29) | 김준현(유공) |
| 92 | 한국프로축구대회 | 8(25) | 신동철(유공) |
| | 아디다스컵 | 3(6) | 이기근(포항) |
| | | 3(7) | 이인재(LG) |
| 93 | 한국프로축구대회 | 8(27) | 윤상철(LG) |
| | 아디다스컵 | 2(5) | 루벤(대우) 外3명 |
| 94 | 하이트배 코리안리그 | 10(21) | 고정운(일화) |
| | 아디다스컵 | 4(5) | 조정현(유공) |
| 95 | 하이트배 코리안리그 | 7(26) | 아미르(대우) |
| | 아디다스컵 | 3(5) | 윤정환(유공) |
| | | 3(6) | 아미르(대우) |
| 96 | 라피도컵 프로축구대회 | 14(32) | 라데(포항) |
| | 아디다스컵 | 3(7) | 윤정환(부천) |
| | | 3(8) | 윤정춘(부천) |
| 97 | 라피도컵 프로축구대회 | 5(10) | 이성남(수원) |
| | | 5(14) | 정정수(울산) |
| | | 5(16) | 신홍기(울산) |
| | 아디다스컵 | 4(8) | 고종수(수원) |
| | | 4(9) | 김범수(전북), 박건하(수원), |
| | | | 김현석(울산) |
| | 프로스펙스컵 | 5(7) | 올레그(안양) |
| 98 | 현대컵 K-리그 | 9(19) | 정정수(울산) |
| | 필립모리스코리아컵 | 4(8) | 윤정환(부천) |
| | 아디다스코리아컵 | 3(9) | 장철민(울산), 강준호(안양) |
| 99 | 바이코리아컵 K-리그 | 8(25) | 변재섭(전북) |
| | 대한화재컵 | 4(8) | 서혁수(전북), 조성환(부천) |
| | 아디다스컵 | 3(3) | 이성남(수원) |

| 00 | 삼성 디지털 K-리그 | 10(29) | 안드레(안양) |
| | 대한화재컵 | 4 (9) | 전경준(부천) |
| | 아디다스컵 | 4(10) | 최문식(전남) |
| | | 4 (3) | 이성남(수원) |
| 01 | 포스코 K-리그 | 10(23) | 우르모브(부산) |
| | 아디다스컵 | 5(11) | 마니치(부산) |
| 02 | 삼성 파브 K-리그 | 9(18) | 이천수(울산) |
| | | 9(27) | 김대의(성남) |
| | 아디다스컵 | 4 (9) | 안드레(안양) |
| | | 4(11) | 샤샤(성남) |
| 03 | 삼성 하우젠 K-리그 | 14(39) | 에드밀손(전북) |
| 04 | 삼성 하우젠 K-리그 | 6(18) | 홍순학(대구) |
| | 삼성 하우젠컵 | 5(11) | 따바레즈(포항) |
| 05 | 삼성 하우젠 K-리그 | 9 | 히칼도(서울) |
| | 삼성 하우젠컵 | 5 | 세자르(전북), 히칼도(서울) |
| 06 | 삼성 하우젠 K-리그 | 8(24) | 슈바(대전) |
| | 삼성 하우젠컵 | 5 (9) | 두두(성남) |
| 07 | 삼성 하우젠 K-리그 | 11(23) | 따바레즈(포항) |
| | 삼성 하우젠컵 | 5 (8) | 이청용(서울) |
| 08 | 삼성 하우젠 K-리그 | 6(14) | 브라질리아(울산) |
| | 삼성 하우젠컵 | 9 (3) | 변성환(제주) |
| 09 | K-리그 | 12(30) | 루이스(전북) |
| | 피스컵 코리아 | 3 (4) | 조찬호(포항), 이슬기(대구), 오장은(울산) |
| 10 | 쏘나타 K리그 | 11(26) | 구자철(제주) |
| | 포스코컵 | 4 (5) | 장남석(대구) |
| 11 | 현대오일뱅크 K리그 | 15(29) | 이동국(전북) |
| | 러시앤캐시컵 | 4 (6) | 최재수(울산) |
| 12 | 현대오일뱅크 K리그 | 19(41) | 몰리나(서울) |
| 13 | 현대오일뱅크 K리그 클래식 | 13(35) | 몰리나(서울) |
| | 현대오일뱅크 K리그 챌린지 | 11(21) | 염기훈(경찰) |
| 14 | 현대오일뱅크 K리그 클래식 | 10(26) | 이승기(전북) |
| | | 10(35) | 레오나르도(전북) |
| | 현대오일뱅크 K리그 챌린지 | 9(33) | 최진호(강원) |
| | | 9(36) | 권용현(수원FC) |

## 역대 통산 최단시간 골

| 순위 | 경기일자 | 대회구분 | 시간 | 선수 | 소속 |
|---|---|---|---|---|---|
| 1 | 07.05.23 | 리그컵 | 전반 00:11 | 방승환 | 인천 |
| 2 | 13.10.05 | 정규리그 | 전반 00:17 | 곽광선 | 포항 |
| 3 | 86.04.12 | 정규리그 | 전반 00:19 | 권혁표 | 한일은행 |
| 4 | 09.10.07 | 정규리그 | 전반 00:22 | 스테보 | 포항 |
| 5 | 03.04.13 | 정규리그 | 전반 00:23 | 노정윤 | 부산 |

## 역대 통산 최장거리 골

| 순위 | 기록 | 선수명 | 소속팀 | 일자 |
|---|---|---|---|---|
| 1 | 85m | 권정혁 | 인천 | 13.07.21 |
| 2 | 65m | 도화성 | 부산 | 05.05.29 |
| 3 | 57m | 고종수 | 수원 | 02.09.04 |
| 4 | 54m | 김종건 | 울산 | 99.07.21 |
| 5 | 52m | 김재웅 | 안양 | 14.06.06 |

## 역대 통산 연속 무교체

| 순위 | 기록 | 선수명 | 소속팀 | 기간 |
|---|---|---|---|---|
| 1 | 153경기 | 김병지 | 서울 | 04.04.03 ~ 07.10.14 |
| 2 | 151경기 | 이용발 | 전북 | 99.03.31 ~ 02.11.17 |
| 3 | 136경기 | 신의손 | 일화 | 92.03.28 ~ 95.09.06 |
| 4 | 93경기 | 조준호 | 제주 | 04.04.03 ~ 06.07.09 |
| 5 | 70경기 | 신의손 | 안양 | 01.03.25 ~ 02.11.13 |

## 역대 통산 골키퍼 무실점 기록

| 순위 | 선수명 | 소속팀 | 무실점경기 | 출장 | 실점 |
|---|---|---|---|---|---|
| 1 | 김병지 | 전남 | 221 | 679 | 724 |
| 2 | 최은성 | 전북 | 152 | 532 | 674 |
| 3 | 이운재 | 전남 | 140 | 410 | 425 |
| 4 | 신의손 | 서울 | 114 | 320 | 356 |
| 5 | 김용대 | 서울 | 113 | 382 | 446 |

## 역대 득점 해트트릭 기록

| 번호 | 경기일자 | 선수명 | 소속 | 상대팀 | 경기장 | 대회구분 | 득점 |
|---|---|---|---|---|---|---|---|
| 1 | 83.08.25 | 김희철 | 포철 | 유공 | 동대문 | 정규리그 | 3 |
| 2 | 83.09.22 | 박윤기 | 유공 | 국민은 | 동대문 | 정규리그 | 3 |
| 3 | 84.07.22 | 정해원 | 대우 | 럭금 | 부산 구덕 | 정규리그 | 3 |
| 4 | 84.07.28 | 이태호 | 대우 | 한일은 | 동대문 | 정규리그 | 3 |
| 5 | 84.08.26 | 백종철 | 현대 | 국민은 | 울산 공설 | 정규리그 | 3 |
| 6 | 86.10.19 | 정해원 | 대우 | 유공 | 대구 시민 | 정규리그 | 3 |
| 7 | 86.10.22 | 정해원 | 대우 | 한일은 | 포항 종합 | 정규리그 | 3 |
| 8 | 87.07.27 | 이태호 | 대우 | 럭금 | 대전 한밭 | 정규리그 | 3 |
| 9 | 88.06.04 | 조긍연 | 포철 | 럭금 | 포항 종합 | 정규리그 | 3 |
| 10 | 89.05.20 | 조긍연 | 포철 | 대우 | 포항 종합 | 정규리그 | 3 |
| 11 | 89.10.21 | 조긍연 | 포철 | 현대 | 강릉 종합 | 정규리그 | 3 |
| 12 | 92.06.13 | 임근재 | LG | 대우 | 마산 | 정규리그 | 3 |
| 13 | 93.07.07 | 차상해 | 포철 | 대우 | 광양 전용 | 정규리그 | 3 |
| 14 | 93.08.25 | 윤상철 | LG | 유공 | 동대문 | 정규리그 | 3 |
| 15 | 93.09.28 | 강재순 | 현대 | 일화 | 동대문 | 정규리그 | 3 |
| 16 | 93.11.06 | 최문식 | 포철 | 일화 | 목동 | 리그컵 | 3 |
| 17 | 94.05.25 | 윤상철 | LG | 버팔로 | 동대문 | 리그컵 | 3 |
| 18 | 94.06.01 | 라데 | 포철 | 버팔로 | 포항 스틸야드 | 리그컵 | 3 |
| 19 | 94.07.23 | 이상윤 | 일화 | LG | 동대문 | 정규리그 | 3 |
| 20 | 94.07.30 | 라데 | 포철 | LG | 동대문 | 정규리그 | 4 |
| 21 | 94.08.27 | 김상훈 | LG | 대우 | 부산 구덕 | 정규리그 | 3 |
| 22 | 94.10.22 | 황보관 | 유공 | 버팔로 | 동대문 | 정규리그 | 3 |
| 23 | 94.11.05 | 라데 | 포철 | LG | 동대문 | 정규리그 | 4 |
| 24 | 94.11.05 | 윤상철 | LG | 포철 | 동대문 | 정규리그 | 3 |
| 25 | 95.08.30 | 노상래 | 전남 | 대우 | 광양 전용 | 정규리그 | 3 |
| 26 | 95.09.06 | 황선홍 | 포항 | 대우 | 부산 구덕 | 정규리그 | 3 |
| 27 | 96.04.07 | 김도훈 | 전북 | 안양 | 안양 | 리그컵 | 3 |
| 28 | 96.04.24 | 세르게이 | 부천 | 부산 | 속초 | 리그컵 | 3 |
| 29 | 96.06.22 | 조셉 | 부천 | 천안 | 목동 | 정규리그 | 3 |
| 30 | 96.08.18 | 신태용 | 천안 | 울산 | 보령 | 정규리그 | 3 |
| 31 | 96.08.22 | 신태용 | 천안 | 포항 | 포항 스틸야드 | 정규리그 | 3 |
| 32 | 96.08.25 | 조정현 | 부천 | 천안 | 목동 | 정규리그 | 3 |
| 33 | 96.08.25 | 홍명보 | 포항 | 전북 | 전주 | 정규리그 | 3 |
| 34 | 96.09.12 | 세르게이 | 부천 | 안양 | 동대문 | 정규리그 | 3 |

| | | | | | | | | | | | | | | | |
|---|---|---|---|---|---|---|---|---|---|---|---|---|---|---|---|
| 35 | 96.11.02 | 세르게이 | 부천 | 안양 | 목동 | 정규리그 | 3 | 88 | 06.09.23 | 오장은 | 대구 | 전북 | 전주 월드컵 | 정규리그 | 3 |
| 36 | 97.04.12 | 윤정춘 | 부천 | 안양 | 목동 | 리그컵 | 3 | 89 | 07.03.14 | 안정환 | 수원 | 대전 | 수원 월드컵 | 리그컵 | 3 |
| 37 | 97.04.16 | 이원식 | 부천 | 울산 | 목동 | 리그컵 | 3 | 90 | 07.03.21 | 박주영 | 서울 | 수원 | 서울 월드컵 | 리그컵 | 3 |
| 38 | 97.09.27 | 김현석 | 울산 | 천안 | 울산 공설 | 정규리그 | 3 | 91 | 07.05.20 | 스테보 | 전북 | 대구 | 전주 월드컵 | 정규리그 | 3 |
| 39 | 98.03.31 | 김현석 | 울산 | 대전 | 대전 한밭 | 리그컵 | 4 | 92 | 07.09.22 | 데닐손 | 대전 | 대구 | 대전 월드컵 | 정규리그 | 3 |
| 40 | 98.04.22 | 제용삼 | 안양 | 부산 | 부산 구덕 | 리그컵 | 3 | 93 | 08.04.27 | 라돈치치 | 인천 | 대구 | 대구 스타디움 | 정규리그 | 3 |
| 41 | 98.05.23 | 김종건 | 울산 | 천안 | 울산 공설 | 리그컵 | 3 | 94 | 08.05.24 | 호물로 | 제주 | 광주상무 | 제주 월드컵 | 정규리그 | 3 |
| 42 | 98.07.25 | 최진철 | 전북 | 천안 | 전주 | 정규리그 | 3 | 95 | 08.07.05 | 데 안 | 서울 | 포항 | 서울 월드컵 | 정규리그 | 3 |
| 43 | 98.08.26 | 유상철 | 울산 | 대전 | 울산 공설 | 정규리그 | 3 | 96 | 08.08.27 | 에닝요 | 대구 | 대전 | 대구 시민 | 리그컵 | 3 |
| 44 | 98.09.26 | 샤 샤 | 수원 | 대전 | 수원 종합 | 정규리그 | 3 | 97 | 09.04.04 | 최태욱 | 전북 | 성남 | 전주 월드컵 | 정규리그 | 3 |
| 45 | 99.06.23 | 안정환 | 부산 | 대전 | 속초 | 정규리그 | 3 | 98 | 09.05.02 | 이동국 | 전북 | 제주 | 제주 종합 | 정규리그 | 3 |
| 46 | 99.07.28 | 이성재 | 부천 | 전북 | 목동 | 정규리그 | 3 | 99 | 09.07.04 | 이동국 | 전북 | 광주상무 | 광주 월드컵 | 정규리그 | 3 |
| 47 | 99.08.18 | 고정운 | 포항 | 울산 | 울산 공설 | 정규리그 | 3 | 100 | 09.08.26 | 노병준 | 포항 | 서울 | 포항 스틸야드 | 리그컵 | 3 |
| 48 | 99.08.18 | 최용수 | 안양 | 전북 | 안양 | 정규리그 | 3 | 101 | 10.03.20 | 모 따 | 포항 | 강원 | 포항 스틸야드 | 정규리그 | 3 |
| 49 | 99.08.21 | 샤 샤 | 수원 | 부천 | 목동 | 정규리그 | 4 | 102 | 10.03.28 | 김영후 | 강원 | 전남 | 강릉 종합 | 정규리그 | 3 |
| 50 | 99.08.25 | 김종건 | 울산 | 부산 | 부산 구덕 | 정규리그 | 3 | 103 | 10.04.18 | 유병수 | 인천 | 포항 | 인천 월드컵 | 정규리그 | 4 |
| 51 | 99.10.13 | 샤 샤 | 수원 | 대전 | 대전 한밭 | 정규리그 | 3 | 104 | 10.05.05 | 데 안 | 서울 | 성남 | 서울 월드컵 | 정규리그 | 3 |
| 52 | 00.06.21 | 김도훈 | 전북 | 대전 | 대전 한밭 | 정규리그 | 3 | 105 | 10.08.14 | 몰리나 | 성남 | 인천 | 인천 월드컵 | 정규리그 | 3 |
| 53 | 00.08.19 | 왕정현 | 안양 | 전북 | 안양 | 정규리그 | 3 | 106 | 10.08.29 | 한상운 | 부산 | 전남 | 부산 아시아드 | 정규리그 | 3 |
| 54 | 00.08.30 | 데니스 | 수원 | 대전 | 대전 한밭 | 정규리그 | 3 | 107 | 10.10.02 | 오르티고사 | 울산 | 대전 | 대전 월드컵 | 정규리그 | 3 |
| 55 | 00.09.03 | 이상윤 | 성남 | 부천 | 목동 | 정규리그 | 3 | 108 | 10.10.09 | 유병수 | 인천 | 대전 | 인천 월드컵 | 정규리그 | 3 |
| 56 | 00.10.11 | 데니스 | 수원 | 전남 | 광양 전용 | 정규리그 | 3 | 109 | 11.05.08 | 데 안 | 서울 | 상주 | 상주 시민 | 정규리그 | 3 |
| 57 | 00.10.11 | 산드로C | 수원 | 전남 | 광양 전용 | 정규리그 | 3 | 110 | 11.06.18 | 염기훈 | 수원 | 대구 | 수원 월드컵 | 정규리그 | 3 |
| 58 | 01.06.24 | 샤 샤 | 성남 | 부천 | 부천 종합 | 정규리그 | 3 | 111 | 11.07.06 | 김신욱 | 울산 | 경남 | 울산 문수 | 리그컵 | 4 |
| 59 | 01.06.27 | 코 난 | 포항 | 대전 | 대전 한밭 | 정규리그 | 3 | 112 | 11.08.06 | 김동찬 | 전북 | 강원 | 강릉 종합 | 정규리그 | 3 |
| 60 | 01.07.11 | 샤 샤 | 성남 | 대전 | 대전 한밭 | 정규리그 | 3 | 113 | 11.08.21 | 이동국 | 전북 | 포항 | 전주 월드컵 | 정규리그 | 3 |
| 61 | 01.09.09 | 산드로C | 수원 | 전북 | 수원 월드컵 | 정규리그 | 3 | 114 | 11.08.27 | 몰리나 | 서울 | 강원 | 서울 월드컵 | 정규리그 | 3 |
| 62 | 01.09.26 | 박정환 | 안양 | 부산 | 부산 구덕 | 정규리그 | 3 | 115 | 11.09.24 | 데 안 | 서울 | 대전 | 서울 월드컵 | 정규리그 | 3 |
| 63 | 02.03.17 | 샤 샤 | 성남 | 부천 | 성남 종합 | 리그컵 | 5 | 116 | 11.10.30 | 하대성 | 서울 | 경남 | 진주 종합 | 정규리그 | 3 |
| 64 | 02.04.10 | 뚜 따 | 안양 | 부산 | 부산 구덕 | 리그컵 | 3 | 117 | 12.03.16 | 이근호 | 울산 | 성남 | 울산 문수 | 정규리그 | 3 |
| 65 | 02.11.17 | 서정원 | 수원 | 부천 | 부천 종합 | 정규리그 | 3 | 118 | 12.04.22 | 에벨톤 | 성남 | 광주 | 탄천 종합 | 정규리그 | 3 |
| 66 | 02.11.17 | 유상철 | 울산 | 부산 | 울산 문수 | 정규리그 | 4 | 119 | 12.05.13 | 자 일 | 제주 | 강원 | 제주 월드컵 | 정규리그 | 3 |
| 67 | 03.03.26 | 마그노 | 전북 | 부산 | 전주 월드컵 | 정규리그 | 3 | 120 | 12.06.24 | 이동국 | 전북 | 경남 | 전주 월드컵 | 정규리그 | 3 |
| 68 | 03.05.04 | 이동국 | 광주상무 | 부산 | 부산 아시아드 | 정규리그 | 3 | 121 | 12.07.11 | 웨슬리 | 강원 | 대전 | 대전 월드컵 | 정규리그 | 3 |
| 69 | 03.08.06 | 김도훈 | 성남 | 부천 | 부천 종합 | 정규리그 | 3 | 122 | 12.07.21 | 서동현 | 제주 | 전남 | 제주 월드컵 | 정규리그 | 3 |
| 70 | 03.09.03 | 이따마르 | 전남 | 포항 | 포항 스틸야드 | 정규리그 | 3 | 123 | 12.08.04 | 까이끼 | 경남 | 대구 | 창원 축구센터 | 정규리그 | 3 |
| 71 | 03.10.05 | 김도훈 | 성남 | 안양 | 성남 종합 | 정규리그 | 3 | 124 | 12.08.22 | 김신욱 | 울산 | 상주 | 상주 시민 | 정규리그 | 3 |
| 72 | 03.11.09 | 김도훈 | 성남 | 대구 | 대구 시민 | 정규리그 | 3 | 125 | 12.10.07 | 지 쿠 | 강원 | 대전 | 대전 월드컵 | 정규리그 | 3 |
| 73 | 03.11.16 | 도 도 | 울산 | 광주상무 | 울산 문수 | 정규리그 | 4 | 126 | 12.10.07 | 케 빈 | 대전 | 강원 | 대전 월드컵 | 정규리그 | 3 |
| 74 | 04.04.10 | 훼이종 | 대구 | 광주상무 | 대구 스타디움 | 정규리그 | 3 | 127 | 12.11.29 | 조찬호 | 포항 | 서울 | 포항 스틸야드 | 정규리그 | 3 |
| 75 | 04.06.13 | 나드손 | 수원 | 광주상무 | 수원 월드컵 | 정규리그 | 3 | 128 | 13.04.20 | 정대세 | 수원 | 대전 | 대전 월드컵 | 클래식(일반) | 3 |
| 76 | 04.08.04 | 제칼로 | 울산 | 부산 | 울산 문수 | 리그컵 | 3 | 129 | 13.05.26 | 페드로 | 제주 | 서울 | 제주 월드컵 | 클래식(일반) | 3 |
| 77 | 04.08.21 | 코 난 | 포항 | 서울 | 포항 스틸야드 | 리그컵 | 3 | 130 | 13.07.06 | 페드로 | 제주 | 경남 | 창원 축구센터 | 클래식(일반) | 3 |
| 78 | 04.11.20 | 우성용 | 포항 | 광주상무 | 광주 월드컵 | 정규리그 | 3 | 131 | 13.07.31 | 조찬호 | 포항 | 강원 | 포항 스틸야드 | 클래식(일반) | 3 |
| 79 | 05.03.06 | 노나또 | 서울 | 전남 | 광양 전용 | 리그컵 | 3 | 132 | 13.08.03 | 임상협 | 부산 | 경남 | 부산 아시아드 | 클래식(일반) | 3 |
| 80 | 05.05.05 | 나드손 | 수원 | 대구 | 대구 스타디움 | 리그컵 | 3 | 133 | 13.09.29 | 정성민 | 충주 | 부천 | 부천 종합 | 챌린지 | 3 |
| 81 | 05.05.15 | 네아가 | 전남 | 대구 | 광양 전용 | 정규리그 | 3 | 134 | 13.10.30 | 김형범 | 경남 | 전남 | 창원 축구센터 | 클래식(스B) | 3 |
| 82 | 05.05.18 | 박주영 | 서울 | 광주상무 | 서울 월드컵 | 정규리그 | 3 | 135 | 13.11.20 | 데 안 | 서울 | 전북 | 서울 월드컵 | 클래식(스A) | 3 |
| 83 | 05.05.29 | 산드로 | 대구 | 수원 | 대구 스타디움 | 정규리그 | 3 | 136 | 13.11.30 | 김동기 | 강원 | 제주 | 강릉 종합 | 클래식(스B) | 3 |
| 84 | 05.07.03 | 남기일 | 성남 | 서울 | 탄천 종합 | 정규리그 | 3 | 137 | 14.09.06 | 박수창 | 제주 | 전남 | 제주 월드컵 | 클래식(일반) | 4 |
| 85 | 05.07.10 | 박주영 | 서울 | 포항 | 서울 월드컵 | 정규리그 | 3 | 138 | 14.03.29 | 이재권 | 안산 | 대구 | 안산 와스타디움 | 챌린지 | 3 |
| 86 | 05.08.31 | 김도훈 | 성남 | 인천 | 탄천 종합 | 정규리그 | 3 | 139 | 14.05.14 | 최진호 | 강원 | 고양 | 고양 종합 | 챌린지 | 3 |
| 87 | 05.11.27 | 이천수 | 울산 | 인천 | 인천 월드컵 | 정규리그 | 3 | 140 | 14.05.25 | 최진호 | 강원 | 충주 | 춘천 송암 | 챌린지 | 3 |

| 141 | 14.06.15 | 조 엘 손 | 강원 | 안산 | 강릉 종합 | 챌린지 | 3 |
| 142 | 14.07.13 | 아드리아노 | 대전 | 안양 | 대전월드컵 | 챌린지 | 3 |
| 143 | 14.09.17 | 최 진 호 | 강원 | 대구 | 춘천 송암 | 챌린지 | 3 |
| 144 | 14.11.02 | 조 나 탄 | 대구 | 강원 | 대구 스타디움 | 챌린지 | 4 |

| 33 | 13.04.20 | 홍 철 | 수원 | 대전 | 대전 월드컵 | 클래식(일반) | 3 |
| 34 | 13.06.06 | 유 수 현 | 수원FC | 경찰 | 수원 종합 | 챌린지 | 3 |
| 35 | 13.09.08 | 알 렉 스 | 고양 | 광주 | 고양 종합 | 챌린지 | 3 |

※ 단일 라운드 2회 해트트릭:
조정현(부천), 홍명보(포항): 부천 vs 천안 / 전북 vs 포항 96.08.25
유상철(울산), 서정원(수원): 울산 vs 부산 / 부천 vs 수원 02.11.17

※ 단일 경기 양팀 선수 동시 해트트릭:
윤상철(LG), 라데(포철): LG vs 포철 94.11.05
케빈(대전), 지쿠(강원): 대전 vs 강원 12.10.07

※ 단일 경기 한팀 선수 동시 해트트릭:
데니스(수원), 산드로C(수원): 전남 vs 수원 00.10.11

※ 단일 경기 한 선수 득점 - 도움 해트트릭
박주영(서울 / 득점), 히칼도(서울 / 도움): 서울 vs 포항 05.07.10

※ 단일 경기 한 선수 득점 - 도움 해트트릭
몰리나(서울): 서울 vs 강원 11.08.27

※ 단일 경기 한 선수 득점 - 도움 해트트릭
몰리나(서울): 서울 vs 강원 11.08.27

※ 한 시즌 개인 최다 해트트릭(3회):
라데(포항,1994), 세르게이(부천,1996), 김도훈(성남,2003),
최진호(강원,2014)

## 역대 도움 해트트릭 기록

| 번호 | 경기일자 | 선수명 | 소속 | 상대팀 | 경기장 | 대회구분 | 득점 |
|---|---|---|---|---|---|---|---|
| 1 | 83.07.02 | 김 창 호 | 유공 | 포철 | 대전 한밭 | 정규리그 | 3 |
| 2 | 84.06.17 | 노 인 호 | 현대 | 할렐 | 전주 | 정규리그 | 3 |
| 3 | 84.11.03 | 김 한 봉 | 현대 | 국민은 | 동대문 | 정규리그 | 3 |
| 4 | 86.10.12 | 강 득 수 | 럭금 | 포철 | 안동 | 정규리그 | 3 |
| 5 | 91.05.11 | 강 득 수 | 현대 | LG | 울산 공설 | 정규리그 | 3 |
| 6 | 91.09.11 | 이 영 진 | LG | 일화 | 동대문 | 정규리그 | 3 |
| 7 | 93.09.28 | 김 종 건 | 현대 | 일화 | 동대문 | 정규리그 | 3 |
| 8 | 93.10.16 | 김 용 갑 | 일화 | 포철 | 동대문 | 정규리그 | 3 |
| 9 | 96.06.19 | 신 홍 기 | 울산 | 전남 | 울산 공설 | 정규리그 | 3 |
| 10 | 97.08.13 | 올 레 그 | 안양 | 전북 | 안양 | 리그컵 | 3 |
| 11 | 97.08.23 | 샤 샤 | 부산 | 포항 | 포항 스틸야드 | 정규리그 | 3 |
| 12 | 98.08.26 | 정 정 수 | 울산 | 대전 | 울산 공설 | 정규리그 | 3 |
| 13 | 00.10.15 | 데 니 스 | 수원 | 포항 | 동대문 | 리그컵 | 3 |
| 14 | 01.06.27 | 박 태 하 | 포항 | 대전 | 대전 한밭 | 정규리그 | 3 |
| 15 | 02.11.17 | 이 천 수 | 울산 | 부산 | 울산 문수 | 정규리그 | 3 |
| 16 | 03.03.26 | 에드밀손 | 전북 | 부산 | 전주 월드컵 | 정규리그 | 3 |
| 17 | 03.05.11 | 김 도 훈 | 성남 | 안양 | 안양 | 정규리그 | 3 |
| 18 | 03.09.03 | 마 리 우 | 안양 | 부천 | 부천 종합 | 정규리그 | 3 |
| 19 | 05.05.05 | 세 자 르 | 전북 | 서울 | 전주 월드컵 | 리그컵 | 3 |
| 20 | 05.07.10 | 히 칼 도 | 서울 | 포항 | 서울 월드컵 | 정규리그 | 3 |
| 21 | 05.08.28 | 김 도 훈 | 성남 | 전북 | 전주 월드컵 | 정규리그 | 3 |
| 22 | 06.03.25 | 최 원 권 | 서울 | 제주 | 제주 월드컵 | 정규리그 | 3 |
| 23 | 07.04.04 | 이 현 승 | 전북 | 포항 | 전주 월드컵 | 리그컵 | 3 |
| 24 | 08.07.19 | 이 근 호 | 대구 | 부산 | 부산 아시아드 | 정규리그 | 3 |
| 25 | 09.03.07 | 이 청 용 | 서울 | 전남 | 광양 전용 | 정규리그 | 3 |
| 26 | 09.07.22 | 오 장 은 | 울산 | 제주 | 울산 문수 | 리그컵 | 3 |
| 27 | 10.04.04 | 데 얀 | 서울 | 수원 | 서울 월드컵 | 정규리그 | 3 |
| 28 | 10.09.10 | 김 영 후 | 강원 | 전북 | 전주 월드컵 | 정규리그 | 3 |
| 29 | 11.04.16 | 이 동 국 | 전북 | 광주 | 전주 월드컵 | 정규리그 | 3 |
| 30 | 11.06.18 | 모 따 | 포항 | 상주 | 포항 스틸야드 | 정규리그 | 3 |
| 31 | 11.08.27 | 몰 리 나 | 서울 | 강원 | 서울 월드컵 | 정규리그 | 3 |
| 32 | 12.06.23 | 이 승 기 | 광주 | 전남 | 광주 월드컵 | 정규리그 | 3 |

## 역대 자책골 기록

| 경기일자 | 선수명 | 소속 | 상대팀 | 경기구분 | | | 시간 |
|---|---|---|---|---|---|---|---|
| 83.06.25 | 강 신 우 | 대우 | 유공 | 원정 | 정규리그 | 전기 | 후반 44:00 |
| 83.09.10 | 김 형 남 | 포철 | 유공 | 원정 | 정규리그 | 후기 | 후반 10:00 |
| 84.05.12 | 김 광 훈 | 럭금 | 대우 | 원정 | 정규리그 | 전기 | 후반 16:01 |
| 84.06.28 | 김 경 식 | 한일 | 럭금 | 홈 | 정규리그 | 전기 | 후반 30:00 |
| 84.06.28 | 문 영 서 | 할렐 | 대우 | 원정 | 정규리그 | 전기 | 후반 40:00 |
| 84.06.30 | 주 영 만 | 국민 | 럭금 | 홈 | 정규리그 | 전기 | 후반 29:00 |
| 84.08.17 | 김 경 식 | 한일 | 현대 | 홈 | 정규리그 | 후기 | 전반 19:00 |
| 84.11.04 | 정 태 영 | 럭금 | 대우 | 원정 | 정규리그 | 후기 | 후반 08:00 |
| 85.07.02 | 이 돈 철 | 현대 | 럭금 | 원정 | 정규리그 | 일반 | 후반 44:00 |
| 86.03.23 | 김 흥 권 | 현대 | 유공 | 홈 | 정규리그 | 전기 | 전반 34:04 |
| 86.07.06 | 박 경 훈 | 포철 | 현대 | 홈 | 리그컵 | 일반 | 전반 41:00 |
| 86.09.11 | 손 형 선 | 대우 | 현대 | 홈 | 리그컵 | 일반 | 후반 04:00 |
| 86.09.14 | 이 재 희 | 대우 | 럭금 | 원정 | 리그컵 | 일반 | 전반 38:00 |
| 86.10.26 | 박 연 혁 | 유공 | 현대 | 원정 | 정규리그 | 후기 | 후반 13:00 |
| 87.04.11 | 조 영 증 | 럭금 | 대우 | 원정 | 정규리그 | 일반 | 전반 15:02 |
| 87.08.17 | 김 문 경 | 현대 | 포철 | 원정 | 정규리그 | 일반 | 전반 40:00 |
| 87.09.20 | 남 기 영 | 포철 | 현대 | 원정 | 정규리그 | 일반 | 후반 13:01 |
| 88.04.02 | 강 태 식 | 포철 | 럭금 | 홈 | 정규리그 | 일반 | 후반 45:00 |
| 88.07.10 | 정 종 수 | 유공 | 포철 | 홈 | 정규리그 | 일반 | 전반 17:01 |
| 89.04.16 | 이 화 열 | 포철 | 럭금 | 홈 | 정규리그 | 일반 | 후반 23:01 |
| 89.10.25 | 공 문 배 | 포철 | 유공 | 홈 | 정규리그 | 일반 | 후반 31:00 |
| 90.04.08 | 이 영 진 | 럭금 | 대우 | 원정 | 정규리그 | 일반 | 후반 18:02 |
| 90.04.22 | 안 익 수 | 일화 | 유공 | 원정 | 정규리그 | 일반 | 후반 23:00 |
| 91.05.04 | 하 성 준 | 일화 | 유공 | 홈 | 정규리그 | 일반 | 후반 39:01 |
| 91.06.22 | 최 윤 겸 | 유공 | 현대 | 홈 | 정규리그 | 일반 | 전반 45:00 |
| 91.09.07 | 박 현 용 | 대우 | LG | 원정 | 정규리그 | 일반 | 후반 33:04 |
| 91.09.14 | 권 형 정 | 포철 | 현대 | 원정 | 정규리그 | 일반 | 전반 14:01 |
| 92.09.30 | 이 재 일 | 현대 | 포철 | 원정 | 리그컵 | 일반 | 전반 35:00 |
| 92.11.07 | 조 민 국 | LG | 현대 | 원정 | 정규리그 | 일반 | 후반 10:01 |
| 93.05.08 | 김 삼 수 | LG | 현대 | 홈 | 정규리그 | 일반 | 전반 30:00 |
| 93.07.07 | 차 석 준 | 유공 | 일화 | 원정 | 정규리그 | 일반 | 후반 40:01 |
| 93.08.14 | 알 미 르 | 대우 | LG | 홈 | 정규리그 | 일반 | 전반 26:01 |
| 94.05.21 | 유 동 관 | 포철 | LG | 홈 | 리그컵 | 일반 | 전반 21:00 |
| 94.08.13 | 조 덕 제 | 대우 | 일화 | 원정 | 정규리그 | 일반 | 후반 27:01 |
| 94.08.27 | 정 인 호 | 유공 | 현대 | 원정 | 정규리그 | 일반 | 후반 43:01 |
| 94.09.10 | 최 영 희 | 대우 | 일화 | 홈 | 정규리그 | 일반 | 후반 27:48 |
| 94.09.24 | 김 판 근 | LG | 현대 | 홈 | 정규리그 | 일반 | 후반 26:00 |
| 94.11.09 | 이 종 화 | 일화 | 유공 | 홈 | 정규리그 | 일반 | 전반 09:01 |
| 95.03.25 | 손 종 찬 | 유공 | LG | 홈 | 리그컵 | 일반 | 전반 38:00 |
| 95.06.21 | 김 경 래 | 전북 | 포항 | 홈 | 정규리그 | 전기 | 전반 07:02 |
| 95.08.30 | 이 영 진 | 일화 | 전북 | 홈 | 정규리그 | 후기 | 전반 26:00 |
| 95.08.30 | 정 인 호 | 유공 | 포항 | 원정 | 정규리그 | 후기 | 후반 22:00 |
| 96.04.18 | 신 성 환 | 수원 | 부천 | 홈 | 리그컵 | 일반 | 후반 31:01 |
| 96.05.12 | 박 광 현 | 천안 | 포항 | 홈 | 정규리그 | 전기 | 전반 40:00 |
| 96.05.15 | 정 영 호 | 전남 | 안양 | 원정 | 정규리그 | 전기 | 후반 36:00 |

| 날짜 | 이름 | 소속 | 상대 | 홈/원정 | 대회 | 구분 | 시간 | 날짜 | 이름 | 소속 | 상대 | 홈/원정 | 대회 | 구분 | 시간 |
|---|---|---|---|---|---|---|---|---|---|---|---|---|---|---|---|
| 96.06.29 | 하상수 | 부산 | 부천 | 홈 | 정규리그 | 전기 | 전반 44:01 | 04.09.11 | 강 용 | 포항 | 서울 | 홈 | 정규리그 | 후기 | 전반 06:00 |
| 96.07.06 | 이민성 | 부산 | 전남 | 홈 | 정규리그 | 전기 | 후반 28:01 | 05.04.13 | 윤희준 | 부산 | 부천 | 원정 | 리그컵 | 일반 | 전반 45:12 |
| 97.04.12 | 김주성 | 부산 | 수원 | 원정 | 리그컵 | 일반 | 후반 16:00 | 05.05.01 | 산토스 | 포항 | 부산 | 원정 | 리그컵 | 일반 | 전반 10:09 |
| 97.05.10 | 신성환 | 수원 | 울산 | 원정 | 정규리그 | 일반 | 전반 45:00 | 05.05.05 | 이상호 | 부천 | 포항 | 원정 | 리그컵 | 일반 | 전반 08:38 |
| 97.07.12 | 최영일 | 부산 | 포항 | 홈 | 정규리그 | 일반 | 후반 38:00 | 05.05.08 | 김한윤 | 부천 | 전남 | 홈 | 리그컵 | 일반 | 전반 38:00 |
| 97.07.13 | 무탐바 | 안양 | 천안 | 홈 | 정규리그 | 일반 | 후반 38:00 | 05.08.31 | 유경렬 | 울산 | 부천 | 홈 | 정규리그 | 후기 | 후반 14:07 |
| 97.07.23 | 마시엘 | 전남 | 안양 | 홈 | 리그컵 | A조 | 후반 21:00 | 05.09.04 | 이창원 | 전남 | 부천 | 홈 | 정규리그 | 후기 | 전반 47:03 |
| 97.09.24 | 김현수 | 전남 | 울산 | 원정 | 리그컵 | A조 | 후반 43:00 | 05.10.16 | 마 토 | 수원 | 전북 | 홈 | 정규리그 | 후기 | 후반 00:49 |
| 98.06.06 | 김봉현 | 전북 | 부천 | 홈 | 리그컵 | 일반 | 전반 30:01 | 05.10.30 | 박재홍 | 전남 | 전북 | 원정 | 정규리그 | 후기 | 후반 35:00 |
| 98.07.25 | 김태영 | 전남 | 안양 | 홈 | 정규리그 | 일반 | 후반 43:00 | 05.11.09 | 장경진 | 인천 | 광주상무 | 홈 | 정규리그 | 후기 | 후반 18:00 |
| 98.08.01 | 신성환 | 수원 | 천안 | 원정 | 정규리그 | 일반 | 전반 03:01 | 06.04.01 | 박규선 | 울산 | 수원 | 홈 | 정규리그 | 전기 | 후반 34:28 |
| 98.08.19 | 김재형 | 부산 | 안양 | 홈 | 정규리그 | 일반 | 후반 21:01 | 06.05.10 | 김광석 | 광주상무 | 대구 | 원정 | 정규리그 | 전기 | 전반 45:00 |
| 98.08.29 | 무탐바 | 안양 | 전북 | 원정 | 정규리그 | 일반 | 후반 43:01 | 06.05.10 | 전광환 | 전북 | 수원 | 원정 | 정규리그 | 전기 | 후반 37:00 |
| 98.09.23 | 이영상 | 포항 | 부천 | 홈 | 정규리그 | 일반 | 후반 47:00 | 06.05.27 | 마 토 | 수원 | 인천 | 원정 | 리그컵 | 일반 | 후반 42:14 |
| 98.10.14 | 보리스 | 부천 | 수원 | 홈 | 정규리그 | 일반 | 전반 19:01 | 06.07.26 | 김윤식 | 포항 | 울산 | 홈 | 리그컵 | 일반 | 전반 21:38 |
| 99.06.27 | 유동우 | 대전 | 수원 | 홈 | 정규리그 | 일반 | 후반 13:00 | 06.08.30 | 이장관 | 부산 | 대구 | 홈 | 정규리그 | 후기 | 후반 11:00 |
| 99.07.03 | 호제리오 | 전북 | 울산 | 원정 | 정규리그 | 일반 | 후반 25:00 | 06.09.09 | 김영선 | 전북 | 인천 | 홈 | 정규리그 | 후기 | 후반 08:00 |
| 99.07.07 | 이임생 | 부천 | 전남 | 홈 | 정규리그 | 일반 | 전반 35:43 | 06.09.23 | 이동원 | 전남 | 부산 | 홈 | 정규리그 | 후기 | 후반 01:00 |
| 99.07.17 | 김학철 | 안양 | 전남 | 원정 | 정규리그 | 일반 | 전반 14:00 | 06.09.30 | 이민성 | 서울 | 대구 | 원정 | 정규리그 | 후기 | 전반 16:00 |
| 99.07.28 | 장민석 | 전북 | 부천 | 원정 | 정규리그 | 일반 | 전반 36:47 | 06.09.30 | 조성환 | 포항 | 인천 | 홈 | 정규리그 | 후기 | 후반 18:00 |
| 99.08.18 | 이경춘 | 전북 | 안양 | 원정 | 정규리그 | 일반 | 후반 15:35 | 06.10.04 | 유경렬 | 울산 | 서울 | 원정 | 정규리그 | 후기 | 전반 18:00 |
| 99.08.25 | 이기형 | 수원 | 포항 | 홈 | 정규리그 | 일반 | 전반 29:38 | 07.03.10 | 니콜라 | 제주 | 성남 | 홈 | 정규리그 | 일반 | 후반 07:00 |
| 99.10.09 | 김영철 | 천안 | 대전 | 홈 | 정규리그 | 일반 | 연(휴) 01:07 | 07.05.05 | 김진규 | 전남 | 포항 | 홈 | 정규리그 | 일반 | 전반 36:46 |
| 99.10.31 | 손현준 | 부산 | 수원 | 원정 | 정규리그 | PO | 후반 36:32 | 07.05.05 | 김동규 | 광주상무 | 수원 | 홈 | 정규리그 | 일반 | 전반 42:00 |
| 00.03.19 | 이창엽 | 대전 | 부산 | 홈 | 리그컵 | B조 | 후반 05:00 | 07.08.15 | 이준기 | 전남 | 인천 | 원정 | 정규리그 | 일반 | 후반 40:24 |
| 00.05.17 | 이정효 | 부산 | 포항 | 홈 | 정규리그 | 일반 | 후반 33:00 | 07.08.18 | 심재원 | 부산 | 포항 | 홈 | 정규리그 | 일반 | 후반 30:00 |
| 00.10.01 | 호제리오 | 전북 | 포항 | 중립 | 정규리그 | 일반 | 전반 29:17 | 07.08.29 | 김성근 | 포항 | 서울 | 원정 | 정규리그 | 일반 | 후반 12:00 |
| 00.10.07 | 최진철 | 전북 | 성남 | 홈 | 정규리그 | 일반 | 후반 13:10 | 07.08.29 | 황재원 | 포항 | 서울 | 원정 | 정규리그 | 일반 | 전반 22:00 |
| 01.05.05 | 졸 리 | 수원 | 전북 | 홈 | 리그컵 | 4강전 | 후반 08:03 | 07.09.01 | 조네스 | 포항 | 대구 | 원정 | 정규리그 | 일반 | 후반 21:00 |
| 01.08.01 | 이창원 | 전남 | 부천 | 홈 | 정규리그 | 일반 | 후반 16:53 | 07.09.02 | 배효성 | 부산 | 전북 | 원정 | 정규리그 | 일반 | 후반 40:00 |
| 01.09.08 | 박종문 | 전남 | 울산 | 원정 | 정규리그 | 일반 | 후반 24:00 | 08.04.16 | 김영철 | 성남 | 전북 | 원정 | 리그컵 | B조 | 전반 05:01 |
| 01.09.26 | 이 싸 빅 | 포항 | 울산 | 원정 | 정규리그 | 일반 | 후반 52:39 | 08.05.03 | 김영철 | 성남 | 포항 | 홈 | 정규리그 | 일반 | 후반 26:32 |
| 02.04.06 | 이임생 | 부천 | 전북 | 원정 | 리그컵 | A조 | 전반 33:53 | 08.05.25 | 이상일 | 전남 | 대구 | 홈 | 정규리그 | 일반 | 전반 45:51 |
| 02.04.27 | 윤희준 | 부산 | 울산 | 원정 | 리그컵 | B조 | 전반 28:00 | 08.06.25 | 김주환 | 대구 | 성남 | 원정 | 리그컵 | B조 | 전반 23:00 |
| 02.07.28 | 김현수 | 성남 | 수원 | 원정 | 정규리그 | 일반 | 후반 16:00 | 08.06.25 | 아 디 | 서울 | 경남 | 홈 | 리그컵 | A조 | 전반 43:56 |
| 02.08.28 | 심재원 | 부산 | 전북 | 홈 | 정규리그 | 일반 | 후반 38:00 | 08.07.02 | 강민수 | 전북 | 울산 | 원정 | 리그컵 | B조 | 전반 02:32 |
| 02.11.06 | 왕정현 | 안양 | 대전 | 원정 | 정규리그 | 일반 | 후반 13:34 | 08.07.12 | 진경선 | 대구 | 경남 | 홈 | 정규리그 | 일반 | 후반 38:00 |
| 03.04.30 | 윤원철 | 부천 | 대구 | 홈 | 정규리그 | 일반 | 전반 08:03 | 08.08.23 | 강선규 | 대전 | 전남 | 홈 | 정규리그 | 일반 | 후반 42:00 |
| 03.05.21 | 김치곤 | 안양 | 광주상무 | 원정 | 정규리그 | 일반 | 전반 03:00 | 08.08.24 | 김명중 | 광주상무 | 부산 | 홈 | 정규리그 | 일반 | 전반 32:48 |
| 03.05.21 | 박준홍 | 광주상무 | 안양 | 홈 | 정규리그 | 일반 | 후반 32:00 | 08.09.13 | 현영민 | 울산 | 수원 | 홈 | 정규리그 | 일반 | 후반 07:45 |
| 03.09.07 | 조병국 | 수원 | 부산 | 원정 | 정규리그 | 일반 | 전반 42:01 | 08.09.20 | 안현식 | 인천 | 대구 | 홈 | 정규리그 | 일반 | 전반 15:29 |
| 03.09.24 | 보리스 | 부천 | 안양 | 원정 | 정규리그 | 일반 | 후반 26:00 | 08.10.25 | 알렉산더 | 전북 | 인천 | 홈 | 정규리그 | 일반 | 후반 28:02 |
| 03.09.24 | 유경렬 | 울산 | 성남 | 홈 | 정규리그 | 일반 | 후반 42:00 | 08.11.01 | 김민오 | 울산 | 경남 | 원정 | 정규리그 | 일반 | 후반 25:00 |
| 03.10.05 | 김치곤 | 안양 | 성남 | 원정 | 정규리그 | 일반 | 후반 02:13 | 08.11.02 | 송한복 | 광주상무 | 인천 | 홈 | 정규리그 | 일반 | 전반 43:00 |
| 03.11.09 | 이응제 | 전북 | 부산 | 원정 | 정규리그 | 일반 | 후반 22:02 | 08.11.09 | 김태영 | 부산 | 울산 | 원정 | 정규리그 | 일반 | 전반 17:38 |
| 04.04.10 | 곽희주 | 수원 | 전북 | 원정 | 정규리그 | 전기 | 전반 24:00 | 09.05.09 | 김정겸 | 포항 | 제주 | 홈 | 정규리그 | 일반 | 후반 07:00 |
| 04.04.17 | 쏘우자 | 서울 | 부천 | 원정 | 정규리그 | 전기 | 전반 13:00 | 09.05.27 | 김상식 | 전북 | 제주 | 원정 | 리그컵 | B조 | 후반 05:33 |
| 04.04.17 | 이 싸 빅 | 성남 | 인천 | 원정 | 정규리그 | 전기 | 후반 10:12 | 09.05.27 | 김형호 | 전남 | 강원 | 원정 | 리그컵 | A조 | 후반 07:00 |
| 04.04.24 | 조병국 | 수원 | 성남 | 원정 | 정규리그 | 전기 | 전반 34:01 | 09.06.21 | 차 디 | 인천 | 포항 | 홈 | 정규리그 | 일반 | 전반 47:51 |
| 04.05.08 | 이 싸 빅 | 성남 | 포항 | 홈 | 정규리그 | 전기 | 전반 20:54 | 09.07.12 | 김한섭 | 대전 | 강원 | 홈 | 정규리그 | 일반 | 전반 02:01 |
| 04.07.11 | 성한수 | 전남 | 전북 | 원정 | 리그컵 | 일반 | 전반 27:01 | 09.07.12 | 김주영 | 경남 | 성남 | 원정 | 정규리그 | 일반 | 후반 12:23 |
| 04.07.18 | 한정국 | 대전 | 부산 | 홈 | 리그컵 | 일반 | 전반 22:03 | 09.09.06 | 김승현 | 전남 | 경남 | 원정 | 정규리그 | 일반 | 후반 38:33 |
| 04.07.25 | 김현수 | 전북 | 성남 | 원정 | 리그컵 | 일반 | 전반 25:01 | 09.09.06 | 이원재 | 울산 | 부산 | 홈 | 정규리그 | 일반 | 후반 47:02 |

| 날짜 | 선수 | 팀 | 팀 | 홈/원정 | 리그 | 구분 | 시간 |
|---|---|---|---|---|---|---|---|
| 09.09.20 | 이강진 | 부산 | 전북 | 원정 | 정규리그 | 일반 | 전반 01:00 |
| 09.10.02 | 곽태휘 | 전남 | 전북 | 원정 | 정규리그 | 일반 | 후반 27:01 |
| 09.10.24 | 황선필 | 광주상무 | 포항 | 홈 | 정규리그 | 일반 | 후반 25:00 |
| 09.11.01 | 이범영 | 부산 | 인천 | 홈 | 정규리그 | 일반 | 전반 48:00 |
| 10.03.06 | 이요한 | 전북 | 제주 | 원정 | 정규리그 | 일반 | 전반 07:34 |
| 10.04.11 | 안현식 | 인천 | 부산 | 원정 | 정규리그 | 일반 | 후반 32:00 |
| 10.04.18 | 김인호 | 제주 | 수원 | 홈 | 정규리그 | 일반 | 후반 39:00 |
| 10.07.28 | 김진규 | 서울 | 수원 | 홈 | 리그컵 | PO | 후반 17:09 |
| 10.07.28 | 심우연 | 전북 | 경남 | 홈 | 리그컵 | PO | 후반 36:01 |
| 10.08.07 | 안재준 | 인천 | 수원 | 홈 | 정규리그 | 일반 | 전반 37:16 |
| 10.08.15 | 양승원 | 대구 | 포항 | 홈 | 정규리그 | 일반 | 전반 48:00 |
| 10.08.22 | 신광훈 | 포항 | 인천 | 홈 | 정규리그 | 일반 | 후반 24:28 |
| 10.08.28 | 김진규 | 서울 | 수원 | 원정 | 정규리그 | 일반 | 전반 03:00 |
| 10.09.01 | 김형일 | 포항 | 서울 | 홈 | 정규리그 | 일반 | 후반 46:00 |
| 10.09.04 | 안현식 | 인천 | 부산 | 홈 | 정규리그 | 일반 | 후반 27:00 |
| 10.09.04 | 모 따 | 수원 | 강원 | 원정 | 정규리그 | 일반 | 전반 46:00 |
| 10.10.30 | 유지노 | 전남 | 전북 | 원정 | 정규리그 | 일반 | 전반 10:00 |
| 10.11.03 | 김종수 | 경남 | 포항 | 원정 | 정규리그 | 일반 | 전반 11:28 |
| 11.03.12 | 황재훈 | 대전 | 서울 | 홈 | 정규리그 | 일반 | 전반 34:00 |
| 11.03.16 | 강민수 | 울산 | 부산 | 홈 | 리그컵 | B조 | 후반 18:00 |
| 11.03.20 | 백종환 | 강원 | 제주 | 원정 | 정규리그 | 일반 | 후반 22:00 |
| 11.04.24 | 이용기 | 경남 | 수원 | 원정 | 정규리그 | 일반 | 후반 20:06 |
| 11.04.24 | 김성환 | 성남 | 제주 | 원정 | 정규리그 | 일반 | 후반 29:44 |
| 11.04.30 | 이용기 | 경남 | 성남 | 홈 | 정규리그 | 일반 | 전반 12:00 |
| 11.05.08 | 박용호 | 서울 | 상주 | 원정 | 정규리그 | 일반 | 후반 18:00 |
| 11.05.21 | 김한윤 | 부산 | 수원 | 원정 | 정규리그 | 일반 | 후반 19:00 |
| 11.05.21 | 김인한 | 경남 | 상주 | 홈 | 정규리그 | 일반 | 후반 36:00 |
| 11.06.11 | 이정호 | 부산 | 강원 | 원정 | 정규리그 | 일반 | 전반 41:16 |
| 11.06.11 | 윤시호 | 대구 | 대전 | 홈 | 정규리그 | 일반 | 전반 12:25 |
| 11.06.18 | 김인호 | 제주 | 전북 | 원정 | 정규리그 | 일반 | 후반 37:44 |
| 11.07.09 | 유경렬 | 대구 | 부산 | 홈 | 정규리그 | 일반 | 전반 15:42 |
| 11.07.10 | 사 샤 | 성남 | 인천 | 홈 | 정규리그 | 일반 | 후반 01:49 |
| 11.07.10 | 배효성 | 인천 | 성남 | 원정 | 정규리그 | 일반 | 후반 11:10 |
| 11.07.16 | 김수범 | 광주 | 전북 | 홈 | 정규리그 | 일반 | 전반 17:00 |
| 11.07.24 | 정호정 | 성남 | 전북 | 원정 | 정규리그 | 일반 | 전반 15:00 |
| 11.08.06 | 이동원 | 부산 | 포항 | 원정 | 정규리그 | 일반 | 전반 15:41 |
| 12.03.10 | 김창수 | 부산 | 제주 | 홈 | 정규리그 | 스일반 | 전반 13:00 |
| 12.04.11 | 김기희 | 대구 | 경남 | 홈 | 정규리그 | 스일반 | 전반 45:51 |
| 12.05.13 | 유종현 | 광주 | 수원 | 원정 | 정규리그 | 스일반 | 후반 17:27 |
| 12.05.13 | 황순민 | 대구 | 부산 | 원정 | 정규리그 | 스일반 | 전반 48:00 |
| 12.06.17 | 송진형 | 제주 | 수원 | 원정 | 정규리그 | 스일반 | 전반 24:13 |
| 12.06.24 | 고슬기 | 울산 | 서울 | 원정 | 정규리그 | 스일반 | 전반 39:53 |
| 12.06.30 | 한그루 | 대전 | 부산 | 원정 | 정규리그 | 스일반 | 전반 03:25 |
| 12.07.01 | 양상민 | 수원 | 포항 | 원정 | 정규리그 | 스일반 | 전반 09:00 |
| 12.10.06 | 에 델 | 부산 | 수원 | 홈 | 정규리그 | 스A | 전반 33:00 |
| 12.10.27 | 마르케스 | 제주 | 부산 | 홈 | 정규리그 | 스A | 전반 45:13 |
| 12.11.18 | 마다스치 | 제주 | 부산 | 원정 | 정규리그 | 스A | 후반 30:00 |
| 12.11.21 | 이명주 | 포항 | 부산 | 원정 | 정규리그 | 스A | 전반 05:53 |
| 13.03.09 | 박진포 | 성남 | 제주 | 원정 | 클래식 | 스일반 | 전반 43:59 |
| 13.04.06 | 보스나 | 수원 | 대구 | 홈 | 클래식 | 스일반 | 전반 43:25 |
| 13.04.07 | 윤영선 | 성남 | 부산 | 원정 | 클래식 | 스일반 | 후반 26:44 |
| 13.04.13 | 이윤표 | 인천 | 대구 | 원정 | 클래식 | 스일반 | 후반 28:00 |
| 13.04.28 | 아 디 | 서울 | 강원 | 원정 | 클래식 | 스일반 | 전반 38:44 |
| 13.05.18 | 신광훈 | 포항 | 울산 | 홈 | 클래식 | 스일반 | 전반 24:00 |
| 13.06.23 | 이강진 | 대전 | 경남 | 원정 | 클래식 | 스일반 | 전반 02:43 |
| 13.07.03 | 이웅희 | 대전 | 수원 | 원정 | 클래식 | 스일반 | 전반 24:30 |
| 13.07.03 | 최은성 | 전북 | 성남 | 홈 | 클래식 | 스일반 | 후반 34:00 |
| 13.09.01 | 최우재 | 강원 | 울산 | 롬 | 클래식 | 스일반 | 전반 32:11 |
| 13.09.28 | 윤영선 | 성남 | 경남 | 원정 | 클래식 | 스B | 전반 29:35 |
| 13.10.05 | 곽광선 | 수원 | 포항 | 원정 | 클래식 | 스A | 전반 00:17 |
| 13.10.09 | 이 용 | 제주 | 강원 | 홈 | 클래식 | 스B | 후반 24:35 |
| 13.10.20 | 황도연 | 제주 | 대전 | 홈 | 클래식 | 스B | 후반 34:59 |
| 13.11.10 | 김평래 | 성남 | 제주 | 원정 | 클래식 | 스B | 전반 19:59 |
| 13.05.12 | 방대종 | 상주 | 부천 | 원정 | 챌린지 | | 후반 09:00 |
| 13.05.13 | 백성우 | 안양 | 광주 | 원정 | 챌린지 | | 후반 47:00 |
| 13.07.06 | 김동우 | 경찰 | 수원FC | 원정 | 챌린지 | | 후반 12:00 |
| 13.07.13 | 윤성우 | 고양 | 경찰 | 홈 | 챌린지 | | 전반 16:00 |
| 13.07.13 | 김태준 | 고양 | 경찰 | 홈 | 챌린지 | | 전반 40:28 |
| 13.08.25 | 유 현 | 경찰 | 상주 | 원정 | 챌린지 | | 후반 31:36 |
| 13.09.09 | 가솔현 | 안양 | 경찰 | 홈 | 챌린지 | | 후반 36:58 |
| 13.11.30 | 송승주 | 경찰 | 안양 | 원정 | 챌린지 | | 후반 38:56 |
| 14.03.09 | 이 용 | 제주 | 수원 | 홈 | 클래식 | 스일반 | 후반 24:00 |
| 14.03.16 | 이 용 | 제주 | 전남 | 원정 | 클래식 | 스일반 | 후반 17:53 |
| 14.03.16 | 우주성 | 경남 | 울산 | 원정 | 클래식 | 스일반 | 후반 25:00 |
| 14.03.29 | 최철순 | 상주 | 포항 | 원정 | 클래식 | 스일반 | 전반 37:00 |
| 14.04.26 | 알렉스 | 제주 | 부산 | 홈 | 클래식 | 스일반 | 전반 12:58 |
| 14.04.26 | 스레텐 | 경남 | 전북 | 원정 | 클래식 | 스일반 | 전반 28:00 |
| 14.05.04 | 이경렬 | 부산 | 경남 | 홈 | 클래식 | 스일반 | 후반 23:38 |
| 14.05.10 | 이근호 | 상주 | 수원 | 홈 | 클래식 | 스일반 | 후반 49:05 |
| 14.09.10 | 김근환 | 울산 | 수원 | 원정 | 클래식 | 스일반 | 전반 28:00 |
| 14.11.01 | 이재원 | 울산 | 수원 | 홈 | 클래식 | 스A | 후반 11:23 |
| 14.04.27 | 양상민 | 안산 | 광주 | 원정 | 챌린지 | | 전반 27:09 |
| 14.05.24 | 이준희 | 대구 | 안양 | 원정 | 챌린지 | | 전반 42:00 |
| 14.06.21 | 장원석 | 대전 | 대구 | 원정 | 챌린지 | | 전반 40:30 |
| 14.07.05 | 임선영 | 광주 | 고양 | 원정 | 챌린지 | | 후반 23:26 |
| 14.07.26 | 허재원 | 대구 | 안양 | 홈 | 챌린지 | | 전반 39:50 |
| 14.11.01 | 마철준 | 광주 | 안산 | 원정 | 챌린지 | | 후반 17:27 |
| 14.12.03 | 스레텐 | 경남 | 광주 | 원정 | 승강 플레이오프 | | 후반 40:35 |

## 역대 시즌 득점·도움 10-10 기록

| 선수명 | 구단 | 출장-득점-도움 | 연도 | 기록달성 | 비고 |
|---|---|---|---|---|---|
| 라 데 | 포항 | 39-13-16 | 1996 | 28경기째 | |
| 비탈리 | 수원 | 36-10-10 | 1999 | 35경기째 | |
| 최용수 | 안양 | 34-14-10 | 2000 | 33경기째 | |
| 김대의 | 성남 | 38-17-12 | 2002 | 26경기째 | |
| 에드밀손 | 전북 | 39-17-14 | 2003 | 32경기째 | |
| 김도훈 | 성남 | 40-28-13 | 2003 | 37경기째 | |
| 에닝요 | 전북 | 28-10-12 | 2009 | 28경기째 | |
| 데 안 | 서울 | 35-19-10 | 2010 | 28경기째(10.09) | |
| 김은중 | 제주 | 34-17-11 | 2010 | 32경기째(10.31) | |
| 루시오 | 경남 | 32-15-10 | 2010 | 31경기째(11.07) | |
| 에닝요 | 전북 | 33-18-10 | 2010 | 31경기째(11.20) | 2년연속 |
| 이동국 | 전북 | 29-16-15 | 2011 | 20경기째(08.06) | |
| 몰리나 | 서울 | 29-10-12 | 2011 | 27경기째(10.23) | |
| 몰리나 | 서울 | 41-19-10 | 2012 | 22경기째(07.28) | 2년연속 |

| 에 닝 요 | 전 북 | 38 - 15 - 13 | 2012 | 26경기째(08.23) | |
| 산 토 스 | 제 주 | 35 - 14 - 11 | 2012 | 31경기째(11.18) | |
| 루 시 오 | 광 주 | 32 - 13 - 10 | 2013 | 32경기째(11.10) | 챌린지 |

## 역대 대회별 전 경기, 전 시간 출장자

| 연도 | 시즌 | 경기수 | 전 경기 전 시간 | 전 경기 |
|---|---|---|---|---|
| 83 | 수퍼리그 | 16 | 최기봉,이강조(이상 유공), 유태목(대우), 김성부(포철) | 최종덕,홍성호,박상인,오석재, 이강석(이상 할렐루야), 김용세(유공), 이춘석(대우), 최상국(포항제철) |
| 84 | 축구대제전 수퍼리그 | 28 | 최기봉, 오연교(이상 유공), 김평석(현대), 조병득(할렐루야), 박창선(대우) | 신문선, 김용세(이상 유공), 조영증(럭키금성), 백종철(현대), 박상인(할렐루야), 이재희(대우) |
| 85 | 축구대제전 수퍼리그 | 21 | 최강희, 김문경(이상 현대), 전차식(포항제철), 김현태, 강득수(이상 럭키금성), 김풍주(대우), 최영희(한일은행), 황정현(할렐루야) | 한문배, 이상래, 피아퐁(이상 럭키금성), 신문선(유공), 김영세(유공) 박상인(할렐루야), 신제경(상무), 김대흠(상무), 최태진(대우), 조성규(한일은행), 이흥실(포항제철) |
| 86 | 축구대제전 | 20 | 박노봉(대우) | 민진홍(유공), 함현기(현대), 윤성효(한일은행) |
| | 프로축구선수권대회 | 16 | 최기봉(유공) | 민진홍,신동철(이상 유공), 권오손, 구상범, 박항서, 이상래(이상 럭키금성) |
| 87 | 한국프로축구대회 | 32 | 최기봉(유공) | |
| 88 | 한국프로축구대회 | 24 | 이문영(유공) | 이광종(유공), 김문경(현대) |
| 89 | 한국프로축구대회 | 40 | 임종헌(일화), 강재순(현대) | |
| 90 | 한국프로축구대회 | 30 | | 윤상철(럭키금성) |
| 91 | 한국프로축구대회 | 40 | | 고정운(일화) |
| 92 | 한국프로축구대회 | 30 | 사리체프(일화), 정종선(현대) | 신홍기(현대), 임근재(LG) |
| | 아디다스컵 | 10 | 사리체프(일화), 정용환(대우) | |
| 93 | 한국프로축구대회 | 30 | 사리체프(일화), 최영일(현대) | 이종헌(유공) |
| | 아디다스컵 | 5 | 사리체프(일화) | |
| 94 | 하이트배 코리안리그 | 30 | 사리체프(일화), 이명열(포항제철) | |
| | 아디다스컵 | 6 | 사리체프(일화) 外 다수 | |
| 95 | 하이트배 코리안리그 | 28 | 샤샤(유공) | |
| | 아디다스컵 | 7 | 샤샤(유공) 外 다수 | |
| 96 | 라피도컵 프로축구대회 | 32 | | 라데(포항) |
| | 아디다스컵 | 8 | 공문배(포항) 外 다수 | 박태하(포항) 外 다수 |
| 97 | 라피도컵 프로축구대회 | 18 | 김봉현(전북), 최은성(대전) | 황연석(천안) |
| | 아디다스컵 | 9 | 아보라(천안) 外 다수 | 정성천(대전) 外 다수 |
| | 프로스펙스컵 | 11 | 김이섭(포항) | |
| 98 | 현대컵 K-리그 | 22 | 김병지(울산) | 이문석(울산) 外 다수 |
| | 필립모리스코리아컵 | 9 | 박태하(포항) 外 다수 | 무탐바(안양) 外 다수 |
| | 아디다스코리아컵 | 11 | 김상훈(울산) 外 다수 | 김기동(부천) 外 다수 |
| 99 | 바이코리아컵 K-리그 | 32~27 | 이용발(부천) | 이원식(부천), 김정혁(전남), 김현석(울산), 황승주(울산) |
| | 대한화재컵 | 8~11 | 김봉현(전북) 外 다수 | 김기동(부천) 外 다수 |
| | 아디다스컵 | 1~4 | 곽경근(부천) 外 다수 | 공오균(대전) 外 다수 |
| 00 | 삼성 디지털 K-리그 | 32~27 | 이용발(부천), 조성환(부천) | 박남열(성남), 신홍기(수원), 안드레(안양), 세자르(전남), 김종천(포항) |
| | 대한화재컵 | 8~11 | 이용발(부천), 조성환(부천) 外 다수 | 신의손(안양) 外 다수 |
| | 아디다스컵 | 1~4 | 이용발(부천), 조성환(부천) 外 다수 | 김대환(수원) 外 다수 |
| 01 | 포스코 K-리그 | 27 | 김기동(부천), 이용발(부천), 신의손(안양) | 남기일(부천), 신태용(성남), 이기형(수원) |
| | 아디다스컵 | 8~11 | 심재원(부산), 산드로(수원) 外 다수 | 하리(부산), 윤희준(부산) 外 다수 |
| 02 | 삼성파브 K-리그 | 27 | 김기동(부천), 이용발(부천), 박종문(전남) | 이영수(전남), 김대의(성남), 이병근(수원), 에드밀손(전북), 추운기(전북) |
| | 아디다스컵 | 8~11 | 신태용(성남), 서정원(수원) 外 다수 | 김현수(성남), 신의손(안양) 外 다수 |
| 03 | 삼성 하우젠 K-리그 | 44 | | 마그노(전북), 도도(울산) |

| 04 | 삼성 하우젠 K-리그 | 24~27 | 김병지(포항), 유경렬(울산), 서동명(울산), 조준호(부천), 윤희준(부산) | 김은중(서울) |
|---|---|---|---|---|
| | 삼성 하우젠컵 | 12 | 김병지(포항), 곽희주(수원), 이용발(전북), 조준호(부천), 한태유(서울), 이반(성남), 박우현(성남) | 최성용(수원), 임중용(인천), 김기형(부천), 손대호(수원), 김경량(전북) 外 다수 |
| 05 | 삼성 하우젠 K-리그 | 24~27 | 김병지(포항), 조준호(부천), 임중용(인천) | 산드로(대구), 김기동(포항) |
| | 삼성 하우젠컵 | 12 | 김병지(포항), 조준호(부천), 김성근(포항), 산토스(포항), 주승진(대전), 김영철(성남), 배효성(성남), 송정현(대구), 산드로(대구), 전재호(인천) | 현영민(울산) 外 다수 |
| 06 | 삼성 하우젠 K-리그 | 26~29 | 김병지(서울), 최은성(대전), 이정래(경남) | 장학영(성남), 박진섭(성남), 박종진(대구), 루시아노(경남) |
| | 삼성 하우젠컵 | 13 | 배효성(부산), 장학영(성남), 김병지(서울), 최은성(대전), 이정래(경남) | 박동혁(울산), 이종민(울산), 김치우(인천), 박용호(광주상무), 이정수(수원), 최성국(울산), 장남석(대구), 이승현(부산), 우성용(성남), 박재현(인천), 최영훈(전북), 주광윤(전남) |
| 07 | 삼성 하우젠 K-리그 | 31~26 | 김용대(성남), 장학영(성남), 김영철(성남), 염동균(전남), 김병지(서울) | 데얀(인천), 산드로(전남), 송정현(전남), 김상록(인천) |
| | 삼성 하우젠컵 | 10~12 | 김병지(서울), 김현수(대구) 外 다수 | 아디(서울), 데닐손(대전), 박성호(부산) |
| 08 | 삼성 하우젠 K-리그 | 28~26 | 이운재(수원), 정성룡(포항), 백민철(대구) | 데얀(서울), 두두(성남), 이근호(대구), 라돈치치(인천), 김영빈(인천) |
| | 삼성 하우젠컵 | 10~12 | 백민철(대구) | 서동현(수원), 김상식(성남), 박진섭(성남), 장학영(성남), 김영삼(성남), 현영민(울산), 이승렬(서울), 조형익(대구) |
| 09 | K-리그 | 28~30 | 김영광(울산) | 김상식(전북), 루이스(전북), 윤준하(강원) |
| | 피스컵 코리아 | 2~10 | 조병국(성남), 이호(성남), 신형민(포항), 백민철(대구) 外 다수 | 박희도(부산), 장학영(성남), 구자철(제주) 外 다수 |
| 10 | 쏘나타 K리그 | 28~31 | 김호준(제주), 김용대(서울), 정성룡(성남), 김병지(경남), 백민철(대구) | 김영후(강원), 유병수(인천) |
| | 포스코컵 | 4~7 | 김용대(서울) 외 다수 | 아디(서울) 外 다수 |
| 11 | 현대오일뱅크 K리그 | 30~35 | 박호진(광주), 김병지(경남), 이운재(전남) 外 다수 | 김신욱(울산) 外 다수 |
| | 러시앤캐시컵 | 1~8 | 윤시호(대구), 조동건(성남), 박준혁(대구) 外 다수 | 고슬기(울산), 김신욱(울산) 外 다수 |
| 12 | 현대오일뱅크 K리그 | 44 | 김용대(서울) | 자일(제주), 한지호(부산) |
| 13 | 현대오일뱅크 K리그 클래식 | 38 | 권정혁(인천) | 전상욱(성남), 김치곤(울산) |
| 14 | 현대오일뱅크 K리그 클래식 | 38 | 김병지(전남) | |
| | 현대오일뱅크 K리그 챌린지 | 36 | | 권용현(수원FC) |

## 역대 감독 승 · 무 · 패 기록

| 감독명 | 기간 / 구단명 / 재임년도 | | | 승 | 무 | 패 | 비고 |
|---|---|---|---|---|---|---|---|
| 고 재 욱 | 통산 | | | 154 | 134 | 126 | |
| | K리그 BC(~2012) | 럭키금성 | 1988 | 6 | 11 | 7 | |
| | K리그 BC(~2012) | 럭키금성 | 1989 | 15 | 17 | 8 | |
| | K리그 BC(~2012) | 럭키금성 | 1990 | 14 | 11 | 5 | |
| | K리그 BC(~2012) | LG | 1991 | 9 | 15 | 16 | |
| | K리그 BC(~2012) | LG | 1992 | 12 | 16 | 12 | |
| | K리그 BC(~2012) | LG | 1993 | 11 | 12 | 12 | |
| | K리그 BC(~2012) | 현대 | 1995 | 16 | 14 | 5 | |
| | K리그 BC(~2012) | 울산 | 1996 | 19 | 5 | 16 | |
| | K리그 BC(~2012) | 울산 | 1997 | 13 | 13 | 9 | |
| | K리그 BC(~2012) | 울산 | 1998 | 20 | 10 | 12 | |
| | K리그 BC(~2012) | 울산 | 1999 | 15 | 6 | 16 | |
| | K리그 BC(~2012) | 울산 | 2000 | 4 | 4 | 2 | ~2000.06.14 |
| 곽 경 근 | 통산 | | | 8 | 9 | 18 | |
| | K리그 챌린지 | 부천 | 2013 | 8 | 9 | 18 | |

| 귀 네 슈 | 통산 | | | 51 | 37 | 22 | |
|---|---|---|---|---|---|---|---|
| | K리그 BC(~2012) | 서울 | 2007 | 14 | 17 | 7 | |
| | K리그 BC(~2012) | 서울 | 2008 | 20 | 12 | 7 | |
| | K리그 BC(~2012) | 서울 | 2009 | 17 | 8 | 8 | |
| 김 귀 화 | 통산 | | | 5 | 5 | 5 | |
| | K리그 BC(~2012) | 경남 | 2010 | 5 | 5 | 5 | 2010.08.01~ 2010.11.29 |
| 김 기 복 | 통산 | | | 40 | 31 | 107 | |
| | K리그 BC(~2012) | 전북버팔로 | 1994 | 5 | 5 | 26 | |
| | K리그 BC(~2012) | 대전 | 1997 | 4 | 12 | 19 | |
| | K리그 BC(~2012) | 대전 | 1998 | 11 | 3 | 21 | |
| | K리그 BC(~2012) | 대전 | 1999 | 12 | 1 | 23 | |
| | K리그 BC(~2012) | 대전 | 2000 | 8 | 10 | 18 | |
| 김 봉 길 | 통산 | | | 36 | 44 | 38 | |
| | K리그 BC(~2012) | 인천 | 2010 | 0 | 0 | 5 | 2010.06.09~ 2010.08.22 |
| | K리그 BC(~2012) | 인천 | 2012 | 16 | 14 | 7 | 2012.04.12~ |

| 구분 | 팀 | 연도 | 승 | 무 | 패 | 비고 |
|---|---|---|---|---|---|---|
| K리그 클래식 | 인천 | 2013 | 12 | 14 | 12 | |
| K리그 클래식 | 인천 | 2013 | 8 | 16 | 14 | |
| **김 상 호** | 통산 | | 8 | 8 | 32 | |
| K리그 BC(~2012) | 강원 | 2011 | 3 | 6 | 20 | 2011.04.08~ |
| K리그 BC(~2012) | 강원 | 2012 | 5 | 2 | 12 | ~2012.07.01 |
| **김 용 갑** | 통산 | | 7 | 3 | 8 | |
| K리그 클래식 | 강원 | 2013 | 6 | 3 | 7 | 2013.08.14~2013.12.10 |
| 승강 플레이오프 | 강원 | 2013 | 1 | 0 | 1 | 2013.08.14~~2013.12.10 |
| **김 인 완** | 통산 | | 2 | 9 | 19 | |
| K리그 클래식 | 대전 | 2013 | 2 | 9 | 19 | ~2013.10.02 |
| **김 정 남** | 통산 | | 210 | 168 | 159 | |
| K리그 BC(~2012) | 유공 | 1985 | 3 | 1 | 3 | 1985.07.22~ |
| K리그 BC(~2012) | 유공 | 1986 | 11 | 12 | 13 | |
| K리그 BC(~2012) | 유공 | 1987 | 9 | 9 | 14 | |
| K리그 BC(~2012) | 유공 | 1988 | 8 | 8 | 8 | |
| K리그 BC(~2012) | 유공 | 1989 | 17 | 15 | 8 | |
| K리그 BC(~2012) | 유공 | 1990 | 8 | 12 | 10 | |
| K리그 BC(~2012) | 유공 | 1991 | 10 | 17 | 13 | |
| K리그 BC(~2012) | 유공 | 1992 | 1 | 0 | 6 | ~1992.05.12 |
| K리그 BC(~2012) | 울산 | 2000 | 3 | 3 | 4 | 2000.08.22~ |
| K리그 BC(~2012) | 울산 | 2001 | 13 | 6 | 16 | |
| K리그 BC(~2012) | 울산 | 2002 | 18 | 11 | 9 | |
| K리그 BC(~2012) | 울산 | 2003 | 20 | 13 | 11 | |
| K리그 BC(~2012) | 울산 | 2004 | 15 | 13 | 9 | |
| K리그 BC(~2012) | 울산 | 2005 | 21 | 9 | 9 | |
| K리그 BC(~2012) | 울산 | 2006 | 14 | 14 | 11 | |
| K리그 BC(~2012) | 울산 | 2007 | 20 | 13 | 7 | |
| K리그 BC(~2012) | 울산 | 2008 | 19 | 12 | 8 | |
| **김 종 필** | 통산 | | 10 | 21 | 23 | |
| K리그 챌린지 | 충주 | 2013 | 4 | 5 | 9 | 2013.07.22~ |
| K리그 챌린지 | 충주 | 2014 | 6 | 16 | 14 | |
| **김 태 수** | 통산 | | 5 | 6 | 6 | |
| K리그 BC(~2012) | 부산 | 1996 | 5 | 6 | 6 | 1996.07.22~ |
| **김 태 완** | 통산 | | 2 | 2 | 9 | |
| K리그 BC(~2012) | 상주 | 2011 | 2 | 2 | 9 | 2011.07.14~2011.12.28 |
| **김 판 곤** | 통산 | | 10 | 7 | 16 | |
| K리그 BC(~2012) | 부산 | 2006 | 8 | 3 | 9 | 2006.04.04~2006.08.22 |
| K리그 BC(~2012) | 부산 | 2007 | 2 | 4 | 7 | 2007.08.07~ |
| **김 학 범** | 통산 | | 91 | 56 | 61 | |
| K리그 BC(~2012) | 성남 | 2005 | 15 | 12 | 10 | 2005.01.05~ |
| K리그 BC(~2012) | 성남 | 2006 | 23 | 11 | 8 | |
| K리그 BC(~2012) | 성남 | 2007 | 16 | 7 | 6 | |
| K리그 BC(~2012) | 성남 | 2008 | 21 | 7 | 6 | |
| K리그 BC(~2012) | 강원 | 2012 | 9 | 5 | 11 | 2012.07.09~ |
| K리그 클래식 | 강원 | 2013 | 2 | 9 | 11 | ~2013.08.10 |
| K리그 클래식 | 성남 | 2014 | 5 | 5 | 8 | 2014.09.05~ |
| **김 형 렬** | 통산 | | 2 | 1 | 4 | |
| K리그 BC(~2012) | 전북 | 2005 | 2 | 1 | 4 | 2005.06.13~2005.07.10 |
| **김 호** | 통산 | | 207 | 154 | 180 | |
| K리그 BC(~2012) | 한일은행 | 1984 | 5 | 11 | 12 | |
| K리그 BC(~2012) | 한일은행 | 1985 | 3 | 10 | 8 | |
| K리그 BC(~2012) | 한일은행 | 1986 | 4 | 4 | 12 | |
| K리그 BC(~2012) | 현대 | 1988 | 10 | 5 | 9 | |
| K리그 BC(~2012) | 현대 | 1989 | 7 | 15 | 18 | |
| K리그 BC(~2012) | 현대 | 1990 | 6 | 14 | 10 | |
| K리그 BC(~2012) | 수원 | 1996 | 21 | 11 | 8 | |
| K리그 BC(~2012) | 수원 | 1997 | 14 | 13 | 9 | |
| K리그 BC(~2012) | 수원 | 1998 | 18 | 7 | 12 | |
| K리그 BC(~2012) | 수원 | 1999 | 31 | 4 | 8 | |
| K리그 BC(~2012) | 수원 | 2000 | 15 | 11 | 12 | |
| K리그 BC(~2012) | 수원 | 2001 | 19 | 6 | 13 | |
| K리그 BC(~2012) | 수원 | 2002 | 16 | 10 | 10 | |
| K리그 BC(~2012) | 수원 | 2003 | 19 | 15 | 10 | |
| K리그 BC(~2012) | 대전 | 2007 | 8 | 0 | 6 | 2007.07.01~ |
| K리그 BC(~2012) | 대전 | 2008 | 7 | 14 | 15 | |
| K리그 BC(~2012) | 대전 | 2009 | 4 | 4 | 8 | ~2009.06.26 |
| **김 호 곤** | 통산 | | 126 | 76 | 95 | |
| K리그 BC(~2012) | 부산 | 2000 | 13 | 10 | 14 | |
| K리그 BC(~2012) | 부산 | 2001 | 16 | 13 | 9 | |
| K리그 BC(~2012) | 부산 | 2002 | 8 | 8 | 15 | ~2002.11.05 |
| K리그 BC(~2012) | 울산 | 2009 | 11 | 9 | 12 | |
| K리그 BC(~2012) | 울산 | 2010 | 16 | 7 | 11 | |
| K리그 BC(~2012) | 울산 | 2011 | 22 | 8 | 13 | |
| K리그 BC(~2012) | 울산 | 2012 | 18 | 14 | 12 | |
| K리그 클래식 | 울산 | 2013 | 22 | 7 | 9 | ~2013.12.04 |
| **김 희 태** | 통산 | | 11 | 6 | 13 | |
| K리그 BC(~2012) | 대우 | 1994 | 4 | 0 | 5 | 1994.09.08~ |
| K리그 BC(~2012) | 대우 | 1995 | 7 | 6 | 8 | ~1995.08.03 |
| **남 기 일** | 통산 | | 25 | 13 | 18 | |
| K리그 챌린지 | 광주 | 2013 | 9 | 0 | 7 | 2013.08.18~ |
| K리그 챌린지 | 광주 | 2014 | 15 | 12 | 11 | |
| 승강 플레이오프 | 광주 | 2014 | 1 | 1 | 0 | |
| **남 대 식** | 통산 | | 2 | 6 | 6 | |
| K리그 BC(~2012) | 전북 | 2001 | 2 | 6 | 6 | 2001.07.19~2001.10.03 |
| **노 흥 섭** | 통산 | | 3 | 2 | 11 | |
| K리그 BC(~2012) | 국민은행 | 1983 | 3 | 2 | 11 | |
| **니폼니시** | 통산 | | 57 | 38 | 53 | |
| K리그 BC(~2012) | 유공 | 1995 | 11 | 11 | 13 | |
| K리그 BC(~2012) | 부천 | 1996 | 18 | 11 | 11 | |
| K리그 BC(~2012) | 부천 | 1997 | 8 | 12 | 15 | |
| K리그 BC(~2012) | 부천 | 1998 | 20 | 4 | 14 | |
| **당 성 증** | 통산 | | 0 | 3 | 5 | |
| K리그 클래식 | 대구 | 2013 | 0 | 3 | 5 | ~2013.04.22 |
| **레 네** | 통산 | | 14 | 18 | 30 | |
| K리그 BC(~2012) | 천안 | 1997 | 8 | 13 | 14 | 1997.03.01~ |
| K리그 BC(~2012) | 천안 | 1998 | 6 | 5 | 16 | ~1998.09.08 |
| **레 모 스** | 통산 | | 2 | 3 | 6 | |
| K리그 BC(~2012) | 포항 | 2010 | 2 | 3 | 6 | ~2010.05.10 |
| **로 라 트** | 통산 | | 5 | 9 | 10 | |
| K리그 BC(~2012) | 인천 | 2004 | 5 | 9 | 10 | 2004.03.01~ |

| 이름 | 리그 | 팀 | 연도 | 승 | 무 | 패 | 비고 |
|---|---|---|---|---|---|---|---|
| | | | | | | | ~2004.08.30 |
| 모아시르 | 통산 | | | 16 | 13 | 15 | |
| | K리그 BC(~2012) | 대구 | 2012 | 16 | 13 | 15 | ~2012.12.01. |
| 문정식 | 통산 | | | 25 | 18 | 16 | |
| | K리그 BC(~2012) | 현대 | 1984 | 13 | 10 | 5 | |
| | K리그 BC(~2012) | 현대 | 1985 | 10 | 4 | 7 | |
| | K리그 BC(~2012) | 현대 | 1986 | 2 | 4 | 4 | ~1986.04.22 |
| 민동성 | 통산 | | | 1 | 0 | 2 | |
| | K리그 챌린지 | 충주 | 2013 | 1 | 0 | 2 | 2013.06.20~<br>~2013.07.21 |
| 박경훈 | 통산 | | | 76 | 59 | 56 | |
| | K리그 BC(~2012) | 부산 | 2002 | 0 | 0 | 4 | 2002.11.06~<br>~2002.11.21 |
| | K리그 BC(~2012) | 제주 | 2010 | 20 | 11 | 5 | |
| | K리그 BC(~2012) | 제주 | 2011 | 10 | 11 | 10 | |
| | K리그 BC(~2012) | 제주 | 2012 | 16 | 15 | 13 | |
| | K리그 클래식 | 제주 | 2013 | 16 | 10 | 12 | |
| | K리그 클래식 | 제주 | 2014 | 14 | 12 | 12 | |
| 박병주 | 통산 | | | 20 | 22 | 29 | |
| | K리그 BC(~2012) | 안양 | 1997 | 3 | 18 | 14 | |
| | K리그 BC(~2012) | 안양 | 1998 | 17 | 4 | 15 | |
| 박성화 | 통산 | | | 108 | 81 | 93 | |
| | K리그 BC(~2012) | 유공 | 1992 | 10 | 10 | 13 | 1992.05.13~ |
| | K리그 BC(~2012) | 유공 | 1993 | 7 | 15 | 13 | |
| | K리그 BC(~2012) | 유공 | 1994 | 15 | 9 | 8 | ~1994.10.29 |
| | K리그 BC(~2012) | 포항 | 1996 | 20 | 13 | 7 | |
| | K리그 BC(~2012) | 포항 | 1997 | 15 | 15 | 8 | |
| | K리그 BC(~2012) | 포항 | 1998 | 18 | 6 | 15 | |
| | K리그 BC(~2012) | 포항 | 1999 | 16 | 4 | 18 | |
| | K리그 BC(~2012) | 포항 | 2000 | 7 | 9 | 11 | ~2000.07.31 |
| 박세학 | 통산 | | | 39 | 32 | 46 | |
| | K리그 BC(~2012) | 럭키금성 | 1984 | 8 | 6 | 14 | |
| | K리그 BC(~2012) | 럭키금성 | 1985 | 10 | 7 | 4 | |
| | K리그 BC(~2012) | 럭키금성 | 1986 | 14 | 12 | 10 | |
| | K리그 BC(~2012) | 럭키금성 | 1987 | 7 | 7 | 18 | |
| 박이천 | 통산 | | | 15 | 11 | 12 | |
| | K리그 BC(~2012) | 인천 | 2007 | 15 | 11 | 12 | |
| 박종환 | 통산 | | | 126 | 157 | 137 | |
| | K리그 BC(~2012) | 일화 | 1989 | 6 | 21 | 13 | 1989.03.19~ |
| | K리그 BC(~2012) | 일화 | 1990 | 7 | 10 | 13 | |
| | K리그 BC(~2012) | 일화 | 1991 | 13 | 11 | 16 | |
| | K리그 BC(~2012) | 일화 | 1992 | 13 | 19 | 8 | |
| | K리그 BC(~2012) | 일화 | 1993 | 14 | 12 | 9 | |
| | K리그 BC(~2012) | 일화 | 1994 | 17 | 11 | 8 | |
| | K리그 BC(~2012) | 일화 | 1995 | 16 | 13 | 6 | |
| | K리그 BC(~2012) | 대구 | 2003 | 7 | 16 | 21 | 2003.03.19~ |
| | K리그 BC(~2012) | 대구 | 2004 | 9 | 16 | 11 | |
| | K리그 BC(~2012) | 대구 | 2005 | 12 | 9 | 15 | |
| | K리그 BC(~2012) | 대구 | 2006 | 10 | 16 | 13 | |
| | K리그 클래식 | 성남 | 2014 | 2 | 3 | 4 | ~2014.04.22 |
| 박창현 | 통산 | | | 7 | 8 | 6 | |
| | K리그 BC(~2012) | 포항 | 2010 | 7 | 8 | 6 | 2010.05.11~<br>~2010.12.12 |
| 박항서 | 통산 | | | 98 | 68 | 125 | |
| | K리그 BC(~2012) | 경남 | 2006 | 14 | 6 | 19 | |
| | K리그 BC(~2012) | 경남 | 2007 | 14 | 10 | 13 | |
| | K리그 BC(~2012) | 전남 | 2008 | 10 | 5 | 14 | |
| | K리그 BC(~2012) | 전남 | 2009 | 13 | 11 | 11 | |
| | K리그 BC(~2012) | 전남 | 2010 | 9 | 9 | 14 | ~2010.11.09 |
| | K리그 BC(~2012) | 상주 | 2012 | 7 | 6 | 31 | |
| | K리그 챌린지 | 상주 | 2013 | 23 | 8 | 4 | |
| | 승강 플레이오프 | 상주 | 2013 | 1 | 0 | 1 | |
| | K리그 챌린지 | 상주 | 2014 | 7 | 13 | 18 | |
| 박효진 | 통산 | | | 5 | 0 | 5 | |
| | K리그 챌린지 | 강원 | 2014 | 5 | 0 | 5 | 2014.09.19~ |
| 백종철 | 통산 | | | 6 | 11 | 13 | |
| | K리그 클래식 | 대구 | 2013 | 6 | 11 | 13 | 2013.04.23~<br>~2013.11.30 |
| 변병주 | 통산 | | | 28 | 20 | 57 | |
| | K리그 BC(~2012) | 대구 | 2007 | 10 | 7 | 19 | |
| | K리그 BC(~2012) | 대구 | 2008 | 11 | 4 | 21 | |
| | K리그 BC(~2012) | 대구 | 2009 | 7 | 9 | 17 | |
| 브랑코 | 통산 | | | 5 | 7 | 8 | |
| | K리그 클래식 | 경남 | 2014 | 5 | 6 | 7 | 2014.08.15~ |
| | 승강 플레이오프 | 경남 | 2014 | 0 | 1 | 1 | |
| 비츠케이 | 통산 | | | 17 | 18 | 5 | |
| | K리그 BC(~2012) | 대우 | 1991 | 17 | 18 | 5 | |
| 빙가다 | 통산 | | | 25 | 6 | 6 | |
| | K리그 BC(~2012) | 서울 | 2010 | 25 | 6 | 6 | ~2010.12.13 |
| 샤키(세쿨라리치) | 통산 | | | 7 | 6 | 10 | |
| | K리그 BC(~2012) | 부산 | 1996 | 7 | 6 | 10 | ~1996.07.21 |
| 서정원 | 통산 | | | 34 | 18 | 24 | |
| | K리그 클래식 | 수원 | 2013 | 15 | 8 | 15 | |
| | K리그 클래식 | 수원 | 2014 | 19 | 10 | 9 | |
| 송광환 | 통산 | | | 0 | 1 | 1 | |
| | K리그 클래식 | 경남 | 2013 | 0 | 1 | 1 | 2013.05.23~<br>~2013.06.01 |
| 신우성 | 통산 | | | 4 | 2 | 8 | |
| | K리그 BC(~2012) | 대우 | 1995 | 4 | 2 | 8 | 1995.08.04~ |
| 신윤기 | 통산 | | | 6 | 3 | 8 | |
| | K리그 BC(~2012) | 부산 | 1999 | 6 | 3 | 8 | 1999.06.10~<br>~1999.09.08 |
| 신진원 | 통산 | | | 0 | 0 | 2 | |
| | K리그 BC(~2012) | 대전 | 2011 | 0 | 0 | 2 | 2011.07.06~<br>~2011.07.17 |
| 신태용 | 통산 | | | 58 | 42 | 53 | |
| | K리그 BC(~2012) | 성남 | 2009 | 19 | 10 | 11 | |
| | K리그 BC(~2012) | 성남 | 2010 | 14 | 12 | 8 | |
| | K리그 BC(~2012) | 성남 | 2011 | 11 | 10 | 14 | |
| | K리그 BC(~2012) | 성남 | 2012 | 14 | 10 | 20 | ~2012.12.08 |
| 신홍기 | 통산 | | | 0 | 0 | 1 | |
| | K리그 클래식 | 전북 | 2013 | 0 | 0 | 1 | 2013.06.20~<br>~2013.06.27 |
| 안익수 | 통산 | | | 49 | 30 | 42 | |
| | K리그 BC(~2012) | 부산 | 2011 | 19 | 7 | 13 | |
| | K리그 BC(~2012) | 부산 | 2012 | 13 | 14 | 17 | ~2012.12.13 |

**좌측 표**

| 이름 | 리그 | 소속 | 연도 | 승 | 무 | 패 | 비고 |
|---|---|---|---|---|---|---|---|
|  | K리그 클래식 | 성남 | 2013 | 17 | 9 | 12 | ~2013.12.22 |
| 알 톨 | 통산 |  |  | 30 | 23 | 41 |  |
|  | K리그 BC(~2012) | 제주 | 2008 | 9 | 10 | 17 |  |
|  | K리그 BC(~2012) | 제주 | 2009 | 10 | 7 | 14 | ~2009.10.14 |
|  | K리그 챌린지 | 강원 | 2014 | 11 | 6 | 10 | ~2014.09.18 |
| 앤 디 에 글 리 | 통산 |  |  | 9 | 12 | 15 |  |
|  | K리그 BC(~2012) | 부산 | 2006 | 5 | 3 | 5 | 2006.08.23~ |
|  | K리그 BC(~2012) | 부산 | 2007 | 4 | 9 | 10 | ~2007.06.30 |
| 엥 겔 | 통산 |  |  | 12 | 11 | 7 |  |
|  | K리그 BC(~2012) | 대우 | 1990 | 12 | 11 | 7 |  |
| 여 범 규 | 통산 |  |  | 7 | 5 | 7 |  |
|  | K리그 챌린지 | 광주 | 2013 | 7 | 5 | 7 | ~2013.08.16 |
| 왕 선 재 | 통산 |  |  | 15 | 20 | 35 |  |
|  | K리그 BC(~2012) | 대전 | 2009 | 6 | 5 | 6 | 2009.06.27~ |
|  | K리그 BC(~2012) | 대전 | 2010 | 6 | 8 | 18 |  |
|  | K리그 BC(~2012) | 대전 | 2011 | 3 | 7 | 11 | ~2011.07.05 |
| 유 상 철 | 통산 |  |  | 16 | 14 | 26 |  |
|  | K리그 BC(~2012) | 대전 | 2011 | 3 | 3 | 6 | 2011.07.18~ |
|  | K리그 BC(~2012) | 대전 | 2012 | 13 | 11 | 20 | ~2012.12.01 |
| 윤 덕 여 | 통산 |  |  | 0 | 0 | 1 |  |
|  | K리그 BC(~2012) | 전남 | 2012 | 0 | 0 | 1 | 2012.08.12~ ~2012.08.12 |
| 윤 성 효 | 통산 |  |  | 72 | 47 | 54 |  |
|  | K리그 BC(~2012) | 수원 | 2010 | 10 | 5 | 4 | 2010.06.08~ |
|  | K리그 BC(~2012) | 수원 | 2011 | 18 | 6 | 10 |  |
|  | K리그 BC(~2012) | 수원 | 2012 | 20 | 13 | 11 | ~2012.12.11 |
|  | K리그 클래식 | 부산 | 2013 | 14 | 10 | 14 |  |
|  | K리그 클래식 | 부산 | 2014 | 10 | 13 | 15 |  |
| 이 강 조 | 통산 |  |  | 59 | 72 | 157 |  |
|  | K리그 BC(~2012) | 광주상무 | 2003 | 13 | 7 | 24 |  |
|  | K리그 BC(~2012) | 광주상무 | 2004 | 10 | 13 | 13 |  |
|  | K리그 BC(~2012) | 광주상무 | 2005 | 7 | 8 | 21 |  |
|  | K리그 BC(~2012) | 광주상무 | 2006 | 9 | 10 | 20 |  |
|  | K리그 BC(~2012) | 광주상무 | 2007 | 5 | 9 | 22 |  |
|  | K리그 BC(~2012) | 광주상무 | 2008 | 3 | 10 | 23 |  |
|  | K리그 BC(~2012) | 광주상무 | 2009 | 9 | 4 | 19 |  |
|  | K리그 BC(~2012) | 광주상무 | 2010 | 3 | 11 | 15 | ~2010.10.27 |
| 이 상 윤 | 통산 |  |  | 2 | 4 | 7 |  |
|  | K리그 클래식 | 성남 | 2014 | 2 | 4 | 7 | 2014.04.23~ 2014.08.26 |
| 이 성 길 | 통산 |  |  | 4 | 9 | 5 | 2014.07.25~ |
|  | K리그 챌린지 | 고양 | 2014 | 2 | 4 | 7 | 2014.04.23~ 2014.08.26 |
| 이 수 철 | 통산 |  |  | 6 | 7 | 12 |  |
|  | K리그 BC(~2012) | 광주상무 | 2010 | 0 | 1 | 2 | 2010.10.28~ |
|  | K리그 BC(~2012) | 상주 | 2011 | 6 | 6 | 10 | 2011.01.12~ ~2011.07.13 |
| 이 영 무 | 통산 |  |  | 17 | 16 | 20 |  |
|  | K리그 챌린지 | 고양 | 2013 | 10 | 11 | 14 |  |
|  | K리그 챌린지 | 고양 | 2014 | 7 | 5 | 6 | ~2014.07.24 |
| 이 영 진 | 통산 |  |  | 0 | 1 |  |  |
|  | K리그 클래식 | 성남 | 2014 | 0 | 1 | 0 | 2014.08.27~ ~2014.09.04 |
| 이 영 진 | 통산 |  |  | 16 | 16 | 36 |  |

**우측 표**

| 이름 | 리그 | 소속 | 연도 | 승 | 무 | 패 | 비고 |
|---|---|---|---|---|---|---|---|
|  | K리그 BC(~2012) | 대구 | 2010 | 7 | 5 | 21 |  |
|  | K리그 BC(~2012) | 대구 | 2011 | 9 | 11 | 15 | ~2011.11.01 |
| 이 우 형 | 통산 |  |  | 27 | 15 | 29 |  |
|  | K리그 챌린지 | 안양 | 2013 | 12 | 9 | 14 |  |
|  | K리그 챌린지 | 안양 | 2014 | 15 | 6 | 15 |  |
| 이 장 수 | 통산 |  |  | 55 | 46 | 52 |  |
|  | K리그 BC(~2012) | 천안 | 1996 | 11 | 10 | 19 |  |
|  | K리그 BC(~2012) | 전남 | 2004 | 14 | 11 | 12 | ~2004.12.13 |
|  | K리그 BC(~2012) | 서울 | 2005 | 13 | 10 | 13 | 2005.01.03~ |
|  | K리그 BC(~2012) | 서울 | 2006 | 17 | 15 | 8 |  |
| 이 재 철 | 통산 |  |  | 2 | 3 | 9 |  |
|  | K리그 챌린지 | 충주 | 2013 | 2 | 3 | 9 | ~2013.06.19 |
| 이 종 환 | 통산 |  |  | 22 | 20 | 16 |  |
|  | K리그 BC(~2012) | 유공 | 1983 | 5 | 7 | 4 |  |
|  | K리그 BC(~2012) | 유공 | 1984 | 13 | 9 | 6 |  |
|  | K리그 BC(~2012) | 유공 | 1985 | 4 | 4 | 6 | ~1985.07.21 |
| 이 차 만 | 통산 |  |  | 90 | 74 | 65 |  |
|  | K리그 BC(~2012) | 대우 | 1987 | 16 | 14 | 2 |  |
|  | K리그 BC(~2012) | 대우 | 1988 | 8 | 5 | 11 |  |
|  | K리그 BC(~2012) | 대우 | 1989 | 14 | 14 | 12 |  |
|  | K리그 BC(~2012) | 대우 | 1992 | 4 | 13 | 9 | ~1992.09.23 |
|  | K리그 BC(~2012) | 부산 | 1997 | 22 | 11 | 5 |  |
|  | K리그 BC(~2012) | 부산 | 1998 | 17 | 6 | 12 |  |
|  | K리그 BC(~2012) | 부산 | 1999 | 7 | 2 | 5 | ~1999.06.09 |
|  | K리그 클래식 | 경남 | 2014 | 2 | 9 | 9 | ~2014.08.14 |
| 이 태 호 | 통산 |  |  | 13 | 22 | 35 |  |
|  | K리그 BC(~2012) | 대전 | 2001 | 9 | 10 | 16 |  |
|  | K리그 BC(~2012) | 대전 | 2002 | 4 | 12 | 19 |  |
| 이 회 택 | 통산 |  |  | 139 | 129 | 130 |  |
|  | K리그 BC(~2012) | 포항제철 | 1987 | 16 | 8 | 8 |  |
|  | K리그 BC(~2012) | 포항제철 | 1988 | 9 | 9 | 6 |  |
|  | K리그 BC(~2012) | 포항제철 | 1989 | 13 | 14 | 13 |  |
|  | K리그 BC(~2012) | 포항제철 | 1990 | 9 | 10 | 11 |  |
|  | K리그 BC(~2012) | 포항제철 | 1991 | 12 | 15 | 13 |  |
|  | K리그 BC(~2012) | 포항제철 | 1992 | 16 | 14 | 10 |  |
|  | K리그 BC(~2012) | 전남 | 1998 | 0 | 1 | 0 | 1998.10.15~ |
|  | K리그 BC(~2012) | 전남 | 1999 | 14 | 6 | 18 |  |
|  | K리그 BC(~2012) | 전남 | 2000 | 14 | 10 | 15 |  |
|  | K리그 BC(~2012) | 전남 | 2001 | 8 | 11 | 16 |  |
|  | K리그 BC(~2012) | 전남 | 2002 | 11 | 11 | 13 |  |
|  | K리그 BC(~2012) | 전남 | 2003 | 17 | 20 | 7 |  |
| 이 흥 실 | 통산 |  |  | 22 | 13 | 9 |  |
|  | K리그 BC(~2012) | 전북 | 2012 | 22 | 13 | 9 | 2012.01.05~ ~2012.12.12 |
| 임 창 수 | 통산 |  |  | 3 | 8 | 17 |  |
|  | K리그 BC(~2012) | 국민은행 | 1984 | 3 | 8 | 17 |  |
| 장 외 룡 | 통산 |  |  | 50 | 42 | 47 |  |
|  | K리그 BC(~2012) | 부산 | 1999 | 8 | 0 | 5 | 1999.09.09~ |
|  | K리그 BC(~2012) | 인천 | 2004 | 4 | 5 | 3 | 2004.08.31~ |
|  | K리그 BC(~2012) | 인천 | 2005 | 19 | 9 | 11 |  |
|  | K리그 BC(~2012) | 인천 | 2006 | 8 | 16 | 15 |  |
|  | K리그 BC(~2012) | 인천 | 2008 | 11 | 12 | 13 |  |

| 이름 | 리그 | 팀 | 연도 | | | | 비고 |
|---|---|---|---|---|---|---|---|
| 장운수 | 통산 | | | 45 | 23 | 25 | |
| | K리그 BC(~2012) | 대우 | 1983 | 6 | 7 | 3 | |
| | K리그 BC(~2012) | 대우 | 1984 | 13 | 5 | 2 | 1984.06.21~ |
| | K리그 BC(~2012) | 대우 | 1985 | 9 | 7 | 5 | |
| | K리그 BC(~2012) | 대우 | 1986 | 17 | 4 | 15 | |
| 장종대 | 통산 | | | 6 | 7 | 8 | |
| | K리그 BC(~2012) | 상무 | 1985 | 6 | 7 | 8 | |
| 정병탁 | 통산 | | | 10 | 12 | 23 | |
| | K리그 BC(~2012) | 전남 | 1995 | 9 | 10 | 16 | |
| | K리그 BC(~2012) | 전남 | 1996 | 1 | 2 | 7 | ~1996.05.27 |
| 정종수 | 통산 | | | 4 | 3 | 4 | |
| | K리그 BC(~2012) | 울산 | 2000 | 4 | 3 | 4 | 2000.06.15~ ~2000.08.21 |
| 정해성 | 통산 | | | 63 | 67 | 78 | |
| | K리그 BC(~2012) | 부천 | 2004 | 6 | 19 | 11 | |
| | K리그 BC(~2012) | 부천 | 2005 | 17 | 9 | 10 | |
| | K리그 BC(~2012) | 제주 | 2006 | 11 | 12 | 16 | |
| | K리그 BC(~2012) | 제주 | 2007 | 10 | 8 | 18 | |
| | K리그 BC(~2012) | 전남 | 2011 | 14 | 11 | 10 | |
| | K리그 BC(~2012) | 전남 | 2012 | 5 | 8 | 13 | ~2012.06.10 |
| 정해원 | 통산 | | | 1 | 1 | 7 | |
| | K리그 BC(~2012) | 대우 | 1994 | 1 | 1 | 7 | 1994.06.22~ ~1994.09.07 |
| 조광래 | 통산 | | | 140 | 119 | 125 | |
| | K리그 BC(~2012) | 대우 | 1992 | 5 | 6 | 3 | 1992.09.24~ |
| | K리그 BC(~2012) | 대우 | 1993 | 8 | 15 | 12 | |
| | K리그 BC(~2012) | 대우 | 1994 | 4 | 8 | 6 | ~1994.06.21 |
| | K리그 BC(~2012) | 안양 | 1999 | 14 | 6 | 19 | |
| | K리그 BC(~2012) | 안양 | 2000 | 20 | 9 | 10 | |
| | K리그 BC(~2012) | 안양 | 2001 | 14 | 11 | 10 | |
| | K리그 BC(~2012) | 안양 | 2002 | 17 | 9 | 10 | |
| | K리그 BC(~2012) | 안양 | 2003 | 14 | 14 | 16 | |
| | K리그 BC(~2012) | 서울 | 2004 | 9 | 16 | 11 | |
| | K리그 BC(~2012) | 경남 | 2008 | 13 | 9 | 10 | |
| | K리그 BC(~2012) | 경남 | 2009 | 11 | 11 | 10 | |
| | K리그 BC(~2012) | 경남 | 2010 | 11 | 5 | 4 | ~2010.07.31 |
| 조덕제 | 통산 | | | 25 | 20 | 26 | |
| | K리그 챌린지 | 수원FC | 2013 | 13 | 8 | 14 | |
| | K리그 챌린지 | 수원FC | 2014 | 12 | 12 | 12 | |
| 조동현 | 통산 | | | 20 | 4 | 11 | |
| | K리그 챌린지 | 경찰 | 2013 | 20 | 4 | 11 | |
| 조민국 | 통산 | | | 13 | 11 | 14 | |
| | K리그 챌린지 | 울산 | 2014 | 13 | 11 | 14 | ~2014.11.30 |
| 조영증 | 통산 | | | 31 | 33 | 47 | |
| | K리그 BC(~2012) | LG | 1994 | 15 | 9 | 12 | |
| | K리그 BC(~2012) | LG | 1995 | 6 | 13 | 16 | |
| | K리그 BC(~2012) | 안양 | 1996 | 10 | 11 | 19 | |
| 조윤옥 | 통산 | | | 4 | 1 | 3 | |
| | K리그 BC(~2012) | 대우 | 1984 | 4 | 1 | 3 | ~1984.06.20 |
| 조윤환 | 통산 | | | 94 | 67 | 81 | |
| | K리그 BC(~2012) | 유공 | 1994 | 2 | 2 | 0 | 1994.11.01~ |
| | K리그 BC(~2012) | 부천 | 1999 | 22 | 0 | 16 | |
| | K리그 BC(~2012) | 부천 | 2000 | 19 | 11 | 13 | |
| | K리그 BC(~2012) | 부천 | 2001 | 4 | 6 | 10 | ~2001.08.14 |
| | K리그 BC(~2012) | 전북 | 2001 | 3 | 2 | 0 | 2001.10.04~ |
| | K리그 BC(~2012) | 전북 | 2002 | 11 | 12 | 12 | |
| | K리그 BC(~2012) | 전북 | 2003 | 18 | 15 | 11 | |
| | K리그 BC(~2012) | 전북 | 2004 | 13 | 12 | 11 | |
| | K리그 BC(~2012) | 전북 | 2005 | 2 | 7 | 8 | ~2005.06.13 |
| 조중연 | 통산 | | | 22 | 19 | 17 | |
| | K리그 BC(~2012) | 현대 | 1986 | 15 | 7 | 4 | 1986.04.23~ |
| | K리그 BC(~2012) | 현대 | 1987 | 7 | 12 | 13 | |
| 조진호 | 통산 | | | 25 | 13 | 9 | |
| | K리그 BC(~2012) | 제주 | 2009 | 0 | 1 | 2 | 2009.10.15~ ~2009.11.01 |
| | K리그 클래식 | 대전 | 2013 | 5 | 2 | 1 | 2013.10.05~ |
| | K리그 챌린지 | 대전 | 2014 | 20 | 10 | 6 | |
| 차경복 | 통산 | | | 131 | 83 | 101 | |
| | K리그 BC(~2012) | 전북 | 1995 | 11 | 6 | 18 | |
| | K리그 BC(~2012) | 전북 | 1996 | 12 | 10 | 18 | ~1996.12.05 |
| | K리그 BC(~2012) | 천안 | 1998 | 2 | 1 | 5 | 1998.09.09~ |
| | K리그 BC(~2012) | 천안 | 1999 | 12 | 7 | 18 | |
| | K리그 BC(~2012) | 성남 | 2000 | 19 | 12 | 10 | |
| | K리그 BC(~2012) | 성남 | 2001 | 16 | 13 | 7 | |
| | K리그 BC(~2012) | 성남 | 2002 | 19 | 12 | 7 | |
| | K리그 BC(~2012) | 성남 | 2003 | 27 | 10 | 7 | |
| | K리그 BC(~2012) | 성남 | 2004 | 13 | 12 | 11 | |
| 차범근 | 통산 | | | 157 | 119 | 116 | |
| | K리그 BC(~2012) | 현대 | 1991 | 13 | 16 | 11 | |
| | K리그 BC(~2012) | 현대 | 1992 | 16 | 8 | 16 | |
| | K리그 BC(~2012) | 현대 | 1993 | 14 | 10 | 11 | |
| | K리그 BC(~2012) | 현대 | 1994 | 12 | 16 | 8 | |
| | K리그 BC(~2012) | 수원 | 2004 | 17 | 14 | 8 | |
| | K리그 BC(~2012) | 수원 | 2005 | 13 | 14 | 9 | |
| | K리그 BC(~2012) | 수원 | 2006 | 14 | 16 | 12 | |
| | K리그 BC(~2012) | 수원 | 2007 | 21 | 8 | 10 | |
| | K리그 BC(~2012) | 수원 | 2008 | 25 | 8 | 7 | |
| | K리그 BC(~2012) | 수원 | 2009 | 8 | 8 | 14 | |
| | K리그 BC(~2012) | 수원 | 2010 | 4 | 1 | 10 | ~2010.06.07 |
| 최강희 | 통산 | | | 139 | 75 | 79 | |
| | K리그 BC(~2012) | 전북 | 2005 | 2 | 3 | 7 | 2005.07.11~ |
| | K리그 BC(~2012) | 전북 | 2006 | 11 | 13 | 15 | |
| | K리그 BC(~2012) | 전북 | 2007 | 12 | 12 | 12 | |
| | K리그 BC(~2012) | 전북 | 2008 | 17 | 8 | 14 | |
| | K리그 BC(~2012) | 전북 | 2009 | 19 | 8 | 7 | |
| | K리그 BC(~2012) | 전북 | 2010 | 22 | 7 | 9 | |
| | K리그 BC(~2012) | 전북 | 2011 | 20 | 9 | 4 | ~2011.12.21 |
| | K리그 클래식 | 전북 | 2013 | 12 | 6 | 6 | 2013.06.27~ |
| | K리그 클래식 | 전북 | 2014 | 24 | 9 | 5 | |
| 최덕주 | 통산 | | | 13 | 8 | 15 | |
| | K리그 챌린지 | 대구 | 2014 | 13 | 8 | 15 | ~2014.11.18 |
| 최만희 | 통산 | | | 73 | 55 | 111 | |
| | K리그 BC(~2012) | 전북 | 1997 | 7 | 14 | 14 | |
| | K리그 BC(~2012) | 전북 | 1998 | 14 | 4 | 17 | |

| 이름 | 구분 | 팀 | 연도 | 무 | 승 | 패 | 비고 |
|---|---|---|---|---|---|---|---|
| | K리그 BC(~2012) | 전북 | 1999 | 14 | 5 | 17 | |
| | K리그 BC(~2012) | 전북 | 2000 | 14 | 6 | 17 | |
| | K리그 BC(~2012) | 전북 | 2001 | 4 | 3 | 10 | ~2001.07.18 |
| | K리그 BC(~2012) | 광주 | 2011 | 10 | 8 | 17 | |
| | K리그 BC(~2012) | 광주 | 2012 | 10 | 15 | 19 | ~2012.12.02 |
| 최 순 호 | 통산 | | | 74 | 61 | 99 | |
| | K리그 BC(~2012) | 포항 | 2000 | 2 | 2 | 6 | 2000.08.01~ |
| | K리그 BC(~2012) | 포항 | 2001 | 14 | 8 | 13 | |
| | K리그 BC(~2012) | 포항 | 2002 | 11 | 11 | 13 | |
| | K리그 BC(~2012) | 포항 | 2003 | 17 | 13 | 14 | |
| | K리그 BC(~2012) | 포항 | 2004 | 13 | 13 | 13 | |
| | K리그 BC(~2012) | 강원 | 2009 | 8 | 7 | 18 | |
| | K리그 BC(~2012) | 강원 | 2010 | 8 | 6 | 18 | |
| | K리그 BC(~2012) | 강원 | 2011 | 1 | 1 | 4 | 2011.04.07 |
| 최 용 수 | 통산 | | | 76 | 37 | 32 | |
| | K리그 BC(~2012) | 서울 | 2011 | 15 | 4 | 6 | 2011.04.27~ |
| | K리그 BC(~2012) | 서울 | 2012 | 29 | 9 | 6 | |
| | K리그 클래식 | 서울 | 2013 | 17 | 11 | 10 | |
| | K리그 클래식 | 서울 | 2014 | 15 | 13 | 10 | |
| 최 윤 겸 | 통산 | | | 67 | 81 | 66 | |
| | K리그 BC(~2012) | 부천 | 2001 | 5 | 9 | 1 | 2001.08.15~ |
| | K리그 BC(~2012) | 부천 | 2002 | 8 | 4 | 9 | ~2002.09.01 |
| | K리그 BC(~2012) | 대전 | 2003 | 18 | 11 | 15 | 2003.01.03~ |
| | K리그 BC(~2012) | 대전 | 2004 | 11 | 13 | 12 | |
| | K리그 BC(~2012) | 대전 | 2005 | 9 | 16 | 11 | |
| | K리그 BC(~2012) | 대전 | 2006 | 12 | 16 | 11 | |
| | K리그 BC(~2012) | 대전 | 2007 | 4 | 12 | 7 | ~2007.06.30 |
| 최 은 택 | 통산 | | | 20 | 16 | 21 | |
| | K리그 BC(~2012) | 포항제철 | 1985 | 9 | 7 | 5 | |
| | K리그 BC(~2012) | 포항제철 | 1986 | 11 | 9 | 16 | |
| 최 진 한 | 통산 | | | 38 | 30 | 60 | |
| | K리그 BC(~2012) | 경남 | 2011 | 16 | 7 | 14 | |
| | K리그 BC(~2012) | 경남 | 2012 | 14 | 8 | 22 | |
| | K리그 클래식 | 경남 | 2013 | 2 | 6 | 3 | ~2013.05.22 |
| | K리그 챌린지 | 부천 | 2014 | 6 | 9 | 21 | 2014.02.06~ |
| 트 나 즈 트 르 판 | 통산 | | | 3 | 7 | 13 | |
| | K리그 BC(~2012) | 부천 | 2002 | 3 | 6 | 5 | 2002.09.02~ |
| | K리그 BC(~2012) | 부천 | 2003 | 0 | 1 | 8 | ~2003.05.15 |
| 파리아스 | 통산 | | | 83 | 55 | 43 | |
| | K리그 BC(~2012) | 포항 | 2005 | 15 | 15 | 6 | |
| | K리그 BC(~2012) | 포항 | 2006 | 19 | 9 | 12 | |
| | K리그 BC(~2012) | 포항 | 2007 | 17 | 12 | 12 | |
| | K리그 BC(~2012) | 포항 | 2008 | 14 | 7 | 8 | |
| | K리그 BC(~2012) | 포항 | 2009 | 18 | 12 | 5 | |
| 파 비 오 | 통산 | | | 6 | 3 | 4 | |
| | K리그 클래식 | 전북 | 2013 | 6 | 3 | 4 | ~2013.06.19 |
| 페 트 코 비 치 | 통산 | | | 26 | 23 | 28 | |
| | K리그 BC(~2012) | 인천 | 2009 | 13 | 15 | 8 | |
| | K리그 BC(~2012) | 인천 | 2010 | 7 | 2 | 7 | ~2010.06.08 |
| | K리그 클래식 | 경남 | 2013 | 6 | 6 | 13 | 2013.06.02~ ~2013.12.16 |
| 포터필드 | 통산 | | | 30 | 40 | 53 | |

| 이름 | 구분 | 팀 | 연도 | 무 | 승 | 패 | 비고 |
|---|---|---|---|---|---|---|---|
| | K리그 BC(~2012) | 부산 | 2003 | 13 | 10 | 21 | |
| | K리그 BC(~2012) | 부산 | 2004 | 8 | 16 | 12 | |
| | K리그 BC(~2012) | 부산 | 2005 | 9 | 11 | 17 | |
| | K리그 BC(~2012) | 부산 | 2006 | 0 | 3 | 3 | ~2006.04.03 |
| 하 석 주 | 통산 | | | 31 | 28 | 34 | |
| | K리그 BC(~2012) | 전남 | 2012 | 8 | 6 | 3 | 2012.08.14~ |
| | K리그 클래식 | 전남 | 2013 | 9 | 13 | 16 | |
| | K리그 클래식 | 전남 | 2014 | 14 | 9 | 15 | ~2014.11.30 |
| 하 재 훈 | 통산 | | | 3 | 11 | 21 | |
| | K리그 BC(~2012) | 부천 | 2003 | 3 | 11 | 21 | 2003.05.16~ ~2003.11.20 |
| 한 홍 기 | 통산 | | | 16 | 11 | 17 | |
| | K리그 BC(~2012) | 포항제철 | 1983 | 6 | 4 | 6 | |
| | K리그 BC(~2012) | 포항제철 | 1984 | 10 | 7 | 11 | |
| 함 흥 철 | 통산 | | | 19 | 24 | 22 | |
| | K리그 BC(~2012) | 할렐루야 | 1983 | 6 | 8 | 2 | |
| | K리그 BC(~2012) | 할렐루야 | 1984 | 10 | 9 | 9 | |
| | K리그 BC(~2012) | 할렐루야 | 1985 | 3 | 7 | 11 | |
| 허 정 무 | 통산 | | | 121 | 128 | 113 | |
| | K리그 BC(~2012) | 포항제철 | 1993 | 12 | 14 | 9 | |
| | K리그 BC(~2012) | 포항제철 | 1994 | 14 | 13 | 9 | |
| | K리그 BC(~2012) | 포항 | 1995 | 16 | 13 | 6 | |
| | K리그 BC(~2012) | 전남 | 1996 | 9 | 9 | 12 | 1996.05.28~ |
| | K리그 BC(~2012) | 전남 | 1997 | 17 | 15 | 4 | |
| | K리그 BC(~2012) | 전남 | 1998 | 13 | 5 | 17 | ~1998.10.14 |
| | K리그 BC(~2012) | 전남 | 2005 | 10 | 11 | 15 | 2005.01.03~ |
| | K리그 BC(~2012) | 전남 | 2006 | 13 | 15 | 11 | |
| | K리그 BC(~2012) | 전남 | 2007 | 7 | 9 | 11 | |
| | K리그 BC(~2012) | 인천 | 2010 | 2 | 6 | 3 | 2010.08.23~ |
| | K리그 BC(~2012) | 인천 | 2011 | 7 | 16 | 12 | |
| | K리그 BC(~2012) | 인천 | 2012 | 1 | 2 | 4 | ~2012.04.11 |
| 황 보 관 | 통산 | | | 1 | 3 | 3 | |
| | K리그 BC(~2012) | 서울 | 2011 | 1 | 3 | 3 | 2011.01.05~ ~2011.04.26 |
| 황 선 홍 | 통산 | | | 114 | 66 | 85 | |
| | K리그 BC(~2012) | 부산 | 2008 | 10 | 8 | 19 | |
| | K리그 BC(~2012) | 부산 | 2009 | 12 | 11 | 15 | |
| | K리그 BC(~2012) | 부산 | 2010 | 11 | 10 | 12 | ~2010.12.12 |
| | K리그 BC(~2012) | 포항 | 2011 | 21 | 8 | 8 | |
| | K리그 BC(~2012) | 포항 | 2012 | 23 | 8 | 13 | |
| | K리그 클래식 | 포항 | 2013 | 21 | 11 | 6 | |
| | K리그 클래식 | 포항 | 2014 | 16 | 10 | 12 | |

### 가브리엘 (Gabriel Lima) 브라질 1978.06.13

| 연도 | 소속 | 출장 | 교체 | 득점 | 도움 | 파울 | 슈팅 | 경고 | 퇴장 |
|---|---|---|---|---|---|---|---|---|---|
| 2006 | 대구 | 17 | 15 | 2 | 3 | 35 | 10 | 3 | 0 |
| | 통산 | 17 | 15 | 2 | 3 | 35 | 10 | 3 | 0 |

### 가비 (Gabriel Popescu) 루마니아 1973.12.25

| 연도 | 소속 | 출장 | 교체 | 득점 | 도움 | 파울 | 슈팅 | 경고 | 퇴장 |
|---|---|---|---|---|---|---|---|---|---|
| 2002 | 수원 | 24 | 10 | 6 | 1 | 59 | 39 | 8 | 0 |
| 2003 | 수원 | 31 | 4 | 6 | 2 | 61 | 51 | 6 | 0 |
| 2004 | 수원 | 4 | 4 | 0 | 1 | 2 | 4 | 0 | 0 |
| | 통산 | 59 | 18 | 12 | 4 | 122 | 94 | 14 | 0 |

### 가솔현 (賈率賢) 고려대 1991.02.12

| 연도 | 소속 | 출장 | 교체 | 득점 | 도움 | 파울 | 슈팅 | 경고 | 퇴장 |
|---|---|---|---|---|---|---|---|---|---|
| 2013 | 안양 | 20 | 0 | 3 | 0 | 37 | 6 | 5 | 0 |
| 2014 | 안양 | 26 | 1 | 1 | 2 | 35 | 7 | 6 | 0 |
| | 통산 | 46 | 1 | 4 | 2 | 72 | 13 | 11 | 0 |

### 가우초 (Eric Freire Gomes) 브라질 1972.09.22

| 연도 | 소속 | 출장 | 교체 | 득점 | 도움 | 파울 | 슈팅 | 경고 | 퇴장 |
|---|---|---|---|---|---|---|---|---|---|
| 2004 | 부산 | 13 | 8 | 4 | 0 | 26 | 20 | 3 | 0 |
| | 통산 | 13 | 8 | 4 | 0 | 26 | 20 | 3 | 0 |

### 가이모토 (Kaimoto Kojiro) 일본 1977.10.14

| 연도 | 소속 | 출장 | 교체 | 득점 | 도움 | 파울 | 슈팅 | 경고 | 퇴장 |
|---|---|---|---|---|---|---|---|---|---|
| 2001 | 성남 | 1 | 1 | 0 | 0 | 4 | 0 | 1 | 0 |
| 2002 | 성남 | 21 | 11 | 0 | 1 | 36 | 2 | 2 | 0 |
| | 통산 | 22 | 12 | 0 | 1 | 40 | 2 | 3 | 0 |

### 강경호 (姜京昊) 한양대 1957.02.02

| 연도 | 소속 | 출장 | 교체 | 득점 | 도움 | 파울 | 슈팅 | 경고 | 퇴장 |
|---|---|---|---|---|---|---|---|---|---|
| 1983 | 국민은 | 5 | 4 | 0 | 0 | 1 | 0 | 0 | |
| 1984 | 국민은 | 11 | 3 | 0 | 3 | 11 | 17 | 1 | 0 |
| | 통산 | 16 | 7 | 3 | 0 | 12 | 19 | 1 | 0 |

### 강구남 (姜求南) 경희대 1987.07.31

| 연도 | 소속 | 출장 | 교체 | 득점 | 도움 | 파울 | 슈팅 | 경고 | 퇴장 |
|---|---|---|---|---|---|---|---|---|---|
| 2008 | 대전 | 4 | 4 | 0 | 1 | 3 | 4 | 0 | 0 |
| 2009 | 광주상 | 4 | 4 | 0 | 0 | 3 | 0 | 0 | 0 |
| 2010 | 광주상 | 2 | 2 | 0 | 0 | 1 | 3 | 0 | 0 |
| 2011 | 대전 | 4 | 4 | 0 | 0 | 2 | 0 | 0 | 0 |
| | 통산 | 14 | 14 | 0 | 1 | 9 | 7 | 0 | 0 |

### 강금철 (姜錦哲) 전주대 1972.03.19

| 연도 | 소속 | 출장 | 교체 | 득점 | 도움 | 파울 | 슈팅 | 경고 | 퇴장 |
|---|---|---|---|---|---|---|---|---|---|
| 1995 | 전북 | 2 | 2 | 0 | 0 | 5 | 0 | 0 | 0 |
| 1996 | 전북 | 2 | 2 | 0 | 0 | 1 | 0 | 0 | 0 |
| 1999 | 전북 | 10 | 9 | 1 | 1 | 10 | 8 | 1 | 0 |
| 2000 | 전북 | 5 | 4 | 0 | 0 | 5 | 3 | 0 | 0 |
| 2001 | 전북 | 13 | 3 | 0 | 0 | 28 | 5 | 1 | 0 |
| | 통산 | 30 | 18 | 1 | 1 | 48 | 15 | 4 | 0 |

### 강기원 (康己源) 고려대 1981.10.07

| 연도 | 소속 | 출장 | 교체 | 득점 | 도움 | 파울 | 슈팅 | 경고 | 퇴장 |
|---|---|---|---|---|---|---|---|---|---|
| 2004 | 울산 | 11 | 10 | 0 | 0 | 11 | 2 | 1 | 0 |
| 2005 | 울산 | 4 | 2 | 0 | 0 | 4 | 0 | 0 | 0 |
| 2006 | 경남 | 18 | 11 | 0 | 0 | 23 | 1 | 2 | 0 |
| 2007 | 경남 | 30 | 15 | 0 | 0 | 30 | 6 | 5 | 0 |
| 2008 | 경남 | 3 | 1 | 0 | 0 | 4 | 0 | 0 | 0 |
| | 통산 | 65 | 39 | 0 | 0 | 69 | 9 | 9 | 0 |

### 강대희 (姜大熙) 경희고 1977.02.02

| 연도 | 소속 | 출장 | 교체 | 득점 | 도움 | 파울 | 슈팅 | 경고 | 퇴장 |
|---|---|---|---|---|---|---|---|---|---|
| 2000 | 수원 | 15 | 11 | 0 | 0 | 18 | 19 | 0 | 0 |
| 2003 | 대구 | 4 | 1 | 0 | 0 | 2 | 3 | 0 | 0 |
| | 통산 | 19 | 12 | 0 | 0 | 20 | 22 | 0 | 0 |

### 강동구 (姜冬求) 관동대 1983.08.04

| 연도 | 소속 | 출장 | 교체 | 득점 | 도움 | 파울 | 슈팅 | 경고 | 퇴장 |
|---|---|---|---|---|---|---|---|---|---|
| 2007 | 제주 | 4 | 2 | 0 | 0 | 6 | 1 | 0 | 0 |
| 2008 | 제주 | 12 | 7 | 0 | 0 | 6 | 1 | 2 | 0 |
| | 통산 | 16 | 9 | 0 | 0 | 12 | 2 | 1 | 0 |

### 강두호 (姜斗豪) 건국대 1978.03.28

| 연도 | 소속 | 출장 | 교체 | 득점 | 도움 | 파울 | 슈팅 | 경고 | 퇴장 |
|---|---|---|---|---|---|---|---|---|---|
| 2007 | 제주 | 4 | 3 | 0 | 0 | 6 | 2 | 1 | 0 |
| | 통산 | 4 | 3 | 0 | 0 | 8 | 2 | 1 | 0 |

### 강득수 (姜得壽) 연세대 1961.08.16

| 연도 | 소속 | 출장 | 교체 | 득점 | 도움 | 파울 | 슈팅 | 경고 | 퇴장 |
|---|---|---|---|---|---|---|---|---|---|
| 1984 | 럭금 | 27 | 4 | 2 | 6 | 25 | 26 | 1 | 0 |
| 1985 | 럭금 | 21 | 0 | 5 | 3 | 18 | 29 | 1 | 0 |
| 1986 | 럭금 | 17 | 1 | 2 | 10 | 19 | 12 | 0 | 0 |
| 1987 | 럭금 | 31 | 7 | 4 | 3 | 24 | 42 | 0 | 0 |
| 1988 | 럭금 | 23 | 1 | 3 | 5 | 19 | 42 | 2 | 0 |
| 1989 | 럭금 | 20 | 1 | 4 | 7 | 21 | 29 | 1 | 0 |
| 1990 | 현대 | 20 | 1 | 1 | 4 | 24 | 16 | 0 | 0 |
| 1991 | 현대 | 19 | 14 | 1 | 1 | 12 | 12 | 0 | 0 |
| | 통산 | 178 | 29 | 22 | 42 | 169 | 208 | 5 | 0 |

### 강만영 (姜萬永) 인천대 1962.06.14

| 연도 | 소속 | 출장 | 교체 | 득점 | 도움 | 파울 | 슈팅 | 경고 | 퇴장 |
|---|---|---|---|---|---|---|---|---|---|
| 1988 | 럭금 | 15 | 7 | 2 | 1 | 13 | 12 | 1 | 0 |
| 1989 | 럭금 | 12 | 12 | 0 | 1 | 7 | 0 | 0 | 0 |
| | 통산 | 27 | 19 | 2 | 2 | 20 | 12 | 1 | 0 |

### 강명철 (姜明鐵) 경희대 1984.06.20

| 연도 | 소속 | 출장 | 교체 | 득점 | 도움 | 파울 | 슈팅 | 경고 | 퇴장 |
|---|---|---|---|---|---|---|---|---|---|
| 2007 | 서울 | 1 | 1 | 0 | 0 | 1 | 0 | 0 | 0 |
| | 통산 | 1 | 1 | 0 | 0 | 1 | 0 | 0 | 0 |

### 강민 (康杰) 건국대 1989.06.07

| 연도 | 소속 | 출장 | 교체 | 득점 | 도움 | 파울 | 슈팅 | 경고 | 퇴장 |
|---|---|---|---|---|---|---|---|---|---|
| 2013 | 광주 | 6 | 2 | 0 | 0 | 6 | 2 | 1 | 0 |
| | 통산 | 6 | 2 | 0 | 0 | 6 | 2 | 1 | 0 |

### 강민수 (姜敏壽) 고양고 1986.02.14

| 연도 | 소속 | 출장 | 교체 | 득점 | 도움 | 파울 | 슈팅 | 경고 | 퇴장 |
|---|---|---|---|---|---|---|---|---|---|
| 2005 | 전남 | 13 | 4 | 0 | 0 | 33 | 0 | 6 | 0 |
| 2006 | 전남 | 28 | 3 | 0 | 0 | 38 | 9 | 6 | 0 |
| 2007 | 전남 | 18 | 0 | 1 | 0 | 27 | 4 | 3 | 1 |
| 2008 | 전북 | 26 | 6 | 0 | 0 | 48 | 5 | 8 | 0 |
| 2009 | 제주 | 26 | 3 | 0 | 0 | 35 | 3 | 11 | 0 |
| 2010 | 수원 | 24 | 5 | 2 | 0 | 40 | 13 | 6 | 0 |
| 2011 | 울산 | 32 | 10 | 0 | 2 | 34 | 4 | 7 | 0 |
| 2012 | 울산 | 32 | 9 | 0 | 0 | 40 | 6 | 7 | 0 |
| 2013 | 울산 | 37 | 0 | 2 | 1 | 49 | 7 | 6 | 0 |
| 2014 | 울산 | 11 | 0 | 0 | 1 | 16 | 1 | 4 | 0 |
| 2014 | 상주 | 19 | 2 | 1 | 0 | 21 | 3 | 6 | 0 |
| | 통산 | 264 | 39 | 10 | 2 | 382 | 39 | 72 | 1 |

### 강민우 (姜民右) 동국대 1987.03.26

| 연도 | 소속 | 출장 | 교체 | 득점 | 도움 | 파울 | 슈팅 | 경고 | 퇴장 |
|---|---|---|---|---|---|---|---|---|---|
| 2010 | 강원 | 2 | 2 | 0 | 0 | 0 | 1 | 0 | 0 |
| 2011 | 상주 | 0 | 0 | 0 | 0 | 0 | 0 | 0 | 0 |
| 2012 | 상주 | 0 | 0 | 0 | 0 | 0 | 0 | 0 | 0 |
| | 통산 | 2 | 2 | 0 | 0 | 0 | 1 | 0 | 0 |

### 강민혁 (康珉赫) 대구대 1982.07.10

| 연도 | 소속 | 출장 | 교체 | 득점 | 도움 | 파울 | 슈팅 | 경고 | 퇴장 |
|---|---|---|---|---|---|---|---|---|---|
| 2006 | 경남 | 35 | 1 | 1 | 0 | 59 | 4 | 9 | 0 |
| 2007 | 제주 | 18 | 2 | 1 | 0 | 17 | 6 | 3 | 0 |
| 2008 | 광주상 | 23 | 1 | 0 | 0 | 11 | 0 | 1 | 0 |
| 2009 | 광주상 | 27 | 1 | 0 | 0 | 25 | 4 | 9 | 0 |
| 2009 | 제주 | 2 | 0 | 0 | 0 | 1 | 0 | 0 | 0 |
| 2010 | 제주 | 29 | 4 | 0 | 0 | 17 | 0 | 5 | 0 |
| 2011 | 제주 | 21 | 3 | 0 | 0 | 21 | 3 | 3 | 1 |
| 2012 | 경남 | 41 | 6 | 0 | 2 | 57 | 16 | 8 | 0 |
| 2013 | 경남 | 23 | 6 | 0 | 0 | 36 | 13 | 8 | 0 |
| | 통산 | 219 | 26 | 2 | 2 | 255 | 45 | 32 | 1 |

### 강상우 (姜傷佑) 경희대 1993.10.07

| 연도 | 소속 | 출장 | 교체 | 득점 | 도움 | 파울 | 슈팅 | 경고 | 퇴장 |
|---|---|---|---|---|---|---|---|---|---|
| 2014 | 포항 | 8 | 8 | 0 | 0 | 10 | 6 | 1 | 0 |
| | 통산 | 8 | 8 | 0 | 0 | 10 | 6 | 1 | 0 |

### 강상진 (姜相珍) 중앙대 1970.12.03

| 연도 | 소속 | 출장 | 교체 | 득점 | 도움 | 파울 | 슈팅 | 경고 | 퇴장 |
|---|---|---|---|---|---|---|---|---|---|
| 1993 | 대우 | 9 | 6 | 0 | 0 | 15 | 4 | 3 | 0 |
| 1994 | 대우 | 2 | 2 | 0 | 0 | 0 | 1 | 0 | 0 |
| | 통산 | 11 | 8 | 0 | 0 | 15 | 4 | 3 | 0 |

### 강상협 (姜尙協) 동래고 1977.12.17

| 연도 | 소속 | 출장 | 교체 | 득점 | 도움 | 파울 | 슈팅 | 경고 | 퇴장 |
|---|---|---|---|---|---|---|---|---|---|
| 1995 | 포항 | 0 | 0 | 0 | 0 | 0 | 0 | 0 | 0 |
| 1996 | 포항 | 0 | 0 | 0 | 0 | 0 | 0 | 0 | 0 |
| | 통산 | 0 | 0 | 0 | 0 | 0 | 0 | 0 | 0 |

### 강선규 (康善圭) 건국대 1986.04.20

| 연도 | 소속 | 출장 | 교체 | 득점 | 도움 | 파울 | 슈팅 | 경고 | 퇴장 |
|---|---|---|---|---|---|---|---|---|---|
| 2008 | 대전 | 17 | 4 | 0 | 1 | 36 | 8 | 3 | 0 |
| 2010 | 강원 | 5 | 0 | 0 | 1 | 6 | 4 | 0 | 0 |
| | 통산 | 22 | 4 | 0 | 2 | 46 | 12 | 3 | 0 |

### 강성관 (姜聖觀) 상지대 1987.11.06

| 연도 | 소속 | 출장 | 교체 | 실점 | 도움 | 파울 | 슈팅 | 경고 | 퇴장 |
|---|---|---|---|---|---|---|---|---|---|
| 2010 | 성남 | 3 | 0 | 4 | 0 | 0 | 0 | 0 | 0 |
| 2011 | 성남 | 3 | 0 | 4 | 0 | 0 | 0 | 0 | 0 |
| 2012 | 상주 | 3 | 0 | 6 | 0 | 0 | 0 | 0 | 0 |
| 2013 | 성남 | 0 | 0 | 0 | 0 | 0 | 0 | 0 | 0 |
| 2013 | 성남 | 0 | 0 | 0 | 0 | 0 | 0 | 0 | 0 |
| 2014 | 강원 | 1 | 0 | 3 | 0 | 0 | 0 | 0 | 0 |
| | 통산 | 10 | 0 | 10 | 0 | 0 | 0 | 0 | 0 |

### 강성민 (姜成敏) 경희대 1974.04.24

| 연도 | 소속 | 출장 | 교체 | 득점 | 도움 | 파울 | 슈팅 | 경고 | 퇴장 |
|---|---|---|---|---|---|---|---|---|---|
| 1995 | 전북 | 10 | 6 | 2 | 0 | 4 | 14 | 1 | 0 |
| 1996 | 전북 | 7 | 7 | 0 | 0 | 1 | 5 | 0 | 0 |
| 1998 | 전북 | 2 | 2 | 0 | 1 | 0 | 0 | 0 | 0 |
| | 통산 | 19 | 15 | 2 | 1 | 5 | 19 | 1 | 0 |

### 강성일 (姜成一) 한양대 1979.06.04

| 연도 | 소속 | 출장 | 교체 | 실점 | 도움 | 파울 | 슈팅 | 경고 | 퇴장 |
|---|---|---|---|---|---|---|---|---|---|
| 2002 | 대전 | 1 | 0 | 3 | 0 | 0 | 0 | 0 | 0 |
| 2003 | 대전 | 1 | 0 | 1 | 0 | 0 | 0 | 0 | 0 |
| 2004 | 대전 | 0 | 0 | 0 | 0 | 0 | 0 | 0 | 0 |
| | 통산 | 2 | 0 | 4 | 0 | 0 | 0 | 0 | 0 |

### 강성호 (姜聲浩) 여주상고 1971.02.22

| 연도 | 소속 | 출장 | 교체 | 득점 | 도움 | 파울 | 슈팅 | 경고 | 퇴장 |
|---|---|---|---|---|---|---|---|---|---|
| 1998 | 전북 | 9 | 7 | 0 | 1 | 4 | 3 | 0 | 0 |
| | 통산 | 9 | 7 | 0 | 1 | 4 | 3 | 0 | 0 |

### 강수일 (姜修一) 상지대 1987.07.15

| 연도 | 소속 | 출장 | 교체 | 득점 | 도움 | 파울 | 슈팅 | 경고 | 퇴장 |
|---|---|---|---|---|---|---|---|---|---|
| 2007 | 인천 | 6 | 6 | 0 | 0 | 2 | 4 | 0 | 0 |
| 2008 | 인천 | 5 | 4 | 0 | 0 | 3 | 4 | 0 | 0 |
| 2009 | 인천 | 26 | 17 | 5 | 1 | 12 | 52 | 5 | 0 |
| 2010 | 인천 | 25 | 21 | 4 | 1 | 15 | 26 | 2 | 0 |
| 2011 | 제주 | 25 | 20 | 1 | 1 | 17 | 28 | 1 | 0 |
| 2012 | 제주 | 32 | 23 | 3 | 2 | 17 | 43 | 2 | 0 |
| 2013 | 제주 | 27 | 20 | 1 | 3 | 21 | 43 | 4 | 0 |
| 2014 | 제주 | 25 | 21 | 8 | 2 | 18 | 43 | 2 | 0 |
| | 통산 | 171 | 128 | 22 | 12 | 131 | 223 | 16 | 0 |

### 강승조 (姜承助) 단국대 1986.01.20

| 연도 | 소속 | 출장 | 교체 | 득점 | 도움 | 파울 | 슈팅 | 경고 | 퇴장 |
|---|---|---|---|---|---|---|---|---|---|
| 2008 | 부산 | 5 | 4 | 0 | 0 | 7 | 4 | 0 | 0 |
| 2009 | 부산 | 12 | 4 | 1 | 3 | 16 | 18 | 6 | 0 |
| 2010 | 전북 | 29 | 15 | 5 | 2 | 43 | 16 | 7 | 0 |
| 2011 | 전북 | 4 | 4 | 0 | 0 | 2 | 4 | 0 | 0 |
| 2011 | 경남 | 9 | 1 | 1 | 1 | 17 | 3 | 6 | 0 |
| 2012 | 경남 | 32 | 4 | 3 | 4 | 57 | 42 | 4 | 1 |
| 2013 | 경남 | 26 | 4 | 6 | 2 | 26 | 29 | 4 | 0 |
| 2014 | 서울 | 17 | 14 | 0 | 1 | 18 | 4 | 2 | 1 |
| | 통산 | 144 | 74 | 19 | 15 | 206 | 123 | 34 | 2 |

### 강신우 (姜信寓) 서울대 1959.03.18

| 연도 | 소속 | 출장 | 교체 | 득점 | 도움 | 파울 | 슈팅 | 경고 | 퇴장 |
|---|---|---|---|---|---|---|---|---|---|
| 1983 | 대우 | 15 | 1 | 0 | 0 | 26 | 4 | 2 | 0 |
| 1984 | 대우 | 27 | 6 | 5 | 3 | 29 | 21 | 2 | 0 |
| 1985 | 대우 | 13 | 2 | 1 | 1 | 14 | 9 | 0 | 0 |
| 1986 | 대우 | 29 | 11 | 1 | 0 | 36 | 18 | 0 | 0 |
| 1987 | 럭금 | 18 | 8 | 0 | 0 | 11 | 7 | 1 | 0 |

| 연도 | 소속 | 출장 | 교체 | 득점 | 도움 | 파울 | 슈팅 | 경고 | 퇴장 |
|---|---|---|---|---|---|---|---|---|---|
| 통산 |  | 102 | 28 | 7 | 4 | 116 | 59 | 5 | 0 |

**강영철** (姜英喆)

| 연도 | 소속 | 출장 | 교체 | 득점 | 도움 | 파울 | 슈팅 | 경고 | 퇴장 |
|---|---|---|---|---|---|---|---|---|---|
| 1983 | 대우 | 1 | 2 | 0 | 0 | 0 | 0 | 0 | 0 |
| 통산 |  | 1 | 2 | 0 | 0 | 0 | 0 | 0 | 0 |

**강용** (康勇) 고려대 1979.01.14

| 연도 | 소속 | 출장 | 교체 | 득점 | 도움 | 파울 | 슈팅 | 경고 | 퇴장 |
|---|---|---|---|---|---|---|---|---|---|
| 2001 | 포항 | 10 | 3 | 0 | 1 | 23 | 0 | 2 | 0 |
| 2002 | 포항 | 7 | 6 | 0 | 0 | 6 | 0 | 2 | 0 |
| 2003 | 포항 | 37 | 6 | 2 | 4 | 73 | 10 | 3 | 1 |
| 2004 | 포항 | 31 | 13 | 1 | 1 | 52 | 9 | 4 | 0 |
| 2005 | 전남 | 12 | 6 | 0 | 0 | 27 | 4 | 1 | 0 |
| 2006 | 광주상 | 25 | 6 | 4 | 2 | 45 | 14 | 3 | 0 |
| 2007 | 광주상 | 26 | 3 | 0 | 1 | 41 | 9 | 2 | 0 |
| 2008 | 전남 | 0 | 0 | 0 | 0 | 0 | 0 | 0 | 0 |
| 2009 | 강원 | 14 | 1 | 0 | 1 | 20 | 4 | 0 | 0 |
| 2011 | 대구 | 9 | 1 | 0 | 0 | 15 | 1 | 3 | 0 |
| 2012 | 대구 | 10 | 6 | 1 | 0 | 14 | 4 | 5 | 0 |
| 2013 | 인천 | 4 | 1 | 0 | 0 | 5 | 1 | 0 | 0 |
| 통산 |  | 185 | 52 | 8 | 10 | 330 | 60 | 26 | 2 |

**강용국** (康龍國) 동국대 1961.11.17

| 연도 | 소속 | 출장 | 교체 | 득점 | 도움 | 파울 | 슈팅 | 경고 | 퇴장 |
|---|---|---|---|---|---|---|---|---|---|
| 1985 | 한일은 | 19 | 11 | 1 | 1 | 22 | 17 | 0 | 0 |
| 1986 | 한일은 | 5 | 5 | 0 | 1 | 3 | 2 | 0 | 0 |
| 통산 |  | 24 | 16 | 1 | 2 | 25 | 20 | 0 | 0 |

**강우람** (姜우람) 광운대 1986.05.04

| 연도 | 소속 | 출장 | 교체 | 득점 | 도움 | 파울 | 슈팅 | 경고 | 퇴장 |
|---|---|---|---|---|---|---|---|---|---|
| 2012 | 대전 | 0 | 0 | 0 | 0 | 0 | 0 | 0 | 0 |
| 통산 |  | 0 | 0 | 0 | 0 | 0 | 0 | 0 | 0 |

**강원길** (姜源吉) 전북대 1968.03.17

| 연도 | 소속 | 출장 | 교체 | 득점 | 도움 | 파울 | 슈팅 | 경고 | 퇴장 |
|---|---|---|---|---|---|---|---|---|---|
| 1994 | 버팔로 | 26 | 7 | 0 | 0 | 31 | 16 | 1 | 0 |
| 1995 | 전북 | 25 | 5 | 1 | 0 | 31 | 11 | 4 | 0 |
| 통산 |  | 51 | 12 | 1 | 0 | 62 | 27 | 5 | 0 |

**강인준** (康仁準) 호남대 1987.10.27

| 연도 | 소속 | 출장 | 교체 | 득점 | 도움 | 파울 | 슈팅 | 경고 | 퇴장 |
|---|---|---|---|---|---|---|---|---|---|
| 2010 | 제주 | 0 | 0 | 0 | 0 | 0 | 0 | 0 | 0 |
| 2011 | 제주 | 0 | 0 | 0 | 0 | 0 | 0 | 0 | 0 |
| 2011 | 대전 | 1 | 1 | 0 | 0 | 1 | 0 | 0 | 1 |
| 통산 |  | 1 | 1 | 0 | 0 | 1 | 0 | 0 | 1 |

**강재순** (姜才淳) 성균관대 1964.12.15

| 연도 | 소속 | 출장 | 교체 | 득점 | 도움 | 파울 | 슈팅 | 경고 | 퇴장 |
|---|---|---|---|---|---|---|---|---|---|
| 1987 | 현대 | 5 | 5 | 0 | 0 | 3 | 0 | 0 | 0 |
| 1988 | 현대 | 22 | 3 | 4 | 3 | 32 | 44 | 3 | 0 |
| 1989 | 현대 | 40 | 0 | 6 | 6 | 52 | 71 | 0 | 0 |
| 1991 | 현대 | 27 | 19 | 3 | 1 | 19 | 37 | 1 | 0 |
| 1992 | 현대 | 29 | 22 | 4 | 3 | 42 | 39 | 2 | 0 |
| 1993 | 현대 | 32 | 8 | 3 | 4 | 43 | 50 | 2 | 0 |
| 1994 | 현대 | 10 | 3 | 0 | 3 | 25 | 45 | 0 | 0 |
| 1995 | 현대 | 16 | 17 | 2 | 2 | 12 | 13 | 1 | 0 |
| 통산 |  | 196 | 84 | 28 | 21 | 222 | 305 | 8 | 0 |

**강재욱** (姜宰旭) 홍익대 1985.04.05

| 연도 | 소속 | 출장 | 교체 | 득점 | 도움 | 파울 | 슈팅 | 경고 | 퇴장 |
|---|---|---|---|---|---|---|---|---|---|
| 2009 | 서울 | 0 | 0 | 0 | 0 | 0 | 0 | 0 | 0 |
| 통산 |  | 0 | 0 | 0 | 0 | 0 | 0 | 0 | 0 |

**강정대** (姜征大) 한양대 1971.08.22

| 연도 | 소속 | 출장 | 교체 | 득점 | 도움 | 파울 | 슈팅 | 경고 | 퇴장 |
|---|---|---|---|---|---|---|---|---|---|
| 1997 | 대전 | 17 | 0 | 0 | 0 | 25 | 19 | 2 | 0 |
| 1998 | 대전 | 20 | 6 | 1 | 0 | 26 | 10 | 3 | 0 |
| 1999 | 대전 | 19 | 9 | 1 | 1 | 26 | 4 | 1 | 0 |
| 2000 | 대전 | 3 | 3 | 0 | 0 | 1 | 0 | 0 | 0 |
| 통산 |  | 59 | 18 | 2 | 1 | 78 | 34 | 6 | 0 |

**강정훈** (姜政勳) 한양대 1976.02.20

| 연도 | 소속 | 출장 | 교체 | 득점 | 도움 | 파울 | 슈팅 | 경고 | 퇴장 |
|---|---|---|---|---|---|---|---|---|---|
| 1998 | 대전 | 21 | 20 | 1 | 1 | 13 | 19 | 3 | 0 |
| 1999 | 대전 | 25 | 21 | 1 | 0 | 28 | 24 | 1 | 0 |
| 2000 | 대전 | 27 | 20 | 1 | 3 | 25 | 26 | 2 | 0 |
| 2001 | 대전 | 6 | 6 | 0 | 0 | 10 | 2 | 1 | 0 |
| 2002 | 대전 | 25 | 8 | 0 | 1 | 39 | 20 | 5 | 0 |
| 2003 | 대전 | 28 | 12 | 1 | 2 | 52 | 21 | 1 | 0 |
| 2004 | 대전 | 33 | 8 | 1 | 1 | 71 | 23 | 8 | 0 |
| 2005 | 대전 | 34 | 4 | 2 | 2 | 92 | 30 | 5 | 0 |
| 2006 | 대전 | 34 | 6 | 1 | 0 | 72 | 29 | 6 | 0 |
| 2007 | 대전 | 26 | 10 | 0 | 0 | 51 | 14 | 4 | 0 |
| 통산 |  | 259 | 115 | 8 | 12 | 453 | 212 | 36 | 0 |

**강정훈** (姜正勳) 건국대 1987.12.16

| 연도 | 소속 | 출장 | 교체 | 득점 | 도움 | 파울 | 슈팅 | 경고 | 퇴장 |
|---|---|---|---|---|---|---|---|---|---|
| 2010 | 서울 | 4 | 3 | 0 | 0 | 9 | 5 | 0 | 0 |
| 2011 | 서울 | 9 | 10 | 2 | 1 | 7 | 9 | 1 | 0 |
| 2012 | 서울 | 3 | 2 | 0 | 0 | 3 | 4 | 0 | 0 |
| 2013 | 서울 | 0 | 0 | 0 | 0 | 0 | 0 | 0 | 0 |
| 2013 | 강원 | 13 | 11 | 0 | 1 | 10 | 12 | 4 | 0 |
| 통산 |  | 29 | 26 | 2 | 2 | 29 | 29 | 4 | 0 |

**강종구** (姜宗求) 동의대 1989.05.08

| 연도 | 소속 | 출장 | 교체 | 득점 | 도움 | 파울 | 슈팅 | 경고 | 퇴장 |
|---|---|---|---|---|---|---|---|---|---|
| 2011 | 포항 | 1 | 1 | 0 | 0 | 1 | 0 | 0 | 0 |
| 통산 |  | 1 | 1 | 0 | 0 | 1 | 0 | 0 | 0 |

**강종국** (姜鐘鞠) 홍익대 1991.11.12

| 연도 | 소속 | 출장 | 교체 | 득점 | 도움 | 파울 | 슈팅 | 경고 | 퇴장 |
|---|---|---|---|---|---|---|---|---|---|
| 2013 | 경남 | 14 | 13 | 2 | 1 | 18 | 8 | 2 | 0 |
| 2014 | 안산 | 12 | 9 | 0 | 0 | 5 | 4 | 1 | 0 |
| 통산 |  | 26 | 22 | 2 | 1 | 23 | 12 | 3 | 0 |

**강주호** (姜周鎬) 경희대 1989.03.26

| 연도 | 소속 | 출장 | 교체 | 득점 | 도움 | 파울 | 슈팅 | 경고 | 퇴장 |
|---|---|---|---|---|---|---|---|---|---|
| 2012 | 전북 | 2 | 2 | 0 | 0 | 2 | 1 | 0 | 0 |
| 2013 | 충주 | 31 | 19 | 3 | 3 | 58 | 33 | 9 | 0 |
| 통산 |  | 33 | 21 | 3 | 3 | 60 | 34 | 9 | 0 |

**강준우** (康準佑) 인천대 1982.06.03

| 연도 | 소속 | 출장 | 교체 | 득점 | 도움 | 파울 | 슈팅 | 경고 | 퇴장 |
|---|---|---|---|---|---|---|---|---|---|
| 2007 | 제주 | 15 | 10 | 0 | 0 | 20 | 2 | 1 | 0 |
| 2008 | 제주 | 19 | 4 | 0 | 0 | 33 | 10 | 6 | 0 |
| 2009 | 제주 | 19 | 4 | 1 | 0 | 27 | 11 | 6 | 0 |
| 2010 | 제주 | 4 | 0 | 0 | 0 | 4 | 0 | 1 | 0 |
| 2011 | 제주 | 23 | 5 | 1 | 2 | 33 | 9 | 9 | 0 |
| 2014 | 제주 | 4 | 4 | 0 | 0 | 4 | 0 | 0 | 0 |
| 통산 |  | 84 | 26 | 1 | 2 | 108 | 26 | 23 | 0 |

**강준호** (姜俊好) 제주제일고 1971.11.27

| 연도 | 소속 | 출장 | 교체 | 득점 | 도움 | 파울 | 슈팅 | 경고 | 퇴장 |
|---|---|---|---|---|---|---|---|---|---|
| 1994 | LG | 21 | 9 | 0 | 5 | 27 | 13 | 4 | 0 |
| 1995 | LG | 10 | 5 | 0 | 1 | 11 | 5 | 1 | 0 |
| 1996 | 안양 | 26 | 3 | 0 | 0 | 51 | 13 | 5 | 1 |
| 1997 | 안양 | 29 | 2 | 1 | 4 | 61 | 31 | 11 | 0 |
| 1998 | 안양 | 11 | 8 | 0 | 1 | 7 | 2 | 3 | 0 |
| 1999 | 안양 | 10 | 7 | 1 | 2 | 9 | 3 | 1 | 0 |
| 2000 | 안양 | 2 | 2 | 0 | 0 | 1 | 1 | 0 | 0 |
| 2001 | 안양 | 2 | 2 | 0 | 0 | 1 | 0 | 0 | 0 |
| 통산 |  | 131 | 54 | 2 | 14 | 182 | 81 | 25 | 1 |

**강지용** (姜地龍 / 강대호) 한양대 1989.11.23

| 연도 | 소속 | 출장 | 교체 | 득점 | 도움 | 파울 | 슈팅 | 경고 | 퇴장 |
|---|---|---|---|---|---|---|---|---|---|
| 2009 | 포항 | 0 | 0 | 0 | 0 | 0 | 0 | 0 | 0 |
| 2010 | 포항 | 5 | 2 | 0 | 0 | 3 | 2 | 2 | 0 |
| 2011 | 포항 | 1 | 1 | 0 | 0 | 0 | 0 | 0 | 0 |
| 2012 | 부산 | 1 | 1 | 0 | 0 | 0 | 0 | 0 | 0 |
| 2014 | 부천 | 30 | 2 | 5 | 1 | 55 | 21 | 8 | 0 |
| 통산 |  | 36 | 5 | 5 | 1 | 58 | 24 | 10 | 0 |

**강진규** (康晋圭) 중앙대 1983.09.10

| 연도 | 소속 | 출장 | 교체 | 득점 | 도움 | 파울 | 슈팅 | 경고 | 퇴장 |
|---|---|---|---|---|---|---|---|---|---|
| 2006 | 전남 | 8 | 6 | 0 | 0 | 5 | 4 | 0 | 0 |
| 2008 | 광주상 | 8 | 6 | 0 | 0 | 5 | 4 | 0 | 0 |
| 2009 | 광주상 | 22 | 17 | 3 | 1 | 16 | 19 | 1 | 0 |
| 2009 | 전남 | 2 | 0 | 0 | 0 | 1 | 0 | 0 | 0 |
| 2010 | 전남 | 3 | 0 | 0 | 1 | 4 | 0 | 1 | 0 |
| 2011 | 전남 | 1 | 1 | 0 | 0 | 1 | 0 | 0 | 0 |
| 통산 |  | 34 | 25 | 3 | 1 | 14 | 23 | 1 | 0 |

**강진욱** (姜珍旭) 중동고 1986.02.13

| 연도 | 소속 | 출장 | 교체 | 득점 | 도움 | 파울 | 슈팅 | 경고 | 퇴장 |
|---|---|---|---|---|---|---|---|---|---|
| 2006 | 제주 | 3 | 1 | 0 | 0 | 6 | 0 | 0 | 0 |
| 2008 | 광주상 | 14 | 3 | 0 | 0 | 34 | 6 | 2 | 0 |
| 2009 | 울산 | 11 | 3 | 0 | 1 | 12 | 5 | 1 | 0 |
| 2010 | 울산 | 16 | 12 | 0 | 1 | 11 | 3 | 1 | 0 |
| 2011 | 울산 | 17 | 1 | 3 | 1 | 15 | 3 | 4 | 0 |
| 2012 | 울산 | 6 | 2 | 0 | 2 | 19 | 2 | 3 | 0 |
| 2013 | 성남 | 6 | 2 | 0 | 0 | 4 | 1 | 1 | 0 |
| 통산 |  | 86 | 34 | 1 | 7 | 101 | 19 | 12 | 0 |

**강진웅** (姜珍熊) 선문대 1985.05.01

| 연도 | 소속 | 출장 | 교체 | 실점 | 도움 | 파울 | 슈팅 | 경고 | 퇴장 |
|---|---|---|---|---|---|---|---|---|---|
| 2013 | 고양 | 13 | 1 | 15 | 0 | 1 | 0 | 1 | 0 |
| 2014 | 고양 | 17 | 1 | 19 | 0 | 0 | 0 | 0 | 0 |
| 통산 |  | 30 | 2 | 34 | 0 | 1 | 0 | 1 | 0 |

**강창근** (姜昌根) 울산대 1956.04.28

| 연도 | 소속 | 출장 | 교체 | 실점 | 도움 | 파울 | 슈팅 | 경고 | 퇴장 |
|---|---|---|---|---|---|---|---|---|---|
| 1983 | 국민은 | 8 | 0 | 13 | 0 | 0 | 0 | 0 | 0 |
| 통산 |  | 8 | 0 | 13 | 0 | 0 | 0 | 0 | 0 |

**강철** (姜喆) 연세대 1971.11.02

| 연도 | 소속 | 출장 | 교체 | 득점 | 도움 | 파울 | 슈팅 | 경고 | 퇴장 |
|---|---|---|---|---|---|---|---|---|---|
| 1993 | 유공 | 9 | 2 | 1 | 1 | 15 | 13 | 2 | 0 |
| 1994 | 유공 | 13 | 3 | 2 | 2 | 12 | 8 | 1 | 0 |
| 1995 | 유공 | 17 | 1 | 2 | 1 | 41 | 15 | 2 | 0 |
| 1998 | 부천 | 30 | 5 | 4 | 2 | 64 | 15 | 5 | 0 |
| 1999 | 부천 | 34 | 2 | 1 | 1 | 46 | 11 | 3 | 0 |
| 2000 | 부천 | 35 | 3 | 4 | 3 | 55 | 32 | 5 | 0 |
| 2001 | 전남 | 18 | 8 | 1 | 2 | 25 | 13 | 1 | 0 |
| 2002 | 전남 | 19 | 0 | 2 | 0 | 21 | 3 | 3 | 0 |
| 2003 | 전남 | 22 | 3 | 0 | 0 | 15 | 1 | 1 | 0 |
| 통산 |  | 207 | 25 | 10 | 15 | 294 | 111 | 21 | 0 |

**강철민** (姜澈珉) 단국대 1988.08.09

| 연도 | 소속 | 출장 | 교체 | 득점 | 도움 | 파울 | 슈팅 | 경고 | 퇴장 |
|---|---|---|---|---|---|---|---|---|---|
| 2011 | 경남 | 2 | 1 | 0 | 0 | 1 | 3 | 1 | 0 |
| 2013 | 경찰 | 4 | 4 | 0 | 0 | 1 | 0 | 0 | 0 |
| 2014 | 안산 | 1 | 1 | 0 | 0 | 0 | 0 | 0 | 0 |
| 통산 |  | 7 | 6 | 0 | 0 | 2 | 3 | 1 | 0 |

**강태식** (姜太植) 한양대 1963.03.15

| 연도 | 소속 | 출장 | 교체 | 득점 | 도움 | 파울 | 슈팅 | 경고 | 퇴장 |
|---|---|---|---|---|---|---|---|---|---|
| 1986 | 포철 | 22 | 2 | 0 | 5 | 31 | 19 | 3 | 0 |
| 1987 | 포철 | 30 | 1 | 3 | 2 | 52 | 16 | 5 | 0 |
| 1988 | 포철 | 23 | 2 | 0 | 1 | 42 | 14 | 2 | 0 |
| 1989 | 포철 | 25 | 7 | 0 | 2 | 42 | 8 | 1 | 0 |
| 통산 |  | 100 | 12 | 3 | 10 | 167 | 57 | 11 | 0 |

**강한상** (姜漢相) 안동대 1966.03.20

| 연도 | 소속 | 출장 | 교체 | 득점 | 도움 | 파울 | 슈팅 | 경고 | 퇴장 |
|---|---|---|---|---|---|---|---|---|---|
| 1988 | 유공 | 12 | 0 | 0 | 0 | 21 | 4 | 4 | 0 |
| 1989 | 유공 | 17 | 1 | 0 | 0 | 9 | 2 | 0 | 0 |
| 통산 |  | 29 | 1 | 0 | 0 | 30 | 5 | 6 | 0 |

**강현영** (姜鉉映) 중앙대 1989.05.20

| 연도 | 소속 | 출장 | 교체 | 득점 | 도움 | 파울 | 슈팅 | 경고 | 퇴장 |
|---|---|---|---|---|---|---|---|---|---|
| 2012 | 대구 | 0 | 0 | 0 | 0 | 0 | 0 | 0 | 0 |
| 통산 |  | 0 | 0 | 0 | 0 | 0 | 0 | 0 | 0 |

**강현욱** (姜鉉旭) 충주험멜 1985.11.04

| 연도 | 소속 | 출장 | 교체 | 득점 | 도움 | 파울 | 슈팅 | 경고 | 퇴장 |
|---|---|---|---|---|---|---|---|---|---|
| 2008 | 대전 | 0 | 0 | 0 | 0 | 0 | 0 | 0 | 0 |
| 통산 |  | 0 | 0 | 0 | 0 | 0 | 0 | 0 | 0 |

**강호광** (姜鎬光) 경상대 1961.01.22

| 연도 | 소속 | 출장 | 교체 | 득점 | 도움 | 파울 | 슈팅 | 경고 | 퇴장 |
|---|---|---|---|---|---|---|---|---|---|
| 1984 | 국민은 | 6 | 3 | 0 | 0 | 4 | 0 | 0 | 0 |
| 통산 |  | 6 | 3 | 0 | 0 | 4 | 0 | 0 | 0 |

**강훈** (姜訓) 광운대 1991.05.15

| 연도 | 소속 | 출장 | 교체 | 실점 | 도움 | 파울 | 슈팅 | 경고 | 퇴장 |
|---|---|---|---|---|---|---|---|---|---|
| 2014 | 부천 | 19 | 0 | 26 | 0 | 2 | 0 | 1 | 0 |
| 통산 |  | 19 | 0 | 26 | 0 | 2 | 0 | 1 | 0 |

**게인리히** (Alexander Geynrikh) 우즈베키스탄 1984.10.06

| 연도 | 소속 | 출장 | 교체 | 득점 | 도움 | 파울 | 슈팅 | 경고 | 퇴장 |
|---|---|---|---|---|---|---|---|---|---|
| | 통산 | 6 | 6 | 0 | 0 | 0 | 0 | 1 | 0 |
| 2011 | 수원 | 20 | 19 | 3 | 0 | 38 | 19 | 5 | 0 |
| | 통산 | 20 | 19 | 3 | 0 | 38 | 19 | 5 | 0 |

**겐나디** (Gennadi Styopushkin) 러시아 1964.06.20

| 연도 | 소속 | 출장 | 교체 | 득점 | 도움 | 파울 | 슈팅 | 경고 | 퇴장 |
|---|---|---|---|---|---|---|---|---|---|
| 1995 | 일화 | 24 | 14 | 1 | 0 | 24 | 12 | 7 | 1 |
| 1996 | 천안 | 31 | 2 | 0 | 1 | 30 | 13 | 8 | 0 |
| 1997 | 안양 | 4 | 2 | 0 | 0 | 5 | 1 | 0 | 0 |
| | 통산 | 59 | 18 | 1 | 1 | 59 | 25 | 16 | 1 |

**견희재** (甄熙材) 고려대 1988.11.27

| 연도 | 소속 | 출장 | 교체 | 득점 | 도움 | 파울 | 슈팅 | 경고 | 퇴장 |
|---|---|---|---|---|---|---|---|---|---|
| 2012 | 성남 | 0 | 0 | 0 | 0 | 0 | 0 | 0 | 0 |

**경재윤** (慶宰允) 동국대 1988.04.06

| 연도 | 소속 | 출장 | 교체 | 득점 | 도움 | 파울 | 슈팅 | 경고 | 퇴장 |
|---|---|---|---|---|---|---|---|---|---|
| 2013 | 고양 | 0 | 0 | 0 | 0 | 0 | 0 | 0 | 0 |
| 2014 | 부천 | 4 | 4 | 0 | 0 | 4 | 3 | 0 | 0 |

**고경민** (高敬旻) 한양대 1987.04.11

| 연도 | 소속 | 출장 | 교체 | 득점 | 도움 | 파울 | 슈팅 | 경고 | 퇴장 |
|---|---|---|---|---|---|---|---|---|---|
| 2010 | 인천 | 2 | 2 | 0 | 0 | 1 | 0 | 0 | 0 |
| 2013 | 안양 | 18 | 11 | 6 | 2 | 24 | 31 | 4 | 0 |
| 2013 | 경남 | 9 | 0 | 2 | 0 | 12 | 19 | 2 | 0 |
| 2014 | 안산 | 34 | 11 | 4 | 4 | 40 | 67 | 3 | 0 |
| | 통산 | 63 | 24 | 19 | 6 | 76 | 118 | 9 | 0 |

**고경준** (高敬竣) 제주제일고 1987.03.07

| 연도 | 소속 | 출장 | 교체 | 득점 | 도움 | 파울 | 슈팅 | 경고 | 퇴장 |
|---|---|---|---|---|---|---|---|---|---|
| 2006 | 경남 | 9 | 4 | 1 | 0 | 19 | 3 | 4 | 0 |
| 2008 | 경남 | 0 | 0 | 0 | 0 | 0 | 0 | 0 | 0 |
| | 통산 | 9 | 4 | 1 | 0 | 19 | 3 | 4 | 0 |

**고광민** (高光民) 아주대 1988.09.21

| 연도 | 소속 | 출장 | 교체 | 득점 | 도움 | 파울 | 슈팅 | 경고 | 퇴장 |
|---|---|---|---|---|---|---|---|---|---|
| 2011 | 서울 | 7 | 6 | 0 | 1 | 10 | 3 | 1 | 0 |
| 2012 | 서울 | 11 | 12 | 0 | 0 | 5 | 3 | 0 | 0 |
| 2013 | 서울 | 3 | 3 | 0 | 0 | 1 | 2 | 0 | 0 |
| | 통산 | 41 | 30 | 1 | 4 | 28 | 15 | 3 | 0 |

**고기구** (高基衢) 숭실대 1980.07.31

| 연도 | 소속 | 출장 | 교체 | 득점 | 도움 | 파울 | 슈팅 | 경고 | 퇴장 |
|---|---|---|---|---|---|---|---|---|---|
| 2004 | 부천 | 18 | 7 | 0 | 2 | 24 | 29 | 1 | 0 |
| 2005 | 부천 | 30 | 16 | 5 | 1 | 56 | 31 | 5 | 0 |
| 2006 | 포항 | 27 | 18 | 9 | 3 | 42 | 35 | 0 | 0 |
| 2007 | 포항 | 24 | 18 | 2 | 0 | 45 | 27 | 2 | 0 |
| 2008 | 전남 | 18 | 13 | 3 | 2 | 14 | 21 | 1 | 0 |
| 2009 | 전남 | 12 | 10 | 0 | 0 | 15 | 13 | 0 | 0 |
| 2010 | 포항 | 7 | 6 | 1 | 0 | 5 | 3 | 1 | 0 |
| 2010 | 대전 | 6 | 5 | 0 | 1 | 12 | 10 | 0 | 0 |
| | 통산 | 142 | 93 | 20 | 9 | 213 | 169 | 10 | 0 |

**고대우** (高大佑) 배재대 1987.02.09

| 연도 | 소속 | 출장 | 교체 | 득점 | 도움 | 파울 | 슈팅 | 경고 | 퇴장 |
|---|---|---|---|---|---|---|---|---|---|
| 2010 | 대전 | 1 | 1 | 0 | 0 | 0 | 0 | 0 | 0 |
| 2011 | 대전 | 5 | 5 | 0 | 0 | 1 | 5 | 1 | 0 |
| 2012 | 대전 | 2 | 2 | 0 | 0 | 0 | 0 | 0 | 0 |
| 2014 | 안양 | 0 | 0 | 0 | 0 | 0 | 0 | 0 | 0 |
| | 통산 | 8 | 8 | 0 | 0 | 1 | 7 | 1 | 0 |

**고란** (Goran Jevtic) 유고슬라비아 1970.08.10

| 연도 | 소속 | 출장 | 교체 | 득점 | 도움 | 파울 | 슈팅 | 경고 | 퇴장 |
|---|---|---|---|---|---|---|---|---|---|
| 1993 | 현대 | 13 | 8 | 0 | 0 | 13 | 2 | 2 | 0 |
| 1994 | 현대 | 18 | 1 | 0 | 0 | 21 | 6 | 4 | 0 |
| 1995 | 현대 | 16 | 14 | 0 | 1 | 18 | 3 | 6 | 0 |
| | 통산 | 47 | 23 | 0 | 1 | 52 | 11 | 12 | 0 |

**고래세** (高來世) 진주고 1992.03.23

| 연도 | 소속 | 출장 | 교체 | 득점 | 도움 | 파울 | 슈팅 | 경고 | 퇴장 |
|---|---|---|---|---|---|---|---|---|---|
| 2011 | 경남 | 1 | 1 | 0 | 0 | 0 | 0 | 0 | 0 |
| 2012 | 경남 | 1 | 1 | 0 | 0 | 0 | 0 | 0 | 0 |
| 2013 | 경남 | 2 | 1 | 0 | 0 | 0 | 0 | 0 | 0 |
| 2014 | 경남 | 1 | 1 | 0 | 0 | 0 | 0 | 0 | 0 |

## 가운데 단

| 연도 | 소속 | 출장 | 교체 | 득점 | 도움 | 파울 | 슈팅 | 경고 | 퇴장 |
|---|---|---|---|---|---|---|---|---|---|
| | 통산 | 6 | 6 | 0 | 0 | 0 | 0 | 1 | 0 |

**고메스** (Anicio Gomes) 브라질 1982.04.01

| 연도 | 소속 | 출장 | 교체 | 득점 | 도움 | 파울 | 슈팅 | 경고 | 퇴장 |
|---|---|---|---|---|---|---|---|---|---|
| 2010 | 제주 | 6 | 6 | 1 | 0 | 1 | 8 | 0 | 0 |

**고메즈** (Andre Gomes) 브라질 1975.12.23

| 연도 | 소속 | 출장 | 교체 | 득점 | 도움 | 파울 | 슈팅 | 경고 | 퇴장 |
|---|---|---|---|---|---|---|---|---|---|
| 2004 | 전북 | 26 | 7 | 2 | 1 | 56 | 50 | 5 | 1 |
| 2005 | 포항 | 7 | 6 | 0 | 0 | 9 | 6 | 0 | 1 |
| | 통산 | 33 | 13 | 2 | 1 | 65 | 56 | 5 | 2 |

**고명진** (高明振) 석관중 1988.01.09

| 연도 | 소속 | 출장 | 교체 | 득점 | 도움 | 파울 | 슈팅 | 경고 | 퇴장 |
|---|---|---|---|---|---|---|---|---|---|
| 2004 | 서울 | 5 | 4 | 0 | 0 | 4 | 4 | 0 | 0 |
| 2005 | 서울 | 1 | 1 | 0 | 0 | 0 | 0 | 0 | 0 |
| 2006 | 서울 | 19 | 7 | 1 | 0 | 30 | 11 | 2 | 0 |
| 2007 | 서울 | 12 | 6 | 1 | 1 | 15 | 7 | 3 | 0 |
| 2008 | 서울 | 14 | 10 | 1 | 0 | 15 | 9 | 1 | 0 |
| 2009 | 서울 | 23 | 16 | 2 | 1 | 14 | 7 | 4 | 0 |
| 2011 | 서울 | 24 | 4 | 2 | 7 | 42 | 15 | 6 | 0 |
| 2012 | 서울 | 39 | 9 | 1 | 3 | 61 | 23 | 1 | 0 |
| 2013 | 서울 | 23 | 2 | 3 | 2 | 27 | 26 | 8 | 0 |
| 2014 | 서울 | 31 | 5 | 4 | 1 | 23 | 14 | 3 | 0 |
| | 통산 | 207 | 71 | 13 | 15 | 249 | 134 | 30 | 0 |

**고무열** (高武烈) 포철공고 1990.09.05

| 연도 | 소속 | 출장 | 교체 | 득점 | 도움 | 파울 | 슈팅 | 경고 | 퇴장 |
|---|---|---|---|---|---|---|---|---|---|
| 2011 | 포항 | 28 | 16 | 10 | 3 | 29 | 47 | 2 | 0 |
| 2012 | 포항 | 39 | 32 | 6 | 6 | 61 | 47 | 2 | 0 |
| 2013 | 포항 | 34 | 23 | 8 | 5 | 48 | 51 | 5 | 0 |
| 2014 | 포항 | 27 | 19 | 5 | 1 | 47 | 42 | 2 | 0 |
| | 통산 | 128 | 90 | 29 | 15 | 185 | 187 | 11 | 0 |

**고민기** (高旼奇) 고려대 1978.07.01

| 연도 | 소속 | 출장 | 교체 | 득점 | 도움 | 파울 | 슈팅 | 경고 | 퇴장 |
|---|---|---|---|---|---|---|---|---|---|
| 2001 | 전북 | 1 | 1 | 0 | 0 | 1 | 1 | 0 | 0 |
| | 통산 | 1 | 1 | 0 | 0 | 1 | 1 | 0 | 0 |

**고민성** (高旼成) 매탄고 1995.11.20

| 연도 | 소속 | 출장 | 교체 | 득점 | 도움 | 파울 | 슈팅 | 경고 | 퇴장 |
|---|---|---|---|---|---|---|---|---|---|
| 2014 | 수원 | 0 | 0 | 0 | 0 | 0 | 0 | 0 | 0 |
| | 통산 | 0 | 0 | 0 | 0 | 0 | 0 | 0 | 0 |

**고백진** (高白鎭) 건국대 1966.05.03

| 연도 | 소속 | 출장 | 교체 | 득점 | 도움 | 파울 | 슈팅 | 경고 | 퇴장 |
|---|---|---|---|---|---|---|---|---|---|
| 1989 | 유공 | 1 | 1 | 0 | 0 | 0 | 0 | 0 | 0 |
| | 통산 | 1 | 1 | 0 | 0 | 0 | 0 | 0 | 0 |

**고범수** (高範壽) 선문대 1980.04.16

| 연도 | 소속 | 출장 | 교체 | 득점 | 도움 | 파울 | 슈팅 | 경고 | 퇴장 |
|---|---|---|---|---|---|---|---|---|---|
| 2006 | 광주상 | 8 | 2 | 0 | 0 | 12 | 1 | 1 | 0 |
| | 통산 | 8 | 2 | 0 | 0 | 12 | 1 | 1 | 0 |

**고병운** (高柄運) 광운대 1973.09.28

| 연도 | 소속 | 출장 | 교체 | 득점 | 도움 | 파울 | 슈팅 | 경고 | 퇴장 |
|---|---|---|---|---|---|---|---|---|---|
| 1996 | 포항 | 29 | 12 | 0 | 0 | 38 | 5 | 3 | 0 |
| 1997 | 포항 | 33 | 10 | 0 | 0 | 57 | 18 | 4 | 0 |
| 1998 | 포항 | 32 | 9 | 0 | 1 | 45 | 8 | 3 | 0 |
| 2001 | 포항 | 23 | 11 | 0 | 1 | 28 | 10 | 1 | 0 |
| 2002 | 포항 | 34 | 4 | 0 | 1 | 68 | 4 | 3 | 0 |
| 2003 | 포항 | 42 | 4 | 0 | 2 | 90 | 15 | 4 | 0 |
| 2005 | 대전 | 13 | 7 | 0 | 0 | 14 | 7 | 0 | 0 |
| 2006 | 대전 | 32 | 8 | 0 | 1 | 50 | 8 | 4 | 0 |
| | 통산 | 238 | 61 | 0 | 6 | 393 | 77 | 22 | 0 |

**고보연** (高輔演) 아주대 1991.07.11

| 연도 | 소속 | 출장 | 교체 | 득점 | 도움 | 파울 | 슈팅 | 경고 | 퇴장 |
|---|---|---|---|---|---|---|---|---|---|
| 2014 | 부천 | 11 | 11 | 1 | 0 | 13 | 7 | 1 | 0 |
| | 통산 | 11 | 11 | 1 | 0 | 13 | 7 | 1 | 0 |

**고봉현** (高奉炫) 홍익대 1979.07.02

| 연도 | 소속 | 출장 | 교체 | 득점 | 도움 | 파울 | 슈팅 | 경고 | 퇴장 |
|---|---|---|---|---|---|---|---|---|---|
| 2003 | 대구 | 18 | 8 | 2 | 1 | 46 | 21 | 2 | 0 |
| 2004 | 대구 | 11 | 7 | 2 | 0 | 18 | 9 | 1 | 0 |
| 2005 | 대구 | 10 | 10 | 1 | 0 | 13 | 9 | 1 | 0 |

| 연도 | 소속 | 출장 | 교체 | 득점 | 도움 | 파울 | 슈팅 | 경고 | 퇴장 |
|---|---|---|---|---|---|---|---|---|---|
| | 통산 | 39 | 25 | 5 | 1 | 77 | 37 | 5 | 0 |

**고성민** (高成敏) 명지대 1972.09.07

| 연도 | 소속 | 출장 | 교체 | 득점 | 도움 | 파울 | 슈팅 | 경고 | 퇴장 |
|---|---|---|---|---|---|---|---|---|---|
| 1995 | 전북 | 23 | 15 | 2 | 1 | 29 | 35 | 5 | 0 |
| 1996 | 전북 | 29 | 20 | 2 | 1 | 36 | 28 | 2 | 0 |
| 1997 | 전북 | 16 | 9 | 0 | 2 | 27 | 12 | 3 | 0 |
| 1998 | 전북 | 1 | 1 | 0 | 0 | 0 | 0 | 0 | 0 |
| | 통산 | 69 | 45 | 4 | 4 | 92 | 75 | 10 | 0 |

**고슬기** (高슬기) 오산고 1986.04.21

| 연도 | 소속 | 출장 | 교체 | 득점 | 도움 | 파울 | 슈팅 | 경고 | 퇴장 |
|---|---|---|---|---|---|---|---|---|---|
| 2007 | 포항 | 0 | 0 | 0 | 0 | 0 | 0 | 0 | 0 |
| 2008 | 광주상 | 28 | 13 | 3 | 1 | 37 | 51 | 3 | 0 |
| 2009 | 광주상 | 20 | 16 | 2 | 2 | 26 | 29 | 2 | 0 |
| 2009 | 포항 | 1 | 0 | 0 | 0 | 4 | 2 | 1 | 0 |
| 2010 | 울산 | 15 | 11 | 1 | 1 | 26 | 20 | 5 | 0 |
| 2011 | 울산 | 37 | 10 | 1 | 2 | 72 | 65 | 10 | 0 |
| 2012 | 울산 | 40 | 13 | 4 | 8 | 51 | 72 | 4 | 0 |
| | 통산 | 141 | 63 | 17 | 14 | 216 | 235 | 26 | 0 |

**고요한** (高요한) 토월중 1988.03.10

| 연도 | 소속 | 출장 | 교체 | 득점 | 도움 | 파울 | 슈팅 | 경고 | 퇴장 |
|---|---|---|---|---|---|---|---|---|---|
| 2006 | 서울 | 0 | 0 | 0 | 0 | 0 | 0 | 0 | 0 |
| 2007 | 서울 | 6 | 6 | 0 | 0 | 14 | 2 | 1 | 0 |
| 2008 | 서울 | 4 | 3 | 0 | 0 | 6 | 3 | 0 | 0 |
| 2009 | 서울 | 16 | 11 | 0 | 0 | 26 | 12 | 5 | 0 |
| 2010 | 서울 | 7 | 7 | 1 | 0 | 7 | 8 | 0 | 0 |
| 2011 | 서울 | 24 | 7 | 3 | 1 | 39 | 13 | 4 | 0 |
| 2012 | 서울 | 12 | 8 | 1 | 2 | 45 | 9 | 7 | 0 |
| 2013 | 서울 | 37 | 25 | 5 | 3 | 52 | 22 | 3 | 0 |
| 2014 | 서울 | 32 | 14 | 1 | 3 | 38 | 30 | 3 | 0 |
| | 통산 | 160 | 81 | 14 | 8 | 224 | 96 | 25 | 0 |

**고은성** (高銀成) 단국대 1988.06.23

| 연도 | 소속 | 출장 | 교체 | 득점 | 도움 | 파울 | 슈팅 | 경고 | 퇴장 |
|---|---|---|---|---|---|---|---|---|---|
| 2011 | 광주 | 1 | 0 | 0 | 0 | 0 | 0 | 1 | 0 |
| | 통산 | 1 | 0 | 0 | 0 | 0 | 0 | 1 | 0 |

**고의석** (高義錫) 명지대 1962.10.15

| 연도 | 소속 | 출장 | 교체 | 득점 | 도움 | 파울 | 슈팅 | 경고 | 퇴장 |
|---|---|---|---|---|---|---|---|---|---|
| 1983 | 대우 | 4 | 3 | 0 | 0 | 5 | 0 | 0 | 0 |
| 1983 | 유공 | 3 | 3 | 0 | 1 | 6 | 0 | 0 | 0 |
| 1984 | 유공 | 2 | 1 | 0 | 0 | 0 | 0 | 0 | 0 |
| 1985 | 상무 | 14 | 2 | 0 | 1 | 17 | 5 | 1 | 0 |
| | 통산 | 26 | 9 | 0 | 2 | 23 | 5 | 2 | 0 |

**고재성** (高在成) 대구대 1985.01.28

| 연도 | 소속 | 출장 | 교체 | 득점 | 도움 | 파울 | 슈팅 | 경고 | 퇴장 |
|---|---|---|---|---|---|---|---|---|---|
| 2009 | 성남 | 25 | 8 | 1 | 1 | 49 | 10 | 9 | 0 |
| 2010 | 성남 | 17 | 6 | 0 | 1 | 30 | 1 | 3 | 0 |
| 2012 | 경남 | 31 | 18 | 2 | 5 | 42 | 10 | 5 | 0 |
| 2013 | 상주 | 19 | 3 | 2 | 3 | 33 | 22 | 2 | 0 |
| 2014 | 상주 | 12 | 10 | 1 | 1 | 8 | 9 | 1 | 0 |
| 2014 | 경남 | 14 | 4 | 1 | 1 | 15 | 22 | 2 | 0 |
| | 통산 | 128 | 69 | 7 | 11 | 177 | 74 | 21 | 0 |

**고정빈** (高正彬) 한남대 1984.02.09

| 연도 | 소속 | 출장 | 교체 | 득점 | 도움 | 파울 | 슈팅 | 경고 | 퇴장 |
|---|---|---|---|---|---|---|---|---|---|
| 2007 | 대구 | 0 | 0 | 0 | 0 | 0 | 0 | 0 | 0 |
| | 통산 | 0 | 0 | 0 | 0 | 0 | 0 | 0 | 0 |

**고정운** (高正云) 건국대 1966.06.27

| 연도 | 소속 | 출장 | 교체 | 득점 | 도움 | 파울 | 슈팅 | 경고 | 퇴장 |
|---|---|---|---|---|---|---|---|---|---|
| 1989 | 일화 | 31 | 3 | 4 | 8 | 51 | 67 | 0 | 0 |
| 1990 | 일화 | 3 | 1 | 3 | 4 | 46 | 50 | 2 | 0 |
| 1991 | 일화 | 40 | 3 | 13 | 7 | 82 | 92 | 0 | 0 |
| 1992 | 일화 | 33 | 3 | 7 | 4 | 67 | 66 | 4 | 0 |
| 1993 | 일화 | 2 | 1 | 0 | 0 | 0 | 0 | 0 | 0 |
| 1994 | 일화 | 33 | 4 | 10 | 4 | 29 | 57 | 1 | 0 |
| 1995 | 일화 | 29 | 3 | 4 | 6 | 65 | 54 | 2 | 0 |
| 1996 | 천안 | 12 | 4 | 1 | 1 | 20 | 25 | 2 | 0 |
| 1998 | 포항 | 16 | 1 | 5 | 6 | 39 | 29 | 4 | 0 |
| 1999 | 포항 | 21 | 8 | 5 | 9 | 39 | 59 | 0 | 0 |
| 2001 | 포항 | 4 | 4 | 0 | 0 | 2 | 0 | 0 | 0 |

## 고종수(高宗秀) 금호고 1978.10.30

| 연도 | 소속 | 출장 | 교체 | 득점 | 도움 | 파울 | 슈팅 | 경고 | 퇴장 |
|---|---|---|---|---|---|---|---|---|---|
| | | | | | | | 통산 230 | 34 55 48 442 471 16 0 | |
| 1996 | 수원 | 14 | 15 | 1 | 4 | 5 | 9 | 0 | 0 |
| 1997 | 수원 | 15 | 10 | 3 | 5 | 30 | 26 | 2 | 1 |
| 1998 | 수원 | 20 | 2 | 3 | 4 | 38 | 61 | 3 | 0 |
| 1999 | 수원 | 21 | 4 | 4 | 7 | 29 | 46 | 1 | 0 |
| 2000 | 수원 | 13 | 6 | 7 | 3 | 21 | 29 | 3 | 0 |
| 2001 | 수원 | 20 | 10 | 10 | 6 | 29 | 61 | 2 | 0 |
| 2002 | 수원 | 16 | 4 | 3 | 10 | 27 | 0 | 0 | |
| 2004 | 수원 | 5 | 5 | 0 | 0 | 4 | 2 | 0 | 0 |
| 2005 | 전남 | 16 | 13 | 2 | 0 | 12 | 24 | 0 | 0 |
| 2007 | 대전 | 11 | 5 | 1 | 1 | 12 | 21 | 1 | 0 |
| 2008 | 대전 | 16 | 2 | 2 | 1 | 14 | 34 | 2 | 0 |
| 통산 | | 171 | 88 | 37 | 34 | 205 | 342 | 15 | 2 |

## 고차원(高次願) 아주대 1986.04.30

| 연도 | 소속 | 출장 | 교체 | 득점 | 도움 | 파울 | 슈팅 | 경고 | 퇴장 |
|---|---|---|---|---|---|---|---|---|---|
| 2009 | 전남 | 22 | 14 | 2 | 2 | 20 | 16 | 3 | 0 |
| 2010 | 전남 | 9 | 8 | 0 | 1 | 2 | 3 | 0 | 0 |
| 2011 | 상주 | 33 | 22 | 4 | 1 | 41 | 46 | 2 | 0 |
| 2012 | 상주 | 18 | 15 | 3 | 1 | 26 | 29 | 2 | 0 |
| 2012 | 전남 | 4 | 3 | 2 | 0 | 1 | 3 | 0 | 0 |
| 2013 | 수원 | | | | | | | | |
| 2014 | 전남 | 27 | 22 | 3 | 1 | 14 | 22 | 1 | 0 |
| 통산 | | 113 | 84 | 14 | 6 | 104 | 119 | 8 | 0 |

## 고창현(高昌賢) 초당대 1983.09.15

| 연도 | 소속 | 출장 | 교체 | 득점 | 도움 | 파울 | 슈팅 | 경고 | 퇴장 |
|---|---|---|---|---|---|---|---|---|---|
| 2002 | 수원 | 5 | 4 | 0 | 0 | 5 | 2 | 0 | 0 |
| 2003 | 수원 | 17 | 15 | 0 | 1 | 26 | 15 | 0 | 0 |
| 2004 | 수원 | 6 | 6 | 0 | 1 | 4 | 4 | 1 | 0 |
| 2005 | 부산 | 9 | 7 | 0 | 0 | 7 | 4 | 1 | 0 |
| 2006 | 부산 | 19 | 15 | 2 | 0 | 25 | 19 | 2 | 0 |
| 2007 | 광주상 | 24 | 11 | 0 | 1 | 29 | 26 | 4 | 0 |
| 2008 | 광주상 | 29 | 16 | 4 | 1 | 27 | 53 | 4 | 0 |
| 2009 | 대전 | 23 | 6 | 12 | 3 | 18 | 79 | 12 | 0 |
| 2010 | 대전 | 12 | 2 | 4 | 1 | 19 | 32 | 4 | 1 |
| 2010 | 울산 | 18 | 8 | 6 | 4 | 16 | 28 | 2 | 0 |
| 2011 | 울산 | 32 | 26 | 3 | 5 | 27 | 36 | 6 | 0 |
| 2012 | 울산 | 19 | 14 | 2 | 1 | 15 | 17 | 0 | 1 |
| 2013 | 울산 | 25 | 25 | | | | | | |
| 2014 | 울산 | 25 | 21 | 4 | 3 | 31 | 29 | 5 | 0 |
| 통산 | | 248 | 161 | 37 | 22 | 254 | 349 | 42 | 2 |

## 고티(Petr Gottwald) 체코 1973.04.28

| 연도 | 소속 | 출장 | 교체 | 득점 | 도움 | 파울 | 슈팅 | 경고 | 퇴장 |
|---|---|---|---|---|---|---|---|---|---|
| 1998 | 전북 | 9 | 9 | 0 | 0 | 11 | 5 | 2 | 0 |
| 통산 | | 9 | 9 | 0 | 0 | 11 | 5 | 2 | 0 |

## 고현(高賢) 대구대 1973.02.01

| 연도 | 소속 | 출장 | 교체 | 득점 | 도움 | 파울 | 슈팅 | 경고 | 퇴장 |
|---|---|---|---|---|---|---|---|---|---|
| 1996 | 안양 | 2 | 2 | 0 | 0 | 0 | 0 | 1 | 0 |
| 통산 | | 2 | 2 | 0 | 0 | 0 | 0 | 1 | 0 |

## 공문배(孔文培) 건국대 1964.08.28

| 연도 | 소속 | 출장 | 교체 | 득점 | 도움 | 파울 | 슈팅 | 경고 | 퇴장 |
|---|---|---|---|---|---|---|---|---|---|
| 1987 | 포철 | 5 | 4 | 0 | 0 | 3 | 0 | 0 | |
| 1988 | 포철 | 14 | 6 | 0 | 0 | 26 | 4 | 5 | 0 |
| 1989 | 포철 | 34 | 7 | 0 | 2 | 65 | 9 | 1 | 0 |
| 1990 | 포철 | 27 | 5 | 0 | 0 | 25 | 4 | 1 | 0 |
| 1991 | 포철 | 28 | 6 | 0 | 1 | 37 | 5 | 1 | 0 |
| 1992 | 포철 | 11 | 7 | 0 | 0 | 21 | 0 | 1 | 0 |
| 1993 | 포철 | 26 | 12 | 0 | 0 | 40 | 1 | 4 | 0 |
| 1994 | 포철 | 22 | 6 | 0 | 0 | 26 | 3 | 2 | 0 |
| 1995 | 포항 | 24 | 20 | 0 | 1 | 23 | 1 | 5 | 0 |
| 1996 | 포항 | 32 | 4 | 0 | 0 | 24 | 0 | 3 | 0 |
| 1997 | 포항 | 28 | 4 | 0 | 1 | 28 | 1 | 4 | 0 |
| 1998 | 포항 | 9 | 0 | 0 | 0 | 24 | 0 | 3 | 0 |
| 통산 | | 268 | 86 | 0 | 5 | 340 | 32 | 35 | 1 |

## 공민현(孔敏懸) 청주대 1990.01.19

| 연도 | 소속 | 출장 | 교체 | 득점 | 도움 | 파울 | 슈팅 | 경고 | 퇴장 |
|---|---|---|---|---|---|---|---|---|---|
| 2013 | 부천 | 28 | 14 | 7 | 0 | 47 | 35 | 4 | 0 |
| 2014 | 부천 | 31 | 6 | 4 | 2 | 76 | 34 | 3 | 0 |
| 통산 | | 59 | 20 | 11 | 2 | 123 | 69 | 7 | 0 |

## 공영선(孔瑛善) 연세대 1987.05.09

| 연도 | 소속 | 출장 | 교체 | 득점 | 도움 | 파울 | 슈팅 | 경고 | 퇴장 |
|---|---|---|---|---|---|---|---|---|---|
| 2010 | 전남 | 5 | 3 | 2 | 0 | 9 | 5 | 0 | 0 |
| 2011 | 전남 | 8 | 4 | 1 | 0 | 15 | 11 | 0 | 0 |
| 2012 | 전남 | 10 | 8 | 0 | 0 | 17 | 8 | 1 | 0 |
| 2013 | 전남 | 7 | 5 | 0 | 0 | 1 | 6 | 0 | 0 |
| 통산 | | 30 | 20 | 3 | 0 | 42 | 30 | 1 | 0 |

## 공오균(孔吳均) 관동대 1974.09.10

| 연도 | 소속 | 출장 | 교체 | 득점 | 도움 | 파울 | 슈팅 | 경고 | 퇴장 |
|---|---|---|---|---|---|---|---|---|---|
| 1997 | 대전 | 33 | 10 | 1 | 2 | 64 | 34 | 4 | 0 |
| 1998 | 대전 | 25 | 15 | 5 | 2 | 56 | 47 | 3 | 0 |
| 1999 | 대전 | 13 | 6 | 3 | 44 | 62 | 5 | 0 | |
| 2000 | 대전 | 24 | 19 | 2 | 0 | 37 | 33 | 4 | 0 |
| 2001 | 대전 | 29 | 19 | 9 | 2 | 57 | 50 | 8 | 0 |
| 2002 | 대전 | 20 | 19 | 1 | 0 | 37 | 21 | 3 | 0 |
| 2003 | 대전 | 31 | 19 | 5 | 6 | 49 | 45 | 4 | 0 |
| 2004 | 대전 | 32 | 24 | 4 | 1 | 53 | 37 | 2 | 0 |
| 2005 | 대전 | 30 | 22 | 3 | 2 | 54 | 30 | 4 | 0 |
| 2006 | 대전 | 36 | 30 | 2 | 0 | 49 | 37 | 5 | 0 |
| 2007 | 경남 | 14 | 13 | 2 | 0 | 13 | 6 | 4 | 0 |
| 2008 | 경남 | 14 | 14 | 3 | 0 | 29 | 30 | 1 | 0 |
| 통산 | | 319 | 217 | 43 | 18 | 542 | 410 | 49 | 0 |

## 곽경근(郭慶根) 고려대 1972.10.10

| 연도 | 소속 | 출장 | 교체 | 득점 | 도움 | 파울 | 슈팅 | 경고 | 퇴장 |
|---|---|---|---|---|---|---|---|---|---|
| 1998 | 부천 | 30 | 14 | 9 | 2 | 57 | 61 | 5 | 0 |
| 1999 | 부천 | 36 | 12 | 13 | 8 | 72 | 88 | 3 | 0 |
| 2000 | 부천 | 39 | 11 | 9 | 4 | 94 | 78 | 2 | 0 |
| 2001 | 부천 | 29 | 13 | 2 | 6 | 41 | 53 | 1 | 0 |
| 2002 | 부천 | 21 | 15 | 3 | 0 | 29 | 25 | 3 | 1 |
| 2003 | 부천 | 27 | 14 | 0 | 3 | 36 | 13 | 2 | 0 |
| 2004 | 부천 | 30 | 3 | 0 | 28 | 3 | 0 | 0 | |
| 통산 | | 212 | 82 | 36 | 23 | 357 | 320 | 19 | 1 |

## 곽광선(郭珖善) 숭실대 1986.03.28

| 연도 | 소속 | 출장 | 교체 | 득점 | 도움 | 파울 | 슈팅 | 경고 | 퇴장 |
|---|---|---|---|---|---|---|---|---|---|
| 2009 | 강원 | 28 | 0 | 3 | 0 | 36 | 8 | 3 | 0 |
| 2010 | 강원 | 30 | 1 | 2 | 0 | 39 | 10 | 6 | 0 |
| 2011 | 강원 | 27 | 1 | 0 | 0 | 28 | 6 | 4 | 0 |
| 2012 | 수원 | 30 | 4 | 0 | 0 | 28 | 1 | 11 | 0 |
| 2013 | 수원 | 23 | 5 | 0 | 0 | 26 | 3 | 5 | 0 |
| 2014 | 수원 | 4 | 0 | 0 | 0 | 4 | 0 | 0 | 0 |
| 2014 | 상주 | 18 | 5 | 0 | 0 | 25 | 9 | 5 | 0 |
| 통산 | | 160 | 16 | 5 | 0 | 186 | 32 | 36 | 0 |

## 곽기훈(郭奇勳) 중앙대 1979.11.05

| 연도 | 소속 | 출장 | 교체 | 득점 | 도움 | 파울 | 슈팅 | 경고 | 퇴장 |
|---|---|---|---|---|---|---|---|---|---|
| 2002 | 부천 | 1 | 1 | 0 | 0 | 1 | 2 | 1 | 0 |
| 통산 | | 1 | 1 | 0 | 0 | 1 | 2 | 1 | 0 |

## 곽래승(郭來昇) 우석대 1990.09.11

| 연도 | 소속 | 출장 | 교체 | 득점 | 도움 | 파울 | 슈팅 | 경고 | 퇴장 |
|---|---|---|---|---|---|---|---|---|---|
| 2014 | 부천 | 4 | 4 | 0 | 0 | 3 | 2 | 0 | 0 |
| 통산 | | 4 | 4 | 0 | 0 | 3 | 2 | 0 | 0 |

## 곽성호(郭星浩) 한양대 1961.12.24

| 연도 | 소속 | 출장 | 교체 | 득점 | 도움 | 파울 | 슈팅 | 경고 | 퇴장 |
|---|---|---|---|---|---|---|---|---|---|
| 1985 | 현대 | 9 | 7 | 0 | 0 | 1 | 7 | 0 | 0 |
| 통산 | | 9 | 7 | 0 | 0 | 1 | 7 | 0 | 0 |

## 곽완섭(郭完燮) 경일대 1980.07.07

| 연도 | 소속 | 출장 | 교체 | 득점 | 도움 | 파울 | 슈팅 | 경고 | 퇴장 |
|---|---|---|---|---|---|---|---|---|---|
| 2003 | 울산 | 0 | 0 | 0 | 0 | 0 | 0 | 0 | 0 |
| 통산 | | 0 | 0 | 0 | 0 | 0 | 0 | 0 | 0 |

## 곽재민(郭在旻) 한남대 1991.10.23

| 연도 | 소속 | 출장 | 교체 | 득점 | 도움 | 파울 | 슈팅 | 경고 | 퇴장 |
|---|---|---|---|---|---|---|---|---|---|
| 2014 | 대전 | 1 | 1 | 0 | 0 | 1 | 0 | 0 | 0 |
| 통산 | | 1 | 1 | 0 | 0 | 1 | 0 | 0 | 0 |

## 곽정술(郭釘述) 울산대 1990.03.11

| 연도 | 소속 | 출장 | 교체 | 득점 | 도움 | 파울 | 슈팅 | 경고 | 퇴장 |
|---|---|---|---|---|---|---|---|---|---|
| 2013 | 고양 | 2 | 2 | 0 | 0 | 1 | 0 | 0 | 0 |
| 통산 | | 2 | 2 | 0 | 0 | 1 | 0 | 0 | 0 |

## 곽창규(郭昌奎) 아주대 1962.09.01

| 연도 | 소속 | 출장 | 교체 | 득점 | 도움 | 파울 | 슈팅 | 경고 | 퇴장 |
|---|---|---|---|---|---|---|---|---|---|
| 1986 | 대우 | 10 | 5 | 1 | 0 | 19 | 9 | 1 | 0 |
| 1987 | 대우 | 21 | 17 | 0 | 1 | 25 | 19 | 1 | 0 |
| 1988 | 대우 | 11 | 7 | 0 | 1 | 17 | 9 | 0 | 0 |
| 1989 | 대우 | 20 | 14 | 0 | 0 | 22 | 20 | 2 | 0 |
| 1990 | 대우 | 6 | 6 | 0 | 1 | 3 | 6 | 1 | 0 |
| 1991 | 대우 | 6 | 6 | 0 | 1 | 5 | 1 | 0 | 0 |
| 통산 | | 74 | 52 | 1 | 3 | 91 | 64 | 5 | 0 |

## 곽창희(郭昌熙) 조선대 1987.07.26

| 연도 | 소속 | 출장 | 교체 | 득점 | 도움 | 파울 | 슈팅 | 경고 | 퇴장 |
|---|---|---|---|---|---|---|---|---|---|
| 2010 | 대전 | 19 | 16 | 2 | 1 | 27 | 14 | 1 | 0 |
| 2011 | 대전 | 5 | 3 | 0 | 0 | 13 | 2 | 1 | 0 |
| 통산 | | 24 | 19 | 2 | 1 | 40 | 16 | 2 | 0 |

## 곽철호(郭喆鎬) 명지대 1986.05.08

| 연도 | 소속 | 출장 | 교체 | 득점 | 도움 | 파울 | 슈팅 | 경고 | 퇴장 |
|---|---|---|---|---|---|---|---|---|---|
| 2008 | 대전 | 13 | 9 | 1 | 0 | 24 | 14 | 4 | 0 |
| 2009 | 대전 | 5 | 5 | 0 | 0 | 5 | 5 | 1 | 0 |
| 2010 | 광주상 | 1 | 1 | 0 | 0 | 0 | 0 | 0 | 0 |
| 2011 | 상주 | 7 | 6 | 0 | 1 | 7 | 8 | 1 | 0 |
| 통산 | | 26 | 21 | 1 | 1 | 36 | 27 | 6 | 0 |

## 곽태휘(郭泰輝) 중앙대 1981.07.08

| 연도 | 소속 | 출장 | 교체 | 득점 | 도움 | 파울 | 슈팅 | 경고 | 퇴장 |
|---|---|---|---|---|---|---|---|---|---|
| 2005 | 서울 | 19 | 6 | 1 | 1 | 42 | 7 | 8 | 1 |
| 2006 | 서울 | 23 | 8 | 1 | 1 | 37 | 5 | 1 | 0 |
| 2007 | 서울 | 12 | 5 | 0 | 0 | 13 | 5 | 0 | 0 |
| 2008 | 전남 | 13 | 0 | 1 | 0 | 26 | 16 | 2 | 0 |
| 2009 | 전남 | 10 | 2 | 0 | 1 | 13 | 11 | 2 | 0 |
| 2011 | 울산 | 41 | 0 | 2 | 2 | 39 | 34 | 4 | 0 |
| 2012 | 울산 | 32 | 6 | 3 | 0 | 32 | 22 | 4 | 0 |
| 통산 | | 163 | 30 | 17 | 6 | 219 | 111 | 24 | 1 |

## 곽해성(郭海盛) 광운대 1991.12.06

| 연도 | 소속 | 출장 | 교체 | 득점 | 도움 | 파울 | 슈팅 | 경고 | 퇴장 |
|---|---|---|---|---|---|---|---|---|---|
| 2014 | 성남 | 15 | 6 | 1 | 0 | 9 | 6 | 1 | 0 |
| 통산 | | 15 | 6 | 1 | 0 | 9 | 6 | 1 | 0 |

## 곽희주(郭喜柱) 광운대 1981.10.05

| 연도 | 소속 | 출장 | 교체 | 득점 | 도움 | 파울 | 슈팅 | 경고 | 퇴장 |
|---|---|---|---|---|---|---|---|---|---|
| 2003 | 수원 | 11 | 4 | 0 | 0 | 13 | 2 | 0 | 0 |
| 2004 | 수원 | 37 | 0 | 0 | 0 | 106 | 2 | 7 | 0 |
| 2005 | 수원 | 30 | 3 | 4 | 1 | 98 | 14 | 5 | 0 |
| 2006 | 수원 | 23 | 0 | 1 | 1 | 53 | 6 | 4 | 0 |
| 2007 | 수원 | 26 | 6 | 1 | 1 | 40 | 4 | 3 | 0 |
| 2008 | 수원 | 35 | 1 | 3 | 1 | 58 | 13 | 5 | 0 |
| 2009 | 수원 | 22 | 1 | 0 | 0 | 45 | 7 | 5 | 1 |
| 2010 | 수원 | 26 | 3 | 0 | 3 | 54 | 10 | 8 | 0 |
| 2011 | 수원 | 19 | 6 | 3 | 0 | 39 | 11 | 3 | 0 |
| 2012 | 수원 | 33 | 11 | 1 | 1 | 54 | 13 | 10 | 0 |
| 2013 | 수원 | 26 | 10 | 1 | 0 | 40 | 10 | 5 | 0 |
| 통산 | | 285 | 45 | 17 | 6 | 600 | 92 | 55 | 1 |

## 구경현(具景炫) 전주대 1981.04.30

| 연도 | 소속 | 출장 | 교체 | 득점 | 도움 | 파울 | 슈팅 | 경고 | 퇴장 |
|---|---|---|---|---|---|---|---|---|---|
| 2003 | 안양 | 4 | 1 | 0 | 0 | 9 | 0 | 0 | 0 |
| 2004 | 서울 | 10 | 5 | 0 | 0 | 14 | 3 | 3 | 0 |
| 2005 | 서울 | 4 | 2 | 0 | 0 | 4 | 1 | 1 | 0 |
| 2006 | 광주상 | 24 | 8 | 1 | 0 | 20 | 4 | 3 | 0 |
| 2007 | 광주상 | 28 | 4 | 0 | 1 | 30 | 5 | 5 | 0 |
| 2008 | 서울 | 10 | 8 | 0 | 0 | 4 | 1 | 2 | 0 |
| 2009 | 제주 | 17 | 11 | 0 | 1 | 11 | 6 | 0 | 0 |
| 2010 | 제주 | 6 | 4 | 0 | 0 | 3 | 0 | 0 | 0 |
| 통산 | | 103 | 42 | 2 | 2 | 88 | 25 | 8 | 1 |

## 구대령(具大領) 동국대 1979.10.24

| 연도 | 소속 | 출장 | 교체 | 득점 | 도움 | 파울 | 슈팅 | 경고 | 퇴장 |
|---|---|---|---|---|---|---|---|---|---|
| 2003 | 대구 | 10 | 10 | 0 | 0 | 14 | 3 | 3 | 0 |
| 통산 | | 10 | 10 | 0 | 0 | 14 | 3 | 3 | 0 |

**구대영** (具大榮) 홍익대 1992.05.09

| 연도 | 소속 | 출장 | 교체 | 득점 | 도움 | 파울 | 슈팅 | 경고 | 퇴장 |
|---|---|---|---|---|---|---|---|---|---|
| 2014 | 안양 | 14 | 6 | 0 | 0 | 18 | 5 | 5 | 0 |
| 통산 | | 14 | 6 | 0 | 0 | 18 | 5 | 5 | 0 |

**구본상** (具本祥) 명지대 1989.10.04

| 연도 | 소속 | 출장 | 교체 | 득점 | 도움 | 파울 | 슈팅 | 경고 | 퇴장 |
|---|---|---|---|---|---|---|---|---|---|
| 2012 | 인천 | 20 | 7 | 0 | 0 | 35 | 7 | 5 | 0 |
| 2013 | 인천 | 30 | 14 | 0 | 1 | 56 | 21 | 6 | 0 |
| 2014 | 인천 | 33 | 7 | 0 | 3 | 86 | 20 | 6 | 0 |
| 통산 | | 83 | 28 | 0 | 4 | 177 | 48 | 17 | 0 |

**구본석** (具本錫) 경남상고 1962.09.05

| 연도 | 소속 | 출장 | 교체 | 득점 | 도움 | 파울 | 슈팅 | 경고 | 퇴장 |
|---|---|---|---|---|---|---|---|---|---|
| 1985 | 유공 | 11 | 6 | 2 | 1 | 5 | 20 | 1 | 0 |
| 1986 | 유공 | 33 | 8 | 10 | 3 | 28 | 53 | 1 | 0 |
| 1987 | 유공 | 18 | 10 | 2 | 2 | 8 | 24 | 0 | 0 |
| 1988 | 유공 | 6 | 2 | 1 | 1 | 4 | 0 | 0 | 0 |
| 1989 | 유공 | 9 | 6 | 0 | 0 | 5 | 11 | 0 | 0 |
| 1990 | 유공 | 10 | 5 | 2 | 0 | 9 | 0 | 0 | 0 |
| 1991 | 유공 | 37 | 4 | 1 | 1 | 20 | 0 | 2 | 1 |
| 1992 | 유공 | 22 | 0 | 0 | 0 | 6 | 0 | 0 | 0 |
| 1993 | 유공 | 9 | 0 | 0 | 0 | 4 | 0 | 0 | 0 |
| 1994 | 유공 | 19 | 6 | 4 | 0 | 8 | 13 | 1 | 0 |
| 통산 | | 174 | 47 | 22 | 8 | 96 | 151 | 7 | 1 |

**구상민** (具相敏) 상지대 1976.04.04

| 연도 | 소속 | 출장 | 교체 | 득점 | 도움 | 파울 | 슈팅 | 경고 | 퇴장 |
|---|---|---|---|---|---|---|---|---|---|
| 1999 | 전남 | 0 | 0 | 0 | 0 | 0 | 0 | 0 | 0 |
| 통산 | | 0 | 0 | 0 | 0 | 0 | 0 | 0 | 0 |

**구상범** (具相範) 인천대 1964.06.15

| 연도 | 소속 | 출장 | 교체 | 득점 | 도움 | 파울 | 슈팅 | 경고 | 퇴장 |
|---|---|---|---|---|---|---|---|---|---|
| 1986 | 럭금 | 26 | 1 | 5 | 0 | 34 | 42 | 2 | 0 |
| 1987 | 럭금 | 31 | 1 | 3 | 1 | 21 | 35 | 4 | 0 |
| 1988 | 럭금 | 10 | 0 | 0 | 2 | 11 | 14 | 0 | 0 |
| 1989 | 럭금 | 9 | 0 | 0 | 1 | 9 | 0 | 1 | 0 |
| 1990 | 럭금 | 9 | 0 | 1 | 1 | 12 | 7 | 1 | 0 |
| 1991 | LG | 36 | 5 | 2 | 5 | 41 | 30 | 1 | 0 |
| 1992 | LG | 26 | 4 | 1 | 5 | 20 | 11 | 3 | 0 |
| 1993 | LG | 1 | 0 | 0 | 0 | 3 | 0 | 0 | 0 |
| 1994 | 대우 | 8 | 4 | 0 | 0 | 6 | 3 | 2 | 0 |
| 1995 | 포항 | 16 | 11 | 1 | 0 | 10 | 0 | 0 | 0 |
| 통산 | | 198 | 28 | 16 | 20 | 196 | 182 | 18 | 0 |

**구아라** (Paulo Roberto Chamon de Castilho) 브라질 1979.08.29

| 연도 | 소속 | 출장 | 교체 | 득점 | 도움 | 파울 | 슈팅 | 경고 | 퇴장 |
|---|---|---|---|---|---|---|---|---|---|
| 2008 | 부산 | 7 | 3 | 2 | 1 | 7 | 13 | 0 | 0 |
| 2009 | 부산 | 5 | 3 | 0 | 0 | 4 | 6 | 0 | 0 |
| 통산 | | 12 | 6 | 2 | 1 | 11 | 19 | 0 | 0 |

**구자룡** (具滋龍) 매탄고 1992.06.06

| 연도 | 소속 | 출장 | 교체 | 득점 | 도움 | 파울 | 슈팅 | 경고 | 퇴장 |
|---|---|---|---|---|---|---|---|---|---|
| 2011 | 수원 | 1 | 1 | 0 | 0 | 2 | 1 | 0 | 0 |
| 2013 | 경찰 | 6 | 5 | 0 | 0 | 3 | 0 | 0 | 0 |
| 2013 | 수원 | 3 | 2 | 0 | 0 | 0 | 0 | 0 | 0 |
| 2014 | 수원 | 7 | 6 | 0 | 0 | 10 | 1 | 0 | 0 |
| 통산 | | 17 | 14 | 0 | 0 | 14 | 2 | 0 | 0 |

**구자철** (具滋哲) 보인정보산업고 1989.02.27

| 연도 | 소속 | 출장 | 교체 | 득점 | 도움 | 파울 | 슈팅 | 경고 | 퇴장 |
|---|---|---|---|---|---|---|---|---|---|
| 2007 | 제주 | 16 | 11 | 1 | 2 | 20 | 14 | 2 | 0 |
| 2008 | 제주 | 14 | 5 | 0 | 1 | 36 | 8 | 5 | 0 |
| 2009 | 제주 | 28 | 7 | 4 | 4 | 66 | 36 | 8 | 0 |
| 2010 | 제주 | 30 | 6 | 5 | 12 | 50 | 45 | 5 | 0 |
| 통산 | | 88 | 29 | 8 | 19 | 172 | 104 | 20 | 0 |

**구즈노프** (Yevgeni Kuznetsov) 러시아 1961.08.30

| 연도 | 소속 | 출장 | 교체 | 득점 | 도움 | 파울 | 슈팅 | 경고 | 퇴장 |
|---|---|---|---|---|---|---|---|---|---|
| 1996 | 전남 | 15 | 7 | 1 | 2 | 10 | 6 | 1 | 0 |
| 통산 | | 15 | 7 | 1 | 2 | 10 | 6 | 1 | 0 |

**구한식** (具漢湜) 전남체고 1962.04.08

| 연도 | 소속 | 출장 | 교체 | 득점 | 도움 | 파울 | 슈팅 | 경고 | 퇴장 |
|---|---|---|---|---|---|---|---|---|---|
| 1987 | 유공 | 3 | 3 | 0 | 0 | 2 | 1 | 0 | 0 |
| 통산 | | 3 | 3 | 0 | 0 | 2 | 1 | 0 | 0 |

**구현서** (具鉉書) 중앙대 1982.05.13

| 연도 | 소속 | 출장 | 교체 | 득점 | 도움 | 파울 | 슈팅 | 경고 | 퇴장 |
|---|---|---|---|---|---|---|---|---|---|
| 2005 | 전북 | 3 | 3 | 0 | 0 | 1 | 1 | 0 | 0 |
| 2006 | 전남 | 9 | 9 | 2 | 2 | 7 | 12 | 1 | 0 |
| 통산 | | 12 | 12 | 2 | 2 | 8 | 13 | 1 | 0 |

**구현준** (具賢俊) 동래고 1993.12.13

| 연도 | 소속 | 출장 | 교체 | 득점 | 도움 | 파울 | 슈팅 | 경고 | 퇴장 |
|---|---|---|---|---|---|---|---|---|---|
| 2012 | 부산 | 1 | 1 | 0 | 0 | 1 | 1 | 0 | 0 |
| 2013 | 부산 | 1 | 0 | 0 | 0 | 1 | 0 | 0 | 0 |
| 2014 | 부산 | 2 | 0 | 0 | 0 | 4 | 0 | 0 | 0 |
| 통산 | | 4 | 1 | 0 | 0 | 5 | 2 | 0 | 0 |

**권경원** (權敬源) 동아대 1992.01.31

| 연도 | 소속 | 출장 | 교체 | 득점 | 도움 | 파울 | 슈팅 | 경고 | 퇴장 |
|---|---|---|---|---|---|---|---|---|---|
| 2013 | 전북 | 20 | 8 | 1 | 0 | 37 | 19 | 6 | 0 |
| 2014 | 전북 | 5 | 4 | 0 | 0 | 4 | 1 | 1 | 0 |
| 통산 | | 25 | 12 | 1 | 0 | 41 | 20 | 7 | 0 |

**권경호** (權景昊) 동국대 1986.07.12

| 연도 | 소속 | 출장 | 교체 | 득점 | 도움 | 파울 | 슈팅 | 경고 | 퇴장 |
|---|---|---|---|---|---|---|---|---|---|
| 2009 | 강원 | 3 | 2 | 0 | 0 | 3 | 0 | 0 | 0 |
| 통산 | | 3 | 2 | 0 | 0 | 3 | 0 | 0 | 0 |

**권기보** (權奇甫) 운봉공고 1982.05.04

| 연도 | 소속 | 출장 | 교체 | 실점 | 도움 | 파울 | 슈팅 | 경고 | 퇴장 |
|---|---|---|---|---|---|---|---|---|---|
| 2004 | 수원 | 0 | 0 | 0 | 0 | 0 | 0 | 0 | 0 |
| 2005 | 수원 | 1 | 0 | 1 | 0 | 0 | 0 | 0 | 0 |
| 2006 | 수원 | 1 | 0 | 0 | 0 | 0 | 0 | 0 | 0 |
| 2007 | 수원 | 0 | 0 | 0 | 0 | 0 | 0 | 0 | 0 |
| 2008 | 수원 | 1 | 0 | 2 | 0 | 0 | 0 | 0 | 0 |
| 통산 | | 3 | 0 | 3 | 0 | 0 | 0 | 0 | 0 |

**권덕용** (權德容) 인천대 1982.05.03

| 연도 | 소속 | 출장 | 교체 | 득점 | 도움 | 파울 | 슈팅 | 경고 | 퇴장 |
|---|---|---|---|---|---|---|---|---|---|
| 2005 | 대전 | 2 | 2 | 0 | 0 | 1 | 1 | 0 | 0 |
| 통산 | | 2 | 2 | 0 | 0 | 1 | 1 | 0 | 0 |

**권석근** (權錫根) 고려대 1983.05.08

| 연도 | 소속 | 출장 | 교체 | 득점 | 도움 | 파울 | 슈팅 | 경고 | 퇴장 |
|---|---|---|---|---|---|---|---|---|---|
| 2006 | 울산 | 3 | 3 | 0 | 0 | 2 | 2 | 0 | 0 |
| 2007 | 울산 | 1 | 1 | 0 | 0 | 0 | 0 | 0 | 0 |
| 통산 | | 4 | 4 | 0 | 0 | 2 | 2 | 0 | 0 |

**권세진** (權世鎭) 명지대 1973.05.20

| 연도 | 소속 | 출장 | 교체 | 득점 | 도움 | 파울 | 슈팅 | 경고 | 퇴장 |
|---|---|---|---|---|---|---|---|---|---|
| 1996 | 안양 | 22 | 9 | 1 | 0 | 28 | 4 | 5 | 0 |
| 1997 | 안양 | 14 | 4 | 0 | 0 | 24 | 7 | 3 | 0 |
| 1999 | 포항 | 0 | 0 | 0 | 0 | 0 | 0 | 0 | 0 |
| 통산 | | 36 | 13 | 1 | 0 | 52 | 11 | 8 | 0 |

**권수현** (權修鉉) 아주대 1991.03.26

| 연도 | 소속 | 출장 | 교체 | 득점 | 도움 | 파울 | 슈팅 | 경고 | 퇴장 |
|---|---|---|---|---|---|---|---|---|---|
| 2014 | 광주 | 2 | 1 | 0 | 0 | 7 | 2 | 0 | 0 |

**권순태** (權純泰) 전주대 1984.09.11

| 연도 | 소속 | 출장 | 교체 | 실점 | 도움 | 파울 | 슈팅 | 경고 | 퇴장 |
|---|---|---|---|---|---|---|---|---|---|
| 2006 | 전북 | 30 | 1 | 33 | 0 | 0 | 2 | 2 | 0 |
| 2007 | 전북 | 26 | 1 | 34 | 0 | 0 | 0 | 0 | 0 |
| 2008 | 전북 | 33 | 0 | 41 | 0 | 0 | 0 | 2 | 0 |
| 2009 | 전북 | 33 | 1 | 40 | 0 | 0 | 4 | 3 | 0 |
| 2010 | 전북 | 30 | 2 | 28 | 0 | 0 | 1 | 4 | 0 |
| 2011 | 상주 | 17 | 1 | 34 | 0 | 2 | 0 | 3 | 0 |
| 2012 | 상주 | 16 | 1 | 19 | 0 | 1 | 0 | 1 | 0 |
| 2013 | 전북 | 8 | 1 | 17 | 0 | 0 | 0 | 0 | 0 |
| 2014 | 전북 | 34 | 2 | 19 | 0 | 0 | 1 | 1 | 0 |
| 통산 | | 230 | 10 | 262 | 0 | 5 | 14 | 18 | 0 |

**권순학** (權純學) 전주대 1987.09.02

| 연도 | 소속 | 출장 | 교체 | 득점 | 도움 | 파울 | 슈팅 | 경고 | 퇴장 |
|---|---|---|---|---|---|---|---|---|---|
| 2010 | 전북 | 1 | 1 | 0 | 0 | 0 | 1 | 0 | 0 |
| 통산 | | 1 | 1 | 0 | 0 | 0 | 1 | 0 | 0 |

**권순형** (權純亨) 고려대 1986.06.16

| 연도 | 소속 | 출장 | 교체 | 득점 | 도움 | 파울 | 슈팅 | 경고 | 퇴장 |
|---|---|---|---|---|---|---|---|---|---|
| 2009 | 강원 | 18 | 6 | 0 | 2 | 14 | 24 | 2 | 0 |
| 2010 | 강원 | 26 | 10 | 1 | 0 | 19 | 21 | 1 | 0 |
| 2011 | 강원 | 25 | 10 | 1 | 0 | 31 | 42 | 3 | 0 |
| 2012 | 제주 | 40 | 28 | 1 | 0 | 34 | 19 | 5 | 0 |
| 2013 | 제주 | 14 | 9 | 0 | 0 | 10 | 5 | 2 | 0 |
| 2014 | 상주 | 27 | 9 | 2 | 3 | 20 | 34 | 4 | 0 |
| 통산 | | 150 | 72 | 5 | 5 | 128 | 145 | 17 | 0 |

**권영대** (權寧大) 호남대 1963.03.13

| 연도 | 소속 | 출장 | 교체 | 득점 | 도움 | 파울 | 슈팅 | 경고 | 퇴장 |
|---|---|---|---|---|---|---|---|---|---|
| 1989 | 현대 | 15 | 5 | 0 | 0 | 17 | 1 | 2 | 0 |
| 1990 | 현대 | 13 | 8 | 0 | 0 | 4 | 1 | 1 | 0 |
| 통산 | | 28 | 13 | 0 | 0 | 21 | 1 | 3 | 0 |

**권영진** (權永珍) 성균관대 1991.01.23

| 연도 | 소속 | 출장 | 교체 | 득점 | 도움 | 파울 | 슈팅 | 경고 | 퇴장 |
|---|---|---|---|---|---|---|---|---|---|
| 2013 | 전북 | 2 | 1 | 0 | 0 | 7 | 0 | 2 | 0 |
| 2014 | 전북 | 1 | 1 | 0 | 0 | 0 | 0 | 0 | 0 |
| 통산 | | 3 | 2 | 0 | 0 | 7 | 0 | 2 | 0 |

**권오손** (權五孫) 서울시립대 1959.02.03

| 연도 | 소속 | 출장 | 교체 | 득점 | 도움 | 파울 | 슈팅 | 경고 | 퇴장 |
|---|---|---|---|---|---|---|---|---|---|
| 1983 | 국민 | 1 | 0 | 0 | 0 | 0 | 0 | 0 | 0 |
| 1984 | 럭금 | 12 | 2 | 0 | 0 | 7 | 0 | 1 | 0 |
| 1985 | 럭금 | 7 | 1 | 0 | 1 | 13 | 1 | 2 | 0 |
| 1986 | 럭금 | 22 | 2 | 0 | 0 | 29 | 6 | 1 | 0 |
| 1987 | 럭금 | 15 | 2 | 0 | 0 | 3 | 2 | 0 | 0 |
| 1988 | 현대 | 3 | 1 | 0 | 0 | 3 | 2 | 1 | 0 |
| 통산 | | 60 | 8 | 0 | 1 | 52 | 12 | 4 | 0 |

**권완규** (權完規) 성균관대 1991.11.20

| 연도 | 소속 | 출장 | 교체 | 득점 | 도움 | 파울 | 슈팅 | 경고 | 퇴장 |
|---|---|---|---|---|---|---|---|---|---|
| 2014 | 경남 | 17 | 3 | 1 | 0 | 27 | 7 | 4 | 0 |
| 통산 | | 17 | 3 | 1 | 0 | 27 | 7 | 4 | 0 |

**권용남** (權容男) 단국대 1985.12.02

| 연도 | 소속 | 출장 | 교체 | 득점 | 도움 | 파울 | 슈팅 | 경고 | 퇴장 |
|---|---|---|---|---|---|---|---|---|---|
| 2009 | 제주 | 7 | 7 | 0 | 0 | 4 | 4 | 0 | 0 |
| 2011 | 제주 | 11 | 11 | 2 | 1 | 16 | 0 | 0 | 0 |
| 2012 | 제주 | 8 | 9 | 0 | 0 | 4 | 3 | 0 | 0 |
| 2013 | 광주 | 9 | 8 | 1 | 0 | 11 | 11 | 0 | 0 |
| 통산 | | 35 | 35 | 2 | 2 | 16 | 32 | 0 | 0 |

**권용현** (權容玄) 호원대 1991.10.23

| 연도 | 소속 | 출장 | 교체 | 득점 | 도움 | 파울 | 슈팅 | 경고 | 퇴장 |
|---|---|---|---|---|---|---|---|---|---|
| 2013 | 수원FC | 13 | 8 | 4 | 2 | 15 | 14 | 2 | 0 |
| 2014 | 수원FC | 36 | 24 | 2 | 9 | 33 | 28 | 4 | 0 |
| 통산 | | 49 | 32 | 6 | 11 | 48 | 42 | 3 | 0 |

**권재곤** (權在坤) 광운대 1961.09.19

| 연도 | 소속 | 출장 | 교체 | 득점 | 도움 | 파울 | 슈팅 | 경고 | 퇴장 |
|---|---|---|---|---|---|---|---|---|---|
| 1984 | 현대 | 6 | 4 | 2 | 1 | 4 | 6 | 0 | 0 |
| 통산 | | 6 | 4 | 2 | 1 | 4 | 6 | 0 | 0 |

**권정혁** (權正赫) 고려대 1978.08.02

| 연도 | 소속 | 출장 | 교체 | 실점 | 도움 | 파울 | 슈팅 | 경고 | 퇴장 |
|---|---|---|---|---|---|---|---|---|---|
| 2001 | 울산 | 14 | 0 | 26 | 0 | 0 | 0 | 0 | 0 |
| 2002 | 울산 | 8 | 0 | 9 | 0 | 0 | 0 | 0 | 0 |
| 2003 | 울산 | 2 | 0 | 3 | 0 | 0 | 0 | 0 | 0 |
| 2004 | 울산 | 1 | 1 | 1 | 0 | 0 | 0 | 0 | 0 |
| 2005 | 광주상 | 0 | 0 | 0 | 0 | 0 | 0 | 0 | 0 |
| 2006 | 광주상 | 22 | 1 | 21 | 0 | 0 | 1 | 0 | 0 |
| 2007 | 포항 | 2 | 2 | 1 | 0 | 0 | 0 | 0 | 0 |
| 2011 | 인천 | 14 | 0 | 18 | 0 | 0 | 0 | 0 | 0 |
| 2012 | 인천 | 20 | 0 | 25 | 0 | 0 | 0 | 0 | 0 |
| 2013 | 인천 | 38 | 0 | 46 | 0 | 0 | 1 | 1 | 0 |
| 2014 | 인천 | 28 | 0 | 35 | 0 | 0 | 0 | 0 | 0 |
| 통산 | | 136 | 3 | 171 | 0 | 1 | 2 | 1 | 0 |

* 득점: 2013년 1 / 통산 1

**권중화** (權重華) 강원대 1968.02.11

| 연도 | 소속 | 출장 | 교체 | 득점 | 도움 | 파울 | 슈팅 | 경고 | 퇴장 |
|---|---|---|---|---|---|---|---|---|---|
| 1990 | 유공 | 8 | 8 | 0 | 3 | 12 | 9 | 1 | 0 |
| 1991 | 유공 | 9 | 9 | 1 | 0 | 5 | 6 | 0 | 0 |
| 1992 | 유공 | 13 | 7 | 1 | 2 | 13 | 8 | 1 | 0 |

| 연도 | 소속 | 출장 | 교체 | 득점 | 도움 | 파울 | 슈팅 | 경고 | 퇴장 |
|---|---|---|---|---|---|---|---|---|---|
| 1993 | LG | 17 | 14 | 1 | 0 | 15 | 16 | 1 | 0 |
| 1994 | LG | 20 | 18 | 3 | 0 | 11 | 27 | 1 | 0 |
| 1995 | 전남 | 6 | 5 | 0 | 1 | 2 | 6 | 0 | 0 |
| 1996 | 전남 | 11 | 6 | 0 | 0 | 13 | 8 | 2 | 0 |
| 통산 | | 84 | 67 | 3 | 3 | 77 | 83 | 7 | 0 |

**권진영(權鎭永) 숭실대 1991.10.23**

| 연도 | 소속 | 출장 | 교체 | 득점 | 도움 | 파울 | 슈팅 | 경고 | 퇴장 |
|---|---|---|---|---|---|---|---|---|---|
| 2013 | 부산 | 3 | 1 | 0 | 0 | 1 | 0 | 0 | 0 |
| 2014 | 부산 | 6 | 4 | 0 | 0 | 13 | 0 | 3 | 0 |
| 통산 | | 9 | 5 | 0 | 0 | 14 | 0 | 3 | 0 |

**권집(權鏶) 동북고 1984.02.13**

| 연도 | 소속 | 출장 | 교체 | 득점 | 도움 | 파울 | 슈팅 | 경고 | 퇴장 |
|---|---|---|---|---|---|---|---|---|---|
| 2003 | 수원 | 14 | 2 | 0 | 1 | 28 | 1 | 1 | 0 |
| 2004 | 수원 | 3 | 1 | 0 | 0 | 5 | 0 | 0 | 0 |
| 2005 | 전남 | 2 | 2 | 0 | 0 | 3 | 0 | 0 | 0 |
| 2005 | 전북 | 13 | 4 | 0 | 0 | 21 | 2 | 0 | 0 |
| 2006 | 전북 | 18 | 4 | 2 | 1 | 36 | 16 | 5 | 0 |
| 2007 | 전북 | 23 | 14 | 0 | 2 | 49 | 6 | 3 | 0 |
| 2008 | 포항 | 14 | 2 | 1 | 0 | 27 | 4 | 0 | 0 |
| 2008 | 대전 | 2 | 0 | 0 | 0 | 15 | 9 | 4 | 0 |
| 2009 | 대전 | 26 | 11 | 0 | 1 | 33 | 26 | 5 | 0 |
| 2010 | 대전 | 25 | 11 | 1 | 3 | 40 | 19 | 4 | 0 |
| 통산 | | 140 | 56 | 3 | 8 | 232 | 91 | 22 | 0 |

**권찬수(權贊修) 단국대 1974.05.30**

| 연도 | 소속 | 출장 | 교체 | 실점 | 도움 | 파울 | 슈팅 | 경고 | 퇴장 |
|---|---|---|---|---|---|---|---|---|---|
| 1999 | 천안 | 22 | 4 | 33 | 0 | 0 | 0 | 0 | 0 |
| 2000 | 성남 | 14 | 0 | 21 | 0 | 0 | 0 | 2 | 0 |
| 2001 | 성남 | 7 | 1 | 4 | 0 | 0 | 0 | 0 | 0 |
| 2002 | 성남 | 15 | 1 | 15 | 0 | 0 | 0 | 0 | 0 |
| 2003 | 성남 | 22 | 0 | 27 | 0 | 1 | 1 | 5 | 0 |
| 2004 | 인천 | 8 | 0 | 13 | 0 | 1 | 0 | 1 | 0 |
| 2005 | 인천 | 4 | 0 | 2 | 0 | 0 | 0 | 0 | 0 |
| 2005 | 성남 | 10 | 0 | 11 | 0 | 0 | 0 | 1 | 0 |
| 2006 | 인천 | 13 | 0 | 9 | 0 | 0 | 0 | 0 | 0 |
| 2007 | 인천 | 12 | 0 | 18 | 0 | 1 | 0 | 1 | 0 |
| 2013 | 성남 | 0 | 0 | 0 | 0 | 0 | 0 | 0 | 0 |
| 통산 | | 117 | 6 | 150 | 0 | 3 | 0 | 8 | 0 |

**권창훈(權昶勳) 매탄고 1994.06.30**

| 연도 | 소속 | 출장 | 교체 | 득점 | 도움 | 파울 | 슈팅 | 경고 | 퇴장 |
|---|---|---|---|---|---|---|---|---|---|
| 2013 | 수원 | 8 | 8 | 0 | 1 | 5 | 4 | 0 | 0 |
| 2014 | 수원 | 20 | 19 | 1 | 2 | 12 | 17 | 1 | 0 |
| 통산 | | 28 | 27 | 1 | 3 | 17 | 18 | 1 | 0 |

**권태규(權泰圭) 상지대 1971.02.14**

| 연도 | 소속 | 출장 | 교체 | 득점 | 도움 | 파울 | 슈팅 | 경고 | 퇴장 |
|---|---|---|---|---|---|---|---|---|---|
| 1990 | 유공 | 4 | 5 | 0 | 0 | 1 | 1 | 0 | 0 |
| 1991 | 유공 | 8 | 8 | 1 | 0 | 1 | 6 | 0 | 0 |
| 1992 | 유공 | 7 | 7 | 1 | 0 | 5 | 4 | 1 | 0 |
| 1993 | 유공 | 10 | 10 | 0 | 0 | 8 | 8 | 0 | 0 |
| 1994 | 유공 | 9 | 9 | 2 | 1 | 9 | 11 | 0 | 0 |
| 1995 | 유공 | 11 | 9 | 2 | 1 | 9 | 11 | 0 | 0 |
| 1996 | 부천 | 14 | 14 | 0 | 1 | 13 | 12 | 1 | 0 |
| 1997 | 안양 | 16 | 14 | 1 | 1 | 19 | 14 | 4 | 0 |
| 통산 | | 79 | 72 | 8 | 4 | 56 | 61 | 6 | 0 |

**권태안(權泰安) 매탄고 1992.04.09**

| 연도 | 소속 | 출장 | 교체 | 득점 | 도움 | 파울 | 슈팅 | 경고 | 퇴장 |
|---|---|---|---|---|---|---|---|---|---|
| 2011 | 수원 | 0 | 0 | 0 | 0 | 0 | 0 | 0 | 0 |
| 2012 | 수원 | 0 | 0 | 0 | 0 | 0 | 0 | 0 | 0 |
| 통산 | | 0 | 0 | 0 | 0 | 0 | 0 | 0 | 0 |

**권해창(權海昶) 동아대 1972.09.02**

| 연도 | 소속 | 출장 | 교체 | 득점 | 도움 | 파울 | 슈팅 | 경고 | 퇴장 |
|---|---|---|---|---|---|---|---|---|---|
| 1995 | 대우 | 26 | 24 | 0 | 1 | 13 | 15 | 2 | 0 |
| 1996 | 부산 | 14 | 12 | 0 | 1 | 16 | 15 | 4 | 0 |
| 1998 | 부산 | 9 | 8 | 0 | 0 | 4 | 6 | 1 | 0 |
| 1999 | 부산 | 15 | 15 | 2 | 0 | 6 | 10 | 0 | 0 |
| 2000 | 부산 | 16 | 14 | 0 | 0 | 8 | 8 | 2 | 0 |
| 통산 | | 80 | 73 | 2 | 2 | 47 | 54 | 9 | 0 |

**권혁관(權赫寬) 관동대 1990.09.09**

| 연도 | 소속 | 출장 | 교체 | 득점 | 도움 | 파울 | 슈팅 | 경고 | 퇴장 |
|---|---|---|---|---|---|---|---|---|---|
| 2013 | 충주 | 6 | 6 | 0 | 0 | 4 | 3 | 2 | 0 |
| 통산 | | 6 | 6 | 0 | 0 | 4 | 3 | 2 | 0 |

**권혁진(權赫辰) 울산대 1984.12.25**

| 연도 | 소속 | 출장 | 교체 | 득점 | 도움 | 파울 | 슈팅 | 경고 | 퇴장 |
|---|---|---|---|---|---|---|---|---|---|
| 2007 | 대전 | 9 | 8 | 1 | 0 | 10 | 7 | 0 | 0 |
| 2008 | 대전 | 18 | 12 | 2 | 3 | 30 | 24 | 1 | 0 |
| 2009 | 광주상 | 3 | 2 | 0 | 0 | 2 | 0 | 0 | 0 |
| 2010 | 대전 | 2 | 2 | 0 | 0 | 2 | 2 | 0 | 0 |
| 통산 | | 32 | 24 | 3 | 3 | 42 | 32 | 1 | 0 |

**권혁진(權赫珍) 숭실대 1988.03.23**

| 연도 | 소속 | 출장 | 교체 | 득점 | 도움 | 파울 | 슈팅 | 경고 | 퇴장 |
|---|---|---|---|---|---|---|---|---|---|
| 2011 | 인천 | 2 | 2 | 0 | 0 | 2 | 0 | 0 | 0 |
| 2013 | 경찰 | 17 | 14 | 0 | 2 | 17 | 11 | 2 | 0 |
| 2013 | 인천 | 0 | 0 | 0 | 0 | 0 | 0 | 0 | 0 |
| 2014 | 인천 | 6 | 6 | 0 | 0 | 4 | 2 | 1 | 0 |
| 통산 | | 25 | 22 | 0 | 2 | 23 | 13 | 3 | 0 |

**권혁태(權赫台) 경희대 1985.08.28**

| 연도 | 소속 | 출장 | 교체 | 득점 | 도움 | 파울 | 슈팅 | 경고 | 퇴장 |
|---|---|---|---|---|---|---|---|---|---|
| 2008 | 대전 | 0 | 0 | 0 | 0 | 0 | 0 | 0 | 0 |
| 통산 | | 0 | 0 | 0 | 0 | 0 | 0 | 0 | 0 |

**권혁표(權赫杓) 중앙대 1962.05.25**

| 연도 | 소속 | 출장 | 교체 | 득점 | 도움 | 파울 | 슈팅 | 경고 | 퇴장 |
|---|---|---|---|---|---|---|---|---|---|
| 1985 | 한일은 | 17 | 7 | 2 | 0 | 15 | 9 | 0 | 0 |
| 1986 | 한일은 | 15 | 3 | 2 | 0 | 28 | 17 | 0 | 0 |
| 통산 | | 32 | 10 | 4 | 0 | 43 | 36 | 0 | 0 |

**권현민(權賢旼) 대구대 1991.04.11**

| 연도 | 소속 | 출장 | 교체 | 득점 | 도움 | 파울 | 슈팅 | 경고 | 퇴장 |
|---|---|---|---|---|---|---|---|---|---|
| 2014 | 충주 | 0 | 0 | 0 | 0 | 0 | 0 | 0 | 0 |
| 통산 | | 0 | 0 | 0 | 0 | 0 | 0 | 0 | 0 |

**권형선(權亨善) 단국대 1987.05.22**

| 연도 | 소속 | 출장 | 교체 | 득점 | 도움 | 파울 | 슈팅 | 경고 | 퇴장 |
|---|---|---|---|---|---|---|---|---|---|
| 2010 | 제주 | 1 | 1 | 0 | 0 | 0 | 0 | 0 | 0 |
| 2011 | 전남 | 1 | 0 | 0 | 0 | 1 | 0 | 0 | 0 |
| 통산 | | 2 | 1 | 0 | 0 | 1 | 0 | 0 | 0 |

**권형정(權衡正) 한양대 1967.05.19**

| 연도 | 소속 | 출장 | 교체 | 득점 | 도움 | 파울 | 슈팅 | 경고 | 퇴장 |
|---|---|---|---|---|---|---|---|---|---|
| 1990 | 포철 | 21 | 3 | 1 | 0 | 26 | 3 | 1 | 0 |
| 1991 | 포철 | 37 | 9 | 1 | 0 | 26 | 9 | 2 | 0 |
| 1992 | 포철 | 35 | 4 | 1 | 1 | 33 | 18 | 3 | 0 |
| 1993 | 포철 | 33 | 1 | 0 | 0 | 30 | 6 | 3 | 0 |
| 1994 | 포철 | 19 | 3 | 1 | 3 | 16 | 6 | 1 | 0 |
| 통산 | | 145 | 20 | 4 | 4 | 131 | 42 | 10 | 0 |

**금교진(琴敎眞) 영남대 1992.01.03**

| 연도 | 소속 | 출장 | 교체 | 득점 | 도움 | 파울 | 슈팅 | 경고 | 퇴장 |
|---|---|---|---|---|---|---|---|---|---|
| 2014 | 대구 | 15 | 1 | 2 | 0 | 21 | 6 | 3 | 0 |
| 통산 | | 15 | 1 | 2 | 0 | 21 | 6 | 3 | 0 |

**기가(Ivan Giga Vukovic) 몬테네그로 1987.02.09**

| 연도 | 소속 | 출장 | 교체 | 득점 | 도움 | 파울 | 슈팅 | 경고 | 퇴장 |
|---|---|---|---|---|---|---|---|---|---|
| 2013 | 성남 | 11 | 12 | 3 | 0 | 10 | 23 | 3 | 0 |
| 2014 | 성남 | 1 | 1 | 0 | 0 | 0 | 0 | 0 | 0 |
| 통산 | | 12 | 13 | 3 | 0 | 10 | 23 | 3 | 0 |

**기성용(奇誠庸) 금호고 1989.01.24**

| 연도 | 소속 | 출장 | 교체 | 득점 | 도움 | 파울 | 슈팅 | 경고 | 퇴장 |
|---|---|---|---|---|---|---|---|---|---|
| 2006 | 서울 | 0 | 4 | 0 | 0 | 0 | 0 | 0 | 0 |
| 2007 | 서울 | 22 | 11 | 0 | 0 | 49 | 21 | 4 | 0 |
| 2008 | 서울 | 27 | 10 | 3 | 2 | 44 | 37 | 10 | 0 |
| 2009 | 서울 | 31 | 4 | 5 | 10 | 50 | 58 | 6 | 0 |
| 통산 | | 80 | 29 | 8 | 12 | 143 | 116 | 20 | 0 |

**기현서(奇賢舒) 고려대 1984.05.06**

| 연도 | 소속 | 출장 | 교체 | 득점 | 도움 | 파울 | 슈팅 | 경고 | 퇴장 |
|---|---|---|---|---|---|---|---|---|---|
| 2007 | 경남 | 4 | 1 | 0 | 0 | 7 | 4 | 1 | 0 |
| 2008 | 경남 | 1 | 1 | 0 | 0 | 1 | 0 | 0 | 0 |
| 통산 | | 5 | 2 | 0 | 0 | 8 | 4 | 1 | 0 |

**기호영(奇豪榮) 경기대 1977.01.20**

| 연도 | 소속 | 출장 | 교체 | 득점 | 도움 | 파울 | 슈팅 | 경고 | 퇴장 |
|---|---|---|---|---|---|---|---|---|---|
| 1999 | 부산 | 0 | 0 | 0 | 0 | 0 | 0 | 0 | 0 |
| 통산 | | 0 | 0 | 0 | 0 | 0 | 0 | 0 | 0 |

**길영태(吉永泰) 관동대 1991.06.15**

| 연도 | 소속 | 출장 | 교체 | 득점 | 도움 | 파울 | 슈팅 | 경고 | 퇴장 |
|---|---|---|---|---|---|---|---|---|---|
| 2014 | 포항 | 1 | 0 | 0 | 0 | 3 | 0 | 1 | 0 |
| 통산 | | 1 | 0 | 0 | 0 | 3 | 0 | 1 | 0 |

**김강남(金岡南) 고려대 1954.07.19**

| 연도 | 소속 | 출장 | 교체 | 득점 | 도움 | 파울 | 슈팅 | 경고 | 퇴장 |
|---|---|---|---|---|---|---|---|---|---|
| 1983 | 유공 | 13 | 5 | 1 | 2 | 9 | 14 | 1 | 0 |
| 1984 | 대우 | 3 | 3 | 0 | 0 | 0 | 1 | 0 | 0 |
| 통산 | | 16 | 8 | 1 | 2 | 9 | 15 | 1 | 0 |

**김강선(金强善) 호남대 1979.05.23**

| 연도 | 소속 | 출장 | 교체 | 득점 | 도움 | 파울 | 슈팅 | 경고 | 퇴장 |
|---|---|---|---|---|---|---|---|---|---|
| 2002 | 전남 | 5 | 4 | 0 | 0 | 7 | 3 | 0 | 0 |
| 2003 | 전남 | 1 | 1 | 0 | 0 | 1 | 0 | 0 | 0 |
| 통산 | | 6 | 5 | 0 | 0 | 8 | 3 | 0 | 0 |

**김건형(金建衡) 경희대 1979.09.11**

| 연도 | 소속 | 출장 | 교체 | 득점 | 도움 | 파울 | 슈팅 | 경고 | 퇴장 |
|---|---|---|---|---|---|---|---|---|---|
| 2000 | 울산 | 25 | 10 | 1 | 2 | 43 | 24 | 2 | 1 |
| 2001 | 울산 | 1 | 1 | 0 | 0 | 1 | 0 | 0 | 0 |
| 2002 | 울산 | 2 | 2 | 0 | 0 | 0 | 1 | 0 | 0 |
| 2003 | 대구 | 8 | 8 | 2 | 0 | 11 | 7 | 2 | 0 |
| 2004 | 대구 | 1 | 1 | 0 | 0 | 9 | 6 | 0 | 0 |
| 통산 | | 37 | 22 | 3 | 2 | 64 | 38 | 4 | 1 |

**김건호(金乾鎬) 단국대 1990.11.28**

| 연도 | 소속 | 출장 | 교체 | 득점 | 도움 | 파울 | 슈팅 | 경고 | 퇴장 |
|---|---|---|---|---|---|---|---|---|---|
| 2013 | 부천 | 22 | 3 | 0 | 0 | 32 | 9 | 3 | 0 |
| 2014 | 부천 | 4 | 0 | 0 | 0 | 6 | 1 | 1 | 0 |
| 통산 | | 26 | 3 | 0 | 0 | 38 | 10 | 4 | 0 |

**김경국(金慶國) 부경대 1988.10.29**

| 연도 | 소속 | 출장 | 교체 | 득점 | 도움 | 파울 | 슈팅 | 경고 | 퇴장 |
|---|---|---|---|---|---|---|---|---|---|
| 2011 | 대전 | 1 | 1 | 0 | 0 | 0 | 0 | 0 | 0 |
| 통산 | | 1 | 1 | 0 | 0 | 0 | 0 | 0 | 0 |

**김경도(金炅度) 경기대 1985.06.02**

| 연도 | 소속 | 출장 | 교체 | 실점 | 도움 | 파울 | 슈팅 | 경고 | 퇴장 |
|---|---|---|---|---|---|---|---|---|---|
| 2009 | 대전 | 0 | 0 | 0 | 0 | 0 | 0 | 0 | 0 |
| 2010 | 대전 | 2 | 2 | 0 | 0 | 0 | 0 | 0 | 0 |
| 통산 | | 2 | 2 | 0 | 0 | 0 | 0 | 0 | 0 |

**김경래(金京來) 명지대 1964.03.18**

| 연도 | 소속 | 출장 | 교체 | 득점 | 도움 | 파울 | 슈팅 | 경고 | 퇴장 |
|---|---|---|---|---|---|---|---|---|---|
| 1988 | 대우 | 11 | 9 | 0 | 0 | 7 | 8 | 0 | 0 |
| 1989 | 대우 | 10 | 9 | 0 | 0 | 3 | 6 | 0 | 0 |
| 1990 | 대우 | 5 | 5 | 0 | 0 | 8 | 4 | 0 | 0 |
| 1991 | 대우 | 16 | 7 | 0 | 0 | 18 | 9 | 1 | 0 |
| 1992 | 대우 | 13 | 4 | 0 | 0 | 15 | 6 | 0 | 0 |
| 1993 | 대우 | 8 | 8 | 0 | 0 | 6 | 7 | 0 | 0 |
| 1994 | 버팔로 | 35 | 1 | 11 | 3 | 20 | 70 | 4 | 0 |
| 1995 | 전북 | 29 | 4 | 1 | 0 | 25 | 35 | 3 | 0 |
| 1996 | 전북 | 32 | 1 | 2 | 1 | 17 | 9 | 2 | 0 |
| 1997 | 전북 | 24 | 15 | 0 | 0 | 27 | 9 | 3 | 0 |
| 통산 | | 168 | 74 | 14 | 5 | 121 | 142 | 11 | 0 |

**김경량(金京良) 숭실대 1973.12.22**

| 연도 | 소속 | 출장 | 교체 | 득점 | 도움 | 파울 | 슈팅 | 경고 | 퇴장 |
|---|---|---|---|---|---|---|---|---|---|
| 1996 | 전북 | 21 | 15 | 1 | 0 | 29 | 16 | 0 | 0 |
| 1997 | 전북 | 4 | 3 | 0 | 0 | 3 | 4 | 1 | 0 |
| 1998 | 전북 | 32 | 8 | 0 | 2 | 61 | 23 | 4 | 0 |
| 1999 | 전북 | 24 | 7 | 0 | 2 | 46 | 15 | 1 | 1 |
| 2000 | 전북 | 36 | 9 | 1 | 1 | 55 | 24 | 3 | 0 |
| 2001 | 전북 | 26 | 12 | 0 | 0 | 40 | 8 | 3 | 0 |
| 2002 | 전북 | 31 | 2 | 0 | 2 | 77 | 7 | 6 | 1 |
| 2003 | 전북 | 41 | 6 | 0 | 4 | 139 | 20 | 7 | 0 |
| 2004 | 전북 | 32 | 7 | 1 | 2 | 78 | 13 | 6 | 0 |
| 2005 | 전북 | 14 | 5 | 0 | 0 | 39 | 9 | 2 | 0 |
| 2006 | 전북 | | | | | | | | |
| 통산 | | 261 | 74 | 2 | 14 | 567 | 126 | 39 | 2 |

**김경렬(金敬烈) 영남대 1974.05.15**

| 연도 | 소속 | 출장 | 교체 | 득점 | 도움 | 파울 | 슈팅 | 경고 | 퇴장 |
|---|---|---|---|---|---|---|---|---|---|
| 1997 | 울산 | 3 | 3 | 0 | 0 | 3 | 2 | 1 | 0 |

| 연도 | 소속 | 출장 | 교체 | 득점 | 도움 | 파울 | 슈팅 | 경고 | 퇴장 |
|---|---|---|---|---|---|---|---|---|---|
| 1998 | 전남 | 6 | 7 | 0 | 0 | 4 | 1 | 0 | 0 |
| 통산 | | 9 | 10 | 0 | 0 | 7 | 3 | 1 | 0 |

### 김경민 (金耿民) 연세대 1990.08.15

| 연도 | 소속 | 출장 | 교체 | 득점 | 도움 | 파울 | 슈팅 | 경고 | 퇴장 |
|---|---|---|---|---|---|---|---|---|---|
| 2013 | 부천 | 13 | 2 | 1 | 0 | 16 | 3 | 4 | 0 |
| 2014 | 상주 | | | | | | | | |
| 통산 | | 13 | 2 | 1 | 0 | 16 | 3 | 4 | 0 |

### 김경민 (金民泯) 한양대 1991.11.01

| 연도 | 소속 | 출장 | 교체 | 득점 | 도움 | 파울 | 슈팅 | 경고 | 퇴장 |
|---|---|---|---|---|---|---|---|---|---|
| 2014 | 제주 | 2 | 1 | 0 | 0 | 0 | 0 | 0 | 0 |
| 통산 | | 2 | 1 | 0 | 0 | 0 | 0 | 0 | 0 |

### 김경범 (金暻梔) 여주상고 1965.03.05

| 연도 | 소속 | 출장 | 교체 | 득점 | 도움 | 파울 | 슈팅 | 경고 | 퇴장 |
|---|---|---|---|---|---|---|---|---|---|
| 1985 | 유공 | 16 | 5 | 0 | 1 | 10 | 1 | 2 | 0 |
| 1986 | 유공 | 32 | 1 | 1 | 2 | 24 | 8 | 3 | 0 |
| 1989 | 일화 | 37 | 2 | 1 | 1 | 33 | 12 | 3 | 0 |
| 1990 | 일화 | 29 | 0 | 1 | 3 | 21 | 10 | 3 | 0 |
| 1991 | 일화 | 34 | 7 | 3 | 3 | 31 | 10 | 4 | 0 |
| 1992 | 일화 | 29 | 11 | 0 | 3 | 23 | 16 | 2 | 0 |
| 1993 | 일화 | 17 | 4 | 1 | 1 | 18 | 8 | 1 | 0 |
| 1994 | 일화 | 17 | 4 | 1 | 2 | 18 | 13 | 2 | 0 |
| 1995 | 일화 | 29 | 6 | 1 | 2 | 35 | 18 | 2 | 0 |
| 1996 | 천안 | 34 | 4 | 0 | 8 | 28 | 18 | 4 | 0 |
| 1997 | 천안 | 27 | 9 | 1 | 1 | 18 | 6 | 5 | 0 |
| 1998 | 부천 | 36 | 1 | 0 | 7 | 34 | 26 | 2 | 0 |
| 통산 | | 338 | 65 | 9 | 33 | 285 | 147 | 32 | 0 |

### 김경식 (金京植) 중앙대 1961.09.15

| 연도 | 소속 | 출장 | 교체 | 득점 | 도움 | 파울 | 슈팅 | 경고 | 퇴장 |
|---|---|---|---|---|---|---|---|---|---|
| 1984 | 한일은 | 25 | 0 | 1 | 1 | 23 | 11 | 2 | 0 |
| 1985 | 한일은 | 14 | 1 | 1 | 0 | 17 | 2 | 0 | 0 |
| 통산 | | 39 | 1 | 1 | 1 | 40 | 13 | 2 | 0 |

### 김경일 (金景一) 광양제철고 1980.08.30

| 연도 | 소속 | 출장 | 교체 | 득점 | 도움 | 파울 | 슈팅 | 경고 | 퇴장 |
|---|---|---|---|---|---|---|---|---|---|
| 1999 | 전남 | 3 | 2 | 0 | 0 | 3 | 1 | 0 | 0 |
| 2000 | 전남 | 8 | 7 | 0 | 0 | 2 | 15 | 1 | 0 |
| 2001 | 전남 | 12 | 11 | 0 | 0 | 8 | 11 | 1 | 0 |
| 2004 | 대구 | 6 | 6 | 0 | 1 | 4 | 6 | 1 | 0 |
| 통산 | | 29 | 26 | 0 | 1 | 17 | 33 | 3 | 0 |

### 김경진 (金慶鎭) 숭실대 1978.03.15

| 연도 | 소속 | 출장 | 교체 | 득점 | 도움 | 파울 | 슈팅 | 경고 | 퇴장 |
|---|---|---|---|---|---|---|---|---|---|
| 2002 | 부산 | 0 | 0 | 0 | 0 | 0 | 0 | 0 | 0 |
| 통산 | | 0 | 0 | 0 | 0 | 0 | 0 | 0 | 0 |

### 김경춘 (金敬春) 수원시청 1984.01.27

| 연도 | 소속 | 출장 | 교체 | 득점 | 도움 | 파울 | 슈팅 | 경고 | 퇴장 |
|---|---|---|---|---|---|---|---|---|---|
| 2010 | 강원 | 2 | 1 | 0 | 0 | 0 | 1 | 0 | 0 |
| 통산 | | 2 | 1 | 0 | 0 | 0 | 1 | 0 | 0 |

### 김경태 (金炅泰) 경북산업대 1973.07.05

| 연도 | 소속 | 출장 | 교체 | 득점 | 도움 | 파울 | 슈팅 | 경고 | 퇴장 |
|---|---|---|---|---|---|---|---|---|---|
| 1997 | 부천 | 16 | 3 | 0 | 0 | 30 | 3 | 4 | 0 |
| 1998 | 부천 | 6 | 6 | 0 | 0 | 4 | 0 | 1 | 0 |
| 2000 | 부천 | 1 | 1 | 0 | 0 | 1 | 0 | 0 | 0 |
| 2001 | 부천 | 4 | 2 | 0 | 0 | 3 | 0 | 0 | 0 |
| 통산 | | 27 | 12 | 0 | 0 | 38 | 3 | 5 | 0 |

### 김경호 (金景鎬) 영남대 1961.10.17

| 연도 | 소속 | 출장 | 교체 | 득점 | 도움 | 파울 | 슈팅 | 경고 | 퇴장 |
|---|---|---|---|---|---|---|---|---|---|
| 1983 | 포철 | 14 | 1 | 0 | 1 | 7 | 19 | 0 | 1 |
| 1984 | 포철 | 26 | 1 | 7 | 3 | 13 | 31 | 0 | 0 |
| 1985 | 포철 | 12 | 5 | 0 | 0 | 11 | 9 | 0 | 0 |
| 1988 | 포철 | 5 | 5 | 0 | 0 | 0 | 3 | 0 | 0 |
| 통산 | | 57 | 12 | 8 | 3 | 31 | 61 | 0 | 1 |

### 김관규

| 연도 | 소속 | 출장 | 교체 | 득점 | 도움 | 파울 | 슈팅 | 경고 | 퇴장 |
|---|---|---|---|---|---|---|---|---|---|
| 1995 | 대우 | 1 | 1 | 0 | 0 | 3 | 1 | 1 | 0 |
| 통산 | | 1 | 1 | 0 | 0 | 3 | 1 | 1 | 0 |

### 김관규 (金官奎) 명지대 1976.10.10

| 연도 | 소속 | 출장 | 교체 | 득점 | 도움 | 파울 | 슈팅 | 경고 | 퇴장 |
|---|---|---|---|---|---|---|---|---|---|
| 2000 | 부산 | 0 | 0 | 0 | 0 | 0 | 0 | 0 | 0 |
| 2002 | 부산 | 1 | 1 | 0 | 0 | 2 | 0 | 0 | 0 |
| 2003 | 대구 | 1 | 1 | 0 | 0 | 0 | 0 | 0 | 0 |
| 통산 | | 2 | 2 | 0 | 0 | 2 | 0 | 0 | 0 |

### 김광명 (金光明) 경상대 1961.09.09

| 연도 | 소속 | 출장 | 교체 | 득점 | 도움 | 파울 | 슈팅 | 경고 | 퇴장 |
|---|---|---|---|---|---|---|---|---|---|
| 1985 | 상무 | 7 | 4 | 1 | 0 | 10 | 7 | 0 | 0 |
| 통산 | | 7 | 4 | 1 | 0 | 10 | 7 | 0 | 0 |

### 김광석 (金光石) 청평고 1983.02.12

| 연도 | 소속 | 출장 | 교체 | 득점 | 도움 | 파울 | 슈팅 | 경고 | 퇴장 |
|---|---|---|---|---|---|---|---|---|---|
| 2003 | 포항 | 9 | 1 | 0 | 0 | 15 | 0 | 3 | 0 |
| 2004 | 포항 | | | | | | | | |
| 2005 | 광주상 | 10 | 1 | 0 | 0 | 16 | 8 | 1 | 0 |
| 2006 | 광주상 | 14 | 2 | 0 | 0 | 11 | 3 | 1 | 0 |
| 2007 | 포항 | 17 | 10 | 0 | 1 | 29 | 7 | 2 | 0 |
| 2008 | 포항 | 21 | 3 | 1 | 3 | 42 | 7 | 5 | 0 |
| 2009 | 포항 | 19 | 5 | 0 | 0 | 13 | 4 | 1 | 0 |
| 2010 | 포항 | 16 | 6 | 0 | 0 | 12 | 5 | 1 | 0 |
| 2011 | 포항 | 34 | 1 | 0 | 0 | 30 | 5 | 0 | 0 |
| 2012 | 포항 | 41 | 0 | 1 | 0 | 51 | 7 | 4 | 0 |
| 2013 | 포항 | 36 | 0 | 0 | 0 | 35 | 2 | 2 | 0 |
| 2014 | 포항 | 33 | 0 | 2 | 0 | 37 | 6 | 2 | 0 |
| 통산 | | 250 | 29 | 5 | 4 | 291 | 54 | 22 | 0 |

### 김광선 (金光善) 안양공고 1983.06.17

| 연도 | 소속 | 출장 | 교체 | 득점 | 도움 | 파울 | 슈팅 | 경고 | 퇴장 |
|---|---|---|---|---|---|---|---|---|---|
| 2002 | 대전 | 7 | 7 | 0 | 0 | 8 | 3 | 2 | 0 |
| 통산 | | 7 | 7 | 0 | 0 | 8 | 3 | 2 | 0 |

### 김광수 (金光洙) 경신고 1977.03.10

| 연도 | 소속 | 출장 | 교체 | 득점 | 도움 | 파울 | 슈팅 | 경고 | 퇴장 |
|---|---|---|---|---|---|---|---|---|---|
| 1996 | 수원 | 0 | 0 | 0 | 0 | 0 | 0 | 0 | 0 |
| 2002 | 수원 | 0 | 0 | 0 | 0 | 0 | 0 | 0 | 0 |
| 2003 | 수원 | 0 | 0 | 0 | 0 | 0 | 0 | 0 | 0 |
| 통산 | | 0 | 0 | 0 | 0 | 0 | 0 | 0 | 0 |

### 김광훈 (金光勳) 한양대 1961.02.20

| 연도 | 소속 | 출장 | 교체 | 득점 | 도움 | 파울 | 슈팅 | 경고 | 퇴장 |
|---|---|---|---|---|---|---|---|---|---|
| 1983 | 유공 | 2 | 2 | 0 | 0 | 1 | 0 | 0 | 0 |
| 1984 | 럭키 | 23 | 4 | 0 | 1 | 23 | 1 | 2 | 0 |
| 1985 | 럭키 | 13 | 3 | 0 | 0 | 25 | 1 | 0 | 0 |
| 통산 | | 38 | 9 | 0 | 1 | 49 | 2 | 2 | 0 |

### 김굉명 (金宏明) 서산시민 1984.02.25

| 연도 | 소속 | 출장 | 교체 | 득점 | 도움 | 파울 | 슈팅 | 경고 | 퇴장 |
|---|---|---|---|---|---|---|---|---|---|
| 2008 | 경남 | 1 | 1 | 0 | 0 | 1 | 0 | 0 | 0 |
| 통산 | | 1 | 1 | 0 | 0 | 1 | 0 | 0 | 0 |

### 김교빈 (金敎彬) 광운대 1987.12.29

| 연도 | 소속 | 출장 | 교체 | 득점 | 도움 | 파울 | 슈팅 | 경고 | 퇴장 |
|---|---|---|---|---|---|---|---|---|---|
| 2011 | 전남 | 0 | 0 | 0 | 0 | 0 | 0 | 0 | 0 |
| 2012 | 대구 | 1 | 0 | 0 | 0 | 0 | 0 | 0 | 0 |
| 2014 | 경남 | 0 | 0 | 0 | 0 | 0 | 0 | 0 | 0 |
| 통산 | | 1 | 0 | 0 | 0 | 0 | 0 | 0 | 0 |

### 김국진 (金國鎭) 동의대 1978.02.09

| 연도 | 소속 | 출장 | 교체 | 득점 | 도움 | 파울 | 슈팅 | 경고 | 퇴장 |
|---|---|---|---|---|---|---|---|---|---|
| 2002 | 대전 | 13 | 9 | 1 | 0 | 14 | 12 | 2 | 0 |
| 2003 | 대전 | 2 | 2 | 0 | 0 | 2 | 4 | 0 | 0 |
| 통산 | | 15 | 11 | 1 | 0 | 16 | 16 | 2 | 0 |

### 김국환 (金國煥) 청주대 1972.09.13

| 연도 | 소속 | 출장 | 교체 | 득점 | 도움 | 파울 | 슈팅 | 경고 | 퇴장 |
|---|---|---|---|---|---|---|---|---|---|
| 1995 | 일화 | 2 | 2 | 1 | 2 | 1 | 2 | 1 | 0 |
| 1996 | 천안 | 3 | 2 | 0 | 0 | 6 | 0 | 0 | 0 |
| 1997 | 천안 | 4 | 3 | 1 | 0 | 9 | 12 | 2 | 0 |
| 통산 | | 9 | 7 | 2 | 1 | 9 | 12 | 2 | 0 |

### 김귀현 (金貴鉉) 남해해성중 1990.01.04

| 연도 | 소속 | 출장 | 교체 | 득점 | 도움 | 파울 | 슈팅 | 경고 | 퇴장 |
|---|---|---|---|---|---|---|---|---|---|
| 2013 | 대구 | | | | | | | | |
| 2014 | 대구 | 18 | 11 | 1 | 0 | 36 | 7 | 4 | 0 |
| 통산 | | 18 | 11 | 1 | 0 | 36 | 7 | 4 | 0 |

### 김귀화 (金貴華) 아주대 1970.03.15

| 연도 | 소속 | 출장 | 교체 | 득점 | 도움 | 파울 | 슈팅 | 경고 | 퇴장 |
|---|---|---|---|---|---|---|---|---|---|
| 1991 | 대우 | 19 | 19 | 1 | 0 | 3 | 9 | 0 | 0 |
| 1992 | 대우 | 21 | 3 | 0 | 1 | 15 | 20 | 1 | 0 |
| 1993 | 대우 | 31 | 13 | 2 | 5 | 16 | 34 | 1 | 0 |
| 1994 | 대우 | 34 | 10 | 9 | 2 | 28 | 61 | 2 | 0 |
| 1997 | 부산 | 10 | 5 | 1 | 1 | 9 | 9 | 0 | 0 |
| 1998 | 안양 | 26 | 20 | 1 | 4 | 33 | 29 | 4 | 0 |
| 1999 | 안양 | 29 | 12 | 2 | 5 | 21 | 23 | 1 | 0 |
| 2000 | 안양 | 33 | 23 | 0 | 1 | 27 | 22 | 1 | 0 |
| 통산 | | 203 | 105 | 16 | 20 | 152 | 207 | 10 | 0 |

### 김근배 (金根培) 고려대 1986.08.07

| 연도 | 소속 | 출장 | 교체 | 실점 | 도움 | 파울 | 슈팅 | 경고 | 퇴장 |
|---|---|---|---|---|---|---|---|---|---|
| 2009 | 강원 | 4 | 0 | 10 | 0 | 0 | 0 | 0 | 0 |
| 2010 | 강원 | 6 | 2 | 10 | 0 | 0 | 0 | 0 | 0 |
| 2011 | 강원 | 12 | 0 | 18 | 0 | 1 | 4 | 1 | 0 |
| 2012 | 강원 | 17 | 1 | 34 | 0 | 2 | 0 | 5 | 0 |
| 2013 | 강원 | 2 | 0 | 38 | 0 | 0 | 0 | 0 | 0 |
| 2014 | 상주 | 28 | 0 | 12 | 0 | 0 | 0 | 1 | 0 |
| 통산 | | 69 | 3 | 122 | 0 | 3 | 0 | 7 | 0 |

### 김근철 (金根哲) 배재대 1983.06.24

| 연도 | 소속 | 출장 | 교체 | 득점 | 도움 | 파울 | 슈팅 | 경고 | 퇴장 |
|---|---|---|---|---|---|---|---|---|---|
| 2005 | 대구 | 7 | 7 | 0 | 1 | 4 | 7 | 0 | 0 |
| 2006 | 경남 | 25 | 14 | 3 | 3 | 27 | 37 | 3 | 0 |
| 2007 | 경남 | 8 | 8 | 1 | 2 | 40 | 33 | 5 | 0 |
| 2008 | 경남 | 17 | 4 | 1 | 0 | 20 | 17 | 1 | 0 |
| 2009 | 경남 | 5 | 5 | 0 | 0 | 3 | 1 | 0 | 0 |
| 2010 | 부산 | 30 | 15 | 2 | 5 | 48 | 20 | 8 | 0 |
| 2011 | 부산 | 6 | 6 | 0 | 0 | 4 | 2 | 0 | 0 |
| 2012 | 전남 | 13 | 11 | 0 | 0 | 18 | 22 | 0 | 0 |
| 통산 | | 130 | 70 | 7 | 11 | 177 | 137 | 23 | 0 |

### 김근환 (金根煥) 경희대 1986.08.12

| 연도 | 소속 | 출장 | 교체 | 득점 | 도움 | 파울 | 슈팅 | 경고 | 퇴장 |
|---|---|---|---|---|---|---|---|---|---|
| 2014 | 울산 | 17 | 6 | 0 | 0 | 11 | 4 | 0 | 0 |
| 통산 | | 17 | 6 | 0 | 0 | 11 | 4 | 0 | 0 |

### 김기남 (金期南) 울산대 1973.07.20

| 연도 | 소속 | 출장 | 교체 | 득점 | 도움 | 파울 | 슈팅 | 경고 | 퇴장 |
|---|---|---|---|---|---|---|---|---|---|
| 1996 | 울산 | 20 | 14 | 5 | 3 | 13 | 25 | 3 | 0 |
| 1997 | 울산 | 29 | 28 | 6 | 2 | 24 | 29 | 0 | 0 |
| 1998 | 울산 | 36 | 14 | 4 | 5 | 38 | 33 | 4 | 0 |
| 1999 | 울산 | 31 | 25 | 5 | 3 | 39 | 37 | 0 | 0 |
| 2000 | 울산 | 8 | 8 | 0 | 0 | 7 | 5 | 0 | 0 |
| 2001 | 울산 | 19 | 15 | 2 | 0 | 12 | 20 | 0 | 0 |
| 통산 | | 143 | 124 | 26 | 13 | 131 | 151 | 6 | 0 |

### 김기남 (金起南) 중앙대 1971.01.18

| 연도 | 소속 | 출장 | 교체 | 득점 | 도움 | 파울 | 슈팅 | 경고 | 퇴장 |
|---|---|---|---|---|---|---|---|---|---|
| 1993 | 포철 | 14 | 7 | 0 | 2 | 14 | 9 | 0 | 0 |
| 1994 | 포철 | 22 | 11 | 1 | 1 | 34 | 22 | 3 | 0 |
| 1995 | 포항 | 30 | 7 | 2 | 5 | 44 | 33 | 8 | 0 |
| 1998 | 안양 | 14 | 6 | 0 | 3 | 31 | 12 | 1 | 0 |
| 1999 | 부천 | 25 | 17 | 1 | 4 | 51 | 17 | 6 | 0 |
| 2000 | 부천 | 27 | 18 | 1 | 2 | 47 | 15 | 1 | 0 |
| 2001 | 포항 | 18 | 6 | 1 | 2 | 41 | 12 | 1 | 0 |
| 2002 | 포항 | 31 | 13 | 1 | 0 | 46 | 27 | 2 | 0 |
| 통산 | | 180 | 92 | 7 | 16 | 308 | 147 | 24 | 0 |

### 김기동 (金基東) 신평고 1972.01.12

| 연도 | 소속 | 출장 | 교체 | 득점 | 도움 | 파울 | 슈팅 | 경고 | 퇴장 |
|---|---|---|---|---|---|---|---|---|---|
| 1993 | 유공 | 7 | 4 | 0 | 0 | 8 | 11 | 0 | 0 |
| 1994 | 유공 | 15 | 12 | 0 | 0 | 12 | 8 | 0 | 0 |
| 1995 | 유공 | 29 | 2 | 1 | 0 | 39 | 24 | 3 | 0 |
| 1996 | 부천 | 33 | 0 | 2 | 3 | 38 | 51 | 2 | 1 |
| 1997 | 부천 | 14 | 1 | 5 | 0 | 15 | 33 | 2 | 0 |
| 1998 | 부천 | 34 | 7 | 0 | 1 | 31 | 32 | 2 | 0 |
| 1999 | 부천 | 36 | 19 | 3 | 8 | 47 | 47 | 2 | 0 |
| 2000 | 부천 | 41 | 7 | 1 | 7 | 67 | 53 | 6 | 0 |
| 2001 | 부천 | 30 | 1 | 2 | 2 | 28 | 46 | 1 | 0 |
| 2002 | 부천 | 35 | 0 | 4 | 2 | 56 | 56 | 2 | 0 |
| 2003 | 포항 | 30 | 5 | 3 | 1 | 57 | 46 | 2 | 0 |
| 2004 | 포항 | 25 | 12 | 1 | 0 | 28 | 26 | 0 | 0 |
| 2005 | 포항 | 36 | 20 | 3 | 5 | 75 | 29 | 2 | 0 |

| | | | | | | | | | |
|---|---|---|---|---|---|---|---|---|---|
| 2006 | 포항 | 25 | 12 | 0 | 7 | 33 | 30 | 3 | 0 |
| 2007 | 포항 | 36 | 10 | 4 | 1 | 69 | 28 | 3 | 0 |
| 2008 | 포항 | 19 | 12 | 3 | 3 | 30 | 24 | 1 | 0 |
| 2009 | 포항 | 23 | 15 | 4 | 5 | 25 | 22 | 1 | 0 |
| 2010 | 포항 | 13 | 11 | 0 | 0 | 16 | 4 | 2 | 0 |
| 2011 | 포항 | 20 | 17 | 4 | 1 | 13 | 10 | 0 | 0 |
| 통산 | | 501 | 166 | 39 | 40 | 688 | 605 | 35 | 2 |

**김기범** (金起範) 동아대 1976.08.14

| 연도 | 소속 | 출장 | 교체 | 득점 | 도움 | 파울 | 슈팅 | 경고 | 퇴장 |
|---|---|---|---|---|---|---|---|---|---|
| 1999 | 수원 | 1 | 1 | 0 | 0 | 1 | 0 | 0 | 0 |
| 2000 | 수원 | 12 | 7 | 1 | 1 | 25 | 11 | 5 | 0 |
| 2001 | 수원 | 21 | 13 | 0 | 3 | 42 | 17 | 3 | 0 |
| 2002 | 수원 | 11 | 6 | 0 | 0 | 24 | 14 | 3 | 0 |
| 2003 | 수원 | 8 | 7 | 0 | 0 | 11 | 5 | 0 | 0 |
| 2004 | 수원 | 1 | 1 | 0 | 0 | 1 | 0 | 0 | 0 |
| 통산 | | 54 | 35 | 1 | 4 | 104 | 47 | 11 | 0 |

**김기선** (金基善) 숭실대 1969.02.27

| 연도 | 소속 | 출장 | 교체 | 득점 | 도움 | 파울 | 슈팅 | 경고 | 퇴장 |
|---|---|---|---|---|---|---|---|---|---|
| 1992 | 유공 | 14 | 5 | 2 | 0 | 14 | 21 | 1 | 0 |
| 1993 | 유공 | 26 | 6 | 1 | 1 | 15 | 56 | 1 | 0 |
| 1994 | 유공 | 26 | 15 | 6 | 1 | 15 | 44 | 0 | 0 |
| 1995 | 유공 | 17 | 11 | 0 | 0 | 12 | 24 | 0 | 0 |
| 1996 | 부천 | 9 | 7 | 0 | 1 | 7 | 14 | 0 | 0 |
| 1996 | 전남 | 13 | 12 | 3 | 1 | 4 | 15 | 1 | 0 |
| 1997 | 전남 | 32 | 21 | 8 | 1 | 19 | 65 | 5 | 0 |
| 1998 | 전남 | 33 | 25 | 2 | 3 | 27 | 64 | 1 | 0 |
| 통산 | | 170 | 102 | 22 | 8 | 113 | 306 | 10 | 0 |

**김기수** (金起秀) 선문대 1987.12.13

| 연도 | 소속 | 출장 | 교체 | 득점 | 도움 | 파울 | 슈팅 | 경고 | 퇴장 |
|---|---|---|---|---|---|---|---|---|---|
| 2009 | 부산 | 9 | 6 | 0 | 0 | 12 | 3 | 1 | 0 |
| 2010 | 부산 | 3 | 2 | 0 | 0 | 5 | 2 | 1 | 0 |
| 통산 | | 12 | 8 | 0 | 0 | 17 | 5 | 2 | 0 |

**김기완** (金起完) 건국대 1966.03.16

| 연도 | 소속 | 출장 | 교체 | 득점 | 도움 | 파울 | 슈팅 | 경고 | 퇴장 |
|---|---|---|---|---|---|---|---|---|---|
| 1989 | 일화 | 9 | 8 | 1 | 0 | 7 | 4 | 1 | 0 |
| 통산 | | 9 | 8 | 1 | 0 | 7 | 4 | 1 | 0 |

**김기용** (金基容) 고려대 1990.12.07

| 연도 | 소속 | 출장 | 교체 | 실점 | 도움 | 파울 | 슈팅 | 경고 | 퇴장 |
|---|---|---|---|---|---|---|---|---|---|
| 2013 | 부산 | 2 | 0 | 3 | 0 | 1 | 0 | 1 | 0 |
| 2014 | 부산 | 0 | 0 | 0 | 0 | 0 | 0 | 0 | 0 |
| 통산 | | 2 | 0 | 3 | 0 | 1 | 0 | 1 | 0 |

**김기윤** (金基潤) 관동대 1961.05.05

| 연도 | 소속 | 출장 | 교체 | 득점 | 도움 | 파울 | 슈팅 | 경고 | 퇴장 |
|---|---|---|---|---|---|---|---|---|---|
| 1984 | 대우 | 15 | 6 | 4 | 2 | 13 | 25 | 1 | 0 |
| 1985 | 대우 | 16 | 0 | 0 | 0 | 24 | 15 | 0 | 1 |
| 1987 | 럭금 | 1 | 1 | 0 | 0 | 0 | 1 | 0 | 0 |
| 통산 | | 32 | 7 | 4 | 2 | 37 | 41 | 1 | 1 |

**김기종** (金綺鐘) 숭실대 1975.05.22

| 연도 | 소속 | 출장 | 교체 | 득점 | 도움 | 파울 | 슈팅 | 경고 | 퇴장 |
|---|---|---|---|---|---|---|---|---|---|
| 2001 | 부산 | 3 | 4 | 0 | 0 | 5 | 1 | 0 | 0 |
| 2002 | 부산 | 7 | 6 | 0 | 0 | 5 | 7 | 0 | 0 |
| 통산 | | 10 | 10 | 0 | 0 | 10 | 8 | 0 | 0 |

**김기현** (金基鉉) 경희대 1978.10.07

| 연도 | 소속 | 출장 | 교체 | 득점 | 도움 | 파울 | 슈팅 | 경고 | 퇴장 |
|---|---|---|---|---|---|---|---|---|---|
| 1999 | 안양 | 1 | 1 | 0 | 0 | 0 | 0 | 0 | 0 |
| 2000 | 안양 | 1 | 1 | 0 | 0 | 0 | 0 | 0 | 0 |
| 2003 | 대구 | 16 | 10 | 0 | 0 | 12 | 5 | 3 | 0 |
| 통산 | | 18 | 12 | 0 | 0 | 12 | 5 | 3 | 0 |

**김기형** (金基炯) 아주대 1977.07.10

| 연도 | 소속 | 출장 | 교체 | 득점 | 도움 | 파울 | 슈팅 | 경고 | 퇴장 |
|---|---|---|---|---|---|---|---|---|---|
| 2000 | 부천 | 1 | 1 | 0 | 0 | 1 | 0 | 0 | 0 |
| 2001 | 부천 | 4 | 4 | 0 | 0 | 4 | 1 | 0 | 0 |
| 2002 | 부천 | 8 | 5 | 1 | 0 | 13 | 10 | 3 | 0 |
| 2003 | 부천 | 17 | 9 | 1 | 0 | 30 | 16 | 3 | 0 |
| 2004 | 부천 | 28 | 7 | 6 | 1 | 44 | 43 | 2 | 0 |
| 2005 | 부천 | 29 | 13 | 4 | 3 | 32 | 36 | 1 | 0 |
| 2006 | 제주 | 26 | 16 | 4 | 2 | 39 | 26 | 1 | 0 |
| 2007 | 제주 | 19 | 13 | 1 | 1 | 22 | 26 | 2 | 0 |
| 통산 | | 132 | 68 | 15 | 8 | 184 | 159 | 14 | 0 |

**김기홍** (金基弘) 울산대 1981.03.21

| 연도 | 소속 | 출장 | 교체 | 득점 | 도움 | 파울 | 슈팅 | 경고 | 퇴장 |
|---|---|---|---|---|---|---|---|---|---|
| 2004 | 대전 | 6 | 5 | 0 | 0 | 5 | 0 | 1 | 0 |
| 2005 | 대전 | 1 | 1 | 0 | 0 | 0 | 0 | 0 | 0 |
| 통산 | | 7 | 6 | 0 | 0 | 5 | 0 | 1 | 0 |

**김기효** (金基孝) 진주고 1958.02.09

| 연도 | 소속 | 출장 | 교체 | 득점 | 도움 | 파울 | 슈팅 | 경고 | 퇴장 |
|---|---|---|---|---|---|---|---|---|---|
| 1983 | 국민은 | 8 | 1 | 1 | 0 | 5 | 11 | 0 | 0 |
| 1984 | 국민은 | 2 | 1 | 0 | 0 | 1 | 3 | 0 | 0 |
| 통산 | | 10 | 2 | 1 | 0 | 6 | 14 | 0 | 0 |

**김기희** (金基熙) 홍익대 1989.07.13

| 연도 | 소속 | 출장 | 교체 | 득점 | 도움 | 파울 | 슈팅 | 경고 | 퇴장 |
|---|---|---|---|---|---|---|---|---|---|
| 2011 | 대구 | 14 | 3 | 0 | 1 | 0 | 1 | 1 | 0 |
| 2012 | 대구 | 17 | 2 | 2 | 0 | 17 | 5 | 2 | 1 |
| 2013 | 전북 | 19 | 1 | 0 | 0 | 21 | 6 | 5 | 0 |
| 2014 | 전북 | 28 | 1 | 0 | 2 | 41 | 5 | 4 | 0 |
| 통산 | | 78 | 7 | 2 | 3 | 79 | 17 | 12 | 1 |

**김길식** (金吉植) 단국대 1978.08.24

| 연도 | 소속 | 출장 | 교체 | 득점 | 도움 | 파울 | 슈팅 | 경고 | 퇴장 |
|---|---|---|---|---|---|---|---|---|---|
| 2001 | 전남 | 6 | 4 | 1 | 0 | 8 | 6 | 0 | 0 |
| 2003 | 전남 | 5 | 5 | 1 | 0 | 5 | 4 | 1 | 0 |
| 2004 | 부천 | 24 | 14 | 1 | 0 | 30 | 32 | 4 | 0 |
| 2005 | 부천 | 31 | 24 | 5 | 1 | 29 | 32 | 2 | 0 |
| 2006 | 제주 | 31 | 19 | 3 | 0 | 61 | 29 | 2 | 0 |
| 2008 | 대전 | 10 | 8 | 0 | 0 | 20 | 12 | 2 | 0 |
| 통산 | | 108 | 75 | 11 | 2 | 158 | 114 | 10 | 0 |

**김남건** (金南建) 선문대 1990.08.06

| 연도 | 소속 | 출장 | 교체 | 득점 | 도움 | 파울 | 슈팅 | 경고 | 퇴장 |
|---|---|---|---|---|---|---|---|---|---|
| 2014 | 성남 | 2 | 2 | 0 | 0 | 0 | 0 | 0 | 0 |
| 통산 | | 2 | 2 | 0 | 0 | 0 | 0 | 0 | 0 |

**김남우** (金南佑) 전주대 1980.05.14

| 연도 | 소속 | 출장 | 교체 | 득점 | 도움 | 파울 | 슈팅 | 경고 | 퇴장 |
|---|---|---|---|---|---|---|---|---|---|
| 2003 | 대구 | 7 | 7 | 0 | 0 | 20 | 1 | 3 | 0 |
| 통산 | | 7 | 7 | 0 | 0 | 20 | 1 | 3 | 0 |

**김남일** (金南一) 한양대 1977.03.14

| 연도 | 소속 | 출장 | 교체 | 득점 | 도움 | 파울 | 슈팅 | 경고 | 퇴장 |
|---|---|---|---|---|---|---|---|---|---|
| 2000 | 전남 | 30 | 19 | 1 | 1 | 57 | 36 | 2 | 0 |
| 2001 | 전남 | 25 | 5 | 0 | 3 | 79 | 12 | 2 | 0 |
| 2002 | 전남 | 15 | 6 | 0 | 2 | 44 | 9 | 2 | 1 |
| 2003 | 전남 | 23 | 3 | 6 | 1 | 65 | 26 | 6 | 0 |
| 2004 | 전남 | 10 | 2 | 1 | 2 | 30 | 8 | 3 | 0 |
| 2005 | 수원 | 26 | 2 | 0 | 0 | 73 | 14 | 9 | 0 |
| 2006 | 수원 | 26 | 2 | 0 | 0 | 77 | 34 | 9 | 0 |
| 2007 | 수원 | 28 | 6 | 0 | 0 | 51 | 13 | 9 | 0 |
| 2012 | 인천 | 34 | 10 | 3 | 0 | 78 | 10 | 12 | 0 |
| 2013 | 인천 | 25 | 11 | 0 | 0 | 60 | 9 | 13 | 0 |
| 2014 | 전북 | 20 | 13 | 2 | 0 | 42 | 8 | 8 | 0 |
| 통산 | | 242 | 79 | 10 | 12 | 601 | 168 | 67 | 1 |

**김남춘** (金南春) 광운대 1989.04.19

| 연도 | 소속 | 출장 | 교체 | 득점 | 도움 | 파울 | 슈팅 | 경고 | 퇴장 |
|---|---|---|---|---|---|---|---|---|---|
| 2013 | 서울 | 0 | 0 | 0 | 0 | 0 | 0 | 0 | 0 |
| 2014 | 서울 | 7 | 2 | 1 | 0 | 5 | 2 | 1 | 0 |
| 통산 | | 7 | 2 | 1 | 0 | 5 | 2 | 1 | 0 |

**김남호** (金南浩) 연세대 1965.10.17

| 연도 | 소속 | 출장 | 교체 | 득점 | 도움 | 파울 | 슈팅 | 경고 | 퇴장 |
|---|---|---|---|---|---|---|---|---|---|
| 1988 | 럭금 | 8 | 6 | 0 | 0 | 4 | 9 | 1 | 0 |
| 1989 | 럭금 | 1 | 1 | 0 | 0 | 0 | 2 | 0 | 0 |
| 통산 | | 9 | 7 | 0 | 0 | 4 | 11 | 1 | 0 |

**김다빈** (金茶彬) 고려대 1989.08.29

| 연도 | 소속 | 출장 | 교체 | 득점 | 도움 | 파울 | 슈팅 | 경고 | 퇴장 |
|---|---|---|---|---|---|---|---|---|---|
| 2009 | 대전 | 3 | 3 | 0 | 0 | 3 | 4 | 0 | 0 |
| 2010 | 대전 | 5 | 5 | 0 | 0 | 7 | 4 | 0 | 0 |
| 2010 | 울산 | 2 | 2 | 0 | 0 | 2 | 2 | 0 | 0 |
| 2011 | 울산 | 5 | 4 | 0 | 0 | 3 | 1 | 0 | 0 |
| 2012 | 울산 | 0 | 0 | 0 | 0 | 0 | 0 | 0 | 0 |
| 2013 | 충주 | 4 | 4 | 0 | 0 | 3 | 3 | 0 | 0 |
| 통산 | | 13 | 13 | 0 | 0 | 8 | 7 | 0 | 0 |

**김다솔** (金다솔) 연세대 1989.01.04

| 연도 | 소속 | 출장 | 교체 | 실점 | 도움 | 파울 | 슈팅 | 경고 | 퇴장 |
|---|---|---|---|---|---|---|---|---|---|
| 2010 | 포항 | 1 | 1 | 1 | 0 | 0 | 0 | 1 | 0 |
| 2011 | 포항 | 8 | 0 | 8 | 0 | 0 | 0 | 0 | 0 |
| 2012 | 포항 | 12 | 0 | 14 | 0 | 0 | 0 | 0 | 0 |
| 2013 | 포항 | 5 | 0 | 7 | 0 | 0 | 0 | 2 | 0 |
| 2014 | 포항 | 8 | 1 | 9 | 0 | 0 | 0 | 0 | 0 |
| 통산 | | 33 | 1 | 39 | 0 | 0 | 0 | 2 | 0 |

**김대건** (金大健) 배재대 1977.04.27

| 연도 | 소속 | 출장 | 교체 | 득점 | 도움 | 파울 | 슈팅 | 경고 | 퇴장 |
|---|---|---|---|---|---|---|---|---|---|
| 2001 | 부천 | 2 | 1 | 0 | 0 | 5 | 0 | 0 | 0 |
| 2002 | 전북 | 6 | 4 | 0 | 1 | 12 | 1 | 2 | 0 |
| 2003 | 광주상 | 35 | 6 | 1 | 0 | 48 | 2 | 3 | 0 |
| 2004 | 광주상 | 27 | 4 | 0 | 1 | 33 | 0 | 1 | 0 |
| 2005 | 전북 | 1 | 1 | 0 | 0 | 1 | 24 | 2 | 0 |
| 2006 | 경남 | 19 | 4 | 1 | 0 | 31 | 4 | 2 | 0 |
| 2007 | 경남 | 3 | 0 | 0 | 3 | 6 | 2 | 3 | 0 |
| 2008 | 경남 | 27 | 8 | 1 | 1 | 40 | 9 | 6 | 0 |
| 2009 | 수원 | 1 | 1 | 0 | 0 | 3 | 0 | 1 | 0 |
| 2010 | 부산 | 7 | 6 | 0 | 0 | 17 | 0 | 3 | 0 |
| 통산 | | 164 | 38 | 4 | 3 | 249 | 20 | 20 | 0 |

**김대경** (金大慶) 부평고 1987.10.17

| 연도 | 소속 | 출장 | 교체 | 득점 | 도움 | 파울 | 슈팅 | 경고 | 퇴장 |
|---|---|---|---|---|---|---|---|---|---|
| 2007 | 제주 | 1 | 1 | 0 | 0 | 4 | 0 | 0 | 0 |
| 2008 | 제주 | 1 | 1 | 0 | 0 | 0 | 0 | 0 | 0 |

**김대경** (金大景) 숭실대 1991.09.02

| 연도 | 소속 | 출장 | 교체 | 득점 | 도움 | 파울 | 슈팅 | 경고 | 퇴장 |
|---|---|---|---|---|---|---|---|---|---|
| 2013 | 수원 | 22 | 21 | 1 | 1 | 12 | 19 | 1 | 0 |
| 2014 | 수원 | 6 | 6 | 0 | 0 | 1 | 5 | 0 | 0 |
| 통산 | | 28 | 27 | 1 | 1 | 13 | 24 | 1 | 0 |

**김대성** (金大成) 대구대 1972.05.10

| 연도 | 소속 | 출장 | 교체 | 득점 | 도움 | 파울 | 슈팅 | 경고 | 퇴장 |
|---|---|---|---|---|---|---|---|---|---|
| 1995 | LG | 23 | 8 | 4 | 2 | 23 | 40 | 1 | 0 |
| 1996 | 안양 | 38 | 12 | 1 | 3 | 40 | 46 | 5 | 0 |
| 1997 | 안양 | 30 | 12 | 4 | 0 | 28 | 48 | 2 | 1 |
| 1998 | 안양 | 31 | 10 | 0 | 4 | 39 | 44 | 2 | 0 |
| 1999 | 안양 | 22 | 14 | 1 | 0 | 15 | 27 | 2 | 0 |
| 통산 | | 144 | 56 | 10 | 9 | 145 | 205 | 12 | 1 |

**김대수** (金大樹) 울산대 1975.03.20

| 연도 | 소속 | 출장 | 교체 | 득점 | 도움 | 파울 | 슈팅 | 경고 | 퇴장 |
|---|---|---|---|---|---|---|---|---|---|
| 1997 | 대전 | 5 | 1 | 0 | 0 | 6 | 0 | 1 | 0 |
| 1998 | 대전 | 8 | 5 | 0 | 0 | 8 | 0 | 0 | 1 |
| 1999 | 대전 | 9 | 6 | 0 | 0 | 7 | 1 | 0 | 0 |
| 2000 | 대전 | 8 | 2 | 0 | 0 | 10 | 0 | 0 | 0 |
| 2001 | 대전 | 3 | 3 | 0 | 0 | 3 | 0 | 0 | 0 |
| 2002 | 대전 | 11 | 1 | 0 | 0 | 13 | 0 | 2 | 0 |
| 2003 | 대구 | 11 | 2 | 0 | 0 | 11 | 0 | 2 | 0 |
| 2004 | 부천 | 11 | 5 | 0 | 0 | 16 | 2 | 1 | 0 |
| 통산 | | 66 | 24 | 0 | 0 | 73 | 3 | 6 | 1 |

**김대식** (金大植) 인천대 1973.08.07

| 연도 | 소속 | 출장 | 교체 | 득점 | 도움 | 파울 | 슈팅 | 경고 | 퇴장 |
|---|---|---|---|---|---|---|---|---|---|
| 1995 | 전북 | 27 | 4 | 1 | 1 | 20 | 21 | 4 | 0 |
| 1996 | 전북 | 34 | 4 | 0 | 2 | 31 | 13 | 4 | 0 |
| 1999 | 전북 | 22 | 7 | 0 | 2 | 9 | 5 | 1 | 0 |
| 2000 | 전북 | 32 | 8 | 1 | 3 | 33 | 8 | 3 | 0 |
| 2001 | 전북 | 28 | 2 | 0 | 2 | 20 | 4 | 1 | 0 |
| 통산 | | 143 | 26 | 2 | 9 | 113 | 51 | 13 | 0 |

**김대열** (金大烈) 단국대 1987.04.12

| 연도 | 소속 | 출장 | 교체 | 득점 | 도움 | 파울 | 슈팅 | 경고 | 퇴장 |
|---|---|---|---|---|---|---|---|---|---|
| 2010 | 대구 | 6 | 6 | 0 | 1 | 2 | 0 | 4 | 0 |
| 2011 | 대구 | 2 | 0 | 0 | 0 | 14 | 1 | 2 | 1 |
| 2012 | 대구 | 37 | 23 | 1 | 0 | 43 | 20 | 5 | 0 |
| 2013 | 대구 | 19 | 13 | 0 | 0 | 24 | 12 | 2 | 0 |
| 2014 | 대구 | 26 | 6 | 3 | 2 | 51 | 19 | 3 | 0 |

| 연도 | 소속 | 출장 | 교체 | 득점 | 도움 | 파울 | 슈팅 | 경고 | 퇴장 |
|---|---|---|---|---|---|---|---|---|---|
| 통산 | | 96 | 50 | 4 | 2 | 144 | 52 | 16 | 1 |

**김대영(金大英)**

| 연도 | 소속 | 출장 | 교체 | 득점 | 도움 | 파울 | 슈팅 | 경고 | 퇴장 |
|---|---|---|---|---|---|---|---|---|---|
| 1988 | 대우 | 9 | 6 | 0 | 0 | 13 | 7 | 1 | 0 |
| 통산 | | 9 | 6 | 0 | 0 | 13 | 7 | 1 | 0 |

**김대욱(金大旭)** 호남대 1978.04.02

| 연도 | 소속 | 출장 | 교체 | 득점 | 도움 | 파울 | 슈팅 | 경고 | 퇴장 |
|---|---|---|---|---|---|---|---|---|---|
| 2001 | 전남 | 4 | 4 | 0 | 0 | 9 | 4 | 1 | 0 |
| 2003 | 광주상 | 0 | 0 | 0 | 0 | 0 | 0 | 0 | 0 |
| 통산 | | 4 | 4 | 0 | 0 | 9 | 4 | 1 | 0 |

**김대욱(쇠웃됴)** 조선대 1987.11.23

| 연도 | 소속 | 출장 | 교체 | 득점 | 도움 | 파울 | 슈팅 | 경고 | 퇴장 |
|---|---|---|---|---|---|---|---|---|---|
| 2010 | 대전 | 2 | 1 | 0 | 0 | 2 | 1 | 1 | 0 |
| 통산 | | 2 | 1 | 0 | 0 | 2 | 1 | 1 | 0 |

**김대의(金大儀)** 고려대 1974.05.30

| 연도 | 소속 | 출장 | 교체 | 득점 | 도움 | 파울 | 슈팅 | 경고 | 퇴장 |
|---|---|---|---|---|---|---|---|---|---|
| 2000 | 성남 | 24 | 23 | 5 | 4 | 23 | 30 | 0 | 0 |
| 2001 | 성남 | 30 | 24 | 2 | 3 | 36 | 45 | 3 | 0 |
| 2002 | 성남 | 36 | 6 | 17 | 12 | 53 | 83 | 2 | 0 |
| 2003 | 성남 | 25 | 17 | 3 | 2 | 25 | 26 | 3 | 0 |
| 2004 | 수원 | 36 | 10 | 7 | 3 | 49 | 52 | 3 | 0 |
| 2005 | 수원 | 25 | 12 | 1 | 2 | 28 | 41 | 1 | 0 |
| 2006 | 수원 | 36 | 12 | 6 | 2 | 45 | 63 | 2 | 0 |
| 2007 | 수원 | 30 | 17 | 5 | 3 | 30 | 28 | 1 | 0 |
| 2008 | 수원 | 30 | 17 | 1 | 4 | 39 | 26 | 2 | 0 |
| 2009 | 수원 | 26 | 12 | 1 | 4 | 28 | 28 | 2 | 0 |
| 2010 | 수원 | 11 | 7 | 0 | 2 | 6 | 5 | 1 | 0 |
| 통산 | | 308 | 156 | 51 | 41 | 348 | 427 | 20 | 0 |

**김대중(金大中)** 홍익대 1992.10.13

| 연도 | 소속 | 출장 | 교체 | 득점 | 도움 | 파울 | 슈팅 | 경고 | 퇴장 |
|---|---|---|---|---|---|---|---|---|---|
| 2014 | 대전 | 8 | 6 | 0 | 0 | 3 | 0 | 0 | 0 |
| 통산 | | 8 | 6 | 0 | 0 | 3 | 0 | 0 | 0 |

**김대진(金大鎭)** 강원대 1969.05.10

| 연도 | 소속 | 출장 | 교체 | 득점 | 도움 | 파울 | 슈팅 | 경고 | 퇴장 |
|---|---|---|---|---|---|---|---|---|---|
| 1992 | 일화 | 17 | 13 | 0 | 1 | 21 | 20 | 1 | 0 |
| 1993 | 일화 | 4 | 4 | 0 | 0 | 3 | 0 | 0 | 0 |
| 통산 | | 21 | 17 | 0 | 1 | 24 | 23 | 1 | 0 |

**김대철(金大哲)** 인천대 1977.08.26

| 연도 | 소속 | 출장 | 교체 | 득점 | 도움 | 파울 | 슈팅 | 경고 | 퇴장 |
|---|---|---|---|---|---|---|---|---|---|
| 2000 | 부천 | 7 | 6 | 0 | 0 | 13 | 7 | 2 | 0 |
| 2001 | 전남 | 1 | 1 | 0 | 0 | 1 | 0 | 0 | 0 |
| 통산 | | 8 | 7 | 0 | 0 | 14 | 7 | 2 | 0 |

**김대현(金大顯)** 대신고 1981.09.02

| 연도 | 소속 | 출장 | 교체 | 득점 | 도움 | 파울 | 슈팅 | 경고 | 퇴장 |
|---|---|---|---|---|---|---|---|---|---|
| 2000 | 수원 | 0 | 0 | 0 | 0 | 0 | 0 | 0 | 0 |
| 통산 | | 0 | 0 | 0 | 0 | 0 | 0 | 0 | 0 |

**김대호(金大乎)** 숭실대 1986.04.15

| 연도 | 소속 | 출장 | 교체 | 실점 | 도움 | 파울 | 슈팅 | 경고 | 퇴장 |
|---|---|---|---|---|---|---|---|---|---|
| 2012 | 전남 | 1 | 0 | 1 | 0 | 0 | 0 | 0 | 0 |
| 2013 | 포항 | 1 | 0 | 0 | 0 | 0 | 0 | 0 | 0 |
| 2014 | 전남 | 1 | 0 | 0 | 0 | 0 | 0 | 0 | 0 |
| 통산 | | 1 | 0 | 1 | 0 | 0 | 0 | 0 | 0 |

**김대호(金大虎)** 숭실대 1988.05.15

| 연도 | 소속 | 출장 | 교체 | 득점 | 도움 | 파울 | 슈팅 | 경고 | 퇴장 |
|---|---|---|---|---|---|---|---|---|---|
| 2010 | 포항 | 5 | 4 | 0 | 0 | 9 | 2 | 0 | 0 |
| 2011 | 포항 | 13 | 4 | 0 | 0 | 22 | 3 | 1 | 0 |
| 2012 | 포항 | 16 | 7 | 5 | 0 | 28 | 9 | 3 | 0 |
| 2013 | 포항 | 25 | 6 | 0 | 3 | 42 | 4 | 6 | 0 |
| 2014 | 포항 | 24 | 8 | 0 | 1 | 33 | 2 | 6 | 0 |
| 통산 | | 83 | 29 | 5 | 4 | 134 | 20 | 18 | 0 |

**김대환(金大煥)** 경성고 1959.10.23

| 연도 | 소속 | 출장 | 교체 | 득점 | 도움 | 파울 | 슈팅 | 경고 | 퇴장 |
|---|---|---|---|---|---|---|---|---|---|
| 1983 | 국민은 | 4 | 4 | 0 | 0 | 2 | 0 | 0 | 0 |
| 통산 | | 4 | 4 | 0 | 0 | 2 | 0 | 0 | 0 |

**김대환(金大桓)** 한양대 1976.01.01

| 연도 | 소속 | 출장 | 교체 | 실점 | 도움 | 파울 | 슈팅 | 경고 | 퇴장 |
|---|---|---|---|---|---|---|---|---|---|
| 1998 | 수원 | 4 | 1 | 0 | 0 | 6 | 0 | 0 | 0 |
| 1999 | 수원 | 4 | 0 | 0 | 4 | 0 | 0 | 0 | 0 |
| 2000 | 수원 | 37 | 0 | 0 | 55 | 2 | 0 | 2 | 0 |
| 2003 | 수원 | 2 | 0 | 0 | 0 | 0 | 0 | 0 | 0 |
| 2004 | 수원 | 13 | 0 | 0 | 9 | 1 | 0 | 1 | 0 |
| 2005 | 수원 | 6 | 0 | 0 | 7 | 1 | 0 | 1 | 0 |
| 2006 | 수원 | 3 | 0 | 0 | 5 | 0 | 0 | 0 | 0 |
| 2007 | 수원 | 2 | 0 | 0 | 2 | 0 | 0 | 0 | 0 |
| 2008 | 수원 | 1 | 0 | 0 | 1 | 1 | 0 | 1 | 0 |
| 2009 | 수원 | 1 | 0 | 0 | 0 | 0 | 0 | 0 | 0 |
| 2010 | 수원 | 6 | 0 | 0 | 13 | 0 | 0 | 0 | 0 |
| 2011 | 수원 | 1 | 0 | 0 | 1 | 0 | 0 | 0 | 0 |
| 통산 | | 76 | 1 | 0 | 102 | 4 | 0 | 5 | 0 |

**김대흠(金大欽)** 경희대 1961.07.08

| 연도 | 소속 | 출장 | 교체 | 득점 | 도움 | 파울 | 슈팅 | 경고 | 퇴장 |
|---|---|---|---|---|---|---|---|---|---|
| 1985 | 상무 | 21 | 1 | 4 | 3 | 31 | 39 | 1 | 0 |
| 통산 | | 21 | 1 | 4 | 3 | 31 | 39 | 1 | 0 |

**김덕수(金德洙)** 우석대 1987.04.24

| 연도 | 소속 | 출장 | 교체 | 실점 | 도움 | 파울 | 슈팅 | 경고 | 퇴장 |
|---|---|---|---|---|---|---|---|---|---|
| 2013 | 부천 | 28 | 0 | 51 | 0 | 1 | 0 | 1 | 0 |
| 통산 | | 28 | 0 | 51 | 0 | 1 | 0 | 1 | 0 |

**김덕일(金德一)** 풍생고 1990.07.11

| 연도 | 소속 | 출장 | 교체 | 득점 | 도움 | 파울 | 슈팅 | 경고 | 퇴장 |
|---|---|---|---|---|---|---|---|---|---|
| 2011 | 성남 | 6 | 6 | 1 | 0 | 5 | 9 | 1 | 0 |
| 2012 | 성남 | 7 | 7 | 0 | 0 | 4 | 3 | 1 | 0 |
| 통산 | | 13 | 13 | 1 | 0 | 9 | 12 | 2 | 0 |

**김덕중(金德重)** 연세대 1980.06.05

| 연도 | 소속 | 출장 | 교체 | 득점 | 도움 | 파울 | 슈팅 | 경고 | 퇴장 |
|---|---|---|---|---|---|---|---|---|---|
| 2003 | 대구 | 30 | 10 | 1 | 1 | 14 | 18 | 1 | 0 |
| 2004 | 대구 | 3 | 2 | 0 | 0 | 1 | 1 | 0 | 0 |
| 통산 | | 33 | 12 | 1 | 1 | 15 | 19 | 1 | 0 |

**김덕균(金徒均)** 울산대 1977.01.13

| 연도 | 소속 | 출장 | 교체 | 득점 | 도움 | 파울 | 슈팅 | 경고 | 퇴장 |
|---|---|---|---|---|---|---|---|---|---|
| 1999 | 울산 | 11 | 6 | 0 | 0 | 9 | 3 | 0 | 0 |
| 2000 | 울산 | 14 | 2 | 1 | 1 | 21 | 7 | 1 | 0 |
| 2001 | 울산 | 27 | 9 | 1 | 1 | 31 | 16 | 1 | 0 |
| 2002 | 울산 | 18 | 4 | 1 | 3 | 21 | 12 | 1 | 0 |
| 2003 | 울산 | 34 | 11 | 0 | 2 | 41 | 17 | 4 | 0 |
| 2005 | 울산 | 7 | 3 | 0 | 0 | 22 | 3 | 1 | 0 |
| 2005 | 전남 | 10 | 1 | 0 | 0 | 19 | 4 | 1 | 0 |
| 2006 | 전남 | 7 | 5 | 0 | 0 | 17 | 2 | 3 | 0 |
| 통산 | | 128 | 41 | 3 | 7 | 181 | 64 | 13 | 0 |

**김도근(金道根)** 한양대 1972.03.02

| 연도 | 소속 | 출장 | 교체 | 득점 | 도움 | 파울 | 슈팅 | 경고 | 퇴장 |
|---|---|---|---|---|---|---|---|---|---|
| 1995 | 전남 | 10 | 0 | 0 | 0 | 12 | 1 | 1 | 0 |
| 1996 | 전남 | 36 | 7 | 10 | 2 | 60 | 53 | 4 | 0 |
| 1997 | 전남 | 21 | 1 | 1 | 3 | 29 | 50 | 3 | 0 |
| 1998 | 전남 | 20 | 3 | 6 | 3 | 40 | 50 | 3 | 0 |
| 1999 | 전남 | 25 | 18 | 2 | 4 | 51 | 47 | 1 | 0 |
| 2000 | 전남 | 11 | 1 | 5 | 2 | 26 | 23 | 2 | 0 |
| 2001 | 전남 | 3 | 2 | 0 | 0 | 3 | 2 | 0 | 0 |
| 2002 | 전남 | 30 | 16 | 3 | 2 | 58 | 42 | 4 | 0 |
| 2003 | 전남 | 41 | 20 | 1 | 5 | 72 | 33 | 5 | 0 |
| 2004 | 전남 | 4 | 4 | 0 | 1 | 4 | 2 | 0 | 0 |
| 2005 | 수원 | 12 | 9 | 0 | 0 | 19 | 8 | 1 | 0 |
| 2006 | 경남 | 23 | 21 | 0 | 2 | 12 | 4 | 1 | 0 |
| 통산 | | 241 | 110 | 34 | 24 | 385 | 315 | 24 | 1 |

**김도연(金度延)** 예원예술대 1989.01.01

| 연도 | 소속 | 출장 | 교체 | 득점 | 도움 | 파울 | 슈팅 | 경고 | 퇴장 |
|---|---|---|---|---|---|---|---|---|---|
| 2011 | 대전 | 9 | 9 | 0 | 0 | 6 | 2 | 2 | 0 |
| 통산 | | 9 | 9 | 0 | 0 | 6 | 2 | 2 | 0 |

**김도엽(金度燁)** 선문대 1988.11.26

| 연도 | 소속 | 출장 | 교체 | 득점 | 도움 | 파울 | 슈팅 | 경고 | 퇴장 |
|---|---|---|---|---|---|---|---|---|---|
| 2010 | 경남 | 23 | 17 | 7 | 2 | 33 | 47 | 2 | 0 |
| 2011 | 경남 | 18 | 15 | 1 | 1 | 20 | 47 | 2 | 0 |
| 2012 | 경남 | 40 | 25 | 10 | 2 | 38 | 72 | 4 | 0 |
| 2013 | 경남 | 8 | 6 | 0 | 1 | 7 | 13 | 1 | 0 |
| 2014 | 경남 | 27 | 18 | 1 | 0 | 19 | 49 | 3 | 0 |
| 통산 | | 127 | 84 | 23 | 6 | 117 | 228 | 12 | 0 |

**김도용(金道瑢)** 홍익대 1976.05.28

| 연도 | 소속 | 출장 | 교체 | 득점 | 도움 | 파울 | 슈팅 | 경고 | 퇴장 |
|---|---|---|---|---|---|---|---|---|---|
| 1999 | 안양 | 23 | 12 | 0 | 2 | 43 | 5 | 6 | 0 |
| 2000 | 안양 | 13 | 7 | 0 | 0 | 22 | 1 | 5 | 0 |
| 2001 | 안양 | 0 | 0 | 0 | 0 | 0 | 0 | 0 | 0 |
| 2003 | 안양 | 14 | 8 | 0 | 0 | 22 | 4 | 2 | 0 |
| 2004 | 전남 | 13 | 9 | 0 | 0 | 25 | 2 | 2 | 0 |
| 2005 | 전남 | 24 | 3 | 0 | 1 | 51 | 3 | 7 | 0 |
| 2006 | 전남 | 12 | 7 | 0 | 1 | 21 | 1 | 2 | 0 |
| 통산 | | 99 | 46 | 0 | 4 | 184 | 16 | 24 | 0 |

**김도혁(金鍍爀)** 연세대 1992.02.08

| 연도 | 소속 | 출장 | 교체 | 득점 | 도움 | 파울 | 슈팅 | 경고 | 퇴장 |
|---|---|---|---|---|---|---|---|---|---|
| 2014 | 인천 | 26 | 20 | 2 | 2 | 37 | 23 | 6 | 0 |
| 통산 | | 26 | 20 | 2 | 2 | 37 | 23 | 6 | 0 |

**김도형(金度亨)** 동아대 1990.10.06

| 연도 | 소속 | 출장 | 교체 | 득점 | 도움 | 파울 | 슈팅 | 경고 | 퇴장 |
|---|---|---|---|---|---|---|---|---|---|
| 2013 | 부산 | 2 | 2 | 0 | 0 | 0 | 0 | 0 | 0 |
| 통산 | | 2 | 2 | 0 | 0 | 0 | 0 | 0 | 0 |

**김도훈(金度勳)** 연세대 1970.07.21

| 연도 | 소속 | 출장 | 교체 | 득점 | 도움 | 파울 | 슈팅 | 경고 | 퇴장 |
|---|---|---|---|---|---|---|---|---|---|
| 1995 | 전북 | 25 | 5 | 9 | 5 | 37 | 61 | 3 | 0 |
| 1996 | 전북 | 22 | 9 | 10 | 3 | 23 | 58 | 0 | 0 |
| 1997 | 전북 | 14 | 2 | 4 | 1 | 31 | 34 | 2 | 0 |
| 2000 | 전북 | 27 | 2 | 15 | 0 | 68 | 91 | 2 | 0 |
| 2001 | 전북 | 35 | 1 | 15 | 5 | 80 | 97 | 5 | 0 |
| 2002 | 전북 | 30 | 11 | 4 | 5 | 40 | 71 | 2 | 0 |
| 2003 | 성남 | 40 | 1 | 28 | 13 | 87 | 94 | 2 | 0 |
| 2004 | 성남 | 32 | 6 | 13 | 3 | 63 | 59 | 3 | 0 |
| 2005 | 성남 | 32 | 18 | 13 | 7 | 58 | 44 | 3 | 0 |
| 통산 | | 257 | 55 | 114 | 41 | 497 | 629 | 22 | 0 |

**김도훈(金度勳)** 한양대 1988.07.26

| 연도 | 소속 | 출장 | 교체 | 득점 | 도움 | 파울 | 슈팅 | 경고 | 퇴장 |
|---|---|---|---|---|---|---|---|---|---|
| 2013 | 경찰 | 10 | 6 | 0 | 0 | 19 | 5 | 0 | 0 |
| 2014 | 안산 | 4 | 4 | 0 | 0 | 1 | 0 | 0 | 0 |
| 통산 | | 14 | 10 | 0 | 0 | 20 | 5 | 0 | 0 |

**김동건(金東建)** 단국대 1990.05.07

| 연도 | 소속 | 출장 | 교체 | 득점 | 도움 | 파울 | 슈팅 | 경고 | 퇴장 |
|---|---|---|---|---|---|---|---|---|---|
| 2013 | 수원FC | 0 | 0 | 0 | 0 | 0 | 0 | 0 | 0 |
| 통산 | | 0 | 0 | 0 | 0 | 0 | 0 | 0 | 0 |

**김동군(金東君)** 호남대 1971.07.22

| 연도 | 소속 | 출장 | 교체 | 득점 | 도움 | 파울 | 슈팅 | 경고 | 퇴장 |
|---|---|---|---|---|---|---|---|---|---|
| 1994 | 일화 | 5 | 5 | 1 | 0 | 2 | 2 | 0 | 0 |
| 1995 | 일화 | 9 | 9 | 1 | 1 | 11 | 13 | 0 | 0 |
| 1996 | 천안 | 3 | 4 | 0 | 0 | 3 | 3 | 0 | 0 |
| 1997 | 천안 | 17 | 8 | 0 | 0 | 29 | 10 | 2 | 0 |
| 1998 | 천안 | 28 | 12 | 3 | 2 | 37 | 28 | 5 | 0 |
| 2000 | 전북 | 0 | 0 | 0 | 0 | 0 | 0 | 0 | 0 |
| 통산 | | 62 | 38 | 6 | 3 | 82 | 56 | 7 | 0 |

**김동권(金東權)** 청구고 1992.04.04

| 연도 | 소속 | 출장 | 교체 | 득점 | 도움 | 파울 | 슈팅 | 경고 | 퇴장 |
|---|---|---|---|---|---|---|---|---|---|
| 2013 | 충주 | 21 | 0 | 0 | 0 | 39 | 8 | 9 | 0 |
| 2014 | 충주 | 6 | 0 | 0 | 0 | 10 | 0 | 5 | 0 |
| 통산 | | 27 | 0 | 0 | 0 | 49 | 8 | 14 | 0 |

**김동규(金東奎)** 경희대 1980.04.19

| 연도 | 소속 | 출장 | 교체 | 득점 | 도움 | 파울 | 슈팅 | 경고 | 퇴장 |
|---|---|---|---|---|---|---|---|---|---|
| 2003 | 부천 | 12 | 7 | 0 | 1 | 9 | 6 | 1 | 0 |
| 2004 | 부천 | 30 | 5 | 0 | 1 | 40 | 21 | 2 | 0 |
| 통산 | | 42 | 12 | 0 | 2 | 49 | 27 | 3 | 0 |

**김동규(金東圭)** 연세대 1981.05.13

| 연도 | 소속 | 출장 | 교체 | 득점 | 도움 | 파울 | 슈팅 | 경고 | 퇴장 |
|---|---|---|---|---|---|---|---|---|---|
| 2004 | 울산 | 8 | 6 | 0 | 0 | 13 | 0 | 3 | 0 |
| 2005 | 울산 | 0 | 0 | 0 | 0 | 0 | 0 | 0 | 0 |
| 2006 | 광주상 | 11 | 5 | 0 | 0 | 21 | 2 | 2 | 0 |
| 2007 | 광주상 | 10 | 4 | 0 | 0 | 7 | 1 | 1 | 0 |
| 2008 | 울산 | 7 | 2 | 0 | 0 | 6 | 0 | 0 | 0 |

| 연도 | 소속 | 출장 | 교체 | 득점 | 도움 | 파울 | 슈팅 | 경고 | 퇴장 |
|---|---|---|---|---|---|---|---|---|---|
| 2009 | 울산 | 0 | 0 | 0 | 0 | 0 | 0 | 0 | 0 |
| 통산 | | 36 | 17 | 0 | 0 | 50 | 3 | 8 | 0 |

### 김동근 (金東根) 중대부속고 1961.05.20

| 연도 | 소속 | 출장 | 교체 | 득점 | 도움 | 파울 | 슈팅 | 경고 | 퇴장 |
|---|---|---|---|---|---|---|---|---|---|
| 1985 | 상무 | 6 | 1 | 1 | 0 | 5 | 2 | 0 | 0 |

### 김동기 (金東基) 한성대 1971.05.22

| 연도 | 소속 | 출장 | 교체 | 득점 | 도움 | 파울 | 슈팅 | 경고 | 퇴장 |
|---|---|---|---|---|---|---|---|---|---|
| 1994 | 대우 | 22 | 8 | 0 | 0 | 22 | 7 | 6 | 1 |
| 1995 | 포항 | 4 | 3 | 0 | 0 | 1 | 0 | 0 | 0 |
| 1996 | 포항 | 3 | 3 | 0 | 0 | 3 | 0 | 0 | 0 |
| 1997 | 포항 | 17 | 6 | 0 | 1 | 23 | 3 | 2 | 0 |
| 1998 | 포항 | 6 | 5 | 0 | 0 | 7 | 3 | 0 | 0 |
| 통산 | | 52 | 25 | 0 | 1 | 56 | 13 | 9 | 1 |

### 김동현 (金東炫) 경희대 1989.06.07

| 연도 | 소속 | 출장 | 교체 | 득점 | 도움 | 파울 | 슈팅 | 경고 | 퇴장 |
|---|---|---|---|---|---|---|---|---|---|
| 2012 | 강원 | 7 | 7 | 0 | 0 | 17 | 4 | 0 | 0 |
| 2013 | 강원 | 24 | 15 | 5 | 4 | 64 | 28 | 9 | 0 |
| 2014 | 강원 | 27 | 21 | 4 | 4 | 47 | 27 | 7 | 1 |
| 통산 | | 58 | 43 | 9 | 8 | 128 | 59 | 16 | 1 |

### 김동룡 (金東龍) 홍익대 1975.05.08

| 연도 | 소속 | 출장 | 교체 | 득점 | 도움 | 파울 | 슈팅 | 경고 | 퇴장 |
|---|---|---|---|---|---|---|---|---|---|
| 1999 | 전북 | 0 | 0 | 0 | 0 | 0 | 0 | 0 | 0 |
| 통산 | | 0 | 0 | 0 | 0 | 0 | 0 | 0 | 0 |

### 김동민 (金東敏) 연세대 1987.06.23

| 연도 | 소속 | 출장 | 교체 | 득점 | 도움 | 파울 | 슈팅 | 경고 | 퇴장 |
|---|---|---|---|---|---|---|---|---|---|
| 2009 | 울산 | 0 | 0 | 0 | 0 | 0 | 0 | 0 | 0 |
| 통산 | | 0 | 0 | 0 | 0 | 0 | 0 | 0 | 0 |

### 김동석 (金東錫) 용강중 1987.03.26

| 연도 | 소속 | 출장 | 교체 | 득점 | 도움 | 파울 | 슈팅 | 경고 | 퇴장 |
|---|---|---|---|---|---|---|---|---|---|
| 2006 | 서울 | 7 | 6 | 0 | 1 | 11 | 5 | 1 | 0 |
| 2007 | 서울 | 28 | 20 | 2 | 2 | 37 | 25 | 4 | 0 |
| 2008 | 울산 | 6 | 5 | 0 | 0 | 3 | 4 | 0 | 0 |
| 2010 | 대구 | 10 | 1 | 0 | 1 | 31 | 20 | 4 | 0 |
| 2011 | 서울 | 4 | 4 | 0 | 0 | 5 | 0 | 1 | 0 |
| 2012 | 울산 | 23 | 16 | 0 | 2 | 19 | 12 | 2 | 0 |
| 2013 | 울산 | 4 | 4 | 0 | 0 | 1 | 0 | 0 | 0 |
| 2014 | 서울 | 3 | 3 | 0 | 0 | 1 | 0 | 0 | 0 |
| 통산 | | 100 | 71 | 3 | 5 | 111 | 71 | 13 | 0 |

### 김동선 (金東先) 명지대 1978.03.15

| 연도 | 소속 | 출장 | 교체 | 득점 | 도움 | 파울 | 슈팅 | 경고 | 퇴장 |
|---|---|---|---|---|---|---|---|---|---|
| 2001 | 대전 | 15 | 15 | 1 | 1 | 11 | 8 | 2 | 0 |
| 2002 | 대전 | 8 | 8 | 0 | 0 | 8 | 1 | 0 | 0 |
| 통산 | | 23 | 23 | 1 | 1 | 19 | 9 | 2 | 0 |

### 김동섭 (金東燮) 장훈고 1989.03.29

| 연도 | 소속 | 출장 | 교체 | 득점 | 도움 | 파울 | 슈팅 | 경고 | 퇴장 |
|---|---|---|---|---|---|---|---|---|---|
| 2011 | 광주 | 27 | 22 | 7 | 2 | 70 | 27 | 3 | 0 |
| 2012 | 광주 | 32 | 25 | 7 | 0 | 64 | 48 | 6 | 0 |
| 2013 | 성남 | 36 | 7 | 14 | 3 | 80 | 69 | 4 | 0 |
| 2014 | 성남 | 34 | 29 | 4 | 0 | 30 | 35 | 2 | 0 |
| 통산 | | 129 | 83 | 32 | 5 | 244 | 179 | 15 | 0 |

### 김동우 (金東佑) 한양대 1975.07.27

| 연도 | 소속 | 출장 | 교체 | 득점 | 도움 | 파울 | 슈팅 | 경고 | 퇴장 |
|---|---|---|---|---|---|---|---|---|---|
| 1998 | 전남 | 6 | 5 | 0 | 1 | 9 | 2 | 0 | 0 |
| 1999 | 전남 | 17 | 11 | 0 | 0 | 11 | 4 | 2 | 0 |
| 통산 | | 23 | 16 | 0 | 1 | 20 | 6 | 2 | 0 |

### 김동우 (金東佑) 조선대 1988.02.05

| 연도 | 소속 | 출장 | 교체 | 득점 | 도움 | 파울 | 슈팅 | 경고 | 퇴장 |
|---|---|---|---|---|---|---|---|---|---|
| 2010 | 서울 | 10 | 4 | 0 | 0 | 17 | 1 | 2 | 0 |
| 2011 | 서울 | 16 | 1 | 0 | 0 | 24 | 2 | 4 | 0 |
| 2012 | 서울 | 23 | 6 | 0 | 0 | 25 | 6 | 4 | 0 |
| 2013 | 경찰 | 27 | 3 | 0 | 3 | 26 | 4 | 2 | 1 |
| 2014 | 안산 | 11 | 1 | 1 | 0 | 16 | 5 | 3 | 1 |
| 2014 | 서울 | 1 | 1 | 0 | 0 | 0 | 0 | 0 | 0 |
| 통산 | | 87 | 19 | 4 | 0 | 98 | 18 | 11 | 2 |

### 김동욱 (金東煜) 예원예술대 1991.03.10

| 연도 | 소속 | 출장 | 교체 | 득점 | 도움 | 파울 | 슈팅 | 경고 | 퇴장 |
|---|---|---|---|---|---|---|---|---|---|

---

| 연도 | 소속 | 출장 | 교체 | 득점 | 도움 | 파울 | 슈팅 | 경고 | 퇴장 |
|---|---|---|---|---|---|---|---|---|---|
| 2013 | 충주 | 0 | 0 | 0 | 0 | 0 | 0 | 0 | 0 |
| 통산 | | 0 | 0 | 0 | 0 | 0 | 0 | 0 | 0 |

### 김동진 (金東進) 안양공고 1982.01.29

| 연도 | 소속 | 출장 | 교체 | 득점 | 도움 | 파울 | 슈팅 | 경고 | 퇴장 |
|---|---|---|---|---|---|---|---|---|---|
| 2000 | 안양 | 7 | 2 | 1 | 1 | 10 | 3 | 1 | 0 |
| 2001 | 안양 | 6 | 3 | 0 | 0 | 7 | 4 | 2 | 0 |
| 2002 | 안양 | 8 | 6 | 0 | 0 | 11 | 8 | 1 | 0 |
| 2003 | 안양 | 35 | 15 | 5 | 2 | 60 | 45 | 3 | 0 |
| 2004 | 서울 | 18 | 3 | 1 | 2 | 51 | 16 | 2 | 0 |
| 2005 | 서울 | 32 | 5 | 3 | 1 | 79 | 31 | 6 | 0 |
| 2006 | 서울 | 13 | 1 | 1 | 0 | 33 | 5 | 2 | 0 |
| 2010 | 울산 | 23 | 3 | 1 | 3 | 31 | 3 | 5 | 0 |
| 2011 | 서울 | 9 | 6 | 1 | 0 | 8 | 3 | 1 | 0 |
| 통산 | | 151 | 44 | 13 | 7 | 290 | 118 | 23 | 0 |

### 김동진 (金東珍) 아주대 1992.12.28

| 연도 | 소속 | 출장 | 교체 | 득점 | 도움 | 파울 | 슈팅 | 경고 | 퇴장 |
|---|---|---|---|---|---|---|---|---|---|
| 2014 | 대구 | 10 | 3 | 0 | 0 | 18 | 3 | 2 | 0 |
| 통산 | | 10 | 3 | 0 | 0 | 18 | 3 | 2 | 0 |

### 김동진 (金東珍) 상지대 1989.07.13

| 연도 | 소속 | 출장 | 교체 | 득점 | 도움 | 파울 | 슈팅 | 경고 | 퇴장 |
|---|---|---|---|---|---|---|---|---|---|
| 2010 | 성남 | 0 | 0 | 0 | 0 | 0 | 0 | 0 | 0 |
| 통산 | | 0 | 0 | 0 | 0 | 0 | 0 | 0 | 0 |

### 김동찬 (金東燦) 호남대 1986.04.19

| 연도 | 소속 | 출장 | 교체 | 득점 | 도움 | 파울 | 슈팅 | 경고 | 퇴장 |
|---|---|---|---|---|---|---|---|---|---|
| 2006 | 경남 | 3 | 3 | 0 | 0 | 5 | 1 | 0 | 0 |
| 2007 | 경남 | 10 | 7 | 1 | 0 | 13 | 9 | 1 | 0 |
| 2008 | 경남 | 25 | 18 | 1 | 0 | 32 | 15 | 1 | 0 |
| 2009 | 경남 | 30 | 21 | 10 | 8 | 35 | 66 | 2 | 0 |
| 2010 | 경남 | 21 | 17 | 2 | 4 | 16 | 38 | 2 | 0 |
| 2011 | 전북 | 23 | 23 | 1 | 0 | 16 | 37 | 3 | 0 |
| 2012 | 전북 | 20 | 21 | 2 | 0 | 13 | 10 | 1 | 0 |
| 2013 | 상주 | 20 | 6 | 4 | 4 | 27 | 46 | 0 | 0 |
| 2014 | 상주 | 17 | 15 | 2 | 0 | 13 | 29 | 1 | 0 |
| 통산 | | 183 | 143 | 44 | 20 | 149 | 299 | 13 | 0 |

### 김동철 (金東鐵) 한양대 1972.04.19

| 연도 | 소속 | 출장 | 교체 | 득점 | 도움 | 파울 | 슈팅 | 경고 | 퇴장 |
|---|---|---|---|---|---|---|---|---|---|
| 1994 | 대우 | 4 | 4 | 0 | 0 | 3 | 1 | 0 | 0 |
| 통산 | | 4 | 4 | 0 | 0 | 3 | 1 | 0 | 0 |

### 김동철 (金東澈) 고려대 1990.10.01

| 연도 | 소속 | 출장 | 교체 | 득점 | 도움 | 파울 | 슈팅 | 경고 | 퇴장 |
|---|---|---|---|---|---|---|---|---|---|
| 2012 | 전남 | 9 | 3 | 0 | 0 | 19 | 2 | 1 | 0 |
| 2013 | 전남 | 21 | 2 | 0 | 0 | 26 | 2 | 6 | 0 |
| 2014 | 전남 | 11 | 7 | 0 | 0 | 10 | 4 | 3 | 0 |
| 통산 | | 41 | 12 | 0 | 0 | 55 | 8 | 10 | 0 |

### 김동해 (金東海) 한양대 1966.03.16

| 연도 | 소속 | 출장 | 교체 | 득점 | 도움 | 파울 | 슈팅 | 경고 | 퇴장 |
|---|---|---|---|---|---|---|---|---|---|
| 1989 | 럭금 | 23 | 16 | 0 | 2 | 19 | 10 | 0 | 0 |
| 1990 | 럭금 | 8 | 8 | 0 | 0 | 2 | 4 | 0 | 0 |
| 1992 | LG | 10 | 6 | 1 | 0 | 10 | 8 | 2 | 0 |
| 1993 | LG | 33 | 8 | 4 | 0 | 33 | 26 | 3 | 0 |
| 1994 | LG | 30 | 12 | 2 | 5 | 23 | 42 | 3 | 0 |
| 1995 | LG | 25 | 11 | 3 | 1 | 35 | 21 | 6 | 0 |
| 1996 | 수원 | 10 | 3 | 0 | 1 | 19 | 4 | 2 | 0 |
| 통산 | | 139 | 64 | 9 | 10 | 140 | 94 | 16 | 0 |

### 김동혁 (金東奕) 조선대 1991.01.25

| 연도 | 소속 | 출장 | 교체 | 득점 | 도움 | 파울 | 슈팅 | 경고 | 퇴장 |
|---|---|---|---|---|---|---|---|---|---|
| 2013 | 대전 | 0 | 0 | 0 | 0 | 0 | 0 | 0 | 0 |
| 통산 | | 0 | 0 | 0 | 0 | 0 | 0 | 0 | 0 |

### 김동현 (金東炫) 경희고 1980.08.17

| 연도 | 소속 | 출장 | 교체 | 득점 | 도움 | 파울 | 슈팅 | 경고 | 퇴장 |
|---|---|---|---|---|---|---|---|---|---|
| 1999 | 수원 | 3 | 3 | 0 | 0 | 3 | 2 | 1 | 0 |
| 2003 | 수원 | 2 | 2 | 0 | 0 | 6 | 1 | 0 | 0 |
| 2005 | 수원 | 1 | 1 | 0 | 0 | 1 | 0 | 0 | 0 |
| 2007 | 전북 | 6 | 5 | 0 | 0 | 14 | 8 | 0 | 0 |
| 통산 | | 12 | 11 | 0 | 0 | 24 | 11 | 1 | 0 |

### 김동현 (金東炫) 한양대 1984.05.20

---

| 연도 | 소속 | 출장 | 교체 | 득점 | 도움 | 파울 | 슈팅 | 경고 | 퇴장 |
|---|---|---|---|---|---|---|---|---|---|
| 2004 | 수원 | 26 | 22 | 4 | 1 | 51 | 28 | 1 | 0 |
| 2005 | 수원 | 29 | 12 | 6 | 5 | 95 | 45 | 4 | 0 |
| 2007 | 성남 | 26 | 14 | 5 | 2 | 69 | 28 | 6 | 0 |
| 2008 | 성남 | 30 | 26 | 4 | 4 | 33 | 42 | 1 | 0 |
| 2009 | 경남 | 15 | 1 | 0 | 1 | 33 | 19 | 2 | 0 |
| 2010 | 광주상 | 19 | 12 | 0 | 3 | 37 | 21 | 5 | 0 |
| 2011 | 상주 | 10 | 7 | 2 | 2 | 11 | 11 | 1 | 0 |
| 통산 | | 155 | 105 | 25 | 14 | 329 | 194 | 20 | 0 |

### 김동환 (金東煥) 울산대 1983.01.17

| 연도 | 소속 | 출장 | 교체 | 득점 | 도움 | 파울 | 슈팅 | 경고 | 퇴장 |
|---|---|---|---|---|---|---|---|---|---|
| 2004 | 울산 | 1 | 1 | 0 | 0 | 0 | 0 | 0 | 0 |
| 2005 | 수원 | 2 | 1 | 0 | 0 | 2 | 2 | 0 | 0 |
| 통산 | | 3 | 2 | 0 | 0 | 2 | 2 | 0 | 0 |

### 김동효 (金桐效) 동래고 1990.04.05

| 연도 | 소속 | 출장 | 교체 | 득점 | 도움 | 파울 | 슈팅 | 경고 | 퇴장 |
|---|---|---|---|---|---|---|---|---|---|
| 2009 | 경남 | 2 | 2 | 0 | 0 | 2 | 2 | 0 | 0 |
| 통산 | | 2 | 2 | 0 | 0 | 2 | 2 | 0 | 0 |

### 김동훈 (金東勳) 한양대 1966.09.11

| 연도 | 소속 | 출장 | 교체 | 실점 | 도움 | FC | 슈팅 | 경고 | 퇴장 |
|---|---|---|---|---|---|---|---|---|---|
| 1988 | 대우 | 11 | 2 | 13 | 0 | 0 | 0 | 0 | 0 |
| 1989 | 대우 | 27 | 1 | 28 | 0 | 1 | 0 | 2 | 0 |
| 1990 | 대우 | 22 | 0 | 16 | 0 | 0 | 0 | 0 | 0 |
| 1992 | 대우 | 19 | 0 | 14 | 0 | 1 | 0 | 3 | 0 |
| 1993 | 대우 | 8 | 1 | 13 | 0 | 0 | 0 | 1 | 0 |
| 1994 | 버팔로 | 15 | 4 | 29 | 0 | 1 | 0 | 5 | 0 |
| 통산 | | 102 | 8 | 109 | 0 | 3 | 0 | 5 | 0 |

### 김동휘 (金東輝) 수원대 1989.12.23

| 연도 | 소속 | 출장 | 교체 | 득점 | 도움 | 파울 | 슈팅 | 경고 | 퇴장 |
|---|---|---|---|---|---|---|---|---|---|
| 2013 | 안양 | 2 | 2 | 0 | 0 | 2 | 0 | 0 | 0 |
| 통산 | | 2 | 2 | 0 | 0 | 2 | 0 | 0 | 0 |

### 김동희 (金東熙) 연세대 1989.05.06

| 연도 | 소속 | 출장 | 교체 | 득점 | 도움 | 파울 | 슈팅 | 경고 | 퇴장 |
|---|---|---|---|---|---|---|---|---|---|
| 2011 | 포항 | 1 | 1 | 0 | 0 | 0 | 0 | 0 | 0 |
| 2012 | 대전 | 9 | 9 | 0 | 0 | 8 | 4 | 1 | 0 |
| 2014 | 성남 | 32 | 25 | 4 | 2 | 26 | 33 | 2 | 0 |
| 통산 | | 42 | 35 | 5 | 2 | 32 | 39 | 3 | 0 |

### 김두함 (金豆함) 안동대 1970.03.08

| 연도 | 소속 | 출장 | 교체 | 득점 | 도움 | 파울 | 슈팅 | 경고 | 퇴장 |
|---|---|---|---|---|---|---|---|---|---|
| 1996 | 수원 | 1 | 1 | 0 | 0 | 0 | 0 | 0 | 0 |
| 통산 | | 1 | 1 | 0 | 0 | 0 | 0 | 0 | 0 |

### 김두현 (金斗炫) 용인대학원 1982.07.14

| 연도 | 소속 | 출장 | 교체 | 득점 | 도움 | 파울 | 슈팅 | 경고 | 퇴장 |
|---|---|---|---|---|---|---|---|---|---|
| 2001 | 수원 | 15 | 16 | 0 | 1 | 16 | 8 | 2 | 0 |
| 2002 | 수원 | 20 | 16 | 2 | 1 | 29 | 18 | 2 | 0 |
| 2003 | 수원 | 34 | 18 | 4 | 2 | 61 | 42 | 4 | 0 |
| 2004 | 수원 | 22 | 5 | 1 | 4 | 46 | 33 | 6 | 0 |
| 2005 | 수원 | 9 | 1 | 1 | 1 | 13 | 19 | 4 | 0 |
| 2005 | 성남 | 21 | 7 | 2 | 3 | 41 | 41 | 1 | 0 |
| 2006 | 성남 | 33 | 2 | 4 | 8 | 82 | 83 | 4 | 0 |
| 2007 | 성남 | 28 | 14 | 7 | 2 | 51 | 57 | 3 | 0 |
| 2009 | 수원 | 15 | 9 | 0 | 1 | 14 | 36 | 4 | 0 |
| 2010 | 수원 | 19 | 13 | 3 | 1 | 30 | 26 | 4 | 0 |
| 2012 | 수원 | 6 | 6 | 1 | 2 | 5 | 14 | 1 | 0 |
| 2013 | 수원 | 6 | 5 | 1 | 0 | 4 | 7 | 0 | 0 |
| 2014 | 수원 | 31 | 20 | 4 | 3 | 37 | 26 | 1 | 0 |
| 통산 | | 258 | 128 | 37 | 28 | 439 | 395 | 33 | 0 |

### 김륜도 (金侖度) 광운대 1991.07.09

| 연도 | 소속 | 출장 | 교체 | 득점 | 도움 | 파울 | 슈팅 | 경고 | 퇴장 |
|---|---|---|---|---|---|---|---|---|---|
| 2014 | 부천 | 34 | 5 | 1 | 0 | 47 | 21 | 5 | 0 |
| 통산 | | 34 | 5 | 1 | 0 | 47 | 21 | 5 | 0 |

### 김만수 (金萬壽) 광운대 1961.06.19

| 연도 | 소속 | 출장 | 교체 | 득점 | 도움 | 파울 | 슈팅 | 경고 | 퇴장 |
|---|---|---|---|---|---|---|---|---|---|
| 1983 | 포철 | 4 | 4 | 0 | 0 | 0 | 0 | 0 | 0 |
| 1985 | 포철 | 1 | 1 | 0 | 0 | 0 | 0 | 0 | 0 |
| 통산 | | 5 | 5 | 0 | 0 | 0 | 0 | 0 | 0 |

### 김만중 (金萬中) 명지대 1978.11.04

| 연도 | 소속 | 출장 | 교체 | 득점 | 도움 | 파울 | 슈팅 | 경고 | 퇴장 |
|---|---|---|---|---|---|---|---|---|---|
| 2001 | 부천 | 2 | 2 | 0 | 0 | 0 | 1 | 0 | 0 |
| | 통산 | 2 | 2 | 0 | 0 | 0 | 1 | 0 | 0 |

**김만태** (金萬泰) 광운대 1964.01.30

| 연도 | 소속 | 출장 | 교체 | 득점 | 도움 | 파울 | 슈팅 | 경고 | 퇴장 |
|---|---|---|---|---|---|---|---|---|---|
| 1990 | 현대 | 3 | 3 | 0 | 0 | 2 | 1 | 0 | 0 |
| | 통산 | 3 | 3 | 0 | 0 | 2 | 1 | 0 | 0 |

**김명곤** (金明坤) 중앙대 1974.04.15

| 연도 | 소속 | 출장 | 교체 | 득점 | 도움 | 파울 | 슈팅 | 경고 | 퇴장 |
|---|---|---|---|---|---|---|---|---|---|
| 1997 | 포항 | 31 | 25 | 1 | 2 | 46 | 30 | 4 | 0 |
| 1998 | 포항 | 17 | 16 | 2 | 0 | 17 | 18 | 2 | 0 |
| 1999 | 포항 | 13 | 7 | 1 | 3 | 18 | 17 | 1 | 0 |
| 2000 | 포항 | 31 | 10 | 5 | 4 | 47 | 40 | 5 | 0 |
| 2002 | 전남 | 4 | 4 | 0 | 0 | 2 | 2 | 0 | 0 |
| | 통산 | 96 | 62 | 9 | 9 | 130 | 107 | 13 | 0 |

**김명관** (金明寬) 광운전자공고 1959.11.27

| 연도 | 소속 | 출장 | 교체 | 득점 | 도움 | 파울 | 슈팅 | 경고 | 퇴장 |
|---|---|---|---|---|---|---|---|---|---|
| 1983 | 유공 | 15 | 2 | 0 | 1 | 10 | 2 | 0 | 0 |
| 1984 | 유공 | 26 | 8 | 1 | 0 | 24 | 10 | 1 | 0 |
| 1985 | 유공 | 16 | 4 | 0 | 1 | 23 | 8 | 0 | 0 |
| 1986 | 유공 | 29 | 1 | 0 | 0 | 67 | 13 | 0 | 0 |
| 1987 | 유공 | 18 | 10 | 0 | 1 | 12 | 8 | 2 | 0 |
| | 통산 | 104 | 25 | 1 | 4 | 130 | 38 | 4 | 0 |

**김명광** (金明光) 대구대 1984.05.07

| 연도 | 소속 | 출장 | 교체 | 득점 | 도움 | 파울 | 슈팅 | 경고 | 퇴장 |
|---|---|---|---|---|---|---|---|---|---|
| 2007 | 대구 | 0 | 0 | 0 | 0 | 0 | 0 | 0 | 0 |
| | 통산 | 0 | 0 | 0 | 0 | 0 | 0 | 0 | 0 |

**김명규** (金明奎) 수원대 1990.08.29

| 연도 | 소속 | 출장 | 교체 | 득점 | 도움 | 파울 | 슈팅 | 경고 | 퇴장 |
|---|---|---|---|---|---|---|---|---|---|
| 2013 | 부천 | 1 | 1 | 0 | 0 | 0 | 0 | 0 | 0 |
| | 통산 | 1 | 1 | 0 | 0 | 0 | 0 | 0 | 0 |

**김명운** (金明雲) 숭실대 1987.11.01

| 연도 | 소속 | 출장 | 교체 | 득점 | 도움 | 파울 | 슈팅 | 경고 | 퇴장 |
|---|---|---|---|---|---|---|---|---|---|
| 2007 | 전남 | 2 | 2 | 0 | 0 | 0 | 0 | 0 | 0 |
| 2008 | 전남 | 18 | 15 | 1 | 0 | 19 | 23 | 0 | 0 |
| 2009 | 전남 | 20 | 19 | 2 | 4 | 18 | 25 | 2 | 0 |
| 2010 | 전남 | 3 | 2 | 0 | 0 | 6 | 0 | 0 | 0 |
| 2011 | 인천 | 12 | 11 | 1 | 1 | 22 | 14 | 0 | 0 |
| 2012 | 상주 | 15 | 10 | 1 | 1 | 19 | 26 | 0 | 0 |
| 2013 | 상주 | 5 | 5 | 2 | 0 | 2 | 10 | 0 | 0 |
| | 통산 | 75 | 64 | 7 | 4 | 85 | 102 | 2 | 0 |

**김명중** (金明中) 동국대 1985.02.06

| 연도 | 소속 | 출장 | 교체 | 득점 | 도움 | 파울 | 슈팅 | 경고 | 퇴장 |
|---|---|---|---|---|---|---|---|---|---|
| 2005 | 포항 | 8 | 8 | 0 | 0 | 6 | 7 | 2 | 0 |
| 2006 | 포항 | 13 | 12 | 0 | 0 | 16 | 6 | 3 | 0 |
| 2007 | 포항 | 11 | 7 | 0 | 0 | 19 | 9 | 3 | 0 |
| 2008 | 광주상 | 31 | 8 | 7 | 2 | 67 | 62 | 5 | 0 |
| 2009 | 광주상 | 26 | 6 | 8 | 5 | 74 | 77 | 1 | 0 |
| 2009 | 포항 | 2 | 2 | 1 | 0 | 4 | 9 | 0 | 0 |
| 2010 | 전남 | 26 | 20 | 3 | 3 | 52 | 44 | 4 | 0 |
| 2011 | 전남 | 27 | 14 | 5 | 1 | 65 | 35 | 6 | 0 |
| 2012 | 강원 | 22 | 22 | 2 | 1 | 44 | 28 | 1 | 0 |
| | 통산 | 166 | 98 | 26 | 12 | 347 | 262 | 25 | 0 |

**김명진** (金明眞) 부평고 1985.03.23

| 연도 | 소속 | 출장 | 교체 | 득점 | 도움 | 파울 | 슈팅 | 경고 | 퇴장 |
|---|---|---|---|---|---|---|---|---|---|
| 2006 | 포항 | 0 | 0 | 0 | 0 | 0 | 0 | 0 | 0 |
| | 통산 | 0 | 0 | 0 | 0 | 0 | 0 | 0 | 0 |

**김명환** (金名煥) 정명고 1987.03.06

| 연도 | 소속 | 출장 | 교체 | 득점 | 도움 | 파울 | 슈팅 | 경고 | 퇴장 |
|---|---|---|---|---|---|---|---|---|---|
| 2006 | 제주 | 2 | 2 | 0 | 0 | 1 | 0 | 0 | 0 |
| 2007 | 제주 | 5 | 1 | 0 | 0 | 8 | 2 | 1 | 0 |
| 2008 | 제주 | 13 | 5 | 0 | 0 | 14 | 4 | 1 | 0 |
| 2009 | 제주 | 3 | 1 | 0 | 0 | 16 | 5 | 0 | 0 |
| 2010 | 제주 | 8 | 4 | 0 | 0 | 1 | 0 | 0 | 0 |
| | 통산 | 40 | 15 | 0 | 1 | 40 | 13 | 2 | 0 |

**김명휘** (金明輝) 일본 하쓰시바하시모고
1981.05.08

| 연도 | 소속 | 출장 | 교체 | 득점 | 도움 | 파울 | 슈팅 | 경고 | 퇴장 |
|---|---|---|---|---|---|---|---|---|---|
| 2002 | 성남 | 0 | 0 | 0 | 0 | 0 | 0 | 0 | 0 |
| | 통산 | 0 | 0 | 0 | 0 | 0 | 0 | 0 | 0 |

**김문경** (金文經) 단국대 1960.01.06

| 연도 | 소속 | 출장 | 교체 | 득점 | 도움 | 파울 | 슈팅 | 경고 | 퇴장 |
|---|---|---|---|---|---|---|---|---|---|
| 1984 | 현대 | 13 | 0 | 0 | 0 | 3 | 0 | 0 | 0 |
| 1985 | 현대 | 21 | 0 | 0 | 0 | 5 | 3 | 0 | 0 |
| 1987 | 현대 | 16 | 1 | 0 | 1 | 7 | 2 | 0 | 0 |
| 1988 | 현대 | 24 | 1 | 0 | 2 | 11 | 0 | 1 | 0 |
| 1989 | 현대 | 11 | 3 | 0 | 1 | 9 | 1 | 1 | 0 |
| | 통산 | 85 | 5 | 0 | 4 | 35 | 6 | 2 | 0 |

**김문수** (金文殊) 관동대 1989.07.14

| 연도 | 소속 | 출장 | 교체 | 득점 | 도움 | 파울 | 슈팅 | 경고 | 퇴장 |
|---|---|---|---|---|---|---|---|---|---|
| 2011 | 강원 | 1 | 0 | 0 | 0 | 4 | 1 | 1 | 0 |
| 2013 | 경찰 | 1 | 0 | 0 | 0 | 0 | 0 | 0 | 0 |
| | 통산 | 2 | 0 | 0 | 0 | 4 | 1 | 1 | 0 |

**김문주** (金汶柱) 건국대 1990.03.24

| 연도 | 소속 | 출장 | 교체 | 득점 | 도움 | 파울 | 슈팅 | 경고 | 퇴장 |
|---|---|---|---|---|---|---|---|---|---|
| 2013 | 대전 | 0 | 0 | 0 | 0 | 0 | 0 | 0 | 0 |
| | 통산 | 0 | 0 | 0 | 0 | 0 | 0 | 0 | 0 |

**김민구** (金敏九) 영남대 1964.01.29

| 연도 | 소속 | 출장 | 교체 | 득점 | 도움 | 파울 | 슈팅 | 경고 | 퇴장 |
|---|---|---|---|---|---|---|---|---|---|
| 1988 | 포철 | 19 | 6 | 0 | 2 | 32 | 1 | 1 | 0 |
| 1989 | 포철 | 6 | 1 | 0 | 0 | 11 | 2 | 0 | 0 |
| 1990 | 포철 | 3 | 3 | 0 | 0 | 4 | 0 | 0 | 0 |
| | 통산 | 28 | 10 | 0 | 2 | 47 | 3 | 1 | 0 |

**김민구** (金旻九) 연세대 1985.06.06

| 연도 | 소속 | 출장 | 교체 | 득점 | 도움 | 파울 | 슈팅 | 경고 | 퇴장 |
|---|---|---|---|---|---|---|---|---|---|
| 2008 | 인천 | 1 | 1 | 0 | 0 | 0 | 0 | 0 | 0 |
| | 통산 | 1 | 1 | 0 | 0 | 0 | 0 | 0 | 0 |

**김민구** (金玟究) 관동대 1984.05.07

| 연도 | 소속 | 출장 | 교체 | 득점 | 도움 | 파울 | 슈팅 | 경고 | 퇴장 |
|---|---|---|---|---|---|---|---|---|---|
| 2011 | 대구 | 21 | 17 | 1 | 1 | 22 | 14 | 2 | 1 |
| | 통산 | 21 | 17 | 1 | 1 | 22 | 14 | 2 | 1 |

**김민규** (金閔圭) 숭실대 1982.12.24

| 연도 | 소속 | 출장 | 교체 | 득점 | 도움 | 파울 | 슈팅 | 경고 | 퇴장 |
|---|---|---|---|---|---|---|---|---|---|
| 2005 | 전북 | 0 | 0 | 0 | 0 | 0 | 0 | 0 | 0 |

**김민균** (金民均) 명지대 1988.11.30

| 연도 | 소속 | 출장 | 교체 | 득점 | 도움 | 파울 | 슈팅 | 경고 | 퇴장 |
|---|---|---|---|---|---|---|---|---|---|
| 2009 | 대구 | 31 | 12 | 1 | 2 | 43 | 35 | 3 | 0 |
| 2010 | 대구 | 15 | 15 | 1 | 1 | 5 | 7 | 2 | 0 |
| 2014 | 광주 | 14 | 9 | 2 | 0 | 19 | 18 | 1 | 0 |
| | 통산 | 60 | 37 | 4 | 3 | 58 | 60 | 3 | 0 |

**김민기** (金玟基) 건국대 1990.06.21

| 연도 | 소속 | 출장 | 교체 | 득점 | 도움 | 파울 | 슈팅 | 경고 | 퇴장 |
|---|---|---|---|---|---|---|---|---|---|
| 2014 | 수원FC | 4 | 3 | 0 | 0 | 4 | 2 | 0 | 0 |
| | 통산 | 4 | 3 | 0 | 0 | 4 | 2 | 0 | 0 |

**김민섭** (金民燮) 숭실대 1987.09.22

| 연도 | 소속 | 출장 | 교체 | 득점 | 도움 | 파울 | 슈팅 | 경고 | 퇴장 |
|---|---|---|---|---|---|---|---|---|---|
| 2009 | 대전 | 18 | 9 | 0 | 0 | 19 | 7 | 3 | 0 |
| | 통산 | 18 | 9 | 0 | 0 | 19 | 7 | 3 | 0 |

**김민수** (金敏洙) 한남대 1984.12.14

| 연도 | 소속 | 출장 | 교체 | 득점 | 도움 | 파울 | 슈팅 | 경고 | 퇴장 |
|---|---|---|---|---|---|---|---|---|---|
| 2008 | 대전 | 17 | 14 | 2 | 2 | 19 | 17 | 2 | 1 |
| 2009 | 인천 | 21 | 11 | 3 | 2 | 21 | 30 | 2 | 0 |
| 2010 | 인천 | 4 | 3 | 0 | 1 | 4 | 7 | 0 | 0 |
| 2011 | 상주 | 16 | 12 | 3 | 0 | 18 | 30 | 2 | 0 |
| 2012 | 상주 | 10 | 10 | 0 | 1 | 6 | 4 | 1 | 0 |
| 2012 | 인천 | 1 | 1 | 0 | 0 | 0 | 0 | 0 | 0 |
| 2013 | 경남 | 16 | 14 | 0 | 2 | 19 | 19 | 2 | 0 |
| 2014 | 광주 | 19 | 18 | 2 | 2 | 22 | 24 | 1 | 0 |
| | 통산 | 104 | 83 | 8 | 12 | 103 | 101 | 11 | 1 |

**김민수** (金㟧洙) 용인대 1989.07.13

| 연도 | 소속 | 출장 | 교체 | 득점 | 도움 | 파울 | 슈팅 | 경고 | 퇴장 |
|---|---|---|---|---|---|---|---|---|---|
| 2013 | 부천 | 0 | 0 | 0 | 0 | 0 | 0 | 0 | 0 |
| | 통산 | 0 | 0 | 0 | 0 | 0 | 0 | 0 | 0 |

**김민식** (金民植) 호남대 1985.10.29

| 연도 | 소속 | 출장 | 교체 | 실점 | 도움 | 파울 | 슈팅 | 경고 | 퇴장 |
|---|---|---|---|---|---|---|---|---|---|
| 2008 | 전북 | 0 | 0 | 0 | 0 | 0 | 0 | 0 | 0 |
| 2009 | 전북 | 2 | 1 | 3 | 0 | 0 | 0 | 0 | 0 |
| 2010 | 전북 | 7 | 0 | 11 | 0 | 0 | 0 | 0 | 0 |
| 2011 | 전북 | 17 | 0 | 17 | 0 | 0 | 0 | 2 | 0 |
| 2012 | 전북 | 9 | 1 | 11 | 0 | 0 | 0 | 0 | 0 |
| 2013 | 상주 | 5 | 0 | 9 | 0 | 0 | 0 | 0 | 0 |
| 2014 | 상주 | 18 | 0 | 29 | 0 | 0 | 0 | 2 | 0 |
| 2014 | 전북 | 3 | 0 | 5 | 0 | 0 | 0 | 0 | 0 |
| | 통산 | 61 | 3 | 78 | 0 | 0 | 0 | 4 | 0 |

**김민오** (金敏吾) 울산대 1983.05.08

| 연도 | 소속 | 출장 | 교체 | 득점 | 도움 | 파울 | 슈팅 | 경고 | 퇴장 |
|---|---|---|---|---|---|---|---|---|---|
| 2006 | 울산 | 9 | 4 | 0 | 0 | 16 | 6 | 0 | 0 |
| 2007 | 울산 | 18 | 16 | 0 | 0 | 27 | 6 | 2 | 0 |
| 2008 | 울산 | 18 | 14 | 0 | 0 | 27 | 7 | 2 | 0 |
| 2009 | 울산 | 1 | 1 | 0 | 0 | 1 | 0 | 0 | 0 |
| 2010 | 광주상 | 4 | 2 | 0 | 0 | 2 | 4 | 0 | 0 |
| 2011 | 상주 | 10 | 0 | 0 | 0 | 8 | 0 | 2 | 0 |
| | 통산 | 60 | 37 | 0 | 0 | 81 | 24 | 9 | 0 |

**김민철** (金敏哲) 건국대 1972.03.01

| 연도 | 소속 | 출장 | 교체 | 실점 | 도움 | 파울 | 슈팅 | 경고 | 퇴장 |
|---|---|---|---|---|---|---|---|---|---|
| 1994 | 유공 | 5 | 0 | 5 | 0 | 0 | 0 | 1 | 0 |
| 1996 | 부천 | 16 | 0 | 34 | 0 | 1 | 0 | 1 | 0 |
| | 통산 | 21 | 0 | 39 | 0 | 1 | 0 | 2 | 0 |

**김민학** (金民學) 선문대 1988.10.04

| 연도 | 소속 | 출장 | 교체 | 득점 | 도움 | 파울 | 슈팅 | 경고 | 퇴장 |
|---|---|---|---|---|---|---|---|---|---|
| 2010 | 전북 | 5 | 1 | 1 | 0 | 7 | 5 | 0 | 0 |
| 2011 | 전북 | 1 | 1 | 0 | 0 | 2 | 1 | 1 | 0 |
| | 통산 | 6 | 2 | 1 | 0 | 9 | 6 | 1 | 0 |

**김민혜** (金敏慧) 영동고 1954.12.04

| 연도 | 소속 | 출장 | 교체 | 득점 | 도움 | 파울 | 슈팅 | 경고 | 퇴장 |
|---|---|---|---|---|---|---|---|---|---|
| 1983 | 대우 | 9 | 3 | 3 | 5 | 6 | 0 | 0 | 0 |
| 1984 | 힐렐 | 8 | 4 | 0 | 0 | 3 | 0 | 0 | 0 |
| 1985 | 힐렐 | 9 | 0 | 0 | 0 | 13 | 0 | 0 | 0 |
| | 통산 | 26 | 7 | 3 | 22 | 8 | 0 | 0 | 0 |

**김민호** (金珉浩) 건국대 1985.05.13

| 연도 | 소속 | 출장 | 교체 | 득점 | 도움 | 파울 | 슈팅 | 경고 | 퇴장 |
|---|---|---|---|---|---|---|---|---|---|
| 2007 | 성남 | 1 | 1 | 0 | 0 | 0 | 0 | 0 | 0 |
| 2008 | 성남 | 1 | 1 | 0 | 0 | 0 | 0 | 0 | 0 |
| 2008 | 전남 | 13 | 5 | 1 | 2 | 26 | 14 | 3 | 0 |
| 2009 | 전남 | 9 | 5 | 1 | 0 | 8 | 2 | 0 | 0 |
| 2010 | 대구 | 9 | 2 | 0 | 0 | 2 | 9 | 0 | 0 |
| | 통산 | 32 | 22 | 2 | 2 | 36 | 25 | 6 | 0 |

**김민호** (金敏浩) 인천대 1990.10.01

| 연도 | 소속 | 출장 | 교체 | 득점 | 도움 | 파울 | 슈팅 | 경고 | 퇴장 |
|---|---|---|---|---|---|---|---|---|---|
| 2013 | 부천 | 19 | 2 | 1 | 1 | 28 | 11 | 0 | 0 |
| | 통산 | 19 | 2 | 1 | 1 | 28 | 11 | 0 | 0 |

**김바우** (金바우) 한양대 1984.01.12

| 연도 | 소속 | 출장 | 교체 | 득점 | 도움 | 파울 | 슈팅 | 경고 | 퇴장 |
|---|---|---|---|---|---|---|---|---|---|
| 2007 | 서울 | 1 | 1 | 0 | 0 | 0 | 0 | 0 | 0 |
| 2008 | 대전 | 1 | 1 | 0 | 0 | 1 | 0 | 0 | 0 |
| 2009 | 포항 | 2 | 2 | 0 | 0 | 3 | 0 | 0 | 0 |
| 2010 | 포항 | 0 | 0 | 0 | 0 | 0 | 0 | 0 | 0 |
| 2011 | 대전 | 9 | 6 | 0 | 0 | 15 | 13 | 1 | 0 |
| | 통산 | 14 | 11 | 0 | 0 | 21 | 13 | 4 | 0 |

**김백근** (金伯根) 동아대 1975.10.12

| 연도 | 소속 | 출장 | 교체 | 득점 | 도움 | 파울 | 슈팅 | 경고 | 퇴장 |
|---|---|---|---|---|---|---|---|---|---|
| 1998 | 부산 | 10 | 7 | 0 | 1 | 4 | 1 | 0 | 0 |
| | 통산 | 10 | 7 | 0 | 1 | 4 | 1 | 0 | 0 |

**김범기** (金範基) 호남대 1974.03.01

| 연도 | 소속 | 출장 | 교체 | 득점 | 도움 | 파울 | 슈팅 | 경고 | 퇴장 |
|---|---|---|---|---|---|---|---|---|---|
| 1996 | 전남 | 3 | 3 | 0 | 0 | 2 | 0 | 0 | 0 |
| | 통산 | 3 | 3 | 0 | 0 | 2 | 0 | 0 | 0 |

**김범수** (金範洙) 고려대 1972.05.16

| 연도 | 소속 | 출장 | 교체 | 득점 | 도움 | 파울 | 슈팅 | 경고 | 퇴장 |
|---|---|---|---|---|---|---|---|---|---|
| 1995 | 전북 | 25 | 5 | 7 | 3 | 45 | 43 | 8 | 0 |

## 1열

| 연도 | 소속 | 출장 | 교체 | 득점 | 도움 | 파울 | 슈팅 | 경고 | 퇴장 |
|---|---|---|---|---|---|---|---|---|---|
| 1996 | 전북 | 33 | 9 | 3 | 5 | 49 | 45 | 7 | 0 |
| 1997 | 전북 | 28 | 10 | 2 | 7 | 51 | 36 | 8 | 0 |
| 1998 | 전북 | 23 | 17 | 2 | 1 | 39 | 38 | 4 | 1 |
| 1999 | 전북 | 12 | 12 | 0 | 1 | 10 | 9 | 1 | 0 |
| 2000 | 안양 | 2 | 2 | 0 | 0 | 0 | 0 | 0 | 0 |
| 통산 | | 123 | 55 | 14 | 17 | 194 | 171 | 28 | 1 |

**김범수** (金範洙) 관동대 1986.01.13

| 연도 | 소속 | 출장 | 교체 | 득점 | 도움 | 파울 | 슈팅 | 경고 | 퇴장 |
|---|---|---|---|---|---|---|---|---|---|
| 2010 | 광주상 | 5 | 5 | 0 | 0 | 1 | 2 | 1 | 0 |
| 통산 | | 5 | 5 | 0 | 0 | 1 | 2 | 1 | 0 |

**김범준** (金汎峻) 경희대 1988.07.14

| 연도 | 소속 | 출장 | 교체 | 득점 | 도움 | 파울 | 슈팅 | 경고 | 퇴장 |
|---|---|---|---|---|---|---|---|---|---|
| 2011 | 상주 | 10 | 6 | 0 | 0 | 9 | 3 | 0 | 0 |
| 통산 | | 10 | 6 | 0 | 0 | 9 | 3 | 0 | 0 |

**김병관** (金炳官) 광운대 1966.02.16

| 연도 | 소속 | 출장 | 교체 | 득점 | 도움 | 파울 | 슈팅 | 경고 | 퇴장 |
|---|---|---|---|---|---|---|---|---|---|
| 1984 | 한일은 | 11 | 1 | 0 | 0 | 8 | 2 | 2 | 0 |
| 1985 | 한일은 | 2 | 0 | 0 | 0 | 0 | 0 | 0 | 0 |
| 1990 | 현대 | 3 | 3 | 0 | 0 | 0 | 0 | 0 | 0 |
| 통산 | | 16 | 4 | 0 | 0 | 8 | 2 | 2 | 0 |

**김병석** (金秉析) 숭실대 1985.09.17

| 연도 | 소속 | 출장 | 교체 | 득점 | 도움 | 파울 | 슈팅 | 경고 | 퇴장 |
|---|---|---|---|---|---|---|---|---|---|
| 2012 | 대전 | 18 | 13 | 4 | 0 | 32 | 32 | 3 | 0 |
| 2013 | 대전 | 31 | 14 | 2 | 3 | 39 | 58 | 5 | 1 |
| 2014 | 안산 | 28 | 5 | 0 | 0 | 21 | 7 | 1 | 0 |
| 통산 | | 77 | 32 | 6 | 3 | 92 | 97 | 9 | 1 |

**김병오** (金炳晤) 성균관대 1989.06.26

| 연도 | 소속 | 출장 | 교체 | 득점 | 도움 | 파울 | 슈팅 | 경고 | 퇴장 |
|---|---|---|---|---|---|---|---|---|---|
| 2013 | 안양 | 17 | 16 | 1 | 1 | 18 | 10 | 0 | 0 |
| 통산 | | 17 | 16 | 1 | 1 | 18 | 10 | 0 | 0 |

**김병지** (金秉址) 알로이시오기계공고 1970.04.08

| 연도 | 소속 | 출장 | 교체 | 실점 | 도움 | 파울 | 슈팅 | 경고 | 퇴장 |
|---|---|---|---|---|---|---|---|---|---|
| 1992 | 현대 | 10 | 1 | 11 | 0 | 0 | 0 | 1 | 0 |
| 1993 | 현대 | 25 | 2 | 19 | 0 | 0 | 0 | 1 | 0 |
| 1994 | 현대 | 27 | 0 | 27 | 0 | 0 | 0 | 1 | 0 |
| 1995 | 현대 | 35 | 1 | 26 | 0 | 2 | 0 | 1 | 0 |
| 1996 | 울산 | 30 | 0 | 37 | 0 | 1 | 0 | 1 | 0 |
| 1997 | 울산 | 20 | 0 | 17 | 0 | 0 | 1 | 0 | 0 |
| 1998 | 울산 | 25 | 0 | 33 | 0 | 2 | 1 | 2 | 0 |
| 1999 | 울산 | 20 | 0 | 32 | 0 | 1 | 0 | 1 | 0 |
| 2000 | 울산 | 31 | 0 | 38 | 0 | 1 | 3 | 2 | 0 |
| 2001 | 포항 | 25 | 1 | 24 | 0 | 1 | 0 | 1 | 0 |
| 2002 | 포항 | 21 | 0 | 27 | 0 | 1 | 0 | 1 | 0 |
| 2003 | 포항 | 43 | 1 | 43 | 0 | 1 | 0 | 2 | 0 |
| 2004 | 포항 | 39 | 0 | 39 | 0 | 0 | 0 | 1 | 0 |
| 2005 | 포항 | 36 | 0 | 31 | 0 | 1 | 0 | 1 | 0 |
| 2006 | 서울 | 40 | 0 | 34 | 0 | 0 | 0 | 0 | 0 |
| 2007 | 서울 | 38 | 0 | 25 | 0 | 0 | 0 | 1 | 0 |
| 2008 | 서울 | 6 | 0 | 7 | 0 | 0 | 0 | 0 | 0 |
| 2009 | 경남 | 29 | 1 | 30 | 0 | 0 | 1 | 0 | 0 |
| 2010 | 경남 | 35 | 0 | 41 | 0 | 0 | 4 | 0 | 0 |
| 2011 | 경남 | 33 | 0 | 44 | 0 | 1 | 4 | 2 | 0 |
| 2012 | 경남 | 37 | 0 | 44 | 0 | 1 | 0 | 2 | 0 |
| 2013 | 전남 | 36 | 0 | 42 | 0 | 2 | 0 | 3 | 0 |
| 2014 | 전남 | 38 | 0 | 53 | 0 | 0 | 0 | 3 | 0 |
| 통산 | | 679 | 7 | 724 | 0 | 17 | 4 | 25 | 0 |

\* 득점: 1998년 1, 2000년 2 / 통산 3

**김병채** (金炳睬) 동북고 1981.04.14

| 연도 | 소속 | 출장 | 교체 | 득점 | 도움 | 파울 | 슈팅 | 경고 | 퇴장 |
|---|---|---|---|---|---|---|---|---|---|
| 2000 | 안양 | 1 | 1 | 0 | 0 | 0 | 1 | 0 | 0 |
| 2001 | 안양 | 2 | 2 | 0 | 0 | 0 | 1 | 0 | 0 |
| 2002 | 안양 | 0 | 0 | 0 | 0 | 0 | 0 | 0 | 0 |
| 2003 | 광주상 | 39 | 20 | 3 | 1 | 37 | 43 | 4 | 0 |
| 2004 | 광주상 | 33 | 29 | 4 | 1 | 9 | 20 | 1 | 0 |
| 2005 | 서울 | 7 | 4 | 0 | 0 | 16 | 2 | 0 | 0 |
| 2006 | 경남 | 5 | 5 | 0 | 0 | 3 | 1 | 0 | 0 |
| 2007 | 부산 | 3 | 3 | 0 | 0 | 6 | 1 | 0 | 0 |

## 2열

| 연도 | 소속 | 출장 | 교체 | 득점 | 도움 | 파울 | 슈팅 | 경고 | 퇴장 |
|---|---|---|---|---|---|---|---|---|---|
| 통산 | | 90 | 64 | 7 | 2 | 72 | 68 | 5 | 0 |

**김병탁** (金丙卓) 동아대 1970.09.18

| 연도 | 소속 | 출장 | 교체 | 득점 | 도움 | 파울 | 슈팅 | 경고 | 퇴장 |
|---|---|---|---|---|---|---|---|---|---|
| 1997 | 부산 | 6 | 5 | 0 | 0 | 2 | 1 | 1 | 0 |
| 1998 | 부산 | 16 | 8 | 0 | 0 | 18 | 10 | 0 | 0 |
| 통산 | | 22 | 13 | 0 | 0 | 20 | 11 | 1 | 0 |

**김병환** (金秉桓) 국민대 1956.10.10

| 연도 | 소속 | 출장 | 교체 | 득점 | 도움 | 파울 | 슈팅 | 경고 | 퇴장 |
|---|---|---|---|---|---|---|---|---|---|
| 1984 | 국민은 | 18 | 4 | 3 | 0 | 19 | 20 | 2 | 0 |
| 통산 | | 18 | 4 | 3 | 0 | 19 | 20 | 2 | 0 |

**김보성** (金保成) 동아대 1989.04.04

| 연도 | 소속 | 출장 | 교체 | 득점 | 도움 | 파울 | 슈팅 | 경고 | 퇴장 |
|---|---|---|---|---|---|---|---|---|---|
| 2012 | 경남 | 3 | 3 | 0 | 0 | 1 | 0 | 1 | 0 |
| 통산 | | 3 | 3 | 0 | 0 | 1 | 0 | 1 | 0 |

**김본광** (金本光) 탐라대 1988.09.30

| 연도 | 소속 | 출장 | 교체 | 득점 | 도움 | 파울 | 슈팅 | 경고 | 퇴장 |
|---|---|---|---|---|---|---|---|---|---|
| 2013 | 수원FC | 18 | 8 | 3 | 4 | 28 | 33 | 3 | 0 |
| 2014 | 수원FC | 29 | 8 | 3 | 0 | 39 | 39 | 9 | 0 |
| 통산 | | 47 | 16 | 6 | 4 | 67 | 72 | 12 | 0 |

**김봉겸** (金奉謙) 고려대 1984.05.01

| 연도 | 소속 | 출장 | 교체 | 득점 | 도움 | 파울 | 슈팅 | 경고 | 퇴장 |
|---|---|---|---|---|---|---|---|---|---|
| 2009 | 강원 | 17 | 2 | 0 | 2 | 13 | 12 | 3 | 0 |
| 2010 | 강원 | 9 | 2 | 0 | 1 | 5 | 1 | 0 | 0 |
| 통산 | | 26 | 4 | 0 | 3 | 18 | 13 | 3 | 0 |

**김봉길** (金奉吉) 연세대 1966.03.15

| 연도 | 소속 | 출장 | 교체 | 득점 | 도움 | 파울 | 슈팅 | 경고 | 퇴장 |
|---|---|---|---|---|---|---|---|---|---|
| 1989 | 유공 | 24 | 21 | 5 | 0 | 15 | 18 | 1 | 0 |
| 1990 | 유공 | 27 | 17 | 5 | 2 | 19 | 32 | 0 | 0 |
| 1991 | 유공 | 6 | 3 | 0 | 0 | 6 | 6 | 0 | 0 |
| 1992 | 유공 | 34 | 18 | 4 | 2 | 31 | 42 | 2 | 1 |
| 1993 | 유공 | 30 | 16 | 8 | 4 | 23 | 55 | 0 | 0 |
| 1994 | 유공 | 30 | 23 | 1 | 2 | 11 | 33 | 0 | 0 |
| 1995 | 전남 | 32 | 19 | 8 | 3 | 21 | 56 | 4 | 0 |
| 1996 | 전남 | 27 | 14 | 1 | 2 | 25 | 54 | 1 | 1 |
| 1997 | 전남 | 33 | 29 | 1 | 0 | 12 | 50 | 3 | 0 |
| 1998 | 전남 | 13 | 12 | 0 | 0 | 16 | 8 | 1 | 0 |
| 통산 | | 265 | 162 | 44 | 16 | 192 | 343 | 12 | 2 |

**김봉래** (金鳳來) 명지대 1990.07.02

| 연도 | 소속 | 출장 | 교체 | 득점 | 도움 | 파울 | 슈팅 | 경고 | 퇴장 |
|---|---|---|---|---|---|---|---|---|---|
| 2013 | 제주 | 23 | 5 | 1 | 0 | 23 | 5 | 3 | 0 |
| 2014 | 제주 | 7 | 6 | 0 | 1 | 1 | 1 | 0 | 0 |
| 통산 | | 30 | 11 | 1 | 1 | 24 | 6 | 3 | 0 |

**김봉성** (金峯成) 아주대 1962.11.28

| 연도 | 소속 | 출장 | 교체 | 득점 | 도움 | 파울 | 슈팅 | 경고 | 퇴장 |
|---|---|---|---|---|---|---|---|---|---|
| 1986 | 대우 | 5 | 4 | 0 | 0 | 5 | 11 | 0 | 0 |
| 1988 | 대우 | 13 | 9 | 0 | 0 | 12 | 14 | 0 | 0 |
| 1989 | 대우 | 7 | 8 | 0 | 0 | 5 | 6 | 0 | 0 |
| 통산 | | 25 | 22 | 0 | 0 | 22 | 31 | 0 | 0 |

**김봉수** (金奉洙) 고려대 1970.12.05

| 연도 | 소속 | 출장 | 교체 | 실점 | 도움 | 파울 | 슈팅 | 경고 | 퇴장 |
|---|---|---|---|---|---|---|---|---|---|
| 1992 | LG | 14 | 0 | 13 | 0 | 0 | 0 | 0 | 0 |
| 1993 | LG | 7 | 1 | 9 | 0 | 0 | 0 | 0 | 0 |
| 1994 | LG | 18 | 2 | 25 | 0 | 2 | 1 | 0 | 0 |
| 1995 | LG | 14 | 0 | 22 | 0 | 0 | 0 | 1 | 0 |
| 1996 | 안양 | 12 | 0 | 23 | 0 | 1 | 1 | 0 | 0 |
| 1997 | 안양 | 10 | 0 | 22 | 0 | 0 | 0 | 0 | 0 |
| 1998 | 안양 | 19 | 2 | 23 | 0 | 0 | 1 | 2 | 0 |
| 1999 | 안양 | 12 | 0 | 26 | 0 | 1 | 0 | 3 | 0 |
| 2000 | 울산 | 3 | 1 | 4 | 0 | 0 | 0 | 0 | 0 |
| 통산 | | 109 | 6 | 159 | 0 | 5 | 1 | 8 | 0 |

**김봉진** (金奉珍) 동의대 1990.07.18

| 연도 | 소속 | 출장 | 교체 | 득점 | 도움 | 파울 | 슈팅 | 경고 | 퇴장 |
|---|---|---|---|---|---|---|---|---|---|
| 2013 | 강원 | 13 | 1 | 2 | 1 | 16 | 15 | 3 | 0 |
| 통산 | | 13 | 1 | 2 | 1 | 16 | 15 | 3 | 0 |

**김봉현** (金奉顯) 호남대 1974.07.07

| 연도 | 소속 | 출장 | 교체 | 득점 | 도움 | 파울 | 슈팅 | 경고 | 퇴장 |
|---|---|---|---|---|---|---|---|---|---|
| 1995 | 전북 | 6 | 5 | 0 | 0 | 4 | 1 | 2 | 0 |

## 3열

| 연도 | 소속 | 출장 | 교체 | 득점 | 도움 | 파울 | 슈팅 | 경고 | 퇴장 |
|---|---|---|---|---|---|---|---|---|---|
| 1996 | 전북 | 26 | 4 | 1 | 1 | 53 | 16 | 7 | 0 |
| 1997 | 전북 | 33 | 2 | 4 | 0 | 82 | 27 | 7 | 0 |
| 1998 | 전북 | 33 | 0 | 1 | 3 | 72 | 24 | 7 | 0 |
| 1999 | 전북 | 30 | 3 | 2 | 3 | 31 | 14 | 3 | 0 |
| 2001 | 전북 | 5 | 0 | 0 | 0 | 7 | 2 | 2 | 0 |
| 2002 | 전북 | 1 | 0 | 0 | 0 | 2 | 0 | 0 | 0 |
| 통산 | | 134 | 15 | 10 | 5 | 250 | 84 | 28 | 0 |

**김부만** (金富萬) 영남대 1965.05.07

| 연도 | 소속 | 출장 | 교체 | 득점 | 도움 | 파울 | 슈팅 | 경고 | 퇴장 |
|---|---|---|---|---|---|---|---|---|---|
| 1988 | 포철 | 4 | 4 | 1 | 0 | 2 | 2 | 1 | 0 |
| 1989 | 포철 | 34 | 11 | 0 | 0 | 26 | 4 | 1 | 0 |
| 1990 | 포철 | 8 | 7 | 0 | 0 | 3 | 1 | 0 | 0 |
| 1991 | 포철 | 3 | 3 | 0 | 0 | 0 | 2 | 0 | 0 |
| 통산 | | 49 | 25 | 1 | 0 | 31 | 9 | 2 | 0 |

**김삼수** (金三秀) 동아대 1963.02.08

| 연도 | 소속 | 출장 | 교체 | 득점 | 도움 | 파울 | 슈팅 | 경고 | 퇴장 |
|---|---|---|---|---|---|---|---|---|---|
| 1986 | 현대 | 13 | 2 | 3 | 5 | 20 | 18 | 1 | 0 |
| 1987 | 현대 | 29 | 4 | 2 | 2 | 40 | 32 | 2 | 0 |
| 1988 | 현대 | 13 | 8 | 0 | 0 | 14 | 16 | 0 | 0 |
| 1989 | 럭금 | 30 | 16 | 1 | 0 | 43 | 19 | 3 | 0 |
| 1990 | 럭금 | 14 | 9 | 1 | 0 | 21 | 12 | 0 | 0 |
| 1991 | LG | 17 | 10 | 1 | 0 | 19 | 12 | 2 | 0 |
| 1992 | LG | 20 | 1 | 2 | 1 | 35 | 14 | 4 | 0 |
| 1993 | LG | 10 | 6 | 0 | 1 | 29 | 8 | 7 | 0 |
| 1994 | 대우 | 25 | 10 | 1 | 0 | 24 | 10 | 4 | 1 |
| 통산 | | 188 | 82 | 10 | 10 | 245 | 140 | 25 | 1 |

**김상규** (金相圭) 광운대 1973.11.02

| 연도 | 소속 | 출장 | 교체 | 득점 | 도움 | 파울 | 슈팅 | 경고 | 퇴장 |
|---|---|---|---|---|---|---|---|---|---|
| 1996 | 부천 | 2 | 2 | 0 | 0 | 1 | 0 | 0 | 0 |
| 통산 | | 2 | 2 | 0 | 0 | 1 | 0 | 0 | 0 |

**김상균** (金相均) 동신대 1991.02.13

| 연도 | 소속 | 출장 | 교체 | 득점 | 도움 | 파울 | 슈팅 | 경고 | 퇴장 |
|---|---|---|---|---|---|---|---|---|---|
| 2013 | 고양 | 2 | 1 | 0 | 0 | 1 | 3 | 1 | 0 |
| 2014 | 고양 | 2 | 2 | 0 | 0 | 0 | 0 | 0 | 0 |
| 통산 | | 4 | 3 | 0 | 0 | 1 | 3 | 1 | 0 |

**김상기** (金尙基) 광운대 1982.04.05

| 연도 | 소속 | 출장 | 교체 | 득점 | 도움 | 파울 | 슈팅 | 경고 | 퇴장 |
|---|---|---|---|---|---|---|---|---|---|
| 2005 | 수원 | 2 | 2 | 0 | 0 | 0 | 0 | 0 | 0 |
| 2006 | 수원 | 2 | 2 | 0 | 0 | 4 | 0 | 0 | 0 |
| 통산 | | 4 | 4 | 0 | 0 | 4 | 0 | 0 | 0 |

**김상덕** (金相德) 주문진중 1985.01.01

| 연도 | 소속 | 출장 | 교체 | 득점 | 도움 | 파울 | 슈팅 | 경고 | 퇴장 |
|---|---|---|---|---|---|---|---|---|---|
| 2005 | 수원 | 1 | 1 | 0 | 0 | 2 | 2 | 1 | 0 |
| 2010 | 대전 | 0 | 0 | 0 | 0 | 0 | 0 | 0 | 0 |
| 통산 | | 1 | 1 | 0 | 0 | 2 | 2 | 1 | 0 |

**김상록** (金相綠) 고려대 1979.02.25

| 연도 | 소속 | 출장 | 교체 | 득점 | 도움 | 파울 | 슈팅 | 경고 | 퇴장 |
|---|---|---|---|---|---|---|---|---|---|
| 2001 | 포항 | 34 | 16 | 4 | 1 | 23 | 36 | 1 | 0 |
| 2002 | 포항 | 20 | 20 | 2 | 2 | 32 | 15 | 2 | 0 |
| 2003 | 포항 | 28 | 20 | 2 | 3 | 22 | 34 | 2 | 0 |
| 2004 | 광주상 | 31 | 10 | 1 | 1 | 29 | 25 | 3 | 0 |
| 2005 | 광주상 | 30 | 14 | 5 | 1 | 19 | 40 | 2 | 0 |
| 2006 | 제주 | 32 | 6 | 8 | 3 | 35 | 43 | 0 | 0 |
| 2007 | 인천 | 37 | 16 | 10 | 6 | 24 | 49 | 0 | 0 |
| 2008 | 인천 | 27 | 25 | 1 | 2 | 19 | 14 | 0 | 0 |
| 2009 | 인천 | 15 | 14 | 1 | 0 | 8 | 11 | 0 | 0 |
| 2010 | 부산 | 25 | 24 | 0 | 0 | 8 | 11 | 0 | 0 |
| 2013 | 부천 | 19 | 9 | 3 | 2 | 22 | 21 | 2 | 0 |
| 통산 | | 281 | 166 | 32 | 23 | 224 | 202 | 15 | 0 |

**김상문** (金相文) 고려대 1967.04.08

| 연도 | 소속 | 출장 | 교체 | 득점 | 도움 | 파울 | 슈팅 | 경고 | 퇴장 |
|---|---|---|---|---|---|---|---|---|---|
| 1990 | 유공 | 26 | 4 | 1 | 2 | 35 | 14 | 4 | 0 |
| 1991 | 유공 | 37 | 4 | 2 | 2 | 53 | 24 | 3 | 1 |
| 1992 | 유공 | 18 | 5 | 2 | 2 | 30 | 11 | 1 | 0 |
| 1993 | 유공 | 34 | 5 | 0 | 5 | 54 | 34 | 2 | 0 |
| 1994 | 유공 | 14 | 6 | 3 | 0 | 14 | 8 | 0 | 0 |
| 1995 | 유공 | 5 | 5 | 0 | 0 | 1 | 0 | 0 | 0 |

## 김상식 (이어짐)

| 연도 | 소속 | 출장 | 교체 | 득점 | 도움 | 파울 | 슈팅 | 경고 | 퇴장 |
|---|---|---|---|---|---|---|---|---|---|
| 1995 | 대우 | 12 | 8 | 2 | 0 | 18 | 2 | 1 | 0 |
| 1996 | 부산 | 17 | 7 | 0 | 0 | 27 | 9 | 3 | 0 |
| 1997 | 부산 | 30 | 13 | 2 | 2 | 28 | 20 | 4 | 0 |
| 1998 | 부산 | 28 | 13 | 3 | 4 | 18 | 15 | 0 | 0 |
| 통산 |  | 221 | 70 | 18 | 11 | 308 | 138 | 18 | 1 |

## 김상식 (金相植) 대구대 1976.12.17

| 연도 | 소속 | 출장 | 교체 | 득점 | 도움 | 파울 | 슈팅 | 경고 | 퇴장 |
|---|---|---|---|---|---|---|---|---|---|
| 1999 | 천안 | 36 | 4 | 1 | 2 | 73 | 12 | 5 | 0 |
| 2000 | 성남 | 27 | 2 | 3 | 1 | 62 | 23 | 6 | 0 |
| 2001 | 성남 | 32 | 1 | 0 | 0 | 93 | 22 | 6 | 0 |
| 2002 | 성남 | 36 | 0 | 4 | 4 | 88 | 28 | 6 | 0 |
| 2003 | 광주상 | 42 | 1 | 2 | 2 | 69 | 42 | 4 | 0 |
| 2004 | 광주상 | 31 | 2 | 2 | 1 | 48 | 36 | 2 | 0 |
| 2005 | 성남 | 30 | 0 | 1 | 1 | 65 | 15 | 3 | 1 |
| 2006 | 성남 | 29 | 4 | 1 | 0 | 62 | 38 | 4 | 0 |
| 2007 | 성남 | 28 | 1 | 4 | 2 | 68 | 19 | 4 | 0 |
| 2008 | 성남 | 37 | 2 | 0 | 1 | 86 | 22 | 6 | 0 |
| 2009 | 전북 | 33 | 0 | 0 | 0 | 51 | 7 | 3 | 0 |
| 2010 | 전북 | 28 | 9 | 0 | 2 | 82 | 7 | 11 | 0 |
| 2011 | 전북 | 22 | 5 | 0 | 0 | 56 | 1 | 9 | 0 |
| 2012 | 전북 | 27 | 13 | 0 | 1 | 37 | 0 | 4 | 0 |
| 2013 | 전북 | 20 | 6 | 1 | 0 | 34 | 3 | 6 | 1 |
| 통산 |  | 458 | 52 | 19 | 17 | 970 | 260 | 79 | 2 |

## 김상원 (金相元) 울산대 1992.02.20

| 연도 | 소속 | 출장 | 교체 | 득점 | 도움 | 파울 | 슈팅 | 경고 | 퇴장 |
|---|---|---|---|---|---|---|---|---|---|
| 2014 | 제주 | 1 | 1 | 0 | 0 | 0 | 0 | 0 | 0 |
| 통산 |  | 1 | 1 | 0 | 0 | 0 | 0 | 0 | 0 |

## 김상진 (金尙鎭) 한양대 1967.02.15

| 연도 | 소속 | 출장 | 교체 | 득점 | 도움 | 파울 | 슈팅 | 경고 | 퇴장 |
|---|---|---|---|---|---|---|---|---|---|
| 1990 | 럭금 | 26 | 18 | 2 | 2 | 58 | 34 | 3 | 0 |
| 1991 | LG | 27 | 17 | 6 | 2 | 39 | 39 | 7 | 1 |
| 1992 | LG | 29 | 20 | 6 | 0 | 35 | 23 | 4 | 0 |
| 1993 | LG | 3 | 3 | 0 | 0 | 3 | 2 | 0 | 0 |
| 1994 | LG | 11 | 11 | 1 | 1 | 11 | 9 | 1 | 1 |
| 1995 | 유공 | 14 | 14 | 0 | 0 | 13 | 7 | 3 | 0 |
| 1996 | 부천 | 11 | 1 | 0 | 0 | 6 | 0 | 3 | 0 |
| 통산 |  | 111 | 84 | 15 | 5 | 161 | 114 | 21 | 2 |

## 김상필 (金相泌) 성균관대 1989.04.26

| 연도 | 소속 | 출장 | 교체 | 득점 | 도움 | 파울 | 슈팅 | 경고 | 퇴장 |
|---|---|---|---|---|---|---|---|---|---|
| 2014 | 대전 | 1 | 0 | 0 | 0 | 0 | 0 | 0 | 0 |
| 통산 |  | 1 | 0 | 0 | 0 | 0 | 0 | 0 | 0 |

## 김상호 (金相鎬) 동아대 1964.10.05

| 연도 | 소속 | 출장 | 교체 | 득점 | 도움 | 파울 | 슈팅 | 경고 | 퇴장 |
|---|---|---|---|---|---|---|---|---|---|
| 1987 | 포철 | 29 | 11 | 3 | 1 | 23 | 19 | 2 | 0 |
| 1988 | 포철 | 15 | 4 | 0 | 4 | 10 | 9 | 0 | 0 |
| 1989 | 포철 | 14 | 5 | 0 | 2 | 8 | 12 | 0 | 0 |
| 1990 | 포철 | 22 | 2 | 2 | 2 | 20 | 20 | 0 | 0 |
| 1991 | 포철 | 36 | 9 | 5 | 6 | 21 | 44 | 0 | 0 |
| 1992 | 포철 | 9 | 1 | 0 | 0 | 7 | 14 | 0 | 0 |
| 1993 | 포철 | 14 | 6 | 0 | 3 | 1 | 8 | 0 | 0 |
| 1994 | 포철 | 10 | 7 | 0 | 0 | 6 | 3 | 0 | 0 |
| 1995 | 전남 | 25 | 5 | 1 | 3 | 8 | 12 | 2 | 0 |
| 1996 | 전남 | 27 | 10 | 1 | 2 | 8 | 20 | 1 | 0 |
| 1997 | 전남 | 27 | 21 | 3 | 1 | 19 | 20 | 1 | 0 |
| 1998 | 전남 | 4 | 4 | 1 | 0 | 1 | 3 | 1 | 0 |
| 통산 |  | 232 | 92 | 15 | 24 | 129 | 196 | 7 | 0 |

## 김상화 (金相華) 동국대 1968.08.25

| 연도 | 소속 | 출장 | 교체 | 득점 | 도움 | 파울 | 슈팅 | 경고 | 퇴장 |
|---|---|---|---|---|---|---|---|---|---|
| 1991 | 유공 | 2 | 2 | 0 | 0 | 0 | 1 | 0 | 0 |
| 1994 | 대우 | 2 | 2 | 0 | 0 | 0 | 1 | 0 | 0 |
| 통산 |  | 4 | 3 | 0 | 0 | 0 | 1 | 0 | 0 |

## 김상훈 (金相勳) 고려대 1967.12.19

| 연도 | 소속 | 출장 | 교체 | 득점 | 도움 | 파울 | 슈팅 | 경고 | 퇴장 |
|---|---|---|---|---|---|---|---|---|---|
| 1990 | 럭금 | 2 | 3 | 0 | 0 | 0 | 0 | 0 | 0 |
| 1991 | LG | 12 | 6 | 5 | 0 | 23 | 23 | 2 | 0 |
| 1993 | LG | 17 | 9 | 1 | 1 | 25 | 15 | 2 | 2 |
| 1994 | LG | 25 | 24 | 3 | 0 | 15 | 38 | 1 | 0 |
| 1995 | LG | 7 | 6 | 1 | 0 | 8 | 6 | 3 | 0 |
| 통산 |  | 63 | 48 | 10 | 1 | 71 | 82 | 8 | 2 |

## 김상훈 (金湘勳) 숭실대 1973.06.08

| 연도 | 소속 | 출장 | 교체 | 득점 | 도움 | 파울 | 슈팅 | 경고 | 퇴장 |
|---|---|---|---|---|---|---|---|---|---|
| 1996 | 울산 | 15 | 5 | 0 | 0 | 26 | 7 | 2 | 0 |
| 1997 | 울산 | 19 | 5 | 0 | 0 | 53 | 22 | 1 | 1 |
| 1998 | 울산 | 36 | 1 | 0 | 2 | 57 | 8 | 8 | 0 |
| 1999 | 울산 | 32 | 5 | 1 | 1 | 82 | 9 | 6 | 0 |
| 2000 | 울산 | 34 | 2 | 1 | 0 | 87 | 17 | 7 | 0 |
| 2001 | 울산 | 11 | 6 | 1 | 0 | 33 | 5 | 3 | 0 |
| 2002 | 포항 | 11 | 2 | 0 | 1 | 22 | 0 | 5 | 0 |
| 2003 | 포항 | 37 | 13 | 1 | 1 | 57 | 8 | 4 | 0 |
| 2004 | 성남 | 10 | 4 | 0 | 0 | 18 | 3 | 2 | 0 |
| 통산 |  | 212 | 41 | 5 | 5 | 479 | 79 | 38 | 1 |

## 김서준 (金胥樽) 한남대 1989.03.24

| 연도 | 소속 | 출장 | 교체 | 득점 | 도움 | 파울 | 슈팅 | 경고 | 퇴장 |
|---|---|---|---|---|---|---|---|---|---|
| 2013 | 수원FC | 19 | 12 | 2 | 2 | 32 | 25 | 2 | 0 |
| 2014 | 수원FC | 32 | 11 | 6 | 6 | 32 | 46 | 5 | 0 |
| 통산 |  | 51 | 23 | 8 | 8 | 64 | 71 | 7 | 0 |

## 김석만 (金石萬) 호남대 1982.07.01

| 연도 | 소속 | 출장 | 교체 | 득점 | 도움 | 파울 | 슈팅 | 경고 | 퇴장 |
|---|---|---|---|---|---|---|---|---|---|
| 2005 | 전남 | 1 | 1 | 0 | 0 | 1 | 0 | 0 | 0 |
| 통산 |  | 1 | 1 | 0 | 0 | 1 | 0 | 0 | 0 |

## 김석우 (金錫佑) 중경고 1983.05.06

| 연도 | 소속 | 출장 | 교체 | 득점 | 도움 | 파울 | 슈팅 | 경고 | 퇴장 |
|---|---|---|---|---|---|---|---|---|---|
| 2004 | 포항 | 14 | 5 | 0 | 0 | 11 | 0 | 0 | 0 |
| 2005 | 광주상 | 4 | 3 | 0 | 0 | 3 | 0 | 0 | 0 |
| 2007 | 부산 | 6 | 5 | 0 | 0 | 4 | 0 | 1 | 0 |
| 2008 | 부산 | 5 | 0 | 0 | 0 | 8 | 0 | 0 | 0 |
| 통산 |  | 29 | 13 | 0 | 0 | 28 | 0 | 1 | 0 |

## 김석원 (金錫垣) 고려대 1960.11.07

| 연도 | 소속 | 출장 | 교체 | 득점 | 도움 | 파울 | 슈팅 | 경고 | 퇴장 |
|---|---|---|---|---|---|---|---|---|---|
| 1983 | 유공 | 9 | 2 | 3 | 0 | 2 | 12 | 0 | 0 |
| 1984 | 유공 | 17 | 6 | 5 | 1 | 9 | 26 | 0 | 0 |
| 1985 | 유공 | 2 | 0 | 0 | 0 | 3 | 2 | 1 | 0 |
| 통산 |  | 28 | 8 | 8 | 1 | 13 | 41 | 1 | 0 |

## 김선규 (金善奎) 동아대 1987.10.07

| 연도 | 소속 | 출장 | 교체 | 실점 | 도움 | 파울 | 슈팅 | 경고 | 퇴장 |
|---|---|---|---|---|---|---|---|---|---|
| 2010 | 경남 | 0 | 0 | 0 | 0 | 0 | 0 | 0 | 0 |
| 2011 | 경남 | 0 | 0 | 0 | 0 | 0 | 0 | 0 | 0 |
| 2012 | 대전 | 35 | 1 | 55 | 0 | 1 | 0 | 1 | 0 |
| 2013 | 대전 | 22 | 0 | 38 | 0 | 0 | 0 | 0 | 0 |
| 2014 | 대전 | 21 | 1 | 24 | 1 | 0 | 0 | 0 | 0 |
| 통산 |  | 78 | 2 | 117 | 1 | 1 | 0 | 3 | 0 |

## 김선민 (金善旻) 예원예술대 1991.12.12

| 연도 | 소속 | 출장 | 교체 | 득점 | 도움 | 파울 | 슈팅 | 경고 | 퇴장 |
|---|---|---|---|---|---|---|---|---|---|
| 2014 | 울산 | 18 | 16 | 0 | 1 | 16 | 10 | 0 | 0 |
| 통산 |  | 18 | 16 | 0 | 1 | 16 | 10 | 0 | 0 |

## 김선우 (金善友) 동국대 1983.10.17

| 연도 | 소속 | 출장 | 교체 | 득점 | 도움 | 파울 | 슈팅 | 경고 | 퇴장 |
|---|---|---|---|---|---|---|---|---|---|
| 2007 | 인천 | 9 | 8 | 0 | 1 | 13 | 2 | 1 | 0 |
| 2008 | 인천 | 1 | 1 | 0 | 0 | 1 | 0 | 0 | 0 |
| 2011 | 포항 | 0 | 0 | 0 | 0 | 0 | 0 | 0 | 0 |
| 2012 | 포항 | 6 | 6 | 0 | 1 | 1 | 5 | 1 | 0 |
| 2013 | 성남 | 3 | 3 | 0 | 0 | 2 | 11 | 0 | 0 |
| 통산 |  | 19 | 18 | 0 | 2 | 18 | 4 | 2 | 0 |

## 김선우 (金宣羽) 한양대 1986.01.23

| 연도 | 소속 | 출장 | 교체 | 득점 | 도움 | 파울 | 슈팅 | 경고 | 퇴장 |
|---|---|---|---|---|---|---|---|---|---|
| 2008 | 인천 | 6 | 6 | 0 | 0 | 11 | 2 | 1 | 0 |
| 2010 | 광주상 | 6 | 6 | 0 | 0 | 11 | 1 | 0 | 0 |
| 2011 | 상주 | 7 | 5 | 0 | 0 | 10 | 1 | 2 | 0 |
| 2013 | 수원FC | 6 | 1 | 0 | 0 | 3 | 0 | 1 | 0 |
| 통산 |  | 25 | 18 | 0 | 0 | 35 | 2 | 4 | 0 |

## 김선일 (金善鎰) 동국대 1985.06.11

| 연도 | 소속 | 출장 | 교체 | 득점 | 도움 | 파울 | 슈팅 | 경고 | 퇴장 |
|---|---|---|---|---|---|---|---|---|---|
| 2009 | 수원 | 0 | 0 | 0 | 0 | 0 | 0 | 0 | 0 |
| 통산 |  | 0 | 0 | 0 | 0 | 0 | 0 | 0 | 0 |

## 김선진 (金善進) 전주대 1990.10.01

| 연도 | 소속 | 출장 | 교체 | 득점 | 도움 | 파울 | 슈팅 | 경고 | 퇴장 |
|---|---|---|---|---|---|---|---|---|---|
| 2012 | 제주 | 0 | 0 | 0 | 0 | 0 | 0 | 0 | 0 |
| 통산 |  | 0 | 0 | 0 | 0 | 0 | 0 | 0 | 0 |

## 김선태 (金善泰) 중앙대 1971.05.29

| 연도 | 소속 | 출장 | 교체 | 득점 | 도움 | 파울 | 슈팅 | 경고 | 퇴장 |
|---|---|---|---|---|---|---|---|---|---|
| 1994 | 현대 | 3 | 3 | 0 | 1 | 1 | 0 | 0 | 0 |
| 통산 |  | 3 | 3 | 0 | 1 | 1 | 0 | 0 | 0 |

## 김성경 (金成經) 한양대 1976.05.15

| 연도 | 소속 | 출장 | 교체 | 득점 | 도움 | 파울 | 슈팅 | 경고 | 퇴장 |
|---|---|---|---|---|---|---|---|---|---|
| 1999 | 전남 | 5 | 5 | 0 | 0 | 7 | 2 | 1 | 0 |
| 통산 |  | 5 | 5 | 0 | 0 | 7 | 2 | 1 | 0 |

## 김성구 (金聖求) 숭실대 1969.03.15

| 연도 | 소속 | 출장 | 교체 | 득점 | 도움 | 파울 | 슈팅 | 경고 | 퇴장 |
|---|---|---|---|---|---|---|---|---|---|
| 1992 | 현대 | 20 | 20 | 2 | 1 | 9 | 13 | 1 | 0 |
| 1993 | 현대 | 24 | 24 | 1 | 0 | 17 | 18 | 0 | 0 |
| 1994 | 현대 | 22 | 13 | 2 | 3 | 17 | 33 | 0 | 0 |
| 1995 | 현대 | 4 | 4 | 0 | 0 | 4 | 0 | 0 | 0 |
| 1997 | 전북 | 19 | 14 | 0 | 0 | 18 | 10 | 0 | 0 |
| 1998 | 전북 | 34 | 1 | 3 | 1 | 52 | 52 | 4 | 0 |
| 1999 | 전북 | 6 | 6 | 0 | 0 | 6 | 5 | 1 | 0 |
| 통산 |  | 135 | 89 | 10 | 7 | 106 | 156 | 6 | 0 |

## 김성국 (金成國) 충북대 1980.03.01

| 연도 | 소속 | 출장 | 교체 | 득점 | 도움 | 파울 | 슈팅 | 경고 | 퇴장 |
|---|---|---|---|---|---|---|---|---|---|
| 2003 | 부산 | 1 | 1 | 0 | 0 | 1 | 1 | 0 | 0 |
| 통산 |  | 1 | 1 | 0 | 0 | 1 | 1 | 0 | 0 |

## 김성국 (金成國) 광운대 1990.03.01

| 연도 | 소속 | 출장 | 교체 | 득점 | 도움 | 파울 | 슈팅 | 경고 | 퇴장 |
|---|---|---|---|---|---|---|---|---|---|
| 2013 | 안양 | 1 | 0 | 0 | 0 | 3 | 1 | 0 | 0 |
| 통산 |  | 1 | 0 | 0 | 0 | 3 | 1 | 0 | 0 |

## 김성규 (金星圭) 현대고 1981.06.05

| 연도 | 소속 | 출장 | 교체 | 득점 | 도움 | 파울 | 슈팅 | 경고 | 퇴장 |
|---|---|---|---|---|---|---|---|---|---|
| 2000 | 울산 | 8 | 7 | 0 | 0 | 1 | 1 | 0 | 0 |
| 2001 | 울산 | 4 | 3 | 0 | 0 | 2 | 3 | 0 | 0 |
| 통산 |  | 12 | 10 | 0 | 0 | 3 | 4 | 0 | 0 |

## 김성근 (金成根) 연세대 1977.06.20

| 연도 | 소속 | 출장 | 교체 | 득점 | 도움 | 파울 | 슈팅 | 경고 | 퇴장 |
|---|---|---|---|---|---|---|---|---|---|
| 2000 | 대전 | 17 | 3 | 1 | 0 | 12 | 5 | 1 | 0 |
| 2001 | 대전 | 27 | 3 | 0 | 0 | 37 | 11 | 1 | 0 |
| 2002 | 대전 | 32 | 2 | 1 | 0 | 40 | 8 | 5 | 0 |
| 2003 | 대전 | 40 | 0 | 2 | 0 | 42 | 9 | 4 | 0 |
| 2004 | 포항 | 24 | 1 | 0 | 0 | 19 | 5 | 2 | 0 |
| 2005 | 포항 | 31 | 0 | 0 | 0 | 53 | 1 | 7 | 0 |
| 2006 | 포항 | 31 | 0 | 0 | 0 | 47 | 0 | 3 | 0 |
| 2007 | 포항 | 23 | 0 | 0 | 0 | 33 | 0 | 5 | 0 |
| 2008 | 전북 | 10 | 2 | 0 | 0 | 9 | 1 | 2 | 0 |
| 2008 | 수원 | 7 | 5 | 0 | 0 | 2 | 0 | 0 | 0 |
| 통산 |  | 244 | 16 | 4 | 0 | 294 | 40 | 34 | 0 |

## 김성기 (金聖起) 한양대 1961.11.21

| 연도 | 소속 | 출장 | 교체 | 득점 | 도움 | 파울 | 슈팅 | 경고 | 퇴장 |
|---|---|---|---|---|---|---|---|---|---|
| 1985 | 유공 | 17 | 0 | 1 | 1 | 29 | 18 | 4 | 0 |
| 1986 | 유공 | 14 | 7 | 0 | 1 | 15 | 3 | 2 | 0 |
| 1987 | 유공 | 27 | 7 | 4 | 1 | 33 | 31 | 3 | 0 |
| 1988 | 유공 | 13 | 3 | 0 | 0 | 28 | 14 | 2 | 0 |
| 1989 | 유공 | 20 | 2 | 0 | 0 | 15 | 0 | 1 | 0 |
| 1990 | 대우 | 17 | 0 | 0 | 0 | 37 | 6 | 5 | 0 |
| 1991 | 대우 | 34 | 3 | 0 | 0 | 45 | 11 | 4 | 0 |
| 1992 | 대우 | 8 | 4 | 0 | 0 | 17 | 1 | 4 | 0 |
| 통산 |  | 140 | 30 | 5 | 3 | 219 | 89 | 25 | 2 |

## 김성길 (金聖吉) 일본동명고 1983.07.08

| 연도 | 소속 | 출장 | 교체 | 득점 | 도움 | 파울 | 슈팅 | 경고 | 퇴장 |
|---|---|---|---|---|---|---|---|---|---|
| 2003 | 울산 | 1 | 1 | 0 | 0 | 0 | 0 | 0 | 0 |
| 2004 | 광주상 | 12 | 6 | 0 | 0 | 11 | 7 | 1 | 0 |
| 2005 | 광주상 | 20 | 17 | 0 | 1 | 19 | 10 | 0 | 0 |
| 2006 | 경남 | 30 | 17 | 2 | 4 | 50 | 25 | 3 | 0 |
| 2007 | 경남 | 26 | 15 | 1 | 3 | 38 | 31 | 3 | 0 |

**(continued)**

| 연도 | 소속 | 출장 | 교체 | 득점 | 도움 | 파울 | 슈팅 | 경고 | 퇴장 |
|---|---|---|---|---|---|---|---|---|---|
| 2008 | 경남 | 12 | 8 | 1 | 1 | 14 | 13 | 3 | 0 |
| 2009 | 경남 | 5 | 3 | 0 | 0 | 3 | 1 | 1 | 0 |
| 통산 | | 106 | 67 | 4 | 9 | 135 | 87 | 10 | 0 |

**김성남** (金星男) 고려대 1954.07.19

| 연도 | 소속 | 출장 | 교체 | 득점 | 도움 | 파울 | 슈팅 | 경고 | 퇴장 |
|---|---|---|---|---|---|---|---|---|---|
| 1983 | 유공 | 9 | 5 | 0 | 0 | 7 | 3 | 1 | 0 |
| 1984 | 대우 | 6 | 6 | 0 | 0 | 2 | 3 | 0 | 0 |
| 1985 | 대우 | 3 | 3 | 1 | 0 | 4 | 1 | 0 | 0 |
| 통산 | | 18 | 14 | 1 | 0 | 13 | 6 | 1 | 0 |

**김성현** (金成現) 고려대 1981.02.06

| 연도 | 소속 | 출장 | 교체 | 득점 | 도움 | 파울 | 슈팅 | 경고 | 퇴장 |
|---|---|---|---|---|---|---|---|---|---|
| 2005 | 부천 | | | | | | | | |
| 2006 | 광주상 | 3 | 0 | 0 | 0 | 0 | 1 | 0 | 0 |
| 2007 | 광주상 | 2 | 0 | 0 | 0 | 0 | 0 | 0 | 0 |
| 2008 | 제주 | | | | | | | | |
| 2009 | 제주 | 16 | 0 | 0 | 0 | 0 | 1 | 0 | 0 |
| 통산 | | 21 | 0 | 0 | 0 | 0 | 0 | 1 | 0 |

**김성민** (金成民) 고려대 1985.04.19

| 연도 | 소속 | 출장 | 교체 | 실점 | 도움 | 파울 | 슈팅 | 경고 | 퇴장 |
|---|---|---|---|---|---|---|---|---|---|
| 2008 | 울산 | 7 | 6 | 0 | 0 | 3 | 3 | 0 | 0 |
| 2009 | 울산 | 2 | 2 | 4 | 0 | 0 | 1 | 0 | 0 |
| 2011 | 광주 | 4 | 4 | 5 | 0 | 3 | 1 | 0 | 0 |
| 2012 | 상주 | 1 | 1 | 0 | 0 | 0 | 0 | 0 | 0 |
| 2014 | 충주 | 1 | 1 | 28 | 0 | 0 | 0 | 0 | 0 |
| 통산 | | 15 | 14 | 37 | 0 | 7 | 4 | 0 | 0 |

**김성민** (金聖珉) 호남대 1987.05.11

| 연도 | 소속 | 출장 | 교체 | 득점 | 도움 | 파울 | 슈팅 | 경고 | 퇴장 |
|---|---|---|---|---|---|---|---|---|---|
| 2011 | 광주 | 2 | 1 | 1 | 0 | 1 | 2 | 0 | 0 |
| 통산 | | 2 | 1 | 1 | 0 | 1 | 2 | 0 | 0 |

**김성배** (金成培) 배재대 1975.05.25

| 연도 | 소속 | 출장 | 교체 | 득점 | 도움 | 파울 | 슈팅 | 경고 | 퇴장 |
|---|---|---|---|---|---|---|---|---|---|
| 1998 | 부산 | 19 | 7 | 0 | 0 | 42 | 15 | 6 | 1 |
| 1999 | 부산 | 20 | 5 | 0 | 0 | 47 | 6 | 5 | 0 |
| 2000 | 부산 | 7 | 1 | 0 | 0 | 8 | 4 | 1 | 0 |
| 통산 | | 46 | 13 | 0 | 0 | 97 | 25 | 12 | 1 |

**김성부** (金成富) 진주고 1954.07.09

| 연도 | 소속 | 출장 | 교체 | 득점 | 도움 | 파울 | 슈팅 | 경고 | 퇴장 |
|---|---|---|---|---|---|---|---|---|---|
| 1983 | 포철 | 16 | 0 | 0 | 0 | 6 | 0 | 0 | 0 |
| 1984 | 포철 | 17 | 4 | 0 | 0 | 10 | 1 | 0 | 0 |
| 통산 | | 33 | 4 | 0 | 0 | 16 | 1 | 0 | 0 |

**김성수** (金星洙) 연세대 1963.03.12

| 연도 | 소속 | 출장 | 교체 | 실점 | 도움 | 파울 | 슈팅 | 경고 | 퇴장 |
|---|---|---|---|---|---|---|---|---|---|
| 1986 | 한일은 | 16 | 1 | 23 | 0 | 1 | 0 | 0 | 0 |
| 통산 | | 16 | 1 | 23 | 0 | 1 | 0 | 0 | 0 |

**김성수** (金聖洙) 배재대 1992.12.26

| 연도 | 소속 | 출장 | 교체 | 득점 | 도움 | 파울 | 슈팅 | 경고 | 퇴장 |
|---|---|---|---|---|---|---|---|---|---|
| 2013 | 대전 | 11 | 10 | 0 | 0 | 13 | 4 | 3 | 0 |
| 2014 | 대전 | 4 | 4 | 0 | 0 | 0 | 0 | 0 | 0 |
| 통산 | | 15 | 14 | 0 | 0 | 13 | 4 | 3 | 0 |

**김성일** (金成一) 홍익대 1975.11.02

| 연도 | 소속 | 출장 | 교체 | 득점 | 도움 | 파울 | 슈팅 | 경고 | 퇴장 |
|---|---|---|---|---|---|---|---|---|---|
| 1998 | 대전 | 11 | 11 | 0 | 1 | 8 | 0 | 0 | 0 |
| 1999 | 대전 | 6 | 5 | 0 | 0 | 8 | 1 | 0 | 0 |
| 통산 | | 17 | 16 | 0 | 1 | 16 | 9 | 0 | 0 |

**김성일** (金成鎰) 연세대 1973.04.13

| 연도 | 소속 | 출장 | 교체 | 득점 | 도움 | 파울 | 슈팅 | 경고 | 퇴장 |
|---|---|---|---|---|---|---|---|---|---|
| 1998 | 안양 | 27 | 7 | 0 | 1 | 70 | 9 | 10 | 0 |
| 1999 | 안양 | 35 | 1 | 0 | 0 | 49 | 2 | 5 | 0 |
| 2000 | 안양 | 32 | 1 | 0 | 1 | 56 | 4 | 1 | 0 |
| 2001 | 안양 | 25 | 2 | 0 | 0 | 24 | 2 | 2 | 0 |
| 2002 | 안양 | 14 | 1 | 0 | 0 | 24 | 0 | 8 | 0 |
| 2003 | 안양 | 14 | 1 | 0 | 0 | 24 | 0 | 8 | 0 |
| 2004 | 남양 | 22 | 12 | 0 | 1 | 29 | 4 | 1 | 0 |
| 2005 | 성남 | 3 | 1 | 0 | 0 | 1 | 0 | 0 | 0 |
| 통산 | | 158 | 25 | 0 | 3 | 258 | 21 | 28 | 0 |

**김성재** (金聖宰) 한양대 1976.09.17

| 연도 | 소속 | 출장 | 교체 | 득점 | 도움 | 파울 | 슈팅 | 경고 | 퇴장 |
|---|---|---|---|---|---|---|---|---|---|
| 1999 | 안양 | 34 | 15 | 5 | 1 | 33 | 42 | 2 | 0 |
| 2000 | 안양 | 34 | 15 | 3 | 6 | 44 | 26 | 4 | 0 |
| 2001 | 안양 | 29 | 5 | 2 | 1 | 53 | 21 | 6 | 0 |
| 2002 | 안양 | 29 | 11 | 3 | 0 | 41 | 28 | 2 | 0 |
| 2003 | 안양 | 29 | 14 | 1 | 4 | 45 | 14 | 3 | 0 |
| 2004 | 서울 | 21 | 10 | 0 | 1 | 28 | 7 | 4 | 0 |
| 2005 | 서울 | 27 | 16 | 0 | 0 | 40 | 10 | 3 | 0 |
| 2006 | 경남 | 23 | 11 | 0 | 0 | 35 | 16 | 4 | 0 |
| 2007 | 전남 | 16 | 10 | 0 | 0 | 30 | 3 | 1 | 0 |
| 2008 | 전남 | 25 | 9 | 0 | 1 | 28 | 5 | 3 | 0 |
| 2009 | 전남 | 2 | 2 | 0 | 0 | 0 | 0 | 0 | 0 |
| 통산 | | 269 | 118 | 13 | 11 | 377 | 172 | 32 | 0 |

**김성준** (金聖埈) 홍익대 1988.04.08

| 연도 | 소속 | 출장 | 교체 | 득점 | 도움 | 파울 | 슈팅 | 경고 | 퇴장 |
|---|---|---|---|---|---|---|---|---|---|
| 2009 | 대전 | 15 | 7 | 1 | 1 | 34 | 12 | 3 | 0 |
| 2010 | 대전 | 26 | 14 | 1 | 1 | 52 | 25 | 6 | 0 |
| 2011 | 대전 | 30 | 3 | 2 | 5 | 46 | 31 | 4 | 0 |
| 2012 | 성남 | 37 | 7 | 3 | 5 | 49 | 38 | 6 | 0 |
| 2013 | 성남 | 26 | 15 | 4 | 3 | 37 | 28 | 7 | 0 |
| 2014 | 성남 | 5 | 5 | 0 | 0 | 3 | 1 | 0 | 0 |
| 통산 | | 139 | 51 | 11 | 15 | 221 | 135 | 26 | 0 |

**김성진** (金成陳) 중동고 1975.05.06

| 연도 | 소속 | 출장 | 교체 | 득점 | 도움 | 파울 | 슈팅 | 경고 | 퇴장 |
|---|---|---|---|---|---|---|---|---|---|
| 1993 | LG | 1 | 1 | 0 | 0 | 1 | 1 | 0 | 0 |
| 통산 | | 1 | 1 | 0 | 0 | 1 | 1 | 0 | 0 |

**김성진** (金成珍) 명지대 1990.07.02

| 연도 | 소속 | 출장 | 교체 | 득점 | 도움 | 파울 | 슈팅 | 경고 | 퇴장 |
|---|---|---|---|---|---|---|---|---|---|
| 2013 | 광주 | 2 | 2 | 0 | 0 | 0 | 0 | 0 | 0 |
| 통산 | | 2 | 2 | 0 | 0 | 0 | 0 | 0 | 0 |

**김성철** (金成喆) 숭실대 1980.05.12

| 연도 | 소속 | 출장 | 교체 | 득점 | 도움 | 파울 | 슈팅 | 경고 | 퇴장 |
|---|---|---|---|---|---|---|---|---|---|
| 2003 | 부천 | 15 | 2 | 0 | 0 | 23 | 5 | 5 | 0 |
| 2004 | 부천 | 15 | 3 | 0 | 0 | 36 | 1 | 4 | 0 |
| 통산 | | 30 | 5 | 0 | 0 | 59 | 6 | 9 | 0 |

**김성현** (金成炫) 진주대 1993.06.25

| 연도 | 소속 | 출장 | 교체 | 득점 | 도움 | 파울 | 슈팅 | 경고 | 퇴장 |
|---|---|---|---|---|---|---|---|---|---|
| 2012 | 경남 | 5 | 2 | 0 | 0 | 9 | 0 | 1 | 0 |
| 2013 | 경남 | 17 | 7 | 0 | 0 | 17 | 6 | 3 | 0 |
| 2014 | 충주 | 3 | 1 | 0 | 0 | 2 | 1 | 0 | 0 |
| 2014 | 안산 | 3 | 1 | 0 | 0 | 13 | 1 | 3 | 0 |
| 통산 | | 28 | 11 | 0 | 0 | 41 | 8 | 7 | 0 |

**김성호** (金聖昊) 국민대 1970.05.16

| 연도 | 소속 | 출장 | 교체 | 득점 | 도움 | 파울 | 슈팅 | 경고 | 퇴장 |
|---|---|---|---|---|---|---|---|---|---|
| 1994 | 버팔로 | 33 | 11 | 5 | 5 | 42 | 39 | 1 | 0 |
| 1995 | 전북 | 19 | 14 | 1 | 1 | 28 | 24 | 0 | 0 |
| 통산 | | 52 | 25 | 6 | 6 | 70 | 63 | 1 | 0 |

**김성환** (金城煥) 동아대 1986.12.15

| 연도 | 소속 | 출장 | 교체 | 득점 | 도움 | 파울 | 슈팅 | 경고 | 퇴장 |
|---|---|---|---|---|---|---|---|---|---|
| 2009 | 성남 | 33 | 6 | 4 | 3 | 56 | 29 | 6 | 0 |
| 2010 | 성남 | 32 | 1 | 1 | 0 | 46 | 23 | 7 | 0 |
| 2011 | 성남 | 34 | 3 | 1 | 0 | 69 | 32 | 5 | 0 |
| 2012 | 성남 | 23 | 2 | 1 | 1 | 42 | 26 | 7 | 0 |
| 2013 | 울산 | 34 | 7 | 2 | 2 | 56 | 19 | 9 | 0 |
| 2014 | 울산 | 32 | 1 | 4 | 1 | 42 | 22 | 12 | 0 |
| 통산 | | 184 | 25 | 11 | 9 | 311 | 151 | 48 | 0 |

**김세인** (金世仁) 영남대 1976.10.02

| 연도 | 소속 | 출장 | 교체 | 득점 | 도움 | 파울 | 슈팅 | 경고 | 퇴장 |
|---|---|---|---|---|---|---|---|---|---|
| 1999 | 포항 | 30 | 20 | 4 | 4 | 24 | 18 | 1 | 0 |
| 통산 | | 30 | 20 | 4 | 4 | 24 | 18 | 1 | 0 |

**김세일** (金世一) 동국대 1958.07.25

| 연도 | 소속 | 출장 | 교체 | 득점 | 도움 | 파울 | 슈팅 | 경고 | 퇴장 |
|---|---|---|---|---|---|---|---|---|---|
| 1984 | 한일은 | 19 | 8 | 2 | 1 | 10 | 28 | 1 | 0 |
| 통산 | | 19 | 8 | 2 | 1 | 10 | 28 | 1 | 0 |

**김세준** (金世埈) 청구고 1992.04.11

| 연도 | 소속 | 출장 | 교체 | 득점 | 도움 | 파울 | 슈팅 | 경고 | 퇴장 |
|---|---|---|---|---|---|---|---|---|---|
| 2012 | 경남 | 0 | 0 | 0 | 0 | 0 | 0 | 0 | 0 |
| 통산 | | 0 | 0 | 0 | 0 | 0 | 0 | 0 | 0 |

**김수길** (金秀吉) 명지대 1959.03.06

| 연도 | 소속 | 출장 | 교체 | 득점 | 도움 | 파울 | 슈팅 | 경고 | 퇴장 |
|---|---|---|---|---|---|---|---|---|---|
| 1983 | 국민은 | 14 | 4 | 3 | 0 | 14 | 24 | 0 | 0 |
| 1984 | 국민은 | 5 | 1 | 0 | 1 | 5 | 5 | 0 | 0 |
| 1985 | 럭금 | 2 | 2 | 0 | 0 | 0 | 0 | 0 | 0 |
| 통산 | | 21 | 7 | 3 | 1 | 19 | 29 | 0 | 0 |

**김수범** (金洙範) 상지대 1990.10.02

| 연도 | 소속 | 출장 | 교체 | 득점 | 도움 | 파울 | 슈팅 | 경고 | 퇴장 |
|---|---|---|---|---|---|---|---|---|---|
| 2011 | 광주 | 23 | 6 | 3 | 4 | 41 | 7 | 7 | 0 |
| 2012 | 광주 | 38 | 2 | 0 | 4 | 80 | 15 | 11 | 0 |
| 2013 | 광주 | 31 | 2 | 2 | 0 | 42 | 19 | 2 | 0 |
| 2014 | 제주 | 31 | 8 | 1 | 1 | 46 | 6 | 10 | 0 |
| 통산 | | 123 | 18 | 3 | 8 | 212 | 41 | 30 | 0 |

**김수연** (金水連) 동국대 1983.04.17

| 연도 | 소속 | 출장 | 교체 | 득점 | 도움 | 파울 | 슈팅 | 경고 | 퇴장 |
|---|---|---|---|---|---|---|---|---|---|
| 2006 | 포항 | 4 | 1 | 0 | 0 | 8 | 0 | 1 | 0 |
| 2007 | 포항 | 13 | 2 | 2 | 0 | 45 | 4 | 6 | 1 |
| 2008 | 포항 | | | | | | | | |
| 2009 | 광주상 | 4 | 3 | 0 | 0 | 10 | 3 | 1 | 0 |
| 2010 | 광주상 | 5 | 2 | 1 | 0 | 9 | 9 | 1 | 0 |
| 통산 | | 26 | 8 | 3 | 0 | 72 | 16 | 9 | 1 |

**김수진** (金壽珍) 대구대 1977.06.13

| 연도 | 소속 | 출장 | 교체 | 득점 | 도움 | 파울 | 슈팅 | 경고 | 퇴장 |
|---|---|---|---|---|---|---|---|---|---|
| 2000 | 부천 | 0 | 0 | 0 | 0 | 0 | 0 | 0 | 0 |
| 통산 | | 0 | 0 | 0 | 0 | 0 | 0 | 0 | 0 |

**김수현** (金樹炫) 고려대 1967.07.28

| 연도 | 소속 | 출장 | 교체 | 득점 | 도움 | 파울 | 슈팅 | 경고 | 퇴장 |
|---|---|---|---|---|---|---|---|---|---|
| 1990 | 현대 | 1 | 1 | 0 | 0 | 0 | 0 | 0 | 0 |
| 통산 | | 1 | 1 | 0 | 0 | 0 | 0 | 0 | 0 |

**김수형** (金洙亨) 부경대 1983.03.26

| 연도 | 소속 | 출장 | 교체 | 득점 | 도움 | 파울 | 슈팅 | 경고 | 퇴장 |
|---|---|---|---|---|---|---|---|---|---|
| 2003 | 부산 | 4 | 4 | 0 | 1 | 1 | 2 | 0 | 0 |
| 2004 | 부산 | 4 | 4 | 0 | 0 | 1 | 2 | 0 | 0 |
| 2006 | 광주상 | 13 | 7 | 1 | 0 | 23 | 11 | 1 | 0 |
| 통산 | | 21 | 15 | 1 | 1 | 25 | 15 | 2 | 0 |

**김순호** (金淳昊) 경신고 1982.10.08

| 연도 | 소속 | 출장 | 교체 | 득점 | 도움 | 파울 | 슈팅 | 경고 | 퇴장 |
|---|---|---|---|---|---|---|---|---|---|
| 2004 | 성남 | 1 | 1 | 0 | 0 | 0 | 0 | 0 | 0 |
| 통산 | | 1 | 1 | 0 | 0 | 0 | 0 | 0 | 0 |

**김슬기** (金슬기) 전주대 1992.11.06

| 연도 | 소속 | 출장 | 교체 | 득점 | 도움 | 파울 | 슈팅 | 경고 | 퇴장 |
|---|---|---|---|---|---|---|---|---|---|
| 2014 | 경남 | 20 | 18 | 0 | 1 | 8 | 6 | 1 | 0 |
| 통산 | | 20 | 18 | 0 | 1 | 8 | 6 | 1 | 0 |

**김승규** (金承奎) 현대고 1990.09.30

| 연도 | 소속 | 출장 | 교체 | 실점 | 도움 | 파울 | 슈팅 | 경고 | 퇴장 |
|---|---|---|---|---|---|---|---|---|---|
| 2008 | 울산 | 2 | 2 | 0 | 0 | 0 | 0 | 0 | 0 |
| 2009 | 울산 | 0 | 0 | 0 | 0 | 0 | 0 | 0 | 0 |
| 2010 | 울산 | 7 | 1 | 7 | 0 | 0 | 0 | 1 | 0 |
| 2011 | 울산 | 2 | 1 | 0 | 0 | 0 | 0 | 0 | 0 |
| 2012 | 울산 | 12 | 0 | 20 | 0 | 0 | 0 | 1 | 0 |
| 2013 | 울산 | 32 | 0 | 27 | 0 | 1 | 0 | 2 | 0 |
| 2014 | 울산 | 29 | 0 | 28 | 0 | 1 | 0 | 3 | 0 |
| 통산 | | 84 | 4 | 82 | 0 | 2 | 0 | 6 | 0 |

**김승대** (金承大) 영남대 1991.04.01

| 연도 | 소속 | 출장 | 교체 | 득점 | 도움 | 파울 | 슈팅 | 경고 | 퇴장 |
|---|---|---|---|---|---|---|---|---|---|
| 2013 | 포항 | 21 | 12 | 3 | 6 | 27 | 26 | 1 | 0 |
| 2014 | 포항 | 30 | 6 | 10 | 8 | 34 | 29 | 4 | 0 |
| 통산 | | 51 | 18 | 13 | 14 | 61 | 55 | 5 | 0 |

**김승명** (金承明) 전주대 1987.09.01

| 연도 | 소속 | 출장 | 교체 | 득점 | 도움 | 파울 | 슈팅 | 경고 | 퇴장 |
|---|---|---|---|---|---|---|---|---|---|
| 2010 | 강원 | 3 | 2 | 0 | 0 | 2 | 0 | 0 | 0 |
| 통산 | | 3 | 2 | 0 | 0 | 2 | 0 | 0 | 0 |

**김승민** (金承敏) 매탄고 1992.09.16

| 연도 | 소속 | 출장 | 교체 | 득점 | 도움 | 파울 | 슈팅 | 경고 | 퇴장 |
|---|---|---|---|---|---|---|---|---|---|
| 2011 | 수원 | 0 | 0 | 0 | 0 | 0 | 0 | 0 | 0 |
| 통산 | | 0 | 0 | 0 | 0 | 0 | 0 | 0 | 0 |

**김승안** (金承安) 한양대 1972.09.24

| 연도 | 소속 | 출장 | 교체 | 실점 | 도움 | 파울 | 슈팅 | 경고 | 퇴장 |
|---|---|---|---|---|---|---|---|---|---|
| 1994 | 포철 | 1 | 0 | 3 | 0 | 0 | 0 | 0 | 0 |
| 1995 | 포항 | 1 | 0 | 1 | 0 | 0 | 0 | 0 | 0 |
| 1997 | 대전 | 2 | 2 | 5 | 0 | 0 | 0 | 0 | 0 |
| 통산 | | 4 | 2 | 9 | 0 | 0 | 0 | 0 | 0 |

**김승용** (金承龍) 방송대 1985.03.14

| 연도 | 소속 | 출장 | 교체 | 득점 | 도움 | 파울 | 슈팅 | 경고 | 퇴장 |
|---|---|---|---|---|---|---|---|---|---|
| 2004 | 서울 | 14 | 8 | 0 | 2 | 23 | 9 | 0 | 0 |
| 2005 | 서울 | 20 | 11 | 1 | 2 | 30 | 7 | 1 | 0 |
| 2006 | 서울 | 13 | 12 | 1 | 2 | 16 | 15 | 0 | 0 |
| 2007 | 광주상 | 23 | 11 | 0 | 2 | 25 | 21 | 1 | 0 |
| 2008 | 광주상 | 19 | 16 | 3 | 2 | 28 | 23 | 1 | 0 |
| 2008 | 서울 | 1 | 1 | 1 | 1 | 2 | 2 | 0 | 0 |
| 2009 | 서울 | 27 | 22 | 1 | 4 | 25 | 14 | 4 | 1 |
| 2010 | 전북 | 5 | 5 | 1 | 0 | 9 | 5 | 1 | 0 |
| 2012 | 울산 | 34 | 26 | 3 | 6 | 47 | 37 | 6 | 0 |
| 2013 | 울산 | 27 | 27 | 2 | 3 | 15 | 21 | 2 | 0 |
| 통산 | | 183 | 139 | 13 | 24 | 220 | 158 | 16 | 1 |

**김승한** (金昇漢) 울산대 1974.05.11

| 연도 | 소속 | 출장 | 교체 | 득점 | 도움 | 파울 | 슈팅 | 경고 | 퇴장 |
|---|---|---|---|---|---|---|---|---|---|
| 1997 | 대전 | 22 | 20 | 2 | 1 | 20 | 27 | 1 | 0 |
| 1998 | 대전 | 24 | 22 | 2 | 1 | 18 | 34 | 1 | 0 |
| 1999 | 대전 | 13 | 14 | 0 | 1 | 11 | 8 | 1 | 0 |
| 통산 | | 59 | 56 | 4 | 3 | 49 | 62 | 4 | 0 |

**김승현** (金承鉉) 호남대 1979.08.18

| 연도 | 소속 | 출장 | 교체 | 득점 | 도움 | 파울 | 슈팅 | 경고 | 퇴장 |
|---|---|---|---|---|---|---|---|---|---|
| 2002 | 전남 | 16 | 3 | 0 | 1 | 31 | 3 | 0 | 0 |
| 2003 | 전남 | 9 | 8 | 0 | 2 | 18 | 8 | 1 | 0 |
| 2004 | 광주상 | 13 | 10 | 0 | 3 | 21 | 15 | 1 | 0 |
| 2005 | 광주상 | 12 | 9 | 0 | 0 | 10 | 7 | 0 | 0 |
| 2006 | 전남 | 11 | 0 | 0 | 0 | 11 | 6 | 0 | 0 |
| 2007 | 전남 | 5 | 1 | 0 | 0 | 0 | 5 | 0 | 0 |
| 2008 | 부산 | 13 | 9 | 2 | 2 | 35 | 25 | 1 | 0 |
| 2009 | 전남 | 24 | 9 | 4 | 5 | 34 | 32 | 5 | 0 |
| 2010 | 전남 | 9 | 6 | 2 | 0 | 9 | 10 | 1 | 0 |
| 통산 | | 121 | 78 | 17 | 9 | 152 | 137 | 13 | 1 |

**김승호** (金昇鎬) 명지대 1978.05.19

| 연도 | 소속 | 출장 | 교체 | 득점 | 도움 | 파울 | 슈팅 | 경고 | 퇴장 |
|---|---|---|---|---|---|---|---|---|---|
| 2001 | 안양 | 2 | 2 | 0 | 0 | 1 | 0 | 1 | 0 |
| 통산 | | 2 | 2 | 0 | 0 | 1 | 0 | 1 | 0 |

**김승호** (金承澔) 예원예술대 1989.04.24

| 연도 | 소속 | 출장 | 교체 | 득점 | 도움 | 파울 | 슈팅 | 경고 | 퇴장 |
|---|---|---|---|---|---|---|---|---|---|
| 2011 | 인천 | 0 | 0 | 0 | 0 | 0 | 0 | 0 | 0 |
| 통산 | | 0 | 0 | 0 | 0 | 0 | 0 | 0 | 0 |

**김시만** (金時萬) 홍익대 1975.03.03

| 연도 | 소속 | 출장 | 교체 | 득점 | 도움 | 파울 | 슈팅 | 경고 | 퇴장 |
|---|---|---|---|---|---|---|---|---|---|
| 1998 | 전남 | 3 | 4 | 1 | 0 | 1 | 0 | 1 | 0 |
| 통산 | | 3 | 4 | 0 | 0 | 1 | 0 | 1 | 0 |

**김신** (金信) 영생고 1995.03.30

| 연도 | 소속 | 출장 | 교체 | 득점 | 도움 | 파울 | 슈팅 | 경고 | 퇴장 |
|---|---|---|---|---|---|---|---|---|---|
| 2014 | 전북 | 1 | 1 | 0 | 0 | 1 | 0 | 0 | 0 |
| 통산 | | 1 | 1 | 0 | 0 | 1 | 0 | 0 | 0 |

**김신영** (金信榮) 관동대 1958.07.29

| 연도 | 소속 | 출장 | 교체 | 득점 | 도움 | 파울 | 슈팅 | 경고 | 퇴장 |
|---|---|---|---|---|---|---|---|---|---|
| 1986 | 유공 | 16 | 9 | 0 | 2 | 8 | 5 | 1 | 0 |
| 통산 | | 16 | 9 | 0 | 2 | 8 | 5 | 1 | 0 |

**김신영** (金信泳) 한양대 1983.06.16

| 연도 | 소속 | 출장 | 교체 | 득점 | 도움 | 파울 | 슈팅 | 경고 | 퇴장 |
|---|---|---|---|---|---|---|---|---|---|
| 2012 | 전남 | 11 | 7 | 1 | 2 | 9 | 15 | 0 | 0 |
| 2012 | 전북 | 11 | 11 | 0 | 0 | 9 | 7 | 0 | 0 |
| 2013 | 전북 | 17 | 16 | 1 | 0 | 18 | 20 | 3 | 0 |
| 2014 | 부산 | 8 | 7 | 0 | 0 | 4 | 9 | 1 | 0 |
| 통산 | | 47 | 41 | 2 | 2 | 40 | 53 | 5 | 0 |

**김신욱** (金信煜) 중앙대 1988.04.14

| 연도 | 소속 | 출장 | 교체 | 득점 | 도움 | 파울 | 슈팅 | 경고 | 퇴장 |
|---|---|---|---|---|---|---|---|---|---|
| 2009 | 울산 | 27 | 12 | 7 | 1 | 58 | 44 | 5 | 0 |
| 2010 | 울산 | 33 | 21 | 10 | 3 | 36 | 41 | 1 | 0 |
| 2011 | 울산 | 43 | 22 | 19 | 4 | 80 | 88 | 1 | 0 |
| 2012 | 울산 | 35 | 13 | 13 | 2 | 89 | 82 | 5 | 0 |
| 2013 | 울산 | 36 | 2 | 19 | 6 | 86 | 84 | 6 | 0 |
| 2014 | 울산 | 32 | 9 | 9 | 2 | 33 | 58 | 2 | 0 |
| 통산 | | 194 | 74 | 77 | 18 | 382 | 397 | 20 | 0 |

**김신철** (金伸哲) 연세대 1990.11.29

| 연도 | 소속 | 출장 | 교체 | 득점 | 도움 | 파울 | 슈팅 | 경고 | 퇴장 |
|---|---|---|---|---|---|---|---|---|---|
| 2013 | 부천 | 25 | 24 | 2 | 2 | 34 | 31 | 3 | 0 |
| 2014 | 안산 | 11 | 8 | 2 | 0 | 11 | 5 | 1 | 0 |
| 통산 | | 36 | 32 | 2 | 4 | 45 | 36 | 4 | 0 |

**김연건** (金演鍵) 단국대 1981.03.12

| 연도 | 소속 | 출장 | 교체 | 득점 | 도움 | 파울 | 슈팅 | 경고 | 퇴장 |
|---|---|---|---|---|---|---|---|---|---|
| 2002 | 전북 | 14 | 14 | 0 | 0 | 28 | 8 | 1 | 0 |
| 2003 | 전북 | 2 | 2 | 0 | 0 | 0 | 0 | 0 | 0 |
| 2004 | 전북 | 16 | 15 | 0 | 0 | 28 | 6 | 2 | 0 |
| 2005 | 전북 | 6 | 6 | 0 | 0 | 3 | 2 | 0 | 0 |
| 2008 | 성남 | 5 | 5 | 0 | 0 | 5 | 7 | 1 | 0 |
| 통산 | | 43 | 42 | 0 | 0 | 86 | 24 | 6 | 0 |

**김연수** (金淵水) 충남기계공고 1995.01.16

| 연도 | 소속 | 출장 | 교체 | 득점 | 도움 | 파울 | 슈팅 | 경고 | 퇴장 |
|---|---|---|---|---|---|---|---|---|---|
| 2014 | 대전 | 0 | 0 | 0 | 0 | 0 | 0 | 0 | 0 |
| 통산 | | 0 | 0 | 0 | 0 | 0 | 0 | 0 | 0 |

**김영광** (金永光) 한려대 1983.06.28

| 연도 | 소속 | 출장 | 교체 | 실점 | 도움 | 파울 | 슈팅 | 경고 | 퇴장 |
|---|---|---|---|---|---|---|---|---|---|
| 2002 | 전남 | 0 | 0 | 0 | 0 | 0 | 0 | 0 | 0 |
| 2003 | 전남 | 11 | 0 | 15 | 0 | 1 | 0 | 0 | 0 |
| 2004 | 전남 | 20 | 0 | 19 | 0 | 1 | 0 | 2 | 0 |
| 2005 | 전남 | 32 | 0 | 34 | 0 | 3 | 0 | 0 | 0 |
| 2006 | 전남 | 13 | 0 | 16 | 0 | 0 | 0 | 0 | 0 |
| 2007 | 울산 | 36 | 0 | 26 | 0 | 1 | 0 | 4 | 1 |
| 2008 | 울산 | 33 | 2 | 30 | 0 | 0 | 1 | 1 | 0 |
| 2009 | 울산 | 7 | 0 | 7 | 0 | 0 | 0 | 0 | 0 |
| 2010 | 울산 | 28 | 1 | 35 | 0 | 1 | 0 | 1 | 0 |
| 2011 | 울산 | 34 | 1 | 36 | 0 | 0 | 0 | 1 | 0 |
| 2012 | 울산 | 32 | 0 | 32 | 0 | 1 | 0 | 0 | 0 |
| 2013 | 울산 | 5 | 0 | 5 | 0 | 0 | 0 | 0 | 0 |
| 2014 | 경남 | 32 | 0 | 42 | 0 | 1 | 0 | 1 | 0 |
| 통산 | | 312 | 4 | 333 | 1 | 10 | 0 | 26 | 1 |

**김영규** (金泳奎) 국민대 1962.03.01

| 연도 | 소속 | 출장 | 교체 | 득점 | 도움 | 파울 | 슈팅 | 경고 | 퇴장 |
|---|---|---|---|---|---|---|---|---|---|
| 1985 | 유공 | 8 | 2 | 0 | 0 | 7 | 10 | 0 | 0 |
| 1986 | 유공 | 23 | 11 | 2 | 2 | 24 | 16 | 1 | 0 |
| 1987 | 유공 | 27 | 14 | 0 | 2 | 29 | 21 | 1 | 0 |
| 통산 | | 58 | 27 | 2 | 4 | 60 | 47 | 2 | 0 |

**김영근** (金榮根) 경희대 1978.10.12

| 연도 | 소속 | 출장 | 교체 | 득점 | 도움 | 파울 | 슈팅 | 경고 | 퇴장 |
|---|---|---|---|---|---|---|---|---|---|
| 2001 | 대전 | 32 | 5 | 1 | 0 | 54 | 11 | 6 | 0 |
| 2002 | 대전 | 19 | 8 | 1 | 1 | 45 | 8 | 4 | 0 |
| 2003 | 대전 | 26 | 9 | 1 | 1 | 51 | 15 | 4 | 1 |
| 2004 | 대전 | 19 | 2 | 0 | 0 | 25 | 8 | 4 | 0 |
| 2005 | 대전 | 10 | 5 | 0 | 0 | 20 | 8 | 3 | 0 |
| 2006 | 광주상 | 23 | 4 | 1 | 0 | 28 | 10 | 1 | 0 |
| 2007 | 광주상 | 29 | 6 | 0 | 0 | 37 | 8 | 1 | 0 |
| 2008 | 경남 | 1 | 1 | 0 | 0 | 1 | 1 | 0 | 0 |
| 통산 | | 163 | 39 | 4 | 2 | 269 | 63 | 18 | 1 |

**김영기** (金永奇) 안동대 1973.12.25

| 연도 | 소속 | 출장 | 교체 | 득점 | 도움 | 파울 | 슈팅 | 경고 | 퇴장 |
|---|---|---|---|---|---|---|---|---|---|
| 1998 | 수원 | 2 | 1 | 0 | 0 | 4 | 1 | 1 | 0 |
| 통산 | | 2 | 1 | 0 | 0 | 4 | 1 | 1 | 0 |

**김영남** (金榮男) 초당대 1986.04.02

| 연도 | 소속 | 출장 | 교체 | 득점 | 도움 | 파울 | 슈팅 | 경고 | 퇴장 |
|---|---|---|---|---|---|---|---|---|---|
| 2013 | 안양 | 6 | 5 | 0 | 1 | 7 | 3 | 1 | 0 |
| 통산 | | 6 | 5 | 0 | 1 | 7 | 3 | 1 | 0 |

**김영남** (金煐男) 중앙대 1991.03.24

| 연도 | 소속 | 출장 | 교체 | 득점 | 도움 | 파울 | 슈팅 | 경고 | 퇴장 |
|---|---|---|---|---|---|---|---|---|---|
| 2013 | 성남 | 3 | 2 | 0 | 0 | 4 | 3 | 0 | 0 |
| 2014 | 성남 | 4 | 2 | 0 | 0 | 4 | 3 | 2 | 0 |
| 통산 | | 7 | 4 | 0 | 0 | 8 | 3 | 2 | 0 |

**김영무** (金英務) 숭실대 1984.03.19

| 연도 | 소속 | 출장 | 교체 | 실점 | 도움 | 파울 | 슈팅 | 경고 | 퇴장 |
|---|---|---|---|---|---|---|---|---|---|
| 2007 | 대구 | 3 | 0 | 11 | 0 | 0 | 0 | 0 | 0 |
| 2008 | 대구 | 0 | 0 | 0 | 0 | 0 | 0 | 0 | 0 |
| 통산 | | 3 | 0 | 11 | 0 | 0 | 0 | 0 | 0 |

**김영빈** (金榮彬) 고려대 1984.04.08

| 연도 | 소속 | 출장 | 교체 | 득점 | 도움 | 파울 | 슈팅 | 경고 | 퇴장 |
|---|---|---|---|---|---|---|---|---|---|
| 2007 | 인천 | 6 | 2 | 0 | 0 | 15 | 0 | 1 | 0 |
| 2008 | 인천 | 28 | 7 | 3 | 0 | 53 | 23 | 4 | 0 |
| 2009 | 인천 | 27 | 16 | 0 | 0 | 34 | 9 | 4 | 0 |
| 2010 | 인천 | 12 | 4 | 1 | 0 | 25 | 3 | 2 | 0 |
| 2011 | 인천 | 7 | 6 | 0 | 0 | 11 | 3 | 1 | 0 |
| 2011 | 대전 | 9 | 0 | 0 | 0 | 11 | 3 | 1 | 0 |
| 통산 | | 91 | 35 | 4 | 0 | 148 | 41 | 12 | 0 |

**김영빈** (金榮彬) 광주대 1991.09.20

| 연도 | 소속 | 출장 | 교체 | 득점 | 도움 | 파울 | 슈팅 | 경고 | 퇴장 |
|---|---|---|---|---|---|---|---|---|---|
| 2014 | 광주 | 28 | 1 | 1 | 4 | 40 | 10 | 6 | 0 |
| 통산 | | 28 | 1 | 1 | 4 | 40 | 10 | 6 | 0 |

**김영삼** (金泳三) 연세대 1980.03.12

| 연도 | 소속 | 출장 | 교체 | 득점 | 도움 | 파울 | 슈팅 | 경고 | 퇴장 |
|---|---|---|---|---|---|---|---|---|---|
| 2003 | 전북 | 1 | 1 | 0 | 0 | 2 | 0 | 0 | 0 |
| 2004 | 전북 | 1 | 1 | 0 | 0 | 0 | 0 | 0 | 0 |
| 통산 | | 2 | 2 | 0 | 0 | 2 | 0 | 0 | 0 |

**김영삼** (金英三) 고려대 1982.04.04

| 연도 | 소속 | 출장 | 교체 | 득점 | 도움 | 파울 | 슈팅 | 경고 | 퇴장 |
|---|---|---|---|---|---|---|---|---|---|
| 2005 | 울산 | 16 | 12 | 2 | 0 | 18 | 3 | 1 | 0 |
| 2006 | 울산 | 30 | 8 | 0 | 0 | 53 | 15 | 5 | 0 |
| 2007 | 울산 | 33 | 15 | 1 | 2 | 63 | 14 | 6 | 0 |
| 2008 | 울산 | 34 | 1 | 0 | 1 | 35 | 15 | 4 | 0 |
| 2009 | 울산 | 2 | 1 | 0 | 0 | 0 | 0 | 0 | 0 |
| 2010 | 광주상 | 19 | 1 | 0 | 0 | 14 | 7 | 3 | 0 |
| 2011 | 상주 | 10 | 5 | 0 | 0 | 14 | 4 | 3 | 0 |
| 2011 | 울산 | 1 | 1 | 0 | 0 | 1 | 0 | 0 | 0 |
| 2013 | 울산 | 31 | 1 | 0 | 1 | 45 | 7 | 5 | 0 |
| 2014 | 울산 | 24 | 3 | 0 | 0 | 31 | 1 | 6 | 0 |
| 통산 | | 229 | 54 | 4 | 6 | 315 | 70 | 39 | 0 |

**김영선** (金永善) 경희대 1975.04.03

| 연도 | 소속 | 출장 | 교체 | 득점 | 도움 | 파울 | 슈팅 | 경고 | 퇴장 |
|---|---|---|---|---|---|---|---|---|---|
| 1998 | 수원 | 33 | 0 | 0 | 0 | 68 | 4 | 5 | 0 |
| 1999 | 수원 | 24 | 4 | 0 | 0 | 55 | 0 | 4 | 0 |
| 2000 | 수원 | 7 | 0 | 0 | 0 | 14 | 0 | 3 | 0 |
| 2001 | 수원 | 21 | 6 | 0 | 0 | 17 | 1 | 2 | 0 |
| 2003 | 수원 | 30 | 0 | 0 | 0 | 33 | 0 | 3 | 0 |
| 2004 | 수원 | 29 | 1 | 0 | 2 | 35 | 2 | 2 | 1 |
| 2005 | 수원 | 0 | 0 | 0 | 0 | 0 | 0 | 0 | 0 |
| 2006 | 전북 | 19 | 0 | 0 | 0 | 24 | 0 | 1 | 0 |
| 2007 | 전북 | 22 | 0 | 0 | 0 | 30 | 1 | 5 | 0 |
| 통산 | | 185 | 11 | 0 | 2 | 276 | 8 | 25 | 1 |

**김영섭** (金永燮) 숭실대 1970.08.13

| 연도 | 소속 | 출장 | 교체 | 득점 | 도움 | 파울 | 슈팅 | 경고 | 퇴장 |
|---|---|---|---|---|---|---|---|---|---|
| 1993 | 대우 | 1 | 1 | 0 | 0 | 0 | 0 | 0 | 0 |
| 1994 | 버팔로 | 17 | 3 | 0 | 0 | 18 | 17 | 3 | 0 |
| 통산 | | 18 | 4 | 0 | 0 | 18 | 18 | 3 | 0 |

**김영승** (金泳勝) 호원대 1993.02.22

| 연도 | 소속 | 출장 | 교체 | 득점 | 도움 | 파울 | 슈팅 | 경고 | 퇴장 |
|---|---|---|---|---|---|---|---|---|---|
| 2014 | 대전 | 5 | 4 | 1 | 0 | 0 | 2 | 0 | 0 |
| 통산 | | 5 | 4 | 1 | 0 | 0 | 2 | 0 | 0 |

**김영신** (金映伸) 연세대 1986.02.28

| 연도 | 소속 | 출장 | 교체 | 득점 | 도움 | 파울 | 슈팅 | 경고 | 퇴장 |
|---|---|---|---|---|---|---|---|---|---|
| 2006 | 전북 | 6 | 4 | 0 | 0 | 15 | 6 | 1 | 0 |
| 2007 | 전북 | 6 | 4 | 0 | 0 | 12 | 4 | 2 | 0 |
| 2008 | 제주 | 6 | 6 | 0 | 1 | 9 | 8 | 0 | 0 |
| 2009 | 제주 | 24 | 18 | 1 | 0 | 25 | 15 | 5 | 0 |
| 2010 | 제주 | 33 | 22 | 2 | 4 | 26 | 23 | 2 | 0 |

**(이어서)**

| 연도 | 소속 | 출장 | 교체 | 득점 | 도움 | 파울 | 슈팅 | 경고 | 퇴장 |
|---|---|---|---|---|---|---|---|---|---|
| 2011 | 제주 | 23 | 13 | 1 | 0 | 17 | 20 | 3 | 0 |
| 2012 | 상주 | 20 | 3 | 1 | 0 | 21 | 16 | 2 | 0 |
| 2013 | 상주 | 12 | 4 | 0 | 1 | 15 | 10 | 1 | 0 |
| 2014 | 제주 | 6 | 2 | 0 | 0 | 6 | 2 | 1 | 0 |
| 통산 | | 141 | 80 | 5 | 6 | 146 | 98 | 17 | 0 |

**김영우** (金永佑) 경기대 1984.06.15

| 연도 | 소속 | 출장 | 교체 | 득점 | 도움 | 파울 | 슈팅 | 경고 | 퇴장 |
|---|---|---|---|---|---|---|---|---|---|
| 2007 | 경남 | 6 | 3 | 0 | 0 | 10 | 6 | 0 | 0 |
| 2008 | 경남 | 26 | 24 | 3 | 1 | 14 | 18 | 3 | 0 |
| 2009 | 경남 | 24 | 13 | 1 | 5 | 23 | 14 | 2 | 0 |
| 2010 | 경남 | 28 | 12 | 2 | 2 | 40 | 23 | 6 | 0 |
| 2011 | 경남 | 16 | 8 | 3 | 3 | 15 | 16 | 4 | 0 |
| 2011 | 전북 | 7 | 0 | 0 | 0 | 11 | 5 | 0 | 0 |
| 2013 | 경찰 | 2 | 2 | 0 | 0 | 0 | 0 | 0 | 0 |
| 2013 | 전북 | 3 | 0 | 0 | 0 | 8 | 3 | 0 | 0 |
| 2014 | 전남 | 19 | 16 | 0 | 0 | 13 | 8 | 3 | 0 |
| 통산 | | 131 | 78 | 9 | 11 | 136 | 87 | 19 | 0 |

**김영욱** (金泳旭) 광양제철고 1991.04.29

| 연도 | 소속 | 출장 | 교체 | 득점 | 도움 | 파울 | 슈팅 | 경고 | 퇴장 |
|---|---|---|---|---|---|---|---|---|---|
| 2010 | 전남 | 4 | 4 | 0 | 0 | 5 | 5 | 0 | 0 |
| 2011 | 전남 | 23 | 18 | 1 | 0 | 24 | 15 | 2 | 0 |
| 2012 | 전남 | 35 | 10 | 3 | 5 | 65 | 45 | 5 | 0 |
| 2013 | 전남 | 14 | 11 | 0 | 0 | 15 | 2 | 1 | 0 |
| 2014 | 전남 | 11 | 10 | 0 | 0 | 12 | 8 | 0 | 0 |
| 통산 | | 87 | 53 | 4 | 5 | 121 | 75 | 9 | 0 |

**김영주** (金榮珠) 서울시립대 1964.01.01

| 연도 | 소속 | 출장 | 교체 | 득점 | 도움 | 파울 | 슈팅 | 경고 | 퇴장 |
|---|---|---|---|---|---|---|---|---|---|
| 1989 | 일화 | 35 | 18 | 6 | 5 | 36 | 45 | 0 | 0 |
| 1990 | 일화 | 24 | 17 | 3 | 0 | 23 | 19 | 1 | 0 |
| 1991 | 일화 | 21 | 20 | 0 | 0 | 7 | 20 | 0 | 0 |
| 통산 | | 80 | 55 | 9 | 5 | 66 | 84 | 1 | 0 |

**김영준** (金榮俊) 홍익대 1985.07.15

| 연도 | 소속 | 출장 | 교체 | 득점 | 도움 | 파울 | 슈팅 | 경고 | 퇴장 |
|---|---|---|---|---|---|---|---|---|---|
| 2009 | 광주상 | 0 | 0 | 0 | 0 | 0 | 0 | 0 | 0 |
| 통산 | | 0 | 0 | 0 | 0 | 0 | 0 | 0 | 0 |

**김영진** (金永眞) 전주대 1970.06.16

| 연도 | 소속 | 출장 | 교체 | 득점 | 도움 | 파울 | 슈팅 | 경고 | 퇴장 |
|---|---|---|---|---|---|---|---|---|---|
| 1994 | 버팔로 | 24 | 10 | 0 | 1 | 22 | 12 | 3 | 2 |
| 통산 | | 24 | 10 | 0 | 1 | 22 | 12 | 3 | 2 |

**김영찬** (金英讚) 고려대 1993.09.04

| 연도 | 소속 | 출장 | 교체 | 득점 | 도움 | 파울 | 슈팅 | 경고 | 퇴장 |
|---|---|---|---|---|---|---|---|---|---|
| 2013 | 전북 | 1 | 0 | 0 | 0 | 0 | 0 | 0 | 0 |
| 2013 | 전북 | 6 | 1 | 0 | 0 | 5 | 2 | 0 | 0 |
| 2014 | 수원FC | 19 | 5 | 0 | 1 | 24 | 8 | 5 | 0 |
| 통산 | | 26 | 6 | 0 | 1 | 29 | 10 | 5 | 0 |

**김영철** (金永哲) 광운전자공고 1960.04.28

| 연도 | 소속 | 출장 | 교체 | 득점 | 도움 | 파울 | 슈팅 | 경고 | 퇴장 |
|---|---|---|---|---|---|---|---|---|---|
| 1984 | 국민은 | 21 | 6 | 3 | 3 | 12 | 42 | 1 | 1 |

**김영철** (金榮哲) 아주대 1967.10.10

| 연도 | 소속 | 출장 | 교체 | 득점 | 도움 | 파울 | 슈팅 | 경고 | 퇴장 |
|---|---|---|---|---|---|---|---|---|---|
| 1990 | 현대 | 2 | 2 | 0 | 0 | 0 | 4 | 0 | 0 |
| 1996 | 수원 | 1 | 1 | 0 | 0 | 0 | 0 | 0 | 0 |
| 통산 | | 3 | 3 | 0 | 0 | 0 | 4 | 0 | 0 |

**김영철** (金榮徹) 건국대 1976.06.30

| 연도 | 소속 | 출장 | 교체 | 득점 | 도움 | 파울 | 슈팅 | 경고 | 퇴장 |
|---|---|---|---|---|---|---|---|---|---|
| 1999 | 천안 | 33 | 1 | 0 | 1 | 38 | 2 | 3 | 0 |
| 2000 | 성남 | 38 | 3 | 0 | 3 | 33 | 19 | 4 | 0 |
| 2001 | 성남 | 35 | 0 | 0 | 1 | 47 | 3 | 4 | 0 |
| 2002 | 성남 | 36 | 0 | 0 | 0 | 53 | 3 | 2 | 0 |
| 2003 | 광주상 | 35 | 0 | 0 | 0 | 40 | 1 | 7 | 0 |
| 2004 | 광주상 | 33 | 0 | 0 | 0 | 28 | 0 | 4 | 0 |
| 2005 | 성남 | 36 | 1 | 0 | 0 | 42 | 3 | 3 | 0 |
| 2006 | 성남 | 32 | 2 | 0 | 0 | 38 | 1 | 5 | 0 |
| 2007 | 성남 | 29 | 0 | 1 | 2 | 28 | 2 | 4 | 0 |
| 2008 | 성남 | 32 | 0 | 0 | 0 | 40 | 0 | 3 | 0 |
| 2009 | 전남 | 20 | 9 | 0 | 0 | 13 | 1 | 2 | 0 |
| 통산 | | 356 | 18 | 1 | 7 | 407 | 33 | 40 | 0 |

**김영철** (金永哲) 풍생고 1984.04.08

| 연도 | 소속 | 출장 | 교체 | 득점 | 도움 | 파울 | 슈팅 | 경고 | 퇴장 |
|---|---|---|---|---|---|---|---|---|---|
| 2003 | 전남 | 7 | 7 | 0 | 0 | 4 | 5 | 1 | 0 |
| 2005 | 광주상 | 2 | 2 | 0 | 0 | 0 | 0 | 0 | 0 |
| 2007 | 경남 | 3 | 3 | 0 | 0 | 2 | 3 | 1 | 0 |
| 통산 | | 12 | 12 | 0 | 0 | 6 | 8 | 2 | 0 |

**김영호** (金榮浩) 단국대 1961.04.20

| 연도 | 소속 | 출장 | 교체 | 실점 | 도움 | 파울 | 슈팅 | 경고 | 퇴장 |
|---|---|---|---|---|---|---|---|---|---|
| 1985 | 유공 | 13 | 0 | 14 | 0 | 0 | 0 | 0 | 0 |
| 1986 | 유공 | 24 | 0 | 28 | 0 | 0 | 0 | 0 | 0 |
| 1989 | 일화 | 18 | 2 | 25 | 0 | 0 | 0 | 1 | 0 |
| 1990 | 일화 | 21 | 0 | 25 | 0 | 0 | 0 | 2 | 0 |
| 1991 | 일화 | 23 | 2 | 35 | 0 | 1 | 0 | 2 | 0 |
| 통산 | | 98 | 5 | 127 | 0 | 1 | 0 | 4 | 0 |

**김영호** (金永湖) 주문진수도공고 1972.06.06

| 연도 | 소속 | 출장 | 교체 | 득점 | 도움 | 파울 | 슈팅 | 경고 | 퇴장 |
|---|---|---|---|---|---|---|---|---|---|
| 1995 | 포항 | 0 | 0 | 0 | 0 | 0 | 0 | 0 | 0 |
| 1996 | 포항 | 0 | 0 | 0 | 0 | 0 | 0 | 0 | 0 |
| 통산 | | 0 | 0 | 0 | 0 | 0 | 0 | 0 | 0 |

**김영후** (金泳厚) 숭실대 1983.03.11

| 연도 | 소속 | 출장 | 교체 | 득점 | 도움 | 파울 | 슈팅 | 경고 | 퇴장 |
|---|---|---|---|---|---|---|---|---|---|
| 2009 | 강원 | 30 | 6 | 13 | 8 | 29 | 75 | 4 | 0 |
| 2010 | 강원 | 32 | 2 | 14 | 5 | 39 | 79 | 1 | 0 |
| 2011 | 강원 | 31 | 19 | 6 | 0 | 36 | 69 | 0 | 0 |
| 2013 | 경찰 | 23 | 15 | 10 | 3 | 19 | 55 | 3 | 0 |
| 2013 | 강원 | 6 | 4 | 1 | 0 | 4 | 8 | 0 | 0 |
| 2014 | 강원 | 23 | 17 | 4 | 1 | 33 | 40 | 3 | 0 |
| 통산 | | 145 | 63 | 48 | 17 | 160 | 326 | 11 | 0 |

**김오규** (金吾奎) 관동대 1989.06.20

| 연도 | 소속 | 출장 | 교체 | 득점 | 도움 | 파울 | 슈팅 | 경고 | 퇴장 |
|---|---|---|---|---|---|---|---|---|---|
| 2011 | 강원 | 1 | 0 | 0 | 0 | 0 | 0 | 0 | 0 |
| 2012 | 강원 | 33 | 6 | 0 | 0 | 44 | 8 | 4 | 0 |
| 2013 | 강원 | 36 | 1 | 0 | 1 | 42 | 6 | 10 | 0 |
| 2014 | 강원 | 31 | 0 | 1 | 0 | 28 | 8 | 6 | 1 |
| 통산 | | 101 | 7 | 1 | 1 | 116 | 22 | 20 | 1 |

**김오성** (金五星) 고려대 1986.08.16

| 연도 | 소속 | 출장 | 교체 | 득점 | 도움 | 파울 | 슈팅 | 경고 | 퇴장 |
|---|---|---|---|---|---|---|---|---|---|
| 2009 | 대구 | 5 | 5 | 0 | 0 | 3 | 0 | 0 | 0 |
| 2010 | 대구 | 1 | 1 | 0 | 0 | 2 | 2 | 0 | 0 |
| 통산 | | 6 | 6 | 0 | 0 | 5 | 2 | 0 | 0 |

**김완수** (金完洙) 전북대 1962.01.13

| 연도 | 소속 | 출장 | 교체 | 득점 | 도움 | 파울 | 슈팅 | 경고 | 퇴장 |
|---|---|---|---|---|---|---|---|---|---|
| 1983 | 포철 | 7 | 3 | 2 | 0 | 5 | 3 | 0 | 0 |
| 1984 | 포철 | 9 | 4 | 1 | 0 | 7 | 17 | 3 | 0 |
| 1985 | 포철 | 16 | 0 | 1 | 0 | 18 | 20 | 1 | 0 |
| 1986 | 포철 | 22 | 4 | 0 | 1 | 25 | 19 | 0 | 0 |
| 통산 | | 54 | 11 | 7 | 1 | 55 | 59 | 4 | 0 |

**김완수** (金完秀) 중앙대 1981.06.05

| 연도 | 소속 | 출장 | 교체 | 득점 | 도움 | 파울 | 슈팅 | 경고 | 퇴장 |
|---|---|---|---|---|---|---|---|---|---|
| 2004 | 대구 | 12 | 11 | 0 | 0 | 14 | 7 | 2 | 0 |
| 2005 | 대구 | 13 | 0 | 0 | 0 | 9 | 9 | 1 | 0 |

**김왕주** (金旺珠) 연세대 1968.06.12

| 연도 | 소속 | 출장 | 교체 | 득점 | 도움 | 파울 | 슈팅 | 경고 | 퇴장 |
|---|---|---|---|---|---|---|---|---|---|
| 1991 | 일화 | 10 | 10 | 0 | 2 | 5 | 7 | 0 | 0 |
| 1993 | 일화 | 3 | 5 | 0 | 0 | 1 | 0 | 0 | 0 |
| 통산 | | 13 | 15 | 0 | 2 | 6 | 7 | 0 | 0 |

**김요환** (金耀煥) 연세대 1977.05.23

| 연도 | 소속 | 출장 | 교체 | 득점 | 도움 | 파울 | 슈팅 | 경고 | 퇴장 |
|---|---|---|---|---|---|---|---|---|---|
| 2002 | 전남 | 8 | 8 | 0 | 0 | 4 | 8 | 0 | 0 |
| 2003 | 전남 | 5 | 5 | 0 | 0 | 5 | 3 | 0 | 0 |
| 2004 | 전남 | 6 | 7 | 0 | 0 | 1 | 4 | 0 | 0 |
| 2005 | 전남 | 9 | 10 | 0 | 0 | 7 | 4 | 0 | 0 |
| 통산 | | 28 | 30 | 0 | 0 | 17 | 19 | 0 | 0 |

**김용갑** (金龍甲) 동국대 1969.10.29

| 연도 | 소속 | 출장 | 교체 | 득점 | 도움 | 파울 | 슈팅 | 경고 | 퇴장 |
|---|---|---|---|---|---|---|---|---|---|
| 1991 | 일화 | 10 | 10 | 0 | 1 | 7 | 3 | 1 | 0 |
| 1992 | 일화 | 6 | 3 | 0 | 0 | 5 | 5 | 0 | 0 |
| 1993 | 일화 | 8 | 6 | 0 | 3 | 9 | 8 | 0 | 0 |
| 1994 | 일화 | 6 | 7 | 1 | 0 | 6 | 4 | 2 | 0 |
| 1995 | 일화 | 6 | 7 | 0 | 0 | 6 | 4 | 2 | 0 |
| 1996 | 전북 | 35 | 13 | 9 | 5 | 29 | 44 | 2 | 0 |
| 1997 | 전북 | 27 | 21 | 4 | 3 | 12 | 28 | 0 | 0 |
| 1998 | 전북 | 22 | 19 | 3 | 1 | 15 | 42 | 0 | 0 |
| 1999 | 전북 | 1 | 1 | 0 | 0 | 1 | 3 | 0 | 0 |
| 통산 | | 121 | 87 | 17 | 16 | 80 | 139 | 5 | 0 |

**김용구** (金勇九) 인천대 1981.03.08

| 연도 | 소속 | 출장 | 교체 | 득점 | 도움 | 파울 | 슈팅 | 경고 | 퇴장 |
|---|---|---|---|---|---|---|---|---|---|
| 2004 | 인천 | 8 | 8 | 0 | 0 | 7 | 0 | 1 | 0 |
| 통산 | | 8 | 8 | 0 | 0 | 7 | 0 | 1 | 0 |

**김용대** (金龍大) 연세대 1979.10.11

| 연도 | 소속 | 출장 | 교체 | 실점 | 도움 | 파울 | 슈팅 | 경고 | 퇴장 |
|---|---|---|---|---|---|---|---|---|---|
| 2002 | 부산 | 9 | 1 | 10 | 0 | 0 | 0 | 0 | 0 |
| 2003 | 부산 | 36 | 0 | 54 | 0 | 0 | 1 | 0 | 0 |
| 2004 | 부산 | 29 | 0 | 29 | 0 | 1 | 0 | 2 | 0 |
| 2005 | 부산 | 29 | 1 | 36 | 0 | 2 | 0 | 0 | 0 |
| 2006 | 성남 | 28 | 0 | 28 | 0 | 0 | 0 | 0 | 0 |
| 2007 | 성남 | 29 | 0 | 26 | 0 | 0 | 0 | 0 | 0 |
| 2008 | 광주상 | 25 | 0 | 46 | 0 | 0 | 0 | 1 | 0 |
| 2009 | 광주상 | 26 | 0 | 34 | 0 | 0 | 0 | 0 | 0 |
| 2009 | 성남 | 2 | 1 | 0 | 0 | 0 | 0 | 0 | 0 |
| 2010 | 서울 | 37 | 0 | 35 | 0 | 0 | 0 | 1 | 0 |
| 2011 | 서울 | 29 | 1 | 37 | 0 | 2 | 0 | 1 | 0 |
| 2012 | 서울 | 44 | 0 | 42 | 0 | 0 | 0 | 2 | 0 |
| 2013 | 서울 | 35 | 0 | 42 | 0 | 1 | 0 | 1 | 0 |
| 2014 | 서울 | 24 | 1 | 19 | 0 | 0 | 0 | 0 | 0 |
| 통산 | | 382 | 5 | 446 | 0 | 5 | 0 | 9 | 0 |

**김용범** (金龍凡) 고려대 1971.06.16

| 연도 | 소속 | 출장 | 교체 | 득점 | 도움 | 파울 | 슈팅 | 경고 | 퇴장 |
|---|---|---|---|---|---|---|---|---|---|
| 1998 | 대전 | 29 | 5 | 0 | 1 | 32 | 8 | 3 | 0 |
| 1999 | 대전 | 26 | 8 | 0 | 1 | 31 | 6 | 2 | 0 |
| 2000 | 대전 | 15 | 4 | 0 | 0 | 14 | 3 | 1 | 0 |
| 2001 | 대전 | 1 | 1 | 0 | 0 | 0 | 0 | 0 | 0 |
| 통산 | | 71 | 18 | 0 | 2 | 77 | 17 | 6 | 0 |

**김용세** (金鏞世) 중동고 1960.04.21

| 연도 | 소속 | 출장 | 교체 | 득점 | 도움 | 파울 | 슈팅 | 경고 | 퇴장 |
|---|---|---|---|---|---|---|---|---|---|
| 1983 | 유공 | 16 | 2 | 4 | 1 | 10 | 29 | 1 | 0 |
| 1984 | 유공 | 28 | 2 | 14 | 2 | 40 | 53 | 1 | 0 |
| 1985 | 유공 | 21 | 1 | 12 | 0 | 19 | 35 | 1 | 0 |
| 1986 | 유공 | 18 | 4 | 6 | 7 | 17 | 34 | 2 | 0 |
| 1987 | 유공 | 18 | 4 | 1 | 2 | 16 | 35 | 1 | 0 |
| 1988 | 유공 | 11 | 4 | 1 | 0 | 23 | 40 | 0 | 0 |
| 1989 | 일화 | 20 | 1 | 6 | 0 | 27 | 39 | 3 | 1 |
| 1990 | 일화 | 24 | 9 | 7 | 1 | 18 | 41 | 0 | 0 |
| 1991 | 일화 | 13 | 10 | 1 | 0 | 9 | 9 | 1 | 0 |
| 통산 | | 165 | 38 | 53 | 18 | 179 | 315 | 12 | 1 |

**김용찬** (金容燦) 아주대 1990.04.08

| 연도 | 소속 | 출장 | 교체 | 득점 | 도움 | 파울 | 슈팅 | 경고 | 퇴장 |
|---|---|---|---|---|---|---|---|---|---|
| 2013 | 경남 | 23 | 7 | 0 | 0 | 41 | 4 | 6 | 0 |
| 2014 | 인천 | 0 | 0 | 0 | 0 | 0 | 0 | 0 | 0 |
| 통산 | | 23 | 7 | 0 | 0 | 41 | 4 | 6 | 0 |

**김용태** (金龍泰) 울산대 1984.05.20

| 연도 | 소속 | 출장 | 교체 | 득점 | 도움 | 파울 | 슈팅 | 경고 | 퇴장 |
|---|---|---|---|---|---|---|---|---|---|
| 2006 | 대전 | 28 | 19 | 2 | 3 | 25 | 24 | 0 | 0 |
| 2007 | 대전 | 22 | 16 | 0 | 0 | 26 | 11 | 3 | 0 |
| 2008 | 대전 | 22 | 14 | 1 | 1 | 27 | 24 | 2 | 0 |
| 2009 | 울산 | 21 | 13 | 0 | 0 | 13 | 3 | 2 | 0 |
| 2010 | 울산 | 4 | 5 | 0 | 0 | 1 | 1 | 0 | 0 |
| 2011 | 상주 | 16 | 7 | 0 | 2 | 16 | 15 | 2 | 0 |
| 2012 | 상주 | 21 | 13 | 4 | 1 | 12 | 16 | 2 | 0 |
| 2012 | 울산 | 7 | 5 | 0 | 1 | 3 | 4 | 0 | 0 |
| 2013 | 울산 | 27 | 22 | 2 | 1 | 16 | 14 | 1 | 0 |
| 2014 | 울산 | 12 | 6 | 2 | 0 | 8 | 13 | 3 | 0 |

| 연도 | 소속 | 출장 | 교체 | 득점 | 도움 | 파울 | 슈팅 | 경고 | 퇴장 |
| --- | --- | --- | --- | --- | --- | --- | --- | --- | --- |
| 2014 | 부산 | 14 | 8 | 1 | 1 | 11 | 5 | 0 | 0 |
| 통산 | | 196 | 126 | 10 | 13 | 157 | 131 | 15 | 0 |

**김용한** (金龍漢) 강릉농공고 1986.06.28

| 연도 | 소속 | 출장 | 교체 | 득점 | 도움 | 파울 | 슈팅 | 경고 | 퇴장 |
| --- | --- | --- | --- | --- | --- | --- | --- | --- | --- |
| 2006 | 인천 | 3 | 3 | 0 | 0 | 3 | 0 | 1 | 0 |
| 통산 | | 3 | 3 | 0 | 0 | 3 | 0 | 1 | 0 |

**김용한** (金容漢) 수원대 1990.07.30

| 연도 | 소속 | 출장 | 교체 | 득점 | 도움 | 파울 | 슈팅 | 경고 | 퇴장 |
| --- | --- | --- | --- | --- | --- | --- | --- | --- | --- |
| 2013 | 수원FC | 8 | 9 | 0 | 0 | 5 | 6 | 0 | 0 |

**김용해** (金龍海) 동국대 1958.05.24

| 연도 | 소속 | 출장 | 교체 | 득점 | 도움 | 파울 | 슈팅 | 경고 | 퇴장 |
| --- | --- | --- | --- | --- | --- | --- | --- | --- | --- |
| 1983 | 유공 | 2 | 2 | 0 | 0 | 1 | 0 | 0 | 0 |
| 1984 | 럭금 | 9 | 8 | 1 | 0 | 4 | 0 | 0 | 0 |
| 1985 | 럭금 | 2 | 2 | 1 | 0 | 1 | 0 | 0 | 0 |
| 통산 | | 13 | 12 | 1 | 1 | 4 | 5 | 0 | 0 |

**김용호** (金龍虎) 수도전기공고 1971.03.20

| 연도 | 소속 | 출장 | 교체 | 득점 | 도움 | 파울 | 슈팅 | 경고 | 퇴장 |
| --- | --- | --- | --- | --- | --- | --- | --- | --- | --- |
| 1990 | 대우 | 2 | 2 | 0 | 0 | 1 | 1 | 0 | 0 |
| 1994 | 대우 | 4 | 4 | 0 | 0 | 2 | 2 | 0 | 0 |
| 통산 | | 6 | 6 | 0 | 0 | 2 | 2 | 0 | 0 |

**김용환** (金容煥) 숭실대 1993.05.25

| 연도 | 소속 | 출장 | 교체 | 득점 | 도움 | 파울 | 슈팅 | 경고 | 퇴장 |
| --- | --- | --- | --- | --- | --- | --- | --- | --- | --- |
| 2014 | 인천 | 14 | 2 | 0 | 0 | 23 | 1 | 1 | 0 |
| 통산 | | 14 | 2 | 0 | 0 | 23 | 1 | 1 | 0 |

**김용훈** (金容勳) 경북산업대 1969.09.15

| 연도 | 소속 | 출장 | 교체 | 득점 | 도움 | 파울 | 슈팅 | 경고 | 퇴장 |
| --- | --- | --- | --- | --- | --- | --- | --- | --- | --- |
| 1994 | 버팔로 | 1 | 1 | 0 | 0 | 0 | 2 | 0 | 0 |
| 통산 | | 1 | 1 | 0 | 0 | 0 | 2 | 0 | 0 |

**김용희** (金容熙) 중앙대 1978.10.15

| 연도 | 소속 | 출장 | 교체 | 득점 | 도움 | 파울 | 슈팅 | 경고 | 퇴장 |
| --- | --- | --- | --- | --- | --- | --- | --- | --- | --- |
| 2001 | 성남 | 27 | 1 | 1 | 0 | 37 | 6 | 4 | 0 |
| 2002 | 성남 | 18 | 8 | 0 | 1 | 19 | 3 | 3 | 0 |
| 2003 | 성남 | 1 | 1 | 0 | 0 | 0 | 0 | 0 | 0 |
| 2004 | 부산 | 31 | 3 | 0 | 1 | 47 | 9 | 4 | 0 |
| 2005 | 광주상 | 34 | 4 | 0 | 0 | 43 | 21 | 5 | 0 |
| 2006 | 광주상 | 32 | 11 | 3 | 2 | 27 | 10 | 2 | 0 |
| 2007 | 부산 | 5 | 3 | 0 | 0 | 6 | 1 | 0 | 0 |
| 2008 | 전북 | 1 | 0 | 0 | 0 | 1 | 0 | 1 | 0 |
| 통산 | | 151 | 33 | 5 | 4 | 185 | 45 | 24 | 0 |

**김우경** (金祐經) 묵호고 1991.12.04

| 연도 | 소속 | 출장 | 교체 | 득점 | 도움 | 파울 | 슈팅 | 경고 | 퇴장 |
| --- | --- | --- | --- | --- | --- | --- | --- | --- | --- |
| 2011 | 강원 | 0 | 0 | 0 | 0 | 0 | 0 | 0 | 0 |
| 통산 | | 0 | 0 | 0 | 0 | 0 | 0 | 0 | 0 |

**김우재** (金佑載) 경희대 1976.09.13

| 연도 | 소속 | 출장 | 교체 | 득점 | 도움 | 파울 | 슈팅 | 경고 | 퇴장 |
| --- | --- | --- | --- | --- | --- | --- | --- | --- | --- |
| 1999 | 천안 | 7 | 7 | 0 | 0 | 5 | 9 | 0 | 0 |
| 2000 | 성남 | 3 | 3 | 0 | 0 | 3 | 2 | 0 | 0 |
| 2001 | 성남 | 1 | 1 | 0 | 0 | 2 | 1 | 0 | 0 |
| 2002 | 성남 | 8 | 8 | 0 | 0 | 9 | 3 | 0 | 0 |
| 2003 | 성남 | 30 | 7 | 2 | 0 | 60 | 25 | 8 | 0 |
| 2004 | 인천 | 32 | 6 | 1 | 1 | 93 | 44 | 8 | 0 |
| 2005 | 인천 | 15 | 8 | 0 | 1 | 28 | 10 | 3 | 0 |
| 통산 | | 95 | 39 | 3 | 2 | 199 | 94 | 19 | 0 |

**김우진** (金佑鎭) 경기대 1989.09.17

| 연도 | 소속 | 출장 | 교체 | 득점 | 도움 | 파울 | 슈팅 | 경고 | 퇴장 |
| --- | --- | --- | --- | --- | --- | --- | --- | --- | --- |
| 2012 | 대전 | 1 | 1 | 0 | 0 | 1 | 0 | 0 | 0 |
| 2013 | 대전 | 1 | 1 | 0 | 0 | 0 | 0 | 0 | 0 |
| 통산 | | 2 | 2 | 0 | 0 | 1 | 0 | 0 | 0 |

**김우철** (金禹喆) 상지대 1982.10.01

| 연도 | 소속 | 출장 | 교체 | 득점 | 도움 | 파울 | 슈팅 | 경고 | 퇴장 |
| --- | --- | --- | --- | --- | --- | --- | --- | --- | --- |
| 2007 | 전북 | 1 | 1 | 0 | 0 | 0 | 0 | 0 | 0 |

**김우철** (金龍哲) 단국대 1989.07.04

| 연도 | 소속 | 출장 | 교체 | 득점 | 도움 | 파울 | 슈팅 | 경고 | 퇴장 |
| --- | --- | --- | --- | --- | --- | --- | --- | --- | --- |
| 2012 | 전북 | 2 | 2 | 0 | 0 | 1 | 1 | 0 | 0 |
| 2013 | 전북 | 0 | 0 | 0 | 0 | 0 | 0 | 0 | 0 |
| 2014 | 광주 | 4 | 3 | 0 | 0 | 4 | 0 | 0 | 0 |
| 통산 | | 6 | 5 | 0 | 0 | 9 | 5 | 0 | 0 |

**김우철** (金禹喆) 상지대 1982.10.01

| 연도 | 소속 | 출장 | 교체 | 득점 | 도움 | 파울 | 슈팅 | 경고 | 퇴장 |
| --- | --- | --- | --- | --- | --- | --- | --- | --- | --- |
| 통산 | | 0 | 0 | 0 | 0 | 0 | 0 | 0 | 0 |

**김우현** 동아대 1974.01.01

| 연도 | 소속 | 출장 | 교체 | 득점 | 도움 | 파울 | 슈팅 | 경고 | 퇴장 |
| --- | --- | --- | --- | --- | --- | --- | --- | --- | --- |
| 1996 | 부천 | 0 | 0 | 0 | 0 | 0 | 0 | 0 | 0 |
| 통산 | | 0 | 0 | 0 | 0 | 0 | 0 | 0 | 0 |

**김운오** (金雲五) 고려대 1961.04.14

| 연도 | 소속 | 출장 | 교체 | 득점 | 도움 | 파울 | 슈팅 | 경고 | 퇴장 |
| --- | --- | --- | --- | --- | --- | --- | --- | --- | --- |
| 1984 | 한일은 | 6 | 2 | 0 | 0 | 1 | 0 | 0 | 0 |
| 통산 | | 6 | 2 | 0 | 0 | 1 | 0 | 0 | 0 |

**김원근** (金元根) 성균관대 1958.07.28

| 연도 | 소속 | 출장 | 교체 | 득점 | 도움 | 파울 | 슈팅 | 경고 | 퇴장 |
| --- | --- | --- | --- | --- | --- | --- | --- | --- | --- |
| 1984 | 한일은 | 5 | 4 | 0 | 0 | 1 | 6 | 0 | 0 |
| 통산 | | 5 | 4 | 0 | 0 | 1 | 6 | 0 | 0 |

**김원민** (金元敏) 건국대 1987.08.12

| 연도 | 소속 | 출장 | 교체 | 득점 | 도움 | 파울 | 슈팅 | 경고 | 퇴장 |
| --- | --- | --- | --- | --- | --- | --- | --- | --- | --- |
| 2013 | 안양 | 29 | 26 | 4 | 3 | 31 | 33 | 1 | 0 |
| 2014 | 안양 | 25 | 25 | 2 | 4 | 17 | 20 | 1 | 0 |
| 통산 | | 54 | 51 | 6 | 7 | 48 | 53 | 2 | 0 |

**김원식** (金元植) 동북고 1991.11.05

| 연도 | 소속 | 출장 | 교체 | 득점 | 도움 | 파울 | 슈팅 | 경고 | 퇴장 |
| --- | --- | --- | --- | --- | --- | --- | --- | --- | --- |
| 2013 | 경찰 | 8 | 7 | 0 | 0 | 11 | 7 | 2 | 0 |
| 2014 | 안산 | 2 | 2 | 0 | 0 | 1 | 2 | 0 | 0 |
| 통산 | | 10 | 9 | 0 | 0 | 11 | 2 | 2 | 0 |

**김원일** (金源一) 숭실대 1986.10.18

| 연도 | 소속 | 출장 | 교체 | 득점 | 도움 | 파울 | 슈팅 | 경고 | 퇴장 |
| --- | --- | --- | --- | --- | --- | --- | --- | --- | --- |
| 2010 | 포항 | 13 | 2 | 0 | 2 | 21 | 4 | 2 | 0 |
| 2011 | 포항 | 23 | 5 | 0 | 1 | 44 | 5 | 8 | 0 |
| 2012 | 포항 | 32 | 3 | 0 | 0 | 63 | 14 | 5 | 0 |
| 2013 | 포항 | 34 | 1 | 3 | 0 | 56 | 11 | 8 | 0 |
| 2014 | 포항 | 18 | 1 | 0 | 1 | 40 | 7 | 5 | 0 |
| 통산 | | 120 | 13 | 3 | 1 | 224 | 41 | 28 | 0 |

**김유성** (金侑聖) 경희대 1988.12.04

| 연도 | 소속 | 출장 | 교체 | 득점 | 도움 | 파울 | 슈팅 | 경고 | 퇴장 |
| --- | --- | --- | --- | --- | --- | --- | --- | --- | --- |
| 2010 | 경남 | 3 | 1 | 0 | 0 | 3 | 4 | 0 | 0 |
| 2011 | 경남 | 2 | 1 | 0 | 1 | 11 | 1 | 0 | 0 |
| 2011 | 대구 | 6 | 4 | 0 | 0 | 7 | 6 | 1 | 0 |
| 2012 | 대구 | 12 | 11 | 0 | 2 | 7 | 6 | 1 | 1 |
| 2013 | 대구 | 2 | 2 | 0 | 0 | 0 | 4 | 0 | 0 |
| 2014 | 광주 | 11 | 10 | 0 | 0 | 9 | 4 | 2 | 0 |
| 통산 | | 36 | 28 | 2 | 1 | 37 | 21 | 4 | 1 |

**김유진** (金裕晋) 부산정보산업고 1983.06.19

| 연도 | 소속 | 출장 | 교체 | 득점 | 도움 | 파울 | 슈팅 | 경고 | 퇴장 |
| --- | --- | --- | --- | --- | --- | --- | --- | --- | --- |
| 2002 | 수원 | 1 | 1 | 0 | 0 | 0 | 0 | 0 | 0 |
| 2005 | 부산 | 25 | 1 | 0 | 0 | 24 | 7 | 5 | 0 |
| 2007 | 부산 | 11 | 0 | 1 | 0 | 9 | 2 | 1 | 0 |
| 2008 | 부산 | 25 | 5 | 2 | 0 | 33 | 7 | 5 | 0 |
| 2009 | 부산 | 10 | 3 | 0 | 1 | 13 | 2 | 0 | 0 |
| 통산 | | 71 | 9 | 3 | 1 | 83 | 24 | 8 | 0 |

**김윤구** (金潤求) 경희대 1979.09.01

| 연도 | 소속 | 출장 | 교체 | 득점 | 도움 | 파울 | 슈팅 | 경고 | 퇴장 |
| --- | --- | --- | --- | --- | --- | --- | --- | --- | --- |
| 2002 | 울산 | 4 | 2 | 0 | 0 | 5 | 0 | 0 | 0 |
| 2003 | 울산 | 2 | 2 | 0 | 0 | 1 | 0 | 0 | 0 |
| 2004 | 울산 | 2 | 2 | 0 | 0 | 1 | 0 | 0 | 0 |
| 통산 | | 8 | 6 | 0 | 0 | 7 | 0 | 0 | 0 |

**김윤구** (金允求) 광운대 1985.02.25

| 연도 | 소속 | 출장 | 교체 | 득점 | 도움 | 파울 | 슈팅 | 경고 | 퇴장 |
| --- | --- | --- | --- | --- | --- | --- | --- | --- | --- |
| 2007 | 광주상 | 14 | 3 | 0 | 0 | 14 | 1 | 2 | 0 |
| 통산 | | 14 | 3 | 0 | 0 | 14 | 1 | 2 | 0 |

**김윤근** (金允根) 동아대 1972.09.22

| 연도 | 소속 | 출장 | 교체 | 득점 | 도움 | 파울 | 슈팅 | 경고 | 퇴장 |
| --- | --- | --- | --- | --- | --- | --- | --- | --- | --- |
| 1995 | 유공 | 15 | 15 | 2 | 0 | 17 | 10 | 0 | 0 |
| 1996 | 부천 | 25 | 19 | 7 | 2 | 18 | 30 | 1 | 0 |
| 1999 | 부천 | 5 | 5 | 0 | 0 | 1 | 4 | 0 | 0 |
| 통산 | | 40 | 34 | 9 | 2 | 35 | 40 | 1 | 0 |

**김윤식** (金潤植) 홍익대 1984.01.29

| 연도 | 소속 | 출장 | 교체 | 득점 | 도움 | 파울 | 슈팅 | 경고 | 퇴장 |
| --- | --- | --- | --- | --- | --- | --- | --- | --- | --- |
| 2006 | 포항 | 22 | 18 | 0 | 1 | 31 | 7 | 2 | 0 |
| 2007 | 포항 | 13 | 9 | 0 | 1 | 24 | 9 | 1 | 0 |
| 2008 | 포항 | 2 | 2 | 0 | 0 | 1 | 0 | 0 | 0 |
| 통산 | | 37 | 29 | 0 | 2 | 56 | 17 | 3 | 0 |

**김윤재** (金潤載) 홍익대 1992.05.14

| 연도 | 소속 | 출장 | 교체 | 득점 | 도움 | 파울 | 슈팅 | 경고 | 퇴장 |
| --- | --- | --- | --- | --- | --- | --- | --- | --- | --- |
| 2014 | 대전 | 0 | 0 | 0 | 0 | 0 | 0 | 0 | 0 |
| 통산 | | 0 | 0 | 0 | 0 | 0 | 0 | 0 | 0 |

**김윤호** (金倫詩) 관동대 1990.09.21

| 연도 | 소속 | 출장 | 교체 | 득점 | 도움 | 파울 | 슈팅 | 경고 | 퇴장 |
| --- | --- | --- | --- | --- | --- | --- | --- | --- | --- |
| 2013 | 강원 | 5 | 5 | 0 | 0 | 7 | 0 | 0 | 0 |
| 2014 | 강원 | 25 | 15 | 0 | 2 | 29 | 16 | 5 | 0 |
| 통산 | | 30 | 20 | 0 | 2 | 36 | 16 | 5 | 0 |

**김은석** (金恩奭) 경기대 1972.03.14

| 연도 | 소속 | 출장 | 교체 | 득점 | 도움 | 파울 | 슈팅 | 경고 | 퇴장 |
| --- | --- | --- | --- | --- | --- | --- | --- | --- | --- |
| 1999 | 포항 | 23 | 3 | 0 | 0 | 17 | 2 | 1 | 0 |
| 2000 | 포항 | 22 | 1 | 0 | 0 | 19 | 2 | 2 | 0 |
| 2001 | 포항 | 22 | 5 | 1 | 1 | 21 | 9 | 1 | 0 |
| 2002 | 포항 | 26 | 5 | 0 | 0 | 50 | 4 | 5 | 0 |
| 통산 | | 93 | 14 | 1 | 1 | 107 | 17 | 9 | 0 |

**김은선** (金恩宣) 대구대 1988.03.30

| 연도 | 소속 | 출장 | 교체 | 득점 | 도움 | 파울 | 슈팅 | 경고 | 퇴장 |
| --- | --- | --- | --- | --- | --- | --- | --- | --- | --- |
| 2011 | 광주 | 27 | 4 | 1 | 0 | 79 | 30 | 9 | 0 |
| 2012 | 광주 | 34 | 4 | 8 | 1 | 78 | 45 | 10 | 0 |
| 2013 | 광주 | 27 | 3 | 2 | 2 | 82 | 42 | 9 | 0 |
| 2014 | 수원 | 37 | 3 | 5 | 0 | 80 | 32 | 4 | 0 |
| 통산 | | 125 | 15 | 18 | 4 | 319 | 149 | 32 | 0 |

**김은중** (金殷中) 동북고 1979.04.08

| 연도 | 소속 | 출장 | 교체 | 득점 | 도움 | 파울 | 슈팅 | 경고 | 퇴장 |
| --- | --- | --- | --- | --- | --- | --- | --- | --- | --- |
| 1997 | 대전 | 14 | 14 | 0 | 0 | 3 | 5 | 0 | 0 |
| 1998 | 대전 | 29 | 8 | 6 | 2 | 32 | 62 | 0 | 0 |
| 1999 | 대전 | 24 | 9 | 4 | 0 | 38 | 50 | 1 | 0 |
| 2000 | 대전 | 20 | 2 | 3 | 0 | 18 | 31 | 2 | 0 |
| 2001 | 대전 | 31 | 5 | 5 | 0 | 60 | 67 | 4 | 0 |
| 2002 | 대전 | 27 | 11 | 7 | 1 | 35 | 54 | 2 | 1 |
| 2003 | 대전 | 31 | 8 | 5 | 4 | 40 | 56 | 1 | 0 |
| 2004 | 서울 | 29 | 11 | 4 | 2 | 58 | 68 | 3 | 0 |
| 2005 | 서울 | 30 | 7 | 7 | 4 | 59 | 40 | 0 | 0 |
| 2006 | 서울 | 37 | 26 | 14 | 5 | 59 | 65 | 2 | 0 |
| 2007 | 서울 | 16 | 10 | 4 | 2 | 26 | 29 | 1 | 0 |
| 2008 | 서울 | 21 | 17 | 5 | 4 | 21 | 32 | 1 | 0 |
| 2010 | 제주 | 34 | 4 | 17 | 11 | 43 | 74 | 4 | 0 |
| 2011 | 제주 | 30 | 11 | 6 | 8 | 32 | 58 | 1 | 0 |
| 2012 | 강원 | 41 | 21 | 16 | 2 | 48 | 65 | 3 | 0 |
| 2013 | 강원 | 13 | 11 | 0 | 1 | 13 | 20 | 0 | 0 |
| 2013 | 포항 | 9 | 9 | 1 | 4 | 6 | 12 | 0 | 0 |
| 2014 | 대전 | 17 | 16 | 3 | 1 | 6 | 12 | 0 | 0 |
| 통산 | | 444 | 203 | 123 | 56 | 593 | 800 | 29 | 1 |

**김은철** (金恩徹) 경희대 1968.05.29

| 연도 | 소속 | 출장 | 교체 | 득점 | 도움 | 파울 | 슈팅 | 경고 | 퇴장 |
| --- | --- | --- | --- | --- | --- | --- | --- | --- | --- |
| 1991 | 유공 | 31 | 15 | 1 | 2 | 32 | 27 | 3 | 0 |
| 1992 | 유공 | 11 | 8 | 2 | 1 | 5 | 6 | 1 | 0 |
| 1993 | 유공 | 9 | 9 | 0 | 0 | 3 | 2 | 0 | 0 |
| 1996 | 부천 | 31 | 12 | 0 | 1 | 24 | 13 | 2 | 0 |
| 1997 | 부천 | 16 | 11 | 0 | 0 | 14 | 3 | 2 | 0 |
| 1998 | 부천 | 2 | 2 | 0 | 0 | 0 | 0 | 0 | 0 |
| 통산 | | 100 | 57 | 3 | 4 | 81 | 47 | 8 | 0 |

**김은후** (金垠侯 / 김의범) 신갈고 1990.05.23

| 연도 | 소속 | 출장 | 교체 | 득점 | 도움 | 파울 | 슈팅 | 경고 | 퇴장 |
| --- | --- | --- | --- | --- | --- | --- | --- | --- | --- |
| 2010 | 전북 | 1 | 1 | 0 | 0 | 0 | 2 | 0 | 0 |
| 2011 | 강원 | 6 | 6 | 0 | 1 | 6 | 6 | 1 | 0 |
| 통산 | | 7 | 7 | 0 | 1 | 6 | 6 | 1 | 0 |

**김응진** (金應鎭) 광양제철고 1987.03.09

| 연도 | 소속 | 출장 | 교체 | 득점 | 도움 | 파울 | 슈팅 | 경고 | 퇴장 |
| --- | --- | --- | --- | --- | --- | --- | --- | --- | --- |
| 2007 | 전남 | 1 | 1 | 0 | 0 | 1 | 0 | 0 | 0 |

## 김의섭 계속

| 연도 | 소속 | 출장 | 교체 | 득점 | 도움 | 파울 | 슈팅 | 경고 | 퇴장 |
|---|---|---|---|---|---|---|---|---|---|
| 2008 | 전남 | 4 | 2 | 0 | 0 | 2 | 0 | 2 | 0 |
| 2009 | 전남 | 8 | 0 | 1 | 0 | 14 | 4 | 3 | 0 |
| 2010 | 부산 | 26 | 4 | 2 | 0 | 40 | 10 | 9 | 0 |
| 2011 | 부산 | 17 | 3 | 1 | 0 | 17 | 6 | 3 | 0 |
| 2013 | 부산 | 8 | 1 | 0 | 0 | 9 | 6 | 0 | 0 |
| 2014 | 부산 | 5 | 2 | 0 | 1 | 9 | 1 | 2 | 0 |
| 통산 | | 69 | 13 | 4 | 1 | 91 | 27 | 19 | 0 |

## 김의섭 (金義燮) 경기대 1987.09.22

| 연도 | 소속 | 출장 | 교체 | 득점 | 도움 | 파울 | 슈팅 | 경고 | 퇴장 |
|---|---|---|---|---|---|---|---|---|---|
| 2010 | 전남 | 1 | 1 | 0 | 0 | 0 | 0 | 0 | 0 |
| 통산 | | 1 | 1 | 0 | 0 | 0 | 0 | 0 | 0 |

## 김이섭 (金利燮) 전주대 1974.04.27

| 연도 | 소속 | 출장 | 교체 | 실점 | 도움 | 파울 | 슈팅 | 경고 | 퇴장 |
|---|---|---|---|---|---|---|---|---|---|
| 1997 | 포항 | 28 | 0 | 28 | 0 | 0 | 0 | 1 | 0 |
| 1998 | 포항 | 31 | 1 | 47 | 0 | 1 | 0 | 0 | 0 |
| 1999 | 포항 | 13 | 0 | 20 | 0 | 0 | 0 | 0 | 0 |
| 2000 | 포항 | 5 | 0 | 8 | 0 | 1 | 0 | 0 | 0 |
| 2002 | 전북 | 0 | 0 | 0 | 0 | 0 | 0 | 0 | 0 |
| 2003 | 전북 | 19 | 0 | 28 | 0 | 0 | 0 | 0 | 0 |
| 2004 | 인천 | 1 | 0 | 0 | 0 | 0 | 0 | 0 | 0 |
| 2005 | 인천 | 20 | 0 | 25 | 0 | 1 | 0 | 2 | 0 |
| 2006 | 인천 | 11 | 0 | 9 | 0 | 0 | 0 | 0 | 0 |
| 2007 | 인천 | 0 | 0 | 31 | 0 | 0 | 0 | 1 | 0 |
| 2008 | 인천 | 13 | 1 | 13 | 0 | 0 | 0 | 0 | 0 |
| 2009 | 인천 | 24 | 0 | 24 | 0 | 0 | 0 | 0 | 0 |
| 2010 | 인천 | 12 | 1 | 25 | 0 | 0 | 0 | 0 | 0 |
| 통산 | | 217 | 3 | 273 | 0 | 3 | 0 | 3 | 0 |

## 김이주 (金利主) 전주대 1966.03.01

| 연도 | 소속 | 출장 | 교체 | 득점 | 도움 | 파울 | 슈팅 | 경고 | 퇴장 |
|---|---|---|---|---|---|---|---|---|---|
| 1989 | 일화 | 36 | 23 | 3 | 3 | 30 | 40 | 1 | 0 |
| 1990 | 일화 | 24 | 18 | 2 | 2 | 24 | 28 | 2 | 0 |
| 1991 | 일화 | 35 | 27 | 8 | 5 | 36 | 42 | 1 | 0 |
| 1992 | 일화 | 34 | 28 | 2 | 1 | 49 | 36 | 0 | 0 |
| 1993 | 일화 | 29 | 17 | 7 | 3 | 36 | 38 | 1 | 0 |
| 1994 | 일화 | 30 | 18 | 7 | 1 | 39 | 44 | 1 | 0 |
| 1995 | 일화 | 27 | 24 | 2 | 3 | 32 | 30 | 0 | 0 |
| 1996 | 수원 | 5 | 6 | 0 | 1 | 7 | 2 | 0 | 0 |
| 1997 | 수원 | 1 | 1 | 0 | 0 | 2 | 0 | 0 | 0 |
| 1997 | 천안 | 18 | 10 | 3 | 2 | 26 | 38 | 2 | 0 |
| 1998 | 천안 | 27 | 21 | 0 | 2 | 38 | 24 | 0 | 0 |
| 통산 | | 266 | 193 | 39 | 23 | 319 | 322 | 8 | 0 |

## 김익현 (金翼現) 고려대 1989.04.30

| 연도 | 소속 | 출장 | 교체 | 득점 | 도움 | 파울 | 슈팅 | 경고 | 퇴장 |
|---|---|---|---|---|---|---|---|---|---|
| 2009 | 부산 | 2 | 1 | 0 | 0 | 2 | 3 | 0 | 0 |
| 2010 | 부산 | 0 | 0 | 0 | 0 | 0 | 0 | 0 | 0 |
| 2011 | 부산 | 6 | 6 | 0 | 0 | 4 | 2 | 3 | 0 |
| 2012 | 부산 | 27 | 7 | 1 | 1 | 16 | 15 | 6 | 0 |
| 2013 | 부산 | 19 | 14 | 1 | 0 | 24 | 8 | 4 | 0 |
| 2014 | 부산 | 19 | 14 | 1 | 0 | 24 | 8 | 4 | 0 |
| 통산 | | 55 | 34 | 2 | 1 | 54 | 28 | 15 | 0 |

## 김익형 (金翼亨) 한양대 1958.06.17

| 연도 | 소속 | 출장 | 교체 | 득점 | 도움 | 파울 | 슈팅 | 경고 | 퇴장 |
|---|---|---|---|---|---|---|---|---|---|
| 1985 | 포철 | 16 | 0 | 1 | 0 | 12 | 15 | 1 | 0 |
| 1986 | 포철 | 25 | 7 | 0 | 0 | 20 | 19 | 0 | 0 |
| 통산 | | 41 | 7 | 0 | 1 | 32 | 34 | 1 | 0 |

## 김인섭 (金仁燮) 동국대 1972.07.09

| 연도 | 소속 | 출장 | 교체 | 득점 | 도움 | 파울 | 슈팅 | 경고 | 퇴장 |
|---|---|---|---|---|---|---|---|---|---|
| 1995 | 포항 | 1 | 1 | 0 | 0 | 0 | 0 | 0 | 0 |
| 통산 | | 1 | 1 | 0 | 0 | 0 | 0 | 0 | 0 |

## 김인성 (金仁成) 성균관대 1989.09.09

| 연도 | 소속 | 출장 | 교체 | 득점 | 도움 | 파울 | 슈팅 | 경고 | 퇴장 |
|---|---|---|---|---|---|---|---|---|---|
| 2013 | 성남 | 31 | 31 | 2 | 2 | 23 | 20 | 1 | 0 |
| 2014 | 전북 | 11 | 10 | 0 | 0 | 13 | 8 | 1 | 0 |
| 통산 | | 42 | 41 | 2 | 2 | 36 | 28 | 2 | 0 |

## 김인완 (金仁完) 경희대 1971.02.13

| 연도 | 소속 | 출장 | 교체 | 득점 | 도움 | 파울 | 슈팅 | 경고 | 퇴장 |
|---|---|---|---|---|---|---|---|---|---|
| 1995 | 전남 | 24 | 14 | 2 | 4 | 33 | 33 | 2 | 1 |
| 1996 | 전남 | 31 | 19 | 3 | 2 | 46 | 44 | 4 | 0 |
| 1997 | 전남 | 22 | 7 | 6 | 4 | 31 | 39 | 2 | 0 |
| 1998 | 전남 | 33 | 11 | 8 | 2 | 52 | 62 | 3 | 0 |
| 1999 | 전남 | 15 | 11 | 1 | 2 | 22 | 15 | 1 | 0 |
| 1999 | 천안 | 11 | 2 | 3 | 1 | 29 | 26 | 0 | 0 |
| 2000 | 성남 | 5 | 4 | 0 | 0 | 16 | 11 | 0 | 0 |
| 통산 | | 146 | 73 | 23 | 15 | 229 | 229 | 13 | 1 |

## 김인호 (金仁鎬) 마산공고 1983.06.09

| 연도 | 소속 | 출장 | 교체 | 득점 | 도움 | 파울 | 슈팅 | 경고 | 퇴장 |
|---|---|---|---|---|---|---|---|---|---|
| 2006 | 전북 | 28 | 11 | 0 | 0 | 41 | 6 | 5 | 1 |
| 2007 | 전북 | 18 | 6 | 0 | 0 | 27 | 4 | 6 | 0 |
| 2008 | 전북 | 17 | 8 | 0 | 2 | 18 | 7 | 0 | 0 |
| 2009 | 전북 | 5 | 2 | 0 | 0 | 2 | 1 | 1 | 0 |
| 2009 | 제주 | 6 | 2 | 0 | 0 | 9 | 1 | 2 | 0 |
| 2010 | 제주 | 13 | 0 | 0 | 0 | 14 | 3 | 2 | 0 |
| 2011 | 제주 | 6 | 3 | 0 | 1 | 23 | 4 | 4 | 0 |
| 통산 | | 91 | 32 | 2 | 2 | 134 | 26 | 20 | 1 |

## 김일진 (金一珍) 영남대 1970.04.05

| 연도 | 소속 | 출장 | 교체 | 득점 | 도움 | 파울 | 슈팅 | 경고 | 퇴장 |
|---|---|---|---|---|---|---|---|---|---|
| 1993 | 포항 | 2 | 0 | 0 | 0 | 0 | 0 | 0 | 0 |
| 1998 | 포항 | 9 | 1 | 0 | 1 | 0 | 0 | 0 | 0 |
| 1999 | 포항 | 0 | 0 | 0 | 0 | 0 | 0 | 0 | 0 |
| 2000 | 포항 | 0 | 0 | 0 | 0 | 0 | 0 | 0 | 0 |
| 통산 | | 11 | 1 | 0 | 1 | 0 | 0 | 0 | 0 |

## 김재구 (金在九) 단국대 1977.03.12

| 연도 | 소속 | 출장 | 교체 | 득점 | 도움 | 파울 | 슈팅 | 경고 | 퇴장 |
|---|---|---|---|---|---|---|---|---|---|
| 2000 | 성남 | 1 | 0 | 0 | 0 | 0 | 0 | 0 | 0 |
| 2001 | 성남 | 1 | 1 | 0 | 0 | 0 | 0 | 0 | 0 |
| 통산 | | 2 | 1 | 0 | 0 | 0 | 0 | 0 | 0 |

## 김재성 (金在成) 아주대 1983.10.03

| 연도 | 소속 | 출장 | 교체 | 득점 | 도움 | 파울 | 슈팅 | 경고 | 퇴장 |
|---|---|---|---|---|---|---|---|---|---|
| 2005 | 부천 | 35 | 10 | 2 | 1 | 69 | 27 | 4 | 0 |
| 2006 | 제주 | 31 | 4 | 2 | 2 | 53 | 44 | 6 | 0 |
| 2007 | 제주 | 26 | 4 | 4 | 2 | 54 | 35 | 6 | 0 |
| 2008 | 포항 | 26 | 16 | 2 | 2 | 26 | 31 | 6 | 0 |
| 2009 | 포항 | 26 | 15 | 1 | 4 | 52 | 31 | 4 | 0 |
| 2010 | 포항 | 24 | 11 | 1 | 2 | 45 | 28 | 6 | 0 |
| 2011 | 포항 | 30 | 5 | 5 | 4 | 44 | 34 | 8 | 0 |
| 2012 | 상주 | 22 | 4 | 2 | 4 | 36 | 10 | 10 | 0 |
| 2013 | 상주 | 26 | 15 | 3 | 2 | 43 | 37 | 6 | 0 |
| 2013 | 포항 | 3 | 1 | 0 | 1 | 5 | 2 | 2 | 0 |
| 2014 | 포항 | 29 | 15 | 7 | 4 | 36 | 34 | 6 | 0 |
| 통산 | | 278 | 96 | 29 | 28 | 459 | 341 | 64 | 0 |

## 김재소 (金在昭) 경희고 1965.11.06

| 연도 | 소속 | 출장 | 교체 | 득점 | 도움 | 파울 | 슈팅 | 경고 | 퇴장 |
|---|---|---|---|---|---|---|---|---|---|
| 1989 | 일화 | 20 | 11 | 0 | 1 | 22 | 12 | 1 | 0 |
| 1990 | 일화 | 10 | 6 | 0 | 1 | 15 | 6 | 2 | 0 |
| 1991 | 일화 | 29 | 18 | 0 | 0 | 37 | 25 | 2 | 0 |
| 1992 | 일화 | 10 | 7 | 0 | 0 | 11 | 4 | 0 | 0 |
| 1993 | 일화 | 1 | 1 | 0 | 0 | 0 | 0 | 0 | 0 |
| 통산 | | 70 | 43 | 0 | 2 | 85 | 47 | 5 | 0 |

## 김재신 (金在新) 숭실대 1975.03.03

| 연도 | 소속 | 출장 | 교체 | 득점 | 도움 | 파울 | 슈팅 | 경고 | 퇴장 |
|---|---|---|---|---|---|---|---|---|---|
| 1999 | 전북 | 1 | 1 | 0 | 0 | 0 | 0 | 0 | 0 |
| 2000 | 전북 | 18 | 16 | 0 | 1 | 20 | 10 | 2 | 0 |
| 2001 | 전북 | 1 | 1 | 0 | 0 | 1 | 1 | 0 | 0 |

## 김재신 (金在信) 건국대 1973.08.30

| 연도 | 소속 | 출장 | 교체 | 득점 | 도움 | 파울 | 슈팅 | 경고 | 퇴장 |
|---|---|---|---|---|---|---|---|---|---|
| 1998 | 수원 | 7 | 5 | 1 | 0 | 8 | 5 | 0 | 0 |
| 1999 | 수원 | 6 | 6 | 1 | 0 | 12 | 6 | 0 | 0 |
| 2000 | 수원 | 7 | 1 | 0 | 0 | 4 | 0 | 1 | 0 |
| 통산 | | 20 | 12 | 1 | 0 | 24 | 11 | 0 | 0 |

## 김재연 (金載淵) 연세대 1989.02.08

| 연도 | 소속 | 출장 | 교체 | 득점 | 도움 | 파울 | 슈팅 | 경고 | 퇴장 |
|---|---|---|---|---|---|---|---|---|---|
| 2013 | 수원FC | 8 | 3 | 0 | 0 | 12 | 1 | 0 | 0 |
| 2014 | 수원FC | 15 | 8 | 0 | 0 | 17 | 11 | 0 | 0 |
| 통산 | | 23 | 11 | 0 | 0 | 29 | 12 | 2 | 0 |

## 김재웅 (金裁雄) 경희대 1988.01.01

| 연도 | 소속 | 출장 | 교체 | 득점 | 도움 | 파울 | 슈팅 | 경고 | 퇴장 |
|---|---|---|---|---|---|---|---|---|---|
| 2011 | 인천 | 17 | 10 | 4 | 1 | 49 | 22 | 7 | 0 |
| 2012 | 인천 | 18 | 16 | 0 | 4 | 47 | 25 | 4 | 0 |
| 2013 | 인천 | 7 | 7 | 1 | 0 | 10 | 10 | 1 | 0 |
| 2014 | 안양 | 27 | 23 | 7 | 0 | 67 | 40 | 7 | 0 |
| 통산 | | 69 | 56 | 12 | 5 | 173 | 97 | 19 | 0 |

## 김재윤 (金재윤/김성균) 서귀포고 1990.09.04

| 연도 | 소속 | 출장 | 교체 | 득점 | 도움 | 파울 | 슈팅 | 경고 | 퇴장 |
|---|---|---|---|---|---|---|---|---|---|
| 2009 | 성남 | 4 | 5 | 0 | 0 | 4 | 1 | 0 | 0 |
| 2010 | 강원 | 1 | 1 | 0 | 0 | 0 | 2 | 0 | 0 |
| 2011 | 전남 | 0 | 0 | 0 | 0 | 0 | 0 | 0 | 0 |
| 통산 | | 5 | 6 | 0 | 0 | 4 | 3 | 0 | 0 |

## 김재형 (金載澄/김재영) 아주대 1973.09.02

| 연도 | 소속 | 출장 | 교체 | 득점 | 도움 | 파울 | 슈팅 | 경고 | 퇴장 |
|---|---|---|---|---|---|---|---|---|---|
| 1996 | 부산 | 32 | 8 | 6 | 2 | 46 | 38 | 5 | 0 |
| 1997 | 부산 | 24 | 10 | 0 | 1 | 31 | 22 | 8 | 0 |
| 1998 | 부산 | 9 | 5 | 0 | 1 | 14 | 4 | 2 | 0 |
| 1999 | 부산 | 31 | 17 | 0 | 2 | 68 | 19 | 1 | 0 |
| 2000 | 부산 | 19 | 12 | 0 | 1 | 29 | 12 | 1 | 1 |
| 2001 | 부산 | 32 | 19 | 1 | 2 | 42 | 17 | 3 | 0 |
| 2002 | 부산 | 10 | 9 | 0 | 0 | 33 | 7 | 3 | 0 |
| 2004 | 부산 | 18 | 13 | 2 | 0 | 26 | 7 | 1 | 0 |
| 2005 | 부산 | 21 | 6 | 1 | 0 | 50 | 9 | 3 | 1 |
| 2006 | 전북 | 14 | 7 | 0 | 1 | 38 | 6 | 1 | 0 |
| 2007 | 전북 | 15 | 14 | 0 | 0 | 21 | 3 | 0 | 0 |

## 김재홍 (金在鴻) 숭실대 1984.08.10

| 연도 | 소속 | 출장 | 교체 | 득점 | 도움 | 파울 | 슈팅 | 경고 | 퇴장 |
|---|---|---|---|---|---|---|---|---|---|
| 2007 | 대구 | 1 | 0 | 0 | 1 | 2 | 1 | 0 | 0 |
| 통산 | | 1 | 0 | 0 | 1 | 2 | 1 | 0 | 0 |

## 김재환 (金才煥) 마산공고 1958.08.10

| 연도 | 소속 | 출장 | 교체 | 득점 | 도움 | 파울 | 슈팅 | 경고 | 퇴장 |
|---|---|---|---|---|---|---|---|---|---|
| 1985 | 현대 | 4 | 1 | 0 | 1 | 3 | 4 | 0 | 0 |
| 통산 | | 4 | 1 | 0 | 1 | 3 | 4 | 0 | 0 |

## 김재환 (金載桓) 전주대 1988.05.27

| 연도 | 소속 | 출장 | 교체 | 득점 | 도움 | 파울 | 슈팅 | 경고 | 퇴장 |
|---|---|---|---|---|---|---|---|---|---|
| 2011 | 전북 | 3 | 0 | 0 | 0 | 11 | 0 | 3 | 0 |
| 2012 | 전북 | 1 | 0 | 0 | 0 | 2 | 0 | 0 | 0 |
| 2013 | 전북 | 5 | 2 | 0 | 0 | 6 | 1 | 1 | 0 |
| 2014 | 수원FC | 4 | 1 | 0 | 0 | 4 | 1 | 0 | 0 |
| 통산 | | 13 | 3 | 0 | 0 | 23 | 2 | 4 | 0 |

## 김재훈 (金載薰) 건국대 1988.02.21

| 연도 | 소속 | 출장 | 교체 | 득점 | 도움 | 파울 | 슈팅 | 경고 | 퇴장 |
|---|---|---|---|---|---|---|---|---|---|
| 2011 | 전남 | 1 | 1 | 0 | 0 | 1 | 0 | 1 | 0 |
| 2012 | 대전 | 7 | 1 | 0 | 0 | 7 | 2 | 3 | 0 |
| 2014 | 충주 | 19 | 4 | 1 | 1 | 21 | 9 | 7 | 0 |
| 통산 | | 27 | 6 | 1 | 1 | 29 | 11 | 6 | 0 |

## 김정겸 (金正謙) 동국대 1976.06.09

| 연도 | 소속 | 출장 | 교체 | 득점 | 도움 | 파울 | 슈팅 | 경고 | 퇴장 |
|---|---|---|---|---|---|---|---|---|---|
| 1999 | 전남 | 13 | 13 | 0 | 0 | 6 | 6 | 0 | 0 |
| 2000 | 전남 | 5 | 1 | 0 | 1 | 57 | 16 | 3 | 0 |
| 2001 | 전남 | 16 | 6 | 0 | 0 | 25 | 7 | 4 | 0 |
| 2002 | 전남 | 5 | 5 | 0 | 0 | 11 | 0 | 0 | 0 |
| 2003 | 전남 | 27 | 4 | 0 | 2 | 39 | 8 | 4 | 0 |
| 2004 | 전남 | 26 | 5 | 1 | 2 | 43 | 12 | 3 | 0 |
| 2005 | 전북 | 34 | 3 | 1 | 5 | 52 | 26 | 3 | 0 |
| 2006 | 전북 | 13 | 0 | 0 | 0 | 16 | 9 | 0 | 0 |
| 2007 | 전북 | 12 | 5 | 0 | 0 | 22 | 8 | 5 | 1 |
| 2008 | 포항 | 3 | 2 | 0 | 0 | 1 | 0 | 1 | 0 |
| 2009 | 포항 | 23 | 1 | 1 | 3 | 38 | 12 | 4 | 0 |
| 2010 | 포항 | 16 | 2 | 1 | 0 | 23 | 8 | 3 | 0 |
| 2011 | 포항 | 9 | 2 | 0 | 0 | 9 | 1 | 2 | 0 |
| 통산 | | 226 | 56 | 5 | 7 | 337 | 109 | 30 | 1 |

## 김정광 (金正光) 영남대 1988.03.14

| 연도 | 소속 | 출장 | 교체 | 득점 | 도움 | 파울 | 슈팅 | 경고 | 퇴장 |
|---|---|---|---|---|---|---|---|---|---|

**김정빈** (金楨彬) 선문대 1987.08.23

| 연도 | 소속 | 출장 | 교체 | 득점 | 도움 | 파울 | 슈팅 | 경고 | 퇴장 |
|---|---|---|---|---|---|---|---|---|---|
| 2012 | 상주 | 2 | 2 | 0 | 0 | 8 | 0 | 0 | 0 |
| 2014 | 수원FC | 31 | 6 | 4 | 2 | 53 | 28 | 2 | 0 |
| | 통산 | 33 | 8 | 4 | 2 | 61 | 28 | 2 | 0 |

**김정수** (金廷洙) 중앙대 1975.01.17

| 연도 | 소속 | 출장 | 교체 | 득점 | 도움 | 파울 | 슈팅 | 경고 | 퇴장 |
|---|---|---|---|---|---|---|---|---|---|
| 1997 | 대전 | 25 | 1 | 3 | 0 | 9 | 8 | 1 | 0 |
| 1999 | 대전 | 4 | 3 | 0 | 1 | 6 | 0 | 0 | 0 |
| 2000 | 대전 | 0 | 0 | 0 | 0 | 0 | 0 | 0 | 0 |
| 2001 | 대전 | 29 | 1 | 0 | 0 | 12 | 1 | 1 | 0 |
| 2002 | 대전 | 30 | 1 | 0 | 0 | 12 | 6 | 4 | 0 |
| 2003 | 대전 | 36 | 13 | 0 | 2 | 36 | 17 | 1 | 0 |
| 2004 | 부천 | 30 | 6 | 0 | 0 | 27 | 1 | 2 | 0 |
| 2005 | 부천 | 4 | 2 | 0 | 0 | 2 | 0 | 0 | 0 |
| | 통산 | 158 | 27 | 3 | 3 | 104 | 33 | 9 | 0 |

**김정우** (金正友) 고려대 1982.05.09

| 연도 | 소속 | 출장 | 교체 | 득점 | 도움 | 파울 | 슈팅 | 경고 | 퇴장 |
|---|---|---|---|---|---|---|---|---|---|
| 2003 | 울산 | 34 | 8 | 1 | 3 | 38 | 21 | 7 | 0 |
| 2004 | 울산 | 18 | 4 | 0 | 0 | 49 | 16 | 4 | 1 |
| 2005 | 울산 | 32 | 4 | 0 | 2 | 91 | 33 | 9 | 0 |
| 2008 | 성남 | 26 | 5 | 4 | 4 | 41 | 20 | 3 | 0 |
| 2009 | 성남 | 35 | 11 | 5 | 4 | 63 | 56 | 10 | 0 |
| 2010 | 광주상 | 19 | 2 | 3 | 0 | 19 | 37 | 3 | 0 |
| 2011 | 상주 | 26 | 6 | 18 | 1 | 30 | 76 | 5 | 0 |
| 2011 | 성남 | 2 | 3 | 0 | 0 | 3 | 1 | 0 | 0 |
| 2012 | 전북 | 33 | 14 | 5 | 2 | 50 | 26 | 4 | 0 |
| 2013 | 전북 | 8 | 4 | 0 | 1 | 8 | 1 | 1 | 0 |
| | 통산 | 237 | 82 | 37 | 17 | 392 | 287 | 46 | 1 |

**김정욱** (金晶昱) 아주대 1976.03.01

| 연도 | 소속 | 출장 | 교체 | 득점 | 도움 | 파울 | 슈팅 | 경고 | 퇴장 |
|---|---|---|---|---|---|---|---|---|---|
| 1998 | 부산 | 3 | 3 | 1 | 0 | 4 | 1 | 0 | 0 |
| 2000 | 울산 | 4 | 4 | 0 | 0 | 1 | 0 | 0 | 0 |
| | 통산 | 7 | 7 | 1 | 0 | 5 | 1 | 0 | 0 |

**김정은** (金政銀) 동국대 1963.11.27

| 연도 | 소속 | 출장 | 교체 | 득점 | 도움 | 파울 | 슈팅 | 경고 | 퇴장 |
|---|---|---|---|---|---|---|---|---|---|
| 1986 | 한일은 | 10 | 5 | 0 | 0 | 10 | 6 | 0 | 0 |
| | 통산 | 10 | 5 | 0 | 0 | 10 | 6 | 0 | 0 |

**김정재** (金正才) 경희대 1974.05.22

| 연도 | 소속 | 출장 | 교체 | 득점 | 도움 | 파울 | 슈팅 | 경고 | 퇴장 |
|---|---|---|---|---|---|---|---|---|---|
| 1997 | 천안 | 20 | 8 | 0 | 0 | 37 | 3 | 4 | 0 |
| 1998 | 천안 | 24 | 9 | 0 | 0 | 47 | 6 | 5 | 0 |
| 1999 | 천안 | 11 | 2 | 0 | 1 | 30 | 4 | 6 | 0 |
| 2000 | 성남 | 23 | 7 | 1 | 1 | 53 | 13 | 7 | 0 |
| 2001 | 성남 | 14 | 12 | 0 | 0 | 16 | 3 | 2 | 0 |
| 2002 | 성남 | 24 | 16 | 0 | 0 | 27 | 4 | 4 | 0 |
| 2003 | 성남 | 14 | 12 | 0 | 0 | 25 | 4 | 2 | 0 |
| 2004 | 인천 | 9 | 4 | 1 | 0 | 25 | 2 | 4 | 0 |
| | 통산 | 139 | 70 | 2 | 2 | 260 | 44 | 32 | 0 |

**김정주** (金正柱) 강릉제일고 1991.09.26

| 연도 | 소속 | 출장 | 교체 | 득점 | 도움 | 파울 | 슈팅 | 경고 | 퇴장 |
|---|---|---|---|---|---|---|---|---|---|
| 2010 | 강원 | 7 | 7 | 0 | 0 | 3 | 3 | 0 | 0 |
| 2011 | 강원 | 5 | 5 | 0 | 0 | 7 | 1 | 1 | 0 |
| 2012 | 강원 | 3 | 1 | 0 | 0 | 1 | 8 | 0 | 0 |
| | 통산 | 15 | 10 | 0 | 0 | 11 | 12 | 1 | 0 |

**김정혁** (金正赫) 명지대 1968.11.30

| 연도 | 소속 | 출장 | 교체 | 득점 | 도움 | 파울 | 슈팅 | 경고 | 퇴장 |
|---|---|---|---|---|---|---|---|---|---|
| 1992 | 대우 | 34 | 9 | 2 | 2 | 50 | 34 | 6 | 0 |
| 1993 | 대우 | 10 | 7 | 0 | 0 | 15 | 11 | 2 | 0 |
| 1994 | 대우 | 11 | 12 | 0 | 0 | 15 | 9 | 1 | 0 |
| 1996 | 부산 | 11 | 8 | 0 | 0 | 13 | 8 | 0 | 0 |
| 1996 | 전남 | 21 | 8 | 0 | 3 | 39 | 20 | 10 | 0 |
| 1997 | 전남 | 34 | 3 | 1 | 3 | 66 | 34 | 6 | 0 |
| 1998 | 전남 | 26 | 10 | 0 | 2 | 42 | 22 | 2 | 0 |
| 1999 | 전남 | 35 | 3 | 1 | 3 | 44 | 31 | 1 | 0 |
| 2000 | 전남 | 23 | 2 | 0 | 2 | 30 | 4 | 1 | 0 |
| 2001 | 전남 | 28 | 6 | 0 | 0 | 22 | 7 | 1 | 0 |
| 2002 | 전남 | 6 | 3 | 0 | 0 | 5 | 4 | 1 | 0 |
| | 통산 | 239 | 71 | 4 | 15 | 341 | 184 | 31 | 0 |

**김정현** (金正炫) 호남대 1979.04.01

| 연도 | 소속 | 출장 | 교체 | 득점 | 도움 | 파울 | 슈팅 | 경고 | 퇴장 |
|---|---|---|---|---|---|---|---|---|---|
| 2003 | 부천 | 0 | 0 | 0 | 0 | 0 | 0 | 0 | 0 |
| | 통산 | 0 | 0 | 0 | 0 | 0 | 0 | 0 | 0 |

**김정현** (金楨鉉) 강릉제일고 1988.05.16

| 연도 | 소속 | 출장 | 교체 | 득점 | 도움 | 파울 | 슈팅 | 경고 | 퇴장 |
|---|---|---|---|---|---|---|---|---|---|
| 2007 | 인천 | 1 | 1 | 0 | 0 | 0 | 0 | 0 | 0 |
| 2008 | 인천 | 1 | 1 | 0 | 0 | 1 | 0 | 0 | 0 |
| | 통산 | 1 | 1 | 0 | 0 | 1 | 0 | 0 | 0 |

**김정훈** (金正勳) 독일 FSV Mainz05 1989.02.13

| 연도 | 소속 | 출장 | 교체 | 득점 | 도움 | 파울 | 슈팅 | 경고 | 퇴장 |
|---|---|---|---|---|---|---|---|---|---|
| 2008 | 대전 | 5 | 5 | 1 | 0 | 7 | 3 | 1 | 0 |
| 2009 | 대전 | 5 | 5 | 0 | 0 | 7 | 3 | 0 | 0 |
| | 통산 | 10 | 10 | 1 | 0 | 14 | 6 | 1 | 0 |

**김정훈** (金正訓) 관동대 1991.12.23

| 연도 | 소속 | 출장 | 교체 | 득점 | 도움 | 파울 | 슈팅 | 경고 | 퇴장 |
|---|---|---|---|---|---|---|---|---|---|
| 2014 | 충주 | 29 | 19 | 3 | 1 | 28 | 38 | 4 | 0 |
| | 통산 | 29 | 19 | 3 | 1 | 28 | 38 | 4 | 0 |

**김정희** (金正熙) 한양대 1956.01.13

| 연도 | 소속 | 출장 | 교체 | 득점 | 도움 | 파울 | 슈팅 | 경고 | 퇴장 |
|---|---|---|---|---|---|---|---|---|---|
| 1983 | 할렐 | 15 | 4 | 2 | 1 | 6 | 11 | 0 | 0 |
| 1984 | 할렐 | 26 | 7 | 1 | 3 | 8 | 27 | 1 | 0 |
| 1985 | 할렐 | 9 | 3 | 0 | 0 | 4 | 3 | 0 | 0 |
| | 통산 | 50 | 14 | 3 | 4 | 18 | 46 | 1 | 0 |

**김제환** (金濟煥) 명지대 1985.06.07

| 연도 | 소속 | 출장 | 교체 | 득점 | 도움 | 파울 | 슈팅 | 경고 | 퇴장 |
|---|---|---|---|---|---|---|---|---|---|
| 2013 | 경찰 | 17 | 13 | 2 | 1 | 11 | 8 | 2 | 0 |
| | 통산 | 17 | 13 | 2 | 1 | 11 | 8 | 2 | 0 |

**김종건** (金鍾建) 서울시립대 1964.03.29

| 연도 | 소속 | 출장 | 교체 | 득점 | 도움 | 파울 | 슈팅 | 경고 | 퇴장 |
|---|---|---|---|---|---|---|---|---|---|
| 1985 | 현대 | 17 | 4 | 1 | 1 | 15 | 14 | 1 | 0 |
| 1986 | 현대 | 28 | 10 | 4 | 4 | 38 | 29 | 3 | 0 |
| 1987 | 현대 | 27 | 3 | 2 | 3 | 38 | 19 | 2 | 0 |
| 1988 | 현대 | 15 | 7 | 0 | 2 | 18 | 14 | 1 | 0 |
| 1989 | 현대 | 18 | 3 | 8 | 2 | 41 | 49 | 2 | 0 |
| 1990 | 현대 | 5 | 5 | 0 | 0 | 4 | 3 | 0 | 0 |
| 1991 | 현대 | 5 | 5 | 0 | 2 | 3 | 2 | 0 | 0 |
| 1991 | 일화 | 1 | 2 | 0 | 0 | 0 | 0 | 0 | 0 |
| 1992 | 일화 | 11 | 11 | 0 | 0 | 8 | 12 | 1 | 0 |
| | 통산 | 127 | 50 | 14 | 12 | 164 | 113 | 10 | 0 |

**김종건** (金鍾建) 한양대 1969.05.10

| 연도 | 소속 | 출장 | 교체 | 득점 | 도움 | 파울 | 슈팅 | 경고 | 퇴장 |
|---|---|---|---|---|---|---|---|---|---|
| 1992 | 현대 | 12 | 13 | 1 | 0 | 11 | 10 | 0 | 0 |
| 1993 | 현대 | 14 | 15 | 0 | 1 | 11 | 10 | 0 | 0 |
| 1994 | 현대 | 26 | 15 | 9 | 0 | 21 | 43 | 1 | 0 |
| 1995 | 현대 | 27 | 21 | 4 | 1 | 22 | 44 | 1 | 0 |
| 1996 | 울산 | 18 | 11 | 4 | 2 | 20 | 19 | 0 | 0 |
| 1997 | 울산 | 19 | 13 | 4 | 3 | 30 | 19 | 3 | 0 |
| 1998 | 울산 | 31 | 20 | 12 | 2 | 41 | 60 | 3 | 0 |
| 1999 | 울산 | 33 | 18 | 15 | 5 | 32 | 48 | 1 | 0 |
| 2000 | 울산 | 13 | 10 | 1 | 1 | 14 | 12 | 0 | 0 |
| | 통산 | 193 | 136 | 52 | 15 | 208 | 245 | 10 | 0 |

**김종경** (金種慶) 홍익대 1982.05.09

| 연도 | 소속 | 출장 | 교체 | 득점 | 도움 | 파울 | 슈팅 | 경고 | 퇴장 |
|---|---|---|---|---|---|---|---|---|---|
| 2004 | 광주상 | 5 | 2 | 0 | 0 | 3 | 2 | 0 | 0 |
| 2005 | 광주상 | 1 | 0 | 0 | 0 | 0 | 0 | 0 | 0 |
| 2006 | 경남 | 23 | 7 | 4 | 0 | 67 | 13 | 9 | 0 |
| 2007 | 전북 | 17 | 9 | 1 | 0 | 27 | 4 | 6 | 0 |
| 2008 | 대구 | 2 | 1 | 0 | 0 | 2 | 2 | 2 | 0 |
| | 통산 | 48 | 19 | 5 | 0 | 99 | 18 | 17 | 0 |

**김종국** (金種局) 울산대 1989.01.08

| 연도 | 소속 | 출장 | 교체 | 득점 | 도움 | 파울 | 슈팅 | 경고 | 퇴장 |
|---|---|---|---|---|---|---|---|---|---|
| 2011 | 울산 | 3 | 2 | 0 | 0 | 3 | 0 | 0 | 0 |
| 2012 | 울산 | 0 | 0 | 0 | 0 | 0 | 0 | 0 | 0 |
| 2012 | 강원 | 16 | 7 | 0 | 4 | 20 | 15 | 3 | 0 |
| 2013 | 울산 | 5 | 5 | 0 | 0 | 1 | 1 | 0 | 0 |
| 2014 | 대전 | 22 | 9 | 1 | 1 | 23 | 37 | 5 | 0 |
| | 통산 | 46 | 23 | 1 | 5 | 47 | 53 | 8 | 0 |

**김종만** (金鍾萬) 동아대 1959.06.30

| 연도 | 소속 | 출장 | 교체 | 득점 | 도움 | 파울 | 슈팅 | 경고 | 퇴장 |
|---|---|---|---|---|---|---|---|---|---|
| 1983 | 국민은 | 11 | 0 | 0 | 0 | 15 | 0 | 1 | 1 |
| 1984 | 국민은 | 3 | 0 | 0 | 0 | 2 | 0 | 0 | 0 |
| 1986 | 럭금 | 15 | 2 | 0 | 0 | 19 | 1 | 0 | 0 |
| 1987 | 럭금 | 13 | 4 | 0 | 0 | 10 | 1 | 0 | 0 |
| | 통산 | 42 | 6 | 0 | 0 | 46 | 2 | 1 | 1 |

**김종민** (金鍾珉) 한양대 1965.01.06

| 연도 | 소속 | 출장 | 교체 | 득점 | 도움 | 파울 | 슈팅 | 경고 | 퇴장 |
|---|---|---|---|---|---|---|---|---|---|
| 1987 | 럭금 | 10 | 3 | 2 | 0 | 9 | 13 | 1 | 0 |
| 1988 | 럭금 | 3 | 3 | 0 | 0 | 3 | 2 | 0 | 0 |
| 1989 | 럭금 | 1 | 1 | 0 | 0 | 2 | 0 | 0 | 0 |
| 1990 | 럭금 | 1 | 1 | 0 | 0 | 0 | 0 | 0 | 0 |
| | 통산 | 15 | 8 | 2 | 0 | 14 | 15 | 1 | 0 |

**김종복** (金鍾福) 중앙대 1984.11.10

| 연도 | 소속 | 출장 | 교체 | 득점 | 도움 | 파울 | 슈팅 | 경고 | 퇴장 |
|---|---|---|---|---|---|---|---|---|---|
| 2006 | 대구 | 0 | 0 | 0 | 0 | 0 | 0 | 0 | 0 |
| | 통산 | 0 | 0 | 0 | 0 | 0 | 0 | 0 | 0 |

**김종부** (金鍾夫) 고려대 1965.01.13

| 연도 | 소속 | 출장 | 교체 | 득점 | 도움 | 파울 | 슈팅 | 경고 | 퇴장 |
|---|---|---|---|---|---|---|---|---|---|
| 1988 | 포철 | 15 | 7 | 0 | 5 | 17 | 24 | 0 | 0 |
| 1989 | 포철 | 18 | 14 | 1 | 2 | 19 | 8 | 1 | 0 |
| 1990 | 대우 | 22 | 5 | 1 | 1 | 19 | 38 | 1 | 0 |
| 1991 | 대우 | 7 | 7 | 0 | 0 | 6 | 9 | 0 | 0 |
| 1992 | 대우 | 6 | 6 | 0 | 0 | 5 | 4 | 0 | 0 |
| 1993 | 대우 | 2 | 2 | 0 | 0 | 1 | 0 | 0 | 0 |
| 1993 | 일화 | 3 | 3 | 0 | 1 | 1 | 0 | 0 | 0 |
| 1994 | 일화 | 3 | 2 | 0 | 0 | 2 | 2 | 0 | 0 |
| 1995 | 일화 | 5 | 5 | 0 | 0 | 5 | 5 | 1 | 0 |
| | 통산 | 81 | 51 | 6 | 8 | 72 | 91 | 2 | 0 |

**김종석** (金宗錫) 경상대 1963.05.31

| 연도 | 소속 | 출장 | 교체 | 득점 | 도움 | 파울 | 슈팅 | 경고 | 퇴장 |
|---|---|---|---|---|---|---|---|---|---|
| 1986 | 럭금 | 27 | 13 | 0 | 0 | 8 | 7 | 0 | 0 |
| 1987 | 럭금 | 7 | 4 | 0 | 0 | 2 | 1 | 0 | 0 |
| | 통산 | 34 | 17 | 0 | 0 | 10 | 8 | 0 | 0 |

**김종설** (金鍾卨) 중앙대 1960.03.16

| 연도 | 소속 | 출장 | 교체 | 득점 | 도움 | 파울 | 슈팅 | 경고 | 퇴장 |
|---|---|---|---|---|---|---|---|---|---|
| 1983 | 국민은 | 1 | 0 | 0 | 0 | 2 | 2 | 1 | 0 |
| | 통산 | 1 | 0 | 0 | 0 | 2 | 2 | 1 | 0 |

**김종성** (金鍾成) 아주대 1988.03.12

| 연도 | 소속 | 출장 | 교체 | 득점 | 도움 | 파울 | 슈팅 | 경고 | 퇴장 |
|---|---|---|---|---|---|---|---|---|---|
| 2013 | 수원FC | 24 | 9 | 2 | 0 | 41 | 10 | 8 | 1 |
| 2014 | 안양 | 26 | 9 | 1 | 0 | 49 | 10 | 8 | 0 |
| | 통산 | 50 | 18 | 3 | 0 | 90 | 20 | 16 | 1 |

**김종수** (金鍾洙) 동국대 1986.07.25

| 연도 | 소속 | 출장 | 교체 | 득점 | 도움 | 파울 | 슈팅 | 경고 | 퇴장 |
|---|---|---|---|---|---|---|---|---|---|
| 2009 | 경남 | 17 | 2 | 1 | 0 | 50 | 4 | 5 | 0 |
| 2010 | 경남 | 7 | 5 | 0 | 0 | 9 | 5 | 1 | 0 |
| 2011 | 경남 | 1 | 0 | 0 | 0 | 2 | 0 | 0 | 0 |
| 2012 | 경남 | 19 | 9 | 0 | 0 | 17 | 2 | 4 | 0 |
| 2013 | 대전 | 5 | 2 | 0 | 1 | 8 | 9 | 1 | 0 |
| | 통산 | 49 | 17 | 1 | 1 | 89 | 20 | 11 | 0 |

**김종식** (金鍾植) 울산대 1967.03.18

| 연도 | 소속 | 출장 | 교체 | 득점 | 도움 | 파울 | 슈팅 | 경고 | 퇴장 |
|---|---|---|---|---|---|---|---|---|---|
| 1990 | 현대 | 1 | 1 | 0 | 0 | 0 | 0 | 0 | 0 |
| 1991 | 현대 | 8 | 6 | 0 | 0 | 18 | 5 | 2 | 0 |
| 1992 | 현대 | 17 | 12 | 0 | 1 | 29 | 16 | 1 | 0 |
| 1993 | 현대 | 10 | 6 | 0 | 0 | 14 | 4 | 2 | 0 |
| 1994 | 현대 | 17 | 12 | 0 | 0 | 15 | 4 | 3 | 0 |
| 1995 | 현대 | 25 | 19 | 1 | 1 | 35 | 9 | 6 | 0 |
| 1996 | 울산 | 13 | 9 | 0 | 1 | 16 | 3 | 1 | 0 |
| 1997 | 울산 | 2 | 1 | 0 | 0 | 3 | 1 | 1 | 0 |

| 연도 | 소속 | 출장 | 교체 | 득점 | 도움 | 파울 | 슈팅 | 경고 | 퇴장 |
|---|---|---|---|---|---|---|---|---|---|
| 통산 | | 93 | 66 | 1 | 3 | 130 | 42 | 16 | 0 |

**김종연** (金鍾然) 조선대 1975.11.11

| 연도 | 소속 | 출장 | 교체 | 득점 | 도움 | 파울 | 슈팅 | 경고 | 퇴장 |
|---|---|---|---|---|---|---|---|---|---|
| 1997 | 안양 | 16 | 13 | 3 | 0 | 21 | 16 | 1 | 0 |
| 1998 | 안양 | 20 | 19 | 2 | 1 | 15 | 26 | 2 | 0 |
| 1999 | 안양 | 6 | 7 | 1 | 9 | 9 | 8 | 1 | 0 |
| 통산 | | 42 | 39 | 6 | 2 | 45 | 50 | 4 | 0 |

**김종천** (金鍾天) 중앙대 1976.07.07

| 연도 | 소속 | 출장 | 교체 | 득점 | 도움 | 파울 | 슈팅 | 경고 | 퇴장 |
|---|---|---|---|---|---|---|---|---|---|
| 1999 | 포항 | 30 | 23 | 1 | 3 | 20 | 16 | 1 | 0 |
| 2000 | 포항 | 36 | 17 | 5 | 2 | 30 | 44 | 1 | 0 |
| 2001 | 포항 | 7 | 7 | 0 | 1 | 7 | 0 | 1 | 0 |
| 2003 | 광주상 | 34 | 8 | 1 | 2 | 46 | 17 | 1 | 0 |
| 2004 | 포항 | 15 | 13 | 0 | 0 | 6 | 9 | 0 | 0 |
| 2005 | 포항 | 2 | 1 | 0 | 0 | 1 | 1 | 0 | 0 |
| 2006 | 전북 | 4 | 1 | 0 | 1 | 1 | 0 | 0 | 0 |
| 통산 | | 128 | 70 | 7 | 7 | 109 | 89 | 3 | 0 |

**김종철** (金鍾哲) 인천대 1983.11.09

| 연도 | 소속 | 출장 | 교체 | 득점 | 도움 | 파울 | 슈팅 | 경고 | 퇴장 |
|---|---|---|---|---|---|---|---|---|---|
| 2006 | 울산 | 1 | 1 | 0 | 0 | 3 | 0 | 0 | 0 |
| 통산 | | 1 | 1 | 0 | 0 | 3 | 0 | 0 | 0 |

**김종필** (金宗弼) 동국대 1967.11.11

| 연도 | 소속 | 출장 | 교체 | 득점 | 도움 | 파울 | 슈팅 | 경고 | 퇴장 |
|---|---|---|---|---|---|---|---|---|---|
| 1994 | 대우 | 4 | 5 | 0 | 1 | 0 | 1 | 0 | 0 |
| 통산 | | 4 | 5 | 0 | 1 | 0 | 1 | 0 | 0 |

**김종현** (金宗賢) 충북대 1973.07.10

| 연도 | 소속 | 출장 | 교체 | 득점 | 도움 | 파울 | 슈팅 | 경고 | 퇴장 |
|---|---|---|---|---|---|---|---|---|---|
| 1998 | 전남 | 24 | 18 | 3 | 3 | 18 | 34 | 1 | 0 |
| 1999 | 전남 | 34 | 18 | 4 | 8 | 33 | 56 | 3 | 0 |
| 2000 | 전남 | 37 | 26 | 5 | 3 | 31 | 41 | 1 | 0 |
| 2001 | 전남 | 33 | 24 | 1 | 2 | 26 | 40 | 1 | 0 |
| 2002 | 전남 | 12 | 12 | 1 | 0 | 3 | 2 | 0 | 0 |
| 2003 | 대전 | 42 | 25 | 10 | 2 | 31 | 75 | 0 | 0 |
| 2004 | 대전 | 26 | 22 | 4 | 1 | 19 | 45 | 2 | 1 |
| 2005 | 대전 | 31 | 27 | 1 | 2 | 19 | 27 | 0 | 0 |
| 통산 | | 239 | 172 | 30 | 28 | 180 | 320 | 8 | 1 |

**김종환** (金鍾煥) 서울대 1962.11.15

| 연도 | 소속 | 출장 | 교체 | 득점 | 도움 | 파울 | 슈팅 | 경고 | 퇴장 |
|---|---|---|---|---|---|---|---|---|---|
| 1985 | 현대 | 15 | 2 | 4 | 3 | 27 | 23 | 1 | 0 |
| 1986 | 현대 | 22 | 12 | 2 | 3 | 16 | 14 | 0 | 0 |
| 1988 | 유공 | 15 | 13 | 0 | 1 | 12 | 21 | 0 | 0 |
| 통산 | | 52 | 27 | 6 | 7 | 55 | 58 | 1 | 0 |

**김종훈** (金鍾勳) 홍익대 1980.12.17

| 연도 | 소속 | 출장 | 교체 | 득점 | 도움 | 파울 | 슈팅 | 경고 | 퇴장 |
|---|---|---|---|---|---|---|---|---|---|
| 2007 | 경남 | 14 | 6 | 0 | 0 | 24 | 4 | 2 | 0 |
| 2008 | 경남 | 21 | 4 | 1 | 0 | 39 | 8 | 3 | 0 |
| 2009 | 경남 | 5 | 3 | 0 | 0 | 3 | 1 | 1 | 0 |
| 2010 | 부산 | 7 | 5 | 0 | 0 | 6 | 5 | 1 | 0 |
| 통산 | | 47 | 18 | 1 | 0 | 72 | 13 | 6 | 0 |

**김주봉** (金宙奉) 숭실대 1986.04.07

| 연도 | 소속 | 출장 | 교체 | 득점 | 도움 | 파울 | 슈팅 | 경고 | 퇴장 |
|---|---|---|---|---|---|---|---|---|---|
| 2009 | 강원 | 3 | 1 | 0 | 0 | 2 | 0 | 1 | 0 |
| 통산 | | 3 | 1 | 0 | 0 | 2 | 0 | 1 | 0 |

**김주빈** (金周彬) 관동대 1990.12.07

| 연도 | 소속 | 출장 | 교체 | 득점 | 도움 | 파울 | 슈팅 | 경고 | 퇴장 |
|---|---|---|---|---|---|---|---|---|---|
| 2014 | 대구 | 14 | 8 | 1 | 1 | 14 | 5 | 2 | 0 |
| 통산 | | 14 | 8 | 1 | 1 | 14 | 5 | 2 | 0 |

**김주성** (金鑄城) 조선대 1966.01.17

| 연도 | 소속 | 출장 | 교체 | 득점 | 도움 | 파울 | 슈팅 | 경고 | 퇴장 |
|---|---|---|---|---|---|---|---|---|---|
| 1987 | 대우 | 28 | 5 | 10 | 4 | 52 | 51 | 4 | 0 |
| 1988 | 대우 | 10 | 4 | 3 | 0 | 18 | 20 | 0 | 0 |
| 1989 | 대우 | 8 | 1 | 2 | 1 | 22 | 16 | 0 | 0 |
| 1990 | 대우 | 9 | 4 | 0 | 2 | 27 | 16 | 3 | 0 |
| 1991 | 대우 | 37 | 10 | 14 | 5 | 88 | 84 | 4 | 0 |
| 1992 | 대우 | 9 | 0 | 2 | 1 | 23 | 10 | 1 | 0 |
| 1994 | 대우 | 3 | 1 | 0 | 0 | 6 | 3 | 0 | 0 |
| 1995 | 대우 | 30 | 10 | 2 | 1 | 46 | 24 | 6 | 0 |
| 1996 | 부산 | 26 | 0 | 2 | 2 | 49 | 4 | 5 | 0 |
| 1997 | 부산 | 34 | 4 | 0 | 0 | 33 | 2 | 3 | 0 |
| 1998 | 부산 | 28 | 1 | 0 | 1 | 45 | 6 | 6 | 1 |
| 1999 | 부산 | 33 | 5 | 0 | 0 | 57 | 4 | 5 | 0 |
| 통산 | | 255 | 45 | 35 | 17 | 466 | 245 | 37 | 1 |

**김주영** (金周榮) 건국대 1977.06.06

| 연도 | 소속 | 출장 | 교체 | 득점 | 도움 | 파울 | 슈팅 | 경고 | 퇴장 |
|---|---|---|---|---|---|---|---|---|---|
| 2000 | 안양 | 1 | 1 | 0 | 0 | 0 | 1 | 0 | 0 |
| 통산 | | 1 | 1 | 0 | 0 | 0 | 1 | 0 | 0 |

**김주영** (金周寧) 연세대 1988.07.09

| 연도 | 소속 | 출장 | 교체 | 득점 | 도움 | 파울 | 슈팅 | 경고 | 퇴장 |
|---|---|---|---|---|---|---|---|---|---|
| 2009 | 경남 | 21 | 1 | 0 | 0 | 26 | 2 | 4 | 0 |
| 2010 | 경남 | 30 | 1 | 0 | 0 | 24 | 5 | 0 | 0 |
| 2011 | 경남 | 4 | 0 | 1 | 0 | 9 | 2 | 4 | 0 |
| 2012 | 서울 | 33 | 7 | 0 | 0 | 12 | 3 | 4 | 0 |
| 2013 | 서울 | 31 | 2 | 2 | 1 | 24 | 9 | 4 | 0 |
| 2014 | 서울 | 29 | 1 | 2 | 0 | 21 | 11 | 5 | 0 |
| 통산 | | 148 | 12 | 5 | 1 | 116 | 32 | 21 | 0 |

**김주일** (金住鎰) 대구대 1974.03.05

| 연도 | 소속 | 출장 | 교체 | 득점 | 도움 | 파울 | 슈팅 | 경고 | 퇴장 |
|---|---|---|---|---|---|---|---|---|---|
| 1997 | 천안 | 6 | 3 | 0 | 0 | 7 | 0 | 2 | 0 |
| 통산 | | 6 | 3 | 0 | 0 | 7 | 0 | 2 | 0 |

**김주형** (金柱亨) 동의대 1989.08.23

| 연도 | 소속 | 출장 | 교체 | 득점 | 도움 | 파울 | 슈팅 | 경고 | 퇴장 |
|---|---|---|---|---|---|---|---|---|---|
| 2010 | 대전 | 2 | 2 | 0 | 0 | 1 | 0 | 0 | 0 |
| 2011 | 대전 | 2 | 2 | 0 | 0 | 1 | 0 | 0 | 0 |
| 2014 | 충주 | 0 | 0 | 0 | 0 | 0 | 0 | 0 | 0 |
| 통산 | | 4 | 4 | 0 | 0 | 3 | 2 | 0 | 0 |

**김주환** (金周奐) 아주대 1982.04.24

| 연도 | 소속 | 출장 | 교체 | 득점 | 도움 | 파울 | 슈팅 | 경고 | 퇴장 |
|---|---|---|---|---|---|---|---|---|---|
| 2005 | 대구 | 15 | 7 | 1 | 2 | 23 | 6 | 2 | 0 |
| 2006 | 대구 | 19 | 9 | 0 | 0 | 34 | 2 | 4 | 0 |
| 2007 | 대구 | 22 | 6 | 1 | 4 | 29 | 12 | 2 | 0 |
| 2008 | 대구 | 10 | 3 | 2 | 1 | 11 | 7 | 0 | 0 |
| 2009 | 대구 | 17 | 2 | 1 | 0 | 26 | 7 | 7 | 0 |
| 2010 | 광주상 | 1 | 1 | 0 | 0 | 0 | 0 | 0 | 0 |
| 2011 | 상주 | 9 | 2 | 0 | 0 | 10 | 3 | 0 | 0 |
| 통산 | | 93 | 30 | 5 | 7 | 133 | 34 | 18 | 0 |

**김주훈** (金柱薰) 동아대 1959.02.27

| 연도 | 소속 | 출장 | 교체 | 득점 | 도움 | 파울 | 슈팅 | 경고 | 퇴장 |
|---|---|---|---|---|---|---|---|---|---|
| 1983 | 국민은 | 5 | 1 | 0 | 1 | 3 | 0 | 0 | 0 |
| 통산 | | 5 | 1 | 0 | 1 | 3 | 0 | 0 | 0 |

**김준** (金俊) 대월중 1986.12.09

| 연도 | 소속 | 출장 | 교체 | 득점 | 도움 | 파울 | 슈팅 | 경고 | 퇴장 |
|---|---|---|---|---|---|---|---|---|---|
| 2003 | 수원 | 0 | 0 | 0 | 0 | 0 | 0 | 0 | 0 |
| 통산 | | 0 | 0 | 0 | 0 | 0 | 0 | 0 | 0 |

**김준민** (金俊旻) 동의대 1983.09.07

| 연도 | 소속 | 출장 | 교체 | 득점 | 도움 | 파울 | 슈팅 | 경고 | 퇴장 |
|---|---|---|---|---|---|---|---|---|---|
| 2007 | 대전 | 1 | 1 | 0 | 0 | 0 | 0 | 0 | 0 |
| 통산 | | 1 | 1 | 0 | 0 | 0 | 0 | 0 | 0 |

**김준범** (金峻範) 강릉시청 1986.06.23

| 연도 | 소속 | 출장 | 교체 | 득점 | 도움 | 파울 | 슈팅 | 경고 | 퇴장 |
|---|---|---|---|---|---|---|---|---|---|
| 2012 | 강원 | 1 | 1 | 0 | 0 | 0 | 0 | 0 | 0 |
| 통산 | | 1 | 1 | 0 | 0 | 0 | 0 | 0 | 0 |

**김준석** (金俊錫) 고려대 1976.04.21

| 연도 | 소속 | 출장 | 교체 | 실점 | 도움 | 파울 | 슈팅 | 경고 | 퇴장 |
|---|---|---|---|---|---|---|---|---|---|
| 1999 | 부산 | 6 | 1 | 11 | 0 | 0 | 0 | 3 | 0 |
| 2000 | 부산 | | | | | | | | |
| 통산 | | 6 | 1 | 11 | 0 | 0 | 0 | 3 | 0 |

**김준수** (金俊洙) 영남대 1991.07.29

| 연도 | 소속 | 출장 | 교체 | 득점 | 도움 | 파울 | 슈팅 | 경고 | 퇴장 |
|---|---|---|---|---|---|---|---|---|---|
| 2013 | 포항 | 7 | 4 | 1 | 0 | 2 | 1 | 1 | 0 |
| 2014 | 포항 | 10 | 4 | 0 | 0 | 14 | 1 | 4 | 0 |
| 통산 | | 17 | 8 | 1 | 0 | 16 | 2 | 5 | 0 |

**김준엽** (金俊燁) 홍익대 1988.05.10

| 연도 | 소속 | 출장 | 교체 | 득점 | 도움 | 파울 | 슈팅 | 경고 | 퇴장 |
|---|---|---|---|---|---|---|---|---|---|
| 2010 | 제주 | 1 | 1 | 0 | 0 | 0 | 0 | 0 | 0 |
| 2011 | 제주 | 2 | 0 | 0 | 0 | 3 | 1 | 0 | 0 |
| 2012 | 제주 | 11 | 5 | 0 | 0 | 12 | 3 | 3 | 0 |
| 2013 | 광주 | 29 | 13 | 5 | 2 | 50 | 34 | 3 | 0 |
| 2014 | 경남 | 15 | 5 | 0 | 0 | 19 | 5 | 3 | 0 |
| 통산 | | 58 | 24 | 5 | 2 | 84 | 43 | 9 | 0 |

**김준태** (金俊泰) 한남대 1985.05.31

| 연도 | 소속 | 출장 | 교체 | 득점 | 도움 | 파울 | 슈팅 | 경고 | 퇴장 |
|---|---|---|---|---|---|---|---|---|---|
| 2010 | 강원 | 4 | 3 | 0 | 0 | 3 | 0 | 0 | 0 |
| 통산 | | 4 | 3 | 0 | 0 | 3 | 0 | 0 | 0 |

**김준현** (金俊鉉) 연세대 1964.01.20

| 연도 | 소속 | 출장 | 교체 | 득점 | 도움 | 파울 | 슈팅 | 경고 | 퇴장 |
|---|---|---|---|---|---|---|---|---|---|
| 1986 | 대우 | 11 | 9 | 3 | 0 | 8 | 20 | 2 | 0 |
| 1987 | 유공 | 26 | 13 | 3 | 4 | 22 | 31 | 3 | 0 |
| 1988 | 유공 | 10 | 8 | 0 | 0 | 14 | 11 | 0 | 0 |
| 1989 | 유공 | 33 | 33 | 5 | 0 | 12 | 10 | 1 | 0 |
| 1990 | 유공 | 17 | 16 | 1 | 0 | 12 | 10 | 1 | 0 |
| 1991 | 유공 | 29 | 5 | 0 | 8 | 23 | 44 | 3 | 0 |
| 1992 | 유공 | 2 | 2 | 0 | 0 | 4 | 2 | 1 | 0 |
| 통산 | | 128 | 106 | 12 | 16 | 100 | 145 | 12 | 1 |

**김준협** (金俊協) 오현고 1978.11.11

| 연도 | 소속 | 출장 | 교체 | 득점 | 도움 | 파울 | 슈팅 | 경고 | 퇴장 |
|---|---|---|---|---|---|---|---|---|---|
| 2004 | 울산 | 1 | 1 | 0 | 0 | 1 | 0 | 0 | 0 |
| 통산 | | 1 | 1 | 0 | 0 | 1 | 0 | 0 | 0 |

**김지민** (金智珉) 한양대 1984.11.27

| 연도 | 소속 | 출장 | 교체 | 득점 | 도움 | 파울 | 슈팅 | 경고 | 퇴장 |
|---|---|---|---|---|---|---|---|---|---|
| 2007 | 울산 | 0 | 0 | 0 | 0 | 0 | 0 | 0 | 0 |
| 2008 | 포항 | 0 | 0 | 0 | 0 | 0 | 0 | 0 | 0 |
| 2009 | 대전 | 7 | 5 | 0 | 0 | 1 | 2 | 0 | 0 |
| 2010 | 광주상 | 2 | 1 | 0 | 0 | 4 | 1 | 0 | 0 |
| 2011 | 상주 | 8 | 3 | 0 | 0 | 7 | 1 | 2 | 0 |

**김지민** (金智敏) 동래고 1993.06.05

| 연도 | 소속 | 출장 | 교체 | 득점 | 도움 | 파울 | 슈팅 | 경고 | 퇴장 |
|---|---|---|---|---|---|---|---|---|---|
| 2012 | 부산 | 7 | 6 | 0 | 0 | 6 | 5 | 1 | 0 |
| 2013 | 부산 | 4 | 4 | 0 | 0 | 2 | 0 | 0 | 0 |
| 2014 | 부산 | 3 | 3 | 0 | 0 | 2 | 0 | 0 | 0 |
| 통산 | | 13 | 12 | 0 | 0 | 8 | 11 | 0 | 0 |

**김지민** (金志敏) 한양대 1984.11.27

| 연도 | 소속 | 출장 | 교체 | 득점 | 도움 | 파울 | 슈팅 | 경고 | 퇴장 |
|---|---|---|---|---|---|---|---|---|---|
| 2013 | 수원FC | 18 | 9 | 0 | 0 | 19 | 3 | 4 | 0 |
| 통산 | | 18 | 9 | 0 | 0 | 19 | 3 | 4 | 0 |

**김지성** (金志成) 동의대 1987.11.08

| 연도 | 소속 | 출장 | 교체 | 실점 | 도움 | 파울 | 슈팅 | 경고 | 퇴장 |
|---|---|---|---|---|---|---|---|---|---|
| 2013 | 광주 | 25 | 0 | 39 | 0 | 2 | 0 | 1 | 0 |
| 통산 | | 25 | 0 | 39 | 0 | 2 | 0 | 1 | 0 |

**김지운** (金지운) 아주대 1976.11.13

| 연도 | 소속 | 출장 | 교체 | 실점 | 도움 | 파울 | 슈팅 | 경고 | 퇴장 |
|---|---|---|---|---|---|---|---|---|---|
| 1999 | 부천 | 0 | 0 | 0 | 0 | 0 | 0 | 0 | 0 |
| 2000 | 부천 | 0 | 0 | 0 | 0 | 0 | 0 | 0 | 0 |
| 2001 | 부천 | 0 | 0 | 0 | 0 | 0 | 0 | 0 | 0* |
| 2003 | 광주상 | 0 | 0 | 0 | 0 | 0 | 0 | 0 | 0 |
| 2004 | 부천 | 0 | 0 | 0 | 0 | 0 | 0 | 0 | 0 |
| 2006 | 대구 | 6 | 1 | 5 | 0 | 0 | 0 | 0 | 0 |
| 통산 | | 6 | 1 | 5 | 0 | 0 | 0 | 0 | 0 |

**김지웅** (金知雄) 경희대 1989.01.14

| 연도 | 소속 | 출장 | 교체 | 득점 | 도움 | 파울 | 슈팅 | 경고 | 퇴장 |
|---|---|---|---|---|---|---|---|---|---|
| 2010 | 전북 | 16 | 15 | 1 | 2 | 23 | 11 | 4 | 0 |
| 2011 | 전북 | 13 | 12 | 3 | 0 | 27 | 17 | 6 | 0 |
| 2012 | 경남 | 2 | 2 | 1 | 0 | 1 | 0 | 1 | 0 |
| 2013 | 부산 | 2 | 2 | 0 | 0 | 2 | 1 | 0 | 0 |
| 2014 | 고양 | 4 | 1 | 1 | 0 | 8 | 3 | 0 | 1 |
| 통산 | | 37 | 32 | 6 | 2 | 61 | 32 | 11 | 1 |

**김지웅** (金智雄) 광운대 1990.05.19

| 연도 | 소속 | 출장 | 교체 | 득점 | 도움 | 파울 | 슈팅 | 경고 | 퇴장 |
|---|---|---|---|---|---|---|---|---|---|
| 2013 | 부천 | 4 | 4 | 0 | 0 | 1 | 0 | 0 | 0 |
| 2014 | 상주 | 0 | 0 | 0 | 0 | 0 | 0 | 0 | 0 |
| 통산 | | 4 | 4 | 0 | 0 | 1 | 0 | 0 | 0 |

**김지혁** (金志赫) 경남상고 1981.10.26

| 연도 | 소속 | 출장 | 교체 | 실점 | 도움 | 파울 | 슈팅 | 경고 | 퇴장 |
|---|---|---|---|---|---|---|---|---|---|
| 2001 | 부산 | 3 | 0 | 4 | 0 | 0 | 0 | 0 | 0 |
| 2002 | 부산 | 0 | 0 | 0 | 0 | 0 | 0 | 0 | 0 |
| 2003 | 부산 | 0 | 0 | 0 | 0 | 0 | 0 | 0 | 0 |
| 2004 | 부산 | 2 | 0 | 8 | 0 | 0 | 0 | 0 | 0 |
| 2005 | 울산 | 4 | 1 | 4 | 0 | 0 | 0 | 0 | 0 |
| 2006 | 울산 | 29 | 2 | 27 | 0 | 0 | 0 | 1 | 0 |
| 2007 | 울산 | 5 | 1 | 3 | 0 | 0 | 0 | 0 | 0 |
| 2008 | 포항 | 21 | 1 | 25 | 0 | 0 | 0 | 1 | 0 |
| 2009 | 포항 | 1 | 0 | 1 | 0 | 0 | 0 | 0 | 0 |
| 2010 | 광주상 | 26 | 1 | 39 | 0 | 0 | 0 | 2 | 0 |
| 2011 | 상주 | 11 | 0 | 12 | 0 | 0 | 0 | 2 | 0 |
| 통산 | | 111 | 7 | 136 | 0 | 0 | 0 | 9 | 0 |

**김지환** (金智煥) 영동대 1988.04.21

| 연도 | 소속 | 출장 | 교체 | 득점 | 도움 | 파울 | 슈팅 | 경고 | 퇴장 |
|---|---|---|---|---|---|---|---|---|---|
| 2011 | 부산 | 0 | 0 | 0 | 0 | 0 | 0 | 0 | 0 |
| 통산 | | 0 | 0 | 0 | 0 | 0 | 0 | 0 | 0 |

**김진국** (金鎭國) 건국대 1951.09.14

| 연도 | 소속 | 출장 | 교체 | 득점 | 도움 | 파울 | 슈팅 | 경고 | 퇴장 |
|---|---|---|---|---|---|---|---|---|---|
| 1984 | 국민 | 15 | 10 | 2 | 3 | 5 | 13 | 0 | 0 |
| 통산 | | 15 | 10 | 2 | 3 | 5 | 13 | 0 | 0 |

**김진규** (金珍圭) 안동고 1985.02.16

| 연도 | 소속 | 출장 | 교체 | 득점 | 도움 | 파울 | 슈팅 | 경고 | 퇴장 |
|---|---|---|---|---|---|---|---|---|---|
| 2003 | 전남 | 11 | 4 | 1 | 0 | 12 | 5 | 2 | 0 |
| 2004 | 전남 | 15 | 0 | 1 | 1 | 22 | 22 | 5 | 0 |
| 2007 | 전남 | 9 | 0 | 2 | 0 | 14 | 11 | 4 | 0 |
| 2007 | 서울 | 9 | 1 | 0 | 0 | 19 | 15 | 1 | 0 |
| 2008 | 서울 | 24 | 4 | 0 | 0 | 51 | 22 | 7 | 1 |
| 2009 | 서울 | 32 | 4 | 0 | 3 | 45 | 22 | 6 | 0 |
| 2010 | 서울 | 30 | 1 | 0 | 0 | 33 | 22 | 3 | 1 |
| 2012 | 서울 | 37 | 2 | 4 | 1 | 49 | 20 | 7 | 0 |
| 2013 | 서울 | 35 | 1 | 1 | 0 | 44 | 25 | 5 | 0 |
| 2014 | 서울 | 33 | 3 | 2 | 2 | 43 | 24 | 3 | 0 |
| 통산 | | 240 | 23 | 17 | 8 | 313 | 186 | 41 | 2 |

**김진만** (金眞萬) 선문대 1990.05.03

| 연도 | 소속 | 출장 | 교체 | 득점 | 도움 | 파울 | 슈팅 | 경고 | 퇴장 |
|---|---|---|---|---|---|---|---|---|---|
| 2011 | 대전 | 1 | 1 | 0 | 0 | 0 | 0 | 0 | 0 |

**김진솔** (金眞率) 우석대 1989.01.11

| 연도 | 소속 | 출장 | 교체 | 득점 | 도움 | 파울 | 슈팅 | 경고 | 퇴장 |
|---|---|---|---|---|---|---|---|---|---|
| 2010 | 대전 | 4 | 4 | 0 | 0 | 4 | 3 | 1 | 0 |
| 2011 | 대전 | 4 | 3 | 0 | 0 | 8 | 0 | 2 | 0 |
| 통산 | | 8 | 7 | 0 | 0 | 12 | 3 | 3 | 0 |

**김진수** (金珍洙) 창원기계공고 1984.07.02

| 연도 | 소속 | 출장 | 교체 | 득점 | 도움 | 파울 | 슈팅 | 경고 | 퇴장 |
|---|---|---|---|---|---|---|---|---|---|
| 2006 | 인천 | 0 | 0 | 0 | 0 | 0 | 0 | 0 | 0 |
| 2007 | 인천 | 0 | 0 | 0 | 0 | 0 | 0 | 0 | 0 |

**김진식** (金鎭植) 전주대 1977.03.16

| 연도 | 소속 | 출장 | 교체 | 실점 | 도움 | 파울 | 슈팅 | 경고 | 퇴장 |
|---|---|---|---|---|---|---|---|---|---|
| 2003 | 대구 | 22 | 1 | 33 | 0 | 1 | 1 | 1 | 0 |
| 2004 | 대구 | 2 | 0 | 2 | 0 | 0 | 0 | 0 | 0 |
| 2005 | 대구 | 16 | 0 | 21 | 0 | 0 | 2 | 1 | 0 |
| 통산 | | 40 | 1 | 58 | 0 | 2 | 0 | 2 | 0 |

**김진영** (金珍英) 건국대 1992.03.02

| 연도 | 소속 | 출장 | 교체 | 실점 | 도움 | 파울 | 슈팅 | 경고 | 퇴장 |
|---|---|---|---|---|---|---|---|---|---|
| 2014 | 포항 | 1 | 1 | 1 | 0 | 0 | 0 | 0 | 0 |
| 통산 | | 1 | 1 | 1 | 0 | 0 | 0 | 0 | 0 |

**김진옥** (金鎭玉) 영남대 1952.12.17

| 연도 | 소속 | 출장 | 교체 | 득점 | 도움 | 파울 | 슈팅 | 경고 | 퇴장 |
|---|---|---|---|---|---|---|---|---|---|
| 1983 | 할렐 | 5 | 2 | 0 | 0 | 5 | 1 | 0 | 0 |
| 1984 | 할렐 | 17 | 0 | 0 | 0 | 22 | 0 | 2 | 0 |
| 1985 | 할렐 | 18 | 3 | 0 | 0 | 35 | 0 | 2 | 0 |
| 통산 | | 40 | 5 | 0 | 0 | 62 | 1 | 4 | 0 |

**김진용** (金鎭用) 대구대 1973.05.05

| 연도 | 소속 | 출장 | 교체 | 득점 | 도움 | 파울 | 슈팅 | 경고 | 퇴장 |
|---|---|---|---|---|---|---|---|---|---|
| 1996 | 안양 | 12 | 12 | 0 | 1 | 7 | 7 | 0 | 0 |
| 1997 | 안양 | 1 | 1 | 0 | 0 | 0 | 0 | 0 | 0 |
| 2000 | 안양 | 1 | 1 | 0 | 0 | 0 | 1 | 0 | 0 |
| 통산 | | 14 | 14 | 0 | 1 | 7 | 8 | 0 | 0 |

**김진용** (金珍龍) 한양대 1982.10.09

| 연도 | 소속 | 출장 | 교체 | 득점 | 도움 | 파울 | 슈팅 | 경고 | 퇴장 |
|---|---|---|---|---|---|---|---|---|---|
| 2004 | 울산 | 29 | 22 | 3 | 3 | 34 | 24 | 2 | 0 |
| 2005 | 울산 | 27 | 24 | 8 | 2 | 27 | 51 | 1 | 0 |
| 2006 | 경남 | 30 | 16 | 7 | 4 | 41 | 32 | 3 | 0 |
| 2008 | 경남 | 31 | 26 | 6 | 3 | 36 | 38 | 1 | 0 |
| 2009 | 성남 | 37 | 34 | 7 | 5 | 43 | 49 | 4 | 0 |
| 2010 | 성남 | 11 | 11 | 0 | 2 | 11 | 11 | 0 | 0 |
| 2011 | 성남 | 13 | 13 | 2 | 0 | 9 | 12 | 2 | 0 |
| 2011 | 강원 | 12 | 9 | 2 | 0 | 15 | 23 | 3 | 0 |
| 2012 | 포항 | 21 | 21 | 1 | 1 | 28 | 20 | 8 | 0 |
| 2013 | 강원 | 7 | 6 | 0 | 0 | 7 | 2 | 0 | 0 |
| 통산 | | 218 | 182 | 36 | 20 | 248 | 262 | 25 | 0 |

**김진우** (金珍友) 대구대 1975.10.09

| 연도 | 소속 | 출장 | 교체 | 득점 | 도움 | 파울 | 슈팅 | 경고 | 퇴장 |
|---|---|---|---|---|---|---|---|---|---|
| 1996 | 수원 | 23 | 10 | 1 | 0 | 60 | 12 | 5 | 0 |
| 1997 | 수원 | 30 | 8 | 0 | 0 | 59 | 21 | 8 | 0 |
| 1998 | 수원 | 33 | 6 | 0 | 2 | 93 | 26 | 7 | 0 |
| 1999 | 수원 | 41 | 2 | 0 | 4 | 142 | 22 | 7 | 0 |
| 2000 | 수원 | 34 | 0 | 1 | 3 | 99 | 16 | 8 | 0 |
| 2001 | 수원 | 27 | 1 | 1 | 2 | 64 | 14 | 3 | 0 |
| 2002 | 수원 | 13 | 4 | 0 | 0 | 35 | 12 | 1 | 0 |
| 2003 | 수원 | 26 | 8 | 0 | 2 | 56 | 18 | 2 | 0 |
| 2004 | 수원 | 35 | 4 | 0 | 3 | 105 | 30 | 3 | 0 |
| 2005 | 수원 | 18 | 8 | 0 | 3 | 48 | 5 | 1 | 0 |
| 2006 | 수원 | 27 | 6 | 0 | 0 | 38 | 10 | 1 | 0 |
| 2007 | 수원 | 8 | 5 | 0 | 1 | 20 | 3 | 1 | 0 |
| 통산 | | 310 | 68 | 2 | 18 | 795 | 183 | 46 | 0 |

**김진일** (金鎭一) 마산공고 1985.10.26

| 연도 | 소속 | 출장 | 교체 | 득점 | 도움 | 파울 | 슈팅 | 경고 | 퇴장 |
|---|---|---|---|---|---|---|---|---|---|
| 2009 | 강원 | 5 | 5 | 1 | 0 | 3 | 5 | 0 | 0 |
| 2010 | 강원 | 1 | 1 | 0 | 0 | 1 | 1 | 0 | 0 |
| 통산 | | 6 | 4 | 1 | 0 | 9 | 9 | 0 | 0 |

**김진현** (金眞賢) 광양제철고 1987.07.29

| 연도 | 소속 | 출장 | 교체 | 득점 | 도움 | 파울 | 슈팅 | 경고 | 퇴장 |
|---|---|---|---|---|---|---|---|---|---|
| 2007 | 전남 | 4 | 3 | 0 | 0 | 7 | 1 | 1 | 0 |
| 2008 | 전남 | 1 | 2 | 0 | 9 | 2 | 1 | 0 | 0 |
| 2009 | 전남 | 8 | 4 | 0 | 0 | 9 | 5 | 1 | 0 |
| 2010 | 경남 | 12 | 11 | 0 | 1 | 6 | 6 | 1 | 0 |
| 2011 | 경남 | 1 | 1 | 0 | 0 | 8 | 4 | 0 | 0 |
| 2013 | 대전 | 2 | 0 | 0 | 1 | 3 | 0 | 1 | 0 |
| 통산 | | 38 | 22 | 0 | 3 | 35 | 20 | 5 | 0 |

**김진형** (金鎭亨) 한양대 1969.04.10

| 연도 | 소속 | 출장 | 교체 | 득점 | 도움 | 파울 | 슈팅 | 경고 | 퇴장 |
|---|---|---|---|---|---|---|---|---|---|
| 1992 | 유공 | 19 | 4 | 0 | 0 | 19 | 7 | 1 | 0 |
| 1993 | 유공 | 33 | 4 | 0 | 0 | 39 | 2 | 2 | 0 |
| 1994 | 유공 | 14 | 5 | 0 | 0 | 10 | 1 | 2 | 0 |
| 1996 | 부천 | 29 | 23 | 1 | 0 | 40 | 14 | 3 | 0 |
| 1997 | 부천 | 10 | 5 | 0 | 0 | 5 | 1 | 0 | 0 |
| 1997 | 천안 | 10 | 5 | 0 | 0 | 5 | 1 | 0 | 0 |
| 1998 | 전남 | 11 | 11 | 0 | 0 | 12 | 4 | 3 | 0 |
| 1999 | 포항 | 20 | 11 | 1 | 0 | 26 | 7 | 3 | 0 |
| 통산 | | 163 | 79 | 2 | 0 | 195 | 39 | 20 | 0 |

**김진환** (金眞煥) 경희대 1989.03.01

| 연도 | 소속 | 출장 | 교체 | 득점 | 도움 | 파울 | 슈팅 | 경고 | 퇴장 |
|---|---|---|---|---|---|---|---|---|---|
| 2011 | 강원 | 19 | 1 | 0 | 0 | 27 | 9 | 2 | 0 |
| 2012 | 강원 | 19 | 18 | 0 | 0 | 23 | 2 | 4 | 0 |
| 2013 | 강원 | 19 | 12 | 0 | 0 | 15 | 1 | 9 | 0 |
| 2014 | 인천 | 13 | 0 | 0 | 0 | 18 | 0 | 2 | 0 |
| 통산 | | 52 | 8 | 0 | 0 | 65 | 12 | 9 | 0 |

**김찬영** (金燦榮) 경희대 1989.04.01

| 연도 | 소속 | 출장 | 교체 | 득점 | 도움 | 파울 | 슈팅 | 경고 | 퇴장 |
|---|---|---|---|---|---|---|---|---|---|
| 2014 | 부산 | 23 | 13 | 0 | 0 | 16 | 2 | 3 | 0 |
| 통산 | | 23 | 13 | 0 | 0 | 16 | 2 | 3 | 0 |

**김찬중** (金燦中) 건국대 1976.06.14

| 연도 | 소속 | 출장 | 교체 | 득점 | 도움 | 파울 | 슈팅 | 경고 | 퇴장 |
|---|---|---|---|---|---|---|---|---|---|
| 1999 | 대전 | 27 | 13 | 0 | 0 | 37 | 4 | 2 | 0 |
| 2000 | 대전 | 28 | 11 | 0 | 0 | 24 | 4 | 1 | 0 |
| 2001 | 대전 | 2 | 1 | 0 | 0 | 2 | 0 | 0 | 0 |
| 2002 | 대전 | 2 | 2 | 0 | 0 | 2 | 0 | 0 | 0 |
| 2003 | 대전 | 2 | 1 | 0 | 1 | 2 | 0 | 1 | 0 |
| 통산 | | 61 | 28 | 0 | 1 | 67 | 8 | 4 | 0 |

**김찬희** (金燦熙) 한양대 1990.06.25

| 연도 | 소속 | 출장 | 교체 | 득점 | 도움 | 파울 | 슈팅 | 경고 | 퇴장 |
|---|---|---|---|---|---|---|---|---|---|
| 2012 | 포항 | 1 | 1 | 0 | 0 | 1 | 1 | 0 | 0 |
| 2014 | 대전 | 28 | 5 | 8 | 5 | 79 | 52 | 6 | 0 |
| 통산 | | 29 | 21 | 8 | 5 | 83 | 55 | 6 | 0 |

**김창대** (金昌大) 한남대 1992.11.02

| 연도 | 소속 | 출장 | 교체 | 득점 | 도움 | 파울 | 슈팅 | 경고 | 퇴장 |
|---|---|---|---|---|---|---|---|---|---|
| 2013 | 충주 | 19 | 17 | 0 | 1 | 8 | 16 | 1 | 0 |
| 통산 | | 19 | 17 | 0 | 1 | 8 | 16 | 1 | 0 |

**김창수** (金昌洙) 동명정보고 1985.09.12

| 연도 | 소속 | 출장 | 교체 | 득점 | 도움 | 파울 | 슈팅 | 경고 | 퇴장 |
|---|---|---|---|---|---|---|---|---|---|
| 2004 | 울산 | 1 | 1 | 0 | 0 | 0 | 0 | 0 | 0 |
| 2006 | 대전 | 10 | 5 | 0 | 0 | 5 | 5 | 1 | 0 |
| 2007 | 대전 | 23 | 4 | 1 | 3 | 42 | 19 | 6 | 0 |
| 2008 | 부산 | 28 | 1 | 2 | 1 | 48 | 21 | 5 | 0 |
| 2009 | 부산 | 29 | 1 | 2 | 1 | 36 | 16 | 6 | 0 |
| 2010 | 부산 | 32 | 1 | 0 | 0 | 57 | 25 | 6 | 0 |
| 2011 | 부산 | 35 | 0 | 1 | 5 | 49 | 16 | 6 | 0 |
| 2012 | 부산 | 28 | 2 | 0 | 2 | 25 | 12 | 2 | 0 |
| 통산 | | 186 | 17 | 8 | 15 | 269 | 102 | 37 | 0 |

**김창오** (金昌五) 연세대 1978.01.10

| 연도 | 소속 | 출장 | 교체 | 득점 | 도움 | 파울 | 슈팅 | 경고 | 퇴장 |
|---|---|---|---|---|---|---|---|---|---|
| 2002 | 부산 | 18 | 15 | 2 | 1 | 29 | 15 | 1 | 0 |
| 2003 | 부산 | 5 | 4 | 0 | 0 | 8 | 6 | 0 | 0 |
| 통산 | | 23 | 19 | 2 | 1 | 37 | 21 | 1 | 0 |

**김창원** (金昌源) 국민대 1971.06.22

| 연도 | 소속 | 출장 | 교체 | 득점 | 도움 | 파울 | 슈팅 | 경고 | 퇴장 |
|---|---|---|---|---|---|---|---|---|---|
| 1994 | 일화 | 8 | 3 | 0 | 0 | 6 | 1 | 1 | 0 |
| 1995 | 일화 | 2 | 1 | 0 | 0 | 2 | 0 | 1 | 0 |
| 1997 | 천안 | 31 | 15 | 2 | 1 | 19 | 12 | 3 | 0 |
| 1998 | 천안 | 34 | 5 | 0 | 1 | 43 | 16 | 4 | 0 |
| 1999 | 천안 | 3 | 0 | 0 | 0 | 2 | 3 | 0 | 0 |
| 2000 | 성남 | 18 | 2 | 0 | 0 | 22 | 5 | 0 | 0 |
| 통산 | | 96 | 26 | 2 | 2 | 96 | 37 | 9 | 0 |

**김창호** (金昌浩) 전남기공 1956.06.06

| 연도 | 소속 | 출장 | 교체 | 득점 | 도움 | 파울 | 슈팅 | 경고 | 퇴장 |
|---|---|---|---|---|---|---|---|---|---|
| 1983 | 유공 | 11 | 8 | 0 | 3 | 4 | 10 | 0 | 0 |
| 1984 | 유공 | 10 | 8 | 0 | 2 | 7 | 4 | 1 | 0 |
| 통산 | | 21 | 16 | 0 | 5 | 11 | 14 | 1 | 0 |

**김창효** (金昌孝) 고려대 1959.05.07

| 연도 | 소속 | 출장 | 교체 | 득점 | 도움 | 파울 | 슈팅 | 경고 | 퇴장 |
|---|---|---|---|---|---|---|---|---|---|
| 1984 | 한일 | 19 | 7 | 0 | 0 | 11 | 11 | 0 | 0 |
| 1985 | 한일은 | 13 | 2 | 0 | 1 | 17 | 4 | 3 | 0 |
| 1986 | 포철 | 13 | 2 | 0 | 0 | 13 | 0 | 0 | 0 |
| 1987 | 럭금 | 2 | 1 | 0 | 0 | 0 | 0 | 0 | 0 |
| 통산 | | 47 | 10 | 0 | 1 | 41 | 15 | 3 | 0 |

**김창훈** (金彰勳) 고려대 1987.04.03

| 연도 | 소속 | 출장 | 교체 | 득점 | 도움 | 파울 | 슈팅 | 경고 | 퇴장 |
|---|---|---|---|---|---|---|---|---|---|
| 2008 | 제주 | 1 | 1 | 0 | 0 | 0 | 0 | 0 | 0 |
| 2009 | 포항 | 8 | 2 | 1 | 0 | 18 | 2 | 0 | 0 |
| 2010 | 포항 | 3 | 0 | 0 | 0 | 3 | 1 | 0 | 0 |
| 2011 | 대전 | 29 | 0 | 1 | 0 | 25 | 10 | 4 | 0 |
| 2012 | 대전 | 38 | 0 | 2 | 4 | 39 | 11 | 8 | 0 |
| 2013 | 인천 | 14 | 0 | 0 | 2 | 13 | 3 | 2 | 0 |
| 2014 | 상주 | 13 | 9 | 1 | 1 | 12 | 12 | 2 | 0 |
| 통산 | | 104 | 12 | 5 | 7 | 111 | 28 | 16 | 0 |

## 김창훈 (金昶訓) 광운대 1990.02.17

| 연도 | 소속 | 출장 | 교체 | 득점 | 도움 | 파울 | 슈팅 | 경고 | 퇴장 |
|---|---|---|---|---|---|---|---|---|---|
| 2014 | 수원FC | 20 | 1 | 1 | 0 | 24 | 13 | 4 | 0 |
| 통산 | | 20 | 1 | 1 | 0 | 24 | 13 | 4 | 0 |

## 김창희 (金昌熙) 건국대 1986.12.05

| 연도 | 소속 | 출장 | 교체 | 득점 | 도움 | 파울 | 슈팅 | 경고 | 퇴장 |
|---|---|---|---|---|---|---|---|---|---|
| 2009 | 대구 | 12 | 12 | 0 | 0 | 8 | 5 | 1 | 0 |
| 2010 | 대구 | 0 | 0 | 0 | 0 | 0 | 0 | 0 | 0 |
| 통산 | | 12 | 12 | 0 | 0 | 8 | 5 | 1 | 0 |

## 김창희 (金昌喜) 영남대 1987.06.08

| 연도 | 소속 | 출장 | 교체 | 득점 | 도움 | 파울 | 슈팅 | 경고 | 퇴장 |
|---|---|---|---|---|---|---|---|---|---|
| 2010 | 강원 | 10 | 3 | 0 | 0 | 9 | 8 | 0 | 0 |
| 통산 | | 10 | 3 | 0 | 0 | 9 | 8 | 0 | 0 |

## 김철기 (金哲起) 강동고 1977.12.27

| 연도 | 소속 | 출장 | 교체 | 득점 | 도움 | 파울 | 슈팅 | 경고 | 퇴장 |
|---|---|---|---|---|---|---|---|---|---|
| 2001 | 대전 | 3 | 3 | 0 | 0 | 5 | 2 | 1 | 0 |
| 통산 | | 3 | 3 | 0 | 0 | 5 | 2 | 1 | 0 |

## 김철명 (金喆明) 인천대 1972.10.24

| 연도 | 소속 | 출장 | 교체 | 득점 | 도움 | 파울 | 슈팅 | 경고 | 퇴장 |
|---|---|---|---|---|---|---|---|---|---|
| 1993 | 포철 | 1 | 1 | 0 | 0 | 1 | 4 | 0 | 0 |
| 통산 | | 1 | 1 | 0 | 0 | 1 | 4 | 0 | 0 |

## 김철수 (金哲洙) 한양대 1952.07.06

| 연도 | 소속 | 출장 | 교체 | 득점 | 도움 | 파울 | 슈팅 | 경고 | 퇴장 |
|---|---|---|---|---|---|---|---|---|---|
| 1983 | 포철 | 15 | 0 | 0 | 0 | 13 | 4 | 3 | 0 |
| 1984 | 포철 | 10 | 1 | 0 | 0 | 10 | 1 | 1 | 0 |
| 1985 | 포철 | 18 | 1 | 0 | 1 | 5 | 1 | 0 | 0 |
| 1986 | 포철 | 4 | 0 | 0 | 0 | 2 | 1 | 0 | 0 |
| 통산 | | 47 | 2 | 0 | 1 | 30 | 7 | 5 | 0 |

## 김철웅 (金哲雄) 한성대 1979.12.19

| 연도 | 소속 | 출장 | 교체 | 득점 | 도움 | 파울 | 슈팅 | 경고 | 퇴장 |
|---|---|---|---|---|---|---|---|---|---|
| 2004 | 울산 | 14 | 9 | 0 | 0 | 11 | 3 | 1 | 0 |
| 통산 | | 14 | 9 | 0 | 0 | 11 | 3 | 1 | 0 |

## 김철호 (金喆鎬) 강원관광대 1983.09.26

| 연도 | 소속 | 출장 | 교체 | 득점 | 도움 | 파울 | 슈팅 | 경고 | 퇴장 |
|---|---|---|---|---|---|---|---|---|---|
| 2004 | 성남 | 18 | 4 | 0 | 2 | 53 | 12 | 3 | 0 |
| 2005 | 성남 | 33 | 8 | 1 | 0 | 96 | 23 | 4 | 0 |
| 2006 | 성남 | 26 | 8 | 1 | 1 | 80 | 10 | 5 | 0 |
| 2007 | 성남 | 9 | 4 | 1 | 0 | 18 | 6 | 1 | 0 |
| 2008 | 성남 | 24 | 12 | 0 | 2 | 52 | 24 | 6 | 0 |
| 2009 | 성남 | 32 | 22 | 0 | 0 | 56 | 13 | 4 | 0 |
| 2010 | 성남 | 27 | 19 | 3 | 2 | 50 | 25 | 3 | 0 |
| 2011 | 상주 | 7 | 1 | 0 | 4 | 48 | 33 | 4 | 0 |
| 2012 | 상주 | 19 | 10 | 0 | 2 | 23 | 15 | 1 | 0 |
| 2012 | 성남 | 5 | 0 | 1 | 0 | 16 | 4 | 3 | 0 |
| 2013 | 성남 | 29 | 9 | 1 | 2 | 45 | 20 | 5 | 1 |
| 2014 | 성남 | 29 | 9 | 2 | 1 | 43 | 25 | 2 | 0 |
| 통산 | | 287 | 119 | 12 | 15 | 580 | 220 | 41 | 1 |

## 김철호 (金鐵鎬) 오산고 1995.10.25

| 연도 | 소속 | 출장 | 교체 | 득점 | 도움 | 파울 | 슈팅 | 경고 | 퇴장 |
|---|---|---|---|---|---|---|---|---|---|
| 2014 | 서울 | 0 | 0 | 0 | 0 | 0 | 0 | 0 | 0 |
| 통산 | | 0 | 0 | 0 | 0 | 0 | 0 | 0 | 0 |

## 김충환 (金忠煥) 연세대 1961.01.29

| 연도 | 소속 | 출장 | 교체 | 득점 | 도움 | 파울 | 슈팅 | 경고 | 퇴장 |
|---|---|---|---|---|---|---|---|---|---|
| 1985 | 유공 | 1 | 1 | 0 | 0 | 1 | 2 | 1 | 0 |
| 1985 | 한일은 | 5 | 3 | 1 | 0 | 6 | 4 | 0 | 0 |
| 1986 | 한일은 | 12 | 9 | 1 | 1 | 5 | 10 | 1 | 0 |
| 통산 | | 18 | 13 | 2 | 1 | 12 | 16 | 2 | 0 |

## 김치곤 (金致坤) 동래고 1983.07.29

| 연도 | 소속 | 출장 | 교체 | 득점 | 도움 | 파울 | 슈팅 | 경고 | 퇴장 |
|---|---|---|---|---|---|---|---|---|---|
| 2002 | 안양 | 14 | 3 | 1 | 0 | 34 | 2 | 3 | 1 |
| 2003 | 안양 | 20 | 4 | 0 | 0 | 43 | 3 | 6 | 0 |
| 2004 | 서울 | 19 | 2 | 0 | 0 | 38 | 5 | 7 | 0 |
| 2005 | 서울 | 20 | 4 | 0 | 2 | 49 | 7 | 8 | 0 |
| 2006 | 서울 | 24 | 4 | 0 | 0 | 41 | 8 | 7 | 0 |
| 2007 | 서울 | 33 | 4 | 1 | 0 | 39 | 14 | 4 | 0 |
| 2008 | 서울 | 30 | 6 | 0 | 0 | 38 | 3 | 10 | 0 |
| 2009 | 서울 | 22 | 5 | 1 | 0 | 34 | 14 | 5 | 0 |
| 2010 | 울산 | 33 | 5 | 0 | 0 | 27 | 9 | 4 | 0 |
| 2011 | 상주 | 19 | 4 | 0 | 0 | 32 | 5 | 3 | 1 |
| 2012 | 상주 | 23 | 1 | 1 | 0 | 31 | 7 | 3 | 0 |
| 2012 | 울산 | 13 | 3 | 0 | 0 | 11 | 1 | 0 | 0 |
| 2013 | 울산 | 38 | 3 | 3 | 0 | 43 | 10 | 3 | 0 |
| 2014 | 울산 | 34 | 2 | 2 | 0 | 37 | 10 | 5 | 0 |
| 통산 | | 342 | 50 | 9 | 2 | 497 | 100 | 68 | 3 |

## 김치우 (金致佑) 중앙대 1983.11.11

| 연도 | 소속 | 출장 | 교체 | 득점 | 도움 | 파울 | 슈팅 | 경고 | 퇴장 |
|---|---|---|---|---|---|---|---|---|---|
| 2004 | 인천 | 19 | 11 | 1 | 0 | 22 | 10 | 0 | 0 |
| 2005 | 인천 | 11 | 8 | 0 | 0 | 14 | 5 | 1 | 0 |
| 2006 | 인천 | 37 | 4 | 0 | 4 | 34 | 46 | 6 | 0 |
| 2007 | 전남 | 25 | 4 | 1 | 4 | 28 | 35 | 3 | 1 |
| 2008 | 전남 | 13 | 2 | 1 | 1 | 10 | 21 | 2 | 0 |
| 2008 | 서울 | 14 | 6 | 3 | 2 | 16 | 19 | 2 | 0 |
| 2009 | 서울 | 23 | 4 | 3 | 4 | 26 | 37 | 3 | 1 |
| 2010 | 서울 | 23 | 14 | 0 | 2 | 13 | 22 | 2 | 0 |
| 2011 | 상주 | 28 | 5 | 2 | 0 | 29 | 28 | 5 | 0 |
| 2012 | 상주 | 12 | 1 | 0 | 5 | 11 | 18 | 4 | 0 |
| 2012 | 서울 | 8 | 4 | 0 | 1 | 4 | 3 | 0 | 0 |
| 2013 | 서울 | 24 | 6 | 1 | 3 | 14 | 25 | 2 | 0 |
| 2014 | 서울 | 25 | 6 | 1 | 3 | 15 | 22 | 1 | 0 |
| 통산 | | 261 | 72 | 17 | 25 | 232 | 279 | 32 | 2 |

## 김태근 (金泰根) 아주대 1961.02.23

| 연도 | 소속 | 출장 | 교체 | 득점 | 도움 | 파울 | 슈팅 | 경고 | 퇴장 |
|---|---|---|---|---|---|---|---|---|---|
| 1985 | 포철 | 4 | 1 | 0 | 1 | 8 | 1 | 2 | 0 |
| 통산 | | 4 | 1 | 0 | 1 | 8 | 1 | 2 | 0 |

## 김태민 (金泰民) 고려대 1960.08.10

| 연도 | 소속 | 출장 | 교체 | 득점 | 도움 | 파울 | 슈팅 | 경고 | 퇴장 |
|---|---|---|---|---|---|---|---|---|---|
| 1984 | 할렐 | 3 | 3 | 0 | 0 | 1 | 0 | 0 | 0 |
| 1985 | 할렐 | 2 | 2 | 0 | 0 | 2 | 0 | 0 | 0 |
| 통산 | | 5 | 5 | 0 | 0 | 3 | 0 | 0 | 0 |

## 김태민 (金泰敏) 청구고 1982.05.25

| 연도 | 소속 | 출장 | 교체 | 득점 | 도움 | 파울 | 슈팅 | 경고 | 퇴장 |
|---|---|---|---|---|---|---|---|---|---|
| 2002 | 부산 | 21 | 13 | 0 | 0 | 29 | 9 | 2 | 0 |
| 2003 | 부산 | 35 | 11 | 1 | 1 | 54 | 23 | 2 | 0 |
| 2004 | 부산 | 28 | 11 | 1 | 2 | 36 | 12 | 6 | 0 |
| 2005 | 부산 | 27 | 14 | 2 | 0 | 32 | 13 | 3 | 0 |
| 2006 | 부산 | 21 | 11 | 0 | 0 | 23 | 4 | 4 | 0 |
| 2007 | 부산 | 25 | 14 | 0 | 0 | 25 | 4 | 5 | 0 |
| 2008 | 제주 | 16 | 10 | 0 | 0 | 32 | 2 | 8 | 0 |
| 2009 | 광주상 | 20 | 9 | 2 | 0 | 29 | 11 | 5 | 0 |
| 2010 | 광주상 | 13 | 11 | 0 | 0 | 11 | 3 | 2 | 0 |
| 2010 | 제주 | 4 | 3 | 0 | 0 | 5 | 2 | 0 | 0 |
| 2011 | 제주 | 4 | 3 | 0 | 0 | 6 | 2 | 2 | 0 |
| 2012 | 강원 | 26 | 15 | 0 | 0 | 42 | 10 | 7 | 0 |
| 통산 | | 208 | 101 | 6 | 3 | 293 | 83 | 45 | 0 |

## 김태봉 (金泰奉) 한민대 1988.02.28

| 연도 | 소속 | 출장 | 교체 | 득점 | 도움 | 파울 | 슈팅 | 경고 | 퇴장 |
|---|---|---|---|---|---|---|---|---|---|
| 2013 | 안양 | 24 | 1 | 0 | 1 | 17 | 8 | 1 | 0 |
| 2014 | 안양 | 35 | 3 | 1 | 5 | 21 | 16 | 1 | 0 |
| 통산 | | 59 | 4 | 1 | 6 | 38 | 24 | 2 | 0 |

## 김태수 (金泰樹) 연세대 1958.02.25

| 연도 | 소속 | 출장 | 교체 | 득점 | 도움 | 파울 | 슈팅 | 경고 | 퇴장 |
|---|---|---|---|---|---|---|---|---|---|
| 1983 | 대우 | 7 | 0 | 0 | 0 | 3 | 0 | 0 | 0 |
| 1984 | 대우 | 7 | 7 | 0 | 0 | 2 | 3 | 0 | 0 |
| 1985 | 대우 | 5 | 3 | 0 | 0 | 5 | 0 | 0 | 0 |
| 통산 | | 19 | 10 | 0 | 0 | 10 | 3 | 0 | 0 |

## 김태수 (金泰洙) 관동대 1975.11.15

| 연도 | 소속 | 출장 | 교체 | **실점** | 도움 | 파울 | 슈팅 | 경고 | 퇴장 |
|---|---|---|---|---|---|---|---|---|---|
| 2003 | 안양 | 1 | 0 | 3 | 0 | 0 | 0 | 0 | 0 |
| 2004 | 서울 | 0 | 0 | 0 | 0 | 0 | 0 | 0 | 0 |
| 통산 | | 1 | 0 | 3 | 0 | 0 | 0 | 0 | 0 |

## 김태수 (金泰洙) 광운대 1981.08.25

| 연도 | 소속 | 출장 | 교체 | 득점 | 도움 | 파울 | 슈팅 | 경고 | 퇴장 |
|---|---|---|---|---|---|---|---|---|---|
| 2004 | 전남 | 21 | 15 | 0 | 0 | 31 | 11 | 3 | 0 |
| 2005 | 전남 | 28 | 6 | 0 | 0 | 75 | 19 | 8 | 0 |
| 2006 | 전남 | 33 | 8 | 3 | 1 | 43 | 21 | 4 | 0 |
| 2007 | 전남 | 24 | 3 | 0 | 0 | 54 | 24 | 3 | 0 |
| 2008 | 전남 | 21 | 8 | 1 | 0 | 35 | 21 | 4 | 0 |
| 2009 | 포항 | 27 | 9 | 0 | 0 | 55 | 19 | 3 | 0 |
| 2010 | 포항 | 23 | 8 | 0 | 2 | 32 | 11 | 3 | 0 |
| 2011 | 포항 | 24 | 13 | 2 | 1 | 28 | 10 | 3 | 0 |
| 2012 | 포항 | 8 | 5 | 0 | 2 | 7 | 4 | 0 | 0 |
| 2013 | 포항 | 18 | 10 | 0 | 0 | 24 | 8 | 3 | 0 |
| 2014 | 포항 | 11 | 5 | 1 | 0 | 37 | 14 | 1 | 0 |
| 통산 | | 255 | 95 | 16 | 7 | 421 | 162 | 35 | 0 |

## 김태연 (金泰然) 장훈고 1988.06.27

| 연도 | 소속 | 출장 | 교체 | 득점 | 도움 | 파울 | 슈팅 | 경고 | 퇴장 |
|---|---|---|---|---|---|---|---|---|---|
| 2011 | 대전 | 11 | 1 | 0 | 0 | 17 | 6 | 1 | 0 |
| 2012 | 대전 | 34 | 4 | 3 | 0 | 37 | 13 | 7 | 0 |
| 2013 | 대전 | 34 | 4 | 2 | 1 | 33 | 15 | 6 | 0 |
| 통산 | | 79 | 11 | 5 | 1 | 87 | 37 | 14 | 0 |

## 김태엽 (金泰燁) 아주대 1972.03.02

| 연도 | 소속 | 출장 | 교체 | 득점 | 도움 | 파울 | 슈팅 | 경고 | 퇴장 |
|---|---|---|---|---|---|---|---|---|---|
| 1995 | 전남 | 6 | 6 | 0 | 0 | 7 | 3 | 2 | 0 |
| 1996 | 전남 | 7 | 7 | 0 | 0 | 8 | 10 | 3 | 0 |
| 1997 | 전남 | 6 | 1 | 0 | 0 | 1 | 2 | 1 | 0 |
| 1998 | 전남 | 18 | 14 | 0 | 0 | 13 | 7 | 1 | 0 |
| 통산 | | 37 | 27 | 1 | 0 | 29 | 21 | 6 | 0 |

## 김태영 (金泰映) 예원예술대 1987.09.14

| 연도 | 소속 | 출장 | 교체 | 득점 | 도움 | 파울 | 슈팅 | 경고 | 퇴장 |
|---|---|---|---|---|---|---|---|---|---|
| 2013 | 부천 | 24 | 5 | 1 | 1 | 39 | 16 | 4 | 0 |
| 2014 | 부천 | 15 | 14 | 0 | 1 | 8 | 11 | 1 | 0 |
| 통산 | | 39 | 19 | 2 | 2 | 47 | 27 | 5 | 0 |

## 김태영 (金兌炯) 협성고 1962.01.13

| 연도 | 소속 | 출장 | 교체 | 득점 | 도움 | 파울 | 슈팅 | 경고 | 퇴장 |
|---|---|---|---|---|---|---|---|---|---|
| 1986 | 럭금 | 3 | 3 | 0 | 0 | 1 | 1 | 0 | 0 |
| 통산 | | 3 | 3 | 0 | 0 | 1 | 1 | 0 | 0 |

## 김태영 (金泰榮) 동아대 1970.11.08

| 연도 | 소속 | 출장 | 교체 | 득점 | 도움 | 파울 | 슈팅 | 경고 | 퇴장 |
|---|---|---|---|---|---|---|---|---|---|
| 1995 | 전남 | 32 | 0 | 2 | 0 | 60 | 15 | 8 | 0 |
| 1996 | 전남 | 28 | 2 | 1 | 0 | 55 | 19 | 8 | 0 |
| 1997 | 전남 | 17 | 0 | 1 | 0 | 26 | 10 | 3 | 0 |
| 1998 | 전남 | 19 | 4 | 2 | 0 | 55 | 9 | 3 | 0 |
| 1999 | 전남 | 30 | 7 | 0 | 2 | 73 | 33 | 5 | 0 |
| 2000 | 전남 | 31 | 4 | 0 | 4 | 53 | 20 | 2 | 1 |
| 2001 | 전남 | 21 | 1 | 1 | 1 | 40 | 6 | 3 | 0 |
| 2002 | 전남 | 24 | 9 | 1 | 1 | 41 | 4 | 2 | 0 |
| 2003 | 전남 | 29 | 5 | 0 | 1 | 42 | 4 | 5 | 0 |
| 2004 | 전남 | 21 | 1 | 0 | 1 | 26 | 1 | 1 | 0 |
| 2005 | 전남 | 22 | 0 | 0 | 1 | 46 | 2 | 5 | 0 |
| 통산 | | 250 | 42 | 5 | 12 | 477 | 119 | 37 | 1 |

## 김태영 (金泰榮) 건국대 1982.01.17

| 연도 | 소속 | 출장 | 교체 | 득점 | 도움 | 파울 | 슈팅 | 경고 | 퇴장 |
|---|---|---|---|---|---|---|---|---|---|
| 2004 | 전북 | 28 | 6 | 0 | 0 | 68 | 21 | 4 | 0 |
| 2005 | 전북 | 6 | 4 | 0 | 0 | 13 | 4 | 1 | 0 |
| 2006 | 부산 | 18 | 0 | 0 | 1 | 24 | 5 | 4 | 0 |
| 2007 | 부산 | 6 | 0 | 0 | 0 | 7 | 3 | 0 | 0 |
| 2008 | 부산 | 13 | 1 | 0 | 0 | 26 | 3 | 4 | 1 |
| 2009 | 부산 | 9 | 6 | 0 | 0 | 19 | 2 | 5 | 0 |
| 통산 | | 80 | 17 | 0 | 1 | 157 | 38 | 18 | 1 |

## 김태완 (金泰完) 홍익대 1971.06.01

| 연도 | 소속 | 출장 | 교체 | 득점 | 도움 | 파울 | 슈팅 | 경고 | 퇴장 |
|---|---|---|---|---|---|---|---|---|---|
| 1997 | 대전 | 21 | 6 | 1 | 0 | 18 | 10 | 1 | 0 |
| 1998 | 대전 | 30 | 1 | 1 | 1 | 13 | 5 | 2 | 0 |
| 1999 | 대전 | 26 | 7 | 1 | 3 | 32 | 17 | 4 | 0 |
| 2000 | 대전 | 24 | 4 | 0 | 0 | 27 | 7 | 4 | 0 |
| 2001 | 대전 | 14 | 4 | 0 | 0 | 17 | 12 | 6 | 0 |
| 통산 | | 115 | 22 | 5 | 2 | 107 | 51 | 17 | 0 |

## 김태왕 (金泰旺) 상지대 1988.11.16

| 연도 | 소속 | 출장 | 교체 | 득점 | 도움 | 파울 | 슈팅 | 경고 | 퇴장 |
|---|---|---|---|---|---|---|---|---|---|
| 2011 | 성남 | 1 | 2 | 0 | 0 | 0 | 0 | 0 | 0 |
| 통산 | | 1 | 2 | 0 | 0 | 0 | 0 | 0 | 0 |

**김태욱** (金兌昱) 선문대 1987.07.09

| 연도 | 소속 | 출장 | 교체 | 득점 | 도움 | 파울 | 슈팅 | 경고 | 퇴장 |
|---|---|---|---|---|---|---|---|---|---|
| 2009 | 경남 | 27 | 10 | 2 | 0 | 45 | 17 | 2 | 0 |
| 2010 | 경남 | 32 | 3 | 2 | 2 | 59 | 25 | 3 | 0 |
| 2011 | 경남 | 16 | 4 | 1 | 0 | 33 | 15 | 5 | 0 |
| 통산 | | 75 | 17 | 5 | 2 | 137 | 57 | 10 | 0 |

**김태윤** (金台潤) 풍생고 1986.07.25

| 연도 | 소속 | 출장 | 교체 | 득점 | 도움 | 파울 | 슈팅 | 경고 | 퇴장 |
|---|---|---|---|---|---|---|---|---|---|
| 2005 | 성남 | 18 | 12 | 0 | 0 | 16 | 1 | 1 | 0 |
| 2006 | 성남 | 21 | 14 | 1 | 0 | 31 | 2 | 2 | 0 |
| 2007 | 성남 | 1 | 1 | 0 | 0 | 1 | 0 | 0 | 0 |
| 2008 | 광주상 | 28 | 6 | 0 | 0 | 30 | 4 | 4 | 0 |
| 2009 | 광주상 | 18 | 12 | 0 | 0 | 17 | 8 | 2 | 0 |
| 2009 | 성남 | 1 | 0 | 0 | 0 | 3 | 0 | 1 | 0 |
| 2010 | 성남 | 9 | 1 | 0 | 0 | 11 | 0 | 0 | 0 |
| 2011 | 성남 | 28 | 0 | 0 | 3 | 39 | 12 | 3 | 0 |
| 2012 | 인천 | 16 | 5 | 1 | 0 | 11 | 0 | 4 | 0 |
| 2013 | 인천 | 15 | 6 | 0 | 0 | 15 | 1 | 2 | 0 |
| 통산 | | 155 | 59 | 2 | 3 | 174 | 30 | 15 | 0 |

**김태은** (金兌恩) 배재대 1989.09.21

| 연도 | 소속 | 출장 | 교체 | 득점 | 도움 | 파울 | 슈팅 | 경고 | 퇴장 |
|---|---|---|---|---|---|---|---|---|---|
| 2011 | 인천 | 1 | 1 | 0 | 0 | 1 | 0 | 0 | 0 |
| 통산 | | 1 | 1 | 0 | 0 | 1 | 0 | 0 | 0 |

**김태인** (金泰仁) 영남대 1972.05.21

| 연도 | 소속 | 출장 | 교체 | 득점 | 도움 | 파울 | 슈팅 | 경고 | 퇴장 |
|---|---|---|---|---|---|---|---|---|---|
| 1995 | 전북 | 1 | 1 | 0 | 0 | 1 | 0 | 0 | 0 |
| 1997 | 전북 | 1 | 1 | 0 | 0 | 1 | 0 | 0 | 0 |
| 통산 | | 2 | 2 | 0 | 0 | 1 | 0 | 0 | 0 |

**김태종** (金泰鍾) 단국대 1982.10.29

| 연도 | 소속 | 출장 | 교체 | 득점 | 도움 | 파울 | 슈팅 | 경고 | 퇴장 |
|---|---|---|---|---|---|---|---|---|---|
| 2006 | 제주 | 2 | 0 | 0 | 0 | 0 | 0 | 0 | 0 |
| 2007 | 제주 | 3 | 2 | 0 | 0 | 4 | 2 | 0 | 0 |
| 통산 | | 5 | 2 | 0 | 0 | 4 | 2 | 0 | 0 |

**김태준** (金泰俊) 류츠케이자이대 1989.04.25

| 연도 | 소속 | 출장 | 교체 | 득점 | 도움 | 파울 | 슈팅 | 경고 | 퇴장 |
|---|---|---|---|---|---|---|---|---|---|
| 2011 | 부산 | 2 | 2 | 0 | 0 | 2 | 0 | 0 | 0 |
| 2012 | 부산 | 1 | 1 | 0 | 0 | 0 | 0 | 0 | 0 |
| 2013 | 고양 | 5 | 1 | 0 | 0 | 7 | 1 | 1 | 0 |
| 통산 | | 8 | 5 | 0 | 0 | 11 | 0 | 3 | 0 |

**김태진** (金泰眞) 동아대 1969.08.09

| 연도 | 소속 | 출장 | 교체 | 득점 | 도움 | 파울 | 슈팅 | 경고 | 퇴장 |
|---|---|---|---|---|---|---|---|---|---|
| 1992 | 대우 | 4 | 3 | 0 | 0 | 3 | 6 | 0 | 0 |
| 1993 | 대우 | 20 | 20 | 2 | 1 | 12 | 12 | 1 | 0 |
| 1994 | 대우 | 11 | 8 | 2 | 1 | 7 | 9 | 1 | 0 |
| 1995 | 대우 | 5 | 5 | 0 | 1 | 0 | 0 | 1 | 0 |
| 통산 | | 40 | 36 | 4 | 3 | 22 | 27 | 2 | 0 |

**김태진** (金泰鎭) 경희대 1977.04.02

| 연도 | 소속 | 출장 | 교체 | 실점 | 도움 | 파울 | 슈팅 | 경고 | 퇴장 |
|---|---|---|---|---|---|---|---|---|---|
| 2000 | 전남 | 0 | 0 | 0 | 0 | 0 | 0 | 0 | 0 |
| 2001 | 전남 | 9 | 1 | 10 | 0 | 1 | 0 | 0 | 0 |
| 2003 | 대구 | 23 | 1 | 27 | 0 | 0 | 0 | 1 | 0 |
| 2004 | 대구 | 34 | 0 | 47 | 0 | 0 | 0 | 4 | 0 |
| 2005 | 대구 | 18 | 0 | 27 | 0 | 1 | 0 | 2 | 0 |
| 2006 | 대구 | 11 | 1 | 20 | 0 | 1 | 0 | 4 | 0 |
| 통산 | | 95 | 3 | 131 | 0 | 3 | 0 | 11 | 0 |

**김태진** (金泰搞) 강릉농공고 1984.08.30

| 연도 | 소속 | 출장 | 교체 | 득점 | 도움 | 파울 | 슈팅 | 경고 | 퇴장 |
|---|---|---|---|---|---|---|---|---|---|
| 2006 | 수원 | 1 | 1 | 0 | 0 | 0 | 0 | 0 | 0 |
| 2013 | 대구 | 1 | 1 | 0 | 0 | 1 | 0 | 0 | 0 |
| 통산 | | 2 | 2 | 0 | 0 | 1 | 0 | 0 | 0 |

**김태진** (金泰鎭) 연세대 1984.10.29

| 연도 | 소속 | 출장 | 교체 | 득점 | 도움 | 파울 | 슈팅 | 경고 | 퇴장 |
|---|---|---|---|---|---|---|---|---|---|
| 2006 | 서울 | 1 | 1 | 0 | 0 | 0 | 0 | 0 | 0 |
| 2007 | 서울 | 14 | 8 | 0 | 0 | 27 | 9 | 2 | 0 |
| 2008 | 인천 | 15 | 12 | 0 | 0 | 28 | 10 | 3 | 0 |
| 통산 | | 30 | 20 | 0 | 0 | 58 | 19 | 5 | 0 |

**김태형** (金兌炯) 진주상고 1960.02.18

| 연도 | 소속 | 출장 | 교체 | 실점 | 도움 | 파울 | 슈팅 | 경고 | 퇴장 |
|---|---|---|---|---|---|---|---|---|---|
| 1983 | 국민은 | 5 | 0 | 10 | 0 | 0 | 0 | 0 | 0 |
| 1984 | 국민은 | 13 | 0 | 32 | 0 | 0 | 1 | 0 | 0 |
| 통산 | | 18 | 0 | 42 | 0 | 0 | 1 | 0 | 0 |

**김태호** (金泰昊) 숭실대 1985.01.26

| 연도 | 소속 | 출장 | 교체 | 득점 | 도움 | 파울 | 슈팅 | 경고 | 퇴장 |
|---|---|---|---|---|---|---|---|---|---|
| 2010 | 강원 | 0 | 0 | 0 | 0 | 0 | 0 | 0 | 0 |
| 통산 | | 0 | 0 | 0 | 0 | 0 | 0 | 0 | 0 |

**김태호** (金台鎬) 아주대 1989.09.22

| 연도 | 소속 | 출장 | 교체 | 득점 | 도움 | 파울 | 슈팅 | 경고 | 퇴장 |
|---|---|---|---|---|---|---|---|---|---|
| 2013 | 전남 | 26 | 2 | 0 | 1 | 30 | 7 | 6 | 0 |
| 2014 | 전남 | 32 | 6 | 0 | 3 | 43 | 7 | 5 | 0 |
| 통산 | | 58 | 8 | 0 | 4 | 73 | 14 | 11 | 0 |

**김태환** (金泰煥) 연세대 1958.03.20

| 연도 | 소속 | 출장 | 교체 | 득점 | 도움 | 파울 | 슈팅 | 경고 | 퇴장 |
|---|---|---|---|---|---|---|---|---|---|
| 1984 | 할렐 | 7 | 6 | 0 | 1 | 5 | 7 | 0 | 0 |
| 1985 | 할렐 | 18 | 6 | 0 | 1 | 9 | 9 | 1 | 0 |
| 1987 | 유공 | 15 | 11 | 0 | 0 | 6 | 5 | 1 | 0 |
| 통산 | | 40 | 23 | 0 | 2 | 20 | 21 | 2 | 0 |

**김태환** (金太煥) 울산대 1989.07.24

| 연도 | 소속 | 출장 | 교체 | 득점 | 도움 | 파울 | 슈팅 | 경고 | 퇴장 |
|---|---|---|---|---|---|---|---|---|---|
| 2010 | 서울 | 19 | 15 | 0 | 2 | 20 | 12 | 3 | 0 |
| 2011 | 서울 | 17 | 14 | 1 | 0 | 27 | 3 | 2 | 0 |
| 2012 | 서울 | 19 | 19 | 1 | 0 | 11 | 9 | 1 | 0 |
| 2013 | 성남 | 34 | 4 | 3 | 4 | 65 | 45 | 4 | 1 |
| 2014 | 성남 | 36 | 3 | 5 | 4 | 71 | 50 | 7 | 0 |
| 통산 | | 125 | 55 | 10 | 11 | 194 | 116 | 19 | 1 |

**김판곤** (金判坤) 호남대 1969.05.01

| 연도 | 소속 | 출장 | 교체 | 득점 | 도움 | 파울 | 슈팅 | 경고 | 퇴장 |
|---|---|---|---|---|---|---|---|---|---|
| 1992 | 현대 | 10 | 7 | 1 | 0 | 12 | 3 | 2 | 1 |
| 1993 | 현대 | 29 | 15 | 0 | 0 | 38 | 14 | 7 | 0 |
| 1995 | 현대 | 2 | 1 | 0 | 0 | 0 | 0 | 0 | 0 |
| 1996 | 울산 | 2 | 1 | 0 | 0 | 0 | 0 | 0 | 0 |
| 1997 | 전북 | 6 | 4 | 0 | 0 | 12 | 1 | 1 | 0 |
| 통산 | | 53 | 28 | 1 | 0 | 73 | 20 | 14 | 1 |

**김판근** (金判根) 고려대 1966.03.05

| 연도 | 소속 | 출장 | 교체 | 득점 | 도움 | 파울 | 슈팅 | 경고 | 퇴장 |
|---|---|---|---|---|---|---|---|---|---|
| 1987 | 대우 | 30 | 5 | 2 | 3 | 41 | 29 | 1 | 0 |
| 1988 | 대우 | 19 | 3 | 1 | 2 | 22 | 13 | 0 | 0 |
| 1989 | 대우 | 30 | 17 | 2 | 5 | 25 | 33 | 1 | 0 |
| 1990 | 대우 | 8 | 0 | 2 | 2 | 21 | 19 | 0 | 0 |
| 1991 | 대우 | 37 | 6 | 2 | 2 | 46 | 37 | 3 | 0 |
| 1992 | 대우 | 23 | 9 | 1 | 0 | 27 | 40 | 1 | 0 |
| 1993 | 대우 | 24 | 10 | 2 | 2 | 29 | 46 | 2 | 0 |
| 1994 | LG | 23 | 4 | 0 | 3 | 21 | 19 | 4 | 0 |
| 1995 | LG | 35 | 2 | 1 | 1 | 22 | 24 | 2 | 0 |
| 1996 | 안양 | 15 | 2 | 0 | 1 | 17 | 16 | 1 | 0 |
| 1997 | 안양 | 27 | 6 | 1 | 3 | 19 | 11 | 1 | 0 |
| 통산 | | 267 | 65 | 13 | 21 | 265 | 277 | 16 | 0 |

**김평래** (金平來) 중앙대 1987.11.09

| 연도 | 소속 | 출장 | 교체 | 득점 | 도움 | 파울 | 슈팅 | 경고 | 퇴장 |
|---|---|---|---|---|---|---|---|---|---|
| 2011 | 성남 | 5 | 4 | 0 | 0 | 6 | 1 | 0 | 0 |
| 2012 | 성남 | 18 | 8 | 0 | 0 | 24 | 2 | 1 | 0 |
| 2013 | 성남 | 22 | 15 | 0 | 1 | 30 | 5 | 3 | 0 |
| 2014 | 성남 | 18 | 6 | 0 | 0 | 10 | 5 | 4 | 0 |
| 통산 | | 63 | 33 | 0 | 1 | 70 | 13 | 8 | 0 |

**김평석** (金平錫) 광운대 1958.09.22

| 연도 | 소속 | 출장 | 교체 | 득점 | 도움 | 파울 | 슈팅 | 경고 | 퇴장 |
|---|---|---|---|---|---|---|---|---|---|
| 1984 | 현대 | 26 | 0 | 0 | 5 | 27 | 5 | 1 | 0 |
| 1985 | 현대 | 10 | 0 | 0 | 0 | 20 | 0 | 0 | 0 |
| 1986 | 현대 | 13 | 0 | 0 | 2 | 17 | 0 | 1 | 0 |
| 1987 | 현대 | 27 | 0 | 2 | 4 | 40 | 13 | 4 | 1 |
| 1988 | 현대 | 6 | 1 | 0 | 1 | 14 | 1 | 1 | 0 |
| 1989 | 유공 | 21 | 4 | 0 | 3 | 31 | 3 | 2 | 0 |
| 1990 | 유공 | 20 | 1 | 0 | 0 | 16 | 2 | 1 | 0 |
| 통산 | | 127 | 6 | 0 | 9 | 159 | 24 | 10 | 1 |

**김평진** (金平鎭) 한남대 1990.08.11

| 연도 | 소속 | 출장 | 교체 | 득점 | 도움 | 파울 | 슈팅 | 경고 | 퇴장 |
|---|---|---|---|---|---|---|---|---|---|
| 2013 | 대전 | 2 | 1 | 0 | 0 | 2 | 1 | 1 | 0 |
| 통산 | | 2 | 1 | 0 | 0 | 2 | 1 | 1 | 0 |

**김풍주** (金豊柱) 양곡종고 1964.10.01

| 연도 | 소속 | 출장 | 교체 | 실점 | 도움 | 파울 | 슈팅 | 경고 | 퇴장 |
|---|---|---|---|---|---|---|---|---|---|
| 1983 | 대우 | 1 | 0 | 0 | 0 | 0 | 0 | 0 | 0 |
| 1984 | 대우 | 17 | 0 | 0 | 0 | 0 | 0 | 0 | 0 |
| 1985 | 대우 | 21 | 0 | 16 | 0 | 0 | 1 | 0 | 0 |
| 1986 | 대우 | 24 | 0 | 21 | 0 | 0 | 0 | 0 | 0 |
| 1987 | 대우 | 15 | 1 | 9 | 0 | 1 | 0 | 0 | 0 |
| 1988 | 대우 | 7 | 1 | 5 | 0 | 0 | 0 | 0 | 0 |
| 1989 | 대우 | 6 | 1 | 5 | 0 | 0 | 0 | 0 | 0 |
| 1990 | 대우 | 8 | 0 | 1 | 0 | 0 | 0 | 0 | 0 |
| 1991 | 대우 | 37 | 0 | 27 | 0 | 0 | 0 | 0 | 0 |
| 1993 | 대우 | 24 | 0 | 23 | 0 | 0 | 0 | 0 | 0 |
| 1994 | 대우 | 1 | 0 | 1 | 0 | 0 | 0 | 0 | 0 |
| 1996 | 부산 | 6 | 0 | 7 | 0 | 0 | 0 | 4 | 0 |
| 통산 | | 181 | 4 | 158 | 0 | 1 | 1 | 4 | 0 |

**김풍해** (金豊海) 고려대 1960.07.13

| 연도 | 소속 | 출장 | 교체 | 실점 | 도움 | 파울 | 슈팅 | 경고 | 퇴장 |
|---|---|---|---|---|---|---|---|---|---|
| 1985 | 상무 | 1 | 0 | 0 | 0 | 0 | 0 | 0 | 0 |
| 통산 | | 1 | 0 | 0 | 0 | 0 | 0 | 0 | 0 |

**김학범** (金鶴範) 명지대 1960.03.01

| 연도 | 소속 | 출장 | 교체 | 득점 | 도움 | 파울 | 슈팅 | 경고 | 퇴장 |
|---|---|---|---|---|---|---|---|---|---|
| 1984 | 국민은 | 13 | 4 | 1 | 0 | 9 | 5 | 0 | 0 |
| 통산 | | 13 | 4 | 1 | 0 | 9 | 5 | 0 | 0 |

**김학범** (金學範) 조선대 1962.06.07

| 연도 | 소속 | 출장 | 교체 | 득점 | 도움 | 파울 | 슈팅 | 경고 | 퇴장 |
|---|---|---|---|---|---|---|---|---|---|
| 1986 | 유공 | 1 | 1 | 0 | 0 | 1 | 0 | 0 | 0 |
| 통산 | | 1 | 1 | 0 | 0 | 1 | 0 | 0 | 0 |

**김학수** (金鶴守) 경희대 1958.10.18

| 연도 | 소속 | 출장 | 교체 | 득점 | 도움 | 파울 | 슈팅 | 경고 | 퇴장 |
|---|---|---|---|---|---|---|---|---|---|
| 1985 | 대우 | 13 | 8 | 1 | 0 | 18 | 11 | 0 | 0 |
| 1986 | 대우 | 10 | 7 | 0 | 0 | 5 | 2 | 0 | 0 |
| 통산 | | 23 | 15 | 1 | 0 | 23 | 13 | 0 | 0 |

**김학순** (金鶴淳) 전주대 1972.03.09

| 연도 | 소속 | 출장 | 교체 | 득점 | 도움 | 파울 | 슈팅 | 경고 | 퇴장 |
|---|---|---|---|---|---|---|---|---|---|
| 1995 | LG | 1 | 1 | 0 | 0 | 0 | 0 | 0 | 0 |
| 통산 | | 1 | 1 | 0 | 0 | 0 | 0 | 0 | 0 |

**김학진** (金學鎭) 광운대 1988.10.25

| 연도 | 소속 | 출장 | 교체 | 득점 | 도움 | 파울 | 슈팅 | 경고 | 퇴장 |
|---|---|---|---|---|---|---|---|---|---|
| 2011 | 전북 | 1 | 1 | 0 | 0 | 1 | 0 | 1 | 0 |
| 통산 | | 1 | 1 | 0 | 0 | 1 | 0 | 1 | 0 |

**김학철** (金學哲) 중앙대 1959.10.19

| 연도 | 소속 | 출장 | 교체 | 득점 | 도움 | 파울 | 슈팅 | 경고 | 퇴장 |
|---|---|---|---|---|---|---|---|---|---|
| 1984 | 한일은 | 21 | 9 | 1 | 2 | 15 | 20 | 0 | 0 |
| 1985 | 한일은 | | | | | | | | |
| 통산 | | | | | | | | | |

**김학철** (金學喆) 국민대 1972.11.04

| 연도 | 소속 | 출장 | 교체 | 득점 | 도움 | 파울 | 슈팅 | 경고 | 퇴장 |
|---|---|---|---|---|---|---|---|---|---|
| 1995 | 대우 | 7 | 2 | 0 | 0 | 16 | 1 | 4 | 0 |
| 1996 | 부산 | 15 | 5 | 1 | 0 | 38 | 9 | 2 | 1 |
| 1997 | 부산 | 32 | 6 | 1 | 4 | 40 | 11 | 6 | 0 |
| 2000 | 부산 | 17 | 0 | 0 | 0 | 32 | 4 | 5 | 0 |
| 2001 | 부산 | 16 | 1 | 0 | 0 | 28 | 4 | 1 | 0 |
| 2002 | 부산 | 25 | 4 | 0 | 0 | 40 | 4 | 6 | 0 |
| 2003 | 대구 | 35 | 2 | 0 | 2 | 49 | 15 | 7 | 0 |
| 2004 | 인천 | 28 | 4 | 0 | 4 | 30 | 4 | 2 | 0 |
| 2005 | 인천 | 36 | 2 | 0 | 4 | 47 | 2 | 5 | 0 |
| 2006 | 인천 | 32 | 1 | 0 | 0 | 57 | 3 | 5 | 0 |
| 2007 | 인천 | 26 | 1 | 0 | 0 | 44 | 2 | 8 | 0 |
| 2008 | 인천 | 15 | 10 | 0 | 0 | 14 | 2 | 0 | 0 |
| 통산 | | 284 | 38 | 1 | 4 | 435 | 61 | 47 | 1 |

**김학철** (金學喆) 인천대 1970.05.05

| 연도 | 소속 | 출장 | 교체 | 득점 | 도움 | 파울 | 슈팅 | 경고 | 퇴장 |
|---|---|---|---|---|---|---|---|---|---|
| 1992 | 일화 | 8 | 7 | 0 | 0 | 4 | 3 | 0 | 0 |
| 1993 | 일화 | 22 | 9 | 0 | 0 | 33 | 14 | 2 | 0 |

**(이전 선수 계속)**

| 연도 | 소속 | 출장 | 교체 | 득점 | 도움 | 파울 | 슈팅 | 경고 | 퇴장 |
|---|---|---|---|---|---|---|---|---|---|
| 1994 | 일화 | 17 | 3 | 0 | 0 | 19 | 10 | 2 | 0 |
| 1996 | 천안 | 15 | 7 | 0 | 0 | 22 | 7 | 1 | 0 |
| 1997 | 포항 | 3 | 1 | 0 | 0 | 2 | 1 | 0 | 0 |
| 1998 | 안양 | 31 | 13 | 0 | 1 | 49 | 7 | 2 | 0 |
| 1999 | 안양 | 18 | 5 | 1 | 0 | 24 | 5 | 3 | 1 |
| 통산 | | 114 | 45 | 1 | 1 | 153 | 53 | 10 | 1 |

**김한봉** (金漢奉) 부산상고 1957.12.15

| 연도 | 소속 | 출장 | 교체 | 득점 | 도움 | 파울 | 슈팅 | 경고 | 퇴장 |
|---|---|---|---|---|---|---|---|---|---|
| 1984 | 현대 | 27 | 0 | 3 | 5 | 19 | 13 | 2 | 0 |
| 1985 | 현대 | 18 | 1 | 4 | 5 | 20 | 27 | 0 | 0 |
| 1986 | 현대 | 2 | 1 | 0 | 0 | 5 | 1 | 0 | 0 |
| 통산 | | 47 | 2 | 7 | 10 | 44 | 41 | 2 | 0 |

**김한빈** (金漢彬) 선문대 1991.03.31

| 연도 | 소속 | 출장 | 교체 | 득점 | 도움 | 파울 | 슈팅 | 경고 | 퇴장 |
|---|---|---|---|---|---|---|---|---|---|
| 2014 | 충주 | 19 | 3 | 0 | 2 | 14 | 4 | 1 | 0 |
| 통산 | | 19 | 3 | 0 | 2 | 14 | 4 | 1 | 0 |

**김한섭** (金翰燮) 동국대 1982.05.08

| 연도 | 소속 | 출장 | 교체 | 득점 | 도움 | 파울 | 슈팅 | 경고 | 퇴장 |
|---|---|---|---|---|---|---|---|---|---|
| 2009 | 대전 | 11 | 1 | 1 | 0 | 11 | 9 | 0 | 0 |
| 2010 | 대전 | 18 | 3 | 0 | 0 | 29 | 12 | 2 | 0 |
| 2011 | 대전 | 11 | 0 | 1 | 0 | 25 | 10 | 5 | 0 |
| 2011 | 인천 | 8 | 1 | 0 | 0 | 3 | 4 | 0 | 0 |
| 2012 | 인천 | 15 | 3 | 0 | 0 | 20 | 2 | 2 | 0 |
| 2013 | 대전 | 11 | 6 | 1 | 1 | 11 | 3 | 2 | 0 |
| 2014 | 대전 | 18 | 15 | 1 | 2 | 13 | 4 | 1 | 0 |
| 통산 | | 100 | 28 | 2 | 4 | 132 | 40 | 15 | 0 |

**김한욱** (金漢旭) 숭실대 1972.06.08

| 연도 | 소속 | 출장 | 교체 | 득점 | 도움 | 파울 | 슈팅 | 경고 | 퇴장 |
|---|---|---|---|---|---|---|---|---|---|
| 1999 | 포항 | 22 | 19 | 0 | 1 | 36 | 8 | 3 | 0 |
| 2000 | 포항 | 25 | 8 | 0 | 2 | 48 | 18 | 3 | 0 |
| 2001 | 성남 | 5 | 2 | 0 | 0 | 2 | 2 | 0 | 0 |
| 통산 | | 52 | 29 | 0 | 3 | 86 | 28 | 6 | 0 |

**김한원** (金漢元) 세경대 1981.08.06

| 연도 | 소속 | 출장 | 교체 | 득점 | 도움 | 파울 | 슈팅 | 경고 | 퇴장 |
|---|---|---|---|---|---|---|---|---|---|
| 2006 | 인천 | 15 | 12 | 3 | 1 | 20 | 19 | 2 | 0 |
| 2007 | 전북 | 10 | 9 | 0 | 0 | 12 | 11 | 1 | 0 |
| 2008 | 전북 | 4 | 2 | 0 | 0 | 3 | 0 | 0 | 0 |
| 2013 | 수원FC | 30 | 13 | 6 | 8 | 33 | 69 | 9 | 0 |
| 2014 | 수원FC | 24 | 4 | 3 | 0 | 30 | 28 | 11 | 0 |
| 통산 | | 83 | 40 | 19 | 10 | 106 | 130 | 23 | 0 |

**김한윤** (金漢潤) 광운대 1974.07.11

| 연도 | 소속 | 출장 | 교체 | 득점 | 도움 | 파울 | 슈팅 | 경고 | 퇴장 |
|---|---|---|---|---|---|---|---|---|---|
| 1997 | 부천 | 28 | 14 | 1 | 0 | 73 | 10 | 7 | 0 |
| 1998 | 부천 | 24 | 11 | 1 | 0 | 36 | 18 | 4 | 0 |
| 1999 | 부천 | 8 | 0 | 0 | 0 | 16 | 1 | 2 | 0 |
| 1999 | 포항 | 14 | 7 | 0 | 0 | 33 | 9 | 1 | 0 |
| 2000 | 포항 | 22 | 19 | 1 | 0 | 25 | 11 | 4 | 0 |
| 2001 | 부천 | 16 | 6 | 0 | 0 | 34 | 3 | 4 | 0 |
| 2002 | 부천 | 15 | 4 | 1 | 0 | 32 | 6 | 4 | 0 |
| 2003 | 부천 | 34 | 0 | 1 | 0 | 72 | 10 | 10 | 0 |
| 2004 | 부천 | 20 | 4 | 0 | 0 | 47 | 6 | 7 | 0 |
| 2005 | 부천 | 28 | 2 | 1 | 0 | 63 | 19 | 11 | 0 |
| 2006 | 서울 | 31 | 4 | 0 | 0 | 69 | 9 | 11 | 1 |
| 2007 | 서울 | 29 | 9 | 0 | 0 | 61 | 6 | 12 | 0 |
| 2008 | 서울 | 26 | 11 | 0 | 0 | 54 | 2 | 9 | 0 |
| 2009 | 서울 | 25 | 10 | 0 | 1 | 70 | 4 | 11 | 0 |
| 2010 | 서울 | 20 | 16 | 0 | 1 | 33 | 6 | 9 | 1 |
| 2011 | 부산 | 27 | 6 | 3 | 1 | 53 | 12 | 12 | 0 |
| 2012 | 부산 | 27 | 4 | 0 | 2 | 82 | 8 | 18 | 1 |
| 2013 | 성남 | 27 | 16 | 1 | 2 | 52 | 10 | 12 | 0 |
| 통산 | | 430 | 149 | 11 | 6 | 905 | 152 | 143 | 3 |

**김해국** (金海國) 경상대 1974.05.20

| 연도 | 소속 | 출장 | 교체 | 득점 | 도움 | 파울 | 슈팅 | 경고 | 퇴장 |
|---|---|---|---|---|---|---|---|---|---|
| 1997 | 전남 | 21 | 10 | 2 | 0 | 29 | 10 | 3 | 0 |
| 1998 | 전남 | 6 | 0 | 0 | 0 | 17 | 2 | 2 | 0 |
| 1999 | 전남 | 7 | 4 | 0 | 0 | 3 | 1 | 0 | 0 |
| 2000 | 전남 | 3 | 2 | 0 | 0 | 7 | 0 | 0 | 0 |
| 통산 | | 37 | 16 | 2 | 0 | 56 | 13 | 5 | 0 |

**김해년** (金海年) 중앙대 1964.07.05

| 연도 | 소속 | 출장 | 교체 | 득점 | 도움 | 파울 | 슈팅 | 경고 | 퇴장 |
|---|---|---|---|---|---|---|---|---|---|
| 1986 | 한일은 | 8 | 1 | 0 | 0 | 11 | 3 | 1 | 0 |
| 통산 | | 8 | 1 | 0 | 0 | 11 | 3 | 1 | 0 |

**김해운** (金海雲) 대구대 1973.12.25

| 연도 | 소속 | 출장 | 교체 | 실점 | 도움 | 파울 | 슈팅 | 경고 | 퇴장 |
|---|---|---|---|---|---|---|---|---|---|
| 1996 | 천안 | 1 | 0 | 1 | 0 | 0 | 0 | 0 | 0 |
| 1997 | 천안 | 1 | 5 | 0 | 0 | 0 | 0 | 0 | 0 |
| 1998 | 천안 | 30 | 0 | 39 | 0 | 5 | 0 | 3 | 0 |
| 1999 | 천안 | 19 | 4 | 25 | 0 | 0 | 0 | 0 | 0 |
| 2000 | 성남 | 27 | 0 | 33 | 0 | 1 | 0 | 1 | 0 |
| 2001 | 성남 | 30 | 1 | 24 | 0 | 1 | 0 | 0 | 0 |
| 2002 | 성남 | 24 | 1 | 30 | 0 | 0 | 0 | 1 | 0 |
| 2003 | 성남 | 22 | 0 | 21 | 0 | 2 | 0 | 1 | 0 |
| 2004 | 성남 | 12 | 0 | 12 | 0 | 0 | 0 | 2 | 0 |
| 2005 | 성남 | 9 | 0 | 7 | 0 | 0 | 1 | 1 | 0 |
| 2006 | 성남 | 6 | 1 | 4 | 0 | 0 | 0 | 1 | 0 |
| 2007 | 성남 | 4 | 0 | 4 | 0 | 0 | 0 | 0 | 0 |
| 2008 | 성남 | 4 | 0 | 5 | 0 | 0 | 0 | 0 | 0 |
| 통산 | | 201 | 10 | 219 | 0 | 12 | 0 | 8 | 0 |

**김해원** (金海元) 한남대 1986.05.23

| 연도 | 소속 | 출장 | 교체 | 득점 | 도움 | 파울 | 슈팅 | 경고 | 퇴장 |
|---|---|---|---|---|---|---|---|---|---|
| 2009 | 전남 | 9 | 2 | 1 | 0 | 16 | 1 | 2 | 0 |
| 2010 | 대구 | 1 | 1 | 0 | 0 | 1 | 0 | 0 | 0 |
| 통산 | | 10 | 3 | 1 | 0 | 17 | 1 | 2 | 0 |

**김해출** (金海出) 광양제철고 1981.02.03

| 연도 | 소속 | 출장 | 교체 | 득점 | 도움 | 파울 | 슈팅 | 경고 | 퇴장 |
|---|---|---|---|---|---|---|---|---|---|
| 1999 | 전남 | 2 | 2 | 0 | 0 | 1 | 0 | 0 | 0 |
| 2000 | 전남 | 1 | 1 | 0 | 0 | 2 | 0 | 0 | 0 |
| 통산 | | 3 | 3 | 0 | 0 | 3 | 0 | 0 | 0 |

**김혁** (金赫) 연세대 1985.05.04

| 연도 | 소속 | 출장 | 교체 | 득점 | 도움 | 파울 | 슈팅 | 경고 | 퇴장 |
|---|---|---|---|---|---|---|---|---|---|
| 2008 | 인천 | 7 | 3 | 0 | 0 | 12 | 6 | 0 | 0 |
| 통산 | | 7 | 3 | 0 | 0 | 12 | 6 | 0 | 0 |

**김혁진** (金奕辰) 경희대 1991.03.06

| 연도 | 소속 | 출장 | 교체 | 득점 | 도움 | 파울 | 슈팅 | 경고 | 퇴장 |
|---|---|---|---|---|---|---|---|---|---|
| 2014 | 수원FC | 27 | 20 | 0 | 0 | 27 | 13 | 4 | 0 |
| 통산 | | 27 | 20 | 0 | 0 | 27 | 13 | 4 | 0 |

**김현** (金玄) 영생고 1993.05.03

| 연도 | 소속 | 출장 | 교체 | 득점 | 도움 | 파울 | 슈팅 | 경고 | 퇴장 |
|---|---|---|---|---|---|---|---|---|---|
| 2012 | 전북 | 9 | 9 | 1 | 0 | 11 | 4 | 3 | 0 |
| 2013 | 성남 | 4 | 4 | 0 | 0 | 1 | 6 | 0 | 0 |
| 2014 | 제주 | 33 | 23 | 2 | 5 | 60 | 48 | 2 | 0 |
| 통산 | | 46 | 36 | 3 | 5 | 72 | 58 | 5 | 0 |

**김현관** (金賢官) 동국대 1985.04.20

| 연도 | 소속 | 출장 | 교체 | 득점 | 도움 | 파울 | 슈팅 | 경고 | 퇴장 |
|---|---|---|---|---|---|---|---|---|---|
| 2008 | 서울 | 1 | 1 | 0 | 0 | 1 | 0 | 0 | 0 |
| 통산 | | 1 | 1 | 0 | 0 | 1 | 0 | 0 | 0 |

**김현기** (金賢技) 상지대 1985.12.16

| 연도 | 소속 | 출장 | 교체 | 득점 | 도움 | 파울 | 슈팅 | 경고 | 퇴장 |
|---|---|---|---|---|---|---|---|---|---|
| 2006 | 포항 | 2 | 2 | 0 | 0 | 2 | 0 | 0 | 0 |
| 통산 | | 2 | 2 | 0 | 0 | 2 | 0 | 0 | 0 |

**김현동** (金鉉東) 강원대 1972.08.25

| 연도 | 소속 | 출장 | 교체 | 득점 | 도움 | 파울 | 슈팅 | 경고 | 퇴장 |
|---|---|---|---|---|---|---|---|---|---|
| 1996 | 안양 | 14 | 14 | 1 | 1 | 14 | 8 | 0 | 0 |
| 1997 | 안양 | 11 | 10 | 0 | 0 | 13 | 6 | 1 | 0 |
| 통산 | | 25 | 24 | 1 | 1 | 27 | 14 | 1 | 0 |

**김현민** (金鉉玟) 한성대 1970.04.09

| 연도 | 소속 | 출장 | 교체 | 득점 | 도움 | 파울 | 슈팅 | 경고 | 퇴장 |
|---|---|---|---|---|---|---|---|---|---|
| 1997 | 대전 | 28 | 21 | 5 | 4 | 47 | 48 | 2 | 0 |
| 1998 | 대전 | 4 | 5 | 0 | 1 | 9 | 5 | 0 | 0 |
| 1999 | 대전 | 17 | 16 | 2 | 0 | 10 | 9 | 1 | 0 |
| 2000 | 대전 | 12 | 12 | 1 | 1 | 11 | 7 | 3 | 0 |
| 통산 | | 61 | 55 | 9 | 6 | 77 | 69 | 7 | 0 |

**김현배** (金賢培) 고려대 1976.06.09

| 연도 | 소속 | 출장 | 교체 | 득점 | 도움 | 파울 | 슈팅 | 경고 | 퇴장 |
|---|---|---|---|---|---|---|---|---|---|
| 1999 | 울산 | 0 | 0 | 0 | 0 | 0 | 0 | 0 | 0 |
| 2000 | 울산 | 3 | 1 | 1 | 0 | 9 | 4 | 1 | 0 |
| 통산 | | 3 | 1 | 1 | 0 | 9 | 4 | 1 | 0 |

**김현복** (金顯福) 중앙대 1954.12.09

| 연도 | 소속 | 출장 | 교체 | 득점 | 도움 | 파울 | 슈팅 | 경고 | 퇴장 |
|---|---|---|---|---|---|---|---|---|---|
| 1983 | 할렐 | 12 | 9 | 2 | 1 | 4 | 5 | 0 | 0 |
| 1984 | 할렐 | 19 | 5 | 0 | 0 | 28 | 19 | 0 | 0 |
| 1985 | 할렐 | 16 | 5 | 0 | 1 | 25 | 18 | 3 | 0 |
| 통산 | | 47 | 19 | 2 | 2 | 57 | 42 | 3 | 0 |

**김현석** (金賢錫) 서울시립대 1966.09.14

| 연도 | 소속 | 출장 | 교체 | 득점 | 도움 | 파울 | 슈팅 | 경고 | 퇴장 |
|---|---|---|---|---|---|---|---|---|---|
| 1989 | 일화 | 27 | 6 | 0 | 0 | 15 | 7 | 1 | 0 |
| 1990 | 일화 | 14 | 2 | 0 | 0 | 21 | 5 | 4 | 0 |
| 통산 | | 41 | 8 | 0 | 0 | 71 | 10 | 9 | 0 |

**김현석** (金鉉錫) 연세대 1967.05.05

| 연도 | 소속 | 출장 | 교체 | 득점 | 도움 | 파울 | 슈팅 | 경고 | 퇴장 |
|---|---|---|---|---|---|---|---|---|---|
| 1990 | 현대 | 28 | 1 | 5 | 3 | 41 | 54 | 3 | 0 |
| 1991 | 현대 | 39 | 10 | 14 | 4 | 50 | 116 | 2 | 0 |
| 1992 | 현대 | 37 | 12 | 13 | 7 | 62 | 101 | 2 | 0 |
| 1993 | 현대 | 11 | 8 | 1 | 1 | 12 | 25 | 0 | 0 |
| 1995 | 현대 | 33 | 2 | 18 | 7 | 34 | 90 | 5 | 0 |
| 1996 | 울산 | 34 | 5 | 9 | 9 | 43 | 100 | 4 | 0 |
| 1997 | 울산 | 30 | 2 | 13 | 5 | 54 | 98 | 5 | 0 |
| 1998 | 울산 | 37 | 8 | 17 | 5 | 84 | 100 | 6 | 0 |
| 1999 | 울산 | 36 | 3 | 8 | 6 | 41 | 110 | 2 | 0 |
| 2001 | 울산 | 31 | 9 | 6 | 5 | 41 | 71 | 3 | 1 |
| 2002 | 울산 | 35 | 3 | 6 | 2 | 39 | 73 | 4 | 0 |
| 2003 | 울산 | 36 | 3 | 4 | 4 | 41 | 62 | 4 | 0 |
| 통산 | | 371 | 71 | 110 | 54 | 508 | 915 | 40 | 1 |

**김현성** (金賢聖) 동북고 1989.09.27

| 연도 | 소속 | 출장 | 교체 | 득점 | 도움 | 파울 | 슈팅 | 경고 | 퇴장 |
|---|---|---|---|---|---|---|---|---|---|
| 2010 | 대구 | 10 | 6 | 1 | 0 | 13 | 10 | 0 | 0 |
| 2011 | 대구 | 29 | 9 | 7 | 2 | 63 | 38 | 2 | 0 |
| 2012 | 서울 | 13 | 13 | 1 | 0 | 13 | 13 | 0 | 0 |
| 2013 | 서울 | 17 | 16 | 1 | 1 | 13 | 13 | 0 | 0 |
| 2014 | 서울 | 6 | 4 | 0 | 1 | 6 | 3 | 1 | 0 |
| 통산 | | 75 | 48 | 10 | 4 | 108 | 72 | 4 | 0 |

**김현수** (金鉉秀) 아주대 1973.03.13

| 연도 | 소속 | 출장 | 교체 | 득점 | 도움 | 파울 | 슈팅 | 경고 | 퇴장 |
|---|---|---|---|---|---|---|---|---|---|
| 1995 | 대우 | 29 | 1 | 0 | 3 | 44 | 23 | 4 | 0 |
| 1996 | 부산 | 29 | 7 | 2 | 1 | 22 | 19 | 1 | 0 |
| 1997 | 부산 | 30 | 6 | 3 | 0 | 31 | 14 | 3 | 0 |
| 1998 | 부산 | 19 | 4 | 2 | 0 | 17 | 6 | 0 | 0 |
| 1999 | 부산 | 27 | 4 | 1 | 0 | 35 | 20 | 2 | 0 |
| 2000 | 성남 | 13 | 4 | 0 | 3 | 26 | 25 | 5 | 0 |
| 2001 | 성남 | 35 | 1 | 2 | 0 | 42 | 26 | 5 | 0 |
| 2002 | 성남 | 36 | 2 | 4 | 0 | 49 | 15 | 4 | 0 |
| 2003 | 성남 | 38 | 7 | 3 | 1 | 42 | 27 | 2 | 0 |
| 2004 | 인천 | 30 | 0 | 1 | 0 | 23 | 11 | 6 | 0 |
| 2005 | 전남 | 5 | 3 | 0 | 0 | 6 | 1 | 0 | 0 |
| 2006 | 대구 | 35 | 2 | 1 | 2 | 20 | 27 | 5 | 0 |
| 2007 | 대구 | 28 | 1 | 2 | 0 | 43 | 13 | 3 | 0 |
| 통산 | | 383 | 41 | 24 | 5 | 438 | 238 | 38 | 0 |

**김현수** (金鉉洙) 연세대 1973.02.14

| 연도 | 소속 | 출장 | 교체 | 득점 | 도움 | 파울 | 슈팅 | 경고 | 퇴장 |
|---|---|---|---|---|---|---|---|---|---|
| 1995 | 전남 | 26 | 0 | 1 | 2 | 22 | 17 | 1 | 0 |
| 1996 | 전남 | 20 | 8 | 0 | 0 | 13 | 6 | 1 | 0 |
| 1997 | 전남 | 30 | 10 | 0 | 1 | 14 | 6 | 4 | 0 |
| 2000 | 전남 | 17 | 8 | 0 | 0 | 19 | 13 | 2 | 0 |
| 2001 | 전남 | 17 | 8 | 0 | 0 | 17 | 6 | 2 | 0 |
| 2002 | 전남 | 30 | 3 | 0 | 0 | 23 | 13 | 2 | 0 |
| 2003 | 전북 | 42 | 20 | 0 | 1 | 76 | 5 | 3 | 0 |
| 2004 | 전북 | 29 | 7 | 0 | 0 | 26 | 6 | 3 | 0 |
| 2005 | 전북 | 14 | 5 | 0 | 0 | 35 | 1 | 2 | 0 |
| 2006 | 전북 | 24 | 5 | 1 | 1 | 58 | 5 | 6 | 0 |
| 2007 | 전북 | 20 | 6 | 0 | 0 | 51 | 8 | 7 | 1 |
| 2008 | 전북 | 15 | 10 | 1 | 0 | 20 | 8 | 1 | 0 |

## 김현승 (金炫承) 홍익대 1984.11.16

통산 291 90 4 9 465 77 41 2

| 연도 | 소속 | 출장 | 교체 | 득점 | 도움 | 파울 | 슈팅 | 경고 | 퇴장 |
|---|---|---|---|---|---|---|---|---|---|
| 2008 | 광주상 | 4 | 5 | 0 | 0 | 5 | 3 | 0 | 0 |
| 2009 | 광주상 | 1 | 1 | 0 | 0 | 1 | 0 | 0 | 0 |
| | 통산 | 5 | 6 | 0 | 0 | 6 | 3 | 0 | 0 |

## 김현우 (金玄雨) 광운대 1989.04.17

| 연도 | 소속 | 출장 | 교체 | 득점 | 도움 | 파울 | 슈팅 | 경고 | 퇴장 |
|---|---|---|---|---|---|---|---|---|---|
| 2012 | 성남 | 8 | 7 | 0 | 0 | 11 | 9 | 3 | 0 |
| | 통산 | 8 | 7 | 0 | 0 | 11 | 9 | 3 | 0 |

## 김현태 (金顯泰) 고려대 1961.05.01

| 연도 | 소속 | 출장 | 교체 | 실점 | 도움 | 파울 | 슈팅 | 경고 | 퇴장 |
|---|---|---|---|---|---|---|---|---|---|
| 1984 | 럭금 | 23 | 1 | 37 | 0 | 0 | 0 | 0 | 0 |
| 1985 | 럭금 | 21 | 0 | 19 | 0 | 0 | 1 | 0 | 0 |
| 1986 | 럭금 | 30 | 1 | 32 | 0 | 0 | 0 | 0 | 0 |
| 1987 | 럭금 | 18 | 0 | 36 | 0 | 1 | 1 | 0 | 0 |
| 1988 | 럭금 | 8 | 0 | 12 | 0 | 0 | 0 | 0 | 0 |
| 1989 | 럭금 | 9 | 1 | 0 | 0 | 0 | 0 | 0 | 0 |
| 1990 | 럭금 | 2 | 0 | 0 | 0 | 0 | 0 | 0 | 0 |
| 1991 | LG | 3 | 2 | 4 | 0 | 0 | 0 | 0 | 0 |
| 1996 | 안양 | 0 | 0 | 0 | 0 | 0 | 0 | 0 | 0 |
| | 통산 | 114 | 5 | 151 | 0 | 1 | 0 | 1 | 1 |

## 김현호 (金鉉浩) 신평고 1981.09.30

| 연도 | 소속 | 출장 | 교체 | 득점 | 도움 | 파울 | 슈팅 | 경고 | 퇴장 |
|---|---|---|---|---|---|---|---|---|---|
| 1995 | 포항 | 0 | 0 | 0 | 0 | 0 | 0 | 0 | 0 |
| | 통산 | 0 | 0 | 0 | 0 | 0 | 0 | 0 | 0 |

## 김형남 (金炯男) 중대부속고 1956.12.18

| 연도 | 소속 | 출장 | 교체 | 득점 | 도움 | 파울 | 슈팅 | 경고 | 퇴장 |
|---|---|---|---|---|---|---|---|---|---|
| 1983 | 포철 | 13 | 2 | 0 | 0 | 17 | 8 | 2 | 0 |
| 1984 | 포철 | 13 | 6 | 0 | 0 | 11 | 3 | 0 | 0 |
| | 통산 | 26 | 8 | 0 | 0 | 28 | 11 | 2 | 0 |

## 김형록 (金逈錄) 동아대 1991.06.17

| 연도 | 소속 | 출장 | 교체 | 득점 | 도움 | 파울 | 슈팅 | 경고 | 퇴장 |
|---|---|---|---|---|---|---|---|---|---|
| 2014 | 제주 | 0 | 0 | 0 | 0 | 0 | 0 | 0 | 0 |
| | 통산 | 0 | 0 | 0 | 0 | 0 | 0 | 0 | 0 |

## 김형범 (金炯氾) 건국대 1984.01.01

| 연도 | 소속 | 출장 | 교체 | 득점 | 도움 | 파울 | 슈팅 | 경고 | 퇴장 |
|---|---|---|---|---|---|---|---|---|---|
| 2004 | 울산 | 29 | 25 | 1 | 5 | 36 | 30 | 2 | 0 |
| 2005 | 울산 | 14 | 13 | 4 | 1 | 5 | 22 | 1 | 0 |
| 2006 | 전북 | 28 | 12 | 4 | 4 | 35 | 74 | 4 | 0 |
| 2007 | 전북 | 6 | 5 | 2 | 0 | 6 | 10 | 1 | 0 |
| 2008 | 전북 | 31 | 25 | 4 | 4 | 20 | 60 | 2 | 0 |
| 2009 | 전북 | 1 | 1 | 0 | 0 | 1 | 4 | 0 | 0 |
| 2010 | 전북 | 9 | 8 | 1 | 0 | 8 | 17 | 1 | 0 |
| 2011 | 전북 | 4 | 4 | 0 | 0 | 3 | 5 | 0 | 0 |
| 2012 | 대전 | 32 | 18 | 5 | 10 | 35 | 71 | 3 | 0 |
| 2013 | 경남 | 21 | 17 | 8 | 0 | 27 | 37 | 1 | 0 |
| | 통산 | 175 | 128 | 35 | 24 | 157 | 327 | 15 | 0 |

## 김형일 (金亨鎰) 경희대 1984.04.27

| 연도 | 소속 | 출장 | 교체 | 득점 | 도움 | 파울 | 슈팅 | 경고 | 퇴장 |
|---|---|---|---|---|---|---|---|---|---|
| 2007 | 대전 | 29 | 2 | 0 | 1 | 68 | 8 | 11 | 0 |
| 2008 | 대전 | 16 | 3 | 0 | 0 | 22 | 11 | 7 | 0 |
| 2008 | 포항 | 3 | 0 | 0 | 0 | 9 | 0 | 0 | 0 |
| 2009 | 포항 | 30 | 1 | 2 | 1 | 40 | 14 | 9 | 0 |
| 2010 | 포항 | 22 | 2 | 1 | 2 | 27 | 6 | 8 | 0 |
| 2011 | 포항 | 21 | 2 | 0 | 0 | 26 | 3 | 3 | 0 |
| 2012 | 상주 | 17 | 2 | 1 | 0 | 19 | 12 | 3 | 1 |
| 2013 | 상주 | 26 | 0 | 0 | 0 | 29 | 12 | 3 | 1 |
| 2013 | 포항 | 3 | 0 | 0 | 0 | 1 | 0 | 0 | 0 |
| 2014 | 포항 | 14 | 3 | 1 | 0 | 13 | 4 | 3 | 0 |
| | 통산 | 180 | 17 | 6 | 3 | 251 | 62 | 48 | 1 |

## 김형철 (金亨哲) 동아대 1983.10.02

| 연도 | 소속 | 출장 | 교체 | 득점 | 도움 | 파울 | 슈팅 | 경고 | 퇴장 |
|---|---|---|---|---|---|---|---|---|---|
| 2006 | 수원 | 1 | 1 | 0 | 0 | 0 | 2 | 1 | 0 |
| | 통산 | 1 | 1 | 0 | 0 | 0 | 2 | 1 | 0 |

## 김형필 (金炯必) 경희대 1987.01.13

| 연도 | 소속 | 출장 | 교체 | 득점 | 도움 | 파울 | 슈팅 | 경고 | 퇴장 |
|---|---|---|---|---|---|---|---|---|---|
| 2010 | 전남 | 11 | 10 | 3 | 0 | 5 | 16 | 1 | 0 |
| 2011 | 전남 | 3 | 3 | 0 | 0 | 0 | 0 | 0 | 0 |
| 2012 | 부산 | 1 | 1 | 0 | 0 | 2 | 0 | 1 | 0 |
| | 통산 | 15 | 14 | 3 | 0 | 7 | 16 | 2 | 0 |

## 김형호 (金澯鎬) 광양제철고 1987.03.25

| 연도 | 소속 | 출장 | 교체 | 득점 | 도움 | 파울 | 슈팅 | 경고 | 퇴장 |
|---|---|---|---|---|---|---|---|---|---|
| 2009 | 전남 | 21 | 2 | 0 | 1 | 25 | 7 | 2 | 0 |
| 2010 | 전남 | 23 | 3 | 1 | 1 | 35 | 4 | 7 | 0 |
| 2011 | 전남 | 9 | 0 | 0 | 1 | 7 | 0 | 1 | 0 |
| | 통산 | 53 | 5 | 1 | 2 | 67 | 15 | 9 | 0 |

## 김호남 (金浩男) 광주대 1989.06.14

| 연도 | 소속 | 출장 | 교체 | 득점 | 도움 | 파울 | 슈팅 | 경고 | 퇴장 |
|---|---|---|---|---|---|---|---|---|---|
| 2011 | 광주 | 2 | 2 | 0 | 0 | 2 | 1 | 0 | 0 |
| 2012 | 광주 | 15 | 15 | 1 | 1 | 12 | 24 | 1 | 0 |
| 2013 | 광주 | 15 | 7 | 6 | 3 | 36 | 44 | 4 | 0 |
| 2014 | 광주 | 37 | 13 | 6 | 5 | 55 | 78 | 5 | 0 |
| | 통산 | 68 | 31 | 15 | 11 | 96 | 123 | 10 | 0 |

## 김호유 (金浩猷) 성균관대 1981.02.19

| 연도 | 소속 | 출장 | 교체 | 득점 | 도움 | 파울 | 슈팅 | 경고 | 퇴장 |
|---|---|---|---|---|---|---|---|---|---|
| 2003 | 전남 | 0 | 0 | 0 | 0 | 0 | 0 | 0 | 0 |
| 2004 | 전남 | 14 | 4 | 1 | 0 | 20 | 8 | 2 | 0 |
| 2005 | 전남 | 10 | 6 | 0 | 0 | 13 | 5 | 0 | 0 |
| 2006 | 전남 | 10 | 3 | 1 | 0 | 7 | 5 | 0 | 0 |
| 2007 | 제주 | 14 | 6 | 0 | 2 | 17 | 1 | 3 | 0 |
| | 통산 | 48 | 14 | 2 | 2 | 65 | 20 | 8 | 0 |

## 김호준 (金鎬浚) 고려대 1984.06.21

| 연도 | 소속 | 출장 | 교체 | 실점 | 도움 | 파울 | 슈팅 | 경고 | 퇴장 |
|---|---|---|---|---|---|---|---|---|---|
| 2005 | 서울 | 3 | 0 | 6 | 0 | 0 | 0 | 0 | 0 |
| 2007 | 서울 | 0 | 0 | 0 | 0 | 0 | 0 | 0 | 0 |
| 2008 | 서울 | 31 | 0 | 32 | 0 | 0 | 0 | 2 | 0 |
| 2009 | 서울 | 24 | 1 | 26 | 0 | 1 | 0 | 1 | 0 |
| 2010 | 제주 | 35 | 0 | 36 | 0 | 0 | 0 | 2 | 0 |
| 2011 | 제주 | 24 | 0 | 36 | 0 | 0 | 0 | 1 | 0 |
| 2012 | 상주 | 9 | 0 | 17 | 0 | 0 | 0 | 0 | 0 |
| 2013 | 상주 | 30 | 0 | 42 | 0 | 0 | 2 | 0 | 0 |
| 2014 | 제주 | 37 | 1 | 37 | 0 | 1 | 0 | 1 | 0 |
| | 통산 | 193 | 2 | 209 | 1 | 4 | 0 | 11 | 0 |

## 김호철 (金虎喆) 숭실대 1971.01.05

| 연도 | 소속 | 출장 | 교체 | 득점 | 도움 | 파울 | 슈팅 | 경고 | 퇴장 |
|---|---|---|---|---|---|---|---|---|---|
| 1993 | 유공 | 3 | 3 | 0 | 0 | 3 | 1 | 0 | 0 |
| 1995 | 유공 | 2 | 2 | 0 | 0 | 3 | 1 | 0 | 0 |
| 1996 | 부천 | 2 | 2 | 0 | 0 | 2 | 1 | 0 | 0 |
| | 통산 | 7 | 7 | 0 | 0 | 8 | 3 | 0 | 0 |

## 김홍기 (金弘翼) 중앙대 1976.03.14

| 연도 | 소속 | 출장 | 교체 | 득점 | 도움 | 파울 | 슈팅 | 경고 | 퇴장 |
|---|---|---|---|---|---|---|---|---|---|
| 1999 | 전북 | 2 | 2 | 0 | 0 | 0 | 0 | 0 | 0 |
| 2000 | 전북 | 6 | 6 | 0 | 0 | 2 | 0 | 0 | 0 |
| | 통산 | 8 | 8 | 0 | 0 | 2 | 0 | 0 | 0 |

## 김홍운 (金弘運) 건국대 1964.03.21

| 연도 | 소속 | 출장 | 교체 | 득점 | 도움 | 파울 | 슈팅 | 경고 | 퇴장 |
|---|---|---|---|---|---|---|---|---|---|
| 1987 | 포철 | 26 | 20 | 9 | 3 | 19 | 24 | 3 | 0 |
| 1988 | 포철 | 21 | 7 | 1 | 2 | 24 | 11 | 1 | 0 |
| 1989 | 포철 | 7 | 7 | 0 | 0 | 3 | 7 | 0 | 0 |
| 1990 | 포철 | 15 | 11 | 1 | 2 | 23 | 16 | 2 | 0 |
| 1991 | 포철 | 3 | 3 | 0 | 0 | 1 | 1 | 0 | 0 |
| 1991 | 유공 | 3 | 3 | 0 | 0 | 1 | 0 | 0 | 0 |
| 1992 | LG | 5 | 5 | 0 | 0 | 6 | 3 | 0 | 0 |
| 1993 | 현대 | 10 | 10 | 2 | 0 | 7 | 5 | 0 | 0 |
| | 통산 | 93 | 67 | 13 | 7 | 86 | 62 | 7 | 0 |

## 김홍일 (金弘一) 연세대 1987.09.29

| 연도 | 소속 | 출장 | 교체 | 득점 | 도움 | 파울 | 슈팅 | 경고 | 퇴장 |
|---|---|---|---|---|---|---|---|---|---|
| 2009 | 수원 | 5 | 2 | 0 | 0 | 7 | 2 | 0 | 0 |
| 2011 | 광주 | 2 | 2 | 0 | 1 | 2 | 0 | 0 | 0 |
| 2014 | 수원FC | 5 | 5 | 0 | 0 | 4 | 3 | 1 | 0 |
| | 통산 | 12 | 9 | 0 | 1 | 13 | 7 | 1 | 0 |

## 김홍주 (金洪柱) 한양대 1955.03.21

| 연도 | 소속 | 출장 | 교체 | 득점 | 도움 | 파울 | 슈팅 | 경고 | 퇴장 |
|---|---|---|---|---|---|---|---|---|---|
| 1983 | 국민은 | 13 | 0 | 0 | 0 | 7 | 0 | 2 | 0 |
| 1984 | 국민은 | 7 | 2 | 0 | 0 | 3 | 1 | 1 | 0 |
| | 통산 | 20 | 2 | 0 | 0 | 10 | 1 | 3 | 0 |

## 김홍철 (金弘哲) 한양대 1979.06.02

| 연도 | 소속 | 출장 | 교체 | 득점 | 도움 | 파울 | 슈팅 | 경고 | 퇴장 |
|---|---|---|---|---|---|---|---|---|---|
| 2002 | 전남 | 6 | 1 | 1 | 0 | 4 | 4 | 0 | 0 |
| 2003 | 전남 | 25 | 9 | 0 | 3 | 17 | 23 | 1 | 0 |
| 2004 | 전남 | 17 | 6 | 0 | 0 | 24 | 10 | 3 | 0 |
| 2005 | 포항 | 22 | 14 | 1 | 0 | 21 | 18 | 0 | 0 |
| 2006 | 부산 | 2 | 2 | 0 | 0 | 1 | 4 | 0 | 0 |
| | 통산 | 72 | 32 | 2 | 3 | 67 | 59 | 4 | 0 |

## 김황정 (金晃正) 한남대 1975.11.19

| 연도 | 소속 | 출장 | 교체 | 득점 | 도움 | 파울 | 슈팅 | 경고 | 퇴장 |
|---|---|---|---|---|---|---|---|---|---|
| 2001 | 울산 | 7 | 7 | 0 | 0 | 7 | 3 | 0 | 0 |
| | 통산 | 7 | 7 | 0 | 0 | 7 | 3 | 0 | 0 |

## 김황호 (金黃鎬) 경희대 1954.08.15

| 연도 | 소속 | 출장 | 교체 | 실점 | 도움 | 파울 | 슈팅 | 경고 | 퇴장 |
|---|---|---|---|---|---|---|---|---|---|
| 1984 | 현대 | 7 | 1 | 9 | 0 | 0 | 0 | 0 | 0 |
| 1985 | 현대 | 18 | 1 | 18 | 0 | 0 | 0 | 0 | 0 |
| 1986 | 현대 | 2 | 0 | 3 | 0 | 0 | 0 | 0 | 0 |
| | 통산 | 27 | 2 | 24 | 0 | 0 | 0 | 0 | 0 |

## 김효기 (金孝基) 조선대 1986.07.03

| 연도 | 소속 | 출장 | 교체 | 득점 | 도움 | 파울 | 슈팅 | 경고 | 퇴장 |
|---|---|---|---|---|---|---|---|---|---|
| 2010 | 울산 | 1 | 1 | 0 | 0 | 0 | 0 | 0 | 0 |
| 2011 | 울산 | 0 | 0 | 0 | 0 | 0 | 0 | 0 | 0 |
| 2012 | 울산 | 4 | 4 | 0 | 0 | 2 | 1 | 0 | 0 |
| | 통산 | 5 | 5 | 0 | 0 | 2 | 1 | 0 | 0 |

## 김효일 (金孝日) 경상대 1978.09.07

| 연도 | 소속 | 출장 | 교체 | 득점 | 도움 | 파울 | 슈팅 | 경고 | 퇴장 |
|---|---|---|---|---|---|---|---|---|---|
| 2003 | 전남 | 19 | 11 | 0 | 0 | 24 | 10 | 2 | 0 |
| 2004 | 전남 | 16 | 9 | 0 | 0 | 23 | 10 | 2 | 0 |
| 2005 | 전남 | 17 | 3 | 0 | 0 | 41 | 12 | 3 | 0 |
| 2006 | 전남 | 35 | 1 | 1 | 2 | 67 | 21 | 6 | 0 |
| 2007 | 경남 | 29 | 11 | 1 | 0 | 45 | 24 | 1 | 0 |
| 2008 | 경남 | 18 | 1 | 0 | 1 | 32 | 26 | 5 | 0 |
| 2009 | 부산 | 12 | 4 | 0 | 0 | 18 | 2 | 0 | 0 |
| 2010 | 부산 | 11 | 8 | 0 | 0 | 7 | 3 | 3 | 0 |
| 2014 | 충주 | 1 | 0 | 0 | 0 | 3 | 0 | 0 | 0 |
| | 통산 | 164 | 64 | 3 | 3 | 255 | 106 | 17 | 0 |

## 김효준 (金孝埈) 경일대 1978.10.13

| 연도 | 소속 | 출장 | 교체 | 득점 | 도움 | 파울 | 슈팅 | 경고 | 퇴장 |
|---|---|---|---|---|---|---|---|---|---|
| 2006 | 경남 | 8 | 3 | 0 | 0 | 12 | 0 | 1 | 0 |
| 2007 | 경남 | 5 | 5 | 0 | 0 | 8 | 0 | 1 | 0 |
| 2013 | 안양 | 25 | 0 | 2 | 0 | 33 | 8 | 3 | 0 |
| 2014 | 안양 | 11 | 2 | 0 | 0 | 7 | 1 | 3 | 0 |
| | 통산 | 49 | 8 | 2 | 0 | 60 | 9 | 8 | 0 |

## 김효진 (金孝鎭) 연세대 1990.10.22

| 연도 | 소속 | 출장 | 교체 | 득점 | 도움 | 파울 | 슈팅 | 경고 | 퇴장 |
|---|---|---|---|---|---|---|---|---|---|
| 2013 | 강원 | 1 | 1 | 0 | 0 | 1 | 0 | 0 | 0 |
| | 통산 | 1 | 1 | 0 | 0 | 1 | 0 | 0 | 0 |

## 김후석 (金厚奭) 영남대 1974.03.20

| 연도 | 소속 | 출장 | 교체 | 득점 | 도움 | 파울 | 슈팅 | 경고 | 퇴장 |
|---|---|---|---|---|---|---|---|---|---|
| 1997 | 포항 | 7 | 7 | 0 | 0 | 4 | 2 | 0 | 0 |
| 1998 | 포항 | 6 | 5 | 0 | 0 | 6 | 8 | 2 | 0 |
| | 통산 | 13 | 12 | 0 | 0 | 10 | 10 | 2 | 0 |

## 김흥권 (金興權) 전남대 1963.12.02

| 연도 | 소속 | 출장 | 교체 | 득점 | 도움 | 파울 | 슈팅 | 경고 | 퇴장 |
|---|---|---|---|---|---|---|---|---|---|
| 1984 | 현대 | 9 | 2 | 1 | 2 | 8 | 6 | 0 | 0 |
| 1985 | 현대 | 11 | 1 | 0 | 0 | 7 | 8 | 0 | 0 |
| 1986 | 현대 | 31 | 1 | 2 | 1 | 41 | 23 | 4 | 0 |
| 1987 | 현대 | 4 | 4 | 0 | 0 | 1 | 0 | 0 | 0 |
| 1989 | 현대 | 19 | 8 | 1 | 2 | 18 | 23 | 0 | 0 |
| | 통산 | 74 | 16 | 4 | 5 | 75 | 60 | 4 | 0 |

## 김흥일 (金興一) 동아대 1992.11.02

| 연도 | 소속 | 출장 | 교체 | 득점 | 도움 | 파울 | 슈팅 | 경고 | 퇴장 |
|---|---|---|---|---|---|---|---|---|---|
| 2013 | 대구 | 14 | 14 | 0 | 0 | 6 | 7 | 0 | 0 |
| 2014 | 대구 | 9 | 8 | 0 | 0 | 4 | 4 | 0 | 0 |

통산 23 22 0 0 10 11 0 0

**김희철** (金熙澈) 충북대 1960.09.03

| 연도 | 소속 | 출장 | 교체 | 득점 | 도움 | 파울 | 슈팅 | 경고 | 퇴장 |
|---|---|---|---|---|---|---|---|---|---|
| 1983 | 포철 | 13 | 4 | 5 | 3 | 4 | 21 | 0 | 0 |
| 1984 | 포철 | 8 | 6 | 0 | 1 | 4 | 7 | 0 | 0 |
| 1985 | 상무 | 11 | 6 | 2 | 1 | 8 | 12 | 0 | 0 |
| 통산 | | 32 | 16 | 7 | 5 | 16 | 40 | 0 | 0 |

**김희태** (金熙泰) 연세대 1953.07.10

| 연도 | 소속 | 출장 | 교체 | 득점 | 도움 | 파울 | 슈팅 | 경고 | 퇴장 |
|---|---|---|---|---|---|---|---|---|---|
| 1983 | 대우 | 2 | 2 | 0 | 0 | 0 | 1 | 0 | 0 |
| 통산 | | 2 | 2 | 0 | 0 | 0 | 1 | 0 | 0 |

**까르멜로** (Carmelo Enrique Valencia Chaverra) 콜롬비아 1984.0

| 연도 | 소속 | 출장 | 교체 | 득점 | 도움 | 파울 | 슈팅 | 경고 | 퇴장 |
|---|---|---|---|---|---|---|---|---|---|
| 2010 | 울산 | 24 | 20 | 8 | 3 | 20 | 33 | 1 | 0 |
| 통산 | | 24 | 20 | 8 | 3 | 20 | 33 | 1 | 0 |

**까를로스** (Jose Carlos Santos da Silva) 브라질 1975.03.19

| 연도 | 소속 | 출장 | 교체 | 득점 | 도움 | 파울 | 슈팅 | 경고 | 퇴장 |
|---|---|---|---|---|---|---|---|---|---|
| 2004 | 포항 | 25 | 20 | 4 | 2 | 48 | 51 | 3 | 0 |
| 통산 | | 25 | 20 | 4 | 2 | 48 | 51 | 3 | 0 |

**까를로스** (Jean Carlos Donde) 브라질 1983.08.12

| 연도 | 소속 | 출장 | 교체 | 득점 | 도움 | 파울 | 슈팅 | 경고 | 퇴장 |
|---|---|---|---|---|---|---|---|---|---|
| 2011 | 성남 | 3 | 3 | 0 | 0 | 1 | 0 | 0 | 0 |
| 통산 | | 3 | 3 | 0 | 0 | 1 | 0 | 0 | 0 |

**까밀로** (Camilo da Silva Sanvezzo) 브라질 1988.07.21

| 연도 | 소속 | 출장 | 교체 | 득점 | 도움 | 파울 | 슈팅 | 경고 | 퇴장 |
|---|---|---|---|---|---|---|---|---|---|
| 2010 | 경남 | 9 | 8 | 0 | 1 | 22 | 14 | 1 | 0 |
| 통산 | | 9 | 8 | 0 | 1 | 22 | 14 | 1 | 0 |

**까보레** (Everaldo de Jesus Pereira) 브라질 1980.02.19

| 연도 | 소속 | 출장 | 교체 | 득점 | 도움 | 파울 | 슈팅 | 경고 | 퇴장 |
|---|---|---|---|---|---|---|---|---|---|
| 2007 | 경남 | 31 | 5 | 18 | 8 | 48 | 79 | 5 | 0 |
| 통산 | | 31 | 5 | 18 | 8 | 48 | 79 | 5 | 0 |

**까시아노** (Cassiano Mendes da Rocha) 브라질 1975.12.04

| 연도 | 소속 | 출장 | 교체 | 득점 | 도움 | 파울 | 슈팅 | 경고 | 퇴장 |
|---|---|---|---|---|---|---|---|---|---|
| 2003 | 포항 | 15 | 13 | 4 | 0 | 15 | 10 | 1 | 0 |
| 통산 | | 15 | 13 | 4 | 0 | 15 | 10 | 1 | 0 |

**까이끼** (Caique Silva Rocha) 브라질 1987.01.10

| 연도 | 소속 | 출장 | 교체 | 득점 | 도움 | 파울 | 슈팅 | 경고 | 퇴장 |
|---|---|---|---|---|---|---|---|---|---|
| 2012 | 경남 | 41 | 10 | 12 | 7 | 60 | 70 | 5 | 0 |
| 2013 | 울산 | 18 | 14 | 3 | 4 | 19 | 9 | 2 | 0 |
| 2014 | 울산 | 1 | 1 | 0 | 0 | 0 | 0 | 0 | 0 |
| 통산 | | 60 | 25 | 15 | 11 | 79 | 79 | 7 | 0 |

**까이오** (Antonio Caio Silva Souza) 브라질 1980.10.11

| 연도 | 소속 | 출장 | 교체 | 득점 | 도움 | 파울 | 슈팅 | 경고 | 퇴장 |
|---|---|---|---|---|---|---|---|---|---|
| 2004 | 전남 | 15 | 14 | 0 | 2 | 18 | 13 | 0 | 0 |
| 통산 | | 15 | 14 | 0 | 2 | 18 | 13 | 0 | 0 |

**까이용** (Herlison Caion) 브라질 1990.10.05

| 연도 | 소속 | 출장 | 교체 | 득점 | 도움 | 파울 | 슈팅 | 경고 | 퇴장 |
|---|---|---|---|---|---|---|---|---|---|
| 2009 | 강원 | 9 | 7 | 1 | 2 | 14 | 16 | 1 | 0 |
| 통산 | | 9 | 7 | 1 | 2 | 14 | 16 | 1 | 0 |

**깔레오** (Coelho Goncalves) 브라질 1995.09.22

| 연도 | 소속 | 출장 | 교체 | 득점 | 도움 | 파울 | 슈팅 | 경고 | 퇴장 |
|---|---|---|---|---|---|---|---|---|---|
| 2014 | 충주 | 4 | 4 | 0 | 0 | 1 | 3 | 0 | 0 |
| 통산 | | 4 | 4 | 0 | 0 | 1 | 3 | 0 | 0 |

**꼬레아** (Nestor Correa) 우루과이 1974.08.23

| 연도 | 소속 | 출장 | 교체 | 득점 | 도움 | 파울 | 슈팅 | 경고 | 퇴장 |
|---|---|---|---|---|---|---|---|---|---|
| 2000 | 전북 | 15 | 3 | 3 | 4 | 45 | 51 | 1 | 1 |
| 2002 | 전남 | 15 | 12 | 0 | 2 | 36 | 18 | 3 | 0 |
| 통산 | | 38 | 27 | 3 | 6 | 81 | 69 | 4 | 1 |

**끌레베르** (Cleber Arildo da Silva) 브라질 1969.01.21

| 연도 | 소속 | 출장 | 교체 | 득점 | 도움 | 파울 | 슈팅 | 경고 | 퇴장 |
|---|---|---|---|---|---|---|---|---|---|
| 2001 | 울산 | 30 | 2 | 2 | 2 | 53 | 10 | 7 | 0 |
| 2002 | 울산 | 34 | 6 | 0 | 0 | 63 | 16 | 7 | 0 |
| 2003 | 울산 | 33 | 5 | 1 | 1 | 54 | 10 | 5 | 1 |
| 통산 | | 97 | 13 | 3 | 3 | 170 | 36 | 20 | 1 |

**끌레오** (Cleomir Mala dos Santos) 브라질 1972.02.02

| 연도 | 소속 | 출장 | 교체 | 득점 | 도움 | 파울 | 슈팅 | 경고 | 퇴장 |
|---|---|---|---|---|---|---|---|---|---|
| 1997 | 전남 | 5 | 3 | 0 | 2 | 6 | 3 | 1 | 0 |
| 통산 | | 5 | 3 | 0 | 2 | 6 | 3 | 1 | 0 |

**끼리노** (Thiago Quirino da silva) 브라질 1985.01.04

| 연도 | 소속 | 출장 | 교체 | 득점 | 도움 | 파울 | 슈팅 | 경고 | 퇴장 |
|---|---|---|---|---|---|---|---|---|---|
| 2011 | 대구 | 14 | 10 | 3 | 1 | 24 | 12 | 2 | 1 |
| 통산 | | 14 | 10 | 3 | 1 | 24 | 12 | 2 | 1 |

**나광현** (羅光鉉) 명지대 1982.06.21

| 연도 | 소속 | 출장 | 교체 | 득점 | 도움 | 파울 | 슈팅 | 경고 | 퇴장 |
|---|---|---|---|---|---|---|---|---|---|
| 2006 | 대전 | 1 | 1 | 0 | 0 | 0 | 0 | 0 | 0 |
| 2007 | 대전 | 8 | 7 | 1 | 0 | 5 | 1 | 0 | 0 |
| 2008 | 대전 | 18 | 9 | 1 | 0 | 26 | 9 | 7 | 0 |
| 2009 | 대전 | 14 | 11 | 0 | 1 | 13 | 6 | 3 | 0 |
| 통산 | | 41 | 28 | 2 | 1 | 44 | 16 | 10 | 0 |

**나드손** (Nadson Rodrigues de Souza) 브라질 1982.01.30

| 연도 | 소속 | 출장 | 교체 | 득점 | 도움 | 파울 | 슈팅 | 경고 | 퇴장 |
|---|---|---|---|---|---|---|---|---|---|
| 2003 | 수원 | 18 | 9 | 14 | 1 | 25 | 57 | 2 | 0 |
| 2004 | 수원 | 38 | 27 | 14 | 4 | 66 | 86 | 5 | 0 |
| 2005 | 수원 | 14 | 7 | 1 | 1 | 17 | 31 | 1 | 0 |
| 2007 | 수원 | 15 | 14 | 0 | 5 | 10 | 30 | 2 | 0 |
| 통산 | | 86 | 64 | 43 | 11 | 118 | 204 | 10 | 0 |

**나승화** (羅承和) 한양대 1969.10.08

| 연도 | 소속 | 출장 | 교체 | 득점 | 도움 | 파울 | 슈팅 | 경고 | 퇴장 |
|---|---|---|---|---|---|---|---|---|---|
| 1991 | 포철 | 17 | 4 | 3 | 4 | 17 | 10 | 0 | 0 |
| 1992 | 포철 | 16 | 10 | 4 | 3 | 12 | 7 | 0 | 0 |
| 1993 | 포철 | 16 | 9 | 0 | 2 | 13 | 8 | 2 | 0 |
| 1994 | 포철 | 25 | 12 | 0 | 0 | 36 | 11 | 2 | 0 |
| 통산 | | 74 | 35 | 7 | 9 | 78 | 36 | 4 | 0 |

**나일균** (羅一均) 경일대 1977.08.02

| 연도 | 소속 | 출장 | 교체 | 득점 | 도움 | 파울 | 슈팅 | 경고 | 퇴장 |
|---|---|---|---|---|---|---|---|---|---|
| 2000 | 울산 | 1 | 1 | 0 | 0 | 2 | 0 | 0 | 0 |
| 통산 | | 1 | 1 | 0 | 0 | 2 | 0 | 0 | 0 |

**나지** (Naji Mohammed A Majrashi) 사우디아라비아 1984.02.02

| 연도 | 소속 | 출장 | 교체 | 득점 | 도움 | 파울 | 슈팅 | 경고 | 퇴장 |
|---|---|---|---|---|---|---|---|---|---|
| 2011 | 울산 | 9 | 9 | 0 | 1 | 3 | 10 | 0 | 0 |
| 통산 | | 9 | 9 | 0 | 1 | 3 | 10 | 0 | 0 |

**나치선** (羅治善) 국민대 1966.03.07

| 연도 | 소속 | 출장 | 교체 | 실점 | 도움 | 파울 | 슈팅 | 경고 | 퇴장 |
|---|---|---|---|---|---|---|---|---|---|
| 1989 | 일화 | 23 | 2 | 26 | 0 | 1 | 0 | 0 | 0 |
| 1990 | 일화 | 1 | 1 | 3 | 0 | 0 | 0 | 0 | 0 |
| 통산 | | 24 | 2 | 29 | 0 | 1 | 1 | 0 | 0 |

**나희근** (羅熙根) 아주대 1979.05.05

| 연도 | 소속 | 출장 | 교체 | 득점 | 도움 | 파울 | 슈팅 | 경고 | 퇴장 |
|---|---|---|---|---|---|---|---|---|---|
| 2001 | 포항 | 1 | 1 | 0 | 0 | 0 | 0 | 0 | 0 |
| 2003 | 포항 | 1 | 1 | 0 | 0 | 2 | 0 | 0 | 0 |
| 2004 | 대구 | 12 | 3 | 0 | 0 | 23 | 16 | 1 | 0 |
| 2005 | 대구 | 21 | 11 | 1 | 0 | 48 | 20 | 4 | 0 |
| 2006 | 대구 | 4 | 2 | 0 | 0 | 4 | 2 | 0 | 0 |
| 2007 | 대구 | 1 | 0 | 0 | 0 | 1 | 0 | 0 | 0 |
| 통산 | | 40 | 18 | 1 | 0 | 78 | 46 | 2 | 1 |

**난도** (Ferdinando) 브라질 1980.04.22

| 연도 | 소속 | 출장 | 교체 | 득점 | 도움 | 파울 | 슈팅 | 경고 | 퇴장 |
|---|---|---|---|---|---|---|---|---|---|
| 2012 | 인천 | 19 | 4 | 0 | 0 | 31 | 16 | 2 | 0 |
| 통산 | | 19 | 4 | 0 | 0 | 31 | 16 | 2 | 0 |

**남광현** (南洸炫) 경기대 1987.08.25

| 연도 | 소속 | 출장 | 교체 | 득점 | 도움 | 파울 | 슈팅 | 경고 | 퇴장 |
|---|---|---|---|---|---|---|---|---|---|
| 2010 | 전남 | 5 | 2 | 1 | 1 | 11 | 11 | 1 | 0 |
| 통산 | | 5 | 2 | 1 | 1 | 17 | 11 | 1 | 0 |

**남궁도** (南宮道) 경희고 1982.06.04

| 연도 | 소속 | 출장 | 교체 | 득점 | 도움 | 파울 | 슈팅 | 경고 | 퇴장 |
|---|---|---|---|---|---|---|---|---|---|
| 2001 | 전북 | 6 | 6 | 0 | 0 | 9 | 6 | 1 | 0 |
| 2002 | 전북 | 3 | 3 | 0 | 1 | 4 | 4 | 0 | 0 |
| 2003 | 전북 | 18 | 16 | 5 | 2 | 16 | 18 | 2 | 0 |
| 2004 | 전북 | 21 | 16 | 3 | 1 | 35 | 30 | 0 | 0 |
| 2005 | 전북 | 2 | 1 | 0 | 0 | 3 | 1 | 0 | 0 |
| 2005 | 전북 | 24 | 17 | 2 | 4 | 31 | 26 | 2 | 0 |
| 2006 | 광주상 | 30 | 27 | 4 | 2 | 48 | 35 | 5 | 0 |
| 2007 | 광주상 | 28 | 19 | 9 | 1 | 48 | 40 | 2 | 0 |
| 2008 | 포항 | 25 | 21 | 6 | 2 | 28 | 33 | 4 | 0 |
| 2009 | 포항 | 5 | 4 | 1 | 0 | 9 | 5 | 0 | 0 |
| 2010 | 성남 | 22 | 20 | 2 | 0 | 13 | 17 | 1 | 0 |
| 2011 | 성남 | 20 | 20 | 3 | 0 | 12 | 21 | 3 | 0 |
| 2012 | 대전 | 18 | 16 | 0 | 1 | 18 | 13 | 1 | 0 |
| 2013 | 안양 | 18 | 14 | 3 | 4 | 19 | 30 | 1 | 0 |
| 2014 | 안양 | 14 | 13 | 1 | 0 | 35 | 20 | 2 | 0 |
| 통산 | | 254 | 217 | 36 | 15 | 309 | 266 | 23 | 0 |

**남궁웅** (南宮熊) 경희고 1984.03.29

| 연도 | 소속 | 출장 | 교체 | 득점 | 도움 | 파울 | 슈팅 | 경고 | 퇴장 |
|---|---|---|---|---|---|---|---|---|---|
| 2003 | 수원 | 22 | 20 | 1 | 3 | 21 | 27 | 0 | 0 |
| 2004 | 수원 | 5 | 5 | 0 | 0 | 2 | 4 | 0 | 0 |
| 2005 | 광주상 | 29 | 23 | 0 | 2 | 31 | 29 | 1 | 0 |
| 2006 | 광주상 | 30 | 20 | 0 | 0 | 43 | 37 | 6 | 0 |
| 2006 | 수원 | 1 | 0 | 0 | 0 | 1 | 0 | 0 | 0 |
| 2007 | 수원 | 7 | 6 | 0 | 1 | 12 | 5 | 0 | 0 |
| 2008 | 수원 | 15 | 14 | 0 | 1 | 16 | 9 | 2 | 0 |
| 2011 | 성남 | 6 | 5 | 0 | 0 | 3 | 2 | 0 | 0 |
| 2012 | 성남 | 30 | 15 | 0 | 1 | 38 | 13 | 7 | 0 |
| 2013 | 강원 | 23 | 13 | 1 | 3 | 19 | 13 | 5 | 0 |
| 통산 | | 168 | 121 | 2 | 12 | 186 | 139 | 21 | 0 |

**남기설** (南基卨) 영남대 1970.12.08

| 연도 | 소속 | 출장 | 교체 | 득점 | 도움 | 파울 | 슈팅 | 경고 | 퇴장 |
|---|---|---|---|---|---|---|---|---|---|
| 1993 | 대우 | 16 | 14 | 1 | 0 | 18 | 16 | 1 | 0 |
| 1994 | LG | 20 | 17 | 3 | 1 | 14 | 35 | 0 | 0 |
| 1995 | LG | 4 | 4 | 0 | 0 | 1 | 3 | 0 | 0 |
| 통산 | | 40 | 35 | 4 | 1 | 37 | 33 | 5 | 0 |

**남기성** (南基成) 한양대 1977.10.10

| 연도 | 소속 | 출장 | 교체 | 득점 | 도움 | 파울 | 슈팅 | 경고 | 퇴장 |
|---|---|---|---|---|---|---|---|---|---|
| 2000 | 수원 | 2 | 1 | 0 | 0 | 1 | 0 | 0 | 0 |
| 통산 | | 2 | 1 | 0 | 0 | 1 | 0 | 0 | 0 |

**남기영** (南基永) 경희대 1962.07.10

| 연도 | 소속 | 출장 | 교체 | 득점 | 도움 | 파울 | 슈팅 | 경고 | 퇴장 |
|---|---|---|---|---|---|---|---|---|---|
| 1986 | 포철 | 23 | 2 | 0 | 0 | 26 | 9 | 2 | 0 |
| 1987 | 포철 | 30 | 7 | 0 | 0 | 43 | 7 | 6 | 0 |
| 1988 | 포철 | 6 | 2 | 0 | 0 | 9 | 2 | 0 | 0 |
| 1989 | 포철 | 21 | 12 | 0 | 0 | 30 | 6 | 3 | 1 |
| 1990 | 포철 | 19 | 9 | 0 | 0 | 36 | 11 | 3 | 0 |
| 1991 | 포철 | 32 | 11 | 1 | 0 | 43 | 33 | 5 | 1 |
| 1992 | 포철 | 14 | 7 | 0 | 1 | 22 | 9 | 4 | 0 |
| 통산 | | 145 | 50 | 1 | 1 | 205 | 69 | 25 | 3 |

**남기일** (南基一) 경희대 1974.08.17

| 연도 | 소속 | 출장 | 교체 | 득점 | 도움 | 파울 | 슈팅 | 경고 | 퇴장 |
|---|---|---|---|---|---|---|---|---|---|
| 1997 | 부천 | 15 | 2 | 0 | 2 | 14 | 19 | 2 | 0 |
| 1998 | 부천 | 15 | 16 | 1 | 1 | 23 | 13 | 1 | 0 |
| 1999 | 부천 | 11 | 9 | 1 | 3 | 23 | 13 | 1 | 0 |
| 2000 | 부천 | 11 | 9 | 1 | 1 | 12 | 13 | 0 | 0 |
| 2001 | 부천 | 35 | 15 | 2 | 4 | 41 | 83 | 2 | 0 |
| 2002 | 부천 | 32 | 3 | 4 | 6 | 50 | 73 | 5 | 1 |
| 2003 | 부천 | 30 | 8 | 5 | 5 | 50 | 76 | 4 | 1 |
| 2004 | 전남 | 29 | 22 | 2 | 4 | 40 | 19 | 4 | 0 |
| 2005 | 성남 | 28 | 22 | 7 | 4 | 47 | 39 | 0 | 0 |
| 2006 | 성남 | 32 | 27 | 4 | 0 | 39 | 33 | 3 | 0 |
| 2007 | 성남 | 6 | 6 | 0 | 1 | 8 | 11 | 0 | 0 |
| 2008 | 성남 | 7 | 7 | 0 | 1 | 8 | 11 | 0 | 0 |
| 통산 | | 277 | 180 | 40 | 34 | 380 | 424 | 22 | 2 |

**남대식** (南大植) 건국대 1990.03.07

| 연도 | 소속 | 출장 | 교체 | 득점 | 도움 | 파울 | 슈팅 | 경고 | 퇴장 |
|---|---|---|---|---|---|---|---|---|---|
| 2013 | 충주 | 20 | 2 | 2 | 0 | 14 | 4 | 2 | 0 |
| 2014 | 안양 | 0 | 0 | 0 | 0 | 0 | 0 | 0 | 0 |
| 통산 | | 20 | 2 | 2 | 0 | 14 | 4 | 2 | 0 |

**남민호** (南民浩) 동국대 1980.12.17

| 연도 | 소속 | 출장 | 교체 | 실점 | 도움 | 파울 | 슈팅 | 경고 | 퇴장 |
|---|---|---|---|---|---|---|---|---|---|
| 2003 | 부천 | 1 | 0 | 4 | 0 | 0 | 0 | 1 | 0 |
| 통산 | | 1 | 0 | 4 | 0 | 0 | 0 | 1 | 0 |

**남설현** (南설현) 부경대 1990.02.10

| 연도 | 소속 | 출장 | 교체 | 득점 | 도움 | 파울 | 슈팅 | 경고 | 퇴장 |
|---|---|---|---|---|---|---|---|---|---|
| 2012 | 경남 | 2 | 2 | 0 | 0 | 1 | 0 | 0 | 0 |
| 통산 | | 2 | 2 | 0 | 0 | 1 | 0 | 0 | 0 |

**남세인** (南世仁) 동의대 1993.01.15

| 연도 | 소속 | 출장 | 교체 | 득점 | 도움 | 파울 | 슈팅 | 경고 | 퇴장 |
|---|---|---|---|---|---|---|---|---|---|
| 2014 | 대구 | 0 | 0 | 0 | 0 | 0 | 0 | 0 | 0 |
| 통산 | | 0 | 0 | 0 | 0 | 0 | 0 | 0 | 0 |

**남영열** (南永烈) 한남대 1981.07.10

| 연도 | 소속 | 출장 | 교체 | 득점 | 도움 | 파울 | 슈팅 | 경고 | 퇴장 |
|---|---|---|---|---|---|---|---|---|---|
| 2005 | 대구 | 24 | 9 | 1 | 0 | 39 | 10 | 6 | 0 |
| 통산 | | 24 | 9 | 1 | 0 | 39 | 10 | 6 | 0 |

**남영훈** (男泳勳) 명지대 1979.09.22

| 연도 | 소속 | 출장 | 교체 | 득점 | 도움 | 파울 | 슈팅 | 경고 | 퇴장 |
|---|---|---|---|---|---|---|---|---|---|
| 2003 | 광주상 | 16 | 12 | 0 | 1 | 8 | 3 | 0 | 0 |
| 2004 | 포항 | 15 | 15 | 0 | 0 | 17 | 1 | 2 | 0 |
| 2005 | 포항 | 7 | 7 | 0 | 0 | 6 | 2 | 0 | 0 |
| 2006 | 경남 | 15 | 8 | 1 | 0 | 25 | 3 | 6 | 0 |
| 2007 | 경남 | 12 | 6 | 0 | 0 | 13 | 3 | 2 | 0 |
| 통산 | | 65 | 48 | 1 | 1 | 69 | 16 | 15 | 0 |

**남웅기** (南雄基) 동국대 1976.05.20

| 연도 | 소속 | 출장 | 교체 | 득점 | 도움 | 파울 | 슈팅 | 경고 | 퇴장 |
|---|---|---|---|---|---|---|---|---|---|
| 1999 | 전북 | 5 | 5 | 1 | 0 | 3 | 5 | 0 | 0 |
| 통산 | | 5 | 5 | 1 | 0 | 3 | 5 | 0 | 0 |

**남익경** (南翼景) 포철공고 1983.01.26

| 연도 | 소속 | 출장 | 교체 | 득점 | 도움 | 파울 | 슈팅 | 경고 | 퇴장 |
|---|---|---|---|---|---|---|---|---|---|
| 2002 | 포항 | 0 | 0 | 0 | 0 | 0 | 0 | 0 | 0 |
| 2003 | 포항 | 8 | 8 | 0 | 0 | 4 | 3 | 0 | 0 |
| 2004 | 포항 | 12 | 11 | 1 | 0 | 8 | 11 | 1 | 0 |
| 2005 | 포항 | 13 | 12 | 0 | 0 | 15 | 8 | 0 | 0 |
| 2006 | 포항 | 14 | 12 | 2 | 1 | 13 | 19 | 1 | 0 |
| 2007 | 광주상 | 18 | 14 | 0 | 0 | 17 | 13 | 0 | 0 |
| 2008 | 광주상 | 20 | 14 | 2 | 4 | 19 | 24 | 1 | 0 |
| 통산 | | 74 | 62 | 5 | 5 | 64 | 61 | 2 | 0 |

**남일우** (南溢祐) 광주대 1989.08.28

| 연도 | 소속 | 출장 | 교체 | 득점 | 도움 | 파울 | 슈팅 | 경고 | 퇴장 |
|---|---|---|---|---|---|---|---|---|---|
| 2012 | 인천 | 1 | 1 | 0 | 0 | 0 | 1 | 0 | 0 |
| 통산 | | 1 | 1 | 0 | 0 | 0 | 1 | 0 | 0 |

**남준재** (南濬在) 연세대 1988.04.07

| 연도 | 소속 | 출장 | 교체 | 득점 | 도움 | 파울 | 슈팅 | 경고 | 퇴장 |
|---|---|---|---|---|---|---|---|---|---|
| 2010 | 인천 | 28 | 26 | 3 | 5 | 18 | 31 | 3 | 0 |
| 2011 | 인천 | 9 | 8 | 1 | 0 | 16 | 8 | 1 | 0 |
| 2011 | 제주 | 0 | 0 | 0 | 0 | 0 | 0 | 0 | 0 |
| 2012 | 제주 | 0 | 0 | 0 | 0 | 0 | 0 | 0 | 0 |
| 2012 | 인천 | 22 | 11 | 1 | 1 | 37 | 34 | 5 | 0 |
| 2013 | 인천 | 32 | 19 | 4 | 1 | 42 | 38 | 3 | 0 |
| 2014 | 인천 | 17 | 13 | 3 | 0 | 18 | 14 | 2 | 0 |
| 통산 | | 111 | 80 | 19 | 7 | 132 | 129 | 12 | 0 |

**남현성** (南縣成) 성균관대 1985.05.06

| 연도 | 소속 | 출장 | 교체 | 득점 | 도움 | 파울 | 슈팅 | 경고 | 퇴장 |
|---|---|---|---|---|---|---|---|---|---|
| 2008 | 대구 | 4 | 2 | 0 | 0 | 4 | 3 | 0 | 0 |
| 2009 | 대구 | 10 | 8 | 0 | 1 | 10 | 2 | 2 | 0 |
| 통산 | | 14 | 10 | 0 | 1 | 13 | 2 | 2 | 0 |

**남현우** (南賢宇) 인천대 1979.04.20

| 연도 | 소속 | 출장 | 교체 | 득점 | 도움 | 파울 | 슈팅 | 경고 | 퇴장 |
|---|---|---|---|---|---|---|---|---|---|
| 2002 | 부천 | 0 | 0 | 0 | 0 | 0 | 0 | 0 | 0 |
| 통산 | | 0 | 0 | 0 | 0 | 0 | 0 | 0 | 0 |

**남호상** (南虎相) 동아대 1966.01.17

| 연도 | 소속 | 출장 | 교체 | 득점 | 도움 | 파울 | 슈팅 | 경고 | 퇴장 |
|---|---|---|---|---|---|---|---|---|---|
| 1989 | 일화 | 1 | 2 | 0 | 0 | 2 | 0 | 0 | 0 |
| 통산 | | 1 | 2 | 0 | 0 | 2 | 0 | 0 | 0 |

**내마냐** (Nemanja Dancetovic) 유고슬라비아 1973.07.25

| 연도 | 소속 | 출장 | 교체 | 득점 | 도움 | 파울 | 슈팅 | 경고 | 퇴장 |
|---|---|---|---|---|---|---|---|---|---|
| 2000 | 울산 | 6 | 5 | 0 | 1 | 6 | 3 | 1 | 0 |
| 통산 | | 6 | 5 | 0 | 1 | 6 | 3 | 1 | 0 |

**네또** (Euvaldo Jose de Aguiar Neto) 브라질 1982.09.17

| 연도 | 소속 | 출장 | 교체 | 득점 | 도움 | 파울 | 슈팅 | 경고 | 퇴장 |
|---|---|---|---|---|---|---|---|---|---|
| 2005 | 전북 | 30 | 15 | 8 | 1 | 121 | 65 | 9 | 0 |
| 통산 | | 30 | 15 | 8 | 1 | 121 | 65 | 9 | 0 |

**네벨톤** (Neverton Inacio Dionizio) 브라질 1992.06.07

| 연도 | 소속 | 출장 | 교체 | 득점 | 도움 | 파울 | 슈팅 | 경고 | 퇴장 |
|---|---|---|---|---|---|---|---|---|---|
| 2014 | 대구 | 1 | 1 | 0 | 0 | 0 | 0 | 0 | 0 |
| 통산 | | 1 | 1 | 0 | 0 | 0 | 0 | 0 | 0 |

**네아가** (Adrian Constantin Neaga) 루마니아 1979.06.04

| 연도 | 소속 | 출장 | 교체 | 득점 | 도움 | 파울 | 슈팅 | 경고 | 퇴장 |
|---|---|---|---|---|---|---|---|---|---|
| 2005 | 전남 | 26 | 6 | 11 | 2 | 47 | 61 | 6 | 1 |
| 2006 | 전남 | 21 | 12 | 2 | 3 | 36 | 45 | 1 | 0 |
| 2006 | 성남 | 15 | 8 | 4 | 1 | 29 | 34 | 3 | 0 |
| 2007 | 성남 | 11 | 9 | 0 | 1 | 13 | 6 | 3 | 0 |
| 통산 | | 73 | 35 | 17 | 7 | 125 | 146 | 13 | 1 |

**네코** (Montecino Neco Danilo) 브라질 1986.01.27

| 연도 | 소속 | 출장 | 교체 | 득점 | 도움 | 파울 | 슈팅 | 경고 | 퇴장 |
|---|---|---|---|---|---|---|---|---|---|
| 2010 | 제주 | 32 | 28 | 6 | 5 | 45 | 39 | 2 | 0 |
| 통산 | | 32 | 28 | 6 | 5 | 45 | 39 | 2 | 0 |

**노경민** (魯京旻) 숭실대 1987.11.01

| 연도 | 소속 | 출장 | 교체 | 득점 | 도움 | 파울 | 슈팅 | 경고 | 퇴장 |
|---|---|---|---|---|---|---|---|---|---|
| 2009 | 대전 | 5 | 4 | 0 | 0 | 4 | 1 | 1 | 0 |
| 통산 | | 5 | 4 | 0 | 0 | 4 | 1 | 1 | 0 |

**노경태** (盧炅兌) 전주대 1986.09.20

| 연도 | 소속 | 출장 | 교체 | 득점 | 도움 | 파울 | 슈팅 | 경고 | 퇴장 |
|---|---|---|---|---|---|---|---|---|---|
| 2009 | 강원 | 7 | 3 | 0 | 0 | 6 | 0 | 0 | 0 |
| 통산 | | 7 | 3 | 0 | 0 | 6 | 0 | 0 | 0 |

**노경환** (盧慶煥) 한양대 1967.05.06

| 연도 | 소속 | 출장 | 교체 | 득점 | 도움 | 파울 | 슈팅 | 경고 | 퇴장 |
|---|---|---|---|---|---|---|---|---|---|
| 1989 | 대우 | 37 | 26 | 4 | 2 | 38 | 42 | 2 | 0 |
| 1990 | 대우 | 26 | 17 | 4 | 2 | 34 | 29 | 3 | 0 |
| 1991 | 대우 | 19 | 18 | 1 | 0 | 9 | 9 | 1 | 0 |
| 1992 | 대우 | 27 | 20 | 9 | 3 | 30 | 48 | 1 | 0 |
| 1994 | 대우 | 23 | 18 | 1 | 4 | 29 | 25 | 1 | 0 |
| 1995 | 대우 | 17 | 17 | 2 | 1 | 16 | 15 | 2 | 0 |
| 통산 | | 149 | 116 | 21 | 12 | 156 | 168 | 10 | 0 |

**노나또** (Raimundo Nonato de Lima Ribeiro) 브라질 1979.07.05

| 연도 | 소속 | 출장 | 교체 | 득점 | 도움 | 파울 | 슈팅 | 경고 | 퇴장 |
|---|---|---|---|---|---|---|---|---|---|
| 2004 | 대구 | 32 | 19 | 19 | 3 | 48 | 76 | 6 | 0 |
| 2005 | 서울 | 17 | 6 | 7 | 0 | 19 | 18 | 0 | 0 |
| 통산 | | 49 | 25 | 26 | 3 | 67 | 94 | 6 | 0 |

**노대호** (盧大鎬) 광운대 1990.01.26

| 연도 | 소속 | 출장 | 교체 | 득점 | 도움 | 파울 | 슈팅 | 경고 | 퇴장 |
|---|---|---|---|---|---|---|---|---|---|
| 2013 | 부천 | 14 | 14 | 3 | 1 | 11 | 13 | 3 | 0 |
| 통산 | | 14 | 14 | 3 | 1 | 11 | 13 | 3 | 0 |

**노동건** (盧東健) 고려대 1991.10.04

| 연도 | 소속 | 출장 | 교체 | 실점 | 도움 | 파울 | 슈팅 | 경고 | 퇴장 |
|---|---|---|---|---|---|---|---|---|---|
| 2014 | 수원 | 4 | 0 | 4 | 0 | 0 | 0 | 0 | 0 |
| 통산 | | 4 | 0 | 4 | 0 | 0 | 0 | 0 | 0 |

**노병준** (盧炳俊) 한양대 1979.09.29

| 연도 | 소속 | 출장 | 교체 | 득점 | 도움 | 파울 | 슈팅 | 경고 | 퇴장 |
|---|---|---|---|---|---|---|---|---|---|
| 2002 | 전남 | 5 | 5 | 0 | 0 | 4 | 5 | 0 | 0 |
| 2003 | 전남 | 39 | 36 | 7 | 4 | 19 | 59 | 6 | 0 |
| 2004 | 전남 | 28 | 27 | 3 | 3 | 24 | 29 | 4 | 1 |
| 2005 | 전남 | 29 | 27 | 6 | 1 | 37 | 48 | 1 | 0 |
| 2008 | 포항 | 21 | 19 | 5 | 0 | 16 | 34 | 1 | 0 |
| 2009 | 포항 | 27 | 19 | 7 | 5 | 27 | 55 | 3 | 0 |
| 2010 | 포항 | 6 | 5 | 1 | 0 | 10 | 11 | 1 | 0 |
| 2010 | 울산 | 14 | 14 | 1 | 1 | 7 | 8 | 0 | 0 |
| 2011 | 포항 | 34 | 29 | 5 | 2 | 39 | 48 | 2 | 0 |
| 2012 | 포항 | 35 | 33 | 7 | 2 | 24 | 56 | 1 | 0 |
| 2013 | 포항 | 26 | 26 | 6 | 1 | 21 | 37 | 1 | 0 |
| 2014 | 대구 | 19 | 12 | 4 | 3 | 15 | 37 | 4 | 0 |
| 통산 | | 283 | 252 | 52 | 22 | 243 | 426 | 24 | 1 |

**노상래** (盧相來) 숭실대 1970.12.15

| 연도 | 소속 | 출장 | 교체 | 득점 | 도움 | 파울 | 슈팅 | 경고 | 퇴장 |
|---|---|---|---|---|---|---|---|---|---|
| 1995 | 전남 | 33 | 2 | 16 | 6 | 68 | 89 | 4 | 0 |
| 1996 | 전남 | 32 | 14 | 13 | 7 | 47 | 76 | 5 | 1 |
| 1997 | 전남 | 17 | 9 | 7 | 3 | 18 | 34 | 2 | 0 |
| 1998 | 전남 | 31 | 8 | 10 | 8 | 71 | 93 | 7 | 0 |
| 1999 | 전남 | 36 | 11 | 11 | 6 | 50 | 114 | 1 | 0 |
| 2000 | 전남 | 37 | 21 | 9 | 5 | 44 | 98 | 0 | 0 |
| 2001 | 전남 | 27 | 19 | 5 | 4 | 31 | 65 | 0 | 0 |
| 2002 | 전남 | 6 | 5 | 0 | 0 | 6 | 1 | 0 | 0 |
| 2003 | 대구 | 21 | 18 | 4 | 1 | 31 | 29 | 4 | 1 |
| 2004 | 대구 | 6 | 5 | 1 | 0 | 11 | 12 | 2 | 0 |
| 통산 | | 246 | 112 | 76 | 40 | 377 | 611 | 25 | 2 |

**노수만** (魯秀晩) 울산대 1975.12.22

| 연도 | 소속 | 출장 | 교체 | 실점 | 도움 | 파울 | 슈팅 | 경고 | 퇴장 |
|---|---|---|---|---|---|---|---|---|---|
| 1998 | 울산 | 2 | 0 | 5 | 0 | 0 | 0 | 0 | 0 |
| 1999 | 전남 | 3 | 0 | 4 | 0 | 0 | 0 | 0 | 0 |
| 통산 | | 5 | 0 | 9 | 0 | 0 | 0 | 0 | 0 |

**노수진** (魯壽珍) 고려대 1962.02.10

| 연도 | 소속 | 출장 | 교체 | 득점 | 도움 | 파울 | 슈팅 | 경고 | 퇴장 |
|---|---|---|---|---|---|---|---|---|---|
| 1986 | 유공 | 13 | 4 | 1 | 4 | 14 | 39 | 1 | 0 |
| 1987 | 유공 | 30 | 4 | 12 | 6 | 37 | 66 | 4 | 0 |
| 1988 | 유공 | 16 | 4 | 16 | 7 | 27 | 88 | 1 | 0 |
| 1989 | 유공 | 23 | 4 | 2 | 0 | 16 | 31 | 1 | 0 |
| 1990 | 유공 | 13 | 3 | 1 | 1 | 20 | 20 | 0 | 0 |
| 1991 | 유공 | 19 | 7 | 5 | 1 | 10 | 43 | 1 | 0 |
| 1992 | 유공 | 19 | 7 | 5 | 2 | 10 | 36 | 2 | 0 |
| 1993 | 유공 | 3 | 3 | 3 | 0 | 6 | 0 | 0 | 0 |
| 통산 | | 136 | 36 | 45 | 19 | 119 | 305 | 12 | 0 |

**노연빈** (盧然彬) 청주대 1990.04.02

| 연도 | 소속 | 출장 | 교체 | 득점 | 도움 | 파울 | 슈팅 | 경고 | 퇴장 |
|---|---|---|---|---|---|---|---|---|---|
| 2014 | 충주 | 25 | 3 | 1 | 0 | 48 | 16 | 4 | 0 |
| 통산 | | 25 | 3 | 1 | 0 | 48 | 16 | 4 | 0 |

**노용훈** (盧勇勳) 연세대 1986.03.29

| 연도 | 소속 | 출장 | 교체 | 득점 | 도움 | 파울 | 슈팅 | 경고 | 퇴장 |
|---|---|---|---|---|---|---|---|---|---|
| 2009 | 경남 | 10 | 5 | 0 | 0 | 13 | 6 | 3 | 0 |
| 2011 | 부산 | 1 | 1 | 0 | 0 | 1 | 0 | 0 | 0 |
| 2011 | 대전 | 9 | 3 | 0 | 1 | 20 | 8 | 4 | 0 |
| 2012 | 대전 | 10 | 8 | 0 | 0 | 18 | 2 | 5 | 0 |
| 통산 | | 30 | 17 | 0 | 1 | 52 | 16 | 12 | 0 |

**노인호** (盧仁鎬) 명지대 1960.09.10

| 연도 | 소속 | 출장 | 교체 | 득점 | 도움 | 파울 | 슈팅 | 경고 | 퇴장 |
|---|---|---|---|---|---|---|---|---|---|
| 1984 | 현대 | 14 | 9 | 0 | 5 | 4 | 23 | 0 | 0 |
| 1985 | 현대 | 4 | 1 | 2 | 0 | 6 | 8 | 0 | 0 |
| 1986 | 유공 | 5 | 4 | 0 | 1 | 3 | 6 | 0 | 0 |
| 1987 | 현대 | 5 | 4 | 0 | 0 | 6 | 0 | 1 | 0 |
| 통산 | | 28 | 18 | 2 | 6 | 19 | 37 | 1 | 0 |

**노정윤** (盧廷潤) 고려대 1971.03.28

| 연도 | 소속 | 출장 | 교체 | 득점 | 도움 | 파울 | 슈팅 | 경고 | 퇴장 |
|---|---|---|---|---|---|---|---|---|---|
| 2003 | 부산 | 27 | 13 | 2 | 5 | 64 | 22 | 2 | 0 |
| 2004 | 부산 | 30 | 17 | 4 | 6 | 41 | 28 | 5 | 0 |
| 2005 | 울산 | 35 | 35 | 0 | 5 | 31 | 14 | 4 | 0 |
| 2006 | 울산 | 8 | 8 | 0 | 0 | 7 | 1 | 0 | 0 |
| 통산 | | 100 | 73 | 6 | 16 | 143 | 65 | 11 | 0 |

**노종건** (盧鍾健) 인천대 1981.02.24

| 연도 | 소속 | 출장 | 교체 | 득점 | 도움 | 파울 | 슈팅 | 경고 | 퇴장 |
|---|---|---|---|---|---|---|---|---|---|
| 2004 | 인천 | 7 | 2 | 0 | 0 | 15 | 2 | 0 | 0 |

| 연도 | 소속 | 출장 | 교체 | 득점 | 도움 | 파울 | 슈팅 | 경고 | 퇴장 |
|---|---|---|---|---|---|---|---|---|---|
| 2005 | 인천 | 30 | 8 | 1 | 0 | 67 | 5 | 6 | 0 |
| 2006 | 인천 | 28 | 10 | 0 | 0 | 62 | 6 | 7 | 0 |
| 2007 | 인천 | 23 | 14 | 0 | 0 | 51 | 8 | 5 | 0 |
| 2008 | 인천 | 23 | 9 | 0 | 2 | 44 | 11 | 7 | 0 |
| 2009 | 인천 | 19 | 9 | 0 | 0 | 36 | 2 | 3 | 0 |
| 2010 | 인천 | 2 | 2 | 0 | 0 | 5 | 0 | 0 | 0 |
| 통산 | | 132 | 54 | 1 | 2 | 280 | 34 | 28 | 0 |

### 노주섭 (盧周燮) 전주대 1970.09.13

| 연도 | 소속 | 출장 | 교체 | 득점 | 도움 | 파울 | 슈팅 | 경고 | 퇴장 |
|---|---|---|---|---|---|---|---|---|---|
| 1994 | 버팔로 | 3 | 3 | 2 | 0 | 23 | 13 | 3 | 0 |
| 1995 | 포항 | 7 | 5 | 0 | 1 | 4 | 2 | 2 | 0 |
| 1996 | 포항 | 1 | 1 | 0 | 0 | 0 | 0 | 0 | 0 |
| 1996 | 안양 | 5 | 2 | 1 | 0 | 13 | 3 | 1 | 0 |
| 1997 | 안양 | 4 | 4 | 0 | 0 | 3 | 0 | 0 | 0 |
| 통산 | | 50 | 14 | 1 | 1 | 43 | 18 | 6 | 0 |

### 노진호 (盧振鎬) 광운대 1969.04.09

| 연도 | 소속 | 출장 | 교체 | 득점 | 도움 | 파울 | 슈팅 | 경고 | 퇴장 |
|---|---|---|---|---|---|---|---|---|---|
| 1992 | 대우 | 2 | 2 | 0 | 0 | 0 | 0 | 0 | 0 |
| 통산 | | 2 | 2 | 0 | 0 | 0 | 0 | 0 | 0 |

### 노태경 (盧泰景) 포철공고 1972.04.22

| 연도 | 소속 | 출장 | 교체 | 득점 | 도움 | 파울 | 슈팅 | 경고 | 퇴장 |
|---|---|---|---|---|---|---|---|---|---|
| 1992 | 포철 | 7 | 4 | 0 | 1 | 6 | 2 | 1 | 0 |
| 1993 | 포철 | 26 | 5 | 0 | 3 | 25 | 14 | 4 | 0 |
| 1994 | 포철 | 26 | 1 | 0 | 0 | 18 | 6 | 2 | 0 |
| 1995 | 포항 | 24 | 6 | 1 | 0 | 25 | 12 | 5 | 0 |
| 1996 | 포항 | 39 | 2 | 0 | 1 | 31 | 13 | 4 | 0 |
| 1997 | 포항 | 27 | 5 | 1 | 0 | 19 | 7 | 2 | 0 |
| 2000 | 포항 | 15 | 10 | 0 | 1 | 5 | 3 | 2 | 0 |
| 통산 | | 155 | 35 | 3 | 10 | 135 | 59 | 20 | 0 |

### 노행석 (魯幸錫) 동국대 1988.11.17

| 연도 | 소속 | 출장 | 교체 | 득점 | 도움 | 파울 | 슈팅 | 경고 | 퇴장 |
|---|---|---|---|---|---|---|---|---|---|
| 2011 | 광주 | 1 | 0 | 0 | 0 | 1 | 0 | 0 | 0 |
| 2012 | 광주 | 11 | 1 | 1 | 0 | 32 | 5 | 7 | 0 |
| 2014 | 대구 | 31 | 5 | 3 | 0 | 58 | 15 | 7 | 0 |
| 통산 | | 43 | 6 | 4 | 0 | 91 | 20 | 14 | 0 |

### 노형구 (盧亨求) 매탄고 1992.04.29

| 연도 | 소속 | 출장 | 교체 | 득점 | 도움 | 파울 | 슈팅 | 경고 | 퇴장 |
|---|---|---|---|---|---|---|---|---|---|
| 2011 | 수원 | 2 | 0 | 0 | 0 | 3 | 0 | 1 | 0 |
| 2012 | 수원 | 0 | 0 | 0 | 0 | 0 | 0 | 0 | 0 |
| 통산 | | 2 | 0 | 0 | 0 | 3 | 0 | 1 | 0 |

### 논코비치 (Nonkovic) 유고 1970.10.01

| 연도 | 소속 | 출장 | 교체 | 득점 | 도움 | 파울 | 슈팅 | 경고 | 퇴장 |
|---|---|---|---|---|---|---|---|---|---|
| 1996 | 천안 | 18 | 15 | 3 | 0 | 22 | 8 | 4 | 0 |
| 통산 | | 18 | 15 | 3 | 0 | 22 | 8 | 4 | 0 |

### 니콜라 (Nikola Vasiljevic) 보스니아 헤르체고비나 1983.12.19

| 연도 | 소속 | 출장 | 교체 | 득점 | 도움 | 파울 | 슈팅 | 경고 | 퇴장 |
|---|---|---|---|---|---|---|---|---|---|
| 2006 | 제주 | 13 | 1 | 0 | 0 | 29 | 6 | 2 | 0 |
| 2007 | 제주 | 11 | 4 | 0 | 1 | 23 | 4 | 2 | 0 |
| 통산 | | 24 | 5 | 0 | 1 | 52 | 10 | 4 | 0 |

### 니콜리치 (Stefan Nikolic) 몬테네그로 1990.04.16

| 연도 | 소속 | 출장 | 교체 | 득점 | 도움 | 파울 | 슈팅 | 경고 | 퇴장 |
|---|---|---|---|---|---|---|---|---|---|
| 2014 | 인천 | 7 | 5 | 0 | 0 | 11 | 7 | 0 | 1 |
| 통산 | | 7 | 5 | 0 | 0 | 11 | 7 | 0 | 1 |

### 닐손 주니어 (Nilson Ricardo da Silva Junior) 브라질 1989.03.31

| 연도 | 소속 | 출장 | 교체 | 득점 | 도움 | 파울 | 슈팅 | 경고 | 퇴장 |
|---|---|---|---|---|---|---|---|---|---|
| 2014 | 부산 | 30 | 4 | 2 | 0 | 42 | 17 | 2 | 0 |
| 통산 | | 30 | 4 | 2 | 0 | 42 | 17 | 2 | 0 |

### 다니엘 (Daniel Freire Mendes) 브라질 1981.01.18

| 연도 | 소속 | 출장 | 교체 | 득점 | 도움 | 파울 | 슈팅 | 경고 | 퇴장 |
|---|---|---|---|---|---|---|---|---|---|
| 2004 | 울산 | 10 | 9 | 0 | 1 | 8 | 11 | 1 | 0 |
| 통산 | | 10 | 9 | 0 | 1 | 8 | 11 | 1 | 0 |

### 다닐요 (Damilo da Cruz Oliveira) 브라질 1979.02.25

| 연도 | 소속 | 출장 | 교체 | 득점 | 도움 | 파울 | 슈팅 | 경고 | 퇴장 |
|---|---|---|---|---|---|---|---|---|---|
| 2004 | 대구 | 3 | 3 | 0 | 1 | 3 | 1 | 0 | 0 |
| 통산 | | 3 | 3 | 0 | 1 | 3 | 1 | 0 | 0 |

### 다보 (Cheick Oumar Dabo) 말리 1981.01.12

| 연도 | 소속 | 출장 | 교체 | 득점 | 도움 | 파울 | 슈팅 | 경고 | 퇴장 |
|---|---|---|---|---|---|---|---|---|---|
| 2002 | 부천 | 28 | 20 | 10 | 4 | 41 | 44 | 0 | 0 |
| 2003 | 부천 | 28 | 23 | 5 | 2 | 34 | 31 | 2 | 0 |
| 2004 | 부천 | 21 | 11 | 6 | 0 | 38 | 30 | 1 | 0 |
| 통산 | | 77 | 54 | 21 | 6 | 113 | 105 | 3 | 0 |

### 다실바 (Cleonesio Carlos da Silva) 브라질 1976.04.12

| 연도 | 소속 | 출장 | 교체 | 득점 | 도움 | 파울 | 슈팅 | 경고 | 퇴장 |
|---|---|---|---|---|---|---|---|---|---|
| 2005 | 포항 | 24 | 11 | 8 | 1 | 33 | 55 | 1 | 0 |
| 2005 | 부산 | 12 | 6 | 4 | 1 | 19 | 13 | 3 | 0 |
| 2006 | 제주 | 14 | 4 | 1 | 0 | 23 | 31 | 2 | 0 |
| 통산 | | 50 | 21 | 13 | 2 | 75 | 99 | 6 | 0 |

### 다오 (Dao Cheick Tidiani) 말리 1982.09.25

| 연도 | 소속 | 출장 | 교체 | 득점 | 도움 | 파울 | 슈팅 | 경고 | 퇴장 |
|---|---|---|---|---|---|---|---|---|---|
| 2002 | 부천 | 4 | 2 | 0 | 0 | 7 | 2 | 0 | 0 |
| 통산 | | 4 | 2 | 0 | 0 | 7 | 2 | 0 | 0 |

### 다이치 (Jusuf Dajic) 보스니아 헤르체고비나 1984.08.21

| 연도 | 소속 | 출장 | 교체 | 득점 | 도움 | 파울 | 슈팅 | 경고 | 퇴장 |
|---|---|---|---|---|---|---|---|---|---|
| 2008 | 전북 | 14 | 12 | 7 | 1 | 23 | 13 | 1 | 0 |
| 통산 | | 14 | 12 | 7 | 1 | 23 | 13 | 1 | 0 |

### 다카하라 (Takahara Naohiro, 高原直泰) 일본 1979.06.04

| 연도 | 소속 | 출장 | 교체 | 득점 | 도움 | 파울 | 슈팅 | 경고 | 퇴장 |
|---|---|---|---|---|---|---|---|---|---|
| 2010 | 수원 | 12 | 7 | 4 | 0 | 18 | 20 | 1 | 0 |
| 통산 | | 12 | 7 | 4 | 0 | 18 | 20 | 1 | 0 |

### 당성증 (唐聖曾) 국민대 1966.01.04

| 연도 | 소속 | 출장 | 교체 | 득점 | 도움 | 파울 | 슈팅 | 경고 | 퇴장 |
|---|---|---|---|---|---|---|---|---|---|
| 1991 | LG | 1 | 1 | 0 | 0 | 1 | 0 | 0 | 0 |
| 통산 | | 1 | 1 | 0 | 0 | 1 | 0 | 0 | 0 |

### 데니스 (Denis Laktionov /이성남(李城南)) 1977.09.04

| 연도 | 소속 | 출장 | 교체 | 득점 | 도움 | 파울 | 슈팅 | 경고 | 퇴장 |
|---|---|---|---|---|---|---|---|---|---|
| 1996 | 수원 | 20 | 23 | 5 | 16 | 53 | 66 | 2 | 0 |
| 1997 | 수원 | 20 | 20 | 3 | 6 | 31 | 26 | 2 | 0 |
| 1998 | 수원 | 18 | 9 | 5 | 4 | 46 | 52 | 5 | 1 |
| 1999 | 수원 | 20 | 6 | 7 | 10 | 38 | 45 | 4 | 0 |
| 2000 | 수원 | 27 | 13 | 10 | 7 | 54 | 50 | 7 | 0 |
| 2001 | 수원 | 36 | 12 | 7 | 3 | 76 | 100 | 5 | 0 |
| 2002 | 수원 | 20 | 15 | 5 | 7 | 31 | 36 | 5 | 0 |
| 2003 | 성남 | 38 | 16 | 9 | 10 | 67 | 72 | 6 | 0 |
| 2004 | 성남 | 21 | 10 | 4 | 7 | 31 | 44 | 3 | 0 |
| 2005 | 성남 | 20 | 15 | 6 | 6 | 39 | 33 | 6 | 0 |
| 2005 | 부산 | 16 | 14 | 0 | 2 | 19 | 39 | 2 | 0 |
| 2006 | 수원 | 16 | 14 | 0 | 2 | 19 | 39 | 2 | 0 |
| 2012 | 강원 | 10 | 10 | 1 | 2 | 7 | 3 | 1 | 0 |
| 2013 | 강원 | 1 | 1 | 0 | 0 | 0 | 0 | 0 | 0 |
| 통산 | | 272 | 169 | 57 | 59 | 460 | 471 | 49 | 1 |

### 데닐손 (Denilson Martins Nascimento) 브라질 1976.09.04

| 연도 | 소속 | 출장 | 교체 | 득점 | 도움 | 파울 | 슈팅 | 경고 | 퇴장 |
|---|---|---|---|---|---|---|---|---|---|
| 2006 | 대전 | 26 | 11 | 9 | 3 | 79 | 83 | 4 | 0 |
| 2007 | 대전 | 34 | 4 | 19 | 5 | 80 | 119 | 7 | 0 |
| 2008 | 포항 | 19 | 6 | 6 | 2 | 27 | 47 | 4 | 0 |
| 2009 | 포항 | 23 | 14 | 5 | 3 | 22 | 56 | 3 | 0 |
| 통산 | | 107 | 38 | 44 | 17 | 229 | 322 | 21 | 0 |

### 데얀 (Dejan Damjanovic) 몬테네그로 1981.07.27

| 연도 | 소속 | 출장 | 교체 | 득점 | 도움 | 파울 | 슈팅 | 경고 | 퇴장 |
|---|---|---|---|---|---|---|---|---|---|
| 2007 | 인천 | 36 | 6 | 19 | 3 | 58 | 110 | 4 | 1 |
| 2008 | 서울 | 33 | 13 | 15 | 6 | 47 | 94 | 2 | 0 |
| 2009 | 서울 | 25 | 12 | 14 | 1 | 46 | 91 | 9 | 1 |
| 2010 | 서울 | 35 | 12 | 19 | 10 | 51 | 117 | 5 | 0 |
| 2011 | 서울 | 30 | 5 | 24 | 9 | 46 | 113 | 4 | 0 |
| 2012 | 서울 | 42 | 8 | 31 | 4 | 57 | 160 | 5 | 0 |
| 2013 | 서울 | 29 | 5 | 19 | 5 | 46 | 122 | 2 | 0 |
| 통산 | | 230 | 61 | 141 | 36 | 351 | 807 | 31 | 2 |

### 멜리치 (Mateas Delic) 크로아티아 1988.06.17

| 연도 | 소속 | 출장 | 교체 | 득점 | 도움 | 파울 | 슈팅 | 경고 | 퇴장 |
|---|---|---|---|---|---|---|---|---|---|
| 2011 | 강원 | 13 | 11 | 0 | 0 | 10 | 4 | 0 | 0 |
| 통산 | | 13 | 11 | 0 | 0 | 10 | 4 | 0 | 0 |

### 도도 (Ricardo Lucas Dodo) 브라질 1974.02.05

| 연도 | 소속 | 출장 | 교체 | 득점 | 도움 | 파울 | 슈팅 | 경고 | 퇴장 |
|---|---|---|---|---|---|---|---|---|---|
| 2003 | 울산 | 44 | 12 | 27 | 3 | 34 | 137 | 2 | 0 |
| 2004 | 울산 | 18 | 8 | 6 | 1 | 24 | 36 | 0 | 0 |
| 통산 | | 62 | 20 | 33 | 4 | 58 | 173 | 2 | 0 |

### 도재준 (都在俊) 배재대 1980.05.06

| 연도 | 소속 | 출장 | 교체 | 득점 | 도움 | 파울 | 슈팅 | 경고 | 퇴장 |
|---|---|---|---|---|---|---|---|---|---|
| 2003 | 성남 | 4 | 4 | 0 | 0 | 3 | 1 | 0 | 0 |
| 2004 | 성남 | 12 | 4 | 1 | 0 | 14 | 6 | 1 | 0 |
| 2005 | 성남 | 16 | 13 | 1 | 0 | 21 | 12 | 2 | 0 |
| 2006 | 성남 | 2 | 2 | 0 | 0 | 2 | 0 | 0 | 0 |
| 2008 | 인천 | 3 | 3 | 0 | 0 | 3 | 1 | 1 | 0 |
| 2009 | 인천 | 2 | 1 | 0 | 0 | 2 | 0 | 0 | 0 |
| 통산 | | 34 | 23 | 2 | 0 | 38 | 23 | 5 | 0 |

### 도화성 (都和成) 숭실대 1980.06.27

| 연도 | 소속 | 출장 | 교체 | 득점 | 도움 | 파울 | 슈팅 | 경고 | 퇴장 |
|---|---|---|---|---|---|---|---|---|---|
| 2003 | 부산 | 24 | 10 | 0 | 4 | 42 | 20 | 5 | 1 |
| 2004 | 부산 | 30 | 9 | 2 | 0 | 69 | 30 | 9 | 0 |
| 2005 | 부산 | 26 | 8 | 1 | 3 | 43 | 25 | 4 | 1 |
| 2006 | 부산 | 10 | 4 | 0 | 1 | 14 | 11 | 2 | 0 |
| 2008 | 부산 | 17 | 5 | 0 | 2 | 30 | 25 | 4 | 0 |
| 2009 | 인천 | 26 | 16 | 4 | 0 | 34 | 45 | 5 | 0 |
| 2010 | 인천 | 8 | 5 | 0 | 2 | 17 | 3 | 1 | 0 |
| 통산 | | 146 | 58 | 7 | 9 | 257 | 166 | 32 | 2 |

### 돈지덕 (頓智德) 인천대 1980.04.28

| 연도 | 소속 | 출장 | 교체 | 득점 | 도움 | 파울 | 슈팅 | 경고 | 퇴장 |
|---|---|---|---|---|---|---|---|---|---|
| 2013 | 안양 | 15 | 1 | 0 | 1 | 26 | 4 | 4 | 0 |
| 통산 | | 15 | 1 | 0 | 1 | 26 | 4 | 4 | 0 |

### 두경수 (杜敬秀) 관동대 1974.10.17

| 연도 | 소속 | 출장 | 교체 | 득점 | 도움 | 파울 | 슈팅 | 경고 | 퇴장 |
|---|---|---|---|---|---|---|---|---|---|
| 1997 | 천안 | 1 | 0 | 0 | 0 | 2 | 0 | 0 | 0 |
| 통산 | | 1 | 0 | 0 | 0 | 2 | 0 | 0 | 0 |

### 두두 (Eduardo Francisco de Silva Neto) 브라질 1980.02.02

| 연도 | 소속 | 출장 | 교체 | 득점 | 도움 | 파울 | 슈팅 | 경고 | 퇴장 |
|---|---|---|---|---|---|---|---|---|---|
| 2004 | 성남 | 17 | 4 | 7 | 2 | 18 | 50 | 0 | 0 |
| 2005 | 성남 | 29 | 13 | 10 | 6 | 24 | 81 | 2 | 0 |
| 2006 | 성남 | 22 | 4 | 4 | 6 | 28 | 35 | 4 | 0 |
| 2006 | 서울 | 13 | 3 | 0 | 1 | 14 | 33 | 1 | 0 |
| 2007 | 서울 | 29 | 9 | 6 | 1 | 14 | 33 | 1 | 0 |
| 2008 | 성남 | 37 | 14 | 18 | 7 | 18 | 93 | 1 | 0 |
| 통산 | | 138 | 48 | 24 | 16 | 334 | 117 | 9 | 0 |

### 둘카 (Cristian Alexandru Dulca) 루마니아 1972.10.25

| 연도 | 소속 | 출장 | 교체 | 득점 | 도움 | 파울 | 슈팅 | 경고 | 퇴장 |
|---|---|---|---|---|---|---|---|---|---|
| 1999 | 포항 | 17 | 10 | 1 | 2 | 27 | 13 | 1 | 0 |
| 통산 | | 17 | 10 | 1 | 2 | 27 | 13 | 1 | 0 |

### 드라간 (Dragan Skrba) 세르비아 1965.08.26

| 연도 | 소속 | 출장 | 교체 | 실점 | 도움 | 파울 | 슈팅 | 경고 | 퇴장 |
|---|---|---|---|---|---|---|---|---|---|
| 1995 | 포항 | 32 | 0 | 25 | 0 | 3 | 0 | 4 | 0 |
| 1996 | 포항 | 7 | 2 | 22 | 0 | 1 | 0 | 0 | 0 |
| 1997 | 포항 | 10 | 1 | 11 | 0 | 0 | 0 | 1 | 0 |
| 통산 | | 59 | 2 | 58 | 0 | 4 | 0 | 6 | 0 |

### 드라간 (Dragan Stojisavljevic) 세르비아 몬테네그로 1974.01.

| 연도 | 소속 | 출장 | 교체 | 득점 | 도움 | 파울 | 슈팅 | 경고 | 퇴장 |
|---|---|---|---|---|---|---|---|---|---|
| 2000 | 안양 | 19 | 5 | 2 | 4 | 35 | 12 | 2 | 0 |
| 2001 | 안양 | 29 | 19 | 2 | 6 | 47 | 32 | 5 | 0 |
| 2003 | 안양 | 18 | 9 | 5 | 4 | 40 | 31 | 2 | 0 |
| 2004 | 인천 | 4 | 4 | 0 | 0 | 2 | 3 | 1 | 0 |
| 통산 | | 70 | 37 | 11 | 15 | 124 | 78 | 10 | 0 |

### 드라간 (Dragan Mladenovic) 세르비아 몬테네그로

1976.02.16

| 연도 | 소속 | 출장 | 교체 | 득점 | 도움 | 파울 | 슈팅 | 경고 | 퇴장 |
|---|---|---|---|---|---|---|---|---|---|
| 2006 | 인천 | 12 | 4 | 2 | 2 | 26 | 10 | 1 | 0 |
| 2007 | 인천 | 29 | 7 | 3 | 3 | 62 | 30 | 13 | 1 |
| 2008 | 인천 | 25 | 4 | 2 | 4 | 41 | 26 | 6 | 0 |
| 2009 | 인천 | 6 | 4 | 0 | 0 | 5 | 1 | 1 | 0 |
| 통산 | | 72 | 19 | 7 | 9 | 134 | 67 | 21 | 1 |

**드라젠** (Drazen Podunavac) 유고슬라비아 1969.04.30

| 연도 | 소속 | 출장 | 교체 | 득점 | 도움 | 파울 | 슈팅 | 경고 | 퇴장 |
|---|---|---|---|---|---|---|---|---|---|
| 1996 | 부산 | 16 | 8 | 0 | 0 | 13 | 4 | 4 | 0 |
| 통산 | | 16 | 8 | 0 | 0 | 13 | 4 | 4 | 0 |

**드로겟** (Droguett Diocares Hugo Patrici) 칠레 1982.09.02

| 연도 | 소속 | 출장 | 교체 | 득점 | 도움 | 파울 | 슈팅 | 경고 | 퇴장 |
|---|---|---|---|---|---|---|---|---|---|
| 2012 | 전북 | 37 | 19 | 10 | 9 | 42 | 46 | 3 | 0 |
| 2014 | 제주 | 36 | 11 | 0 | 3 | 27 | 64 | 2 | 0 |
| 통산 | | 73 | 30 | 20 | 12 | 69 | 110 | 5 | 0 |

**디디** (Sebastiao Pereira do Nascimento) 브라질 1976.02.24

| 연도 | 소속 | 출장 | 교체 | 득점 | 도움 | 파울 | 슈팅 | 경고 | 퇴장 |
|---|---|---|---|---|---|---|---|---|---|
| 2002 | 부산 | 23 | 10 | 5 | 3 | 58 | 53 | 2 | 0 |
| 통산 | | 23 | 10 | 5 | 3 | 58 | 53 | 2 | 0 |

**디마** (Dmitri Karsakov) 러시아 1971.12.29

| 연도 | 소속 | 출장 | 교체 | 득점 | 도움 | 파울 | 슈팅 | 경고 | 퇴장 |
|---|---|---|---|---|---|---|---|---|---|
| 1996 | 부천 | 3 | 3 | 0 | 0 | 1 | 2 | 0 | 0 |
| 통산 | | 3 | 3 | 0 | 0 | 1 | 2 | 0 | 0 |

**디마스** (Dimas Roberto da Silva) 브라질 1977.08.01

| 연도 | 소속 | 출장 | 교체 | 득점 | 도움 | 파울 | 슈팅 | 경고 | 퇴장 |
|---|---|---|---|---|---|---|---|---|---|
| 2000 | 전남 | 1 | 1 | 0 | 0 | 1 | 1 | 0 | 0 |
| 통산 | | 1 | 1 | 0 | 0 | 1 | 1 | 0 | 0 |

**디아스** 에쿠아도르 1969.09.15

| 연도 | 소속 | 출장 | 교체 | 득점 | 도움 | 파울 | 슈팅 | 경고 | 퇴장 |
|---|---|---|---|---|---|---|---|---|---|
| 1996 | 전남 | 9 | 6 | 1 | 1 | 12 | 5 | 0 | 0 |
| 통산 | | 9 | 6 | 1 | 1 | 12 | 5 | 0 | 0 |

**디에고** (Diego Da Silva Giaretta) 이탈리아 1983.11.27

| 연도 | 소속 | 출장 | 교체 | 득점 | 도움 | 파울 | 슈팅 | 경고 | 퇴장 |
|---|---|---|---|---|---|---|---|---|---|
| 2011 | 인천 | 9 | 3 | 1 | 0 | 13 | 4 | 1 | 0 |
| 통산 | | 9 | 3 | 1 | 0 | 13 | 4 | 1 | 0 |

**디에고** (Diego Oliveira De Queiroz) 브라질 1990.06.22

| 연도 | 소속 | 출장 | 교체 | 득점 | 도움 | 파울 | 슈팅 | 경고 | 퇴장 |
|---|---|---|---|---|---|---|---|---|---|
| 2011 | 수원 | 4 | 4 | 0 | 0 | 4 | 0 | 0 | 0 |
| 통산 | | 4 | 4 | 0 | 0 | 4 | 0 | 0 | 0 |

**디에고** (Diego Pelicles da Silva) 브라질 1982.10.23

| 연도 | 소속 | 출장 | 교체 | 득점 | 도움 | 파울 | 슈팅 | 경고 | 퇴장 |
|---|---|---|---|---|---|---|---|---|---|
| 2014 | 광주 | 16 | 10 | 4 | 2 | 27 | 24 | 3 | 0 |
| 통산 | | 16 | 10 | 4 | 2 | 27 | 24 | 3 | 0 |

**디오고** (Diogo da Silva Farias) 브라질 1990.06.13

| 연도 | 소속 | 출장 | 교체 | 득점 | 도움 | 파울 | 슈팅 | 경고 | 퇴장 |
|---|---|---|---|---|---|---|---|---|---|
| 2013 | 인천 | 32 | 26 | 7 | 2 | 57 | 23 | 6 | 0 |
| 2014 | 인천 | 11 | 9 | 1 | 0 | 24 | 13 | 1 | 0 |
| 통산 | | 43 | 35 | 8 | 2 | 81 | 36 | 7 | 0 |

**따르따** (Tarta, Vinicius Silva Soares) 브라질 1989.04.13

| 연도 | 소속 | 출장 | 교체 | 득점 | 도움 | 파울 | 슈팅 | 경고 | 퇴장 |
|---|---|---|---|---|---|---|---|---|---|
| 2014 | 울산 | 20 | 11 | 3 | 2 | 46 | 27 | 0 | 0 |
| 통산 | | 20 | 11 | 3 | 2 | 46 | 27 | 0 | 0 |

**따바레즈** (Andre Luiz Tavares) 브라질 1983.07.30

| 연도 | 소속 | 출장 | 교체 | 득점 | 도움 | 파울 | 슈팅 | 경고 | 퇴장 |
|---|---|---|---|---|---|---|---|---|---|
| 2004 | 포항 | 34 | 11 | 6 | 9 | 47 | 58 | 4 | 0 |
| 2005 | 포항 | 19 | 10 | 5 | 3 | 22 | 20 | 0 | 1 |
| 2006 | 포항 | 25 | 17 | 6 | 4 | 26 | 29 | 3 | 0 |
| 2007 | 포항 | 35 | 14 | 3 | 13 | 41 | 60 | 1 | 1 |
| 통산 | | 113 | 52 | 20 | 29 | 136 | 167 | 8 | 2 |

**뚜따** (Moacir Bastosa) 브라질 1974.06.20

| 연도 | 소속 | 출장 | 교체 | 득점 | 도움 | 파울 | 슈팅 | 경고 | 퇴장 |
|---|---|---|---|---|---|---|---|---|---|
| 2002 | 안양 | 26 | 9 | 13 | 4 | 76 | 89 | 6 | 0 |
| 2003 | 수원 | 31 | 12 | 14 | 6 | 68 | 80 | 3 | 0 |
| 통산 | | 57 | 21 | 27 | 10 | 144 | 169 | 11 | 0 |

**뚜레** (Dzevad Turkovic) 크로아티아 1972.08.17

| 연도 | 소속 | 출장 | 교체 | 득점 | 도움 | 파울 | 슈팅 | 경고 | 퇴장 |
|---|---|---|---|---|---|---|---|---|---|
| 1996 | 부산 | 6 | 5 | 0 | 1 | 16 | 4 | 2 | 0 |
| 1997 | 부산 | 28 | 17 | 3 | 3 | 59 | 17 | 9 | 0 |
| 1998 | 부산 | 30 | 13 | 6 | 6 | 65 | 23 | 8 | 0 |
| 1999 | 부산 | 21 | 16 | 0 | 2 | 34 | 17 | 4 | 0 |
| 2000 | 부산 | 21 | 16 | 0 | 2 | 32 | 16 | 5 | 0 |
| 2001 | 부산 | 6 | 5 | 0 | 0 | 9 | 1 | 0 | 0 |
| 2001 | 성남 | 3 | 2 | 0 | 0 | 1 | 0 | 0 | 0 |
| 통산 | | 115 | 72 | 11 | 12 | 215 | 70 | 28 | 0 |

**뚜쩡야** (Bruno Marques Ostapenco) 브라질 1992.05.20

| 연도 | 소속 | 출장 | 교체 | 득점 | 도움 | 파울 | 슈팅 | 경고 | 퇴장 |
|---|---|---|---|---|---|---|---|---|---|
| 2013 | 충주 | 13 | 13 | 1 | 0 | 5 | 26 | 1 | 0 |
| 통산 | | 13 | 13 | 1 | 0 | 5 | 26 | 1 | 0 |

**라경호** (羅勁昊) 인천대 1981.03.15

| 연도 | 소속 | 출장 | 교체 | 득점 | 도움 | 파울 | 슈팅 | 경고 | 퇴장 |
|---|---|---|---|---|---|---|---|---|---|
| 2004 | 인천 | 6 | 5 | 0 | 0 | 2 | 1 | 0 | 0 |
| 2005 | 인천 | 1 | 1 | 0 | 0 | 0 | 0 | 0 | 0 |
| 통산 | | 7 | 6 | 0 | 0 | 2 | 1 | 0 | 0 |

**라데** (Rade Bogdanovic) 유고슬라비아 1970.05.21

| 연도 | 소속 | 출장 | 교체 | 득점 | 도움 | 파울 | 슈팅 | 경고 | 퇴장 |
|---|---|---|---|---|---|---|---|---|---|
| 1992 | 포철 | 17 | 11 | 3 | 3 | 14 | 32 | 1 | 0 |
| 1993 | 포철 | 27 | 7 | 9 | 4 | 37 | 64 | 2 | 1 |
| 1994 | 포철 | 33 | 10 | 22 | 6 | 44 | 95 | 2 | 0 |
| 1995 | 포항 | 31 | 10 | 8 | 6 | 65 | 73 | 5 | 1 |
| 1996 | 포항 | 39 | 6 | 13 | 16 | 55 | 114 | 2 | 2 |
| 통산 | | 147 | 44 | 55 | 35 | 218 | 378 | 12 | 2 |

**라덱** (Radek Divecky) 체코 1974.03.21

| 연도 | 소속 | 출장 | 교체 | 득점 | 도움 | 파울 | 슈팅 | 경고 | 퇴장 |
|---|---|---|---|---|---|---|---|---|---|
| 2000 | 전남 | 9 | 9 | 2 | 0 | 18 | 23 | 1 | 0 |
| 통산 | | 9 | 9 | 2 | 0 | 18 | 23 | 1 | 0 |

**라돈치치** (Dzenan Radoncic) 몬테네그로 1983.08.02

| 연도 | 소속 | 출장 | 교체 | 득점 | 도움 | 파울 | 슈팅 | 경고 | 퇴장 |
|---|---|---|---|---|---|---|---|---|---|
| 2004 | 인천 | 16 | 13 | 0 | 1 | 50 | 17 | 4 | 0 |
| 2005 | 인천 | 27 | 12 | 13 | 2 | 91 | 72 | 5 | 0 |
| 2006 | 인천 | 31 | 20 | 2 | 2 | 69 | 56 | 4 | 1 |
| 2007 | 인천 | 16 | 12 | 2 | 2 | 39 | 32 | 2 | 0 |
| 2008 | 인천 | 32 | 7 | 14 | 2 | 102 | 106 | 3 | 0 |
| 2009 | 성남 | 32 | 23 | 5 | 2 | 86 | 68 | 8 | 0 |
| 2010 | 성남 | 31 | 12 | 13 | 6 | 96 | 96 | 7 | 0 |
| 2011 | 성남 | 19 | 1 | 9 | 2 | 19 | 22 | 2 | 0 |
| 2012 | 수원 | 31 | 21 | 12 | 5 | 77 | 77 | 6 | 0 |
| 2013 | 수원 | 12 | 8 | 4 | 0 | 28 | 28 | 2 | 0 |
| 통산 | | 238 | 137 | 68 | 24 | 651 | 574 | 43 | 1 |

**라임** (Rahim Besirovic) 유고슬라비아 1971.01.02

| 연도 | 소속 | 출장 | 교체 | 득점 | 도움 | 파울 | 슈팅 | 경고 | 퇴장 |
|---|---|---|---|---|---|---|---|---|---|
| 1998 | 부산 | 12 | 10 | 2 | 0 | 18 | 11 | 0 | 0 |
| 1999 | 부산 | 9 | 8 | 2 | 0 | 13 | 11 | 0 | 0 |
| 통산 | | 21 | 18 | 4 | 0 | 31 | 31 | 3 | 0 |

**라피치** (Stipe Lapic) 크로아티아 1983.01.22

| 연도 | 소속 | 출장 | 교체 | 득점 | 도움 | 파울 | 슈팅 | 경고 | 퇴장 |
|---|---|---|---|---|---|---|---|---|---|
| 2009 | 강원 | 11 | 1 | 0 | 1 | 12 | 5 | 2 | 0 |
| 2010 | 강원 | 20 | 1 | 0 | 0 | 18 | 4 | 8 | 0 |
| 2011 | 강원 | 1 | 0 | 0 | 0 | 1 | 0 | 0 | 0 |
| 통산 | | 32 | 2 | 1 | 1 | 30 | 10 | 10 | 0 |

**라힘** (Rahim Zafer) 터키 1971.01.25

| 연도 | 소속 | 출장 | 교체 | 득점 | 도움 | 파울 | 슈팅 | 경고 | 퇴장 |
|---|---|---|---|---|---|---|---|---|---|
| 2003 | 대구 | 14 | 4 | 0 | 0 | 21 | 2 | 2 | 0 |
| 통산 | | 14 | 4 | 0 | 0 | 21 | 2 | 2 | 0 |

**란코비치** (Ljubisa Rankovic) 유고슬라비아 1973.12.10

| 연도 | 소속 | 출장 | 교체 | 득점 | 도움 | 파울 | 슈팅 | 경고 | 퇴장 |
|---|---|---|---|---|---|---|---|---|---|
| 1996 | 천안 | 17 | 17 | 0 | 1 | 7 | 10 | 1 | 0 |
| 통산 | | 17 | 17 | 0 | 1 | 7 | 10 | 1 | 0 |

**레스** (Leszek Iwanicki) 폴란드 1959.08.12

| 연도 | 소속 | 출장 | 교체 | 득점 | 도움 | 파울 | 슈팅 | 경고 | 퇴장 |
|---|---|---|---|---|---|---|---|---|---|
| 1989 | 유공 | 8 | 9 | 0 | 0 | 3 | 9 | 0 | 0 |
| 통산 | | 8 | 9 | 0 | 0 | 3 | 9 | 0 | 0 |

**레안드로** (Leandro Bernardi Silva) 브라질 1979.10.06

| 연도 | 소속 | 출장 | 교체 | 득점 | 도움 | 파울 | 슈팅 | 경고 | 퇴장 |
|---|---|---|---|---|---|---|---|---|---|
| 2008 | 대구 | 13 | 1 | 0 | 0 | 13 | 1 | 3 | 0 |
| 통산 | | 13 | 1 | 0 | 0 | 13 | 1 | 3 | 0 |

**레안드롱** (Leandro Costa Miranda) 브라질 1983.07.18

| 연도 | 소속 | 출장 | 교체 | 득점 | 도움 | 파울 | 슈팅 | 경고 | 퇴장 |
|---|---|---|---|---|---|---|---|---|---|
| 2005 | 대전 | 30 | 2 | 9 | 2 | 94 | 93 | 8 | 0 |
| 2006 | 울산 | 33 | 19 | 6 | 1 | 79 | 61 | 7 | 0 |
| 2007 | 전남 | 13 | 13 | 1 | 1 | 26 | 20 | 1 | 0 |
| 통산 | | 76 | 34 | 16 | 4 | 199 | 174 | 16 | 0 |

**레안드리뉴** (George Leandro Abreu de Lima) 브라질 1985.11.09

| 연도 | 소속 | 출장 | 교체 | 득점 | 도움 | 파울 | 슈팅 | 경고 | 퇴장 |
|---|---|---|---|---|---|---|---|---|---|
| 2012 | 대구 | 29 | 14 | 4 | 2 | 42 | 59 | 5 | 0 |
| 2013 | 대구 | 21 | 9 | 1 | 3 | 33 | 34 | 2 | 1 |
| 2014 | 전남 | 30 | 30 | 3 | 2 | 26 | 32 | 2 | 0 |
| 통산 | | 80 | 53 | 8 | 8 | 101 | 125 | 9 | 1 |

**레오** (Leopoldo Roberto Markovsky) 브라질 1983.08.29

| 연도 | 소속 | 출장 | 교체 | 득점 | 도움 | 파울 | 슈팅 | 경고 | 퇴장 |
|---|---|---|---|---|---|---|---|---|---|
| 2009 | 대구 | 14 | 2 | 4 | 1 | 41 | 34 | 2 | 0 |
| 2010 | 대구 | 22 | 17 | 5 | 0 | 41 | 25 | 6 | 0 |
| 통산 | | 36 | 19 | 9 | 1 | 82 | 59 | 8 | 0 |

**레오** (Santos de Souza Leonardo Henrique) 브라질 1990.03.10

| 연도 | 소속 | 출장 | 교체 | 득점 | 도움 | 파울 | 슈팅 | 경고 | 퇴장 |
|---|---|---|---|---|---|---|---|---|---|
| 2010 | 제주 | 2 | 2 | 0 | 0 | 0 | 0 | 0 | 0 |
| 통산 | | 2 | 2 | 0 | 0 | 0 | 0 | 0 | 0 |

**레오** (Leonardo Ferreira) 브라질 1988.06.07

| 연도 | 소속 | 출장 | 교체 | 득점 | 도움 | 파울 | 슈팅 | 경고 | 퇴장 |
|---|---|---|---|---|---|---|---|---|---|
| 2012 | 대전 | 9 | 5 | 0 | 0 | 10 | 8 | 1 | 0 |
| 통산 | | 9 | 5 | 0 | 0 | 10 | 8 | 1 | 0 |

**레오** (Cesar Leonardo Torres) 아르헨티나 1975.10.27

| 연도 | 소속 | 출장 | 교체 | 득점 | 도움 | 파울 | 슈팅 | 경고 | 퇴장 |
|---|---|---|---|---|---|---|---|---|---|
| 2001 | 전북 | 3 | 3 | 0 | 0 | 5 | 2 | 0 | 0 |
| 통산 | | 3 | 3 | 0 | 0 | 5 | 2 | 0 | 0 |

**레오** (Leonard Bisaku) 크로아티아 1974.10.22

| 연도 | 소속 | 출장 | 교체 | 득점 | 도움 | 파울 | 슈팅 | 경고 | 퇴장 |
|---|---|---|---|---|---|---|---|---|---|
| 2002 | 포항 | 13 | 12 | 3 | 0 | 21 | 22 | 3 | 0 |
| 2003 | 성남 | 9 | 8 | 1 | 0 | 8 | 5 | 0 | 0 |
| 통산 | | 22 | 20 | 4 | 0 | 29 | 27 | 3 | 0 |

**레오나르도** (Leonardo Rodrigues Pereira) 브라질 1986.09.22

| 연도 | 소속 | 출장 | 교체 | 득점 | 도움 | 파울 | 슈팅 | 경고 | 퇴장 |
|---|---|---|---|---|---|---|---|---|---|
| 2012 | 전북 | 17 | 13 | 5 | 2 | 11 | 40 | 3 | 0 |
| 2013 | 전북 | 37 | 22 | 7 | 13 | 43 | 77 | 2 | 0 |
| 2014 | 전북 | 35 | 28 | 6 | 10 | 24 | 74 | 5 | 0 |
| 통산 | | 89 | 63 | 18 | 25 | 78 | 191 | 10 | 0 |

**레오마르** (Leomar Leiria) 브라질 1971.06.26

| 연도 | 소속 | 출장 | 교체 | 득점 | 도움 | 파울 | 슈팅 | 경고 | 퇴장 |
|---|---|---|---|---|---|---|---|---|---|
| 2002 | 전북 | 10 | 5 | 0 | 0 | 11 | 3 | 1 | 0 |
| 통산 | | 10 | 5 | 0 | 0 | 11 | 3 | 1 | 0 |

**레이나** (Javier Ariey Reina Calvo) 콜롬비아 1989.01.04

| 연도 | 소속 | 출장 | 교체 | 득점 | 도움 | 파울 | 슈팅 | 경고 | 퇴장 |
|---|---|---|---|---|---|---|---|---|---|
| 2011 | 전남 | 22 | 13 | 3 | 2 | 39 | 21 | 2 | 0 |
| 2012 | 성남 | 20 | 7 | 5 | 3 | 28 | 52 | 5 | 0 |
| 2013 | 성남 | 0 | 0 | 0 | 0 | 0 | 0 | 0 | 0 |
| | 통산 | 42 | 20 | 8 | 5 | 67 | 73 | 7 | 0 |

**렌스베르겐** (Rob Landsberge) 네덜란드 1960.02.25

| 연도 | 소속 | 출장 | 교체 | 득점 | 도움 | 파울 | 슈팅 | 경고 | 퇴장 |
|---|---|---|---|---|---|---|---|---|---|
| 1984 | 현대 | 27 | 4 | 9 | 9 | 37 | 45 | 2 | 0 |
| 1985 | 현대 | 11 | 7 | 2 | 1 | 20 | 10 | 0 | 0 |
| | 통산 | 38 | 11 | 11 | 10 | 57 | 55 | 2 | 0 |

**로만** (Gibala Roman) 체코 1972.10.05

| 연도 | 소속 | 출장 | 교체 | 득점 | 도움 | 파울 | 슈팅 | 경고 | 퇴장 |
|---|---|---|---|---|---|---|---|---|---|
| 2003 | 대구 | 19 | 16 | 1 | 1 | 15 | 24 | 2 | 0 |
| | 통산 | 19 | 16 | 1 | 1 | 15 | 24 | 2 | 0 |

**로브렉** (Lovrek Kruno Hrvatsko) 크로아티아 1979.09.11

| 연도 | 소속 | 출장 | 교체 | 득점 | 도움 | 파울 | 슈팅 | 경고 | 퇴장 |
|---|---|---|---|---|---|---|---|---|---|
| 2010 | 전북 | 30 | 25 | 13 | 1 | 36 | 57 | 4 | 0 |
| 2011 | 전북 | 25 | 19 | 2 | 2 | 37 | 30 | 4 | 0 |
| | 통산 | 55 | 44 | 15 | 3 | 73 | 87 | 8 | 0 |

**로시** (Ruben Dario Rossi) 아르헨티나 1973.10.28

| 연도 | 소속 | 출장 | 교체 | 득점 | 도움 | 파울 | 슈팅 | 경고 | 퇴장 |
|---|---|---|---|---|---|---|---|---|---|
| 1994 | 대우 | 7 | 4 | 1 | 0 | 7 | 6 | 0 | 0 |
| | 통산 | 7 | 4 | 1 | 0 | 7 | 6 | 0 | 0 |

**로저** (Roger Rodrigues da silva) 브라질 1985.01.07

| 연도 | 소속 | 출장 | 교체 | 득점 | 도움 | 파울 | 슈팅 | 경고 | 퇴장 |
|---|---|---|---|---|---|---|---|---|---|
| 2014 | 수원 | 32 | 19 | 7 | 2 | 62 | 77 | 6 | 0 |
| | 통산 | 32 | 19 | 7 | 2 | 62 | 77 | 6 | 0 |

**로페즈** (Vinicius Silva Souto Lopes) 브라질 1988.01.29

| 연도 | 소속 | 출장 | 교체 | 득점 | 도움 | 파울 | 슈팅 | 경고 | 퇴장 |
|---|---|---|---|---|---|---|---|---|---|
| 2011 | 광주 | 5 | 5 | 0 | 0 | 2 | 1 | 0 | 0 |
| | 통산 | 5 | 5 | 0 | 0 | 2 | 1 | 0 | 0 |

**롤란** (Kartchemarkis Rolandas) 리투아니아 1980.09.07

| 연도 | 소속 | 출장 | 교체 | 득점 | 도움 | 파울 | 슈팅 | 경고 | 퇴장 |
|---|---|---|---|---|---|---|---|---|---|
| 2000 | 부천 | 15 | 15 | 3 | 1 | 26 | 20 | 3 | 0 |
| 2001 | 부천 | 8 | 7 | 1 | 0 | 11 | 6 | 1 | 0 |
| 2002 | 부천 | 2 | 2 | 0 | 0 | 3 | 1 | 0 | 0 |
| | 통산 | 25 | 24 | 4 | 1 | 40 | 27 | 4 | 0 |

**루벤** ((Ruben Bernuncio) 아르헨티나 1976.01.19

| 연도 | 소속 | 출장 | 교체 | 득점 | 도움 | 파울 | 슈팅 | 경고 | 퇴장 |
|---|---|---|---|---|---|---|---|---|---|
| 1993 | 대우 | 5 | 2 | 1 | 2 | 15 | 7 | 1 | 0 |
| 1994 | 대우 | 4 | 5 | 0 | 0 | 1 | 10 | 0 | 0 |
| | 통산 | 9 | 7 | 1 | 2 | 16 | 8 | 1 | 0 |

**루비** (Rubenilson Monteiro Ferreira) 브라질 1972.08.07

| 연도 | 소속 | 출장 | 교체 | 득점 | 도움 | 파울 | 슈팅 | 경고 | 퇴장 |
|---|---|---|---|---|---|---|---|---|---|
| 1997 | 천안 | 25 | 12 | 6 | 1 | 25 | 48 | 4 | 0 |
| 1998 | 천안 | 29 | 12 | 7 | 0 | 33 | 47 | 5 | 1 |
| | 통산 | 54 | 24 | 13 | 1 | 58 | 95 | 9 | 1 |

**루사르도** (Arsenio Luzardo) 우루과이 1959.09.03

| 연도 | 소속 | 출장 | 교체 | 득점 | 도움 | 파울 | 슈팅 | 경고 | 퇴장 |
|---|---|---|---|---|---|---|---|---|---|
| 1992 | LG | 7 | 3 | 2 | 1 | 10 | 14 | 0 | 0 |
| 1993 | LG | 11 | 9 | 1 | 1 | 4 | 9 | 1 | 0 |
| | 통산 | 18 | 12 | 3 | 2 | 14 | 23 | 1 | 0 |

**루시아노** (Luciano Valente de Deus) 브라질 1981.06.12

| 연도 | 소속 | 출장 | 교체 | 득점 | 도움 | 파울 | 슈팅 | 경고 | 퇴장 |
|---|---|---|---|---|---|---|---|---|---|
| 2004 | 대전 | 20 | 2 | 5 | 0 | 52 | 40 | 0 | 0 |
| 2005 | 부산 | 31 | 12 | 9 | 3 | 75 | 56 | 1 | 0 |
| 2006 | 경남 | 36 | 9 | 6 | 2 | 79 | 73 | 2 | 0 |
| 2007 | 부산 | 30 | 12 | 5 | 1 | 71 | 42 | 0 | 0 |
| | 통산 | 117 | 35 | 26 | 6 | 277 | 211 | 3 | 0 |

**루시오** (Lucio Filomelo) 아르헨티나 1980.05.08

| 연도 | 소속 | 출장 | 교체 | 득점 | 도움 | 파울 | 슈팅 | 경고 | 퇴장 |
|---|---|---|---|---|---|---|---|---|---|
| 2005 | 부산 | 8 | 7 | 0 | 1 | 22 | 11 | 1 | 0 |
| | 통산 | 8 | 7 | 0 | 1 | 22 | 11 | 1 | 0 |

**루시오** (Lucio Teofilo da Silva) 브라질 1984.07.02

| 연도 | 소속 | 출장 | 교체 | 득점 | 도움 | 파울 | 슈팅 | 경고 | 퇴장 |
|---|---|---|---|---|---|---|---|---|---|
| 2010 | 경남 | 32 | 10 | 15 | 10 | 68 | 102 | 5 | 0 |
| 2011 | 경남 | 10 | 6 | 3 | 0 | 10 | 21 | 2 | 0 |
| 2011 | 울산 | 15 | 10 | 0 | 2 | 12 | 17 | 2 | 0 |
| 2013 | 광주 | 32 | 10 | 13 | 10 | 47 | 105 | 2 | 0 |
| | 통산 | 89 | 36 | 34 | 25 | 137 | 245 | 11 | 0 |

**루시오** (Lucio Flavio da Silva Oliva) 브라질 1986.08.29

| 연도 | 소속 | 출장 | 교체 | 득점 | 도움 | 파울 | 슈팅 | 경고 | 퇴장 |
|---|---|---|---|---|---|---|---|---|---|
| 2012 | 전남 | 15 | 14 | 1 | 1 | 28 | 32 | 2 | 0 |
| 2013 | 전남 | 7 | 6 | 1 | 0 | 11 | 5 | 2 | 0 |
| | 통산 | 22 | 20 | 7 | 1 | 39 | 37 | 4 | 0 |

**루시우** (Lucenble Pereira da Silva) 브라질 1975.01.14

| 연도 | 소속 | 출장 | 교체 | 득점 | 도움 | 파울 | 슈팅 | 경고 | 퇴장 |
|---|---|---|---|---|---|---|---|---|---|
| 2003 | 울산 | 14 | 14 | 0 | 3 | 12 | 18 | 0 | 0 |
| | 통산 | 14 | 14 | 0 | 3 | 12 | 18 | 0 | 0 |

**루이** (Rui Manuel Guerreiro Nobre Esteves ) 포르투갈 1967.01.

| 연도 | 소속 | 출장 | 교체 | 득점 | 도움 | 파울 | 슈팅 | 경고 | 퇴장 |
|---|---|---|---|---|---|---|---|---|---|
| 1997 | 부산 | 5 | 5 | 1 | 1 | 5 | 8 | 0 | 0 |
| 1998 | 부산 | 17 | 14 | 2 | 3 | 27 | 7 | 1 | 1 |
| | 통산 | 22 | 19 | 3 | 4 | 32 | 15 | 1 | 1 |

**루이스** 브라질 1962.03.16

| 연도 | 소속 | 출장 | 교체 | 득점 | 도움 | 파울 | 슈팅 | 경고 | 퇴장 |
|---|---|---|---|---|---|---|---|---|---|
| 1984 | 포철 | 17 | 3 | 0 | 0 | 31 | 12 | 4 | 0 |
| | 통산 | 17 | 3 | 0 | 0 | 31 | 12 | 4 | 0 |

**루이스** (Marques Lima Luiz Carlos) 브라질 1989.05.30

| 연도 | 소속 | 출장 | 교체 | 득점 | 도움 | 파울 | 슈팅 | 경고 | 퇴장 |
|---|---|---|---|---|---|---|---|---|---|
| 2014 | 제주 | 7 | 7 | 1 | 0 | 7 | 5 | 0 | 0 |
| | 통산 | 7 | 7 | 1 | 0 | 7 | 5 | 0 | 0 |

**루이스** (Luiz Henrique da Silva Alves) 브라질 1981.07.02

| 연도 | 소속 | 출장 | 교체 | 득점 | 도움 | 파울 | 슈팅 | 경고 | 퇴장 |
|---|---|---|---|---|---|---|---|---|---|
| 2008 | 수원 | 7 | 7 | 0 | 0 | 8 | 0 | 0 | 0 |
| 2008 | 전북 | 16 | 5 | 5 | 2 | 10 | 44 | 4 | 0 |
| 2009 | 전북 | 34 | 10 | 9 | 13 | 40 | 54 | 3 | 0 |
| 2010 | 전북 | 28 | 12 | 5 | 3 | 15 | 47 | 3 | 0 |
| 2011 | 전북 | 24 | 18 | 4 | 2 | 22 | 38 | 2 | 0 |
| 2012 | 전북 | 15 | 11 | 3 | 4 | 18 | 17 | 1 | 0 |
| | 통산 | 124 | 63 | 26 | 24 | 111 | 208 | 13 | 0 |

**루이지뉴** (Luis Carlos Fernandes) 브라질 1985.07.25

| 연도 | 소속 | 출장 | 교체 | 득점 | 도움 | 파울 | 슈팅 | 경고 | 퇴장 |
|---|---|---|---|---|---|---|---|---|---|
| 2007 | 대구 | 32 | 11 | 18 | 0 | 50 | 91 | 5 | 0 |
| 2008 | 울산 | 24 | 21 | 11 | 3 | 31 | 39 | 1 | 0 |
| 2009 | 울산 | 2 | 2 | 0 | 0 | 4 | 3 | 0 | 0 |
| 2011 | 인천 | 10 | 9 | 2 | 1 | 18 | 17 | 4 | 0 |
| 2013 | 광주 | 4 | 3 | 2 | 0 | 3 | 12 | 0 | 0 |
| | 통산 | 72 | 47 | 32 | 4 | 103 | 155 | 10 | 0 |

**루츠** (Ion Ionut Lutu) 루마니아 1975.08.03

| 연도 | 소속 | 출장 | 교체 | 득점 | 도움 | 파울 | 슈팅 | 경고 | 퇴장 |
|---|---|---|---|---|---|---|---|---|---|
| 2000 | 수원 | 19 | 13 | 2 | 3 | 28 | 26 | 2 | 1 |
| 2001 | 수원 | 9 | 7 | 3 | 1 | 10 | 13 | 0 | 0 |
| 2002 | 수원 | 9 | 7 | 3 | 2 | 11 | 26 | 0 | 0 |
| | 통산 | 37 | 27 | 6 | 9 | 49 | 65 | 2 | 1 |

**루카스** (Waldir Lucas Pereira Filho) 브라질 1982.02.05

| 연도 | 소속 | 출장 | 교체 | 득점 | 도움 | 파울 | 슈팅 | 경고 | 퇴장 |
|---|---|---|---|---|---|---|---|---|---|
| 2008 | 수원 | 6 | 7 | 0 | 1 | 11 | 7 | 0 | 0 |
| | 통산 | 6 | 7 | 0 | 1 | 11 | 7 | 0 | 0 |

**루크** (Luke Ramon DeVere) 호주 1989.11.05

| 연도 | 소속 | 출장 | 교체 | 득점 | 도움 | 파울 | 슈팅 | 경고 | 퇴장 |
|---|---|---|---|---|---|---|---|---|---|
| 2011 | 경남 | 34 | 2 | 2 | 0 | 34 | 8 | 3 | 0 |
| 2012 | 경남 | 26 | 3 | 3 | 1 | 23 | 8 | 3 | 0 |
| 2013 | 경남 | 9 | 4 | 0 | 0 | 3 | 1 | 1 | 0 |
| 2014 | 경남 | 13 | 3 | 1 | 0 | 12 | 4 | 5 | 0 |
| | 통산 | 82 | 12 | 6 | 1 | 72 | 21 | 12 | 0 |

**루키** (Lucky Isibor) 나이지리아 1977.01.01

| 연도 | 소속 | 출장 | 교체 | 득점 | 도움 | 파울 | 슈팅 | 경고 | 퇴장 |
|---|---|---|---|---|---|---|---|---|---|
| 2000 | 수원 | 5 | 3 | 1 | 0 | 6 | 6 | 0 | 0 |
| | 통산 | 5 | 3 | 1 | 0 | 6 | 6 | 0 | 0 |

**류봉기** (柳奉基) 단국대 1968.09.02

| 연도 | 소속 | 출장 | 교체 | 득점 | 도움 | 파울 | 슈팅 | 경고 | 퇴장 |
|---|---|---|---|---|---|---|---|---|---|
| 1991 | 일화 | 16 | 8 | 0 | 0 | 21 | 2 | 1 | 1 |
| 1992 | 일화 | 28 | 6 | 1 | 0 | 46 | 5 | 3 | 0 |
| 1993 | 일화 | 17 | 10 | 0 | 0 | 15 | 3 | 0 | 0 |
| 1994 | 일화 | 1 | 1 | 0 | 0 | 0 | 0 | 0 | 0 |
| 1995 | 일화 | 1 | 1 | 0 | 0 | 0 | 0 | 0 | 0 |
| 1996 | 천안 | 23 | 5 | 1 | 0 | 31 | 6 | 4 | 0 |
| 1997 | 천안 | 8 | 5 | 0 | 0 | 6 | 1 | 2 | 0 |
| 1998 | 천안 | 46 | 7 | 0 | 0 | 45 | 5 | 4 | 0 |
| 1999 | 천안 | 6 | 3 | 0 | 0 | 8 | 0 | 0 | 0 |
| | 통산 | 146 | 50 | 1 | 1 | 228 | 28 | 18 | 1 |

**류영록** (柳永祿) 건국대 1969.08.04

| 연도 | 소속 | 출장 | 교체 | 실점 | 도움 | 파울 | 슈팅 | 경고 | 퇴장 |
|---|---|---|---|---|---|---|---|---|---|
| 1992 | 포철 | 1 | 0 | 4 | 0 | 0 | 0 | 0 | 0 |
| 1993 | 대우 | 0 | 0 | 0 | 0 | 0 | 0 | 0 | 0 |
| 1994 | 대우 | 9 | 1 | 12 | 0 | 1 | 0 | 1 | 0 |
| 1995 | 대우 | 0 | 0 | 0 | 0 | 0 | 0 | 0 | 0 |
| 1996 | 전남 | 1 | 0 | 2 | 0 | 0 | 0 | 0 | 0 |
| | 통산 | 11 | 1 | 18 | 0 | 1 | 0 | 1 | 0 |

**류웅렬** (柳雄烈) 명지대 1968.04.25

| 연도 | 소속 | 출장 | 교체 | 득점 | 도움 | 파울 | 슈팅 | 경고 | 퇴장 |
|---|---|---|---|---|---|---|---|---|---|
| 1993 | 대우 | 21 | 8 | 3 | 0 | 26 | 13 | 6 | 0 |
| 1994 | 대우 | 10 | 4 | 1 | 0 | 15 | 10 | 2 | 0 |
| 1995 | 대우 | 7 | 6 | 0 | 0 | 12 | 3 | 5 | 0 |
| 1996 | 부산 | 11 | 4 | 0 | 0 | 12 | 6 | 2 | 0 |
| 1997 | 부산 | 24 | 7 | 2 | 0 | 28 | 24 | 4 | 0 |
| 1998 | 부산 | 11 | 4 | 0 | 0 | 12 | 4 | 0 | 0 |
| 1999 | 부산 | 16 | 1 | 3 | 0 | 26 | 5 | 1 | 1 |
| 2000 | 부산 | 16 | 3 | 1 | 0 | 21 | 12 | 3 | 0 |
| 2000 | 수원 | 10 | 3 | 0 | 2 | 17 | 9 | 2 | 1 |
| 2001 | 수원 | 14 | 3 | 4 | 0 | 9 | 11 | 2 | 0 |
| | 통산 | 140 | 43 | 14 | 2 | 181 | 100 | 27 | 2 |

**류원우** (柳垣宇) 광양제철고 1990.08.05

| 연도 | 소속 | 출장 | 교체 | 실점 | 도움 | 파울 | 슈팅 | 경고 | 퇴장 |
|---|---|---|---|---|---|---|---|---|---|
| 2009 | 전남 | 0 | 0 | 0 | 0 | 0 | 0 | 0 | 0 |
| 2010 | 전남 | 1 | 0 | 1 | 0 | 0 | 0 | 0 | 0 |
| 2011 | 전남 | 1 | 0 | 1 | 0 | 0 | 0 | 0 | 0 |
| 2012 | 전남 | 8 | 0 | 21 | 0 | 1 | 0 | 2 | 0 |
| 2013 | 전남 | 0 | 0 | 0 | 0 | 0 | 0 | 0 | 0 |
| 2014 | 광주 | 9 | 0 | 13 | 0 | 0 | 0 | 0 | 0 |
| | 통산 | 19 | 0 | 36 | 0 | 1 | 0 | 2 | 0 |

**류제식** (柳齊植) 인천대 1972.01.03

| 연도 | 소속 | 출장 | 교체 | 실점 | 도움 | 파울 | 슈팅 | 경고 | 퇴장 |
|---|---|---|---|---|---|---|---|---|---|
| 1991 | 대우 | 3 | 0 | 5 | 0 | 0 | 0 | 0 | 0 |
| 1992 | 대우 | 7 | 1 | 9 | 0 | 0 | 0 | 0 | 0 |
| 1993 | 대우 | 1 | 0 | 1 | 0 | 0 | 0 | 0 | 0 |
| | 통산 | 11 | 1 | 15 | 0 | 0 | 0 | 0 | 0 |

**류형렬** (柳亨烈) 선문대 1985.11.02

| 연도 | 소속 | 출장 | 교체 | 득점 | 도움 | 파울 | 슈팅 | 경고 | 퇴장 |
|---|---|---|---|---|---|---|---|---|---|
| 2009 | 성남 | 0 | 0 | 0 | 0 | 0 | 0 | 0 | 0 |
| | 통산 | 0 | 0 | 0 | 0 | 0 | 0 | 0 | 0 |

**리마** (Joao Maria Lima do Nascimento) 브라질

**[이름 상단 잘림]** 1982.09.04

| 연도 | 소속 | 출장 | 교체 | 득점 | 도움 | 파울 | 슈팅 | 경고 | 퇴장 |
|---|---|---|---|---|---|---|---|---|---|
| 2010 | 서울 | 0 | 0 | 0 | 0 | 0 | 0 | 0 | 0 |
| | 통산 | 0 | 0 | 0 | 0 | 0 | 0 | 0 | 0 |

**리웨이펑** (Li Weifeng) 중국 1978.01.26

| 연도 | 소속 | 출장 | 교체 | 득점 | 도움 | 파울 | 슈팅 | 경고 | 퇴장 |
|---|---|---|---|---|---|---|---|---|---|
| 2009 | 수원 | 26 | 0 | 1 | 0 | 42 | 14 | 7 | 0 |
| 2010 | 수원 | 29 | 0 | 1 | 0 | 62 | 15 | 9 | 0 |
| | 통산 | 55 | 0 | 2 | 1 | 104 | 29 | 16 | 0 |

**리차드** (Richard Offiong Edet) 영국 1983.12.17

| 연도 | 소속 | 출장 | 교체 | 득점 | 도움 | 파울 | 슈팅 | 경고 | 퇴장 |
|---|---|---|---|---|---|---|---|---|---|
| 2005 | 전남 | 1 | 1 | 0 | 0 | 1 | 1 | 0 | 0 |
| | 통산 | 1 | 1 | 0 | 0 | 1 | 1 | 0 | 0 |

**리춘유** (Li Chun Yu) 중국 1986.10.09

| 연도 | 소속 | 출장 | 교체 | 득점 | 도움 | 파울 | 슈팅 | 경고 | 퇴장 |
|---|---|---|---|---|---|---|---|---|---|
| 2010 | 강원 | 7 | 2 | 0 | 2 | 15 | 1 | 2 | 0 |
| | 통산 | 7 | 2 | 0 | 2 | 15 | 1 | 2 | 0 |

**리치** (Cunha Reche Vinivius) 브라질 1984.01.28

| 연도 | 소속 | 출장 | 교체 | 득점 | 도움 | 파울 | 슈팅 | 경고 | 퇴장 |
|---|---|---|---|---|---|---|---|---|---|
| 2014 | 전북 | 2 | 2 | 0 | 0 | 4 | 2 | 0 | 0 |
| | 통산 | 2 | 2 | 0 | 0 | 4 | 2 | 0 | 0 |

**링꾼** (Joao Paulo da Silva Neto Rincon) 브라질 1975.10.27

| 연도 | 소속 | 출장 | 교체 | 득점 | 도움 | 파울 | 슈팅 | 경고 | 퇴장 |
|---|---|---|---|---|---|---|---|---|---|
| 2001 | 전북 | 6 | 4 | 0 | 0 | 11 | 12 | 0 | 0 |
| | 통산 | 6 | 4 | 0 | 0 | 11 | 12 | 0 | 0 |

**마그노** (Magno Alves de Araujo) 브라질 1976.01.13

| 연도 | 소속 | 출장 | 교체 | 득점 | 도움 | 파울 | 슈팅 | 경고 | 퇴장 |
|---|---|---|---|---|---|---|---|---|---|
| 2003 | 전북 | 44 | 8 | 27 | 8 | 25 | 157 | 2 | 0 |
| | 통산 | 44 | 8 | 27 | 8 | 25 | 157 | 2 | 0 |

**마니** (Jeannot Giovanny) 모리셔스 1975.09.25

| 연도 | 소속 | 출장 | 교체 | 득점 | 도움 | 파울 | 슈팅 | 경고 | 퇴장 |
|---|---|---|---|---|---|---|---|---|---|
| 1996 | 울산 | 11 | 10 | 3 | 0 | 5 | 7 | 0 | 0 |
| 1997 | 울산 | 12 | 10 | 2 | 1 | 10 | 8 | 0 | 0 |
| | 통산 | 23 | 20 | 5 | 1 | 15 | 15 | 0 | 0 |

**마니치** (Radivoje Manic) 세르비아 몬테네그로 1972.01.16

| 연도 | 소속 | 출장 | 교체 | 득점 | 도움 | 파울 | 슈팅 | 경고 | 퇴장 |
|---|---|---|---|---|---|---|---|---|---|
| 1996 | 부산 | 24 | 16 | 8 | 0 | 25 | 44 | 6 | 0 |
| 1997 | 부산 | 28 | 15 | 13 | 6 | 20 | 81 | 5 | 0 |
| 1999 | 부산 | 39 | 11 | 9 | 9 | 46 | 87 | 7 | 1 |
| 2000 | 부산 | 34 | 19 | 8 | 9 | 27 | 91 | 5 | 0 |
| 2001 | 부산 | 27 | 17 | 8 | 6 | 18 | 61 | 5 | 0 |
| 2002 | 부산 | 20 | 13 | 7 | 2 | 11 | 52 | 3 | 1 |
| 2004 | 인천 | 16 | 4 | 7 | 1 | 15 | 46 | 5 | 0 |
| 2005 | 인천 | 17 | 17 | 2 | 4 | 11 | 18 | 3 | 0 |
| | 통산 | 205 | 112 | 62 | 39 | 173 | 480 | 39 | 2 |

**마다스치** (Adrian Anthony Madaschi) 호주 1982.07.11

| 연도 | 소속 | 출장 | 교체 | 득점 | 도움 | 파울 | 슈팅 | 경고 | 퇴장 |
|---|---|---|---|---|---|---|---|---|---|
| 2012 | 제주 | 26 | 2 | 0 | 1 | 33 | 5 | 10 | 0 |
| 2013 | 제주 | 9 | 4 | 0 | 1 | 9 | 2 | 1 | 0 |
| | 통산 | 35 | 6 | 0 | 2 | 42 | 7 | 11 | 0 |

**마라낭** (Luis Carlos dos Santos Martins) 브라질 1984.06.19

| 연도 | 소속 | 출장 | 교체 | 득점 | 도움 | 파울 | 슈팅 | 경고 | 퇴장 |
|---|---|---|---|---|---|---|---|---|---|
| 2012 | 울산 | 39 | 33 | 13 | 4 | 48 | 57 | 5 | 0 |
| 2013 | 제주 | 31 | 20 | 7 | 7 | 33 | 42 | 4 | 0 |
| | 통산 | 70 | 53 | 20 | 11 | 81 | 99 | 9 | 0 |

**마라냐** (Francinilson Santos Meirelles) 브라질 1990.05.03

| 연도 | 소속 | 출장 | 교체 | 득점 | 도움 | 파울 | 슈팅 | 경고 | 퇴장 |
|---|---|---|---|---|---|---|---|---|---|
| 2014 | 대전 | 16 | 8 | 0 | 1 | 17 | 25 | 0 | 0 |
| | 통산 | 16 | 8 | 0 | 1 | 17 | 25 | 0 | 0 |

**마르셀** (Marcel Augusto Ortolan) 브라질 1981.11.12

| 연도 | 소속 | 출장 | 교체 | 득점 | 도움 | 파울 | 슈팅 | 경고 | 퇴장 |
|---|---|---|---|---|---|---|---|---|---|
| 2004 | 수원 | 36 | 20 | 12 | 2 | 106 | 127 | 4 | 0 |
| 2011 | 수원 | 11 | 8 | 3 | 2 | 21 | 27 | 2 | 0 |
| | 통산 | 47 | 28 | 15 | 4 | 127 | 154 | 6 | 0 |

**마르셀** (Marcelo de Paula Pinheiro) 브라질 1983.05.11

| 연도 | 소속 | 출장 | 교체 | 득점 | 도움 | 파울 | 슈팅 | 경고 | 퇴장 |
|---|---|---|---|---|---|---|---|---|---|
| 2009 | 경남 | 6 | 1 | 0 | 0 | 11 | 4 | 0 | 0 |
| | 통산 | 6 | 1 | 0 | 0 | 11 | 4 | 0 | 0 |

**마르셀로** (Marcelo Macedo) 브라질 1983.02.01

| 연도 | 소속 | 출장 | 교체 | 득점 | 도움 | 파울 | 슈팅 | 경고 | 퇴장 |
|---|---|---|---|---|---|---|---|---|---|
| 2004 | 성남 | 13 | 11 | 4 | 1 | 30 | 20 | 0 | 0 |
| | 통산 | 13 | 11 | 4 | 1 | 30 | 20 | 0 | 0 |

**마르셀로** (Marcelo Bras Ferreira da Silva) 브라질 1981.02.03

| 연도 | 소속 | 출장 | 교체 | 득점 | 도움 | 파울 | 슈팅 | 경고 | 퇴장 |
|---|---|---|---|---|---|---|---|---|---|
| 2010 | 경남 | 4 | 5 | 0 | 1 | 4 | 5 | 0 | 0 |
| | 통산 | 4 | 5 | 0 | 1 | 4 | 5 | 0 | 0 |

**마르시오** (Marcio Diogo Lobato Rodrigues) 브라질 1985.09.22

| 연도 | 소속 | 출장 | 교체 | 득점 | 도움 | 파울 | 슈팅 | 경고 | 퇴장 |
|---|---|---|---|---|---|---|---|---|---|
| 2010 | 수원 | 9 | 9 | 1 | 0 | 12 | 7 | 0 | 0 |
| | 통산 | 9 | 9 | 1 | 0 | 12 | 7 | 0 | 0 |

**마르싱요** (Maxsuel Rodrigo Lino) 브라질 1985.09.08

| 연도 | 소속 | 출장 | 교체 | 득점 | 도움 | 파울 | 슈팅 | 경고 | 퇴장 |
|---|---|---|---|---|---|---|---|---|---|
| 2013 | 전남 | 1 | 1 | 0 | 0 | 2 | 0 | 0 | 0 |
| | 통산 | 1 | 1 | 0 | 0 | 2 | 0 | 0 | 0 |

**마르첼** (Marcel Lazareanu) 루마니아 1959.06.21

| 연도 | 소속 | 출장 | 교체 | 실점 | 도움 | 파울 | 슈팅 | 경고 | 퇴장 |
|---|---|---|---|---|---|---|---|---|---|
| 1990 | 일화 | 8 | 0 | 12 | 0 | 0 | 1 | 0 | 0 |
| 1991 | 일화 | 21 | 3 | 28 | 0 | 1 | 0 | 1 | 1 |
| | 통산 | 29 | 3 | 40 | 0 | 1 | 0 | 2 | 1 |

**마르케스** (Agustinho Marques Renanl) 브라질 1983.03.08

| 연도 | 소속 | 출장 | 교체 | 득점 | 도움 | 파울 | 슈팅 | 경고 | 퇴장 |
|---|---|---|---|---|---|---|---|---|---|
| 2012 | 제주 | 13 | 12 | 1 | 1 | 13 | 27 | 0 | 0 |
| | 통산 | 13 | 12 | 1 | 1 | 13 | 27 | 0 | 0 |

**마르코** (Marco Aurelio Wagner Pereira) 브라질 1980.04.22

| 연도 | 소속 | 출장 | 교체 | 득점 | 도움 | 파울 | 슈팅 | 경고 | 퇴장 |
|---|---|---|---|---|---|---|---|---|---|
| 2006 | 제주 | 1 | 0 | 0 | 0 | 4 | 0 | 0 | 0 |
| | 통산 | 1 | 0 | 0 | 0 | 4 | 0 | 0 | 0 |

**마르코** (Marco Aurelio Martins Ivo) 브라질 1976.12.03

| 연도 | 소속 | 출장 | 교체 | 득점 | 도움 | 파울 | 슈팅 | 경고 | 퇴장 |
|---|---|---|---|---|---|---|---|---|---|
| 2002 | 안양 | 32 | 25 | 9 | 1 | 26 | 49 | 1 | 0 |
| | 통산 | 32 | 25 | 9 | 1 | 26 | 49 | 1 | 0 |

**마르코스** (Marcos Antonio da Silva) 브라질 1977.04.07

| 연도 | 소속 | 출장 | 교체 | 득점 | 도움 | 파울 | 슈팅 | 경고 | 퇴장 |
|---|---|---|---|---|---|---|---|---|---|
| 2001 | 울산 | 31 | 23 | 4 | 3 | 24 | 38 | 2 | 0 |
| 2002 | 울산 | 2 | 2 | 0 | 0 | 0 | 0 | 0 | 0 |
| | 통산 | 33 | 25 | 4 | 3 | 24 | 38 | 2 | 0 |

**마르코스** (Marcos Aurelio de Oliveira Lima) 브라질 1984.02.10

| 연도 | 소속 | 출장 | 교체 | 득점 | 도움 | 파울 | 슈팅 | 경고 | 퇴장 |
|---|---|---|---|---|---|---|---|---|---|
| 2014 | 전북 | 5 | 5 | 0 | 0 | 1 | 9 | 0 | 0 |
| | 통산 | 5 | 5 | 0 | 0 | 1 | 9 | 0 | 0 |

**마르크** (Benie Bolou Jean Marck) 코트디부아르 1982.11.09

| 연도 | 소속 | 출장 | 교체 | 득점 | 도움 | 파울 | 슈팅 | 경고 | 퇴장 |
|---|---|---|---|---|---|---|---|---|---|
| 2000 | 성남 | 5 | 5 | 0 | 0 | 11 | 4 | 1 | 0 |
| | 통산 | 5 | 5 | 0 | 0 | 11 | 4 | 1 | 0 |

**마리우** (Luis Mario Miranda da Silva) 브라질 1976.11.01

| 연도 | 소속 | 출장 | 교체 | 득점 | 도움 | 파울 | 슈팅 | 경고 | 퇴장 |
|---|---|---|---|---|---|---|---|---|---|
| 2003 | 안양 | 20 | 8 | 4 | 8 | 26 | 59 | 3 | 0 |
| | 통산 | 20 | 8 | 4 | 8 | 26 | 59 | 3 | 0 |

**마말리** (Emeka Esanga Mamale) DR콩고 1977.10.21

| 연도 | 소속 | 출장 | 교체 | 득점 | 도움 | 파울 | 슈팅 | 경고 | 퇴장 |
|---|---|---|---|---|---|---|---|---|---|
| 1996 | 포항 | 5 | 5 | 0 | 0 | 9 | 2 | 0 | 0 |
| 1997 | 포항 | 3 | 2 | 1 | 0 | 7 | 6 | 0 | 0 |
| | 통산 | 8 | 7 | 1 | 0 | 16 | 8 | 0 | 0 |

**마사** (Ohasi Masahiro) 일본 1981.06.23

| 연도 | 소속 | 출장 | 교체 | 득점 | 도움 | 파울 | 슈팅 | 경고 | 퇴장 |
|---|---|---|---|---|---|---|---|---|---|
| 2009 | 강원 | 22 | 11 | 4 | 2 | 11 | 22 | 0 | 0 |
| 2011 | 강원 | 5 | 5 | 0 | 1 | 5 | 1 | 0 | 0 |
| | 통산 | 27 | 16 | 4 | 3 | 12 | 26 | 0 | 0 |

**마상훈** (馬相訓) 순천고 1991.07.25

| 연도 | 소속 | 출장 | 교체 | 득점 | 도움 | 파울 | 슈팅 | 경고 | 퇴장 |
|---|---|---|---|---|---|---|---|---|---|
| 2012 | 강원 | 0 | 0 | 0 | 0 | 0 | 0 | 0 | 0 |
| 2014 | 전남 | 1 | 1 | 0 | 0 | 0 | 0 | 0 | 0 |
| | 통산 | 1 | 1 | 0 | 0 | 0 | 0 | 0 | 0 |

**마스다** (Masuda Chikashi) 일본 1985.06.19

| 연도 | 소속 | 출장 | 교체 | 득점 | 도움 | 파울 | 슈팅 | 경고 | 퇴장 |
|---|---|---|---|---|---|---|---|---|---|
| 2013 | 울산 | 35 | 12 | 4 | 3 | 43 | 34 | 3 | 0 |
| 2014 | 울산 | 0 | 0 | 0 | 0 | 0 | 0 | 0 | 0 |
| | 통산 | 35 | 12 | 4 | 3 | 43 | 34 | 3 | 0 |

**마스덴** (Christopher Marsden) 영국 1969.01.03

| 연도 | 소속 | 출장 | 교체 | 득점 | 도움 | 파울 | 슈팅 | 경고 | 퇴장 |
|---|---|---|---|---|---|---|---|---|---|
| 2004 | 부산 | 2 | 0 | 1 | 0 | 4 | 2 | 2 | 0 |
| | 통산 | 2 | 0 | 1 | 0 | 4 | 2 | 2 | 0 |

**마시엘** (Maciel Luiz Franco) 브라질 1972.03.15

| 연도 | 소속 | 출장 | 교체 | 득점 | 도움 | 파울 | 슈팅 | 경고 | 퇴장 |
|---|---|---|---|---|---|---|---|---|---|
| 1997 | 전남 | 19 | 0 | 3 | 0 | 42 | 15 | 1 | 0 |
| 1998 | 전남 | 27 | 1 | 1 | 1 | 66 | 24 | 9 | 0 |
| 1999 | 전남 | 36 | 2 | 2 | 1 | 78 | 27 | 3 | 0 |
| 2000 | 전남 | 36 | 2 | 1 | 0 | 78 | 23 | 7 | 0 |
| 2001 | 전남 | 29 | 1 | 0 | 0 | 60 | 14 | 6 | 0 |
| 2002 | 전남 | 27 | 5 | 2 | 1 | 57 | 39 | 3 | 0 |
| 2003 | 전남 | 10 | 1 | 0 | 1 | 17 | 10 | 4 | 0 |
| | 통산 | 184 | 17 | 10 | 3 | 398 | 125 | 34 | 0 |

**마에조노** (Maezono Masakiyo) 일본 1973.10.29

| 연도 | 소속 | 출장 | 교체 | 득점 | 도움 | 파울 | 슈팅 | 경고 | 퇴장 |
|---|---|---|---|---|---|---|---|---|---|
| 2003 | 안양 | 16 | 10 | 0 | 4 | 11 | 12 | 1 | 0 |
| 2004 | 인천 | 13 | 8 | 1 | 1 | 13 | 6 | 2 | 0 |
| | 통산 | 29 | 18 | 1 | 5 | 24 | 18 | 3 | 0 |

**마우리** (Mauricio de Oliveira Anastacio) 브라질 1962.09.29

| 연도 | 소속 | 출장 | 교체 | 득점 | 도움 | 파울 | 슈팅 | 경고 | 퇴장 |
|---|---|---|---|---|---|---|---|---|---|
| 1994 | 현대 | 14 | 11 | 2 | 2 | 8 | 14 | 0 | 0 |
| 1995 | 현대 | 4 | 4 | 0 | 1 | 3 | 3 | 0 | 0 |
| | 통산 | 18 | 15 | 2 | 3 | 11 | 17 | 0 | 0 |

**마우리시오** (Mauricio Fernandes) 브라질 1976.07.05

| 연도 | 소속 | 출장 | 교체 | 득점 | 도움 | 파울 | 슈팅 | 경고 | 퇴장 |
|---|---|---|---|---|---|---|---|---|---|
| 2007 | 포항 | 8 | 3 | 0 | 0 | 23 | 9 | 3 | 0 |
| | 통산 | 8 | 3 | 0 | 0 | 23 | 9 | 3 | 0 |

**마이콘** (Maycon Carvalho Inez) 브라질 1986.07.21

| 연도 | 소속 | 출장 | 교체 | 득점 | 도움 | 파울 | 슈팅 | 경고 | 퇴장 |
|---|---|---|---|---|---|---|---|---|---|
| 2014 | 고양 | 3 | 3 | 0 | 0 | 0 | 2 | 0 | 0 |
| | 통산 | 3 | 3 | 0 | 0 | 0 | 2 | 0 | 0 |

**마징요** (Marcio de Souza Gregorio Junio) 브라질 1986.05.14

| 연도 | 소속 | 출장 | 교체 | 득점 | 도움 | 파울 | 슈팅 | 경고 | 퇴장 |
|---|---|---|---|---|---|---|---|---|---|
| 2010 | 경남 | 3 | 3 | 0 | 0 | 7 | 3 | 0 | 0 |
| | 통산 | 3 | 3 | 0 | 0 | 7 | 3 | 0 | 0 |

**마차도** (Leandro Machado) 브라질 1976.03.22

| 연도 | 소속 | 출장 | 교체 | 득점 | 도움 | 파울 | 슈팅 | 경고 | 퇴장 |
|---|---|---|---|---|---|---|---|---|---|
| 2005 | 울산 | 17 | 8 | 13 | 1 | 42 | 34 | 5 | 0 |
| 2006 | 울산 | 26 | 18 | 1 | 3 | 34 | 35 | 2 | 0 |

| 연도 | 소속 | 출장 | 교체 | 득점 | 도움 | 파울 | 슈팅 | 경고 | 퇴장 |
|---|---|---|---|---|---|---|---|---|---|
| 2007 | 울산 | 10 | 9 | 2 | 0 | 8 | 9 | 3 | 0 |
| 통산 | | 53 | 35 | 16 | 4 | 84 | 78 | 10 | 0 |

**마철준** (馬哲俊) 경희대 1980.11.16

| 연도 | 소속 | 출장 | 교체 | 득점 | 도움 | 파울 | 슈팅 | 경고 | 퇴장 |
|---|---|---|---|---|---|---|---|---|---|
| 2004 | 부천 | 22 | 12 | 1 | 0 | 30 | 2 | 2 | 0 |
| 2005 | 부천 | 18 | 7 | 1 | 0 | 22 | 10 | 4 | 0 |
| 2006 | 제주 | 33 | 7 | 0 | 0 | 71 | 21 | 4 | 0 |
| 2007 | 광주상 | 25 | 7 | 0 | 0 | 47 | 14 | 3 | 0 |
| 2008 | 광주상 | 16 | 8 | 0 | 1 | 15 | 15 | 4 | 0 |
| 2009 | 제주 | 25 | 10 | 0 | 0 | 50 | 9 | 9 | 0 |
| 2010 | 제주 | 29 | 9 | 0 | 0 | 42 | 3 | 9 | 0 |
| 2011 | 제주 | 16 | 9 | 0 | 0 | 19 | 3 | 5 | 0 |
| 2012 | 제주 | 7 | 6 | 0 | 0 | 7 | 1 | 2 | 0 |
| 2012 | 전북 | 7 | 6 | 0 | 0 | 7 | 1 | 2 | 0 |
| 2013 | 광주 | 12 | 3 | 0 | 2 | 13 | 4 | 3 | 1 |
| 2014 | 광주 | 16 | 4 | 1 | 0 | 11 | 4 | 3 | 0 |
| 통산 | | 219 | 82 | 3 | 3 | 327 | 82 | 48 | 1 |

**마테우스** (Matheus Humberto Maximiano) 브라질 1989.05.31

| 연도 | 소속 | 출장 | 교체 | 득점 | 도움 | 파울 | 슈팅 | 경고 | 퇴장 |
|---|---|---|---|---|---|---|---|---|---|
| 2011 | 대구 | 9 | 8 | 1 | 0 | 6 | 13 | 0 | 0 |
| 2012 | 대구 | 23 | 15 | 2 | 2 | 37 | 26 | 5 | 0 |
| 2014 | 대구 | 18 | 14 | 2 | 1 | 32 | 8 | 2 | 0 |
| 통산 | | 50 | 37 | 5 | 3 | 75 | 47 | 7 | 0 |

**마토** (Mato Neretljak) 크로아티아 1979.06.03

| 연도 | 소속 | 출장 | 교체 | 득점 | 도움 | 파울 | 슈팅 | 경고 | 퇴장 |
|---|---|---|---|---|---|---|---|---|---|
| 2005 | 수원 | 31 | 2 | 10 | 2 | 102 | 37 | 7 | 0 |
| 2006 | 수원 | 37 | 1 | 4 | 2 | 96 | 30 | 7 | 0 |
| 2007 | 수원 | 33 | 1 | 7 | 3 | 67 | 40 | 7 | 0 |
| 2008 | 수원 | 29 | 1 | 4 | 0 | 46 | 29 | 3 | 0 |
| 2011 | 수원 | 25 | 0 | 8 | 0 | 39 | 31 | 6 | 0 |
| 통산 | | 157 | 5 | 29 | 8 | 370 | 162 | 30 | 0 |

**막스** 유고슬라비아 1965.12.10

| 연도 | 소속 | 출장 | 교체 | 득점 | 도움 | 파울 | 슈팅 | 경고 | 퇴장 |
|---|---|---|---|---|---|---|---|---|---|
| 1994 | 일화 | 11 | 10 | 0 | 0 | 15 | 27 | 5 | 0 |
| 통산 | | 11 | 10 | 0 | 0 | 15 | 27 | 5 | 0 |

**매그넘** (Magnum Rafael Farias Tavares) 브라질 1982.03.24

| 연도 | 소속 | 출장 | 교체 | 득점 | 도움 | 파울 | 슈팅 | 경고 | 퇴장 |
|---|---|---|---|---|---|---|---|---|---|
| 2011 | 울산 | 5 | 5 | 0 | 0 | 3 | 2 | 0 | 0 |
| 통산 | | 5 | 5 | 0 | 0 | 3 | 2 | 0 | 0 |

**맥카이** (Matthew Graham McKay) 호주 1983.01.11

| 연도 | 소속 | 출장 | 교체 | 득점 | 도움 | 파울 | 슈팅 | 경고 | 퇴장 |
|---|---|---|---|---|---|---|---|---|---|
| 2012 | 부산 | 27 | 8 | 1 | 6 | 45 | 15 | 7 | 0 |
| 통산 | | 27 | 8 | 1 | 6 | 45 | 15 | 7 | 0 |

**맹수일** (孟秀一) 동아대 1961.03.22

| 연도 | 소속 | 출장 | 교체 | 득점 | 도움 | 파울 | 슈팅 | 경고 | 퇴장 |
|---|---|---|---|---|---|---|---|---|---|
| 1985 | 럭금 | 8 | 5 | 1 | 0 | 4 | 5 | 0 | 0 |
| 1986 | 유공 | 21 | 6 | 1 | 1 | 21 | 20 | 2 | 0 |
| 1987 | 유공 | 1 | 1 | 0 | 0 | 0 | 0 | 0 | 0 |
| 통산 | | 30 | 12 | 2 | 1 | 25 | 25 | 2 | 0 |

**맹진오** (孟珍吾) 호남대 1986.03.06

| 연도 | 소속 | 출장 | 교체 | 득점 | 도움 | 파울 | 슈팅 | 경고 | 퇴장 |
|---|---|---|---|---|---|---|---|---|---|
| 2009 | 포항 | 0 | 0 | 0 | 0 | 0 | 0 | 0 | 0 |
| 2010 | 대구 | 3 | 3 | 0 | 0 | 5 | 0 | 0 | 0 |
| 통산 | | 3 | 3 | 0 | 0 | 5 | 0 | 0 | 0 |

**메도** (Ivan Medvid) 크로아티아 1977.10.13

| 연도 | 소속 | 출장 | 교체 | 득점 | 도움 | 파울 | 슈팅 | 경고 | 퇴장 |
|---|---|---|---|---|---|---|---|---|---|
| 2002 | 포항 | 18 | 3 | 1 | 7 | 53 | 12 | 6 | 0 |
| 2003 | 포항 | 29 | 13 | 0 | 4 | 47 | 15 | 4 | 0 |
| 통산 | | 47 | 16 | 1 | 11 | 100 | 27 | 10 | 0 |

**메조이** (Geza Meszoly) 헝가리 1967.02.25

| 연도 | 소속 | 출장 | 교체 | 득점 | 도움 | 파울 | 슈팅 | 경고 | 퇴장 |
|---|---|---|---|---|---|---|---|---|---|
| 1990 | 포철 | 12 | 1 | 2 | 1 | 28 | 10 | 1 | 0 |
| 1991 | 포철 | 4 | 2 | 0 | 0 | 11 | 1 | 0 | 0 |
| 통산 | | 16 | 3 | 2 | 1 | 39 | 11 | 1 | 0 |

**멘도사** (Mendoza Renreria Mauricio ) 콜롬비아 1981.12.28

| 연도 | 소속 | 출장 | 교체 | 득점 | 도움 | 파울 | 슈팅 | 경고 | 퇴장 |
|---|---|---|---|---|---|---|---|---|---|
| 2011 | 경남 | 1 | 1 | 0 | 1 | 1 | 1 | 0 | 0 |
| 통산 | | 1 | 1 | 0 | 1 | 1 | 1 | 0 | 0 |

**명재용** (明載容) 조선대 1973.02.26

| 연도 | 소속 | 출장 | 교체 | 득점 | 도움 | 파울 | 슈팅 | 경고 | 퇴장 |
|---|---|---|---|---|---|---|---|---|---|
| 1997 | 전북 | 9 | 4 | 1 | 0 | 18 | 12 | 2 | 0 |
| 1998 | 전북 | 26 | 19 | 2 | 1 | 41 | 34 | 2 | 0 |
| 1999 | 전북 | 30 | 22 | 2 | 2 | 31 | 42 | 2 | 0 |
| 2000 | 전북 | 23 | 11 | 4 | 1 | 35 | 38 | 1 | 0 |
| 2001 | 전북 | 12 | 7 | 1 | 1 | 16 | 23 | 2 | 0 |
| 2002 | 전북 | 6 | 6 | 0 | 0 | 6 | 8 | 0 | 0 |
| 통산 | | 105 | 69 | 10 | 5 | 148 | 150 | 10 | 0 |

**명진영** (明珍榮) 아주대 1973.05.20

| 연도 | 소속 | 출장 | 교체 | 득점 | 도움 | 파울 | 슈팅 | 경고 | 퇴장 |
|---|---|---|---|---|---|---|---|---|---|
| 1996 | 부산 | 9 | 6 | 1 | 1 | 9 | 12 | 2 | 0 |
| 1997 | 부산 | 3 | 3 | 0 | 0 | 2 | 0 | 0 | 0 |
| 1998 | 부산 | 9 | 9 | 1 | 1 | 8 | 9 | 1 | 0 |
| 1999 | 부산 | 9 | 10 | 0 | 0 | 7 | 5 | 1 | 0 |
| 통산 | | 30 | 28 | 2 | 2 | 26 | 25 | 4 | 1 |

**모나또** (Andrew Erick Feitosa) 브라질 1992.09.01

| 연도 | 소속 | 출장 | 교체 | 득점 | 도움 | 파울 | 슈팅 | 경고 | 퇴장 |
|---|---|---|---|---|---|---|---|---|---|
| 2011 | 경남 | 6 | 5 | 0 | 0 | 5 | 6 | 0 | 0 |
| 통산 | | 6 | 5 | 0 | 0 | 5 | 6 | 0 | 0 |

**모따** (Joao Soares da Mota Neto) 브라질 1980.11.21

| 연도 | 소속 | 출장 | 교체 | 득점 | 도움 | 파울 | 슈팅 | 경고 | 퇴장 |
|---|---|---|---|---|---|---|---|---|---|
| 2004 | 전남 | 29 | 11 | 14 | 2 | 65 | 81 | 12 | 0 |
| 2005 | 성남 | 9 | 3 | 7 | 4 | 29 | 20 | 5 | 1 |
| 2006 | 성남 | 19 | 11 | 7 | 4 | 29 | 29 | 5 | 1 |
| 2007 | 성남 | 21 | 7 | 9 | 2 | 39 | 42 | 9 | 0 |
| 2008 | 성남 | 30 | 6 | 9 | 4 | 48 | 83 | 12 | 0 |
| 2009 | 성남 | 11 | 2 | 4 | 4 | 17 | 29 | 1 | 0 |
| 2010 | 포항 | 28 | 9 | 7 | 4 | 42 | 66 | 7 | 0 |
| 2011 | 포항 | 31 | 19 | 14 | 8 | 56 | 51 | 6 | 0 |
| 통산 | | 178 | 68 | 71 | 34 | 315 | 403 | 57 | 1 |

**모따** (Jose Roberto Rodrigues Mota) 브라질 1979.05.10

| 연도 | 소속 | 출장 | 교체 | 득점 | 도움 | 파울 | 슈팅 | 경고 | 퇴장 |
|---|---|---|---|---|---|---|---|---|---|
| 2010 | 수원 | 25 | 14 | 11 | 0 | 29 | 51 | 5 | 1 |
| 2012 | 수원 | 2 | 2 | 0 | 0 | 1 | 1 | 0 | 0 |
| 통산 | | 27 | 16 | 11 | 0 | 29 | 52 | 5 | 1 |

**몰리나** (Mauricio Alejandro Molina Uribe) 콜롬비아 1980.04.30

| 연도 | 소속 | 출장 | 교체 | 득점 | 도움 | 파울 | 슈팅 | 경고 | 퇴장 |
|---|---|---|---|---|---|---|---|---|---|
| 2009 | 성남 | 17 | 5 | 10 | 3 | 17 | 72 | 4 | 0 |
| 2010 | 성남 | 33 | 13 | 12 | 8 | 28 | 131 | 6 | 0 |
| 2011 | 서울 | 29 | 8 | 10 | 12 | 30 | 87 | 5 | 0 |
| 2012 | 서울 | 41 | 6 | 18 | 19 | 45 | 121 | 4 | 0 |
| 2013 | 서울 | 35 | 20 | 9 | 13 | 23 | 96 | 4 | 0 |
| 2014 | 서울 | 19 | 13 | 5 | 5 | 20 | 38 | 4 | 0 |
| 통산 | | 174 | 55 | 64 | 58 | 153 | 545 | 23 | 0 |

**무사** (Javier Martin Musa) 아르헨티나 1979.01.15

| 연도 | 소속 | 출장 | 교체 | 득점 | 도움 | 파울 | 슈팅 | 경고 | 퇴장 |
|---|---|---|---|---|---|---|---|---|---|
| 2004 | 수원 | 19 | 6 | 1 | 1 | 47 | 13 | 1 | 0 |
| 2005 | 수원 | 9 | 1 | 0 | 0 | 18 | 2 | 4 | 0 |
| 2005 | 울산 | 7 | 0 | 0 | 0 | 16 | 1 | 0 | 0 |
| 통산 | | 35 | 7 | 1 | 1 | 81 | 16 | 5 | 0 |

**무삼파** (Kizito Musampa) 네덜란드 1977.07.20

| 연도 | 소속 | 출장 | 교체 | 득점 | 도움 | 파울 | 슈팅 | 경고 | 퇴장 |
|---|---|---|---|---|---|---|---|---|---|
| 2008 | 서울 | 5 | 3 | 0 | 0 | 7 | 6 | 0 | 0 |
| 통산 | | 5 | 3 | 0 | 0 | 7 | 6 | 0 | 0 |

**무스타파** (Gonden Mustafa) 터키 1975.08.01

| 연도 | 소속 | 출장 | 교체 | 득점 | 도움 | 파울 | 슈팅 | 경고 | 퇴장 |
|---|---|---|---|---|---|---|---|---|---|
| 2002 | 부천 | 6 | 6 | 0 | 0 | 3 | 5 | 0 | 0 |
| 2003 | 부천 | 1 | 1 | 0 | 0 | 3 | 1 | 0 | 0 |
| 통산 | | 7 | 7 | 0 | 0 | 6 | 6 | 0 | 0 |

**무탐바** (Mutamba Kabongo) DR콩고 1972.12.09

| 연도 | 소속 | 출장 | 교체 | 득점 | 도움 | 파울 | 슈팅 | 경고 | 퇴장 |
|---|---|---|---|---|---|---|---|---|---|
| 1997 | 안양 | 32 | 5 | 3 | 0 | 55 | 28 | 4 | 0 |
| 1998 | 안양 | 34 | 4 | 4 | 2 | 59 | 33 | 5 | 0 |
| 1999 | 안양 | 28 | 6 | 2 | 1 | 45 | 22 | 5 | 0 |
| 2000 | 안양 | 15 | 6 | 0 | 0 | 26 | 7 | 5 | 0 |
| 통산 | | 109 | 21 | 9 | 3 | 185 | 90 | 19 | 0 |

**문기한** (文記韓) 영남사이버대 1989.03.17

| 연도 | 소속 | 출장 | 교체 | 득점 | 도움 | 파울 | 슈팅 | 경고 | 퇴장 |
|---|---|---|---|---|---|---|---|---|---|
| 2008 | 서울 | 3 | 2 | 0 | 0 | 3 | 3 | 0 | 0 |
| 2009 | 서울 | 4 | 4 | 0 | 0 | 4 | 0 | 0 | 0 |
| 2010 | 서울 | 0 | 0 | 0 | 0 | 0 | 0 | 0 | 0 |
| 2011 | 서울 | 13 | 12 | 0 | 1 | 19 | 5 | 3 | 0 |
| 2012 | 서울 | 1 | 1 | 0 | 0 | 0 | 1 | 0 | 0 |
| 2013 | 경찰 | 28 | 7 | 5 | 7 | 26 | 37 | 7 | 0 |
| 2014 | 안산 | 21 | 15 | 1 | 2 | 32 | 8 | 6 | 0 |
| 통산 | | 66 | 37 | 3 | 8 | 107 | 44 | 15 | 0 |

**문대성** (文大成) 중앙대 1986.03.15

| 연도 | 소속 | 출장 | 교체 | 득점 | 도움 | 파울 | 슈팅 | 경고 | 퇴장 |
|---|---|---|---|---|---|---|---|---|---|
| 2007 | 전북 | 4 | 4 | 0 | 1 | 3 | 1 | 1 | 0 |
| 2008 | 전북 | 11 | 9 | 1 | 2 | 15 | 13 | 2 | 0 |
| 2009 | 성남 | 14 | 11 | 0 | 0 | 9 | 5 | 1 | 0 |
| 2010 | 성남 | 9 | 2 | 0 | 4 | 15 | 4 | 1 | 0 |
| 2011 | 울산 | 2 | 0 | 0 | 0 | 0 | 0 | 0 | 0 |
| 통산 | | 40 | 35 | 3 | 3 | 34 | 25 | 7 | 0 |

**문동주** (文棟柱) 대구대 1990.07.08

| 연도 | 소속 | 출장 | 교체 | 득점 | 도움 | 파울 | 슈팅 | 경고 | 퇴장 |
|---|---|---|---|---|---|---|---|---|---|
| 2013 | 서울 | 0 | 0 | 0 | 0 | 0 | 0 | 0 | 0 |
| 통산 | | 0 | 0 | 0 | 0 | 0 | 0 | 0 | 0 |

**문민귀** (文民貴) 호남대 1981.11.15

| 연도 | 소속 | 출장 | 교체 | 득점 | 도움 | 파울 | 슈팅 | 경고 | 퇴장 |
|---|---|---|---|---|---|---|---|---|---|
| 2004 | 포항 | 35 | 4 | 2 | 3 | 39 | 4 | 4 | 0 |
| 2005 | 포항 | 17 | 11 | 0 | 1 | 20 | 2 | 2 | 0 |
| 2006 | 경남 | 12 | 2 | 0 | 0 | 18 | 4 | 3 | 0 |
| 2007 | 수원 | 7 | 5 | 0 | 1 | 11 | 0 | 0 | 0 |
| 2008 | 수원 | 5 | 2 | 0 | 0 | 14 | 0 | 1 | 0 |
| 2009 | 수원 | 5 | 1 | 0 | 0 | 14 | 0 | 1 | 0 |
| 2010 | 수원 | 2 | 0 | 0 | 0 | 5 | 0 | 1 | 0 |
| 2011 | 제주 | 10 | 3 | 0 | 1 | 15 | 1 | 0 | 0 |
| 통산 | | 101 | 37 | 1 | 6 | 151 | 19 | 16 | 0 |

**문민호** (文敏鎬) 광운대 1958.09.18

| 연도 | 소속 | 출장 | 교체 | 득점 | 도움 | 파울 | 슈팅 | 경고 | 퇴장 |
|---|---|---|---|---|---|---|---|---|---|
| 1985 | 유공 | 5 | 5 | 1 | 0 | 3 | 2 | 0 | 0 |
| 통산 | | 5 | 5 | 1 | 0 | 3 | 2 | 0 | 0 |

**문병우** (文炳祐) 명지대 1986.05.03

| 연도 | 소속 | 출장 | 교체 | 득점 | 도움 | 파울 | 슈팅 | 경고 | 퇴장 |
|---|---|---|---|---|---|---|---|---|---|
| 2009 | 강원 | 5 | 5 | 0 | 0 | 5 | 3 | 0 | 0 |
| 2013 | 강원 | 9 | 9 | 0 | 1 | 8 | 1 | 1 | 0 |
| 통산 | | 12 | 12 | 0 | 1 | 12 | 3 | 1 | 0 |

**문삼진** (文三鎭) 성균관대 1973.03.03

| 연도 | 소속 | 출장 | 교체 | 득점 | 도움 | 파울 | 슈팅 | 경고 | 퇴장 |
|---|---|---|---|---|---|---|---|---|---|
| 1999 | 천안 | 29 | 9 | 0 | 0 | 48 | 10 | 3 | 0 |
| 2000 | 성남 | 31 | 13 | 1 | 4 | 43 | 4 | 4 | 0 |
| 2001 | 성남 | 11 | 10 | 0 | 0 | 4 | 2 | 1 | 0 |
| 2002 | 성남 | 19 | 12 | 0 | 2 | 45 | 3 | 2 | 0 |
| 2003 | 성남 | 0 | 0 | 0 | 0 | 0 | 0 | 0 | 0 |
| 통산 | | 90 | 42 | 1 | 6 | 140 | 19 | 9 | 0 |

**문상윤** (文相閏) 대건고 1991.01.09

| 연도 | 소속 | 출장 | 교체 | 득점 | 도움 | 파울 | 슈팅 | 경고 | 퇴장 |
|---|---|---|---|---|---|---|---|---|---|
| 2012 | 인천 | 26 | 19 | 1 | 1 | 18 | 15 | 1 | 0 |
| 2013 | 인천 | 29 | 18 | 2 | 3 | 29 | 25 | 1 | 0 |
| 2014 | 인천 | 31 | 17 | 3 | 3 | 17 | 31 | 2 | 0 |

## 문영래 (文永來) 국민대 1964.03.06

| 연도 | 소속 | 출장 | 교체 | 득점 | 도움 | 파울 | 슈팅 | 경고 | 퇴장 |
|---|---|---|---|---|---|---|---|---|---|
| 1988 | 유공 | 15 | 15 | 0 | 1 | 19 | 14 | 3 | 0 |
| 1989 | 유공 | 33 | 25 | 2 | 5 | 49 | 21 | 4 | 0 |
| 1990 | 유공 | 15 | 13 | 1 | 1 | 18 | 11 | 0 | 0 |
| 1991 | 유공 | 14 | 7 | 0 | 0 | 19 | 14 | 3 | 0 |
| 1992 | 유공 | 1 | 1 | 0 | 0 | 1 | 0 | 0 | 0 |
| 1993 | 유공 | 10 | 10 | 0 | 1 | 10 | 6 | 1 | 0 |
| 1994 | 버팔로 | 32 | 9 | 3 | 3 | 47 | 54 | 8 | 0 |
| 1995 | 전북 | 16 | 12 | 0 | 0 | 17 | 8 | 2 | 0 |
| 통산 | | 136 | 92 | 6 | 11 | 180 | 128 | 21 | 0 |

## 문영서 (文永瑞) 안양공고 1956.12.20

| 연도 | 소속 | 출장 | 교체 | 득점 | 도움 | 파울 | 슈팅 | 경고 | 퇴장 |
|---|---|---|---|---|---|---|---|---|---|
| 1984 | 할렐 | 15 | 2 | 0 | 1 | 20 | 2 | 1 | 0 |
| 1985 | 할렐 | 12 | 0 | 1 | 0 | 21 | 3 | 0 | 0 |
| 통산 | | 27 | 2 | 0 | 2 | 41 | 5 | 1 | 0 |

## 문원근 (文元根) 동아대 1963.09.16

| 연도 | 소속 | 출장 | 교체 | 득점 | 도움 | 파울 | 슈팅 | 경고 | 퇴장 |
|---|---|---|---|---|---|---|---|---|---|
| 1989 | 일화 | 18 | 4 | 0 | 4 | 36 | 15 | 4 | 0 |
| 1990 | 일화 | 2 | 1 | 0 | 0 | 3 | 5 | 1 | 0 |
| 통산 | | 20 | 6 | 0 | 4 | 39 | 20 | 5 | 0 |

## 문정주 (文禎珠) 선문대 1990.03.22

| 연도 | 소속 | 출장 | 교체 | 득점 | 도움 | 파울 | 슈팅 | 경고 | 퇴장 |
|---|---|---|---|---|---|---|---|---|---|
| 2013 | 충주 | 29 | 24 | 2 | 1 | 41 | 23 | 4 | 0 |
| 통산 | | 29 | 24 | 2 | 1 | 41 | 23 | 4 | 0 |

## 문주원 (文周元) 경희대 1983.05.08

| 연도 | 소속 | 출장 | 교체 | 득점 | 도움 | 파울 | 슈팅 | 경고 | 퇴장 |
|---|---|---|---|---|---|---|---|---|---|
| 2006 | 대구 | 19 | 13 | 1 | 1 | 33 | 25 | 3 | 0 |
| 2007 | 대구 | 18 | 13 | 1 | 0 | 40 | 20 | 1 | 0 |
| 2008 | 대구 | 26 | 19 | 2 | 2 | 34 | 33 | 3 | 0 |
| 2009 | 강원 | 12 | 11 | 0 | 8 | 12 | 0 | 0 | 0 |
| 2013 | 경남 | 4 | 0 | 0 | 0 | 4 | 9 | 0 | 0 |
| 2014 | 경남 | 7 | 7 | 0 | 0 | 6 | 8 | 0 | 0 |
| 통산 | | 86 | 63 | 5 | 3 | 129 | 95 | 9 | 0 |

## 문진용 (文眞勇) 경희대 1991.12.14

| 연도 | 소속 | 출장 | 교체 | 득점 | 도움 | 파울 | 슈팅 | 경고 | 퇴장 |
|---|---|---|---|---|---|---|---|---|---|
| 2013 | 전북 | 4 | 4 | 0 | 0 | 5 | 4 | 1 | 0 |
| 통산 | | 4 | 4 | 0 | 0 | 5 | 4 | 1 | 0 |

## 문창진 (文彰珍) 위덕대 1993.07.12

| 연도 | 소속 | 출장 | 교체 | 득점 | 도움 | 파울 | 슈팅 | 경고 | 퇴장 |
|---|---|---|---|---|---|---|---|---|---|
| 2012 | 포항 | 4 | 4 | 0 | 0 | 0 | 0 | 0 | 0 |
| 2013 | 포항 | 7 | 7 | 1 | 0 | 3 | 3 | 0 | 0 |
| 2014 | 포항 | 24 | 17 | 2 | 2 | 20 | 15 | 1 | 0 |
| 통산 | | 35 | 28 | 3 | 2 | 23 | 18 | 1 | 0 |

## 문태권 (文泰權) 명지대 1968.05.14

| 연도 | 소속 | 출장 | 교체 | 득점 | 도움 | 파울 | 슈팅 | 경고 | 퇴장 |
|---|---|---|---|---|---|---|---|---|---|
| 1993 | 현대 | 9 | 1 | 0 | 0 | 12 | 2 | 2 | 0 |
| 1994 | 현대 | 11 | 5 | 0 | 0 | 12 | 6 | 2 | 0 |
| 1995 | 전남 | 2 | 2 | 0 | 1 | 3 | 0 | 0 | 0 |
| 1996 | 전남 | 4 | 4 | 0 | 0 | 4 | 0 | 0 | 0 |
| 통산 | | 26 | 12 | 0 | 1 | 31 | 2 | 4 | 0 |

## 문태혁 (文泰赫) 광양제철고 1983.03.31

| 연도 | 소속 | 출장 | 교체 | 득점 | 도움 | 파울 | 슈팅 | 경고 | 퇴장 |
|---|---|---|---|---|---|---|---|---|---|
| 2000 | 수원 | 0 | 0 | 0 | 0 | 0 | 0 | 0 | 0 |
| 통산 | | 0 | 0 | 0 | 0 | 0 | 0 | 0 | 0 |

## 미구엘 (Miguel Antonio Bianconi Koh) 브라질 1992.05.14

| 연도 | 소속 | 출장 | 교체 | 득점 | 도움 | 파울 | 슈팅 | 경고 | 퇴장 |
|---|---|---|---|---|---|---|---|---|---|
| 2013 | 충주 | 8 | 7 | 0 | 0 | 12 | 8 | 1 | 0 |
| 통산 | | 8 | 7 | 0 | 0 | 12 | 8 | 1 | 0 |

## 미니치 유고슬라비아 1966.10.24

| 연도 | 소속 | 출장 | 교체 | 득점 | 도움 | 파울 | 슈팅 | 경고 | 퇴장 |
|---|---|---|---|---|---|---|---|---|---|
| 1995 | 전남 | 22 | 7 | 1 | 2 | 22 | 6 | 1 | 0 |
| 통산 | | 22 | 7 | 1 | 2 | 22 | 6 | 1 | 0 |

## 미르코 (Mirko Jovanovic) 유고슬라비아 1971.03.14

| 연도 | 소속 | 출장 | 교체 | 득점 | 도움 | 파울 | 슈팅 | 경고 | 퇴장 |
|---|---|---|---|---|---|---|---|---|---|
| 1999 | 전북 | 14 | 8 | 4 | 1 | 22 | 35 | 0 | 0 |
| 2000 | 전북 | 7 | 7 | 0 | 1 | 2 | 1 | 0 | 0 |
| 통산 | | 21 | 15 | 4 | 2 | 24 | 36 | 0 | 0 |

## 미샤 (Miodrag Vasiljevic) 유고슬라비아 1980.08.21

| 연도 | 소속 | 출장 | 교체 | 득점 | 도움 | 파울 | 슈팅 | 경고 | 퇴장 |
|---|---|---|---|---|---|---|---|---|---|
| 2001 | 성남 | 4 | 5 | 0 | 0 | 4 | 2 | 0 | 0 |
| 통산 | | 4 | 5 | 0 | 0 | 4 | 2 | 0 | 0 |

## 미셸 (Michel Neves Dias) 브라질 1980.07.13

| 연도 | 소속 | 출장 | 교체 | 득점 | 도움 | 파울 | 슈팅 | 경고 | 퇴장 |
|---|---|---|---|---|---|---|---|---|---|
| 2003 | 전남 | 13 | 9 | 4 | 3 | 17 | 11 | 3 | 0 |
| 통산 | | 13 | 9 | 4 | 3 | 17 | 11 | 3 | 0 |

## 미첼 (Michel Pensee Billong) 카메룬 1973.06.16

| 연도 | 소속 | 출장 | 교체 | 득점 | 도움 | 파울 | 슈팅 | 경고 | 퇴장 |
|---|---|---|---|---|---|---|---|---|---|
| 1997 | 천안 | 3 | 2 | 1 | 0 | 7 | 5 | 0 | 1 |
| 1998 | 천안 | 15 | 3 | 1 | 0 | 29 | 12 | 4 | 0 |
| 1999 | 천안 | 32 | 0 | 0 | 0 | 66 | 11 | 5 | 0 |
| 통산 | | 50 | 5 | 2 | 0 | 102 | 28 | 9 | 1 |

## 미카엘 (Karapet Mikaelian) 아르메니아 1968.09.27

| 연도 | 소속 | 출장 | 교체 | 득점 | 도움 | 파울 | 슈팅 | 경고 | 퇴장 |
|---|---|---|---|---|---|---|---|---|---|
| 1997 | 부천 | 15 | 15 | 1 | 2 | 11 | 10 | 1 | 0 |
| 통산 | | 15 | 15 | 1 | 2 | 11 | 10 | 1 | 0 |

## 미트로 (Mitrovic Slavisa) 보스니아 헤르체고비나 1977.07.05

| 연도 | 소속 | 출장 | 교체 | 득점 | 도움 | 파울 | 슈팅 | 경고 | 퇴장 |
|---|---|---|---|---|---|---|---|---|---|
| 2002 | 수원 | 7 | 6 | 0 | 1 | 25 | 10 | 3 | 0 |
| 통산 | | 7 | 6 | 0 | 1 | 25 | 10 | 3 | 0 |

## 미하이 (Dragus Mihai) 루마니아 1973.03.13

| 연도 | 소속 | 출장 | 교체 | 득점 | 도움 | 파울 | 슈팅 | 경고 | 퇴장 |
|---|---|---|---|---|---|---|---|---|---|
| 1998 | 수원 | 21 | 17 | 6 | 2 | 45 | 39 | 3 | 1 |
| 통산 | | 21 | 17 | 6 | 2 | 45 | 39 | 3 | 1 |

## 미하일 (Radmilo Mihajlovic) 유고슬라비아 1964.11.19

| 연도 | 소속 | 출장 | 교체 | 득점 | 도움 | 파울 | 슈팅 | 경고 | 퇴장 |
|---|---|---|---|---|---|---|---|---|---|
| 1997 | 포항 | 3 | 3 | 0 | 0 | 2 | 6 | 0 | 0 |
| 통산 | | 3 | 3 | 0 | 0 | 2 | 6 | 0 | 0 |

## 민경인 (閔庚仁) 고려대 1979.05.09

| 연도 | 소속 | 출장 | 교체 | 득점 | 도움 | 파울 | 슈팅 | 경고 | 퇴장 |
|---|---|---|---|---|---|---|---|---|---|
| 2003 | 성남 | 1 | 1 | 0 | 0 | 2 | 0 | 0 | 0 |
| 통산 | | 1 | 1 | 0 | 0 | 2 | 0 | 0 | 0 |

## 민병욱

| 연도 | 소속 | 출장 | 교체 | 득점 | 도움 | 파울 | 슈팅 | 경고 | 퇴장 |
|---|---|---|---|---|---|---|---|---|---|
| 1983 | 대우 | 5 | 6 | 1 | 0 | 2 | 3 | 0 | 0 |
| 통산 | | 5 | 6 | 1 | 0 | 2 | 3 | 0 | 0 |

## 민상기 (閔尙基) 매탄고 1991.08.27

| 연도 | 소속 | 출장 | 교체 | 득점 | 도움 | 파울 | 슈팅 | 경고 | 퇴장 |
|---|---|---|---|---|---|---|---|---|---|
| 2010 | 수원 | 1 | 1 | 0 | 0 | 0 | 0 | 0 | 0 |
| 2011 | 수원 | 1 | 1 | 0 | 0 | 0 | 0 | 0 | 0 |
| 2012 | 수원 | 1 | 0 | 0 | 0 | 4 | 0 | 0 | 0 |
| 2013 | 수원 | 30 | 6 | 0 | 0 | 41 | 2 | 3 | 0 |
| 2014 | 수원 | 24 | 0 | 0 | 0 | 30 | 5 | 2 | 0 |
| 통산 | | 57 | 15 | 0 | 1 | 80 | 7 | 5 | 0 |

## 민영기 (閔榮基) 경상대 1976.03.28

| 연도 | 소속 | 출장 | 교체 | 득점 | 도움 | 파울 | 슈팅 | 경고 | 퇴장 |
|---|---|---|---|---|---|---|---|---|---|
| 1999 | 울산 | 5 | 1 | 0 | 0 | 7 | 0 | 0 | 0 |
| 2000 | 울산 | 5 | 2 | 0 | 0 | 3 | 0 | 0 | 0 |
| 2004 | 대구 | 25 | 1 | 0 | 0 | 48 | 1 | 9 | 0 |
| 2005 | 대구 | 28 | 4 | 0 | 0 | 37 | 5 | 8 | 0 |
| 2006 | 대전 | 37 | 3 | 1 | 0 | 27 | 13 | 5 | 0 |
| 2007 | 대전 | 32 | 6 | 1 | 0 | 31 | 7 | 2 | 0 |
| 2008 | 대전 | 23 | 2 | 0 | 0 | 31 | 7 | 2 | 0 |
| 2009 | 부산 | 18 | 14 | 1 | 0 | 13 | 8 | 3 | 0 |
| 통산 | | 182 | 39 | 2 | 1 | 212 | 47 | 30 | 0 |

## 민진홍 (閔鎭泓) 동대문상고 1960.03.11

| 연도 | 소속 | 출장 | 교체 | 득점 | 도움 | 파울 | 슈팅 | 경고 | 퇴장 |
|---|---|---|---|---|---|---|---|---|---|
| 1983 | 대우 | 2 | 1 | 0 | 0 | 0 | 1 | 0 | 0 |
| 1984 | 럭키 | 16 | 8 | 1 | 1 | 5 | 6 | 0 | 0 |
| 1985 | 유공 | 3 | 3 | 0 | 0 | 0 | 1 | 0 | 0 |
| 1986 | 유공 | 36 | 4 | 2 | 2 | 35 | 13 | 3 | 0 |
| 1987 | 유공 | 15 | 6 | 0 | 0 | 21 | 2 | 0 | 1 |
| 1988 | 유공 | 3 | 3 | 0 | 0 | 0 | 0 | 0 | 0 |
| 통산 | | 74 | 23 | 3 | 2 | 62 | 22 | 3 | 1 |

## 밀톤 (Milton Fabian Rodriguez Suarez) 콜롬비아 1976.04.28

| 연도 | 소속 | 출장 | 교체 | 득점 | 도움 | 파울 | 슈팅 | 경고 | 퇴장 |
|---|---|---|---|---|---|---|---|---|---|
| 2005 | 전북 | 11 | 7 | 4 | 0 | 25 | 30 | 1 | 0 |
| 2006 | 전북 | 10 | 8 | 2 | 0 | 14 | 18 | 0 | 0 |
| 통산 | | 21 | 15 | 6 | 0 | 39 | 48 | 1 | 0 |

## 바그너 (Wagner Luiz da Silva) 브라질 1981.09.13

| 연도 | 소속 | 출장 | 교체 | 득점 | 도움 | 파울 | 슈팅 | 경고 | 퇴장 |
|---|---|---|---|---|---|---|---|---|---|
| 2009 | 포항 | 5 | 5 | 0 | 0 | 1 | 3 | 0 | 0 |
| 통산 | | 5 | 5 | 0 | 0 | 1 | 3 | 0 | 0 |

## 바그너 (Qerino da Silva Wagner / 박은호) 브라질 1987.01.31

| 연도 | 소속 | 출장 | 교체 | 득점 | 도움 | 파울 | 슈팅 | 경고 | 퇴장 |
|---|---|---|---|---|---|---|---|---|---|
| 2011 | 대전 | 27 | 17 | 7 | 1 | 29 | 91 | 2 | 0 |
| 2014 | 안양 | 17 | 16 | 1 | 0 | 7 | 32 | 1 | 0 |
| 통산 | | 44 | 33 | 8 | 1 | 36 | 123 | 3 | 0 |

## 바데아 (Pavel Badea) 루마니아 1967.06.10

| 연도 | 소속 | 출장 | 교체 | 득점 | 도움 | 파울 | 슈팅 | 경고 | 퇴장 |
|---|---|---|---|---|---|---|---|---|---|
| 1996 | 수원 | 32 | 6 | 4 | 4 | 41 | 76 | 4 | 0 |
| 1997 | 수원 | 33 | 3 | 3 | 4 | 45 | 73 | 7 | 0 |
| 1998 | 수원 | 15 | 2 | 4 | 1 | 27 | 58 | 4 | 0 |
| 통산 | | 80 | 11 | 11 | 10 | 103 | 207 | 15 | 0 |

## 바락신 러시아 1974.08.03

| 연도 | 소속 | 출장 | 교체 | 득점 | 도움 | 파울 | 슈팅 | 경고 | 퇴장 |
|---|---|---|---|---|---|---|---|---|---|
| 1995 | 유공 | 3 | 3 | 0 | 0 | 1 | 3 | 0 | 0 |

## 바바 (Baba Yuta, 馬場憂太) 일본 1984.01.22

| 연도 | 소속 | 출장 | 교체 | 득점 | 도움 | 파울 | 슈팅 | 경고 | 퇴장 |
|---|---|---|---|---|---|---|---|---|---|
| 2011 | 대전 | 3 | 2 | 0 | 0 | 3 | 1 | 0 | 0 |
| 2012 | 대전 | 30 | 9 | 4 | 2 | 44 | 34 | 9 | 0 |
| 2013 | 대전 | 10 | 6 | 1 | 0 | 8 | 10 | 2 | 0 |
| 통산 | | 43 | 19 | 5 | 2 | 55 | 45 | 11 | 0 |

## 바바라데 (Ajibade Kunde Babalade) 나이지리아 1972.03.29

| 연도 | 소속 | 출장 | 교체 | 득점 | 도움 | 파울 | 슈팅 | 경고 | 퇴장 |
|---|---|---|---|---|---|---|---|---|---|
| 1997 | 안양 | 3 | 2 | 0 | 0 | 4 | 1 | 2 | 0 |
| 통산 | | 3 | 2 | 0 | 0 | 4 | 1 | 2 | 0 |

## 바벨 (Vaber Mendes Ferreira) 브라질 1981.09.22

| 연도 | 소속 | 출장 | 교체 | 득점 | 도움 | 파울 | 슈팅 | 경고 | 퇴장 |
|---|---|---|---|---|---|---|---|---|---|
| 2009 | 대전 | 24 | 3 | 1 | 3 | 49 | 40 | 4 | 0 |
| 2010 | 대전 | 12 | 6 | 0 | 0 | 12 | 19 | 0 | 0 |
| 통산 | | 36 | 9 | 1 | 3 | 61 | 59 | 4 | 0 |

## 바우지비아 (Ferreira da Silva Leite Caique) 브라질 1992.10.2

| 연도 | 소속 | 출장 | 교체 | 득점 | 도움 | 파울 | 슈팅 | 경고 | 퇴장 |
|---|---|---|---|---|---|---|---|---|---|
| 2014 | 성남 | 13 | 12 | 1 | 1 | 16 | 12 | 1 | 0 |
| 통산 | | 13 | 12 | 1 | 1 | 16 | 12 | 1 | 0 |

## 바우텔 (Walter Junio da Silva Clementino) 브라질 1982.01.12

| 연도 | 소속 | 출장 | 교체 | 득점 | 도움 | 파울 | 슈팅 | 경고 | 퇴장 |
|---|---|---|---|---|---|---|---|---|---|
| 2008 | 대전 | 9 | 3 | 1 | 1 | 12 | 13 | 1 | 0 |
| 통산 | | 9 | 3 | 1 | 1 | 12 | 13 | 1 | 0 |

## 바울 (Valdeir da Silva Santos) 브라질 1977.04.12

| 연도 | 소속 | 출장 | 교체 | 득점 | 도움 | 파울 | 슈팅 | 경고 | 퇴장 |
|---|---|---|---|---|---|---|---|---|---|
| 2009 | 대구 | 15 | 8 | 2 | 0 | 24 | 18 | 2 | 0 |
| 통산 | | 15 | 8 | 2 | 0 | 24 | 18 | 2 | 0 |

## 바이아노 (Claudio Celio Cunha Defensor) 브라질 1974.02.19

| 연도 | 소속 | 출장 | 교체 | 득점 | 도움 | 파울 | 슈팅 | 경고 | 퇴장 |
|---|---|---|---|---|---|---|---|---|---|
| 2001 | 울산 | 6 | 6 | 0 | 0 | 3 | 1 | 0 | 0 |

| 연도 | 소속 | 출장 | 교체 | 득점 | 도움 | 파울 | 슈팅 | 경고 | 퇴장 |
|---|---|---|---|---|---|---|---|---|---|
| | 통산 | 6 | 6 | 0 | 0 | 3 | 1 | 0 | 0 |

**바이야** (Santos Fabio Junior Nascimento) 브라질 1983.11.02

| 연도 | 소속 | 출장 | 교체 | 득점 | 도움 | 파울 | 슈팅 | 경고 | 퇴장 |
|---|---|---|---|---|---|---|---|---|---|
| 2011 | 인천 | 31 | 12 | 2 | 1 | 32 | 17 | 1 | 0 |
| | 통산 | 31 | 12 | 2 | 1 | 32 | 17 | 1 | 0 |

**바조** (Blaze Ilijoski) 마케도니아 1984.07.09

| 연도 | 소속 | 출장 | 교체 | 득점 | 도움 | 파울 | 슈팅 | 경고 | 퇴장 |
|---|---|---|---|---|---|---|---|---|---|
| 2006 | 인천 | 14 | 13 | 3 | 0 | 28 | 16 | 2 | 0 |
| 2010 | 강원 | 7 | 5 | 1 | 1 | 8 | 8 | 2 | 0 |
| | 통산 | 21 | 17 | 4 | 1 | 36 | 24 | 4 | 0 |

**바티스타** (Edinaldo Batista Libanio) 브라질 1979.04.02

| 연도 | 소속 | 출장 | 교체 | 득점 | 도움 | 파울 | 슈팅 | 경고 | 퇴장 |
|---|---|---|---|---|---|---|---|---|---|
| 2003 | 안양 | 9 | 4 | 0 | 0 | 39 | 15 | 4 | 0 |
| | 통산 | 9 | 4 | 0 | 0 | 39 | 15 | 4 | 0 |

**바하** (Mahmadu Alphajor Bah) 시에라리온 1977.01.01

| 연도 | 소속 | 출장 | 교체 | 득점 | 도움 | 파울 | 슈팅 | 경고 | 퇴장 |
|---|---|---|---|---|---|---|---|---|---|
| 1997 | 전남 | 12 | 13 | 0 | 1 | 23 | 7 | 2 | 0 |
| 1998 | 전남 | 18 | 18 | 0 | 2 | 30 | 4 | 2 | 1 |
| | 통산 | 30 | 31 | 0 | 3 | 53 | 11 | 4 | 1 |

**박강조** (朴康造) 일본 다키가와다고 1980.01.24

| 연도 | 소속 | 출장 | 교체 | 득점 | 도움 | 파울 | 슈팅 | 경고 | 퇴장 |
|---|---|---|---|---|---|---|---|---|---|
| 2000 | 성남 | 31 | 8 | 0 | 1 | 41 | 42 | 1 | 0 |
| 2001 | 성남 | 20 | 15 | 1 | 2 | 12 | 18 | 1 | 0 |
| 2002 | 성남 | 18 | 17 | 0 | 0 | 19 | 4 | 1 | 0 |
| | 통산 | 69 | 40 | 1 | 3 | 72 | 64 | 4 | 0 |

**박건영** (朴建映) 영남대 1987.03.14

| 연도 | 소속 | 출장 | 교체 | 득점 | 도움 | 파울 | 슈팅 | 경고 | 퇴장 |
|---|---|---|---|---|---|---|---|---|---|
| 2011 | 대전 | 9 | 3 | 0 | 0 | 6 | 1 | 1 | 0 |
| 2012 | 대전 | 0 | 0 | 0 | 0 | 0 | 0 | 0 | 0 |
| | 통산 | 9 | 3 | 0 | 0 | 6 | 1 | 1 | 0 |

**박건하** (朴建夏) 경희대 1971.07.25

| 연도 | 소속 | 출장 | 교체 | 득점 | 도움 | 파울 | 슈팅 | 경고 | 퇴장 |
|---|---|---|---|---|---|---|---|---|---|
| 1996 | 수원 | 34 | 0 | 14 | 6 | 56 | 59 | 2 | 0 |
| 1997 | 수원 | 19 | 3 | 2 | 4 | 38 | 28 | 2 | 0 |
| 1998 | 수원 | 22 | 9 | 2 | 0 | 45 | 25 | 6 | 0 |
| 1999 | 수원 | 39 | 18 | 12 | 6 | 59 | 64 | 5 | 0 |
| 2000 | 수원 | 19 | 2 | 6 | 5 | 31 | 32 | 2 | 0 |
| 2001 | 수원 | 30 | 15 | 4 | 4 | 41 | 34 | 2 | 0 |
| 2002 | 수원 | 26 | 12 | 2 | 2 | 29 | 17 | 1 | 0 |
| 2003 | 수원 | 31 | 11 | 0 | 5 | 50 | 14 | 3 | 0 |
| 2004 | 수원 | 31 | 9 | 1 | 0 | 49 | 6 | 3 | 0 |
| 2005 | 수원 | 26 | 1 | 1 | 0 | 47 | 3 | 5 | 0 |
| 2006 | 수원 | 15 | 4 | 0 | 0 | 24 | 1 | 6 | 1 |
| | 통산 | 292 | 84 | 44 | 27 | 460 | 289 | 33 | 1 |

**박건희** (朴建熙) 한라대 1990.08.27

| 연도 | 소속 | 출장 | 교체 | 득점 | 도움 | 파울 | 슈팅 | 경고 | 퇴장 |
|---|---|---|---|---|---|---|---|---|---|
| 2013 | 부천 | 0 | 0 | 0 | 0 | 0 | 0 | 0 | 0 |
| | 통산 | 0 | 0 | 0 | 0 | 0 | 0 | 0 | 0 |

**박경규** (朴景奎) 연세대 1977.03.10

| 연도 | 소속 | 출장 | 교체 | 득점 | 도움 | 파울 | 슈팅 | 경고 | 퇴장 |
|---|---|---|---|---|---|---|---|---|---|
| 2000 | 대전 | 12 | 12 | 1 | 0 | 6 | 7 | 0 | 0 |
| 2001 | 대전 | 17 | 17 | 3 | 0 | 11 | 9 | 1 | 0 |
| 2002 | 대전 | 6 | 6 | 1 | 0 | 2 | 7 | 0 | 0 |
| 2003 | 대전 | 5 | 5 | 0 | 0 | 6 | 1 | 0 | 0 |
| | 통산 | 40 | 40 | 5 | 0 | 25 | 24 | 1 | 0 |

**박경삼** (朴瓊杉) 한성대 1978.06.06

| 연도 | 소속 | 출장 | 교체 | 득점 | 도움 | 파울 | 슈팅 | 경고 | 퇴장 |
|---|---|---|---|---|---|---|---|---|---|
| 2001 | 울산 | 7 | 3 | 0 | 0 | 10 | 3 | 1 | 0 |
| 2002 | 울산 | 1 | 1 | 0 | 0 | 2 | 1 | 0 | 0 |
| 2003 | 광주상 | 22 | 7 | 1 | 0 | 34 | 2 | 3 | 0 |
| 2009 | 제주 | 1 | 1 | 0 | 0 | 0 | 0 | 0 | 0 |
| | 통산 | 31 | 11 | 0 | 0 | 44 | 5 | 5 | 0 |

**박경순** (朴敬淳) 인천대 1988.09.30

| 연도 | 소속 | 출장 | 교체 | 득점 | 도움 | 파울 | 슈팅 | 경고 | 퇴장 |
|---|---|---|---|---|---|---|---|---|---|
| 2011 | 인천 | 0 | 0 | 0 | 0 | 0 | 0 | 0 | 0 |
| | 통산 | 0 | 0 | 0 | 0 | 0 | 0 | 0 | 0 |

**박경완** (朴景浣) 아주대 1988.07.22

| 연도 | 소속 | 출장 | 교체 | 득점 | 도움 | 파울 | 슈팅 | 경고 | 퇴장 |
|---|---|---|---|---|---|---|---|---|---|
| 2014 | 부천 | 5 | 5 | 0 | 0 | 4 | 3 | 1 | 0 |
| | 통산 | 5 | 5 | 0 | 0 | 4 | 3 | 1 | 0 |

**박경익** (朴慶益) 광주대 1991.08.13

| 연도 | 소속 | 출장 | 교체 | 득점 | 도움 | 파울 | 슈팅 | 경고 | 퇴장 |
|---|---|---|---|---|---|---|---|---|---|
| 2012 | 울산 | 1 | 1 | 0 | 0 | 0 | 0 | 0 | 0 |
| 2014 | 상주 | 10 | 10 | 1 | 1 | 7 | 3 | 0 | 0 |
| | 통산 | 10 | 10 | 1 | 1 | 7 | 3 | 0 | 0 |

**박경환** (朴景晥) 고려대 1976.12.29

| 연도 | 소속 | 출장 | 교체 | 득점 | 도움 | 파울 | 슈팅 | 경고 | 퇴장 |
|---|---|---|---|---|---|---|---|---|---|
| 2001 | 전북 | 8 | 8 | 1 | 0 | 8 | 3 | 2 | 0 |
| 2003 | 대구 | 19 | 1 | 0 | 2 | 37 | 1 | 8 | 0 |
| 2004 | 대구 | 22 | 5 | 0 | 0 | 33 | 4 | 5 | 1 |
| 2005 | 포항 | 0 | 0 | 0 | 0 | 0 | 0 | 0 | 0 |
| | 통산 | 49 | 14 | 1 | 2 | 76 | 8 | 15 | 1 |

**박경훈** (朴景勳) 한양대 1961.01.19

| 연도 | 소속 | 출장 | 교체 | 득점 | 도움 | 파울 | 슈팅 | 경고 | 퇴장 |
|---|---|---|---|---|---|---|---|---|---|
| 1984 | 포철 | 21 | 4 | 0 | 2 | 13 | 7 | 1 | 0 |
| 1985 | 포철 | 4 | 0 | 0 | 0 | 6 | 2 | 0 | 0 |
| 1986 | 포철 | 3 | 1 | 0 | 0 | 4 | 0 | 0 | 0 |
| 1987 | 포철 | 31 | 0 | 0 | 3 | 31 | 10 | 2 | 0 |
| 1988 | 포철 | 12 | 2 | 0 | 0 | 15 | 2 | 2 | 0 |
| 1989 | 포철 | 5 | 1 | 0 | 1 | 7 | 2 | 0 | 0 |
| 1990 | 포철 | 8 | 3 | 0 | 0 | 11 | 4 | 0 | 0 |
| 1991 | 포철 | 23 | 13 | 3 | 0 | 22 | 13 | 2 | 0 |
| 1992 | 포철 | 27 | 10 | 0 | 3 | 35 | 0 | 3 | 0 |
| | 통산 | 134 | 34 | 4 | 8 | 140 | 39 | 8 | 0 |

**박공재** (朴攻在) 조선대 1964.03.06

| 연도 | 소속 | 출장 | 교체 | 득점 | 도움 | 파울 | 슈팅 | 경고 | 퇴장 |
|---|---|---|---|---|---|---|---|---|---|
| 1986 | 한일은 | 4 | 2 | 0 | 0 | 6 | 3 | 1 | 0 |
| | 통산 | 4 | 2 | 0 | 0 | 6 | 3 | 1 | 0 |

**박광민** (朴光民) 배재대 1982.05.14

| 연도 | 소속 | 출장 | 교체 | 득점 | 도움 | 파울 | 슈팅 | 경고 | 퇴장 |
|---|---|---|---|---|---|---|---|---|---|
| 2006 | 성남 | 5 | 4 | 1 | 0 | 4 | 2 | 0 | 0 |
| 2007 | 성남 | 1 | 1 | 0 | 0 | 0 | 0 | 0 | 0 |
| 2008 | 광주상 | 3 | 3 | 0 | 0 | 4 | 1 | 0 | 0 |
| 2009 | 광주상 | 1 | 1 | 0 | 0 | 1 | 0 | 0 | 0 |
| | 통산 | 10 | 9 | 1 | 0 | 9 | 7 | 0 | 0 |

**박광현** (朴光鉉) 구룡포종고 1967.07.24

| 연도 | 소속 | 출장 | 교체 | 득점 | 도움 | 파울 | 슈팅 | 경고 | 퇴장 |
|---|---|---|---|---|---|---|---|---|---|
| 1989 | 현대 | 14 | 6 | 0 | 0 | 26 | 2 | 3 | 0 |
| 1990 | 현대 | 7 | 3 | 0 | 0 | 9 | 1 | 2 | 0 |
| 1991 | 현대 | 10 | 7 | 0 | 0 | 13 | 1 | 1 | 0 |
| 1992 | 일화 | 17 | 6 | 0 | 0 | 25 | 6 | 5 | 0 |
| 1993 | 일화 | 23 | 14 | 1 | 0 | 36 | 7 | 7 | 0 |
| 1994 | 일화 | 11 | 0 | 1 | 0 | 19 | 4 | 2 | 1 |
| 1995 | 일화 | 29 | 6 | 0 | 0 | 52 | 13 | 9 | 1 |
| 1996 | 천안 | 30 | 3 | 0 | 0 | 66 | 21 | 9 | 2 |
| 1997 | 천안 | 30 | 7 | 0 | 0 | 55 | 19 | 6 | 1 |
| 1998 | 천안 | 11 | 0 | 0 | 0 | 13 | 3 | 3 | 0 |
| 1999 | 천안 | 26 | 17 | 3 | 0 | 64 | 17 | 7 | 0 |
| | 통산 | 208 | 79 | 5 | 0 | 378 | 94 | 54 | 5 |

**박국창** (朴國昌) 조선대 1963.08.15

| 연도 | 소속 | 출장 | 교체 | 득점 | 도움 | 파울 | 슈팅 | 경고 | 퇴장 |
|---|---|---|---|---|---|---|---|---|---|
| 1985 | 유공 | 3 | 3 | 0 | 0 | 5 | 4 | 0 | 0 |
| 1986 | 유공 | 3 | 3 | 0 | 0 | 6 | 8 | 0 | 0 |
| 1986 | 럭금 | 6 | 6 | 1 | 0 | 9 | 7 | 0 | 0 |
| 1987 | 럭금 | 11 | 10 | 0 | 1 | 13 | 8 | 0 | 0 |
| | 통산 | 23 | 22 | 1 | 1 | 33 | 27 | 0 | 0 |

**박규선** (朴圭善) 서울체고 1981.09.24

| 연도 | 소속 | 출장 | 교체 | 득점 | 도움 | 파울 | 슈팅 | 경고 | 퇴장 |
|---|---|---|---|---|---|---|---|---|---|
| 2000 | 울산 | 11 | 11 | 1 | 0 | 12 | 4 | 1 | 0 |
| 2001 | 울산 | 26 | 20 | 0 | 0 | 13 | 13 | 1 | 0 |
| 2002 | 울산 | 25 | 11 | 0 | 2 | 17 | 18 | 3 | 0 |
| 2003 | 울산 | 8 | 6 | 0 | 0 | 4 | 2 | 0 | 0 |
| 2004 | 전북 | 17 | 4 | 1 | 0 | 15 | 13 | 1 | 0 |
| 2005 | 전북 | 21 | 9 | 1 | 0 | 30 | 19 | 4 | 0 |
| 2006 | 울산 | 28 | 13 | 0 | 3 | 37 | 14 | 4 | 0 |
| 2007 | 부산 | 18 | 16 | 0 | 2 | 26 | 10 | 3 | 0 |
| 2008 | 광주상 | 32 | 13 | 4 | 3 | 38 | 31 | 3 | 0 |
| | 통산 | 186 | 103 | 7 | 10 | 192 | 124 | 20 | 0 |

**박금렬** (朴錦烈) 단국대 1972.05.05

| 연도 | 소속 | 출장 | 교체 | 득점 | 도움 | 파울 | 슈팅 | 경고 | 퇴장 |
|---|---|---|---|---|---|---|---|---|---|
| 1998 | 천안 | 5 | 5 | 0 | 0 | 1 | 6 | 0 | 0 |
| | 통산 | 5 | 5 | 0 | 0 | 1 | 6 | 0 | 0 |

**박기동** (朴基東) 숭실대 1988.11.01

| 연도 | 소속 | 출장 | 교체 | 득점 | 도움 | 파울 | 슈팅 | 경고 | 퇴장 |
|---|---|---|---|---|---|---|---|---|---|
| 2011 | 광주 | 31 | 15 | 3 | 5 | 60 | 51 | 2 | 0 |
| 2012 | 광주 | 31 | 16 | 5 | 5 | 50 | 46 | 1 | 0 |
| 2013 | 제주 | 9 | 9 | 1 | 0 | 8 | 10 | 0 | 0 |
| 2013 | 전남 | 18 | 12 | 1 | 1 | 18 | 14 | 0 | 0 |
| 2014 | 전남 | 4 | 2 | 0 | 0 | 2 | 1 | 1 | 0 |
| | 통산 | 93 | 54 | 9 | 11 | 136 | 118 | 4 | 0 |

**박기욱** (朴起旭) 울산대 1978.12.22

| 연도 | 소속 | 출장 | 교체 | 득점 | 도움 | 파울 | 슈팅 | 경고 | 퇴장 |
|---|---|---|---|---|---|---|---|---|---|
| 2001 | 울산 | 28 | 11 | 0 | 3 | 44 | 19 | 5 | 0 |
| 2002 | 울산 | 0 | 0 | 0 | 0 | 0 | 0 | 0 | 0 |
| 2003 | 광주상 | 8 | 8 | 0 | 0 | 10 | 4 | 0 | 0 |
| 2004 | 광주상 | 1 | 1 | 0 | 0 | 0 | 0 | 0 | 0 |
| 2005 | 부천 | 14 | 15 | 1 | 1 | 24 | 11 | 2 | 0 |
| 2006 | 제주 | 13 | 12 | 0 | 2 | 16 | 7 | 2 | 0 |
| | 통산 | 64 | 47 | 1 | 6 | 107 | 45 | 9 | 0 |

**박기필** (朴起必) 건국대 1984.07.29

| 연도 | 소속 | 출장 | 교체 | 득점 | 도움 | 파울 | 슈팅 | 경고 | 퇴장 |
|---|---|---|---|---|---|---|---|---|---|
| 2005 | 부산 | 1 | 0 | 0 | 0 | 3 | 1 | 0 | 0 |
| 2006 | 부산 | 9 | 8 | 1 | 1 | 6 | 7 | 3 | 0 |
| | 통산 | 10 | 8 | 1 | 1 | 9 | 8 | 3 | 0 |

**박기형** (朴基亨) 천안농고 1963.04.21

| 연도 | 소속 | 출장 | 교체 | 득점 | 도움 | 파울 | 슈팅 | 경고 | 퇴장 |
|---|---|---|---|---|---|---|---|---|---|
| 1983 | 포철 | 4 | 5 | 0 | 0 | 0 | 2 | 0 | 0 |
| 1989 | 포철 | 1 | 1 | 0 | 0 | 0 | 0 | 0 | 0 |
| | 통산 | 5 | 6 | 0 | 0 | 0 | 2 | 0 | 0 |

**박남열** (朴南烈) 대구대 1970.05.04

| 연도 | 소속 | 출장 | 교체 | 득점 | 도움 | 파울 | 슈팅 | 경고 | 퇴장 |
|---|---|---|---|---|---|---|---|---|---|
| 1993 | 일화 | 27 | 23 | 3 | 1 | 13 | 38 | 2 | 0 |
| 1994 | 일화 | 27 | 19 | 4 | 2 | 34 | 39 | 4 | 0 |
| 1995 | 일화 | 22 | 10 | 0 | 2 | 40 | 30 | 3 | 0 |
| 1996 | 천안 | 35 | 5 | 9 | 8 | 45 | 77 | 2 | 1 |
| 1999 | 천안 | 27 | 11 | 4 | 2 | 48 | 48 | 5 | 0 |
| 2000 | 성남 | 41 | 14 | 13 | 3 | 63 | 104 | 2 | 0 |
| 2001 | 성남 | 20 | 14 | 3 | 1 | 27 | 30 | 3 | 0 |
| 2002 | 성남 | 31 | 28 | 1 | 3 | 53 | 12 | 3 | 0 |
| 2003 | 성남 | 11 | 9 | 1 | 0 | 26 | 5 | 2 | 0 |
| 2004 | 수원 | 3 | 3 | 0 | 0 | 0 | 1 | 0 | 0 |
| | 통산 | 250 | 143 | 40 | 24 | 335 | 390 | 25 | 1 |

**박내인** (朴來仁) 전북대 1962.08.20

| 연도 | 소속 | 출장 | 교체 | 득점 | 도움 | 파울 | 슈팅 | 경고 | 퇴장 |
|---|---|---|---|---|---|---|---|---|---|
| 1985 | 상무 | 6 | 1 | 0 | 0 | 4 | 1 | 0 | 0 |
| | 통산 | 6 | 1 | 0 | 0 | 4 | 1 | 0 | 0 |

**박노봉** (朴魯鳳) 고려대 1961.06.19

| 연도 | 소속 | 출장 | 교체 | 득점 | 도움 | 파울 | 슈팅 | 경고 | 퇴장 |
|---|---|---|---|---|---|---|---|---|---|
| 1985 | 대우 | 16 | 1 | 0 | 0 | 8 | 9 | 0 | 0 |
| 1986 | 대우 | 32 | 0 | 1 | 0 | 36 | 14 | 4 | 0 |
| 1987 | 대우 | 29 | 1 | 0 | 0 | 14 | 8 | 0 | 0 |
| 1988 | 대우 | 17 | 3 | 1 | 0 | 14 | 11 | 0 | 0 |
| 1989 | 대우 | 38 | 9 | 1 | 0 | 41 | 9 | 3 | 0 |
| 1990 | 대우 | 21 | 0 | 0 | 1 | 14 | 6 | 0 | 0 |
| 1991 | 대우 | 1 | 1 | 0 | 0 | 1 | 0 | 0 | 0 |
| | 통산 | 154 | 14 | 4 | 2 | 137 | 57 | 9 | 0 |

**박대식** (朴大植) 중앙대 1984.03.03

| 연도 | 소속 | 출장 | 교체 | 득점 | 도움 | 파울 | 슈팅 | 경고 | 퇴장 |
|---|---|---|---|---|---|---|---|---|---|

| 연도 | 소속 | 출장 | 교체 | 득점 | 도움 | 파울 | 슈팅 | 경고 | 퇴장 |
|---|---|---|---|---|---|---|---|---|---|
| 2007 | 부산 | 1 | 0 | 0 | 0 | 1 | 1 | 0 | 0 |
| 통산 | | 1 | 0 | 0 | 0 | 1 | 1 | 0 | 0 |

### 박대제 (朴大濟) 서울시립대 1958.10.14

| 연도 | 소속 | 출장 | 교체 | 득점 | 도움 | 파울 | 슈팅 | 경고 | 퇴장 |
|---|---|---|---|---|---|---|---|---|---|
| 1984 | 한일은 | 14 | 6 | 1 | 0 | 8 | 10 | 1 | 0 |
| 1985 | 한일은 | 4 | 3 | 0 | 0 | 7 | 1 | 0 | 0 |
| 통산 | | 18 | 9 | 1 | 0 | 15 | 11 | 1 | 0 |

### 박대한 (朴大韓) 성균관대 1991.05.01

| 연도 | 소속 | 출장 | 교체 | 득점 | 도움 | 파울 | 슈팅 | 경고 | 퇴장 |
|---|---|---|---|---|---|---|---|---|---|
| 2014 | 강원 | 3 | 1 | 0 | 0 | 5 | 1 | 0 | 0 |
| 통산 | | 3 | 1 | 0 | 0 | 5 | 1 | 0 | 0 |

### 박도현 (朴度賢) 배재대 1980.07.04

| 연도 | 소속 | 출장 | 교체 | 득점 | 도움 | 파울 | 슈팅 | 경고 | 퇴장 |
|---|---|---|---|---|---|---|---|---|---|
| 2003 | 부천 | 2 | 2 | 0 | 0 | 0 | 0 | 0 | 0 |
| 2007 | 대전 | 15 | 15 | 0 | 0 | 18 | 13 | 2 | 0 |
| 통산 | | 17 | 17 | 0 | 0 | 18 | 13 | 2 | 0 |

### 박동균 (朴東均) 중앙대 1964.10.15

| 연도 | 소속 | 출장 | 교체 | 득점 | 도움 | 파울 | 슈팅 | 경고 | 퇴장 |
|---|---|---|---|---|---|---|---|---|---|
| 1988 | 럭금 | 15 | 3 | 0 | 0 | 11 | 0 | 4 | 0 |

### 박동석 (朴東錫) 아주대 1981.05.03

| 연도 | 소속 | 출장 | 교체 | 실점 | 도움 | 파울 | 슈팅 | 경고 | 퇴장 |
|---|---|---|---|---|---|---|---|---|---|
| 2002 | 안양 | 1 | 0 | 1 | 0 | 0 | 0 | 0 | 0 |
| 2003 | 안양 | 25 | 0 | 39 | 0 | 0 | 0 | 0 | 0 |
| 2004 | 서울 | 1 | 0 | 2 | 0 | 0 | 0 | 0 | 0 |
| 2005 | 서울 | 21 | 0 | 25 | 0 | 0 | 1 | 0 | 0 |
| 2006 | 서울 | 0 | 0 | 0 | 0 | 0 | 0 | 0 | 0 |
| 2007 | 광주상 | 19 | 1 | 22 | 0 | 0 | 0 | 0 | 0 |
| 2008 | 광주상 | 8 | 0 | 10 | 0 | 0 | 0 | 0 | 0 |
| 2009 | 서울 | 10 | 1 | 9 | 0 | 0 | 0 | 0 | 0 |
| 통산 | | 96 | 2 | 0 | 0 | 0 | 2 | 0 | 0 |

### 박동수 (朴東洙) 서귀포고 1982.02.25

| 연도 | 소속 | 출장 | 교체 | 득점 | 도움 | 파울 | 슈팅 | 경고 | 퇴장 |
|---|---|---|---|---|---|---|---|---|---|
| 2000 | 포항 | 6 | 5 | 0 | 0 | 3 | 1 | 0 | 0 |
| 통산 | | 6 | 5 | 0 | 0 | 3 | 1 | 0 | 0 |

### 박동우 (朴東佑) 국민대 1970.11.03

| 연도 | 소속 | 출장 | 교체 | 실점 | 도움 | 파울 | 슈팅 | 경고 | 퇴장 |
|---|---|---|---|---|---|---|---|---|---|
| 1995 | 일화 | 1 | 0 | 2 | 0 | 0 | 0 | 0 | 0 |
| 1996 | 천안 | 12 | 0 | 22 | 0 | 0 | 0 | 0 | 0 |
| 1997 | 부천 | 15 | 0 | 28 | 0 | 0 | 1 | 0 | 0 |
| 1998 | 부천 | 36 | 0 | 48 | 0 | 0 | 0 | 1 | 0 |
| 1999 | 부천 | 0 | 0 | 0 | 0 | 0 | 0 | 0 | 0 |
| 2000 | 전남 | 27 | 0 | 30 | 0 | 0 | 0 | 0 | 0 |
| 통산 | | 91 | 0 | 130 | 0 | 0 | 1 | 1 | 0 |

### 박동혁 (朴東奕) 고려대 1979.04.18

| 연도 | 소속 | 출장 | 교체 | 득점 | 도움 | 파울 | 슈팅 | 경고 | 퇴장 |
|---|---|---|---|---|---|---|---|---|---|
| 2002 | 전북 | 21 | 3 | 2 | 0 | 35 | 18 | 2 | 0 |
| 2003 | 전북 | 31 | 12 | 1 | 0 | 65 | 28 | 8 | 0 |
| 2004 | 전북 | 22 | 5 | 4 | 0 | 42 | 18 | 7 | 0 |
| 2005 | 전북 | 27 | 2 | 5 | 0 | 49 | 26 | 7 | 0 |
| 2006 | 울산 | 34 | 4 | 4 | 0 | 54 | 23 | 5 | 1 |
| 2007 | 울산 | 32 | 5 | 4 | 1 | 55 | 17 | 5 | 0 |
| 2008 | 울산 | 37 | 3 | 1 | 2 | 55 | 17 | 5 | 0 |
| 2013 | 울산 | 25 | 19 | 0 | 0 | 14 | 9 | 2 | 0 |
| 2014 | 울산 | 15 | 11 | 0 | 0 | 14 | 9 | 2 | 0 |
| 통산 | | 244 | 64 | 22 | 3 | 358 | 157 | 41 | 1 |

### 박동혁 (朴東爀) 현대고 1992.03.11

| 연도 | 소속 | 출장 | 교체 | 득점 | 도움 | 파울 | 슈팅 | 경고 | 퇴장 |
|---|---|---|---|---|---|---|---|---|---|
| 2012 | 울산 | 0 | 0 | 0 | 0 | 0 | 0 | 0 | 0 |
| 통산 | | 0 | 0 | 0 | 0 | 0 | 0 | 0 | 0 |

### 박두흥 (朴斗興) 성균관대 1964.04.01

| 연도 | 소속 | 출장 | 교체 | 득점 | 도움 | 파울 | 슈팅 | 경고 | 퇴장 |
|---|---|---|---|---|---|---|---|---|---|
| 1989 | 일화 | 27 | 10 | 1 | 0 | 40 | 32 | 2 | 0 |
| 1990 | 일화 | 24 | 12 | 0 | 4 | 26 | 15 | 1 | 0 |
| 1991 | 일화 | 2 | 1 | 0 | 0 | 2 | 0 | 0 | 0 |
| 1992 | 일화 | 9 | 5 | 1 | 1 | 11 | 12 | 1 | 0 |
| 통산 | | 62 | 28 | 2 | 5 | 79 | 59 | 4 | 0 |

### 박래철 (朴徠徹) 호남대 1977.08.20

| 연도 | 소속 | 출장 | 교체 | 득점 | 도움 | 파울 | 슈팅 | 경고 | 퇴장 |
|---|---|---|---|---|---|---|---|---|---|
| 2000 | 대전 | 7 | 2 | 0 | 0 | 10 | 3 | 1 | 0 |
| 2001 | 대전 | 10 | 8 | 0 | 0 | 16 | 8 | 4 | 0 |
| 2002 | 대전 | 10 | 7 | 0 | 0 | 12 | 5 | 1 | 0 |
| 2005 | 대전 | 1 | 1 | 0 | 0 | 0 | 0 | 0 | 0 |
| 2006 | 대전 | 1 | 1 | 0 | 0 | 0 | 0 | 0 | 0 |
| 통산 | | 29 | 19 | 0 | 0 | 38 | 16 | 6 | 0 |

### 박무홍 (朴武洪) 영남대 1957.08.19

| 연도 | 소속 | 출장 | 교체 | 득점 | 도움 | 파울 | 슈팅 | 경고 | 퇴장 |
|---|---|---|---|---|---|---|---|---|---|
| 1983 | 포철 | 6 | 6 | 0 | 1 | 2 | 3 | 0 | 0 |
| 1984 | 포철 | 2 | 1 | 0 | 0 | 1 | 0 | 0 | 0 |
| 통산 | | 8 | 7 | 0 | 1 | 3 | 3 | 1 | 0 |

### 박문기 (朴雯璣) 전주대 1983.11.15

| 연도 | 소속 | 출장 | 교체 | 득점 | 도움 | 파울 | 슈팅 | 경고 | 퇴장 |
|---|---|---|---|---|---|---|---|---|---|
| 2006 | 전남 | 1 | 1 | 0 | 0 | 0 | 0 | 0 | 0 |
| 통산 | | 1 | 1 | 0 | 0 | 0 | 0 | 0 | 0 |

### 박민 (朴愍) 대구대 1986.05.06

| 연도 | 소속 | 출장 | 교체 | 득점 | 도움 | 파울 | 슈팅 | 경고 | 퇴장 |
|---|---|---|---|---|---|---|---|---|---|
| 2009 | 경남 | 21 | 5 | 2 | 0 | 38 | 9 | 5 | 0 |
| 2010 | 경남 | 9 | 1 | 0 | 0 | 6 | 4 | 0 | 0 |
| 2011 | 경남 | 8 | 7 | 1 | 0 | 19 | 4 | 3 | 0 |
| 2012 | 광주 | 21 | 1 | 2 | 0 | 41 | 8 | 3 | 0 |
| 2013 | 강원 | 21 | 13 | 1 | 0 | 18 | 3 | 2 | 0 |
| 2014 | 안양 | 23 | 1 | 2 | 1 | 19 | 11 | 0 | 0 |
| 통산 | | 98 | 28 | 8 | 1 | 138 | 35 | 13 | 0 |

### 박민근 (朴敏根) 한남대 1984.02.27

| 연도 | 소속 | 출장 | 교체 | 득점 | 도움 | 파울 | 슈팅 | 경고 | 퇴장 |
|---|---|---|---|---|---|---|---|---|---|
| 2011 | 대전 | 18 | 13 | 1 | 1 | 30 | 8 | 5 | 0 |
| 2012 | 대전 | 6 | 3 | 0 | 0 | 12 | 2 | 3 | 0 |
| 통산 | | 24 | 16 | 1 | 1 | 42 | 10 | 8 | 0 |

### 박민서 (朴玟緖) 고려대 1976.08.24

| 연도 | 소속 | 출장 | 교체 | 득점 | 도움 | 파울 | 슈팅 | 경고 | 퇴장 |
|---|---|---|---|---|---|---|---|---|---|
| 1999 | 부산 | 27 | 10 | 0 | 0 | 38 | 22 | 5 | 0 |
| 2000 | 부산 | 26 | 10 | 2 | 0 | 29 | 18 | 2 | 2 |
| 2001 | 부산 | 14 | 10 | 0 | 0 | 3 | 13 | 0 | 0 |
| 2002 | 포항 | 11 | 8 | 0 | 0 | 17 | 17 | 3 | 0 |
| 2003 | 부천 | 7 | 1 | 0 | 0 | 13 | 14 | 3 | 0 |
| 2004 | 부천 | 1 | 1 | 0 | 0 | 0 | 0 | 0 | 0 |
| 통산 | | 86 | 40 | 2 | 0 | 100 | 84 | 13 | 2 |

### 박민선 (朴玟宣) 용인대 1991.04.04

| 연도 | 소속 | 출장 | 교체 | 실점 | 도움 | 파울 | 슈팅 | 경고 | 퇴장 |
|---|---|---|---|---|---|---|---|---|---|
| 2014 | 대구 | 3 | 1 | 5 | 0 | 0 | 0 | 0 | 0 |
| 통산 | | 3 | 1 | 5 | 0 | 0 | 0 | 0 | 0 |

### 박민영 (朴民迎) 원주 학성중 1987.04.02

| 연도 | 소속 | 출장 | 교체 | 득점 | 도움 | 파울 | 슈팅 | 경고 | 퇴장 |
|---|---|---|---|---|---|---|---|---|---|
| 2004 | 성남 | 0 | 0 | 0 | 0 | 0 | 0 | 0 | 0 |
| 통산 | | 0 | 0 | 0 | 0 | 0 | 0 | 0 | 0 |

### 박병규 (朴炳圭) 고려대 1982.03.01

| 연도 | 소속 | 출장 | 교체 | 득점 | 도움 | 파울 | 슈팅 | 경고 | 퇴장 |
|---|---|---|---|---|---|---|---|---|---|
| 2005 | 울산 | 34 | 0 | 0 | 1 | 22 | 0 | 5 | 0 |
| 2006 | 울산 | 28 | 0 | 0 | 1 | 18 | 0 | 7 | 0 |
| 2007 | 울산 | 38 | 0 | 0 | 1 | 46 | 5 | 3 | 0 |
| 2008 | 울산 | 18 | 2 | 0 | 0 | 9 | 2 | 3 | 0 |
| 2009 | 광주상 | 8 | 2 | 0 | 1 | 10 | 1 | 0 | 0 |
| 2010 | 광주상 | 26 | 4 | 0 | 0 | 19 | 4 | 2 | 0 |
| 2010 | 울산 | 0 | 0 | 0 | 0 | 0 | 0 | 0 | 0 |
| 2011 | 울산 | 22 | 5 | 0 | 0 | 4 | 0 | 2 | 0 |
| 통산 | | 162 | 13 | 0 | 4 | 126 | 13 | 20 | 0 |

### 박병원 (朴炳垣) 경희대 1983.09.02

| 연도 | 소속 | 출장 | 교체 | 득점 | 도움 | 파울 | 슈팅 | 경고 | 퇴장 |
|---|---|---|---|---|---|---|---|---|---|
| 2013 | 안양 | 29 | 15 | 6 | 1 | 47 | 35 | 2 | 0 |
| 2014 | 고양 | 34 | 16 | 3 | 4 | 51 | 44 | 2 | 0 |
| 통산 | | 63 | 31 | 9 | 5 | 98 | 79 | 4 | 0 |

### 박병주 (朴秉柱) 한성대 1977.10.05

| 연도 | 소속 | 출장 | 교체 | 득점 | 도움 | 파울 | 슈팅 | 경고 | 퇴장 |
|---|---|---|---|---|---|---|---|---|---|
| 2003 | 대구 | 10 | 3 | 0 | 1 | 20 | 6 | 3 | 0 |
| 통산 | | 10 | 3 | 0 | 1 | 20 | 6 | 3 | 0 |

### 박병주 (朴炳柱) 단국대 1985.03.24

| 연도 | 소속 | 출장 | 교체 | 득점 | 도움 | 파울 | 슈팅 | 경고 | 퇴장 |
|---|---|---|---|---|---|---|---|---|---|
| 2011 | 광주 | 23 | 4 | 0 | 0 | 50 | 24 | 6 | 0 |
| 2012 | 제주 | 19 | 7 | 0 | 0 | 16 | 6 | 4 | 0 |
| 2013 | 광주 | 4 | 0 | 0 | 0 | 4 | 2 | 0 | 0 |
| 통산 | | 46 | 11 | 0 | 0 | 70 | 10 | 10 | 1 |

### 박병철 (朴炳澈) 한양대 1954.11.25

| 연도 | 소속 | 출장 | 교체 | 득점 | 도움 | 파울 | 슈팅 | 경고 | 퇴장 |
|---|---|---|---|---|---|---|---|---|---|
| 1984 | 럭금 | 16 | 0 | 0 | 0 | 7 | 7 | 2 | 0 |
| 통산 | | 16 | 0 | 0 | 0 | 7 | 7 | 2 | 0 |

### 박복준 (朴福濬) 연세대 1960.04.21

| 연도 | 소속 | 출장 | 교체 | 득점 | 도움 | 파울 | 슈팅 | 경고 | 퇴장 |
|---|---|---|---|---|---|---|---|---|---|
| 1983 | 대우 | 3 | 1 | 0 | 0 | 2 | 1 | 0 | 0 |
| 1984 | 현대 | 1 | 1 | 0 | 0 | 0 | 0 | 0 | 0 |
| 1986 | 럭금 | 4 | 2 | 0 | 0 | 9 | 3 | 1 | 0 |
| 통산 | | 16 | 4 | 0 | 0 | 13 | 9 | 1 | 0 |

### 박상록 (朴相錄) 경희대 1957.03.18

| 연도 | 소속 | 출장 | 교체 | 득점 | 도움 | 파울 | 슈팅 | 경고 | 퇴장 |
|---|---|---|---|---|---|---|---|---|---|
| 1984 | 국민은 | 2 | 2 | 0 | 0 | 0 | 0 | 0 | 0 |
| 통산 | | 2 | 2 | 0 | 0 | 0 | 0 | 0 | 0 |

### 박상록 (朴常綠) 안동대 1965.08.13

| 연도 | 소속 | 출장 | 교체 | 득점 | 도움 | 파울 | 슈팅 | 경고 | 퇴장 |
|---|---|---|---|---|---|---|---|---|---|
| 1989 | 일화 | 16 | 12 | 0 | 0 | 17 | 20 | 1 | 0 |
| 1990 | 일화 | 2 | 2 | 0 | 0 | 2 | 1 | 0 | 0 |
| 통산 | | 18 | 14 | 0 | 0 | 19 | 21 | 1 | 0 |

### 박상신 (朴相信) 동아대 1978.01.23

| 연도 | 소속 | 출장 | 교체 | 득점 | 도움 | 파울 | 슈팅 | 경고 | 퇴장 |
|---|---|---|---|---|---|---|---|---|---|
| 2000 | 부산 | 3 | 3 | 0 | 1 | 2 | 0 | 0 | 0 |
| 2001 | 부산 | 3 | 4 | 0 | 0 | 1 | 0 | 0 | 0 |
| 2003 | 광주상 | 5 | 5 | 1 | 0 | 6 | 4 | 0 | 0 |
| 2004 | 부산 | 11 | 11 | 0 | 0 | 4 | 8 | 1 | 0 |
| 통산 | | 22 | 23 | 1 | 1 | 13 | 12 | 1 | 0 |

### 박상욱 (朴相旭) 대구예술대 1986.01.30

| 연도 | 소속 | 출장 | 교체 | 득점 | 도움 | 파울 | 슈팅 | 경고 | 퇴장 |
|---|---|---|---|---|---|---|---|---|---|
| 2009 | 광주상 | 2 | 2 | 0 | 0 | 0 | 0 | 0 | 0 |
| 2010 | 광주상 | 1 | 1 | 0 | 0 | 0 | 0 | 0 | 0 |
| 2011 | 광주 | 1 | 0 | 0 | 0 | 4 | 0 | 0 | 0 |
| 통산 | | 4 | 3 | 0 | 0 | 4 | 0 | 0 | 0 |

### 박상인 (朴商寅) 동래고 1952.11.15

| 연도 | 소속 | 출장 | 교체 | 득점 | 도움 | 파울 | 슈팅 | 경고 | 퇴장 |
|---|---|---|---|---|---|---|---|---|---|
| 1983 | 할렐 | 16 | 4 | 4 | 3 | 1 | 29 | 1 | 0 |
| 1984 | 할렐 | 25 | 5 | 2 | 0 | 10 | 46 | 0 | 0 |
| 1985 | 할렐 | 21 | 5 | 6 | 0 | 9 | 34 | 1 | 0 |
| 1986 | 현대 | 20 | 12 | 3 | 0 | 6 | 19 | 1 | 0 |
| 1987 | 현대 | 1 | 1 | 0 | 0 | 0 | 1 | 0 | 0 |
| 통산 | | 86 | 27 | 20 | 7 | 27 | 129 | 3 | 0 |

### 박상인 (朴相麟) 제주제일고 1976.03.10

| 연도 | 소속 | 출장 | 교체 | 득점 | 도움 | 파울 | 슈팅 | 경고 | 퇴장 |
|---|---|---|---|---|---|---|---|---|---|
| 1995 | 포항 | 1 | 1 | 0 | 0 | 1 | 0 | 0 | 0 |
| 1998 | 포항 | 2 | 3 | 0 | 0 | 1 | 1 | 0 | 0 |
| 1999 | 포항 | 11 | 11 | 3 | 1 | 9 | 7 | 0 | 0 |
| 2000 | 포항 | 5 | 6 | 0 | 2 | 5 | 4 | 0 | 0 |
| 2001 | 포항 | 6 | 6 | 0 | 0 | 3 | 7 | 0 | 0 |
| 2002 | 포항 | 8 | 8 | 1 | 0 | 6 | 8 | 0 | 0 |
| 통산 | | 31 | 35 | 4 | 3 | 20 | 18 | 0 | 0 |

### 박상진 (朴相珍) 경희대 1987.03.03

| 연도 | 소속 | 출장 | 교체 | 득점 | 도움 | 파울 | 슈팅 | 경고 | 퇴장 |
|---|---|---|---|---|---|---|---|---|---|
| 2010 | 강원 | 22 | 3 | 0 | 1 | 21 | 4 | 1 | 0 |
| 2011 | 강원 | 24 | 0 | 0 | 0 | 12 | 11 | 3 | 0 |
| 2012 | 강원 | 15 | 5 | 0 | 0 | 4 | 3 | 0 | 0 |
| 2013 | 강원 | 19 | 4 | 0 | 1 | 20 | 4 | 4 | 0 |
| 2014 | 강원 | 4 | 1 | 0 | 0 | 2 | 1 | 0 | 0 |
| 통산 | | 84 | 21 | 0 | 2 | 62 | 23 | 8 | 0 |

### 박상철 (朴相澈) 배재대 1984.02.03

| 연도 | 소속 | 출장 | 교체 | 실점 | 도움 | 파울 | 슈팅 | 경고 | 퇴장 |
|---|---|---|---|---|---|---|---|---|---|
| 2004 | 성남 | 8 | 0 | 11 | 0 | 0 | 0 | 0 | 0 |

| 2005 | 성남 | 17 | 0 | 16 | 0 | 0 | 0 | 0 | 0 |
| 2006 | 성남 | 6 | 0 | 4 | 0 | 0 | 0 | 0 | 0 |
| 2008 | 전남 | 4 | 1 | 2 | 0 | 0 | 0 | 0 | 0 |
| 2009 | 전남 | 11 | 0 | 16 | 0 | 0 | 0 | 4 | 0 |
| 2010 | 전남 | 9 | 1 | 10 | 0 | 0 | 0 | 2 | 0 |
| 2011 | 상주 | 2 | 0 | 4 | 0 | 0 | 0 | 1 | 0 |
| 통산 | | 57 | 2 | 63 | 0 | 0 | 0 | 7 | 0 |

**박상현** (朴相玹) 고려대 1987.02.11

| 연도 | 소속 | 출장 | 교체 | 득점 | 도움 | 파울 | 슈팅 | 경고 | 퇴장 |
|---|---|---|---|---|---|---|---|---|---|
| 2011 | 광주 | 0 | 0 | 0 | 0 | 0 | 0 | 0 | 0 |

**박상희** (朴商希) 상지대 1987.12.02

| 연도 | 소속 | 출장 | 교체 | 득점 | 도움 | 파울 | 슈팅 | 경고 | 퇴장 |
|---|---|---|---|---|---|---|---|---|---|
| 2010 | 성남 | 6 | 6 | 0 | 0 | 5 | 4 | 0 | 0 |
| 2011 | 성남 | 3 | 3 | 0 | 0 | 1 | 2 | 0 | 0 |
| 2012 | 상주 | 12 | 11 | 2 | 0 | 21 | 9 | 2 | 0 |
| 2013 | 상주 | 1 | 1 | 0 | 0 | 0 | 2 | 0 | 0 |
| 통산 | | 22 | 21 | 2 | 0 | 27 | 17 | 2 | 0 |

**박석호** (朴石浩) 청주대 1961.05.20

| 연도 | 소속 | 출장 | 교체 | 실점 | 도움 | 파울 | 슈팅 | 경고 | 퇴장 |
|---|---|---|---|---|---|---|---|---|---|
| 1989 | 포철 | 1 | 0 | 3 | 0 | 0 | 0 | 0 | 0 |
| 통산 | | 1 | 0 | 3 | 0 | 0 | 0 | 0 | 0 |

**박선용** (朴宣勇) 호남대 1989.03.12

| 연도 | 소속 | 출장 | 교체 | 득점 | 도움 | 파울 | 슈팅 | 경고 | 퇴장 |
|---|---|---|---|---|---|---|---|---|---|
| 2012 | 전남 | 36 | 3 | 2 | 0 | 55 | 30 | 5 | 0 |
| 2013 | 전남 | 31 | 9 | 0 | 2 | 30 | 46 | 5 | 0 |
| 2014 | 전남 | 9 | 1 | 0 | 0 | 13 | 6 | 0 | 0 |
| 통산 | | 76 | 13 | 2 | 2 | 98 | 82 | 10 | 0 |

**박선우** (朴善禹) 건국대 1986.09.08

| 연도 | 소속 | 출장 | 교체 | 득점 | 도움 | 파울 | 슈팅 | 경고 | 퇴장 |
|---|---|---|---|---|---|---|---|---|---|
| 2010 | 대전 | 1 | 1 | 0 | 0 | 0 | 0 | 0 | 0 |
| 통산 | | 1 | 1 | 0 | 0 | 0 | 0 | 0 | 0 |

**박선주** (朴宣柱) 연세대 1992.03.26

| 연도 | 소속 | 출장 | 교체 | 득점 | 도움 | 파울 | 슈팅 | 경고 | 퇴장 |
|---|---|---|---|---|---|---|---|---|---|
| 2013 | 포항 | 3 | 2 | 0 | 0 | 5 | 2 | 2 | 0 |
| 2014 | 포항 | 18 | 12 | 0 | 0 | 27 | 6 | 4 | 0 |
| 통산 | | 21 | 14 | 0 | 0 | 32 | 8 | 6 | 0 |

**박성배** (朴成培) 숭실대 1975.11.28

| 연도 | 소속 | 출장 | 교체 | 득점 | 도움 | 파울 | 슈팅 | 경고 | 퇴장 |
|---|---|---|---|---|---|---|---|---|---|
| 1998 | 전북 | 32 | 6 | 12 | 3 | 47 | 77 | 5 | 1 |
| 1999 | 전북 | 30 | 10 | 11 | 1 | 30 | 66 | 2 | 0 |
| 2000 | 전북 | 32 | 7 | 11 | 3 | 49 | 57 | 2 | 1 |
| 2001 | 전북 | 23 | 11 | 3 | 4 | 26 | 25 | 1 | 0 |
| 2002 | 전북 | 25 | 19 | 4 | 1 | 28 | 29 | 1 | 0 |
| 2003 | 광주상 | 26 | 19 | 2 | 1 | 44 | 26 | 2 | 0 |
| 2004 | 광주상 | 31 | 15 | 3 | 4 | 55 | 47 | 2 | 0 |
| 2005 | 부산 | 25 | 19 | 7 | 2 | 56 | 22 | 2 | 0 |
| 2007 | 수원 | 19 | 18 | 2 | 1 | 33 | 16 | 6 | 0 |
| 통산 | | 243 | 124 | 55 | 20 | 368 | 365 | 23 | 2 |

**박성용** (朴成庸) 단국대 1991.06.26

| 연도 | 소속 | 출장 | 교체 | 득점 | 도움 | 파울 | 슈팅 | 경고 | 퇴장 |
|---|---|---|---|---|---|---|---|---|---|
| 2014 | 대구 | 11 | 5 | 1 | 0 | 8 | 3 | 1 | 0 |
| 통산 | | 11 | 5 | 1 | 0 | 8 | 3 | 1 | 0 |

**박성진** (朴省珍) 동국대 1985.01.28

| 연도 | 소속 | 출장 | 교체 | 득점 | 도움 | 파울 | 슈팅 | 경고 | 퇴장 |
|---|---|---|---|---|---|---|---|---|---|
| 2013 | 안양 | 32 | 7 | 6 | 7 | 32 | 39 | 2 | 0 |
| 2014 | 안양 | 34 | 6 | 8 | 6 | 40 | 46 | 3 | 0 |
| 통산 | | 66 | 13 | 14 | 13 | 72 | 85 | 5 | 0 |

**박성철** (朴聖哲) 동아대 1975.03.16

| 연도 | 소속 | 출장 | 교체 | 득점 | 도움 | 파울 | 슈팅 | 경고 | 퇴장 |
|---|---|---|---|---|---|---|---|---|---|
| 1997 | 부천 | 18 | 14 | 4 | 0 | 18 | 20 | 1 | 0 |
| 1998 | 부천 | 15 | 13 | 0 | 0 | 27 | 15 | 0 | 0 |
| 1999 | 부천 | 10 | 10 | 3 | 0 | 13 | 17 | 1 | 0 |
| 2002 | 부천 | 22 | 22 | 3 | 3 | 21 | 23 | 2 | 0 |
| 2003 | 부천 | 30 | 18 | 5 | 0 | 39 | 24 | 2 | 0 |
| 2004 | 부천 | 7 | 6 | 0 | 0 | 21 | 3 | 1 | 0 |
| 2005 | 성남 | 0 | 0 | 0 | 0 | 0 | 0 | 0 | 0 |
| 2006 | 경남 | 16 | 12 | 1 | 0 | 24 | 5 | 4 | 0 |
| 2007 | 경남 | 14 | 10 | 1 | 0 | 20 | 8 | 0 | 0 |
| 통산 | | 132 | 105 | 17 | 3 | 183 | 115 | 11 | 0 |

**박성호** (朴成鎬) 부평고 1982.07.27

| 연도 | 소속 | 출장 | 교체 | 득점 | 도움 | 파울 | 슈팅 | 경고 | 퇴장 |
|---|---|---|---|---|---|---|---|---|---|
| 2001 | 안양 | 5 | 4 | 0 | 0 | 12 | 2 | 0 | 0 |
| 2003 | 안양 | 4 | 4 | 0 | 0 | 4 | 2 | 0 | 0 |
| 2006 | 부산 | 27 | 18 | 2 | 1 | 53 | 31 | 3 | 0 |
| 2007 | 부산 | 33 | 13 | 5 | 2 | 68 | 28 | 2 | 1 |
| 2008 | 대전 | 31 | 3 | 7 | 4 | 79 | 65 | 7 | 0 |
| 2009 | 대전 | 28 | 6 | 9 | 2 | 69 | 52 | 3 | 0 |
| 2010 | 대전 | 15 | 1 | 6 | 3 | 30 | 33 | 1 | 0 |
| 2011 | 대전 | 29 | 6 | 8 | 1 | 75 | 63 | 7 | 0 |
| 2012 | 포항 | 39 | 32 | 9 | 8 | 58 | 51 | 2 | 0 |
| 2013 | 포항 | 32 | 24 | 8 | 4 | 48 | 68 | 5 | 0 |
| 통산 | | 241 | 109 | 54 | 23 | 488 | 365 | 30 | 1 |

**박성호** (朴成晧) 호남대 1992.05.18

| 연도 | 소속 | 출장 | 교체 | 득점 | 도움 | 파울 | 슈팅 | 경고 | 퇴장 |
|---|---|---|---|---|---|---|---|---|---|
| 2014 | 고양 | 5 | 5 | 0 | 0 | 3 | 0 | 0 | 0 |
| 통산 | | 5 | 5 | 0 | 0 | 3 | 0 | 0 | 0 |

**박성홍** (朴成弘) 호남대 1980.03.01

| 연도 | 소속 | 출장 | 교체 | 득점 | 도움 | 파울 | 슈팅 | 경고 | 퇴장 |
|---|---|---|---|---|---|---|---|---|---|
| 2003 | 대구 | 26 | 5 | 0 | 2 | 52 | 30 | 4 | 0 |
| 통산 | | 26 | 5 | 0 | 2 | 52 | 30 | 4 | 0 |

**박성화** (朴成華) 고려대 1955.05.07

| 연도 | 소속 | 출장 | 교체 | 득점 | 도움 | 파울 | 슈팅 | 경고 | 퇴장 |
|---|---|---|---|---|---|---|---|---|---|
| 1983 | 할렐 | 14 | 2 | 3 | 1 | 4 | 12 | 0 | 0 |
| 1984 | 할렐 | 23 | 2 | 6 | 2 | 8 | 19 | 0 | 0 |
| 1986 | 포철 | 29 | 3 | 0 | 1 | 8 | 9 | 0 | 0 |
| 1987 | 포철 | 16 | 10 | 0 | 0 | 4 | 0 | 0 | 0 |
| 통산 | | 82 | 17 | 9 | 4 | 24 | 40 | 0 | 0 |

**박세영** (朴世英) 동아대 1989.10.03

| 연도 | 소속 | 출장 | 교체 | 득점 | 도움 | 파울 | 슈팅 | 경고 | 퇴장 |
|---|---|---|---|---|---|---|---|---|---|
| 2012 | 성남 | 4 | 3 | 2 | 0 | 0 | 2 | 0 | 0 |

**박세직** (朴世直) 한양대 1989.05.25

| 연도 | 소속 | 출장 | 교체 | 득점 | 도움 | 파울 | 슈팅 | 경고 | 퇴장 |
|---|---|---|---|---|---|---|---|---|---|
| 2012 | 전북 | 15 | 11 | 0 | 1 | 8 | 11 | 1 | 0 |
| 2013 | 전북 | 11 | 9 | 1 | 0 | 6 | 6 | 1 | 0 |
| 통산 | | 26 | 20 | 1 | 1 | 14 | 17 | 2 | 0 |

**박세환** (朴世煥) 고려사이버대 1993.06.05

| 연도 | 소속 | 출장 | 교체 | 득점 | 도움 | 파울 | 슈팅 | 경고 | 퇴장 |
|---|---|---|---|---|---|---|---|---|---|
| 2014 | 충주 | 4 | 4 | 0 | 0 | 2 | 2 | 0 | 0 |
| 2014 | 안산 | 3 | 2 | 0 | 0 | 3 | 4 | 0 | 0 |
| 통산 | | 7 | 6 | 0 | 0 | 5 | 6 | 0 | 0 |

**박수창** (朴壽昶) 경희대 1989.06.20

| 연도 | 소속 | 출장 | 교체 | 득점 | 도움 | 파울 | 슈팅 | 경고 | 퇴장 |
|---|---|---|---|---|---|---|---|---|---|
| 2012 | 대구 | 1 | 1 | 0 | 0 | 1 | 2 | 0 | 0 |
| 2013 | 충주 | 29 | 10 | 2 | 4 | 41 | 21 | 3 | 0 |
| 2014 | 제주 | 21 | 16 | 6 | 1 | 19 | 39 | 1 | 0 |
| 통산 | | 51 | 27 | 6 | 3 | 61 | 62 | 4 | 0 |

**박순배** (朴淳培) 인천대 1969.04.22

| 연도 | 소속 | 출장 | 교체 | 득점 | 도움 | 파울 | 슈팅 | 경고 | 퇴장 |
|---|---|---|---|---|---|---|---|---|---|
| 1997 | 포항 | 6 | 3 | 0 | 3 | 9 | 2 | 1 | 0 |
| 1998 | 포항 | 2 | 2 | 0 | 0 | 3 | 1 | 0 | 0 |
| 통산 | | 8 | 5 | 0 | 3 | 12 | 3 | 1 | 0 |

**박승광** (朴承光) 광운대 1981.02.13

| 연도 | 소속 | 출장 | 교체 | 득점 | 도움 | 파울 | 슈팅 | 경고 | 퇴장 |
|---|---|---|---|---|---|---|---|---|---|
| 2003 | 부천 | 3 | 0 | 0 | 0 | 6 | 0 | 0 | 0 |
| 통산 | | 3 | 0 | 0 | 0 | 6 | 0 | 0 | 0 |

**박승국** (朴勝國) 경희대 1969.08.08

| 연도 | 소속 | 출장 | 교체 | 득점 | 도움 | 파울 | 슈팅 | 경고 | 퇴장 |
|---|---|---|---|---|---|---|---|---|---|
| 1994 | 버팔로 | 8 | 7 | 0 | 1 | 7 | 2 | 0 | 0 |
| 1995 | 전북 | 1 | 1 | 0 | 1 | 0 | 0 | 0 | 0 |
| 통산 | | 9 | 8 | 0 | 1 | 9 | 2 | 0 | 0 |

**박승기** (朴昇基) 동아대 1960.09.03

| 연도 | 소속 | 출장 | 교체 | 득점 | 도움 | 파울 | 슈팅 | 경고 | 퇴장 |
|---|---|---|---|---|---|---|---|---|---|
| 1984 | 국민 | 26 | 0 | 1 | 1 | 12 | 5 | 3 | 0 |
| 통산 | | 26 | 0 | 1 | 1 | 12 | 5 | 3 | 0 |

**박승민** (朴昇敏) 경희대 1983.04.21

| 연도 | 소속 | 출장 | 교체 | 득점 | 도움 | 파울 | 슈팅 | 경고 | 퇴장 |
|---|---|---|---|---|---|---|---|---|---|
| 2006 | 인천 | 14 | 14 | 1 | 0 | 7 | 11 | 1 | 0 |
| 2007 | 인천 | 7 | 7 | 0 | 0 | 2 | 3 | 0 | 0 |
| 2008 | 인천 | 11 | 9 | 0 | 0 | 21 | 9 | 4 | 0 |
| 2009 | 광주상 | 5 | 5 | 0 | 0 | 6 | 5 | 0 | 0 |
| 2010 | 광주상 | 12 | 10 | 0 | 0 | 7 | 6 | 0 | 0 |
| 통산 | | 49 | 45 | 1 | 0 | 43 | 34 | 5 | 0 |

**박승수** (朴昇洙) 호남대 1972.05.13

| 연도 | 소속 | 출장 | 교체 | 득점 | 도움 | 파울 | 슈팅 | 경고 | 퇴장 |
|---|---|---|---|---|---|---|---|---|---|
| 1995 | 전남 | 0 | 0 | 0 | 0 | 0 | 0 | 0 | 0 |
| 통산 | | 0 | 0 | 0 | 0 | 0 | 0 | 0 | 0 |

**박승일** (朴乘一) 경희대 1989.01.08

| 연도 | 소속 | 출장 | 교체 | 득점 | 도움 | 파울 | 슈팅 | 경고 | 퇴장 |
|---|---|---|---|---|---|---|---|---|---|
| 2010 | 울산 | 0 | 0 | 0 | 0 | 0 | 0 | 0 | 0 |
| 2011 | 울산 | 21 | 16 | 2 | 1 | 21 | 19 | 0 | 0 |
| 2012 | 울산 | 6 | 4 | 0 | 0 | 3 | 3 | 0 | 0 |
| 2013 | 전남 | 1 | 1 | 0 | 0 | 1 | 0 | 0 | 0 |
| 2013 | 제주 | 0 | 0 | 0 | 0 | 0 | 0 | 0 | 0 |
| 2014 | 상주 | 11 | 9 | 1 | 0 | 9 | 7 | 0 | 0 |
| 통산 | | 42 | 33 | 2 | 3 | 35 | 29 | 0 | 0 |

**박신영** (朴信永) 조선대 1977.12.21

| 연도 | 소속 | 출장 | 교체 | 득점 | 도움 | 파울 | 슈팅 | 경고 | 퇴장 |
|---|---|---|---|---|---|---|---|---|---|
| 2004 | 인천 | 3 | 1 | 0 | 0 | 8 | 0 | 1 | 0 |
| 통산 | | 3 | 1 | 0 | 0 | 8 | 0 | 1 | 0 |

**박양하** (朴良夏) 고려대 1962.05.28

| 연도 | 소속 | 출장 | 교체 | 득점 | 도움 | 파울 | 슈팅 | 경고 | 퇴장 |
|---|---|---|---|---|---|---|---|---|---|
| 1986 | 대우 | 20 | 1 | 1 | 6 | 13 | 43 | 0 | 0 |
| 1987 | 대우 | 5 | 2 | 0 | 1 | 7 | 7 | 0 | 0 |
| 1988 | 대우 | 14 | 3 | 1 | 2 | 25 | 19 | 1 | 0 |
| 1989 | 대우 | 5 | 5 | 0 | 0 | 1 | 2 | 0 | 0 |
| 1990 | 대우 | 5 | 5 | 0 | 0 | 5 | 1 | 0 | 0 |
| 통산 | | 49 | 16 | 2 | 9 | 51 | 72 | 1 | 0 |

**박연혁** (朴鍊赫) 광운대 1960.04.25

| 연도 | 소속 | 출장 | 교체 | 실점 | 도움 | 파울 | 슈팅 | 경고 | 퇴장 |
|---|---|---|---|---|---|---|---|---|---|
| 1986 | 유공 | 9 | 0 | 11 | 0 | 0 | 0 | 0 | 0 |
| 통산 | | 9 | 0 | 11 | 0 | 0 | 0 | 0 | 0 |

**박영근** (朴永根) 고려대 1981.09.13

| 연도 | 소속 | 출장 | 교체 | 득점 | 도움 | 파울 | 슈팅 | 경고 | 퇴장 |
|---|---|---|---|---|---|---|---|---|---|
| 2004 | 부천 | 2 | 2 | 0 | 0 | 1 | 1 | 0 | 0 |
| 2005 | 부천 | 3 | 3 | 0 | 0 | 1 | 2 | 0 | 0 |
| 통산 | | 5 | 5 | 0 | 0 | 2 | 3 | 0 | 0 |

**박영섭** (朴榮燮) 성균관대 1972.07.29

| 연도 | 소속 | 출장 | 교체 | 득점 | 도움 | 파울 | 슈팅 | 경고 | 퇴장 |
|---|---|---|---|---|---|---|---|---|---|
| 1995 | 포항 | 20 | 12 | 2 | 0 | 26 | 14 | 3 | 0 |
| 1996 | 포항 | 11 | 12 | 1 | 0 | 5 | 6 | 1 | 0 |
| 1997 | 포항 | 9 | 9 | 1 | 0 | 4 | 5 | 0 | 0 |
| 1998 | 포항 | 13 | 8 | 0 | 1 | 18 | 3 | 1 | 1 |
| 통산 | | 53 | 41 | 4 | 1 | 53 | 28 | 5 | 1 |

**박영수** (朴英洙) 경희고 1959.01.18

| 연도 | 소속 | 출장 | 교체 | 실점 | 도움 | 파울 | 슈팅 | 경고 | 퇴장 |
|---|---|---|---|---|---|---|---|---|---|
| 1983 | 유공 | 7 | 0 | 12 | 0 | 0 | 0 | 0 | 0 |
| 1985 | 유공 | 3 | 0 | 7 | 0 | 0 | 0 | 0 | 0 |
| 통산 | | 10 | 0 | 19 | 0 | 0 | 0 | 0 | 0 |

**박영순** (朴榮淳) 아주대 1977.03.25

| 연도 | 소속 | 출장 | 교체 | 득점 | 도움 | 파울 | 슈팅 | 경고 | 퇴장 |
|---|---|---|---|---|---|---|---|---|---|
| 1995 | 대우 | 0 | 0 | 0 | 0 | 0 | 0 | 0 | 0 |
| 2000 | 부산 | 0 | 0 | 0 | 0 | 0 | 0 | 0 | 0 |
| 2001 | 부산 | 0 | 0 | 0 | 0 | 0 | 0 | 0 | 0 |
| 통산 | | 0 | 0 | 0 | 0 | 0 | 0 | 0 | 0 |

**박영준** (朴榮埈) 의정부고 1990.05.04

| 연도 | 소속 | 출장 | 교체 | 득점 | 도움 | 파울 | 슈팅 | 경고 | 퇴장 |
|---|---|---|---|---|---|---|---|---|---|
| 2011 | 전남 | 2 | 2 | 0 | 0 | 0 | 2 | 0 | 0 |
| 2012 | 전남 | 1 | 1 | 0 | 0 | 1 | 0 | 0 | 0 |
| 통산 | | 3 | 3 | 0 | 0 | 1 | 2 | 0 | 0 |

### 박요셉 (朴요셉) 전주대 1980.12.03

| 연도 | 소속 | 출장 | 교체 | 득점 | 도움 | 파울 | 슈팅 | 경고 | 퇴장 |
|---|---|---|---|---|---|---|---|---|---|
| 2002 | 안양 | 19 | 1 | 0 | 0 | 10 | 2 | 0 | 0 |
| 2003 | 안양 | 16 | 10 | 3 | 0 | 28 | 22 | 1 | 0 |
| 2004 | 서울 | 25 | 6 | 1 | 1 | 37 | 18 | 5 | 0 |
| 2005 | 광주상 | 15 | 1 | 1 | 1 | 15 | 5 | 2 | 0 |
| 2006 | 광주상 | 34 | 2 | 0 | 0 | 27 | 19 | 6 | 0 |
| 2007 | 서울 | 3 | 3 | 0 | 0 | 8 | 1 | 0 | 0 |
| 2008 | 서울 | 0 | 0 | 0 | 0 | 0 | 0 | 0 | 0 |
| | 통산 | 112 | 23 | 5 | 2 | 125 | 67 | 14 | 0 |

### 박요한 (朴요한) 연세대 1989.01.16

| 연도 | 소속 | 출장 | 교체 | 득점 | 도움 | 파울 | 슈팅 | 경고 | 퇴장 |
|---|---|---|---|---|---|---|---|---|---|
| 2011 | 광주 | 0 | 0 | 0 | 0 | 0 | 0 | 0 | 0 |
| 2012 | 광주 | 5 | 3 | 0 | 0 | 5 | 2 | 1 | 0 |
| 2013 | 충주 | 11 | 0 | 0 | 0 | 9 | 5 | 5 | 0 |
| 2014 | 충주 | 26 | 4 | 0 | 2 | 20 | 6 | 2 | 0 |
| | 통산 | 42 | 7 | 0 | 2 | 34 | 13 | 8 | 0 |

### 박용재 (朴容材) 아주대 1989.11.28

| 연도 | 소속 | 출장 | 교체 | 득점 | 도움 | 파울 | 슈팅 | 경고 | 퇴장 |
|---|---|---|---|---|---|---|---|---|---|
| 2012 | 수원 | 0 | 0 | 0 | 0 | 0 | 0 | 0 | 0 |
| 2013 | 전남 | 4 | 3 | 0 | 0 | 5 | 0 | 0 | 0 |
| 2014 | 전남 | 2 | 2 | 0 | 1 | 2 | 2 | 0 | 0 |
| | 통산 | 6 | 5 | 0 | 1 | 7 | 2 | 0 | 0 |

### 박용주 (朴龍柱) 한양대 1954.10.13

| 연도 | 소속 | 출장 | 교체 | 득점 | 도움 | 파울 | 슈팅 | 경고 | 퇴장 |
|---|---|---|---|---|---|---|---|---|---|
| 1984 | 대우 | 4 | 2 | 0 | 0 | 3 | 6 | 0 | 0 |
| 1985 | 대우 | 10 | 6 | 0 | 1 | 11 | 2 | 0 | 0 |
| | 통산 | 14 | 8 | 0 | 1 | 14 | 8 | 0 | 0 |

### 박용준 (朴鏞埈) 선문대 1993.06.21

| 연도 | 소속 | 출장 | 교체 | 득점 | 도움 | 파울 | 슈팅 | 경고 | 퇴장 |
|---|---|---|---|---|---|---|---|---|---|
| 2013 | 수원 | 0 | 0 | 0 | 0 | 0 | 0 | 0 | 0 |
| 2014 | 부천 | 5 | 5 | 0 | 0 | 3 | 1 | 0 | 0 |
| | 통산 | 5 | 5 | 0 | 0 | 3 | 1 | 0 | 0 |

### 박용지 (朴龍志) 중앙대 1992.10.09

| 연도 | 소속 | 출장 | 교체 | 득점 | 도움 | 파울 | 슈팅 | 경고 | 퇴장 |
|---|---|---|---|---|---|---|---|---|---|
| 2013 | 울산 | 16 | 15 | 1 | 1 | 21 | 11 | 4 | 0 |
| 2014 | 울산 | 6 | 6 | 0 | 0 | 7 | 6 | 0 | 0 |
| 2014 | 부산 | 21 | 14 | 2 | 0 | 29 | 15 | 6 | 0 |
| | 통산 | 43 | 35 | 3 | 1 | 57 | 32 | 10 | 0 |

### 박용호 (朴容昊) 부평고 1981.03.25

| 연도 | 소속 | 출장 | 교체 | 득점 | 도움 | 파울 | 슈팅 | 경고 | 퇴장 |
|---|---|---|---|---|---|---|---|---|---|
| 2000 | 안양 | 8 | 0 | 0 | 0 | 8 | 1 | 0 | 0 |
| 2001 | 안양 | 23 | 6 | 2 | 0 | 16 | 11 | 1 | 0 |
| 2002 | 안양 | 9 | 3 | 1 | 0 | 11 | 5 | 1 | 0 |
| 2003 | 안양 | 21 | 5 | 2 | 0 | 14 | 14 | 2 | 0 |
| 2004 | 서울 | 5 | 5 | 0 | 0 | 1 | 0 | 1 | 0 |
| 2005 | 광주상 | 28 | 2 | 3 | 0 | 24 | 13 | 3 | 0 |
| 2006 | 광주상 | 37 | 5 | 2 | 1 | 41 | 22 | 3 | 0 |
| 2007 | 서울 | 9 | 4 | 0 | 0 | 5 | 1 | 1 | 0 |
| 2008 | 서울 | 26 | 8 | 0 | 0 | 16 | 6 | 2 | 0 |
| 2009 | 서울 | 23 | 3 | 0 | 0 | 33 | 10 | 3 | 0 |
| 2010 | 서울 | 18 | 4 | 1 | 1 | 19 | 6 | 2 | 0 |
| 2012 | 부산 | 32 | 9 | 2 | 1 | 20 | 11 | 2 | 0 |
| 2013 | 부산 | 25 | 5 | 2 | 1 | 12 | 7 | 3 | 0 |
| | 통산 | 288 | 68 | 17 | 4 | 235 | 111 | 26 | 0 |

### 박우현 (朴雨賢) 인천대 1980.04.28

| 연도 | 소속 | 출장 | 교체 | 득점 | 도움 | 파울 | 슈팅 | 경고 | 퇴장 |
|---|---|---|---|---|---|---|---|---|---|
| 2004 | 성남 | 24 | 1 | 0 | 1 | 53 | 2 | 3 | 0 |
| 2005 | 성남 | 12 | 8 | 1 | 0 | 18 | 1 | 2 | 0 |
| 2006 | 성남 | 14 | 3 | 1 | 0 | 17 | 4 | 6 | 0 |
| 2008 | 성남 | 17 | 5 | 0 | 0 | 29 | 5 | 3 | 0 |
| 2009 | 성남 | 11 | 5 | 0 | 0 | 10 | 4 | 1 | 0 |
| 2010 | 부산 | 15 | 4 | 0 | 1 | 34 | 4 | 4 | 0 |
| 2011 | 강원 | 6 | 1 | 0 | 0 | 3 | 5 | 0 | 0 |
| 2012 | 강원 | 34 | 9 | 0 | 0 | 40 | 7 | 4 | 0 |
| | 통산 | 133 | 36 | 2 | 2 | 210 | 30 | 28 | 0 |

### 박원길 (朴元吉) 울산대 1977.08.13

| 연도 | 소속 | 출장 | 교체 | 득점 | 도움 | 파울 | 슈팅 | 경고 | 퇴장 |
|---|---|---|---|---|---|---|---|---|---|
| 2000 | 울산 | 1 | 1 | 0 | 0 | 1 | 0 | 0 | 0 |
| | 통산 | 1 | 1 | 0 | 0 | 1 | 0 | 0 | 0 |

### 박원재 (朴源載) 위덕대 1984.05.28

| 연도 | 소속 | 출장 | 교체 | 득점 | 도움 | 파울 | 슈팅 | 경고 | 퇴장 |
|---|---|---|---|---|---|---|---|---|---|
| 2003 | 포항 | 0 | 0 | 0 | 0 | 0 | 0 | 0 | 0 |
| 2004 | 포항 | 29 | 20 | 0 | 1 | 22 | 4 | 0 | 0 |
| 2005 | 포항 | 21 | 9 | 0 | 3 | 34 | 4 | 2 | 0 |
| 2006 | 포항 | 24 | 10 | 3 | 0 | 28 | 6 | 2 | 0 |
| 2007 | 포항 | 25 | 7 | 3 | 1 | 28 | 14 | 2 | 0 |
| 2008 | 포항 | 26 | 5 | 4 | 3 | 32 | 22 | 4 | 0 |
| 2010 | 전북 | 20 | 5 | 0 | 5 | 47 | 4 | 6 | 0 |
| 2011 | 전북 | 27 | 0 | 1 | 4 | 49 | 9 | 6 | 0 |
| 2012 | 전북 | 31 | 3 | 0 | 1 | 49 | 9 | 6 | 0 |
| 2013 | 전북 | 15 | 0 | 0 | 2 | 20 | 6 | 3 | 1 |
| 2014 | 전북 | 4 | 3 | 0 | 2 | 6 | 0 | 0 | 0 |
| | 통산 | 222 | 63 | 11 | 23 | 314 | 78 | 31 | 1 |

### 박원흥 (朴元弘) 울산대 1984.04.07

| 연도 | 소속 | 출장 | 교체 | 득점 | 도움 | 파울 | 슈팅 | 경고 | 퇴장 |
|---|---|---|---|---|---|---|---|---|---|
| 2006 | 울산 | 1 | 1 | 0 | 0 | 1 | 0 | 0 | 0 |
| 2007 | 울산 | 0 | 0 | 0 | 0 | 0 | 0 | 0 | 0 |
| 2009 | 광주상 | 6 | 5 | 0 | 0 | 4 | 7 | 0 | 0 |
| 2010 | 광주상 | 9 | 9 | 1 | 0 | 3 | 2 | 0 | 0 |
| | 통산 | 16 | 15 | 1 | 0 | 7 | 9 | 0 | 0 |

### 박윤기 (朴潤基) 서울시립대 1960.06.10

| 연도 | 소속 | 출장 | 교체 | 득점 | 도움 | 파울 | 슈팅 | 경고 | 퇴장 |
|---|---|---|---|---|---|---|---|---|---|
| 1983 | 유공 | 14 | 2 | 9 | 2 | 12 | 39 | 0 | 0 |
| 1984 | 유공 | 27 | 6 | 5 | 5 | 30 | 53 | 0 | 0 |
| 1985 | 유공 | 18 | 9 | 2 | 2 | 20 | 21 | 1 | 0 |
| 1986 | 유공 | 25 | 11 | 3 | 1 | 23 | 24 | 1 | 0 |
| 1987 | 럭금 | 13 | 4 | 2 | 0 | 16 | 19 | 1 | 0 |
| | 통산 | 97 | 32 | 21 | 10 | 101 | 156 | 3 | 0 |

### 박윤화 (朴允和) 숭실대 1978.06.13

| 연도 | 소속 | 출장 | 교체 | 득점 | 도움 | 파울 | 슈팅 | 경고 | 퇴장 |
|---|---|---|---|---|---|---|---|---|---|
| 2001 | 안양 | 3 | 1 | 0 | 0 | 3 | 0 | 0 | 0 |
| 2002 | 안양 | 15 | 13 | 1 | 0 | 14 | 12 | 1 | 0 |
| 2003 | 안양 | 9 | 8 | 0 | 0 | 11 | 4 | 2 | 0 |
| 2004 | 광주상 | 23 | 21 | 1 | 1 | 26 | 10 | 1 | 0 |
| 2007 | 대구 | 24 | 12 | 0 | 1 | 27 | 17 | 3 | 0 |
| 2008 | 경남 | 2 | 2 | 0 | 0 | 1 | 0 | 1 | 0 |
| 2009 | 경남 | 29 | 1 | 0 | 1 | 58 | 9 | 4 | 0 |
| | 통산 | 105 | 58 | 2 | 8 | 140 | 56 | 12 | 0 |

### 박인철 (朴仁哲) 영남대 1976.04.17

| 연도 | 소속 | 출장 | 교체 | 실점 | 도움 | 파울 | 슈팅 | 경고 | 퇴장 |
|---|---|---|---|---|---|---|---|---|---|
| 1999 | 전남 | 1 | 0 | 0 | 0 | 0 | 0 | 0 | 0 |
| | 통산 | 1 | 0 | 0 | 0 | 0 | 0 | 0 | 0 |

### 박임수 (朴林洙) 아주대 1989.02.07

| 연도 | 소속 | 출장 | 교체 | 득점 | 도움 | 파울 | 슈팅 | 경고 | 퇴장 |
|---|---|---|---|---|---|---|---|---|---|
| 2013 | 수원FC | 1 | 1 | 0 | 0 | 0 | 0 | 0 | 0 |
| | 통산 | 1 | 1 | 0 | 0 | 0 | 0 | 0 | 0 |

### 박재권 (朴在權) 한양대

| 연도 | 소속 | 출장 | 교체 | 득점 | 도움 | 파울 | 슈팅 | 경고 | 퇴장 |
|---|---|---|---|---|---|---|---|---|---|
| 1988 | 대우 | 5 | 2 | 0 | 0 | 3 | 1 | 0 | 0 |
| | 통산 | 5 | 2 | 0 | 0 | 3 | 1 | 0 | 0 |

### 박재성 (朴財成) 대구대 1991.06.19

| 연도 | 소속 | 출장 | 교체 | 득점 | 도움 | 파울 | 슈팅 | 경고 | 퇴장 |
|---|---|---|---|---|---|---|---|---|---|
| 2014 | 성남 | 1 | 1 | 0 | 0 | 0 | 0 | 0 | 0 |
| | 통산 | 1 | 1 | 0 | 0 | 0 | 0 | 0 | 0 |

### 박재용 (朴宰用) 명지대 1985.12.30

| 연도 | 소속 | 출장 | 교체 | 득점 | 도움 | 파울 | 슈팅 | 경고 | 퇴장 |
|---|---|---|---|---|---|---|---|---|---|
| 2006 | 성남 | 6 | 4 | 0 | 0 | 6 | 2 | 1 | 0 |
| 2007 | 성남 | 0 | 0 | 0 | 0 | 0 | 0 | 0 | 0 |
| 2008 | 성남 | 0 | 0 | 0 | 0 | 0 | 0 | 0 | 0 |
| | 통산 | 6 | 3 | 0 | 0 | 6 | 2 | 1 | 0 |

### 박재철 (朴宰徹) 한양대 1990.03.29

| 연도 | 소속 | 출장 | 교체 | 득점 | 도움 | 파울 | 슈팅 | 경고 | 퇴장 |
|---|---|---|---|---|---|---|---|---|---|
| 2014 | 부천 | 8 | 6 | 1 | 0 | 5 | 5 | 0 | 0 |
| | 통산 | 8 | 6 | 1 | 0 | 5 | 5 | 0 | 0 |

### 박재현 (朴栽賢) 상지대 1980.10.29

| 연도 | 소속 | 출장 | 교체 | 득점 | 도움 | 파울 | 슈팅 | 경고 | 퇴장 |
|---|---|---|---|---|---|---|---|---|---|
| 2003 | 대구 | 3 | 3 | 0 | 0 | 6 | 1 | 0 | 0 |
| 2005 | 인천 | 4 | 4 | 0 | 0 | 7 | 0 | 0 | 0 |
| 2006 | 인천 | 17 | 11 | 0 | 1 | 30 | 19 | 3 | 0 |
| 2007 | 인천 | 31 | 24 | 5 | 2 | 60 | 45 | 5 | 0 |
| 2008 | 인천 | 29 | 27 | 0 | 2 | 42 | 18 | 1 | 0 |
| 2009 | 인천 | 16 | 8 | 0 | 4 | 39 | 18 | 4 | 0 |
| | 통산 | 100 | 77 | 5 | 9 | 184 | 101 | 13 | 0 |

### 박재홍 (朴載泓) 명지대 1978.11.10

| 연도 | 소속 | 출장 | 교체 | 득점 | 도움 | 파울 | 슈팅 | 경고 | 퇴장 |
|---|---|---|---|---|---|---|---|---|---|
| 2003 | 전북 | 35 | 5 | 2 | 1 | 78 | 13 | 10 | 0 |
| 2004 | 전북 | 15 | 1 | 0 | 2 | 41 | 1 | 4 | 0 |
| 2005 | 전남 | 23 | 2 | 0 | 0 | 66 | 2 | 9 | 0 |
| 2006 | 전남 | 30 | 4 | 0 | 1 | 63 | 4 | 5 | 1 |
| 2008 | 경남 | 27 | 1 | 0 | 0 | 46 | 7 | 5 | 0 |
| 2009 | 경남 | 24 | 5 | 0 | 0 | 4 | 1 | 1 | 0 |
| 2011 | 경남 | 24 | 5 | 0 | 0 | 28 | 2 | 4 | 0 |
| | 통산 | 159 | 19 | 2 | 4 | 326 | 30 | 38 | 1 |

### 박재홍 (朴载弘) 연세대 1990.04.06

| 연도 | 소속 | 출장 | 교체 | 득점 | 도움 | 파울 | 슈팅 | 경고 | 퇴장 |
|---|---|---|---|---|---|---|---|---|---|
| 2013 | 부천 | 32 | 1 | 0 | 1 | 46 | 14 | 7 | 0 |
| 2014 | 부천 | 18 | 6 | 1 | 0 | 21 | 1 | 4 | 0 |
| | 통산 | 50 | 6 | 1 | 0 | 67 | 15 | 11 | 0 |

### 박정민 (朴廷珉) 고려대 1973.05.04

| 연도 | 소속 | 출장 | 교체 | 득점 | 도움 | 파울 | 슈팅 | 경고 | 퇴장 |
|---|---|---|---|---|---|---|---|---|---|
| 1998 | 울산 | 13 | 11 | 0 | 0 | 11 | 2 | 0 | 0 |
| 1999 | 울산 | 7 | 6 | 0 | 0 | 7 | 1 | 1 | 0 |
| 2000 | 울산 | 1 | 0 | 0 | 0 | 3 | 6 | 0 | 0 |
| | 통산 | 21 | 17 | 0 | 0 | 21 | 9 | 1 | 0 |

### 박정민 (朴正珉) 한남대 1988.10.25

| 연도 | 소속 | 출장 | 교체 | 득점 | 도움 | 파울 | 슈팅 | 경고 | 퇴장 |
|---|---|---|---|---|---|---|---|---|---|
| 2012 | 광주 | 8 | 8 | 1 | 1 | 8 | 2 | 0 | 0 |
| 2013 | 광주 | 14 | 14 | 1 | 1 | 19 | 15 | 2 | 0 |
| | 통산 | 22 | 22 | 2 | 2 | 27 | 23 | 4 | 0 |

### 박정배 (朴正培) 성균관대 1967.02.19

| 연도 | 소속 | 출장 | 교체 | 득점 | 도움 | 파울 | 슈팅 | 경고 | 퇴장 |
|---|---|---|---|---|---|---|---|---|---|
| 1990 | 럭금 | 26 | 6 | 1 | 0 | 30 | 11 | 1 | 0 |
| 1991 | LG | 38 | 2 | 4 | 4 | 51 | 18 | 3 | 0 |
| 1992 | LG | 12 | 2 | 1 | 0 | 16 | 9 | 1 | 0 |
| 1993 | LG | 12 | 12 | 1 | 0 | 18 | 5 | 1 | 0 |
| 1994 | 대우 | 14 | 2 | 1 | 0 | 12 | 2 | 1 | 0 |
| 1995 | 대우 | 23 | 5 | 0 | 1 | 25 | 5 | 4 | 0 |
| 1996 | 부산 | 17 | 7 | 0 | 0 | 21 | 1 | 7 | 0 |
| 1997 | 울산 | 22 | 2 | 0 | 0 | 26 | 1 | 4 | 0 |
| 1998 | 울산 | 37 | 3 | 2 | 0 | 55 | 16 | 4 | 0 |
| 1999 | 울산 | 3 | 3 | 0 | 0 | 6 | 0 | 1 | 0 |
| | 통산 | 227 | 33 | 12 | 5 | 271 | 81 | 27 | 0 |

### 박정석 (朴庭奭) 동북고 1977.04.19

| 연도 | 소속 | 출장 | 교체 | 득점 | 도움 | 파울 | 슈팅 | 경고 | 퇴장 |
|---|---|---|---|---|---|---|---|---|---|
| 2001 | 안양 | 31 | 1 | 1 | 0 | 69 | 6 | 5 | 0 |
| 2002 | 안양 | 9 | 0 | 0 | 0 | 26 | 0 | 2 | 0 |
| 2003 | 안양 | 19 | 1 | 0 | 0 | 67 | 2 | 5 | 0 |
| 2004 | 서울 | 28 | 0 | 2 | 0 | 85 | 4 | 8 | 0 |
| 2005 | 서울 | 18 | 4 | 0 | 0 | 55 | 2 | 9 | 0 |
| 2006 | 서울 | 3 | 3 | 0 | 0 | 5 | 0 | 0 | 0 |
| | 통산 | 108 | 12 | 1 | 2 | 307 | 14 | 29 | 0 |

### 박정식 (朴正植) 호남대 1983.03.07

| 연도 | 소속 | 출장 | 교체 | 득점 | 도움 | 파울 | 슈팅 | 경고 | 퇴장 |
|---|---|---|---|---|---|---|---|---|---|
| 2006 | 대구 | 11 | 7 | 0 | 0 | 17 | 6 | 0 | 0 |
| 2007 | 대구 | 18 | 3 | 1 | 0 | 41 | 2 | 7 | 0 |
| 2008 | 대구 | 21 | 7 | 0 | 1 | 26 | 1 | 4 | 0 |
| 2009 | 대구 | 12 | 5 | 0 | 1 | 8 | 2 | 4 | 0 |
| 2010 | 광주상 | 0 | 0 | 0 | 0 | 0 | 0 | 0 | 0 |

| 연도 | 소속 | 출장 | 교체 | 득점 | 도움 | 파울 | 슈팅 | 경고 | 퇴장 |
|---|---|---|---|---|---|---|---|---|---|
| 2011 | 상주 | 0 | 0 | 0 | 0 | 0 | 0 | 0 | 0 |
| 통산 | | 62 | 22 | 1 | 2 | 92 | 11 | 15 | 0 |

**박정식**(朴正植) 광운대 1988.01.20

| 연도 | 소속 | 출장 | 교체 | 득점 | 도움 | 파울 | 슈팅 | 경고 | 퇴장 |
|---|---|---|---|---|---|---|---|---|---|
| 2013 | 안양 | 23 | 6 | 1 | 1 | 28 | 13 | 6 | 0 |
| 2014 | 안양 | 13 | 7 | 0 | 0 | 10 | 4 | 0 | 0 |
| 통산 | | 36 | 13 | 1 | 1 | 38 | 17 | 6 | 0 |

**박정일**(朴品一) 건국대 1959.11.19

| 연도 | 소속 | 출장 | 교체 | 득점 | 도움 | 파울 | 슈팅 | 경고 | 퇴장 |
|---|---|---|---|---|---|---|---|---|---|
| 1984 | 럭금 | 18 | 11 | 4 | 2 | 10 | 18 | 0 | 0 |
| 통산 | | 18 | 11 | 4 | 2 | 10 | 18 | 0 | 0 |

**박정주**(朴廷柱) 한양대 1979.06.26

| 연도 | 소속 | 출장 | 교체 | 득점 | 도움 | 파울 | 슈팅 | 경고 | 퇴장 |
|---|---|---|---|---|---|---|---|---|---|
| 2003 | 부천 | 4 | 4 | 0 | 0 | 3 | 5 | 1 | 0 |
| 통산 | | 4 | 4 | 0 | 0 | 3 | 5 | 1 | 0 |

**박정현** 동아대 1974.05.28

| 연도 | 소속 | 출장 | 교체 | 득점 | 도움 | 파울 | 슈팅 | 경고 | 퇴장 |
|---|---|---|---|---|---|---|---|---|---|
| 1999 | 전북 | 0 | 0 | 0 | 0 | 0 | 0 | 0 | 0 |
| 통산 | | 0 | 0 | 0 | 0 | 0 | 0 | 0 | 0 |

**박정혜**(朴姃慧) 숭실대 1987.04.21

| 연도 | 소속 | 출장 | 교체 | 득점 | 도움 | 파울 | 슈팅 | 경고 | 퇴장 |
|---|---|---|---|---|---|---|---|---|---|
| 2009 | 대전 | 27 | 5 | 1 | 0 | 42 | 6 | 3 | 0 |
| 2010 | 대전 | 23 | 6 | 1 | 0 | 34 | 6 | 4 | 0 |
| 2011 | 대전 | 10 | 1 | 0 | 0 | 14 | 2 | 1 | 0 |
| 통산 | | 60 | 12 | 2 | 0 | 90 | 14 | 8 | 0 |

**박정환**(朴晶煥) 인천대 1977.01.14

| 연도 | 소속 | 출장 | 교체 | 득점 | 도움 | 파울 | 슈팅 | 경고 | 퇴장 |
|---|---|---|---|---|---|---|---|---|---|
| 1999 | 안양 | 0 | 0 | 0 | 0 | 0 | 0 | 0 | 0 |
| 2000 | 안양 | 5 | 5 | 1 | 0 | 4 | 5 | 0 | 0 |
| 2001 | 안양 | 16 | 10 | 9 | 2 | 25 | 41 | 2 | 0 |
| 2002 | 안양 | 18 | 18 | 2 | 1 | 25 | 24 | 1 | 0 |
| 2004 | 광주상 | 28 | 22 | 6 | 2 | 65 | 42 | 3 | 0 |
| 2005 | 광주상 | 18 | 15 | 2 | 0 | 28 | 21 | 0 | 0 |
| 2006 | 전북 | 5 | 5 | 0 | 0 | 3 | 5 | 0 | 0 |
| 2007 | 전북 | 4 | 4 | 1 | 0 | 13 | 0 | 0 | 0 |
| 통산 | | 94 | 79 | 21 | 5 | 163 | 138 | 6 | 0 |

**박정훈**(朴正勳) 고려대 1988.06.28

| 연도 | 소속 | 출장 | 교체 | 득점 | 도움 | 파울 | 슈팅 | 경고 | 퇴장 |
|---|---|---|---|---|---|---|---|---|---|
| 2011 | 전북 | 1 | 0 | 1 | 0 | 1 | 1 | 0 | 0 |
| 2012 | 강원 | 3 | 4 | 1 | 0 | 7 | 1 | 1 | 0 |
| 2014 | 부천 | 7 | 6 | 0 | 0 | 6 | 5 | 2 | 0 |
| 통산 | | 11 | 10 | 2 | 0 | 14 | 7 | 3 | 0 |

**박종대**(朴鍾大) 동아대 1966.01.12

| 연도 | 소속 | 출장 | 교체 | 득점 | 도움 | 파울 | 슈팅 | 경고 | 퇴장 |
|---|---|---|---|---|---|---|---|---|---|
| 1989 | 일화 | 10 | 8 | 2 | 0 | 7 | 8 | 1 | 0 |
| 1990 | 일화 | 24 | 15 | 3 | 1 | 12 | 28 | 0 | 0 |
| 1991 | 일화 | 13 | 6 | 4 | 1 | 9 | 33 | 0 | 0 |
| 통산 | | 47 | 29 | 9 | 2 | 28 | 69 | 1 | 0 |

**박종문**(朴鐘汶) 전주대 1970.10.02

| 연도 | 소속 | 출장 | 교체 | 실점 | 도움 | 파울 | 슈팅 | 경고 | 퇴장 |
|---|---|---|---|---|---|---|---|---|---|
| 1995 | 전남 | 10 | 4 | 11 | 0 | 0 | 0 | 0 | 0 |
| 1997 | 전남 | 28 | 0 | 22 | 0 | 0 | 0 | 0 | 0 |
| 1998 | 전남 | 21 | 0 | 32 | 0 | 2 | 0 | 0 | 0 |
| 1999 | 전남 | 12 | 0 | 17 | 0 | 1 | 0 | 0 | 0 |
| 2000 | 전남 | 12 | 0 | 17 | 0 | 1 | 1 | 1 | 0 |
| 2001 | 전남 | 27 | 1 | 35 | 0 | 1 | 0 | 0 | 0 |
| 2002 | 전남 | 33 | 0 | 29 | 0 | 0 | 0 | 1 | 0 |
| 2003 | 전남 | 33 | 0 | 33 | 0 | 0 | 0 | 1 | 0 |
| 2004 | 전남 | 13 | 0 | 16 | 0 | 1 | 0 | 0 | 0 |
| 2005 | 전남 | 17 | 0 | 19 | 0 | 1 | 0 | 0 | 0 |
| 2006 | 전남 | 0 | 0 | 0 | 0 | 0 | 0 | 0 | 0 |
| 통산 | | 192 | 6 | 211 | 0 | 7 | 1 | 3 | 0 |

**박종오**(朴宗吾) 1991.04.12

| 연도 | 소속 | 출장 | 교체 | 득점 | 도움 | 파울 | 슈팅 | 경고 | 퇴장 |
|---|---|---|---|---|---|---|---|---|---|
| 2014 | 부천 | 2 | 2 | 0 | 0 | 1 | 0 | 0 | 0 |
| 통산 | | 2 | 2 | 0 | 0 | 1 | 0 | 0 | 0 |

**박종우**(朴鐘佑) 숭실대 1979.04.11

| 연도 | 소속 | 출장 | 교체 | 득점 | 도움 | 파울 | 슈팅 | 경고 | 퇴장 |
|---|---|---|---|---|---|---|---|---|---|
| 2002 | 전남 | 24 | 4 | 1 | 2 | 32 | 21 | 2 | 0 |
| 2003 | 전남 | 26 | 7 | 0 | 4 | 26 | 10 | 4 | 0 |
| 2004 | 광주상 | 32 | 8 | 3 | 1 | 41 | 17 | 5 | 0 |
| 2005 | 광주상 | 28 | 9 | 1 | 3 | 35 | 16 | 1 | 0 |
| 2006 | 전남 | 31 | 8 | 0 | 2 | 48 | 5 | 5 | 0 |
| 2007 | 경남 | 29 | 11 | 3 | 3 | 43 | 10 | 3 | 0 |
| 2008 | 경남 | 28 | 7 | 1 | 2 | 34 | 15 | 7 | 0 |
| 2009 | 경남 | 1 | 0 | 0 | 0 | 3 | 1 | 0 | 0 |
| 통산 | | 199 | 54 | 9 | 17 | 262 | 95 | 28 | 0 |

**박종우**(朴鍾佑) 연세대 1989.03.10

| 연도 | 소속 | 출장 | 교체 | 득점 | 도움 | 파울 | 슈팅 | 경고 | 퇴장 |
|---|---|---|---|---|---|---|---|---|---|
| 2010 | 부산 | 13 | 7 | 0 | 1 | 20 | 4 | 1 | 0 |
| 2011 | 부산 | 30 | 5 | 2 | 3 | 49 | 20 | 9 | 0 |
| 2012 | 부산 | 28 | 13 | 3 | 5 | 61 | 32 | 10 | 0 |
| 2013 | 부산 | 31 | 1 | 2 | 6 | 81 | 40 | 9 | 0 |
| 통산 | | 102 | 26 | 7 | 15 | 211 | 96 | 29 | 0 |

**박종욱**(朴鍾旭) 울산대 1975.01.11

| 연도 | 소속 | 출장 | 교체 | 득점 | 도움 | 파울 | 슈팅 | 경고 | 퇴장 |
|---|---|---|---|---|---|---|---|---|---|
| 1997 | 울산 | 20 | 6 | 1 | 0 | 34 | 10 | 4 | 0 |
| 1998 | 울산 | 1 | 1 | 0 | 0 | 0 | 0 | 0 | 0 |
| 1999 | 울산 | 21 | 9 | 0 | 0 | 30 | 9 | 3 | 0 |
| 2000 | 울산 | 18 | 2 | 0 | 1 | 29 | 4 | 3 | 0 |
| 2001 | 울산 | 7 | 7 | 0 | 0 | 3 | 1 | 0 | 0 |
| 2002 | 울산 | 9 | 8 | 0 | 0 | 7 | 3 | 1 | 0 |
| 통산 | | 76 | 33 | 1 | 1 | 103 | 28 | 12 | 0 |

**박종원**(朴鍾遠) 연세대 1955.04.12

| 연도 | 소속 | 출장 | 교체 | 득점 | 도움 | 파울 | 슈팅 | 경고 | 퇴장 |
|---|---|---|---|---|---|---|---|---|---|
| 1983 | 대우 | 10 | 6 | 1 | 1 | 7 | 11 | 0 | 0 |
| 1984 | 대우 | 9 | 5 | 1 | 0 | 10 | 8 | 0 | 0 |
| 1985 | 대우 | 3 | 2 | 0 | 0 | 3 | 1 | 0 | 0 |
| 통산 | | 22 | 13 | 1 | 1 | 20 | 20 | 0 | 0 |

**박종윤**(朴鐘允) 호남대 1987.12.17

| 연도 | 소속 | 출장 | 교체 | 득점 | 도움 | 파울 | 슈팅 | 경고 | 퇴장 |
|---|---|---|---|---|---|---|---|---|---|
| 2010 | 경남 | 3 | 1 | 0 | 0 | 0 | 0 | 0 | 0 |
| 통산 | | 3 | 1 | 0 | 0 | 0 | 0 | 0 | 0 |

**박종인**(朴鍾仁) 동아대 1974.04.10

| 연도 | 소속 | 출장 | 교체 | 득점 | 도움 | 파울 | 슈팅 | 경고 | 퇴장 |
|---|---|---|---|---|---|---|---|---|---|
| 1997 | 안양 | 8 | 6 | 2 | 0 | 5 | 10 | 0 | 0 |
| 1998 | 안양 | 18 | 11 | 2 | 1 | 29 | 21 | 2 | 0 |
| 1999 | 안양 | 15 | 15 | 0 | 1 | 10 | 10 | 3 | 0 |
| 2000 | 안양 | 3 | 3 | 0 | 0 | 1 | 0 | 0 | 0 |
| 통산 | | 44 | 35 | 6 | 2 | 45 | 42 | 5 | 0 |

**박종인**(朴鍾仁) 호남대 1988.11.12

| 연도 | 소속 | 출장 | 교체 | 득점 | 도움 | 파울 | 슈팅 | 경고 | 퇴장 |
|---|---|---|---|---|---|---|---|---|---|
| 2012 | 광주 | 7 | 7 | 0 | 0 | 1 | 0 | 0 | 0 |
| 2013 | 광주 | 10 | 10 | 1 | 1 | 12 | 1 | 2 | 0 |
| 통산 | | 17 | 17 | 1 | 1 | 13 | 1 | 2 | 0 |

**박종진**(朴鐘珍) 호남대 1980.05.04

| 연도 | 소속 | 출장 | 교체 | 득점 | 도움 | 파울 | 슈팅 | 경고 | 퇴장 |
|---|---|---|---|---|---|---|---|---|---|
| 2003 | 대구 | 39 | 5 | 0 | 1 | 47 | 14 | 4 | 0 |
| 2004 | 대구 | 27 | 4 | 0 | 0 | 27 | 9 | 3 | 0 |
| 2005 | 대구 | 30 | 9 | 1 | 1 | 54 | 9 | 5 | 0 |
| 2006 | 대구 | 36 | 3 | 0 | 1 | 71 | 8 | 5 | 0 |
| 2007 | 대구 | 28 | 1 | 0 | 1 | 24 | 3 | 3 | 0 |
| 2008 | 광주상 | 28 | 3 | 0 | 0 | 36 | 6 | 7 | 0 |
| 2009 | 대구 | 9 | 6 | 0 | 0 | 6 | 6 | 1 | 0 |
| 2010 | 대구 | 7 | 0 | 1 | 0 | 31 | 0 | 5 | 0 |
| 2011 | 대구 | 18 | 6 | 0 | 0 | 17 | 1 | 3 | 0 |
| 2012 | 대구 | 24 | 2 | 0 | 0 | 36 | 3 | 6 | 0 |
| 2013 | 대구 | 11 | 1 | 0 | 0 | 14 | 7 | 2 | 0 |
| 2014 | 대구 | 19 | 6 | 0 | 0 | 19 | 5 | 3 | 0 |
| 통산 | | 270 | 45 | 1 | 4 | 366 | 57 | 46 | 0 |

**박종진**(朴宗眞) 숭실대 1987.06.24

| 연도 | 소속 | 출장 | 교체 | 득점 | 도움 | 파울 | 슈팅 | 경고 | 퇴장 |
|---|---|---|---|---|---|---|---|---|---|
| 2009 | 강원 | 26 | 23 | 1 | 3 | 9 | 19 | 1 | 0 |
| 2010 | 강원 | 4 | 4 | 0 | 0 | 2 | 3 | 0 | 0 |
| 2010 | 수원 | 12 | 11 | 0 | 0 | 13 | 10 | 0 | 0 |
| 2011 | 수원 | 21 | 17 | 1 | 2 | 21 | 19 | 3 | 0 |
| 2012 | 수원 | 17 | 17 | 1 | 2 | 13 | 6 | 0 | 0 |
| 2013 | 수원 | 4 | 4 | 0 | 0 | 2 | 3 | 0 | 0 |
| 2013 | 경찰 | 5 | 1 | 0 | 0 | 8 | 6 | 0 | 0 |
| 2014 | 안산 | 25 | 11 | 0 | 1 | 24 | 5 | 6 | 0 |
| 통산 | | 114 | 88 | 3 | 8 | 92 | 71 | 10 | 0 |

**박종찬**(朴鍾瓚) 서울시립대 1971.02.08

| 연도 | 소속 | 출장 | 교체 | 득점 | 도움 | 파울 | 슈팅 | 경고 | 퇴장 |
|---|---|---|---|---|---|---|---|---|---|
| 1993 | 일화 | 22 | 18 | 0 | 0 | 7 | 16 | 0 | 0 |
| 1994 | 일화 | 2 | 2 | 0 | 0 | 0 | 0 | 0 | 0 |
| 1995 | 일화 | 3 | 2 | 0 | 0 | 2 | 2 | 0 | 0 |
| 1996 | 천안 | 0 | 0 | 0 | 0 | 0 | 0 | 0 | 0 |
| 통산 | | 27 | 22 | 0 | 0 | 9 | 18 | 0 | 0 |

**박종찬**(朴鍾燦) 한남대 1981.10.02

| 연도 | 소속 | 출장 | 교체 | 득점 | 도움 | 파울 | 슈팅 | 경고 | 퇴장 |
|---|---|---|---|---|---|---|---|---|---|
| 2005 | 인천 | 1 | 1 | 0 | 0 | 0 | 0 | 0 | 0 |
| 2013 | 수원FC | 31 | 11 | 1 | 1 | 46 | 62 | 7 | 0 |
| 2014 | 수원FC | 20 | 15 | 3 | 1 | 21 | 29 | 3 | 0 |
| 통산 | | 52 | 27 | 14 | 2 | 67 | 91 | 10 | 0 |

**박종필**(朴鐘弼) 한양공고 1976.10.17

| 연도 | 소속 | 출장 | 교체 | 득점 | 도움 | 파울 | 슈팅 | 경고 | 퇴장 |
|---|---|---|---|---|---|---|---|---|---|
| 1995 | 전북 | 3 | 3 | 0 | 0 | 0 | 0 | 0 | 0 |
| 1996 | 전북 | 3 | 3 | 0 | 0 | 1 | 0 | 0 | 0 |
| 1997 | 전북 | 2 | 2 | 0 | 0 | 2 | 0 | 0 | 0 |
| 통산 | | 8 | 8 | 0 | 0 | 3 | 0 | 0 | 0 |

**박주성**(朴住成) 마산공고 1984.02.20

| 연도 | 소속 | 출장 | 교체 | 득점 | 도움 | 파울 | 슈팅 | 경고 | 퇴장 |
|---|---|---|---|---|---|---|---|---|---|
| 2003 | 수원 | 11 | 9 | 0 | 0 | 12 | 3 | 0 | 0 |
| 2004 | 수원 | 7 | 5 | 1 | 0 | 8 | 2 | 0 | 0 |
| 2005 | 광주상 | 3 | 1 | 0 | 0 | 2 | 2 | 0 | 0 |
| 2006 | 광주상 | 25 | 12 | 0 | 1 | 29 | 5 | 6 | 0 |
| 2007 | 수원 | 6 | 1 | 0 | 0 | 7 | 3 | 0 | 0 |
| 2008 | 수원 | 1 | 1 | 0 | 0 | 0 | 0 | 0 | 0 |
| 2013 | 경남 | 17 | 9 | 0 | 0 | 33 | 4 | 3 | 0 |
| 2014 | 경남 | 37 | 3 | 0 | 1 | 36 | 1 | 4 | 1 |
| 통산 | | 107 | 41 | 1 | 2 | 127 | 20 | 13 | 1 |

**박주영**(朴主永) 고려대 1985.07.10

| 연도 | 소속 | 출장 | 교체 | 득점 | 도움 | 파울 | 슈팅 | 경고 | 퇴장 |
|---|---|---|---|---|---|---|---|---|---|
| 2005 | 서울 | 30 | 5 | 18 | 4 | 35 | 82 | 2 | 0 |
| 2006 | 서울 | 30 | 16 | 8 | 1 | 25 | 40 | 0 | 0 |
| 2007 | 서울 | 14 | 7 | 5 | 0 | 7 | 34 | 0 | 0 |
| 2008 | 서울 | 17 | 7 | 2 | 4 | 19 | 46 | 2 | 0 |
| 통산 | | 91 | 35 | 33 | 9 | 86 | 202 | 4 | 0 |

**박주원**(朴周元) 부산대 1960.01.28

| 연도 | 소속 | 출장 | 교체 | 득점 | 도움 | 파울 | 슈팅 | 경고 | 퇴장 |
|---|---|---|---|---|---|---|---|---|---|
| 1984 | 현대 | 5 | 4 | 0 | 0 | 4 | 4 | 0 | 0 |
| 통산 | | 5 | 4 | 0 | 0 | 4 | 4 | 0 | 0 |

**박주원**(朴柱元) 홍익대 1990.10.19

| 연도 | 소속 | 출장 | 교체 | 실점 | 도움 | 파울 | 슈팅 | 경고 | 퇴장 |
|---|---|---|---|---|---|---|---|---|---|
| 2013 | 대전 | 0 | 0 | 0 | 0 | 0 | 0 | 0 | 0 |
| 2014 | 대전 | 16 | 1 | 12 | 0 | 0 | 0 | 2 | 0 |
| 통산 | | 16 | 1 | 12 | 0 | 0 | 0 | 2 | 0 |

**박주현**(朴株炫) 관동대 1984.09.29

| 연도 | 소속 | 출장 | 교체 | 득점 | 도움 | 파울 | 슈팅 | 경고 | 퇴장 |
|---|---|---|---|---|---|---|---|---|---|
| 2007 | 대전 | 6 | 5 | 1 | 0 | 11 | 3 | 0 | 0 |
| 2008 | 대전 | 8 | 4 | 3 | 0 | 14 | 11 | 3 | 0 |
| 2010 | 대전 | 2 | 2 | 0 | 0 | 0 | 2 | 0 | 0 |
| 통산 | | 16 | 11 | 4 | 0 | 25 | 16 | 3 | 0 |

**박준강**(朴峻江) 상지대 1991.06.06

| 연도 | 소속 | 출장 | 교체 | 득점 | 도움 | 파울 | 슈팅 | 경고 | 퇴장 |
|---|---|---|---|---|---|---|---|---|---|
| 2013 | 부산 | 30 | 0 | 1 | 0 | 35 | 3 | 6 | 0 |
| 2014 | 부산 | 14 | 1 | 0 | 1 | 20 | 3 | 7 | 0 |
| 통산 | | 44 | 1 | 1 | 1 | 55 | 6 | 13 | 0 |

**박준성**(朴俊成) 조선대 1984.09.11

| 연도 | 소속 | 출장 | 교체 | 득점 | 도움 | 파울 | 슈팅 | 경고 | 퇴장 |
|---|---|---|---|---|---|---|---|---|---|

| 연도 | 소속 | 출장 | 교체 | 득점 | 도움 | 파울 | 슈팅 | 경고 | 퇴장 |
|---|---|---|---|---|---|---|---|---|---|
| 2007 | 제주 | 6 | 5 | 0 | 0 | 10 | 3 | 1 | 0 |
| 통산 | | 6 | 5 | 0 | 0 | 10 | 3 | 1 | 0 |

**박준승** (朴俊勝) 홍익대 1990.02.27

| 연도 | 소속 | 출장 | 교체 | 득점 | 도움 | 파울 | 슈팅 | 경고 | 퇴장 |
|---|---|---|---|---|---|---|---|---|---|
| 2013 | 경찰 | 6 | 6 | 0 | 0 | 0 | 2 | 0 | 0 |
| 통산 | | 6 | 6 | 0 | 0 | 0 | 2 | 0 | 0 |

**박준영** (朴俊英) 광양제철고 1981.07.08

| 연도 | 소속 | 출장 | 교체 | 득점 | 도움 | 파울 | 슈팅 | 경고 | 퇴장 |
|---|---|---|---|---|---|---|---|---|---|
| 2000 | 전남 | 0 | 0 | 0 | 0 | 0 | 0 | 0 | 0 |
| 2003 | 대구 | 0 | 0 | 0 | 0 | 0 | 0 | 0 | 0 |
| 2004 | 대구 | 0 | 0 | 0 | 0 | 0 | 0 | 0 | 0 |
| 2005 | 대구 | 2 | 0 | 0 | 0 | 0 | 0 | 0 | 0 |
| 통산 | | 2 | 0 | 0 | 0 | 0 | 0 | 0 | 0 |

**박준오** (朴俊五) 대구대 1986.03.01

| 연도 | 소속 | 출장 | 교체 | 득점 | 도움 | 파울 | 슈팅 | 경고 | 퇴장 |
|---|---|---|---|---|---|---|---|---|---|
| 2010 | 대구 | 0 | 0 | 0 | 0 | 0 | 0 | 0 | 0 |
| 통산 | | 0 | 0 | 0 | 0 | 0 | 0 | 0 | 0 |

**박준태** (朴俊泰) 고려대 1989.12.02

| 연도 | 소속 | 출장 | 교체 | 득점 | 도움 | 파울 | 슈팅 | 경고 | 퇴장 |
|---|---|---|---|---|---|---|---|---|---|
| 2009 | 울산 | 8 | 8 | 0 | 0 | 4 | 3 | 0 | 0 |
| 2010 | 울산 | 1 | 1 | 0 | 0 | 0 | 0 | 0 | 0 |
| 2011 | 인천 | 26 | 25 | 5 | 1 | 10 | 25 | 2 | 0 |
| 2012 | 인천 | 27 | 26 | 3 | 0 | 21 | 27 | 2 | 0 |
| 2013 | 전남 | 27 | 17 | 1 | 1 | 22 | 25 | 1 | 0 |
| 2014 | 전남 | 7 | 9 | 0 | 0 | 3 | 2 | 0 | 0 |
| 통산 | | 96 | 86 | 9 | 2 | 60 | 82 | 5 | 0 |

**박준혁** (朴俊赫) 전주대 1987.04.11

| 연도 | 소속 | 출장 | 교체 | 실점 | 도움 | 파울 | 슈팅 | 경고 | 퇴장 |
|---|---|---|---|---|---|---|---|---|---|
| 2010 | 경남 | 0 | 0 | 0 | 0 | 0 | 0 | 0 | 0 |
| 2011 | 대구 | 24 | 0 | 32 | 0 | 1 | 0 | 4 | 1 |
| 2012 | 대구 | 38 | 0 | 53 | 0 | 2 | 0 | 2 | 0 |
| 2013 | 제주 | 31 | 0 | 38 | 0 | 1 | 0 | 4 | 0 |
| 2014 | 성남 | 35 | 0 | 33 | 0 | 0 | 0 | 2 | 0 |
| 통산 | | 128 | 0 | 156 | 0 | 4 | 0 | 12 | 1 |

**박준홍** (朴俊弘) 연세대 1978.04.13

| 연도 | 소속 | 출장 | 교체 | 득점 | 도움 | 파울 | 슈팅 | 경고 | 퇴장 |
|---|---|---|---|---|---|---|---|---|---|
| 2001 | 부산 | 7 | 7 | 0 | 0 | 4 | 0 | 0 | 0 |
| 2002 | 부산 | 10 | 8 | 0 | 0 | 4 | 0 | 0 | 0 |
| 2003 | 광주상 | 20 | 7 | 0 | 0 | 13 | 4 | 3 | 0 |
| 2004 | 광주상 | 15 | 1 | 0 | 0 | 25 | 5 | 1 | 0 |
| 2005 | 부산 | 16 | 3 | 0 | 0 | 26 | 0 | 3 | 0 |
| 2006 | 부산 | 5 | 4 | 0 | 0 | 3 | 0 | 1 | 0 |
| 통산 | | 73 | 28 | 0 | 0 | 81 | 13 | 8 | 0 |

**박준희** (朴晙熙) 건국대 1991.03.01

| 연도 | 소속 | 출장 | 교체 | 득점 | 도움 | 파울 | 슈팅 | 경고 | 퇴장 |
|---|---|---|---|---|---|---|---|---|---|
| 2014 | 포항 | 1 | 0 | 0 | 0 | 3 | 1 | 0 | 0 |

**박중천** (朴重天) 명지대 1983.10.11

| 연도 | 소속 | 출장 | 교체 | 득점 | 도움 | 파울 | 슈팅 | 경고 | 퇴장 |
|---|---|---|---|---|---|---|---|---|---|
| 2006 | 제주 | 0 | 0 | 0 | 0 | 0 | 0 | 0 | 0 |
| 2009 | 제주 | 0 | 0 | 0 | 0 | 0 | 0 | 0 | 0 |

**박지민** (朴智敏) 경희대 1994.03.07

| 연도 | 소속 | 출장 | 교체 | 득점 | 도움 | 파울 | 슈팅 | 경고 | 퇴장 |
|---|---|---|---|---|---|---|---|---|---|
| 2014 | 경남 | 4 | 4 | 0 | 0 | 1 | 1 | 0 | 0 |
| 통산 | | 4 | 4 | 0 | 0 | 1 | 1 | 0 | 0 |

**박지영** (朴至永) 건국대 1987.02.07

| 연도 | 소속 | 출장 | 교체 | 실점 | 도움 | 파울 | 슈팅 | 경고 | 퇴장 |
|---|---|---|---|---|---|---|---|---|---|
| 2010 | 수원 | 0 | 0 | 0 | 0 | 0 | 0 | 0 | 0 |
| 2013 | 안양 | 2 | 0 | 3 | 0 | 0 | 0 | 0 | 0 |
| 2014 | 상주 | 1 | 0 | 1 | 0 | 0 | 0 | 0 | 0 |
| 통산 | | 3 | 0 | 4 | 0 | 1 | 0 | 0 | 0 |

**박지용** (朴志容) 대전상업정보고 1983.05.28

| 연도 | 소속 | 출장 | 교체 | 득점 | 도움 | 파울 | 슈팅 | 경고 | 퇴장 |
|---|---|---|---|---|---|---|---|---|---|
| 2004 | 전남 | 3 | 2 | 0 | 0 | 2 | 1 | 0 | 0 |
| 2007 | 전남 | 8 | 4 | 0 | 0 | 19 | 0 | 1 | 0 |
| 2008 | 전남 | 12 | 3 | 0 | 0 | 16 | 3 | 5 | 0 |
| 2009 | 전남 | 23 | 6 | 0 | 1 | 30 | 4 | 7 | 0 |
| 2010 | 전남 | 4 | 2 | 0 | 0 | 1 | 0 | 0 | 0 |
| 2011 | 강원 | 12 | 0 | 0 | 0 | 26 | 0 | 7 | 0 |
| 통산 | | 62 | 17 | 0 | 1 | 94 | 8 | 24 | 0 |

**박지호** (朴志鎬) 인천대 1970.07.04

| 연도 | 소속 | 출장 | 교체 | 득점 | 도움 | 파울 | 슈팅 | 경고 | 퇴장 |
|---|---|---|---|---|---|---|---|---|---|
| 1993 | LG | 26 | 22 | 0 | 0 | 18 | 31 | 4 | 0 |
| 1994 | LG | 4 | 4 | 0 | 1 | 5 | 2 | 1 | 0 |
| 1995 | 포항 | 6 | 5 | 0 | 1 | 13 | 3 | 0 | 0 |
| 1996 | 포항 | 9 | 7 | 1 | 0 | 7 | 9 | 3 | 0 |
| 1997 | 포항 | 20 | 14 | 5 | 0 | 31 | 35 | 3 | 0 |
| 1999 | 천안 | 5 | 5 | 0 | 1 | 6 | 7 | 0 | 0 |
| 통산 | | 70 | 57 | 6 | 3 | 80 | 87 | 11 | 0 |

**박진섭** (朴珍燮) 고려대 1977.03.11

| 연도 | 소속 | 출장 | 교체 | 득점 | 도움 | 파울 | 슈팅 | 경고 | 퇴장 |
|---|---|---|---|---|---|---|---|---|---|
| 2002 | 울산 | 33 | 10 | 2 | 4 | 51 | 18 | 3 | 1 |
| 2003 | 울산 | 41 | 10 | 1 | 6 | 65 | 14 | 6 | 0 |
| 2004 | 울산 | 28 | 2 | 0 | 2 | 42 | 9 | 4 | 0 |
| 2005 | 울산 | 14 | 0 | 0 | 2 | 17 | 2 | 3 | 0 |
| 2005 | 성남 | 21 | 5 | 0 | 1 | 25 | 1 | 3 | 0 |
| 2006 | 성남 | 35 | 18 | 0 | 3 | 34 | 4 | 2 | 0 |
| 2007 | 성남 | 24 | 8 | 0 | 4 | 27 | 1 | 7 | 0 |
| 2008 | 성남 | 35 | 3 | 0 | 4 | 27 | 3 | 6 | 0 |
| 2009 | 부산 | 26 | 3 | 0 | 1 | 29 | 2 | 8 | 0 |
| 2010 | 부산 | 17 | 1 | 0 | 3 | 27 | 3 | 9 | 0 |
| 통산 | | 284 | 60 | 3 | 27 | 348 | 53 | 53 | 1 |

**박진수** (朴鎭秀) 고려대 1987.03.01

| 연도 | 소속 | 출장 | 교체 | 득점 | 도움 | 파울 | 슈팅 | 경고 | 퇴장 |
|---|---|---|---|---|---|---|---|---|---|
| 2013 | 충주 | 33 | 3 | 3 | 1 | 63 | 34 | 7 | 0 |
| 2014 | 충주 | 30 | 13 | 1 | 2 | 34 | 26 | 2 | 0 |
| 통산 | | 63 | 16 | 4 | 3 | 97 | 60 | 9 | 0 |

**박진옥** (朴鎭玉) 경희대 1982.05.28

| 연도 | 소속 | 출장 | 교체 | 득점 | 도움 | 파울 | 슈팅 | 경고 | 퇴장 |
|---|---|---|---|---|---|---|---|---|---|
| 2005 | 부천 | 29 | 25 | 1 | 0 | 15 | 8 | 1 | 0 |
| 2006 | 제주 | 24 | 11 | 0 | 0 | 28 | 15 | 4 | 0 |
| 2007 | 제주 | 28 | 4 | 1 | 0 | 36 | 10 | 1 | 0 |
| 2008 | 제주 | 15 | 10 | 0 | 0 | 14 | 6 | 0 | 0 |
| 2009 | 광주상 | 11 | 8 | 0 | 0 | 15 | 1 | 0 | 0 |
| 2010 | 광주상 | 10 | 7 | 0 | 0 | 9 | 2 | 0 | 0 |
| 2010 | 제주 | 0 | 0 | 0 | 0 | 0 | 0 | 0 | 0 |
| 2011 | 제주 | 21 | 6 | 0 | 1 | 27 | 2 | 2 | 0 |
| 2012 | 제주 | 16 | 9 | 0 | 0 | 16 | 1 | 3 | 0 |
| 2013 | 대전 | 20 | 5 | 0 | 0 | 31 | 1 | 2 | 0 |
| 2014 | 광주 | 8 | 2 | 0 | 0 | 16 | 1 | 1 | 0 |
| 통산 | | 192 | 87 | 2 | 1 | 207 | 46 | 14 | 0 |

**박진이** (朴眞伊) 아주대 1983.04.05

| 연도 | 소속 | 출장 | 교체 | 득점 | 도움 | 파울 | 슈팅 | 경고 | 퇴장 |
|---|---|---|---|---|---|---|---|---|---|
| 2007 | 경남 | 7 | 5 | 0 | 0 | 4 | 2 | 1 | 0 |
| 2008 | 경남 | 20 | 4 | 0 | 1 | 26 | 6 | 2 | 0 |
| 2009 | 경남 | 3 | 2 | 0 | 0 | 4 | 0 | 0 | 0 |
| 통산 | | 30 | 11 | 0 | 1 | 34 | 8 | 3 | 0 |

**박진포** (朴珍鋪) 대구대 1987.08.13

| 연도 | 소속 | 출장 | 교체 | 득점 | 도움 | 파울 | 슈팅 | 경고 | 퇴장 |
|---|---|---|---|---|---|---|---|---|---|
| 2011 | 성남 | 32 | 2 | 0 | 3 | 62 | 8 | 6 | 0 |
| 2012 | 성남 | 40 | 0 | 0 | 3 | 74 | 16 | 7 | 0 |
| 2013 | 성남 | 35 | 3 | 1 | 4 | 55 | 9 | 4 | 0 |
| 2014 | 성남 | 32 | 2 | 1 | 3 | 45 | 5 | 10 | 0 |
| 통산 | | 139 | 7 | 2 | 13 | 236 | 38 | 27 | 0 |

**박창선** (朴昌善) 경희대 1954.02.02

| 연도 | 소속 | 출장 | 교체 | 득점 | 도움 | 파울 | 슈팅 | 경고 | 퇴장 |
|---|---|---|---|---|---|---|---|---|---|
| 1983 | 할렐 | 15 | 1 | 3 | 6 | 24 | 25 | 4 | 0 |
| 1984 | 대우 | 28 | 0 | 6 | 7 | 29 | 65 | 0 | 0 |
| 1985 | 대우 | 12 | 4 | 0 | 1 | 16 | 21 | 0 | 0 |
| 1986 | 대우 | 12 | 0 | 0 | 1 | 16 | 21 | 0 | 0 |
| 1987 | 유공 | 6 | 3 | 2 | 2 | 14 | 6 | 0 | 0 |
| 통산 | | 73 | 8 | 11 | 17 | 99 | 138 | 4 | 0 |

**박창주** (朴昌宙) 단국대 1972.09.30

| 연도 | 소속 | 출장 | 교체 | 실점 | 도움 | 파울 | 슈팅 | 경고 | 퇴장 |
|---|---|---|---|---|---|---|---|---|---|
| 1999 | 울산 | 2 | 1 | 5 | 0 | 0 | 0 | 0 | 0 |
| 2000 | 울산 | 0 | 0 | 0 | 0 | 0 | 0 | 0 | 0 |
| 2001 | 울산 | 0 | 0 | 0 | 0 | 0 | 0 | 0 | 0 |
| 통산 | | 2 | 1 | 5 | 0 | 0 | 0 | 0 | 0 |

**박창헌** (朴昌憲) 동국대 1985.12.12

| 연도 | 소속 | 출장 | 교체 | 득점 | 도움 | 파울 | 슈팅 | 경고 | 퇴장 |
|---|---|---|---|---|---|---|---|---|---|
| 2008 | 인천 | 14 | 6 | 0 | 0 | 21 | 7 | 3 | 0 |
| 2009 | 인천 | 14 | 11 | 0 | 0 | 16 | 2 | 1 | 0 |
| 2010 | 인천 | 11 | 10 | 0 | 0 | 12 | 1 | 1 | 0 |
| 2011 | 경남 | 4 | 3 | 0 | 0 | 5 | 1 | 0 | 0 |
| 통산 | | 43 | 30 | 0 | 0 | 54 | 11 | 5 | 0 |

**박창현** (朴昶鉉) 한양대 1966.06.08

| 연도 | 소속 | 출장 | 교체 | 득점 | 도움 | 파울 | 슈팅 | 경고 | 퇴장 |
|---|---|---|---|---|---|---|---|---|---|
| 1989 | 포철 | 29 | 13 | 3 | 2 | 23 | 40 | 3 | 0 |
| 1992 | 포철 | 28 | 7 | 3 | 2 | 26 | 40 | 1 | 0 |
| 1993 | 포철 | 23 | 16 | 4 | 2 | 27 | 23 | 0 | 0 |
| 1994 | 포철 | 20 | 15 | 1 | 0 | 15 | 20 | 2 | 0 |
| 1995 | 포철 | 8 | 8 | 4 | 2 | 6 | 9 | 0 | 0 |
| 통산 | | 108 | 59 | 15 | 8 | 97 | 132 | 6 | 0 |

**박천신** (朴天申) 동의대 1983.11.04

| 연도 | 소속 | 출장 | 교체 | 득점 | 도움 | 파울 | 슈팅 | 경고 | 퇴장 |
|---|---|---|---|---|---|---|---|---|---|
| 2006 | 전남 | 2 | 2 | 0 | 0 | 4 | 1 | 0 | 0 |
| 2007 | 전남 | 3 | 3 | 0 | 0 | 2 | 5 | 0 | 0 |
| 통산 | | 5 | 5 | 0 | 0 | 6 | 6 | 0 | 0 |

**박철** (朴徹) 대구대 1973.08.20

| 연도 | 소속 | 출장 | 교체 | 득점 | 도움 | 파울 | 슈팅 | 경고 | 퇴장 |
|---|---|---|---|---|---|---|---|---|---|
| 1994 | LG | 25 | 2 | 2 | 0 | 22 | 11 | 3 | 0 |
| 1995 | LG | 23 | 2 | 0 | 1 | 47 | 21 | 5 | 0 |
| 1996 | 안양 | 19 | 10 | 1 | 0 | 18 | 18 | 2 | 0 |
| 1999 | 부천 | 27 | 2 | 0 | 2 | 32 | 9 | 5 | 0 |
| 2000 | 부천 | 32 | 2 | 1 | 2 | 27 | 11 | 1 | 0 |
| 2001 | 부천 | 27 | 2 | 0 | 1 | 24 | 4 | 1 | 0 |
| 2002 | 부천 | 2 | 2 | 0 | 0 | 2 | 1 | 0 | 0 |
| 2003 | 대전 | 25 | 5 | 0 | 0 | 14 | 1 | 2 | 0 |
| 2004 | 대전 | 24 | 1 | 0 | 0 | 17 | 1 | 1 | 0 |
| 2005 | 대전 | 18 | 5 | 0 | 0 | 12 | 2 | 0 | 0 |
| 통산 | | 245 | 30 | 4 | 6 | 224 | 82 | 21 | 0 |

**박철우** (朴哲祐) 청주상고 1965.09.29

| 연도 | 소속 | 출장 | 교체 | 실점 | 도움 | 파울 | 슈팅 | 경고 | 퇴장 |
|---|---|---|---|---|---|---|---|---|---|
| 1985 | 포철 | 11 | 0 | 7 | 0 | 0 | 0 | 0 | 0 |
| 1986 | 포철 | 3 | 0 | 5 | 0 | 0 | 0 | 0 | 0 |
| 1991 | 포철 | 28 | 1 | 31 | 0 | 2 | 0 | 0 | 0 |
| 1992 | LG | 13 | 1 | 17 | 0 | 0 | 0 | 0 | 0 |
| 1993 | LG | 29 | 1 | 30 | 0 | 2 | 1 | 0 | 0 |
| 1994 | LG | 20 | 2 | 30 | 0 | 1 | 0 | 0 | 0 |
| 1995 | 전남 | 11 | 5 | 15 | 0 | 0 | 0 | 0 | 0 |
| 1996 | 수원 | 22 | 0 | 18 | 0 | 2 | 2 | 0 | 0 |
| 1997 | 수원 | 19 | 0 | 23 | 0 | 1 | 0 | 2 | 0 |
| 1998 | 전남 | 15 | 0 | 12 | 0 | 0 | 0 | 1 | 0 |
| 1999 | 전남 | 19 | 1 | 20 | 0 | 0 | 0 | 0 | 0 |
| 통산 | | 190 | 11 | 217 | 0 | 8 | 0 | 6 | 0 |

**박철웅** (朴鐵雄) 영남대 1958.04.15

| 연도 | 소속 | 출장 | 교체 | 득점 | 도움 | 파울 | 슈팅 | 경고 | 퇴장 |
|---|---|---|---|---|---|---|---|---|---|
| 1983 | 포철 | 4 | 4 | 0 | 0 | 1 | 0 | 0 | 0 |
| 1984 | 포철 | 1 | 0 | 0 | 0 | 0 | 2 | 0 | 0 |
| 통산 | | 5 | 4 | 0 | 0 | 1 | 3 | 0 | 0 |

**박철형** (朴哲亨) 울산대 1982.03.17

| 연도 | 소속 | 출장 | 교체 | 득점 | 도움 | 파울 | 슈팅 | 경고 | 퇴장 |
|---|---|---|---|---|---|---|---|---|---|
| 2005 | 부천 | 2 | 2 | 0 | 0 | 0 | 0 | 0 | 0 |
| 2006 | 제주 | 4 | 4 | 0 | 0 | 2 | 0 | 0 | 0 |
| 통산 | | 6 | 6 | 0 | 0 | 2 | 0 | 0 | 0 |

**박청효** (朴靑孝) 연세대 1990.02.13

| 연도 | 소속 | 출장 | 교체 | 실점 | 도움 | 파울 | 슈팅 | 경고 | 퇴장 |
|---|---|---|---|---|---|---|---|---|---|
| 2013 | 경남 | 10 | 0 | 21 | 0 | 0 | 0 | 1 | 0 |
| 2014 | 경남 | 1 | 0 | 1 | 0 | 0 | 0 | 0 | 0 |
| 2014 | 충주 | 8 | 0 | 14 | 0 | 0 | 0 | 1 | 0 |

통산 18 0 35 0 0 0 2 0

### 박충균 (朴忠均) 건국대 1973.06.20

| 연도 | 소속 | 출장 | 교체 | 득점 | 도움 | 파울 | 슈팅 | 경고 | 퇴장 |
|---|---|---|---|---|---|---|---|---|---|
| 1996 | 수원 | 10 | 3 | 0 | 0 | 14 | 1 | 1 | 0 |
| 1997 | 수원 | 12 | 4 | 0 | 0 | 30 | 9 | 3 | 0 |
| 1998 | 수원 | 2 | 1 | 0 | 0 | 4 | 0 | 0 | 0 |
| 2001 | 수원 | 2 | 1 | 0 | 0 | 2 | 1 | 0 | 0 |
| 2001 | 성남 | 9 | 4 | 1 | 1 | 12 | 3 | 2 | 0 |
| 2002 | 성남 | 10 | 4 | 1 | 1 | 14 | 5 | 2 | 0 |
| 2003 | 성남 | 25 | 9 | 0 | 1 | 45 | 2 | 4 | 0 |
| 2004 | 부산 | 14 | 9 | 0 | 0 | 12 | 7 | 3 | 0 |
| 2005 | 부산 | 10 | 1 | 0 | 0 | 16 | 2 | 0 | 0 |
| 2006 | 대전 | 22 | 8 | 0 | 0 | 43 | 12 | 4 | 0 |
| 2007 | 부산 | 10 | 6 | 0 | 0 | 11 | 4 | 2 | 0 |
| 통산 | | 126 | 50 | 1 | 3 | 203 | 44 | 21 | 0 |

### 박태민 (朴太民) 연세대 1986.01.21

| 연도 | 소속 | 출장 | 교체 | 득점 | 도움 | 파울 | 슈팅 | 경고 | 퇴장 |
|---|---|---|---|---|---|---|---|---|---|
| 2008 | 수원 | 6 | 3 | 0 | 0 | 12 | 1 | 0 | 0 |
| 2009 | 수원 | 2 | 1 | 0 | 0 | 3 | 0 | 0 | 0 |
| 2010 | 수원 | 2 | 1 | 0 | 0 | 1 | 0 | 0 | 0 |
| 2011 | 부산 | 23 | 7 | 1 | 1 | 34 | 2 | 4 | 0 |
| 2012 | 인천 | 40 | 4 | 0 | 4 | 44 | 6 | 3 | 0 |
| 2013 | 인천 | 36 | 1 | 0 | 0 | 46 | 7 | 6 | 0 |
| 2014 | 인천 | 36 | 1 | 1 | 2 | 39 | 6 | 4 | 0 |
| 통산 | | 145 | 19 | 5 | 7 | 179 | 22 | 17 | 0 |

### 박태수 (朴太洙) 홍익대 1989.12.01

| 연도 | 소속 | 출장 | 교체 | 득점 | 도움 | 파울 | 슈팅 | 경고 | 퇴장 |
|---|---|---|---|---|---|---|---|---|---|
| 2011 | 인천 | 6 | 3 | 0 | 0 | 10 | 1 | 2 | 0 |
| 2012 | 인천 | 2 | 1 | 0 | 0 | 3 | 0 | 0 | 0 |
| 2013 | 대전 | 14 | 5 | 0 | 0 | 33 | 14 | 5 | 0 |
| 2014 | 충주 | 25 | 1 | 1 | 4 | 59 | 20 | 10 | 0 |
| 통산 | | 47 | 10 | 1 | 4 | 105 | 35 | 17 | 0 |

### 박태웅 (朴泰雄) 숭실대 1988.01.30

| 연도 | 소속 | 출장 | 교체 | 득점 | 도움 | 파울 | 슈팅 | 경고 | 퇴장 |
|---|---|---|---|---|---|---|---|---|---|
| 2010 | 경남 | 2 | 1 | 0 | 0 | 2 | 1 | 0 | 0 |
| 2011 | 강원 | 14 | 5 | 0 | 1 | 30 | 7 | 5 | 0 |
| 2012 | 강원 | 8 | 6 | 0 | 0 | 16 | 8 | 3 | 0 |
| 2012 | 수원 | 8 | 5 | 1 | 1 | 14 | 1 | 3 | 0 |
| 2013 | 수원 | 2 | 0 | 0 | 0 | 5 | 1 | 2 | 0 |
| 2014 | 상주 | 2 | 0 | 0 | 0 | 5 | 1 | 2 | 0 |
| 통산 | | 34 | 17 | 0 | 2 | 67 | 17 | 14 | 0 |

### 박태원 (朴泰元) 순천고 1977.04.12

| 연도 | 소속 | 출장 | 교체 | 득점 | 도움 | 파울 | 슈팅 | 경고 | 퇴장 |
|---|---|---|---|---|---|---|---|---|---|
| 2000 | 전남 | 1 | 1 | 0 | 0 | 1 | 0 | 0 | 0 |
| 통산 | | 1 | 1 | 0 | 0 | 1 | 0 | 0 | 0 |

### 박태윤 (朴泰閏) 중앙대 1991.04.05

| 연도 | 소속 | 출장 | 교체 | 득점 | 도움 | 파울 | 슈팅 | 경고 | 퇴장 |
|---|---|---|---|---|---|---|---|---|---|
| 2014 | 울산 | 0 | 0 | 0 | 0 | 0 | 0 | 0 | 0 |
| 통산 | | 0 | 0 | 0 | 0 | 0 | 0 | 0 | 0 |

### 박태하 (朴泰夏) 대구대 1968.05.29

| 연도 | 소속 | 출장 | 교체 | 득점 | 도움 | 파울 | 슈팅 | 경고 | 퇴장 |
|---|---|---|---|---|---|---|---|---|---|
| 1991 | 포철 | 31 | 6 | 3 | 0 | 52 | 68 | 4 | 0 |
| 1992 | 포철 | 35 | 11 | 5 | 7 | 55 | 62 | 4 | 0 |
| 1993 | 포철 | 5 | 4 | 0 | 0 | 7 | 6 | 1 | 0 |
| 1996 | 포항 | 36 | 7 | 9 | 4 | 64 | 62 | 3 | 0 |
| 1997 | 포항 | 18 | 0 | 6 | 4 | 15 | 50 | 1 | 0 |
| 1998 | 포항 | 38 | 9 | 10 | 6 | 58 | 84 | 3 | 0 |
| 1999 | 포항 | 31 | 4 | 5 | 4 | 53 | 49 | 3 | 0 |
| 2000 | 포항 | 35 | 4 | 8 | 2 | 42 | 76 | 2 | 0 |
| 2001 | 포항 | 32 | 14 | 1 | 6 | 37 | 35 | 5 | 0 |
| 통산 | | 261 | 59 | 46 | 37 | 385 | 493 | 25 | 0 |

### 박한석

| 연도 | 소속 | 출장 | 교체 | 득점 | 도움 | 파울 | 슈팅 | 경고 | 퇴장 |
|---|---|---|---|---|---|---|---|---|---|
| 1995 | 대우 | 0 | 0 | 0 | 0 | 0 | 0 | 0 | 0 |
| 1996 | 부산 | 0 | 0 | 0 | 0 | 0 | 0 | 0 | 0 |
| 통산 | | 0 | 0 | 0 | 0 | 0 | 0 | 0 | 0 |

### 박항서 (朴恒緖) 한양대 1959.01.04

| 연도 | 소속 | 출장 | 교체 | 득점 | 도움 | 파울 | 슈팅 | 경고 | 퇴장 |
|---|---|---|---|---|---|---|---|---|---|
| 1984 | 럭금 | 21 | 3 | 2 | 1 | 21 | 41 | 2 | 0 |
| 1985 | 럭금 | 19 | 3 | 4 | 3 | 32 | 35 | 3 | 0 |
| 1986 | 럭금 | 35 | 3 | 6 | 3 | 65 | 59 | 4 | 0 |
| 1987 | 럭금 | 28 | 1 | 7 | 0 | 39 | 36 | 3 | 1 |
| 1988 | 럭금 | 12 | 5 | 1 | 1 | 18 | 15 | 2 | 0 |
| 통산 | | 115 | 15 | 20 | 8 | 175 | 186 | 14 | 1 |

### 박헌균 (朴憲均) 안양공고 1971.05.29

| 연도 | 소속 | 출장 | 교체 | 득점 | 도움 | 파울 | 슈팅 | 경고 | 퇴장 |
|---|---|---|---|---|---|---|---|---|---|
| 1990 | 유공 | 4 | 4 | 0 | 0 | 1 | 0 | 0 | 0 |
| 통산 | | 4 | 4 | 0 | 0 | 1 | 0 | 0 | 0 |

### 박혁순 (朴赫淳) 연세대 1980.03.06

| 연도 | 소속 | 출장 | 교체 | 득점 | 도움 | 파울 | 슈팅 | 경고 | 퇴장 |
|---|---|---|---|---|---|---|---|---|---|
| 2003 | 안양 | 7 | 7 | 0 | 0 | 4 | 4 | 1 | 0 |
| 2006 | 광주상 | 15 | 11 | 1 | 0 | 7 | 4 | 0 | 0 |
| 2007 | 경남 | 5 | 4 | 1 | 1 | 9 | 3 | 1 | 0 |
| 2008 | 경남 | 11 | 9 | 1 | 0 | 21 | 11 | 2 | 0 |
| 통산 | | 29 | 23 | 2 | 1 | 21 | 11 | 2 | 0 |

### 박현 (朴賢) 인천대 1988.09.24

| 연도 | 소속 | 출장 | 교체 | 득점 | 도움 | 파울 | 슈팅 | 경고 | 퇴장 |
|---|---|---|---|---|---|---|---|---|---|
| 2011 | 광주 | 4 | 1 | 2 | 0 | 7 | 4 | 0 | 0 |
| 2012 | 광주 | 13 | 13 | 2 | 0 | 10 | 4 | 0 | 0 |
| 2013 | 광주 | 23 | 17 | 4 | 3 | 25 | 18 | 3 | 0 |
| 2014 | 광주 | 12 | 9 | 0 | 0 | 12 | 8 | 1 | 0 |
| 통산 | | 52 | 40 | 8 | 5 | 54 | 35 | 4 | 0 |

### 박현범 (朴玹範) 연세대 1987.05.07

| 연도 | 소속 | 출장 | 교체 | 득점 | 도움 | 파울 | 슈팅 | 경고 | 퇴장 |
|---|---|---|---|---|---|---|---|---|---|
| 2008 | 수원 | 18 | 10 | 2 | 2 | 19 | 10 | 0 | 0 |
| 2009 | 수원 | 14 | 11 | 1 | 0 | 9 | 12 | 0 | 0 |
| 2010 | 제주 | 26 | 4 | 3 | 2 | 28 | 26 | 3 | 1 |
| 2011 | 제주 | 30 | 4 | 2 | 0 | 22 | 20 | 0 | 0 |
| 2011 | 수원 | 2 | 2 | 0 | 0 | 3 | 2 | 0 | 0 |
| 2012 | 수원 | 38 | 8 | 4 | 0 | 63 | 38 | 6 | 0 |
| 2013 | 수원 | 14 | 6 | 0 | 0 | 15 | 7 | 0 | 0 |
| 2014 | 안산 | 21 | 15 | 0 | 0 | 28 | 9 | 3 | 0 |
| 통산 | | 162 | 58 | 16 | 8 | 204 | 134 | 14 | 1 |

### 박현순 (朴賢淳) 경북산업대 1972.01.02

| 연도 | 소속 | 출장 | 교체 | 득점 | 도움 | 파울 | 슈팅 | 경고 | 퇴장 |
|---|---|---|---|---|---|---|---|---|---|
| 1995 | 포항 | 0 | 0 | 0 | 0 | 0 | 0 | 0 | 0 |
| 통산 | | 0 | 0 | 0 | 0 | 0 | 0 | 0 | 0 |

### 박현용 (朴鉉用) 아주대 1964.04.06

| 연도 | 소속 | 출장 | 교체 | 득점 | 도움 | 파울 | 슈팅 | 경고 | 퇴장 |
|---|---|---|---|---|---|---|---|---|---|
| 1987 | 대우 | 12 | 10 | 0 | 0 | 7 | 5 | 0 | 0 |
| 1988 | 대우 | 10 | 10 | 1 | 0 | 10 | 11 | 0 | 0 |
| 1989 | 대우 | 17 | 3 | 2 | 0 | 28 | 15 | 1 | 0 |
| 1990 | 대우 | 28 | 3 | 0 | 0 | 46 | 11 | 2 | 0 |
| 1991 | 대우 | 39 | 0 | 7 | 2 | 35 | 42 | 3 | 0 |
| 1992 | 대우 | 34 | 0 | 1 | 0 | 36 | 25 | 3 | 1 |
| 1993 | 대우 | 34 | 7 | 2 | 2 | 37 | 30 | 3 | 0 |
| 1994 | 대우 | 10 | 0 | 0 | 0 | 6 | 2 | 0 | 0 |
| 1995 | 대우 | 19 | 5 | 0 | 0 | 21 | 7 | 4 | 0 |
| 통산 | | 198 | 31 | 7 | 4 | 226 | 148 | 15 | 1 |

### 박형근 (朴亨根) 경희대 1985.12.14

| 연도 | 소속 | 출장 | 교체 | 득점 | 도움 | 파울 | 슈팅 | 경고 | 퇴장 |
|---|---|---|---|---|---|---|---|---|---|
| 2008 | 인천 | 5 | 5 | 0 | 0 | 1 | 0 | 0 | 0 |
| 통산 | | 5 | 5 | 0 | 0 | 1 | 0 | 0 | 0 |

### 박형순 (朴炯淳) 광운대 1989.10.23

| 연도 | 소속 | 출장 | 교체 | 실점 | 도움 | 파울 | 슈팅 | 경고 | 퇴장 |
|---|---|---|---|---|---|---|---|---|---|
| 2013 | 수원FC | 20 | 0 | 20 | 0 | 0 | 0 | 1 | 1 |
| 2014 | 수원FC | 21 | 1 | 21 | 1 | 0 | 0 | 0 | 1 |
| 통산 | | 41 | 1 | 41 | 1 | 0 | 0 | 1 | 2 |

### 박형주 (朴亨珠) 한양대 1972.02.02

| 연도 | 소속 | 출장 | 교체 | 득점 | 도움 | 파울 | 슈팅 | 경고 | 퇴장 |
|---|---|---|---|---|---|---|---|---|---|
| 1999 | 포항 | 23 | 7 | 0 | 1 | 23 | 9 | 1 | 0 |
| 2000 | 포항 | 27 | 9 | 0 | 2 | 34 | 8 | 4 | 0 |
| 2001 | 포항 | 17 | 10 | 0 | 0 | 27 | 10 | 5 | 0 |

통산 67 25 0 3 84 24 9 0

### 박호용 (朴鎬用) 안동고 1991.06.30

| 연도 | 소속 | 출장 | 교체 | 득점 | 도움 | 파울 | 슈팅 | 경고 | 퇴장 |
|---|---|---|---|---|---|---|---|---|---|
| 2011 | 인천 | 3 | 2 | 0 | 0 | 6 | 2 | 2 | 0 |
| 통산 | | 3 | 2 | 0 | 0 | 6 | 2 | 2 | 0 |

### 박호진 (朴虎珍) 연세대 1976.10.22

| 연도 | 소속 | 출장 | 교체 | 실점 | 도움 | 파울 | 슈팅 | 경고 | 퇴장 |
|---|---|---|---|---|---|---|---|---|---|
| 1999 | 수원 | 0 | 0 | 0 | 0 | 0 | 0 | 0 | 0 |
| 2000 | 수원 | 1 | 0 | 1 | 0 | 0 | 0 | 0 | 0 |
| 2001 | 수원 | 11 | 0 | 13 | 0 | 0 | 0 | 0 | 0 |
| 2002 | 수원 | 5 | 0 | 3 | 0 | 0 | 0 | 0 | 0 |
| 2003 | 광주상 | 6 | 0 | 9 | 0 | 0 | 0 | 0 | 0 |
| 2004 | 광주상 | 17 | 1 | 16 | 0 | 0 | 1 | 1 | 0 |
| 2005 | 수원 | 4 | 0 | 4 | 0 | 0 | 0 | 0 | 0 |
| 2006 | 수원 | 25 | 1 | 19 | 0 | 0 | 0 | 2 | 0 |
| 2007 | 수원 | 4 | 0 | 10 | 0 | 0 | 0 | 0 | 0 |
| 2009 | 수원 | 4 | 0 | 10 | 0 | 0 | 0 | 0 | 0 |
| 2011 | 광주 | 31 | 0 | 44 | 0 | 1 | 0 | 2 | 0 |
| 2012 | 광주 | 35 | 0 | 52 | 0 | 0 | 2 | 0 | 0 |
| 2013 | 강원 | 15 | 0 | 30 | 0 | 1 | 1 | 0 | 0 |
| 통산 | | 158 | 2 | 206 | 0 | 3 | 0 | 5 | 0 |

### 박효빈 (朴孝彬) 한양대 1972.01.07

| 연도 | 소속 | 출장 | 교체 | 득점 | 도움 | 파울 | 슈팅 | 경고 | 퇴장 |
|---|---|---|---|---|---|---|---|---|---|
| 1995 | 유공 | 18 | 12 | 0 | 1 | 16 | 11 | 1 | 0 |
| 1996 | 부천 | 11 | 7 | 0 | 0 | 6 | 12 | 0 | 0 |
| 1997 | 부천 | 21 | 20 | 1 | 1 | 15 | 20 | 3 | 0 |
| 1998 | 부천 | 7 | 6 | 3 | 0 | 6 | 12 | 0 | 0 |
| 1999 | 안양 | 3 | 3 | 0 | 0 | 5 | 2 | 0 | 0 |
| 통산 | | 60 | 48 | 4 | 1 | 50 | 47 | 7 | 0 |

### 박효진 (朴孝鎭) 한양대 1972.07.22

| 연도 | 소속 | 출장 | 교체 | 득점 | 도움 | 파울 | 슈팅 | 경고 | 퇴장 |
|---|---|---|---|---|---|---|---|---|---|
| 1999 | 천안 | 1 | 1 | 0 | 0 | 0 | 0 | 0 | 0 |
| 통산 | | 1 | 1 | 0 | 0 | 0 | 0 | 0 | 0 |

### 박훈 (朴勳) 성균관대 1978.02.02

| 연도 | 소속 | 출장 | 교체 | 득점 | 도움 | 파울 | 슈팅 | 경고 | 퇴장 |
|---|---|---|---|---|---|---|---|---|---|
| 2000 | 대전 | 6 | 5 | 0 | 0 | 12 | 3 | 0 | 0 |
| 2001 | 대전 | 1 | 1 | 0 | 0 | 3 | 0 | 0 | 0 |
| 통산 | | 7 | 6 | 0 | 0 | 15 | 3 | 0 | 0 |

### 박희도 (朴禧燾) 동국대 1986.03.20

| 연도 | 소속 | 출장 | 교체 | 득점 | 도움 | 파울 | 슈팅 | 경고 | 퇴장 |
|---|---|---|---|---|---|---|---|---|---|
| 2008 | 부산 | 26 | 19 | 4 | 4 | 48 | 21 | 4 | 0 |
| 2009 | 부산 | 35 | 10 | 7 | 6 | 66 | 57 | 10 | 0 |
| 2010 | 부산 | 12 | 10 | 7 | 6 | 46 | 37 | 3 | 0 |
| 2011 | 부산 | 14 | 8 | 2 | 1 | 24 | 14 | 3 | 0 |
| 2012 | 서울 | 17 | 17 | 1 | 1 | 18 | 7 | 3 | 0 |
| 2013 | 전북 | 34 | 31 | 3 | 3 | 49 | 21 | 2 | 0 |
| 2014 | 안산 | 32 | 18 | 5 | 7 | 36 | 26 | 4 | 0 |
| 통산 | | 170 | 106 | 29 | 26 | 278 | 185 | 29 | 0 |

### 박희성 (朴熙成) 호남대 1987.04.07

| 연도 | 소속 | 출장 | 교체 | 득점 | 도움 | 파울 | 슈팅 | 경고 | 퇴장 |
|---|---|---|---|---|---|---|---|---|---|
| 2011 | 광주 | 27 | 9 | 0 | 1 | 29 | 3 | 2 | 0 |
| 2012 | 광주 | 23 | 3 | 0 | 3 | 31 | 5 | 2 | 0 |
| 2013 | 광주 | 23 | 2 | 0 | 3 | 17 | 7 | 2 | 0 |
| 2014 | 성남 | 22 | 4 | 0 | 1 | 8 | 2 | 3 | 0 |
| 통산 | | 95 | 18 | 0 | 3 | 105 | 17 | 9 | 0 |

### 박희성 (朴熹成) 고려대 1990.04.07

| 연도 | 소속 | 출장 | 교체 | 득점 | 도움 | 파울 | 슈팅 | 경고 | 퇴장 |
|---|---|---|---|---|---|---|---|---|---|
| 2013 | 서울 | 15 | 15 | 1 | 1 | 11 | 11 | 1 | 0 |
| 2014 | 서울 | 19 | 19 | 2 | 0 | 21 | 18 | 1 | 0 |
| 통산 | | 34 | 34 | 3 | 1 | 32 | 29 | 2 | 0 |

### 박희성 (朴喜成) 원광대 1990.03.22

| 연도 | 소속 | 출장 | 교체 | 득점 | 도움 | 파울 | 슈팅 | 경고 | 퇴장 |
|---|---|---|---|---|---|---|---|---|---|
| 2014 | 충주 | 1 | 0 | 0 | 0 | 5 | 0 | 1 | 0 |
| 통산 | | 1 | 0 | 0 | 0 | 5 | 0 | 1 | 0 |

### 박희완 (朴喜完) 단국대 1975.05.09

| 연도 | 소속 | 출장 | 교체 | 득점 | 도움 | 파울 | 슈팅 | 경고 | 퇴장 |
|---|---|---|---|---|---|---|---|---|---|
| 1999 | 전남 | 2 | 2 | 0 | 0 | 2 | 0 | 0 | 0 |

Section 3 · 1983~2014 통산경기기록

## Column 1

| 연도 | 소속 | 출장 | 교체 | 득점 | 도움 | 파울 | 슈팅 | 경고 | 퇴장 |
|---|---|---|---|---|---|---|---|---|---|
| 2006 | 대구 | 2 | 2 | 0 | 0 | 1 | 0 | 1 | 0 |
| 통산 | | 4 | 4 | 0 | 0 | 3 | 0 | 1 | 0 |

**박희원 (朴喜遠) 영남대 1962.03.06**

| 연도 | 소속 | 출장 | 교체 | 득점 | 도움 | 파울 | 슈팅 | 경고 | 퇴장 |
|---|---|---|---|---|---|---|---|---|---|
| 1986 | 포철 | 1 | 0 | 0 | 0 | 1 | 0 | 0 | 0 |
| 통산 | | 1 | 0 | 0 | 0 | 1 | 0 | 0 | 0 |

**박희철 (朴喜撤) 홍익대 1986.01.07**

| 연도 | 소속 | 출장 | 교체 | 득점 | 도움 | 파울 | 슈팅 | 경고 | 퇴장 |
|---|---|---|---|---|---|---|---|---|---|
| 2006 | 포항 | 6 | 5 | 0 | 0 | 15 | 1 | 0 | 0 |
| 2007 | 포항 | 6 | 5 | 0 | 0 | 5 | 3 | 1 | 0 |
| 2008 | 경남 | 1 | 0 | 0 | 0 | 1 | 2 | 0 | 0 |
| 2008 | 포항 | 6 | 3 | 0 | 2 | 12 | 2 | 2 | 0 |
| 2009 | 포항 | 11 | 2 | 0 | 0 | 37 | 7 | 2 | 0 |
| 2010 | 포항 | 11 | 7 | 0 | 1 | 30 | 6 | 5 | 0 |
| 2011 | 포항 | 16 | 4 | 0 | 1 | 38 | 3 | 4 | 0 |
| 2012 | 포항 | 32 | 1 | 0 | 2 | 74 | 8 | 14 | 0 |
| 2013 | 포항 | 22 | 7 | 0 | 0 | 24 | 5 | 0 | 0 |
| 2014 | 포항 | 19 | 9 | 0 | 0 | 39 | 3 | 6 | 0 |
| 통산 | | 130 | 43 | 0 | 6 | 275 | 40 | 39 | 0 |

**박희탁 (朴熙卓) 한양대 1967.05.18**

| 연도 | 소속 | 출장 | 교체 | 득점 | 도움 | 파울 | 슈팅 | 경고 | 퇴장 |
|---|---|---|---|---|---|---|---|---|---|
| 1990 | 대우 | 4 | 4 | 0 | 1 | 2 | 0 | 1 | 0 |
| 1992 | 대우 | 7 | 6 | 0 | 0 | 7 | 3 | 3 | 0 |
| 통산 | | 11 | 10 | 0 | 1 | 9 | 3 | 4 | 0 |

**반데르 (Vander Luiz Bitencourt Junior) 브라질 1987.05.30**

| 연도 | 소속 | 출장 | 교체 | 득점 | 도움 | 파울 | 슈팅 | 경고 | 퇴장 |
|---|---|---|---|---|---|---|---|---|---|
| 2014 | 울산 | 4 | 3 | 0 | 1 | 4 | 4 | 0 | 0 |
| 통산 | | 4 | 3 | 0 | 1 | 4 | 4 | 0 | 0 |

**반덴브링크 (Sebastiaan Van Den Brink) 네덜란드 1982.09.11**

| 연도 | 소속 | 출장 | 교체 | 득점 | 도움 | 파울 | 슈팅 | 경고 | 퇴장 |
|---|---|---|---|---|---|---|---|---|---|
| 2011 | 부산 | 3 | 3 | 0 | 0 | 1 | 0 | 0 | 0 |
| 통산 | | 3 | 3 | 0 | 0 | 1 | 0 | 0 | 0 |

**반멜레이 (Vanderlei Francisco) 브라질 1987.09.25**

| 연도 | 소속 | 출장 | 교체 | 득점 | 도움 | 파울 | 슈팅 | 경고 | 퇴장 |
|---|---|---|---|---|---|---|---|---|---|
| 2014 | 대전 | 23 | 20 | 7 | 3 | 34 | 36 | 1 | 0 |
| 통산 | | 23 | 20 | 7 | 3 | 34 | 36 | 1 | 0 |

**반도 (Wando da Costa Silva) 브라질 1980.05.18**

| 연도 | 소속 | 출장 | 교체 | 득점 | 도움 | 파울 | 슈팅 | 경고 | 퇴장 |
|---|---|---|---|---|---|---|---|---|---|
| 2011 | 수원 | 0 | 0 | 0 | 0 | 0 | 0 | 0 | 0 |
| 통산 | | 0 | 0 | 0 | 0 | 0 | 0 | 0 | 0 |

**발라웅 (Balao Junior Cavalcante da Costa) 브라질 1975.05.08**

| 연도 | 소속 | 출장 | 교체 | 득점 | 도움 | 파울 | 슈팅 | 경고 | 퇴장 |
|---|---|---|---|---|---|---|---|---|---|
| 2003 | 울산 | 17 | 14 | 4 | 1 | 22 | 13 | 2 | 0 |
| 통산 | | 17 | 14 | 4 | 1 | 22 | 13 | 2 | 0 |

**발랑가 (Bollanga Priso Gustave) 카메룬 1972.02.13**

| 연도 | 소속 | 출장 | 교체 | 득점 | 도움 | 파울 | 슈팅 | 경고 | 퇴장 |
|---|---|---|---|---|---|---|---|---|---|
| 1996 | 전북 | 10 | 9 | 2 | 1 | 4 | 8 | 1 | 0 |
| 통산 | | 10 | 9 | 2 | 1 | 4 | 8 | 1 | 0 |

**발레리 (Valery Vyalichka) 벨라루스 1966.09.12**

| 연도 | 소속 | 출장 | 교체 | 득점 | 도움 | 파울 | 슈팅 | 경고 | 퇴장 |
|---|---|---|---|---|---|---|---|---|---|
| 1996 | 천안 | 2 | 2 | 0 | 0 | 2 | 3 | 0 | 0 |
| 통산 | | 2 | 2 | 0 | 0 | 2 | 3 | 0 | 0 |

**발렌찡 (Francisco de assis Clarentino Valentim) 브라질 1977.06.20**

| 연도 | 소속 | 출장 | 교체 | 득점 | 도움 | 파울 | 슈팅 | 경고 | 퇴장 |
|---|---|---|---|---|---|---|---|---|---|
| 2004 | 서울 | 6 | 3 | 0 | 0 | 5 | 7 | 0 | 0 |
| 통산 | | 6 | 3 | 0 | 0 | 5 | 7 | 0 | 0 |

**방대종 (方大鍾) 동아대 1985.01.28**

| 연도 | 소속 | 출장 | 교체 | 득점 | 도움 | 파울 | 슈팅 | 경고 | 퇴장 |
|---|---|---|---|---|---|---|---|---|---|
| 2008 | 대구 | 7 | 5 | 0 | 0 | 5 | 1 | 2 | 0 |
| 2009 | 대구 | 25 | 4 | 1 | 0 | 31 | 14 | 6 | 0 |
| 2010 | 대구 | 23 | 1 | 0 | 1 | 31 | 12 | 4 | 0 |

## Column 2

| 연도 | 소속 | 출장 | 교체 | 득점 | 도움 | 파울 | 슈팅 | 경고 | 퇴장 |
|---|---|---|---|---|---|---|---|---|---|
| 2011 | 전남 | 14 | 5 | 0 | 0 | 17 | 2 | 3 | 0 |
| 2012 | 상주 | 19 | 2 | 2 | 1 | 17 | 9 | 2 | 0 |
| 2013 | 상주 | 15 | 1 | 1 | 0 | 18 | 8 | 0 | 1 |
| 2013 | 전남 | 2 | 0 | 0 | 0 | 0 | 1 | 1 | 0 |
| 2014 | 전남 | 32 | 3 | 1 | 0 | 36 | 12 | 3 | 0 |
| 통산 | | 137 | 22 | 6 | 2 | 155 | 59 | 21 | 1 |

**방승환 (方升奐) 동국대 1983.02.25**

| 연도 | 소속 | 출장 | 교체 | 득점 | 도움 | 파울 | 슈팅 | 경고 | 퇴장 |
|---|---|---|---|---|---|---|---|---|---|
| 2004 | 인천 | 25 | 18 | 4 | 0 | 46 | 38 | 3 | 0 |
| 2005 | 인천 | 31 | 21 | 5 | 2 | 67 | 31 | 4 | 0 |
| 2006 | 인천 | 28 | 22 | 3 | 0 | 65 | 38 | 5 | 0 |
| 2007 | 인천 | 28 | 15 | 6 | 5 | 69 | 38 | 9 | 0 |
| 2008 | 인천 | 13 | 8 | 1 | 2 | 22 | 24 | 2 | 1 |
| 2009 | 제주 | 27 | 16 | 5 | 0 | 63 | 50 | 6 | 0 |
| 2010 | 서울 | 21 | 18 | 4 | 3 | 31 | 23 | 6 | 0 |
| 2011 | 서울 | 16 | 14 | 2 | 1 | 18 | 14 | 3 | 0 |
| 2012 | 부산 | 33 | 25 | 5 | 2 | 73 | 34 | 3 | 0 |
| 2013 | 부산 | 14 | 11 | 0 | 0 | 22 | 15 | 2 | 0 |
| 통산 | | 238 | 168 | 35 | 15 | 476 | 305 | 43 | 1 |

**방윤출 (方允出) 대신고 1957.05.15**

| 연도 | 소속 | 출장 | 교체 | 득점 | 도움 | 파울 | 슈팅 | 경고 | 퇴장 |
|---|---|---|---|---|---|---|---|---|---|
| 1984 | 한일은 | 17 | 13 | 0 | 2 | 12 | 10 | 0 | 0 |
| 통산 | | 17 | 13 | 0 | 2 | 12 | 10 | 0 | 0 |

**방인웅 (方寅雄) 인천대 1962.01.31**

| 연도 | 소속 | 출장 | 교체 | 득점 | 도움 | 파울 | 슈팅 | 경고 | 퇴장 |
|---|---|---|---|---|---|---|---|---|---|
| 1986 | 유공 | 7 | 1 | 0 | 0 | 18 | 2 | 1 | 0 |
| 1987 | 유공 | 6 | 1 | 0 | 0 | 14 | 0 | 0 | 0 |
| 1989 | 일화 | 19 | 4 | 0 | 0 | 39 | 4 | 4 | 0 |
| 1991 | 일화 | 23 | 5 | 0 | 0 | 35 | 4 | 5 | 1 |
| 1992 | 일화 | 26 | 7 | 1 | 1 | 41 | 8 | 6 | 0 |
| 1993 | 일화 | 28 | 6 | 0 | 0 | 17 | 3 | 5 | 0 |
| 1994 | 일화 | 20 | 4 | 0 | 0 | 16 | 5 | 2 | 0 |
| 1995 | 일화 | 10 | 0 | 0 | 1 | 15 | 1 | 0 | 0 |
| 통산 | | 128 | 29 | 1 | 2 | 201 | 26 | 23 | 2 |

**배관영 (裵寬榮) 울산대 1982.04.13**

| 연도 | 소속 | 출장 | 교체 | 득점 | 도움 | 파울 | 슈팅 | 경고 | 퇴장 |
|---|---|---|---|---|---|---|---|---|---|
| 2005 | 울산 | 0 | 0 | 0 | 0 | 0 | 0 | 0 | 0 |
| 2006 | 울산 | 0 | 0 | 0 | 0 | 0 | 0 | 0 | 0 |
| 2007 | 울산 | 0 | 0 | 0 | 0 | 0 | 0 | 0 | 0 |
| 통산 | | 0 | 0 | 0 | 0 | 0 | 0 | 0 | 0 |

**배기종 (裵起鐘) 광운대 1983.05.26**

| 연도 | 소속 | 출장 | 교체 | 득점 | 도움 | 파울 | 슈팅 | 경고 | 퇴장 |
|---|---|---|---|---|---|---|---|---|---|
| 2006 | 대전 | 27 | 22 | 7 | 3 | 50 | 40 | 3 | 0 |
| 2007 | 수원 | 17 | 13 | 0 | 2 | 19 | 14 | 0 | 0 |
| 2008 | 수원 | 16 | 16 | 5 | 3 | 28 | 21 | 1 | 0 |
| 2009 | 수원 | 19 | 14 | 2 | 1 | 29 | 31 | 3 | 0 |
| 2010 | 제주 | 19 | 11 | 4 | 4 | 40 | 55 | 1 | 0 |
| 2011 | 제주 | 26 | 15 | 3 | 6 | 40 | 47 | 2 | 0 |
| 2013 | 경찰 | 18 | 10 | 4 | 3 | 15 | 29 | 3 | 1 |
| 2013 | 제주 | 1 | 1 | 2 | 1 | 15 | 12 | 2 | 0 |
| 2014 | 수원 | 14 | 12 | 0 | 1 | 11 | 14 | 0 | 0 |
| 통산 | | 169 | 122 | 30 | 22 | 248 | 263 | 15 | 1 |

**배민호 (裵珉鎬) 한양대 1991.10.25**

| 연도 | 소속 | 출장 | 교체 | 득점 | 도움 | 파울 | 슈팅 | 경고 | 퇴장 |
|---|---|---|---|---|---|---|---|---|---|
| 2014 | 고양 | 19 | 6 | 0 | 0 | 14 | 6 | 1 | 0 |

**배성재 (裵城裁) 한양대 1979.07.01**

| 연도 | 소속 | 출장 | 교체 | 득점 | 도움 | 파울 | 슈팅 | 경고 | 퇴장 |
|---|---|---|---|---|---|---|---|---|---|
| 2002 | 대전 | 8 | 6 | 0 | 0 | 14 | 1 | 2 | 0 |
| 2003 | 대전 | 4 | 0 | 0 | 0 | 4 | 1 | 1 | 0 |
| 2004 | 대전 | 6 | 4 | 0 | 0 | 7 | 0 | 0 | 0 |
| 통산 | | 18 | 10 | 0 | 0 | 25 | 2 | 2 | 0 |

**배수한 (裵洙漢) 예원예술대 1988.09.15**

| 연도 | 소속 | 출장 | 교체 | 득점 | 도움 | 파울 | 슈팅 | 경고 | 퇴장 |
|---|---|---|---|---|---|---|---|---|---|
| 2013 | 수원FC | 2 | 2 | 0 | 0 | 2 | 1 | 0 | 0 |
| 통산 | | 2 | 2 | 0 | 0 | 2 | 1 | 0 | 0 |

## Column 3

**배수현 (裵洙鉉) 건국대 1969.10.30**

| 연도 | 소속 | 출장 | 교체 | 득점 | 도움 | 파울 | 슈팅 | 경고 | 퇴장 |
|---|---|---|---|---|---|---|---|---|---|
| 1992 | 현대 | 2 | 2 | 0 | 0 | 2 | 0 | 0 | 0 |
| 통산 | | 2 | 2 | 0 | 0 | 2 | 0 | 0 | 0 |

**배슬기 (裵슬기) 광양제철고 1985.06.09**

| 연도 | 소속 | 출장 | 교체 | 득점 | 도움 | 파울 | 슈팅 | 경고 | 퇴장 |
|---|---|---|---|---|---|---|---|---|---|
| 2012 | 포항 | 0 | 0 | 0 | 0 | 0 | 0 | 0 | 0 |
| 2013 | 포항 | 3 | 1 | 0 | 0 | 4 | 1 | 0 | 0 |
| 2014 | 포항 | 14 | 3 | 1 | 0 | 22 | 3 | 3 | 0 |
| 통산 | | 17 | 4 | 1 | 0 | 26 | 3 | 4 | 0 |

**배승진 (裵乘振) 울산대 1987.11.03**

| 연도 | 소속 | 출장 | 교체 | 득점 | 도움 | 파울 | 슈팅 | 경고 | 퇴장 |
|---|---|---|---|---|---|---|---|---|---|
| 2014 | 인천 | 11 | 2 | 0 | 0 | 26 | 10 | 3 | 0 |
| 통산 | | 11 | 2 | 0 | 0 | 26 | 10 | 3 | 0 |

**배실용 (裵實龍) 광운대 1962.04.11**

| 연도 | 소속 | 출장 | 교체 | 득점 | 도움 | 파울 | 슈팅 | 경고 | 퇴장 |
|---|---|---|---|---|---|---|---|---|---|
| 1985 | 한일은 | 4 | 2 | 0 | 0 | 3 | 1 | 0 | 0 |
| 1986 | 한일은 | 9 | 1 | 0 | 0 | 18 | 1 | 0 | 0 |
| 통산 | | 13 | 3 | 0 | 0 | 21 | 2 | 0 | 0 |

**배인영 (裵仁英) 영남대 1990.03.12**

| 연도 | 소속 | 출장 | 교체 | 득점 | 도움 | 파울 | 슈팅 | 경고 | 퇴장 |
|---|---|---|---|---|---|---|---|---|---|
| 2013 | 대구 | 0 | 0 | 0 | 0 | 0 | 0 | 0 | 0 |
| 통산 | | 0 | 0 | 0 | 0 | 0 | 0 | 0 | 0 |

**배일환 (裵日換) 단국대 1988.07.20**

| 연도 | 소속 | 출장 | 교체 | 득점 | 도움 | 파울 | 슈팅 | 경고 | 퇴장 |
|---|---|---|---|---|---|---|---|---|---|
| 2011 | 제주 | 2 | 2 | 0 | 0 | 2 | 0 | 0 | 0 |
| 2012 | 제주 | 40 | 29 | 5 | 2 | 56 | 46 | 1 | 0 |
| 2013 | 제주 | 31 | 22 | 2 | 6 | 46 | 32 | 2 | 0 |
| 2014 | 제주 | 26 | 22 | 0 | 2 | 22 | 15 | 1 | 0 |
| 통산 | | 99 | 75 | 7 | 10 | 126 | 99 | 4 | 0 |

**배주익 (裵住翊) 서울시립대 1976.09.09**

| 연도 | 소속 | 출장 | 교체 | 득점 | 도움 | 파울 | 슈팅 | 경고 | 퇴장 |
|---|---|---|---|---|---|---|---|---|---|
| 1999 | 천안 | 2 | 2 | 0 | 0 | 2 | 0 | 0 | 0 |
| 통산 | | 2 | 2 | 0 | 0 | 2 | 0 | 0 | 0 |

**배진수 (裵眞洙) 중앙대 1976.01.25**

| 연도 | 소속 | 출장 | 교체 | 득점 | 도움 | 파울 | 슈팅 | 경고 | 퇴장 |
|---|---|---|---|---|---|---|---|---|---|
| 2001 | 성남 | 2 | 3 | 0 | 0 | 4 | 1 | 0 | 0 |
| 2004 | 성남 | 1 | 1 | 0 | 0 | 1 | 0 | 0 | 0 |
| 통산 | | 3 | 4 | 0 | 0 | 5 | 1 | 0 | 0 |

**배창근 (裵昌根) 영남대 1971.03.16**

| 연도 | 소속 | 출장 | 교체 | 득점 | 도움 | 파울 | 슈팅 | 경고 | 퇴장 |
|---|---|---|---|---|---|---|---|---|---|
| 1994 | 포철 | 9 | 9 | 1 | 1 | 4 | 10 | 0 | 0 |
| 1995 | 포항 | 6 | 5 | 1 | 0 | 3 | 4 | 1 | 0 |
| 통산 | | 15 | 14 | 1 | 1 | 7 | 14 | 1 | 0 |

**배천석 (裵千奭) 숭실대 1990.04.27**

| 연도 | 소속 | 출장 | 교체 | 득점 | 도움 | 파울 | 슈팅 | 경고 | 퇴장 |
|---|---|---|---|---|---|---|---|---|---|
| 2013 | 포항 | 20 | 17 | 4 | 2 | 19 | 19 | 0 | 0 |
| 2014 | 포항 | 4 | 4 | 0 | 2 | 5 | 7 | 0 | 0 |
| 통산 | | 24 | 21 | 4 | 2 | 24 | 19 | 0 | 0 |

**배해민 (裵海現) 중앙중 1988.04.25**

| 연도 | 소속 | 출장 | 교체 | 득점 | 도움 | 파울 | 슈팅 | 경고 | 퇴장 |
|---|---|---|---|---|---|---|---|---|---|
| 2007 | 서울 | 0 | 0 | 0 | 0 | 0 | 0 | 0 | 0 |
| 2008 | 서울 | 5 | 5 | 0 | 0 | 5 | 0 | 0 | 0 |
| 2011 | 서울 | 0 | 0 | 0 | 0 | 0 | 0 | 0 | 0 |
| 통산 | | 5 | 5 | 0 | 0 | 5 | 0 | 0 | 0 |

**배효성 (裵曉星) 관동대 1982.01.01**

| 연도 | 소속 | 출장 | 교체 | 득점 | 도움 | 파울 | 슈팅 | 경고 | 퇴장 |
|---|---|---|---|---|---|---|---|---|---|
| 2004 | 부산 | 12 | 2 | 1 | 0 | 15 | 0 | 2 | 0 |
| 2005 | 부산 | 34 | 0 | 0 | 0 | 44 | 10 | 2 | 0 |
| 2006 | 부산 | 38 | 0 | 1 | 0 | 42 | 7 | 3 | 0 |
| 2007 | 부산 | 29 | 0 | 0 | 0 | 36 | 10 | 7 | 1 |
| 2008 | 부산 | 23 | 1 | 0 | 0 | 17 | 2 | 4 | 0 |
| 2009 | 광주상 | 25 | 0 | 0 | 0 | 41 | 3 | 9 | 0 |
| 2010 | 광주상 | 26 | 1 | 0 | 1 | 28 | 16 | 6 | 0 |
| 2011 | 인천 | 31 | 2 | 0 | 0 | 28 | 12 | 5 | 0 |
| 2012 | 강원 | 27 | 2 | 2 | 0 | 22 | 3 | 4 | 0 |
| 2013 | 강원 | 36 | 0 | 4 | 0 | 37 | 12 | 7 | 1 |

통산 1 1 0 0 1 0 0 0

**백기홍** (白起洪) 경북산업대 1971.03.11

| 연도 | 소속 | 출장 | 교체 | 득점 | 도움 | 파울 | 슈팅 | 경고 | 퇴장 |
|---|---|---|---|---|---|---|---|---|---|
| 1990 | 포철 | 1 | 1 | 0 | 0 | 0 | 0 | 0 | 0 |
| 1991 | 포철 | 1 | 0 | 0 | 1 | 1 | 1 | 0 | 0 |
| 1992 | 포철 | 15 | 11 | 2 | 1 | 16 | 11 | 1 | 0 |
| 1993 | 포철 | 26 | 15 | 0 | 4 | 35 | 10 | 4 | 0 |
| 1994 | 포철 | 22 | 11 | 1 | 1 | 20 | 14 | 1 | 0 |
| 1996 | 포항 | 19 | 16 | 0 | 2 | 24 | 11 | 1 | 0 |
| 1997 | 포항 | 5 | 3 | 0 | 0 | 2 | 1 | 0 | 0 |
| 1997 | 천안 | 17 | 12 | 0 | 1 | 20 | 9 | 2 | 0 |
| 1998 | 천안 | 11 | 10 | 0 | 0 | 11 | 5 | 0 | 0 |
| 1999 | 안양 | 4 | 2 | 0 | 1 | 9 | 4 | 1 | 0 |
| 통산 |  | 121 | 82 | 3 | 10 | 132 | 74 | 9 | 0 |

**백남수** (白南秀) 한양대 1961.11.10

| 연도 | 소속 | 출장 | 교체 | 득점 | 도움 | 파울 | 슈팅 | 경고 | 퇴장 |
|---|---|---|---|---|---|---|---|---|---|
| 1983 | 유공 | 14 | 6 | 1 | 1 | 14 | 0 | 1 | 0 |
| 1984 | 유공 | 17 | 11 | 1 | 2 | 13 | 16 | 0 | 0 |
| 1985 | 유공 | 8 | 3 | 1 | 0 | 11 | 4 | 2 | 0 |
| 1986 | 포철 | 19 | 10 | 1 | 0 | 14 | 15 | 0 | 0 |
| 통산 |  | 58 | 30 | 3 | 3 | 49 | 39 | 4 | 0 |

**백동규** (白棟圭) 동아대 1991.05.30

| 연도 | 소속 | 출장 | 교체 | 득점 | 도움 | 파울 | 슈팅 | 경고 | 퇴장 |
|---|---|---|---|---|---|---|---|---|---|
| 2014 | 강원 | 24 | 9 | 0 | 0 | 30 | 2 | 4 | 0 |
| 통산 |  | 24 | 9 | 0 | 0 | 30 | 2 | 4 | 0 |

**백민철** (白珉喆) 동국대 1977.07.28

| 연도 | 소속 | 출장 | 교체 | 실점 | 도움 | 파울 | 슈팅 | 경고 | 퇴장 |
|---|---|---|---|---|---|---|---|---|---|
| 2000 | 안양 | 0 | 0 | 0 | 0 | 0 | 0 | 0 | 0 |
| 2002 | 안양 | 0 | 0 | 0 | 0 | 0 | 0 | 0 | 0 |
| 2003 | 광주상 | 5 | 0 | 8 | 0 | 0 | 0 | 0 | 0 |
| 2004 | 광주상 | 6 | 0 | 5 | 0 | 0 | 0 | 0 | 0 |
| 2005 | 서울 | 0 | 0 | 0 | 0 | 0 | 0 | 0 | 0 |
| 2006 | 대구 | 0 | 0 | 1 | 0 | 0 | 1 | 0 | 0 |
| 2007 | 대구 | 33 | 0 | 51 | 1 | 1 | 0 | 2 | 0 |
| 2008 | 대구 | 36 | 0 | 77 | 0 | 2 | 0 | 4 | 0 |
| 2009 | 대구 | 20 | 1 | 22 | 0 | 0 | 0 | 0 | 0 |
| 2010 | 대구 | 33 | 0 | 68 | 0 | 0 | 0 | 0 | 0 |
| 2011 | 대구 | 10 | 0 | 18 | 0 | 0 | 0 | 0 | 0 |
| 2012 | 경남 | 8 | 1 | 16 | 0 | 0 | 0 | 0 | 0 |
| 2013 | 경남 | 21 | 0 | 20 | 0 | 0 | 1 | 1 | 0 |
| 2014 | 광주 | 6 | 0 | 7 | 0 | 0 | 0 | 1 | 0 |
| 통산 |  | 201 | 2 | 318 | 1 | 4 | 1 | 11 | 0 |

**백선규** (白善圭) 한남대 1989.05.02

| 연도 | 소속 | 출장 | 교체 | 실점 | 도움 | 파울 | 슈팅 | 경고 | 퇴장 |
|---|---|---|---|---|---|---|---|---|---|
| 2011 | 인천 | 1 | 0 | 4 | 0 | 0 | 0 | 0 | 0 |
| 2012 | 인천 | 0 | 0 | 0 | 0 | 0 | 0 | 0 | 0 |
| 통산 |  | 1 | 0 | 4 | 0 | 0 | 0 | 0 | 0 |

**백성우** (白成右) 단국대 1990.04.08

| 연도 | 소속 | 출장 | 교체 | 실점 | 도움 | 파울 | 슈팅 | 경고 | 퇴장 |
|---|---|---|---|---|---|---|---|---|---|
| 2013 | 안양 | 2 | 0 | 4 | 0 | 0 | 0 | 0 | 0 |
| 통산 |  | 2 | 0 | 4 | 0 | 0 | 0 | 0 | 0 |

**백성진** (白聖辰) 중앙대 1954.05.12

| 연도 | 소속 | 출장 | 교체 | 득점 | 도움 | 파울 | 슈팅 | 경고 | 퇴장 |
|---|---|---|---|---|---|---|---|---|---|
| 1983 | 국민은 | 14 | 3 | 0 | 1 | 0 | 4 | 0 | 0 |
| 통산 |  | 14 | 3 | 0 | 1 | 0 | 4 | 0 | 0 |

**백송** (白松) 아주대 1966.08.15

| 연도 | 소속 | 출장 | 교체 | 득점 | 도움 | 파울 | 슈팅 | 경고 | 퇴장 |
|---|---|---|---|---|---|---|---|---|---|
| 1989 | 유공 | 15 | 12 | 0 | 1 | 18 | 9 | 2 | 0 |
| 1990 | 유공 | 1 | 1 | 0 | 0 | 1 | 1 | 0 | 0 |
| 1993 | 유공 | 12 | 11 | 0 | 0 | 10 | 7 | 1 | 0 |
| 1994 | 버팔로 | 30 | 19 | 8 | 2 | 20 | 43 | 8 | 0 |
| 1995 | 전북 | 11 | 9 | 1 | 1 | 19 | 7 | 2 | 0 |
| 통산 |  | 69 | 55 | 9 | 2 | 69 | 70 | 12 | 0 |

**백수현** (白守鉉) 상지대 1986.07.20

| 연도 | 소속 | 출장 | 교체 | 득점 | 도움 | 파울 | 슈팅 | 경고 | 퇴장 |
|---|---|---|---|---|---|---|---|---|---|
| 2010 | 경남 | 1 | 1 | 0 | 0 | 1 | 0 | 0 | 0 |

**백승대** (白承大) 아주대 1970.03.02

| 연도 | 소속 | 출장 | 교체 | 득점 | 도움 | 파울 | 슈팅 | 경고 | 퇴장 |
|---|---|---|---|---|---|---|---|---|---|
| 1991 | 현대 | 9 | 2 | 0 | 0 | 10 | 2 | 0 | 0 |
| 1992 | 현대 | 33 | 6 | 0 | 2 | 35 | 3 | 1 | 0 |
| 1993 | 현대 | 26 | 6 | 1 | 0 | 30 | 9 | 3 | 0 |
| 1997 | 안양 | 11 | 5 | 0 | 0 | 16 | 5 | 2 | 0 |
| 통산 |  | 79 | 19 | 1 | 2 | 91 | 19 | 6 | 0 |

**백승민** (白承敏) 백암고 1986.03.12

| 연도 | 소속 | 출장 | 교체 | 득점 | 도움 | 파울 | 슈팅 | 경고 | 퇴장 |
|---|---|---|---|---|---|---|---|---|---|
| 2006 | 전남 | 18 | 15 | 0 | 1 | 25 | 8 | 0 | 0 |
| 2007 | 전남 | 16 | 13 | 0 | 0 | 18 | 6 | 1 | 0 |
| 2008 | 전남 | 17 | 4 | 0 | 1 | 29 | 13 | 4 | 0 |
| 2009 | 전남 | 20 | 7 | 0 | 1 | 24 | 11 | 3 | 0 |
| 2010 | 전남 | 21 | 12 | 3 | 2 | 32 | 15 | 2 | 0 |
| 2011 | 전남 | 1 | 1 | 0 | 0 | 0 | 0 | 0 | 0 |
| 통산 |  | 93 | 52 | 3 | 5 | 128 | 53 | 10 | 0 |

**백승우** (白承祐) 동아대 1973.05.28

| 연도 | 소속 | 출장 | 교체 | 득점 | 도움 | 파울 | 슈팅 | 경고 | 퇴장 |
|---|---|---|---|---|---|---|---|---|---|
| 1996 | 부천 | 5 | 3 | 0 | 0 | 3 | 4 | 0 | 0 |
| 1997 | 부천 | 3 | 3 | 0 | 0 | 1 | 1 | 0 | 0 |
| 통산 |  | 8 | 6 | 0 | 0 | 4 | 7 | 0 | 0 |

**백승철** (白承哲) 영남대 1975.03.09

| 연도 | 소속 | 출장 | 교체 | 득점 | 도움 | 파울 | 슈팅 | 경고 | 퇴장 |
|---|---|---|---|---|---|---|---|---|---|
| 1998 | 포항 | 35 | 21 | 12 | 3 | 65 | 99 | 3 | 0 |
| 1999 | 포항 | 21 | 11 | 8 | 1 | 42 | 65 | 1 | 0 |
| 통산 |  | 56 | 32 | 20 | 4 | 107 | 164 | 4 | 0 |

**백영철** (白榮喆) 경희대 1978.11.11

| 연도 | 소속 | 출장 | 교체 | 득점 | 도움 | 파울 | 슈팅 | 경고 | 퇴장 |
|---|---|---|---|---|---|---|---|---|---|
| 2001 | 성남 | 11 | 6 | 2 | 1 | 24 | 11 | 3 | 0 |
| 2002 | 성남 | 18 | 16 | 0 | 2 | 26 | 9 | 1 | 1 |
| 2003 | 성남 | 1 | 1 | 0 | 0 | 0 | 0 | 0 | 0 |
| 2004 | 성남 | 7 | 5 | 0 | 0 | 13 | 0 | 0 | 0 |
| 2005 | 포항 | 22 | 20 | 1 | 1 | 18 | 12 | 2 | 0 |
| 2006 | 경남 | 16 | 11 | 0 | 0 | 23 | 2 | 1 | 0 |
| 2007 | 경남 | 16 | 11 | 0 | 0 | 21 | 0 | 2 | 0 |
| 2008 | 대구 | 28 | 8 | 0 | 1 | 54 | 5 | 8 | 0 |
| 2009 | 대구 | 25 | 5 | 1 | 2 | 43 | 7 | 1 | 0 |
| 2010 | 대구 | 14 | 7 | 0 | 0 | 22 | 2 | 4 | 2 |
| 통산 |  | 157 | 88 | 4 | 9 | 259 | 60 | 30 | 3 |

**백자건** (Zijian BAI, 白子建) 중국 1992.10.16

| 연도 | 소속 | 출장 | 교체 | 득점 | 도움 | 파울 | 슈팅 | 경고 | 퇴장 |
|---|---|---|---|---|---|---|---|---|---|
| 2011 | 대전 | 14 | 14 | 0 | 1 | 4 | 3 | 0 | 0 |

**백종철** (白鍾哲) 경희대 1961.03.09

| 연도 | 소속 | 출장 | 교체 | 득점 | 도움 | 파울 | 슈팅 | 경고 | 퇴장 |
|---|---|---|---|---|---|---|---|---|---|
| 1984 | 현대 | 28 | 9 | 16 | 4 | 19 | 73 | 0 | 0 |
| 1985 | 현대 | 6 | 4 | 0 | 0 | 5 | 9 | 0 | 0 |
| 1986 | 현대 | 12 | 12 | 3 | 0 | 10 | 22 | 0 | 0 |
| 1987 | 현대 | 25 | 19 | 3 | 2 | 11 | 29 | 0 | 0 |
| 1988 | 현대 | 20 | 15 | 2 | 1 | 16 | 20 | 0 | 0 |
| 1989 | 일화 | 22 | 6 | 10 | 2 | 19 | 57 | 1 | 0 |
| 1990 | 일화 | 26 | 13 | 1 | 2 | 16 | 37 | 1 | 0 |
| 1991 | 일화 | 4 | 4 | 1 | 0 | 4 | 5 | 0 | 0 |
| 통산 |  | 143 | 80 | 36 | 11 | 100 | 260 | 2 | 0 |

**백종환** (白鍾煥) 인천대 1985.04.18

| 연도 | 소속 | 출장 | 교체 | 득점 | 도움 | 파울 | 슈팅 | 경고 | 퇴장 |
|---|---|---|---|---|---|---|---|---|---|
| 2008 | 제주 | 7 | 6 | 0 | 0 | 7 | 1 | 2 | 0 |
| 2009 | 제주 | 5 | 3 | 0 | 0 | 7 | 2 | 1 | 0 |
| 2010 | 제주 | 0 | 0 | 0 | 0 | 0 | 0 | 0 | 0 |
| 2010 | 강원 | 5 | 4 | 0 | 1 | 6 | 1 | 0 | 0 |
| 2011 | 강원 | 20 | 13 | 0 | 0 | 24 | 16 | 2 | 0 |
| 2012 | 강원 | 36 | 20 | 2 | 0 | 56 | 16 | 7 | 0 |
| 2013 | 상주 | 34 | 1 | 0 | 0 | 50 | 8 | 6 | 0 |
| 2014 | 상주 | 16 | 1 | 0 | 1 | 31 | 0 | 4 | 0 |
| 2014 | 강원 | 9 | 2 | 0 | 0 | 21 | 1 | 2 | 0 |
| 통산 |  | 134 | 65 | 4 | 8 | 204 | 52 | 25 | 0 |

**백주현** (白周俔) 조선대 1984.02.09

| 연도 | 소속 | 출장 | 교체 | 득점 | 도움 | 파울 | 슈팅 | 경고 | 퇴장 |
|---|---|---|---|---|---|---|---|---|---|
| 2006 | 수원 | 6 | 5 | 0 | 0 | 10 | 4 | 2 | 0 |
| 2008 | 광주상 | 1 | 1 | 0 | 0 | 0 | 1 | 0 | 0 |
| 통산 |  | 7 | 6 | 0 | 0 | 10 | 5 | 2 | 0 |

**백지훈** (白智勳) 안동고 1985.02.28

| 연도 | 소속 | 출장 | 교체 | 득점 | 도움 | 파울 | 슈팅 | 경고 | 퇴장 |
|---|---|---|---|---|---|---|---|---|---|
| 2003 | 전남 | 4 | 4 | 0 | 0 | 1 | 1 | 0 | 0 |
| 2004 | 전남 | 18 | 10 | 1 | 0 | 32 | 6 | 1 | 0 |
| 2005 | 서울 | 22 | 16 | 2 | 0 | 33 | 25 | 2 | 0 |
| 2006 | 서울 | 15 | 10 | 1 | 0 | 19 | 23 | 3 | 0 |
| 2006 | 수원 | 14 | 4 | 5 | 0 | 27 | 27 | 2 | 0 |
| 2007 | 수원 | 23 | 6 | 8 | 2 | 27 | 45 | 3 | 0 |
| 2009 | 수원 | 15 | 6 | 2 | 3 | 14 | 26 | 1 | 0 |
| 2010 | 수원 | 19 | 14 | 1 | 0 | 11 | 20 | 1 | 0 |
| 2012 | 상주 | 14 | 14 | 0 | 1 | 12 | 10 | 0 | 0 |
| 2013 | 상주 | 11 | 11 | 1 | 0 | 12 | 6 | 0 | 0 |
| 2014 | 울산 | 19 | 19 | 2 | 0 | 5 | 11 | 0 | 0 |
| 통산 |  | 200 | 128 | 25 | 9 | 206 | 219 | 20 | 1 |

**백진철** (白進哲) 중앙대 1982.02.03

| 연도 | 소속 | 출장 | 교체 | 득점 | 도움 | 파울 | 슈팅 | 경고 | 퇴장 |
|---|---|---|---|---|---|---|---|---|---|
| 2006 | 전남 | 2 | 2 | 1 | 0 | 1 | 0 | 0 | 0 |
| 통산 |  | 2 | 2 | 1 | 0 | 1 | 0 | 0 | 0 |

**백치수** (白致守) 한양대 1962.09.03

| 연도 | 소속 | 출장 | 교체 | 득점 | 도움 | 파울 | 슈팅 | 경고 | 퇴장 |
|---|---|---|---|---|---|---|---|---|---|
| 1984 | 포철 | 23 | 4 | 0 | 2 | 17 | 1 | 0 | 0 |
| 1985 | 포철 | 20 | 3 | 0 | 0 | 22 | 7 | 1 | 0 |
| 1986 | 포철 | 20 | 8 | 0 | 1 | 19 | 9 | 0 | 0 |
| 1987 | 포철 | 6 | 6 | 0 | 0 | 3 | 3 | 0 | 0 |
| 1988 | 포철 | 18 | 3 | 1 | 0 | 23 | 7 | 2 | 0 |
| 1989 | 포철 | 20 | 13 | 0 | 1 | 17 | 7 | 1 | 0 |
| 통산 |  | 107 | 37 | 2 | 3 | 102 | 43 | 4 | 0 |

**백현영** (白鉉英) 고려대 1958.07.29

| 연도 | 소속 | 출장 | 교체 | 득점 | 도움 | 파울 | 슈팅 | 경고 | 퇴장 |
|---|---|---|---|---|---|---|---|---|---|
| 1984 | 유공 | 19 | 17 | 0 | 0 | 13 | 0 | 0 | 0 |
| 1985 | 유공 | 12 | 5 | 0 | 0 | 8 | 0 | 0 | 0 |
| 1986 | 유공 | 21 | 10 | 0 | 0 | 11 | 24 | 0 | 0 |
| 통산 |  | 52 | 32 | 0 | 0 | 32 | 24 | 0 | 0 |

**백형진** (白亨珍) 건국대 1970.07.01

| 연도 | 소속 | 출장 | 교체 | 득점 | 도움 | 파울 | 슈팅 | 경고 | 퇴장 |
|---|---|---|---|---|---|---|---|---|---|
| 1998 | 안양 | 19 | 16 | 2 | 1 | 20 | 16 | 3 | 0 |
| 1999 | 안양 | 12 | 11 | 0 | 0 | 13 | 6 | 0 | 0 |
| 통산 |  | 39 | 37 | 3 | 1 | 36 | 35 | 5 | 0 |

**번즈** (Nathan Joel Burns) 호주 1988.05.07

| 연도 | 소속 | 출장 | 교체 | 득점 | 도움 | 파울 | 슈팅 | 경고 | 퇴장 |
|---|---|---|---|---|---|---|---|---|---|
| 2012 | 인천 | 3 | 3 | 0 | 0 | 4 | 2 | 0 | 0 |
| 통산 |  | 3 | 3 | 0 | 0 | 4 | 2 | 0 | 0 |

**베르손** (Bergson Gustavo Silveira da Silva) 브라질 1991.02.09

| 연도 | 소속 | 출장 | 교체 | 득점 | 도움 | 파울 | 슈팅 | 경고 | 퇴장 |
|---|---|---|---|---|---|---|---|---|---|
| 2011 | 수원 | 8 | 8 | 0 | 0 | 5 | 20 | 2 | 0 |
| 통산 |  | 8 | 8 | 0 | 0 | 5 | 20 | 2 | 0 |

**베리발두** (Perivaldo Lucio Dantas) 브라질 1953.07.12

| 연도 | 소속 | 출장 | 교체 | 득점 | 도움 | 파울 | 슈팅 | 경고 | 퇴장 |
|---|---|---|---|---|---|---|---|---|---|
| 1987 | 유공 | 1 | 1 | 0 | 0 | 0 | 0 | 0 | 0 |
| 통산 |  | 1 | 1 | 0 | 0 | 0 | 0 | 0 | 0 |

**베크리치** (Samir Bekric) 보스니아 헤르체고비나 1984.10.20

| 연도 | 소속 | 출장 | 교체 | 득점 | 도움 | 파울 | 슈팅 | 경고 | 퇴장 |
|---|---|---|---|---|---|---|---|---|---|
| 2010 | 인천 | 16 | 7 | 2 | 0 | 7 | 8 | 0 | 0 |
| 통산 |  | 16 | 7 | 2 | 0 | 7 | 8 | 0 | 0 |

**베하** 헝가리 1963.10.26

| 연도 | 소속 | 출장 | 교체 | 득점 | 도움 | 파울 | 슈팅 | 경고 | 퇴장 |
|---|---|---|---|---|---|---|---|---|---|
| 1990 | 포철 | 10 | 4 | 0 | 0 | 12 | 9 | 0 | 0 |
| 1991 | 포철 | 5 | 5 | 0 | 1 | 4 | 2 | 0 | 0 |

| | 통산 | 15 | 9 | 0 | 1 | 16 | 5 | 0 | 0 |

**변병주** (邊炳柱) 연세대 1961.04.26

| 연도 | 소속 | 출장 | 교체 | 득점 | 도움 | 파울 | 슈팅 | 경고 | 퇴장 |
|---|---|---|---|---|---|---|---|---|---|
| 1983 | 대우 | 4 | 0 | 1 | 1 | 8 | 7 | 0 | 0 |
| 1984 | 대우 | 19 | 9 | 4 | 1 | 18 | 22 | 1 | 0 |
| 1985 | 대우 | 4 | 1 | 1 | 2 | 4 | 6 | 0 | 0 |
| 1986 | 대우 | 12 | 5 | 2 | 3 | 13 | 22 | 0 | 0 |
| 1987 | 대우 | 30 | 15 | 5 | 4 | 43 | 63 | 1 | 0 |
| 1988 | 대우 | 11 | 6 | 2 | 3 | 12 | 19 | 0 | 0 |
| 1989 | 대우 | 19 | 5 | 7 | 1 | 33 | 35 | 0 | 0 |
| 1990 | 현대 | 10 | 3 | 0 | 0 | 10 | 14 | 1 | 0 |
| 1991 | 현대 | 22 | 15 | 3 | 1 | 31 | 29 | 1 | 0 |
| | 통산 | 131 | 59 | 28 | 16 | 175 | 217 | 4 | 0 |

**변성환** (卞盛奐) 울산대 1979.12.22

| 연도 | 소속 | 출장 | 교체 | 득점 | 도움 | 파울 | 슈팅 | 경고 | 퇴장 |
|---|---|---|---|---|---|---|---|---|---|
| 2002 | 울산 | 25 | 12 | 0 | 0 | 40 | 8 | 1 | 0 |
| 2003 | 울산 | 14 | 7 | 0 | 0 | 15 | 6 | 0 | 0 |
| 2004 | 울산 | 15 | 3 | 0 | 0 | 14 | 4 | 1 | 0 |
| 2005 | 울산 | 5 | 1 | 0 | 0 | 6 | 1 | 1 | 0 |
| 2006 | 울산 | 27 | 17 | 0 | 0 | 25 | 5 | 1 | 0 |
| 2007 | 부산 | 23 | 3 | 0 | 1 | 22 | 6 | 3 | 0 |
| 2008 | 제주 | 25 | 9 | 1 | 0 | 28 | 13 | 1 | 0 |
| 2012 | 성남 | 21 | 0 | 0 | 0 | 10 | 2 | 4 | 0 |
| 2013 | 안양 | 21 | 2 | 0 | 0 | 36 | 5 | 3 | 0 |
| 2014 | 안양 | 5 | 2 | 0 | 0 | 0 | 0 | 0 | 0 |
| | 통산 | 161 | 56 | 1 | 4 | 196 | 50 | 15 | 2 |

**변웅** (卞雄) 울산대 1986.05.07

| 연도 | 소속 | 출장 | 교체 | 득점 | 도움 | 파울 | 슈팅 | 경고 | 퇴장 |
|---|---|---|---|---|---|---|---|---|---|
| 2009 | 울산 | 0 | 0 | 0 | 0 | 0 | 0 | 0 | 0 |
| 2010 | 광주상 | 10 | 5 | 0 | 1 | 13 | 8 | 0 | 0 |
| 2011 | 상주 | 9 | 7 | 0 | 0 | 6 | 1 | 0 | 0 |
| 2013 | 울산 | 1 | 1 | 0 | 0 | 1 | 1 | 0 | 0 |
| 2014 | 충주 | 1 | 1 | 0 | 1 | 31 | 10 | 4 | 0 |
| | 통산 | 36 | 20 | 2 | 1 | 51 | 36 | 4 | 0 |

**변일우** (邊一雨) 경희대 1959.03.01

| 연도 | 소속 | 출장 | 교체 | 득점 | 도움 | 파울 | 슈팅 | 경고 | 퇴장 |
|---|---|---|---|---|---|---|---|---|---|
| 1984 | 할렐 | 23 | 13 | 1 | 1 | 26 | 29 | 1 | 0 |
| 1985 | 할렐 | 14 | 7 | 1 | 1 | 16 | 11 | 0 | 0 |
| | 통산 | 37 | 20 | 2 | 2 | 36 | 42 | 1 | 0 |

**변재섭** (卞載燮) 전주대 1975.09.17

| 연도 | 소속 | 출장 | 교체 | 득점 | 도움 | 파울 | 슈팅 | 경고 | 퇴장 |
|---|---|---|---|---|---|---|---|---|---|
| 1997 | 전북 | 26 | 9 | 2 | 3 | 31 | 28 | 0 | 0 |
| 1998 | 전북 | 25 | 12 | 3 | 4 | 36 | 29 | 6 | 0 |
| 1999 | 전북 | 34 | 13 | 2 | 8 | 27 | 35 | 4 | 0 |
| 2000 | 전북 | 32 | 21 | 0 | 5 | 24 | 31 | 0 | 0 |
| 2001 | 전북 | 25 | 11 | 0 | 3 | 33 | 26 | 3 | 0 |
| 2002 | 전북 | 7 | 7 | 0 | 0 | 3 | 2 | 0 | 0 |
| 2003 | 전북 | 0 | 0 | 0 | 0 | 0 | 0 | 0 | 0 |
| 2004 | 부천 | 15 | 6 | 1 | 1 | 22 | 7 | 3 | 0 |
| 2005 | 부천 | 33 | 21 | 1 | 2 | 36 | 17 | 4 | 0 |
| 2006 | 제주 | 25 | 17 | 2 | 0 | 26 | 9 | 2 | 0 |
| 2007 | 전북 | 8 | 3 | 0 | 1 | 14 | 5 | 2 | 0 |
| | 통산 | 230 | 120 | 13 | 26 | 247 | 186 | 24 | 0 |

**보그단** (Bogdan Milic / 복이) 몬테네그로 1987.11.24

| 연도 | 소속 | 출장 | 교체 | 득점 | 도움 | 파울 | 슈팅 | 경고 | 퇴장 |
|---|---|---|---|---|---|---|---|---|---|
| 2012 | 광주 | 36 | 20 | 5 | 3 | 74 | 42 | 6 | 0 |
| 2013 | 수원FC | 28 | 16 | 3 | 5 | 44 | 38 | 8 | 0 |
| | 통산 | 64 | 36 | 8 | 8 | 112 | 86 | 8 | 0 |

**보띠** (Raphael Jose Botti Zacarias Sena) 브라질 1981.02.23

| 연도 | 소속 | 출장 | 교체 | 득점 | 도움 | 파울 | 슈팅 | 경고 | 퇴장 |
|---|---|---|---|---|---|---|---|---|---|
| 2002 | 전북 | 19 | 19 | 0 | 0 | 28 | 12 | 1 | 0 |
| 2003 | 전북 | 29 | 15 | 5 | 1 | 71 | 38 | 1 | 0 |
| 2004 | 전북 | 21 | 4 | 2 | 2 | 51 | 43 | 5 | 0 |
| 2005 | 전북 | 30 | 6 | 4 | 0 | 68 | 41 | 3 | 0 |
| 2006 | 전북 | 30 | 16 | 4 | 0 | 51 | 41 | 5 | 0 |

| | 통산 | 129 | 62 | 14 | 7 | 269 | 175 | 15 | 1 |

**보로** (Boro Janicic) 유고슬라비아 1967

| 연도 | 소속 | 출장 | 교체 | 득점 | 도움 | 파울 | 슈팅 | 경고 | 퇴장 |
|---|---|---|---|---|---|---|---|---|---|
| 1994 | LG | 25 | 6 | 0 | 3 | 30 | 32 | 5 | 0 |
| 1995 | LG | 15 | 10 | 0 | 0 | 15 | 12 | 1 | 0 |
| | 통산 | 43 | 16 | 0 | 3 | 45 | 44 | 6 | 0 |

**보르코** (Veselinovic Borko) 세르비아 1986.01.06

| 연도 | 소속 | 출장 | 교체 | 득점 | 도움 | 파울 | 슈팅 | 경고 | 퇴장 |
|---|---|---|---|---|---|---|---|---|---|
| 2008 | 인천 | 30 | 16 | 7 | 3 | 30 | 50 | 3 | 0 |
| 2009 | 인천 | 19 | 13 | 1 | 0 | 36 | 19 | 1 | 0 |
| | 통산 | 49 | 29 | 8 | 3 | 66 | 69 | 4 | 0 |

**보리스** (Boris Yakovlevich Tropanets) 몰도바 1964.10.11

| 연도 | 소속 | 출장 | 교체 | 득점 | 도움 | 파울 | 슈팅 | 경고 | 퇴장 |
|---|---|---|---|---|---|---|---|---|---|
| 1996 | 부천 | 1 | 1 | 0 | 0 | 1 | 0 | 0 | 0 |
| | 통산 | 1 | 1 | 0 | 0 | 1 | 0 | 0 | 0 |

**보리스** (Boris Vostrosablin) 러시아 1968.10.07

| 연도 | 소속 | 출장 | 교체 | 득점 | 도움 | 파울 | 슈팅 | 경고 | 퇴장 |
|---|---|---|---|---|---|---|---|---|---|
| 1997 | 부천 | 28 | 0 | 5 | 0 | 34 | 24 | 3 | 1 |
| 1998 | 부천 | 19 | 15 | 1 | 0 | 16 | 11 | 4 | 0 |
| | 통산 | 47 | 15 | 6 | 0 | 50 | 35 | 7 | 1 |

**보리스** (Boris Raic) 크로아티아 1976.12.03

| 연도 | 소속 | 출장 | 교체 | 득점 | 도움 | 파울 | 슈팅 | 경고 | 퇴장 |
|---|---|---|---|---|---|---|---|---|---|
| 2003 | 부천 | 15 | 1 | 0 | 0 | 18 | 5 | 5 | 0 |
| 2004 | 부천 | 26 | 3 | 0 | 0 | 49 | 6 | 7 | 0 |
| 2005 | 부천 | 7 | 1 | 0 | 0 | 13 | 4 | 2 | 0 |
| | 통산 | 48 | 5 | 0 | 0 | 80 | 12 | 14 | 0 |

**보산치치** (Milos Bosancic) 세르비아 1988.05.22

| 연도 | 소속 | 출장 | 교체 | 득점 | 도움 | 파울 | 슈팅 | 경고 | 퇴장 |
|---|---|---|---|---|---|---|---|---|---|
| 2013 | 경남 | 31 | 10 | 9 | 1 | 43 | 63 | 5 | 0 |
| 2014 | 경남 | 10 | 9 | 0 | 1 | 8 | 10 | 0 | 0 |
| | 통산 | 41 | 19 | 9 | 2 | 51 | 73 | 5 | 0 |

**보스나** (Eddy Bosnar) 호주 1980.04.29

| 연도 | 소속 | 출장 | 교체 | 득점 | 도움 | 파울 | 슈팅 | 경고 | 퇴장 |
|---|---|---|---|---|---|---|---|---|---|
| 2012 | 수원 | 36 | 6 | 2 | 0 | 38 | 38 | 7 | 1 |
| 2013 | 수원 | 10 | 2 | 0 | 1 | 11 | 8 | 3 | 0 |
| | 통산 | 46 | 8 | 2 | 1 | 49 | 46 | 10 | 1 |

**보아델** (Ricardo Resende Silva) 브라질 1976.02.18

| 연도 | 소속 | 출장 | 교체 | 득점 | 도움 | 파울 | 슈팅 | 경고 | 퇴장 |
|---|---|---|---|---|---|---|---|---|---|
| 2001 | 포항 | 10 | 7 | 2 | 1 | 9 | 14 | 1 | 0 |
| | 통산 | 10 | 7 | 2 | 1 | 9 | 14 | 1 | 0 |

**부발로** (Milan Bubalo) 세르비아 1990.08.05

| 연도 | 소속 | 출장 | 교체 | 득점 | 도움 | 파울 | 슈팅 | 경고 | 퇴장 |
|---|---|---|---|---|---|---|---|---|---|
| 2013 | 경남 | 34 | 11 | 6 | 0 | 39 | 41 | 3 | 0 |
| | 통산 | 34 | 11 | 6 | 0 | 39 | 41 | 3 | 0 |

**부영태** (夫英太) 탐라대 1985.09.02

| 연도 | 소속 | 출장 | 교체 | 득점 | 도움 | 파울 | 슈팅 | 경고 | 퇴장 |
|---|---|---|---|---|---|---|---|---|---|
| 2003 | 부산 | 2 | 2 | 0 | 0 | 1 | 0 | 0 | 0 |
| 2004 | 부산 | 1 | 1 | 0 | 0 | 0 | 0 | 0 | 0 |
| 2005 | 부산 | 1 | 1 | 0 | 0 | 1 | 0 | 0 | 0 |
| 2008 | 대전 | 6 | 4 | 0 | 1 | 5 | 3 | 0 | 0 |
| 2009 | 대전 | 0 | 0 | 0 | 0 | 0 | 0 | 0 | 0 |
| | 통산 | 10 | 8 | 0 | 1 | 7 | 3 | 0 | 0 |

**뷔텍** (Witold Bendkowski) 폴란드 1961.09.02

| 연도 | 소속 | 출장 | 교체 | 득점 | 도움 | 파울 | 슈팅 | 경고 | 퇴장 |
|---|---|---|---|---|---|---|---|---|---|
| 1990 | 유공 | 21 | 5 | 1 | 0 | 32 | 27 | 1 | 0 |
| 1991 | 유공 | 11 | 0 | 1 | 0 | 18 | 24 | 1 | 0 |
| 1992 | 유공 | 20 | 6 | 0 | 0 | 35 | 22 | 5 | 0 |
| | 통산 | 52 | 11 | 2 | 0 | 85 | 73 | 7 | 0 |

**브라운** (Greg Brown) 호주 1962.07.29

| 연도 | 소속 | 출장 | 교체 | 득점 | 도움 | 파울 | 슈팅 | 경고 | 퇴장 |
|---|---|---|---|---|---|---|---|---|---|
| 1991 | 포철 | 2 | 1 | 0 | 1 | 2 | 0 | 0 | 0 |
| | 통산 | 2 | 1 | 0 | 1 | 2 | 0 | 0 | 0 |

**브라질리아** (Cristiano Pereira de Souza) 브라질 1977.07.28

| 연도 | 소속 | 출장 | 교체 | 득점 | 도움 | 파울 | 슈팅 | 경고 | 퇴장 |
|---|---|---|---|---|---|---|---|---|---|
| 2007 | 대전 | 13 | 5 | 3 | 2 | 33 | 33 | 3 | 0 |
| 2008 | 울산 | 19 | 10 | 3 | 6 | 32 | 40 | 5 | 0 |
| 2009 | 포항 | 6 | 6 | 0 | 0 | 4 | 3 | 0 | 0 |
| 2009 | 전북 | 15 | 12 | 6 | 2 | 7 | 31 | 1 | 0 |
| | 통산 | 53 | 33 | 12 | 10 | 76 | 107 | 9 | 0 |

**브랑코** (Branko Radovanovic) 유고슬라비아 1969.10.21

| 연도 | 소속 | 출장 | 교체 | 득점 | 도움 | 파울 | 슈팅 | 경고 | 퇴장 |
|---|---|---|---|---|---|---|---|---|---|
| 1996 | 전남 | 14 | 11 | 0 | 3 | 26 | 3 | 3 | 0 |
| | 통산 | 14 | 11 | 0 | 3 | 26 | 3 | 3 | 0 |

**브랑코** (Bradovanovic Branko) 유고슬라비아 1981.02.18

| 연도 | 소속 | 출장 | 교체 | 득점 | 도움 | 파울 | 슈팅 | 경고 | 퇴장 |
|---|---|---|---|---|---|---|---|---|---|
| 1999 | 부산 | 4 | 4 | 0 | 0 | 5 | 2 | 1 | 0 |
| | 통산 | 4 | 4 | 0 | 0 | 5 | 2 | 1 | 0 |

**브루노** (Bruno Cazarine Constantino) 브라질 1985.05.06

| 연도 | 소속 | 출장 | 교체 | 득점 | 도움 | 파울 | 슈팅 | 경고 | 퇴장 |
|---|---|---|---|---|---|---|---|---|---|
| 2009 | 경남 | 3 | 2 | 0 | 0 | 4 | 4 | 0 | 0 |
| | 통산 | 3 | 2 | 0 | 0 | 4 | 4 | 0 | 0 |

**브루노** (Bruno Cesar) 브라질 1986.03.22

| 연도 | 소속 | 출장 | 교체 | 득점 | 도움 | 파울 | 슈팅 | 경고 | 퇴장 |
|---|---|---|---|---|---|---|---|---|---|
| 2010 | 인천 | 19 | 17 | 1 | 3 | 17 | 29 | 1 | 0 |
| | 통산 | 19 | 17 | 1 | 3 | 17 | 29 | 1 | 0 |

**블라단** (Vladan Adzic) 몬테네그로 1987.07.05

| 연도 | 소속 | 출장 | 교체 | 득점 | 도움 | 파울 | 슈팅 | 경고 | 퇴장 |
|---|---|---|---|---|---|---|---|---|---|
| 2014 | 수원FC | 14 | 1 | 0 | 2 | 22 | 5 | 3 | 0 |

**비니시우스** (Vinicius Conceicao da Silva) 브라질 1977.03.07

| 연도 | 소속 | 출장 | 교체 | 득점 | 도움 | 파울 | 슈팅 | 경고 | 퇴장 |
|---|---|---|---|---|---|---|---|---|---|
| 2006 | 울산 | 29 | 14 | 1 | 1 | 68 | 41 | 9 | 0 |
| | 통산 | 29 | 14 | 1 | 1 | 68 | 41 | 9 | 0 |

**비니시우스** (Marcos Vinicius dos Santod Ros) 브라질 1988.09.1

| 연도 | 소속 | 출장 | 교체 | 득점 | 도움 | 파울 | 슈팅 | 경고 | 퇴장 |
|---|---|---|---|---|---|---|---|---|---|
| 2011 | 울산 | 1 | 1 | 0 | 0 | 0 | 0 | 0 | 0 |
| | 통산 | 1 | 1 | 0 | 0 | 0 | 0 | 0 | 0 |

**비에라** (Julio Cesar Gouveia Vieira) 브라질 1974.02.25

| 연도 | 소속 | 출장 | 교체 | 득점 | 도움 | 파울 | 슈팅 | 경고 | 퇴장 |
|---|---|---|---|---|---|---|---|---|---|
| 2001 | 전북 | 14 | 3 | 1 | 2 | 24 | 27 | 1 | 0 |
| 2002 | 전북 | 31 | 16 | 4 | 5 | 61 | 72 | 5 | 0 |
| 2003 | 전남 | 33 | 19 | 0 | 10 | 75 | 51 | 6 | 0 |
| 2004 | 전남 | 19 | 3 | 2 | 2 | 44 | 26 | 5 | 0 |
| | 통산 | 97 | 40 | 9 | 18 | 204 | 176 | 17 | 0 |

**비에리** (Jorge Luis Barbieri) 브라질 1979.05.01

| 연도 | 소속 | 출장 | 교체 | 득점 | 도움 | 파울 | 슈팅 | 경고 | 퇴장 |
|---|---|---|---|---|---|---|---|---|---|
| 2005 | 울산 | 3 | 3 | 0 | 1 | 2 | 3 | 0 | 0 |
| | 통산 | 3 | 3 | 0 | 1 | 2 | 3 | 0 | 0 |

**비케라** (Gilvan Gomes Vieira) 브라질 1984.04.09

| 연도 | 소속 | 출장 | 교체 | 득점 | 도움 | 파울 | 슈팅 | 경고 | 퇴장 |
|---|---|---|---|---|---|---|---|---|---|
| 2009 | 제주 | 9 | 4 | 0 | 1 | 14 | 6 | 2 | 0 |
| | 통산 | 9 | 4 | 0 | 1 | 14 | 6 | 2 | 0 |

**비탈리** (Vitaliy Parakhnevych) 우크라이나 1969.05.04

| 연도 | 소속 | 출장 | 교체 | 득점 | 도움 | 파울 | 슈팅 | 경고 | 퇴장 |
|---|---|---|---|---|---|---|---|---|---|
| 1995 | 전북 | 10 | 2 | 7 | 2 | 20 | 7 | 2 | 0 |
| 1996 | 전북 | 33 | 9 | 10 | 3 | 25 | 85 | 6 | 0 |
| 1997 | 전북 | 29 | 13 | 7 | 2 | 24 | 78 | 6 | 0 |
| 1998 | 전북 | 9 | 1 | 0 | 0 | 10 | 14 | 1 | 0 |
| 1998 | 수원 | 21 | 7 | 7 | 4 | 39 | 57 | 5 | 0 |
| 1999 | 수원 | 36 | 22 | 10 | 10 | 35 | 68 | 5 | 0 |
| 2000 | 수원 | 8 | 5 | 0 | 0 | 4 | 22 | 3 | 0 |
| 2001 | 안양 | 9 | 6 | 1 | 0 | 14 | 15 | 0 | 0 |
| 2002 | 부천 | 8 | 7 | 4 | 1 | 6 | 23 | 1 | 0 |

통산 163 79 50 20 155 388 29 0

**빅** (Victor Rodrigues da Silva) 브라질 1976.02.10

| 연도 | 소속 | 출장 | 교체 | 득점 | 도움 | 파울 | 슈팅 | 경고 | 퇴장 |
|---|---|---|---|---|---|---|---|---|---|
| 2003 | 안양 | 3 | 3 | 0 | 0 | 0 | 0 | 0 | 0 |

**빅토르** (Victor Shaka) 나이지리아 1975.05.01

| 연도 | 소속 | 출장 | 교체 | 득점 | 도움 | 파울 | 슈팅 | 경고 | 퇴장 |
|---|---|---|---|---|---|---|---|---|---|
| 1997 | 안양 | 19 | 6 | 5 | 2 | 48 | 37 | 7 | 0 |
| 1998 | 안양 | 32 | 19 | 8 | 2 | 67 | 49 | 4 | 0 |
| 1999 | 안양 | 15 | 15 | 1 | 1 | 37 | 15 | 2 | 0 |
| 1999 | 울산 | 11 | 0 | 1 | 3 | 23 | 28 | 1 | 1 |
| 2000 | 울산 | 22 | 8 | 1 | 2 | 65 | 31 | 4 | 0 |
| 2001 | 부산 | 5 | 2 | 0 | 0 | 9 | 6 | 1 | 1 |
| 2002 | 부산 | 4 | 4 | 0 | 0 | 4 | 2 | 0 | 0 |
| 통산 | | 108 | 54 | 25 | 10 | 253 | 172 | 19 | 2 |

**빌라** (Ricardo Villar) 브라질 1979.08.11

| 연도 | 소속 | 출장 | 교체 | 득점 | 도움 | 파울 | 슈팅 | 경고 | 퇴장 |
|---|---|---|---|---|---|---|---|---|---|
| 2005 | 전남 | 4 | 4 | 0 | 0 | 1 | 0 | 1 | 0 |
| 통산 | | 4 | 4 | 0 | 0 | 1 | 0 | 1 | 0 |

**빠울로** (Paulo Roberto Morais Junior) 브라질 1984.02.25

| 연도 | 소속 | 출장 | 교체 | 득점 | 도움 | 파울 | 슈팅 | 경고 | 퇴장 |
|---|---|---|---|---|---|---|---|---|---|
| 2012 | 인천 | 5 | 5 | 1 | 0 | 5 | 3 | 0 | 0 |
| 통산 | | 5 | 5 | 1 | 0 | 5 | 3 | 0 | 0 |

**빠찌** (Rafael Sobreira da Costa) 브라질 1981.03.15

| 연도 | 소속 | 출장 | 교체 | 득점 | 도움 | 파울 | 슈팅 | 경고 | 퇴장 |
|---|---|---|---|---|---|---|---|---|---|
| 2008 | 제주 | 9 | 3 | 1 | 1 | 12 | 15 | 0 | 0 |
| 통산 | | 9 | 3 | 1 | 1 | 12 | 15 | 0 | 0 |

**삐드롱** (Christiano Florencio da Silva) 브라질 1978.04.05

| 연도 | 소속 | 출장 | 교체 | 득점 | 도움 | 파울 | 슈팅 | 경고 | 퇴장 |
|---|---|---|---|---|---|---|---|---|---|
| 2008 | 성남 | 3 | 2 | 1 | 0 | 2 | 6 | 0 | 0 |
| 통산 | | 3 | 2 | 1 | 0 | 2 | 6 | 0 | 0 |

**뽀뽀** (Adilson Rerreira de Souza) 브라질 1978.09.01

| 연도 | 소속 | 출장 | 교체 | 득점 | 도움 | 파울 | 슈팅 | 경고 | 퇴장 |
|---|---|---|---|---|---|---|---|---|---|
| 2005 | 부산 | 30 | 8 | 4 | 6 | 66 | 73 | 7 | 1 |
| 2006 | 부산 | 36 | 5 | 20 | 8 | 47 | 126 | 6 | 0 |
| 2007 | 경남 | 25 | 10 | 8 | 10 | 23 | 89 | 3 | 1 |
| 통산 | | 91 | 23 | 32 | 24 | 136 | 288 | 16 | 2 |

**삐레스** (Jose Sebastiao Pires Neto) 브라질 1956.02.03

| 연도 | 소속 | 출장 | 교체 | 득점 | 도움 | 파울 | 슈팅 | 경고 | 퇴장 |
|---|---|---|---|---|---|---|---|---|---|
| 1994 | 현대 | 16 | 11 | 0 | 2 | 9 | 5 | 1 | 0 |
| 통산 | | 16 | 11 | 0 | 2 | 9 | 5 | 1 | 0 |

**삥요** (Felipe Barreto da Silva) 브라질 1992.01.29

| 연도 | 소속 | 출장 | 교체 | 득점 | 도움 | 파울 | 슈팅 | 경고 | 퇴장 |
|---|---|---|---|---|---|---|---|---|---|
| 2011 | 제주 | 2 | 2 | 0 | 0 | 0 | 3 | 0 | 0 |
| 통산 | | 2 | 2 | 0 | 0 | 0 | 3 | 0 | 0 |

**사디크** (Sadiq Saadoun Abdul Ridha) 이라크 1973.10.01

| 연도 | 소속 | 출장 | 교체 | 득점 | 도움 | 파울 | 슈팅 | 경고 | 퇴장 |
|---|---|---|---|---|---|---|---|---|---|
| 1996 | 안양 | 16 | 2 | 1 | 0 | 38 | 19 | 7 | 0 |
| 통산 | | 16 | 2 | 1 | 0 | 38 | 19 | 7 | 0 |

**사브첸코** (Volodymyr Savchenko) 우크라이나 1973.09.09

| 연도 | 소속 | 출장 | 교체 | 실점 | 도움 | 파울 | 슈팅 | 경고 | 퇴장 |
|---|---|---|---|---|---|---|---|---|---|
| 1996 | 안양 | 12 | 0 | 22 | 0 | 1 | 0 | 1 | 0 |
| 통산 | | 12 | 0 | 22 | 0 | 1 | 0 | 1 | 0 |

**사샤** (Sasa Ognenovski) 호주 1979.04.03

| 연도 | 소속 | 출장 | 교체 | 득점 | 도움 | 파울 | 슈팅 | 경고 | 퇴장 |
|---|---|---|---|---|---|---|---|---|---|
| 2009 | 성남 | 31 | 3 | 2 | 1 | 75 | 22 | 11 | 2 |
| 2010 | 성남 | 29 | 1 | 4 | 0 | 49 | 21 | 7 | 1 |
| 2011 | 성남 | 28 | 1 | 5 | 0 | 47 | 27 | 10 | 1 |
| 2012 | 성남 | 11 | 0 | 0 | 0 | 18 | 11 | 3 | 0 |
| 통산 | | 99 | 6 | 10 | 1 | 189 | 81 | 31 | 4 |

**사이먼** (Matthew Blake Simon) 호주 1986.01.22

| 연도 | 소속 | 출장 | 교체 | 득점 | 도움 | 파울 | 슈팅 | 경고 | 퇴장 |
|---|---|---|---|---|---|---|---|---|---|
| 2012 | 전남 | 6 | 2 | 0 | 0 | 19 | 7 | 2 | 0 |
| 통산 | | 6 | 2 | 0 | 0 | 19 | 7 | 2 | 0 |

**산델** (Marcelo Sander Lima de Souza) 브라질 1972.12.28

| 연도 | 소속 | 출장 | 교체 | 득점 | 도움 | 파울 | 슈팅 | 경고 | 퇴장 |
|---|---|---|---|---|---|---|---|---|---|
| 1998 | 부천 | 7 | 7 | 0 | 0 | 10 | 11 | 1 | 0 |
| 통산 | | 7 | 7 | 0 | 0 | 10 | 11 | 1 | 0 |

**산드로** (Sandro da Silva Mendonca) 1979.11.19

| 연도 | 소속 | 출장 | 교체 | 득점 | 도움 | 파울 | 슈팅 | 경고 | 퇴장 |
|---|---|---|---|---|---|---|---|---|---|
| 2005 | 대구 | 36 | 7 | 17 | 3 | 49 | 93 | 2 | 0 |
| 2006 | 전남 | 3 | 2 | 2 | 0 | 4 | 5 | 0 | 0 |
| 2007 | 전남 | 27 | 6 | 8 | 1 | 36 | 52 | 1 | 0 |
| 2008 | 전남 | 1 | 0 | 0 | 0 | 0 | 1 | 0 | 0 |
| 2009 | 수원 | 8 | 7 | 0 | 0 | 10 | 8 | 0 | 0 |
| 통산 | | 75 | 22 | 27 | 4 | 99 | 159 | 3 | 0 |

**산드로** (Sandro da Silva Mendonca) 브라질 1983.10.01

| 연도 | 소속 | 출장 | 교체 | 득점 | 도움 | 파울 | 슈팅 | 경고 | 퇴장 |
|---|---|---|---|---|---|---|---|---|---|
| 2013 | 대구 | 15 | 13 | 1 | 2 | 18 | 34 | 0 | 0 |
| 통산 | | 15 | 13 | 1 | 2 | 18 | 34 | 0 | 0 |

**산드로C** (Sandro Cardoso dos Santos) 브라질 1980.03.22

| 연도 | 소속 | 출장 | 교체 | 득점 | 도움 | 파울 | 슈팅 | 경고 | 퇴장 |
|---|---|---|---|---|---|---|---|---|---|
| 2000 | 수원 | 11 | 5 | 4 | 1 | 10 | 32 | 2 | 0 |
| 2001 | 수원 | 33 | 1 | 17 | 3 | 46 | 108 | 4 | 1 |
| 2002 | 수원 | 29 | 1 | 10 | 2 | 63 | 69 | 8 | 1 |
| 2005 | 수원 | 26 | 16 | 5 | 1 | 22 | 38 | 3 | 1 |
| 2006 | 수원 | 15 | 6 | 3 | 0 | 11 | 21 | 2 | 0 |
| 2007 | 전남 | 13 | 10 | 4 | 0 | 5 | 14 | 1 | 0 |
| 통산 | | 131 | 44 | 41 | 13 | 158 | 294 | 25 | 3 |

**산타나** (Rinaldo Santana dos Santos) 브라질 1975.08.24

| 연도 | 소속 | 출장 | 교체 | 득점 | 도움 | 파울 | 슈팅 | 경고 | 퇴장 |
|---|---|---|---|---|---|---|---|---|---|
| 2004 | 서울 | 15 | 7 | 2 | 0 | 14 | 28 | 0 | 0 |
| 통산 | | 15 | 7 | 2 | 0 | 14 | 28 | 0 | 0 |

**산토스** (Diogo Santos Rangel) 브라질 1991.08.19

| 연도 | 소속 | 출장 | 교체 | 득점 | 도움 | 파울 | 슈팅 | 경고 | 퇴장 |
|---|---|---|---|---|---|---|---|---|---|
| 2014 | 대전 | 1 | 1 | 0 | 0 | 3 | 0 | 1 | 0 |
| 2014 | 강원 | 1 | 1 | 0 | 0 | 2 | 0 | 0 | 0 |
| 통산 | | 2 | 2 | 0 | 0 | 5 | 0 | 1 | 0 |

**산토스** (Remerson dos Santos) 브라질 1972.07.13

| 연도 | 소속 | 출장 | 교체 | 득점 | 도움 | 파울 | 슈팅 | 경고 | 퇴장 |
|---|---|---|---|---|---|---|---|---|---|
| 1999 | 울산 | 4 | 3 | 0 | 0 | 4 | 2 | 0 | 0 |
| 2000 | 울산 | 28 | 2 | 1 | 0 | 51 | 15 | 7 | 0 |
| 통산 | | 32 | 5 | 1 | 0 | 55 | 17 | 7 | 0 |

**산토스** (Rogerio Pinheiro dos Santos) 브라질 1972.04.21

| 연도 | 소속 | 출장 | 교체 | 득점 | 도움 | 파울 | 슈팅 | 경고 | 퇴장 |
|---|---|---|---|---|---|---|---|---|---|
| 2003 | 포항 | 29 | 3 | 1 | 0 | 56 | 19 | 5 | 0 |
| 2004 | 포항 | 33 | 6 | 2 | 0 | 58 | 12 | 10 | 0 |
| 2005 | 포항 | 33 | 1 | 1 | 0 | 56 | 7 | 10 | 0 |
| 2006 | 경남 | 34 | 0 | 2 | 0 | 67 | 13 | 7 | 0 |
| 2007 | 경남 | 25 | 1 | 1 | 2 | 18 | 7 | 5 | 0 |
| 2008 | 경남 | 30 | 4 | 1 | 0 | 54 | 9 | 8 | 0 |
| 통산 | | 184 | 13 | 10 | 2 | 311 | 65 | 38 | 0 |

**산토스** (Natanael de Souza Santos Junior) 브라질 1985.12.25

| 연도 | 소속 | 출장 | 교체 | 득점 | 도움 | 파울 | 슈팅 | 경고 | 퇴장 |
|---|---|---|---|---|---|---|---|---|---|
| 2010 | 제주 | 28 | 18 | 14 | 5 | 45 | 83 | 0 | 0 |
| 2011 | 제주 | 32 | 25 | 14 | 5 | 48 | 94 | 3 | 0 |
| 2012 | 제주 | 35 | 12 | 14 | 11 | 33 | 98 | 0 | 0 |
| 2013 | 수원 | 19 | 7 | 8 | 1 | 25 | 50 | 1 | 0 |
| 2014 | 수원 | 35 | 27 | 14 | 7 | 27 | 77 | 2 | 0 |
| 통산 | | 146 | 70 | 64 | 28 | 163 | 371 | 5 | 0 |

**산토스** (Alexandre Zacarias dos Santos) 브라질 1982.10.23

| 연도 | 소속 | 출장 | 교체 | 득점 | 도움 | 파울 | 슈팅 | 경고 | 퇴장 |
|---|---|---|---|---|---|---|---|---|---|
| 2010 | 대전 | 16 | 5 | 0 | 0 | 31 | 21 | 4 | 0 |
| 통산 | | 16 | 5 | 0 | 0 | 31 | 21 | 4 | 0 |

**산티아고** (Petrony Santiago de Barros) 브라질 1980.02.18

| 연도 | 소속 | 출장 | 교체 | 득점 | 도움 | 파울 | 슈팅 | 경고 | 퇴장 |
|---|---|---|---|---|---|---|---|---|---|
| 2004 | 대구 | 10 | 3 | 0 | 1 | 22 | 7 | 2 | 0 |
| 2005 | 대구 | 17 | 4 | 0 | 2 | 37 | 7 | 6 | 0 |
| 통산 | | 27 | 9 | 0 | 2 | 57 | 9 | 9 | 0 |

**살람쇼** (Abdule Salam Sow) 기니 1970.08.13

| 연도 | 소속 | 출장 | 교체 | 득점 | 도움 | 파울 | 슈팅 | 경고 | 퇴장 |
|---|---|---|---|---|---|---|---|---|---|
| 1996 | 전남 | 3 | 3 | 0 | 0 | 5 | 4 | 1 | 0 |
| 통산 | | 3 | 3 | 0 | 0 | 5 | 4 | 1 | 0 |

**샤리** (Yary David Silvera) 우루과이 1976.02.20

| 연도 | 소속 | 출장 | 교체 | 득점 | 도움 | 파울 | 슈팅 | 경고 | 퇴장 |
|---|---|---|---|---|---|---|---|---|---|
| 2000 | 부천 | 32 | 30 | 3 | 6 | 24 | 56 | 3 | 0 |
| 2001 | 부천 | 14 | 13 | 2 | 1 | 17 | 28 | 2 | 0 |
| 2003 | 부천 | 23 | 14 | 2 | 1 | 17 | 31 | 1 | 0 |
| 통산 | | 69 | 57 | 7 | 8 | 49 | 104 | 6 | 0 |

**샤샤** (Aleksandr Podshivalov) 러시아 1964.09.06

| 연도 | 소속 | 출장 | 교체 | 실점 | 도움 | 파울 | 슈팅 | 경고 | 퇴장 |
|---|---|---|---|---|---|---|---|---|---|
| 1994 | 유공 | 2 | 0 | 2 | 0 | 0 | 0 | 0 | 0 |
| 1995 | 유공 | 35 | 0 | 41 | 0 | 3 | 0 | 1 | 0 |
| 1996 | 부천 | 26 | 1 | 30 | 0 | 1 | 0 | 1 | 0 |
| 1997 | 부천 | 10 | 0 | 13 | 0 | 0 | 0 | 0 | 0 |
| 통산 | | 73 | 1 | 94 | 0 | 3 | 0 | 2 | 0 |

**샤샤** (Sasa Drakulic) 유고슬라비아 1972.08.28

| 연도 | 소속 | 출장 | 교체 | 득점 | 도움 | 파울 | 슈팅 | 경고 | 퇴장 |
|---|---|---|---|---|---|---|---|---|---|
| 1995 | 대우 | 31 | 18 | 8 | 0 | 45 | 78 | 4 | 0 |
| 1996 | 부산 | 20 | 12 | 3 | 5 | 51 | 50 | 5 | 0 |
| 1997 | 부산 | 20 | 12 | 3 | 1 | 54 | 74 | 5 | 0 |
| 1998 | 부산 | 13 | 4 | 4 | 0 | 36 | 70 | 4 | 0 |
| 1998 | 수원 | 18 | 6 | 8 | 1 | 36 | 70 | 4 | 0 |
| 1999 | 수원 | 37 | 6 | 23 | 4 | 78 | 159 | 7 | 1 |
| 2000 | 수원 | 37 | 6 | 14 | 3 | 42 | 124 | 5 | 0 |
| 2001 | 성남 | 34 | 11 | 15 | 4 | 40 | 139 | 3 | 0 |
| 2002 | 성남 | 37 | 3 | 19 | 8 | 71 | 177 | 4 | 0 |
| 2003 | 성남 | 39 | 27 | 8 | 9 | 58 | 92 | 2 | 1 |
| 통산 | | 271 | 111 | 104 | 37 | 504 | 942 | 43 | 2 |

**샤샤** (Sasa Milaimovic) 크로아티아 1975.08.27

| 연도 | 소속 | 출장 | 교체 | 득점 | 도움 | 파울 | 슈팅 | 경고 | 퇴장 |
|---|---|---|---|---|---|---|---|---|---|
| 2000 | 포항 | 12 | 9 | 6 | 0 | 24 | 22 | 3 | 0 |
| 2001 | 포항 | 20 | 19 | 3 | 0 | 20 | 18 | 1 | 0 |
| 통산 | | 32 | 28 | 9 | 0 | 44 | 40 | 4 | 0 |

**샤흐트** (Dietmar Schacht) 독일 1960.04.06

| 연도 | 소속 | 출장 | 교체 | 득점 | 도움 | 파울 | 슈팅 | 경고 | 퇴장 |
|---|---|---|---|---|---|---|---|---|---|
| 1985 | 포철 | 7 | 0 | 2 | 0 | 5 | 14 | 1 | 0 |
| 통산 | | 7 | 0 | 2 | 0 | 5 | 14 | 1 | 0 |

**샴** (Same Nkwelle Corentin) 카메룬 1979.04.30

| 연도 | 소속 | 출장 | 교체 | 득점 | 도움 | 파울 | 슈팅 | 경고 | 퇴장 |
|---|---|---|---|---|---|---|---|---|---|
| 2002 | 대전 | 27 | 13 | 1 | 1 | 59 | 22 | 2 | 0 |
| 통산 | | 27 | 13 | 1 | 1 | 59 | 22 | 2 | 0 |

**서경조** (徐庚祚) 동아대 1969.09.28

| 연도 | 소속 | 출장 | 교체 | 득점 | 도움 | 파울 | 슈팅 | 경고 | 퇴장 |
|---|---|---|---|---|---|---|---|---|---|
| 1988 | 현대 | 2 | 2 | 0 | 0 | 0 | 0 | 0 | 0 |
| 통산 | | 2 | 2 | 0 | 0 | 0 | 0 | 0 | 0 |

**서관수** (徐冠秀) 단국대 1980.02.25

| 연도 | 소속 | 출장 | 교체 | 득점 | 도움 | 파울 | 슈팅 | 경고 | 퇴장 |
|---|---|---|---|---|---|---|---|---|---|
| 2003 | 성남 | 3 | 2 | 0 | 0 | 4 | 1 | 0 | 0 |
| 2005 | 성남 | 1 | 1 | 0 | 0 | 2 | 1 | 0 | 0 |
| 2006 | 대구 | 1 | 1 | 0 | 0 | 1 | 2 | 0 | 0 |
| 통산 | | 5 | 4 | 0 | 0 | 7 | 4 | 0 | 0 |

**서기복** (徐基復) 연세대 1979.01.28

| 연도 | 소속 | 출장 | 교체 | 득점 | 도움 | 파울 | 슈팅 | 경고 | 퇴장 |
|---|---|---|---|---|---|---|---|---|---|
| 2003 | 전북 | 17 | 17 | 0 | 3 | 11 | 9 | 1 | 0 |
| 2004 | 인천 | 19 | 17 | 0 | 3 | 26 | 12 | 4 | 0 |
| 2005 | 인천 | 13 | 10 | 1 | 1 | 11 | 6 | 4 | 0 |
| 2006 | 인천 | 17 | 17 | 1 | 0 | 24 | 9 | 1 | 0 |
| 2007 | 인천 | 9 | 8 | 0 | 0 | 17 | 6 | 2 | 0 |
| 통산 | | 75 | 69 | 2 | 7 | 89 | 42 | 12 | 0 |

**서덕규** (徐德圭) 숭실대 1978.10.22

| 연도 | 소속 | 출장 | 교체 | 득점 | 도움 | 파울 | 슈팅 | 경고 | 퇴장 |
|---|---|---|---|---|---|---|---|---|---|
| 2001 | 울산 | 32 | 2 | 0 | 0 | 48 | 12 | 5 | 0 |
| 2002 | 울산 | 29 | 6 | 0 | 0 | 44 | 0 | 5 | 0 |
| 2003 | 울산 | 8 | 4 | 0 | 0 | 9 | 0 | 0 | 0 |
| 2004 | 광주상 | 32 | 1 | 0 | 0 | 39 | 3 | 2 | 0 |
| 2005 | 광주상 | 16 | 5 | 0 | 0 | 19 | 2 | 3 | 0 |
| 2006 | 울산 | 15 | 5 | 0 | 0 | 19 | 3 | 0 | 0 |
| 2007 | 울산 | 18 | 10 | 0 | 0 | 19 | 0 | 1 | 0 |
| 2008 | 울산 | 7 | 4 | 0 | 0 | 2 | 0 | 2 | 0 |
| 통산 | | 153 | 40 | 0 | 0 | 199 | 17 | 18 | 0 |

**서동명** (徐東明) 울산대 1974.05.04

| 연도 | 소속 | 출장 | 교체 | 실점 | 도움 | 파울 | 슈팅 | 경고 | 퇴장 |
|---|---|---|---|---|---|---|---|---|---|
| 1996 | 울산 | 0 | 0 | 17 | 0 | 0 | 0 | 0 | 0 |
| 1997 | 울산 | 15 | 0 | 26 | 0 | 0 | 0 | 1 | 0 |
| 2000 | 전북 | 30 | 1 | 43 | 0 | 0 | 3 | 0 | 0 |
| 2001 | 전북 | 37 | 3 | 32 | 0 | 1 | 2 | 0 | 0 |
| 2002 | 울산 | 26 | 0 | 27 | 0 | 0 | 1 | 0 | 0 |
| 2003 | 울산 | 42 | 0 | 40 | 0 | 0 | 0 | 0 | 0 |
| 2004 | 울산 | 36 | 0 | 25 | 0 | 0 | 4 | 0 | 0 |
| 2006 | 울산 | 12 | 2 | 9 | 0 | 1 | 3 | 0 | 0 |
| 2007 | 부산 | 9 | 1 | 9 | 0 | 1 | 0 | 0 | 0 |
| 2008 | 부산 | 9 | 0 | 13 | 0 | 0 | 1 | 0 | 0 |
| 통산 | | 239 | 8 | 264 | 0 | 3 | 5 | 1 | 0 |

* 득점: 2000년 1 / 통산 1

**서동욱** (徐東煜) 대신고 1993.10.15

| 연도 | 소속 | 출장 | 교체 | 득점 | 도움 | 파울 | 슈팅 | 경고 | 퇴장 |
|---|---|---|---|---|---|---|---|---|---|
| 2013 | 부천 | 0 | 0 | 0 | 0 | 0 | 0 | 0 | 0 |
| 통산 | | 0 | 0 | 0 | 0 | 0 | 0 | 0 | 0 |

**서동원** (徐東元) 고려대 1973.12.12

| 연도 | 소속 | 출장 | 교체 | 득점 | 도움 | 파울 | 슈팅 | 경고 | 퇴장 |
|---|---|---|---|---|---|---|---|---|---|
| 1997 | 울산 | 20 | 19 | 2 | 0 | 31 | 16 | 1 | 0 |
| 1998 | 울산 | 1 | 1 | 0 | 0 | 0 | 0 | 0 | 0 |
| 1999 | 울산 | 1 | 1 | 0 | 0 | 2 | 0 | 0 | 0 |
| 통산 | | 22 | 21 | 2 | 0 | 33 | 19 | 1 | 0 |

**서동원** (徐東源) 연세대 1975.08.14

| 연도 | 소속 | 출장 | 교체 | 득점 | 도움 | 파울 | 슈팅 | 경고 | 퇴장 |
|---|---|---|---|---|---|---|---|---|---|
| 1998 | 대전 | 29 | 0 | 1 | 0 | 48 | 69 | 6 | 0 |
| 1999 | 대전 | 28 | 2 | 3 | 1 | 53 | 62 | 7 | 0 |
| 2000 | 대전 | 38 | 9 | 4 | 4 | 51 | 70 | 5 | 0 |
| 2001 | 수원 | 10 | 9 | 0 | 0 | 11 | 12 | 0 | 0 |
| 2001 | 전북 | 15 | 5 | 1 | 1 | 18 | 20 | 5 | 0 |
| 2002 | 전북 | 7 | 4 | 0 | 0 | 6 | 7 | 1 | 0 |
| 2003 | 광주상 | 19 | 9 | 0 | 0 | 22 | 28 | 2 | 0 |
| 2004 | 광주상 | 29 | 10 | 1 | 1 | 42 | 29 | 5 | 0 |
| 2005 | 인천 | 30 | 13 | 1 | 3 | 53 | 39 | 2 | 0 |
| 2006 | 인천 | 8 | 5 | 0 | 0 | 11 | 12 | 2 | 0 |
| 2006 | 성남 | 13 | 13 | 0 | 0 | 12 | 12 | 2 | 0 |
| 2007 | 성남 | 7 | 7 | 0 | 0 | 3 | 2 | 0 | 0 |
| 2008 | 부산 | 14 | 1 | 2 | 1 | 32 | 19 | 7 | 0 |
| 2009 | 부산 | 27 | 13 | 0 | 2 | 16 | 29 | 4 | 0 |
| 2010 | 부산 | 22 | 17 | 0 | 0 | 20 | 32 | 1 | 0 |
| 통산 | | 273 | 109 | 16 | 14 | 418 | 395 | 55 | 0 |

**서동현** (徐東鉉) 건국대 1985.06.05

| 연도 | 소속 | 출장 | 교체 | 득점 | 도움 | 파울 | 슈팅 | 경고 | 퇴장 |
|---|---|---|---|---|---|---|---|---|---|
| 2006 | 수원 | 26 | 18 | 2 | 2 | 51 | 27 | 1 | 0 |
| 2007 | 수원 | 12 | 7 | 4 | 1 | 21 | 19 | 2 | 0 |
| 2008 | 수원 | 35 | 22 | 13 | 2 | 50 | 64 | 2 | 0 |
| 2009 | 수원 | 15 | 11 | 0 | 1 | 30 | 13 | 2 | 0 |
| 2010 | 수원 | 12 | 8 | 2 | 0 | 21 | 16 | 4 | 0 |
| 2010 | 강원 | 13 | 9 | 5 | 0 | 30 | 21 | 4 | 0 |
| 2011 | 강원 | 28 | 15 | 4 | 1 | 29 | 50 | 6 | 0 |
| 2012 | 제주 | 43 | 20 | 12 | 3 | 49 | 71 | 5 | 0 |
| 2013 | 제주 | 24 | 13 | 6 | 2 | 32 | 27 | 5 | 0 |
| 2014 | 안산 | 30 | 19 | 7 | 2 | 50 | 42 | 8 | 0 |
| 통산 | | 238 | 142 | 54 | 18 | 363 | 349 | 42 | 0 |

**서명원** (徐明原) 신평고 1995.04.19

| 연도 | 소속 | 출장 | 교체 | 득점 | 도움 | 파울 | 슈팅 | 경고 | 퇴장 |
|---|---|---|---|---|---|---|---|---|---|
| 2014 | 대전 | 26 | 14 | 4 | 5 | 27 | 34 | 0 | 0 |
| 통산 | | 26 | 14 | 4 | 5 | 27 | 34 | 0 | 0 |

**서민국** (徐愍國) 인천대 1983.11.23

| 연도 | 소속 | 출장 | 교체 | 득점 | 도움 | 파울 | 슈팅 | 경고 | 퇴장 |
|---|---|---|---|---|---|---|---|---|---|
| 2006 | 인천 | 9 | 8 | 0 | 1 | 4 | 3 | 0 | 0 |
| 2007 | 인천 | 9 | 8 | 1 | 2 | 30 | 9 | 5 | 0 |
| 2008 | 인천 | 1 | 1 | 0 | 0 | 1 | 0 | 1 | 0 |
| 2009 | 광주상 | 5 | 4 | 0 | 0 | 7 | 2 | 1 | 0 |
| 2010 | 광주상 | 23 | 17 | 0 | 1 | 21 | 20 | 1 | 0 |
| 2010 | 인천 | 1 | 1 | 0 | 0 | 0 | 0 | 0 | 0 |
| 통산 | | 58 | 44 | 1 | 4 | 63 | 34 | 8 | 0 |

**서병환** (徐炳煥) 고려대 1984.06.01

| 연도 | 소속 | 출장 | 교체 | 득점 | 도움 | 파울 | 슈팅 | 경고 | 퇴장 |
|---|---|---|---|---|---|---|---|---|---|
| 2008 | 울산 | 2 | 2 | 0 | 0 | 1 | 0 | 1 | 0 |
| 통산 | | 2 | 2 | 0 | 0 | 1 | 0 | 1 | 0 |

**서보민** (徐寶珉) 관동대 1990.06.22

| 연도 | 소속 | 출장 | 교체 | 득점 | 도움 | 파울 | 슈팅 | 경고 | 퇴장 |
|---|---|---|---|---|---|---|---|---|---|
| 2014 | 강원 | 31 | 26 | 3 | 1 | 15 | 33 | 2 | 0 |
| 통산 | | 31 | 26 | 3 | 1 | 15 | 33 | 2 | 0 |

**서상민** (徐相民) 연세대 1986.07.25

| 연도 | 소속 | 출장 | 교체 | 득점 | 도움 | 파울 | 슈팅 | 경고 | 퇴장 |
|---|---|---|---|---|---|---|---|---|---|
| 2008 | 경남 | 32 | 11 | 5 | 0 | 78 | 38 | 10 | 0 |
| 2009 | 경남 | 18 | 14 | 1 | 1 | 26 | 38 | 1 | 0 |
| 2010 | 경남 | 32 | 26 | 4 | 2 | 60 | 35 | 5 | 0 |
| 2011 | 경남 | 21 | 12 | 2 | 2 | 32 | 17 | 2 | 1 |
| 2012 | 전북 | 22 | 11 | 4 | 5 | 49 | 18 | 4 | 0 |
| 2013 | 전북 | 25 | 19 | 3 | 1 | 38 | 34 | 7 | 0 |
| 2014 | 상주 | 24 | 9 | 2 | 1 | 35 | 24 | 6 | 0 |
| 통산 | | 180 | 111 | 21 | 12 | 331 | 188 | 36 | 2 |

**서석범** (徐錫範) 건국대 1960.09.12

| 연도 | 소속 | 출장 | 교체 | 득점 | 도움 | 파울 | 슈팅 | 경고 | 퇴장 |
|---|---|---|---|---|---|---|---|---|---|
| 1984 | 럭금 | 6 | 1 | 0 | 0 | 0 | 0 | 0 | 0 |
| 통산 | | 6 | 1 | 0 | 0 | 0 | 0 | 0 | 0 |

**서석원** (徐錫元) 류츠케이자이대 1985.05.19

| 연도 | 소속 | 출장 | 교체 | 득점 | 도움 | 파울 | 슈팅 | 경고 | 퇴장 |
|---|---|---|---|---|---|---|---|---|---|
| 2009 | 성남 | 3 | 3 | 0 | 0 | 2 | 1 | 0 | 0 |
| 통산 | | 3 | 3 | 0 | 0 | 2 | 1 | 0 | 0 |

**서승훈** (徐承勳) 중원대 1991.08.31

| 연도 | 소속 | 출장 | 교체 | 득점 | 도움 | 파울 | 슈팅 | 경고 | 퇴장 |
|---|---|---|---|---|---|---|---|---|---|
| 2014 | 대전 | 0 | 0 | 0 | 0 | 0 | 0 | 0 | 0 |
| 통산 | | 0 | 0 | 0 | 0 | 0 | 0 | 0 | 0 |

**서영덕** (徐營德) 고려대 1987.05.09

| 연도 | 소속 | 출장 | 교체 | 득점 | 도움 | 파울 | 슈팅 | 경고 | 퇴장 |
|---|---|---|---|---|---|---|---|---|---|
| 2010 | 경남 | 0 | 0 | 0 | 0 | 0 | 0 | 0 | 0 |
| 통산 | | 0 | 0 | 0 | 0 | 0 | 0 | 0 | 0 |

**서용덕** (徐庸德) 연세대 1989.09.10

| 연도 | 소속 | 출장 | 교체 | 득점 | 도움 | 파울 | 슈팅 | 경고 | 퇴장 |
|---|---|---|---|---|---|---|---|---|---|
| 2014 | 울산 | 13 | 12 | 1 | 0 | 14 | 9 | 0 | 0 |
| 통산 | | 13 | 12 | 1 | 0 | 14 | 9 | 0 | 0 |

**서정원** (徐正源) 고려대 1970.12.17

| 연도 | 소속 | 출장 | 교체 | 득점 | 도움 | 파울 | 슈팅 | 경고 | 퇴장 |
|---|---|---|---|---|---|---|---|---|---|
| 1992 | LG | 21 | 2 | 4 | 0 | 17 | 43 | 0 | 0 |
| 1993 | LG | 11 | 5 | 2 | 1 | 14 | 13 | 2 | 0 |
| 1994 | LG | 4 | 2 | 1 | 0 | 5 | 11 | 0 | 0 |
| 1995 | LG | 4 | 2 | 0 | 1 | 5 | 8 | 0 | 0 |
| 1996 | 안양 | 27 | 15 | 6 | 3 | 28 | 58 | 0 | 0 |
| 1997 | 안양 | 21 | 2 | 9 | 1 | 29 | 57 | 1 | 0 |
| 1999 | 수원 | 27 | 5 | 11 | 5 | 32 | 58 | 1 | 0 |
| 2000 | 수원 | 25 | 13 | 4 | 1 | 17 | 37 | 1 | 0 |
| 2001 | 수원 | 33 | 10 | 11 | 2 | 31 | 67 | 3 | 0 |
| 2002 | 수원 | 32 | 15 | 9 | 1 | 42 | 45 | 1 | 0 |
| 2003 | 수원 | 43 | 7 | 10 | 5 | 58 | 67 | 1 | 0 |
| 2004 | 수원 | 25 | 16 | 1 | 3 | 18 | 18 | 1 | 0 |
| 통산 | | 269 | 92 | 68 | 25 | 288 | 484 | 12 | 0 |

**서정진** (徐訂晉) 보인정보산업고 1989.09.06

| 연도 | 소속 | 출장 | 교체 | 득점 | 도움 | 파울 | 슈팅 | 경고 | 퇴장 |
|---|---|---|---|---|---|---|---|---|---|
| 2008 | 전북 | 22 | 15 | 1 | 2 | 30 | 12 | 7 | 0 |
| 2009 | 전북 | 13 | 13 | 1 | 1 | 17 | 16 | 1 | 0 |
| 2010 | 전북 | 17 | 12 | 0 | 0 | 17 | 14 | 2 | 0 |
| 2011 | 전북 | 9 | 8 | 1 | 2 | 7 | 6 | 0 | 0 |
| 2012 | 수원 | 39 | 21 | 3 | 6 | 58 | 33 | 9 | 0 |
| 2013 | 수원 | 35 | 12 | 6 | 5 | 39 | 43 | 4 | 0 |
| 2014 | 수원 | 35 | 12 | 6 | 4 | 27 | 22 | 1 | 0 |
| 통산 | | 166 | 102 | 15 | 20 | 195 | 146 | 24 | 0 |

**서지원** (徐志源) 천안농고 1967.09.15

| 연도 | 소속 | 출장 | 교체 | 득점 | 도움 | 파울 | 슈팅 | 경고 | 퇴장 |
|---|---|---|---|---|---|---|---|---|---|
| 1986 | 포철 | 1 | 2 | 0 | 0 | 1 | 0 | 0 | 0 |
| 통산 | | 1 | 2 | 0 | 0 | 1 | 0 | 0 | 0 |

**서진섭** (徐震燮) 울산대 1967.11.25

| 연도 | 소속 | 출장 | 교체 | 득점 | 도움 | 파울 | 슈팅 | 경고 | 퇴장 |
|---|---|---|---|---|---|---|---|---|---|
| 1990 | 현대 | 1 | 1 | 0 | 0 | 1 | 0 | 0 | 0 |
| 통산 | | 1 | 1 | 0 | 0 | 1 | 0 | 0 | 0 |

**서창호** (徐彰浩) 국민대 1960.03.16

| 연도 | 소속 | 출장 | 교체 | 득점 | 도움 | 파울 | 슈팅 | 경고 | 퇴장 |
|---|---|---|---|---|---|---|---|---|---|
| 1985 | 상무 | 2 | 2 | 0 | 0 | 3 | 0 | 0 | 0 |
| 통산 | | 2 | 2 | 0 | 0 | 3 | 0 | 0 | 0 |

**서혁수** (徐赫秀) 경희대 1973.10.01

| 연도 | 소속 | 출장 | 교체 | 득점 | 도움 | 파울 | 슈팅 | 경고 | 퇴장 |
|---|---|---|---|---|---|---|---|---|---|
| 1998 | 전북 | 26 | 4 | 1 | 0 | 29 | 12 | 5 | 0 |
| 1999 | 전북 | 34 | 0 | 5 | 8 | 91 | 47 | 5 | 0 |
| 2000 | 전북 | 32 | 2 | 6 | 7 | 44 | 42 | 2 | 0 |
| 2001 | 전북 | 31 | 4 | 0 | 7 | 73 | 35 | 3 | 0 |
| 2002 | 전북 | 31 | 9 | 2 | 4 | 68 | 26 | 4 | 0 |
| 2003 | 전북 | 31 | 9 | 2 | 4 | 68 | 26 | 4 | 0 |
| 2004 | 성남 | 26 | 4 | 0 | 2 | 46 | 18 | 7 | 0 |
| 통산 | | 216 | 24 | 7 | 23 | 469 | 196 | 30 | 0 |

**서효원** (徐孝源) 숭실대 1967.09.15

| 연도 | 소속 | 출장 | 교체 | 득점 | 도움 | 파울 | 슈팅 | 경고 | 퇴장 |
|---|---|---|---|---|---|---|---|---|---|
| 1994 | 포철 | 23 | 11 | 4 | 3 | 31 | 42 | 2 | 1 |
| 1995 | 포항 | 29 | 5 | 4 | 2 | 60 | 40 | 4 | 0 |
| 1996 | 포항 | 33 | 8 | 2 | 2 | 55 | 44 | 4 | 0 |
| 1997 | 포항 | 34 | 7 | 1 | 1 | 43 | 39 | 2 | 0 |
| 1998 | 포항 | 38 | 3 | 6 | 2 | 60 | 33 | 1 | 0 |
| 통산 | | 157 | 38 | 13 | 14 | 249 | 198 | 13 | 2 |

**석동우** (石東祐) 용인대 1990.05.27

| 연도 | 소속 | 출장 | 교체 | 득점 | 도움 | 파울 | 슈팅 | 경고 | 퇴장 |
|---|---|---|---|---|---|---|---|---|---|
| 2014 | 부천 | 17 | 6 | 1 | 0 | 21 | 6 | 2 | 0 |
| 통산 | | 17 | 6 | 1 | 0 | 21 | 6 | 2 | 0 |

**선명진** (宣明辰) 건국대 1986.12.15

| 연도 | 소속 | 출장 | 교체 | 득점 | 도움 | 파울 | 슈팅 | 경고 | 퇴장 |
|---|---|---|---|---|---|---|---|---|---|
| 2010 | 인천 | 2 | 1 | 0 | 0 | 0 | 0 | 0 | 0 |
| 통산 | | 2 | 1 | 0 | 0 | 0 | 0 | 0 | 0 |

**설기현** (薛琦鉉) 광운대 1979.01.08

| 연도 | 소속 | 출장 | 교체 | 득점 | 도움 | 파울 | 슈팅 | 경고 | 퇴장 |
|---|---|---|---|---|---|---|---|---|---|
| 2010 | 포항 | 16 | 7 | 3 | 4 | 38 | 32 | 0 | 0 |
| 2011 | 울산 | 41 | 16 | 7 | 10 | 80 | 51 | 8 | 0 |
| 2012 | 인천 | 40 | 14 | 7 | 3 | 113 | 75 | 4 | 0 |
| 2013 | 인천 | 26 | 19 | 4 | 4 | 88 | 41 | 2 | 0 |
| 2014 | 인천 | 1 | 1 | 0 | 0 | 0 | 0 | 0 | 0 |
| 통산 | | 130 | 60 | 25 | 20 | 337 | 203 | 14 | 0 |

**설익찬** (薛益贊) 학성고 1978.03.25

| 연도 | 소속 | 출장 | 교체 | 득점 | 도움 | 파울 | 슈팅 | 경고 | 퇴장 |
|---|---|---|---|---|---|---|---|---|---|
| 1996 | 수원 | 0 | 0 | 0 | 0 | 0 | 0 | 0 | 0 |
| 1999 | 수원 | 1 | 1 | 0 | 0 | 1 | 2 | 0 | 0 |
| 2000 | 수원 | 8 | 3 | 0 | 0 | 7 | 0 | 2 | 0 |

Section 3 · 1983~2014 통산경기기록

| | 통산 | 15 | 9 | 1 | 1 | 22 | 2 | 2 | 0 |
|---|---|---|---|---|---|---|---|---|---|

### 설정현 (薛廷賢) 단국대 1959.03.06

| 연도 | 소속 | 출장 | 교체 | 득점 | 도움 | 파울 | 슈팅 | 경고 | 퇴장 |
|---|---|---|---|---|---|---|---|---|---|
| 1984 | 한일은 | 26 | 1 | 2 | 0 | 17 | 9 | 0 | 0 |
| 1985 | 한일은 | 10 | 0 | 0 | 0 | 8 | 1 | 2 | 0 |
| 1986 | 한일은 | 14 | 3 | 0 | 0 | 16 | 6 | 0 | 0 |
| | 통산 | 50 | 4 | 2 | 0 | 41 | 16 | 2 | 0 |

### 성경모 (成京模) 동의대 1980.06.26

| 연도 | 소속 | 출장 | 교체 | 실점 | 도움 | 파울 | 슈팅 | 경고 | 퇴장 |
|---|---|---|---|---|---|---|---|---|---|
| 2003 | 전북 | 0 | 0 | 0 | 0 | 0 | 0 | 0 | 0 |
| 2004 | 전북 | 0 | 0 | 0 | 0 | 0 | 0 | 0 | 0 |
| 2005 | 인천 | 15 | 0 | 15 | 0 | 1 | 0 | 1 | 0 |
| 2006 | 인천 | 25 | 0 | 30 | 0 | 0 | 0 | 0 | 0 |
| 2007 | 인천 | 0 | 0 | 0 | 0 | 0 | 0 | 0 | 0 |
| 2008 | 인천 | 12 | 0 | 16 | 0 | 0 | 0 | 0 | 0 |
| 2009 | 인천 | 2 | 0 | 2 | 0 | 0 | 0 | 0 | 0 |
| 2010 | 인천 | 1 | 0 | 1 | 0 | 0 | 0 | 0 | 0 |
| 2011 | 광주 | 4 | 0 | 11 | 0 | 0 | 1 | 0 | 0 |
| | 통산 | 59 | 0 | 76 | 0 | 1 | 1 | 1 | 0 |

### 성경일 (成京一) 건국대 1983.03.01

| 연도 | 소속 | 출장 | 교체 | 실점 | 도움 | 파울 | 슈팅 | 경고 | 퇴장 |
|---|---|---|---|---|---|---|---|---|---|
| 2005 | 전북 | 0 | 0 | 0 | 0 | 0 | 0 | 0 | 0 |
| 2006 | 전북 | 8 | 1 | 10 | 0 | 0 | 0 | 1 | 0 |
| 2007 | 전북 | 10 | 1 | 13 | 0 | 0 | 0 | 0 | 0 |
| 2008 | 경남 | 1 | 0 | 4 | 0 | 0 | 0 | 0 | 0 |
| 2009 | 광주상 | 2 | 0 | 6 | 0 | 1 | 0 | 1 | 0 |
| 2010 | 광주상 | 6 | 0 | 6 | 0 | 1 | 0 | 1 | 0 |
| | 통산 | 29 | 2 | 41 | 0 | 3 | 0 | 4 | 1 |

### 성원종 (成元鍾) 경상대 1970.09.27

| 연도 | 소속 | 출장 | 교체 | 실점 | 도움 | 파울 | 슈팅 | 경고 | 퇴장 |
|---|---|---|---|---|---|---|---|---|---|
| 1992 | 대우 | 15 | 1 | 20 | 0 | 1 | 0 | 1 | 0 |
| 1994 | 버팔로 | 25 | 3 | 48 | 0 | 2 | 0 | 3 | 1 |
| 1995 | 전북 | 16 | 1 | 22 | 0 | 2 | 0 | 2 | 0 |
| 1996 | 전북 | 14 | 1 | 23 | 0 | 2 | 0 | 2 | 0 |
| 1997 | 전북 | 17 | 0 | 31 | 0 | 1 | 1 | 1 | 0 |
| 1998 | 부산 | 5 | 1 | 4 | 0 | 0 | 0 | 0 | 0 |
| 1999 | 대전 | 2 | 1 | 6 | 0 | 0 | 0 | 1 | 0 |
| 2000 | 대전 | 2 | 0 | 3 | 0 | 1 | 0 | 1 | 0 |
| | 통산 | 96 | 7 | 157 | 0 | 10 | 0 | 11 | 1 |

### 성은준 (成股準) 호남대 1970.08.20

| 연도 | 소속 | 출장 | 교체 | 득점 | 도움 | 파울 | 슈팅 | 경고 | 퇴장 |
|---|---|---|---|---|---|---|---|---|---|
| 1994 | 버팔로 | 16 | 7 | 0 | 0 | 4 | 0 | 1 | 0 |
| | 통산 | 16 | 7 | 0 | 0 | 4 | 0 | 1 | 0 |

### 성종현 (成宗鉉) 울산대 1979.04.02

| 연도 | 소속 | 출장 | 교체 | 득점 | 도움 | 파울 | 슈팅 | 경고 | 퇴장 |
|---|---|---|---|---|---|---|---|---|---|
| 2004 | 전북 | 3 | 1 | 0 | 0 | 4 | 1 | 0 | 0 |
| 2005 | 전북 | 13 | 2 | 0 | 1 | 31 | 11 | 3 | 0 |
| 2006 | 전북 | 0 | 0 | 0 | 0 | 0 | 0 | 0 | 0 |
| 2007 | 광주상 | 0 | 0 | 0 | 0 | 2 | 2 | 0 | 0 |
| 2008 | 전북 | 7 | 2 | 1 | 1 | 15 | 3 | 1 | 0 |
| 2009 | 전북 | 5 | 2 | 0 | 0 | 8 | 0 | 0 | 0 |
| 2010 | 전북 | 15 | 2 | 0 | 1 | 15 | 5 | 1 | 0 |
| | 통산 | 43 | 12 | 1 | 3 | 75 | 22 | 8 | 0 |

### 성한수 (成漢洙) 연세대 1976.03.10

| 연도 | 소속 | 출장 | 교체 | 득점 | 도움 | 파울 | 슈팅 | 경고 | 퇴장 |
|---|---|---|---|---|---|---|---|---|---|
| 1999 | 대전 | 14 | 7 | 4 | 2 | 16 | 30 | 2 | 0 |
| 2000 | 대전 | 13 | 11 | 2 | 0 | 13 | 15 | 1 | 0 |
| 2001 | 대전 | 12 | 12 | 0 | 0 | 10 | 10 | 1 | 0 |
| 2002 | 전남 | 9 | 9 | 0 | 1 | 9 | 11 | 0 | 0 |
| 2003 | 전남 | 6 | 6 | 0 | 1 | 4 | 1 | 0 | 0 |
| 2004 | 전남 | 7 | 7 | 0 | 0 | 6 | 6 | 0 | 0 |
| | 통산 | 61 | 52 | 6 | 4 | 58 | 73 | 4 | 0 |

### 세르게이 (Sergey Burdin) 러시아 1970.03.02

| 연도 | 소속 | 출장 | 교체 | 득점 | 도움 | 파울 | 슈팅 | 경고 | 퇴장 |
|---|---|---|---|---|---|---|---|---|---|
| 1996 | 부천 | 36 | 12 | 22 | 5 | 47 | 98 | 9 | 0 |
| 1997 | 부천 | 27 | 8 | 6 | 1 | 37 | 76 | 7 | 0 |
| 1999 | 천안 | 33 | 22 | 7 | 4 | 58 | 68 | 6 | 0 |
| 2000 | 성남 | 0 | 0 | 0 | 0 | 0 | 0 | 0 | 0 |
| | 통산 | 96 | 42 | 35 | 10 | 142 | 242 | 22 | 0 |

### 세르지오 (Sergio Luis Cogo) 브라질 1960.09.28

| 연도 | 소속 | 출장 | 교체 | 득점 | 도움 | 파울 | 슈팅 | 경고 | 퇴장 |
|---|---|---|---|---|---|---|---|---|---|
| 1983 | 포항 | 2 | 2 | 0 | 0 | 0 | 0 | 0 | 0 |
| | 통산 | 2 | 2 | 0 | 0 | 0 | 0 | 0 | 0 |

### 세르지오 (Sergio Ricardo dos Santos Vieira) 브라질 1975.05.

| 연도 | 소속 | 출장 | 교체 | 득점 | 도움 | 파울 | 슈팅 | 경고 | 퇴장 |
|---|---|---|---|---|---|---|---|---|---|
| 2001 | 안양 | 13 | 13 | 2 | 0 | 15 | 18 | 1 | 0 |
| | 통산 | 13 | 13 | 2 | 0 | 15 | 18 | 1 | 0 |

### 세바스티안 (Cimirotic Sebastjan) 슬로베니아 1974.09.14

| 연도 | 소속 | 출장 | 교체 | 득점 | 도움 | 파울 | 슈팅 | 경고 | 퇴장 |
|---|---|---|---|---|---|---|---|---|---|
| 2005 | 인천 | 3 | 3 | 1 | 0 | 3 | 3 | 0 | 0 |
| | 통산 | 3 | 3 | 1 | 0 | 3 | 3 | 0 | 0 |

### 세베로 브라질

| 연도 | 소속 | 출장 | 교체 | 득점 | 도움 | 파울 | 슈팅 | 경고 | 퇴장 |
|---|---|---|---|---|---|---|---|---|---|
| 1995 | 현대 | 18 | 9 | 4 | 4 | 43 | 40 | 6 | 0 |
| | 통산 | 18 | 9 | 4 | 4 | 43 | 40 | 6 | 0 |

### 세이트 (Seyit Cem Unsal) 터키 1975.10.09

| 연도 | 소속 | 출장 | 교체 | 득점 | 도움 | 파울 | 슈팅 | 경고 | 퇴장 |
|---|---|---|---|---|---|---|---|---|---|
| 1997 | 안양 | 3 | 2 | 0 | 1 | 3 | 3 | 0 | 0 |
| 1998 | 안양 | 6 | 5 | 0 | 0 | 5 | 11 | 0 | 0 |
| | 통산 | 9 | 7 | 0 | 1 | 8 | 14 | 0 | 0 |

### 세자르 브라질 1959.02.21

| 연도 | 소속 | 출장 | 교체 | 득점 | 도움 | 파울 | 슈팅 | 경고 | 퇴장 |
|---|---|---|---|---|---|---|---|---|---|
| 1984 | 포철 | 12 | 6 | 1 | 0 | 20 | 12 | 2 | 0 |
| | 통산 | 12 | 6 | 1 | 0 | 20 | 12 | 2 | 0 |

### 세자르 (Cezar da Costa Oliveira) 브라질 1973.12.09

| 연도 | 소속 | 출장 | 교체 | 득점 | 도움 | 파울 | 슈팅 | 경고 | 퇴장 |
|---|---|---|---|---|---|---|---|---|---|
| 1999 | 전남 | 39 | 13 | 9 | 2 | 82 | 92 | 2 | 0 |
| 2000 | 전남 | 39 | 13 | 11 | 0 | 77 | 91 | 2 | 0 |
| 2001 | 전남 | 32 | 14 | 4 | 7 | 57 | 86 | 2 | 0 |
| 2002 | 전남 | 6 | 4 | 0 | 0 | 7 | 4 | 0 | 0 |
| | 통산 | 108 | 40 | 36 | 6 | 225 | 276 | 7 | 0 |

### 세자르 (Paulo Cesar de Souza) 브라질 1979.02.16

| 연도 | 소속 | 출장 | 교체 | 득점 | 도움 | 파울 | 슈팅 | 경고 | 퇴장 |
|---|---|---|---|---|---|---|---|---|---|
| 2005 | 전북 | 12 | 11 | 0 | 5 | 30 | 17 | 2 | 0 |
| | 통산 | 12 | 11 | 0 | 5 | 30 | 17 | 2 | 0 |

### 세지오 (Sergio Guimaraes da Silva Junior) 브라질 1979.02.19

| 연도 | 소속 | 출장 | 교체 | 득점 | 도움 | 파울 | 슈팅 | 경고 | 퇴장 |
|---|---|---|---|---|---|---|---|---|---|
| 2005 | 부천 | 11 | 6 | 2 | 3 | 18 | 23 | 1 | 0 |
| | 통산 | 11 | 6 | 2 | 3 | 18 | 23 | 1 | 0 |

### 셀린 (Alessandro Padovani Celin) 브라질 1989.09.11

| 연도 | 소속 | 출장 | 교체 | 득점 | 도움 | 파울 | 슈팅 | 경고 | 퇴장 |
|---|---|---|---|---|---|---|---|---|---|
| 2011 | 광주 | 1 | 1 | 0 | 0 | 1 | 0 | 0 | 0 |
| | 통산 | 1 | 1 | 0 | 0 | 1 | 0 | 0 | 0 |

### 셀미르 (Selmir dos Santos Bezerra) 브라질 1979.08.23

| 연도 | 소속 | 출장 | 교체 | 득점 | 도움 | 파울 | 슈팅 | 경고 | 퇴장 |
|---|---|---|---|---|---|---|---|---|---|
| 2005 | 인천 | 31 | 17 | 9 | 6 | 84 | 64 | 3 | 0 |
| 2006 | 인천 | 13 | 4 | 5 | 0 | 34 | 26 | 2 | 0 |
| 2006 | 대구 | 11 | 1 | 5 | 1 | 29 | 38 | 0 | 0 |
| 2007 | 대구 | 11 | 3 | 0 | 2 | 21 | 16 | 2 | 0 |
| 2008 | 대전 | 12 | 8 | 4 | 1 | 25 | 33 | 1 | 0 |
| | 통산 | 88 | 49 | 26 | 8 | 193 | 177 | 8 | 0 |

### 소광호 (蘇光鎬) 한양대 1961.03.27

| 연도 | 소속 | 출장 | 교체 | 득점 | 도움 | 파울 | 슈팅 | 경고 | 퇴장 |
|---|---|---|---|---|---|---|---|---|---|
| 1984 | 럭금 | 13 | 7 | 0 | 2 | 10 | 12 | 0 | 0 |
| 1985 | 상무 | 20 | 2 | 0 | 3 | 22 | 41 | 1 | 0 |
| | 통산 | 33 | 9 | 0 | 5 | 27 | 64 | 1 | 0 |

### 소말리아 (Waderson de Paula Sabino) 브라질 1977.06.22

| 연도 | 소속 | 출장 | 교체 | 득점 | 도움 | 파울 | 슈팅 | 경고 | 퇴장 |
|---|---|---|---|---|---|---|---|---|---|
| 2006 | 부산 | 22 | 12 | 9 | 6 | 56 | 31 | 3 | 1 |
| | 통산 | 22 | 12 | 9 | 6 | 56 | 31 | 3 | 1 |

### 소우자 (Jose Augusto Freitas Sousa) 브라질 1978.08.02

| 연도 | 소속 | 출장 | 교체 | 득점 | 도움 | 파울 | 슈팅 | 경고 | 퇴장 |
|---|---|---|---|---|---|---|---|---|---|
| 2008 | 부산 | 3 | 3 | 0 | 0 | 0 | 1 | 0 | 0 |
| | 통산 | 3 | 3 | 0 | 0 | 0 | 1 | 0 | 0 |

### 소콜 (Cikalleshi Sokol) 알바니아 1990.07.27

| 연도 | 소속 | 출장 | 교체 | 득점 | 도움 | 파울 | 슈팅 | 경고 | 퇴장 |
|---|---|---|---|---|---|---|---|---|---|
| 2012 | 인천 | 6 | 6 | 0 | 0 | 8 | 0 | 0 | 0 |
| | 통산 | 6 | 6 | 0 | 0 | 8 | 0 | 0 | 0 |

### 손국회 (孫國會) 초당대 1987.05.15

| 연도 | 소속 | 출장 | 교체 | 득점 | 도움 | 파울 | 슈팅 | 경고 | 퇴장 |
|---|---|---|---|---|---|---|---|---|---|
| 2013 | 충주 | 18 | 2 | 1 | 0 | 19 | 8 | 0 | 0 |
| | 통산 | 18 | 2 | 1 | 0 | 19 | 8 | 0 | 0 |

### 손대원 (孫大源) 강원대 1975.02.10

| 연도 | 소속 | 출장 | 교체 | 득점 | 도움 | 파울 | 슈팅 | 경고 | 퇴장 |
|---|---|---|---|---|---|---|---|---|---|
| 1997 | 울산 | 4 | 3 | 0 | 0 | 3 | 0 | 0 | 0 |
| 1999 | 울산 | 2 | 2 | 0 | 0 | 1 | 0 | 0 | 0 |
| 2000 | 울산 | 24 | 3 | 1 | 2 | 24 | 4 | 4 | 0 |
| 2001 | 울산 | 2 | 2 | 0 | 0 | 3 | 0 | 1 | 0 |
| | 통산 | 32 | 10 | 1 | 2 | 29 | 4 | 4 | 0 |

### 손대호 (孫大鎬) 명지대 1981.09.11

| 연도 | 소속 | 출장 | 교체 | 득점 | 도움 | 파울 | 슈팅 | 경고 | 퇴장 |
|---|---|---|---|---|---|---|---|---|---|
| 2002 | 수원 | 14 | 4 | 0 | 0 | 28 | 10 | 3 | 0 |
| 2003 | 수원 | 8 | 7 | 1 | 0 | 13 | 3 | 2 | 0 |
| 2004 | 수원 | 20 | 2 | 0 | 1 | 54 | 11 | 4 | 0 |
| 2005 | 전남 | 6 | 5 | 0 | 0 | 17 | 4 | 1 | 0 |
| 2005 | 성남 | 6 | 1 | 0 | 1 | 14 | 1 | 1 | 0 |
| 2006 | 성남 | 26 | 6 | 0 | 0 | 29 | 6 | 4 | 0 |
| 2007 | 성남 | 26 | 12 | 1 | 1 | 71 | 18 | 7 | 0 |
| 2008 | 성남 | 29 | 12 | 1 | 1 | 83 | 22 | 5 | 0 |
| 2009 | 인천 | 10 | 5 | 0 | 0 | 15 | 2 | 2 | 1 |
| 2012 | 인천 | 22 | 20 | 0 | 0 | 11 | 4 | 4 | 0 |
| 2013 | 인천 | 22 | 20 | 0 | 0 | 11 | 4 | 4 | 0 |
| | 통산 | 174 | 95 | 5 | 5 | 353 | 84 | 35 | 1 |

### 손상호 (孫祥虎) 울산대 1974.05.04

| 연도 | 소속 | 출장 | 교체 | 득점 | 도움 | 파울 | 슈팅 | 경고 | 퇴장 |
|---|---|---|---|---|---|---|---|---|---|
| 1997 | 울산 | 3 | 3 | 0 | 0 | 1 | 2 | 0 | 0 |
| 2001 | 울산 | 5 | 1 | 0 | 0 | 10 | 0 | 0 | 1 |
| 2002 | 울산 | 12 | 1 | 0 | 0 | 20 | 11 | 3 | 0 |
| | 통산 | 20 | 10 | 0 | 0 | 31 | 13 | 2 | 1 |

### 손설민 (孫雪旼) 관동대 1990.04.26

| 연도 | 소속 | 출장 | 교체 | 득점 | 도움 | 파울 | 슈팅 | 경고 | 퇴장 |
|---|---|---|---|---|---|---|---|---|---|
| 2012 | 전남 | 15 | 13 | 2 | 1 | 17 | 10 | 2 | 0 |
| | 통산 | 15 | 13 | 2 | 1 | 17 | 10 | 2 | 0 |

### 손승준 (孫昇準) 통진종고 1982.05.16

| 연도 | 소속 | 출장 | 교체 | 득점 | 도움 | 파울 | 슈팅 | 경고 | 퇴장 |
|---|---|---|---|---|---|---|---|---|---|
| 2001 | 수원 | 9 | 8 | 0 | 0 | 9 | 3 | 2 | 0 |
| 2002 | 수원 | 17 | 6 | 0 | 2 | 41 | 3 | 1 | 0 |
| 2003 | 수원 | 2 | 1 | 0 | 0 | 6 | 1 | 0 | 0 |
| 2005 | 광주상 | 19 | 2 | 1 | 2 | 52 | 8 | 6 | 0 |
| 2007 | 수원 | 2 | 0 | 0 | 0 | 14 | 0 | 0 | 0 |
| 2008 | 수원 | 5 | 1 | 0 | 0 | 6 | 1 | 0 | 0 |
| 2009 | 전북 | 9 | 0 | 0 | 0 | 37 | 1 | 7 | 1 |
| 2010 | 전북 | 22 | 11 | 0 | 0 | 70 | 17 | 10 | 0 |
| 2011 | 전북 | 27 | 0 | 0 | 0 | 26 | 3 | 6 | 0 |
| | 통산 | 112 | 47 | 4 | 4 | 296 | 32 | 39 | 1 |

### 손시헌 (孫時憲) 숭실대 1992.09.18

| 연도 | 소속 | 출장 | 교체 | 득점 | 도움 | 파울 | 슈팅 | 경고 | 퇴장 |
|---|---|---|---|---|---|---|---|---|---|
| 2013 | 수원FC | 3 | 3 | 0 | 0 | 4 | 0 | 0 | 0 |
| 2014 | 수원FC | 0 | 0 | 0 | 0 | 0 | 0 | 0 | 0 |
| | 통산 | 6 | 3 | 0 | 0 | 4 | 0 | 0 | 0 |

### 손웅정 (孫雄政) 명지대 1966.06.16

| 연도 | 소속 | 출장 | 교체 | 득점 | 도움 | 파울 | 슈팅 | 경고 | 퇴장 |
|---|---|---|---|---|---|---|---|---|---|

| 연도 | 소속 | 출장 | 교체 | 득점 | 도움 | 파울 | 슈팅 | 경고 | 퇴장 |
|---|---|---|---|---|---|---|---|---|---|
| 1985 | 상무 | 7 | 5 | 0 | 0 | 5 | 4 | 1 | 0 |
| 1987 | 현대 | 16 | 14 | 5 | 0 | 11 | 26 | 1 | 0 |
| 1988 | 현대 | 4 | 4 | 0 | 0 | 2 | 4 | 1 | 0 |
| 1989 | 일화 | 10 | 11 | 2 | 0 | 10 | 8 | 0 | 0 |
| 통산 | | 37 | 34 | 7 | 0 | 28 | 42 | 3 | 0 |

**손일표** (孫一杓) 선문대 1981.03.29

| 연도 | 소속 | 출장 | 교체 | 득점 | 도움 | 파울 | 슈팅 | 경고 | 퇴장 |
|---|---|---|---|---|---|---|---|---|---|
| 2004 | 대구 | 0 | 0 | 0 | 0 | 0 | 0 | 0 | 0 |
| 통산 | | 0 | 0 | 0 | 0 | 0 | 0 | 0 | 0 |

**손재영** (孫材榮) 숭실대 1991.09.09

| 연도 | 소속 | 출장 | 교체 | 득점 | 도움 | 파울 | 슈팅 | 경고 | 퇴장 |
|---|---|---|---|---|---|---|---|---|---|
| 2014 | 울산 | 0 | 0 | 0 | 0 | 0 | 0 | 0 | 0 |
| 통산 | | 0 | 0 | 0 | 0 | 0 | 0 | 0 | 0 |

**손정탁** (孫禎鐸) 울산대 1976.05.31

| 연도 | 소속 | 출장 | 교체 | 득점 | 도움 | 파울 | 슈팅 | 경고 | 퇴장 |
|---|---|---|---|---|---|---|---|---|---|
| 1999 | 울산 | 16 | 16 | 2 | 2 | 14 | 10 | 0 | 0 |
| 2000 | 울산 | 18 | 17 | 2 | 2 | 16 | 17 | 0 | 0 |
| 2001 | 울산 | 1 | 1 | 0 | 0 | 4 | 1 | 0 | 0 |
| 2003 | 광주상 | 34 | 25 | 4 | 1 | 49 | 36 | 3 | 0 |
| 2004 | 전북 | 15 | 12 | 1 | 1 | 24 | 25 | 1 | 0 |
| 2005 | 전북 | 12 | 7 | 1 | 1 | 18 | 16 | 2 | 0 |
| 2005 | 수원 | 4 | 4 | 0 | 0 | 4 | 1 | 0 | 0 |
| 2006 | 수원 | 6 | 6 | 1 | 0 | 4 | 4 | 1 | 0 |
| 통산 | | 106 | 88 | 11 | 7 | 133 | 110 | 7 | 0 |

**손정현** (孫政玄) 광주대 1991.11.25

| 연도 | 소속 | 출장 | 교체 | 득점 | 도움 | 파울 | 슈팅 | 경고 | 퇴장 |
|---|---|---|---|---|---|---|---|---|---|
| 2014 | 경남 | 7 | 0 | 0 | 0 | 1 | 0 | 1 | 0 |
| 통산 | | 7 | 0 | 0 | 0 | 1 | 0 | 1 | 0 |

**손종석** (孫宗錫) 서울시립대 1954.03.10

| 연도 | 소속 | 출장 | 교체 | 득점 | 도움 | 파울 | 슈팅 | 경고 | 퇴장 |
|---|---|---|---|---|---|---|---|---|---|
| 1984 | 현대 | 3 | 3 | 0 | 0 | 0 | 0 | 0 | 0 |
| 통산 | | 3 | 3 | 0 | 0 | 0 | 0 | 0 | 0 |

**손종찬** (孫宗贊) 아주대 1966.11.01

| 연도 | 소속 | 출장 | 교체 | 득점 | 도움 | 파울 | 슈팅 | 경고 | 퇴장 |
|---|---|---|---|---|---|---|---|---|---|
| 1989 | 대우 | 6 | 4 | 0 | 0 | 4 | 6 | 0 | 0 |
| 1990 | 유공 | 3 | 3 | 0 | 0 | 1 | 0 | 0 | 0 |
| 1991 | 유공 | 5 | 8 | 0 | 1 | 10 | 4 | 1 | 0 |
| 1992 | 유공 | 29 | 17 | 0 | 0 | 28 | 4 | 1 | 0 |
| 1993 | 유공 | 22 | 20 | 0 | 1 | 8 | 6 | 1 | 0 |
| 1994 | 유공 | 23 | 15 | 0 | 1 | 14 | 4 | 2 | 0 |
| 1995 | 유공 | 10 | 7 | 0 | 1 | 11 | 4 | 1 | 0 |
| 통산 | | 108 | 74 | 0 | 3 | 76 | 23 | 7 | 0 |

**손준호** (孫準浩) 영남대 1992.05.12

| 연도 | 소속 | 출장 | 교체 | 득점 | 도움 | 파울 | 슈팅 | 경고 | 퇴장 |
|---|---|---|---|---|---|---|---|---|---|
| 2014 | 포항 | 25 | 4 | 1 | 2 | 66 | 18 | 8 | 0 |
| 통산 | | 25 | 4 | 1 | 2 | 66 | 18 | 8 | 0 |

**손창후** (孫昌厚) 우신고 1957.02.05

| 연도 | 소속 | 출장 | 교체 | 득점 | 도움 | 파울 | 슈팅 | 경고 | 퇴장 |
|---|---|---|---|---|---|---|---|---|---|
| 1983 | 할렐 | 10 | 4 | 0 | 1 | 1 | 4 | 0 | 0 |
| 통산 | | 10 | 4 | 0 | 1 | 1 | 4 | 0 | 0 |

**손현준** (孫鉉俊) 동아대 1972.03.20

| 연도 | 소속 | 출장 | 교체 | 득점 | 도움 | 파울 | 슈팅 | 경고 | 퇴장 |
|---|---|---|---|---|---|---|---|---|---|
| 1995 | LG | 20 | 6 | 1 | 0 | 57 | 8 | 7 | 0 |
| 1996 | 안양 | 37 | 3 | 0 | 0 | 66 | 2 | 4 | 0 |
| 1997 | 안양 | 22 | 8 | 0 | 0 | 32 | 5 | 3 | 0 |
| 1998 | 안양 | 17 | 12 | 0 | 0 | 28 | 3 | 1 | 0 |
| 1999 | 부산 | 18 | 8 | 0 | 0 | 29 | 1 | 4 | 0 |
| 2000 | 안양 | 20 | 15 | 0 | 0 | 37 | 2 | 8 | 0 |
| 2001 | 안양 | 16 | 8 | 0 | 0 | 33 | 3 | 1 | 0 |
| 2002 | 안양 | 25 | 6 | 0 | 0 | 43 | 3 | 0 | 0 |
| 통산 | | 170 | 66 | 1 | 0 | 325 | 27 | 29 | 0 |

**손형선** (孫炯先) 광운대 1964.02.22

| 연도 | 소속 | 출장 | 교체 | 득점 | 도움 | 파울 | 슈팅 | 경고 | 퇴장 |
|---|---|---|---|---|---|---|---|---|---|
| 1986 | 대우 | 27 | 2 | 1 | 0 | 36 | 9 | 2 | 0 |
| 1987 | 대우 | 24 | 2 | 1 | 0 | 44 | 10 | 2 | 0 |
| 1988 | 대우 | 23 | 4 | 3 | 1 | 33 | 11 | 1 | 0 |
| 1989 | 대우 | 34 | 3 | 1 | 0 | 62 | 16 | 2 | 0 |
| 1990 | 포철 | 23 | 1 | 1 | 4 | 44 | 15 | 1 | 0 |
| 1991 | 포철 | 21 | 9 | 0 | 0 | 42 | 9 | 3 | 0 |
| 1992 | LG | 20 | 1 | 1 | 0 | 38 | 9 | 6 | 0 |
| 1993 | LG | 10 | 3 | 0 | 0 | 20 | 2 | 1 | 0 |
| 통산 | | 182 | 25 | 8 | 6 | 319 | 81 | 18 | 0 |

**손형준** (孫亨準) 진주고 1995.01.13

| 연도 | 소속 | 출장 | 교체 | 득점 | 도움 | 파울 | 슈팅 | 경고 | 퇴장 |
|---|---|---|---|---|---|---|---|---|---|
| 2013 | 경남 | 0 | 0 | 0 | 0 | 0 | 0 | 0 | 0 |
| 통산 | | 0 | 0 | 0 | 0 | 0 | 0 | 0 | 0 |

**솔로** (Andrei Solomatin) 러시아 1975.09.09

| 연도 | 소속 | 출장 | 교체 | 득점 | 도움 | 파울 | 슈팅 | 경고 | 퇴장 |
|---|---|---|---|---|---|---|---|---|---|
| 2004 | 성남 | 4 | 4 | 0 | 0 | 2 | 2 | 0 | 0 |
| 통산 | | 4 | 4 | 0 | 0 | 2 | 2 | 0 | 0 |

**솔로비** 러시아 1968.12.23

| 연도 | 소속 | 출장 | 교체 | 득점 | 도움 | 파울 | 슈팅 | 경고 | 퇴장 |
|---|---|---|---|---|---|---|---|---|---|
| 1992 | 일화 | 6 | 6 | 0 | 0 | 4 | 3 | 0 | 0 |
| 통산 | | 6 | 6 | 0 | 0 | 4 | 3 | 0 | 0 |

**송경섭** (宋京燮) 단국대 1971.02.25

| 연도 | 소속 | 출장 | 교체 | 득점 | 도움 | 파울 | 슈팅 | 경고 | 퇴장 |
|---|---|---|---|---|---|---|---|---|---|
| 1996 | 수원 | 2 | 2 | 0 | 0 | 2 | 0 | 0 | 0 |
| 통산 | | 2 | 2 | 0 | 0 | 2 | 0 | 0 | 0 |

**송광환** (宋光煥) 연세대 1966.02.01

| 연도 | 소속 | 출장 | 교체 | 득점 | 도움 | 파울 | 슈팅 | 경고 | 퇴장 |
|---|---|---|---|---|---|---|---|---|---|
| 1989 | 대우 | 31 | 18 | 1 | 2 | 30 | 14 | 0 | 0 |
| 1990 | 대우 | 25 | 5 | 1 | 0 | 27 | 3 | 0 | 0 |
| 1991 | 대우 | 17 | 3 | 0 | 1 | 30 | 1 | 2 | 0 |
| 1992 | 대우 | 14 | 4 | 0 | 2 | 17 | 3 | 0 | 0 |
| 1993 | 대우 | 14 | 4 | 0 | 0 | 21 | 7 | 1 | 0 |
| 1994 | 전남 | 34 | 2 | 0 | 2 | 43 | 10 | 3 | 0 |
| 1995 | 전남 | 24 | 2 | 0 | 0 | 43 | 10 | 3 | 0 |
| 1996 | 전남 | 32 | 8 | 0 | 1 | 43 | 8 | 3 | 0 |
| 1997 | 전남 | 32 | 8 | 0 | 3 | 53 | 8 | 2 | 0 |
| 1998 | 전남 | 26 | 12 | 0 | 1 | 41 | 4 | 1 | 0 |
| 통산 | | 226 | 63 | 1 | 11 | 320 | 54 | 20 | 0 |

**송근수** (宋根琇) 창원기계공고 1984.05.06

| 연도 | 소속 | 출장 | 교체 | 득점 | 도움 | 파울 | 슈팅 | 경고 | 퇴장 |
|---|---|---|---|---|---|---|---|---|---|
| 2005 | 부산 | 2 | 2 | 0 | 0 | 1 | 0 | 0 | 0 |
| 2006 | 광주상 | 0 | 0 | 0 | 0 | 0 | 0 | 0 | 0 |
| 2008 | 경남 | 2 | 2 | 0 | 0 | 2 | 3 | 0 | 0 |
| 통산 | | 4 | 4 | 0 | 0 | 3 | 3 | 0 | 0 |

**송덕균** (宋德均) 홍익대 1970.03.13

| 연도 | 소속 | 출장 | 교체 | 실점 | 도움 | 파울 | 슈팅 | 경고 | 퇴장 |
|---|---|---|---|---|---|---|---|---|---|
| 1995 | 전북 | 10 | 1 | 15 | 0 | 1 | 0 | 1 | 0 |
| 1999 | 전북 | 0 | 0 | 0 | 0 | 0 | 0 | 0 | 0 |
| 통산 | | 10 | 1 | 15 | 0 | 1 | 0 | 1 | 0 |

**송동진** (宋東晉) 포철공고 1984.05.12

| 연도 | 소속 | 출장 | 교체 | 실점 | 도움 | 파울 | 슈팅 | 경고 | 퇴장 |
|---|---|---|---|---|---|---|---|---|---|
| 2008 | 포항 | 0 | 0 | 0 | 0 | 0 | 0 | 0 | 0 |
| 2009 | 포항 | 0 | 0 | 0 | 0 | 0 | 0 | 0 | 0 |
| 2010 | 포항 | 1 | 0 | 5 | 0 | 0 | 0 | 0 | 0 |
| 통산 | | 1 | 0 | 5 | 0 | 0 | 0 | 0 | 0 |

**송만호** (宋萬浩) 고려대 1969.07.06

| 연도 | 소속 | 출장 | 교체 | 득점 | 도움 | 파울 | 슈팅 | 경고 | 퇴장 |
|---|---|---|---|---|---|---|---|---|---|
| 1991 | 유공 | 4 | 4 | 0 | 0 | 3 | 2 | 0 | 0 |
| 1992 | 유공 | 1 | 1 | 0 | 0 | 0 | 0 | 0 | 0 |
| 통산 | | 5 | 5 | 0 | 0 | 3 | 2 | 0 | 0 |

**송민국** (宋旻鞠) 광운대 1985.04.25

| 연도 | 소속 | 출장 | 교체 | 득점 | 도움 | 파울 | 슈팅 | 경고 | 퇴장 |
|---|---|---|---|---|---|---|---|---|---|
| 2008 | 경남 | 2 | 1 | 0 | 0 | 1 | 0 | 0 | 0 |
| 2013 | 충주 | 1 | 0 | 0 | 0 | 0 | 0 | 0 | 0 |
| 2014 | 충주 | 0 | 0 | 0 | 0 | 0 | 0 | 0 | 0 |
| 통산 | | 3 | 1 | 0 | 0 | 1 | 0 | 0 | 0 |

**송병용** (宋炳龍) 한남대 1991.03.03

| 연도 | 소속 | 출장 | 교체 | 득점 | 도움 | 파울 | 슈팅 | 경고 | 퇴장 |
|---|---|---|---|---|---|---|---|---|---|
| 2014 | 안양 | 0 | 0 | 0 | 0 | 0 | 0 | 0 | 0 |
| 통산 | | 0 | 0 | 0 | 0 | 0 | 0 | 0 | 0 |

**송선호** (宋先浩) 인천대 1966.01.24

| 연도 | 소속 | 출장 | 교체 | 득점 | 도움 | 파울 | 슈팅 | 경고 | 퇴장 |
|---|---|---|---|---|---|---|---|---|---|
| 1988 | 유공 | 16 | 7 | 1 | 0 | 27 | 2 | 2 | 0 |
| 1989 | 유공 | 35 | 19 | 3 | 3 | 40 | 26 | 5 | 0 |
| 1990 | 유공 | 24 | 16 | 0 | 2 | 30 | 9 | 2 | 0 |
| 1991 | 유공 | 19 | 17 | 0 | 0 | 21 | 10 | 2 | 0 |
| 1992 | 유공 | 11 | 5 | 0 | 1 | 11 | 5 | 0 | 0 |
| 1993 | 유공 | 21 | 8 | 0 | 0 | 31 | 4 | 3 | 1 |
| 1994 | 유공 | 15 | 7 | 0 | 1 | 15 | 1 | 4 | 0 |
| 1995 | 부산 | 15 | 8 | 0 | 0 | 18 | 4 | 4 | 0 |
| 1996 | 부천 | 10 | 8 | 0 | 0 | 10 | 0 | 3 | 0 |
| 통산 | | 166 | 95 | 4 | 5 | 203 | 53 | 30 | 1 |

**송성현** (宋性玄) 광운대 1988.02.14

| 연도 | 소속 | 출장 | 교체 | 득점 | 도움 | 파울 | 슈팅 | 경고 | 퇴장 |
|---|---|---|---|---|---|---|---|---|---|
| 2011 | 성남 | 0 | 0 | 0 | 0 | 0 | 0 | 0 | 0 |
| 통산 | | 0 | 0 | 0 | 0 | 0 | 0 | 0 | 0 |

**송수영** (宋修暎) 연세대 1991.07.08

| 연도 | 소속 | 출장 | 교체 | 득점 | 도움 | 파울 | 슈팅 | 경고 | 퇴장 |
|---|---|---|---|---|---|---|---|---|---|
| 2014 | 경남 | 35 | 26 | 5 | 3 | 24 | 64 | 1 | 0 |
| 통산 | | 35 | 26 | 5 | 3 | 24 | 64 | 1 | 0 |

**송승민** (宋承珉) 인천대 1992.01.11

| 연도 | 소속 | 출장 | 교체 | 득점 | 도움 | 파울 | 슈팅 | 경고 | 퇴장 |
|---|---|---|---|---|---|---|---|---|---|
| 2014 | 광주 | 21 | 13 | 0 | 2 | 25 | 20 | 2 | 0 |
| 통산 | | 21 | 13 | 0 | 2 | 25 | 20 | 2 | 0 |

**송승주** (宋承柱) 동북고 1991.04.26

| 연도 | 소속 | 출장 | 교체 | 득점 | 도움 | 파울 | 슈팅 | 경고 | 퇴장 |
|---|---|---|---|---|---|---|---|---|---|
| 2011 | 서울 | 1 | 1 | 0 | 0 | 1 | 0 | 0 | 0 |
| 2013 | 경찰 | 12 | 8 | 0 | 0 | 19 | 2 | 2 | 0 |
| 2014 | 안산 | 2 | 2 | 1 | 0 | 0 | 0 | 1 | 0 |
| 통산 | | 15 | 11 | 1 | 0 | 20 | 3 | 3 | 0 |

**송시영** (宋時永) 한양대 1962.08.15

| 연도 | 소속 | 출장 | 교체 | 득점 | 도움 | 파울 | 슈팅 | 경고 | 퇴장 |
|---|---|---|---|---|---|---|---|---|---|
| 1986 | 한일은 | 2 | 2 | 0 | 0 | 3 | 1 | 0 | 0 |
| 통산 | | 2 | 2 | 0 | 0 | 3 | 1 | 0 | 0 |

**송영록** (宋永錄) 조선대 1961.03.13

| 연도 | 소속 | 출장 | 교체 | 득점 | 도움 | 파울 | 슈팅 | 경고 | 퇴장 |
|---|---|---|---|---|---|---|---|---|---|
| 1984 | 국민은 | 18 | 3 | 0 | 0 | 13 | 1 | 0 | 0 |
| 통산 | | 18 | 3 | 0 | 0 | 13 | 1 | 0 | 0 |

**송용진** (宋勇眞) 안동고 1985.01.01

| 연도 | 소속 | 출장 | 교체 | 득점 | 도움 | 파울 | 슈팅 | 경고 | 퇴장 |
|---|---|---|---|---|---|---|---|---|---|
| 2004 | 부산 | 1 | 1 | 0 | 0 | 0 | 0 | 0 | 0 |
| 통산 | | 1 | 1 | 0 | 0 | 0 | 0 | 0 | 0 |

**송원재** (宋愿宰) 고려대 1989.02.21

| 연도 | 소속 | 출장 | 교체 | 득점 | 도움 | 파울 | 슈팅 | 경고 | 퇴장 |
|---|---|---|---|---|---|---|---|---|---|
| 2013 | 부천 | 4 | 0 | 0 | 0 | 2 | 1 | 0 | 0 |
| 2013 | 상주 | 0 | 0 | 0 | 0 | 0 | 0 | 0 | 0 |
| 2014 | 상주 | 13 | 9 | 0 | 0 | 17 | 5 | 0 | 0 |

**송유걸** (宋裕傑) 경희대 1985.02.16

| 연도 | 소속 | 출장 | 교체 | 실점 | 도움 | 파울 | 슈팅 | 경고 | 퇴장 |
|---|---|---|---|---|---|---|---|---|---|
| 2006 | 전남 | 1 | 0 | 4 | 0 | 0 | 0 | 0 | 0 |
| 2007 | 전남 | 0 | 0 | 0 | 0 | 0 | 0 | 0 | 0 |
| 2007 | 인천 | 0 | 0 | 0 | 0 | 0 | 0 | 0 | 0 |
| 2008 | 인천 | 12 | 1 | 12 | 0 | 1 | 0 | 0 | 0 |
| 2009 | 인천 | 10 | 0 | 11 | 0 | 0 | 0 | 0 | 0 |
| 2010 | 인천 | 19 | 1 | 31 | 0 | 1 | 0 | 0 | 0 |
| 2011 | 인천 | 13 | 0 | 17 | 0 | 0 | 0 | 1 | 0 |
| 2012 | 강원 | 25 | 1 | 33 | 0 | 0 | 0 | 2 | 0 |
| 2013 | 경찰 | 1 | 0 | 5 | 0 | 0 | 0 | 0 | 0 |
| 2014 | 안산 | 3 | 0 | 7 | 0 | 0 | 0 | 0 | 0 |
| 통산 | | 94 | 4 | 130 | 0 | 3 | 0 | 5 | 0 |

**송윤석** (宋允石) 호남대 1977.09.20

| 연도 | 소속 | 출장 | 교체 | 실점 | 도움 | 파울 | 슈팅 | 경고 | 퇴장 |
|---|---|---|---|---|---|---|---|---|---|
| 2000 | 전남 | 12 | 9 | 0 | 0 | 9 | 1 | 1 | 0 |
| 2001 | 전남 | 4 | 3 | 0 | 0 | 1 | 0 | 0 | 0 |
| 2003 | 광주상 | 0 | 0 | 0 | 0 | 0 | 0 | 0 | 0 |
| 통산 | | 16 | 12 | 0 | 0 | 10 | 1 | 1 | 0 |

**송재용**

| 연도 | 소속 | 출장 | 교체 | 득점 | 도움 | 파울 | 슈팅 | 경고 | 퇴장 |
|---|---|---|---|---|---|---|---|---|---|
| 1983 | 국민은 | 1 | 0 | 0 | 0 | 0 | 0 | 0 | 0 |
| 통산 | | 1 | 0 | 0 | 0 | 0 | 0 | 0 | 0 |

**송재한** (宋在漢) 동아대 1987.11.24

| 연도 | 소속 | 출장 | 교체 | 득점 | 도움 | 파울 | 슈팅 | 경고 | 퇴장 |
|---|---|---|---|---|---|---|---|---|---|
| 2010 | 전북 | 0 | 0 | 0 | 0 | 0 | 0 | 0 | 0 |
| 통산 | | 0 | 0 | 0 | 0 | 0 | 0 | 0 | 0 |

**송정우** (宋楨佑) 아주대 1982.03.22

| 연도 | 소속 | 출장 | 교체 | 득점 | 도움 | 파울 | 슈팅 | 경고 | 퇴장 |
|---|---|---|---|---|---|---|---|---|---|
| 2005 | 대구 | 12 | 13 | 1 | 1 | 14 | 8 | 2 | 0 |
| 2006 | 대구 | 27 | 20 | 1 | 2 | 20 | 14 | 2 | 0 |
| 2007 | 대구 | 8 | 8 | 0 | 2 | 8 | 5 | 1 | 0 |
| 통산 | | 40 | 39 | 3 | 4 | 42 | 27 | 5 | 0 |

**송정현** (宋町賢) 아주대 1976.05.28

| 연도 | 소속 | 출장 | 교체 | 득점 | 도움 | 파울 | 슈팅 | 경고 | 퇴장 |
|---|---|---|---|---|---|---|---|---|---|
| 1999 | 전남 | 5 | 5 | 1 | 1 | 6 | 4 | 0 | 0 |
| 2000 | 전남 | 13 | 11 | 0 | 2 | 11 | 12 | 1 | 0 |
| 2001 | 전남 | 5 | 5 | 0 | 0 | 1 | 1 | 0 | 0 |
| 2003 | 대구 | 37 | 26 | 3 | 1 | 59 | 45 | 4 | 0 |
| 2004 | 대구 | 25 | 16 | 1 | 2 | 44 | 19 | 3 | 0 |
| 2005 | 대구 | 34 | 1 | 3 | 6 | 61 | 58 | 3 | 0 |
| 2006 | 전남 | 35 | 13 | 6 | 5 | 85 | 43 | 4 | 0 |
| 2007 | 전남 | 27 | 7 | 3 | 2 | 34 | 25 | 2 | 0 |
| 2008 | 전남 | 21 | 8 | 2 | 2 | 30 | 21 | 3 | 0 |
| 2009 | 울산 | 8 | 7 | 0 | 0 | 8 | 6 | 0 | 0 |
| 2009 | 전남 | 15 | 9 | 2 | 2 | 20 | 23 | 3 | 0 |
| 2010 | 전남 | 17 | 11 | 2 | 2 | 22 | 17 | 1 | 0 |
| 2011 | 전남 | 12 | 9 | 0 | 0 | 12 | 7 | 3 | 0 |
| 통산 | | 251 | 132 | 27 | 23 | 389 | 276 | 27 | 0 |

**송제헌** (宋制憲) 선문대 1986.07.17

| 연도 | 소속 | 출장 | 교체 | 득점 | 도움 | 파울 | 슈팅 | 경고 | 퇴장 |
|---|---|---|---|---|---|---|---|---|---|
| 2009 | 포항 | 3 | 2 | 0 | 0 | 6 | 4 | 0 | 0 |
| 2010 | 대구 | 19 | 13 | 2 | 1 | 31 | 19 | 0 | 0 |
| 2011 | 대구 | 25 | 10 | 8 | 0 | 33 | 56 | 6 | 1 |
| 2012 | 대구 | 36 | 25 | 11 | 1 | 54 | 58 | 7 | 0 |
| 2013 | 전북 | 14 | 15 | 1 | 0 | 2 | 10 | 0 | 0 |
| 2014 | 상주 | 6 | 6 | 0 | 0 | 4 | 4 | 1 | 0 |
| 통산 | | 103 | 71 | 22 | 2 | 130 | 151 | 14 | 1 |

**송종국** (宋鍾國) 연세대 1979.02.20

| 연도 | 소속 | 출장 | 교체 | 득점 | 도움 | 파울 | 슈팅 | 경고 | 퇴장 |
|---|---|---|---|---|---|---|---|---|---|
| 2001 | 부산 | 35 | 12 | 2 | 1 | 42 | 39 | 2 | 0 |
| 2002 | 부산 | 10 | 4 | 2 | 0 | 8 | 18 | 3 | 0 |
| 2005 | 수원 | 20 | 7 | 1 | 1 | 52 | 15 | 2 | 0 |
| 2006 | 수원 | 27 | 6 | 0 | 3 | 55 | 17 | 2 | 0 |
| 2007 | 수원 | 33 | 4 | 0 | 4 | 70 | 13 | 3 | 0 |
| 2008 | 수원 | 29 | 2 | 2 | 1 | 59 | 11 | 1 | 1 |
| 2009 | 수원 | 22 | 4 | 0 | 0 | 49 | 10 | 3 | 0 |
| 2010 | 수원 | 10 | 3 | 0 | 1 | 17 | 12 | 1 | 0 |
| 2011 | 울산 | 18 | 4 | 0 | 1 | 21 | 7 | 4 | 0 |
| 통산 | | 204 | 46 | 7 | 11 | 373 | 142 | 21 | 1 |

**송주석** (宋柱錫) 고려대 1967.02.26

| 연도 | 소속 | 출장 | 교체 | 득점 | 도움 | 파울 | 슈팅 | 경고 | 퇴장 |
|---|---|---|---|---|---|---|---|---|---|
| 1990 | 현대 | 29 | 4 | 3 | 7 | 68 | 39 | 3 | 0 |
| 1991 | 현대 | 30 | 17 | 3 | 0 | 45 | 44 | 3 | 1 |
| 1992 | 현대 | 30 | 17 | 5 | 1 | 44 | 34 | 4 | 1 |
| 1993 | 현대 | 26 | 16 | 3 | 1 | 26 | 27 | 2 | 1 |
| 1994 | 현대 | 15 | 8 | 2 | 1 | 15 | 16 | 3 | 0 |
| 1995 | 현대 | 29 | 4 | 0 | 4 | 56 | 39 | 5 | 1 |
| 1996 | 울산 | 32 | 13 | 8 | 4 | 57 | 37 | 8 | 0 |
| 1997 | 울산 | 28 | 11 | 10 | 3 | 71 | 31 | 6 | 0 |
| 1998 | 울산 | 20 | 14 | 3 | 0 | 37 | 18 | 4 | 1 |
| 1999 | 울산 | 9 | 9 | 0 | 1 | 9 | 5 | 0 | 0 |
| 통산 | | 248 | 113 | 47 | 22 | 428 | 286 | 38 | 5 |

**송주한** (宋柱韓) 인천대 1993.06.16

| 연도 | 소속 | 출장 | 교체 | 득점 | 도움 | 파울 | 슈팅 | 경고 | 퇴장 |
|---|---|---|---|---|---|---|---|---|---|
| 2014 | 대전 | 30 | 12 | 1 | 5 | 19 | 4 | 2 | 0 |
| 통산 | | 30 | 12 | 1 | 5 | 19 | 4 | 2 | 0 |

**송지용** (宋智庸) 고려대 1989.04.12

| 연도 | 소속 | 출장 | 교체 | 득점 | 도움 | 파울 | 슈팅 | 경고 | 퇴장 |
|---|---|---|---|---|---|---|---|---|---|
| 2012 | 전남 | 0 | 0 | 0 | 0 | 0 | 0 | 0 | 0 |
| 통산 | | 0 | 0 | 0 | 0 | 0 | 0 | 0 | 0 |

**송진형** (宋珍炯) 당산서중 1987.08.13

| 연도 | 소속 | 출장 | 교체 | 득점 | 도움 | 파울 | 슈팅 | 경고 | 퇴장 |
|---|---|---|---|---|---|---|---|---|---|
| 2004 | 서울 | 1 | 1 | 0 | 0 | 1 | 0 | 0 | 0 |
| 2006 | 서울 | 8 | 8 | 0 | 0 | 9 | 7 | 1 | 0 |
| 2007 | 서울 | 11 | 10 | 0 | 1 | 15 | 12 | 1 | 0 |
| 2012 | 제주 | 39 | 9 | 10 | 5 | 41 | 63 | 6 | 0 |
| 2013 | 제주 | 33 | 11 | 3 | 4 | 15 | 46 | 3 | 0 |
| 2014 | 제주 | 36 | 15 | 3 | 3 | 23 | 64 | 3 | 0 |
| 통산 | | 128 | 54 | 16 | 12 | 93 | 186 | 14 | 0 |

**송창남** (宋昌棟) 배재대 1977.12.31

| 연도 | 소속 | 출장 | 교체 | 득점 | 도움 | 파울 | 슈팅 | 경고 | 퇴장 |
|---|---|---|---|---|---|---|---|---|---|
| 2000 | 대전 | 1 | 1 | 0 | 0 | 1 | 0 | 0 | 0 |
| 2001 | 부천 | 6 | 4 | 0 | 2 | 10 | 1 | 0 | 0 |
| 2002 | 부천 | 1 | 1 | 0 | 0 | 1 | 0 | 0 | 0 |
| 2003 | 부천 | 1 | 1 | 0 | 0 | 0 | 0 | 0 | 0 |
| 통산 | | 9 | 7 | 0 | 2 | 12 | 1 | 0 | 0 |

**송창좌** (宋昌左) 관동대 1977.04.26

| 연도 | 소속 | 출장 | 교체 | 득점 | 도움 | 파울 | 슈팅 | 경고 | 퇴장 |
|---|---|---|---|---|---|---|---|---|---|
| 2000 | 대전 | 0 | 0 | 0 | 0 | 0 | 0 | 0 | 0 |
| 통산 | | 0 | 0 | 0 | 0 | 0 | 0 | 0 | 0 |

**송창호** (宋昌鎬) 동아대 1986.02.20

| 연도 | 소속 | 출장 | 교체 | 득점 | 도움 | 파울 | 슈팅 | 경고 | 퇴장 |
|---|---|---|---|---|---|---|---|---|---|
| 2009 | 포항 | 12 | 10 | 1 | 3 | 6 | 10 | 1 | 0 |
| 2010 | 포항 | 11 | 6 | 0 | 0 | 7 | 6 | 0 | 0 |
| 2011 | 대구 | 26 | 8 | 2 | 3 | 31 | 27 | 6 | 0 |
| 2012 | 대구 | 37 | 13 | 0 | 1 | 36 | 34 | 4 | 0 |
| 2013 | 대구 | 34 | 13 | 5 | 1 | 23 | 56 | 5 | 0 |
| 2014 | 전남 | 28 | 14 | 0 | 1 | 23 | 38 | 4 | 0 |
| 통산 | | 148 | 64 | 12 | 9 | 124 | 172 | 20 | 0 |

**송치훈** (宋致勳) 광운대 1991.09.24

| 연도 | 소속 | 출장 | 교체 | 득점 | 도움 | 파울 | 슈팅 | 경고 | 퇴장 |
|---|---|---|---|---|---|---|---|---|---|
| 2013 | 부천 | 20 | 12 | 2 | 1 | 17 | 35 | 2 | 0 |
| 통산 | | 20 | 12 | 2 | 1 | 17 | 35 | 2 | 0 |

**송태림** (宋泰林) 중앙대 1984.02.20

| 연도 | 소속 | 출장 | 교체 | 득점 | 도움 | 파울 | 슈팅 | 경고 | 퇴장 |
|---|---|---|---|---|---|---|---|---|---|
| 2006 | 전남 | 3 | 0 | 0 | 0 | 9 | 1 | 0 | 0 |
| 2007 | 전남 | 4 | 4 | 0 | 0 | 1 | 0 | 0 | 0 |
| 2008 | 부산 | 1 | 1 | 0 | 0 | 3 | 1 | 1 | 0 |
| 통산 | | 8 | 5 | 0 | 0 | 13 | 1 | 1 | 0 |

**송태철** (宋泰喆) 중앙대 1961.11.12

| 연도 | 소속 | 출장 | 교체 | 득점 | 도움 | 파울 | 슈팅 | 경고 | 퇴장 |
|---|---|---|---|---|---|---|---|---|---|
| 1986 | 한일은 | 6 | 2 | 0 | 0 | 2 | 1 | 0 | 0 |
| 통산 | | 6 | 2 | 0 | 0 | 2 | 1 | 0 | 0 |

**송한복** (宋韓福) 배재고 1984.04.12

| 연도 | 소속 | 출장 | 교체 | 득점 | 도움 | 파울 | 슈팅 | 경고 | 퇴장 |
|---|---|---|---|---|---|---|---|---|---|
| 2005 | 전남 | 0 | 0 | 0 | 0 | 0 | 0 | 0 | 0 |
| 2006 | 전남 | 4 | 2 | 0 | 0 | 4 | 1 | 0 | 0 |
| 2007 | 전남 | 0 | 0 | 0 | 0 | 0 | 0 | 0 | 0 |
| 2008 | 광주상 | 21 | 14 | 0 | 1 | 29 | 7 | 4 | 0 |
| 2009 | 광주상 | 16 | 11 | 0 | 1 | 35 | 7 | 4 | 0 |
| 2009 | 전남 | 0 | 0 | 0 | 0 | 1 | 0 | 0 | 0 |
| 2010 | 전남 | 14 | 13 | 0 | 1 | 19 | 4 | 4 | 0 |
| 2011 | 대구 | 24 | 11 | 0 | 2 | 55 | 7 | 7 | 0 |
| 2012 | 대구 | 11 | 4 | 0 | 0 | 34 | 4 | 3 | 0 |
| 2013 | 대구 | 1 | 1 | 0 | 0 | 1 | 0 | 0 | 0 |
| 2014 | 광주 | 6 | 5 | 0 | 0 | 13 | 1 | 0 | 0 |
| 통산 | | 106 | 65 | 0 | 5 | 202 | 35 | 26 | 0 |

**송호영** (宋號榮) 한양대 1988.01.21

| 연도 | 소속 | 출장 | 교체 | 득점 | 도움 | 파울 | 슈팅 | 경고 | 퇴장 |
|---|---|---|---|---|---|---|---|---|---|
| 2009 | 성남 | 26 | 20 | 3 | 3 | 26 | 24 | 2 | 0 |
| 2010 | 성남 | 29 | 28 | 0 | 0 | 17 | 15 | 3 | 0 |
| 2011 | 성남 | 16 | 11 | 0 | 2 | 13 | 13 | 1 | 0 |
| 2012 | 제주 | 3 | 3 | 0 | 0 | 1 | 2 | 0 | 0 |
| 2013 | 전남 | 5 | 5 | 1 | 0 | 3 | 4 | 0 | 0 |
| 2014 | 경남 | 3 | 3 | 0 | 0 | 2 | 1 | 0 | 0 |
| 통산 | | 82 | 70 | 6 | 3 | 61 | 59 | 6 | 0 |

**송홍섭** (宋洪燮) 경희대 1976.11.28

| 연도 | 소속 | 출장 | 교체 | 득점 | 도움 | 파울 | 슈팅 | 경고 | 퇴장 |
|---|---|---|---|---|---|---|---|---|---|
| 1999 | 수원 | 1 | 1 | 0 | 0 | 0 | 0 | 0 | 0 |
| 2003 | 대구 | 4 | 2 | 0 | 0 | 5 | 4 | 0 | 0 |
| 통산 | | 5 | 3 | 0 | 0 | 5 | 4 | 0 | 0 |

**수호자** (Mario Sergio Aumarante Santana) 브라질 1977.01.30

| 연도 | 소속 | 출장 | 교체 | 득점 | 도움 | 파울 | 슈팅 | 경고 | 퇴장 |
|---|---|---|---|---|---|---|---|---|---|
| 2004 | 울산 | 31 | 21 | 2 | 1 | 24 | 45 | 4 | 0 |
| 통산 | | 31 | 21 | 2 | 1 | 24 | 45 | 4 | 0 |

**슈마로프** (Valeri Schmarov) 러시아 1965.02.23

| 연도 | 소속 | 출장 | 교체 | 득점 | 도움 | 파울 | 슈팅 | 경고 | 퇴장 |
|---|---|---|---|---|---|---|---|---|---|
| 1996 | 대전 | 4 | 2 | 0 | 0 | 7 | 4 | 0 | 0 |
| 통산 | | 4 | 2 | 0 | 0 | 7 | 4 | 0 | 0 |

**슈바** (Adriano Neves Pereira) 브라질 1979.05.24

| 연도 | 소속 | 출장 | 교체 | 득점 | 도움 | 파울 | 슈팅 | 경고 | 퇴장 |
|---|---|---|---|---|---|---|---|---|---|
| 2006 | 대전 | 32 | 9 | 6 | 10 | 110 | 39 | 7 | 0 |
| 2007 | 대전 | 33 | 5 | 6 | 0 | 52 | 36 | 3 | 0 |
| 2008 | 전남 | 22 | 8 | 10 | 3 | 67 | 35 | 3 | 0 |
| 2009 | 전남 | 30 | 5 | 16 | 4 | 83 | 59 | 6 | 0 |
| 2010 | 전남 | 19 | 7 | 6 | 3 | 40 | 28 | 4 | 0 |
| 2011 | 포항 | 15 | 10 | 6 | 3 | 25 | 19 | 1 | 1 |
| 2012 | 광주 | 3 | 3 | 0 | 0 | 4 | 3 | 0 | 0 |
| 통산 | | 135 | 45 | 53 | 24 | 377 | 208 | 24 | 1 |

**슈벵크** (Cleber Schwenck Tiene) 브라질 1979.02.28

| 연도 | 소속 | 출장 | 교체 | 득점 | 도움 | 파울 | 슈팅 | 경고 | 퇴장 |
|---|---|---|---|---|---|---|---|---|---|
| 2007 | 포항 | 17 | 12 | 4 | 1 | 50 | 25 | 4 | 0 |
| 통산 | | 17 | 12 | 4 | 1 | 50 | 25 | 4 | 0 |

**스레텐** (Sreten Sretenovic) 세르비아 1985.01.12

| 연도 | 소속 | 출장 | 교체 | 득점 | 도움 | 파울 | 슈팅 | 경고 | 퇴장 |
|---|---|---|---|---|---|---|---|---|---|
| 2013 | 경남 | 33 | 1 | 0 | 0 | 68 | 11 | 11 | 0 |
| 2014 | 경남 | 34 | 0 | 2 | 1 | 67 | 10 | 8 | 0 |
| 통산 | | 67 | 1 | 2 | 1 | 135 | 21 | 19 | 0 |

**스카첸코** (Serhiy Skachenko) 우크라이나 1972.11.18

| 연도 | 소속 | 출장 | 교체 | 득점 | 도움 | 파울 | 슈팅 | 경고 | 퇴장 |
|---|---|---|---|---|---|---|---|---|---|
| 1996 | 안양 | 39 | 3 | 15 | 3 | 55 | 157 | 4 | 0 |
| 1997 | 안양 | 12 | 3 | 3 | 1 | 19 | 30 | 1 | 0 |
| 1997 | 전남 | 17 | 14 | 7 | 2 | 17 | 58 | 1 | 0 |
| 통산 | | 68 | 20 | 25 | 6 | 91 | 245 | 6 | 0 |

**스테반** (Stevan Racic) 세르비아 1984.01.17

| 연도 | 소속 | 출장 | 교체 | 득점 | 도움 | 파울 | 슈팅 | 경고 | 퇴장 |
|---|---|---|---|---|---|---|---|---|---|
| 2009 | 대전 | 13 | 12 | 0 | 2 | 21 | 21 | 4 | 0 |
| 통산 | | 13 | 12 | 0 | 2 | 22 | 21 | 4 | 0 |

**스테보** (Ristic Stevica) 마케도니아 1982.05.23

| 연도 | 소속 | 출장 | 교체 | 득점 | 도움 | 파울 | 슈팅 | 경고 | 퇴장 |
|---|---|---|---|---|---|---|---|---|---|
| 2007 | 전북 | 29 | 9 | 15 | 5 | 75 | 79 | 2 | 0 |
| 2008 | 전북 | 14 | 6 | 4 | 2 | 23 | 29 | 3 | 1 |
| 2008 | 포항 | 14 | 11 | 6 | 4 | 14 | 34 | 1 | 0 |
| 2009 | 포항 | 24 | 20 | 8 | 4 | 48 | 49 | 5 | 0 |
| 2011 | 수원 | 13 | 4 | 10 | 3 | 28 | 30 | 2 | 0 |
| 2012 | 수원 | 35 | 20 | 10 | 3 | 61 | 82 | 6 | 0 |
| 2013 | 수원 | 13 | 5 | 0 | 0 | 23 | 18 | 3 | 0 |
| 2014 | 전남 | 35 | 12 | 13 | 4 | 47 | 62 | 5 | 1 |
| 통산 | | 177 | 81 | 70 | 25 | 358 | 399 | 24 | 1 |

**스토야노비치** (Milos Stojanovic) 세르비아 1984.12.25

| 연도 | 소속 | 출장 | 교체 | 득점 | 도움 | 파울 | 슈팅 | 경고 | 퇴장 |
|---|---|---|---|---|---|---|---|---|---|
| 2014 | 경남 | 32 | 19 | 8 | 0 | 55 | 41 | 4 | 0 |
| 통산 | | 32 | 19 | 8 | 0 | 55 | 41 | 4 | 0 |

**스토키치** (Joco Stokic) 보스니아 1987.07.04

| 연도 | 소속 | 출장 | 교체 | 득점 | 도움 | 파울 | 슈팅 | 경고 | 퇴장 |
|---|---|---|---|---|---|---|---|---|---|
| 2014 | 제주 | 5 | 5 | 0 | 0 | 7 | 7 | 1 | 0 |

| 연도 | 소속 | 출장 | 교체 | 득점 | 도움 | 파울 | 슈팅 | 경고 | 퇴장 |
|---|---|---|---|---|---|---|---|---|---|
| 통산 | | 5 | 5 | 0 | 0 | 7 | 7 | 1 | 0 |

**슬라브코** (Seorgievski Slavcho) 마케도니아 1980.03.30

| 연도 | 소속 | 출장 | 교체 | 득점 | 도움 | 파울 | 슈팅 | 경고 | 퇴장 |
|---|---|---|---|---|---|---|---|---|---|
| 2009 | 울산 | 29 | 9 | 3 | 3 | 17 | 23 | 5 | 0 |
| 통산 | | 29 | 9 | 3 | 3 | 17 | 23 | 5 | 0 |

**시마다** (Shimada Yusuke) 일본 1982.01.19

| 연도 | 소속 | 출장 | 교체 | 득점 | 도움 | 파울 | 슈팅 | 경고 | 퇴장 |
|---|---|---|---|---|---|---|---|---|---|
| 2012 | 강원 | 23 | 10 | 1 | 2 | 34 | 24 | 2 | 0 |
| 통산 | | 23 | 10 | 1 | 2 | 34 | 24 | 2 | 0 |

**시모** (Simo Krunic) 보스니아 헤르체고비나 1969.01.03

| 연도 | 소속 | 출장 | 교체 | 득점 | 도움 | 파울 | 슈팅 | 경고 | 퇴장 |
|---|---|---|---|---|---|---|---|---|---|
| 1996 | 포항 | 6 | 6 | 2 | 0 | 14 | 10 | 2 | 0 |
| 통산 | | 6 | 6 | 2 | 0 | 14 | 10 | 2 | 0 |

**시몬** (Victor Simoes de Oliveira) 브라질 1981.03.23

| 연도 | 소속 | 출장 | 교체 | 득점 | 도움 | 파울 | 슈팅 | 경고 | 퇴장 |
|---|---|---|---|---|---|---|---|---|---|
| 2007 | 전남 | 10 | 5 | 1 | 3 | 21 | 27 | 0 | 0 |
| 2008 | 전남 | 14 | 11 | 2 | 1 | 20 | 30 | 3 | 0 |
| 통산 | | 24 | 16 | 3 | 4 | 41 | 57 | 3 | 0 |

**시미치** (Dusan Simic) 세르비아 몬테네그로 1980.07.22

| 연도 | 소속 | 출장 | 교체 | 득점 | 도움 | 파울 | 슈팅 | 경고 | 퇴장 |
|---|---|---|---|---|---|---|---|---|---|
| 2003 | 부산 | 28 | 16 | 0 | 0 | 19 | 8 | 5 | 0 |
| 통산 | | 28 | 16 | 0 | 0 | 19 | 8 | 5 | 0 |

**시미치** (Josip Simic) 크로아티아 1977.09.16

| 연도 | 소속 | 출장 | 교체 | 득점 | 도움 | 파울 | 슈팅 | 경고 | 퇴장 |
|---|---|---|---|---|---|---|---|---|---|
| 2004 | 성남 | 25 | 24 | 2 | 2 | 26 | 29 | 1 | 0 |
| 통산 | | 25 | 24 | 2 | 2 | 26 | 29 | 1 | 0 |

**신경모** (辛景模) 중앙대 1987.12.12

| 연도 | 소속 | 출장 | 교체 | 득점 | 도움 | 파울 | 슈팅 | 경고 | 퇴장 |
|---|---|---|---|---|---|---|---|---|---|
| 2011 | 수원 | 2 | 2 | 0 | 0 | 4 | 0 | 0 | 0 |
| 통산 | | 2 | 2 | 0 | 0 | 4 | 0 | 0 | 0 |

**신광훈** (申光勳) 포철공고 1987.03.18

| 연도 | 소속 | 출장 | 교체 | 득점 | 도움 | 파울 | 슈팅 | 경고 | 퇴장 |
|---|---|---|---|---|---|---|---|---|---|
| 2006 | 포항 | 10 | 6 | 1 | 1 | 23 | 3 | 5 | 0 |
| 2007 | 포항 | 5 | 4 | 1 | 0 | 7 | 3 | 1 | 0 |
| 2008 | 포항 | 4 | 4 | 0 | 1 | 5 | 0 | 1 | 0 |
| 2008 | 전북 | 19 | 1 | 1 | 1 | 31 | 6 | 5 | 0 |
| 2009 | 전북 | 14 | 5 | 0 | 0 | 26 | 4 | 4 | 0 |
| 2010 | 전북 | 5 | 1 | 1 | 0 | 9 | 2 | 1 | 0 |
| 2011 | 포항 | 26 | 0 | 1 | 4 | 62 | 5 | 10 | 0 |
| 2012 | 포항 | 37 | 0 | 0 | 3 | 48 | 7 | 7 | 1 |
| 2013 | 포항 | 33 | 1 | 0 | 2 | 46 | 15 | 8 | 0 |
| 2014 | 포항 | 33 | 0 | 3 | 2 | 46 | 15 | 8 | 0 |
| 통산 | | 201 | 21 | 7 | 19 | 353 | 53 | 56 | 1 |

**신대경** (申大京) 경희대 1982.04.15

| 연도 | 소속 | 출장 | 교체 | 득점 | 도움 | 파울 | 슈팅 | 경고 | 퇴장 |
|---|---|---|---|---|---|---|---|---|---|
| 2005 | 부천 | 0 | 0 | 0 | 0 | 0 | 0 | 0 | 0 |
| 2006 | 제주 | 0 | 0 | 0 | 0 | 0 | 0 | 0 | 0 |

**신동근** (申東根) 연세대 1981.02.15

| 연도 | 소속 | 출장 | 교체 | 득점 | 도움 | 파울 | 슈팅 | 경고 | 퇴장 |
|---|---|---|---|---|---|---|---|---|---|
| 2004 | 성남 | 3 | 3 | 0 | 0 | 4 | 0 | 0 | 0 |
| 2005 | 성남 | 1 | 1 | 0 | 0 | 1 | 0 | 0 | 0 |
| 2006 | 성남 | 7 | 7 | 0 | 0 | 4 | 3 | 0 | 0 |
| 2008 | 광주상 | 22 | 12 | 0 | 0 | 15 | 13 | 2 | 0 |
| 2009 | 광주상 | 5 | 2 | 0 | 0 | 3 | 4 | 0 | 0 |
| 통산 | | 38 | 25 | 0 | 0 | 25 | 18 | 2 | 0 |

**신동빈** (申東彬) 선문대 1985.06.11

| 연도 | 소속 | 출장 | 교체 | 득점 | 도움 | 파울 | 슈팅 | 경고 | 퇴장 |
|---|---|---|---|---|---|---|---|---|---|
| 2008 | 전북 | 1 | 1 | 0 | 0 | 1 | 0 | 0 | 0 |
| 통산 | | 1 | 1 | 0 | 0 | 1 | 0 | 0 | 0 |

**신동철** (申東喆) 명지대 1962.11.09

| 연도 | 소속 | 출장 | 교체 | 득점 | 도움 | 파울 | 슈팅 | 경고 | 퇴장 |
|---|---|---|---|---|---|---|---|---|---|
| 1983 | 국민은 | 2 | 0 | 1 | 1 | 3 | 1 | 0 | 0 |
| 1986 | 유공 | 29 | 6 | 2 | 6 | 16 | 17 | 1 | 0 |
| 1987 | 유공 | 4 | 3 | 0 | 1 | 3 | 1 | 0 | 0 |
| 1988 | 유공 | 23 | 3 | 8 | 3 | 13 | 48 | 2 | 0 |
| 1989 | 유공 | 9 | 6 | 0 | 1 | 6 | 0 | 0 | 0 |
| 1990 | 유공 | 10 | 5 | 1 | 0 | 4 | 11 | 0 | 0 |
| 1991 | 유공 | 24 | 17 | 1 | 1 | 7 | 21 | 1 | 0 |
| 1992 | 유공 | 34 | 3 | 6 | 11 | 16 | 35 | 3 | 0 |
| 1993 | 유공 | 13 | 5 | 0 | 0 | 13 | 17 | 0 | 0 |
| 통산 | | 148 | 48 | 16 | 22 | 64 | 151 | 8 | 0 |

**신동혁** (新洞革) 대화중 1987.07.17

| 연도 | 소속 | 출장 | 교체 | 득점 | 도움 | 파울 | 슈팅 | 경고 | 퇴장 |
|---|---|---|---|---|---|---|---|---|---|
| 2011 | 인천 | 4 | 5 | 0 | 0 | 1 | 0 | 0 | 0 |
| 2014 | 대전 | 3 | 4 | 0 | 0 | 2 | 0 | 0 | 0 |
| 통산 | | 7 | 9 | 0 | 0 | 3 | 0 | 0 | 0 |

**신문선** (辛文善) 연세대 1958.03.11

| 연도 | 소속 | 출장 | 교체 | 득점 | 도움 | 파울 | 슈팅 | 경고 | 퇴장 |
|---|---|---|---|---|---|---|---|---|---|
| 1983 | 유공 | 15 | 5 | 1 | 1 | 9 | 12 | 2 | 0 |
| 1984 | 유공 | 28 | 2 | 2 | 1 | 11 | 12 | 0 | 0 |
| 1985 | 유공 | 21 | 3 | 0 | 2 | 22 | 8 | 0 | 0 |
| 통산 | | 64 | 10 | 3 | 4 | 42 | 32 | 2 | 0 |

**신범철** (申凡喆) 아주대 1970.09.27

| 연도 | 소속 | 출장 | 교체 | 실점 | 도움 | 파울 | 슈팅 | 경고 | 퇴장 |
|---|---|---|---|---|---|---|---|---|---|
| 1993 | 대우 | 2 | 0 | 3 | 0 | 0 | 0 | 0 | 0 |
| 1994 | 대우 | 11 | 0 | 20 | 0 | 0 | 0 | 0 | 0 |
| 1995 | 대우 | 6 | 1 | 6 | 0 | 1 | 0 | 1 | 0 |
| 1997 | 부산 | 21 | 0 | 15 | 0 | 0 | 1 | 0 | 0 |
| 1998 | 부산 | 31 | 1 | 36 | 0 | 2 | 4 | 3 | 0 |
| 1999 | 부산 | 36 | 3 | 41 | 0 | 2 | 2 | 2 | 0 |
| 2000 | 부산 | 16 | 1 | 26 | 0 | 0 | 1 | 1 | 0 |
| 2000 | 수원 | 0 | 0 | 0 | 0 | 0 | 0 | 0 | 0 |
| 2001 | 수원 | 27 | 0 | 33 | 0 | 0 | 0 | 2 | 0 |
| 2002 | 수원 | 12 | 0 | 29 | 0 | 0 | 0 | 0 | 0 |
| 2003 | 수원 | 1 | 0 | 0 | 0 | 0 | 0 | 0 | 0 |
| 2004 | 인천 | 13 | 0 | 15 | 0 | 0 | 0 | 0 | 0 |
| 통산 | | 176 | 6 | 215 | 0 | 0 | 8 | 10 | 0 |

**신병호** (申秉浩) 건국대 1977.04.26

| 연도 | 소속 | 출장 | 교체 | 득점 | 도움 | 파울 | 슈팅 | 경고 | 퇴장 |
|---|---|---|---|---|---|---|---|---|---|
| 2002 | 울산 | 7 | 6 | 1 | 0 | 12 | 9 | 1 | 0 |
| 2002 | 전남 | 26 | 8 | 8 | 1 | 42 | 59 | 0 | 0 |
| 2003 | 전남 | 42 | 16 | 4 | 6 | 61 | 72 | 3 | 0 |
| 2004 | 전남 | 21 | 14 | 3 | 2 | 37 | 26 | 3 | 0 |
| 2005 | 전남 | 9 | 7 | 0 | 0 | 13 | 5 | 0 | 0 |
| 2006 | 경남 | 26 | 21 | 5 | 0 | 45 | 30 | 1 | 0 |
| 2007 | 제주 | 14 | 12 | 0 | 0 | 25 | 7 | 1 | 0 |
| 2008 | 제주 | 6 | 6 | 2 | 1 | 7 | 13 | 0 | 0 |
| 통산 | | 150 | 96 | 35 | 7 | 242 | 216 | 11 | 0 |

**신상근** (申相根) 청주상고 1961.04.24

| 연도 | 소속 | 출장 | 교체 | 득점 | 도움 | 파울 | 슈팅 | 경고 | 퇴장 |
|---|---|---|---|---|---|---|---|---|---|
| 1984 | 포철 | 21 | 10 | 3 | 7 | 17 | 24 | 0 | 0 |
| 1985 | 포철 | 11 | 6 | 1 | 0 | 5 | 9 | 1 | 0 |
| 1986 | 포철 | 6 | 6 | 1 | 2 | 2 | 0 | 0 | 0 |
| 1987 | 럭금 | 31 | 7 | 3 | 3 | 27 | 41 | 1 | 0 |
| 1988 | 럭금 | 15 | 12 | 1 | 0 | 15 | 7 | 1 | 0 |
| 1989 | 럭금 | 5 | 5 | 0 | 0 | 5 | 4 | 0 | 0 |
| 통산 | | 89 | 46 | 8 | 11 | 71 | 85 | 3 | 0 |

**신상우** (申相又) 광운대 1976.03.10

| 연도 | 소속 | 출장 | 교체 | 득점 | 도움 | 파울 | 슈팅 | 경고 | 퇴장 |
|---|---|---|---|---|---|---|---|---|---|
| 1999 | 대전 | 31 | 8 | 5 | 0 | 47 | 28 | 4 | 0 |
| 2000 | 대전 | 30 | 7 | 1 | 2 | 59 | 12 | 4 | 0 |
| 2001 | 대전 | 32 | 2 | 1 | 1 | 70 | 10 | 7 | 0 |
| 2004 | 대전 | 15 | 4 | 0 | 0 | 32 | 1 | 0 | 0 |
| 2005 | 성남 | 1 | 1 | 0 | 0 | 0 | 0 | 0 | 0 |
| 2006 | 성남 | 1 | 1 | 0 | 0 | 0 | 0 | 0 | 0 |
| 통산 | | 110 | 23 | 7 | 3 | 228 | 43 | 15 | 0 |

**신상훈** (申相훈) 중앙대 1983.06.20

| 연도 | 소속 | 출장 | 교체 | 득점 | 도움 | 파울 | 슈팅 | 경고 | 퇴장 |
|---|---|---|---|---|---|---|---|---|---|
| 2006 | 전북 | 4 | 2 | 0 | 0 | 5 | 0 | 0 | 0 |
| 2007 | 전북 | 0 | 0 | 0 | 0 | 0 | 0 | 0 | 0 |
| 통산 | | 4 | 2 | 0 | 0 | 5 | 0 | 0 | 0 |

**신성환** (申聖煥) 인천대 1968.10.10

| 연도 | 소속 | 출장 | 교체 | 득점 | 도움 | 파울 | 슈팅 | 경고 | 퇴장 |
|---|---|---|---|---|---|---|---|---|---|
| 1992 | 포철 | 16 | 10 | 0 | 0 | 17 | 6 | 1 | 0 |
| 1993 | 포철 | 15 | 11 | 0 | 0 | 9 | 5 | 0 | 0 |
| 1994 | 포철 | 27 | 13 | 0 | 0 | 35 | 5 | 8 | 0 |
| 1995 | 포항 | 22 | 10 | 1 | 0 | 28 | 8 | 1 | 0 |
| 1996 | 수원 | 32 | 0 | 1 | 1 | 75 | 11 | 8 | 2 |
| 1997 | 수원 | 30 | 3 | 0 | 0 | 79 | 17 | 9 | 0 |
| 1998 | 수원 | 15 | 6 | 1 | 0 | 27 | 6 | 3 | 0 |
| 통산 | | 157 | 53 | 6 | 1 | 270 | 52 | 32 | 2 |

**신세계** (申世界) 성균관대 1990.09.16

| 연도 | 소속 | 출장 | 교체 | 득점 | 도움 | 파울 | 슈팅 | 경고 | 퇴장 |
|---|---|---|---|---|---|---|---|---|---|
| 2011 | 수원 | 11 | 5 | 0 | 0 | 25 | 3 | 6 | 0 |
| 2012 | 수원 | 7 | 5 | 0 | 0 | 13 | 1 | 2 | 0 |
| 2013 | 수원 | 16 | 2 | 0 | 0 | 24 | 5 | 3 | 0 |
| 2014 | 수원 | 20 | 4 | 0 | 0 | 28 | 6 | 2 | 0 |
| 통산 | | 54 | 16 | 0 | 0 | 90 | 15 | 13 | 0 |

**신수진** (申洙鎭) 고려대 1982.10.26

| 연도 | 소속 | 출장 | 교체 | 득점 | 도움 | 파울 | 슈팅 | 경고 | 퇴장 |
|---|---|---|---|---|---|---|---|---|---|
| 2005 | 부산 | 6 | 3 | 0 | 0 | 5 | 1 | 0 | 0 |
| 2006 | 부산 | 1 | 0 | 0 | 0 | 1 | 0 | 0 | 0 |
| 2008 | 광주상 | 5 | 1 | 0 | 0 | 6 | 0 | 0 | 0 |
| 통산 | | 12 | 4 | 0 | 0 | 12 | 0 | 0 | 0 |

**신승경** (辛承庚) 호남대 1981.09.07

| 연도 | 소속 | 출장 | 교체 | 실점 | 도움 | 파울 | 슈팅 | 경고 | 퇴장 |
|---|---|---|---|---|---|---|---|---|---|
| 2004 | 부산 | 5 | 0 | 0 | 0 | 0 | 1 | 0 | 0 |
| 2005 | 부산 | 9 | 1 | 11 | 0 | 0 | 1 | 0 | 0 |
| 2006 | 부산 | 3 | 0 | 7 | 0 | 0 | 0 | 0 | 0 |
| 2007 | 부산 | 4 | 0 | 0 | 0 | 0 | 0 | 0 | 0 |
| 2008 | 경남 | 0 | 0 | 0 | 0 | 0 | 0 | 0 | 0 |
| 2009 | 경남 | 1 | 0 | 2 | 0 | 0 | 0 | 0 | 0 |
| 통산 | | 22 | 1 | 35 | 0 | 1 | 0 | 3 | 0 |

**신승호** (申陞昊) 아주대 1975.05.13

| 연도 | 소속 | 출장 | 교체 | 득점 | 도움 | 파울 | 슈팅 | 경고 | 퇴장 |
|---|---|---|---|---|---|---|---|---|---|
| 1999 | 천안 | 9 | 10 | 0 | 1 | 13 | 10 | 0 | 0 |
| 2000 | 부천 | 4 | 2 | 0 | 0 | 5 | 3 | 0 | 0 |
| 2001 | 부천 | 27 | 8 | 0 | 0 | 43 | 19 | 5 | 0 |
| 2002 | 부천 | 23 | 3 | 0 | 2 | 20 | 2 | 1 | 0 |
| 2003 | 부천 | 22 | 12 | 0 | 0 | 31 | 9 | 0 | 0 |
| 2004 | 부천 | 22 | 12 | 0 | 1 | 31 | 15 | 3 | 0 |
| 2005 | 부천 | 23 | 7 | 1 | 0 | 32 | 15 | 3 | 0 |
| 2006 | 경남 | 33 | 2 | 1 | 0 | 37 | 19 | 2 | 1 |
| 통산 | | 138 | 43 | 2 | 4 | 192 | 76 | 16 | 0 |

**신연수** (申燃秀) 매탄고 1992.04.06

| 연도 | 소속 | 출장 | 교체 | 득점 | 도움 | 파울 | 슈팅 | 경고 | 퇴장 |
|---|---|---|---|---|---|---|---|---|---|
| 2011 | 수원 | 1 | 1 | 0 | 0 | 1 | 0 | 0 | 0 |
| 2012 | 상주 | 1 | 1 | 0 | 0 | 0 | 0 | 0 | 0 |
| 2014 | 부산 | 1 | 1 | 0 | 0 | 2 | 0 | 1 | 0 |
| 통산 | | 3 | 3 | 0 | 0 | 2 | 0 | 1 | 0 |

**신연호** (申連浩) 고려대 1964.05.08

| 연도 | 소속 | 출장 | 교체 | 득점 | 도움 | 파울 | 슈팅 | 경고 | 퇴장 |
|---|---|---|---|---|---|---|---|---|---|
| 1987 | 현대 | 9 | 5 | 0 | 0 | 5 | 13 | 1 | 0 |
| 1988 | 현대 | 21 | 2 | 1 | 0 | 22 | 15 | 0 | 0 |
| 1989 | 현대 | 21 | 7 | 3 | 2 | 31 | 28 | 0 | 0 |
| 1990 | 현대 | 17 | 4 | 3 | 0 | 26 | 31 | 0 | 0 |
| 1991 | 현대 | 36 | 4 | 0 | 0 | 30 | 35 | 1 | 0 |
| 1992 | 현대 | 23 | 9 | 2 | 3 | 16 | 16 | 0 | 0 |
| 1993 | 현대 | 28 | 10 | 1 | 3 | 27 | 25 | 5 | 0 |
| 1994 | 현대 | 15 | 5 | 2 | 2 | 14 | 31 | 0 | 0 |
| 통산 | | 170 | 54 | 12 | 7 | 162 | 194 | 7 | 1 |

**신영록** (辛泳錄) 세일중 1987.03.27

| 연도 | 소속 | 출장 | 교체 | 득점 | 도움 | 파울 | 슈팅 | 경고 | 퇴장 |
|---|---|---|---|---|---|---|---|---|---|
| 2003 | 수원 | 3 | 4 | 0 | 0 | 0 | 2 | 0 | 0 |

| 연도 | 소속 | 출장 | 교체 | 득점 | 도움 | 파울 | 슈팅 | 경고 | 퇴장 |
|---|---|---|---|---|---|---|---|---|---|
| 2004 | 수원 | 6 | 6 | 0 | 0 | 2 | 2 | 0 | 0 |
| 2005 | 수원 | 7 | 7 | 1 | 0 | 7 | 5 | 1 | 0 |
| 2006 | 수원 | 12 | 12 | 2 | 1 | 20 | 16 | 2 | 0 |
| 2007 | 수원 | 3 | 1 | 2 | 0 | 11 | 3 | 1 | 0 |
| 2008 | 수원 | 23 | 16 | 7 | 4 | 43 | 38 | 0 | 0 |
| 2010 | 수원 | 9 | 8 | 1 | 1 | 24 | 17 | 3 | 0 |
| 2011 | 제주 | 8 | 7 | 0 | 0 | 16 | 10 | 2 | 0 |
| 통산 | | 71 | 57 | 15 | 6 | 123 | 93 | 9 | 0 |

**신영록** (申榮綠) 호남대 1981.09.07

| 연도 | 소속 | 출장 | 교체 | 득점 | 도움 | 파울 | 슈팅 | 경고 | 퇴장 |
|---|---|---|---|---|---|---|---|---|---|
| 2003 | 부산 | 7 | 4 | 0 | 0 | 12 | 0 | 0 | 0 |
| 2004 | 부산 | 1 | 1 | 0 | 0 | 1 | 0 | 0 | 0 |
| 2005 | 부산 | 14 | 0 | 0 | 0 | 24 | 2 | 5 | 0 |
| 통산 | | 22 | 5 | 0 | 0 | 37 | 2 | 5 | 0 |

**신영준** (辛詠俊) 호남대 1989.09.06

| 연도 | 소속 | 출장 | 교체 | 득점 | 도움 | 파울 | 슈팅 | 경고 | 퇴장 |
|---|---|---|---|---|---|---|---|---|---|
| 2011 | 전남 | 20 | 17 | 3 | 1 | 14 | 20 | 0 | 0 |
| 2012 | 전남 | 20 | 19 | 3 | 1 | 18 | 15 | 0 | 0 |
| 2013 | 전남 | 3 | 3 | 0 | 0 | 1 | 0 | 0 | 0 |
| 2013 | 포항 | 13 | 13 | 2 | 2 | 5 | 8 | 0 | 0 |
| 2014 | 포항 | 15 | 14 | 0 | 0 | 11 | 5 | 3 | 0 |
| 통산 | | 71 | 66 | 8 | 4 | 49 | 48 | 3 | 0 |

**신영철** (申映哲) 풍생고 1986.03.14

| 연도 | 소속 | 출장 | 교체 | 득점 | 도움 | 파울 | 슈팅 | 경고 | 퇴장 |
|---|---|---|---|---|---|---|---|---|---|
| 2005 | 성남 | 3 | 3 | 0 | 0 | 0 | 0 | 0 | 0 |
| 2006 | 성남 | 4 | 4 | 1 | 0 | 7 | 4 | 0 | 0 |
| 2009 | 성남 | 0 | 0 | 0 | 0 | 0 | 0 | 0 | 0 |
| 2010 | 성남 | 0 | 0 | 0 | 0 | 0 | 0 | 0 | 0 |
| 통산 | | 7 | 7 | 1 | 0 | 7 | 4 | 0 | 0 |

**신완희** (申頑熙) 탐라대 1988.05.12

| 연도 | 소속 | 출장 | 교체 | 득점 | 도움 | 파울 | 슈팅 | 경고 | 퇴장 |
|---|---|---|---|---|---|---|---|---|---|
| 2011 | 부산 | 0 | 0 | 0 | 0 | 0 | 0 | 0 | 0 |
| 통산 | | 0 | 0 | 0 | 0 | 0 | 0 | 0 | 0 |

**신우식** (申友楠) 연세대 1968.03.25

| 연도 | 소속 | 출장 | 교체 | 득점 | 도움 | 파울 | 슈팅 | 경고 | 퇴장 |
|---|---|---|---|---|---|---|---|---|---|
| 1990 | 럭금 | 3 | 3 | 0 | 0 | 1 | 0 | 0 | 0 |
| 1991 | LG | 2 | 1 | 0 | 0 | 1 | 0 | 0 | 0 |
| 1994 | LG | 12 | 2 | 0 | 0 | 16 | 0 | 1 | 0 |
| 1995 | LG | 1 | 0 | 0 | 0 | 0 | 0 | 0 | 0 |
| 통산 | | 18 | 6 | 0 | 0 | 18 | 0 | 2 | 0 |

**신윤기** (辛允祺) 영남상고 1957.03.23

| 연도 | 소속 | 출장 | 교체 | 득점 | 도움 | 파울 | 슈팅 | 경고 | 퇴장 |
|---|---|---|---|---|---|---|---|---|---|
| 1983 | 유공 | 8 | 2 | 0 | 1 | 5 | 1 | 1 | 0 |
| 통산 | | 8 | 2 | 0 | 1 | 5 | 1 | 1 | 0 |

**신의손** (申宜孫, Valeri Sarychev) 1960.01.12

| 연도 | 소속 | 출장 | 교체 | 실점 | 도움 | 파울 | 슈팅 | 경고 | 퇴장 |
|---|---|---|---|---|---|---|---|---|---|
| 1992 | 일화 | 40 | 0 | 31 | 0 | 0 | 0 | 1 | 0 |
| 1993 | 일화 | 35 | 0 | 33 | 0 | 0 | 0 | 0 | 0 |
| 1994 | 일화 | 36 | 0 | 33 | 0 | 1 | 0 | 0 | 0 |
| 1995 | 일화 | 34 | 0 | 27 | 0 | 2 | 0 | 3 | 0 |
| 1996 | 천안 | 27 | 0 | 51 | 0 | 0 | 0 | 0 | 0 |
| 1997 | 천안 | 2 | 2 | 8 | 0 | 1 | 0 | 0 | 0 |
| 1998 | 천안 | 5 | 0 | 16 | 0 | 0 | 0 | 0 | 0 |
| 2000 | 안양 | 32 | 1 | 35 | 0 | 0 | 1 | 1 | 0 |
| 2001 | 안양 | 35 | 0 | 29 | 0 | 1 | 1 | 0 | 0 |
| 2002 | 안양 | 35 | 0 | 36 | 0 | 1 | 0 | 1 | 0 |
| 2003 | 안양 | 18 | 0 | 26 | 0 | 0 | 1 | 1 | 0 |
| 2004 | 서울 | 1 | 0 | 1 | 0 | 0 | 0 | 0 | 0 |
| 통산 | | 320 | 3 | 357 | 0 | 6 | 2 | 7 | 0 |

**신인섭** (申仁燮) 건국대 1989.06.01

| 연도 | 소속 | 출장 | 교체 | 득점 | 도움 | 파울 | 슈팅 | 경고 | 퇴장 |
|---|---|---|---|---|---|---|---|---|---|
| 2011 | 부산 | 0 | 0 | 0 | 0 | 0 | 0 | 0 | 0 |
| 통산 | | 0 | 0 | 0 | 0 | 0 | 0 | 0 | 0 |

**신재필** (申裁必) 안양공고 1982.05.25

| 연도 | 소속 | 출장 | 교체 | 득점 | 도움 | 파울 | 슈팅 | 경고 | 퇴장 |
|---|---|---|---|---|---|---|---|---|---|
| 2002 | 안양 | 0 | 0 | 0 | 0 | 0 | 0 | 0 | 0 |
| 2003 | 안양 | 1 | 2 | 0 | 0 | 2 | 0 | 1 | 0 |
| 2013 | 고양 | 26 | 10 | 0 | 0 | 43 | 5 | 7 | 0 |
| 2014 | 고양 | 14 | 12 | 0 | 0 | 9 | 3 | 1 | 1 |
| 통산 | | 41 | 24 | 0 | 0 | 54 | 8 | 9 | 1 |

**신재흡** (申在焱) 연세대 1959.03.26

| 연도 | 소속 | 출장 | 교체 | 득점 | 도움 | 파울 | 슈팅 | 경고 | 퇴장 |
|---|---|---|---|---|---|---|---|---|---|
| 1983 | 대우 | 1 | 1 | 0 | 0 | 0 | 0 | 0 | 0 |
| 1984 | 럭금 | 27 | 3 | 1 | 2 | 21 | 25 | 1 | 0 |
| 통산 | | 28 | 4 | 1 | 2 | 23 | 25 | 2 | 0 |

**신정환** (申正桓) 관동대 1986.08.18

| 연도 | 소속 | 출장 | 교체 | 득점 | 도움 | 파울 | 슈팅 | 경고 | 퇴장 |
|---|---|---|---|---|---|---|---|---|---|
| 2008 | 제주 | 0 | 0 | 0 | 0 | 0 | 0 | 0 | 0 |
| 2011 | 전남 | 0 | 0 | 0 | 0 | 0 | 0 | 0 | 0 |
| 통산 | | 0 | 0 | 0 | 0 | 0 | 0 | 0 | 0 |

**신제경** (辛齊耕) 중앙대 1961.01.25

| 연도 | 소속 | 출장 | 교체 | 득점 | 도움 | 파울 | 슈팅 | 경고 | 퇴장 |
|---|---|---|---|---|---|---|---|---|---|
| 1985 | 상무 | 21 | 2 | 0 | 0 | 26 | 3 | 0 | 0 |
| 통산 | | 21 | 2 | 0 | 0 | 26 | 3 | 0 | 0 |

**신제호** (辛齊虎) 중앙대 1962.10.03

| 연도 | 소속 | 출장 | 교체 | 득점 | 도움 | 파울 | 슈팅 | 경고 | 퇴장 |
|---|---|---|---|---|---|---|---|---|---|
| 1985 | 한일은 | 14 | 0 | 0 | 0 | 24 | 0 | 2 | 0 |
| 1986 | 한일은 | 10 | 0 | 0 | 0 | 12 | 2 | 1 | 0 |
| 통산 | | 24 | 0 | 0 | 0 | 36 | 2 | 3 | 0 |

**신종혁** (辛鍾赫) 대구대 1976.03.04

| 연도 | 소속 | 출장 | 교체 | 득점 | 도움 | 파울 | 슈팅 | 경고 | 퇴장 |
|---|---|---|---|---|---|---|---|---|---|
| 1999 | 포항 | 0 | 0 | 0 | 0 | 0 | 0 | 0 | 0 |
| 2000 | 포항 | 5 | 3 | 0 | 1 | 8 | 5 | 0 | 0 |
| 통산 | | 5 | 3 | 0 | 1 | 8 | 5 | 0 | 0 |

**신준배** (辛俊培) 선문대 1985.10.26

| 연도 | 소속 | 출장 | 교체 | 실점 | 도움 | 파울 | 슈팅 | 경고 | 퇴장 |
|---|---|---|---|---|---|---|---|---|---|
| 2009 | 대전 | 3 | 0 | 4 | 0 | 0 | 0 | 0 | 0 |
| 2010 | 대전 | 9 | 0 | 14 | 0 | 1 | 0 | 1 | 0 |
| 2011 | 대전 | 3 | 1 | 4 | 0 | 0 | 0 | 0 | 0 |
| 통산 | | 15 | 1 | 22 | 0 | 1 | 0 | 1 | 0 |

**신진원** (申晉遠) 연세대 1974.09.27

| 연도 | 소속 | 출장 | 교체 | 득점 | 도움 | 파울 | 슈팅 | 경고 | 퇴장 |
|---|---|---|---|---|---|---|---|---|---|
| 1997 | 대전 | 32 | 19 | 6 | 1 | 52 | 70 | 3 | 0 |
| 1998 | 대전 | 32 | 12 | 8 | 3 | 41 | 80 | 5 | 0 |
| 1999 | 대전 | 7 | 6 | 1 | 1 | 3 | 4 | 1 | 0 |
| 2000 | 대전 | 30 | 20 | 1 | 6 | 38 | 54 | 2 | 0 |
| 2001 | 전남 | 26 | 24 | 2 | 1 | 29 | 33 | 2 | 0 |
| 2002 | 전남 | 10 | 10 | 0 | 0 | 7 | 3 | 0 | 0 |
| 2003 | 대전 | 10 | 10 | 0 | 0 | 7 | 9 | 0 | 0 |
| 2004 | 대전 | 2 | 2 | 0 | 0 | 1 | 0 | 0 | 0 |
| 통산 | | 147 | 97 | 18 | 12 | 178 | 253 | 15 | 0 |

**신진호** (申嗔浩) 영남대 1988.09.07

| 연도 | 소속 | 출장 | 교체 | 득점 | 도움 | 파울 | 슈팅 | 경고 | 퇴장 |
|---|---|---|---|---|---|---|---|---|---|
| 2011 | 포항 | 6 | 6 | 1 | 5 | 4 | 2 | 0 | 0 |
| 2012 | 포항 | 23 | 10 | 1 | 6 | 49 | 34 | 5 | 1 |
| 2013 | 포항 | 20 | 6 | 2 | 3 | 34 | 30 | 3 | 0 |
| 통산 | | 49 | 22 | 3 | 9 | 88 | 68 | 10 | 1 |

**신창무** (辛蒼武) 우석대 1992.09.17

| 연도 | 소속 | 출장 | 교체 | 득점 | 도움 | 파울 | 슈팅 | 경고 | 퇴장 |
|---|---|---|---|---|---|---|---|---|---|
| 2014 | 대구 | 12 | 11 | 0 | 1 | 12 | 6 | 0 | 0 |
| 통산 | | 12 | 11 | 0 | 1 | 12 | 6 | 0 | 0 |

**신태용** (申台龍) 영남대 1970.10.11

| 연도 | 소속 | 출장 | 교체 | 득점 | 도움 | 파울 | 슈팅 | 경고 | 퇴장 |
|---|---|---|---|---|---|---|---|---|---|
| 1992 | 일화 | 23 | 10 | 9 | 5 | 39 | 57 | 0 | 0 |
| 1993 | 일화 | 33 | 5 | 6 | 7 | 43 | 65 | 2 | 0 |
| 1994 | 일화 | 29 | 11 | 8 | 4 | 33 | 52 | 0 | 0 |
| 1995 | 일화 | 33 | 9 | 4 | 4 | 40 | 51 | 4 | 0 |
| 1996 | 천안 | 29 | 3 | 21 | 3 | 48 | 82 | 3 | 0 |
| 1997 | 천안 | 19 | 7 | 3 | 2 | 34 | 25 | 1 | 1 |
| 1998 | 천안 | 24 | 9 | 3 | 6 | 30 | 45 | 2 | 0 |
| 1999 | 천안 | 35 | 14 | 9 | 2 | 54 | 82 | 3 | 0 |
| 2000 | 성남 | 34 | 13 | 9 | 7 | 43 | 77 | 4 | 0 |
| 2001 | 성남 | 36 | 8 | 5 | 10 | 43 | 59 | 4 | 0 |
| 2002 | 성남 | 37 | 5 | 6 | 4 | 59 | 66 | 4 | 0 |
| 2003 | 성남 | 38 | 9 | 8 | 7 | 60 | 54 | 3 | 0 |
| 2004 | 성남 | 31 | 11 | 6 | 4 | 39 | 34 | 4 | 1 |
| 통산 | | 401 | 114 | 99 | 68 | 572 | 765 | 30 | 2 |

*실점: 2002년 2 / 통산 2

**신현준** (申鉉儁) 명지대 1986.03.08

| 연도 | 소속 | 출장 | 교체 | 득점 | 도움 | 파울 | 슈팅 | 경고 | 퇴장 |
|---|---|---|---|---|---|---|---|---|---|
| 2009 | 강원 | 0 | 0 | 0 | 0 | 0 | 0 | 0 | 0 |
| 통산 | | 0 | 0 | 0 | 0 | 0 | 0 | 0 | 0 |

**신현호** (申鉉浩) 한양대 1953.09.21

| 연도 | 소속 | 출장 | 교체 | 득점 | 도움 | 파울 | 슈팅 | 경고 | 퇴장 |
|---|---|---|---|---|---|---|---|---|---|
| 1984 | 할렐 | 26 | 16 | 1 | 4 | 7 | 14 | 0 | 0 |
| 1985 | 할렐 | 10 | 7 | 1 | 2 | 5 | 12 | 0 | 0 |
| 통산 | | 36 | 23 | 2 | 6 | 12 | 26 | 0 | 0 |

**신현호** (辛賢浩) 연세대 1977.07.07

| 연도 | 소속 | 출장 | 교체 | 득점 | 도움 | 파울 | 슈팅 | 경고 | 퇴장 |
|---|---|---|---|---|---|---|---|---|---|
| 2000 | 부천 | 3 | 3 | 0 | 0 | 1 | 2 | 0 | 0 |
| 2001 | 부천 | 10 | 9 | 0 | 0 | 11 | 6 | 0 | 0 |
| 2003 | 부천 | 20 | 9 | 0 | 0 | 31 | 15 | 6 | 0 |
| 통산 | | 33 | 21 | 0 | 0 | 43 | 23 | 6 | 0 |

**신형민** (辛炯旼) 홍익대 1986.07.18

| 연도 | 소속 | 출장 | 교체 | 득점 | 도움 | 파울 | 슈팅 | 경고 | 퇴장 |
|---|---|---|---|---|---|---|---|---|---|
| 2008 | 포항 | 24 | 12 | 3 | 1 | 40 | 23 | 4 | 0 |
| 2009 | 포항 | 28 | 6 | 3 | 6 | 55 | 24 | 6 | 0 |
| 2010 | 포항 | 22 | 1 | 0 | 0 | 50 | 25 | 11 | 0 |
| 2011 | 포항 | 28 | 1 | 4 | 1 | 45 | 26 | 7 | 0 |
| 2012 | 포항 | 22 | 1 | 2 | 1 | 47 | 26 | 8 | 0 |
| 2014 | 전북 | 28 | 2 | 0 | 3 | 39 | 14 | 4 | 0 |
| 통산 | | 152 | 22 | 12 | 6 | 271 | 148 | 39 | 0 |

**신호은** (申鎬殷) 영남대 1991.06.16

| 연도 | 소속 | 출장 | 교체 | 득점 | 도움 | 파울 | 슈팅 | 경고 | 퇴장 |
|---|---|---|---|---|---|---|---|---|---|
| 2014 | 부천 | 1 | 1 | 0 | 0 | 0 | 0 | 0 | 0 |
| 통산 | | 1 | 1 | 0 | 0 | 0 | 0 | 0 | 0 |

**신흥기** (辛弘基) 한양대 1968.05.04

| 연도 | 소속 | 출장 | 교체 | 득점 | 도움 | 파울 | 슈팅 | 경고 | 퇴장 |
|---|---|---|---|---|---|---|---|---|---|
| 1991 | 현대 | 39 | 5 | 1 | 4 | 33 | 38 | 3 | 0 |
| 1992 | 현대 | 39 | 2 | 8 | 6 | 56 | 57 | 1 | 0 |
| 1993 | 현대 | 12 | 2 | 1 | 6 | 6 | 21 | 0 | 0 |
| 1994 | 현대 | 20 | 6 | 1 | 2 | 16 | 21 | 1 | 0 |
| 1995 | 현대 | 34 | 4 | 6 | 4 | 37 | 33 | 4 | 0 |
| 1996 | 울산 | 30 | 6 | 2 | 6 | 33 | 30 | 5 | 0 |
| 1997 | 울산 | 30 | 6 | 2 | 6 | 33 | 30 | 5 | 0 |
| 1998 | 수원 | 36 | 4 | 3 | 5 | 69 | 36 | 7 | 0 |
| 1999 | 수원 | 39 | 0 | 3 | 5 | 69 | 36 | 7 | 0 |
| 2000 | 수원 | 37 | 0 | 4 | 1 | 57 | 22 | 4 | 0 |
| 2001 | 수원 | 30 | 14 | 1 | 0 | 41 | 13 | 3 | 1 |
| 통산 | | 336 | 41 | 35 | 42 | 459 | 338 | 38 | 1 |

**신화용** (申和容) 청주대 1983.04.13

| 연도 | 소속 | 출장 | 교체 | 실점 | 도움 | 파울 | 슈팅 | 경고 | 퇴장 |
|---|---|---|---|---|---|---|---|---|---|
| 2004 | 포항 | 0 | 0 | 0 | 0 | 0 | 0 | 0 | 0 |
| 2005 | 포항 | 0 | 0 | 0 | 0 | 0 | 0 | 0 | 0 |
| 2006 | 포항 | 13 | 0 | 21 | 0 | 0 | 0 | 0 | 0 |
| 2007 | 포항 | 3 | 3 | 25 | 0 | 0 | 0 | 0 | 0 |
| 2008 | 포항 | 9 | 1 | 9 | 0 | 0 | 0 | 0 | 0 |
| 2009 | 포항 | 26 | 1 | 26 | 0 | 0 | 0 | 0 | 0 |
| 2010 | 포항 | 27 | 1 | 43 | 0 | 0 | 0 | 2 | 0 |
| 2011 | 포항 | 29 | 1 | 29 | 0 | 1 | 0 | 2 | 0 |
| 2012 | 포항 | 32 | 0 | 33 | 0 | 0 | 0 | 1 | 0 |
| 2013 | 포항 | 33 | 0 | 31 | 0 | 0 | 0 | 2 | 0 |
| 2014 | 포항 | 31 | 1 | 26 | 0 | 0 | 0 | 1 | 0 |
| 통산 | | 226 | 8 | 246 | 0 | 3 | 1 | 4 | 0 |

**실바** (Alexandre Capelin E Silva) 브라질 1989.01.11

| 연도 | 소속 | 출장 | 교체 | 득점 | 도움 | 파울 | 슈팅 | 경고 | 퇴장 |
|---|---|---|---|---|---|---|---|---|---|
| 2012 | 전남 | 1 | 1 | 0 | 0 | 1 | 0 | 0 | 0 |
| 통산 | | 1 | 1 | 0 | 0 | 1 | 0 | 0 | 0 |

**실바** (Marcelo da Silva Santos) 브라질
1978.11.30

| 연도 | 소속 | 출장 | 교체 | 득점 | 도움 | 파울 | 슈팅 | 경고 | 퇴장 |
|---|---|---|---|---|---|---|---|---|---|
| 2000 | 성남 | 7 | 4 | 0 | 0 | 18 | 10 | 2 | 0 |
| 통산 | | 7 | 4 | 0 | 0 | 18 | 10 | 2 | 0 |

**실바** (Antonio Marcos da Silva) 브라질 1977.06.20

| 연도 | 소속 | 출장 | 교체 | 득점 | 도움 | 파울 | 슈팅 | 경고 | 퇴장 |
|---|---|---|---|---|---|---|---|---|---|
| 2002 | 전남 | 10 | 8 | 0 | 0 | 6 | 5 | 0 | 0 |
| 통산 | | 10 | 8 | 0 | 0 | 6 | 5 | 0 | 0 |

**실바** (Valdenir da Silva Vitalino) 브라질 1977.02.21

| 연도 | 소속 | 출장 | 교체 | 득점 | 도움 | 파울 | 슈팅 | 경고 | 퇴장 |
|---|---|---|---|---|---|---|---|---|---|
| 2005 | 서울 | 8 | 1 | 0 | 0 | 20 | 5 | 3 | 0 |
| 통산 | | 8 | 1 | 0 | 0 | 20 | 5 | 3 | 0 |

**실바** (Elpidio Pereira da Silva Fihlo) 브라질 1975.07.19

| 연도 | 소속 | 출장 | 교체 | 득점 | 도움 | 파울 | 슈팅 | 경고 | 퇴장 |
|---|---|---|---|---|---|---|---|---|---|
| 2006 | 수원 | 14 | 14 | 2 | 1 | 15 | 20 | 1 | 0 |
| 통산 | | 14 | 14 | 2 | 1 | 15 | 20 | 1 | 0 |

**실바** (Welington da Silva de Souza) 브라질 1987.05.27

| 연도 | 소속 | 출장 | 교체 | 득점 | 도움 | 파울 | 슈팅 | 경고 | 퇴장 |
|---|---|---|---|---|---|---|---|---|---|
| 2008 | 경남 | 7 | 6 | 0 | 0 | 11 | 7 | 0 | 0 |
| 통산 | | 7 | 6 | 0 | 0 | 11 | 7 | 0 | 0 |

**실반** (Silvan Lopes) 브라질 1973.07.20

| 연도 | 소속 | 출장 | 교체 | 득점 | 도움 | 파울 | 슈팅 | 경고 | 퇴장 |
|---|---|---|---|---|---|---|---|---|---|
| 1994 | 포철 | 16 | 4 | 2 | 3 | 31 | 20 | 2 | 0 |
| 1995 | 포항 | 22 | 8 | 0 | 3 | 37 | 15 | 4 | 0 |
| 통산 | | 38 | 12 | 2 | 6 | 68 | 35 | 6 | 0 |

**심규선** (沈規善) 명지대 1962.01.14

| 연도 | 소속 | 출장 | 교체 | 득점 | 도움 | 파울 | 슈팅 | 경고 | 퇴장 |
|---|---|---|---|---|---|---|---|---|---|
| 1986 | 포철 | 22 | 14 | 1 | 1 | 15 | 24 | 1 | 0 |
| 통산 | | 22 | 14 | 1 | 1 | 15 | 24 | 1 | 0 |

**심동운** (沈東雲) 홍익대 1990.03.03

| 연도 | 소속 | 출장 | 교체 | 득점 | 도움 | 파울 | 슈팅 | 경고 | 퇴장 |
|---|---|---|---|---|---|---|---|---|---|
| 2012 | 전남 | 30 | 19 | 4 | 0 | 22 | 34 | 2 | 0 |
| 2013 | 전남 | 29 | 17 | 2 | 1 | 22 | 48 | 4 | 0 |
| 2014 | 전남 | 20 | 12 | 1 | 1 | 16 | 31 | 1 | 0 |
| 통산 | | 79 | 33 | 11 | 4 | 60 | 113 | 4 | 0 |

**심민석** (沈敏錫) 관동대 1977.10.21

| 연도 | 소속 | 출장 | 교체 | 득점 | 도움 | 파울 | 슈팅 | 경고 | 퇴장 |
|---|---|---|---|---|---|---|---|---|---|
| 2000 | 성남 | 0 | 0 | 0 | 0 | 0 | 0 | 0 | 0 |
| 2004 | 성남 | 1 | 1 | 0 | 0 | 2 | 0 | 0 | 0 |
| 통산 | | 1 | 1 | 0 | 0 | 2 | 0 | 0 | 0 |

**심봉섭** (沈鳳燮) 한양대 1966.09.10

| 연도 | 소속 | 출장 | 교체 | 득점 | 도움 | 파울 | 슈팅 | 경고 | 퇴장 |
|---|---|---|---|---|---|---|---|---|---|
| 1989 | 대우 | 23 | 11 | 2 | 3 | 27 | 28 | 0 | 0 |
| 1990 | 대우 | 24 | 19 | 1 | 1 | 23 | 19 | 1 | 0 |
| 1991 | 대우 | 30 | 32 | 3 | 1 | 30 | 13 | 2 | 0 |
| 1992 | 대우 | 28 | 21 | 5 | 1 | 24 | 32 | 2 | 0 |
| 1993 | 대우 | 27 | 17 | 2 | 0 | 25 | 26 | 3 | 0 |
| 1994 | 대우 | 18 | 16 | 1 | 1 | 9 | 10 | 2 | 0 |
| 1995 | LG | 6 | 7 | 0 | 0 | 5 | 3 | 0 | 0 |
| 통산 | | 156 | 123 | 13 | 7 | 143 | 131 | 10 | 0 |

**심상민** (沈相旼) 중앙대 1993.05.21

| 연도 | 소속 | 출장 | 교체 | 득점 | 도움 | 파울 | 슈팅 | 경고 | 퇴장 |
|---|---|---|---|---|---|---|---|---|---|
| 2014 | 서울 | 2 | 2 | 0 | 0 | 1 | 0 | 0 | 0 |
| 통산 | | 2 | 2 | 0 | 0 | 1 | 0 | 0 | 0 |

**심영성** (沈永星) 제주제일고 1987.01.15

| 연도 | 소속 | 출장 | 교체 | 득점 | 도움 | 파울 | 슈팅 | 경고 | 퇴장 |
|---|---|---|---|---|---|---|---|---|---|
| 2004 | 성남 | 7 | 7 | 0 | 0 | 7 | 9 | 0 | 0 |
| 2005 | 성남 | 2 | 2 | 0 | 0 | 1 | 3 | 0 | 0 |
| 2006 | 성남 | 0 | 0 | 0 | 0 | 0 | 0 | 0 | 0 |
| 2006 | 제주 | 8 | 4 | 0 | 1 | 10 | 13 | 1 | 0 |
| 2007 | 제주 | 25 | 14 | 5 | 1 | 29 | 30 | 3 | 0 |
| 2008 | 제주 | 23 | 14 | 7 | 1 | 14 | 41 | 2 | 0 |
| 2009 | 제주 | 25 | 17 | 2 | 1 | 14 | 24 | 1 | 0 |
| 2011 | 제주 | 15 | 9 | 0 | 1 | 9 | 19 | 0 | 0 |
| 2012 | 제주 | 1 | 1 | 0 | 0 | 0 | 0 | 0 | 0 |
| 2012 | 강원 | 9 | 8 | 1 | 0 | 8 | 8 | 2 | 0 |
| 통산 | | 115 | 80 | 15 | 6 | 89 | 117 | 6 | 0 |

**심우연** (沈愚淵) 건국대 1985.04.03

| 연도 | 소속 | 출장 | 교체 | 득점 | 도움 | 파울 | 슈팅 | 경고 | 퇴장 |
|---|---|---|---|---|---|---|---|---|---|
| 2006 | 서울 | 9 | 9 | 2 | 0 | 7 | 6 | 1 | 0 |
| 2007 | 서울 | 15 | 12 | 2 | 0 | 13 | 8 | 0 | 0 |
| 2008 | 서울 | 0 | 0 | 0 | 0 | 0 | 0 | 0 | 0 |
| 2009 | 서울 | 2 | 2 | 0 | 0 | 2 | 2 | 0 | 0 |
| 2010 | 전북 | 29 | 11 | 2 | 1 | 28 | 17 | 2 | 0 |
| 2011 | 전북 | 21 | 4 | 2 | 0 | 30 | 8 | 5 | 0 |
| 2012 | 전북 | 31 | 7 | 0 | 1 | 29 | 6 | 8 | 0 |
| 2013 | 성남 | 11 | 4 | 0 | 0 | 5 | 2 | 2 | 0 |
| 2014 | 성남 | 5 | 3 | 0 | 0 | 2 | 0 | 0 | 0 |
| 통산 | | 123 | 52 | 8 | 2 | 116 | 49 | 17 | 0 |

**심재명** (沈載明) 중앙대 1989.06.07

| 연도 | 소속 | 출장 | 교체 | 득점 | 도움 | 파울 | 슈팅 | 경고 | 퇴장 |
|---|---|---|---|---|---|---|---|---|---|
| 2011 | 성남 | 10 | 10 | 1 | 0 | 5 | 5 | 0 | 0 |
| 2012 | 성남 | 2 | 2 | 0 | 0 | 2 | 0 | 0 | 0 |
| 통산 | | 12 | 12 | 1 | 1 | 7 | 5 | 0 | 0 |

**심재원** (沈載源) 연세대 1977.03.11

| 연도 | 소속 | 출장 | 교체 | 득점 | 도움 | 파울 | 슈팅 | 경고 | 퇴장 |
|---|---|---|---|---|---|---|---|---|---|
| 2000 | 부산 | 13 | 4 | 0 | 0 | 19 | 3 | 2 | 0 |
| 2001 | 부산 | 13 | 4 | 0 | 0 | 19 | 12 | 1 | 0 |
| 2002 | 부산 | 14 | 3 | 0 | 0 | 21 | 6 | 2 | 0 |
| 2003 | 부산 | 25 | 7 | 2 | 0 | 30 | 15 | 7 | 0 |
| 2004 | 광주상 | 7 | 2 | 0 | 0 | 11 | 5 | 1 | 0 |
| 2005 | 광주상 | 29 | 1 | 1 | 0 | 34 | 18 | 6 | 0 |
| 2006 | 부산 | 28 | 1 | 1 | 1 | 43 | 8 | 5 | 1 |
| 2007 | 부산 | 25 | 1 | 0 | 1 | 43 | 8 | 5 | 1 |
| 2008 | 부산 | 16 | 4 | 0 | 0 | 17 | 2 | 2 | 0 |
| 통산 | | 166 | 24 | 4 | 5 | 271 | 81 | 28 | 1 |

**심제혁** (沈帝赫) 오산고 1995.03.05

| 연도 | 소속 | 출장 | 교체 | 득점 | 도움 | 파울 | 슈팅 | 경고 | 퇴장 |
|---|---|---|---|---|---|---|---|---|---|
| 2014 | 서울 | 4 | 4 | 0 | 0 | 6 | 3 | 0 | 0 |
| 통산 | | 4 | 4 | 0 | 0 | 6 | 3 | 0 | 0 |

**심종보** (沈宗輔) 진주국제대 1984.05.21

| 연도 | 소속 | 출장 | 교체 | 득점 | 도움 | 파울 | 슈팅 | 경고 | 퇴장 |
|---|---|---|---|---|---|---|---|---|---|
| 2007 | 경남 | 4 | 3 | 0 | 0 | 4 | 1 | 0 | 0 |
| 통산 | | 4 | 3 | 0 | 0 | 4 | 1 | 0 | 0 |

**심진형** (沈珍亨) 연세대 1987.03.18

| 연도 | 소속 | 출장 | 교체 | 득점 | 도움 | 파울 | 슈팅 | 경고 | 퇴장 |
|---|---|---|---|---|---|---|---|---|---|
| 2011 | 경남 | 1 | 1 | 0 | 0 | 0 | 0 | 0 | 0 |
| 통산 | | 1 | 1 | 0 | 0 | 0 | 0 | 0 | 0 |

**싸비치** (Dusan Savic) 마케도니아 1985.10.01

| 연도 | 소속 | 출장 | 교체 | 득점 | 도움 | 파울 | 슈팅 | 경고 | 퇴장 |
|---|---|---|---|---|---|---|---|---|---|
| 2010 | 인천 | 2 | 2 | 0 | 0 | 3 | 2 | 1 | 0 |
| 통산 | | 2 | 2 | 0 | 0 | 3 | 2 | 1 | 0 |

**싼더** (Sander Oostrom) 네덜란드 1967.07.14

| 연도 | 소속 | 출장 | 교체 | 득점 | 도움 | 파울 | 슈팅 | 경고 | 퇴장 |
|---|---|---|---|---|---|---|---|---|---|
| 1997 | 포항 | 20 | 16 | 4 | 2 | 24 | 20 | 3 | 0 |
| 1998 | 포항 | 1 | 1 | 0 | 0 | 1 | 0 | 0 | 0 |
| 통산 | | 21 | 17 | 4 | 2 | 25 | 20 | 3 | 0 |

**쏘우자** (Marcelo Tome de Souza) 브라질 1969.04.21

| 연도 | 소속 | 출장 | 교체 | 득점 | 도움 | 파울 | 슈팅 | 경고 | 퇴장 |
|---|---|---|---|---|---|---|---|---|---|
| 2004 | 서울 | 30 | 2 | 0 | 0 | 27 | 13 | 5 | 0 |
| 통산 | | 30 | 2 | 0 | 0 | 27 | 13 | 5 | 0 |

**쏘자** (Ednilton Souza de Brito) 브라질 1981.06.04

| 연도 | 소속 | 출장 | 교체 | 득점 | 도움 | 파울 | 슈팅 | 경고 | 퇴장 |
|---|---|---|---|---|---|---|---|---|---|
| 2008 | 제주 | 10 | 7 | 0 | 0 | 8 | 15 | 0 | 0 |
| 통산 | | 10 | 7 | 0 | 0 | 8 | 15 | 0 | 0 |

**씨마오** (Simao Pedro Goncalves de Figueiredo Costa) 포르투갈

| 연도 | 소속 | 출장 | 교체 | 득점 | 도움 | 파울 | 슈팅 | 경고 | 퇴장 |
|---|---|---|---|---|---|---|---|---|---|
| 2001 | 대전 | 5 | 5 | 0 | 0 | 1 | 6 | 0 | 0 |
| 통산 | - | 5 | 5 | 0 | 0 | 1 | 6 | 0 | 0 |

**씨엘** (Jociel Ferreira da Silva) 브라질 1982.03.31

| 연도 | 소속 | 출장 | 교체 | 득점 | 도움 | 파울 | 슈팅 | 경고 | 퇴장 |
|---|---|---|---|---|---|---|---|---|---|
| 2007 | 부산 | 13 | 9 | 1 | 1 | 29 | 21 | 1 | 0 |
| 통산 | | 13 | 9 | 1 | 1 | 29 | 21 | 1 | 0 |

**아가시코프** 러시아 1962.11.06

| 연도 | 소속 | 출장 | 교체 | 득점 | 도움 | 파울 | 슈팅 | 경고 | 퇴장 |
|---|---|---|---|---|---|---|---|---|---|
| 1992 | 포철 | 4 | 3 | 1 | 0 | 3 | 5 | 0 | 0 |
| 통산 | | 4 | 3 | 1 | 0 | 3 | 5 | 0 | 0 |

**아고스** (Agostinho Petronilo de Oliveira Filho) 브라질 1978.1

| 연도 | 소속 | 출장 | 교체 | 득점 | 도움 | 파울 | 슈팅 | 경고 | 퇴장 |
|---|---|---|---|---|---|---|---|---|---|
| 2005 | 부천 | 19 | 13 | 2 | 1 | 45 | 26 | 1 | 1 |
| 통산 | | 19 | 13 | 2 | 1 | 45 | 26 | 1 | 1 |

**아그보** (Agbo Alex) 나이지리아 1977.07.01

| 연도 | 소속 | 출장 | 교체 | 득점 | 도움 | 파울 | 슈팅 | 경고 | 퇴장 |
|---|---|---|---|---|---|---|---|---|---|
| 1996 | 천안 | 6 | 6 | 1 | 0 | 18 | 3 | 2 | 0 |
| 1997 | 천안 | 17 | 12 | 1 | 0 | 47 | 15 | 2 | 0 |
| 통산 | | 23 | 18 | 2 | 0 | 65 | 18 | 4 | 0 |

**아기치** (Agic Jasmin) 크로아티아 1974.12.26

| 연도 | 소속 | 출장 | 교체 | 득점 | 도움 | 파울 | 슈팅 | 경고 | 퇴장 |
|---|---|---|---|---|---|---|---|---|---|
| 2005 | 인천 | 13 | 3 | 0 | 4 | 72 | 35 | 8 | 0 |
| 2006 | 인천 | 16 | 6 | 2 | 3 | 36 | 16 | 4 | 0 |
| 통산 | | 49 | 14 | 5 | 7 | 108 | 51 | 12 | 0 |

**아다오** (Jose Adao Fonseca) 브라질 1972.11.30

| 연도 | 소속 | 출장 | 교체 | 득점 | 도움 | 파울 | 슈팅 | 경고 | 퇴장 |
|---|---|---|---|---|---|---|---|---|---|
| 1998 | 전남 | 22 | 20 | 7 | 0 | 30 | 37 | 4 | 0 |
| 통산 | | 22 | 20 | 7 | 0 | 30 | 37 | 4 | 0 |

**아데마** (Adhemar Ferreira de Camargo Neto) 브라질 1972.04.27

| 연도 | 소속 | 출장 | 교체 | 득점 | 도움 | 파울 | 슈팅 | 경고 | 퇴장 |
|---|---|---|---|---|---|---|---|---|---|
| 2004 | 성남 | 10 | 8 | 0 | 0 | 18 | 21 | 0 | 0 |
| 통산 | | 10 | 8 | 0 | 0 | 18 | 21 | 0 | 0 |

**아도** (Agnaldo Cordeiro Pereira) 브라질 1975.01.25

| 연도 | 소속 | 출장 | 교체 | 득점 | 도움 | 파울 | 슈팅 | 경고 | 퇴장 |
|---|---|---|---|---|---|---|---|---|---|
| 2003 | 안양 | 17 | 14 | 5 | 1 | 40 | 24 | 1 | 0 |
| 통산 | | 17 | 14 | 5 | 1 | 40 | 24 | 1 | 0 |

**아드리아노** (Carlos Adriano de Sousa Cruz) 브라질 1987.09.28

| 연도 | 소속 | 출장 | 교체 | 득점 | 도움 | 파울 | 슈팅 | 경고 | 퇴장 |
|---|---|---|---|---|---|---|---|---|---|
| 2014 | 대전 | 32 | 5 | 27 | 4 | 76 | 113 | 5 | 0 |
| 통산 | | 32 | 5 | 27 | 4 | 76 | 113 | 5 | 0 |

**아드리아노** (Adriano Bizerra Melo) 브라질 1981.03.07

| 연도 | 소속 | 출장 | 교체 | 득점 | 도움 | 파울 | 슈팅 | 경고 | 퇴장 |
|---|---|---|---|---|---|---|---|---|---|
| 2004 | 부산 | 13 | 7 | 2 | 1 | 36 | 18 | 0 | 0 |
| 통산 | | 13 | 7 | 2 | 1 | 36 | 18 | 0 | 0 |

**아드리아노** (Antonio Adriano Antunes de Pau) 브라질 1987.04.21

| 연도 | 소속 | 출장 | 교체 | 득점 | 도움 | 파울 | 슈팅 | 경고 | 퇴장 |
|---|---|---|---|---|---|---|---|---|---|
| 2013 | 대구 | 9 | 9 | 0 | 0 | 14 | 3 | 0 | 0 |
| 통산 | | 9 | 9 | 0 | 0 | 14 | 3 | 0 | 0 |

**아드리안** (Zazi Chaminga Adrien) DR콩고 1975.03.26

| 연도 | 소속 | 출장 | 교체 | 득점 | 도움 | 파울 | 슈팅 | 경고 | 퇴장 |
|---|---|---|---|---|---|---|---|---|---|
| 1997 | 천안 | 9 | 8 | 1 | 1 | 12 | 5 | 2 | 0 |
| 통산 | | 9 | 8 | 1 | 1 | 12 | 5 | 2 | 0 |

**아드리안** (Dumitru Adrian Mihalcea) 루마니아 1976.05.24

| 연도 | 소속 | 출장 | 교체 | 득점 | 도움 | 파울 | 슈팅 | 경고 | 퇴장 |
|---|---|---|---|---|---|---|---|---|---|
| 2005 | 전남 | 3 | 3 | 0 | 0 | 5 | 1 | 0 | 0 |
| 통산 | | 3 | 3 | 0 | 0 | 5 | 1 | 0 | 0 |

**아디** (Adnan Ocell) 알바니아 1966.03.06

| 연도 | 소속 | 출장 | 교체 | 득점 | 도움 | 파울 | 슈팅 | 경고 | 퇴장 |
|---|---|---|---|---|---|---|---|---|---|
| 1996 | 수원 | 16 | 2 | 1 | 0 | 27 | 3 | 7 | 1 |
| 통산 | | 16 | 2 | 1 | 0 | 27 | 3 | 7 | 1 |

**아디** (Adilson dos Santos) 브라질 1976.05.12

| 연도 | 소속 | 출장 | 교체 | 득점 | 도움 | 파울 | 슈팅 | 경고 | 퇴장 |
|---|---|---|---|---|---|---|---|---|---|
| 2006 | 서울 | 34 | 3 | 1 | 2 | 67 | 21 | 4 | 0 |
| 2007 | 서울 | 36 | 4 | 2 | 1 | 56 | 21 | 5 | 0 |
| 2008 | 서울 | 34 | 4 | 3 | 1 | 32 | 17 | 5 | 0 |
| 2009 | 서울 | 28 | 1 | 3 | 1 | 34 | 18 | 2 | 1 |
| 2010 | 서울 | 31 | 4 | 5 | 1 | 48 | 16 | 5 | 0 |
| 2011 | 서울 | 30 | 0 | 0 | 1 | 14 | 17 | 5 | 0 |
| 2012 | 서울 | 38 | 5 | 1 | 3 | 27 | 20 | 4 | 0 |
| 2013 | 서울 | 33 | 3 | 3 | 2 | 27 | 20 | 4 | 0 |
| | 통산 | 264 | 24 | 18 | 12 | 305 | 149 | 35 | 1 |

**아르체** (Jusan Carlos Arce Justiniano) 볼리비아 1985.04.10

| 연도 | 소속 | 출장 | 교체 | 득점 | 도움 | 파울 | 슈팅 | 경고 | 퇴장 |
|---|---|---|---|---|---|---|---|---|---|
| 2008 | 성남 | 15 | 15 | 0 | 1 | 10 | 3 | 2 | 0 |
| | 통산 | 15 | 15 | 0 | 1 | 10 | 3 | 2 | 0 |

**아리넬송** (Arinelson Freire Nunes) 브라질 1973.01.27

| 연도 | 소속 | 출장 | 교체 | 득점 | 도움 | 파울 | 슈팅 | 경고 | 퇴장 |
|---|---|---|---|---|---|---|---|---|---|
| 2001 | 전북 | 11 | 9 | 2 | 3 | 5 | 13 | 3 | 0 |
| 2002 | 울산 | 8 | 10 | 0 | 2 | 7 | 3 | 2 | 0 |
| | 통산 | 19 | 19 | 2 | 5 | 12 | 16 | 5 | 0 |

**아리아스** (Arias Moros Cesar Augusto) 콜롬비아 1988.04.02

| 연도 | 소속 | 출장 | 교체 | 득점 | 도움 | 파울 | 슈팅 | 경고 | 퇴장 |
|---|---|---|---|---|---|---|---|---|---|
| 2013 | 대전 | 15 | 4 | 6 | 0 | 37 | 34 | 3 | 0 |
| | 통산 | 15 | 4 | 6 | 0 | 37 | 34 | 3 | 0 |

**아미르** (Amir Telijigovic) 보스니아 헤르체고비나 1966.08.07

| 연도 | 소속 | 출장 | 교체 | 득점 | 도움 | 파울 | 슈팅 | 경고 | 퇴장 |
|---|---|---|---|---|---|---|---|---|---|
| 1994 | 대우 | 24 | 12 | 1 | 3 | 38 | 36 | 5 | 2 |
| 1995 | 대우 | 32 | 14 | 2 | 10 | 50 | 45 | 7 | 0 |
| 1996 | 부산 | 18 | 11 | 1 | 2 | 22 | 13 | 4 | 0 |
| | 통산 | 74 | 37 | 3 | 15 | 110 | 94 | 16 | 2 |

**아보라** (Stanley Aborah) 가나 1969.08.25

| 연도 | 소속 | 출장 | 교체 | 득점 | 도움 | 파울 | 슈팅 | 경고 | 퇴장 |
|---|---|---|---|---|---|---|---|---|---|
| 1997 | 천안 | 30 | 3 | 2 | 1 | 80 | 19 | 8 | 1 |
| 1998 | 천안 | 6 | 2 | 0 | 0 | 14 | 2 | 2 | 0 |
| | 통산 | 36 | 5 | 2 | 1 | 94 | 22 | 10 | 1 |

**아사모아** (Derek Asamoah) 영국 1981.05.01

| 연도 | 소속 | 출장 | 교체 | 득점 | 도움 | 파울 | 슈팅 | 경고 | 퇴장 |
|---|---|---|---|---|---|---|---|---|---|
| 2011 | 포항 | 31 | 22 | 7 | 5 | 60 | 52 | 3 | 0 |
| 2012 | 포항 | 30 | 25 | 6 | 1 | 46 | 38 | 1 | 0 |
| 2013 | 대구 | 33 | 13 | 4 | 1 | 49 | 81 | 5 | 0 |
| | 통산 | 94 | 60 | 17 | 7 | 155 | 171 | 9 | 0 |

**아지마** (Mohamed Semida Abdel Azim) 이집트 1968.10.17

| 연도 | 소속 | 출장 | 교체 | 득점 | 도움 | 파울 | 슈팅 | 경고 | 퇴장 |
|---|---|---|---|---|---|---|---|---|---|
| 1996 | 울산 | 18 | 14 | 1 | 1 | 21 | 17 | 3 | 0 |
| | 통산 | 18 | 14 | 1 | 1 | 21 | 17 | 3 | 0 |

**아지송** (Waldison Rodrigues de Souza) 브라질 1984.06.17

| 연도 | 소속 | 출장 | 교체 | 득점 | 도움 | 파울 | 슈팅 | 경고 | 퇴장 |
|---|---|---|---|---|---|---|---|---|---|
| 2013 | 제주 | 3 | 3 | 0 | 0 | 4 | 1 | 0 | 0 |
| | 통산 | 3 | 3 | 0 | 0 | 4 | 1 | 0 | 0 |

**아첼** (Zoltan Aczel) 헝가리 1967.03.13

| 연도 | 소속 | 출장 | 교체 | 득점 | 도움 | 파울 | 슈팅 | 경고 | 퇴장 |
|---|---|---|---|---|---|---|---|---|---|
| 1991 | 대우 | 6 | 0 | 0 | 1 | 4 | 2 | 2 | 0 |
| | 통산 | 6 | 0 | 0 | 1 | 4 | 2 | 2 | 0 |

**아키** (Ienaga Akihiro) 일본 1986.06.13

| 연도 | 소속 | 출장 | 교체 | 득점 | 도움 | 파울 | 슈팅 | 경고 | 퇴장 |
|---|---|---|---|---|---|---|---|---|---|
| 2012 | 울산 | 12 | 12 | 1 | 1 | 8 | 12 | 1 | 0 |
| | 통산 | 12 | 12 | 1 | 1 | 8 | 12 | 1 | 0 |

**아킨슨** (Dalian Robert Atkinson) 영국 1968.03.21

| 연도 | 소속 | 출장 | 교체 | 득점 | 도움 | 파울 | 슈팅 | 경고 | 퇴장 |
|---|---|---|---|---|---|---|---|---|---|
| 2001 | 대전 | 4 | 5 | 1 | 0 | 6 | 4 | 2 | 0 |
| 2001 | 전북 | 4 | 4 | 0 | 0 | 1 | 0 | 0 | 0 |
| | 통산 | 8 | 9 | 1 | 0 | 7 | 6 | 2 | 0 |

**아틈** (Artem Yashkin) 우크라이나 1975.04.29

| 연도 | 소속 | 출장 | 교체 | 득점 | 도움 | 파울 | 슈팅 | 경고 | 퇴장 |
|---|---|---|---|---|---|---|---|---|---|
| 2004 | 부천 | 23 | 17 | 0 | 2 | 36 | 21 | 3 | 0 |
| | 통산 | 23 | 17 | 0 | 2 | 36 | 21 | 3 | 0 |

**아트** (Gefferson da Silva Goulart) 브라질 1978.01.09

| 연도 | 소속 | 출장 | 교체 | 득점 | 도움 | 파울 | 슈팅 | 경고 | 퇴장 |
|---|---|---|---|---|---|---|---|---|---|
| 2006 | 부산 | 5 | 2 | 1 | 1 | 5 | 6 | 0 | 0 |
| | 통산 | 5 | 2 | 1 | 1 | 5 | 6 | 0 | 0 |

**아틸라** (Attila Kaman) 헝가리 1969.11.20

| 연도 | 소속 | 출장 | 교체 | 득점 | 도움 | 파울 | 슈팅 | 경고 | 퇴장 |
|---|---|---|---|---|---|---|---|---|---|
| 1994 | 유공 | 12 | 8 | 1 | 1 | 20 | 11 | 1 | 1 |
| 1995 | 유공 | 2 | 2 | 0 | 0 | 6 | 3 | 0 | 0 |
| | 통산 | 14 | 10 | 1 | 1 | 26 | 14 | 1 | 1 |

**안광호** (安光鎬) 연세대 1968.12.19

| 연도 | 소속 | 출장 | 교체 | 득점 | 도움 | 파울 | 슈팅 | 경고 | 퇴장 |
|---|---|---|---|---|---|---|---|---|---|
| 1992 | 대우 | 10 | 5 | 0 | 0 | 8 | 4 | 1 | 0 |
| 1993 | 대우 | 4 | 3 | 0 | 0 | 9 | 1 | 0 | 0 |
| | 통산 | 14 | 8 | 0 | 0 | 16 | 5 | 1 | 0 |

**안광호** (安光鎬) 배재대 1979.01.10

| 연도 | 소속 | 출장 | 교체 | 득점 | 도움 | 파울 | 슈팅 | 경고 | 퇴장 |
|---|---|---|---|---|---|---|---|---|---|
| 2002 | 전북 | 1 | 1 | 0 | 0 | 1 | 0 | 1 | 0 |
| | 통산 | 1 | 1 | 0 | 0 | 1 | 0 | 1 | 0 |

**안기철** (安基喆) 아주대 1962.04.24

| 연도 | 소속 | 출장 | 교체 | 득점 | 도움 | 파울 | 슈팅 | 경고 | 퇴장 |
|---|---|---|---|---|---|---|---|---|---|
| 1986 | 대우 | 17 | 9 | 2 | 1 | 17 | 8 | 2 | 0 |
| 1987 | 대우 | 27 | 23 | 1 | 1 | 17 | 8 | 2 | 0 |
| 1988 | 대우 | 23 | 10 | 1 | 3 | 20 | 15 | 0 | 0 |
| 1989 | 대우 | 18 | 16 | 0 | 1 | 10 | 17 | 1 | 0 |
| | 통산 | 85 | 58 | 4 | 6 | 64 | 48 | 5 | 0 |

**안대현** (安大賢) 전주대 1977.08.20

| 연도 | 소속 | 출장 | 교체 | 득점 | 도움 | 파울 | 슈팅 | 경고 | 퇴장 |
|---|---|---|---|---|---|---|---|---|---|
| 2000 | 전북 | 3 | 3 | 0 | 0 | 3 | 1 | 0 | 0 |
| 2001 | 전북 | 13 | 8 | 0 | 2 | 16 | 7 | 2 | 0 |
| 2002 | 전북 | 1 | 1 | 0 | 0 | 1 | 0 | 0 | 0 |
| 2003 | 전북 | 0 | 0 | 0 | 0 | 0 | 0 | 0 | 0 |
| | 통산 | 17 | 12 | 0 | 2 | 20 | 8 | 2 | 0 |

**안데르손** (Anderson Ricardo dos Santos) 브라질 1983.03.22

| 연도 | 소속 | 출장 | 교체 | 득점 | 도움 | 파울 | 슈팅 | 경고 | 퇴장 |
|---|---|---|---|---|---|---|---|---|---|
| 2009 | 서울 | 13 | 10 | 4 | 1 | 24 | 16 | 2 | 0 |
| | 통산 | 13 | 10 | 4 | 1 | 24 | 16 | 2 | 0 |

**안델손** (Anderson Andrade Antunes) 브라질 1981.11.15

| 연도 | 소속 | 출장 | 교체 | 득점 | 도움 | 파울 | 슈팅 | 경고 | 퇴장 |
|---|---|---|---|---|---|---|---|---|---|
| 2010 | 대구 | 11 | 4 | 2 | 1 | 28 | 10 | 0 | 0 |
| | 통산 | 11 | 4 | 2 | 1 | 28 | 10 | 0 | 0 |

**안동은** (安?恩) 경운대 1988.10.01

| 연도 | 소속 | 출장 | 교체 | 득점 | 도움 | 파울 | 슈팅 | 경고 | 퇴장 |
|---|---|---|---|---|---|---|---|---|---|
| 2013 | 고양 | 28 | 9 | 0 | 0 | 52 | 2 | 4 | 0 |
| 2014 | 안산 | 6 | 5 | 0 | 0 | 4 | 0 | 1 | 0 |
| | 통산 | 34 | 14 | 0 | 0 | 56 | 2 | 5 | 0 |

**안동혁** (安東赫) 광운대 1988.11.11

| 연도 | 소속 | 출장 | 교체 | 득점 | 도움 | 파울 | 슈팅 | 경고 | 퇴장 |
|---|---|---|---|---|---|---|---|---|---|
| 2011 | 광주 | 23 | 15 | 0 | 1 | 17 | 18 | 3 | 0 |
| 2012 | 광주 | 28 | 11 | 1 | 2 | 42 | 12 | 7 | 0 |
| 2013 | 광주 | 19 | 19 | 1 | 1 | 23 | 13 | 0 | 0 |
| | 통산 | 71 | 45 | 2 | 4 | 82 | 43 | 9 | 0 |

**안드레** (Andre Luis Alves Santos) 브라질 1972.11.16

| 연도 | 소속 | 출장 | 교체 | 득점 | 도움 | 파울 | 슈팅 | 경고 | 퇴장 |
|---|---|---|---|---|---|---|---|---|---|
| 2000 | 안양 | 38 | 4 | 9 | 14 | 74 | 79 | 4 | 0 |
| 2001 | 안양 | 27 | 19 | 2 | 4 | 36 | 40 | 3 | 0 |
| 2002 | 안양 | 31 | 19 | 7 | 9 | 41 | 71 | 4 | 1 |
| | 통산 | 96 | 42 | 18 | 27 | 151 | 190 | 11 | 1 |

**안드레이** (Andriy Sydelnykov) 우크라이나 1967.09.27

| 연도 | 소속 | 출장 | 교체 | 득점 | 도움 | 파울 | 슈팅 | 경고 | 퇴장 |
|---|---|---|---|---|---|---|---|---|---|
| 1995 | 전남 | 28 | 7 | 4 | 1 | 60 | 22 | 9 | 1 |
| 1996 | 전남 | 29 | 5 | 3 | 0 | 31 | 19 | 8 | 0 |
| | 통산 | 57 | 12 | 7 | 1 | 91 | 41 | 17 | 1 |

**안병태** (安炳泰) 한양대 1959.02.22

| 연도 | 소속 | 출장 | 교체 | 득점 | 도움 | 파울 | 슈팅 | 경고 | 퇴장 |
|---|---|---|---|---|---|---|---|---|---|
| 1983 | 포철 | 10 | 2 | 0 | 0 | 10 | 2 | 0 | 0 |
| 1984 | 포철 | 14 | 5 | 0 | 0 | 6 | 2 | 1 | 0 |
| 1986 | 포철 | 12 | 4 | 0 | 0 | 12 | 4 | 1 | 0 |
| | 통산 | 36 | 11 | 0 | 0 | 28 | 8 | 2 | 0 |

**안상현** (安相炫) 능곡중 1986.03.05

| 연도 | 소속 | 출장 | 교체 | 득점 | 도움 | 파울 | 슈팅 | 경고 | 퇴장 |
|---|---|---|---|---|---|---|---|---|---|
| 2003 | 안양 | 0 | 0 | 0 | 0 | 0 | 0 | 0 | 0 |
| 2004 | 서울 | 1 | 1 | 0 | 0 | 3 | 0 | 0 | 0 |
| 2005 | 서울 | 1 | 1 | 0 | 0 | 0 | 0 | 0 | 0 |
| 2006 | 서울 | 0 | 0 | 0 | 0 | 0 | 0 | 0 | 0 |
| 2007 | 서울 | 11 | 10 | 1 | 0 | 9 | 8 | 1 | 0 |
| 2009 | 경남 | 9 | 8 | 0 | 0 | 14 | 5 | 3 | 0 |
| 2010 | 경남 | 24 | 18 | 0 | 1 | 31 | 12 | 5 | 1 |
| 2011 | 대구 | 15 | 11 | 0 | 0 | 33 | 4 | 8 | 0 |
| 2012 | 대구 | 32 | 10 | 0 | 1 | 57 | 11 | 14 | 0 |
| 2013 | 대구 | 33 | 6 | 0 | 1 | 49 | 11 | 11 | 0 |
| 2014 | 대구 | 32 | 2 | 1 | 1 | 50 | 14 | 7 | 0 |
| | 통산 | 160 | 68 | 3 | 4 | 248 | 67 | 49 | 2 |

**안선진** (安善鎭) 고려대 1975.09.19

| 연도 | 소속 | 출장 | 교체 | 득점 | 도움 | 파울 | 슈팅 | 경고 | 퇴장 |
|---|---|---|---|---|---|---|---|---|---|
| 2003 | 포항 | 16 | 14 | 0 | 0 | 15 | 4 | 0 | 0 |
| | 통산 | 16 | 14 | 0 | 0 | 15 | 4 | 0 | 0 |

**안성규** (安聖奎) 충북대

| 연도 | 소속 | 출장 | 교체 | 득점 | 도움 | 파울 | 슈팅 | 경고 | 퇴장 |
|---|---|---|---|---|---|---|---|---|---|
| 1995 | 대우 | 1 | 1 | 0 | 0 | 2 | 1 | 0 | 0 |
| | 통산 | 1 | 1 | 0 | 0 | 2 | 1 | 0 | 0 |

**안성남** (安成男) 중앙대 1984.04.17

| 연도 | 소속 | 출장 | 교체 | 득점 | 도움 | 파울 | 슈팅 | 경고 | 퇴장 |
|---|---|---|---|---|---|---|---|---|---|
| 2009 | 강원 | 21 | 15 | 1 | 1 | 23 | 2 | 0 | 0 |
| 2010 | 강원 | 26 | 22 | 5 | 3 | 14 | 36 | 2 | 0 |
| 2011 | 광주 | 22 | 18 | 2 | 0 | 23 | 25 | 1 | 0 |
| 2012 | 광주 | 25 | 24 | 0 | 1 | 22 | 28 | 5 | 0 |
| 2014 | 광주 | 8 | 5 | 1 | 1 | 14 | 13 | 0 | 0 |
| | 통산 | 102 | 84 | 10 | 6 | 76 | 123 | 12 | 0 |

**안성민** (安成民) 건국대 1985.11.03

| 연도 | 소속 | 출장 | 교체 | 득점 | 도움 | 파울 | 슈팅 | 경고 | 퇴장 |
|---|---|---|---|---|---|---|---|---|---|
| 2007 | 부산 | 18 | 13 | 1 | 1 | 29 | 10 | 1 | 0 |
| 2008 | 부산 | 17 | 14 | 1 | 0 | 28 | 16 | 4 | 0 |
| 2009 | 부산 | 20 | 10 | 1 | 0 | 37 | 9 | 8 | 0 |
| 2010 | 대구 | 28 | 9 | 1 | 3 | 33 | 29 | 5 | 0 |
| 2011 | 대구 | 11 | 7 | 3 | 0 | 21 | 10 | 4 | 0 |
| | 통산 | 94 | 53 | 9 | 2 | 148 | 74 | 22 | 0 |

**안성빈** (安聖彬) 수원대 1988.10.03

| 연도 | 소속 | 출장 | 교체 | 득점 | 도움 | 파울 | 슈팅 | 경고 | 퇴장 |
|---|---|---|---|---|---|---|---|---|---|
| 2010 | 경남 | 8 | 8 | 1 | 0 | 6 | 6 | 1 | 0 |
| 2011 | 경남 | 5 | 5 | 0 | 0 | 2 | 3 | 0 | 0 |
| 2012 | 경남 | 11 | 10 | 1 | 0 | 12 | 5 | 0 | 0 |
| 2013 | 경찰 | 23 | 13 | 1 | 2 | 31 | 22 | 2 | 0 |
| 2014 | 안산 | 15 | 15 | 1 | 3 | 14 | 13 | 0 | 0 |
| 2014 | 경남 | 9 | 4 | 0 | 0 | 5 | 5 | 0 | 0 |
| | 통산 | 71 | 55 | 5 | 5 | 76 | 60 | 9 | 0 |

**안성열** (安星烈) 국민대 1958.08.01

| 연도 | 소속 | 출장 | 교체 | 득점 | 도움 | 파울 | 슈팅 | 경고 | 퇴장 |
|---|---|---|---|---|---|---|---|---|---|
| 1983 | 국민은 | 10 | 4 | 0 | 1 | 8 | 3 | 1 | 0 |
| 1985 | 상무 | 18 | 2 | 0 | 0 | 20 | 10 | 0 | 0 |
| | 통산 | 28 | 6 | 0 | 1 | 28 | 13 | 1 | 0 |

**안성일** (安聖逸) 아주대 1966.09.10

| 연도 | 소속 | 출장 | 교체 | 득점 | 도움 | 파울 | 슈팅 | 경고 | 퇴장 |
|---|---|---|---|---|---|---|---|---|---|
| 1989 | 대우 | 21 | 13 | 6 | 0 | 17 | 23 | 1 | 0 |

| 연도 | 소속 | 출장 | 교체 | 득점 | 도움 | 파울 | 슈팅 | 경고 | 퇴장 |
|---|---|---|---|---|---|---|---|---|---|
| 1990 | 대우 | 14 | 8 | 1 | 0 | 23 | 16 | 1 | 0 |
| 1991 | 대우 | 36 | 7 | 2 | 3 | 49 | 45 | 5 | 1 |
| 1992 | 대우 | 35 | 12 | 5 | 0 | 49 | 37 | 7 | 0 |
| 1993 | 대우 | 24 | 18 | 1 | 2 | 25 | 18 | 3 | 0 |
| 1994 | 포철 | 22 | 15 | 0 | 3 | 19 | 12 | 2 | 0 |
| 1995 | 대우 | 30 | 11 | 4 | 0 | 52 | 26 | 11 | 0 |
| 1996 | 부산 | 18 | 12 | 0 | 0 | 35 | 10 | 3 | 0 |
| | 통산 | 200 | 96 | 19 | 8 | 269 | 187 | 33 | 1 |

**안성호 (安成皓) 대구대 1976.03.30**

| 연도 | 소속 | 출장 | 교체 | 득점 | 도움 | 파울 | 슈팅 | 경고 | 퇴장 |
|---|---|---|---|---|---|---|---|---|---|
| 1999 | 수원 | 1 | 1 | 0 | 0 | 2 | 0 | 0 | 0 |
| | 통산 | 1 | 1 | 0 | 0 | 2 | 0 | 0 | 0 |

**안성훈 (安成勳) 한려대 1982.09.11**

| 연도 | 소속 | 출장 | 교체 | 득점 | 도움 | 파울 | 슈팅 | 경고 | 퇴장 |
|---|---|---|---|---|---|---|---|---|---|
| 2002 | 안양 | 11 | 5 | 0 | 0 | 11 | 3 | 2 | 0 |
| 2003 | 안양 | 13 | 6 | 0 | 0 | 8 | 6 | 0 | 0 |
| 2004 | 인천 | 19 | 10 | 0 | 0 | 30 | 2 | 1 | 0 |
| 2005 | 인천 | 10 | 6 | 0 | 0 | 2 | 19 | 3 | 0 |
| 2006 | 인천 | 7 | 7 | 0 | 0 | 2 | 19 | 3 | 0 |
| 2007 | 부천 | 4 | 4 | 0 | 0 | 4 | 2 | 4 | 0 |
| | 통산 | 64 | 38 | 0 | 2 | 75 | 16 | 7 | 0 |

**안승인 (安承仁) 경원대학원 1973.03.14**

| 연도 | 소속 | 출장 | 교체 | 득점 | 도움 | 파울 | 슈팅 | 경고 | 퇴장 |
|---|---|---|---|---|---|---|---|---|---|
| 1999 | 부천 | 15 | 15 | 0 | 2 | 7 | 8 | 0 | 0 |
| 2000 | 부천 | 9 | 9 | 1 | 0 | 13 | 2 | 2 | 0 |
| 2001 | 부천 | 25 | 20 | 3 | 1 | 24 | 23 | 0 | 0 |
| 2002 | 부천 | 25 | 18 | 2 | 2 | 47 | 18 | 0 | 0 |
| 2003 | 부천 | 38 | 25 | 1 | 3 | 58 | 25 | 2 | 0 |
| 2004 | 부천 | 5 | 5 | 0 | 0 | 0 | 0 | 0 | 0 |
| | 통산 | 117 | 92 | 7 | 8 | 149 | 76 | 6 | 0 |

**안영규 (安泳奎) 울산대 1989.12.04**

| 연도 | 소속 | 출장 | 교체 | 득점 | 도움 | 파울 | 슈팅 | 경고 | 퇴장 |
|---|---|---|---|---|---|---|---|---|---|
| 2012 | 수원 | 0 | 0 | 0 | 0 | 0 | 0 | 0 | 0 |
| 2014 | 대전 | 34 | 2 | 1 | 1 | 45 | 16 | 5 | 0 |
| | 통산 | 34 | 2 | 1 | 1 | 45 | 16 | 5 | 0 |

**안영진 (安映珍) 울산대 1988.04.01**

| 연도 | 소속 | 출장 | 교체 | 득점 | 도움 | 파울 | 슈팅 | 경고 | 퇴장 |
|---|---|---|---|---|---|---|---|---|---|
| 2013 | 부천 | 7 | 7 | 0 | 0 | 1 | 4 | 0 | 0 |
| | 통산 | 7 | 7 | 0 | 0 | 1 | 4 | 0 | 0 |

**안영학 (安英學, An, Yong Hak) 북한 1978.10.25**

| 연도 | 소속 | 출장 | 교체 | 득점 | 도움 | 파울 | 슈팅 | 경고 | 퇴장 |
|---|---|---|---|---|---|---|---|---|---|
| 2006 | 부산 | 29 | 8 | 3 | 2 | 57 | 19 | 0 | 0 |
| 2007 | 부산 | 30 | 3 | 4 | 0 | 65 | 33 | 2 | 0 |
| 2008 | 수원 | 9 | 7 | 0 | 0 | 13 | 7 | 2 | 0 |
| 2009 | 수원 | 14 | 6 | 0 | 0 | 24 | 8 | 1 | 0 |
| | 통산 | 82 | 24 | 6 | 2 | 159 | 67 | 5 | 0 |

**안용우 (安庸佑) 동의대 1991.08.10**

| 연도 | 소속 | 출장 | 교체 | 득점 | 도움 | 파울 | 슈팅 | 경고 | 퇴장 |
|---|---|---|---|---|---|---|---|---|---|
| 2014 | 전남 | 31 | 7 | 6 | 6 | 19 | 41 | 4 | 0 |
| | 통산 | 31 | 7 | 6 | 6 | 19 | 41 | 4 | 0 |

**안원응 (安元應) 성균관대 1961.01.14**

| 연도 | 소속 | 출장 | 교체 | 득점 | 도움 | 파울 | 슈팅 | 경고 | 퇴장 |
|---|---|---|---|---|---|---|---|---|---|
| 1984 | 한일은 | 6 | 2 | 0 | 0 | 5 | 0 | 2 | 0 |
| | 통산 | 6 | 2 | 0 | 0 | 5 | 0 | 2 | 0 |

**안익수 (安益秀) 인천대 1965.05.06**

| 연도 | 소속 | 출장 | 교체 | 득점 | 도움 | 파울 | 슈팅 | 경고 | 퇴장 |
|---|---|---|---|---|---|---|---|---|---|
| 1989 | 일화 | 22 | 6 | 0 | 0 | 25 | 3 | 3 | 0 |
| 1990 | 일화 | 29 | 1 | 0 | 1 | 35 | 4 | 2 | 0 |
| 1991 | 일화 | 27 | 3 | 0 | 0 | 46 | 4 | 6 | 0 |
| 1992 | 일화 | 27 | 3 | 0 | 0 | 46 | 4 | 6 | 0 |
| 1993 | 일화 | 26 | 3 | 0 | 0 | 37 | 8 | 2 | 1 |
| 1994 | 일화 | 24 | 6 | 0 | 1 | 31 | 9 | 3 | 0 |
| 1995 | 일화 | 21 | 9 | 0 | 0 | 30 | 2 | 3 | 0 |
| 1996 | 포항 | 30 | 11 | 0 | 0 | 39 | 1 | 5 | 0 |
| 1997 | 포항 | 34 | 6 | 1 | 0 | 52 | 5 | 6 | 0 |
| 1998 | 포항 | 36 | 1 | 1 | 0 | 63 | 4 | 6 | 0 |
| | 통산 | 253 | 41 | 2 | 3 | 370 | 46 | 36 | 1 |

**안일주 (安一柱) 동국대 1988.05.02**

| 연도 | 소속 | 출장 | 교체 | 득점 | 도움 | 파울 | 슈팅 | 경고 | 퇴장 |
|---|---|---|---|---|---|---|---|---|---|
| 2011 | 포항 | 0 | 0 | 0 | 0 | 0 | 0 | 0 | 0 |
| 2012 | 상주 | 0 | 0 | 0 | 0 | 0 | 0 | 0 | 0 |
| 2013 | 상주 | 0 | 0 | 0 | 0 | 0 | 0 | 0 | 0 |
| 2014 | 부천 | 21 | 0 | 0 | 0 | 21 | 8 | 2 | 0 |
| | 통산 | 21 | 0 | 0 | 0 | 21 | 8 | 2 | 0 |

**안재곤 (安載坤) 아주대 1984.08.15**

| 연도 | 소속 | 출장 | 교체 | 득점 | 도움 | 파울 | 슈팅 | 경고 | 퇴장 |
|---|---|---|---|---|---|---|---|---|---|
| 2008 | 인천 | 4 | 1 | 0 | 0 | 9 | 0 | 1 | 0 |
| 2009 | 인천 | 1 | 0 | 0 | 0 | 0 | 0 | 0 | 0 |
| 2011 | 인천 | 5 | 4 | 0 | 0 | 12 | 2 | 1 | 0 |
| 2012 | 인천 | 1 | 1 | 0 | 0 | 0 | 0 | 0 | 0 |
| | 통산 | 11 | 6 | 0 | 0 | 21 | 2 | 2 | 0 |

**안재준 (安宰峻) 고려대 1986.02.08**

| 연도 | 소속 | 출장 | 교체 | 득점 | 도움 | 파울 | 슈팅 | 경고 | 퇴장 |
|---|---|---|---|---|---|---|---|---|---|
| 2008 | 인천 | 28 | 1 | 0 | 0 | 44 | 5 | 9 | 0 |
| 2009 | 인천 | 33 | 1 | 0 | 1 | 50 | 14 | 6 | 0 |
| 2010 | 인천 | 21 | 0 | 1 | 3 | 58 | 9 | 4 | 1 |
| 2011 | 전남 | 28 | 1 | 0 | 0 | 35 | 7 | 5 | 0 |
| 2012 | 전남 | 32 | 1 | 1 | 0 | 40 | 6 | 4 | 0 |
| 2013 | 인천 | 31 | 0 | 4 | 0 | 48 | 6 | 8 | 0 |
| 2014 | 인천 | 36 | 1 | 0 | 0 | 49 | 10 | 5 | 0 |
| | 통산 | 215 | 6 | 7 | 4 | 340 | 60 | 41 | 1 |

**안재훈 (安在勳) 건국대 1988.02.01**

| 연도 | 소속 | 출장 | 교체 | 득점 | 도움 | 파울 | 슈팅 | 경고 | 퇴장 |
|---|---|---|---|---|---|---|---|---|---|
| 2011 | 대구 | 20 | 1 | 0 | 2 | 27 | 4 | 2 | 0 |
| 2012 | 대구 | 9 | 3 | 1 | 0 | 11 | 5 | 2 | 0 |
| 2013 | 대구 | 1 | 1 | 0 | 0 | 1 | 1 | 0 | 0 |
| 2013 | 수원FC | 16 | 1 | 0 | 0 | 18 | 4 | 2 | 0 |
| 2014 | 상주 | 22 | 3 | 0 | 1 | 25 | 5 | 4 | 1 |
| | 통산 | 72 | 9 | 2 | 2 | 86 | 19 | 11 | 1 |

**안정환 (安貞桓) 아주대 1976.01.27**

| 연도 | 소속 | 출장 | 교체 | 득점 | 도움 | 파울 | 슈팅 | 경고 | 퇴장 |
|---|---|---|---|---|---|---|---|---|---|
| 1998 | 부산 | 33 | 8 | 13 | 4 | 31 | 62 | 4 | 0 |
| 1999 | 부산 | 34 | 9 | 21 | 4 | 29 | 88 | 3 | 1 |
| 2000 | 부산 | 20 | 4 | 10 | 2 | 20 | 63 | 0 | 0 |
| 2007 | 수원 | 25 | 15 | 5 | 0 | 22 | 58 | 4 | 0 |
| 2008 | 수원 | 27 | 8 | 6 | 4 | 47 | 72 | 6 | 1 |
| | 통산 | 139 | 53 | 55 | 14 | 146 | 363 | 17 | 2 |

**안젤코비치 (Miodrag Andelkovic) 세르비아 몬테네그로 1977.12**

| 연도 | 소속 | 출장 | 교체 | 득점 | 도움 | 파울 | 슈팅 | 경고 | 퇴장 |
|---|---|---|---|---|---|---|---|---|---|
| 2004 | 인천 | 11 | 5 | 4 | 0 | 26 | 19 | 1 | 1 |
| | 통산 | 11 | 5 | 4 | 0 | 26 | 19 | 1 | 1 |

**안종관 (安種官) 광운대 1966.08.30**

| 연도 | 소속 | 출장 | 교체 | 득점 | 도움 | 파울 | 슈팅 | 경고 | 퇴장 |
|---|---|---|---|---|---|---|---|---|---|
| 1989 | 현대 | 28 | 6 | 0 | 1 | 31 | 14 | 2 | 0 |
| 1990 | 현대 | 20 | 6 | 0 | 1 | 21 | 11 | 0 | 0 |
| | 통산 | 48 | 12 | 0 | 2 | 52 | 25 | 2 | 0 |

**안종훈 (安鐘薰) 조선대 1989.07.05**

| 연도 | 소속 | 출장 | 교체 | 득점 | 도움 | 파울 | 슈팅 | 경고 | 퇴장 |
|---|---|---|---|---|---|---|---|---|---|
| 2011 | 제주 | 2 | 2 | 0 | 0 | 3 | 0 | 0 | 0 |
| 2013 | 제주 | 15 | 14 | 1 | 0 | 17 | 7 | 0 | 0 |
| 2014 | 광주 | 15 | 8 | 0 | 2 | 17 | 8 | 1 | 0 |
| | 통산 | 32 | 24 | 1 | 2 | 37 | 15 | 1 | 0 |

**안준원 (安俊垣) 부산상고 1961.03.10**

| 연도 | 소속 | 출장 | 교체 | 득점 | 도움 | 파울 | 슈팅 | 경고 | 퇴장 |
|---|---|---|---|---|---|---|---|---|---|
| 1985 | 상무 | 19 | 0 | 0 | 1 | 11 | 9 | 2 | 0 |
| 1986 | 포철 | 7 | 2 | 0 | 0 | 8 | 0 | 1 | 0 |
| | 통산 | 27 | 2 | 0 | 1 | 19 | 9 | 3 | 0 |

**안진규 (安眞圭) 연세대 1970.10.18**

| 연도 | 소속 | 출장 | 교체 | 득점 | 도움 | 파울 | 슈팅 | 경고 | 퇴장 |
|---|---|---|---|---|---|---|---|---|---|
| 1994 | 현대 | 4 | 4 | 0 | 0 | 1 | 1 | 0 | 0 |
| 1995 | 현대 | 7 | 7 | 0 | 0 | 4 | 3 | 1 | 0 |
| 1996 | 울산 | 4 | 4 | 0 | 0 | 1 | 1 | 0 | 0 |
| 1996 | 전남 | 3 | 3 | 0 | 0 | 1 | 1 | 0 | 0 |
| | 통산 | 17 | 15 | 0 | 0 | 9 | 6 | 1 | 1 |

**안진범 (安進範) 고려대 1992.03.10**

| 연도 | 소속 | 출장 | 교체 | 득점 | 도움 | 파울 | 슈팅 | 경고 | 퇴장 |
|---|---|---|---|---|---|---|---|---|---|
| 2014 | 울산 | 24 | 18 | 2 | 2 | 23 | 18 | 1 | 0 |
| | 통산 | 24 | 18 | 2 | 2 | 23 | 18 | 1 | 0 |

**안태은 (安太銀) 조선대 1985.09.17**

| 연도 | 소속 | 출장 | 교체 | 득점 | 도움 | 파울 | 슈팅 | 경고 | 퇴장 |
|---|---|---|---|---|---|---|---|---|---|
| 2006 | 서울 | 26 | 1 | 0 | 0 | 39 | 13 | 4 | 0 |
| 2007 | 서울 | 4 | 3 | 0 | 0 | 3 | 0 | 0 | 0 |
| 2008 | 서울 | 10 | 3 | 0 | 1 | 19 | 1 | 4 | 0 |
| 2009 | 서울 | 19 | 8 | 0 | 1 | 24 | 1 | 3 | 0 |
| 2010 | 포항 | 8 | 3 | 0 | 0 | 13 | 4 | 3 | 0 |
| 2011 | 인천 | 9 | 3 | 0 | 1 | 13 | 1 | 0 | 0 |
| | 통산 | 76 | 30 | 0 | 3 | 111 | 20 | 14 | 1 |

**안토니오 (Marco Antonio de Freitas Filho) 브라질 1978.10.23**

| 연도 | 소속 | 출장 | 교체 | 득점 | 도움 | 파울 | 슈팅 | 경고 | 퇴장 |
|---|---|---|---|---|---|---|---|---|---|
| 2005 | 전북 | 5 | 4 | 1 | 0 | 4 | 6 | 0 | 0 |
| | 통산 | 5 | 4 | 1 | 0 | 4 | 6 | 0 | 0 |

**안툰 (Antun Matthew Kovacic) 호주 1981.07.10**

| 연도 | 소속 | 출장 | 교체 | 득점 | 도움 | 파울 | 슈팅 | 경고 | 퇴장 |
|---|---|---|---|---|---|---|---|---|---|
| 2009 | 울산 | 3 | 1 | 0 | 0 | 4 | 0 | 1 | 0 |
| | 통산 | 3 | 1 | 0 | 0 | 4 | 0 | 1 | 0 |

**안현식 (安顯植) 연세대 1987.04.24**

| 연도 | 소속 | 출장 | 교체 | 득점 | 도움 | 파울 | 슈팅 | 경고 | 퇴장 |
|---|---|---|---|---|---|---|---|---|---|
| 2008 | 인천 | 21 | 4 | 0 | 0 | 41 | 4 | 3 | 0 |
| 2009 | 인천 | 12 | 3 | 0 | 0 | 13 | 2 | 3 | 0 |
| 2010 | 인천 | 12 | 3 | 0 | 0 | 13 | 2 | 3 | 0 |
| 2011 | 경남 | 9 | 1 | 0 | 0 | 10 | 3 | 2 | 0 |
| 2014 | 고양 | 25 | 4 | 0 | 0 | 34 | 4 | 4 | 0 |
| | 통산 | 74 | 12 | 0 | 1 | 111 | 17 | 15 | 1 |

**안홍민 (安洪珉) 관동대 1971.09.06**

| 연도 | 소속 | 출장 | 교체 | 득점 | 도움 | 파울 | 슈팅 | 경고 | 퇴장 |
|---|---|---|---|---|---|---|---|---|---|
| 1996 | 울산 | 25 | 16 | 10 | 1 | 40 | 41 | 2 | 0 |
| 1997 | 울산 | 24 | 9 | 2 | 3 | 38 | 25 | 3 | 0 |
| 1998 | 울산 | 28 | 24 | 4 | 2 | 38 | 25 | 3 | 0 |
| 1999 | 울산 | 28 | 2 | 4 | 1 | 42 | 16 | 4 | 0 |
| 2000 | 울산 | 20 | 17 | 1 | 3 | 36 | 22 | 2 | 0 |
| 2001 | 전북 | 18 | 18 | 1 | 0 | 9 | 18 | 1 | 0 |
| | 통산 | 137 | 117 | 19 | 14 | 206 | 157 | 15 | 1 |

**안효연 (安孝練) 동국대 1978.04.16**

| 연도 | 소속 | 출장 | 교체 | 득점 | 도움 | 파울 | 슈팅 | 경고 | 퇴장 |
|---|---|---|---|---|---|---|---|---|---|
| 2003 | 부산 | 14 | 12 | 0 | 2 | 8 | 10 | 0 | 0 |
| 2004 | 부산 | 30 | 20 | 6 | 3 | 22 | 27 | 1 | 0 |
| 2005 | 수원 | 30 | 22 | 3 | 5 | 24 | 28 | 1 | 0 |
| 2006 | 성남 | 28 | 26 | 3 | 1 | 13 | 20 | 1 | 0 |
| 2007 | 수원 | 15 | 12 | 2 | 2 | 9 | 10 | 0 | 0 |
| 2008 | 수원 | 15 | 15 | 2 | 2 | 9 | 10 | 0 | 0 |
| 2009 | 전남 | 5 | 5 | 0 | 0 | 4 | 4 | 0 | 0 |
| | 통산 | 134 | 108 | 13 | 15 | 79 | 98 | 3 | 0 |

**안효철 (安孝哲) 성균관대 1965.05.15**

| 연도 | 소속 | 출장 | 교체 | 실점 | 도움 | 파울 | 슈팅 | 경고 | 퇴장 |
|---|---|---|---|---|---|---|---|---|---|
| 1989 | 일화 | 1 | 0 | 1 | 0 | 0 | 0 | 0 | 0 |
| | 통산 | 1 | 0 | 1 | 0 | 0 | 0 | 0 | 0 |

**알도 (Clodoaldo Paulino de Lima) 브라질 1978.11.25**

| 연도 | 소속 | 출장 | 교체 | 득점 | 도움 | 파울 | 슈팅 | 경고 | 퇴장 |
|---|---|---|---|---|---|---|---|---|---|
| 2008 | 전북 | 2 | 1 | 0 | 0 | 5 | 2 | 0 | 0 |
| | 통산 | 2 | 1 | 0 | 0 | 5 | 2 | 0 | 0 |

**알라울 (Alaor) 브라질 1968.12.12**

| 연도 | 소속 | 출장 | 교체 | 득점 | 도움 | 파울 | 슈팅 | 경고 | 퇴장 |
|---|---|---|---|---|---|---|---|---|---|
| 1996 | 수원 | 9 | 8 | 1 | 0 | 14 | 9 | 1 | 0 |
| | 통산 | 9 | 8 | 1 | 0 | 14 | 9 | 1 | 0 |

**알란 (Allan Rodrigo Aal) 브라질 1979.03.12**

| 연도 | 소속 | 출장 | 교체 | 득점 | 도움 | 파울 | 슈팅 | 경고 | 퇴장 |
|---|---|---|---|---|---|---|---|---|---|
| 2004 | 대전 | 4 | 1 | 0 | 0 | 11 | 2 | 1 | 0 |
| | 통산 | 4 | 1 | 0 | 0 | 11 | 2 | 1 | 0 |

**알랭 (Noudjeu Mbianda Nicolas Alain) 카메룬**
1976.07.12

| 연도 | 소속 | 출장 | 교체 | 득점 | 도움 | 파울 | 슈팅 | 경고 | 퇴장 |
|---|---|---|---|---|---|---|---|---|---|
| 2000 | 전북 | 17 | 13 | 0 | 0 | 25 | 14 | 0 | 0 |
| 통산 | | 17 | 13 | 0 | 0 | 25 | 14 | 0 | 0 |

**알레 (Alexandre Garcia Ribeiro) 브라질**
1984.05.08

| 연도 | 소속 | 출장 | 교체 | 득점 | 도움 | 파울 | 슈팅 | 경고 | 퇴장 |
|---|---|---|---|---|---|---|---|---|---|
| 2009 | 대전 | 10 | 8 | 0 | 4 | 20 | 12 | 0 | 0 |
| 2010 | 대전 | 21 | 10 | 1 | 3 | 40 | 43 | 2 | 1 |
| 통산 | | 31 | 18 | 1 | 7 | 60 | 55 | 2 | 1 |

**알렉산더 (Aleksandar Petrovic) 세르비아**
1983.03.22

| 연도 | 소속 | 출장 | 교체 | 득점 | 도움 | 파울 | 슈팅 | 경고 | 퇴장 |
|---|---|---|---|---|---|---|---|---|---|
| 2008 | 전북 | 15 | 1 | 0 | 0 | 22 | 0 | 6 | 0 |
| 2009 | 전북 | 9 | 5 | 0 | 0 | 11 | 0 | 2 | 0 |
| 2009 | 전남 | 6 | 5 | 0 | 0 | 13 | 1 | 2 | 0 |
| 통산 | | 30 | 11 | 0 | 0 | 46 | 1 | 10 | 0 |

**알렉산드로 (Alexsandro Ribeiro da Silva) 브라질**
1980.04.13

| 연도 | 소속 | 출장 | 교체 | 득점 | 도움 | 파울 | 슈팅 | 경고 | 퇴장 |
|---|---|---|---|---|---|---|---|---|---|
| 2008 | 대구 | 14 | 9 | 1 | 1 | 16 | 14 | 1 | 0 |
| 통산 | | 14 | 9 | 1 | 1 | 16 | 14 | 1 | 0 |

**알렉산드로 (Alexandro da Silva Batista) 브라질**
1986.11.06

| 연도 | 소속 | 출장 | 교체 | 득점 | 도움 | 파울 | 슈팅 | 경고 | 퇴장 |
|---|---|---|---|---|---|---|---|---|---|
| 2010 | 포항 | 9 | 6 | 1 | 1 | 20 | 19 | 2 | 0 |
| 통산 | | 9 | 6 | 1 | 1 | 20 | 19 | 2 | 0 |

**알렉산드로 (Alessandro Lopes Pereira) 브라질**
1984.02.13

| 연도 | 소속 | 출장 | 교체 | 득점 | 도움 | 파울 | 슈팅 | 경고 | 퇴장 |
|---|---|---|---|---|---|---|---|---|---|
| 2012 | 대전 | 21 | 2 | 0 | 0 | 51 | 3 | 8 | 0 |
| 2013 | 충주 | 11 | 1 | 0 | 0 | 26 | 0 | 2 | 0 |
| 통산 | | 32 | 3 | 0 | 0 | 77 | 3 | 10 | 0 |

**알렉세이 (Alexey Sudarikov) 러시아 1971.05.01**

| 연도 | 소속 | 출장 | 교체 | 득점 | 도움 | 파울 | 슈팅 | 경고 | 퇴장 |
|---|---|---|---|---|---|---|---|---|---|
| 1994 | LG | 3 | 3 | 0 | 0 | 4 | 3 | 0 | 0 |
| 통산 | | 3 | 3 | 0 | 0 | 4 | 3 | 0 | 0 |

**알렉세이 (Aleksei Prudnikov) 러시아**
1960.03.20

| 연도 | 소속 | 출장 | 교체 | 실점 | 도움 | 파울 | 슈팅 | 경고 | 퇴장 |
|---|---|---|---|---|---|---|---|---|---|
| 1995 | 전북 | 10 | 0 | 11 | 0 | 0 | 0 | 1 | 0 |
| 1996 | 전북 | 27 | 1 | 34 | 0 | 0 | 2 | 2 | 0 |
| 1997 | 전북 | 18 | 0 | 23 | 0 | 0 | 0 | 0 | 0 |
| 1998 | 전북 | 10 | 1 | 7 | 0 | 0 | 2 | 1 | 0 |
| 통산 | | 56 | 1 | 70 | 0 | 2 | 0 | 2 | 0 |

**알렉세이 (Aleksey Shichogolev) 러시아**
1972.09.18

| 연도 | 소속 | 출장 | 교체 | 득점 | 도움 | 파울 | 슈팅 | 경고 | 퇴장 |
|---|---|---|---|---|---|---|---|---|---|
| 1996 | 부천 | 22 | 5 | 0 | 0 | 16 | 0 | 5 | 0 |
| 통산 | | 22 | 5 | 0 | 0 | 16 | 0 | 5 | 0 |

**알렉스 (Aleksandar Jozevic) 유고슬라비아**

| 연도 | 소속 | 출장 | 교체 | 득점 | 도움 | 파울 | 슈팅 | 경고 | 퇴장 |
|---|---|---|---|---|---|---|---|---|---|
| 1993 | 대우 | 6 | 4 | 0 | 0 | 9 | 3 | 2 | 0 |
| 통산 | | 6 | 4 | 0 | 0 | 9 | 3 | 2 | 0 |

**알렉스 (Aleksandar Vlahovic) 유고슬라비아**
1969.07.24

| 연도 | 소속 | 출장 | 교체 | 득점 | 도움 | 파울 | 슈팅 | 경고 | 퇴장 |
|---|---|---|---|---|---|---|---|---|---|
| 1997 | 부산 | 1 | 1 | 1 | 0 | 1 | 2 | 0 | 0 |
| 통산 | | 1 | 1 | 1 | 0 | 1 | 2 | 0 | 0 |

**알렉스 (Alexander Popovich) 몰도바 1977.04.09**

| 연도 | 소속 | 출장 | 교체 | 득점 | 도움 | 파울 | 슈팅 | 경고 | 퇴장 |
|---|---|---|---|---|---|---|---|---|---|
| 2001 | 성남 | 6 | 5 | 0 | 0 | 3 | 4 | 0 | 0 |
| 통산 | | 6 | 5 | 0 | 0 | 3 | 4 | 0 | 0 |

**알렉스 (Alex Oliveira) 브라질 1977.12.21**

| 연도 | 소속 | 출장 | 교체 | 득점 | 도움 | 파울 | 슈팅 | 경고 | 퇴장 |
|---|---|---|---|---|---|---|---|---|---|
| 2003 | 대전 | 28 | 23 | 4 | 2 | 60 | 35 | 1 | 0 |
| 통산 | | 28 | 23 | 4 | 2 | 60 | 35 | 1 | 0 |

**알렉스 (Alexsandro Marques de Oliveira) 브라질**
1978.06.17

| 연도 | 소속 | 출장 | 교체 | 득점 | 도움 | 파울 | 슈팅 | 경고 | 퇴장 |
|---|---|---|---|---|---|---|---|---|---|
| 2007 | 제주 | 1 | 1 | 0 | 0 | 0 | 0 | 0 | 0 |
| 통산 | | 1 | 1 | 0 | 0 | 0 | 0 | 0 | 0 |

**알렉스 (Alex Asamoah) 가나 1986.08.28**

| 연도 | 소속 | 출장 | 교체 | 득점 | 도움 | 파울 | 슈팅 | 경고 | 퇴장 |
|---|---|---|---|---|---|---|---|---|---|
| 2010 | 경남 | 2 | 3 | 0 | 0 | 2 | 3 | 1 | 0 |
| 통산 | | 2 | 3 | 0 | 0 | 2 | 3 | 1 | 0 |

**알렉스 (Aleksandar Jovanovic) 호주 1989.08.04**

| 연도 | 소속 | 출장 | 교체 | 득점 | 도움 | 파울 | 슈팅 | 경고 | 퇴장 |
|---|---|---|---|---|---|---|---|---|---|
| 2013 | 수원FC | 24 | 3 | 0 | 0 | 30 | 2 | 6 | 0 |
| 2014 | 제주 | 31 | 3 | 1 | 1 | 36 | 9 | 4 | 1 |
| 통산 | | 55 | 6 | 1 | 1 | 66 | 11 | 10 | 1 |

**알렉스 (Wesley Alex Maiolino) 브라질**
1988.02.10

| 연도 | 소속 | 출장 | 교체 | 득점 | 도움 | 파울 | 슈팅 | 경고 | 퇴장 |
|---|---|---|---|---|---|---|---|---|---|
| 2013 | 고양 | 32 | 10 | 15 | 6 | 44 | 100 | 4 | 0 |
| 2014 | 고양 | 14 | 0 | 11 | 3 | 24 | 58 | 1 | 0 |
| 2014 | 강원 | 15 | 5 | 5 | 1 | 20 | 46 | 1 | 0 |
| 통산 | | 61 | 15 | 31 | 10 | 88 | 204 | 6 | 0 |

**알렌 (Alen Avdic) 보스니아 헤르체고비나**
1977.04.03

| 연도 | 소속 | 출장 | 교체 | 득점 | 도움 | 파울 | 슈팅 | 경고 | 퇴장 |
|---|---|---|---|---|---|---|---|---|---|
| 2001 | 수원 | 5 | 5 | 1 | 0 | 6 | 11 | 1 | 0 |
| 2002 | 수원 | 3 | 3 | 0 | 0 | 10 | 1 | 1 | 0 |
| 2003 | 수원 | 2 | 2 | 0 | 0 | 7 | 5 | 0 | 0 |
| 통산 | | 10 | 10 | 1 | 0 | 22 | 16 | 2 | 0 |

**알리 (Marian Aliuta) 루마니아 1978.02.04**

| 연도 | 소속 | 출장 | 교체 | 득점 | 도움 | 파울 | 슈팅 | 경고 | 퇴장 |
|---|---|---|---|---|---|---|---|---|---|
| 2005 | 전남 | 1 | 1 | 0 | 0 | 1 | 0 | 0 | 0 |
| 통산 | | 1 | 1 | 0 | 0 | 1 | 0 | 0 | 0 |

**알리송 (Alison Barros Moraes) 브라질**
1982.06.30

| 연도 | 소속 | 출장 | 교체 | 득점 | 도움 | 파울 | 슈팅 | 경고 | 퇴장 |
|---|---|---|---|---|---|---|---|---|---|
| 2002 | 울산 | 10 | 11 | 2 | 3 | 9 | 12 | 1 | 0 |
| 2003 | 울산 | 4 | 5 | 0 | 0 | 4 | 5 | 0 | 0 |
| 2003 | 대전 | 19 | 18 | 5 | 2 | 10 | 38 | 1 | 0 |
| 2004 | 대전 | 24 | 23 | 1 | 1 | 15 | 27 | 3 | 0 |
| 2005 | 대전 | 18 | 18 | 2 | 0 | 14 | 14 | 2 | 0 |
| 통산 | | 78 | 78 | 10 | 6 | 51 | 84 | 7 | 0 |

**알미르 (Almir Lopes de Luna) 브라질**
1982.05.20

| 연도 | 소속 | 출장 | 교체 | 득점 | 도움 | 파울 | 슈팅 | 경고 | 퇴장 |
|---|---|---|---|---|---|---|---|---|---|
| 2007 | 울산 | 36 | 24 | 8 | 6 | 69 | 34 | 3 | 0 |
| 2008 | 울산 | 17 | 8 | 6 | 2 | 31 | 23 | 0 | 0 |
| 2009 | 울산 | 29 | 13 | 7 | 2 | 61 | 50 | 5 | 0 |
| 2010 | 포항 | 25 | 18 | 4 | 4 | 16 | 30 | 1 | 0 |
| 2011 | 인천 | 5 | 3 | 0 | 0 | 4 | 4 | 0 | 0 |
| 통산 | | 112 | 66 | 25 | 14 | 179 | 141 | 9 | 0 |

**알미르 (Almir Kayumov) 러시아 1964.12.30**

| 연도 | 소속 | 출장 | 교체 | 득점 | 도움 | 파울 | 슈팅 | 경고 | 퇴장 |
|---|---|---|---|---|---|---|---|---|---|
| 1993 | 대우 | 18 | 3 | 0 | 0 | 35 | 8 | 8 | 0 |
| 통산 | | 18 | 3 | 0 | 0 | 35 | 8 | 8 | 0 |

**알미르 (Jose Almir Barros Neto) 브라질**
1985.08.22

| 연도 | 소속 | 출장 | 교체 | 득점 | 도움 | 파울 | 슈팅 | 경고 | 퇴장 |
|---|---|---|---|---|---|---|---|---|---|
| 2008 | 경남 | 7 | 4 | 1 | 1 | 18 | 12 | 1 | 0 |
| 2013 | 고양 | 18 | 6 | 6 | 3 | 40 | 33 | 3 | 0 |
| 2014 | 울산 | 2 | 2 | 0 | 0 | 3 | 1 | 0 | 0 |
| 2014 | 강원 | 12 | 7 | 3 | 0 | 30 | 18 | 2 | 0 |
| 통산 | | 39 | 19 | 10 | 4 | 91 | 64 | 6 | 0 |

**알베스 (Jorge Luiz Alves Justino) 브라질**
1982.04.02

| 연도 | 소속 | 출장 | 교체 | 득점 | 도움 | 파울 | 슈팅 | 경고 | 퇴장 |
|---|---|---|---|---|---|---|---|---|---|
| 2009 | 수원 | 4 | 2 | 0 | 0 | 10 | 1 | 1 | 0 |
| 통산 | | 4 | 2 | 0 | 0 | 10 | 1 | 1 | 0 |

**알파이 (Fehmi Alpay Ozalan) 터키 1973.05.29**

| 연도 | 소속 | 출장 | 교체 | 득점 | 도움 | 파울 | 슈팅 | 경고 | 퇴장 |
|---|---|---|---|---|---|---|---|---|---|
| 2004 | 인천 | 8 | 0 | 0 | 0 | 17 | 4 | 2 | 1 |
| 통산 | | 8 | 0 | 0 | 0 | 17 | 4 | 2 | 1 |

**알핫산 (George Alhassan) 가나 1955.11.11**

| 연도 | 소속 | 출장 | 교체 | 득점 | 도움 | 파울 | 슈팅 | 경고 | 퇴장 |
|---|---|---|---|---|---|---|---|---|---|
| 1984 | 현대 | 11 | 4 | 4 | 3 | 22 | 20 | 0 | 0 |
| 통산 | | 11 | 4 | 4 | 3 | 22 | 20 | 0 | 0 |

**애드깔로스 (Edcarlos Conceicao Santos) 브라질**
1985.05.10

| 연도 | 소속 | 출장 | 교체 | 득점 | 도움 | 파울 | 슈팅 | 경고 | 퇴장 |
|---|---|---|---|---|---|---|---|---|---|
| 2013 | 성남 | 17 | 6 | 0 | 1 | 14 | 5 | 2 | 0 |
| 통산 | | 17 | 6 | 0 | 1 | 14 | 5 | 2 | 0 |

**얀 (Kraus Jan) 체코 1979.08.28**

| 연도 | 소속 | 출장 | 교체 | 득점 | 도움 | 파울 | 슈팅 | 경고 | 퇴장 |
|---|---|---|---|---|---|---|---|---|---|
| 2003 | 대구 | 28 | 24 | 5 | 1 | 43 | 28 | 6 | 0 |
| 통산 | | 28 | 24 | 5 | 1 | 43 | 28 | 6 | 0 |

**양동연 (梁東燕) 경희대 1970.04.30**

| 연도 | 소속 | 출장 | 교체 | 득점 | 도움 | 파울 | 슈팅 | 경고 | 퇴장 |
|---|---|---|---|---|---|---|---|---|---|
| 1995 | 전남 | 12 | 7 | 0 | 0 | 9 | 7 | 2 | 0 |
| 1996 | 전남 | 35 | 5 | 0 | 0 | 54 | 18 | 8 | 0 |
| 1997 | 전남 | 29 | 6 | 0 | 2 | 48 | 14 | 4 | 0 |
| 1998 | 전남 | 23 | 9 | 1 | 0 | 53 | 9 | 2 | 0 |
| 2000 | 전남 | 0 | 0 | 0 | 0 | 0 | 0 | 0 | 1 |
| 통산 | | 99 | 27 | 1 | 2 | 164 | 48 | 16 | 1 |

**양동원 (梁東原) 백암고 1987.02.05**

| 연도 | 소속 | 출장 | 교체 | 실점 | 도움 | 파울 | 슈팅 | 경고 | 퇴장 |
|---|---|---|---|---|---|---|---|---|---|
| 2005 | 대전 | 3 | 0 | 4 | 0 | 0 | 0 | 0 | 0 |
| 2006 | 대전 | 0 | 0 | 0 | 0 | 0 | 0 | 0 | 0 |
| 2007 | 대전 | 3 | 1 | 1 | 0 | 0 | 0 | 0 | 0 |
| 2008 | 대전 | 6 | 1 | 10 | 0 | 0 | 0 | 1 | 0 |
| 2010 | 대전 | 10 | 0 | 21 | 0 | 0 | 0 | 1 | 0 |
| 2011 | 수원 | 3 | 0 | 4 | 0 | 0 | 0 | 0 | 0 |
| 2012 | 수원 | 10 | 0 | 13 | 0 | 0 | 0 | 0 | 0 |
| 2013 | 수원 | 4 | 1 | 6 | 0 | 0 | 0 | 0 | 0 |
| 2014 | 강원 | 14 | 0 | 17 | 0 | 0 | 0 | 2 | 0 |
| 통산 | | 53 | 3 | 80 | 0 | 0 | 0 | 4 | 0 |

**양동철 (梁東哲) 부경대 1985.08.26**

| 연도 | 소속 | 출장 | 교체 | 득점 | 도움 | 파울 | 슈팅 | 경고 | 퇴장 |
|---|---|---|---|---|---|---|---|---|---|
| 2010 | 전북 | 3 | 1 | 0 | 0 | 7 | 2 | 1 | 0 |
| 통산 | | 3 | 1 | 0 | 0 | 7 | 2 | 1 | 0 |

**양동현 (梁東炫) 동북고 1986.03.28**

| 연도 | 소속 | 출장 | 교체 | 득점 | 도움 | 파울 | 슈팅 | 경고 | 퇴장 |
|---|---|---|---|---|---|---|---|---|---|
| 2005 | 울산 | 4 | 1 | 0 | 0 | 4 | 4 | 0 | 0 |
| 2006 | 울산 | 13 | 13 | 1 | 0 | 19 | 15 | 0 | 0 |
| 2007 | 울산 | 16 | 13 | 6 | 0 | 31 | 26 | 2 | 0 |
| 2008 | 울산 | 14 | 4 | 0 | 0 | 16 | 30 | 1 | 0 |
| 2009 | 부산 | 33 | 18 | 5 | 3 | 38 | 50 | 2 | 0 |
| 2011 | 부산 | 31 | 25 | 11 | 4 | 30 | 41 | 5 | 0 |
| 2013 | 경찰 | 12 | 11 | 4 | 1 | 39 | 69 | 3 | 0 |
| 2013 | 부산 | 1 | 1 | 0 | 0 | 1 | 4 | 0 | 0 |
| 2014 | 부산 | 14 | 2 | 4 | 1 | 25 | 34 | 2 | 0 |
| 2014 | 울산 | 16 | 7 | 5 | 2 | 20 | 29 | 3 | 0 |
| 통산 | | 194 | 126 | 50 | 25 | 255 | 321 | 21 | 0 |

**양동협 (梁棟叶) 관동대 1989.04.25**

| 연도 | 소속 | 출장 | 교체 | 득점 | 도움 | 파울 | 슈팅 | 경고 | 퇴장 |
|---|---|---|---|---|---|---|---|---|---|
| 2013 | 충주 | 20 | 14 | 1 | 4 | 21 | 13 | 1 | 0 |
| 2014 | 충주 | 7 | 6 | 1 | 1 | 14 | 13 | 0 | 0 |
| 통산 | | 27 | 20 | 2 | 5 | 35 | 21 | 3 | 0 |

**양상민 (梁相珉) 숭실대 1984.02.24**

| 연도 | 소속 | 출장 | 교체 | 득점 | 도움 | 파울 | 슈팅 | 경고 | 퇴장 |
|---|---|---|---|---|---|---|---|---|---|
| 2005 | 전남 | 29 | 6 | 1 | 5 | 66 | 28 | 6 | 0 |
| 2006 | 전남 | 26 | 2 | 3 | 2 | 54 | 33 | 9 | 0 |
| 2007 | 전남 | 2 | 0 | 0 | 0 | 7 | 2 | 1 | 0 |

| 연도 | 소속 | 출장 | 교체 | 득점 | 도움 | 파울 | 슈팅 | 경고 | 퇴장 |
|---|---|---|---|---|---|---|---|---|---|
| 2007 | 수원 | 31 | 2 | 0 | 5 | 55 | 19 | 3 | 0 |
| 2008 | 수원 | 22 | 7 | 0 | 2 | 36 | 20 | 3 | 1 |
| 2009 | 수원 | 18 | 5 | 0 | 0 | 23 | 22 | 5 | 1 |
| 2010 | 수원 | 23 | 4 | 0 | 3 | 51 | 17 | 10 | 0 |
| 2011 | 수원 | 24 | 8 | 0 | 1 | 40 | 3 | 10 | 0 |
| 2012 | 수원 | 29 | 5 | 2 | 3 | 62 | 14 | 14 | 0 |
| 2013 | 경찰 | 27 | 1 | 1 | 2 | 46 | 16 | 15 | 0 |
| 2014 | 안산 | 14 | 1 | 1 | 0 | 30 | 17 | 4 | 0 |
| 통산 | | 248 | 43 | 8 | 23 | 473 | 191 | 81 | 2 |

**양상준 (梁相俊) 홍익대 1988.11.21**

| 연도 | 소속 | 출장 | 교체 | 득점 | 도움 | 파울 | 슈팅 | 경고 | 퇴장 |
|---|---|---|---|---|---|---|---|---|---|
| 2010 | 경남 | 4 | 4 | 0 | 0 | 8 | 0 | 0 | 0 |
| 2014 | 충주 | 7 | 5 | 0 | 0 | 12 | 5 | 0 | 0 |
| 통산 | | 11 | 9 | 0 | 0 | 20 | 5 | 0 | 0 |

**양세근 (梁世根) 탐라대 1988.10.08**

| 연도 | 소속 | 출장 | 교체 | 득점 | 도움 | 파울 | 슈팅 | 경고 | 퇴장 |
|---|---|---|---|---|---|---|---|---|---|
| 2009 | 제주 | 7 | 4 | 0 | 0 | 11 | 2 | 2 | 0 |
| 2010 | 제주 | 3 | 3 | 0 | 0 | 3 | 2 | 0 | 0 |
| 통산 | | 10 | 7 | 0 | 0 | 14 | 4 | 2 | 0 |

**양세운 (梁世運) 남부대 1990.12.23**

| 연도 | 소속 | 출장 | 교체 | 득점 | 도움 | 파울 | 슈팅 | 경고 | 퇴장 |
|---|---|---|---|---|---|---|---|---|---|
| 2013 | 광주 | 1 | 1 | 0 | 0 | 0 | 0 | 0 | 0 |

**양승원 (梁勝源) 대구대 1985.07.15**

| 연도 | 소속 | 출장 | 교체 | 득점 | 도움 | 파울 | 슈팅 | 경고 | 퇴장 |
|---|---|---|---|---|---|---|---|---|---|
| 2008 | 대구 | 10 | 5 | 0 | 1 | 14 | 1 | 3 | 0 |
| 2009 | 대구 | 20 | 3 | 0 | 1 | 33 | 6 | 4 | 0 |
| 2010 | 대구 | 16 | 5 | 0 | 0 | 26 | 5 | 3 | 0 |
| 2013 | 대구 | 1 | 1 | 0 | 0 | 0 | 0 | 0 | 0 |
| 통산 | | 47 | 14 | 1 | 1 | 73 | 12 | 10 | 0 |

**양영민 (楊泳民) 명지대 1974.07.19**

| 연도 | 소속 | 출장 | 교체 | 실점 | 도움 | 파울 | 슈팅 | 경고 | 퇴장 |
|---|---|---|---|---|---|---|---|---|---|
| 1999 | 천안 | 0 | 0 | 0 | 0 | 0 | 0 | 0 | 0 |
| 2000 | 성남 | 0 | 0 | 0 | 0 | 0 | 0 | 0 | 0 |
| 2002 | 성남 | 0 | 0 | 0 | 0 | 0 | 0 | 0 | 0 |
| 2003 | 성남 | 0 | 0 | 0 | 0 | 0 | 0 | 0 | 0 |
| 2004 | 성남 | 8 | 2 | 6 | 0 | 1 | 0 | 1 | 0 |
| 2005 | 성남 | 1 | 0 | 1 | 0 | 0 | 0 | 0 | 0 |
| 통산 | | 9 | 2 | 7 | 0 | 1 | 0 | 1 | 0 |

**양익전 (梁益銓) 서울대 1966.03.20**

| 연도 | 소속 | 출장 | 교체 | 득점 | 도움 | 파울 | 슈팅 | 경고 | 퇴장 |
|---|---|---|---|---|---|---|---|---|---|
| 1989 | 유공 | 2 | 2 | 0 | 0 | 0 | 1 | 0 | 0 |
| 통산 | | 2 | 2 | 0 | 0 | 0 | 1 | 0 | 0 |

**양정민 (梁正玟) 부경대 1986.05.21**

| 연도 | 소속 | 출장 | 교체 | 득점 | 도움 | 파울 | 슈팅 | 경고 | 퇴장 |
|---|---|---|---|---|---|---|---|---|---|
| 2009 | 대전 | 22 | 6 | 0 | 0 | 64 | 3 | 9 | 0 |
| 2010 | 대전 | 21 | 4 | 0 | 0 | 55 | 3 | 12 | 0 |
| 2011 | 대전 | 5 | 3 | 0 | 0 | 10 | 0 | 4 | 1 |
| 통산 | | 48 | 13 | 0 | 0 | 129 | 6 | 21 | 1 |

**양정민 (梁玫民) 대신고 1992.07.22**

| 연도 | 소속 | 출장 | 교체 | 득점 | 도움 | 파울 | 슈팅 | 경고 | 퇴장 |
|---|---|---|---|---|---|---|---|---|---|
| 2011 | 강원 | 1 | 1 | 0 | 0 | 0 | 0 | 0 | 0 |
| 통산 | | 1 | 1 | 0 | 0 | 0 | 0 | 0 | 0 |

**양정원 (梁楨元) 단국대 1976.05.22**

| 연도 | 소속 | 출장 | 교체 | 득점 | 도움 | 파울 | 슈팅 | 경고 | 퇴장 |
|---|---|---|---|---|---|---|---|---|---|
| 1999 | 부산 | 3 | 3 | 0 | 0 | 1 | 0 | 0 | 0 |

**양정환 (梁禎桓) 고려대 1966.07.26**

| 연도 | 소속 | 출장 | 교체 | 득점 | 도움 | 파울 | 슈팅 | 경고 | 퇴장 |
|---|---|---|---|---|---|---|---|---|---|
| 1988 | 럭금 | 9 | 6 | 2 | 0 | 6 | 0 | 0 | 0 |
| 1989 | 럭금 | 5 | 5 | 0 | 0 | 3 | 1 | 0 | 0 |

**양종후 (梁鐘厚) 고려대 1974.04.05**

| 연도 | 소속 | 출장 | 교체 | 득점 | 도움 | 파울 | 슈팅 | 경고 | 퇴장 |
|---|---|---|---|---|---|---|---|---|---|
| 1998 | 수원 | 4 | 3 | 0 | 0 | 4 | 1 | 1 | 0 |
| 1999 | 수원 | 26 | 3 | 1 | 0 | 47 | 3 | 6 | 0 |
| 2000 | 수원 | 29 | 4 | 3 | 0 | 81 | 15 | 11 | 0 |
| 2001 | 수원 | 5 | 2 | 0 | 0 | 7 | 5 | 2 | 0 |
| 통산 | | 64 | 12 | 4 | 0 | 139 | 24 | 19 | 0 |

**양준아 (梁準我) 고려대 1989.06.13**

| 연도 | 소속 | 출장 | 교체 | 득점 | 도움 | 파울 | 슈팅 | 경고 | 퇴장 |
|---|---|---|---|---|---|---|---|---|---|
| 2010 | 수원 | 9 | 7 | 0 | 1 | 13 | 5 | 3 | 0 |
| 2011 | 수원 | 7 | 3 | 2 | 0 | 15 | 4 | 2 | 0 |
| 2011 | 제주 | 6 | 3 | 1 | 0 | 17 | 10 | 3 | 1 |
| 2012 | 제주 | 0 | 0 | 0 | 0 | 0 | 0 | 0 | 0 |
| 2012 | 전남 | 9 | 4 | 0 | 1 | 12 | 5 | 2 | 0 |
| 2013 | 제주 | 2 | 0 | 1 | 0 | 7 | 4 | 2 | 0 |
| 2013 | 상주 | 6 | 1 | 0 | 0 | 7 | 1 | 1 | 0 |
| 2014 | 상주 | 30 | 3 | 3 | 1 | 47 | 22 | 6 | 1 |
| 통산 | | 69 | 21 | 7 | 3 | 118 | 51 | 19 | 2 |

**양지원 (梁志源) 울산대 1974.04.28**

| 연도 | 소속 | 출장 | 교체 | 실점 | 도움 | 파울 | 슈팅 | 경고 | 퇴장 |
|---|---|---|---|---|---|---|---|---|---|
| 1998 | 울산 | 15 | 0 | 20 | 0 | 0 | 0 | 0 | 0 |
| 1999 | 울산 | 16 | 1 | 22 | 0 | 0 | 0 | 0 | 0 |
| 2000 | 울산 | 4 | 0 | 8 | 0 | 1 | 0 | 1 | 0 |
| 2001 | 울산 | 21 | 0 | 26 | 0 | 2 | 0 | 0 | 0 |
| 2002 | 울산 | 0 | 0 | 0 | 0 | 0 | 0 | 0 | 0 |
| 통산 | | 56 | 1 | 76 | 0 | 6 | 0 | 3 | 1 |

**양진웅 (梁眞熊) 울산대 1991.01.24**

| 연도 | 소속 | 출장 | 교체 | 실점 | 도움 | 파울 | 슈팅 | 경고 | 퇴장 |
|---|---|---|---|---|---|---|---|---|---|
| 2013 | 부천 | 7 | 0 | 10 | 0 | 0 | 0 | 0 | 0 |
| 2014 | 부천 | 4 | 0 | 8 | 0 | 0 | 0 | 0 | 0 |
| 통산 | | 11 | 0 | 18 | 0 | 0 | 0 | 0 | 0 |

**양한빈 (梁韓彬) 백암고 1991.08.30**

| 연도 | 소속 | 출장 | 교체 | 실점 | 도움 | 파울 | 슈팅 | 경고 | 퇴장 |
|---|---|---|---|---|---|---|---|---|---|
| 2011 | 강원 | 0 | 0 | 0 | 0 | 0 | 0 | 0 | 0 |
| 2012 | 강원 | 1 | 0 | 1 | 0 | 0 | 0 | 0 | 0 |
| 2013 | 성남 | 1 | 1 | 1 | 0 | 0 | 0 | 0 | 0 |
| 2014 | 서울 | 0 | 0 | 0 | 0 | 0 | 0 | 0 | 0 |
| 통산 | | 2 | 1 | 2 | 0 | 0 | 0 | 0 | 0 |

**양현정 (梁鉉正) 단국대 1977.07.25**

| 연도 | 소속 | 출장 | 교체 | 득점 | 도움 | 파울 | 슈팅 | 경고 | 퇴장 |
|---|---|---|---|---|---|---|---|---|---|
| 2000 | 전북 | 32 | 23 | 6 | 7 | 27 | 37 | 3 | 0 |
| 2001 | 전북 | 23 | 20 | 2 | 2 | 22 | 27 | 0 | 0 |
| 2002 | 전북 | 25 | 24 | 3 | 4 | 36 | 21 | 7 | 0 |
| 2003 | 전북 | 1 | 1 | 0 | 0 | 1 | 1 | 0 | 0 |
| 2005 | 대구 | 5 | 5 | 0 | 0 | 7 | 2 | 0 | 0 |
| 통산 | | 86 | 73 | 11 | 13 | 93 | 88 | 10 | 0 |

**앤 (Yan Song) 중국 1981.03.20**

| 연도 | 소속 | 출장 | 교체 | 득점 | 도움 | 파울 | 슈팅 | 경고 | 퇴장 |
|---|---|---|---|---|---|---|---|---|---|
| 2010 | 제주 | 0 | 0 | 0 | 0 | 0 | 0 | 0 | 0 |
| 통산 | | 0 | 0 | 0 | 0 | 0 | 0 | 0 | 0 |

**어경준 (漁慶俊) 용강중 1987.12.10**

| 연도 | 소속 | 출장 | 교체 | 득점 | 도움 | 파울 | 슈팅 | 경고 | 퇴장 |
|---|---|---|---|---|---|---|---|---|---|
| 2009 | 성남 | 11 | 10 | 0 | 0 | 10 | 7 | 2 | 0 |
| 2009 | 서울 | 1 | 1 | 0 | 0 | 1 | 0 | 0 | 0 |
| 2010 | 서울 | 1 | 1 | 0 | 0 | 1 | 1 | 0 | 0 |
| 2010 | 대전 | 16 | 4 | 4 | 1 | 11 | 47 | 2 | 0 |
| 2011 | 서울 | 9 | 10 | 0 | 0 | 7 | 7 | 0 | 0 |
| 통산 | | 38 | 26 | 4 | 1 | 30 | 62 | 4 | 0 |

**엄영식 (嚴泳植) 풍기고 1970.06.23**

| 연도 | 소속 | 출장 | 교체 | 득점 | 도움 | 파울 | 슈팅 | 경고 | 퇴장 |
|---|---|---|---|---|---|---|---|---|---|
| 1994 | LG | 1 | 1 | 0 | 0 | 0 | 0 | 0 | 0 |
| 1995 | 전남 | 6 | 6 | 0 | 0 | 3 | 3 | 0 | 0 |
| 1996 | 전남 | 11 | 6 | 0 | 0 | 13 | 3 | 0 | 0 |
| 1997 | 전남 | 3 | 3 | 0 | 0 | 0 | 2 | 0 | 0 |
| 통산 | | 21 | 16 | 0 | 0 | 13 | 6 | 1 | 0 |

**에니키 (Henrique Dias de Carvalho) 브라질 1984.05.23**

| 연도 | 소속 | 출장 | 교체 | 득점 | 도움 | 파울 | 슈팅 | 경고 | 퇴장 |
|---|---|---|---|---|---|---|---|---|---|
| 2004 | 대전 | 15 | 11 | 2 | 2 | 39 | 22 | 1 | 0 |
| 2005 | 대전 | 14 | 14 | 1 | 0 | 22 | 12 | 3 | 0 |
| 통산 | | 29 | 25 | 3 | 2 | 61 | 34 | 4 | 0 |

**에닝요 (Enio Oliveira Junior / 에니오) 브라질 1981.05.16**

| 연도 | 소속 | 출장 | 교체 | 득점 | 도움 | 파울 | 슈팅 | 경고 | 퇴장 |
|---|---|---|---|---|---|---|---|---|---|
| 2003 | 수원 | 21 | 19 | 2 | 2 | 20 | 32 | 2 | 1 |
| 2007 | 대구 | 28 | 7 | 4 | 8 | 34 | 105 | 7 | 0 |
| 2008 | 대구 | 27 | 15 | 13 | 7 | 25 | 111 | 6 | 1 |
| 2009 | 전북 | 28 | 17 | 10 | 12 | 17 | 96 | 4 | 1 |
| 2010 | 전북 | 33 | 10 | 10 | 23 | 107 | 6 | 0 | |
| 2011 | 전북 | 26 | 17 | 11 | 5 | 23 | 81 | 4 | 0 |
| 2012 | 전북 | 38 | 17 | 15 | 13 | 34 | 89 | 11 | 0 |
| 2013 | 전북 | 13 | 11 | 3 | 0 | 10 | 26 | 2 | 0 |
| 통산 | | 214 | 113 | 80 | 64 | 186 | 647 | 42 | 3 |

**에델 (Eder Luis Carvalho) 브라질 1984.05.14**

| 연도 | 소속 | 출장 | 교체 | 득점 | 도움 | 파울 | 슈팅 | 경고 | 퇴장 |
|---|---|---|---|---|---|---|---|---|---|
| 2011 | 부산 | 12 | 0 | 1 | 0 | 20 | 5 | 1 | 0 |
| 2012 | 부산 | 41 | 1 | 0 | 0 | 54 | 6 | 10 | 0 |
| 통산 | | 53 | 1 | 1 | 0 | 74 | 11 | 11 | 0 |

**에두 (Eduardo Goncalves de Oliveira) 브라질 1981.11.30**

| 연도 | 소속 | 출장 | 교체 | 득점 | 도움 | 파울 | 슈팅 | 경고 | 퇴장 |
|---|---|---|---|---|---|---|---|---|---|
| 2007 | 수원 | 34 | 15 | 7 | 4 | 71 | 73 | 5 | 1 |
| 2008 | 수원 | 38 | 8 | 16 | 7 | 57 | 113 | 6 | 0 |
| 2009 | 수원 | 23 | 7 | 7 | 4 | 40 | 55 | 3 | 1 |
| 통산 | | 95 | 30 | 30 | 15 | 168 | 241 | 12 | 2 |

**에듀 (Eduardo J. Salles) 브라질 1977.12.13**

| 연도 | 소속 | 출장 | 교체 | 득점 | 도움 | 파울 | 슈팅 | 경고 | 퇴장 |
|---|---|---|---|---|---|---|---|---|---|
| 2004 | 전북 | 21 | 19 | 4 | 1 | 34 | 26 | 2 | 0 |
| 통산 | | 21 | 19 | 4 | 1 | 34 | 26 | 2 | 0 |

**에듀 (Eduardo Marques de Jesus Passos) 브라질 1976.06.26**

| 연도 | 소속 | 출장 | 교체 | 득점 | 도움 | 파울 | 슈팅 | 경고 | 퇴장 |
|---|---|---|---|---|---|---|---|---|---|
| 2006 | 대구 | 28 | 15 | 3 | 1 | 61 | 28 | 5 | 0 |
| 통산 | | 28 | 15 | 3 | 1 | 61 | 28 | 5 | 0 |

**에드밀손 (Edmilson Dias de Lucena) 포르투갈 1968.05.29**

| 연도 | 소속 | 출장 | 교체 | 득점 | 도움 | 파울 | 슈팅 | 경고 | 퇴장 |
|---|---|---|---|---|---|---|---|---|---|
| 2002 | 전북 | 27 | 9 | 14 | 3 | 36 | 81 | 2 | 0 |
| 2003 | 전북 | 39 | 4 | 17 | 14 | 59 | 142 | 7 | 1 |
| 2004 | 전북 | 3 | 3 | 0 | 0 | 1 | 7 | 0 | 0 |
| 2005 | 전북 | 3 | 3 | 0 | 0 | 0 | 0 | 0 | 0 |
| 통산 | | 70 | 17 | 31 | 17 | 95 | 226 | 9 | 1 |

**에드손 (Edson Araujo da Silva) 브라질 1980.07.26**

| 연도 | 소속 | 출장 | 교체 | 득점 | 도움 | 파울 | 슈팅 | 경고 | 퇴장 |
|---|---|---|---|---|---|---|---|---|---|
| 2008 | 대전 | 10 | 5 | 0 | 1 | 22 | 18 | 2 | 0 |
| 통산 | | 10 | 5 | 0 | 1 | 22 | 18 | 2 | 0 |

**에디 (Edmilson Akves) 브라질 1976.02.17**

| 연도 | 소속 | 출장 | 교체 | 득점 | 도움 | 파울 | 슈팅 | 경고 | 퇴장 |
|---|---|---|---|---|---|---|---|---|---|
| 2002 | 울산 | 19 | 4 | 4 | 0 | 27 | 27 | 3 | 0 |
| 2003 | 울산 | 22 | 16 | 0 | 0 | 20 | 10 | 0 | 0 |
| 통산 | | 41 | 20 | 4 | 0 | 47 | 37 | 3 | 0 |

**에딘 (Edin Junuzovic) 크로아티아 1986.04.28**

| 연도 | 소속 | 출장 | 교체 | 득점 | 도움 | 파울 | 슈팅 | 경고 | 퇴장 |
|---|---|---|---|---|---|---|---|---|---|
| 2014 | 경남 | 15 | 14 | 2 | 0 | 26 | 15 | 1 | 0 |
| 통산 | | 15 | 14 | 2 | 0 | 26 | 15 | 1 | 0 |

**에릭 (Eriks Pelcis) 라트비아 1978.06.25**

| 연도 | 소속 | 출장 | 교체 | 득점 | 도움 | 파울 | 슈팅 | 경고 | 퇴장 |
|---|---|---|---|---|---|---|---|---|---|
| 1999 | 안양 | 22 | 15 | 4 | 0 | 32 | 22 | 1 | 0 |
| 2000 | 안양 | 1 | 1 | 0 | 0 | 1 | 0 | 0 | 0 |
| 통산 | | 23 | 16 | 4 | 0 | 33 | 22 | 1 | 0 |

**에릭 (Eric Obinna) 프랑스 1981.06.10**

| 연도 | 소속 | 출장 | 교체 | 득점 | 도움 | 파울 | 슈팅 | 경고 | 퇴장 |
|---|---|---|---|---|---|---|---|---|---|
| 2008 | 대전 | 18 | 15 | 2 | 0 | 21 | 26 | 0 | 0 |
| 통산 | | 18 | 15 | 2 | 0 | 21 | 26 | 0 | 0 |

**에벨찌요 (Heverton Duraes Coutinho Alves) 브라질 1985.10.28**

| 연도 | 소속 | 출장 | 교체 | 득점 | 도움 | 파울 | 슈팅 | 경고 | 퇴장 |
|---|---|---|---|---|---|---|---|---|---|

| 연도 | 소속 | 출장 | 교체 | 득점 | 도움 | 파울 | 슈팅 | 경고 | 퇴장 |
|---|---|---|---|---|---|---|---|---|---|
| 2011 | 성남 | 12 | 5 | 6 | 2 | 22 | 21 | 2 | 0 |
| 2012 | 성남 | 18 | 12 | 1 | 1 | 27 | 16 | 5 | 0 |
| 통산 | | 30 | 17 | 7 | 3 | 49 | 37 | 7 | 0 |

**에벨톤** (Everton Leandro dos Santos Pinto) 브라질 1986.10.14

| 연도 | 소속 | 출장 | 교체 | 득점 | 도움 | 파울 | 슈팅 | 경고 | 퇴장 |
|---|---|---|---|---|---|---|---|---|---|
| 2011 | 성남 | 28 | 11 | 5 | 1 | 31 | 45 | 3 | 0 |
| 2012 | 성남 | 36 | 7 | 12 | 2 | 51 | 90 | 2 | 0 |
| 2014 | 서울 | 16 | 7 | 3 | 1 | 22 | 20 | 0 | 0 |
| 통산 | | 80 | 25 | 20 | 4 | 104 | 155 | 5 | 0 |

**에벨톤C** (Everton Cardoso da Silva) 브라질 1988.12.11

| 연도 | 소속 | 출장 | 교체 | 득점 | 도움 | 파울 | 슈팅 | 경고 | 퇴장 |
|---|---|---|---|---|---|---|---|---|---|
| 2012 | 수원 | 29 | 18 | 7 | 4 | 55 | 58 | 6 | 0 |

**에스쿠데로** (Sergio Escudero) 일본 1988.09.01

| 연도 | 소속 | 출장 | 교체 | 득점 | 도움 | 파울 | 슈팅 | 경고 | 퇴장 |
|---|---|---|---|---|---|---|---|---|---|
| 2012 | 서울 | 20 | 18 | 4 | 4 | 27 | 36 | 2 | 0 |
| 2013 | 서울 | 34 | 23 | 4 | 7 | 56 | 35 | 4 | 0 |
| 2014 | 서울 | 32 | 20 | 6 | 3 | 63 | 38 | 4 | 0 |
| 통산 | | 86 | 61 | 14 | 14 | 146 | 109 | 5 | 0 |

**에스테베즈** (Ricardo Felipe dos Santos Esteves) 포르투갈 1979.09.16

| 연도 | 소속 | 출장 | 교체 | 득점 | 도움 | 파울 | 슈팅 | 경고 | 퇴장 |
|---|---|---|---|---|---|---|---|---|---|
| 2010 | 서울 | 14 | 4 | 4 | 5 | 30 | 25 | 4 | 0 |
| 통산 | | 14 | 4 | 4 | 5 | 30 | 25 | 4 | 0 |

**에스티벤** (Juan Estiven Velez Upegui) 콜롬비아 1982.02.09

| 연도 | 소속 | 출장 | 교체 | 득점 | 도움 | 파울 | 슈팅 | 경고 | 퇴장 |
|---|---|---|---|---|---|---|---|---|---|
| 2010 | 울산 | 30 | 10 | 1 | 1 | 32 | 32 | 2 | 0 |
| 2011 | 울산 | 35 | 12 | 0 | 0 | 53 | 21 | 6 | 0 |
| 2012 | 울산 | 39 | 13 | 0 | 0 | 42 | 19 | 3 | 0 |
| 2014 | 제주 | 14 | 8 | 0 | 0 | 17 | 18 | 2 | 0 |
| 통산 | | 118 | 43 | 1 | 1 | 138 | 73 | 11 | 0 |

**엔리끼** (Luciano Henrique de Gouvea) 브라질 1978.10.10

| 연도 | 소속 | 출장 | 교체 | 득점 | 도움 | 파울 | 슈팅 | 경고 | 퇴장 |
|---|---|---|---|---|---|---|---|---|---|
| 2006 | 포항 | 29 | 19 | 7 | 6 | 33 | 68 | 3 | 0 |

**엘리오** (Eionar Nascimento Ribeiro) 브라질 1982.06.10

| 연도 | 소속 | 출장 | 교체 | 득점 | 도움 | 파울 | 슈팅 | 경고 | 퇴장 |
|---|---|---|---|---|---|---|---|---|---|
| 2011 | 인천 | 6 | 4 | 1 | 0 | 7 | 10 | 0 | 0 |

**엘리치** (Ahmad Elrich) 호주 1981.05.30

| 연도 | 소속 | 출장 | 교체 | 득점 | 도움 | 파울 | 슈팅 | 경고 | 퇴장 |
|---|---|---|---|---|---|---|---|---|---|
| 2004 | 부산 | 10 | 3 | 1 | 3 | 24 | 19 | 4 | 0 |
| 통산 | | 10 | 3 | 1 | 3 | 24 | .19 | 4 | 0 |

**여름** (呂름) 광주대 1989.06.22

| 연도 | 소속 | 출장 | 교체 | 득점 | 도움 | 파울 | 슈팅 | 경고 | 퇴장 |
|---|---|---|---|---|---|---|---|---|---|
| 2013 | 광주 | 29 | 22 | 2 | 1 | 50 | 14 | 8 | 0 |
| 2014 | 광주 | 29 | 11 | 0 | 4 | 48 | 24 | 5 | 0 |
| 통산 | | 58 | 33 | 2 | 5 | 98 | 38 | 13 | 0 |

**여명용** (呂明龍) 한양대 1987.06.11

| 연도 | 소속 | 출장 | 교체 | 실점 | 도움 | 파울 | 슈팅 | 경고 | 퇴장 |
|---|---|---|---|---|---|---|---|---|---|
| 2013 | 고양 | 23 | 1 | 35 | 0 | 1 | 0 | 3 | 0 |
| 2014 | 고양 | 20 | 1 | 22 | 0 | 0 | 0 | 4 | 0 |
| 통산 | | 43 | 2 | 57 | 0 | 1 | 0 | 7 | 0 |

**여범규** (余範奎) 연세대 1962.06.24

| 연도 | 소속 | 출장 | 교체 | 득점 | 도움 | 파울 | 슈팅 | 경고 | 퇴장 |
|---|---|---|---|---|---|---|---|---|---|
| 1986 | 대우 | 27 | 1 | | 5 | 30 | 17 | 5 | 0 |
| 1987 | 대우 | 27 | 11 | 3 | 0 | 25 | 30 | 0 | 0 |
| 1988 | 대우 | 15 | 7 | 0 | 2 | 16 | 23 | 4 | 0 |
| 1989 | 대우 | 38 | 15 | 4 | 3 | 69 | 48 | 1 | 0 |
| 1990 | 대우 | 10 | 7 | 1 | 0 | 13 | 13 | 0 | 0 |
| 1991 | 대우 | 16 | 14 | 1 | 0 | 20 | 14 | 0 | 0 |
| 1992 | 대우 | 11 | 8 | 0 | 1 | 13 | 10 | 0 | 0 |
| 통산 | | 141 | 61 | 11 | 8 | 195 | 142 | 13 | 0 |

**여성해** (呂成海) 한양대 1987.08.06

| 연도 | 소속 | 출장 | 교체 | 득점 | 도움 | 파울 | 슈팅 | 경고 | 퇴장 |
|---|---|---|---|---|---|---|---|---|---|
| 2014 | 경남 | 21 | 3 | 1 | 0 | 31 | 4 | 4 | 0 |
| 통산 | | 21 | 3 | 1 | 0 | 31 | 4 | 4 | 0 |

**여승원** (呂承原) 광운대 1984.05.01

| 연도 | 소속 | 출장 | 교체 | 득점 | 도움 | 파울 | 슈팅 | 경고 | 퇴장 |
|---|---|---|---|---|---|---|---|---|---|
| 2004 | 인천 | 9 | 4 | 1 | 0 | 20 | 13 | 0 | 0 |
| 2005 | 인천 | 3 | 3 | 0 | 0 | 2 | 3 | 0 | 0 |
| 2006 | 광주상 | 21 | 16 | 2 | 2 | 32 | 31 | 4 | 0 |
| 2007 | 광주상 | 27 | 21 | 2 | 1 | 48 | 39 | 4 | 0 |
| 2008 | 인천 | 12 | 10 | 0 | 1 | 12 | 15 | 2 | 0 |
| 2010 | 수원 | 5 | 4 | 0 | 0 | 3 | 2 | 1 | 0 |
| 통산 | | 78 | 59 | 5 | 3 | 120 | 108 | 10 | 0 |

**여재항** (余在恒) 서울시립대 1962.06.28

| 연도 | 소속 | 출장 | 교체 | 득점 | 도움 | 파울 | 슈팅 | 경고 | 퇴장 |
|---|---|---|---|---|---|---|---|---|---|
| 1985 | 상무 | 2 | 0 | 0 | 0 | 1 | 1 | 0 | 0 |
| 통산 | | 2 | 0 | 0 | 0 | 1 | 1 | 0 | 0 |

**여효진** (余孝珍) 고려대 1983.04.25

| 연도 | 소속 | 출장 | 교체 | 득점 | 도움 | 파울 | 슈팅 | 경고 | 퇴장 |
|---|---|---|---|---|---|---|---|---|---|
| 2007 | 광주상 | 27 | 6 | 2 | 1 | 55 | 12 | 7 | 0 |
| 2008 | 광주상 | 4 | 3 | 0 | 0 | 3 | 1 | 1 | 0 |
| 2011 | 서울 | 9 | 2 | 1 | 0 | 22 | 1 | 5 | 0 |
| 2012 | 부산 | 0 | 0 | 0 | 0 | 0 | 0 | 0 | 0 |
| 2014 | 고양 | 30 | 5 | 1 | 1 | 54 | 4 | 12 | 0 |
| 통산 | | 84 | 22 | 3 | 3 | 153 | 20 | 27 | 0 |

**연재천** (延才千) 울산대 1978.01.17

| 연도 | 소속 | 출장 | 교체 | 득점 | 도움 | 파울 | 슈팅 | 경고 | 퇴장 |
|---|---|---|---|---|---|---|---|---|---|
| 2000 | 울산 | 2 | 1 | 0 | 0 | 3 | 0 | 1 | 0 |
| 2001 | 울산 | 2 | 2 | 0 | 0 | 2 | 1 | 0 | 0 |
| 2003 | 광주상 | 1 | 1 | 0 | 0 | 2 | 1 | 0 | 0 |

**연제민** (延濟民) 한남대 1993.05.28

| 연도 | 소속 | 출장 | 교체 | 득점 | 도움 | 파울 | 슈팅 | 경고 | 퇴장 |
|---|---|---|---|---|---|---|---|---|---|
| 2013 | 수원 | 3 | 4 | 0 | 0 | 3 | 0 | 0 | 0 |
| 2014 | 수원 | 0 | 0 | 0 | 0 | 0 | 0 | 0 | 0 |
| 2014 | 부산 | 20 | 0 | 0 | 0 | 19 | 5 | 1 | 0 |
| 통산 | | 23 | 4 | 0 | 0 | 22 | 5 | 1 | 0 |

**염기훈** (廉基勳) 호남대 1983.03.30

| 연도 | 소속 | 출장 | 교체 | 득점 | 도움 | 파울 | 슈팅 | 경고 | 퇴장 |
|---|---|---|---|---|---|---|---|---|---|
| 2006 | 전북 | 31 | 7 | 7 | 5 | 37 | 67 | 1 | 0 |
| 2007 | 전북 | 18 | 3 | 5 | 3 | 23 | 45 | 1 | 0 |
| 2007 | 울산 | 3 | 3 | 1 | 3 | 3 | 9 | 0 | 0 |
| 2008 | 울산 | 19 | 11 | 5 | 1 | 11 | 32 | 0 | 0 |
| 2009 | 울산 | 20 | 3 | 3 | 3 | 24 | 41 | 0 | 0 |
| 2010 | 수원 | 19 | 2 | 1 | 10 | 23 | 35 | 0 | 0 |
| 2011 | 수원 | 20 | 9 | 1 | 7 | 24 | 59 | 0 | 0 |
| 2013 | 경찰 | 21 | 1 | 7 | 11 | 14 | 45 | 1 | 0 |
| 2014 | 수원 | 35 | 5 | 4 | 8 | 15 | 46 | 1 | 0 |
| 통산 | | 204 | 56 | 43 | 56 | 180 | 386 | 4 | 0 |

**염동균** (廉東均) 강릉상고 1983.09.06

| 연도 | 소속 | 출장 | 교체 | 실점 | 도움 | 파울 | 슈팅 | 경고 | 퇴장 |
|---|---|---|---|---|---|---|---|---|---|
| 2002 | 전남 | 0 | 0 | 0 | 0 | 0 | 0 | 0 | 0 |
| 2003 | 전남 | 0 | 0 | 0 | 0 | 0 | 0 | 0 | 0 |
| 2005 | 광주상 | 20 | 1 | 25 | 0 | 0 | 0 | 1 | 0 |
| 2006 | 전남 | 26 | 1 | 1 | 0 | 0 | 0 | 1 | 0 |
| 2007 | 전남 | 27 | 0 | 0 | 0 | 0 | 0 | 0 | 0 |
| 2008 | 전남 | 26 | 1 | 41 | 0 | 0 | 0 | 2 | 0 |
| 2009 | 전남 | 24 | 0 | 35 | 0 | 1 | 0 | 1 | 0 |
| 2010 | 전남 | 24 | 1 | 44 | 0 | 0 | 0 | 2 | 0 |
| 2011 | 전북 | 1 | 0 | 2 | 0 | 0 | 0 | 0 | 0 |
| 통산 | | 150 | 3 | 199 | 0 | 3 | 0 | 9 | 0 |

**염유신** (廉裕申) 선문대 1992.08.10

| 연도 | 소속 | 출장 | 교체 | 득점 | 도움 | 파울 | 슈팅 | 경고 | 퇴장 |
|---|---|---|---|---|---|---|---|---|---|
| 2014 | 성남 | 0 | 0 | 0 | 0 | 0 | 0 | 0 | 0 |

**염호덕** (廉晧德) 연세대 1992.04.13

| 연도 | 소속 | 출장 | 교체 | 득점 | 도움 | 파울 | 슈팅 | 경고 | 퇴장 |
|---|---|---|---|---|---|---|---|---|---|
| 2013 | 안양 | 1 | 1 | 0 | 0 | 0 | 0 | 0 | 0 |
| 통산 | | 1 | 1 | 0 | 0 | 0 | 0 | 0 | 0 |

**옐라** (Josko Jelicic) 크로아티아 1971.01.05

| 연도 | 소속 | 출장 | 교체 | 득점 | 도움 | 파울 | 슈팅 | 경고 | 퇴장 |
|---|---|---|---|---|---|---|---|---|---|
| 2002 | 포항 | 5 | 4 | 0 | 0 | 3 | 2 | 0 | 0 |
| 통산 | | 5 | 4 | 0 | 0 | 3 | 2 | 0 | 0 |

**오경석** (吳敬錫) 동아대 1973.02.24

| 연도 | 소속 | 출장 | 교체 | 득점 | 도움 | 파울 | 슈팅 | 경고 | 퇴장 |
|---|---|---|---|---|---|---|---|---|---|
| 1995 | 전남 | 22 | 15 | 4 | 0 | 15 | 18 | 1 | 0 |
| 1996 | 전남 | 15 | 12 | 2 | 0 | 8 | 20 | 0 | 0 |
| 1996 | 부천 | 3 | 3 | 0 | 0 | 1 | 0 | 0 | 0 |
| 1997 | 부천 | 15 | 15 | 1 | 1 | 13 | 5 | 4 | 0 |
| 통산 | | 55 | 45 | 8 | 1 | 37 | 43 | 5 | 0 |

**오광진** (吳光珍) 울산대 1987.06.04

| 연도 | 소속 | 출장 | 교체 | 득점 | 도움 | 파울 | 슈팅 | 경고 | 퇴장 |
|---|---|---|---|---|---|---|---|---|---|
| 2013 | 수원FC | 20 | 6 | 0 | 2 | 23 | 5 | 2 | 0 |
| 2014 | 수원FC | 2 | 1 | 0 | 0 | 3 | 0 | 0 | 0 |
| 통산 | | 22 | 7 | 0 | 2 | 26 | 5 | 2 | 0 |

**오광훈** (吳侊勳) 단국대 1973.12.12

| 연도 | 소속 | 출장 | 교체 | 득점 | 도움 | 파울 | 슈팅 | 경고 | 퇴장 |
|---|---|---|---|---|---|---|---|---|---|
| 1999 | 전북 | 31 | 23 | 3 | 0 | 20 | 34 | 0 | 0 |
| 2000 | 전북 | 14 | 13 | 1 | 0 | 9 | 5 | 1 | 0 |
| 2001 | 전북 | 4 | 4 | 0 | 0 | 5 | 1 | 1 | 0 |
| 통산 | | 49 | 40 | 4 | 0 | 34 | 40 | 2 | 0 |

**오규찬** (吳圭贊) 수원공고 1982.08.28

| 연도 | 소속 | 출장 | 교체 | 득점 | 도움 | 파울 | 슈팅 | 경고 | 퇴장 |
|---|---|---|---|---|---|---|---|---|---|
| 2001 | 수원 | 3 | 3 | 0 | 0 | 3 | 8 | 0 | 0 |
| 2003 | 수원 | 6 | 6 | 0 | 0 | 8 | 9 | 0 | 0 |
| 통산 | | 9 | 9 | 0 | 0 | 11 | 17 | 0 | 0 |

**오기재** (吳起在) 영남대 1983.09.26

| 연도 | 소속 | 출장 | 교체 | 득점 | 도움 | 파울 | 슈팅 | 경고 | 퇴장 |
|---|---|---|---|---|---|---|---|---|---|
| 2013 | 고양 | 32 | 9 | 3 | 2 | 47 | 29 | 2 | 0 |
| 2014 | 고양 | 22 | 12 | 0 | 1 | 29 | 11 | 5 | 0 |
| 통산 | | 54 | 21 | 3 | 3 | 76 | 40 | 7 | 0 |

**오까야마** (Okayama Kazunari) 岡山一成 일본 1978.04.24

| 연도 | 소속 | 출장 | 교체 | 득점 | 도움 | 파울 | 슈팅 | 경고 | 퇴장 |
|---|---|---|---|---|---|---|---|---|---|
| 2009 | 포항 | 9 | 5 | 1 | 0 | 12 | 9 | 2 | 0 |
| 2010 | 포항 | 8 | 2 | 0 | 0 | 10 | 1 | 1 | 0 |
| 통산 | | 17 | 7 | 1 | 0 | 22 | 10 | 3 | 0 |

**오도현** (吳到鉉) 금호고 1994.12.06

| 연도 | 소속 | 출장 | 교체 | 득점 | 도움 | 파울 | 슈팅 | 경고 | 퇴장 |
|---|---|---|---|---|---|---|---|---|---|
| 2013 | 광주 | 13 | 7 | 0 | 0 | 12 | 2 | 2 | 0 |
| 2014 | 광주 | 22 | 17 | 0 | 0 | 27 | 8 | 3 | 0 |
| 통산 | | 35 | 24 | 0 | 0 | 39 | 10 | 5 | 0 |

**오동천** (吳東天) 영남상고 1966.01.20

| 연도 | 소속 | 출장 | 교체 | 득점 | 도움 | 파울 | 슈팅 | 경고 | 퇴장 |
|---|---|---|---|---|---|---|---|---|---|
| 1989 | 일화 | 27 | 13 | 1 | 2 | 26 | 11 | 1 | 0 |
| 1990 | 일화 | 25 | 10 | 1 | 0 | 27 | 19 | 1 | 0 |
| 1991 | 일화 | 37 | 14 | 6 | 4 | 49 | 55 | 4 | 0 |
| 1992 | 일화 | 30 | 14 | 2 | 3 | 37 | 39 | 6 | 0 |
| 1993 | 일화 | 30 | 19 | 4 | 3 | 35 | 40 | 1 | 1 |
| 1994 | 일화 | 24 | 18 | 2 | 0 | 25 | 41 | 2 | 0 |
| 1995 | 전북 | 32 | 8 | 2 | 3 | 35 | 31 | 1 | 0 |
| 1996 | 전북 | 21 | 10 | 2 | 2 | 30 | 11 | 1 | 0 |
| 통산 | | 227 | 128 | 20 | 17 | 235 | 247 | 16 | 1 |

**오르티고사** (Jose Maria Ortigoza Ortiz) 파라과이 1987.04.01

| 연도 | 소속 | 출장 | 교체 | 득점 | 도움 | 파울 | 슈팅 | 경고 | 퇴장 |
|---|---|---|---|---|---|---|---|---|---|
| 2010 | 울산 | 27 | 13 | 17 | 3 | 65 | 63 | 5 | 0 |
| 통산 | | 27 | 13 | 17 | 3 | 65 | 63 | 5 | 0 |

**오명관** (吳明官) 한양대 1974.04.29

| 연도 | 소속 | 출장 | 교체 | 득점 | 도움 | 파울 | 슈팅 | 경고 | 퇴장 |
|---|---|---|---|---|---|---|---|---|---|
| 1997 | 안양 | 24 | 9 | 0 | 0 | 42 | 9 | 5 | 0 |

| 연도 | 소속 | 출장 | 교체 | 득점 | 도움 | 파울 | 슈팅 | 경고 | 퇴장 |
|---|---|---|---|---|---|---|---|---|---|
| 1998 | 안양 | 10 | 6 | 0 | 1 | 17 | 4 | 1 | 1 |
| 1998 | 포항 | 3 | 2 | 0 | 1 | 8 | 1 | 1 | 0 |
| 1999 | 포항 | 14 | 5 | 0 | 0 | 18 | 3 | 2 | 0 |
| 2000 | 포항 | 18 | 8 | 0 | 0 | 13 | 5 | 2 | 1 |
| 2001 | 포항 | 24 | 3 | 0 | 0 | 42 | 3 | 3 | 0 |
| 2002 | 포항 | 1 | 1 | 0 | 0 | 1 | 0 | 0 | 0 |
| 2003 | 부천 | 11 | 2 | 0 | 0 | 20 | 2 | 2 | 0 |
| 2004 | 부천 | 1 | 1 | 0 | 0 | 1 | 0 | 0 | 0 |
| | 통산 | 106 | 38 | 0 | 2 | 161 | 27 | 16 | 2 |

**오민엽** (吳民曄) 명지대 1990.06.23

| 연도 | 소속 | 출장 | 교체 | 득점 | 도움 | 파울 | 슈팅 | 경고 | 퇴장 |
|---|---|---|---|---|---|---|---|---|---|
| 2013 | 충주 | 3 | 1 | 0 | 0 | 1 | 1 | 0 | 0 |
| | 통산 | 3 | 1 | 0 | 0 | 1 | 1 | 0 | 0 |

**오반석** (吳반석) 건국대 1988.05.20

| 연도 | 소속 | 출장 | 교체 | 득점 | 도움 | 파울 | 슈팅 | 경고 | 퇴장 |
|---|---|---|---|---|---|---|---|---|---|
| 2012 | 제주 | 25 | 5 | 1 | 0 | 32 | 7 | 6 | 0 |
| 2013 | 제주 | 30 | 3 | 1 | 0 | 48 | 14 | 8 | 0 |
| 2014 | 제주 | 36 | 1 | 0 | 1 | 40 | 7 | 4 | 0 |
| | 통산 | 91 | 9 | 2 | 1 | 120 | 28 | 18 | 0 |

**오범석** (吳範錫) 포철공고 1984.07.29

| 연도 | 소속 | 출장 | 교체 | 득점 | 도움 | 파울 | 슈팅 | 경고 | 퇴장 |
|---|---|---|---|---|---|---|---|---|---|
| 2003 | 포항 | 1 | 1 | 0 | 0 | 1 | 0 | 0 | 0 |
| 2004 | 포항 | 25 | 1 | 0 | 1 | 49 | 6 | 3 | 0 |
| 2005 | 포항 | 33 | 2 | 2 | 0 | 78 | 7 | 7 | 0 |
| 2006 | 포항 | 33 | 2 | 2 | 2 | 128 | 25 | 10 | 0 |
| 2007 | 포항 | 16 | 8 | 0 | 0 | 42 | 8 | 6 | 0 |
| 2009 | 울산 | 14 | 1 | 0 | 0 | 37 | 4 | 2 | 0 |
| 2010 | 울산 | 21 | 3 | 4 | 3 | 21 | 5 | 0 | 0 |
| 2011 | 수원 | 29 | 3 | 0 | 1 | 66 | 11 | 6 | 0 |
| 2012 | 수원 | 39 | 1 | 0 | 1 | 101 | 13 | 11 | 0 |
| 2013 | 경찰 | 23 | 3 | 2 | 2 | 69 | 9 | 10 | 0 |
| 2014 | 안산 | 16 | 1 | 2 | 0 | 36 | 5 | 9 | 0 |
| 2014 | 수원 | 1 | 1 | 0 | 0 | 1 | 0 | 0 | 0 |
| | 통산 | 261 | 37 | 13 | 8 | 657 | 111 | 71 | 0 |

**오베라** (Jobson Leandro Pereira de Oliv) 브라질 1988.02.15

| 연도 | 소속 | 출장 | 교체 | 득점 | 도움 | 파울 | 슈팅 | 경고 | 퇴장 |
|---|---|---|---|---|---|---|---|---|---|
| 2009 | 제주 | 23 | 9 | 7 | 4 | 46 | 48 | 3 | 0 |
| | 통산 | 23 | 9 | 7 | 4 | 46 | 48 | 3 | 0 |

**오병민** (吳秉旻) 선문대 1988.06.28

| 연도 | 소속 | 출장 | 교체 | 득점 | 도움 | 파울 | 슈팅 | 경고 | 퇴장 |
|---|---|---|---|---|---|---|---|---|---|
| 2012 | 경남 | 0 | 0 | 0 | 0 | 0 | 0 | 0 | 0 |
| | 통산 | 0 | 0 | 0 | 0 | 0 | 0 | 0 | 0 |

**오봉진** (吳鳳鎭) 유성생명과학고 1989.06.30

| 연도 | 소속 | 출장 | 교체 | 득점 | 도움 | 파울 | 슈팅 | 경고 | 퇴장 |
|---|---|---|---|---|---|---|---|---|---|
| 2008 | 제주 | 0 | 0 | 0 | 0 | 0 | 0 | 0 | 0 |
| 2009 | 제주 | 4 | 2 | 0 | 0 | 14 | 1 | 1 | 0 |
| 2011 | 상주 | 2 | 1 | 0 | 0 | 3 | 0 | 0 | 0 |
| 2012 | 상주 | 0 | 0 | 0 | 0 | 0 | 0 | 0 | 0 |
| 2013 | 대전 | 1 | 1 | 0 | 0 | 1 | 0 | 0 | 0 |
| | 통산 | 7 | 4 | 0 | 0 | 18 | 4 | 1 | 0 |

**오봉철** (吳奉哲) 건국대 1966.12.17

| 연도 | 소속 | 출장 | 교체 | 득점 | 도움 | 파울 | 슈팅 | 경고 | 퇴장 |
|---|---|---|---|---|---|---|---|---|---|
| 1989 | 현대 | 25 | 8 | 0 | 2 | 27 | 13 | 2 | 0 |
| 1991 | 현대 | 3 | 2 | 0 | 0 | 3 | 2 | 0 | 0 |
| | 통산 | 28 | 10 | 0 | 2 | 30 | 15 | 2 | 0 |

**오비나** (Obinna John Nkedoi) 나이지리아 1980.06.03

| 연도 | 소속 | 출장 | 교체 | 득점 | 도움 | 파울 | 슈팅 | 경고 | 퇴장 |
|---|---|---|---|---|---|---|---|---|---|
| 2002 | 대전 | 2 | 2 | 0 | 0 | 2 | 3 | 0 | 0 |
| | 통산 | 2 | 2 | 0 | 0 | 2 | 3 | 0 | 0 |

**오석재** (吳錫載) 건국대 1958.10.13

| 연도 | 소속 | 출장 | 교체 | 득점 | 도움 | 파울 | 슈팅 | 경고 | 퇴장 |
|---|---|---|---|---|---|---|---|---|---|
| 1983 | 할렐 | 16 | 2 | 6 | 2 | 19 | 51 | 0 | 0 |
| 1984 | 할렐 | 22 | 5 | 9 | 3 | 24 | 50 | 0 | 1 |
| 1985 | 할렐 | 17 | 4 | 3 | 1 | 35 | 35 | 3 | 0 |
| | 통산 | 55 | 11 | 18 | 6 | 78 | 136 | 3 | 0 |

**오세종** (吳世宗) 경기대 1976.03.09

| 연도 | 소속 | 출장 | 교체 | 득점 | 도움 | 파울 | 슈팅 | 경고 | 퇴장 |
|---|---|---|---|---|---|---|---|---|---|
| 1999 | 대전 | 1 | 1 | 0 | 0 | 0 | 0 | 0 | 0 |
| | 통산 | 1 | 1 | 0 | 0 | 0 | 0 | 0 | 0 |

**오셀리** (Adnan Ocelli) 알바니아 1966.03.06

| 연도 | 소속 | 출장 | 교체 | 득점 | 도움 | 파울 | 슈팅 | 경고 | 퇴장 |
|---|---|---|---|---|---|---|---|---|---|
| 1996 | 수원 | 0 | 0 | 0 | 0 | 0 | 0 | 0 | 0 |
| | 통산 | 0 | 0 | 0 | 0 | 0 | 0 | 0 | 0 |

**오스마르** (Osmar Ibañez Barba) 스페인 1988.06.05

| 연도 | 소속 | 출장 | 교체 | 득점 | 도움 | 파울 | 슈팅 | 경고 | 퇴장 |
|---|---|---|---|---|---|---|---|---|---|
| 2014 | 서울 | 34 | 3 | 2 | 1 | 33 | 24 | 5 | 0 |
| | 통산 | 34 | 3 | 2 | 1 | 33 | 24 | 5 | 0 |

**오승범** (吳承範) 오현고 1981.02.26

| 연도 | 소속 | 출장 | 교체 | 득점 | 도움 | 파울 | 슈팅 | 경고 | 퇴장 |
|---|---|---|---|---|---|---|---|---|---|
| 1999 | 천안 | 0 | 0 | 0 | 0 | 0 | 0 | 0 | 0 |
| 2003 | 광주상 | 40 | 4 | 2 | 1 | 73 | 33 | 3 | 0 |
| 2004 | 성남 | 14 | 7 | 0 | 0 | 24 | 9 | 1 | 0 |
| 2005 | 포항 | 29 | 19 | 2 | 0 | 28 | 9 | 2 | 0 |
| 2006 | 포항 | 35 | 20 | 0 | 4 | 40 | 9 | 3 | 0 |
| 2007 | 포항 | 35 | 20 | 1 | 0 | 40 | 9 | 3 | 0 |
| 2008 | 제주 | 29 | 6 | 1 | 1 | 29 | 10 | 2 | 0 |
| 2009 | 제주 | 29 | 6 | 1 | 2 | 51 | 20 | 2 | 0 |
| 2010 | 제주 | 32 | 18 | 1 | 2 | 45 | 16 | 6 | 0 |
| 2011 | 제주 | 29 | 1 | 0 | 4 | 55 | 19 | 5 | 0 |
| 2012 | 제주 | 37 | 22 | 0 | 3 | 32 | 13 | 2 | 0 |
| 2013 | 제주 | 31 | 12 | 0 | 1 | 24 | 9 | 2 | 0 |
| 2014 | 제주 | 14 | 14 | 0 | 0 | 13 | 4 | 0 | 0 |
| | 통산 | 349 | 156 | 10 | 14 | 455 | 161 | 30 | 0 |

**오승인** (吳承仁) 광운대 1965.12.20

| 연도 | 소속 | 출장 | 교체 | 득점 | 도움 | 파울 | 슈팅 | 경고 | 퇴장 |
|---|---|---|---|---|---|---|---|---|---|
| 1988 | 포철 | 1 | 1 | 0 | 0 | 1 | 0 | 0 | 0 |
| 1991 | 유공 | 4 | 4 | 0 | 0 | 0 | 0 | 0 | 0 |
| 1992 | 유공 | 27 | 18 | 2 | 0 | 14 | 8 | 1 | 0 |
| 1993 | 유공 | 14 | 5 | 0 | 0 | 11 | 4 | 1 | 0 |
| 1994 | 유공 | 15 | 3 | 0 | 0 | 20 | 3 | 0 | 0 |
| | 통산 | 61 | 31 | 2 | 0 | 46 | 15 | 3 | 0 |

**오승혁** (吳承赫) 중앙대 1961.02.08

| 연도 | 소속 | 출장 | 교체 | 실점 | 도움 | 파울 | 슈팅 | 경고 | 퇴장 |
|---|---|---|---|---|---|---|---|---|---|
| 1985 | 상무 | 4 | 1 | 6 | 0 | 1 | 0 | 0 | 0 |
| | 통산 | 4 | 1 | 6 | 0 | 1 | 0 | 0 | 0 |

**오연교** (吳連教) 한양대 1960.05.25

| 연도 | 소속 | 출장 | 교체 | 실점 | 도움 | 파울 | 슈팅 | 경고 | 퇴장 |
|---|---|---|---|---|---|---|---|---|---|
| 1983 | 유공 | 9 | 0 | 10 | 0 | 0 | 0 | 0 | 0 |
| 1984 | 유공 | 28 | 0 | 34 | 0 | 0 | 0 | 1 | 0 |
| 1985 | 유공 | 5 | 0 | 5 | 0 | 0 | 0 | 0 | 0 |
| 1986 | 유공 | 3 | 0 | 6 | 0 | 0 | 0 | 0 | 0 |
| 1987 | 유공 | 3 | 1 | 8 | 0 | 0 | 0 | 0 | 0 |
| 1988 | 현대 | 13 | 1 | 13 | 0 | 0 | 0 | 1 | 0 |
| 1989 | 현대 | 13 | 1 | 13 | 0 | 1 | 0 | 0 | 0 |
| 1990 | 현대 | 19 | 0 | 24 | 1 | 1 | 0 | 0 | 0 |
| | 통산 | 97 | 2 | 97 | 1 | 3 | 0 | 1 | 0 |

**오영섭** (吳榮燮) 전남대 1962.05.12

| 연도 | 소속 | 출장 | 교체 | 득점 | 도움 | 파울 | 슈팅 | 경고 | 퇴장 |
|---|---|---|---|---|---|---|---|---|---|
| 1984 | 국민 | 17 | 7 | 1 | 6 | 15 | 23 | 0 | 0 |
| | 통산 | 17 | 7 | 1 | 6 | 15 | 23 | 0 | 0 |

**오원종** (吳源鐘) 연세대 1983.06.17

| 연도 | 소속 | 출장 | 교체 | 득점 | 도움 | 파울 | 슈팅 | 경고 | 퇴장 |
|---|---|---|---|---|---|---|---|---|---|
| 2006 | 경남 | 1 | 0 | 0 | 0 | 9 | 4 | 0 | 0 |
| 2009 | 강원 | 19 | 19 | 4 | 1 | 7 | 20 | 0 | 0 |
| 2010 | 강원 | 19 | 9 | 0 | 0 | 18 | 4 | 1 | 0 |
| 2011 | 상주 | 2 | 1 | 0 | 0 | 1 | 0 | 1 | 0 |
| | 통산 | 41 | 37 | 4 | 2 | 21 | 29 | 2 | 0 |

**오유진** (吳柳珍) 국민대 1970.07.30

| 연도 | 소속 | 출장 | 교체 | 득점 | 도움 | 파울 | 슈팅 | 경고 | 퇴장 |
|---|---|---|---|---|---|---|---|---|---|
| 1994 | 버팔로 | 4 | 4 | 0 | 0 | 4 | 0 | 0 | 0 |
| | 통산 | 4 | 4 | 0 | 0 | 4 | 0 | 0 | 0 |

**오윤기** (吳潤基) 전주대학원 1971.04.13

| 연도 | 소속 | 출장 | 교체 | 득점 | 도움 | 파울 | 슈팅 | 경고 | 퇴장 |
|---|---|---|---|---|---|---|---|---|---|
| 1998 | 수원 | 1 | 1 | 0 | 0 | 1 | 0 | 0 | 0 |
| 1999 | 수원 | 2 | 2 | 0 | 0 | 2 | 0 | 0 | 0 |
| | 통산 | 3 | 3 | 0 | 0 | 3 | 0 | 0 | 0 |

**오인환** (吳仁煥) 홍익대 1976.11.30

| 연도 | 소속 | 출장 | 교체 | 득점 | 도움 | 파울 | 슈팅 | 경고 | 퇴장 |
|---|---|---|---|---|---|---|---|---|---|
| 1999 | 포항 | 3 | 2 | 0 | 0 | 2 | 0 | 0 | 0 |
| | 통산 | 3 | 2 | 0 | 0 | 2 | 0 | 0 | 0 |

**오장은** (吳章殷) 조천중 1985.07.24

| 연도 | 소속 | 출장 | 교체 | 득점 | 도움 | 파울 | 슈팅 | 경고 | 퇴장 |
|---|---|---|---|---|---|---|---|---|---|
| 2005 | 대구 | 23 | 13 | 3 | 2 | 40 | 14 | 1 | 0 |
| 2006 | 대구 | 32 | 6 | 2 | 2 | 51 | 37 | 3 | 0 |
| 2007 | 울산 | 24 | 9 | 0 | 1 | 45 | 11 | 5 | 0 |
| 2008 | 울산 | 33 | 3 | 2 | 1 | 66 | 30 | 5 | 0 |
| 2009 | 울산 | 28 | 4 | 4 | 6 | 57 | 35 | 5 | 0 |
| 2010 | 울산 | 33 | 3 | 2 | 3 | 74 | 27 | 4 | 0 |
| 2011 | 수원 | 30 | 5 | 2 | 4 | 48 | 20 | 2 | 0 |
| 2012 | 수원 | 25 | 7 | 1 | 2 | 42 | 21 | 6 | 0 |
| 2013 | 수원 | 14 | 7 | 0 | 0 | 16 | 6 | 2 | 0 |
| 2014 | 수원 | 12 | 2 | 0 | 0 | 16 | 6 | 2 | 0 |
| | 통산 | 275 | 59 | 23 | 21 | 497 | 223 | 38 | 0 |

**오재석** (吳宰碩) 경희대 1990.01.04

| 연도 | 소속 | 출장 | 교체 | 득점 | 도움 | 파울 | 슈팅 | 경고 | 퇴장 |
|---|---|---|---|---|---|---|---|---|---|
| 2010 | 수원 | 7 | 5 | 0 | 0 | 10 | 1 | 0 | 0 |
| 2011 | 강원 | 24 | 1 | 1 | 1 | 41 | 4 | 5 | 0 |
| 2012 | 강원 | 31 | 4 | 2 | 3 | 43 | 8 | 3 | 0 |
| | 통산 | 62 | 10 | 3 | 4 | 94 | 12 | 9 | 0 |

**오재혁** (吳宰赫) 건동대 1989.02.20

| 연도 | 소속 | 출장 | 교체 | 득점 | 도움 | 파울 | 슈팅 | 경고 | 퇴장 |
|---|---|---|---|---|---|---|---|---|---|
| 2013 | 부천 | 8 | 3 | 0 | 0 | 13 | 2 | 1 | 0 |
| | 통산 | 8 | 3 | 0 | 0 | 13 | 2 | 1 | 0 |

**오정석** (吳政錫) 아주대 1978.09.05

| 연도 | 소속 | 출장 | 교체 | 득점 | 도움 | 파울 | 슈팅 | 경고 | 퇴장 |
|---|---|---|---|---|---|---|---|---|---|
| 2001 | 부산 | 4 | 5 | 0 | 0 | 4 | 5 | 0 | 0 |
| 2002 | 부산 | 5 | 5 | 0 | 0 | 3 | 6 | 1 | 0 |
| 2003 | 부산 | 1 | 1 | 0 | 0 | 1 | 1 | 0 | 0 |
| 2004 | 광주상 | 1 | 1 | 0 | 0 | 0 | 0 | 0 | 0 |
| 2005 | 광주상 | 3 | 3 | 0 | 0 | 1 | 0 | 0 | 0 |
| | 통산 | 16 | 16 | 1 | 0 | 11 | 7 | 2 | 0 |

**오종철** (吳宗哲) 한양대 1988.08.21

| 연도 | 소속 | 출장 | 교체 | 득점 | 도움 | 파울 | 슈팅 | 경고 | 퇴장 |
|---|---|---|---|---|---|---|---|---|---|
| 2012 | 전북 | 1 | 1 | 0 | 0 | 0 | 0 | 0 | 0 |
| 2013 | 충주 | 2 | 1 | 0 | 0 | 3 | 1 | 0 | 0 |
| | 통산 | 3 | 1 | 0 | 0 | 3 | 1 | 0 | 0 |

**오주포** (吳柱捕) 건국대 1973.06.21

| 연도 | 소속 | 출장 | 교체 | 득점 | 도움 | 파울 | 슈팅 | 경고 | 퇴장 |
|---|---|---|---|---|---|---|---|---|---|
| 1995 | 일화 | 6 | 5 | 0 | 1 | 3 | 3 | 0 | 0 |
| 1996 | 천안 | 8 | 5 | 0 | 0 | 19 | 5 | 4 | 0 |
| 1998 | 전남 | 8 | 6 | 0 | 0 | 9 | 2 | 0 | 0 |
| 1999 | 전남 | 6 | 3 | 0 | 0 | 9 | 2 | 0 | 0 |
| 2000 | 전남 | 5 | 5 | 0 | 0 | 4 | 5 | 0 | 0 |
| 2003 | 대구 | 16 | 12 | 1 | 1 | 25 | 11 | 3 | 0 |
| 2004 | 대구 | 3 | 2 | 0 | 0 | 6 | 0 | 1 | 0 |
| 2006 | 대구 | 2 | 2 | 0 | 0 | 4 | 1 | 0 | 0 |
| | 통산 | 49 | 35 | 1 | 1 | 82 | 25 | 12 | 0 |

**오주현** (吳周炫) 고려대 1987.04.02

| 연도 | 소속 | 출장 | 교체 | 득점 | 도움 | 파울 | 슈팅 | 경고 | 퇴장 |
|---|---|---|---|---|---|---|---|---|---|
| 2010 | 대구 | 19 | 6 | 0 | 2 | 32 | 3 | 5 | 1 |
| 2011 | 대구 | 9 | 6 | 0 | 0 | 6 | 1 | 0 | 0 |
| 2013 | 제주 | 18 | 9 | 0 | 0 | 32 | 4 | 4 | 1 |
| | 통산 | 41 | 9 | 0 | 2 | 68 | 7 | 11 | 1 |

**오창식** (吳昶食) 건국대 1984.03.27

| 연도 | 소속 | 출장 | 교체 | 득점 | 도움 | 파울 | 슈팅 | 경고 | 퇴장 |
|---|---|---|---|---|---|---|---|---|---|
| 2007 | 울산 | 1 | 0 | 0 | 0 | 2 | 0 | 0 | 0 |
| 2008 | 울산 | 14 | 0 | 0 | 0 | 20 | 2 | 3 | 0 |
| 2009 | 울산 | | | | | | | | |

左段

| 연도 | 소속 | 출장 | 교체 | 득점 | 도움 | 파울 | 슈팅 | 경고 | 퇴장 |
|---|---|---|---|---|---|---|---|---|---|
| 2010 | 광주상 | 2 | 0 | 0 | 0 | 5 | 1 | 0 | 0 |
| 2011 | 상주 | 3 | 1 | 0 | 0 | 2 | 0 | 1 | 0 |
| 통산 | | 24 | 2 | 0 | 0 | 31 | 4 | 4 | 0 |

**오철석** (吳哲錫) 연세대 1982.03.23

| 연도 | 소속 | 출장 | 교체 | 득점 | 도움 | 파울 | 슈팅 | 경고 | 퇴장 |
|---|---|---|---|---|---|---|---|---|---|
| 2005 | 부산 | 0 | 0 | 0 | 0 | 0 | 0 | 0 | 0 |
| 2006 | 부산 | 20 | 17 | 1 | 3 | 31 | 6 | 2 | 0 |
| 2008 | 부산 | 6 | 6 | 0 | 0 | 10 | 2 | 0 | 0 |
| 2009 | 부산 | 14 | 14 | 0 | 0 | 21 | 6 | 1 | 0 |
| 통산 | | 40 | 37 | 1 | 3 | 62 | 14 | 3 | 0 |

**오태동** (吳太東) 전주대 1972.07.14

| 연도 | 소속 | 출장 | 교체 | 득점 | 도움 | 파울 | 슈팅 | 경고 | 퇴장 |
|---|---|---|---|---|---|---|---|---|---|
| 1995 | 전남 | 0 | 0 | 0 | 0 | 0 | 0 | 2 | 0 |
| 통산 | | 0 | 0 | 0 | 0 | 0 | 0 | 2 | 0 |

**오필환** (吳必煥) 청주상고 1958.11.12

| 연도 | 소속 | 출장 | 교체 | 득점 | 도움 | 파울 | 슈팅 | 경고 | 퇴장 |
|---|---|---|---|---|---|---|---|---|---|
| 1983 | 할렐 | 12 | 9 | 2 | 1 | 5 | 14 | 0 | 0 |
| 1984 | 할렐 | 13 | 11 | 1 | 0 | 6 | 17 | 0 | 0 |
| 1985 | 할렐 | 9 | 5 | 2 | 0 | 7 | 14 | 0 | 0 |
| 통산 | | 34 | 25 | 5 | 1 | 18 | 44 | 0 | 0 |

**온병훈** (溫炳勳) 숭실대 1985.08.07

| 연도 | 소속 | 출장 | 교체 | 득점 | 도움 | 파울 | 슈팅 | 경고 | 퇴장 |
|---|---|---|---|---|---|---|---|---|---|
| 2006 | 포항 | 1 | 1 | 0 | 0 | 1 | 0 | 0 | 0 |
| 2007 | 포항 | 1 | 1 | 0 | 0 | 1 | 0 | 0 | 0 |
| 2008 | 전북 | 9 | 9 | 0 | 0 | 11 | 10 | 1 | 0 |
| 2009 | 전북 | 3 | 3 | 0 | 0 | 0 | 1 | 0 | 0 |
| 2010 | 대구 | 28 | 18 | 4 | 2 | 30 | 41 | 5 | 0 |
| 2011 | 대구 | 13 | 8 | 0 | 1 | 17 | 7 | 1 | 0 |
| 2013 | 대구 | 2 | 2 | 0 | 0 | 3 | 4 | 0 | 0 |
| 통산 | | 57 | 42 | 4 | 3 | 66 | 59 | 9 | 0 |

**올레그** (Oleg Elyshev) 러시아 1971.05.30

| 연도 | 소속 | 출장 | 교체 | 득점 | 도움 | 파울 | 슈팅 | 경고 | 퇴장 |
|---|---|---|---|---|---|---|---|---|---|
| 1997 | 안양 | 18 | 2 | 2 | 6 | 31 | 40 | 5 | 1 |
| 1998 | 안양 | 34 | 9 | 7 | 4 | 53 | 86 | 5 | 0 |
| 1999 | 안양 | 31 | 14 | 5 | 5 | 43 | 64 | 5 | 0 |
| 통산 | | 83 | 25 | 14 | 15 | 127 | 190 | 15 | 1 |

**올리** (Aurelian Cosmi Olaroiu) 루마니아 1969.06.10

| 연도 | 소속 | 출장 | 교체 | 득점 | 도움 | 파울 | 슈팅 | 경고 | 퇴장 |
|---|---|---|---|---|---|---|---|---|---|
| 1997 | 수원 | 32 | 4 | 5 | 0 | 61 | 25 | 9 | 0 |
| 1998 | 수원 | 25 | 11 | 0 | 1 | 55 | 11 | 6 | 1 |
| 1999 | 수원 | 30 | 0 | 2 | 0 | 76 | 11 | 11 | 1 |
| 2000 | 수원 | 11 | 3 | 0 | 1 | 15 | 1 | 3 | 0 |
| 통산 | | 98 | 18 | 7 | 2 | 207 | 48 | 29 | 2 |

**올리베** (Alcir de Oliveira Fonseca) 브라질 1977.11.14

| 연도 | 소속 | 출장 | 교체 | 득점 | 도움 | 파울 | 슈팅 | 경고 | 퇴장 |
|---|---|---|---|---|---|---|---|---|---|
| 2002 | 성남 | 18 | 18 | 0 | 2 | 38 | 5 | 5 | 0 |
| 통산 | | 18 | 18 | 0 | 2 | 38 | 5 | 5 | 0 |

**올리베라** (Juan Manuel Olivera Lopez) 우루과이 1981.08.14

| 연도 | 소속 | 출장 | 교체 | 득점 | 도움 | 파울 | 슈팅 | 경고 | 퇴장 |
|---|---|---|---|---|---|---|---|---|---|
| 2006 | 수원 | 15 | 12 | 5 | 0 | 25 | 20 | 1 | 0 |
| 통산 | | 15 | 12 | 5 | 0 | 25 | 20 | 1 | 0 |

**완호우량** (Wan Houliang) 중국 1986.02.25

| 연도 | 소속 | 출장 | 교체 | 득점 | 도움 | 파울 | 슈팅 | 경고 | 퇴장 |
|---|---|---|---|---|---|---|---|---|---|
| 2009 | 전북 | 4 | 1 | 0 | 0 | 18 | 0 | 3 | 0 |

**왕선재** (王善財) 연세대 1959.03.16

| 연도 | 소속 | 출장 | 교체 | 득점 | 도움 | 파울 | 슈팅 | 경고 | 퇴장 |
|---|---|---|---|---|---|---|---|---|---|
| 1984 | 한일은 | 27 | 6 | 7 | 6 | 29 | 54 | 0 | 0 |
| 1985 | 럭금 | 14 | 6 | 1 | 5 | 19 | 0 | 0 | 0 |
| 1986 | 럭금 | 7 | 2 | 0 | 2 | 5 | 4 | 0 | 0 |
| 1987 | 포철 | 2 | 2 | 0 | 0 | 2 | 0 | 0 | 0 |
| 1988 | 포철 | 1 | 1 | 0 | 0 | 2 | 1 | 0 | 0 |
| 1988 | 현대 | 5 | 5 | 0 | 0 | 4 | 5 | 0 | 0 |
| 1989 | 현대 | 18 | 16 | 0 | 1 | 13 | 22 | 1 | 0 |

| 통산 | | 74 | 42 | 8 | 16 | 57 | 102 | 2 | 1 |
|---|---|---|---|---|---|---|---|---|---|

**왕정현** (王淨鉉) 배재대 1976.08.30

| 연도 | 소속 | 출장 | 교체 | 득점 | 도움 | 파울 | 슈팅 | 경고 | 퇴장 |
|---|---|---|---|---|---|---|---|---|---|
| 1999 | 안양 | 13 | 13 | 0 | 2 | 16 | 12 | 0 | 0 |
| 2000 | 안양 | 25 | 21 | 9 | 2 | 32 | 34 | 2 | 0 |
| 2001 | 안양 | 18 | 16 | 0 | 0 | 22 | 23 | 1 | 0 |
| 2002 | 안양 | 25 | 8 | 1 | 0 | 28 | 7 | 3 | 0 |
| 2003 | 안양 | 24 | 6 | 1 | 1 | 27 | 8 | 1 | 0 |
| 2004 | 서울 | 14 | 14 | 0 | 2 | 11 | 10 | 2 | 0 |
| 2005 | 전북 | 15 | 7 | 5 | 2 | 26 | 28 | 1 | 0 |
| 2006 | 전북 | 7 | 0 | 1 | 1 | 24 | 7 | 3 | 0 |
| 통산 | | 166 | 104 | 16 | 10 | 186 | 129 | 13 | 0 |

**외슬** (Wesley Braz de Almeida) 브라질 1981.05.07

| 연도 | 소속 | 출장 | 교체 | 득점 | 도움 | 파울 | 슈팅 | 경고 | 퇴장 |
|---|---|---|---|---|---|---|---|---|---|
| 2011 | 대전 | 2 | 2 | 0 | 0 | 1 | 1 | 0 | 0 |
| 통산 | | 2 | 2 | 0 | 0 | 1 | 1 | 0 | 0 |

**요반치치** (Vladimir Jovancic) 세르비아 1987.05.31

| 연도 | 소속 | 출장 | 교체 | 득점 | 도움 | 파울 | 슈팅 | 경고 | 퇴장 |
|---|---|---|---|---|---|---|---|---|---|
| 2012 | 성남 | 16 | 11 | 3 | 0 | 26 | 21 | 5 | 0 |
| 통산 | | 16 | 11 | 3 | 0 | 26 | 21 | 5 | 0 |

**요한** (Jovan Sarcevic) 유고슬라비아 1966.01.07

| 연도 | 소속 | 출장 | 교체 | 득점 | 도움 | 파울 | 슈팅 | 경고 | 퇴장 |
|---|---|---|---|---|---|---|---|---|---|
| 1994 | LG | 11 | 0 | 1 | 0 | 22 | 4 | 2 | 0 |
| 1995 | LG | 24 | 4 | 1 | 4 | 43 | 19 | 2 | 1 |
| 통산 | | 35 | 4 | 1 | 1 | 65 | 37 | 5 | 1 |

**용현진** (龍賢眞) 건국대 1988.07.19

| 연도 | 소속 | 출장 | 교체 | 득점 | 도움 | 파울 | 슈팅 | 경고 | 퇴장 |
|---|---|---|---|---|---|---|---|---|---|
| 2010 | 성남 | 7 | 1 | 0 | 1 | 20 | 4 | 0 | 0 |
| 2011 | 성남 | 16 | 7 | 0 | 2 | 29 | 1 | 4 | 0 |
| 2012 | 상주 | 12 | 2 | 0 | 0 | 29 | 1 | 4 | 0 |
| 2013 | 상주 | 1 | 1 | 0 | 0 | 1 | 0 | 0 | 0 |
| 2014 | 인천 | 24 | 3 | 0 | 0 | 33 | 1 | 6 | 0 |
| 통산 | | 60 | 14 | 0 | 1 | 105 | 4 | 18 | 0 |

**우르모브** (Zoran Urumov) 유고슬라비아 1977.08.30

| 연도 | 소속 | 출장 | 교체 | 득점 | 도움 | 파울 | 슈팅 | 경고 | 퇴장 |
|---|---|---|---|---|---|---|---|---|---|
| 1999 | 부산 | 12 | 8 | 1 | 0 | 20 | 11 | 4 | 0 |
| 2000 | 부산 | 21 | 13 | 3 | 2 | 31 | 19 | 7 | 0 |
| 2001 | 부산 | 33 | 12 | 3 | 11 | 46 | 49 | 11 | 0 |
| 2002 | 부산 | 14 | 7 | 7 | 1 | 8 | 34 | 2 | 1 |
| 2003 | 부산 | 19 | 16 | 2 | 3 | 15 | 15 | 2 | 0 |
| 2003 | 수원 | 21 | 3 | 1 | 3 | 15 | 2 | 0 | 0 |
| 통산 | | 134 | 77 | 19 | 20 | 150 | 170 | 30 | 2 |

**우성문** (禹成汶) 경희대 1975.10.19

| 연도 | 소속 | 출장 | 교체 | 득점 | 도움 | 파울 | 슈팅 | 경고 | 퇴장 |
|---|---|---|---|---|---|---|---|---|---|
| 1998 | 부산 | 30 | 11 | 1 | 0 | 34 | 13 | 4 | 0 |
| 1999 | 부산 | 30 | 11 | 1 | 0 | 34 | 13 | 4 | 0 |
| 2000 | 성남 | 38 | 9 | 2 | 5 | 62 | 12 | 3 | 0 |
| | | 3 | 1 | 0 | 0 | 1 | 0 | 0 | 0 |
| 통산 | | 99 | 40 | 4 | 6 | 150 | 41 | 9 | 1 |

**우성용** (禹成用) 아주대 1973.08.18

| 연도 | 소속 | 출장 | 교체 | 득점 | 도움 | 파울 | 슈팅 | 경고 | 퇴장 |
|---|---|---|---|---|---|---|---|---|---|
| 1996 | 부산 | 31 | 21 | 4 | 2 | 34 | 90 | 2 | 0 |
| 1997 | 부산 | 30 | 13 | 2 | 1 | 37 | 34 | 3 | 0 |
| 1998 | 부산 | 25 | 20 | 4 | 3 | 41 | 25 | 2 | 0 |
| 1999 | 부산 | 38 | 24 | 9 | 2 | 52 | 46 | 4 | 0 |
| 2000 | 부산 | 34 | 10 | 6 | 5 | 51 | 55 | 3 | 0 |
| 2001 | 부산 | 33 | 8 | 16 | 2 | 37 | 72 | 1 | 0 |
| 2002 | 부산 | 26 | 4 | 13 | 1 | 36 | 71 | 2 | 0 |
| 2003 | 포항 | 40 | 3 | 15 | 8 | 78 | 82 | 4 | 0 |
| 2004 | 포항 | 27 | 2 | 10 | 0 | 50 | 40 | 4 | 0 |
| 2005 | 성남 | 30 | 21 | 3 | 2 | 60 | 24 | 0 | 0 |
| 2006 | 성남 | 41 | 16 | 19 | 5 | 72 | 50 | 3 | 0 |
| 2007 | 울산 | 35 | 15 | 9 | 8 | 55 | 44 | 5 | 0 |

右段

| 2008 | 울산 | 31 | 26 | 5 | 3 | 30 | 25 | 6 | 0 |
|---|---|---|---|---|---|---|---|---|---|
| 2009 | 인천 | 18 | 16 | 1 | 0 | 15 | 10 | 1 | 0 |
| 통산 | | 439 | 200 | 116 | 43 | 643 | 604 | 41 | 0 |

**우승제** (禹承濟) 배재대 1982.10.23

| 연도 | 소속 | 출장 | 교체 | 득점 | 도움 | 파울 | 슈팅 | 경고 | 퇴장 |
|---|---|---|---|---|---|---|---|---|---|
| 2005 | 대전 | 6 | 6 | 0 | 0 | 5 | 3 | 0 | 0 |
| 2006 | 대전 | 12 | 12 | 0 | 0 | 14 | 16 | 1 | 0 |
| 2007 | 대전 | 20 | 17 | 1 | 2 | 26 | 19 | 3 | 0 |
| 2008 | 대전 | 25 | 6 | 0 | 2 | 32 | 20 | 5 | 0 |
| 2009 | 대전 | 18 | 1 | 1 | 0 | 30 | 18 | 2 | 0 |
| 2010 | 대전 | 11 | 6 | 1 | 1 | 33 | 18 | 4 | 1 |
| 2011 | 수원 | 15 | 11 | 0 | 0 | 6 | 7 | 0 | 0 |
| 통산 | | 130 | 59 | 3 | 4 | 147 | 101 | 15 | 1 |

**우제원** (禹濟元) 성보고 1972.08.09

| 연도 | 소속 | 출장 | 교체 | 득점 | 도움 | 파울 | 슈팅 | 경고 | 퇴장 |
|---|---|---|---|---|---|---|---|---|---|
| 1998 | 안양 | 4 | 4 | 0 | 0 | 2 | 0 | 0 | 0 |
| 1999 | 안양 | 4 | 4 | 0 | 0 | 4 | 2 | 0 | 0 |
| 통산 | | 5 | 5 | 0 | 0 | 4 | 2 | 0 | 0 |

**우주성** (禹周成) 중앙대 1993.06.08

| 연도 | 소속 | 출장 | 교체 | 득점 | 도움 | 파울 | 슈팅 | 경고 | 퇴장 |
|---|---|---|---|---|---|---|---|---|---|
| 2014 | 경남 | 6 | 6 | 0 | 0 | 6 | 2 | 1 | 0 |
| 통산 | | 6 | 6 | 0 | 0 | 6 | 2 | 1 | 0 |

**우치체** (Nebojsa Vucicevic) 유고슬라비아 1962.07.30

| 연도 | 소속 | 출장 | 교체 | 득점 | 도움 | 파울 | 슈팅 | 경고 | 퇴장 |
|---|---|---|---|---|---|---|---|---|---|
| 1991 | 대우 | 6 | 6 | 0 | 0 | 3 | 4 | 2 | 0 |
| 1992 | 대우 | 26 | 22 | 1 | 0 | 35 | 28 | 4 | 0 |
| 1993 | 대우 | 13 | 8 | 0 | 1 | 22 | 9 | 2 | 0 |
| 통산 | | 45 | 39 | 1 | 1 | 53 | 39 | 9 | 0 |

**우홍균** (郵弘均) 전주대 1969.07.21

| 연도 | 소속 | 출장 | 교체 | 득점 | 도움 | 파울 | 슈팅 | 경고 | 퇴장 |
|---|---|---|---|---|---|---|---|---|---|
| 1997 | 포항 | 1 | 1 | 0 | 0 | 1 | 0 | 0 | 0 |
| 통산 | | 1 | 1 | 0 | 0 | 1 | 0 | 0 | 0 |

**원종덕** (元鍾惠) 홍익대 1977.08.16

| 연도 | 소속 | 출장 | 교체 | 실점 | 도움 | 파울 | 슈팅 | 경고 | 퇴장 |
|---|---|---|---|---|---|---|---|---|---|
| 2001 | 안양 | 0 | 0 | 0 | 0 | 0 | 0 | 0 | 0 |
| 2004 | 서울 | 17 | 0 | 16 | 0 | 0 | 0 | 1 | 0 |
| 2005 | 서울 | 12 | 0 | 19 | 0 | 0 | 0 | 0 | 0 |
| 2007 | 서울 | 0 | 0 | 0 | 0 | 0 | 0 | 0 | 0 |
| 통산 | | 29 | 0 | 35 | 0 | 0 | 0 | 1 | 0 |

**월신요** 브라질 1956.10.03

| 연도 | 소속 | 출장 | 교체 | 득점 | 도움 | 파울 | 슈팅 | 경고 | 퇴장 |
|---|---|---|---|---|---|---|---|---|---|
| 1984 | 포철 | 7 | 5 | 1 | 1 | 7 | 5 | 1 | 0 |
| 통산 | | 7 | 5 | 1 | 1 | 7 | 5 | 1 | 0 |

**웨슬리** (Wesley Barbosa de Morais) 브라질 1981.11.10

| 연도 | 소속 | 출장 | 교체 | 득점 | 도움 | 파울 | 슈팅 | 경고 | 퇴장 |
|---|---|---|---|---|---|---|---|---|---|
| 2009 | 전남 | 11 | 3 | 4 | 5 | 67 | 60 | 5 | 0 |
| 2013 | 강원 | 32 | 16 | 2 | 1 | 70 | 46 | 8 | 0 |
| 통산 | | 58 | 27 | 5 | 5 | 127 | 106 | 13 | 0 |

**웨슬리** (Weslley Smith Alves Feitosa) 브라질 1992.04.21

| 연도 | 소속 | 출장 | 교체 | 득점 | 도움 | 파울 | 슈팅 | 경고 | 퇴장 |
|---|---|---|---|---|---|---|---|---|---|
| 2011 | 전남 | 25 | 14 | 4 | 1 | 72 | 45 | 6 | 0 |
| 2012 | 강원 | 36 | 13 | 9 | 4 | 101 | 103 | 9 | 0 |
| 2013 | 전남 | 23 | 15 | 3 | 5 | 58 | 48 | 7 | 0 |
| 통산 | | 84 | 40 | 18 | 8 | 231 | 196 | 22 | 0 |

**웰링턴** (Welington Goncalves Amorim) 브라질 1977.01.23

| 연도 | 소속 | 출장 | 교체 | 득점 | 도움 | 파울 | 슈팅 | 경고 | 퇴장 |
|---|---|---|---|---|---|---|---|---|---|
| 2005 | 포항 | 12 | 7 | 2 | 2 | 30 | 20 | 2 | 0 |
| 통산 | | 12 | 7 | 2 | 2 | 30 | 20 | 2 | 0 |

**윌리안** (William Junior Salles de Lima Souza) 브라질 1983.05.

| 연도 | 소속 | 출장 | 교체 | 득점 | 도움 | 파울 | 슈팅 | 경고 | 퇴장 |
|---|---|---|---|---|---|---|---|---|---|
| 2007 | 부산 | 4 | 3 | 0 | 0 | 14 | 6 | 2 | 0 |
| 통산 | | 4 | 3 | 0 | 0 | 14 | 6 | 2 | 0 |

**월리암** (William Fernando da Silva) 브라질 1986.11.20

| 연도 | 소속 | 출장 | 교체 | 득점 | 도움 | 파울 | 슈팅 | 경고 | 퇴장 |
|---|---|---|---|---|---|---|---|---|---|
| 2013 | 부산 | 25 | 25 | 2 | 0 | 34 | 27 | 4 | 0 |
| 통산 | | 25 | 25 | 2 | 0 | 34 | 27 | 4 | 0 |

**월킨슨** (Wilkinson Alexander William) 호주 1984.08.13

| 연도 | 소속 | 출장 | 교체 | 득점 | 도움 | 파울 | 슈팅 | 경고 | 퇴장 |
|---|---|---|---|---|---|---|---|---|---|
| 2012 | 전북 | 15 | 3 | 0 | 0 | 8 | 3 | 0 | 0 |
| 2013 | 전북 | 25 | 1 | 2 | 2 | 18 | 7 | 3 | 0 |
| 2014 | 전북 | 25 | 1 | 0 | 0 | 23 | 2 | 4 | 0 |
| 통산 | | 65 | 5 | 2 | 2 | 49 | 12 | 7 | 0 |

**유경렬** (柳俓烈) 단국대 1978.08.15

| 연도 | 소속 | 출장 | 교체 | 득점 | 도움 | 파울 | 슈팅 | 경고 | 퇴장 |
|---|---|---|---|---|---|---|---|---|---|
| 2003 | 울산 | 34 | 0 | 1 | 1 | 83 | 11 | 7 | 0 |
| 2004 | 울산 | 36 | 0 | 2 | 0 | 72 | 12 | 3 | 0 |
| 2005 | 울산 | 32 | 0 | 2 | 0 | 72 | 19 | 8 | 0 |
| 2006 | 울산 | 34 | 2 | 1 | 1 | 75 | 24 | 10 | 0 |
| 2007 | 울산 | 34 | 1 | 2 | 0 | 94 | 13 | 6 | 0 |
| 2008 | 울산 | 35 | 2 | 4 | 1 | 83 | 23 | 5 | 0 |
| 2009 | 울산 | 26 | 2 | 1 | 0 | 49 | 4 | 5 | 0 |
| 2010 | 울산 | 28 | 2 | 1 | 2 | 58 | 9 | 9 | 1 |
| 2011 | 대구 | 21 | 1 | 2 | 0 | 31 | 13 | 4 | 0 |
| 2012 | 대구 | 31 | 1 | 1 | 2 | 88 | 15 | 8 | 0 |
| 2013 | 대구 | 20 | 2 | 1 | 0 | 36 | 5 | 5 | 0 |
| 통산 | | 335 | 13 | 18 | 7 | 741 | 148 | 70 | 1 |

**유대순** (劉大淳) 고려대 1965.03.04

| 연도 | 소속 | 출장 | 교체 | 실점 | 도움 | 파울 | 슈팅 | 경고 | 퇴장 |
|---|---|---|---|---|---|---|---|---|---|
| 1989 | 유공 | 23 | 0 | 22 | 0 | 1 | 0 | 1 | 0 |
| 1990 | 유공 | 22 | 0 | 18 | 0 | 0 | 0 | 0 | 0 |
| 1991 | 유공 | 12 | 0 | 9 | 0 | 1 | 0 | 1 | 0 |
| 1992 | 유공 | 13 | 0 | 21 | 0 | 2 | 0 | 1 | 0 |
| 1993 | 유공 | 21 | 1 | 31 | 0 | 1 | 0 | 0 | 0 |
| 1994 | 유공 | 5 | 0 | 7 | 0 | 1 | 0 | 0 | 0 |
| 통산 | | 102 | 1 | 108 | 0 | 6 | 0 | 3 | 0 |

**유대현** (柳大鉉) 홍익대 1990.02.28

| 연도 | 소속 | 출장 | 교체 | 득점 | 도움 | 파울 | 슈팅 | 경고 | 퇴장 |
|---|---|---|---|---|---|---|---|---|---|
| 2014 | 부천 | 29 | 5 | 0 | 3 | 37 | 15 | 2 | 0 |
| 통산 | | 29 | 5 | 0 | 3 | 37 | 15 | 2 | 0 |

**유동관** (柳東官) 한양대 1963.05.12

| 연도 | 소속 | 출장 | 교체 | 득점 | 도움 | 파울 | 슈팅 | 경고 | 퇴장 |
|---|---|---|---|---|---|---|---|---|---|
| 1986 | 포철 | 15 | 6 | 0 | 1 | 18 | 6 | 1 | 0 |
| 1987 | 포철 | 25 | 10 | 1 | 1 | 18 | 17 | 0 | 0 |
| 1988 | 포철 | 16 | 5 | 1 | 2 | 19 | 14 | 2 | 0 |
| 1989 | 포철 | 30 | 9 | 0 | 0 | 29 | 18 | 3 | 0 |
| 1990 | 포철 | 13 | 3 | 0 | 0 | 26 | 13 | 3 | 0 |
| 1991 | 포철 | 34 | 4 | 2 | 0 | 52 | 28 | 6 | 0 |
| 1992 | 포철 | 29 | 10 | 1 | 0 | 37 | 10 | 2 | 0 |
| 1993 | 포철 | 29 | 1 | 0 | 1 | 45 | 14 | 5 | 0 |
| 1994 | 포철 | 19 | 8 | 0 | 0 | 27 | 5 | 3 | 0 |
| 1995 | 포항 | 6 | 3 | 0 | 0 | 14 | 2 | 0 | 0 |
| 통산 | | 207 | 62 | 5 | 4 | 285 | 127 | 25 | 0 |

**유동민** (柳東玟) 초당대 1989.03.27

| 연도 | 소속 | 출장 | 교체 | 득점 | 도움 | 파울 | 슈팅 | 경고 | 퇴장 |
|---|---|---|---|---|---|---|---|---|---|
| 2011 | 광주 | 18 | 18 | 2 | 0 | 12 | 13 | 0 | 0 |
| 2012 | 광주 | 2 | 2 | 0 | 0 | 0 | 4 | 0 | 0 |
| 통산 | | 20 | 20 | 2 | 0 | 12 | 17 | 0 | 0 |

**유동우** (柳東雨) 한양대 1968.03.07

| 연도 | 소속 | 출장 | 교체 | 득점 | 도움 | 파울 | 슈팅 | 경고 | 퇴장 |
|---|---|---|---|---|---|---|---|---|---|
| 1995 | 전남 | 34 | 3 | 0 | 0 | 30 | 11 | 3 | 0 |
| 1996 | 전남 | 24 | 2 | 0 | 0 | 14 | 5 | 1 | 0 |
| 1997 | 전남 | 22 | 12 | 0 | 1 | 9 | 4 | 2 | 0 |
| 1998 | 전남 | 31 | 7 | 0 | 0 | 17 | 13 | 0 | 0 |
| 1999 | 대전 | 32 | 0 | 0 | 0 | 18 | 5 | 2 | 0 |
| 2000 | 대전 | 32 | 0 | 0 | 1 | 23 | 12 | 2 | 0 |
| 2001 | 대전 | 5 | 1 | 0 | 0 | 5 | 0 | 0 | 0 |
| 통산 | | 180 | 28 | 0 | 2 | 116 | 50 | 10 | 0 |

**유리** (Yuri Matveev) 러시아 1967.06.08

| 연도 | 소속 | 출장 | 교체 | 득점 | 도움 | 파울 | 슈팅 | 경고 | 퇴장 |
|---|---|---|---|---|---|---|---|---|---|
| 1996 | 수원 | 10 | 2 | 2 | 2 | 32 | 12 | 4 | 0 |
| 1997 | 수원 | 20 | 16 | 4 | 0 | 40 | 21 | 6 | 0 |
| 통산 | | 30 | 18 | 6 | 2 | 72 | 33 | 10 | 0 |

**유리쉬쉬킨** 러시아 1963.09.01

| 연도 | 소속 | 출장 | 교체 | 실점 | 도움 | 파울 | 슈팅 | 경고 | 퇴장 |
|---|---|---|---|---|---|---|---|---|---|
| 1995 | 전남 | 19 | 1 | 26 | 0 | 1 | 0 | 1 | 0 |
| 통산 | | 19 | 1 | 26 | 0 | 1 | 0 | 1 | 0 |

**유만기** (劉萬基) 성균관대 1988.03.22

| 연도 | 소속 | 출장 | 교체 | 득점 | 도움 | 파울 | 슈팅 | 경고 | 퇴장 |
|---|---|---|---|---|---|---|---|---|---|
| 2013 | 고양 | 28 | 25 | 3 | 0 | 25 | 25 | 0 | 0 |
| 통산 | | 28 | 25 | 3 | 0 | 25 | 25 | 0 | 0 |

**유민철** (柳敏哲) 중앙대 1984.09.16

| 연도 | 소속 | 출장 | 교체 | 득점 | 도움 | 파울 | 슈팅 | 경고 | 퇴장 |
|---|---|---|---|---|---|---|---|---|---|
| 2009 | 대전 | 1 | 1 | 0 | 0 | 1 | 0 | 0 | 0 |
| 통산 | | 1 | 1 | 0 | 0 | 1 | 0 | 0 | 0 |

**유병수** (兪炳守) 홍익대 1988.03.26

| 연도 | 소속 | 출장 | 교체 | 득점 | 도움 | 파울 | 슈팅 | 경고 | 퇴장 |
|---|---|---|---|---|---|---|---|---|---|
| 2009 | 인천 | 34 | 19 | 14 | 4 | 67 | 84 | 7 | 0 |
| 2010 | 인천 | 31 | 9 | 22 | 0 | 73 | 95 | 4 | 0 |
| 2011 | 인천 | 13 | 6 | 4 | 2 | 22 | 28 | 3 | 0 |
| 통산 | | 78 | 34 | 40 | 6 | 162 | 207 | 14 | 0 |

**유병옥** (兪炳玉) 한양대 1964.03.02

| 연도 | 소속 | 출장 | 교체 | 득점 | 도움 | 파울 | 슈팅 | 경고 | 퇴장 |
|---|---|---|---|---|---|---|---|---|---|
| 1987 | 포철 | 27 | 5 | 0 | 0 | 13 | 3 | 1 | 0 |
| 1988 | 포철 | 14 | 1 | 0 | 0 | 16 | 4 | 0 | 0 |
| 1989 | 포철 | 29 | 4 | 1 | 0 | 28 | 12 | 2 | 0 |
| 1990 | 포철 | 10 | 5 | 0 | 0 | 6 | 6 | 0 | 0 |
| 1991 | 포철 | 23 | 17 | 0 | 0 | 13 | 3 | 0 | 0 |
| 1992 | LG | 18 | 9 | 1 | 0 | 19 | 5 | 2 | 0 |
| 1993 | LG | 13 | 7 | 0 | 2 | 36 | 13 | 3 | 0 |
| 1994 | LG | 18 | 6 | 0 | 0 | 31 | 6 | 3 | 0 |
| 통산 | | 183 | 60 | 0 | 4 | 172 | 54 | 16 | 0 |

**유병훈** (柳炳勳) 원주공고 1976.07.03

| 연도 | 소속 | 출장 | 교체 | 득점 | 도움 | 파울 | 슈팅 | 경고 | 퇴장 |
|---|---|---|---|---|---|---|---|---|---|
| 1995 | 대우 | 2 | 2 | 0 | 0 | 4 | 0 | 1 | 0 |
| 1996 | 부산 | 14 | 7 | 0 | 0 | 19 | 7 | 3 | 0 |
| 1997 | 부산 | 10 | 1 | 0 | 1 | 13 | 8 | 2 | 0 |
| 1998 | 부산 | 12 | 7 | 0 | 0 | 14 | 8 | 2 | 0 |
| 1999 | 부산 | 11 | 7 | 0 | 0 | 6 | 1 | 0 | 0 |
| 2000 | 부산 | 11 | 7 | 0 | 0 | 6 | 1 | 0 | 0 |
| 2001 | 부산 | 0 | 0 | 0 | 0 | 0 | 0 | 0 | 0 |
| 2002 | 부산 | 20 | 8 | 0 | 0 | 19 | 2 | 0 | 1 |
| 2003 | 부산 | 20 | 8 | 0 | 0 | 22 | 2 | 2 | 1 |
| 통산 | | 86 | 51 | 1 | 0 | 80 | 22 | 8 | 2 |

**유상수** (柳商秀) 고려대 1973.08.28

| 연도 | 소속 | 출장 | 교체 | 득점 | 도움 | 파울 | 슈팅 | 경고 | 퇴장 |
|---|---|---|---|---|---|---|---|---|---|
| 1996 | 부천 | 33 | 5 | 2 | 2 | 83 | 18 | 7 | 0 |
| 1997 | 부천 | 30 | 4 | 2 | 2 | 58 | 20 | 10 | 0 |
| 1998 | 안양 | 38 | 1 | 0 | 1 | 51 | 14 | 1 | 0 |
| 1999 | 안양 | 15 | 13 | 0 | 1 | 22 | 6 | 1 | 1 |
| 2000 | 안양 | 15 | 13 | 0 | 0 | 26 | 7 | 2 | 0 |
| 2001 | 안양 | 21 | 13 | 0 | 1 | 34 | 19 | 2 | 0 |
| 2003 | 전남 | 39 | 12 | 3 | 1 | 59 | 16 | 6 | 0 |
| 2004 | 전남 | 31 | 3 | 0 | 0 | 41 | 3 | 3 | 0 |
| 2005 | 전남 | 33 | 2 | 1 | 3 | 32 | 10 | 4 | 0 |
| 2006 | 전남 | 31 | 4 | 0 | 1 | 25 | 5 | 6 | 0 |
| 통산 | | 297 | 76 | 6 | 9 | 448 | 127 | 46 | 2 |

**유상철** (柳想鐵) 건국대 1971.10.18

| 연도 | 소속 | 출장 | 교체 | 득점 | 도움 | 파울 | 슈팅 | 경고 | 퇴장 |
|---|---|---|---|---|---|---|---|---|---|
| 1994 | 현대 | 26 | 9 | 5 | 1 | 29 | 33 | 2 | 0 |
| 1995 | 현대 | 33 | 1 | 2 | 2 | 40 | 65 | 5 | 0 |
| 1996 | 울산 | 6 | 2 | 1 | 0 | 11 | 9 | 2 | 0 |
| 1997 | 울산 | 17 | 1 | 1 | 0 | 18 | 28 | 1 | 0 |
| 1998 | 울산 | 23 | 2 | 15 | 3 | 49 | 74 | 2 | 1 |
| 2002 | 울산 | 8 | 1 | 9 | 0 | 19 | 27 | 0 | 0 |
| 2003 | 울산 | 10 | 2 | 3 | 2 | 23 | 21 | 1 | 1 |
| 2005 | 울산 | 18 | 8 | 1 | 1 | 35 | 20 | 1 | 0 |
| 2006 | 울산 | 30 | 18 | 6 | 2 | 72 | 33 | 10 | 0 |
| 통산 | | 142 | 27 | 37 | 9 | 205 | 277 | 14 | 2 |

**유상훈** (柳相勳) 홍익대 1989.05.25

| 연도 | 소속 | 출장 | 교체 | 실점 | 도움 | 파울 | 슈팅 | 경고 | 퇴장 |
|---|---|---|---|---|---|---|---|---|---|
| 2011 | 서울 | 1 | 1 | 0 | 0 | 0 | 0 | 0 | 0 |
| 2013 | 서울 | 3 | 0 | 4 | 0 | 0 | 0 | 0 | 0 |
| 2014 | 서울 | 15 | 1 | 9 | 0 | 0 | 0 | 1 | 0 |
| 통산 | | 19 | 2 | 13 | 0 | 0 | 0 | 1 | 0 |

**유성기** (兪盛棋) 연세대 1991.12.21

| 연도 | 소속 | 출장 | 교체 | 득점 | 도움 | 파울 | 슈팅 | 경고 | 퇴장 |
|---|---|---|---|---|---|---|---|---|---|
| 2014 | 대전 | 9 | 6 | 0 | 2 | 19 | 7 | 1 | 0 |
| 통산 | | 9 | 6 | 0 | 2 | 19 | 7 | 1 | 0 |

**유성민** (柳聖敏) 호남대 1972.05.11

| 연도 | 소속 | 출장 | 교체 | 득점 | 도움 | 파울 | 슈팅 | 경고 | 퇴장 |
|---|---|---|---|---|---|---|---|---|---|
| 1995 | 전남 | 1 | 1 | 0 | 0 | 1 | 0 | 0 | 0 |
| 통산 | | 1 | 1 | 0 | 0 | 1 | 0 | 0 | 0 |

**유성우** (劉成佑) 서울시립대 1971.05.23

| 연도 | 소속 | 출장 | 교체 | 득점 | 도움 | 파울 | 슈팅 | 경고 | 퇴장 |
|---|---|---|---|---|---|---|---|---|---|
| 1994 | 대우 | 5 | 1 | 0 | 0 | 7 | 0 | 0 | 0 |
| 1995 | 전북 | 9 | 8 | 1 | 0 | 13 | 7 | 1 | 0 |
| 1996 | 전북 | 3 | 1 | 0 | 0 | 2 | 1 | 0 | 0 |
| 1997 | 전북 | 11 | 7 | 0 | 1 | 15 | 3 | 1 | 0 |
| 1998 | 전북 | 4 | 4 | 0 | 0 | 5 | 0 | 0 | 0 |
| 통산 | | 27 | 18 | 0 | 2 | 35 | 9 | 3 | 0 |

**유성조** (兪誠朝) 동국대 1957.12.27

| 연도 | 소속 | 출장 | 교체 | 득점 | 도움 | 파울 | 슈팅 | 경고 | 퇴장 |
|---|---|---|---|---|---|---|---|---|---|
| 1985 | 한일은 | 13 | 4 | 0 | 0 | 13 | 6 | 3 | 0 |
| 통산 | | 13 | 4 | 0 | 0 | 13 | 6 | 3 | 0 |

**유수상** (柳秀相) 연세대 1967.12.10

| 연도 | 소속 | 출장 | 교체 | 득점 | 도움 | 파울 | 슈팅 | 경고 | 퇴장 |
|---|---|---|---|---|---|---|---|---|---|
| 1990 | 대우 | 18 | 11 | 2 | 0 | 10 | 14 | 0 | 0 |
| 1991 | 대우 | 35 | 25 | 5 | 2 | 22 | 19 | 1 | 0 |
| 1992 | 대우 | 13 | 8 | 0 | 2 | 12 | 7 | 0 | 0 |
| 1995 | 대우 | 10 | 3 | 1 | 1 | 15 | 17 | 1 | 0 |
| 1996 | 부산 | 28 | 13 | 0 | 2 | 25 | 19 | 2 | 0 |
| 1997 | 부산 | 8 | 0 | 0 | 1 | 5 | 4 | 1 | 0 |
| 1998 | 부산 | 1 | 1 | 0 | 0 | 1 | 0 | 0 | 0 |
| 통산 | | 129 | 79 | 7 | 9 | 90 | 80 | 5 | 0 |

**유수현** (柳秀賢) 선문대 1986.05.13

| 연도 | 소속 | 출장 | 교체 | 득점 | 도움 | 파울 | 슈팅 | 경고 | 퇴장 |
|---|---|---|---|---|---|---|---|---|---|
| 2010 | 전남 | 1 | 1 | 0 | 0 | 0 | 0 | 0 | 0 |
| 2013 | 수원FC | 34 | 4 | 5 | 6 | 67 | 41 | 5 | 0 |
| 2014 | 수원FC | 7 | 1 | 1 | 0 | 8 | 3 | 1 | 0 |
| 2014 | 상주 | 3 | 3 | 0 | 0 | 2 | 1 | 0 | 0 |
| 통산 | | 45 | 9 | 6 | 6 | 78 | 51 | 6 | 0 |

**유순열** (柳洵烈) 청주대 1959.01.07

| 연도 | 소속 | 출장 | 교체 | 득점 | 도움 | 파울 | 슈팅 | 경고 | 퇴장 |
|---|---|---|---|---|---|---|---|---|---|
| 1983 | 포철 | | | | | | | | |

**유승관** (劉承官) 건국대 1966.01.22

| 연도 | 소속 | 출장 | 교체 | 득점 | 도움 | 파울 | 슈팅 | 경고 | 퇴장 |
|---|---|---|---|---|---|---|---|---|---|
| 1989 | 일화 | 25 | 22 | 5 | 1 | 16 | 35 | 0 | 0 |
| 1990 | 일화 | 11 | 12 | 0 | 0 | 6 | 15 | 0 | 0 |
| 1991 | 일화 | 1 | 1 | 0 | 0 | 0 | 0 | 0 | 0 |
| 1994 | 버팔로 | 17 | 16 | 2 | 1 | 5 | 19 | 0 | 0 |
| 1995 | 전북 | 5 | 5 | 0 | 0 | 4 | 0 | 0 | 0 |
| 통산 | | 59 | 56 | 7 | 2 | 31 | 74 | 0 | 0 |

**유양준** (兪亮濬) 경기대 1985.09.22

| 연도 | 소속 | 출장 | 교체 | 득점 | 도움 | 파울 | 슈팅 | 경고 | 퇴장 |
|---|---|---|---|---|---|---|---|---|---|
| 2008 | 수원 | 1 | 0 | 0 | 0 | 1 | 1 | 0 | 0 |
| 통산 | | 1 | 0 | 0 | 0 | 1 | 1 | 0 | 0 |

**유우람** (유우람) 인천대 1984.03.16

| 연도 | 소속 | 출장 | 교체 | 득점 | 도움 | 파울 | 슈팅 | 경고 | 퇴장 |
|---|---|---|---|---|---|---|---|---|---|

| 연도 | 소속 | 출장 | 교체 | 득점 | 도움 | 파울 | 슈팅 | 경고 | 퇴장 |
|---|---|---|---|---|---|---|---|---|---|
| 2009 | 대전 | 4 | 3 | 0 | 0 | 7 | 1 | 2 | 0 |
| 2012 | 대전 | 0 | 0 | 0 | 0 | 0 | 0 | 0 | 0 |
| 통산 | | 4 | 3 | 0 | 0 | 7 | 1 | 2 | 0 |

**유인** (劉人) 연세대 1975.08.08

| 연도 | 소속 | 출장 | 교체 | 득점 | 도움 | 파울 | 슈팅 | 경고 | 퇴장 |
|---|---|---|---|---|---|---|---|---|---|
| 1998 | 천안 | 15 | 11 | 1 | 1 | 16 | 8 | 1 | 0 |
| 1999 | 울산 | 1 | 1 | 0 | 0 | 0 | 0 | 0 | 0 |
| 통산 | | 16 | 12 | 1 | 1 | 16 | 8 | 1 | 0 |

**유재영** (劉在永) 성균관대 1958.12.06

| 연도 | 소속 | 출장 | 교체 | 득점 | 도움 | 파울 | 슈팅 | 경고 | 퇴장 |
|---|---|---|---|---|---|---|---|---|---|
| 1985 | 한일은 | 17 | 12 | 2 | 1 | 10 | 16 | 0 | 0 |
| 1986 | 한일은 | 19 | 2 | 0 | 0 | 27 | 4 | 1 | 0 |
| 통산 | | 36 | 14 | 2 | 1 | 37 | 20 | 1 | 0 |

**유재원** (柳在垣) 고려대 1990.02.24

| 연도 | 소속 | 출장 | 교체 | 득점 | 도움 | 파울 | 슈팅 | 경고 | 퇴장 |
|---|---|---|---|---|---|---|---|---|---|
| 2013 | 강원 | 2 | 2 | 0 | 0 | 0 | 0 | 0 | 0 |
| 통산 | | 2 | 2 | 0 | 0 | 0 | 0 | 0 | 0 |

**유재형** (劉在炯) 명지대 1977.08.24

| 연도 | 소속 | 출장 | 교체 | 득점 | 도움 | 파울 | 슈팅 | 경고 | 퇴장 |
|---|---|---|---|---|---|---|---|---|---|
| 2002 | 울산 | 5 | 5 | 0 | 0 | 7 | 0 | 1 | 0 |
| 통산 | | 5 | 5 | 0 | 0 | 7 | 0 | 1 | 0 |

**유재호** (柳載湖) 우석대 1989.05.07

| 연도 | 소속 | 출장 | 교체 | 득점 | 도움 | 파울 | 슈팅 | 경고 | 퇴장 |
|---|---|---|---|---|---|---|---|---|---|
| 2013 | 인천 | 3 | 3 | 0 | 0 | 0 | 0 | 0 | 0 |
| 통산 | | 3 | 3 | 0 | 0 | 0 | 0 | 0 | 0 |

**유재훈** (兪在勳) 울산대 1983.07.07

| 연도 | 소속 | 출장 | 교체 | 실점 | 도움 | 파울 | 슈팅 | 경고 | 퇴장 |
|---|---|---|---|---|---|---|---|---|---|
| 2006 | 대전 | 0 | 0 | 0 | 0 | 0 | 0 | 0 | 0 |
| 2007 | 대전 | 3 | 0 | 2 | 0 | 0 | 0 | 0 | 0 |
| 2008 | 대전 | 0 | 0 | 0 | 0 | 0 | 0 | 0 | 0 |
| 2009 | 대전 | 1 | 0 | 3 | 0 | 0 | 0 | 0 | 0 |
| 통산 | | 4 | 0 | 5 | 0 | 0 | 0 | 0 | 0 |

**유제호** (劉題晧) 아주대 1992.08.10

| 연도 | 소속 | 출장 | 교체 | 득점 | 도움 | 파울 | 슈팅 | 경고 | 퇴장 |
|---|---|---|---|---|---|---|---|---|---|
| 2014 | 포항 | 0 | 0 | 0 | 0 | 0 | 0 | 0 | 0 |
| 통산 | | 0 | 0 | 0 | 0 | 0 | 0 | 0 | 0 |

**유종완** (兪鍾完) 경희대 1959.08.12

| 연도 | 소속 | 출장 | 교체 | 득점 | 도움 | 파울 | 슈팅 | 경고 | 퇴장 |
|---|---|---|---|---|---|---|---|---|---|
| 1983 | 대우 | 7 | 3 | 0 | 0 | 4 | 5 | 1 | 1 |
| 1984 | 대우 | 2 | 1 | 0 | 0 | 1 | 0 | 0 | 0 |
| 1985 | 대우 | 4 | 2 | 0 | 0 | 5 | 2 | 0 | 0 |
| 통산 | | 13 | 6 | 0 | 0 | 10 | 7 | 1 | 1 |

**유종현** (劉宗賢) 건국대 1988.03.14

| 연도 | 소속 | 출장 | 교체 | 득점 | 도움 | 파울 | 슈팅 | 경고 | 퇴장 |
|---|---|---|---|---|---|---|---|---|---|
| 2011 | 광주 | 26 | 4 | 2 | 1 | 36 | 6 | 13 | 0 |
| 2012 | 광주 | 21 | 10 | 0 | 0 | 30 | 3 | 6 | 0 |
| 2013 | 광주 | 20 | 2 | 1 | 1 | 32 | 8 | 6 | 0 |
| 2014 | 충주 | 30 | 2 | 2 | 0 | 42 | 18 | 3 | 0 |
| 통산 | | 97 | 18 | 5 | 2 | 140 | 35 | 28 | 0 |

**유준수** (柳俊秀) 고려대 1988.05.08

| 연도 | 소속 | 출장 | 교체 | 득점 | 도움 | 파울 | 슈팅 | 경고 | 퇴장 |
|---|---|---|---|---|---|---|---|---|---|
| 2011 | 인천 | 18 | 14 | 1 | 0 | 27 | 16 | 4 | 0 |
| 2012 | 인천 | 9 | 6 | 0 | 0 | 14 | 9 | 1 | 0 |
| 2014 | 울산 | 23 | 10 | 3 | 1 | 19 | 23 | 1 | 0 |
| 통산 | | 50 | 32 | 3 | 2 | 60 | 48 | 5 | 0 |

**유준영** (柳晙永) 경희대 1990.02.17

| 연도 | 소속 | 출장 | 교체 | 득점 | 도움 | 파울 | 슈팅 | 경고 | 퇴장 |
|---|---|---|---|---|---|---|---|---|---|
| 2013 | 부천 | 15 | 9 | 3 | 1 | 14 | 28 | 1 | 0 |
| 2014 | 부천 | 31 | 24 | 3 | 5 | 23 | 35 | 3 | 0 |
| 통산 | | 46 | 33 | 6 | 6 | 37 | 63 | 4 | 0 |

**유지노** (柳志第) 광양제철고 1989.11.06

| 연도 | 소속 | 출장 | 교체 | 득점 | 도움 | 파울 | 슈팅 | 경고 | 퇴장 |
|---|---|---|---|---|---|---|---|---|---|
| 2008 | 전남 | 11 | 2 | 0 | 1 | 6 | 1 | 1 | 0 |
| 2009 | 전남 | 16 | 5 | 0 | 0 | 15 | 4 | 1 | 0 |
| 2010 | 전남 | 13 | 5 | 0 | 0 | 12 | 3 | 0 | 0 |
| 2011 | 전남 | 20 | 3 | 0 | 1 | 13 | 6 | 1 | 0 |
| 2012 | 전남 | 12 | 1 | 0 | 0 | 13 | 5 | 3 | 0 |
| 2013 | 부산 | 6 | 1 | 0 | 0 | 8 | 1 | 1 | 0 |
| 2014 | 부산 | 19 | 1 | 0 | 0 | 23 | 6 | 3 | 0 |
| 통산 | | 97 | 19 | 0 | 2 | 96 | 23 | 16 | 0 |

**유지훈** (柳志訓) 한양대 1988.06.09

| 연도 | 소속 | 출장 | 교체 | 득점 | 도움 | 파울 | 슈팅 | 경고 | 퇴장 |
|---|---|---|---|---|---|---|---|---|---|
| 2010 | 경남 | 2 | 2 | 0 | 0 | 3 | 0 | 0 | 0 |
| 2011 | 부산 | 5 | 3 | 0 | 0 | 8 | 0 | 2 | 0 |
| 2012 | 부산 | 31 | 16 | 1 | 0 | 28 | 3 | 2 | 0 |
| 2013 | 상주 | 5 | 2 | 0 | 0 | 7 | 0 | 0 | 0 |
| 2014 | 상주 | 18 | 2 | 1 | 4 | 25 | 1 | 6 | 2 |
| 2014 | 부산 | 9 | 0 | 0 | 0 | 9 | 5 | 1 | 0 |
| 통산 | | 70 | 25 | 2 | 4 | 80 | 9 | 10 | 2 |

**유진오** (兪鎭午) 연세대 1976.03.10

| 연도 | 소속 | 출장 | 교체 | 득점 | 도움 | 파울 | 슈팅 | 경고 | 퇴장 |
|---|---|---|---|---|---|---|---|---|---|
| 1999 | 안양 | 14 | 7 | 0 | 0 | 42 | 4 | 3 | 0 |
| 2000 | 안양 | 2 | 0 | 0 | 0 | 2 | 0 | 0 | 0 |
| 통산 | | 16 | 7 | 0 | 0 | 44 | 4 | 3 | 0 |

**유창현** (柳昌鉉) 대구대 1985.05.14

| 연도 | 소속 | 출장 | 교체 | 득점 | 도움 | 파울 | 슈팅 | 경고 | 퇴장 |
|---|---|---|---|---|---|---|---|---|---|
| 2009 | 포항 | 25 | 18 | 11 | 5 | 24 | 28 | 0 | 0 |
| 2010 | 포항 | 15 | 12 | 2 | 2 | 6 | 9 | 0 | 0 |
| 2011 | 상주 | 21 | 13 | 2 | 2 | 16 | 19 | 4 | 0 |
| 2012 | 상주 | 24 | 16 | 4 | 2 | 33 | 23 | 5 | 0 |
| 2012 | 포항 | 9 | 9 | 1 | 1 | 6 | 3 | 0 | 0 |
| 2013 | 포항 | 4 | 4 | 0 | 0 | 3 | 2 | 0 | 0 |
| 2014 | 포항 | 28 | 27 | 4 | 3 | 25 | 13 | 1 | 0 |
| 통산 | | 127 | 99 | 24 | 15 | 113 | 97 | 10 | 0 |

**유청윤** (柳靑潤) 경희대 1992.09.07

| 연도 | 소속 | 출장 | 교체 | 득점 | 도움 | 파울 | 슈팅 | 경고 | 퇴장 |
|---|---|---|---|---|---|---|---|---|---|
| 2014 | 성남 | 2 | 1 | 0 | 0 | 1 | 1 | 0 | 0 |
| 통산 | | 2 | 1 | 0 | 0 | 1 | 1 | 0 | 0 |

**유카** (Jukka Koskinen) 핀란드 1972.11.29

| 연도 | 소속 | 출장 | 교체 | 득점 | 도움 | 파울 | 슈팅 | 경고 | 퇴장 |
|---|---|---|---|---|---|---|---|---|---|
| 1999 | 안양 | 14 | 5 | 0 | 0 | 14 | 6 | 1 | 0 |
| 통산 | | 14 | 5 | 0 | 0 | 14 | 6 | 1 | 0 |

**유태목** (柳泰穆) 연세대 1957.04.30

| 연도 | 소속 | 출장 | 교체 | 득점 | 도움 | 파울 | 슈팅 | 경고 | 퇴장 |
|---|---|---|---|---|---|---|---|---|---|
| 1983 | 대우 | 16 | 0 | 1 | 0 | 7 | 8 | 0 | 0 |
| 1984 | 대우 | 22 | 5 | 2 | 0 | 23 | 25 | 1 | 0 |
| 1985 | 대우 | 9 | 3 | 0 | 0 | 14 | 5 | 1 | 0 |
| 1986 | 현대 | 29 | 1 | 0 | 1 | 27 | 18 | 0 | 0 |
| 1987 | 현대 | 19 | 9 | 1 | 0 | 7 | 10 | 2 | 0 |
| 통산 | | 95 | 18 | 4 | 1 | 70 | 60 | 2 | 0 |

**유현** (劉賢) 중앙대 1984.08.01

| 연도 | 소속 | 출장 | 교체 | 실점 | 도움 | 파울 | 슈팅 | 경고 | 퇴장 |
|---|---|---|---|---|---|---|---|---|---|
| 2009 | 강원 | 29 | 0 | 56 | 1 | 0 | 0 | 0 | 0 |
| 2010 | 강원 | 28 | 2 | 51 | 0 | 0 | 0 | 0 | 0 |
| 2011 | 강원 | 23 | 0 | 33 | 0 | 0 | 0 | 0 | 0 |
| 2012 | 인천 | 35 | 0 | 32 | 0 | 1 | 0 | 1 | 0 |
| 2013 | 경찰 | 23 | 2 | 31 | 0 | 0 | 0 | 3 | 0 |
| 2014 | 안산 | 20 | 1 | 23 | 0 | 0 | 0 | 0 | 0 |
| 2014 | 인천 | 10 | 0 | 11 | 0 | 0 | 0 | 0 | 0 |
| 통산 | | 168 | 5 | 237 | 1 | 5 | 0 | 4 | 0 |

**유현구** (柳鉉口) 보인정보산업고 1983.01.25

| 연도 | 소속 | 출장 | 교체 | 득점 | 도움 | 파울 | 슈팅 | 경고 | 퇴장 |
|---|---|---|---|---|---|---|---|---|---|
| 2005 | 부천 | 7 | 7 | 0 | 0 | 8 | 7 | 0 | 0 |
| 2006 | 제주 | 11 | 9 | 1 | 0 | 10 | 9 | 0 | 0 |
| 2007 | 광주상 | 19 | 18 | 0 | 1 | 17 | 10 | 1 | 0 |
| 2008 | 광주상 | 7 | 6 | 1 | 0 | 6 | 4 | 0 | 0 |
| 통산 | | 44 | 40 | 2 | 1 | 41 | 32 | 4 | 0 |

**유호준** (柳好俊) 광운대 1985.01.14

| 연도 | 소속 | 출장 | 교체 | 득점 | 도움 | 파울 | 슈팅 | 경고 | 퇴장 |
|---|---|---|---|---|---|---|---|---|---|
| 2008 | 울산 | 31 | 16 | 2 | 3 | 38 | 25 | 5 | 0 |
| 2009 | 울산 | 6 | 5 | 0 | 0 | 2 | 3 | 0 | 0 |
| 2010 | 부산 | 29 | 5 | 0 | 3 | 53 | 42 | 4 | 0 |
| 2011 | 부산 | 18 | 10 | 1 | 0 | 20 | 17 | 4 | 0 |
| 2012 | 경남 | 17 | 16 | 0 | 0 | 16 | 8 | 3 | 0 |
| 2013 | 경남 | 5 | 5 | 0 | 1 | 3 | 1 | 1 | 0 |
| 2014 | 안산 | 13 | 9 | 0 | 0 | 17 | 19 | 1 | 0 |
| 통산 | | 119 | 66 | 7 | 7 | 152 | 110 | 15 | 0 |

**유홍열** (柳弘烈) 숭실대 1983.12.30

| 연도 | 소속 | 출장 | 교체 | 득점 | 도움 | 파울 | 슈팅 | 경고 | 퇴장 |
|---|---|---|---|---|---|---|---|---|---|
| 2006 | 전남 | 4 | 4 | 0 | 0 | 5 | 2 | 0 | 0 |
| 2007 | 전남 | 0 | 0 | 0 | 0 | 0 | 0 | 0 | 0 |
| 2008 | 전남 | 9 | 6 | 1 | 2 | 9 | 17 | 1 | 0 |
| 2009 | 전남 | 6 | 6 | 0 | 0 | 5 | 4 | 0 | 0 |
| 2010 | 전남 | 1 | 1 | 0 | 0 | 1 | 0 | 0 | 0 |
| 통산 | | 20 | 17 | 1 | 2 | 20 | 23 | 1 | 0 |

**윤광복** (尹光卜) 조선대 1989.01.25

| 연도 | 소속 | 출장 | 교체 | 득점 | 도움 | 파울 | 슈팅 | 경고 | 퇴장 |
|---|---|---|---|---|---|---|---|---|---|
| 2011 | 광주 | 0 | 0 | 0 | 0 | 0 | 0 | 0 | 0 |

**윤근호** (尹根鎬) 동국대 1977.11.08

| 연도 | 소속 | 출장 | 교체 | 득점 | 도움 | 파울 | 슈팅 | 경고 | 퇴장 |
|---|---|---|---|---|---|---|---|---|---|
| 2000 | 전북 | 1 | 1 | 0 | 0 | 0 | 0 | 0 | 0 |
| 2001 | 전북 | 1 | 1 | 0 | 0 | 0 | 0 | 0 | 0 |
| 통산 | | 2 | 2 | 0 | 0 | 0 | 0 | 0 | 0 |

**윤기원** (尹基源) 아주대 1987.05.20

| 연도 | 소속 | 출장 | 교체 | 실점 | 도움 | 파울 | 슈팅 | 경고 | 퇴장 |
|---|---|---|---|---|---|---|---|---|---|
| 2010 | 인천 | 1 | 0 | 0 | 0 | 0 | 0 | 0 | 0 |
| 2011 | 인천 | 7 | 0 | 8 | 0 | 0 | 0 | 0 | 0 |
| 통산 | | 8 | 0 | 8 | 0 | 0 | 0 | 0 | 0 |

**윤기해** (尹期海) 초당대 1991.02.09

| 연도 | 소속 | 출장 | 교체 | 실점 | 도움 | 파울 | 슈팅 | 경고 | 퇴장 |
|---|---|---|---|---|---|---|---|---|---|
| 2012 | 광주 | 5 | 0 | 9 | 0 | 1 | 0 | 0 | 0 |
| 2013 | 광주 | 5 | 0 | 11 | 0 | 0 | 0 | 0 | 0 |
| 통산 | | 10 | 0 | 20 | 0 | 1 | 0 | 0 | 0 |

**윤덕여** (尹德汝) 성균관대 1961.03.25

| 연도 | 소속 | 출장 | 교체 | 득점 | 도움 | 파울 | 슈팅 | 경고 | 퇴장 |
|---|---|---|---|---|---|---|---|---|---|
| 1984 | 한일은 | 26 | 4 | 0 | 0 | 23 | 5 | 2 | 0 |
| 1985 | 한일은 | 15 | 0 | 0 | 0 | 23 | 3 | 1 | 0 |
| 1986 | 현대 | 5 | 1 | 0 | 0 | 2 | 1 | 0 | 0 |
| 1987 | 현대 | 18 | 7 | 1 | 0 | 11 | 11 | 0 | 0 |
| 1988 | 현대 | 11 | 2 | 1 | 1 | 31 | 16 | 2 | 0 |
| 1989 | 현대 | 13 | 0 | 0 | 0 | 17 | 7 | 0 | 0 |
| 1990 | 현대 | 10 | 0 | 0 | 0 | 13 | 4 | 0 | 0 |
| 1991 | 현대 | 14 | 3 | 0 | 0 | 16 | 7 | 0 | 0 |
| 1992 | 포철 | 12 | 9 | 0 | 0 | 14 | 4 | 1 | 0 |
| 통산 | | 129 | 27 | 3 | 1 | 143 | 57 | 10 | 0 |

**윤동민** (尹東珉) 경희대 1988.07.24

| 연도 | 소속 | 출장 | 교체 | 득점 | 도움 | 파울 | 슈팅 | 경고 | 퇴장 |
|---|---|---|---|---|---|---|---|---|---|
| 2011 | 부산 | 18 | 16 | 2 | 0 | 8 | 6 | 0 | 0 |
| 2012 | 부산 | 22 | 22 | 4 | 0 | 19 | 17 | 1 | 0 |
| 2013 | 부산 | 14 | 15 | 0 | 3 | 8 | 6 | 1 | 0 |
| 2014 | 부산 | 2 | 2 | 0 | 0 | 2 | 0 | 0 | 0 |
| 통산 | | 56 | 55 | 6 | 3 | 37 | 29 | 2 | 0 |

**윤동민** (尹東珉) 성균관대 1986.07.18

| 연도 | 소속 | 출장 | 교체 | 득점 | 도움 | 파울 | 슈팅 | 경고 | 퇴장 |
|---|---|---|---|---|---|---|---|---|---|
| 2013 | 수원FC | 8 | 7 | 1 | 1 | 3 | 3 | 0 | 0 |
| 통산 | | 8 | 7 | 1 | 1 | 3 | 3 | 0 | 0 |

**윤동헌** (尹東惠) 고려대 1983.05.02

| 연도 | 소속 | 출장 | 교체 | 득점 | 도움 | 파울 | 슈팅 | 경고 | 퇴장 |
|---|---|---|---|---|---|---|---|---|---|
| 2007 | 울산 | 1 | 0 | 0 | 0 | 1 | 0 | 0 | 0 |
| 2013 | 고양 | 32 | 6 | 2 | 3 | 23 | 36 | 3 | 0 |
| 2014 | 고양 | 33 | 20 | 3 | 5 | 19 | 47 | 1 | 0 |
| 통산 | | 66 | 26 | 5 | 8 | 43 | 83 | 4 | 0 |

**윤병기** (尹炳基) 숭실대 1973.04.22

| 연도 | 소속 | 출장 | 교체 | 득점 | 도움 | 파울 | 슈팅 | 경고 | 퇴장 |
|---|---|---|---|---|---|---|---|---|---|
| 1999 | 전남 | 12 | 9 | 0 | 1 | 14 | 1 | 3 | 0 |
| 2000 | 전남 | 11 | 8 | 0 | 0 | 8 | 4 | 1 | 0 |
| 2001 | 전남 | 2 | 1 | 0 | 0 | 3 | 0 | 1 | 0 |
| 통산 | | 25 | 18 | 0 | 1 | 25 | 5 | 5 | 0 |

**윤보영** (尹寶營) 울산대 1978.04.29

| 연도 | 소속 | 출장 | 교체 | 득점 | 도움 | 파울 | 슈팅 | 경고 | 퇴장 |
|---|---|---|---|---|---|---|---|---|---|

| 연도 | 소속 | 출장 | 교체 | 득점 | 도움 | 파울 | 슈팅 | 경고 | 퇴장 |
|---|---|---|---|---|---|---|---|---|---|
| 2001 | 포항 | 4 | 4 | 0 | 0 | 0 | 3 | 0 | 0 |
| 2002 | 포항 | 30 | 13 | 5 | 2 | 28 | 23 | 2 | 0 |
| 2003 | 포항 | 11 | 11 | 0 | 1 | 4 | 3 | 0 | 0 |
| 통산 | | 45 | 28 | 5 | 3 | 32 | 29 | 2 | 0 |

**윤빛가람 (尹빛가람) 중앙대 1990.05.07**

| 연도 | 소속 | 출장 | 교체 | 득점 | 도움 | 파울 | 슈팅 | 경고 | 퇴장 |
|---|---|---|---|---|---|---|---|---|---|
| 2010 | 경남 | 29 | 5 | 9 | 7 | 28 | 51 | 1 | 0 |
| 2011 | 경남 | 32 | 9 | 8 | 7 | 38 | 74 | 10 | 0 |
| 2012 | 성남 | 31 | 20 | 1 | 3 | 34 | 68 | 5 | 1 |
| 2013 | 제주 | 31 | 14 | 1 | 2 | 30 | 43 | 5 | 0 |
| 2014 | 제주 | 37 | 11 | 4 | 4 | 28 | 60 | 3 | 0 |
| 통산 | | 160 | 59 | 23 | 23 | 158 | 296 | 24 | 1 |

**윤상철 (尹相喆) 건국대 1965.06.14**

| 연도 | 소속 | 출장 | 교체 | 득점 | 도움 | 파울 | 슈팅 | 경고 | 퇴장 |
|---|---|---|---|---|---|---|---|---|---|
| 1988 | 럭금 | 18 | 6 | 4 | 1 | 23 | 30 | 0 | 0 |
| 1989 | 럭금 | 38 | 10 | 17 | 6 | 60 | 65 | 3 | 0 |
| 1990 | 럭금 | 30 | 4 | 12 | 2 | 45 | 53 | 0 | 0 |
| 1991 | LG | 31 | 16 | 7 | 2 | 38 | 39 | 0 | 0 |
| 1992 | LG | 34 | 22 | 7 | 2 | 43 | 49 | 2 | 0 |
| 1993 | LG | 32 | 6 | 9 | 8 | 50 | 52 | 1 | 0 |
| 1994 | LG | 34 | 6 | 24 | 1 | 34 | 85 | 3 | 0 |
| 1995 | LG | 31 | 19 | 4 | 2 | 20 | 32 | 0 | 0 |
| 1996 | 안양 | 33 | 21 | 14 | 4 | 23 | 51 | 1 | 0 |
| 1997 | 안양 | 19 | 13 | 3 | 1 | 16 | 19 | 0 | 0 |
| 통산 | | 300 | 123 | 101 | 31 | 351 | 475 | 9 | 1 |

**윤상호 (尹尙皓) 호남대 1992.06.04**

| 연도 | 소속 | 출장 | 교체 | 득점 | 도움 | 파울 | 슈팅 | 경고 | 퇴장 |
|---|---|---|---|---|---|---|---|---|---|
| 2014 | 광주 | 13 | 12 | 0 | 0 | 16 | 7 | 1 | 0 |

**윤석 (尹石) 전북대 1985.02.28**

| 연도 | 소속 | 출장 | 교체 | 득점 | 도움 | 파울 | 슈팅 | 경고 | 퇴장 |
|---|---|---|---|---|---|---|---|---|---|
| 2007 | 제주 | 1 | 1 | 0 | 0 | 0 | 0 | 0 | 0 |

**윤석영 (尹錫榮) 광양제철고 1990.02.13**

| 연도 | 소속 | 출장 | 교체 | 득점 | 도움 | 파울 | 슈팅 | 경고 | 퇴장 |
|---|---|---|---|---|---|---|---|---|---|
| 2009 | 전남 | 21 | 4 | 1 | 0 | 19 | 14 | 1 | 0 |
| 2010 | 전남 | 19 | 5 | 0 | 4 | 22 | 24 | 1 | 0 |
| 2011 | 전남 | 21 | 1 | 1 | 1 | 23 | 6 | 6 | 0 |
| 2012 | 전남 | 25 | 1 | 2 | 4 | 34 | 15 | 3 | 0 |
| 통산 | | 86 | 12 | 4 | 10 | 58 | 59 | 11 | 0 |

**윤성우 (尹星宇) 상지대 1989.11.08**

| 연도 | 소속 | 출장 | 교체 | 득점 | 도움 | 파울 | 슈팅 | 경고 | 퇴장 |
|---|---|---|---|---|---|---|---|---|---|
| 2012 | 서울 | 1 | 1 | 0 | 0 | 0 | 0 | 0 | 0 |
| 2013 | 고양 | 22 | 21 | 1 | 0 | 2 | 13 | 2 | 0 |
| 통산 | | 23 | 22 | 1 | 0 | 2 | 13 | 2 | 0 |

**윤성효 (尹星孝) 연세대 1962.05.18**

| 연도 | 소속 | 출장 | 교체 | 득점 | 도움 | 파울 | 슈팅 | 경고 | 퇴장 |
|---|---|---|---|---|---|---|---|---|---|
| 1986 | 한일은 | 20 | 1 | 5 | 1 | 31 | 25 | 3 | 0 |
| 1987 | 포철 | 20 | 8 | 2 | 1 | 21 | 14 | 0 | 0 |
| 1988 | 포철 | 7 | 1 | 1 | 0 | 12 | 4 | 1 | 0 |
| 1989 | 포철 | 22 | 9 | 1 | 2 | 31 | 18 | 1 | 0 |
| 1990 | 포철 | 25 | 7 | 0 | 0 | 35 | 22 | 2 | 0 |
| 1991 | 포철 | 21 | 10 | 0 | 1 | 28 | 8 | 2 | 0 |
| 1992 | 포철 | 33 | 10 | 0 | 3 | 54 | 6 | 4 | 0 |
| 1993 | 포철 | 34 | 21 | 2 | 1 | 23 | 26 | 1 | 0 |
| 1994 | 대우 | 20 | 4 | 0 | 1 | 34 | 19 | 2 | 0 |
| 1995 | 대우 | 27 | 7 | 0 | 2 | 40 | 21 | 7 | 0 |
| 1996 | 수원 | 34 | 2 | 5 | 1 | 72 | 21 | 9 | 0 |
| 1997 | 수원 | 26 | 2 | 1 | 1 | 53 | 30 | 3 | 0 |
| 1998 | 수원 | 19 | 16 | 2 | 0 | 17 | 7 | 1 | 0 |
| 2000 | 수원 | 12 | 6 | 0 | 0 | 29 | 12 | 2 | 0 |
| 통산 | | 311 | 101 | 19 | 14 | 473 | 222 | 38 | 0 |

**윤승현 (尹勝鉉) 연세대 1988.12.13**

| 연도 | 소속 | 출장 | 교체 | 득점 | 도움 | 파울 | 슈팅 | 경고 | 퇴장 |
|---|---|---|---|---|---|---|---|---|---|
| 2012 | 서울 | 1 | 1 | 0 | 0 | 1 | 0 | 0 | 0 |
| 2012 | 성남 | 5 | 5 | 0 | 0 | 7 | 6 | 0 | 0 |
| 통산 | | 6 | 6 | 0 | 0 | 8 | 6 | 0 | 0 |

**윤시호 (尹施淏 / 윤홍창) 동북고 1984.05.12**

| 연도 | 소속 | 출장 | 교체 | 득점 | 도움 | 파울 | 슈팅 | 경고 | 퇴장 |
|---|---|---|---|---|---|---|---|---|---|
| 2007 | 서울 | 7 | 7 | 0 | 0 | 5 | 2 | 1 | 0 |
| 2008 | 서울 | 11 | 10 | 0 | 0 | 10 | 1 | 1 | 0 |
| 2009 | 서울 | 0 | 0 | 0 | 0 | 0 | 0 | 0 | 0 |
| 2010 | 서울 | 0 | 0 | 0 | 0 | 0 | 0 | 0 | 0 |
| 2011 | 대구 | 25 | 3 | 0 | 3 | 23 | 21 | 4 | 0 |
| 2012 | 서울 | 3 | 3 | 0 | 0 | 1 | 2 | 0 | 0 |
| 통산 | | 46 | 23 | 0 | 3 | 39 | 22 | 7 | 0 |

**윤신영 (尹信榮) 경기대 1987.05.22**

| 연도 | 소속 | 출장 | 교체 | 득점 | 도움 | 파울 | 슈팅 | 경고 | 퇴장 |
|---|---|---|---|---|---|---|---|---|---|
| 2009 | 대전 | 6 | 5 | 0 | 0 | 9 | 1 | 0 | 0 |
| 2010 | 광주상 | 7 | 3 | 0 | 0 | 5 | 1 | 0 | 0 |
| 2011 | 상주 | 17 | 8 | 0 | 0 | 23 | 3 | 5 | 0 |
| 2012 | 경남 | 31 | 0 | 0 | 0 | 44 | 6 | 6 | 0 |
| 2013 | 경남 | 32 | 2 | 0 | 2 | 51 | 10 | 7 | 0 |
| 통산 | | 88 | 17 | 2 | 2 | 120 | 19 | 19 | 0 |

**윤여산 (尹如山) 한남대 1982.07.09**

| 연도 | 소속 | 출장 | 교체 | 득점 | 도움 | 파울 | 슈팅 | 경고 | 퇴장 |
|---|---|---|---|---|---|---|---|---|---|
| 2005 | 인천 | 0 | 0 | 0 | 0 | 0 | 0 | 0 | 0 |
| 2006 | 대구 | 11 | 3 | 0 | 0 | 22 | 1 | 0 | 0 |
| 2007 | 대구 | 18 | 12 | 0 | 1 | 29 | 2 | 3 | 0 |
| 2008 | 대구 | 13 | 6 | 1 | 0 | 21 | 4 | 1 | 0 |
| 2009 | 대구 | 24 | 3 | 0 | 1 | 50 | 5 | 7 | 0 |
| 2010 | 광주상 | 12 | 1 | 0 | 0 | 22 | 3 | 2 | 0 |
| 2011 | 상주 | 12 | 1 | 0 | 0 | 23 | 1 | 6 | 1 |
| 통산 | | 94 | 29 | 1 | 1 | 168 | 14 | 24 | 1 |

**윤영노 (尹英老) 숭실대 1989.05.01**

| 연도 | 소속 | 출장 | 교체 | 득점 | 도움 | 파울 | 슈팅 | 경고 | 퇴장 |
|---|---|---|---|---|---|---|---|---|---|
| 2012 | 부산 | 1 | 1 | 0 | 0 | 2 | 0 | 0 | 0 |
| 통산 | | 1 | 1 | 0 | 0 | 2 | 0 | 0 | 0 |

**윤영선 (尹榮善) 단국대 1988.10.04**

| 연도 | 소속 | 출장 | 교체 | 득점 | 도움 | 파울 | 슈팅 | 경고 | 퇴장 |
|---|---|---|---|---|---|---|---|---|---|
| 2010 | 성남 | 5 | 2 | 0 | 0 | 6 | 0 | 0 | 0 |
| 2011 | 성남 | 18 | 3 | 0 | 1 | 31 | 7 | 2 | 0 |
| 2012 | 성남 | 34 | 5 | 0 | 0 | 45 | 4 | 3 | 1 |
| 2013 | 성남 | 36 | 6 | 2 | 0 | 41 | 7 | 7 | 0 |
| 2014 | 성남 | 19 | 2 | 0 | 0 | 17 | 3 | 2 | 0 |
| 통산 | | 112 | 19 | 2 | 0 | 140 | 21 | 14 | 1 |

**윤영승 (Youn, Young Seong) 일본 1991.08.13**

| 연도 | 소속 | 출장 | 교체 | 득점 | 도움 | 파울 | 슈팅 | 경고 | 퇴장 |
|---|---|---|---|---|---|---|---|---|---|
| 2013 | 대구 | 1 | 1 | 0 | 0 | 0 | 0 | 0 | 0 |
| 2014 | 대구 | 8 | 8 | 0 | 0 | 9 | 12 | 2 | 0 |
| 통산 | | 9 | 9 | 0 | 0 | 9 | 12 | 2 | 0 |

**윤영종 (尹英鍾) 인천대 1979.01.23**

| 연도 | 소속 | 출장 | 교체 | 득점 | 도움 | 파울 | 슈팅 | 경고 | 퇴장 |
|---|---|---|---|---|---|---|---|---|---|
| 2001 | 전남 | 1 | 1 | 0 | 0 | 1 | 0 | 0 | 0 |
| 통산 | | 1 | 1 | 0 | 0 | 1 | 0 | 0 | 0 |

**윤용구 (尹勇九) 건국대 1977.08.08**

| 연도 | 소속 | 출장 | 교체 | 득점 | 도움 | 파울 | 슈팅 | 경고 | 퇴장 |
|---|---|---|---|---|---|---|---|---|---|
| 2000 | 전남 | 13 | 13 | 0 | 0 | 3 | 5 | 0 | 0 |
| 2001 | 전남 | 2 | 2 | 1 | 0 | 1 | 1 | 0 | 0 |
| 2004 | 부천 | 20 | 14 | 0 | 1 | 25 | 14 | 2 | 0 |
| 통산 | | 35 | 29 | 1 | 1 | 29 | 20 | 2 | 0 |

**윤원일 (尹元一) 포철공고 1983.03.31**

| 연도 | 소속 | 출장 | 교체 | 득점 | 도움 | 파울 | 슈팅 | 경고 | 퇴장 |
|---|---|---|---|---|---|---|---|---|---|
| 2003 | 수원 | 0 | 0 | 0 | 0 | 0 | 0 | 0 | 0 |
| 2004 | 대구 | 23 | 12 | 1 | 1 | 54 | 20 | 5 | 0 |
| 2005 | 대구 | 11 | 9 | 0 | 1 | 20 | 9 | 2 | 0 |
| 2006 | 인천 | 18 | 11 | 0 | 1 | 34 | 8 | 4 | 0 |
| 2007 | 인천 | 17 | 0 | 0 | 0 | 49 | 6 | 6 | 0 |
| 2008 | 인천 | 17 | 7 | 0 | 0 | 33 | 3 | 4 | 0 |
| 2009 | 인천 | 17 | 3 | 0 | 2 | 28 | 3 | 4 | 1 |
| 2010 | 인천 | 17 | 3 | 0 | 2 | 28 | 3 | 4 | 1 |
| 2011 | 포항 | 1 | 1 | 0 | 0 | 2 | 0 | 1 | 0 |
| 2012 | 포항 | 1 | 1 | 0 | 0 | 0 | 0 | 0 | 0 |
| 통산 | | 121 | 48 | 2 | 4 | 245 | 48 | 31 | 1 |

**윤원일 (尹遠溢) 선문대 1986.10.23**

| 연도 | 소속 | 출장 | 교체 | 득점 | 도움 | 파울 | 슈팅 | 경고 | 퇴장 |
|---|---|---|---|---|---|---|---|---|---|
| 2008 | 제주 | 5 | 5 | 0 | 0 | 7 | 0 | 0 | 0 |
| 2009 | 제주 | 3 | 2 | 0 | 0 | 2 | 0 | 0 | 0 |
| 2011 | 제주 | 6 | 4 | 0 | 0 | 8 | 2 | 2 | 0 |
| 2012 | 제주 | 5 | 0 | 0 | 0 | 3 | 0 | 0 | 0 |
| 2013 | 대전 | 20 | 3 | 1 | 0 | 14 | 3 | 3 | 0 |
| 2014 | 대전 | 27 | 3 | 0 | 0 | 23 | 2 | 1 | 0 |
| 통산 | | 62 | 17 | 1 | 0 | 54 | 7 | 7 | 0 |

**윤원철 (尹元喆) 경희대 1979.01.06**

| 연도 | 소속 | 출장 | 교체 | 득점 | 도움 | 파울 | 슈팅 | 경고 | 퇴장 |
|---|---|---|---|---|---|---|---|---|---|
| 2001 | 부천 | 4 | 4 | 0 | 0 | 2 | 0 | 0 | 0 |
| 2002 | 부천 | 1 | 1 | 0 | 0 | 1 | 3 | 0 | 0 |
| 2003 | 부천 | 13 | 6 | 0 | 0 | 33 | 9 | 2 | 0 |
| 2004 | 부천 | 10 | 8 | 1 | 0 | 16 | 5 | 2 | 0 |
| 통산 | | 28 | 20 | 1 | 0 | 59 | 19 | 4 | 0 |

**윤일록 (尹日錄) 진주고 1992.03.07**

| 연도 | 소속 | 출장 | 교체 | 득점 | 도움 | 파울 | 슈팅 | 경고 | 퇴장 |
|---|---|---|---|---|---|---|---|---|---|
| 2011 | 경남 | 26 | 15 | 4 | 6 | 34 | 46 | 2 | 0 |
| 2012 | 경남 | 42 | 18 | 6 | 2 | 40 | 70 | 5 | 0 |
| 2013 | 서울 | 29 | 23 | 0 | 2 | 19 | 33 | 1 | 0 |
| 2014 | 서울 | 27 | 15 | 7 | 2 | 35 | 49 | 0 | 0 |
| 통산 | | 124 | 71 | 19 | 10 | 128 | 198 | 8 | 0 |

**윤재훈 (尹在訓) 울산대 1973.12.25**

| 연도 | 소속 | 출장 | 교체 | 득점 | 도움 | 파울 | 슈팅 | 경고 | 퇴장 |
|---|---|---|---|---|---|---|---|---|---|
| 1996 | 울산 | 30 | 3 | 0 | 1 | 78 | 15 | 8 | 0 |
| 1997 | 울산 | 22 | 6 | 0 | 0 | 51 | 7 | 6 | 0 |
| 1998 | 울산 | 25 | 6 | 0 | 3 | 74 | 6 | 7 | 0 |
| 1999 | 울산 | 13 | 0 | 0 | 1 | 35 | 2 | 9 | 0 |
| 2000 | 전북 | 26 | 4 | 0 | 1 | 54 | 7 | 7 | 0 |
| 2001 | 전북 | 10 | 10 | 0 | 0 | 0 | 0 | 0 | 0 |
| 통산 | | 126 | 29 | 0 | 6 | 292 | 37 | 37 | 0 |

**윤정규 (尹晸奎) 명지대 1991.12.04**

| 연도 | 소속 | 출장 | 교체 | 득점 | 도움 | 파울 | 슈팅 | 경고 | 퇴장 |
|---|---|---|---|---|---|---|---|---|---|
| 2014 | 부산 | 0 | 0 | 0 | 0 | 0 | 0 | 0 | 0 |
| 통산 | | 0 | 0 | 0 | 0 | 0 | 0 | 0 | 0 |

**윤정춘 (尹晶椿) 순천고 1973.02.18**

| 연도 | 소속 | 출장 | 교체 | 득점 | 도움 | 파울 | 슈팅 | 경고 | 퇴장 |
|---|---|---|---|---|---|---|---|---|---|
| 1994 | 유공 | 1 | 1 | 0 | 0 | 0 | 0 | 0 | 0 |
| 1995 | 유공 | 9 | 8 | 2 | 0 | 7 | 7 | 0 | 0 |
| 1996 | 부천 | 30 | 15 | 3 | 5 | 23 | 38 | 2 | 0 |
| 1997 | 부천 | 29 | 10 | 8 | 1 | 45 | 70 | 3 | 0 |
| 1998 | 부천 | 32 | 22 | 5 | 3 | 30 | 50 | 2 | 0 |
| 1999 | 부천 | 35 | 18 | 5 | 3 | 41 | 42 | 4 | 0 |
| 2000 | 부천 | 41 | 24 | 4 | 3 | 59 | 44 | 5 | 0 |
| 2001 | 부천 | 32 | 17 | 1 | 3 | 36 | 29 | 6 | 0 |
| 2002 | 부천 | 27 | 13 | 1 | 4 | 29 | 23 | 2 | 0 |
| 2003 | 부천 | 30 | 16 | 1 | 1 | 32 | 35 | 0 | 0 |
| 2004 | 부천 | 5 | 3 | 0 | 0 | 8 | 8 | 0 | 0 |
| 2005 | 대전 | 12 | 11 | 1 | 0 | 13 | 4 | 1 | 0 |
| 통산 | | 285 | 161 | 31 | 27 | 319 | 330 | 25 | 0 |

**윤정환 (尹晶煥) 동아대 1973.02.16**

| 연도 | 소속 | 출장 | 교체 | 득점 | 도움 | 파울 | 슈팅 | 경고 | 퇴장 |
|---|---|---|---|---|---|---|---|---|---|
| 1995 | 유공 | 24 | 7 | 3 | 5 | 47 | 25 | 9 | 0 |
| 1996 | 부천 | 22 | 1 | 2 | 8 | 42 | 38 | 2 | 0 |
| 1997 | 부천 | 16 | 10 | 3 | 3 | 17 | 24 | 3 | 0 |
| 1998 | 부천 | 18 | 13 | 4 | 8 | 41 | 52 | 4 | 0 |
| 1999 | 부천 | 15 | 8 | 3 | 4 | 37 | 51 | 1 | 0 |
| 2003 | 성남 | 30 | 26 | 1 | 3 | 44 | 21 | 2 | 0 |
| 2004 | 전북 | 34 | 4 | 2 | 8 | 76 | 59 | 6 | 0 |
| 2005 | 전북 | 31 | 20 | 2 | 6 | 40 | 37 | 4 | 0 |
| 통산 | | 203 | 85 | 20 | 44 | 370 | 285 | 34 | 0 |

**윤종현 (尹鐘鉉) 동아대 1961.07.03**

| 연도 | 소속 | 출장 | 교체 | 득점 | 도움 | 파울 | 슈팅 | 경고 | 퇴장 |
|---|---|---|---|---|---|---|---|---|---|
| 1984 | 국민은 | 1 | 1 | 0 | 0 | 0 | 0 | 0 | 0 |
| 통산 | | 1 | 1 | 0 | 0 | 0 | 0 | 0 | 0 |

**윤주일 (尹桂日) 동아대 1980.03.10**

| 연도 | 소속 | 출장 | 교체 | 득점 | 도움 | 파울 | 슈팅 | 경고 | 퇴장 |
|---|---|---|---|---|---|---|---|---|---|
| 2003 | 대구 | 36 | 16 | 5 | 3 | 74 | 25 | 8 | 0 |
| 2004 | 대구 | 29 | 8 | 3 | 3 | 56 | 18 | 5 | 0 |
| 2005 | 대구 | 26 | 10 | 1 | 2 | 34 | 17 | 4 | 0 |
| 2006 | 대구 | 13 | 9 | 1 | 1 | 19 | 6 | 2 | 0 |
| 2007 | 인천 | 6 | 5 | 0 | 0 | 1 | 1 | 0 | 0 |
| 2007 | 전남 | 8 | 6 | 0 | 0 | 15 | 2 | 1 | 0 |
| 2008 | 전남 | 4 | 1 | 0 | 0 | 4 | 0 | 0 | 0 |
| 2009 | 전남 | 4 | 2 | 0 | 0 | 10 | 1 | 2 | 0 |
| 2010 | 부산 | 1 | 0 | 0 | 0 | 6 | 0 | 0 | 0 |
| 통산 | | 126 | 57 | 10 | 9 | 219 | 70 | 22 | 0 |

**윤주태** (尹柱泰) 연세대 1990.06.22

| 연도 | 소속 | 출장 | 교체 | 득점 | 도움 | 파울 | 슈팅 | 경고 | 퇴장 |
|---|---|---|---|---|---|---|---|---|---|
| 2014 | 서울 | 10 | 9 | 2 | 0 | 2 | 12 | 0 | 0 |

**윤준성** (尹畯聖) 경희대 1989.09.28

| 연도 | 소속 | 출장 | 교체 | 득점 | 도움 | 파울 | 슈팅 | 경고 | 퇴장 |
|---|---|---|---|---|---|---|---|---|---|
| 2012 | 포항 | 1 | 0 | 0 | 0 | 1 | 1 | 1 | 0 |
| 2013 | 포항 | 1 | 1 | 0 | 0 | 1 | 0 | 0 | 0 |
| 2014 | 포항 | 11 | 11 | 0 | 1 | 2 | 1 | 1 | 0 |
| 통산 | | 13 | 12 | 0 | 1 | 3 | 2 | 2 | 0 |

**윤준수** (尹晙洙) 경기대 1986.03.28

| 연도 | 소속 | 출장 | 교체 | 득점 | 도움 | 파울 | 슈팅 | 경고 | 퇴장 |
|---|---|---|---|---|---|---|---|---|---|
| 2007 | 전남 | 1 | 1 | 0 | 0 | 1 | 0 | 0 | 0 |
| 통산 | | 1 | 1 | 0 | 0 | 1 | 0 | 0 | 0 |

**윤준하** (尹俊河) 대구대 1987.01.04

| 연도 | 소속 | 출장 | 교체 | 득점 | 도움 | 파울 | 슈팅 | 경고 | 퇴장 |
|---|---|---|---|---|---|---|---|---|---|
| 2009 | 강원 | 30 | 20 | 7 | 5 | 21 | 30 | 2 | 0 |
| 2010 | 강원 | 17 | 14 | 0 | 1 | 12 | 9 | 1 | 0 |
| 2011 | 강원 | 30 | 23 | 1 | 4 | 32 | 36 | 2 | 0 |
| 2012 | 인천 | 3 | 3 | 0 | 0 | 8 | 1 | 1 | 0 |
| 2013 | 대전 | 3 | 3 | 0 | 0 | 0 | 2 | 0 | 0 |
| 2014 | 안산 | 26 | 21 | 4 | 3 | 43 | 18 | 1 | 0 |
| 통산 | | 109 | 84 | 12 | 13 | 116 | 96 | 7 | 0 |

**윤중희** (尹重熙) 중앙대 1975.12.08

| 연도 | 소속 | 출장 | 교체 | 득점 | 도움 | 파울 | 슈팅 | 경고 | 퇴장 |
|---|---|---|---|---|---|---|---|---|---|
| 1999 | 부천 | 9 | 7 | 0 | 0 | 4 | 2 | 0 | 0 |
| 2000 | 부천 | 11 | 6 | 0 | 0 | 20 | 12 | 1 | 0 |
| 2001 | 부천 | 22 | 8 | 1 | 0 | 30 | 11 | 3 | 0 |
| 2002 | 부천 | 5 | 3 | 0 | 0 | 7 | 1 | 0 | 0 |
| 2003 | 부천 | 21 | 3 | 0 | 1 | 23 | 13 | 6 | 0 |
| 2004 | 부천 | 2 | 2 | 0 | 0 | 1 | 0 | 0 | 0 |
| 통산 | | 70 | 29 | 1 | 1 | 85 | 40 | 11 | 0 |

**윤화평** (尹和平) 강릉농공고 1983.03.26

| 연도 | 소속 | 출장 | 교체 | 득점 | 도움 | 파울 | 슈팅 | 경고 | 퇴장 |
|---|---|---|---|---|---|---|---|---|---|
| 2002 | 수원 | 1 | 1 | 0 | 0 | 0 | 0 | 0 | 0 |
| 2006 | 수원 | 4 | 4 | 0 | 0 | 3 | 5 | 0 | 0 |
| 통산 | | 5 | 5 | 0 | 0 | 3 | 5 | 0 | 0 |

**윤희준** (尹熙俊) 연세대 1972.11.01

| 연도 | 소속 | 출장 | 교체 | 득점 | 도움 | 파울 | 슈팅 | 경고 | 퇴장 |
|---|---|---|---|---|---|---|---|---|---|
| 1995 | 대우 | 8 | 1 | 0 | 1 | 21 | 2 | 2 | 0 |
| 1996 | 부산 | 23 | 3 | 1 | 0 | 48 | 11 | 8 | 2 |
| 1997 | 부산 | 22 | 8 | 0 | 2 | 36 | 7 | 3 | 0 |
| 2000 | 부산 | 24 | 3 | 1 | 0 | 39 | 9 | 6 | 0 |
| 2001 | 부산 | 33 | 5 | 3 | 2 | 58 | 21 | 6 | 0 |
| 2002 | 부산 | 31 | 4 | 1 | 1 | 56 | 19 | 6 | 0 |
| 2003 | 부산 | 36 | 5 | 2 | 1 | 52 | 11 | 7 | 0 |
| 2004 | 부산 | 34 | 0 | 1 | 0 | 69 | 11 | 6 | 0 |
| 2005 | 부산 | 15 | 1 | 0 | 0 | 11 | 7 | 6 | 1 |
| 2006 | 전남 | 26 | 20 | 1 | 1 | 23 | 4 | 4 | 0 |
| 통산 | | 252 | 50 | 10 | 8 | 413 | 102 | 54 | 3 |

**율리안** (Archire Iulian) 루마니아 1976.03.17

| 연도 | 소속 | 출장 | 교체 | 득점 | 도움 | 파울 | 슈팅 | 경고 | 퇴장 |
|---|---|---|---|---|---|---|---|---|---|
| 1999 | 포항 | 7 | 6 | 0 | 0 | 6 | 2 | 2 | 0 |
| 통산 | | 7 | 6 | 0 | 0 | 6 | 2 | 2 | 0 |

**은종구** (殷鍾九) 전주대 1968.08.01

| 연도 | 소속 | 출장 | 교체 | 득점 | 도움 | 파울 | 슈팅 | 경고 | 퇴장 |
|---|---|---|---|---|---|---|---|---|---|
| 1993 | 현대 | 17 | 15 | 0 | 2 | 10 | 24 | 0 | 0 |
| 1994 | 현대 | 1 | 1 | 0 | 0 | 1 | 0 | 0 | 0 |
| 통산 | | 18 | 16 | 0 | 2 | 11 | 24 | 0 | 0 |

**음밤바** (Emile Bertrand Mbamba) 카메룬 1982.10.27

| 연도 | 소속 | 출장 | 교체 | 득점 | 도움 | 파울 | 슈팅 | 경고 | 퇴장 |
|---|---|---|---|---|---|---|---|---|---|
| 2009 | 대구 | 7 | 6 | 0 | 0 | 12 | 10 | 1 | 0 |
| 통산 | | 7 | 6 | 0 | 0 | 12 | 10 | 1 | 0 |

**이강민** (李康敏) 연세대 1954.07.21

| 연도 | 소속 | 출장 | 교체 | 득점 | 도움 | 파울 | 슈팅 | 경고 | 퇴장 |
|---|---|---|---|---|---|---|---|---|---|
| 1984 | 현대 | 10 | 8 | 3 | 1 | 2 | 7 | 0 | 0 |
| 통산 | | 10 | 8 | 3 | 1 | 2 | 7 | 0 | 0 |

**이강민** (李康敏) 강릉시청 1985.08.29

| 연도 | 소속 | 출장 | 교체 | 득점 | 도움 | 파울 | 슈팅 | 경고 | 퇴장 |
|---|---|---|---|---|---|---|---|---|---|
| 2009 | 강원 | 10 | 7 | 0 | 1 | 7 | 10 | 0 | 0 |
| 통산 | | 10 | 7 | 0 | 1 | 7 | 10 | 0 | 0 |

**이강석** (李康錫) 서울대 1958.05.21

| 연도 | 소속 | 출장 | 교체 | 득점 | 도움 | 파울 | 슈팅 | 경고 | 퇴장 |
|---|---|---|---|---|---|---|---|---|---|
| 1983 | 할렐 | 16 | 7 | 2 | 3 | 11 | 25 | 1 | 0 |
| 1984 | 할렐 | 15 | 10 | 1 | 1 | 20 | 8 | 2 | 0 |
| 1985 | 할렐 | 11 | 8 | 1 | 0 | 12 | 11 | 0 | 0 |
| 통산 | | 42 | 25 | 4 | 4 | 43 | 44 | 3 | 0 |

**이강욱** (李康旭) 서울대 1963.05.07

| 연도 | 소속 | 출장 | 교체 | 득점 | 도움 | 파울 | 슈팅 | 경고 | 퇴장 |
|---|---|---|---|---|---|---|---|---|---|
| 1986 | 유공 | 5 | 5 | 0 | 0 | 3 | 1 | 0 | 0 |
| 통산 | | 5 | 5 | 0 | 0 | 3 | 1 | 0 | 0 |

**이강일** (李康一) 광운대 1981.06.26

| 연도 | 소속 | 출장 | 교체 | 득점 | 도움 | 파울 | 슈팅 | 경고 | 퇴장 |
|---|---|---|---|---|---|---|---|---|---|
| 2004 | 대전 | 1 | 1 | 0 | 0 | 0 | 0 | 0 | 0 |
| 통산 | | 1 | 1 | 0 | 0 | 0 | 0 | 0 | 0 |

**이강조** (李康助) 고려대 1954.10.27

| 연도 | 소속 | 출장 | 교체 | 득점 | 도움 | 파울 | 슈팅 | 경고 | 퇴장 |
|---|---|---|---|---|---|---|---|---|---|
| 1983 | 유공 | 16 | 0 | 2 | 3 | 6 | 14 | 0 | 0 |
| 1984 | 유공 | 27 | 0 | 4 | 5 | 19 | 28 | 0 | 0 |
| 1985 | 유공 | 7 | 5 | 1 | 3 | 6 | 6 | 0 | 0 |
| 통산 | | 50 | 5 | 7 | 11 | 28 | 48 | 0 | 0 |

**이강진** (李康珍) 중동중 1986.04.25

| 연도 | 소속 | 출장 | 교체 | 득점 | 도움 | 파울 | 슈팅 | 경고 | 퇴장 |
|---|---|---|---|---|---|---|---|---|---|
| 2003 | 수원 | 1 | 1 | 0 | 0 | 2 | 1 | 0 | 0 |
| 2006 | 부산 | 20 | 0 | 1 | 0 | 21 | 0 | 0 | 0 |
| 2007 | 부산 | 6 | 2 | 0 | 0 | 11 | 2 | 2 | 0 |
| 2008 | 부산 | 21 | 6 | 0 | 0 | 21 | 9 | 1 | 0 |
| 2009 | 부산 | 32 | 3 | 2 | 1 | 42 | 15 | 4 | 0 |
| 2012 | 전북 | 1 | 0 | 0 | 0 | 0 | 0 | 0 | 0 |
| 2013 | 대전 | 32 | 5 | 1 | 0 | 29 | 7 | 2 | 0 |
| 2014 | 전북 | 2 | 1 | 0 | 0 | 2 | 0 | 1 | 0 |
| 통산 | | 114 | 18 | 3 | 2 | 127 | 35 | 10 | 0 |

**이겨레** (李겨레) 동북중 1985.08.22

| 연도 | 소속 | 출장 | 교체 | 득점 | 도움 | 파울 | 슈팅 | 경고 | 퇴장 |
|---|---|---|---|---|---|---|---|---|---|
| 2008 | 대전 | 1 | 1 | 0 | 0 | 0 | 0 | 0 | 0 |
| 통산 | | 1 | 1 | 0 | 0 | 0 | 0 | 0 | 0 |

**이경근** (李景根) 숭실고 1978.06.16

| 연도 | 소속 | 출장 | 교체 | 득점 | 도움 | 파울 | 슈팅 | 경고 | 퇴장 |
|---|---|---|---|---|---|---|---|---|---|
| 1999 | 수원 | 2 | 1 | 0 | 0 | 2 | 0 | 1 | 0 |
| 2000 | 수원 | 6 | 1 | 0 | 0 | 10 | 0 | 2 | 0 |
| 통산 | | 8 | 2 | 0 | 0 | 12 | 0 | 3 | 0 |

**이경남** (李敬男) 경희대 1961.11.04

| 연도 | 소속 | 출장 | 교체 | 득점 | 도움 | 파울 | 슈팅 | 경고 | 퇴장 |
|---|---|---|---|---|---|---|---|---|---|
| 1985 | 현대 | 10 | 10 | 0 | 0 | 3 | 12 | 0 | 0 |
| 1986 | 현대 | 1 | 1 | 0 | 0 | 0 | 0 | 0 | 0 |
| 통산 | | 11 | 11 | 0 | 0 | 3 | 12 | 0 | 0 |

**이경렬** (李京烈) 고려대 1988.01.16

| 연도 | 소속 | 출장 | 교체 | 득점 | 도움 | 파울 | 슈팅 | 경고 | 퇴장 |
|---|---|---|---|---|---|---|---|---|---|
| 2010 | 경남 | 6 | 2 | 0 | 0 | 8 | 1 | 1 | 0 |
| 2011 | 경남 | 26 | 2 | 0 | 0 | 39 | 4 | 9 | 1 |
| 2012 | 부산 | 39 | 6 | 1 | 0 | 57 | 6 | 9 | 0 |
| 2013 | 부산 | 30 | 1 | 2 | 0 | 37 | 4 | 11 | 0 |
| 2014 | 부산 | 30 | 1 | 2 | 0 | 39 | 10 | 8 | 0 |
| 통산 | | 123 | 19 | 5 | 1 | 127 | 31 | 23 | 0 |

**이경수** (李慶洙) 숭실대 1973.10.28

| 연도 | 소속 | 출장 | 교체 | 득점 | 도움 | 파울 | 슈팅 | 경고 | 퇴장 |
|---|---|---|---|---|---|---|---|---|---|
| 1996 | 수원 | 6 | 2 | 0 | 0 | 7 | 5 | 1 | 0 |
| 1998 | 울산 | 25 | 15 | 0 | 0 | 37 | 7 | 4 | 0 |
| 1999 | 천안 | 16 | 11 | 1 | 0 | 22 | 8 | 0 | 0 |
| 2000 | 전북 | 3 | 2 | 0 | 0 | 8 | 2 | 0 | 0 |
| 2001 | 전북 | 14 | 11 | 1 | 0 | 37 | 10 | 2 | 0 |
| 2003 | 대구 | 22 | 17 | 1 | 0 | 34 | 21 | 4 | 0 |
| 2004 | 대구 | 13 | 8 | 1 | 0 | 19 | 6 | 3 | 0 |
| 2005 | 대전 | 29 | 11 | 1 | 1 | 52 | 12 | 6 | 0 |
| 통산 | | 128 | 76 | 5 | 1 | 216 | 71 | 20 | 0 |

**이경수** (李炅秀) 천안제일고 1992.10.23

| 연도 | 소속 | 출장 | 교체 | 득점 | 도움 | 파울 | 슈팅 | 경고 | 퇴장 |
|---|---|---|---|---|---|---|---|---|---|
| 2011 | 강원 | 0 | 0 | 0 | 0 | 0 | 0 | 0 | 0 |
| 통산 | | 0 | 0 | 0 | 0 | 0 | 0 | 0 | 0 |

**이경수** (李經受) 수원대 1991.07.21

| 연도 | 소속 | 출장 | 교체 | 득점 | 도움 | 파울 | 슈팅 | 경고 | 퇴장 |
|---|---|---|---|---|---|---|---|---|---|
| 2014 | 부천 | 9 | 8 | 0 | 0 | 7 | 13 | 2 | 0 |
| 통산 | | 9 | 8 | 0 | 0 | 7 | 13 | 2 | 0 |

**이경우** (李庚祐) 주문진수도공고 1977.05.03

| 연도 | 소속 | 출장 | 교체 | 득점 | 도움 | 파울 | 슈팅 | 경고 | 퇴장 |
|---|---|---|---|---|---|---|---|---|---|
| 1999 | 수원 | 3 | 3 | 0 | 1 | 1 | 0 | 1 | 0 |
| 2000 | 수원 | 13 | 9 | 3 | 1 | 18 | 27 | 2 | 0 |
| 2001 | 수원 | 1 | 1 | 0 | 0 | 1 | 1 | 0 | 0 |
| 2004 | 수원 | 1 | 1 | 0 | 0 | 1 | 1 | 0 | 0 |

**이경춘** (李炅春) 아주대 1969.04.14

| 연도 | 소속 | 출장 | 교체 | 득점 | 도움 | 파울 | 슈팅 | 경고 | 퇴장 |
|---|---|---|---|---|---|---|---|---|---|
| 1992 | 대우 | 14 | 12 | 0 | 0 | 14 | 7 | 0 | 0 |
| 1993 | 대우 | 14 | 12 | 0 | 0 | 12 | 3 | 2 | 0 |
| 1994 | 버팔로 | 23 | 1 | 2 | 0 | 38 | 13 | 5 | 0 |
| 1995 | 전북 | 31 | 2 | 0 | 0 | 70 | 10 | 8 | 0 |
| 1996 | 전북 | 33 | 2 | 0 | 0 | 51 | 6 | 8 | 0 |
| 1997 | 전북 | 31 | 1 | 2 | 0 | 62 | 4 | 7 | 0 |
| 1998 | 전북 | 32 | 5 | 1 | 2 | 81 | 7 | 5 | 0 |
| 1999 | 전북 | 16 | 6 | 0 | 0 | 39 | 2 | 4 | 0 |
| 2000 | 전북 | 5 | 4 | 0 | 0 | 9 | 1 | 1 | 0 |
| 통산 | | 185 | 34 | 5 | 2 | 368 | 50 | 36 | 0 |

**이경환** (李京煥) 명신대 1988.03.21

| 연도 | 소속 | 출장 | 교체 | 득점 | 도움 | 파울 | 슈팅 | 경고 | 퇴장 |
|---|---|---|---|---|---|---|---|---|---|
| 2009 | 대전 | 22 | 16 | 1 | 0 | 30 | 19 | 7 | 0 |
| 2010 | 대전 | 20 | 15 | 1 | 1 | 31 | 20 | 4 | 0 |
| 2011 | 수원 | 2 | 1 | 0 | 0 | 1 | 4 | 0 | 0 |
| 통산 | | 44 | 32 | 2 | 1 | 62 | 43 | 11 | 0 |

**이계원** (李啓源) 인천대 1965.03.16

| 연도 | 소속 | 출장 | 교체 | 득점 | 도움 | 파울 | 슈팅 | 경고 | 퇴장 |
|---|---|---|---|---|---|---|---|---|---|
| 1985 | 상무 | 17 | 2 | 2 | 2 | 19 | 42 | 1 | 0 |
| 1988 | 포철 | 19 | 13 | 0 | 0 | 11 | 17 | 0 | 0 |
| 1989 | 포철 | 20 | 11 | 1 | 2 | 19 | 21 | 1 | 0 |
| 1990 | 포철 | 26 | 5 | 4 | 2 | 30 | 40 | 1 | 0 |
| 1991 | 포철 | 30 | 12 | 3 | 1 | 30 | 35 | 2 | 0 |
| 1992 | 포철 | 16 | 10 | 1 | 0 | 14 | 19 | 0 | 0 |
| 1993 | 포철 | 13 | 11 | 1 | 1 | 5 | 10 | 0 | 0 |
| 통산 | | 141 | 63 | 11 | 9 | 127 | 190 | 5 | 0 |

**이관우** (李官雨) 한양대 1978.02.25

| 연도 | 소속 | 출장 | 교체 | 득점 | 도움 | 파울 | 슈팅 | 경고 | 퇴장 |
|---|---|---|---|---|---|---|---|---|---|
| 2000 | 대전 | 12 | 9 | 1 | 1 | 14 | 33 | 2 | 0 |
| 2001 | 대전 | 12 | 6 | 4 | 5 | 31 | 32 | 0 | 0 |
| 2002 | 대전 | 10 | 8 | 1 | 1 | 15 | 33 | 6 | 0 |
| 2003 | 대전 | 38 | 30 | 4 | 5 | 47 | 60 | 5 | 0 |
| 2004 | 대전 | 29 | 19 | 5 | 2 | 80 | 68 | 9 | 0 |
| 2005 | 대전 | 32 | 10 | 4 | 5 | 64 | 68 | 9 | 0 |
| 2006 | 대전 | 15 | 7 | 2 | 4 | 18 | 17 | 2 | 0 |
| 2006 | 수원 | 15 | 7 | 2 | 4 | 18 | 17 | 2 | 0 |
| 2007 | 수원 | 35 | 23 | 4 | 5 | 50 | 59 | 2 | 0 |

**이○○ (continued)**

| 연도 | 소속 | 출장 | 교체 | 득점 | 도움 | 파울 | 슈팅 | 경고 | 퇴장 |
|---|---|---|---|---|---|---|---|---|---|
| 2008 | 수원 | 28 | 28 | 2 | 3 | 24 | 29 | 3 | 0 |
| 2009 | 수원 | 3 | 2 | 0 | 0 | 4 | 4 | 1 | 0 |
| 2010 | 수원 | 5 | 5 | 0 | 0 | 9 | 4 | 2 | 0 |
| 통산 | | 251 | 161 | 33 | 33 | 322 | 454 | 44 | 0 |

**이관호** (李寬鎬) 명지대 1960.06.28

| 연도 | 소속 | 출장 | 교체 | 실점 | 도움 | 파울 | 슈팅 | 경고 | 퇴장 |
|---|---|---|---|---|---|---|---|---|---|
| 1985 | 상무 | 18 | 1 | 24 | 0 | 0 | 0 | 0 | 0 |
| 통산 | | 18 | 1 | 24 | 0 | 0 | 0 | 0 | 0 |

**이광래** (李光來) 중앙고 1972.05.24

| 연도 | 소속 | 출장 | 교체 | 득점 | 도움 | 파울 | 슈팅 | 경고 | 퇴장 |
|---|---|---|---|---|---|---|---|---|---|
| 1992 | LG | 2 | 2 | 0 | 0 | 7 | 1 | 1 | 0 |
| 1993 | LG | 2 | 2 | 0 | 0 | 0 | 2 | 0 | 0 |
| 통산 | | 4 | 4 | 0 | 0 | 7 | 3 | 1 | 0 |

**이광석** (李光錫) 중앙대 1975.03.05

| 연도 | 소속 | 출장 | 교체 | 실점 | 도움 | 파울 | 슈팅 | 경고 | 퇴장 |
|---|---|---|---|---|---|---|---|---|---|
| 1998 | 전북 | 34 | 0 | 50 | 0 | 0 | 0 | 4 | 0 |
| 1999 | 전북 | 33 | 1 | 54 | 0 | 1 | 0 | 2 | 0 |
| 2000 | 전북 | 8 | 1 | 12 | 0 | 0 | 0 | 0 | 0 |
| 2001 | 전북 | 11 | 1 | 14 | 0 | 0 | 0 | 2 | 0 |
| 2003 | 광주상 | 33 | 0 | 43 | 0 | 0 | 2 | 0 | 0 |
| 2004 | 전북 | 5 | 0 | 5 | 0 | 0 | 0 | 1 | 0 |
| 2005 | 전북 | 20 | 1 | 28 | 0 | 0 | 0 | 0 | 0 |
| 2006 | 전북 | 2 | 0 | 4 | 0 | 0 | 0 | 0 | 0 |
| 2007 | 경남 | 33 | 0 | 45 | 0 | 0 | 0 | 3 | 0 |
| 2008 | 경남 | 33 | 0 | 45 | 0 | 0 | 0 | 3 | 0 |
| 2009 | 경남 | 9 | 0 | 24 | 0 | 0 | 0 | 1 | 0 |
| 통산 | | 189 | 5 | 277 | 0 | 11 | 0 | 10 | 0 |

**이광재** (李珖載) 대구대 1980.01.01

| 연도 | 소속 | 출장 | 교체 | 득점 | 도움 | 파울 | 슈팅 | 경고 | 퇴장 |
|---|---|---|---|---|---|---|---|---|---|
| 2003 | 광주상 | 17 | 5 | 5 | 1 | 33 | 26 | 4 | 0 |
| 2004 | 전남 | 9 | 10 | 0 | 0 | 7 | 6 | 0 | 0 |
| 2005 | 전남 | 15 | 14 | 1 | 2 | 31 | 13 | 4 | 0 |
| 2006 | 전남 | 17 | 15 | 1 | 4 | 39 | 29 | 3 | 0 |
| 2007 | 포항 | 29 | 24 | 7 | 1 | 36 | 47 | 4 | 0 |
| 2008 | 포항 | 9 | 10 | 0 | 1 | 5 | 6 | 2 | 0 |
| 2009 | 포항 | 4 | 4 | 0 | 0 | 5 | 2 | 0 | 0 |
| 2009 | 전북 | 11 | 10 | 1 | 1 | 9 | 3 | 1 | 0 |
| 2010 | 전북 | 12 | 8 | 0 | 0 | 12 | 4 | 1 | 0 |
| 2012 | 대구 | 8 | 8 | 0 | 0 | 1 | 1 | 0 | 0 |
| 2013 | 고양 | 12 | 9 | 0 | 0 | 17 | 12 | 1 | 0 |
| 2014 | 고양 | 28 | 18 | 2 | 4 | 29 | 28 | 3 | 0 |
| 통산 | | 176 | 140 | 22 | 12 | 233 | 184 | 27 | 0 |

**이광조** (李光照) 한양대 1962.08.20

| 연도 | 소속 | 출장 | 교체 | 득점 | 도움 | 파울 | 슈팅 | 경고 | 퇴장 |
|---|---|---|---|---|---|---|---|---|---|
| 1986 | 현대 | 3 | 2 | 0 | 0 | 4 | 0 | 0 | 0 |
| 1987 | 현대 | 2 | 1 | 0 | 0 | 2 | 0 | 0 | 0 |
| 1988 | 현대 | 8 | 5 | 0 | 0 | 11 | 1 | 1 | 0 |
| 1989 | 유공 | 24 | 7 | 0 | 0 | 17 | 4 | 2 | 0 |
| 1990 | 유공 | 20 | 2 | 0 | 0 | 31 | 3 | 2 | 0 |
| 1991 | 유공 | 16 | 6 | 0 | 0 | 12 | 1 | 1 | 0 |
| 1992 | 유공 | 9 | 1 | 0 | 0 | 4 | 0 | 0 | 0 |
| 1993 | LG | 20 | 3 | 0 | 0 | 4 | 0 | 2 | 0 |
| 통산 | | 102 | 27 | 0 | 0 | 83 | 9 | 11 | 0 |

**이광종** (李光鍾) 중앙대 1964.04.01

| 연도 | 소속 | 출장 | 교체 | 득점 | 도움 | 파울 | 슈팅 | 경고 | 퇴장 |
|---|---|---|---|---|---|---|---|---|---|
| 1988 | 유공 | 24 | 5 | 1 | 2 | 34 | 23 | 1 | 0 |
| 1989 | 유공 | 37 | 7 | 2 | 6 | 40 | 29 | 1 | 1 |
| 1990 | 유공 | 28 | 8 | 4 | 1 | 35 | 23 | 1 | 0 |
| 1991 | 유공 | 11 | 6 | 1 | 0 | 8 | 12 | 1 | 0 |
| 1992 | 유공 | 28 | 15 | 5 | 1 | 33 | 32 | 1 | 0 |
| 1993 | 유공 | 35 | 10 | 4 | 3 | 54 | 41 | 2 | 0 |
| 1994 | 유공 | 35 | 14 | 9 | 3 | 54 | 41 | 2 | 0 |
| 1995 | 유공 | 28 | 3 | 4 | 2 | 49 | 48 | 2 | 0 |
| 1996 | 수원 | 30 | 16 | 5 | 4 | 51 | 45 | 3 | 0 |
| 1997 | 수원 | 13 | 14 | 1 | 0 | 17 | 7 | 1 | 0 |
| 통산 | | 266 | 98 | 36 | 21 | 369 | 293 | 13 | 1 |

**이광진** (李光振) 경일대 1972.05.27

| 연도 | 소속 | 출장 | 교체 | 득점 | 도움 | 파울 | 슈팅 | 경고 | 퇴장 |
|---|---|---|---|---|---|---|---|---|---|
| 2002 | 대전 | 7 | 7 | 0 | 0 | 7 | 1 | 0 | 0 |
| 통산 | | 7 | 7 | 0 | 0 | 7 | 1 | 0 | 0 |

**이광진** (李廣鎭) 동북고 1991.07.23

| 연도 | 소속 | 출장 | 교체 | 득점 | 도움 | 파울 | 슈팅 | 경고 | 퇴장 |
|---|---|---|---|---|---|---|---|---|---|
| 2010 | 서울 | 0 | 0 | 0 | 0 | 0 | 0 | 0 | 0 |
| 2011 | 서울 | 0 | 0 | 0 | 0 | 0 | 0 | 0 | 0 |
| 2011 | 대구 | 1 | 1 | 0 | 0 | 0 | 0 | 0 | 0 |
| 2012 | 대구 | 1 | 1 | 0 | 0 | 0 | 0 | 0 | 0 |
| 2013 | 광주 | 16 | 3 | 4 | 2 | 29 | 31 | 2 | 0 |
| 2014 | 대전 | 6 | 1 | 0 | 0 | 9 | 6 | 1 | 0 |
| 통산 | | 24 | 6 | 4 | 2 | 38 | 37 | 3 | 0 |

**이광혁** (李侊赫) 포철고 1995.09.11

| 연도 | 소속 | 출장 | 교체 | 득점 | 도움 | 파울 | 슈팅 | 경고 | 퇴장 |
|---|---|---|---|---|---|---|---|---|---|
| 2014 | 포항 | 9 | 9 | 0 | 0 | 6 | 5 | 1 | 0 |
| 통산 | | 9 | 9 | 0 | 0 | 6 | 5 | 1 | 0 |

**이광현** (李光鉉) 중앙대 1973.03.16

| 연도 | 소속 | 출장 | 교체 | 득점 | 도움 | 파울 | 슈팅 | 경고 | 퇴장 |
|---|---|---|---|---|---|---|---|---|---|
| 1996 | 천안 | 9 | 9 | 1 | 3 | 6 | 1 | 0 | 0 |
| 1997 | 천안 | 12 | 8 | 0 | 0 | 5 | 8 | 1 | 0 |
| 통산 | | 21 | 17 | 1 | 0 | 11 | 9 | 1 | 0 |

**이광현** (李光鉉) 고려대 1981.07.18

| 연도 | 소속 | 출장 | 교체 | 득점 | 도움 | 파울 | 슈팅 | 경고 | 퇴장 |
|---|---|---|---|---|---|---|---|---|---|
| 2004 | 전북 | 2 | 1 | 0 | 3 | 0 | 0 | 0 | 0 |
| 2005 | 전북 | 2 | 0 | 0 | 11 | 0 | 0 | 0 | 0 |
| 2006 | 전북 | 7 | 0 | 0 | 7 | 7 | 1 | 0 | 0 |
| 2008 | 광주상 | 7 | 0 | 0 | 0 | 4 | 2 | 0 | 0 |
| 2009 | 전북 | 4 | 2 | 0 | 0 | 4 | 0 | 0 | 0 |
| 2010 | 전북 | 9 | 0 | 0 | 0 | 1 | 0 | 1 | 0 |
| 2011 | 전북 | 1 | 0 | 0 | 0 | 0 | 0 | 0 | 0 |
| 2012 | 대전 | 5 | 0 | 0 | 2 | 1 | 1 | 0 | 0 |
| 통산 | | 41 | 15 | 0 | 0 | 42 | 7 | 4 | 0 |

**이광호** (李光虎) 상지대 1977.05.24

| 연도 | 소속 | 출장 | 교체 | 득점 | 도움 | 파울 | 슈팅 | 경고 | 퇴장 |
|---|---|---|---|---|---|---|---|---|---|
| 2000 | 수원 | 1 | 1 | 0 | 0 | 2 | 0 | 0 | 0 |
| 통산 | | 1 | 1 | 0 | 0 | 2 | 0 | 0 | 0 |

**이광훈** (李优勳) 포철공고 1993.11.26

| 연도 | 소속 | 출장 | 교체 | 득점 | 도움 | 파울 | 슈팅 | 경고 | 퇴장 |
|---|---|---|---|---|---|---|---|---|---|
| 2012 | 포항 | 1 | 1 | 0 | 0 | 0 | 0 | 0 | 0 |
| 2013 | 포항 | 1 | 1 | 0 | 0 | 0 | 0 | 0 | 0 |
| 2014 | 포항 | 1 | 1 | 0 | 0 | 0 | 0 | 0 | 0 |
| 통산 | | 3 | 3 | 0 | 0 | 0 | 0 | 0 | 0 |

**이규로** (李奎魯) 광양제철고 1988.08.20

| 연도 | 소속 | 출장 | 교체 | 득점 | 도움 | 파울 | 슈팅 | 경고 | 퇴장 |
|---|---|---|---|---|---|---|---|---|---|
| 2007 | 전남 | 8 | 3 | 1 | 0 | 9 | 10 | 0 | 0 |
| 2008 | 전남 | 19 | 11 | 1 | 1 | 19 | 21 | 2 | 0 |
| 2009 | 전남 | 28 | 6 | 5 | 0 | 34 | 18 | 7 | 0 |
| 2010 | 서울 | 14 | 4 | 1 | 0 | 23 | 6 | 2 | 0 |
| 2011 | 서울 | 14 | 6 | 1 | 1 | 23 | 6 | 2 | 0 |
| 2012 | 인천 | 23 | 2 | 2 | 3 | 39 | 14 | 5 | 0 |
| 2013 | 전북 | 15 | 5 | 0 | 0 | 17 | 9 | 1 | 0 |
| 2014 | 전북 | 14 | 6 | 0 | 3 | 15 | 9 | 1 | 0 |
| 통산 | | 123 | 39 | 8 | 5 | 159 | 83 | 20 | 0 |

**이규철** (李揆哲) 울산대 1982.05.01

| 연도 | 소속 | 출장 | 교체 | 득점 | 도움 | 파울 | 슈팅 | 경고 | 퇴장 |
|---|---|---|---|---|---|---|---|---|---|
| 2006 | 대전 | 5 | 3 | 0 | 0 | 5 | 1 | 2 | 0 |
| 통산 | | 5 | 3 | 0 | 0 | 5 | 1 | 2 | 0 |

**이규칠** (李圭七) 영남대 1975.11.28

| 연도 | 소속 | 출장 | 교체 | 득점 | 도움 | 파울 | 슈팅 | 경고 | 퇴장 |
|---|---|---|---|---|---|---|---|---|---|
| 1998 | 포항 | 7 | 7 | 0 | 0 | 8 | 3 | 1 | 0 |
| 1999 | 포항 | 5 | 5 | 0 | 0 | 4 | 0 | 0 | 0 |
| 통산 | | 12 | 12 | 0 | 0 | 12 | 3 | 1 | 0 |

**이규호** (李圭鎬) 연세대 1979.07.13

| 연도 | 소속 | 출장 | 교체 | 득점 | 도움 | 파울 | 슈팅 | 경고 | 퇴장 |
|---|---|---|---|---|---|---|---|---|---|
| 2002 | 부산 | 24 | 3 | 0 | 0 | 15 | 9 | 3 | 0 |
| 2004 | 부산 | 5 | 5 | 0 | 0 | 4 | 0 | 0 | 0 |
| 통산 | | 24 | 3 | 0 | 0 | 15 | 9 | 3 | 0 |

**이근표** (李根杓) 수원대 1992.02.06

| 연도 | 소속 | 출장 | 교체 | 득점 | 도움 | 파울 | 슈팅 | 경고 | 퇴장 |
|---|---|---|---|---|---|---|---|---|---|
| 2012 | 경남 | 0 | 0 | 0 | 0 | 0 | 0 | 0 | 0 |
| 2013 | 강원 | 0 | 0 | 0 | 0 | 0 | 0 | 0 | 0 |
| 통산 | | 0 | 0 | 0 | 0 | 0 | 0 | 0 | 0 |

**이근호** (李根鎬) 한중대 1985.04.11

| 연도 | 소속 | 출장 | 교체 | 득점 | 도움 | 파울 | 슈팅 | 경고 | 퇴장 |
|---|---|---|---|---|---|---|---|---|---|
| 2005 | 인천 | 5 | 5 | 0 | 0 | 3 | 7 | 0 | 0 |
| 2006 | 인천 | 3 | 3 | 0 | 0 | 1 | 1 | 0 | 0 |
| 2007 | 대구 | 27 | 5 | 10 | 3 | 32 | 64 | 3 | 0 |
| 2008 | 대구 | 32 | 4 | 13 | 6 | 31 | 84 | 2 | 0 |
| 2012 | 울산 | 33 | 11 | 8 | 6 | 41 | 55 | 3 | 0 |
| 2013 | 상주 | 27 | 6 | 15 | 7 | 28 | 64 | 4 | 0 |
| 2014 | 상주 | 7 | 2 | 4 | 2 | 4 | 11 | 1 | 0 |
| 통산 | | 145 | 40 | 50 | 24 | 151 | 310 | 13 | 0 |

**이기근** (李基根) 한양대 1965.08.13

| 연도 | 소속 | 출장 | 교체 | 득점 | 도움 | 파울 | 슈팅 | 경고 | 퇴장 |
|---|---|---|---|---|---|---|---|---|---|
| 1987 | 포철 | 26 | 19 | 6 | 0 | 18 | 39 | 2 | 0 |
| 1988 | 포철 | 23 | 6 | 12 | 1 | 22 | 43 | 1 | 0 |
| 1989 | 포철 | 33 | 16 | 6 | 2 | 32 | 50 | 4 | 0 |
| 1990 | 포철 | 21 | 17 | 3 | 0 | 11 | 29 | 2 | 0 |
| 1991 | 포철 | 37 | 19 | 16 | 1 | 38 | 83 | 1 | 0 |
| 1992 | 포철 | 16 | 10 | 2 | 3 | 9 | 24 | 0 | 0 |
| 1993 | 대우 | 28 | 21 | 7 | 2 | 32 | 46 | 3 | 0 |
| 1994 | 대우 | 23 | 12 | 4 | 4 | 21 | 42 | 0 | 0 |
| 1996 | 수원 | 32 | 10 | 6 | 4 | 49 | 73 | 3 | 0 |
| 1997 | 수원 | 3 | 3 | 0 | 0 | 2 | 7 | 36 | 1 | 0 |
| 통산 | | 264 | 181 | 70 | 19 | 259 | 465 | 16 | 0 |

**이기동** (李期東) 연세대 1984.05.11

| 연도 | 소속 | 출장 | 교체 | 득점 | 도움 | 파울 | 슈팅 | 경고 | 퇴장 |
|---|---|---|---|---|---|---|---|---|---|
| 2010 | 포항 | 3 | 2 | 1 | 0 | 3 | 2 | 2 | 0 |
| 2011 | 포항 | 1 | 1 | 0 | 0 | 1 | 0 | 0 | 0 |
| 통산 | | 4 | 3 | 1 | 0 | 3 | 2 | 2 | 0 |

**이기범** (李基汎) 경북산업대 1970.08.08

| 연도 | 소속 | 출장 | 교체 | 득점 | 도움 | 파울 | 슈팅 | 경고 | 퇴장 |
|---|---|---|---|---|---|---|---|---|---|
| 1993 | 일화 | 10 | 7 | 1 | 2 | 14 | 12 | 0 | 1 |
| 1994 | 일화 | 21 | 16 | 2 | 2 | 12 | 21 | 1 | 0 |
| 1995 | 일화 | 6 | 5 | 0 | 1 | 11 | 8 | 1 | 0 |
| 1996 | 천안 | 34 | 25 | 5 | 0 | 45 | 33 | 3 | 0 |
| 1997 | 천안 | 20 | 11 | 1 | 3 | 41 | 20 | 3 | 0 |
| 1998 | 천안 | 26 | 13 | 0 | 3 | 37 | 21 | 8 | 0 |
| 1999 | 수원 | 21 | 16 | 1 | 4 | 34 | 22 | 1 | 0 |
| 2000 | 수원 | 14 | 12 | 0 | 0 | 21 | 8 | 3 | 0 |
| 통산 | | 159 | 120 | 11 | 14 | 215 | 145 | 20 | 1 |

**이기부** (李基富) 아주대 1976.03.16

| 연도 | 소속 | 출장 | 교체 | 득점 | 도움 | 파울 | 슈팅 | 경고 | 퇴장 |
|---|---|---|---|---|---|---|---|---|---|
| 1999 | 부산 | 17 | 14 | 1 | 0 | 25 | 13 | 1 | 0 |
| 2000 | 부산 | 34 | 11 | 8 | 4 | 64 | 63 | 5 | 0 |
| 2001 | 부산 | 26 | 17 | 1 | 0 | 28 | 47 | 2 | 0 |
| 2002 | 포항 | 6 | 6 | 1 | 1 | 13 | 5 | 1 | 0 |
| 2004 | 인천 | 1 | 1 | 0 | 0 | 0 | 0 | 0 | 0 |
| 통산 | | 84 | 49 | 11 | 5 | 130 | 128 | 9 | 0 |

**이기형** (李基炯) 고려대 1974.09.28

| 연도 | 소속 | 출장 | 교체 | 득점 | 도움 | 파울 | 슈팅 | 경고 | 퇴장 |
|---|---|---|---|---|---|---|---|---|---|
| 1996 | 수원 | 22 | 3 | 2 | 1 | 31 | 56 | 0 | 0 |
| 1997 | 수원 | 15 | 3 | 1 | 0 | 24 | 31 | 3 | 0 |
| 1998 | 수원 | 14 | 4 | 1 | 4 | 48 | 46 | 1 | 0 |
| 1999 | 수원 | 36 | 6 | 3 | 4 | 55 | 68 | 3 | 0 |
| 2000 | 수원 | 3 | 4 | 0 | 0 | 2 | 4 | 0 | 0 |
| 2001 | 수원 | 27 | 12 | 1 | 1 | 30 | 50 | 1 | 0 |
| 2002 | 수원 | 29 | 7 | 6 | 3 | 38 | 69 | 4 | 0 |
| 2003 | 성남 | 38 | 2 | 2 | 2 | 57 | 54 | 5 | 0 |
| 2004 | 성남 | 15 | 2 | 2 | 2 | 37 | 54 | 5 | 0 |
| 2005 | 서울 | 16 | 5 | 0 | 1 | 30 | 20 | 4 | 0 |
| 2006 | 서울 | 17 | 10 | 0 | 2 | 13 | 10 | 4 | 0 |
| 통산 | | 254 | 66 | 23 | 23 | 361 | 443 | 26 | 0 |

**이기형** (李奇炯) 한양대 1957.06.11

**Column 1**

| 연도 | 소속 | 출장 | 교체 | 실점 | 도움 | 파울 | 슈팅 | 경고 | 퇴장 |
|---|---|---|---|---|---|---|---|---|---|
| 1984 | 한일은 | 4 | 0 | 4 | 0 | 0 | 0 | 0 | 0 |
| 통산 | | 4 | 0 | 4 | 0 | 0 | 0 | 0 | 0 |

**이기형** (李基炯) 동국대 1981.05.09

| 연도 | 소속 | 출장 | 교체 | 득점 | 도움 | 파울 | 슈팅 | 경고 | 퇴장 |
|---|---|---|---|---|---|---|---|---|---|
| 2004 | 수원 | 2 | 2 | 0 | 0 | 3 | 0 | 0 | 0 |
| 2005 | 수원 | 0 | 0 | 0 | 0 | 0 | 0 | 0 | 0 |
| 통산 | | 2 | 2 | 0 | 0 | 3 | 0 | 0 | 0 |

**이길용** (李吉龍) 고려대 1959.09.29

| 연도 | 소속 | 출장 | 교체 | 득점 | 도움 | 파울 | 슈팅 | 경고 | 퇴장 |
|---|---|---|---|---|---|---|---|---|---|
| 1983 | 포철 | 13 | 3 | 7 | 1 | 15 | 38 | 2 | 0 |
| 1984 | 포철 | 22 | 10 | 5 | 7 | 15 | 33 | 1 | 0 |
| 1985 | 포철 | 13 | 11 | 0 | 1 | 19 | 13 | 1 | 0 |
| 1986 | 포철 | 14 | 11 | 2 | 0 | 10 | 16 | 1 | 0 |
| 1987 | 포철 | 18 | 16 | 3 | 1 | 12 | 13 | 3 | 0 |
| 1988 | 포철 | 7 | 8 | 0 | 1 | 1 | 3 | 0 | 0 |
| 1989 | 포철 | 5 | 5 | 0 | 1 | 0 | 3 | 0 | 0 |
| 통산 | | 92 | 64 | 17 | 12 | 73 | 117 | 8 | 0 |

**이길용** (李洁勇) 광운대 1976.03.30

| 연도 | 소속 | 출장 | 교체 | 득점 | 도움 | 파울 | 슈팅 | 경고 | 퇴장 |
|---|---|---|---|---|---|---|---|---|---|
| 1999 | 울산 | 21 | 17 | 5 | 2 | 19 | 28 | 1 | 0 |
| 2000 | 울산 | 18 | 15 | 1 | 0 | 17 | 19 | 1 | 0 |
| 2001 | 울산 | 15 | 11 | 5 | 0 | 11 | 27 | 0 | 0 |
| 2002 | 울산 | 34 | 20 | 8 | 1 | 40 | 56 | 1 | 0 |
| 2003 | 포항 | 26 | 22 | 2 | 3 | 31 | 18 | 1 | 1 |
| 2004 | 포항 | 1 | 1 | 0 | 0 | 1 | 0 | 0 | 0 |
| 2004 | 부천 | 11 | 11 | 1 | 0 | 7 | 8 | 0 | 0 |
| 통산 | | 126 | 97 | 22 | 6 | 126 | 156 | 4 | 1 |

**이길훈** (李吉薰) 고려대 1983.03.06

| 연도 | 소속 | 출장 | 교체 | 득점 | 도움 | 파울 | 슈팅 | 경고 | 퇴장 |
|---|---|---|---|---|---|---|---|---|---|
| 2006 | 수원 | 21 | 15 | 0 | 1 | 32 | 8 | 2 | 0 |
| 2007 | 광주상 | 33 | 24 | 0 | 1 | 58 | 21 | 1 | 0 |
| 2008 | 광주상 | 13 | 11 | 1 | 0 | 11 | 8 | 2 | 0 |
| 2009 | 수원 | 6 | 6 | 2 | 0 | 6 | 14 | 2 | 0 |
| 2010 | 수원 | 5 | 5 | 0 | 0 | 8 | 0 | 0 | 0 |
| 2010 | 부산 | 6 | 4 | 1 | 0 | 2 | 6 | 0 | 0 |
| 2011 | 부산 | | | | | | | | |
| 통산 | | 84 | 65 | 2 | 4 | 117 | 57 | 7 | 0 |

**이남수** (李南洙) 광운대 1987.03.15

| 연도 | 소속 | 출장 | 교체 | 득점 | 도움 | 파울 | 슈팅 | 경고 | 퇴장 |
|---|---|---|---|---|---|---|---|---|---|
| 2010 | 전북 | 0 | 0 | 0 | 0 | 0 | 0 | 0 | 0 |
| 통산 | | 0 | 0 | 0 | 0 | 0 | 0 | 0 | 0 |

**이남용** (李南容) 중앙대 1988.06.13

| 연도 | 소속 | 출장 | 교체 | 득점 | 도움 | 파울 | 슈팅 | 경고 | 퇴장 |
|---|---|---|---|---|---|---|---|---|---|
| 2011 | 전남 | 0 | 0 | 0 | 0 | 0 | 0 | 0 | 0 |
| 통산 | | 0 | 0 | 0 | 0 | 0 | 0 | 0 | 0 |

**이대명** (李大明) 홍익대 1991.01.08

| 연도 | 소속 | 출장 | 교체 | 득점 | 도움 | 파울 | 슈팅 | 경고 | 퇴장 |
|---|---|---|---|---|---|---|---|---|---|
| 2013 | 인천 | 0 | 0 | 0 | 0 | 0 | 0 | 0 | 0 |
| 통산 | | 0 | 0 | 0 | 0 | 0 | 0 | 0 | 0 |

**이대희** (李大喜) 아주대 1974.04.26

| 연도 | 소속 | 출장 | 교체 | 실점 | 도움 | 파울 | 슈팅 | 경고 | 퇴장 |
|---|---|---|---|---|---|---|---|---|---|
| 1997 | 부천 | 10 | 0 | 22 | 0 | 1 | 0 | 0 | 0 |
| 1998 | 부천 | 0 | 0 | 0 | 0 | 0 | 0 | 0 | 0 |
| 2001 | 포항 | 4 | 0 | 7 | 0 | 0 | 0 | 0 | 0 |
| 2002 | 포항 | 8 | 0 | 11 | 0 | 0 | 0 | 0 | 0 |
| 2003 | 포항 | 0 | 0 | 0 | 0 | 0 | 0 | 0 | 0 |
| 통산 | | 22 | 0 | 36 | 0 | 1 | 0 | 0 | 0 |

**이도권** (李度權) 성균관대 1979.08.08

| 연도 | 소속 | 출장 | 교체 | 득점 | 도움 | 파울 | 슈팅 | 경고 | 퇴장 |
|---|---|---|---|---|---|---|---|---|---|
| 2006 | 전북 | 5 | 4 | 0 | 0 | 3 | 0 | 1 | 0 |

**이도성** (李道成) 배재대 1984.03.22

| 연도 | 소속 | 출장 | 교체 | 득점 | 도움 | 파울 | 슈팅 | 경고 | 퇴장 |
|---|---|---|---|---|---|---|---|---|---|
| 2007 | 대전 | 2 | 1 | 0 | 0 | 4 | 0 | 0 | 0 |
| 2013 | 고양 | 33 | 10 | 0 | 0 | 74 | 33 | 8 | 0 |
| 2014 | 고양 | 33 | 3 | 1 | 1 | 63 | 17 | 10 | 0 |

**Column 2**

| 통산 | | 68 | 14 | 1 | 1 | 141 | 53 | 18 | 0 |
|---|---|---|---|---|---|---|---|---|---|

**이돈철** (李敦哲) 동아대 1961.01.13

| 연도 | 소속 | 출장 | 교체 | 득점 | 도움 | 파울 | 슈팅 | 경고 | 퇴장 |
|---|---|---|---|---|---|---|---|---|---|
| 1985 | 현대 | 14 | 1 | 0 | 0 | 12 | 6 | 0 | 0 |
| 1986 | 현대 | 17 | 0 | 1 | 0 | 25 | 10 | 1 | 0 |
| 1988 | 현대 | 6 | 3 | 0 | 0 | 6 | 2 | 0 | 0 |
| 통산 | | 37 | 4 | 1 | 0 | 43 | 18 | 1 | 0 |

**이동국** (李同國) 위덕대 1979.04.29

| 연도 | 소속 | 출장 | 교체 | 득점 | 도움 | 파울 | 슈팅 | 경고 | 퇴장 |
|---|---|---|---|---|---|---|---|---|---|
| 1998 | 포항 | 24 | 10 | 11 | 2 | 25 | 81 | 1 | 0 |
| 1999 | 포항 | 19 | 5 | 8 | 4 | 28 | 69 | 1 | 0 |
| 2000 | 포항 | 8 | 1 | 4 | 1 | 9 | 27 | 0 | 0 |
| 2001 | 포항 | 17 | 5 | 3 | 1 | 23 | 51 | 1 | 0 |
| 2002 | 포항 | 21 | 7 | 7 | 3 | 24 | 49 | 4 | 0 |
| 2003 | 광주상 | 27 | 4 | 11 | 6 | 33 | 89 | 1 | 0 |
| 2004 | 광주상 | 23 | 7 | 4 | 5 | 32 | 64 | 2 | 0 |
| 2005 | 광주상 | 1 | 1 | 0 | 0 | 0 | 0 | 0 | 0 |
| 2005 | 포항 | 24 | 4 | 7 | 4 | 40 | 66 | 3 | 0 |
| 2006 | 포항 | 10 | 4 | 7 | 1 | 17 | 27 | 1 | 0 |
| 2008 | 성남 | 13 | 10 | 2 | 2 | 2 | 28 | 0 | 0 |
| 2009 | 전북 | 32 | 5 | 22 | 0 | 46 | 117 | 2 | 0 |
| 2010 | 전북 | 30 | 8 | 13 | 3 | 20 | 101 | 2 | 1 |
| 2011 | 전북 | 29 | 6 | 16 | 15 | 33 | 110 | 2 | 0 |
| 2012 | 전북 | 40 | 12 | 26 | 6 | 69 | 108 | 7 | 0 |
| 2013 | 전북 | 30 | 12 | 13 | 2 | 32 | 84 | 2 | 0 |
| 2014 | 전북 | 31 | 15 | 13 | 6 | 25 | 81 | 1 | 0 |
| 통산 | | 379 | 119 | 167 | 61 | 476 | 1163 | 30 | 1 |

**이동근** (李東根) 경희대 1981.01.23

| 연도 | 소속 | 출장 | 교체 | 득점 | 도움 | 파울 | 슈팅 | 경고 | 퇴장 |
|---|---|---|---|---|---|---|---|---|---|
| 2003 | 부천 | 21 | 9 | 2 | 1 | 19 | 26 | 0 | 0 |
| 2004 | 부천 | 6 | 6 | 0 | 0 | 3 | 1 | 0 | 0 |
| 2005 | 광주상 | 2 | 2 | 0 | 0 | 2 | 0 | 0 | 0 |
| 2006 | 광주상 | 6 | 4 | 0 | 2 | 18 | 8 | 1 | 0 |
| 2008 | 대전 | 16 | 8 | 0 | 2 | 18 | 8 | 1 | 0 |
| 2009 | 울산 | 3 | 3 | 0 | 0 | 1 | 0 | 0 | 0 |
| 통산 | | 53 | 31 | 2 | 3 | 56 | 30 | 6 | 0 |

**이동근** (李東根) 울산대 1988.11.28

| 연도 | 소속 | 출장 | 교체 | 득점 | 도움 | 파울 | 슈팅 | 경고 | 퇴장 |
|---|---|---|---|---|---|---|---|---|---|
| 2011 | 경남 | 3 | 3 | 1 | 0 | 1 | 6 | 0 | 0 |
| 통산 | | 3 | 3 | 1 | 0 | 1 | 6 | 0 | 0 |

**이동명** (李東明) 부평고 1987.10.04

| 연도 | 소속 | 출장 | 교체 | 득점 | 도움 | 파울 | 슈팅 | 경고 | 퇴장 |
|---|---|---|---|---|---|---|---|---|---|
| 2006 | 제주 | 5 | 4 | 0 | 0 | 2 | 4 | 0 | 0 |
| 2007 | 제주 | 10 | 8 | 0 | 0 | 6 | 3 | 0 | 0 |
| 2008 | 부산 | 8 | 8 | 0 | 0 | 6 | 3 | 1 | 0 |
| 2009 | 부산 | 5 | 5 | 0 | 0 | 4 | 3 | 1 | 0 |
| 2013 | 대구 | 2 | 1 | 0 | 0 | 2 | 0 | 0 | 0 |
| 2014 | 대구 | 4 | 1 | 0 | 0 | 10 | 2 | 1 | 0 |
| 통산 | | 34 | 27 | 0 | 0 | 30 | 15 | 3 | 0 |

**이동식** (李東植) 홍익대 1979.03.15

| 연도 | 소속 | 출장 | 교체 | 득점 | 도움 | 파울 | 슈팅 | 경고 | 퇴장 |
|---|---|---|---|---|---|---|---|---|---|
| 2002 | 포항 | 0 | 0 | 0 | 0 | 0 | 0 | 0 | 0 |
| 2003 | 포항 | 0 | 0 | 0 | 0 | 0 | 0 | 0 | 0 |
| 2004 | 부천 | 18 | 10 | 1 | 1 | 39 | 14 | 4 | 0 |
| 2005 | 부천 | 26 | 10 | 3 | 1 | 50 | 27 | 3 | 0 |
| 2006 | 광주상 | 28 | 6 | 0 | 0 | 70 | 31 | 5 | 0 |
| 2007 | 광주상 | 18 | 9 | 2 | 2 | 44 | 26 | 3 | 1 |
| 2008 | 제주 | 21 | 2 | 0 | 1 | 91 | 21 | 11 | 0 |
| 2009 | 제주 | 21 | 8 | 0 | 0 | 42 | 7 | 7 | 0 |
| 2010 | 수원 | 4 | 3 | 0 | 0 | 11 | 2 | 1 | 0 |
| 통산 | | 142 | 48 | 6 | 5 | 347 | 128 | 34 | 1 |

**이동우** (李東雨) 동국대 1985.07.31

| 연도 | 소속 | 출장 | 교체 | 득점 | 도움 | 파울 | 슈팅 | 경고 | 퇴장 |
|---|---|---|---|---|---|---|---|---|---|
| 2013 | 충주 | 11 | 1 | 0 | 0 | 13 | 2 | 1 | 0 |
| 통산 | | 11 | 1 | 0 | 0 | 13 | 2 | 1 | 0 |

**이동욱** (李東昱) 연세대 1976.04.10

| 연도 | 소속 | 출장 | 교체 | 득점 | 도움 | 파울 | 슈팅 | 경고 | 퇴장 |
|---|---|---|---|---|---|---|---|---|---|

**Column 3**

| 2001 | 수원 | 3 | 3 | 0 | 0 | 1 | 1 | 0 | 0 |
|---|---|---|---|---|---|---|---|---|---|
| 2002 | 수원 | 1 | 1 | 0 | 0 | 0 | 0 | 0 | 0 |
| 통산 | | 4 | 4 | 0 | 0 | 1 | 1 | 0 | 0 |

**이동원** (李東遠) 숭실대 1983.11.07

| 연도 | 소속 | 출장 | 교체 | 득점 | 도움 | 파울 | 슈팅 | 경고 | 퇴장 |
|---|---|---|---|---|---|---|---|---|---|
| 2005 | 전남 | 10 | 3 | 0 | 2 | 18 | 4 | 0 | 0 |
| 2006 | 전남 | 24 | 4 | 0 | 2 | 45 | 13 | 3 | 0 |
| 2007 | 인천 | 30 | 13 | 1 | 1 | 60 | 19 | 4 | 0 |
| 2008 | 대전 | 28 | 2 | 3 | 0 | 55 | 25 | 6 | 0 |
| 2009 | 울산 | 27 | 7 | 1 | 0 | 53 | 8 | 6 | 0 |
| 2010 | 울산 | 4 | 0 | 0 | 0 | 7 | 2 | 1 | 0 |
| 2011 | 울산 | 9 | 2 | 1 | 1 | 11 | 2 | 0 | 0 |
| 2011 | 부산 | 6 | 1 | 0 | 0 | 7 | 2 | 1 | 0 |
| 통산 | | 129 | 36 | 7 | 3 | 245 | 71 | 22 | 0 |

**이동현** (李東炫) 경희대 1989.11.19

| 연도 | 소속 | 출장 | 교체 | 득점 | 도움 | 파울 | 슈팅 | 경고 | 퇴장 |
|---|---|---|---|---|---|---|---|---|---|
| 2010 | 강원 | 4 | 4 | 0 | 0 | 3 | 0 | 0 | 0 |
| 2013 | 대전 | 27 | 23 | 3 | 3 | 33 | 30 | 3 | 0 |
| 2014 | 대전 | 3 | 2 | 0 | 0 | 0 | 3 | 1 | 0 |
| 통산 | | 34 | 29 | 3 | 3 | 36 | 33 | 4 | 0 |

**이따마르** (Itamar Batista da Silva) 브라질 1980.04.12

| 연도 | 소속 | 출장 | 교체 | 득점 | 도움 | 파울 | 슈팅 | 경고 | 퇴장 |
|---|---|---|---|---|---|---|---|---|---|
| 2003 | 전남 | 34 | 6 | 23 | 5 | 67 | 132 | 9 | 1 |
| 2004 | 전남 | 31 | 10 | 11 | 3 | 64 | 73 | 9 | 0 |
| 2005 | 포항 | 16 | 10 | 4 | 2 | 30 | 30 | 3 | 0 |
| 2005 | 수원 | 8 | 8 | 2 | 1 | 23 | 21 | 2 | 0 |
| 2006 | 수원 | 13 | 8 | 3 | 3 | 36 | 44 | 0 | 0 |
| 2006 | 성남 | 14 | 8 | 3 | 2 | 37 | 39 | 4 | 0 |
| 2007 | 성남 | 20 | 15 | 5 | 2 | 37 | 45 | 3 | 0 |
| 통산 | | 142 | 59 | 54 | 14 | 280 | 369 | 33 | 1 |

**이레마** (Oleg Eremin) 러시아 1967.10.28

| 연도 | 소속 | 출장 | 교체 | 득점 | 도움 | 파울 | 슈팅 | 경고 | 퇴장 |
|---|---|---|---|---|---|---|---|---|---|
| 1997 | 포항 | 4 | 3 | 0 | 0 | 11 | 7 | 1 | 0 |
| 통산 | | 4 | 3 | 0 | 0 | 11 | 7 | 1 | 0 |

**이리네** (Irineu Ricardo) 브라질 1977.07.12

| 연도 | 소속 | 출장 | 교체 | 득점 | 도움 | 파울 | 슈팅 | 경고 | 퇴장 |
|---|---|---|---|---|---|---|---|---|---|
| 2001 | 성남 | 15 | 3 | 3 | 0 | 55 | 40 | 2 | 0 |
| 2002 | 성남 | 20 | 13 | 8 | 4 | 43 | 33 | 3 | 0 |
| 2003 | 성남 | 38 | 22 | 9 | 5 | 90 | 48 | 3 | 0 |
| 2004 | 성남 | 15 | 4 | 4 | 0 | 45 | 38 | 2 | 0 |
| 2004 | 부천 | 15 | 2 | 4 | 0 | 45 | 38 | 2 | 0 |
| 2005 | 부천 | 13 | 4 | 1 | 4 | 26 | 24 | 1 | 0 |
| 2006 | 제주 | 19 | 10 | 6 | 0 | 25 | 42 | 0 | 0 |
| 2007 | 제주 | 31 | 16 | 6 | 1 | 59 | 48 | 9 | 0 |
| 통산 | | 163 | 76 | 45 | 12 | 371 | 298 | 22 | 0 |

**이명열** (李明烈) 인천대 1968.06.25

| 연도 | 소속 | 출장 | 교체 | 실점 | 도움 | 파울 | 슈팅 | 경고 | 퇴장 |
|---|---|---|---|---|---|---|---|---|---|
| 1991 | 포철 | 1 | 0 | 2 | 0 | 0 | 0 | 0 | 0 |
| 1992 | 포철 | 6 | 0 | 4 | 0 | 0 | 0 | 0 | 0 |
| 1993 | 포철 | 26 | 0 | 22 | 0 | 0 | 0 | 1 | 0 |
| 1994 | 포철 | 35 | 0 | 40 | 0 | 1 | 0 | 0 | 0 |
| 1995 | 포항 | 0 | 0 | 0 | 0 | 0 | 0 | 0 | 0 |
| 1996 | 포항 | 5 | 2 | 4 | 0 | 2 | 0 | 1 | 0 |
| 1999 | 포항 | 5 | 0 | 10 | 0 | 3 | 0 | 4 | 0 |
| 통산 | | 100 | 2 | 108 | 0 | 3 | 0 | 4 | 0 |

**이명재** (李明載) 홍익대 1993.11.04

| 연도 | 소속 | 출장 | 교체 | 득점 | 도움 | 파울 | 슈팅 | 경고 | 퇴장 |
|---|---|---|---|---|---|---|---|---|---|
| 2014 | 울산 | 2 | 2 | 0 | 0 | 2 | 0 | 0 | 0 |
| 통산 | | 2 | 2 | 0 | 0 | 2 | 0 | 0 | 0 |

**이명주** (李明周) 영남대 1990.04.24

| 연도 | 소속 | 출장 | 교체 | 득점 | 도움 | 파울 | 슈팅 | 경고 | 퇴장 |
|---|---|---|---|---|---|---|---|---|---|
| 2012 | 포항 | 35 | 12 | 5 | 6 | 71 | 42 | 4 | 0 |
| 2013 | 포항 | 34 | 4 | 7 | 4 | 61 | 59 | 7 | 0 |
| 2014 | 포항 | 11 | 2 | 5 | 9 | 25 | 39 | 3 | 0 |
| 통산 | | 80 | 18 | 17 | 19 | 151 | 126 | 14 | 0 |

**이명철** (李明哲) 인제대 1989.05.29

| 연도 | 소속 | 출장 | 교체 | 득점 | 도움 | 파울 | 슈팅 | 경고 | 퇴장 |
|---|---|---|---|---|---|---|---|---|---|
| 2011 | 대전 | 2 | 1 | 0 | 0 | 4 | 0 | 0 | 0 |
| 통산 | | 2 | 1 | 0 | 0 | 4 | 0 | 0 | 0 |

**이무형** (李武炯) 배재대 1980.11.08

| 연도 | 소속 | 출장 | 교체 | 득점 | 도움 | 파울 | 슈팅 | 경고 | 퇴장 |
|---|---|---|---|---|---|---|---|---|---|
| 2003 | 대전 | 2 | 2 | 0 | 0 | 1 | 0 | 0 | 0 |
| 2004 | 대전 | 10 | 6 | 0 | 0 | 13 | 2 | 1 | 0 |
| 통산 | | 12 | 8 | 0 | 0 | 14 | 2 | 1 | 0 |

**이문석** (李文奭) 인천대 1970.03.06

| 연도 | 소속 | 출장 | 교체 | 득점 | 도움 | 파울 | 슈팅 | 경고 | 퇴장 |
|---|---|---|---|---|---|---|---|---|---|
| 1993 | 현대 | 3 | 3 | 0 | 0 | 1 | 0 | 0 | 0 |
| 1994 | 현대 | 10 | 8 | 0 | 0 | 4 | 1 | 0 | 0 |
| 1995 | 현대 | 12 | 12 | 0 | 1 | 4 | 2 | 0 | 0 |
| 1996 | 울산 | 31 | 8 | 0 | 0 | 24 | 1 | 2 | 1 |
| 1997 | 울산 | 22 | 6 | 0 | 1 | 15 | 2 | 1 | 0 |
| 1998 | 울산 | 42 | 13 | 2 | 1 | 72 | 20 | 2 | 0 |
| 1999 | 울산 | 31 | 17 | 0 | 1 | 41 | 19 | 6 | 0 |
| 2000 | 부산 | | | | | | | | |
| 통산 | | 151 | 67 | 2 | 4 | 161 | 46 | 12 | 2 |

**이문선** (李文善) 단국대 1983.01.21

| 연도 | 소속 | 출장 | 교체 | 득점 | 도움 | 파울 | 슈팅 | 경고 | 퇴장 |
|---|---|---|---|---|---|---|---|---|---|
| 2005 | 대구 | 7 | 3 | 0 | 0 | 5 | 1 | 2 | 0 |
| 2006 | 대구 | 12 | 6 | 0 | 1 | 19 | 1 | 1 | 0 |
| 통산 | | 19 | 9 | 0 | 1 | 24 | 2 | 3 | 0 |

**이문영** (李文榮) 서울시립대 1965.05.05

| 연도 | 소속 | 출장 | 교체 | 실점 | 도움 | 파울 | 슈팅 | 경고 | 퇴장 |
|---|---|---|---|---|---|---|---|---|---|
| 1987 | 유공 | 30 | 1 | 35 | 0 | 0 | 0 | 1 | 0 |
| 1988 | 유공 | 24 | 0 | 24 | 0 | 0 | 0 | 1 | 0 |
| 1989 | 유공 | 17 | 0 | 18 | 0 | 0 | 0 | 1 | 0 |
| 1990 | 유공 | 8 | 0 | 12 | 0 | 0 | 0 | 0 | 0 |
| 1991 | 유공 | 28 | 0 | 31 | 0 | 0 | 0 | 1 | 0 |
| 1992 | 유공 | 27 | 0 | 31 | 0 | 1 | 0 | 1 | 0 |
| 통산 | | 134 | 1 | 151 | 0 | 1 | 0 | 7 | 0 |

**이민규** (李敏圭) 홍익대 1989.01.06

| 연도 | 소속 | 출장 | 교체 | 득점 | 도움 | 파울 | 슈팅 | 경고 | 퇴장 |
|---|---|---|---|---|---|---|---|---|---|
| 2011 | 강원 | 14 | 2 | 0 | 0 | 14 | 4 | 2 | 0 |
| 2012 | 강원 | 9 | 5 | 0 | 0 | 2 | 0 | 0 | 0 |
| 2013 | 충주 | 16 | 0 | 0 | 1 | 26 | 7 | 4 | 1 |
| 2014 | 충주 | 11 | 4 | 0 | 0 | 12 | 3 | 4 | 0 |
| 통산 | | 50 | 11 | 0 | 1 | 53 | 13 | 10 | 1 |

**이민선** (李珉善) 선문대 1983.10.21

| 연도 | 소속 | 출장 | 교체 | 득점 | 도움 | 파울 | 슈팅 | 경고 | 퇴장 |
|---|---|---|---|---|---|---|---|---|---|
| 2004 | 대전 | 4 | 4 | 0 | 0 | 2 | 0 | 1 | 0 |
| 2006 | 대전 | 0 | 0 | 0 | 0 | 0 | 0 | 0 | 0 |
| 통산 | | 4 | 4 | 0 | 0 | 2 | 0 | 1 | 0 |

**이민섭** (李珉攝) 동아대 1990.08.24

| 연도 | 소속 | 출장 | 교체 | 득점 | 도움 | 파울 | 슈팅 | 경고 | 퇴장 |
|---|---|---|---|---|---|---|---|---|---|
| 2013 | 대구 | 0 | 0 | 0 | 0 | 0 | 0 | 0 | 0 |
| 통산 | | 0 | 0 | 0 | 0 | 0 | 0 | 0 | 0 |

**이민성** (李敏成) 아주대 1973.06.23

| 연도 | 소속 | 출장 | 교체 | 득점 | 도움 | 파울 | 슈팅 | 경고 | 퇴장 |
|---|---|---|---|---|---|---|---|---|---|
| 1996 | 부산 | 29 | 3 | 3 | 0 | 64 | 14 | 8 | 0 |
| 1997 | 부산 | 12 | 2 | 0 | 1 | 30 | 7 | 3 | 0 |
| 1998 | 부산 | 10 | 7 | 1 | 0 | 13 | 8 | 3 | 0 |
| 2001 | 부산 | 22 | 2 | 1 | 0 | 19 | 20 | 3 | 0 |
| 2002 | 부산 | 22 | 13 | 1 | 0 | 12 | 10 | 1 | 0 |
| 2003 | 포항 | 39 | 7 | 1 | 1 | 53 | 28 | 11 | 0 |
| 2004 | 포항 | 26 | 4 | 2 | 2 | 34 | 16 | 1 | 0 |
| 2005 | 서울 | 32 | 6 | 0 | 0 | 45 | 8 | 8 | 0 |
| 2006 | 서울 | 34 | 3 | 0 | 1 | 27 | 4 | 4 | 0 |
| 2007 | 서울 | 7 | 2 | 0 | 1 | 14 | 1 | 1 | 0 |
| 2008 | 서울 | 14 | 5 | 0 | 0 | 24 | 7 | 5 | 1 |
| 통산 | | 247 | 54 | 9 | 6 | 335 | 123 | 48 | 1 |

**이민우** (李珉雨) 광주대 1991.12.01

| 연도 | 소속 | 출장 | 교체 | 득점 | 도움 | 파울 | 슈팅 | 경고 | 퇴장 |
|---|---|---|---|---|---|---|---|---|---|
| 2014 | 성남 | 15 | 15 | 0 | 0 | 6 | 10 | 0 | 0 |
| 통산 | | 15 | 15 | 0 | 0 | 6 | 10 | 0 | 0 |

**이바노프** (Dimitre Vladev Ivanov) 불가리아 1970.10.07

| 연도 | 소속 | 출장 | 교체 | 득점 | 도움 | 파울 | 슈팅 | 경고 | 퇴장 |
|---|---|---|---|---|---|---|---|---|---|
| 1998 | 부천 | 12 | 13 | 2 | 1 | 13 | 14 | 0 | 0 |
| 통산 | | 12 | 13 | 2 | 1 | 13 | 14 | 0 | 0 |

**이반** (Ivan Peric) 세르비아 1982.05.05

| 연도 | 소속 | 출장 | 교체 | 득점 | 도움 | 파울 | 슈팅 | 경고 | 퇴장 |
|---|---|---|---|---|---|---|---|---|---|
| 2007 | 제주 | 7 | 6 | 0 | 0 | 22 | 3 | 2 | 0 |
| 통산 | | 7 | 6 | 0 | 0 | 22 | 3 | 2 | 0 |

**이반** (Testemitanu Ivan) 몰도바 1974.04.27

| 연도 | 소속 | 출장 | 교체 | 득점 | 도움 | 파울 | 슈팅 | 경고 | 퇴장 |
|---|---|---|---|---|---|---|---|---|---|
| 2001 | 성남 | 30 | 7 | 2 | 4 | 24 | 5 | 0 | 0 |
| 2004 | 성남 | 27 | 9 | 1 | 0 | 41 | 3 | 0 | 0 |
| 통산 | | 57 | 16 | 3 | 2 | 65 | 8 | 0 | 0 |

**이반** (Ivan Ricardo Alves de Oliveira) 브라질 1974.10.27

| 연도 | 소속 | 출장 | 교체 | 득점 | 도움 | 파울 | 슈팅 | 경고 | 퇴장 |
|---|---|---|---|---|---|---|---|---|---|
| 2001 | 전남 | 15 | 9 | 4 | 1 | 10 | 36 | 0 | 0 |
| 2002 | 전남 | 27 | 21 | 0 | 1 | 22 | 37 | 1 | 0 |
| 통산 | | 42 | 30 | 4 | 2 | 32 | 73 | 1 | 0 |

**이반코비치** (Mario Ivankovic) 크로아티아 1975.02.08

| 연도 | 소속 | 출장 | 교체 | 득점 | 도움 | 파울 | 슈팅 | 경고 | 퇴장 |
|---|---|---|---|---|---|---|---|---|---|
| 2001 | 수원 | 3 | 3 | 0 | 0 | 2 | 2 | 0 | 0 |
| 2002 | 수원 | 2 | 2 | 0 | 0 | 0 | 0 | 0 | 0 |
| 통산 | | 5 | 5 | 0 | 0 | 2 | 2 | 0 | 0 |

**이범수** (李範洙) 울산대 1978.01.27

| 연도 | 소속 | 출장 | 교체 | 득점 | 도움 | 파울 | 슈팅 | 경고 | 퇴장 |
|---|---|---|---|---|---|---|---|---|---|
| 2000 | 울산 | 6 | 6 | 0 | 1 | 7 | 3 | 0 | 0 |
| 2001 | 울산 | 2 | 2 | 0 | 0 | 2 | 0 | 0 | 0 |
| 통산 | | 8 | 8 | 0 | 1 | 9 | 3 | 0 | 0 |

**이범수** (李範守) 경희대 1990.12.10

| 연도 | 소속 | 출장 | 교체 | 실점 | 도움 | 파울 | 슈팅 | 경고 | 퇴장 |
|---|---|---|---|---|---|---|---|---|---|
| 2010 | 전북 | 1 | 0 | 3 | 0 | 0 | 0 | 0 | 0 |
| 2011 | 전북 | 1 | 0 | 3 | 0 | 0 | 0 | 0 | 0 |
| 2012 | 전북 | 0 | 0 | 0 | 0 | 0 | 0 | 0 | 0 |
| 2013 | 전북 | 0 | 0 | 0 | 0 | 0 | 0 | 0 | 0 |
| 2014 | 전북 | 0 | 0 | 0 | 0 | 0 | 0 | 0 | 0 |
| 통산 | | 2 | 0 | 6 | 0 | 0 | 0 | 0 | 0 |

**이범영** (李範永) 신갈고 1989.04.02

| 연도 | 소속 | 출장 | 교체 | 실점 | 도움 | 파울 | 슈팅 | 경고 | 퇴장 |
|---|---|---|---|---|---|---|---|---|---|
| 2008 | 부산 | 16 | 0 | 25 | 0 | 0 | 1 | 0 | 0 |
| 2009 | 부산 | 6 | 1 | 7 | 0 | 0 | 0 | 1 | 0 |
| 2010 | 부산 | 1 | 0 | 4 | 0 | 0 | 0 | 0 | 0 |
| 2011 | 부산 | 18 | 0 | 29 | 0 | 0 | 1 | 1 | 0 |
| 2012 | 부산 | 12 | 0 | 17 | 0 | 0 | 0 | 0 | 0 |
| 2013 | 부산 | 31 | 0 | 33 | 0 | 0 | 0 | 3 | 0 |
| 2014 | 부산 | 31 | 0 | 38 | 0 | 0 | 0 | 1 | 0 |
| 통산 | | 120 | 1 | 157 | 0 | 1 | 0 | 6 | 0 |

**이병근** (李昞根) 한양대 1973.04.28

| 연도 | 소속 | 출장 | 교체 | 득점 | 도움 | 파울 | 슈팅 | 경고 | 퇴장 |
|---|---|---|---|---|---|---|---|---|---|
| 1996 | 수원 | 30 | 10 | 1 | 5 | 67 | 8 | 7 | 1 |
| 1997 | 수원 | 33 | 14 | 2 | 1 | 43 | 22 | 4 | 0 |
| 1998 | 수원 | 29 | 13 | 1 | 1 | 47 | 17 | 5 | 0 |
| 1999 | 수원 | 39 | 21 | 2 | 2 | 57 | 9 | 2 | 0 |
| 2000 | 수원 | 25 | 3 | 0 | 1 | 40 | 5 | 1 | 0 |
| 2001 | 수원 | 27 | 6 | 0 | 0 | 39 | 4 | 2 | 0 |
| 2002 | 수원 | 36 | 8 | 0 | 2 | 35 | 3 | 2 | 0 |
| 2003 | 수원 | 38 | 2 | 0 | 5 | 81 | 14 | 4 | 0 |
| 2004 | 수원 | 20 | 7 | 0 | 0 | 24 | 5 | 3 | 0 |
| 2005 | 수원 | 28 | 15 | 0 | 1 | 38 | 5 | 3 | 0 |
| 2006 | 대구 | 10 | 1 | 0 | 1 | 23 | 7 | 3 | 0 |
| 2007 | 대구 | 5 | 2 | 1 | 0 | 7 | 2 | 0 | 0 |
| 통산 | | 324 | 108 | 10 | 15 | 515 | 102 | 39 | 1 |

**이병기** (李丙基) 고려대 1963.02.22

| 연도 | 소속 | 출장 | 교체 | 득점 | 도움 | 파울 | 슈팅 | 경고 | 퇴장 |
|---|---|---|---|---|---|---|---|---|---|
| 1986 | 대우 | 11 | 11 | 0 | 1 | 2 | 2 | 0 | 0 |
| 1988 | 대우 | 8 | 7 | 0 | 0 | 14 | 7 | 0 | 0 |
| 통산 | | 19 | 18 | 0 | 1 | 16 | 9 | 0 | 0 |

**이병윤** (李炳允) 부경대 1986.04.26

| 연도 | 소속 | 출장 | 교체 | 득점 | 도움 | 파울 | 슈팅 | 경고 | 퇴장 |
|---|---|---|---|---|---|---|---|---|---|
| 2011 | 전남 | 7 | 6 | 1 | 0 | 8 | 3 | 1 | 0 |
| 통산 | | 7 | 6 | 1 | 0 | 8 | 3 | 1 | 0 |

**이보** (Olivio da Rosa) 브라질 1986.10.02

| 연도 | 소속 | 출장 | 교체 | 득점 | 도움 | 파울 | 슈팅 | 경고 | 퇴장 |
|---|---|---|---|---|---|---|---|---|---|
| 2012 | 인천 | 27 | 16 | 4 | 6 | 26 | 42 | 2 | 0 |
| 2014 | 인천 | 33 | 12 | 7 | 6 | 39 | 62 | 2 | 0 |
| 통산 | | 60 | 28 | 11 | 12 | 65 | 104 | 4 | 0 |

**이봉준** (李奉埈) 삼일고 1992.04.11

| 연도 | 소속 | 출장 | 교체 | 득점 | 도움 | 파울 | 슈팅 | 경고 | 퇴장 |
|---|---|---|---|---|---|---|---|---|---|
| 2012 | 강원 | 1 | 1 | 0 | 0 | 0 | 0 | 0 | 0 |
| 통산 | | 1 | 1 | 0 | 0 | 0 | 0 | 0 | 0 |

**이부열** (李富烈) 마산공고 1958.10.16

| 연도 | 소속 | 출장 | 교체 | 득점 | 도움 | 파울 | 슈팅 | 경고 | 퇴장 |
|---|---|---|---|---|---|---|---|---|---|
| 1983 | 국민은 | 15 | 3 | 1 | 1 | 9 | 13 | 2 | 0 |
| 1984 | 국민은 | 28 | 3 | 3 | 3 | 12 | 45 | 0 | 0 |
| 1985 | 럭금 | 19 | 6 | 1 | 0 | 20 | 26 | 0 | 0 |
| 1986 | 럭금 | 30 | 5 | 1 | 0 | 20 | 37 | 1 | 0 |
| 1987 | 럭금 | 10 | 4 | 0 | 0 | 8 | 9 | 0 | 0 |
| 1988 | 럭금 | 7 | 4 | 0 | 1 | 12 | 14 | 1 | 0 |
| 통산 | | 109 | 25 | 6 | 4 | 69 | 144 | 4 | 0 |

**이삭** (Victor Issac Acosta) 아르헨티나 1986.12.04

| 연도 | 소속 | 출장 | 교체 | 득점 | 도움 | 파울 | 슈팅 | 경고 | 퇴장 |
|---|---|---|---|---|---|---|---|---|---|
| 2010 | 대구 | 3 | 3 | 0 | 0 | 7 | 1 | 0 | 0 |
| 통산 | | 3 | 3 | 0 | 0 | 7 | 1 | 0 | 0 |

**이상규** (李相圭) 광운대 1977.09.05

| 연도 | 소속 | 출장 | 교체 | 득점 | 도움 | 파울 | 슈팅 | 경고 | 퇴장 |
|---|---|---|---|---|---|---|---|---|---|
| 2000 | 대전 | 6 | 6 | 0 | 0 | 4 | 1 | 0 | 0 |
| 2001 | 대전 | 11 | 10 | 0 | 0 | 11 | 7 | 1 | 0 |
| 2002 | 대전 | 2 | 2 | 0 | 0 | 2 | 0 | 0 | 0 |
| 통산 | | 19 | 14 | 0 | 0 | 13 | 8 | 1 | 0 |

**이상기** (李相紀) 관동대 1970.03.20

| 연도 | 소속 | 출장 | 교체 | 득점 | 도움 | 파울 | 슈팅 | 경고 | 퇴장 |
|---|---|---|---|---|---|---|---|---|---|
| 1992 | 포철 | 8 | 7 | 0 | 0 | 10 | 6 | 0 | 0 |
| 통산 | | 8 | 7 | 0 | 0 | 10 | 6 | 0 | 0 |

**이상기** (李相基) 성균관대 1987.03.08

| 연도 | 소속 | 출장 | 교체 | 실점 | 도움 | 파울 | 슈팅 | 경고 | 퇴장 |
|---|---|---|---|---|---|---|---|---|---|
| 2011 | 상주 | 4 | 1 | 7 | 0 | 0 | 0 | 0 | 0 |
| 2012 | 상주 | 6 | 1 | 10 | 0 | 0 | 1 | 0 | 0 |
| 2013 | 상주 | 0 | 0 | 0 | 0 | 0 | 0 | 0 | 0 |
| 2013 | 수원 | 0 | 0 | 0 | 0 | 0 | 0 | 0 | 0 |
| 2014 | 수원FC | 19 | 1 | 28 | 0 | 0 | 2 | 0 | 0 |
| 통산 | | 30 | 3 | 45 | 0 | 0 | 3 | 0 | 0 |

**이상덕** (李相德) 동아대 1986.11.05

| 연도 | 소속 | 출장 | 교체 | 득점 | 도움 | 파울 | 슈팅 | 경고 | 퇴장 |
|---|---|---|---|---|---|---|---|---|---|
| 2009 | 대구 | 7 | 3 | 3 | 0 | 2 | 5 | 0 | 0 |
| 2010 | 대구 | 26 | 6 | 1 | 1 | 31 | 4 | 3 | 0 |
| 2011 | 대구 | 16 | 1 | 1 | 0 | 18 | 6 | 3 | 0 |
| 통산 | | 49 | 10 | 5 | 1 | 51 | 15 | 6 | 0 |

**이상돈** (李相燉) 울산대 1985.08.12

| 연도 | 소속 | 출장 | 교체 | 득점 | 도움 | 파울 | 슈팅 | 경고 | 퇴장 |
|---|---|---|---|---|---|---|---|---|---|
| 2008 | 울산 | 8 | 5 | 0 | 0 | 15 | 0 | 1 | 0 |
| 2009 | 울산 | 8 | 7 | 0 | 1 | 11 | 2 | 2 | 0 |
| 2010 | 수원 | 5 | 2 | 0 | 0 | 6 | 2 | 0 | 0 |
| 2010 | 강원 | 16 | 1 | 0 | 1 | 12 | 5 | 1 | 0 |
| 2011 | 강원 | 23 | 1 | 0 | 2 | 24 | 12 | 2 | 0 |
| 2012 | 강원 | 11 | 4 | 0 | 0 | 8 | 0 | 1 | 0 |
| 통산 | | 71 | 20 | 1 | 4 | 72 | 19 | 7 | 0 |

**이상래** (李相來) 중앙대 1961.07.12

| 연도 | 소속 | 출장 | 교체 | 득점 | 도움 | 파울 | 슈팅 | 경고 | 퇴장 |
|---|---|---|---|---|---|---|---|---|---|
| 1984 | 럭금 | 15 | 15 | 0 | 0 | 9 | 8 | 1 | 0 |
| 1985 | 럭금 | 21 | 6 | 7 | 5 | 17 | 43 | 0 | 0 |
| 1986 | 럭금 | 35 | 11 | 7 | 6 | 39 | 60 | 1 | 0 |

| 연도 | 소속 | 출장 | 교체 | 득점 | 도움 | 파울 | 슈팅 | 경고 | 퇴장 |
|---|---|---|---|---|---|---|---|---|---|
| 1987 | 럭금 | 19 | 8 | 0 | 1 | 24 | 21 | 0 | 0 |
| 1988 | 유공 | 15 | 8 | 0 | 0 | 24 | 10 | 3 | 0 |
| 통산 | | 105 | 48 | 14 | 12 | 113 | 142 | 5 | 0 |

**이상민** (李相敏) 목호중 1986.09.14

| 연도 | 소속 | 출장 | 교체 | 득점 | 도움 | 파울 | 슈팅 | 경고 | 퇴장 |
|---|---|---|---|---|---|---|---|---|---|
| 2008 | 경남 | 7 | 6 | 0 | 0 | 11 | 4 | 1 | 0 |
| 통산 | | 7 | 6 | 0 | 0 | 11 | 4 | 1 | 0 |

**이상석** (李相錫) 고려대 1985.01.06

| 연도 | 소속 | 출장 | 교체 | 득점 | 도움 | 파울 | 슈팅 | 경고 | 퇴장 |
|---|---|---|---|---|---|---|---|---|---|
| 2007 | 대구 | 1 | 1 | 0 | 0 | 1 | 1 | 0 | 0 |
| 통산 | | 1 | 1 | 0 | 0 | 1 | 1 | 0 | 0 |

**이상용** (李相密) 연세대 1986.01.09

| 연도 | 소속 | 출장 | 교체 | 득점 | 도움 | 파울 | 슈팅 | 경고 | 퇴장 |
|---|---|---|---|---|---|---|---|---|---|
| 2008 | 전남 | 1 | 1 | 0 | 0 | 1 | 0 | 0 | 0 |
| 통산 | | 1 | 1 | 0 | 0 | 1 | 0 | 0 | 0 |

**이상용** (李相龍) 조선대 1963.04.29

| 연도 | 소속 | 출장 | 교체 | 득점 | 도움 | 파울 | 슈팅 | 경고 | 퇴장 |
|---|---|---|---|---|---|---|---|---|---|
| 1985 | 럭금 | 5 | 5 | 0 | 0 | 4 | 1 | 0 | 0 |
| 1986 | 럭금 | 5 | 6 | 0 | 0 | 4 | 2 | 0 | 0 |
| 1987 | 유공 | 1 | 1 | 0 | 0 | 0 | 0 | 0 | 0 |
| 통산 | | 11 | 12 | 0 | 0 | 8 | 3 | 0 | 0 |

**이상용** (李相龍) 고려대 1961.01.25

| 연도 | 소속 | 출장 | 교체 | 득점 | 도움 | 파울 | 슈팅 | 경고 | 퇴장 |
|---|---|---|---|---|---|---|---|---|---|
| 1984 | 유공 | 11 | 5 | 2 | 0 | 8 | 20 | 0 | 0 |
| 1985 | 유공 | 5 | 5 | 0 | 0 | 4 | 7 | 0 | 0 |
| 1987 | 유공 | 5 | 5 | 0 | 0 | 4 | 0 | 1 | 0 |
| 통산 | | 23 | 16 | 2 | 0 | 16 | 26 | 1 | 0 |

**이상우** (李相禹) 한양대 1976.08.01

| 연도 | 소속 | 출장 | 교체 | 득점 | 도움 | 파울 | 슈팅 | 경고 | 퇴장 |
|---|---|---|---|---|---|---|---|---|---|
| 1999 | 안양 | 0 | 0 | 0 | 0 | 0 | 0 | 0 | 0 |
| 통산 | | 0 | 0 | 0 | 0 | 0 | 0 | 0 | 0 |

**이상우** (李相雨) 홍익대 1985.04.10

| 연도 | 소속 | 출장 | 교체 | 득점 | 도움 | 파울 | 슈팅 | 경고 | 퇴장 |
|---|---|---|---|---|---|---|---|---|---|
| 2008 | 서울 | 3 | 3 | 0 | 0 | 2 | 1 | 0 | 0 |
| 2013 | 안양 | 18 | 2 | 2 | 1 | 16 | 15 | 3 | 0 |
| 통산 | | 21 | 5 | 2 | 1 | 18 | 15 | 4 | 0 |

**이상욱** (李商旭) 연세대 1973.05.27

| 연도 | 소속 | 출장 | 교체 | 득점 | 도움 | 파울 | 슈팅 | 경고 | 퇴장 |
|---|---|---|---|---|---|---|---|---|---|
| 1999 | 안양 | 5 | 5 | 0 | 0 | 3 | 1 | 0 | 0 |
| 통산 | | 5 | 5 | 0 | 0 | 3 | 1 | 0 | 0 |

**이상욱** (李詳昱) 호남대 1990.03.09

| 연도 | 소속 | 출장 | 교체 | 득점 | 도움 | 파울 | 슈팅 | 경고 | 퇴장 |
|---|---|---|---|---|---|---|---|---|---|
| 2014 | 수원 | 0 | 0 | 0 | 0 | 0 | 0 | 0 | 0 |
| 통산 | | 0 | 0 | 0 | 0 | 0 | 0 | 0 | 0 |

**이상원** (李相元) 아주대 1991.04.24

| 연도 | 소속 | 출장 | 교체 | 득점 | 도움 | 파울 | 슈팅 | 경고 | 퇴장 |
|---|---|---|---|---|---|---|---|---|---|
| 2014 | 안양 | 2 | 2 | 0 | 0 | 2 | 1 | 0 | 0 |
| 통산 | | 2 | 2 | 0 | 0 | 2 | 1 | 0 | 0 |

**이상윤** (李相潤) 건국대 1969.04.10

| 연도 | 소속 | 출장 | 교체 | 득점 | 도움 | 파울 | 슈팅 | 경고 | 퇴장 |
|---|---|---|---|---|---|---|---|---|---|
| 1990 | 일화 | 14 | 7 | 4 | 1 | 16 | 18 | 1 | 0 |
| 1991 | 일화 | 35 | 15 | 15 | 5 | 41 | 76 | 4 | 0 |
| 1992 | 일화 | 35 | 22 | 12 | 2 | 35 | 56 | 3 | 0 |
| 1993 | 일화 | 32 | 15 | 7 | 6 | 34 | 50 | 3 | 0 |
| 1994 | 일화 | 31 | 15 | 6 | 5 | 29 | 44 | 2 | 0 |
| 1995 | 일화 | 24 | 16 | 1 | 5 | 39 | 32 | 2 | 0 |
| 1996 | 천안 | 25 | 16 | 5 | 7 | 28 | 49 | 1 | 0 |
| 1997 | 천안 | 12 | 0 | 1 | 0 | 19 | 12 | 4 | 0 |
| 1998 | 천안 | 13 | 1 | 0 | 3 | 36 | 35 | 3 | 1 |
| 1999 | 천안 | 16 | 5 | 3 | 2 | 17 | 33 | 2 | 0 |
| 2000 | 성남 | 36 | 14 | 13 | 6 | 44 | 85 | 4 | 0 |
| 2001 | 부천 | 20 | 20 | 1 | 4 | 17 | 11 | 0 | 0 |
| 통산 | | 293 | 146 | 71 | 43 | 355 | 543 | 27 | 1 |

**이상일** (李相一) 중앙대 1979.05.25

| 연도 | 소속 | 출장 | 교체 | 득점 | 도움 | 파울 | 슈팅 | 경고 | 퇴장 |
|---|---|---|---|---|---|---|---|---|---|
| 2003 | 대구 | 28 | 7 | 1 | 1 | 43 | 26 | 4 | 0 |
| 2004 | 대구 | 17 | 4 | 1 | 3 | 18 | 14 | 2 | 0 |
| 2005 | 대구 | 14 | 14 | 1 | 0 | 10 | 7 | 1 | 0 |
| 2006 | 대구 | 32 | 14 | 1 | 4 | 49 | 31 | 5 | 0 |
| 2007 | 전남 | 16 | 6 | 0 | 1 | 16 | 10 | 2 | 0 |
| 2008 | 전남 | 18 | 7 | 1 | 0 | 42 | 9 | 1 | 0 |
| 통산 | | 125 | 52 | 6 | 9 | 158 | 99 | 15 | 0 |

**이상철** (李相哲) 고려대 1958.08.04

| 연도 | 소속 | 출장 | 교체 | 득점 | 도움 | 파울 | 슈팅 | 경고 | 퇴장 |
|---|---|---|---|---|---|---|---|---|---|
| 1984 | 현대 | 12 | 9 | 2 | 2 | 4 | 10 | 0 | 0 |
| 1985 | 현대 | 15 | 7 | 5 | 0 | 12 | 28 | 0 | 0 |
| 1986 | 현대 | 28 | 16 | 7 | 3 | 28 | 42 | 2 | 0 |
| 1987 | 현대 | 28 | 13 | 8 | 1 | 16 | 50 | 2 | 0 |
| 통산 | | 83 | 45 | 22 | 6 | 60 | 130 | 4 | 0 |

**이상태** (李相泰) 대구대 1977.10.25

| 연도 | 소속 | 출장 | 교체 | 득점 | 도움 | 파울 | 슈팅 | 경고 | 퇴장 |
|---|---|---|---|---|---|---|---|---|---|
| 2000 | 수원 | 4 | 3 | 0 | 0 | 4 | 3 | 2 | 0 |
| 2004 | 수원 | 10 | 5 | 0 | 0 | 22 | 4 | 3 | 0 |
| 2005 | 수원 | 1 | 1 | 0 | 0 | 0 | 0 | 0 | 0 |
| 2006 | 경남 | 5 | 4 | 0 | 0 | 7 | 3 | 2 | 0 |
| 통산 | | 25 | 17 | 0 | 0 | 42 | 16 | 7 | 0 |

**이상헌** (李相憲) 동국대 1975.10.11

| 연도 | 소속 | 출장 | 교체 | 득점 | 도움 | 파울 | 슈팅 | 경고 | 퇴장 |
|---|---|---|---|---|---|---|---|---|---|
| 1998 | 안양 | 3 | 3 | 0 | 0 | 2 | 0 | 0 | 0 |
| 1999 | 안양 | 19 | 4 | 0 | 0 | 34 | 5 | 6 | 0 |
| 2000 | 안양 | 31 | 8 | 2 | 0 | 58 | 8 | 6 | 0 |
| 2001 | 안양 | 20 | 5 | 1 | 1 | 46 | 10 | 4 | 0 |
| 2003 | 안양 | 20 | 5 | 1 | 0 | 35 | 6 | 3 | 0 |
| 2004 | 인천 | 8 | 6 | 1 | 0 | 0 | 13 | 1 | 0 |
| 2005 | 인천 | 8 | 1 | 0 | 0 | 4 | 5 | 3 | 0 |
| 2006 | 인천 | 11 | 2 | 1 | 0 | 21 | 2 | 1 | 1 |
| 통산 | | 114 | 38 | 6 | 1 | 207 | 35 | 23 | 1 |

**이상협** (李相俠) 동북고 1986.08.03

| 연도 | 소속 | 출장 | 교체 | 득점 | 도움 | 파울 | 슈팅 | 경고 | 퇴장 |
|---|---|---|---|---|---|---|---|---|---|
| 2006 | 서울 | 24 | 19 | 6 | 2 | 60 | 43 | 5 | 0 |
| 2007 | 서울 | 17 | 16 | 3 | 1 | 19 | 11 | 3 | 0 |
| 2008 | 서울 | 17 | 16 | 3 | 1 | 19 | 11 | 3 | 0 |
| 2009 | 서울 | 21 | 19 | 2 | 1 | 26 | 26 | 5 | 0 |
| 2010 | 제주 | 17 | 14 | 6 | 1 | 29 | 40 | 4 | 0 |
| 2011 | 제주 | 3 | 3 | 0 | 0 | 1 | 2 | 0 | 0 |
| 2011 | 대전 | 11 | 3 | 1 | 0 | 4 | 10 | 2 | 0 |
| 2012 | 상주 | 9 | 6 | 3 | 1 | 20 | 24 | 3 | 0 |
| 2013 | 상주 | 31 | 27 | 17 | 3 | 35 | 115 | 3 | 0 |
| 2014 | 상주 | 1 | 1 | 0 | 0 | 0 | 0 | 0 | 0 |
| 2014 | 전북 | 23 | 22 | 3 | 0 | 17 | 32 | 0 | 0 |
| 통산 | | 155 | 135 | 42 | 9 | 226 | 312 | 26 | 1 |

**이상협** (李相協) 고려대 1990.01.01

| 연도 | 소속 | 출장 | 교체 | 득점 | 도움 | 파울 | 슈팅 | 경고 | 퇴장 |
|---|---|---|---|---|---|---|---|---|---|
| 2013 | 서울 | 5 | 5 | 0 | 0 | 1 | 0 | 0 | 0 |
| 2014 | 서울 | 21 | 19 | 1 | 0 | 19 | 9 | 2 | 0 |
| 통산 | | 26 | 23 | 1 | 0 | 20 | 9 | 2 | 0 |

**이상호** (李尙浩) 단국대 1981.11.18

| 연도 | 소속 | 출장 | 교체 | 득점 | 도움 | 파울 | 슈팅 | 경고 | 퇴장 |
|---|---|---|---|---|---|---|---|---|---|
| 2004 | 부천 | 7 | 1 | 0 | 1 | 10 | 5 | 1 | 0 |
| 2005 | 부천 | 27 | 1 | 0 | 1 | 44 | 3 | 4 | 0 |
| 2006 | 제주 | 23 | 0 | 1 | 0 | 33 | 13 | 4 | 0 |
| 2007 | 제주 | 30 | 1 | 0 | 0 | 46 | 7 | 6 | 0 |
| 2008 | 제주 | 30 | 10 | 0 | 0 | 17 | 4 | 5 | 0 |
| 2009 | 제주 | 25 | 2 | 0 | 0 | 22 | 5 | 4 | 0 |
| 2010 | 제주 | 33 | 4 | 0 | 1 | 37 | 10 | 4 | 0 |
| 2011 | 전남 | 9 | 2 | 0 | 0 | 11 | 2 | 2 | 0 |
| 2012 | 전남 | 16 | 3 | 0 | 0 | 19 | 1 | 4 | 0 |
| 2013 | 전남 | 1 | 0 | 0 | 0 | 0 | 0 | 0 | 0 |
| 통산 | | 191 | 28 | 1 | 2 | 230 | 63 | 35 | 3 |

**이상호** (李相澔) 울산대 1987.05.09

| 연도 | 소속 | 출장 | 교체 | 득점 | 도움 | 파울 | 슈팅 | 경고 | 퇴장 |
|---|---|---|---|---|---|---|---|---|---|
| 2006 | 울산 | 17 | 3 | 2 | 2 | 39 | 12 | 4 | 0 |
| 2007 | 울산 | 22 | 14 | 4 | 1 | 49 | 24 | 3 | 0 |
| 2008 | 울산 | 20 | 7 | 5 | 0 | 50 | 30 | 4 | 0 |
| 2009 | 수원 | 20 | 10 | 1 | 1 | 32 | 16 | 1 | 0 |
| 2010 | 수원 | 20 | 9 | 1 | 3 | 29 | 23 | 0 | 0 |
| 2011 | 수원 | 29 | 13 | 6 | 3 | 51 | 47 | 5 | 0 |
| 2012 | 수원 | 16 | 2 | 2 | 0 | 25 | 18 | 2 | 0 |
| 2013 | 상주 | 23 | 12 | 4 | 5 | 38 | 29 | 1 | 0 |
| 2014 | 상주 | 17 | 5 | 5 | 2 | 18 | 26 | 2 | 0 |
| 2014 | 수원 | 11 | 3 | 3 | 1 | 15 | 18 | 2 | 0 |
| 통산 | | 193 | 89 | 31 | 18 | 341 | 248 | 27 | 0 |

**이상홍** (李相洪) 연세대 1979.02.04

| 연도 | 소속 | 출장 | 교체 | 득점 | 도움 | 파울 | 슈팅 | 경고 | 퇴장 |
|---|---|---|---|---|---|---|---|---|---|
| 2003 | 부천 | 11 | 4 | 0 | 1 | 33 | 7 | 3 | 0 |
| 2004 | 부천 | 22 | 8 | 0 | 0 | 56 | 17 | 3 | 0 |
| 2005 | 부천 | 6 | 1 | 0 | 1 | 12 | 4 | 1 | 0 |
| 2006 | 제주 | 25 | 18 | 0 | 0 | 35 | 7 | 1 | 0 |
| 2007 | 경남 | 31 | 1 | 0 | 0 | 57 | 4 | 3 | 0 |
| 2008 | 경남 | 26 | 5 | 1 | 1 | 47 | 3 | 4 | 0 |
| 2009 | 경남 | 24 | 3 | 0 | 0 | 53 | 1 | 3 | 0 |
| 2010 | 전남 | 25 | 5 | 1 | 0 | 65 | 3 | 6 | 0 |
| 2011 | 부산 | 11 | 3 | 0 | 0 | 9 | 1 | 3 | 0 |
| 통산 | | 181 | 48 | 0 | 4 | 365 | 49 | 28 | 0 |

**이상희** (李祥禧) 홍익대 1988.05.18

| 연도 | 소속 | 출장 | 교체 | 득점 | 도움 | 파울 | 슈팅 | 경고 | 퇴장 |
|---|---|---|---|---|---|---|---|---|---|
| 2011 | 대전 | 6 | 2 | 0 | 0 | 11 | 3 | 1 | 0 |
| 2014 | 인천 | 0 | 0 | 0 | 0 | 0 | 0 | 0 | 0 |
| 통산 | | 6 | 2 | 0 | 0 | 11 | 3 | 1 | 1 |

**이석** (李錫) 전주대 1979.02.01

| 연도 | 소속 | 출장 | 교체 | 득점 | 도움 | 파울 | 슈팅 | 경고 | 퇴장 |
|---|---|---|---|---|---|---|---|---|---|
| 2001 | 전북 | 8 | 3 | 1 | 0 | 13 | 2 | 0 | 0 |
| 2002 | 대전 | 11 | 10 | 0 | 0 | 9 | 7 | 0 | 0 |
| 통산 | | 19 | 18 | 1 | 0 | 12 | 11 | 0 | 0 |

**이석경** (李錫景) 경희대 1969.01.19

| 연도 | 소속 | 출장 | 교체 | 득점 | 도움 | 파울 | 슈팅 | 경고 | 퇴장 |
|---|---|---|---|---|---|---|---|---|---|
| 1991 | 유공 | 6 | 4 | 0 | 0 | 7 | 4 | 0 | 0 |
| 1991 | 포철 | 4 | 4 | 0 | 0 | 3 | 2 | 0 | 0 |
| 1992 | 유공 | 8 | 8 | 1 | 0 | 9 | 6 | 0 | 0 |
| 1993 | 유공 | 5 | 5 | 0 | 0 | 5 | 9 | 1 | 0 |
| 1994 | 유공 | 12 | 12 | 0 | 0 | 12 | 11 | 0 | 0 |
| 1995 | 유공 | 15 | 6 | 2 | 0 | 19 | 31 | 5 | 0 |
| 1996 | 부천 | 7 | 6 | 1 | 0 | 9 | 12 | 0 | 0 |
| 1997 | 부천 | 6 | 6 | 0 | 0 | 2 | 6 | 0 | 0 |
| 1998 | 천안 | 28 | 17 | 9 | 3 | 44 | 65 | 4 | 0 |
| 1999 | 천안 | 15 | 14 | 4 | 1 | 17 | 33 | 1 | 0 |
| 2000 | 성남 | 3 | 4 | 0 | 0 | 1 | 1 | 0 | 0 |
| 통산 | | 107 | 86 | 16 | 6 | 120 | 160 | 14 | 0 |

**이석종** (李碩鍾) 광운대 1960.02.20

| 연도 | 소속 | 출장 | 교체 | 득점 | 도움 | 파울 | 슈팅 | 경고 | 퇴장 |
|---|---|---|---|---|---|---|---|---|---|
| 1984 | 한일 | 6 | 4 | 0 | 0 | 5 | 4 | 0 | 0 |
| 통산 | | 6 | 4 | 0 | 0 | 5 | 4 | 0 | 0 |

**이석현** (李碩賢) 선문대 1990.06.13

| 연도 | 소속 | 출장 | 교체 | 득점 | 도움 | 파울 | 슈팅 | 경고 | 퇴장 |
|---|---|---|---|---|---|---|---|---|---|
| 2013 | 인천 | 33 | 15 | 7 | 3 | 19 | 63 | 1 | 0 |
| 2014 | 인천 | 25 | 21 | 1 | 6 | 30 | 33 | 1 | 0 |
| 통산 | | 58 | 36 | 8 | 4 | 25 | 96 | 1 | 0 |

**이선우** (李善雨) 일본모모야마대 1978.04.01

| 연도 | 소속 | 출장 | 교체 | 득점 | 도움 | 파울 | 슈팅 | 경고 | 퇴장 |
|---|---|---|---|---|---|---|---|---|---|
| 2002 | 수원 | 7 | 8 | 0 | 1 | 12 | 3 | 0 | 0 |
| 2003 | 수원 | 3 | 2 | 0 | 1 | 4 | 1 | 0 | 0 |
| 2006 | 수원 | 3 | 4 | 0 | 0 | 1 | 4 | 0 | 0 |
| 통산 | | 13 | 15 | 0 | 1 | 17 | 5 | 0 | 0 |

**이선재** (李善宰) 대구대 1972.03.28

| 연도 | 소속 | 출장 | 교체 | 득점 | 도움 | 파울 | 슈팅 | 경고 | 퇴장 |
|---|---|---|---|---|---|---|---|---|---|
| 1997 | 부산 | 0 | 0 | 0 | 0 | 0 | 0 | 0 | 0 |
| 1999 | 부산 | 1 | 1 | 0 | 0 | 2 | 0 | 0 | 0 |
| 통산 | | 1 | 0 | 0 | 0 | 2 | 0 | 0 | 0 |

**이성길** (李聖吉) 동아대 1958.04.20

| 연도 | 소속 | 출장 | 교체 | 득점 | 도움 | 파울 | 슈팅 | 경고 | 퇴장 |
|---|---|---|---|---|---|---|---|---|---|
| 1983 | 국민은 | 9 | 5 | 0 | 0 | 4 | 10 | 0 | 0 |
| 1985 | 상무 | 5 | 4 | 0 | 1 | 4 | 5 | 0 | 0 |
| 통산 | | 14 | 9 | 0 | 1 | 8 | 15 | 0 | 0 |

**이성덕** (李成德) 동국대 1976.05.09

| 연도 | 소속 | 출장 | 교체 | 득점 | 도움 | 파울 | 슈팅 | 경고 | 퇴장 |
|---|---|---|---|---|---|---|---|---|---|
| 1999 | 울산 | 4 | 5 | 0 | 0 | 1 | 1 | 1 | 0 |
| 2000 | 울산 | 0 | 0 | 0 | 0 | 0 | 0 | 0 | 0 |
| 통산 | | 4 | 5 | 0 | 0 | 1 | 1 | 1 | 0 |

**이성민** (李聖敏) 호남대 1986.05.16

| 연도 | 소속 | 출장 | 교체 | 득점 | 도움 | 파울 | 슈팅 | 경고 | 퇴장 |
|---|---|---|---|---|---|---|---|---|---|
| 2009 | 강원 | 16 | 15 | 2 | 0 | 28 | 13 | 2 | 0 |
| 2011 | 대구 | 1 | 1 | 0 | 0 | 2 | 0 | 1 | 0 |
| 통산 | | 17 | 16 | 2 | 0 | 30 | 13 | 3 | 0 |

**이성운** (李城芸) 경기대 1978.12.25

| 연도 | 소속 | 출장 | 교체 | 득점 | 도움 | 파울 | 슈팅 | 경고 | 퇴장 |
|---|---|---|---|---|---|---|---|---|---|
| 2001 | 성남 | 0 | 0 | 0 | 0 | 0 | 0 | 0 | 0 |
| 2002 | 성남 | 1 | 1 | 0 | 0 | 2 | 0 | 0 | 0 |
| 2003 | 성남 | 10 | 10 | 0 | 0 | 17 | 1 | 0 | 0 |
| 2004 | 성남 | 4 | 4 | 0 | 0 | 5 | 0 | 0 | 0 |
| 2007 | 대전 | 24 | 14 | 0 | 2 | 51 | 5 | 4 | 0 |
| 2008 | 대전 | 26 | 7 | 1 | 0 | 57 | 11 | 6 | 0 |
| 2009 | 대전 | 16 | 10 | 1 | 0 | 27 | 3 | 2 | 0 |
| 2011 | 부산 | 6 | 6 | 0 | 0 | 7 | 1 | 2 | 0 |
| 2012 | 부산 | 9 | 7 | 0 | 0 | 10 | 5 | 1 | 0 |
| 2013 | 부산 | 1 | 0 | 0 | 0 | 0 | 0 | 0 | 0 |
| 통산 | | 97 | 59 | 2 | 2 | 175 | 27 | 15 | 0 |

**이성재** (李成宰) 고려대 1976.05.16

| 연도 | 소속 | 출장 | 교체 | 득점 | 도움 | 파울 | 슈팅 | 경고 | 퇴장 |
|---|---|---|---|---|---|---|---|---|---|
| 1999 | 부천 | 32 | 32 | 9 | 2 | 41 | 45 | 1 | 0 |
| 2000 | 부천 | 39 | 37 | 7 | 2 | 46 | 62 | 2 | 0 |
| 2001 | 부천 | 9 | 8 | 1 | 0 | 8 | 9 | 0 | 0 |
| 2002 | 부천 | 15 | 8 | 1 | 0 | 35 | 11 | 3 | 0 |
| 2003 | 부천 | 20 | 17 | 1 | 0 | 30 | 13 | 0 | 0 |
| 2004 | 부산 | 18 | 14 | 2 | 2 | 20 | 13 | 1 | 0 |
| 2006 | 울산 | 6 | 4 | 0 | 0 | 7 | 4 | 0 | 0 |
| 통산 | | 139 | 120 | 21 | 6 | 172 | 157 | 7 | 0 |

**이성재** (李成宰) 고양고 1987.09.16

| 연도 | 소속 | 출장 | 교체 | 득점 | 도움 | 파울 | 슈팅 | 경고 | 퇴장 |
|---|---|---|---|---|---|---|---|---|---|
| 2007 | 포항 | 0 | 0 | 0 | 0 | 0 | 0 | 0 | 0 |
| 2008 | 포항 | 1 | 1 | 0 | 0 | 0 | 0 | 0 | 0 |
| 2009 | 인천 | 1 | 1 | 0 | 0 | 1 | 0 | 0 | 0 |
| 2010 | 포항 | 5 | 5 | 0 | 0 | 6 | 7 | 0 | 0 |
| 2011 | 상주 | 12 | 12 | 0 | 2 | 17 | 13 | 3 | 0 |
| 2012 | 상주 | 17 | 17 | 3 | 1 | 12 | 15 | 0 | 0 |
| 2013 | 수원FC | 6 | 6 | 0 | 0 | 7 | 3 | 1 | 0 |
| 2014 | 고양 | 13 | 7 | 1 | 0 | 25 | 15 | 5 | 0 |
| 통산 | | 57 | 55 | 7 | 1 | 68 | 53 | 10 | 0 |

**이성현** (李聖賢) 연세대 1989.10.09

| 연도 | 소속 | 출장 | 교체 | 득점 | 도움 | 파울 | 슈팅 | 경고 | 퇴장 |
|---|---|---|---|---|---|---|---|---|---|
| 2013 | 제주 | 3 | 1 | 0 | 0 | 4 | 0 | 0 | 0 |
| 통산 | | 3 | 1 | 0 | 0 | 4 | 0 | 0 | 0 |

**이성환** (李星煥) 건국대 1984.05.28

| 연도 | 소속 | 출장 | 교체 | 득점 | 도움 | 파울 | 슈팅 | 경고 | 퇴장 |
|---|---|---|---|---|---|---|---|---|---|
| 2007 | 대구 | 0 | 0 | 0 | 0 | 0 | 0 | 0 | 0 |
| 통산 | | 0 | 0 | 0 | 0 | 0 | 0 | 0 | 0 |

**이세인** (李世仁) 한양대 1980.06.16

| 연도 | 소속 | 출장 | 교체 | 득점 | 도움 | 파울 | 슈팅 | 경고 | 퇴장 |
|---|---|---|---|---|---|---|---|---|---|
| 2005 | 대전 | 3 | 2 | 0 | 0 | 4 | 0 | 0 | 0 |
| 2006 | 대전 | 10 | 4 | 0 | 0 | 21 | 0 | 3 | 0 |
| 2007 | 대전 | 8 | 3 | 0 | 0 | 14 | 1 | 4 | 0 |
| 2008 | 부산 | 5 | 4 | 0 | 0 | 6 | 0 | 1 | 0 |
| 2009 | 강원 | 10 | 2 | 1 | 0 | 4 | 1 | 0 | 0 |
| 통산 | | 36 | 15 | 1 | 0 | 49 | 2 | 8 | 0 |

**이세주** (李世周) 주엽공고 1987.10.02

| 연도 | 소속 | 출장 | 교체 | 득점 | 도움 | 파울 | 슈팅 | 경고 | 퇴장 |
|---|---|---|---|---|---|---|---|---|---|
| 2006 | 인천 | 1 | 1 | 0 | 0 | 0 | 1 | 0 | 0 |
| 2007 | 인천 | 4 | 2 | 0 | 0 | 2 | 0 | 0 | 0 |
| 2008 | 인천 | 3 | 1 | 0 | 0 | 2 | 1 | 0 | 0 |
| 2009 | 인천 | 13 | 4 | 0 | 1 | 18 | 6 | 3 | 0 |
| 2010 | 인천 | 15 | 8 | 1 | 0 | 10 | 9 | 2 | 0 |
| 통산 | | 36 | 16 | 1 | 1 | 32 | 18 | 6 | 0 |

**이세준** (李世俊) 포철공고 1984.07.24

| 연도 | 소속 | 출장 | 교체 | 득점 | 도움 | 파울 | 슈팅 | 경고 | 퇴장 |
|---|---|---|---|---|---|---|---|---|---|
| 2004 | 포항 | 5 | 5 | 0 | 1 | 3 | 2 | 0 | 0 |
| 통산 | | 5 | 5 | 0 | 1 | 3 | 2 | 0 | 0 |

**이세환** (李世煥) 고려대 1986.04.21

| 연도 | 소속 | 출장 | 교체 | 득점 | 도움 | 파울 | 슈팅 | 경고 | 퇴장 |
|---|---|---|---|---|---|---|---|---|---|
| 2008 | 울산 | 16 | 13 | 0 | 0 | 15 | 0 | 3 | 0 |
| 2009 | 울산 | 7 | 3 | 0 | 1 | 10 | 1 | 1 | 0 |
| 2013 | 고양 | 25 | 4 | 3 | 0 | 27 | 13 | 4 | 0 |
| 2014 | 고양 | 25 | 3 | 1 | 0 | 28 | 10 | 5 | 0 |
| 통산 | | 73 | 23 | 4 | 1 | 80 | 24 | 13 | 0 |

**이수길** (李秀吉) 경일대 1979.04.09

| 연도 | 소속 | 출장 | 교체 | 득점 | 도움 | 파울 | 슈팅 | 경고 | 퇴장 |
|---|---|---|---|---|---|---|---|---|---|
| 2013 | 수원FC | 9 | 6 | 0 | 0 | 9 | 1 | 1 | 0 |
| 통산 | | 9 | 6 | 0 | 0 | 9 | 1 | 1 | 0 |

**이수재** (李壽在) 광운대 1971.11.02

| 연도 | 소속 | 출장 | 교체 | 득점 | 도움 | 파울 | 슈팅 | 경고 | 퇴장 |
|---|---|---|---|---|---|---|---|---|---|
| 1999 | 전북 | 14 | 14 | 0 | 0 | 9 | 5 | 2 | 0 |
| 통산 | | 14 | 14 | 0 | 0 | 9 | 5 | 2 | 0 |

**이수철** (李壽澈) 영남대 1966.05.20

| 연도 | 소속 | 출장 | 교체 | 득점 | 도움 | 파울 | 슈팅 | 경고 | 퇴장 |
|---|---|---|---|---|---|---|---|---|---|
| 1989 | 현대 | 27 | 15 | 4 | 1 | 24 | 14 | 2 | 0 |
| 1990 | 현대 | 3 | 3 | 0 | 1 | 1 | 0 | 0 | 0 |
| 1991 | 현대 | 8 | 7 | 1 | 0 | 2 | 1 | 0 | 0 |
| 1992 | 현대 | 7 | 8 | 2 | 0 | 1 | 5 | 0 | 0 |
| 1993 | 현대 | 26 | 18 | 1 | 2 | 23 | 25 | 3 | 0 |
| 1994 | 현대 | 13 | 1 | 1 | 1 | 14 | 9 | 1 | 0 |
| 1995 | 현대 | 7 | 9 | 0 | 0 | 1 | 5 | 1 | 0 |
| 통산 | | 91 | 61 | 9 | 4 | 66 | 59 | 7 | 0 |

**이수철** (李洙澈) 단국대 1979.05.26

| 연도 | 소속 | 출장 | 교체 | 득점 | 도움 | 파울 | 슈팅 | 경고 | 퇴장 |
|---|---|---|---|---|---|---|---|---|---|
| 2002 | 전북 | 1 | 1 | 0 | 0 | 0 | 0 | 0 | 0 |

**이수환** (李受奐) 포철공고 1984.03.03

| 연도 | 소속 | 출장 | 교체 | 득점 | 도움 | 파울 | 슈팅 | 경고 | 퇴장 |
|---|---|---|---|---|---|---|---|---|---|
| 2004 | 포항 | 6 | 4 | 0 | 0 | 5 | 3 | 0 | 0 |
| 2005 | 포항 | 1 | 1 | 0 | 0 | 0 | 0 | 0 | 0 |
| 2006 | 포항 | 0 | 0 | 0 | 0 | 0 | 0 | 0 | 0 |
| 2008 | 광주상 | 1 | 1 | 0 | 0 | 3 | 0 | 0 | 0 |
| 통산 | | 8 | 6 | 0 | 0 | 8 | 3 | 0 | 0 |

**이순석** (李淳碩) 여의도고 1991.12.22

| 연도 | 소속 | 출장 | 교체 | 득점 | 도움 | 파울 | 슈팅 | 경고 | 퇴장 |
|---|---|---|---|---|---|---|---|---|---|
| 2013 | 부천 | 6 | 4 | 0 | 0 | 12 | 2 | 2 | 0 |
| 통산 | | 6 | 4 | 0 | 0 | 12 | 2 | 2 | 0 |

**이순우** (李淳雨) 건국대 1974.08.23

| 연도 | 소속 | 출장 | 교체 | 득점 | 도움 | 파울 | 슈팅 | 경고 | 퇴장 |
|---|---|---|---|---|---|---|---|---|---|
| 1999 | 부천 | 0 | 0 | 0 | 0 | 0 | 0 | 0 | 0 |
| 통산 | | 0 | 0 | 0 | 0 | 0 | 0 | 0 | 0 |

**이순행** (李順行) 국민대 1974.04.02

| 연도 | 소속 | 출장 | 교체 | 득점 | 도움 | 파울 | 슈팅 | 경고 | 퇴장 |
|---|---|---|---|---|---|---|---|---|---|
| 2000 | 포항 | 6 | 6 | 0 | 0 | 7 | 5 | 0 | 0 |
| 통산 | | 6 | 6 | 0 | 0 | 7 | 5 | 0 | 0 |

**이스트반** (Istvan Nyul) 헝가리 1961.02.25

| 연도 | 소속 | 출장 | 교체 | 득점 | 도움 | 파울 | 슈팅 | 경고 | 퇴장 |
|---|---|---|---|---|---|---|---|---|---|
| 1990 | 럭금 | 6 | 4 | 2 | 0 | 10 | 6 | 0 | 0 |
| 통산 | | 6 | 4 | 2 | 0 | 10 | 6 | 0 | 0 |

**이슬기** (李슬기) 동국대 1986.09.24

| 연도 | 소속 | 출장 | 교체 | 득점 | 도움 | 파울 | 슈팅 | 경고 | 퇴장 |
|---|---|---|---|---|---|---|---|---|---|
| 2009 | 대구 | 29 | 1 | 3 | 7 | 50 | 38 | 4 | 0 |
| 2010 | 대구 | 23 | 20 | 1 | 4 | 36 | 11 | 2 | 0 |
| 2011 | 포항 | 5 | 3 | 0 | 0 | 12 | 0 | 2 | 0 |
| 2012 | 대전 | 1 | 1 | 0 | 0 | 0 | 0 | 0 | 0 |
| 2013 | 대전 | 4 | 2 | 0 | 0 | 7 | 0 | 1 | 0 |
| 통산 | | 62 | 27 | 4 | 11 | 105 | 49 | 9 | 0 |

**이슬찬** (李슬찬) 광양제철고 1993.08.15

| 연도 | 소속 | 출장 | 교체 | 득점 | 도움 | 파울 | 슈팅 | 경고 | 퇴장 |
|---|---|---|---|---|---|---|---|---|---|
| 2012 | 전남 | 4 | 4 | 0 | 0 | 6 | 0 | 0 | 0 |
| 2013 | 전남 | 3 | 3 | 0 | 0 | 3 | 1 | 0 | 0 |
| 2014 | 전남 | 1 | 1 | 0 | 0 | 1 | 0 | 0 | 0 |
| 통산 | | 8 | 8 | 0 | 0 | 10 | 1 | 0 | 0 |

**이승규** (李承奎) 중앙대 1970.01.17

| 연도 | 소속 | 출장 | 교체 | 득점 | 도움 | 파울 | 슈팅 | 경고 | 퇴장 |
|---|---|---|---|---|---|---|---|---|---|
| 1994 | 버팔로 | 35 | 6 | 0 | 1 | 29 | 16 | 3 | 0 |
| 1995 | 전남 | 1 | 1 | 0 | 0 | 0 | 0 | 0 | 0 |
| 통산 | | 36 | 1 | 0 | 1 | 29 | 16 | 3 | 0 |

**이승근** (李昇根) 한남대 1981.11.10

| 연도 | 소속 | 출장 | 교체 | 득점 | 도움 | 파울 | 슈팅 | 경고 | 퇴장 |
|---|---|---|---|---|---|---|---|---|---|
| 2004 | 대구 | 22 | 10 | 0 | 0 | 26 | 10 | 4 | 0 |
| 2005 | 대구 | 6 | 4 | 0 | 0 | 4 | 2 | 1 | 0 |
| 통산 | | 28 | 14 | 0 | 0 | 30 | 12 | 5 | 0 |

**이승기** (李承琪) 울산대 1988.06.02

| 연도 | 소속 | 출장 | 교체 | 득점 | 도움 | 파울 | 슈팅 | 경고 | 퇴장 |
|---|---|---|---|---|---|---|---|---|---|
| 2011 | 광주 | 27 | 4 | 8 | 2 | 33 | 37 | 0 | 0 |
| 2012 | 광주 | 40 | 6 | 4 | 12 | 49 | 57 | 1 | 0 |
| 2013 | 전북 | 21 | 5 | 5 | 3 | 19 | 28 | 2 | 0 |
| 2014 | 전북 | 26 | 7 | 5 | 6 | 30 | 25 | 3 | 0 |
| 통산 | | 114 | 23 | 22 | 27 | 131 | 147 | 3 | 0 |

**이승렬** (李承烈) 한라대 1983.09.28

| 연도 | 소속 | 출장 | 교체 | 득점 | 도움 | 파울 | 슈팅 | 경고 | 퇴장 |
|---|---|---|---|---|---|---|---|---|---|
| 2007 | 포항 | 0 | 0 | 0 | 0 | 0 | 0 | 0 | 0 |
| 통산 | | 0 | 0 | 0 | 0 | 0 | 0 | 0 | 0 |

**이승렬** (李昇烈) 신갈고 1989.03.06

| 연도 | 소속 | 출장 | 교체 | 득점 | 도움 | 파울 | 슈팅 | 경고 | 퇴장 |
|---|---|---|---|---|---|---|---|---|---|
| 2008 | 서울 | 31 | 24 | 5 | 1 | 43 | 28 | 1 | 0 |
| 2009 | 서울 | 26 | 20 | 7 | 1 | 33 | 54 | 6 | 0 |
| 2010 | 서울 | 28 | 16 | 6 | 2 | 32 | 58 | 6 | 0 |
| 2011 | 서울 | 19 | 20 | 1 | 1 | 22 | 17 | 2 | 0 |
| 2012 | 울산 | 14 | 9 | 2 | 1 | 24 | 19 | 2 | 0 |
| 2013 | 성남 | 23 | 16 | 3 | 1 | 39 | 39 | 6 | 0 |
| 2014 | 전북 | 9 | 14 | 1 | 0 | 15 | 6 | 2 | 0 |
| 통산 | | 150 | 119 | 28 | 11 | 206 | 221 | 25 | 0 |

**이승목** (李昇穆) 관동대 1984.07.18

| 연도 | 소속 | 출장 | 교체 | 득점 | 도움 | 파울 | 슈팅 | 경고 | 퇴장 |
|---|---|---|---|---|---|---|---|---|---|
| 2007 | 제주 | 5 | 4 | 0 | 0 | 11 | 4 | 1 | 0 |
| 2010 | 제주 | 0 | 0 | 0 | 0 | 0 | 0 | 0 | 0 |
| 통산 | | 5 | 4 | 0 | 0 | 11 | 4 | 1 | 0 |

**이승엽** (李昇燁) 연세대 1975.10.12

| 연도 | 소속 | 출장 | 교체 | 득점 | 도움 | 파울 | 슈팅 | 경고 | 퇴장 |
|---|---|---|---|---|---|---|---|---|---|
| 1998 | 포항 | 11 | 9 | 0 | 1 | 17 | 3 | 3 | 0 |
| 1999 | 포항 | 25 | 9 | 0 | 1 | 36 | 20 | 2 | 0 |
| 2000 | 포항 | 26 | 5 | 0 | 2 | 45 | 13 | 4 | 0 |
| 2001 | 포항 | 29 | 9 | 1 | 0 | 53 | 23 | 4 | 0 |
| 2002 | 포항 | 22 | 10 | 0 | 1 | 42 | 19 | 2 | 1 |
| 2003 | 부천 | 2 | 2 | 0 | 1 | 0 | 0 | 0 | 0 |
| 통산 | | 115 | 44 | 1 | 5 | 194 | 78 | 15 | 1 |

**이승원** (李昇元) 숭실대 1986.10.14

| 연도 | 소속 | 출장 | 교체 | 득점 | 도움 | 파울 | 슈팅 | 경고 | 퇴장 |
|---|---|---|---|---|---|---|---|---|---|
| 2010 | 대전 | 2 | 1 | 0 | 0 | 3 | 2 | 1 | 0 |
| 통산 | | 2 | 1 | 0 | 0 | 3 | 2 | 1 | 0 |

**이승준** (李承俊) 성균관대 1972.09.01

| 연도 | 소속 | 출장 | 교체 | 실점 | 도움 | 파울 | 슈팅 | 경고 | 퇴장 |
|---|---|---|---|---|---|---|---|---|---|
| 2000 | 대전 | 4 | 1 | 5 | 0 | 0 | 0 | 0 | 0 |
| 2001 | 대전 | 9 | 0 | 14 | 0 | 0 | 0 | 0 | 0 |
| 2002 | 대전 | 9 | 0 | 14 | 0 | 0 | 0 | 0 | 0 |
| 2003 | 대전 | 8 | 1 | 12 | 0 | 0 | 0 | 0 | 0 |
| 2004 | 대전 | 4 | 0 | 9 | 0 | 0 | 0 | 0 | 0 |
| 2005 | 대전 | 4 | 0 | 4 | 0 | 0 | 0 | 0 | 0 |
| 2006 | 부산 | 3 | 1 | 0 | 0 | 0 | 0 | 0 | 0 |
| 통산 | | 33 | 3 | 53 | 0 | 0 | 0 | 0 | 0 |

**이승태** (李承泰) 연세대 1972.03.28

| 연도 | 소속 | 출장 | 교체 | 실점 | 도움 | 파울 | 슈팅 | 경고 | 퇴장 |
| --- | --- | --- | --- | --- | --- | --- | --- | --- | --- |
| 1996 | 부산 | 9 | 0 | 19 | 0 | 0 | 0 | 0 | 0 |
| 통산 | | 9 | 0 | 18 | 0 | 0 | 0 | 0 | 0 |

**이승현** (李昇弦) 한양대 1985.07.25

| 연도 | 소속 | 출장 | 교체 | 득점 | 도움 | 파울 | 슈팅 | 경고 | 퇴장 |
| --- | --- | --- | --- | --- | --- | --- | --- | --- | --- |
| 2006 | 부산 | 36 | 22 | 7 | 3 | 38 | 42 | 1 | 0 |
| 2007 | 부산 | 18 | 15 | 0 | 0 | 16 | 21 | 0 | 0 |
| 2008 | 부산 | 19 | 14 | 3 | 1 | 20 | 21 | 0 | 0 |
| 2009 | 부산 | 33 | 20 | 5 | 1 | 42 | 37 | 1 | 0 |
| 2010 | 부산 | 19 | 16 | 1 | 1 | 14 | 22 | 1 | 0 |
| 2011 | 전북 | 29 | 21 | 7 | 3 | 27 | 30 | 1 | 0 |
| 2012 | 전북 | 32 | 24 | 5 | 5 | 25 | 29 | 4 | 0 |
| 2013 | 상주 | 28 | 24 | 5 | 0 | 17 | 28 | 0 | 0 |
| 2014 | 상주 | 17 | 14 | 2 | 2 | 18 | 24 | 1 | 0 |
| 2014 | 전북 | 7 | 6 | 1 | 0 | 4 | 5 | 0 | 0 |
| 통산 | | 238 | 176 | 36 | 16 | 223 | 254 | 10 | 0 |

**이승협** (李承協) 연세대 1971.04.15

| 연도 | 소속 | 출장 | 교체 | 득점 | 도움 | 파울 | 슈팅 | 경고 | 퇴장 |
| --- | --- | --- | --- | --- | --- | --- | --- | --- | --- |
| 1995 | 포항 | 10 | 6 | 0 | 1 | 7 | 1 | 2 | 0 |
| 1996 | 포항 | 2 | 1 | 0 | 0 | 1 | 0 | 0 | 0 |
| 1997 | 포항 | 8 | 2 | 0 | 0 | 11 | 2 | 0 | 0 |
| 1998 | 포항 | 20 | 6 | 0 | 0 | 28 | 5 | 4 | 0 |
| 통산 | | 40 | 15 | 0 | 1 | 47 | 8 | 6 | 0 |

**이승호** (李承鎬) 충북대 1970.08.25

| 연도 | 소속 | 출장 | 교체 | 득점 | 도움 | 파울 | 슈팅 | 경고 | 퇴장 |
| --- | --- | --- | --- | --- | --- | --- | --- | --- | --- |
| 1997 | 대전 | 18 | 18 | 1 | 0 | 9 | 11 | 0 | 0 |
| 통산 | | 18 | 18 | 1 | 0 | 9 | 11 | 0 | 0 |

**이승희** (李承熙) 홍익대 1988.06.10

| 연도 | 소속 | 출장 | 교체 | 득점 | 도움 | 파울 | 슈팅 | 경고 | 퇴장 |
| --- | --- | --- | --- | --- | --- | --- | --- | --- | --- |
| 2010 | 전남 | 21 | 7 | 0 | 1 | 22 | 16 | 7 | 0 |
| 2011 | 전남 | 28 | 2 | 0 | 1 | 56 | 18 | 9 | 0 |
| 2012 | 전남 | 7 | 4 | 0 | 0 | 6 | 3 | 1 | 0 |
| 2012 | 제주 | 10 | 6 | 0 | 0 | 19 | 4 | 2 | 0 |
| 2013 | 전남 | 33 | 1 | 0 | 1 | 43 | 18 | 6 | 0 |
| 2014 | 전남 | 31 | 6 | 1 | 0 | 51 | 22 | 9 | 0 |
| 통산 | | 130 | 26 | 1 | 3 | 197 | 81 | 34 | 0 |

**이싸빅** (李싸빅 / Jasenko Sabitovic) 1973.03.29

| 연도 | 소속 | 출장 | 교체 | 득점 | 도움 | 파울 | 슈팅 | 경고 | 퇴장 |
| --- | --- | --- | --- | --- | --- | --- | --- | --- | --- |
| 1998 | 포항 | 32 | 6 | 1 | 1 | 62 | 13 | 6 | 0 |
| 1999 | 포항 | 29 | 0 | 0 | 0 | 47 | 4 | 5 | 0 |
| 2000 | 포항 | 34 | 1 | 1 | 1 | 46 | 12 | 5 | 0 |
| 2001 | 포항 | 33 | 0 | 3 | 0 | 59 | 14 | 3 | 0 |
| 2002 | 포항 | 24 | 4 | 1 | 0 | 83 | 8 | 4 | 0 |
| 2003 | 성남 | 33 | 7 | 2 | 1 | 67 | 13 | 4 | 0 |
| 2004 | 성남 | 34 | 22 | 0 | 2 | 47 | 12 | 4 | 0 |
| 2005 | 성남 | 9 | 1 | 0 | 0 | 17 | 2 | 1 | 0 |
| 2005 | 수원 | 8 | 1 | 0 | 1 | 34 | 2 | 2 | 0 |
| 2006 | 수원 | 20 | 7 | 1 | 1 | 22 | 5 | 4 | 0 |
| 2007 | 수원 | 10 | 3 | 0 | 0 | 25 | 1 | 3 | 0 |
| 2008 | 전남 | 5 | 2 | 0 | 0 | 9 | 0 | 2 | 0 |
| 통산 | | 271 | 54 | 9 | 7 | 518 | 86 | 41 | 0 |

**이안** (Iain Stuart Fyfe) 호주 1982.04.03

| 연도 | 소속 | 출장 | 교체 | 득점 | 도움 | 파울 | 슈팅 | 경고 | 퇴장 |
| --- | --- | --- | --- | --- | --- | --- | --- | --- | --- |
| 2011 | 부산 | 15 | 4 | 1 | 0 | 20 | 4 | 1 | 0 |
| 통산 | | 15 | 4 | 1 | 0 | 20 | 4 | 1 | 0 |

**이양종** (李洋鐘) 관동대 1989.07.17

| 연도 | 소속 | 출장 | 교체 | 실점 | 도움 | 파울 | 슈팅 | 경고 | 퇴장 |
| --- | --- | --- | --- | --- | --- | --- | --- | --- | --- |
| 2011 | 대구 | 1 | 0 | 1 | 0 | 0 | 0 | 1 | 0 |
| 2012 | 대구 | 1 | 1 | 0 | 0 | 0 | 0 | 0 | 0 |
| 2013 | 대구 | 24 | 0 | 35 | 0 | 1 | 0 | 1 | 0 |
| 2014 | 대구 | 19 | 1 | 21 | 0 | 0 | 0 | 0 | 0 |
| 통산 | | 46 | 2 | 58 | 0 | 1 | 0 | 2 | 0 |

**이여성** (李如星) 대신고 1983.01.05

| 연도 | 소속 | 출장 | 교체 | 득점 | 도움 | 파울 | 슈팅 | 경고 | 퇴장 |
| --- | --- | --- | --- | --- | --- | --- | --- | --- | --- |
| 2002 | 수원 | 3 | 3 | 0 | 0 | 4 | 0 | 0 | 0 |
| 2006 | 부산 | 11 | 9 | 0 | 0 | 11 | 4 | 0 | 0 |
| 2007 | 부산 | 24 | 12 | 1 | 4 | 25 | 12 | 0 | 0 |
| 2008 | 대전 | 26 | 17 | 1 | 1 | 27 | 17 | 3 | 0 |
| 2009 | 대전 | 4 | 4 | 0 | 0 | 3 | 2 | 1 | 0 |
| 통산 | | 68 | 44 | 2 | 5 | 70 | 35 | 4 | 0 |

**이영길** (李永吉) 경희대 1957.03.01

| 연도 | 소속 | 출장 | 교체 | 득점 | 도움 | 파울 | 슈팅 | 경고 | 퇴장 |
| --- | --- | --- | --- | --- | --- | --- | --- | --- | --- |
| 1983 | 할렐 | 1 | 1 | 0 | 0 | 0 | 0 | 0 | 0 |
| 1984 | 할렐 | 1 | 1 | 0 | 0 | 0 | 0 | 0 | 0 |
| 통산 | | 2 | 2 | 0 | 0 | 0 | 0 | 0 | 0 |

**이영덕** (李永德) 동국대 1990.03.18

| 연도 | 소속 | 출장 | 교체 | 득점 | 도움 | 파울 | 슈팅 | 경고 | 퇴장 |
| --- | --- | --- | --- | --- | --- | --- | --- | --- | --- |
| 2013 | 충주 | 22 | 13 | 0 | 2 | 22 | 13 | 0 | 0 |
| 통산 | | 22 | 13 | 0 | 2 | 22 | 13 | 0 | 0 |

**이영배** (李映培) 명지대 1975.03.25

| 연도 | 소속 | 출장 | 교체 | 득점 | 도움 | 파울 | 슈팅 | 경고 | 퇴장 |
| --- | --- | --- | --- | --- | --- | --- | --- | --- | --- |
| 1999 | 천안 | 16 | 16 | 3 | 1 | 12 | 15 | 1 | 0 |
| 2000 | 성남 | 2 | 2 | 0 | 0 | 1 | 0 | 0 | 0 |
| 통산 | | 18 | 18 | 3 | 1 | 22 | 16 | 1 | 0 |

**이영상** (李永相) 한양대 1967.02.24

| 연도 | 소속 | 출장 | 교체 | 득점 | 도움 | 파울 | 슈팅 | 경고 | 퇴장 |
| --- | --- | --- | --- | --- | --- | --- | --- | --- | --- |
| 1990 | 포철 | 18 | 11 | 0 | 0 | 14 | 4 | 1 | 0 |
| 1991 | 포철 | 4 | 2 | 0 | 0 | 8 | 0 | 0 | 0 |
| 1992 | 포철 | 27 | 12 | 1 | 0 | 36 | 7 | 2 | 0 |
| 1993 | 포철 | 27 | 3 | 1 | 0 | 48 | 7 | 6 | 0 |
| 1994 | 포철 | 31 | 5 | 1 | 0 | 54 | 4 | 8 | 0 |
| 1995 | 포항 | 27 | 2 | 1 | 0 | 42 | 6 | 4 | 1 |
| 1996 | 포항 | 30 | 2 | 1 | 2 | 38 | 6 | 7 | 0 |
| 1997 | 포항 | 20 | 11 | 0 | 0 | 24 | 4 | 3 | 0 |
| 1998 | 포항 | 30 | 7 | 0 | 0 | 34 | 8 | 6 | 0 |
| 1999 | 포항 | 22 | 6 | 0 | 0 | 20 | 5 | 3 | 0 |
| 통산 | | 236 | 67 | 6 | 1 | 326 | 47 | 40 | 1 |

**이영수** (李榮洙) 호남대 1978.07.30

| 연도 | 소속 | 출장 | 교체 | 득점 | 도움 | 파울 | 슈팅 | 경고 | 퇴장 |
| --- | --- | --- | --- | --- | --- | --- | --- | --- | --- |
| 2001 | 전남 | 7 | 6 | 0 | 1 | 3 | 2 | 0 | 0 |
| 2002 | 전남 | 22 | 4 | 0 | 4 | 47 | 17 | 1 | 0 |
| 2003 | 전남 | 18 | 6 | 0 | 0 | 37 | 8 | 3 | 0 |
| 2007 | 전남 | 14 | 2 | 0 | 0 | 34 | 3 | 1 | 0 |
| 통산 | | 74 | 19 | 0 | 5 | 129 | 32 | 10 | 0 |

**이영우** (李英雨) 동아대 1972.01.19

| 연도 | 소속 | 출장 | 교체 | 득점 | 도움 | 파울 | 슈팅 | 경고 | 퇴장 |
| --- | --- | --- | --- | --- | --- | --- | --- | --- | --- |
| 1994 | 대우 | 1 | 0 | 0 | 0 | 1 | 1 | 0 | 0 |
| 통산 | | 1 | 0 | 0 | 0 | 1 | 1 | 0 | 0 |

**이영익** (李榮益) 고려대 1966.08.30

| 연도 | 소속 | 출장 | 교체 | 득점 | 도움 | 파울 | 슈팅 | 경고 | 퇴장 |
| --- | --- | --- | --- | --- | --- | --- | --- | --- | --- |
| 1989 | 럭금 | 39 | 1 | 3 | 0 | 56 | 26 | 3 | 0 |
| 1990 | 럭금 | 26 | 5 | 1 | 2 | 31 | 18 | 1 | 0 |
| 1991 | LG | 17 | 4 | 0 | 0 | 27 | 11 | 3 | 0 |
| 1992 | LG | 7 | 4 | 0 | 0 | 13 | 6 | 2 | 0 |
| 1993 | LG | 33 | 2 | 1 | 0 | 43 | 18 | 1 | 0 |
| 1994 | LG | 24 | 5 | 0 | 0 | 27 | 14 | 2 | 0 |
| 1995 | LG | 32 | 12 | 0 | 3 | 52 | 23 | 5 | 0 |
| 1996 | 안양 | 8 | 0 | 0 | 1 | 6 | 4 | 0 | 0 |
| 1997 | 안양 | 11 | 7 | 0 | 0 | 11 | 6 | 1 | 0 |
| 통산 | | 190 | 43 | 6 | 6 | 241 | 109 | 16 | 0 |

**이영진** (李永鎭) 대구대 1972.03.27

| 연도 | 소속 | 출장 | 교체 | 득점 | 도움 | 파울 | 슈팅 | 경고 | 퇴장 |
| --- | --- | --- | --- | --- | --- | --- | --- | --- | --- |
| 1994 | 일화 | 31 | 6 | 1 | 3 | 39 | 13 | 6 | 0 |
| 1995 | 일화 | 21 | 10 | 0 | 0 | 37 | 25 | 8 | 0 |
| 1996 | 천안 | 17 | 6 | 1 | 0 | 28 | 11 | 5 | 0 |
| 1999 | 천안 | 17 | 10 | 0 | 0 | 20 | 2 | 3 | 1 |
| 2000 | 성남 | 0 | 0 | 0 | 0 | 0 | 0 | 0 | 0 |
| 2002 | 성남 | 3 | 3 | 0 | 0 | 4 | 1 | 1 | 0 |
| 2003 | 성남 | 27 | 7 | 0 | 1 | 33 | 12 | 7 | 0 |
| 2004 | 성남 | 4 | 2 | 0 | 0 | 7 | 1 | 0 | 0 |
| 통산 | | 131 | 39 | 2 | 4 | 163 | 54 | 26 | 1 |

**이영진** (李永眞) 인천대 1963.10.27

| 연도 | 소속 | 출장 | 교체 | 득점 | 도움 | 파울 | 슈팅 | 경고 | 퇴장 |
| --- | --- | --- | --- | --- | --- | --- | --- | --- | --- |
| 1986 | 럭금 | 28 | 6 | 3 | 3 | 19 | 32 | 4 | 0 |
| 1987 | 럭금 | 26 | 11 | 2 | 1 | 18 | 23 | 2 | 1 |
| 1988 | 럭금 | 19 | 0 | 1 | 2 | 37 | 28 | 4 | 0 |
| 1989 | 럭금 | 13 | 0 | 0 | 2 | 28 | 13 | 1 | 0 |
| 1990 | 럭금 | 5 | 0 | 0 | 3 | 15 | 6 | 0 | 0 |
| 1991 | LG | 34 | 1 | 3 | 7 | 57 | 25 | 8 | 0 |
| 1992 | LG | 32 | 5 | 2 | 3 | 38 | 28 | 7 | 1 |
| 1993 | LG | 27 | 6 | 0 | 3 | 32 | 14 | 4 | 0 |
| 1994 | LG | 15 | 1 | 0 | 3 | 22 | 14 | 3 | 1 |
| 1995 | LG | 17 | 8 | 0 | 1 | 16 | 12 | 1 | 0 |
| 1997 | 안양 | 9 | 9 | 0 | 1 | 14 | 4 | 3 | 0 |
| 통산 | | 220 | 46 | 11 | 28 | 294 | 199 | 39 | 3 |

**이영표** (李榮杓) 건국대 1977.04.23

| 연도 | 소속 | 출장 | 교체 | 득점 | 도움 | 파울 | 슈팅 | 경고 | 퇴장 |
| --- | --- | --- | --- | --- | --- | --- | --- | --- | --- |
| 2000 | 안양 | 18 | 0 | 2 | 1 | 26 | 13 | 2 | 0 |
| 2001 | 안양 | 29 | 3 | 0 | 1 | 47 | 36 | 2 | 0 |
| 2002 | 안양 | 23 | 2 | 1 | 5 | 24 | 22 | 3 | 0 |
| 통산 | | 70 | 5 | 3 | 7 | 97 | 71 | 7 | 0 |

**이영훈** (李映勳) 광양제철고 1980.03.23

| 연도 | 소속 | 출장 | 교체 | 득점 | 도움 | 파울 | 슈팅 | 경고 | 퇴장 |
| --- | --- | --- | --- | --- | --- | --- | --- | --- | --- |
| 1999 | 전남 | 3 | 2 | 0 | 0 | 6 | 0 | 0 | 0 |
| 2001 | 전남 | 2 | 2 | 0 | 0 | 3 | 1 | 0 | 0 |
| 2003 | 광주상 | 0 | 0 | 0 | 0 | 0 | 0 | 0 | 0 |
| 2004 | 전남 | 1 | 1 | 0 | 0 | 1 | 1 | 0 | 0 |
| 2005 | 전남 | 3 | 2 | 0 | 0 | 3 | 2 | 1 | 0 |
| 통산 | | 10 | 8 | 0 | 0 | 13 | 3 | 2 | 0 |

**이완** (李宛) 연세대 1984.05.03

| 연도 | 소속 | 출장 | 교체 | 득점 | 도움 | 파울 | 슈팅 | 경고 | 퇴장 |
| --- | --- | --- | --- | --- | --- | --- | --- | --- | --- |
| 2006 | 전남 | 4 | 4 | 0 | 0 | 7 | 3 | 2 | 0 |
| 2007 | 전남 | 6 | 4 | 0 | 0 | 10 | 0 | 0 | 0 |
| 2008 | 광주상 | 5 | 0 | 1 | 0 | 4 | 3 | 0 | 0 |
| 2009 | 광주상 | 29 | 12 | 1 | 2 | 27 | 14 | 1 | 0 |
| 2009 | 전남 | 4 | 1 | 0 | 1 | 7 | 6 | 0 | 0 |
| 2010 | 전남 | 18 | 3 | 0 | 1 | 14 | 9 | 4 | 0 |
| 2011 | 전남 | 18 | 6 | 1 | 0 | 15 | 9 | 6 | 0 |
| 2012 | 전남 | 9 | 6 | 0 | 0 | 13 | 4 | 2 | 0 |
| 2013 | 울산 | 2 | 2 | 0 | 0 | 1 | 1 | 0 | 0 |
| 2014 | 광주 | 21 | 4 | 3 | 2 | 29 | 13 | 3 | 0 |
| 통산 | | 117 | 37 | 6 | 8 | 130 | 56 | 18 | 0 |

**이완희** (李完熙) 홍익대 1987.07.10

| 연도 | 소속 | 출장 | 교체 | 득점 | 도움 | 파울 | 슈팅 | 경고 | 퇴장 |
| --- | --- | --- | --- | --- | --- | --- | --- | --- | --- |
| 2013 | 안양 | 14 | 12 | 1 | 1 | 15 | 13 | 0 | 0 |
| 2014 | 충주 | 17 | 15 | 3 | 1 | 16 | 20 | 1 | 0 |
| 통산 | | 31 | 27 | 4 | 2 | 31 | 33 | 1 | 0 |

**이요한** (李曜漢) 동북고 1985.12.18

| 연도 | 소속 | 출장 | 교체 | 득점 | 도움 | 파울 | 슈팅 | 경고 | 퇴장 |
| --- | --- | --- | --- | --- | --- | --- | --- | --- | --- |
| 2004 | 인천 | 8 | 7 | 0 | 0 | 8 | 3 | 0 | 0 |
| 2005 | 인천 | 17 | 9 | 0 | 0 | 22 | 3 | 4 | 0 |
| 2006 | 인천 | 17 | 9 | 0 | 0 | 17 | 1 | 1 | 1 |
| 2007 | 제주 | 21 | 7 | 0 | 1 | 36 | 8 | 5 | 0 |
| 2008 | 전북 | 15 | 1 | 1 | 0 | 17 | 2 | 4 | 0 |
| 2009 | 전북 | 18 | 4 | 0 | 0 | 19 | 5 | 3 | 0 |
| 2010 | 전북 | 10 | 4 | 2 | 0 | 18 | 2 | 2 | 0 |
| 2011 | 부산 | 18 | 9 | 0 | 1 | 23 | 10 | 2 | 0 |
| 2012 | 부산 | 19 | 6 | 0 | 0 | 22 | 4 | 1 | 0 |
| 2013 | 성남 | 3 | 2 | 0 | 0 | 6 | 1 | 0 | 0 |
| 통산 | | 139 | 64 | 3 | 2 | 175 | 29 | 27 | 2 |

**이용** (李龍) 명지대 1960.03.16

| 연도 | 소속 | 출장 | 교체 | 득점 | 도움 | 파울 | 슈팅 | 경고 | 퇴장 |
| --- | --- | --- | --- | --- | --- | --- | --- | --- | --- |
| 1984 | 국민 | 9 | 4 | 3 | 0 | 4 | 9 | 0 | 0 |

**이용** (李鎔) 중앙대 1986.12.24

| 연도 | 소속 | 출장 | 교체 | 득점 | 도움 | 파울 | 슈팅 | 경고 | 퇴장 |
| --- | --- | --- | --- | --- | --- | --- | --- | --- | --- |
| 2010 | 울산 | 25 | 3 | 0 | 3 | 31 | 15 | 5 | 0 |
| 2011 | 울산 | 28 | 12 | 0 | 1 | 26 | 4 | 1 | 0 |

| 2012 | 울산 | 22 | 5 | 0 | 5 | 24 | 1 | 1 | 0 |
|---|---|---|---|---|---|---|---|---|---|
| 2013 | 울산 | 37 | 1 | 1 | 2 | 36 | 12 | 3 | 0 |
| 2014 | 울산 | 31 | 5 | 0 | 3 | 32 | 8 | 4 | 0 |
| 통산 | | 143 | 26 | 1 | 14 | 149 | 26 | 14 | 0 |

**이용** (李龍) 고려대 1989.01.21

| 연도 | 소속 | 출장 | 교체 | 득점 | 도움 | 파울 | 슈팅 | 경고 | 퇴장 |
|---|---|---|---|---|---|---|---|---|---|
| 2011 | 광주 | 29 | 1 | 0 | 0 | 25 | 1 | 1 | 0 |
| 2012 | 광주 | 18 | 7 | 1 | 1 | 24 | 4 | 7 | 0 |
| 2013 | 제주 | 27 | 2 | 2 | 0 | 31 | 9 | 4 | 0 |
| 2014 | 제주 | 18 | 8 | 0 | 0 | 10 | 5 | 2 | 1 |
| 통산 | | 92 | 18 | 3 | 1 | 90 | 19 | 17 | 1 |

**이용기** (李龍起) 연세대 1985.05.30

| 연도 | 소속 | 출장 | 교체 | 득점 | 도움 | 파울 | 슈팅 | 경고 | 퇴장 |
|---|---|---|---|---|---|---|---|---|---|
| 2009 | 경남 | 0 | 0 | 0 | 0 | 0 | 0 | 0 | 0 |
| 2010 | 경남 | 20 | 6 | 0 | 0 | 35 | 2 | 7 | 0 |
| 2011 | 경남 | 9 | 4 | 0 | 0 | 11 | 0 | 5 | 0 |
| 2012 | 경남 | 7 | 3 | 0 | 0 | 14 | 1 | 2 | 1 |
| 2013 | 상주 | 1 | 1 | 0 | 0 | 1 | 0 | 0 | 0 |
| 2013 | 경남 | 5 | 3 | 0 | 0 | 8 | 4 | 0 | 0 |
| 통산 | | 42 | 17 | 0 | 0 | 69 | 3 | 18 | 1 |

**이용래** (李容來) 고려대 1986.04.17

| 연도 | 소속 | 출장 | 교체 | 득점 | 도움 | 파울 | 슈팅 | 경고 | 퇴장 |
|---|---|---|---|---|---|---|---|---|---|
| 2009 | 경남 | 30 | 3 | 6 | 6 | 38 | 37 | 4 | 0 |
| 2010 | 경남 | 32 | 4 | 1 | 3 | 33 | 35 | 4 | 0 |
| 2011 | 수원 | 28 | 2 | 3 | 0 | 53 | 22 | 5 | 0 |
| 2012 | 수원 | 25 | 1 | 2 | 2 | 41 | 27 | 5 | 0 |
| 2013 | 수원 | 20 | 9 | 1 | 1 | 24 | 17 | 1 | 0 |
| 2014 | 안산 | 33 | 3 | 3 | 3 | 37 | 32 | 6 | 0 |
| 통산 | | 168 | 22 | 16 | 16 | 226 | 170 | 25 | 0 |

**이용발** (李龍鈸) 동아대 1973.03.15

| 연도 | 소속 | 출장 | 교체 | 실점 | 도움 | 파울 | 슈팅 | 경고 | 퇴장 |
|---|---|---|---|---|---|---|---|---|---|
| 1994 | 유공 | 2 | 0 | 4 | 0 | 0 | 1 | 0 | 0 |
| 1995 | 유공 | 0 | 0 | 0 | 0 | 0 | 0 | 0 | 0 |
| 1996 | 부천 | 14 | 1 | 19 | 0 | 2 | 0 | 1 | 0 |
| 1999 | 부천 | 38 | 0 | 55 | 0 | 1 | 2 | 1 | 0 |
| 2000 | 부천 | 43 | 0 | 59 | 3 | 3 | 3 | 1 | 0 |
| 2001 | 부천 | 35 | 0 | 42 | 0 | 1 | 0 | 2 | 0 |
| 2002 | 전북 | 25 | 0 | 48 | 0 | 0 | 1 | 0 | 0 |
| 2003 | 전북 | 25 | 0 | 30 | 0 | 0 | 1 | 0 | 0 |
| 2004 | 전북 | 31 | 0 | 25 | 0 | 0 | 1 | 0 | 0 |
| 2005 | 전북 | 17 | 1 | 27 | 0 | 0 | 0 | 1 | 0 |
| 2006 | 경남 | 0 | 0 | 0 | 0 | 0 | 0 | 0 | 0 |
| 통산 | | 240 | 2 | 308 | 3 | 8 | | 7 | 0 |

*득점: 2000년 1 / 통산 1

**이용설** (李容設) 중앙대 1958.01.26

| 연도 | 소속 | 출장 | 교체 | 득점 | 도움 | 파울 | 슈팅 | 경고 | 퇴장 |
|---|---|---|---|---|---|---|---|---|---|
| 1983 | 대우 | 2 | 1 | 0 | 0 | 1 | 0 | 0 | 0 |
| 1984 | 럭금 | 2 | 1 | 0 | 0 | 1 | 3 | 0 | 0 |
| 통산 | | 4 | 2 | 0 | 0 | 2 | 3 | 0 | 0 |

**이용성** (李龍成) 단국대 1956.03.27

| 연도 | 소속 | 출장 | 교체 | 득점 | 도움 | 파울 | 슈팅 | 경고 | 퇴장 |
|---|---|---|---|---|---|---|---|---|---|
| 1983 | 국민은 | 6 | 1 | 0 | 0 | 3 | 1 | 0 | 0 |
| 통산 | | 6 | 1 | 0 | 0 | 3 | 1 | 0 | 0 |

**이용수** (李容秀) 서울대 1959.12.27

| 연도 | 소속 | 출장 | 교체 | 득점 | 도움 | 파울 | 슈팅 | 경고 | 퇴장 |
|---|---|---|---|---|---|---|---|---|---|
| 1984 | 럭금 | 25 | 3 | 0 | 2 | 8 | 42 | 0 | 0 |
| 1985 | 할렐 | 10 | 8 | 0 | 0 | 4 | 6 | 0 | 0 |
| 통산 | | 35 | 11 | 0 | 2 | 12 | 48 | 0 | 0 |

**이용승** (李勇承) 영남대 1984.08.28

| 연도 | 소속 | 출장 | 교체 | 득점 | 도움 | 파울 | 슈팅 | 경고 | 퇴장 |
|---|---|---|---|---|---|---|---|---|---|
| 2007 | 경남 | 29 | 23 | 1 | 2 | 60 | 26 | 6 | 0 |
| 2008 | 경남 | 11 | 9 | 0 | 0 | 16 | 8 | 2 | 0 |
| 2013 | 전남 | 3 | 2 | 0 | 0 | 2 | 3 | 1 | 0 |
| 통산 | | 43 | 34 | 1 | 2 | 78 | 37 | 9 | 0 |

**이용우** (李鎔宇) 수원공고 1977.07.20

| 연도 | 소속 | 출장 | 교체 | 득점 | 도움 | 파울 | 슈팅 | 경고 | 퇴장 |
|---|---|---|---|---|---|---|---|---|---|
| 1998 | 수원 | 2 | 1 | 0 | 0 | 9 | 0 | 0 | 0 |
| 2001 | 수원 | 2 | 2 | 0 | 0 | 0 | 2 | 0 | 0 |
| 2002 | 수원 | 4 | 4 | 0 | 0 | 6 | 4 | 0 | 0 |
| 2003 | 수원 | 3 | 3 | 0 | 0 | 7 | 2 | 0 | 0 |
| 통산 | | 11 | 10 | 0 | 0 | 22 | 8 | 0 | 0 |

**이용재** (李龍宰) 관동대 1971.03.30

| 연도 | 소속 | 출장 | 교체 | 득점 | 도움 | 파울 | 슈팅 | 경고 | 퇴장 |
|---|---|---|---|---|---|---|---|---|---|
| 1996 | 전남 | 1 | 0 | 0 | 0 | 2 | 0 | 0 | 0 |
| 통산 | | 1 | 0 | 0 | 0 | 2 | 0 | 0 | 0 |

**이용준** (李鎔駿) 현대고 1990.04.03

| 연도 | 소속 | 출장 | 교체 | 득점 | 도움 | 파울 | 슈팅 | 경고 | 퇴장 |
|---|---|---|---|---|---|---|---|---|---|
| 2010 | 울산 | 0 | 0 | 0 | 0 | 0 | 0 | 0 | 0 |
| 통산 | | 0 | 0 | 0 | 0 | 0 | 0 | 0 | 0 |

**이용하** (李龍河) 전북대 1973.12.15

| 연도 | 소속 | 출장 | 교체 | 득점 | 도움 | 파울 | 슈팅 | 경고 | 퇴장 |
|---|---|---|---|---|---|---|---|---|---|
| 1997 | 부산 | 1 | 1 | 0 | 0 | 1 | 2 | 0 | 0 |
| 1998 | 부산 | 13 | 11 | 2 | 0 | 12 | 11 | 4 | 0 |
| 1999 | 부산 | 33 | 30 | 1 | 1 | 29 | 23 | 4 | 0 |
| 2000 | 부산 | 14 | 13 | 1 | 0 | 16 | 4 | 1 | 0 |
| 2001 | 부산 | 31 | 27 | 3 | 2 | 33 | 16 | 7 | 0 |
| 2002 | 부산 | 14 | 11 | 0 | 0 | 24 | 9 | 3 | 0 |
| 2003 | 부산 | 20 | 16 | 0 | 0 | 25 | 2 | 5 | 0 |
| 2004 | 인천 | 13 | 11 | 1 | 1 | 10 | 4 | 1 | 0 |
| 통산 | | 139 | 120 | 8 | 4 | 155 | 65 | 23 | 0 |

**이우영** (李宇暎) 연세대 1973.08.19

| 연도 | 소속 | 출장 | 교체 | 득점 | 도움 | 파울 | 슈팅 | 경고 | 퇴장 |
|---|---|---|---|---|---|---|---|---|---|
| 1998 | 안양 | 2 | 3 | 0 | 0 | 0 | 2 | 0 | 0 |
| 통산 | | 2 | 3 | 0 | 0 | 0 | 2 | 0 | 0 |

**이우찬** (李又燦) 영남상고 1963.06.09

| 연도 | 소속 | 출장 | 교체 | 득점 | 도움 | 파울 | 슈팅 | 경고 | 퇴장 |
|---|---|---|---|---|---|---|---|---|---|
| 1984 | 대우 | 2 | 2 | 2 | 0 | 0 | 0 | 0 | 0 |
| 1985 | 대우 | 9 | 5 | 2 | 1 | 5 | 11 | 2 | 0 |
| 1986 | 대우 | 11 | 8 | 1 | 1 | 11 | 6 | 0 | 0 |
| 통산 | | 22 | 15 | 5 | 2 | 16 | 17 | 2 | 0 |

**이우혁** (李愚赫) 강릉문성고 1993.02.24

| 연도 | 소속 | 출장 | 교체 | 득점 | 도움 | 파울 | 슈팅 | 경고 | 퇴장 |
|---|---|---|---|---|---|---|---|---|---|
| 2011 | 강원 | 7 | 7 | 0 | 0 | 5 | 2 | 1 | 0 |
| 2012 | 강원 | 8 | 6 | 0 | 0 | 3 | 6 | 1 | 0 |
| 2013 | 강원 | 14 | 10 | 1 | 1 | 13 | 10 | 3 | 0 |
| 2014 | 강원 | 30 | 8 | 2 | 5 | 38 | 24 | 0 | 0 |
| 통산 | | 59 | 31 | 3 | 6 | 59 | 42 | 5 | 0 |

**이운재** (李雲在) 경희대 1973.04.26

| 연도 | 소속 | 출장 | 교체 | 실점 | 도움 | 파울 | 슈팅 | 경고 | 퇴장 |
|---|---|---|---|---|---|---|---|---|---|
| 1996 | 수원 | 13 | 0 | 14 | 0 | 1 | 1 | 1 | 0 |
| 1997 | 수원 | 17 | 0 | 27 | 0 | 2 | 0 | 1 | 0 |
| 1998 | 수원 | 34 | 1 | 31 | 0 | 2 | 0 | 0 | 0 |
| 1999 | 수원 | 39 | 0 | 37 | 0 | 2 | 0 | 2 | 0 |
| 2002 | 수원 | 19 | 0 | 17 | 0 | 0 | 0 | 0 | 0 |
| 2003 | 수원 | 41 | 0 | 44 | 0 | 2 | 0 | 0 | 0 |
| 2004 | 수원 | 26 | 0 | 24 | 0 | 0 | 0 | 1 | 0 |
| 2005 | 수원 | 26 | 0 | 33 | 0 | 0 | 0 | 0 | 0 |
| 2006 | 수원 | 14 | 1 | 14 | 0 | 0 | 0 | 1 | 0 |
| 2007 | 수원 | 35 | 0 | 33 | 0 | 0 | 1 | 0 | 0 |
| 2008 | 수원 | 29 | 0 | 29 | 0 | 1 | 0 | 0 | 0 |
| 2009 | 수원 | 26 | 0 | 26 | 0 | 1 | 0 | 2 | 0 |
| 2010 | 수원 | 14 | 0 | 20 | 0 | 0 | 0 | 0 | 0 |
| 2011 | 전남 | 34 | 0 | 44 | 0 | 0 | 0 | 1 | 0 |
| 2012 | 전남 | 33 | 0 | 38 | 0 | 0 | 0 | 1 | 0 |
| 통산 | | 410 | 2 | 425 | 0 | 11 | 1 | 8 | 1 |

**이웅희** (李雄熙) 배재대 1988.07.18

| 연도 | 소속 | 출장 | 교체 | 득점 | 도움 | 파울 | 슈팅 | 경고 | 퇴장 |
|---|---|---|---|---|---|---|---|---|---|
| 2011 | 대전 | 17 | 11 | 0 | 0 | 8 | 4 | 1 | 0 |
| 2012 | 대전 | 34 | 5 | 0 | 0 | 52 | 6 | 9 | 0 |
| 2013 | 대전 | 32 | 3 | 3 | 1 | 29 | 15 | 2 | 0 |
| 2014 | 서울 | 24 | 1 | 0 | 1 | 28 | 10 | 2 | 0 |
| 통산 | | 107 | 20 | 4 | 2 | 117 | 35 | 14 | 0 |

**이원규** (李源規) 연세대 1988.05.01

| 연도 | 소속 | 출장 | 교체 | 득점 | 도움 | 파울 | 슈팅 | 경고 | 퇴장 |
|---|---|---|---|---|---|---|---|---|---|
| 2011 | 부산 | 3 | 1 | 1 | 0 | 3 | 1 | 0 | 0 |
| 2012 | 부산 | 1 | 2 | 0 | 0 | 1 | 0 | 0 | 0 |
| 통산 | | 4 | 3 | 1 | 0 | 4 | 1 | 0 | 0 |

**이원식** (李元植) 한양대 1973.05.16

| 연도 | 소속 | 출장 | 교체 | 득점 | 도움 | 파울 | 슈팅 | 경고 | 퇴장 |
|---|---|---|---|---|---|---|---|---|---|
| 1996 | 부천 | 21 | 21 | 7 | 1 | 19 | 24 | 2 | 0 |
| 1997 | 부천 | 29 | 14 | 11 | 2 | 38 | 51 | 4 | 1 |
| 1998 | 부천 | 26 | 19 | 10 | 3 | 22 | 63 | 1 | 0 |
| 1999 | 부천 | 38 | 31 | 9 | 4 | 33 | 77 | 2 | 0 |
| 2000 | 부천 | 32 | 33 | 13 | 1 | 24 | 57 | 1 | 0 |
| 2001 | 부천 | 29 | 27 | 5 | 2 | 21 | 53 | 3 | 0 |
| 2002 | 부천 | 29 | 27 | 4 | 2 | 17 | 40 | 2 | 0 |
| 2003 | 부천 | 38 | 35 | 10 | 2 | 29 | 53 | 4 | 0 |
| 2004 | 서울 | 10 | 8 | 1 | 1 | 8 | 4 | 0 | 0 |
| 2005 | 서울 | 17 | 17 | 3 | 0 | 11 | 11 | 5 | 0 |
| 2006 | 대전 | 7 | 7 | 0 | 0 | 4 | 8 | 0 | 0 |
| 통산 | | 270 | 233 | 73 | 18 | 224 | 433 | 25 | 1 |

**이원영** (李元煐 / 이정호) 보인정보산업고 1981.03.13

| 연도 | 소속 | 출장 | 교체 | 득점 | 도움 | 파울 | 슈팅 | 경고 | 퇴장 |
|---|---|---|---|---|---|---|---|---|---|
| 2005 | 포항 | 20 | 9 | 2 | 0 | 37 | 4 | 2 | 0 |
| 2006 | 포항 | 21 | 3 | 3 | 0 | 60 | 10 | 7 | 0 |
| 2007 | 전북 | 25 | 11 | 1 | 1 | 33 | 7 | 5 | 0 |
| 2008 | 제주 | 32 | 3 | 2 | 0 | 41 | 18 | 6 | 0 |
| 2009 | 부산 | 33 | 3 | 3 | 2 | 39 | 20 | 4 | 0 |
| 2010 | 부산 | 27 | 3 | 1 | 1 | 42 | 12 | 4 | 0 |
| 2011 | 부산 | 14 | 2 | 1 | 2 | 18 | 11 | 3 | 0 |
| 2013 | 부산 | 32 | 7 | 2 | 1 | 40 | 14 | 9 | 0 |
| 2014 | 부산 | 14 | 5 | 0 | 0 | 14 | 6 | 2 | 0 |
| 통산 | | 210 | 46 | 17 | 6 | 324 | 102 | 42 | 0 |

**이원재** (李源在) 포철공고 1986.02.24

| 연도 | 소속 | 출장 | 교체 | 득점 | 도움 | 파울 | 슈팅 | 경고 | 퇴장 |
|---|---|---|---|---|---|---|---|---|---|
| 2005 | 포항 | 2 | 2 | 0 | 0 | 1 | 0 | 0 | 0 |
| 2006 | 포항 | 9 | 1 | 0 | 0 | 14 | 0 | 1 | 0 |
| 2007 | 포항 | 5 | 0 | 1 | 0 | 7 | 2 | 0 | 0 |
| 2008 | 전북 | 6 | 0 | 0 | 0 | 8 | 3 | 0 | 0 |
| 2009 | 울산 | 3 | 0 | 0 | 0 | 3 | 0 | 1 | 0 |
| 2010 | 울산 | 0 | 0 | 0 | 0 | 0 | 0 | 0 | 0 |
| 2010 | 포항 | 3 | 1 | 0 | 0 | 2 | 1 | 0 | 0 |
| 2011 | 포항 | 3 | 1 | 0 | 0 | 3 | 1 | 0 | 0 |
| 2012 | 포항 | 3 | 1 | 0 | 0 | 4 | 1 | 0 | 0 |
| 2013 | 경찰 | 28 | 6 | 0 | 1 | 34 | 9 | 9 | 0 |
| 2014 | 안산 | 3 | 1 | 0 | 1 | 8 | 3 | 1 | 0 |
| 통산 | | 87 | 25 | 4 | 0 | 93 | 20 | 21 | 0 |

**이원준** (李元準) 중앙대 1972.04.02

| 연도 | 소속 | 출장 | 교체 | 득점 | 도움 | 파울 | 슈팅 | 경고 | 퇴장 |
|---|---|---|---|---|---|---|---|---|---|
| 1995 | LG | 15 | 13 | 0 | 0 | 5 | 11 | 1 | 0 |
| 1996 | 안양 | 11 | 11 | 0 | 0 | 4 | 8 | 0 | 0 |
| 1997 | 안양 | 8 | 5 | 0 | 0 | 7 | 7 | 1 | 0 |
| 1998 | 안양 | 1 | 1 | 0 | 0 | 1 | 0 | 0 | 0 |
| 통산 | | 35 | 30 | 0 | 0 | 17 | 26 | 3 | 0 |

**이원철** (李元哲) 전주대 1967.05.10

| 연도 | 소속 | 출장 | 교체 | 득점 | 도움 | 파울 | 슈팅 | 경고 | 퇴장 |
|---|---|---|---|---|---|---|---|---|---|
| 1990 | 포철 | 16 | 14 | 1 | 1 | 26 | 19 | 1 | 0 |
| 1991 | 포철 | 34 | 14 | 7 | 1 | 43 | 53 | 2 | 0 |
| 1992 | 포철 | 25 | 11 | 8 | 3 | 42 | 42 | 1 | 1 |
| 1993 | 포철 | 30 | 17 | 4 | 1 | 49 | 40 | 1 | 0 |
| 1994 | 포철 | 18 | 13 | 3 | 0 | 24 | 22 | 0 | 0 |
| 1995 | 포항 | 19 | 16 | 3 | 1 | 29 | 13 | 1 | 0 |
| 1996 | 포항 | 14 | 14 | 0 | 1 | 17 | 19 | 1 | 0 |
| 통산 | | 156 | 99 | 26 | 8 | 230 | 208 | 7 | 1 |

**이유민** (李裕珉) 동국대 1971.01.09

| 연도 | 소속 | 출장 | 교체 | 득점 | 도움 | 파울 | 슈팅 | 경고 | 퇴장 |
|---|---|---|---|---|---|---|---|---|---|
| 1995 | 포항 | 2 | 2 | 0 | 0 | 6 | 1 | 0 | 0 |
| 통산 | | 2 | 2 | 0 | 0 | 6 | 1 | 0 | 0 |

**이유성** (李有成) 중앙대 1977.05.20

| 연도 | 소속 | 출장 | 교체 | 득점 | 도움 | 파울 | 슈팅 | 경고 | 퇴장 |
|---|---|---|---|---|---|---|---|---|---|

| 연도 | 소속 | 출장 | 교체 | 득점 | 도움 | 파울 | 슈팅 | 경고 | 퇴장 |
|---|---|---|---|---|---|---|---|---|---|
| 2000 | 전북 | 0 | 0 | 0 | 0 | 0 | 0 | 0 | 0 |
| 2001 | 전북 | 2 | 2 | 0 | 0 | 1 | 0 | 0 | 0 |
| 통산 | | 2 | 2 | 0 | 0 | 1 | 0 | 0 | 0 |

**이윤규** (李允揆) 관동대 1989.05.29

| 연도 | 소속 | 출장 | 교체 | 득점 | 도움 | 파울 | 슈팅 | 경고 | 퇴장 |
|---|---|---|---|---|---|---|---|---|---|
| 2012 | 대구 | 0 | 0 | 0 | 0 | 0 | 0 | 0 | 0 |
| 2013 | 충주 | 1 | 0 | 0 | 0 | 0 | 0 | 0 | 0 |
| 통산 | | 1 | 0 | 0 | 0 | 0 | 0 | 0 | 0 |

**이윤섭** (李允燮) 순천향대학원 1979.07.30

| 연도 | 소속 | 출장 | 교체 | 득점 | 도움 | 파울 | 슈팅 | 경고 | 퇴장 |
|---|---|---|---|---|---|---|---|---|---|
| 2002 | 울산 | 1 | 0 | 0 | 0 | 0 | 0 | 0 | 0 |
| 2003 | 울산 | 6 | 2 | 0 | 0 | 6 | 1 | 0 | 0 |
| 2004 | 울산 | 15 | 5 | 1 | 0 | 16 | 2 | 1 | 0 |
| 2005 | 울산 | 1 | 1 | 0 | 0 | 0 | 0 | 0 | 0 |
| 2006 | 광주상 | 9 | 2 | 1 | 0 | 15 | 5 | 2 | 0 |
| 2007 | 광주상 | 25 | 5 | 2 | 0 | 35 | 16 | 9 | 0 |
| 통산 | | 56 | 15 | 4 | 0 | 72 | 24 | 12 | 0 |

**이윤의** (李阮儀) 광운대 1987.07.25

| 연도 | 소속 | 출장 | 교체 | 득점 | 도움 | 파울 | 슈팅 | 경고 | 퇴장 |
|---|---|---|---|---|---|---|---|---|---|
| 2010 | 상주 | 0 | 0 | 0 | 0 | 0 | 0 | 0 | 0 |
| 2011 | 상주 | 4 | 3 | 0 | 0 | 4 | 0 | 0 | 0 |
| 2012 | 상주 | 1 | 2 | 0 | 0 | 0 | 0 | 0 | 0 |
| 2012 | 강원 | 4 | 4 | 0 | 0 | 7 | 1 | 0 | 0 |
| 2013 | 부천 | 21 | 3 | 2 | 3 | 27 | 28 | 4 | 0 |
| 통산 | | 30 | 12 | 2 | 3 | 38 | 29 | 4 | 0 |

\* 실점: 2011년 3 / 총실점 3

**이윤표** (李允杓) 한남대 1984.09.04

| 연도 | 소속 | 출장 | 교체 | 득점 | 도움 | 파울 | 슈팅 | 경고 | 퇴장 |
|---|---|---|---|---|---|---|---|---|---|
| 2008 | 전남 | 1 | 1 | 0 | 0 | 0 | 0 | 0 | 0 |
| 2009 | 대전 | 17 | 4 | 0 | 0 | 34 | 6 | 4 | 0 |
| 2010 | 서울 | 0 | 0 | 0 | 0 | 0 | 0 | 0 | 0 |
| 2011 | 인천 | 24 | 5 | 0 | 1 | 40 | 4 | 7 | 0 |
| 2012 | 인천 | 37 | 1 | 3 | 0 | 70 | 10 | 6 | 0 |
| 2013 | 인천 | 30 | 1 | 1 | 1 | 57 | 11 | 10 | 0 |
| 2014 | 인천 | 37 | 1 | 0 | 1 | 56 | 9 | 2 | 0 |
| 통산 | | 146 | 13 | 4 | 4 | 257 | 38 | 31 | 0 |

**이윤호** (李尹鎬) 고려대 1990.03.20

| 연도 | 소속 | 출장 | 교체 | 득점 | 도움 | 파울 | 슈팅 | 경고 | 퇴장 |
|---|---|---|---|---|---|---|---|---|---|
| 2011 | 제주 | 0 | 0 | 0 | 0 | 0 | 0 | 0 | 0 |
| 통산 | | 0 | 0 | 0 | 0 | 0 | 0 | 0 | 0 |

**이으뜸** (李으뜸) 용인대 1989.09.02

| 연도 | 소속 | 출장 | 교체 | 득점 | 도움 | 파울 | 슈팅 | 경고 | 퇴장 |
|---|---|---|---|---|---|---|---|---|---|
| 2013 | 안양 | 10 | 1 | 0 | 1 | 12 | 5 | 2 | 0 |
| 2014 | 안양 | 31 | 3 | 1 | 2 | 33 | 21 | 4 | 0 |
| 통산 | | 41 | 4 | 1 | 3 | 45 | 26 | 6 | 0 |

**이을용** (李乙容) 강릉상고 1975.09.08

| 연도 | 소속 | 출장 | 교체 | 득점 | 도움 | 파울 | 슈팅 | 경고 | 퇴장 |
|---|---|---|---|---|---|---|---|---|---|
| 1998 | 부천 | 33 | 6 | 3 | 0 | 74 | 33 | 7 | 0 |
| 1999 | 부천 | 25 | 1 | 0 | 4 | 49 | 32 | 2 | 0 |
| 2000 | 부천 | 37 | 6 | 5 | 1 | 71 | 43 | 4 | 0 |
| 2001 | 부천 | 26 | 4 | 2 | 1 | 39 | 30 | 3 | 0 |
| 2002 | 부천 | 7 | 3 | 0 | 1 | 5 | 7 | 1 | 0 |
| 2003 | 안양 | 17 | 2 | 0 | 2 | 32 | 14 | 3 | 0 |
| 2004 | 서울 | 18 | 1 | 0 | 0 | 25 | 11 | 3 | 0 |
| 2006 | 서울 | 14 | 0 | 0 | 0 | 34 | 12 | 4 | 0 |
| 2007 | 서울 | 30 | 8 | 1 | 2 | 42 | 24 | 6 | 0 |
| 2008 | 서울 | 30 | 16 | 0 | 2 | 40 | 12 | 3 | 0 |
| 2009 | 강원 | 24 | 3 | 0 | 4 | 39 | 9 | 3 | 0 |
| 2010 | 강원 | 20 | 10 | 1 | 1 | 27 | 18 | 2 | 0 |
| 2011 | 강원 | 20 | 10 | 1 | 1 | 27 | 18 | 2 | 0 |
| 통산 | | 290 | 74 | 13 | 12 | 486 | 260 | 45 | 0 |

**이응제** (李應濟) 고려대 1980.04.07

| 연도 | 소속 | 출장 | 교체 | 득점 | 도움 | 파울 | 슈팅 | 경고 | 퇴장 |
|---|---|---|---|---|---|---|---|---|---|
| 2003 | 전북 | 3 | 1 | 0 | 0 | 5 | 2 | 1 | 0 |
| 2004 | 전북 | 3 | 1 | 0 | 0 | 6 | 1 | 0 | 0 |
| 2005 | 광주상 | 13 | 8 | 0 | 0 | 18 | 4 | 4 | 0 |
| 2006 | 광주상 | 6 | 2 | 0 | 0 | 3 | 2 | 1 | 0 |
| 2007 | 전북 | 5 | 3 | 0 | 0 | 6 | 3 | 0 | 0 |
| 통산 | | 30 | 15 | 0 | 0 | 38 | 12 | 6 | 0 |

**이인규** (李寅圭) 남부대 1992.09.16

| 연도 | 소속 | 출장 | 교체 | 득점 | 도움 | 파울 | 슈팅 | 경고 | 퇴장 |
|---|---|---|---|---|---|---|---|---|---|
| 2014 | 전남 | 4 | 4 | 0 | 0 | 2 | 2 | 0 | 0 |
| 통산 | | 4 | 4 | 0 | 0 | 2 | 2 | 0 | 0 |

**이인식** (李寅植) 단국대 1983.02.14

| 연도 | 소속 | 출장 | 교체 | 득점 | 도움 | 파울 | 슈팅 | 경고 | 퇴장 |
|---|---|---|---|---|---|---|---|---|---|
| 2005 | 전북 | 0 | 0 | 0 | 0 | 0 | 0 | 0 | 0 |
| 2006 | 전북 | 2 | 1 | 0 | 0 | 5 | 0 | 0 | 0 |
| 2008 | 제주 | 3 | 3 | 0 | 0 | 4 | 0 | 0 | 0 |
| 2010 | 제주 | 3 | 1 | 0 | 0 | 1 | 0 | 0 | 0 |
| 통산 | | 7 | 5 | 0 | 0 | 8 | 0 | 0 | 0 |

**이인식** (李仁植) 중앙대 1991.09.20

| 연도 | 소속 | 출장 | 교체 | 득점 | 도움 | 파울 | 슈팅 | 경고 | 퇴장 |
|---|---|---|---|---|---|---|---|---|---|
| 2014 | 대전 | 6 | 5 | 0 | 0 | 11 | 0 | 1 | 0 |
| 통산 | | 6 | 5 | 0 | 0 | 11 | 0 | 1 | 0 |

**이인재** (李仁載) 중앙대 1967.01.02

| 연도 | 소속 | 출장 | 교체 | 득점 | 도움 | 파울 | 슈팅 | 경고 | 퇴장 |
|---|---|---|---|---|---|---|---|---|---|
| 1989 | 럭금 | 30 | 19 | 5 | 3 | 27 | 34 | 2 | 0 |
| 1990 | 럭금 | 17 | 16 | 2 | 2 | 12 | 0 | 0 | 0 |
| 1991 | LG | 14 | 13 | 0 | 0 | 3 | 12 | 0 | 0 |
| 1992 | LG | 21 | 16 | 2 | 3 | 18 | 14 | 1 | 0 |
| 1993 | LG | 21 | 21 | 1 | 0 | 22 | 15 | 1 | 0 |
| 1994 | LG | 19 | 8 | 4 | 1 | 15 | 33 | 3 | 0 |
| 1996 | 안양 | 11 | 10 | 0 | 1 | 9 | 13 | 0 | 0 |
| 1997 | 안양 | 4 | 5 | 0 | 0 | 4 | 13 | 0 | 0 |
| 통산 | | 137 | 108 | 12 | 10 | 99 | 134 | 9 | 0 |

**이임생** (李林生) 고려대학원 1971.11.18

| 연도 | 소속 | 출장 | 교체 | 득점 | 도움 | 파울 | 슈팅 | 경고 | 퇴장 |
|---|---|---|---|---|---|---|---|---|---|
| 1994 | 유공 | 13 | 0 | 0 | 0 | 19 | 5 | 1 | 0 |
| 1995 | 유공 | 24 | 5 | 0 | 1 | 30 | 5 | 3 | 0 |
| 1996 | 부천 | 22 | 7 | 0 | 0 | 38 | 9 | 6 | 0 |
| 1997 | 부천 | 2 | 2 | 0 | 0 | 3 | 0 | 0 | 0 |
| 1998 | 부천 | 26 | 3 | 0 | 1 | 47 | 12 | 2 | 0 |
| 1999 | 부천 | 34 | 3 | 0 | 2 | 62 | 10 | 4 | 0 |
| 2000 | 부천 | 39 | 0 | 5 | 0 | 77 | 20 | 4 | 0 |
| 2001 | 부천 | 11 | 0 | 1 | 0 | 16 | 4 | 1 | 0 |
| 2002 | 부천 | 29 | 2 | 0 | 4 | 37 | 17 | 6 | 0 |
| 2003 | 부산 | 29 | 2 | 1 | 0 | 38 | 9 | 6 | 0 |
| 통산 | | 229 | 24 | 11 | 5 | 371 | 85 | 33 | 1 |

**이장관** (李將寬) 아주대 1974.07.04

| 연도 | 소속 | 출장 | 교체 | 득점 | 도움 | 파울 | 슈팅 | 경고 | 퇴장 |
|---|---|---|---|---|---|---|---|---|---|
| 1997 | 부산 | 26 | 20 | 2 | 0 | 30 | 13 | 3 | 0 |
| 1998 | 부산 | 27 | 7 | 0 | 2 | 53 | 17 | 4 | 0 |
| 1999 | 부산 | 34 | 7 | 1 | 0 | 34 | 13 | 3 | 0 |
| 2000 | 부산 | 33 | 6 | 1 | 1 | 59 | 13 | 8 | 0 |
| 2001 | 부산 | 32 | 22 | 0 | 0 | 39 | 5 | 2 | 0 |
| 2002 | 부산 | 25 | 21 | 0 | 1 | 24 | 8 | 1 | 0 |
| 2003 | 부산 | 41 | 1 | 0 | 1 | 55 | 4 | 4 | 1 |
| 2004 | 부산 | 34 | 2 | 0 | 0 | 33 | 2 | 5 | 0 |
| 2005 | 부산 | 32 | 1 | 0 | 0 | 33 | 2 | 5 | 0 |
| 2006 | 부산 | 31 | 1 | 1 | 1 | 44 | 7 | 3 | 0 |
| 2007 | 부산 | 29 | 2 | 0 | 1 | 40 | 2 | 5 | 0 |
| 2008 | 인천 | 6 | 3 | 0 | 0 | 11 | 0 | 0 | 0 |
| 통산 | | 354 | 94 | 4 | 9 | 487 | 80 | 47 | 1 |

**이장군** (李長君) 조선대 1971.03.15

| 연도 | 소속 | 출장 | 교체 | 득점 | 도움 | 파울 | 슈팅 | 경고 | 퇴장 |
|---|---|---|---|---|---|---|---|---|---|
| 1994 | 유공 | 1 | 1 | 0 | 0 | 0 | 0 | 0 | 0 |
| 1995 | 유공 | 1 | 1 | 0 | 0 | 1 | 0 | 0 | 0 |
| 통산 | | 2 | 2 | 0 | 0 | 1 | 0 | 0 | 0 |

**이장수** (李章洙) 연세대 1956.10.15

| 연도 | 소속 | 출장 | 교체 | 득점 | 도움 | 파울 | 슈팅 | 경고 | 퇴장 |
|---|---|---|---|---|---|---|---|---|---|
| 1983 | 유공 | 10 | 0 | 6 | 1 | 9 | 18 | 3 | 0 |
| 1984 | 유공 | 24 | 4 | 1 | 2 | 20 | 23 | 0 | 0 |
| 1985 | 유공 | 12 | 0 | 2 | 1 | 17 | 6 | 1 | 0 |
| 1986 | 유공 | 10 | 1 | 1 | 1 | 7 | | | |
| 통산 | | 58 | 14 | 8 | 3 | 53 | 47 | 5 | 0 |

**이장욱** (李章旭) 통진종고 1970.07.02

| 연도 | 소속 | 출장 | 교체 | 득점 | 도움 | 파울 | 슈팅 | 경고 | 퇴장 |
|---|---|---|---|---|---|---|---|---|---|
| 1989 | 럭금 | 19 | 17 | 1 | 0 | 7 | 6 | 2 | 0 |
| 1990 | 럭금 | 8 | 6 | 0 | 0 | 5 | 3 | 0 | 0 |
| 1991 | LG | 27 | 21 | 2 | 0 | 23 | 16 | 3 | 0 |
| 통산 | | 54 | 44 | 3 | 0 | 35 | 25 | 5 | 0 |

**이재광** (李在光) 인천대 1989.10.19

| 연도 | 소속 | 출장 | 교체 | 득점 | 도움 | 파울 | 슈팅 | 경고 | 퇴장 |
|---|---|---|---|---|---|---|---|---|---|
| 2012 | 성남 | 3 | 2 | 0 | 0 | 3 | 0 | 1 | 0 |
| 통산 | | 3 | 2 | 0 | 0 | 3 | 0 | 1 | 0 |

**이재권** (李在權) 고려대 1987.07.30

| 연도 | 소속 | 출장 | 교체 | 득점 | 도움 | 파울 | 슈팅 | 경고 | 퇴장 |
|---|---|---|---|---|---|---|---|---|---|
| 2010 | 인천 | 30 | 1 | 1 | 1 | 53 | 26 | 5 | 0 |
| 2011 | 인천 | 29 | 6 | 0 | 4 | 43 | 17 | 9 | 0 |
| 2012 | 서울 | 4 | 4 | 0 | 0 | 6 | 1 | 1 | 0 |
| 2013 | 서울 | 1 | 1 | 0 | 0 | 0 | 0 | 0 | 0 |
| 2014 | 안산 | 35 | 1 | 6 | 2 | 49 | 22 | 10 | 0 |
| 통산 | | 99 | 13 | 7 | 7 | 150 | 66 | 25 | 0 |

**이재명** (李在明) 진주고 1991.07.06

| 연도 | 소속 | 출장 | 교체 | 득점 | 도움 | 파울 | 슈팅 | 경고 | 퇴장 |
|---|---|---|---|---|---|---|---|---|---|
| 2010 | 경남 | 9 | 4 | 0 | 0 | 11 | 1 | 1 | 0 |
| 2011 | 경남 | 18 | 6 | 0 | 0 | 31 | 5 | 3 | 0 |
| 2012 | 경남 | 13 | 1 | 0 | 3 | 35 | 7 | 2 | 0 |
| 2013 | 전북 | 23 | 1 | 0 | 2 | 32 | 2 | 4 | 0 |
| 2014 | 전북 | 8 | 1 | 0 | 2 | 14 | 0 | 2 | 0 |
| 통산 | | 91 | 13 | 0 | 7 | 123 | 12 | 12 | 0 |

**이재민** (李載珉) 명지대 1991.02.05

| 연도 | 소속 | 출장 | 교체 | 득점 | 도움 | 파울 | 슈팅 | 경고 | 퇴장 |
|---|---|---|---|---|---|---|---|---|---|
| 2013 | 경남 | 3 | 2 | 0 | 0 | 2 | 0 | 0 | 0 |
| 통산 | | 3 | 2 | 0 | 0 | 2 | 0 | 0 | 0 |

**이재성** (李在成) 한양대 1985.06.06

| 연도 | 소속 | 출장 | 교체 | 득점 | 도움 | 파울 | 슈팅 | 경고 | 퇴장 |
|---|---|---|---|---|---|---|---|---|---|
| 2008 | 전남 | 3 | 0 | 0 | 0 | 0 | 0 | 0 | 0 |
| 2009 | 전남 | 1 | 1 | 0 | 0 | 4 | 0 | 0 | 0 |
| 통산 | | 4 | 1 | 0 | 0 | 4 | 0 | 0 | 0 |

**이재성** (李宰誠) 고려대 1988.07.05

| 연도 | 소속 | 출장 | 교체 | 득점 | 도움 | 파울 | 슈팅 | 경고 | 퇴장 |
|---|---|---|---|---|---|---|---|---|---|
| 2009 | 수원 | 16 | 1 | 1 | 0 | 6 | 2 | 3 | 0 |
| 2010 | 울산 | 15 | 9 | 0 | 0 | 10 | 2 | 1 | 0 |
| 2011 | 울산 | 27 | 5 | 2 | 1 | 31 | 7 | 5 | 0 |
| 2012 | 울산 | 35 | 9 | 2 | 0 | 46 | 11 | 4 | 0 |
| 2013 | 상주 | 29 | 3 | 2 | 1 | 24 | 7 | 3 | 0 |
| 2014 | 상주 | 10 | 1 | 0 | 0 | 7 | 5 | 0 | 0 |
| 2014 | 울산 | 9 | 1 | 1 | 0 | 8 | 1 | 0 | 0 |
| 통산 | | 136 | 30 | 8 | 2 | 142 | 35 | 16 | 1 |

**이재성** (李在城) 고려대 1992.08.10

| 연도 | 소속 | 출장 | 교체 | 득점 | 도움 | 파울 | 슈팅 | 경고 | 퇴장 |
|---|---|---|---|---|---|---|---|---|---|
| 2014 | 전북 | 26 | 4 | 4 | 3 | 25 | 37 | 2 | 0 |
| 통산 | | 26 | 4 | 4 | 3 | 25 | 37 | 2 | 0 |

**이재안** (李宰安) 한라대 1988.06.21

| 연도 | 소속 | 출장 | 교체 | 득점 | 도움 | 파울 | 슈팅 | 경고 | 퇴장 |
|---|---|---|---|---|---|---|---|---|---|
| 2011 | 서울 | 7 | 7 | 0 | 0 | 4 | 6 | 0 | 0 |
| 2012 | 경남 | 24 | 20 | 3 | 0 | 14 | 31 | 2 | 0 |
| 2013 | 경남 | 37 | 14 | 7 | 1 | 15 | 64 | 3 | 0 |
| 2014 | 경남 | 27 | 16 | 3 | 3 | 19 | 35 | 0 | 0 |
| 통산 | | 95 | 57 | 13 | 4 | 48 | 134 | 5 | 0 |

**이재억** (李在億) 아주대 1989.06.03

| 연도 | 소속 | 출장 | 교체 | 득점 | 도움 | 파울 | 슈팅 | 경고 | 퇴장 |
|---|---|---|---|---|---|---|---|---|---|
| 2013 | 전남 | 5 | 3 | 0 | 0 | 9 | 1 | 1 | 0 |
| 2014 | 전남 | 6 | 2 | 0 | 0 | 7 | 2 | 1 | 0 |
| 통산 | | 11 | 5 | 0 | 0 | 16 | 3 | 2 | 0 |

**이재원** (李哉沅) 고려대 1983.03.04

| 연도 | 소속 | 출장 | 교체 | 득점 | 도움 | 파울 | 슈팅 | 경고 | 퇴장 |
|---|---|---|---|---|---|---|---|---|---|
| 2006 | 울산 | 7 | 5 | 0 | 1 | 12 | 2 | 1 | 0 |
| 2007 | 울산 | 2 | 1 | 0 | 0 | 4 | 1 | 0 | 0 |
| 2014 | 울산 | 13 | 3 | 1 | 0 | 17 | 8 | 5 | 0 |

| | 통산 | 22 | 12 | 1 | 1 | 24 | 10 | 6 | 1 |

**이재일** (李在日) 성균관대 1988.11.16

| 연도 | 소속 | 출장 | 교체 | 득점 | 도움 | 파울 | 슈팅 | 경고 | 퇴장 |
|---|---|---|---|---|---|---|---|---|---|
| 2011 | 수원 | 2 | 0 | 0 | 0 | 3 | 1 | 1 | 0 |
| | 통산 | 2 | 0 | 0 | 0 | 3 | 1 | 1 | 0 |

**이재일** (李裁一) 이리고 1955.05.30

| 연도 | 소속 | 출장 | 교체 | 실점 | 도움 | 파울 | 슈팅 | 경고 | 퇴장 |
|---|---|---|---|---|---|---|---|---|---|
| 1983 | 할렐 | 1 | 0 | 1 | 0 | 0 | 0 | 0 | 0 |
| 1984 | 포철 | 13 | 0 | 16 | 0 | 0 | 0 | 1 | 0 |
| | 통산 | 14 | 0 | 17 | 0 | 0 | 0 | 1 | 1 |

**이재일** (李在日) 건국대 1968.03.15

| 연도 | 소속 | 출장 | 교체 | 득점 | 도움 | 파울 | 슈팅 | 경고 | 퇴장 |
|---|---|---|---|---|---|---|---|---|---|
| 1990 | 현대 | 7 | 1 | 0 | 0 | 13 | 9 | 0 | 0 |
| 1991 | 현대 | 11 | 8 | 0 | 1 | 9 | 5 | 2 | 0 |
| 1992 | 현대 | 9 | 5 | 0 | 0 | 8 | 5 | 4 | 0 |
| | 통산 | 27 | 14 | 0 | 1 | 30 | 19 | 4 | 0 |

**이재천** (李在天) 한성대 1977.03.08

| 연도 | 소속 | 출장 | 교체 | 득점 | 도움 | 파울 | 슈팅 | 경고 | 퇴장 |
|---|---|---|---|---|---|---|---|---|---|
| 2000 | 안양 | 0 | 0 | 0 | 0 | 0 | 0 | 0 | 0 |

**이재철** (李在哲) 광운대 1975.12.25

| 연도 | 소속 | 출장 | 교체 | 득점 | 도움 | 파울 | 슈팅 | 경고 | 퇴장 |
|---|---|---|---|---|---|---|---|---|---|
| 1999 | 수원 | 3 | 2 | 0 | 0 | 2 | 2 | 0 | 0 |
| | 통산 | 3 | 2 | 0 | 0 | 2 | 2 | 0 | 0 |

**이재현** (李在玹) 건국대 1981.01.25

| 연도 | 소속 | 출장 | 교체 | 득점 | 도움 | 파울 | 슈팅 | 경고 | 퇴장 |
|---|---|---|---|---|---|---|---|---|---|
| 2003 | 전북 | 1 | 0 | 0 | 0 | 5 | 0 | 0 | 0 |
| 2004 | 전북 | 1 | 0 | 0 | 0 | 0 | 0 | 0 | 0 |

**이재현** (李在玄) 전주대 1983.05.13

| 연도 | 소속 | 출장 | 교체 | 득점 | 도움 | 파울 | 슈팅 | 경고 | 퇴장 |
|---|---|---|---|---|---|---|---|---|---|
| 2006 | 전북 | 2 | 1 | 0 | 0 | 3 | 0 | 1 | 0 |
| | 통산 | 2 | 1 | 0 | 0 | 3 | 0 | 1 | 0 |

**이재형** (李幸犖) 한양대 1976.09.06

| 연도 | 소속 | 출장 | 교체 | 득점 | 도움 | 파울 | 슈팅 | 경고 | 퇴장 |
|---|---|---|---|---|---|---|---|---|---|
| 1998 | 대전 | 1 | 1 | 0 | 0 | 0 | 0 | 0 | 0 |
| | 통산 | 1 | 1 | 0 | 0 | 0 | 0 | 0 | 0 |

**이재훈** (李在勳) 연세대 1990.01.10

| 연도 | 소속 | 출장 | 교체 | 득점 | 도움 | 파울 | 슈팅 | 경고 | 퇴장 |
|---|---|---|---|---|---|---|---|---|---|
| 2012 | 강원 | 10 | 2 | 0 | 0 | 15 | 0 | 1 | 0 |
| 2013 | 강원 | 8 | 4 | 0 | 0 | 9 | 3 | 0 | 0 |
| 2014 | 강원 | 34 | 1 | 0 | 3 | 39 | 7 | 3 | 0 |
| | 통산 | 52 | 7 | 0 | 3 | 63 | 10 | 4 | 0 |

**이재희** (李在熙) 경희대 1959.04.15

| 연도 | 소속 | 출장 | 교체 | 득점 | 도움 | 파울 | 슈팅 | 경고 | 퇴장 |
|---|---|---|---|---|---|---|---|---|---|
| 1983 | 대우 | 13 | 2 | 0 | 1 | 15 | 2 | 1 | 0 |
| 1984 | 대우 | 28 | 4 | 0 | 4 | 38 | 5 | 2 | 0 |
| 1985 | 대우 | 1 | 0 | 0 | 0 | 4 | 0 | 0 | 0 |
| 1986 | 대우 | 23 | 4 | 0 | 0 | 49 | 8 | 7 | 0 |
| 1987 | 대우 | 26 | 2 | 1 | 1 | 54 | 18 | 5 | 0 |
| 1988 | 대우 | 13 | 2 | 0 | 0 | 24 | 4 | 3 | 0 |
| 1989 | 대우 | 27 | 5 | 0 | 0 | 39 | 12 | 4 | 0 |
| 1990 | 대우 | 27 | 7 | 0 | 1 | 45 | 6 | 5 | 0 |
| 1991 | 대우 | 28 | 7 | 0 | 0 | 57 | 5 | 3 | 0 |
| 1992 | 대우 | 12 | 6 | 0 | 0 | 22 | 2 | 2 | 0 |
| | 통산 | 198 | 40 | 1 | 7 | 346 | 62 | 32 | 0 |

**이정국** (李政國) 한양대 1973.03.22

| 연도 | 소속 | 출장 | 교체 | 득점 | 도움 | 파울 | 슈팅 | 경고 | 퇴장 |
|---|---|---|---|---|---|---|---|---|---|
| 1999 | 포항 | 4 | 3 | 0 | 0 | 4 | 2 | 0 | 0 |
| | 통산 | 4 | 3 | 0 | 0 | 4 | 2 | 0 | 0 |

**이정래** (李廷來) 건국대 1979.11.12

| 연도 | 소속 | 출장 | 교체 | 실점 | 도움 | 파울 | 슈팅 | 경고 | 퇴장 |
|---|---|---|---|---|---|---|---|---|---|
| 2002 | 전남 | 2 | 1 | 2 | 0 | 0 | 0 | 0 | 0 |
| 2003 | 전남 | 0 | 0 | 0 | 0 | 0 | 0 | 0 | 0 |
| 2004 | 전남 | 2 | 0 | 3 | 0 | 0 | 0 | 0 | 0 |
| 2005 | 전남 | 1 | 0 | 0 | 0 | 0 | 0 | 0 | 0 |
| 2006 | 경남 | 39 | 0 | 49 | 0 | 1 | 0 | 1 | 0 |
| 2007 | 경남 | 29 | 1 | 32 | 0 | 0 | 0 | 2 | 0 |
| 2008 | 광주상 | 3 | 0 | 7 | 0 | 0 | 0 | 0 | 0 |
| 2009 | 광주상 | 4 | 0 | 9 | 0 | 0 | 0 | 0 | 0 |
| 2010 | 경남 | 0 | 0 | 0 | 0 | 0 | 0 | 0 | 0 |
| 2011 | 경남 | 4 | 0 | 2 | 0 | 0 | 0 | 0 | 0 |
| 2012 | 광주 | 2 | 0 | 6 | 0 | 0 | 0 | 0 | 0 |
| 2014 | 충주 | 7 | 0 | 11 | 0 | 0 | 0 | 1 | 0 |
| | 통산 | 93 | 2 | 123 | 0 | 1 | 0 | 4 | 0 |

**이정문** (李廷文) 숭실대 1971.03.05

| 연도 | 소속 | 출장 | 교체 | 실점 | 도움 | 파울 | 슈팅 | 경고 | 퇴장 |
|---|---|---|---|---|---|---|---|---|---|
| 1994 | 현대 | 3 | 0 | 5 | 0 | 0 | 0 | 0 | 0 |
| 1995 | 현대 | 0 | 0 | 0 | 0 | 0 | 0 | 0 | 0 |
| 1996 | 울산 | 3 | 0 | 8 | 0 | 1 | 0 | 0 | 0 |
| | 통산 | 6 | 0 | 13 | 0 | 1 | 0 | 0 | 0 |

**이정수** (李正秀) 경희대 1980.01.08

| 연도 | 소속 | 출장 | 교체 | 득점 | 도움 | 파울 | 슈팅 | 경고 | 퇴장 |
|---|---|---|---|---|---|---|---|---|---|
| 2002 | 안양 | 11 | 12 | 1 | 2 | 19 | 9 | 1 | 0 |
| 2003 | 안양 | 18 | 1 | 1 | 0 | 22 | 8 | 2 | 0 |
| 2004 | 서울 | 2 | 2 | 0 | 0 | 1 | 0 | 0 | 0 |
| 2004 | 인천 | 20 | 1 | 0 | 0 | 41 | 7 | 9 | 0 |
| 2005 | 인천 | 17 | 3 | 1 | 1 | 37 | 2 | 1 | 0 |
| 2006 | 수원 | 36 | 7 | 2 | 0 | 63 | 12 | 5 | 0 |
| 2007 | 수원 | 10 | 2 | 0 | 1 | 19 | 1 | 6 | 0 |
| 2008 | 수원 | 24 | 0 | 1 | 1 | 50 | 8 | 7 | 0 |
| | 통산 | 138 | 28 | 6 | 4 | 243 | 47 | 30 | 1 |

**이정열** (李正烈) 숭실대 1981.08.16

| 연도 | 소속 | 출장 | 교체 | 득점 | 도움 | 파울 | 슈팅 | 경고 | 퇴장 |
|---|---|---|---|---|---|---|---|---|---|
| 2004 | 서울 | 20 | 4 | 0 | 0 | 14 | 1 | 0 | 0 |
| 2005 | 서울 | 19 | 3 | 0 | 0 | 33 | 0 | 3 | 0 |
| 2007 | 서울 | 21 | 10 | 0 | 0 | 16 | 1 | 2 | 0 |
| 2008 | 인천 | 8 | 4 | 0 | 0 | 4 | 0 | 0 | 0 |
| 2009 | 전남 | 7 | 2 | 1 | 0 | 8 | 2 | 1 | 0 |
| 2010 | 서울 | 5 | 2 | 0 | 0 | 5 | 0 | 0 | 0 |
| 2011 | 서울 | 5 | 2 | 0 | 0 | 5 | 1 | 1 | 0 |
| 2012 | 서울 | 12 | 0 | 0 | 0 | 7 | 0 | 1 | 0 |
| 2013 | 대전 | 1 | 0 | 0 | 0 | 0 | 0 | 0 | 0 |
| | 통산 | 97 | 29 | 1 | 0 | 78 | 5 | 7 | 0 |

**이정용** (李貞龍) 연세대 1983.07.06

| 연도 | 소속 | 출장 | 교체 | 득점 | 도움 | 파울 | 슈팅 | 경고 | 퇴장 |
|---|---|---|---|---|---|---|---|---|---|
| 2004 | 울산 | 4 | 1 | 0 | 1 | 11 | 1 | 1 | 0 |
| | 통산 | 4 | 1 | 0 | 1 | 11 | 1 | 1 | 0 |

**이정운** (李正雲) 호남대 1978.04.19

| 연도 | 소속 | 출장 | 교체 | 득점 | 도움 | 파울 | 슈팅 | 경고 | 퇴장 |
|---|---|---|---|---|---|---|---|---|---|
| 2001 | 포항 | 11 | 11 | 1 | 2 | 14 | 8 | 2 | 1 |
| 2002 | 포항 | 21 | 15 | 0 | 2 | 27 | 5 | 2 | 0 |
| 2005 | 광주상 | 0 | 0 | 0 | 0 | 0 | 0 | 0 | 0 |
| | 통산 | 32 | 26 | 1 | 4 | 41 | 13 | 4 | 1 |

**이정운** (李楨雲) 성균관대 1980.05.05

| 연도 | 소속 | 출장 | 교체 | 득점 | 도움 | 파울 | 슈팅 | 경고 | 퇴장 |
|---|---|---|---|---|---|---|---|---|---|
| 2003 | 전남 | 1 | 1 | 0 | 0 | 2 | 1 | 0 | 0 |
| 2004 | 전남 | 8 | 6 | 1 | 0 | 7 | 2 | 0 | 0 |
| 2005 | 전남 | 12 | 11 | 0 | 0 | 17 | 13 | 4 | 0 |
| 2010 | 강원 | 1 | 1 | 0 | 0 | 1 | 0 | 0 | 0 |
| 2011 | 강원 | 11 | 5 | 1 | 0 | 8 | 13 | 0 | 0 |
| 2012 | 강원 | 10 | 4 | 0 | 0 | 27 | 7 | 0 | 0 |
| | 통산 | 43 | 28 | 6 | 0 | 62 | 28 | 5 | 0 |

**이정인** (李正寅) 안동대 1973.02.10

| 연도 | 소속 | 출장 | 교체 | 득점 | 도움 | 파울 | 슈팅 | 경고 | 퇴장 |
|---|---|---|---|---|---|---|---|---|---|
| 1996 | 전북 | 3 | 3 | 0 | 0 | 3 | 3 | 0 | 0 |
| 1997 | 전북 | 1 | 1 | 0 | 0 | 1 | 0 | 0 | 0 |

**이정일** (李正日) 고려대 1956.11.04

| 연도 | 소속 | 출장 | 교체 | 득점 | 도움 | 파울 | 슈팅 | 경고 | 퇴장 |
|---|---|---|---|---|---|---|---|---|---|
| 1983 | 할렐 | 9 | 2 | 3 | 0 | 5 | 11 | 0 | 0 |
| 1984 | 할렐 | 21 | 2 | 4 | 11 | 20 | 1 | 0 | |

| 연도 | 소속 | 출장 | 교체 | 득점 | 도움 | 파울 | 슈팅 | 경고 | 퇴장 |
|---|---|---|---|---|---|---|---|---|---|
| 1985 | 할렐 | 12 | 3 | 0 | 0 | 12 | 12 | 0 | 0 |
| | 통산 | 42 | 14 | 5 | 4 | 28 | 42 | 1 | 0 |

**이정헌** (李正憲) 조선대 1990.05.16

| 연도 | 소속 | 출장 | 교체 | 득점 | 도움 | 파울 | 슈팅 | 경고 | 퇴장 |
|---|---|---|---|---|---|---|---|---|---|
| 2013 | 수원FC | 17 | 5 | 0 | 0 | 28 | 6 | 3 | 0 |

**이정협** (李廷協/ 이정기) 숭실대 1991.06.24

| 연도 | 소속 | 출장 | 교체 | 득점 | 도움 | 파울 | 슈팅 | 경고 | 퇴장 |
|---|---|---|---|---|---|---|---|---|---|
| 2013 | 부산 | 27 | 25 | 2 | 2 | 18 | 17 | 2 | 0 |
| 2014 | 상주 | 25 | 23 | 4 | 0 | 15 | 21 | 2 | 0 |
| | 통산 | 52 | 48 | 6 | 2 | 33 | 38 | 4 | 0 |

**이정형** (李正炯) 고려대 1981.04.16

| 연도 | 소속 | 출장 | 교체 | 실점 | 도움 | 파울 | 슈팅 | 경고 | 퇴장 |
|---|---|---|---|---|---|---|---|---|---|
| 2013 | 수원FC | 9 | 0 | 13 | 0 | 0 | 1 | 0 | |
| 2014 | 수원FC | 9 | 0 | 13 | 0 | 0 | 0 | 1 | 0 |
| | 통산 | 9 | 0 | 13 | 0 | 0 | 1 | 0 | |

**이정호** (李正鎬) 명지대 1972.11.10

| 연도 | 소속 | 출장 | 교체 | 득점 | 도움 | 파울 | 슈팅 | 경고 | 퇴장 |
|---|---|---|---|---|---|---|---|---|---|
| 1995 | LG | 24 | 13 | 2 | 0 | 17 | 11 | 1 | 0 |
| 1996 | 안양 | 33 | 4 | 0 | 5 | 37 | 16 | 5 | 0 |
| 1997 | 안양 | 4 | 1 | 0 | 0 | 5 | 1 | 0 | 0 |
| | 통산 | 61 | 18 | 2 | 5 | 59 | 28 | 6 | 0 |

**이정환** (李正桓) 경기대 1988.12.02

| 연도 | 소속 | 출장 | 교체 | 득점 | 도움 | 파울 | 슈팅 | 경고 | 퇴장 |
|---|---|---|---|---|---|---|---|---|---|
| 2013 | 경남 | 2 | 2 | 0 | 0 | 4 | 0 | 0 | 0 |
| | 통산 | 2 | 2 | 0 | 0 | 4 | 0 | 0 | 0 |

**이정환** (李政桓) 숭실대 1991.03.23

| 연도 | 소속 | 출장 | 교체 | 득점 | 도움 | 파울 | 슈팅 | 경고 | 퇴장 |
|---|---|---|---|---|---|---|---|---|---|
| 2014 | 부천 | 1 | 1 | 0 | 0 | 1 | 0 | 0 | 0 |
| | 통산 | 1 | 1 | 0 | 0 | 1 | 0 | 0 | 0 |

**이정효** (李正孝) 아주대 1975.07.23

| 연도 | 소속 | 출장 | 교체 | 득점 | 도움 | 파울 | 슈팅 | 경고 | 퇴장 |
|---|---|---|---|---|---|---|---|---|---|
| 1999 | 부산 | 15 | 5 | 0 | 0 | 23 | 2 | 1 | 0 |
| 2000 | 부산 | 9 | 1 | 0 | 0 | 12 | 5 | 0 | 0 |
| 2001 | 부산 | 22 | 17 | 0 | 0 | 25 | 8 | 1 | 0 |
| 2002 | 부산 | 32 | 8 | 2 | 1 | 58 | 24 | 5 | 0 |
| 2003 | 부산 | 19 | 0 | 0 | 29 | 14 | 4 | 0 | |
| 2004 | 부산 | 22 | 12 | 3 | 0 | 39 | 21 | 4 | 0 |
| 2005 | 부산 | 28 | 12 | 3 | 3 | 64 | 35 | 5 | 0 |
| 2006 | 부산 | 28 | 12 | 3 | 4 | 55 | 40 | 4 | 0 |
| 2007 | 부산 | 32 | 13 | 2 | 2 | 47 | 21 | 6 | 0 |
| 2008 | 부산 | 11 | 2 | 0 | 0 | 17 | 4 | 3 | 0 |
| | 통산 | 223 | 82 | 13 | 11 | 361 | 156 | 34 | 0 |

**이제규** (李濟圭) 청주대 1986.07.10

| 연도 | 소속 | 출장 | 교체 | 득점 | 도움 | 파울 | 슈팅 | 경고 | 퇴장 |
|---|---|---|---|---|---|---|---|---|---|
| 2009 | 대전 | 12 | 11 | 1 | 0 | 15 | 9 | 0 | 1 |
| 2010 | 광주상 | 0 | 0 | 0 | 0 | 0 | 0 | 0 | 0 |
| 2011 | 상주 | 8 | 6 | 0 | 0 | 15 | 5 | 2 | 0 |
| | 통산 | 20 | 17 | 1 | 0 | 30 | 14 | 2 | 1 |

**이제승** (李濟承) 중앙대 1973.04.25

| 연도 | 소속 | 출장 | 교체 | 득점 | 도움 | 파울 | 슈팅 | 경고 | 퇴장 |
|---|---|---|---|---|---|---|---|---|---|
| 1996 | 전남 | 3 | 2 | 0 | 0 | 6 | 1 | 1 | 0 |
| | 통산 | 3 | 2 | 0 | 0 | 6 | 1 | 1 | 0 |

**이제승** (李濟昇) 청주대 1991.11.29

| 연도 | 소속 | 출장 | 교체 | 득점 | 도움 | 파울 | 슈팅 | 경고 | 퇴장 |
|---|---|---|---|---|---|---|---|---|---|
| 2014 | 부천 | 28 | 21 | 1 | 2 | 40 | 37 | 1 | 0 |
| | 통산 | 28 | 21 | 1 | 2 | 40 | 37 | 1 | 0 |

**이종광** (李種光) 광운대 1961.04.19

| 연도 | 소속 | 출장 | 교체 | 득점 | 도움 | 파울 | 슈팅 | 경고 | 퇴장 |
|---|---|---|---|---|---|---|---|---|---|
| 1984 | 럭금 | 17 | 10 | 0 | 1 | 6 | 12 | 0 | 0 |
| 1985 | 럭금 | 4 | 4 | 0 | 0 | 2 | 0 | 0 | 0 |
| | 통산 | 21 | 14 | 0 | 1 | 8 | 12 | 0 | 0 |

**이종묵** (李鍾默) 강원대 1973.06.16

| 연도 | 소속 | 출장 | 교체 | 득점 | 도움 | 파울 | 슈팅 | 경고 | 퇴장 |
|---|---|---|---|---|---|---|---|---|---|
| 1998 | 안양 | 4 | 4 | 0 | 0 | 6 | 0 | 1 | 0 |
| | 통산 | 4 | 4 | 0 | 0 | 6 | 0 | 1 | 0 |

**이종민** (李宗珉) 서귀포고 1983.09.01

| 연도 | 소속 | 출장 | 교체 | 득점 | 도움 | 파울 | 슈팅 | 경고 | 퇴장 |
|---|---|---|---|---|---|---|---|---|---|
| 2002 | 수원 | 0 | 0 | 0 | 0 | 0 | 0 | 0 | 0 |
| 2003 | 수원 | 16 | 12 | 0 | 2 | 16 | 6 | 0 | 0 |
| 2004 | 수원 | 5 | 5 | 0 | 0 | 3 | 2 | 0 | 0 |
| 2005 | 울산 | 35 | 25 | 5 | 3 | 52 | 23 | 5 | 0 |
| 2006 | 울산 | 24 | 4 | 2 | 4 | 37 | 13 | 4 | 0 |
| 2007 | 울산 | 33 | 5 | 2 | 4 | 46 | 32 | 8 | 0 |
| 2008 | 울산 | 3 | 0 | 0 | 1 | 3 | 5 | 0 | 0 |
| 2008 | 서울 | 15 | 4 | 0 | 1 | 16 | 4 | 2 | 0 |
| 2009 | 서울 | 10 | 4 | 0 | 0 | 12 | 3 | 1 | 0 |
| 2010 | 서울 | 6 | 4 | 0 | 1 | 4 | 4 | 2 | 0 |
| 2011 | 상주 | 23 | 14 | 0 | 1 | 15 | 19 | 2 | 0 |
| 2012 | 상주 | 15 | 11 | 0 | 0 | 12 | 8 | 0 | 0 |
| 2012 | 서울 | 3 | 2 | 0 | 0 | 3 | 0 | 0 | 0 |
| 2013 | 수원 | 7 | 2 | 1 | 0 | 10 | 2 | 1 | 0 |
| 2014 | 광주 | 30 | 2 | 3 | 6 | 42 | 30 | 4 | 1 |
| 통산 | | 225 | 94 | 13 | 23 | 271 | 151 | 33 | 1 |

**이종민** (李鐘敏) 정명고 1983.08.01

| 연도 | 소속 | 출장 | 교체 | 득점 | 도움 | 파울 | 슈팅 | 경고 | 퇴장 |
|---|---|---|---|---|---|---|---|---|---|
| 2003 | 부천 | 7 | 6 | 0 | 0 | 2 | 3 | 1 | 0 |
| 2004 | 부천 | 4 | 3 | 0 | 0 | 4 | 4 | 0 | 0 |
| 통산 | | 11 | 9 | 0 | 0 | 6 | 7 | 1 | 0 |

**이종성** (李宗成) 매탄고 1992.08.05

| 연도 | 소속 | 출장 | 교체 | 득점 | 도움 | 파울 | 슈팅 | 경고 | 퇴장 |
|---|---|---|---|---|---|---|---|---|---|
| 2011 | 수원 | 2 | 0 | 0 | 0 | 8 | 2 | 1 | 0 |
| 2012 | 상주 | 0 | 0 | 0 | 0 | 0 | 0 | 0 | 0 |
| 2014 | 수원 | 3 | 3 | 0 | 0 | 1 | 0 | 0 | 0 |
| 통산 | | 5 | 3 | 0 | 0 | 9 | 2 | 1 | 0 |

**이종원** (李鐘元) 경신고 1989.03.14

| 연도 | 소속 | 출장 | 교체 | 득점 | 도움 | 파울 | 슈팅 | 경고 | 퇴장 |
|---|---|---|---|---|---|---|---|---|---|
| 2011 | 부산 | 4 | 3 | 1 | 1 | 1 | 1 | 1 | 0 |
| 2012 | 부산 | 37 | 17 | 2 | 3 | 69 | 34 | 9 | 0 |
| 2013 | 부산 | 11 | 2 | 0 | 0 | 17 | 8 | 5 | 0 |
| 2013 | 성남 | 13 | 12 | 4 | 1 | 19 | 23 | 1 | 0 |
| 2014 | 성남 | 22 | 8 | 0 | 0 | 34 | 28 | 2 | 0 |
| 통산 | | 87 | 42 | 7 | 5 | 140 | 94 | 18 | 0 |

**이종인** (李仁) 오산중 1989.09.26

| 연도 | 소속 | 출장 | 교체 | 득점 | 도움 | 파울 | 슈팅 | 경고 | 퇴장 |
|---|---|---|---|---|---|---|---|---|---|
| 2013 | 강원 | 10 | 7 | 0 | 0 | 3 | 10 | 0 | 0 |
| 2014 | 강원 | 2 | 2 | 0 | 0 | 1 | 0 | 0 | 0 |
| 통산 | | 12 | 9 | 0 | 0 | 4 | 10 | 0 | 0 |

**이종찬** (李鍾贊) 배재대 1987.05.26

| 연도 | 소속 | 출장 | 교체 | 득점 | 도움 | 파울 | 슈팅 | 경고 | 퇴장 |
|---|---|---|---|---|---|---|---|---|---|
| 2007 | 제주 | 0 | 0 | 0 | 0 | 0 | 0 | 0 | 0 |
| 2008 | 제주 | 0 | 0 | 0 | 0 | 0 | 0 | 0 | 0 |
| 2010 | 대전 | 2 | 2 | 0 | 1 | 6 | 0 | 1 | 0 |
| 2011 | 상주 | 5 | 0 | 0 | 0 | 5 | 4 | 0 | 0 |
| 2012 | 상주 | 1 | 1 | 0 | 0 | 0 | 0 | 0 | 0 |
| 통산 | | 8 | 3 | 0 | 1 | 11 | 4 | 1 | 0 |

**이종찬** (李種瓚) 단국대 1989.08.17

| 연도 | 소속 | 출장 | 교체 | 득점 | 도움 | 파울 | 슈팅 | 경고 | 퇴장 |
|---|---|---|---|---|---|---|---|---|---|
| 2013 | 강원 | 6 | 4 | 0 | 0 | 2 | 2 | 0 | 0 |
| 통산 | | 6 | 4 | 0 | 0 | 2 | 2 | 0 | 0 |

**이종현** (李鐘賢) 브라질 파울리스치나 축구학교 1987.01.08

| 연도 | 소속 | 출장 | 교체 | 득점 | 도움 | 파울 | 슈팅 | 경고 | 퇴장 |
|---|---|---|---|---|---|---|---|---|---|
| 2011 | 인천 | 5 | 4 | 0 | 0 | 5 | 0 | 0 | 0 |
| 통산 | | 5 | 4 | 0 | 0 | 5 | 0 | 0 | 0 |

**이종호** (李宗浩) 광양제철고 1992.02.24

| 연도 | 소속 | 출장 | 교체 | 득점 | 도움 | 파울 | 슈팅 | 경고 | 퇴장 |
|---|---|---|---|---|---|---|---|---|---|
| 2011 | 전남 | 21 | 20 | 2 | 3 | 24 | 21 | 5 | 0 |
| 2012 | 전남 | 33 | 24 | 6 | 2 | 63 | 45 | 3 | 1 |
| 2013 | 전남 | 32 | 21 | 6 | 4 | 50 | 57 | 3 | 0 |
| 2014 | 전남 | 31 | 18 | 10 | 2 | 43 | 50 | 2 | 0 |
| 통산 | | 117 | 83 | 24 | 11 | 180 | 173 | 13 | 1 |

**이종화** (李鍾利) 인천대 1963.07.20

| 연도 | 소속 | 출장 | 교체 | 득점 | 도움 | 파울 | 슈팅 | 경고 | 퇴장 |
|---|---|---|---|---|---|---|---|---|---|
| 1986 | 현대 | 6 | 1 | 1 | 0 | 6 | 5 | 0 | 0 |
| 1989 | 현대 | 35 | 8 | 4 | 1 | 64 | 36 | 7 | 1 |
| 1990 | 현대 | 16 | 8 | 2 | 1 | 26 | 16 | 6 | 0 |
| 1991 | 현대 | 1 | 1 | 0 | 0 | 0 | 1 | 0 | 0 |
| 1991 | 일화 | 15 | 11 | 1 | 0 | 20 | 4 | 3 | 0 |
| 1992 | 일화 | 31 | 2 | 0 | 0 | 28 | 8 | 3 | 0 |
| 1993 | 일화 | 32 | 0 | 0 | 0 | 28 | 3 | 6 | 0 |
| 1994 | 일화 | 21 | 3 | 0 | 1 | 23 | 7 | 3 | 0 |
| 1995 | 일화 | 25 | 2 | 1 | 0 | 22 | 7 | 5 | 1 |
| 1996 | 천안 | 5 | 3 | 0 | 0 | 8 | 2 | 0 | 0 |
| 통산 | | 191 | 39 | 9 | 3 | 225 | 86 | 36 | 2 |

**이종훈** (李鍾勳) 중앙대 1970.09.03

| 연도 | 소속 | 출장 | 교체 | 득점 | 도움 | 파울 | 슈팅 | 경고 | 퇴장 |
|---|---|---|---|---|---|---|---|---|---|
| 1994 | 버팔로 | 11 | 8 | 0 | 0 | 16 | 4 | 1 | 0 |

**이주상** (李柱尙) 전주대 1981.11.11

| 연도 | 소속 | 출장 | 교체 | 득점 | 도움 | 파울 | 슈팅 | 경고 | 퇴장 |
|---|---|---|---|---|---|---|---|---|---|
| 2006 | 제주 | 10 | 9 | 0 | 1 | 12 | 8 | 0 | 0 |

**이주영** (李柱永) 영남대 1970.07.25

| 연도 | 소속 | 출장 | 교체 | 득점 | 도움 | 파울 | 슈팅 | 경고 | 퇴장 |
|---|---|---|---|---|---|---|---|---|---|
| 1994 | 버팔로 | 26 | 22 | 3 | 0 | 5 | 27 | 1 | 0 |
| 통산 | | 26 | 22 | 3 | 0 | 5 | 27 | 1 | 0 |

**이주영** (李柱永) 관동대 1977.09.15

| 연도 | 소속 | 출장 | 교체 | 득점 | 도움 | 파울 | 슈팅 | 경고 | 퇴장 |
|---|---|---|---|---|---|---|---|---|---|
| 2000 | 성남 | 6 | 6 | 0 | 1 | 2 | 2 | 0 | 0 |
| 통산 | | 6 | 6 | 0 | 1 | 2 | 2 | 0 | 0 |

**이주용** (李周勇) 동아대 1992.09.26

| 연도 | 소속 | 출장 | 교체 | 득점 | 도움 | 파울 | 슈팅 | 경고 | 퇴장 |
|---|---|---|---|---|---|---|---|---|---|
| 2014 | 전북 | 22 | 0 | 1 | 1 | 42 | 16 | 4 | 0 |
| 통산 | | 22 | 0 | 1 | 1 | 42 | 16 | 4 | 0 |

**이주한** (李柱翰) 동국대 1962.04.27

| 연도 | 소속 | 출장 | 교체 | 득점 | 도움 | 파울 | 슈팅 | 경고 | 퇴장 |
|---|---|---|---|---|---|---|---|---|---|
| 1985 | 한일은 | 14 | 1 | 0 | 0 | 0 | 0 | 0 | 0 |
| 1986 | 한일은 | 5 | 1 | 0 | 0 | 0 | 0 | 0 | 0 |
| 통산 | | 19 | 2 | 0 | 0 | 0 | 0 | 0 | 0 |

**이준** (李俊) 고려대 1974.05.28

| 연도 | 소속 | 출장 | 교체 | 득점 | 도움 | 파울 | 슈팅 | 경고 | 퇴장 |
|---|---|---|---|---|---|---|---|---|---|
| 1997 | 대전 | 14 | 9 | 4 | 0 | 22 | 20 | 4 | 0 |
| 1998 | 대전 | 15 | 14 | 0 | 0 | 13 | 8 | 2 | 0 |
| 통산 | | 29 | 23 | 4 | 0 | 35 | 28 | 6 | 0 |

**이준근** (李埈根) 초당대 1987.03.30

| 연도 | 소속 | 출장 | 교체 | 득점 | 도움 | 파울 | 슈팅 | 경고 | 퇴장 |
|---|---|---|---|---|---|---|---|---|---|
| 2010 | 대전 | 1 | 1 | 0 | 0 | 0 | 0 | 0 | 0 |
| 통산 | | 1 | 1 | 0 | 0 | 0 | 0 | 0 | 0 |

**이준기** (李俊基) 단국대 1982.04.25

| 연도 | 소속 | 출장 | 교체 | 득점 | 도움 | 파울 | 슈팅 | 경고 | 퇴장 |
|---|---|---|---|---|---|---|---|---|---|
| 2002 | 안양 | 2 | 2 | 0 | 1 | 0 | 0 | 0 | 0 |
| 2006 | 서울 | 2 | 2 | 0 | 0 | 1 | 1 | 0 | 0 |
| 2006 | 전남 | 6 | 5 | 0 | 0 | 2 | 1 | 1 | 0 |
| 2007 | 전남 | 16 | 6 | 0 | 0 | 16 | 0 | 2 | 0 |
| 2008 | 전남 | 17 | 4 | 0 | 0 | 20 | 6 | 2 | 0 |
| 2009 | 전남 | 9 | 1 | 0 | 0 | 13 | 2 | 1 | 0 |
| 2010 | 전남 | 20 | 12 | 0 | 0 | 11 | 2 | 1 | 0 |
| 2011 | 전남 | 8 | 7 | 0 | 0 | 6 | 0 | 0 | 0 |
| 통산 | | 78 | 37 | 0 | 0 | 69 | 11 | 7 | 0 |

**이준식** (李俊植) 남부대 1991.10.14

| 연도 | 소속 | 출장 | 교체 | 실점 | 도움 | 파울 | 슈팅 | 경고 | 퇴장 |
|---|---|---|---|---|---|---|---|---|---|
| 2014 | 울산 | 1 | 1 | 1 | 0 | 1 | 0 | 1 | 0 |
| 통산 | | 1 | 1 | 1 | 0 | 1 | 0 | 1 | 0 |

**이준엽** (李埈燁) 명지대 1990.05.21

| 연도 | 소속 | 출장 | 교체 | 득점 | 도움 | 파울 | 슈팅 | 경고 | 퇴장 |
|---|---|---|---|---|---|---|---|---|---|
| 2013 | 강원 | 27 | 20 | 1 | 1 | 36 | 19 | 4 | 0 |
| 2014 | 강원 | 1 | 1 | 0 | 0 | 2 | 0 | 0 | 0 |
| 통산 | | 28 | 21 | 1 | 1 | 38 | 19 | 4 | 0 |

**이준영** (李俊永) 경희대 1982.12.26

| 연도 | 소속 | 출장 | 교체 | 득점 | 도움 | 파울 | 슈팅 | 경고 | 퇴장 |
|---|---|---|---|---|---|---|---|---|---|
| 2003 | 안양 | 33 | 23 | 7 | 1 | 42 | 32 | 1 | 0 |
| 2004 | 서울 | 22 | 20 | 0 | 1 | 31 | 8 | 3 | 0 |
| 2005 | 인천 | 14 | 14 | 1 | 0 | 13 | 5 | 1 | 0 |
| 2006 | 인천 | 25 | 21 | 2 | 0 | 22 | 24 | 0 | 0 |
| 2007 | 인천 | 26 | 20 | 2 | 1 | 20 | 25 | 6 | 0 |
| 2008 | 인천 | 28 | 6 | 2 | 2 | 39 | 28 | 4 | 0 |
| 2009 | 인천 | 12 | 9 | 0 | 1 | 6 | 15 | 2 | 0 |
| 2010 | 인천 | 29 | 15 | 4 | 3 | 33 | 26 | 3 | 0 |
| 통산 | | 189 | 128 | 18 | 9 | 206 | 163 | 20 | 0 |

**이준택** (李濬澤) 울산대 1966.01.24

| 연도 | 소속 | 출장 | 교체 | 득점 | 도움 | 파울 | 슈팅 | 경고 | 퇴장 |
|---|---|---|---|---|---|---|---|---|---|
| 1989 | 현대 | 17 | 17 | 0 | 1 | 12 | 8 | 1 | 0 |
| 1990 | 현대 | 11 | 10 | 0 | 2 | 15 | 12 | 2 | 0 |
| 1992 | 현대 | 14 | 11 | 0 | 0 | 12 | 9 | 1 | 0 |
| 1993 | 현대 | 4 | 4 | 0 | 0 | 2 | 0 | 0 | 0 |
| 1994 | 현대 | 2 | 1 | 0 | 0 | 4 | 0 | 0 | 0 |
| 통산 | | 48 | 43 | 1 | 1 | 45 | 29 | 4 | 0 |

**이준협** (李俊協) 관동대 1989.03.30

| 연도 | 소속 | 출장 | 교체 | 득점 | 도움 | 파울 | 슈팅 | 경고 | 퇴장 |
|---|---|---|---|---|---|---|---|---|---|
| 2010 | 강원 | 3 | 3 | 0 | 0 | 3 | 2 | 1 | 0 |
| 통산 | | 3 | 3 | 0 | 0 | 3 | 2 | 1 | 0 |

**이준형** (李濬榮) 조선대 1988.08.24

| 연도 | 소속 | 출장 | 교체 | 득점 | 도움 | 파울 | 슈팅 | 경고 | 퇴장 |
|---|---|---|---|---|---|---|---|---|---|
| 2011 | 강원 | 3 | 3 | 0 | 0 | 1 | 0 | 0 | 0 |
| 2012 | 강원 | 1 | 1 | 0 | 0 | 0 | 0 | 0 | 0 |
| 통산 | | 4 | 4 | 0 | 0 | 1 | 0 | 0 | 0 |

**이준호** (李峻豪) 연세대 1967.06.06

| 연도 | 소속 | 출장 | 교체 | 득점 | 도움 | 파울 | 슈팅 | 경고 | 퇴장 |
|---|---|---|---|---|---|---|---|---|---|
| 1990 | 대우 | 5 | 1 | 0 | 0 | 6 | 4 | 2 | 0 |
| 통산 | | 5 | 1 | 0 | 0 | 6 | 4 | 2 | 0 |

**이준호** (李俊浩) 중앙대 1989.01.27

| 연도 | 소속 | 출장 | 교체 | 득점 | 도움 | 파울 | 슈팅 | 경고 | 퇴장 |
|---|---|---|---|---|---|---|---|---|---|
| 2013 | 수원FC | 22 | 4 | 3 | 0 | 28 | 15 | 5 | 0 |
| 2014 | 수원FC | 19 | 2 | 0 | 1 | 20 | 17 | 1 | 0 |
| 통산 | | 41 | 6 | 3 | 1 | 48 | 32 | 6 | 0 |

**이준호** (李準鎬) 중앙대 1991.11.07

| 연도 | 소속 | 출장 | 교체 | 득점 | 도움 | 파울 | 슈팅 | 경고 | 퇴장 |
|---|---|---|---|---|---|---|---|---|---|
| 2014 | 충주 | 10 | 10 | 0 | 0 | 3 | 2 | 1 | 0 |
| 통산 | | 10 | 10 | 0 | 0 | 3 | 2 | 1 | 0 |

**이준희** (李準熙) 경희대 1988.06.01

| 연도 | 소속 | 출장 | 교체 | 득점 | 도움 | 파울 | 슈팅 | 경고 | 퇴장 |
|---|---|---|---|---|---|---|---|---|---|
| 2012 | 대구 | 19 | 2 | 0 | 0 | 44 | 6 | 4 | 0 |
| 2013 | 대구 | 30 | 1 | 0 | 2 | 34 | 15 | 5 | 0 |
| 2014 | 대구 | 31 | 2 | 1 | 4 | 49 | 19 | 8 | 0 |
| 통산 | | 80 | 5 | 1 | 6 | 127 | 40 | 19 | 0 |

**이중갑** (李中甲) 명지대 1962.07.06

| 연도 | 소속 | 출장 | 교체 | 득점 | 도움 | 파울 | 슈팅 | 경고 | 퇴장 |
|---|---|---|---|---|---|---|---|---|---|
| 1983 | 국민은 | 2 | 0 | 0 | 0 | 0 | 2 | 0 | 0 |
| 1986 | 현대 | 19 | 1 | 0 | 0 | 11 | 20 | 0 | 0 |
| 1987 | 현대 | 25 | 6 | 1 | 0 | 17 | 17 | 0 | 0 |
| 1988 | 현대 | 6 | 3 | 0 | 1 | 7 | 2 | 2 | 0 |
| 통산 | | 52 | 10 | 1 | 1 | 35 | 41 | 2 | 0 |

**이중권** (李重權) 명지대 1992.01.01

| 연도 | 소속 | 출장 | 교체 | 득점 | 도움 | 파울 | 슈팅 | 경고 | 퇴장 |
|---|---|---|---|---|---|---|---|---|---|
| 2013 | 전남 | 11 | 7 | 0 | 1 | 8 | 2 | 1 | 0 |
| 2014 | 전남 | 1 | 1 | 0 | 0 | 0 | 0 | 0 | 0 |
| 통산 | | 12 | 8 | 0 | 1 | 8 | 2 | 1 | 0 |

**이중원** (李重元) 숭실대 1989.07.27

| 연도 | 소속 | 출장 | 교체 | 득점 | 도움 | 파울 | 슈팅 | 경고 | 퇴장 |
|---|---|---|---|---|---|---|---|---|---|
| 2010 | 대전 | 7 | 7 | 0 | 0 | 2 | 2 | 0 | 0 |
| 2011 | 대전 | 8 | 6 | 0 | 0 | 4 | 5 | 1 | 0 |
| 통산 | | 15 | 13 | 0 | 0 | 6 | 7 | 1 | 0 |

**이중재** (李重宰) 경성고 1963.01.27

| 연도 | 소속 | 출장 | 교체 | 득점 | 도움 | 파울 | 슈팅 | 경고 | 퇴장 |
|---|---|---|---|---|---|---|---|---|---|
| 1985 | 상무 | 11 | 4 | 1 | 3 | 10 | 10 | 0 | 0 |
| 통산 | | 11 | 4 | 1 | 3 | 10 | 10 | 0 | 0 |

**이지남** (李指南) 안양공고 1984.11.21

## 이진호 (continued)

| 연도 | 소속 | 출장 | 교체 | 득점 | 도움 | 파울 | 슈팅 | 경고 | 퇴장 |
|---|---|---|---|---|---|---|---|---|---|
| 2004 | 서울 | 4 | 1 | 0 | 0 | 2 | 2 | 0 | 0 |
| 2008 | 경남 | 8 | 5 | 1 | 0 | 18 | 2 | 2 | 0 |
| 2009 | 경남 | 7 | 3 | 0 | 0 | 7 | 4 | 0 | 0 |
| 2010 | 경남 | 23 | 8 | 1 | 0 | 32 | 8 | 7 | 0 |
| 2011 | 대구 | 28 | 7 | 2 | 1 | 33 | 11 | 4 | 0 |
| 2012 | 대구 | 32 | 0 | 3 | 0 | 41 | 16 | 13 | 0 |
| 2013 | 대구 | 28 | 2 | 2 | 0 | 31 | 9 | 1 | 0 |
| 통산 | | 130 | 26 | 9 | 1 | 164 | 52 | 27 | 0 |

## 이진규 (李眞奎) 동의대 1988.05.20

| 연도 | 소속 | 출장 | 교체 | 득점 | 도움 | 파울 | 슈팅 | 경고 | 퇴장 |
|---|---|---|---|---|---|---|---|---|---|
| 2012 | 성남 | 0 | 0 | 0 | 0 | 0 | 0 | 0 | 0 |
| 통산 | | 0 | 0 | 0 | 0 | 0 | 0 | 0 | 0 |

## 이진석 (李振錫) 영남대 1991.09.10

| 연도 | 소속 | 출장 | 교체 | 득점 | 도움 | 파울 | 슈팅 | 경고 | 퇴장 |
|---|---|---|---|---|---|---|---|---|---|
| 2013 | 포항 | 0 | 0 | 0 | 0 | 0 | 0 | 0 | 0 |
| 2014 | 포항 | 1 | 1 | 0 | 0 | 1 | 1 | 0 | 0 |
| 통산 | | 1 | 1 | 0 | 0 | 1 | 1 | 0 | 0 |

## 이진우 (李鎭宇) 고려대 1982.09.03

| 연도 | 소속 | 출장 | 교체 | 득점 | 도움 | 파울 | 슈팅 | 경고 | 퇴장 |
|---|---|---|---|---|---|---|---|---|---|
| 2007 | 울산 | 8 | 8 | 0 | 1 | 12 | 5 | 1 | 0 |
| 2008 | 울산 | 3 | 3 | 0 | 0 | 2 | 0 | 0 | 0 |
| 2009 | 대전 | 1 | 1 | 0 | 0 | 3 | 4 | 0 | 0 |
| 통산 | | 12 | 12 | 0 | 1 | 17 | 9 | 1 | 0 |

## 이진행 (李晉行) 연세대 1971.07.10

| 연도 | 소속 | 출장 | 교체 | 득점 | 도움 | 파울 | 슈팅 | 경고 | 퇴장 |
|---|---|---|---|---|---|---|---|---|---|
| 1996 | 수원 | 21 | 16 | 4 | 0 | 27 | 25 | 3 | 0 |
| 1997 | 수원 | 24 | 14 | 3 | 3 | 31 | 37 | 2 | 0 |
| 1998 | 수원 | 23 | 16 | 2 | 0 | 31 | 25 | 2 | 0 |
| 1999 | 수원 | 14 | 10 | 2 | 1 | 17 | 9 | 0 | 0 |
| 2000 | 수원 | 2 | 2 | 0 | 0 | 2 | 1 | 0 | 0 |
| 통산 | | 84 | 56 | 11 | 4 | 108 | 97 | 7 | 0 |

## 이진형 (李鎭亨) 단국대 1988.02.22

| 연도 | 소속 | 출장 | 교체 | 실점 | 도움 | 파울 | 슈팅 | 경고 | 퇴장 |
|---|---|---|---|---|---|---|---|---|---|
| 2011 | 제주 | 0 | 0 | 0 | 0 | 0 | 0 | 0 | 0 |
| 2012 | 제주 | 0 | 0 | 0 | 0 | 0 | 0 | 0 | 0 |
| 2013 | 안양 | 25 | 1 | 31 | 0 | 2 | 1 | 1 | 0 |
| 2014 | 안양 | 34 | 0 | 50 | 0 | 0 | 0 | 2 | 0 |
| 통산 | | 59 | 1 | 81 | 0 | 2 | 1 | 2 | 0 |

## 이진호 (李鎭鎬) 호남대 1969.03.01

| 연도 | 소속 | 출장 | 교체 | 득점 | 도움 | 파울 | 슈팅 | 경고 | 퇴장 |
|---|---|---|---|---|---|---|---|---|---|
| 1992 | 대우 | 17 | 4 | 0 | 0 | 11 | 1 | 1 | 0 |
| 1993 | 대우 | 8 | 4 | 0 | 1 | 13 | 3 | 0 | 0 |
| 1995 | 대우 | 10 | 3 | 0 | 0 | 15 | 0 | 3 | 0 |
| 1996 | 부산 | 4 | 2 | 0 | 0 | 5 | 1 | 0 | 0 |
| 통산 | | 43 | 12 | 0 | 0 | 54 | 7 | 11 | 0 |

## 이진호 (李珍浩) 울산과학대 1984.09.03

| 연도 | 소속 | 출장 | 교체 | 득점 | 도움 | 파울 | 슈팅 | 경고 | 퇴장 |
|---|---|---|---|---|---|---|---|---|---|
| 2003 | 울산 | 1 | 2 | 0 | 0 | 1 | 0 | 0 | 0 |
| 2004 | 울산 | 3 | 3 | 0 | 0 | 8 | 2 | 0 | 0 |
| 2005 | 울산 | 25 | 24 | 5 | 1 | 30 | 32 | 1 | 0 |
| 2006 | 광주상 | 11 | 9 | 2 | 1 | 18 | 27 | 1 | 0 |
| 2007 | 광주상 | 24 | 17 | 2 | 0 | 27 | 33 | 2 | 0 |
| 2008 | 울산 | 34 | 28 | 7 | 6 | 47 | 49 | 8 | 0 |
| 2009 | 울산 | 23 | 20 | 6 | 0 | 41 | 46 | 2 | 0 |
| 2010 | 포항 | 10 | 9 | 1 | 0 | 14 | 19 | 2 | 0 |
| 2011 | 울산 | 26 | 23 | 5 | 0 | 29 | 19 | 5 | 0 |
| 2012 | 대구 | 39 | 23 | 9 | 1 | 94 | 66 | 9 | 0 |
| 2013 | 대구 | 10 | 7 | 0 | 0 | 19 | 14 | 0 | 0 |
| 2013 | 제주 | 17 | 14 | 3 | 3 | 23 | 15 | 2 | 1 |
| 2014 | 광주 | 7 | 7 | 1 | 0 | 11 | 9 | 0 | 0 |
| 통산 | | 242 | 193 | 45 | 13 | 386 | 339 | 39 | 2 |

## 이찬동 (李燦東) 인천대 1993.01.10

| 연도 | 소속 | 출장 | 교체 | 득점 | 도움 | 파울 | 슈팅 | 경고 | 퇴장 |
|---|---|---|---|---|---|---|---|---|---|
| 2014 | 광주 | 33 | 14 | 1 | 0 | 80 | 21 | 11 | 0 |
| 통산 | | 33 | 14 | 1 | 0 | 80 | 21 | 11 | 0 |

## 이찬행 (李粲行) 단국대 1968.07.14

| 연도 | 소속 | 출장 | 교체 | 득점 | 도움 | 파울 | 슈팅 | 경고 | 퇴장 |
|---|---|---|---|---|---|---|---|---|---|
| 1991 | 유공 | 6 | 4 | 0 | 0 | 7 | 3 | 2 | 0 |
| 1992 | 유공 | 1 | 1 | 0 | 0 | 1 | 0 | 0 | 0 |
| 1993 | 유공 | 8 | 6 | 0 | 0 | 11 | 7 | 0 | 0 |
| 1994 | 유공 | 11 | 8 | 2 | 0 | 7 | 14 | 1 | 0 |
| 1995 | 유공 | 9 | 6 | 0 | 0 | 4 | 2 | 2 | 0 |
| 1996 | 부천 | 17 | 5 | 1 | 1 | 22 | 9 | 1 | 0 |
| 1997 | 부천 | 11 | 3 | 1 | 1 | 18 | 2 | 5 | 0 |
| 통산 | | 63 | 33 | 4 | 2 | 70 | 37 | 11 | 0 |

## 이창근 (李昌根) 동래고 1993.08.30

| 연도 | 소속 | 출장 | 교체 | 실점 | 도움 | 파울 | 슈팅 | 경고 | 퇴장 |
|---|---|---|---|---|---|---|---|---|---|
| 2012 | 부산 | 0 | 0 | 0 | 0 | 0 | 0 | 0 | 0 |
| 2013 | 부산 | 5 | 0 | 5 | 0 | 0 | 1 | 0 | 0 |
| 2014 | 부산 | 7 | 0 | 11 | 0 | 0 | 0 | 0 | 0 |
| 통산 | | 12 | 0 | 10 | 0 | 0 | 1 | 0 | 0 |

## 이창덕 (李昌德) 수원공고 1981.06.05

| 연도 | 소속 | 출장 | 교체 | 득점 | 도움 | 파울 | 슈팅 | 경고 | 퇴장 |
|---|---|---|---|---|---|---|---|---|---|
| 2000 | 수원 | 0 | 0 | 0 | 0 | 0 | 0 | 0 | 0 |
| 2001 | 수원 | 0 | 0 | 0 | 0 | 0 | 0 | 0 | 0 |
| 통산 | | 0 | 0 | 0 | 0 | 0 | 0 | 0 | 0 |

## 이창민 (李昌珉) 중앙대 1994.01.20

| 연도 | 소속 | 출장 | 교체 | 득점 | 도움 | 파울 | 슈팅 | 경고 | 퇴장 |
|---|---|---|---|---|---|---|---|---|---|
| 2014 | 경남 | 34 | 13 | 2 | 3 | 33 | 55 | 3 | 0 |
| 통산 | | 34 | 13 | 2 | 3 | 33 | 55 | 3 | 0 |

## 이창민 (李昌玟) 울산대 1980.01.25

| 연도 | 소속 | 출장 | 교체 | 득점 | 도움 | 파울 | 슈팅 | 경고 | 퇴장 |
|---|---|---|---|---|---|---|---|---|---|
| 2002 | 전북 | 0 | 0 | 0 | 0 | 0 | 0 | 0 | 0 |
| 통산 | | 0 | 0 | 0 | 0 | 0 | 0 | 0 | 0 |

## 이창민 (李昌民) 진주고 1984.06.01

| 연도 | 소속 | 출장 | 교체 | 득점 | 도움 | 파울 | 슈팅 | 경고 | 퇴장 |
|---|---|---|---|---|---|---|---|---|---|
| 2004 | 부산 | 0 | 0 | 0 | 0 | 0 | 0 | 0 | 0 |
| 2005 | 부산 | 0 | 0 | 0 | 0 | 0 | 0 | 0 | 0 |
| 2006 | 부산 | 0 | 0 | 0 | 0 | 0 | 0 | 0 | 0 |
| 통산 | | 0 | 0 | 0 | 0 | 0 | 0 | 0 | 0 |

## 이창엽 (李昌燁) 홍익대 1974.11.19

| 연도 | 소속 | 출장 | 교체 | 득점 | 도움 | 파울 | 슈팅 | 경고 | 퇴장 |
|---|---|---|---|---|---|---|---|---|---|
| 1997 | 대전 | 34 | 1 | 3 | 0 | 60 | 34 | 3 | 0 |
| 1998 | 대전 | 30 | 4 | 0 | 3 | 43 | 27 | 2 | 0 |
| 1999 | 대전 | 14 | 5 | 0 | 1 | 13 | 10 | 0 | 0 |
| 2000 | 대전 | 31 | 2 | 0 | 0 | 27 | 13 | 4 | 0 |
| 2001 | 대전 | 16 | 7 | 0 | 1 | 19 | 4 | 3 | 0 |
| 2002 | 대전 | 19 | 14 | 1 | 3 | 32 | 23 | 2 | 0 |
| 2003 | 대전 | 33 | 15 | 0 | 3 | 62 | 37 | 3 | 0 |
| 2004 | 대전 | 27 | 18 | 0 | 1 | 41 | 28 | 2 | 0 |
| 2005 | 대전 | 12 | 10 | 0 | 0 | 8 | 1 | 3 | 0 |
| 2006 | 대전 | 0 | 0 | 0 | 0 | 0 | 0 | 0 | 0 |
| 통산 | | 213 | 78 | 5 | 15 | 317 | 177 | 26 | 0 |

## 이창용 (李昌勇) 용인대 1990.08.27

| 연도 | 소속 | 출장 | 교체 | 득점 | 도움 | 파울 | 슈팅 | 경고 | 퇴장 |
|---|---|---|---|---|---|---|---|---|---|
| 2013 | 강원 | 15 | 6 | 0 | 0 | 25 | 8 | 6 | 0 |
| 2014 | 강원 | 22 | 4 | 1 | 1 | 41 | 8 | 3 | 1 |
| 통산 | | 37 | 10 | 1 | 1 | 66 | 16 | 9 | 1 |

## 이창원 (李昌源) 영남대 1975.07.10

| 연도 | 소속 | 출장 | 교체 | 득점 | 도움 | 파울 | 슈팅 | 경고 | 퇴장 |
|---|---|---|---|---|---|---|---|---|---|
| 2001 | 전남 | 15 | 2 | 0 | 0 | 11 | 0 | 0 | 0 |
| 2002 | 전남 | 11 | 3 | 0 | 0 | 20 | 1 | 3 | 0 |
| 2003 | 전남 | 8 | 2 | 0 | 0 | 18 | 1 | 0 | 0 |
| 2004 | 전남 | 29 | 3 | 0 | 1 | 43 | 1 | 3 | 0 |
| 2005 | 전남 | 26 | 1 | 0 | 0 | 70 | 4 | 7 | 0 |
| 2006 | 포항 | 27 | 8 | 0 | 0 | 60 | 2 | 8 | 0 |
| 2007 | 포항 | 22 | 6 | 0 | 0 | 35 | 3 | 3 | 0 |
| 2008 | 포항 | 5 | 0 | 0 | 0 | 11 | 0 | 0 | 0 |
| 2009 | 포항 | 0 | 0 | 0 | 0 | 0 | 0 | 0 | 0 |
| 통산 | | 143 | 25 | 1 | 1 | 264 | 12 | 25 | 0 |

## 이창호 (李昶浩) 숭실대 1989.04.05

| 연도 | 소속 | 출장 | 교체 | 득점 | 도움 | 파울 | 슈팅 | 경고 | 퇴장 |
|---|---|---|---|---|---|---|---|---|---|
| 2013 | 수원FC | 22 | 13 | 1 | 3 | 29 | 29 | 0 | 0 |
| 통산 | | 22 | 13 | 1 | 3 | 29 | 29 | 0 | 0 |

## 이창훈 (李昶勳) 인천대 1986.12.17

| 연도 | 소속 | 출장 | 교체 | 득점 | 도움 | 파울 | 슈팅 | 경고 | 퇴장 |
|---|---|---|---|---|---|---|---|---|---|
| 2009 | 강원 | 24 | 18 | 1 | 4 | 20 | 14 | 3 | 0 |
| 2010 | 강원 | 25 | 23 | 2 | 1 | 13 | 22 | 0 | 0 |
| 2011 | 강원 | 16 | 12 | 1 | 2 | 16 | 16 | 0 | 0 |
| 2011 | 성남 | 9 | 9 | 0 | 2 | 7 | 3 | 0 | 0 |
| 2012 | 성남 | 13 | 13 | 2 | 2 | 25 | 16 | 2 | 0 |
| 2013 | 성남 | 17 | 13 | 0 | 0 | 8 | 6 | 3 | 0 |
| 2014 | 성남 | 21 | 14 | 0 | 1 | 21 | 29 | 4 | 0 |
| 통산 | | 125 | 102 | 6 | 12 | 102 | 106 | 12 | 0 |

## 이천수 (李天秀) 고려대 1981.07.09

| 연도 | 소속 | 출장 | 교체 | 득점 | 도움 | 파울 | 슈팅 | 경고 | 퇴장 |
|---|---|---|---|---|---|---|---|---|---|
| 2002 | 울산 | 18 | 5 | 7 | 9 | 35 | 41 | 2 | 0 |
| 2003 | 울산 | 18 | 8 | 8 | 6 | 24 | 44 | 0 | 0 |
| 2005 | 울산 | 14 | 6 | 7 | 5 | 34 | 45 | 5 | 0 |
| 2006 | 울산 | 24 | 4 | 7 | 1 | 58 | 71 | 6 | 1 |
| 2007 | 울산 | 26 | 12 | 7 | 3 | 52 | 81 | 4 | 0 |
| 2008 | 수원 | 4 | 3 | 0 | 1 | 5 | 7 | 1 | 0 |
| 2009 | 전남 | 8 | 6 | 4 | 1 | 13 | 26 | 1 | 0 |
| 2013 | 인천 | 19 | 13 | 2 | 5 | 18 | 42 | 2 | 0 |
| 2014 | 인천 | 28 | 23 | 1 | 4 | 41 | 48 | 5 | 1 |
| 통산 | | 159 | 81 | 44 | 33 | 280 | 408 | 25 | 2 |

## 이천흥 (李千興) 명지대 1960.10.22

| 연도 | 소속 | 출장 | 교체 | 득점 | 도움 | 파울 | 슈팅 | 경고 | 퇴장 |
|---|---|---|---|---|---|---|---|---|---|
| 1983 | 대우 | 1 | 1 | 0 | 0 | 1 | 0 | 0 | 0 |
| 1984 | 대우 | 10 | 6 | 0 | 0 | 2 | 16 | 0 | 0 |
| 1985 | 대우 | 13 | 8 | 0 | 0 | 5 | 6 | 1 | 0 |
| 1986 | 대우 | 13 | 5 | 1 | 2 | 14 | 11 | 2 | 0 |
| 통산 | | 37 | 20 | 1 | 2 | 21 | 34 | 2 | 0 |

## 이철희 (李喆熙) 배재대 1985.08.06

| 연도 | 소속 | 출장 | 교체 | 득점 | 도움 | 파울 | 슈팅 | 경고 | 퇴장 |
|---|---|---|---|---|---|---|---|---|---|
| 2008 | 대전 | 2 | 2 | 0 | 0 | 2 | 1 | 0 | 0 |
| 통산 | | 2 | 2 | 0 | 0 | 2 | 1 | 0 | 0 |

## 이청용 (李靑龍) 도봉중 1988.07.02

| 연도 | 소속 | 출장 | 교체 | 득점 | 도움 | 파울 | 슈팅 | 경고 | 퇴장 |
|---|---|---|---|---|---|---|---|---|---|
| 2004 | 서울 | 0 | 0 | 0 | 0 | 0 | 0 | 0 | 0 |
| 2006 | 서울 | 4 | 2 | 0 | 1 | 9 | 2 | 0 | 0 |
| 2007 | 서울 | 23 | 11 | 3 | 6 | 39 | 16 | 6 | 0 |
| 2008 | 서울 | 25 | 6 | 6 | 6 | 36 | 17 | 5 | 2 |
| 2009 | 서울 | 16 | 5 | 3 | 4 | 42 | 20 | 2 | 0 |
| 통산 | | 68 | 23 | 12 | 17 | 93 | 55 | 13 | 2 |

## 이총희 (李聰熙) 통진고 1992.04.21

| 연도 | 소속 | 출장 | 교체 | 득점 | 도움 | 파울 | 슈팅 | 경고 | 퇴장 |
|---|---|---|---|---|---|---|---|---|---|
| 2011 | 수원 | 1 | 1 | 0 | 0 | 3 | 0 | 0 | 0 |
| 통산 | | 1 | 1 | 0 | 0 | 3 | 0 | 0 | 0 |

## 이춘석 (李春錫) 연세대 1959.02.03

| 연도 | 소속 | 출장 | 교체 | 득점 | 도움 | 파울 | 슈팅 | 경고 | 퇴장 |
|---|---|---|---|---|---|---|---|---|---|
| 1983 | 대우 | 16 | 3 | 1 | 0 | 32 | 0 | 0 | 0 |
| 1985 | 상무 | 19 | 3 | 5 | 1 | 24 | 30 | 2 | 0 |
| 1986 | 대우 | 9 | 4 | 0 | 0 | 9 | 6 | 0 | 0 |
| 1987 | 대우 | 23 | 22 | 3 | 2 | 15 | 10 | 0 | 0 |
| 통산 | | 67 | 32 | 16 | 4 | 58 | 78 | 2 | 0 |

## 이춘섭 (李春燮) 동국대 1958.11.17

| 연도 | 소속 | 출장 | 교체 | 실점 | 도움 | 파울 | 슈팅 | 경고 | 퇴장 |
|---|---|---|---|---|---|---|---|---|---|
| 1984 | 한일은 | 24 | 0 | 41 | 0 | 0 | 0 | 0 | 0 |
| 1985 | 한일은 | 8 | 1 | 14 | 0 | 1 | 1 | 1 | 0 |
| 통산 | | 32 | 1 | 55 | 0 | 1 | 1 | 1 | 0 |

## 이충호 (李忠昊) 한양대 1968.07.04

| 연도 | 소속 | 출장 | 교체 | 실점 | 도움 | 파울 | 슈팅 | 경고 | 퇴장 |
|---|---|---|---|---|---|---|---|---|---|
| 1991 | 현대 | 5 | 1 | 0 | 0 | 0 | 0 | 0 | 0 |
| 통산 | | 5 | 1 | 0 | 0 | 0 | 0 | 0 | 0 |

## 이치준 (李治準) 중앙대 1985.01.20

| 연도 | 소속 | 출장 | 교체 | 득점 | 도움 | 파울 | 슈팅 | 경고 | 퇴장 |
|---|---|---|---|---|---|---|---|---|---|
| 2009 | 성남 | 1 | 1 | 0 | 0 | 0 | 0 | 0 | 0 |
| 2010 | 성남 | 0 | 0 | 0 | 0 | 0 | 0 | 0 | 0 |

**이OO (continued)**

| 연도 | 소속 | 출장 | 교체 | 득점 | 도움 | 파울 | 슈팅 | 경고 | 퇴장 |
|---|---|---|---|---|---|---|---|---|---|
| 2011 | 성남 | 0 | 0 | 0 | 0 | 0 | 0 | 0 | 0 |
| 2013 | 경찰 | 20 | 9 | 0 | 1 | 37 | 8 | 8 | 1 |
| 2014 | 수원FC | 21 | 9 | 0 | 0 | 26 | 18 | 5 | 0 |
| 통산 | | 42 | 19 | 0 | 1 | 63 | 26 | 13 | 1 |

**이칠성** (李七星) 서울시립대 1963.08.25

| 연도 | 소속 | 출장 | 교체 | 득점 | 도움 | 파울 | 슈팅 | 경고 | 퇴장 |
|---|---|---|---|---|---|---|---|---|---|
| 1987 | 유공 | 20 | 5 | 4 | 3 | 12 | 26 | 0 | 0 |
| 1988 | 유공 | 5 | 4 | 0 | 1 | 3 | 5 | 0 | 0 |
| 1989 | 유공 | 2 | 1 | 0 | 0 | 0 | 0 | 0 | 0 |
| 통산 | | 27 | 10 | 4 | 4 | 15 | 31 | 0 | 0 |

**이태권** (李泰權) 연세대 1980.07.14

| 연도 | 소속 | 출장 | 교체 | 득점 | 도움 | 파울 | 슈팅 | 경고 | 퇴장 |
|---|---|---|---|---|---|---|---|---|---|
| 2005 | 수원 | 1 | 1 | 0 | 0 | 1 | 0 | 0 | 0 |
| 통산 | | 1 | 1 | 0 | 0 | 1 | 0 | 0 | 0 |

**이태엽** (李太燁) 서울시립대 1959.06.16

| 연도 | 소속 | 출장 | 교체 | 득점 | 도움 | 파울 | 슈팅 | 경고 | 퇴장 |
|---|---|---|---|---|---|---|---|---|---|
| 1983 | 국민은 | 15 | 2 | 1 | 0 | 7 | 31 | 1 | 0 |
| 1984 | 국민은 | 17 | 10 | 2 | 0 | 15 | 22 | 3 | 0 |
| 통산 | | 32 | 12 | 3 | 0 | 22 | 53 | 4 | 0 |

**이태영** (李太永) 풍생고 1987.07.01

| 연도 | 소속 | 출장 | 교체 | 득점 | 도움 | 파울 | 슈팅 | 경고 | 퇴장 |
|---|---|---|---|---|---|---|---|---|---|
| 2007 | 포항 | 0 | 0 | 0 | 0 | 0 | 0 | 0 | 0 |
| 통산 | | 0 | 0 | 0 | 0 | 0 | 0 | 0 | 0 |

**이태우** (李泰雨) 경희대 1984.01.08

| 연도 | 소속 | 출장 | 교체 | 득점 | 도움 | 파울 | 슈팅 | 경고 | 퇴장 |
|---|---|---|---|---|---|---|---|---|---|
| 2006 | 대구 | 2 | 2 | 0 | 0 | 2 | 0 | 1 | 0 |
| 2007 | 대구 | 3 | 2 | 0 | 0 | 1 | 5 | 0 | 0 |
| 통산 | | 5 | 4 | 0 | 0 | 3 | 5 | 1 | 0 |

**이태형** (李太炯) 한양대 1963.06.04

| 연도 | 소속 | 출장 | 교체 | 득점 | 도움 | 파울 | 슈팅 | 경고 | 퇴장 |
|---|---|---|---|---|---|---|---|---|---|
| 1987 | 대우 | 19 | 18 | 1 | 0 | 23 | 18 | 0 | 0 |
| 1988 | 대우 | 18 | 14 | 1 | 1 | 18 | 15 | 1 | 0 |
| 1989 | 대우 | 19 | 15 | 2 | 0 | 20 | 13 | 1 | 0 |
| 1990 | 대우 | 8 | 6 | 1 | 0 | 13 | 5 | 2 | 0 |
| 통산 | | 64 | 53 | 5 | 1 | 74 | 51 | 4 | 0 |

**이태형** (李太炯) 한양대 1964.09.01

| 연도 | 소속 | 출장 | 교체 | 득점 | 도움 | 파울 | 슈팅 | 경고 | 퇴장 |
|---|---|---|---|---|---|---|---|---|---|
| 1991 | 포철 | 8 | 6 | 1 | 1 | 9 | 16 | 0 | 0 |
| 1992 | 포철 | 6 | 4 | 0 | 0 | 9 | 2 | 1 | 0 |
| 1994 | 버팔로 | 8 | 6 | 0 | 0 | 4 | 3 | 1 | 0 |
| 통산 | | 22 | 16 | 1 | 1 | 22 | 21 | 2 | 0 |

**이태호** (李泰昊) 고려대 1961.01.29

| 연도 | 소속 | 출장 | 교체 | 득점 | 도움 | 파울 | 슈팅 | 경고 | 퇴장 |
|---|---|---|---|---|---|---|---|---|---|
| 1983 | 대우 | 8 | 2 | 3 | 3 | 13 | 16 | 2 | 0 |
| 1984 | 대우 | 20 | 1 | 11 | 3 | 15 | 52 | 4 | 0 |
| 1985 | 대우 | 5 | 1 | 4 | 0 | 3 | 11 | 0 | 0 |
| 1986 | 대우 | 12 | 2 | 3 | 4 | 18 | 18 | 2 | 0 |
| 1987 | 대우 | 19 | 14 | 6 | 2 | 10 | 25 | 0 | 1 |
| 1988 | 대우 | 12 | 6 | 5 | 3 | 12 | 19 | 0 | 0 |
| 1989 | 대우 | 25 | 7 | 8 | 3 | 34 | 49 | 1 | 0 |
| 1990 | 대우 | 19 | 1 | 6 | 3 | 19 | 49 | 0 | 0 |
| 1991 | 대우 | 33 | 26 | 5 | 5 | 28 | 45 | 0 | 0 |
| 1992 | 대우 | 28 | 24 | 6 | 1 | 28 | 38 | 0 | 0 |
| 통산 | | 181 | 84 | 57 | 27 | 180 | 307 | 10 | 1 |

**이태홍** (李太洪) 대구대 1971.10.01

| 연도 | 소속 | 출장 | 교체 | 득점 | 도움 | 파울 | 슈팅 | 경고 | 퇴장 |
|---|---|---|---|---|---|---|---|---|---|
| 1992 | 일화 | 32 | 27 | 2 | 2 | 39 | 21 | 4 | 0 |
| 1993 | 일화 | 27 | 6 | 6 | 4 | 55 | 57 | 4 | 0 |
| 1994 | 일화 | 18 | 13 | 1 | 0 | 30 | 25 | 6 | 0 |
| 1995 | 일화 | 26 | 20 | 3 | 1 | 24 | 28 | 3 | 0 |
| 1996 | 천안 | 32 | 13 | 3 | 0 | 60 | 26 | 5 | 0 |
| 1997 | 부천 | 11 | 4 | 1 | 0 | 24 | 8 | 3 | 1 |
| 1999 | 부천 | 16 | 16 | 4 | 1 | 19 | 17 | 2 | 0 |
| 통산 | | 162 | 99 | 20 | 8 | 251 | 182 | 27 | 2 |

**이태훈** (李太勳) 전북대 1971.06.07

| 연도 | 소속 | 출장 | 교체 | 득점 | 도움 | 파울 | 슈팅 | 경고 | 퇴장 |
|---|---|---|---|---|---|---|---|---|---|
| 1994 | 버팔로 | 17 | 5 | 1 | 1 | 11 | 8 | 0 | 0 |
| 1996 | 전북 | 9 | 7 | 0 | 0 | 14 | 10 | 0 | 0 |
| 1997 | 전북 | 7 | 3 | 0 | 1 | 13 | 4 | 1 | 0 |
| 1998 | 전북 | 6 | 5 | 1 | 0 | 2 | 4 | 1 | 0 |
| 통산 | | 39 | 20 | 2 | 2 | 40 | 26 | 2 | 0 |

**이태희** (李台熙) 서울시립대 1959.08.10

| 연도 | 소속 | 출장 | 교체 | 득점 | 도움 | 파울 | 슈팅 | 경고 | 퇴장 |
|---|---|---|---|---|---|---|---|---|---|
| 1983 | 국민 | 14 | 7 | 1 | 0 | 9 | 12 | 2 | 0 |
| 1984 | 국민 | 14 | 7 | 1 | 1 | 15 | 11 | 0 | 0 |
| 통산 | | 28 | 14 | 2 | 1 | 24 | 23 | 2 | 0 |

**이택기** (李宅基) 아주대 1989.03.31

| 연도 | 소속 | 출장 | 교체 | 득점 | 도움 | 파울 | 슈팅 | 경고 | 퇴장 |
|---|---|---|---|---|---|---|---|---|---|
| 2012 | 서울 | 1 | 0 | 0 | 0 | 1 | 0 | 0 | 0 |
| 2013 | 서울 | 1 | 1 | 0 | 0 | 1 | 0 | 0 | 0 |
| 2014 | 충주 | 15 | 0 | 0 | 0 | 5 | 5 | 1 | 0 |
| 통산 | | 17 | 2 | 0 | 0 | 7 | 5 | 2 | 0 |

**이평재** (李平宰) 동아대 1969.03.24

| 연도 | 소속 | 출장 | 교체 | 득점 | 도움 | 파울 | 슈팅 | 경고 | 퇴장 |
|---|---|---|---|---|---|---|---|---|---|
| 1991 | 현대 | 6 | 6 | 0 | 0 | 3 | 6 | 0 | 0 |
| 1995 | 전남 | 6 | 5 | 0 | 0 | 7 | 4 | 1 | 0 |
| 1996 | 전남 | 19 | 13 | 3 | 1 | 16 | 14 | 3 | 0 |
| 통산 | | 33 | 24 | 3 | 1 | 31 | 24 | 4 | 0 |

**이필주** (李泌周) 동아대 1982.03.11

| 연도 | 소속 | 출장 | 교체 | 득점 | 도움 | 파울 | 슈팅 | 경고 | 퇴장 |
|---|---|---|---|---|---|---|---|---|---|
| 2005 | 대전 | 1 | 1 | 0 | 0 | 2 | 0 | 0 | 0 |
| 통산 | | 1 | 1 | 0 | 0 | 2 | 0 | 0 | 0 |

**이학민** (李學玟) 상지대 1991.03.11

| 연도 | 소속 | 출장 | 교체 | 득점 | 도움 | 파울 | 슈팅 | 경고 | 퇴장 |
|---|---|---|---|---|---|---|---|---|---|
| 2014 | 경남 | 20 | 8 | 1 | 0 | 33 | 11 | 5 | 0 |
| 통산 | | 20 | 8 | 1 | 0 | 33 | 11 | 5 | 0 |

**이학종** (李學種) 고려대 1961.02.17

| 연도 | 소속 | 출장 | 교체 | 득점 | 도움 | 파울 | 슈팅 | 경고 | 퇴장 |
|---|---|---|---|---|---|---|---|---|---|
| 1985 | 한일 | 19 | 0 | 1 | 3 | 21 | 41 | 2 | 0 |
| 1986 | 한일 | 10 | 0 | 4 | 2 | 12 | 21 | 1 | 0 |
| 1986 | 현대 | 3 | 2 | 0 | 1 | 3 | 3 | 0 | 0 |
| 1987 | 현대 | 6 | 6 | 0 | 0 | 1 | 4 | 0 | 0 |
| 1988 | 현대 | 17 | 3 | 7 | 1 | 18 | 29 | 2 | 0 |
| 1989 | 현대 | 16 | 1 | 2 | 1 | 32 | 14 | 2 | 0 |
| 1990 | 현대 | 3 | 1 | 0 | 0 | 7 | 2 | 0 | 0 |
| 1991 | 대전 | 16 | 7 | 0 | 1 | 9 | 11 | 0 | 0 |
| 통산 | | 90 | 25 | 14 | 9 | 98 | 139 | 7 | 0 |

**이한샘** (李한샘) 건국대 1989.10.18

| 연도 | 소속 | 출장 | 교체 | 득점 | 도움 | 파울 | 슈팅 | 경고 | 퇴장 |
|---|---|---|---|---|---|---|---|---|---|
| 2012 | 광주 | 29 | 3 | 2 | 0 | 87 | 19 | 14 | 0 |
| 2013 | 경남 | 16 | 7 | 0 | 2 | 47 | 10 | 6 | 0 |
| 2014 | 경남 | 12 | 4 | 0 | 0 | 14 | 4 | 4 | 0 |
| 통산 | | 57 | 14 | 2 | 2 | 148 | 33 | 24 | 0 |

**이한수** (李韓洙) 동의대 1986.12.17

| 연도 | 소속 | 출장 | 교체 | 득점 | 도움 | 파울 | 슈팅 | 경고 | 퇴장 |
|---|---|---|---|---|---|---|---|---|---|
| 2009 | 경남 | 3 | 1 | 0 | 0 | 4 | 0 | 0 | 0 |
| 통산 | | 3 | 1 | 0 | 0 | 4 | 0 | 0 | 0 |

**이행수** (李衍洙) 남부대 1990.08.27

| 연도 | 소속 | 출장 | 교체 | 득점 | 도움 | 파울 | 슈팅 | 경고 | 퇴장 |
|---|---|---|---|---|---|---|---|---|---|
| 2012 | 대구 | 6 | 6 | 0 | 0 | 3 | 1 | 0 | 0 |
| 통산 | | 6 | 6 | 0 | 0 | 3 | 1 | 0 | 0 |

**이헌구** (李憲球) 한양대 1961.04.13

| 연도 | 소속 | 출장 | 교체 | 득점 | 도움 | 파울 | 슈팅 | 경고 | 퇴장 |
|---|---|---|---|---|---|---|---|---|---|
| 1985 | 상무 | 4 | 4 | 0 | 0 | 2 | 1 | 0 | 0 |

**이현규** (李鉉奎) 강원대 1970.08.16

| 연도 | 소속 | 출장 | 교체 | 득점 | 도움 | 파울 | 슈팅 | 경고 | 퇴장 |
|---|---|---|---|---|---|---|---|---|---|
| 1993 | 대우 | 2 | 2 | 0 | 0 | 1 | 0 | 0 | 0 |
| 통산 | | 2 | 2 | 0 | 0 | 1 | 0 | 0 | 0 |

**이현도** (李玹都) 영남대 1989.03.06

| 연도 | 소속 | 출장 | 교체 | 득점 | 도움 | 파울 | 슈팅 | 경고 | 퇴장 |
|---|---|---|---|---|---|---|---|---|---|
| 2012 | 부산 | 0 | 0 | 0 | 0 | 0 | 0 | 0 | 0 |
| 통산 | | 0 | 0 | 0 | 0 | 0 | 0 | 0 | 0 |

**이현동** (李炫東) 청주대 1976.03.30

| 연도 | 소속 | 출장 | 교체 | 득점 | 도움 | 파울 | 슈팅 | 경고 | 퇴장 |
|---|---|---|---|---|---|---|---|---|---|
| 1999 | 포항 | 3 | 2 | 1 | 0 | 10 | 6 | 0 | 0 |
| 2000 | 포항 | 13 | 9 | 1 | 0 | 33 | 17 | 2 | 0 |
| 2001 | 포항 | 9 | 8 | 0 | 1 | 11 | 4 | 2 | 0 |
| 2003 | 광주상 | 7 | 8 | 0 | 0 | 8 | 7 | 1 | 0 |
| 2004 | 대구 | 3 | 2 | 0 | 0 | 7 | 2 | 0 | 0 |
| 통산 | | 35 | 29 | 1 | 2 | 69 | 36 | 5 | 0 |

**이현민** (李賢民) 울산대 1984.07.09

| 연도 | 소속 | 출장 | 교체 | 득점 | 도움 | 파울 | 슈팅 | 경고 | 퇴장 |
|---|---|---|---|---|---|---|---|---|---|
| 2006 | 울산 | 4 | 4 | 0 | 0 | 4 | 1 | 0 | 0 |
| 2007 | 울산 | 3 | 3 | 0 | 0 | 4 | 3 | 0 | 0 |
| 2008 | 광주상 | 7 | 3 | 0 | 0 | 9 | 2 | 0 | 0 |
| 통산 | | 14 | 10 | 0 | 0 | 13 | 6 | 0 | 0 |

**이현민** (李賢民) 예원예술대 1991.05.21

| 연도 | 소속 | 출장 | 교체 | 득점 | 도움 | 파울 | 슈팅 | 경고 | 퇴장 |
|---|---|---|---|---|---|---|---|---|---|
| 2013 | 충주 | 15 | 1 | 0 | 1 | 9 | 0 | 0 | 0 |
| 통산 | | 15 | 1 | 0 | 1 | 9 | 0 | 0 | 0 |

**이현석** (李玄錫) 서울대 1968.05.17

| 연도 | 소속 | 출장 | 교체 | 득점 | 도움 | 파울 | 슈팅 | 경고 | 퇴장 |
|---|---|---|---|---|---|---|---|---|---|
| 1991 | 현대 | 9 | 9 | 0 | 0 | 4 | 2 | 0 | 0 |
| 1992 | 현대 | 1 | 1 | 0 | 0 | 0 | 0 | 0 | 0 |
| 1996 | 울산 | 18 | 19 | 4 | 1 | 5 | 17 | 0 | 0 |
| 1997 | 울산 | 15 | 15 | 3 | 0 | 7 | 7 | 0 | 0 |
| 통산 | | 43 | 44 | 7 | 1 | 16 | 26 | 0 | 0 |

**이현승** (李弦昇) 수원공고 1988.12.14

| 연도 | 소속 | 출장 | 교체 | 득점 | 도움 | 파울 | 슈팅 | 경고 | 퇴장 |
|---|---|---|---|---|---|---|---|---|---|
| 2006 | 전북 | 17 | 13 | 1 | 3 | 21 | 25 | 2 | 0 |
| 2007 | 전북 | 28 | 21 | 1 | 6 | 41 | 27 | 3 | 0 |
| 2008 | 전북 | 19 | 15 | 2 | 2 | 30 | 24 | 1 | 0 |
| 2009 | 전북 | 20 | 15 | 2 | 4 | 27 | 28 | 1 | 0 |
| 2010 | 서울 | 3 | 3 | 0 | 0 | 2 | 1 | 1 | 0 |
| 2011 | 전남 | 28 | 14 | 2 | 4 | 47 | 31 | 2 | 0 |
| 2012 | 전남 | 32 | 15 | 1 | 6 | 63 | 40 | 6 | 0 |
| 2013 | 전남 | 20 | 19 | 1 | 1 | 29 | 23 | 1 | 0 |
| 2014 | 전남 | 19 | 21 | 2 | 2 | 29 | 16 | 3 | 0 |
| 통산 | | 193 | 136 | 18 | 20 | 263 | 204 | 20 | 0 |

**이현웅** (李鉉雄) 연세대 1988.04.27

| 연도 | 소속 | 출장 | 교체 | 득점 | 도움 | 파울 | 슈팅 | 경고 | 퇴장 |
|---|---|---|---|---|---|---|---|---|---|
| 2010 | 대전 | 28 | 21 | 2 | 1 | 30 | 17 | 1 | 0 |
| 2011 | 대전 | 5 | 4 | 1 | 0 | 6 | 0 | 0 | 0 |
| 2012 | 대전 | 36 | 13 | 0 | 4 | 68 | 11 | 8 | 0 |
| 2013 | 수원 | 3 | 3 | 0 | 0 | 1 | 0 | 0 | 0 |
| 2014 | 상주 | 5 | 5 | 0 | 1 | 2 | 2 | 0 | 0 |
| 통산 | | 77 | 46 | 2 | 7 | 106 | 31 | 9 | 0 |

**이현진** (李炫珍) 고려대 1984.05.15

| 연도 | 소속 | 출장 | 교체 | 득점 | 도움 | 파울 | 슈팅 | 경고 | 퇴장 |
|---|---|---|---|---|---|---|---|---|---|
| 2005 | 수원 | 10 | 10 | 0 | 1 | 10 | 2 | 1 | 0 |
| 2006 | 수원 | 23 | 14 | 2 | 0 | 29 | 13 | 1 | 0 |
| 2007 | 수원 | 15 | 12 | 1 | 1 | 19 | 6 | 0 | 0 |
| 2008 | 수원 | 2 | 2 | 0 | 0 | 3 | 0 | 0 | 0 |
| 2009 | 수원 | 2 | 2 | 0 | 0 | 3 | 0 | 0 | 0 |
| 2010 | 수원 | 25 | 24 | 3 | 2 | 20 | 24 | 2 | 0 |
| 2011 | 수원 | 6 | 6 | 0 | 0 | 4 | 2 | 0 | 0 |
| 2012 | 수원 | 11 | 11 | 0 | 0 | 2 | 1 | 0 | 0 |
| 2013 | 제주 | 7 | 7 | 0 | 0 | 9 | 1 | 2 | 0 |
| 통산 | | 101 | 88 | 6 | 4 | 101 | 51 | 7 | 0 |

**이현창** (李炫昌) 영남대 1985.11.02

| 연도 | 소속 | 출장 | 교체 | 득점 | 도움 | 파울 | 슈팅 | 경고 | 퇴장 |
|---|---|---|---|---|---|---|---|---|---|
| 2009 | 대구 | 21 | 6 | 1 | 0 | 43 | 22 | 3 | 0 |
| 2010 | 대구 | 22 | 3 | 1 | 0 | 30 | 5 | 2 | 0 |
| 2013 | 고양 | 12 | 0 | 0 | 1 | 13 | 9 | 3 | 0 |
| 통산 | | 55 | 9 | 2 | 1 | 86 | 36 | 8 | 0 |

**이현호** (李賢虎) 인천대 1984.02.08

| 연도 | 소속 | 출장 | 교체 | 득점 | 도움 | 파울 | 슈팅 | 경고 | 퇴장 |
|---|---|---|---|---|---|---|---|---|---|
| 2006 | 수원 | 0 | 0 | 0 | 0 | 0 | 0 | 0 | 0 |
| 통산 | | 0 | 0 | 0 | 0 | 0 | 0 | 0 | 0 |

**이현호** (李賢虎) 동아대 1987.05.11

| 연도 | 소속 | 출장 | 교체 | 득점 | 도움 | 파울 | 슈팅 | 경고 | 퇴장 |
|---|---|---|---|---|---|---|---|---|---|
| 2010 | 대전 | 0 | 0 | 0 | 0 | 0 | 0 | 0 | 0 |
| 2011 | 대전 | 1 | 1 | 0 | 0 | 2 | 0 | 0 | 0 |
| 통산 | | 1 | 1 | 0 | 0 | 2 | 0 | 0 | 0 |

**이현호** (李賢皓) 탐라대 1988.11.29

| 연도 | 소속 | 출장 | 교체 | 득점 | 도움 | 파울 | 슈팅 | 경고 | 퇴장 |
|---|---|---|---|---|---|---|---|---|---|
| 2010 | 제주 | 31 | 31 | 4 | 3 | 15 | 35 | 1 | 0 |
| 2011 | 제주 | 28 | 24 | 2 | 2 | 8 | 18 | 1 | 0 |
| 2012 | 성남 | 10 | 9 | 0 | 1 | 4 | 10 | 0 | 0 |
| 2013 | 성남 | 6 | 6 | 0 | 0 | 3 | 0 | 0 | 0 |
| 2014 | 제주 | 11 | 9 | 0 | 0 | 1 | 5 | 0 | 0 |
| 통산 | | 86 | 79 | 6 | 6 | 31 | 67 | 2 | 0 |

**이형기** (李炯奇) 한라대 1989.07.22

| 연도 | 소속 | 출장 | 교체 | 득점 | 도움 | 파울 | 슈팅 | 경고 | 퇴장 |
|---|---|---|---|---|---|---|---|---|---|
| 2012 | 전북 | 0 | 0 | 0 | 0 | 0 | 0 | 0 | 0 |
| 통산 | | 0 | 0 | 0 | 0 | 0 | 0 | 0 | 0 |

**이형상** (李形象) 1985.05.05

| 연도 | 소속 | 출장 | 교체 | 득점 | 도움 | 파울 | 슈팅 | 경고 | 퇴장 |
|---|---|---|---|---|---|---|---|---|---|
| 2006 | 대전 | 1 | 1 | 0 | 0 | 0 | 0 | 0 | 0 |
| 2007 | 대전 | 0 | 0 | 0 | 0 | 0 | 0 | 0 | 0 |
| 2011 | 대구 | 7 | 7 | 0 | 1 | 11 | 1 | 1 | 0 |
| 통산 | | 8 | 8 | 0 | 1 | 11 | 1 | 1 | 0 |

**이혜강** (李慧剛) 동의대 1987.03.28

| 연도 | 소속 | 출장 | 교체 | 득점 | 도움 | 파울 | 슈팅 | 경고 | 퇴장 |
|---|---|---|---|---|---|---|---|---|---|
| 2010 | 경남 | 4 | 4 | 0 | 0 | 3 | 0 | 1 | 0 |
| 2011 | 경남 | 7 | 5 | 0 | 0 | 5 | 0 | 0 | 0 |
| 통산 | | 11 | 9 | 0 | 0 | 8 | 0 | 1 | 0 |

**이호** (李浩) 울산과학대 1984.10.22

| 연도 | 소속 | 출장 | 교체 | 득점 | 도움 | 파울 | 슈팅 | 경고 | 퇴장 |
|---|---|---|---|---|---|---|---|---|---|
| 2003 | 울산 | 9 | 5 | 1 | 0 | 9 | 2 | 0 | 0 |
| 2004 | 울산 | 29 | 5 | 1 | 0 | 57 | 6 | 5 | 1 |
| 2005 | 울산 | 36 | 3 | 1 | 0 | 84 | 33 | 9 | 0 |
| 2006 | 울산 | 7 | 0 | 1 | 2 | 17 | 10 | 1 | 1 |
| 2009 | 성남 | 35 | 3 | 2 | 2 | 93 | 37 | 10 | 0 |
| 2012 | 울산 | 30 | 9 | 0 | 0 | 44 | 14 | 4 | 0 |
| 2013 | 상주 | 34 | 7 | 0 | 2 | 46 | 23 | 6 | 0 |
| 2014 | 상주 | 17 | 2 | 1 | 0 | 17 | 9 | 2 | 0 |
| 2014 | 울산 | 1 | 1 | 0 | 0 | 1 | 0 | 1 | 0 |
| 통산 | | 247 | 49 | 9 | 13 | 419 | 161 | 46 | 2 |

**이호** (李虎) 경희대 1986.01.06

| 연도 | 소속 | 출장 | 교체 | 득점 | 도움 | 파울 | 슈팅 | 경고 | 퇴장 |
|---|---|---|---|---|---|---|---|---|---|
| 2009 | 강원 | 1 | 0 | 0 | 0 | 1 | 0 | 0 | 0 |
| 2010 | 대전 | 7 | 4 | 0 | 0 | 9 | 2 | 2 | 0 |
| 2011 | 대전 | 25 | 3 | 1 | 1 | 41 | 7 | 9 | 0 |
| 2012 | 대전 | 23 | 6 | 0 | 0 | 47 | 8 | 10 | 0 |
| 2013 | 경찰 | 25 | 18 | 2 | 2 | 27 | 10 | 8 | 0 |
| 2014 | 안산 | 3 | 2 | 0 | 0 | 4 | 0 | 0 | 0 |
| 2014 | 대전 | 5 | 1 | 0 | 0 | 5 | 1 | 0 | 0 |
| 통산 | | 89 | 33 | 3 | 3 | 132 | 27 | 31 | 0 |

**이호석** (李鎬碩) 동국대 1991.05.21

| 연도 | 소속 | 출장 | 교체 | 득점 | 도움 | 파울 | 슈팅 | 경고 | 퇴장 |
|---|---|---|---|---|---|---|---|---|---|
| 2014 | 경남 | 13 | 12 | 0 | 0 | 21 | 7 | 3 | 0 |
| 통산 | | 13 | 12 | 0 | 0 | 21 | 7 | 3 | 0 |

**이호성** (李浩成) 중앙대 1974.09.12

| 연도 | 소속 | 출장 | 교체 | 득점 | 도움 | 파울 | 슈팅 | 경고 | 퇴장 |
|---|---|---|---|---|---|---|---|---|---|
| 1997 | 대전 | 18 | 16 | 1 | 0 | 25 | 18 | 1 | 0 |
| 1998 | 대전 | 15 | 15 | 2 | 0 | 11 | 9 | 0 | 0 |
| 1999 | 대전 | 15 | 5 | 1 | 2 | 33 | 32 | 2 | 0 |
| 2000 | 대전 | 13 | 12 | 1 | 0 | 27 | 10 | 1 | 0 |
| 2001 | 대전 | 5 | 5 | 0 | 0 | 5 | 0 | 0 | 0 |
| 통산 | | 74 | 63 | 9 | 1 | 93 | 72 | 4 | 0 |

**이호창** (李浩昌) 동국대 1988.10.11

| 연도 | 소속 | 출장 | 교체 | 득점 | 도움 | 파울 | 슈팅 | 경고 | 퇴장 |
|---|---|---|---|---|---|---|---|---|---|
| 2011 | 인천 | 2 | 1 | 0 | 0 | 2 | 0 | 1 | 0 |
| 통산 | | 2 | 1 | 0 | 0 | 2 | 0 | 1 | 0 |

**이화열** (李化烈) 관동대 1962.11.20

| 연도 | 소속 | 출장 | 교체 | 득점 | 도움 | 파울 | 슈팅 | 경고 | 퇴장 |
|---|---|---|---|---|---|---|---|---|---|
| 1986 | 포철 | 1 | 1 | 0 | 0 | 0 | 0 | 0 | 0 |
| 1989 | 포철 | 13 | 6 | 2 | 0 | 13 | 6 | 2 | 0 |
| 통산 | | 14 | 7 | 2 | 0 | 13 | 6 | 2 | 0 |

**이효균** (李孝均) 동아대 1988.03.12

| 연도 | 소속 | 출장 | 교체 | 득점 | 도움 | 파울 | 슈팅 | 경고 | 퇴장 |
|---|---|---|---|---|---|---|---|---|---|
| 2011 | 경남 | 13 | 8 | 3 | 0 | 31 | 12 | 2 | 0 |
| 2012 | 인천 | 1 | 1 | 0 | 0 | 1 | 0 | 0 | 0 |
| 2013 | 인천 | 13 | 13 | 0 | 0 | 2 | 7 | 0 | 0 |
| 2014 | 인천 | 29 | 20 | 4 | 1 | 31 | 20 | 4 | 0 |
| 통산 | | 56 | 42 | 10 | 1 | 65 | 39 | 6 | 0 |

**이효용** (李孝用) 창신고 1970.06.06

| 연도 | 소속 | 출장 | 교체 | 득점 | 도움 | 파울 | 슈팅 | 경고 | 퇴장 |
|---|---|---|---|---|---|---|---|---|---|
| 1989 | 현대 | 14 | 12 | 1 | 2 | 6 | 0 | 0 | 0 |
| 1990 | 현대 | 4 | 4 | 0 | 0 | 2 | 1 | 0 | 0 |
| 통산 | | 18 | 16 | 1 | 2 | 7 | 1 | 0 | 0 |

**이후권** (李厚權) 광운대 1990.10.30

| 연도 | 소속 | 출장 | 교체 | 득점 | 도움 | 파울 | 슈팅 | 경고 | 퇴장 |
|---|---|---|---|---|---|---|---|---|---|
| 2013 | 부천 | 31 | 3 | 3 | 3 | 98 | 41 | 8 | 0 |
| 2014 | 상주 | 15 | 9 | 0 | 0 | 18 | 5 | 0 | 0 |
| 통산 | | 46 | 12 | 3 | 3 | 116 | 49 | 13 | 0 |

**이훈** (李勳) 성균관대 1970.04.07

| 연도 | 소속 | 출장 | 교체 | 득점 | 도움 | 파울 | 슈팅 | 경고 | 퇴장 |
|---|---|---|---|---|---|---|---|---|---|
| 1993 | LG | 5 | 5 | 0 | 1 | 2 | 0 | 0 | 0 |
| 통산 | | 5 | 5 | 0 | 1 | 2 | 0 | 0 | 0 |

**이훈** (李勳) 연세대 1986.04.29

| 연도 | 소속 | 출장 | 교체 | 득점 | 도움 | 파울 | 슈팅 | 경고 | 퇴장 |
|---|---|---|---|---|---|---|---|---|---|
| 2009 | 경남 | 20 | 15 | 3 | 0 | 38 | 35 | 0 | 0 |
| 2010 | 경남 | 23 | 18 | 1 | 0 | 26 | 23 | 1 | 0 |
| 2011 | 경남 | 18 | 10 | 3 | 1 | 29 | 15 | 1 | 0 |
| 통산 | | 61 | 43 | 7 | 1 | 93 | 73 | 2 | 0 |

**이훈** (李訓) 제주중앙고 1991.09.22

| 연도 | 소속 | 출장 | 교체 | 득점 | 도움 | 파울 | 슈팅 | 경고 | 퇴장 |
|---|---|---|---|---|---|---|---|---|---|
| 2011 | 강원 | 1 | 1 | 0 | 0 | 1 | 0 | 0 | 0 |

**이훈** (李訓) 아주대 1991.04.02

| 연도 | 소속 | 출장 | 교체 | 득점 | 도움 | 파울 | 슈팅 | 경고 | 퇴장 |
|---|---|---|---|---|---|---|---|---|---|
| 2014 | 고양 | 9 | 6 | 0 | 0 | 8 | 2 | 0 | 0 |
| 통산 | | 9 | 6 | 0 | 0 | 8 | 2 | 0 | 0 |

**이휘수** (李輝洙) 대구대 1990.05.28

| 연도 | 소속 | 출장 | 교체 | 득점 | 도움 | 파울 | 슈팅 | 경고 | 퇴장 |
|---|---|---|---|---|---|---|---|---|---|
| 2013 | 전남 | 0 | 0 | 0 | 0 | 0 | 0 | 0 | 0 |
| 통산 | | 0 | 0 | 0 | 0 | 0 | 0 | 0 | 0 |

**이흥실** (李興實) 한양대 1961.07.10

| 연도 | 소속 | 출장 | 교체 | 득점 | 도움 | 파울 | 슈팅 | 경고 | 퇴장 |
|---|---|---|---|---|---|---|---|---|---|
| 1985 | 포철 | 21 | 5 | 10 | 2 | 19 | 48 | 1 | 0 |
| 1986 | 포철 | 28 | 3 | 6 | 3 | 17 | 38 | 0 | 0 |
| 1987 | 포철 | 29 | 4 | 12 | 6 | 20 | 52 | 3 | 0 |
| 1988 | 포철 | 16 | 6 | 1 | 2 | 14 | 24 | 2 | 0 |
| 1989 | 포철 | 39 | 6 | 4 | 11 | 33 | 51 | 3 | 0 |
| 1990 | 포철 | 19 | 1 | 7 | 5 | 17 | 36 | 1 | 0 |
| 1991 | 포철 | 15 | 11 | 4 | 6 | 24 | 4 | 0 | 0 |
| 1992 | 포철 | 15 | 7 | 4 | 0 | 15 | 42 | 0 | 0 |
| 통산 | | 182 | 43 | 48 | 35 | 142 | 295 | 10 | 0 |

**이희성** (李熹性) 숭실대 1990.05.27

| 연도 | 소속 | 출장 | 교체 | 실점 | 도움 | 파울 | 슈팅 | 경고 | 퇴장 |
|---|---|---|---|---|---|---|---|---|---|
| 2014 | 울산 | 9 | 1 | 14 | 0 | 0 | 1 | 0 | 0 |
| 통산 | | 9 | 1 | 14 | 0 | 0 | 1 | 0 | 0 |

**이희찬** (李熙燦) 포철고 1995.03.02

| 연도 | 소속 | 출장 | 교체 | 득점 | 도움 | 파울 | 슈팅 | 경고 | 퇴장 |
|---|---|---|---|---|---|---|---|---|---|
| 2014 | 고양 | 6 | 4 | 0 | 0 | 11 | 4 | 2 | 1 |
| 2014 | 부천 | 6 | 4 | 0 | 0 | 11 | 4 | 2 | 1 |

**이희현** (李熙玄) 한라대 1986.10.07

| 연도 | 소속 | 출장 | 교체 | 득점 | 도움 | 파울 | 슈팅 | 경고 | 퇴장 |
|---|---|---|---|---|---|---|---|---|---|
| 2014 | 부천 | 0 | 0 | 0 | 0 | 0 | 0 | 0 | 0 |
| 통산 | | 0 | 0 | 0 | 0 | 0 | 0 | 0 | 0 |

**인디오** (Antonio Rogerio Silva Oliveira) 브라질 1981.11.21

| 연도 | 소속 | 출장 | 교체 | 득점 | 도움 | 파울 | 슈팅 | 경고 | 퇴장 |
|---|---|---|---|---|---|---|---|---|---|
| 2008 | 경남 | 27 | 12 | 10 | 6 | 24 | 99 | 2 | 0 |
| 2009 | 경남 | 30 | 12 | 9 | 5 | 27 | 92 | 2 | 0 |
| 2010 | 전남 | 25 | 11 | 8 | 5 | 17 | 81 | 1 | 0 |
| 2011 | 전남 | 17 | 17 | 2 | 1 | 5 | 24 | 1 | 0 |
| 통산 | | 99 | 52 | 29 | 17 | 73 | 296 | 6 | 0 |

**인준연** (印峻延) 신평고 1991.03.12

| 연도 | 소속 | 출장 | 교체 | 득점 | 도움 | 파울 | 슈팅 | 경고 | 퇴장 |
|---|---|---|---|---|---|---|---|---|---|
| 2012 | 대구 | 11 | 8 | 1 | 0 | 16 | 7 | 1 | 0 |
| 2013 | 충주 | 14 | 11 | 2 | 1 | 17 | 19 | 3 | 0 |
| 2014 | 대구 | 2 | 2 | 0 | 0 | 1 | 3 | 0 | 0 |
| 통산 | | 27 | 21 | 3 | 1 | 34 | 29 | 4 | 0 |

**인지오** (Jose Satiro do Nascimento) 브라질 1975.04.03

| 연도 | 소속 | 출장 | 교체 | 득점 | 도움 | 파울 | 슈팅 | 경고 | 퇴장 |
|---|---|---|---|---|---|---|---|---|---|
| 2003 | 대구 | 19 | 2 | 3 | 2 | 28 | 37 | 1 | 0 |
| 2004 | 대구 | 29 | 8 | 1 | 3 | 62 | 20 | 4 | 0 |
| 2005 | 대구 | 15 | 8 | 0 | 2 | 14 | 11 | 2 | 0 |
| 통산 | | 63 | 18 | 4 | 7 | 104 | 68 | 7 | 0 |

**일리치** (Sasa Ilic) 마케도니아 1970.09.05

| 연도 | 소속 | 출장 | 교체 | 실점 | 도움 | 파울 | 슈팅 | 경고 | 퇴장 |
|---|---|---|---|---|---|---|---|---|---|
| 1995 | 대우 | 30 | 1 | 42 | 0 | 0 | 0 | 0 | 0 |
| 1996 | 부산 | 27 | 0 | 35 | 0 | 0 | 1 | 0 | 0 |
| 1997 | 부산 | 17 | 0 | 11 | 0 | 0 | 0 | 0 | 0 |
| 통산 | | 74 | 1 | 88 | 0 | 0 | 1 | 0 | 0 |

**임호** (林虎) 경상대 1979.04.25

| 연도 | 소속 | 출장 | 교체 | 득점 | 도움 | 파울 | 슈팅 | 경고 | 퇴장 |
|---|---|---|---|---|---|---|---|---|---|
| 2000 | 전남 | 4 | 4 | 0 | 1 | 2 | 4 | 0 | 0 |
| 2001 | 전남 | 3 | 3 | 0 | 0 | 2 | 0 | 0 | 0 |
| 2005 | 대구 | 11 | 5 | 0 | 0 | 35 | 6 | 1 | 0 |
| 통산 | | 18 | 12 | 0 | 1 | 37 | 10 | 1 | 0 |

**임경현** (林京鉉) 숭실대 1986.10.06

| 연도 | 소속 | 출장 | 교체 | 득점 | 도움 | 파울 | 슈팅 | 경고 | 퇴장 |
|---|---|---|---|---|---|---|---|---|---|
| 2009 | 부산 | 9 | 10 | 0 | 0 | 10 | 3 | 1 | 0 |
| 2010 | 부산 | 1 | 1 | 0 | 0 | 1 | 0 | 0 | 0 |
| 2011 | 수원 | 6 | 5 | 0 | 0 | 7 | 3 | 2 | 0 |
| 2012 | 수원 | 3 | 2 | 1 | 0 | 10 | 4 | 2 | 0 |
| 2013 | 수원 | 2 | 2 | 0 | 0 | 0 | 0 | 0 | 0 |
| 2013 | 전남 | 13 | 10 | 2 | 3 | 28 | 18 | 1 | 0 |
| 통산 | | 35 | 31 | 2 | 4 | 57 | 31 | 7 | 0 |

**임경훈** (林敬勳) 포철공고 1984.03.19

| 연도 | 소속 | 출장 | 교체 | 득점 | 도움 | 파울 | 슈팅 | 경고 | 퇴장 |
|---|---|---|---|---|---|---|---|---|---|
| 2004 | 포항 | 0 | 0 | 0 | 0 | 0 | 0 | 0 | 0 |
| 2006 | 경남 | 0 | 0 | 0 | 0 | 0 | 0 | 0 | 0 |
| 2007 | 경남 | 0 | 0 | 0 | 0 | 0 | 0 | 0 | 0 |
| 통산 | | 0 | 0 | 0 | 0 | 0 | 0 | 0 | 0 |

**임고석** (林告石) 성균관대 1960.02.18

| 연도 | 소속 | 출장 | 교체 | 득점 | 도움 | 파울 | 슈팅 | 경고 | 퇴장 |
|---|---|---|---|---|---|---|---|---|---|
| 1983 | 대우 | 9 | 8 | 0 | 0 | 9 | 7 | 0 | 0 |
| 1984 | 대우 | 9 | 4 | 4 | 0 | 0 | 0 | 0 | 0 |
| 1985 | 대우 | 13 | 6 | 2 | 0 | 17 | 18 | 0 | 0 |
| 1986 | 대우 | 25 | 8 | 3 | 0 | 28 | 40 | 1 | 0 |
| 1987 | 현대 | 14 | 4 | 4 | 0 | 26 | 29 | 3 | 0 |
| 1988 | 현대 | 19 | 10 | 4 | 1 | 31 | 24 | 1 | 0 |
| 1989 | 유공 | 13 | 12 | 1 | 2 | 25 | 11 | 0 | 0 |
| 1990 | 유공 | 9 | 9 | 2 | 1 | 23 | 1 | 1 | 0 |
| 통산 | | 111 | 61 | 24 | 4 | 149 | 150 | 9 | 0 |

**임관식** (林官植) 호남대 1975.07.28

| 연도 | 소속 | 출장 | 교체 | 득점 | 도움 | 파울 | 슈팅 | 경고 | 퇴장 |
|---|---|---|---|---|---|---|---|---|---|
| 1998 | 전남 | 27 | 14 | 0 | 1 | 39 | 39 | 4 | 0 |
| 1999 | 전남 | 35 | 4 | 3 | 1 | 60 | 57 | 2 | 0 |
| 2000 | 전남 | 34 | 9 | 1 | 2 | 61 | 38 | 4 | 0 |
| 2001 | 전남 | 24 | 10 | 0 | 0 | 34 | 26 | 4 | 0 |
| 2002 | 전남 | 27 | 14 | 0 | 0 | 55 | 26 | 1 | 0 |
| 2003 | 전남 | 8 | 6 | 1 | 0 | 13 | 5 | 0 | 0 |

| 연도 | 소속 | 출장 | 교체 | 득점 | 도움 | 파울 | 슈팅 | 경고 | 퇴장 |
|---|---|---|---|---|---|---|---|---|---|
| 2004 | 부산 | 28 | 16 | 0 | 3 | 65 | 13 | 2 | 0 |
| 2005 | 부산 | 26 | 11 | 1 | 0 | 48 | 19 | 4 | 0 |
| 2006 | 부산 | 29 | 15 | 0 | 3 | 55 | 14 | 2 | 0 |
| 2007 | 전남 | 14 | 13 | 0 | 0 | 21 | 5 | 2 | 1 |
| 2008 | 전남 | 3 | 3 | 0 | 0 | 3 | 0 | 1 | 0 |
| 통산 | | 255 | 115 | 6 | 10 | 454 | 242 | 26 | 1 |

**임규식** (林奎植) 중앙대 1975.05.09

| 연도 | 소속 | 출장 | 교체 | 득점 | 도움 | 파울 | 슈팅 | 경고 | 퇴장 |
|---|---|---|---|---|---|---|---|---|---|
| 1998 | 천안 | 11 | 10 | 0 | 0 | 6 | 7 | 2 | 0 |
| 통산 | | 11 | 10 | 0 | 0 | 6 | 7 | 2 | 0 |

**임근영** (林根永) 현대고 1995.05.15

| 연도 | 소속 | 출장 | 교체 | 득점 | 도움 | 파울 | 슈팅 | 경고 | 퇴장 |
|---|---|---|---|---|---|---|---|---|---|
| 2014 | 대구 | 0 | 0 | 0 | 0 | 0 | 0 | 0 | 0 |
| 통산 | | 0 | 0 | 0 | 0 | 0 | 0 | 0 | 0 |

**임근재** (林根載) 연세대 1969.11.05

| 연도 | 소속 | 출장 | 교체 | 득점 | 도움 | 파울 | 슈팅 | 경고 | 퇴장 |
|---|---|---|---|---|---|---|---|---|---|
| 1992 | LG | 37 | 20 | 10 | 2 | 34 | 39 | 0 | 0 |
| 1993 | LG | 24 | 20 | 6 | 1 | 20 | 21 | 1 | 0 |
| 1994 | LG | 24 | 22 | 2 | 1 | 8 | 21 | 0 | 0 |
| 1995 | 포항 | 2 | 2 | 0 | 0 | 1 | 6 | 0 | 0 |
| 1996 | 포항 | 4 | 4 | 0 | 0 | 3 | 2 | 1 | 0 |
| 통산 | | 91 | 68 | 18 | 4 | 66 | 83 | 2 | 0 |

**임기한** (林基漢) 대구대 1973.11.20

| 연도 | 소속 | 출장 | 교체 | 득점 | 도움 | 파울 | 슈팅 | 경고 | 퇴장 |
|---|---|---|---|---|---|---|---|---|---|
| 1994 | 유공 | 5 | 5 | 2 | 0 | 1 | 7 | 0 | 0 |
| 1995 | 유공 | 1 | 1 | 0 | 0 | 0 | 2 | 0 | 0 |
| 1999 | 부천 | 6 | 6 | 0 | 0 | 4 | 2 | 0 | 0 |
| 통산 | | 12 | 12 | 2 | 0 | 5 | 11 | 0 | 0 |

**임동준** (任東俊) 단국대 1987.07.13

| 연도 | 소속 | 출장 | 교체 | 득점 | 도움 | 파울 | 슈팅 | 경고 | 퇴장 |
|---|---|---|---|---|---|---|---|---|---|
| 2011 | 전북 | 1 | 1 | 0 | 0 | 1 | 0 | 0 | 0 |
| 통산 | | 1 | 1 | 0 | 0 | 1 | 0 | 0 | 0 |

**임동진** (任東鎭) 명지대 1976.03.21

| 연도 | 소속 | 출장 | 교체 | 득점 | 도움 | 파울 | 슈팅 | 경고 | 퇴장 |
|---|---|---|---|---|---|---|---|---|---|
| 1999 | 천안 | 6 | 2 | 0 | 0 | 14 | 0 | 1 | 0 |
| 통산 | | 6 | 2 | 0 | 0 | 14 | 0 | 1 | 0 |

**임동천** (林東天) 고려대 1992.11.13

| 연도 | 소속 | 출장 | 교체 | 득점 | 도움 | 파울 | 슈팅 | 경고 | 퇴장 |
|---|---|---|---|---|---|---|---|---|---|
| 2014 | 울산 | 0 | 0 | 0 | 0 | 0 | 0 | 0 | 0 |
| 통산 | | 0 | 0 | 0 | 0 | 0 | 0 | 0 | 0 |

**임상협** (林相協) 류츠케이자이대 1988.07.08

| 연도 | 소속 | 출장 | 교체 | 득점 | 도움 | 파울 | 슈팅 | 경고 | 퇴장 |
|---|---|---|---|---|---|---|---|---|---|
| 2009 | 전북 | 17 | 16 | 1 | 1 | 10 | 7 | 1 | 0 |
| 2010 | 전북 | 7 | 5 | 0 | 0 | 4 | 3 | 0 | 0 |
| 2011 | 부산 | 34 | 11 | 10 | 2 | 66 | 51 | 9 | 0 |
| 2012 | 부산 | 39 | 19 | 3 | 1 | 41 | 50 | 6 | 0 |
| 2013 | 부산 | 36 | 6 | 9 | 4 | 36 | 64 | 5 | 0 |
| 2014 | 부산 | 35 | 11 | 7 | 2 | 64 | 45 | 4 | 1 |
| 통산 | | 168 | 62 | 34 | 10 | 221 | 220 | 25 | 1 |

**임석현** (林錫炫) 연세대 1960.10.13

| 연도 | 소속 | 출장 | 교체 | 득점 | 도움 | 파울 | 슈팅 | 경고 | 퇴장 |
|---|---|---|---|---|---|---|---|---|---|
| 1983 | 국민은 | 12 | 6 | 3 | 2 | 7 | 18 | 0 | 0 |
| 1984 | 국민은 | 22 | 7 | 3 | 1 | 10 | 33 | 1 | 0 |
| 1985 | 상무 | 2 | 2 | 0 | 0 | 1 | 1 | 0 | 0 |
| 통산 | | 36 | 15 | 6 | 3 | 18 | 52 | 1 | 0 |

**임선영** (林善永) 수원대 1988.03.21

| 연도 | 소속 | 출장 | 교체 | 득점 | 도움 | 파울 | 슈팅 | 경고 | 퇴장 |
|---|---|---|---|---|---|---|---|---|---|
| 2011 | 광주 | 20 | 14 | 0 | 1 | 14 | 11 | 2 | 0 |
| 2012 | 광주 | 23 | 23 | 1 | 0 | 19 | 16 | 0 | 0 |
| 2013 | 광주 | 21 | 11 | 6 | 1 | 27 | 26 | 3 | 0 |
| 2014 | 광주 | 24 | 7 | 1 | 1 | 37 | 49 | 1 | 0 |
| 통산 | | 88 | 55 | 7 | 2 | 97 | 102 | 6 | 0 |

**임성근** (林聖根) 경상대 1963.10.01

| 연도 | 소속 | 출장 | 교체 | 득점 | 도움 | 파울 | 슈팅 | 경고 | 퇴장 |
|---|---|---|---|---|---|---|---|---|---|
| 1987 | 럭금 | 11 | 11 | 1 | 0 | 3 | 6 | 0 | 0 |
| 통산 | | 11 | 11 | 1 | 0 | 3 | 6 | 0 | 0 |

**임성택** (林成澤) 아주대 1988.07.19

| 연도 | 소속 | 출장 | 교체 | 득점 | 도움 | 파울 | 슈팅 | 경고 | 퇴장 |
|---|---|---|---|---|---|---|---|---|---|
| 2011 | 대구 | 0 | 0 | 0 | 0 | 0 | 0 | 0 | 0 |
| 2013 | 수원FC | 28 | 18 | 4 | 4 | 28 | 28 | 2 | 0 |
| 2014 | 수원FC | 34 | 17 | 6 | 3 | 35 | 45 | 2 | 0 |
| 통산 | | 62 | 35 | 10 | 7 | 63 | 73 | 4 | 0 |

**임세진** (任世鎭) 성균관대 1977.09.20

| 연도 | 소속 | 출장 | 교체 | 득점 | 도움 | 파울 | 슈팅 | 경고 | 퇴장 |
|---|---|---|---|---|---|---|---|---|---|
| 2000 | 수원 | 0 | 0 | 0 | 0 | 0 | 0 | 0 | 0 |
| 통산 | | 0 | 0 | 0 | 0 | 0 | 0 | 0 | 0 |

**임세현** (任世賢) 선문대 1988.05.30

| 연도 | 소속 | 출장 | 교체 | 득점 | 도움 | 파울 | 슈팅 | 경고 | 퇴장 |
|---|---|---|---|---|---|---|---|---|---|
| 2011 | 성남 | 5 | 5 | 0 | 0 | 3 | 1 | 0 | 0 |
| 통산 | | 5 | 5 | 0 | 0 | 3 | 1 | 0 | 0 |

**임영주** (林暎周) 동국대 1976.03.08

| 연도 | 소속 | 출장 | 교체 | 득점 | 도움 | 파울 | 슈팅 | 경고 | 퇴장 |
|---|---|---|---|---|---|---|---|---|---|
| 1999 | 대전 | 27 | 21 | 3 | 2 | 24 | 16 | 0 | 0 |
| 2000 | 대전 | 21 | 21 | 0 | 0 | 17 | 8 | 2 | 0 |
| 2001 | 대전 | 9 | 5 | 0 | 0 | 14 | 5 | 0 | 0 |
| 2002 | 대전 | 26 | 17 | 2 | 0 | 29 | 24 | 2 | 0 |
| 2003 | 대전 | 18 | 10 | 0 | 0 | 25 | 6 | 0 | 0 |
| 2004 | 대전 | 20 | 16 | 0 | 0 | 16 | 5 | 3 | 0 |
| 2005 | 대전 | 24 | 20 | 1 | 1 | 26 | 9 | 1 | 0 |
| 2007 | 대전 | 25 | 13 | 1 | 1 | 31 | 18 | 2 | 0 |
| 통산 | | 174 | 125 | 6 | 6 | 184 | 94 | 10 | 0 |

**임용주** (林龍柱) 경원고 1959.03.08

| 연도 | 소속 | 출장 | 교체 | 실점 | 도움 | 파울 | 슈팅 | 경고 | 퇴장 |
|---|---|---|---|---|---|---|---|---|---|
| 1983 | 포철 | 4 | 0 | 3 | 0 | 0 | 0 | 0 | 0 |
| 통산 | | 4 | 0 | 3 | 0 | 0 | 0 | 0 | 0 |

**임유환** (林裕煥) 한양대 1983.12.02

| 연도 | 소속 | 출장 | 교체 | 득점 | 도움 | 파울 | 슈팅 | 경고 | 퇴장 |
|---|---|---|---|---|---|---|---|---|---|
| 2004 | 전북 | 12 | 1 | 0 | 1 | 29 | 1 | 1 | 0 |
| 2005 | 전북 | 16 | 6 | 0 | 0 | 20 | 3 | 4 | 1 |
| 2006 | 전북 | 3 | 0 | 1 | 0 | 10 | 1 | 2 | 0 |
| 2007 | 울산 | 10 | 3 | 0 | 0 | 12 | 6 | 1 | 0 |
| 2007 | 전북 | 7 | 2 | 0 | 0 | 13 | 5 | 1 | 0 |
| 2008 | 전북 | 34 | 1 | 3 | 0 | 50 | 13 | 6 | 0 |
| 2009 | 전북 | 23 | 3 | 0 | 0 | 16 | 5 | 5 | 0 |
| 2010 | 전북 | 15 | 1 | 0 | 1 | 35 | 6 | 3 | 0 |
| 2011 | 전북 | 11 | 1 | 2 | 0 | 24 | 7 | 2 | 0 |
| 2012 | 전북 | 27 | 3 | 0 | 2 | 32 | 6 | 5 | 0 |
| 2013 | 전북 | 5 | 1 | 0 | 1 | 16 | 2 | 4 | 0 |
| 통산 | | 176 | 27 | 3 | 2 | 254 | 49 | 33 | 1 |

**임인성** (林忍星) 홍익대 1985.07.23

| 연도 | 소속 | 출장 | 교체 | 실점 | 도움 | 파울 | 슈팅 | 경고 | 퇴장 |
|---|---|---|---|---|---|---|---|---|---|
| 2010 | 광주상 | 1 | 0 | 3 | 0 | 0 | 0 | 0 | 0 |
| 2011 | 상주 | 1 | 0 | 0 | 0 | 0 | 0 | 0 | 0 |
| 통산 | | 2 | 0 | 5 | 0 | 0 | 0 | 0 | 0 |

**임장묵** (林張默) 경희대 1961.05.10

| 연도 | 소속 | 출장 | 교체 | 득점 | 도움 | 파울 | 슈팅 | 경고 | 퇴장 |
|---|---|---|---|---|---|---|---|---|---|
| 1985 | 한일은 | 4 | 4 | 0 | 0 | 1 | 1 | 0 | 0 |
| 1986 | 한일은 | 7 | 7 | 0 | 0 | 3 | 3 | 0 | 0 |
| 통산 | | 11 | 11 | 0 | 0 | 4 | 4 | 0 | 0 |

**임재선** (林財善) 인천대 1968.06.10

| 연도 | 소속 | 출장 | 교체 | 득점 | 도움 | 파울 | 슈팅 | 경고 | 퇴장 |
|---|---|---|---|---|---|---|---|---|---|
| 1991 | LG | 3 | 3 | 0 | 0 | 2 | 4 | 0 | 0 |
| 1991 | 현대 | 16 | 1 | 1 | 1 | 16 | 16 | 2 | 0 |
| 1992 | 현대 | 27 | 5 | 3 | 2 | 49 | 29 | 2 | 0 |
| 1993 | 현대 | 31 | 7 | 6 | 3 | 50 | 49 | 5 | 0 |
| 1994 | 현대 | 23 | 7 | 7 | 1 | 31 | 34 | 5 | 0 |
| 1995 | 현대 | 21 | 21 | 1 | 1 | 21 | 7 | 2 | 0 |
| 1996 | 울산 | 23 | 18 | 4 | 4 | 25 | 23 | 1 | 0 |
| 1997 | 울산 | 27 | 11 | 1 | 1 | 31 | 34 | 2 | 0 |
| 1998 | 천안 | 9 | 9 | 1 | 1 | 7 | 7 | 0 | 0 |
| 통산 | | 175 | 98 | 23 | 14 | 233 | 199 | 19 | 0 |

**임재훈** (林在勳) 명지대 1987.01.01

| 연도 | 소속 | 출장 | 교체 | 득점 | 도움 | 파울 | 슈팅 | 경고 | 퇴장 |
|---|---|---|---|---|---|---|---|---|---|
| 2009 | 성남 | 2 | 2 | 0 | 0 | 0 | 1 | 0 | 0 |
| 통산 | | 2 | 2 | 0 | 0 | 0 | 1 | 0 | 0 |

**임종국** (林鐘國) 단국대학원 1968.04.13

| 연도 | 소속 | 출장 | 교체 | 실점 | 도움 | 파울 | 슈팅 | 경고 | 퇴장 |
|---|---|---|---|---|---|---|---|---|---|
| 1991 | LG | 4 | 1 | 6 | 0 | 0 | 0 | 0 | 0 |
| 1992 | LG | 14 | 1 | 16 | 0 | 0 | 0 | 0 | 0 |
| 1995 | LG | 6 | 0 | 13 | 0 | 0 | 0 | 0 | 0 |
| 1996 | 안양 | 16 | 0 | 21 | 0 | 0 | 0 | 2 | 0 |
| 1997 | 안양 | 25 | 0 | 38 | 0 | 1 | 1 | 2 | 0 |
| 1998 | 안양 | 19 | 2 | 20 | 0 | 2 | 1 | 1 | 0 |
| 1999 | 안양 | 27 | 0 | 41 | 0 | 3 | 3 | 0 | 0 |
| 2001 | 부산 | 0 | 0 | 0 | 0 | 0 | 0 | 0 | 0 |
| 통산 | | 111 | 4 | 155 | 0 | 6 | 6 | 1 | 0 |

**임종욱** (林鐘旭) 경희대 1986.08.26

| 연도 | 소속 | 출장 | 교체 | 득점 | 도움 | 파울 | 슈팅 | 경고 | 퇴장 |
|---|---|---|---|---|---|---|---|---|---|
| 2013 | 충주 | 30 | 23 | 4 | 2 | 50 | 46 | 10 | 0 |
| 통산 | | 30 | 23 | 4 | 2 | 50 | 46 | 10 | 0 |

**임종은** (林宗垠) 현대고 1990.06.18

| 연도 | 소속 | 출장 | 교체 | 득점 | 도움 | 파울 | 슈팅 | 경고 | 퇴장 |
|---|---|---|---|---|---|---|---|---|---|
| 2009 | 울산 | 19 | 1 | 0 | 0 | 25 | 2 | 3 | 1 |
| 2012 | 성남 | 38 | 5 | 2 | 1 | 30 | 14 | 4 | 0 |
| 2013 | 전남 | 34 | 3 | 2 | 0 | 24 | 14 | 4 | 0 |
| 2014 | 전남 | 20 | 6 | 0 | 0 | 11 | 5 | 2 | 0 |
| 통산 | | 111 | 15 | 4 | 1 | 90 | 35 | 13 | 1 |

**임종헌** (林鍾憲) 고려대 1966.03.08

| 연도 | 소속 | 출장 | 교체 | 득점 | 도움 | 파울 | 슈팅 | 경고 | 퇴장 |
|---|---|---|---|---|---|---|---|---|---|
| 1989 | 일화 | 40 | 0 | 0 | 1 | 19 | 25 | 0 | 0 |
| 1990 | 일화 | 30 | 4 | 0 | 0 | 19 | 10 | 2 | 0 |
| 1991 | 일화 | 30 | 0 | 0 | 0 | 19 | 12 | 0 | 0 |
| 1992 | 일화 | 15 | 8 | 0 | 0 | 8 | 4 | 1 | 0 |
| 1993 | 일화 | 7 | 6 | 0 | 0 | 3 | 1 | 0 | 0 |
| 1994 | 현대 | 16 | 4 | 0 | 0 | 18 | 13 | 1 | 0 |
| 1995 | 현대 | 29 | 6 | 1 | 1 | 44 | 4 | 4 | 0 |
| 1996 | 울산 | 11 | 6 | 0 | 0 | 13 | 6 | 2 | 0 |
| 통산 | | 178 | 35 | 1 | 4 | 99 | 70 | 18 | 0 |

**임종훈** (林鍾勳) 배재대 1976.06.14

| 연도 | 소속 | 출장 | 교체 | 득점 | 도움 | 파울 | 슈팅 | 경고 | 퇴장 |
|---|---|---|---|---|---|---|---|---|---|
| 1999 | 전북 | 0 | 0 | 0 | 0 | 0 | 0 | 0 | 0 |
| 2002 | 전북 | 11 | 4 | 0 | 1 | 12 | 8 | 0 | 0 |
| 2003 | 전북 | 21 | 9 | 1 | 0 | 23 | 9 | 4 | 0 |
| 2004 | 인천 | 3 | 1 | 0 | 0 | 5 | 0 | 0 | 0 |
| 2004 | 전북 | 17 | 4 | 0 | 0 | 26 | 5 | 4 | 0 |
| 2005 | 전북 | 7 | 3 | 0 | 0 | 7 | 2 | 2 | 0 |
| 통산 | | 59 | 21 | 1 | 1 | 76 | 12 | 15 | 0 |

**임준식** (林俊植) 영남대 1981.09.13

| 연도 | 소속 | 출장 | 교체 | 득점 | 도움 | 파울 | 슈팅 | 경고 | 퇴장 |
|---|---|---|---|---|---|---|---|---|---|
| 2004 | 전남 | 1 | 0 | 0 | 0 | 0 | 1 | 0 | 0 |
| 통산 | | 1 | 0 | 0 | 0 | 0 | 1 | 0 | 0 |

**임중용** (林重容) 성균관대 1975.04.21

| 연도 | 소속 | 출장 | 교체 | 득점 | 도움 | 파울 | 슈팅 | 경고 | 퇴장 |
|---|---|---|---|---|---|---|---|---|---|
| 1999 | 부산 | 34 | 14 | 1 | 2 | 53 | 23 | 5 | 0 |
| 2000 | 부산 | 24 | 14 | 0 | 1 | 33 | 14 | 3 | 1 |
| 2001 | 부산 | 2 | 2 | 0 | 0 | 1 | 3 | 0 | 0 |
| 2003 | 대구 | 15 | 9 | 1 | 0 | 33 | 13 | 2 | 0 |
| 2004 | 인천 | 29 | 4 | 1 | 0 | 29 | 11 | 3 | 1 |
| 2005 | 인천 | 39 | 1 | 3 | 2 | 31 | 16 | 2 | 0 |
| 2006 | 인천 | 32 | 0 | 1 | 0 | 18 | 7 | 2 | 0 |
| 2007 | 인천 | 25 | 3 | 0 | 0 | 27 | 2 | 3 | 1 |
| 2008 | 인천 | 25 | 3 | 0 | 2 | 21 | 0 | 4 | 0 |
| 2009 | 인천 | 34 | 0 | 1 | 0 | 44 | 6 | 7 | 0 |
| 2010 | 인천 | 26 | 2 | 0 | 1 | 21 | 3 | 6 | 0 |
| 2011 | 인천 | 5 | 0 | 0 | 0 | 5 | 2 | 1 | 0 |
| 통산 | | 294 | 51 | 8 | 5 | 310 | 98 | 36 | 3 |

**임진영** (林眞穎) 울산과학대 1980.05.11

| 연도 | 소속 | 출장 | 교체 | 득점 | 도움 | 파울 | 슈팅 | 경고 | 퇴장 |
|---|---|---|---|---|---|---|---|---|---|
| 2006 | 성남 | 7 | 5 | 0 | 0 | 13 | 2 | 1 | 0 |
| 통산 | | 7 | 5 | 0 | 0 | 13 | 2 | 1 | 0 |

**임진욱** (林珍旭) 동국대 1991.04.22

| 연도 | 소속 | 출장 | 교체 | 득점 | 도움 | 파울 | 슈팅 | 경고 | 퇴장 |
|---|---|---|---|---|---|---|---|---|---|
| 2014 | 충주 | 21 | 11 | 7 | 0 | 22 | 34 | 0 | 0 |
| 통산 | | 21 | 11 | 7 | 0 | 22 | 34 | 0 | 0 |

**임창균** (林昌均) 경희대 1990.04.19

| 연도 | 소속 | 출장 | 교체 | 득점 | 도움 | 파울 | 슈팅 | 경고 | 퇴장 |
|---|---|---|---|---|---|---|---|---|---|
| 2013 | 부천 | 32 | 10 | 5 | 7 | 24 | 112 | 6 | 0 |
| 2014 | 경남 | 5 | 5 | 0 | 0 | 4 | 10 | 1 | 0 |
| 통산 | | 37 | 15 | 5 | 7 | 28 | 122 | 7 | 0 |

**임창우** (任倉佑) 현대고 1992.02.13

| 연도 | 소속 | 출장 | 교체 | 득점 | 도움 | 파울 | 슈팅 | 경고 | 퇴장 |
|---|---|---|---|---|---|---|---|---|---|
| 2011 | 울산 | 0 | 0 | 0 | 0 | 0 | 0 | 0 | 0 |
| 2012 | 울산 | 6 | 1 | 0 | 0 | 5 | 1 | 0 | 0 |
| 2013 | 울산 | 0 | 0 | 0 | 0 | 0 | 0 | 0 | 0 |
| 2014 | 대전 | 28 | 3 | 2 | 0 | 29 | 23 | 1 | 0 |
| 통산 | | 34 | 4 | 2 | 0 | 34 | 23 | 2 | 0 |

**임채민** (林埰珉) 영남대 1990.11.18

| 연도 | 소속 | 출장 | 교체 | 득점 | 도움 | 파울 | 슈팅 | 경고 | 퇴장 |
|---|---|---|---|---|---|---|---|---|---|
| 2013 | 성남 | 21 | 3 | 3 | 0 | 20 | 12 | 5 | 2 |
| 2014 | 성남 | 34 | 1 | 0 | 1 | 37 | 16 | 9 | 0 |
| 통산 | | 55 | 4 | 3 | 1 | 57 | 28 | 14 | 2 |

**임충현** (林忠炫) 광운대 1983.07.20

| 연도 | 소속 | 출장 | 교체 | 득점 | 도움 | 파울 | 슈팅 | 경고 | 퇴장 |
|---|---|---|---|---|---|---|---|---|---|
| 2007 | 대전 | 15 | 2 | 0 | 0 | 38 | 11 | 3 | 0 |
| 통산 | | 15 | 2 | 0 | 0 | 38 | 11 | 3 | 0 |

**임태섭** (林太燮) 홍익대 1990.06.23

| 연도 | 소속 | 출장 | 교체 | 득점 | 도움 | 파울 | 슈팅 | 경고 | 퇴장 |
|---|---|---|---|---|---|---|---|---|---|
| 2013 | 충주 | 12 | 12 | 1 | 1 | 2 | 11 | 1 | 0 |
| 통산 | | 12 | 12 | 1 | 1 | 2 | 11 | 1 | 0 |

**임하람** (林하람) 연세대 1990.11.18

| 연도 | 소속 | 출장 | 교체 | 득점 | 도움 | 파울 | 슈팅 | 경고 | 퇴장 |
|---|---|---|---|---|---|---|---|---|---|
| 2011 | 광주 | 14 | 4 | 0 | 0 | 34 | 0 | 5 | 0 |
| 2012 | 광주 | 12 | 1 | 0 | 0 | 22 | 0 | 3 | 0 |
| 2013 | 광주 | 28 | 3 | 0 | 0 | 46 | 4 | 3 | 0 |
| 2014 | 인천 | 12 | 9 | 0 | 0 | 8 | 10 | 1 | 0 |
| 통산 | | 66 | 17 | 0 | 0 | 110 | 7 | 11 | 0 |

**임현우** (林炫佑) 아주대 1983.03.26

| 연도 | 소속 | 출장 | 교체 | 득점 | 도움 | 파울 | 슈팅 | 경고 | 퇴장 |
|---|---|---|---|---|---|---|---|---|---|
| 2005 | 대구 | 1 | 1 | 0 | 0 | 0 | 0 | 0 | 0 |
| 2006 | 대구 | 2 | 2 | 0 | 0 | 2 | 0 | 0 | 0 |
| 2007 | 대구 | 19 | 12 | 0 | 0 | 20 | 5 | 2 | 0 |
| 2008 | 대구 | 20 | 11 | 0 | 1 | 14 | 6 | 3 | 0 |
| 2009 | 대구 | 3 | 3 | 0 | 0 | 0 | 0 | 0 | 0 |
| 통산 | | 45 | 29 | 0 | 2 | 24 | 12 | 1 | 0 |

**자심** (Abbas Obeid Jassim) 이라크 1973.12.10

| 연도 | 소속 | 출장 | 교체 | 득점 | 도움 | 파울 | 슈팅 | 경고 | 퇴장 |
|---|---|---|---|---|---|---|---|---|---|
| 1996 | 안양 | 31 | 18 | 6 | 5 | 26 | 37 | 3 | 0 |
| 1997 | 안양 | 5 | 5 | 0 | 0 | 7 | 5 | 0 | 0 |
| 1997 | 포항 | 15 | 11 | 2 | 1 | 12 | 14 | 3 | 0 |
| 1998 | 포항 | 26 | 19 | 2 | 2 | 34 | 23 | 6 | 0 |
| 1999 | 포항 | 19 | 18 | 2 | 4 | 14 | 18 | 0 | 0 |
| 2000 | 포항 | 27 | 18 | 1 | 3 | 24 | 30 | 0 | 0 |
| 2001 | 포항 | 7 | 7 | 1 | 0 | 9 | 3 | 1 | 0 |
| 통산 | | 130 | 94 | 15 | 14 | 130 | 133 | 13 | 0 |

**자엘** (Jael Ferreira Vieira) 브라질 1988.10.30

| 연도 | 소속 | 출장 | 교체 | 득점 | 도움 | 파울 | 슈팅 | 경고 | 퇴장 |
|---|---|---|---|---|---|---|---|---|---|
| 2012 | 성남 | 15 | 4 | 2 | 4 | 41 | 27 | 5 | 0 |
| 통산 | | 15 | 4 | 2 | 4 | 41 | 27 | 5 | 0 |

**자일** (Jair Eduardo Britto da Silva) 브라질 1988.06.10

| 연도 | 소속 | 출장 | 교체 | 득점 | 도움 | 파울 | 슈팅 | 경고 | 퇴장 |
|---|---|---|---|---|---|---|---|---|---|
| 2011 | 제주 | 16 | 10 | 2 | 2 | 11 | 22 | 3 | 0 |
| 2012 | 제주 | 44 | 16 | 18 | 9 | 49 | 93 | 0 | 0 |
| 통산 | | 55 | 26 | 20 | 11 | 60 | 115 | 3 | 0 |

**자크미치** (Muhamed Dzakmic) 보스니아 헤르체고비나 1985.08.23

| 연도 | 소속 | 출장 | 교체 | 득점 | 도움 | 파울 | 슈팅 | 경고 | 퇴장 |
|---|---|---|---|---|---|---|---|---|---|
| 2011 | 강원 | 17 | 8 | 0 | 2 | 27 | 13 | 4 | 0 |
| 2012 | 강원 | 21 | 9 | 0 | 0 | 41 | 8 | 3 | 0 |
| 통산 | | 38 | 17 | 0 | 2 | 68 | 21 | 7 | 0 |

**자파** (Jonas Augusto Bouvie) 브라질 1986.10.05

| 연도 | 소속 | 출장 | 교체 | 득점 | 도움 | 파울 | 슈팅 | 경고 | 퇴장 |
|---|---|---|---|---|---|---|---|---|---|
| 2014 | 수원FC | 18 | 5 | 7 | 1 | 27 | 43 | 2 | 0 |
| 통산 | | 18 | 5 | 7 | 1 | 27 | 43 | 2 | 0 |

**잔코** (Zanko Savov) 마케도니아 1965.10.14

| 연도 | 소속 | 출장 | 교체 | 득점 | 도움 | 파울 | 슈팅 | 경고 | 퇴장 |
|---|---|---|---|---|---|---|---|---|---|
| 1995 | 전북 | 8 | 1 | 1 | 1 | 17 | 18 | 2 | 0 |
| 1996 | 전북 | 32 | 15 | 3 | 2 | 33 | 32 | 2 | 0 |
| 1997 | 전북 | 28 | 13 | 8 | 3 | 36 | 42 | 2 | 0 |
| 1998 | 전북 | 25 | 21 | 4 | 0 | 19 | 26 | 1 | 0 |
| 통산 | | 93 | 50 | 16 | 6 | 105 | 118 | 7 | 0 |

**장경영** (張景暎) 선문대 1982.03.12

| 연도 | 소속 | 출장 | 교체 | 득점 | 도움 | 파울 | 슈팅 | 경고 | 퇴장 |
|---|---|---|---|---|---|---|---|---|---|
| 2006 | 인천 | 1 | 1 | 0 | 0 | 0 | 0 | 0 | 0 |
| 통산 | | 1 | 1 | 0 | 0 | 0 | 0 | 0 | 0 |

**장경진** (張敬珍) 광양제철고 1983.08.31

| 연도 | 소속 | 출장 | 교체 | 득점 | 도움 | 파울 | 슈팅 | 경고 | 퇴장 |
|---|---|---|---|---|---|---|---|---|---|
| 2002 | 전남 | 2 | 1 | 0 | 0 | 4 | 0 | 1 | 0 |
| 2004 | 전남 | 2 | 1 | 0 | 0 | 1 | 0 | 0 | 0 |
| 2005 | 인천 | 14 | 2 | 1 | 0 | 17 | 1 | 2 | 0 |
| 2006 | 인천 | 27 | 1 | 0 | 0 | 53 | 4 | 5 | 0 |
| 2007 | 인천 | 29 | 5 | 3 | 0 | 42 | 6 | 3 | 0 |
| 2008 | 광주상 | 12 | 1 | 0 | 0 | 15 | 0 | 6 | 0 |
| 2009 | 광주상 | 10 | 1 | 0 | 0 | 14 | 4 | 0 | 0 |
| 2011 | 인천 | 16 | 2 | 0 | 0 | 15 | 2 | 2 | 0 |
| 2012 | 광주 | 5 | 3 | 0 | 0 | 9 | 0 | 4 | 0 |
| 통산 | | 117 | 30 | 4 | 0 | 190 | 17 | 23 | 0 |

**장기봉** (張基奉) 중앙대 1977.07.08

| 연도 | 소속 | 출장 | 교체 | 득점 | 도움 | 파울 | 슈팅 | 경고 | 퇴장 |
|---|---|---|---|---|---|---|---|---|---|
| 2000 | 부산 | 0 | 0 | 0 | 0 | 0 | 0 | 0 | 0 |
| 2001 | 부산 | 1 | 1 | 0 | 0 | 1 | 0 | 0 | 0 |
| 통산 | | 1 | 1 | 0 | 0 | 1 | 0 | 0 | 0 |

**장기정** (張淇禎) 전주대 1971.06.27

| 연도 | 소속 | 출장 | 교체 | 득점 | 도움 | 파울 | 슈팅 | 경고 | 퇴장 |
|---|---|---|---|---|---|---|---|---|---|
| 1994 | 버팔로 | 1 | 1 | 0 | 0 | 2 | 0 | 0 | 0 |
| 통산 | | 1 | 1 | 0 | 0 | 2 | 0 | 0 | 0 |

**장남석** (張南錫) 중앙대 1983.04.18

| 연도 | 소속 | 출장 | 교체 | 득점 | 도움 | 파울 | 슈팅 | 경고 | 퇴장 |
|---|---|---|---|---|---|---|---|---|---|
| 2006 | 대구 | 36 | 23 | 9 | 4 | 39 | 42 | 3 | 0 |
| 2007 | 대구 | 16 | 13 | 2 | 2 | 17 | 21 | 1 | 0 |
| 2008 | 대구 | 21 | 11 | 4 | 4 | 44 | 57 | 2 | 0 |
| 2009 | 대구 | 15 | 7 | 0 | 0 | 18 | 24 | 3 | 0 |
| 2010 | 대구 | 24 | 12 | 4 | 5 | 36 | 28 | 2 | 0 |
| 2011 | 상주 | 14 | 3 | 4 | 4 | 29 | 31 | 1 | 0 |
| 통산 | | 136 | 80 | 29 | 19 | 186 | 199 | 12 | 0 |

**장대일** (張大一) 연세대 1975.03.09

| 연도 | 소속 | 출장 | 교체 | 득점 | 도움 | 파울 | 슈팅 | 경고 | 퇴장 |
|---|---|---|---|---|---|---|---|---|---|
| 1998 | 천안 | 14 | 5 | 2 | 0 | 10 | 20 | 0 | 0 |
| 1999 | 천안 | 21 | 10 | 3 | 2 | 41 | 26 | 4 | 0 |
| 2000 | 성남 | 5 | 3 | 0 | 0 | 1 | 3 | 0 | 0 |
| 2000 | 부산 | 11 | 1 | 0 | 0 | 9 | 3 | 1 | 0 |
| 2001 | 부산 | 15 | 3 | 1 | 0 | 17 | 5 | 0 | 0 |
| 2002 | 부산 | 5 | 3 | 0 | 0 | 2 | 1 | 0 | 0 |
| 2003 | 부산 | 24 | 6 | 2 | 2 | 19 | 9 | 2 | 0 |
| 통산 | | 95 | 31 | 6 | 4 | 91 | 68 | 10 | 0 |

**장동혁** (張東爀) 명지대 1983.05.20

| 연도 | 소속 | 출장 | 교체 | 득점 | 도움 | 파울 | 슈팅 | 경고 | 퇴장 |
|---|---|---|---|---|---|---|---|---|---|
| 2006 | 전남 | 12 | 9 | 0 | 0 | 26 | 1 | 3 | 0 |
| 2007 | 전남 | 6 | 5 | 0 | 0 | 21 | 0 | 2 | 0 |
| 2008 | 전남 | 3 | 2 | 0 | 0 | 0 | 0 | 0 | 0 |
| 통산 | | 21 | 16 | 0 | 0 | 47 | 1 | 5 | 0 |

**장동현** (張東炫) 원주공고 1982.03.19

| 연도 | 소속 | 출장 | 교체 | 득점 | 도움 | 파울 | 슈팅 | 경고 | 퇴장 |
|---|---|---|---|---|---|---|---|---|---|
| 2004 | 성남 | 4 | 4 | 1 | 0 | 5 | 2 | 0 | 0 |
| 통산 | | 4 | 4 | 1 | 0 | 5 | 2 | 0 | 0 |

**장민석** (張緡碩) 홍익대 1976.03.31

| 연도 | 소속 | 출장 | 교체 | 득점 | 도움 | 파울 | 슈팅 | 경고 | 퇴장 |
|---|---|---|---|---|---|---|---|---|---|
| 1999 | 전북 | 13 | 13 | 1 | 0 | 17 | 17 | 1 | 0 |
| 통산 | | 13 | 13 | 1 | 0 | 17 | 17 | 1 | 0 |

**장백규** (張伯圭) 선문대 1991.10.09

| 연도 | 소속 | 출장 | 교체 | 득점 | 도움 | 파울 | 슈팅 | 경고 | 퇴장 |
|---|---|---|---|---|---|---|---|---|---|
| 2014 | 대구 | 18 | 10 | 3 | 4 | 16 | 19 | 0 | 0 |
| 통산 | | 18 | 10 | 3 | 4 | 16 | 19 | 0 | 0 |

**장상원** (張相元) 전주대 1977.09.30

| 연도 | 소속 | 출장 | 교체 | 득점 | 도움 | 파울 | 슈팅 | 경고 | 퇴장 |
|---|---|---|---|---|---|---|---|---|---|
| 2003 | 울산 | 9 | 3 | 0 | 0 | 16 | 7 | 2 | 0 |
| 2004 | 울산 | 14 | 13 | 1 | 0 | 21 | 9 | 2 | 0 |
| 2005 | 울산 | 25 | 15 | 2 | 0 | 45 | 11 | 4 | 0 |
| 2006 | 울산 | 30 | 20 | 2 | 0 | 28 | 25 | 6 | 0 |
| 2007 | 울산 | 12 | 9 | 0 | 0 | 8 | 4 | 1 | 0 |
| 2008 | 대구 | 10 | 9 | 0 | 0 | 18 | 14 | 1 | 0 |
| 2009 | 대구 | 7 | 5 | 0 | 0 | 8 | 2 | 1 | 0 |
| 통산 | | 102 | 71 | 5 | 0 | 97 | 53 | 11 | 0 |

**장석민** (張錫珉) 초당대 1989.07.25

| 연도 | 소속 | 출장 | 교체 | 득점 | 도움 | 파울 | 슈팅 | 경고 | 퇴장 |
|---|---|---|---|---|---|---|---|---|---|
| 2011 | 강원 | 1 | 1 | 0 | 0 | 0 | 0 | 0 | 0 |
| 통산 | | 1 | 1 | 0 | 0 | 0 | 0 | 0 | 0 |

**장석원** (張碩元) 단국대 1989.08.11

| 연도 | 소속 | 출장 | 교체 | 득점 | 도움 | 파울 | 슈팅 | 경고 | 퇴장 |
|---|---|---|---|---|---|---|---|---|---|
| 2010 | 성남 | 3 | 3 | 0 | 0 | 0 | 0 | 0 | 0 |
| 2011 | 성남 | 2 | 0 | 0 | 0 | 4 | 0 | 1 | 0 |
| 2012 | 상주 | 1 | 0 | 0 | 0 | 1 | 0 | 0 | 0 |
| 2014 | 상주 | 20 | 6 | 0 | 0 | 15 | 2 | 2 | 0 |
| 통산 | | 26 | 11 | 0 | 0 | 16 | 2 | 2 | 0 |

**장성욱** (張成旭) 한성대 1979.09.01

| 연도 | 소속 | 출장 | 교체 | 득점 | 도움 | 파울 | 슈팅 | 경고 | 퇴장 |
|---|---|---|---|---|---|---|---|---|---|
| 2002 | 부산 | 1 | 1 | 0 | 0 | 0 | 0 | 0 | 0 |
| 통산 | | 1 | 1 | 0 | 0 | 0 | 0 | 0 | 0 |

**장성천** (張誠泉) 부산개성고 1989.05.05

| 연도 | 소속 | 출장 | 교체 | 득점 | 도움 | 파울 | 슈팅 | 경고 | 퇴장 |
|---|---|---|---|---|---|---|---|---|---|
| 2008 | 제주 | 1 | 1 | 0 | 0 | 2 | 1 | 0 | 0 |
| 통산 | | 1 | 1 | 0 | 0 | 2 | 1 | 0 | 0 |

**장영훈** (張永勳) 경북산업대 1972.02.04

| 연도 | 소속 | 출장 | 교체 | 득점 | 도움 | 파울 | 슈팅 | 경고 | 퇴장 |
|---|---|---|---|---|---|---|---|---|---|
| 1992 | 포철 | 21 | 15 | 1 | 2 | 19 | 23 | 1 | 0 |
| 1993 | 포철 | 27 | 19 | 4 | 2 | 31 | 42 | 2 | 0 |
| 1994 | 포철 | 5 | 3 | 0 | 1 | 2 | 8 | 0 | 0 |
| 1995 | 포항 | 17 | 14 | 3 | 1 | 23 | 15 | 1 | 0 |
| 1996 | 포항 | 24 | 19 | 1 | 2 | 43 | 30 | 5 | 0 |
| 1997 | 포항 | 28 | 10 | 4 | 3 | 42 | 45 | 3 | 0 |
| 1998 | 포항 | 7 | 5 | 1 | 0 | 7 | 5 | 0 | 0 |
| 1998 | 안양 | 5 | 4 | 0 | 0 | 7 | 2 | 1 | 0 |
| 1999 | 안양 | 11 | 9 | 1 | 1 | 13 | 11 | 1 | 0 |
| 통산 | | 145 | 98 | 15 | 12 | 188 | 190 | 17 | 0 |

**장외룡** (張外龍) 연세대 1959.04.05

| 연도 | 소속 | 출장 | 교체 | 득점 | 도움 | 파울 | 슈팅 | 경고 | 퇴장 |
|---|---|---|---|---|---|---|---|---|---|
| 1983 | 대우 | 15 | 0 | 0 | 1 | 26 | 5 | 1 | 0 |
| 1984 | 대우 | 18 | 3 | 0 | 0 | 14 | 2 | 4 | 1 |
| 1985 | 대우 | 20 | 0 | 0 | 0 | 17 | 0 | 0 | 0 |
| 1986 | 대우 | 24 | 6 | 0 | 1 | 18 | 3 | 0 | 1 |
| 통산 | | 77 | 9 | 0 | 2 | 75 | 12 | 5 | 1 |

**장용익** (張勇翼) 수원대 1989.01.01

| 연도 | 소속 | 출장 | 교체 | 득점 | 도움 | 파울 | 슈팅 | 경고 | 퇴장 |
|---|---|---|---|---|---|---|---|---|---|
| 2011 | 전남 | 2 | 2 | 0 | 0 | 2 | 0 | 0 | 0 |
| 통산 | | 2 | 2 | 0 | 0 | 2 | 0 | 0 | 0 |

**장우창** (張佑暢) 광운대 1978.10.18

| 연도 | 소속 | 출장 | 교체 | 득점 | 도움 | 파울 | 슈팅 | 경고 | 퇴장 |
|---|---|---|---|---|---|---|---|---|---|
| 2004 | 인천 | 8 | 5 | 0 | 1 | 16 | 1 | 3 | 0 |
| 2005 | 인천 | 12 | 8 | 0 | 0 | 18 | 3 | 1 | 0 |
| 2006 | 부산 | 7 | 4 | 0 | 0 | 7 | 1 | 1 | 0 |
| 통산 | | 27 | 17 | 0 | 1 | 31 | 2 | 5 | 0 |

**장원석** (張原碩) 호남대 1986.04.16

| 연도 | 소속 | 출장 | 교체 | 득점 | 도움 | 파울 | 슈팅 | 경고 | 퇴장 |
|---|---|---|---|---|---|---|---|---|---|
| 2009 | 인천 | 16 | 7 | 1 | 0 | 37 | 5 | 6 | 0 |
| 2010 | 인천 | 10 | 5 | 0 | 0 | 26 | 3 | 5 | 0 |
| 2011 | 인천 | 24 | 5 | 2 | 3 | 51 | 23 | 8 | 0 |
| 2012 | 인천 | 1 | 1 | 0 | 0 | 3 | 1 | 0 | 0 |
| 2012 | 제주 | 9 | 2 | 0 | 1 | 13 | 2 | 1 | 0 |
| 2013 | 제주 | 10 | 5 | 0 | 0 | 10 | 0 | 1 | 0 |
| 2014 | 대전 | 31 | 9 | 1 | 4 | 33 | 12 | 4 | 0 |
| 통산 | | 101 | 34 | 4 | 8 | 173 | 45 | 26 | 0 |

**장은규** (張殷圭) 건국대 1992.08.15

| 연도 | 소속 | 출장 | 교체 | 득점 | 도움 | 파울 | 슈팅 | 경고 | 퇴장 |
|---|---|---|---|---|---|---|---|---|---|
| 2014 | 제주 | 22 | 5 | 0 | 0 | 51 | 5 | 7 | 0 |
| 통산 | | 22 | 5 | 0 | 0 | 51 | 5 | 7 | 0 |

**장재완** (張在完) 고려대 1983.06.04

| 연도 | 소속 | 출장 | 교체 | 득점 | 도움 | 파울 | 슈팅 | 경고 | 퇴장 |
|---|---|---|---|---|---|---|---|---|---|
| 2006 | 울산 | 0 | 0 | 0 | 0 | 0 | 0 | 0 | 0 |

**장재우** (張재佑) 숭실대 1988.01.07

| 연도 | 소속 | 출장 | 교체 | 득점 | 도움 | 파울 | 슈팅 | 경고 | 퇴장 |
|---|---|---|---|---|---|---|---|---|---|
| 2010 | 인천 | 0 | 0 | 0 | 0 | 0 | 0 | 0 | 0 |
| 통산 | | 0 | 0 | 0 | 0 | 0 | 0 | 0 | 0 |

**장재학** (張在學) 중앙대 1967.01.15

| 연도 | 소속 | 출장 | 교체 | 득점 | 도움 | 파울 | 슈팅 | 경고 | 퇴장 |
|---|---|---|---|---|---|---|---|---|---|
| 1989 | 포철 | 15 | 7 | 0 | 1 | 17 | 5 | 1 | 0 |
| 1991 | 현대 | 10 | 6 | 0 | 0 | 8 | 5 | 0 | 0 |
| 통산 | | 25 | 13 | 0 | 1 | 25 | 10 | 1 | 0 |

**장정** (張政) 아주대 1964.05.05

| 연도 | 소속 | 출장 | 교체 | 득점 | 도움 | 파울 | 슈팅 | 경고 | 퇴장 |
|---|---|---|---|---|---|---|---|---|---|
| 1987 | 럭금 | 26 | 3 | 0 | 0 | 46 | 7 | 4 | 0 |
| 1988 | 럭금 | 7 | 1 | 0 | 0 | 8 | 1 | 0 | 0 |
| 통산 | | 33 | 4 | 0 | 0 | 54 | 8 | 4 | 0 |

**장조윤** (張朝潤) 보인정보산업고 1988.01.01

| 연도 | 소속 | 출장 | 교체 | 득점 | 도움 | 파울 | 슈팅 | 경고 | 퇴장 |
|---|---|---|---|---|---|---|---|---|---|
| 2007 | 전북 | 2 | 2 | 0 | 0 | 1 | 0 | 0 | 0 |
| 통산 | | 2 | 2 | 0 | 0 | 1 | 0 | 0 | 0 |

**장지현** (張地鉉) 성균관대 1975.04.11

| 연도 | 소속 | 출장 | 교체 | 득점 | 도움 | 파울 | 슈팅 | 경고 | 퇴장 |
|---|---|---|---|---|---|---|---|---|---|
| 1999 | 수원 | 18 | 8 | 0 | 2 | 31 | 23 | 4 | 0 |
| 2000 | 수원 | 30 | 13 | 0 | 0 | 70 | 36 | 4 | 1 |
| 2001 | 수원 | 8 | 7 | 0 | 1 | 16 | 7 | 0 | 0 |
| 2004 | 수원 | 4 | 4 | 0 | 0 | 3 | 0 | 0 | 0 |
| 2005 | 수원 | 8 | 0 | 0 | 0 | 19 | 2 | 1 | 0 |
| 2006 | 전북 | 15 | 10 | 0 | 0 | 41 | 15 | 3 | 0 |
| 2007 | 전북 | 13 | 9 | 0 | 1 | 17 | 7 | 3 | 0 |
| 통산 | | 94 | 51 | 6 | 4 | 198 | 93 | 15 | 1 |

**장창순** (張暢純) 전북대 1962.09.01

| 연도 | 소속 | 출장 | 교체 | 득점 | 도움 | 파울 | 슈팅 | 경고 | 퇴장 |
|---|---|---|---|---|---|---|---|---|---|
| 1985 | 상무 | 9 | 1 | 0 | 2 | 9 | 1 | 0 | 0 |
| 1989 | 일화 | 9 | 10 | 0 | 0 | 2 | 1 | 0 | 0 |
| 통산 | | 19 | 16 | 0 | 2 | 11 | 11 | 1 | 0 |

**장철민** (張鐵民) 1975.05.19

| 연도 | 소속 | 출장 | 교체 | 득점 | 도움 | 파울 | 슈팅 | 경고 | 퇴장 |
|---|---|---|---|---|---|---|---|---|---|
| 1995 | 전북 | 17 | 15 | 1 | 0 | 12 | 13 | 1 | 0 |
| 1996 | 전북 | 5 | 5 | 1 | 0 | 3 | 2 | 0 | 0 |
| 1997 | 울산 | 7 | 6 | 0 | 1 | 5 | 4 | 0 | 0 |
| 1998 | 울산 | 26 | 22 | 4 | 6 | 33 | 33 | 2 | 0 |
| 1999 | 울산 | 5 | 5 | 0 | 0 | 2 | 1 | 0 | 0 |
| 2000 | 울산 | 26 | 19 | 1 | 2 | 12 | 26 | 0 | 0 |
| 2001 | 울산 | 3 | 3 | 1 | 0 | 1 | 7 | 0 | 0 |
| 2002 | 울산 | 13 | 7 | 0 | 1 | 11 | 7 | 0 | 0 |
| 통산 | | 102 | 85 | 8 | 12 | 87 | 88 | 3 | 0 |

**장철우** (張鐵雨) 아주대 1971.04.01

| 연도 | 소속 | 출장 | 교체 | 득점 | 도움 | 파울 | 슈팅 | 경고 | 퇴장 |
|---|---|---|---|---|---|---|---|---|---|
| 1997 | 대전 | 32 | 5 | 2 | 3 | 57 | 44 | 3 | 0 |
| 1998 | 대전 | 9 | 5 | 3 | 3 | 33 | 58 | 2 | 0 |
| 1999 | 대전 | 30 | 9 | 8 | 5 | 39 | 50 | 4 | 1 |
| 2000 | 대전 | 21 | 6 | 5 | 0 | 32 | 36 | 3 | 0 |
| 2001 | 대전 | 31 | 2 | 1 | 1 | 69 | 27 | 5 | 0 |
| 2002 | 대전 | 32 | 5 | 2 | 3 | 58 | 47 | 7 | 0 |
| 2003 | 대전 | 40 | 3 | 0 | 1 | 66 | 33 | 6 | 0 |
| 2004 | 대전 | 31 | 2 | 0 | 6 | 39 | 15 | 5 | 0 |
| 2005 | 대전 | 29 | 6 | 0 | 0 | 54 | 17 | 5 | 0 |
| 통산 | | 274 | 47 | 23 | 22 | 423 | 332 | 40 | 1 |

**장태규** (張汰圭) 아주대 1976.04.25

| 연도 | 소속 | 출장 | 교체 | 득점 | 도움 | 파울 | 슈팅 | 경고 | 퇴장 |
|---|---|---|---|---|---|---|---|---|---|
| 1999 | 부산 | 2 | 3 | 0 | 0 | 1 | 0 | 1 | 0 |
| 2000 | 부산 | 0 | 0 | 0 | 0 | 0 | 0 | 0 | 0 |
| 통산 | | 2 | 3 | 0 | 0 | 1 | 0 | 1 | 0 |

**장학영** (張學榮) 경기대 1981.08.24

| 연도 | 소속 | 출장 | 교체 | 득점 | 도움 | 파울 | 슈팅 | 경고 | 퇴장 |
|---|---|---|---|---|---|---|---|---|---|
| 2004 | 성남 | 16 | 8 | 0 | 0 | 13 | 0 | 1 | 0 |
| 2005 | 성남 | 36 | 0 | 0 | 0 | 48 | 4 | 4 | 0 |
| 2006 | 성남 | 42 | 1 | 2 | 3 | 60 | 16 | 1 | 0 |
| 2007 | 성남 | 29 | 0 | 3 | 2 | 31 | 12 | 2 | 0 |
| 2008 | 성남 | 37 | 1 | 1 | 1 | 45 | 15 | 3 | 0 |
| 2009 | 성남 | 36 | 2 | 0 | 4 | 42 | 13 | 3 | 1 |
| 2012 | 부산 | 23 | 0 | 0 | 2 | 32 | 5 | 7 | 0 |
| 2013 | 부산 | 37 | 0 | 3 | 2 | 16 | 9 | 3 | 0 |
| 2014 | 부산 | 33 | 4 | 0 | 3 | 23 | 7 | 2 | 0 |
| 통산 | | 304 | 20 | 12 | 16 | 327 | 88 | 28 | 1 |

**장혁진** (張爀鎭) 대경대 1989.12.06

| 연도 | 소속 | 출장 | 교체 | 득점 | 도움 | 파울 | 슈팅 | 경고 | 퇴장 |
|---|---|---|---|---|---|---|---|---|---|
| 2011 | 강원 | 8 | 7 | 0 | 0 | 8 | 2 | 0 | 0 |
| 2012 | 강원 | 15 | 12 | 1 | 1 | 15 | 15 | 1 | 0 |
| 2013 | 상주 | 10 | 10 | 1 | 0 | 13 | 16 | 0 | 0 |
| 2014 | 상주 | 7 | 7 | 0 | 1 | 6 | 7 | 0 | 0 |
| 2014 | 강원 | 9 | 3 | 0 | 2 | 10 | 11 | 1 | 0 |
| 통산 | | 49 | 39 | 2 | 4 | 52 | 57 | 2 | 0 |

**장현규** (張鉉奎) 울산대 1981.08.22

| 연도 | 소속 | 출장 | 교체 | 득점 | 도움 | 파울 | 슈팅 | 경고 | 퇴장 |
|---|---|---|---|---|---|---|---|---|---|
| 2004 | 대전 | 22 | 6 | 2 | 0 | 31 | 7 | 2 | 0 |
| 2005 | 대전 | 24 | 4 | 0 | 0 | 45 | 7 | 5 | 0 |
| 2006 | 대전 | 36 | 7 | 0 | 0 | 52 | 6 | 3 | 0 |
| 2007 | 대전 | 19 | 5 | 0 | 0 | 27 | 4 | 4 | 0 |
| 2008 | 포항 | 22 | 3 | 1 | 0 | 38 | 3 | 3 | 0 |
| 2009 | 광주상 | 21 | 2 | 0 | 0 | 23 | 1 | 2 | 0 |
| 2010 | 광주상 | 1 | 1 | 0 | 0 | 3 | 1 | 1 | 0 |
| 2010 | 포항 | 1 | 1 | 0 | 0 | 3 | 1 | 0 | 0 |
| 2011 | 포항 | 5 | 2 | 0 | 0 | 4 | 0 | 0 | 0 |
| 통산 | | 179 | 37 | 6 | 2 | 247 | 35 | 21 | 0 |

**장현우** (張現宇) 동북고 1993.05.26

| 연도 | 소속 | 출장 | 교체 | 득점 | 도움 | 파울 | 슈팅 | 경고 | 퇴장 |
|---|---|---|---|---|---|---|---|---|---|
| 2014 | 상주 | 0 | 0 | 0 | 0 | 0 | 0 | 0 | 0 |
| 통산 | | 0 | 0 | 0 | 0 | 0 | 0 | 0 | 0 |

**장현호** (張現浩) 고려대 1972.10.14

| 연도 | 소속 | 출장 | 교체 | 득점 | 도움 | 파울 | 슈팅 | 경고 | 퇴장 |
|---|---|---|---|---|---|---|---|---|---|
| 1995 | 포항 | 26 | 2 | 1 | 2 | 26 | 3 | 2 | 0 |
| 1996 | 포항 | 26 | 4 | 0 | 0 | 31 | 7 | 2 | 1 |
| 1997 | 포항 | 23 | 6 | 0 | 0 | 32 | 7 | 1 | 0 |
| 2000 | 포항 | 10 | 2 | 0 | 0 | 10 | 1 | 3 | 0 |
| 2001 | 성남 | 0 | 0 | 0 | 0 | 0 | 0 | 0 | 0 |
| 통산 | | 85 | 14 | 1 | 2 | 99 | 18 | 8 | 1 |

**장형곤** (張炯坤) 경희고 1961.01.29

| 연도 | 소속 | 출장 | 교체 | 득점 | 도움 | 파울 | 슈팅 | 경고 | 퇴장 |
|---|---|---|---|---|---|---|---|---|---|
| 1984 | 현대 | 1 | 1 | 0 | 0 | 2 | 1 | 0 | 0 |
| 통산 | | 1 | 1 | 0 | 0 | 2 | 1 | 0 | 0 |

**장형관** (張馨官) 인천대 1980.07.19

| 연도 | 소속 | 출장 | 교체 | 득점 | 도움 | 파울 | 슈팅 | 경고 | 퇴장 |
|---|---|---|---|---|---|---|---|---|---|
| 2003 | 대구 | 14 | 12 | 0 | 0 | 10 | 7 | 1 | 0 |
| 2004 | 대구 | 3 | 2 | 0 | 0 | 4 | 1 | 0 | 0 |
| 통산 | | 17 | 14 | 0 | 0 | 14 | 9 | 1 | 0 |

**장형석** (張亨碩) 성보고 1972.07.07

| 연도 | 소속 | 출장 | 교체 | 득점 | 도움 | 파울 | 슈팅 | 경고 | 퇴장 |
|---|---|---|---|---|---|---|---|---|---|
| 1992 | 현대 | 12 | 9 | 1 | 0 | 10 | 6 | 1 | 0 |
| 1993 | 현대 | 1 | 1 | 0 | 1 | 0 | 0 | 0 | 0 |
| 1995 | 현대 | 3 | 1 | 0 | 0 | 7 | 1 | 0 | 0 |
| 1996 | 울산 | 28 | 9 | 0 | 5 | 52 | 13 | 5 | 1 |
| 1997 | 울산 | 25 | 1 | 1 | 2 | 46 | 7 | 6 | 0 |
| 1998 | 울산 | 18 | 13 | 0 | 0 | 30 | 7 | 2 | 0 |
| 1999 | 울산 | 21 | 5 | 1 | 0 | 33 | 5 | 1 | 0 |
| 1999 | 안양 | 10 | 4 | 0 | 1 | 18 | 4 | 3 | 0 |
| 2002 | 부천 | 17 | 10 | 0 | 0 | 19 | 2 | 3 | 0 |
| 통산 | | 135 | 53 | 8 | 4 | 215 | 44 | 22 | 1 |

**쟈스민** (Jasmin Mujdza) 크로아티아 1974.03.02

| 연도 | 소속 | 출장 | 교체 | 득점 | 도움 | 파울 | 슈팅 | 경고 | 퇴장 |
|---|---|---|---|---|---|---|---|---|---|
| 2002 | 성남 | 16 | 5 | 0 | 0 | 25 | 6 | 0 | 0 |
| 통산 | | 16 | 5 | 0 | 0 | 25 | 6 | 0 | 0 |

**전경준** (全慶埈) 경북산업대 1973.09.10

| 연도 | 소속 | 출장 | 교체 | 득점 | 도움 | 파울 | 슈팅 | 경고 | 퇴장 |
|---|---|---|---|---|---|---|---|---|---|
| 1993 | 포철 | 8 | 7 | 0 | 1 | 5 | 4 | 0 | 0 |
| 1994 | 포철 | 1 | 1 | 0 | 0 | 1 | 0 | 0 | 0 |
| 1995 | 포항 | 19 | 19 | 0 | 1 | 13 | 10 | 3 | 0 |
| 1996 | 포항 | 32 | 25 | 0 | 3 | 36 | 25 | 1 | 0 |
| 1997 | 포항 | 33 | 18 | 2 | 3 | 33 | 40 | 3 | 0 |
| 1998 | 포항 | 32 | 28 | 1 | 1 | 26 | 21 | 0 | 0 |
| 1999 | 포항 | 10 | 7 | 0 | 0 | 9 | 6 | 0 | 0 |
| 1999 | 부천 | 17 | 15 | 2 | 1 | 14 | 8 | 1 | 0 |
| 2000 | 부천 | 38 | 37 | 7 | 13 | 24 | 46 | 4 | 1 |
| 2001 | 부천 | 30 | 28 | 3 | 3 | 18 | 44 | 0 | 1 |
| 2002 | 전북 | 14 | 14 | 1 | 3 | 33 | 23 | 3 | 0 |
| 2003 | 전북 | 25 | 18 | 2 | 4 | 32 | 18 | 1 | 0 |
| 2004 | 전북 | 11 | 11 | 1 | 0 | 6 | 10 | 0 | 0 |
| 2005 | 전북 | 7 | 7 | 0 | 0 | 4 | 6 | 1 | 0 |
| 통산 | | 287 | 225 | 28 | 37 | 249 | 274 | 17 | 2 |

**전경진** (全耕鎭) 한양대 1976.02.10

| 연도 | 소속 | 출장 | 교체 | 득점 | 도움 | 파울 | 슈팅 | 경고 | 퇴장 |
|---|---|---|---|---|---|---|---|---|---|
| 2000 | 성남 | 2 | 2 | 0 | 0 | 1 | 1 | 0 | 0 |
| 통산 | | 2 | 2 | 0 | 0 | 1 | 1 | 0 | 0 |

**전경택** (田坰澤) 성균관대 1970.06.20

| 연도 | 소속 | 출장 | 교체 | 득점 | 도움 | 파울 | 슈팅 | 경고 | 퇴장 |
|---|---|---|---|---|---|---|---|---|---|
| 1997 | 대전 | 22 | 5 | 0 | 0 | 36 | 4 | 2 | 0 |
| 1998 | 대전 | 27 | 5 | 0 | 0 | 39 | 10 | 3 | 0 |
| 1999 | 대전 | 5 | 4 | 0 | 0 | 7 | 0 | 1 | 0 |
| 통산 | | 54 | 14 | 0 | 0 | 82 | 14 | 6 | 0 |

**전광진** (全光眞) 명지대 1981.06.30

| 연도 | 소속 | 출장 | 교체 | 득점 | 도움 | 파울 | 슈팅 | 경고 | 퇴장 |
|---|---|---|---|---|---|---|---|---|---|
| 2004 | 성남 | 19 | 9 | 0 | 1 | 43 | 10 | 3 | 0 |
| 2005 | 성남 | 9 | 9 | 0 | 0 | 11 | 1 | 0 | 0 |
| 2006 | 광주상 | 34 | 14 | 0 | 4 | 38 | 12 | 3 | 0 |
| 2007 | 광주상 | 26 | 2 | 0 | 2 | 43 | 14 | 12 | 0 |
| 2008 | 성남 | 9 | 6 | 0 | 0 | 10 | 2 | 2 | 0 |
| 2009 | 성남 | 23 | 4 | 0 | 0 | 27 | 3 | 4 | 1 |
| 2010 | 성남 | 31 | 7 | 2 | 4 | 34 | 16 | 8 | 0 |
| 통산 | | 151 | 53 | 2 | 11 | 206 | 54 | 32 | 2 |

**전광철** (全光哲) 경신고 1982.07.16

| 연도 | 소속 | 출장 | 교체 | 득점 | 도움 | 파울 | 슈팅 | 경고 | 퇴장 |
|---|---|---|---|---|---|---|---|---|---|
| 2001 | 울산 | 1 | 1 | 0 | 0 | 0 | 0 | 0 | 0 |
| 2002 | 울산 | 1 | 1 | 0 | 0 | 3 | 0 | 0 | 0 |
| 통산 | | 2 | 2 | 0 | 0 | 3 | 0 | 0 | 0 |

**전광환** (田廣煥) 울산대 1982.07.29

| 연도 | 소속 | 출장 | 교체 | 득점 | 도움 | 파울 | 슈팅 | 경고 | 퇴장 |
|---|---|---|---|---|---|---|---|---|---|
| 2005 | 전북 | 0 | 0 | 0 | 0 | 0 | 0 | 0 | 0 |
| 2006 | 전북 | 18 | 3 | 0 | 0 | 35 | 5 | 3 | 0 |
| 2007 | 전북 | 6 | 4 | 0 | 4 | 37 | 4 | 2 | 0 |
| 2008 | 전북 | 4 | 1 | 0 | 0 | 4 | 2 | 1 | 0 |
| 2009 | 광주상 | 28 | 15 | 0 | 0 | 15 | 6 | 3 | 0 |
| 2010 | 광주상 | 5 | 0 | 0 | 0 | 28 | 7 | 1 | 0 |
| 2010 | 전북 | 1 | 0 | 0 | 0 | 0 | 0 | 0 | 0 |
| 2011 | 전북 | 10 | 0 | 0 | 1 | 14 | 1 | 1 | 0 |

**(이어서)**

| 연도 | 소속 | 출장 | 교체 | 득점 | 도움 | 파울 | 슈팅 | 경고 | 퇴장 |
|---|---|---|---|---|---|---|---|---|---|
| 2012 | 전북 | 31 | 2 | 0 | 1 | 33 | 1 | 1 | 0 |
| 2013 | 전북 | 19 | 7 | 0 | 0 | 17 | 0 | 1 | 0 |
| 2014 | 부천 | 20 | 4 | 0 | 0 | 24 | 7 | 1 | 0 |
| 통산 | | 177 | 44 | 0 | 5 | 203 | 35 | 13 | 0 |

**전덕찬** (全德燦) 계성고 1963.05.05

| 연도 | 소속 | 출장 | 교체 | 득점 | 도움 | 파울 | 슈팅 | 경고 | 퇴장 |
|---|---|---|---|---|---|---|---|---|---|
| 1984 | 대우 | 1 | 1 | 0 | 0 | 1 | 0 | 0 | 0 |
| 1986 | 대우 | 1 | 1 | 0 | 0 | 0 | 0 | 0 | 0 |
| 통산 | | 2 | 2 | 0 | 0 | 1 | 0 | 0 | 0 |

**전만호** (田萬浩) 대구공고 1967.01.07

| 연도 | 소속 | 출장 | 교체 | 득점 | 도움 | 파울 | 슈팅 | 경고 | 퇴장 |
|---|---|---|---|---|---|---|---|---|---|
| 1990 | 대우 | 1 | 1 | 0 | 0 | 1 | 0 | 0 | 0 |
| 통산 | | 1 | 1 | 0 | 0 | 1 | 0 | 0 | 0 |

**전명근** (田明根) 호남대 1990.04.30

| 연도 | 소속 | 출장 | 교체 | 득점 | 도움 | 파울 | 슈팅 | 경고 | 퇴장 |
|---|---|---|---|---|---|---|---|---|---|
| 2013 | 광주 | 10 | 9 | 0 | 0 | 8 | 10 | 0 | 0 |
| 통산 | | 10 | 9 | 0 | 0 | 8 | 10 | 0 | 0 |

**전민관** (全珉寛) 고려대 1990.10.19

| 연도 | 소속 | 출장 | 교체 | 득점 | 도움 | 파울 | 슈팅 | 경고 | 퇴장 |
|---|---|---|---|---|---|---|---|---|---|
| 2013 | 부천 | 13 | 1 | 0 | 1 | 12 | 3 | 2 | 0 |
| 2014 | 부천 | 1 | 1 | 0 | 0 | 0 | 0 | 0 | 0 |
| 통산 | | 14 | 2 | 0 | 1 | 12 | 3 | 2 | 0 |

**전보훈** (全寶訓) 숭실대 1988.03.10

| 연도 | 소속 | 출장 | 교체 | 득점 | 도움 | 파울 | 슈팅 | 경고 | 퇴장 |
|---|---|---|---|---|---|---|---|---|---|
| 2011 | 대전 | 5 | 5 | 0 | 0 | 6 | 1 | 0 | 0 |
| 통산 | | 5 | 5 | 0 | 0 | 6 | 1 | 0 | 0 |

**전봉성** (全峰星) 경운대 1985.03.18

| 연도 | 소속 | 출장 | 교체 | 득점 | 도움 | 파울 | 슈팅 | 경고 | 퇴장 |
|---|---|---|---|---|---|---|---|---|---|
| 2008 | 전남 | 0 | 0 | 0 | 0 | 0 | 0 | 0 | 0 |
| 통산 | | 0 | 0 | 0 | 0 | 0 | 0 | 0 | 0 |

**전상대** (田相大) 숭실대 1982.04.10

| 연도 | 소속 | 출장 | 교체 | 득점 | 도움 | 파울 | 슈팅 | 경고 | 퇴장 |
|---|---|---|---|---|---|---|---|---|---|
| 2006 | 경남 | 2 | 2 | 0 | 0 | 2 | 0 | 0 | 0 |
| 2008 | 대구 | 0 | 0 | 0 | 0 | 0 | 0 | 0 | 0 |
| 통산 | | 2 | 2 | 0 | 0 | 2 | 0 | 0 | 0 |

**전상욱** (全相旭) 단국대 1979.09.22

| 연도 | 소속 | 출장 | 교체 | 실점 | 도움 | 파울 | 슈팅 | 경고 | 퇴장 |
|---|---|---|---|---|---|---|---|---|---|
| 2005 | 성남 | 3 | 1 | 0 | 0 | 0 | 0 | 0 | 0 |
| 2006 | 성남 | 3 | 1 | 2 | 0 | 0 | 0 | 0 | 0 |
| 2008 | 성남 | 0 | 0 | 0 | 0 | 0 | 0 | 0 | 0 |
| 2009 | 성남 | 3 | 1 | 1 | 0 | 0 | 0 | 0 | 0 |
| 2010 | 부산 | 26 | 0 | 36 | 0 | 1 | 0 | 4 | 0 |
| 2011 | 부산 | 21 | 0 | 23 | 0 | 1 | 0 | 5 | 0 |
| 2012 | 부산 | 32 | 0 | 34 | 0 | 1 | 0 | 2 | 0 |
| 2013 | 성남 | 38 | 1 | 41 | 0 | 1 | 0 | 1 | 0 |
| 2014 | 성남 | 0 | 0 | 0 | 0 | 0 | 0 | 0 | 0 |
| 통산 | | 126 | 2 | 144 | 0 | 4 | 0 | 12 | 0 |

**전상훈** (田尙勳) 연세대 1989.09.10

| 연도 | 소속 | 출장 | 교체 | 득점 | 도움 | 파울 | 슈팅 | 경고 | 퇴장 |
|---|---|---|---|---|---|---|---|---|---|
| 2011 | 대전 | 4 | 0 | 0 | 0 | 4 | 0 | 0 | 0 |
| 2013 | 경찰 | 2 | 2 | 0 | 0 | 1 | 0 | 0 | 0 |
| 2014 | 경남 | 0 | 0 | 0 | 0 | 0 | 0 | 0 | 0 |
| 통산 | | 6 | 2 | 0 | 0 | 5 | 1 | 0 | 0 |

**전성찬** (全成贊) 광운대 1987.12.27

| 연도 | 소속 | 출장 | 교체 | 득점 | 도움 | 파울 | 슈팅 | 경고 | 퇴장 |
|---|---|---|---|---|---|---|---|---|---|
| 2011 | 성남 | 24 | 7 | 3 | 2 | 38 | 22 | 4 | 0 |
| 2012 | 성남 | 6 | 6 | 0 | 0 | 6 | 4 | 0 | 0 |
| 2013 | 성남 | 0 | 0 | 0 | 0 | 0 | 0 | 0 | 0 |
| 2013 | 부산 | 10 | 9 | 0 | 0 | 10 | 6 | 0 | 0 |
| 2014 | 부산 | 17 | 16 | 0 | 0 | 14 | 7 | 0 | 0 |
| 통산 | | 57 | 38 | 3 | 2 | 68 | 37 | 4 | 0 |

**전영수** (全榮秀) 성균관대 1963.02.19

| 연도 | 소속 | 출장 | 교체 | 득점 | 도움 | 파울 | 슈팅 | 경고 | 퇴장 |
|---|---|---|---|---|---|---|---|---|---|
| 1986 | 현대 | 22 | 14 | 1 | 7 | 16 | 24 | 1 | 0 |
| 1989 | 유공 | 12 | 11 | 1 | 1 | 7 | 7 | 0 | 0 |
| 1990 | 유공 | 6 | 4 | 1 | 0 | 3 | 5 | 0 | 0 |
| 1991 | 유공 | 3 | 3 | 0 | 0 | 4 | 2 | 0 | 0 |
| 통산 | | 43 | 32 | 3 | 9 | 30 | 41 | 1 | 0 |

**전우근** (全雨根) 인천대 1977.02.25

| 연도 | 소속 | 출장 | 교체 | 득점 | 도움 | 파울 | 슈팅 | 경고 | 퇴장 |
|---|---|---|---|---|---|---|---|---|---|
| 1999 | 부산 | 18 | 6 | 1 | 2 | 28 | 25 | 4 | 0 |
| 2000 | 부산 | 29 | 12 | 6 | 1 | 45 | 35 | 1 | 0 |
| 2001 | 부산 | 35 | 13 | 8 | 2 | 53 | 58 | 1 | 1 |
| 2002 | 부산 | 23 | 13 | 1 | 1 | 32 | 20 | 3 | 0 |
| 2003 | 부산 | 27 | 13 | 2 | 1 | 30 | 19 | 1 | 0 |
| 2004 | 광주상 | 19 | 17 | 0 | 0 | 30 | 12 | 0 | 0 |
| 2005 | 광주상 | 9 | 7 | 0 | 0 | 10 | 6 | 0 | 0 |
| 2006 | 부산 | 10 | 10 | 1 | 2 | 19 | 4 | 0 | 0 |
| 2007 | 부산 | 21 | 17 | 1 | 0 | 24 | 9 | 1 | 0 |
| 2008 | 부산 | 11 | 11 | 0 | 0 | 6 | 5 | 0 | 0 |
| 통산 | | 191 | 103 | 21 | 9 | 272 | 188 | 11 | 1 |

**전운선** (全雲仙) 국민대 1960.12.23

| 연도 | 소속 | 출장 | 교체 | 실점 | 도움 | 파울 | 슈팅 | 경고 | 퇴장 |
|---|---|---|---|---|---|---|---|---|---|
| 1984 | 국민은 | 15 | 0 | 26 | 0 | 0 | 0 | 0 | 0 |
| 통산 | | 15 | 0 | 26 | 0 | 0 | 0 | 0 | 0 |

**전원근** (全源根) 고려대 1986.11.13

| 연도 | 소속 | 출장 | 교체 | 득점 | 도움 | 파울 | 슈팅 | 경고 | 퇴장 |
|---|---|---|---|---|---|---|---|---|---|
| 2009 | 강원 | 28 | 4 | 1 | 2 | 31 | 9 | 1 | 0 |
| 2010 | 대구 | 3 | 1 | 0 | 0 | 3 | 1 | 0 | 0 |
| 통산 | | 31 | 5 | 1 | 2 | 34 | 9 | 1 | 0 |

**전인석** (田仁錫) 고려대 1955.09.25

| 연도 | 소속 | 출장 | 교체 | 득점 | 도움 | 파울 | 슈팅 | 경고 | 퇴장 |
|---|---|---|---|---|---|---|---|---|---|
| 1984 | 대우 | 18 | 3 | 0 | 0 | 17 | 3 | 0 | 0 |
| 1985 | 대우 | 13 | 2 | 0 | 0 | 21 | 8 | 1 | 0 |
| 통산 | | 31 | 5 | 0 | 0 | 38 | 11 | 1 | 0 |

**전재복** (全在福) 경희대 1972.11.05

| 연도 | 소속 | 출장 | 교체 | 득점 | 도움 | 파울 | 슈팅 | 경고 | 퇴장 |
|---|---|---|---|---|---|---|---|---|---|
| 1996 | 수원 | 27 | 10 | 0 | 1 | 33 | 11 | 1 | 0 |
| 1997 | 수원 | 6 | 3 | 0 | 0 | 9 | 1 | 0 | 0 |
| 통산 | | 33 | 13 | 0 | 1 | 42 | 12 | 1 | 0 |

**전재운** (全才雲) 울산대 1981.03.18

| 연도 | 소속 | 출장 | 교체 | 득점 | 도움 | 파울 | 슈팅 | 경고 | 퇴장 |
|---|---|---|---|---|---|---|---|---|---|
| 2002 | 울산 | 22 | 14 | 3 | 3 | 21 | 20 | 2 | 0 |
| 2003 | 울산 | 26 | 23 | 2 | 4 | 12 | 23 | 4 | 0 |
| 2004 | 울산 | 20 | 16 | 1 | 2 | 24 | 19 | 4 | 0 |
| 2005 | 수원 | 10 | 9 | 1 | 2 | 6 | 9 | 1 | 0 |
| 2005 | 전북 | 10 | 6 | 0 | 1 | 21 | 15 | 1 | 0 |
| 2006 | 전북 | 4 | 3 | 1 | 0 | 4 | 2 | 0 | 0 |
| 2007 | 제주 | 31 | 12 | 3 | 2 | 23 | 40 | 4 | 0 |
| 2008 | 제주 | 26 | 18 | 2 | 2 | 24 | 42 | 6 | 0 |
| 2009 | 제주 | 17 | 17 | 0 | 0 | 7 | 16 | 1 | 0 |
| 통산 | | 158 | 117 | 13 | 16 | 142 | 191 | 24 | 0 |

**전재호** (田在浩) 홍익대 1979.08.08

| 연도 | 소속 | 출장 | 교체 | 득점 | 도움 | 파울 | 슈팅 | 경고 | 퇴장 |
|---|---|---|---|---|---|---|---|---|---|
| 2002 | 성남 | 5 | 5 | 0 | 0 | 5 | 3 | 0 | 0 |
| 2003 | 성남 | 31 | 6 | 0 | 0 | 74 | 11 | 5 | 0 |
| 2004 | 인천 | 30 | 4 | 1 | 2 | 49 | 12 | 3 | 1 |
| 2005 | 인천 | 35 | 3 | 1 | 1 | 49 | 22 | 6 | 0 |
| 2006 | 인천 | 31 | 5 | 0 | 0 | 42 | 9 | 5 | 0 |
| 2007 | 인천 | 31 | 5 | 0 | 3 | 41 | 15 | 4 | 1 |
| 2008 | 인천 | 25 | 2 | 0 | 1 | 39 | 19 | 4 | 0 |
| 2009 | 인천 | 31 | 4 | 0 | 0 | 55 | 13 | 11 | 0 |
| 2010 | 인천 | 26 | 3 | 0 | 2 | 37 | 8 | 2 | 0 |
| 2011 | 인천 | 26 | 1 | 1 | 1 | 29 | 12 | 5 | 0 |
| 2012 | 부산 | 12 | 6 | 0 | 1 | 19 | 2 | 3 | 0 |
| 2012 | 강원 | 13 | 1 | 0 | 0 | 12 | 5 | 3 | 0 |
| 2013 | 강원 | 28 | 15 | 2 | 3 | 35 | 21 | 7 | 1 |
| 통산 | | 290 | 61 | 6 | 15 | 448 | 143 | 55 | 3 |

**전종선** (全鐘善) 서울체고 1962.02.15

| 연도 | 소속 | 출장 | 교체 | 득점 | 도움 | 파울 | 슈팅 | 경고 | 퇴장 |
|---|---|---|---|---|---|---|---|---|---|
| 1983 | 유공 | 7 | 7 | 0 | 0 | 2 | 6 | 0 | 0 |
| 1984 | 유공 | 8 | 4 | 0 | 0 | 2 | 7 | 0 | 0 |
| 1985 | 유공 | 4 | 2 | 0 | 0 | 2 | 6 | 0 | 0 |
| 통산 | | 19 | 13 | 0 | 0 | 6 | 19 | 0 | 0 |

**전준형** (田俊亨) 용문중 1986.08.28

| 연도 | 소속 | 출장 | 교체 | 득점 | 도움 | 파울 | 슈팅 | 경고 | 퇴장 |
|---|---|---|---|---|---|---|---|---|---|
| 2009 | 경남 | 4 | 1 | 0 | 0 | 5 | 3 | 0 | 0 |
| 2010 | 경남 | 23 | 4 | 2 | 1 | 23 | 9 | 5 | 0 |
| 2011 | 인천 | 8 | 2 | 0 | 0 | 10 | 4 | 1 | 0 |
| 2012 | 인천 | 11 | 4 | 0 | 0 | 14 | 1 | 1 | 0 |
| 2013 | 인천 | 8 | 2 | 0 | 0 | 10 | 4 | 1 | 0 |
| 2014 | 광주 | 9 | 3 | 0 | 0 | 6 | 3 | 0 | 0 |
| 통산 | | 63 | 16 | 2 | 1 | 68 | 24 | 8 | 0 |

**전차식** (全且植) 동래고 1959.09.27

| 연도 | 소속 | 출장 | 교체 | 득점 | 도움 | 파울 | 슈팅 | 경고 | 퇴장 |
|---|---|---|---|---|---|---|---|---|---|
| 1983 | 포철 | 13 | 2 | 0 | 0 | 8 | 1 | 0 | 0 |
| 1984 | 포철 | 16 | 1 | 0 | 0 | 10 | 0 | 0 | 0 |
| 1985 | 포철 | 21 | 0 | 0 | 1 | 13 | 2 | 1 | 0 |
| 1986 | 포철 | 24 | 2 | 0 | 2 | 25 | 4 | 2 | 0 |
| 통산 | | 74 | 5 | 0 | 3 | 56 | 7 | 4 | 0 |

**전태현** (全泰現) 울산대 1986.08.18

| 연도 | 소속 | 출장 | 교체 | 실점 | 도움 | 파울 | 슈팅 | 경고 | 퇴장 |
|---|---|---|---|---|---|---|---|---|---|
| 2009 | 제주 | 5 | 1 | 13 | 0 | 1 | 0 | 0 | 0 |
| 2010 | 제주 | 1 | 0 | 5 | 0 | 0 | 0 | 0 | 0 |
| 2011 | 제주 | 15 | 1 | 19 | 0 | 1 | 0 | 1 | 0 |
| 2012 | 제주 | 8 | 0 | 4 | 0 | 0 | 0 | 0 | 0 |
| 2013 | 제주 | 7 | 0 | 8 | 0 | 0 | 0 | 0 | 0 |
| 2014 | 안산 | 14 | 1 | 19 | 0 | 2 | 0 | 2 | 0 |
| 통산 | | 48 | 4 | 68 | 0 | 4 | 0 | 3 | 0 |

**전현석** (田鉉錫) 울산대 1974.03.29

| 연도 | 소속 | 출장 | 교체 | 득점 | 도움 | 파울 | 슈팅 | 경고 | 퇴장 |
|---|---|---|---|---|---|---|---|---|---|
| 1997 | 전북 | 15 | 13 | 1 | 3 | 11 | 8 | 3 | 0 |
| 1998 | 전북 | 13 | 13 | 0 | 2 | 11 | 13 | 0 | 0 |
| 1999 | 전북 | 20 | 20 | 0 | 1 | 15 | 12 | 1 | 0 |
| 2000 | 전북 | 12 | 12 | 0 | 1 | 6 | 7 | 2 | 0 |
| 통산 | | 60 | 58 | 1 | 7 | 43 | 40 | 6 | 0 |

**전현철** (全玄哲) 아주대 1990.07.03

| 연도 | 소속 | 출장 | 교체 | 득점 | 도움 | 파울 | 슈팅 | 경고 | 퇴장 |
|---|---|---|---|---|---|---|---|---|---|
| 2012 | 성남 | 22 | 20 | 3 | 0 | 4 | 32 | 0 | 0 |
| 2013 | 전남 | 30 | 26 | 6 | 1 | 19 | 33 | 1 | 0 |
| 2014 | 전남 | 21 | 19 | 2 | 0 | 13 | 15 | 0 | 0 |
| 통산 | | 73 | 65 | 11 | 1 | 36 | 79 | 1 | 0 |

**전형섭** (全亨涉) 성균관대 1990.02.21

| 연도 | 소속 | 출장 | 교체 | 득점 | 도움 | 파울 | 슈팅 | 경고 | 퇴장 |
|---|---|---|---|---|---|---|---|---|---|
| 2014 | 대구 | 0 | 0 | 0 | 0 | 0 | 0 | 0 | 0 |
| 통산 | | 0 | 0 | 0 | 0 | 0 | 0 | 0 | 0 |

**전흥석** (全弘錫) 선문대 1989.03.25

| 연도 | 소속 | 출장 | 교체 | 득점 | 도움 | 파울 | 슈팅 | 경고 | 퇴장 |
|---|---|---|---|---|---|---|---|---|---|
| 2011 | 울산 | 0 | 0 | 0 | 0 | 0 | 0 | 0 | 0 |
| 2012 | 울산 | 0 | 0 | 0 | 0 | 0 | 0 | 0 | 0 |
| 2013 | 울산 | 0 | 0 | 0 | 0 | 0 | 0 | 0 | 0 |
| 통산 | | 0 | 0 | 0 | 0 | 0 | 0 | 0 | 0 |

**정경구** (鄭敬九) 서울시립대 1970.10.01

| 연도 | 소속 | 출장 | 교체 | 득점 | 도움 | 파울 | 슈팅 | 경고 | 퇴장 |
|---|---|---|---|---|---|---|---|---|---|
| 1995 | 전북 | 25 | 21 | 0 | 0 | 21 | 28 | 0 | 0 |
| 1996 | 전북 | 21 | 18 | 1 | 2 | 18 | 22 | 0 | 0 |
| 1997 | 전북 | 21 | 19 | 4 | 0 | 18 | 23 | 1 | 0 |
| 1998 | 전북 | 21 | 19 | 0 | 1 | 34 | 20 | 3 | 0 |
| 통산 | | 88 | 77 | 5 | 3 | 91 | 93 | 4 | 0 |

**정경호** (鄭卿鎬) 울산대 1980.05.22

| 연도 | 소속 | 출장 | 교체 | 득점 | 도움 | 파울 | 슈팅 | 경고 | 퇴장 |
|---|---|---|---|---|---|---|---|---|---|
| 2003 | 울산 | 38 | 38 | 5 | 4 | 28 | 46 | 2 | 0 |
| 2004 | 울산 | 18 | 7 | 3 | 1 | 36 | 15 | 4 | 0 |
| 2005 | 광주상 | 27 | 11 | 4 | 1 | 30 | 67 | 0 | 1 |
| 2006 | 광주상 | 19 | 6 | 4 | 1 | 15 | 46 | 1 | 0 |
| 2007 | 울산 | 23 | 14 | 2 | 0 | 25 | 30 | 2 | 0 |
| 2007 | 전북 | 11 | 2 | 3 | 0 | 12 | 9 | 0 | 0 |
| 2008 | 전북 | 32 | 20 | 5 | 2 | 31 | 51 | 4 | 0 |
| 2009 | 강원 | 11 | 4 | 1 | 1 | 20 | 41 | 4 | 0 |
| 2010 | 강원 | 26 | 8 | 3 | 1 | 20 | 41 | 4 | 0 |
| 2011 | 강원 | 11 | 7 | 0 | 1 | 9 | 13 | 3 | 0 |

**(이전 페이지에서 계속)**

| 연도 | 소속 | 출장 | 교체 | 득점 | 도움 | 파울 | 슈팅 | 경고 | 퇴장 |
|---|---|---|---|---|---|---|---|---|---|
| 2012 | 대전 | 22 | 7 | 0 | 0 | 18 | 9 | 2 | 1 |
| 통산 | | 238 | 126 | 30 | 14 | 235 | 356 | 23 | 2 |

**정경호** (鄭卿浩) 청구고 1987.01.12

| 연도 | 소속 | 출장 | 교체 | 득점 | 도움 | 파울 | 슈팅 | 경고 | 퇴장 |
|---|---|---|---|---|---|---|---|---|---|
| 2006 | 경남 | 23 | 19 | 1 | 1 | 21 | 22 | 1 | 0 |
| 2007 | 경남 | 30 | 25 | 0 | 0 | 24 | 24 | 3 | 0 |
| 2009 | 전남 | 9 | 5 | 1 | 2 | 7 | 12 | 0 | 0 |
| 2010 | 광주상 | 25 | 18 | 0 | 2 | 13 | 34 | 3 | 0 |
| 2011 | 상주 | 11 | 1 | 0 | 2 | 19 | 14 | 3 | 0 |
| 2012 | 제주 | 5 | 4 | 0 | 0 | 6 | 4 | 2 | 0 |
| 2013 | 광주 | 17 | 15 | 0 | 0 | 23 | 7 | 1 | 0 |
| 통산 | | 120 | 87 | 2 | 7 | 113 | 117 | 13 | 0 |

**정광민** (丁光珉) 명지대 1976.01.08

| 연도 | 소속 | 출장 | 교체 | 득점 | 도움 | 파울 | 슈팅 | 경고 | 퇴장 |
|---|---|---|---|---|---|---|---|---|---|
| 1998 | 안양 | 35 | 8 | 11 | 1 | 68 | 66 | 1 | 0 |
| 1999 | 안양 | 38 | 15 | 8 | 7 | 49 | 59 | 4 | 0 |
| 2000 | 안양 | 34 | 23 | 13 | 3 | 26 | 74 | 2 | 0 |
| 2001 | 안양 | 16 | 15 | 0 | 2 | 11 | 25 | 3 | 0 |
| 2002 | 안양 | 14 | 7 | 2 | 1 | 14 | 30 | 1 | 0 |
| 2007 | 서울 | 8 | 5 | 0 | 0 | 6 | 6 | 2 | 0 |
| 2007 | 대구 | 2 | 3 | 0 | 0 | 2 | 3 | 0 | 0 |
| 통산 | | 147 | 76 | 34 | 14 | 176 | 263 | 13 | 0 |

**정광석** (鄭光錫) 성균관대 1970.12.01

| 연도 | 소속 | 출장 | 교체 | 득점 | 도움 | 파울 | 슈팅 | 경고 | 퇴장 |
|---|---|---|---|---|---|---|---|---|---|
| 1993 | 대우 | 26 | 2 | 0 | 1 | 44 | 18 | 4 | 1 |
| 1994 | 대우 | 14 | 5 | 1 | 0 | 18 | 8 | 1 | 0 |
| 1997 | 부산 | 26 | 15 | 2 | 1 | 19 | 14 | 1 | 0 |
| 1998 | 부산 | 13 | 5 | 0 | 0 | 13 | 9 | 2 | 0 |
| 통산 | | 79 | 27 | 3 | 2 | 94 | 46 | 8 | 1 |

**정규민** (鄭奎民) 서해고 1995.04.01

| 연도 | 소속 | 출장 | 교체 | 득점 | 도움 | 파울 | 슈팅 | 경고 | 퇴장 |
|---|---|---|---|---|---|---|---|---|---|
| 2014 | 고양 | 0 | 0 | 0 | 0 | 0 | 0 | 0 | 0 |

**정규진** (政圭振) 상지대 1989.06.20

| 연도 | 소속 | 출장 | 교체 | 득점 | 도움 | 파울 | 슈팅 | 경고 | 퇴장 |
|---|---|---|---|---|---|---|---|---|---|
| 2011 | 대전 | 0 | 0 | 0 | 0 | 0 | 0 | 0 | 0 |
| 통산 | | 0 | 0 | 0 | 0 | 0 | 0 | 0 | 0 |

**정근희** (鄭根熹) 건국대 1988.12.08

| 연도 | 소속 | 출장 | 교체 | 득점 | 도움 | 파울 | 슈팅 | 경고 | 퇴장 |
|---|---|---|---|---|---|---|---|---|---|
| 2011 | 전남 | 1 | 0 | 0 | 0 | 0 | 0 | 0 | 0 |
| 2012 | 전남 | 4 | 0 | 0 | 0 | 6 | 1 | 1 | 0 |
| 2013 | 전남 | 2 | 2 | 0 | 0 | 2 | 0 | 0 | 0 |
| 2014 | 충주 | 1 | 0 | 0 | 0 | 0 | 0 | 0 | 0 |
| 통산 | | 7 | 2 | 0 | 0 | 8 | 1 | 1 | 0 |

**정기동** (鄭基東) 청주상고 1961.05.13

| 연도 | 소속 | 출장 | 교체 | **실점** | 도움 | 파울 | 슈팅 | 경고 | 퇴장 |
|---|---|---|---|---|---|---|---|---|---|
| 1983 | 포철 | 11 | 0 | 14 | 0 | 0 | 0 | 0 | 0 |
| 1984 | 포철 | 15 | 0 | 28 | 0 | 0 | 0 | 1 | 0 |
| 1985 | 포철 | 10 | 0 | 14 | 0 | 0 | 0 | 0 | 0 |
| 1986 | 포철 | 32 | 0 | 36 | 0 | 0 | 1 | 0 | 0 |
| 1987 | 포철 | 16 | 2 | 17 | 0 | 1 | 0 | 0 | 0 |
| 1988 | 포철 | 18 | 0 | 24 | 0 | 0 | 0 | 0 | 0 |
| 1989 | 포철 | 14 | 0 | 12 | 0 | 0 | 0 | 0 | 0 |
| 1990 | 포철 | 7 | 1 | 9 | 0 | 0 | 0 | 0 | 0 |
| 1991 | 포철 | 12 | 0 | 6 | 0 | 2 | 0 | 1 | 0 |
| 통산 | | 135 | 3 | 160 | 0 | 3 | 0 | 2 | 0 |

**정길용** (鄭吉容) 광운대 1975.06.21

| 연도 | 소속 | 출장 | 교체 | **실점** | 도움 | 파울 | 슈팅 | 경고 | 퇴장 |
|---|---|---|---|---|---|---|---|---|---|
| 2000 | 안양 | 7 | 0 | 10 | 0 | 2 | 0 | 0 | 0 |
| 2001 | 안양 | 0 | 0 | 0 | 0 | 0 | 0 | 0 | 0 |
| 통산 | | 7 | 0 | 10 | 0 | 2 | 0 | 0 | 0 |

**정다슬** (鄭다슬) 한양대 1987.04.18

| 연도 | 소속 | 출장 | 교체 | 득점 | 도움 | 파울 | 슈팅 | 경고 | 퇴장 |
|---|---|---|---|---|---|---|---|---|---|
| 2011 | 제주 | 0 | 0 | 0 | 0 | 0 | 0 | 0 | 0 |
| 2013 | 안양 | 23 | 10 | 3 | 0 | 30 | 10 | 4 | 0 |
| 2014 | 안양 | 7 | 6 | 0 | 1 | 1 | 6 | 0 | 0 |
| 통산 | | 30 | 16 | 3 | 0 | 31 | 11 | 4 | 0 |

**정다운** (鄭다운) 대구예술대 1989.07.13

| 연도 | 소속 | 출장 | 교체 | 득점 | 도움 | 파울 | 슈팅 | 경고 | 퇴장 |
|---|---|---|---|---|---|---|---|---|---|
| 2013 | 수원 | 0 | 0 | 0 | 0 | 0 | 0 | 0 | 0 |
| 통산 | | 0 | 0 | 0 | 0 | 0 | 0 | 0 | 0 |

**정다훤** (鄭多愃) 충북대 1987.12.22

| 연도 | 소속 | 출장 | 교체 | 득점 | 도움 | 파울 | 슈팅 | 경고 | 퇴장 |
|---|---|---|---|---|---|---|---|---|---|
| 2009 | 서울 | 0 | 0 | 0 | 0 | 0 | 0 | 0 | 0 |
| 2011 | 경남 | 32 | 8 | 0 | 4 | 41 | 8 | 8 | 0 |
| 2012 | 경남 | 29 | 9 | 0 | 0 | 48 | 5 | 4 | 0 |
| 2013 | 경남 | 34 | 5 | 1 | 0 | 73 | 10 | 9 | 0 |
| 2014 | 제주 | 34 | 5 | 1 | 0 | 55 | 10 | 4 | 0 |
| 통산 | | 129 | 27 | 2 | 4 | 217 | 33 | 25 | 0 |

**정대교** (鄭大敎) 영남대 1992.04.27

| 연도 | 소속 | 출장 | 교체 | 득점 | 도움 | 파울 | 슈팅 | 경고 | 퇴장 |
|---|---|---|---|---|---|---|---|---|---|
| 2014 | 대구 | 13 | 13 | 0 | 1 | 10 | 12 | 1 | 0 |
| 통산 | | 13 | 13 | 0 | 1 | 10 | 12 | 1 | 0 |

**정대선** (鄭大善) 중앙대 1987.06.27

| 연도 | 소속 | 출장 | 교체 | 득점 | 도움 | 파울 | 슈팅 | 경고 | 퇴장 |
|---|---|---|---|---|---|---|---|---|---|
| 2010 | 울산 | 18 | 13 | 1 | 1 | 17 | 24 | 3 | 0 |
| 2011 | 울산 | 18 | 18 | 1 | 0 | 9 | 7 | 1 | 0 |
| 2011 | 경남 | 11 | 11 | 1 | 1 | 4 | 10 | 0 | 0 |
| 2012 | 경남 | 7 | 6 | 1 | 0 | 7 | 5 | 1 | 0 |
| 2013 | 경남 | 10 | 10 | 0 | 0 | 8 | 9 | 0 | 0 |
| 2014 | 안양 | 17 | 10 | 2 | 1 | 33 | 20 | 3 | 0 |
| 통산 | | 81 | 68 | 6 | 3 | 78 | 75 | 9 | 0 |

**정대세** (鄭大世) 일본조선대 1984.03.02

| 연도 | 소속 | 출장 | 교체 | 득점 | 도움 | 파울 | 슈팅 | 경고 | 퇴장 |
|---|---|---|---|---|---|---|---|---|---|
| 2013 | 수원 | 22 | 5 | 10 | 2 | 42 | 62 | 6 | 0 |
| 2014 | 수원 | 29 | 21 | 7 | 1 | 55 | 65 | 2 | 0 |
| 통산 | | 51 | 26 | 17 | 3 | 97 | 127 | 8 | 0 |

**정대훈** (鄭大勳) 포철공고 1977.12.21

| 연도 | 소속 | 출장 | 교체 | 득점 | 도움 | 파울 | 슈팅 | 경고 | 퇴장 |
|---|---|---|---|---|---|---|---|---|---|
| 1999 | 포항 | 26 | 21 | 5 | 4 | 26 | 17 | 4 | 0 |
| 2000 | 포항 | 8 | 8 | 0 | 0 | 8 | 8 | 1 | 0 |
| 2001 | 포항 | 8 | 8 | 0 | 0 | 2 | 3 | 0 | 0 |
| 2003 | 대구 | 0 | 0 | 0 | 0 | 3 | 0 | 2 | 0 |
| 통산 | | 42 | 36 | 5 | 4 | 39 | 22 | 7 | 0 |

**정동복** (鄭東福) 연세대 1962.01.22

| 연도 | 소속 | 출장 | 교체 | 득점 | 도움 | 파울 | 슈팅 | 경고 | 퇴장 |
|---|---|---|---|---|---|---|---|---|---|
| 1986 | 현대 | 11 | 8 | 0 | 0 | 9 | 10 | 1 | 0 |
| 1987 | 현대 | 16 | 9 | 2 | 1 | 17 | 22 | 0 | 0 |
| 1988 | 현대 | 6 | 4 | 0 | 0 | 4 | 5 | 0 | 0 |
| 1989 | 현대 | 30 | 21 | 1 | 0 | 37 | 27 | 3 | 0 |
| 1990 | 현대 | 22 | 16 | 6 | 1 | 23 | 20 | 1 | 0 |
| 1991 | 현대 | 4 | 4 | 0 | 1 | 4 | 4 | 0 | 0 |
| 1992 | 현대 | 2 | 3 | 0 | 0 | 4 | 1 | 0 | 0 |
| 통산 | | 91 | 65 | 9 | 5 | 98 | 89 | 5 | 0 |

**정동진** (鄭東珍) 조선대 1990.06.06

| 연도 | 소속 | 출장 | 교체 | 득점 | 도움 | 파울 | 슈팅 | 경고 | 퇴장 |
|---|---|---|---|---|---|---|---|---|---|
| 2013 | 광주 | 1 | 1 | 0 | 0 | 0 | 0 | 0 | 0 |
| 통산 | | 1 | 1 | 0 | 0 | 0 | 0 | 0 | 0 |

**정동호** (鄭東浩) 부경대 1990.03.07

| 연도 | 소속 | 출장 | 교체 | 득점 | 도움 | 파울 | 슈팅 | 경고 | 퇴장 |
|---|---|---|---|---|---|---|---|---|---|
| 2014 | 울산 | 20 | 6 | 0 | 1 | 24 | 9 | 3 | 0 |
| 통산 | | 20 | 6 | 0 | 1 | 24 | 9 | 3 | 0 |

**정명오** (鄭明五) 아주대 1986.10.29

| 연도 | 소속 | 출장 | 교체 | 득점 | 도움 | 파울 | 슈팅 | 경고 | 퇴장 |
|---|---|---|---|---|---|---|---|---|---|
| 2009 | 경남 | 7 | 6 | 0 | 0 | 10 | 11 | 0 | 0 |
| 2010 | 경남 | 1 | 0 | 0 | 0 | 0 | 0 | 0 | 0 |
| 2012 | 전남 | 22 | 9 | 0 | 0 | 24 | 14 | 6 | 0 |
| 통산 | | 30 | 15 | 0 | 0 | 34 | 26 | 6 | 0 |

**정민** (鄭珉) 조선대 1970.11.29

| 연도 | 소속 | 출장 | 교체 | 득점 | 도움 | 파울 | 슈팅 | 경고 | 퇴장 |
|---|---|---|---|---|---|---|---|---|---|
| 1993 | 대우 | 1 | 1 | 0 | 0 | 1 | 0 | 0 | 0 |
| 통산 | | 1 | 1 | 0 | 0 | 1 | 0 | 0 | 0 |

**정민교** (鄭敏敎) 배재대 1987.04.22

| 연도 | 소속 | 출장 | 교체 | **실점** | 도움 | 파울 | 슈팅 | 경고 | 퇴장 |
|---|---|---|---|---|---|---|---|---|---|
| 2013 | 안양 | 7 | 1 | 13 | 0 | 0 | 0 | 1 | 0 |
| 2014 | 안양 | 0 | 0 | 0 | 0 | 0 | 0 | 0 | 0 |
| 통산 | | 7 | 1 | 13 | 0 | 0 | 0 | 1 | 0 |

**정민무** (鄭旼武) 포철공고 1985.03.03

| 연도 | 소속 | 출장 | 교체 | 득점 | 도움 | 파울 | 슈팅 | 경고 | 퇴장 |
|---|---|---|---|---|---|---|---|---|---|
| 2013 | 고양 | 17 | 13 | 3 | 1 | 28 | 17 | 4 | 0 |
| 2014 | 고양 | 16 | 15 | 1 | 1 | 21 | 11 | 3 | 0 |
| 통산 | | 33 | 28 | 4 | 2 | 49 | 28 | 7 | 0 |

**정민우** (鄭珉優) 호남대 1992.12.01

| 연도 | 소속 | 출장 | 교체 | 득점 | 도움 | 파울 | 슈팅 | 경고 | 퇴장 |
|---|---|---|---|---|---|---|---|---|---|
| 2014 | 수원FC | 31 | 22 | 8 | 5 | 26 | 47 | 3 | 0 |
| 통산 | | 31 | 22 | 8 | 5 | 26 | 47 | 3 | 0 |

**정민형** (鄭敏亨) 한국국제대 1987.05.14

| 연도 | 소속 | 출장 | 교체 | 득점 | 도움 | 파울 | 슈팅 | 경고 | 퇴장 |
|---|---|---|---|---|---|---|---|---|---|
| 2011 | 부산 | 4 | 0 | 0 | 0 | 6 | 0 | 0 | 0 |
| 2012 | 부산 | 4 | 6 | 0 | 0 | 0 | 0 | 0 | 0 |
| 통산 | | 8 | 6 | 0 | 0 | 6 | 0 | 0 | 0 |

**정산** (鄭山) 경희대 1989.02.10

| 연도 | 소속 | 출장 | 교체 | **실점** | 도움 | 파울 | 슈팅 | 경고 | 퇴장 |
|---|---|---|---|---|---|---|---|---|---|
| 2009 | 강원 | 0 | 0 | 0 | 0 | 0 | 0 | 0 | 0 |
| 2010 | 강원 | 0 | 0 | 0 | 0 | 0 | 0 | 0 | 0 |
| 2011 | 성남 | 0 | 0 | 0 | 0 | 0 | 0 | 0 | 0 |
| 2012 | 성남 | 19 | 0 | 21 | 0 | 0 | 1 | 0 | 0 |
| 2013 | 성남 | 0 | 0 | 0 | 0 | 0 | 0 | 0 | 0 |
| 2014 | 성남 | 1 | 0 | 3 | 0 | 0 | 0 | 0 | 0 |
| 통산 | | 20 | 0 | 24 | 0 | 0 | 1 | 0 | 0 |

**정상남** (丁祥楠) 연세대 1975.09.07

| 연도 | 소속 | 출장 | 교체 | 득점 | 도움 | 파울 | 슈팅 | 경고 | 퇴장 |
|---|---|---|---|---|---|---|---|---|---|
| 1998 | 포항 | 2 | 2 | 0 | 0 | 3 | 1 | 0 | 0 |
| 1999 | 포항 | 8 | 5 | 3 | 0 | 8 | 9 | 0 | 0 |
| 통산 | | 10 | 7 | 3 | 0 | 11 | 10 | 0 | 0 |

**정상모** (鄭相撲) 울산대 1975.02.24

| 연도 | 소속 | 출장 | 교체 | 득점 | 도움 | 파울 | 슈팅 | 경고 | 퇴장 |
|---|---|---|---|---|---|---|---|---|---|
| 1998 | 천안 | 11 | 7 | 1 | 0 | 14 | 15 | 0 | 0 |
| 1999 | 천안 | 0 | 0 | 0 | 0 | 0 | 0 | 0 | 0 |
| 통산 | | 11 | 7 | 1 | 0 | 14 | 15 | 0 | 0 |

**정상훈** (鄭相勳) 성균관대 1985.03.22

| 연도 | 소속 | 출장 | 교체 | 득점 | 도움 | 파울 | 슈팅 | 경고 | 퇴장 |
|---|---|---|---|---|---|---|---|---|---|
| 2008 | 경남 | 6 | 4 | 0 | 0 | 7 | 0 | 1 | 0 |
| 통산 | | 6 | 4 | 0 | 0 | 7 | 0 | 1 | 0 |

**정석근** (鄭石根) 아주대 1977.11.25

| 연도 | 소속 | 출장 | 교체 | 득점 | 도움 | 파울 | 슈팅 | 경고 | 퇴장 |
|---|---|---|---|---|---|---|---|---|---|
| 2000 | 부산 | 10 | 9 | 1 | 0 | 5 | 7 | 2 | 0 |
| 2001 | 부산 | 2 | 2 | 0 | 0 | 1 | 0 | 0 | 0 |
| 2003 | 광주상 | 1 | 1 | 0 | 0 | 1 | 0 | 0 | 0 |
| 통산 | | 13 | 12 | 1 | 0 | 7 | 7 | 2 | 0 |

**정석민** (鄭錫珉) 인제대 1988.01.27

| 연도 | 소속 | 출장 | 교체 | 득점 | 도움 | 파울 | 슈팅 | 경고 | 퇴장 |
|---|---|---|---|---|---|---|---|---|---|
| 2010 | 포항 | 5 | 4 | 1 | 0 | 7 | 5 | 1 | 0 |
| 2011 | 포항 | 8 | 4 | 2 | 0 | 6 | 9 | 1 | 0 |
| 2012 | 제주 | 3 | 3 | 0 | 0 | 1 | 3 | 0 | 0 |
| 2013 | 대전 | 36 | 14 | 4 | 1 | 49 | 34 | 4 | 0 |
| 2014 | 대전 | 33 | 1 | 5 | 2 | 55 | 30 | 7 | 0 |
| 통산 | | 85 | 26 | 12 | 3 | 118 | 81 | 13 | 0 |

**정석화** (鄭錫華) 고려대 1991.05.17

| 연도 | 소속 | 출장 | 교체 | 득점 | 도움 | 파울 | 슈팅 | 경고 | 퇴장 |
|---|---|---|---|---|---|---|---|---|---|
| 2013 | 부산 | 32 | 20 | 0 | 1 | 13 | 5 | 2 | 0 |
| 2014 | 부산 | 26 | 19 | 1 | 0 | 21 | 9 | 3 | 0 |
| 통산 | | 58 | 39 | 1 | 1 | 34 | 14 | 5 | 0 |

**정선호** (鄭先皓) 동의대 1989.03.25

| 연도 | 소속 | 출장 | 교체 | 득점 | 도움 | 파울 | 슈팅 | 경고 | 퇴장 |
|---|---|---|---|---|---|---|---|---|---|
| 2013 | 성남 | 1 | 1 | 0 | 0 | 0 | 1 | 0 | 0 |
| 2014 | 대전 | 28 | 6 | 2 | 2 | 30 | 41 | 5 | 0 |
| 통산 | | 29 | 7 | 2 | 2 | 30 | 42 | 5 | 0 |

**정섭의** (鄭燮義) 전주농전 1954.12.20

| 연도 | 소속 | 출장 | 교체 | 득점 | 도움 | 파울 | 슈팅 | 경고 | 퇴장 |
|---|---|---|---|---|---|---|---|---|---|
| 1983 | 국민 | 12 | 5 | 0 | 0 | 11 | 2 | 1 | 0 |

**정성교** (鄭聖敎) 연세대 1960.05.30

| 연도 | 소속 | 출장 | 교체 | 실점 | 도움 | 파울 | 슈팅 | 경고 | 퇴장 |
|---|---|---|---|---|---|---|---|---|---|
| 1984 | 국민은 | 10 | 1 | 0 | 0 | 10 | 0 | 0 | 0 |
| | 통산 | 22 | 6 | 0 | 0 | 21 | 2 | 1 | 0 |
| 1983 | 대우 | 15 | 0 | 14 | 0 | 0 | 0 | 0 | 0 |
| 1984 | 대우 | 11 | 0 | 14 | 0 | 0 | 0 | 0 | 0 |
| 1986 | 대우 | 12 | 0 | 16 | 0 | 1 | 0 | 0 | 0 |
| 1987 | 대우 | 16 | 1 | 11 | 0 | 0 | 0 | 0 | 0 |
| 1988 | 대우 | 8 | 1 | 12 | 0 | 0 | 0 | 0 | 0 |
| 1989 | 대우 | 8 | 0 | 11 | 0 | 0 | 0 | 0 | 0 |
| | 통산 | 70 | 2 | 78 | 0 | 4 | 0 | 1 | 0 |

**정성룡** (鄭成龍) 서귀포고 1985.01.04

| 연도 | 소속 | 출장 | 교체 | 실점 | 도움 | 파울 | 슈팅 | 경고 | 퇴장 |
|---|---|---|---|---|---|---|---|---|---|
| 2004 | 포항 | 0 | 0 | 0 | 0 | 0 | 0 | 0 | 0 |
| 2005 | 포항 | 0 | 0 | 0 | 0 | 0 | 0 | 0 | 0 |
| 2006 | 포항 | 26 | 0 | 27 | 0 | 1 | 0 | 1 | 0 |
| 2007 | 포항 | 16 | 1 | 18 | 0 | 1 | 0 | 1 | 0 |
| 2008 | 성남 | 34 | 0 | 29 | 0 | 0 | 0 | 0 | 0 |
| 2009 | 성남 | 36 | 0 | 41 | 0 | 1 | 0 | 1 | 1 |
| 2010 | 성남 | 34 | 0 | 34 | 0 | 2 | 0 | 2 | 0 |
| 2011 | 수원 | 31 | 0 | 32 | 0 | 1 | 0 | 2 | 0 |
| 2012 | 수원 | 33 | 0 | 38 | 0 | 0 | 0 | 0 | 0 |
| 2013 | 수원 | 34 | 0 | 41 | 0 | 0 | 0 | 1 | 0 |
| 2014 | 수원 | 34 | 0 | 33 | 0 | 1 | 0 | 1 | 0 |
| | 통산 | 274 | 1 | 287 | 1 | 7 | 0 | 10 | 1 |

**정성민** (鄭成民) 광운대 1989.05.02

| 연도 | 소속 | 출장 | 교체 | 득점 | 도움 | 파울 | 슈팅 | 경고 | 퇴장 |
|---|---|---|---|---|---|---|---|---|---|
| 2011 | 강원 | 13 | 9 | 1 | 0 | 4 | 17 | 0 | 0 |
| 2012 | 강원 | 25 | 17 | 5 | 3 | 17 | 26 | 1 | 0 |
| 2013 | 경남 | 1 | 1 | 0 | 0 | 1 | 1 | 0 | 0 |
| 2013 | 충주 | 14 | 1 | 6 | 1 | 16 | 22 | 3 | 0 |
| 2014 | 충주 | 30 | 15 | 7 | 0 | 29 | 53 | 2 | 0 |
| | 통산 | 83 | 43 | 19 | 4 | 67 | 119 | 6 | 0 |

**정성원** (鄭盛元) 제주대 1976.05.26

| 연도 | 소속 | 출장 | 교체 | 득점 | 도움 | 파울 | 슈팅 | 경고 | 퇴장 |
|---|---|---|---|---|---|---|---|---|---|
| 2000 | 수원 | 1 | 1 | 0 | 0 | 1 | 1 | 0 | 0 |
| | 통산 | 1 | 1 | 0 | 0 | 1 | 1 | 0 | 0 |

**정성진** (鄭聖鎭) 단국대 1964.07.06

| 연도 | 소속 | 출장 | 교체 | 실점 | 도움 | 파울 | 슈팅 | 경고 | 퇴장 |
|---|---|---|---|---|---|---|---|---|---|
| 1990 | 현대 | 1 | 0 | 3 | 0 | 0 | 0 | 0 | 0 |
| 1991 | 현대 | 6 | 0 | 7 | 0 | 0 | 0 | 0 | 0 |
| 1992 | 현대 | 4 | 1 | 7 | 0 | 1 | 0 | 1 | 0 |
| | 통산 | 11 | 1 | 17 | 0 | 1 | 0 | 2 | 0 |

**정성천** (鄭性天) 성균관대 1971.05.30

| 연도 | 소속 | 출장 | 교체 | 득점 | 도움 | 파울 | 슈팅 | 경고 | 퇴장 |
|---|---|---|---|---|---|---|---|---|---|
| 1997 | 대전 | 30 | 1 | 5 | 2 | 37 | 40 | 2 | 0 |
| 1998 | 대전 | 28 | 17 | 5 | 1 | 37 | 52 | 2 | 0 |
| 1999 | 대전 | 27 | 22 | 2 | 2 | 42 | 25 | 2 | 0 |
| 2000 | 대전 | 31 | 16 | 6 | 1 | 61 | 43 | 3 | 0 |
| 2001 | 대전 | 5 | 5 | 0 | 0 | 7 | 1 | 1 | 0 |
| | 통산 | 121 | 61 | 18 | 6 | 184 | 161 | 10 | 0 |

**정성호** (鄭成浩) 대륜중 1986.04.07

| 연도 | 소속 | 출장 | 교체 | 득점 | 도움 | 파울 | 슈팅 | 경고 | 퇴장 |
|---|---|---|---|---|---|---|---|---|---|
| 2007 | 서울 | 1 | 0 | 0 | 0 | 0 | 0 | 0 | 0 |
| 2008 | 서울 | 1 | 1 | 0 | 0 | 2 | 0 | 0 | 0 |
| | 통산 | 2 | 1 | 0 | 0 | 2 | 0 | 0 | 0 |

**정성훈** (鄭聖勳) 인천대 1968.09.14

| 연도 | 소속 | 출장 | 교체 | 득점 | 도움 | 파울 | 슈팅 | 경고 | 퇴장 |
|---|---|---|---|---|---|---|---|---|---|
| 1993 | 포철 | 2 | 2 | 0 | 0 | 0 | 0 | 0 | 0 |
| 1994 | 유공 | 7 | 6 | 0 | 0 | 2 | 0 | 0 | 0 |
| 1995 | 유공 | 4 | 2 | 0 | 0 | 1 | 3 | 1 | 0 |
| 1996 | 수원 | 29 | 2 | 0 | 4 | 42 | 2 | 3 | 0 |
| 1997 | 수원 | 27 | 1 | 0 | 0 | 38 | 1 | 3 | 0 |
| 1998 | 수원 | 20 | 7 | 0 | 0 | 36 | 2 | 3 | 0 |
| | 통산 | 89 | 20 | 0 | 4 | 123 | 6 | 10 | 0 |

**정성훈** (丁成勳) 경희대 1979.07.04

| 연도 | 소속 | 출장 | 교체 | 득점 | 도움 | 파울 | 슈팅 | 경고 | 퇴장 |
|---|---|---|---|---|---|---|---|---|---|
| 2002 | 울산 | 24 | 21 | 2 | 3 | 32 | 25 | 3 | 0 |
| 2003 | 울산 | 15 | 15 | 0 | 1 | 20 | 6 | 2 | 0 |
| 2004 | 대전 | 13 | 13 | 2 | 0 | 17 | 12 | 0 | 0 |
| 2005 | 대전 | 5 | 5 | 1 | 0 | 6 | 4 | 1 | 0 |
| 2006 | 대전 | 26 | 18 | 8 | 1 | 38 | 57 | 2 | 0 |
| 2007 | 대전 | 19 | 15 | 3 | 0 | 30 | 27 | 2 | 1 |
| 2008 | 부산 | 31 | 16 | 8 | 4 | 48 | 65 | 6 | 0 |
| 2009 | 부산 | 16 | 10 | 8 | 1 | 17 | 27 | 4 | 0 |
| 2010 | 부산 | 31 | 22 | 11 | 4 | 66 | 56 | 7 | 0 |
| 2011 | 전북 | 27 | 24 | 5 | 6 | 29 | 30 | 1 | 0 |
| 2012 | 전북 | 14 | 12 | 2 | 2 | 14 | 13 | 3 | 0 |
| 2012 | 전남 | 13 | 9 | 3 | 2 | 12 | 13 | 1 | 0 |
| 2013 | 대전 | 6 | 4 | 2 | 0 | 6 | 7 | 0 | 0 |
| 2013 | 경남 | 14 | 11 | 3 | 1 | 16 | 9 | 1 | 0 |
| | 통산 | 250 | 195 | 56 | 24 | 351 | 351 | 33 | 1 |

**정수남** (鄭壽男) 중동고 1960.07.05

| 연도 | 소속 | 출장 | 교체 | 득점 | 도움 | 파울 | 슈팅 | 경고 | 퇴장 |
|---|---|---|---|---|---|---|---|---|---|
| 1984 | 한일은 | 16 | 6 | 0 | 0 | 11 | 21 | 1 | 0 |
| 1985 | 한일은 | 10 | 9 | 1 | 3 | 9 | 0 | 1 | 0 |
| | 통산 | 26 | 15 | 1 | 1 | 14 | 30 | 1 | 0 |

**정수종** (鄭壽鐘) 수원고 1987.05.01

| 연도 | 소속 | 출장 | 교체 | 득점 | 도움 | 파울 | 슈팅 | 경고 | 퇴장 |
|---|---|---|---|---|---|---|---|---|---|
| 2006 | 전북 | 10 | 6 | 0 | 0 | 8 | 2 | 2 | 0 |
| 2007 | 전북 | 6 | 0 | 0 | 0 | 6 | 1 | 1 | 0 |
| 2008 | 전북 | 3 | 1 | 0 | 0 | 3 | 0 | 1 | 0 |
| 2009 | 전북 | 3 | 3 | 0 | 0 | 3 | 1 | 0 | 0 |
| | 통산 | 22 | 10 | 0 | 0 | 20 | 4 | 4 | 0 |

**정수호** (鄭修昊/정현윤) 한양대 1990.04.09

| 연도 | 소속 | 출장 | 교체 | 득점 | 도움 | 파울 | 슈팅 | 경고 | 퇴장 |
|---|---|---|---|---|---|---|---|---|---|
| 2012 | 전남 | 0 | 0 | 0 | 0 | 0 | 0 | 0 | 0 |
| 2013 | 안양 | 11 | 1 | 2 | 0 | 13 | 8 | 2 | 0 |
| 2014 | 안양 | 7 | 1 | 0 | 0 | 7 | 2 | 1 | 0 |
| | 통산 | 18 | 2 | 2 | 0 | 20 | 10 | 3 | 0 |

**정승용** (鄭昇勇) 동북고 1991.03.25

| 연도 | 소속 | 출장 | 교체 | 득점 | 도움 | 파울 | 슈팅 | 경고 | 퇴장 |
|---|---|---|---|---|---|---|---|---|---|
| 2011 | 경남 | 5 | 4 | 0 | 1 | 12 | 3 | 1 | 0 |
| 2012 | 서울 | 1 | 1 | 0 | 0 | 2 | 1 | 0 | 0 |
| 2013 | 서울 | 1 | 1 | 0 | 0 | 0 | 0 | 0 | 0 |
| 2014 | 서울 | 0 | 0 | 0 | 0 | 0 | 0 | 0 | 0 |
| | 통산 | 7 | 6 | 0 | 1 | 14 | 5 | 2 | 0 |

**정안모** (鄭按模) 인천대 1989.03.17

| 연도 | 소속 | 출장 | 교체 | 득점 | 도움 | 파울 | 슈팅 | 경고 | 퇴장 |
|---|---|---|---|---|---|---|---|---|---|
| 2012 | 대구 | 1 | 1 | 0 | 0 | 0 | 0 | 0 | 0 |
| | 통산 | 1 | 1 | 0 | 0 | 0 | 0 | 0 | 0 |

**정연웅** (鄭然雄) 충남기계공고 1992.08.31

| 연도 | 소속 | 출장 | 교체 | 득점 | 도움 | 파울 | 슈팅 | 경고 | 퇴장 |
|---|---|---|---|---|---|---|---|---|---|
| 2011 | 대전 | 1 | 1 | 0 | 0 | 2 | 3 | 0 | 0 |
| | 통산 | 1 | 1 | 0 | 0 | 2 | 3 | 0 | 0 |

**정영호** (鄭鈴湖) 서울시립대 1968.08.15

| 연도 | 소속 | 출장 | 교체 | 득점 | 도움 | 파울 | 슈팅 | 경고 | 퇴장 |
|---|---|---|---|---|---|---|---|---|---|
| 1990 | 일화 | 29 | 5 | 0 | 0 | 55 | 7 | 3 | 0 |
| 1991 | 일화 | 17 | 3 | 0 | 2 | 23 | 9 | 0 | 0 |
| 1992 | 일화 | 28 | 6 | 0 | 0 | 43 | 5 | 5 | 0 |
| 1993 | 일화 | 22 | 16 | 1 | 0 | 32 | 4 | 2 | 0 |
| 1994 | 일화 | 20 | 3 | 0 | 0 | 29 | 1 | 1 | 0 |
| 1995 | 전남 | 8 | 1 | 0 | 0 | 10 | 2 | 2 | 0 |
| 1996 | 전남 | 6 | 6 | 0 | 0 | 2 | 0 | 2 | 0 |
| | 통산 | 130 | 35 | 1 | 2 | 204 | 28 | 17 | 0 |

**정영훈** (丁永勳) 동의대 1975.05.01

| 연도 | 소속 | 출장 | 교체 | 득점 | 도움 | 파울 | 슈팅 | 경고 | 퇴장 |
|---|---|---|---|---|---|---|---|---|---|
| 2001 | 대전 | 28 | 13 | 2 | 3 | 38 | 29 | 8 | 0 |
| 2002 | 대전 | 21 | 16 | 2 | 2 | 18 | 19 | 3 | 0 |
| 2003 | 대전 | 1 | 0 | 1 | 0 | 0 | 0 | 0 | 0 |
| 2004 | 대구 | 7 | 8 | 1 | 2 | 3 | 0 | 1 | 0 |
| | 통산 | 57 | 38 | 6 | 6 | 59 | 52 | 11 | 0 |

**정용대** (鄭容大) 일본조선대 1978.02.04

| 연도 | 소속 | 출장 | 교체 | 득점 | 도움 | 파울 | 슈팅 | 경고 | 퇴장 |
|---|---|---|---|---|---|---|---|---|---|
| 2001 | 포항 | 4 | 2 | 0 | 0 | 5 | 3 | 2 | 0 |
| | 통산 | 4 | 2 | 0 | 0 | 5 | 3 | 2 | 0 |

**정용환** (鄭龍煥) 고려대 1960.02.10

| 연도 | 소속 | 출장 | 교체 | 득점 | 도움 | 파울 | 슈팅 | 경고 | 퇴장 |
|---|---|---|---|---|---|---|---|---|---|
| 1984 | 대우 | 22 | 1 | 0 | 0 | 20 | 8 | 0 | 0 |
| 1985 | 대우 | 2 | 0 | 0 | 0 | 1 | 1 | 0 | 0 |
| 1986 | 대우 | 3 | 1 | 1 | 0 | 4 | 4 | 0 | 0 |
| 1987 | 대우 | 19 | 0 | 1 | 1 | 22 | 17 | 0 | 0 |
| 1988 | 대우 | 11 | 1 | 0 | 0 | 12 | 9 | 0 | 0 |
| 1989 | 대우 | 9 | 0 | 1 | 0 | 14 | 3 | 0 | 0 |
| 1990 | 대우 | 8 | 3 | 0 | 0 | 7 | 3 | 0 | 0 |
| 1991 | 대우 | 33 | 1 | 2 | 0 | 40 | 10 | 0 | 0 |
| 1992 | 대우 | 35 | 2 | 2 | 1 | 44 | 25 | 3 | 0 |
| 1993 | 대우 | 6 | 3 | 0 | 0 | 13 | 6 | 2 | 0 |
| 1994 | 대우 | 20 | 5 | 1 | 0 | 14 | 4 | 1 | 0 |
| | 통산 | 168 | 17 | 9 | 4 | 189 | 90 | 6 | 0 |

**정용훈** (鄭湧勳) 대신고 1979.03.11

| 연도 | 소속 | 출장 | 교체 | 득점 | 도움 | 파울 | 슈팅 | 경고 | 퇴장 |
|---|---|---|---|---|---|---|---|---|---|
| 1998 | 수원 | 26 | 19 | 3 | 3 | 24 | 41 | 1 | 0 |
| 1999 | 수원 | 2 | 2 | 0 | 0 | 1 | 1 | 0 | 0 |
| 2002 | 수원 | 16 | 12 | 0 | 0 | 17 | 10 | 0 | 0 |
| 2003 | 수원 | 20 | 16 | 2 | 0 | 15 | 26 | 1 | 0 |
| | 통산 | 64 | 49 | 5 | 3 | 58 | 77 | 2 | 0 |

**정우성** (鄭宇星) 중앙대 1986.06.19

| 연도 | 소속 | 출장 | 교체 | 득점 | 도움 | 파울 | 슈팅 | 경고 | 퇴장 |
|---|---|---|---|---|---|---|---|---|---|
| 2009 | 대구 | 0 | 0 | 0 | 0 | 0 | 0 | 0 | 0 |
| | 통산 | 0 | 0 | 0 | 0 | 0 | 0 | 0 | 0 |

**정우승** (鄭雨承) 단국대 1984.03.14

| 연도 | 소속 | 출장 | 교체 | 득점 | 도움 | 파울 | 슈팅 | 경고 | 퇴장 |
|---|---|---|---|---|---|---|---|---|---|
| 2007 | 경남 | 2 | 2 | 0 | 0 | 2 | 1 | 0 | 0 |
| 2008 | 경남 | 4 | 0 | 0 | 0 | 2 | 1 | 0 | 0 |
| | 통산 | 6 | 2 | 0 | 0 | 4 | 2 | 0 | 0 |

**정우영** (鄭宇榮) 고려대 1971.12.08

| 연도 | 소속 | 출장 | 교체 | 득점 | 도움 | 파울 | 슈팅 | 경고 | 퇴장 |
|---|---|---|---|---|---|---|---|---|---|
| 1994 | 현대 | 6 | 6 | 1 | 1 | 1 | 0 | 0 | 0 |
| 1995 | 현대 | 6 | 6 | 0 | 0 | 8 | 1 | 1 | 0 |
| 1998 | 울산 | 6 | 4 | 0 | 0 | 8 | 1 | 1 | 0 |
| | 통산 | 18 | 16 | 1 | 1 | 17 | 2 | 2 | 0 |

**정우인** (鄭愚仁) 경희대 1988.02.01

| 연도 | 소속 | 출장 | 교체 | 득점 | 도움 | 파울 | 슈팅 | 경고 | 퇴장 |
|---|---|---|---|---|---|---|---|---|---|
| 2011 | 광주 | 23 | 5 | 1 | 0 | 50 | 2 | 4 | 0 |
| 2012 | 광주 | 34 | 6 | 1 | 0 | 62 | 8 | 15 | 0 |
| 2013 | 광주 | 8 | 1 | 0 | 0 | 26 | 3 | 1 | 0 |
| 2014 | 강원 | 38 | 5 | 1 | 1 | 43 | 3 | 6 | 0 |
| | 통산 | 103 | 20 | 3 | 1 | 181 | 16 | 26 | 0 |

**정우재** (鄭宇宰) 예원예술대 1992.06.28

| 연도 | 소속 | 출장 | 교체 | 득점 | 도움 | 파울 | 슈팅 | 경고 | 퇴장 |
|---|---|---|---|---|---|---|---|---|---|
| 2014 | 성남 | 2 | 2 | 0 | 0 | 1 | 0 | 1 | 0 |
| | 통산 | 2 | 2 | 0 | 0 | 1 | 0 | 1 | 0 |

**정우진** (鄭禹鎭) 전주대 1969.01.20

| 연도 | 소속 | 출장 | 교체 | 득점 | 도움 | 파울 | 슈팅 | 경고 | 퇴장 |
|---|---|---|---|---|---|---|---|---|---|
| 1996 | 부천 | 15 | 10 | 2 | 0 | 12 | 20 | 2 | 0 |
| 1997 | 부천 | 6 | 6 | 1 | 0 | 4 | 8 | 0 | 0 |
| 1997 | 전북 | 8 | 8 | 1 | 0 | 5 | 11 | 0 | 0 |
| 1998 | 전북 | 4 | 4 | 0 | 0 | 5 | 0 | 0 | 0 |
| | 통산 | 33 | 27 | 3 | 0 | 26 | 40 | 3 | 0 |

**정운** (鄭澐) 명지대 1989.06.30

| 연도 | 소속 | 출장 | 교체 | 득점 | 도움 | 파울 | 슈팅 | 경고 | 퇴장 |
|---|---|---|---|---|---|---|---|---|---|
| 2012 | 울산 | 0 | 0 | 0 | 0 | 0 | 0 | 0 | 0 |
| | 통산 | 0 | 0 | 0 | 0 | 0 | 0 | 0 | 0 |

**정웅일** (鄭雄一) 연세대 1962.11.05

| 연도 | 소속 | 출장 | 교체 | 득점 | 도움 | 파울 | 슈팅 | 경고 | 퇴장 |
|---|---|---|---|---|---|---|---|---|---|
| 1986 | 대우 | 4 | 2 | 0 | 0 | 4 | 2 | 0 | 0 |
| | 통산 | 4 | 2 | 0 | 0 | 4 | 2 | 0 | 0 |

**정원서** (鄭源緖) 동아대 1959.04.16

| 연도 | 소속 | 출장 | 교체 | 득점 | 도움 | 파울 | 슈팅 | 경고 | 퇴장 |
|---|---|---|---|---|---|---|---|---|---|
| 1983 | 포철 | 4 | 3 | 0 | 0 | 1 | 1 | 0 | 0 |

| | | 통산 | 4 | 3 | 0 | 0 | 1 | 1 | 0 | 0 |

**정유석** (鄭裕錫) 아주대 1977.10.25

| 연도 | 소속 | 출장 | 교체 | 실점 | 도움 | 파울 | 슈팅 | 경고 | 퇴장 |
|---|---|---|---|---|---|---|---|---|---|
| 2000 | 부산 | 22 | 4 | 28 | 0 | 1 | 0 | 1 | 0 |
| 2001 | 부산 | 35 | 0 | 46 | 0 | 2 | 0 | 0 | 0 |
| 2002 | 부산 | 27 | 1 | 43 | 0 | 1 | 0 | 2 | 0 |
| 2003 | 부산 | 8 | 0 | 17 | 0 | 0 | 0 | 1 | 0 |
| 2004 | 광주상 | 14 | 1 | 13 | 0 | 0 | 0 | 1 | 0 |
| 2005 | 광주상 | 24 | 0 | 33 | 0 | 1 | 0 | 1 | 0 |
| 2006 | 부산 | 34 | 0 | 48 | 0 | 3 | 0 | 4 | 0 |
| 2007 | 부산 | 26 | 1 | 36 | 0 | 0 | 0 | 2 | 0 |
| 2008 | 부산 | 7 | 0 | 9 | 0 | 0 | 0 | 2 | 0 |
| 2009 | 부산 | 1 | 0 | 4 | 0 | 0 | 0 | 0 | 0 |
| 2011 | 울산 | 7 | 0 | 7 | 0 | 0 | 1 | 0 | 0 |
| | 통산 | 205 | 8 | 282 | 0 | 8 | 0 | 12 | 0 |

**정윤길** (鄭允吉) 호남대 1976.10.23

| 연도 | 소속 | 출장 | 교체 | 득점 | 도움 | 파울 | 슈팅 | 경고 | 퇴장 |
|---|---|---|---|---|---|---|---|---|---|
| 1999 | 전남 | 4 | 3 | 0 | 0 | 10 | 5 | 0 | 0 |
| | 통산 | 4 | 3 | 0 | 0 | 10 | 5 | 0 | 0 |

**정윤성** (鄭允成) 수원공고 1984.06.01

| 연도 | 소속 | 출장 | 교체 | 득점 | 도움 | 파울 | 슈팅 | 경고 | 퇴장 |
|---|---|---|---|---|---|---|---|---|---|
| 2003 | 수원 | 11 | 9 | 1 | 1 | 18 | 6 | 1 | 0 |
| 2004 | 수원 | 0 | 0 | 0 | 0 | 0 | 0 | 0 | 0 |
| 2005 | 광주상 | 30 | 24 | 6 | 1 | 49 | 25 | 3 | 0 |
| 2006 | 광주상 | 16 | 14 | 0 | 0 | 21 | 6 | 1 | 0 |
| 2007 | 수원 | 2 | 1 | 0 | 0 | 0 | 0 | 0 | 0 |
| 2007 | 경남 | 14 | 8 | 6 | 3 | 24 | 26 | 1 | 0 |
| 2008 | 경남 | 14 | 11 | 1 | 2 | 18 | 9 | 3 | 0 |
| 2009 | 전남 | 15 | 12 | 3 | 2 | 17 | 11 | 3 | 0 |
| 2010 | 전남 | 22 | 17 | 4 | 3 | 27 | 24 | 3 | 1 |
| 2011 | 전남 | 8 | 5 | 0 | 1 | 17 | 3 | 1 | 0 |
| | 통산 | 132 | 101 | 21 | 13 | 196 | 111 | 16 | 1 |

**정의도** (鄭義道) 연세대 1987.04.08

| 연도 | 소속 | 출장 | 교체 | 실점 | 도움 | 파울 | 슈팅 | 경고 | 퇴장 |
|---|---|---|---|---|---|---|---|---|---|
| 2009 | 성남 | 1 | 1 | 0 | 0 | 0 | 0 | 0 | 0 |
| 2010 | 성남 | 1 | 0 | 3 | 0 | 0 | 0 | 0 | 0 |
| 2013 | 수원FC | 11 | 1 | 18 | 0 | 0 | 0 | 0 | 0 |
| | 통산 | 13 | 2 | 21 | 0 | 0 | 0 | 0 | 0 |

**정인호** (鄭寅浩) 중앙대 1971.03.21

| 연도 | 소속 | 출장 | 교체 | 득점 | 도움 | 파울 | 슈팅 | 경고 | 퇴장 |
|---|---|---|---|---|---|---|---|---|---|
| 1994 | 유공 | 8 | 4 | 0 | 0 | 3 | 0 | 1 | 0 |
| 1995 | 유공 | 21 | 6 | 0 | 0 | 41 | 5 | 3 | 0 |
| 1996 | 부천 | 0 | 0 | 0 | 0 | 0 | 0 | 0 | 0 |
| | 통산 | 29 | 10 | 0 | 0 | 44 | 5 | 4 | 0 |

**정인환** (鄭仁煥) 연세대 1986.12.15

| 연도 | 소속 | 출장 | 교체 | 득점 | 도움 | 파울 | 슈팅 | 경고 | 퇴장 |
|---|---|---|---|---|---|---|---|---|---|
| 2006 | 전북 | 10 | 4 | 0 | 0 | 12 | 1 | 3 | 0 |
| 2007 | 전북 | 13 | 2 | 1 | 1 | 45 | 2 | 6 | 0 |
| 2008 | 전남 | 21 | 2 | 0 | 2 | 23 | 9 | 7 | 0 |
| 2009 | 전남 | 9 | 5 | 0 | 0 | 13 | 1 | 2 | 0 |
| 2010 | 전남 | 21 | 2 | 0 | 0 | 34 | 11 | 7 | 0 |
| 2011 | 인천 | 24 | 2 | 1 | 2 | 43 | 8 | 6 | 0 |
| 2012 | 인천 | 38 | 0 | 4 | 1 | 41 | 28 | 7 | 0 |
| 2013 | 전북 | 23 | 1 | 4 | 0 | 30 | 12 | 6 | 0 |
| 2014 | 전북 | 18 | 3 | 0 | 0 | 19 | 8 | 2 | 0 |
| | 통산 | 179 | 22 | 14 | 5 | 258 | 80 | 43 | 0 |

**정일영**

| 연도 | 소속 | 출장 | 교체 | 득점 | 도움 | 파울 | 슈팅 | 경고 | 퇴장 |
|---|---|---|---|---|---|---|---|---|---|
| 1984 | 국민은 | 1 | 1 | 0 | 0 | 0 | 0 | 0 | 0 |
| | 통산 | 1 | 0 | 0 | 0 | 0 | 0 | 0 | 0 |

**정재곤** (鄭在坤) 연세대 1976.03.17

| 연도 | 소속 | 출장 | 교체 | 득점 | 도움 | 파울 | 슈팅 | 경고 | 퇴장 |
|---|---|---|---|---|---|---|---|---|---|
| 1999 | 포항 | 16 | 7 | 3 | 0 | 23 | 21 | 1 | 0 |
| 2000 | 포항 | 4 | 4 | 0 | 0 | 5 | 4 | 2 | 0 |
| | 통산 | 20 | 11 | 3 | 0 | 28 | 25 | 3 | 0 |

**정재권** (鄭在權) 한양대 1970.11.05

| 연도 | 소속 | 출장 | 교체 | 득점 | 도움 | 파울 | 슈팅 | 경고 | 퇴장 |
|---|---|---|---|---|---|---|---|---|---|
| 1994 | 대우 | 14 | 8 | 1 | 2 | 18 | 12 | 1 | 0 |
| 1995 | 대우 | 25 | 14 | 5 | 1 | 53 | 32 | 2 | 0 |
| 1996 | 부산 | 31 | 8 | 8 | 6 | 46 | 39 | 4 | 0 |
| 1997 | 부산 | 28 | 14 | 6 | 5 | 41 | 31 | 3 | 0 |
| 1998 | 부산 | 29 | 6 | 8 | 5 | 51 | 49 | 4 | 0 |
| 1999 | 부산 | 20 | 17 | 0 | 2 | 21 | 19 | 1 | 0 |
| 2000 | 포항 | 20 | 17 | 2 | 1 | 29 | 19 | 1 | 0 |
| 2001 | 포항 | 12 | 9 | 0 | 0 | 17 | 10 | 0 | 0 |
| | 통산 | 179 | 93 | 30 | 23 | 273 | 201 | 15 | 0 |

**정재열** (鄭在烈) 연세대 1972.08.10

| 연도 | 소속 | 출장 | 교체 | 득점 | 도움 | 파울 | 슈팅 | 경고 | 퇴장 |
|---|---|---|---|---|---|---|---|---|---|
| 1995 | 전북 | 0 | 0 | 0 | 0 | 0 | 0 | 0 | 0 |
| 1996 | 전북 | 0 | 0 | 0 | 0 | 0 | 0 | 0 | 0 |
| | 통산 | 0 | 0 | 0 | 0 | 0 | 0 | 0 | 0 |

**정재용** (鄭宰溶) 고려대 1990.09.14

| 연도 | 소속 | 출장 | 교체 | 득점 | 도움 | 파울 | 슈팅 | 경고 | 퇴장 |
|---|---|---|---|---|---|---|---|---|---|
| 2013 | 안양 | 16 | 8 | 0 | 1 | 24 | 9 | 4 | 0 |
| 2014 | 안양 | 25 | 10 | 6 | 2 | 40 | 29 | 6 | 0 |
| | 통산 | 41 | 18 | 6 | 3 | 64 | 38 | 10 | 0 |

**정재원** (鄭載湲) 제주중앙고 1993.08.16

| 연도 | 소속 | 출장 | 교체 | 득점 | 도움 | 파울 | 슈팅 | 경고 | 퇴장 |
|---|---|---|---|---|---|---|---|---|---|
| 2013 | 전북 | 0 | 0 | 0 | 0 | 0 | 0 | 0 | 0 |

**정재윤** (鄭載潤) 홍익대 1981.05.28

| 연도 | 소속 | 출장 | 교체 | 득점 | 도움 | 파울 | 슈팅 | 경고 | 퇴장 |
|---|---|---|---|---|---|---|---|---|---|
| 2004 | 서울 | 0 | 0 | 0 | 0 | 0 | 0 | 0 | 0 |

**정정석** (鄭井碩) 건국대 1988.01.20

| 연도 | 소속 | 출장 | 교체 | 득점 | 도움 | 파울 | 슈팅 | 경고 | 퇴장 |
|---|---|---|---|---|---|---|---|---|---|
| 2010 | 포항 | 1 | 1 | 0 | 0 | 1 | 0 | 0 | 0 |
| | 통산 | 1 | 1 | 0 | 0 | 1 | 0 | 0 | 0 |

**정정수** (鄭正洙) 고려대 1969.11.20

| 연도 | 소속 | 출장 | 교체 | 득점 | 도움 | 파울 | 슈팅 | 경고 | 퇴장 |
|---|---|---|---|---|---|---|---|---|---|
| 1994 | 현대 | 29 | 25 | 3 | 0 | 17 | 48 | 4 | 0 |
| 1995 | 현대 | 25 | 14 | 2 | 2 | 27 | 30 | 2 | 0 |
| 1996 | 울산 | 21 | 19 | 4 | 1 | 19 | 20 | 3 | 0 |
| 1997 | 울산 | 19 | 11 | 0 | 5 | 35 | 31 | 7 | 0 |
| 1998 | 울산 | 34 | 25 | 6 | 9 | 53 | 50 | 5 | 0 |
| 1999 | 울산 | 26 | 17 | 4 | 7 | 22 | 36 | 1 | 0 |
| 2000 | 울산 | 29 | 17 | 2 | 2 | 23 | 55 | 3 | 0 |
| 2001 | 울산 | 31 | 13 | 7 | 5 | 32 | 55 | 2 | 0 |
| 2002 | 울산 | 9 | 9 | 0 | 0 | 6 | 7 | 0 | 0 |
| | 통산 | 223 | 154 | 33 | 31 | 236 | 331 | 27 | 0 |

**정조국** (鄭조국) 대신고 1984.04.23

| 연도 | 소속 | 출장 | 교체 | 득점 | 도움 | 파울 | 슈팅 | 경고 | 퇴장 |
|---|---|---|---|---|---|---|---|---|---|
| 2003 | 안양 | 32 | 25 | 12 | 2 | 37 | 77 | 3 | 0 |
| 2004 | 서울 | 30 | 22 | 8 | 2 | 42 | 58 | 2 | 0 |
| 2005 | 서울 | 26 | 22 | 3 | 1 | 41 | 40 | 1 | 0 |
| 2006 | 서울 | 27 | 25 | 6 | 3 | 45 | 36 | 2 | 0 |
| 2007 | 서울 | 19 | 13 | 5 | 1 | 35 | 37 | 4 | 0 |
| 2008 | 서울 | 25 | 21 | 7 | 1 | 26 | 26 | 2 | 0 |
| 2010 | 서울 | 29 | 23 | 13 | 4 | 26 | 71 | 1 | 0 |
| 2012 | 서울 | 17 | 17 | 4 | 0 | 12 | 16 | 2 | 0 |
| 2013 | 경찰 | 24 | 9 | 9 | 2 | 29 | 81 | 3 | 1 |
| 2014 | 안산 | 12 | 11 | 7 | 1 | 12 | 34 | 1 | 0 |
| | 통산 | 264 | 203 | 83 | 22 | 339 | 508 | 25 | 1 |

**정종관** (鄭鍾寬) 숭실대 1981.09.09

| 연도 | 소속 | 출장 | 교체 | 득점 | 도움 | 파울 | 슈팅 | 경고 | 퇴장 |
|---|---|---|---|---|---|---|---|---|---|
| 2004 | 전북 | 16 | 16 | 0 | 1 | 6 | 8 | 0 | 0 |
| 2005 | 전북 | 14 | 8 | 4 | 2 | 27 | 26 | 4 | 0 |
| 2006 | 전북 | 17 | 7 | 0 | 1 | 27 | 13 | 3 | 0 |
| 2007 | 전북 | 22 | 10 | 2 | 4 | 18 | 23 | 2 | 0 |
| | 통산 | 79 | 41 | 6 | 8 | 78 | 70 | 9 | 0 |

**정종선** (鄭鍾先) 연세대 1966.03.20

| 연도 | 소속 | 출장 | 교체 | 득점 | 도움 | 파울 | 슈팅 | 경고 | 퇴장 |
|---|---|---|---|---|---|---|---|---|---|
| 1985 | 포철 | 1 | 1 | 0 | 0 | 0 | 0 | 0 | 0 |
| 1989 | 현대 | 18 | 2 | 0 | 0 | 20 | 5 | 1 | 0 |
| 1990 | 현대 | 28 | 2 | 0 | 0 | 33 | 2 | 3 | 0 |
| 1991 | 현대 | 32 | 4 | 0 | 0 | 39 | 7 | 1 | 0 |
| 1992 | 현대 | 38 | 1 | 0 | 1 | 40 | 10 | 2 | 1 |
| 1993 | 현대 | 13 | 2 | 0 | 0 | 13 | 5 | 1 | 0 |
| 1994 | 현대 | 20 | 1 | 0 | 0 | 19 | 8 | 0 | 0 |
| 1995 | 전북 | 32 | 0 | 1 | 0 | 46 | 8 | 7 | 0 |
| 1996 | 전북 | 26 | 1 | 0 | 0 | 39 | 6 | 3 | 0 |
| 1997 | 전북 | 33 | 0 | 0 | 0 | 22 | 0 | 2 | 0 |
| 1998 | 안양 | 30 | 6 | 0 | 0 | 21 | 3 | 5 | 1 |
| | 통산 | 271 | 21 | 1 | 2 | 292 | 54 | 25 | 2 |

**정종수** (鄭種洙) 고려대 1961.03.27

| 연도 | 소속 | 출장 | 교체 | 득점 | 도움 | 파울 | 슈팅 | 경고 | 퇴장 |
|---|---|---|---|---|---|---|---|---|---|
| 1984 | 유공 | 23 | 1 | 0 | 1 | 23 | 11 | 2 | 0 |
| 1985 | 유공 | 5 | 0 | 0 | 2 | 8 | 1 | 0 | 0 |
| 1986 | 유공 | 9 | 1 | 0 | 0 | 20 | 5 | 0 | 0 |
| 1987 | 유공 | 28 | 0 | 1 | 4 | 45 | 11 | 2 | 1 |
| 1988 | 유공 | 23 | 1 | 0 | 0 | 30 | 1 | 2 | 0 |
| 1989 | 유공 | 17 | 0 | 0 | 0 | 24 | 5 | 2 | 0 |
| 1990 | 현대 | 8 | 1 | 0 | 1 | 13 | 6 | 0 | 0 |
| 1991 | 현대 | 29 | 1 | 0 | 1 | 37 | 13 | 6 | 0 |
| 1992 | 현대 | 29 | 4 | 1 | 4 | 34 | 14 | 3 | 1 |
| 1993 | 현대 | 29 | 4 | 0 | 0 | 34 | 16 | 3 | 0 |
| 1994 | 현대 | 24 | 7 | 1 | 1 | 27 | 9 | 2 | 0 |
| 1995 | 현대 | 1 | 1 | 0 | 0 | 0 | 0 | 0 | 0 |
| | 통산 | 225 | 24 | 3 | 11 | 295 | 92 | 23 | 2 |

**정종식**

| 연도 | 소속 | 출장 | 교체 | 득점 | 도움 | 파울 | 슈팅 | 경고 | 퇴장 |
|---|---|---|---|---|---|---|---|---|---|
| 1984 | 대우 | 1 | 1 | 0 | 0 | 2 | 0 | 0 | 0 |
| 1985 | 대우 | 1 | 0 | 0 | 0 | 2 | 0 | 0 | 0 |
| | 통산 | 2 | 1 | 0 | 0 | 2 | 0 | 0 | 0 |

**정주영** (丁主榮) 배재대 1979.05.03

| 연도 | 소속 | 출장 | 교체 | 득점 | 도움 | 파울 | 슈팅 | 경고 | 퇴장 |
|---|---|---|---|---|---|---|---|---|---|
| 2002 | 울산 | 1 | 1 | 0 | 0 | 0 | 0 | 0 | 0 |
| | 통산 | 1 | 1 | 0 | 0 | 0 | 0 | 0 | 0 |

**정주완** (鄭朱完) 중앙대 1974.03.08

| 연도 | 소속 | 출장 | 교체 | 득점 | 도움 | 파울 | 슈팅 | 경고 | 퇴장 |
|---|---|---|---|---|---|---|---|---|---|
| 1998 | 전북 | 8 | 6 | 0 | 0 | 6 | 1 | 1 | 0 |
| | 통산 | 8 | 6 | 0 | 0 | 6 | 1 | 1 | 0 |

**정주일** (鄭柱伏) 조선대 1991.03.06

| 연도 | 소속 | 출장 | 교체 | 득점 | 도움 | 파울 | 슈팅 | 경고 | 퇴장 |
|---|---|---|---|---|---|---|---|---|---|
| 2014 | 부천 | 15 | 9 | 0 | 1 | 18 | 17 | 1 | 0 |
| | 통산 | 15 | 9 | 0 | 1 | 18 | 17 | 1 | 0 |

**정준연** (鄭俊硯) 광양제철고 1989.04.30

| 연도 | 소속 | 출장 | 교체 | 득점 | 도움 | 파울 | 슈팅 | 경고 | 퇴장 |
|---|---|---|---|---|---|---|---|---|---|
| 2008 | 전남 | 3 | 3 | 0 | 0 | 1 | 0 | 0 | 0 |
| 2009 | 전남 | 6 | 3 | 0 | 0 | 14 | 0 | 2 | 0 |
| 2010 | 전남 | 22 | 9 | 0 | 2 | 34 | 3 | 3 | 0 |
| 2011 | 전남 | 17 | 5 | 0 | 1 | 26 | 4 | 1 | 0 |
| 2012 | 전남 | 11 | 1 | 0 | 0 | 20 | 0 | 3 | 0 |
| 2013 | 전남 | 23 | 6 | 1 | 1 | 28 | 2 | 4 | 0 |
| 2014 | 광주 | 32 | 5 | 0 | 0 | 29 | 2 | 4 | 0 |
| | 통산 | 114 | 32 | 1 | 4 | 152 | 11 | 16 | 0 |

**정지안** (鄭至安) 대구대 1989.06.17

| 연도 | 소속 | 출장 | 교체 | 득점 | 도움 | 파울 | 슈팅 | 경고 | 퇴장 |
|---|---|---|---|---|---|---|---|---|---|
| 2013 | 성남 | 0 | 0 | 0 | 0 | 0 | 0 | 0 | 0 |
| | 통산 | 0 | 0 | 0 | 0 | 0 | 0 | 0 | 0 |

**정찬일** (丁粲佾) 동국대 1991.04.27

| 연도 | 소속 | 출장 | 교체 | 득점 | 도움 | 파울 | 슈팅 | 경고 | 퇴장 |
|---|---|---|---|---|---|---|---|---|---|
| 2014 | 강원 | 7 | 7 | 0 | 1 | 15 | 6 | 1 | 0 |
| | 통산 | 7 | 7 | 0 | 1 | 15 | 6 | 1 | 0 |

**정창근** (丁昌根) 황지중 1983.08.10

| 연도 | 소속 | 출장 | 교체 | 득점 | 도움 | 파울 | 슈팅 | 경고 | 퇴장 |
|---|---|---|---|---|---|---|---|---|---|
| 1999 | 안양 | 1 | 1 | 0 | 0 | 0 | 1 | 0 | 0 |
| | 통산 | 1 | 1 | 0 | 0 | 0 | 1 | 0 | 0 |

**정철운** (鄭喆云) 광운대 1986.07.30

| 연도 | 소속 | 출장 | 교체 | 득점 | 도움 | 파울 | 슈팅 | 경고 | 퇴장 |
|---|---|---|---|---|---|---|---|---|---|
| 2009 | 강원 | 6 | 4 | 0 | 0 | 3 | 2 | 0 | 0 |
| 2010 | 강원 | 11 | 4 | 0 | 0 | 3 | 5 | 1 | 0 |
| 통산 | | 17 | 8 | 0 | 0 | 6 | 7 | 1 | 0 |

### 정철호 (鄭喆鎬) 서울시립대 1968.12.01

| 연도 | 소속 | 출장 | 교체 | 득점 | 도움 | 파울 | 슈팅 | 경고 | 퇴장 |
|---|---|---|---|---|---|---|---|---|---|
| 1991 | 일화 | 5 | 5 | 0 | 0 | 4 | 4 | 0 | 0 |
| 1992 | 일화 | 4 | 3 | 0 | 0 | 4 | 5 | 0 | 0 |
| 1993 | 일화 | 3 | 2 | 0 | 0 | 4 | 5 | 0 | 0 |
| 1995 | 전북 | 10 | 5 | 0 | 0 | 13 | 3 | 1 | 0 |
| 1996 | 전북 | 2 | 2 | 0 | 0 | 0 | 0 | 0 | 0 |
| 통산 | | 24 | 15 | 0 | 0 | 26 | 13 | 5 | 0 |

### 정태영 (鄭泰榮) 한양대 1956.08.04

| 연도 | 소속 | 출장 | 교체 | 득점 | 도움 | 파울 | 슈팅 | 경고 | 퇴장 |
|---|---|---|---|---|---|---|---|---|---|
| 1984 | 럭금 | 14 | 0 | 0 | 0 | 6 | 4 | 0 | 0 |
| 1985 | 럭금 | 13 | 2 | 0 | 0 | 11 | 4 | 1 | 0 |
| 통산 | | 27 | 6 | 0 | 0 | 16 | 8 | 1 | 0 |

### 정필석 (鄭弼釋) 단국대 1978.07.23

| 연도 | 소속 | 출장 | 교체 | 득점 | 도움 | 파울 | 슈팅 | 경고 | 퇴장 |
|---|---|---|---|---|---|---|---|---|---|
| 2001 | 부천 | 5 | 6 | 0 | 0 | 10 | 4 | 1 | 0 |
| 2003 | 부천 | 4 | 4 | 0 | 0 | 3 | 3 | 0 | 0 |
| 통산 | | 9 | 10 | 0 | 0 | 13 | 7 | 1 | 0 |

### 정한호 (政韓浩) 조선대 1970.06.04

| 연도 | 소속 | 출장 | 교체 | 득점 | 도움 | 파울 | 슈팅 | 경고 | 퇴장 |
|---|---|---|---|---|---|---|---|---|---|
| 1994 | 버팔로 | 5 | 6 | 0 | 0 | 1 | 1 | 0 | 0 |
| 통산 | | 5 | 6 | 0 | 0 | 1 | 1 | 0 | 0 |

### 정해성 (鄭海成) 고려대 1958.03.04

| 연도 | 소속 | 출장 | 교체 | 득점 | 도움 | 파울 | 슈팅 | 경고 | 퇴장 |
|---|---|---|---|---|---|---|---|---|---|
| 1984 | 럭금 | 10 | 2 | 0 | 1 | 12 | 1 | 4 | 0 |
| 1985 | 럭금 | 16 | 5 | 0 | 0 | 23 | 7 | 2 | 0 |
| 1986 | 럭금 | 30 | 0 | 0 | 1 | 48 | 12 | 5 | 0 |
| 1987 | 럭금 | 13 | 1 | 0 | 0 | 21 | 2 | 3 | 0 |
| 1988 | 럭금 | 21 | 2 | 0 | 1 | 27 | 13 | 1 | 1 |
| 1989 | 럭금 | 28 | 5 | 1 | 0 | 43 | 11 | 3 | 0 |
| 통산 | | 118 | 15 | 1 | 4 | 174 | 46 | 18 | 1 |

### 정해원 (丁海遠) 연세대 1959.07.01

| 연도 | 소속 | 출장 | 교체 | 득점 | 도움 | 파울 | 슈팅 | 경고 | 퇴장 |
|---|---|---|---|---|---|---|---|---|---|
| 1983 | 대우 | 13 | 3 | 4 | 1 | 19 | 33 | 3 | 0 |
| 1984 | 대우 | 23 | 3 | 6 | 4 | 18 | 58 | 0 | 0 |
| 1985 | 대우 | 17 | 1 | 7 | 1 | 17 | 45 | 1 | 0 |
| 1986 | 대우 | 26 | 2 | 10 | 0 | 29 | 40 | 4 | 0 |
| 1987 | 대우 | 28 | 1 | 6 | 4 | 48 | 49 | 4 | 0 |
| 1988 | 대우 | 10 | 0 | 1 | 0 | 12 | 0 | 0 | 0 |
| 1989 | 대우 | 24 | 11 | 1 | 0 | 29 | 30 | 3 | 0 |
| 1990 | 대우 | 12 | 11 | 0 | 0 | 14 | 10 | 0 | 0 |
| 1991 | 대우 | 1 | 1 | 0 | 0 | 1 | 6 | 0 | 0 |
| 통산 | | 154 | 35 | 34 | 11 | 192 | 271 | 15 | 1 |

### 정헌식 (鄭軒植) 한양대 1991.03.03

| 연도 | 소속 | 출장 | 교체 | 득점 | 도움 | 파울 | 슈팅 | 경고 | 퇴장 |
|---|---|---|---|---|---|---|---|---|---|
| 2014 | 강원 | 12 | 1 | 0 | 0 | 20 | 4 | 1 | 0 |
| 통산 | | 12 | 1 | 0 | 0 | 20 | 4 | 1 | 0 |

### 정혁 (鄭赫) 전주대 1986.05.21

| 연도 | 소속 | 출장 | 교체 | 득점 | 도움 | 파울 | 슈팅 | 경고 | 퇴장 |
|---|---|---|---|---|---|---|---|---|---|
| 2009 | 인천 | 16 | 13 | 1 | 1 | 31 | 22 | 5 | 0 |
| 2010 | 인천 | 29 | 9 | 4 | 4 | 55 | 62 | 9 | 0 |
| 2011 | 인천 | 15 | 8 | 1 | 2 | 25 | 19 | 4 | 0 |
| 2012 | 인천 | 23 | 14 | 2 | 1 | 27 | 33 | 5 | 0 |
| 2013 | 전북 | 28 | 5 | 2 | 3 | 55 | 31 | 9 | 0 |
| 2014 | 전북 | 19 | 7 | 3 | 0 | 44 | 23 | 3 | 0 |
| 통산 | | 130 | 56 | 13 | 11 | 237 | 201 | 34 | 1 |

### 정현호 (丁玄浩) 건국대 1974.02.13

| 연도 | 소속 | 출장 | 교체 | 득점 | 도움 | 파울 | 슈팅 | 경고 | 퇴장 |
|---|---|---|---|---|---|---|---|---|---|
| 1996 | 안양 | 21 | 10 | 0 | 0 | 39 | 7 | 3 | 0 |
| 1997 | 안양 | 4 | 3 | 0 | 0 | 5 | 0 | 1 | 0 |
| 1998 | 안양 | 5 | 5 | 0 | 0 | 4 | 5 | 0 | 0 |
| 1999 | 안양 | 10 | 1 | 0 | 1 | 32 | 4 | 1 | 0 |
| 2000 | 안양 | 5 | 5 | 0 | 0 | 6 | 0 | 0 | 0 |
| 통산 | | 45 | 24 | 1 | 0 | 83 | 12 | 5 | 0 |

### 정형준 (丁澊準) 숭실대 1986.04.26

| 연도 | 소속 | 출장 | 교체 | 득점 | 도움 | 파울 | 슈팅 | 경고 | 퇴장 |
|---|---|---|---|---|---|---|---|---|---|
| 2010 | 대전 | 3 | 2 | 0 | 0 | 3 | 1 | 1 | 0 |
| 통산 | | 3 | 2 | 0 | 0 | 3 | 1 | 1 | 0 |

### 정호정 (鄭好正) 광운대 1988.09.01

| 연도 | 소속 | 출장 | 교체 | 득점 | 도움 | 파울 | 슈팅 | 경고 | 퇴장 |
|---|---|---|---|---|---|---|---|---|---|
| 2010 | 성남 | 0 | 0 | 0 | 0 | 0 | 0 | 0 | 0 |
| 2011 | 성남 | 10 | 0 | 0 | 0 | 15 | 2 | 1 | 0 |
| 2012 | 상주 | 15 | 7 | 0 | 0 | 17 | 0 | 1 | 0 |
| 2013 | 상주 | 6 | 2 | 0 | 0 | 1 | 0 | 0 | 0 |
| 2014 | 광주 | 28 | 3 | 0 | 2 | 22 | 9 | 2 | 0 |
| 통산 | | 59 | 12 | 0 | 2 | 50 | 11 | 4 | 0 |

### 정호진 (鄭豪鎭) 동의대 1984.05.30

| 연도 | 소속 | 출장 | 교체 | 득점 | 도움 | 파울 | 슈팅 | 경고 | 퇴장 |
|---|---|---|---|---|---|---|---|---|---|
| 2007 | 대구 | 1 | 1 | 0 | 0 | 0 | 0 | 0 | 0 |
| 통산 | | 1 | 1 | 0 | 0 | 0 | 0 | 0 | 0 |

### 정홍연 (鄭洪然) 동의대 1983.08.18

| 연도 | 소속 | 출장 | 교체 | 득점 | 도움 | 파울 | 슈팅 | 경고 | 퇴장 |
|---|---|---|---|---|---|---|---|---|---|
| 2006 | 제주 | 29 | 8 | 1 | 0 | 35 | 11 | 2 | 0 |
| 2007 | 제주 | 21 | 10 | 0 | 0 | 15 | 2 | 2 | 0 |
| 2009 | 부산 | 11 | 0 | 1 | 2 | 14 | 7 | 3 | 0 |
| 2010 | 포항 | 11 | 0 | 1 | 2 | 14 | 7 | 3 | 0 |
| 2011 | 포항 | 22 | 2 | 0 | 0 | 8 | 2 | 1 | 0 |
| 2012 | 포항 | 12 | 6 | 1 | 0 | 15 | 1 | 2 | 0 |
| 2013 | 포항 | 4 | 1 | 0 | 0 | 5 | 0 | 0 | 0 |
| 2014 | 전남 | 30 | 3 | 1 | 1 | 19 | 5 | 5 | 0 |
| 통산 | | 118 | 32 | 2 | 4 | 111 | 28 | 11 | 0 |

### 정후균 (鄭候均) 조선대 1961.02.21

| 연도 | 소속 | 출장 | 교체 | 득점 | 도움 | 파울 | 슈팅 | 경고 | 퇴장 |
|---|---|---|---|---|---|---|---|---|---|
| 1984 | 국민은 | 5 | 5 | 0 | 0 | 0 | 0 | 0 | 0 |
| 통산 | | 5 | 5 | 0 | 0 | 0 | 0 | 0 | 0 |

### 정훈 (鄭勳) 동아대 1985.08.31

| 연도 | 소속 | 출장 | 교체 | 득점 | 도움 | 파울 | 슈팅 | 경고 | 퇴장 |
|---|---|---|---|---|---|---|---|---|---|
| 2008 | 전북 | 13 | 5 | 0 | 1 | 22 | 6 | 4 | 0 |
| 2009 | 전북 | 26 | 10 | 2 | 0 | 69 | 10 | 9 | 0 |
| 2010 | 전북 | 14 | 11 | 0 | 0 | 33 | 6 | 6 | 0 |
| 2011 | 전북 | 24 | 5 | 1 | 0 | 49 | 10 | 8 | 0 |
| 2012 | 전북 | 34 | 11 | 0 | 1 | 65 | 6 | 8 | 0 |
| 2013 | 상주 | 21 | 17 | 0 | 1 | 28 | 6 | 3 | 0 |
| 2014 | 상주 | 5 | 4 | 0 | 0 | 10 | 1 | 1 | 0 |
| 2014 | 전북 | 2 | 2 | 0 | 0 | 5 | 1 | 0 | 0 |
| 통산 | | 137 | 69 | 2 | 4 | 281 | 40 | 41 | 0 |

### 정훈찬 (鄭薰瓚) 능곡고 1993.07.24

| 연도 | 소속 | 출장 | 교체 | 득점 | 도움 | 파울 | 슈팅 | 경고 | 퇴장 |
|---|---|---|---|---|---|---|---|---|---|
| 2012 | 전남 | 2 | 2 | 0 | 0 | 2 | 0 | 0 | 0 |
| 통산 | | 2 | 2 | 0 | 0 | 2 | 0 | 0 | 0 |

### 제니아 (Yevgeny Zhirov) 러시아 1969.01.10

| 연도 | 소속 | 출장 | 교체 | 득점 | 도움 | 파울 | 슈팅 | 경고 | 퇴장 |
|---|---|---|---|---|---|---|---|---|---|
| 1994 | LG | 4 | 2 | 0 | 1 | 6 | 1 | 0 | 0 |
| 통산 | | 4 | 2 | 0 | 1 | 6 | 1 | 0 | 0 |

### 제영진 (諸泳珍) 경일대 1975.03.10

| 연도 | 소속 | 출장 | 교체 | 득점 | 도움 | 파울 | 슈팅 | 경고 | 퇴장 |
|---|---|---|---|---|---|---|---|---|---|
| 1998 | 울산 | 12 | 13 | 1 | 0 | 15 | 8 | 1 | 0 |
| 1999 | 울산 | 2 | 2 | 1 | 0 | 0 | 0 | 0 | 0 |
| 2000 | 울산 | 12 | 12 | 1 | 1 | 21 | 13 | 3 | 0 |
| 통산 | | 26 | 27 | 3 | 1 | 21 | 13 | 3 | 0 |

### 제용삼 (諸龍三) 한성대 1972.01.25

| 연도 | 소속 | 출장 | 교체 | 득점 | 도움 | 파울 | 슈팅 | 경고 | 퇴장 |
|---|---|---|---|---|---|---|---|---|---|
| 1998 | 안양 | 33 | 20 | 1 | 0 | 4 | 57 | 48 | 4 |
| 1999 | 안양 | 15 | 15 | 1 | 1 | 14 | 4 | 1 | 0 |
| 2000 | 안양 | 11 | 11 | 1 | 0 | 4 | 6 | 1 | 0 |
| 통산 | | 59 | 46 | 12 | 5 | 75 | 58 | 6 | 0 |

### 제이드 (Jade Bronson North) 호주 1982.01.07

| 연도 | 소속 | 출장 | 교체 | 득점 | 도움 | 파울 | 슈팅 | 경고 | 퇴장 |
|---|---|---|---|---|---|---|---|---|---|
| 2009 | 인천 | 9 | 1 | 0 | 0 | 7 | 1 | 1 | 0 |
| 통산 | | 9 | 1 | 0 | 0 | 7 | 1 | 1 | 0 |

### 제이미 (Jamie Cureton) 영국 1975.08.28

| 연도 | 소속 | 출장 | 교체 | 득점 | 도움 | 파울 | 슈팅 | 경고 | 퇴장 |
|---|---|---|---|---|---|---|---|---|---|
| 2003 | 부산 | 21 | 12 | 4 | 1 | 20 | 31 | 2 | 0 |
| 통산 | | 21 | 12 | 4 | 1 | 20 | 31 | 2 | 0 |

### 제이훈 (Ceyhun Eris) 터키 1977.05.15

| 연도 | 소속 | 출장 | 교체 | 득점 | 도움 | 파울 | 슈팅 | 경고 | 퇴장 |
|---|---|---|---|---|---|---|---|---|---|
| 2008 | 서울 | 8 | 7 | 1 | 0 | 13 | 8 | 1 | 0 |
| 통산 | | 8 | 7 | 1 | 0 | 13 | 8 | 1 | 0 |

### 제임스 (Augustine James) 나이지리아 1984.01.18

| 연도 | 소속 | 출장 | 교체 | 득점 | 도움 | 파울 | 슈팅 | 경고 | 퇴장 |
|---|---|---|---|---|---|---|---|---|---|
| 2003 | 부천 | 13 | 12 | 1 | 0 | 20 | 12 | 1 | 0 |
| 통산 | | 13 | 12 | 1 | 0 | 20 | 12 | 1 | 0 |

### 제제 (Zeze Gomes) 브라질

| 연도 | 소속 | 출장 | 교체 | 득점 | 도움 | 파울 | 슈팅 | 경고 | 퇴장 |
|---|---|---|---|---|---|---|---|---|---|
| 1984 | 포철 | 9 | 3 | 4 | 2 | 14 | 16 | 1 | 0 |
| 통산 | | 9 | 3 | 4 | 2 | 14 | 16 | 1 | 0 |

### 제종현 (諸鐘炫) 숭실대 1991.12.06

| 연도 | 소속 | 출장 | 교체 | 실점 | 도움 | 파울 | 슈팅 | 경고 | 퇴장 |
|---|---|---|---|---|---|---|---|---|---|
| 2013 | 광주 | 5 | 0 | 4 | 0 | 0 | 0 | 0 | 0 |
| 2014 | 광주 | 26 | 0 | 19 | 0 | 0 | 0 | 3 | 0 |
| 통산 | | 31 | 0 | 23 | 0 | 0 | 0 | 3 | 0 |

### 제칼로 (Jose Carlos Ferreira) 브라질 1983.04.24

| 연도 | 소속 | 출장 | 교체 | 득점 | 도움 | 파울 | 슈팅 | 경고 | 퇴장 |
|---|---|---|---|---|---|---|---|---|---|
| 2004 | 울산 | 19 | 6 | 14 | 1 | 55 | 51 | 6 | 0 |
| 2005 | 울산 | 9 | 5 | 3 | 2 | 32 | 27 | 8 | 0 |
| 2006 | 전북 | 24 | 11 | 6 | 1 | 57 | 62 | 10 | 0 |
| 2007 | 전북 | 21 | 11 | 8 | 0 | 51 | 53 | 7 | 1 |
| 2008 | 전북 | 7 | 3 | 3 | 0 | 9 | 13 | 1 | 0 |
| 통산 | | 80 | 36 | 34 | 2 | 204 | 206 | 32 | 1 |

### 제파로프 (Server Djeparov) 우즈베키스탄 1983.10.03

| 연도 | 소속 | 출장 | 교체 | 득점 | 도움 | 파울 | 슈팅 | 경고 | 퇴장 |
|---|---|---|---|---|---|---|---|---|---|
| 2010 | 서울 | 18 | 7 | 1 | 7 | 24 | 29 | 4 | 0 |
| 2011 | 서울 | 15 | 5 | 0 | 1 | 21 | 19 | 2 | 0 |
| 2013 | 성남 | 31 | 16 | 6 | 7 | 37 | 73 | 7 | 0 |
| 2014 | 성남 | 28 | 12 | 3 | 4 | 26 | 45 | 4 | 0 |
| 통산 | | 88 | 37 | 14 | 13 | 108 | 159 | 15 | 0 |

### 제펠손 (Jefferson Gama Rodrigues) 브라질 1981.01.26

| 연도 | 소속 | 출장 | 교체 | 득점 | 도움 | 파울 | 슈팅 | 경고 | 퇴장 |
|---|---|---|---|---|---|---|---|---|---|
| 2006 | 대구 | 3 | 3 | 0 | 0 | 2 | 3 | 0 | 0 |
| 통산 | | 3 | 3 | 0 | 0 | 2 | 3 | 0 | 0 |

### 제프유 (Yu,Ji Young) 미국 1978.10.30

| 연도 | 소속 | 출장 | 교체 | 득점 | 도움 | 파울 | 슈팅 | 경고 | 퇴장 |
|---|---|---|---|---|---|---|---|---|---|
| 2000 | 울산 | 3 | 3 | 0 | 0 | 3 | 7 | 0 | 0 |
| 2001 | 부천 | 2 | 2 | 0 | 0 | 0 | 0 | 0 | 0 |
| 통산 | | 5 | 5 | 0 | 0 | 3 | 7 | 0 | 0 |

### 젠토이 (Lajos Zentai) 헝가리 1966.08.02

| 연도 | 소속 | 출장 | 교체 | 득점 | 도움 | 파울 | 슈팅 | 경고 | 퇴장 |
|---|---|---|---|---|---|---|---|---|---|
| 1991 | LG | 23 | 9 | 1 | 0 | 25 | 11 | 2 | 0 |
| 통산 | | 23 | 9 | 1 | 0 | 25 | 11 | 2 | 0 |

### 젤리코 (Zeljko Simovic) 유고슬라비아 1967.02.02

| 연도 | 소속 | 출장 | 교체 | 득점 | 도움 | 파울 | 슈팅 | 경고 | 퇴장 |
|---|---|---|---|---|---|---|---|---|---|
| 1994 | 대우 | 3 | 1 | 1 | 0 | 6 | 4 | 1 | 0 |
| 통산 | | 3 | 1 | 1 | 0 | 6 | 4 | 1 | 0 |

### 젤리코 (Zeljko Vujeta) 유고슬라비아 1967.01.01

| 연도 | 소속 | 출장 | 교체 | 득점 | 도움 | 파울 | 슈팅 | 경고 | 퇴장 |
|---|---|---|---|---|---|---|---|---|---|
| 1994 | LG | 9 | 8 | 3 | 0 | 2 | 17 | 1 | 0 |
| 통산 | | 9 | 8 | 3 | 0 | 2 | 17 | 1 | 0 |

### 조광래 (趙廣來) 연세대 1954.03.19

| 연도 | 소속 | 출장 | 교체 | 득점 | 도움 | 파울 | 슈팅 | 경고 | 퇴장 |
|---|---|---|---|---|---|---|---|---|---|
| 1983 | 대우 | 15 | 1 | 2 | 1 | 28 | 30 | 3 | 0 |
| 1984 | 대우 | 13 | 6 | 1 | 2 | 23 | 15 | 1 | 0 |
| 1985 | 대우 | 5 | 1 | 0 | 2 | 12 | 7 | 1 | 0 |
| 1986 | 대우 | 9 | 2 | 0 | 0 | 19 | 5 | 1 | 0 |

| 연도 | 소속 | 출장 | 교체 | 득점 | 도움 | 파울 | 슈팅 | 경고 | 퇴장 |
|---|---|---|---|---|---|---|---|---|---|
| 1987 | 대우 | 4 | 3 | 0 | 0 | 7 | 1 | 1 | 0 |
| 통산 | | 46 | 13 | 3 | 4 | 89 | 58 | 7 | 0 |

### 조규승(曹圭承) 선문대 1991.10.30
| 연도 | 소속 | 출장 | 교체 | 득점 | 도움 | 파울 | 슈팅 | 경고 | 퇴장 |
|---|---|---|---|---|---|---|---|---|---|
| 2013 | 대전 | 2 | 2 | 0 | 0 | 4 | 1 | 0 | 0 |
| 통산 | | 2 | 2 | 0 | 0 | 4 | 1 | 0 | 0 |

### 조규태(曹圭泰) 고려대 1957.01.18
| 연도 | 소속 | 출장 | 교체 | 실점 | 도움 | 파울 | 슈팅 | 경고 | 퇴장 |
|---|---|---|---|---|---|---|---|---|---|
| 1985 | 할렐 | 3 | 1 | 5 | 0 | 0 | 0 | 0 | 0 |
| 통산 | | 3 | 1 | 5 | 0 | 0 | 0 | 0 | 0 |

### 조긍연(趙兢衍) 고려대 1961.03.18
| 연도 | 소속 | 출장 | 교체 | 득점 | 도움 | 파울 | 슈팅 | 경고 | 퇴장 |
|---|---|---|---|---|---|---|---|---|---|
| 1985 | 포철 | 14 | 9 | 2 | 1 | 23 | 18 | 1 | 0 |
| 1986 | 포철 | 27 | 14 | 8 | 1 | 29 | 50 | 0 | 0 |
| 1987 | 포철 | 20 | 19 | 3 | 2 | 14 | 28 | 1 | 0 |
| 1988 | 포철 | 15 | 12 | 5 | 0 | 13 | 35 | 1 | 0 |
| 1989 | 포철 | 39 | 11 | 20 | 1 | 41 | 117 | 2 | 0 |
| 1990 | 포철 | 13 | 8 | 0 | 1 | 16 | 14 | 1 | 0 |
| 1991 | 포철 | 16 | 11 | 0 | 1 | 24 | 1 | 0 | 0 |
| 1992 | 현대 | 10 | 10 | 1 | 0 | 4 | 8 | 0 | 0 |
| 통산 | | 153 | 98 | 39 | 7 | 153 | 294 | 7 | 0 |

### 조나탄(Johnathan Aparecido da Silva) 브라질 1990.03.29
| 연도 | 소속 | 출장 | 교체 | 득점 | 도움 | 파울 | 슈팅 | 경고 | 퇴장 |
|---|---|---|---|---|---|---|---|---|---|
| 2014 | 대구 | 29 | 17 | 14 | 2 | 56 | 82 | 1 | 0 |
| 통산 | | 29 | 17 | 14 | 2 | 56 | 82 | 1 | 0 |

### 조남현(趙南眩) 전북대 1981.09.20
| 연도 | 소속 | 출장 | 교체 | 득점 | 도움 | 파울 | 슈팅 | 경고 | 퇴장 |
|---|---|---|---|---|---|---|---|---|---|
| 2005 | 전북 | 7 | 6 | 0 | 0 | 9 | 1 | 0 | 0 |
| 통산 | | 7 | 6 | 0 | 0 | 9 | 1 | 0 | 0 |

### 조네스(Jonhes Elias Pinto Santos) 브라질 1979.09.28
| 연도 | 소속 | 출장 | 교체 | 득점 | 도움 | 파울 | 슈팅 | 경고 | 퇴장 |
|---|---|---|---|---|---|---|---|---|---|
| 2007 | 포항 | 14 | 11 | 4 | 0 | 33 | 19 | 1 | 0 |
| 통산 | | 14 | 11 | 4 | 0 | 33 | 19 | 1 | 0 |

### 조덕제(趙德濟) 아주대 1965.10.26
| 연도 | 소속 | 출장 | 교체 | 득점 | 도움 | 파울 | 슈팅 | 경고 | 퇴장 |
|---|---|---|---|---|---|---|---|---|---|
| 1988 | 대우 | 18 | 4 | 1 | 1 | 25 | 27 | 2 | 0 |
| 1989 | 대우 | 39 | 5 | 1 | 4 | 71 | 32 | 3 | 0 |
| 1990 | 대우 | 20 | 14 | 0 | 2 | 18 | 8 | 1 | 0 |
| 1991 | 대우 | 33 | 14 | 2 | 0 | 32 | 27 | 1 | 0 |
| 1992 | 대우 | 24 | 6 | 0 | 2 | 38 | 23 | 5 | 0 |
| 1993 | 대우 | 35 | 0 | 2 | 3 | 31 | 24 | 4 | 0 |
| 1994 | 대우 | 35 | 0 | 2 | 3 | 31 | 24 | 4 | 0 |
| 1995 | 대우 | 15 | 3 | 1 | 1 | 15 | 11 | 3 | 1 |
| 통산 | | 213 | 46 | 10 | 11 | 261 | 172 | 21 | 1 |

### 조동건(趙東建) 건국대 1986.04.16
| 연도 | 소속 | 출장 | 교체 | 득점 | 도움 | 파울 | 슈팅 | 경고 | 퇴장 |
|---|---|---|---|---|---|---|---|---|---|
| 2008 | 성남 | 12 | 11 | 4 | 4 | 9 | 27 | 1 | 0 |
| 2009 | 성남 | 39 | 16 | 8 | 5 | 57 | 72 | 2 | 0 |
| 2010 | 성남 | 18 | 14 | 1 | 1 | 29 | 31 | 1 | 0 |
| 2011 | 성남 | 32 | 13 | 8 | 2 | 39 | 64 | 0 | 0 |
| 2012 | 수원 | 20 | 18 | 2 | 2 | 14 | 29 | 1 | 0 |
| 2013 | 수원 | 5 | 5 | 1 | 4 | 18 | 38 | 3 | 0 |
| 2014 | 수원 | 4 | 4 | 0 | 0 | 1 | 4 | 0 | 0 |
| 2014 | 상주 | 34 | 11 | 2 | 2 | 38 | 0 | 1 | 0 |
| 통산 | | 169 | 97 | 32 | 20 | 196 | 287 | 9 | 0 |

### 조란(Zoran Milosevic) 유고슬라비아 1975.11.23
| 연도 | 소속 | 출장 | 교체 | 득점 | 도움 | 파울 | 슈팅 | 경고 | 퇴장 |
|---|---|---|---|---|---|---|---|---|---|
| 1999 | 전북 | 30 | 0 | 0 | 0 | 53 | 3 | 6 | 0 |
| 2000 | 전북 | 18 | 13 | 0 | 0 | 30 | 0 | 1 | 1 |
| 2001 | 전북 | 18 | 4 | 1 | 0 | 22 | 2 | 1 | 0 |
| 통산 | | 66 | 19 | 1 | 0 | 105 | 7 | 8 | 1 |

### 조란(Zoran Sprko Rendulic) 세르비아 1984.05.22
| 연도 | 소속 | 출장 | 교체 | 득점 | 도움 | 파울 | 슈팅 | 경고 | 퇴장 |
|---|---|---|---|---|---|---|---|---|---|
| 2012 | 포항 | 15 | 2 | 0 | 0 | 34 | 7 | 4 | 0 |
| 통산 | | 15 | 2 | 0 | 0 | 34 | 7 | 4 | 0 |

### 조란(Zoran Vukcevic) 유고슬라비아 1972.02.07
| 연도 | 소속 | 출장 | 교체 | 득점 | 도움 | 파울 | 슈팅 | 경고 | 퇴장 |
|---|---|---|---|---|---|---|---|---|---|
| 1993 | 현대 | 10 | 10 | 1 | 0 | 6 | 4 | 0 | 0 |
| 통산 | | 10 | 10 | 1 | 0 | 6 | 4 | 0 | 0 |

### 조란(Zoran Durisic) 유고슬라비아 1971.04.29
| 연도 | 소속 | 출장 | 교체 | 득점 | 도움 | 파울 | 슈팅 | 경고 | 퇴장 |
|---|---|---|---|---|---|---|---|---|---|
| 1996 | 울산 | 24 | 20 | 4 | 2 | 39 | 30 | 4 | 0 |
| 통산 | | 24 | 20 | 4 | 2 | 39 | 30 | 4 | 0 |

### 조란(Novakovic Zoran) 유고슬라비아 1975.08.22
| 연도 | 소속 | 출장 | 교체 | 득점 | 도움 | 파울 | 슈팅 | 경고 | 퇴장 |
|---|---|---|---|---|---|---|---|---|---|
| 1998 | 부산 | 6 | 5 | 0 | 0 | 9 | 3 | 1 | 0 |
| 1999 | 부산 | 9 | 8 | 0 | 0 | 18 | 13 | 1 | 0 |
| 통산 | | 15 | 13 | 0 | 0 | 27 | 16 | 2 | 0 |

### 조르단(Wilmar Jordan Gil) 콜롬비아 1990.10.17
| 연도 | 소속 | 출장 | 교체 | 득점 | 도움 | 파울 | 슈팅 | 경고 | 퇴장 |
|---|---|---|---|---|---|---|---|---|---|
| 2011 | 경남 | 10 | 7 | 3 | 2 | 17 | 19 | 1 | 0 |
| 2012 | 경남 | 22 | 19 | 2 | 0 | 31 | 35 | 1 | 0 |
| 2012 | 성남 | 2 | 2 | 0 | 0 | 2 | 2 | 0 | 0 |
| 통산 | | 34 | 28 | 5 | 2 | 48 | 50 | 3 | 0 |

### 조만근(趙萬根) 한양대 1977.11.28
| 연도 | 소속 | 출장 | 교체 | 득점 | 도움 | 파울 | 슈팅 | 경고 | 퇴장 |
|---|---|---|---|---|---|---|---|---|---|
| 1998 | 수원 | 3 | 3 | 0 | 0 | 4 | 0 | 0 | 0 |
| 1999 | 수원 | 2 | 1 | 0 | 1 | 3 | 3 | 0 | 0 |
| 2002 | 수원 | 2 | 2 | 0 | 0 | 2 | 5 | 0 | 0 |
| 통산 | | 7 | 6 | 0 | 1 | 9 | 8 | 0 | 0 |

### 조민국(曹敏國) 고려대 1963.07.05
| 연도 | 소속 | 출장 | 교체 | 득점 | 도움 | 파울 | 슈팅 | 경고 | 퇴장 |
|---|---|---|---|---|---|---|---|---|---|
| 1986 | 럭금 | 12 | 0 | 5 | 2 | 12 | 44 | 3 | 0 |
| 1987 | 럭금 | 19 | 1 | 0 | 0 | 16 | 37 | 3 | 0 |
| 1988 | 럭금 | 10 | 1 | 0 | 0 | 15 | 16 | 2 | 0 |
| 1989 | 럭금 | 9 | 0 | 4 | 3 | 17 | 30 | 3 | 0 |
| 1990 | 럭금 | 23 | 6 | 1 | 2 | 21 | 60 | 3 | 1 |
| 1991 | LG | 32 | 5 | 3 | 2 | 21 | 54 | 3 | 0 |
| 1992 | LG | 34 | 1 | 2 | 2 | 23 | 65 | 3 | 0 |
| 통산 | | 139 | 14 | 15 | 11 | 122 | 306 | 22 | 1 |

### 조민우(趙民宇) 동국대 1992.05.13
| 연도 | 소속 | 출장 | 교체 | 득점 | 도움 | 파울 | 슈팅 | 경고 | 퇴장 |
|---|---|---|---|---|---|---|---|---|---|
| 2014 | 강원 | 3 | 3 | 0 | 0 | 3 | 0 | 0 | 0 |
| 통산 | | 3 | 3 | 0 | 0 | 3 | 0 | 0 | 0 |

### 조민혁(趙珉爀) 홍익대 1982.05.05
| 연도 | 소속 | 출장 | 교체 | 실점 | 도움 | 파울 | 슈팅 | 경고 | 퇴장 |
|---|---|---|---|---|---|---|---|---|---|
| 2005 | 부천 | 0 | 0 | 0 | 0 | 0 | 0 | 0 | 0 |
| 2006 | 제주 | 0 | 0 | 0 | 0 | 0 | 0 | 0 | 0 |
| 2007 | 전남 | 0 | 0 | 0 | 0 | 0 | 0 | 0 | 0 |
| 2008 | 전남 | 0 | 0 | 0 | 0 | 0 | 0 | 0 | 0 |
| 통산 | | 0 | 0 | 0 | 0 | 0 | 0 | 0 | 0 |

### 조민형(曹民亨) 기전대 1993.04.07
| 연도 | 소속 | 출장 | 교체 | 득점 | 도움 | 파울 | 슈팅 | 경고 | 퇴장 |
|---|---|---|---|---|---|---|---|---|---|
| 2014 | 수원FC | 0 | 0 | 0 | 0 | 0 | 0 | 0 | 0 |
| 통산 | | 0 | 0 | 0 | 0 | 0 | 0 | 0 | 0 |

### 조범석(曺帆奭) 신갈고 1990.01.09
| 연도 | 소속 | 출장 | 교체 | 득점 | 도움 | 파울 | 슈팅 | 경고 | 퇴장 |
|---|---|---|---|---|---|---|---|---|---|
| 2011 | 인천 | 6 | 3 | 0 | 0 | 10 | 0 | 0 | 0 |
| 통산 | | 6 | 3 | 0 | 0 | 10 | 0 | 0 | 0 |

### 조병국(曺秉局) 연세대 1981.07.01
| 연도 | 소속 | 출장 | 교체 | 득점 | 도움 | 파울 | 슈팅 | 경고 | 퇴장 |
|---|---|---|---|---|---|---|---|---|---|
| 2002 | 수원 | 23 | 2 | 3 | 1 | 38 | 18 | 1 | 1 |
| 2003 | 수원 | 25 | 0 | 0 | 1 | 47 | 10 | 1 | 0 |
| 2004 | 수원 | 14 | 2 | 1 | 0 | 32 | 7 | 3 | 0 |
| 2005 | 성남 | 12 | 12 | 0 | 0 | 9 | 7 | 1 | 0 |
| 2006 | 성남 | 40 | 0 | 0 | 0 | 37 | 8 | 4 | 0 |
| 2007 | 성남 | 26 | 1 | 0 | 0 | 37 | 11 | 3 | 0 |
| 2008 | 성남 | 26 | 1 | 1 | 0 | 37 | 11 | 3 | 0 |
| 2009 | 성남 | 23 | 2 | 0 | 2 | 50 | 13 | 14 | 0 |
| 2010 | 성남 | 30 | 2 | 0 | 0 | 49 | 11 | 5 | 0 |
| 통산 | | 225 | 25 | 7 | 4 | 340 | 87 | 35 | 1 |

### 조병득(趙炳得) 명지대 1958.05.26
| 연도 | 소속 | 출장 | 교체 | 실점 | 도움 | 파울 | 슈팅 | 경고 | 퇴장 |
|---|---|---|---|---|---|---|---|---|---|
| 1983 | 할렐 | 15 | 0 | 1 | 0 | 0 | 0 | 0 | 0 |
| 1984 | 할렐 | 28 | 0 | 35 | 0 | 0 | 0 | 0 | 0 |
| 1985 | 할렐 | 19 | 1 | 25 | 0 | 0 | 0 | 0 | 0 |
| 1987 | 포철 | 18 | 2 | 24 | 0 | 1 | 0 | 0 | 0 |
| 1988 | 포철 | 6 | 0 | 1 | 0 | 0 | 0 | 0 | 0 |
| 1989 | 포철 | 25 | 0 | 35 | 0 | 0 | 0 | 0 | 0 |
| 1990 | 포철 | 23 | 0 | 23 | 0 | 1 | 0 | 0 | 0 |
| 통산 | | 134 | 3 | 162 | 1 | 2 | 0 | 0 | 0 |

### 조병영(趙炳瑛) 안동대 1966.01.22
| 연도 | 소속 | 출장 | 교체 | 득점 | 도움 | 파울 | 슈팅 | 경고 | 퇴장 |
|---|---|---|---|---|---|---|---|---|---|
| 1988 | 럭금 | 18 | 1 | 1 | 0 | 27 | 10 | 1 | 0 |
| 1989 | 럭금 | 17 | 13 | 0 | 1 | 13 | 6 | 0 | 0 |
| 1990 | 럭금 | 1 | 0 | 0 | 0 | 4 | 0 | 0 | 0 |
| 1991 | LG | 13 | 5 | 1 | 1 | 12 | 4 | 2 | 1 |
| 1992 | LG | 15 | 9 | 1 | 0 | 19 | 5 | 1 | 0 |
| 1993 | LG | 24 | 9 | 0 | 4 | 34 | 10 | 5 | 1 |
| 1994 | LG | 15 | 5 | 0 | 2 | 28 | 3 | 2 | 0 |
| 1995 | LG | 18 | 4 | 0 | 1 | 24 | 5 | 2 | 0 |
| 1996 | 안양 | 33 | 6 | 0 | 0 | 48 | 6 | 7 | 1 |
| 1997 | 안양 | 25 | 16 | 1 | 0 | 56 | 14 | 5 | 0 |
| 통산 | | 178 | 59 | 3 | 1 | 277 | 60 | 29 | 3 |

### 조상원(趙相圓) 호남대 1976.05.06
| 연도 | 소속 | 출장 | 교체 | 실점 | 도움 | 파울 | 슈팅 | 경고 | 퇴장 |
|---|---|---|---|---|---|---|---|---|---|
| 1999 | 전북 | 3 | 0 | 4 | 0 | 0 | 0 | 0 | 0 |
| 2000 | 전북 | 0 | 0 | 0 | 0 | 0 | 0 | 0 | 0 |
| 2001 | 전북 | 1 | 0 | 3 | 0 | 0 | 0 | 0 | 0 |
| 통산 | | 4 | 0 | 7 | 0 | 0 | 0 | 0 | 0 |

### 조상준(曺祥準) 대구대 1988.07.24
| 연도 | 소속 | 출장 | 교체 | 실점 | 도움 | 파울 | 슈팅 | 경고 | 퇴장 |
|---|---|---|---|---|---|---|---|---|---|
| 2011 | 광주 | 3 | 3 | 0 | 0 | 2 | 2 | 0 | 0 |
| 2013 | 경찰 | 4 | 3 | 1 | 0 | 0 | 1 | 0 | 0 |
| 통산 | | 7 | 6 | 1 | 0 | 2 | 3 | 0 | 0 |

### 조성규(趙星奎) 동국대 1959.05.22
| 연도 | 소속 | 출장 | 교체 | 득점 | 도움 | 파울 | 슈팅 | 경고 | 퇴장 |
|---|---|---|---|---|---|---|---|---|---|
| 1984 | 한일은 | 9 | 4 | 1 | 2 | 8 | 13 | 1 | 0 |
| 1985 | 한일은 | 21 | 4 | 3 | 4 | 25 | 22 | 0 | 0 |
| 1986 | 한일은 | 18 | 5 | 2 | 5 | 20 | 19 | 0 | 0 |
| 통산 | | 48 | 13 | 6 | 11 | 53 | 54 | 4 | 0 |

### 조성래(趙成來) 홍익대 1979.08.10
| 연도 | 소속 | 출장 | 교체 | 득점 | 도움 | 파울 | 슈팅 | 경고 | 퇴장 |
|---|---|---|---|---|---|---|---|---|---|
| 2004 | 성남 | 9 | 5 | 0 | 1 | 7 | 4 | 2 | 0 |
| 통산 | | 9 | 5 | 0 | 1 | 7 | 4 | 2 | 0 |

### 조성윤(趙成閏) 숭실대 1984.04.26
| 연도 | 소속 | 출장 | 교체 | 득점 | 도움 | 파울 | 슈팅 | 경고 | 퇴장 |
|---|---|---|---|---|---|---|---|---|---|
| 2005 | 인천 | 2 | 1 | 0 | 0 | 1 | 0 | 0 | 0 |
| 2006 | 광주상 | 0 | 0 | 0 | 0 | 0 | 0 | 0 | 0 |
| 통산 | | 2 | 1 | 0 | 0 | 1 | 0 | 0 | 0 |

### 조성준(趙星俊) 주엽공고 1988.06.07
| 연도 | 소속 | 출장 | 교체 | 득점 | 도움 | 파울 | 슈팅 | 경고 | 퇴장 |
|---|---|---|---|---|---|---|---|---|---|
| 2007 | 전북 | 3 | 0 | 0 | 1 | 12 | 1 | 2 | 0 |
| 2008 | 전북 | 8 | 2 | 0 | 0 | 18 | 4 | 5 | 0 |
| 통산 | | 11 | 2 | 0 | 1 | 30 | 5 | 7 | 0 |

### 조성준(趙聖俊) 청주대 1990.11.27
| 연도 | 소속 | 출장 | 교체 | 득점 | 도움 | 파울 | 슈팅 | 경고 | 퇴장 |
|---|---|---|---|---|---|---|---|---|---|
| 2013 | 안양 | 24 | 24 | 4 | 2 | 35 | 24 | 4 | 0 |
| 2014 | 안양 | 22 | 17 | 4 | 2 | 25 | 21 | 4 | 0 |
| 통산 | | 46 | 37 | 8 | 4 | 60 | 45 | 7 | 0 |

### 조성진(趙成鎭) 유성생명고 1990.12.14
| 연도 | 소속 | 출장 | 교체 | 득점 | 도움 | 파울 | 슈팅 | 경고 | 퇴장 |
|---|---|---|---|---|---|---|---|---|---|
| 2014 | 수원 | 37 | 0 | 0 | 0 | 50 | 5 | 3 | 0 |
| 통산 | | 37 | 0 | 0 | 0 | 50 | 5 | 3 | 0 |

### 조성환(趙星桓) 초당대 1982.04.09
| 연도 | 소속 | 출장 | 교체 | 득점 | 도움 | 파울 | 슈팅 | 경고 | 퇴장 |
|---|---|---|---|---|---|---|---|---|---|
| 2001 | 수원 | 32 | 3 | 0 | 0 | 45 | 9 | 5 | 0 |
| 2002 | 수원 | 23 | 2 | 0 | 2 | 47 | 3 | 5 | 0 |

| 연도 | 소속 | 출장 | 교체 | 득점 | 도움 | 파울 | 슈팅 | 경고 | 퇴장 |
|---|---|---|---|---|---|---|---|---|---|
| 2003 | 수원 | 19 | 6 | 0 | 0 | 25 | 4 | 6 | 0 |
| 2004 | 수원 | 19 | 6 | 1 | 0 | 27 | 3 | 3 | 0 |
| 2005 | 수원 | 6 | 3 | 0 | 0 | 12 | 1 | 1 | 0 |
| 2005 | 포항 | 4 | 2 | 0 | 0 | 8 | 3 | 1 | 0 |
| 2006 | 포항 | 28 | 2 | 0 | 0 | 71 | 2 | 9 | 0 |
| 2007 | 포항 | 27 | 1 | 0 | 0 | 43 | 2 | 7 | 1 |
| 2008 | 포항 | 18 | 0 | 1 | 0 | 22 | 3 | 8 | 0 |
| 2010 | 전북 | 11 | 0 | 0 | 0 | 28 | 4 | 3 | 0 |
| 2011 | 전북 | 27 | 0 | 1 | 0 | 34 | 7 | 5 | 0 |
| 2012 | 전북 | 9 | 1 | 0 | 1 | 5 | 4 | 0 | 0 |
| | 통산 | 223 | 26 | 7 | 2 | 377 | 44 | 63 | 1 |

**조성환 (趙城煥) 아주대 1970.10.16**

| 연도 | 소속 | 출장 | 교체 | 득점 | 도움 | 파울 | 슈팅 | 경고 | 퇴장 |
|---|---|---|---|---|---|---|---|---|---|
| 1993 | 유공 | 16 | 4 | 0 | 1 | 17 | 5 | 4 | 0 |
| 1994 | 유공 | 33 | 11 | 1 | 1 | 50 | 20 | 5 | 0 |
| 1997 | 부천 | 32 | 5 | 0 | 4 | 86 | 19 | 8 | 0 |
| 1998 | 부천 | 9 | 9 | 0 | 0 | 13 | 2 | 0 | 0 |
| 1999 | 부천 | 35 | 0 | 0 | 6 | 101 | 9 | 5 | 1 |
| 2000 | 부천 | 43 | 0 | 1 | 3 | 91 | 14 | 5 | 0 |
| 2001 | 부천 | 31 | 0 | 2 | 2 | 65 | 21 | 9 | 0 |
| 2003 | 전북 | 31 | 5 | 0 | 2 | 82 | 9 | 12 | 0 |
| | 통산 | 230 | 34 | 4 | 19 | 505 | 99 | 48 | 1 |

**조세권 (趙世權) 고려대 1978.06.26**

| 연도 | 소속 | 출장 | 교체 | 득점 | 도움 | 파울 | 슈팅 | 경고 | 퇴장 |
|---|---|---|---|---|---|---|---|---|---|
| 2001 | 울산 | 25 | 2 | 0 | 0 | 25 | 5 | 7 | 0 |
| 2002 | 울산 | 27 | 4 | 0 | 0 | 41 | 7 | 6 | 0 |
| 2003 | 울산 | 39 | 2 | 1 | 0 | 57 | 10 | 7 | 0 |
| 2005 | 울산 | 32 | 1 | 0 | 0 | 45 | 3 | 8 | 0 |
| 2005 | 울산 | 31 | 2 | 0 | 0 | 63 | 6 | 5 | 0 |
| 2006 | 울산 | 22 | 7 | 0 | 1 | 40 | 2 | 6 | 0 |
| 2007 | 전남 | 1 | 1 | 0 | 0 | 1 | 0 | 0 | 0 |
| | 통산 | 180 | 19 | 1 | 2 | 272 | 33 | 39 | 0 |

**조셉 (Jozsef Somogyi) 헝가리 1968.05.23**

| 연도 | 소속 | 출장 | 교체 | 득점 | 도움 | 파울 | 슈팅 | 경고 | 퇴장 |
|---|---|---|---|---|---|---|---|---|---|
| 1994 | 유공 | 25 | 11 | 3 | 3 | 28 | 32 | 3 | 0 |
| 1995 | 유공 | 17 | 8 | 0 | 5 | 25 | 36 | 4 | 0 |
| 1996 | 부천 | 35 | 9 | 6 | 0 | 45 | 90 | 4 | 0 |
| 1997 | 부천 | 28 | 8 | 10 | 2 | 42 | 26 | 6 | 0 |
| | 통산 | 105 | 36 | 19 | 17 | 160 | 184 | 21 | 0 |

**조수철 (趙秀哲) 우석대 1990.10.30**

| 연도 | 소속 | 출장 | 교체 | 득점 | 도움 | 파울 | 슈팅 | 경고 | 퇴장 |
|---|---|---|---|---|---|---|---|---|---|
| 2013 | 성남 | 0 | 0 | 0 | 0 | 0 | 0 | 0 | 0 |
| 2014 | 성남 | 6 | 4 | 1 | 0 | 3 | 2 | 0 | 0 |
| | 통산 | 6 | 4 | 1 | 0 | 3 | 2 | 0 | 0 |

**조수혁 (趙秀赫) 건국대 1987.03.18**

| 연도 | 소속 | 출장 | 교체 | 실점 | 도움 | 파울 | 슈팅 | 경고 | 퇴장 |
|---|---|---|---|---|---|---|---|---|---|
| 2008 | 서울 | 2 | 0 | 1 | 0 | 0 | 0 | 0 | 0 |
| 2010 | 서울 | 0 | 0 | 0 | 0 | 0 | 0 | 0 | 0 |
| 2011 | 서울 | 0 | 0 | 0 | 0 | 0 | 0 | 0 | 0 |
| 2012 | 서울 | 0 | 0 | 0 | 0 | 0 | 0 | 0 | 0 |
| 2013 | 인천 | 0 | 0 | 0 | 0 | 0 | 0 | 0 | 0 |
| 2014 | 인천 | 1 | 0 | 2 | 0 | 0 | 0 | 0 | 0 |
| | 통산 | 3 | 0 | 2 | 0 | 0 | 0 | 0 | 0 |

**조시마 (Josimar de Carvalho Ferreira) 브라질 1972.04.09**

| 연도 | 소속 | 출장 | 교체 | 득점 | 도움 | 파울 | 슈팅 | 경고 | 퇴장 |
|---|---|---|---|---|---|---|---|---|---|
| 2000 | 포항 | 4 | 4 | 0 | 1 | 4 | 9 | 0 | 0 |

**조엘손 (Joelson Franca Dias) 브라질 1988.05.29**

| 연도 | 소속 | 출장 | 교체 | 득점 | 도움 | 파울 | 슈팅 | 경고 | 퇴장 |
|---|---|---|---|---|---|---|---|---|---|
| 2014 | 강원 | 19 | 17 | 6 | 0 | 26 | 44 | 0 | 0 |
| | 통산 | 19 | 17 | 6 | 0 | 26 | 44 | 0 | 0 |

**조영민 (趙永玟) 동아대 1982.08.20**

| 연도 | 소속 | 출장 | 교체 | 득점 | 도움 | 파울 | 슈팅 | 경고 | 퇴장 |
|---|---|---|---|---|---|---|---|---|---|
| 2005 | 부산 | 1 | 1 | 0 | 0 | 0 | 0 | 0 | 0 |
| 2006 | 부산 | 12 | 7 | 0 | 1 | 12 | 0 | 3 | 0 |
| 2007 | 부산 | 1 | 1 | 0 | 0 | 1 | 0 | 0 | 0 |
| | 통산 | 14 | 9 | 0 | 1 | 13 | 0 | 3 | 0 |

**조영우 (曺永雨) 전북대 1973.02.19**

| 연도 | 소속 | 출장 | 교체 | 득점 | 도움 | 파울 | 슈팅 | 경고 | 퇴장 |
|---|---|---|---|---|---|---|---|---|---|
| 1995 | 전북 | 6 | 5 | 1 | 0 | 5 | 0 | 0 | 0 |
| | 통산 | 6 | 5 | 1 | 0 | 5 | 0 | 0 | 0 |

**조영준 (曺泳俊) 경일대 1985.05.23**

| 연도 | 소속 | 출장 | 교체 | 득점 | 도움 | 파울 | 슈팅 | 경고 | 퇴장 |
|---|---|---|---|---|---|---|---|---|---|
| 2008 | 대구 | 0 | 0 | 0 | 0 | 0 | 0 | 0 | 0 |
| 2009 | 대구 | 0 | 0 | 0 | 0 | 0 | 0 | 0 | 0 |
| 2010 | 대구 | 0 | 0 | 0 | 0 | 0 | 0 | 0 | 0 |
| | 통산 | 0 | 0 | 0 | 0 | 0 | 0 | 0 | 0 |

**조영증 (趙榮增) 중앙대 1954.08.18**

| 연도 | 소속 | 출장 | 교체 | 득점 | 도움 | 파울 | 슈팅 | 경고 | 퇴장 |
|---|---|---|---|---|---|---|---|---|---|
| 1984 | 럭금 | 28 | 2 | 9 | 4 | 28 | 44 | 1 | 0 |
| 1985 | 럭금 | 12 | 0 | 4 | 0 | 15 | 11 | 1 | 0 |
| 1986 | 럭금 | 12 | 0 | 0 | 0 | 15 | 11 | 0 | 0 |
| 1987 | 럭금 | 7 | 2 | 0 | 0 | 7 | 0 | 2 | 0 |
| | 통산 | 52 | 5 | 14 | 5 | 53 | 62 | 2 | 0 |

**조영훈 (曺永勳) 동국대 1989.04.13**

| 연도 | 소속 | 출장 | 교체 | 득점 | 도움 | 파울 | 슈팅 | 경고 | 퇴장 |
|---|---|---|---|---|---|---|---|---|---|
| 2012 | 대구 | 10 | 7 | 0 | 0 | 12 | 4 | 2 | 0 |
| 2013 | 대구 | 26 | 2 | 1 | 1 | 37 | 18 | 2 | 0 |
| 2014 | 대구 | 7 | 2 | 1 | 0 | 9 | 4 | 0 | 0 |
| | 통산 | 43 | 11 | 2 | 1 | 58 | 24 | 4 | 0 |

**조용기 (曺龍起) 아주대 1983.08.28**

| 연도 | 소속 | 출장 | 교체 | 득점 | 도움 | 파울 | 슈팅 | 경고 | 퇴장 |
|---|---|---|---|---|---|---|---|---|---|
| 2006 | 대구 | 0 | 0 | 0 | 0 | 0 | 0 | 0 | 0 |

**조용민 (趙庸珉) 광주대 1992.01.15**

| 연도 | 소속 | 출장 | 교체 | 득점 | 도움 | 파울 | 슈팅 | 경고 | 퇴장 |
|---|---|---|---|---|---|---|---|---|---|
| 2014 | 수원FC | 6 | 6 | 1 | 0 | 0 | 7 | 0 | 0 |
| | 통산 | 6 | 6 | 1 | 0 | 0 | 7 | 0 | 0 |

**조용석 (曺庸碩) 경상대 1977.07.14**

| 연도 | 소속 | 출장 | 교체 | 득점 | 도움 | 파울 | 슈팅 | 경고 | 퇴장 |
|---|---|---|---|---|---|---|---|---|---|
| 2000 | 전남 | 16 | 11 | 1 | 0 | 22 | 17 | 1 | 0 |
| 2001 | 전남 | 5 | 5 | 0 | 0 | 6 | 4 | 0 | 0 |
| | 통산 | 21 | 16 | 1 | 0 | 28 | 21 | 1 | 0 |

**조용태 (趙容兌) 연세대 1986.03.31**

| 연도 | 소속 | 출장 | 교체 | 득점 | 도움 | 파울 | 슈팅 | 경고 | 퇴장 |
|---|---|---|---|---|---|---|---|---|---|
| 2008 | 수원 | 17 | 17 | 2 | 3 | 10 | 10 | 0 | 0 |
| 2009 | 수원 | 9 | 9 | 1 | 1 | 7 | 7 | 0 | 0 |
| 2010 | 광주상 | 15 | 11 | 3 | 1 | 9 | 21 | 0 | 0 |
| 2011 | 상주 | 10 | 8 | 1 | 0 | 8 | 13 | 1 | 0 |
| 2011 | 수원 | 2 | 3 | 0 | 0 | 1 | 1 | 0 | 0 |
| 2012 | 수원 | 12 | 12 | 1 | 1 | 5 | 6 | 0 | 0 |
| 2013 | 수원 | 14 | 12 | 1 | 1 | 10 | 8 | 0 | 0 |
| 2014 | 경남 | 1 | 1 | 0 | 0 | 1 | 0 | 0 | 0 |
| 2014 | 광주 | 19 | 16 | 3 | 0 | 10 | 21 | 0 | 0 |
| | 통산 | 101 | 92 | 12 | 6 | 60 | 81 | 0 | 0 |

**조용형 (趙容亨) 고려대 1983.11.03**

| 연도 | 소속 | 출장 | 교체 | 득점 | 도움 | 파울 | 슈팅 | 경고 | 퇴장 |
|---|---|---|---|---|---|---|---|---|---|
| 2005 | 부천 | 34 | 1 | 0 | 0 | 33 | 3 | 6 | 0 |
| 2006 | 제주 | 35 | 0 | 0 | 0 | 44 | 7 | 8 | 0 |
| 2007 | 성남 | 11 | 0 | 0 | 0 | 15 | 5 | 0 | 0 |
| 2008 | 제주 | 31 | 0 | 1 | 0 | 33 | 15 | 4 | 1 |
| 2009 | 제주 | 24 | 1 | 0 | 0 | 37 | 10 | 4 | 0 |
| 2010 | 제주 | 15 | 2 | 0 | 0 | 24 | 6 | 1 | 0 |
| | 통산 | 157 | 15 | 1 | 1 | 190 | 50 | 23 | 1 |

**조우석 (趙祐奭) 대구대 1968.10.08**

| 연도 | 소속 | 출장 | 교체 | 득점 | 도움 | 파울 | 슈팅 | 경고 | 퇴장 |
|---|---|---|---|---|---|---|---|---|---|
| 1991 | 일화 | 37 | 6 | 3 | 4 | 42 | 35 | 4 | 0 |
| 1992 | 일화 | 13 | 10 | 0 | 2 | 9 | 5 | 1 | 0 |
| 1994 | 일화 | 15 | 9 | 0 | 2 | 16 | 10 | 5 | 0 |
| 1995 | 일화 | 13 | 1 | 1 | 1 | 14 | 10 | 2 | 0 |
| 1996 | 천안 | 20 | 8 | 1 | 1 | 23 | 15 | 1 | 0 |
| 1997 | 천안 | 29 | 5 | 0 | 2 | 47 | 11 | 5 | 0 |
| 1998 | 천안 | 27 | 7 | 1 | 1 | 21 | 12 | 2 | 0 |
| | 통산 | 154 | 56 | 6 | 13 | 172 | 98 | 18 | 0 |

**조우실바 (Jorge Santos Silva) 브라질 1988.02.23**

| 연도 | 소속 | 출장 | 교체 | 득점 | 도움 | 파울 | 슈팅 | 경고 | 퇴장 |
|---|---|---|---|---|---|---|---|---|---|
| 2008 | 대구 | 2 | 2 | 0 | 0 | 0 | 0 | 0 | 0 |
| | 통산 | 2 | 2 | 0 | 0 | 0 | 0 | 0 | 0 |

**조우진 (趙佑鎭) 포철공고 1987.07.07**

| 연도 | 소속 | 출장 | 교체 | 득점 | 도움 | 파울 | 슈팅 | 경고 | 퇴장 |
|---|---|---|---|---|---|---|---|---|---|
| 2011 | 광주 | 11 | 11 | 0 | 1 | 3 | 6 | 1 | 0 |
| 2012 | 광주 | 9 | 9 | 1 | 0 | 3 | 6 | 1 | 0 |
| 2013 | 대구 | 3 | 3 | 0 | 0 | 1 | 6 | 1 | 0 |
| | 통산 | 23 | 23 | 1 | 1 | 6 | 9 | 1 | 0 |

**조원광 (趙源光) 한양대 1985.08.23**

| 연도 | 소속 | 출장 | 교체 | 득점 | 도움 | 파울 | 슈팅 | 경고 | 퇴장 |
|---|---|---|---|---|---|---|---|---|---|
| 2008 | 인천 | 4 | 5 | 0 | 0 | 4 | 2 | 0 | 0 |
| | 통산 | 4 | 5 | 0 | 0 | 4 | 2 | 0 | 0 |

**조원희 (趙源熙) 배재고 1983.04.17**

| 연도 | 소속 | 출장 | 교체 | 득점 | 도움 | 파울 | 슈팅 | 경고 | 퇴장 |
|---|---|---|---|---|---|---|---|---|---|
| 2002 | 울산 | 1 | 1 | 0 | 0 | 0 | 0 | 0 | 0 |
| 2003 | 광주상 | 23 | 12 | 2 | 0 | 32 | 25 | 3 | 0 |
| 2004 | 광주상 | 21 | 8 | 0 | 0 | 14 | 13 | 2 | 0 |
| 2005 | 수원 | 29 | 13 | 0 | 1 | 39 | 15 | 2 | 0 |
| 2006 | 수원 | 27 | 3 | 0 | 0 | 33 | 13 | 4 | 0 |
| 2007 | 수원 | 19 | 1 | 0 | 1 | 39 | 7 | 4 | 0 |
| 2008 | 수원 | 35 | 1 | 1 | 1 | 89 | 29 | 9 | 0 |
| 2010 | 수원 | 26 | 3 | 0 | 1 | 41 | 17 | 2 | 0 |
| 2014 | 경남 | 12 | 1 | 0 | 1 | 16 | 6 | 2 | 0 |
| | 통산 | 193 | 43 | 4 | 5 | 294 | 136 | 27 | 0 |

**조윤환 (趙允煥) 명지대 1961.05.24**

| 연도 | 소속 | 출장 | 교체 | 득점 | 도움 | 파울 | 슈팅 | 경고 | 퇴장 |
|---|---|---|---|---|---|---|---|---|---|
| 1985 | 할렐 | 14 | 0 | 0 | 0 | 27 | 0 | 2 | 0 |
| 1987 | 유공 | 21 | 0 | 0 | 1 | 28 | 24 | 2 | 0 |
| 1988 | 유공 | 21 | 0 | 3 | 0 | 30 | 24 | 2 | 0 |
| 1989 | 유공 | 30 | 3 | 5 | 6 | 44 | 36 | 2 | 0 |
| 1990 | 유공 | 17 | 3 | 1 | 2 | 38 | 16 | 2 | 0 |
| | 통산 | 102 | 15 | 9 | 9 | 155 | 80 | 13 | 3 |

**조인형 (趙仁衡) 인천대 1990.02.01**

| 연도 | 소속 | 출장 | 교체 | 득점 | 도움 | 파울 | 슈팅 | 경고 | 퇴장 |
|---|---|---|---|---|---|---|---|---|---|
| 2013 | 울산 | 3 | 3 | 0 | 0 | 1 | 0 | 0 | 0 |
| 2014 | 울산 | 1 | 1 | 0 | 0 | 3 | 2 | 0 | 0 |
| | 통산 | 4 | 4 | 0 | 0 | 4 | 2 | 0 | 0 |

**조일수 (趙日秀) 춘천고 1972.11.05**

| 연도 | 소속 | 출장 | 교체 | 득점 | 도움 | 파울 | 슈팅 | 경고 | 퇴장 |
|---|---|---|---|---|---|---|---|---|---|
| 1991 | 일화 | 4 | 5 | 0 | 0 | 2 | 1 | 0 | 0 |
| 1993 | 일화 | 4 | 5 | 1 | 0 | 1 | 4 | 0 | 0 |
| 1994 | 일화 | 3 | 3 | 0 | 0 | 0 | 0 | 0 | 0 |
| 1996 | 천안 | 4 | 3 | 0 | 0 | 4 | 0 | 0 | 0 |
| 1997 | 천안 | 18 | 15 | 1 | 1 | 22 | 6 | 2 | 0 |
| | 통산 | 33 | 28 | 2 | 1 | 32 | 13 | 2 | 0 |

**조재민 (趙在珉) 중동고 1978.05.22**

| 연도 | 소속 | 출장 | 교체 | 득점 | 도움 | 파울 | 슈팅 | 경고 | 퇴장 |
|---|---|---|---|---|---|---|---|---|---|
| 2001 | 수원 | 3 | 2 | 0 | 0 | 1 | 0 | 0 | 0 |
| 2002 | 수원 | 4 | 3 | 0 | 0 | 10 | 1 | 3 | 0 |
| 2003 | 수원 | 8 | 5 | 0 | 0 | 15 | 4 | 1 | 0 |
| 2004 | 수원 | 5 | 4 | 0 | 0 | 10 | 1 | 1 | 0 |
| 2005 | 수원 | 11 | 6 | 0 | 0 | 15 | 2 | 4 | 0 |
| 2006 | 수원 | 6 | 4 | 0 | 0 | 12 | 0 | 1 | 0 |
| 2007 | 대전 | 15 | 7 | 0 | 1 | 30 | 0 | 2 | 0 |
| | 통산 | 52 | 32 | 0 | 0 | 86 | 11 | 12 | 0 |

**조재성 (趙載晟) 관동대 1972.05.25**

| 연도 | 소속 | 출장 | 교체 | 득점 | 도움 | 파울 | 슈팅 | 경고 | 퇴장 |
|---|---|---|---|---|---|---|---|---|---|
| 1995 | 일화 | 1 | 1 | 0 | 0 | 1 | 0 | 1 | 0 |

**조재용 (趙在勇) 연세대 1984.04.21**

| 연도 | 소속 | 출장 | 교체 | 득점 | 도움 | 파울 | 슈팅 | 경고 | 퇴장 |
|---|---|---|---|---|---|---|---|---|---|
| 2007 | 경남 | 7 | 6 | 0 | 0 | 4 | 4 | 0 | 0 |
| 2009 | 경남 | 9 | 3 | 0 | 0 | 9 | 3 | 0 | 0 |

| 연도 | 소속 | 출장 | 교체 | 득점 | 도움 | 파울 | 슈팅 | 경고 | 퇴장 |
|---|---|---|---|---|---|---|---|---|---|
| 2010 | 광주상 | 3 | 1 | 0 | 0 | 2 | 1 | 0 | 0 |
| 2011 | 상주 | 1 | 0 | 0 | 0 | 3 | 0 | 0 | 0 |
| 2012 | 경남 | 8 | 4 | 0 | 0 | 6 | 1 | 0 | 0 |
| 2013 | 경남 | 8 | 6 | 0 | 0 | 0 | 0 | 0 | 0 |
| 통산 | | 28 | 14 | 0 | 0 | 24 | 8 | 1 | 0 |

**조재진** (曺宰溱) 대신고 1981.07.09

| 연도 | 소속 | 출장 | 교체 | 득점 | 도움 | 파울 | 슈팅 | 경고 | 퇴장 |
|---|---|---|---|---|---|---|---|---|---|
| 2000 | 수원 | 5 | 4 | 0 | 0 | 10 | 0 | 0 | 0 |
| 2001 | 수원 | 3 | 3 | 0 | 0 | 0 | 0 | 0 | 0 |
| 2003 | 광주상 | 31 | 8 | 3 | 3 | 57 | 57 | 5 | 0 |
| 2004 | 수원 | 8 | 7 | 1 | 0 | 9 | 15 | 0 | 0 |
| 2008 | 전북 | 31 | 7 | 10 | 3 | 57 | 55 | 4 | 0 |
| 통산 | | 78 | 29 | 14 | 6 | 133 | 135 | 9 | 0 |

**조재철** (趙載喆) 아주대 1986.05.18

| 연도 | 소속 | 출장 | 교체 | 득점 | 도움 | 파울 | 슈팅 | 경고 | 퇴장 |
|---|---|---|---|---|---|---|---|---|---|
| 2010 | 성남 | 33 | 16 | 4 | 2 | 37 | 26 | 4 | 0 |
| 2011 | 성남 | 33 | 13 | 0 | 5 | 33 | 35 | 1 | 0 |
| 2012 | 경남 | 17 | 12 | 1 | 1 | 17 | 16 | 2 | 0 |
| 2013 | 경남 | 30 | 21 | 0 | 2 | 40 | 22 | 4 | 0 |
| 2014 | 안산 | 32 | 7 | 1 | 1 | 35 | 40 | 4 | 0 |
| 통산 | | 145 | 69 | 13 | 11 | 162 | 139 | 15 | 0 |

**조재현** (趙宰賢) 부경대 1985.05.13

| 연도 | 소속 | 출장 | 교체 | 득점 | 도움 | 파울 | 슈팅 | 경고 | 퇴장 |
|---|---|---|---|---|---|---|---|---|---|
| 2006 | 대구 | 8 | 8 | 0 | 0 | 5 | 6 | 0 | 0 |
| 통산 | | 8 | 8 | 0 | 0 | 5 | 6 | 0 | 0 |

**조정현** (曺丁鉉) 대구대 1969.11.12

| 연도 | 소속 | 출장 | 교체 | 득점 | 도움 | 파울 | 슈팅 | 경고 | 퇴장 |
|---|---|---|---|---|---|---|---|---|---|
| 1992 | 유공 | 18 | 12 | 4 | 2 | 27 | 26 | 2 | 0 |
| 1993 | 유공 | 24 | 11 | 4 | 1 | 44 | 32 | 4 | 1 |
| 1994 | 유공 | 30 | 10 | 7 | 9 | 49 | 40 | 3 | 0 |
| 1995 | 유공 | 17 | 8 | 1 | 1 | 29 | 25 | 3 | 0 |
| 1996 | 부천 | 34 | 13 | 8 | 4 | 59 | 84 | 5 | 0 |
| 1997 | 부천 | 6 | 3 | 0 | 0 | 15 | 7 | 0 | 0 |
| 1998 | 부천 | 35 | 19 | 5 | 5 | 54 | 73 | 4 | 0 |
| 1999 | 전남 | 12 | 12 | 0 | 0 | 16 | 3 | 1 | 0 |
| 2000 | 포항 | 13 | 12 | 1 | 1 | 22 | 11 | 0 | 0 |
| 통산 | | 188 | 98 | 36 | 23 | 315 | 301 | 22 | 1 |

**조제** (Dorde Vasic) 유고슬라비아 1964.05.02

| 연도 | 소속 | 출장 | 교체 | 득점 | 도움 | 파울 | 슈팅 | 경고 | 퇴장 |
|---|---|---|---|---|---|---|---|---|---|
| 1994 | 일화 | 8 | 8 | 0 | 0 | 4 | 6 | 0 | 0 |
| 통산 | | 8 | 8 | 0 | 0 | 4 | 6 | 0 | 0 |

**조종화** (趙鍾和) 고려대 1974.04.04

| 연도 | 소속 | 출장 | 교체 | 득점 | 도움 | 파울 | 슈팅 | 경고 | 퇴장 |
|---|---|---|---|---|---|---|---|---|---|
| 1997 | 포항 | 6 | 4 | 0 | 0 | 2 | 2 | 0 | 0 |
| 1998 | 포항 | 5 | 6 | 0 | 0 | 1 | 2 | 0 | 0 |
| 2002 | 포항 | 5 | 5 | 0 | 0 | 0 | 0 | 0 | 0 |
| 통산 | | 16 | 11 | 0 | 0 | 3 | 4 | 0 | 0 |

**조준재** (趙儁宰) 홍익대 1990.08.31

| 연도 | 소속 | 출장 | 교체 | 득점 | 도움 | 파울 | 슈팅 | 경고 | 퇴장 |
|---|---|---|---|---|---|---|---|---|---|
| 2014 | 충주 | 14 | 6 | 1 | 2 | 11 | 15 | 0 | 0 |
| 통산 | | 14 | 6 | 1 | 2 | 11 | 15 | 0 | 0 |

**조준현** (曺準鉉) 한남대 1989.09.26

| 연도 | 소속 | 출장 | 교체 | 득점 | 도움 | 파울 | 슈팅 | 경고 | 퇴장 |
|---|---|---|---|---|---|---|---|---|---|
| 2013 | 충주 | 3 | 2 | 0 | 0 | 4 | 0 | 0 | 0 |
| 2013 | 제주 | 0 | 0 | 0 | 0 | 0 | 0 | 0 | 0 |
| 통산 | | 3 | 2 | 0 | 0 | 4 | 0 | 0 | 0 |

**조준호** (趙俊浩) 홍익대 1973.04.28

| 연도 | 소속 | 출장 | 교체 | 실점 | 도움 | 파울 | 슈팅 | 경고 | 퇴장 |
|---|---|---|---|---|---|---|---|---|---|
| 1999 | 포항 | 20 | 0 | 30 | 1 | 1 | 0 | 0 | 1 |
| 2000 | 포항 | 30 | 0 | 38 | 0 | 0 | 3 | 1 | 1 |
| 2001 | 포항 | 11 | 1 | 13 | 0 | 0 | 0 | 0 | 0 |
| 2002 | 포항 | 6 | 0 | 7 | 0 | 0 | 0 | 0 | 0 |
| 2003 | 포항 | 2 | 1 | 3 | 0 | 0 | 0 | 0 | 0 |
| 2004 | 부천 | 36 | 0 | 36 | 0 | 0 | 0 | 0 | 0 |
| 2005 | 부천 | 36 | 0 | 31 | 0 | 0 | 0 | 0 | 0 |
| 2006 | 제주 | 33 | 2 | 33 | 0 | 0 | 0 | 0 | 0 |
| 2007 | 제주 | 15 | 1 | 17 | 0 | 0 | 0 | 0 | 0 |
| 2008 | 제주 | 27 | 3 | 29 | 0 | 0 | 0 | 0 | 0 |
| 2009 | 대구 | 14 | 1 | 29 | 0 | 1 | 0 | 2 | 0 |
| 2010 | 대구 | 0 | 0 | 0 | 0 | 0 | 0 | 0 | 0 |
| 통산 | | 230 | 9 | 266 | 0 | 5 | 4 | 4 | 1 |

**조지훈** (趙志焄) 연세대 1990.05.29

| 연도 | 소속 | 출장 | 교체 | 득점 | 도움 | 파울 | 슈팅 | 경고 | 퇴장 |
|---|---|---|---|---|---|---|---|---|---|
| 2011 | 수원 | 9 | 9 | 0 | 0 | 8 | 6 | 0 | 0 |
| 2012 | 수원 | 11 | 11 | 0 | 1 | 6 | 11 | 1 | 0 |
| 2013 | 수원 | 20 | 18 | 1 | 1 | 15 | 15 | 3 | 0 |
| 2014 | 수원 | 8 | 8 | 0 | 1 | 2 | 1 | 0 | 0 |
| 통산 | | 48 | 46 | 1 | 2 | 31 | 33 | 8 | 0 |

**조진수** (趙珍洙) 건국대 1983.09.02

| 연도 | 소속 | 출장 | 교체 | 득점 | 도움 | 파울 | 슈팅 | 경고 | 퇴장 |
|---|---|---|---|---|---|---|---|---|---|
| 2003 | 전북 | 2 | 2 | 0 | 0 | 0 | 0 | 0 | 0 |
| 2004 | 전북 | 5 | 5 | 0 | 0 | 4 | 1 | 0 | 0 |
| 2005 | 전북 | 2 | 2 | 0 | 0 | 10 | 1 | 1 | 0 |
| 2006 | 전북 | 23 | 20 | 1 | 1 | 52 | 15 | 4 | 0 |
| 2007 | 제주 | 24 | 9 | 3 | 4 | 39 | 34 | 4 | 0 |
| 2008 | 제주 | 30 | 10 | 3 | 2 | 51 | 33 | 3 | 0 |
| 2009 | 울산 | 20 | 17 | 2 | 1 | 20 | 16 | 4 | 0 |
| 2010 | 울산 | 6 | 5 | 0 | 1 | 7 | 0 | 0 | 0 |
| 2014 | 수원FC | 8 | 8 | 0 | 0 | 18 | 9 | 3 | 0 |
| 통산 | | 118 | 76 | 9 | 8 | 161 | 157 | 15 | 0 |

**조진호** (趙眞浩) 경희대 1973.08.02

| 연도 | 소속 | 출장 | 교체 | 득점 | 도움 | 파울 | 슈팅 | 경고 | 퇴장 |
|---|---|---|---|---|---|---|---|---|---|
| 1994 | 포철 | 16 | 11 | 2 | 0 | 25 | 22 | 2 | 0 |
| 1995 | 포항 | 13 | 11 | 2 | 0 | 21 | 21 | 2 | 0 |
| 1996 | 포항 | 16 | 12 | 1 | 0 | 14 | 14 | 2 | 0 |
| 1999 | 포항 | 21 | 13 | 2 | 3 | 35 | 36 | 3 | 0 |
| 2000 | 부천 | 26 | 26 | 3 | 3 | 30 | 35 | 2 | 0 |
| 2001 | 성남 | 21 | 20 | 1 | 2 | 23 | 23 | 3 | 0 |
| 2002 | 성남 | 6 | 6 | 0 | 0 | 13 | 6 | 1 | 0 |
| 통산 | | 119 | 99 | 11 | 8 | 161 | 157 | 15 | 0 |

**조징요** (Jorge Claudio) 브라질 1975.10.01

| 연도 | 소속 | 출장 | 교체 | 득점 | 도움 | 파울 | 슈팅 | 경고 | 퇴장 |
|---|---|---|---|---|---|---|---|---|---|
| 2002 | 포항 | 3 | 2 | 0 | 0 | 4 | 4 | 1 | 0 |
| 통산 | | 3 | 2 | 0 | 0 | 4 | 4 | 1 | 0 |

**조찬호** (趙潔鎬) 연세대 1986.04.10

| 연도 | 소속 | 출장 | 교체 | 득점 | 도움 | 파울 | 슈팅 | 경고 | 퇴장 |
|---|---|---|---|---|---|---|---|---|---|
| 2009 | 포항 | 11 | 11 | 3 | 6 | 8 | 16 | 0 | 0 |
| 2010 | 포항 | 16 | 13 | 1 | 2 | 10 | 20 | 0 | 0 |
| 2011 | 포항 | 26 | 23 | 4 | 2 | 18 | 28 | 0 | 0 |
| 2012 | 포항 | 20 | 17 | 6 | 4 | 20 | 27 | 3 | 0 |
| 2013 | 포항 | 34 | 30 | 9 | 7 | 23 | 42 | 1 | 0 |
| 2014 | 포항 | 3 | 2 | 0 | 0 | 0 | 7 | 0 | 0 |
| 통산 | | 110 | 96 | 23 | 15 | 83 | 140 | 4 | 0 |

**조창근** (趙昌根) 동아고 1964.11.07

| 연도 | 소속 | 출장 | 교체 | 득점 | 도움 | 파울 | 슈팅 | 경고 | 퇴장 |
|---|---|---|---|---|---|---|---|---|---|
| 1993 | 대우 | 6 | 7 | 1 | 0 | 1 | 5 | 0 | 0 |
| 1994 | 대우 | 3 | 3 | 0 | 0 | 0 | 0 | 0 | 0 |
| 통산 | | 9 | 10 | 1 | 0 | 1 | 5 | 0 | 0 |

**조철인** (趙哲仁) 영남대 1990.09.15

| 연도 | 소속 | 출장 | 교체 | 득점 | 도움 | 파울 | 슈팅 | 경고 | 퇴장 |
|---|---|---|---|---|---|---|---|---|---|
| 2014 | 안양 | 1 | 1 | 0 | 0 | 0 | 0 | 0 | 0 |
| 통산 | | 1 | 1 | 0 | 0 | 0 | 0 | 0 | 0 |

**조태우** (趙太羽) 아주대 1987.01.19

| 연도 | 소속 | 출장 | 교체 | 득점 | 도움 | 파울 | 슈팅 | 경고 | 퇴장 |
|---|---|---|---|---|---|---|---|---|---|
| 2013 | 수원FC | 28 | 2 | 1 | 0 | 34 | 5 | 5 | 1 |
| 2014 | 수원FC | 16 | 2 | 0 | 0 | 19 | 4 | 1 | 0 |
| 통산 | | 44 | 4 | 1 | 0 | 53 | 9 | 6 | 1 |

**조태천** (曺太千) 청구대 1956.07.19

| 연도 | 소속 | 출장 | 교체 | 득점 | 도움 | 파울 | 슈팅 | 경고 | 퇴장 |
|---|---|---|---|---|---|---|---|---|---|
| 1983 | 포철 | 14 | 4 | 1 | 2 | 6 | 23 | 0 | 0 |
| 1984 | 포철 | 18 | 8 | 0 | 1 | 8 | 26 | 0 | 0 |
| 통산 | | 32 | 12 | 1 | 3 | 14 | 49 | 0 | 0 |

**조한범** (趙韓範) 중앙대 1985.03.28

| 연도 | 소속 | 출장 | 교체 | 득점 | 도움 | 파울 | 슈팅 | 경고 | 퇴장 |
|---|---|---|---|---|---|---|---|---|---|
| 2008 | 포항 | 2 | 2 | 0 | 0 | 1 | 1 | 0 | 0 |
| 2009 | 포항 | 1 | 1 | 0 | 0 | 0 | 0 | 0 | 0 |
| 2009 | 대구 | 5 | 3 | 0 | 0 | 5 | 1 | 1 | 0 |
| 통산 | | 8 | 6 | 0 | 0 | 6 | 2 | 1 | 0 |

**조현** (趙賢) 동국대 1974.02.24

| 연도 | 소속 | 출장 | 교체 | 득점 | 도움 | 파울 | 슈팅 | 경고 | 퇴장 |
|---|---|---|---|---|---|---|---|---|---|
| 1996 | 수원 | 16 | 12 | 1 | 0 | 24 | 17 | 1 | 0 |
| 1997 | 수원 | 12 | 13 | 1 | 0 | 17 | 17 | 0 | 0 |
| 1998 | 수원 | 7 | 6 | 0 | 0 | 8 | 7 | 0 | 0 |
| 1999 | 수원 | 19 | 17 | 2 | 1 | 28 | 11 | 2 | 0 |
| 2000 | 수원 | 3 | 3 | 0 | 0 | 2 | 2 | 0 | 0 |
| 2001 | 울산 | 4 | 4 | 0 | 1 | 7 | 6 | 1 | 0 |
| 통산 | | 61 | 55 | 4 | 1 | 86 | 43 | 5 | 0 |

**조현두** (趙顯斗) 한양대 1973.11.23

| 연도 | 소속 | 출장 | 교체 | 득점 | 도움 | 파울 | 슈팅 | 경고 | 퇴장 |
|---|---|---|---|---|---|---|---|---|---|
| 1996 | 수원 | 29 | 11 | 7 | 2 | 36 | 62 | 2 | 0 |
| 1997 | 수원 | 32 | 13 | 7 | 2 | 70 | 59 | 3 | 0 |
| 1998 | 수원 | 14 | 6 | 3 | 0 | 14 | 17 | 0 | 0 |
| 1999 | 수원 | 20 | 17 | 4 | 2 | 24 | 21 | 0 | 0 |
| 2000 | 수원 | 19 | 14 | 0 | 4 | 30 | 14 | 1 | 0 |
| 2001 | 수원 | 7 | 7 | 1 | 0 | 7 | 9 | 0 | 0 |
| 2002 | 수원 | 14 | 14 | 1 | 3 | 19 | 10 | 0 | 0 |
| 2003 | 전남 | 3 | 3 | 0 | 0 | 3 | 4 | 0 | 0 |
| 2003 | 부천 | 25 | 10 | 5 | 3 | 47 | 45 | 5 | 0 |
| 2004 | 부천 | 26 | 13 | 2 | 3 | 60 | 43 | 4 | 0 |
| 2005 | 부천 | 18 | 13 | 0 | 3 | 26 | 22 | 3 | 0 |
| 통산 | | 207 | 121 | 28 | 24 | 347 | 308 | 20 | 0 |

**조현우** (趙賢祐) 선문대 1991.09.25

| 연도 | 소속 | 출장 | 교체 | 실점 | 도움 | 파울 | 슈팅 | 경고 | 퇴장 |
|---|---|---|---|---|---|---|---|---|---|
| 2013 | 대구 | 14 | 0 | 22 | 0 | 0 | 0 | 0 | 0 |
| 2014 | 대구 | 29 | 0 | 43 | 0 | 0 | 1 | 1 | 0 |
| 통산 | | 43 | 0 | 65 | 0 | 0 | 1 | 1 | 0 |

**조형익** (趙亨翼) 명지대 1985.09.13

| 연도 | 소속 | 출장 | 교체 | 득점 | 도움 | 파울 | 슈팅 | 경고 | 퇴장 |
|---|---|---|---|---|---|---|---|---|---|
| 2008 | 대구 | 32 | 28 | 1 | 5 | 18 | 20 | 1 | 0 |
| 2009 | 대구 | 32 | 5 | 4 | 0 | 44 | 68 | 5 | 0 |
| 2010 | 대구 | 30 | 9 | 9 | 4 | 38 | 64 | 6 | 0 |
| 2011 | 대구 | 17 | 8 | 1 | 2 | 37 | 19 | 4 | 0 |
| 2013 | 대구 | 27 | 21 | 1 | 5 | 34 | 22 | 3 | 0 |
| 2014 | 대구 | 31 | 24 | 0 | 3 | 35 | 38 | 1 | 0 |
| 통산 | | 169 | 103 | 21 | 19 | 206 | 227 | 22 | 0 |

**조형재** (趙亨宰) 한려대 1985.01.08

| 연도 | 소속 | 출장 | 교체 | 득점 | 도움 | 파울 | 슈팅 | 경고 | 퇴장 |
|---|---|---|---|---|---|---|---|---|---|
| 2006 | 제주 | 5 | 4 | 1 | 1 | 3 | 8 | 1 | 0 |
| 2007 | 제주 | 12 | 12 | 0 | 0 | 7 | 4 | 0 | 0 |
| 2008 | 제주 | 27 | 17 | 3 | 1 | 34 | 30 | 5 | 0 |
| 2009 | 제주 | 11 | 9 | 0 | 1 | 1 | 1 | 1 | 0 |
| 통산 | | 55 | 42 | 4 | 5 | 43 | 57 | 7 | 0 |

**조호연** (趙晧衍) 광운대 1988.06.05

| 연도 | 소속 | 출장 | 교체 | 득점 | 도움 | 파울 | 슈팅 | 경고 | 퇴장 |
|---|---|---|---|---|---|---|---|---|---|
| 2013 | 상주 | 0 | 0 | 0 | 0 | 0 | 0 | 0 | 0 |
| 2014 | 상주 | 0 | 0 | 0 | 0 | 0 | 0 | 0 | 0 |
| 통산 | | 0 | 0 | 0 | 0 | 0 | 0 | 0 | 0 |

**조홍규** (曺弘圭) 상지대 1983.07.24

| 연도 | 소속 | 출장 | 교체 | 득점 | 도움 | 파울 | 슈팅 | 경고 | 퇴장 |
|---|---|---|---|---|---|---|---|---|---|
| 2006 | 대구 | 12 | 1 | 0 | 0 | 27 | 7 | 4 | 0 |
| 2007 | 대구 | 27 | 8 | 0 | 1 | 41 | 0 | 4 | 0 |
| 2008 | 대구 | 6 | 3 | 0 | 0 | 9 | 0 | 2 | 0 |
| 2009 | 포항 | 7 | 3 | 0 | 0 | 6 | 0 | 0 | 0 |
| 2010 | 포항 | 8 | 4 | 1 | 0 | 11 | 2 | 1 | 0 |
| 2011 | 대전 | 8 | 4 | 1 | 0 | 17 | 3 | 1 | 0 |
| 통산 | | 64 | 20 | 1 | 1 | 101 | 9 | 14 | 0 |

**존** (Jon Olav Hjelde) 노르웨이 1972.04.30

| 연도 | 소속 | 출장 | 교체 | 득점 | 도움 | 파울 | 슈팅 | 경고 | 퇴장 |
|---|---|---|---|---|---|---|---|---|---|
| 2003 | 부산 | 16 | 2 | 0 | 0 | 22 | 2 | 3 | 1 |
| 통산 | | 16 | 2 | 0 | 0 | 22 | 2 | 3 | 1 |

**존자키** (John Jaki) 나이지리아 1973.07.10

**(이전 선수 계속)**

| 연도 | 소속 | 출장 | 교체 | 득점 | 도움 | 파울 | 슈팅 | 경고 | 퇴장 |
|---|---|---|---|---|---|---|---|---|---|
| 2000 | 전북 | 3 | 4 | 0 | 0 | 3 | 4 | 0 | 0 |
| 통산 | | 3 | 4 | 0 | 0 | 3 | 4 | 0 | 0 |

### 졸리 (Zoltan Sabo) 유고슬라비아 1972.05.26

| 연도 | 소속 | 출장 | 교체 | 득점 | 도움 | 파울 | 슈팅 | 경고 | 퇴장 |
|---|---|---|---|---|---|---|---|---|---|
| 2000 | 수원 | 22 | 1 | 0 | 0 | 37 | 9 | 6 | 0 |
| 2001 | 수원 | 24 | 1 | 0 | 1 | 45 | 1 | 11 | 1 |
| 2002 | 수원 | 2 | 1 | 0 | 0 | 5 | 0 | 0 | 1 |
| 통산 | | 48 | 3 | 0 | 1 | 87 | 10 | 17 | 2 |

### 좌준협 (左峻協) 전주대 1991.05.07

| 연도 | 소속 | 출장 | 교체 | 득점 | 도움 | 파울 | 슈팅 | 경고 | 퇴장 |
|---|---|---|---|---|---|---|---|---|---|
| 2013 | 제주 | 2 | 0 | 0 | 0 | 6 | 2 | 1 | 0 |
| 2014 | 제주 | 0 | 0 | 0 | 0 | 0 | 0 | 0 | 0 |
| 2014 | 안산 | 4 | 2 | 0 | 0 | 4 | 4 | 0 | 0 |
| 통산 | | 6 | 2 | 0 | 0 | 10 | 6 | 1 | 0 |

### 죠다쉬 (Idarko Cordas) 크로아티아 1976.12.16

| 연도 | 소속 | 출장 | 교체 | 득점 | 도움 | 파울 | 슈팅 | 경고 | 퇴장 |
|---|---|---|---|---|---|---|---|---|---|
| 2001 | 포항 | 3 | 2 | 0 | 0 | 3 | 1 | 1 | 0 |
| 통산 | | 3 | 2 | 0 | 0 | 3 | 1 | 1 | 0 |

### 죠이 (Joilson Rodrigues da Silva) 브라질 1976.12.08

| 연도 | 소속 | 출장 | 교체 | 득점 | 도움 | 파울 | 슈팅 | 경고 | 퇴장 |
|---|---|---|---|---|---|---|---|---|---|
| 2000 | 성남 | 30 | 19 | 7 | 1 | 50 | 61 | 2 | 0 |
| 통산 | | 30 | 19 | 7 | 1 | 50 | 61 | 2 | 0 |

### 주경철 (周景喆) 영남대 1965.02.22

| 연도 | 소속 | 출장 | 교체 | 득점 | 도움 | 파울 | 슈팅 | 경고 | 퇴장 |
|---|---|---|---|---|---|---|---|---|---|
| 1988 | 럭금 | 4 | 2 | 0 | 0 | 4 | 2 | 0 | 0 |
| 1989 | 럭금 | 27 | 21 | 4 | 3 | 21 | 21 | 3 | 0 |
| 1990 | 럭금 | 7 | 7 | 0 | 0 | 14 | 6 | 1 | 0 |
| 1991 | 유공 | 10 | 7 | 0 | 0 | 14 | 6 | 1 | 0 |
| 1994 | 버팔로 | 35 | 9 | 2 | 7 | 38 | 27 | 3 | 0 |
| 1995 | LG | 7 | 5 | 0 | 1 | 9 | 8 | 0 | 0 |
| 통산 | | 90 | 50 | 6 | 11 | 93 | 70 | 7 | 0 |

### 주광윤 (朱光潤) 고려대 1982.10.23

| 연도 | 소속 | 출장 | 교체 | 득점 | 도움 | 파울 | 슈팅 | 경고 | 퇴장 |
|---|---|---|---|---|---|---|---|---|---|
| 2003 | 전남 | 13 | 13 | 1 | 0 | 11 | 7 | 1 | 0 |
| 2004 | 전남 | 7 | 6 | 0 | 1 | 7 | 4 | 1 | 0 |
| 2005 | 전남 | 15 | 12 | 1 | 0 | 27 | 13 | 3 | 0 |
| 2006 | 전남 | 31 | 28 | 5 | 2 | 35 | 25 | 6 | 0 |
| 2007 | 전남 | 19 | 19 | 2 | 1 | 14 | 17 | 2 | 0 |
| 2008 | 전남 | 18 | 14 | 0 | 0 | 22 | 15 | 4 | 0 |
| 2009 | 전남 | 16 | 16 | 2 | 1 | 12 | 19 | 3 | 0 |
| 2010 | 광주상 | 16 | 12 | 0 | 1 | 26 | 15 | 4 | 0 |
| 2011 | 상주 | 4 | 4 | 0 | 1 | 3 | 4 | 0 | 0 |
| 통산 | | 139 | 124 | 11 | 7 | 151 | 118 | 21 | 0 |

### 주기환 (朱基煥) 경일대 1981.12.20

| 연도 | 소속 | 출장 | 교체 | 득점 | 도움 | 파울 | 슈팅 | 경고 | 퇴장 |
|---|---|---|---|---|---|---|---|---|---|
| 2005 | 전북 | 0 | 0 | 0 | 0 | 0 | 0 | 0 | 0 |
| 통산 | | 0 | 0 | 0 | 0 | 0 | 0 | 0 | 0 |

### 주닝요 (Aselmo Vendrechovski Junior) 브라질 1982.09.16

| 연도 | 소속 | 출장 | 교체 | 득점 | 도움 | 파울 | 슈팅 | 경고 | 퇴장 |
|---|---|---|---|---|---|---|---|---|---|
| 2010 | 수원 | 13 | 6 | 3 | 2 | 16 | 39 | 2 | 0 |
| 통산 | | 13 | 6 | 3 | 2 | 16 | 39 | 2 | 0 |

### 주닝요 (Junio Cesar Arcanjo) 브라질 1983.01.11

| 연도 | 소속 | 출장 | 교체 | 득점 | 도움 | 파울 | 슈팅 | 경고 | 퇴장 |
|---|---|---|---|---|---|---|---|---|---|
| 2011 | 대구 | 17 | 11 | 2 | 2 | 19 | 23 | 4 | 0 |
| 통산 | | 17 | 11 | 2 | 2 | 19 | 23 | 4 | 0 |

### 주민규 (朱珉圭) 한양대 1990.04.13

| 연도 | 소속 | 출장 | 교체 | 득점 | 도움 | 파울 | 슈팅 | 경고 | 퇴장 |
|---|---|---|---|---|---|---|---|---|---|
| 2013 | 고양 | 26 | 15 | 2 | 1 | 38 | 45 | 1 | 0 |
| 2014 | 고양 | 30 | 8 | 5 | 1 | 67 | 62 | 5 | 0 |
| 통산 | | 56 | 23 | 7 | 2 | 105 | 107 | 6 | 0 |

### 주성환 (朱性奐) 한양대 1990.08.24

| 연도 | 소속 | 출장 | 교체 | 득점 | 도움 | 파울 | 슈팅 | 경고 | 퇴장 |
|---|---|---|---|---|---|---|---|---|---|
| 2012 | 전남 | 17 | 16 | 2 | 1 | 12 | 4 | 0 | 0 |
| 통산 | | 17 | 16 | 2 | 1 | 12 | 4 | 1 | 0 |

### 주세종 (朱世種) 건국대 1990.10.30

| 연도 | 소속 | 출장 | 교체 | 득점 | 도움 | 파울 | 슈팅 | 경고 | 퇴장 |
|---|---|---|---|---|---|---|---|---|---|
| 2012 | 부산 | 1 | 1 | 0 | 0 | 0 | 2 | 0 | 0 |
| 2013 | 부산 | 0 | 0 | 0 | 0 | 0 | 0 | 0 | 0 |
| 2014 | 부산 | 22 | 11 | 2 | 5 | 41 | 24 | 5 | 0 |
| 통산 | | 23 | 12 | 2 | 5 | 41 | 26 | 5 | 0 |

### 주승진 (朱承進) 전주대 1975.03.12

| 연도 | 소속 | 출장 | 교체 | 득점 | 도움 | 파울 | 슈팅 | 경고 | 퇴장 |
|---|---|---|---|---|---|---|---|---|---|
| 2003 | 대전 | 38 | 1 | 0 | 3 | 65 | 12 | 8 | 0 |
| 2004 | 대전 | 26 | 2 | 1 | 2 | 60 | 13 | 1 | 0 |
| 2005 | 대전 | 32 | 6 | 0 | 0 | 87 | 7 | 5 | 0 |
| 2006 | 대전 | 32 | 4 | 0 | 3 | 69 | 9 | 5 | 0 |
| 2007 | 대전 | 23 | 7 | 0 | 0 | 52 | 1 | 4 | 0 |
| 2008 | 대전 | 11 | 2 | 0 | 0 | 15 | 2 | 1 | 0 |
| 2008 | 부산 | 18 | 1 | 0 | 1 | 31 | 4 | 2 | 0 |
| 2009 | 부산 | 6 | 3 | 0 | 0 | 9 | 0 | 1 | 0 |
| 통산 | | 186 | 26 | 1 | 9 | 388 | 48 | 26 | 1 |

### 주앙파울로 (Joao Paulo da Silva Araujo) 브라질 1988.06.02

| 연도 | 소속 | 출장 | 교체 | 득점 | 도움 | 파울 | 슈팅 | 경고 | 퇴장 |
|---|---|---|---|---|---|---|---|---|---|
| 2011 | 광주 | 30 | 27 | 8 | 1 | 35 | 77 | 1 | 0 |
| 2012 | 광주 | 40 | 40 | 8 | 7 | 47 | 113 | 5 | 0 |
| 2013 | 대전 | 35 | 17 | 6 | 3 | 44 | 150 | 2 | 0 |
| 2014 | 인천 | 5 | 5 | 0 | 0 | 1 | 10 | 0 | 0 |
| 통산 | | 110 | 89 | 22 | 11 | 127 | 350 | 8 | 0 |

### 주영만 (朱榮萬) 국민대 1961.04.01

| 연도 | 소속 | 출장 | 교체 | 득점 | 도움 | 파울 | 슈팅 | 경고 | 퇴장 |
|---|---|---|---|---|---|---|---|---|---|
| 1984 | 국민은 | 17 | 1 | 0 | 0 | 15 | 0 | 0 | 0 |
| 통산 | | 17 | 1 | 0 | 0 | 15 | 0 | 0 | 0 |

### 주영재 (朱英宰) 호주 John Paul College 1990.07.12

| 연도 | 소속 | 출장 | 교체 | 득점 | 도움 | 파울 | 슈팅 | 경고 | 퇴장 |
|---|---|---|---|---|---|---|---|---|---|
| 2011 | 성남 | 0 | 0 | 0 | 0 | 0 | 0 | 0 | 0 |
| 통산 | | 0 | 0 | 0 | 0 | 0 | 0 | 0 | 0 |

### 주영호 (周永昊) 숭실대 1975.10.24

| 연도 | 소속 | 출장 | 교체 | 득점 | 도움 | 파울 | 슈팅 | 경고 | 퇴장 |
|---|---|---|---|---|---|---|---|---|---|
| 1998 | 전남 | 7 | 6 | 0 | 0 | 3 | 1 | 3 | 0 |
| 1999 | 전남 | 27 | 13 | 0 | 0 | 37 | 1 | 4 | 0 |
| 2000 | 전남 | 34 | 4 | 0 | 0 | 59 | 6 | 6 | 0 |
| 2001 | 전남 | 20 | 2 | 0 | 0 | 38 | 2 | 4 | 0 |
| 2002 | 전남 | 19 | 3 | 2 | 2 | 33 | 6 | 3 | 0 |
| 2003 | 전남 | 7 | 1 | 0 | 0 | 14 | 0 | 2 | 0 |
| 2004 | 전남 | 6 | 2 | 0 | 0 | 16 | 0 | 2 | 0 |
| 2007 | 전남 | 12 | 5 | 0 | 0 | 18 | 1 | 3 | 0 |
| 통산 | | 132 | 36 | 2 | 2 | 228 | 20 | 22 | 0 |

### 주용국 (朱龍國) 경희대 1970.01.27

| 연도 | 소속 | 출장 | 교체 | 득점 | 도움 | 파울 | 슈팅 | 경고 | 퇴장 |
|---|---|---|---|---|---|---|---|---|---|
| 1996 | 수원 | 0 | 0 | 0 | 0 | 0 | 0 | 0 | 0 |
| 통산 | | 0 | 0 | 0 | 0 | 0 | 0 | 0 | 0 |

### 주용선 (朱容善) 동아대 1974.03.03

| 연도 | 소속 | 출장 | 교체 | 득점 | 도움 | 파울 | 슈팅 | 경고 | 퇴장 |
|---|---|---|---|---|---|---|---|---|---|
| 1997 | 전남 | 1 | 1 | 0 | 0 | 0 | 0 | 0 | 0 |
| 통산 | | 1 | 1 | 0 | 0 | 0 | 0 | 0 | 0 |

### 주익성 (朱益成) 태성고 1992.09.10

| 연도 | 소속 | 출장 | 교체 | 득점 | 도움 | 파울 | 슈팅 | 경고 | 퇴장 |
|---|---|---|---|---|---|---|---|---|---|
| 2014 | 대전 | 2 | 2 | 0 | 0 | 0 | 1 | 0 | 0 |
| 통산 | | 2 | 2 | 0 | 0 | 0 | 1 | 0 | 0 |

### 주인배 (朱仁培) 광주대 1989.09.16

| 연도 | 소속 | 출장 | 교체 | 득점 | 도움 | 파울 | 슈팅 | 경고 | 퇴장 |
|---|---|---|---|---|---|---|---|---|---|
| 2012 | 경남 | 1 | 1 | 0 | 0 | 1 | 0 | 0 | 0 |

### 주일태 (朱一泰) 수원대 1991.11.28

| 연도 | 소속 | 출장 | 교체 | 득점 | 도움 | 파울 | 슈팅 | 경고 | 퇴장 |
|---|---|---|---|---|---|---|---|---|---|
| 2013 | 부천 | 3 | 2 | 0 | 0 | 3 | 0 | 1 | 0 |
| 2014 | 부천 | 4 | 4 | 0 | 0 | 2 | 2 | 1 | 0 |
| 통산 | | 7 | 6 | 0 | 0 | 5 | 2 | 2 | 0 |

### 주재덕 (周載德) 연세대 1985.07.25

| 연도 | 소속 | 출장 | 교체 | 득점 | 도움 | 파울 | 슈팅 | 경고 | 퇴장 |
|---|---|---|---|---|---|---|---|---|---|
| 2006 | 경남 | 0 | 0 | 0 | 0 | 0 | 0 | 0 | 0 |
| 2007 | 경남 | 1 | 0 | 0 | 0 | 0 | 0 | 0 | 0 |
| 2009 | 전북 | 0 | 0 | 0 | 0 | 0 | 0 | 0 | 0 |
| 통산 | | 1 | 0 | 0 | 0 | 0 | 0 | 0 | 0 |

### 주현재 (周鉉宰) 홍익대 1989.05.26

| 연도 | 소속 | 출장 | 교체 | 득점 | 도움 | 파울 | 슈팅 | 경고 | 퇴장 |
|---|---|---|---|---|---|---|---|---|---|
| 2011 | 인천 | 0 | 0 | 0 | 0 | 0 | 0 | 0 | 0 |
| 2012 | 인천 | 1 | 1 | 0 | 0 | 0 | 1 | 0 | 0 |
| 2013 | 안양 | 11 | 10 | 1 | 0 | 12 | 9 | 1 | 0 |
| 2014 | 안양 | 16 | 15 | 1 | 1 | 28 | 18 | 2 | 1 |
| 통산 | | 31 | 28 | 4 | 1 | 44 | 28 | 3 | 1 |

### 주호진 (朱浩眞) 인천대 1981.01.01

| 연도 | 소속 | 출장 | 교체 | 득점 | 도움 | 파울 | 슈팅 | 경고 | 퇴장 |
|---|---|---|---|---|---|---|---|---|---|
| 2004 | 인천 | 1 | 1 | 0 | 0 | 0 | 0 | 0 | 0 |
| 2005 | 인천 | 0 | 0 | 0 | 0 | 0 | 0 | 0 | 0 |
| 통산 | | 1 | 1 | 0 | 0 | 0 | 0 | 0 | 0 |

### 주홍렬 (朱洪烈) 아주대 1972.08.02

| 연도 | 소속 | 출장 | 교체 | 득점 | 도움 | 파울 | 슈팅 | 경고 | 퇴장 |
|---|---|---|---|---|---|---|---|---|---|
| 1995 | 전남 | 14 | 14 | 0 | 0 | 11 | 6 | 1 | 0 |
| 1996 | 전남 | 17 | 10 | 0 | 1 | 30 | 7 | 3 | 0 |
| 1997 | 전남 | 3 | 1 | 1 | 0 | 3 | 1 | 0 | 0 |
| 1998 | 전남 | 10 | 7 | 0 | 0 | 16 | 5 | 4 | 0 |
| 1999 | 천안 | 2 | 2 | 0 | 0 | 3 | 4 | 1 | 0 |
| 통산 | | 46 | 34 | 1 | 1 | 63 | 23 | 9 | 0 |

### 줄루 (Carlos Eduardo Alves Albina) 브라질 1983.08.18

| 연도 | 소속 | 출장 | 교체 | 득점 | 도움 | 파울 | 슈팅 | 경고 | 퇴장 |
|---|---|---|---|---|---|---|---|---|---|
| 2010 | 포항 | 1 | 1 | 0 | 0 | 0 | 0 | 0 | 0 |
| 통산 | | 1 | 1 | 0 | 0 | 0 | 0 | 0 | 0 |

### 지경득 (池炅得) 배재대 1988.07.18

| 연도 | 소속 | 출장 | 교체 | 득점 | 도움 | 파울 | 슈팅 | 경고 | 퇴장 |
|---|---|---|---|---|---|---|---|---|---|
| 2011 | 인천 | 4 | 3 | 0 | 0 | 3 | 1 | 0 | 0 |
| 2012 | 대전 | 40 | 31 | 2 | 1 | 28 | 36 | 1 | 0 |
| 2013 | 대전 | 9 | 10 | 0 | 0 | 3 | 6 | 0 | 0 |
| 2014 | 충주 | 12 | 12 | 0 | 3 | 6 | 9 | 0 | 0 |
| 통산 | | 65 | 56 | 2 | 4 | 40 | 52 | 1 | 0 |

### 지네이 (Ednet Luis de Oliveira) 브라질 1981.02.14

| 연도 | 소속 | 출장 | 교체 | 득점 | 도움 | 파울 | 슈팅 | 경고 | 퇴장 |
|---|---|---|---|---|---|---|---|---|---|
| 2006 | 대구 | 26 | 14 | 4 | 1 | 63 | 27 | 2 | 0 |
| 통산 | | 26 | 14 | 4 | 1 | 63 | 27 | 2 | 0 |

### 지넬손 (Dinelson dos Santos Lima) 브라질 1986.02.04

| 연도 | 소속 | 출장 | 교체 | 득점 | 도움 | 파울 | 슈팅 | 경고 | 퇴장 |
|---|---|---|---|---|---|---|---|---|---|
| 2012 | 대구 | 26 | 21 | 3 | 5 | 32 | 65 | 2 | 0 |
| 통산 | | 26 | 21 | 3 | 5 | 32 | 65 | 2 | 0 |

### 지뉴 (Claudio Wanderley Sarmento Neto) 브라질 1982.11.03

| 연도 | 소속 | 출장 | 교체 | 득점 | 도움 | 파울 | 슈팅 | 경고 | 퇴장 |
|---|---|---|---|---|---|---|---|---|---|
| 2009 | 경남 | 8 | 4 | 0 | 0 | 23 | 6 | 1 | 0 |
| 통산 | | 8 | 4 | 0 | 0 | 23 | 6 | 1 | 0 |

### 지동원 (池東沅) 광양제철고 1991.05.28

| 연도 | 소속 | 출장 | 교체 | 득점 | 도움 | 파울 | 슈팅 | 경고 | 퇴장 |
|---|---|---|---|---|---|---|---|---|---|
| 2010 | 전남 | 26 | 3 | 8 | 4 | 43 | 52 | 3 | 0 |
| 2011 | 전남 | 13 | 4 | 3 | 1 | 13 | 71 | 1 | 0 |
| 통산 | | 39 | 7 | 11 | 5 | 56 | 123 | 4 | 0 |

### 지병주 (池秉珠) 인천대 1990.03.20

| 연도 | 소속 | 출장 | 교체 | 득점 | 도움 | 파울 | 슈팅 | 경고 | 퇴장 |
|---|---|---|---|---|---|---|---|---|---|
| 2014 | 대구 | 0 | 0 | 0 | 0 | 0 | 0 | 0 | 0 |
| 통산 | | 0 | 0 | 0 | 0 | 0 | 0 | 0 | 0 |

### 지아고 (Tiago Cipreste Pereira) 브라질 1980.02.01

| 연도 | 소속 | 출장 | 교체 | 득점 | 도움 | 파울 | 슈팅 | 경고 | 퇴장 |
|---|---|---|---|---|---|---|---|---|---|
| 2004 | 대전 | 9 | 6 | 3 | 1 | 31 | 11 | 2 | 0 |
| 통산 | | 9 | 6 | 3 | 1 | 31 | 11 | 2 | 0 |

## 지안 (Barbu Constantin) 루마니아 1971.05.16

| 연도 | 소속 | 출장 | 교체 | 득점 | 도움 | 파울 | 슈팅 | 경고 | 퇴장 |
|---|---|---|---|---|---|---|---|---|---|
| 1997 | 수원 | 6 | 4 | 2 | 0 | 3 | 11 | 1 | 0 |
| | 통산 | 6 | 4 | 2 | 0 | 3 | 11 | 1 | 0 |

## 지오바니 (Jose Thomaz Geovane de Oliveira) 브라질 1985.08.05

| 연도 | 소속 | 출장 | 교체 | 득점 | 도움 | 파울 | 슈팅 | 경고 | 퇴장 |
|---|---|---|---|---|---|---|---|---|---|
| 2008 | 대구 | 12 | 8 | 3 | 2 | 7 | 19 | 0 | 0 |
| | 통산 | 12 | 8 | 3 | 2 | 7 | 19 | 0 | 0 |

## 지쿠 (Ianis Alin Zicu) 루마니아 1983.10.23

| 연도 | 소속 | 출장 | 교체 | 득점 | 도움 | 파울 | 슈팅 | 경고 | 퇴장 |
|---|---|---|---|---|---|---|---|---|---|
| 2012 | 포항 | 15 | 12 | 6 | 0 | 12 | 60 | 2 | 0 |
| 2012 | 강원 | 17 | 1 | 9 | 4 | 20 | 24 | 2 | 0 |
| 2013 | 강원 | 29 | 5 | 6 | 3 | 44 | 54 | 3 | 0 |
| | 통산 | 61 | 18 | 21 | 7 | 76 | 96 | 6 | 0 |

## 진경선 (陳慶先) 아주대 1980.04.10

| 연도 | 소속 | 출장 | 교체 | 득점 | 도움 | 파울 | 슈팅 | 경고 | 퇴장 |
|---|---|---|---|---|---|---|---|---|---|
| 2003 | 부천 | 4 | 1 | 0 | 0 | 10 | 5 | 1 | 0 |
| 2006 | 대구 | 17 | 3 | 1 | 0 | 51 | 18 | 4 | 0 |
| 2007 | 대구 | 27 | 6 | 0 | 2 | 58 | 15 | 4 | 0 |
| 2008 | 대구 | 34 | 0 | 0 | 5 | 52 | 26 | 4 | 0 |
| 2009 | 전북 | 26 | 0 | 1 | 0 | 53 | 3 | 6 | 0 |
| 2010 | 전북 | 29 | 5 | 0 | 0 | 63 | 13 | 8 | 0 |
| 2011 | 전북 | 20 | 7 | 0 | 1 | 38 | 6 | 4 | 0 |
| 2012 | 전북 | 22 | 5 | 1 | 1 | 38 | 6 | 4 | 0 |
| 2013 | 강원 | 37 | 5 | 1 | 1 | 57 | 21 | 7 | 0 |
| 2014 | 경남 | 25 | 1 | 1 | 1 | 35 | 20 | 4 | 0 |
| | 통산 | 228 | 33 | 4 | 11 | 430 | 130 | 47 | 0 |

## 진대성 (晋大星) 전주대 1989.09.19

| 연도 | 소속 | 출장 | 교체 | 득점 | 도움 | 파울 | 슈팅 | 경고 | 퇴장 |
|---|---|---|---|---|---|---|---|---|---|
| 2012 | 제주 | 1 | 1 | 0 | 0 | 1 | 1 | 0 | 0 |
| 2013 | 제주 | 1 | 1 | 0 | 0 | 0 | 2 | 0 | 0 |
| 2014 | 제주 | 19 | 19 | 3 | 0 | 4 | 16 | 0 | 0 |
| | 통산 | 20 | 20 | 3 | 0 | 5 | 17 | 0 | 0 |

## 진민호 (陳珉虎) 덕산중 1985.08.12

| 연도 | 소속 | 출장 | 교체 | 득점 | 도움 | 파울 | 슈팅 | 경고 | 퇴장 |
|---|---|---|---|---|---|---|---|---|---|
| 2005 | 부산 | 0 | 0 | 0 | 0 | 0 | 0 | 0 | 0 |
| | 통산 | 0 | 0 | 0 | 0 | 0 | 0 | 0 | 0 |

## 진성욱 (陳成昱) 대건고 1993.12.16

| 연도 | 소속 | 출장 | 교체 | 득점 | 도움 | 파울 | 슈팅 | 경고 | 퇴장 |
|---|---|---|---|---|---|---|---|---|---|
| 2012 | 인천 | 2 | 2 | 0 | 0 | 4 | 1 | 0 | 0 |
| 2014 | 인천 | 26 | 25 | 6 | 0 | 25 | 26 | 3 | 0 |
| | 통산 | 28 | 27 | 6 | 0 | 29 | 27 | 3 | 0 |

## 진순진 (陣順珍) 상지대 1974.03.01

| 연도 | 소속 | 출장 | 교체 | 득점 | 도움 | 파울 | 슈팅 | 경고 | 퇴장 |
|---|---|---|---|---|---|---|---|---|---|
| 1999 | 안양 | 11 | 9 | 1 | 0 | 11 | 15 | 0 | 0 |
| 2000 | 안양 | 6 | 3 | 0 | 0 | 12 | 4 | 3 | 0 |
| 2002 | 안양 | 18 | 10 | 6 | 0 | 36 | 27 | 2 | 0 |
| 2003 | 안양 | 40 | 28 | 10 | 2 | 67 | 62 | 3 | 0 |
| 2004 | 대구 | 27 | 25 | 7 | 3 | 33 | 26 | 2 | 0 |
| 2005 | 대구 | 28 | 27 | 7 | 1 | 33 | 36 | 3 | 0 |
| 2006 | 전남 | 1 | 1 | 0 | 0 | 0 | 2 | 0 | 0 |
| | 통산 | 131 | 103 | 31 | 6 | 194 | 170 | 13 | 0 |

* 실점: 2000년 1 / 통산 1

## 진장상곤 (陳章相坤) 경희대 1958.06.20

| 연도 | 소속 | 출장 | 교체 | 득점 | 도움 | 파울 | 슈팅 | 경고 | 퇴장 |
|---|---|---|---|---|---|---|---|---|---|
| 1983 | 국민은 | 3 | 1 | 0 | 0 | 4 | 1 | 0 | 0 |
| 1984 | 현대 | 27 | 3 | 0 | 2 | 18 | 4 | 0 | 0 |
| 1985 | 현대 | 20 | 1 | 0 | 0 | 22 | 5 | 1 | 0 |
| 1986 | 현대 | 29 | 3 | 0 | 0 | 46 | 6 | 2 | 0 |
| 1987 | 현대 | 16 | 3 | 0 | 1 | 26 | 3 | 1 | 0 |
| 1988 | 현대 | 15 | 0 | 0 | 1 | 23 | 0 | 0 | 0 |
| 1989 | 현대 | 18 | 10 | 0 | 0 | 24 | 7 | 1 | 0 |
| | 통산 | 128 | 21 | 0 | 3 | 146 | 31 | 7 | 0 |

## 진창수 (秦昌守) 도쿄조선고 1985.10.26

| 연도 | 소속 | 출장 | 교체 | 득점 | 도움 | 파울 | 슈팅 | 경고 | 퇴장 |
|---|---|---|---|---|---|---|---|---|---|
| 2013 | 고양 | 33 | 26 | 5 | 3 | 57 | 43 | 3 | 0 |
| | 통산 | 33 | 26 | 5 | 3 | 57 | 43 | 3 | 0 |

## 질베르 (Gilbert Massock) 카메룬 1977.06.05

| 연도 | 소속 | 출장 | 교체 | 득점 | 도움 | 파울 | 슈팅 | 경고 | 퇴장 |
|---|---|---|---|---|---|---|---|---|---|
| 1997 | 안양 | 4 | 4 | 0 | 0 | 14 | 7 | 0 | 0 |
| | 통산 | 4 | 4 | 0 | 0 | 14 | 7 | 0 | 0 |

## 짜시오 (Jacio Marcos de Jesus) 브라질 1989.07.30

| 연도 | 소속 | 출장 | 교체 | 득점 | 도움 | 파울 | 슈팅 | 경고 | 퇴장 |
|---|---|---|---|---|---|---|---|---|---|
| 2014 | 부산 | 6 | 6 | 0 | 0 | 3 | 2 | 1 | 0 |
| | 통산 | 6 | 6 | 0 | 0 | 3 | 2 | 1 | 0 |

## 찌아고 (Thiago Gentil) 브라질 1980.04.08

| 연도 | 소속 | 출장 | 교체 | 득점 | 도움 | 파울 | 슈팅 | 경고 | 퇴장 |
|---|---|---|---|---|---|---|---|---|---|
| 2005 | 대구 | 30 | 15 | 6 | 0 | 40 | 61 | 1 | 0 |
| | 통산 | 30 | 15 | 6 | 0 | 40 | 61 | 1 | 0 |

## 찌아고 (Thiago Elias do Nascimento Sil) 브라질 1987.06.09

| 연도 | 소속 | 출장 | 교체 | 득점 | 도움 | 파울 | 슈팅 | 경고 | 퇴장 |
|---|---|---|---|---|---|---|---|---|---|
| 2013 | 인천 | 19 | 19 | 1 | 3 | 8 | 15 | 0 | 0 |
| | 통산 | 19 | 19 | 1 | 3 | 8 | 15 | 0 | 0 |

## 찌코 (Dilmar dos Santos Machado) 브라질 1975.01.26

| 연도 | 소속 | 출장 | 교체 | 득점 | 도움 | 파울 | 슈팅 | 경고 | 퇴장 |
|---|---|---|---|---|---|---|---|---|---|
| 2001 | 전남 | 23 | 8 | 8 | 1 | 31 | 43 | 4 | 1 |
| 2002 | 전남 | 13 | 9 | 3 | 0 | 17 | 18 | 3 | 0 |
| 2003 | 전남 | 4 | 2 | 0 | 0 | 7 | 8 | 0 | 0 |
| | 통산 | 39 | 19 | 11 | 1 | 55 | 69 | 7 | 1 |

## 차건명 (車建明) 관동대 1981.12.26

| 연도 | 소속 | 출장 | 교체 | 득점 | 도움 | 파울 | 슈팅 | 경고 | 퇴장 |
|---|---|---|---|---|---|---|---|---|---|
| 2009 | 제주 | 2 | 1 | 0 | 0 | 8 | 0 | 1 | 0 |
| | 통산 | 2 | 1 | 0 | 0 | 8 | 0 | 1 | 0 |

## 차광식 (車光植) 광운대 1963.05.09

| 연도 | 소속 | 출장 | 교체 | 득점 | 도움 | 파울 | 슈팅 | 경고 | 퇴장 |
|---|---|---|---|---|---|---|---|---|---|
| 1986 | 한일은 | 19 | 0 | 0 | 0 | 11 | 8 | 0 | 0 |
| 1988 | 럭금 | 7 | 5 | 0 | 0 | 4 | 3 | 0 | 0 |
| 1989 | 럭금 | 35 | 3 | 1 | 2 | 22 | 19 | 1 | 0 |
| 1990 | 럭금 | 29 | 6 | 1 | 1 | 9 | 14 | 1 | 0 |
| 1991 | LG | 23 | 8 | 0 | 0 | 11 | 9 | 0 | 0 |
| 1992 | LG | 7 | 3 | 0 | 0 | 7 | 2 | 0 | 0 |
| | 통산 | 120 | 25 | 2 | 3 | 62 | 59 | 3 | 0 |

## 차귀현 (車貴鉉) 한양대 1975.01.12

| 연도 | 소속 | 출장 | 교체 | 득점 | 도움 | 파울 | 슈팅 | 경고 | 퇴장 |
|---|---|---|---|---|---|---|---|---|---|
| 1997 | 대전 | 17 | 12 | 3 | 1 | 24 | 37 | 1 | 0 |
| 1998 | 대전 | 8 | 11 | 0 | 0 | 4 | 11 | 0 | 0 |
| 1999 | 전남 | 15 | 16 | 1 | 0 | 12 | 15 | 0 | 0 |
| | 통산 | 40 | 39 | 4 | 1 | 40 | 63 | 1 | 0 |

## 차기석 (車奇錫) 서울체고 1986.12.26

| 연도 | 소속 | 출장 | 교체 | 득점 | 도움 | 파울 | 슈팅 | 경고 | 퇴장 |
|---|---|---|---|---|---|---|---|---|---|
| 2005 | 전남 | 0 | 0 | 0 | 0 | 0 | 0 | 0 | 0 |
| | 통산 | 0 | 0 | 0 | 0 | 0 | 0 | 0 | 0 |

## 차두리 (車두리) 고려대 1980.07.25

| 연도 | 소속 | 출장 | 교체 | 득점 | 도움 | 파울 | 슈팅 | 경고 | 퇴장 |
|---|---|---|---|---|---|---|---|---|---|
| 2013 | 서울 | 30 | 7 | 3 | 2 | 25 | 10 | 2 | 0 |
| 2014 | 서울 | 28 | 5 | 0 | 3 | 29 | 15 | 3 | 0 |
| | 통산 | 58 | 12 | 3 | 5 | 54 | 25 | 5 | 0 |

## 차상광 (車相光) 한양대 1963.05.31

| 연도 | 소속 | 출장 | 교체 | 실점 | 도움 | 파울 | 슈팅 | 경고 | 퇴장 |
|---|---|---|---|---|---|---|---|---|---|
| 1986 | 럭금 | 7 | 1 | 7 | 0 | 1 | 0 | 0 | 0 |
| 1987 | 럭금 | 15 | 1 | 19 | 0 | 0 | 0 | 0 | 0 |
| 1988 | 럭금 | 16 | 0 | 17 | 0 | 0 | 0 | 0 | 0 |
| 1989 | 럭금 | 32 | 1 | 31 | 0 | 0 | 0 | 0 | 0 |
| 1990 | 럭금 | 28 | 0 | 23 | 0 | 0 | 1 | 0 | 0 |
| 1991 | LG | 36 | 3 | 43 | 0 | 0 | 1 | 0 | 0 |
| 1992 | 포철 | 33 | 0 | 32 | 0 | 0 | 0 | 0 | 0 |
| 1993 | 포철 | 7 | 0 | 8 | 0 | 0 | 0 | 0 | 0 |
| 1994 | 유공 | 21 | 0 | 21 | 0 | 0 | 0 | 0 | 0 |
| 1995 | LG | 15 | 0 | 21 | 0 | 0 | 0 | 0 | 0 |
| 1996 | 부천 | 1 | 0 | 1 | 0 | 0 | 0 | 0 | 0 |
| 1997 | 천안 | 14 | 1 | 17 | 0 | 0 | 0 | 0 | 0 |
| | 통산 | 226 | 7 | 240 | 0 | 3 | 0 | 3 | 0 |

## 차상해 (車相海) 중동고 1965.10.20

| 연도 | 소속 | 출장 | 교체 | 득점 | 도움 | 파울 | 슈팅 | 경고 | 퇴장 |
|---|---|---|---|---|---|---|---|---|---|
| 1989 | 럭금 | 22 | 16 | 6 | 4 | 22 | 37 | 0 | 0 |
| 1991 | 대우 | 22 | 16 | 4 | 2 | 38 | 50 | 1 | 0 |
| 1992 | 대우 | 1 | 1 | 0 | 0 | 1 | 0 | 0 | 0 |
| 1992 | 포철 | 16 | 9 | 4 | 2 | 40 | 17 | 4 | 0 |
| 1993 | 포철 | 27 | 19 | 10 | 2 | 33 | 47 | 1 | 0 |
| 1994 | 포철 | 21 | 16 | 3 | 1 | 15 | 33 | 0 | 0 |
| 1995 | 대우 | 10 | 4 | 1 | 0 | 15 | 13 | 3 | 0 |
| 1995 | 유공 | 12 | 6 | 1 | 1 | 18 | 31 | 2 | 0 |
| 1996 | 부천 | 11 | 10 | 1 | 0 | 8 | 6 | 0 | 0 |
| 1996 | 안양 | 11 | 11 | 0 | 1 | 10 | 10 | 0 | 0 |
| | 통산 | 130 | 95 | 26 | 10 | 162 | 200 | 10 | 0 |

## 차석준 (車錫俊) 동국대 1966.08.24

| 연도 | 소속 | 출장 | 교체 | 득점 | 도움 | 파울 | 슈팅 | 경고 | 퇴장 |
|---|---|---|---|---|---|---|---|---|---|
| 1989 | 유공 | 29 | 9 | 0 | 1 | 37 | 12 | 1 | 0 |
| 1990 | 유공 | 19 | 5 | 0 | 0 | 23 | 19 | 3 | 0 |
| 1991 | 유공 | 21 | 4 | 1 | 1 | 19 | 7 | 1 | 0 |
| 1992 | 유공 | 20 | 6 | 2 | 0 | 34 | 10 | 2 | 0 |
| 1993 | 유공 | 12 | 7 | 0 | 1 | 16 | 8 | 0 | 0 |
| 1994 | 유공 | 4 | 0 | 0 | 0 | 7 | 3 | 0 | 0 |
| 1995 | 유공 | 7 | 4 | 0 | 0 | 8 | 2 | 1 | 0 |
| | 통산 | 112 | 41 | 3 | 4 | 145 | 61 | 11 | 0 |

## 차종윤 (車鐘允) 성균관대 1981.09.25

| 연도 | 소속 | 출장 | 교체 | 득점 | 도움 | 파울 | 슈팅 | 경고 | 퇴장 |
|---|---|---|---|---|---|---|---|---|---|
| 2004 | 성남 | 1 | 1 | 0 | 0 | 2 | 0 | 0 | 0 |
| | 통산 | 1 | 1 | 0 | 0 | 2 | 0 | 0 | 0 |

## 차준엽 (車俊燁) 조선대 1992.02.20

| 연도 | 소속 | 출장 | 교체 | 득점 | 도움 | 파울 | 슈팅 | 경고 | 퇴장 |
|---|---|---|---|---|---|---|---|---|---|
| 2014 | 수원FC | 6 | 5 | 0 | 0 | 4 | 1 | 0 | 0 |
| | 통산 | 6 | 5 | 0 | 0 | 4 | 1 | 0 | 0 |

## 차철호 (車哲昊) 영남대 1980.05.08

| 연도 | 소속 | 출장 | 교체 | 득점 | 도움 | 파울 | 슈팅 | 경고 | 퇴장 |
|---|---|---|---|---|---|---|---|---|---|
| 2003 | 포항 | 2 | 2 | 0 | 0 | 0 | 2 | 0 | 0 |
| 2004 | 포항 | 11 | 11 | 0 | 0 | 7 | 6 | 0 | 0 |
| 2005 | 광주상 | 5 | 5 | 0 | 0 | 1 | 5 | 0 | 0 |
| 2006 | 광주상 | 7 | 5 | 1 | 0 | 9 | 6 | 0 | 0 |
| 2007 | 포항 | 6 | 6 | 0 | 0 | 10 | 8 | 0 | 0 |
| | 통산 | 31 | 29 | 1 | 0 | 27 | 12 | 0 | 0 |

## 차치치 (Frane Cacic) 크로아티아 1980.06.25

| 연도 | 소속 | 출장 | 교체 | 득점 | 도움 | 파울 | 슈팅 | 경고 | 퇴장 |
|---|---|---|---|---|---|---|---|---|---|
| 2007 | 부산 | 10 | 7 | 1 | 0 | 12 | 14 | 1 | 0 |
| | 통산 | 10 | 7 | 1 | 0 | 12 | 14 | 1 | 0 |

## 차희철 (車喜哲) 여주상고 1966.11.24

| 연도 | 소속 | 출장 | 교체 | 득점 | 도움 | 파울 | 슈팅 | 경고 | 퇴장 |
|---|---|---|---|---|---|---|---|---|---|
| 1984 | 유공 | 22 | 10 | 1 | 3 | 10 | 11 | 0 | 0 |
| 1985 | 유공 | 12 | 5 | 0 | 3 | 10 | 11 | 0 | 0 |
| 1988 | 유공 | 13 | 6 | 1 | 3 | 13 | 15 | 1 | 0 |
| 1989 | 유공 | 34 | 13 | 1 | 2 | 33 | 19 | 2 | 0 |
| 1990 | 유공 | 15 | 13 | 0 | 0 | 9 | 10 | 0 | 0 |
| 1991 | 유공 | 1 | 3 | 0 | 0 | 0 | 0 | 0 | 0 |
| | 통산 | 97 | 50 | 3 | 8 | 73 | 60 | 4 | 0 |

## 차디 (Dragan Cadikovski) 마케도니아 1982.01.13

| 연도 | 소속 | 출장 | 교체 | 득점 | 도움 | 파울 | 슈팅 | 경고 | 퇴장 |
|---|---|---|---|---|---|---|---|---|---|
| 2009 | 인천 | 20 | 14 | 5 | 1 | 27 | 19 | 4 | 0 |
| 2010 | 인천 | 4 | 4 | 0 | 0 | 3 | 4 | 0 | 0 |
| | 통산 | 24 | 18 | 5 | 1 | 30 | 23 | 4 | 0 |

## 천대환 (千大桓) 아주대 1980.12.06

| 연도 | 소속 | 출장 | 교체 | 득점 | 도움 | 파울 | 슈팅 | 경고 | 퇴장 |
|---|---|---|---|---|---|---|---|---|---|
| 2003 | 성남 | 2 | 2 | 0 | 0 | 2 | 0 | 1 | 0 |
| 2004 | 성남 | 4 | 3 | 0 | 0 | 5 | 2 | 0 | 0 |
| 2005 | 성남 | 7 | 1 | 0 | 0 | 10 | 0 | 1 | 0 |
| | 통산 | 13 | 6 | 0 | 0 | 17 | 2 | 2 | 0 |

## 천병호 (千秉浩) 중앙대 1958.08.10

| 연도 | 소속 | 출장 | 교체 | 득점 | 도움 | 파울 | 슈팅 | 경고 | 퇴장 |
|---|---|---|---|---|---|---|---|---|---|

| 연도 | 소속 | 출장 | 교체 | 득점 | 도움 | 파울 | 슈팅 | 경고 | 퇴장 |
|---|---|---|---|---|---|---|---|---|---|
| 1983 | 국민은 | 12 | 5 | 0 | 0 | 3 | 8 | 1 | 0 |
| 통산 | | 12 | 5 | 0 | 0 | 3 | 8 | 1 | 0 |

**천성권**(千成權) 단국대 1976.09.26

| 연도 | 소속 | 출장 | 교체 | 득점 | 도움 | 파울 | 슈팅 | 경고 | 퇴장 |
|---|---|---|---|---|---|---|---|---|---|
| 2000 | 부산 | 3 | 3 | 0 | 0 | 3 | 0 | 0 | 0 |
| 통산 | | 3 | 3 | 0 | 0 | 3 | 0 | 0 | 0 |

**천정희**(千丁熙) 한양대 1974.06.23

| 연도 | 소속 | 출장 | 교체 | 득점 | 도움 | 파울 | 슈팅 | 경고 | 퇴장 |
|---|---|---|---|---|---|---|---|---|---|
| 1997 | 울산 | 12 | 4 | 0 | 1 | 18 | 8 | 1 | 0 |
| 1998 | 울산 | 30 | 9 | 0 | 1 | 17 | 7 | 1 | 0 |
| 1999 | 울산 | 10 | 3 | 0 | 0 | 12 | 4 | 1 | 0 |
| 2000 | 울산 | 21 | 7 | 0 | 1 | 12 | 7 | 2 | 0 |
| 통산 | | 73 | 23 | 0 | 3 | 59 | 26 | 5 | 0 |

**천제훈**(千制訓) 한남대 1985.07.13

| 연도 | 소속 | 출장 | 교체 | 득점 | 도움 | 파울 | 슈팅 | 경고 | 퇴장 |
|---|---|---|---|---|---|---|---|---|---|
| 2006 | 서울 | 6 | 5 | 0 | 0 | 11 | 5 | 0 | 0 |
| 2007 | 서울 | 1 | 1 | 0 | 0 | 1 | 1 | 0 | 0 |
| 2008 | 서울 | 1 | 0 | 0 | 0 | 0 | 1 | 0 | 0 |
| 2009 | 광주상 | 2 | 2 | 0 | 0 | 1 | 1 | 0 | 0 |
| 2010 | 광주상 | 1 | 1 | 0 | 0 | 0 | 0 | 0 | 0 |
| 통산 | | 11 | 9 | 0 | 0 | 13 | 7 | 1 | 0 |

**최강희**(崔康熙) 우신고 1959.04.12

| 연도 | 소속 | 출장 | 교체 | 득점 | 도움 | 파울 | 슈팅 | 경고 | 퇴장 |
|---|---|---|---|---|---|---|---|---|---|
| 1983 | 포철 | 3 | 0 | 0 | 0 | 2 | 0 | 0 | 0 |
| 1984 | 현대 | 26 | 1 | 0 | 2 | 17 | 5 | 1 | 0 |
| 1985 | 현대 | 21 | 0 | 0 | 2 | 23 | 15 | 0 | 0 |
| 1986 | 현대 | 31 | 1 | 0 | 3 | 47 | 15 | 1 | 0 |
| 1987 | 현대 | 20 | 0 | 3 | 6 | 28 | 22 | 3 | 0 |
| 1988 | 현대 | 20 | 1 | 0 | 2 | 27 | 10 | 1 | 0 |
| 1989 | 현대 | 9 | 0 | 0 | 0 | 11 | 7 | 1 | 0 |
| 1990 | 현대 | 13 | 1 | 2 | 3 | 19 | 15 | 2 | 1 |
| 1991 | 현대 | 37 | 5 | 0 | 4 | 43 | 35 | 2 | 0 |
| 1992 | 현대 | 25 | 6 | 5 | 0 | 14 | 6 | 1 | 0 |
| 통산 | | 205 | 15 | 10 | 22 | 231 | 130 | 12 | 1 |

**최거록**(崔거록) 중앙대 1976.06.26

| 연도 | 소속 | 출장 | 교체 | 득점 | 도움 | 파울 | 슈팅 | 경고 | 퇴장 |
|---|---|---|---|---|---|---|---|---|---|
| 1999 | 부천 | 21 | 13 | 1 | 0 | 26 | 2 | 5 | 0 |
| 2000 | 부천 | 27 | 4 | 0 | 0 | 37 | 8 | 5 | 1 |
| 2001 | 부천 | 19 | 2 | 1 | 0 | 18 | 1 | 1 | 0 |
| 2002 | 부천 | 17 | 0 | 0 | 0 | 37 | 1 | 5 | 0 |
| 2003 | 부천 | 3 | 0 | 0 | 0 | 2 | 1 | 0 | 0 |
| 2003 | 전남 | 20 | 2 | 1 | 2 | 31 | 9 | 5 | 0 |
| 2004 | 전남 | 17 | 0 | 0 | 0 | 40 | 3 | 7 | 0 |
| 2005 | 대전 | 13 | 0 | 0 | 0 | 27 | 11 | 2 | 0 |
| 2006 | 대전 | 12 | 8 | 0 | 0 | 27 | 0 | 3 | 0 |
| 2007 | 대전 | 16 | 7 | 0 | 0 | 33 | 4 | 6 | 1 |
| 통산 | | 165 | 43 | 3 | 2 | 285 | 46 | 41 | 3 |

**최건택**(崔建澤) 중앙대 1965.03.23

| 연도 | 소속 | 출장 | 교체 | 득점 | 도움 | 파울 | 슈팅 | 경고 | 퇴장 |
|---|---|---|---|---|---|---|---|---|---|
| 1988 | 현대 | 14 | 11 | 1 | 1 | 19 | 8 | 0 | 0 |
| 1989 | 현대 | 15 | 13 | 1 | 1 | 18 | 8 | 0 | 0 |
| 통산 | | 29 | 24 | 2 | 2 | 37 | 17 | 0 | 0 |

**최경복**(崔景福) 광양제철고 1988.03.13

| 연도 | 소속 | 출장 | 교체 | 득점 | 도움 | 파울 | 슈팅 | 경고 | 퇴장 |
|---|---|---|---|---|---|---|---|---|---|
| 2007 | 전남 | 2 | 2 | 0 | 0 | 1 | 0 | 0 | 0 |
| 2008 | 전남 | 9 | 8 | 0 | 0 | 9 | 4 | 0 | 0 |
| 통산 | | 11 | 10 | 0 | 0 | 10 | 4 | 0 | 0 |

**최경식**(崔景植) 건국대 1957.02.01

| 연도 | 소속 | 출장 | 교체 | 득점 | 도움 | 파울 | 슈팅 | 경고 | 퇴장 |
|---|---|---|---|---|---|---|---|---|---|
| 1983 | 유공 | 5 | 3 | 0 | 0 | 1 | 2 | 0 | 0 |
| 1984 | 국민은 | 26 | 4 | 0 | 0 | 21 | 10 | 0 | 0 |
| 1985 | 포철 | 12 | 1 | 0 | 1 | 14 | 6 | 1 | 0 |
| 통산 | | 43 | 7 | 1 | 0 | 36 | 18 | 1 | 0 |

**최광수**(崔光洙) 동의대 1979.09.25

| 연도 | 소속 | 출장 | 교체 | 득점 | 도움 | 파울 | 슈팅 | 경고 | 퇴장 |
|---|---|---|---|---|---|---|---|---|---|
| 2002 | 부산 | 12 | 9 | 1 | 0 | 14 | 7 | 1 | 0 |
| 2003 | 부산 | 2 | 2 | 0 | 0 | 1 | 2 | 0 | 0 |
| 통산 | | 14 | 11 | 1 | 0 | 16 | 8 | 1 | 0 |

**최광지**(崔光志) 광운대 1963.06.05

| 연도 | 소속 | 출장 | 교체 | 득점 | 도움 | 파울 | 슈팅 | 경고 | 퇴장 |
|---|---|---|---|---|---|---|---|---|---|
| 1986 | 현대 | 4 | 3 | 1 | 0 | 2 | 3 | 0 | 0 |
| 1987 | 현대 | 5 | 4 | 0 | 0 | 4 | 5 | 1 | 0 |
| 1989 | 현대 | 7 | 0 | 1 | 0 | 13 | 11 | 0 | 0 |
| 1990 | 현대 | 5 | 5 | 0 | 0 | 6 | 5 | 0 | 0 |
| 통산 | | 21 | 12 | 2 | 0 | 25 | 24 | 1 | 0 |

**최광훈**(崔光勳) 인천대 1982.11.03

| 연도 | 소속 | 출장 | 교체 | 득점 | 도움 | 파울 | 슈팅 | 경고 | 퇴장 |
|---|---|---|---|---|---|---|---|---|---|
| 2004 | 인천 | 0 | 0 | 0 | 0 | 0 | 0 | 0 | 0 |
| 통산 | | 0 | 0 | 0 | 0 | 0 | 0 | 0 | 0 |

**최광희**(崔光熙) 울산대 1984.05.17

| 연도 | 소속 | 출장 | 교체 | 득점 | 도움 | 파울 | 슈팅 | 경고 | 퇴장 |
|---|---|---|---|---|---|---|---|---|---|
| 2006 | 울산 | 2 | 2 | 0 | 0 | 1 | 0 | 0 | 0 |
| 2007 | 전북 | 2 | 2 | 0 | 0 | 1 | 0 | 0 | 0 |
| 2008 | 부산 | 12 | 10 | 0 | 0 | 18 | 10 | 2 | 0 |
| 2009 | 부산 | 4 | 1 | 0 | 0 | 3 | 1 | 0 | 0 |
| 2010 | 부산 | 13 | 9 | 0 | 0 | 4 | 3 | 0 | 0 |
| 2011 | 부산 | 13 | 9 | 0 | 0 | 4 | 3 | 0 | 0 |
| 2012 | 부산 | 36 | 21 | 0 | 3 | 21 | 5 | 2 | 0 |
| 2013 | 경찰 | 33 | 4 | 1 | 2 | 30 | 21 | 5 | 0 |
| 2014 | 안산 | 20 | 7 | 0 | 5 | 22 | 5 | 5 | 0 |
| 2014 | 부산 | 5 | 4 | 0 | 0 | 4 | 0 | 0 | 0 |
| 통산 | | 137 | 70 | 5 | 12 | 110 | 52 | 15 | 0 |

**최규환**(崔奎奐) 홍익대 1987.03.28

| 연도 | 소속 | 출장 | 교체 | 실점 | 도움 | 파울 | 슈팅 | 경고 | 퇴장 |
|---|---|---|---|---|---|---|---|---|---|
| 2013 | 충주 | 15 | 0 | 26 | 0 | 1 | 0 | 1 | 0 |
| 통산 | | 15 | 0 | 26 | 0 | 1 | 0 | 1 | 0 |

**최근식**(崔根植) 건국대 1981.04.25

| 연도 | 소속 | 출장 | 교체 | 득점 | 도움 | 파울 | 슈팅 | 경고 | 퇴장 |
|---|---|---|---|---|---|---|---|---|---|
| 2006 | 대전 | 2 | 2 | 0 | 0 | 1 | 0 | 0 | 0 |
| 2007 | 대전 | 9 | 9 | 0 | 0 | 11 | 7 | 0 | 0 |
| 2008 | 대전 | 17 | 8 | 0 | 1 | 41 | 3 | 4 | 0 |
| 통산 | | 28 | 19 | 0 | 1 | 54 | 11 | 4 | 0 |

**최기봉**(崔基奉) 서울시립대 1958.11.13

| 연도 | 소속 | 출장 | 교체 | 득점 | 도움 | 파울 | 슈팅 | 경고 | 퇴장 |
|---|---|---|---|---|---|---|---|---|---|
| 1983 | 유공 | 16 | 0 | 0 | 0 | 12 | 1 | 1 | 0 |
| 1984 | 유공 | 28 | 0 | 0 | 0 | 19 | 1 | 1 | 0 |
| 1985 | 유공 | 18 | 0 | 0 | 0 | 18 | 3 | 1 | 0 |
| 1986 | 유공 | 33 | 0 | 0 | 0 | 30 | 2 | 2 | 0 |
| 1987 | 유공 | 32 | 1 | 0 | 0 | 8 | 1 | 2 | 0 |
| 통산 | | 124 | 1 | 0 | 0 | 87 | 7 | 8 | 0 |

**최기석**(崔記碩) 한남대 1986.03.28

| 연도 | 소속 | 출장 | 교체 | 득점 | 도움 | 파울 | 슈팅 | 경고 | 퇴장 |
|---|---|---|---|---|---|---|---|---|---|
| 2006 | 제주 | 9 | 9 | 0 | 0 | 9 | 1 | 1 | 0 |
| 2007 | 제주 | 3 | 1 | 0 | 0 | 4 | 1 | 0 | 0 |
| 2008 | 부산 | 3 | 3 | 0 | 0 | 3 | 1 | 0 | 0 |
| 2009 | 부산 | 4 | 4 | 0 | 0 | 2 | 1 | 0 | 0 |
| 2010 | 울산 | 4 | 3 | 0 | 0 | 1 | 0 | 0 | 0 |
| 통산 | | 23 | 22 | 0 | 0 | 19 | 4 | 1 | 0 |

**최낙민**(崔洛玟) 경기대 1989.05.27

| 연도 | 소속 | 출장 | 교체 | 득점 | 도움 | 파울 | 슈팅 | 경고 | 퇴장 |
|---|---|---|---|---|---|---|---|---|---|
| 2013 | 부천 | 27 | 20 | 4 | 2 | 17 | 29 | 0 | 0 |
| 2014 | 부천 | 1 | 1 | 0 | 0 | 3 | 0 | 0 | 0 |
| 통산 | | 28 | 21 | 4 | 2 | 20 | 29 | 0 | 0 |

**최남철**(崔南哲) 관동대 1977.11.15

| 연도 | 소속 | 출장 | 교체 | 득점 | 도움 | 파울 | 슈팅 | 경고 | 퇴장 |
|---|---|---|---|---|---|---|---|---|---|
| 2000 | 수원 | 1 | 1 | 0 | 0 | 4 | 0 | 1 | 0 |
| 통산 | | 1 | 1 | 0 | 0 | 4 | 0 | 1 | 0 |

**최대식**(崔大植) 고려대 1965.01.10

| 연도 | 소속 | 출장 | 교체 | 득점 | 도움 | 파울 | 슈팅 | 경고 | 퇴장 |
|---|---|---|---|---|---|---|---|---|---|
| 1988 | 대우 | 10 | 6 | 1 | 0 | 21 | 10 | 0 | 0 |
| 1989 | 대우 | 10 | 10 | 0 | 0 | 5 | 3 | 0 | 0 |
| 1990 | 럭금 | 29 | 2 | 4 | 7 | 26 | 31 | 3 | 0 |
| 1991 | LG | 38 | 17 | 0 | 4 | 35 | 31 | 0 | 0 |
| 1992 | LG | 34 | 19 | 1 | 6 | 33 | 34 | 2 | 0 |
| 1993 | LG | 31 | 8 | 2 | 4 | 24 | 44 | 1 | 1 |
| 1994 | LG | 12 | 4 | 0 | 4 | 7 | 23 | 0 | 0 |
| 1995 | LG | 22 | 12 | 1 | 3 | 22 | 38 | 3 | 1 |
| 통산 | | 189 | 84 | 8 | 28 | 173 | 214 | 10 | 2 |

**최덕주**(崔德柱) 중앙대 1960.01.03

| 연도 | 소속 | 출장 | 교체 | 득점 | 도움 | 파울 | 슈팅 | 경고 | 퇴장 |
|---|---|---|---|---|---|---|---|---|---|
| 1984 | 한일은 | 19 | 3 | 7 | 1 | 19 | 51 | 1 | 0 |
| 1985 | 포철 | 8 | 8 | 0 | 1 | 5 | 7 | 0 | 0 |
| 통산 | | 27 | 11 | 7 | 2 | 24 | 58 | 1 | 0 |

**최동필**(崔東弼) 인천대 1971.03.25

| 연도 | 소속 | 출장 | 교체 | 득점 | 도움 | 파울 | 슈팅 | 경고 | 퇴장 |
|---|---|---|---|---|---|---|---|---|---|
| 1997 | 대전 | 10 | 9 | 1 | 0 | 10 | 8 | 1 | 0 |
| 1998 | 대전 | 15 | 14 | 2 | 1 | 20 | 19 | 3 | 0 |
| 1999 | 대전 | 13 | 14 | 0 | 1 | 11 | 3 | 0 | 0 |
| 2000 | 대전 | 3 | 4 | 0 | 0 | 2 | 0 | 1 | 0 |
| 통산 | | 41 | 41 | 3 | 2 | 43 | 30 | 5 | 0 |

**최동호**(崔東昊) 아주대 1968.08.12

| 연도 | 소속 | 출장 | 교체 | 득점 | 도움 | 파울 | 슈팅 | 경고 | 퇴장 |
|---|---|---|---|---|---|---|---|---|---|
| 1993 | 현대 | 24 | 6 | 0 | 0 | 41 | 3 | 5 | 0 |
| 1994 | 현대 | 31 | 4 | 3 | 0 | 40 | 10 | 2 | 0 |
| 1995 | 현대 | 33 | 1 | 0 | 1 | 40 | 8 | 1 | 1 |
| 1996 | 울산 | 30 | 6 | 0 | 0 | 35 | 4 | 6 | 0 |
| 1997 | 울산 | 23 | 3 | 0 | 0 | 45 | 2 | 4 | 0 |
| 1998 | 울산 | 34 | 10 | 0 | 0 | 63 | 1 | 6 | 0 |
| 1999 | 울산 | 33 | 0 | 0 | 0 | 48 | 0 | 4 | 1 |
| 통산 | | 208 | 30 | 3 | 4 | 318 | 29 | 25 | 3 |

**최명훈**(崔明訓) 숭실대 1993.01.03

| 연도 | 소속 | 출장 | 교체 | 득점 | 도움 | 파울 | 슈팅 | 경고 | 퇴장 |
|---|---|---|---|---|---|---|---|---|---|
| 2014 | 서울 | 0 | 0 | 0 | 0 | 0 | 0 | 0 | 0 |
| 통산 | | 0 | 0 | 0 | 0 | 0 | 0 | 0 | 0 |

**최무림**(崔茂林) 대구대 1979.04.15

| 연도 | 소속 | 출장 | 교체 | 실점 | 도움 | 파울 | 슈팅 | 경고 | 퇴장 |
|---|---|---|---|---|---|---|---|---|---|
| 2002 | 울산 | 4 | 0 | 5 | 0 | 0 | 0 | 0 | 0 |
| 2003 | 울산 | 0 | 0 | 0 | 0 | 0 | 0 | 0 | 0 |
| 2004 | 울산 | 0 | 0 | 0 | 0 | 0 | 0 | 0 | 0 |
| 2005 | 울산 | 10 | 0 | 10 | 0 | 0 | 0 | 1 | 0 |
| 2007 | 광주상 | 16 | 1 | 29 | 0 | 0 | 1 | 3 | 0 |
| 2008 | 울산 | 6 | 0 | 7 | 0 | 0 | 1 | 0 | 0 |
| 2009 | 울산 | 0 | 0 | 0 | 0 | 0 | 0 | 0 | 0 |
| 2010 | 울산 | 0 | 0 | 0 | 0 | 0 | 0 | 0 | 0 |
| 2011 | 울산 | 1 | 0 | 3 | 0 | 0 | 0 | 0 | 0 |
| 통산 | | 37 | 1 | 53 | 0 | 0 | 1 | 4 | 0 |

**최문식**(崔文植) 동대부고 1971.10.23

| 연도 | 소속 | 출장 | 교체 | 득점 | 도움 | 파울 | 슈팅 | 경고 | 퇴장 |
|---|---|---|---|---|---|---|---|---|---|
| 1989 | 포철 | 17 | 13 | 6 | 1 | 6 | 15 | 0 | 0 |
| 1990 | 포철 | 20 | 19 | 2 | 2 | 8 | 12 | 1 | 0 |
| 1991 | 포철 | 18 | 15 | 1 | 1 | 9 | 10 | 0 | 0 |
| 1992 | 포철 | 31 | 21 | 6 | 2 | 15 | 29 | 3 | 0 |
| 1993 | 포철 | 13 | 4 | 5 | 1 | 8 | 19 | 0 | 0 |
| 1994 | 포철 | 19 | 6 | 6 | 7 | 23 | 1 | 0 | 0 |
| 1995 | 포항 | 23 | 14 | 0 | 0 | 3 | 33 | 1 | 0 |
| 1998 | 전남 | 36 | 26 | 6 | 2 | 24 | 44 | 1 | 0 |
| 1999 | 전남 | 33 | 11 | 7 | 3 | 16 | 34 | 0 | 0 |
| 2000 | 전남 | 32 | 14 | 4 | 5 | 15 | 33 | 1 | 0 |
| 2001 | 수원 | 12 | 9 | 1 | 0 | 11 | 15 | 0 | 0 |
| 2002 | 부천 | 7 | 12 | 3 | 1 | 6 | 15 | 0 | 0 |
| 통산 | | 264 | 157 | 47 | 25 | 136 | 262 | 18 | 0 |

**최배식**(崔培植) 학성고 1982.05.15

| 연도 | 소속 | 출장 | 교체 | 득점 | 도움 | 파울 | 슈팅 | 경고 | 퇴장 |
|---|---|---|---|---|---|---|---|---|---|
| 2001 | 울산 | 3 | 2 | 0 | 0 | 4 | 2 | 1 | 0 |
| 2003 | 광주상 | 8 | 8 | 0 | 1 | 8 | 9 | 0 | 0 |
| 통산 | | 11 | 10 | 0 | 1 | 12 | 11 | 1 | 0 |

**최병도**(崔炳燾) 경기대 1984.01.18

| 연도 | 소속 | 출장 | 교체 | 득점 | 도움 | 파울 | 슈팅 | 경고 | 퇴장 |
|---|---|---|---|---|---|---|---|---|---|
| 2006 | 인천 | 9 | 2 | 0 | 0 | 12 | 3 | 3 | 0 |
| 2007 | 인천 | 9 | 1 | 0 | 0 | 4 | 1 | 0 | 0 |
| 2008 | 광주상 | 16 | 0 | 0 | 0 | 15 | 1 | 2 | 0 |

| 연도 | 소속 | 출장 | 교체 | 득점 | 도움 | 파울 | 슈팅 | 경고 | 퇴장 |
|---|---|---|---|---|---|---|---|---|---|
| 2009 | 광주상 | 1 | 1 | 0 | 0 | 1 | 0 | 0 | 0 |
| 2010 | 인천 | 2 | 3 | 0 | 0 | 0 | 0 | 0 | 0 |
| 2013 | 고양 | 30 | 3 | 1 | 0 | 27 | 9 | 6 | 0 |
| 2014 | 고양 | 34 | 2 | 1 | 2 | 11 | 11 | 2 | 0 |
| 통산 | | 101 | 18 | 2 | 2 | 84 | 25 | 14 | 0 |

**최병호** (崔炳鎬) 충북대 1983.11.23

| 연도 | 소속 | 출장 | 교체 | 득점 | 도움 | 파울 | 슈팅 | 경고 | 퇴장 |
|---|---|---|---|---|---|---|---|---|---|
| 2006 | 경남 | 0 | 0 | 0 | 0 | 0 | 0 | 0 | 0 |
| 2007 | 경남 | 0 | 0 | 0 | 0 | 0 | 0 | 0 | 0 |
| 통산 | | 0 | 0 | 0 | 0 | 0 | 0 | 0 | 0 |

**최보경** (崔普慶) 동국대 1988.04.12

| 연도 | 소속 | 출장 | 교체 | 득점 | 도움 | 파울 | 슈팅 | 경고 | 퇴장 |
|---|---|---|---|---|---|---|---|---|---|
| 2011 | 울산 | 0 | 0 | 0 | 0 | 0 | 0 | 0 | 0 |
| 2012 | 울산 | 7 | 2 | 0 | 0 | 17 | 3 | 2 | 0 |
| 2013 | 울산 | 29 | 23 | 0 | 3 | 34 | 8 | 5 | 0 |
| 2014 | 전북 | 19 | 8 | 0 | 1 | 18 | 4 | 2 | 0 |
| 통산 | | 55 | 33 | 0 | 4 | 69 | 15 | 9 | 0 |

**최봉균** (崔逢均) 한양대 1991.06.24

| 연도 | 소속 | 출장 | 교체 | 득점 | 도움 | 파울 | 슈팅 | 경고 | 퇴장 |
|---|---|---|---|---|---|---|---|---|---|
| 2014 | 고양 | 0 | 0 | 0 | 0 | 0 | 0 | 0 | 0 |
| 통산 | | 0 | 0 | 0 | 0 | 0 | 0 | 0 | 0 |

**최상국** (崔相國) 청주상고 1961.02.15

| 연도 | 소속 | 출장 | 교체 | 득점 | 도움 | 파울 | 슈팅 | 경고 | 퇴장 |
|---|---|---|---|---|---|---|---|---|---|
| 1983 | 포철 | 16 | 1 | 2 | 4 | 15 | 43 | 0 | 0 |
| 1984 | 포철 | 23 | 3 | 4 | 1 | 28 | 40 | 2 | 0 |
| 1985 | 포철 | 20 | 3 | 2 | 2 | 24 | 37 | 0 | 0 |
| 1986 | 포철 | 19 | 3 | 2 | 4 | 20 | 44 | 1 | 0 |
| 1987 | 포철 | 30 | 7 | 15 | 8 | 29 | 81 | 3 | 0 |
| 1988 | 포철 | 11 | 3 | 2 | 1 | 23 | 25 | 1 | 0 |
| 1989 | 포철 | 8 | 3 | 2 | 0 | 14 | 17 | 2 | 0 |
| 1990 | 포철 | 19 | 6 | 3 | 0 | 18 | 43 | 1 | 0 |
| 1991 | 포철 | 13 | 10 | 0 | 2 | 20 | 23 | 0 | 0 |
| 통산 | | 159 | 39 | 32 | 22 | 191 | 353 | 10 | 0 |

**최상현** (崔相賢) 연세대 1984.03.18

| 연도 | 소속 | 출장 | 교체 | 득점 | 도움 | 파울 | 슈팅 | 경고 | 퇴장 |
|---|---|---|---|---|---|---|---|---|---|
| 2009 | 대구 | 4 | 4 | 0 | 0 | 5 | 0 | 1 | 0 |
| 통산 | | 4 | 4 | 0 | 0 | 5 | 0 | 1 | 0 |

**최상훈** (崔相勳) 국민대 1971.09.28

| 연도 | 소속 | 출장 | 교체 | 득점 | 도움 | 파울 | 슈팅 | 경고 | 퇴장 |
|---|---|---|---|---|---|---|---|---|---|
| 1994 | 포철 | 3 | 3 | 0 | 0 | 6 | 3 | 0 | 0 |
| 1995 | 포항 | 2 | 2 | 0 | 0 | 4 | 1 | 0 | 0 |
| 1996 | 포항 | 2 | 2 | 1 | 0 | 4 | 1 | 0 | 0 |
| 1997 | 안양 | 3 | 3 | 0 | 0 | 1 | 6 | 3 | 0 |
| 통산 | | 10 | 10 | 1 | 0 | 12 | 5 | 3 | 0 |

**최석도** (崔錫道) 중앙대 1982.05.01

| 연도 | 소속 | 출장 | 교체 | 득점 | 도움 | 파울 | 슈팅 | 경고 | 퇴장 |
|---|---|---|---|---|---|---|---|---|---|
| 2005 | 대구 | 1 | 1 | 0 | 0 | 1 | 0 | 1 | 0 |
| 2006 | 대구 | 2 | 1 | 0 | 0 | 0 | 1 | 0 | 0 |
| 통산 | | 3 | 2 | 0 | 0 | 1 | 1 | 1 | 0 |

**최선걸** (崔善傑) 서울시립대 1973.03.27

| 연도 | 소속 | 출장 | 교체 | 득점 | 도움 | 파울 | 슈팅 | 경고 | 퇴장 |
|---|---|---|---|---|---|---|---|---|---|
| 1998 | 울산 | 4 | 4 | 0 | 0 | 5 | 3 | 0 | 0 |
| 1999 | 울산 | 4 | 4 | 0 | 0 | 5 | 3 | 0 | 0 |
| 2000 | 전남 | 17 | 9 | 2 | 2 | 41 | 25 | 1 | 0 |
| 2001 | 전남 | 23 | 12 | 1 | 2 | 50 | 22 | 5 | 0 |
| 통산 | | 45 | 26 | 5 | 2 | 98 | 53 | 6 | 0 |

**최성국** (崔成國) 고려대 1983.02.08

| 연도 | 소속 | 출장 | 교체 | 득점 | 도움 | 파울 | 슈팅 | 경고 | 퇴장 |
|---|---|---|---|---|---|---|---|---|---|
| 2003 | 울산 | 27 | 22 | 7 | 1 | 30 | 40 | 5 | 0 |
| 2004 | 울산 | 19 | 10 | 1 | 4 | 19 | 13 | 2 | 0 |
| 2005 | 울산 | 16 | 14 | 1 | 3 | 26 | 12 | 4 | 0 |
| 2006 | 울산 | 35 | 13 | 9 | 4 | 40 | 58 | 3 | 0 |
| 2007 | 성남 | 28 | 20 | 3 | 2 | 36 | 40 | 3 | 0 |
| 2008 | 성남 | 26 | 24 | 7 | 3 | 45 | 40 | 3 | 0 |
| 2009 | 광주상 | 5 | 5 | 0 | 3 | 41 | 73 | 2 | 0 |
| 2010 | 광주상 | 24 | 4 | 0 | 1 | 43 | 57 | 5 | 0 |
| 2010 | 성남 | 4 | 3 | 0 | 1 | 4 | 4 | 1 | 0 |
| 2011 | 수원 | 12 | 9 | 1 | 2 | 11 | 19 | 2 | 0 |
| 통산 | | 219 | 124 | 42 | 25 | 258 | 351 | 30 | 1 |

**최성민** (崔晟旼) 동국대 1991.08.20

| 연도 | 소속 | 출장 | 교체 | 득점 | 도움 | 파울 | 슈팅 | 경고 | 퇴장 |
|---|---|---|---|---|---|---|---|---|---|
| 2014 | 경남 | 3 | 2 | 0 | 0 | 5 | 0 | 1 | 0 |
| 통산 | | 3 | 2 | 0 | 0 | 5 | 0 | 1 | 0 |

**최성용** (崔成勇) 고려대 1975.12.25

| 연도 | 소속 | 출장 | 교체 | 득점 | 도움 | 파울 | 슈팅 | 경고 | 퇴장 |
|---|---|---|---|---|---|---|---|---|---|
| 2002 | 수원 | 11 | 2 | 0 | 0 | 10 | 1 | 1 | 0 |
| 2003 | 수원 | 23 | 5 | 0 | 1 | 17 | 1 | 2 | 0 |
| 2004 | 수원 | 35 | 6 | 1 | 4 | 51 | 5 | 3 | 0 |
| 2005 | 수원 | 23 | 8 | 0 | 0 | 28 | 4 | 5 | 0 |
| 2006 | 수원 | 12 | 10 | 0 | 1 | 9 | 2 | 0 | 0 |
| 2007 | 울산 | 9 | 8 | 0 | 0 | 3 | 0 | 0 | 0 |
| 통산 | | 113 | 39 | 1 | 5 | 118 | 13 | 11 | 0 |

**최성현** (崔星玄) 호남대 1982.05.02

| 연도 | 소속 | 출장 | 교체 | 득점 | 도움 | 파울 | 슈팅 | 경고 | 퇴장 |
|---|---|---|---|---|---|---|---|---|---|
| 2005 | 수원 | 2 | 2 | 0 | 0 | 4 | 1 | 0 | 0 |
| 2006 | 광주상 | 1 | 1 | 0 | 0 | 2 | 1 | 1 | 0 |
| 2008 | 수원 | 8 | 6 | 0 | 0 | 6 | 13 | 0 | 0 |
| 2009 | 수원 | 10 | 5 | 0 | 0 | 14 | 10 | 1 | 0 |
| 2010 | 제주 | 1 | 1 | 0 | 0 | 1 | 1 | 0 | 0 |
| 통산 | | 22 | 15 | 0 | 0 | 27 | 26 | 2 | 0 |

**최성호** (崔聖鎬) 동아대 1969.07.17

| 연도 | 소속 | 출장 | 교체 | 득점 | 도움 | 파울 | 슈팅 | 경고 | 퇴장 |
|---|---|---|---|---|---|---|---|---|---|
| 1992 | 일화 | 1 | 1 | 0 | 0 | 0 | 0 | 0 | 0 |
| 1993 | 일화 | 1 | 1 | 0 | 0 | 2 | 0 | 0 | 0 |
| 1995 | 일화 | 4 | 4 | 0 | 0 | 5 | 12 | 0 | 0 |
| 1996 | 천안 | 6 | 6 | 0 | 0 | 7 | 7 | 1 | 0 |
| 1997 | 수원 | 4 | 4 | 0 | 0 | 1 | 3 | 1 | 0 |
| 통산 | | 20 | 22 | 4 | 0 | 12 | 26 | 2 | 0 |

**최성환** (崔誠桓) 전주대 1981.10.06

| 연도 | 소속 | 출장 | 교체 | 득점 | 도움 | 파울 | 슈팅 | 경고 | 퇴장 |
|---|---|---|---|---|---|---|---|---|---|
| 2005 | 대구 | 15 | 5 | 0 | 0 | 59 | 1 | 9 | 0 |
| 2006 | 대구 | 29 | 4 | 2 | 2 | 69 | 22 | 10 | 0 |
| 2007 | 수원 | 3 | 3 | 0 | 0 | 4 | 1 | 0 | 0 |
| 2008 | 수원 | 11 | 1 | 0 | 0 | 20 | 9 | 5 | 0 |
| 2009 | 수원 | 12 | 4 | 0 | 0 | 22 | 3 | 6 | 0 |
| 2010 | 수원 | 12 | 8 | 0 | 0 | 16 | 2 | 2 | 0 |
| 2011 | 수원 | 21 | 11 | 0 | 0 | 33 | 6 | 9 | 0 |
| 2012 | 수원 | 0 | 0 | 0 | 0 | 0 | 0 | 0 | 0 |
| 2012 | 울산 | 5 | 0 | 0 | 0 | 9 | 1 | 1 | 0 |
| 2013 | 울산 | 1 | 1 | 0 | 0 | 1 | 0 | 0 | 0 |
| 2014 | 광주 | 5 | 1 | 0 | 0 | 6 | 3 | 0 | 0 |
| 통산 | | 112 | 39 | 2 | 2 | 235 | 48 | 45 | 0 |

**최순호** (崔淳鎬) 광운대 1962.01.10

| 연도 | 소속 | 출장 | 교체 | 득점 | 도움 | 파울 | 슈팅 | 경고 | 퇴장 |
|---|---|---|---|---|---|---|---|---|---|
| 1983 | 포철 | 2 | 1 | 2 | 0 | 3 | 7 | 0 | 0 |
| 1984 | 포철 | 24 | 0 | 14 | 6 | 25 | 78 | 1 | 0 |
| 1985 | 포철 | 5 | 1 | 2 | 0 | 3 | 11 | 1 | 0 |
| 1986 | 포철 | 9 | 2 | 1 | 2 | 8 | 13 | 0 | 0 |
| 1987 | 포철 | 16 | 7 | 2 | 5 | 23 | 27 | 0 | 0 |
| 1988 | 럭금 | 11 | 0 | 1 | 2 | 16 | 25 | 0 | 0 |
| 1989 | 럭금 | 9 | 1 | 0 | 1 | 17 | 12 | 1 | 0 |
| 1990 | 럭금 | 14 | 0 | 1 | 0 | 21 | 19 | 0 | 0 |
| 1991 | 포철 | 16 | 11 | 0 | 1 | 13 | 26 | 0 | 0 |
| 통산 | | 100 | 26 | 23 | 19 | 123 | 208 | 4 | 0 |

**최승범** (崔勝範) 홍익대 1974.09.23

| 연도 | 소속 | 출장 | 교체 | 득점 | 도움 | 파울 | 슈팅 | 경고 | 퇴장 |
|---|---|---|---|---|---|---|---|---|---|
| 2000 | 안양 | 1 | 1 | 0 | 0 | 2 | 0 | 0 | 0 |
| 통산 | | 1 | 1 | 0 | 0 | 2 | 0 | 0 | 0 |

**최승인** (崔承仁) 동래고 1991.03.05

| 연도 | 소속 | 출장 | 교체 | 득점 | 도움 | 파울 | 슈팅 | 경고 | 퇴장 |
|---|---|---|---|---|---|---|---|---|---|
| 2013 | 강원 | 12 | 11 | 1 | 0 | 11 | 16 | 1 | 0 |
| 2014 | 강원 | 20 | 21 | 2 | 0 | 26 | 29 | 2 | 0 |
| 통산 | | 32 | 32 | 3 | 0 | 37 | 45 | 3 | 0 |

**최승호** (崔勝皞) 예원예술대 1992.03.31

| 연도 | 소속 | 출장 | 교체 | 득점 | 도움 | 파울 | 슈팅 | 경고 | 퇴장 |
|---|---|---|---|---|---|---|---|---|---|
| 2014 | 충주 | 24 | 11 | 0 | 3 | 22 | 22 | 5 | 0 |
| 통산 | | 24 | 11 | 0 | 3 | 22 | 22 | 5 | 0 |

**최연근** (崔延瑾) 중앙대 1988.04.01

| 연도 | 소속 | 출장 | 교체 | 득점 | 도움 | 파울 | 슈팅 | 경고 | 퇴장 |
|---|---|---|---|---|---|---|---|---|---|
| 2011 | 성남 | 0 | 0 | 0 | 0 | 0 | 0 | 0 | 0 |
| 통산 | | 0 | 0 | 0 | 0 | 0 | 0 | 0 | 0 |

**최영근** (崔永根) 한양대 1972.07.16

| 연도 | 소속 | 출장 | 교체 | 득점 | 도움 | 파울 | 슈팅 | 경고 | 퇴장 |
|---|---|---|---|---|---|---|---|---|---|
| 1998 | 부산 | 8 | 3 | 0 | 0 | 16 | 2 | 1 | 0 |
| 1999 | 부산 | 6 | 6 | 0 | 0 | 1 | 0 | 1 | 0 |
| 통산 | | 14 | 9 | 0 | 0 | 17 | 2 | 1 | 0 |

**최영남** (崔永男) 아주대 1984.07.27

| 연도 | 소속 | 출장 | 교체 | 득점 | 도움 | 파울 | 슈팅 | 경고 | 퇴장 |
|---|---|---|---|---|---|---|---|---|---|
| 2010 | 강원 | 13 | 2 | 1 | 2 | 7 | 7 | 0 | 0 |
| 통산 | | 13 | 2 | 1 | 2 | 7 | 7 | 0 | 0 |

**최영일** (崔英一) 동아대 1966.04.25

| 연도 | 소속 | 출장 | 교체 | 득점 | 도움 | 파울 | 슈팅 | 경고 | 퇴장 |
|---|---|---|---|---|---|---|---|---|---|
| 1989 | 현대 | 29 | 3 | 0 | 0 | 62 | 16 | 4 | 0 |
| 1990 | 현대 | 21 | 5 | 0 | 0 | 26 | 6 | 2 | 0 |
| 1991 | 현대 | 34 | 1 | 0 | 0 | 59 | 14 | 6 | 0 |
| 1992 | 현대 | 37 | 6 | 1 | 0 | 50 | 25 | 1 | 0 |
| 1993 | 현대 | 13 | 1 | 0 | 0 | 14 | 1 | 1 | 0 |
| 1994 | 현대 | 17 | 1 | 0 | 1 | 27 | 5 | 7 | 0 |
| 1995 | 현대 | 33 | 0 | 0 | 1 | 49 | 5 | 6 | 0 |
| 1996 | 울산 | 31 | 0 | 2 | 0 | 60 | 9 | 7 | 0 |
| 1997 | 부산 | 28 | 2 | 0 | 1 | 53 | 7 | 3 | 0 |
| 1998 | 부산 | 8 | 1 | 0 | 1 | 13 | 0 | 1 | 1 |
| 2000 | 안양 | 5 | 4 | 0 | 0 | 2 | 0 | 1 | 0 |
| 통산 | | 266 | 28 | 3 | 6 | 417 | 96 | 37 | 1 |

**최영일** (崔永一) 관동대 1984.03.10

| 연도 | 소속 | 출장 | 교체 | 득점 | 도움 | 파울 | 슈팅 | 경고 | 퇴장 |
|---|---|---|---|---|---|---|---|---|---|
| 2007 | 서울 | 0 | 0 | 0 | 0 | 0 | 0 | 0 | 0 |
| 통산 | | 0 | 0 | 0 | 0 | 0 | 0 | 0 | 0 |

**최영준** (崔榮俊) 연세대 1965.08.16

| 연도 | 소속 | 출장 | 교체 | 득점 | 도움 | 파울 | 슈팅 | 경고 | 퇴장 |
|---|---|---|---|---|---|---|---|---|---|
| 1988 | 럭금 | 22 | 0 | 0 | 0 | 18 | 9 | 0 | 0 |
| 1989 | 럭금 | 27 | 1 | 0 | 1 | 19 | 4 | 0 | 0 |
| 1990 | 럭금 | 23 | 0 | 1 | 0 | 23 | 6 | 0 | 0 |
| 1991 | LG | 37 | 5 | 0 | 1 | 34 | 10 | 1 | 0 |
| 1992 | LG | 27 | 4 | 1 | 0 | 52 | 6 | 3 | 0 |
| 1993 | LG | 27 | 1 | 0 | 1 | 39 | 9 | 3 | 0 |
| 1994 | LG | 24 | 1 | 0 | 1 | 14 | 10 | 4 | 0 |
| 1995 | 현대 | 21 | 2 | 1 | 1 | 12 | 10 | 0 | 0 |
| 1996 | 울산 | 12 | 3 | 0 | 1 | 12 | 1 | 0 | 0 |
| 통산 | | 210 | 19 | 4 | 4 | 223 | 57 | 14 | 0 |

**최영준** (崔榮峻) 건국대 1991.12.15

| 연도 | 소속 | 출장 | 교체 | 득점 | 도움 | 파울 | 슈팅 | 경고 | 퇴장 |
|---|---|---|---|---|---|---|---|---|---|
| 2011 | 경남 | 17 | 6 | 1 | 0 | 25 | 7 | 3 | 0 |
| 2012 | 경남 | 35 | 9 | 0 | 1 | 39 | 22 | 3 | 0 |
| 2013 | 경남 | 18 | 10 | 0 | 0 | 21 | 8 | 3 | 0 |
| 2014 | 경남 | 23 | 12 | 0 | 3 | 27 | 14 | 2 | 0 |
| 통산 | | 93 | 37 | 0 | 5 | 112 | 51 | 11 | 0 |

**최영회** (崔永回) 충북대 1960.02.14

| 연도 | 소속 | 출장 | 교체 | 득점 | 도움 | 파울 | 슈팅 | 경고 | 퇴장 |
|---|---|---|---|---|---|---|---|---|---|
| 1984 | 한일은 | 26 | 2 | 0 | 0 | 19 | 19 | 1 | 0 |
| 1985 | 한일은 | 21 | 0 | 3 | 2 | 14 | 24 | 0 | 0 |
| 1986 | 한일은 | 16 | 0 | 1 | 0 | 8 | 15 | 0 | 0 |
| 통산 | | 63 | 2 | 4 | 2 | 41 | 58 | 1 | 0 |

**최영훈** (崔榮勳) 이리고 1981.03.18

| 연도 | 소속 | 출장 | 교체 | 득점 | 도움 | 파울 | 슈팅 | 경고 | 퇴장 |
|---|---|---|---|---|---|---|---|---|---|
| 2000 | 전북 | 2 | 2 | 0 | 0 | 1 | 0 | 0 | 0 |
| 2001 | 전북 | 5 | 5 | 0 | 0 | 4 | 1 | 0 | 0 |
| 2002 | 전북 | 6 | 7 | 0 | 0 | 7 | 6 | 1 | 0 |
| 2003 | 전북 | 23 | 23 | 1 | 1 | 22 | 12 | 1 | 0 |
| 2004 | 전북 | 21 | 15 | 0 | 1 | 16 | 10 | 1 | 0 |
| 2005 | 전북 | 2 | 2 | 0 | 0 | 1 | 0 | 1 | 0 |

| 연도 | 소속 | 출장 | 교체 | 득점 | 도움 | 파울 | 슈팅 | 경고 | 퇴장 |
|---|---|---|---|---|---|---|---|---|---|
| 2006 | 전북 | 21 | 13 | 0 | 3 | 36 | 27 | 2 | 0 |
| 2007 | 인천 | 5 | 5 | 0 | 0 | 3 | 1 | 0 | 0 |
| 2008 | 인천 | 3 | 2 | 0 | 0 | 6 | 2 | 0 | 0 |
| 통산 | | 88 | 74 | 2 | 4 | 93 | 62 | 6 | 0 |

**최영희**(崔營熙) 아주대 1969.02.26

| 연도 | 소속 | 출장 | 교체 | 득점 | 도움 | 파울 | 슈팅 | 경고 | 퇴장 |
|---|---|---|---|---|---|---|---|---|---|
| 1992 | 대우 | 17 | 13 | 1 | 0 | 7 | 4 | 1 | 0 |
| 1993 | 대우 | 11 | 11 | 0 | 0 | 4 | 4 | 1 | 0 |
| 1994 | 대우 | 14 | 1 | 2 | 0 | 18 | 8 | 0 | 0 |
| 1995 | 대우 | 10 | 9 | 0 | 0 | 4 | 1 | 0 | 0 |
| 1996 | 부산 | 12 | 7 | 0 | 0 | 5 | 2 | 0 | 0 |
| 1997 | 전남 | 9 | 7 | 0 | 0 | 17 | 9 | 2 | 0 |
| 1998 | 전남 | 3 | 2 | 0 | 0 | 5 | 0 | 0 | 0 |
| 통산 | | 76 | 50 | 3 | 0 | 63 | 35 | 5 | 0 |

**최왕길**(崔王吉) 한라대 1987.01.08

| 연도 | 소속 | 출장 | 교체 | 득점 | 도움 | 파울 | 슈팅 | 경고 | 퇴장 |
|---|---|---|---|---|---|---|---|---|---|
| 2011 | 대전 | 1 | 1 | 0 | 0 | 1 | 0 | 0 | 0 |

**최용길**(崔溶吉) 연세대 1965.03.15

| 연도 | 소속 | 출장 | 교체 | 득점 | 도움 | 파울 | 슈팅 | 경고 | 퇴장 |
|---|---|---|---|---|---|---|---|---|---|
| 1986 | 한일은 | 12 | 9 | 1 | 0 | 9 | 3 | 0 | 0 |
| 통산 | | 12 | 9 | 1 | 0 | 9 | 3 | 0 | 0 |

**최용수**(崔龍洙) 연세대 1973.09.10

| 연도 | 소속 | 출장 | 교체 | 득점 | 도움 | 파울 | 슈팅 | 경고 | 퇴장 |
|---|---|---|---|---|---|---|---|---|---|
| 1994 | LG | 35 | 10 | 10 | 7 | 31 | 89 | 2 | 0 |
| 1995 | LG | 28 | 1 | 11 | 2 | 38 | 83 | 5 | 0 |
| 1996 | 안양 | 22 | 7 | 5 | 3 | 21 | 44 | 2 | 0 |
| 1999 | 안양 | 27 | 5 | 14 | 4 | 48 | 96 | 2 | 0 |
| 2000 | 안양 | 34 | 10 | 14 | 10 | 62 | 76 | 6 | 0 |
| 2006 | 서울 | 2 | 2 | 0 | 0 | 2 | 0 | 0 | 0 |
| 통산 | | 148 | 35 | 54 | 26 | 202 | 388 | 17 | 0 |

**최우재**(催佑在) 중앙대 1990.03.27

| 연도 | 소속 | 출장 | 교체 | 득점 | 도움 | 파울 | 슈팅 | 경고 | 퇴장 |
|---|---|---|---|---|---|---|---|---|---|
| 2013 | 강원 | 17 | 4 | 0 | 0 | 28 | 1 | 6 | 0 |
| 2014 | 강원 | 15 | 8 | 1 | 0 | 15 | 8 | 4 | 0 |
| 통산 | | 32 | 12 | 1 | 0 | 43 | 9 | 10 | 0 |

**최원권**(崔源權) 동북고 1981.11.08

| 연도 | 소속 | 출장 | 교체 | 득점 | 도움 | 파울 | 슈팅 | 경고 | 퇴장 |
|---|---|---|---|---|---|---|---|---|---|
| 2000 | 안양 | 4 | 3 | 0 | 1 | 4 | 3 | 0 | 0 |
| 2001 | 안양 | 22 | 21 | 0 | 1 | 23 | 18 | 0 | 0 |
| 2002 | 안양 | 20 | 10 | 0 | 2 | 27 | 18 | 3 | 0 |
| 2003 | 안양 | 25 | 15 | 2 | 1 | 38 | 26 | 3 | 0 |
| 2004 | 서울 | 19 | 8 | 1 | 2 | 41 | 15 | 3 | 0 |
| 2005 | 서울 | 11 | 7 | 0 | 0 | 19 | 6 | 2 | 0 |
| 2006 | 서울 | 14 | 4 | 0 | 3 | 19 | 16 | 3 | 0 |
| 2007 | 서울 | 33 | 4 | 0 | 2 | 60 | 11 | 3 | 0 |
| 2008 | 서울 | 30 | 5 | 0 | 3 | 38 | 9 | 4 | 0 |
| 2009 | 광주상 | 26 | 2 | 0 | 1 | 27 | 37 | 6 | 0 |
| 2010 | 광주상 | 24 | 8 | 3 | 0 | 29 | 38 | 6 | 0 |
| 2011 | 제주 | 15 | 9 | 0 | 0 | 21 | 8 | 1 | 0 |
| 2012 | 제주 | 27 | 11 | 0 | 0 | 31 | 4 | 7 | 0 |
| 2013 | 제주 | 2 | 2 | 0 | 0 | 3 | 1 | 1 | 0 |
| 2013 | 대구 | 12 | 2 | 0 | 0 | 16 | 8 | 2 | 0 |
| 2014 | 대구 | 15 | 1 | 1 | 0 | 16 | 7 | 4 | 0 |
| 통산 | | 289 | 116 | 12 | 19 | 409 | 226 | 48 | 0 |

**최원우**(崔原友) 포철공고 1988.10.13

| 연도 | 소속 | 출장 | 교체 | 득점 | 도움 | 파울 | 슈팅 | 경고 | 퇴장 |
|---|---|---|---|---|---|---|---|---|---|
| 2007 | 경남 | 1 | 1 | 0 | 0 | 1 | 0 | 0 | 0 |
| 2008 | 광주상 | 2 | 2 | 0 | 0 | 1 | 0 | 0 | 0 |
| 2010 | 경남 | 1 | 1 | 0 | 0 | 1 | 1 | 0 | 0 |
| 통산 | | 4 | 4 | 0 | 0 | 3 | 1 | 0 | 0 |

**최원욱**(崔源旭) 숭실대 1990.04.27

| 연도 | 소속 | 출장 | 교체 | 득점 | 도움 | 파울 | 슈팅 | 경고 | 퇴장 |
|---|---|---|---|---|---|---|---|---|---|
| 2011 | 서울 | 0 | 0 | 0 | 0 | 0 | 0 | 0 | 0 |
| 2013 | 경찰 | 1 | 1 | 0 | 0 | 4 | 1 | 0 | 0 |
| 통산 | | 1 | 1 | 0 | 0 | 4 | 1 | 0 | 0 |

**최월규**(崔月奎) 아주대 1973.06.28

| 연도 | 소속 | 출장 | 교체 | 득점 | 도움 | 파울 | 슈팅 | 경고 | 퇴장 |
|---|---|---|---|---|---|---|---|---|---|
| 1996 | 부산 | 22 | 20 | 2 | 0 | 12 | 9 | 0 | 0 |
| 1997 | 부산 | 3 | 3 | 0 | 0 | 3 | 0 | 0 | 0 |
| 2000 | 부천 | 3 | 3 | 0 | 0 | 1 | 0 | 0 | 0 |
| 통산 | | 28 | 26 | 2 | 0 | 15 | 10 | 0 | 0 |

**최윤겸**(崔允謙) 인천대학원 1962.04.21

| 연도 | 소속 | 출장 | 교체 | 득점 | 도움 | 파울 | 슈팅 | 경고 | 퇴장 |
|---|---|---|---|---|---|---|---|---|---|
| 1986 | 유공 | 10 | 1 | 0 | 0 | 18 | 5 | 1 | 0 |
| 1987 | 유공 | 27 | 7 | 1 | 0 | 40 | 9 | 4 | 0 |
| 1988 | 유공 | 11 | 1 | 0 | 1 | 11 | 1 | 1 | 0 |
| 1989 | 유공 | 30 | 6 | 1 | 0 | 45 | 11 | 3 | 0 |
| 1990 | 유공 | 21 | 2 | 0 | 0 | 41 | 6 | 2 | 0 |
| 1991 | 유공 | 37 | 12 | 1 | 0 | 63 | 8 | 3 | 0 |
| 1992 | 유공 | 26 | 10 | 2 | 0 | 45 | 21 | 3 | 0 |
| 통산 | | 162 | 39 | 5 | 1 | 263 | 61 | 17 | 0 |

**최윤열**(崔潤烈) 경희대 1974.04.17

| 연도 | 소속 | 출장 | 교체 | 득점 | 도움 | 파울 | 슈팅 | 경고 | 퇴장 |
|---|---|---|---|---|---|---|---|---|---|
| 1997 | 전남 | 29 | 6 | 1 | 0 | 72 | 5 | 6 | 0 |
| 1998 | 전남 | 31 | 3 | 0 | 0 | 105 | 5 | 8 | 0 |
| 1999 | 전남 | 21 | 5 | 1 | 0 | 46 | 4 | 3 | 0 |
| 2000 | 전남 | 0 | 0 | 0 | 0 | 0 | 0 | 0 | 0 |
| 2000 | 안양 | 7 | 3 | 0 | 0 | 13 | 1 | 1 | 0 |
| 2001 | 안양 | 22 | 2 | 0 | 0 | 58 | 4 | 6 | 1 |
| 2002 | 안양 | 27 | 7 | 0 | 0 | 48 | 2 | 0 | 0 |
| 2003 | 포항 | 34 | 6 | 2 | 0 | 51 | 4 | 5 | 0 |
| 2004 | 대전 | 13 | 0 | 0 | 0 | 27 | 0 | 2 | 0 |
| 2005 | 대전 | 26 | 1 | 1 | 0 | 49 | 5 | 3 | 0 |
| 2006 | 대전 | 21 | 1 | 0 | 2 | 42 | 8 | 3 | 0 |
| 2007 | 대전 | 20 | 2 | 0 | 0 | 37 | 2 | 4 | 0 |
| 통산 | | 250 | 37 | 5 | 1 | 555 | 42 | 45 | 1 |

**최윤호**(崔允浩) 아주대 1974.09.15

| 연도 | 소속 | 출장 | 교체 | 득점 | 도움 | 파울 | 슈팅 | 경고 | 퇴장 |
|---|---|---|---|---|---|---|---|---|---|
| 1997 | 부산 | 10 | 10 | 0 | 0 | 8 | 6 | 0 | 0 |
| 통산 | | 10 | 10 | 0 | 0 | 8 | 6 | 0 | 0 |

**최은성**(崔殷誠) 인천대 1971.04.05

| 연도 | 소속 | 출장 | 교체 | 실점 | 도움 | 파울 | 슈팅 | 경고 | 퇴장 |
|---|---|---|---|---|---|---|---|---|---|
| 1997 | 대전 | 35 | 2 | 46 | 0 | 0 | 0 | 1 | 0 |
| 1998 | 대전 | 33 | 1 | 55 | 0 | 1 | 0 | 3 | 0 |
| 1999 | 대전 | 32 | 0 | 55 | 0 | 1 | 0 | 1 | 0 |
| 2000 | 대전 | 33 | 0 | 46 | 0 | 2 | 0 | 1 | 0 |
| 2001 | 대전 | 35 | 0 | 35 | 0 | 0 | 1 | 0 | 0 |
| 2002 | 대전 | 25 | 0 | 35 | 0 | 0 | 1 | 0 | 0 |
| 2003 | 대전 | 37 | 1 | 39 | 0 | 1 | 4 | 1 | 0 |
| 2004 | 대전 | 33 | 1 | 39 | 0 | 0 | 0 | 2 | 0 |
| 2005 | 대전 | 39 | 0 | 41 | 0 | 3 | 0 | 1 | 0 |
| 2006 | 대전 | 39 | 0 | 41 | 0 | 0 | 3 | 2 | 0 |
| 2007 | 대전 | 31 | 0 | 39 | 0 | 0 | 0 | 1 | 0 |
| 2009 | 대전 | 28 | 0 | 35 | 0 | 0 | 0 | 2 | 0 |
| 2010 | 대전 | 13 | 0 | 25 | 1 | 0 | 0 | 0 | 0 |
| 2011 | 대전 | 13 | 0 | 21 | 1 | 53 | 0 | 0 | 0 |
| 2012 | 전북 | 1 | 1 | 36 | 0 | 1 | 4 | 0 | 0 |
| 2013 | 전북 | 31 | 1 | 39 | 0 | 0 | 0 | 1 | 0 |
| 2014 | 전북 | 3 | 1 | 3 | 0 | 0 | 0 | 0 | 0 |
| 통산 | | 532 | 11 | 674 | 1 | 12 | 2 | 17 | 2 |

**최익형**(崔翼馨) 고려대 1973.08.05

| 연도 | 소속 | 출장 | 교체 | 득점 | 도움 | 파울 | 슈팅 | 경고 | 퇴장 |
|---|---|---|---|---|---|---|---|---|---|
| 1999 | 전남 | 0 | 0 | 0 | 0 | 0 | 0 | 0 | 0 |
| 통산 | | 0 | 0 | 0 | 0 | 0 | 0 | 0 | 0 |

**최인석**(崔仁碩) 경일대 1979.08.07

| 연도 | 소속 | 출장 | 교체 | 득점 | 도움 | 파울 | 슈팅 | 경고 | 퇴장 |
|---|---|---|---|---|---|---|---|---|---|
| 2002 | 대전 | 4 | 3 | 0 | 0 | 4 | 1 | 0 | 0 |
| 통산 | | 4 | 3 | 0 | 0 | 4 | 1 | 0 | 0 |

**최인영**(崔仁永) 서울시립대 1961.09.30

| 연도 | 소속 | 출장 | 교체 | 실점 | 도움 | 파울 | 슈팅 | 경고 | 퇴장 |
|---|---|---|---|---|---|---|---|---|---|
| 1983 | 국민은 | 2 | 0 | 4 | 0 | 0 | 0 | 0 | 0 |
| 1984 | 현대 | 22 | 0 | 26 | 0 | 0 | 1 | 0 | 0 |
| 1985 | 현대 | 4 | 1 | 3 | 0 | 0 | 0 | 0 | 0 |
| 1986 | 현대 | 17 | 0 | 14 | 0 | 0 | 1 | 0 | 0 |
| 1987 | 현대 | 13 | 1 | 20 | 0 | 0 | 1 | 0 | 0 |
| 1988 | 현대 | 4 | 0 | 7 | 0 | 1 | 0 | 0 | 0 |
| 1989 | 현대 | 27 | 1 | 32 | 0 | 0 | 1 | 0 | 0 |
| 1990 | 현대 | 10 | 0 | 11 | 0 | 1 | 0 | 0 | 0 |
| 1991 | 현대 | 30 | 1 | 17 | 0 | 2 | 0 | 0 | 0 |
| 1992 | 현대 | 28 | 2 | 26 | 0 | 1 | 0 | 3 | 0 |
| 1993 | 현대 | 12 | 0 | 8 | 0 | 0 | 0 | 0 | 0 |
| 1994 | 현대 | 6 | 0 | 6 | 0 | 0 | 0 | 0 | 0 |
| 1995 | 현대 | 1 | 1 | 0 | 0 | 0 | 0 | 0 | 0 |
| 1996 | 울산 | 0 | 0 | 0 | 0 | 0 | 0 | 0 | 0 |

**최인창**(崔仁暢) 한양대 1990.04.11

| 연도 | 소속 | 출장 | 교체 | 득점 | 도움 | 파울 | 슈팅 | 경고 | 퇴장 |
|---|---|---|---|---|---|---|---|---|---|
| 2013 | 부천 | 10 | 9 | 1 | 0 | 7 | 4 | 2 | 0 |
| 2014 | 부천 | 31 | 20 | 4 | 2 | 70 | 40 | 5 | 0 |
| 통산 | | 41 | 29 | 5 | 2 | 77 | 44 | 7 | 0 |

**최인후**(崔仁厚) 동북고 1995.05.04

| 연도 | 소속 | 출장 | 교체 | 득점 | 도움 | 파울 | 슈팅 | 경고 | 퇴장 |
|---|---|---|---|---|---|---|---|---|---|
| 2014 | 강원 | 0 | 0 | 0 | 0 | 0 | 0 | 0 | 0 |
| 통산 | | 0 | 0 | 0 | 0 | 0 | 0 | 0 | 0 |

**최재수**(崔在洙) 연세대 1983.05.02

| 연도 | 소속 | 출장 | 교체 | 득점 | 도움 | 파울 | 슈팅 | 경고 | 퇴장 |
|---|---|---|---|---|---|---|---|---|---|
| 2004 | 서울 | 7 | 7 | 0 | 0 | 7 | 3 | 0 | 0 |
| 2005 | 서울 | 17 | 6 | 1 | 1 | 29 | 8 | 6 | 0 |
| 2006 | 서울 | 11 | 3 | 0 | 0 | 15 | 4 | 4 | 0 |
| 2007 | 서울 | 0 | 0 | 0 | 0 | 0 | 0 | 0 | 0 |
| 2008 | 광주상 | 26 | 14 | 0 | 4 | 33 | 20 | 3 | 0 |
| 2009 | 광주상 | 18 | 3 | 0 | 3 | 21 | 25 | 2 | 0 |
| 2010 | 울산 | 28 | 17 | 0 | 6 | 25 | 13 | 3 | 0 |
| 2011 | 울산 | 40 | 6 | 1 | 11 | 44 | 31 | 8 | 1 |
| 2012 | 울산 | 6 | 3 | 1 | 1 | 13 | 4 | 0 | 0 |
| 2012 | 수원 | 19 | 12 | 1 | 1 | 19 | 6 | 5 | 0 |
| 2013 | 수원 | 26 | 7 | 0 | 0 | 34 | 20 | 7 | 0 |
| 2014 | 수원 | 16 | 11 | 3 | 0 | 18 | 11 | 5 | 0 |
| 통산 | | 214 | 89 | 7 | 27 | 258 | 145 | 43 | 1 |

**최재영**(崔宰榮) 홍익대 1983.07.14

| 연도 | 소속 | 출장 | 교체 | 득점 | 도움 | 파울 | 슈팅 | 경고 | 퇴장 |
|---|---|---|---|---|---|---|---|---|---|
| 2005 | 광주상 | 2 | 2 | 0 | 0 | 1 | 0 | 0 | 0 |
| 2009 | 성남 | 2 | 1 | 0 | 0 | 5 | 3 | 0 | 0 |
| 통산 | | 4 | 3 | 0 | 0 | 6 | 3 | 0 | 0 |

**최재영**(崔載榮) 홍익대 1983.09.22

| 연도 | 소속 | 출장 | 교체 | 득점 | 도움 | 파울 | 슈팅 | 경고 | 퇴장 |
|---|---|---|---|---|---|---|---|---|---|
| 2006 | 제주 | 9 | 8 | 0 | 1 | 12 | 9 | 1 | 0 |
| 2007 | 제주 | 1 | 1 | 0 | 0 | 2 | 5 | 0 | 0 |
| 통산 | | 10 | 9 | 0 | 1 | 14 | 14 | 1 | 0 |

**최재은**(崔宰銀) 광운대 1988.06.08

| 연도 | 소속 | 출장 | 교체 | 득점 | 도움 | 파울 | 슈팅 | 경고 | 퇴장 |
|---|---|---|---|---|---|---|---|---|---|
| 2010 | 인천 | 2 | 2 | 0 | 0 | 4 | 1 | 0 | 0 |
| 통산 | | 2 | 2 | 0 | 0 | 4 | 1 | 0 | 0 |

**최재혁**(崔宰赫) 통진종고 1964.09.17

| 연도 | 소속 | 출장 | 교체 | 득점 | 도움 | 파울 | 슈팅 | 경고 | 퇴장 |
|---|---|---|---|---|---|---|---|---|---|
| 1984 | 현대 | 8 | 5 | 2 | 0 | 7 | 7 | 0 | 0 |
| 1985 | 현대 | 15 | 9 | 0 | 3 | 15 | 9 | 1 | 0 |
| 1986 | 현대 | 10 | 6 | 0 | 1 | 5 | 4 | 0 | 0 |
| 통산 | | 33 | 20 | 2 | 4 | 27 | 20 | 1 | 0 |

**최정민**(崔禎珉) 중앙대 1977.10.07

| 연도 | 소속 | 출장 | 교체 | 득점 | 도움 | 파울 | 슈팅 | 경고 | 퇴장 |
|---|---|---|---|---|---|---|---|---|---|
| 2000 | 부천 | 3 | 2 | 0 | 0 | 2 | 1 | 1 | 0 |
| 2001 | 부천 | 17 | 3 | 1 | 0 | 26 | 6 | 1 | 0 |
| 2002 | 부천 | 12 | 6 | 0 | 0 | 27 | 11 | 2 | 0 |
| 2003 | 부천 | 20 | 3 | 0 | 0 | 32 | 5 | 3 | 0 |
| 통산 | | 52 | 12 | 1 | 0 | 81 | 14 | 7 | 0 |

**최정한**(崔正漢) 연세대 1989.06.03

| 연도 | 소속 | 출장 | 교체 | 득점 | 도움 | 파울 | 슈팅 | 경고 | 퇴장 |
|---|---|---|---|---|---|---|---|---|---|
| 2014 | 서울 | 7 | 7 | 1 | 1 | 8 | 4 | 1 | 0 |

통산 7 7 1 1 8 4 1 0

## 최정호(崔貞鎬) 한양대 1978.04.06

| 연도 | 소속 | 출장 | 교체 | 득점 | 도움 | 파울 | 슈팅 | 경고 | 퇴장 |
|---|---|---|---|---|---|---|---|---|---|
| 2001 | 전남 | 0 | 0 | 0 | 0 | 0 | 0 | 0 | 0 |
| 통산 | | 0 | 0 | 0 | 0 | 0 | 0 | 0 | 0 |

## 최종덕(崔鍾德) 고려대 1954.06.24

| 연도 | 소속 | 출장 | 교체 | 득점 | 도움 | 파울 | 슈팅 | 경고 | 퇴장 |
|---|---|---|---|---|---|---|---|---|---|
| 1983 | 할렐 | 16 | 2 | 1 | 1 | 7 | 7 | 0 | 0 |
| 1984 | 할렐 | 25 | 1 | 3 | 0 | 18 | 19 | 1 | 1 |
| 1985 | 럭금 | 17 | 3 | 1 | 0 | 11 | 5 | 1 | 0 |
| 통산 | | 58 | 6 | 5 | 1 | 36 | 31 | 2 | 1 |

## 최종범(崔鍾範) 영남대 1978.03.27

| 연도 | 소속 | 출장 | 교체 | 득점 | 도움 | 파울 | 슈팅 | 경고 | 퇴장 |
|---|---|---|---|---|---|---|---|---|---|
| 2001 | 포항 | 4 | 4 | 0 | 0 | 2 | 1 | 0 | 1 |
| 2002 | 포항 | 17 | 14 | 0 | 0 | 16 | 6 | 0 | 0 |
| 2003 | 포항 | 30 | 12 | 1 | 1 | 45 | 13 | 3 | 0 |
| 2004 | 포항 | 10 | 6 | 0 | 1 | 9 | 2 | 0 | 0 |
| 2005 | 광주상 | 30 | 7 | 2 | 2 | 47 | 19 | 3 | 0 |
| 2006 | 광주상 | 11 | 8 | 0 | 1 | 9 | 9 | 0 | 0 |
| 2008 | 포항 | 0 | 0 | 0 | 0 | 0 | 0 | 0 | 0 |
| 2009 | 대구 | 4 | 4 | 0 | 0 | 2 | 0 | 0 | 0 |
| 통산 | | 106 | 55 | 3 | 5 | 130 | 50 | 8 | 1 |

## 최종학(崔種學) 서울대 1962.05.10

| 연도 | 소속 | 출장 | 교체 | 득점 | 도움 | 파울 | 슈팅 | 경고 | 퇴장 |
|---|---|---|---|---|---|---|---|---|---|
| 1984 | 현대 | 3 | 2 | 0 | 0 | 2 | 0 | 0 | 0 |
| 1985 | 현대 | 1 | 0 | 0 | 0 | 0 | 0 | 0 | 0 |
| 통산 | | 4 | 2 | 0 | 0 | 2 | 0 | 0 | 0 |

## 최종혁(崔鍾赫) 호남대 1984.09.03

| 연도 | 소속 | 출장 | 교체 | 득점 | 도움 | 파울 | 슈팅 | 경고 | 퇴장 |
|---|---|---|---|---|---|---|---|---|---|
| 2007 | 대구 | 17 | 11 | 0 | 2 | 27 | 7 | 5 | 0 |
| 2008 | 대구 | 16 | 13 | 0 | 0 | 10 | 5 | 1 | 0 |
| 2009 | 대구 | 18 | 8 | 0 | 0 | 20 | 21 | 6 | 0 |
| 통산 | | 51 | 32 | 0 | 2 | 57 | 33 | 12 | 0 |

## 최종호(崔鍾鎬) 고려대 1968.04.07

| 연도 | 소속 | 출장 | 교체 | 득점 | 도움 | 파울 | 슈팅 | 경고 | 퇴장 |
|---|---|---|---|---|---|---|---|---|---|
| 1991 | LG | 1 | 1 | 0 | 0 | 1 | 0 | 0 | 0 |
| 1992 | LG | 1 | 1 | 0 | 0 | 1 | 0 | 0 | 0 |
| 통산 | | 2 | 2 | 0 | 0 | 1 | 0 | 0 | 0 |

## 최종환(催鍾桓) 부경대 1987.08.12

| 연도 | 소속 | 출장 | 교체 | 득점 | 도움 | 파울 | 슈팅 | 경고 | 퇴장 |
|---|---|---|---|---|---|---|---|---|---|
| 2011 | 서울 | 8 | 5 | 1 | 0 | 14 | 2 | 1 | 0 |
| 2012 | 인천 | 13 | 11 | 1 | 0 | 20 | 12 | 1 | 0 |
| 2013 | 인천 | 21 | 0 | 0 | 2 | 43 | 9 | 2 | 0 |
| 2014 | 인천 | 30 | 11 | 3 | 1 | 38 | 19 | 1 | 1 |
| 통산 | | 72 | 27 | 5 | 3 | 115 | 42 | 5 | 1 |

## 최지훈(崔智薰) 경기대 1984.09.20

| 연도 | 소속 | 출장 | 교체 | 득점 | 도움 | 파울 | 슈팅 | 경고 | 퇴장 |
|---|---|---|---|---|---|---|---|---|---|
| 2007 | 인천 | 7 | 5 | 0 | 0 | 5 | 0 | 1 | 0 |
| 통산 | | 7 | 5 | 0 | 0 | 5 | 0 | 1 | 0 |

## 최진규(崔軫圭) 동국대 1969.05.11

| 연도 | 소속 | 출장 | 교체 | 득점 | 도움 | 파울 | 슈팅 | 경고 | 퇴장 |
|---|---|---|---|---|---|---|---|---|---|
| 1995 | 전북 | 33 | 1 | 1 | 4 | 18 | 49 | 4 | 0 |
| 1996 | 전북 | 36 | 2 | 0 | 4 | 23 | 32 | 3 | 0 |
| 1997 | 전북 | 24 | 13 | 0 | 2 | 38 | 27 | 3 | 0 |
| 1998 | 전북 | 17 | 5 | 0 | 1 | 13 | 25 | 1 | 0 |
| 1999 | 전북 | 3 | 1 | 0 | 0 | 3 | 6 | 0 | 0 |
| 통산 | | 113 | 22 | 2 | 8 | 95 | 136 | 13 | 0 |

## 최진수(催進樹) 현대고 1990.06.17

| 연도 | 소속 | 출장 | 교체 | 득점 | 도움 | 파울 | 슈팅 | 경고 | 퇴장 |
|---|---|---|---|---|---|---|---|---|---|
| 2010 | 울산 | 7 | 6 | 1 | 0 | 5 | 1 | 0 | 0 |
| 2011 | 울산 | 1 | 1 | 0 | 0 | 0 | 0 | 0 | 0 |
| 2012 | 상주 | 4 | 4 | 0 | 0 | 4 | 6 | 0 | 0 |
| 2013 | 안양 | 31 | 14 | 6 | 8 | 47 | 52 | 10 | 0 |
| 2014 | 안양 | 31 | 6 | 5 | 8 | 55 | 55 | 11 | 0 |
| 통산 | | 74 | 31 | 12 | 16 | 105 | 115 | 21 | 0 |

## 최진욱(崔珍煜) 관동대 1981.08.17

| 연도 | 소속 | 출장 | 교체 | 득점 | 도움 | 파울 | 슈팅 | 경고 | 퇴장 |
|---|---|---|---|---|---|---|---|---|---|
| 2004 | 울산 | 0 | 0 | 0 | 0 | 0 | 0 | 0 | 0 |
| 통산 | | 0 | 0 | 0 | 0 | 0 | 0 | 0 | 0 |

## 최진철(崔眞喆) 숭실대 1971.03.26

| 연도 | 소속 | 출장 | 교체 | 득점 | 도움 | 파울 | 슈팅 | 경고 | 퇴장 |
|---|---|---|---|---|---|---|---|---|---|
| 1996 | 전북 | 29 | 5 | 1 | 1 | 70 | 18 | 6 | 0 |
| 1997 | 전북 | 21 | 1 | 2 | 0 | 67 | 17 | 6 | 0 |
| 1998 | 전북 | 27 | 8 | 2 | 2 | 53 | 54 | 5 | 0 |
| 1999 | 전북 | 35 | 16 | 9 | 6 | 56 | 81 | 3 | 0 |
| 2000 | 전북 | 32 | 1 | 3 | 0 | 57 | 23 | 7 | 0 |
| 2001 | 전북 | 24 | 3 | 0 | 0 | 44 | 21 | 6 | 0 |
| 2002 | 전북 | 24 | 0 | 1 | 0 | 39 | 13 | 5 | 0 |
| 2003 | 전북 | 33 | 2 | 1 | 1 | 85 | 20 | 7 | 0 |
| 2004 | 전북 | 21 | 0 | 2 | 0 | 45 | 12 | 11 | 0 |
| 2005 | 전북 | 30 | 2 | 1 | 0 | 58 | 11 | 9 | 0 |
| 2006 | 전북 | 23 | 1 | 0 | 0 | 36 | 8 | 5 | 0 |
| 2007 | 전북 | 15 | 2 | 0 | 0 | 22 | 3 | 5 | 1 |
| 통산 | | 312 | 48 | 28 | 11 | 632 | 281 | 75 | 1 |

## 최진한(崔震漢) 명지대 1961.06.22

| 연도 | 소속 | 출장 | 교체 | 득점 | 도움 | 파울 | 슈팅 | 경고 | 퇴장 |
|---|---|---|---|---|---|---|---|---|---|
| 1985 | 럭금 | 5 | 3 | 0 | 0 | 5 | 3 | 0 | 0 |
| 1986 | 럭금 | 23 | 8 | 4 | 3 | 45 | 39 | 3 | 0 |
| 1987 | 럭금 | 29 | 10 | 2 | 1 | 38 | 54 | 5 | 0 |
| 1988 | 럭금 | 23 | 7 | 4 | 1 | 26 | 49 | 1 | 0 |
| 1989 | 럭금 | 38 | 15 | 5 | 4 | 65 | 85 | 3 | 0 |
| 1990 | 럭금 | 27 | 5 | 6 | 5 | 37 | 53 | 0 | 0 |
| 1991 | LG | 9 | 5 | 0 | 1 | 15 | 11 | 0 | 0 |
| 1991 | 유공 | 18 | 8 | 1 | 0 | 17 | 28 | 2 | 0 |
| 1992 | 유공 | 17 | 11 | 2 | 1 | 25 | 24 | 1 | 0 |
| 통산 | | 186 | 72 | 35 | 16 | 263 | 350 | 16 | 0 |

## 최진호(崔鎭虎) 관동대 1989.09.22

| 연도 | 소속 | 출장 | 교체 | 득점 | 도움 | 파울 | 슈팅 | 경고 | 퇴장 |
|---|---|---|---|---|---|---|---|---|---|
| 2011 | 부산 | 12 | 10 | 1 | 0 | 6 | 5 | 1 | 0 |
| 2012 | 부산 | 7 | 7 | 1 | 0 | 2 | 3 | 0 | 0 |
| 2013 | 강원 | 24 | 17 | 6 | 2 | 16 | 27 | 3 | 0 |
| 2014 | 강원 | 33 | 13 | 9 | 3 | 23 | 74 | 1 | 0 |
| 통산 | | 76 | 47 | 21 | 11 | 47 | 109 | 5 | 0 |

## 최창수(崔昌壽) 영남대 1955.11.20

| 연도 | 소속 | 출장 | 교체 | 득점 | 도움 | 파울 | 슈팅 | 경고 | 퇴장 |
|---|---|---|---|---|---|---|---|---|---|
| 1983 | 포철 | 10 | 5 | 1 | 0 | 3 | 7 | 0 | 0 |
| 1984 | 포철 | 6 | 4 | 0 | 0 | 2 | 5 | 0 | 0 |
| 통산 | | 16 | 9 | 1 | 0 | 5 | 12 | 1 | 0 |

## 최창용(崔昌鎔) 연세대 1985.09.17

| 연도 | 소속 | 출장 | 교체 | 득점 | 도움 | 파울 | 슈팅 | 경고 | 퇴장 |
|---|---|---|---|---|---|---|---|---|---|
| 2008 | 수원 | 3 | 2 | 0 | 0 | 3 | 0 | 1 | 0 |
| 통산 | | 3 | 2 | 0 | 0 | 3 | 0 | 1 | 0 |

## 최창환(崔昌煥) 광운대 1962.08.09

| 연도 | 소속 | 출장 | 교체 | 득점 | 도움 | 파울 | 슈팅 | 경고 | 퇴장 |
|---|---|---|---|---|---|---|---|---|---|
| 1985 | 현대 | 3 | 3 | 0 | 0 | 3 | 0 | 0 | 0 |
| 통산 | | 3 | 3 | 0 | 0 | 3 | 0 | 0 | 0 |

## 최철순(崔喆淳) 충북대 1987.02.08

| 연도 | 소속 | 출장 | 교체 | 득점 | 도움 | 파울 | 슈팅 | 경고 | 퇴장 |
|---|---|---|---|---|---|---|---|---|---|
| 2006 | 전북 | 23 | 2 | 0 | 1 | 39 | 5 | 4 | 1 |
| 2007 | 전북 | 19 | 5 | 0 | 1 | 36 | 6 | 4 | 0 |
| 2008 | 전북 | 36 | 1 | 0 | 1 | 63 | 6 | 7 | 0 |
| 2009 | 전북 | 27 | 5 | 0 | 1 | 51 | 7 | 6 | 0 |
| 2010 | 전북 | 21 | 0 | 0 | 0 | 49 | 2 | 7 | 0 |
| 2011 | 전북 | 23 | 2 | 1 | 1 | 39 | 5 | 8 | 0 |
| 2012 | 전북 | 12 | 2 | 0 | 0 | 13 | 2 | 1 | 0 |
| 2012 | 상주 | 10 | 0 | 1 | 0 | 17 | 2 | 2 | 0 |
| 2013 | 상주 | 31 | 3 | 0 | 2 | 40 | 4 | 6 | 0 |
| 2014 | 상주 | 4 | 0 | 0 | 0 | 1 | 0 | 0 | 0 |
| 2014 | 전북 | 10 | 1 | 0 | 2 | 29 | 1 | 3 | 0 |
| 통산 | | 236 | 21 | 2 | 9 | 387 | 44 | 51 | 1 |

## 최철우(崔喆宇) 고려대 1977.11.30

| 연도 | 소속 | 출장 | 교체 | 득점 | 도움 | 파울 | 슈팅 | 경고 | 퇴장 |
|---|---|---|---|---|---|---|---|---|---|
| 2000 | 울산 | 12 | 7 | 5 | 0 | 13 | 30 | 1 | 0 |
| 2001 | 울산 | 8 | 8 | 0 | 0 | 13 | 4 | 0 | 0 |
| 2002 | 포항 | 27 | 21 | 4 | 1 | 29 | 23 | 0 | 0 |
| 2003 | 포항 | 21 | 16 | 4 | 1 | 31 | 31 | 0 | 0 |
| 2004 | 부천 | 5 | 5 | 0 | 1 | 2 | 2 | 0 | 0 |
| 2005 | 부천 | 25 | 15 | 6 | 0 | 37 | 38 | 1 | 0 |
| 2006 | 제주 | 24 | 13 | 4 | 1 | 28 | 33 | 3 | 0 |
| 2007 | 전북 | 12 | 7 | 1 | 0 | 14 | 5 | 1 | 0 |
| 2008 | 부산 | 9 | 7 | 0 | 0 | 12 | 6 | 2 | 0 |
| 통산 | | 143 | 99 | 24 | 4 | 181 | 160 | 9 | 0 |

## 최철주(崔澈柱) 광양농고 1961.05.26

| 연도 | 소속 | 출장 | 교체 | 득점 | 도움 | 파울 | 슈팅 | 경고 | 퇴장 |
|---|---|---|---|---|---|---|---|---|---|
| 1984 | 현대 | 2 | 2 | 0 | 0 | 0 | 5 | 0 | 0 |
| 1985 | 현대 | 2 | 0 | 0 | 0 | 0 | 0 | 0 | 0 |
| 통산 | | 3 | 1 | 0 | 0 | 0 | 5 | 0 | 0 |

## 최철희(崔哲熙) 동아대 1961.10.03

| 연도 | 소속 | 출장 | 교체 | 득점 | 도움 | 파울 | 슈팅 | 경고 | 퇴장 |
|---|---|---|---|---|---|---|---|---|---|
| 1984 | 국민 | 18 | 15 | 1 | 0 | 12 | 10 | 0 | 0 |
| 통산 | | 18 | 15 | 1 | 0 | 12 | 10 | 0 | 0 |

## 최청일(崔靑一) 연세대 1968.04.25

| 연도 | 소속 | 출장 | 교체 | 득점 | 도움 | 파울 | 슈팅 | 경고 | 퇴장 |
|---|---|---|---|---|---|---|---|---|---|
| 1989 | 일화 | 13 | 11 | 1 | 1 | 15 | 7 | 0 | 0 |
| 1990 | 일화 | 17 | 15 | 2 | 1 | 15 | 9 | 0 | 0 |
| 1991 | 일화 | 7 | 8 | 0 | 0 | 2 | 4 | 0 | 0 |
| 1991 | 현대 | 1 | 1 | 0 | 0 | 3 | 0 | 0 | 0 |
| 1992 | 현대 | 13 | 8 | 1 | 1 | 15 | 7 | 1 | 0 |
| 1993 | 현대 | 13 | 8 | 1 | 1 | 5 | 7 | 1 | 0 |
| 1994 | 현대 | 3 | 2 | 0 | 0 | 3 | 1 | 0 | 0 |
| 1996 | 전남 | 3 | 3 | 0 | 0 | 0 | 1 | 0 | 0 |
| 통산 | | 66 | 57 | 3 | 5 | 70 | 34 | 6 | 1 |

## 최태섭(崔台燮) 성균관대 1962.01.12

| 연도 | 소속 | 출장 | 교체 | 득점 | 도움 | 파울 | 슈팅 | 경고 | 퇴장 |
|---|---|---|---|---|---|---|---|---|---|
| 1985 | 한일은 | 1 | 1 | 0 | 0 | 0 | 1 | 0 | 0 |
| 통산 | | 1 | 1 | 0 | 0 | 0 | 1 | 0 | 0 |

## 최태성(崔泰成) 신한고 1977.06.16

| 연도 | 소속 | 출장 | 교체 | 득점 | 도움 | 파울 | 슈팅 | 경고 | 퇴장 |
|---|---|---|---|---|---|---|---|---|---|
| 1997 | 부산 | 1 | 1 | 0 | 0 | 0 | 0 | 0 | 0 |
| 1998 | 부산 | 7 | 6 | 0 | 0 | 3 | 4 | 0 | 0 |
| 2002 | 부산 | 1 | 1 | 0 | 0 | 0 | 0 | 0 | 0 |
| 통산 | | 9 | 8 | 0 | 0 | 3 | 4 | 0 | 0 |

## 최태욱(崔兌旭) 부평고 1981.03.13

| 연도 | 소속 | 출장 | 교체 | 득점 | 도움 | 파울 | 슈팅 | 경고 | 퇴장 |
|---|---|---|---|---|---|---|---|---|---|
| 2000 | 안양 | 16 | 16 | 1 | 0 | 9 | 7 | 0 | 0 |
| 2001 | 안양 | 31 | 9 | 0 | 3 | 21 | 18 | 3 | 0 |
| 2002 | 안양 | 17 | 13 | 1 | 6 | 17 | 18 | 0 | 0 |
| 2003 | 안양 | 36 | 17 | 3 | 5 | 16 | 29 | 2 | 0 |
| 2004 | 인천 | 23 | 11 | 5 | 3 | 29 | 44 | 1 | 0 |
| 2006 | 포항 | 25 | 24 | 2 | 2 | 17 | 16 | 0 | 0 |
| 2007 | 전북 | 19 | 11 | 1 | 1 | 5 | 26 | 0 | 0 |
| 2008 | 전북 | 26 | 20 | 4 | 3 | 24 | 33 | 1 | 0 |
| 2009 | 전북 | 32 | 16 | 9 | 12 | 30 | 48 | 1 | 0 |
| 2010 | 전북 | 15 | 9 | 2 | 6 | 15 | 19 | 0 | 0 |
| 2010 | 서울 | 16 | 10 | 6 | 2 | 19 | 19 | 0 | 0 |
| 2011 | 서울 | 14 | 14 | 0 | 3 | 12 | 10 | 0 | 0 |
| 2012 | 서울 | 28 | 29 | 2 | 7 | 11 | 7 | 0 | 0 |
| 2013 | 서울 | 10 | 11 | 0 | 0 | 11 | 6 | 0 | 0 |
| 2014 | 울산 | 5 | 5 | 0 | 0 | 5 | 3 | 0 | 0 |
| 통산 | | 313 | 205 | 37 | 51 | 212 | 302 | 8 | 0 |

## 최태진(崔泰鎭) 고려대 1961.05.14

| 연도 | 소속 | 출장 | 교체 | 득점 | 도움 | 파울 | 슈팅 | 경고 | 퇴장 |
|---|---|---|---|---|---|---|---|---|---|
| 1985 | 대우 | 21 | 1 | 1 | 2 | 37 | 29 | 1 | 0 |
| 1986 | 대우 | 26 | 5 | 4 | 2 | 32 | 43 | 1 | 1 |
| 1987 | 대우 | 30 | 2 | 1 | 1 | 44 | 53 | 1 | 0 |
| 1988 | 대우 | 22 | 4 | 5 | 1 | 29 | 33 | 2 | 0 |
| 1989 | 럭금 | 34 | 2 | 3 | 0 | 37 | 70 | 3 | 0 |
| 1990 | 럭금 | 29 | 5 | 2 | 2 | 31 | 49 | 2 | 0 |
| 1991 | LG | 8 | 1 | 1 | 1 | 24 | 29 | 2 | 0 |
| 1992 | LG | 17 | 10 | 0 | 0 | 14 | 13 | 0 | 0 |
| 통산 | | 181 | 33 | 18 | 8 | 210 | 272 | 11 | 1 |

## 최필수(崔弼守) 성균관대 1991.06.20

| 연도 | 소속 | 출장 | 교체 | 실점 | 도움 | 파울 | 슈팅 | 경고 | 퇴장 |
|---|---|---|---|---|---|---|---|---|---|
| 2014 | 안양 | 2 | 0 | 2 | 0 | 0 | 0 | 0 | 0 |
| 통산 | | 2 | 0 | 2 | 0 | 0 | 0 | 0 | 0 |

## 최한욱(崔漢旭) 선문대 1981.03.02

| 연도 | 소속 | 출장 | 교체 | 득점 | 도움 | 파울 | 슈팅 | 경고 | 퇴장 |
|---|---|---|---|---|---|---|---|---|---|
| 2004 | 대구 | 5 | 3 | 0 | 1 | 9 | 4 | 0 | 0 |
| 2005 | 대구 | 1 | 1 | 0 | 0 | 1 | 0 | 0 | 0 |
| 통산 | | 6 | 4 | 0 | 1 | 10 | 4 | 0 | 0 |

## 최현(崔炫) 중앙대 1978.11.07

| 연도 | 소속 | 출장 | 교체 | 실점 | 도움 | 파울 | 슈팅 | 경고 | 퇴장 |
|---|---|---|---|---|---|---|---|---|---|
| 2002 | 부천 | 26 | 0 | 40 | 0 | 1 | 0 | 0 | 1 |
| 2003 | 부천 | 13 | 1 | 24 | 0 | 0 | 0 | 1 | 0 |
| 2004 | 부천 | 0 | 0 | 0 | 0 | 0 | 0 | 0 | 0 |
| 2005 | 부천 | 0 | 0 | 0 | 0 | 0 | 0 | 0 | 0 |
| 2006 | 제주 | 7 | 2 | 7 | 0 | 0 | 0 | 0 | 0 |
| 2007 | 제주 | 16 | 1 | 19 | 0 | 0 | 0 | 1 | 0 |
| 2008 | 경남 | 0 | 0 | 0 | 0 | 0 | 0 | 0 | 0 |
| 2008 | 부산 | 4 | 0 | 3 | 0 | 0 | 0 | 0 | 0 |
| 2009 | 부산 | 33 | 2 | 46 | 0 | 0 | 0 | 5 | 0 |
| 2010 | 부산 | 5 | 0 | 13 | 0 | 0 | 0 | 0 | 0 |
| 2011 | 대전 | 5 | 0 | 13 | 0 | 0 | 0 | 0 | 0 |
| 2012 | 대전 | 8 | 1 | 12 | 0 | 0 | 0 | 1 | 0 |
| 통산 | | 113 | 7 | 165 | 0 | 1 | 0 | 12 | 0 |

## 최현연(崔玹蓮) 울산대 1984.04.16

| 연도 | 소속 | 출장 | 교체 | 득점 | 도움 | 파울 | 슈팅 | 경고 | 퇴장 |
|---|---|---|---|---|---|---|---|---|---|
| 2006 | 제주 | 17 | 14 | 0 | 3 | 21 | 17 | 4 | 0 |
| 2007 | 제주 | 17 | 11 | 3 | 0 | 19 | 23 | 1 | 0 |
| 2008 | 제주 | 26 | 17 | 2 | 1 | 22 | 22 | 0 | 0 |
| 2009 | 제주 | 17 | 10 | 1 | 4 | 31 | 21 | 3 | 0 |
| 2010 | 포항 | 5 | 5 | 0 | 0 | 5 | 5 | 0 | 0 |
| 2012 | 경남 | 26 | 20 | 1 | 1 | 29 | 17 | 3 | 0 |
| 2013 | 경남 | 17 | 9 | 0 | 1 | 19 | 6 | 5 | 0 |
| 2014 | 경남 | 1 | 0 | 0 | 0 | 1 | 0 | 0 | 0 |
| 통산 | | 129 | 86 | 7 | 10 | 147 | 111 | 16 | 0 |

## 최현태(崔玹態) 동아대 1987.09.15

| 연도 | 소속 | 출장 | 교체 | 득점 | 도움 | 파울 | 슈팅 | 경고 | 퇴장 |
|---|---|---|---|---|---|---|---|---|---|
| 2010 | 서울 | 22 | 16 | 0 | 2 | 11 | 5 | 1 | 0 |
| 2011 | 서울 | 28 | 10 | 1 | 0 | 26 | 12 | 4 | 0 |
| 2012 | 서울 | 27 | 11 | 0 | 1 | 36 | 17 | 4 | 0 |
| 2013 | 서울 | 14 | 10 | 0 | 1 | 11 | 5 | 1 | 0 |
| 2014 | 서울 | 17 | 14 | 0 | 0 | 26 | 14 | 3 | 0 |
| 통산 | | 108 | 61 | 1 | 2 | 110 | 53 | 13 | 0 |

## 최형준(崔亨俊) 경희대 1980.06.04

| 연도 | 소속 | 출장 | 교체 | 득점 | 도움 | 파울 | 슈팅 | 경고 | 퇴장 |
|---|---|---|---|---|---|---|---|---|---|
| 2003 | 부천 | 14 | 2 | 0 | 0 | 23 | 4 | 1 | 0 |
| 2004 | 부천 | 1 | 0 | 0 | 0 | 1 | 0 | 0 | 0 |
| 2005 | 대전 | 4 | 3 | 0 | 0 | 10 | 0 | 1 | 0 |
| 통산 | | 19 | 5 | 0 | 0 | 34 | 4 | 3 | 2 |

## 최호정(崔皓程) 관동대 1989.12.08

| 연도 | 소속 | 출장 | 교체 | 득점 | 도움 | 파울 | 슈팅 | 경고 | 퇴장 |
|---|---|---|---|---|---|---|---|---|---|
| 2010 | 대구 | 17 | 2 | 0 | 0 | 27 | 7 | 6 | 0 |
| 2011 | 대구 | 8 | 7 | 0 | 0 | 5 | 1 | 1 | 0 |
| 2012 | 대구 | 31 | 4 | 4 | 0 | 47 | 14 | 5 | 0 |
| 2013 | 대구 | 25 | 2 | 1 | 1 | 26 | 10 | 2 | 0 |
| 2014 | 상주 | 27 | 0 | 1 | 0 | 36 | 11 | 3 | 0 |
| 통산 | | 108 | 15 | 6 | 1 | 141 | 43 | 17 | 0 |

## 최홍식(崔洪植) 강릉상고 1959.09.06

| 연도 | 소속 | 출장 | 교체 | 득점 | 도움 | 파울 | 슈팅 | 경고 | 퇴장 |
|---|---|---|---|---|---|---|---|---|---|
| 1984 | 유공 | 10 | 8 | 1 | 1 | 7 | 13 | 0 | 0 |
| 1985 | 할렐 | 15 | 8 | 0 | 1 | 3 | 22 | 0 | 0 |
| 통산 | | 25 | 16 | 1 | 2 | 10 | 35 | 0 | 0 |

## 최효진(崔孝鎭) 아주대 1983.08.18

| 연도 | 소속 | 출장 | 교체 | 득점 | 도움 | 파울 | 슈팅 | 경고 | 퇴장 |
|---|---|---|---|---|---|---|---|---|---|
| 2005 | 인천 | 34 | 7 | 1 | 2 | 65 | 29 | 4 | 0 |
| 2006 | 인천 | 36 | 6 | 4 | 1 | 59 | 37 | 5 | 0 |
| 2007 | 포항 | 26 | 10 | 3 | 1 | 44 | 36 | 5 | 0 |
| 2008 | 포항 | 26 | 3 | 2 | 3 | 42 | 37 | 4 | 0 |
| 2009 | 포항 | 27 | 2 | 2 | 2 | 59 | 32 | 7 | 0 |
| 2010 | 서울 | 34 | 1 | 3 | 4 | 58 | 28 | 9 | 0 |
| 2011 | 상주 | 30 | 9 | 2 | 2 | 34 | 38 | 3 | 0 |
| 2012 | 상주 | 23 | 2 | 1 | 1 | 33 | 20 | 5 | 0 |
| 2012 | 서울 | 6 | 5 | 0 | 0 | 13 | 3 | 0 | 0 |
| 2013 | 서울 | 24 | 20 | 0 | 2 | 14 | 6 | 3 | 0 |
| 2014 | 서울 | 19 | 3 | 2 | 2 | 24 | 14 | 5 | 0 |
| 통산 | | 279 | 68 | 17 | 19 | 433 | 273 | 47 | 0 |

## 최훈(崔勳) 건국대 1977.10.22

| 연도 | 소속 | 출장 | 교체 | 득점 | 도움 | 파울 | 슈팅 | 경고 | 퇴장 |
|---|---|---|---|---|---|---|---|---|---|
| 1999 | 전남 | 1 | 1 | 0 | 0 | 2 | 0 | 0 | 0 |
| 통산 | | 1 | 1 | 0 | 0 | 2 | 0 | 0 | 0 |

## 추성호(秋性昊) 동아대 1987.08.26

| 연도 | 소속 | 출장 | 교체 | 득점 | 도움 | 파울 | 슈팅 | 경고 | 퇴장 |
|---|---|---|---|---|---|---|---|---|---|
| 2010 | 부산 | 4 | 2 | 1 | 0 | 6 | 3 | 0 | 0 |
| 2011 | 부산 | 11 | 4 | 1 | 0 | 6 | 2 | 4 | 0 |
| 통산 | | 15 | 6 | 2 | 0 | 12 | 5 | 4 | 0 |

## 추운기(秋云基) 한양대 1978.04.03

| 연도 | 소속 | 출장 | 교체 | 득점 | 도움 | 파울 | 슈팅 | 경고 | 퇴장 |
|---|---|---|---|---|---|---|---|---|---|
| 2001 | 전북 | 22 | 19 | 1 | 3 | 10 | 20 | 1 | 0 |
| 2002 | 전북 | 32 | 25 | 3 | 1 | 19 | 28 | 0 | 0 |
| 2003 | 전북 | 31 | 30 | 2 | 4 | 24 | 21 | 2 | 0 |
| 2004 | 전북 | 13 | 10 | 1 | 0 | 8 | 11 | 0 | 0 |
| 2005 | 전북 | 13 | 13 | 0 | 1 | 8 | 19 | 1 | 0 |
| 2006 | 전북 | 6 | 5 | 0 | 0 | 3 | 4 | 1 | 0 |
| 2007 | 제주 | 2 | 2 | 0 | 0 | 1 | 3 | 0 | 0 |
| 통산 | | 119 | 106 | 7 | 9 | 78 | 92 | 6 | 1 |

## 추정현(鄒正賢) 명지대 1988.01.28

| 연도 | 소속 | 출장 | 교체 | 득점 | 도움 | 파울 | 슈팅 | 경고 | 퇴장 |
|---|---|---|---|---|---|---|---|---|---|
| 2009 | 강원 | 2 | 2 | 0 | 0 | 1 | 0 | 0 | 0 |
| 통산 | | 2 | 2 | 0 | 0 | 1 | 0 | 0 | 0 |

## 추종호(秋種浩) 건국대 1960.01.22

| 연도 | 소속 | 출장 | 교체 | 득점 | 도움 | 파울 | 슈팅 | 경고 | 퇴장 |
|---|---|---|---|---|---|---|---|---|---|
| 1984 | 현대 | 26 | 3 | 0 | 3 | 18 | 45 | 0 | 0 |
| 1985 | 현대 | 10 | 6 | 1 | 1 | 3 | 10 | 0 | 0 |
| 1986 | 유공 | 14 | 5 | 3 | 2 | 13 | 16 | 1 | 0 |
| 1987 | 유공 | 7 | 6 | 0 | 0 | 3 | 9 | 0 | 0 |
| 통산 | | 57 | 19 | 6 | 3 | 37 | 80 | 3 | 0 |

## 추평강(秋平康) 동국대 1990.04.22

| 연도 | 소속 | 출장 | 교체 | 득점 | 도움 | 파울 | 슈팅 | 경고 | 퇴장 |
|---|---|---|---|---|---|---|---|---|---|
| 2013 | 수원 | 14 | 14 | 0 | 0 | 7 | 4 | 1 | 0 |
| 통산 | | 14 | 14 | 0 | 0 | 7 | 4 | 1 | 0 |

## 치치(Mion Varella Costa) 브라질 1982.06.17

| 연도 | 소속 | 출장 | 교체 | 득점 | 도움 | 파울 | 슈팅 | 경고 | 퇴장 |
|---|---|---|---|---|---|---|---|---|---|
| 2009 | 대전 | 11 | 5 | 1 | 0 | 23 | 23 | 0 | 0 |
| 통산 | | 11 | 5 | 1 | 0 | 23 | 23 | 0 | 0 |

## 치프리안(Ciprian Vasilache) 루마니아 1983.09.14

| 연도 | 소속 | 출장 | 교체 | 득점 | 도움 | 파울 | 슈팅 | 경고 | 퇴장 |
|---|---|---|---|---|---|---|---|---|---|
| 2014 | 강원 | 13 | 11 | 0 | 1 | 17 | 18 | 2 | 0 |
| 2014 | 충주 | 13 | 10 | 0 | 0 | 18 | 42 | 3 | 0 |
| 통산 | | 26 | 21 | 0 | 1 | 35 | 60 | 5 | 0 |

## 카를로스(Carlos Eduardo Costro da Silva) 브라질 1982.04.23

| 연도 | 소속 | 출장 | 교체 | 득점 | 도움 | 파울 | 슈팅 | 경고 | 퇴장 |
|---|---|---|---|---|---|---|---|---|---|
| 2003 | 전북 | 13 | 13 | 3 | 0 | 7 | 9 | 1 | 0 |
| 통산 | | 13 | 13 | 3 | 0 | 7 | 9 | 1 | 0 |

## 카사(Filip Kasalica) 몬테네그로 1988.12.17

| 연도 | 소속 | 출장 | 교체 | 득점 | 도움 | 파울 | 슈팅 | 경고 | 퇴장 |
|---|---|---|---|---|---|---|---|---|---|
| 2014 | 울산 | 12 | 8 | 0 | 2 | 23 | 17 | 5 | 0 |
| 통산 | | 12 | 8 | 0 | 2 | 23 | 17 | 5 | 0 |

## 카송고(Jean-Kasongo Banza) DR콩고 1974.06.26

| 연도 | 소속 | 출장 | 교체 | 득점 | 도움 | 파울 | 슈팅 | 경고 | 퇴장 |
|---|---|---|---|---|---|---|---|---|---|
| 1997 | 전남 | 4 | 5 | 0 | 0 | 7 | 3 | 3 | 0 |
| 1997 | 천안 | 1 | 1 | 0 | 0 | 2 | 1 | 0 | 0 |
| 통산 | | 5 | 6 | 0 | 0 | 9 | 4 | 4 | 0 |

## 카시오(Cassio Vargas Barbosa) 브라질 1983.11.25

| 연도 | 소속 | 출장 | 교체 | 득점 | 도움 | 파울 | 슈팅 | 경고 | 퇴장 |
|---|---|---|---|---|---|---|---|---|---|
| 2013 | 광주 | 2 | 2 | 0 | 0 | 7 | 5 | 1 | 0 |
| 통산 | | 2 | 2 | 0 | 0 | 7 | 5 | 1 | 0 |

## 카이오(Kaio Felipe Goncalves) 브라질 1987.07.06

| 연도 | 소속 | 출장 | 교체 | 득점 | 도움 | 파울 | 슈팅 | 경고 | 퇴장 |
|---|---|---|---|---|---|---|---|---|---|
| 2014 | 전북 | 32 | 27 | 9 | 1 | 42 | 74 | 6 | 0 |
| 통산 | | 32 | 27 | 9 | 1 | 42 | 74 | 6 | 0 |

## 카자란(Kazaran) 폴란드 1961.10.28

| 연도 | 소속 | 출장 | 교체 | 득점 | 도움 | 파울 | 슈팅 | 경고 | 퇴장 |
|---|---|---|---|---|---|---|---|---|---|
| 1992 | 유공 | 2 | 2 | 0 | 0 | 3 | 0 | 0 | 0 |
| 통산 | | 2 | 2 | 0 | 0 | 3 | 0 | 0 | 0 |

## 카파제(Timur Tajhirovich Kapadze) 우즈베키스탄 1981.09.05

| 연도 | 소속 | 출장 | 교체 | 득점 | 도움 | 파울 | 슈팅 | 경고 | 퇴장 |
|---|---|---|---|---|---|---|---|---|---|
| 2011 | 인천 | 30 | 10 | 5 | 3 | 53 | 28 | 4 | 0 |
| 통산 | | 30 | 10 | 5 | 3 | 53 | 28 | 4 | 0 |

## 칼레(Zeljko Kalajdzic) 세르비아 1978.05.11

| 연도 | 소속 | 출장 | 교체 | 득점 | 도움 | 파울 | 슈팅 | 경고 | 퇴장 |
|---|---|---|---|---|---|---|---|---|---|
| 2007 | 인천 | 12 | 4 | 0 | 0 | 31 | 14 | 4 | 0 |
| 통산 | | 12 | 4 | 0 | 0 | 31 | 14 | 4 | 0 |

## 칼렝가(N'Dayi Kalenga) DR콩고 1978.09.29

| 연도 | 소속 | 출장 | 교체 | 득점 | 도움 | 파울 | 슈팅 | 경고 | 퇴장 |
|---|---|---|---|---|---|---|---|---|---|
| 1999 | 천안 | 7 | 8 | 0 | 1 | 13 | 12 | 0 | 0 |
| 통산 | | 7 | 8 | 0 | 1 | 13 | 12 | 0 | 0 |

## 캄포스(Jeaustin Campos) 코스타리카 1971.06.30

| 연도 | 소속 | 출장 | 교체 | 득점 | 도움 | 파울 | 슈팅 | 경고 | 퇴장 |
|---|---|---|---|---|---|---|---|---|---|
| 1995 | LG | 12 | 7 | 2 | 4 | 21 | 22 | 0 | 0 |
| 1996 | 안양 | 7 | 6 | 0 | 1 | 10 | 9 | 2 | 0 |
| 통산 | | 19 | 13 | 2 | 5 | 31 | 31 | 2 | 0 |

## 케빈(Kevin Hatchi) 프랑스 1981.08.06

| 연도 | 소속 | 출장 | 교체 | 득점 | 도움 | 파울 | 슈팅 | 경고 | 퇴장 |
|---|---|---|---|---|---|---|---|---|---|
| 2009 | 서울 | 11 | 6 | 0 | 2 | 24 | 3 | 2 | 1 |
| 통산 | | 11 | 6 | 0 | 2 | 24 | 3 | 2 | 1 |

## 케빈(Kevin Julienne Henricus Oris) 벨기에 1984.12.06

| 연도 | 소속 | 출장 | 교체 | 득점 | 도움 | 파울 | 슈팅 | 경고 | 퇴장 |
|---|---|---|---|---|---|---|---|---|---|
| 2012 | 대전 | 37 | 15 | 16 | 4 | 128 | 151 | 11 | 0 |
| 2013 | 전북 | 31 | 17 | 14 | 5 | 59 | 92 | 4 | 0 |
| 통산 | | 68 | 32 | 30 | 9 | 187 | 243 | 15 | 0 |

## 코난(Goran Petreski) 마케도니아 1972.05.23

| 연도 | 소속 | 출장 | 교체 | 득점 | 도움 | 파울 | 슈팅 | 경고 | 퇴장 |
|---|---|---|---|---|---|---|---|---|---|
| 2001 | 포항 | 33 | 21 | 10 | 2 | 48 | 48 | 2 | 0 |
| 2002 | 포항 | 31 | 12 | 12 | 4 | 50 | 73 | 2 | 0 |
| 2003 | 포항 | 40 | 20 | 10 | 3 | 54 | 64 | 4 | 1 |
| 2004 | 포항 | 37 | 24 | 6 | 3 | 45 | 47 | 2 | 0 |
| 통산 | | 141 | 86 | 38 | 12 | 187 | 232 | 12 | 1 |

## 코놀(Serguei Konovalov) 우크라이나 1972.03.01

| 연도 | 소속 | 출장 | 교체 | 득점 | 도움 | 파울 | 슈팅 | 경고 | 퇴장 |
|---|---|---|---|---|---|---|---|---|---|
| 1996 | 포항 | 13 | 11 | 0 | 1 | 15 | 9 | 0 | 0 |
| 1997 | 포항 | 26 | 10 | 12 | 1 | 44 | 61 | 4 | 0 |
| 1998 | 포항 | 13 | 8 | 1 | 1 | 22 | 32 | 0 | 0 |
| 통산 | | 52 | 29 | 13 | 3 | 81 | 102 | 4 | 0 |

## 코니(Robert Richard Cornthwaite) 호주 1985.10.24

| 연도 | 소속 | 출장 | 교체 | 득점 | 도움 | 파울 | 슈팅 | 경고 | 퇴장 |
|---|---|---|---|---|---|---|---|---|---|
| 2011 | 전남 | 21 | 0 | 3 | 2 | 28 | 7 | 7 | 2 |
| 2012 | 전남 | 31 | 6 | 3 | 1 | 47 | 18 | 10 | 0 |
| 2013 | 전남 | 22 | 11 | 1 | 0 | 11 | 9 | 3 | 1 |
| 2014 | 전남 | 21 | 19 | 2 | 1 | 10 | 6 | 3 | 0 |
| 통산 | | 95 | 36 | 9 | 4 | 96 | 40 | 22 | 3 |

## 코로만(Ognjen Koroman) 세르비아 1978.09.19

| 연도 | 소속 | 출장 | 교체 | 득점 | 도움 | 파울 | 슈팅 | 경고 | 퇴장 |
|---|---|---|---|---|---|---|---|---|---|
| 2009 | 인천 | 12 | 3 | 3 | 2 | 11 | 21 | 3 | 0 |
| 2010 | 인천 | 15 | 9 | 1 | 0 | 6 | 15 | 2 | 0 |

| 통산 | | 27 | 12 | 4 | 3 | 26 | 36 | 5 | 0 |
|---|---|---|---|---|---|---|---|---|---|

**코마젝** (Komazec Nikola) 세르비아 1987.11.15

| 연도 | 소속 | 출장 | 교체 | 득점 | 도움 | 파울 | 슈팅 | 경고 | 퇴장 |
|---|---|---|---|---|---|---|---|---|---|
| 2014 | 부산 | 1 | 1 | 0 | 0 | 0 | 2 | 0 | 0 |

**콜리** (Coly Papa Oumar) 세네갈 1975.05.20

| 연도 | 소속 | 출장 | 교체 | 득점 | 도움 | 파울 | 슈팅 | 경고 | 퇴장 |
|---|---|---|---|---|---|---|---|---|---|
| 2001 | 대전 | 18 | 5 | 0 | 0 | 35 | 2 | 6 | 1 |
| 2002 | 대전 | 29 | 3 | 1 | 0 | 53 | 8 | 7 | 0 |
| 2003 | 대전 | 20 | 16 | 0 | 0 | 17 | 0 | 3 | 0 |
| 통산 | | 67 | 24 | 1 | 0 | 105 | 10 | 16 | 1 |

**쿠벡** (Frantisek Koubek) 체코 1969.11.06

| 연도 | 소속 | 출장 | 교체 | 득점 | 도움 | 파울 | 슈팅 | 경고 | 퇴장 |
|---|---|---|---|---|---|---|---|---|---|
| 2000 | 안양 | 13 | 9 | 6 | 0 | 9 | 25 | 0 | 0 |
| 2001 | 안양 | 20 | 19 | 3 | 0 | 11 | 26 | 0 | 0 |
| 통산 | | 33 | 28 | 9 | 0 | 20 | 51 | 0 | 0 |

**쿠키** (Silvio Luis Borba de Silva) 브라질 1971.04.30

| 연도 | 소속 | 출장 | 교체 | 득점 | 도움 | 파울 | 슈팅 | 경고 | 퇴장 |
|---|---|---|---|---|---|---|---|---|---|
| 2002 | 전북 | 2 | 2 | 0 | 0 | 0 | 0 | 0 | 0 |
| 통산 | | 2 | 2 | 0 | 0 | 0 | 0 | 0 | 0 |

**쿠키** (Andrew Cooke) 영국 1974.01.20

| 연도 | 소속 | 출장 | 교체 | 득점 | 도움 | 파울 | 슈팅 | 경고 | 퇴장 |
|---|---|---|---|---|---|---|---|---|---|
| 2003 | 부산 | 22 | 2 | 13 | 0 | 88 | 43 | 6 | 0 |
| 2004 | 부산 | 27 | 3 | 8 | 0 | 68 | 43 | 10 | 2 |
| 통산 | | 49 | 5 | 21 | 0 | 156 | 86 | 16 | 2 |

**쿤티치** (Zoran Kuntic) 유고슬라비아 1967.03.23

| 연도 | 소속 | 출장 | 교체 | 득점 | 도움 | 파울 | 슈팅 | 경고 | 퇴장 |
|---|---|---|---|---|---|---|---|---|---|
| 1993 | 포철 | 7 | 5 | 1 | 1 | 11 | 6 | 0 | 0 |
| 통산 | | 7 | 5 | 1 | 1 | 11 | 6 | 0 | 0 |

**크리스** (Cristiano Espindola Avalos Passos) 브라질 1977.12.27

| 연도 | 소속 | 출장 | 교체 | 득점 | 도움 | 파울 | 슈팅 | 경고 | 퇴장 |
|---|---|---|---|---|---|---|---|---|---|
| 2004 | 수원 | 1 | 1 | 0 | 0 | 2 | 1 | 0 | 0 |
| 통산 | | 1 | 1 | 0 | 0 | 2 | 1 | 0 | 0 |

**크리즈만** (Sandi Krizman) 크로아티아 1989.08.17

| 연도 | 소속 | 출장 | 교체 | 득점 | 도움 | 파울 | 슈팅 | 경고 | 퇴장 |
|---|---|---|---|---|---|---|---|---|---|
| 2014 | 전남 | 8 | 7 | 0 | 0 | 8 | 9 | 1 | 0 |
| 통산 | | 8 | 7 | 0 | 0 | 8 | 9 | 1 | 0 |

**클라우디** (Claude Parfait Ngon A Djam) 카메룬 1980.01.24

| 연도 | 소속 | 출장 | 교체 | 득점 | 도움 | 파울 | 슈팅 | 경고 | 퇴장 |
|---|---|---|---|---|---|---|---|---|---|
| 1999 | 천안 | 4 | 4 | 0 | 0 | 7 | 2 | 0 | 0 |
| 통산 | | 4 | 4 | 0 | 0 | 7 | 2 | 0 | 0 |

**타이슨** (Fabian Caballero) 스페인 1978.01.31

| 연도 | 소속 | 출장 | 교체 | 득점 | 도움 | 파울 | 슈팅 | 경고 | 퇴장 |
|---|---|---|---|---|---|---|---|---|---|
| 2007 | 대전 | 6 | 6 | 0 | 0 | 9 | 8 | 0 | 0 |
| 통산 | | 6 | 6 | 0 | 0 | 9 | 8 | 0 | 0 |

**탁준석** (卓俊錫) 고려대 1978.03.24

| 연도 | 소속 | 출장 | 교체 | 득점 | 도움 | 파울 | 슈팅 | 경고 | 퇴장 |
|---|---|---|---|---|---|---|---|---|---|
| 2001 | 대전 | 27 | 26 | 3 | 4 | 25 | 20 | 3 | 0 |
| 2002 | 대전 | 14 | 14 | 1 | 0 | 13 | 10 | 0 | 0 |
| 2003 | 대전 | 2 | 2 | 0 | 0 | 0 | 8 | 0 | 0 |
| 통산 | | 43 | 42 | 4 | 4 | 38 | 30 | 3 | 0 |

**태현찬** (太現贊) 중앙대 1990.09.14

| 연도 | 소속 | 출장 | 교체 | 득점 | 도움 | 파울 | 슈팅 | 경고 | 퇴장 |
|---|---|---|---|---|---|---|---|---|---|
| 2012 | 경남 | 2 | 2 | 0 | 0 | 0 | 0 | 0 | 0 |
| 통산 | | 2 | 2 | 0 | 0 | 0 | 0 | 0 | 0 |

**테드** (Tadeusz Swiatek) 폴란드 1961.11.08

| 연도 | 소속 | 출장 | 교체 | 득점 | 도움 | 파울 | 슈팅 | 경고 | 퇴장 |
|---|---|---|---|---|---|---|---|---|---|
| 1989 | 유공 | 18 | 7 | 1 | 0 | 16 | 13 | 2 | 0 |
| 1990 | 유공 | 20 | 3 | 1 | 3 | 19 | 9 | 0 | 0 |
| 1991 | 유공 | 34 | 5 | 5 | 3 | 34 | 29 | 3 | 0 |
| 통산 | | 72 | 15 | 7 | 6 | 69 | 51 | 5 | 0 |

**테하** (Alex Barboza de azevedo Terra) 브라질 1982.09.02

| 연도 | 소속 | 출장 | 교체 | 득점 | 도움 | 파울 | 슈팅 | 경고 | 퇴장 |
|---|---|---|---|---|---|---|---|---|---|
| 2012 | 대전 | 21 | 14 | 4 | 1 | 21 | 32 | 1 | 0 |

| 통산 | | 21 | 14 | 4 | 1 | 21 | 32 | 1 | 0 |
|---|---|---|---|---|---|---|---|---|---|

**토니** (Antonio Franja) 크로아티아 1978.06.08

| 연도 | 소속 | 출장 | 교체 | 득점 | 도움 | 파울 | 슈팅 | 경고 | 퇴장 |
|---|---|---|---|---|---|---|---|---|---|
| 2007 | 전북 | 11 | 11 | 3 | 1 | 15 | 18 | 3 | 0 |
| 2008 | 전북 | 3 | 2 | 0 | 1 | 1 | 3 | 0 | 0 |
| 통산 | | 14 | 13 | 3 | 2 | 16 | 21 | 3 | 0 |

**토다** (Kazuyuki Toda) 일본 1977.12.30

| 연도 | 소속 | 출장 | 교체 | 득점 | 도움 | 파울 | 슈팅 | 경고 | 퇴장 |
|---|---|---|---|---|---|---|---|---|---|
| 2009 | 경남 | 7 | 5 | 0 | 0 | 4 | 1 | 2 | 0 |
| 통산 | | 7 | 5 | 0 | 0 | 4 | 1 | 2 | 0 |

**토마스** (Tomas Janda) 체코 1973.06.27

| 연도 | 소속 | 출장 | 교체 | 득점 | 도움 | 파울 | 슈팅 | 경고 | 퇴장 |
|---|---|---|---|---|---|---|---|---|---|
| 2001 | 안양 | 1 | 1 | 0 | 0 | 1 | 1 | 0 | 0 |
| 통산 | | 1 | 1 | 0 | 0 | 1 | 1 | 0 | 0 |

**토미** (Tommy Mosquera Lozono) 콜롬비아 1976.09.27

| 연도 | 소속 | 출장 | 교체 | 득점 | 도움 | 파울 | 슈팅 | 경고 | 퇴장 |
|---|---|---|---|---|---|---|---|---|---|
| 2003 | 부산 | 11 | 6 | 4 | 1 | 41 | 15 | 1 | 0 |
| 통산 | | 11 | 6 | 4 | 1 | 41 | 15 | 1 | 0 |

**토미치** (Dorde Tomic) 세르비아 몬테네그로 1972.11.11

| 연도 | 소속 | 출장 | 교체 | 득점 | 도움 | 파울 | 슈팅 | 경고 | 퇴장 |
|---|---|---|---|---|---|---|---|---|---|
| 2004 | 인천 | 9 | 9 | 1 | 1 | 6 | 1 | 0 | 0 |
| 통산 | | 9 | 9 | 1 | 1 | 6 | 1 | 0 | 0 |

**토체프** (Slavchev Toshev) 불가리아 1960.06.13

| 연도 | 소속 | 출장 | 교체 | 득점 | 도움 | 파울 | 슈팅 | 경고 | 퇴장 |
|---|---|---|---|---|---|---|---|---|---|
| 1993 | 유공 | 4 | 1 | 0 | 0 | 8 | 2 | 0 | 0 |

**투무** (Tomou Bertin Bayard) 카메룬 1978.08.08

| 연도 | 소속 | 출장 | 교체 | 득점 | 도움 | 파울 | 슈팅 | 경고 | 퇴장 |
|---|---|---|---|---|---|---|---|---|---|
| 1997 | 포항 | 4 | 1 | 4 | 0 | 11 | 13 | 1 | 0 |
| 통산 | | 4 | 1 | 4 | 0 | 11 | 13 | 1 | 0 |

**티아고** (Tiago Jorge Honorio) 브라질 1977.12.04

| 연도 | 소속 | 출장 | 교체 | 득점 | 도움 | 파울 | 슈팅 | 경고 | 퇴장 |
|---|---|---|---|---|---|---|---|---|---|
| 2009 | 수원 | 15 | 9 | 4 | 0 | 47 | 31 | 3 | 0 |
| 통산 | | 15 | 9 | 4 | 0 | 47 | 31 | 3 | 0 |

**티아고** (Thiago Jefferson da Silva) 브라질 1985.05.27

| 연도 | 소속 | 출장 | 교체 | 득점 | 도움 | 파울 | 슈팅 | 경고 | 퇴장 |
|---|---|---|---|---|---|---|---|---|---|
| 2013 | 전북 | 14 | 13 | 1 | 2 | 4 | 13 | 0 | 0 |
| 통산 | | 14 | 13 | 1 | 2 | 4 | 13 | 0 | 0 |

**파그너** (Jose Fagner Silva da Luz) 브라질 1988.05.25

| 연도 | 소속 | 출장 | 교체 | 득점 | 도움 | 파울 | 슈팅 | 경고 | 퇴장 |
|---|---|---|---|---|---|---|---|---|---|
| 2011 | 부산 | 11 | 2 | 6 | 0 | 28 | 18 | 6 | 0 |
| 2012 | 부산 | 25 | 23 | 2 | 1 | 35 | 24 | 7 | 0 |
| 2013 | 부산 | 31 | 26 | 8 | 1 | 23 | 51 | 5 | 1 |
| 2014 | 부산 | 34 | 19 | 10 | 3 | 23 | 64 | 3 | 0 |
| 통산 | | 101 | 70 | 26 | 5 | 109 | 157 | 21 | 2 |

**파브리시오** (Fabricio da Silva Cabral) 브라질 1981.09.16

| 연도 | 소속 | 출장 | 교체 | 득점 | 도움 | 파울 | 슈팅 | 경고 | 퇴장 |
|---|---|---|---|---|---|---|---|---|---|
| 2005 | 성남 | 3 | 3 | 1 | 0 | 4 | 3 | 0 | 0 |
| 통산 | | 3 | 3 | 1 | 0 | 4 | 3 | 0 | 0 |

**파브리시오** (Fabricio Eduardo Souza) 브라질 1980.01.04

| 연도 | 소속 | 출장 | 교체 | 득점 | 도움 | 파울 | 슈팅 | 경고 | 퇴장 |
|---|---|---|---|---|---|---|---|---|---|
| 2009 | 성남 | 15 | 14 | 0 | 1 | 20 | 28 | 1 | 0 |
| 2010 | 성남 | 11 | 8 | 0 | 2 | 18 | 29 | 6 | 0 |
| 통산 | | 26 | 22 | 0 | 3 | 38 | 57 | 7 | 0 |

**파비아노** (Fabiano Ferreira Gadelha) 브라질 1979.01.09

| 연도 | 소속 | 출장 | 교체 | 득점 | 도움 | 파울 | 슈팅 | 경고 | 퇴장 |
|---|---|---|---|---|---|---|---|---|---|
| 2008 | 포항 | 0 | 0 | 0 | 0 | 0 | 0 | 0 | 0 |
| 통산 | | 0 | 0 | 0 | 0 | 0 | 0 | 0 | 0 |

**파비안** (Komljenovic Fabijan) 크로아티아 1968.01.16

| 연도 | 소속 | 출장 | 교체 | 득점 | 도움 | 파울 | 슈팅 | 경고 | 퇴장 |
|---|---|---|---|---|---|---|---|---|---|
| 2000 | 포항 | 7 | 7 | 0 | 0 | 9 | 5 | 0 | 0 |
| 통산 | | 7 | 7 | 0 | 0 | 9 | 5 | 0 | 0 |

**파비오** (Fabio Rogerio Correa Lopes) 브라질 1985.05.24

| 연도 | 소속 | 출장 | 교체 | 득점 | 도움 | 파울 | 슈팅 | 경고 | 퇴장 |
|---|---|---|---|---|---|---|---|---|---|
| 2010 | 대전 | 13 | 10 | 5 | 1 | 33 | 22 | 1 | 0 |
| 통산 | | 13 | 10 | 5 | 1 | 33 | 22 | 1 | 0 |

**파비오** (Jose Fabio Santos de Oliveira) 브라질 1987.06.13

| 연도 | 소속 | 출장 | 교체 | 득점 | 도움 | 파울 | 슈팅 | 경고 | 퇴장 |
|---|---|---|---|---|---|---|---|---|---|
| 2013 | 대구 | 2 | 2 | 0 | 0 | 6 | 1 | 1 | 0 |
| 통산 | | 2 | 2 | 0 | 0 | 6 | 1 | 1 | 0 |

**파비오** (Fabio Neves Florentino) 브라질 1986.10.04

| 연도 | 소속 | 출장 | 교체 | 득점 | 도움 | 파울 | 슈팅 | 경고 | 퇴장 |
|---|---|---|---|---|---|---|---|---|---|
| 2014 | 광주 | 28 | 22 | 10 | 2 | 31 | 54 | 1 | 0 |
| 통산 | | 28 | 22 | 10 | 2 | 31 | 54 | 1 | 0 |

**파비오** (Fabio Junior dos Santos) 브라질 1982.10.06

| 연도 | 소속 | 출장 | 교체 | 득점 | 도움 | 파울 | 슈팅 | 경고 | 퇴장 |
|---|---|---|---|---|---|---|---|---|---|
| 2005 | 전남 | 9 | 9 | 0 | 1 | 8 | 11 | 0 | 0 |
| 통산 | | 9 | 9 | 0 | 1 | 8 | 11 | 0 | 0 |

**파비오** (Fabio Pereira da Silva) 브라질 1982.03.21

| 연도 | 소속 | 출장 | 교체 | 득점 | 도움 | 파울 | 슈팅 | 경고 | 퇴장 |
|---|---|---|---|---|---|---|---|---|---|
| 2005 | 전남 | 7 | 3 | 0 | 0 | 16 | 5 | 3 | 0 |
| 통산 | | 7 | 3 | 0 | 0 | 16 | 5 | 3 | 0 |

**파비오** (Joao Paulo di Fabio) 브라질 1979.02.10

| 연도 | 소속 | 출장 | 교체 | 득점 | 도움 | 파울 | 슈팅 | 경고 | 퇴장 |
|---|---|---|---|---|---|---|---|---|---|
| 2008 | 부산 | 15 | 0 | 1 | 0 | 25 | 4 | 3 | 0 |
| 2009 | 부산 | 10 | 2 | 0 | 1 | 14 | 1 | 1 | 0 |
| 통산 | | 25 | 2 | 2 | 0 | 39 | 5 | 4 | 0 |

**파비오** (Fabio Luis Santos de Almeida) 브라질 1983.08.02

| 연도 | 소속 | 출장 | 교체 | 득점 | 도움 | 파울 | 슈팅 | 경고 | 퇴장 |
|---|---|---|---|---|---|---|---|---|---|
| 2009 | 울산 | 5 | 5 | 1 | 1 | 6 | 9 | 0 | 0 |
| 통산 | | 5 | 5 | 1 | 1 | 6 | 9 | 0 | 0 |

**파울로** (Paulo Cesar da Silva) 브라질 1976.01.02

| 연도 | 소속 | 출장 | 교체 | 득점 | 도움 | 파울 | 슈팅 | 경고 | 퇴장 |
|---|---|---|---|---|---|---|---|---|---|
| 2002 | 성남 | 4 | 3 | 0 | 1 | 16 | 5 | 2 | 0 |
| 통산 | | 4 | 3 | 0 | 1 | 16 | 5 | 2 | 0 |

**파울링뇨** (Marcos Paulo Paulini) 브라질 1977.03.04

| 연도 | 소속 | 출장 | 교체 | 득점 | 도움 | 파울 | 슈팅 | 경고 | 퇴장 |
|---|---|---|---|---|---|---|---|---|---|
| 2001 | 울산 | 28 | 20 | 13 | 2 | 37 | 48 | 1 | 0 |
| 2002 | 울산 | 35 | 28 | 8 | 5 | 43 | 46 | 2 | 0 |
| 통산 | | 63 | 48 | 21 | 7 | 80 | 94 | 3 | 0 |

**패트릭** (Patrick Villars) 가나 1984.05.21

| 연도 | 소속 | 출장 | 교체 | 득점 | 도움 | 파울 | 슈팅 | 경고 | 퇴장 |
|---|---|---|---|---|---|---|---|---|---|
| 2003 | 부천 | 11 | 3 | 0 | 0 | 23 | 4 | 4 | 0 |
| 통산 | | 11 | 3 | 0 | 0 | 23 | 4 | 4 | 0 |

**패트릭** (Partrik Camilo Cornelio da Sil) 브라질 1990.07.19

| 연도 | 소속 | 출장 | 교체 | 득점 | 도움 | 파울 | 슈팅 | 경고 | 퇴장 |
|---|---|---|---|---|---|---|---|---|---|
| 2013 | 강원 | 11 | 8 | 1 | 1 | 16 | 19 | 2 | 0 |
| 통산 | | 11 | 8 | 1 | 1 | 16 | 19 | 2 | 0 |

**펑샤오팅** (Feng Xiaoting) 중국 1985.10.22

| 연도 | 소속 | 출장 | 교체 | 득점 | 도움 | 파울 | 슈팅 | 경고 | 퇴장 |
|---|---|---|---|---|---|---|---|---|---|
| 2009 | 대구 | 20 | 2 | 0 | 0 | 12 | 5 | 3 | 0 |
| 2010 | 전북 | 12 | 0 | 0 | 0 | 10 | 1 | 2 | 0 |

**페드로** (Pedro Bispo Moreira Junior) 브라질 1987.01.29

| 연도 | 소속 | 출장 | 교체 | 득점 | 도움 | 파울 | 슈팅 | 경고 | 퇴장 |
|---|---|---|---|---|---|---|---|---|---|
| 2013 | 제주 | 29 | 13 | 17 | 0 | 56 | 77 | 3 | 0 |
| 통산 | | 29 | 13 | 17 | 0 | 56 | 77 | 3 | 0 |

**페라소** (Walter Osvaldo Perazzo Otero) 아르헨티나 1962.08.02

| 연도 | 소속 | 출장 | 교체 | 득점 | 도움 | 파울 | 슈팅 | 경고 | 퇴장 |
|---|---|---|---|---|---|---|---|---|---|
| 1994 | 대우 | 2 | 2 | 0 | 0 | 1 | 0 | 0 | 0 |
| | 통산 | 2 | 2 | 0 | 0 | 1 | 0 | 0 | 0 |

**페레이라** (Josiesley Perreira Rosa) 브라질 1979.02.21

| 연도 | 소속 | 출장 | 교체 | 득점 | 도움 | 파울 | 슈팅 | 경고 | 퇴장 |
|---|---|---|---|---|---|---|---|---|---|
| 2008 | 울산 | 10 | 12 | 0 | 2 | 21 | 10 | 3 | 0 |
| | 통산 | 10 | 12 | 0 | 2 | 21 | 10 | 3 | 0 |

**페르난데스** (Rodrigo Fernandes) 브라질 1978.03.03

| 연도 | 소속 | 출장 | 교체 | 득점 | 도움 | 파울 | 슈팅 | 경고 | 퇴장 |
|---|---|---|---|---|---|---|---|---|---|
| 2003 | 전북 | 29 | 25 | 3 | 4 | 15 | 39 | 0 | 0 |
| | 통산 | 29 | 25 | 3 | 4 | 15 | 39 | 0 | 0 |

**페르난도** (Luis Fernando Acuna Egidio) 브라질 1977.11.25

| 연도 | 소속 | 출장 | 교체 | 득점 | 도움 | 파울 | 슈팅 | 경고 | 퇴장 |
|---|---|---|---|---|---|---|---|---|---|
| 2007 | | 9 | 8 | 0 | 1 | 18 | 13 | 1 | 0 |
| | 통산 | 9 | 8 | 0 | 1 | 18 | 13 | 1 | 0 |

**페르난도** (Luiz Fernando Pereira da Silva) 브라질 1985.11.25

| 연도 | 소속 | 출장 | 교체 | 득점 | 도움 | 파울 | 슈팅 | 경고 | 퇴장 |
|---|---|---|---|---|---|---|---|---|---|
| 2007 | 대전 | 15 | 15 | 1 | 1 | 42 | 21 | 2 | 0 |
| | 통산 | 15 | 15 | 1 | 1 | 42 | 21 | 2 | 0 |

**페트로** (Petrovic Sasa) 유고슬라비아 1966.12.31

| 연도 | 소속 | 출장 | 교체 | 득점 | 도움 | 파울 | 슈팅 | 경고 | 퇴장 |
|---|---|---|---|---|---|---|---|---|---|
| 1996 | 전남 | 24 | 0 | 0 | 0 | 30 | 0 | 3 | 0 |
| 1997 | 전남 | 8 | 0 | 0 | 0 | 14 | 0 | 0 | 0 |
| | 통산 | 32 | 0 | 0 | 0 | 44 | 0 | 3 | 0 |

**펠리피** (Felipe Azevedo dos Santos) 브라질 1987.01.10

| 연도 | 소속 | 출장 | 교체 | 득점 | 도움 | 파울 | 슈팅 | 경고 | 퇴장 |
|---|---|---|---|---|---|---|---|---|---|
| 2010 | 부산 | 9 | 8 | 3 | 0 | 15 | 10 | 1 | 0 |
| 2011 | 부산 | 5 | 5 | 0 | 1 | 6 | 5 | 0 | 0 |
| | 통산 | 14 | 13 | 3 | 1 | 21 | 15 | 1 | 0 |

**펠리피** (Felipe Barreto Adao) 브라질 1985.11.26

| 연도 | 소속 | 출장 | 교체 | 득점 | 도움 | 파울 | 슈팅 | 경고 | 퇴장 |
|---|---|---|---|---|---|---|---|---|---|
| 2014 | 안양 | 23 | 20 | 3 | 0 | 34 | 31 | 3 | 0 |
| | 통산 | 23 | 20 | 3 | 0 | 34 | 31 | 3 | 0 |

**펠릭스** (Felix Nzeina) 카메룬 1980.12.11

| 연도 | 소속 | 출장 | 교체 | 득점 | 도움 | 파울 | 슈팅 | 경고 | 퇴장 |
|---|---|---|---|---|---|---|---|---|---|
| 2005 | 부산 | 24 | 22 | 2 | 1 | 50 | 23 | 4 | 0 |
| | 통산 | 24 | 22 | 2 | 1 | 50 | 23 | 4 | 0 |

**포섹** (Peter Fousek) 체코 1972.08.11

| 연도 | 소속 | 출장 | 교체 | 득점 | 도움 | 파울 | 슈팅 | 경고 | 퇴장 |
|---|---|---|---|---|---|---|---|---|---|
| 2001 | 전남 | 2 | 2 | 0 | 0 | 3 | 0 | 0 | 0 |
| | 통산 | 2 | 2 | 0 | 0 | 3 | 0 | 0 | 0 |

**포포비치** (Lazar Popovic) 세르비아 1983.01.10

| 연도 | 소속 | 출장 | 교체 | 득점 | 도움 | 파울 | 슈팅 | 경고 | 퇴장 |
|---|---|---|---|---|---|---|---|---|---|
| 2009 | 대구 | 13 | 9 | 2 | 0 | 21 | 20 | 3 | 0 |

**푸마갈리** (Jose Fernando Fumagalli) 브라질 1977.10.05

| 연도 | 소속 | 출장 | 교체 | 득점 | 도움 | 파울 | 슈팅 | 경고 | 퇴장 |
|---|---|---|---|---|---|---|---|---|---|
| 2004 | 서울 | 17 | 13 | 2 | 0 | 22 | 23 | 2 | 0 |
| | 통산 | 17 | 13 | 2 | 0 | 22 | 23 | 2 | 0 |

**프랑코** (Pedro Filipe Antunes Matias Silva Franco) 포르투갈

| 연도 | 소속 | 출장 | 교체 | 득점 | 도움 | 파울 | 슈팅 | 경고 | 퇴장 |
|---|---|---|---|---|---|---|---|---|---|
| 2005 | 서울 | 19 | 2 | 1 | 0 | 29 | 6 | 4 | 0 |
| | 통산 | 19 | 2 | 1 | 0 | 29 | 6 | 4 | 0 |

**프랑크** (Frank Lieberam) 독일 1962.12.17

| 연도 | 소속 | 출장 | 교체 | 득점 | 도움 | 파울 | 슈팅 | 경고 | 퇴장 |
|---|---|---|---|---|---|---|---|---|---|
| 1992 | 현대 | 19 | 2 | 1 | 1 | 12 | 10 | 4 | 1 |
| | 통산 | 19 | 2 | 1 | 1 | 12 | 10 | 4 | 1 |

**프론티니** (Carlos Esteban Frontini) 브라질 1961.08.19

| 연도 | 소속 | 출장 | 교체 | 득점 | 도움 | 파울 | 슈팅 | 경고 | 퇴장 |
|---|---|---|---|---|---|---|---|---|---|
| 2006 | 포항 | 29 | 26 | 8 | 4 | 65 | 48 | 7 | 0 |
| 2007 | 포항 | 9 | 7 | 0 | 0 | 12 | 17 | 1 | 0 |
| | 통산 | 38 | 33 | 8 | 4 | 77 | 65 | 8 | 0 |

**플라마** (Flamarion Petriv de Abreu) 브라질 1976.10.16

| 연도 | 소속 | 출장 | 교체 | 득점 | 도움 | 파울 | 슈팅 | 경고 | 퇴장 |
|---|---|---|---|---|---|---|---|---|---|
| 2004 | 대전 | 17 | 2 | 0 | 0 | 37 | 8 | 3 | 0 |
| | 통산 | 17 | 2 | 0 | 0 | 37 | 8 | 3 | 0 |

**플라비오** (Flavio) 브라질 1959.02.24

| 연도 | 소속 | 출장 | 교체 | 득점 | 도움 | 파울 | 슈팅 | 경고 | 퇴장 |
|---|---|---|---|---|---|---|---|---|---|
| 1985 | 포철 | 1 | 1 | 0 | 0 | 0 | 2 | 0 | 0 |
| | 통산 | 1 | 1 | 0 | 0 | 0 | 2 | 0 | 0 |

**플라타** (Anderson Daniel Plata Guillen) 콜롬비아 1990.11.08

| 연도 | 소속 | 출장 | 교체 | 득점 | 도움 | 파울 | 슈팅 | 경고 | 퇴장 |
|---|---|---|---|---|---|---|---|---|---|
| 2013 | 대전 | 21 | 7 | 1 | 1 | 56 | 53 | 4 | 0 |
| | 통산 | 21 | 7 | 1 | 1 | 56 | 53 | 4 | 0 |

**피아퐁** (Piyapong Pue-on) 태국 1959.08.15

| 연도 | 소속 | 출장 | 교체 | 득점 | 도움 | 파울 | 슈팅 | 경고 | 퇴장 |
|---|---|---|---|---|---|---|---|---|---|
| 1984 | 럭금 | 5 | 1 | 4 | 0 | 1 | 6 | 0 | 0 |
| 1985 | 럭금 | 21 | 4 | 12 | 6 | 10 | 58 | 1 | 0 |
| 1986 | 럭금 | 17 | 4 | 2 | 0 | 7 | 0 | 0 | 1 |
| | 통산 | 43 | 9 | 18 | 6 | 17 | 100 | 1 | 1 |

**필립** (Filip Filipov) 불가리아 1971.01.31

| 연도 | 소속 | 출장 | 교체 | 득점 | 도움 | 파울 | 슈팅 | 경고 | 퇴장 |
|---|---|---|---|---|---|---|---|---|---|
| 1992 | 유공 | 6 | 0 | 0 | 0 | 13 | 4 | 1 | 0 |
| 1993 | 유공 | 7 | 3 | 0 | 0 | 7 | 0 | 0 | 0 |
| 1998 | 부천 | 26 | 12 | 0 | 0 | 52 | 8 | 7 | 0 |
| 1999 | 부천 | 11 | 5 | 0 | 0 | 7 | 1 | 4 | 0 |
| | 통산 | 50 | 20 | 0 | 0 | 79 | 13 | 12 | 0 |

**핑구** (Erison Carlos dos Santos Silva) 브라질 1980.05.22

| 연도 | 소속 | 출장 | 교체 | 득점 | 도움 | 파울 | 슈팅 | 경고 | 퇴장 |
|---|---|---|---|---|---|---|---|---|---|
| 2008 | 부산 | 24 | 13 | 0 | 2 | 19 | 21 | 1 | 0 |
| | 통산 | 24 | 13 | 0 | 2 | 19 | 21 | 1 | 0 |

**핑팡** (Rodrigo Pimpao Vianna) 브라질 1987.10.23

| 연도 | 소속 | 출장 | 교체 | 득점 | 도움 | 파울 | 슈팅 | 경고 | 퇴장 |
|---|---|---|---|---|---|---|---|---|---|
| 2013 | 수원 | 1 | 1 | 0 | 0 | 1 | 5 | 0 | 0 |
| | 통산 | 1 | 1 | 0 | 0 | 1 | 5 | 0 | 0 |

**하강진** (河康鎭) 숭실대 1989.01.30

| 연도 | 소속 | 출장 | 교체 | 득점 | 도움 | 파울 | 슈팅 | 경고 | 퇴장 |
|---|---|---|---|---|---|---|---|---|---|
| 2010 | 수원 | 14 | 0 | 0 | 0 | 0 | 1 | 1 | 0 |
| 2011 | 성남 | 30 | 0 | 0 | 0 | 0 | 1 | 2 | 0 |
| 2012 | 성남 | 23 | 0 | 0 | 0 | 0 | 0 | 1 | 0 |
| 2013 | 경남 | 7 | 0 | 0 | 0 | 0 | 0 | 0 | 0 |
| 2014 | 부천 | 13 | 0 | 0 | 0 | 0 | 0 | 4 | 0 |
| | 통산 | 87 | 0 | 0 | 0 | 0 | 2 | 4 | 0 |

**하광운** (河光云) 단국대 1972.03.21

| 연도 | 소속 | 출장 | 교체 | 득점 | 도움 | 파울 | 슈팅 | 경고 | 퇴장 |
|---|---|---|---|---|---|---|---|---|---|
| 1995 | 전남 | 1 | 1 | 0 | 0 | 1 | 0 | 0 | 0 |
| | 통산 | 1 | 1 | 0 | 0 | 1 | 0 | 0 | 0 |

**하금진** (河今鎭) 홍익대 1974.08.16

| 연도 | 소속 | 출장 | 교체 | 득점 | 도움 | 파울 | 슈팅 | 경고 | 퇴장 |
|---|---|---|---|---|---|---|---|---|---|
| 1997 | 대전 | 26 | 3 | 1 | 0 | 37 | 9 | 3 | 0 |
| 1998 | 대전 | 13 | 5 | 0 | 0 | 19 | 6 | 2 | 0 |
| | 통산 | 39 | 8 | 1 | 0 | 75 | 11 | 6 | 0 |

**하기윤** (河基允) 금호고 1982.03.10

| 연도 | 소속 | 출장 | 교체 | 득점 | 도움 | 파울 | 슈팅 | 경고 | 퇴장 |
|---|---|---|---|---|---|---|---|---|---|
| 2002 | 전남 | 1 | 1 | 0 | 0 | 1 | 0 | 0 | 0 |
| 2003 | 광주상 | 1 | 1 | 0 | 0 | 1 | 0 | 0 | 0 |
| | 통산 | 2 | 2 | 0 | 0 | 2 | 0 | 0 | 0 |

**하대성** (河大成) 부평고 1985.03.02

| 연도 | 소속 | 출장 | 교체 | 득점 | 도움 | 파울 | 슈팅 | 경고 | 퇴장 |
|---|---|---|---|---|---|---|---|---|---|
| 2004 | 울산 | 2 | 2 | 0 | 0 | 0 | 0 | 0 | 0 |
| 2005 | 울산 | 0 | 0 | 0 | 0 | 0 | 0 | 0 | 0 |
| 2006 | 대구 | 18 | 15 | 0 | 0 | 33 | 13 | 5 | 0 |
| 2007 | 대구 | 25 | 10 | 2 | 2 | 52 | 27 | 3 | 0 |
| 2008 | 대구 | 31 | 12 | 5 | 2 | 44 | 30 | 3 | 0 |
| 2009 | 전북 | 30 | 22 | 2 | 2 | 45 | 30 | 7 | 1 |
| 2010 | 서울 | 33 | 8 | 3 | 8 | 58 | 41 | 10 | 0 |
| 2011 | 서울 | 18 | 9 | 6 | 2 | 29 | 18 | 2 | 0 |
| 2012 | 서울 | 39 | 8 | 5 | 7 | 51 | 41 | 8 | 0 |
| 2013 | 서울 | 29 | 4 | 3 | 2 | 54 | 40 | 7 | 0 |
| | 통산 | 225 | 90 | 31 | 20 | 363 | 243 | 44 | 1 |

**하리** (Castilo Vallejo Harry German) 콜롬비아 1974.05.14

| 연도 | 소속 | 출장 | 교체 | 득점 | 도움 | 파울 | 슈팅 | 경고 | 퇴장 |
|---|---|---|---|---|---|---|---|---|---|
| 2000 | 수원 | 5 | 4 | 1 | 0 | 7 | 10 | 0 | 1 |
| 2000 | 부산 | 4 | 1 | 0 | 1 | 7 | 0 | 0 | 0 |
| 2001 | 부산 | 34 | 3 | 5 | 5 | 52 | 41 | 6 | 1 |
| 2002 | 부산 | 23 | 3 | 5 | 3 | 32 | 37 | 3 | 1 |
| 2003 | 부산 | 27 | 11 | 4 | 2 | 51 | 21 | 5 | 0 |
| 2004 | 성남 | 4 | 3 | 0 | 0 | 1 | 3 | 0 | 0 |
| 2006 | 경남 | 28 | 18 | 1 | 4 | 54 | 22 | 4 | 0 |
| | 통산 | 135 | 53 | 17 | 18 | 211 | 140 | 19 | 3 |

**하명훈** (河明勳) 명지대 1971.05.18

| 연도 | 소속 | 출장 | 교체 | 득점 | 도움 | 파울 | 슈팅 | 경고 | 퇴장 |
|---|---|---|---|---|---|---|---|---|---|
| 1994 | LG | 1 | 1 | 0 | 1 | 1 | 1 | 0 | 0 |
| 1995 | LG | 6 | 6 | 0 | 1 | 2 | 7 | 0 | 0 |
| | 통산 | 6 | 6 | 0 | 1 | 2 | 7 | 0 | 0 |

**하밀** (Brendan Hamill) 호주 1992.09.18

| 연도 | 소속 | 출장 | 교체 | 득점 | 도움 | 파울 | 슈팅 | 경고 | 퇴장 |
|---|---|---|---|---|---|---|---|---|---|
| 2012 | 성남 | 8 | 8 | 1 | 0 | 9 | 10 | 2 | 0 |
| | 통산 | 8 | 8 | 1 | 0 | 9 | 10 | 2 | 0 |

**하상수** (河相秀) 아주대 1973.07.25

| 연도 | 소속 | 출장 | 교체 | 득점 | 도움 | 파울 | 슈팅 | 경고 | 퇴장 |
|---|---|---|---|---|---|---|---|---|---|
| 1996 | 부산 | 6 | 3 | 0 | 1 | 7 | 1 | 0 | 0 |
| | 통산 | 6 | 3 | 0 | 1 | 7 | 1 | 0 | 0 |

**하석주** (河錫舟) 아주대 1968.02.20

| 연도 | 소속 | 출장 | 교체 | 득점 | 도움 | 파울 | 슈팅 | 경고 | 퇴장 |
|---|---|---|---|---|---|---|---|---|---|
| 1990 | 대우 | 24 | 12 | 4 | 3 | 36 | 35 | 0 | 0 |
| 1991 | 대우 | 34 | 10 | 7 | 5 | 36 | 41 | 1 | 0 |
| 1992 | 대우 | 29 | 6 | 5 | 2 | 40 | 45 | 3 | 0 |
| 1993 | 대우 | 11 | 3 | 0 | 0 | 14 | 15 | 3 | 0 |
| 1994 | 대우 | 16 | 3 | 4 | 7 | 38 | | 1 | 0 |
| 1995 | 대우 | 34 | 2 | 7 | 3 | 40 | 40 | 3 | 0 |
| 1996 | 부산 | 26 | 5 | 11 | 2 | 46 | 41 | 3 | 0 |
| 1997 | 부산 | 13 | 6 | 4 | 7 | 21 | 0 | 0 | |
| 2001 | 포항 | 31 | 0 | 2 | 46 | 38 | 6 | 0 | |
| 2002 | 포항 | 34 | 3 | 0 | 3 | 60 | 25 | 4 | 0 |
| 2003 | 포항 | 40 | 0 | | | | | | |
| | 통산 | 258 | 56 | 45 | 25 | 347 | 350 | 25 | 0 |

**하성룡** (河成龍) 금호고 1982.02.03

| 연도 | 소속 | 출장 | 교체 | 득점 | 도움 | 파울 | 슈팅 | 경고 | 퇴장 |
|---|---|---|---|---|---|---|---|---|---|
| 2002 | 전남 | 3 | 3 | 0 | 0 | 2 | 0 | 0 | 0 |
| 2003 | 전남 | 2 | 2 | 0 | 0 | 1 | 2 | 0 | 0 |
| | 통산 | 5 | 5 | 0 | 0 | 3 | 2 | 0 | 0 |

**하성민** (河成敏) 부평고 1987.06.13

| 연도 | 소속 | 출장 | 교체 | 득점 | 도움 | 파울 | 슈팅 | 경고 | 퇴장 |
|---|---|---|---|---|---|---|---|---|---|
| 2008 | 전북 | 10 | 6 | 0 | 1 | 19 | 6 | 1 | 0 |
| 2009 | 전북 | 0 | 0 | 0 | 0 | 0 | 0 | 0 | 0 |
| 2010 | 전북 | 1 | 1 | 0 | 0 | 1 | 0 | 0 | 0 |
| 2011 | 전북 | 5 | 5 | 0 | 0 | 0 | 0 | 0 | 0 |
| 2012 | 상주 | 26 | 7 | 0 | 2 | 47 | 13 | 9 | 0 |
| 2013 | 상주 | 13 | 6 | 0 | 2 | 22 | 7 | 2 | 0 |
| 2013 | 울산 | 1 | 1 | 0 | 0 | 1 | 0 | 0 | 0 |
| 2014 | 울산 | 17 | 5 | 0 | 1 | 35 | 4 | 5 | 0 |
| | 통산 | 69 | 26 | 0 | 6 | 128 | 31 | 18 | 0 |

**하성용** (河誠容) 광운대 1976.10.05

| 연도 | 소속 | 출장 | 교체 | 득점 | 도움 | 파울 | 슈팅 | 경고 | 퇴장 |
|---|---|---|---|---|---|---|---|---|---|
| 2000 | 울산 | 20 | 2 | 1 | 0 | 37 | 7 | 2 | 0 |

| 연도 | 소속 | 출장 | 교체 | 득점 | 도움 | 파울 | 슈팅 | 경고 | 퇴장 |
|---|---|---|---|---|---|---|---|---|---|
| 2001 | 울산 | 3 | 0 | 0 | 0 | 1 | 0 | 0 | 0 |
| 2002 | 울산 | 9 | 4 | 0 | 0 | 14 | 2 | 0 | 0 |
| 2003 | 울산 | 5 | 5 | 0 | 0 | 5 | 0 | 0 | 0 |
| 통산 | | 37 | 11 | 1 | 0 | 57 | 9 | 2 | 0 |

**하성준** (河成俊) 중대부속고 1963.08.15

| 연도 | 소속 | 출장 | 교체 | 득점 | 도움 | 파울 | 슈팅 | 경고 | 퇴장 |
|---|---|---|---|---|---|---|---|---|---|
| 1989 | 일화 | 28 | 14 | 1 | 2 | 35 | 31 | 3 | 0 |
| 1990 | 일화 | 17 | 6 | 1 | 0 | 19 | 6 | 0 | 0 |
| 1991 | 일화 | 38 | 6 | 1 | 2 | 61 | 24 | 2 | 0 |
| 1992 | 일화 | 38 | 3 | 1 | 2 | 63 | 31 | 3 | 0 |
| 1993 | 일화 | 25 | 7 | 1 | 0 | 22 | 30 | 3 | 0 |
| 1994 | 일화 | 31 | 2 | 1 | 1 | 31 | 32 | 2 | 0 |
| 1995 | 일화 | 29 | 5 | 1 | 1 | 39 | 19 | 4 | 0 |
| 1996 | 천안 | 27 | 5 | 0 | 0 | 24 | 17 | 2 | 0 |
| 통산 | | 233 | 48 | 7 | 8 | 294 | 190 | 19 | 0 |

**하용우** (河龍雨) 경희대 1977.04.30

| 연도 | 소속 | 출장 | 교체 | 득점 | 도움 | 파울 | 슈팅 | 경고 | 퇴장 |
|---|---|---|---|---|---|---|---|---|---|
| 2000 | 포항 | 10 | 7 | 0 | 0 | 10 | 3 | 2 | 0 |
| 통산 | | 10 | 7 | 0 | 0 | 10 | 3 | 2 | 0 |

**하은철** (河恩哲) 성균관대 1975.06.23

| 연도 | 소속 | 출장 | 교체 | 득점 | 도움 | 파울 | 슈팅 | 경고 | 퇴장 |
|---|---|---|---|---|---|---|---|---|---|
| 1998 | 전북 | 21 | 16 | 7 | 2 | 28 | 42 | 3 | 0 |
| 1999 | 전북 | 32 | 31 | 10 | 0 | 23 | 60 | 0 | 0 |
| 2000 | 울산 | 33 | 30 | 6 | 1 | 29 | 42 | 0 | 0 |
| 2001 | 울산 | 3 | 3 | 0 | 0 | 1 | 0 | 0 | 0 |
| 2001 | 전북 | 11 | 5 | 1 | 0 | 14 | 0 | 0 | 0 |
| 2003 | 포항 | 0 | 0 | 0 | 0 | 0 | 0 | 0 | 0 |
| 2003 | 대구 | 12 | 12 | 3 | 0 | 10 | 14 | 0 | 0 |
| 2004 | 대구 | 7 | 6 | 1 | 0 | 8 | 8 | 0 | 0 |
| 통산 | | 100 | 82 | 26 | 3 | 99 | 167 | 3 | 0 |

**하인호** (河仁鎬) 인천대 1989.10.10

| 연도 | 소속 | 출장 | 교체 | 득점 | 도움 | 파울 | 슈팅 | 경고 | 퇴장 |
|---|---|---|---|---|---|---|---|---|---|
| 2012 | 경남 | 0 | 0 | 0 | 0 | 0 | 0 | 0 | 0 |
| 통산 | | 0 | 0 | 0 | 0 | 0 | 0 | 0 | 0 |

**하재훈** (河在勳) 조선대 1965.08.15

| 연도 | 소속 | 출장 | 교체 | 득점 | 도움 | 파울 | 슈팅 | 경고 | 퇴장 |
|---|---|---|---|---|---|---|---|---|---|
| 1987 | 유공 | 20 | 3 | 0 | 1 | 18 | 9 | 2 | 0 |
| 1988 | 유공 | 15 | 1 | 0 | 3 | 27 | 5 | 1 | 0 |
| 1989 | 유공 | 11 | 3 | 0 | 0 | 11 | 7 | 0 | 0 |
| 1990 | 유공 | 18 | 10 | 3 | 4 | 22 | 26 | 2 | 0 |
| 1991 | 유공 | 25 | 18 | 1 | 1 | 15 | 17 | 1 | 0 |
| 1992 | 유공 | 23 | 19 | 1 | 1 | 37 | 17 | 3 | 0 |
| 1993 | 유공 | 23 | 19 | 1 | 1 | 13 | 14 | 3 | 0 |
| 1994 | 유공 | 6 | 4 | 0 | 0 | 3 | 5 | 0 | 0 |
| 통산 | | 139 | 71 | 5 | 11 | 146 | 100 | 12 | 0 |

**하재훈** (河在勳) 동국대 1984.10.03

| 연도 | 소속 | 출장 | 교체 | 득점 | 도움 | 파울 | 슈팅 | 경고 | 퇴장 |
|---|---|---|---|---|---|---|---|---|---|
| 2009 | 강원 | 18 | 1 | 0 | 1 | 6 | 3 | 0 | 0 |
| 2010 | 강원 | 11 | 2 | 0 | 1 | 6 | 3 | 0 | 0 |
| 통산 | | 29 | 3 | 0 | 2 | 14 | 8 | 2 | 0 |

**하정헌** (河廷憲) 우석대 1987.10.14

| 연도 | 소속 | 출장 | 교체 | 득점 | 도움 | 파울 | 슈팅 | 경고 | 퇴장 |
|---|---|---|---|---|---|---|---|---|---|
| 2010 | 강원 | 17 | 12 | 1 | 2 | 27 | 17 | 2 | 0 |
| 2011 | 강원 | 5 | 5 | 1 | 0 | 6 | 3 | 1 | 0 |
| 2013 | 수원FC | 16 | 16 | 4 | 0 | 32 | 9 | 7 | 0 |
| 2014 | 수원FC | 14 | 14 | 2 | 1 | 13 | 12 | 3 | 0 |
| 통산 | | 52 | 47 | 5 | 8 | 78 | 41 | 13 | 0 |

**하쩡요** (Luciano Ferreira Gabriel) 브라질 1979.10.18

| 연도 | 소속 | 출장 | 교체 | 득점 | 도움 | 파울 | 슈팅 | 경고 | 퇴장 |
|---|---|---|---|---|---|---|---|---|---|
| 2005 | 대전 | 22 | 22 | 2 | 4 | 41 | 8 | 1 | 0 |
| 통산 | | 22 | 22 | 2 | 4 | 41 | 8 | 1 | 0 |

**하태균** (河太均) 단국대 1987.11.02

| 연도 | 소속 | 출장 | 교체 | 득점 | 도움 | 파울 | 슈팅 | 경고 | 퇴장 |
|---|---|---|---|---|---|---|---|---|---|
| 2007 | 수원 | 18 | 13 | 5 | 1 | 33 | 34 | 1 | 0 |
| 2008 | 수원 | 6 | 6 | 0 | 0 | 9 | 4 | 0 | 0 |
| 2009 | 수원 | 12 | 11 | 2 | 1 | 21 | 14 | 1 | 0 |
| 2010 | 수원 | 15 | 13 | 2 | 0 | 23 | 16 | 1 | 0 |
| 2011 | 수원 | 19 | 18 | 3 | 1 | 19 | 16 | 3 | 1 |
| 2012 | 수원 | 31 | 29 | 6 | 0 | 25 | 35 | 0 | 0 |
| 2013 | 상주 | 20 | 15 | 8 | 4 | 33 | 39 | 2 | 0 |
| 2014 | 상주 | 11 | 6 | 4 | 0 | 18 | 20 | 1 | 0 |
| 2014 | 수원 | 3 | 3 | 0 | 0 | 3 | 2 | 1 | 0 |
| 통산 | | 135 | 114 | 30 | 7 | 184 | 179 | 14 | 1 |

**하파엘** (Rafael Costa dos Santos) 브라질 1987.08.23

| 연도 | 소속 | 출장 | 교체 | 득점 | 도움 | 파울 | 슈팅 | 경고 | 퇴장 |
|---|---|---|---|---|---|---|---|---|---|
| 2014 | 서울 | 9 | 9 | 0 | 0 | 9 | 5 | 3 | 0 |
| 통산 | | 9 | 9 | 0 | 0 | 9 | 5 | 3 | 0 |

**하파엘** (Raphael assis Martins Xavier) 브라질 1992.03.28

| 연도 | 소속 | 출장 | 교체 | 득점 | 도움 | 파울 | 슈팅 | 경고 | 퇴장 |
|---|---|---|---|---|---|---|---|---|---|
| 2014 | 충주 | 2 | 1 | 0 | 0 | 2 | 0 | 0 | 0 |
| 통산 | | 2 | 1 | 0 | 0 | 2 | 0 | 0 | 0 |

**하피나** (Rafael dos Santos de Oliveira) 브라질 1987.06.30

| 연도 | 소속 | 출장 | 교체 | 득점 | 도움 | 파울 | 슈팅 | 경고 | 퇴장 |
|---|---|---|---|---|---|---|---|---|---|
| 2012 | 울산 | 17 | 13 | 6 | 2 | 23 | 30 | 2 | 0 |
| 2013 | 울산 | 24 | 8 | 11 | 4 | 45 | 85 | 3 | 0 |
| 2014 | 울산 | 12 | 8 | 1 | 2 | 20 | 33 | 0 | 0 |
| 통산 | | 53 | 29 | 18 | 7 | 88 | 148 | 5 | 0 |

**한경인** (韓京仁) 명지대 1987.05.28

| 연도 | 소속 | 출장 | 교체 | 득점 | 도움 | 파울 | 슈팅 | 경고 | 퇴장 |
|---|---|---|---|---|---|---|---|---|---|
| 2011 | 경남 | 23 | 19 | 2 | 0 | 13 | 29 | 0 | 0 |
| 2012 | 대전 | 12 | 11 | 1 | 0 | 5 | 7 | 1 | 0 |
| 2013 | 대전 | 6 | 6 | 2 | 0 | 7 | 6 | 1 | 0 |
| 2014 | 상주 | 9 | 8 | 0 | 0 | 4 | 5 | 2 | 0 |
| 통산 | | 50 | 44 | 5 | 0 | 29 | 47 | 4 | 0 |

**한교원** (韓敎元) 조선이공대 1990.06.15

| 연도 | 소속 | 출장 | 교체 | 득점 | 도움 | 파울 | 슈팅 | 경고 | 퇴장 |
|---|---|---|---|---|---|---|---|---|---|
| 2011 | 인천 | 29 | 22 | 3 | 2 | 40 | 22 | 2 | 0 |
| 2012 | 인천 | 28 | 10 | 6 | 2 | 52 | 38 | 4 | 0 |
| 2013 | 인천 | 36 | 14 | 6 | 4 | 64 | 60 | 8 | 0 |
| 2014 | 전북 | 32 | 20 | 11 | 3 | 44 | 45 | 1 | 0 |
| 통산 | | 125 | 66 | 26 | 9 | 200 | 165 | 15 | 0 |

**한그루** (韓그루) 단국대 1988.04.29

| 연도 | 소속 | 출장 | 교체 | 득점 | 도움 | 파울 | 슈팅 | 경고 | 퇴장 |
|---|---|---|---|---|---|---|---|---|---|
| 2011 | 성남 | 4 | 4 | 0 | 1 | 4 | 1 | 0 | 0 |
| 2012 | 대전 | 9 | 8 | 0 | 0 | 11 | 6 | 1 | 0 |
| 2013 | 대전 | 5 | 5 | 0 | 0 | 4 | 0 | 1 | 0 |
| 통산 | | 18 | 17 | 0 | 1 | 19 | 7 | 2 | 0 |

**한길동** (韓吉童) 서울대 1963.01.15

| 연도 | 소속 | 출장 | 교체 | 득점 | 도움 | 파울 | 슈팅 | 경고 | 퇴장 |
|---|---|---|---|---|---|---|---|---|---|
| 1986 | 럭금 | 20 | 6 | 0 | 0 | 16 | 3 | 1 | 0 |
| 1987 | 럭금 | 16 | 5 | 0 | 0 | 12 | 5 | 0 | 0 |
| 통산 | | 36 | 11 | 0 | 0 | 28 | 8 | 1 | 0 |

**한덕희** (韓德熙) 아주대 1987.02.20

| 연도 | 소속 | 출장 | 교체 | 득점 | 도움 | 파울 | 슈팅 | 경고 | 퇴장 |
|---|---|---|---|---|---|---|---|---|---|
| 2011 | 대전 | 16 | 6 | 1 | 2 | 26 | 7 | 3 | 0 |
| 2012 | 대전 | 14 | 12 | 0 | 0 | 22 | 7 | 3 | 0 |
| 2013 | 대전 | 20 | 14 | 0 | 1 | 31 | 2 | 2 | 0 |
| 2014 | 안산 | 14 | 9 | 0 | 0 | 20 | 13 | 4 | 0 |
| 통산 | | 58 | 39 | 1 | 3 | 84 | 23 | 12 | 0 |

**한동원** (韓東元) 남수원중 1986.04.06

| 연도 | 소속 | 출장 | 교체 | 득점 | 도움 | 파울 | 슈팅 | 경고 | 퇴장 |
|---|---|---|---|---|---|---|---|---|---|
| 2002 | 안양 | 1 | 1 | 0 | 0 | 1 | 0 | 0 | 0 |
| 2003 | 안양 | 4 | 4 | 0 | 0 | 3 | 4 | 1 | 0 |
| 2004 | 서울 | 4 | 3 | 0 | 0 | 2 | 2 | 0 | 0 |
| 2005 | 서울 | 3 | 3 | 0 | 0 | 4 | 1 | 0 | 0 |
| 2006 | 서울 | 21 | 13 | 5 | 1 | 20 | 25 | 2 | 0 |
| 2007 | 성남 | 15 | 15 | 1 | 0 | 7 | 11 | 0 | 0 |
| 2008 | 성남 | 26 | 26 | 4 | 0 | 7 | 28 | 2 | 0 |
| 2009 | 성남 | 26 | 24 | 7 | 1 | 14 | 29 | 2 | 0 |
| 2011 | 대구 | 14 | 13 | 0 | 0 | 8 | 16 | 1 | 0 |
| 2012 | 강원 | 7 | 7 | 1 | 0 | 3 | 3 | 0 | 0 |
| 2013 | 강원 | 8 | 8 | 0 | 0 | 4 | 4 | 0 | 0 |
| 2013 | 안양 | 2 | 2 | 0 | 0 | 0 | 2 | 0 | 0 |
| 통산 | | 131 | 116 | 20 | 3 | 88 | 106 | 8 | 0 |

**한동진** (韓動鎭) 상지대 1979.08.25

| 연도 | 소속 | 출장 | 교체 | 실점 | 도움 | 파울 | 슈팅 | 경고 | 퇴장 |
|---|---|---|---|---|---|---|---|---|---|
| 2002 | 부천 | 9 | 0 | 15 | 0 | 0 | 0 | 2 | 0 |
| 2003 | 부천 | 31 | 1 | 45 | 0 | 3 | 0 | 1 | 0 |
| 2004 | 부천 | 0 | 0 | 0 | 0 | 0 | 0 | 0 | 0 |
| 2005 | 광주상 | 3 | 0 | 3 | 0 | 0 | 0 | 0 | 0 |
| 2006 | 광주상 | 15 | 1 | 18 | 0 | 0 | 0 | 0 | 0 |
| 2007 | 제주 | 6 | 0 | 6 | 0 | 1 | 0 | 0 | 0 |
| 2008 | 제주 | 2 | 3 | 13 | 0 | 0 | 0 | 0 | 0 |
| 2009 | 제주 | 14 | 1 | 11 | 0 | 0 | 0 | 1 | 0 |
| 2010 | 제주 | 1 | 0 | 4 | 0 | 0 | 0 | 0 | 0 |
| 2011 | 제주 | 5 | 0 | 6 | 0 | 0 | 0 | 0 | 0 |
| 2012 | 제주 | 30 | 0 | 37 | 0 | 2 | 0 | 1 | 1 |
| 2013 | 제주 | 0 | 0 | 0 | 0 | 0 | 0 | 0 | 0 |
| 통산 | | 122 | 7 | 155 | 0 | 6 | 0 | 5 | 1 |

**한문배** (韓文培) 한양대 1954.03.22

| 연도 | 소속 | 출장 | 교체 | 득점 | 도움 | 파울 | 슈팅 | 경고 | 퇴장 |
|---|---|---|---|---|---|---|---|---|---|
| 1984 | 럭금 | 27 | 4 | 6 | 2 | 25 | 34 | 2 | 0 |
| 1985 | 럭금 | 21 | 3 | 0 | 2 | 19 | 14 | 1 | 0 |
| 1986 | 럭금 | 27 | 5 | 1 | 0 | 37 | 18 | 3 | 0 |
| 통산 | | 75 | 12 | 7 | 4 | 81 | 66 | 6 | 0 |

**한병용** (韓柄容) 건국대 1983.11.27

| 연도 | 소속 | 출장 | 교체 | 득점 | 도움 | 파울 | 슈팅 | 경고 | 퇴장 |
|---|---|---|---|---|---|---|---|---|---|
| 2006 | 수원 | 12 | 7 | 0 | 0 | 15 | 10 | 1 | 0 |
| 2007 | 수원 | 2 | 2 | 0 | 0 | 1 | 0 | 0 | 0 |
| 통산 | | 14 | 9 | 0 | 0 | 16 | 10 | 1 | 0 |

**한봉현** (韓鳳顯) 학성고 1981.12.04

| 연도 | 소속 | 출장 | 교체 | 득점 | 도움 | 파울 | 슈팅 | 경고 | 퇴장 |
|---|---|---|---|---|---|---|---|---|---|
| 2000 | 울산 | 0 | 0 | 0 | 0 | 0 | 0 | 0 | 0 |
| 2001 | 울산 | 2 | 2 | 0 | 0 | 1 | 1 | 0 | 0 |
| 2003 | 광주상 | 1 | 1 | 0 | 0 | 2 | 0 | 0 | 0 |
| 통산 | | 3 | 3 | 0 | 0 | 2 | 0 | 0 | 0 |

**한빛** (韓빛) 건국대 1992.03.17

| 연도 | 소속 | 출장 | 교체 | 득점 | 도움 | 파울 | 슈팅 | 경고 | 퇴장 |
|---|---|---|---|---|---|---|---|---|---|
| 2014 | 고양 | 16 | 15 | 1 | 0 | 16 | 7 | 2 | 0 |
| 통산 | | 16 | 15 | 1 | 0 | 16 | 7 | 2 | 0 |

**한상건** (韓相健) 영등포공고 1975.01.22

| 연도 | 소속 | 출장 | 교체 | 득점 | 도움 | 파울 | 슈팅 | 경고 | 퇴장 |
|---|---|---|---|---|---|---|---|---|---|
| 1994 | 포철 | 1 | 1 | 0 | 0 | 0 | 0 | 0 | 0 |
| 통산 | | 1 | 1 | 0 | 0 | 0 | 0 | 0 | 0 |

**한상구** (韓相九) 충남대 1976.08.15

| 연도 | 소속 | 출장 | 교체 | 득점 | 도움 | 파울 | 슈팅 | 경고 | 퇴장 |
|---|---|---|---|---|---|---|---|---|---|
| 1999 | 안양 | 11 | 8 | 0 | 0 | 14 | 9 | 2 | 0 |
| 2000 | 안양 | 29 | 4 | 0 | 0 | 30 | 4 | 2 | 0 |
| 2001 | 안양 | 4 | 2 | 0 | 0 | 3 | 2 | 0 | 0 |
| 2003 | 광주상 | 40 | 8 | 3 | 3 | 31 | 43 | 4 | 0 |
| 2004 | 서울 | 13 | 8 | 0 | 0 | 17 | 9 | 2 | 0 |
| 통산 | | 97 | 30 | 3 | 4 | 95 | 66 | 12 | 0 |

**한상민** (韓相旼) 천안농고 1985.03.10

| 연도 | 소속 | 출장 | 교체 | 득점 | 도움 | 파울 | 슈팅 | 경고 | 퇴장 |
|---|---|---|---|---|---|---|---|---|---|
| 2009 | 울산 | 9 | 9 | 0 | 0 | 6 | 1 | 1 | 0 |
| 통산 | | 9 | 9 | 0 | 0 | 6 | 1 | 1 | 0 |

**한상수** (韓尙樹) 충북대 1977.02.27

| 연도 | 소속 | 출장 | 교체 | 실점 | 도움 | 파울 | 슈팅 | 경고 | 퇴장 |
|---|---|---|---|---|---|---|---|---|---|
| 1999 | 부산 | 8 | 0 | 16 | 0 | 0 | 0 | 0 | 0 |
| 2000 | 부산 | 3 | 3 | 0 | 0 | 0 | 0 | 0 | 0 |
| 통산 | | 11 | 3 | 16 | 0 | 0 | 0 | 0 | 0 |

**한상열** (韓相烈) 고려대 1972.09.24

| 연도 | 소속 | 출장 | 교체 | 득점 | 도움 | 파울 | 슈팅 | 경고 | 퇴장 |
|---|---|---|---|---|---|---|---|---|---|
| 1997 | 수원 | 23 | 17 | 3 | 1 | 22 | 14 | 0 | 1 |
| 1998 | 수원 | 6 | 6 | 0 | 0 | 7 | 3 | 2 | 0 |
| 1999 | 수원 | 1 | 1 | 0 | 0 | 0 | 0 | 0 | 0 |
| 통산 | | 29 | 23 | 3 | 1 | 29 | 17 | 2 | 1 |

## 한상운 (韓相云) 단국대 1986.05.03

| 연도 | 소속 | 출장 | 교체 | 득점 | 도움 | 파울 | 슈팅 | 경고 | 퇴장 |
|---|---|---|---|---|---|---|---|---|---|
| 2009 | 부산 | 31 | 23 | 3 | 5 | 32 | 27 | 4 | 0 |
| 2010 | 부산 | 31 | 12 | 7 | 5 | 33 | 41 | 1 | 0 |
| 2011 | 부산 | 32 | 14 | 9 | 8 | 34 | 63 | 2 | 0 |
| 2012 | 성남 | 16 | 11 | 1 | 1 | 12 | 27 | 1 | 0 |
| 2013 | 울산 | 34 | 21 | 8 | 8 | 36 | 43 | 3 | 0 |
| 2014 | 울산 | 12 | 5 | 2 | 2 | 7 | 23 | 0 | 0 |
| 2014 | 상주 | 17 | 5 | 0 | 4 | 14 | 30 | 3 | 0 |
| 통산 | | 173 | 91 | 30 | 33 | 168 | 254 | 14 | 0 |

## 한상학 (韓尙學) 숭실대 1990.07.16

| 연도 | 소속 | 출장 | 교체 | 득점 | 도움 | 파울 | 슈팅 | 경고 | 퇴장 |
|---|---|---|---|---|---|---|---|---|---|
| 2014 | 충주 | 6 | 5 | 1 | 0 | 10 | 2 | 2 | 0 |

## 한상혁 (韓祥赫) 배재대 1991.11.19

| 연도 | 소속 | 출장 | 교체 | 득점 | 도움 | 파울 | 슈팅 | 경고 | 퇴장 |
|---|---|---|---|---|---|---|---|---|---|
| 2014 | 대전 | 0 | 0 | 0 | 0 | 0 | 0 | 0 | 0 |
| 통산 | | 0 | 0 | 0 | 0 | 0 | 0 | 0 | 0 |

## 한상현 (韓相晛) 성균관대 1991.08.25

| 연도 | 소속 | 출장 | 교체 | 득점 | 도움 | 파울 | 슈팅 | 경고 | 퇴장 |
|---|---|---|---|---|---|---|---|---|---|
| 2014 | 부천 | 1 | 1 | 0 | 0 | 0 | 0 | 0 | 0 |
| 통산 | | 1 | 1 | 0 | 0 | 0 | 0 | 0 | 0 |

## 한석종 (韓石種) 숭실대 1992.07.19

| 연도 | 소속 | 출장 | 교체 | 득점 | 도움 | 파울 | 슈팅 | 경고 | 퇴장 |
|---|---|---|---|---|---|---|---|---|---|
| 2014 | 강원 | 21 | 10 | 0 | 1 | 25 | 13 | 2 | 0 |
| 통산 | | 21 | 10 | 0 | 1 | 25 | 13 | 2 | 0 |

## 한설 (韓雪) 동의대 1983.07.15

| 연도 | 소속 | 출장 | 교체 | 득점 | 도움 | 파울 | 슈팅 | 경고 | 퇴장 |
|---|---|---|---|---|---|---|---|---|---|
| 2006 | 부산 | 7 | 7 | 0 | 0 | 6 | 1 | 0 | 0 |
| 2008 | 광주상 | 1 | 1 | 0 | 0 | 0 | 0 | 0 | 0 |
| 통산 | | 8 | 8 | 0 | 0 | 6 | 1 | 0 | 0 |

## 한승엽 (韓承燁) 경기대 1990.11.04

| 연도 | 소속 | 출장 | 교체 | 득점 | 도움 | 파울 | 슈팅 | 경고 | 퇴장 |
|---|---|---|---|---|---|---|---|---|---|
| 2013 | 대구 | 26 | 22 | 3 | 1 | 43 | 14 | 4 | 0 |
| 2014 | 대구 | 8 | 8 | 0 | 0 | 13 | 5 | 0 | 0 |
| 통산 | | 34 | 30 | 3 | 1 | 56 | 19 | 4 | 0 |

## 한연수 (韓練洙) 동국대 1966.11.17

| 연도 | 소속 | 출장 | 교체 | 득점 | 도움 | 파울 | 슈팅 | 경고 | 퇴장 |
|---|---|---|---|---|---|---|---|---|---|
| 1989 | 일화 | 6 | 4 | 0 | 0 | 8 | 1 | 0 | 0 |
| 통산 | | 6 | 4 | 0 | 0 | 8 | 1 | 0 | 0 |

## 한연철 (韓煉哲) 고려대 1972.03.30

| 연도 | 소속 | 출장 | 교체 | 득점 | 도움 | 파울 | 슈팅 | 경고 | 퇴장 |
|---|---|---|---|---|---|---|---|---|---|
| 1997 | 안양 | 2 | 2 | 0 | 0 | 3 | 0 | 0 | 0 |
| 통산 | | 2 | 2 | 0 | 0 | 3 | 0 | 0 | 0 |

## 한영구 (韓英九) 호남대 1987.11.16

| 연도 | 소속 | 출장 | 교체 | 득점 | 도움 | 파울 | 슈팅 | 경고 | 퇴장 |
|---|---|---|---|---|---|---|---|---|---|
| 2013 | 고양 | 11 | 5 | 0 | 0 | 6 | 1 | 0 | 0 |

## 한영국 (韓榮國) 국민대 1964.11.26

| 연도 | 소속 | 출장 | 교체 | 득점 | 도움 | 파울 | 슈팅 | 경고 | 퇴장 |
|---|---|---|---|---|---|---|---|---|---|
| 1993 | 현대 | 6 | 0 | 0 | 0 | 4 | 0 | 0 | 0 |
| 1994 | 현대 | 8 | 1 | 0 | 0 | 6 | 2 | 2 | 0 |
| 통산 | | 14 | 1 | 0 | 0 | 10 | 5 | 2 | 0 |

## 한영수 (韓英洙) 전북대 1960.08.14

| 연도 | 소속 | 출장 | 교체 | 득점 | 도움 | 파울 | 슈팅 | 경고 | 퇴장 |
|---|---|---|---|---|---|---|---|---|---|
| 1985 | 유공 | 18 | 4 | 4 | 1 | 19 | 23 | 0 | 0 |
| 1986 | 유공 | 10 | 6 | 0 | 0 | 4 | 0 | 0 | 0 |
| 1987 | 유공 | 3 | 3 | 1 | 0 | 1 | 10 | 0 | 0 |
| 통산 | | 32 | 12 | 5 | 1 | 24 | 33 | 0 | 0 |

## 한용수 (韓龍洙) 한양대 1990.05.05

| 연도 | 소속 | 출장 | 교체 | 득점 | 도움 | 파울 | 슈팅 | 경고 | 퇴장 |
|---|---|---|---|---|---|---|---|---|---|
| 2012 | 제주 | 23 | 6 | 0 | 1 | 33 | 2 | 4 | 0 |

## 한유성 (韓洧成) 경희대 1991.06.09

| 연도 | 소속 | 출장 | 교체 | 득점 | 도움 | 파울 | 슈팅 | 경고 | 퇴장 |
|---|---|---|---|---|---|---|---|---|---|
| 2014 | 전남 | 0 | 0 | 0 | 0 | 0 | 0 | 0 | 0 |
| 통산 | | 0 | 0 | 0 | 0 | 0 | 0 | 0 | 0 |

## 한의권 (韓義權) 관동대 1994.06.30

| 연도 | 소속 | 출장 | 교체 | 득점 | 도움 | 파울 | 슈팅 | 경고 | 퇴장 |
|---|---|---|---|---|---|---|---|---|---|
| 2014 | 경남 | 13 | 13 | 0 | 1 | 11 | 2 | 0 | 0 |
| 통산 | | 13 | 13 | 0 | 1 | 11 | 2 | 0 | 0 |

## 한일구 (韓壹九) 고려대 1987.02.18

| 연도 | 소속 | 출장 | 교체 | 실점 | 도움 | 파울 | 슈팅 | 경고 | 퇴장 |
|---|---|---|---|---|---|---|---|---|---|
| 2010 | 서울 | 0 | 0 | 0 | 0 | 0 | 0 | 0 | 0 |
| 2011 | 서울 | 2 | 0 | 4 | 0 | 1 | 0 | 0 | 0 |
| 2012 | 서울 | 0 | 0 | 0 | 0 | 0 | 0 | 0 | 0 |
| 2013 | 서울 | 0 | 0 | 0 | 0 | 0 | 0 | 0 | 0 |
| 2014 | 서울 | 0 | 0 | 0 | 0 | 0 | 0 | 0 | 0 |
| 통산 | | 2 | 0 | 4 | 0 | 1 | 0 | 0 | 0 |

## 한재만 (韓載滿) 동국대 1989.03.20

| 연도 | 소속 | 출장 | 교체 | 득점 | 도움 | 파울 | 슈팅 | 경고 | 퇴장 |
|---|---|---|---|---|---|---|---|---|---|
| 2010 | 제주 | 7 | 6 | 0 | 1 | 2 | 4 | 0 | 0 |
| 2011 | 제주 | 1 | 1 | 0 | 0 | 0 | 0 | 0 | 0 |
| 통산 | | 8 | 7 | 0 | 1 | 2 | 4 | 0 | 0 |

## 한재식 (韓在植) 명지대 1968.03.17

| 연도 | 소속 | 출장 | 교체 | 득점 | 도움 | 파울 | 슈팅 | 경고 | 퇴장 |
|---|---|---|---|---|---|---|---|---|---|
| 1990 | 포철 | 1 | 1 | 0 | 0 | 0 | 0 | 0 | 0 |
| 통산 | | 1 | 1 | 0 | 0 | 0 | 0 | 0 | 0 |

## 한재웅 (韓載雄) 부평고 1984.09.28

| 연도 | 소속 | 출장 | 교체 | 득점 | 도움 | 파울 | 슈팅 | 경고 | 퇴장 |
|---|---|---|---|---|---|---|---|---|---|
| 2003 | 부산 | 1 | 1 | 0 | 0 | 0 | 1 | 0 | 0 |
| 2004 | 부산 | 4 | 4 | 0 | 0 | 4 | 3 | 0 | 0 |
| 2005 | 부산 | 13 | 11 | 2 | 0 | 14 | 19 | 1 | 0 |
| 2007 | 부산 | 1 | 1 | 0 | 0 | 0 | 1 | 0 | 0 |
| 2008 | 부산 | 1 | 1 | 0 | 0 | 0 | 0 | 0 | 0 |
| 2008 | 대전 | 18 | 13 | 1 | 1 | 22 | 32 | 2 | 0 |
| 2009 | 대전 | 19 | 15 | 3 | 1 | 22 | 12 | 2 | 0 |
| 2010 | 대전 | 23 | 8 | 0 | 3 | 36 | 21 | 5 | 0 |
| 2011 | 대전 | 24 | 12 | 1 | 1 | 33 | 24 | 6 | 0 |
| 2012 | 전남 | 24 | 12 | 0 | 1 | 27 | 18 | 4 | 0 |
| 2013 | 인천 | 2 | 2 | 0 | 0 | 0 | 2 | 0 | 0 |
| 2014 | 울산 | 7 | 7 | 0 | 1 | 4 | 9 | 1 | 0 |
| 통산 | | 134 | 89 | 12 | 6 | 158 | 93 | 21 | 1 |

## 한정국 (韓正局) 한양대 1971.07.19

| 연도 | 소속 | 출장 | 교체 | 득점 | 도움 | 파울 | 슈팅 | 경고 | 퇴장 |
|---|---|---|---|---|---|---|---|---|---|
| 1994 | 일화 | 25 | 11 | 1 | 1 | 34 | 8 | 4 | 0 |
| 1995 | 일화 | 11 | 9 | 2 | 0 | 9 | 16 | 1 | 0 |
| 1996 | 천안 | 34 | 21 | 1 | 3 | 31 | 30 | 3 | 0 |
| 1999 | 천안 | 6 | 5 | 0 | 1 | 7 | 1 | 1 | 0 |
| 1999 | 전남 | 12 | 3 | 1 | 1 | 15 | 10 | 1 | 0 |
| 2000 | 전남 | 11 | 11 | 0 | 1 | 7 | 9 | 0 | 0 |
| 2001 | 대전 | 15 | 13 | 1 | 3 | 24 | 18 | 2 | 0 |
| 2002 | 대전 | 26 | 10 | 2 | 0 | 38 | 10 | 2 | 0 |
| 2003 | 대전 | 28 | 17 | 3 | 1 | 55 | 23 | 2 | 1 |
| 2004 | 대전 | 19 | 7 | 1 | 2 | 36 | 14 | 1 | 0 |
| 통산 | | 182 | 132 | 12 | 13 | 235 | 129 | 17 | 1 |

## 한정화 (韓廷和) 안양공고 1982.10.31

| 연도 | 소속 | 출장 | 교체 | 득점 | 도움 | 파울 | 슈팅 | 경고 | 퇴장 |
|---|---|---|---|---|---|---|---|---|---|
| 2001 | 안양 | 11 | 11 | 0 | 0 | 5 | 5 | 1 | 0 |
| 2002 | 안양 | 7 | 9 | 1 | 0 | 3 | 5 | 1 | 0 |
| 2003 | 안양 | 2 | 2 | 0 | 0 | 1 | 2 | 0 | 0 |
| 2004 | 광주상 | 1 | 1 | 0 | 0 | 0 | 0 | 0 | 0 |
| 2005 | 광주상 | 1 | 1 | 0 | 0 | 0 | 0 | 0 | 0 |
| 2007 | 부산 | 29 | 23 | 4 | 2 | 22 | 20 | 1 | 0 |
| 2008 | 부산 | 20 | 17 | 0 | 2 | 14 | 10 | 0 | 0 |
| 2009 | 대구 | 20 | 17 | 2 | 0 | 14 | 11 | 0 | 0 |
| 통산 | | 97 | 78 | 7 | 5 | 80 | 66 | 4 | 0 |

## 한제광 (韓濟光) 울산대 1985.03.18

| 연도 | 소속 | 출장 | 교체 | 득점 | 도움 | 파울 | 슈팅 | 경고 | 퇴장 |
|---|---|---|---|---|---|---|---|---|---|
| 2006 | 부산 | 2 | 1 | 0 | 0 | 3 | 0 | 0 | 0 |
| 통산 | | 2 | 1 | 0 | 0 | 3 | 0 | 0 | 0 |

## 한종성 (韓鍾聲) 성균관대 1977.01.30

| 연도 | 소속 | 출장 | 교체 | 득점 | 도움 | 파울 | 슈팅 | 경고 | 퇴장 |
|---|---|---|---|---|---|---|---|---|---|
| 2002 | 전북 | 14 | 2 | 0 | 0 | 22 | 1 | 2 | 0 |
| 2003 | 전북 | 24 | 10 | 0 | 2 | 45 | 10 | 4 | 0 |
| 2004 | 전북 | 8 | 5 | 0 | 0 | 12 | 2 | 0 | 0 |
| 2005 | 전남 | 6 | 5 | 0 | 0 | 7 | 0 | 1 | 0 |
| 통산 | | 52 | 22 | 0 | 2 | 86 | 13 | 7 | 0 |

## 한종우 (韓宗佑) 상지대 1986.03.17

| 연도 | 소속 | 출장 | 교체 | 득점 | 도움 | 파울 | 슈팅 | 경고 | 퇴장 |
|---|---|---|---|---|---|---|---|---|---|
| 2013 | 부천 | 27 | 6 | 2 | 0 | 29 | 13 | 10 | 0 |
| 2014 | 부천 | 6 | 3 | 0 | 0 | 3 | 1 | 0 | 0 |
| 통산 | | 33 | 9 | 2 | 0 | 38 | 14 | 10 | 0 |

## 한주영 (韓周怜) 고려대 1976.06.10

| 연도 | 소속 | 출장 | 교체 | 득점 | 도움 | 파울 | 슈팅 | 경고 | 퇴장 |
|---|---|---|---|---|---|---|---|---|---|
| 2000 | 전북 | 1 | 1 | 0 | 0 | 1 | 0 | 1 | 0 |
| 통산 | | 1 | 1 | 0 | 0 | 1 | 0 | 1 | 0 |

## 한지호 (韓志皓) 홍익대 1988.12.15

| 연도 | 소속 | 출장 | 교체 | 득점 | 도움 | 파울 | 슈팅 | 경고 | 퇴장 |
|---|---|---|---|---|---|---|---|---|---|
| 2010 | 부산 | 9 | 9 | 0 | 0 | 6 | 3 | 0 | 0 |
| 2011 | 부산 | 32 | 26 | 4 | 3 | 30 | 31 | 4 | 0 |
| 2012 | 부산 | 44 | 20 | 6 | 3 | 47 | 60 | 2 | 0 |
| 2013 | 부산 | 28 | 17 | 5 | 1 | 23 | 43 | 1 | 0 |
| 2014 | 부산 | 22 | 14 | 0 | 1 | 24 | 27 | 4 | 0 |
| 통산 | | 135 | 86 | 15 | 8 | 130 | 164 | 11 | 0 |

## 한창우 (韓昌祐) 동아대 1965.10.25

| 연도 | 소속 | 출장 | 교체 | 득점 | 도움 | 파울 | 슈팅 | 경고 | 퇴장 |
|---|---|---|---|---|---|---|---|---|---|
| 1988 | 대우 | 9 | 1 | 0 | 0 | 4 | 3 | 0 | 0 |

## 한창우 (韓昌祐) 광운대 1966.12.05

| 연도 | 소속 | 출장 | 교체 | 득점 | 도움 | 파울 | 슈팅 | 경고 | 퇴장 |
|---|---|---|---|---|---|---|---|---|---|
| 1989 | 현대 | 5 | 5 | 0 | 0 | 2 | 7 | 0 | 0 |
| 1991 | 현대 | 24 | 18 | 2 | 0 | 28 | 35 | 2 | 0 |
| 1992 | 현대 | 19 | 17 | 0 | 0 | 27 | 12 | 1 | 0 |
| 통산 | | 48 | 40 | 2 | 0 | 61 | 49 | 5 | 0 |

## 한태유 (韓泰酉) 명지대 1981.03.31

| 연도 | 소속 | 출장 | 교체 | 득점 | 도움 | 파울 | 슈팅 | 경고 | 퇴장 |
|---|---|---|---|---|---|---|---|---|---|
| 2004 | 서울 | 21 | 4 | 0 | 0 | 49 | 18 | 4 | 0 |
| 2005 | 서울 | 22 | 11 | 3 | 1 | 52 | 23 | 9 | 0 |
| 2006 | 서울 | 28 | 23 | 0 | 2 | 42 | 17 | 5 | 0 |
| 2007 | 광주상 | 30 | 8 | 1 | 0 | 55 | 5 | 5 | 0 |
| 2008 | 광주상 | 23 | 5 | 1 | 0 | 56 | 22 | 8 | 0 |
| 2008 | 서울 | 4 | 4 | 0 | 0 | 5 | 2 | 0 | 0 |
| 2009 | 서울 | 10 | 3 | 0 | 1 | 17 | 3 | 4 | 0 |
| 2012 | 서울 | 26 | 15 | 0 | 2 | 15 | 9 | 4 | 0 |
| 2013 | 서울 | 15 | 12 | 0 | 1 | 23 | 3 | 2 | 0 |
| 2014 | 서울 | 0 | 0 | 0 | 0 | 0 | 0 | 0 | 0 |
| 통산 | | 192 | 91 | 5 | 4 | 319 | 101 | 44 | 0 |

## 한태진 (韓台鎭) 1961.04.08

| 연도 | 소속 | 출장 | 교체 | 실점 | 도움 | 파울 | 슈팅 | 경고 | 퇴장 |
|---|---|---|---|---|---|---|---|---|---|
| 1983 | 포철 | 1 | 0 | 4 | 0 | 0 | 0 | 0 | 0 |
| 통산 | | 1 | 0 | 4 | 0 | 0 | 0 | 0 | 0 |

실점: 1983년 4 / 통산 4

## 한홍규 (韓洪奎) 성균관대 1990.07.26

| 연도 | 소속 | 출장 | 교체 | 득점 | 도움 | 파울 | 슈팅 | 경고 | 퇴장 |
|---|---|---|---|---|---|---|---|---|---|
| 2013 | 충주 | 29 | 7 | 5 | 3 | 63 | 84 | 5 | 0 |
| 2014 | 충주 | 32 | 30 | 7 | 1 | 45 | 55 | 5 | 0 |
| 통산 | | 61 | 37 | 12 | 4 | 108 | 139 | 10 | 0 |

## 한효혁 (韓孝赫) 동신대 1989.12.12

| 연도 | 소속 | 출장 | 교체 | 득점 | 도움 | 파울 | 슈팅 | 경고 | 퇴장 |
|---|---|---|---|---|---|---|---|---|---|
| 2013 | 광주 | 2 | 2 | 0 | 0 | 1 | 0 | 0 | 0 |
| 통산 | | 2 | 2 | 0 | 0 | 1 | 0 | 0 | 0 |

## 함민석 (咸珉奭) 아주대 1985.08.03

| 연도 | 소속 | 출장 | 교체 | 득점 | 도움 | 파울 | 슈팅 | 경고 | 퇴장 |
|---|---|---|---|---|---|---|---|---|---|
| 2008 | 인천 | 0 | 0 | 0 | 0 | 0 | 0 | 0 | 0 |
| 2012 | 강원 | 0 | 0 | 0 | 0 | 0 | 0 | 0 | 0 |
| 통산 | | 0 | 0 | 0 | 0 | 0 | 0 | 0 | 0 |

## 합상헌 (咸相憲) 서울시립대 1971.03.20

| 연도 | 소속 | 출장 | 교체 | 득점 | 도움 | 파울 | 슈팅 | 경고 | 퇴장 |
|---|---|---|---|---|---|---|---|---|---|

**(continued)**

| 연도 | 소속 | 출장 | 교체 | 득점 | 도움 | 파울 | 슈팅 | 경고 | 퇴장 |
|---|---|---|---|---|---|---|---|---|---|
| 1994 | 대우 | 9 | 8 | 2 | 0 | 12 | 11 | 2 | 0 |
| 1995 | 포항 | 1 | 1 | 0 | 0 | 1 | 0 | 0 | 0 |
| 1995 | LG | 18 | 16 | 2 | 0 | 16 | 20 | 5 | 0 |
| 1996 | 안양 | 17 | 15 | 2 | 1 | 15 | 10 | 3 | 0 |
| 1997 | 안양 | 26 | 15 | 2 | 2 | 44 | 31 | 8 | 0 |
| 1998 | 안양 | 2 | 3 | 0 | 0 | 2 | 0 | 0 | 0 |
| 통산 | | 73 | 58 | 8 | 3 | 90 | 72 | 18 | 0 |

**함준영** (咸儁漢) 원광대 1986.03.15

| 연도 | 소속 | 출장 | 교체 | 득점 | 도움 | 파울 | 슈팅 | 경고 | 퇴장 |
|---|---|---|---|---|---|---|---|---|---|
| 2009 | 인천 | 0 | 0 | 0 | 0 | 0 | 0 | 0 | 0 |
| 통산 | | 0 | 0 | 0 | 0 | 0 | 0 | 0 | 0 |

**함현기** (咸鉉起) 고려대 1963.04.26

| 연도 | 소속 | 출장 | 교체 | 득점 | 도움 | 파울 | 슈팅 | 경고 | 퇴장 |
|---|---|---|---|---|---|---|---|---|---|
| 1986 | 현대 | 35 | 3 | 17 | 2 | 34 | 90 | 1 | 0 |
| 1987 | 현대 | 29 | 10 | 1 | 2 | 26 | 45 | 0 | 0 |
| 1988 | 현대 | 23 | 5 | 10 | 5 | 28 | 45 | 1 | 0 |
| 1989 | 현대 | 13 | 4 | 0 | 0 | 21 | 17 | 0 | 0 |
| 1990 | 현대 | 28 | 8 | 3 | 3 | 27 | 22 | 1 | 0 |
| 1991 | 현대 | 5 | 5 | 0 | 0 | 2 | 7 | 0 | 0 |
| 1991 | LG | 10 | 8 | 0 | 0 | 1 | 10 | 0 | 0 |
| 1992 | LG | 18 | 14 | 0 | 1 | 12 | 8 | 0 | 0 |
| 통산 | | 161 | 57 | 31 | 13 | 151 | 244 | 3 | 0 |

**허건** (許建) 관동대 1988.01.03

| 연도 | 소속 | 출장 | 교체 | 득점 | 도움 | 파울 | 슈팅 | 경고 | 퇴장 |
|---|---|---|---|---|---|---|---|---|---|
| 2013 | 부천 | 18 | 10 | 5 | 2 | 25 | 23 | 3 | 0 |
| 통산 | | 18 | 10 | 5 | 2 | 25 | 23 | 3 | 0 |

**허기수** (許起洙) 명지대 1965.01.05

| 연도 | 소속 | 출장 | 교체 | 득점 | 도움 | 파울 | 슈팅 | 경고 | 퇴장 |
|---|---|---|---|---|---|---|---|---|---|
| 1989 | 현대 | 20 | 8 | 1 | 0 | 23 | 24 | 1 | 0 |
| 1990 | 현대 | 19 | 5 | 1 | 0 | 22 | 13 | 2 | 0 |
| 1991 | 현대 | 2 | 1 | 0 | 0 | 1 | 0 | 0 | 0 |
| 1992 | 현대 | 9 | 7 | 1 | 1 | 7 | 12 | 1 | 0 |
| 통산 | | 50 | 21 | 3 | 1 | 53 | 50 | 4 | 0 |

**허기태** (許起泰) 고려대 1967.07.13

| 연도 | 소속 | 출장 | 교체 | 득점 | 도움 | 파울 | 슈팅 | 경고 | 퇴장 |
|---|---|---|---|---|---|---|---|---|---|
| 1990 | 유공 | 7 | 1 | 0 | 0 | 12 | 1 | 1 | 0 |
| 1991 | 유공 | 34 | 2 | 1 | 0 | 39 | 12 | 2 | 0 |
| 1992 | 유공 | 33 | 1 | 0 | 1 | 31 | 13 | 3 | 0 |
| 1993 | 유공 | 33 | 1 | 2 | 1 | 31 | 13 | 3 | 0 |
| 1994 | 유공 | 34 | 0 | 2 | 2 | 26 | 15 | 4 | 0 |
| 1995 | 유공 | 34 | 3 | 0 | 1 | 21 | 26 | 2 | 0 |
| 1996 | 부천 | 31 | 3 | 0 | 0 | 34 | 27 | 1 | 0 |
| 1997 | 부천 | 22 | 3 | 0 | 0 | 44 | 12 | 6 | 0 |
| 1998 | 수원 | 11 | 3 | 0 | 0 | 10 | 4 | 1 | 0 |
| 1999 | 수원 | 3 | 2 | 0 | 0 | 4 | 1 | 2 | 0 |
| 통산 | | 246 | 23 | 10 | 3 | 273 | 125 | 23 | 0 |

**허범산** (許範山) 우석대 1989.09.14

| 연도 | 소속 | 출장 | 교체 | 득점 | 도움 | 파울 | 슈팅 | 경고 | 퇴장 |
|---|---|---|---|---|---|---|---|---|---|
| 2012 | 대전 | 8 | 6 | 1 | 0 | 11 | 3 | 2 | 0 |
| 2013 | 대전 | 29 | 15 | 0 | 5 | 53 | 20 | 6 | 0 |
| 2014 | 제주 | 1 | 1 | 0 | 0 | 1 | 0 | 0 | 0 |
| 통산 | | 38 | 22 | 1 | 5 | 65 | 23 | 8 | 0 |

**허영석** (許榮碩) 마산공고 1993.04.29

| 연도 | 소속 | 출장 | 교체 | 득점 | 도움 | 파울 | 슈팅 | 경고 | 퇴장 |
|---|---|---|---|---|---|---|---|---|---|
| 2012 | 경남 | 2 | 2 | 0 | 0 | 0 | 0 | 0 | 0 |
| 통산 | | 2 | 2 | 0 | 0 | 0 | 0 | 0 | 0 |

**허인무** (許寅戊) 명지대 1978.04.14

| 연도 | 소속 | 출장 | 교체 | 득점 | 도움 | 파울 | 슈팅 | 경고 | 퇴장 |
|---|---|---|---|---|---|---|---|---|---|
| 2001 | 포항 | 0 | 0 | 0 | 0 | 0 | 0 | 0 | 0 |
| 통산 | | 0 | 0 | 0 | 0 | 0 | 0 | 0 | 0 |

**허재원** (許宰源) 광운대 1984.07.01

| 연도 | 소속 | 출장 | 교체 | 득점 | 도움 | 파울 | 슈팅 | 경고 | 퇴장 |
|---|---|---|---|---|---|---|---|---|---|
| 2006 | 수원 | 2 | 1 | 0 | 0 | 1 | 0 | 0 | 0 |
| 2008 | 광주상 | 7 | 6 | 0 | 0 | 3 | 7 | 1 | 0 |
| 2009 | 수원 | 6 | 3 | 0 | 0 | 8 | 1 | 1 | 0 |
| 2010 | 수원 | 2 | 1 | 0 | 0 | 1 | 0 | 0 | 0 |
| 2011 | 광주 | 29 | 7 | 1 | 1 | 45 | 23 | 8 | 0 |
| 2012 | 제주 | 36 | 2 | 2 | 2 | 57 | 23 | 5 | 0 |
| 2013 | 제주 | 23 | 4 | 1 | 0 | 24 | 8 | 2 | 0 |
| 2014 | 대구 | 33 | 2 | 3 | 2 | 31 | 25 | 8 | 0 |
| 통산 | | 137 | 26 | 8 | 5 | 169 | 90 | 26 | 0 |

**허정무** (許丁茂) 연세대 1955.01.13

| 연도 | 소속 | 출장 | 교체 | 득점 | 도움 | 파울 | 슈팅 | 경고 | 퇴장 |
|---|---|---|---|---|---|---|---|---|---|
| 1984 | 현대 | 23 | 3 | 3 | 2 | 37 | 36 | 3 | 0 |
| 1985 | 현대 | 5 | 1 | 0 | 0 | 7 | 3 | 0 | 0 |
| 1986 | 현대 | 11 | 2 | 1 | 3 | 15 | 21 | 1 | 0 |
| 통산 | | 39 | 5 | 5 | 5 | 59 | 60 | 4 | 0 |

**허제정** (許齊廷) 건국대 1977.06.02

| 연도 | 소속 | 출장 | 교체 | 득점 | 도움 | 파울 | 슈팅 | 경고 | 퇴장 |
|---|---|---|---|---|---|---|---|---|---|
| 2000 | 포항 | 11 | 6 | 0 | 2 | 6 | 7 | 1 | 0 |
| 2001 | 포항 | 27 | 18 | 1 | 1 | 18 | 11 | 2 | 0 |
| 2002 | 포항 | 10 | 10 | 2 | 2 | 6 | 2 | 1 | 0 |
| 통산 | | 48 | 34 | 3 | 5 | 30 | 20 | 4 | 0 |

**허청산** (許靑山) 명지대 1986.12.26

| 연도 | 소속 | 출장 | 교체 | 득점 | 도움 | 파울 | 슈팅 | 경고 | 퇴장 |
|---|---|---|---|---|---|---|---|---|---|
| 2011 | 수원 | 0 | 0 | 0 | 0 | 0 | 0 | 0 | 0 |
| 통산 | | 0 | 0 | 0 | 0 | 0 | 0 | 0 | 0 |

**허태식** (許泰植) 동래고 1961.01.06

| 연도 | 소속 | 출장 | 교체 | 득점 | 도움 | 파울 | 슈팅 | 경고 | 퇴장 |
|---|---|---|---|---|---|---|---|---|---|
| 1985 | 포철 | 3 | 3 | 0 | 0 | 0 | 0 | 0 | 0 |
| 1986 | 포철 | 22 | 5 | 1 | 2 | 18 | 16 | 1 | 0 |
| 1987 | 포철 | 1 | 1 | 0 | 0 | 0 | 0 | 0 | 0 |
| 1991 | 포철 | 1 | 1 | 0 | 0 | 0 | 2 | 0 | 0 |
| 통산 | | 27 | 10 | 1 | 2 | 18 | 18 | 1 | 0 |

**허화무** (許華武) 중앙대 1970.04.05

| 연도 | 소속 | 출장 | 교체 | 득점 | 도움 | 파울 | 슈팅 | 경고 | 퇴장 |
|---|---|---|---|---|---|---|---|---|---|
| 1996 | 안양 | 1 | 1 | 0 | 0 | 0 | 1 | 0 | 0 |
| 통산 | | 1 | 1 | 0 | 0 | 0 | 1 | 0 | 0 |

**허훈구** (許訓求) 선문대 1983.06.25

| 연도 | 소속 | 출장 | 교체 | 득점 | 도움 | 파울 | 슈팅 | 경고 | 퇴장 |
|---|---|---|---|---|---|---|---|---|---|
| 2006 | 전북 | 6 | 1 | 0 | 1 | 9 | 0 | 0 | 0 |
| 2007 | 전북 | 1 | 0 | 0 | 0 | 1 | 0 | 0 | 0 |
| 통산 | | 7 | 3 | 0 | 0 | 10 | 0 | 0 | 0 |

**헙슨** (Robson Souza dos Santos) 브라질 1982.08.19

| 연도 | 소속 | 출장 | 교체 | 득점 | 도움 | 파울 | 슈팅 | 경고 | 퇴장 |
|---|---|---|---|---|---|---|---|---|---|
| 2006 | 대전 | 6 | 6 | 1 | 0 | 3 | 3 | 0 | 0 |
| 통산 | | 6 | 6 | 1 | 0 | 3 | 3 | 0 | 0 |

**헤나또** (Renato Netson Benatti) 브라질 1981.10.17

| 연도 | 소속 | 출장 | 교체 | 득점 | 도움 | 파울 | 슈팅 | 경고 | 퇴장 |
|---|---|---|---|---|---|---|---|---|---|
| 2008 | 전남 | 13 | 2 | 1 | 0 | 11 | 4 | 0 | 0 |
| 통산 | | 13 | 2 | 1 | 0 | 11 | 4 | 0 | 0 |

**헤나우도** (Renaldo Lopes da Cruz) 브라질 1970.03.19

| 연도 | 소속 | 출장 | 교체 | 득점 | 도움 | 파울 | 슈팅 | 경고 | 퇴장 |
|---|---|---|---|---|---|---|---|---|---|
| 2004 | 서울 | 11 | 6 | 1 | 1 | 23 | 16 | 2 | 0 |
| 통산 | | 11 | 6 | 1 | 1 | 23 | 16 | 2 | 0 |

**헤나토** (Renato) 브라질 1976.06.15

| 연도 | 소속 | 출장 | 교체 | 득점 | 도움 | 파울 | 슈팅 | 경고 | 퇴장 |
|---|---|---|---|---|---|---|---|---|---|
| 2001 | 부산 | 1 | 1 | 0 | 0 | 0 | 1 | 0 | 0 |
| 통산 | | 1 | 1 | 0 | 0 | 0 | 1 | 0 | 0 |

**헤나토** (Renato Medeiros De Almeida) 브라질 1982.02.04

| 연도 | 소속 | 출장 | 교체 | 득점 | 도움 | 파울 | 슈팅 | 경고 | 퇴장 |
|---|---|---|---|---|---|---|---|---|---|
| 2010 | 강원 | 4 | 4 | 0 | 0 | 4 | 4 | 0 | 0 |
| 통산 | | 4 | 4 | 0 | 0 | 4 | 4 | 0 | 0 |

**헤난** (Henan Faria Silveira) 브라질 1987.04.03

| 연도 | 소속 | 출장 | 교체 | 득점 | 도움 | 파울 | 슈팅 | 경고 | 퇴장 |
|---|---|---|---|---|---|---|---|---|---|
| 2012 | 전남 | 11 | 6 | 1 | 1 | 8 | 13 | 3 | 0 |
| 통산 | | 11 | 6 | 1 | 1 | 8 | 13 | 3 | 0 |

**헤이날도** (Reinaldo da Cruz Olivra) 브라질 1979.03.14

| 연도 | 소속 | 출장 | 교체 | 득점 | 도움 | 파울 | 슈팅 | 경고 | 퇴장 |
|---|---|---|---|---|---|---|---|---|---|
| 2010 | 수원 | 4 | 4 | 0 | 0 | 3 | 1 | 0 | 0 |
| 통산 | | 4 | 4 | 0 | 0 | 3 | 1 | 0 | 0 |

**헤이날도** (Reinaldo de Souza) 브라질 1980.06.08

| 연도 | 소속 | 출장 | 교체 | 득점 | 도움 | 파울 | 슈팅 | 경고 | 퇴장 |
|---|---|---|---|---|---|---|---|---|---|
| 2005 | 울산 | 8 | 9 | 0 | 0 | 12 | 6 | 0 | 0 |
| 통산 | | 8 | 9 | 0 | 0 | 12 | 6 | 0 | 0 |

**헤이날도** (Reinaldo Elias da Costa) 브라질 1984.06.13

| 연도 | 소속 | 출장 | 교체 | 득점 | 도움 | 파울 | 슈팅 | 경고 | 퇴장 |
|---|---|---|---|---|---|---|---|---|---|
| 2008 | 부산 | 10 | 9 | 0 | 1 | 18 | 8 | 1 | 0 |
| 통산 | | 10 | 9 | 0 | 1 | 18 | 8 | 1 | 0 |

**헤이네르** (Reiner Ferreira Correa Gomes) 브라질 1985.11.17

| 연도 | 소속 | 출장 | 교체 | 득점 | 도움 | 파울 | 슈팅 | 경고 | 퇴장 |
|---|---|---|---|---|---|---|---|---|---|
| 2014 | 수원 | 17 | 2 | 0 | 0 | 19 | 6 | 0 | 0 |
| 통산 | | 17 | 2 | 0 | 0 | 19 | 6 | 0 | 0 |

**헤지스** (Regis Ferjandes Silva) 브라질 1976.09.22

| 연도 | 소속 | 출장 | 교체 | 득점 | 도움 | 파울 | 슈팅 | 경고 | 퇴장 |
|---|---|---|---|---|---|---|---|---|---|
| 2006 | 대전 | 11 | 11 | 0 | 0 | 11 | 14 | 1 | 0 |
| 통산 | | 11 | 11 | 0 | 0 | 11 | 14 | 1 | 0 |

**헨릭** (Henrik Jorgensen) 덴마크 1966.02.12

| 연도 | 소속 | 출장 | 교체 | 득점 | 실점 | 도움 | 파울 | 슈팅 | 경고 | 퇴장 |
|---|---|---|---|---|---|---|---|---|---|---|
| 1996 | 수원 | 5 | 0 | 7 | 0 | 0 | 0 | 0 | 0 | |
| 통산 | | 5 | 0 | 7 | 0 | 0 | 0 | 0 | 0 | |

**현광우** (玄光宇) 선문대 1988.02.05

| 연도 | 소속 | 출장 | 교체 | 득점 | 도움 | 파울 | 슈팅 | 경고 | 퇴장 |
|---|---|---|---|---|---|---|---|---|---|
| 2011 | 제주 | 0 | 0 | 0 | 0 | 0 | 0 | 0 | 0 |
| 통산 | | 0 | 0 | 0 | 0 | 0 | 0 | 0 | 0 |

**현기호** (玄基鎬) 연세대 1960.05.12

| 연도 | 소속 | 출장 | 교체 | 득점 | 도움 | 파울 | 슈팅 | 경고 | 퇴장 |
|---|---|---|---|---|---|---|---|---|---|
| 1983 | 대우 | 7 | 3 | 1 | 3 | 7 | 4 | 0 | 0 |
| 1984 | 대우 | 18 | 3 | 1 | 3 | 18 | 9 | 1 | 0 |
| 1985 | 대우 | 18 | 3 | 2 | 0 | 27 | 26 | 0 | 0 |
| 1986 | 대우 | 17 | 6 | 1 | 0 | 15 | 12 | 0 | 0 |
| 1987 | 대우 | 0 | 0 | 0 | 0 | 1 | 1 | 0 | 0 |
| 통산 | | 60 | 21 | 5 | 6 | 68 | 52 | 1 | 0 |

**현영민** (玄泳民) 건국대 1979.12.25

| 연도 | 소속 | 출장 | 교체 | 득점 | 도움 | 파울 | 슈팅 | 경고 | 퇴장 |
|---|---|---|---|---|---|---|---|---|---|
| 2002 | 울산 | 15 | 1 | 3 | 4 | 34 | 8 | 4 | 0 |
| 2003 | 울산 | 32 | 3 | 1 | 2 | 59 | 11 | 8 | 1 |
| 2004 | 울산 | 27 | 2 | 1 | 1 | 42 | 6 | 7 | 0 |
| 2005 | 울산 | 38 | 1 | 0 | 4 | 66 | 13 | 4 | 0 |
| 2007 | 울산 | 35 | 1 | 0 | 4 | 58 | 8 | 6 | 1 |
| 2008 | 울산 | 30 | 6 | 0 | 6 | 62 | 12 | 5 | 0 |
| 2009 | 울산 | 30 | 3 | 1 | 0 | 42 | 5 | 7 | 0 |
| 2010 | 서울 | 23 | 1 | 0 | 4 | 31 | 6 | 4 | 0 |
| 2011 | 서울 | 27 | 5 | 1 | 4 | 34 | 5 | 4 | 0 |
| 2012 | 서울 | 18 | 6 | 1 | 0 | 27 | 3 | 2 | 1 |
| 2013 | 성남 | 30 | 1 | 1 | 4 | 42 | 6 | 7 | 0 |
| 2014 | 전남 | 32 | 3 | 1 | 7 | 46 | 13 | 10 | 0 |
| 통산 | | 348 | 37 | 9 | 51 | 563 | 95 | 71 | 3 |

**호나우도** (Ronaldo Marques Sereno) 브라질 1962.03.14

| 연도 | 소속 | 출장 | 교체 | 득점 | 도움 | 파울 | 슈팅 | 경고 | 퇴장 |
|---|---|---|---|---|---|---|---|---|---|
| 1994 | 현대 | 26 | 10 | 6 | 5 | 47 | 48 | 5 | 0 |
| 통산 | | 26 | 10 | 6 | 5 | 47 | 48 | 5 | 0 |

**호니** (Ronieli Gomes Dos Santos) 브라질 1991.04.25

| 연도 | 소속 | 출장 | 교체 | 득점 | 도움 | 파울 | 슈팅 | 경고 | 퇴장 |
|---|---|---|---|---|---|---|---|---|---|
| 2011 | 경남 | 10 | 7 | 1 | 0 | 19 | 9 | 2 | 0 |
| 2012 | 경남 | 6 | 6 | 0 | 0 | 6 | 7 | 1 | 0 |
| 통산 | | 16 | 13 | 1 | 0 | 25 | 16 | 4 | 0 |

**호니** (Roniere Jose da Silva Filho) 브라질 1986.04.23

| 연도 | 소속 | 출장 | 교체 | 득점 | 도움 | 파울 | 슈팅 | 경고 | 퇴장 |
|---|---|---|---|---|---|---|---|---|---|
| 2014 | 고양 | 21 | 20 | 2 | 1 | 7 | 18 | 0 | 0 |
| 통산 | | 21 | 20 | 2 | 1 | 7 | 18 | 0 | 0 |

**호드리고 (Rodrigo Leandro Da Costa) 브라질 1985.09.17**

| 연도 | 소속 | 출장 | 교체 | 득점 | 도움 | 파울 | 슈팅 | 경고 | 퇴장 |
|---|---|---|---|---|---|---|---|---|---|
| 2013 | 부산 | 18 | 17 | 2 | 2 | 29 | 25 | 1 | 0 |
| 통산 | | 18 | 17 | 2 | 2 | 29 | 25 | 1 | 0 |

**호드리고 (Rodrigo Domingos dos Santos) 브라질 1987.01.25**

| 연도 | 소속 | 출장 | 교체 | 득점 | 도움 | 파울 | 슈팅 | 경고 | 퇴장 |
|---|---|---|---|---|---|---|---|---|---|
| 2014 | 부천 | 31 | 6 | 11 | 2 | 77 | 86 | 2 | 0 |
| 통산 | | 31 | 6 | 11 | 2 | 77 | 86 | 2 | 0 |

**호드리고 (Jose Luiz Rodrigo Carbone) 브라질 1974.03.17**

| 연도 | 소속 | 출장 | 교체 | 득점 | 도움 | 파울 | 슈팅 | 경고 | 퇴장 |
|---|---|---|---|---|---|---|---|---|---|
| 1999 | 전남 | 8 | 7 | 1 | 2 | 6 | 7 | 0 | 0 |
| 통산 | | 8 | 7 | 1 | 2 | 6 | 7 | 0 | 0 |

**호드리고 (Rodrigo Marcos Marques da Silva) 브라질 1977.08.0**

| 연도 | 소속 | 출장 | 교체 | 득점 | 도움 | 파울 | 슈팅 | 경고 | 퇴장 |
|---|---|---|---|---|---|---|---|---|---|
| 2003 | 대전 | 17 | 11 | 0 | 0 | 26 | 10 | 3 | 0 |
| 2004 | 대전 | 7 | 6 | 0 | 0 | 11 | 2 | 0 | 0 |
| 통산 | | 24 | 17 | 0 | 0 | 37 | 12 | 3 | 0 |

**호드리고 (Rodrigo Batista da Cruz) 브라질 1983.02.02**

| 연도 | 소속 | 출장 | 교체 | 득점 | 도움 | 파울 | 슈팅 | 경고 | 퇴장 |
|---|---|---|---|---|---|---|---|---|---|
| 2013 | 제주 | 3 | 3 | 0 | 0 | 2 | 1 | 0 | 0 |
| 통산 | | 3 | 3 | 0 | 0 | 2 | 1 | 0 | 0 |

**호마 (Paulo Marcel Pereira Merabet) 브라질 1979.02.28**

| 연도 | 소속 | 출장 | 교체 | 득점 | 도움 | 파울 | 슈팅 | 경고 | 퇴장 |
|---|---|---|---|---|---|---|---|---|---|
| 2004 | 전북 | 23 | 18 | 7 | 2 | 37 | 36 | 7 | 0 |
| 통산 | | 23 | 18 | 7 | 2 | 37 | 36 | 7 | 0 |

**호마링요 (Jefferson Jose Lopes Andrade) 브라질 1989.11.14**

| 연도 | 소속 | 출장 | 교체 | 득점 | 도움 | 파울 | 슈팅 | 경고 | 퇴장 |
|---|---|---|---|---|---|---|---|---|---|
| 2014 | 광주 | 10 | 6 | 1 | 0 | 22 | 18 | 1 | 0 |
| 통산 | | 10 | 6 | 1 | 0 | 22 | 18 | 1 | 0 |

**호물로 (Romulo Marques Macedo) 브라질 1980.04.03**

| 연도 | 소속 | 출장 | 교체 | 득점 | 도움 | 파울 | 슈팅 | 경고 | 퇴장 |
|---|---|---|---|---|---|---|---|---|---|
| 2008 | 제주 | 27 | 10 | 10 | 2 | 67 | 65 | 7 | 1 |
| 2009 | 부산 | 28 | 22 | 6 | 1 | 56 | 46 | 3 | 0 |
| 2010 | 부산 | 3 | 3 | 1 | 0 | 2 | 2 | 0 | 0 |
| 통산 | | 58 | 35 | 17 | 3 | 125 | 113 | 10 | 1 |

**호베르또 (Roberto Cesar Zardim Rodrigues) 브라질 1985.12.19**

| 연도 | 소속 | 출장 | 교체 | 득점 | 도움 | 파울 | 슈팅 | 경고 | 퇴장 |
|---|---|---|---|---|---|---|---|---|---|
| 2013 | 울산 | 18 | 15 | 1 | 4 | 16 | 23 | 1 | 0 |
| 통산 | | 18 | 15 | 1 | 4 | 16 | 23 | 1 | 0 |

**호벨치 (Robert de Pinho de Souza) 브라질 1981.02.27**

| 연도 | 소속 | 출장 | 교체 | 득점 | 도움 | 파울 | 슈팅 | 경고 | 퇴장 |
|---|---|---|---|---|---|---|---|---|---|
| 2012 | 제주 | 13 | 11 | 3 | 0 | 19 | 26 | 0 | 0 |
| 통산 | | 13 | 11 | 3 | 0 | 19 | 26 | 0 | 0 |

**호샤 브라질 1961.08.30**

| 연도 | 소속 | 출장 | 교체 | 득점 | 도움 | 파울 | 슈팅 | 경고 | 퇴장 |
|---|---|---|---|---|---|---|---|---|---|
| 1985 | 포철 | 16 | 9 | 5 | 4 | 8 | 28 | 0 | 0 |
| 1986 | 포철 | 24 | 10 | 7 | 2 | 11 | 52 | 1 | 0 |
| 통산 | | 40 | 19 | 12 | 7 | 19 | 80 | 1 | 0 |

**호성호 (扈成鎬) 중앙대 1962.11.04**

| 연도 | 소속 | 출장 | 교체 | 실점 | 도움 | 파울 | 슈팅 | 경고 | 퇴장 |
|---|---|---|---|---|---|---|---|---|---|
| 1986 | 현대 | 16 | 0 | 9 | 0 | 0 | 0 | 0 | 0 |
| 1987 | 현대 | 18 | 1 | 20 | 0 | 2 | 0 | 1 | 0 |
| 1988 | 현대 | 3 | 0 | 6 | 0 | 0 | 0 | 0 | 0 |
| 1989 | 현대 | 1 | 0 | 4 | 0 | 0 | 0 | 0 | 0 |

## 가운데 단

| 통산 | | 38 | 1 | 39 | 0 | 2 | 0 | 1 | 0 |
|---|---|---|---|---|---|---|---|---|---|

**호세 (Jose Roberto Alves) 브라질 1954.10.20**

| 연도 | 소속 | 출장 | 교체 | 득점 | 도움 | 파울 | 슈팅 | 경고 | 퇴장 |
|---|---|---|---|---|---|---|---|---|---|
| 1983 | 포철 | 5 | 5 | 0 | 0 | 1 | 0 | 0 | 0 |
| 통산 | | 5 | 5 | 0 | 0 | 1 | 0 | 0 | 0 |

**호세 (Alex Jose de Paula) 브라질 1981.09.13**

| 연도 | 소속 | 출장 | 교체 | 득점 | 도움 | 파울 | 슈팅 | 경고 | 퇴장 |
|---|---|---|---|---|---|---|---|---|---|
| 2003 | 포항 | 9 | 8 | 1 | 0 | 13 | 8 | 1 | 0 |
| 통산 | | 9 | 8 | 1 | 0 | 13 | 8 | 1 | 0 |

**호세 (Jose Luis Villanueva Ahumada) 칠레 1981.11.05**

| 연도 | 소속 | 출장 | 교체 | 득점 | 도움 | 파울 | 슈팅 | 경고 | 퇴장 |
|---|---|---|---|---|---|---|---|---|---|
| 2007 | 울산 | 5 | 4 | 1 | 0 | 13 | 5 | 0 | 0 |
| 통산 | | 5 | 4 | 1 | 0 | 13 | 5 | 0 | 0 |

**호제리오 (Rogerio Prateat) 브라질 1973.03.09**

| 연도 | 소속 | 출장 | 교체 | 득점 | 도움 | 파울 | 슈팅 | 경고 | 퇴장 |
|---|---|---|---|---|---|---|---|---|---|
| 1999 | 전북 | 29 | 0 | 2 | 0 | 97 | 23 | 13 | 1 |
| 2000 | 전북 | 34 | 0 | 0 | 0 | 82 | 18 | 9 | 0 |
| 2001 | 전북 | 30 | 2 | 2 | 0 | 98 | 16 | 8 | 2 |
| 2002 | 전북 | 31 | 1 | 0 | 0 | 83 | 11 | 9 | 0 |
| 2003 | 대구 | 34 | 1 | 2 | 0 | 87 | 18 | 9 | 1 |
| 통산 | | 158 | 4 | 6 | 0 | 447 | 86 | 48 | 4 |

**호제리오 (Rogrio dos Santos Conceiao) 브라질 1984.09.20**

| 연도 | 소속 | 출장 | 교체 | 득점 | 도움 | 파울 | 슈팅 | 경고 | 퇴장 |
|---|---|---|---|---|---|---|---|---|---|
| 2009 | 경남 | 10 | 0 | 0 | 0 | 22 | 7 | 5 | 0 |
| 통산 | | 10 | 0 | 0 | 0 | 22 | 7 | 5 | 0 |

**홍광철 (洪光喆) 한성대 1974.10.09**

| 연도 | 소속 | 출장 | 교체 | 득점 | 도움 | 파울 | 슈팅 | 경고 | 퇴장 |
|---|---|---|---|---|---|---|---|---|---|
| 1997 | 대전 | 21 | 7 | 0 | 2 | 26 | 14 | 4 | 0 |
| 1998 | 대전 | 13 | 6 | 0 | 0 | 11 | 6 | 0 | 0 |
| 2001 | 대전 | 13 | 8 | 0 | 1 | 14 | 1 | 2 | 0 |
| 2002 | 대전 | 11 | 3 | 0 | 1 | 14 | 7 | 3 | 0 |
| 2003 | 대전 | 6 | 1 | 0 | 0 | 9 | 1 | 0 | 0 |
| 통산 | | 65 | 27 | 0 | 3 | 74 | 25 | 11 | 1 |

**홍동표 (洪到杓) 영남대 1973.07.24**

| 연도 | 소속 | 출장 | 교체 | 득점 | 도움 | 파울 | 슈팅 | 경고 | 퇴장 |
|---|---|---|---|---|---|---|---|---|---|
| 1996 | 포항 | 1 | 1 | 0 | 0 | 0 | 0 | 0 | 0 |
| 1997 | 포항 | 16 | 16 | 4 | 0 | 14 | 18 | 0 | 0 |
| 1998 | 천안 | 7 | 1 | 0 | 0 | 17 | 11 | 2 | 0 |
| 1999 | 천안 | 32 | 12 | 1 | 5 | 64 | 30 | 5 | 0 |
| 2000 | 성남 | 13 | 4 | 0 | 1 | 27 | 14 | 0 | 0 |
| 2001 | 성남 | 18 | 10 | 0 | 1 | 39 | 10 | 2 | 0 |
| 2002 | 성남 | 9 | 8 | 0 | 0 | 17 | 7 | 5 | 0 |
| 2003 | 성남 | 2 | 1 | 0 | 0 | 4 | 0 | 0 | 0 |
| 2004 | 성남 | 1 | 3 | 0 | 0 | 4 | 0 | 0 | 0 |
| 통산 | | 99 | 56 | 5 | 7 | 169 | 78 | 16 | 0 |

**홍동현 (洪東賢) 숭실대 1991.10.30**

| 연도 | 소속 | 출장 | 교체 | 득점 | 도움 | 파울 | 슈팅 | 경고 | 퇴장 |
|---|---|---|---|---|---|---|---|---|---|
| 2014 | 부산 | 17 | 14 | 0 | 1 | 20 | 18 | 6 | 0 |
| 통산 | | 17 | 14 | 0 | 1 | 20 | 18 | 6 | 0 |

**홍명보 (洪明甫) 고려대 1969.02.12**

| 연도 | 소속 | 출장 | 교체 | 득점 | 도움 | 파울 | 슈팅 | 경고 | 퇴장 |
|---|---|---|---|---|---|---|---|---|---|
| 1992 | 포항 | 37 | 7 | 1 | 0 | 34 | 37 | 3 | 0 |
| 1993 | 포항 | 12 | 1 | 1 | 0 | 8 | 9 | 1 | 0 |
| 1994 | 포항 | 17 | 2 | 4 | 2 | 7 | 20 | 0 | 0 |
| 1995 | 포항 | 31 | 1 | 1 | 2 | 19 | 33 | 4 | 0 |
| 1996 | 포항 | 34 | 13 | 7 | 3 | 37 | 65 | 3 | 0 |
| 1997 | 포항 | 6 | 3 | 0 | 0 | 9 | 11 | 1 | 0 |
| 2002 | 포항 | 19 | 2 | 0 | 1 | 19 | 7 | 6 | 1 |
| 통산 | | 156 | 29 | 14 | 8 | 136 | 188 | 21 | 1 |

**홍복표 (洪福杓) 광운대 1979.10.28**

| 연도 | 소속 | 출장 | 교체 | 득점 | 도움 | 파울 | 슈팅 | 경고 | 퇴장 |
|---|---|---|---|---|---|---|---|---|---|
| 2003 | 광주상 | 4 | 4 | 0 | 0 | 5 | 2 | 0 | 0 |
| 통산 | | 4 | 4 | 0 | 0 | 5 | 2 | 0 | 0 |

**홍상준 (洪尙儁) 건국대 1990.05.10**

| 연도 | 소속 | 출장 | 교체 | 실점 | 도움 | 파울 | 슈팅 | 경고 | 퇴장 |
|---|---|---|---|---|---|---|---|---|---|

| 2012 | 대전 | 0 | 0 | 0 | 0 | 0 | 0 | 0 | 0 |
|---|---|---|---|---|---|---|---|---|---|
| 2013 | 대전 | 16 | 0 | 30 | 0 | 1 | 0 | 0 | 0 |
| 2014 | 강원 | 0 | 0 | 0 | 0 | 0 | 0 | 0 | 0 |
| 통산 | | 16 | 0 | 30 | 0 | 1 | 0 | 0 | 0 |

**홍석민 (洪錫敏) 영남대 1961.01.06**

| 연도 | 소속 | 출장 | 교체 | 득점 | 도움 | 파울 | 슈팅 | 경고 | 퇴장 |
|---|---|---|---|---|---|---|---|---|---|
| 1984 | 포철 | 9 | 7 | 2 | 0 | 6 | 4 | 0 | 0 |
| 1985 | 상무 | 18 | 11 | 6 | 2 | 18 | 39 | 0 | 0 |
| 통산 | | 27 | 18 | 8 | 2 | 22 | 47 | 1 | 0 |

**홍성요 (洪性堯) 건국대 1979.05.26**

| 연도 | 소속 | 출장 | 교체 | 득점 | 도움 | 파울 | 슈팅 | 경고 | 퇴장 |
|---|---|---|---|---|---|---|---|---|---|
| 2004 | 전남 | 9 | 5 | 1 | 0 | 22 | 3 | 0 | 0 |
| 2005 | 광주상 | 15 | 4 | 0 | 0 | 29 | 9 | 5 | 0 |
| 2006 | 광주상 | 8 | 7 | 0 | 0 | 16 | 1 | 1 | 0 |
| 2007 | 전남 | 13 | 6 | 0 | 0 | 30 | 1 | 8 | 0 |
| 2008 | 부산 | 20 | 6 | 0 | 0 | 42 | 6 | 12 | 0 |
| 2009 | 부산 | 15 | 2 | 0 | 0 | 37 | 6 | 9 | 1 |
| 2010 | 부산 | 21 | 5 | 2 | 0 | 38 | 7 | 6 | 0 |
| 2011 | 부산 | 7 | 3 | 0 | 0 | 8 | 6 | 3 | 1 |
| 통산 | | 108 | 38 | 3 | 0 | 213 | 26 | 43 | 2 |

**홍성호 (洪性號) 연세대 1954.12.20**

| 연도 | 소속 | 출장 | 교체 | 득점 | 도움 | 파울 | 슈팅 | 경고 | 퇴장 |
|---|---|---|---|---|---|---|---|---|---|
| 1983 | 할렐 | 16 | 2 | 0 | 0 | 11 | 0 | 1 | 0 |
| 1984 | 할렐 | 14 | 3 | 0 | 0 | 8 | 1 | 0 | 0 |
| 1985 | 할렐 | 10 | 2 | 0 | 0 | 15 | 2 | 1 | 0 |
| 통산 | | 40 | 7 | 0 | 0 | 34 | 3 | 2 | 0 |

**홍순학 (洪淳學) 연세대 1980.09.19**

| 연도 | 소속 | 출장 | 교체 | 득점 | 도움 | 파울 | 슈팅 | 경고 | 퇴장 |
|---|---|---|---|---|---|---|---|---|---|
| 2003 | 대구 | 14 | 9 | 1 | 1 | 15 | 9 | 2 | 0 |
| 2004 | 대구 | 27 | 15 | 0 | 7 | 47 | 24 | 6 | 1 |
| 2005 | 대구 | 23 | 7 | 2 | 4 | 27 | 26 | 1 | 0 |
| 2007 | 수원 | 18 | 9 | 1 | 0 | 27 | 12 | 2 | 0 |
| 2008 | 수원 | 15 | 10 | 0 | 1 | 22 | 12 | 5 | 0 |
| 2009 | 수원 | 11 | 7 | 0 | 1 | 11 | 9 | 4 | 0 |
| 2010 | 수원 | 8 | 7 | 0 | 0 | 7 | 4 | 1 | 0 |
| 2011 | 수원 | 24 | 3 | 1 | 3 | 26 | 11 | 5 | 0 |
| 2012 | 수원 | 4 | 0 | 0 | 0 | 12 | 6 | 2 | 0 |
| 2013 | 수원 | 2 | 2 | 0 | 0 | 5 | 1 | 1 | 0 |
| 2014 | 수원 | | | | | | | | |
| 통산 | | 166 | 70 | 5 | 17 | 225 | 115 | 32 | 1 |

**홍연기 (洪淵麒) 단국대 1975.09.25**

| 연도 | 소속 | 출장 | 교체 | 득점 | 도움 | 파울 | 슈팅 | 경고 | 퇴장 |
|---|---|---|---|---|---|---|---|---|---|
| 1998 | | 1 | 1 | 0 | 0 | 4 | 2 | 0 | 0 |
| 통산 | | 1 | 1 | 0 | 0 | 4 | 2 | 0 | 0 |

**홍정남 (洪正男) 제주상고 1988.05.21**

| 연도 | 소속 | 출장 | 교체 | 실점 | 도움 | 파울 | 슈팅 | 경고 | 퇴장 |
|---|---|---|---|---|---|---|---|---|---|
| 2007 | 전북 | 6 | 0 | 9 | 0 | 0 | 0 | 0 | 0 |
| 2008 | 전북 | 6 | 0 | 9 | 0 | 0 | 0 | 0 | 0 |
| 2009 | 전북 | 0 | 0 | 0 | 0 | 0 | 0 | 0 | 0 |
| 2010 | 전북 | 1 | 0 | 0 | 0 | 0 | 0 | 0 | 0 |
| 2011 | 전북 | 0 | 0 | 0 | 0 | 0 | 0 | 0 | 0 |
| 2012 | 전북 | 0 | 0 | 0 | 0 | 0 | 0 | 0 | 0 |
| 2013 | 상주 | 4 | 0 | 9 | 0 | 1 | 0 | 0 | 0 |
| 2014 | 상주 | 14 | 0 | 21 | 0 | 0 | 1 | 0 | 0 |
| 통산 | | 24 | 2 | 35 | 0 | 1 | 0 | 1 | 0 |

**홍정호 (洪正好) 조선대 1989.08.12**

| 연도 | 소속 | 출장 | 교체 | 득점 | 도움 | 파울 | 슈팅 | 경고 | 퇴장 |
|---|---|---|---|---|---|---|---|---|---|
| 2010 | 제주 | 21 | 2 | 1 | 1 | 15 | 8 | 3 | 0 |
| 2011 | 제주 | 16 | 1 | 0 | 0 | 20 | 7 | 1 | 0 |
| 2012 | 제주 | 9 | 1 | 0 | 0 | 5 | 6 | 0 | 0 |
| 2013 | 제주 | 11 | 5 | 1 | 0 | 8 | 6 | 3 | 1 |
| 통산 | | 57 | 8 | 2 | 2 | 48 | 28 | 10 | 2 |

**홍종경 (洪腫境) 울산대 1973.05.11**

| 연도 | 소속 | 출장 | 교체 | 실점 | 도움 | 파울 | 슈팅 | 경고 | 퇴장 |
|---|---|---|---|---|---|---|---|---|---|
| 1996 | 천안 | 4 | 2 | 0 | 0 | 5 | 0 | 0 | 0 |
| 1997 | 천안 | 8 | 5 | 0 | 1 | 16 | 3 | 0 | 1 |
| 1998 | 천안 | 17 | 4 | 0 | 3 | 28 | 9 | 2 | 0 |

## Column 1

| 연도 | 소속 | 출장 | 교체 | 득점 | 도움 | 파울 | 슈팅 | 경고 | 퇴장 |
|---|---|---|---|---|---|---|---|---|---|
| 1999 | 천안 | 0 | 0 | 0 | 0 | 0 | 0 | 0 | 0 |
| 통산 | | 29 | 11 | 0 | 4 | 56 | 17 | 3 | 1 |

**홍종원** (洪鍾元) 청주상고 1956.08.04

| 연도 | 소속 | 출장 | 교체 | 득점 | 도움 | 파울 | 슈팅 | 경고 | 퇴장 |
|---|---|---|---|---|---|---|---|---|---|
| 1984 | 럭금 | 2 | 2 | 0 | 1 | 0 | 2 | 0 | 0 |
| 통산 | | 2 | 2 | 0 | 1 | 0 | 2 | 0 | 0 |

**홍주빈** (洪周彬) 동의대 1989.06.07

| 연도 | 소속 | 출장 | 교체 | 득점 | 도움 | 파울 | 슈팅 | 경고 | 퇴장 |
|---|---|---|---|---|---|---|---|---|---|
| 2012 | 전북 | 0 | 0 | 0 | 0 | 0 | 0 | 0 | 0 |
| 2013 | 충주 | 3 | 3 | 1 | 0 | 5 | 4 | 0 | 0 |
| 통산 | | 3 | 3 | 1 | 0 | 5 | 4 | 0 | 0 |

**홍주영** (洪柱榮) 고려대 1963.01.25

| 연도 | 소속 | 출장 | 교체 | 득점 | 도움 | 파울 | 슈팅 | 경고 | 퇴장 |
|---|---|---|---|---|---|---|---|---|---|
| 1986 | 현대 | 3 | 1 | 0 | 0 | 2 | 0 | 0 | 0 |

**홍주완** (洪周完) 순천고 1979.06.07

| 연도 | 소속 | 출장 | 교체 | 득점 | 도움 | 파울 | 슈팅 | 경고 | 퇴장 |
|---|---|---|---|---|---|---|---|---|---|
| 2004 | 부천 | 2 | 2 | 0 | 0 | 0 | 1 | 0 | 0 |

**홍진기** (洪眞基) 홍익대 1990.10.20

| 연도 | 소속 | 출장 | 교체 | 득점 | 도움 | 파울 | 슈팅 | 경고 | 퇴장 |
|---|---|---|---|---|---|---|---|---|---|
| 2012 | 전남 | 20 | 6 | 1 | 2 | 25 | 7 | 4 | 0 |
| 2013 | 전남 | 30 | 5 | 2 | 2 | 34 | 6 | 6 | 0 |
| 2014 | 전남 | 12 | 5 | 0 | 1 | 18 | 2 | 2 | 0 |
| 통산 | | 62 | 16 | 3 | 5 | 77 | 15 | 12 | 0 |

**홍진섭** (洪鎭燮) 대구대 1985.10.14

| 연도 | 소속 | 출장 | 교체 | 득점 | 도움 | 파울 | 슈팅 | 경고 | 퇴장 |
|---|---|---|---|---|---|---|---|---|---|
| 2008 | 전북 | 20 | 15 | 2 | 1 | 31 | 26 | 2 | 0 |
| 2009 | 성남 | 9 | 8 | 0 | 0 | 18 | 8 | 2 | 0 |
| 2011 | 성남 | 17 | 16 | 2 | 1 | 23 | 27 | 3 | 0 |
| 통산 | | 46 | 39 | 4 | 2 | 72 | 61 | 7 | 0 |

**홍진호** (洪進浩) 경상대 1971.11.01

| 연도 | 소속 | 출장 | 교체 | 득점 | 도움 | 파울 | 슈팅 | 경고 | 퇴장 |
|---|---|---|---|---|---|---|---|---|---|
| 1994 | LG | 10 | 6 | 0 | 0 | 16 | 6 | 4 | 0 |
| 1995 | LG | 0 | 0 | 0 | 0 | 0 | 0 | 0 | 0 |
| 통산 | | 10 | 6 | 0 | 0 | 16 | 6 | 4 | 0 |

**홍철** (洪喆) 단국대 1990.09.17

| 연도 | 소속 | 출장 | 교체 | 득점 | 도움 | 파울 | 슈팅 | 경고 | 퇴장 |
|---|---|---|---|---|---|---|---|---|---|
| 2010 | 성남 | 22 | 7 | 2 | 0 | 30 | 16 | 2 | 0 |
| 2011 | 성남 | 24 | 4 | 2 | 2 | 39 | 39 | 4 | 1 |
| 2012 | 성남 | 30 | 13 | 2 | 2 | 43 | 25 | 6 | 1 |
| 2013 | 수원 | 34 | 11 | 0 | 10 | 42 | 33 | 4 | 0 |
| 2014 | 수원 | 29 | 4 | 0 | 14 | 37 | 36 | 7 | 0 |
| 통산 | | 139 | 39 | 10 | 14 | 181 | 129 | 23 | 2 |

**홍태곤** (洪兌坤) 홍익대 1992.05.05

| 연도 | 소속 | 출장 | 교체 | 득점 | 도움 | 파울 | 슈팅 | 경고 | 퇴장 |
|---|---|---|---|---|---|---|---|---|---|
| 2014 | 광주 | 5 | 5 | 0 | 0 | 1 | 1 | 1 | 0 |

**황교충** (黃敎忠) 한양대 1985.04.09

| 연도 | 소속 | 출장 | 교체 | 실점 | 도움 | 파울 | 슈팅 | 경고 | 퇴장 |
|---|---|---|---|---|---|---|---|---|---|
| 2010 | 포항 | 4 | 0 | 4 | 0 | 0 | 0 | 0 | 0 |
| 2011 | 포항 | 1 | 1 | 0 | 0 | 0 | 0 | 0 | 0 |
| 2012 | 포항 | 0 | 0 | 0 | 0 | 0 | 0 | 0 | 0 |
| 2013 | 포항 | 0 | 0 | 0 | 0 | 0 | 0 | 0 | 0 |
| 2014 | 강원 | 21 | 1 | 23 | 0 | 2 | 0 | 3 | 0 |
| 통산 | | 26 | 2 | 29 | 0 | 2 | 0 | 3 | 0 |

**황규룡** (黃奎龍) 광운대 1971.03.12

| 연도 | 소속 | 출장 | 교체 | 득점 | 도움 | 파울 | 슈팅 | 경고 | 퇴장 |
|---|---|---|---|---|---|---|---|---|---|
| 1992 | 대우 | 28 | 7 | 1 | 0 | 20 | 6 | 1 | 0 |
| 1993 | 대우 | 30 | 4 | 1 | 0 | 40 | 12 | 1 | 0 |
| 1994 | 대우 | 8 | 0 | 1 | 0 | 7 | 1 | 1 | 0 |
| 1995 | 대우 | 3 | 2 | 0 | 1 | 4 | 0 | 0 | 0 |
| 1997 | 안양 | 13 | 1 | 0 | 1 | 13 | 3 | 0 | 0 |
| 통산 | | 75 | 16 | 1 | 2 | 81 | 26 | 4 | 0 |

**황규범** (黃圭範) 경희고 1989.08.30

| 연도 | 소속 | 출장 | 교체 | 득점 | 도움 | 파울 | 슈팅 | 경고 | 퇴장 |
|---|---|---|---|---|---|---|---|---|---|
| 2013 | 고양 | 7 | 3 | 0 | 0 | 7 | 1 | 2 | 1 |

## Column 2

| 연도 | 소속 | 출장 | 교체 | 득점 | 도움 | 파울 | 슈팅 | 경고 | 퇴장 |
|---|---|---|---|---|---|---|---|---|---|
| 2014 | 고양 | 26 | 7 | 0 | 0 | 60 | 7 | 8 | 0 |
| 통산 | | 33 | 10 | 0 | 0 | 67 | 8 | 10 | 1 |

**황규환** (黃圭煥) 동북고 1986.06.18

| 연도 | 소속 | 출장 | 교체 | 득점 | 도움 | 파울 | 슈팅 | 경고 | 퇴장 |
|---|---|---|---|---|---|---|---|---|---|
| 2005 | 수원 | 13 | 10 | 0 | 2 | 25 | 7 | 3 | 0 |
| 2006 | 수원 | 4 | 4 | 0 | 0 | 5 | 5 | 0 | 0 |
| 2007 | 대전 | 4 | 4 | 0 | 0 | 5 | 5 | 0 | 0 |
| 통산 | | 21 | 17 | 0 | 2 | 34 | 19 | 3 | 0 |

**황금성** (黃金星) 초당대 1984.04.26

| 연도 | 소속 | 출장 | 교체 | 득점 | 도움 | 파울 | 슈팅 | 경고 | 퇴장 |
|---|---|---|---|---|---|---|---|---|---|
| 2006 | 대구 | 2 | 1 | 0 | 0 | 2 | 1 | 1 | 0 |
| 통산 | | 2 | 1 | 0 | 0 | 2 | 1 | 1 | 0 |

**황도연** (黃渡然) 광양제철고 1991.02.27

| 연도 | 소속 | 출장 | 교체 | 득점 | 도움 | 파울 | 슈팅 | 경고 | 퇴장 |
|---|---|---|---|---|---|---|---|---|---|
| 2010 | 전남 | 5 | 0 | 1 | 0 | 10 | 3 | 1 | 0 |
| 2011 | 전남 | 10 | 5 | 1 | 1 | 10 | 3 | 1 | 0 |
| 2012 | 대전 | 10 | 4 | 0 | 0 | 16 | 2 | 1 | 0 |
| 2013 | 전남 | 3 | 0 | 0 | 0 | 2 | 0 | 0 | 0 |
| 2013 | 제주 | 12 | 6 | 0 | 0 | 25 | 4 | 0 | 0 |
| 2014 | 제주 | 12 | 6 | 0 | 0 | 13 | 0 | 3 | 0 |
| 통산 | | 60 | 21 | 1 | 1 | 68 | 8 | 8 | 0 |

**황득하** (黃得夏) 안동대 1965.06.08

| 연도 | 소속 | 출장 | 교체 | 득점 | 도움 | 파울 | 슈팅 | 경고 | 퇴장 |
|---|---|---|---|---|---|---|---|---|---|
| 1996 | 전북 | 7 | 7 | 0 | 0 | 4 | 7 | 0 | 0 |
| 1997 | 전북 | 4 | 5 | 0 | 0 | 1 | 0 | 1 | 0 |
| 통산 | | 11 | 12 | 0 | 0 | 5 | 7 | 1 | 0 |

**황무규** (黃舞奎) 경기대 1982.08.19

| 연도 | 소속 | 출장 | 교체 | 득점 | 도움 | 파울 | 슈팅 | 경고 | 퇴장 |
|---|---|---|---|---|---|---|---|---|---|
| 2005 | 수원 | 3 | 3 | 0 | 0 | 4 | 2 | 0 | 0 |
| 통산 | | 3 | 3 | 0 | 0 | 4 | 2 | 0 | 0 |

**황병주** (黃炳柱) 숭실대 1984.03.05

| 연도 | 소속 | 출장 | 교체 | 득점 | 도움 | 파울 | 슈팅 | 경고 | 퇴장 |
|---|---|---|---|---|---|---|---|---|---|
| 2007 | 대전 | 1 | 0 | 0 | 0 | 3 | 0 | 1 | 0 |
| 2008 | 대전 | 11 | 6 | 1 | 0 | 17 | 5 | 6 | 0 |
| 통산 | | 12 | 7 | 1 | 0 | 23 | 6 | 6 | 0 |

**황보관** (皇甫官) 서울대 1965.03.01

| 연도 | 소속 | 출장 | 교체 | 득점 | 도움 | 파울 | 슈팅 | 경고 | 퇴장 |
|---|---|---|---|---|---|---|---|---|---|
| 1988 | 유공 | 23 | 2 | 7 | 5 | 31 | 41 | 3 | 0 |
| 1989 | 유공 | 8 | 1 | 2 | 1 | 15 | 0 | 0 | 0 |
| 1990 | 유공 | 7 | 4 | 0 | 1 | 5 | 10 | 0 | 0 |
| 1991 | 유공 | 34 | 10 | 6 | 3 | 28 | 49 | 2 | 0 |
| 1992 | 유공 | 35 | 10 | 6 | 4 | 45 | 67 | 2 | 0 |
| 1993 | 유공 | 18 | 2 | 3 | 3 | 32 | 46 | 1 | 0 |
| 1994 | 유공 | 28 | 7 | 15 | 7 | 32 | 61 | 2 | 2 |
| 1995 | 유공 | 30 | 6 | 5 | 3 | 36 | 58 | 2 | 0 |
| 통산 | | 171 | 40 | 44 | 27 | 216 | 347 | 12 | 2 |

**황보원** (Huang Bowen, 黃博文) 중국 1987.07.13

| 연도 | 소속 | 출장 | 교체 | 득점 | 도움 | 파울 | 슈팅 | 경고 | 퇴장 |
|---|---|---|---|---|---|---|---|---|---|
| 2011 | 전북 | 20 | 2 | 1 | 3 | 37 | 18 | 5 | 0 |
| 2012 | 전북 | 9 | 4 | 1 | 2 | 6 | 6 | 1 | 0 |
| 통산 | | 29 | 9 | 3 | 3 | 43 | 24 | 6 | 0 |

**황부철** (黃富喆) 아주대 1971.01.20

| 연도 | 소속 | 출장 | 교체 | 득점 | 도움 | 파울 | 슈팅 | 경고 | 퇴장 |
|---|---|---|---|---|---|---|---|---|---|
| 1996 | 부산 | 3 | 2 | 0 | 0 | 5 | 1 | 1 | 0 |
| 통산 | | 3 | 2 | 0 | 0 | 5 | 1 | 1 | 0 |

**황상필** (黃相弼) 동국대 1981.02.01

| 연도 | 소속 | 출장 | 교체 | 득점 | 도움 | 파울 | 슈팅 | 경고 | 퇴장 |
|---|---|---|---|---|---|---|---|---|---|
| 2003 | 광주상 | 2 | 2 | 0 | 0 | 3 | 2 | 0 | 0 |
| 통산 | | 2 | 2 | 0 | 0 | 3 | 2 | 0 | 0 |

**황석근** (黃石根) 고려대 1960.09.03

| 연도 | 소속 | 출장 | 교체 | 득점 | 도움 | 파울 | 슈팅 | 경고 | 퇴장 |
|---|---|---|---|---|---|---|---|---|---|
| 1983 | 유공 | 2 | 2 | 0 | 0 | 0 | 0 | 0 | 0 |
| 1984 | 한일은 | 24 | 2 | 5 | 1 | 17 | 45 | 0 | 0 |
| 1985 | 한일은 | 14 | 3 | 2 | 1 | 15 | 47 | 0 | 0 |
| 1986 | 한일은 | 18 | 6 | 1 | 4 | 12 | 19 | 0 | 0 |
| 통산 | | 58 | 13 | 8 | 6 | 44 | 111 | 0 | 0 |

**황선일** (黃善一) 건국대 1984.07.29

## Column 3

| 연도 | 소속 | 출장 | 교체 | 득점 | 도움 | 파울 | 슈팅 | 경고 | 퇴장 |
|---|---|---|---|---|---|---|---|---|---|
| 2006 | 울산 | 1 | 1 | 0 | 0 | 0 | 0 | 0 | 0 |
| 2008 | 울산 | 5 | 4 | 0 | 0 | 5 | 0 | 1 | 0 |
| 통산 | | 6 | 5 | 0 | 0 | 5 | 0 | 1 | 0 |

**황선필** (黃善弼) 중앙대 1981.07.14

| 연도 | 소속 | 출장 | 교체 | 득점 | 도움 | 파울 | 슈팅 | 경고 | 퇴장 |
|---|---|---|---|---|---|---|---|---|---|
| 2004 | 대구 | 20 | 2 | 0 | 0 | 38 | 9 | 2 | 0 |
| 2005 | 대구 | 11 | 2 | 0 | 1 | 22 | 4 | 5 | 0 |
| 2006 | 대구 | 24 | 7 | 0 | 0 | 39 | 5 | 3 | 0 |
| 2007 | 대구 | 13 | 5 | 2 | 0 | 13 | 0 | 1 | 0 |
| 2008 | 대구 | 31 | 11 | 1 | 0 | 26 | 11 | 3 | 0 |
| 2009 | 광주상 | 8 | 4 | 0 | 0 | 11 | 2 | 2 | 0 |
| 2010 | 광주상 | 13 | 5 | 0 | 0 | 15 | 7 | 0 | 0 |
| 2011 | 전남 | 1 | 0 | 0 | 0 | 0 | 0 | 0 | 0 |
| 2012 | 부산 | 1 | 1 | 0 | 0 | 0 | 0 | 0 | 0 |
| 통산 | | 122 | 37 | 3 | 1 | 159 | 51 | 19 | 0 |

**황선홍** (黃善洪) 건국대 1968.07.14

| 연도 | 소속 | 출장 | 교체 | 득점 | 도움 | 파울 | 슈팅 | 경고 | 퇴장 |
|---|---|---|---|---|---|---|---|---|---|
| 1993 | 포철 | 1 | 1 | 0 | 0 | 1 | 1 | 0 | 0 |
| 1994 | 포철 | 14 | 7 | 5 | 3 | 24 | 28 | 2 | 0 |
| 1995 | 포항 | 26 | 6 | 11 | 6 | 58 | 73 | 4 | 0 |
| 1996 | 포항 | 18 | 2 | 13 | 5 | 30 | 60 | 4 | 0 |
| 1997 | 포항 | 1 | 0 | 0 | 0 | 1 | 1 | 0 | 0 |
| 1998 | 포항 | 3 | 1 | 2 | 1 | 14 | 6 | 0 | 0 |
| 2000 | 수원 | 1 | 1 | 0 | 0 | 1 | 0 | 0 | 0 |
| 통산 | | 64 | 18 | 31 | 16 | 132 | 170 | 10 | 0 |

**황성민** (黃盛玟) 한남대 1991.06.23

| 연도 | 소속 | 출장 | 교체 | 실점 | 도움 | 파울 | 슈팅 | 경고 | 퇴장 |
|---|---|---|---|---|---|---|---|---|---|
| 2013 | 충주 | 19 | 0 | 30 | 0 | 1 | 0 | 0 | 0 |
| 2014 | 충주 | 21 | 0 | 32 | 0 | 1 | 0 | 1 | 0 |
| 통산 | | 40 | 0 | 62 | 0 | 2 | 0 | 1 | 0 |

**황세하** (黃世夏) 건국대 1975.06.26

| 연도 | 소속 | 출장 | 교체 | 득점 | 도움 | 파울 | 슈팅 | 경고 | 퇴장 |
|---|---|---|---|---|---|---|---|---|---|
| 1998 | 대전 | 3 | 1 | 0 | 0 | 1 | 0 | 1 | 0 |
| 1999 | 대전 | 0 | 0 | 0 | 0 | 0 | 0 | 0 | 0 |
| 통산 | | 3 | 1 | 0 | 0 | 1 | 0 | 1 | 0 |

**황순민** (黃順民) 일본 가미무라고 1990.09.14

| 연도 | 소속 | 출장 | 교체 | 득점 | 도움 | 파울 | 슈팅 | 경고 | 퇴장 |
|---|---|---|---|---|---|---|---|---|---|
| 2012 | 대구 | 11 | 11 | 0 | 0 | 7 | 6 | 0 | 0 |
| 2013 | 대구 | 30 | 23 | 6 | 1 | 23 | 36 | 3 | 0 |
| 2014 | 대구 | 33 | 14 | 5 | 5 | 32 | 57 | 3 | 0 |
| 통산 | | 74 | 48 | 11 | 6 | 63 | 100 | 7 | 0 |

**황승주** (黃勝周) 한양대 1972.05.09

| 연도 | 소속 | 출장 | 교체 | 득점 | 도움 | 파울 | 슈팅 | 경고 | 퇴장 |
|---|---|---|---|---|---|---|---|---|---|
| 1995 | 현대 | 1 | 1 | 0 | 0 | 1 | 0 | 0 | 0 |
| 1996 | 울산 | 13 | 6 | 1 | 0 | 19 | 9 | 1 | 0 |
| 1997 | 울산 | 20 | 12 | 1 | 0 | 29 | 9 | 3 | 0 |
| 1998 | 울산 | 38 | 9 | 1 | 7 | 62 | 25 | 7 | 0 |
| 1999 | 울산 | 36 | 4 | 0 | 3 | 50 | 47 | 5 | 0 |
| 2000 | 울산 | 34 | 5 | 0 | 4 | 59 | 20 | 4 | 0 |
| 2001 | 울산 | 34 | 3 | 0 | 1 | 43 | 26 | 3 | 0 |
| 2002 | 전북 | 6 | 5 | 0 | 0 | 6 | 4 | 1 | 0 |
| 통산 | | 182 | 45 | 3 | 15 | 278 | 109 | 22 | 0 |

**황승회** (黃勝會) 경북산업대 1970.06.18

| 연도 | 소속 | 출장 | 교체 | 득점 | 도움 | 파울 | 슈팅 | 경고 | 퇴장 |
|---|---|---|---|---|---|---|---|---|---|
| 1993 | 대우 | 1 | 0 | 0 | 0 | 0 | 0 | 1 | 0 |
| 통산 | | 1 | 0 | 0 | 0 | 0 | 0 | 1 | 0 |

**황연석** (黃淵奭) 대구대 1973.10.17

| 연도 | 소속 | 출장 | 교체 | 득점 | 도움 | 파울 | 슈팅 | 경고 | 퇴장 |
|---|---|---|---|---|---|---|---|---|---|
| 1995 | 일화 | 30 | 19 | 9 | 3 | 48 | 48 | 3 | 0 |
| 1996 | 천안 | 28 | 22 | 4 | 4 | 26 | 49 | 3 | 0 |
| 1997 | 천안 | 34 | 14 | 6 | 5 | 55 | 64 | 1 | 0 |
| 1998 | 천안 | 33 | 6 | 4 | 0 | 47 | 50 | 2 | 0 |
| 1999 | 천안 | 29 | 8 | 4 | 7 | 77 | 58 | 2 | 0 |
| 2000 | 성남 | 31 | 26 | 1 | 4 | 42 | 35 | 2 | 0 |
| 2001 | 성남 | 28 | 24 | 2 | 2 | 46 | 35 | 3 | 0 |
| 2002 | 성남 | 30 | 31 | 8 | 3 | 26 | 29 | 1 | 0 |

| 연도 | 소속 | 출장 | 교체 | 득점 | 도움 | 파울 | 슈팅 | 경고 | 퇴장 |
|---|---|---|---|---|---|---|---|---|---|
| 2003 | 성남 | 37 | 33 | 5 | 6 | 49 | 27 | 1 | 0 |
| 2004 | 인천 | 12 | 12 | 2 | 0 | 13 | 6 | 0 | 0 |
| 2005 | 인천 | 18 | 18 | 1 | 0 | 10 | 9 | 0 | 0 |
| 2006 | 대구 | 28 | 23 | 6 | 3 | 37 | 19 | 2 | 0 |
| 2007 | 대구 | 20 | 8 | 0 | 1 | 10 | 6 | 0 | 0 |
| 통산 | | 348 | 260 | 64 | 32 | 487 | 429 | 20 | 0 |

**황영우**(黃永雨) 동아대 1964.02.20

| 연도 | 소속 | 출장 | 교체 | 득점 | 도움 | 파울 | 슈팅 | 경고 | 퇴장 |
|---|---|---|---|---|---|---|---|---|---|
| 1987 | 포철 | 20 | 17 | 4 | 0 | 15 | 17 | 0 | 0 |
| 1988 | 포철 | 18 | 19 | 2 | 2 | 10 | 8 | 0 | 0 |
| 1989 | 포철 | 19 | 14 | 0 | 1 | 26 | 12 | 0 | 0 |
| 1990 | 포철 | 11 | 11 | 2 | 0 | 11 | 5 | 0 | 0 |
| 1991 | LG | 26 | 21 | 5 | 2 | 23 | 27 | 0 | 0 |
| 1992 | LG | 10 | 9 | 1 | 2 | 10 | 4 | 0 | 0 |
| 1993 | LG | 7 | 8 | 1 | 0 | 6 | 9 | 0 | 0 |
| 통산 | | 111 | 99 | 15 | 7 | 101 | 82 | 1 | 0 |

**황의조**(黃義助) 연세대 1992.08.28

| 연도 | 소속 | 출장 | 교체 | 득점 | 도움 | 파울 | 슈팅 | 경고 | 퇴장 |
|---|---|---|---|---|---|---|---|---|---|
| 2013 | 성남 | 22 | 14 | 2 | 1 | 24 | 36 | 3 | 0 |
| 2014 | 성남 | 28 | 20 | 4 | 0 | 23 | 46 | 1 | 0 |
| 통산 | | 50 | 34 | 6 | 1 | 47 | 82 | 4 | 0 |

**황인성**(黃仁星) 동아대 1970.04.05

| 연도 | 소속 | 출장 | 교체 | 득점 | 도움 | 파울 | 슈팅 | 경고 | 퇴장 |
|---|---|---|---|---|---|---|---|---|---|
| 1995 | 전남 | 28 | 19 | 4 | 1 | 23 | 27 | 3 | 0 |
| 1996 | 전남 | 1 | 1 | 0 | 0 | 0 | 0 | 0 | 0 |
| 1997 | 전남 | 9 | 10 | 0 | 1 | 2 | 1 | 0 | 0 |
| 1998 | 부천 | 7 | 8 | 1 | 0 | 4 | 8 | 1 | 0 |
| 통산 | | 45 | 38 | 5 | 2 | 29 | 36 | 4 | 0 |

**황인수**(黃仁洙) 대구대 1977.11.20

| 연도 | 소속 | 출장 | 교체 | 득점 | 도움 | 파울 | 슈팅 | 경고 | 퇴장 |
|---|---|---|---|---|---|---|---|---|---|
| 2000 | 성남 | 13 | 8 | 2 | 2 | 11 | 15 | 0 | 0 |
| 2001 | 성남 | 6 | 6 | 0 | 0 | 4 | 9 | 0 | 0 |
| 2001 | 수원 | 3 | 3 | 0 | 0 | 0 | 0 | 0 | 0 |
| 통산 | | 22 | 17 | 2 | 2 | 14 | 24 | 0 | 0 |

**황인호**(黃仁浩) 대구대 1990.03.26

| 연도 | 소속 | 출장 | 교체 | 득점 | 도움 | 파울 | 슈팅 | 경고 | 퇴장 |
|---|---|---|---|---|---|---|---|---|---|
| 2013 | 제주 | 2 | 2 | 0 | 0 | 1 | 0 | 0 | 0 |
| 통산 | | 2 | 2 | 0 | 0 | 1 | 0 | 0 | 0 |

**황일수**(黃一琇) 동아대 1987.08.08

| 연도 | 소속 | 출장 | 교체 | 득점 | 도움 | 파울 | 슈팅 | 경고 | 퇴장 |
|---|---|---|---|---|---|---|---|---|---|
| 2010 | 대구 | 30 | 19 | 4 | 5 | 23 | 43 | 0 | 0 |
| 2011 | 대구 | 32 | 29 | 4 | 3 | 26 | 36 | 5 | 0 |
| 2012 | 대구 | 40 | 26 | 6 | 8 | 42 | 56 | 3 | 0 |
| 2013 | 대구 | 32 | 16 | 8 | 4 | 46 | 69 | 7 | 0 |
| 2014 | 제주 | 31 | 13 | 7 | 3 | 23 | 65 | 1 | 0 |
| 통산 | | 165 | 103 | 29 | 23 | 160 | 269 | 16 | 0 |

**황재만**(黃在萬) 고려대 1953.01.24

| 연도 | 소속 | 출장 | 교체 | 득점 | 도움 | 파울 | 슈팅 | 경고 | 퇴장 |
|---|---|---|---|---|---|---|---|---|---|
| 1984 | 할렐 | 1 | 1 | 0 | 0 | 0 | 0 | 0 | 0 |
| 통산 | | 1 | 1 | 0 | 0 | 0 | 0 | 0 | 0 |

**황재원**(黃載元) 아주대 1981.04.13

| 연도 | 소속 | 출장 | 교체 | 득점 | 도움 | 파울 | 슈팅 | 경고 | 퇴장 |
|---|---|---|---|---|---|---|---|---|---|
| 2004 | 포항 | 14 | 7 | 2 | 0 | 10 | 6 | 1 | 0 |
| 2006 | 포항 | 2 | 1 | 0 | 0 | 28 | 5 | 5 | 0 |
| 2007 | 포항 | 32 | 1 | 2 | 1 | 42 | 14 | 4 | 0 |
| 2008 | 포항 | 21 | 0 | 1 | 0 | 27 | 6 | 4 | 0 |
| 2009 | 포항 | 23 | 4 | 1 | 1 | 57 | 4 | 7 | 0 |
| 2010 | 포항 | 9 | 1 | 0 | 0 | 23 | 5 | 0 | 0 |
| 2010 | 수원 | 9 | 2 | 0 | 0 | 11 | 4 | 2 | 0 |
| 2011 | 수원 | 9 | 1 | 0 | 0 | 14 | 3 | 1 | 0 |
| 2012 | 성남 | 9 | 2 | 1 | 0 | 18 | 1 | 4 | 0 |
| 2013 | 성남 | 1 | 1 | 0 | 0 | 0 | 0 | 0 | 0 |
| 통산 | | 138 | 18 | 11 | 2 | 226 | 49 | 34 | 0 |

**황재필**(黃載弼) 연세대 1973.09.09

| 연도 | 소속 | 출장 | 교체 | 득점 | 도움 | 파울 | 슈팅 | 경고 | 퇴장 |
|---|---|---|---|---|---|---|---|---|---|
| 1996 | 전남 | 2 | 2 | 0 | 0 | 0 | 0 | 0 | 0 |
| 통산 | | 2 | 2 | 0 | 0 | 0 | 0 | 0 | 0 |

**황재훈**(黃載訓 / 황병인) 건국대 1986.03.10

| 연도 | 소속 | 출장 | 교체 | 득점 | 도움 | 파울 | 슈팅 | 경고 | 퇴장 |
|---|---|---|---|---|---|---|---|---|---|
| 2010 | 포항 | 1 | 1 | 0 | 0 | 2 | 0 | 0 | 0 |
| 2011 | 대전 | 14 | 3 | 1 | 1 | 15 | 3 | 2 | 1 |
| 2011 | 부산 | 11 | 1 | 0 | 0 | 13 | 1 | 2 | 0 |
| 2012 | 부산 | 0 | 0 | 0 | 0 | 0 | 0 | 0 | 0 |
| 2013 | 부산 | 5 | 3 | 0 | 0 | 5 | 0 | 1 | 0 |
| 2014 | 부산 | 5 | 3 | 0 | 0 | 7 | 0 | 1 | 0 |
| 통산 | | 36 | 11 | 1 | 1 | 40 | 4 | 8 | 1 |

**황재훈**(黃在熏) 진주고 1990.11.25

| 연도 | 소속 | 출장 | 교체 | 득점 | 도움 | 파울 | 슈팅 | 경고 | 퇴장 |
|---|---|---|---|---|---|---|---|---|---|
| 2011 | 상주 | 4 | 0 | 0 | 0 | 5 | 1 | 0 | 0 |
| 2012 | 상주 | 1 | 1 | 0 | 0 | 0 | 0 | 0 | 0 |
| 2012 | 경남 | 1 | 1 | 0 | 0 | 0 | 0 | 0 | 0 |
| 2014 | 충주 | 5 | 5 | 0 | 0 | 4 | 8 | 0 | 0 |
| 통산 | | 11 | 7 | 0 | 0 | 9 | 10 | 0 | 0 |

**황정만**(黃晸萬) 숭실대 1978.01.05

| 연도 | 소속 | 출장 | 교체 | 득점 | 도움 | 파울 | 슈팅 | 경고 | 퇴장 |
|---|---|---|---|---|---|---|---|---|---|
| 2000 | 수원 | 0 | 0 | 0 | 0 | 0 | 0 | 0 | 0 |
| 통산 | | 0 | 0 | 0 | 0 | 0 | 0 | 0 | 0 |

**황정연**(黃正然) 고려대 1953.03.13

| 연도 | 소속 | 출장 | 교체 | 득점 | 도움 | 파울 | 슈팅 | 경고 | 퇴장 |
|---|---|---|---|---|---|---|---|---|---|
| 1983 | 할렐 | 13 | 1 | 0 | 1 | 17 | 3 | 1 | 0 |
| 1984 | 할렐 | 25 | 0 | 0 | 2 | 33 | 3 | 2 | 0 |
| 1985 | 할렐 | 21 | 0 | 0 | 0 | 25 | 3 | 1 | 0 |
| 통산 | | 59 | 1 | 0 | 3 | 75 | 9 | 4 | 0 |

**황지수**(黃智秀) 호남대 1981.03.27

| 연도 | 소속 | 출장 | 교체 | 득점 | 도움 | 파울 | 슈팅 | 경고 | 퇴장 |
|---|---|---|---|---|---|---|---|---|---|
| 2004 | 포항 | 26 | 2 | 1 | 1 | 48 | 8 | 2 | 0 |
| 2005 | 포항 | 31 | 2 | 1 | 0 | 65 | 11 | 2 | 0 |
| 2006 | 포항 | 34 | 3 | 0 | 2 | 88 | 9 | 8 | 0 |
| 2007 | 포항 | 32 | 6 | 0 | 1 | 78 | 8 | 5 | 0 |
| 2009 | 포항 | 18 | 3 | 0 | 0 | 43 | 10 | 3 | 0 |
| 2012 | 포항 | 29 | 12 | 0 | 1 | 45 | 12 | 3 | 0 |
| 2013 | 포항 | 29 | 3 | 1 | 2 | 67 | 23 | 4 | 0 |
| 2014 | 포항 | 24 | 4 | 0 | 1 | 31 | 9 | 7 | 0 |
| 통산 | | 244 | 40 | 5 | 1 | 465 | 90 | 34 | 0 |

**황지웅**(黃址雄 / 황명규) 동국대 1989.04.30

| 연도 | 소속 | 출장 | 교체 | 득점 | 도움 | 파울 | 슈팅 | 경고 | 퇴장 |
|---|---|---|---|---|---|---|---|---|---|
| 2012 | 대전 | 20 | 14 | 0 | 0 | 18 | 2 | 2 | 0 |
| 2013 | 대전 | 8 | 4 | 3 | 0 | 8 | 4 | 1 | 0 |
| 2014 | 대전 | 28 | 24 | 1 | 4 | 13 | 20 | 0 | 0 |
| 통산 | | 56 | 42 | 4 | 4 | 39 | 31 | 4 | 0 |

**황지윤**(黃智允) 아주대 1983.05.28

| 연도 | 소속 | 출장 | 교체 | 득점 | 도움 | 파울 | 슈팅 | 경고 | 퇴장 |
|---|---|---|---|---|---|---|---|---|---|
| 2005 | 부천 | 0 | 0 | 0 | 0 | 0 | 0 | 0 | 0 |
| 2006 | 제주 | 8 | 3 | 0 | 0 | 6 | 3 | 1 | 0 |
| 2007 | 제주 | 30 | 1 | 2 | 0 | 32 | 23 | 5 | 0 |
| 2008 | 대구 | 31 | 2 | 0 | 0 | 28 | 8 | 2 | 0 |
| 2009 | 대전 | 28 | 1 | 0 | 0 | 33 | 17 | 8 | 0 |
| 2010 | 대전 | 26 | 0 | 1 | 0 | 34 | 20 | 7 | 0 |
| 2011 | 상주 | 8 | 2 | 1 | 0 | 11 | 3 | 2 | 0 |
| 통산 | | 121 | 18 | 6 | 0 | 130 | 72 | 24 | 0 |

**황지준**(黃智俊) 광주대 1990.02.23

| 연도 | 소속 | 출장 | 교체 | 득점 | 도움 | 파울 | 슈팅 | 경고 | 퇴장 |
|---|---|---|---|---|---|---|---|---|---|
| 2013 | 광주 | 1 | 1 | 0 | 0 | 2 | 0 | 1 | 0 |
| 통산 | | 1 | 1 | 0 | 0 | 2 | 0 | 1 | 0 |

**황진산**(黃鎭山) 현대고 1989.02.25

| 연도 | 소속 | 출장 | 교체 | 득점 | 도움 | 파울 | 슈팅 | 경고 | 퇴장 |
|---|---|---|---|---|---|---|---|---|---|
| 2008 | 울산 | 0 | 0 | 0 | 0 | 0 | 0 | 0 | 0 |
| 2010 | 대전 | 4 | 2 | 0 | 1 | 5 | 9 | 0 | 0 |
| 2011 | 대전 | 18 | 16 | 0 | 2 | 15 | 6 | 4 | 0 |
| 2012 | 대전 | 9 | 9 | 0 | 0 | 11 | 8 | 1 | 0 |
| 2013 | 대전 | 18 | 14 | 1 | 1 | 4 | 20 | 1 | 0 |
| 2014 | 대전 | 21 | 17 | 1 | 2 | 11 | 10 | 2 | 0 |

| 통산 | | 101 | 72 | 4 | 10 | 95 | 71 | 10 | 0 |

**황진성**(黃辰成) 포철공고 1984.05.05

| 연도 | 소속 | 출장 | 교체 | 득점 | 도움 | 파울 | 슈팅 | 경고 | 퇴장 |
|---|---|---|---|---|---|---|---|---|---|
| 2003 | 포항 | 19 | 16 | 1 | 5 | 19 | 11 | 1 | 0 |
| 2004 | 포항 | 24 | 20 | 3 | 2 | 17 | 17 | 0 | 0 |
| 2005 | 포항 | 30 | 24 | 2 | 2 | 30 | 12 | 3 | 0 |
| 2006 | 포항 | 23 | 16 | 4 | 5 | 47 | 29 | 1 | 0 |
| 2007 | 포항 | 23 | 17 | 2 | 4 | 37 | 32 | 2 | 0 |
| 2008 | 포항 | 24 | 22 | 4 | 2 | 35 | 26 | 1 | 0 |
| 2009 | 포항 | 18 | 13 | 4 | 7 | 26 | 27 | 4 | 0 |
| 2010 | 포항 | 25 | 16 | 5 | 5 | 35 | 30 | 2 | 0 |
| 2011 | 포항 | 30 | 21 | 6 | 9 | 58 | 36 | 5 | 0 |
| 2012 | 포항 | 41 | 11 | 12 | 8 | 63 | 60 | 6 | 0 |
| 통산 | | 279 | 189 | 47 | 58 | 401 | 317 | 26 | 0 |

**황철민**(黃哲民) 동의대 1978.11.20

| 연도 | 소속 | 출장 | 교체 | 득점 | 도움 | 파울 | 슈팅 | 경고 | 퇴장 |
|---|---|---|---|---|---|---|---|---|---|
| 2002 | 부산 | 23 | 15 | 2 | 2 | 26 | 22 | 3 | 0 |
| 2003 | 부산 | 16 | 9 | 0 | 2 | 12 | 18 | 0 | 0 |
| 2004 | 부산 | 2 | 2 | 0 | 0 | 0 | 1 | 0 | 0 |
| 통산 | | 41 | 26 | 2 | 4 | 38 | 41 | 3 | 0 |

**황현수**(黃賢秀) 오산고 1995.07.22

| 연도 | 소속 | 출장 | 교체 | 득점 | 도움 | 파울 | 슈팅 | 경고 | 퇴장 |
|---|---|---|---|---|---|---|---|---|---|
| 2014 | 서울 | 0 | 0 | 0 | 0 | 0 | 0 | 0 | 0 |
| 통산 | | 0 | 0 | 0 | 0 | 0 | 0 | 0 | 0 |

**황호령**(黃虎鴒) 동국대 1984.10.15

| 연도 | 소속 | 출장 | 교체 | 득점 | 도움 | 파울 | 슈팅 | 경고 | 퇴장 |
|---|---|---|---|---|---|---|---|---|---|
| 2007 | 제주 | 3 | 1 | 0 | 0 | 4 | 1 | 1 | 0 |
| 2009 | 제주 | 1 | 1 | 0 | 0 | 0 | 0 | 0 | 0 |
| 통산 | | 4 | 2 | 0 | 0 | 4 | 10 | 1 | 0 |

**황훈희**(黃薰熙) 성균관대 1987.04.06

| 연도 | 소속 | 출장 | 교체 | 득점 | 도움 | 파울 | 슈팅 | 경고 | 퇴장 |
|---|---|---|---|---|---|---|---|---|---|
| 2011 | 대전 | 0 | 0 | 0 | 0 | 0 | 0 | 0 | 0 |
| 2014 | 충주 | 7 | 6 | 0 | 0 | 3 | 1 | 0 | 0 |
| 통산 | | 7 | 6 | 0 | 0 | 3 | 1 | 0 | 0 |

**황희훈**(黃熙訓) 건국대 1979.09.20

| 연도 | 소속 | 출장 | 교체 | 득점 | 도움 | 파울 | 슈팅 | 경고 | 퇴장 |
|---|---|---|---|---|---|---|---|---|---|
| 2013 | 고양 | 0 | 0 | 0 | 0 | 0 | 0 | 0 | 0 |
| 통산 | | 0 | 0 | 0 | 0 | 0 | 0 | 0 | 0 |

**후고** 아르헨티나 1968.01.24

| 연도 | 소속 | 출장 | 교체 | 득점 | 도움 | 파울 | 슈팅 | 경고 | 퇴장 |
|---|---|---|---|---|---|---|---|---|---|
| 1993 | 대우 | 3 | 2 | 0 | 0 | 9 | 2 | 0 | 0 |
| 통산 | | 3 | 2 | 0 | 0 | 9 | 2 | 0 | 0 |

**후치카**(Branko Hucika) 크로아티아 1977.07.10

| 연도 | 소속 | 출장 | 교체 | 득점 | 도움 | 파울 | 슈팅 | 경고 | 퇴장 |
|---|---|---|---|---|---|---|---|---|---|
| 2000 | 울산 | 1 | 1 | 0 | 0 | 1 | 1 | 0 | 0 |
| 통산 | | 1 | 1 | 0 | 0 | 1 | 1 | 0 | 0 |

**훼이종**(Jefferson Marques da Conceicao) 브라질 1978.08.21

| 연도 | 소속 | 출장 | 교체 | 득점 | 도움 | 파울 | 슈팅 | 경고 | 퇴장 |
|---|---|---|---|---|---|---|---|---|---|
| 2004 | 대구 | 29 | 13 | 11 | 2 | 81 | 91 | 4 | 0 |
| 2005 | 성남 | 3 | 3 | 0 | 1 | 13 | 7 | 1 | 0 |
| 통산 | | 32 | 16 | 11 | 3 | 94 | 98 | 5 | 0 |

**히카도**(Ricardo Weslei Campelo) 브라질 1983.11.19

| 연도 | 소속 | 출장 | 교체 | 득점 | 도움 | 파울 | 슈팅 | 경고 | 퇴장 |
|---|---|---|---|---|---|---|---|---|---|
| 2009 | 제주 | 26 | 21 | 6 | 1 | 43 | 49 | 5 | 0 |
| 통산 | | 26 | 21 | 6 | 1 | 43 | 49 | 5 | 0 |

**히카르도** 브라질 1965.03.24

| 연도 | 소속 | 출장 | 교체 | 득점 | 도움 | 파울 | 슈팅 | 경고 | 퇴장 |
|---|---|---|---|---|---|---|---|---|---|
| 1994 | 포철 | 11 | 3 | 0 | 0 | 12 | 12 | 1 | 0 |
| 통산 | | 11 | 3 | 0 | 0 | 12 | 12 | 1 | 0 |

**히카르도**(Ricardo Campos da Costa) 브라질 1976.06.08

| 연도 | 소속 | 출장 | 교체 | 득점 | 도움 | 파울 | 슈팅 | 경고 | 퇴장 |
|---|---|---|---|---|---|---|---|---|---|
| 2000 | 안양 | 14 | 11 | 2 | 1 | 22 | 23 | 3 | 0 |
| 2001 | 안양 | 33 | 4 | 8 | 2 | 63 | 54 | 6 | 0 |

| 2002 | 안양 | 33 | 5 | 1 | 3 | 46 | 40 | 3 | 1 |
|---|---|---|---|---|---|---|---|---|---|
| 2003 | 안양 | 36 | 6 | 6 | 4 | 50 | 60 | 4 | 1 |
| 2004 | 서울 | 31 | 22 | 1 | 1 | 61 | 26 | 6 | 0 |
| 2005 | 성남 | 28 | 16 | 1 | 1 | 52 | 19 | 4 | 0 |
| 2006 | 성남 | 23 | 10 | 0 | 2 | 44 | 14 | 3 | 0 |
| 2006 | 부산 | 10 | 7 | 0 | 1 | 12 | 2 | 2 | 0 |
| 통산 | | 208 | 81 | 19 | 15 | 350 | 237 | 31 | 2 |

**히칼도** (Ricardo Nuno Queiros Nascimento)
포르투갈 1974.04.19

| 연도 | 소속 | 출장 | 교체 | 득점 | 도움 | 파울 | 슈팅 | 경고 | 퇴장 |
|---|---|---|---|---|---|---|---|---|---|
| 2005 | 서울 | 28 | 11 | 4 | 14 | 34 | 58 | 7 | 0 |
| 2006 | 서울 | 30 | 18 | 3 | 6 | 38 | 44 | 9 | 0 |
| 2007 | 서울 | 13 | 4 | 1 | 3 | 20 | 19 | 7 | 0 |
| 통산 | | 71 | 33 | 8 | 23 | 92 | 121 | 23 | 0 |

**히칼딩요** (Oliveira Jose Ricardo Santos)  브라질
1984.05.19

| 연도 | 소속 | 출장 | 교체 | 득점 | 도움 | 파울 | 슈팅 | 경고 | 퇴장 |
|---|---|---|---|---|---|---|---|---|---|
| 2007 | 제주 | 12 | 8 | 3 | 2 | 15 | 26 | 0 | 0 |
| 2008 | 제주 | 5 | 5 | 0 | 1 | 3 | 5 | 2 | 0 |
| 통산 | | 17 | 13 | 3 | 3 | 18 | 31 | 2 | 0 |

**힝키** (Paulo Roberto Rink)  독일 1973.02.21

| 연도 | 소속 | 출장 | 교체 | 득점 | 도움 | 파울 | 슈팅 | 경고 | 퇴장 |
|---|---|---|---|---|---|---|---|---|---|
| 2004 | 전북 | 16 | 11 | 2 | 2 | 45 | 47 | 2 | 0 |
| 통산 | | 16 | 11 | 2 | 2 | 45 | 47 | 2 | 0 |

Section 4

# 2 0 1 4 년 경 기 기 록 부

**제1조 (목적)** 본 대회요강은 (사)한국프로축구연맹(이하 '연맹')이 K LEAGUE CLASSIC(이하 'K리그 클래식')을 효율적으로 운영하기 위하여 대회 및 경기 운영에 관한 사항을 규정함을 목적으로 한다.

**제2조 (용어의 정의)** 본 대회요강에서 '대회'라 함은 정규 라운드(1~33라운드)와 스플릿 라운드(27~40R)를 모두 말하며, '클럽'이라 함은 연맹의 회원단체인 축구단을, '팀'이라 함은 해당 클럽의 팀을, '홈 클럽'이라 함은 홈경기를 개최하는 클럽을 지칭한다.

**제3조 (명칭)** 본 대회명은 '현대오일뱅크 K리그 클래식 2014'로 한다.

**제4조 (주최, 주관)** 본 대회는 연맹이 주최(대회를 총괄하여 책임지는 자)하고, 홈 클럽이 주관(주최자의 위임을 받아 대회를 운영하는 자)한다. 홈 클럽의 주관권은 제3자에게 양도할 수 없다.

**제5조 (참가 클럽)** 본 대회 참가 클럽(팀)은 총 12팀(포항 스틸러스, 울산 현대, 전북 현대 모터스, FC서울, 수원 삼성 블루윙즈, 부산 아이파크, 인천 유나이티드, 성남FC, 제주 유나이티드, 전남 드래곤즈, 경남FC, 상주상무)이다.

**제6조 (일정)**

1. 본 대회는 2014.03.08(토) ~ 11.30(일)에 개최하며, 경기일정(대진)은 미리 정한 경기일정표에 의한다.

| 구분 | 일정 | 방식 | Round | 팀수 | 경기수 | 장소 |
|---|---|---|---|---|---|---|
| 정규 라운드 | 3.08(토)~10.26(일) | 3Round robin | 33R | 12팀 | 198경기(팀당33) | |
| 스플릿 라운드 | 그룹A 11.01(토)~11.30(일) | 1Round robin | 5R | 상위 6팀 | 15경기(팀당 5) | 홈 클럽 경기장 |
| | 그룹B | | | 하위 6팀 | 15경기(팀당 5) | |
| 계 | | | | | 228경기(팀당38) | |

※본 대회 경기일정은 부득이한 사정에 따라 변경될 수 있음.

2. 스플릿 라운드(34~38R) 경기일정은 홈 경기수 불일치를 최소화하고 대진의 공정성을 확보하기 위해 정규라운드(1~33R) 홈 경기수 및 대진을 고려하여 최대한 보완되도록 생성하며, 스플릿 라운드 총 3경기 배정 우선순위는 다음과 같다.
   1) 정규 라운드 홈 경기를 적게 개최한 클럽(정규 라운드 총 16경기)
   2) 정규 라운드 성적 상위 클럽

**제7조 (대회방식)**

1. 12팀이 3Round robin(33라운드) 방식으로 정규 라운드 경쟁을 벌인다.
2. 정규 라운드(1~33R) 성적을 적용하여 6팀씩 2개 그룹(그룹 A, 그룹 B)으로 분할한다.
3. 분할 후 그룹 A, 그룹 B는 6팀씩 1Round robin(각 5라운드) 방식으로 별도 운영한다.
4. 최종 순위는 정규 라운드 성적을 포함하여 그룹 A에 속한 팀이 우승~6위, 그룹 B에 속한 팀이 7~12위로 결정한다.

**제8조 (경기장)**

1. 모든 클럽은 최상의 상태에서 홈경기를 실시할 수 있도록 경기장을 유지·관리할 책임이 있다.
2. 본 대회는 원칙적으로 축구전용경기장에서 개최함을 권고한다.
3. 각 클럽은 경기장 시설(물)에 대해 연맹의 승인을 득하여야 한다.
4. 경기장은 연맹의 경기장 시설 기준을 준수하여야 하며, 다음 각 호의 조건을 충족하여야 한다.
   1) 그라운드는 천연잔디구장으로 길이 105m, 너비 68m, 잔디의 길이는 2~2.5cm를 권고한다.
   2) 그라운드 외측 주변에는 원칙적으로 축구전용경기장의 경우는 5m 이상,

육상경기겸용경기장의 경우 1.5m 이상의 잔디 부분이 확보되어야 한다. (따라서 육상경기겸용경기장의 경우는 가로 108m 이상, 세로 71m 이상의 잔디 부분 확보)

   3) 골포스트 및 바는 흰색의 둥근 모양(직경 12cm)으로 원칙적으로 매입식이어야 한다. 또한 철제 이외 볼의 반발력에 영향을 줄 수 있는 보강재 사용을 금한다.
   4) 골네트는 원칙적으로 흰색(연맹의 승인을 득한 경우는 제외) 이어야 하며, 골네트는 골대 후방에 폴을 세워 안전한 방법으로 부착하여야 한다. 폴은 골대와 구별되는 어두운 색상이어야 한다.
   5) 코너 깃발은 연맹이 지정한 것을 사용하여야 한다.
   6) 각종 라인은 국제축구연맹(이하 'FIFA') 또는 아시아축구연맹(이하 'AFC')이 정한 규격에 따라야 하며, 라인 폭은 12cm로 선명하고 명료하게 그려야 한다.(원칙적으로 페인트 방식으로 한다)

5. 필드(그라운드 및 그 주변 부분)에는 경기 운영에 영향을 주거나 선수에게 위험의 우려가 있는 것을 방치 또는 설치해서는 안 된다.
6. 그라운드에 물을 뿌리는 것은 경기개시 90분 전까지 완료하여야 한다.
7. 경기장 관중석은 좌석수 10,000명 이상을 충족하여야 한다. 이에 미달할 경우, 연맹의 사전 승인을 득하여야 한다.
8. 경기장은 다음 항목의 부대시설을 갖추도록 권고한다.
   1) 운영 본부실        2) 양 팀 선수대기실(냉·난방 및 냉·온수 가능)
   3) 심판대기실(냉·난방 및 냉·온수 가능)        4) 실내 워밍업 지역
   5) 경기감독관석 및 매치코디네이터석        6) 경기기록석
   7) 의무실        8) 도핑검사실(냉·난방 및 냉·온수 가능)
   9) 통제실, 경찰 대기실, 소방 대기실        10) 실내 기자회견장
   11) 기자실 및 사진기자실        12) 중계방송사룸(TV중계스태프용)
   13) VIP룸        14) 기자석    15) 장내방송 시스템 및 장내방송실
   16) TV중계 및 라디오 중계용 방송 부스
   17) 동영상 표출이 가능한 대형 전광판        18) 출전선수명단 게시판
   19) 태극기, 대회기, 연맹기, 양 클럽 깃발을 게재할 수 있는 게양대
   20) 입장권 판매소        21) 종합 안내소        22) 관중을 위한 응급실
   23) 화장실    24) 식음료 및 축구 관련 상품 판매소
   25) TV카메라 설치 공간        26) TV중계차 주차장 공간
   27) 케이블 시설 공간        28) 전송원기자재 등 설치 공간
   29) 믹스드 존(Mixed Zone)        30) 기타 연맹이 정하는 시설, 장비

**제9조 (조명장치)**

1. 경기장에는 그라운드 어떠한 장소에도 평균 1,500lux 이상 조도를 가진 조명장치를 설치하여 조명의 밝음을 균일하게 유지하여야 한다. 또한 정전에 대비하여 1,000lux 이상의 조도를 갖춘 비상조명 장치를 구비하여야 한다.
2. 홈 클럽은 경기장 조명 장치의 이상 유·무를 사전에 확인하여 장애를 미연에 방지하는 한편, 고장 시 신속하게 수리할 수 있도록 모든 조치와 최선의 노력을 다하여야 한다.

**제10조 (벤치)**

1. 팀 벤치는 원칙적으로 다음 요건을 충족하여야 한다.
   1) FIFA가 정한 규격의 기술지역(테크니컬에어리어) 내에 설치하여야 한다.
   2) 벤치 터치라인으로부터 5m 이상 떨어지는 한편 그 끝이 하프라인으로부터 8m 떨어지는 위치에 설치하여야 한다.
   3) 투명한 재질의 지붕을 갖추고 있어야 하며, 최소 20인 이상 앉을 수 있는 좌석이 준비되어야 한다. (다만, 관중의 시야를 방해해서는 안 된다)
2. 홈 팀 벤치는 본부석에서 그라운드를 향해 좌측에 설치하여야 한다.
3. 홈, 원정 팀 벤치에는 팀명을 표기한 안내물을 부착하여야 한다.
4. 제4의 심판(대기심판) 벤치를 준비하여야 하며, 다음 요건을 충족하여야 한다.
   1) 벤치 터치라인으로부터 5m 이상 떨어지는 그라운드 중앙에 설치하여야 한다.
   2) 투명한 재질의 지붕을 갖추고 있어야 한다.(다만, 관중의 시야를 방해해서는 안 된다)
   3) 대기심판 벤치 내에는 최소 3인 이상 앉을 수 있는 좌석과 테이블이 준비되어야 한다.

**제11조 (의료시설)** 홈 클럽은 선수단, 관계자, 관중 등을 위해 경기개시 90분 전부터 경기종료 후 모든 관중과 관계자가 퇴장할 때까지 의료진(의사, 간호사, 1급 응급구조사)과 특수구급차를 반드시 대기시켜야 한다. 이를 위반할 경우, 본 대회요강 제35조 3항에 의한다.

**제12조 (경기장에서의 고지)**

1. 홈 클럽은 경기장에서 다음 각 항목 사항을 전광판 및 장내 아나운서(멘트)를 통해 고지하여야 한다.
   1) 공식 대회명칭(반드시 지정된 방식 및 형태에 맞게 전광판 노출)
   2) 선수, 심판 및 경기감독관 소개  3) 대회방식 및 경기방식
   4) K리그 선수 입장곡(K리그 앤섬 'Here is the Glory' BGM)
   5) 선수 및 심판 교체  6) 특점자 및 특점시간(특점 직후에)
   7) 추가시간(전·후반 전광판 고지 및 장내 아나운서 멘트 동시 실시)
   8) 다른 공식경기의 중간 결과 및 최종 결과
   9) 관중 수(후반전 15~30분 발표)  10) 앞 항 이외 연맹이 지정하는 사항
2. 홈 클럽은 경기 전·후 및 하프타임에 다음 각 항목 사항을 실시하는 것이 가능하다.
   1) 다음 경기예정 및 안내  2) 연맹의 사전 승인을 얻은 광고 선전
   3) 음악방송  4) 팀 또는 선수에 관한 정보 안내
   5) 앞 항 이외 연맹의 승인을 얻은 사항

**제13조 (홈 경기장에서의 경기개최)** 각 클럽은 홈경기의 80% 이상을 홈 경기장에서 실시하여야 한다. 다만, 이사회의 승인을 얻은 경우는 제외된다.

**제14조 (경기장 점검)**

1. 홈 클럽이 기타 경기장에서 경기를 개최하고자 할 경우 해당 경기개최 30일 전까지 연맹에 시설 점검을 요청하여 경기장 실사를 받아야 하며, 연맹의 보완 지시가 있을 경우 이에 대한 이행 결과를 경기개최 15일 전까지 서면 보고하여야 한다.
2. 연맹은 서면보고접수 후 재점검을 통해 문제점 보완이 미흡하다고 판단될 경우 경기 개최를 불허한다. 이 경우 홈 클럽은 연고지역 내에서 'K리그 경기장 시설기준'에 부합하는 타 경기장(대체구장)을 선정하여 앞 1항의 절차에 따라 연맹의 승인을 받아야 한다.
3. 홈 클럽이 원하는 경기장에서 경기개최가 불가능하다고 판단될 경우, 본 대회요강 제17조 2항에 따른다. (연맹 규정 제3장 30조 2항)
4. 앞 3항을 이행하지 않는 클럽은 본 대회요강 제19조 1항에 따른다.(연맹 규정 제3장 32조 1항)

**제15조 (악천후의 경우 대비조치)**

1. 홈 클럽은 강설 또는 강우 등 악천후의 경우에도 홈경기를 개최할 수가 있도록 최선의 노력을 다하여야 한다.
2. 악천후로 인하여 경기개최가 불가능하다고 판단될 경우, 경기감독관은 경기개최 3시간 전까지 경기개최 중지를 결정하여야 한다.

**제16조 (경기중지 결정)**

1. 경기 전 또는 경기 중 중대한 불상사 등으로 경기를 계속하기 어려운 사태가 발생하였을 경우, 주심은 경기감독관에게 경기중지를 요청할 수 있으며, 경기감독관은 동 요청에 의거하여 홈 클럽 및 원정 클럽 관계자의 의견을 참고한 후 경기중지를 결정할 수 있다.
2. 앞 항의 경우 또는 관중의 난동으로 경기장의 질서 유지가 어려운 경우, 경기감독관은 주심의 경기중지 요청이 없더라도 경기중지를 결정할 수 있다.
3. 경기감독관은 경기중지 결정을 내린 후, 지체 없이 그 사유를 연맹에 보고하여야 한다.

**제17조 (재경기)**

1. 경기가 악천후, 천재지변 등 불가항력에 의하여 경기개최 불능 또는 중지(중단)되었을 경우, 재경기는 원칙적으로 익일 동일 경기장에서 개최한다. 단, 연기된 경기가 불가피한 사유로 다시 연기될 경우 개최일시 및 장소는 연맹이 정하여 추후 공시한다.
2. 경기장 준비부족, 시설미비 등 점검 미비에 따른 홈 클럽의 귀책사유로 인하여 경기개최 불능 또는 중지(중단)되었을 경우, 재경기는 원정 클럽의 홈 경기장에서 개최한다.
3. 재경기 방식에 대해서는 다음 각 호에 의한다.
   1) 이전 경기에서 양 클럽의 득실차가 없을 때는 90분간 재경기를 실시한다.

2) 이전 경기에서 양 클럽의 득실차가 있을 때는 중지 시점에서부터 잔여 시간만의 재경기를 실시한다.
4. 재경기 시, 앞 항 1호의 경우 이전 경기에서 발생된 경고, 퇴장 기록만이 인정되며 선수교체는 팀당 최대 3명까지 가능하다. 앞 항 2호의 경우 이전 경기에서 발생된 모든 기록이 인정되며 선수교체는 이전 경기를 포함하여 3명까지 할 수 있다.
5. 재경기 시 이전 경기에서 발생된 경고 및 퇴장은 유효하며, 경고 및 퇴장에 대한 처벌(징계)은 경기순서대로 연계 적용한다.

**제18조 (귀책사유가 있는 클럽의 비용 보상)**

1. 홈 클럽의 귀책사유에 의해 경기개최 불능 또는 중지(중단)되었을 경우, 홈 클럽은 원정 클럽에 교통비 및 숙식비를 보상하여야 한다.
2. 원정 클럽의 귀책사유에 의해 경기개최 불능 또는 중지(중단)되었을 경우, 원정 클럽은 홈 클럽에 발생한 경기준비 비용 및 입장권 환불 수수료, 교통비 및 숙식비를 보상하여야 한다.
3. 앞 1항, 2항과 관련하여 천재지변 등 불가항력에 의한 경우는 제외한다.

**제19조 (패배로 간주되는 경우)**

1. 경기개최 거부 또는 속행 거부 등(경기장 질서문란, 관중의 난동 포함) 어느 한 클럽의 귀책사유로 인하여 경기개최 불능 또는 중지(중단)되었을 경우, 그 귀책사유가 있는 클럽이 0:3 패배한 것으로 간주한다.
2. 무자격 선수가 출전한 것이 경기 중 또는 경기 후 발각되어 경기종료 후 48시간 이내에 상대 클럽으로부터 이의가 제기된 경우, 무자격 선수가 출전한 클럽이 0:3 패배한 것으로 간주한다. 다만, 경기 중 무자격 선수가 출전한 것이 발각되었을 경우, 해당 선수를 퇴장시키고 경기는 속행한다.
3. 앞 1항, 2항에 따라 어느 클럽의 0:3 패배를 결정한 경우에도 양 클럽 선수의 개인기록(출장, 경고, 퇴장, 득점, 도움 등)은 그대로 인정한다.
4. 앞 2항의 무자격 선수는 연맹 미등록 선수, 경고누적 또는 퇴장으로 인하여 출전이 정지된 선수, 외국인 출전제한 규정을 위반한 선수 등 그 시점에서 경기출전 자격이 없는 모든 선수를 의미한다.

**제20조 (대회 중 잔여경기 포기)** 대회 중 잔여 경기를 포기하는 경우, 다음 각 항에 의한다.

1. 대회 전체 경기수의 3분의 2 이상을 수행하였을 경우, 지난 경기 결과를 그대로 인정하고, 잔여 경기는 포기한 클럽이 0:3 패배한 것으로 간주한다.
2. 대회 전체 경기 수의 3분의 2 이상을 수행하지 못했을 경우, 포기한 클럽과의 경기 결과를 모두 무효 처리한다.

**제21조 (경기결과 보고)** 모든 경기결과의 보고는 경기감독관 보고서, 심판 보고서, 경기기록지에 의한다.

**제22조 (경기규칙)** 본 대회의 경기는 FIFA 및 KFA의 경기규칙에 따라 실시되며, 특별한 사항이 발생 시에는 연맹이 결정한다.

**제23조 (경기시간 준수)**

1. 본 대회는 90분(전·후반 각45분) 경기를 실시한다.
2. 모든 클럽은 미리 정해진 경기시작 시간(킥오프 타임)과 경기 중 휴식시간(하프타임)을 반드시 준수하여야 한다. 하프타임 휴식은 15분을 초과할 수 없으며, 양 팀 출전선수는 후반전 출전을 위해 후반전 개시 3분 전(하프타임 12분)까지 심판진과 함께 대기 장소에 집결하여야 한다.
3. 경기시작 시간과 하프타임 시간을 준수하지 않아 경기가 지연될 경우, 귀책사유가 있는 해당 클럽에 제재금(100만 원 이상)을 부과할 수 있다. 동일 클럽이 위반 행위를 반복할 경우, 직전에 부과한 제재금의 2배를 부과할 수 있다.

**제24조 (승점)** 본 대회의 승점은 승자 3점, 무승부 1점, 패자 0점을 부여한다.

**제25조 (순위결정)**

1. 정규 라운드(1~33R) 순위는 승점 → 득실차 → 다득점 → 다승 → 승자승 → 벌점 → 추첨 순서로 결정한다.
2. 최종순위 결정방식은 다음과 같다.
   1) 정규 라운드(1~26R) 성적을 적용하여 7팀씩 2개 그룹(그룹A, 그룹B)으로 분할한다.
   2) 분할한 후 그룹 A, 그룹 B는 별도 운영되며, 정규 라운드 성적을 포함하여 그룹 A에 속한 팀이 우승~6위, 그룹 B에 속한 팀이 7~12위로 결정한다. (승점 → 득실차 → 다득점 → 다승 → 승자승 → 벌점 → 추첨 순서)
   3) 그룹 B 팀의 승점이 그룹 A 팀보다 높더라도 최종 순위는 7~12위 내에서

결정된다.

3. 벌점에 대한 기준은 다음과 같다.

  1) 경고 및 퇴장 관련 벌점:  ① 경고 1점    ② 경고 2회 퇴장 2점

    ③ 직접 퇴장 3점        ④ 경고 1회 후 퇴장 4점

  2) 상벌위원회 징계 관련 벌점:  ① 제재금 100만 원당 3점

    ② 출장정지 1경기당 3점

  3) 코칭스태프 및 팀 스태프 퇴장, 클럽(임직원 포함)에 부과된 징계는 팀 벌점에 포함한다.

4. 개인기록 순위결정

  1) 개인기록순위 결정은 본 대회(1~40R) 성적으로 결정한다.

  2) 득점(Goal) 개인기록순위 결정의 우선 순서는 다음과 같다.

    ① 최다득점자  ② 출장경기가 적은 선수  ③ 출장시간이 적은 선수

  3) 도움(Assist) 개인기록순위 결정의 우선 순서는 다음과 같다.

    ① 최다도움선수  ② 출장경기가 적은 선수  ③ 출장시간이 적은 선수

## 제26조 (시상)

1. 본 대회의 단체상 및 개인상 시상내역은 다음과 같다.

| 구분 | | 시상내역 | 비고 |
|---|---|---|---|
| 단체상 | 우승 | 상금 500,000,000원 + 트로피 + 메달 | |
| | 준우승 | 상금 200,000,000원 + 상패 | |
| | 페어플레이 | 상금 10,000,000원 + 상패 | 각 팀 페어플레이 평점 |
| 개인상 | 최다득점선수 | 상금 5,000,000원 + 상패 | 대회 개인기록 |
| | 최다도움선수 | 상금 3,000,000원 + 상패 | 대회 개인기록 |

2. 페어플레이 평점은 다음과 같다.

  1) 페어플레이 평점은 각 클럽이 본 대회에서 받은 총 벌점을 해당 팀 경기수로 나눈 것으로 평점이 낮은 팀이 페어플레이상을 수상한다.

  2) 벌점에 대한 기준은 상기 제25조 3항에 따른다.

  3) 페어플레이 평점이 2개 팀 이상 동일할 경우, 성적 상위팀이 수상한다.

3. 우승 트로피 보관 및 각종 메달 수여는 다음과 같다.

  1) 우승 클럽(팀)에 본 대회 우승 트로피가 수여되며, 우승 트로피를 1년 동안 보관할 수 있다. 수여된 우승 트로피가 연맹에 반납되기 전까지 우승 트로피의 관리(보관, 훼손, 분실 등)에 대한 모든 책임은 해당 클럽(팀)에 있다.

  2) 전년도 우승 클럽(팀)은 우승 트로피를 정규 라운드(26R) 종료 후 연맹에 반납하여야 한다.

  3) 연맹은 아래와 같이 메달을 수여한다.

    ① 우승: 35개의 우승메달    ② 기타 기념메달

## 제27조 (출전자격)

1. 연맹 규정 제2장 4조에 의거하여 연맹 등록이 완료된 선수만이 경기에 출전할 자격을 갖는다.

2. 연맹 규정 제2장 5조에 의거하여 연맹 등록이 완료된 코칭스태프 및 팀 스태프 중 출전선수명단에 등재된 자만이 벤치에 착석할 수 있으며, 경기 중 기술지역에서의 선수지도행위는 1명만이 할 수 있다.(통역 1명 대동 가능)

3. 제재 중인 지도자(코칭스태프, 팀 스태프 포함)는 다음 항목을 준수하여야 한다.

  1) 출장정지 제재 중이거나 경기 중 퇴장 조치된 지도자는 관중석, 선수대기실을 제외한 지역에 대해 출입이 제한되며, 그라운드에서 사전 훈련 및 경기 중 어떠한 지도(지시) 행위도 불가하다. 다만, 경기 종료 후 개최되는 공식기자회견에는 참석할 수 있다.

  2) 징계 중인 지도자(원정 팀 포함)가 경기를 관전하고자 할 경우, 홈 클럽은 본부석 쪽에 좌석을 제공하여야 하며, 해당 지도자의 안전을 위한 조치를 하여야 한다.

  3) 상기 제1호를 위반할 경우, 연맹 규정 제7장 8조에 해당하는 제재를 부과할 수 있다.

## 제28조 (출전선수명단 제출의무)

1. 홈 클럽과 원정 클럽은 경기개시 90분 전까지 경기감독관에게 출전선수명단을 제출하여 승인을 받아야 하며, 출전선수 스타팅 포메이션(Starting Formation)을 별지로 함께 제출하여야 한다.

2. 출전선수명단에는 출전선수, 코칭스태프 및 팀 스태프 명단, 유니폼 색상이 포함되어야 하며, 제출된 인원만이 해당 경기 출전과 팀 벤치 착석 및 기술지역 출입, 선수 지도를 할 수 있다. 단, 출전선수명단에 등재할 수 있는 코칭스

태프 및 팀 스태프의 수는 최대 8명(주치의, 통역 제외)까지로 한다.

3. 출전선수명단 승인(경기감독관 서명) 후에는 변경이 불가능하며, 승인 후 변경할 경우 선수 교체로 간주한다.

4. 본 대회의 출전선수명단은 18명을 원칙으로 하며, 다음 사항을 반드시 준수하여야 한다.

  1) 골키퍼(GK)는 반드시 국내 선수이어야 하며, 후보 골키퍼(GK)는 반드시 1명 이상 포함되어야 한다.

  2) 외국인선수의 경우, 출전선수명단에 3명까지 등록할 수 있으며 3명까지 경기 출장이 가능하다. 단, AFC 가맹국 국적의 외국인선수는 1명에 한하여 추가 등록과 출전이 가능하다.

  3) 23세 이하(1991.01.01 이후 출생자) 국내선수는 출전선수명단에 최소 2명 이상 포함되어야 한다. 만일 23세 이하 국내선수가 1명 포함될 경우 출전선수명단은 17명으로 하며, 전혀 포함되지 않을 경우 출전선수명단은 16명으로 한다.

  4) 단, 군팀은 위 3)항에 적용받지 않으며, 군팀과 경기 시 그 상대팀도 위 3)항에 한시적으로 적용받지 아니한다.

  5) 군팀 선수는 2014년 9월 전역일(9월 9일 예정) 이후 원소속 팀을 상대로 경기 출전이 가능하다.

  6) 또한 23세 이하의 국내선수가 KFA 각급 대표팀 선수로 선발(소집일~해산일)될 경우, 소집 기간에 개최되는 경기에서 해당 클럽과 그 상대팀은 차출된 선수의 수(인원)만큼 엔트리 의무 등록 규정에 적용받지 아니한다. 차출된 선수의 수가 동일하지 않을 경우 많은 팀을 기준으로 한다.

5. 순연 경기 및 재경기(90분 재경기에 한함)의 출전선수명단은 다시 제출하여야 한다.

## 제29조 (선수교체)

1. 본 대회의 선수 교체는 경기감독관이 승인한 출전선수명단에 의해 후보선수 명단에서만 가능하다.

2. 선수 교체는 90분 경기에서 3명까지 가능하다.

## 제30조 (출전정지)

1. 본 대회에서 경고누적에 의한 출전정지 및 퇴장(경고 2회 퇴장, 직접 퇴장, 경고 1회 후 직접 퇴장)에 의한 출전정지는 최종 라운드(1~40R)까지 연계 적용한다.

2. 경고누적에 의한 출전정지는 경고누적 3회 때마다 다음 1경기가 출전정지된다.

3. 1경기 경고2회 퇴장에 의한 출전정지는 다음 1경기가 출전 정지되며, 제재금은 일백만 원(1,000,000원)이 부과된다. 이 경고는 누적에 산입되지 않는다.

4. 직접 퇴장에 의한 출전정지는 다음 2경기가 출전 정지되며, 제재금은 일백이십만 원(1,200,000원)이 부과된다.

5. 경고 1회 후 직접 퇴장에 의한 출전정지는 다음 2경기가 출전 정지되며, 제재금은 일백오십만 원(1,500,000원)이 부과된다. 경고 1회는 유효하며, 누적에 산입된다.

6. 제재금은 출전 가능경기 1일전까지 반드시 해당자 명의로 납부하여야 한다. 이를 위반할 경우, 경기 출전이 불가하다. 출전 가능경기가 남아있지 않을 경우, 본 대회 종료 15일 이내에 납부하여야 한다.

7. 상벌위원회 징계로 인한 출전정지는 시즌 및 대회에 관계없이 연계 적용한다.

## 제31조 (유니폼)

1. 본 대회는 반드시 연맹이 승인한 유니폼을 착용해야 한다.

2. 선수 번호(배번)는 1번~99번으로 한정하며, 배번 1번은 GK에 한함)는 출전선수명단에 기재된 선수 번호와 일치하여야 하며, 배번의 식별이 가능하도록 명확하게 표시되어 있어야 한다.

3. 팀의 주장은 주장인 것을 명확하게 표시하는 완장을 착용하여야 한다.

4. 경기에 참가하는 모든 클럽은 제1유니폼과 제2유니폼을 필히 지참해야 한다. 경기에 출전하는 양 클럽의 유니폼 색상이 동일할 경우, 원정 클럽이 교체 착용하는 것을 원칙으로 하되, 그래도 색상 식별이 명확하지 않을 경우에는 경기감독관의 결정에 따른다. 이 경우 홈 클럽도 경기감독관의 결정에 따라 교체 착용하여야 한다.

5. 동절기 방한용 내피 상의 또는 하의(타이츠)를 착용하고자 할 때는 유니폼(상·하의) 색상과 동일한 색상을 착용하여야 한다. 이를 위반할 경우 경기출장이 불가하다.

6. 스타킹과 발목밴드(테이핑)는 동일 색상(계열)이어야 한다. 이를 위반할 경우 경기출장이 불가하다.

**제32조 (사용구)** 본 대회의 공식 사용구는 아디다스 '브라주카(brazuca)'로 한다.

**제33조 (인터뷰 실시)**

1. 양 클럽 감독은 경기개시 60분~20분 전까지 미디어(취재기자에 한함)와 약식 인터뷰를 실시하여야 한다.

2. 홈 클럽은 경기종료 후 15분 이내에 실내기자회견을 개최하여야 한다. 단, 중계방송사의 요청이 있을 경우 플래시 인터뷰를 우선 실시하여야 하며, 플래시 인터뷰 이후 실내기자회견을 개최한다.
제재 중인 지도자(코칭 스태프 및 팀 스태프 포함)도 경기 종료 후 실시되는 공식기자회견에는 연맹 규정 제3장 36조에 의거하여 참석하여야 한다.

3. 모든 기자회견은 연맹이 지정한 인터뷰 배경막(백드롭)을 배경으로 실시하여야 한다.

4. 인터뷰 대상은 미디어가 요청하는 선수와 양 클럽 감독으로 한다.

5. 인터뷰를 실시하지 않거나 참가하지 않을 경우, 해당 클럽과 선수, 감독에게 제재금(50만 원 이상)을 부과할 수 있다.

6. 홈 클럽은 공동취재구역의 믹스드 존(Mixed Zone)을 반드시 마련하여야 하고, 양 클럽 선수단은 경기종료 후 믹스드 존을 통과하여 이동하여야 하며, 미디어의 인터뷰 요청에 최대한 협조하여야 한다.

7. 인터뷰에서는 경기의 판정이나 심판과 관련하여 일체의 부정적인 언급이나 표현을 할 수 없으며, 위반 시 다음 각 호에 의한다.
1) 각 클럽 소속 선수, 코칭스태프, 팀 스태프, 임직원 등 모든 관계자에게 적용되며, 위반할 시 연맹 규정 제7장 8조에 해당하는 제재를 부과할 수 있다.
2) 공식 인터뷰뿐만 아니라 대중에게 공개될 수 있는 어떠한 경로를 통한 언급이나 표현에도 적용된다.

8. 경기 후 미디어 부재로 실내기자회견을 개최하지 않은 경우, 홈팀 홍보담당자는 양 클럽 감독의 코멘트를 경기 종료 1시간 이내에 각 언론사에 배포한다.

**제34조 (중계방송협조)** 본 대회의 경기 중계방송 시 카메라나 중계석 위치 확보, 방송 인터뷰를 위해 모든 클럽은 중계 방송사와 연맹의 요청에 최대한 협조한다.

**제35조 (경기장 안전과 질서유지)**

1. 홈 클럽은 경기개시 180분 전부터 경기종료 후 모든 관중 및 관계자가 퇴장할 때까지 선수, 팀 스태프, 심판을 비롯한 전 관계자와 관중의 안전 및 질서 유지에 대한 의무와 책임이 있다.

2. 홈 클럽은 앞 항의 의무 실시를 위해 최선의 노력을 다하여야 하며, 경기장 안전 및 질서를 어지럽히는 관중에 대해 그 입장을 제한하고 강제 퇴장시키는 등의 적절한 조치를 취할 수 있다.

3. 연맹, 홈 또는 원정 클럽, 선수, 코칭스태프 및 팀 스태프, 관계자를 비방하는 사안이나, 경기진행 및 안전에 지장을 줄 수 있는 모든 사안에 대해서는 경기 감독관의 지시에 의해 관련 클럽은 즉각 이를 시정 조치하여야 한다. 만일, 경기감독관의 지시에도 불구하고 시정 조치되지 않을 경우 상벌위원회의 심의에 의거, 해당 클럽에 제재(500만 원 이상)를 부과할 수 있다.

4. 관중의 소요, 난동으로 인하여 경기 진행에 문제가 발생하거나, 선수, 심판, 코칭스태프 및 팀 스태프를 비롯한 관중의 안전과 경기장 질서 유지에 문제가 발생할 경우에는 관련 클럽이 사유를 불문하고 그에 대한 일체의 책임을 부담한다.

**제36조 (홈경기 관리책임자, 홈경기 안전책임자 선정 및 경기장 안전요강)** 모든 클럽은 경기장 안전 및 원활한 진행을 위해 홈경기 관리책임자 및 홈경기 안전책임자를 선정하여 연맹에 보고하여야 하며, 아래의 경기장 안전요강을 숙지하여 실행하고 관중에게 사전 공지 또는 고지하여야 한다. 또한 홈경기 관리책임자 및 홈경기 안전책임자는 경기감독관 및 매치코디네이터의 업무 및 지시 사항에 대해 최대한 협조하여야 한다.

1. 반입금지물: 경기장에 입장하려는 사람 또는 입장한 사람은 홈경기 관리책임자 및 홈경기 안전책임자가 특별히 필요사항에 의해 허락했을 경우를 제외하고 다음 각 호에 명시된 것을 가지고 입장할 수 없다.
1) 경기장 관리자에 의해 반입을 금지하고 있는 것
2) 정치적, 사상적, 종교적인 주의 또는 주장 또는 관념을 표시하거나 또는 연상시키고 혹은 대회의 운영에 지장을 미칠 우려가 있는 게시판, 간판, 현

수막, 플래카드, 문서, 도면, 인쇄물 등
3) 연맹의 승인을 득하지 않은 특정의 회사 또는 영리기업의 광고를 목적으로 하여 특정의 회사명, 제품명 등을 표시한 것 (특정 회사, 제품 등을 연상시키는 것 포함)
4) 그 외 경기운영 또는 진행을 방해하여 타인에게 불편을 주거나 또는 위험하게 하거나 혹은 그러한 우려가 있거나 또는 운영담당·보안담당, 경비종사원이 위험성을 인정하는 것

2. 금지행위: 경기장에 입장하려는 사람 또는 입장한 사람은 홈경기 관리책임자 및 홈경기 안전책임자가 특별히 필요사항에 의해 허락했을 경우를 제외하고 는 다음 각 호에 명시되는 행위를 해서는 안 된다.
1) 경기장 관리자에 의해 금지되고 있는 행위
2) 정당한 입장권 또는 통행증을 소지하지 않고 입장하는 것
3) 항의 집회, 데모 등 대회의 원활한 운영을 저해할 우려가 있는 행위
4) 알코올, 약물 그 외 물질을 소유 및 복용한 상태로 경기장에 입장하는 행위 또는 경기장에 이러한 물질을 방치해 두어 이것들의 영향에 의해 경기운영 또는 타인의 행위 등을 저해하는 행위 (알코올 등의영향에 의해 정상적인 행위를 할 수 없는 우려가 있는 상태일 경우 입장 불가)
5) 해당 경기장(시설) 내 관련 장소에서 권유, 연설, 집회, 포교 등의 행위
6) 정해진 장소 외에서 차량을 운전하거나 주차하는 것
7) 상행위, 기부금 모집, 광고물의 게시 등의 행위
8) 정해진 장소 외에 쓰레기 및 오물을 폐기하는 것
9) 연맹의 승인 없이 영리목적으로 경기장면, 식전행사, 관객 등을 사진 또는 비디오로 촬영하는 것
10) 연맹의 승인 없이 대회의 음성, 영상의 전부 또는 일부를 인터넷 및 미디어를 통해 전달하는 것
11) 경기운영 또는 진행을 방해하여 타인에게 폐를 끼치거나 또는 위험을 미치거나 혹은 그러한 우려가 있으면서 경비종사원이 위험성을 인정한 행위

3. 경기장 관련: 경기장에 입장하려는 사람 또는 입장한 사람은 다음 각 호에 명시하는 사항에 준수하여야 한다.
1) 입장권, 신분증, 통행증 등의 제시가 요구되었을 때는 이것을 제시해야 함
2) 안전 확보를 위해 수화물, 소지품 등의 검사가 요구되었을 때는 이것에 따라야 함
3) 사건·사고가 발생하거나 또는 발생 우려가 예상되는 경우, 경비 종사원 또는 치안 당국의 지시, 안내, 유도 등에 따라 행동할 것

4. 입장거부 또는 퇴장명령
1) 홈경기 관리책임자 및 홈경기 안전책임자는 상기 1항, 2항, 3항의 경기장 안전요강을 위반한 사람의 입장을 거부하여 경기장으로부터의 퇴장을 명할 수 있으며, 상기 1항에 의거하여 반입금지물 몰수 등 필요한 조치를 취할 수 있다.
2) 홈경기 관리책임자 및 홈경기 안전책임자는 전항에 해당하는 사람 중에서 특히 고의, 상습으로 확인된사람에 대해서는 이후 개최되는 연맹 주최의 공식경기에 입장을 거부할 수 있다.
3) 홈경기 관리책임자 및 홈경기 안전책임자에 의해 입장이 거부되거나 경기 장에서 퇴장을 받았던 사람은입장권 구입 대금의 환불을 요구할 수 없다.

5. 권한의 위임: 홈경기 관리책임자는 특정 시설에 대해 그 권한을 타인에게 위임할 수 있다.

6. 안전 가이드라인 준수: 모든 클럽은 연맹이 정한 'K리그 안전가이드라인'을 준수하여야 한다.

**제37조 (기타 유의사항)** 각 클럽은 아래의 사항을 숙지하고 준수하여야 한다.

1. 모든 취재 및 방송중계 활동을 위한 미디어 관련 입장자는 2014년도 미디어 가이드라인에 따라 입장하여야 하며 이를 준수하여야 한다.

2. 경기에 참가하는 선수단(코칭스태프, 팀 스태프 포함)은 경기시작 100분 전에 경기장에 도착하여야 한다.

3. 오픈경기는 본 경기 개최 1시간(60분) 전까지 반드시 종료되어야 하며, 경기 개최 7일전까지 연맹의 사전 승인을 받아야 한다.

4. 선수는 신체보호를 위해 반드시 정강이 보호대를 착용하고 경기에 임해야 한다.

5. 경기 중 클럽의 임원, 코칭스태프, 팀 스태프, 선수는 경기장 내에서 흡연을 할 수 없으며, 이를 위반할 경우 퇴장 조치된다.

6. 시상식에는 연맹이 지정한 클럽(팀)과 수상 후보자가 반드시 참석하여야 한다.
7. 체육진흥투표권(스포츠토토 등) 발매 이상 징후 대응경보 발생 시, 경기시작 90분 전 대응 미팅에 관계자(경기감독관, 매치코디네이터, 양 클럽 관계자 및

감독) 등이 참석하여야 한다.
제38조 (부칙)_ 본 대회요강에 명시되지 않은 사항은 연맹 규정 및 이사회 결정에 의거하여 결정 및 시행한다.

## 현대오일뱅크 K리그 클래식 2014 경기일정표

| 경기일자 | 경기시간 | 경기번호 | 대진 | | | 경기장소 | 관중수 |
|---|---|---|---|---|---|---|---|
| 2014.03.08 | 14:00 | 1 | 포항 | 0 : 1 | 울산 | 포항 | 16,127 |
| 2014.03.08 | 16:00 | 2 | 전북 | 3 : 0 | 부산 | 전주W | 15,687 |
| 2014.03.08 | 16:00 | 3 | 서울 | 0 : 1 | 전남 | 서울W | 13,674 |
| 2014.03.09 | 14:00 | 4 | 경남 | 1 : 0 | 성남 | 창원C | 10,943 |
| 2014.03.09 | 14:00 | 5 | 상주 | 2 : 2 | 인천 | 상주 | 6,469 |
| 2014.03.09 | 16:00 | 6 | 제주 | 0 : 1 | 수원 | 제주W | 16,588 |
| 2014.03.15 | 16:00 | 7 | 성남 | 0 : 0 | 서울 | 탄천 | 8,624 |
| 2014.03.15 | 14:00 | 8 | 인천 | 0 : 1 | 전북 | 인천 | 11,238 |
| 2014.03.15 | 14:00 | 9 | 부산 | 3 : 0 | 포항 | 부산A | 5,122 |
| 2014.03.16 | 14:00 | 10 | 울산 | 0 : 0 | 전남 | 문수 | 10,025 |
| 2014.03.16 | 14:00 | 11 | 수원 | 2 : 2 | 상주 | 수원W | 22,185 |
| 2014.03.16 | 16:00 | 12 | 전남 | 1 : 2 | 제주 | 광양 | 10,022 |
| 2014.03.22 | 14:00 | 13 | 포항 | 2 : 1 | 수원 | 포항 | 8,477 |
| 2014.03.22 | 14:00 | 14 | 제주 | 0 : 0 | 성남 | 제주W | 4,809 |
| 2014.03.22 | 16:00 | 15 | 경남 | 2 : 3 | 전남 | 창원C | 3,016 |
| 2014.03.23 | 14:00 | 16 | 상주 | 0 : 0 | 전북 | 상주 | 3,130 |
| 2014.03.23 | 14:00 | 17 | 서울 | 0 : 1 | 울산 | 서울W | 16,460 |
| 2014.03.23 | 16:00 | 18 | 울산 | 3 : 0 | 인천 | 문수 | 9,576 |
| 2014.03.26 | 19:00 | 19 | 경남 | 1 : 0 | 인천 | 창원C | 2,765 |
| 2014.03.26 | 19:00 | 20 | 전남 | 1 : 0 | 울산 | 광양 | 2,653 |
| 2014.03.26 | 19:00 | 21 | 전북 | 1 : 3 | 포항 | 전주W | 6,824 |
| 2014.03.26 | 19:30 | 22 | 서울 | 2 : 0 | 제주 | 서울W | 6,872 |
| 2014.03.26 | 19:30 | 23 | 성남 | 2 : 0 | 수원 | 탄천 | 5,620 |
| 2014.03.26 | 19:30 | 24 | 부산 | 1 : 1 | 상주 | 부산A | 2,096 |
| 2014.03.29 | 14:00 | 25 | 울산 | 2 : 1 | 서울 | 문수 | 5,230 |
| 2014.03.29 | 14:00 | 26 | 포항 | 4 : 2 | 상주 | 포항 | 4,655 |
| 2014.03.29 | 16:00 | 27 | 전북 | 1 : 0 | 성남 | 전주W | 7,159 |
| 2014.03.30 | 14:00 | 28 | 인천 | 1 : 0 | 전남 | 인천 | 4,376 |
| 2014.03.30 | 14:00 | 29 | 제주 | 2 : 1 | 경남 | 제주W | 4,783 |
| 2014.03.30 | 16:00 | 30 | 수원 | 1 : 0 | 부산 | 수원W | 23,767 |
| 2014.04.05 | 14:00 | 31 | 경남 | 2 : 2 | 수원 | 진주J | 10,076 |
| 2014.04.05 | 14:00 | 32 | 상주 | 0 : 2 | 제주 | 상주 | 2,068 |
| 2014.04.05 | 16:00 | 33 | 성남 | 0 : 0 | 인천 | 탄천 | 3,722 |
| 2014.04.06 | 14:15 | 34 | 전남 | 2 : 2 | 포항 | 광양 | 3,725 |
| 2014.04.06 | 14:00 | 35 | 서울 | 1 : 1 | 전북 | 서울W | 22,662 |
| 2014.04.06 | 16:00 | 36 | 부산 | 0 : 0 | 울산 | 부산A | 4,088 |
| 2014.04.09 | 19:00 | 37 | 상주 | 2 : 1 | 서울 | 상주 | 3,108 |
| 2014.04.09 | 19:00 | 38 | 제주 | 0 : 2 | 전북 | 제주W | 2,389 |
| 2014.04.09 | 19:30 | 39 | 포항 | 3 : 0 | 성남 | 포항 | 4,487 |
| 2014.04.09 | 19:30 | 40 | 인천 | 0 : 0 | 부산 | 인천 | 2,927 |
| 2014.04.09 | 19:30 | 41 | 울산 | 1 : 0 | 성남 | 문수 | 3,857 |
| 2014.04.09 | 19:30 | 42 | 수원 | 1 : 0 | 전남 | 수원W | 9,136 |
| 2014.04.12 | 14:30 | 43 | 전북 | 1 : 0 | 울산 | 전주W | 10,450 |
| 2014.04.12 | 16:00 | 44 | 서울 | 1 : 0 | 경남 | 서울W | 12,497 |
| 2014.04.12 | 16:00 | 45 | 포항 | 3 : 0 | 제주 | 포항 | 7,268 |
| 2014.04.13 | 14:00 | 46 | 성남 | 0 : 0 | 상주 | 탄천 | 3,247 |
| 2014.04.13 | 14:00 | 47 | 전남 | 2 : 1 | 부산 | 광양 | 2,285 |
| 2014.04.13 | 16:00 | 48 | 인천 | 0 : 3 | 수원 | 인천 | 6,406 |
| 2014.04.19 | 14:00 | 49 | 울산 | 2 : 0 | 수원 | 문수 | 3,257 |
| 2014.04.19 | 14:00 | 50 | 부산 | 1 : 0 | 성남 | 부산A | 1,134 |
| 2014.04.19 | 16:00 | 51 | 전남 | 0 : 2 | 전북 | 광양 | 2,062 |
| 2014.04.20 | 14:00 | 52 | 서울 | 0 : 1 | 포항 | 서울W | 13,554 |
| 2014.04.20 | 14:00 | 53 | 경남 | 0 : 0 | 상주 | 창원C | 2,125 |
| 2014.04.20 | 16:00 | 54 | 제주 | 1 : 0 | 인천 | 제주W | 3,297 |
| 2014.04.26 | 14:00 | 55 | 전북 | 4 : 1 | 경남 | 전주W | 11,516 |
| 2014.04.26 | 14:00 | 56 | 제주 | 2 : 1 | 부산 | 제주W | 5,766 |
| 2014.04.26 | 16:00 | 57 | 성남 | 0 : 1 | 인천 | 탄천 | 2,732 |
| 2014.04.27 | 14:15 | 58 | 수원 | 0 : 1 | 서울 | 수원W | 29,318 |
| 2014.04.27 | 14:00 | 59 | 포항 | 3 : 0 | 인천 | 포항 | 7,166 |
| 2014.04.27 | 16:00 | 60 | 상주 | 1 : 1 | 울산 | 상주 | 2,112 |
| 2014.05.03 | 14:00 | 61 | 성남 | 3 : 1 | 포항 | 탄천 | 3,528 |
| 2014.05.03 | 14:00 | 62 | 수원 | 1 : 0 | 전북 | 수원W | 23,466 |
| 2014.05.03 | 14:00 | 63 | 울산 | 2 : 1 | 제주 | 문수 | 6,035 |
| 2014.05.03 | 16:00 | 64 | 인천 | 1 : 0 | 서울 | 인천 | 7,723 |
| 2014.05.04 | 14:00 | 65 | 전남 | 4 : 3 | 상주 | 광양 | 2,553 |
| 2014.05.04 | 14:00 | 66 | 부산 | 2 : 0 | 경남 | 부산A | 3,826 |
| 2014.05.10 | 14:00 | 67 | 전북 | 1 : 1 | 인천 | 전주W | 9,985 |
| 2014.05.10 | 14:00 | 68 | 상주 | 2 : 0 | 수원 | 상주 | 2,892 |
| 2014.05.10 | 16:00 | 69 | 포항 | 3 : 1 | 전남 | 포항 | 14,074 |
| 2014.05.10 | 16:00 | 71 | 경남 | 1 : 1 | 제주 | 창원C | 4,154 |
| 2014.05.11 | 16:00 | 70 | 울산 | 3 : 0 | 부산 | 문수 | 6,545 |
| 2014.05.18 | 16:00 | 72 | 서울 | 1 : 0 | 성남 | 서울W | 18,636 |
| 2014.07.05 | 19:00 | 73 | 수원 | 0 : 0 | 경남 | 수원W | 20,267 |
| 2014.07.05 | 19:00 | 74 | 전남 | 2 : 2 | 서울 | 광양 | 9,012 |
| 2014.07.05 | 19:00 | 75 | 부산 | 0 : 2 | 전북 | 부산A | 2,836 |
| 2014.07.05 | 19:30 | 77 | 제주 | 0 : 0 | 포항 | 제주W | 2,886 |
| 2014.07.06 | 19:00 | 78 | 성남 | 1 : 1 | 울산 | 탄천 | 4,035 |
| 2014.07.06 | 19:00 | 76 | 인천 | 1 : 1 | 상주 | 인천 | 4,446 |
| 2014.07.08 | 19:30 | 79 | 경남 | 1 : 3 | 전남 | 창원C | 1,065 |
| 2014.07.09 | 19:00 | 80 | 전북 | 1 : 1 | 제주 | 전주W | 6,142 |
| 2014.07.09 | 19:00 | 81 | 상주 | 2 : 0 | 부산 | 상주 | 3,523 |
| 2014.07.09 | 19:00 | 82 | 포항 | 0 : 0 | 서울 | 포항 | 9,427 |
| 2014.07.09 | 19:30 | 83 | 수원 | 3 : 2 | 울산 | 수원W | 11,274 |
| 2014.07.09 | 19:30 | 84 | 인천 | 1 : 1 | 성남 | 인천 | 2,353 |
| 2014.07.12 | 19:00 | 85 | 서울 | 2 : 0 | 수원 | 서울W | 46,549 |
| 2014.07.12 | 19:00 | 86 | 상주 | 1 : 2 | 전남 | 상주 | 3,362 |
| 2014.07.12 | 19:30 | 87 | 울산 | 2 : 0 | 포항 | 문수 | 16,216 |
| 2014.07.13 | 19:00 | 88 | 경남 | 1 : 4 | 전북 | 창원C | 3,743 |
| 2014.07.13 | 19:00 | 89 | 성남 | 1 : 2 | 제주 | 탄천 | 3,008 |
| 2014.07.13 | 19:00 | 90 | 부산 | 2 : 0 | 인천 | 부산A | 3,827 |
| 2014.07.19 | 19:00 | 91 | 전남 | 2 : 0 | 성남 | 광양 | 3,771 |
| 2014.07.19 | 19:00 | 92 | 수원 | 3 : 2 | 인천 | 수원W | 23,835 |
| 2014.07.19 | 19:00 | 93 | 경남 | 0 : 1 | 상주 | 창원C | 4,122 |
| 2014.07.19 | 19:00 | 94 | 제주 | 1 : 1 | 서울 | 제주W | 16,401 |
| 2014.07.20 | 19:00 | 95 | 포항 | 1 : 0 | 부산 | 포항 | 13,553 |
| 2014.07.20 | 19:00 | 96 | 전북 | 6 : 0 | 상주 | 전주W | 15,216 |
| 2014.07.23 | 19:00 | 97 | 제주 | 2 : 0 | 전남 | 제주W | 3,281 |
| 2014.07.23 | 19:00 | 98 | 부산 | 0 : 2 | 수원 | 부산A | 3,525 |
| 2014.07.23 | 19:30 | 99 | 성남 | 1 : 0 | 경남 | 탄천 | 1,341 |
| 2014.07.23 | 19:30 | 100 | 인천 | 0 : 0 | 포항 | 인천 | 4,697 |
| 2014.07.23 | 19:30 | 101 | 서울 | 2 : 1 | 상주 | 서울W | 7,798 |
| 2014.07.23 | 19:30 | 102 | 울산 | 0 : 0 | 전북 | 문수 | 4,318 |
| 2014.08.02 | 19:00 | 103 | 상주 | 2 : 1 | 성남 | 상주 | 1,221 |
| 2014.08.02 | 19:00 | 104 | 인천 | 2 : 0 | 울산 | 인천 | 4,730 |
| 2014.08.02 | 19:00 | 105 | 부산 | 1 : 1 | 제주 | 부산A | 1,507 |
| 2014.08.03 | 19:00 | 106 | 수원 | 4 : 1 | 포항 | 수원W | 17,155 |
| 2014.08.03 | 19:00 | 107 | 전북 | 2 : 0 | 전남 | 전주W | 13,923 |
| 2014.08.03 | 19:00 | 108 | 경남 | 1 : 0 | 서울 | 김해 | 5,016 |
| 2014.08.06 | 19:00 | 109 | 전북 | 3 : 2 | 수원 | 전주W | 18,696 |
| 2014.08.06 | 19:00 | 110 | 전남 | 1 : 2 | 인천 | 광양 | 3,507 |

| 경기일자 | 경기시간 | 경기번호 | 대진 | 경기장소 | 관중수 |
|---|---|---|---|---|---|
| 2014.08.06 | 19:30 | 111 | 경남 1:1 부산 | 창원C | 2,401 |
| 2014.08.06 | 19:00 | 112 | 제주 2:3 상주 | 제주W | 3,066 |
| 2014.08.06 | 19:30 | 113 | 포항 1:0 성남 | 포항 | 12,844 |
| 2014.08.06 | 19:30 | 114 | 서울 0:1 울산 | 서울W | 12,551 |
| 2014.08.09 | 19:00 | 115 | 상주 0:2 포항 | 상주 | 2,892 |
| 2014.08.09 | 19:30 | 116 | 성남 0:3 전북 | 탄천 | 5,737 |
| 2014.08.09 | 19:00 | 117 | 울산 1:0 전남 | 문수 | 5,132 |
| 2014.08.10 | 19:00 | 118 | 인천 2:0 경남 | 인천 | 2,907 |
| 2014.08.10 | 19:00 | 119 | 수원 1:0 제주 | 수원W | 13,838 |
| 2014.08.10 | 19:30 | 120 | 부산 0:2 서울 | 부산A | 4,954 |
| 2014.08.16 | 19:00 | 121 | 제주 1:0 울산 | 제주W | 12,101 |
| 2014.08.16 | 19:00 | 122 | 서울 5:1 인천 | 서울W | 24,027 |
| 2014.08.16 | 19:00 | 123 | 포항 0:2 전북 | 포항 | 17,424 |
| 2014.08.17 | 19:00 | 124 | 전남 3:1 수원 | 광양 | 2,634 |
| 2014.08.17 | 19:30 | 125 | 성남 1:3 부산 | 탄천 | 3,785 |
| 2014.08.17 | 19:00 | 126 | 상주 2:3 경남 | 상주 | 1,183 |
| 2014.08.23 | 19:00 | 127 | 경남 0:0 포항 | 창원C | 3,184 |
| 2014.08.23 | 19:00 | 128 | 전북 1:2 서울 | 전주W | 30,597 |
| 2014.08.23 | 19:30 | 129 | 울산 3:0 상주 | 문수 | 4,508 |
| 2014.08.24 | 19:00 | 130 | 인천 0:0 제주 | 인천 | 5,636 |
| 2014.08.24 | 19:00 | 131 | 수원 1:1 성남 | 수원W | 27,558 |
| 2014.08.24 | 19:30 | 132 | 부산 1:1 전남 | 부산A | 2,248 |
| 2014.08.30 | 19:00 | 133 | 경남 0:1 수원 | 진주J | 10,188 |
| 2014.08.30 | 19:00 | 134 | 인천 3:0 부산 | 인천 | 7,251 |
| 2014.08.30 | 19:00 | 135 | 상주 1:1 성남 | 상주 | 3,426 |
| 2014.08.31 | 17:00 | 136 | 울산 1:2 포항 | 문수 | 15,147 |
| 2014.08.31 | 18:00 | 137 | 서울 0:0 제주 | 서울W | 14,493 |
| 2014.08.31 | 19:00 | 138 | 전남 2:1 전북 | 광양 | 5,617 |
| 2014.09.03 | 19:00 | 139 | 수원 1:1 부산 | 수원W | 6,527 |
| 2014.09.06 | 19:00 | 140 | 제주 6:2 전남 | 제주W | 8,170 |
| 2014.09.06 | 17:00 | 141 | 성남 2:0 인천 | 탄천 | 2,364 |
| 2014.09.06 | 16:00 | 142 | 전북 2:0 상주 | 전주W | 10,813 |
| 2014.09.07 | 17:00 | 143 | 울산 2:1 경남 | 문수 | 3,014 |
| 2014.09.07 | 19:00 | 144 | 포항 0:1 서울 | 포항 | 12,518 |
| 2014.09.10 | 19:30 | 145 | 경남 0:0 인천 | 창원C | 1,554 |
| 2014.09.10 | 19:00 | 146 | 전남 0:1 포항 | 광양 | 3,997 |
| 2014.09.10 | 19:00 | 147 | 상주 1:2 제주 | 상주 | 2,733 |
| 2014.09.10 | 19:30 | 148 | 성남 1:2 서울 | 탄천 | 2,652 |
| 2014.09.10 | 19:30 | 149 | 수원 2:0 울산 | 수원W | 18,923 |
| 2014.09.10 | 19:30 | 150 | 부산 1:1 전북 | 부산A | 3,005 |
| 2014.09.13 | 19:00 | 151 | 포항 1:0 성남 | 포항 | 9,087 |
| 2014.09.13 | 19:00 | 153 | 서울 3:1 인천 | 서울W | 17,337 |
| 2014.09.13 | 19:30 | 154 | 부산 1:3 울산 | 부산A | 3,012 |
| 2014.09.14 | 14:15 | 152 | 전북 1:0 경남 | 전주W | 15,332 |
| 2014.09.14 | 19:00 | 155 | 상주 1:0 전남 | 상주 | 4,019 |
| 2014.09.14 | 17:00 | 156 | 제주 0:0 수원 | 제주W | 9,496 |
| 2014.09.20 | 14:00 | 157 | 전북 0:0 서울 | 전주W | 16,878 |
| 2014.09.20 | 14:00 | 158 | 울산 1:1 인천 | 문수 | 2,779 |
| 2014.09.20 | 16:00 | 159 | 수원 2:1 포항 | 수원W | 23,426 |
| 2014.09.20 | 16:00 | 162 | 경남 1:0 상주 | 창원C | 1,911 |
| 2014.09.21 | 14:00 | 160 | 성남 1:1 제주 | 탄천 | 2,723 |
| 2014.09.21 | 14:00 | 161 | 전남 1:1 부산 | 광양 | 2,328 |
| 2014.09.24 | 19:00 | 168 | 서울 1:1 경남 | 서울W | 4,336 |
| 2014.09.27 | 14:00 | 163 | 제주 0:2 인천 | 제주W | 3,134 |
| 2014.09.27 | 14:00 | 164 | 부산 1:0 성남 | 부산A | 1,527 |
| 2014.09.27 | 16:00 | 165 | 상주 0:1 수원 | 상주 | 1,881 |
| 2014.09.28 | 14:00 | 166 | 포항 2:2 전북 | 포항 | 9,458 |
| 2014.09.28 | 14:00 | 167 | 전남 1:1 울산 | 광양 | 2,420 |
| 2014.10.01 | 19:00 | 169 | 경남 2:1 포항 | 양산 | 4,684 |
| 2014.10.01 | 19:00 | 170 | 전북 2:0 제주 | 전주W | 7,654 |
| 2014.10.01 | 19:30 | 171 | 성남 1:0 전남 | 탄천 | 1,282 |
| 2014.10.01 | 19:30 | 173 | 부산 1:1 상주 | 부산A | 1,472 |
| 2014.10.01 | 19:30 | 174 | 수원 1:1 인천 | 수원W | 12,237 |
| 2014.10.04 | 14:00 | 175 | 전남 0:0 경남 | 광양 | 2,172 |
| 2014.10.04 | 14:00 | 176 | 제주 1:0 울산 | 제주W | 2,603 |
| 2014.10.04 | 16:00 | 177 | 성남 0:1 전북 | 탄천 | 6,284 |
| 2014.10.05 | 14:00 | 178 | 서울 1:0 수원 | 서울W | 41,297 |
| 2014.10.05 | 14:00 | 179 | 포항 0:0 부산 | 포항 | 9,282 |
| 2014.10.05 | 16:00 | 180 | 인천 1:0 상주 | 인천 | 2,720 |
| 2014.10.09 | 14:00 | 172 | 울산 0:3 서울 | 울산 | 10,009 |
| 2014.10.11 | 14:00 | 181 | 인천 2:1 포항 | 인천 | 4,176 |
| 2014.10.11 | 14:00 | 182 | 수원 2:1 전남 | 수원W | 18,371 |
| 2014.10.11 | 16:00 | 183 | 경남 0:2 성남 | 창원C | 3,942 |
| 2014.10.12 | 14:00 | 184 | 부산 2:1 제주 | 부산A | 2,008 |
| 2014.10.12 | 14:00 | 185 | 전북 1:0 울산 | 전주W | 11,132 |
| 2014.10.12 | 16:00 | 186 | 상주 1:0 서울 | 상주 | 1,829 |
| 2014.10.18 | 14:00 | 187 | 인천 0:2 전북 | 인천 | 4,784 |
| 2014.10.18 | 14:00 | 188 | 전남 1:2 서울 | 광양 | 4,022 |
| 2014.10.18 | 16:00 | 189 | 제주 3:0 포항 | 제주W | 17,484 |
| 2014.10.19 | 14:00 | 190 | 수원 2:2 성남 | 수원W | 23,104 |
| 2014.10.19 | 14:00 | 191 | 부산 4:0 경남 | 부산A | 7,608 |
| 2014.10.19 | 16:00 | 192 | 울산 2:1 상주 | 문수 | 13,827 |
| 2014.10.26 | 14:00 | 193 | 포항 3:0 상주 | 포항 | 9,107 |
| 2014.10.26 | 14:00 | 194 | 전북 1:0 수원 | 전주W | 19,385 |
| 2014.10.26 | 14:00 | 195 | 성남 3:4 울산 | 탄천 | 5,502 |
| 2014.10.26 | 14:00 | 196 | 경남 1:0 제주 | 거제 | 4,717 |
| 2014.10.26 | 14:00 | 197 | 서울 1:1 부산 | 서울W | 17,039 |
| 2014.10.26 | 14:00 | 198 | 인천 3:3 전남 | 인천 | 4,110 |
| 2014.11.01 | 14:00 | 199 | 포항 1:1 제주 | 포항 | 4,688 |
| 2014.11.01 | 16:00 | 200 | 울산 0:3 수원 | 문수 | 2,016 |
| 2014.11.02 | 14:00 | 202 | 전남 1:1 성남 | 광양 | 858 |
| 2014.11.02 | 14:00 | 201 | 서울 0:1 전북 | 서울W | 10,990 |
| 2014.11.02 | 14:00 | 203 | 상주 2:3 부산 | 상주 | 867 |
| 2014.11.08 | 14:00 | 204 | 인천 1:1 경남 | 인천 | 2,025 |
| 2014.11.08 | 14:00 | 205 | 제주 0:3 전북 | 제주W | 1,125 |
| 2014.11.08 | 14:00 | 208 | 부산 1:0 인천 | 부산A | 3,012 |
| 2014.11.08 | 14:00 | 209 | 상주 1:1 성남 | 상주 | 1,018 |
| 2014.11.09 | 14:00 | 206 | 수원 0:1 서울 | 수원W | 34,029 |
| 2014.11.09 | 16:00 | 207 | 포항 2:2 울산 | 포항 | 9,221 |
| 2014.11.09 | 14:00 | 210 | 경남 3:1 전남 | 창원C | 4,517 |
| 2014.11.15 | 14:30 | 211 | 전북 1:0 포항 | 전주W | 15,796 |
| 2014.11.15 | 14:00 | 214 | 인천 1:1 상주 | 인천 | 2,086 |
| 2014.11.15 | 14:00 | 215 | 부산 1:1 전남 | 부산A | 5,012 |
| 2014.11.16 | 14:00 | 212 | 서울 2:2 성남 | 서울W | 14,836 |
| 2014.11.16 | 16:00 | 213 | 제주 1:1 수원 | 제주W | 5,279 |
| 2014.11.16 | 14:00 | 216 | 성남 1:1 경남 | 탄천 | 2,041 |
| 2014.11.16 | 16:00 | 217 | 수원 1:2 전북 | 수원W | 14,135 |
| 2014.11.22 | 17:00 | 218 | 울산 0:1 제주 | 울산 | 5,081 |
| 2014.11.22 | 14:00 | 220 | 경남 0:1 부산 | 양산 | 3,227 |
| 2014.11.22 | 14:00 | 221 | 전남 3:1 상주 | 광양 | 1,023 |
| 2014.11.26 | 19:30 | 219 | 서울 0:0 포항 | 서울W | 7,636 |
| 2014.11.26 | 19:30 | 222 | 인천 1:0 성남 | 인천 | 2,224 |
| 2014.11.29 | 14:00 | 226 | 상주 3:1 경남 | 상주 | 873 |
| 2014.11.29 | 14:00 | 227 | 성남 1:0 부산 | 탄천 | 3,117 |
| 2014.11.29 | 14:00 | 228 | 전남 0:0 인천 | 광양 | 1,568 |
| 2014.11.30 | 14:00 | 223 | 전북 1:1 울산 | 전주W | 6,769 |
| 2014.11.30 | 14:00 | 224 | 제주 1:2 서울 | 제주W | 4,862 |
| 2014.11.30 | 14:00 | 225 | 포항 1:2 수원 | 포항 | 7,353 |

## 경기 1

3월 08일 14:00 맑음 포항 스틸야드 관중 16,127명
주심_유선호 부심_손재선·장준모 대기심_김동진 감독관_김용세

**포항 0**  0 전반 0 / 0 후반 1  **1 울산**

| 퇴장 | 경고 | 파울 | ST(유) | 교체 | 선수명 | 배번 | 위치 | 위치 | 배번 | 선수명 | 교체 | ST(유) | 파울 | 경고 | 퇴장 |
|---|---|---|---|---|---|---|---|---|---|---|---|---|---|---|---|
| 0 | 0 | 0 | 0 | | 신화용 | 1 | GK | GK | 18 | 김승규 | | 0 | 0 | 0 | 0 |
| 0 | 0 | 2 | 0 | | 김광석 | 3 | DF | DF | 2 | 이 용 | | 2(1) | 0 | 0 | 0 |
| 0 | 1 | 3 | 0 | | 김원일 | 13 | DF | DF | 4 | 강민수 | | 0 | 2 | 0 | 0 |
| 0 | 0 | 1 | 0 | | 신광훈 | 17 | DF | DF | 14 | 김영삼 | | 0 | 2 | 0 | 0 |
| 0 | 0 | 1 | 1 | | 박희철 | 2 | DF | DF | 22 | 김치곤 | | 0 | 0 | 0 | 0 |
| 0 | 0 | 0 | 2 | 19 | 김태수 | 5 | MF | MF | 16 | 김성환 | | 1(1) | 0 | 0 | 0 |
| 0 | | | 2(1) | | 김재성 | 7 | MF | MF | 13 | 신선민 | 32 | 2 | 3 | 0 | 0 |
| 0 | | 1 | 1 | | 이명주 | 29 | FW | MF | 20 | 한상운 | 15 | 0 | 0 | | |
| 0 | 0 | 1 | | 15 | 김승대 | 12 | FW | FW | 9 | 김용태 | 15 | 0 | 0 | | |
| 0 | | | 3(2) | | 조찬호 | 26 | FW | FW | 10 | 하피냐 | | 1(1) | 0 | 0 | |
| 0 | | | 3(1) | 14 | 고무열 | 18 | FW | FW | 9 | 김신욱 | | 2(2) | 0 | 0 | |
| 0 | 0 | | | | 김다솔 | 31 | | | 21 | 이희성 | | 0 | | 0 | |
| 0 | 0 | | | | 김대호 | 22 | | | 6 | 박동혁 | | 0 | | 0 | |
| 0 | 0 | | | | 김형일 | 32 | | | 26 | 이명재 | | 0 | | 0 | |
| 0 | 0 | | | | 손준호 | 28 | 대기 | 대기 | 15 | 백지훈 | 후20 | | | | |
| | | | | 후41 | 문창진 | 19 | | | 7 | 고창현 | 후14 | 1 | | | |
| | | | | 후32 | 신영준 | 15 | | | 32 | 최태욱 | 후38 | | | | |
| | | | | 후21 | 배천석 | 14 | | | 5 | 마스다 | | | | | |
| 0 | 1 | 18 | 12(4) | | | | | | | | | 10(7) | 15 | 1 | 0 |

●후반 37분 김신욱 PK 우측지점 R-ST-G(득점: 김신욱) 가운데

## 경기 2

3월 08일 16:00 맑음 서울 월드컵 관중 13,674명
주심_우상일 부심_김용수·이규환 대기심_송민석 감독관_강창구

**서울 0**  0 전반 0 / 0 후반 1  **1 전남**

| 퇴장 | 경고 | 파울 | ST(유) | 교체 | 선수명 | 배번 | 위치 | 위치 | 배번 | 선수명 | 교체 | ST(유) | 파울 | 경고 | 퇴장 |
|---|---|---|---|---|---|---|---|---|---|---|---|---|---|---|---|
| 0 | 0 | 0 | 0 | | 김용대 | 1 | GK | GK | 1 | 김병지 | | 0 | 0 | 0 | 0 |
| 0 | 1 | 3 | 0 | | 김주영 | 4 | DF | DF | 13 | 현영민 | | 0 | 0 | 0 | 0 |
| 0 | 0 | 0 | 0 | | 김진규 | 5 | DF | DF | 15 | 방대종 | | 0 | 1 | 0 | 0 |
| 0 | 0 | 0 | 0 | | 오스마르 | 28 | DF | DF | 2 | 김태호 | | 0 | 4 | 1 | 0 |
| 0 | 1 | | 3(2) | | 김치우 | 7 | MF | MF | 6 | 이승희 | | 4 | 1 | 1 | 0 |
| 0 | 0 | 0 | 0 | | 고광민 | 27 | MF | MF | 16 | 이현승 | | 1(1) | 2 | 1 | 0 |
| 0 | 0 | 0 | 0 | | 강승조 | 16 | MF | MF | 25 | 안용우 | 18 | 2(1) | 0 | 0 | 0 |
| 0 | | | 0 | | 고요한 | 13 | MF | MF | 7 | 레안드리뉴 | 19 | 2(1) | 0 | 0 | |
| 0 | | | 2(1) | | 고명진 | 22 | MF | MF | 17 | 송호영 | 77 | 2(1) | 0 | 0 | |
| 0 | 2(1) | | | | 에스쿠데로 | 9 | FW | FW | 10 | 스테보 | | | | | |
| 0 | | 0 | 0 | | 윤일록 | 24 | FW | FW | | | | | | | |
| | | | | | 한일구 | 23 | | | 31 | 김다원 | | 0 | | | |
| | | | | | 이웅희 | 3 | | | 4 | 홍진기 | | | | | |
| | | | | 후0 | 최호진 | 2 | | | 55 | 코 니 | | | | | |
| | | | | | 최현태 | 17 | 대기 | 대기 | | 박선용 | | | | | |
| | | | | | 최명훈 | 35 | | | 18 | 심동운 | 후37 | | | | |
| | | | | 후40 | 김현성 | | | | 19 | 김승우 | 후7 | 0 | | | |
| | | | | 후15 | 하파엘 | | | | 77 | 전현철 | 후35 | 0 | | | |
| 0 | 2 | 9(3) | | | | | | | | | | 14(4) | 11 | 3 | 0 |

●후반 14분 이현승 PK-R-G(득점: 이현승) 왼쪽

## 경기 3

3월 08일 16:00 맑음 전주 월드컵 관중 15,687명
주심_김성호 부심_정해상·김성일 대기심_김종혁 감독관_이영철

**전북 3**  1 전반 0 / 2 후반 0  **0 부산**

| 퇴장 | 경고 | 파울 | ST(유) | 교체 | 선수명 | 배번 | 위치 | 위치 | 배번 | 선수명 | 교체 | ST(유) | 파울 | 경고 | 퇴장 |
|---|---|---|---|---|---|---|---|---|---|---|---|---|---|---|---|
| 0 | 0 | 0 | 0 | | 최은성 | 23 | GK | GK | 1 | 이범영 | | 0 | 0 | 0 | 0 |
| 0 | 0 | 2 | 0 | | 이규로 | 2 | DF | DF | 2 | 박준강 | | 0 | | | |
| 0 | 0 | 1 | 0 | | 김기희 | 4 | DF | DF | 33 | 장학영 | | 0 | | | |
| 0 | 0 | 0 | 1 | | 정인환 | 5 | DF | DF | 5 | 김응진 | 23 | 2 | 1 | 0 | |
| 0 | 0 | 0 | 0 | | 박원재 | 19 | DF | DF | 20 | 이원영 | | 0 | | | |
| 0 | 1(1) | | | 6 | 김남일 | 55 | MF | MF | 11 | 임상협 | | 2(2) | | | |
| 0 | 6 | 1(1) | | | 정 혁 | 15 | MF | MF | 45 | 정석화 | | 0 | | | |
| 0 | | 1(1) | | | 한교원 | 7 | MF | MF | 25 | 닐손주니어 | | 0 | | | |
| 0 | 1(1) | | | 8 | 이승기 | 11 | MF | MF | 51 | 파그너 | 9 | | | | |
| 0 | 3 | 2 | | 10 | 카이오 | 9 | FW | FW | 19 | 김신영 | 26 | 2(2) | | | |
| 0 | 2(2) | | | | 이동국 | 20 | FW | FW | 10 | 양동현 | | | | | |
| | | | | | 권순태 | 41 | | | 41 | 김기용 | | | | | |
| | | | | | 이재명 | 3 | | | 9 | 코마젝 | 후35 | | | | |
| | | | | 후18 | 최보경 | 6 | | | 23 | 김찬영 | 후42 | | | | |
| | | | | | 김인성 | 13 | 대기 | 대기 | 26 | 홍동현 | 후17 | 0 | | | |
| | | | | | 이재성 | 17 | | | 27 | 권진영 | | | | | |
| | | | 1(1) | 후17 | 레오나르도 | 10 | | | 8 | 김지민 | | | | | |
| | | | 2(2) | 후27 | 마르코스 | 8 | | | 29 | 김지민 | | 0 | | | |
| 0 | 1 | 15 | 12(9) | | | | | | | | | 10(7) | 15 | 1 | 0 |

●전반 39분 한교원 GAR R-ST-G(득점: 한교원) 왼쪽
●후반 3분 정혁 PAL R-ST-G(득점: 정혁) 오른쪽
●후반 22분 이승기 AKR ~ 레오나르도 AKL R-ST-G(득점: 레오나르도, 도움: 이승기) 오른쪽

## 경기 4

3월 09일 14:00 맑음 창원 축구센터 관중 10,943명
주심_이민후 부심_노태식·윤광열 대기심_이동준 감독관_한병화

**경남 1**  1 전반 0 / 0 후반 0  **0 성남**

| 퇴장 | 경고 | 파울 | ST(유) | 교체 | 선수명 | 배번 | 위치 | 위치 | 배번 | 선수명 | 교체 | ST(유) | 파울 | 경고 | 퇴장 |
|---|---|---|---|---|---|---|---|---|---|---|---|---|---|---|---|
| 0 | 0 | 0 | 0 | | 김영광 | 1 | GK | GK | 1 | 전상욱 | | 0 | 0 | 0 | 0 |
| 0 | 1 | 2 | 1(1) | | 루 크 | 6 | DF | DF | 4 | 곽해성 | 3 | 0 | | | |
| 0 | 0 | 0 | 0 | | 우주성 | 7 | DF | DF | 20 | 윤영선 | | 0 | | | |
| 0 | 0 | 0 | 0 | | 조원희 | 7 | DF | DF | 26 | 임채민 | | 0 | | | |
| 0 | 0 | 0 | 0 | | 박주성 | 27 | DF | DF | 6 | 박진포 | | 0 | 2 | 0 | |
| 0 | 1 | 2 | 1 | | 이한샘 | 4 | MF | MF | 22 | 이종원 | | 1(1) | 2 | | |
| 0 | | | 2(1) | | 이창민 | 14 | MF | MF | 7 | 김철호 | | 0 | | | |
| 0 | 2 | 2(1) | | 11 | 보산치치 | | FW | FW | 11 | 이창훈 | 13 | 2(1) | 0 | | |
| 0 | 1 | 1(0) | | | 송수영 | 16 | FW | FW | 10 | 제파로프 | 8 | 2(1) | 0 | | |
| 0 | 1 | | 1 | | 이재안 | 17 | FW | FW | 11 | 김태환 | | 2(1) | 4 | 1 | 0 |
| 0 | 0 | | | | 송호영 | 19 | FW | FW | 9 | 김동섭 | | 0 | | | |
| | | | | | 박준혁 | 28 | | | 28 | 박준혁 | | 0 | | | |
| | | | | | 최성민 | 5 | | | 5 | 심우연 | | 0 | | | |
| | | | | | 최영준 | 26 | | | 3 | 박희성 | 후24 | | | | |
| | | | | 후36 | 이호석 | 44 | 대기 | 대기 | 27 | 김남건 | | | | | |
| | | | 1(1) | 후12 | 김도엽 | 11 | | | 17 | 이민우 | | | | | |
| | | | | 후0 | 스토야노비치 | 9 | | | 13 | 김성준 | 후37 | | | | |
| | | | | 후0 | 김준엽 | 13 | | | 13 | 김동희 | 후20 | 0 | | | |
| 0 | 2 | 15 | 8(5) | | | | | | | | | 8(4) | 13 | 1 | 0 |

●후반 43분 송수영 C.KL ⌒ 루크 GA정면 내 몸 맞 고 골(득점: 루크, 도움: 송수영) 오른쪽

## 경기 1

3월 09일 14:00 맑음 상주 시민 관중 6,469명
주심_ 류희선 부심_ 전기록·노수용 대기심_ 고형진 감독관_ 전인석

| | | | | | 상주 2 | | 0 전반 0 | | 2 후반 2 | | 2 인천 | | | | |
|---|---|---|---|---|---|---|---|---|---|---|---|---|---|---|---|

| 퇴장 | 경고 | 파울 | ST(유) | 교체 | 선수명 | 배번 | 위치 | 위치 | 배번 | 선수명 | 교체 | ST(유) | 파울 | 경고 | 퇴장 |
|---|---|---|---|---|---|---|---|---|---|---|---|---|---|---|---|
| 0 | 0 | 0 | 0 | | 김민식 | 1 | GK | GK | 1 | 권정혁 | | 0 | 0 | 0 | 0 |
| 0 | 0 | 3 | 0 | | 백종환 | 4 | DF | DF | 13 | 박태민 | | 0 | 0 | 0 | 0 |
| 0 | 0 | 1 | 0 | | 양준아 | 14 | DF | DF | 16 | 이윤표 | | 0 | 0 | 1 | 0 |
| 0 | 0 | 1 | 0 | | 이재성 | 15 | DF | DF | 5 | 김진환 | | 0 | 0 | 0 | 0 |
| 0 | 0 | 1 | 1 | | 최철순 | 25 | DF | DF | 25 | 최종환 | | 0 | 0 | 0 | 0 |
| 0 | 0 | 1 | 1 | | 송원재 | 6 | MF | MF | 8 | 구본상 | 1 | 1 | 0 | 0 | 0 |
| 0 | 0 | 0 | 1(1) | | 이 호 | 8 | MF | MF | 6 | 문상윤 | | 2 | 0 | 0 | 0 |
| 0 | 1 | 0 | 3(1) | 26 | 장혁진 | 17 | MF | MF | 7 | 이 보 | | 1 | 0 | 0 | 0 |
| 0 | 0 | 2 | 0 | 16 | 이상호 | 18 | MF | MF | 19 | 주앙파울로 | 23 | 3(1) | 0 | 0 | 0 |
| 0 | 2 | 3(1) | | | 하태균 | 9 | FW | MF | 10 | 이천수 | 14 | 3(1) | 3 | 0 | 1 |
| 0 | 0 | 1 | 1 | | 김동찬 | 10 | FW | FW | 11 | 니콜리치 | 28 | 0 | 3 | 0 | 0 |
| 0 | 0 | 0 | 0 | | 홍정남 | 21 | | | 18 | 조수혁 | | 0 | 0 | 0 | 0 |
| 0 | 0 | 0 | 0 | | 이용기 | 24 | | | 2 | 용현진 | | 0 | 0 | 0 | 0 |
| 0 | 0 | 0 | 0 | | 유지훈 | 33 | | | 3 | 이상희 | | 0 | 0 | 0 | 0 |
| 0 | 0 | 0 | 1 | 후10 | 이승현 | 7 | 대기 | 대기 | 4 | 배승진 | | 0 | 0 | 0 | 0 |
| 0 | 0 | 0 | 0 | | 정 훈 | 13 | | | 14 | 이석현 | 후33 | 0 | 0 | 0 | 0 |
| 0 | 0 | 0 | 0 | 후45 | 서상민 | 16 | | | 23 | 남준재 | 후20 | 2(1) | 2 | 0 | 0 |
| 0 | 0 | 0 | 1(1) | 후16 | 이정협 | 26 | | | 28 | 이효균 | 후39 | 1(1) | 0 | 0 | 0 |
| 0 | 0 | 0 | 12(4) | | | 0 | | | 0 | | | 13(4) | 15 | 0 | 0 |

● 후반 32분 양준아 C.KR ⌒ 이정협 GAR내 H-ST-G(득점: 이정협, 도움: 양준아) 오른쪽
● 후반 40분 이상호 PAR ~ 이 호 GAR R-ST-G(득점: 이호, 도움: 이상호) 왼쪽
● 후반 30분 박태민 PAL ~ 남준재 GAL R-ST-G(득점: 남준재, 도움: 박태민) 오른쪽
● 후반 42분 이윤표 MFL ⌒ 이효균 GAL L-ST-G(득점: 이효균, 도움: 이윤표) 가운데

---

3월 15일 16:00 맑음 탄천 종합 관중 8,624명
주심_ 김상우 부심_ 손재선·김성일 대기심_ 류희선 감독관_ 김형남

| | | | | | 성남 0 | | 0 전반 0 | | 0 후반 0 | | 0 서울 | | | | |
|---|---|---|---|---|---|---|---|---|---|---|---|---|---|---|---|

| 퇴장 | 경고 | 파울 | ST(유) | 교체 | 선수명 | 배번 | 위치 | 위치 | 배번 | 선수명 | 교체 | ST(유) | 파울 | 경고 | 퇴장 |
|---|---|---|---|---|---|---|---|---|---|---|---|---|---|---|---|
| 0 | 0 | 0 | 0 | | 박준혁 | 28 | GK | GK | 1 | 김용대 | | 0 | 0 | 0 | 0 |
| 0 | 0 | 0 | 0 | | 곽해성 | 2 | DF | DF | 4 | 김주영 | | 0 | 2 | 0 | 0 |
| 0 | 0 | 2 | 1 | | 윤영선 | 20 | DF | DF | 6 | 김진규 | | 1 | 1 | 0 | 0 |
| 0 | 0 | 0 | 1(1) | | 임채민 | 26 | DF | DF | 28 | 오스마르 | | 0 | 0 | 0 | 0 |
| 0 | 1 | 2 | 1 | | 박진포 | 6 | DF | MF | 7 | 김치우 | | 1(1) | 0 | 0 | 0 |
| 0 | 1 | 1 | 1 | | 이종원 | 22 | MF | MF | 5 | 차두리 | | 0 | 1 | 0 | 0 |
| 0 | 1 | 1 | 1(1) | | 김철호 | 7 | MF | MF | 16 | 강승조 | 17 | 1 | 0 | 0 | 0 |
| 0 | 0 | 3 | 1(1) | | 바우지비아 | 12 | MF | MF | 26 | 고명진 | | 0 | 2 | 0 | 0 |
| 0 | 0 | 4(2) | | | 이창훈 | 18 | FW | FW | 13 | 고요한 | 10 | 5 | 0 | 0 | 0 |
| 0 | 1 | 1 | | | 김태환 | 11 | MF | FW | 24 | 윤일록 | | 3(3) | 3 | 0 | 1 |
| 0 | 1 | 1 | 1 | 17 | 김동섭 | 9 | FW | FW | 18 | 김현성 | 11 | 0 | 1 | 0 | 0 |
| 0 | 0 | 0 | 0 | | 전상욱 | 1 | | | 23 | 한일구 | | 0 | 0 | 0 | 0 |
| 0 | 0 | 0 | 0 | | 박희성 | 3 | | | 21 | 이웅희 | | 0 | 0 | 0 | 0 |
| 0 | 0 | 0 | 0 | | 이요한 | 4 | | | 21 | 심상민 | | 0 | 0 | 0 | 0 |
| 0 | 0 | 0 | 0 | | 김성준 | 18 | 대기 | 대기 | 17 | 최현태 | 후16 | 1(1) | 1 | 0 | 0 |
| 0 | 0 | 0 | 0 | | 김남건 | 27 | | | 27 | 고광민 | | 0 | 0 | 0 | 0 |
| 0 | 0 | 0 | 0 | 후42 | 이민우 | 17 | | | 9 | 에스쿠데로 | 후0 | 2(1) | 2 | 0 | 0 |
| 0 | 0 | 0 | 0 | | 기 가 | 32 | | | 10 | 하파엘 | 후30 | 1 | 2 | 1 | 0 |
| 0 | 2 | 13 | 13(5) | | | 0 | | | 0 | | | 11(6) | 19 | 1 | 0 |

---

3월 09일 16:00 맑음 제주 월드컵 관중 16,588명
주심_ 최명용 부심_ 이정민·최민병 대기심_ 김상우 감독관_ 김진의

| | | | | | 제주 0 | | 0 전반 0 | | 0 후반 1 | | 1 수원 | | | | |
|---|---|---|---|---|---|---|---|---|---|---|---|---|---|---|---|

| 퇴장 | 경고 | 파울 | ST(유) | 교체 | 선수명 | 배번 | 위치 | 위치 | 배번 | 선수명 | 교체 | ST(유) | 파울 | 경고 | 퇴장 |
|---|---|---|---|---|---|---|---|---|---|---|---|---|---|---|---|
| 0 | 0 | 0 | 0 | | 김호준 | 1 | GK | GK | 1 | 정성룡 | | 0 | 0 | 0 | 0 |
| 0 | 0 | 1 | 0 | | 김수범 | 22 | DF | DF | 4 | 곽광선 | | 0 | 0 | 0 | 0 |
| 0 | 0 | 0 | 2 | | 오 용 | 24 | DF | DF | 5 | 조성진 | | 0 | 1 | 0 | 0 |
| 0 | 0 | 1 | 0 | | 오반석 | 5 | DF | DF | 17 | 홍 철 | | 0 | 1 | 0 | 0 |
| 0 | 0 | 1 | 0 | | 정다훤 | 2 | DF | DF | 30 | 신세계 | | 0 | 0 | 0 | 0 |
| 0 | 0 | 0 | 0 | | 에스비벤 | 20 | MF | MF | 6 | 김은선 | | 0 | 3 | 0 | 0 |
| 0 | 0 | 2 | 0 | 7 | 송진형 | 10 | MF | MF | 9 | 오장은 | 6 | 0 | 3 | 0 | 0 |
| 0 | 0 | 0 | 0 | 8 | 윤빛가람 | 14 | MF | MF | 16 | 서정진 | 16 | 1 | 0 | 0 | 0 |
| 0 | 0 | 0 | 13 | | 황일수 | 11 | MF | MF | 26 | 염기훈 | | 2 | 0 | 0 | 0 |
| 0 | 0 | 1 | 5(3) | | 드로겟 | 19 | FW | MF | 10 | 산토스 | 7 | 2 | 1 | 0 | 0 |
| 0 | 2 | 4(2) | | | 김 현 | 9 | FW | FW | 14 | 정대세 | 11 | 2 | 2 | 1 | 0 |
| 0 | 0 | 0 | 0 | | 김경민 | 21 | | | 21 | 노동건 | | 0 | 0 | 0 | 0 |
| 0 | 0 | 0 | 0 | | 강준우 | 4 | | | 45 | 헤이네르 | | 0 | 0 | 0 | 0 |
| 0 | 0 | 0 | 0 | | 허범산 | 17 | | | 2 | 최재수 | | 0 | 0 | 0 | 0 |
| 0 | 0 | 0 | 0 | 후0 | 오승범 | 8 | 대기 | 대기 | 22 | 권창훈 | | 0 | 0 | 0 | 0 |
| 0 | 0 | 0 | 0 | | 김영신 | 16 | | | 16 | 조지훈 | 후32 | 0 | 0 | 0 | 0 |
| 0 | 0 | 0 | 0 | 후29 | 배 일용 | 13 | | | 11 | 로 저 | 후45 | 0 | 0 | 0 | 0 |
| 0 | 0 | 0 | 1 | 후36 | 스토키치 | 7 | | | 7 | 조동건 | 후0 | 1(1) | 0 | 0 | 0 |
| 0 | 0 | 9 | 15(5) | | | 0 | | | 0 | | | 4(1) | 12 | 1 | 0 |

● 후반 24분 이용 PK우측골 L자책골(득점: 이용) 왼쪽

---

3월 15일 14:00 맑음 인천 전용 관중 11,238명
주심_ 이민후 부심_ 노태식·강도준 대기심_ 김동진 감독관_ 김정식

| | | | | | 인천 0 | | 0 전반 0 | | 0 후반 1 | | 1 전북 | | | | |
|---|---|---|---|---|---|---|---|---|---|---|---|---|---|---|---|

| 퇴장 | 경고 | 파울 | ST(유) | 교체 | 선수명 | 배번 | 위치 | 위치 | 배번 | 선수명 | 교체 | ST(유) | 파울 | 경고 | 퇴장 |
|---|---|---|---|---|---|---|---|---|---|---|---|---|---|---|---|
| 0 | 0 | 0 | 0 | | 권정혁 | 1 | GK | GK | 1 | 권순태 | | 0 | 0 | 0 | 0 |
| 0 | 0 | 4 | 1 | | 박태민 | 13 | DF | DF | 3 | 이재명 | | 0 | 2 | 0 | 0 |
| 0 | 0 | 3 | 0 | | 이윤표 | 16 | DF | DF | 4 | 김기희 | | 1 | 2 | 0 | 0 |
| 0 | 1 | 0 | 0 | | 안재준 | 20 | DF | DF | 18 | 윌킨슨 | | 0 | 2 | 0 | 0 |
| 0 | 1 | 6 | 0 | | 최종환 | 25 | DF | DF | 18 | 윌킨슨 | | 1(1) | 1 | 0 | 0 |
| 0 | 1 | 6 | 0 | | 구본상 | 8 | MF | MF | 55 | 김남일 | | 0 | 3 | 0 | 0 |
| 0 | 3 | 0 | 1 | 14 | 문상윤 | 6 | MF | MF | 15 | 정 혁 | | 3(2) | 1 | 0 | 0 |
| 0 | 2 | 1 | 0 | | 이 보 | 7 | MF | MF | 13 | 김인성 | 7 | 0 | 0 | 0 | 0 |
| 0 | 1 | 1 | 19 | | 이천수 | 10 | MF | MF | 14 | 이승렬 | 11 | 0 | 2 | 0 | 0 |
| 0 | 0 | 1 | 3 | 28 | 니콜리치 | 11 | FW | FW | 9 | 카이오 | 20 | 2 | 1 | 0 | 0 |
| 0 | 0 | 0 | 0 | | 조수혁 | 18 | | | 23 | 최은성 | | 0 | 0 | 0 | 0 |
| 0 | 0 | 0 | 0 | | 용현진 | 2 | | | 2 | 이규로 | | 0 | 0 | 0 | 0 |
| 0 | 0 | 0 | 0 | | 이상희 | 3 | | | 6 | 최보경 | | 0 | 0 | 0 | 0 |
| 0 | 0 | 1(1) | 후36 | | 이석현 | 14 | 대기 | 대기 | 7 | 한교원 | 후34 | 2(1) | 2 | 0 | 0 |
| 0 | 0 | 0 | 후34 | | 주앙파울로 | 19 | | | 11 | 이승기 | 후15 | 1(1) | 0 | 0 | 0 |
| 0 | 0 | 0 | 0 | | 진성욱 | 18 | | | 20 | 레오나르도 | | 0 | 0 | 0 | 0 |
| 0 | 1 | 1 | 후18 | | 이효균 | 28 | | | 20 | 이동국 | 후15 | 2(1) | 0 | 0 | 0 |
| 0 | 2 | 28 | 10(3) | | | 0 | | | 0 | | | 17(9) | 14 | 1 | 0 |

● 후반 28분 정혁 PK좌측지점 R-ST-G(득점: 정혁) 오른쪽

## 3월 15일 14:00 맑음 부산 아시아드 관중 5,122명

주심_ 최명용 부심_ 김용수·윤광열 대기심_ 고형진 감독관_ 김수현

| 부산 3 | | 0 전반 0 / 3 후반 1 | | 1 포항 | |
|---|---|---|---|---|---|

| 퇴장 | 경고 | 파울 | ST(유) | 교체 | 선수명 | 배번 | 위치 | 위치 | 배번 | 선수명 | 교체 | ST(유) | 파울 | 경고 | 퇴장 |
|---|---|---|---|---|---|---|---|---|---|---|---|---|---|---|---|
| 0 | 0 | 0 | 0 | | 이범영 | 1 | GK | GK | 1 | 신화용 | | 0 | 0 | 0 | 0 |
| 0 | 0 | 0 | 1(1) | | 박준강 | 2 | DF | DF | 3 | 김광석 | | 1 | 0 | 0 | 0 |
| 0 | 0 | 1 | 0 | | 장학영 | 33 | DF | DF | 13 | 김원일 | | 1(1) | 1 | 0 | 0 |
| 0 | 0 | 1 | 0 | | 이원영 | 20 | DF | DF | 17 | 신광훈 | | 2 | 1 | 0 | 0 |
| 0 | 1 | 1 | 0 | | 김찬영 | 23 | DF | DF | 24 | 박희철 | | 2 | 1 | 0 | 0 |
| 0 | 1 | 1 | 0 | | 정석화 | 14 | MF | MF | 5 | 김태수 | | 2 | 1 | 0 | 0 |
| 0 | 1 | 3 | 0 | 22 | 홍동현 | | MF | MF | 23 | 김재성 | | 1 | 1 | 0 | 0 |
| 0 | 0 | 0 | 0 | | 닐손 주니어 | 25 | MF | MF | 29 | 이명주 | | 1(1) | 1 | 0 | 0 |
| 0 | 0 | 0 | 0 | 7 | 파 그너 | 51 | FW | FW | 12 | 김승대 | | 2 | 1 | 0 | 0 |
| 0 | 1 | 1 | 3(3) | | 임상협 | 11 | MF | MF | 26 | 조찬호 | 19 | 0 | 2 | 0 | 0 |
| 0 | 1 | 1 | 5(4) | | 양동현 | 18 | FW | FW | 18 | 고무열 | | 2 | 1 | 0 | 0 |
| 0 | 0 | 0 | 0 | | 김기영 | 41 | | | 31 | 김다솔 | | 0 | 0 | 0 | 0 |
| 0 | 0 | 0 | 0 | | 김응진 | 5 | | | 22 | 김대호 | | 0 | 0 | 0 | 0 |
| 0 | 0 | 0 | 후39 | | 한지호 | 7 | | | 32 | 김형일 | | 0 | 0 | 0 | 0 |
| 0 | 0 | 0 | 0 | | 코 마젝 | | 대기 | 대기 | 2 | 손준호 | | 0 | 0 | 0 | 0 |
| 0 | 0 | 0 | 후44 | | 김익현 | 7 | | | 19 | 문창진 | 후26 | 1(1) | 0 | 0 | 0 |
| 0 | 0 | 0 | 후47 | | 전성찬 | 22 | | | 14 | 배천석 | | 0 | 0 | 0 | 0 |
| 0 | 0 | 0 | 0 | | 권진영 | 27 | | | 23 | 유창현 | 후42 | 0 | 0 | 0 | 0 |
| 0 | 2 | 9 | 11(8) | | | | | | | | | 6(3) | 20 | 3 | 0 |

●후반 23분 양동현 MF정면 ~ 임상협 AK내 L-ST-G(득점: 임상협, 도움: 양동현) 오른쪽
●후반 27분 임상협 GAR내 L-ST-G(득점: 임상) 오른쪽
●후반 36분 홍동현 C.KR ⌒ 양동현 GA정면 H-ST-G (득점: 양동현, 도움: 홍동현) 왼쪽
●후반 15분 고무열 PAL내 ~ 이명주 PAL내 R-ST-G(득점: 이명주, 도움: 고무열) 오른쪽

## 3월 16일 14:00 맑음 수원 월드컵 관중 22,185명

주심_ 유선호 부심_ 정해상·장준모 대기심_ 김종혁 감독관_ 한진원

| 수원 2 | | 0 전반 0 / 2 후반 2 | | 2 상주 | |
|---|---|---|---|---|---|

| 퇴장 | 경고 | 파울 | ST(유) | 교체 | 선수명 | 배번 | 위치 | 위치 | 배번 | 선수명 | 교체 | ST(유) | 파울 | 경고 | 퇴장 |
|---|---|---|---|---|---|---|---|---|---|---|---|---|---|---|---|
| 0 | 0 | 0 | 0 | | 정성룡 | 1 | GK | GK | 1 | 김민식 | | 0 | 0 | 0 | 0 |
| 0 | 0 | 0 | 2 | | 곽광선 | 4 | DF | DF | 4 | 백종환 | | 0 | 2 | 0 | 0 |
| 0 | 0 | 0 | 0 | | 조성진 | 5 | DF | DF | 2 | 양준아 | | 1(1) | 0 | 0 | 0 |
| 0 | 0 | 3 | 0 | | 홍철 | 17 | DF | DF | 15 | 이재성 | | 0 | 1 | 0 | 0 |
| 0 | 0 | 3 | 1 | | 신세계 | 30 | DF | DF | 25 | 최철순 | | 2(1) | 1 | 1 | 0 |
| 0 | 1 | 0 | 16 | | 김은선 | 6 | MF | MF | 6 | 송원재 | 99 | 0 | 0 | 0 | 0 |
| 0 | 0 | 1 | 0 | | 오장은 | 66 | MF | MF | 7 | 이승현 | 17 | 1 | 1 | 0 | 0 |
| 0 | 0 | 2(1) | 19 | | 서정진 | 13 | MF | MF | 8 | 이호 | | 0 | 1 | 0 | 0 |
| 0 | | | 2(1) | | 염기훈 | 26 | MF | MF | 16 | 서상민 | | 1 | 2 | 0 | 0 |
| 0 | 1 | 1 | 7 | | 산토스 | 10 | FW | FW | 9 | 고재성 | | 1 | 1 | 0 | 0 |
| 0 | 0 | 1 | 2 | | 정대세 | 14 | FW | FW | 26 | 이정협 | | 1 | 0 | 0 | 0 |
| 0 | 0 | 0 | 0 | | 노동건 | 21 | | | 31 | 김근배 | | 0 | 0 | 0 | 0 |
| 0 | 0 | 0 | 0 | | 헤이네르 | 45 | | | 24 | 이용기 | | 0 | 0 | 0 | 0 |
| 0 | 0 | 0 | 0 | | 최재수 | 2 | | | 33 | 유지훈 | | 0 | 0 | 0 | 0 |
| 0 | 0 | 4(3) | 후16 | | 배기종 | 19 | 대기 | 대기 | 13 | 정훈 | | 0 | 0 | 0 | 0 |
| 0 | 0 | 0 | 후8 | | 조지훈 | 16 | | | 17 | 장혁진 | 후5 | 1(1) | 3 | 0 | 0 |
| 0 | 0 | 0 | 0 | | 로 | 11 | | | 10 | 김동찬 | 후15 | 2(2) | 0 | 0 | 0 |
| 0 | 0 | 0 | 후39 | | 조동건 | 7 | | | 99 | 이상협 | 후29 | 1 | 1 | 0 | 0 |
| 0 | 1 | 14 | 13(5) | | | | | | | | | 12(5) | 15 | 2 | 0 |

●후반 27분 산토스 PAR ~ 배기종 GAR R-ST-G (득점: 배기종, 도움: 산토스) 왼쪽
●후반 49분 배기종 PAL내 R-ST-G(득점: 배기종) 왼쪽
●후반 35분 장혁진 MF정면 ~ 김동찬 PAL내 R-ST-G(득점: 김동찬, 도움: 장혁진) 오른쪽
●후반 47분 고재성 PAR ~ 김동찬 AK정면 R-ST-G(득점: 김동찬, 도움: 고재성) 오른쪽

## 3월 16일 14:00 맑음 울산 문수 관중 10,025명

주심_ 이동준 부심_ 이정민·노수용 대기심_ 우상일 감독관_ 하재훈

| 울산 3 | | 0 전반 0 / 3 후반 0 | | 0 경남 | |
|---|---|---|---|---|---|

| 퇴장 | 경고 | 파울 | ST(유) | 교체 | 선수명 | 배번 | 위치 | 위치 | 배번 | 선수명 | 교체 | ST(유) | 파울 | 경고 | 퇴장 |
|---|---|---|---|---|---|---|---|---|---|---|---|---|---|---|---|
| 0 | 0 | 0 | 0 | | 김승규 | 18 | GK | GK | 31 | 손정현 | | 0 | 0 | 0 | 0 |
| 0 | 0 | 1 | 0 | | 이용 | 2 | DF | DF | 6 | 루크 | | 0 | 0 | 0 | 0 |
| 0 | 0 | 1 | 0 | | 강민수 | 4 | DF | DF | 5 | 우주성 | | 0 | 0 | 1 | 0 |
| 0 | 0 | 1 | 0 | | 김영삼 | 14 | DF | DF | 22 | 권완규 | | 2 | 2 | 0 | 0 |
| 0 | 0 | 1 | 1(1) | | 김치곤 | 22 | DF | DF | 27 | 박주성 | | 0 | 1 | 0 | 0 |
| 0 | 1 | 1(1) | 23 | | 백지훈 | 15 | MF | MF | 13 | 이한샘 | | 1 | 2 | 0 | 0 |
| 0 | 0 | 1 | 0 | | 고창현 | 7 | MF | MF | 26 | 조원희 | 16 | 0 | 1 | 0 | 0 |
| 0 | 0 | 2(1) | | | 하 미 나 | 11 | MF | MF | 4 | 조원희 | | 1 | 0 | 0 | 0 |
| 0 | 0 | 1 | 27 | | 김선민 | | MF | FW | 14 | 김도엽 | | 3(1) | 1 | 0 | 0 |
| 0 | 1(1) | 6 | | | 한상운 | | MF | FW | 17 | 이재안 | 44 | 0 | 1 | 0 | 0 |
| 0 | 2(1) | | | | 김신욱 | 9 | FW | FW | 9 | 스토야노비치 | | 1 | 1 | 0 | 0 |
| 0 | 0 | 0 | 0 | | | 21 | | | 21 | 박청효 | | 0 | 0 | 0 | 0 |
| 0 | 0 | 0 | 후28 | | 박동혁 | | | | 후34 | 보산치치 | | 0 | 0 | 0 | 0 |
| 0 | 0 | 0 | 후8 | | 김민균 | | | | 26 | 최영준 | | 0 | 0 | 0 | 0 |
| 0 | 0 | 0 | 0 | | 김용태 | 24 | 대기 | 대기 | 44 | 이호석 | 후27 | 3 | 1 | 0 | 0 |
| 0 | 0 | 0 | 후12 | | 안진범 | 27 | | | 13 | 최현연 | | 0 | 0 | 0 | 0 |
| 0 | 0 | 0 | 0 | | 최태욱 | 32 | | | 30 | 스레텐 | | 0 | 0 | 0 | 0 |
| 0 | 0 | 0 | 0 | | 유준수 | 17 | | | 16 | 송수영 | 후13 | 0 | 0 | 0 | 0 |
| 0 | 0 | 11 | 11(5) | | | | | | | | | 7(1) | 11 | 2 | 0 |

●후반 17분 한상운 MFR FK ⌒ 김치곤 GA정면내 H-ST-G (득점: 김치곤, 도움: 한상운) 오른쪽
●후반 20분 한상운 MFR FK ⌒ 김신욱 GA정면내 R-ST-G (득점: 김신욱, 도움: 한상운) 가운데
●후반 25분 우주성 GAR ELR 자책골(득점: 우주성) 왼쪽

## 3월 16일 16:00 맑음 광양 전용 관중 10,022명

주심_ 김성호 부심_ 전기록·이규환 대기심_ 송민석 감독관_ 전인석

| 전남 1 | | 0 전반 1 / 1 후반 1 | | 2 제주 | |
|---|---|---|---|---|---|

| 퇴장 | 경고 | 파울 | ST(유) | 교체 | 선수명 | 배번 | 위치 | 위치 | 배번 | 선수명 | 교체 | ST(유) | 파울 | 경고 | 퇴장 |
|---|---|---|---|---|---|---|---|---|---|---|---|---|---|---|---|
| 0 | 0 | 0 | 0 | | 김병지 | 1 | GK | GK | 1 | 김호준 | | 0 | 0 | 0 | 0 |
| 0 | 1 | 1 | 1 | | 현영민 | 13 | DF | DF | 22 | 김수범 | | 0 | 0 | 1 | 0 |
| 0 | 0 | 0 | 0 | | 홍진기 | 4 | DF | DF | 5 | 오반석 | | 0 | 0 | 0 | 0 |
| 0 | 0 | 1 | 0 | | 임종은 | 5 | DF | DF | 24 | 이용 | | 0 | 0 | 0 | 0 |
| 0 | 0 | 1 | 0 | | 김태호 | 2 | DF | DF | 2 | 정다훤 | | 3(2) | 3 | 0 | 0 |
| 0 | 0 | 1 | 0 | | 이승희 | 6 | MF | MF | 20 | 에스티벤 | | 0 | 0 | 0 | 0 |
| 0 | 0 | 0 | 55 | | 이현승 | 8 | MF | MF | 14 | 윤빛가람 | 4 | 2 | 0 | 0 | 0 |
| 0 | | 1(1) | 1 | | 심동운 | 7 | MF | MF | 18 | 송진형 | 8 | 1 | 1 | 0 | 0 |
| 0 | 0 | 1 | | | 안용우 | 25 | FW | FW | 13 | 황일수 | | 2(2) | 2 | 0 | 0 |
| 0 | | 1 | 19 | | 이종호 | 17 | FW | FW | 19 | 드로겟 | | 1(1) | 1 | 0 | 0 |
| 0 | 5(1) | | | | 스테보 | 10 | FW | FW | 7 | 김 현 | 7 | 1(1) | 1 | 0 | 0 |
| 0 | 0 | 0 | 0 | | 김대호 | 31 | | | 21 | 김경민 | | 0 | 0 | 0 | 0 |
| 0 | 0 | 0 | 후38 | | 고 니 | 55 | | | 36 | 강준우 | | 0 | 0 | 0 | 0 |
| 0 | 0 | 0 | 0 | | 박선용 | 2 | | | 17 | 허범산 | | 0 | 0 | 0 | 0 |
| 0 | 0 | 0 | 후33 | | 김영우 | | 대기 | 대기 | 8 | 오승범 | 후12 | 0 | 1 | 0 | 0 |
| 0 | | 2(2) | 후4 | | 레안드리뉴 | 7 | | | 16 | 김영신 | | 0 | 0 | 0 | 0 |
| 0 | 0 | 0 | 0 | | 전현철 | 77 | | | 13 | 배일환 | | 0 | 0 | 0 | 0 |
| 0 | 0 | 0 | 0 | | 박기동 | | | | 7 | 스토키치 | 후25 | 0 | 0 | 0 | 0 |
| 0 | 1 | 8 | 11(4) | | | | | | | | | 10(7) | 17 | 1 | 0 |

●후반 17분 이용 GA정면내 H자책골(득점: 이용) 오른쪽
●전반 17분 정다훤 GAL내 H-ST-G(득점: 정다훤) 왼쪽
●후반 32분 황일수 PAR.EL ⌒ 드로겟 AR H-ST-G(득점: 드로겟, 도움: 황일수) 오른쪽

## 포항 2 : 1 수원

3월 22일 14:00 맑음 포항 스틸야드 관중 8,477명
주심_ 김성호 부심_ 노태식·이정민 대기심_ 송민석 감독관_ 하재훈

| | | | 0 전반 1 | | | |
| | 포항 2 | | 2 후반 0 | | 1 수원 | |

| 퇴장 | 경고 | 파울 | ST(유) | 교체 | 선수명 | 배번 | 위치 | 위치 | 배번 | 선수명 | 교체 | ST(유) | 파울 | 경고 | 퇴장 |
|---|---|---|---|---|---|---|---|---|---|---|---|---|---|---|---|
| 0 | 0 | 0 | 0 | | 신화용 | 1 | GK | GK | 1 | 정성룡 | | 0 | 0 | 0 | 0 |
| 0 | 0 | 1 | 0 | | 김광석 | 3 | DF | DF | 4 | 곽광선 | | 0 | 1 | 0 | 0 |
| 0 | 0 | 1 | 0 | | 김원일 | 13 | DF | DF | 3 | 조성진 | | 0 | 4 | 0 | 0 |
| 0 | 0 | 1 | 0 | | 신광훈 | 17 | DF | DF | 17 | 홍 철 | | 0 | 3 | 0 | 0 |
| 0 | 0 | 2 | 0 | | 김대호 | 22 | DF | DF | 30 | 신세계 | | 0 | 0 | 0 | 0 |
| 0 | 0 | 2 | 1(2) | 21 | 김태수 | 5 | MF | MF | 8 | 김두현 | 16 | 1 | 0 | 0 | 0 |
| 0 | 1 | 2 | 1 | | 이광혁 | | MF | MF | 7 | 이상호 | | | | | |
| 0 | 0 | 1 | 1 | | 이명주 | 29 | FW | MF | 12 | 고차원 | 6 | 1(1) | 0 | 0 | 0 |
| 0 | 2 | 1(1) | | | 김승대 | 12 | MF | MF | 26 | 염기훈 | | | | | |
| 0 | 0 | 0 | | 19 | 조찬호 | 26 | FW | FW | 7 | 조동건 | 19 | 1 | 4 | 0 | 0 |
| 0 | 1 | 1 | | 23 | 고무열 | 18 | FW | FW | 18 | 정대세 | | 3 | 3 | 0 | 0 |
| 0 | 0 | 0 | 0 | | 김다솔 | 31 | | | 21 | 노동건 | | 0 | 0 | 0 | 0 |
| 0 | 0 | 0 | | | 박희철 | | | | 15 | 구자룡 | | | | | |
| 0 | 0 | 0 | | | 김형일 | 32 | | | 6 | 김은선 | 후25 | | | | |
| 0 | 0 | 3(1) | 전18 | | 문창진 | 19 | 대기 | 대기 | 19 | 배기종 | 후34 | | | | |
| 0 | 0 | 0 | | | 이광훈 | | | | 16 | 조지훈 | 후16 | 2 | 2 | 0 | 0 |
| 0 | 0 | 1 | 2(1) | 후19 | 유창현 | 23 | | | 11 | 로 저 | | 0 | 0 | 0 | 0 |
| 0 | 0 | 1 | 1(1) | 후40 | 이진석 | 21 | | | 10 | 산토스 | | 0 | 0 | 0 | 0 |
| 0 | 1 | 16 | 11(5) | | | 0 | | | 0 | | | 6(1) | 12 | 2 | 0 |

● 후반 21분 김태수 GAL EL ⌒ 문창진 GAR내 H-ST-G(득점: 문창진, 도움: 김태수) 오른쪽
● 후반 45분 이명주 MF정면 ⌒ 유창현 GAR R-ST-G(득점: 유창현, 도움: 이명주) 오른쪽
● 전반 4분 조동건 PAL ⌒ 고차원 PK지점 L-ST-G(득점: 고차원, 도움: 조동건) 왼쪽

---

## 경남 2 : 3 전남

3월 22일 16:00 맑음 창원 축구센터 관중 3,016명
주심_ 최명용 부심_ 손재선·김성일 대기심_ 김상우 감독관_ 이영철

| | | | 1 전반 2 | | | |
| | 경남 2 | | 1 후반 1 | | 3 전남 | |

| 퇴장 | 경고 | 파울 | ST(유) | 교체 | 선수명 | 배번 | 위치 | 위치 | 배번 | 선수명 | 교체 | ST(유) | 파울 | 경고 | 퇴장 |
|---|---|---|---|---|---|---|---|---|---|---|---|---|---|---|---|
| 0 | 0 | 0 | 0 | | 김영광 | 1 | GK | GK | 1 | 김병지 | | 0 | 0 | 0 | 0 |
| 0 | 0 | 1 | 0 | | 스레텐 | 30 | DF | DF | 13 | 현영민 | | 0 | 2 | 1 | 0 |
| 0 | 0 | 3 | 0 | | 우주성 | 5 | DF | DF | 5 | 임종은 | | 0 | 0 | 0 | 0 |
| 0 | 1 | 2 | 0 | | 조원희 | 7 | DF | DF | 15 | 방대종 | | 1 | 0 | 0 | 0 |
| 0 | 0 | 2 | 0 | | 박주성 | 27 | DF | DF | 2 | 김태호 | | 1(1) | 0 | 0 | 0 |
| 0 | 0 | 2 | | 16 | 최영준 | 26 | MF | MF | 6 | 이승희 | 3 | 0 | 2 | 0 | 0 |
| 0 | 0 | 1 | 2(1) | | 이창민 | 18 | MF | MF | 10 | 이현승 | | 0 | 0 | 0 | 0 |
| 0 | 1 | 2 | 3(3) | | 보산치치 | 25 | MF | MF | 25 | 안용우 | | 3(2) | 1 | 0 | 0 |
| 0 | 0 | 44 | | | 김도엽 | 11 | FW | FW | 12 | 레안드리뉴 | | 1 | 1 | 0 | 0 |
| 0 | 0 | 1 | | | 김슬기 | 33 | FW | MF | 55 | 이종호 | 55 | 1 | 0 | 0 | 0 |
| 0 | 2 | 1(1) | 12 | | 스토야노비치 | 9 | FW | FW | 10 | 스테보 | | 4(2) | 2 | 0 | 0 |
| 0 | 0 | 0 | 0 | | 손정현 | 31 | | | 31 | 김대호 | | 0 | 0 | 0 | 0 |
| 0 | 0 | 1 | 1 | 후9 | 김수영 | 4 | | | 4 | 홍진기 | | 0 | 0 | 0 | 0 |
| 0 | 0 | 0 | | | 최현연 | 13 | | | 55 | 코 니 | 후47 | 0 | 0 | 0 | 0 |
| 0 | 0 | 0 | | 후9 | 이윤석 | 44 | 대기 | 대기 | 3 | 박선용 | 후0 | 1 | 1 | 0 | 0 |
| 0 | 0 | 0 | | | 루 크 | 6 | | | 12 | 크리즈만 | 후13 | 1 | 1 | 0 | 0 |
| 0 | 0 | 0 | | 후38 | 박지민 | 10 | | | 18 | 심동운 | | 0 | 0 | 0 | 0 |
| 0 | 0 | 0 | | | 김준엽 | 4 | | | 77 | 전현철 | | | | | |
| 0 | 1 | 16 | 11(5) | | | 0 | | | 0 | | | 14(6) | 11 | 2 | 0 |

● 전반 30분 조원희 PAR → 이창민 GA정면 R-ST-G(득점: 이창민, 도움: 조원희) 가운데
● 후반 1분 보산치치 GAL내 EL ~ 스토야노비치 정면내 L-ST-G(득점: 스토야노비치, 도움: 보산치치) 왼쪽
● 후반 35분 이현승AKL ~ 안용우 AKR L-ST-G(득점: 안용우, 도움: 이현승) 왼쪽
● 전반 4분 안용우 C.KR ~ 스테보 GA정면내 H-ST-G(득점: 스테보, 도움: 안용우) 왼쪽
● 후반 5분 현영민 PAL ~ 이종호 PAL내 EL L-ST-G(득점: 이종호, 도움: 현영민) 오른쪽

---

## 제주 1 : 0 성남

3월 22일 14:00 맑음 제주 월드컵 관중 4,809명
주심_ 우상일 부심_ 정해상·노수용 대기심_ 고형진 감독관_ 김수현

| | | | 0 전반 0 | | | |
| | 제주 1 | | 1 후반 0 | | 0 성남 | |

| 퇴장 | 경고 | 파울 | ST(유) | 교체 | 선수명 | 배번 | 위치 | 위치 | 배번 | 선수명 | 교체 | ST(유) | 파울 | 경고 | 퇴장 |
|---|---|---|---|---|---|---|---|---|---|---|---|---|---|---|---|
| 0 | 0 | 0 | 0 | | 김호준 | 1 | GK | GK | 28 | 박준혁 | | 0 | 0 | 0 | 0 |
| 0 | 0 | 0 | 0 | | 김수범 | 22 | DF | DF | 2 | 곽해성 | | 2(1) | 0 | 0 | 0 |
| 0 | 0 | 4 | 0 | | 오반석 | 5 | DF | DF | 20 | 윤영선 | | 0 | 4 | 1 | 0 |
| 0 | 0 | 1 | 0 | | 알렉스 | 15 | DF | DF | 5 | 임채민 | | 2 | 0 | 0 | 0 |
| 0 | 0 | 2 | 0 | | 정다훤 | 2 | DF | DF | 6 | 박진포 | | 0 | 0 | 0 | 0 |
| 0 | 2 | 1 | 8 | | 윤빛가람 | 14 | MF | MF | 22 | 이종원 | 15 | 1 | 0 | 0 | 0 |
| 0 | 0 | 1 | 0 | | 에스티벤 | 20 | MF | MF | 14 | 김철호 | | 1 | 0 | 0 | 0 |
| 0 | 0 | 3(1) | | | 송진형 | 37 | MF | MF | 12 | 바우지비아 | | 0 | 0 | 0 | 0 |
| 0 | 2 | 1(1) | | | 드로겟 | 19 | FW | FW | 18 | 이창훈 | | 0 | 0 | 0 | 0 |
| 0 | 0 | 2 | | 11 | 배일환 | 13 | FW | FW | 11 | 김태환 | 27 | 0 | 0 | 0 | 0 |
| 0 | 1 | 2(1) | 7 | | 스토키치 | 7 | FW | FW | 16 | 김동섭 | | 1 | 0 | 0 | 0 |
| 0 | 0 | 0 | 0 | | 김경민 | 21 | | | 1 | 전상욱 | | 0 | 0 | 0 | 0 |
| 0 | 0 | 0 | | | 강준우 | 4 | | | 3 | 박희성 | | 0 | 0 | 0 | 0 |
| 0 | 0 | 0 | | | 김봉래 | 27 | | | 5 | 심우연 | | 0 | 0 | 0 | 0 |
| 0 | 0 | 0 | | 후35 | 오승범 | 42 | 대기 | 대기 | 4 | 김평래 | 후35 | 0 | 0 | 0 | 0 |
| 0 | 0 | 0 | | | 김영신 | 16 | | | 40 | 김남건 | | 0 | 0 | 0 | 0 |
| 0 | 0 | 0 | | 후66 | 황일수 | 11 | | | 17 | 이민우 | | 0 | 0 | 0 | 0 |
| 0 | 0 | 2 | 1(1) | 후22 | 김 현 | 9 | | | 16 | 황의조 | 후11 | 1 | 1 | 0 | 0 |
| 0 | 0 | 14 | 8(4) | | | 0 | | | 0 | | | 9(1) | 12 | 1 | 0 |

● 후반 27분 김현 AKL ~ 송진형 PA정면 R-ST-G (득점: 송진형, 도움: 김현) 오른쪽

---

## 상주 0 : 0 전북

3월 23일 14:00 맑음 상주 시민 관중 3,130명
주심_ 김종혁 부심_ 김용수·양병은 대기심_ 이동준 감독관_ 한병화

| | | | 0 전반 0 | | | |
| | 상주 0 | | 0 후반 0 | | 0 전북 | |

| 퇴장 | 경고 | 파울 | ST(유) | 교체 | 선수명 | 배번 | 위치 | 위치 | 배번 | 선수명 | 교체 | ST(유) | 파울 | 경고 | 퇴장 |
|---|---|---|---|---|---|---|---|---|---|---|---|---|---|---|---|
| 0 | 0 | 0 | 0 | | 김근배 | 31 | GK | GK | 1 | 권순태 | | 0 | 0 | 0 | 0 |
| 0 | 0 | 5 | 0 | | 백종환 | 4 | DF | DF | 2 | 이규로 | | 0 | 0 | 0 | 0 |
| 0 | 0 | 1 | 1 | | 양준아 | 14 | DF | DF | 3 | 최규백 | | 0 | 1 | 1 | 0 |
| 1 | 0 | 0 | 0 | | 이재성 | 15 | DF | DF | 4 | 김기희 | | 0 | 2 | 0 | 0 |
| 0 | 0 | 3 | 0 | | 유지훈 | 33 | DF | DF | 26 | 윌킨슨 | | 0 | 0 | 0 | 0 |
| 0 | 0 | 2 | | 14 | 이후권 | 2 | MF | MF | 17 | 최보경 | 14 | 3(1) | 3 | 0 | 0 |
| 0 | 0 | 0 | 0 | | 이상호 | 4 | MF | MF | 8 | 정 혁 | | 1 | 0 | 0 | 0 |
| 0 | 2 | 3 | 0 | | 고재성 | 3 | MF | MF | 7 | 마르코스 | | 5 | 3 | 0 | 0 |
| 0 | 3 | 2 | | | 하태균 | 9 | FW | MF | 7 | 한교원 | | 3(1) | 1 | 0 | 0 |
| 0 | 2(1) | 17 | | | 이정협 | 26 | FW | FW | 20 | 이동국 | | 4(2) | 2 | 0 | 0 |
| 0 | 0 | 0 | | | 박지영 | 41 | | | 23 | 최은성 | | 0 | 0 | 0 | 0 |
| 0 | 0 | 0 | | 후30 | 김창훈 | 30 | | | 28 | 이강진 | | 0 | 0 | 0 | 0 |
| 0 | 0 | 0 | | | 이용기 | 24 | | | 5 | 정인환 | | 0 | 0 | 0 | 0 |
| 0 | 0 | 0 | | 후0 | 송원재 | 17 | 대기 | 대기 | 13 | 김인성 | | 0 | 0 | 0 | 0 |
| 0 | 0 | 0 | | 후10 | 장혁진 | 7 | | | 10 | 레오나르도 | 후10 | 1 | 1 | 0 | 0 |
| 0 | 0 | 0 | | | 박승일 | 30 | | | 9 | 카이오 | 후10 | 1 | 2 | 0 | 0 |
| 0 | 0 | 0 | | | 이상협 | 99 | | | 14 | 이승렬 | 후24 | 0 | 0 | 0 | 0 |
| 1 | 4 | 16 | 10(5) | | | 0 | | | 0 | | | 17(4) | 16 | 2 | 0 |

## 서울 0 : 1 부산

3월 23일 14:00 맑음 서울 월드컵 관중 16,460명
주심_이민후 부심_전기록·장준모 대기심_류희선 감독관_김용세

서울 0 | 0 전반 1 / 0 후반 0 | 1 부산

| 퇴장 | 경고 | 파울 | ST(유) | 교체 | 선수명 | 배번 | 위치 | 위치 | 배번 | 선수명 | 교체 | ST(유) | 파울 | 경고 | 퇴장 |
|---|---|---|---|---|---|---|---|---|---|---|---|---|---|---|---|
| 0 | 0 | 0 | 0 | | 김용대 | 1 | GK | GK | 1 | 이범영 | | 0 | 0 | 1 | 0 |
| 0 | 0 | 0 | 3(1) | | 김주영 | 4 | DF | DF | 7 | 박준강 | | 0 | 2 | 0 | 0 |
| 0 | 0 | 2 | 2(1) | | 김진규 | 6 | DF | DF | 20 | 이원영 | | 2 | 2 | 0 | 0 |
| 0 | 0 | 2 | 2(1) | | 차두리 | 5 | DF | DF | 23 | 김찬영 | | 0 | 3 | 0 | 0 |
| 0 | 0 | 0 | 2(2) | | 김치우 | 7 | DF | DF | 33 | 장학영 | | 0 | 0 | 0 | 0 |
| 0 | 0 | 0 | 4(1) | | 오스마르 | 28 | MF | MF | 17 | 정석화 | 17 | 0 | 0 | 0 | 0 |
| 0 | 0 | 0 | | 14 | 김영조 | 16 | MF | MF | 22 | 낯은주니어 | | 0 | 4 | 0 | 0 |
| 0 | 0 | 1 | 2(1) | | 고명진 | 22 | MF | MF | 26 | 홍동현 | 7 | 1 | 1 | 1 | 0 |
| 0 | 1 | 0 | | | 윤일록 | 24 | FW | MF | 11 | 임상협 | | 1(1) | 2 | 0 | 0 |
| 0 | 0 | 2 | 2(2) | 2 | 고요한 | 13 | FW | FW | 51 | 파그너 | | 2 | 1 | 0 | 0 |
| 0 | 0 | 0 | | 9 | 하파엘 | 19 | FW | FW | 18 | 양동현 | | 3(3) | 1 | 0 | 0 |
| | | | | | 유상훈 | 31 | | | 41 | 김기용 | | | | | |
| | | | | | 이웅희 | 3 | | | 7 | 한지호 | 후22 | | | | |
| | | | | 후34 | 최효진 | 2 | | | 9 | 코마젝 | | | | | |
| | | | | | 심상민 | 21 | 대기 | 대기 | 15 | 유지노 | | | | | |
| | | | | | 이상협 | 29 | | | 17 | 김익현 | 후43 | | | | |
| | | 1(1) | | 후9 | 에스쿠데로 | 9 | | | 22 | 전성찬 | | | | | |
| | | | | 후14 | 박희성 | 14 | | | 27 | 권진영 | | | | | |
| 0 | 0 | 7 | 18(10) | | | | | | | | | 7(4) | 16 | 4 | 0 |

●전반 22분 양동현 PA정면내 L-ST-G(득점: 양동현) 오른쪽

## 경남 1 : 0 인천

3월 26일 19:00 흐림 창원 축구센터 관중 2,765명
주심_고형진 부심_장준모·노수용 대기심_김성호 감독관_하재훈

경남 1 | 1 전반 0 / 0 후반 0 | 0 인천

| 퇴장 | 경고 | 파울 | ST(유) | 교체 | 선수명 | 배번 | 위치 | 위치 | 배번 | 선수명 | 교체 | ST(유) | 파울 | 경고 | 퇴장 |
|---|---|---|---|---|---|---|---|---|---|---|---|---|---|---|---|
| 0 | 0 | 0 | 0 | | 김영광 | 1 | GK | GK | 1 | 권정혁 | | 0 | 0 | 0 | 0 |
| 0 | 1 | 4 | 0 | | 스레텐 | 30 | DF | DF | 13 | 박태민 | | 0 | 1 | 0 | 0 |
| 0 | 0 | 0 | 1(1) | | 우주성 | 15 | DF | DF | 16 | 이윤표 | | 0 | 2 | 0 | 0 |
| 0 | 1 | 3 | 2(2) | | 권완규 | 23 | DF | DF | 20 | 안재준 | | 0 | 1 | 0 | 0 |
| 0 | 0 | 0 | | 4 | 박주성 | 27 | DF | DF | 2 | 용현진 | | 0 | 1 | 0 | 0 |
| 0 | 0 | 7 | 1 | | 조원희 | 17 | MF | MF | 7 | 구본상 | | 0 | 0 | 0 | 0 |
| 0 | 0 | 1 | 3 | | 이창민 | 14 | MF | MF | 4 | 배승진 | | 0 | 0 | 0 | 0 |
| 0 | 0 | 1 | 2(1) | 8 | 보산치치 | 10 | MF | MF | 14 | 이석현 | 후28 | 4(3) | 1 | 0 | 0 |
| 0 | 0 | 1 | 0 | | 이재안 | 17 | FW | FW | 23 | 남준재 | | 0 | 0 | 0 | 0 |
| 0 | | | 1(1) | | 김슬기 | 33 | FW | FW | 19 | 이천수 | 후19 | 0 | 0 | 0 | 0 |
| 0 | 0 | 2 | 0 | | 스토야노비치 | 99 | FW | FW | 11 | 니콜리치 | | 1 | 4 | 0 | 0 |
| | | | | | 손정현 | 31 | | | 18 | 조수혁 | | | | | |
| | | | | | 송수영 | 16 | | | 3 | 이상희 | | | | | |
| | | | | | 메영준 | 26 | | | 21 | 김도혁 | | | | | |
| | | 4(3) | | 후12 | 임창균 | 8 | 대기 | 대기 | 6 | 문상윤 | 후14 | | | | |
| | | | | | 루크 | | | | 19 | 주앙파울로 | 후0 | 4(1) | | 0 | 2 |
| | | | | 후48 | 박지민 | 12 | | | 29 | 진성욱 | | | | | |
| | | | | 후29 | 김준엽 | 4 | | | 28 | 이효균 | 후29 | | | | |
| 0 | 2 | 22 | 16(8) | | | | | | | | | 9(4) | 13 | 1 | 0 |

●전반 26분 권완규 PAR CK L-ST-G(득점: 권완규) 오른쪽

## 울산 3 : 0 인천

3월 23일 16:00 맑음 울산 문수 관중 9,576명
주심_김동진 부심_이규환·윤광열 대기심_유선호 감독관_김형남

울산 3 | 2 전반 0 / 1 후반 0 | 0 인천

| 퇴장 | 경고 | 파울 | ST(유) | 교체 | 선수명 | 배번 | 위치 | 위치 | 배번 | 선수명 | 교체 | ST(유) | 파울 | 경고 | 퇴장 |
|---|---|---|---|---|---|---|---|---|---|---|---|---|---|---|---|
| 0 | 0 | 0 | 0 | | 김승규 | 18 | GK | GK | 1 | 권정혁 | | 0 | 0 | 0 | 0 |
| 0 | 0 | 3 | 0 | 26 | 용 | 19 | DF | DF | 13 | 박태민 | | 0 | 1 | 0 | 0 |
| 0 | 0 | 2 | 0 | | 강민수 | 4 | DF | DF | 16 | 이윤표 | | 0 | 0 | 0 | 0 |
| 0 | 0 | 0 | | | 김영삼 | 14 | DF | DF | 20 | 안재준 | | 0 | 0 | 0 | 0 |
| 0 | 1 | 1 | 2 | | 김치곤 | 22 | DF | DF | 25 | 최종환 | | 1 | 0 | 0 | 1 |
| 0 | 0 | 2 | 1 | 15 | 박동혁 | 6 | MF | MF | 8 | 구본상 | | 3 | 0 | 0 | 0 |
| 0 | 1 | 3 | 3(1) | | 한상운 | 7 | MF | MF | 4 | 배승진 | | 3 | 1 | 1 | 0 |
| 0 | 0 | | 2(1) | | 안진범 | 27 | MF | MF | 7 | 이석현 | 후29 | 3 | | | |
| 0 | 0 | | 3(2) | | 하파나 | 10 | FW | FW | 23 | 남준재 | 후19 | 0 | | | |
| 0 | 0 | | 4(3) | 23 | 김신욱 | 9 | FW | FW | 19 | 이천수 | 29 | 2 | 1(1) | 0 | |
| | | | | | 이희성 | 21 | | | 28 | 이효균 | | | | | |
| | | | | | 이희성 | 21 | | | 18 | 조수혁 | | | | | |
| | | | | 후16 | 이명재 | 26 | | | 6 | 현준혁 | | | | | |
| | | | | 후33 | 김민규 | 23 | | | 3 | 이상희 | | | | | |
| | | | | | 김용태 | 24 | 대기 | 대기 | 6 | 문상윤 | 후16 | | | | |
| | | | | 후25 | 백지훈 | 15 | | | 19 | 주앙파울로 | 후31 | | | | |
| | | | | | 최태욱 | 32 | | | 29 | 진성욱 | 후16 | | | | |
| | | | | | 유준수 | | | | 11 | 니콜리치 | | | | | |
| 0 | 2 | 14 | 19(10) | | | | | | | | | 12 | 7(2) | 1 | 1 |

●전반 4분 하파나 GAR ⌒김신욱 H-ST-G (득점: 김신욱, 도움: 하파나) 왼쪽
●전반 19분 김욱 MFL ~ 한상운 PAL L-ST-G득점: 한상운, 도움: 김신욱 오른쪽
●후반 13분 이용 MFR ~ 하파나 PA정면 R-ST-G득점: 하파나, 도움: 이용 가운데

## 전남 1 : 0 울산

3월 26일 19:00 맑음 광양 전용 관중 2,653명
주심_이민후 부심_김용수·지승민 대기심_김종혁 감독관_김진의

전남 1 | 1 전반 0 / 0 후반 0 | 0 울산

| 퇴장 | 경고 | 파울 | ST(유) | 교체 | 선수명 | 배번 | 위치 | 위치 | 배번 | 선수명 | 교체 | ST(유) | 파울 | 경고 | 퇴장 |
|---|---|---|---|---|---|---|---|---|---|---|---|---|---|---|---|
| 0 | 0 | 0 | 0 | | 김병지 | 1 | GK | GK | 18 | 김승규 | | 0 | 0 | 0 | 0 |
| 0 | 0 | 1 | 0 | | 현영민 | 13 | DF | DF | 22 | 김치곤 | | 0 | 1 | 0 | 0 |
| 0 | 0 | 0 | 0 | | 임종은 | 5 | DF | DF | 4 | 강민수 | | 0 | 0 | 0 | 0 |
| 0 | 0 | 2 | 0 | | 방대종 | 15 | DF | DF | 2 | 이용 | | 0 | 0 | 0 | 0 |
| 0 | 0 | 2 | 0 | | 김태호 | 2 | DF | DF | 14 | 김영삼 | | 0 | 2 | 0 | 0 |
| 0 | 1 | 3 | 1(1) | 55 | 이승희 | 4 | MF | MF | 7 | 고창현 | | 3 | 1 | 1 | 0 |
| 0 | 0 | | 1(1) | 12 | 레안드리뉴 | 11 | MF | MF | 27 | 박동혁 | | 0 | 0 | 0 | 0 |
| 0 | 0 | | 2(1) | | 안용우 | 25 | MF | MF | 24 | 김용태 | | 1(1) | 0 | 0 | 0 |
| 0 | 0 | 2 | 1 | 77 | 이종호 | 17 | MF | FW | 10 | 하파나 | 17 | 4(2) | 2 | | |
| 0 | 0 | 1 | | | 스테보 | 10 | FW | FW | 9 | 김신욱 | | 6(3) | 3 | 1 | 0 |
| | | | | | 김대호 | 31 | | | 26 | 이명재 | | | | | |
| | | | | | 김동철 | 24 | | | 23 | 김민규 | 후30 | | | | |
| | | | | 후39 | 코니 | 55 | | | 19 | 박용지 | | | | | |
| | | | | | 박선용 | 3 | 대기 | 대기 | 27 | 안진범 | 후30 | | | | |
| | | | | 후6 | 크리즈만 | 12 | | | 15 | 백지훈 | | | | | |
| | | | | 후29 | 전현철 | 77 | | | 17 | 유준수 | 후27 | | | | |
| | | | | | 박기동 | 20 | | | | | | | | | |
| 0 | 1 | 17 | 8(4) | | | | | | | | | 15(6) | 12 | 1 | 0 |

●전반 6분 안용우 C.KR ⌒스테보 GA정면 H-ST-G (득점: 스테보, 도움: 안용우) 오른쪽

## 전북 1 : 3 포항

3월 26일 19:00 흐림 전주 월드컵 관중 6,824명
주심_우상일 부심_정해상·이규환 대기심_김상우 감독관_한진원

전북 1 — 1 전반 1 / 0 후반 2 — 3 포항

| 퇴장 | 경고 | 파울 | ST(유) | 교체 | 선수명 | 배번 | 위치 | 위치 | 배번 | 선수명 | 교체 | ST(유) | 파울 | 경고 | 퇴장 |
|---|---|---|---|---|---|---|---|---|---|---|---|---|---|---|---|
| 0 | 0 | 0 | 0 | | 최은성 | 23 | GK | GK | 1 | 신화용 | | 0 | 0 | 0 | 0 |
| 0 | 0 | 1 | 0 | | 이재명 | 3 | DF | DF | 32 | 김형일 | 6 | 0 | 2 | 0 | 0 |
| 0 | 0 | 5 | 0 | | 김기희 | 4 | DF | DF | 24 | 배슬기 | | 1(1) | 3 | 1 | 0 |
| 0 | 0 | 0 | 1 | | 정인환 | 5 | DF | DF | 17 | 신광훈 | | 0 | 2 | 1 | 0 |
| 0 | 2 | 0 | 0 | | 윌킨슨 | 18 | DF | DF | 2 | 박희철 | | 0 | 5 | 0 | 0 |
| 0 | 0 | 0 | 0 | | 김남일 | 55 | MF | MF | 29 | 이명주 | | 3(2) | 1 | 3 | 0 | 0 |
| 0 | 0 | 1 | 4(1) | | 정 혼 | 15 | MF | MF | 24 | 손준호 | | 1 | 1 | 0 | 0 |
| 0 | 0 | 1 | 0 | | 이재성 | 17 | MF | FW | 23 | 유창현 | 20 | 1(1) | 1 | 4 | 0 | 0 |
| 0 | 0 | 1 | 1(1) | 13 | 한교원 | 7 | MF | FW | 12 | 김승대 | | 1 | 1 | 1 | 0 |
| 0 | 0 | 1 | 0 | | 이승렬 | 10 | FW | FW | 16 | 이광훈 | 27 | 1 | 1 | 0 | 0 |
| 0 | 1 | 3 | 2(1) | 20 | 카이오 | 9 | FW | FW | 9 | 문창진 | | 1 | 1 | 0 | 0 |
| 0 | | | | | 권순태 | 31 | | | 31 | 김다슬 | | 0 | | | |
| 0 | | | | | 이규로 | 2 | | | 27 | 박선주 | 후36 | 0 | 1 | 0 | 0 |
| 0 | | | | | 최보경 | 6 | | | 6 | 김준수 | 후38 | 0 | 1 | 0 | 0 |
| 0 | 1 | 1 | 0 | 후22 | 김인성 | 13 | 대기 | 대기 | 34 | 이광혁 | | 0 | | | |
| 0 | | 2(1) | | | 레오나르도 | 10 | | | 20 | 윤준성 | 후44 | 0 | | | |
| 0 | | | | | 마르코스 | 8 | | | 14 | 배천석 | | 0 | | | |
| 0 | 0 | 1 | 0 | 후9 | 이동국 | 20 | | | 21 | 이진석 | | 0 | | | |
| 0 | 2 | 23 | 8(4) | | | 0 | | | 0 | | | 9(6) | 26 | 4 | 0 |

● 전반 5분 카이오 PK-L-G (득점: 카이오) 왼쪽
● 전반 23분 김승대 PAR ~ 유창현 GAL R-ST-G (득점: 유창현, 도움: 김승대) 왼쪽
● 후반 17분 유현 MF정면 ~ 이명주 GAR R-ST-G(득점: 이명주, 도움: 유현) 왼쪽
● 후반 25분 이명주 MFL ~ 김승대 GAL R-ST-G (득점: 김승대, 도움: 이명주) 가운데

## 성남 2 : 0 수원

3월 26일 19:30 흐림 탄천 종합 관중 5,620명
주심_류희선 부심_전기록·윤광열 대기심_이동준 감독관_이영철

성남 2 — 2 전반 0 / 0 후반 0 — 0 수원

| 퇴장 | 경고 | 파울 | ST(유) | 교체 | 선수명 | 배번 | 위치 | 위치 | 배번 | 선수명 | 교체 | ST(유) | 파울 | 경고 | 퇴장 |
|---|---|---|---|---|---|---|---|---|---|---|---|---|---|---|---|
| 0 | 0 | 0 | 0 | | 박준혁 | 28 | GK | GK | 1 | 정성룡 | | 0 | 0 | 0 | 0 |
| 0 | 1 | 2 | 0 | | 곽해성 | 2 | DF | DF | 4 | 곽광선 | | 0 | 1 | 0 | 0 |
| 0 | 0 | 2 | 0 | | 윤영선 | 20 | DF | DF | 17 | 홍 철 | | 1 | 2 | 0 | 0 |
| 0 | 0 | 1 | 0 | | 임채민 | 26 | DF | DF | 30 | 신세계 | | 0 | 1 | 0 | 0 |
| 0 | 0 | 3 | 1 | 15 | 이종원 | 22 | MF | MF | 8 | 김두현 | | 2 | 0 | 0 | 0 |
| 0 | 0 | 2 | 1(1) | | 김철호 | 4 | MF | MF | 9 | 오장은 | | 0 | 3 | 0 | 0 |
| 0 | 0 | 0 | 4(1) | 10 | 바우지비아 | 11 | MF | MF | 12 | 고차원 | 13 | 0 | 1 | 1 | 0 | 0 |
| 0 | 0 | 1 | 0 | | 이창훈 | 18 | MF | FW | 26 | 염기훈 | | 1(1) | 1 | 0 | 0 |
| 0 | 0 | 2 | 1 | | 김태환 | 11 | FW | FW | 7 | 조동건 | 11 | 1 | 1 | 0 | 0 |
| 0 | 1 | | 1(1) | 16 | 김동섭 | 9 | FW | FW | 14 | 정대세 | | 1 | 1 | 0 | 0 |
| 0 | | | | | 전상욱 | 21 | | | 21 | 노동건 | | 0 | | | |
| 0 | | | | | 박희성 | 3 | | | 15 | 구자룡 | 후0 | 0 | | | |
| 0 | | | | | 심우연 | 5 | | | 2 | 최재수 | | 0 | | | |
| 0 | | | | 후37 | 김평래 | 대기 | 대기 | | 6 | 김은선 | 후27 | 2 | | | |
| 0 | | | | | 김남건 | 19 | | | 19 | 배기종 | | 0 | | | |
| 0 | | | | 후27 | 제파로프 | 13 | | | 13 | 서정진 | 후0 | 0 | | | |
| 0 | | | | 후33 | 황의조 | | | | 11 | 로 저 | 후0 | 6(5) | 2 | | |
| 0 | 3 | 17 | 11(4) | | | 0 | | | 0 | | | 13(6) | 20 | 0 | 0 |

● 전반 21분 이창훈 PAL ~ 바우지비아 GA정면 내 H-ST-G(득점: 바우지비아, 도움: 이창훈) 가운데
● 전반 36분 김철호 GAL 내 H-ST-G(득점: 김철호) 왼쪽

## 서울 2 : 0 제주

3월 26일 19:30 맑음 서울 월드컵 관중 6,872명
주심_유선호 부심_노태식·이정민 대기심_김동진 감독관_김정식

서울 2 — 0 전반 0 / 2 후반 0 — 0 제주

| 퇴장 | 경고 | 파울 | ST(유) | 교체 | 선수명 | 배번 | 위치 | 위치 | 배번 | 선수명 | 교체 | ST(유) | 파울 | 경고 | 퇴장 |
|---|---|---|---|---|---|---|---|---|---|---|---|---|---|---|---|
| 0 | 0 | 0 | 0 | | 김용대 | 1 | GK | GK | 1 | 김호준 | | 0 | 0 | 0 | 0 |
| 0 | 0 | 1 | 1 | | 차두리 | 5 | DF | DF | 22 | 김수범 | | 0 | 4 | 1 | 0 |
| 0 | 0 | 1 | 0 | | 이웅희 | 3 | DF | DF | 5 | 오반석 | | 0 | 2 | 1 | 0 |
| 0 | 0 | 0 | 0 | 7 | 김주영 | 4 | DF | DF | 4 | 알렉스 | | 1 | 2 | 0 | 0 |
| 0 | 0 | 1 | 0 | | 심상민 | 21 | DF | DF | 2 | 정다훤 | | 1 | 0 | 0 | 0 |
| 0 | 0 | | 2(1) | | 오스마르 | 28 | MF | MF | 20 | 에스티벤 | | 1 | 2 | 0 | 0 |
| 0 | 3(1) | | | | 강승조 | 16 | MF | MF | 8 | 오승범 | 14 | 1 | 0 | 0 |
| 0 | 1 | 1 | | | 고명진 | 13 | MF | MF | 10 | 송진형 | | 1 | 1 | 0 | 0 |
| 0 | 2 | 2(2) | | | 고요한 | 13 | FW | FW | 16 | 김영신 | 19 | 1 | 1 | 0 | 0 |
| 0 | 3 | 0 | | | 에스쿠데로 | 9 | FW | FW | 11 | 황일수 | | 3(2) | 1 | 0 | 0 |
| 0 | 0 | 2 | | 24 | 박희성 | 14 | FW | FW | 9 | 김 현 | 24 | 1 | 0 | 0 |
| 0 | | | | | 유상훈 | 31 | | | 21 | 김경민 | | 0 | | | |
| 0 | | | | | 김진규 | 7 | | | 3 | 김준수 | | | | | |
| 0 | | | | 후33 | 김치우 | 7 | | | 24 | 이 용 | 후32 | 0 | | | |
| 0 | | | | | 이상협 | | 대기 | 대기 | 14 | 윤빛가람 | 후14 | 2 | | | |
| 0 | | | | 후44 | 최현태 | 17 | | | 19 | 드로겟 | 후0 | 0 | | | |
| 0 | | 3(2) | | 후12 | 윤일록 | 24 | | | 13 | 배일환 | | 0 | | | |
| 0 | | | | | 하파엘 | 10 | | | 18 | 진대성 | | 0 | | | |
| 0 | 0 | 12 | 14(6) | | | 0 | | | 0 | | | 11(3) | 16 | 3 | 0 |

● 후반 23분 고요한 GA정면 내 H-ST-G(득점: 고요한) 오른쪽
● 후반 28분 에스쿠데로 PAL ~ 윤일록 AK정면 R-ST-G(득점: 윤일록, 도움: 에스쿠데로) 왼쪽

## 부산 1 : 1 상주

3월 26일 19:30 비 부산 아시아드 관중 2,096명
주심_송민석 부심_손재선·김성일 대기심_최명용 감독관_한병화

부산 1 — 0 전반 1 / 1 후반 0 — 1 상주

| 퇴장 | 경고 | 파울 | ST(유) | 교체 | 선수명 | 배번 | 위치 | 위치 | 배번 | 선수명 | 교체 | ST(유) | 파울 | 경고 | 퇴장 |
|---|---|---|---|---|---|---|---|---|---|---|---|---|---|---|---|
| 0 | 0 | 0 | 0 | | 이범영 | 1 | GK | GK | 1 | 김민식 | | 0 | 0 | 0 | 0 |
| 0 | 0 | 2 | 1(1) | | 박준강 | 2 | DF | DF | 4 | 백종환 | | 0 | 2 | 1 | 0 |
| 0 | 0 | 1 | 0 | | 장학영 | 33 | DF | DF | 8 | 이 용 | | 1 | 0 | 0 | 0 |
| 0 | 1 | 1 | 0 | | 김응진 | 5 | DF | DF | 25 | 양준아 | | 0 | 1 | 0 | 0 |
| 0 | 1 | 1 | 0 | | 김찬영 | 26 | MF | MF | 3 | 최철순 | | 0 | 1 | 0 | 0 |
| 0 | 1 | 0 | | | 홍동현 | 26 | MF | MF | 5 | 송원재 | | 0 | 0 | 0 | 0 |
| 0 | 1 | 0 | | | 닐슨 주니어 | 25 | MF | MF | 8 | 정 훈 | 24 | 0 | 1 | 3 | 0 | 0 |
| 0 | 0 | 0 | | | 정석화 | 35 | MF | MF | 16 | 서상민 | 24 | 0 | 4(3) | 2 | 0 | 0 |
| 1 | 0 | 3 | 1 | | 파 그너 | 51 | MF | MF | 18 | 이상호 | | 1 | 0 | 0 |
| 0 | 1 | 0 | | | 임상협 | 11 | FW | FW | 14 | 하태균 | 11 | 1 | 0 | 0 |
| 0 | 2 | 4(2) | | | 양동현 | 18 | FW | FW | 10 | 김동찬 | | 2(2) | 1 | 0 | 0 |
| 0 | | | | | 김기용 | 41 | | | | 홍정남 | | 0 | | | |
| 0 | | | | | 신연수 | 4 | | | 3 | 김상우 | | | | | |
| 0 | 1 | 2 | | 후16 | 한지호 | 7 | | | 24 | 이용기 | 후23 | 1 | | | |
| 0 | | | | | 코 마 젝 | | 대기 | 대기 | | 이후권 | | | | | |
| 0 | | | | | 유지노 | 15 | | | | 이승현 | 후35 | 2 | | | |
| 0 | | | | | 김익현 | 17 | | | 11 | 이근호 | | 0 | | | |
| 0 | | | | | 권진영 | 27 | | | | 장혁진 | | 0 | | | |
| 0 | 1 | 17 | 13(5) | | | 0 | | | 0 | | | 7(5) | 22 | 3 | 0 |

● 후반 44분 김응진 MF정면 ~ 양동현 AKR R-ST-G(득점: 양동현, 도움: 김응진) 왼쪽
● 전반 39분 이상호 PK-R-G (득점: 이상호) 오른쪽

## 3월 29일 14:00 비 울산 문수 관중 5,230명
주심_김성호 부심_정해상·김성일 대기심_송민석 감독관_김진의

**울산 2**   1 전반 1 / 1 후반 0   **1 서울**

| 퇴장 | 경고 | 파울 | ST(유) | 교체 | 선수명 | 배번 | 위치 | 위치 | 배번 | 선수명 | 교체 | ST(유) | 파울 | 경고 | 퇴장 |
|---|---|---|---|---|---|---|---|---|---|---|---|---|---|---|---|
| 0 | 0 | 0 | 0 | | 김승규 | 18 | GK | GK | 1 | 김용대 | | 0 | 0 | 0 | 0 |
| 0 | 0 | 2 | 0 | | 이 용 | 2 | DF | DF | 5 | 차두리 | | 1 | 0 | 0 | 0 |
| 0 | 1 | 1 | 0 | | 강민수 | 4 | DF | DF | 6 | 김진규 | | 1 | 4 | 1 | 0 |
| 0 | 1 | 2 | 0 | | 김영삼 | 14 | DF | DF | 21 | 심상민 | 7 | 0 | 1 | 0 | 0 |
| 0 | 0 | 0 | 0 | | 김치곤 | 22 | DF | MF | 28 | 오스마르 | | 0 | 1 | 1 | 0 |
| 0 | 0 | 1 | 1 | | 김성환 | 16 | MF | MF | 10 | 하현태 | 11 | 1 | 1 | 0 | 0 |
| 0 | 0 | 0 | 2 | 15 | 김용태 | 17 | MF | MF | 14 | 강승조 | 14 | 1 | 1 | 0 | 0 |
| 0 | 0 | 1 | 0 | | 한상운 | 20 | MF | MF | 13 | 고요한 | | 1 | 0 | 0 | 0 |
| 0 | 0 | 0 | 0 | 27 | 박용지 | 19 | MF | FW | 24 | 윤일록 | | 2(1) | 0 | 0 | 0 |
| 0 | 0 | 0 | 0 | 26 | 하피냐 | 10 | FW | FW | 9 | 에스쿠데로 | | 1 | 2 | 0 | 0 |
| 0 | 1 | 4 | 5(2) | | 김신욱 | 9 | FW | | | | | | | | |
| 0 | 0 | 0 | 0 | | 이희성 | 31 | | | 31 | 유상훈 | | 0 | 0 | 0 | 0 |
| 0 | 0 | 0 | 0 | 후12 | 이명재 | 26 | | | 2 | 최효진 | | 0 | 0 | 0 | 0 |
| 0 | 0 | 0 | 0 | | 김민균 | 23 | | | 3 | 이웅희 | | 0 | 0 | 0 | 0 |
| 0 | 0 | 0 | 0 | | 까이끼 | 8 | 대기 | 대기 | 7 | 김치우 | 후16 | 1 | 0 | 0 | 0 |
| 0 | 0 | 0 | 0 | 후37 | 백지훈 | 15 | | | 27 | 고광민 | | 0 | 0 | 0 | 0 |
| 0 | 0 | 0 | 0 | 후8 | 안진범 | 27 | | | 9 | 박희성 | 후31 | 1(1) | 0 | 0 | 0 |
| 0 | 0 | 0 | 0 | | 유준수 | 17 | | | 10 | 하파엘 | 후16 | 1(1) | 0 | 0 | 0 |
| 0 | 3 | 10 | 12(2) | | | 0 | | | 0 | | | 11(3) | 17 | 2 | 0 |

- 전반 7분 김신욱 GAL H-ST-G(득점: 김신욱) 왼쪽
- 전반 38분 강승조 MFL FK ⌒ 김주영 GA정면 H-ST-G(득점: 김주영, 도움: 강승조) 왼쪽
- 후반 12분 김신욱 PK지점 R-ST-G(득점: 김신욱) 오른쪽

---

## 3월 29일 16:00 흐리고 비 전주 월드컵 관중 7,159명
주심_최영용 부심_손재선·장준모 대기심_김동진 감독관_강창구

**전북 1**   0 전반 0 / 1 후반 0   **0 성남**

| 퇴장 | 경고 | 파울 | ST(유) | 교체 | 선수명 | 배번 | 위치 | 위치 | 배번 | 선수명 | 교체 | ST(유) | 파울 | 경고 | 퇴장 |
|---|---|---|---|---|---|---|---|---|---|---|---|---|---|---|---|
| 0 | 0 | 0 | 0 | | 권순태 | 1 | GK | GK | 28 | 박준혁 | | 0 | 0 | 0 | 0 |
| 0 | 0 | 1 | 0 | | 이규로 | 2 | DF | DF | 15 | 김평래 | | 0 | 3 | 0 | 0 |
| 0 | 0 | 1 | 0 | | 김기희 | 4 | DF | DF | 20 | 윤영선 | | 0 | 1 | 0 | 0 |
| 0 | 1 | 0 | 0 | | 윌킨슨 | 18 | DF | DF | 26 | 임채민 | | 1(1) | 4 | 0 | 0 |
| 0 | 0 | 1 | 0 | | 이재명 | 3 | DF | DF | 6 | 박진포 | | 0 | 2 | 2 | 0 |
| 0 | 1 | 3 | 1(1) | | 최보경 | 6 | MF | MF | 22 | 이종원 | | 0 | 0 | 0 | 0 |
| 0 | 0 | 3 | 0 | | 정 혁 | 15 | MF | MF | 7 | 김철호 | 8 | 2(1) | 2 | 0 | 0 |
| 0 | 0 | 6 | 1 | | 김인성 | 13 | MF | FW | 18 | 이창훈 | | 2(1) | 1 | 1 | 0 |
| 0 | 0 | 1 | 2(1) | 10 | 한교원 | 7 | MF | MF | 12 | 바우비아 | 5 | 1(1) | 2 | 0 | 0 |
| 0 | 0 | 1 | 0 | | 이승렬 | 14 | FW | FW | 11 | 김태환 | | 1 | 0 | 0 | 0 |
| 0 | 0 | | 4(3) | | 이동국 | 20 | FW | FW | 9 | 김동섭 | 32 | 0 | 0 | 0 | 0 |
| 0 | 0 | 0 | 0 | | 최은성 | 21 | | | 3 | 정상욱 | | 0 | 0 | 0 | 0 |
| 0 | 0 | 0 | 0 | | 정인환 | 5 | | | 3 | 박희성 | | 0 | 0 | 0 | 0 |
| 0 | 0 | 0 | 0 | | 이강진 | 28 | | | 5 | 심우연 | 후41 | 1 | 0 | 0 | 0 |
| 0 | 0 | 0 | 0 | 후11 | 레오나르도 | 10 | 대기 | 대기 | 8 | 김성준 | 후9 | 0 | 0 | 0 | 0 |
| 0 | 0 | 0 | 0 | 후23 | 마르코스 | 8 | | | 32 | 기 가 | 후16 | 1 | 0 | 0 | 0 |
| 0 | 0 | 1(1) | | 후11 | 카이오 | 9 | | | 16 | 황의조 | | 0 | 0 | 0 | 0 |
| 0 | 1 | 17 | 12(6) | | | 0 | | | 0 | | | 6(4) | 18 | 3 | 0 |

- 후반 29분 카이오 GA정면 ~ 이동국 GAR내 L-ST-G(득점: 이동국, 도움: 카이오) 오른쪽

---

## 3월 29일 14:00 흐림 포항 스틸야드 관중 4,655명
주심_김상우 부심_김용수·윤광열 대기심_이민후 감독관_한진원

**포항 4**   2 전반 1 / 2 후반 1   **2 상주**

| 퇴장 | 경고 | 파울 | ST(유) | 교체 | 선수명 | 배번 | 위치 | 위치 | 배번 | 선수명 | 교체 | ST(유) | 파울 | 경고 | 퇴장 |
|---|---|---|---|---|---|---|---|---|---|---|---|---|---|---|---|
| 0 | 0 | 0 | 0 | | 신화용 | 1 | GK | GK | 1 | 김민식 | | 0 | 0 | 0 | 0 |
| 0 | 0 | 0 | 0 | | 김광석 | 3 | DF | DF | 8 | 이 호 | | 0 | 0 | 0 | 0 |
| 0 | 1 | 3 | 0 | | 김원일 | 13 | DF | DF | 14 | 양준아 | | 2(2) | 2 | 1 | 0 |
| 0 | 0 | 0 | 0 | | 신광훈 | 17 | DF | DF | 25 | 최철순 | | 0 | 0 | 0 | 0 |
| 0 | 0 | 0 | 0 | 27 | 박희철 | 2 | DF | DF | 33 | 유지훈 | | 0 | 1 | 0 | 0 |
| 0 | 0 | 0 | 0 | 28 | 김태수 | 5 | MF | MF | 16 | 서상민 | | 0 | 0 | 0 | 0 |
| 0 | 1 | 4 | 0 | | 김재성 | 7 | MF | MF | 29 | 장혁진 | 4 | 1 | 1 | 0 | 0 |
| 0 | 1 | 2 | 1 | | 이명주 | 14 | MF | FW | 18 | 이상호 | | 2(2) | 0 | 0 | 0 |
| 0 | 0 | 2 | 2(2) | | 김승대 | 12 | FW | FW | 11 | 이근호 | | 2(1) | 0 | 0 | 0 |
| 0 | 0 | 4 | 1(1) | | 문창진 | 19 | FW | FW | 26 | 이정협 | 10 | 0 | 1 | 0 | 0 |
| 0 | 0 | 6 | 3(2) | 23 | 고무열 | 18 | FW | | | | | | | | |
| 0 | 0 | 0 | 0 | | 다 솔 | 31 | | | 21 | 홍정남 | | 0 | 0 | 0 | 0 |
| 0 | 0 | 0 | 0 | 후21 | 박선주 | 2 | | | 4 | 장혁진 | 후26 | 0 | 0 | 0 | 0 |
| 0 | 0 | 0 | 0 | | 배슬기 | 24 | | | 4 | 백종환 | 후4 | 0 | 1 | 0 | 0 |
| 0 | 0 | 1(1) | | 후27 | 손준호 | 28 | 대기 | 대기 | 24 | 이용기 | | 0 | 0 | 0 | 0 |
| 0 | 0 | 0 | 0 | | 이광훈 | 16 | | | 2 | 이후권 | | 0 | 0 | 0 | 0 |
| 0 | 0 | 0 | 0 | 후45 | 유창현 | 23 | | | 7 | 이승현 | | 0 | 0 | 0 | 0 |
| 0 | 0 | 0 | 0 | | 이진석 | 21 | | | 10 | 김동찬 | 후10 | 2(1) | 0 | 0 | 0 |
| 0 | 3 | 23 | 8(6) | | | 0 | | | 0 | | | 9(6) | 7 | 2 | 0 |

- 전반 12분 신광훈 GAR ⌒ 고무열 GAL내 H-ST-G(득점: 고무열, 도움: 신광훈) 가운데
- 전반 37분 최철순 GAL내 R자책골(득점: 최철순) 왼쪽
- 후반 24분 이명주 MF정면 ⌒ 김승대 PK좌측지점 R-ST-G(득점: 김승대, 도움: 이명주) 가운데
- 후반 47분 이명주 PAR내 ~ 손준호 PAR내 R-ST-G(득점: 손준호, 도움: 이명주) 왼쪽
- 전반 42분 양준아 PAL FK L-ST-G(득점: 양준아, 도움:ʼ) 오른쪽
- 후반 21분 이근호 PAL EL 이상호 GA정면 H-ST-G(득점: 이상호, 도움: 이근호) 왼쪽

---

## 3월 30일 14:00 맑음 인천 전용 관중 4,376명
주심_유선호 부심_노태식·김영하 대기심_우상일 감독관_한병화

**인천 0**   0 전반 0 / 0 후반 0   **0 전남**

| 퇴장 | 경고 | 파울 | ST(유) | 교체 | 선수명 | 배번 | 위치 | 위치 | 배번 | 선수명 | 교체 | ST(유) | 파울 | 경고 | 퇴장 |
|---|---|---|---|---|---|---|---|---|---|---|---|---|---|---|---|
| 0 | 0 | 0 | 0 | | 권정혁 | 1 | GK | GK | 1 | 김병지 | | 0 | 0 | 0 | 0 |
| 0 | 0 | 1 | 0 | | 박태민 | 13 | DF | DF | 13 | 현영민 | | 0 | 1 | 0 | 0 |
| 0 | 1 | 1(1) | | | 이윤표 | 16 | DF | DF | 5 | 임종은 | | 0 | 0 | 0 | 0 |
| 0 | 0 | 4 | 0 | | 안재준 | 20 | DF | DF | 15 | 방대종 | | 1 | 0 | 0 | 0 |
| 0 | 0 | 0 | 0 | | 용현진 | 2 | DF | DF | 2 | 김태호 | | 0 | 3 | 0 | 0 |
| 0 | 0 | 2(1) | | | 구본상 | 8 | MF | MF | 6 | 이승희 | | 1 | 4 | 1 | 0 |
| 0 | 1 | 2 | 0 | | 배승진 | 4 | MF | MF | 24 | 김동철 | | 0 | 2 | 0 | 0 |
| 0 | | 2(1) | 1 | | 이석현 | 14 | MF | MF | 12 | 크리스찬 | 18 | 2 | 0 | 0 | 0 |
| 0 | 0 | 3 | 0 | 23 | 남준재 | 23 | MF | MF | 17 | 이종호 | | 2(2) | 2 | 0 | 0 |
| 0 | 0 | 1 | 0 | | 문상윤 | 6 | MF | FW | 25 | 안용우 | | 2(1) | 4 | 0 | 0 |
| 0 | 0 | 0 | | 28 | 설기현 | 9 | FW | FW | 10 | 스테보 | | 1(1) | 4 | 0 | 0 |
| 0 | 0 | 0 | 0 | | 조수혁 | 18 | | | 31 | 김대호 | | 0 | 0 | 0 | 0 |
| 0 | 0 | 0 | 0 | | 이상희 | 3 | | | 55 | 고 니 | | 0 | 0 | 0 | 0 |
| 0 | 0 | 0 | 0 | | 김도혁 | 21 | | | 3 | 박선용 | | 0 | 0 | 0 | 0 |
| 0 | 2 | 4(3) | | 후15 | 이 보 | 7 | 대기 | 대기 | 7 | 레안드리뉴 | 전36 | 0 | 0 | 0 | 0 |
| 0 | 0 | 0 | 0 | | 주앙파울로 | 19 | | | 20 | 박기동 | | 0 | 0 | 0 | 0 |
| 0 | 0 | 0 | 0 | | 진성욱 | 29 | | | 18 | 심동운 | 후12 | 0 | 0 | 0 | 0 |
| 0 | 0 | 0 | 0 | 후24 | 이효균 | 28 | | | 77 | 전현철 | | 0 | 0 | 0 | 0 |
| 0 | 0 | 15 | 10(6) | | | 0 | | | 0 | | | 9(4) | 19 | 2 | 0 |

## 제주 1 : 1 경남

3월 30일 14:00 맑음 제주 월드컵 관중 4,783명
주심_류희선 부심_전기록·이규환 대기심_김종혁 감독관_하재훈

**제주 1** — 1 전반 0 / 0 후반 1 — **1 경남**

| 퇴장 | 경고 | 파울 | ST(유) | 교체 | 선수명 | 배번 | 위치 | 위치 | 배번 | 선수명 | 교체 | ST(유) | 파울 | 경고 | 퇴장 |
|---|---|---|---|---|---|---|---|---|---|---|---|---|---|---|---|
| 0 | 0 | 0 | 0 | | 김호준 | 1 | GK | GK | 1 | 김영광 | | 0 | 0 | 1 | 0 |
| 0 | 1 | 0 | 0 | 27 | 김수범 | 22 | DF | DF | 30 | 스레텐 | | 0 | 2 | 1 | 0 |
| 0 | 0 | 1 | 1 | | 이 용 | 24 | DF | DF | 5 | 우주성 | | 0 | 0 | 0 | 0 |
| 0 | 0 | 1 | 1 | | 알렉스 | 15 | DF | DF | 23 | 권완규 | 26 | 0 | 1 | 0 | 0 |
| 0 | 0 | 3 | 0 | | 정다훤 | 2 | DF | DF | 27 | 박주성 | | 0 | 0 | 0 | 0 |
| 0 | 0 | 1 | 2(2) | | 윤빛가람 | 14 | MF | MF | 7 | 조원희 | | 1(1) | 2 | 1 | 0 |
| 0 | 1 | 0 | | 11 | 에스티벤 | 20 | MF | MF | 14 | 이창민 | | 0 | 0 | 0 | 0 |
| 0 | 0 | | 3(1) | | 송진형 | 10 | MF | MF | 10 | 보산치치 | 16 | 1 | 1 | 0 | 0 |
| 0 | 2 | 2(1) | | 9 | 드로겟 | 19 | MF | FW | 11 | 이재안 | | 0 | 1 | 0 | 0 |
| 0 | 0 | 1 | | | 배일환 | 13 | MF | FW | 11 | 김도엽 | | 0 | 0 | 0 | 0 |
| 0 | 3(1) | | | 9 | 스토키치 | 7 | FW | FW | 9 | 스토아노비치 | | 1(1) | 3 | 0 | 0 |
| 0 | 0 | 0 | | | 김경민 | 21 | | | 31 | 손정현 | | | | | |
| 0 | | | | | 오반석 | 5 | | | 16 | 송수영 | 후14 | | | | |
| 0 | | | 후32 | | 김봉래 | 27 | | | 12 | 박지민 | | | | | |
| 0 | 0 | 0 | | 대기 | 좌준협 | 23 | 대기 | 26 | 최영준 | 전20 | | | | |
| 0 | 0 | 0 | | | 진대성 | 18 | | | 6 | 루 크 | | | | | |
| 0 | 0 | 1(1) | 후25 | | 황일수 | 11 | | | 8 | 임창균 | 후24 | | | | |
| 0 | | | 후17 | | 김 현 | 9 | | | 4 | 김준엽 | | | | | |
| 0 | 1 | 13 | 15(6) | | | 0 | | | 0 | | | 6(2) | 19 | 3 | 0 |

● 전반 23분 드로겟 GAL내 ~ 송진형 GA정면내 R-ST-G(득점: 송진형, 도움: 드로겟) 가운데
● 후반 18분 이창민 AKR ~ 스토아노비치 GAR R-ST-G(득점: 스토아노비치, 도움: 이창민) 오른쪽

---

## 경남 2 : 2 수원

4월 05일 14:00 맑음 진주 종합 관중 10,076명
주심_김종혁 부심_손재선·강동호 대기심_송민석 감독관_김용세

**경남 2** — 1 전반 0 / 1 후반 2 — **2 수원**

| 퇴장 | 경고 | 파울 | ST(유) | 교체 | 선수명 | 배번 | 위치 | 위치 | 배번 | 선수명 | 교체 | ST(유) | 파울 | 경고 | 퇴장 |
|---|---|---|---|---|---|---|---|---|---|---|---|---|---|---|---|
| 0 | 0 | 0 | 0 | | 김영광 | 1 | GK | GK | 1 | 정성룡 | | 0 | 0 | 0 | 0 |
| 0 | 1 | 2(1) | | | 우주성 | 5 | DF | DF | 15 | 구자룡 | 16 | 0 | 0 | 0 | 0 |
| 0 | 5 | 1 | | | 스레텐 | 30 | DF | DF | 5 | 조성진 | | 0 | 1 | 0 | 0 |
| 0 | | | | | 박주성 | 27 | DF | DF | 2 | 최재수 | | 0 | 5 | 0 | 0 |
| 0 | 0 | 1 | | 8 | 이창민 | 14 | MF | DF | 9 | 오장은 | | 0 | 0 | 1 | 0 |
| 0 | 1 | 1(1) | | | 조원희 | 7 | MF | MF | 8 | 김두현 | 10 | 0 | 1 | 0 | 0 |
| 0 | 1 | 4(2) | | | 이재안 | 17 | MF | MF | 13 | 서정진 | | 0 | 0 | 0 | 0 |
| 0 | 3(2) | | | 1 | 송수영 | 16 | FW | FW | 19 | 배기종 | | 1(1) | 0 | 2 | 0 |
| 0 | 1 | | 26 | | 김슬기 | 33 | MF | MF | 26 | 염기훈 | | 0 | 1 | 0 | 0 |
| 0 | 2(1) | 10 | | | 로 | 14 | FW | FW | 14 | 로 저 | | 3(3) | 0 | 0 | 0 |
| 0 | | | | | 손정현 | 31 | | | 21 | 노동건 | | | | | |
| 0 | | | | | 루 크 | | | | 45 | 헤네르 | | | | | |
| 0 | | | | | 김준엽 | 4 | | | 17 | 홍 철 | | | | | |
| 0 | 0 | | 후27 | | 최영준 | 26 | 대기 | 대기 | 16 | 조지훈 | 후5 | | | | |
| 0 | | | 후42 | | 보산치치 | 11 | | | 28 | 산토스 | 후28 | | | | |
| 0 | | | 후36 | | 김도엽 | 11 | | | 27 | 이종성 | | | | | |
| 0 | | | | | 박지민 | 12 | | | 14 | 정대세 | 후0 | 3(1) | 1 | 1 | 0 |
| 0 | 0 | 14 | 14(7) | | | 0 | | | 0 | | | 15(6) | 8 | 0 | 0 |

● 전반 35분 김슬기 PAR ⌒ 송수영 PK우측지점 R-ST-G(득점: 송수영, 도움: 김슬기) 왼쪽
● 후반 6분 이창민 MF정면 ~ 이재안 AL L-ST-G 득점: 이재안, 도움: 이창민) 오른쪽
● 후반 15분 염기훈 PAR FK L-ST-G (득점: 염기훈, 도움: ) 왼쪽
● 후반 27분 정대세 GAR내 L ~ 배기종 GA정면내 R-ST-G(득점: 배기종, 도움: 정대세) 가운데

---

## 수원 1 : 0 부산

3월 30일 16:00 맑음 수원 월드컵 관중 23,767명
주심_이동준 부심_이정민·노수용 대기심_고형진 감독관_김정식

**수원 1** — 0 전반 0 / 1 후반 0 — **0 부산**

| 퇴장 | 경고 | 파울 | ST(유) | 교체 | 선수명 | 배번 | 위치 | 위치 | 배번 | 선수명 | 교체 | ST(유) | 파울 | 경고 | 퇴장 |
|---|---|---|---|---|---|---|---|---|---|---|---|---|---|---|---|
| 0 | 0 | 0 | 0 | | 정성룡 | 1 | GK | GK | 1 | 이범영 | | 0 | 0 | 0 | 0 |
| 0 | 0 | 1 | 0 | | 구자룡 | 15 | DF | DF | 20 | 이원영 | | 0 | 1 | 0 | 0 |
| 0 | 1 | 2 | 0 | | 조성진 | 5 | DF | DF | 23 | 김찬영 | | 0 | 1 | 0 | 0 |
| 0 | 0 | 0 | 0 | | 최재수 | 2 | DF | DF | 2 | 박준강 | 1 | 0 | 4 | 0 | 0 |
| 0 | 0 | 0 | 16 | | 오장은 | 9 | DF | DF | 33 | 장학영 | | 0 | 0 | 0 | 0 |
| 0 | 0 | 2 | 3(1) | | 김두현 | 8 | MF | MF | 4 | 신연수 | 2(2) | 0 | 0 | 0 | 0 |
| 0 | 1 | 1(1) | | | 김은선 | 6 | MF | MF | 25 | 닉슨 주니어 | 2(2) | 1 | 1 | 0 | 0 |
| 0 | 0 | 0 | 17 | | 서정진 | 13 | MF | MF | 26 | 김익현 | | 1 | 0 | 0 | 0 |
| 0 | 0 | 0 | | | 배기종 | 19 | MF | MF | 7 | 임상협 | | 1 | 0 | 0 | 0 |
| 0 | 0 | 0 | 2(2) | | 염기훈 | 26 | MF | FW | 8 | 한지호 | | 0 | 0 | 0 | 0 |
| 0 | 1 | 3 | 2 | 14 | 로 저 | 11 | FW | FW | 18 | 양동현 | | 2(2) | 2 | 0 | 0 |
| 0 | | | | | 노동건 | 21 | | | 41 | 김기용 | | | | | |
| 0 | | | | | 헤네르 | 45 | | | 14 | 마 쩨 | | | | | |
| 0 | | | 후16 | | 홍 철 | | | | 19 | 정석화 | 후19 | | | | |
| 0 | | | 후32 | | 조지훈 | 16 | 대기 | 대기 | 15 | 유지노 | | | | | |
| 0 | | | | | 고차원 | 12 | | | 22 | 전성찬 | | | | | |
| 0 | | | | | 조동건 | 10 | | | 26 | 홍동련 | 후34 | | | | |
| 0 | 2 | 4(4) | 후41 | | 정대세 | 14 | | | 4 | 권진영 | | | | | |
| 0 | 2 | 17 | 15(9) | | | 0 | | | 0 | | | 7(4) | 17 | 2 | 0 |

● 후반 41분 정대세 GAR R-ST-G(득점: 정대세) 오른쪽

---

## 상주 0 : 1 제주

4월 05일 14:00 맑음 상주 시민 관중 2,068명
주심_이민후 부심_장준모·노수용 대기심_이동준 감독관_이영철

**상주 0** — 0 전반 1 / 0 후반 0 — **1 제주**

| 퇴장 | 경고 | 파울 | ST(유) | 교체 | 선수명 | 배번 | 위치 | 위치 | 배번 | 선수명 | 교체 | ST(유) | 파울 | 경고 | 퇴장 |
|---|---|---|---|---|---|---|---|---|---|---|---|---|---|---|---|
| 0 | 0 | 0 | 0 | | 김근배 | 31 | GK | GK | 1 | 김호준 | | 0 | 0 | 0 | 0 |
| 0 | 1 | 3 | 1 | | 백종환 | 4 | DF | DF | 2 | 정다훤 | | 0 | 0 | 0 | 0 |
| 0 | 0 | 0 | 0 | | 이 호 | 2 | DF | DF | 5 | 오반석 | | 0 | 0 | 0 | 0 |
| 0 | 0 | 0 | 0 | | 이재성 | 15 | DF | DF | 15 | 알렉스 | | 0 | 0 | 0 | 0 |
| 0 | 0 | 0 | 0 | | 유지훈 | 33 | DF | DF | 24 | 이 용 | | 0 | 0 | 0 | 0 |
| 0 | 0 | 0 | 0 | | 송원재 | 6 | MF | MF | 8 | 오승범 | | 1 | 4 | 0 | 0 |
| 0 | 2 | 2(1) | 30 | | 이승현 | 27 | MF | MF | 14 | 윤빛가람 | 18 | 3(2) | 1 | 0 | 0 |
| 0 | 1 | 0 | | | 서상민 | 18 | MF | MF | 10 | 송진형 | | 1 | 0 | 0 | 0 |
| 0 | 3 | 0 | | | 이상호 | 7 | MF | MF | 19 | 드로겟 | | 4(2) | 0 | 0 | 0 |
| 0 | 0 | 1 | | | 이근호 | 11 | FW | FW | 13 | 배일환 | 4 | 4 | 1 | 0 | 0 |
| 0 | 3(2) | 26 | | | 장혁진 | 17 | FW | FW | 20 | 김 현 | | 3(2) | 1 | 0 | 0 |
| 0 | | | | | 김민식 | 21 | | | 21 | 김경민 | | | | | |
| 0 | | | | | 김창훈 | 3 | | | 4 | 강준우 | 후34 | | | | |
| 0 | | | | | 이용기 | 24 | | | 22 | 김수범 | | | | | |
| 0 | | | 후25 | | 이후권 | 4 | 대기 | 대기 | 20 | 에스티벤 | 후29 | | | | |
| 0 | | | | | 박승일 | 30 | | | 23 | 좌준협 | | | | | |
| 0 | 0 | 3 | 후44 | | 김동건 | 10 | | | 18 | 진대성 | 후44 | | | | |
| 0 | 0 | 0 | 전34 | | 이정협 | 17 | | | 9 | 스토키치 | | | | | |
| 0 | 1 | 13(3) | | | | 0 | | | 0 | | | 17(8) | 11 | 0 | 0 |

● 전반 41분 송진형 GAR → 드로겟 GAL L-ST-G (득점: 드로겟, 도움: 송진형) 왼쪽

## 4월 05일 16:00 흐리고비 탄천 종합 관중 3,722명
주심_김성호 부심_정해상·최민병 대기심_김상우 감독관_김수현

**성남 0** (전반 0 / 후반 0) **인천 0**

| 퇴장 | 경고 | 파울 | ST(유) | 교체 | 선수명 | 배번 | 위치 | 위치 | 배번 | 선수명 | 교체 | ST(유) | 파울 | 경고 | 퇴장 |
|---|---|---|---|---|---|---|---|---|---|---|---|---|---|---|---|
| 0 | 0 | 0 | 0 | | 박준혁 | 28 | GK | GK | 1 | 권정혁 | | 0 | 0 | 0 | 0 |
| 0 | 0 | 0 | 1 | | 김평래 | 15 | DF | DF | 11 | 박태민 | | 0 | 1 | 0 | 0 |
| 0 | 0 | 3 | 0 | | 윤영선 | 20 | DF | DF | 16 | 이윤표 | | 0 | 1 | 0 | 0 |
| 0 | 0 | 0 | 1 | | 임채민 | 26 | DF | DF | 20 | 안재준 | | 0 | 2 | 0 | 0 |
| 0 | 1 | 0 | 0 | | 이요한 | 4 | DF | DF | 2 | 용현진 | | 0 | 1 | 0 | 0 |
| 0 | 0 | 3 | 5(2) | | 이종원 | 16 | MF | MF | 8 | 구본상 | | 1 | 5 | 0 | 0 |
| 0 | 1 | 4(1) | | | 김철호 | 7 | MF | MF | 4 | 배승진 | | 2(2) | 0 | 0 | 0 |
| 0 | 1 | 2 | | 16 | 이창훈 | 18 | MF | MF | 14 | 이석현 | 7 | 1(1) | 0 | 0 | 0 |
| 0 | 1 | 0 | | 8 | 바우비아 | 12 | MF | MF | 23 | 남준재 | 29 | 1(1) | 2 | 0 | 0 |
| 0 | 1 | 2(1) | | | 김태환 | 11 | MF | MF | 6 | 문상윤 | | 3(1) | 4 | 0 | 0 |
| 0 | 1 | | | | 김동섭 | 9 | FW | FW | 28 | 이효균 | | 4 | 0 | 1 | 0 |
| 0 | | | | | 전상욱 | 1 | | | 18 | 조수혁 | | 0 | | | |
| 0 | | | | | 심우연 | 5 | | | 3 | 이상희 | | 0 | | | |
| 0 | | | | | 박희성 | 3 | | | 25 | 최종환 | | 0 | | | |
| 0 | | | | 후22 | 김성준 | 대기 | 대기 | 7 | 이 보 | 후11 | 1 | 2 | 0 | |
| 0 | | | | | 제파로프 | 10 | | | 11 | 니콜리치 | | 0 | | | |
| 0 | 1(1) | | 후16 | | 황의조 | 16 | | | 29 | 진성욱 | 후21 | 0 | | | |
| 0 | | | | | 이민우 | 17 | | | 28 | 이효균 | 후33 | 1 | 0 | 0 | |
| 0 | 0 | 19 | 17(5) | | | 0 | | | 0 | | | 10(6) | 23 | 1 | 0 |

●전반 27분 김현성 HL정면 H⌒윤일록 PA정면 R-ST-G(득점: 윤일록, 도움: 김현성) 왼쪽

---

## 4월 06일14:00 맑음 서울 월드컵 관중 22,662명
주심_류희선 부심_김용수·윤광열 대기심_고형진 감독관_김형남

**서울 1** (전반 1 / 후반 0) **전북 1**

| 퇴장 | 경고 | 파울 | ST(유) | 교체 | 선수명 | 배번 | 위치 | 위치 | 배번 | 선수명 | 교체 | ST(유) | 파울 | 경고 | 퇴장 |
|---|---|---|---|---|---|---|---|---|---|---|---|---|---|---|---|
| 0 | 0 | 0 | 0 | | 김용대 | 1 | GK | GK | 1 | 권순태 | | 0 | 1 | 0 | 0 |
| 0 | 0 | 1 | 0 | | 차두리 | 5 | DF | DF | 2 | 이규로 | | 0 | 2 | 0 | 0 |
| 0 | 0 | 0 | 1(1) | | 김진규 | 4 | DF | DF | 22 | 김기희 | | 0 | 1 | 0 | 0 |
| 0 | 1 | 1 | 0 | | 김주영 | 6 | DF | DF | 18 | 윌킨슨 | | 0 | 0 | 0 | 0 |
| 0 | 0 | 1 | 0 | | 김치우 | 7 | DF | DF | 25 | 최철순 | | 0 | 0 | 0 | 0 |
| 0 | 0 | 0 | | | 오스마르 | 28 | MF | MF | 55 | 김남일 | 8 | 0 | 2 | 1 | 0 |
| 0 | 0 | 9 | | | 이상협 | 29 | MF | MF | 15 | 정 혁 | | 1(1) | 1 | 0 | 0 |
| 0 | 0 | 3 | 2(1) | | 고명진 | 6 | MF | MF | 17 | 이재성 | | 0 | 3 | 0 | 0 |
| 0 | 0 | 0 | | | 고요한 | 13 | FW | FW | 13 | 한교원 | | 4 | 1 | 0 | 0 |
| 0 | 0 | 2 | 3(1) | | 윤일록 | 24 | FW | MF | 10 | 레오나르도 | 16 | 1(1) | 1 | 0 | 0 |
| 0 | 0 | 2(1) | | 10 | 김현성 | 18 | FW | FW | 9 | 김신욱 | 9 | 0 | 2 | 0 | 0 |
| 0 | | | | | 유상훈 | 31 | | | 23 | 최은성 | | 0 | | | |
| 0 | | | | | 이웅희 | 28 | | | 28 | 이강진 | | 0 | | | |
| 0 | | | | | 심상민 | 21 | | | 6 | 최보경 | | 0 | | | |
| 0 | | | | | 최현태 | 17 | 대기 | 대기 | 8 | 마르쿠스 | 후26 | 1 | 0 | 0 | |
| 0 | | | | | 강승조 | 16 | | | 9 | 이상협 | 후9 | 0 | | | |
| 0 | | | 후12 | | 에스쿠데로 | 9 | | | 26 | 김 신 | | 0 | | | |
| 0 | | | 후29 | | 하 파 엘 | 9 | | | 20 | 이동국 | 후9 | 1 | 1 | 0 | |
| 0 | 1 | 13 | 10(4) | | | 0 | | | 0 | | | 6(2) | 20 | 1 | 0 |

●전반 3분 레오나르도 PK-R-G (득점: 레오나르도) 왼쪽

---

## 4월 06일 14:15 맑음 광양 전용 관중 3,725명
주심_김동진 부심_전기록·이정민 대기심_최명용 감독관_한진원

**전남 2** (전반 1 / 후반 2) **포항 2**

| 퇴장 | 경고 | 파울 | ST(유) | 교체 | 선수명 | 배번 | 위치 | 위치 | 배번 | 선수명 | 교체 | ST(유) | 파울 | 경고 | 퇴장 |
|---|---|---|---|---|---|---|---|---|---|---|---|---|---|---|---|
| 0 | 0 | 0 | 0 | | 김병지 | 1 | GK | GK | 1 | 신화용 | | 0 | 0 | 0 | 0 |
| 0 | 1 | 1 | 1(1) | | 현영민 | 13 | DF | DF | 3 | 김광석 | | 0 | 2 | 0 | 0 |
| 0 | 0 | 0 | 0 | | 방대종 | 5 | DF | DF | 5 | 김원일 | 1 | 5 | 0 | 0 |
| 0 | 0 | 3 | 0 | | 방대종 | 5 | DF | DF | 17 | 신광훈 | | 0 | 5 | 0 | 0 |
| 0 | 0 | 0 | | | 김태호 | 1 | DF | DF | 22 | 김대호 | | 0 | 2 | 0 | 0 |
| 0 | 1 | 2 | | 16 | 이승희 | 1 | MF | MF | 5 | 김태수 | | 0 | 1 | 0 | 0 |
| 0 | 1 | 2(1) | | | 이현승 | 8 | MF | MF | 7 | 김재성 | | 1(1) | 4 | 1 | 0 |
| 0 | 0 | 0 | | | 심동운 | 19 | MF | MF | 15 | 문창진 | 2 | 3(1) | 0 | 0 |
| 0 | 0 | 0 | | | 이종호 | 17 | FW | FW | 23 | 유창현 | 11 | 0 | 1 | 0 | 0 |
| 0 | 0 | 0 | | 77 | 안용우 | 25 | MF | MF | 16 | 이광훈 | 29 | 0 | 1 | 0 | 0 |
| 0 | 0 | 2(1) | | 10 | 박기동 | 20 | FW | FW | 18 | 고무열 | | 2(1) | 0 | 2 | 0 |
| 0 | | | | | 김대호 | 31 | | | 31 | 김다솔 | | 0 | | | |
| 0 | | | | | 코 니 | 55 | | | 2 | 박희철 | | 0 | | | |
| 0 | | | | | 박선용 | | | | 24 | 배 슬 기 | | 0 | | | |
| 0 | | | | 후12 | 송창호 | 16 | 대기 | 대기 | 9 | 이명주 | 후9 | 2(1) | 1 | 0 | |
| 0 | | | | | 크리즈만 | 7 | | | 28 | 손준호 | | 0 | | | |
| 0 | 1(1) | | 후18 | | 스테보 | 10 | | | 15 | 나성호 | 후18 | 0 | | | |
| 0 | | | 후36 | | 전현철 | 77 | | | 11 | 강수일 | 후18 | 3(1) | 1 | 0 | |
| 0 | 2 | 10(6) | | | | 0 | | | 0 | | | 11(4) | 22 | 1 | 0 |

●전반 43분 현영민 C.KL R-ST-G (득점: 현영민) 오른쪽
●후반 34분 스테보 PK지점 ⌒이종호 GAL L-ST-G(득점: 이종호, 도움: 스테보) 오른쪽

●후반 6분 문창진 AKR ⌒김재성 GAR R-ST-G (득점: 김재성, 도움: 문창진) 오른쪽
●후반 30분 문창진 PAL ⌒이명주 GAL H-ST-G (득점: 이명주, 도움: 문창진) 오른쪽

---

## 4월 06일 16:00 맑음 부산 아시아드 관중 4,088명
주심_우상일 부심_노태식·이규환 대기심_유선호 감독관_강창구

**부산 0** (전반 0 / 후반 0) **울산 0**

| 퇴장 | 경고 | 파울 | ST(유) | 교체 | 선수명 | 배번 | 위치 | 위치 | 배번 | 선수명 | 교체 | ST(유) | 파울 | 경고 | 퇴장 |
|---|---|---|---|---|---|---|---|---|---|---|---|---|---|---|---|
| 0 | 0 | 0 | 0 | | 이범영 | 1 | GK | GK | 18 | 김승규 | | 0 | 0 | 0 | 0 |
| 0 | 0 | 0 | 2 | | 박준강 | 2 | DF | DF | 22 | 김치곤 | | 0 | 0 | 0 | 0 |
| 0 | 0 | 0 | 0 | | 이원상 | 20 | DF | DF | 4 | 강민수 | | 0 | 1 | 1 | 0 |
| 0 | 0 | 2 | 1 | | 김찬영 | 23 | DF | DF | 2 | 이 용 | | 1(1) | 2 | 1 | 0 |
| 0 | 0 | 1 | 0 | | 장학영 | 30 | DF | DF | 14 | 김영삼 | | 0 | 0 | 0 | 0 |
| 0 | 0 | 0 | 17 | | 정석화 | 14 | MF | MF | 20 | 한상운 | | 2(1) | 0 | 0 | 0 |
| 0 | 1 | | | | 닐손주니어 | 6 | MF | MF | 7 | 고창현 | 27 | 2(2) | 0 | 0 | 0 |
| 0 | 1 | 2(1) | | 22 | 임상협 | 18 | MF | MF | 16 | 김성환 | | 0 | 4 | 1 | 0 |
| 0 | 1 | 0 | | | 한지호 | 7 | FW | FW | 10 | 하피냐 | 8 | 2(1) | 1 | 0 | 0 |
| 0 | 1 | 0 | | | 양동현 | 18 | FW | FW | 9 | 김신욱 | | 2(1) | 1 | 0 | 0 |
| 0 | 0 | 0 | | | 김기용 | 41 | | | 21 | 이 용 | | 0 | | | |
| 0 | | | | | 이경렬 | 6 | | | 26 | 이명재 | | 0 | | | |
| 0 | | | | | 코마젝 | 8 | | | 8 | 까이끼 | 후28 | 0 | | | |
| 0 | | | | | 유지노 | 15 | 대기 | 대기 | 6 | 김동혁 | | 0 | | | |
| 0 | 후1 | | | | 김익현 | 17 | | | 27 | 안진범 | 후9 | 0 | | | |
| 0 | 후17 | | | | 전성찬 | 22 | | | 15 | 백지훈 | | 0 | | | |
| 0 | | | 후36 | | 권진영 | 27 | | | 17 | 유준수 | 후36 | 0 | | | |
| 0 | 1 | 18 | 8(6) | | | 0 | | | 0 | | | 10(7) | 16 | 4 | 0 |

4월 09일 19:00 맑음 상주 시민 관중 3,108명
주심_최명용 부심_이정민·이규환 대기심_김대용 감독관_하재훈

**상주 2  |  1 전반 0  |  1 후반 1  |  1 서울**

| 퇴장 | 경고 | 파울 | 슛ST(유) | 교체 | 선수명 | 배번 | 위치 | 위치 | 배번 | 선수명 | 교체 | 슛ST(유) | 파울 | 경고 | 퇴장 |
|---|---|---|---|---|---|---|---|---|---|---|---|---|---|---|---|
| 0 | 1 | 0 | 0 | | 김민식 | 1 | GK | GK | 1 | 김용대 | | 0 | 0 | 0 | 0 |
| 0 | 0 | 2 | 1 | | 최호정 | 3 | DF | DF | 5 | 차두리 | | 1 | 1 | 0 | 0 |
| 1 | 0 | 0 | 0 | | 양준아 | 14 | DF | DF | 2 | 김주영 | | 0 | 0 | 0 | 0 |
| 0 | 0 | 0 | 0 | | 안재훈 | 28 | DF | DF | 6 | 김진규 | | 1 | 3 | 0 | 0 |
| 0 | 0 | 2 | 0 | | 유지훈 | 33 | DF | DF | 7 | 김치우 | | 2(1) | 0 | 0 | 0 |
| 0 | 0 | 2 | 0 | | 이 호 | 8 | MF | MF | 16 | 강승조 | 10 | 0 | 2 | 0 | 0 |
| 0 | 0 | 0 | 0 | | 권순형 | 5 | MF | MF | 17 | 최현태 | | 1 | 1 | 0 | 0 |
| 0 | 6 | 2 | 4 | | 서상민 | 16 | MF | MF | 22 | 고명진 | | 1(1) | 1 | 0 | 0 |
| 0 | 2 | 1(1) | | | 이상호 | 18 | MF | FW | 24 | 윤일록 | | 3(1) | 1 | 0 | 0 |
| 0 | 0 | 3(2) | 15 | | 하태균 | 17 | FW | FW | 13 | 고요한 | | 3(1) | 0 | 0 | 0 |
| 0 | 0 | 1 | 2(2) | 26 | 이근호 | 25 | FW | FW | 11 | 에스쿠데로 | 후0 | 2(2) | 1 | 0 | 0 |
| | | | | | 홍정남 | 21 | | | 31 | 유상훈 | | 0 | | | |
| | | | | 후45 | 백종환 | 4 | | | 3 | 이웅희 | | 0 | | | |
| | | | | 후27 | 이재성 | 15 | | | 21 | 심상민 | | 0 | | | |
| | | | | | 이승현 | 7 | 대기 | 대기 | 29 | 이상협 | | 0 | | | |
| | | | | | 정 훈 | 13 | | | 19 | 윤주태 | | 0 | | | |
| | | | | | 김동찬 | 18 | | | | 에스쿠데로 | 후0 | 2(2) | | | |
| | | | | 후51 | 이정협 | 10 | | | 10 | 하 파 엘 | 후34 | 0 | | | |
| 1 | 2 | 17 | 9(5) | | | 0 | | | 0 | | | 15(6) | 16 | 1 | 0 |

●전반 29분 이호 자기측 HLL ~ 하태균 GA정면 L-ST-G(득점: 하태균, 도움: 이호) 오른쪽
●후반 30분 권순형 CKR ⌒이근호 GA정면 H-ST-G(득점: 이근호, 도움: 권순형) 오른쪽
●후반 14분 김진규 자기측 MFR ~ 에스쿠데로 GAR R-ST-G(득점: 에스쿠데로, 도움: 김진규) 왼쪽

---

4월 09일 19:30 맑음 포항 스틸야드 관중 4,487명
주심_유선호 부심_노태식·강도준 대기심_김희곤 감독관_김진의

**포항 3  |  1 전반 0  |  2 후반 0  |  0 경남**

| 퇴장 | 경고 | 파울 | 슛ST(유) | 교체 | 선수명 | 배번 | 위치 | 위치 | 배번 | 선수명 | 교체 | 슛ST(유) | 파울 | 경고 | 퇴장 |
|---|---|---|---|---|---|---|---|---|---|---|---|---|---|---|---|
| 0 | 0 | 0 | 0 | | 신화용 | 1 | GK | GK | 1 | 김영광 | | 0 | 0 | 0 | 0 |
| 0 | 0 | 0 | 0 | | 김광석 | 3 | DF | DF | 13 | 최현연 | | 1 | 1 | 0 | 0 |
| 0 | 0 | 1 | 0 | | 배슬기 | 24 | DF | MF | 9 | 우주성 | | 0 | 0 | 0 | 0 |
| 0 | 0 | 1 | 0 | | 신광훈 | 17 | DF | DF | 6 | 루 크 | | 1 | 0 | 0 | 0 |
| 0 | 0 | 5 | 0 | | 박희철 | 2 | DF | DF | 27 | 박주성 | | 1(1) | 0 | 0 | 0 |
| 0 | 0 | 1 | 0 | | 김태수 | 5 | MF | MF | 30 | 스레텐 | | 1 | 0 | 0 | 0 |
| 0 | 0 | 2 | 1 | | 손준호 | 28 | MF | MF | 2 | 조원희 | | 0 | 0 | 0 | 0 |
| 0 | 0 | 1 | | 23 | 이명주 | 29 | MF | MF | 14 | 이창민 | 22 | 0 | 1 | 1 | 0 |
| 0 | 0 | 2 | 1 | | 김승대 | 12 | FW | FW | 13 | 송수영 | 33 | 3(1) | 1 | 0 | 0 |
| 0 | 0 | 2 | 0 | | 강수일 | 11 | FW | FW | 17 | 이재안 | | 0 | 0 | 0 | 0 |
| 0 | 0 | 3(1) | 15 | | 고무열 | 18 | FW | FW | 9 | 스토야노비치 | 12 | 1 | 0 | 1 | 0 |
| | | | | | 김다솔 | 31 | | | 1 | 손정현 | | 0 | | | |
| | | | | | 김대호 | 22 | | | 19 | 송호영 | | 0 | | | |
| | | | | | 김준수 | 6 | | | 29 | 최영준 | | 0 | | | |
| | | | | 후22 | 김재성 | 7 | 대기 | 대기 | 11 | 한의권 | 후11 | 0 | | | |
| | | | | 후39 | 신영준 | 15 | | | 23 | 박지민 | 후11 | 0 | | | |
| | | | | 후34 | 유창현 | 23 | | | 12 | 박지민 | 후11 | 0 | | | |
| | | | | | 박선주 | 27 | | | 33 | 김 슬 기 | 후38 | 0 | | | |
| 0 | 0 | 15 | 8(4) | | | 0 | | | 0 | | | 8(2) | 6 | 1 | 0 |

●전반 37분 강수일 GAR R-ST-G(득점: 강수일) 가운데
●후반 8분 이명주 MF정면 ~ 김승대 PA정면내 R-ST-G(득점: 김승대, 도움: 이명주) 왼쪽
●후반 33분 김승대 PAR내 R-ST-G(득점: 김승대) 왼쪽

---

4월 09일 19:00 맑음 제주 월드컵 관중 2,389명
주심_고형진 부심_손재선·김성일 대기심_김성호 감독관_전인석

**제주 2  |  0 전반 0  |  2 후반 0  |  0 전북**

| 퇴장 | 경고 | 파울 | 슛ST(유) | 교체 | 선수명 | 배번 | 위치 | 위치 | 배번 | 선수명 | 교체 | 슛ST(유) | 파울 | 경고 | 퇴장 |
|---|---|---|---|---|---|---|---|---|---|---|---|---|---|---|---|
| 0 | 0 | 0 | 0 | | 김호준 | 1 | GK | GK | 1 | 권순태 | | 0 | 0 | 0 | 0 |
| 0 | 0 | 1 | 0 | | 오 용 | 24 | DF | DF | 2 | 이규로 | | 1 | 1 | 0 | 0 |
| 0 | 0 | 1 | 0 | | 오반석 | 5 | DF | DF | 4 | 김기희 | | 0 | 0 | 0 | 0 |
| 0 | 0 | 0 | 0 | | 알렉스 | 15 | DF | DF | 18 | 윌킨슨 | | 0 | 1 | 0 | 0 |
| 0 | 3 | 0 | | | 정다훤 | 2 | DF | DF | 25 | 최철순 | | 0 | 1 | 0 | 0 |
| 0 | 1 | 1 | | | 오승범 | 4 | MF | MF | 6 | 최보경 | 10 | 0 | 1 | 0 | 0 |
| 0 | 3 | 2(2) | | | 윤빛가람 | 14 | MF | MF | 15 | 정 혁 | | 1 | 2 | 0 | 0 |
| 0 | 1 | 1 | 20 | | 송진형 | 16 | MF | MF | 13 | 김인성 | 20 | 2 | 0 | 0 | 0 |
| 0 | 1 | 1 | | | 드로겟 | 19 | MF | MF | 17 | 이재성 | | 0 | 0 | 0 | 0 |
| 0 | 3 | 1 | 4 | | 배일환 | 13 | FW | MF | 26 | 김 신 | 7 | 0 | 1 | 0 | 0 |
| 0 | 0 | 1(1) | 18 | | 김 현 | 9 | FW | FW | 16 | 이상협 | | 0 | 0 | 0 | 0 |
| | | | | | 김경민 | 21 | | | 23 | 이승기 | | 0 | | | |
| | | | | 후35 | 강준우 | 4 | | | 28 | 이강진 | | 0 | | | |
| | | | | | 김수범 | 22 | | | 7 | 한교원 | 후26 | 0 | | | |
| | | | | | 좌준협 | 23 | 대기 | 대기 | 10 | 레오나르도 | 후12 | 3 | 1 | 0 | 0 |
| | | | | 후41 | 에스티벤 | 20 | | | 8 | 마르코스 | | 0 | | | |
| | | | | 후30 | 진대성 | 17 | | | 9 | 카이오 | | 0 | | | |
| | | | | | 스토키치 | 8 | | | 20 | 이동국 | 후12 | 3(1) | 2 | 0 | 0 |
| 0 | 1 | 13 | 7(3) | | | 0 | | | 0 | | | 12(1) | 15 | 0 | 0 |

●후반 8분 김현 PAL ~ 윤빛가람 PARR-ST-G(득점: 윤빛가람, 도움: 김현) 오른쪽
●후반 27분 배일환 PARTL ⌒김현 GAL 내 H-ST-G(득점: 김현, 도움: 배일환) 왼쪽

---

4월 09일 19:30 맑음 인천 전용 관중 2,927명
주심_류희선 부심_전기록·장준모 대기심_김동진 감독관_김용세

**인천 0  |  0 전반 0  |  0 후반 0  |  0 부산**

| 퇴장 | 경고 | 파울 | 슛ST(유) | 교체 | 선수명 | 배번 | 위치 | 위치 | 배번 | 선수명 | 교체 | 슛ST(유) | 파울 | 경고 | 퇴장 |
|---|---|---|---|---|---|---|---|---|---|---|---|---|---|---|---|
| 0 | 0 | 0 | 0 | | 권정혁 | 1 | GK | GK | 1 | 이범영 | | 0 | 0 | 0 | 0 |
| 0 | 0 | 0 | 0 | | 박태민 | 13 | DF | DF | 2 | 박준강 | | 0 | 0 | 0 | 0 |
| 0 | 0 | 0 | 0 | | 이윤표 | 16 | DF | DF | 33 | 장학영 | | 0 | 0 | 0 | 0 |
| 0 | 1 | 2 | 0 | | 안재준 | 20 | DF | DF | 20 | 이경렬 | | 0 | 0 | 0 | 0 |
| 0 | 0 | 2 | 0 | | 용현진 | 2 | DF | MF | 6 | 김찬영 | | 0 | 0 | 0 | 0 |
| 0 | 0 | 0 | 14 | | 구본상 | 8 | MF | MF | 14 | 김익현 | 14 | 0 | 0 | 0 | 0 |
| 0 | 0 | 0 | 0 | | 배승진 | 4 | MF | MF | 25 | 닐손 주니어 | | 3 | 0 | 0 | 0 |
| 0 | 0 | 4(2) | 0 | | 이 보 | 7 | MF | FW | 8 | 홍동현 | | 1(1) | 1 | 0 | 0 |
| 0 | 0 | 1 | 0 | | 문상윤 | 6 | MF | FW | 10 | 임상협 | | 0 | 0 | 0 | 0 |
| 0 | 0 | 1 | 23 | | 이효균 | 28 | FW | FW | 51 | 파그너 | 7 | 4(2) | 0 | 0 | 0 |
| 0 | 0 | 1 | 0 | | 설기현 | 18 | FW | FW | 18 | 양동현 | | 5(1) | 4 | 0 | 0 |
| | | | | | 조수혁 | 18 | | | 41 | 김기광 | | 0 | | | |
| | | | | | 이상희 | 3 | | | 7 | 한지호 | 후32 | 1 | | | |
| | | | | | 최종환 | 25 | | | 14 | 정석화 | 후39 | 0 | | | |
| | | | | 후42 | 이석현 | 14 | 대기 | 대기 | 15 | 유지노 | | 0 | | | |
| | | | | 후37 | 남준재 | 23 | | | 20 | 이원영 | | 0 | | | |
| | | | | | 진성욱 | 29 | | | 22 | 전성찬 | | 0 | | | |
| | | | | 후30 | 니콜라치 | 11 | | | 3 | 권진영 | | 0 | | | |
| 0 | 1 | 12 | 16(2) | | | 0 | | | 0 | | | 13(4) | 15 | 0 | 0 |

## 울산 0 : 1 성남

4월 09일 19:30 맑음 울산문수 관중 3,857명
주심_송민석 부심_김용수·노수용 대기심_이동준 감독관_김정식

울산 0 　0 전반 0　 1 성남
　　　　　0 후반 1

| 퇴장 | 경고 | 파울 | ST(유) | 교체 | 선수명 | 배번 | 위치 | 위치 | 배번 | 선수명 | 교체 | ST(유) | 파울 | 경고 | 퇴장 |
|---|---|---|---|---|---|---|---|---|---|---|---|---|---|---|---|
| 0 | 0 | 0 | 0 | | 김승규 | 18 | GK | GK | 28 | 박준혁 | | 0 | 0 | 0 | 0 |
| 0 | 0 | 4 | 1(1) | | 김치곤 | 22 | DF | DF | 15 | 김평래 | | 0 | 3 | 1 | 0 |
| 0 | 0 | 0 | 0 | | 강민수 | 4 | DF | DF | 20 | 윤영선 | | 0 | 0 | 0 | 0 |
| 0 | 0 | 0 | 1(1) | | 이 용 | 2 | DF | DF | 6 | 임채민 | | 0 | 2 | 1 | 0 |
| 0 | 0 | 0 | 0 | | 김영삼 | 14 | DF | DF | 5 | 박진포 | | 0 | 1 | 0 | 0 |
| 0 | 0 | 0 | 0 | 17 | 한상운 | 20 | MF | MF | 22 | 이종원 | | 1 | 5 | 0 | 0 |
| 0 | 0 | 0 | 2(1) | 7 | 백지훈 | 15 | MF | MF | 7 | 김철호 | | 1(1) | 0 | 1 | 0 |
| 0 | 0 | 0 | 0 | | 김성환 | 16 | MF | MF | 13 | 김동섭 | 13 | 0 | 1 | 1 | 0 |
| 0 | 0 | 1 | 3(1) | | 김용태 | 24 | MF | FW | 12 | 바우지비아 | 4 | 1 | 1 | 1 | 0 |
| 0 | 0 | 0 | 0 | | 하 피 냐 | 10 | FW | MF | 11 | 김태환 | | 5(3) | 1 | 2 | 0 |
| 0 | 0 | 0 | 2(2) | 27 | 김 신 욱 | 9 | FW | FW | 16 | 황 의 조 | | 0 | 2 | 1 | 0 |
| 0 | 0 | 0 | 0 | | 이희성 | 21 | | | 21 | 정 산 | | 0 | 0 | 0 | 0 |
| 0 | 0 | 0 | 0 | | 박동혁 | 6 | | | 5 | 심우연 | | 0 | 0 | 0 | 0 |
| 0 | 0 | 0 | 2 | 후 | 고창현 | 7 | | | 4 | 이요한 | 후33 | 0 | 0 | 0 | 0 |
| 0 | 0 | 0 | 0 | | 김민균 | 23 | 대기 | 대기 | 8 | 김성준 | 후29 | 0 | 0 | 0 | 0 |
| 0 | | | 1(1) | 후25 | 안진범 | 27 | | | 27 | 김남건 | | 0 | 0 | 0 | 0 |
| 0 | 0 | 0 | 0 | | 박용지 | 19 | | | 13 | 김동희 | 후08 | 0 | 0 | 0 | 0 |
| 0 | 0 | 0 | 2(1) | 후17 | 유 준 수 | 17 | | | 17 | 이민우 | | 0 | 0 | 0 | 0 |
| 0 | 0 | 11 | 19(12) | | | | | | | | | 10(4) | 17 | 3 | 0 |

●후반 9분 바우지비아 GAR내 ~ 김철호 GAL내 R-ST-G(득점: 김철호, 도움: 바우지비아) 왼쪽

## 전북 1 : 0 울산

4월 12일 14:30 맑음 전주 월드컵 관중 10,450명
주심_유선호 부심_전기록·이정민 대기심_이민후 감독관_강창구

전북 1 　1 전반 0　 0 울산
　　　　　0 후반 0

| 퇴장 | 경고 | 파울 | ST(유) | 교체 | 선수명 | 배번 | 위치 | 위치 | 배번 | 선수명 | 교체 | ST(유) | 파울 | 경고 | 퇴장 |
|---|---|---|---|---|---|---|---|---|---|---|---|---|---|---|---|
| 0 | 0 | 0 | 0 | | 권 순 태 | 1 | GK | GK | 18 | 김 승 규 | | 0 | 0 | 0 | 0 |
| 0 | 0 | 1 | 0 | | 최 철 순 | 25 | DF | DF | 22 | 김치곤 | | 0 | 2 | 0 | 0 |
| 0 | 1 | 3 | 0 | | 김 기 희 | 4 | DF | DF | 4 | 강민수 | | 0 | 1 | 1 | 0 |
| 0 | 0 | 0 | 0 | | 윌킨슨 | 18 | DF | DF | 2 | 이 용 | | 0 | 2 | 0 | 0 |
| 0 | 0 | 1 | 0 | | 박원재 | 19 | DF | DF | 14 | 김영삼 | | 0 | 0 | 0 | 0 |
| 0 | 1 | 2 | 0 | | 이강진 | 20 | MF | MF | 20 | 한상운 | 4(2) | 0 | 1 | 0 | 0 |
| 0 | 1 | 2 | 2(1) | 15 | 김남일 | 55 | MF | MF | 7 | 박동혁 | 15 | 0 | 2 | 1 | 0 |
| 0 | 0 | 0 | 0 | | 이재성 | 17 | MF | MF | 16 | 김성환 | | 0 | 1 | 1 | 0 |
| 0 | 0 | 1 | 0 | | 한교원 | 7 | MF | MF | 24 | 김용태 | | 0 | 1 | 0 | 0 |
| 0 | | 2(1) | 11 | | 마르코스 | 8 | MF | FW | 19 | 박용지 | 11 | 1(1) | 2 | 0 | 0 |
| 0 | 3 | 5(4) | | | 이 동 국 | 9 | FW | FW | 9 | 김신욱 | | 1 | 1 | 0 | 0 |
| 0 | 0 | 0 | 0 | | 최은성 | 23 | | | 21 | 이희성 | | 0 | 0 | 0 | 0 |
| 0 | 0 | 0 | 0 | | 권경원 | 27 | | | 26 | 이명재 | | 0 | 0 | 0 | 0 |
| 0 | 0 | 2 | 0 | 후19 | 정 혁 | 15 | | | 15 | 백지훈 | 후17 | 0 | 0 | 0 | 0 |
| 0 | | | | 후7 | 이승기 | 11 | 대기 | 대기 | 23 | 김민균 | | 0 | 0 | 0 | 0 |
| 0 | | | | 후12 | 레오나르도 | 17 | | | 11 | 알미르 | 후11 | 0 | 3 | 0 | 0 |
| 0 | 0 | | | | 이상협 | 16 | | | 10 | 하 피 냐 | 전36 | 1(1) | 1 | 0 | 0 |
| 0 | 0 | | | | 카 이 오 | 9 | | | 17 | 유준수 | | 0 | 0 | 0 | 0 |
| 0 | 3 | 21 | 9(5) | | | | | | | | | 7(4) | 16 | 3 | 0 |

●전반 15분 이동국 PK-R-G (득점: 이동국) 왼쪽

## 수원 1 : 0 전남

4월 09일 19:30 맑음 수원월드컵 관중 9,136명
주심_우상일 부심_정해상·윤광열 대기심_이민후 감독관_한병화

수원 1 　0 전반 0　 0 전남
　　　　　1 후반 0

| 퇴장 | 경고 | 파울 | ST(유) | 교체 | 선수명 | 배번 | 위치 | 위치 | 배번 | 선수명 | 교체 | ST(유) | 파울 | 경고 | 퇴장 |
|---|---|---|---|---|---|---|---|---|---|---|---|---|---|---|---|
| 0 | 0 | 0 | 0 | | 정성룡 | 1 | GK | GK | 1 | 김병지 | | 0 | 0 | 0 | 0 |
| 0 | 0 | 1 | 1 | | 홍 철 | 17 | DF | DF | 4 | 홍진기 | | 0 | 2 | 0 | 0 |
| 0 | 0 | 1 | 0 | | 헤이네르 | 45 | DF | DF | 15 | 방대종 | | 0 | 0 | 0 | 0 |
| 0 | 0 | 1 | 0 | | 조성진 | 5 | DF | DF | 55 | 코 니 | | 0 | 0 | 0 | 0 |
| 0 | 1 | 2 | 0 | | 오장은 | 9 | DF | DF | 2 | 김태호 | 16 | 0 | 3 | 0 | 0 |
| 0 | 0 | 1 | 0 | 30 | 김두현 | 8 | MF | MF | 3 | 박선용 | | 2 | 1 | 0 | 0 |
| 0 | 0 | 0 | 0 | | 김은선 | 6 | MF | MF | 7 | 이현승 | | 1 | 0 | 0 | 0 |
| 0 | 0 | | 4(3) | | 염기훈 | 26 | MF | MF | 77 | 크리스찬 | 17 | 1 | 1 | 0 | 0 |
| 0 | 0 | 1(1) | 13 | | 배기종 | 19 | MF | MF | 18 | 심동운 | | 2(1) | 0 | 0 | 0 |
| 0 | 1 | | 11 | | 산토스 | 10 | MF | FW | 20 | 박기동 | | 1(1) | 0 | 0 | 0 |
| 0 | 1 | 6 | 5(3) | | 정대세 | 14 | FW | FW | 11 | 이종호 | | 0 | 0 | 0 | 0 |
| 0 | 0 | 0 | 0 | | 노동건 | 21 | | | 31 | 김대호 | | 0 | 0 | 0 | 0 |
| 0 | 0 | 0 | 0 | | 민상기 | 39 | | | 5 | 임종은 | | 0 | 0 | 0 | 0 |
| 0 | 0 | 0 | 0 | | 최재수 | 2 | | | 24 | 김동철 | | 0 | 0 | 0 | 0 |
| 0 | 0 | | | 후39 | 신세계 | 30 | 대기 | 대기 | 16 | 송창호 | 후22 | 0 | 0 | 0 | 0 |
| 0 | 0 | | | 후24 | 서정진 | 13 | | | 14 | 김영욱 | | 0 | 0 | 0 | 0 |
| 0 | 0 | | | | 조지훈 | 8 | | | 11 | 박준태 | 후18 | 0 | 0 | 0 | 0 |
| 0 | 0 | | | 후16 | 로 저 | 11 | | | 9 | 이종호 | 전17 | 1(1) | 0 | 0 | 0 |
| 0 | 2 | 13 | 12(7) | | | | | | | | | 7(3) | 11 | 1 | 0 |

●후반 25분 염기훈 PK-L-G (득점: 염기훈) 오른쪽

## 서울 0 : 0 경남

4월 12일 16:00 흐림 서울 월드컵 관중 12,497명
주심_김희곤 부심_손재선·노수용 대기심_김상우 감독관_한진원

서울 0 　0 전반 0　 0 경남
　　　　　0 후반 0

| 퇴장 | 경고 | 파울 | ST(유) | 교체 | 선수명 | 배번 | 위치 | 위치 | 배번 | 선수명 | 교체 | ST(유) | 파울 | 경고 | 퇴장 |
|---|---|---|---|---|---|---|---|---|---|---|---|---|---|---|---|
| 0 | 0 | 0 | 0 | | 김용대 | 1 | GK | GK | 1 | 김영광 | | 0 | 0 | 0 | 0 |
| 0 | 0 | 5 | 0 | | 이웅희 | 3 | DF | DF | 30 | 스레텐 | | 1 | 1 | 1 | 0 |
| 0 | 0 | 2 | 0 | | 김주영 | 4 | DF | DF | 5 | 우주성 | | 0 | 0 | 1 | 0 |
| 0 | 0 | 1 | 0 | | 진경선 | 6 | DF | DF | 5 | 이학민 | | 1 | 1 | 0 | 0 |
| 0 | 0 | 2 | 1 | | 김치우 | 7 | DF | DF | 4 | 김준엽 | | 1 | 1 | 0 | 0 |
| 0 | 0 | 4 | 1 | | 오스마르 | 28 | MF | MF | 7 | 조원희 | | 1(1) | 2 | 1 | 0 |
| 0 | 2 | 0 | | 18 | 이상협 | 13 | MF | MF | 26 | 최영준 | | 0 | 0 | 0 | 0 |
| 0 | 0 | 1 | 0 | | 고명진 | 22 | MF | MF | 10 | 보산치치 | | 4(3) | 0 | 1 | 0 |
| 0 | 0 | 1(1) | | | 고요한 | 13 | FW | FW | 11 | 김도엽 | | 0 | 0 | 0 | 0 |
| 0 | 0 | | 27 | | 에스쿠데로 | 9 | FW | FW | 33 | 김슬기 | 16 | 1(1) | 1 | 0 | 0 |
| 0 | 3(1) | | 24 | | 하 피 엘 | 10 | FW | FW | 9 | 스토야노비치 | | 1(1) | 2 | 0 | 0 |
| 0 | 0 | 0 | 0 | | 유상훈 | 31 | | | 31 | 손정현 | | 0 | 0 | 0 | 0 |
| 0 | 0 | 0 | 0 | | 심상민 | 21 | | | 6 | 루 크 | | 0 | 0 | 0 | 0 |
| 0 | 0 | 0 | 0 | | 차두리 | 5 | | | 18 | 문주원 | | 0 | 0 | 0 | 0 |
| 0 | 0 | | | 후33 | 최현태 | 17 | 대기 | 대기 | 44 | 이호석 | | 0 | 0 | 0 | 0 |
| 0 | 0 | | | 후0 | 고광민 | 27 | | | 19 | 송호영 | 후22 | 0 | 0 | 0 | 0 |
| 0 | 0 | | | | 윤일록 | 24 | | | 17 | 이재안 | 후39 | 0 | 0 | 0 | 0 |
| 0 | 0 | 1(1) | 후0 | | 김현성 | 18 | | | 16 | 송수영 | 후43 | 0 | 0 | 0 | 0 |
| 0 | 0 | 21 | 10(3) | | | | | | | | | 10(5) | 9 | 4 | 0 |

## 4월 12일 16:00 흐림 포항 스틸야드 관중 7,268명
주심_이동준 부심_정해상·윤광열 대기심_류희선 감독관_김수현

**포항 3** (2 전반 0 / 1 후반 0) **0 제주**

| 퇴장 | 경고 | 파울 | ST(유) | 교체 | 선수명 | 배번 | 위치 | 위치 | 배번 | 선수명 | 교체 | ST(유) | 파울 | 경고 | 퇴장 |
|---|---|---|---|---|---|---|---|---|---|---|---|---|---|---|---|
| 0 | 0 | 0 | 0 | | 신화용 | 1 | GK | GK | 1 | 김호준 | | 0 | 0 | 0 | 0 |
| 0 | 0 | 1 | 0 | | 김광석 | 3 | DF | DF | 24 | 이 용 | | 0 | 0 | 1 | 0 |
| 0 | 0 | 0 | 0 | | 배슬기 | 24 | DF | DF | 5 | 오반석 | | 0 | 0 | 0 | 0 |
| 0 | 0 | 0 | 0 | | 신광훈 | 17 | DF | DF | 15 | 알렉스 | | 0 | 0 | 0 | 0 |
| 0 | 1 | 3 | 0 | 14 | 박희철 | | DF | DF | 2 | 정다훤 | | 0 | 3 | 1 | 0 |
| 0 | 0 | 3 | 0 | | 김태수 | | MF | MF | 8 | 오승범 | 20 | 0 | 0 | 0 | 0 |
| 0 | 1 | 1 | 0 | | 손준호 | 28 | MF | MF | 14 | 윤빛가람 | 18 | 1 | 1 | 0 | 0 |
| 0 | 1 | 3 | 2(1) | | 이명주 | 29 | MF | MF | 10 | 송진형 | | 1 | 1 | 1 | 0 |
| 0 | 1 | 3 | 1(1) | 15 | 김승대 | 12 | MF | MF | 19 | 드로겟 | | 1(1) | 1 | 0 | 0 |
| 0 | 0 | 2 | 3(3) | | 김재성 | | MF | FW | 13 | 배일환 | 7 | 1(1) | 0 | 0 | 0 |
| 0 | 0 | 0 | 1 | | 고무열 | 18 | MF FW | FW | 9 | 김 현 | | 1(1) | 2 | 0 | 0 |
| 0 | 0 | 0 | 0 | | 김다슬 | 31 | | | 21 | 김경민 | | 0 | 0 | 0 | 0 |
| | | | | 후15 | 김대호 | 22 | | | 6 | 황도연 | | | | | |
| 0 | 0 | 0 | 0 | | 김형일 | 32 | | | 22 | 김수범 | | | | | |
| 0 | 0 | 0 | 0 | | 이광혁 | 34 | 대기 | 대기 | 23 | 좌준협 | | | | | |
| | | | | 후36 | 신영준 | 16 | | | 20 | 에스티벤 | 후7 | | | | |
| | | | | 후28 | 배천석 | 14 | | | 18 | 진대성 | 후30 | | | | |
| 0 | 0 | 0 | 0 | | 유창현 | 23 | | | 7 | 스토키치 | 후24 | | | | |
| 0 | 4 | 18 | 7(5) | | | 0 | | | 0 | | | 5(3) | 12 | 3 | 0 |

- ●전반 24분 김승대 PAL ⌒ 김재성 GA정면 R-ST-G(득점: 김재성, 도움: 김승대) 가운데
- ●전반 35분 이명주 PA정면내 ⌒ 김재성 GA정면 R-ST-G(득점: 김재성, 도움: 이명주) 오른쪽
- ●후반 33분 손준호 AK정면 ~ 김승대 GAR내 R-ST-G(득점: 김승대, 도움: 손준호) 왼쪽

---

## 4월 13일 14:00 흐림 광양전용 관중 2,285명
주심_김성호 부심_김용수·최민병 대기심_송민석 감독관_이영철

**전남 2** (2 전반 1 / 0 후반 0) **1 부산**

| 퇴장 | 경고 | 파울 | ST(유) | 교체 | 선수명 | 배번 | 위치 | 위치 | 배번 | 선수명 | 교체 | ST(유) | 파울 | 경고 | 퇴장 |
|---|---|---|---|---|---|---|---|---|---|---|---|---|---|---|---|
| 0 | 0 | 0 | 0 | | 김병지 | 1 | GK | GK | 1 | 이범영 | | 0 | 0 | 0 | 0 |
| 0 | 0 | 1 | 0 | | 현영민 | 13 | DF | DF | 27 | 박준강 | | 0 | 1 | 1 | 0 |
| 0 | 0 | 0 | 0 | | 임종은 | 5 | DF | DF | 6 | 이경렬 | | 1(1) | 0 | 0 | 0 |
| 0 | 0 | 0 | 0 | | 방대종 | 15 | DF | DF | 23 | 김찬영 | | 0 | 0 | 0 | 0 |
| 0 | 0 | 0 | 0 | | 박선용 | 3 | DF | DF | 33 | 장학영 | | 0 | 0 | 0 | 0 |
| 0 | 0 | 1 | 0 | | 이승희 | 6 | MF | MF | 25 | 닐손 주니어 | | 1 | 1 | 0 | 0 |
| 0 | 0 | 0 | 2(2) | 55 | 송창호 | 16 | MF | MF | 26 | 홍동현 | 2 | 2(1) | 2 | 1 | 0 |
| 0 | 1 | 1 | 2(1) | 18 | 이종호 | 17 | MF | MF | 17 | 김익현 | | 0 | 0 | 0 | 0 |
| 0 | 0 | 2 | 1(1) | | 안용우 | 25 | MF | MF | 11 | 임상협 | 14 | 1 | 0 | 0 | 0 |
| 0 | 0 | 1 | 2(2) | 8 | 레안드리뉴 | 7 | FW | FW | 51 | 파그너 | 20 | 2 | 0 | 0 | 0 |
| 0 | 0 | 1 | 1 | | 스테보 | 10 | FW | FW | 18 | 양동현 | | 1(1) | 3 | 0 | 0 |
| 0 | 0 | 0 | 0 | | 김대호 | 31 | | | 41 | 김용대 | | 0 | 0 | 0 | 0 |
| | | | | 후38 | 코 니 | 55 | | | 7 | 한지호 | 후6 | 3(2) | | | |
| | | | | | 이슬찬 | 33 | | | 14 | 정석화 | 후20 | | | | |
| | | | | | 김동철 | 24 | 대기 | 대기 | 15 | 유지노 | | | | | |
| | | | | 후15 | 이현승 | | | | 20 | 이원영 | 후33 | | | | |
| | | | | 후26 | 심동운 | | | | 22 | 김은중 | | | | | |
| | | | | | 박기동 | | | | 27 | 권진영 | | | | | |
| 0 | 1 | 11 | 8(6) | | | 0 | | | 0 | | | 11(5) | 14 | 3 | 0 |

- ●전반 4분 안용우 PK지점 L-ST-G(득점: 안용우) 왼쪽
- ●전반 21분 레안드리뉴 AK정면 ~ 이종호 GAL L-ST-G(득점: 이종호, 도움: 레안드리뉴) 오른쪽
- ●전반 6분 파그너 AKL ~ 양동현 PAL내 R-ST-G(득점: 양동현, 도움: 파그너) 오른쪽

---

## 4월 13일 14:00 흐림 탄천 종합 관중 3,247명
주심_김대용 부심_노태식·장준모 대기심_우상일 감독관_김형남

**성남 0** (0 전반 0 / 0 후반 0) **0 상주**

| 퇴장 | 경고 | 파울 | ST(유) | 교체 | 선수명 | 배번 | 위치 | 위치 | 배번 | 선수명 | 교체 | ST(유) | 파울 | 경고 | 퇴장 |
|---|---|---|---|---|---|---|---|---|---|---|---|---|---|---|---|
| 0 | 0 | 0 | 0 | | 박준혁 | 28 | GK | GK | 1 | 김민식 | | 0 | 0 | 0 | 0 |
| 0 | 1 | 2 | 0 | | 김평래 | 15 | DF | DF | 5 | 최호정 | | 0 | 2 | 0 | 0 |
| 0 | 0 | 0 | 0 | | 윤영선 | 20 | DF | DF | 15 | 이재성 | | 0 | 0 | 0 | 0 |
| 0 | 0 | 1 | 1(1) | | 임채민 | 26 | DF | DF | 28 | 안재훈 | | 0 | 3 | 0 | 0 |
| 0 | 0 | 1 | 1(1) | | 박진포 | 6 | DF | DF | 33 | 유지훈 | | 0 | 1 | 1 | 0 |
| 0 | 0 | 0 | 0 | | 이창훈 | 18 | MF | MF | 8 | 이 호 | | 0 | 1 | 0 | 0 |
| 0 | 0 | 3 | 3(1) | | 이종원 | 22 | MF | MF | 12 | 권순형 | | 0 | 0 | 0 | 0 |
| 0 | 0 | 0 | 2(2) | | 김철호 | 7 | MF | MF | 16 | 서상민 | 7 | 1(1) | 0 | 0 | 0 |
| 0 | 0 | 2 | 2(1) | | 김태환 | 11 | MF | MF | 18 | 이상호 | 10 | 1 | 0 | 0 | 0 |
| 0 | 0 | 3 | 2(1) | | 바우지비아 | 12 | MF FW | FW | 9 | 하태균 | 26 | 1(1) | 0 | 0 | 0 |
| 0 | 1 | 0 | 5(5) | 17 | 황의조 | 16 | FW | FW | 11 | 이근호 | 2(1) | 2(1) | 0 | 0 | 0 |
| 0 | 0 | 0 | 0 | | 전상욱 | 31 | | | 31 | 김근배 | | 0 | 0 | 0 | 0 |
| | | | | | 심우연 | 5 | | | 4 | 백종환 | | | | | |
| | | | | | 이요한 | 4 | | | 24 | 이용기 | | | | | |
| 0 | 0 | 1(1) | | 후34 | 김성준 | 7 | 대기 | 대기 | 7 | 이승현 | 후40 | | | | |
| | | | | | 김남건 | 27 | | | 13 | 정 훈 | | | | | |
| | | | | 후46 | 이민우 | 17 | | | 10 | 김동찬 | 후 | | | | |
| | | | | 후30 | 김동섭 | 9 | | | 26 | 이정협 | 후34 | | | | |
| 0 | 1 | 11 | 18(13) | | | 0 | | | 0 | | | 5(3) | 15 | 1 | 0 |

---

## 4월 13일 16:00 맑음 인천전용 관중 6,406명
주심_최명용 부심_이규화·지승민 대기심_김상우 감독관_김진의

**인천 0** (0 전반 1 / 0 후반 2) **3 수원**

| 퇴장 | 경고 | 파울 | ST(유) | 교체 | 선수명 | 배번 | 위치 | 위치 | 배번 | 선수명 | 교체 | ST(유) | 파울 | 경고 | 퇴장 |
|---|---|---|---|---|---|---|---|---|---|---|---|---|---|---|---|
| 0 | 0 | 0 | 0 | | 권정혁 | 1 | GK | GK | 1 | 정성룡 | | 0 | 0 | 0 | 0 |
| 0 | 1 | 0 | 0 | 25 | 박태민 | 13 | DF | DF | 17 | 홍 철 | | 0 | 2 | 1 | 0 |
| 0 | 0 | 2 | 0 | | 이윤표 | 16 | DF | DF | 45 | 헤이네르 | | 0 | 1 | 0 | 0 |
| 0 | 0 | 3 | 0 | | 안재준 | 20 | DF | DF | 5 | 조성진 | | 0 | 2 | 0 | 0 |
| 0 | 0 | 2 | 0 | | 용현진 | 2 | DF | DF | 8 | 김두현 | 16 | 0 | 1 | 0 | 0 |
| 0 | 0 | 2 | 0 | 19 | 배승진 | 19 | MF | DF | 21 | 김은선 | | 2(1) | 1 | 0 | 0 |
| 0 | 0 | 1 | 0 | | 김도혁 | 21 | MF | MF | 26 | 염기훈 | | 1 | 1 | 0 | 0 |
| 0 | 0 | 0 | 0 | | 이 보 | 7 | MF | MF | 12 | 고차원 | 19 | 1 | 0 | 0 | 0 |
| 0 | 1 | 0 | 0 | | 문상윤 | 8 | MF | MF | 11 | 산토스 | 11 | 3(3) | 0 | 0 | 0 |
| 0 | 1 | 4(2) | 0 | 28 | 이효균 | 28 | MF | FW | 14 | 정대세 | | 4(2) | 2 | 0 | 0 |
| 0 | 0 | | | | 니콜리치 | 11 | FW | FW | 10 | 정대세 | | | | | |
| 0 | 0 | 0 | 0 | | 조수혁 | 21 | | | 21 | 노동건 | | 0 | 0 | 0 | 0 |
| | | | | | 이상희 | 3 | | | 2 | 최재수 | | | | | |
| | | | | 후 | 최종환 | 6 | | | 13 | 구자룡 | | | | | |
| | | | | | 구본상 | 8 | 대기 | 대기 | 19 | 배기종 | 후22 | | | | |
| | | | | | 이석현 | 14 | | | 13 | 서정진 | | | | | |
| | | | | 후11 | 주앙파울로 | 7 | | | 16 | 조지훈 | 후39 | | | | |
| | | | | 후30 | 설기현 | 11 | | | 11 | 로 저 | 후33 | | | | |
| 0 | 1 | 18 | 11(4) | | | 0 | | | 0 | | | 11(6) | 12 | 1 | 0 |

- ●전반 12분 염기훈 PARFK ⌒ 김은선 GAR H-ST-G(득점: 김은선, 도움: 염기훈) 오른쪽
- ●후반 5분 정대세 PK-R-G(득점: 대세) 오른쪽
- ●후반 31분 배기종 PAEL ⌒ 산토스 PAR내 R-ST-G(득점: 산토스, 도움: 배기종) 왼쪽

**4월 19일 14:00 흐림 울산문수 관중 3,257명**
주심_이민후 부심_정해상·장준모 대기심_우상일 감독관_김용세

**울산 2** | 0 전반 1 / 2 후반 1 | **2 수원**

| 퇴장 | 경고 | 파울 | ST(유) | 교체 | 선수명 | 배번 | 위치 | 위치 | 배번 | 선수명 | 교체 | ST(유) | 파울 | 경고 | 퇴장 |
|---|---|---|---|---|---|---|---|---|---|---|---|---|---|---|---|
| 0 | 0 | 0 | 0 | | 김승규 | 18 | GK | GK | | 정성룡 | | 0 | 0 | 0 | 0 |
| 0 | 0 | 0 | 2 | | 김치곤 | 22 | DF | DF | 17 | 홍 철 | | 1 | 1 | 0 | 0 |
| 0 | 0 | 0 | 2(1) | | 박동혁 | 6 | DF | DF | 45 | 헤이네르 | | 0 | 2 | 0 | 0 |
| 0 | 0 | 1 | 0 | | 이 용 | 8 | DF | DF | 23 | 조성진 | | 0 | 5 | 0 | 0 |
| 0 | 0 | 2 | 0 | | 김영삼 | 14 | DF | DF | 9 | 오장은 | | 1 | 2 | 0 | 0 |
| 0 | 0 | 3 | 4(4) | | 김민균 | 23 | MF | MF | 4 | 김두현 | | 0 | 0 | 0 | 0 |
| 0 | 0 | 1 | 1(1) | 11 | 김선민 | 13 | MF | MF | 6 | 김은선 | | 0 | 4 | 0 | 0 |
| 0 | 0 | 1 | 0 | | 유준수 | 25 | MF | MF | 26 | 염기훈 | | 2(1) | 0 | 0 | 0 |
| 0 | 0 | 0 | 2 | 20 | 김용태 | 24 | MF | MF | 19 | 배기종 | 13 | 2(1) | 4 | 0 | 0 |
| 0 | 0 | 2 | 0 | 16 | 하피냐 | 10 | FW | MF | 7 | 산토스 | 15 | 1(1) | 0 | 0 | 0 |
| 0 | 1 | 5(2) | | | 김신욱 | 9 | FW | FW | 14 | 정대세 | | 5(3) | 1 | 0 | 0 |
| 0 | 1 | 0 | 0 | | 이희성 | 21 | | | 21 | 노동건 | | 0 | 0 | 0 | 0 |
| 0 | 0 | 0 | 0 | | 정동호 | 3 | | | 2 | 최재수 | | 0 | 0 | 0 | 0 |
| 0 | 0 | 0 | 0 | | 고창현 | 7 | | | 15 | 구자룡 | 후30 | 0 | 0 | 0 | 0 |
| 0 | 0 | 0 | | 후18 | 김성환 | 16 | 대기 | 대기 | 39 | 민상기 | | 0 | 0 | 0 | 0 |
| 0 | | 1(1) | | 후7 | 한상운 | 20 | | | 13 | 서정진 | 후34 | 0 | 2 | 0 | 0 |
| 0 | 0 | 0 | | | 박용지 | 19 | | | 16 | 조지훈 | | 0 | 0 | 0 | 0 |
| 0 | | | | 후24 | 알미르 | 11 | | | 11 | 로 저 | | 0 | 0 | 0 | 0 |
| 0 | 0 | 10 | 19(10) | | | | | | | | | 12(6) | 22 | 0 | 0 |

●후반 39분 이용 PAREL ~ 김민균 PK우측지점 L-ST-G(득점: 김민균, 도움: 이용)왼쪽
●후반 44분 유준수 PK좌측지점 L-ST-G(득점: 유준수) 왼쪽

●전반 24분 염기훈 MFL ~ 정대세 PA정면내 R-ST-G(득점: 정대세, 도움: 염기훈) 왼쪽
●후반 11분 염기훈 MFRTLFK ~ 산토스 GA정면 R-ST-G(득점: 산토스, 도움: 염기훈) 왼쪽

---

**4월 19일 16:00 흐림 광양전용 관중 2,062명**
주심_최명용 부심_손재선·김성일 대기심_임원택 감독관_김수현

**전남 0** | 0 전반 1 / 0 후반 1 | **2 전북**

| 퇴장 | 경고 | 파울 | ST(유) | 교체 | 선수명 | 배번 | 위치 | 위치 | 배번 | 선수명 | 교체 | ST(유) | 파울 | 경고 | 퇴장 |
|---|---|---|---|---|---|---|---|---|---|---|---|---|---|---|---|
| 0 | 0 | 0 | 0 | | 김병지 | 1 | GK | GK | | 권순태 | | 0 | 0 | 0 | 0 |
| 0 | 0 | 3 | 2(1) | | 현영민 | 13 | DF | DF | 25 | 최철순 | | 0 | 1 | 1 | 0 |
| 0 | 0 | 0 | 0 | | 임종은 | 5 | DF | DF | 18 | 김기희 | | 0 | 0 | 0 | 0 |
| 0 | 0 | 0 | 0 | | 방대종 | 15 | DF | DF | 4 | 윌킨슨 | | 0 | 0 | 0 | 0 |
| 0 | 0 | 0 | 0 | | 박선용 | 3 | DF | DF | 2 | 이규로 | | 0 | 2 | 1 | 0 |
| 0 | 0 | 1 | 0 | | 이승희 | 6 | MF | MF | 15 | 정 혁 | | 1(1) | 1 | 1 | 0 |
| 0 | 0 | 1 | 0 | | 송창호 | 16 | MF | MF | 11 | 이승기 | | 0 | 1 | 0 | 0 |
| 0 | 1 | 4 | 1 | 55 | 이종호 | 17 | MF | MF | 9 | 레오나르도 | 9 | 2(1) | 0 | 1 | 0 |
| 0 | 0 | 1 | 0 | | 안용우 | 25 | MF | MF | 17 | 이재성 | | 1 | 0 | 0 | 0 |
| 0 | | 2(1) | | 14 | 레안드리뉴 | 7 | MF | MF | 13 | 김인성 | 16 | 2 | 2 | 0 | |
| 0 | | 2(1) | | | 스테보 | 10 | FW | FW | 20 | 이동국 | 7 | 2(1) | 0 | 0 | 0 |
| 0 | 0 | 0 | | | 김대호 | 31 | | | 23 | 최은성 | | 0 | 0 | 0 | 0 |
| 0 | 0 | | 후37 | | 코 니 | 55 | | | 6 | 이강진 | | 0 | 0 | 0 | 0 |
| 0 | 0 | 0 | | | 김동철 | 24 | | | 6 | 최보경 | | 0 | 0 | 0 | 0 |
| 0 | 0 | 0 | | | 이슬찬 | 33 | 대기 | 대기 | 7 | 한교원 | 후15 | 1 | 0 | 0 | 0 |
| 0 | | | 후4 | | 이현승 | 8 | | | 16 | 이상협 | 후7 | 4 | 3 | 0 | 0 |
| 0 | | | 후18 | | 김영욱 | 14 | | | 26 | 김 신 | | 0 | 0 | 0 | 0 |
| 0 | 0 | 0 | | | 전현철 | 77 | | | 9 | 카이오 | 후33 | 1 | 2 | 0 | 0 |
| 0 | 1 | 13 | 11(3) | | | | | 0 | | | | 15(4) | 12 | 4 | 0 |

●전반 30분 이규로 PAR ~ 이동국 GA정면 H-ST-G(득점: 이동국, 도움: 이규로) 왼쪽
●후반 38분 김기희 자기측 MFR ~ 한교원 PAR R-ST-G(득점: 한교원, 도움: 김기희) 왼쪽

---

**4월 19일 14:00 흐림 부산 아시아드 관중 1,134명**
주심_김상우 부심_이정민·윤광열 대기심_류희선 감독관_김정식

**부산 1** | 1 전반 0 / 0 후반 0 | **0 성남**

| 퇴장 | 경고 | 파울 | ST(유) | 교체 | 선수명 | 배번 | 위치 | 위치 | 배번 | 선수명 | 교체 | ST(유) | 파울 | 경고 | 퇴장 |
|---|---|---|---|---|---|---|---|---|---|---|---|---|---|---|---|
| 0 | 0 | 0 | 0 | | 이범영 | 1 | GK | GK | 28 | 박준혁 | | 0 | 0 | 0 | 0 |
| 0 | 2 | 4 | 0 | | 박준강 | 2 | DF | DF | 15 | 김평래 | | 0 | 3 | 0 | 0 |
| 0 | 0 | 3 | 0 | | 이경렬 | 6 | DF | DF | 20 | 윤영선 | | 0 | 1 | 0 | 0 |
| 0 | 0 | 0 | 0 | | 김찬영 | 23 | DF | DF | 26 | 임채민 | | 0 | 0 | 0 | 0 |
| 0 | 0 | 0 | 1 | | 장학영 | 33 | DF | DF | 6 | 박진포 | | 0 | 2 | 0 | 0 |
| 0 | 0 | 1 | 0 | | 정석화 | 14 | MF | MF | 13 | 이창훈 | | 0 | 1 | 0 | 0 |
| 0 | 1 | 1 | 0 | | 닐손 주니어 | 25 | MF | MF | 22 | 이종원 | | 1 | 2 | 0 | 0 |
| 0 | 2 | 0 | 2(2) | 11 | 파그너 | 51 | MF | MF | 7 | 김태환 | | 0 | 2 | 0 | 0 |
| 0 | 0 | 2 | 1 | 15 | 한지호 | 7 | MF | FW | 19 | 김동섭 | | 4(3) | 0 | 0 | 0 |
| 0 | 1 | 3 | 1(1) | | 양동현 | 18 | FW | FW | 16 | 황의조 | 17 | 1(1) | 1 | 0 | 0 |
| 0 | 0 | 0 | | | 김기용 | 41 | | | 1 | 전상욱 | | 0 | 0 | 0 | 0 |
| 0 | | | 후33 | | 황재훈 | 13 | | | 5 | 심우연 | | 0 | 0 | 0 | 0 |
| 0 | | | 후40 | | 유지노 | 15 | 대기 | 대기 | 23 | 정선호 | 후23 | 1 | 0 | 0 | 0 |
| 0 | 0 | 0 | | | 이원영 | 20 | | | 27 | 김남건 | | 0 | 0 | 0 | 0 |
| 0 | 0 | 1 | 후29 | | 전성찬 | 22 | | | 17 | 이민우 | 후27 | 1 | 0 | 0 | 0 |
| 0 | 0 | 0 | | | 전민영 | 27 | | | 13 | 김동희 | 후20 | 1(1) | 0 | 0 | 0 |
| 0 | 3 | 17 | 6(3) | | | | | 0 | | | | 14(5) | 13 | 0 | 0 |

●전반 4분 파그너 AKR R-ST-G(득점: 파그너) 왼쪽

---

**4월 20일 14:00 맑음 서울월드컵 관중 13,554명**
주심_송민석 부심_김용수·이규환 대기심_이동준 감독관_김형남

**서울 0** | 0 전반 0 / 0 후반 1 | **1 포항**

| 퇴장 | 경고 | 파울 | ST(유) | 교체 | 선수명 | 배번 | 위치 | 위치 | 배번 | 선수명 | 교체 | ST(유) | 파울 | 경고 | 퇴장 |
|---|---|---|---|---|---|---|---|---|---|---|---|---|---|---|---|
| 0 | 0 | 0 | 0 | | 김용대 | 1 | GK | GK | | 신화용 | | 0 | 0 | 0 | 0 |
| 0 | 0 | 0 | 0 | | 김주영 | 4 | DF | DF | 3 | 김광석 | | 0 | 0 | 0 | 0 |
| 0 | 0 | | 3(2) | | 김진규 | 6 | DF | DF | 13 | 김원일 | | 0 | 1 | 0 | 0 |
| 0 | 0 | 0 | 0 | | 차두리 | 5 | DF | DF | 27 | 박선주 | | 0 | 0 | 0 | 0 |
| 0 | 0 | 1 | 1(1) | | 김치우 | 7 | DF | DF | 2 | 박희철 | | 0 | 0 | 0 | 0 |
| 0 | 0 | 0 | 0 | | 오스마르 | 28 | MF | MF | 5 | 김태수 | | 0 | 2 | 0 | 0 |
| 0 | 1 | 1(1) | | 10 | 이상협 | 29 | MF | MF | 7 | 황지수 | | 0 | 1 | 0 | 0 |
| 0 | 1 | 1 | | | 최현태 | 17 | MF | MF | 12 | 김승대 | | 1(1) | 0 | 0 | 0 |
| 0 | 1 | 0 | | | 윤일록 | 24 | FW | FW | 23 | 유창현 | | 2(1) | 1 | 0 | 0 |
| 0 | 1 | 2 | 1(1) | 2 | 에스쿠데로 | 9 | FW | MF | 7 | 김재성 | | 0 | 3 | 1 | 0 |
| 0 | 1 | 1(1) | | | 김현성 | 18 | FW | MF | 11 | 강수일 | 28 | 0 | 0 | 0 | 0 |
| 0 | 0 | 0 | | | 김철호 | 41 | | | 31 | 김다솔 | | 0 | 0 | 0 | 0 |
| 0 | 0 | 0 | | | 이웅희 | 3 | | | 6 | 김준수 | | 0 | 0 | 0 | 0 |
| 0 | 0 | 0 | | | 심상민 | 21 | | | 32 | 김형일 | | 0 | 0 | 0 | 0 |
| 0 | | 1(1) | 후25 | | 최호진 | 2 | 대기 | 대기 | 30 | 강상우 | | 0 | 0 | 0 | 0 |
| 0 | 0 | 0 | | | 강승조 | 16 | | | 18 | 고무열 | 후0 | 0 | 0 | 0 | 0 |
| 0 | 0 | | 후34 | | 하 파엘 | 10 | | | 28 | 손준호 | 후14 | 0 | 0 | 0 | 0 |
| 0 | 0 | 0 | | | | | | | 21 | 이진석 | | 0 | 0 | 0 | 0 |
| 0 | 0 | 12 | 11(7) | | | | | 0 | | | | 3(2) | 17 | 3 | 0 |

●후반 31분 김재성 AKR ~ 김승대 GAR R-ST-G (득점: 김승대, 도움: 김재성) 가운데

## 4월20일 14:00 맑음 창원축구센터 관중 2,125명
주심_김성호 부심_전기록·강동호 대기심_고형진 감독관_한병화

**경남 0** — 0 전반 0 / 0 후반 0 — **0 상주**

| 퇴장 | 경고 | 파울 | ST(유) | 교체 | 선수명 | 배번 | 위치 | 위치 | 배번 | 선수명 | 교체 | ST(유) | 파울 | 경고 | 퇴장 |
|---|---|---|---|---|---|---|---|---|---|---|---|---|---|---|---|
| 0 | 0 | 0 | 0 | | 김영광 | 1 | GK | GK | 1 | 김민식 | | 0 | 0 | 1 | 0 |
| 0 | 1 | 1 | 0 | | 루크 | 6 | DF | DF | 3 | 김창훈 | | 0 | 0 | 0 | 0 |
| 0 | 0 | 0 | 0 | | 우주성 | 5 | DF | DF | 4 | 백종환 | | 0 | 3 | 0 | 0 |
| 0 | 0 | 3 | 0 | | 김준엽 | 4 | DF | DF | 15 | 이재명 | | 0 | 0 | 0 | 0 |
| 0 | 0 | 4 | 0 | | 이학민 | 2 | DF | DF | 28 | 안재훈 | | 0 | 0 | 1 | 0 |
| 0 | 0 | 2 | 1 | | 조원희 | 8 | MF | MF | 8 | 이호 | | 1(1) | 0 | 4 | 0 |
| 0 | 1 | 1 | 2 | | 문주원 | 18 | MF | MF | 12 | 권순형 | | 1 | 0 | 0 | 1 |
| 0 | 0 | 0 | | 19 | 보산치치 | 10 | MF | MF | 16 | 서상민 | 27 | 2(1) | 1 | 0 | |
| 0 | 1 | 3 | 3(2) | 14 | 이재안 | 17 | FW | FW | 17 | 이상호 | | 1 | 0 | 2 | 0 |
| 0 | 0 | 2 | | 16 | 김도엽 | 11 | FW | FW | 11 | 이승현 | 26 | 3(1) | 4 | 0 | |
| 0 | 0 | 1 | | | 스토야노비치 | 9 | FW | FW | 11 | 이근호 | | 4 | 1 | 0 | |
| | | | | | 손정현 | 31 | | | 31 | 김근배 | | | | | |
| | | | | | 이한샘 | 20 | | | 2 | 이후권 | | | | | |
| 0 | 0 | 0 | | 후37 | 이창민 | 14 | | | 19 | 송원재 | | | | | |
| | | | | | 김슬기 | 33 | 대기 | 대기 | 13 | 정훈 | | | | | |
| 0 | 0 | 1 | 0 | 후19 | 송호영 | 22 | | | 10 | 김동찬 | 후25 | | | | |
| 0 | | 5(1) | | 후0 | 송수영 | 16 | | | 26 | 이정협 | 후17 | | | | |
| | | | | | 최성민 | 28 | | | 27 | 송제헌 | 후32 | | | | |
| 0 | 1 | 17 | 13(3) | | | | | | | | | 8(3) | 14 | 1 | 0 |

---

## 4월26일 14:00 맑음 전주월드컵 관중 11,516명
주심_이동준 부심_김용수·윤광열 대기심_김동진 감독관_김진의

**전북 4** — 2 전반 1 / 2 후반 0 — **1 경남**

| 퇴장 | 경고 | 파울 | ST(유) | 교체 | 선수명 | 배번 | 위치 | 위치 | 배번 | 선수명 | 교체 | ST(유) | 파울 | 경고 | 퇴장 |
|---|---|---|---|---|---|---|---|---|---|---|---|---|---|---|---|
| 0 | 0 | 0 | 0 | | 권순태 | 1 | GK | GK | 1 | 김영광 | | 0 | 0 | 0 | 0 |
| 0 | 0 | 0 | 0 | | 최철순 | 25 | DF | DF | 30 | 스레텐 | | 1(1) | 1 | 0 | 0 |
| 0 | 0 | 0 | 0 | | 김기희 | 4 | DF | DF | 6 | 루크 | | 0 | 2 | 1 | 0 |
| 0 | 0 | 0 | 0 | | 윌킨슨 | 18 | DF | DF | 2 | 이학민 | | 0 | 1 | 0 | 0 |
| 0 | 0 | 5 | 1 | | 이규로 | 2 | DF | DF | 27 | 박주성 | | 0 | 0 | 0 | 0 |
| 0 | 0 | 0 | 0 | | 정혁 | 15 | MF | MF | 7 | 조원희 | | 0 | 0 | 2 | 0 |
| 0 | | | 2(1) | | 이재성 | 17 | MF | MF | 18 | 문주원 | | 0 | 0 | 1 | 0 |
| 0 | | | | 28 | 이승기 | 11 | MF | MF | 14 | 이창민 | 44 | 1 | 1 | 0 | |
| 0 | | | 2(1) | | 한교원 | 7 | FW | FW | 8 | 송수영 | | 2(1) | 0 | | |
| 0 | | 2(2) | | 16 | 레오나르도 | 10 | MF | FW | 33 | 김슬기 | | 1 | 0 | | |
| 0 | | 2(1) | | 9 | 이동국 | 20 | FW | FW | 9 | 스토야노비치 | | 0 | 0 | | |
| | | | | | 최은성 | 23 | | | 41 | 김교빈 | | | | | |
| 0 | | | | 후42 | 이강진 | 28 | | | 5 | 우주성 | | | | | |
| | | | | | 박원재 | 19 | | | 4 | 김준엽 | | | | | |
| | | | | | 권경원 | 27 | 대기 | 대기 | 44 | 이호석 | 후39 | | | | |
| | | | | | 김인성 | 33 | | | 22 | 조용태 | 후22 | | | | |
| 0 | | | | 후22 | 이상협 | 16 | | | 17 | 이재안 | 후0 | | | | |
| 0 | 0 | 2 | 3(2) | 후29 | 카이오 | 9 | | | 20 | 이한샘 | | | | | |
| 0 | 0 | 15 | 15(7) | | | | | | | | | 5(2) | 12 | 3 | 0 |

● 전반 28분 스레텐 GAL내 R자책골(득점: 스레텐) 오른쪽
● 전반 30분 이승기 GAR ~ 이재성 GA정면L-ST-G(득점: 이재성, 도움: 이승기) 오른쪽
● 후반 26분 이동국 PK-R-G(득점: 이동국) 오른쪽
● 후반 49분 카이오 PK-L-G(득점: 카이오) 왼쪽

● 전반 42분 송수영 PAL FK ⌒ 스레텐 GA정면 H-ST-G(득점: 스레텐, 도움: 송수영) 오른쪽

---

## 4월20일 16:00 흐림 제주월드컵 관중 3,297명
주심_김동진 부심_노태식·노수용 대기심_정동식 감독관_강창구

**제주 1** — 1 전반 0 / 0 후반 0 — **0 인천**

| 퇴장 | 경고 | 파울 | ST(유) | 교체 | 선수명 | 배번 | 위치 | 위치 | 배번 | 선수명 | 교체 | ST(유) | 파울 | 경고 | 퇴장 |
|---|---|---|---|---|---|---|---|---|---|---|---|---|---|---|---|
| 0 | 0 | 0 | 0 | | 김호준 | 1 | GK | GK | 1 | 권정혁 | | 0 | 0 | 0 | 0 |
| 0 | 0 | 0 | 0 | | 김수범 | 22 | DF | DF | 2 | 용현진 | | 0 | 1 | 1 | 0 |
| 0 | 0 | 2 | 1 | | 알렉스 | 15 | DF | DF | 16 | 이윤표 | | 1 | 2 | 0 | 0 |
| 0 | 0 | 0 | 0 | | 황도연 | 6 | DF | DF | 20 | 안재준 | | 0 | 4 | 0 | 0 |
| 0 | 0 | 0 | 0 | | 정다훤 | 2 | DF | DF | 25 | 최종환 | | 0 | 3 | 0 | 0 |
| 0 | 1 | 3 | 0 | 20 | 장은규 | 37 | MF | MF | 4 | 배승진 | | 0 | 1 | 0 | 0 |
| 0 | 1 | 2 | 3(1) | | 윤빛가람 | 14 | MF | MF | 7 | 구본상 | | 1 | 2 | 0 | 0 |
| 0 | 0 | 3 | 2(1) | | 송진형 | 10 | FW | MF | 14 | 이석현 | 7 | 2(1) | 1 | 0 | |
| 0 | 0 | | 1(1) | | 드로겟 | 19 | FW | MF | 23 | 남준재 | 6 | 2 | 4 | 0 | |
| 0 | 0 | | 0 | | 배일환 | 13 | FW | FW | 10 | 이천수 | 11 | 4(2) | 2 | 0 | |
| 0 | 1 | 5 | 1(1) | 18 | 김현 | 9 | FW | FW | 28 | 이효균 | | 0 | 4 | 1 | 0 |
| | | | | | 김경민 | 21 | | | 31 | 조수혁 | | | | | |
| 0 | 0 | 0 | | 후29 | 오반석 | 5 | | | 3 | 이상희 | | | | | |
| | | | | | 허범산 | 17 | | | 26 | 김용환 | | | | | |
| | | | | | 오승범 | 8 | 대기 | 대기 | 21 | 김도혁 | | | | | |
| 0 | 0 | 1 | | 후22 | 에스티벤 | | | | 6 | 문상윤 | 후26 | | | | |
| 0 | 1 | 1(1) | | 후31 | 진대성 | 18 | | | 11 | 이보 | 후16 | | | | |
| 0 | 0 | 0 | | | 박수창 | 26 | | | | 니콜리치 | 후37 | | | | |
| 0 | 3 | 26 | 10(6) | | | | | | | | | 12(3) | 22 | 3 | 0 |

● 전반 30분 드로겟 GAL L-ST-G(득점: 드로겟) 가운데

---

## 4월26일 14:00 흐림 제주월드컵 관중 5,766명
주심_최영용 부심_장준모·강도준 대기심_송민석 감독관_한진원

**제주 2** — 0 전반 0 / 2 후반 1 — **1 부산**

| 퇴장 | 경고 | 파울 | ST(유) | 교체 | 선수명 | 배번 | 위치 | 위치 | 배번 | 선수명 | 교체 | ST(유) | 파울 | 경고 | 퇴장 |
|---|---|---|---|---|---|---|---|---|---|---|---|---|---|---|---|
| 0 | 0 | 0 | 0 | | 김호준 | 1 | GK | GK | 1 | 이범영 | | 0 | 0 | 0 | 0 |
| 0 | 1 | 2 | 1(1) | 17 | 김수범 | 22 | DF | DF | 6 | 이경렬 | | 2 | 1 | 0 | 0 |
| 0 | 0 | 0 | 5 | | 알렉스 | 15 | DF | DF | 20 | 이원영 | | 1 | 3 | 0 | 0 |
| 0 | 3 | 0 | 0 | | 황도연 | 6 | DF | DF | 27 | 권진영 | | 0 | 0 | 0 | 0 |
| 0 | 0 | 0 | 0 | | 정다훤 | 2 | DF | DF | 33 | 장학영 | | 0 | 0 | 0 | 0 |
| 0 | 0 | 0 | | 18 | 에스티벤 | 20 | MF | MF | 14 | 정석화 | 23 | 0 | 1 | 0 | |
| 0 | | | 1(1) | | 윤빛가람 | 14 | MF | MF | 25 | 닐손주니어 | 17 | 1 | 1 | 0 | |
| 0 | | | 2(1) | | 송진형 | 10 | FW | MF | 26 | 홍동현 | 18 | 2(1) | 0 | 0 | |
| 0 | 0 | | | | 장은규 | 37 | FW | MF | 51 | 파그너 | | 0 | 0 | 0 | |
| 0 | 0 | | | | 김현 | 9 | FW | FW | 7 | 한지호 | | 2(2) | 2 | 0 | |
| | | | | | 김경민 | 21 | | | 41 | 김기용 | | | | | |
| 0 | | | | 후15 | 오반석 | 5 | | | 13 | 황재훈 | | | | | |
| 0 | | | | 후36 | 허범산 | 17 | | | 15 | 유지노 | | | | | |
| | | | | | 김봉래 | 27 | 대기 | 대기 | 19 | 김익현 | 후46 | | | | |
| | | | | | 좌준협 | 23 | | | 18 | 양동현 | 후19 | 1(1) | | | |
| 0 | 5(1) | | 후0 | | 진대성 | 18 | | | 22 | 전성찬 | | | | | |
| 0 | 0 | | | | 이현호 | 26 | | | 23 | 김진영 | 후41 | | | | |
| 0 | 2 | 9 | 11(4) | | | | | | | | | 11(4) | 12 | 1 | 0 |

● 후반 13분 김현 PAL내 ~ 윤빛가람 GAL R-ST-G(득점: 윤빛가람, 도움: 김현) 왼쪽
● 후반 39분 윤빛가람 MFL ~ 진대성 KL L-ST-G(득점: 진대성, 도움: 윤빛가람) 왼쪽

● 전반 12분 알렉스 GAL내 자책골(득점: 알렉스) 왼쪽

4월26일 16:00 맑음 탄천 종합 관중 2,732명
주심_유선호 부심_정해상·이규환 대기심_매호영 감독관_하재훈

**성남 0** | 0 전반 0 | **1 전남**
| | 0 후반 1 |

| 퇴장 | 경고 | 파울 | ST(유) | 교체 | 선수명 | 배번 | 위치 | 위치 | 배번 | 선수명 | 교체 | ST(유) | 파울 | 경고 | 퇴장 |
|---|---|---|---|---|---|---|---|---|---|---|---|---|---|---|---|
| 0 | 0 | 0 | 0 | | 박준혁 | 28 | GK | GK | 1 | 김병지 | | 0 | 0 | 0 | 0 |
| 0 | 0 | 0 | 0 | | 김평래 | 15 | DF | DF | 13 | 현영민 | | 0 | 1 | 0 | 0 |
| 0 | 0 | 0 | 0 | | 윤영선 | 20 | DF | DF | 5 | 임종은 | | 0 | 0 | 0 | 0 |
| 0 | 0 | 0 | 1 | | 임채민 | 26 | DF | DF | 15 | 방대종 | | 0 | 0 | 0 | 0 |
| 0 | 0 | 2 | 0 | 4 | 박진포 | 6 | DF | DF | 3 | 박선용 | | 0 | 0 | 0 | 0 |
| 0 | 0 | 2 | 2(1) | | 이종원 | 22 | MF | MF | 16 | 정석민 | 7 | 0 | 1 | 0 | 0 |
| 0 | 0 | 2 | 0 | | 김철호 | 7 | MF | MF | 16 | 송창호 | | 1(1) | 2 | 0 | 0 |
| 0 | 0 | 1 | 1(1) | 13 | 이창훈 | 18 | MF | MF | 8 | 이현승 | | 2 | 2 | 0 | 0 |
| 0 | 1 | 4 | 1 | | 김태환 | 11 | MF | MF | 77 | 전현철 | 17 | 0 | 0 | 0 | 0 |
| 0 | 4(1) | | | | 황의조 | 16 | MF | MF | 25 | 안용우 | 11 | 3(1) | 0 | 0 | 0 |
| 0 | 1 | 1 | 1 | 17 | 이재억 | 17 | FW | FW | 16 | 스테반 | | 2(1) | 4 | 0 | 0 |
| 0 | 0 | 0 | 0 | | 전상욱 | 1 | | | 31 | 김대호 | | 0 | 0 | 0 | 0 |
| 0 | 0 | 0 | 0 | | 심우연 | 5 | | | 55 | 코 니 | | 0 | 0 | 0 | 0 |
| 0 | 0 | 0 | 0 | 후27 | 이요한 | 4 | | | 26 | 이중권 | | 0 | 0 | 0 | 0 |
| 0 | 0 | 0 | 0 | | 정선호 | 14 | 대기 | 대기 | 18 | 심동운 | | 0 | 0 | 0 | 0 |
| 0 | 0 | 0 | 0 | 후0 | 김동희 | 9 | | | 11 | 박준태 | 후46 | 0 | 0 | 0 | 0 |
| 0 | 0 | 0 | 0 | | 기 가 | 32 | | | 17 | 이종호 | 후10 | 2(1) | 0 | 0 | 0 |
| 0 | 0 | 0 | 2 | 후15 | 이민우 | 17 | | | 7 | 레안드리뉴 | 후23 | 0 | 1 | 0 | 0 |
| 0 | 0 | 12 | 12(4) | | | 0 | | | 0 | | | 10(4) | 17 | 0 | 0 |

●후반 37분 현영민 MFL TLFK ~ 이종호 GAL
H-ST-G (득점: 이종호, 도움: 현영민) 오른쪽

4월27일 14:00 흐림 포항 스틸야드 관중 7,166명
주심_우상일 부심_전기록·김성일 대기심_김성호 감독관_김형남

**포항 3** | 1 전반 0 | **0 인천**
| | 2 후반 0 |

| 퇴장 | 경고 | 파울 | ST(유) | 교체 | 선수명 | 배번 | 위치 | 위치 | 배번 | 선수명 | 교체 | ST(유) | 파울 | 경고 | 퇴장 |
|---|---|---|---|---|---|---|---|---|---|---|---|---|---|---|---|
| 0 | 0 | 0 | 0 | | 신화용 | 1 | GK | GK | 1 | 권정혁 | | 0 | 0 | 0 | 0 |
| 0 | 0 | 1 | 1(1) | | 김광석 | 3 | DF | DF | 13 | 박태민 | | 1 | 0 | 1 | 0 |
| 0 | 0 | 3 | 0 | | 배슬기 | 24 | DF | DF | 16 | 이윤표 | | 0 | 0 | 1 | 0 |
| 0 | 0 | 2 | 2(2) | | 신광훈 | 17 | DF | DF | 20 | 안재준 | | 1(1) | 0 | 1 | 0 |
| 0 | 1 | 3 | 0 | 27 | 김희철 | | DF | DF | 4 | 배승진 | | 1 | 3 | 1 | 0 |
| 0 | 0 | 1 | 1(1) | | 김태수 | 4 | MF | MF | 4 | 구본상 | 11 | 0 | 3 | 0 | 0 |
| 0 | 0 | 3 | 1 | | 손준호 | 28 | MF | MF | 14 | 이석현 | 7 | 0 | 0 | 0 | 0 |
| 0 | 0 | 2 | 2(1) | | 이명주 | 29 | MF | MF | 23 | 남준재 | 6 | 1 | 1 | 0 | 0 |
| 0 | 0 | 3 | | 19 | 강수일 | 12 | MF | MF | 7 | 이천수 | | 3(2) | 4 | 1 | 0 |
| 0 | 0 | 3 | 0 | | 고무열 | 18 | MF | FW | 28 | 이효균 | | 0 | 1 | 0 | 0 |
| 0 | 0 | 0 | 0 | | 김다솔 | 31 | | | 18 | 조수혁 | | 0 | 0 | 0 | 0 |
| 0 | 0 | 1 | 0 | 후26 | 김대호 | 22 | | | 3 | 이상희 | | 0 | 0 | 0 | 0 |
| 0 | 0 | 0 | 0 | | 김형일 | 32 | | | 5 | 최종환 | | 0 | 0 | 0 | 0 |
| 0 | 0 | 0 | 0 | 후9 | 박선주 | 27 | 대기 | 대기 | 21 | 김도혁 | | 0 | 0 | 0 | 0 |
| 0 | 0 | 1 | 0 | 후9 | 문창진 | 13 | | | 6 | 문상윤 | 후16 | 0 | 0 | 0 | 0 |
| 0 | 0 | 0 | 0 | | 윤준성 | | | | 7 | 이 보 | 후16 | 0 | 0 | 0 | 0 |
| 0 | 0 | 0 | 0 | | 배천석 | 14 | | | 11 | 니콜리치 | 후34 | 1 | 0 | 1 | 0 |
| 0 | 2 | 26 | 9(5) | | | 0 | | | 0 | | | 8(3) | 17 | 4 | 1 |

●전반 16분 신광훈 PK-R-G (득점: 신광훈) 왼쪽
●후반 38분 김승대 C.KL ~ 김광석 GAR내EI
R-ST-G (득점: 김광석, 도움: 김승대) 오른쪽
●후반 49분 김대호 MFL ~ 이명주 PA정면 R-
ST-G(득점: 이명주, 도움: 김대호) 오른쪽

4월27일 14:15 흐리고비 수원 월드컵 관중 29,318명
주심_김상우 부심_노태식·이정민 대기심_고형진 감독관_이영철

**수원 0** | 0 전반 0 | **1 서울**
| | 0 후반 1 |

| 퇴장 | 경고 | 파울 | ST(유) | 교체 | 선수명 | 배번 | 위치 | 위치 | 배번 | 선수명 | 교체 | ST(유) | 파울 | 경고 | 퇴장 |
|---|---|---|---|---|---|---|---|---|---|---|---|---|---|---|---|
| 0 | 0 | 0 | 0 | | 정성룡 | 1 | GK | GK | 1 | 김용대 | | 0 | 0 | 0 | 0 |
| 0 | 1 | 2 | 1 | | 홍 철 | 17 | DF | DF | 5 | 차두리 | | 0 | 2 | 0 | 0 |
| 0 | 0 | 1 | 1 | | 헤이네르 | 45 | DF | DF | 4 | 김주영 | | 0 | 0 | 1 | 0 |
| 0 | 0 | 1 | 0 | | 조성진 | 5 | DF | DF | 6 | 김진규 | | 0 | 1 | 0 | 0 |
| 0 | 0 | 2 | 0 | | 오장은 | 8 | DF | DF | 7 | 김치우 | | 0 | 1 | 0 | 0 |
| 0 | 0 | 1 | 0 | 16 | 김두현 | 8 | MF | MF | 28 | 오스마르 | | 0 | 1 | 0 | 0 |
| 0 | 0 | 2 | 0 | | 김은선 | 6 | MF | MF | 22 | 고명진 | | 1 | 1 | 0 | 0 |
| 0 | 0 | 2 | 2(1) | | 염기훈 | 26 | MF | MF | 13 | 윤일록 | | 1 | 0 | 0 | 0 |
| 0 | 0 | 1 | 0 | 19 | 서정진 | 13 | FW | MF | 24 | 고요한 | 10 | 1 | 1 | 1 | |
| 0 | 0 | 1 | 1(1) | | 산토스 | 10 | MF | FW | 13 | 고오한 | 10 | 1 | | | |
| 0 | 0 | 0 | 3(2) | | 정대세 | 14 | FW | FW | 9 | 윤주태 | 9 | 1 | 0 | | |
| 0 | 0 | 0 | 0 | | 노동건 | 21 | | | 23 | 한일구 | | 0 | 0 | 0 | 0 |
| 0 | 0 | 0 | 0 | | 최재수 | 2 | | | 2 | 최효진 | | 0 | 0 | 0 | 0 |
| 0 | 0 | 0 | 0 | | 곽광선 | 4 | | | 3 | 이웅희 | | 0 | 0 | 0 | 0 |
| 0 | 0 | 0 | 0 | | 민상기 | 39 | 대기 | 대기 | 21 | 심상민 | | 0 | 0 | 0 | 0 |
| 0 | 0 | 0 | 0 | 후33 | 배기종 | 19 | | | 17 | 최현태 | 후30 | 0 | 1 | 0 | 0 |
| 0 | 0 | 0 | 0 | 후46 | 조지훈 | 16 | | | 9 | 에스쿠데로 | 후9 | 2(1) | 0 | 0 | 0 |
| 0 | 0 | 2 | 0 | 후41 | 로 저 | 11 | | | 10 | 하파엘 | 후35 | 0 | 3 | 1 | 0 |
| 0 | 1 | 18 | 11(4) | | | 0 | | | 0 | | | 4(1) | 13 | 2 | 0 |

●후반 32분 김치우GAL ~ 에스쿠데로 GA정면
R-ST-G득점: 에스쿠데로, 도움: 김치우) 왼쪽

4월27일 16:00 비 상주 시민 관중 2,112명
주심_류희선 부심_손재선·노수용 대기심_김종혁 감독관_김용세

**상주 0** | 0 전반 0 | **1 울산**
| | 1 후반 1 |

| 퇴장 | 경고 | 파울 | ST(유) | 교체 | 선수명 | 배번 | 위치 | 위치 | 배번 | 선수명 | 교체 | ST(유) | 파울 | 경고 | 퇴장 |
|---|---|---|---|---|---|---|---|---|---|---|---|---|---|---|---|
| 0 | 0 | 0 | 0 | | 김민식 | 18 | GK | GK | 21 | 김승규 | | 0 | 0 | 0 | 0 |
| 0 | 0 | 1 | 1 | | 백종환 | 4 | DF | DF | 22 | 김치곤 | | 0 | 1 | 1 | 0 |
| 0 | 0 | 5 | 0 | | 양준아 | 14 | DF | DF | 4 | 강민수 | | 1 | 0 | 0 | 0 |
| 0 | 0 | 1 | 0 | | 안재훈 | 28 | DF | DF | 3 | 정동호 | 17 | 1(1) | 1 | 0 | 0 |
| 0 | 0 | 0 | 0 | | 유지훈 | 33 | DF | DF | 14 | 김영삼 | | 0 | 1 | 0 | 0 |
| 0 | 0 | 1 | 0 | | 송원재 | 6 | MF | MF | 20 | 한상운 | | 3(3) | 2 | 0 | 0 |
| 0 | 0 | 1 | 3(2) | | 이승현 | 4 | MF | MF | 15 | 백지훈 | 24 | 1 | 0 | 0 | 0 |
| 0 | 1 | 3(2) | | | 권순형 | 12 | MF | MF | 16 | 김성환 | | 2 | 1 | 1 | 0 |
| 0 | 0 | 6(1) | 19 | | 장혁진 | 17 | MF | MF | 6 | 이 용 | | 2 | 0 | 0 | 0 |
| 0 | 2 | 1 | 2 | | 하태균 | 19 | FW | FW | 11 | 하피냐 | 23 | 5(1) | 4 | 0 | 0 |
| 0 | 2 | 1 | 2(1) | 10 | 이정협 | 10 | FW | FW | 9 | 김신욱 | | 4(3) | 3 | 0 | 0 |
| 0 | 0 | 0 | 0 | | 홍정남 | 21 | | | 21 | 김성민 | | 0 | 0 | 0 | 0 |
| 0 | 0 | 0 | 0 | | 박동혁 | 6 | | | 6 | 박동혁 | | 0 | 0 | 0 | 0 |
| 0 | 0 | 0 | 0 | 후45 | 이후권 | 7 | | | 24 | 김용태 | 후11 | 1(1) | 0 | 0 | 0 |
| 0 | 0 | 0 | 0 | | 이용기 | 24 | | | 2 | 김민균 | 후32 | 0 | 0 | 0 | 0 |
| 0 | 0 | 0 | 0 | | 정 훈 | 13 | 대기 | 대기 | 23 | 김민균 | | 0 | 0 | 0 | 0 |
| 0 | 0 | 0 | 0 | 후27 | 고재성 | 19 | | | 13 | 김선민 | | 0 | 0 | 0 | 0 |
| 0 | 0 | 1 | 0 | 후34 | 김동찬 | 18 | | | 19 | 박용지 | | 0 | 0 | 0 | 0 |
| 0 | 0 | 0 | 0 | | 송제헌 | 27 | | | 17 | 유준수 | 후11 | 0 | 0 | 0 | 0 |
| 0 | 2 | 14 | 17(7) | | | 0 | | | 0 | | | 20(9) | 14 | 2 | 0 |

●후반 7분 유지훈 C.KR ~ 이승현GAR H-ST-G
(득점: 이승현, 도움: 유지훈) 왼쪽
●후반 21분 김용태 GAR L-ST-G(득점: 김용태) 왼
쪽

## 5월 03일 14:00 맑음 탄천 종합 관중 3,528 명
주심_최명용 부심_이정민·노수용 대기심_이동준 감독관_강창구

**성남 3 · 포항 1**  (전반 1-0 / 후반 2-1)

| 퇴장 | 경고 | 파울 | ST(유) | 교체 | 선수명 | 배번 | 위치 | 배번 | 선수명 | 교체 | ST(유) | 파울 | 경고 | 퇴장 |
|---|---|---|---|---|---|---|---|---|---|---|---|---|---|---|
| 0 | 0 | 0 | 0 | | 박준혁 | 28 | GK GK | 1 | 신화용 | | 0 | 0 | 0 | 0 |
| 0 | 0 | 1(1) | | 5 | 김평래 | 15 | DF DF | 3 | 김광석 | | 0 | 1 | 0 | 0 |
| 0 | 1 | 1 | 0 | | 윤영선 | 20 | DF DF | 24 | 배슬기 | | 1(1) | 3 | 0 | 0 |
| 0 | 1 | 1 | 0 | | 임채민 | 26 | DF DF | 17 | 신광훈 | | 1 | 1 | 0 | 0 |
| 0 | 0 | 0 | 0 | | 박희성 | 3 | DF DF | 22 | 김대호 | 27 | 0 | 1 | 0 | 0 |
| 0 | 1 | 1 | 0 | | 이종원 | 22 | MF MF | 5 | 김태수 | | 0 | 0 | 0 | 0 |
| 0 | 0 | 2(2) | 7 | | 정선호 | 14 | MF MF | 9 | 황지수 | | 0 | 3 | 1 | 0 |
| 0 | 3 | 1 | 17 | | 김동희 | 13 | MF MF | 29 | 이명주 | | 5(4) | 1 | 0 | 0 |
| 0 | 2 | 1(1) | | | 김태환 | 11 | FW FW | 28 | 이승대 | | | | | |
| 0 | 1 | 3(3) | | | 제파로프 | 10 | MF FW | 16 | 이광훈 | 14 | 1 | 2 | 0 | 0 |
| 0 | | | | | 황의조 | 16 | FW FW | 11 | 유창현 | | | | | |
| | | | | | 전상욱 | 31 | | 31 | 김다송 | | | | | |
| | | | | 전24 | 심우연 | 5 | | 13 | 김원일 | | | | | |
| | | | | | 이요한 | 4 | | 27 | 박선주 | 후37 | | 2 | 1 | 0 |
| 0 | | | | 후33 | 김철호 | 7 | 대기 대기 | 28 | 손준호 | 후25 | | 2 | 0 | 0 |
| | | | | | 김남건 | 27 | | 19 | 문창진 | | | | | |
| | | | | | 김동섭 | 16 | | 9 | 배천석 | 후20 | | | | |
| 0 | | | | 후24 | 이민우 | 17 | | 23 | 유창현 | | | | | |
| 0 | 2 | 10 | 8(7) | | | 0 | | | | | 9(5) | 16 | 3 | 0 |

● 전반 17분 제파로프 PK-L-G(득점: 제파로프) 왼쪽
● 후반 17분 이명주 MFL TLFK⌒배슬기 GA정면 H-ST-G(득점: 배슬기, 도움: 이명주) 오른쪽
● 후반 30분 정선호 AK내 R-ST-G(득점: 정선호) 왼쪽
● 후반 47분 제파로프 자기측 MFR ~ 김태환ARR -ST-G(득점: 김태환, 도움: 제파로프) 오른쪽

---

## 5월 03일 14:00 맑음 울산 문수 관중 6,035명
주심_김종혁 부심_전기록·이규환 대기심_김영수 감독관_김수현

**울산 1 · 제주 1**  (전반 1-0 / 후반 0-1)

| 퇴장 | 경고 | 파울 | ST(유) | 교체 | 선수명 | 배번 | 위치 | 배번 | 선수명 | 교체 | ST(유) | 파울 | 경고 | 퇴장 |
|---|---|---|---|---|---|---|---|---|---|---|---|---|---|---|
| 0 | 1 | 0 | 0 | | 김승규 | 18 | GK GK | 1 | 김호준 | | 0 | 0 | 0 | 0 |
| 0 | 0 | 0 | 0 | | 이 용 | 2 | DF DF | 2 | 정다훤 | | 0 | 2 | 0 | 0 |
| 0 | 1 | 1 | 0 | | 강민수 | 4 | DF DF | 5 | 오반석 | | 0 | 1 | 0 | 0 |
| 0 | 1 | 1 | 0 | | 김영삼 | 14 | DF DF | 24 | 이 용 | | 0 | 0 | 0 | 0 |
| 1 | 0 | 1 | 0 | | 김치곤 | 22 | DF DF | 6 | 황도연 | | 0 | 1 | 0 | 0 |
| 0 | 0 | 1 | 13 | | 박동혁 | | MF MF | 10 | 에스티벤 | 26 | 0 | 0 | 0 | 0 |
| 0 | 1 | 0 | 0 | | 김용태 | 24 | MF MF | 14 | 윤빛가람 | | 4(2) | 0 | 0 | 0 |
| 0 | 0 | 0 | 0 | | 한상운 | 20 | MF MF | 13 | 송진형 | | 1(1) | 1 | 0 | 0 |
| 0 | 2 | 0 | 0 | | 유준수 | 17 | MF MF | 19 | 드로겟 | | 1(1) | 1 | 0 | 0 |
| 0 | 3 | 5(2) | 19 | | 하피냐 | 10 | FW MF | 25 | 이현호 | 18 | 0 | 0 | 0 | 0 |
| 0 | 2 | 4(4) | | | 김신욱 | 9 | FW FW | 9 | 김 현 | | 3 | 1 | 0 | 0 |
| | | | | | 이희성 | 21 | | 21 | 김경민 | | | | | |
| 0 | | 1(1) | 후6 | | 김선민 | 13 | | 4 | 강준우 | | | | | |
| | | | | | 김민균 | 23 | | 16 | 김영신 | | | | | |
| 0 | | 1(1) | 후 | | 정동호 | 3 | 대기 대기 | 8 | 오승범 | | | | | |
| | | | | | 백지훈 | 15 | | 37 | 장은규 | | | | | |
| | | | | | 안진범 | 16 | | 26 | 박수창 | 후28 | 1(1) | 0 | 0 | 0 |
| 0 | | | 후40 | | 박용지 | 19 | | 18 | 진대성 | 후12 | 1 | 0 | 0 | 0 |
| 1 | 2 | 15 | 14(8) | | | 0 | | | | | 11(5) | 9 | 0 | 0 |

● 전반 19분 김신욱 PK-R-G (득점: 김신욱) 가운데
● 후반 39분 윤빛가람 MF정면 ~ 박수창 AKL R-ST-G(득점: 박수창, 도움: 윤빛가람) 왼쪽

---

## 5월 03일 14:00 맑음 수원 월드컵 관중 23,466명
주심_김성호 부심_정해상·장준모 대기심_김대용 감독관_김정식

**수원 1 · 전북 0**  (전반 0-0 / 후반 1-0)

| 퇴장 | 경고 | 파울 | ST(유) | 교체 | 선수명 | 배번 | 위치 | 배번 | 선수명 | 교체 | ST(유) | 파울 | 경고 | 퇴장 |
|---|---|---|---|---|---|---|---|---|---|---|---|---|---|---|
| 0 | 0 | 0 | 0 | | 정성룡 | 1 | GK GK | 1 | 권순태 | | 0 | 0 | 0 | 0 |
| 0 | 0 | 2 | 0 | | 조성진 | 5 | DF DF | 25 | 최철순 | | 1 | 0 | 0 | 0 |
| 0 | 0 | 0 | 45 | | 민상기 | 39 | DF DF | 2 | 김기희 | | 1(1) | 0 | 0 | 0 |
| 0 | 1 | 2 | 0 | | 최재수 | 2 | DF DF | 18 | 윌킨슨 | | 0 | 0 | 0 | 0 |
| 0 | 1 | 1 | 0 | | 오장은 | 9 | DF DF | 19 | 박원재 | 3 | 0 | 1 | 0 | 0 |
| 0 | 2 | 0 | 27 | | 김두현 | 8 | MF MF | 15 | 정 혁 | | 4(3) | 4 | 0 | 0 |
| 0 | 2 | 1(1) | | | 김은선 | 6 | MF MF | 17 | 이재성 | | 2(1) | 2 | 0 | 0 |
| 0 | 1 | 1 | 0 | | 염기훈 | 26 | MF MF | 11 | 이승기 | | 0 | 2 | 0 | 0 |
| 0 | 1 | 1 | 2(1) | | 고차원 | 12 | MF MF | 7 | 한교원 | 9 | 2(2) | 0 | 0 | 0 |
| 0 | 0 | 1 | 14 | | 산토스 | 10 | MF MF | 10 | 레오나르도 | 14 | 0 | 1 | 0 | 0 |
| 0 | 1 | 6 | 1 | | 로 저 | 11 | FW FW | 20 | 이동국 | | 4(3) | 0 | 0 | 0 |
| 0 | 0 | 0 | 0 | | 노동건 | 21 | | 23 | 최은성 | | 0 | 0 | 0 | 0 |
| 0 | 0 | 0 | 0 | | 홍 철 | 17 | | 28 | 이강진 | | 0 | 0 | 0 | 0 |
| 0 | 0 | 0 | 후29 | | 헤이네르 | 45 | | 3 | 이재명 | 후0 | 0 | 0 | 0 | 0 |
| 0 | 0 | 0 | 후24 | | 이종성 | 27 | 대기 대기 | 5 | 최보경 | | | | | |
| | | | | | 배기종 | 19 | | 14 | 이승렬 | 후20 | 2(1) | 1 | 0 | 0 |
| | | | | | 권창훈 | 22 | | 16 | 이상협 | | | | | |
| 0 | 0 | 0 | 후44 | | 정대세 | 14 | | 9 | 카이오 | 후11 | 2(2) | 2 | 0 | 0 |
| 0 | 4 | 21 | 4(2) | | | 0 | | | | | 18(13) | 12 | 0 | 0 |

● 후반 4분 김두현 PAR ~ 고차원 GAR내 L-ST-G(득점: 고차원, 도움: 김두현) 왼쪽

---

## 5월 03일 16:00 맑음 인천 전용 관중 7,723명
주심_유선호 부심_손재선·양병은 대기심_윤창수 감독관_김형남

**인천 1 · 서울 0**  (전반 1-0 / 후반 0-0)

| 퇴장 | 경고 | 파울 | ST(유) | 교체 | 선수명 | 배번 | 위치 | 배번 | 선수명 | 교체 | ST(유) | 파울 | 경고 | 퇴장 |
|---|---|---|---|---|---|---|---|---|---|---|---|---|---|---|
| 0 | 0 | 0 | 0 | | 권정혁 | 1 | GK GK | 1 | 김용대 | | 0 | 0 | 0 | 0 |
| 0 | 0 | 0 | 0 | | 박태민 | 13 | DF DF | 7 | 차두리 | | 1(1) | 1 | 0 | 0 |
| 0 | 1 | 2 | 0 | | 이윤표 | 16 | DF DF | 6 | 김진규 | | 0 | 0 | 0 | 0 |
| 0 | 1 | 2 | 0 | | 안재준 | 20 | DF DF | 4 | 이웅희 | | 0 | 0 | 0 | 0 |
| 0 | 2 | 0 | 0 | | 용현진 | 2 | DF DF | 7 | 김치우 | | 0 | 0 | 0 | 0 |
| 0 | 1 | 3 | 1 | | 구본상 | 8 | MF MF | 28 | 오스마르 | | 0 | 0 | 0 | 0 |
| 0 | 2 | 3(2) | 25 | | 김도혁 | 21 | MF MF | 12 | 고명진 | | 0 | 1 | 0 | 0 |
| 0 | 1 | 1(1) | | | 문상윤 | 6 | MF FW | 14 | 강승조 | 14 | 3(2) | | 0 | 0 |
| 0 | 3 | 2(2) | 22 | | 이천수 | 10 | FW FW | 24 | 윤일록 | | 3(2) | 3 | 0 | 0 |
| 0 | 1 | 2 | 0 | | 이효균 | 28 | FW FW | 17 | 고요한 | | 3 | 0 | 0 | 0 |
| 0 | 0 | 0 | 0 | | 조수철 | 18 | FW FW | 9 | 에스쿠데로 | | 3(2) | 2 | 0 | 0 |
| 0 | 0 | 0 | 0 | | 조수혁 | 31 | | 31 | 유상훈 | | 0 | 0 | 0 | 0 |
| 0 | 0 | 0 | 후 | | 임하람 | 24 | | 41 | 최효진 | | 0 | 0 | 0 | 0 |
| 0 | 0 | 0 | 후35 | | 최종환 | 21 | | 21 | 심상민 | | 0 | 0 | 0 | 0 |
| 0 | 0 | 0 | 후 | | 조수철 | 33 | 대기 대기 | 17 | 최현태 | 후27 | | 0 | 0 | 0 |
| | | | | | 이석현 | | | 40 | 심제혁 | | | | | |
| 0 | 0 | | 후26 | | 이 보 | | | 22 | 고광민 | | | | | |
| 0 | 0 | | | | 진성욱 | 29 | | 14 | 박희성 | 후9 | 1(1) | 1 | 0 | 0 |
| 0 | 6 | 21 | 9(6) | | | 0 | | | | | 12(6) | 10 | 0 | 0 |

● 후반 2분 이보 GA정면내 R-ST-G(득점: 이보) 가운데

## 5월 04일 14:00 맑음 광양 전용 관중 2,553명
주심_우상일 부심_김용수·윤광열 대기심_김희곤 감독관_한병화

**전남 4 | 3 전반 1 / 1 후반 2 | 3 상주**

| 퇴장 | 경고 | 파울 | ST(유) | 교체 | 선수명 | 배번 | 위치 | 위치 | 배번 | 선수명 | 교체 | ST(유) | 파울 | 경고 | 퇴장 |
|---|---|---|---|---|---|---|---|---|---|---|---|---|---|---|---|
| 0 | 0 | 0 | 0 | | 김병지 | 1 | GK | GK | 1 | 김민식 | | 0 | 0 | 0 | 0 |
| 0 | 0 | 1 | 0 | | 현영민 | 13 | DF | DF | 4 | 백종환 | 5 | 0 | 1 | 1 | 0 |
| 0 | 0 | 2 | 0 | | 임종은 | 5 | DF | DF | 15 | 이재성 | | 0 | 1 | 0 | 0 |
| 0 | 0 | 1 | 1(1) | | 방대종 | 15 | DF | DF | 28 | 안재훈 | | 0 | 0 | 0 | 0 |
| 0 | 0 | 3 | 0 | | 박선용 | 3 | DF | DF | 33 | 유지훈 | 1(1) | 0 | 1 | 0 | 0 |
| 0 | 2(1) | | 24 | | 이현승 | 8 | MF | MF | 7 | 이승현 | 10 | 2(1) | 0 | 0 | 0 |
| 0 | 0 | 1 | 0 | | 송창호 | 16 | MF | MF | 12 | 권순형 | | 0 | 1 | 0 | 0 |
| 0 | 0 | 4(3) | | | 이종호 | 17 | MF | MF | 14 | 이상호 | 1(1) | 0 | 1 | 1 | 0 |
| 0 | | 2 | 11 | | 레안드리뉴 | 7 | MF | FW | 9 | 하태균 | 2(2) | 1 | 2 | 0 | 0 |
| 0 | | 0 | 0 | | 안용우 | 25 | MF | FW | 11 | 이근호 | | 0 | 2 | 0 | 0 |
| 0 | 2 | 3(1) | | | 스테보 | 10 | FW | | 21 | 홍정남 | | 0 | | | |
| 0 | | 0 | 0 | | 김대호 | 31 | | | 5 | 최호정 | 전35 | | | | |
| | | | | 후41 | 코니 | 55 | | | 14 | 양준아 | 후0 | 0 | 2 | 1 | 0 |
| | | | | 후20 | 김동철 | 24 | | | 13 | 정 훈 | | | | | |
| | | | | 대기 | 이중권 | 26 | 대기 | 대기 | 17 | 장혁진 | | | | | |
| | | | | 후5/후5 | 박준태 | 11 | | | 10 | 김동찬 | 후32 | | | | |
| | | | | | 심동운 | 12 | | | 26 | 이정협 | | | | | |
| | | | | | 전현철 | 77 | | | | | | | | | |
| 0 | 0 | 11 | 15(7) | | | 0 | | | 0 | | | 10(6) | 15 | 5 | 0 |

- 전반 17분 스테보 PAR내 ⌒ 이종호 GA정면 R-ST-G(득점: 이종호, 도움: 스테보) 가운데
- 전반 29분 현영민 MFLFK ⌒ 방대종 PK우측지 H-ST-G(득점: 방대종, 도움: 현영민) 오른쪽
- 전반 30분 이종호 PAL ~ 이현승 PA정면내 R-ST-G(득점: 이현승, 도움: 이종호) 오른쪽
- 후반 43분 코니GAR 내 H ~ 송창호 PAR내 R-ST-G(득점: 송창호, 도움: 코니) 왼쪽
- 전반 8분 유지훈 MFR FK L-ST-G(득점: 유지훈) 오른쪽
- 후반 4분 유지훈 MFL ⌒ 하태균 GA정면 L-ST-G(득점: 하태균, 도움: 유지훈) 가운데
- 후반 14분 이근호 PAR ⌒ 이상호 GAL H-ST-G(득점: 이상호, 도움: 이근호) 가운데

## 5월 10일 14:00 맑음 전주 월드컵 관중 9,985명
주심_김상우 부심_노태식·김성일 대기심_김동진 감독관_김용세

**전북 1 | 0 전반 0 / 1 후반 1 | 1 인천**

| 퇴장 | 경고 | 파울 | ST(유) | 교체 | 선수명 | 배번 | 위치 | 위치 | 배번 | 선수명 | 교체 | ST(유) | 파울 | 경고 | 퇴장 |
|---|---|---|---|---|---|---|---|---|---|---|---|---|---|---|---|
| 0 | 0 | 0 | 0 | | 권순태 | 1 | GK | GK | 1 | 권정혁 | | 0 | 0 | 0 | 0 |
| 0 | 0 | 0 | 0 | 후18 | 이규로 | 2 | DF | DF | 13 | 박태민 | | 0 | 1 | 1 | 0 |
| 0 | 0 | 0 | 0 | | 김기희 | 4 | DF | DF | 16 | 이윤표 | | 0 | 3 | 1 | 0 |
| 0 | 0 | 0 | 0 | | 정인환 | 5 | DF | DF | 24 | 임하람 | | 0 | 3 | 1 | 0 |
| 0 | 0 | 2 | 1(1) | | 최철순 | 25 | DF | DF | 25 | 최종환 | | 0 | 0 | 0 | 0 |
| 0 | | 2 | | | 정 혁 | 15 | MF | MF | 4 | 배승진 | | 0 | 1 | 1 | 0 |
| 0 | | 2 | 1(1) | | 이승기 | 17 | MF | MF | 21 | 김도혁 | 33 | 1 | 1 | 1 | 0 |
| 0 | | | | | 이재성 | 17 | MF | MF | 7 | 이석현 | | 1(1) | 1 | 0 | 0 |
| 0 | 1 | 1(1) | | | 한교원 | 16 | MF | MF | 11 | 이천수 | 22 | 1 | 2 | 1 | 0 |
| 0 | | 0 | 0 | | 이동국 | 20 | MF | FW | 28 | 이효균 | | 3(2) | 0 | 0 | 0 |
| 0 | 2 | 7(1) | | | 카이오 | 9 | FW | | 18 | 최은성 | | 0 | | | |
| | | | | | 최은성 | 18 | | | 3 | 이상희 | | | | | |
| | | | | 후9 | 윌킨슨 | 18 | | | 26 | 김용환 | | | | | |
| | | | | | 권경원 | 27 | | | 33 | 조수철 | 후27 | 1(1) | | | |
| | | | | 대기 | 최보경 | 6 | 대기 | 대기 | 23 | 남준재 | | | | | |
| | | | | | 김인성 | 13 | | | 22 | 권혁진 | 후18 | 2(1) | 0 | 0 | 0 |
| | | | | 후9 | 레오나르도 | 10 | | | 29 | 진성욱 | 후10 | 0 | | | |
| | | | | 후25 | 이상협 | 16 | | | | | | | | | |
| 0 | 0 | 11 | 21(5) | | | 0 | | | 0 | | | 9(3) | 14 | 3 | 0 |

- 후반 1분 이재성 PAL ⌒ 이동국 PAR내 R-ST-G(득점: 이동국, 도움: 이재성) 오른쪽
- 후반 47분 이효균 GAL ~ 조수철 GA정면 R-ST-G(득점: 조수철, 도움: 이효균) 오른쪽

## 5월 04일 14:00 맑음 부산 아시아드 관중 3,826명
주심_송민석 부심_노태식·김성일 대기심_김상우 감독관_이영철

**부산 2 | 2 전반 0 / 0 후반 2 | 2 경남**

| 퇴장 | 경고 | 파울 | ST(유) | 교체 | 선수명 | 배번 | 위치 | 위치 | 배번 | 선수명 | 교체 | ST(유) | 파울 | 경고 | 퇴장 |
|---|---|---|---|---|---|---|---|---|---|---|---|---|---|---|---|
| 0 | 0 | 0 | 0 | | 이범영 | 1 | GK | GK | 1 | 김영광 | | 0 | 0 | 0 | 0 |
| 0 | 1 | 1 | 0 | | 이경렬 | 6 | DF | DF | 2 | 이학민 | | 0 | 4 | 1 | 0 |
| 0 | 1 | 1 | 0 | | 이원영 | 20 | DF | DF | 30 | 스레텐 | | 0 | 0 | 0 | 0 |
| 0 | 0 | 0 | 0 | | 박준강 | 2 | DF | DF | 4 | 이한샘 | | 1 | 1 | 0 | 0 |
| 0 | 0 | 0 | 0 | | 장학영 | 33 | DF | DF | 27 | 박주성 | | 1 | 1 | 0 | 0 |
| 0 | 2(1) | | 23 | | 주세종 | 24 | MF | MF | 14 | 이창민 | | 1 | 1 | 0 | 0 |
| 0 | | 0 | 0 | | 닐손 주니어 | 25 | MF | MF | 7 | 조원희 | | 0 | 0 | 0 | 0 |
| 0 | 3 | 1 | 51 | | 홍동현 | 26 | MF | MF | 10 | 보산치치 | 11 | 0 | 0 | 0 | 0 |
| 0 | 1 | 2 | 1(1) | | 정석화 | 14 | MF | MF | 17 | 이재안 | | 3(2) | 1 | 0 | 0 |
| 0 | 5 | 3(2) | | | 임상협 | 11 | FW | FW | 16 | 송수영 | 33 | 3(3) | 0 | 0 | 0 |
| 0 | | 4(1) | | | 양동현 | 18 | FW | FW | 9 | 스토야노비치 | | 1 | 2 | 0 | 0 |
| | | | | | 김기용 | 41 | | | 41 | 김교빈 | | | | | |
| | | | | | 신연수 | 4 | | | | 우주성 | | | | | |
| | | | | | 코마젝 | 9 | | | 18 | 문주원 | | | | | |
| | | | | 후27 | 전성찬 | 22 | 대기 | 대기 | 33 | 김슬기 | 후41 | | | | |
| | | | | 후27 | 김찬영 | 23 | | | 11 | 김도엽 | 후0 | | | | |
| | | | | | 권진영 | 27 | | | 77 | 고래세 | | | | | |
| | | | | 후36 | 파 그너 | 51 | | | | 최현연 | | | | | |
| 0 | 4 | 17 | 11(5) | | | 0 | | | 0 | | | 9(5) | 15 | 1 | 0 |

- 전반 14분 임상협 GA정면내 R-ST-G(득점: 임상협) 오른쪽
- 전반 27분 박준강 PAR ⌒ 정석화 GAL H-ST-G(득점: 정석화, 도움: 박준강) 오른쪽
- 후반 23분 이경렬GAR H자책골(득점: 이경렬) 가운데
- 후반 35분 이재안 PAR TL ⌒ 송수영 GA정면내 H-ST-G(득점: 송수영, 도움: 이재안) 오른쪽

## 5월 10일 14:00 맑음 상주 시민 관중 2,892명
주심_유선호 부심_전기록·이규환 대기심_김성호 감독관_김진의

**상주 1 | 0 전반 0 / 1 후반 1 | 1 수원**

| 퇴장 | 경고 | 파울 | ST(유) | 교체 | 선수명 | 배번 | 위치 | 위치 | 배번 | 선수명 | 교체 | ST(유) | 파울 | 경고 | 퇴장 |
|---|---|---|---|---|---|---|---|---|---|---|---|---|---|---|---|
| 0 | 0 | 0 | 0 | | 김민식 | 1 | GK | GK | 1 | 정성룡 | | 0 | 0 | 0 | 0 |
| 0 | 0 | 0 | 0 | | 최호정 | 15 | DF | DF | 5 | 조성진 | | 1 | 2 | 0 | 0 |
| 0 | 0 | 0 | 0 | | 이재성 | 15 | DF | DF | 45 | 헤이네르 | | 0 | 1 | 0 | 0 |
| 0 | 1 | 3 | 1(1) | | 안재훈 | 28 | DF | DF | 6 | 최재수 | | 0 | 1 | 0 | 0 |
| 0 | | 1 | 0 | | 유지훈 | 33 | DF | DF | 9 | 오장은 | 2(2) | 0 | 1 | 0 | 0 |
| 0 | 2 | 2(2) | | | 이승현 | 7 | MF | MF | 6 | 김두현 | 3(1) | 2 | 1 | 0 | 0 |
| 0 | | 0 | 0 | | 권순형 | 12 | MF | MF | 8 | 김은선 | 1(1) | 4 | 0 | 0 | 0 |
| 0 | 1 | 1(1) | | | 고재성 | 19 | MF | MF | 19 | 고차원 | 19 | | 2 | 0 | 0 |
| 0 | 1 | 0 | 0 | | 이정협 | 10 | MF | MF | 10 | 산토스 | 13 | 6(2) | 0 | 0 | 0 |
| 0 | 2(1) | | 14 | | 이근호 | 27 | FW | FW | 11 | 로저 | 14 | 4(3) | 1 | 0 | 0 |
| | | 0 | 0 | | 홍정남 | 21 | | | 21 | 노동건 | | 0 | | | |
| | | | | 후43 | 양준아 | 17 | | | 17 | 황 철 | | | | | |
| | | | | | 송원재 | 6 | 대기 | 대기 | 15 | 구자룡 | | | | | |
| | | | | | 장혁진 | 17 | | | 30 | 조지훈 | | | | | |
| | | | | 후26 | 김동찬 | 10 | | | 19 | 배기종 | 후14 | 1 | 0 | 0 | 0 |
| 0 | 2 | 후0 | | | 이근호 | 26 | | | 14 | 서정진 | 후33 | 1 | 0 | 0 | 0 |
| | | | | | | | | | 9 | 정 대세 | | | | | |
| 0 | 1 | 14 | 9(7) | | | 0 | | | 0 | | | 22(9) | 15 | 1 | 0 |

- 후반 9분 유지훈 C.KR ⌒ 안재훈GAL H-ST-G(득점: 안재훈, 도움: 유지훈) 왼쪽
- 후반 49분 이근호 GAL H 자책골(득점: 이근호) 가운데

## 포항 3 : 1 전남

5월 10일 16:00 맑음 포항 스틸야드 관중 14,074명
주심_ 류희선 부심_ 손재선·정해상 대기심_ 고형진 감독관_ 이영철

포항 3 (1 전반 0 / 2 후반 1) 1 전남

| 퇴장 | 경고 | 파울 | ST(유) | 교체 | 선수명 | 배번 | 위치 | 위치 | 배번 | 선수명 | 교체 | ST(유) | 파울 | 경고 | 퇴장 |
|---|---|---|---|---|---|---|---|---|---|---|---|---|---|---|---|
| 0 | 1 | 0 | 0 | | 신화용 | 1 | GK | GK | 1 | 김병지 | | 0 | 0 | 0 | 0 |
| 0 | 0 | 0 | 0 | | 김광석 | 3 | DF | DF | 13 | 현영민 | | 0 | 2 | 1 | 0 |
| 0 | 0 | 0 | 0 | | 김원일 | 13 | DF | DF | 5 | 임종은 | | 0 | 0 | 0 | 0 |
| 0 | 0 | 0 | 0 | | 신광훈 | 17 | DF | DF | 15 | 방대종 | | 0 | 2 | 0 | 0 |
| 0 | 2 | 0 | 0 | | 박선주 | 27 | DF | DF | 26 | 이중권 | 33 | 0 | 0 | 0 | 0 |
| 0 | | 1 | 0 | | 김태수 | 5 | MF | MF | 8 | 이현승 | | 0 | 1 | 0 | 0 |
| 0 | 1 | 3 | | | 손준호 | 28 | MF | MF | 16 | 이종호 | 7 | 2(1) | 0 | 1 | 0 |
| 0 | 3 | 7(5) | | | 이명주 | 7 | MF | MF | 7 | 레안드리뉴 | 27 | 1 | 0 | 0 | 0 |
| 0 | | 3(2) | | | 김승대 | 12 | FW | MF | 25 | 안용우 | | 0 | 0 | 0 | 0 |
| 0 | | 2(1) | 9 | | 강수일 | 11 | MF | MF | 10 | 스테보 | | 0 | 0 | 0 | 0 |
| 0 | 2(1) | 2 | | | 고무열 | 18 | MF | FW | 10 | 스테보 | | | | | |
| 0 | 0 | 0 | 0 | | 김다빈 | 41 | | | 31 | 김대호 | | 0 | 0 | 0 | 0 |
| 0 | 0 | 0 | 후41 | 박희철 | 55 | | | 55 | 코 니 | | 0 | 0 | 0 | 0 | |
| 0 | 0 | 0 | | | 윤준성 | 20 | | | 4 | 홍진기 | | 0 | 0 | 0 | 0 |
| 0 | | 0 | 후24 | 황지수 | 9 | 대기 | 대기 | 33 | 이슬찬 | 후30 | | | | | |
| 0 | | | 후32 | 문창진 | 19 | | | 18 | 심동운 | | | | | | |
| 0 | | | | 이광혁 | 34 | | | 27 | 이인규 | 후0 | 1 | 0 | 0 | 0 | |
| 0 | | | | 유창현 | 23 | | | 77 | 전현철 | 후9 | 4(2) | 0 | 1 | 0 | |
| 0 | 2 | 15 | 17(9) | | | 0 | | | 0 | | | 8(4) | 11 | 1 | 0 |

● 전반 26분 이명주 PAL내 L-ST-G(득점: 이명주) 오른쪽
● 후반 5분 이명주 C.KR ⌒ 강수일 GAR내 H-ST-G(득점: 강수일, 도움: 이명주) 오른쪽
● 후반 49분 이명주 MFL ~ 김승대 PAL내 R-ST-G(득점: 김승대, 도움: 이명주) 가운데
● 후반 19분 송창호 PA정면 ~ 전현철 PA정면내 R-ST-G(득점: 전현철, 도움: 송창호) 오른쪽

---

## 경남 1 : 1 제주

5월 10일 14:00 맑음 창원 축구센터 관중 4,154명
주심_ 이민후 부심_ 이정민·윤광열 대기심_ 최명용 감독관_ 한진원

경남 1 (1 전반 0 / 0 후반 1) 1 제주

| 퇴장 | 경고 | 파울 | ST(유) | 교체 | 선수명 | 배번 | 위치 | 위치 | 배번 | 선수명 | 교체 | ST(유) | 파울 | 경고 | 퇴장 |
|---|---|---|---|---|---|---|---|---|---|---|---|---|---|---|---|
| 0 | 0 | 0 | 0 | | 김영광 | 1 | GK | GK | 1 | 김호준 | | 0 | 0 | 0 | 0 |
| 0 | 0 | 0 | 0 | | 루 크 | 6 | DF | DF | 2 | 정다훤 | | 1 | 2 | 0 | 0 |
| 0 | 0 | 0 | 0 | | 스레텐 | 5 | DF | DF | 5 | 오반석 | | 0 | 0 | 0 | 0 |
| 0 | 1 | 0 | 8 | | 이한샘 | 20 | MF | MF | 24 | 이 용 | | 0 | 0 | 0 | 0 |
| 0 | 2 | 0 | 0 | | 이학민 | 2 | DF | DF | 20 | 황도연 | | 0 | 0 | 0 | 0 |
| 0 | 2 | 1(1) | 후17 | 박주성 | 27 | DF | MF | 20 | 에스티벤 | 26 | 0 | 1 | 0 | 0 | |
| 0 | 1 | 1 | | | 조원희 | 7 | MF | MF | 14 | 윤빛가람 | | 0 | 1 | 0 | 0 |
| 0 | 1 | 1 | | | 이창민 | 14 | MF | MF | 37 | 송진형 | | 0 | 1 | 0 | 0 |
| 0 | 3(1) | | | | 송수영 | 16 | FW | MF | 19 | 드로겟 | 37 | 1(1) | 6 | 1 | 0 |
| 0 | 1 | 17 | | | 김도엽 | 11 | | FW | 18 | 이현호 | 18 | 3(2) | 1 | 0 | 0 |
| 0 | 3(2) | 22 | | | 스토야노비치 | 9 | MF | FW | 9 | 김 현 | | 0 | 1 | 0 | 0 |
| 0 | 0 | 0 | 0 | | 김교빈 | 41 | | | 21 | 김경민 | | 0 | 0 | 0 | 0 |
| 0 | | | | 우주성 | 15 | | | 22 | 김수범 | | 0 | 0 | 0 | 0 | |
| 0 | 2(1) | 후17 | 이재안 | 17 | | | 4 | 강준우 | | | | | | | |
| 0 | 3(1) | 후0 | 임창균 | 11 | 대기 | 대기 | 8 | 오승범 | 후38 | | | | | | |
| 0 | | | | 문주원 | 18 | | | 37 | 장은규 | 후38 | | | | | |
| 0 | | | 후43 | 한의권 | 22 | | | 26 | 박수창 | 후8 | 3(3) | 1 | 0 | 0 | |
| 0 | | | | 고래세 | 7 | | | 18 | 진대성 | 후0 | 2(1) | 0 | 0 | 0 | |
| 0 | 3 | 15 | 15(7) | | | 0 | | | 0 | | | 10(7) | 6 | 1 | 0 |

● 전반 11분 송수영 C.KR ⌒ 박주성 PK좌측지점 L-ST-G(득점: 박주성, 도움: 송수영) 왼쪽
● 후반 23분 진대성 PK-R-G(득점: 진대성) 오른쪽

---

## 울산 3 : 0 부산

5월 11일 14:00 맑음 울산 문수 관중 6,545명
주심_ 이동준 부심_ 김용수·노수용 대기심_ 우상일 감독관_ 한병화

울산 3 (1 전반 0 / 2 후반 0) 0 부산

| 퇴장 | 경고 | 파울 | ST(유) | 교체 | 선수명 | 배번 | 위치 | 위치 | 배번 | 선수명 | 교체 | ST(유) | 파울 | 경고 | 퇴장 |
|---|---|---|---|---|---|---|---|---|---|---|---|---|---|---|---|
| 0 | 0 | 0 | 0 | | 김승규 | 21 | GK | GK | 1 | 이범영 | | 0 | 0 | 0 | 0 |
| 0 | 1 | 2 | 0 | | 정동호 | 3 | DF | DF | 20 | 유지훈 | 6 | 2(1) | 2 | 1 | 0 |
| 0 | 0 | 3 | 0 | | 강민수 | 4 | DF | DF | 23 | 김찬영 | | 0 | 0 | 0 | 0 |
| 0 | 1 | 3 | 0 | | 김영삼 | 14 | DF | DF | 3 | 박준강 | | 0 | 0 | 0 | 0 |
| 0 | 0 | 2 | 1 | | 유준수 | 17 | DF | DF | 33 | 장학영 | | 0 | 0 | 0 | 0 |
| 0 | 0 | 0 | 0 | | 김민균 | 14 | MF | MF | 14 | 정석화 | 7 | 0 | 0 | 0 | 0 |
| 0 | 1 | 1(1) | | | 김용태 | 6 | MF | MF | 8 | 홍동현 | | 0 | 1 | 0 | 0 |
| 0 | 3(3) | 9 | | | 한상운 | 20 | MF | MF | 11 | 닐손 주니어 | | 1(1) | 1 | 0 | 0 |
| 0 | 4 | 0 | | | 고창현 | 7 | MF | MF | 51 | 파그너 | | 3(2) | 0 | 0 | 0 |
| 0 | 4(4) | 1 | | | 박용지 | 19 | FW | FW | 11 | 임상협 | | 0 | 0 | 0 | 0 |
| 0 | 3(1) | 0 | | | 안진범 | 27 | MF | FW | 18 | 양동현 | | 0 | 1 | 1 | 0 |
| 0 | 0 | 0 | 0 | | 이재성 | 21 | | | 41 | 김기용 | | 0 | 0 | 0 | 0 |
| 0 | | | | 이명재 | 26 | | | 15 | 이경렬 | 후18 | | | | | |
| 0 | | | | 박동혁 | 6 | | | 7 | 한지호 | 후31 | 1 | 0 | 1 | 0 | |
| 0 | | | | 알미르 | 11 | 대기 | 대기 | 9 | 코마젝 | | | | | | |
| 0 | | 후32 | 백지훈 | 15 | | | 30 | 김익현 | 후30 | | | | | | |
| 0 | | 후42 | 김신욱 | 9 | | | 22 | 전성찬 | | | | | | | |
| 0 | 3(3) | 후23 | 하파냐 | 10 | | | 27 | 권진영 | | | | | | | |
| 0 | 3 | 17 | 16(12) | | | 0 | | | 0 | | | 7(4) | 14 | 3 | 0 |

● 전반 10분 고창현 C.KR ⌒ 김용태 GAR H-ST-G(득점: 김용태, 도움: 고창현) 오른쪽
● 후반 16분 안진범 PK우측지점 R-ST-G(득점: 안진범) 왼쪽
● 후반 29분 강민수 HL정면 ⌒ 한상운 PAL내 R-ST-G(득점: 한상운, 도움: 강민수) 가운데

---

## 서울 1 : 0 성남

5월 18일 16:00 맑음 서울 월드컵 관중 18,636명
주심_ 우상일 부심_ 전기록·장준모 대기심_ 이민후 감독관_ 하재훈

서울 1 (0 전반 0 / 1 후반 0) 0 성남

| 퇴장 | 경고 | 파울 | ST(유) | 교체 | 선수명 | 배번 | 위치 | 위치 | 배번 | 선수명 | 교체 | ST(유) | 파울 | 경고 | 퇴장 |
|---|---|---|---|---|---|---|---|---|---|---|---|---|---|---|---|
| 0 | 0 | 0 | 0 | | 김용대 | 1 | GK | GK | 28 | 박준혁 | | 0 | 0 | 0 | 0 |
| 0 | 1 | 1(1) | | | 김주영 | 4 | DF | DF | 26 | 임채민 | | 0 | 1 | 1 | 0 |
| 0 | 1 | 1 | | | 김진규 | 6 | DF | DF | 20 | 윤영선 | | 0 | 0 | 0 | 0 |
| 0 | 1 | 0 | | | 오스마르 | 28 | DF | DF | 5 | 심우연 | 4 | 0 | 0 | 0 | 0 |
| 0 | 2(1) | 3 | | | 최효진 | 2 | MF | DF | 3 | 박희성 | | 0 | 0 | 0 | 0 |
| 0 | 0 | 0 | | | 차두리 | 5 | MF | MF | 22 | 이종원 | | 0 | 1 | 0 | 0 |
| 0 | 1 | 0 | | | 고명진 | 22 | MF | MF | 16 | 정선호 | | 0 | 1 | 0 | 0 |
| 0 | | 16 | | | 최현태 | 16 | MF | MF | 13 | 김동희 | | 1(1) | 0 | 0 | 0 |
| 0 | 4(1) | 0 | | | 윤일록 | 24 | FW | MF | 11 | 김태환 | | 0 | 1 | 1 | 0 |
| 0 | 2 | 29 | | | 고요한 | 13 | MF | FW | 12 | 제파로프 | 12 | 4(1) | 4 | 1 | 0 |
| 0 | 4(1) | 4 | 1 | | 에스쿠데로 | 9 | FW | FW | 19 | 황의조 | | 0 | 0 | 0 | 0 |
| 0 | | | | 유상훈 | 31 | | | 1 | 전상욱 | | 0 | 0 | 0 | 0 | |
| 0 | | | | 이웅희 | 3 | | | 4 | 이요한 | 후23 | | | | | |
| 0 | | | | 정승용 | 32 | | | 12 | 바우지비아 | | | | | | |
| 0 | | 후43 | 이상협 | 29 | 대기 | 대기 | 7 | 김철호 | | | | | | | |
| 0 | | 후0 | 강승조 | 16 | | | 9 | 이창훈 | | | | | | | |
| 0 | | | | 고광민 | 27 | | | 33 | 김남건 | 후33 | | | | | |
| 0 | 2(1) | 후18 | 박희성 | 14 | | | 17 | 이민우 | | | | | | | |
| 0 | 1 | 18 | 11(4) | | | 0 | | | 0 | | | 6(2) | 11 | 2 | 0 |

● 후반 40분 차두리 GAR ⌒ 박희성 GA정면 오버헤드킥 R-ST-G(득점: 박희성, 도움: 차두리) 오른쪽

## 7월 05일 19:00 흐림 수원월드컵 관중 20,267명
주심_류희선 부심_김용수·김성일 대기심_이민후 감독관_김수현

**수원 0 경남 0**  (0 전반 0 / 0 후반 0)

| 퇴장 | 경고 | 파울 | ST(유) | 교체 | 선수명 | 배번 | 위치 | 위치 | 배번 | 선수명 | 교체 | ST(유) | 파울 | 경고 | 퇴장 |
|---|---|---|---|---|---|---|---|---|---|---|---|---|---|---|---|
| 0 | 0 | 0 | 0 | | 노동건 | 21 | GK | GK | 1 | 김영광 | | 0 | 0 | 0 | 0 |
| 0 | 0 | 1 | 1 | | 홍 철 | 17 | DF | DF | 7 | 박주성 | | 0 | 1 | 0 | 0 |
| 0 | 0 | 1 | 0 | | 헤이네르 | 45 | DF | DF | 30 | 스레텐 | | 0 | 3 | 1 | 0 |
| 0 | 0 | 1 | 0 | | 조성진 | 5 | DF | DF | 10 | 이한샘 | | 0 | 0 | 0 | 0 |
| 0 | 0 | 1 | 0 | | 신세계 | 30 | DF | DF | 4 | 김준엽 | | 0 | 0 | 0 | 0 |
| 0 | 0 | 2 | 0 | | 김은선 | 6 | MF | MF | 28 | 이창민 | 28 | 2 | 1 | 0 | 0 |
| 0 | 0 | 0 | 4(2) | 36 | 서정진 | 13 | MF | MF | 26 | 최영준 | | 0 | 0 | 0 | 0 |
| 0 | 0 | 1 | 0 | | 산토스 | 27 | MF | MF | 8 | 이재안 | 8 | 1(1) | 0 | 0 | 0 |
| 0 | 2 | 1 | | 22 | 김두현 | 8 | MF | FW | 16 | 송수영 | | 2(2) | 1 | 0 | 0 |
| 0 | 0 | 1 | 1(1) | | 고차원 | 12 | MF | FW | 33 | 김도엽 | 33 | 4 | 2 | 0 | 0 |
| 0 | 0 | 0 | 0 | | 정대세 | 14 | FW | FW | 9 | 스토야노비치 | | 2(1) | 2 | 0 | 0 |
| 0 | 0 | 0 | 0 | | 최재수 | 41 | | | 31 | 손정현 | | 0 | 0 | 0 | 0 |
| 0 | 0 | 0 | 0 | | | 2 | | | 6 | 루 크 | | 0 | 0 | 0 | 0 |
| 0 | 0 | 0 | 0 | | 구자룡 | 15 | | | 88 | 전상훈 | | 0 | 0 | 0 | 0 |
| 0 | 0 | 0 | 후44 | 김대경 | 36 | 대기 | 대기 | 37 | 최성민 | 후37 | 0 | 0 | 0 | 0 |
| 0 | 0 | 2(2) | 후11 | 권창훈 | 22 | | | 33 | 김슬기 | 후18 | 1 | 0 | 0 | 0 |
| 0 | 0 | 0 | 0 | | 조지훈 | | | | 8 | 김창균 | 후24 | 1 | 0 | 0 | 0 |
| 0 | 0 | 2 | 후19 | 배기종 | | | | 18 | 문주원 | | 0 | 0 | 0 | 0 |
| 0 | 0 | 8 | 14(6) | | | 0 | | | 0 | | | 13(4) | 14 | 1 | 0 |

## 7월 05일 19:30 흐림 부산 아시아드 관중 2,836명
주심_유선호 부심_손재선·장준모 대기심_고형진 감독관_하재훈

**부산 0 전북 2**  (0 전반 1 / 0 후반 1)

| 퇴장 | 경고 | 파울 | ST(유) | 교체 | 선수명 | 배번 | 위치 | 위치 | 배번 | 선수명 | 교체 | ST(유) | 파울 | 경고 | 퇴장 |
|---|---|---|---|---|---|---|---|---|---|---|---|---|---|---|---|
| 0 | 0 | 0 | 0 | | 이창근 | 21 | GK | GK | 1 | 권순태 | | 0 | 0 | 0 | 0 |
| 0 | 1 | 1 | 0 | | 박준강 | 2 | DF | DF | 32 | 이주용 | | 3(2) | 2 | 0 | 0 |
| 0 | 0 | 1 | 0 | | 이경렬 | 6 | DF | DF | 2 | 김기희 | | 0 | 0 | 0 | 0 |
| 0 | 0 | 2 | | 23 | 권진영 | 27 | DF | DF | 5 | 정인환 | | 0 | 1 | 0 | 0 |
| 0 | 0 | 0 | 0 | | 장학영 | 33 | DF | DF | 25 | 최철순 | | 1 | 1 | 0 | 0 |
| 0 | 0 | 1 | 1(1) | | 김익현 | 7 | MF | MF | 27 | 권경원 | | 1(1) | 2 | 0 | 0 |
| 0 | 0 | 0 | 0 | | 닐손 주니어 | 25 | MF | MF | 17 | 신형민 | | 0 | 0 | 0 | 0 |
| 0 | 0 | 1 | 1(1) | 19 | 정석화 | 14 | MF | MF | 13 | 이재성 | 13 | 2(1) | 2 | 1 | 0 |
| 0 | 0 | 3(3) | | 29 | 파그너 | 51 | FW | FW | 9 | 레오나르도 | 9 | 3 | 0 | 0 | 0 |
| 0 | 0 | 0 | 0 | | 임상협 | 11 | MF | MF | 7 | 한교원 | 7 | 1(1) | 1 | 0 | 0 |
| 0 | 0 | 1 | 1 | | 한지호 | | FW | FW | 20 | 이동국 | | 1 | 0 | 0 | 0 |
| 0 | 0 | 0 | 0 | | 김기용 | 41 | | | 21 | 이범수 | | 0 | 0 | 0 | 0 |
| 0 | 0 | 0 | 0 | | 황재훈 | 13 | | | 4 | 이규로 | | 0 | 0 | 0 | 0 |
| 0 | 0 | 0 | 1 | 후21 | 김신영 | 19 | | | | 이재명 | | 0 | 0 | 0 | 0 |
| 0 | 0 | 0 | 후7 | 김찬영 | 23 | 대기 | 대기 | 28 | 이강진 | | 0 | 0 | 0 | 0 |
| 0 | 0 | 0 | 0 | | 주세종 | 24 | | | 13 | 이인성 | 후31 | 0 | 1 | 0 | 0 |
| 0 | 0 | 0 | 0 | | 홍동현 | 26 | | | | 카이오 | 후23 | 1 | 0 | 0 | 0 |
| 0 | 0 | 0 | 후35 | 김지민 | 29 | | | 16 | 이상협 | 후9 | 1(1) | 1 | 0 | 0 |
| 0 | 3 | 9 | 8(7) | | | 0 | | | 0 | | | 12(7) | 15 | 2 | 0 |

● 전반 13분 이동국 GAL H → 이재성 GA정면내 L-ST-G(득점: 이재성, 도움: 이동국) 오른쪽
● 후반 2분 이동국 AK정면 ~ 한교원 AR R-ST-G (득점: 한교원, 도움: 이동국) 왼쪽

## 7월 05일 19:00 흐림 광양 전용 관중 9,012명
주심_우상일 부심_노태식·이규환 대기심_송민석 감독관_김정식

**전남 2 서울 2**  (2 전반 1 / 0 후반 1)

| 퇴장 | 경고 | 파울 | ST(유) | 교체 | 선수명 | 배번 | 위치 | 위치 | 배번 | 선수명 | 교체 | ST(유) | 파울 | 경고 | 퇴장 |
|---|---|---|---|---|---|---|---|---|---|---|---|---|---|---|---|
| 0 | 0 | 0 | 0 | | 김병지 | 1 | GK | GK | 1 | 김용대 | 31 | 0 | 0 | 0 | 0 |
| 0 | 1 | 1 | 0 | 4 | 현영민 | 13 | DF | DF | 28 | 오스마르 | | 2(1) | 0 | 0 | 0 |
| 0 | 0 | 2 | 0 | | 임종은 | 5 | DF | DF | 6 | 김진규 | | 1 | 1 | 0 | 0 |
| 0 | 0 | 1 | 0 | | 방대종 | 15 | DF | DF | 3 | 김주영 | | 1 | 1 | 0 | 0 |
| 0 | 3 | 1 | | 김태호 | 2 | DF | DF | 7 | 김치우 | | 4(1) | 0 | 0 | 0 |
| 0 | 0 | 1 | 0 | | 이승희 | 6 | MF | MF | 13 | 고요한 | | 0 | 0 | 0 | 0 |
| 0 | 1 | 8 | | 16 | 이현승 | 8 | MF | MF | 22 | 고명진 | | 0 | 0 | 0 | 0 |
| 0 | 0 | 3(2) | 0 | | 이종호 | 17 | MF | MF | 17 | 최현태 | 29 | 2 | 0 | 0 | 0 |
| 0 | 0 | 0 | 18 | 안용우 | 25 | MF | FW | 25 | 윤일록 | | 2 | 0 | 0 | 0 |
| 0 | 0 | 3 | | 전현철 | 77 | MF | FW | 11 | 몰리나 | | 8(4) | 0 | 0 | 0 |
| 0 | 4 | 3(1) | | 스테보 | 10 | FW | FW | 19 | 에스쿠데로 | | 6(2) | 1 | 0 | 0 |
| 0 | 0 | 0 | 0 | | 김대호 | 31 | | | 31 | 유상훈 | 후18 | 0 | 0 | 0 | 0 |
| 0 | 0 | 0 | 0 | | 코 니 | 55 | | | 3 | 이웅희 | | 0 | 0 | 0 | 0 |
| 0 | 0 | 0 | 후45 | 홍진기 | 4 | | | 4 | 차두리 | 후22 | 1 | 1 | 0 | 0 |
| 0 | 0 | 0 | 0 | 박선용 | 3 | 대기 | 대기 | 27 | 고광민 | | 0 | 0 | 0 | 0 |
| 0 | 0 | 0 | 후0 | 송창호 | 16 | | | 27 | 이상협 | 후27 | 0 | 0 | 0 | 0 |
| 0 | 0 | 0 | 후20 | 심동운 | 18 | | | 40 | 심제혁 | | 0 | 0 | 0 | 0 |
| 0 | 0 | 0 | 0 | | 박기동 | 20 | | | 18 | 김현성 | | 0 | 0 | 0 | 0 |
| 0 | 2 | 12 | 12(3) | | | 0 | | | 0 | | | 25(8) | 5 | 3 | 0 |

● 전반 9분 이종호 PK지점 L-ST-G(득점: 이종호) 오른쪽
● 전반 13분 안용우 PAR내 EL ⌒ 스테보 GAL H-ST-G(득점: 스테보, 도움: 안용우) 가운데
● 전반 44분 몰리나 C.KL ⌒ 오스마르 GA정면 H-ST-G(득점: 오스마르, 도움: 몰리나) 왼쪽
● 후반 39분 윤일록 AKL ~ 몰리나 PA정면내 L-ST-G(득점: 몰리나, 도움: 윤일록) 왼쪽

## 7월 06일 19:00 맑음 탄천 종합 관중 4,035명
주심_김성호 부심_이정민·최민병 대기심_이동준 감독관_김진의

**성남 1 울산 1**  (0 전반 0 / 1 후반 1)

| 퇴장 | 경고 | 파울 | ST(유) | 교체 | 선수명 | 배번 | 위치 | 위치 | 배번 | 선수명 | 교체 | ST(유) | 파울 | 경고 | 퇴장 |
|---|---|---|---|---|---|---|---|---|---|---|---|---|---|---|---|
| 0 | 0 | 0 | 0 | | 박준혁 | 28 | GK | GK | 18 | 김승규 | | 0 | 0 | 0 | 0 |
| 0 | 0 | 1 | 0 | | 박진포 | 6 | DF | DF | 2 | 김영삼 | | 0 | 0 | 0 | 0 |
| 0 | 0 | 1 | 0 | | 임채민 | 26 | DF | DF | 39 | 김근환 | | 0 | 0 | 0 | 0 |
| 0 | 0 | 1 | 0 | | 심우연 | 5 | DF | DF | 17 | 유준수 | | 3(3) | 0 | 0 | 0 |
| 0 | 0 | 1 | 0 | | 박희철 | 33 | DF | DF | | 김치곤 | | 0 | 0 | 0 | 0 |
| 0 | 0 | | 3(3) | | 이종원 | 22 | MF | MF | 13 | 김선민 | | 0 | 0 | 0 | 0 |
| 0 | 0 | 1 | 0 | | 정선호 | 14 | MF | MF | 16 | 김성환 | | 0 | 0 | 0 | 0 |
| 0 | 0 | 1 | 후16 | 김동희 | 13 | MF | MF | 24 | 김용태 | | 0 | 0 | 0 | 0 |
| 0 | 0 | 1 | | 황의조 | 16 | MF | MF | 8 | 김민균 | | 0 | 0 | 0 | 0 |
| 0 | 2 | 3 | | 제파로프 | 10 | MF | FW | 27 | 안진범 | | 0 | 0 | 0 | 0 |
| 0 | 2 | 1 | 후17 | 김동섭 | 9 | FW | FW | 16 | 서용덕 | 19 | 1(1) | 1 | 0 | 0 |
| 0 | 0 | 0 | 0 | | 전상욱 | 21 | | | 21 | 이희성 | | 0 | 0 | 0 | 0 |
| 0 | 0 | 0 | 0 | | 이요한 | | | | | 박동혁 | | 0 | 0 | 0 | 0 |
| 0 | 0 | 0 | 0 | | 김평래 | | | | | 정동호 | 후38 | 0 | 0 | 0 | 0 |
| 0 | 0 | 0 | 0 | 김철호 | 7 | 대기 | 대기 | 16 | 이 용 | 후16 | 0 | 0 | 0 | 0 |
| 0 | 0 | 0 | 0 | | 이창훈 | | | | | 고창현 | | 0 | 0 | 0 | 0 |
| 0 | 3(2) | 후15 | 황의조 | | | | | 15 | 백지훈 | | 0 | 0 | 0 | 0 |
| 0 | 후27 | 이민우 | 17 | | | | | 19 | 박용지 | 후8 | 0 | 0 | 0 | 0 |
| 0 | 1 | 10 | 14(7) | | | 0 | | | 0 | | | 11(4) | 1 | 0 | 0 |

● 후반 37분 황의조 GAR L-ST-G(득점: 황의조) 가운데
● 후반 24분 유준수 AK내 R-ST-G(득점: 유준수) 왼쪽

## 7월 05일 19:00 비 제주 월드컵 관중 2,886명
주심_최명용 부심_정해상·윤광열 대기심_김희곤 감독관_강창구

**제주 0**　0 전반 0 / 0 후반 0　**0 포항**

| 퇴장 | 경고 | 파울 | ST(유) | 교체 | 선수명 | 배번 | 위치 | 위치 | 배번 | 선수명 | 교체 | ST(유) | 파울 | 경고 | 퇴장 |
|---|---|---|---|---|---|---|---|---|---|---|---|---|---|---|---|
| 0 | 0 | 0 | 0 |  | 김호준 | 1 | GK | GK | 1 | 신화용 |  | 0 | 0 | 0 | 0 |
| 0 | 0 | 0 | 0 |  | 김수범 | 22 | DF | DF | 3 | 김광석 |  | 0 | 0 | 0 | 0 |
| 0 | 0 | 3 | 1 |  | 알렉스 | 15 | DF | DF | 13 | 김원일 |  | 0 | 0 | 0 | 0 |
| 0 | 0 | 0 | 0 | 5 | 황도연 | 6 | DF | DF | 22 | 김대호 |  | 0 | 0 | 0 | 0 |
| 0 | 1 | 1 | 1 | 25 | 정다훤 | 2 | DF | DF | 2 | 박희철 | 19 | 1 | 0 | 0 | 0 |
| 0 | 1 | 4 | 0 |  | 장은규 | 37 | MF | MF | 9 | 황지수 |  | 0 | 4 | 0 | 0 |
| 0 | 1 | 1 | 3(1) |  | 윤빛가람 |  | MF | MF | 28 | 손준호 |  | 1 | 2 | 2 | 0 |
| 0 | 1 | 1 | 1(1) |  | 황일수 | 11 | FW | FW | 23 | 유창현 | 34 | 0 | 3 | 0 | 0 |
| 0 | 1 | 0 | 0 |  | 드로겟 | 19 | FW | MF | 12 | 김승대 |  | 0 | 1 | 0 | 0 |
| 0 | 0 | 2 | 4(1) |  | 송진형 |  | MF | MF | 17 | 강상우 | 27 | 1 | 1 | 0 | 0 |
| 0 | 1 | 0 | 6(3) |  | 박수창 | 26 | FW | MF | 7 | 신광훈 |  | 2 | 2 | 0 | 0 |
| 0 | 0 | 0 | 0 |  | 김경민 |  |  |  | 31 | 김다슬 |  | 0 | 0 | 0 | 0 |
| 0 | 0 | 0 | 0 | 전11 | 오반석 | 5 |  |  | 32 | 김형일 |  | 0 | 0 | 0 | 0 |
| 0 | 0 | 0 | 0 |  | 오승범 |  |  |  | 27 | 박선주 | 후7 | 1(1) | 0 | 0 | 0 |
| 0 | 0 | 0 | 0 |  | 에스티벤 | 20 | 대기 | 대기 |  | 박준회 |  |  |  |  |  |
| 0 | 0 | 0 | 0 |  | 김영신 |  |  |  | 19 | 문창진 | 후38 |  | 0 | 0 | 0 |
| 0 | 0 | 0 | 0 | 후25 | 이현호 | 25 |  |  | 34 | 이광혁 | 후22 | 1 | 0 | 0 | 0 |
| 0 | 0 | 0 | 0 | 후30 | 김 현 | 9 |  |  | 15 | 신영준 |  | 0 | 0 | 0 | 0 |
| 0 | 3 | 14 | 17(6) |  | 0 |  |  |  |  | 0 |  | 7(1) | 15 | 4 | 0 |

---

## 7월 09일 19:00 비 광양전용 관중 1,065명
주심_김종혁 부심_전기록·윤광열 대기심_김성호 감독관_김형남

**전남 3**　2 전반 1 / 1 후반 0　**1 경남**

| 퇴장 | 경고 | 파울 | ST(유) | 교체 | 선수명 | 배번 | 위치 | 위치 | 배번 | 선수명 | 교체 | ST(유) | 파울 | 경고 | 퇴장 |
|---|---|---|---|---|---|---|---|---|---|---|---|---|---|---|---|
| 0 | 0 | 0 | 0 |  | 김병지 | 1 | GK | GK | 1 | 김영광 |  | 0 | 0 | 0 | 0 |
| 0 | 0 | 0 | 0 | 4 | 현영민 | 13 | DF | DF | 27 | 박주성 |  | 2(1) | 1 | 0 | 0 |
| 0 | 0 | 0 | 0 |  | 코 니 | 55 | DF | DF | 30 | 스레텐 |  | 0 | 0 | 0 | 0 |
| 0 | 0 | 3 | 1(1) |  | 방대종 | 15 | DF | DF | 20 | 이한샘 |  | 1(1) | 0 | 0 | 0 |
| 0 | 0 | 2 | 1 |  | 김태호 | 2 | DF | MF | 28 | 최성민 |  | 0 | 5 | 1 | 0 |
| 0 | 0 | 1 | 0 |  | 이승희 | 6 | MF | MF | 14 | 이창민 |  | 2 | 0 | 0 | 0 |
| 0 | 0 | 2 | 3(2) |  | 송창호 | 8 | MF | MF | 26 | 최영준 |  | 1(1) | 1 | 0 | 0 |
| 0 | 0 | 2 | 2(2) |  | 이종호 | 17 | MF | FW | 17 | 이재안 | 8 | 1 | 0 | 0 | 0 |
| 0 | 0 | 1 | 0 |  | 안용우 | 25 | MF | MF | 16 | 송수영 | 33 | 1 | 0 | 0 | 0 |
| 0 | 0 | 2 | 0 |  | 박기동 | 20 | FW | FW | 11 | 김도엽 |  | 4(4) | 1 | 0 | 0 |
| 0 | 0 | 1 | 0 |  | 스테브 | 10 | FW | FW | 7 | 스토야노비치 | 10 | 1 | 1 | 0 | 0 |
| 0 | 0 | 0 | 0 |  | 김대호 | 31 |  |  | 31 | 손정현 |  | 0 | 0 | 0 | 0 |
| 0 | 0 | 0 | 0 |  | 박선용 | 3 |  |  | 90 | 여성해 |  | 0 | 0 | 0 | 0 |
| 0 | 0 | 0 | 0 | 후39 | 홍진기 | 4 |  |  | 2 | 이학민 |  | 0 | 0 | 0 | 0 |
| 0 | 0 | 0 | 0 |  | 임종은 | 5 | 대기 | 대기 |  | 보산치치 |  | 0 | 0 | 0 | 0 |
| 0 | 0 | 0 | 1 | 40/77 | 레안드리뉴 |  |  |  | 33 | 김슬기 | 후31 | 1(1) | 0 | 0 | 0 |
| 0 | 0 | 0 | 0 |  | 이현승 | 8 |  |  | 8 | 임창균 | 후8 | 2(1) | 1 | 0 | 0 |
| 0 | 0 | 1 | 0 | 후36 | 전현철 |  |  |  | 18 | 문주원 |  | 0 | 0 | 0 | 0 |
| 0 | 0 | 13 | 11(6) |  | 0 |  |  |  |  | 0 |  | 15(10) | 13 | 3 | 0 |

●전반 11분 스테브 MFR ~ 안용우 PK우측지점 L-ST-G득점: 안용우, 도움: 스테브) 왼쪽
●전반 25분 현영민 MFLTL ⌒ 이종호 PK좌측지점 H-ST-G득점: 이종호, 도움: 현영민) 오른쪽
●후반 5분 이종호 GA정면 R-ST-G득점: 이종호) 가운데
●전반 6분 김인한 PAL FK R-ST-G (득점: 김인한) 왼쪽

---

## 7월 06일 19:00 맑음 인천 전용 관중 4,446명
주심_김상우 부심_전기록·노수용 대기심_김종혁 감독관_한진원

**인천 1**　0 전반 0 / 1 후반 2　**2 상주**

| 퇴장 | 경고 | 파울 | ST(유) | 교체 | 선수명 | 배번 | 위치 | 위치 | 배번 | 선수명 | 교체 | ST(유) | 파울 | 경고 | 퇴장 |
|---|---|---|---|---|---|---|---|---|---|---|---|---|---|---|---|
| 0 | 0 | 0 | 0 |  | 권정혁 | 1 | GK | GK | 1 | 김민식 |  | 0 | 0 | 0 | 0 |
| 0 | 0 | 1 | 0 |  | 박태민 | 13 | DF | DF | 4 | 백종환 | 5 | 0 | 3 | 0 | 0 |
| 0 | 0 | 2 | 2(1) |  | 이윤표 | 16 | DF | DF | 14 | 양준아 |  | 0 | 0 | 0 | 0 |
| 0 | 0 | 2 | 0 |  | 안재준 | 20 | DF | DF | 28 | 안재곤 |  | 0 | 0 | 0 | 0 |
| 0 | 0 | 2 | 1 |  | 최종환 | 25 | DF | DF | 33 | 유지훈 |  | 0 | 1 | 0 | 0 |
| 0 | 0 | 1 | 0 |  | 구본상 | 8 | MF | MF | 7 | 이승현 | 19 | 3(2) | 1 | 0 | 0 |
| 0 | 1 | 0 | 1(1) | 21 | 이석현 | 14 | MF | MF | 8 | 이 호 |  | 1 | 1 | 0 | 0 |
| 0 | 1 | 3 | 1 |  | 이 보 |  | MF | MF | 12 | 권순형 |  | 2(1) | 1 | 0 | 0 |
| 0 | 1 | 3(1) |  |  | 남준재 | 23 | MF | MF | 18 | 이상호 |  | 3 | 0 | 0 | 0 |
| 0 | 0 | 0 | 1(1) |  | 이효균 | 28 | FW | FW | 9 | 하태균 |  | 2(2) | 3 | 0 | 0 |
| 0 | 0 | 1 | 1 |  | 진성욱 | 29 | FW | FW | 10 | 김동찬 | 16 | 2 | 1 | 0 | 0 |
| 0 | 0 | 0 | 0 |  | 조수혁 | 18 |  |  | 31 | 김근배 |  | 0 | 0 | 0 | 0 |
| 0 | 0 | 0 | 0 |  | 임하람 | 24 |  |  | 5 | 최호정 | 후14 | 0 | 0 | 0 | 0 |
| 0 | 0 | 0 | 0 |  | 용현진 | 3 |  |  | 6 | 송용기 |  | 0 | 0 | 0 | 0 |
| 0 | 0 | 0 | 0 | 후40 | 조수철 | 33 | 대기 | 대기 | 6 | 송원재 |  | 0 | 0 | 0 | 0 |
| 0 | 0 | 0 | 0 | 후27 | 김도혁 | 21 |  |  | 16 | 서상민 | 후18 | 0 | 1 | 0 | 0 |
| 0 | 0 | 1(1) |  | 후20 | 문상윤 | 6 |  |  | 19 | 고재성 | 후38 | 0 | 0 | 0 | 0 |
| 0 |  |  |  |  | 권혁진 | 22 |  |  | 26 | 이정협 |  | 0 | 0 | 0 | 0 |
| 0 | 1 | 11 | 13(6) |  | 0 |  |  |  |  | 0 |  | 9(5) | 21 | 1 | 0 |

●후반 36분 김도혁 MF정면 ~ 이보 AKL L-ST-G (득점: 이보, 도움: 김도혁) 오른쪽
●후반 43분 유지훈 MFL ⌒ 하태균 PAR내 L-ST-G득점: 하태균, 도움: 유지훈) 왼쪽
●후반 8분 하태균 PK-R-G (득점: 하태균) 가운데

---

## 7월 09일 19:00 흐림 전주월드컵 관중 6,142명
주심_이민후 부심_이정민·이규환 대기심_김상우 감독관_김수현

**전북 1**　0 전반 1 / 1 후반 0　**1 제주**

| 퇴장 | 경고 | 파울 | ST(유) | 교체 | 선수명 | 배번 | 위치 | 위치 | 배번 | 선수명 | 교체 | ST(유) | 파울 | 경고 | 퇴장 |
|---|---|---|---|---|---|---|---|---|---|---|---|---|---|---|---|
| 0 | 0 | 0 | 0 |  | 권순태 | 1 | GK | GK | 1 | 김호준 |  | 0 | 0 | 0 | 0 |
| 0 | 0 | 1 | 0 |  | 이주용 | 32 | DF | DF | 6 | 황도연 |  | 0 | 3 | 1 | 0 |
| 0 | 0 | 1 | 0 |  | 김기희 | 4 | DF | DF | 5 | 오반석 |  | 0 | 3 | 0 | 0 |
| 0 | 0 | 1 | 0 |  | 정인환 | 5 | DF | DF | 15 | 알렉스 |  | 0 | 0 | 0 | 0 |
| 0 | 0 | 2 | 0 |  | 이규로 | 2 | DF | DF | 22 | 김수범 | 27 | 0 | 1 | 0 | 0 |
| 0 | 0 | 0 | 0 | 10 | 권경원 |  | MF | MF | 37 | 장은규 |  | 0 | 5 | 1 | 0 |
| 0 | 0 | 0 | 0 |  | 신형민 |  | MF | MF |  | 윤빛가람 | 9 | 1 | 0 | 0 | 0 |
| 0 | 0 | 3 | 0 |  | 이재성 | 17 | MF | MF | 19 | 드로겟 |  | 0 | 1 | 0 | 0 |
| 0 | 0 | 0 | 13 |  | 한교원 |  | MF | FW | 11 | 황일수 |  | 0 | 2 | 0 | 0 |
| 0 | 0 | 2 | 2(2) |  | 이동국 | 20 | FW | FW | 10 | 송진형 |  | 2(2) | 0 | 0 | 0 |
| 0 |  | 2(2) | 9 |  | 이상협 | 16 | FW | FW | 26 | 박수창 | 24 | 1(1) | 3 | 0 | 0 |
| 0 | 0 | 0 | 0 |  | 이범수 |  |  |  | 21 | 김경민 |  | 0 | 0 | 0 | 0 |
| 0 | 0 | 0 | 0 |  | 이강진 | 28 |  |  | 24 | 이 용 | 후20 | 0 | 0 | 0 | 0 |
| 0 | 0 | 0 | 0 |  | 김재명 | 3 |  |  | 29 | 김봉래 | 후29 | 1(1) | 0 | 0 | 0 |
| 0 | 0 | 0 | 0 |  | 최보경 | 7 | 대기 | 대기 |  | 오승범 |  | 0 | 0 | 0 | 0 |
| 0 | 0 | 0 | 0 | 후33 | 김인성 |  |  |  | 16 | 김영신 |  | 0 | 0 | 0 | 0 |
| 0 | 5(3) |  |  |  | 레오나르도 |  |  |  | 25 | 이현호 |  | 0 | 0 | 0 | 0 |
| 0 | 6(4) | 후 |  |  | 카이오 | 9 |  |  | 9 | 김 현 | 후34 | 0 | 0 | 0 | 0 |
| 0 | 9 | 20(11) |  |  | 0 |  |  |  |  | 0 |  | 5(5) | 14 | 3 | 0 |

●후반 34분 이동국 GA정면 ~ 카이오 GAL L-ST-G득점: 카이오, 도움: 이동국) 왼쪽
●전반 39분 윤빛가람 HL정면 ⌒ 송진형 AK정면 R-ST-G (득점: 송진형, 도움: 윤빛가람) 오른쪽

## 상주 2 : 0 부산

7월 09일 19:00 흐림 상주 시민 관중 3,523명
주심_ 이동준 부심_ 김용수·지승민 대기심_ 최명용 감독관_ 강창구

**상주 2** | 0 전반 0 / 2 후반 0 | **0 부산**

| 퇴장 | 경고 | 파울 | ST(유) | 교체 | 선수명 | 배번 | 위치 | 위치 | 배번 | 선수명 | 교체 | ST(유) | 파울 | 경고 | 퇴장 |
|---|---|---|---|---|---|---|---|---|---|---|---|---|---|---|---|
| 0 | 0 | 0 | 0 | | 김민식 | 1 | GK | GK | 1 | 이범영 | | 0 | 0 | 0 | 0 |
| 0 | 1 | 2 | 3 | | 이후권 | 6 | DF | DF | 6 | 이경렬 | | 0 | 0 | 0 | 0 |
| 0 | 0 | 1 | 0 | | 최호정 | 5 | DF | DF | 20 | 이원영 | 13 | 1 | 1 | 1 | 0 |
| 0 | 0 | 2 | 0 | | 양준아 | 14 | DF | DF | 33 | 장학영 | | 0 | 0 | 0 | 0 |
| 1 | 1 | 0 | 0 | | 안재훈 | 28 | DF | DF | 27 | 권진영 | | 0 | 5 | 2 | 0 |
| 0 | 0 | 1 | 1 | | 이 호 | 7 | MF | MF | 6 | 닐손 주니어 | 14 | 0 | 2 | 0 | 0 |
| 0 | 0 | 0 | 4(2) | | 권순형 | 3 | MF | MF | 25 | 임상협 | 14 | 1 | | | 0 |
| 0 | 0 | 1 | 2(1) | 13 | 서상민 | 16 | MF | MF | 18 | 파그너 | | | | | 0 |
| 0 | 0 | 2 | 4(1) | | 이상호 | 18 | MF | MF | | 한지호 | 29 | 2 | 1 | 0 | 0 |
| 0 | 1 | 1 | 11 | | 하태균 | 9 | FW | FW | 18 | 양동현 | | 3(1) | 0 | 0 | 0 |
| 0 | 0 | 0 | | | 고재성 | 8 | FW | | | | | | | | |
| 0 | 0 | 0 | 0 | | 홍정남 | 21 | | | 21 | 이창근 | | 0 | 0 | 0 | 0 |
| 0 | 0 | 0 | 0 | | 이용기 | 24 | | | 13 | 황재훈 | 후29 | | | | |
| 0 | 0 | 0 | 0 | | 곽광선 | 44 | | | | 정석화 | 후7 | | | | |
| 0 | 0 | 0 | 1(1) | 후22 | 이승현 | 22 | 대기 | 대기 | 19 | 김신영 | | 0 | 0 | 0 | 0 |
| 0 | 0 | 0 | | 후40 | 정 훈 | 5 | | | | | | | | | |
| 0 | 0 | 0 | 2(1) | 후0 | 이근호 | 11 | | | 24 | 주세종 | | | | | |
| | | | | | 송제헌 | 27 | | | 29 | 김지민 | 후34 | | | | |
| 1 | 2 | 12 | 19(7) | | | | | | | | | 8(1) | 12 | 3 | 1 |

●후반 35분 서상민 PAL ~ 권순형 PA정면 R-ST-G(득점: 권순형, 도움: 서상민) 왼쪽
●후반 49분 이승현 PAL ⌒ 이상호 GA정면 L-ST-G(득점: 이상호, 도움: 이승현) 왼쪽

---

## 수원 3 : 2 울산

7월 09일 19:30 흐림 수원 월드컵 관중 11,274명
주심_ 우상일 부심_ 노태식·장준모 대기심_ 송민석 감독관_ 김용세

**수원 3** | 2 전반 0 / 1 후반 2 | **2 울산**

| 퇴장 | 경고 | 파울 | ST(유) | 교체 | 선수명 | 배번 | 위치 | 위치 | 배번 | 선수명 | 교체 | ST(유) | 파울 | 경고 | 퇴장 |
|---|---|---|---|---|---|---|---|---|---|---|---|---|---|---|---|
| 0 | 0 | 0 | 0 | | 노동건 | 21 | GK | GK | 18 | 김승규 | | 0 | 0 | 0 | 0 |
| 0 | 0 | 0 | 0 | | 홍 철 | 17 | DF | DF | 14 | 김영삼 | | 0 | 0 | 0 | 0 |
| 0 | 0 | 1 | 0 | | 헤이네르 | 45 | DF | DF | 39 | 김근환 | | 0 | 0 | 0 | 0 |
| 0 | 0 | 4 | 0 | | 조성진 | 5 | DF | DF | 22 | 김치곤 | | 1(1) | 0 | 0 | 0 |
| 0 | 0 | 0 | 15 | | 신세계 | 30 | DF | DF | 2 | 이 용 | | 0 | 1 | 0 | 0 |
| 0 | 0 | 4 | 3(1) | | 김은선 | 6 | MF | MF | 7 | 고창현 | | 2(1) | 1 | 0 | 0 |
| 0 | 0 | 2 | 1(1) | | 서정진 | 13 | MF | MF | 16 | 김성환 | | 0 | 0 | 0 | 0 |
| 0 | 0 | 2 | 1(1) | | 산토스 | 10 | MF | MF | 24 | 김용태 | | 0 | 0 | 0 | 0 |
| 0 | 1 | 0 | 22 | | 김두현 | 10 | MF | MF | 13 | 서용덕 | 13 | 2 | 1 | 1 | 0 |
| 0 | 1 | 1 | 0 | | 고차원 | 12 | MF | MF | 4 | 김민균 | | 0 | 0 | 0 | 0 |
| 0 | 1 | 1 | 4(2) | | 로 저 | 11 | FW | FW | 17 | 유준수 | | 1 | 1 | 0 | 0 |
| 0 | 0 | 0 | 0 | | 이상욱 | 41 | | | 21 | 이희성 | | 0 | 0 | 0 | 0 |
| 0 | 0 | 0 | 0 | | 이종성 | 27 | | | 6 | 박동혁 | | 0 | 0 | 0 | 0 |
| 0 | 0 | 0 | 0 | 후28 | 구자룡 | 15 | | | 3 | 정동호 | | 0 | 0 | 0 | 0 |
| 0 | 0 | 0 | 0 | 후31 | 권창훈 | 22 | 대기 | 대기 | 4 | 이재원 | 후36 | 3(2) | 2 | 1 | 0 |
| 0 | 0 | 0 | 0 | | 배기종 | 19 | | | 20 | 김선민 | 후25 | 0 | 0 | 0 | 0 |
| 0 | 0 | 0 | 1(1) | 후46 | 정대세 | 14 | | | 27 | 안진범 | 후8 | 0 | 0 | 0 | 0 |
| | | | | | | | | | 19 | 박용지 | | 0 | | | |
| 0 | 1 | 16 | 13(6) | | | | | | | | | 8(5) | 13 | 2 | 0 |

●전반 21분 산토스 PAL ⌒ 로저 GA정면 H-ST-G(득점: 로저, 도움: 산토스) 왼쪽
●전반 25분 서정진 H.38m → 산토스 AK정면 R-ST-G(득점: 산토스, 도움: 서정진) 왼쪽
●후반 19분 김두현 PALFK ⌒ 김은선 GAL내 H-ST-G(득점: 김은선, 도움: 김두현) 왼쪽
●후반 23분 고창현 PK-R-G(득점: 고창현) 왼쪽
●후반 12분 이용 MFRFK ⌒ 이재원 GA정면 H-ST-G(득점: 이재원, 도움: 이용) 왼쪽

---

## 포항 0 : 0 서울

7월 09일 19:30 흐리고비 포항 스틸야드 관중 9,427명
주심_ 류희선 부심_ 손재선·노수용 대기심_ 고형진 감독관_ 한병화

**포항 0** | 0 전반 0 / 0 후반 0 | **0 서울**

| 퇴장 | 경고 | 파울 | ST(유) | 교체 | 선수명 | 배번 | 위치 | 위치 | 배번 | 선수명 | 교체 | ST(유) | 파울 | 경고 | 퇴장 |
|---|---|---|---|---|---|---|---|---|---|---|---|---|---|---|---|
| 0 | 0 | 0 | 0 | | 신화용 | 1 | GK | GK | 31 | 유상훈 | | 0 | 0 | 0 | 0 |
| 0 | 0 | 1 | 0 | | 김광석 | 3 | DF | DF | 3 | 이웅희 | | 0 | 0 | 0 | 0 |
| 0 | 0 | 1 | 0 | | 김원일 | 13 | DF | DF | 4 | 김진규 | | 0 | 1 | 0 | 0 |
| 0 | 0 | 1 | 0 | | 김대호 | 22 | DF | DF | 28 | 오스마르 | | 0 | 0 | 0 | 0 |
| 0 | 0 | 1 | 0 | | 박희철 | 2 | MF | MF | 7 | 김치우 | | 1(1) | 0 | 0 | 0 |
| 0 | 0 | 1 | 0 | | 황지수 | 9 | MF | MF | 5 | 차두리 | | 0 | 3 | 1 | 0 |
| 0 | 0 | 0 | 2 | | 김승대 | 12 | MF | MF | 29 | 이상협 | | 1 | 1 | 0 | 0 |
| 0 | 0 | 1 | 0 | | 문창진 | 19 | MF | MF | 22 | 고명진 | | 0 | 0 | 0 | 0 |
| 0 | 1 | 4 | 1 | 15 | 고무열 | 18 | FW | FW | 13 | 윤일록 | 13 | 1 | 1 | 0 | 0 |
| 0 | 0 | 1 | 0 | 23 | 박선주 | 27 | MF | FW | 11 | 몰리나 | | 0 | 0 | 0 | 0 |
| 0 | 0 | 1 | 0 | | 강수일 | 11 | MF | FW | 9 | 에스쿠데로 | 19 | 0 | 1 | 0 | 0 |
| 0 | 0 | 0 | 0 | | 김다솔 | 31 | | | 23 | 한일구 | | 0 | 0 | 0 | 0 |
| 0 | 0 | 0 | 0 | | 김준수 | 6 | | | 26 | 김남춘 | | 0 | 0 | 0 | 0 |
| 0 | 0 | 0 | 0 | | 김형일 | 32 | | | 2 | 고요한 | 후0 | 1(1) | 0 | 0 | 0 |
| 0 | 0 | 0 | 0 | | 박준희 | 25 | 대기 | 대기 | 21 | 심상민 | | 0 | 0 | 0 | 0 |
| 0 | 0 | 0 | | 후13 | 김재성 | 7 | | | 27 | 고광민 | | 0 | 0 | 0 | 0 |
| 0 | 1(1) | 후26 | | | 신영준 | 15 | | | 16 | 강승조 | 후0 | 1(1) | 0 | 0 | 0 |
| 0 | 0 | 0 | 0 | 후37 | 유창현 | 23 | | | 19 | 윤주태 | 후33 | 2(1) | 0 | 0 | 0 |
| 0 | 1 | 14 | 6(2) | | | | | | | | | 5(3) | 7 | 1 | 0 |

---

## 인천 1 : 1 성남

7월 09일 19:30 흐리고비 인천 전용 관중 2,353명
주심_ 유선호 부심_ 정해상·김성일 대기심_ 김동진 감독관_ 이영철

**인천 1** | 0 전반 1 / 1 후반 1 | **1 성남**

| 퇴장 | 경고 | 파울 | ST(유) | 교체 | 선수명 | 배번 | 위치 | 위치 | 배번 | 선수명 | 교체 | ST(유) | 파울 | 경고 | 퇴장 |
|---|---|---|---|---|---|---|---|---|---|---|---|---|---|---|---|
| 0 | 0 | 0 | 0 | | 권정혁 | 1 | GK | GK | 28 | 박준혁 | | 0 | 0 | 0 | 0 |
| 0 | 0 | 1 | 0 | | 박태민 | 13 | DF | DF | 3 | 박희성 | | 0 | 0 | 0 | 0 |
| 0 | 0 | 1 | 0 | | 이윤표 | 16 | DF | DF | 5 | 심우연 | | 0 | 0 | 0 | 0 |
| 0 | 0 | 0 | 1(1) | | 안재준 | 20 | DF | DF | 26 | 김태민 | | 1 | 2 | 1 | 0 |
| 0 | 0 | 4 | 0 | | 용현진 | 2 | DF | DF | 2 | 곽해성 | | 0 | 0 | 0 | 0 |
| 0 | 0 | 1 | 1(1) | 14 | 배승진 | 4 | MF | MF | 22 | 이종원 | | 2(1) | 2 | 1 | 0 |
| 0 | 1 | 8 | | 21 | 김도혁 | 21 | MF | MF | 14 | 정선호 | | 2 | 3 | 1 | 0 |
| 0 | 0 | 1 | 1(1) | | 문상윤 | 6 | MF | MF | 7 | 이창훈 | | 1(1) | 1 | 0 | 0 |
| 0 | 1 | 3(1) | | 29 | 이천수 | 17 | MF | MF | 10 | 제파로프 | | 1(1) | 1 | 0 | 0 |
| 0 | 1 | 2(2) | | | 이효균 | 28 | FW | FW | 9 | 김동섭 | | 0 | 0 | 0 | 0 |
| 0 | 0 | 0 | 0 | | 조수혁 | 18 | | | 1 | 전상욱 | | 0 | 0 | 0 | 0 |
| 0 | 0 | 0 | 0 | | 임하람 | 24 | | | 4 | 이요한 | | 0 | 0 | 0 | 0 |
| 0 | 0 | 0 | 0 | 후19 | 구본상 | 8 | 대기 | 대기 | 15 | 김평래 | | 0 | 0 | 0 | 0 |
| 0 | 0 | 0 | 0 | 후28 | 이석현 | 14 | | | 13 | 김영남 | | 0 | 0 | 0 | 0 |
| 0 | 0 | 0 | 0 | 후45 | 진성욱 | 29 | | | 7 | 김철호 | 후19 | 1 | 1 | 0 | 0 |
| | | | | | | | | | 16 | 황의조 | 후6 | 3(2) | 0 | 0 | 0 |
| | | | | | | | | | 13 | 김동희 | 후0 | 1(1) | 0 | 0 | 0 |
| 0 | 4 | 13(6) | | | | | | | | | | 14(7) | 12 | 4 | 0 |

●후반 4분 문상윤 PAL내 ⌒ 이효균 GA정면내 R-ST-G(득점: 이효균, 도움: 문상윤) 가운데
●후반 23분 김철호 PAR ⌒ 황의조 GAL 내 H-ST-G(득점: 황의조, 도움: 김철호) 왼쪽

## 7월 12일 19:00 흐림 서울월드컵 관중 46,549명
주심_ 최명용 부심_ 정해상·윤광열 대기심_ 김상우 감독관_ 김진의

| 서울 2 | | 1 전반 0 | | | 0 수원 |
|---|---|---|---|---|---|
| | | 1 후반 0 | | | |

| 퇴장 | 경고 | 파울 | ST(유) | 교체 | 선수명 | 배번 | 위치 | 위치 | 배번 | 선수명 | 교체 | ST(유) | 파울 | 경고 | 퇴장 |
|---|---|---|---|---|---|---|---|---|---|---|---|---|---|---|---|
| 0 | 0 | 0 | 0 | | 유상훈 | 31 | GK | GK | 1 | 정성룡 | | 0 | 0 | 0 | 0 |
| 0 | 0 | 0 | 1(1) | 16 | 이웅희 | 3 | DF | DF | 45 | 헤이네르 | | 0 | 1 | 0 | 0 |
| 0 | 0 | 1 | 1(1) | | 김진규 | 6 | DF | DF | 15 | 구자룡 | 22 | 0 | 1 | 0 | 0 |
| 0 | 0 | 0 | | | 김주영 | 4 | DF | DF | 5 | 조성진 | | 0 | 0 | 0 | 0 |
| 0 | 1 | 1 | 0 | | 김치우 | 7 | MF | DF | 30 | 신세계 | | 1 | 0 | 0 | 0 |
| 0 | 1 | 1 | 0 | | 차두리 | 5 | MF | MF | 6 | 김은선 | | 1(1) | 5 | 1 | 0 |
| 0 | 0 | 0 | | | 오스마르 | 28 | MF | MF | 8 | 김두현 | | 0 | 3 | 1 | 0 |
| 0 | 0 | 2(1) | | | 고명진 | 22 | MF | MF | 10 | 산토스 | 14 | 3(1) | 1 | 0 | |
| 0 | | 2(1) | 13 | | 윤일록 | 24 | FW | MF | 12 | 고차원 | 19 | 0 | 4 | 0 | |
| 0 | | 4(2) | | | 몰리나 | 11 | FW | MF | 13 | 서정진 | | 1 | 3 | 1 | 0 |
| 0 | | 3(2) | 19 | | 에스쿠데로 | 9 | FW | FW | 11 | 로 벨 | | 0 | 2 | 1 | 0 |
| 0 | | | | | 한일구 | 23 | | | 21 | 노동건 | | 0 | | | 0 |
| 0 | | | | | 심상민 | 21 | | | 2 | 최재수 | | 0 | | | |
| 0 | | | 후22 | | 고요한 | 13 | | | 34 | 연제민 | | 0 | | | |
| 0 | | | | | 고광민 | 대기 | | 대기 | 27 | 이종성 | | 0 | | | |
| 0 | | | | | 안상현 | | | | 19 | 배기종 | 후12 | 1 | | | |
| 0 | | | 후39 | | 강승조 | 16 | | | 22 | 권창훈 | 후35 | 0 | | | |
| 0 | | | 2(2) 후26 | | 윤주태 | 19 | | | 14 | 정대세 | 후25 | 0 | | | |
| 0 | 1 | 6 | 18(10) | | 0 | | | | | 0 | | 9(2) | 18 | 5 | 0 |

● 전반 43분 몰리나 C.KL ⌒김진규 GAR H-ST-G
(득점: 김진규, 도움: 몰리나) 왼쪽
● 후반 49분 차두리 PAR내 ~ 윤주태 GAL내 R-
ST-G(득점: 윤주태, 도움: 차두리) 가운데

---

## 7월 12일 19:30 맑음 울산문수 관중 16,216명
주심_ 이민후 부심_ 김용수·이정민 대기심_ 이동준 감독관_ 한진원

| 울산 0 | | 0 전반 0 | | | 2 포항 |
|---|---|---|---|---|---|
| | | 0 후반 2 | | | |

| 퇴장 | 경고 | 파울 | ST(유) | 교체 | 선수명 | 배번 | 위치 | 위치 | 배번 | 선수명 | 교체 | ST(유) | 파울 | 경고 | 퇴장 |
|---|---|---|---|---|---|---|---|---|---|---|---|---|---|---|---|
| 0 | 0 | 0 | 0 | | 김승규 | 18 | GK | GK | 1 | 신화용 | | 0 | 0 | 0 | 0 |
| 0 | | | | | 이 종 | 6 | DF | DF | 3 | 김광석 | | 0 | 0 | 0 | 0 |
| 0 | 0 | 0 | | | 김치곤 | 22 | DF | DF | 24 | 김원일 | | 1(1) | 6 | 1 | 0 |
| 0 | 0 | 0 | | | 김영삼 | 14 | DF | DF | 22 | 김대호 | | 0 | 3 | 1 | 0 |
| 0 | 0 | 1 | | | 김근환 | 39 | DF | DF | 17 | 신광훈 | | 1(1) | 1 | 1 | 0 |
| 0 | 0 | 2(2) | | | 고창현 | 7 | MF | MF | 9 | 황지수 | | 0 | 1 | 0 | 0 |
| 0 | | | | | 김성환 | 88 | MF | MF | 28 | 손준호 | | 0 | 2 | 0 | 0 |
| 0 | | | | | 백지훈 | 33 | MF | MF | 22 | 김승대 | | 1(1) | 0 | 1 | 0 |
| 0 | 1(1) | | 27 | | 박용지 | 9 | MF | MF | 19 | 문창진 | 34 | 0 | 1 | 0 | 0 |
| 0 | 4 | 3(3) | | | 이재원 | 4 | FW | MF | 27 | 박선주 | | 1 | 1 | 0 | |
| 0 | | | | | 카 사 | 11 | FW | FW | 12 | 강수일 | 23 | 1 | 3 | 0 | |
| 0 | | | | | 이희성 | 21 | | | 31 | 김다솔 | | 0 | | | |
| 0 | | | | | 정동호 | 2 | | | 2 | 박희철 | | 0 | | | |
| 0 | | | | | 박동혁 | 6 | | | 32 | 김형일 | | 0 | | | |
| 0 | | | 후31 | | 김선민 | 13 | 대기 | 대기 | 7 | 김재성 | 후14 | 1(1) | 1 | 1 | 0 |
| 0 | | | | | 안진범 | 27 | | | 34 | 이광혁 | 후19 | 0 | 1 | 0 | |
| 0 | | | 2(1) 후15 | | 서용덕 | 5 | | | 30 | 강상우 | | 0 | | | |
| 0 | | | | | 조인형 | 33 | | | 23 | 유창현 | 후40 | 0 | | | |
| 0 | 1 | 11 | 13(9) | | 0 | | | | | 0 | | 7(4) | 19 | 2 | 0 |

● 후반 31분 강수일 PK지점 ~ 김재성 PK좌측지점 R-ST-G(득점: 김재성, 도움: 강수일) 오른쪽
● 후반 34분 강수일 GAR ~ 김승대 PK지점 R-ST-G(득점: 김승대, 도움: 강수일) 왼쪽

---

## 7월 12일 19:00 흐림 상주시민 관중 3,362명
주심_ 고형진 부심_ 손재선·김성일 대기심_ 류희선 감독관_ 하재훈

| 상주 1 | | 0 전반 1 | | | 2 전남 |
|---|---|---|---|---|---|
| | | 1 후반 1 | | | |

| 퇴장 | 경고 | 파울 | ST(유) | 교체 | 선수명 | 배번 | 위치 | 위치 | 배번 | 선수명 | 교체 | ST(유) | 파울 | 경고 | 퇴장 |
|---|---|---|---|---|---|---|---|---|---|---|---|---|---|---|---|
| 0 | 0 | 0 | 0 | | 김민식 | 1 | GK | GK | 1 | 김병지 | | 0 | 0 | 0 | 0 |
| 0 | 0 | 1 | 0 | | 최호정 | 5 | DF | DF | 4 | 홍진기 | | 0 | 5 | 0 | 0 |
| 0 | 0 | 1 | | | 양준아 | 14 | DF | DF | 5 | 임종은 | | 0 | 1 | 1 | 0 |
| 0 | 1 | 1 | 0 | | 이용기 | 24 | DF | DF | 15 | 방대종 | | 0 | 1 | 0 | 0 |
| 0 | | | | | 유지훈 | 33 | DF | DF | 2 | 김태호 | | 0 | 0 | 0 | 0 |
| 0 | 0 | 2(1) | | | 권순형 | 12 | MF | MF | 8 | 이승희 | | 1(1) | 0 | 1 | 0 |
| 0 | | | 11 | | 정 훈 | 13 | MF | MF | 6 | 이현승 | | 0 | 3 | 1 | 0 |
| 0 | | 1 | | | 서상민 | 16 | MF | MF | 17 | 이종호 | | 1(1) | 2 | 1 | 0 |
| 0 | 0 | | 66 | | 이상호 | 18 | MF | MF | 77 | 전현철 | 11 | 1 | 1 | 0 | |
| 0 | 1 | 6(2) | | | 김동희 | 19 | FW | FW | 16 | 안용우 | | 1 | 1 | 1 | 0 |
| 0 | | 2 | | | 이정협 | 26 | FW | FW | 14 | 김영욱 | 24 | 2 | 3 | 0 | |
| 0 | | | | | 김근배 | 31 | | | 31 | 김대호 | | 0 | | | |
| 0 | | | | | 백종환 | 4 | | | 24 | 김동철 | 후39 | 0 | | | |
| 0 | | | | | 곽광선 | 44 | | | 3 | 박선용 | | 0 | | | |
| 0 | | | 후10 | | 김민수 | 66 | 대기 | 대기 | | | | | | | |
| 0 | | | | | 이승현 | | | | 11 | 박준태 | 후6/10 | 0 | | | |
| 0 | | 2(1) 후37 | | | 이근호 | 11 | | | 18 | 심동운 | | 0 | | | |
| 0 | 1 | 2 | 후0 | | 송제헌 | 27 | | | 10 | 스테보 | 후22 | 0 | 2 | 1 | 0 |
| 0 | 1 | 10 | 14(4) | | 0 | | | | | 0 | | 6(2) | 15 | 2 | 0 |

● 후반 43분 권순형 PA정면 R-ST-G(득점: 권순형) 오른쪽
● 전반 32분 이종호 GA정면내 R-ST-G(득점: 이종호) 가운데
● 후반 29분 이승희 PAL FK R-ST-G(득점: 이승희) 왼쪽

---

## 7월 13일 19:00 맑음 창원축구센터 관중 3,743명
주심_ 김동진 부심_ 전기록·노수용 대기심_ 유선호 감독관_ 김정식

| 경남 1 | | 0 전반 2 | | | 4 전북 |
|---|---|---|---|---|---|
| | | 1 후반 2 | | | |

| 퇴장 | 경고 | 파울 | ST(유) | 교체 | 선수명 | 배번 | 위치 | 위치 | 배번 | 선수명 | 교체 | ST(유) | 파울 | 경고 | 퇴장 |
|---|---|---|---|---|---|---|---|---|---|---|---|---|---|---|---|
| 0 | 0 | 0 | 0 | | 김영광 | 1 | GK | GK | 1 | 권순태 | | 0 | 0 | 0 | 0 |
| 0 | 1 | 1 | 0 | | 여성해 | 90 | DF | DF | 32 | 이주용 | | 0 | 3 | 0 | 0 |
| 0 | 0 | 1 | | | 박주성 | 27 | DF | DF | 4 | 김기희 | 9 | 0 | 1 | 0 | 0 |
| 0 | 0 | | | | 김준엽 | 4 | DF | DF | 6 | 최보경 | | 0 | 0 | 0 | 0 |
| 0 | 0 | | | | 이한샘 | 20 | DF | DF | 25 | 최철순 | | 0 | 1 | 0 | 0 |
| 0 | 0 | | | | 진경선 | 7 | MF | MF | 22 | 신형민 | | 0 | 1 | 0 | 0 |
| 0 | 0 | | | | 최영준 | 26 | MF | MF | 4 | 이재성 | | 3(1) | 1 | 1 | 0 |
| 0 | 2(1) | | | | 이창민 | 14 | MF | MF | 16 | 레오나르도 | | 4(3) | 1 | 1 | 0 |
| 0 | | | 19 | | 송수영 | 16 | FW | MF | 7 | 한교원 | | 1 | 0 | | 0 |
| 0 | | | 33 | | 이재안 | 17 | FW | FW | 20 | 이동국 | 16 | 2(2) | 0 | 0 | |
| 0 | | | | | 손정현 | 31 | | | 21 | 이범수 | | 0 | | | |
| 0 | | | 후38 | | 학민 | | | | 27 | 이재명 | | 0 | | | |
| 0 | | | 후17 | | 슬 | | | | 28 | 권경원 | | 0 | | | |
| 0 | | | | | 임창균 | 8 | 대기 | 대기 | 13 | 김인성 | 후29 | 0 | | | |
| 0 | | | | | 문주원 | | | | 7 | 카이오 | 전22 | 3(1) | 1 | 1 | 0 |
| 0 | | | | | 스레텐 | 30 | | | 16 | 이상협 | 후29 | 1(1) | 1 | | 0 |
| 0 | 1(1) | 후0 | | | 스토야노비치 | 9 | | | | | | | | | |
| 0 | 4 | 16 | 12(3) | | 0 | | | | | 0 | | 14(8) | 13 | 1 | 0 |

● 전반 30분 최철순 MFR TL ⌒이재성 GA정면 H-ST-G(득점: 이재성, 도움: 최철순) 왼쪽
● 전반 32분 이동국 PK좌측지점 R-ST-G(득점: 이동국) 왼쪽
● 후반 21분 레오나르도 GAL R-ST-G(득점: 레오나르도) 가운데
● 후반 32분 한교원 PAR EL ⌒이상협 GAR H-ST-G(득점: 이상협, 도움: 한교원) 왼쪽

## 성남 1 : 2 제주

7월 13일 19:00 맑음 탄천 종합 관중 3,008명
주심_송민석 부심_노태식·장준모 대기심_우상일 감독관_강창구

성남 1　1 전반 2 / 0 후반 0　2 제주

| 퇴장 | 경고 | 파울 | ST(유) | 교체 | 선수명 | 배번 | 위치 | 위치 | 배번 | 선수명 | 교체 | ST(유) | 파울 | 경고 | 퇴장 |
|---|---|---|---|---|---|---|---|---|---|---|---|---|---|---|---|
| 0 | 0 | 0 | 0 | | 박준혁 | 28 | GK | GK | 1 | 김호준 | | 0 | 0 | 0 | 0 |
| 0 | 0 | 0 | 2(1) | | 김영남 | 23 | DF | DF | 22 | 김수범 | | 0 | 4 | 1 | 0 |
| 0 | 1 | 2 | 0 | | 장석원 | 24 | DF | DF | 2 | 오반석 | | 0 | 2 | 0 | 0 |
| 0 | 0 | 1 | 0 | | 이요한 | 4 | DF | DF | 15 | 알렉스 | | 0 | 3 | 1 | 0 |
| 0 | 0 | 0 | 1(1) | | 박희성 | 3 | DF | DF | 27 | 김봉래 | | 0 | 1 | 0 | 0 |
| 0 | 0 | 0 | 2(2) | | 이종원 | 22 | MF | MF | 16 | 김영신 | | 0 | 0 | 0 | 0 |
| 0 | 1 | 2 | 1 | 17 | 정선호 | 14 | MF | MF | 14 | 윤빛가람 | 8 | 1 | 0 | 0 | 0 |
| 0 | 0 | 1 | 3(2) | 9 | 김동희 | 13 | MF | FW | 25 | 황일수 | | 1 | 1 | 0 | 0 |
| 0 | 1 | 1 | 1(1) | | 김태환 | 11 | MF | FW | 19 | 드로겟 | | 3(1) | 2 | 0 | 0 |
| 0 | 0 | 1 | 0 | | 제파로프 | 10 | MF | FW | 10 | 송진형 | | 3(1) | 1 | 0 | 0 |
| 0 | 0 | | 3(1) | | 황의조 | 16 | FW | FW | 9 | 김현 | | 2(1) | 2 | 0 | 0 |
| 0 | 0 | | | | 전상욱 | 1 | | | 21 | 김경민 | | | | | |
| 0 | 0 | | | | 윤영선 | 20 | | | 2 | 정다훤 | 후12 | | | | |
| 0 | 0 | | | | 곽해성 | 2 | | | 6 | 황도연 | | | | | |
| 0 | 0 | | 1(1) | 후13 | 김철호 | 7 | 대기 | 대기 | 24 | 이용 | | | | | |
| 0 | 0 | | | | 김평래 | 15 | | | 8 | 오승범 | 후33 | | | | |
| 0 | 0 | 3 | | 후26 | 김동섭 | 9 | | | 25 | 이현호 | 후40 | | | | |
| 0 | 0 | | | 후47 | 이민우 | 17 | | | 26 | 박수창 | | | | | |
| 0 | 3 | 13 | 17(9) | | | | | | | | | 10(4) | 16 | 2 | 0 |

●전반 33분 정선호 MFR ⌒김동희 GA정면 R-ST-G(득점: 김동희, 도움: 정선호) 오른쪽
●전반 36분 김봉래 PAR내 ~ 드로겟 PA정면내 L-ST-G(득점: 드로겟, 도움: 김봉래) 오른쪽
●전반 45분 황일수 GAR R-ST-G(득점: 황일수) 오른쪽

## 전남 2 : 0 성남

7월 19일 19:00 맑음 광양 전용 관중 3,771명
주심_최명용 부심_김용수·강도준 대기심_김종혁 감독관_김용세

전남 2　0 전반 0 / 2 후반 0　0 성남

| 퇴장 | 경고 | 파울 | ST(유) | 교체 | 선수명 | 배번 | 위치 | 위치 | 배번 | 선수명 | 교체 | ST(유) | 파울 | 경고 | 퇴장 |
|---|---|---|---|---|---|---|---|---|---|---|---|---|---|---|---|
| 0 | 0 | 0 | 0 | | 김병지 | 1 | GK | GK | 28 | 박준혁 | | 0 | 0 | 0 | 0 |
| 0 | 0 | 0 | 0 | | 현영민 | 13 | DF | DF | 3 | 박희성 | | 0 | 0 | 0 | 0 |
| 0 | 0 | 1 | 0 | | 임종은 | 20 | DF | DF | 20 | 윤영선 | | 0 | 0 | 0 | 0 |
| 0 | 0 | 1 | 1(1) | | 방대종 | 15 | DF | DF | 26 | 임채민 | | 0 | 1 | 1 | 0 |
| 0 | 0 | 0 | 0 | | 김태호 | 23 | DF | DF | 4 | 박진포 | | 0 | 1 | 0 | 0 |
| 0 | 1 | 2 | | 14 | 이승희 | 6 | MF | MF | 23 | 김영남 | | 0 | 2 | 1 | 0 |
| 0 | | 2(1) | | | 송창호 | 8 | MF | MF | 14 | 정선호 | 16 | 2(2) | 2 | 0 | 0 |
| 0 | 1 | | | | 심동운 | 18 | MF | MF | 14 | 정선호 | | 1 | | | |
| 0 | | 3(2) | | | 안용우 | 7 | MF | MF | 13 | 김동희 | | 1 | | 0 | 0 |
| 0 | 2 | 2(2) | | 77 | 이종호 | 17 | MF | MF | 11 | 김태환 | 17 | 2(1) | 2 | | |
| 0 | 2 | 2(2) | | | 스테보 | 10 | FW | FW | 25 | 김동섭 | | 1(1) | 0 | 0 | 0 |
| 0 | 0 | | | | 김대호 | 30 | | | 1 | 전상욱 | | | | | |
| 0 | 0 | | | | 코니 | 55 | | | 4 | 이요한 | | | | | |
| 0 | 0 | | | | 홍진기 | 4 | | | 24 | 장석원 | | | | | |
| 0 | 0 | | | | 이현승 | 8 | 대기 | 대기 | 25 | 정우재 | 후40 | | | | |
| 0 | 0 | | | 후42 | 김영욱 | | | | | 김평래 | | | | | |
| 0 | 0 | 1(1) | | 후47 | 김영우 | | | | | 황의조 | 후?? | | | | |
| 0 | 0 | | | 후47 | 전현철 | 77 | | | 17 | 이민우 | 후33 | | | | |
| 0 | 1 | 12 | 14(10) | | | | | | | | | 8(5) | 10 | 3 | 0 |

●후반 5분 스테보 GA정면 L-ST-G(득점: 스테보) 가운데
●후반 25분 송창호 PK-R-G (득점: 송창호) 왼쪽

## 부산 2 : 2 인천

7월 13일 19:30 맑음 부산 아시아드 관중 3,827명
주심_김성호 부심_이규환·곽승순 대기심_김종혁 감독관_김형남

부산 2　0 전반 0 / 2 후반 2　2 인천

| 퇴장 | 경고 | 파울 | ST(유) | 교체 | 선수명 | 배번 | 위치 | 위치 | 배번 | 선수명 | 교체 | ST(유) | 파울 | 경고 | 퇴장 |
|---|---|---|---|---|---|---|---|---|---|---|---|---|---|---|---|
| 0 | 0 | 0 | 0 | | 이범영 | 1 | GK | GK | 1 | 권정혁 | | 0 | 0 | 0 | 0 |
| 0 | 0 | 2 | 0 | | 박준강 | 2 | DF | DF | 13 | 박태민 | | 0 | 0 | 0 | 0 |
| 0 | 0 | 1 | 0 | | 이경렬 | 6 | DF | DF | 16 | 이윤표 | | 2(1) | 0 | 0 | 0 |
| 0 | 0 | 0 | 0 | | 김찬영 | 23 | DF | DF | 20 | 안재준 | | 1(1) | 0 | 0 | 0 |
| 0 | 0 | 0 | 0 | | 장학영 | 33 | DF | DF | 2 | 용현진 | | 0 | 0 | 0 | 0 |
| 0 | 0 | 0 | 0 | | 정석화 | 14 | MF | MF | 8 | 구본상 | | 0 | 0 | 0 | 0 |
| 0 | 2 | 3(3) | | 20 | 주세종 | 24 | MF | MF | 21 | 김도혁 | 14 | 0 | 1 | 1 | 0 |
| 0 | | | | | 닐손 주니어 | 25 | MF | MF | 7 | 이보 | | 1(1) | 1 | 0 | 0 |
| 0 | 1 | 1 | | 18 | 홍동현 | 26 | MF | MF | 10 | 남준재 | | 2(2) | 0 | 0 | 0 |
| 0 | 1 | 4(3) | | 11 | 파그너 | 51 | FW | FW | 9 | 이천수 | | 2(2) | 0 | 0 | 0 |
| 0 | 2 | 2(2) | | | 한지호 | 7 | FW | FW | 19 | 디오고 | | 3(1) | 1 | 0 | 0 |
| 0 | 0 | | | | 이창근 | 21 | | | 18 | 조수혁 | | | | | |
| 0 | 0 | | | | 황재훈 | 13 | | | 24 | 임하람 | | | | | |
| 0 | 0 | | | | 김익현 | 17 | | | 26 | 김용한 | | | | | |
| 0 | 0 | | | 후28 | 양동현 | 18 | 대기 | 대기 | 33 | 조수철 | | | | | |
| 0 | 0 | | | 후40 | 김신영 | 19 | | | 14 | 이석현 | 후20 | | | | |
| 0 | 0 | | | 후35 | 이원영 | 20 | | | 6 | 문상윤 | 후17 | 2(1) | | | |
| 0 | 0 | | | | 김지민 | 29 | | | 28 | 이효균 | 후37 | | | | |
| 0 | 1 | 10 | 11(8) | | | | | | | | | 11(8) | 9 | 1 | 0 |

●후반 6분 파그너 PK우측지점 R-ST-G(득점: 파그너) 왼쪽
●후반 33분 장학영 PK좌측지점 → 파그너 PA정면 R-ST-G(득점: 파그너, 도움: 장학영) 오른쪽
●후반 21분 이천수 PK지점 ~ 문상윤 GAL L-ST-G(득점: 문상윤, 도움: 이천수) 왼쪽
●후반 42분 이보 MFR FK L-ST-G (득점: 이보) 왼쪽

## 수원 3 : 2 인천

7월 19일 19:00 흐림 수원 월드컵 관중 23,835명
주심_이동준 부심_전기록·노수용 대기심_류희선 감독관_하재훈

수원 3　3 전반 0 / 0 후반 2　2 인천

| 퇴장 | 경고 | 파울 | ST(유) | 교체 | 선수명 | 배번 | 위치 | 위치 | 배번 | 선수명 | 교체 | ST(유) | 파울 | 경고 | 퇴장 |
|---|---|---|---|---|---|---|---|---|---|---|---|---|---|---|---|
| 0 | 0 | 0 | 0 | | 정성룡 | 1 | GK | GK | 1 | 권정혁 | | 0 | 0 | 0 | 0 |
| 0 | 0 | 1 | 0 | | 홍철 | 17 | DF | DF | 13 | 박태민 | | 1(1) | 3 | 1 | 0 |
| 0 | 0 | 0 | 0 | | 헤이네르 | 45 | DF | DF | 16 | 이윤표 | | 0 | 0 | 0 | 0 |
| 0 | 1 | 3 | 0 | | 조성진 | 5 | DF | DF | 20 | 안재준 | | 0 | 0 | 0 | 0 |
| 0 | 0 | 0 | 0 | | 신세계 | 30 | DF | DF | 2 | 용현진 | | 0 | 0 | 0 | 0 |
| 0 | 1 | 2 | 1(1) | | 김은선 | 6 | MF | MF | 8 | 구본상 | 23 | 2(1) | 2 | 0 | 0 |
| 0 | 0 | | | 16 | 김두현 | 8 | MF | MF | 33 | 조수철 | 21 | 0 | 0 | 0 | 0 |
| 0 | 0 | 0 | 0 | | 산토스 | 10 | MF | MF | 14 | 이석현 | | 0 | 0 | 0 | 0 |
| 0 | 2(1) | | | 26 | 고차원 | 12 | MF | MF | 10 | 문상윤 | | 4(3) | 0 | 0 | 0 |
| 0 | 1 | 1 | 0 | | 서정진 | 13 | MF | MF | 19 | 이천수 | | 1 | 0 | 0 | 0 |
| 0 | 2 | 4(2) | | | 로저 | 11 | FW | FW | 28 | 이효균 | | 2 | 1 | 0 | 0 |
| 0 | 0 | | | | 노동건 | 21 | | | 18 | 조수혁 | | | | | |
| 0 | 0 | | | 후23 | 최재수 | 2 | | | 24 | 임하람 | | | | | |
| 0 | 0 | | | | 구자룡 | 15 | | | 25 | 최종환 | | | | | |
| 0 | 1 | 2 | 1 | 후?? | 오장은 | 33 | 대기 | 대기 | 21 | 김도혁 | 후?? | 2(1) | | | |
| 0 | 0 | | | | 권창훈 | 22 | | | 22 | 권혁진 | | | | | |
| 0 | 0 | | | 후37 | 염기훈 | 26 | | | 23 | 남준재 | 후41 | | | | |
| 0 | 0 | | | | 정대세 | 14 | | | 29 | 진성욱 | 후37 | 1 | | | |
| 0 | 2 | 16 | 10(6) | | | | | | | | | 16(7) | 12 | 1 | 0 |

●전반 18분 로저 PA정면내 ~ 고차원 PA정면 R-ST-G(득점: 고차원, 도움: 로저) 왼쪽
●전반 37분 산토스 PAR ~ 서정진 ARL-ST-G(득점: 서정진, 도움: 산토스) 왼쪽
●전반 41분 서정진 PAR ⌒산토스 GAL H-ST-G(득점: 산토스, 도움: 서정진) 오른쪽
●후반 16분 문상윤 PAR ~ 이효균 GA정면 H-ST-G(득점: 이효균, 도움: 문상윤) 왼쪽
●후반 25분 문상윤 PAR FK L-ST-G (득점: 문상윤) 오른쪽

## 경남 0 - 1 울산

7월 19일 19:00 맑음 창원 축구센터 관중 4,122명
주심_ 유선호 부심_ 이규환·윤광열 대기심_ 김영수 감독관_ 김수현

| 경남 | 0 | 0 전반 0 / 0 후반 1 | 1 | 울산 |

| 퇴장 | 경고 | 파울 | ST(유) | 교체 | 선수명 | 배번 | 위치 | 위치 | 배번 | 선수명 | 교체 | ST(유) | 파울 | 경고 | 퇴장 |
|---|---|---|---|---|---|---|---|---|---|---|---|---|---|---|---|
| 0 | 0 | 0 | 0 | | 김영광 | 1 | GK | GK | 18 | 김승규 | | 0 | 1 | 0 | 0 |
| 0 | 0 | 2 | 1 | | 박주성 | 27 | DF | DF | 22 | 김치곤 | | 0 | 1 | 0 | 0 |
| 0 | 0 | 5 | 0 | | 스레텐 | 30 | DF | DF | 39 | 김근환 | | 0 | 1 | 0 | 0 |
| 0 | 0 | 4 | 0 | | 여성해 | 90 | MF | DF | 2 | 이용 | | 0 | 1 | 1 | 0 |
| 0 | 0 | 0 | 1 | | 루크 | 6 | DF | DF | 14 | 김영삼 | | 0 | 1 | 0 | 0 |
| 0 | 0 | 0 | 0 | 4 | 이학민 | 2 | DF | MF | 5 | 서용덕 | 6 | 1 | 2 | 0 | 0 |
| 0 | 0 | 0 | 28 | | 이창민 | 14 | MF | MF | 16 | 김성환 | | 0 | 1 | 1 | 0 |
| 0 | 0 | 2 | 2(1) | | 진경선 | 7 | MF | MF | 7 | 고창현 | 9 | 0 | 1 | 0 | 0 |
| 0 | 0 | 4(1) | 33 | | 송수영 | 16 | FW | MF | 13 | 김선민 | | 1(1) | 0 | 1 | 0 |
| 0 | 0 | 3(2) | | | 김도엽 | 11 | FW | FW | 10 | 카사 | | 2(1) | 2 | 0 | 0 |
| 0 | 0 | 2 | | | 이재안 | 17 | FW | FW | 20 | 양동현 | | 1 | 2 | 1 | 0 |
| 0 | 0 | 0 | 0 | | 손정현 | 31 | | | 21 | 이희성 | | 0 | 0 | 0 | 0 |
| 0 | 0 | 0 | 후20 | 김준엽 | | | | 6 | 박동혁 | 후34 | 0 | 0 | 0 | 0 |
| 0 | 0 | 0 | 0 | | 김영빈 | 34 | | | 4 | 이재원 | | 0 | 0 | 0 | 0 |
| 0 | 0 | 후40 | 김슬기 | 33 | 대기 | 대기 | | 안진범 | 후15 | 0 | 1 | 0 | 0 |
| 0 | | | | | 최영준 | 26 | | | 23 | 김민균 | | 0 | | | |
| 0 | | | | | 문주원 | 18 | | | 15 | 백지훈 | | 0 | | | |
| 0 | 0 | 2 | 0 | 후1 | 에딘 | 28 | | | 9 | 김신욱 | 후3 | 2(2) | 0 | 0 | 0 |
| 0 | 0 | 15 | 13(4) | | | 0 | | | 0 | | | 9(4) | 12 | 3 | 0 |

●후반 41분 김신욱 AK정면 FK R-ST-G (득점: 김신욱) 오른쪽

## 전북 6 - 0 상주

7월 20일 19:00 맑음 전주 월드컵 관중 15,216명
주심_ 김성호 부심_ 정해상·장준모 대기심_ 이민후 감독관_ 김정식

| 전북 | 6 | 1 전반 0 / 5 후반 0 | 0 | 상주 |

| 퇴장 | 경고 | 파울 | ST(유) | 교체 | 선수명 | 배번 | 위치 | 위치 | 배번 | 선수명 | 교체 | ST(유) | 파울 | 경고 | 퇴장 |
|---|---|---|---|---|---|---|---|---|---|---|---|---|---|---|---|
| 0 | 0 | 0 | 0 | | 최은성 | 532 | GK | GK | 31 | 김근배 | | 0 | 0 | 0 | 0 |
| 0 | 0 | 0 | 1(1) | | 이주용 | 32 | DF | DF | 2 | 이후권 | | 0 | 2 | 0 | 0 |
| 0 | 0 | 0 | 0 | | 윌킨슨 | 18 | DF | DF | 25 | 최호정 | 26 | 0 | 0 | 0 | 0 |
| 0 | 1 | 2 | 1 | | 정인환 | 5 | DF | DF | 14 | 양준아 | | 0 | 3 | 1 | 0 |
| 0 | 0 | 0 | 0 | | 최철순 | 25 | DF | DF | 44 | 곽광선 | | 0 | 0 | 0 | 0 |
| 0 | 0 | 1 | 0 | | 신형민 | 22 | MF | MF | 12 | 권순형 | | 4(3) | 0 | 0 | 0 |
| 0 | 0 | 0 | 1 | | 이재성 | 17 | MF | MF | 7 | 장혁진 | 77 | 0 | 1 | 0 | 0 |
| 0 | 0 | 1 | 4(2) | | 레오나르도 | 10 | MF | MF | 19 | 고재성 | | 0 | 0 | 0 | 0 |
| 0 | 0 | 3 | 2(1) | | 한교원 | 7 | MF | MF | 36 | 유수현 | 66 | 0 | 1 | 0 | 0 |
| 0 | 0 | 1 | 3 | 11 | 이상협 | 16 | FW | FW | 9 | 하태균 | | 4(2) | 2 | 0 | 0 |
| 0 | 0 | 1 | 4(2) | | 이동국 | 20 | FW | FW | 11 | 이근호 | | 0 | 2 | 0 | 0 |
| 0 | 0 | 0 | 후0 | 권순태 | 1 | | | 41 | 박지영 | | 0 | 0 | 0 | 0 |
| 0 | | | | | 최보경 | 6 | | | 4 | 백종환 | | 0 | | | |
| 0 | | | | | 이규로 | 2 | | | 66 | 강민수 | 후0 | 0 | | | |
| 0 | 0 | 1 | 후 | 권영진 | 29 | 대기 | 대기 | 22 | 박태웅 | | 0 | 0 | 0 | 0 |
| 0 | | | | | 김인성 | 13 | | | 34 | 박경의 | | 0 | | | |
| 0 | 0 | 0 | 0 | 1(1) | 후14 | 이승기 | 11 | | | 26 | 이정협 | 후26 | 0 | 0 | 0 | 0 |
| 0 | 0 | 2(2) | 후24 | 카이오 | 9 | | | 77 | 한상운 | 전26 | 1(1) | 1 | 0 | 0 |
| 0 | 1 | 10 | 20(9) | | | 0 | | | 0 | | | 9(6) | 11 | 1 | 0 |

●전반 17분 레오나르도 AKL ~ 이동국 GAL L-ST-G득점: 이동국, 도움: 레오나르도) 오른쪽
●후반 19분 이동국 MFR ~ 한교원 AK정면 R-ST-G득점: 한교원, 도움: 이동국) 오른쪽
●후반 20분 이동국 MF정면 ~ 이승기 PAL내 L-ST-G (득점: 이승기, 도움: 이동국) 왼쪽
●후반 34분 이승기 AK정면 ~ 카이오 PAL내 L-ST-G 득점: 카이오, 도움: 이승기) 오른쪽
●후반 40분 이승기 MF정면 ~ 레오나르도 PK좌측지점 R-ST-G(득점: 레오나르도, 도움: 이승기) 오른쪽
●후반 44분 레오나르도 PAL ⌒ 카이오 GAR H-ST-G 득점: 카이오, 도움: 레오나르도) 오른쪽

## 포항 2 - 0 부산

7월 20일 19:00 맑음 포항 스틸야드 관중 13,553명
주심_ 김동진 부심_ 노태식·김성일 대기심_ 류희선 감독관_ 이영철

| 포항 | 2 | 0 전반 0 / 2 후반 0 | 0 | 부산 |

| 퇴장 | 경고 | 파울 | ST(유) | 교체 | 선수명 | 배번 | 위치 | 위치 | 배번 | 선수명 | 교체 | ST(유) | 파울 | 경고 | 퇴장 |
|---|---|---|---|---|---|---|---|---|---|---|---|---|---|---|---|
| 0 | 0 | 0 | 0 | | 신화용 | 1 | GK | GK | 1 | 이범영 | | 0 | 0 | 0 | 0 |
| 0 | 0 | 1 | 0 | | 김광석 | 3 | DF | DF | 6 | 이경렬 | | 0 | 1 | 0 | 0 |
| 0 | 1 | 2 | 0 | | 김형일 | 32 | DF | DF | 20 | 이원영 | | 1 | 3 | 0 | 0 |
| 0 | 0 | 2 | 1 | 22 | 박희철 | 2 | DF | DF | 27 | 박준강 | 27 | 0 | 1 | 0 | 0 |
| 0 | 0 | 2 | 2(1) | | 신광훈 | 17 | DF | DF | 33 | 장학영 | | 0 | 1 | 0 | 0 |
| 0 | 1 | 1 | 1 | | 황지수 | 9 | MF | MF | 17 | 김익현 | | 0 | 1 | 0 | 0 |
| 0 | 0 | 4 | 0 | | 손준호 | 28 | MF | MF | 18 | 김용태 | | 0 | 1 | 0 | 0 |
| 0 | 0 | 0 | 0 | | 김승대 | 12 | MF | MF | 25 | 닐손 주니어 | 19 | 0 | 2 | 0 | 0 |
| 0 | 0 | 3 | 1(1) | 18 | 유창현 | 23 | FW | FW | 9 | 박용지 | | 0 | 2 | 0 | 0 |
| 0 | 1 | 2 | 34 | 김재성 | 7 | MF | FW | 7 | 한지호 | | 0 | 1 | 0 | 0 |
| 0 | 1(1) | | | 강수일 | 11 | MF | FW | 51 | 파그너 | | 2(2) | 1 | 0 | 0 |
| 0 | | | | | 김대호 | 31 | | | 21 | 이창근 | | 0 | | | |
| 0 | 0 | 0 | 후26 | 김대호 | | | | 14 | 정석화 | | 0 | 0 | 0 | 0 |
| 0 | | | | | 김준수 | 5 | | | 19 | 김신영 | 후33 | 0 | | | |
| 0 | | | | | 문창진 | 19 | 대기 | 대기 | 8 | 김찬희 | | 0 | | | |
| 0 | | | | | 박선주 | 27 | | | 24 | 주세종 | 후16 | 1(1) | 0 | | |
| 0 | 0 | 후37 | 이광혁 | | | | 26 | 홍동현 | | 0 | 0 | | | |
| 0 | 0 | 후19 | 고무열 | 18 | | | 27 | 권진영 | 전36 | 0 | 0 | | | |
| 0 | 2 | 18 | 9(3) | | | 0 | | | 0 | | | 7(3) | 14 | 0 | 0 |

●후반 13분 김재성 PALH → 강수일 GAL L-ST-G득점: 강수일, 도움: 김재성) 오른쪽
●후반 27분 신광훈 PK-R-G (득점: 신광훈) 왼쪽

## 제주 1 - 1 서울

7월 19일 19:00 흐림 제주 월드컵 관중 16,401명
주심_ 김상우 부심_ 손재선·이정민 대기심_ 이민후 감독관_ 한병화

| 제주 | 1 | 0 전반 1 / 1 후반 0 | 1 | 서울 |

| 퇴장 | 경고 | 파울 | ST(유) | 교체 | 선수명 | 배번 | 위치 | 위치 | 배번 | 선수명 | 교체 | ST(유) | 파울 | 경고 | 퇴장 |
|---|---|---|---|---|---|---|---|---|---|---|---|---|---|---|---|
| 0 | 0 | 0 | 0 | | 김호준 | 1 | GK | GK | 31 | 유상훈 | | 0 | 0 | 0 | 0 |
| 0 | 1 | 2 | 1 | | 김수범 | 22 | DF | DF | 3 | 이웅희 | | 0 | 1 | 0 | 0 |
| 0 | 0 | 1 | 0 | | 오반석 | 5 | DF | DF | 4 | 김진규 | | 0 | 1 | 0 | 0 |
| 0 | 0 | 1 | 0 | | 알렉스 | 15 | DF | DF | 6 | 김주영 | | 0 | 0 | 0 | 0 |
| 0 | 0 | 0 | 0 | 27 | 정다훤 | 2 | DF | DF | 7 | 김치우 | | 1 | 1 | 0 | 0 |
| 0 | 0 | 3 | 2 | | 장은규 | 37 | MF | MF | 5 | 차두리 | 24 | 0 | 1 | 0 | 0 |
| 0 | 0 | 3 | 2 | | 윤빛가람 | 14 | MF | MF | 28 | 오스마르 | | 0 | 1 | 0 | 0 |
| 0 | 0 | 5(2) | | | 황일수 | 11 | FW | MF | 22 | 고명진 | | 1 | 1 | 0 | 0 |
| 0 | 0 | 4(1) | 25 | | 드로겟 | 19 | MF | FW | 13 | 고요한 | | 0 | 1 | 0 | 0 |
| 0 | 4(1) | 25 | 송진형 | 10 | MF | FW | 27 | 고광민 | 19 | 2 | 1 | 0 | 0 |
| 0 | 0 | 4 | 1 | | 박수창 | 26 | FW | FW | 11 | 에스쿠데로 | | 1(1) | 2 | 0 | 0 |
| 0 | | | | | 김경민 | 21 | | | 23 | 한일구 | | 0 | | | |
| 0 | 0 | 후28 | 김봉래 | 27 | | | 21 | 심상민 | | 0 | 0 | | | |
| 0 | | | | | 황도연 | 6 | | | 16 | 강승조 | | 0 | | | |
| 0 | 0 | | 오승범 | 8 | 대기 | 대기 | 29 | 이상협 | | 0 | 0 | | | |
| 0 | | | | | 김영신 | 16 | | | 24 | 윤일록 | 후28 | | | | |
| 0 | 0 | 후37 | 이현호 | 25 | | | 19 | 윤주태 | 후22 | 2 | 1 | 0 | 0 |
| 0 | 0 | 후13 | 김현 | 9 | | | 10 | 에벨톤 | 후36 | 0 | | | |
| 0 | 1 | 12 | 20(5) | | | 0 | | | 0 | | | 10(2) | 12 | 0 | 0 |

●후반 45분 드로겟 GAL내 L-ST-G득점: 드로겟) 왼쪽
●후반 44분 고요한 PAR ~ 에벨톤 PK지점 R-ST-G(득점: 에벨톤, 도움: 고요한) 오른쪽

## 제주 2 - 전남 0

7월23일 19:00 흐림 제주 월드컵 관중 3,281명
주심_김성호 부심_전기록·지승민 대기심_김동진 감독관_김형남

**제주 2**    1 전반 0    1 후반 0    **0 전남**

| 퇴장 | 경고 | 파울 | ST(유) | 교체 | 선수명 | 배번 | 위치 | 위치 | 배번 | 선수명 | 교체 | ST(유) | 파울 | 경고 | 퇴장 |
|---|---|---|---|---|---|---|---|---|---|---|---|---|---|---|---|
| 0 | 0 | 0 | 0 | | 김호준 | 1 | GK | GK | 1 | 김병지 | | 0 | 0 | 0 | 0 |
| 0 | 0 | 0 | 1 | 6 | 김수범 | 22 | DF | DF | 6 | 현영민 | | 2(1) | 1 | 0 | 0 |
| 0 | 0 | 0 | 0 | | 알렉스 | 15 | DF | DF | 15 | 방대종 | | 1 | 1 | 0 | 0 |
| 0 | 0 | 1 | 2(1) | | 오반석 | 5 | DF | DF | 55 | 코 니 | | 1 | 0 | 0 | 0 |
| 0 | 0 | 0 | 0 | | 정다훤 | 2 | DF | DF | 2 | 김태호 | | 1 | 1 | 0 | 0 |
| 0 | 0 | 2 | 0 | | 장은규 | 37 | MF | MF | 6 | 이승희 | | 1 | 1 | 0 | 0 |
| 0 | 1 | 1 | 1(1) | | 윤빛가람 | 14 | MF | MF | 19 | 이현승 | | 0 | 1 | 0 | 0 |
| 0 | 0 | 1 | 0 | | 황일수 | 11 | FW | MF | 14 | 김영욱 | 16 | 0 | 0 | 0 | 0 |
| 0 | 0 | 1 | 9 | | 이현호 | 25 | FW | FW | 17 | 이종호 | 12 | 2(1) | 1 | 0 | 0 |
| 0 | 0 | 0 | 5(4) | | 송진형 | 10 | FW | MF | 25 | 안용우 | | 1(1) | 0 | 0 | 0 |
| 0 | 1 | 1(1) | 13 | | 박수창 | 26 | FW | FW | 10 | 스테브 | | 3(2) | 0 | 0 | 0 |
| 0 | 0 | | | | 정 민 | 31 | | | 31 | 김대호 | | | | 0 | 0 |
| 0 | 0 | | 후18 | | 황도연 | 6 | | | 3 | 박선용 | | | | 0 | 0 |
| 0 | 0 | | | | 김봉래 | | | | 24 | 김동철 | | | | 0 | 0 |
| 0 | 0 | | | | 오승범 | 8 | 대기 | 대기 | 16 | 송창호 | 후0 | 3(1) | 0 | 0 | 0 |
| 0 | 0 | | | | 김영신 | 16 | | | 19 | 김영우 | | | | 0 | 0 |
| 0 | 1 | 0 | 후29 | | 배일환 | 13 | | | 12 | 크리즈만 | 후33 | 1 | 1 | 0 | 0 |
| 0 | 1 | 0 | 후22 | | 김 현 | 9 | | | 77 | 전현철 | | | | 0 | 0 |
| 0 | 0 | 8 | 11(7) | | | 0 | | | 0 | | | 17(6) | 4 | 0 | 0 |

● 전반 18분 알렉스GAR ⌒박수창 GAL 내 H-ST-G득점: 박수창, 도움: 알렉스 오른쪽
● 후반 37분 윤빛가람 C.KL ⌒알렉스 GAR R-ST-G (득점: 알렉스, 도움: 윤빛가람) 오른쪽

## 성남 1 - 경남 0

7월23일 19:30 흐리고비 탄천 종합 관중 1,341명
주심_이민후 부심_손재선·노우용 대기심_송민석 감독관_한진원

**성남 1**    0 전반 0    1 후반 0    **0 경남**

| 퇴장 | 경고 | 파울 | ST(유) | 교체 | 선수명 | 배번 | 위치 | 위치 | 배번 | 선수명 | 교체 | ST(유) | 파울 | 경고 | 퇴장 |
|---|---|---|---|---|---|---|---|---|---|---|---|---|---|---|---|
| 0 | 0 | 0 | 0 | | 박준혁 | 28 | GK | GK | 1 | 김영광 | | 0 | 0 | 0 | 0 |
| 0 | 0 | 0 | 0 | | 박희성 | 3 | DF | DF | 6 | 루 크 | | 0 | 1 | 0 | 0 |
| 0 | 0 | 0 | 20 | | 장석원 | 24 | DF | DF | 30 | 스레텐 | | 0 | 1 | 0 | 0 |
| 0 | 0 | 0 | 0 | | 임채민 | 26 | DF | MF | 90 | 여성해 | | 0 | 0 | 0 | 0 |
| 0 | 0 | 2 | 0 | | 박진포 | 6 | DF | DF | 27 | 박주성 | 26 | 0 | 0 | 0 | 0 |
| 0 | 1 | 1 | 1 | | 정선호 | 14 | MF | MF | 2 | 김준엽 | 2 | 0 | 2 | 0 | 0 |
| 0 | 0 | 2 | 1 | | 이종원 | 22 | MF | MF | 7 | 진경선 | | 1 | 1 | 0 | 0 |
| 0 | 0 | 2 | 2(1) | 17 | 김동희 | 13 | MF | FW | 17 | 이재안 | | 1 | 0 | 0 | 0 |
| 0 | 0 | 2 | 3(2) | | 김태환 | 11 | MF | MF | 11 | 김도엽 | | 4(2) | 1 | 0 | 0 |
| 0 | 0 | 2 | 0 | | 정우재 | 25 | MF | MF | 14 | 스토야노비치 | | 1(1) | 1 | 0 | 0 |
| 0 | 0 | 2 | 2(1) | | 황의조 | 16 | FW | FW | 28 | 에 딘 | 33 | 1 | 1 | 0 | 0 |
| 0 | 0 | | | | 전상욱 | 1 | | | 31 | 손정현 | | | | 0 | 0 |
| 0 | 0 | | 후27 | | 윤영선 | 20 | | | 12 | 박지민 | | | | 0 | 0 |
| 0 | 0 | | | | 이요한 | 4 | | | 33 | 김슬기 | 후19 | 0 | 3 | 0 | 0 |
| 0 | 0 | | | | 김평래 | 15 | 대기 | 대기 | 20 | 이한샘 | | | | 0 | 0 |
| 0 | 0 | | | | 김영남 | 23 | | | 26 | 최영준 | 후38 | | | 0 | 0 |
| 0 | 0 | | 후36 | | 이민우 | 7 | | | 18 | 문주원 | | | | 0 | 0 |
| 0 | 0 | 2 | 1 | 후0 | 김동섭 | 9 | | | 9 | 이학민 | 후13 | 1 | 0 | 0 | 0 |
| 0 | 2 | 12 | 10(5) | | | 0 | | | 0 | | | 7(3) | 16 | 0 | 0 |

● 후반 11분 김태환 GAR내 R-ST-G득점: 김태환 오른쪽

## 부산 0 - 수원 2

7월23일 19:30 맑음 부산 아시아드 관중 3,525명
주심_김종혁 부심_장준모·이정민 대기심_최명용 감독관_김진의

**부산 0**    0 전반 1    0 후반 1    **2 수원**

| 퇴장 | 경고 | 파울 | ST(유) | 교체 | 선수명 | 배번 | 위치 | 위치 | 배번 | 선수명 | 교체 | ST(유) | 파울 | 경고 | 퇴장 |
|---|---|---|---|---|---|---|---|---|---|---|---|---|---|---|---|
| 0 | 0 | 0 | 0 | | 이범영 | 1 | GK | GK | 1 | 정성룡 | | 0 | 0 | 0 | 0 |
| 0 | 0 | 0 | 1 | | 이경렬 | 6 | DF | DF | 17 | 홍 철 | | 2(1) | 2 | 1 | 0 |
| 0 | 0 | 0 | 0 | | 이원영 | 20 | DF | DF | 39 | 조성진 | | 0 | 1 | 0 | 0 |
| 0 | 1 | 2 | 0 | 26 | 김찬영 | 23 | DF | DF | 3 | 민상기 | | 0 | 0 | 0 | 0 |
| 0 | 0 | 1 | 1(1) | | 장학영 | 33 | DF | DF | 30 | 신세계 | | 0 | 0 | 0 | 0 |
| 0 | 0 | 0 | 0 | | 김용태 | 18 | MF | MF | 22 | 권창훈 | 10 | 1(1) | 3 | 1 | 0 |
| 0 | 0 | 1 | 2(1) | | 주세종 | 24 | MF | MF | 8 | 김두현 | | 2 | 4 | 0 | 0 |
| 0 | 0 | 0 | 14 | | 한지호 | 7 | MF | MF | 26 | 염기훈 | | 1(1) | 0 | 0 | 0 |
| 0 | 1 | 0 | 19 | | 박용지 | 9 | MF | MF | 13 | 고차원 | 27 | 0 | 0 | 0 | 0 |
| 0 | 0 | 0 | 0 | | 임상협 | 11 | MF | MF | 7 | 서정진 | | 0 | 1 | 0 | 0 |
| 0 | 0 | 1 | 2 | | 파 그 너 | 51 | FW | FW | 14 | 정대세 | 11 | 2(2) | 4 | 1 | 0 |
| 0 | 0 | | | | 이창근 | 21 | | | 21 | 노동건 | | | | 0 | 0 |
| 0 | 0 | | 후6 | | 김응진 | 5 | | | 27 | 이종성 | 후21 | 0 | 0 | 0 | 0 |
| 0 | 0 | | | | 황재훈 | 13 | | | 45 | 헤이네르 | | | | 0 | 0 |
| 0 | 2 | 0 | 후6 | | 정석화 | 14 | 대기 | 대기 | 16 | 조지훈 | | | | 0 | 0 |
| 0 | 0 | 0 | 후18 | | 김익현 | 7 | | | 36 | 김대경 | | | | 0 | 0 |
| 0 | 0 | | | | 김신영 | 19 | | | 10 | 산토스 | 후27 | 2(2) | 0 | 0 | 0 |
| 0 | 0 | | 후31 | | 홍동현 | 26 | | | 11 | 로 저 | 후41 | 0 | 0 | 0 | 0 |
| 0 | 1 | 12 | 6(2) | | | 0 | | | 0 | | | 10(7) | 17 | 3 | 0 |

● 전반 46분 서정진 PAL내 ~ 정대세 GA정면L-ST-G득점: 정대세, 도움: 서정진 오른쪽
● 후반 33분 산토스 GA정면 R-ST-G득점: 산토스 가운데

## 인천 0 - 포항 0

7월23일 19:30 흐리고비 인천 전용 관중 4,697명
주심_우상일 부심_정해상·윤광열 대기심_김상우 감독관_강창구

**인천 0**    0 전반 0    0 후반 0    **0 포항**

| 퇴장 | 경고 | 파울 | ST(유) | 교체 | 선수명 | 배번 | 위치 | 위치 | 배번 | 선수명 | 교체 | ST(유) | 파울 | 경고 | 퇴장 |
|---|---|---|---|---|---|---|---|---|---|---|---|---|---|---|---|
| 0 | 0 | 0 | 0 | | 권정혁 | 1 | GK | GK | 1 | 신화용 | | 0 | 1 | 1 | 0 |
| 0 | 0 | 1 | 0 | | 박태민 | 13 | DF | DF | 6 | 김광석 | | 1 | 2 | 0 | 0 |
| 0 | 0 | 0 | 0 | | 이윤표 | 16 | DF | DF | 32 | 김형일 | | 0 | 1 | 0 | 0 |
| 0 | 0 | 3 | 1(1) | | 안재준 | 20 | DF | DF | 22 | 김대호 | | 0 | 2 | 0 | 0 |
| 0 | 0 | 0 | 0 | | 용현진 | 2 | DF | DF | 17 | 신광훈 | | 0 | 3 | 0 | 0 |
| 0 | 0 | 7 | 0 | | 구본상 | 8 | MF | MF | 9 | 황지수 | | 0 | 3 | 0 | 0 |
| 0 | 1 | 2 | 0 | | 김도혁 | 21 | MF | MF | 28 | 손준호 | | 0 | 3 | 1 | 0 |
| 0 | 1 | 2 | 25 | | 이석현 | 7 | MF | MF | 12 | 김승대 | | 0 | 0 | 0 | 0 |
| 0 | 0 | 2 | 3 | | 문상윤 | 6 | MF | MF | 23 | 유창현 | 18 | 0 | 3 | 0 | 0 |
| 0 | 0 | 2 | 2(1) | 29 | 이천수 | 11 | FW | MF | 13 | 김재성 | 34 | 3 | 2 | 0 | 0 |
| 0 | 1 | 4 | 0 | 29 | 이효균 | 28 | FW | MF | 7 | 강수일 | 24 | 2(1) | 0 | 0 | 0 |
| 0 | 0 | | | | 조수혁 | 18 | | | 31 | 김다솔 | | | | 0 | 0 |
| 0 | 0 | | | | 임하람 | 2 | | | 2 | 박희철 | | | | 0 | 0 |
| 0 | 0 | | 후27 | | 최종환 | 6 | | | 24 | 배슬기 | 후44 | 0 | 0 | 0 | 0 |
| 0 | 0 | | | | 배승진 | 4 | 대기 | 대기 | 19 | 문창진 | | | | 0 | 0 |
| 0 | 0 | | | | 조수철 | 33 | | | 27 | 박선주 | | | | 0 | 0 |
| 0 | 0 | | 후36 | | 권혁진 | 22 | | | 34 | 이광혁 | 후23 | 0 | 0 | 0 | 0 |
| 0 | 0 | | 후23 | | 진성욱 | 29 | | | 18 | 고무열 | 후10 | 0 | 0 | 0 | 0 |
| 0 | 1 | 23 | 8(2) | | | 0 | | | 0 | | | 7(1) | 17 | 2 | 0 |

## 서울 vs 상주

7월23일 19:30 흐리고비 서울 월드컵 관중 7,798명
주심_유선호 부심_김용수·이규환 대기심_이동준 감독관_하재훈

|  | 서울 2 |  | 0 전반 0 / 2 후반 1 |  | 1 상주 |  |
|---|---|---|---|---|---|---|

| 퇴장 | 경고 | 파울 | ST(유) | 교체 | 선수명 | 배번 | 위치 | 위치 | 배번 | 선수명 | 교체 | ST(유) | 파울 | 경고 | 퇴장 |
|---|---|---|---|---|---|---|---|---|---|---|---|---|---|---|---|
| 0 | 0 | 0 | 0 |  | 유상훈 | 31 | GK | GK | 1 | 김민식 |  | 0 | 0 | 0 | 0 |
| 0 | 0 | 1 | 1(1) |  | 이웅희 | 4 | DF | DF | 36 | 백종환 | 36 | 0 | 3 | 1 | 0 |
| 0 | 0 | 1 | 1(1) |  | 김진규 | 6 | DF | DF | 33 | 유지훈 |  | 1 | 1 | 1 | 0 |
| 0 | 0 | 2 | 2 |  | 김주영 | 4 | DF | DF | 44 | 곽광선 |  | 0 | 2 | 1 | 0 |
| 0 | 0 | 2 | 0 |  | 김치우 | 7 | MF | DF | 66 | 강민수 |  | 0 | 1 | 0 | 0 |
| 0 | 2 | 2 | 0 | 27 | 고요한 | 13 | MF | MF | 23 | 이승현 |  | 2(1) | 1 | 0 | 0 |
| 0 | 0 | 0 | 0 |  | 오스마르 | 28 | MF | MF | 12 | 권순형 |  | 0 | 0 | 0 | 0 |
| 0 | 1 | 1 | 1 |  | 고명진 | 22 | MF | MF | 13 | 정 훈 |  | 0 | 5 | 1 | 0 |
| 0 | 0 | 0 | 3(3) |  | 몰리나 | 11 | FW | MF | 16 | 서상민 |  | 2(1) | 1 | 0 | 0 |
| 0 | 0 | 0 | 14 |  | 에벨톤 | 10 | FW | FW | 77 | 이근호 | 77 | 1(1) | 1 | 0 | 0 |
| 0 | 1 | 3 | 1(1) | 40 | 에스쿠데로 | 9 | FW | FW | 5 | 김도엽 |  | 0 | 0 | 1 | 0 |
|  |  |  |  |  | 한일구 | 1 |  |  | 31 | 김근배 |  |  |  |  |  |
|  |  |  |  |  | 한태유 | 20 |  |  | 5 | 최호정 | 후04 |  |  |  |  |
|  |  |  |  |  | 심상민 | 21 |  |  | 24 | 이용기 |  |  |  |  |  |
|  |  |  |  |  | 이상협 | 29 | 대기 | 대기 | 36 | 유수현 | 후26 |  |  |  |  |
|  |  |  |  | 후47 | 심제혁 | 40 |  |  | 10 | 김동현 |  |  |  |  |  |
|  |  |  |  | 후14 | 고광민 | 27 |  |  | 26 | 이정협 |  |  |  |  |  |
|  |  |  |  | 후15 | 박희성 | 14 |  |  | 77 | 한상운 | 후33 |  |  |  |  |
| 0 | 2 | 14 | 10(6) |  |  | 0 |  |  | 0 |  |  | 6(4) | 17 | 6 | 1 |

●후반 24분 몰리나 MF정면 FK L-ST-G (득점: 몰리나) 오른쪽
●후반 36분 고광민 PAR → 에스쿠데로 GA정면 R-ST-G(득점: 에스쿠데로, 도움: 고광민) 오른쪽
●후반 12분 권순형 AKR ~ 이승현 GAR R-ST-G (득점: 이승현, 도움: 권순형) 오른쪽

## 상주 vs 성남

8월02일 19:00 흐리고비 상주 시민 관중 1,221명
주심_김종혁 부심_전기록·지승민 대기심_이민후 감독관_전인석

|  | 상주 1 |  | 0 전반 1 / 1 후반 0 |  | 1 성남 |  |
|---|---|---|---|---|---|---|

| 퇴장 | 경고 | 파울 | ST(유) | 교체 | 선수명 | 배번 | 위치 | 위치 | 배번 | 선수명 | 교체 | ST(유) | 파울 | 경고 | 퇴장 |
|---|---|---|---|---|---|---|---|---|---|---|---|---|---|---|---|
| 0 | 0 | 0 | 0 |  | 김민식 | 1 | GK | GK | 28 | 박준혁 |  | 0 | 0 | 0 | 0 |
| 0 | 0 | 2 | 1(1) |  | 백종환 | 4 | DF | DF | 26 | 임채민 |  | 1 | 1 | 0 | 0 |
| 0 | 0 | 0 | 0 |  | 최호정 | 5 | DF | DF | 24 | 장석원 |  | 0 | 1 | 0 | 0 |
| 0 | 0 | 1 | 1 |  | 양준아 | 14 | DF | DF | 4 | 박진포 |  | 0 | 1 | 0 | 0 |
| 0 | 0 | 1 | 0 |  | 안재훈 | 28 | DF | MF | 23 | 김영남 | 7 | 1 | 0 | 0 | 0 |
| 0 | 1 | 0 | 2 |  | 권순형 | 12 | MF | MF | 15 | 김평래 |  | 2(1) | 0 | 2 | 0 |
| 0 | 0 | 0 | 44 |  | 정 훈 | 13 | MF | MF | 10 | 제파로프 | 27 | 1(1) | 1 | 0 | 0 |
| 0 | 1 | 0 | 0 |  | 서상민 | 16 | MF | MF | 13 | 김동희 |  | 3(3) | 1 | 0 | 0 |
| 0 | 1 | 2 | 0 |  | 고재성 | 19 | MF | MF | 14 | 김태환 |  | 6(3) | 2 | 0 | 0 |
| 0 | 5(2) |  |  |  | 이근호 | 11 | MF | MF | 16 | 황의조 | 9 | 0 | 0 | 0 | 0 |
| 0 | 0 | 0 | 10 |  | 한상운 | 77 | FW | MF |  |  |  |  |  |  |  |
|  |  |  |  |  | 홍정남 | 41 |  |  | 1 | 전상욱 |  |  |  |  |  |
|  |  |  |  |  | 이후권 |  |  |  | 29 | 유청윤 |  |  |  |  |  |
|  |  |  |  | 후 | 곽광선 | 44 |  |  | 4 | 곽해성 |  |  |  |  |  |
|  |  |  |  |  | 강민수 | 66 | 대기 | 대기 | 7 | 김철호 | 후22 |  |  |  |  |
|  |  |  |  | 후38 | 이승현 | 23 |  |  | 27 | 김남건 | 후38 |  |  |  |  |
|  |  |  |  |  | 김동찬 |  |  |  | 18 | 이창훈 |  |  |  |  |  |
|  |  |  |  |  | 이정협 | 26 |  |  | 9 | 김동섭 | 후13 |  |  |  |  |
| 0 | 1 | 12 | 15(3) |  |  | 0 |  |  |  |  |  | 15(8) | 8 | 2 | 0 |

●후반 11분 백종환 GAR R-ST-G(득점: 백종환) 오른쪽
●전반 3분 김태환 PAL ~ 김동희 GAL L-ST-G(득점: 김동희, 도움: 김태환) 오른쪽

## 울산 vs 전북

7월23일 19:30 맑음 울산 문수 관중 4,318명
주심_류희선 부심_노태식·김성일 대기심_고형진 감독관_김정식

|  | 울산 0 |  | 0 전반 0 / 0 후반 0 |  | 0 전북 |  |
|---|---|---|---|---|---|---|

| 퇴장 | 경고 | 파울 | ST(유) | 교체 | 선수명 | 배번 | 위치 | 위치 | 배번 | 선수명 | 교체 | ST(유) | 파울 | 경고 | 퇴장 |
|---|---|---|---|---|---|---|---|---|---|---|---|---|---|---|---|
| 0 | 0 | 0 | 0 |  | 김승규 | 18 | GK | GK | 1 | 권순태 |  | 0 | 0 | 0 | 0 |
| 0 | 0 | 1 | 0 |  | 이 용 | 2 | DF | DF | 32 | 이주용 |  | 1 | 3 | 1 | 0 |
| 0 | 0 | 2 | 1 |  | 김치곤 | 22 | DF | DF | 18 | 윌킨슨 |  | 0 | 1 | 0 | 0 |
| 0 | 1 | 1 | 1 |  | 이재원 | 4 | DF | DF | 5 | 정인환 |  | 0 | 0 | 0 | 0 |
| 0 | 0 | 2 | 0 |  | 김근환 | 39 | DF | DF | 25 | 최철순 |  | 0 | 1 | 0 | 0 |
| 0 | 0 | 3 | 0 |  | 정동호 | 3 | MF | MF | 22 | 신형민 |  | 1(1) | 2 | 0 | 0 |
| 0 | 0 | 2 | 0 |  | 김성환 | 16 | MF | MF | 17 | 이재성 |  | 4(1) | 1 | 0 | 0 |
| 0 | 1 | 1 | 2(1) | 23 | 박동혁 | 8 | MF | MF | 16 | 레오나르도 | 16 | 1 | 0 | 0 | 0 |
| 0 | 0 | 1 | 2(1) |  | 카 사 | 10 | MF | MF | 7 | 한교원 | 13 | 1 | 0 | 0 | 0 |
| 0 | 5 | 4(3) |  |  | 김신욱 | 9 | MF | MF | 11 | 이승기 | 9 | 1(1) | 2 | 0 | 0 |
| 0 | 0 | 1 | 0 |  | 안진범 | 27 | FW | FW | 20 | 이동국 |  | 4(3) | 0 | 0 | 0 |
|  |  |  |  |  | 이희정 | 25 |  |  | 21 | 이범수 |  |  |  |  |  |
|  |  |  |  |  | 김영삼 | 14 |  |  | 6 | 최보경 |  |  |  |  |  |
|  |  |  |  | 후28 | 김선민 |  | 대기 | 대기 | 29 | 권영진 |  |  |  |  |  |
|  |  |  |  | 후24 | 고창현 |  |  |  | 13 | 김인성 | 후30 |  |  |  |  |
|  |  |  |  | 후11 | 서용덕 | 5 |  |  | 16 | 이상협 | 후30 |  |  |  |  |
|  |  |  |  |  | 백지훈 | 15 |  |  | 9 | 카이오 | 후21 | 2(1) |  |  |  |
| 0 | 2 | 16 | 14(5) |  |  | 0 |  |  | 0 |  |  | 12(8) | 10 | 2 | 0 |

## 인천 vs 울산

8월02일 19:00 흐림 인천 전용 관중 4,730명
주심_김동진 부심_손재선·장준모 대기심_김성호 감독관_하재훈

|  | 인천 2 |  | 0 전반 0 / 2 후반 0 |  | 0 울산 |  |
|---|---|---|---|---|---|---|

| 퇴장 | 경고 | 파울 | ST(유) | 교체 | 선수명 | 배번 | 위치 | 위치 | 배번 | 선수명 | 교체 | ST(유) | 파울 | 경고 | 퇴장 |
|---|---|---|---|---|---|---|---|---|---|---|---|---|---|---|---|
| 0 | 0 | 0 | 0 |  | 권정혁 | 1 | GK | GK | 18 | 김승규 |  | 0 | 0 | 0 | 0 |
| 0 | 0 | 1 | 0 |  | 박태민 | 13 | DF | DF | 22 | 김치곤 |  | 0 | 1 | 0 | 0 |
| 0 | 0 | 1 | 0 |  | 이윤표 | 16 | DF | DF | 39 | 김근환 |  | 0 | 2 | 0 | 0 |
| 0 | 0 | 0 | 0 |  | 안재준 | 20 | DF | DF | 2 | 이 용 |  | 1 | 2 | 1 | 0 |
| 0 | 0 | 0 | 0 |  | 용현진 | 3 | MF | MF | 26 | 하성민 |  | 0 | 3 | 1 | 0 |
| 0 | 0 | 1 | 0 |  | 구본상 | 8 | MF | MF | 16 | 김성환 | 15 | 0 | 1 | 0 | 0 |
| 0 | 0 | 1 | 0 |  | 김도혁 | 7 | MF | MF | 10 | 카 사 |  | 0 | 2 | 0 | 0 |
| 0 | 0 | 0 | 0 |  | 이석현 | 4 | MF | MF | 11 | 따르따 |  | 2 | 2 | 0 | 0 |
| 0 | 0 | 0 | 0 |  | 문상윤 | 6 | MF | FW |  |  |  |  |  |  |  |
| 0 | 1 | 3(3) | 25 |  | 이천수 |  | FW | FW | 9 | 김신욱 |  | 3(2) | 1 | 0 | 0 |
| 0 |  | 2(2) |  |  | 진성욱 | 29 | FW | FW | 20 | 양동현 | 8 | 3 | 1 | 0 | 0 |
|  |  |  |  |  | 조수혁 | 18 |  |  | 21 | 이희성 |  |  |  |  |  |
|  |  |  |  |  | 임하람 | 24 |  |  | 3 | 정동호 |  |  |  |  |  |
| 1(1) |  |  | 후04 | 최종환 |  | 대기 | 대기 | 19 | 반데르 | 후19 |  |  |  |  |  |
|  |  |  |  | 후21 | 배승진 | 4 |  |  | 8 | 고창현 | 후08 |  |  |  |  |
| 1(1) |  |  | 후36 | 이 보 |  |  |  | 15 | 백지훈 | 후29 | 1(1) |  |  |  |  |
| 0 | 1 | 19 | 11(8) |  |  | 0 |  |  | 0 |  |  | 11(3) | 18 | 4 | 0 |

●후반 13분 구본상 MF정면 FK ⌒진성욱 PA정면내 H-ST-G(득점: 진성욱, 도움: 구본상) 오른쪽
●후반 26분 구본상 PARFK ⌒최종환 GA정면내 H-ST-G(득점: 최종환, 도움: 구본상) 오른쪽

## 8월 02일 19:30 비 부산 아시아드 관중 1,507명
주심_최명용 부심_이규환·노수용 대기심_김희곤 감독관_김용세

**부산 1**  0 전반 0 / 1 후반 1  **1 제주**

| 퇴장 | 경고 | 파울 | ST(유) | 교체 | 선수명 | 배번 | 위치 | 위치 | 배번 | 선수명 | 교체 | ST(유) | 파울 | 경고 | 퇴장 |
|---|---|---|---|---|---|---|---|---|---|---|---|---|---|---|---|
| 0 | 0 | 0 | 0 | | 이범영 | 1 | GK | GK | 1 | 김호준 | | 0 | 0 | 0 | 0 |
| 0 | 1 | 2 | 0 | | 김응진 | 5 | DF | DF | 27 | 정다훤 | | 1 | 3 | 0 | 0 |
| 0 | 1 | 3 | 1 | | 이경렬 | 6 | DF | DF | 2 | 오반석 | | 0 | 0 | 0 | 0 |
| 0 | 0 | 3 | 0 | | 장학영 | 33 | DF | DF | 15 | 알렉스 | 24 | 0 | 0 | 0 | 0 |
| 0 | 1 | 1 | 0 | | 연제민 | 34 | DF | DF | 2 | 김수범 | | 1 | 1 | 1 | 0 |
| 0 | 0 | 0 | 0 | | 구현준 | 32 | MF | MF | 5 | 장은규 | | 0 | 1 | 1 | 0 |
| 0 | 1 | 0 | 0 | | 주세종 | 24 | MF | MF | 14 | 윤빛가람 | | 0 | 1 | 0 | 0 |
| 0 | 0 | 0 | 0 | 10 | 김용태 | 19 | MF | FW | 25 | 이현호 | 9 | 0 | 0 | 0 | 0 |
| 0 | 0 | 0 | 0 | 25 | 김익현 | 17 | MF | FW | 11 | 황일수 | | 3(1) | 0 | 0 | 0 |
| 0 | 2 | 2(1) | 0 | | 임상협 | 11 | FW | FW | 10 | 송진형 | | 2(2) | 1 | 1 | 0 |
| 0 | 0 | 2 | 0 | 9 | 파그너 | 10 | FW | FW | 7 | 박수창 | | 0 | 0 | 0 | 0 |
| 0 | 0 | 0 | 0 | | 이창근 | 21 | | | 21 | 김경민 | | 0 | 0 | 0 | 0 |
| 0 | 0 | 0 | 0 | | 한지호 | 7 | | | 5 | 황도연 | | 0 | 0 | 0 | 0 |
| 0 | 0 | 0 | 0 | 후17 | 박용지 | | | | 24 | 이 용 | 후12 | 0 | 0 | 0 | 0 |
| 0 | 0 | 0 | 1 | 후43 | 짜시오 | 10 | 대기 | 대기 | 27 | 김봉래 | 후36 | 0 | 0 | 0 | 0 |
| 0 | 0 | 0 | 0 | | 김신영 | 19 | | | 8 | 오승범 | | 0 | 0 | 0 | 0 |
| 0 | 0 | 0 | 0 | | 이원영 | 20 | | | 13 | 배일환 | | 0 | 0 | 0 | 0 |
| 0 | 0 | 0 | 0 | 후30 | 심수 주니어 | 25 | | | 9 | 김 현 | 후16 | 2(1) | 0 | 0 | 0 |
| 0 | 2 | 16 | 6(1) | | | 0 | | | 0 | | | 11(4) | 9 | 2 | 0 |

●후반 22분 임상협 GA정면 L-ST-G(득점: 임상협) 가운데
●후반 37분 황일수 PAL내 L-ST-G(득점: 황일수) 오른쪽

## 8월 03일 19:00 흐리고 비 전주 월드컵 관중 13,923명
주심_이동준 부심_이정민·최민병 대기심_고형진 감독관_한병화

**전북 2**  2 전반 0 / 0 후반 0  **0 전남**

| 퇴장 | 경고 | 파울 | ST(유) | 교체 | 선수명 | 배번 | 위치 | 위치 | 배번 | 선수명 | 교체 | ST(유) | 파울 | 경고 | 퇴장 |
|---|---|---|---|---|---|---|---|---|---|---|---|---|---|---|---|
| 0 | 0 | 0 | 0 | | 권순태 | 1 | GK | GK | 1 | 김병지 | | 0 | 0 | 0 | 0 |
| 0 | 0 | 1 | 0 | | 이규로 | 2 | DF | DF | 4 | 홍진기 | 19 | 0 | 0 | 0 | 0 |
| 0 | 0 | 3 | 0 | | 윌킨슨 | 18 | DF | DF | 15 | 임종은 | | 0 | 0 | 0 | 0 |
| 0 | 0 | 0 | 0 | | 정인환 | 5 | DF | DF | 24 | 김동철 | | 0 | 0 | 0 | 0 |
| 0 | 0 | 3 | 0 | | 최철순 | 25 | DF | DF | 2 | 김태호 | | 1 | 1 | 0 | 0 |
| 0 | 0 | 1 | 2(1) | | 신형민 | 4 | MF | MF | 17 | 이승희 | | 0 | 0 | 0 | 0 |
| 0 | 1 | 0 | 0 | | 이재성 | 17 | MF | MF | 16 | 송창호 | | 3 | 3 | 1 | 0 |
| 0 | 0 | 0 | 27 | | 이승기 | 11 | MF | MF | 7 | 이인규 | | 0 | 1 | 0 | 0 |
| 0 | 3(1) | | | | 한교원 | 7 | MF | MF | | 크리즈만 | | 0 | 0 | 0 | 0 |
| 0 | 4(2) | 16 | | | 레오나르도 | 10 | MF | MF | 25 | 안용우 | | 0 | 0 | 0 | 0 |
| 0 | 4(1) | 14 | | | 이동국 | 20 | FW | FW | 17 | 이종호 | | 2(1) | 2 | 0 | 0 |
| 0 | | | | | 이범수 | 21 | | | 32 | 한유성 | | 0 | 0 | 0 | 0 |
| 0 | | | | | 최보경 | 6 | | | 15 | 방대종 | 전: | 0 | 0 | 0 | 0 |
| 0 | | | | | 이재명 | 3 | | | 3 | 박선용 | | 0 | 0 | 0 | 0 |
| 0 | | | | 후44 | 권영원 | 27 | 대기 | 대기 | | 레안드리뉴 | 후0 | 0 | 0 | 0 | 0 |
| 0 | | | | | 김인성 | 13 | | | 19 | 김근호 | | 0 | 0 | 0 | 0 |
| 0 | | | | 후32 | 이승렬 | 14 | | | 14 | 김영욱 | | 0 | 0 | 0 | 0 |
| 0 | | | | 후24 | 이상협 | 16 | | | 10 | 스테보 | 후13 | 0 | 0 | 0 | 0 |
| 0 | 2 | 17 | 16(6) | | | 0 | | | 0 | | | 8(1) | 11 | 1 | 0 |

●전반 15분 한교원 MFR ~ 이재성 AK정면 L-ST-G(득점: 이재성, 도움: 한교원) 가운데
●전반 36분 레오나르도 GAL내 ~ 한교원 GA정면 L-ST-G(득점: 한교원, 도움: 레오나르도) 왼쪽

## 8월 03일 19:00 비 수원 월드컵 관중 17,155명
주심_송민석 부심_김영수·강도준 대기심_유선호 감독관_김정식

**수원 4**  1 전반 1 / 3 후반 1  **1 포항**

| 퇴장 | 경고 | 파울 | ST(유) | 교체 | 선수명 | 배번 | 위치 | 위치 | 배번 | 선수명 | 교체 | ST(유) | 파울 | 경고 | 퇴장 |
|---|---|---|---|---|---|---|---|---|---|---|---|---|---|---|---|
| 0 | 0 | 0 | 0 | | 정성룡 | 1 | GK | GK | 31 | 김다솔 | | 0 | 0 | 0 | 0 |
| 0 | 0 | 0 | 0 | | 최재수 | 2 | DF | DF | 3 | 김광석 | | 0 | 1 | 0 | 0 |
| 0 | 0 | 0 | 0 | | 민상기 | 39 | DF | DF | 32 | 김형일 | | 0 | 1 | 0 | 0 |
| 0 | 0 | 2 | 0 | | 조성진 | 5 | DF | DF | 22 | 김대호 | | 1(1) | 2 | 0 | 0 |
| 0 | 0 | 2 | 0 | | 신세계 | 30 | DF | DF | 17 | 신광훈 | | 0 | 1 | 0 | 0 |
| 0 | 0 | 6 | 0 | | 김은선 | 6 | MF | MF | 9 | 황지수 | 15 | 1(1) | 1 | 1 | 0 |
| 0 | 0 | 0 | 27 | | 김두현 | 8 | MF | MF | 12 | 김승대 | | 0 | 0 | 0 | 0 |
| 0 | 4(4) | 22 | | | 산토스 | 10 | MF | MF | 7 | 김재성 | | 2(1) | 3 | 0 | 0 |
| 0 | 0 | 26 | | | 고차원 | 12 | MF | FW | 34 | 이광혁 | | 0 | 0 | 0 | 0 |
| 0 | 3(2) | | | | 서정진 | 13 | MF | MF | 11 | 강수일 | | 0 | 1 | 0 | 0 |
| 0 | 4 | 3(1) | | | 로저 | 11 | FW | FW | 16 | 이광훈 | | 0 | 0 | 0 | 0 |
| 0 | | | | | 노동건 | 21 | | | 41 | 김진영 | | 0 | 0 | 0 | 0 |
| 0 | | | | | 헤이네르 | 45 | | | 2 | 박희철 | | 0 | 0 | 0 | 0 |
| 0 | | | | 후42 | 이종성 | | | | 24 | 배슬기 | | 0 | 0 | 0 | 0 |
| 0 | 2(1) | 후22 | 권창훈 | 22 | 대기 | 대기 | | 김태수 | 후0 | | | 0 | 0 | 0 | 0 |
| 0 | | | | 후0 | 염기훈 | 26 | | | 18 | 고무열 | 후36 | 2(1) | 0 | 0 | 0 |
| 0 | | | | | 배기종 | 19 | | | 15 | 신영준 | 후25 | 0 | 0 | 0 | 0 |
| 0 | | | | | 정대세 | 14 | | | 23 | 유창현 | | 0 | 0 | 0 | 0 |
| 0 | 0 | 11 | 12(8) | | | 0 | | | 0 | | | 11(5) | 13 | 3 | 0 |

●전반 4초 로저 AK정면 ~ 산토스 GAR R-ST-G(득점: 산토스, 도움: 로저) 왼쪽
●후반 14분 산토스 GAL L-ST-G(득점: 산토스) 오른쪽
●후반 41분 권창훈 MFL ~ 로저 PK우측지점 R-ST-G(득점: 로저, 도움: 권창훈) 가운데
●후반 47분 염기훈 HLL H ~ 권창훈 AKL L-ST-G(득점: 권창훈, 도움: 염기훈) 오른쪽
●전반 25분 황지수 PAR R-ST-G(득점: 황지수) 오른쪽

## 8월 03일 19:00 흐리고 비 김해 5,016명
주심_류희선 부심_노태식·김성일 대기심_매호영 감독관_김수현

**경남 1**  0 전반 0 / 1 후반 1  **1 서울**

| 퇴장 | 경고 | 파울 | ST(유) | 교체 | 선수명 | 배번 | 위치 | 위치 | 배번 | 선수명 | 교체 | ST(유) | 파울 | 경고 | 퇴장 |
|---|---|---|---|---|---|---|---|---|---|---|---|---|---|---|---|
| 0 | 0 | 0 | 0 | | 김영광 | 1 | GK | GK | 1 | 유상훈 | | 0 | 0 | 0 | 0 |
| 0 | 0 | 2 | 1(1) | | 스레텐 | 30 | DF | DF | 3 | 이웅희 | | 1(1) | 0 | 0 | 0 |
| 0 | 0 | 0 | 0 | | 여성해 | 90 | DF | DF | 6 | 김진규 | | 0 | 1 | 0 | 0 |
| 0 | 1 | 3 | 0 | | 루 크 | 6 | DF | DF | 4 | 김주영 | | 0 | 1 | 0 | 0 |
| 0 | 0 | 0 | 0 | | 박주성 | 27 | MF | MF | 7 | 김치우 | | 0 | 0 | 0 | 0 |
| 0 | 0 | 1 | 0 | | 이학민 | 2 | MF | MF | 27 | 고광민 | 5 | 1 | 0 | 0 | 0 |
| 0 | 0 | 0 | 26 | | 진경선 | 7 | MF | MF | 22 | 고명진 | | 1(1) | 3 | 0 | 0 |
| 0 | 1 | 5(1) | | | 이창민 | 14 | MF | MF | 28 | 오스마르 | 16 | 0 | 1 | 0 | 0 |
| 0 | 0 | 0 | 33 | | 이재안 | 17 | FW | FW | 10 | 에벨톤 | | 1(1) | 3 | 0 | 0 |
| 0 | 0 | 1 | | | 송수영 | 16 | FW | FW | 11 | 몰리나 | | 2 | 1 | 0 | 0 |
| 0 | 3 | 1 | | | 스토야노비치 | 9 | FW | FW | 9 | 에스쿠데로 | 24 | 2(1) | 1 | 0 | 0 |
| 0 | | | | | 손정현 | 31 | | | 23 | 한일구 | | 0 | 0 | 0 | 0 |
| 0 | | | | | 김준엽 | 4 | | | 5 | 차두리 | 후10 | 0 | 0 | 0 | 0 |
| 0 | | | | | 안 샘 | 20 | | | 20 | 한태유 | | 0 | 0 | 0 | 0 |
| 0 | | | | 후44 | 김슬기 | 33 | 대기 | 대기 | 15 | 최정한 | | 0 | 0 | 0 | 0 |
| 0 | 1(1) | 후18 | 김도엽 | 11 | | | 16 | 강승조 | 후10 | | | 0 | 0 | 0 | 0 |
| 0 | | | | | 에 딘 | 28 | | | 24 | 윤일록 | 후33 | 0 | 0 | 0 | 0 |
| 0 | | | | 후40 | 최영준 | 26 | | | 19 | 윤주태 | | 0 | 0 | 0 | 0 |
| 0 | 2 | 19 | 13(4) | | | 0 | | | 0 | | | 8(4) | 14 | 2 | 0 |

●전반 6분 진경선 C.KR ~ 스레텐 GAL H-ST-G(득점: 스레텐, 도움: 진경선) 왼쪽
●후반 14분 김치우 PAL내 ~ 에벨톤 GA정면내 L-ST-G(득점: 에벨톤, 도움: 김치우) 왼쪽

## 8월 06일 19:00 흐림 전주월드컵 관중 18,696명
주심_최명용 부심_손재선·김성일 대기심_매호영 감독관_김형남

### 전북 3 (1 전반 1 / 2 후반 1) 2 수원

| 퇴장 | 경고 | 파울 | ST(유) | 교체 | 선수명 | 배번 | 위치 | 위치 | 배번 | 선수명 | 교체 | ST(유) | 파울 | 경고 | 퇴장 |
|---|---|---|---|---|---|---|---|---|---|---|---|---|---|---|---|
| 0 | 0 | 0 | 0 | | 권순태 | 1 | GK | GK | 1 | 정성룡 | | 0 | 0 | 0 | 0 |
| 0 | 0 | 2 | 2(1) | | 이주용 | 32 | DF | DF | 17 | 홍 철 | | | 1 | 1 | 0 |
| 0 | 0 | 0 | | | 윌킨슨 | 18 | DF | DF | 39 | 민상기 | | 0 | 0 | 0 | 0 |
| 0 | 0 | 2 | 0 | | 정인환 | 5 | DF | DF | 30 | 조성진 | | 0 | 0 | 0 | 0 |
| 0 | 0 | 1 | 0 | | 최철순 | 25 | DF | DF | 30 | 신세계 | | 0 | 4 | 1 | 0 |
| 0 | 0 | 0 | | 10 | 권영진 | | MF | MF | 6 | 김은선 | | 2(1) | 2 | 0 | |
| 0 | 0 | 0 | 1 | | 신형민 | 4 | MF | MF | 13 | 김두현 | | 1(1) | 1 | 0 | 0 |
| 0 | 0 | 3 | 1(1) | 6 | 이재성 | 17 | MF | MF | 10 | 산토스 | 22 | 1 | 1 | 0 | |
| 0 | 1 | | 2(1) | 9 | 한교원 | 7 | MF | MF | 26 | 염기훈 | | 3(2) | 0 | 0 | |
| 0 | 0 | 0 | | | 이승기 | 11 | MF | MF | 13 | 서정진 | | 1 | 1 | 0 | |
| 0 | 0 | | 8(5) | | 이동국 | 20 | FW | FW | 14 | 오 장 | | 3 | 0 | | |
| 0 | 0 | 0 | | | 이범수 | 21 | | | 21 | 노동건 | | 0 | 0 | 0 | 0 |
| 0 | | | | 후45 | 박보경 | | | | 45 | 헤이네르 | | | | | |
| 0 | 0 | | | | 이규로 | 2 | | | 27 | 이종성 | | | | | |
| 0 | | | | | 권경원 | 27 | 대기 | 대기 | 7 | 최재수 | | | | | |
| 0 | 1 | 2 | 3(1) | 전14 | 레오나르도 | 10 | | | 후26 | 권창훈 | 후26 | 1 | 1 | 0 | |
| 0 | 0 | 0 | | | 이상협 | 19 | | | 36 | 배기종 | 후36 | | | | |
| 0 | 0 | 1 | | 후21 | 카이오 | 9 | | | 14 | 정대세 | 후8 | 1(1) | 1 | 0 | |
| | 0 | 2 | 13 | 19(10) | | | | | | | | 9(6) | 14 | 2 | 0 |

●전반 23분 최철순 PAR ~ 이동국 GAL H-ST-G (득점: 이동국, 도움: 최철순) 가운데
●후반 20분 레오나르도 GAL ~ 한교원 GAL내 R-ST-G(득점: 한교원, 도움: 레오나르도) 왼쪽
●후반 22분 이승기 PAR ⌒ 이동국 GAL H-ST-G (득점: 이동국, 도움: 이승기) 왼쪽
●전반 44분 염기훈 PAR FK L-ST-G (득점: 염기훈, 도움:) 왼쪽
●후반 17분 산토스 AK정면 ~ 김두현 PAL L-ST-G(득점: 김두현, 도움: 산토스) 왼쪽

---

## 8월 06일 19:30 맑음 창원축구센터 관중 2,401명
주심_김상우 부심_김용수·지승민 대기심_김동진 감독관_김진의

### 경남 1 (0 전반 1 / 1 후반 0) 1 부산

| 퇴장 | 경고 | 파울 | ST(유) | 교체 | 선수명 | 배번 | 위치 | 위치 | 배번 | 선수명 | 교체 | ST(유) | 파울 | 경고 | 퇴장 |
|---|---|---|---|---|---|---|---|---|---|---|---|---|---|---|---|
| 0 | 0 | 0 | 0 | | 김영광 | 1 | GK | GK | 1 | 이범영 | | 0 | 0 | 0 | 0 |
| 0 | 0 | 1 | | | 스레텐 | 30 | DF | DF | 2 | 이경렬 | | 0 | 1 | 1 | 0 |
| 0 | 0 | 1 | 3(1) | | 여성해 | 90 | DF | DF | 34 | 연제민 | | 0 | 0 | 0 | 0 |
| 0 | 0 | 0 | | | 루 크 | 6 | DF | DF | 33 | 장학영 | | 0 | 2 | 0 | 0 |
| 0 | 0 | 0 | | | 박주성 | 27 | MF | MF | 32 | 구현준 | | 0 | 0 | 0 | 0 |
| 0 | 1 | 1 | 3(1) | | 이학민 | 2 | MF | MF | 19 | 김신영 | 3 | 4 | 1 | 0 | |
| 0 | 1 | 1 | 1(1) | | 진경선 | | MF | MF | 24 | 주세종 | 15 | 1 | 1 | 0 | |
| 0 | 1 | 1 | | 16 | 이창민 | 14 | MF | MF | 51 | 김용태 | 51 | 1 | 1 | 0 | |
| 0 | 0 | 0 | 11 | | 이재안 | | FW | MF | 17 | 김익현 | | 0 | 2 | 0 | |
| 0 | 1 | 6 | 4(3) | | 김슬기 | 33 | FW | FW | 9 | 박용지 | | 1(1) | 2 | 1 | 0 |
| 0 | | | | 에 딘 | 28 | FW | FW | 11 | 임상협 | | 1 | 3 | 0 | 0 |
| 0 | 0 | 0 | | | 손정현 | 31 | | | 21 | 이창근 | | 0 | 0 | 0 | 0 |
| 0 | 0 | 0 | | | 김준엽 | 4 | | | 7 | 한지호 | | | | | |
| 0 | 0 | 0 | | | 이한샘 | 20 | | | 10 | 짜 시 오 | | | | | |
| 0 | 0 | | | 후28 | 송수영 | 16 | 대기 | 대기 | | 황재훈 | | | | | |
| 0 | 0 | | | 후10 | 김도엽 | | | | 14 | 정석화 | 후41 | | | | |
| 0 | 1 | 1(1) | | 후41 | 스토야노비치 | 7 | | | 20 | 이원영 | 전34 | | | | |
| 0 | | | | | 최영준 | 26 | | | 51 | 파그너 | 후29 | | | | |
| 0 | 1 | 18 | 14(9) | | | | | | | | | 9(1) | 15 | 3 | 0 |

●후반 7분 이창민 AKR ~ 에딘 AK내 L-ST-G(득점: 에딘, 도움: 이창민) 오른쪽
●전반 23분 김용태 MF정면 ~ 박용지 PA정면내 L-ST-G(득점: 박용지, 도움: 김용태) 오른쪽

---

## 8월 06일 19:00 맑음 광양전용 관중 3,507명
주심_유선호 부심_전기록·김영하 대기심_류희선 감독관_한진원

### 전남 1 (1 전반 0 / 0 후반 2) 2 인천

| 퇴장 | 경고 | 파울 | ST(유) | 교체 | 선수명 | 배번 | 위치 | 위치 | 배번 | 선수명 | 교체 | ST(유) | 파울 | 경고 | 퇴장 |
|---|---|---|---|---|---|---|---|---|---|---|---|---|---|---|---|
| 0 | 0 | 0 | 0 | | 김병지 | 1 | GK | GK | 1 | 권정혁 | | 0 | 0 | 0 | 0 |
| 0 | 0 | 0 | 1 | | 현영민 | 13 | DF | DF | 14 | 박태민 | | 1(1) | 1 | 0 | |
| 0 | 1 | 0 | | 23 | 방대종 | 15 | DF | DF | 16 | 이윤표 | | 0 | 0 | 0 | 0 |
| 0 | 1 | 4 | 0 | | 코 니 | 55 | DF | DF | 20 | 안재준 | | 0 | 4 | 1 | 0 |
| 0 | 1 | 0 | | | 김태호 | 2 | DF | DF | 2 | 용현진 | | 0 | 1 | 1 | 0 |
| 0 | 0 | 1 | 1 | | 이승희 | 6 | MF | MF | 4 | 구본상 | 26 | 0 | 1 | 1 | 0 |
| 0 | 0 | 0 | 1 | | 송창호 | 16 | MF | MF | 7 | 이석현 | | 3 | 0 | 0 | |
| 0 | 0 | 1 | | | 안용우 | 8 | MF | MF | 17 | 이 보 | 24 | 1 | 0 | 0 | |
| 0 | 0 | 1 | 1(1) | 19 | 레안드리뉴 | 7 | MF | MF | 8 | 문상윤 | | 1 | 0 | 0 | |
| 0 | 0 | 1 | 1(1) | | 스테보 | 10 | FW | FW | 28 | 이효균 | 29 | 1 | 0 | 0 | |
| 0 | | | | | 김대호 | 31 | | | 18 | 조수혁 | | | | | |
| 0 | | | | 후25 | 마상훈 | 23 | | | 24 | 임하람 | 후42 | | | | |
| 0 | | | | 후8 | 김영우 | | | | 24 | 배웅호 | 후9 | | | | |
| 0 | 0 | 0 | | | 김영욱 | 94 | 대기 | 대기 | 33 | 조수철 | | | | | |
| 0 | | | | | 이현승 | 8 | | | 23 | 남준재 | | | | | |
| 0 | 1 | | | 후21 | 크리스찬 | 12 | | | 22 | 권혁진 | | | | | |
| 0 | | | | | 전형철 | 77 | | | 29 | 진성욱 | 전43 | 3(2) | 1 | 0 | |
| 0 | 2 | 14 | 9(2) | | | | | | | | | 10(3) | 1 | 0 | |

●전반 39분 현영민 PAL ~ 레안드리뉴 PAL R-ST-G(득점: 레안드리뉴, 도움: 현영민) 왼쪽
●후반 20분 이석현AKL ~ 진성욱 GAL R-ST-G (득점: 진성욱, 도움: 이석현) 오른쪽
●후반 32분 박태민 PAL내 R-ST-G(득점: 박태민) 오른쪽

---

## 8월 06일 19:00 맑음 제주월드컵 관중 3,066명
주심_이민후 부심_장준모·박상준 대기심_송민석 감독관_김용세

### 제주 2 (1 전반 2 / 1 후반 1) 3 상주

| 퇴장 | 경고 | 파울 | ST(유) | 교체 | 선수명 | 배번 | 위치 | 위치 | 배번 | 선수명 | 교체 | ST(유) | 파울 | 경고 | 퇴장 |
|---|---|---|---|---|---|---|---|---|---|---|---|---|---|---|---|
| 0 | 0 | 0 | 0 | | 김호준 | 1 | GK | GK | 1 | 김민식 | | 0 | 0 | 0 | 0 |
| 0 | 0 | 0 | | | 김봉래 | 27 | DF | DF | 2 | 이후권 | 4 | 0 | 0 | 0 | |
| 0 | 0 | 1 | 1(1) | 13 | 오반석 | 5 | DF | DF | 3 | 최호정 | | 0 | 0 | 0 | 0 |
| 0 | 0 | 2 | 1 | | 알렉스 | 15 | DF | DF | 28 | 안재훈 | | 0 | 1 | 0 | 0 |
| 0 | 1 | 2 | | | 황도연 | 6 | DF | DF | 66 | 강민수 | | 1(1) | 2 | 0 | 0 |
| 0 | 1 | 0 | 2(1) | | 장은규 | 37 | MF | MF | 16 | 이승현 | 6 | 1 | 1 | 0 | |
| 0 | | | 2(1) | | 윤빛가람 | 14 | MF | MF | 7 | 서상민 | | 2(1) | 1 | 0 | |
| 0 | 1 | | 4(2) | | 황일수 | 11 | MF | MF | 11 | 이상호 | | 5(3) | 1 | 2 | 0 |
| 0 | | | 3(1) | | 드로겟 | 19 | MF | FW | 44 | 곽광선 | | 1 | 0 | 0 | |
| 0 | 1 | | 1(1) | 18 | 김 현 | 9 | FW | FW | 9 | 김동찬 | 19 | 5(2) | 1 | 0 | |
| 0 | | | | | 김경민 | 21 | | | 21 | 홍정남 | | 0 | 0 | 0 | 0 |
| 0 | | | | | 이 용 | 24 | | | 4 | 백종환 | 후29 | | | | |
| 0 | | | | 후11 | 오승범 | 8 | | | 6 | 송원재 | 후35 | | | | |
| 0 | 0 | 0 | | | 이현호 | 26 | 대기 | 대기 | 34 | 박경익 | | | | | |
| 0 | | | | | 박수창 | 26 | | | 19 | 고재성 | 후0 | | | | |
| 0 | | | | 후20 | 배일환 | 13 | | | 25 | 조동건 | | | | | |
| 0 | 0 | 14 | 16(7) | | | | | | | | | 20(8) | 10 | 0 | 0 |

●전반 19분 김현 MF정면 ~ 윤빛가람 AK정면 R-ST-G(득점: 윤빛가람, 도움: 김현) 오른쪽
●후반 20분 드로겟 PK-L-G (득점: 드로겟) 가운데
●전반 6분 이상호 GAL내 R-ST-G(득점: 이상호) 오른쪽
●전반 9분 이상호 PAL EL ⌒ 이근호 GAR내 R-ST-G(득점: 이근호, 도움: 이상호) 오른쪽
●후반 2분 강민수 GA정면내 R-ST-G(득점: 강민수) 왼쪽

## 8월 06일 19:30 맑음 포항 스틸야드 관중 12,844명
주심_ 김성호 부심_ 노태식·이규환 대기심_ 고형진 감독관_ 한병화

**포항 1** 　전반 0　 **0 성남**
　　　　　　후반 1

| 퇴장 | 경고 | 파울 | ST(유) | 교체 | 선수명 | 배번 | 위치 | 위치 | 배번 | 선수명 | 교체 | ST(유) | 파울 | 경고 | 퇴장 |
|---|---|---|---|---|---|---|---|---|---|---|---|---|---|---|---|
| 0 | 0 | 0 | 0 | | 김 다 솔 | 31 | GK | GK | 28 | 박준혁 | | 0 | 0 | 0 | 0 |
| 0 | 0 | 0 | 0 | | 김광석 | 3 | DF | DF | 3 | 박희성 | | 0 | 0 | 0 | 0 |
| 0 | 0 | 1 | 0 | | 김형일 | 32 | DF | DF | 24 | 장석원 | | 0 | 0 | 0 | 0 |
| 0 | 1 | 3 | 0 | 22 | 박희철 | 22 | DF | DF | 26 | 김태환 | | 0 | 0 | 0 | 0 |
| 0 | 1 | 1 | 1(1) | | 신광훈 | 17 | DF | DF | 6 | 박진포 | | 0 | 0 | 1 | 0 |
| 0 | 2 | 0 | | 11 | 김태수 | 5 | MF | MF | 15 | 김평래 | 16 | 0 | 0 | 0 | 0 |
| 0 | 3 | 1 | | | 손준호 | 28 | MF | MF | 7 | 김철호 | | 0 | 3 | 0 | 0 |
| 0 | 1 | 2 | 2(1) | | 김재성 | 7 | MF | MF | 14 | 정선호 | | 1 | 2 | 0 | 0 |
| 0 | 2 | 3 | 2(1) | | 김승대 | 12 | FW | FW | 13 | 김동희 | | 1(1) | 1 | 0 | 0 |
| 0 | 1 | 0 | | | 문창진 | 19 | MF | FW | 11 | 김태환 | | 1(1) | 0 | 0 | 0 |
| 0 | 0 | 1 | | 15 | 고무열 | 18 | MF | MF | 13 | 김동섭 | | 0 | 0 | 0 | 0 |
| 0 | 0 | 0 | 0 | | 김진영 | 41 | | | 1 | 전상욱 | | 0 | 0 | 0 | 0 |
| 0 | 0 | 0 | 0 | 후21 | 김대호 | | | | 4 | 이요한 | | 0 | 0 | 0 | 0 |
| 0 | 0 | 0 | 0 | | 배 슬 기 | 24 | | | 2 | 곽해성 | | 0 | 0 | 0 | 0 |
| 0 | 0 | 0 | 0 | | 이광혁 | 34 | 대기 | 대기 | 23 | 김영남 | | 0 | 0 | 0 | 0 |
| 0 | 0 | 0 | 0 | | 유제호 | 33 | | | | 제파로프 | 후29 | | | | |
| 0 | 0 | 0 | 0 | 후33 | 신영준 | 15 | | | 18 | 이창훈 | | 0 | 0 | 0 | 0 |
| 0 | 0 | 0 | 2(1) | 후29 | 강수일 | | | | 16 | 황의조 | 후14 | 0 | 0 | 0 | 0 |
| 0 | 2 | 17 | 8(4) | | | | | | | | | 3(2) | 9 | 1 | 0 |

● 후반 8분 신광훈 PK-R-G (득점: 신광훈) 오른쪽

---

## 8월 09일 19:00 흐림 상주 시민 관중 2,892명
주심_ 김동진 부심_ 노수용·이정민 대기심_ 이동준 감독관_ 김형남

**상주 0** 　전반 0　 **2 포항**
　　　　　　후반 2

| 퇴장 | 경고 | 파울 | ST(유) | 교체 | 선수명 | 배번 | 위치 | 위치 | 배번 | 선수명 | 교체 | ST(유) | 파울 | 경고 | 퇴장 |
|---|---|---|---|---|---|---|---|---|---|---|---|---|---|---|---|
| 0 | 0 | 0 | 0 | | 김민식 | 1 | GK | GK | 1 | 신화용 | | 0 | 0 | 0 | 0 |
| 0 | 0 | 3 | 0 | 10 | 백종환 | 4 | DF | DF | 2 | 김광석 | | 1 | 0 | 0 | 0 |
| 0 | 0 | 1 | 0 | | 안재훈 | 28 | DF | DF | 32 | 김형일 | | 0 | 0 | 0 | 0 |
| 0 | 0 | 1 | 0 | | 유지훈 | 33 | DF | DF | 22 | 김대호 | | 0 | 0 | 1 | 0 |
| 0 | 1 | 1 | 0 | | 강민수 | 66 | DF | DF | 17 | 신광훈 | | 0 | 1 | 1 | 0 |
| 0 | 1 | 1 | 2(1) | | 양준아 | 14 | MF | MF | 5 | 김태수 | | 1 | 5 | 0 | 0 |
| 0 | 1 | 3 | 1 | | 서상민 | 16 | MF | MF | 28 | 손준호 | | 1 | 5 | 0 | 0 |
| 0 | 1 | 3 | 3(1) | | 이상호 | 18 | MF | MF | 7 | 김재성 | 23 | 0 | 2 | 0 | 0 |
| 0 | 1(1) | | | 12 | 고재성 | 19 | MF | FW | 12 | 김승대 | | 3 | | | |
| 0 | 0 | | | 25 | 이승현 | 7 | MF | FW | 19 | 문창진 | 11 | 0 | 1 | 0 | 0 |
| 0 | 1 | 1 | | | 이근호 | 18 | MF | FW | 18 | 고무열 | | 3(2) | 0 | 0 | 0 |
| 0 | 0 | 0 | 0 | | 홍정남 | 31 | | | 31 | 김다솔 | | 0 | 0 | 0 | 0 |
| 0 | 0 | 0 | 0 | | 최호정 | 5 | | | 2 | 박희철 | | 0 | 0 | 0 | 0 |
| 0 | 0 | 0 | 0 | | 이용기 | 24 | | | 24 | 배 슬 기 | | 0 | 0 | 0 | 0 |
| 0 | 0 | 0 | 0 | | 양재완 | 44 | 대기 | 대기 | 34 | 이광혁 | 후47 | 0 | 0 | 0 | 0 |
| 0 | 0 | 0 | 0 | 후15 | 권순형 | 12 | | | 15 | 신영준 | 후40 | 0 | 0 | 0 | 0 |
| 0 | 0 | 0 | 0 | 후36 | 김동찬 | 18 | | | 11 | 강수일 | 후11 | 2(2) | 1 | 0 | 0 |
| 0 | 0 | 0 | 0 | 후11 | 조동건 | 25 | | | 11 | | | | | | |
| 0 | 1 | 13 | 9(3) | | | | | | | | | 9(4) | 16 | 1 | 0 |

● 후반 34분 김승대 PAR ~ 고무열 AK정면 R-ST-G (득점: 고무열, 도움: 김승대) 왼쪽
● 후반 45분 김승대 GAL ~ 강수일 GA정면 L-ST-G (득점: 강수일, 도움: 김승대) 오른쪽

---

## 8월 06일 19:30 비 서울 월드컵 관중 12,551명
주심_ 이동준 부심_ 이정민·노수용 대기심_ 김희곤 감독관_ 김수현

**서울 0** 　전반 0　 **1 울산**
　　　　　　후반 1

| 퇴장 | 경고 | 파울 | ST(유) | 교체 | 선수명 | 배번 | 위치 | 위치 | 배번 | 선수명 | 교체 | ST(유) | 파울 | 경고 | 퇴장 |
|---|---|---|---|---|---|---|---|---|---|---|---|---|---|---|---|
| 0 | 0 | 0 | 0 | | 유상훈 | 31 | GK | GK | 18 | 김승규 | | 0 | 0 | 1 | 0 |
| 0 | 0 | 0 | 0 | | 이웅희 | 3 | DF | DF | 22 | 김치곤 | | 0 | 0 | 1 | 0 |
| 0 | 0 | 3 | 0 | 19 | 김진규 | 6 | DF | DF | 39 | 김근환 | | 0 | 0 | 0 | 0 |
| 0 | 1 | 1 | 0 | | 김주영 | 4 | DF | DF | 2 | 정동호 | | 0 | 1 | 1 | 0 |
| 0 | 0 | 0 | 0 | 15 | 김치우 | 7 | DF | FW | 16 | 이재원 | 16 | 1 | 0 | 0 | 0 |
| 0 | 0 | 1 | 1 | | 차두리 | 5 | MF | MF | 26 | 하성민 | | 0 | 2 | 1 | 0 |
| 0 | 3 | 1 | | | 최현태 | 17 | MF | MF | 8 | 반데르 | 15 | 0 | 1 | 0 | 0 |
| 0 | 1 | 1 | 2 | | 고명진 | 22 | MF | MF | 10 | 카 사 | | 1(1) | 4 | 2 | 0 |
| 0 | 0 | | 9 | | 윤일록 | 24 | FW | FW | 11 | 따르따 | | 2 | 0 | 0 | 0 |
| 0 | 0 | 2(1) | | | 에벨톤 | 10 | FW | FW | 9 | 김신욱 | | 1(1) | 1 | 0 | 0 |
| 0 | 1 | 4 | | | 몰리나 | 11 | FW | FW | 20 | 양동현 | 24 | 1 | 2 | 0 | 0 |
| 0 | 0 | 0 | 0 | | 한일구 | 23 | | | 1 | 이희성 | | 0 | 0 | 0 | 0 |
| 0 | 0 | 0 | 0 | | 고광민 | 27 | | | 24 | 한재웅 | 후18 | 0 | 0 | 0 | 0 |
| 0 | 0 | 0 | 0 | 후39 | 최정한 | 15 | | | 13 | 김선민 | | 0 | 0 | 0 | 0 |
| 0 | 0 | 0 | 0 | | 이상협 | 29 | 대기 | 대기 | 25 | 백지훈 | 후25 | 0 | 0 | 0 | 0 |
| 0 | 0 | 0 | 0 | | 김동석 | 25 | | | 15 | 백지훈 | | | | | |
| 0 | 0 | 4(1) | | 후0 | 에스쿠데로 | 9 | | | 27 | 안진범 | | 0 | 0 | 0 | 0 |
| 0 | 0 | 2(1) | | 후18 | 윤주태 | 19 | | | 16 | 김성환 | 전30 | 0 | 0 | 0 | 0 |
| 0 | 2 | 12 | 16(3) | | | | | | | | | 7(3) | 11 | 4 | 0 |

● 후반 13분 반데르 MFR ~ 김신욱 GAL H-ST-G (득점: 김신욱, 도움: 반데르) 오른쪽

---

## 8월 09일 19:30 흐림 탄천 종합 관중 5,737명
주심_ 김상우 부심_ 김용수·강동호 대기심_ 류희선 감독관_ 김정식

**성남 0** 　전반 0　 **3 전북**
　　　　　　후반 1

| 퇴장 | 경고 | 파울 | ST(유) | 교체 | 선수명 | 배번 | 위치 | 위치 | 배번 | 선수명 | 교체 | ST(유) | 파울 | 경고 | 퇴장 |
|---|---|---|---|---|---|---|---|---|---|---|---|---|---|---|---|
| 0 | 0 | 0 | 0 | | 박준혁 | 28 | GK | GK | 1 | 권순태 | | 0 | 0 | 0 | 0 |
| 0 | 0 | 0 | 0 | 2 | 박희성 | 3 | DF | DF | 32 | 이주용 | | 1(1) | 3 | 1 | 0 |
| 0 | 1 | 1 | 0 | | 이요한 | 4 | DF | DF | 18 | 윌킨슨 | | 0 | 1 | 0 | 0 |
| 0 | 1 | 2 | 1 | | 임채린 | 5 | DF | DF | 6 | 최보경 | | 0 | 1 | 0 | 0 |
| 0 | 0 | 1 | | | 박진포 | 6 | MF | MF | 4 | 이규로 | | 1 | 3 | 1 | 0 |
| 0 | 1 | 4(1) | | | 정선호 | 14 | MF | MF | 22 | 신형민 | | 1 | 0 | 0 | 0 |
| 0 | 1 | 1 | | | 김철호 | 7 | MF | MF | 17 | 이재성 | | 1 | 0 | 0 | 0 |
| 0 | 1 | 3 | | | 김동희 | 13 | MF | MF | 5 | 이승기 | | 1 | 0 | 0 | 0 |
| 0 | | 2(2) | | | 김태환 | 17 | MF | MF | 27 | 한교원 | 27 | 3(2) | 2 | 1 | 0 |
| 0 | 0 | 17 | | | 제파로프 | 10 | MF | FW | 7 | 레오나르도 | | 1(1) | 3 | 0 | 0 |
| 0 | 0 | 1(1) | | | 황의조 | 16 | FW | FW | 9 | 카이오 | 9 | 3(1) | 3 | 1 | 0 |
| 0 | 0 | 0 | 0 | | 전상욱 | 21 | | | 21 | 이범수 | | 0 | 0 | 0 | 0 |
| 0 | 0 | 0 | 0 | 후0 | 곽해성 | 2 | | | 28 | 이강진 | | 0 | 0 | 0 | 0 |
| 0 | 0 | 0 | 0 | | 장석원 | 24 | | | 3 | 최재명 | | 0 | 0 | 0 | 0 |
| 0 | 0 | 0 | 0 | | 김평래 | 15 | 대기 | 대기 | 27 | 권경원 | 후43 | 0 | 0 | 0 | 0 |
| 0 | 0 | 0 | 0 | | 이창훈 | 18 | | | 13 | 김인성 | 후22 | 1(1) | 0 | 0 | 0 |
| 0 | 0 | 0 | 0 | 후29 | 이민우 | 7 | | | 14 | 이승렬 | | 0 | 0 | 0 | 0 |
| 0 | 1(1) | | | 후16 | 김동섭 | 9 | | | 16 | 이상협 | 후33 | 1(1) | 0 | 0 | 0 |
| 0 | 3 | 13 | 15(4) | | | | | | | | | 12(6) | 18 | 2 | 0 |

● 전반 14분 한교원 GAR ~ 카이오 GA정면 L-ST-G (득점: 카이오, 도움: 한교원) 오른쪽
● 후반 25분 이재성 GAL ~ 한교원 GA정면 H-ST-G (득점: 한교원, 도움: 이재성) 오른쪽
● 후반 47분 이상협 MFR FK L-ST-G (득점: 이상협) 왼쪽

## 울산 1 : 0 전남

8월 09일 19:30 맑음 울산 문수 관중 5,132명
주심_고형진 부심_정해상·김성일 대기심_김성호 감독관_하재훈

| 울산 | 1 | 1 전반 0 | | 0 | 전남 |
|---|---|---|---|---|---|
| | | 0 후반 0 | | | |

| 퇴장 | 경고 | 파울 | ST(유) | 교체 | 선수명 | 배번 | 위치 | 위치 | 배번 | 선수명 | 교체 | ST(유) | 파울 | 경고 | 퇴장 |
|---|---|---|---|---|---|---|---|---|---|---|---|---|---|---|---|
| 0 | 0 | 0 | 0 | | 김승규 | 18 | GK | GK | 1 | 김병지 | | 0 | 0 | 0 | 0 |
| 0 | 0 | 1 | 0 | | 이 용 | 2 | DF | DF | 13 | 현영민 | | 1 | 1 | 0 | 0 |
| 0 | 0 | 1 | 0 | | 김치곤 | 22 | DF | DF | 15 | 방대종 | | 0 | 1 | 0 | 0 |
| 0 | 0 | 1 | 0 | | 김영삼 | 14 | DF | DF | 55 | 코 니 | | 0 | 0 | 0 | 0 |
| 0 | 0 | 0 | 1(1) | | 김근환 | 39 | DF | DF | 2 | 김태호 | | 0 | 0 | 0 | 0 |
| 0 | 0 | 1 | 0 | | 하성민 | 26 | MF | MF | 6 | 이승희 | | 0 | 0 | 0 | 0 |
| 0 | 0 | 2 | 3(1) | | 반데르 | 4 | MF | MF | 8 | 이현승 | 12 | 1(1) | 2 | 0 | 0 |
| 0 | 1 | 3(1) | | 27 | 따르따 | 11 | MF | MF | 16 | 송창호 | 17 | 1 | 1 | 0 | 0 |
| 1 | 2 | 1 | | 13 | 카 사 | 10 | MF | MF | 14 | 김영욱 | 7 | 1 | 3 | 0 | 0 |
| 0 | 0 | 3 | 3(3) | | 스테브 | 9 | FW | FW | 25 | 스테보 | | 0 | 2 | 0 | 0 |
| 0 | 0 | 3(2) | | 16 | 양동현 | | FW | FW | 11 | 안용우 | | 1 | 1 | 0 | 0 |
| 0 | 0 | 0 | 0 | | 이희성 | 21 | | | 31 | 김대호 | | 0 | 0 | 0 | 0 |
| 0 | 0 | 0 | 0 | | 정동호 | 3 | | | 24 | 김동철 | | 0 | 0 | 0 | 0 |
| 0 | 0 | 0 | 0 | 후38 | 안진범 | | | | 19 | 김영우 | 후39 | 0 | 0 | 0 | 0 |
| 0 | 1 | 1(1) | 후20 | | 김선민 | 13 | 대기 | 대기 | 7 | 레안드리뉴 | 후25 | 1 | 0 | 0 | 0 |
| 0 | 0 | 0 | 0 | | 고창현 | | | | 17 | 이종호 | 후0 | 0 | 1 | 0 | 0 |
| 0 | 0 | 0 | 후33 | | 김성환 | 16 | | | 20 | 박기동 | | 0 | 0 | 0 | 0 |
| 0 | 0 | 0 | 0 | | 백지훈 | 15 | | | 12 | 크리즈만 | 후32 | 1(1) | 0 | 0 | 0 |
| 0 | 1 | 15 | 15(9) | | | | | | | | | 10(2) | 18 | 1 | 0 |

●전반 44분 카사 GA정중 H○양동현 GAR R-ST-G(득점: 양동현, 도움: 카사) 왼쪽

## 수원 1 : 0 제주

8월 10일 19:00 흐리고비 수원 월드컵 관중 13,838명
주심_유선호 부심_전기록·윤광열 대기심_송민석 감독관_강창구

| 수원 | 1 | 1 전반 0 | | 0 | 제주 |
|---|---|---|---|---|---|
| | | 0 후반 0 | | | |

| 퇴장 | 경고 | 파울 | ST(유) | 교체 | 선수명 | 배번 | 위치 | 위치 | 배번 | 선수명 | 교체 | ST(유) | 파울 | 경고 | 퇴장 |
|---|---|---|---|---|---|---|---|---|---|---|---|---|---|---|---|
| 0 | 0 | 0 | 0 | | 정성룡 | 1 | GK | GK | 1 | 김호준 | | 0 | 0 | 0 | 0 |
| 0 | 0 | 0 | 0 | | 최재수 | 2 | DF | DF | 2 | 정다훤 | | 0 | 1 | 0 | 0 |
| 0 | 0 | 0 | 1 | | 헤이네르 | 45 | DF | DF | 5 | 오반석 | | 0 | 0 | 0 | 0 |
| 0 | 0 | 1 | 0 | | 조성진 | 5 | DF | DF | 15 | 알렉스 | | 1(1) | 1 | 0 | 0 |
| 0 | 0 | 0 | 0 | | 신세계 | 30 | DF | DF | 22 | 김수범 | | 0 | 3 | 0 | 0 |
| 0 | 0 | 1 | 4(2) | | 김은선 | 6 | MF | MF | 8 | 오승범 | 24 | 0 | 1 | 0 | 0 |
| 0 | 0 | 1(1) | | 39 | 김두현 | | MF | MF | 14 | 윤빛가람 | | 0 | 0 | 0 | 0 |
| 0 | 0 | 1 | | 22 | 산토스 | | MF | MF | 19 | 드로겟 | | 3(1) | 1 | 0 | 0 |
| 0 | 0 | 3(2) | | | 염기훈 | 26 | MF | MF | 13 | 황일수 | 13 | 1 | 0 | 0 | 0 |
| 0 | 1 | 12 | | | 서정진 | 13 | MF | MF | 10 | 송진형 | | 0 | 0 | 0 | 0 |
| 0 | 2 | 4(2) | | | 로 저 | 11 | FW | FW | 18 | 진대성 | 26 | 0 | 0 | 0 | 0 |
| 0 | 0 | 0 | 0 | | 노동건 | 21 | | | 21 | 김경민 | | 0 | 0 | 0 | 0 |
| 0 | 0 | 0 | 후42 | | 민상기 | 19 | | | 24 | 이 용 | 후39 | | | | |
| 0 | 0 | 0 | 0 | | 홍 철 | 17 | | | 37 | 장은규 | | 0 | 0 | 0 | 0 |
| 0 | 0 | 0 | 후33 | | 고차원 | 12 | 대기 | 대기 | 16 | 김영신 | | 0 | 0 | 0 | 0 |
| 0 | 0 | 0 | 후25 | | 권창훈 | | | | 25 | 이현호 | | 0 | 0 | 0 | 0 |
| 0 | 0 | 0 | 0 | | 정대세 | 14 | | | 26 | 박수창 | 후11 | 0 | 1 | 0 | 0 |
| | | | | | | | | | 13 | 배일환 | 후29 | 0 | 0 | | |
| 0 | 0 | 9 | 15(8) | | | | | | | | | 10(2) | 9 | 0 | 0 |

●전반 41분 김두현 PAR FK○김은선 GAL L-ST-G(득점: 김은선, 도움: 김두현) 오른쪽

## 인천 2 : 0 경남

8월 10일 19:00 비 인천 전용 관중 2,907명
주심_최영용 부심_노태식·이규환 대기심_김종혁 감독관_김진의

| 인천 | 2 | 0 전반 0 | | 0 | 경남 |
|---|---|---|---|---|---|
| | | 2 후반 0 | | | |

| 퇴장 | 경고 | 파울 | ST(유) | 교체 | 선수명 | 배번 | 위치 | 위치 | 배번 | 선수명 | 교체 | ST(유) | 파울 | 경고 | 퇴장 |
|---|---|---|---|---|---|---|---|---|---|---|---|---|---|---|---|
| 0 | 0 | 0 | 0 | | 권정혁 | 1 | GK | GK | 1 | 김영광 | | 0 | 0 | 0 | 0 |
| 0 | 0 | 3 | 0 | | 박태민 | 13 | DF | DF | 30 | 스레텐 | | 0 | 3 | 0 | 0 |
| 0 | 0 | 3 | 0 | | 이윤표 | 16 | DF | DF | 90 | 여성해 | | 0 | 0 | 0 | 0 |
| 0 | 0 | 1 | 0 | | 안재준 | 20 | DF | DF | 6 | 루 크 | 33 | 0 | 2 | 1 | 0 |
| 0 | 0 | 1 | 0 | | 김용환 | 26 | DF | MF | 8 | 박주성 | | 0 | 0 | 0 | 0 |
| 0 | 0 | 1 | 0 | | 용현진 | 2 | MF | MF | 7 | 이학민 | | 0 | 1 | 0 | 0 |
| 0 | 0 | 1 | 0 | 24 | 김도혁 | 21 | MF | MF | 7 | 진경선 | | 0 | 0 | 0 | 0 |
| 0 | 0 | 2 | 1(1) | | 이 보 | | MF | MF | 14 | 이창민 | | 2(1) | 1 | 0 | 0 |
| 0 | 0 | 0 | 0 | | 문상윤 | | FW | FW | 17 | 이재안 | | 1(1) | 1 | 0 | 0 |
| 0 | 0 | 1 | 1 | 25 | 이천수 | 10 | MF | MF | 16 | 송수영 | 11 | 0 | 2 | 0 | 0 |
| 0 | 2 | 0 | 0 | 29 | 이효균 | | FW | FW | 28 | 에 디 | | 0 | 3(3) | 0 | 0 |
| 0 | 0 | 0 | 0 | | 조수혁 | 18 | | | 31 | 손정현 | | 0 | 0 | 0 | 0 |
| 0 | 0 | 0 | 후44 | | 임하람 | 24 | | | 31 | 김준엽 | | 0 | 0 | 0 | 0 |
| 0 | 0 | 1 | 1(1) 후28 | | 최종환 | 25 | | | 20 | 이한샘 | | 0 | 0 | 0 | 0 |
| 0 | 0 | 0 | 0 | | 조수철 | 33 | 대기 | 대기 | 13 | 김슬기 | 후28 | 0 | 0 | 0 | 0 |
| 0 | 0 | 0 | 0 | | 이석현 | 14 | | | 11 | 김 도 | 후28 | 0 | 0 | 0 | 0 |
| 0 | 0 | 0 | 0 | | 권혁진 | 22 | | | 9 | 스토야노비치 | 후14 | 1(1) | 2 | 0 | 0 |
| 0 | 0 | 2 | 1(1) 후0 | | 진성욱 | | | | 26 | 최영준 | | 0 | 0 | 0 | 0 |
| 0 | 0 | 14 | 4(3) | | | | | | | | | 8(6) | 14 | 1 | 0 |

●후반 8분 진성욱 GAL내 L-ST-G(득점: 진성욱) 가운데
●후반 48분 이보 PK-L-G (득점: 이보) 오른쪽

## 부산 0 : 2 서울

8월 10일 19:30 비 부산 아시아드 관중 4,954명
주심_이민후 부심_손재선·장준모 대기심_이동준 감독관_한병화

| 부산 | 0 | 0 전반 0 | | 2 | 서울 |
|---|---|---|---|---|---|
| | | 0 후반 2 | | | |

| 퇴장 | 경고 | 파울 | ST(유) | 교체 | 선수명 | 배번 | 위치 | 위치 | 배번 | 선수명 | 교체 | ST(유) | 파울 | 경고 | 퇴장 |
|---|---|---|---|---|---|---|---|---|---|---|---|---|---|---|---|
| 0 | 0 | 0 | 0 | | 이범영 | 1 | GK | GK | 31 | 유상훈 | | 0 | 0 | 0 | 0 |
| 0 | 0 | 0 | 0 | | 이경렬 | 6 | DF | DF | 3 | 이웅희 | | 0 | 0 | 0 | 0 |
| 0 | 0 | 1 | 0 | 19 | 황재훈 | 13 | DF | DF | 4 | 김주영 | | 0 | 0 | 0 | 0 |
| 0 | 1 | 3 | 0 | | 장학영 | 33 | DF | DF | 5 | 차두리 | | 1 | 2 | 0 | 0 |
| 0 | 0 | 1 | 0 | | 연제민 | 34 | DF | DF | 7 | 김치우 | 6 | 0 | 0 | 0 | 0 |
| 0 | 1 | 2(1) | | | 유지노 | 15 | MF | MF | 28 | 오스마르 | | 1 | 1 | 0 | 0 |
| 0 | 0 | 0 | 0 | | 김용태 | 18 | MF | MF | 24 | 고명진 | | 0 | 0 | 0 | 0 |
| 0 | 0 | 3 | 0 | | 전성찬 | 22 | MF | MF | 22 | 윤일록 | 27 | 4 | 0 | 0 | 0 |
| 0 | 3 | 1(1) | | | 임상협 | 11 | MF | MF | 10 | 에벨톤 | | 5(2) | 0 | 0 | 0 |
| 0 | 2 | 3(1) | | 9 | 파그너 | 51 | FW | FW | 9 | 에스쿠데로 | | 2(1) | 1 | 0 | 0 |
| 0 | 0 | 1(1) | | | 박용지 | 7 | FW | FW | 14 | 박희성 | | 0 | 0 | 0 | 0 |
| 0 | 0 | 0 | 0 | | 이창근 | 21 | | | 21 | 이상기 | | 0 | 0 | 0 | 0 |
| 0 | 0 | 0 | 후28 | | 박용호 | | | | 6 | 김진규 | 후36 | | | | |
| 0 | 0 | 0 | 후38 | | 짜 시 오 | 10 | | | 15 | 최정한 | | 0 | 0 | 0 | 0 |
| 0 | 0 | 0 | 후22 | | 김신영 | 19 | 대기 | 대기 | 17 | 최현태 | | 0 | 0 | 0 | 0 |
| 0 | 0 | 0 | 0 | | 홍동현 | 25 | | | 29 | 이상협 | | 0 | 0 | 0 | 0 |
| 0 | 0 | 0 | 0 | | 김지민 | 29 | | | 27 | 고광민 | 후23 | 0 | 0 | 0 | 0 |
| | | | | | | | | | 11 | 몰리나 | 후11 | 1(1) | 0 | 0 | 0 |
| 0 | 1 | 16 | 7(4) | | | | | | | | | 10(4) | 11 | 1 | 0 |

●후반 33분 몰리나 PK-L-G(득점: 몰리나) 오른쪽
●후반 44분 에스쿠데로 PAL내 R-ST-G(득점: 에스쿠데로) 오른쪽

## 8월 16일 19:00 맑음 제주 월드컵 관중 12,101명
주심_송민석 부심_손재선·노수용 대기심_이동준 감독관_이영철

### 제주 1   0 전반 0 / 1 후반 0   0 울산

| 퇴장 | 경고 | 파울 | ST(유) | 교체 | 선수명 | 배번 | 위치 | 위치 | 배번 | 선수명 | 교체 | ST(유) | 파울 | 경고 | 퇴장 |
|---|---|---|---|---|---|---|---|---|---|---|---|---|---|---|---|
| 0 | 0 | 0 | 0 | 21 | 김호준 | 1 | GK | GK | 18 | 김승규 | | 0 | 0 | 0 | 0 |
| 0 | 0 | 2 | 0 | 24 | 김수범 | 22 | DF | DF | 22 | 김치곤 | | 0 | 0 | 0 | 0 |
| 0 | 0 | 1 | 0 | | 알렉스 | 15 | DF | DF | 39 | 김근환 | | 0 | 1 | 0 | 0 |
| 0 | 0 | 1 | 0 | | 오반석 | 5 | DF | DF | 14 | 김영삼 | | 0 | 0 | 0 | 0 |
| 0 | 0 | 2 | 0 | | 정다훤 | 2 | DF | DF | 2 | 이 용 | | 1(1) | 0 | 1 | 0 |
| 0 | 0 | 1 | 0 | | 장은규 | 37 | MF | MF | 6 | 하성민 | | 0 | 2 | 1 | 0 |
| 0 | 0 | 1 | 1(1) | | 윤빛가람 | 14 | MF | MF | 13 | 반데르 | 13 | 1 | 3 | 1 | 0 |
| 0 | 0 | 2 | 2(1) | | 황일수 | 11 | FW | MF | 10 | 카 사 | | 1(1) | 2 | 0 | 0 |
| 0 | 0 | 2 | 0 | | 드로겟 | 19 | MF | MF | 11 | 따르따 | | 3 | 0 | 0 | 0 |
| 0 | 1 | 1 | 1 | 9 | 송진형 | 10 | FW | FW | 9 | 김신욱 | | 0 | 2 | 0 | 0 |
| 0 | 0 | 4 | 1(1) | | 박수창 | 26 | FW | FW | 20 | 양동현 | 24 | 1 | 1 | 0 | 0 |
| 0 | 0 | 0 | 0 | 후33 | 김경민 | 21 | | | 0 | 이희성 | | 0 | 0 | 0 | 0 |
| 0 | 0 | 0 | 0 | 후38 | 이 용 | 24 | | | 24 | 한재웅 | 후15 | 1 | | | |
| 0 | 0 | 0 | 0 | | 오승범 | 5 | | | 13 | 김선민 | 후13 | 1(1) | | | |
| 0 | 0 | 0 | 0 | | 이현호 | 25 | 대기 | 대기 | 7 | 정동호 | | | | | |
| 0 | 0 | 0 | 0 | | 배일환 | 13 | | | 16 | 백지훈 | 후35 | 0 | | | |
| 0 | 0 | 0 | 0 | | 진대성 | 29 | | | 15 | 임동천 | | | | | |
| 0 | 0 | 1 | 0 | 후25 | 김 현 | 9 | | | 16 | 김성환 | | | | | |
| 0 | 1 | 15 | 8(4) | | | | 0 | 0 | | | | 11(3) | 21 | 0 | 1 |

●후반 26분 드로겟 PAR ∩ 황일수 GAL R-ST-G
(득점: 황일수, 도움: 드로겟) 오른쪽

## 8월 16일 19:00 맑음 포항 스틸야드 관중 17,424명
주심_유선호 부심_김용수·윤광열 대기심_이민후 감독관_김수현

### 포항 0   0 전반 1 / 0 후반 1   2 전북

| 퇴장 | 경고 | 파울 | ST(유) | 교체 | 선수명 | 배번 | 위치 | 위치 | 배번 | 선수명 | 교체 | ST(유) | 파울 | 경고 | 퇴장 |
|---|---|---|---|---|---|---|---|---|---|---|---|---|---|---|---|
| 0 | 0 | 0 | 0 | | 신화용 | 1 | GK | GK | 1 | 권순태 | | 0 | 1 | 0 | 0 |
| 0 | 0 | 1 | 0 | | 김광석 | 3 | DF | DF | 32 | 이주용 | | 0 | 0 | 1 | 0 |
| 0 | 0 | 2 | 0 | | 배슬기 | 24 | DF | DF | 18 | 윌킨슨 | | 0 | 0 | 0 | 0 |
| 0 | 0 | 2 | 0 | 2 | 김대호 | 22 | DF | DF | 5 | 정인환 | | 0 | 2 | 0 | 0 |
| 0 | 0 | 1 | 0 | | 신광훈 | 17 | DF | DF | 25 | 최철순 | | 0 | 0 | 0 | 0 |
| 0 | 1 | 2 | 0 | | 김태수 | 5 | MF | MF | 55 | 김남일 | 9 | 1 | 0 | 0 | 0 |
| 0 | 1 | 5 | 2(1) | 23 | 손준호 | 28 | MF | MF | 17 | 신형민 | | 3(1) | 1 | 1 | 0 |
| 0 | 0 | 1 | 0 | | 김재성 | 7 | MF | MF | 27 | 이재성 | 27 | 1 | 1 | 0 | 0 |
| 0 | 1 | 3 | 0 | | 김승대 | 12 | FW | FW | 7 | 한교원 | | 1 | 0 | 0 | 0 |
| 0 | 1 | 3 | 1 | | 강수일 | 11 | MF | MF | 11 | 이승기 | | 2(1) | 1 | 0 | 0 |
| 0 | 1 | 5 | 0 | | 고무열 | 18 | MF | FW | 20 | 이동국 | | 4(3) | 0 | 1 | 0 |
| | | | | | 김다솔 | 31 | | | 21 | 이범수 | | | | | |
| | | | | 전22 | 박희철 | 2 | | | 28 | 이강진 | | | | | |
| | | | | | 김형일 | 32 | | | 19 | 박원재 | | | | | |
| | | | | | 황지수 | 9 | 대기 | 대기 | 27 | 권경원 | 후48 | | | | |
| | | | | 후34 | 문창진 | 19 | | | | 레오나르도 | | | | | |
| | | | | | 신영준 | 15 | | | 16 | 이상협 | | | | | |
| | | | | 후19 | 유창현 | 23 | | | 9 | 카이오 | 후20 | | | | |
| 0 | 3 | 25 | 3(1) | | | | 0 | 0 | | | | 13(5) | 19 | 3 | 0 |

●전반 35분 이동국 AKL → 이승기 PK지점 L-ST-G(득점: 이승기, 도움: 이동국) 왼쪽
●후반 46분 이동국 PA정면 L-ST-G(득점: 이동국) 오른쪽

## 8월 16일 19:00 맑음 서울 월드컵 관중 24,027명
주심_김종혁 부심_최민병·양병은 대기심_김상우 감독관_김형남

### 서울 5   3 전반 0 / 2 후반 1   1 인천

| 퇴장 | 경고 | 파울 | ST(유) | 교체 | 선수명 | 배번 | 위치 | 위치 | 배번 | 선수명 | 교체 | ST(유) | 파울 | 경고 | 퇴장 |
|---|---|---|---|---|---|---|---|---|---|---|---|---|---|---|---|
| 0 | 0 | 0 | 0 | | 김용대 | 1 | GK | GK | 1 | 권정혁 | | 0 | 0 | 0 | 0 |
| 0 | 0 | 1 | 0 | | 김진규 | 6 | DF | DF | 13 | 박태민 | | 0 | 0 | 0 | 0 |
| 0 | 0 | 1 | 0 | | 김남춘 | 26 | DF | DF | 16 | 이윤표 | | 0 | 0 | 0 | 0 |
| 0 | 0 | 1 | 1(1) | | 오스마르 | 28 | DF | DF | 20 | 안재준 | | 1(1) | 2 | 1 | 0 |
| 0 | 0 | 1 | 1 | | 김치우 | 7 | MF | MF | 26 | 김용환 | | 1 | 2 | 0 | 0 |
| 0 | 0 | 3 | 3(2) | | 고요한 | 13 | MF | MF | 2 | 용현진 | | 2 | 1 | 0 | 0 |
| 0 | 0 | 1 | 0 | 16 | 최현태 | 17 | MF | MF | 21 | 김도혁 | 14 | 0 | 1 | 1 | 0 |
| 0 | 1 | 1 | 0 | | 이상협 | 29 | MF | MF | 7 | 이 보 | | 1 | 0 | 0 | 0 |
| 0 | 0 | 1 | 0 | | 고광민 | 27 | MF | MF | 8 | 문상윤 | | 0 | 0 | 0 | 0 |
| 0 | 0 | | 2(1) | 11 | 윤일록 | 24 | FW | FW | 10 | 이천수 | 25 | 1 | 0 | 0 | 0 |
| 0 | 0 | | 3(2) | 15 | 박희성 | 14 | FW | FW | 28 | 이효균 | 29 | 1 | 0 | 0 | 0 |
| | | | | | 유상훈 | 31 | | | 18 | 조수철 | | | | | |
| | | | | | 이웅희 | 3 | | | 24 | 임하람 | | | | | |
| 0 | 0 | 1 | 1 | 후17 | 최정한 | 15 | | | 25 | 최종환 | 후33 | | | | |
| 0 | 0 | 2 | 0 | 후37 | 강승조 | 16 | 대기 | 대기 | 8 | 구본상 | | | | | |
| 0 | 0 | 1 | 1(1) | 후24 | 몰리나 | 11 | | | 14 | 이석현 | 후22 | 1(1) | | | |
| | | | | | 에스쿠데로 | 9 | | | 22 | 권혁진 | | | | | |
| | | | | | 윤주태 | 19 | | | 29 | 진성욱 | 후0 | | | | |
| 0 | 0 | 7 | 13(9) | | | | 0 | 0 | | | | 9(7) | 11 | 2 | 0 |

●전반 29분 오스마르 자기측 MFL → 윤일록 PAL R-ST-G(득점: 윤일록, 도움: 오스마르) 오른쪽
●전반 36분 김치우GAL ~ 고요한 GA정면 R-ST-G(득점: 고요한, 도움: 김치우) 가운데
●전반 42분 윤일록 HL정면 → 김치우 PAL내 R-ST-G(득점: 김치우, 도움: 윤일록) 왼쪽
●후반 31분 몰리나 PA정면 L-ST-G(득점: 몰리나) 오른쪽
●후반 36분 김진규 MFL ~ 이상협 MF정면내 R-ST-G(득점: 이상협, 도움: 김진규) 왼쪽
●후반 47분 문상윤 C.KR ∩ 진성욱 GA정면 H-ST-G(득점: 진성욱, 도움: 문상윤) 왼쪽

## 8월 17일 19:00 흐리고 비 광양 전용 관중 2,634명
주심_김성호 부심_노태식·강도준 대기심_김동진 감독관_강창구

### 전남 3   0 전반 0 / 3 후반 1   1 수원

| 퇴장 | 경고 | 파울 | ST(유) | 교체 | 선수명 | 배번 | 위치 | 위치 | 배번 | 선수명 | 교체 | ST(유) | 파울 | 경고 | 퇴장 |
|---|---|---|---|---|---|---|---|---|---|---|---|---|---|---|---|
| 0 | 0 | 0 | 0 | | 김병지 | 1 | GK | GK | 1 | 정성룡 | | 0 | 0 | 0 | 0 |
| 0 | 1 | 0 | 0 | | 현영민 | 13 | DF | DF | 2 | 최재수 | | 0 | 1 | 0 | 1 |
| 0 | 0 | 1 | 0 | | 홍진기 | 4 | DF | DF | 45 | 헤이네르 | | 1(1) | 1 | 0 | 0 |
| 0 | 0 | 0 | 0 | | 방대종 | 15 | DF | DF | 3 | 조성진 | | 2 | 0 | 0 | 0 |
| 0 | 0 | 0 | 0 | 25 | 김태호 | 2 | DF | DF | 30 | 신세계 | | 1 | 1 | 0 | 0 |
| 0 | 1 | 0 | 0 | | 이승희 | 6 | MF | MF | 6 | 김은선 | | 2 | 1 | 0 | 0 |
| 0 | 0 | 1 | 0 | | 송창호 | 16 | MF | MF | 7 | 김두현 | 1 | 1 | 1 | 0 | 0 |
| 0 | 1 | 2 | 3(3) | 5 | 김영욱 | 14 | MF | MF | 22 | 고차원 | 11 | 3(2) | 0 | 0 | 0 |
| 0 | 1 | 2 | 0 | | 김영우 | 19 | MF | MF | 33 | 서정진 | 18 | 0 | 1 | 0 | 0 |
| 0 | 0 | 3 | 3(1) | | 전현철 | 77 | MF | FW | 26 | 염기훈 | | 2 | 0 | 0 | 0 |
| 0 | 1 | 5 | 3(3) | 10 | 스테보 | 10 | FW | FW | 14 | 정대세 | | 1 | 0 | 0 | 0 |
| | | | | | 김대호 | 31 | | | 21 | 노동건 | | | | | |
| | | | | | 박선용 | 2 | | | 3 | 민상기 | | | | | |
| | | | | 후34 | 이종은 | 5 | | | 17 | 홍 철 | | | | | |
| | | | | 후10 | 레안드리뉴 | | 대기 | 대기 | 22 | 권창훈 | 후25 | | | | |
| | | | | | 이현승 | 6 | | | 16 | 조지훈 | | | | | |
| 0 | 1 | 3 | 3(1) | 후0 | 안용우 | 25 | | | 10 | 산토스 | 후9 | 2(2) | | | |
| | | | | | 박기동 | 20 | | | 11 | 로 저 | 후32 | | | | |
| 0 | 3 | 14 | 10(7) | | | | 0 | 0 | | | | 13(7) | 11 | 2 | 1 |

●후반 16분 안용우 PARL-ST-G(득점: 안용우) 왼쪽
●후반 26분 스테보 GA정면내 오버헤드킥 R-ST-G(득점: 스테보) 오른쪽
●후반 43분 레안드리뉴 MF정면 → 안용우 PAL L-ST-G(득점: 안용우, 도움: 레안드리뉴) 왼쪽
●후반 32분 염기훈 PAL ~ 산토스 GAL R-ST-G(득점: 산토스, 도움: 염기훈) 오른쪽

## 성남 2 - 4 부산

8월17일 19:30 흐림 탄천 종합 관중 3,785명
주심_류희선 부심_이규환·김성일 대기심_최명용 감독관_김용세

| 전반 | 0 - 2 |
| 후반 | 2 - 2 |

| 퇴장 | 경고 | 파울 | ST(유) | 교체 | 선수명 | 배번 | 위치 | 위치 | 배번 | 선수명 | 교체 | ST(유) | 파울 | 경고 | 퇴장 |
|---|---|---|---|---|---|---|---|---|---|---|---|---|---|---|---|
| 0 | 0 | 0 | 0 | | 전상욱 | 1 | GK | GK | 21 | 이창근 | | 0 | 0 | 0 | 0 |
| 0 | 1 | 3 | 0 | | 박희성 | 3 | DF | DF | 6 | 이경렬 | | 0 | 3 | 0 | 0 |
| 0 | 2 | 3 | 0 | | 이요한 | 4 | DF | DF | 15 | 유지노 | | 1 | 3 | 1 | 0 |
| 0 | 0 | 2 | 2(1) | | 임채민 | 26 | DF | DF | 33 | 장학영 | | 0 | 1 | 0 | 0 |
| 0 | 0 | 1 | | 16 | 박진포 | 8 | DF | DF | 34 | 연제민 | | 1(1) | 1 | 0 | 0 |
| 0 | 0 | 0 | 2 | | 정선호 | 14 | MF | MF | 24 | 김익현 | | 0 | 0 | 0 | 0 |
| 0 | 1 | 3(2) | | | 제파로프 | 10 | MF | MF | 18 | 김용태 | | 0 | 2 | 0 | 0 |
| 0 | 0 | 2(1) | | 24 | 김동희 | 13 | MF | MF | 13 | 황재훈 | 27 | 0 | 2 | 1 | 0 |
| 0 | 0 | | | | 이창훈 | | MF | MF | 11 | 임상협 | | 4(4) | | | |
| 0 | | | | | 김태환 | 11 | MF | FW | 9 | 박용지 | | 1 | 3 | 1 | 0 |
| 0 | | | | | 김철호 | 9 | FW | FW | 51 | 파그너 | 7 | 1 | 1 | 1 | 0 |
| 0 | | | | | 박준혁 | 28 | | | 1 | 이범영 | | | | | |
| 0 | | | | | 곽해성 | 2 | | | 7 | 한지호 | 후24 | | | | |
| 0 | 0 | 1 | 1(1) | 후 | 장석원 | 24 | | | 10 | 파시오 | | | | | |
| 0 | | | | 대기 | 김평래 | 15 | 대기 | | 25 | 닉슨주니어 | | | | | |
| 0 | | | | | 정우재 | 25 | | | 14 | 정석화 | | | | | |
| 0 | | | | | 김철호 | | | | 24 | 주세종 | 후17 | 1(1) | | | |
| 0 | | | | 후26 | 황의조 | 16 | | | 27 | 권진영 | 후30 | 0 | 1 | 0 | 0 |
| 0 | 3 | 18 | 14(8) | | | 0 | | | 0 | | | 9(7) | 21 | 5 | 0 |

● 후반 14분 박희성 PAL ⌒ 김동희 GAL H-ST-G (득점: 김동희, 도움: 박희성) 왼쪽
● 후반 43분 제파로프 AK정면 FK L-ST-G 득점: 제파로프) 왼쪽
● 전반 7분 임상협 PAL R-ST-G(득점: 임상협) 오른쪽
● 전반 29분 파그너 PK-R-G (득점: 파그너) 왼쪽
● 후반 38분 주세종 HLR ~ 임상협 GAR R-ST-G (득점: 임상협, 도움: 주세종) 가운데
● 후반 49분 주세종 GAL L-ST-G(득점: 주세종) 오른쪽

## 경남 0 - 0 포항

8월23일 19:00 맑음 창원 축구센터 관중 3,184명
주심_이민후 부심_이규환·김성일 대기심_매호영 감독관_이영철

| 전반 | 0 - 0 |
| 후반 | 0 - 0 |

| 퇴장 | 경고 | 파울 | ST(유) | 교체 | 선수명 | 배번 | 위치 | 위치 | 배번 | 선수명 | 교체 | ST(유) | 파울 | 경고 | 퇴장 |
|---|---|---|---|---|---|---|---|---|---|---|---|---|---|---|---|
| 0 | 0 | 0 | 0 | | 김영광 | 31 | GK | GK | 1 | 김다솔 | | 0 | 0 | 0 | 0 |
| 0 | 4 | 0 | | | 스레텐 | 30 | DF | DF | 24 | 배슬기 | | 0 | 1 | 0 | 0 |
| 0 | 0 | 0 | | | 여성해 | 90 | DF | DF | 6 | 김준수 | | 0 | 2 | 0 | 0 |
| 0 | 0 | 1 | 0 | | 박주성 | 27 | DF | MF | 5 | 박준희 | | 1 | 3 | 0 | 0 |
| 0 | 1 | 0 | | | 권완규 | 17 | DF | MF | 27 | 박선주 | | 2(1) | 4 | 1 | 0 |
| 0 | 0 | 1 | 1 | | 진경선 | 7 | MF | MF | 8 | 손준호 | | 1(1) | 1 | 0 | 0 |
| 0 | 1 | 1 | | | 이창민 | 19 | MF | MF | 19 | 문창진 | | 0 | 0 | 0 | 0 |
| 0 | 0 | 1 | | | 최영준 | 26 | MF | MF | 12 | 우창현 | | 0 | 2 | 0 | 0 |
| 0 | 1 | | | | 김도엽 | 11 | FW | FW | 15 | 신영준 | 34 | 0 | | | |
| 0 | 0 | 2(1) | | 16 | 이재안 | | FW | FW | 16 | 강수일 | | 0 | 1 | 0 | 0 |
| 0 | | | | | 김교빈 | 41 | | | | 김진영 | | | | | |
| 0 | | | | | 김준엽 | 12 | | | | 김승대 | 후16 | | | | |
| 0 | | | | | 이한샘 | | | | | 우제호 | | | | | |
| 0 | | | | 대기 | 김슬기 | 33 | 대기 | | | 이광혁 | 후29 | | | | |
| 0 | | | | | 한의권 | | | | 30 | 강상우 | | | | | |
| 0 | | | | 후46 | 송수영 | 16 | | | | 윤준성 | 후44 | | | | |
| 0 | | | | 후10 | 스토야노비치 | | | | 21 | 이진석 | | | | | |
| 0 | 1 | 12 | 5(1) | | | 0 | | | 0 | | | 6(2) | 12 | 3 | 0 |

## 상주 1 - 3 경남

8월17일 19:00 비 상주 시민 관중 1,183명
주심_우상일 부심_전기록·장준모 대기심_정동식 감독관_한진원

| 전반 | 1 - 1 |
| 후반 | 0 - 2 |

| 퇴장 | 경고 | 파울 | ST(유) | 교체 | 선수명 | 배번 | 위치 | 위치 | 배번 | 선수명 | 교체 | ST(유) | 파울 | 경고 | 퇴장 |
|---|---|---|---|---|---|---|---|---|---|---|---|---|---|---|---|
| 0 | 0 | 0 | 0 | | 김민식 | 1 | GK | GK | 1 | 김영광 | | 0 | 0 | 0 | 0 |
| 0 | 0 | 2 | 2 | | 최호정 | 5 | DF | DF | 30 | 스레텐 | | 0 | 2 | 0 | 0 |
| 0 | 0 | 3 | 0 | | 안재훈 | 28 | DF | DF | 90 | 여성해 | | 1(1) | 1 | 0 | 0 |
| 0 | 1 | 1 | 0 | | 유지훈 | 33 | DF | DF | 23 | 권완규 | | 1 | 2 | 0 | 0 |
| 0 | 0 | 1 | 0 | | 곽광선 | 44 | DF | DF | 27 | 박주성 | | 0 | 1 | 0 | 0 |
| 0 | 0 | 1(1) | 8 | | 권순형 | 12 | MF | MF | 14 | 이창민 | 26 | 0 | 0 | 0 | 0 |
| 0 | 1 | 1 | | | 양준아 | 16 | MF | MF | 7 | 진경선 | | 0 | 0 | 0 | 0 |
| 0 | 0 | 2 | | | 서상민 | | MF | MF | 17 | 이재안 | | 2(2) | 0 | 0 | 0 |
| 0 | 0 | 1 | | | 이승현 | 7 | FW | FW | 11 | 김도엽 | 16 | 0 | | | |
| 0 | 0 | 2(1) | 25 | | 이근호 | 11 | FW | FW | 28 | 에딘 | | 0 | 1 | 0 | 0 |
| 0 | 2 | 3(1) | | | 김근배 | 31 | | | 41 | 김교빈 | | | | | |
| 0 | | | | | 이후권 | 2 | | | 12 | 김준엽 | | | | | |
| 0 | | | | | 강민수 | 66 | | | 20 | 이한샘 | | | | | |
| 0 | | | | 대기 | 이 호 | 8 | 대기 | | 33 | 김슬기 | | | | | |
| 0 | | | | | 정 훈 | 13 | | | 16 | 송수영 | 후 | 0 | 2(1) | 0 | 0 |
| 0 | 3(1) | 후25 | | | 김동찬 | 10 | | | 9 | 스토야노비치 | 후15 | 2(2) | 0 | 0 | 0 |
| 0 | | 후 | | | 조동건 | 25 | | | 26 | 김영준 | 후24 | 1(1) | | | |
| 0 | 1 | 15 | 15(4) | | | 0 | | | 0 | | | 15(6) | 19 | 2 | 0 |

● 전반 33분 이승현 AK정면 ~ 이근호 GAL L-ST-G(득점: 이근호, 도움: 이승현) 오른쪽
● 전반 11분 이재안 C.KL ⌒ 여성해 H-ST-G (득점: 여성해, 도움: 이재안) 오른쪽
● 후반 17분 이재안 GAR R-ST-G(득점: 이재안) 가운데
● 후반 29분 스토야노비치 GAR R-ST-G(득점: 스토야노비치) 왼쪽

## 전북 1 - 2 서울

8월23일 19:00 흐림 전주 월드컵 관중 30,597명
주심_우상일 부심_손재선·노수용 대기심_김희곤 감독관_하재훈

| 전반 | 1 - 0 |
| 후반 | 0 - 2 |

| 퇴장 | 경고 | 파울 | ST(유) | 교체 | 선수명 | 배번 | 위치 | 위치 | 배번 | 선수명 | 교체 | ST(유) | 파울 | 경고 | 퇴장 |
|---|---|---|---|---|---|---|---|---|---|---|---|---|---|---|---|
| 0 | 0 | 0 | 0 | | 권순태 | 1 | GK | GK | 1 | 김용대 | | 0 | 0 | 0 | 0 |
| 0 | 0 | 0 | 0 | | 이주용 | 32 | DF | DF | 2 | 이웅희 | | 2 | 2 | 0 | 0 |
| 0 | 1 | 2 | 0 | | 윌킨슨 | 18 | DF | DF | 4 | 김주영 | | 0 | 1 | 0 | 0 |
| 0 | 0 | 1 | 0 | | 정인환 | 5 | DF | DF | 26 | 김남춘 | 28 | 0 | 0 | 0 | 0 |
| 0 | 0 | 0 | 0 | | 최철순 | 25 | DF | MF | 2 | 최효진 | | 0 | 0 | 0 | 0 |
| 0 | 0 | 1 | 10 | | 김남일 | 55 | MF | MF | 27 | 고광민 | | 1(1) | 0 | 0 | 0 |
| 0 | 0 | 2 | 0 | | 신형민 | 22 | MF | MF | 17 | 고요한 | | 1(1) | 4 | 1 | 0 |
| 0 | 0 | 1 | 0 | | 이재성 | 17 | MF | MF | 15 | 최현태 | | 0 | 1 | 0 | 0 |
| 0 | 1 | 1 | | | 이승기 | 11 | MF | MF | 24 | 윤일록 | | 6(6) | 0 | 0 | 0 |
| 0 | 0 | 3(2) | | | 이동국 | 20 | FW | FW | 14 | 박희성 | 10 | 1 | 2 | 0 | 0 |
| 0 | | | | | 이범수 | 21 | | | 31 | 유상현 | | | | | |
| 0 | | | | | 김기희 | 4 | | | 23 | 오스마르 | 후23 | 0 | | | |
| 0 | | | | | 박원재 | 19 | | | 5 | 차두리 | | | | | |
| 0 | | | | 대기 | 최보경 | 6 | 대기 | | 22 | 고명진 | 후32 | 1(1) | 0 | 0 | 0 |
| 0 | 1 | 4(1) | 후5 | | 레오나르도 | | | | 40 | 심제혁 | | | | | |
| 0 | | | | | 이상협 | | | | 11 | 몰리나 | | | | | |
| 0 | 3(2) | 후21 | | | 이상협 | | | | 10 | 에벨톤 | 후19 | 0 | | | |
| 0 | 4 | 19 | 11(6) | | | 0 | | | 0 | | | 13(10) | 17 | 1 | 0 |

● 후반 16분 이주용 MFL ⌒ 이동국 PK우측지점 L-ST-G(득점: 이동국, 도움: 이주용) 왼쪽
● 후반 1분 윤일록 PA정면 R-ST-G(득점: 윤일록) 왼쪽
● 후반 49분 고명진 GAL ~ 윤일록 PAL내 R-ST-G(득점: 윤일록, 도움: 고명진) 왼쪽

## 8월 23일 19:30 맑음 울산 문수 관중 4,508명
주심_ 이동준 부심_ 노태식·방기열 대기심_ 유선호 감독관_ 한병화

**울산 3**    2 전반 0    **0 상주**    1 후반 0

| 퇴장 | 경고 | 파울 | ST(유) | 교체 | 선수명 | 배번 | 위치 | 위치 | 배번 | 선수명 | 교체 | ST(유) | 파울 | 경고 | 퇴장 |
|---|---|---|---|---|---|---|---|---|---|---|---|---|---|---|---|
| 0 | 0 | 0 | 0 | | 김승규 | 18 | GK | GK | 31 | 김근배 | | 0 | 0 | 0 | 0 |
| 0 | 1 | 1 | 0 | | 이 용 | 2 | DF | DF | 4 | 백종환 | 2 | 0 | 0 | 0 | 0 |
| 0 | 0 | 0 | 0 | | 김치곤 | 22 | DF | DF | 5 | 최호정 | 10 | 0 | 3 | 0 | 0 |
| 0 | 0 | 0 | 0 | | 이재원 | 4 | DF | DF | 28 | 양준아 | | 1(1) | 0 | 0 | 0 |
| 0 | 0 | 1 | 0 | 39 | 유준수 | 17 | DF | DF | 28 | 안재훈 | | 1 | 0 | 0 | 0 |
| 0 | 0 | 6 | 1 | | 하성민 | 26 | MF | MF | 12 | 김성준 | 1 | 1 | 1 | 0 | 0 |
| 0 | 3 | 3(2) | | | 고창현 | 7 | MF | MF | 16 | 서상민 | 4 | 0 | 0 | 0 | 0 |
| 0 | 0 | 2 | 2(1) | | 따르따 | 11 | MF | MF | 18 | 이상호 | | 0 | 0 | 1 | 0 |
| 0 | 2 | 2 | | | 서용덕 | 5 | MF | MF | 7 | 곽광선 | 26 | 0 | 1 | 0 | 0 |
| 0 | 2 | 1 | | | 김신욱 | 9 | FW | FW | 7 | 이승현 | 26 | 0 | 1 | 0 | 0 |
| 0 | 0 | 0 | 2(1) | 16 | 카 사 | | FW | FW | 25 | 조동건 | | 4(1) | 1 | 0 | 0 |
| | | | | | 이희성 | 21 | | | | 홍정남 | | 0 | | | |
| | | | 1(1) | 후22 | 정동호 | | | | 2 | 이후권 | 후12 | | | | |
| | | | | | 박태윤 | 38 | | | 24 | 이용기 | | | | | |
| | | | | | 김선민 | 13 | 대기 | 대기 | 13 | 정 훈 | | | | | |
| | | | | | 한재웅 | 24 | | | 19 | 고재성 | | | | | |
| | | | | 후18 | 김성환 | 16 | | | 10 | 김동찬 | 후8 | 3(1) | 1 | 1 | 0 |
| | | | | 후39 | 김근환 | 39 | | | 26 | 이정협 | 후0 | 2(1) | 0 | 1 | 0 |
| 0 | 1 | 17 | 12(7) | | | 0 | | | 0 | | | 16(4) | 8 | 3 | 0 |

●전반 22분 따르따 MFL ~ 고창현 PAL R-ST-G
(득점: 고창현, 도움: 따르따) 오른쪽
●전반 34분 김신욱 MFR ~ 따르따 PK오측지점
L-ST-G득점: 따르따, 도움: 김신욱 왼쪽
●후반 12분 카사 MFL ~ 고창현 GAL L-ST-G득
점: 고창현, 도움: 카사 왼쪽

## 8월 24일 19:00 흐리고비 수원 월드컵 관중 27,558명
주심_ 김동진 부심_ 장준모·김영하 대기심_ 김영수 감독관_ 김진의

**수원 1**    0 전반 0    **1 성남**    1 후반 1

| 퇴장 | 경고 | 파울 | ST(유) | 교체 | 선수명 | 배번 | 위치 | 위치 | 배번 | 선수명 | 교체 | ST(유) | 파울 | 경고 | 퇴장 |
|---|---|---|---|---|---|---|---|---|---|---|---|---|---|---|---|
| 0 | 0 | 0 | 0 | | 정성룡 | 1 | GK | GK | 28 | 박준혁 | | 0 | 0 | 0 | 0 |
| 0 | 0 | 1 | 1 | | 홍 철 | 17 | DF | DF | 3 | 박희성 | | 0 | 0 | 0 | 0 |
| 0 | 0 | 0 | 0 | | 헤이네르 | 45 | DF | DF | 24 | 장석원 | | 0 | 0 | 0 | 0 |
| 0 | 0 | 3 | 1 | | 조성진 | 5 | DF | DF | 26 | 임채민 | | 0 | 4 | 0 | 0 |
| 0 | 3 | 1 | | | 신세계 | 30 | DF | MF | 5 | 박진포 | | 0 | 4 | 0 | 0 |
| 0 | 3 | 1 | | 16 | 김두현 | 8 | MF | MF | 10 | 제파로프 | | | | | |
| 0 | 0 | 3(2) | | | 산토스 | 10 | MF | MF | 13 | 김동희 | | 4(2) | 1 | 0 | 0 |
| 0 | 2 | | | | 염기훈 | 26 | MF | MF | 22 | 곽해성 | 15 | 0 | 1 | 0 | 0 |
| 0 | 1 | 2 | | | 서정진 | 13 | MF | MF | 11 | 김태환 | | 2(1) | 4 | 0 | 0 |
| 0 | 3 | 3 | | 14 | 로 저 | 11 | FW | FW | 9 | 김동섭 | 16 | 2 | 0 | 0 | 0 |
| | | | | | 노동건 | 21 | | | 9 | 전상욱 | | 0 | | | |
| | | | | | 민상기 | 39 | | | 29 | 유창현 | 후39 | | | | |
| | | | | | 홍순학 | 23 | | | 15 | 김평래 | 후23 | | | | |
| 0 | 1 | 1(1) | | 후19 | 고차원 | 12 | 대기 | 대기 | 23 | 김영남 | | | | | |
| | | | | 후40 | 조지훈 | 6 | | | 6 | 이창훈 | | | | | |
| | | | | | 권창훈 | 22 | | | 17 | 이민우 | | | | | |
| 0 | 2 | 2(2) | | 후11 | 정대세 | 14 | | | 16 | 황의조 | 후29 | | | | |
| 0 | 0 | 15 | 16(5) | | | 0 | | | 0 | | | 9(4) | 11 | 0 | 0 |

●후반 17분 산토스 GAR내 R-ST-G득점: 산토스) 왼쪽
●후반 11분 김동희 GAL → 김태환 GAL내 L-ST-G득점: 김태환, 도움: 김동희) 오른쪽

## 8월 24일 19:00 흐리고비 인천 전용 관중 5,636명
주심_ 김성호 부심_ 전기록·윤광열 대기심_ 류희선 감독관_ 한진원

**인천 0**    0 전반 0    **0 제주**    0 후반 0

| 퇴장 | 경고 | 파울 | ST(유) | 교체 | 선수명 | 배번 | 위치 | 위치 | 배번 | 선수명 | 교체 | ST(유) | 파울 | 경고 | 퇴장 |
|---|---|---|---|---|---|---|---|---|---|---|---|---|---|---|---|
| 0 | 0 | 0 | 0 | | 권정혁 | 1 | GK | GK | 1 | 김경민 | | 0 | 0 | 0 | 0 |
| 0 | 0 | 1 | 0 | | 박태민 | 13 | DF | DF | 22 | 김수범 | | 0 | 0 | 0 | 0 |
| 0 | 1 | 4 | 0 | | 이윤표 | 16 | DF | DF | 2 | 오반석 | | 0 | 0 | 0 | 0 |
| 0 | 0 | 1 | 0 | | 안재준 | 20 | DF | DF | 15 | 알렉스 | | 1 | 0 | 0 | 0 |
| 0 | 0 | 1 | 2 | | 용현진 | 8 | DF | DF | 4 | 정다훤 | | 1 | 0 | 0 | 0 |
| 0 | 1 | 3 | 2 | | 구본상 | 8 | MF | MF | 37 | 장은규 | | 1(1) | 2 | 0 | 0 |
| 0 | 2 | 2 | | | 김도혁 | 21 | MF | MF | 14 | 윤빛가람 | | 2(1) | 2 | 0 | 0 |
| 0 | 0 | 1 | 7 | | 이석현 | 10 | MF | FW | 9 | 황일수 | 3 | 2(1) | 2 | 0 | 0 |
| 0 | 1 | 3 | 1(1) | 25 | 이천수 | 10 | MF | FW | 19 | 드로겟 | | 2 | 2 | 0 | 0 |
| 0 | 0 | 0 | | 28 | 진성욱 | 29 | FW | FW | 26 | 박수창 | 18 | 2(2) | 0 | 0 | 0 |
| | | | | | 조수혁 | 21 | | | 41 | 김형록 | | 0 | | | |
| | | | | | 임하람 | 24 | | | 5 | 황도연 | | 0 | | | |
| | | | | 후38 | 최종환 | 25 | | | 8 | 오승범 | | 0 | | | |
| | | | | | 조수철 | 33 | 대기 | 대기 | 21 | 이현욱 | | | | | |
| 0 | 0 | 1 | 1(1) | 후11 | 이효균 | | | | 18 | 진대성 | 후0 | | | | |
| | | | | | 남준재 | 18 | | | 13 | 배일환 | 후37 | | | | |
| | | | | 후46 | 이효균 | 28 | | | 9 | 김 현 | 후0 | 2(2) | 1 | 0 | 0 |
| 0 | 2 | 13 | 9(3) | | | 0 | | | 0 | | | 15(8) | 14 | 0 | 0 |

## 8월 24일 19:30 흐림 부산 아시아드 관중 2,248명
주심_ 최명용 부심_ 김용수·강동호 대기심_ 송민석 감독관_ 김정식

**부산 0**    0 전반 0    **1 전남**    0 후반 1

| 퇴장 | 경고 | 파울 | ST(유) | 교체 | 선수명 | 배번 | 위치 | 위치 | 배번 | 선수명 | 교체 | ST(유) | 파울 | 경고 | 퇴장 |
|---|---|---|---|---|---|---|---|---|---|---|---|---|---|---|---|
| 0 | 0 | 0 | 0 | | 이창근 | 21 | GK | GK | 1 | 김병지 | | 0 | 0 | 0 | 0 |
| 0 | 0 | 2 | 1 | | 이경렬 | 6 | DF | DF | 19 | 김영우 | | 1(1) | 4 | 1 | 0 |
| 0 | 0 | 2 | 1(1) | | 유지노 | 15 | DF | DF | 4 | 홍진기 | | 0 | 2 | 0 | 0 |
| 0 | 0 | 0 | | | 장학영 | 33 | DF | DF | 5 | 임종은 | | 0 | 2 | 0 | 0 |
| 0 | 0 | 2 | | | 연제민 | 34 | DF | DF | 2 | 김태호 | | 0 | 0 | 0 | 0 |
| 0 | 0 | 1 | | | 김용태 | 18 | MF | MF | 6 | 이승희 | | 0 | 2 | 0 | 0 |
| 0 | 0 | 2 | | | 전성찬 | 22 | MF | MF | 16 | 송창호 | | 0 | 0 | 0 | 0 |
| 0 | 0 | 2 | 7 | | 주세종 | 24 | MF | MF | 18 | 심동운 | 7 | 2(1) | 0 | 0 | 0 |
| 0 | 0 | 1 | | | 임상협 | 11 | MF | MF | 25 | 안용우 | | 2(1) | 0 | 0 | 0 |
| 0 | 1 | 7 | | | 박용지 | 9 | FW | FW | 17 | 이종호 | 77 | 1(1) | 2 | 0 | 0 |
| 0 | 3(3) | | | | 파그너 | 51 | FW | FW | 10 | 스테보 | | 5(2) | 3 | 0 | 0 |
| | | | | | 이범영 | 1 | | | 31 | 김대호 | | 0 | | | |
| 0 | 0 | 1 | | 후25 | 한지호 | 7 | | | 26 | 이중권 | | 0 | | | |
| 1(1) | | | | 후41 | 짜시오 | 10 | | | 15 | 방대종 | 후46 | | | | |
| | | | | | 정석화 | 14 | 대기 | 대기 | 10 | 이현승 | | | | | |
| 0 후/10 | | | | | 김익현 | 17 | | | 14 | 김9호 | | | | | |
| | | | | | 김찬영 | 23 | | | 7 | 레안드리뉴 | 후13 | | | | |
| | | | | | 권진영 | 27 | | | 77 | 전현철 | 후20/15 | | | | |
| 0 | 1 | 9 | 6(5) | | | 0 | | | 0 | | | 13(8) | 18 | 2 | 0 |

●후반 45분 안용우 PAR CK → 스테보 GAL 내
H-ST-G득점: 스테보, 도움: 안용우) 오른쪽

8월 30일 19:00 맑음 진주 종합 관중 10,188명
주심_유선호 부심_손재선·윤광열 대기심_김상우 감독관_김형남

**경남 0** | 0 전반 0 / 0 후반 1 | **1 수원**

| 퇴장 | 경고 | 파울 | ST(유) | 교체 | 선수명 | 배번 | 위치 | 위치 | 배번 | 선수명 | 교체 | ST(유) | 파울 | 경고 | 퇴장 |
|---|---|---|---|---|---|---|---|---|---|---|---|---|---|---|---|
| 0 | 0 | 0 | 0 | | 김영광 | 1 | GK | GK | 1 | 정성룡 | | 0 | 0 | 0 | 0 |
| 0 | 0 | 2 | 1 | | 스레텐 | 1 | DF | DF | 17 | 홍 철 | | 0 | 4 | 0 | 0 |
| 0 | 0 | 1 | 0 | | 여성해 | 90 | DF | DF | 45 | 헤이네르 | | 0 | 1 | 0 | 0 |
| 0 | 0 | 1 | 0 | | 권완규 | 23 | DF | DF | 5 | 조성진 | | 1 | 1 | 0 | 0 |
| 0 | 1 | 1 | 0 | | 박주성 | 27 | DF | DF | 39 | 민상기 | 30 | 0 | 1 | 0 | 0 |
| 0 | 0 | 1 | 2 | | 이창민 | 14 | MF | MF | 6 | 김은선 | | 0 | 5 | 0 | 0 |
| 0 | 1 | 1 | 0(1) | | 진경선 | 7 | MF | MF | 8 | 김두현 | | 0 | 1 | 0 | 0 |
| 0 | 0 | 2(1) | 28 | | 이재안 | 17 | FW | MF | 10 | 산토스 | 19 | 3 | 3 | 1 | 0 |
| 0 | 0 | | 22 | | 송수영 | 16 | MF | MF | 26 | 염기훈 | | 0 | 1 | 1 | 0 |
| 0 | 0 | 1 | 1 | | 김슬기 | 33 | MF | MF | 12 | 고차원 | | 3(1) | 0 | 2 | 0 |
| 0 | | | | | 스토야노비치 | | FW | FW | 14 | 정대세 | 11 | 2(1) | 3 | 0 | 0 |
| 0 | 0 | | | | 김교빈 | 41 | | | 21 | 노동건 | | 0 | 0 | 0 | 0 |
| 0 | 0 | | | | 이에샘 | 20 | | | 30 | 신세계 | 전32 | 1 | 0 | 0 | 0 |
| 0 | 0 | | | | 이학민 | 2 | | | 19 | 배기종 | 후42 | 0 | 1 | 0 | 0 |
| 0 | 0 | | | | 최영준 | | 대기 | 대기 | 13 | 서정진 | | 0 | 0 | 0 | 0 |
| 0 | 0 | | 후41 | | 에 딘 | 28 | | | 16 | 조지훈 | | 0 | 0 | 0 | 0 |
| 0 | 0 | | 후41 | | 한의권 | 22 | | | 22 | 권창훈 | | 0 | 0 | 0 | 0 |
| 0 | 0 | 1(1) | 후0 | | 김도엽 | 11 | | | 11 | 로 저 | 후6 | 3(2) | 0 | 0 | 0 |
| 0 | 0 | 8 | 8(3) | | | | | | 0 | | | 14(4) | 19 | 1 | 0 |

●후반 35분 고차원 MF정면 ~ 로저 GAR내 R-ST-G(득점: 로저, 도움: 고차원) 왼쪽

---

8월 30일 19:00 맑음 상주 시민 관중 3,426명
주심_최명용 부심_이정민·최민병 대기심_김동진 감독관_김용세

**상주 1** | 1 전반 0 / 0 후반 1 | **1 성남**

| 퇴장 | 경고 | 파울 | ST(유) | 교체 | 선수명 | 배번 | 위치 | 위치 | 배번 | 선수명 | 교체 | ST(유) | 파울 | 경고 | 퇴장 |
|---|---|---|---|---|---|---|---|---|---|---|---|---|---|---|---|
| 0 | 0 | 0 | 0 | | 홍정남 | 21 | GK | GK | 28 | 박준혁 | | 0 | 0 | 0 | 0 |
| 0 | 0 | 2 | 2(1) | | 최호정 | 5 | DF | DF | 6 | 박진포 | | 1(1) | 2 | 0 | 0 |
| 0 | 0 | 1 | 0 | | 유지훈 | 33 | DF | DF | 26 | 곽해성 | | 0 | 1 | 0 | 0 |
| 0 | 1 | 1 | 0 | 2 | 곽광선 | 44 | DF | DF | 26 | 임채민 | | 0 | 0 | 0 | 0 |
| 0 | 1 | 1 | 1 | | 강민수 | 66 | DF | DF | 24 | 장석원 | 4 | 0 | 2 | 0 | 0 |
| 0 | 0 | 1 | 1 | | 이 용 | 2 | MF | MF | 15 | 김평래 | | 2(1) | 1 | 0 | 0 |
| 0 | 0 | 1 | 0 | | 권순형 | 12 | MF | MF | 14 | 정선호 | | 2 | 2 | 1 | 0 |
| 0 | 1 | 2 | 1 | 26 | 서상민 | 7 | MF | MF | 13 | 김동희 | | 0 | 2 | 1 | 0 |
| 0 | 0 | 1 | 1 | | 한상운 | 77 | MF | MF | 11 | 김태환 | | 1(1) | 3 | 0 | 0 |
| 0 | 0 | 2(2) | | | 이근호 | 22 | FW | MF | | 제파로프 | | 0 | 0 | 0 | 0 |
| 0 | 1 | 1 | 27 | | 조동건 | 25 | FW | FW | 9 | 김동섭 | 16 | 0 | 1 | 0 | 0 |
| 0 | 0 | | | | 김근배 | 31 | | | 1 | 전상욱 | | 0 | 0 | 0 | 0 |
| 0 | 0 | | 후24 | | 이후권 | | | | 4 | 이요한 | 후35 | 0 | 0 | 0 | 0 |
| 0 | 0 | | | | 안재훈 | 28 | | | 3 | 박희성 | | 0 | 0 | 0 | 0 |
| 0 | 0 | | | | 박승일 | 30 | 대기 | 대기 | 17 | 이민우 | | 0 | 0 | 0 | 0 |
| 0 | 0 | | | | 유수현 | 36 | | | 23 | 김철호 | | 0 | 0 | 0 | 0 |
| 0 | 0 | | 후27 | | 이정협 | | | | 18 | 이창훈 | | 0 | 0 | 0 | 0 |
| 0 | 1 | 1 | 후39 | | 송제헌 | 27 | | | 16 | 황의조 | 후0 | 2 | 0 | 0 | 0 |
| 0 | 3 | 13 | 11(3) | | | | | | 0 | | | 9(4) | 17 | 1 | 0 |

●전반 14분 한상운 MFR ~ 이근호 GAR R-ST-G(득점: 이근호, 도움: 한상운) 오른쪽
●후반 10분 제파로프 PAR ~ 박진포 GAR R-ST-G(득점: 박진포, 도움: 제파로프) 왼쪽

---

8월 30일 19:00 맑음 인천 전용 관중 7,251명
주심_고형진 부심_이규환·노수용 대기심_우상일 감독관_김수현

**인천 3** | 2 전반 0 / 1 후반 0 | **0 부산**

| 퇴장 | 경고 | 파울 | ST(유) | 교체 | 선수명 | 배번 | 위치 | 위치 | 배번 | 선수명 | 교체 | ST(유) | 파울 | 경고 | 퇴장 |
|---|---|---|---|---|---|---|---|---|---|---|---|---|---|---|---|
| 0 | 0 | 0 | 0 | | 권정혁 | 1 | GK | GK | 1 | 이범영 | | 0 | 0 | 0 | 0 |
| 0 | 0 | 1 | 0 | | 박태민 | 13 | DF | DF | 6 | 이경렬 | | 0 | 3 | 0 | 0 |
| 0 | 0 | 2 | 0 | | 이윤표 | 16 | DF | DF | 25 | 유지노 | | 0 | 1 | 0 | 0 |
| 0 | 0 | 1 | 0 | | 안재준 | 20 | DF | DF | 33 | 장학영 | | 0 | 0 | 0 | 0 |
| 0 | 0 | 1 | 0 | | 용현진 | 2 | DF | DF | 34 | 연제민 | | 1 | 1 | 0 | 0 |
| 0 | 1 | 1 | 1 | | 구본상 | 8 | MF | MF | 18 | 김용태 | 14 | 0 | 1 | 0 | 0 |
| 0 | 1 | 1 | 2(2) | | 김도혁 | 21 | MF | MF | 24 | 주세종 | | 0 | 4 | 0 | 0 |
| 0 | 1 | 5(4) | | | 이 보 | 7 | MF | MF | 14 | 정석화 | | 0 | 0 | 0 | 0 |
| 0 | 0 | 2(1) | 6 | | 남준재 | 23 | MF | MF | 11 | 임상협 | | 1(1) | 1 | 0 | 0 |
| 0 | 0 | | 25 | | 이천수 | 10 | FW | FW | 19 | 김신영 | 9 | 3(2) | 0 | 0 | 0 |
| 0 | 0 | | 29 | | 이효균 | 28 | FW | FW | 51 | 파그너 | | 2(1) | 1 | 0 | 0 |
| 0 | 0 | 0 | 0 | | 조수혁 | | | | 21 | 이창근 | | 0 | 0 | 0 | 0 |
| 0 | 0 | | | | 임하람 | 24 | | | 9 | 박용지 | 후0 | 1 | 0 | 0 | 0 |
| 0 | 0 | | | | 김용환 | | | | 10 | 파시오 | 후29 | 0 | 1 | 0 | 0 |
| 0 | 0 | | 후18 | | 최종환 | 25 | 대기 | 대기 | 13 | 황재훈 | | 0 | 0 | 0 | 0 |
| 0 | 0 | | | | 이석현 | | | | 14 | 정석화 | 후14 | 0 | 0 | 0 | 0 |
| 0 | 0 | | 후41 | | 문상윤 | 6 | | | 22 | 신연찬 | | 0 | 0 | 0 | 0 |
| 0 | 0 | 2(1) | 후23 | | 진성욱 | 29 | | | 27 | 권진영 | | 0 | 0 | 0 | 0 |
| 0 | 1 | 11 | 14(8) | | | | | | 0 | | | 7(4) | 18 | 2 | 0 |

●전반 21분 이보 PK-L-G(득점: 이보) 오른쪽
●전반 39분 김도혁 GAL ~ 이보 PK좌측지점 L-ST-G(득점: 이보, 도움: 김도혁) 오른쪽
●후반 27분 이보 C.KR ~ 김도혁GAR H-ST-G 득점: 김도혁, 도움: 이보) 오른쪽

---

8월 31일 17:00 맑음 울산 문수 관중 15,147명
주심_김성호 부심_김용수·전기록 대기심_이동준 감독관_강창구

**울산 1** | 1 전반 1 / 0 후반 1 | **2 포항**

| 퇴장 | 경고 | 파울 | ST(유) | 교체 | 선수명 | 배번 | 위치 | 위치 | 배번 | 선수명 | 교체 | ST(유) | 파울 | 경고 | 퇴장 |
|---|---|---|---|---|---|---|---|---|---|---|---|---|---|---|---|
| 0 | 0 | 0 | 0 | | 김승규 | 1 | GK | GK | 1 | 신화용 | | 0 | 0 | 0 | 0 |
| 0 | 0 | 2 | 0 | | 이 용 | 2 | DF | DF | 3 | 김광석 | | 1 | 4 | 1 | 0 |
| 0 | 0 | 1 | 0 | | 김치곤 | 22 | DF | DF | 24 | 배슬기 | | 0 | 2 | 0 | 0 |
| 0 | 0 | 1 | 0 | | 이재원 | 4 | DF | DF | 27 | 박선주 | | 0 | 2 | 0 | 0 |
| 0 | 0 | | 2(1) | | 유준수 | 17 | DF | DF | 2 | 박희철 | | 0 | 3 | 1 | 0 |
| 0 | 0 | 4 | | | 하성민 | 26 | MF | MF | 9 | 황지수 | 5 | 0 | 3 | 0 | 0 |
| 0 | 1 | 2(1) | 15 | | 고창현 | 7 | MF | MF | 28 | 손준호 | | 2(2) | 1 | 1 | 0 |
| 0 | 0 | | 3(2) | | 따르따 | 11 | MF | FW | 12 | 김승대 | | 0 | 3 | 1 | 0 |
| 0 | 0 | | | | 서용덕 | 5 | MF | MF | 7 | 김재성 | 6 | 1 | 1 | 0 | 0 |
| 0 | 0 | | | | 김신욱 | 9 | FW | FW | 16 | 고무열 | | 2 | 1 | 0 | 0 |
| 0 | 1 | 4 | 2 | 13 | 카 사 | 10 | MF | MF | 11 | 강수일 | | 3(2) | 2 | 1 | 0 |
| 0 | 0 | | | | 이희성 | | | | 31 | 김다솔 | | 0 | 0 | 0 | 0 |
| 0 | 0 | 1(1) | 후10 | | 김영삼 | 14 | | | 6 | 김준수 | 후24 | 0 | 0 | 0 | 0 |
| 0 | 0 | | | | 손재영 | 41 | | | 5 | 김태수 | 후44 | 0 | 0 | 0 | 0 |
| 0 | 0 | 2(1) | 후6 | | 김선민 | | 대기 | 대기 | 13 | 문창진 | 후36 | 0 | 0 | 0 | 0 |
| 0 | 0 | | | | 한재웅 | 24 | | | 15 | 이광혁 | | 0 | 0 | 0 | 0 |
| 0 | 0 | | | | | | | | 15 | 신영준 | | 0 | 0 | 0 | 0 |
| 0 | 1 | | 후33 | | 백지훈 | 15 | | | 23 | 유창현 | | 0 | 0 | 0 | 0 |
| 0 | 2 | 10 | 18(6) | | | | | | 0 | | | 10(5) | 27 | 6 | 0 |

●전반 26분 고창현 PAR TLFK ~ 김신욱 GA정면 H-ST-G(득점: 김신욱, 도움: 고창현) 오른쪽
●전반 29분 김재성 PAR내 ~ 강수일 PK지점 R-ST-G(득점: 강수일, 도움: 김재성) 오른쪽
●후반 3분 김승대 PAR ~ 김재성 PK좌측지점 R-ST-G(득점: 김재성, 도움: 김승대) 오른쪽

## 8월 31일 18:00 맑음 서울 월드컵 관중 14,493명
주심_류희선 부심_노태식·장준모 대기심_송민석 감독관_한진원

| 서울 | 0 | | 전반 0 | | 0 | 제주 |
|---|---|---|---|---|---|---|
| | | | 후반 0 | | | |

| 퇴장 | 경고 | 파울 | ST(유) | 교체 | 선수명 | 배번 | 위치 | 위치 | 배번 | 선수명 | 교체 | ST(유) | 파울 | 경고 | 퇴장 |
|---|---|---|---|---|---|---|---|---|---|---|---|---|---|---|---|
| 0 | 0 | 0 | 0 | | 김용대 | | GK | GK | 1 | 김호준 | | 0 | 0 | 0 | 0 |
| 0 | 0 | 1 | 0 | | 오스마르 | 28 | DF | DF | 2 | 정다훤 | | 0 | 2 | 0 | 0 |
| 0 | 0 | 0 | 1(1) | | 이웅희 | 3 | DF | DF | 5 | 오반석 | 1 | | 3 | 0 | 0 |
| 0 | 0 | 0 | 0 | | 김주영 | 4 | DF | DF | 15 | 알렉스 | | | 3 | 0 | 0 |
| 0 | 0 | 0 | 0 | | 고광민 | 27 | MF | DF | 22 | 김수범 | | 0 | 3 | 0 | 0 |
| 0 | 1 | 2 | 1 | | 차두리 | 5 | MF | MF | 37 | 장은규 | | 0 | 4 | 0 | 0 |
| 0 | 0 | 0 | 0 | 29 | 최현태 | | MF | MF | | 윤빛가람 | | | | | |
| 0 | 1 | 0 | 0 | | 고명진 | | FW | FW | 25 | 이현호 | 11 | | 0 | 0 | 0 |
| 0 | 3 | 4(2) | | | 몰리나 | 11 | FW | FW | 19 | 드로겟 | 9 | 1 | | 0 | 0 |
| 0 | 0 | 0 | 14 | | 윤일록 | 24 | FW | FW | 10 | 송진형 | | 2 | | 0 | 0 |
| 0 | 0 | 0 | 0 | | 에벨톤 | 10 | FW | FW | 13 | 배일환 | 7 | 2(1) | | 1 | 0 |
| | | | | | 유상훈 | 31 | | | 21 | 김형록 | | 0 | | | |
| | | | | | 최효진 | 2 | | | 6 | 황도연 | | 0 | | | |
| | | | | | 김남춘 | 8 | | | 8 | 오승범 | | 0 | | | |
| 0 | 0 | 1 | 1 | 후19 | 이상협 | 29 | 대기 | 대기 | 17 | 허범산 | | 0 | | | |
| | | | 2(1) | 후40 | 고요한 | 13 | | | 7 | 루이스 | 후43 | 1(1) | | 0 | |
| 0 | 0 | 0 | 0 | | 심제혁 | 40 | | | 11 | 황일수 | | 0 | | | |
| 0 | 0 | 1 | 0 | 후19 | 박희성 | 14 | | | 9 | 김현 | 후19 | 0 | | | |
| 0 | 1 | 11 | 10(4) | | | | 0 | 0 | | | | 8(3) | 13 | 1 | 0 |

---

## 9월 03일 19:30 흐림 수원월드컵 관중 6,527명
주심_송민석 부심_김용수·노수용 대기심_유선호 감독관_전인석

| 수원 | 1 | | 전반 1 | | 1 | 부산 |
|---|---|---|---|---|---|---|
| | | | 후반 0 | | | |

| 퇴장 | 경고 | 파울 | ST(유) | 교체 | 선수명 | 배번 | 위치 | 위치 | 배번 | 선수명 | 교체 | ST(유) | 파울 | 경고 | 퇴장 |
|---|---|---|---|---|---|---|---|---|---|---|---|---|---|---|---|
| 0 | 0 | 0 | 0 | | 정성룡 | 1 | GK | GK | 21 | 이창근 | | 0 | 0 | 0 | 0 |
| 0 | 0 | 2 | 0 | | 홍철 | 17 | DF | DF | 6 | 이경렬 | | 0 | 2 | 1 | 0 |
| 0 | 0 | 0 | 1 | | 헤이네르 | 45 | DF | DF | 13 | 황재훈 | | 0 | 4 | 0 | 0 |
| 0 | 0 | 0 | 0 | | 조성진 | 5 | DF | DF | 15 | 유지노 | | 0 | 3 | 0 | 0 |
| 0 | 0 | 3 | 2(2) | | 신세계 | 30 | DF | DF | 33 | 장학영 | | 0 | 1 | 0 | 0 |
| 0 | 0 | 6 | 1 | | 김은선 | 4 | MF | MF | 27 | 권진영 | 23 | | 0 | 1 | 0 | 0 |
| 0 | 4 | 2(2) | 13 | | 김두현 | 8 | MF | MF | 14 | 정석화 | | 1 | 0 | 0 | 0 |
| 0 | 0 | 1 | 0 | | 산토스 | 14 | MF | MF | 2 | 김익현 | | 2(2) | 2 | 0 | 0 |
| 0 | 0 | 0 | 0 | | 염기훈 | 26 | MF | MF | 11 | 임상협 | | 2(2) | 2 | 0 | 0 |
| 0 | 1 | 3(1) | | | 고차원 | 12 | FW | FW | 9 | 박용지 | 51 | 3(1) | 1 | 0 | |
| 0 | 0 | 4 | 6(2) | | 로저 | 10 | FW | FW | 7 | 한지호 | | 0 | 2 | 0 | 0 |
| | | | | | 이상욱 | 21 | | | 31 | 유정규 | | 0 | | | |
| | | | | | 구자룡 | 15 | | | 26 | 파시오 | | 0 | | | |
| | | | | | 이종성 | 27 | | | 18 | 김용태 | | 0 | | | |
| 0 | 0 | 0 | 0 | 후22 | 조지훈 | 16 | 대기 | 대기 | 12 | 전성찬 | | 0 | | | |
| 0 | 0 | 0 | 0 | 후37 | 권창훈 | 22 | | | 29 | 김찬영 | 후29 | 0 | | | |
| 0 | 0 | 0 | 0 | 후37 | 서정진 | 13 | | | 24 | 주세종 | | 0 | | | |
| 0 | 0 | 0 | 0 | 후19 | 배기종 | | | | 51 | 파그너 | 후39 | 1 | | 0 | |
| 0 | 0 | 24 | 18(9) | | | | | | | | | 12(7) | 18 | 3 | 0 |

●전반 22분 로저 PK-R-G (득점: 로저) 왼쪽
●후반 14분 김익현 MFL FK R-ST-G(득점: 김익현) 오른쪽

---

## 8월 31일 19:00 흐림 광양전용 관중 5,617명
주심_이민후 부심_정해상·김성일 대기심_김종혁 감독관_김진의

| 전남 | 2 | | 전반 1 | | 1 | 전북 |
|---|---|---|---|---|---|---|
| | | | 후반 0 | | | |

| 퇴장 | 경고 | 파울 | ST(유) | 교체 | 선수명 | 배번 | 위치 | 위치 | 배번 | 선수명 | 교체 | ST(유) | 파울 | 경고 | 퇴장 |
|---|---|---|---|---|---|---|---|---|---|---|---|---|---|---|---|
| 0 | 0 | 0 | 0 | | 김병지 | 1 | GK | GK | 1 | 권순태 | | 0 | 0 | 0 | 0 |
| 0 | 0 | 1 | 0 | | 현영민 | 13 | DF | DF | 32 | 이주용 | | 0 | 2 | 0 | 0 |
| 0 | 0 | 2 | 0 | | 방대종 | 15 | DF | DF | 4 | 김기희 | | 0 | 3 | 0 | 0 |
| 0 | 0 | 0 | 0 | | 임종은 | 5 | DF | DF | 3 | 정인환 | | 0 | 0 | 0 | 0 |
| 0 | 0 | 2 | 0 | | 김태호 | 2 | DF | DF | 25 | 최철순 | | 0 | 0 | 0 | 0 |
| 0 | 0 | 0 | 0 | | 이슬찬 | 6 | MF | MF | | 신형민 | | 0 | 1 | 0 | 0 |
| 0 | 0 | 3 | 0 | | 송창호 | 16 | MF | MF | 17 | 이재성 | | 1(1) | 0 | 0 | 0 |
| 0 | 1 | 0 | 0 | 7 | 심동운 | 18 | MF | MF | 13 | 김인성 | | 1 | 0 | 0 | 0 |
| 0 | 0 | 1(1) | | | 안용우 | 25 | MF | MF | 7 | 한교원 | 16 | 2(1) | | 1 | 0 |
| 0 | 0 | 0 | 0 | 77 | 이종호 | 17 | MF | MF | 11 | 이승기 | | 2 | 0 | 0 | 0 |
| 0 | 4 | 4(3) | | | 스테보 | 10 | FW | FW | 20 | 이동국 | | 2 | 0 | 0 | 0 |
| | | | | | 이호승 | 21 | | | 1 | 이범수 | | 0 | | | |
| | | | | | 이중권 | 4 | | | 6 | 최보경 | | 0 | | | |
| | | | | | 홍진기 | 5 | | | 27 | 권경원 | | 0 | | | |
| 0 | 0 | 0 | 0 | | 김영욱 | 14 | 대기 | 대기 | 15 | 정혁 | | 0 | | | |
| | | | | 후14 | 레안드리뉴 | 7 | | | 14 | 이승렬 | | 0 | | | |
| 0 | | 1(1) | | 후28 | 전현철 | 77 | | | 16 | 이상협 | 후30 | 0 | | | |
| | | | | | | | | | 9 | 카이오 | 후14 | 2(1) | | 0 | |
| 0 | 3 | 18 | 8(5) | | | | | | | | | 11(5) | 11 | 1 | 0 |

●전반 35분 현영민 PAL ~ 스테보 GAL H-ST-G (득점: 스테보, 도움: 현영민) 왼쪽
●후반 47분 안용우 PAR ~ 전현철 PK지점 H-ST-G(득점: 전현철, 도움: 안용우) 왼쪽
●전반 10분 이승기 PA정면 ~ 한교원 PAR내 R-ST-G(득점: 한교원, 도움: 이승기) 오른쪽

---

## 9월 06일 19:00 맑음 제주월드컵 관중 8,170명
주심_우상일 부심_이규환·김성일 대기심_매호영 감독관_김정식

| 제주 | 6 | | 전반 4 | | 2 | 전남 |
|---|---|---|---|---|---|---|
| | | | 후반 2 | | | |

| 퇴장 | 경고 | 파울 | ST(유) | 교체 | 선수명 | 배번 | 위치 | 위치 | 배번 | 선수명 | 교체 | ST(유) | 파울 | 경고 | 퇴장 |
|---|---|---|---|---|---|---|---|---|---|---|---|---|---|---|---|
| 0 | 0 | 0 | 0 | | 김호준 | 1 | GK | GK | 1 | 김병지 | | 0 | 0 | 0 | 0 |
| 0 | 1 | 1 | 1 | | 김수범 | 22 | DF | DF | 13 | 현영민 | | 1 | 3 | 1 | 0 |
| 0 | 1 | 1 | | | 알렉스 | 15 | DF | DF | 15 | 임종은 | 7 | | 2 | 1 | 0 |
| 0 | 0 | 2 | 0 | | 오반석 | 5 | DF | DF | 2 | 방대종 | | 0 | 1 | 0 | 0 |
| 0 | 0 | 0 | 0 | | 정다훤 | 2 | DF | DF | 6 | 이슬찬 | | 0 | 1 | 0 | 0 |
| 0 | 0 | 0 | 0 | | 장은규 | 37 | MF | MF | 16 | 송창호 | | 0 | 1 | 0 | 0 |
| 0 | 0 | 0 | 0 | | 윤빛가람 | 16 | MF | MF | 17 | 이종호 | 6 | 5(2) | 1 | 0 | |
| 0 | 1 | 3(3) | | | 황일수 | | FW | FW | 25 | 심동운 | 5 | 5(2) | 1 | 0 | |
| 0 | 0 | 0 | 0 | | 드로겟 | 19 | FW | FW | 20 | 박기동 | | 2(1) | 1 | 0 | |
| 0 | 0 | 0 | 0 | | 송진형 | | FW | MF | 8 | 이현승 | | | | | |
| 0 | 3 | 7(5) | 18 | | 박수창 | 26 | FW | FW | 77 | 전현철 | | 2(1) | 1 | 0 | |
| | | | | | 김경민 | 21 | | | 31 | 김대호 | | 0 | | | |
| | | | | | 황도연 | 6 | | | 24 | 김동철 | | 0 | | | |
| | | | | 후21 | 오승범 | | | | 3 | 박선용 | | 0 | | | |
| 0 | 0 | 0 | 0 | | 이현호 | 25 | 대기 | 대기 | 1 | 홍진기 | | 0 | | | |
| | | | | | 배일환 | | | | 19 | 김영우 | | 0 | | | |
| 0 | 0 | 0 | 0 | 후37 | 루이스 | | | | | 레안드리뉴 | 후34 | 0 | | | |
| | 1(1) | 후? | | | 로이스 | 7 | | | 10 | 스테보 | 전30 | 3(1) | 1 | 0 | |
| 2 | 15 | 19(9) | | | | | | | | | | 17(4) | 13 | 2 | 0 |

●전반 11분 박수창 GAL H-ST-G(득점: 박수창) 왼쪽
●전반 20분 김준호 PK지점 ~ 박수창 AK정면 R-ST-G(득점: 박수창, 도움: 김준호) 왼쪽
●전반 34분 황일수 PAR ~ 박수창 PK우측지점 H-ST-G(득점: 박수창, 도움: 황일수) 왼쪽
●전반 46분 드로겟 AK정면 ~ 박수창 PAL R-ST-G(득점: 박수창, 도움: 드로겟) 오른쪽
●후반 3분 박수창 GAL내 EL ~ 황일수 GAL R-ST-G(득점: 황일수, 도움: 박수창) 오른쪽
●후반 47분 김수범 PK좌측지점 ~ 루이스 PK우지점 R-ST-G(득점: 루이스, 도움: 김수범) 왼쪽
●전반 30분 김태호 PAR EL ~ 심동운 GAR R-ST-G(득점: 심동운, 도움: 김태호) 오른쪽
●후반 25분 김태호 MFR ~ 스테보 GA정면 R-ST-G(득점: 스테보, 도움: 김태호) 가운데

9월06일 17:00 맑음 탄천 종합 관중 2,364명
주심_유선호 부심_전기록·윤광열 대기심_김영수 감독관_김수현

## 성남 2
| 1 | 전반 | 0 |
|---|---|---|
| 1 | 후반 | 0 |
## 0 인천

| 퇴장 | 경고 | 파울 | ST(유) | 교체 | 선수명 | 배번 | 위치 | 위치 | 배번 | 선수명 | 교체 | ST(유) | 파울 | 경고 | 퇴장 |
|---|---|---|---|---|---|---|---|---|---|---|---|---|---|---|---|
| 0 | 0 | 0 | 0 | | 박준혁 | 28 | GK | GK | 1 | 권 정 혁 | | 0 | 0 | 0 | 0 |
| 0 | 0 | 1 | 0 | | 박희성 | 3 | DF | DF | 13 | 박 태 민 | | 0 | 0 | 0 | 0 |
| 0 | 0 | 1 | 0 | | 장석원 | 24 | DF | DF | 16 | 이 윤 표 | | 0 | 2 | 0 | 0 |
| 0 | 0 | 1 | 0 | | 김평래 | 15 | DF | DF | 20 | 안 재 준 | | 0 | 1 | 0 | 0 |
| 0 | 1 | 1 | 1 | | 박진포 | 6 | DF | DF | 2 | 용 현 진 | | 0 | 2 | 1 | 0 |
| 0 | 0 | 1 | 3(2) | 4 | 이창훈 | 18 | MF | MF | 4 | 구 본 상 | | 0 | 2 | 0 | 0 |
| 0 | 1 | 1 | 0 | | 정선호 | 14 | MF | MF | 21 | 김 도 혁 | 14 | 1 | 0 | 0 | 0 |
| 0 | 2 | 1 | 1(1) | 31 | 김철호 | 7 | MF | MF | 7 | 이  보 | | 4(1) | 1 | 0 | 0 |
| 0 | 1 | 1 | 1 | | 김태환 | 11 | MF | MF | 23 | 남 준 재 | 25 | 0 | 1 | 0 | 0 |
| 0 | 1 | 2 | 2(2) | 9 | 김동희 | 13 | FW | FW | 10 | 이 천 수 | | 1 | 0 | 1 | 0 |
| 0 | 0 | 0 | 5(3) | | 황의조 | 16 | FW | FW | 16 | 효 이 규 | | 0 | 3 | 1 | 0 |
| 0 | 0 | 0 | 0 | | 전상욱 | 1 | | | 18 | 조 수 혁 | | 0 | 0 | 0 | 0 |
| 0 | 1 | 1 | 0 | 후12 | 이요한 | 4 | | | 24 | 임 하 람 | | 0 | 0 | 0 | 0 |
| 0 | 0 | 0 | 0 | 후48 | 박재성 | 31 | | | 26 | 김 용 환 | | 0 | 0 | 0 | 0 |
| | | | | | 김영남 | 23 | 대기 | 대기 | 25 | 최 종 환 | 후26 | 1 | 0 | 0 | 0 |
| | | | | | 윤형운 | 29 | | | 14 | 이 석 현 | 후10 | 1 | 0 | 0 | 0 |
| | | | | | 이민우 | 17 | | | 22 | 권 혁 진 | | 0 | 0 | 0 | 0 |
| | | | | 후19 | 김동섭 | 9 | | | 29 | 진 성 욱 | 후0 | 1 | 3 | 1 | 0 |
| 0 | 1 | 11 | 15(9) | | | 0 | | | 0 | | | 8(1) | 13 | 2 | 0 |

● 전반 21분 김태환 MFL ⌒ 황의조 GAL R-ST-G
(득점: 황의조, 도움: 김태환) 오른쪽
● 후반 1분 김동희 GA정면 R-ST-G(득점: 김동희)
왼쪽

---

9월07일 17:00 맑음 울산 문수 관중 3,014명
주심_김희곤 부심_노태식·박상준 대기심_박병진 감독관_이영철

## 울산 2
| 1 | 전반 | 0 |
|---|---|---|
| 1 | 후반 | 1 |
## 1 경남

| 퇴장 | 경고 | 파울 | ST(유) | 교체 | 선수명 | 배번 | 위치 | 위치 | 배번 | 선수명 | 교체 | ST(유) | 파울 | 경고 | 퇴장 |
|---|---|---|---|---|---|---|---|---|---|---|---|---|---|---|---|
| 0 | 0 | 0 | 0 | | 이희성 | 21 | GK | GK | 1 | 김 영 광 | | 0 | 0 | 0 | 0 |
| 0 | 0 | 1 | 0 | | 정동호 | 3 | DF | DF | 30 | 스 레 텐 | | 1(1) | 2 | 0 | 0 |
| 0 | 1 | 2 | 0 | | 김치곤 | 22 | DF | DF | 90 | 여 성 해 | | 0 | 1 | 0 | 0 |
| 0 | 0 | 1 | 0 | | 이재원 | 4 | DF | DF | 23 | 권 완 규 | | 0 | 2 | 0 | 0 |
| 0 | 0 | 2 | 0 | | 유준수 | 17 | DF | DF | 4 | 김 준 엽 | 2 | 1 | 0 | 0 | 0 |
| 0 | 1 | 1 | 1(1) | | 하성민 | 8 | MF | MF | 7 | 진 경 선 | | 0 | 0 | 0 | 0 |
| 0 | 1 | 1 | 2(1) | 39 | 고창현 | 7 | MF | MF | 10 | 이 한 샘 | 14 | 0 | 2 | 0 | 0 |
| 0 | 1 | 4 | 3(2) | 27 | 따르따 | 11 | MF | MF | 44 | 이 호 석 | | 1 | 5 | 1 | 0 |
| 0 | 0 | 0 | 1 | | 김성환 | 88 | MF | FW | 77 | 한 의 권 | | 1 | 0 | 0 | 0 |
| 0 | 4 | 1(1) | 14 | 서용덕 | 5 | FW | FW | 28 | 에 딘 | | 26 | 1(1) | 1 | 0 | 0 |
| 0 | 1 | 5(2) | | 김민균 | 23 | FW | FW | 16 | 송 수 영 | | 2(1) | 0 | 0 | 0 |
| 0 | 0 | 0 | 0 | | 이준식 | 40 | | | 41 | 김 교 빈 | | 0 | 0 | 0 | 0 |
| 0 | 0 | 0 | 0 | 후17 | 김영ũ | 14 | | | 27 | 박 주 성 | | 0 | 0 | 0 | 0 |
| 0 | 0 | 0 | 0 | 후36 | 안진범 | 27 | | | 7 | 고 래 세 | 후17 | 0 | 0 | 0 | 0 |
| | | | | | 김선민 | 13 | 대기 | 대기 | 9 | 이 창 민 | 후0 | 2 | 1 | 1 | 0 |
| | | | | | 한재웅 | 24 | | | 26 | 최 영 준 | 후36 | 0 | 0 | 0 | 0 |
| | | | | | 백지훈 | 15 | | | 33 | 김 슬 기 | | 0 | 0 | 0 | 0 |
| | | | | 후28 | 김근환 | 39 | | | 9 | 스토야노비치 | | 0 | 0 | 0 | 0 |
| 0 | 3 | 20 | 13(7) | | | 0 | | | 0 | | | 9(3) | 16 | 2 | 0 |

● 전반 27분 정동호 GAR ~ 서용덕 GA정면내 R-
ST-G(득점: 서용덕, 도움: 정동호) 왼쪽
● 후반 42분 안진범 C,KR ⌒ 김민균 GAR R-
ST-G (득점: 김민균, 도움: 안진범) 왼쪽

● 후반 6분 스레텐 GA정면 H ~ 에딘 GA정면내
H-ST-G(득점: 에딘, 도움: 스레텐) 가운데

---

9월06일 16:00 맑음 전주 월드컵 관중 10,813명
주심_고형진 부심_장준모·노수용 대기심_최명용 감독관_김용세

## 전북 2
| 2 | 전반 | 0 |
|---|---|---|
| 0 | 후반 | 0 |
## 0 상주

| 퇴장 | 경고 | 파울 | ST(유) | 교체 | 선수명 | 배번 | 위치 | 위치 | 배번 | 선수명 | 교체 | ST(유) | 파울 | 경고 | 퇴장 |
|---|---|---|---|---|---|---|---|---|---|---|---|---|---|---|---|
| 0 | 0 | 0 | 0 | | 권순태 | 1 | GK | GK | 31 | 김 근 배 | | 0 | 0 | 0 | 0 |
| 0 | 0 | 3 | 1(1) | | 이주용 | 32 | DF | DF | 5 | 최 호 정 | | 0 | 0 | 1 | 0 |
| 0 | 0 | 0 | 0 | | 김기희 | 4 | DF | DF | 28 | 안 재 훈 | | 0 | 0 | 0 | 0 |
| 0 | 0 | 0 | 0 | | 최보경 | 6 | DF | DF | 33 | 유 지 훈 | | 0 | 0 | 0 | 0 |
| 0 | 0 | 0 | 0 | | 최철순 | 25 | DF | DF | 66 | 강 민 수 | | 0 | 2 | 0 | 0 |
| 0 | 0 | 2 | 0 | 5 | 김남일 | 55 | MF | MF | 8 | 이 호 | | 0 | 1 | 0 | 0 |
| 0 | 0 | 0 | 0 | | 정 혁 | 15 | MF | MF | 20 | 고 재 성 | 20 | 0 | 1 | 0 | 0 |
| 0 | 2 | 2(1) | | 이승기 | 11 | MF | MF | 44 | 곽 광 선 | | 0 | 1 | 0 | 0 |
| 0 | 1 | 1(1) | 16 | 이승렬 | 14 | MF | MF | 77 | 한 상 운 | 3(1) | 1 | 0 | 0 |
| 0 | 0 | 3 | 1 | 10 | 레오나르도 | 10 | MF | FW | 25 | 조 동 건 | | 1(1) | 1 | 0 | 0 |
| 0 | 3 | 3(2) | | 카이오 | 9 | FW | FW | 26 | 한 유 | 후38 | 1(1) | 0 | 0 | 0 |
| 0 | 0 | 0 | 0 | | 이범수 | 21 | | | 41 | 박 지 영 | | 0 | 0 | 0 | 0 |
| 0 | 0 | 0 | 0 | | 이강진 | 28 | | | 3 | 김 창 훈 | | 0 | 0 | 0 | 0 |
| 0 | 1 | 2 | 0 | 후15 | 정 인환 | 5 | | | 24 | 이 용 기 | | 0 | 0 | 0 | 0 |
| | | | | | 이재명 | 3 | 대기 | 대기 | 36 | 유 수 현 | | 0 | 0 | 0 | 0 |
| | | | | | 권경원 | 27 | | | 38 | 이 현 웅 | 후34 | 0 | 0 | 0 | 0 |
| | | | | 후23 | 리 치 | 8 | | | 9 | 하 태 균 | 후10 | 0 | 1 | 0 | 0 |
| | | | | 후10 | 이상협 | 16 | | | 20 | 한 경 인 | 전33 | 1 | 1 | 0 | 0 |
| 0 | 2 | 22 | 11(5) | | | 0 | | | 0 | | | 5(3) | 14 | 2 | 0 |

● 전반 28분 레오나르도 MFL TL ~ 이주용 GAL
L-ST-G(득점: 이주용, 도움: 레오나르도) 왼쪽
● 전반 37분 레오나르도 GAL ~ 이승기 AKL R-
ST-G(득점: 이승기, 도움: 레오나르도) 왼쪽

---

9월07일 19:00 맑음 포항 스틸야드 관중 12,518명
주심_최명용 부심_손재선·정해상 대기심_윤창수 감독관_강창구

## 포항 0
| 0 | 전반 | 0 |
|---|---|---|
| 0 | 후반 | 1 |
## 1 서울

| 퇴장 | 경고 | 파울 | ST(유) | 교체 | 선수명 | 배번 | 위치 | 위치 | 배번 | 선수명 | 교체 | ST(유) | 파울 | 경고 | 퇴장 |
|---|---|---|---|---|---|---|---|---|---|---|---|---|---|---|---|
| 0 | 0 | 0 | 0 | | 신화용 | 1 | GK | GK | 31 | 유 상 훈 | | 0 | 0 | 0 | 0 |
| 0 | 0 | 3 | 0 | | 김광석 | 3 | DF | DF | 7 | 이 웅 희 | | 0 | 0 | 0 | 0 |
| 0 | 1 | 0 | 0 | | 김형일 | 32 | DF | DF | 6 | 김 진 규 | | 0 | 0 | 1 | 0 |
| 0 | 1 | 3 | 0 | | 김준수 | 6 | DF | DF | 28 | 오 스 마 르 | | 1 | 1 | 0 | 0 |
| 0 | 1 | 2 | 1(1) | | 박선주 | 27 | MF | MF | 27 | 고 광 민 | | 0 | 2 | 1 | 0 |
| 0 | 1 | 0 | 0 | | 신광훈 | 17 | MF | MF | 2 | 최 효 진 | | 0 | 2 | 1 | 0 |
| 0 | 0 | 0 | 19 | 황지수 | 5 | MF | MF | 22 | 이 상 협 | 9 | 0 | 0 | 0 | 0 |
| 0 | 1 | 1 | 0 | | 김태수 | 5 | MF | MF | 17 | 고 명 진 | | 1 | 0 | 0 | 0 |
| 0 | 0 | 1 | 3 | | 김승대 | 12 | FW | MF | 13 | 고 요 한 | 26 | 1 | 1 | 0 | 0 |
| 0 | 0 | 2 | 1 | | 고무열 | 18 | FW | FW | 11 | 박 희 성 | | 0 | 0 | 0 | 0 |
| 0 | 1 | 4(3) | 34 | 강수일 | 11 | FW | FW | 10 | 에 벨 톤 | | 1 | 0 | 0 | 0 |
| 0 | 0 | 0 | 0 | | 김다솔 | 31 | | | 1 | 김 용 대 | | 0 | 0 | 0 | 0 |
| 0 | 0 | 0 | 0 | | 김원일 | 13 | | | 26 | 김 남 춘 | 후18 | 0 | 0 | 0 | 0 |
| 0 | 0 | 0 | 0 | | 박준희 | 25 | | | 15 | 최 정 호 | | 0 | 0 | 0 | 0 |
| | | | | 전19 | 문창진 | 19 | 대기 | 대기 | 15 | 김 동 석 | | 0 | 0 | 0 | 0 |
| | | | | 후32 | 이광혁 | 34 | | | 32 | 정 승 용 | | 0 | 0 | 0 | 0 |
| | | | | | 신영준 | 16 | | | 19 | 윤 주 태 | 후31 | 0 | 1 | 0 | 0 |
| | | | | 후39 | 유창현 | 23 | | | 9 | 에스쿠데로 | 후0 | 1 | 1 | 0 | 0 |
| 0 | 3 | 14 | 7(5) | | | 0 | | | 0 | | | 10(1) | 18 | 3 | 0 |

● 후반 40분 에스쿠데로 MF정면 ~ 에벨톤 PA정
면내 R-ST-G(득점: 에벨톤, 도움: 에스쿠데로)
오른쪽

## 경남 0 : 0 인천

9월 10일 19:30 맑음 창원 축구센터 관중 1,554명
주심_ 우상일 부심_ 손재선·노수웅 대기심_ 정동식 감독관_ 한병화

**경남 0** | 0 전반 0 | **0 인천**
| 0 후반 0 |

| 퇴장 | 경고 | 파울 | ST(유) | 교체 | 선수명 | 배번 | 위치 | 위치 | 배번 | 선수명 | 교체 | ST(유) | 파울 | 경고 | 퇴장 |
|---|---|---|---|---|---|---|---|---|---|---|---|---|---|---|---|
| 0 | 0 | 0 | 0 | | 김영광 | 1 | GK | GK | 1 | 권정혁 | | 0 | 0 | 0 | 0 |
| 0 | 0 | 0 | 0 | | 스레텐 | 30 | DF | DF | 13 | 박태민 | | 0 | 2 | 0 | 0 |
| 0 | 0 | 3 | 1 | | 여성해 | 90 | DF | DF | 16 | 이윤표 | | 1(1) | 5 | 1 | 0 |
| 0 | 0 | 3 | 0 | | 박주성 | 27 | DF | DF | 20 | 안재준 | | 1 | 2 | 0 | 0 |
| 0 | 0 | 3 | 0 | | 권완규 | 23 | DF | DF | 2 | 용현진 | | 1(1) | 2 | 1 | 0 |
| 0 | 0 | 1 | 0 | | 문주원 | 18 | MF | MF | 7 | 구본상 | | 1 | 2 | 0 | 0 |
| 0 | 0 | 1 | 0 | | 진경선 | 7 | MF | MF | 24 | 이도혁 | | 2 | 1 | 0 | 0 |
| 0 | 0 | 2 | 2 | 14 | 이호석 | 44 | MF | MF | 7 | 이 보 | | 2 | 1 | 0 | 0 |
| 0 | 0 | 5(3) | | 22 | 김도엽 | 33 | FW | MF | | 최종환 | | 3(3) | 2 | 1 | 0 |
| 0 | 0 | 0 | | 9 | 이슬기 | 9 | FW | FW | 22 | 이천수 | 2 | 3(3) | 2 | 0 | 0 |
| 0 | 1 | 2 | 1(1) | | 에 딘 | 28 | FW | FW | 29 | 설기현 | | 0 | 2 | 0 | 0 |
| 0 | 0 | 0 | 0 | | 김교빈 | | | | 18 | 조수혁 | | 0 | | | |
| 0 | 0 | 0 | 0 | | 이한샘 | | | | 24 | 임하람 | 후42 | | | | |
| 0 | 0 | 0 | 0 | | 최영준 | 26 | | | 26 | 김용환 | | | | | |
| 0 | 0 | 0 | 0 | | 김준엽 | 4 | 대기 | 대기 | 33 | 조수철 | | | | | |
| 0 | 0 | 0 | 0 | 후31 | 이창민 | | | | 14 | 이석현 | | | | | |
| 0 | 0 | 0 | 0 | 후43 | 한의권 | | | | 22 | 권혁진 | 후35 | | | | |
| 0 | 0 | 2 | 0 | 후9 | 스토야노비치 | 9 | | | 29 | 진성욱 | 후15 | 1 | 3 | 0 | 0 |
| 0 | 1 | 20 | 9(4) | | | 0 | | | 0 | | | 12(6) | 27 | 1 | 0 |

## 상주 1 : 2 제주

9월 10일 19:00 맑음 상주 시민 관중 2,733명
주심_ 김종혁 부심_ 노태식·곽승순 대기심_ 매호영 감독관_ 김진의

**상주 1** | 0 전반 2 | **2 제주**
| 1 후반 0 |

| 퇴장 | 경고 | 파울 | ST(유) | 교체 | 선수명 | 배번 | 위치 | 위치 | 배번 | 선수명 | 교체 | ST(유) | 파울 | 경고 | 퇴장 |
|---|---|---|---|---|---|---|---|---|---|---|---|---|---|---|---|
| 0 | 0 | 0 | 0 | | 홍정남 | 21 | GK | GK | 1 | 김호준 | | 0 | 0 | 0 | 0 |
| 0 | 0 | 0 | 0 | | 최호정 | 15 | DF | DF | 2 | 정다훤 | | 0 | 1 | 0 | 0 |
| 0 | 2 | 0 | 0 | | 양준아 | 14 | DF | DF | 5 | 오반석 | | 0 | 3 | 0 | 0 |
| 0 | 1 | 0 | | 2 | 유지훈 | 33 | DF | DF | 15 | 알렉스 | | 0 | 0 | 0 | 0 |
| 0 | 1 | 0 | 0 | | 강민수 | 66 | DF | DF | 4 | 김수범 | | 0 | 1 | 0 | 0 |
| 0 | 1 | 2(1) | | | 권순형 | | MF | MF | 37 | 장은규 | | 0 | 0 | 1 | 0 |
| 0 | 0 | 1 | 0 | | 한경인 | 20 | MF | MF | 14 | 윤빛가람 | | 2(1) | 2 | 0 | 0 |
| 0 | 0 | 0 | 0 | | 곽광선 | 44 | MF | FW | 13 | 황일수 | 13 | 2(2) | 0 | 0 | 0 |
| 0 | 0 | 0 | | | 한상운 | 77 | MF | FW | 10 | 드로겟 | 7 | 4(2) | 0 | 0 | 0 |
| 0 | 0 | 4(3) | | | 조동건 | | FW | MF | 18 | 송진형 | 18 | 1 | 8 | 0 | 0 |
| 0 | 0 | 0 | | 30 | 이정협 | 26 | FW | FW | 26 | 박수창 | | 4(1) | 2 | 0 | 0 |
| 0 | 0 | 0 | 0 | | 박지영 | 41 | | | 21 | 김경민 | | | | | |
| 0 | 0 | 0 | | 전38 | 이후권 | 2 | | | 6 | 황도연 | | | | | |
| 0 | 0 | 0 | 0 | | 안재훈 | 28 | | | 8 | 오승범 | | | | | |
| 0 | 0 | 0 | 0 | 후18 | 송원재 | 6 | 대기 | 대기 | 4 | 이현호 | | | | | |
| 0 | 0 | 0 | 0 | | 박경익 | 34 | | | 18 | 진대성 | 후22 | | | | |
| 0 | 0 | 0 | 0 | | 송제헌 | 27 | | | 13 | 배일환 | 후41 | | | | |
| 0 | 0 | 0 | 0 | 후0 | 박승일 | 30 | | | 7 | 루이스 | 후37 | | | | |
| 0 | 2 | 11 | 10(5) | | | 0 | | | 0 | | | 14(6) | 16 | 0 | 0 |

●후반 45분 한상운 자기측 HL정면 H ~ 조동건 AKR R-ST-G(득점: 조동건, 도움: 한상운) 오른쪽
●전반 22분 송진형 GAL ~ 드로겟 GA정면 R-ST-G(득점: 드로겟, 도움: 송진형) 가운데
●전반 28분 황일수 GAR R-ST-G(득점: 황일수) 왼쪽

## 전남 0 : 1 포항

9월 10일 19:00 맑음 광양전용 관중 3,997명
주심_ 송민석 부심_ 이규환·방기열 대기심_ 임원택 감독관_ 하재훈

**전남 0** | 0 전반 1 | **1 포항**
| 0 후반 0 |

| 퇴장 | 경고 | 파울 | ST(유) | 교체 | 선수명 | 배번 | 위치 | 위치 | 배번 | 선수명 | 교체 | ST(유) | 파울 | 경고 | 퇴장 |
|---|---|---|---|---|---|---|---|---|---|---|---|---|---|---|---|
| 0 | 0 | 0 | 0 | | 김병지 | 1 | GK | GK | 1 | 신화용 | | 0 | 0 | 0 | 0 |
| 0 | 1 | 3 | 0 | | 현영민 | 13 | DF | DF | 3 | 김광석 | | 0 | 0 | 0 | 0 |
| 0 | 0 | 0 | 0 | 55 | 홍진기 | 4 | DF | DF | | 김준수 | | 0 | 1 | 0 | 0 |
| 0 | 0 | 0 | 0 | | 이재억 | 30 | DF | DF | 32 | 김형일 | | 0 | 0 | 0 | 0 |
| 0 | 0 | 1 | 1 | | 김태호 | 2 | DF | DF | 17 | 박희철 | | 0 | 4 | 0 | 0 |
| 0 | 0 | 2 | 0 | | 이슬찬 | 26 | MF | MF | | 신광훈 | | 0 | 4 | 0 | 0 |
| 0 | 0 | 2 | 0 | | 송창호 | 16 | MF | MF | 5 | 김태수 | | 0 | 0 | 0 | 0 |
| 0 | 0 | 1 | 1 | 19 | 박준태 | 11 | FW | MF | | 김재성 | | 2(1) | 1 | 0 | 0 |
| 0 | 0 | 1(1) | | | 심동운 | 7 | FW | FW | 34 | 김재성 | | 0 | 0 | 0 | 0 |
| 0 | 2 | 1 | | | 전현철 | | MF | FW | | 문창진 | | 2(1) | 2 | 0 | 0 |
| 0 | 2 | 3(2) | | | 스테보 | 10 | FW | FW | 18 | 고무열 | | 0 | 0 | 0 | 0 |
| 0 | 0 | 0 | 0 | | 김대호 | 31 | | | 41 | 김진영 | | 0 | | | |
| 0 | 0 | 0 | 0 | 후 | 김영우 | | | | 13 | 김승우 | | | | | |
| 0 | 0 | 0 | 1 | | 방대종 | 15 | | | 25 | 박준희 | | | | | |
| 0 | 0 | 1(1) | 후34 | 코 니 | 55 | 대기 | 대기 | 33 | 유제호 | | | | | | |
| 0 | 0 | 0 | 0 | | 이현승 | | | | 34 | 이광혁 | 후44 | | | | |
| 0 | 4(2) | | 후15 | 레안드리뉴 | 7 | | | 15 | 신영준 | 후31 | | | | | |
| 0 | 0 | 0 | 0 | | 박기동 | 20 | | | 23 | 유창현 | 후42 | | | | |
| 0 | 1 | 13 | 13(6) | | | 0 | | | 0 | | | 6(2) | 16 | 0 | 0 |

●전반 7분 문창진 GAR R-ST-G(득점: 문창진) 왼쪽

## 성남 1 : 2 서울

9월 10일 19:30 맑음 탄천 종합 관중 2,652명
주심_ 김상우 부심_ 김용수·김성일 대기심_ 이민후 감독관_ 전인석

**성남 1** | 0 전반 0 | **2 서울**
| 1 후반 2 |

| 퇴장 | 경고 | 파울 | ST(유) | 교체 | 선수명 | 배번 | 위치 | 위치 | 배번 | 선수명 | 교체 | ST(유) | 파울 | 경고 | 퇴장 |
|---|---|---|---|---|---|---|---|---|---|---|---|---|---|---|---|
| 0 | 0 | 0 | 0 | | 박준혁 | 28 | GK | GK | 1 | 김용대 | | 0 | 0 | 0 | 0 |
| 0 | 0 | 0 | 0 | | 박희성 | 3 | DF | DF | 28 | 오스마르 | | 0 | 2 | 0 | 0 |
| 0 | 0 | 0 | 0 | | 장석원 | 24 | DF | DF | 3 | 김진규 | | 0 | 4 | 1 | 0 |
| 0 | 1 | 2 | 2 | | 임채민 | 26 | DF | DF | 27 | 고광민 | | 1(1) | 0 | 0 | 0 |
| 0 | 3 | 0 | 0 | | 박진포 | 6 | DF | MF | | 최호정 | | 0 | 0 | 0 | 0 |
| 0 | 1 | 0 | 0 | | 이요한 | 4 | MF | MF | 29 | 최현태 | 29 | 1(1) | 0 | 0 | 0 |
| 0 | 2(1) | | 10 | 정선호 | 14 | MF | MF | 17 | 고명진 | | 1(1) | 0 | 0 | 0 | |
| 0 | 1 | 2(1) | 15 | 김철호 | | MF | FW | | 에벨톤 | | 1(1) | 0 | 0 | 0 | |
| 0 | 3 | 0 | 0 | 18 | 김동희 | 13 | MF | FW | 9 | 에스쿠데로 | | 0 | 0 | 0 | 0 |
| 0 | 1 | 2(2) | | | 황의조 | 16 | FW | FW | 14 | 박희성 | 19 | 2(2) | 2 | 0 | 0 |
| 0 | 0 | 0 | 0 | | 전상욱 | 1 | | | 31 | 유상훈 | | 0 | | | |
| 0 | 0 | 0 | 0 | 후44 | 김평래 | 35 | | | 21 | 심상민 | | | | | |
| 0 | 0 | 0 | 0 | | 박재성 | | | | | 김남춘 | | | | | |
| 0 | 0 | 0 | 0 | | 정우재 | 25 | 대기 | 대기 | 29 | 이상협 | 후13 | 0 | 2 | 1 | 0 |
| 0 | 0 | 0 | 0 | 후34 | 이창훈 | | | | 16 | 강승조 | | | | | |
| 0 | 0 | 0 | 0 | 후36 | 제파로프 | 10 | | | 15 | 최정한 | 후18 | 0 | 2 | 0 | 0 |
| 0 | 0 | 0 | 0 | | 김동섭 | | | | 19 | 윤주태 | 후27 | 1(1) | 0 | 0 | 0 |
| 0 | 2 | 16 | 8(4) | | | 0 | | | 0 | | | 7(6) | 17 | 2 | 0 |

●후반 6분 김태환 C.KL ⌒ 황의조 GAL내 H-ST-G(득점: 황의조, 도움: 김태환) 왼쪽
●후반 20분 최정한 PAL내 ~ 고광민 GAL R-ST-G(득점: 고광민, 도움: 최정한) 왼쪽
●후반 46분 고명진 PAL내 L-ST-G(득점: 고명진) 오른쪽

## 수원 2 : 0 울산

9월 10일 19:30 맑음 수원월드컵 관중 18,923명
주심_고형진 부심_전기록·윤광열 대기심_유선호 감독관_김형남

|  |  | 전반 0 |  |
|--|--|--|--|
| 수원 2 | 2 | 전반 0 | 0 울산 |
|  | 0 | 후반 0 |  |

| 퇴장 | 경고 | 파울 | ST(유) | 교체 | 선수명 | 배번 | 위치 | 위치 | 배번 | 선수명 | 교체 | ST(유) | 파울 | 경고 | 퇴장 |
|---|---|---|---|---|---|---|---|---|---|---|---|---|---|---|---|
| 0 | 0 | 0 | 0 |  | 정성룡 | 21 | GK | GK | 21 | 이희성 |  | 0 | 0 | 0 | 0 |
| 0 | 0 | 0 | 1(1) |  | 홍 철 | 8 | DF | MF | 3 | 정동호 | 1 | 4 | 0 | 0 |  |
| 0 | 0 | 4 | 0 |  | 민상기 | 39 | DF | DF | 39 | 김근환 | 27 | 0 | 1 | 0 | 0 |
| 0 | 0 | 1 | 0 |  | 조성진 | 5 | DF | MF | 2 | 이 용 |  | 0 | 0 | 1 | 0 |
| 0 | 1 | 0 |  | 45 | 신세계 | 30 | DF | DF | 17 | 유준수 |  | 3(3) | 3 | 0 | 1 |
| 0 | 0 | 2 | 0 |  | 김은선 | 6 | MF | MF | 26 | 하성민 |  | 0 | 1 | 0 | 0 |
| 0 | 1 | 0 |  | 22 | 김두현 | 8 | MF | FW | 7 | 고창현 | 5 | 0 | 3 | 1 | 0 |
| 0 | 0 | 1 |  | 16 | 산토스 | 10 | MF | DF | 6 | 박동혁 |  | 0 | 0 | 0 | 0 |
| 0 | 0 | 1 | 0 |  | 염기훈 | 26 | MF | MF | 4 | 이재원 |  | 0 | 0 | 1 | 0 |
| 0 | 1(1) | 0 |  |  | 서정진 | 13 | FW | FW | 13 | 따르따 | 13 | 1(1) | 3 | 0 | 0 |
| 0 | 4 | 3(1) |  |  | 로 저 | 11 | FW | FW | 23 | 김민균 |  | 2(1) | 2 | 0 | 0 |
| 0 | 0 | 0 | 0 |  | 이상욱 | 41 |  |  | 40 | 이 호 |  | 0 | 0 | 0 | 0 |
| 0 | 0 | 0 | 0 | 후27 | 헤이네르 | 45 |  |  | 14 | 김영삼 |  | 0 | 0 | 0 | 0 |
| 0 | 0 | 0 | 0 |  | 이종성 | 27 |  |  | 27 | 안진범 | 후22 | 2(1) | 2 | 0 | 0 |
| 0 | 0 | 0 | 0 | 후22 | 조지훈 | 16 | 대기 | 대기 | 13 | 김선민 | 후22 | 1(1) | 1 | 0 | 0 |
| 0 | 0 | 0 | 0 | 전28 | 권창훈 | 22 |  |  | 24 | 한재웅 |  | 0 | 0 | 0 | 0 |
| 0 | 0 | 0 | 0 |  | 고차원 | 12 |  |  | 34 | 임동천 |  | 0 | 0 | 0 | 0 |
| 0 | 0 | 0 | 0 |  | 배기종 | 19 |  |  | 5 | 서용덕 | 후6 | 0 | 0 | 0 | 0 |
| 0 | 0 | 18 | 7(3) |  |  |  |  |  |  |  |  | 11(7) | 20 | 1 | 0 |

● 전반 28분 김근환 GA정면 H 자책골(득점: 김근환 가운데)
● 전반 36분 산토스 MFL → 서정진 GAR R-ST-G (득점: 서정진, 도움: 산토스) 오른쪽

## 포항 1 : 0 성남

9월 13일 19:00 비 포항스틸야드 관중 9,087명
주심_김종혁 부심_손재선·노수용 대기심_김희곤 감독관_김정식

|  |  | 전반 0 |  |
|--|--|--|--|
| 포항 1 | 0 | 전반 0 | 0 성남 |
|  | 1 | 후반 0 |  |

| 퇴장 | 경고 | 파울 | ST(유) | 교체 | 선수명 | 배번 | 위치 | 위치 | 배번 | 선수명 | 교체 | ST(유) | 파울 | 경고 | 퇴장 |
|---|---|---|---|---|---|---|---|---|---|---|---|---|---|---|---|
| 0 | 1 | 0 | 0 |  | 신화용 | 1 | GK | GK | 1 | 전상욱 |  | 0 | 0 | 0 | 0 |
| 0 | 1 | 0 | 0 |  | 김광석 | 3 | DF | DF | 3 | 박희성 |  | 0 | 0 | 0 | 0 |
| 0 | 0 | 1 | 0 | 23 | 김준수 | 6 | DF | DF | 24 | 장석원 |  | 1 | 1 | 0 | 0 |
| 0 | 0 | 1 | 0 |  | 김원일 | 13 | DF | DF | 15 | 김평래 |  | 0 | 1 | 0 | 0 |
| 0 | 0 | 1 | 0 | 27 | 박희철 | 2 | MF | DF | 6 | 박진포 |  | 1 | 1 | 0 | 0 |
| 0 | 1 | 1 | 0 |  | 신광훈 | 17 | MF | MF | 14 | 정선호 |  | 0 | 1 | 0 | 0 |
| 0 | 0 | 1 | 0 |  | 김태수 | 5 | MF | MF | 16 | 황의조 | 17 | 1(1) | 0 | 0 | 0 |
| 0 | 0 | 0 | 0 | 15 | 강수일 | 11 | FW | MF | 10 | 제파로프 |  | 3(1) | 1 | 0 | 0 |
| 0 | 0 | 0 | 0 |  | 문창진 | 19 | MF | MF | 11 | 김태환 |  | 2 | 2 | 0 | 0 |
| 0 | 1 | 2(1) |  |  | 고무열 | 18 | FW | FW | 9 | 김동섭 | 13 | 1 | 2 | 0 | 0 |
| 0 | 0 | 0 | 0 |  | 김다솔 | 31 |  |  | 89 | 정 산 |  | 0 | 0 | 0 | 0 |
| 0 | 0 | 0 | 0 |  | 김형일 | 32 |  |  | 4 | 이요한 | 후45 | 0 | 0 | 0 | 0 |
| 0 | 0 | 0 | 0 | 후32 | 박선주 | 27 |  |  | 29 | 유청윤 |  | 0 | 0 | 0 | 0 |
| 0 | 0 | 0 | 0 |  | 배슬기 | 24 | 대기 | 대기 | 31 | 박재성 |  | 0 | 0 | 0 | 0 |
| 0 | 0 | 0 | 0 |  | 이진석 | 10 |  |  | 8 | 이창훈 |  | 0 | 0 | 0 | 0 |
| 0 | 0 | 0 | 0 | 후36 | 신영준 | 15 |  |  | 13 | 김동희 | 후0 | 0 | 0 | 0 | 0 |
| 0 | 0 | 0 | 0 | 후0 | 유창현 | 23 |  |  | 17 | 이민우 | 후19 | 1 | 4 | 0 | 0 |
| 0 | 2 | 2(1) |  |  |  |  |  |  |  |  |  | 10(2) | 11 | 0 | 0 |

● 후반 16분 유청현 PAL ~ 고무열 PAL R-ST-G (득점: 고무열, 도움: 유청현) 오른쪽

## 부산 1 : 1 전북

9월 10일 19:30 흐림 부산아시아드 관중 3,005명
주심_최영용 부심_정해상·장준모 대기심_박병진 감독관_한진원

|  |  | 전반 0 |  |
|--|--|--|--|
| 부산 1 | 0 | 전반 0 | 1 전북 |
|  | 1 | 후반 1 |  |

| 퇴장 | 경고 | 파울 | ST(유) | 교체 | 선수명 | 배번 | 위치 | 위치 | 배번 | 선수명 | 교체 | ST(유) | 파울 | 경고 | 퇴장 |
|---|---|---|---|---|---|---|---|---|---|---|---|---|---|---|---|
| 0 | 0 | 0 | 0 |  | 이창근 | 21 | GK | GK | 1 | 권순태 |  | 0 | 0 | 0 | 0 |
| 0 | 0 | 0 | 0 |  | 이경렬 | 6 | DF | MF | 32 | 이주용 |  | 1(1) | 1 | 0 | 0 |
| 0 | 1 | 1 | 0 |  | 황재훈 | 13 | DF | DF | 4 | 김기희 |  | 1 | 2 | 0 | 0 |
| 0 | 0 | 0 | 0 |  | 장학영 | 33 | DF | DF | 5 | 정인환 |  | 0 | 1 | 0 | 0 |
| 0 | 1 | 2 | 1 |  | 연제민 | 34 | DF | DF | 25 | 최철순 |  | 0 | 1 | 0 | 0 |
| 0 | 1 | 2 | 1(1) |  | 유지노 | 15 | MF | MF | 15 | 정 혁 | 55 | 2(1) | 4 | 1 | 0 |
| 0 | 0 | 5 | 0 |  | 주세종 | 24 | MF | MF | 11 | 이승기 |  | 0 | 1 | 0 | 0 |
| 0 | 1 | 3 | 0 |  | 임상협 | 11 | MF | MF | 10 | 레오나르도 | 16 | 2(1) | 0 | 0 | 0 |
| 0 | 1 | 1 | 3(1) |  | 한지호 | 7 | MF | FW | 7 | 한교원 |  | 1(1) | 5 | 0 | 0 |
| 0 | 0 | 0 | 0 |  | 파그너 | 51 | FW | FW | 9 | 이동국 |  | 3(3) | 2 | 0 | 0 |
| 0 | 0 | 0 | 0 |  | 이범영 | 1 |  |  | 21 | 이범수 |  | 0 | 0 | 0 | 0 |
| 0 | 1 | 2 | 0 | 후20 | 박용지 | 9 |  |  | 6 | 최보경 |  | 0 | 0 | 0 | 0 |
| 0 | 0 | 0 | 0 |  | 짜시오 | 10 |  |  | 3 | 이재명 |  | 0 | 0 | 0 | 0 |
| 0 | 0 | 0 | 0 |  | 정석화 | 14 | 대기 | 대기 | 27 | 권경원 |  | 0 | 0 | 0 | 0 |
| 0 | 0 | 0 | 0 |  | 김용태 | 18 |  |  | 55 | 김남일 | 후0 | 0 | 1 | 0 | 0 |
| 0 | 0 | 0 | 0 |  | 전성찬 | 22 |  |  | 8 | 리 치 |  | 0 | 0 | 0 | 0 |
| 0 | 0 | 0 | 0 |  | 김찬영 | 23 |  |  | 16 | 이상협 | 후30 | 2 | 1 | 0 | 0 |
| 0 | 5 | 21 | 10(2) |  |  |  |  |  |  |  |  | 12(7) | 23 | 2 | 0 |

● 후반 27분 파그너 PK-R-G (득점: 파그너) 오른쪽
● 후반 12분 이승기 PAR ~ 이동국GAL H-ST-G (득점: 이동국, 도움: 이승기) 왼쪽

## 전북 1 : 0 경남

9월 14일 14:15 맑음 전주월드컵 관중 15,332명
주심_김상우 부심_김용수·서무희 대기심_매호영 감독관_하재훈

|  |  | 전반 0 |  |
|--|--|--|--|
| 전북 1 | 0 | 전반 0 | 0 경남 |
|  | 1 | 후반 0 |  |

| 퇴장 | 경고 | 파울 | ST(유) | 교체 | 선수명 | 배번 | 위치 | 위치 | 배번 | 선수명 | 교체 | ST(유) | 파울 | 경고 | 퇴장 |
|---|---|---|---|---|---|---|---|---|---|---|---|---|---|---|---|
| 0 | 1 | 0 | 0 |  | 권순태 | 1 | GK | GK | 1 | 김영광 |  | 0 | 0 | 0 | 0 |
| 0 | 0 | 1 | 0 |  | 이주용 | 32 | MF | MF | 27 | 박주성 |  | 1(1) | 1 | 0 | 0 |
| 0 | 0 | 1 | 0 |  | 김기희 | 4 | DF | DF | 90 | 여성해 |  | 1 | 1 | 0 | 0 |
| 0 | 0 | 0 | 0 | 10 | 정인환 | 5 | DF | DF | 30 | 스레텐 |  | 0 | 1 | 0 | 0 |
| 0 | 0 | 0 | 0 |  | 최철순 | 25 | DF | DF | 20 | 이한샘 |  | 0 | 0 | 0 | 0 |
| 0 | 1 | 1 | 1(1) |  | 김남일 | 55 | MF | MF | 23 | 권완규 |  | 0 | 0 | 0 | 0 |
| 0 | 0 | 0 | 0 |  | 신형민 | 16 | MF | MF | 13 | 진경선 |  | 0 | 0 | 0 | 0 |
| 0 | 0 | 0 | 0 |  | 이승기 | 11 | MF | MF | 18 | 문주원 |  | 0 | 0 | 0 | 0 |
| 0 | 0 | 0 | 0 | 26 | 한교원 | 7 | MF | MF | 14 | 이창민 | 44 | 1(1) | 2 | 1 | 0 |
| 0 | 4(2) | 1 |  |  | 카이오 | 9 | FW | FW | 9 | 김슬기 |  | 1(1) | 2 | 1 | 0 |
| 0 | 5 | 4(3) |  |  | 이동국 | 20 | FW | FW | 77 | 스토야노비치 | 16 | 0 | 0 | 0 | 0 |
| 0 | 0 | 0 | 0 |  | 이범수 | 41 |  |  | 41 | 김교빈 |  | 0 | 0 | 0 | 0 |
| 0 | 0 | 0 | 0 |  | 최보경 | 6 |  |  | 13 | 고재성 |  | 0 | 0 | 0 | 0 |
| 0 | 0 | 0 | 0 | 후6 | 이승렬 | 26 |  |  | 4 | 김준엽 |  | 0 | 0 | 0 | 0 |
| 0 | 0 | 0 | 0 |  | 정 혁 | 15 | 대기 | 대기 | 26 | 최영준 |  | 0 | 0 | 0 | 0 |
| 0 | 0 | 0 | 0 |  | 리 치 | 8 |  |  | 44 | 이호석 | 후21 | 0 | 0 | 0 | 0 |
| 0 | 3(2) |  | 전43 | 레오나르도 | 10 |  |  | 16 | 송수영 | 후20 | 0 | 0 | 0 | 0 |  |
| 0 | 0 | 2 |  | 후20 | 이상협 | 28 |  |  | 28 | 에 딘 | 후33 | 1 | 0 | 0 | 0 |
| 0 | 2 | 11 | 21(9) |  |  |  |  |  |  |  |  | 4(2) | 16 | 2 | 0 |

● 후반 38분 레오나르도 PAL FK ~ 김남일 GAR 내 H-ST-G (득점: 김남일, 도움: 레오나르도) 오른쪽

## 서울 3 : 1 인천

9월 13일 19:00 흐림 서울 월드컵 관중 17,337명
주심_이동준 부심_이규환·윤광열 대기심_최명용 감독관_이영철

| 서울 3 | 2 전반 0 / 1 후반 1 | 1 인천 |
|---|---|---|

| 퇴장 | 경고 | 파울 | ST(유) | 교체 | 선수명 | 배번 | 위치 | 위치 | 배번 | 선수명 | 교체 | ST(유) | 파울 | 경고 | 퇴장 |
|---|---|---|---|---|---|---|---|---|---|---|---|---|---|---|---|
| 0 | 0 | 0 | 0 | | 유상훈 | 31 | GK | GK | 1 | 권정혁 | | 0 | 0 | 0 | 0 |
| 0 | 0 | 0 | 0 | 6 | 오스마르 | 28 | DF | DF | 13 | 박태민 | | 0 | 1 | 0 | 0 |
| 0 | 1 | 3 | 0 | | 김주영 | 4 | DF | DF | 16 | 이윤표 | | 1(1) | 3 | 0 | 0 |
| 0 | 0 | 0 | 0 | | 김남춘 | 26 | DF | DF | 20 | 안재준 | | 0 | 0 | 0 | 0 |
| 0 | 0 | 1 | 0 | | 차두리 | 5 | MF | DF | 2 | 용현진 | | 0 | 1 | 0 | 0 |
| 0 | 1 | 1 | 1(1) | | 최효진 | 7 | MF | MF | 8 | 구본상 | | 0 | 3 | 0 | 0 |
| 0 | 1 | 3 | 0 | | 강승조 | 16 | MF | MF | 21 | 김도혁 | 14 | 2(1) | 1 | 0 | 0 |
| 0 | 0 | 0 | 0 | | 고요한 | 13 | MF | MF | 25 | 최종환 | 3 | 0 | 0 | 0 | 0 |
| 0 | 0 | 0 | 0 | 22 | 이상협 | 29 | MF | MF | 10 | 이천수 | | 1 | 1 | 0 | 1 |
| 0 | 1 | 2 | 1(1) | 11 | 최정한 | 15 | FW | FW | 9 | 설기현 | 28 | 0 | 0 | 0 | 0 |
| 0 | | 1 | 2(2) | | 윤주태 | 19 | FW | FW | 29 | 진성욱 | | 0 | 2 | 0 | 0 |
| 0 | 0 | 0 | 0 | | 김용대 | 1 | | | 18 | 조수혁 | | 0 | 0 | 0 | 0 |
| 0 | 0 | | 1(1) | 후0 | 김진규 | 6 | | | 24 | 임하람 | | 0 | 0 | 0 | 0 |
| 0 | 0 | 0 | 0 | | 고광민 | 27 | | | 26 | 김용환 | | 0 | 0 | 0 | 0 |
| 0 | 0 | 0 | 0 | | 심상민 | 21 | 대기 | 대기 | 14 | 이석현 | 후32 | 1(1) | 0 | 0 | 0 |
| 0 | 1 | 0 | 1(1) | 후27 | 고명진 | 22 | | | 7 | 이보 | 후13 | 3(2) | 1 | 0 | 0 |
| 0 | 0 | 0 | 0 | 후10 | 몰리나 | 11 | | | 22 | 권혁진 | | 0 | 0 | 0 | 0 |
| 0 | 0 | 0 | 0 | | 에스쿠데로 | 9 | | | 28 | 이효균 | 후25 | 1(1) | 0 | 0 | 0 |
| 0 | 3 | 7 | 6(6) | | | 0 | | | | | | 13(7) | 17 | 0 | 1 |

- 전반 26분 윤주태 GAR L-ST-G(득점: 윤주태) 오른쪽
- 전반 40분 최효진 HLL → 최정한 PA정면내 R-ST-G(득점: 최정한, 도움: 최효진) 가운데
- 후반 5분 김진규 PK-R-G (득점: 김진규) 오른쪽
- 후반 45분 이보 MF정면 → 이효균 PA정면내 R-ST-G(득점: 이효균, 도움: 이보) 왼쪽

## 상주 1 : 0 전남

9월 14일 19:00 맑음 상주 시민 관중 4,019명
주심_김성호 부심_전기록·설귀선 대기심_송민석 감독관_김수현

| 상주 1 | 0 전반 0 / 1 후반 0 | 0 전남 |
|---|---|---|

| 퇴장 | 경고 | 파울 | ST(유) | 교체 | 선수명 | 배번 | 위치 | 위치 | 배번 | 선수명 | 교체 | ST(유) | 파울 | 경고 | 퇴장 |
|---|---|---|---|---|---|---|---|---|---|---|---|---|---|---|---|
| 0 | 0 | 0 | 0 | | 홍정남 | 21 | GK | GK | 1 | 김병지 | | 0 | 0 | 0 | 0 |
| 0 | 0 | 1 | 1(1) | | 최호정 | 5 | DF | DF | 13 | 현영민 | | 0 | 1 | 0 | 0 |
| 0 | 0 | 1 | 0 | | 양준아 | 14 | DF | DF | 15 | 방대종 | | 2(1) | 2 | 0 | 0 |
| 0 | 0 | 2 | 0 | | 유지훈 | 33 | DF | DF | 30 | 이재억 | 4 | 0 | 2 | 1 | 0 |
| 0 | 0 | 2 | 0 | | 강민수 | 66 | DF | DF | 2 | 김태호 | | 0 | 0 | 0 | 0 |
| 0 | 1 | 1(1) | | | 이호 | 8 | MF | MF | 6 | 이승희 | | 0 | 0 | 0 | 0 |
| 0 | 1 | 1(1) | | 28 | 권순형 | 12 | MF | MF | 12 | 박용준 | 19 | 1 | 0 | 0 | 0 |
| 0 | 0 | 0 | 0 | | 서상민 | 16 | MF | FW | 7 | 레안드리뉴 | 55 | 1 | 1 | 0 | 0 |
| 0 | 1 | 4(2) | | | 한상운 | 7 | MF | MF | 17 | 전현철 | | 0 | 0 | 0 | 0 |
| 0 | | 3(1) | | | 이근호 | 11 | FW | FW | 18 | 심동운 | | 2(1) | 1 | 0 | 0 |
| 0 | | 3 | 2(2) | 30 | 조동건 | 25 | FW | FW | 10 | 스테보 | | 0 | 5 | 0 | 0 |
| 0 | 0 | 0 | 0 | | 김근배 | 31 | | | 31 | 김대호 | | 0 | 0 | 0 | 0 |
| 0 | 0 | 0 | 0 | 후31 | 안재훈 | | | | 4 | 홍진기 | 후0 | 1(1) | 1 | 0 | 0 |
| 0 | 0 | 0 | 0 | 후43 | 송원재 | | | | 55 | 코니 | 후28 | 0 | 0 | 0 | 0 |
| 0 | 0 | 0 | 0 | | 박경익 | 34 | 대기 | 대기 | 16 | 송창호 | | 0 | 0 | 0 | 0 |
| 0 | 0 | 0 | 0 | | 유수현 | 36 | | | 8 | 이현승 | | 0 | 0 | 0 | 0 |
| 0 | 0 | 0 | 0 | | 장현인 | 20 | | | 19 | 김영우 | 후5 | 1 | 2 | 0 | 0 |
| 0 | 0 | 0 | 0 | 후48 | 박승일 | 30 | | | 11 | 박준태 | | 0 | 0 | 0 | 0 |
| 0 | 2 | 16 | 13(9) | | | 0 | | | | | | 13(6) | 14 | 1 | 0 |

- 후반 2분 권순형 C.KL ⌒ 이호 GA정면 H-ST-G (득점: 이호, 도움: 권순형) 왼쪽

## 부산 1 : 3 울산

9월 13일 19:30 맑음 부산 아시아드 관중 3,012명
주심_유선호 부심_노태식·김성일 대기심_우상일 감독관_김용세

| 부산 1 | 0 전반 0 / 1 후반 3 | 3 울산 |
|---|---|---|

| 퇴장 | 경고 | 파울 | ST(유) | 교체 | 선수명 | 배번 | 위치 | 위치 | 배번 | 선수명 | 교체 | ST(유) | 파울 | 경고 | 퇴장 |
|---|---|---|---|---|---|---|---|---|---|---|---|---|---|---|---|
| 0 | 0 | 0 | 0 | | 이창근 | 21 | GK | GK | 21 | 이희성 | | 0 | 0 | 0 | 0 |
| 0 | 0 | 3 | 1(1) | | 이경렬 | 6 | DF | DF | 2 | 이용 | | 1 | 2 | 0 | 0 |
| 0 | 0 | 1 | 1 | | 유지노 | 15 | DF | DF | 22 | 김치곤 | | 0 | 0 | 0 | 0 |
| 0 | 0 | 0 | 0 | | 장학영 | 33 | DF | DF | 4 | 이재원 | | 0 | 3 | 1 | 0 |
| 0 | 1 | 1 | 1 | | 연제민 | 34 | DF | DF | 17 | 유준수 | | 1 | 0 | 0 | 0 |
| 0 | 0 | 0 | 0 | | 닐손주니어 | 25 | MF | MF | 26 | 하성민 | | 0 | 2 | 1 | 0 |
| 0 | 0 | 0 | 0 | 24 | 김용태 | 20 | MF | MF | 13 | 김선민 | 27 | 1(1) | 1 | 0 | 0 |
| 0 | 0 | 0 | 0 | 14 | 전성찬 | 22 | MF | MF | 11 | 따르따 | | 0 | 0 | 0 | 0 |
| 0 | 0 | 1 | 0 | | 임상협 | 11 | MF | MF | 16 | 김성환 | | 0 | 2 | 0 | 0 |
| 0 | 1 | 2(2) | | | 파그너 | 9 | FW | FW | 24 | 김신욱 | | 2(1) | 1 | 0 | 0 |
| 0 | 3 | 3(1) | | 10 | 한지호 | 7 | FW | FW | 23 | 김민균 | 5 | 1 | 1 | 0 | 0 |
| 0 | 0 | 0 | 0 | | 이범영 | 1 | | | 40 | 이준식 | | 0 | 0 | 0 | 0 |
| 0 | 0 | 0 | 0 | | 이정협 | 8 | | | 14 | 김영삼 | | 0 | 0 | 0 | 0 |
| 0 | 0 | 2 | 0 | 후27 | 파사오 | 10 | | | 27 | 안진범 | 후11 | 1(1) | 2 | 0 | 0 |
| 0 | 0 | 0 | 0 | 후32 | 정석화 | 14 | 대기 | 대기 | 3 | 정동호 | | 0 | 0 | 0 | 0 |
| 0 | 0 | 0 | 0 | | 김찬영 | 23 | | | 24 | 한재웅 | 후35 | 0 | 0 | 0 | 0 |
| 0 | 0 | 1 | 1(1) | 후19 | 주세종 | 24 | | | 5 | 서용덕 | 후11 | 0 | 0 | 0 | 0 |
| 0 | 0 | 0 | 0 | | 홍동현 | 26 | | | 39 | 김근환 | | 0 | 0 | 0 | 0 |
| 0 | 2 | 14 | 11(5) | | | 0 | | | | | | 8(4) | 21 | 2 | 0 |

- 후반 3분 파그너 PAR TLFK ⌒ 이경렬 PK지점 H-ST-G (득점: 이경렬, 도움: 파그너) 왼쪽
- 후반 6분 백지훈 AK정면 R-ST-G(득점: 백지훈) 오른쪽
- 후반 20분 하성민 MFR ⌒ 김성환 PAL내 EL L-ST-G(득점: 김성환, 도움: 하성민) 오른쪽
- 후반 43분 한재웅 PAR ~ 안진범 PK좌측지점 R-ST-G(득점: 안진범, 도움: 한재웅) 왼쪽

## 제주 0 : 0 수원

9월 14일 17:00 맑음 제주 월드컵 관중 9,496명
주심_이민후 부심_정해상·장준모 대기심_정동식 감독관_강창구

| 제주 0 | 0 전반 0 / 0 후반 0 | 0 수원 |
|---|---|---|

| 퇴장 | 경고 | 파울 | ST(유) | 교체 | 선수명 | 배번 | 위치 | 위치 | 배번 | 선수명 | 교체 | ST(유) | 파울 | 경고 | 퇴장 |
|---|---|---|---|---|---|---|---|---|---|---|---|---|---|---|---|
| 0 | 0 | 0 | 0 | | 김호준 | 1 | GK | GK | 1 | 정성룡 | | 0 | 0 | 0 | 0 |
| 0 | 1 | 3 | 0 | | 김수범 | 22 | DF | DF | 17 | 홍철 | | 0 | 0 | 0 | 0 |
| 0 | 0 | 0 | 0 | | 알렉스 | 15 | DF | DF | 39 | 민상기 | | 0 | 0 | 0 | 0 |
| 0 | 0 | 0 | 0 | | 오반석 | 5 | DF | DF | 5 | 조성진 | | 0 | 0 | 0 | 0 |
| 0 | 1 | 1 | 0 | | 정다훤 | 2 | DF | DF | 30 | 신세계 | | 0 | 1 | 0 | 0 |
| 0 | 1 | 1 | 0 | | 장은규 | 37 | MF | MF | 6 | 김은선 | | 0 | 1 | 0 | 0 |
| 0 | 0 | 0 | 0 | | 윤빛가람 | 14 | MF | MF | 22 | 권창훈 | 16 | 0 | 0 | 0 | 0 |
| 0 | 0 | 1 | 0 | 13 | 황일수 | 11 | FW | FW | 26 | 염기훈 | | 1 | 0 | 0 | 0 |
| 0 | 1 | 3(1) | | | 드로겟 | | FW | FW | 13 | 고차원 | 13 | 2(1) | 2 | 0 | 0 |
| 0 | 1 | 2 | 0 | | 송진형 | | FW | FW | 10 | 산토스 | | 3(1) | 2 | 0 | 0 |
| 0 | 3 | 1 | 8 | | 박수창 | | FW | FW | 18 | 로저 | 28 | 6(3) | 2 | 0 | 0 |
| 0 | 0 | 0 | 0 | | 김경민 | 21 | | | 21 | 이상호 | | 0 | 0 | 0 | 0 |
| 0 | 0 | 0 | 0 | | 황도연 | | | | 45 | 헤이네르 | | 0 | 0 | 0 | 0 |
| 0 | 0 | 0 | 0 | | 오승범 | 8 | | | 27 | 이종성 | | 0 | 0 | 0 | 0 |
| 0 | 0 | 0 | 0 | | 이현호 | 25 | 대기 | 대기 | 16 | 조지훈 | 후18 | 1 | 1 | 0 | 0 |
| 0 | 0 | 0 | 0 | 후46 | 배일환 | | | | 33 | 구자룡 | | 0 | 0 | 0 | 0 |
| 0 | | | 1(1) | 후24 | 진대성 | 13 | | | 13 | 서정진 | 후14 | 1 | 0 | 0 | 0 |
| 0 | | | 0 | 후31 | 루이스 | | | | 28 | 하태균 | 후27 | 1 | 0 | 0 | 0 |
| 0 | 2 | 15 | 10(1) | | | 0 | | | | | | 14(8) | 12 | 0 | 0 |

## 9월 20일 14:00 맑음 전주월드컵 관중 16,878명
주심_김희곤 부심_손재선·이정민 대기심_유선호 감독관_김형남

**전북 0** | 0 전반 0 / 0 후반 0 | **0 서울**

| 퇴장 | 경고 | 파울 | ST(유) | 교체 | 선수명 | 배번 | 위치 | 위치 | 배번 | 선수명 | 교체 | ST(유) | 파울 | 경고 | 퇴장 |
|---|---|---|---|---|---|---|---|---|---|---|---|---|---|---|---|
| 0 | 0 | 0 | 0 | | 권순태 | 1 | GK | GK | 1 | 김용대 | | 0 | 0 | 0 | 0 |
| 0 | 0 | 3 | 0 | | 이주용 | 32 | DF | DF | 3 | 이웅희 | | 0 | 2 | 0 | 0 |
| 0 | 0 | 1 | 0 | | 김기희 | 4 | DF | DF | 4 | 김주영 | | 0 | 3 | 1 | 0 |
| 0 | 0 | 2 | 0 | | 신형민 | 22 | DF | DF | 6 | 김진규 | | 1 | 1 | 1 | 0 |
| 0 | 1 | 4 | 0 | | 최철순 | 25 | DF | MF | 2 | 최효진 | | 1(1) | 1 | 0 | 0 |
| 0 | 1 | 4 | 0 | | 김남일 | 55 | MF | MF | 5 | 차두리 | | 0 | 1 | 1 | 0 |
| 0 | 1 | 2 | 0 | | 정혁 | 23 | MF | MF | 13 | 고요한 | 11 | 0 | 2 | 0 | 0 |
| 0 | 0 | 3(3) | | 26 | 레오나르도 | 10 | MF | MF | 16 | 강승조 | 29 | 1(1) | 2 | 0 | 0 |
| 0 | 0 | 1 | 2 | | 한교원 | 7 | MF | MF | 22 | 고명진 | | 2 | 2 | 1 | 0 |
| 0 | 0 | 2(2) | | 35 | 리치 | 8 | MF | FW | 14 | 박희성 | 27 | 1 | 1 | 1 | 0 |
| 0 | 0 | 0 | 0 | | 이동국 | 20 | FW | FW | 9 | 에벨톤 | | 1 | 2 | 0 | 0 |
| 0 | 0 | | | | 이범수 | 21 | | | 31 | 유상훈 | | 0 | | | |
| | | | | | 윌킨슨 | 18 | | | 26 | 김남춘 | | | | | |
| | | | | | 최보경 | 6 | | | 27 | 고광민 | 후19 | 1(1) | 0 | 0 | |
| | | | | | 정혁 | 15 | 대기 | 대기 | 29 | 이상협 | 후39 | 0 | | | |
| 0 | 0 | | | 후46 | 이승현 | 26 | | | 40 | 심제혁 | | | | | |
| 0 | 0 | | | 후8 | 김동찬 | 35 | | | 15 | 최정한 | | | | | |
| 0 | 0 | 2(1) | | 후18 | 카이오 | 9 | | | 11 | 몰리나 | 후28 | 1(1) | 0 | 0 | |
| 0 | 2 | 13 | 9(6) | | | | | | | | | 10(4) | 17 | 3 | 0 |

---

## 9월 20일 16:00 맑음 수원월드컵 관중 23,426명
주심_우상일 부심_정해상·김성일 대기심_서동진 감독관_이영철

**수원 2** | 0 전반 1 / 2 후반 0 | **1 포항**

| 퇴장 | 경고 | 파울 | ST(유) | 교체 | 선수명 | 배번 | 위치 | 위치 | 배번 | 선수명 | 교체 | ST(유) | 파울 | 경고 | 퇴장 |
|---|---|---|---|---|---|---|---|---|---|---|---|---|---|---|---|
| 0 | 1 | 1 | 0 | | 정성룡 | 1 | GK | GK | 31 | 김다솔 | | 0 | 0 | 0 | 0 |
| 0 | 0 | 0 | 0 | | 홍철 | 17 | DF | DF | 3 | 김광석 | | 0 | 0 | 1 | 0 |
| 0 | 0 | 2 | 0 | | 민상기 | 39 | DF | DF | 32 | 김형일 | | 0 | 3 | 1 | 0 |
| 0 | 0 | 0 | 1(1) | | 조성진 | 5 | DF | DF | 27 | 박선주 | | 0 | 1 | 0 | 0 |
| 0 | 0 | 0 | 0 | | 신세계 | 30 | DF | DF | 17 | 신광훈 | | 1(1) | 1 | 1 | 0 |
| 0 | 0 | 0 | 1 | | 김은선 | 6 | MF | MF | 5 | 김태수 | 24 | 0 | 1 | 0 | 0 |
| 0 | 2 | 2(1) | | 28 | 권창훈 | 26 | MF | MF | 7 | 김승대 | | 0 | 1 | 0 | 0 |
| 0 | 0 | | | | 염기훈 | 26 | MF | MF | 23 | 유창현 | | 1(1) | 2 | 0 | 0 |
| 0 | 1 | | 13 | | 고차원 | 12 | MF | MF | 18 | 고무열 | | 0 | 2 | 0 | 0 |
| 0 | 1 | 3(3) | | 16 | 산토스 | 10 | MF | MF | 15 | 신영준 | | 0 | 0 | 0 | 0 |
| 0 | 3 | 4(3) | | | 로저 | 11 | FW | MF | 11 | 강수일 | 19 | 2 | 1 | 0 | 0 |
| | | | | | 이상욱 | 41 | | | 41 | 김진영 | | 0 | | | |
| | | | | | 헤이네르 | 45 | | | 2 | 박희철 | | 0 | | | |
| | | | | | 구자룡 | 15 | | | 13 | 김원일 | | 0 | | | |
| 0 | 0 | | | 후26 | 조지훈 | 16 | 대기 | 대기 | 19 | 문창진 | 후18 | 1(1) | 0 | 0 | |
| | | | | | 이종성 | 22 | | | 24 | 배슬기 | 후0 | 0 | | | |
| 0 | 0 | | | 후12 | 서정진 | 13 | | | 3 | 강상우 | | 0 | | | |
| 0 | 0 | | | 후39 | 하태균 | 28 | | | 20 | 윤준성 | 후44 | 0 | | | |
| 0 | 2 | 11 | 15(9) | | | | | | | | | 5(3) | 18 | 5 | 0 |

● 후반 39분 염기훈 C.KR~로저 GAL H-ST-G (득점: 로저, 도움: 염기훈) 왼쪽
● 후반 43분 염기훈 PA정면내 L-ST-G(득점: 염기훈) 오른쪽
● 전반 44분 김재성 C.KL~유창현 GAL내 H-ST-G(득점: 유창현, 도움: 김재성) 왼쪽

---

## 9월 20일 14:00 맑음 울산문수 관중 2,779명
주심_이민후 부심_장준모·노수용 대기심_김대용 감독관_김수현

**울산 1** | 0 전반 1 / 1 후반 0 | **1 인천**

| 퇴장 | 경고 | 파울 | ST(유) | 교체 | 선수명 | 배번 | 위치 | 위치 | 배번 | 선수명 | 교체 | ST(유) | 파울 | 경고 | 퇴장 |
|---|---|---|---|---|---|---|---|---|---|---|---|---|---|---|---|
| 0 | 0 | 0 | 0 | | 이희성 | 21 | GK | GK | 1 | 권정혁 | | 0 | 0 | 0 | 0 |
| 0 | 0 | 2 | 1 | | 정동호 | 3 | DF | DF | 13 | 박태민 | | 0 | 0 | 0 | 0 |
| 0 | 0 | 3 | 0 | 39 | 김치곤 | 22 | DF | DF | 16 | 이윤표 | | 0 | 3 | 0 | 0 |
| 0 | 0 | 1 | 0 | | 이용 | 2 | DF | DF | 20 | 안재준 | | 0 | 3 | 0 | 0 |
| 0 | 1 | 2 | 0 | | 유준수 | 17 | DF | DF | 26 | 원현재 | 26 | 0 | 1 | 1 | 0 |
| 0 | 1 | 2 | 0 | | 하성민 | 16 | MF | MF | 4 | 구본상 | | 0 | 1 | 1 | 0 |
| 0 | 1 | 1 | 0 | 13 | 고창현 | 7 | MF | MF | 6 | 김도혁 | | 0 | 1 | 1 | 0 |
| 0 | 0 | 3 | 2 | | 따르따 | 11 | MF | MF | 7 | 이보 | | 0 | 1 | 0 | 0 |
| 0 | 1 | 1 | 2 | | 김성환 | 16 | MF | MF | 25 | 최종환 | | 1 | 4 | 1 | 0 |
| 0 | 1 | 3(1) | | | 양동현 | 20 | FW | MF | 23 | 남준재 | | 1(1) | 3 | 0 | 0 |
| 0 | 1 | 1(1) | | 27 | 백지훈 | 8 | FW | FW | 9 | 설기현 | | 0 | 1 | 0 | 0 |
| | | | | | 이준식 | 18 | | | 18 | 조수혁 | | 0 | | | |
| | | | | | 김영삼 | 14 | | | 24 | 임하람 | | 0 | | | |
| 0 | 0 | | | 후24 | 안진범 | 27 | | | 28 | 김용환 | 후0 | 0 | | | |
| 0 | 0 | | | 후8 | 김선민 | 13 | 대기 | 대기 | 14 | 이석현 | | 0 | | | |
| | | | | | 김민균 | 23 | | | 22 | 권혁진 | | 0 | | | |
| 0 | 0 | | | | | | | | 29 | 진성욱 | 후18 | 0 | | | |
| 0 | 0 | | | 후7 | 김근환 | 39 | | | 28 | 이효균 | 후31 | 0 | | | |
| 0 | 1 | 17 | 10(2) | | | | | | | | | 4(1) | 24 | 2 | 0 |

● 후반 11분 따르따 MFR~백지훈 AKR R-ST-G(득점: 백지훈, 도움: 따르따) 왼쪽
● 전반 23분 구본상 PAL FK~남준재 GAL H-ST-G(득점: 남준재, 도움: 구본상) 오른쪽

---

## 9월 21일 14:00 맑음 탄천종합 관중 2,723명
주심_김성호 부심_전기록·이규환 대기심_이동준 감독관_한진원

**성남 1** | 0 전반 0 / 1 후반 1 | **1 제주**

| 퇴장 | 경고 | 파울 | ST(유) | 교체 | 선수명 | 배번 | 위치 | 위치 | 배번 | 선수명 | 교체 | ST(유) | 파울 | 경고 | 퇴장 |
|---|---|---|---|---|---|---|---|---|---|---|---|---|---|---|---|
| 0 | 0 | 0 | 0 | | 박준혁 | 28 | GK | GK | 1 | 김호준 | | 0 | 0 | 0 | 0 |
| 0 | 0 | 0 | 0 | 15 | 박희성 | 3 | DF | DF | 2 | 정다훤 | | 0 | 0 | 1 | 0 |
| 0 | 0 | 2 | 0 | | 장석원 | 24 | DF | DF | 5 | 오반석 | | 1(1) | 2 | 1 | 0 |
| 0 | 0 | 0 | 0 | | 임채민 | 26 | DF | DF | 4 | 알렉스 | 6 | 0 | 1 | 0 | 0 |
| 0 | 0 | 3 | 2 | | 박진포 | 6 | DF | DF | 15 | 김수범 | 13 | 2 | 1 | 0 | 0 |
| 0 | 0 | 3 | 2 | | 정선호 | 14 | MF | MF | 37 | 장은규 | | 0 | 1 | 0 | 0 |
| 0 | 1 | 3 | 0 | | 김철호 | 7 | MF | MF | 14 | 윤빛가람 | | 1(1) | 1 | 0 | 0 |
| 0 | 0 | 1 | | 17 | 김동희 | 13 | MF | MF | 7 | 황일수 | | 0 | 1 | 0 | 0 |
| 0 | 2 | 3(1) | | | 제파로프 | 10 | MF | FW | 9 | 드로겟 | | 2(2) | 1 | 0 | 0 |
| 0 | 3 | 2(1) | | | 이창훈 | 16 | MF | FW | 11 | 송진형 | | 0 | 3 | 1 | 0 |
| 0 | 2 | 2(1) | | | 김태환 | 11 | FW | FW | 26 | 루이스 | 26 | 2 | 0 | 1 | 0 |
| | | | | | 전상욱 | 21 | | | 21 | 김경민 | | 0 | | | |
| | | | | | 이요한 | 4 | | | 6 | 황도연 | 후40 | 0 | | | |
| | | | | | 박재성 | 31 | | | 25 | 오승범 | | 0 | | | |
| | | | | | 바우지비아 | 24 | 대기 | 대기 | 5 | | | 0 | | | |
| 0 | 0 | | | 후15 | 김평래 | 15 | | | 13 | 배일환 | 후28 | 0 | | | |
| 0 | 0 | | | 후39 | 이민우 | 17 | | | 26 | 박수창 | 후5 | 4(3) | 1 | 0 | 0 |
| | | | | | 김동섭 | | | | 9 | 김현 | | 0 | | | |
| 0 | 3 | 13 | 8(3) | | | | | | | | | 10(8) | 16 | 4 | 0 |

● 후반 3분 제파로프 PK-L-G (득점: 제파로프) 왼쪽
● 후반 45분 드로겟 PK-L-G (득점: 드로겟) 오른쪽

## 9월 21일 14:00 맑음 광양 전용 관중 2,328명
주심_김동진 부심_김용수·강동호 대기심_김상우 감독관_한병화

**전남 2** | 0 전반 0 / 2 후반 1 | **1 부산**

| 퇴장 | 경고 | 파울 | ST(유) | 교체 | 선수명 | 배번 | 위치 | 위치 | 배번 | 선수명 | 교체 | ST(유) | 파울 | 경고 | 퇴장 |
|---|---|---|---|---|---|---|---|---|---|---|---|---|---|---|---|
| 0 | 0 | 0 | 0 | | 김병지 | 1 | GK | GK | 1 | 이범영 | | 0 | 0 | 0 | 0 |
| 0 | 0 | 2 | 0 | | 현영민 | 13 | DF | DF | 2 | 이경렬 | | 0 | 1 | 1 | 0 |
| 0 | 1 | 0 | 0 | | 방대종 | 15 | DF | DF | 34 | 연제민 | | 0 | 0 | 0 | 0 |
| 0 | 1 | 1 | 0 | 5 | 코니 | 55 | DF | DF | 15 | 유지노 | | 0 | 1 | 0 | 0 |
| 0 | 0 | 1 | 0 | | 김태호 | 2 | DF | DF | 33 | 장학영 | | 0 | 0 | 0 | 0 |
| 0 | 0 | 4 | 3 | | 김동철 | 24 | MF | MF | 25 | 닐손 주니어 | | 0 | 0 | 1 | 0 |
| 0 | 0 | 2 | 3(2) | | 송창호 | 16 | MF | MF | 24 | 주세종 | 14 | 0 | 3 | 0 | 0 |
| 0 | 1 | 0 | 0 | | 김영우 | 19 | MF | MF | 17 | 김익현 | 7 | 1 | 1 | 0 | 0 |
| 0 | 3 | 4(1) | | | 심동운 | 18 | MF | MF | 10 | 짜시오 | 11 | 0 | 0 | 1 | 0 |
| 0 | 0 | 0 | 30 | | 이현승 | 8 | MF | FW | 51 | 파그너 | | 2(1) | 1 | 0 | 0 |
| 0 | 1 | 2(1) | | | 스테보 | 10 | FW | FW | 9 | 박용지 | | 0 | 0 | 0 | 0 |
| | | | | | 김대호 | 31 | | | 31 | 이창근 | | 0 | 0 | 0 | 0 |
| | | | | | 박선용 | 3 | | | 7 | 한지호 | 후25 | | | | |
| | | | 후45 | | 임종은 | 5 | | | 11 | 임상협 | 전25 | 1(1) | 2 | 1 | |
| | | | 후34 | | 이재억 | 30 | 대기 | 대기 | 14 | 정석화 | 후25 | | | | |
| | | | | | 이인규 | 27 | | | 23 | 김찬영 | | | | | |
| 0 | 0 | 0 | 1 | 후6 | 레안드리뉴 | 7 | | | 26 | 홍동현 | | | | | |
| | | | | | 전현철 | 77 | | | 27 | 권진영 | | | | | |
| 0 | 2 | 16 | 12(4) | | | 0 | | | 0 | | | 4(2) | 13 | 1 | 0 |

● 후반 13분 스테보 PAL ~ 송창호 AKL R-ST-G (득점: 송창호, 도움: 스테보 오른쪽)
● 후반 16분 이현승 AK정면 ~ 심동운 GAR R-ST-G(득점: 심동운, 도움: 이현승 왼쪽)
● 후반 30분 파그너 AK정면 FK R-ST-G (득점: 파그너) 왼쪽

## 9월 27일 14:00 맑음 제주 월드컵 관중 3,134명
주심_최명용 부심_노태식·방기열 대기심_김동진 감독관_김진의

**제주 0** | 0 전반 1 / 0 후반 1 | **2 인천**

| 퇴장 | 경고 | 파울 | ST(유) | 교체 | 선수명 | 배번 | 위치 | 위치 | 배번 | 선수명 | 교체 | ST(유) | 파울 | 경고 | 퇴장 |
|---|---|---|---|---|---|---|---|---|---|---|---|---|---|---|---|
| 0 | 0 | 0 | 0 | | 김호준 | 1 | GK | GK | 1 | 권정혁 | | 0 | 0 | 0 | 0 |
| 0 | 0 | 2 | 0 | | 정다훤 | 2 | DF | DF | 13 | 박태민 | | 0 | 0 | 0 | 0 |
| 0 | 1 | 3 | 0 | | 알렉스 | 15 | DF | DF | 20 | 이윤표 | 24 | 0 | 0 | 0 | 0 |
| 0 | 0 | 0 | 24 | | 황도연 | 6 | DF | DF | 20 | 안재준 | | 0 | 2 | 0 | 0 |
| 0 | 0 | 1 | 1 | | 이현호 | 25 | DF | DF | 26 | 김용환 | | 0 | 0 | 0 | 0 |
| 0 | 0 | 0 | 16 | | 오승범 | 8 | MF | MF | 8 | 구본상 | | 0 | 3 | 0 | 0 |
| 0 | 0 | 1 | 0 | | 송진형 | 37 | MF | MF | 21 | 김도혁 | | 1 | 3 | 0 | 0 |
| 0 | 1 | 3(1) | | | 황일수 | 11 | FW | FW | 11 | 이보 | | 1(1) | 1 | 0 | 0 |
| 0 | 1 | 3 | | | 드로겟 | 19 | MF | MF | 25 | 최종환 | | 1(1) | 1 | 0 | 0 |
| 0 | 2(1) | | | | 박수창 | 26 | MF | MF | 23 | 남준재 | 28 | 2(2) | 0 | 0 | |
| 0 | 8(2) | | | | 김현 | 9 | FW | FW | 19 | 디오고 | 29 | 1 | 1 | 0 | 0 |
| | | | | | | 18 | 조수혁 | | 21 | 조수철 | | | | | |
| | | | 후32 | | 이용 | 24 | | | 24 | 임하람 | 후0 | | | | |
| | | | | | 허범산 | 17 | | | 33 | 조수철 | | | | | |
| | | | 후27 | | 김영신 | 16 | 대기 | 대기 | 14 | 이석현 | | | | | |
| | | | | | 김상원 | 35 | | | 22 | 권혁진 | | | | | |
| 0 | 2(1) | 후12 | | | 배일환 | 10 | | | 29 | 진성욱 | 후12 | 3(2) | 0 | 0 | |
| | | | | | 루이스 | 7 | | | 28 | 이효균 | 후38 | 0 | 0 | | |
| 0 | 3 | 17 | 18(5) | | | 0 | | | 0 | | | 9(6) | 13 | 0 | 0 |

● 전반 7분 이보 PAL내 EL → 남준재 PK 우측지점 L-ST-G득점: 남준재, 도움: 이보 왼쪽
● 후반 20분 이보 PAR ~ 최종환 PAL내 R-ST-G 득점: 최종환, 도움: 이보 왼쪽

## 9월 20일 16:00 맑음 창원 축구센터 관중 1,911명
주심_최명용 부심_노태식·윤광열 대기심_김종혁 감독관_김진의

**경남 1** | 0 전반 0 / 1 후반 0 | **0 상주**

| 퇴장 | 경고 | 파울 | ST(유) | 교체 | 선수명 | 배번 | 위치 | 위치 | 배번 | 선수명 | 교체 | ST(유) | 파울 | 경고 | 퇴장 |
|---|---|---|---|---|---|---|---|---|---|---|---|---|---|---|---|
| 0 | 0 | 0 | 0 | | 김영광 | 1 | GK | GK | 21 | 홍정남 | | 0 | 0 | 0 | 0 |
| 0 | 0 | 1 | 0 | | 스레텐 | 30 | DF | DF | 5 | 최호정 | | 1 | 1 | 0 | 0 |
| 0 | 1 | 2 | 1(1) | | 여성해 | 90 | DF | DF | 28 | 안재훈 | 6 | 0 | 1 | 1 | 0 |
| 0 | 2 | 1(1) | | | 권완규 | 23 | DF | DF | 33 | 유지훈 | | 0 | 2 | 0 | 1 |
| 0 | 0 | 3 | 0 | | 박주성 | 27 | DF | DF | 66 | 강민수 | | 1 | 1 | 1 | 0 |
| 0 | 0 | 2(1) | | | 진경선 | 7 | MF | MF | 12 | 권순형 | 30 | 1(1) | 0 | 1 | 0 |
| 0 | 3(1) | | | | 이창민 | 14 | MF | MF | 14 | 양준아 | | 1 | 2 | 0 | 0 |
| 0 | 4 | 6(4) | 20 | | 고재성 | 5 | FW | MF | 16 | 서상민 | | 1 | 2 | 0 | 0 |
| 0 | 0 | 2(1) | | | 김도엽 | 11 | FW | FW | 34 | 이상호 | 34 | 0 | 1 | 0 | 0 |
| 0 | 1 | 1 | 44 | | 손수인 | 5 | FW | FW | 25 | 조동건 | | 2 | 0 | 0 | 0 |
| 0 | 2 | 2(1) | 12 | | 에딘 | 28 | FW | FW | 77 | 한상운 | | 1(1) | 0 | 0 | 0 |
| | | | | | 김교빈 | 41 | | | 31 | 김근배 | | | | | |
| | | | | | 김준엽 | 4 | | | 2 | 이후권 | | | | | |
| 0 | 0 | 2 | 후33 | | 이한샘 | 20 | | | 15 | 이재성 | | | | | |
| 0 | 2 | 후8 | | | 최영준 | 26 | 대기 | 대기 | 9 | 송원재 | 후19 | | | | |
| 0 | 1 | 후8 | | | 이호석 | 44 | | | 34 | 박경익 | 후18 | | | | |
| | | | | | 김슬기 | 33 | | | 27 | 송제헌 | | | | | |
| 0 | 1 | 0 | 후47 | | 박지민 | 12 | | | 30 | 박승일 | 후29 | 0 | 1 | 0 | 0 |
| 0 | 2 | 16 | 20(10) | | | 0 | | | 0 | | | 9(3) | 10 | 2 | 1 |

● 후반 18분 고재성 GA정면 L-ST-G득점: 고재성 오른쪽

## 9월 27일 14:00 맑음 부산 아시아드 관중 1,527명
주심_송민석 부심_장준모·이정민 대기심_우상일 감독관_하재훈

**부산 1** | 1 전반 0 / 0 후반 0 | **0 성남**

| 퇴장 | 경고 | 파울 | ST(유) | 교체 | 선수명 | 배번 | 위치 | 위치 | 배번 | 선수명 | 교체 | ST(유) | 파울 | 경고 | 퇴장 |
|---|---|---|---|---|---|---|---|---|---|---|---|---|---|---|---|
| 0 | 1 | 0 | 0 | | 이범영 | 1 | GK | GK | 28 | 박준혁 | | 0 | 0 | 0 | 0 |
| 0 | 0 | 2 | 0 | | 이경렬 | 6 | DF | DF | 3 | 박희성 | | 1(1) | 0 | 0 | 0 |
| 0 | 1 | 1 | 0 | | 연제민 | 34 | DF | DF | 26 | 임채민 | | 1(1) | 1 | 0 | 0 |
| 0 | 0 | 0 | 0 | | 유지노 | 15 | MF | MF | 29 | 유청윤 | | 1(1) | 1 | 0 | 0 |
| 0 | 0 | 1 | 0 | | 장학영 | 33 | MF | DF | 6 | 박진포 | | 1 | 1 | 0 | 0 |
| 0 | 1 | 1 | 0 | | 닐손 주니어 | 25 | DF | MF | 4 | 정선호 | 12 | 0 | 1 | 0 | 0 |
| 0 | 1 | 3(1) | | | 주세종 | 24 | MF | MF | 7 | 김철호 | | 0 | 1 | 1 | 0 |
| 0 | 0 | 0 | 11 | | 전성찬 | 22 | MF | MF | 18 | 이창훈 | 4 | 2(1) | 2 | 0 | 0 |
| 0 | 0 | 0 | | | 정석화 | 14 | MF | MF | 10 | 제파로프 | | 1(1) | 1 | 0 | 0 |
| 0 | 1 | 3(1) | 26 | | 박용지 | 9 | FW | MF | 11 | 김태환 | | 2(1) | 1 | 1 | 0 |
| 0 | 1 | 1(1) | | | 파그너 | 51 | FW | FW | 17 | 이민우 | 13 | 1(1) | 0 | 0 | 0 |
| | | | | | 이창근 | 31 | | | 1 | 전상욱 | | | | | |
| | | | | | 김응진 | 5 | | | 4 | 이요한 | 후36 | | | | |
| 0 | 0 | 후30 | | | 임상협 | 11 | | | 31 | 박재성 | | | | | |
| | | | | | 김익현 | 17 | 대기 | 대기 | 23 | 김동희 | 후13 | | | | |
| | | | | | 김찬영 | 23 | | | 9 | 김동섭 | | | | | |
| 0 | 0 | 0 | 후42 | | 홍동현 | 26 | | | 12 | 바우지비아 | 후9 | 0 | 0 | | |
| | | | | | 최광희 | 77 | | | | | | | | | |
| 0 | 7 | 19 | 8(4) | | | 0 | | | 0 | | | 9(7) | 14 | 2 | 0 |

● 전반 27분 파그너 PAR내 R-ST-G득점: 파그너 왼쪽

## 9월 27일 16:00 흐림 상주 시민 관중 1,881명
주심_ 유선호 부심_ 김용수·노수용 대기심_ 김상호 감독관_ 김정식

| | | 상주 | 0 | 0 전반 1 | 1 | 수원 | |
| | | | | 0 후반 0 | | | |

| 퇴장 | 경고 | 파울 | ST(유) | 교체 | 선수명 | 배번 | 위치 | 위치 | 배번 | 선수명 | 교체 | ST(유) | 파울 | 경고 | 퇴장 |
|---|---|---|---|---|---|---|---|---|---|---|---|---|---|---|
| 0 | 0 | 0 | 0 | | 홍정남 | 21 | GK | GK | 1 | 정성룡 | | 0 | 0 | 0 | 0 |
| 0 | 0 | 0 | 0 | | 이후권 | 2 | DF | DF | 17 | 홍 철 | | 0 | 1 | 0 | 0 |
| 0 | 0 | 2 | 0 | | 최호정 | 5 | DF | DF | 39 | 민상기 | | 0 | 3 | 0 | 0 |
| 0 | 0 | 0 | 0 | | 이재성 | 15 | DF | DF | 5 | 조성진 | | 0 | 2 | 0 | 0 |
| 0 | 0 | 0 | 0 | | 안재훈 | 28 | DF | DF | 47 | 오범석 | | 0 | 0 | 0 | 0 |
| 0 | 0 | 0 | 0 | 34 | 권순형 | 12 | MF | MF | 6 | 김은선 | | 1(1) | 2 | 0 | 0 |
| 0 | 0 | 2 | 0 | | 서상민 | 16 | MF | MF | 22 | 권창훈 | 16 | 1(1) | 1 | 0 | 0 |
| 0 | 0 | 0 | 30 | | 이현웅 | 8 | MF | MF | 26 | 염기훈 | | 1(1) | 1 | 0 | 0 |
| 0 | 0 | 1 | 0 | 24 | 곽광선 | 44 | MF | MF | 12 | 서정진 | 12 | 1(1) | 1 | 0 | 0 |
| 0 | 0 | | 3(1) | | 조동건 | 25 | FW | MF | 10 | 산토스 | 7 | 3(1) | 0 | 0 | 0 |
| 0 | 1 | 2 | 1 | | 한상운 | 77 | FW | FW | 11 | 로 저 | | 4(2) | 3 | 0 | 0 |
| 0 | 0 | 0 | 0 | | 김근배 | 41 | | | 0 | 이상욱 | | 0 | 0 | 0 | 0 |
| 0 | 1 | 3 | 0 | 후34 | 이용기 | 24 | | | 45 | 헤이네르 | | 0 | 0 | 0 | 0 |
| 0 | 0 | 0 | 0 | | 송원재 | 6 | | 대기 | 30 | 신세계 | | 0 | 0 | 0 | 0 |
| 0 | 0 | 0 | 0 | 후0 | 박경익 | 34 | 대기 | | 16 | 조지훈 | 후41 | 0 | 0 | 0 | 0 |
| 0 | 0 | 0 | 0 | | 유수현 | 36 | | | 7 | 이상호 | 후26 | 0 | 1 | 0 | 0 |
| 0 | 0 | 0 | 0 | | 송제헌 | 27 | | | 12 | 고차원 | 후0 | 0 | 1 | 0 | 0 |
| 0 | 0 | 0 | 1(1) | 후0 | 박승일 | 30 | | | 28 | 하태균 | | 0 | 0 | 0 | 0 |
| 0 | 2 | 11 | 7(2) | | | 0 | | | 0 | | | 11(7) | 16 | 0 | 0 |

● 전반 22분 민상기 GA정면 H → 로저 GAR내 R-ST-G(득점: 로저, 도움: 민상기) 오른쪽

## 9월 28일 14:00 맑음 광양 전용 관중 2,420명
주심_ 김종혁 부심_ 손재선·김성일 대기심_ 우상일 감독관_ 김용세

| | | 전남 | 1 | 1 전반 0 | 1 | 울산 | |
| | | | | 0 후반 1 | | | |

| 퇴장 | 경고 | 파울 | ST(유) | 교체 | 선수명 | 배번 | 위치 | 위치 | 배번 | 선수명 | 교체 | ST(유) | 파울 | 경고 | 퇴장 |
|---|---|---|---|---|---|---|---|---|---|---|---|---|---|---|
| 0 | 0 | 0 | 0 | | 김병지 | 1 | GK | GK | 21 | 이희성 | | 0 | 0 | 0 | 0 |
| 0 | 1 | 2 | 2(1) | | 현영민 | 13 | DF | DF | 2 | 이 용 | | 0 | 1 | 0 | 0 |
| 0 | 0 | 0 | 0 | | 방대종 | 15 | DF | DF | 22 | 정동호 | | 0 | 1 | 0 | 0 |
| 0 | 0 | 0 | 0 | | 코 니 | 55 | DF | DF | 39 | 김근환 | | 0 | 0 | 0 | 0 |
| 0 | 0 | 3 | 0 | | 김태호 | 2 | DF | DF | 6 | 박동혁 | | 0 | 0 | 0 | 0 |
| 0 | 1 | 2 | 2(1) | | 이승희 | 6 | MF | MF | 88 | 이 호 | | 0 | 3 | 0 | 0 |
| 0 | 0 | 0 | 24 | | 송창호 | 16 | MF | MF | 24 | 한재웅 | 7 | 0 | 0 | 0 | 0 |
| 0 | 0 | | 77 | | 박준태 | 11 | MF | MF | 13 | 따르따 | 13 | 0 | 1 | 0 | 0 |
| 0 | 2 | 3(3) | | | 심동운 | 18 | MF | MF | 16 | 김성환 | | 1 | 2 | 1 | 0 |
| 0 | 0 | 0 | 0 | | 이현승 | 8 | MF | FW | 10 | 카 사 | 15 | 1 | 1 | 0 | 0 |
| 0 | 1 | 2(2) | | | 스테보 | 10 | FW | FW | 20 | 양동현 | | 1(1) | 2 | 0 | 0 |
| 0 | 0 | 0 | 0 | | 김대호 | 31 | | | 40 | 이준식 | | 0 | 0 | 0 | 0 |
| 0 | 0 | 0 | 0 | | 박선용 | 3 | | | 17 | 유준수 | | 0 | 0 | 0 | 0 |
| 0 | 0 | 0 | 0 | | 임종은 | 5 | | | 7 | 고창현 | 후5 | 3(1) | 1 | 0 | 0 |
| 0 | 0 | 0 | 0 | 후16 | 김동철 | 24 | 대기 | 대기 | 15 | 백지훈 | 후5 | 0 | 0 | 0 | 0 |
| 0 | 0 | 0 | 0 | | 김 혁 | 30 | | | 13 | 김선민 | 후33 | 0 | 0 | 0 | 0 |
| 0 | 0 | 0 | 0 | 후0 | 레안드리뉴 | 7 | | | 4 | 이재원 | | 0 | 0 | 0 | 0 |
| 0 | 1 | 1(1) | | 후33 | 전현철 | 77 | | | 23 | 김민균 | | 0 | 0 | 0 | 0 |
| 0 | 2 | 16 | 13(8) | | | 0 | | | 0 | | | 9(2) | 11 | 1 | 0 |

● 전반 21분 심동운 PAR EL ⌒ 스테보 GA정면 H-ST-G(득점: 스테보, 도움: 심동운) 오른쪽

● 후반 10분 김성환 MF정면 ~ 고창현 MFR R-ST-G(득점: 고창현, 도움: 김성환) 오른쪽

## 9월 28일 14:00 맑음 포항 스틸야드 관중 9,458명
주심_ 이동준 부심_ 전기록·이규환 대기심_ 김상우 감독관_ 김형남

| | | 포항 | 2 | 0 전반 1 | 2 | 전북 | |
| | | | | 2 후반 1 | | | |

| 퇴장 | 경고 | 파울 | ST(유) | 교체 | 선수명 | 배번 | 위치 | 위치 | 배번 | 선수명 | 교체 | ST(유) | 파울 | 경고 | 퇴장 |
|---|---|---|---|---|---|---|---|---|---|---|---|---|---|---|
| 0 | 0 | 0 | 0 | | 신화용 | 1 | GK | GK | 1 | 권순태 | | 0 | 0 | 0 | 0 |
| 0 | 0 | 2 | 0 | | 김광석 | 3 | DF | DF | 32 | 이주용 | | 1 | 0 | 0 | 0 |
| 0 | 1 | 3 | 0 | | 김원일 | 13 | DF | DF | 18 | 윌킨슨 | | 0 | 3 | 0 | 0 |
| 0 | 0 | 3 | 0 | | 박희철 | 2 | DF | DF | 4 | 김기희 | | 0 | 1 | 0 | 0 |
| 0 | 1 | 3 | 0 | 27 | 김대호 | 22 | DF | DF | 25 | 최철순 | | 0 | 0 | 0 | 0 |
| 0 | 0 | 2 | 1 | | 김태수 | 5 | MF | MF | 55 | 김남일 | 6 | 1(1) | 1 | 0 | 0 |
| 0 | 1 | 2 | 1 | | 김재성 | 7 | MF | MF | 22 | 신형민 | | 0 | 0 | 0 | 0 |
| 0 | 0 | | 1(1) | 20 | 유창현 | 23 | FW | MF | 10 | 레오나르도 | | 3(3) | 1 | 0 | 0 |
| 0 | 1 | 1 | 1 | | 문창진 | 19 | MF | MF | 7 | 한교원 | 26 | 1 | 1 | 0 | 0 |
| 0 | 2 | 3(2) | | | 고무열 | 18 | MF | MF | 9 | 카이오 | 35 | 1 | 2 | 0 | 0 |
| 0 | 0 | | 11 | | 신영준 | 16 | MF | FW | 20 | 이동국 | | 3(1) | 1 | 0 | 0 |
| 0 | 0 | 0 | 0 | | 김진영 | 41 | | | 21 | 이범수 | | 0 | 0 | 0 | 0 |
| 0 | 0 | 0 | 0 | 후36 | 박선주 | 27 | | | 6 | 최보경 | 후10 | 0 | 0 | 0 | 0 |
| 0 | 0 | 0 | 0 | | 김형일 | 32 | | | 16 | 조성환 | | 0 | 0 | 0 | 0 |
| 0 | 0 | 0 | 0 | | 김준수 | 6 | 대기 | 대기 | 15 | 정 혁 | | 0 | 0 | 0 | 0 |
| 0 | 0 | 0 | 0 | 후44 | 윤준성 | 23 | | | 26 | 이승현 | 후36 | 0 | 0 | 0 | 0 |
| 0 | 0 | 0 | 0 | | 강상우 | 30 | | | 35 | 김동찬 | 후18 | 2(1) | 2 | 0 | 0 |
| 0 | 1 | 3(2) | 전28 | | 강수일 | 11 | | | 16 | 이상협 | | 0 | 0 | 0 | 0 |
| 0 | 2 | 18 | 6(4) | | | 0 | | | 0 | | | 12(7) | 16 | 0 | 0 |

● 후반 14분 강수일 PA정면 H → 유창현 PAL내 R-ST-G(득점: 유창현, 도움: 강수일) 오른쪽

● 후반 49분 윤준성 PAR ⌒ 강수일 GAR R-ST-G 득점: 강수일, 도움: 윤준성) 왼쪽

● 전반 42분 레오나르도 AK정면 FK R-ST-G (득점: 레오나르도) 왼쪽

● 후반 32분 최보경 GA정면내 → 김동찬 GAR내 EL R-ST-G(득점: 김동찬, 도움: 최보경) 오른쪽

## 9월 24일 19:30 흐림 서울 월드컵 관중 4,336명
주심_ 김동진 부심_ 이정민·윤광열 대기심_ 김상우 감독관_ 강창구

| | | 서울 | 1 | 0 전반 0 | 1 | 경남 | |
| | | | | 1 후반 1 | | | |

| 퇴장 | 경고 | 파울 | ST(유) | 교체 | 선수명 | 배번 | 위치 | 위치 | 배번 | 선수명 | 교체 | ST(유) | 파울 | 경고 | 퇴장 |
|---|---|---|---|---|---|---|---|---|---|---|---|---|---|---|
| 0 | 0 | 0 | 0 | | 김용대 | 1 | GK | GK | 1 | 김영광 | | 0 | 0 | 0 | 0 |
| 0 | 0 | 1 | 0 | | 김진규 | 6 | DF | DF | 27 | 박주성 | | 0 | 1 | 0 | 0 |
| 0 | 0 | 0 | 0 | | 김주영 | 4 | DF | DF | 90 | 여성해 | | 0 | 2 | 0 | 0 |
| 0 | 0 | 0 | 0 | | 이웅희 | 3 | DF | DF | 20 | 이한샘 | | 0 | 1 | 0 | 0 |
| 0 | 0 | 1 | 0 | | 차두리 | 5 | MF | MF | 23 | 권완규 | | 0 | 0 | 0 | 0 |
| 0 | 0 | 0 | 0 | | 고광민 | 27 | MF | MF | 13 | 김준엽 | | 0 | 1 | 0 | 0 |
| 0 | 0 | 0 | 0 | | 강승조 | 16 | MF | MF | 44 | 진경선 | 44 | 2(2) | 1 | 1 | 0 |
| 0 | 0 | 1 | 13 | | 이상협 | 29 | MF | MF | 5 | 이창민 | | 1(1) | 2 | 0 | 0 |
| 0 | 0 | 0 | 0 | | 몰리나 | 11 | MF | MF | 13 | 고재성 | | 1 | 1 | 0 | 0 |
| 0 | 0 | 0 | 15 | | 박희성 | 14 | FW | FW | 11 | 김도엽 | 18 | 2(1) | 1 | 0 | 0 |
| 0 | 0 | 0 | 40 | | 에벨톤 | 10 | FW | FW | 28 | 에 딘 | 16 | 1 | 2 | 0 | 0 |
| 0 | 0 | 0 | 0 | | 유상훈 | 31 | | | 41 | 김교빈 | | 0 | 0 | 0 | 0 |
| 0 | 0 | 0 | 0 | | 김남춘 | 26 | | | 6 | 루 크 | | 0 | 0 | 0 | 0 |
| 0 | 0 | 0 | 0 | | 최호진 | 2 | | | 7 | 이학민 | | 0 | 0 | 0 | 0 |
| 0 | 0 | 0 | 0 | | 김동석 | 25 | 대기 | 대기 | 18 | 문주원 | 후33 | 0 | 0 | 0 | 0 |
| 0 | 0 | 1(1) | | 후14 | 최정현 | 15 | | | 26 | 최영준 | | 0 | 0 | 0 | 0 |
| 0 | 0 | 0 | 0 | 전41 | 고요한 | 13 | | | 44 | 이호석 | 후45 | 0 | 0 | 0 | 0 |
| 0 | 0 | 0 | 0 | 후25 | 심제혁 | 40 | | | 16 | 송수영 | 후9 | 1(1) | 3 | 0 | 0 |
| 0 | 1 | 8 | 9(3) | | | 0 | | | 0 | | | 9(5) | 21 | 1 | 0 |

● 후반 31분 고요한 GAL R-ST-G(득점: 고요한) 오른쪽

● 후반 14분 진경선 MF정면 L-ST-G(득점: 진경선) 왼쪽

## 10월 01일 19:00 맑음 양산 종합 관중 4,684명
주심_김상우 부심_김용수·이정민 대기심_송민석 감독관_이영철

| 경남 | 2 | 0 전반 0 | 1 | 포항 |
|---|---|---|---|---|
| | | 2 후반 1 | | |

| 퇴장 | 경고 | 파울 | ST(유) | 교체 | 선수명 | 배번 | 위치 | 배번 | 선수명 | 교체 | ST(유) | 파울 | 경고 | 퇴장 |
|---|---|---|---|---|---|---|---|---|---|---|---|---|---|---|
| 0 | 0 | 0 | 0 | | 김영광 | 1 | GK | GK | 1 | 신화용 | | 0 | 0 | 0 | 0 |
| 0 | 0 | 1 | 0 | | 박주성 | 27 | DF | DF | 13 | 김광석 | | 0 | 1 | 0 | 0 |
| 0 | 1 | 1 | 0 | | 스레텐 | 30 | DF | DF | 3 | 김원일 | 9 | 1 | 0 | 0 | 0 |
| 0 | 0 | 0 | 0 | | 여성해 | 90 | DF | DF | 17 | 신광훈 | | 0 | 0 | 0 | 0 |
| 0 | 1 | 3 | 0 | | 권완규 | 23 | DF | DF | 22 | 김대호 | | 0 | 1 | 1 | 0 |
| 0 | 1 | 2 | 0 | | 김준엽 | 2 | MF | MF | 5 | 김태수 | | 1 | 1 | 0 | 0 |
| 0 | 2 | 2 | 1 | | 문주원 | 18 | MF | MF | 7 | 김재성 | 27 | 1 | 0 | 1 | 0 |
| 0 | 0 | 1 | 2(2) | | 이창민 | 14 | MF | FW | 23 | 유창현 | 20 | 1(1) | 3 | 1 | 0 |
| 0 | 0 | | 2(1) | 26 | 고재성 | 13 | FW | FW | 19 | 문창진 | | 2 | 2 | 1 | 0 |
| 0 | | 1 | | 17 | 김도엽 | 11 | MF | MF | 18 | 고무열 | | 2(1) | 2 | 1 | 0 |
| 0 | | 1 | 1(1) | 16 | 에 딘 | 28 | FW | MF | 9 | 강수일 | | 1 | 0 | 0 | |
| 0 | 0 | 0 | 0 | | 김교빈 | 41 | | | 41 | 김진영 | | 0 | 0 | 0 | 0 |
| 0 | 0 | 0 | 0 | | 이한샘 | 20 | | | 2 | 박희철 | | 0 | 0 | 0 | 0 |
| 0 | 0 | 0 | 0 | | 이학민 | 2 | | | 32 | 김형일 | | 0 | 0 | 0 | 0 |
| 0 | 0 | 0 | 후38 | | 최영준 | 26 | 대기 | 대기 | 9 | 황지수 | 후25 | 1 | 1 | 0 | |
| 0 | 0 | 0 | 후15 | | 송수영 | 16 | | | 27 | 박선주 | 후15 | 0 | 1 | 0 | |
| 0 | 0 | 0 | 0 | | 한의권 | 22 | | | 30 | 강상우 | | 0 | 0 | 0 | |
| 0 | 1(1) | | 후7 | | 이재안 | 17 | | | 20 | 윤준성 | 후36 | 0 | 0 | 0 | |
| 0 | 3 | 12 | 8(5) | | | | | | 0 | | | 9(2) | 13 | 4 | 0 |

●후반 18분 이재안 PK-R-G (득점: 이재안) 왼쪽
●후반 47분 이재안 AK내 ~ 이창민 GA정면 L-ST-G(득점: 이창민, 도움: 이재안) 오른쪽
●후반 39분 신광훈 MFR ~ 고무열 GAL R-ST-G (득점: 고무열, 도움: 신광훈) 가운데

## 10월 01일 19:30 흐림 탄천 종합 관중 1,282명
주심_유선호 부심_노태식·윤광열 대기심_우상일 감독관_하재훈

| 성남 | 1 | 0 전반 0 | 0 | 전남 |
|---|---|---|---|---|
| | | 1 후반 0 | | |

| 퇴장 | 경고 | 파울 | ST(유) | 교체 | 선수명 | 배번 | 위치 | 배번 | 선수명 | 교체 | ST(유) | 파울 | 경고 | 퇴장 |
|---|---|---|---|---|---|---|---|---|---|---|---|---|---|---|
| 0 | 0 | 0 | 0 | | 박준혁 | 28 | GK | GK | 1 | 김병지 | | 0 | 0 | 0 | 0 |
| 0 | 0 | 0 | 0 | | 박희성 | 8 | DF | DF | 19 | 김영우 | 77 | 0 | 0 | 0 | 0 |
| 0 | 0 | 0 | 0 | | 장석원 | 24 | DF | DF | 5 | 임종은 | | 0 | 0 | 0 | 0 |
| 0 | 0 | 1 | 1 | | 임채민 | 26 | DF | DF | 30 | 이재억 | | 0 | 0 | 0 | 0 |
| 0 | 0 | 1 | 0 | | 박진포 | 6 | DF | DF | 2 | 김태호 | | 0 | 0 | 0 | 0 |
| 0 | 0 | 1 | 0 | | 정선호 | 14 | MF | MF | 24 | 김동철 | | 0 | 4 | 1 | 0 |
| 0 | 0 | | 1(1) | | 김철호 | 13 | MF | MF | 3 | 박선용 | | 1 | 2 | 0 | 0 |
| 0 | 1 | 3 | | 15 | 이창훈 | 14 | MF | MF | 11 | 박준태 | 16 | 0 | 1 | 0 | |
| 0 | | | 3(3) | | 제파로프 | 7 | MF | MF | 18 | 심동운 | | 2 | 0 | 0 | |
| 0 | 1 | | 1 | | 김동희 | 13 | MF | MF | 6 | 이현승 | 7 | 0 | 1 | 0 | |
| 0 | 1 | 4 | 3(2) | | 김동섭 | 9 | FW | FW | 16 | 정기동 | | 1 | 3 | 1 | 0 |
| 0 | | | | | 전상욱 | 1 | | | 31 | 김대호 | | | | | |
| 0 | | | 후47 | | 이요한 | 4 | | | 15 | 방대종 | | | | | |
| 0 | | | | | 박재성 | 31 | | | 55 | 코 니 | | | | | |
| 0 | | | 후36 | | 김평래 | 15 | 대기 | 대기 | 26 | 이중권 | | | | | |
| 0 | | | | | 바우지비아 | 12 | | | 16 | 송창호 | 후12 | | | | |
| 0 | | | 후16 | | 김태환 | 77 | | | 77 | 전현철 | 후8 | | | | |
| 0 | | | | | 이민우 | 7 | | | 7 | 레안드리뉴 | 후31 | | | | |
| 0 | 2 | 14 | 13(6) | | | | | | 0 | | | 6 | 15 | 2 | 0 |

●후반 4분 박진포 PAR ~ 김동섭 GA정면 H-ST-G(득점: 김동섭, 도움: 박진포) 오른쪽

## 10월 01일 19:00 맑음 전주 월드컵 관중 7,654명
주심_김동진 부심_정해상·장준모 대기심_매호영 감독관_한진원

| 전북 | 2 | 2 전반 0 | 0 | 제주 |
|---|---|---|---|---|
| | | 0 후반 0 | | |

| 퇴장 | 경고 | 파울 | ST(유) | 교체 | 선수명 | 배번 | 위치 | 배번 | 선수명 | 교체 | ST(유) | 파울 | 경고 | 퇴장 |
|---|---|---|---|---|---|---|---|---|---|---|---|---|---|---|
| 0 | 0 | 0 | 0 | 31 | 권순태 | 1 | GK | GK | 1 | 김호준 | | 0 | 0 | 0 | 0 |
| 0 | 0 | 2 | 0 | | 이주용 | 32 | DF | DF | 22 | 김수범 | | 0 | 0 | 0 | 0 |
| 0 | 0 | 1 | 0 | | 윌킨슨 | 18 | DF | DF | 24 | 이 용 | | 1 | 0 | 0 | 0 |
| 0 | 0 | 0 | 0 | | 최보경 | 6 | DF | DF | 5 | 오반석 | | 1 | 1 | 0 | 0 |
| 0 | 0 | 1 | 0 | | 최철순 | 25 | DF | DF | 2 | 정다훤 | | 1 | 2 | 0 | 0 |
| 0 | 1 | 0 | 2(2) | | 정 혁 | 15 | MF | MF | 37 | 장은규 | | 0 | 6 | 1 | 0 |
| 0 | 1 | | 1(1) | | 신형민 | 22 | MF | MF | 14 | 윤빛가람 | | 4(2) | 1 | 0 | 0 |
| 0 | 1 | | 1(1) | | 레오나르도 | 10 | MF | MF | 19 | 드로겟 | | 2(1) | 0 | 0 | 0 |
| 0 | 0 | 4 | 0 | | 이승기 | 16 | MF | MF | 12 | 황일수 | 25 | 2(1) | 2 | 0 | 0 |
| 0 | | | 2(2) | 16 | 김동찬 | 35 | MF | MF | 16 | 송진형 | 8 | 0 | 1 | 0 | |
| 0 | 0 | 3 | 2(2) | 23 | 이동국 | 20 | FW | FW | 9 | 김 현 | 13 | 1 | 1 | 0 | |
| 0 | | | 후0 | | 김민식 | 31 | | | 41 | 김형록 | | | | | |
| 0 | | | | | 권경원 | 27 | | | 6 | 황도연 | | | | | |
| 0 | | | | | 박원재 | 19 | | | 8 | 오승범 | | | | | |
| 0 | 1 | | 후32 | | 정 훈 | 23 | 대기 | 대기 | 25 | 이현호 | 후36 | | | | |
| 0 | | | | | 한교원 | 7 | | | 13 | 배일환 | 후31 | | | | |
| 0 | | | | | 이승렬 | 14 | | | 26 | 박수창 | 후22 | | | | |
| 0 | 4 | | 2(1) | 후13 | 이상협 | 16 | | | | | | | | | |
| 0 | 2 | 21 | 11(10) | | | | | | 0 | | | 14(5) | 15 | 1 | 0 |

●전반 1분 레오나르도 PAL ~ 김동찬 GAL H-ST-G(득점: 김동찬, 도움: 레오나르도) 왼쪽
●전반 7분 김동찬 MFR ~ 이동국 AKR R-ST-G (득점: 이동국, 도움: 김동찬) 오른쪽

## 10월 09일 14:00 맑음 울산 종합 관중 10,009명
주심_송민석 부심_노태식·노수용 대기심_유선호 감독관_김수현

| 울산 | 0 | 0 전반 1 | 3 | 서울 |
|---|---|---|---|---|
| | | 0 후반 2 | | |

| 퇴장 | 경고 | 파울 | ST(유) | 교체 | 선수명 | 배번 | 위치 | 배번 | 선수명 | 교체 | ST(유) | 파울 | 경고 | 퇴장 |
|---|---|---|---|---|---|---|---|---|---|---|---|---|---|---|
| 0 | 0 | 0 | 0 | | 이희성 | 21 | GK | GK | 31 | 유상훈 | | 0 | 0 | 0 | 0 |
| 0 | 0 | 3 | 0 | | 정동호 | 3 | DF | DF | 26 | 김남춘 | | 1(1) | 0 | 0 | 0 |
| 0 | 0 | 0 | 1(1) | | 김치곤 | 22 | DF | DF | 28 | 오스마르 | | 1 | 1 | 0 | 0 |
| 0 | | 3 | 0 | | 이재성 | 15 | DF | DF | 6 | 김진규 | | 1(1) | 1 | 1 | 0 |
| 0 | | 3 | 0 | 2 | 이 호 | 88 | MF | MF | 27 | 고광민 | | 0 | 1 | 0 | 0 |
| 0 | | 3 | 2 | 24 | 고창현 | | MF | MF | 22 | 김동석 | 29 | 0 | 3 | 1 | 0 |
| 0 | 2 | | 15 | | 따르따 | 11 | MF | MF | 13 | 고명진 | 17 | 1 | 1 | 0 | |
| 0 | | 4 | | | 김성환 | 16 | MF | MF | 13 | 고요한 | | 2 | 2 | 0 | 0 |
| 0 | 0 | | 10 | | 양동현 | 20 | FW | FW | 19 | 최정현 | 후19 | 1 | 0 | 0 | |
| 0 | | | | | 김선민 | 17 | FW | FW | 9 | 에스쿠데로 | | 4(3) | 1 | 0 | 0 |
| 0 | | | | | 이준식 | 40 | | | 38 | 양한빈 | | | | | |
| 0 | | | | | 김영삼 | 14 | | | 39 | 김동우 | | | | | |
| 0 | | | | | 박동혁 | 6 | | | 29 | 이상협 | 후31 | | | | |
| 0 | | | | | 하성민 | 7 | 대기 | 대기 | 4 | 최현태 | 후44 | | | | |
| 0 | | | 후11 | | 한재웅 | 24 | | | 11 | 몰리나 | | | | | |
| 0 | | | 후14 | | 박지훈 | 8 | | | 19 | 윤주태 | 후19 | | | | |
| 0 | | | 후29 | | 카 사 | 10 | | | 10 | 에벨톤 | | | | | |
| 1 | 13 | | 7(1) | | | | | | | | | 12(5) | 17 | 2 | 0 |

●전반 44분 김남춘 GAR내 R-ST-G(득점: 김남춘) 왼쪽
●후반 40분 고요한 PAR ~ 에스쿠데로 GAR L-ST-G(득점: 에스쿠데로, 도움: 고요한) 오른쪽
●후반 47분 고요한 PAR 가슴패스 에스쿠데로 PA정면 R-ST-G(득점: 에스쿠데로, 도움: 고요한) 오른쪽

10월 01일 19:30 맑음 부산 아시아드 관중 1,472명
주심_이민후 부심_손재선·김성일 대기심_최명용 감독관_전인석

| | | | | 부산 | 1 | | 전반 0 후반 1 | | | 1 | 상주 | | | | |
|---|---|---|---|---|---|---|---|---|---|---|---|---|---|---|---|
| 퇴장 | 경고 | 파울 | ST(유) | 교체 | 선수명 | 배번 | 위치 | 위치 | 배번 | 선수명 | 교체 | ST(유) | 파울 | 경고 | 퇴장 |
| 0 | 0 | 0 | 0 | | 이범영 | 1 | GK | GK | 21 | 홍정남 | | 0 | 0 | 0 | 0 |
| 0 | 0 | 2 | 2 | | 이경렬 | 6 | DF | DF | 5 | 이후권 | 3 | 0 | 1 | 0 | 0 |
| 0 | 0 | 2 | 1 | | 연제민 | 34 | DF | DF | 5 | 최호정 | 34 | 1 | 3 | 0 | 0 |
| 0 | 0 | 0 | 1 | | 유지노 | 15 | DF | DF | 14 | 양준아 | | 0 | 0 | 0 | 0 |
| 0 | 0 | 0 | 0 | | 장학영 | 33 | DF | DF | 66 | 강민수 | | 0 | 3 | 1 | 0 |
| 0 | 0 | 1 | 4(1) | | 닐손 주니어 | 25 | MF | MF | 12 | 권순형 | | 1 | 1 | 1 | 0 |
| 0 | 0 | 4 | 1 | | 전성찬 | 22 | MF | MF | 16 | 서상민 | | 2(1) | 1 | 0 | 0 |
| 0 | 2 | 5(2) | | 홍동현 | 18 | MF | MF | 20 | 한경인 | 26 | 2(2) | | 0 | 0 | |
| 0 | 0 | 1 | | 최광희 | 77 | MF | MF | 44 | 곽광선 | | 0 | 2 | 0 | 0 | |
| 0 | 0 | 0 | 0 | | 박용지 | 9 | FW | FW | 25 | 조동건 | | 1(1) | 1 | 0 | 0 |
| 0 | 1 | 2 | 4(3) | | 파그너 | 51 | FW | FW | 77 | 스테보 | | 3(1) | 3 | 0 | 0 |
| 0 | 0 | 0 | 0 | | 이창근 | 21 | | | 31 | 김근배 | | 0 | 0 | 0 | 0 |
| 0 | 0 | 0 | 0 | | 신연수 | 4 | | | 3 | 김창훈 | 후0 | 0 | 1 | 0 | 0 |
| 0 | 0 | 0 | 0 | | 김응진 | 5 | | | 28 | 안재훈 | | 0 | 0 | 0 | 0 |
| 0 | 0 | 0 | 0 | | 김익현 | 17 | 대기 | 대기 | 22 | 박태웅 | | 0 | 0 | 0 | 0 |
| 0 | 0 | 0 | 0 | | 김찬영 | 23 | | | 34 | 박경의 | 후31 | 1(1) | 1 | 0 | 0 |
| 0 | 0 | 0 | 0 | | 권진영 | 27 | | | 26 | 이정협 | 후8 | 3(2) | 1 | 0 | 0 |
| 0 | 0 | 0 | 0 | | 구현준 | 32 | | | 27 | 송제헌 | | 0 | 0 | 0 | 0 |
| 0 | 1 | 15 | 19(7) | | | 0 | | | | | | 14(8) | 19 | 2 | 0 |

●전반 42분 파그너 GAL내 L-ST-G(득점: 파그너) 왼쪽
●후반 41분 김창훈 PAL CK ⌒박경의 GA정면 H-ST-G(득점: 박경의, 도움: 김창훈) 오른쪽

---

10월 04일 14:00 맑음 광양 전용 관중 2,172명
주심_김성호 부심_전기록·이규환 대기심_송민석 감독관_강창구

| | | | | 전남 | 0 | | 전반 0 후반 0 | | | 0 | 경남 | | | | |
|---|---|---|---|---|---|---|---|---|---|---|---|---|---|---|---|
| 퇴장 | 경고 | 파울 | ST(유) | 교체 | 선수명 | 배번 | 위치 | 위치 | 배번 | 선수명 | 교체 | ST(유) | 파울 | 경고 | 퇴장 |
| 0 | 0 | 0 | 0 | | 김병지 | 1 | GK | GK | 1 | 김영광 | | 0 | 0 | 0 | 0 |
| 0 | 0 | 2 | 0 | | 현영민 | 13 | DF | DF | 27 | 박주성 | | 0 | 0 | 0 | 0 |
| 0 | 0 | 0 | 0 | | 방대종 | 15 | DF | DF | 30 | 스레텐 | | 1 | 2 | 1 | 0 |
| 0 | 0 | 0 | 1 | | 코 니 | 55 | DF | DF | 90 | 여성해 | 20 | 0 | 1 | 0 | 0 |
| 0 | 0 | 0 | 0 | | 김태호 | 2 | DF | MF | 22 | 권완규 | | 1 | 1 | 0 | 0 |
| 0 | 0 | 4 | 2 | | 이승희 | 6 | MF | MF | 4 | 김준엽 | | 1 | 1 | 0 | 0 |
| 0 | 1 | 2 | 1 | 19 | 송창호 | 16 | MF | MF | 7 | 진경선 | | 1 | 3 | 0 | 0 |
| 0 | 0 | 0 | 3(1) | 5 | 심동운 | 18 | MF | MF | 14 | 이창민 | | 2(1) | 1 | 0 | 0 |
| 0 | 0 | 0 | 0 | | 안용우 | 25 | MF | FW | 13 | 고재성 | | 0 | 0 | 0 | 0 |
| 0 | 0 | 1 | 2 | | 박기동 | 20 | MF | MF | 17 | 이재안 | 20 | 0 | 0 | 0 | 0 |
| 0 | 0 | 1 | 1 | | 스테판 | 10 | FW | FW | 28 | 에 딘 | 16 | 0 | 2 | 0 | 0 |
| 0 | 0 | 0 | 0 | | 김대호 | 31 | | | 31 | 김교빈 | | 0 | 0 | 0 | 0 |
| 0 | 0 | 0 | 0 | 후35 | 김영우 | 29 | | | 20 | 이한샘 | 후0 | 1 | 1 | 0 | 0 |
| 0 | 0 | 0 | 0 | 후46 | 임종은 | 5 | | | 18 | 문주원 | | 0 | 0 | 0 | 0 |
| 0 | 0 | 0 | 0 | | 이중권 | 26 | 대기 | 대기 | 24 | 최영준 | 후38 | 0 | 0 | 0 | 0 |
| 0 | 0 | 0 | 0 | | 이현승 | 8 | | | 16 | 송수영 | 후9 | 1 | 1 | 0 | 0 |
| 0 | 0 | 1 | 2(1) | 전37 | 레안드리뉴 | 7 | | | 44 | 이호석 | | 0 | 0 | 0 | 0 |
| 0 | 0 | 0 | 0 | | 전현철 | 77 | | | 11 | 김도엽 | | 0 | 0 | 0 | 0 |
| 0 | 2 | 11 | 13(3) | | | 0 | | | | | | 9(2) | 10 | 2 | 0 |

---

10월 01일 19:30 맑음 수원 월드컵 관중 12,237명
주심_김성호 부심_전기록·이규환 대기심_김종혁 감독관_김수현

| | | | | 수원 | 1 | | 전반 0 후반 1 | | | 1 | 인천 | | | | |
|---|---|---|---|---|---|---|---|---|---|---|---|---|---|---|---|
| 퇴장 | 경고 | 파울 | ST(유) | 교체 | 선수명 | 배번 | 위치 | 위치 | 배번 | 선수명 | 교체 | ST(유) | 파울 | 경고 | 퇴장 |
| 0 | 0 | 0 | 0 | | 정성룡 | 1 | GK | GK | 51 | 유 현 | | 0 | 0 | 0 | 0 |
| 0 | 0 | 0 | 0 | | 홍 철 | 17 | DF | DF | 13 | 박태민 | | 0 | 0 | 0 | 0 |
| 0 | 0 | 1 | 0 | | 민상기 | 39 | DF | DF | 24 | 임하람 | | 0 | 1 | 0 | 0 |
| 0 | 0 | 3 | 1 | | 조성진 | 5 | DF | DF | 20 | 안재준 | | 0 | 0 | 1 | 0 |
| 0 | 1 | 2 | 1 | | 오범석 | 47 | DF | DF | 26 | 김용환 | | 0 | 1 | 0 | 0 |
| 0 | 0 | 2 | 1 | | 김은선 | 6 | MF | MF | 4 | 구본상 | | 0 | 0 | 0 | 0 |
| 0 | 0 | 0 | 1 | 16 | 권창훈 | 22 | MF | MF | 21 | 김도혁 | 2 | 1(1) | 0 | 0 | 0 |
| 0 | 0 | 1 | 2(1) | | 고차원 | 12 | MF | MF | 7 | 이 보 | | 0 | 0 | 0 | 0 |
| 0 | 0 | 0 | 0 | 26 | 서정진 | 13 | MF | MF | 25 | 최종환 | | 0 | 1 | 0 | 0 |
| 0 | 0 | 3(2) | 28 | 산토스 | 10 | FW | MF | 23 | 남준재 | 10 | 0 | 1 | 0 | 0 | |
| 0 | 2 | 5(4) | | 로 저 | 11 | FW | FW | 19 | 디오고 | 29 | 4 | 1 | 0 | 0 | |
| 0 | 0 | 0 | 0 | | 이상욱 | 41 | | | 1 | 권정혁 | | 0 | 0 | 0 | 0 |
| 0 | 0 | 0 | 0 | | 헤이네르 | 45 | | | 16 | 이윤표 | | 0 | 0 | 0 | 0 |
| 0 | 0 | 0 | 0 | | 신세계 | 30 | | | 2 | 용현진 | 후24 | 0 | 0 | 0 | 0 |
| 0 | 0 | 1 | 1(1) | 후28 | 조지훈 | 16 | 대기 | 대기 | 10 | 이석현 | | 0 | 0 | 0 | 0 |
| 0 | 0 | 0 | 0 | | 이상호 | 7 | | | 10 | 이천수 | 후0 | 0 | 0 | 0 | 0 |
| 0 | 0 | 3(2) | 후18 | 염기훈 | 26 | | | 29 | 진성욱 | 후11 | 1 | 1 | 0 | 0 | |
| 0 | 0 | 1 | 1(1) | 후36 | 하태균 | 28 | | | 28 | 이효균 | | 0 | 0 | 0 | 0 |
| 0 | 1 | 14 | 19(11) | | | 0 | | | | | | 3(2) | 13 | 1 | 0 |

●후반 8분 서정진 PAR내 ~ 산토스 PA정면내 L-ST-G(득점: 산토스, 도움: 서정진) 왼쪽
●후반 14분 박태민 PAL내 EL ~ 최종환 GAL R-ST-G(득점: 최종환, 도움: 박태민) 오른쪽

---

10월 04일 14:00 맑음 제주 월드컵 관중 2,603명
주심_이민후 부심_정해상·이정민 대기심_김영수 감독관_김용세

| | | | | 제주 | 1 | | 전반 0 후반 1 | | | 0 | 울산 | | | | |
|---|---|---|---|---|---|---|---|---|---|---|---|---|---|---|---|
| 퇴장 | 경고 | 파울 | ST(유) | 교체 | 선수명 | 배번 | 위치 | 위치 | 배번 | 선수명 | 교체 | ST(유) | 파울 | 경고 | 퇴장 |
| 0 | 0 | 0 | 0 | | 김호준 | 1 | GK | GK | 18 | 김승규 | | 0 | 0 | 0 | 0 |
| 0 | 0 | 2 | 0 | | 정다훤 | 2 | DF | DF | 2 | 이 용 | | 0 | 1 | 0 | 0 |
| 0 | 0 | 4 | 0 | | 알렉스 | 15 | DF | DF | 3 | 정동호 | | 1(1) | 2 | 1 | 0 |
| 0 | 0 | 0 | 0 | | 오반석 | 5 | DF | DF | 22 | 김치곤 | | 0 | 0 | 0 | 0 |
| 0 | 0 | 2 | 6 | | 김수범 | 22 | DF | DF | 17 | 유준수 | | 0 | 1 | 0 | 0 |
| 0 | 0 | 0 | 0 | | 오승범 | 8 | MF | MF | 88 | 이 호 | | 1 | 1 | 0 | 0 |
| 0 | 0 | 0 | 2(2) | | 윤빛가람 | 14 | MF | MF | 6 | 허성민 | 11 | 1 | 0 | 0 | 0 |
| 0 | 1 | 2 | 4(2) | 13 | 황일수 | 11 | MF | FW | 13 | 김선민 | | 2(1) | 1 | 0 | 0 |
| 0 | 0 | 0 | 0 | | 드로겟 | 19 | FW | MF | 23 | 김민균 | 7 | 0 | 0 | 0 | 0 |
| 0 | 0 | 0 | 0 | | 송진형 | 10 | FW | FW | 25 | 백지훈 | | 0 | 0 | 0 | 0 |
| 0 | 0 | 1 | 1(1) | | 박수창 | 26 | FW | FW | 20 | 양동현 | | 0 | 3 | 0 | 0 |
| 0 | 0 | 0 | 0 | | 김경민 | 21 | | | 21 | 이희성 | | 0 | 0 | 0 | 0 |
| 0 | 0 | 0 | 0 | 후46 | 황도연 | 3 | | | 25 | 이재성 | 후31 | 0 | 0 | 0 | 0 |
| 0 | 0 | 0 | 0 | | 허범산 | 17 | | | 4 | 이경렬 | 후4 | 0 | 0 | 0 | 0 |
| 0 | 0 | 0 | 0 | | 루이스 | 7 | 대기 | 대기 | 16 | 김성환 | | 0 | 0 | 0 | 0 |
| 0 | 0 | 0 | 0 | | 이현호 | 22 | | | 34 | 김동휘 | | 0 | 0 | 0 | 0 |
| 0 | 0 | 0 | 0 | 후43 | 배일환 | 13 | | | 14 | 이재원 | | 0 | 0 | 0 | 0 |
| 0 | 0 | 0 | 0 | 후28 | 김 현 | 9 | | | 11 | 따르따 | 후15 | 0 | 1 | 0 | 0 |
| 0 | 0 | 11 | 13(6) | | | 0 | | | | | | 6(2) | 12 | 2 | 0 |

●후반 28분 황일수 GAL R-ST-G(득점: 황일수) 왼쪽

## 10월 04일 16:00 맑음 탄천 종합 관중 6,284명
주심_최명용 부심_노수용·김성일 대기심_김종혁 감독관_하재훈

| | | 성남 | 0 | | 0 전반 1 | 1 | 전북 | | |
|---|---|---|---|---|---|---|---|---|---|
| | | | | | 0 후반 0 | | | | |

| 퇴장 | 경고 | 파울 | ST(유) | 교체 | 선수명 | 배번 | 위치 | 위치 | 배번 | 선수명 | 교체 | ST(유) | 파울 | 경고 | 퇴장 |
|---|---|---|---|---|---|---|---|---|---|---|---|---|---|---|---|
| 0 | 0 | 0 | 0 | | 박준혁 | 28 | GK | GK | 31 | 김민식 | | 0 | 0 | 0 | 0 |
| 0 | 1 | 0 | 0 | 2 | 장석원 | 3 | DF | DF | 32 | 이주용 | | 0 | 2 | 2 | 0 |
| 0 | 0 | 1 | 0 | | 유청윤 | 24 | DF | DF | 18 | 윌킨슨 | | 0 | 2 | 1 | 0 |
| 0 | 1 | 2 | 0 | | 임채민 | 26 | DF | DF | 4 | 김기희 | | 0 | 1 | 0 | 0 |
| 0 | 0 | 3 | 1(1) | | 박진포 | 6 | DF | DF | 25 | 최철순 | | 0 | 0 | 0 | 0 |
| 0 | 1 | 0 | 3(2) | 17 | 정선호 | 14 | MF | MF | 5 | 김남일 | | 0 | 6 | 3 | 0 |
| 0 | 0 | 1 | 2 | | 김철호 | 7 | MF | MF | 22 | 신형민 | | 0 | 3 | 0 | 0 |
| 0 | 1 | 5 | 1(1) | | 이창훈 | 18 | MF | MF | 10 | 레오나르도 | 26 | 0 | 3 | 0 | 0 |
| 0 | 0 | 0 | 0 | | 제파로프 | 10 | MF | MF | 7 | 한교원 | | 2(1) | 1 | 1 | 0 |
| 0 | 0 | 1 | 0 | | 김동희 | 13 | MF | MF | 14 | 이승렬 | 2 | 0 | 1 | 0 | 0 |
| 0 | 0 | 1 | 0 | | 김동섭 | 9 | FW | FW | 9 | 이동국 | | 1(1) | 1 | 0 | 0 |
| | | | | | 전상욱 | 1 | | | 21 | 이범수 | | 0 | 0 | 0 | 0 |
| | | | | | 이요한 | 4 | | | 6 | 최보경 | 후43 | | | | |
| | | | | 후21 | 곽해성 | 2 | | | 19 | 박원재 | | | | | |
| | | | | | 박재성 | 31 | 대기 | 대기 | 2 | 이규로 | 후32 | 1 | 1 | 0 | 0 |
| | | | | | 박평래 | 15 | | | 27 | 권경원 | | | | | |
| | | | | 후0 | 바우지비아 | 12 | | | 26 | 이승현 | 후18 | 0 | 1 | 0 | 0 |
| | | | | 후37 | 이민우 | 17 | | | 35 | 김동찬 | | | | | |
| 0 | 3 | 18 | 10(4) | 0 | | | | | 0 | | | 4(2) | 13 | 3 | 0 |

● 전반 30분 이승렬 PAL ~ 한교원 GAL R-ST-G
(득점: 한교원, 도움: 이승렬) 가운데

## 10월 05일 14:00 흐림 포항 스틸야드 관중 9,282명
주심_고형진 부심_노태식·윤광열 대기심_김동진 감독관_김진의

| | | 포항 | 0 | | 0 전반 0 | 0 | 부산 | | |
|---|---|---|---|---|---|---|---|---|---|
| | | | | | 0 후반 0 | | | | |

| 퇴장 | 경고 | 파울 | ST(유) | 교체 | 선수명 | 배번 | 위치 | 위치 | 배번 | 선수명 | 교체 | ST(유) | 파울 | 경고 | 퇴장 |
|---|---|---|---|---|---|---|---|---|---|---|---|---|---|---|---|
| 0 | 0 | 0 | 0 | | 신화용 | 1 | GK | GK | 1 | 이범영 | | 0 | 0 | 0 | 0 |
| 0 | 0 | 1 | 0 | | 김광석 | 3 | DF | DF | 6 | 이경렬 | | 0 | 3 | 0 | 0 |
| 0 | 0 | 1 | 0 | | 김원일 | 13 | DF | DF | 34 | 연제민 | | 0 | 1 | 0 | 0 |
| 0 | 0 | 3 | 0 | | 김대호 | 22 | DF | DF | 15 | 유지노 | | 0 | 0 | 1 | 0 |
| 0 | 0 | 1 | 0 | | 신광훈 | 17 | DF | DF | 30 | 유지훈 | | 0 | 0 | 0 | 0 |
| 0 | 0 | 1 | 0 | 20 | 황지수 | 9 | MF | MF | 25 | 닐손주니어 | | 0 | 1 | 0 | 0 |
| 0 | 1 | 0 | 0 | 27 | 김태수 | 5 | MF | MF | 24 | 주세종 | | 1 | 2 | 0 | 0 |
| 0 | 1 | 0 | 0 | | 김승대 | 12 | FW | MF | 14 | 정석화 | 26 | 0 | 0 | 0 | 0 |
| 0 | 0 | 0 | 2(1) | | 손준호 | 28 | MF | MF | 22 | 전성찬 | 23 | 0 | 1 | 0 | 0 |
| 0 | 0 | 1 | 0 | 19 | 강수일 | 11 | MF | FW | 11 | 임상협 | | 1(1) | 1 | 0 | 0 |
| 0 | 2 | 3(1) | | | 고무열 | 18 | FW | FW | 51 | 파그너 | 9 | 1(1) | 1 | 0 | 0 |
| | | | | | 김진영 | 41 | | | 21 | 이창근 | | 0 | 0 | 0 | 0 |
| | | | | | 박희철 | 2 | | | 5 | 김응진 | | | | | |
| | | | | | 김형일 | 32 | | | 9 | 박용지 | 후16 | 1 | 1 | 0 | 0 |
| | | | | | 김재성 | 7 | 대기 | 대기 | 23 | 김찬영 | 후42 | 0 | 0 | 0 | 0 |
| | | | | 후8 | 박선주 | 3 | | | 26 | 홍동현 | 후21 | 0 | 1 | 1 | 0 |
| | | | | 후24 | 문창진 | 5 | | | 33 | 장학영 | | | | | |
| | | | | 후40 | 윤준성 | 20 | | | 77 | 최광희 | | | | | |
| 0 | 0 | 18 | 7(2) | 0 | | | | | 0 | | | 4(2) | 17 | 2 | 0 |

## 10월 05일 14:00 맑음 서울 월드컵 관중 41,297명
주심_유선호 부심_손재선·장준모 대기심_김상우 감독관_김정식

| | | 서울 | 0 | | 0 전반 0 | 1 | 수원 | | |
|---|---|---|---|---|---|---|---|---|---|
| | | | | | 0 후반 1 | | | | |

| 퇴장 | 경고 | 파울 | ST(유) | 교체 | 선수명 | 배번 | 위치 | 위치 | 배번 | 선수명 | 교체 | ST(유) | 파울 | 경고 | 퇴장 |
|---|---|---|---|---|---|---|---|---|---|---|---|---|---|---|---|
| 0 | 0 | 1 | 0 | | 김용대 | 1 | GK | GK | 1 | 정성룡 | | 0 | 0 | 0 | 0 |
| 0 | 0 | 2 | 1(1) | | 김진규 | 6 | DF | DF | 17 | 홍철 | | 0 | 1 | 1 | 0 |
| 0 | 0 | 0 | 0 | 36 | 김주영 | 4 | DF | DF | 39 | 민상기 | | 0 | 2 | 0 | 0 |
| 0 | 0 | 0 | 0 | | 이웅희 | 3 | DF | DF | 5 | 조성진 | | 0 | 5 | 0 | 0 |
| 0 | 0 | 0 | 0 | 7 | 차두리 | 5 | MF | MF | 47 | 오범석 | | 0 | 2 | 0 | 0 |
| 0 | 1 | 0 | 0 | | 최효진 | 2 | MF | MF | 6 | 김은선 | | 0 | 2 | 0 | 0 |
| 0 | 2 | 0 | 0 | | 오스마르 | 28 | MF | MF | 22 | 권창훈 | 16 | 1 | 2 | 0 | 0 |
| 0 | 0 | 1 | 0 | | 고명진 | 22 | MF | MF | 26 | 염기훈 | | 1(1) | 0 | 1 | 0 |
| 0 | 0 | 0 | 0 | | 고요한 | 13 | MF | MF | 12 | 고차원 | | 0 | 0 | 0 | 0 |
| 0 | 0 | 2 | 2(1) | | 에스쿠데로 | 9 | FW | FW | 10 | 산토스 | 13 | 2(2) | 1 | 0 | 0 |
| 0 | 1 | 2 | | | 에벨톤 | 10 | FW | FW | 11 | 로저 | 14 | 3(3) | 1 | 0 | 0 |
| | | | | | 양한빈 | 38 | | | 21 | 노동건 | | 0 | 0 | 0 | 0 |
| | | | | | 고광민 | 27 | | | 15 | 구자룡 | | | | | |
| | | | | 후28 | 김치우 | 7 | | | 3 | 양상민 | | 0 | 1 | 0 | 0 |
| | | | | | 강승조 | 16 | 대기 | 대기 | 13 | 조지훈 | 후42 | 0 | 0 | 0 | 0 |
| | | | | | 김동석 | 25 | | | | 서정진 | 후47 | | | | |
| 0 | 3(1) | 후16 | | | 몰리나 | 11 | | | 14 | 정대세 | 후29 | 1(1) | 0 | 0 | 0 |
| | | | | 후11 | 정조국 | 36 | | | 28 | 하태균 | | | | | |
| 0 | 0 | 20 | 9(3) | 0 | | | | | 0 | | | 9(7) | 18 | 1 | 0 |

● 후반 9분 염기훈 PAL ~ 로저 GA정면 H-ST-G
(득점: 로저, 도움: 염기훈) 오른쪽

## 10월 05일 16:00 맑음 인천 전용 관중 2,720명
주심_우상일 부심_김용수·박인선 대기심_김대용 감독관_김형남

| | | 인천 | 1 | | 0 전반 0 | 0 | 상주 | | |
|---|---|---|---|---|---|---|---|---|---|
| | | | | | 1 후반 0 | | | | |

| 퇴장 | 경고 | 파울 | ST(유) | 교체 | 선수명 | 배번 | 위치 | 위치 | 배번 | 선수명 | 교체 | ST(유) | 파울 | 경고 | 퇴장 |
|---|---|---|---|---|---|---|---|---|---|---|---|---|---|---|---|
| 0 | 0 | 0 | 0 | | 유현 | 51 | GK | GK | 21 | 홍정남 | | 0 | 1 | 1 | 0 |
| 0 | 1 | 1 | 0 | | 박태민 | 13 | DF | DF | 3 | 김창훈 | 34 | 0 | 1 | 0 | 0 |
| 0 | 0 | 2 | 0 | | 이윤표 | 16 | DF | DF | 14 | 양준아 | | 0 | 2 | 1 | 0 |
| 0 | 0 | 0 | 0 | | 안재준 | 20 | DF | DF | 28 | 안재훈 | | 0 | 2 | 0 | 0 |
| 0 | 0 | 0 | 0 | | 김용환 | 26 | DF | DF | 66 | 강민수 | | 0 | 1 | 0 | 0 |
| 0 | 3 | 0 | 0 | | 구본상 | 8 | MF | MF | 16 | 서상민 | | 3(1) | 2 | 0 | 0 |
| 0 | 0 | 1 | 0 | 24 | 김도혁 | 21 | MF | MF | 20 | 한경인 | 38 | 0 | 1 | 0 | 0 |
| 0 | 1 | 5(5) | | | 이보 | 7 | MF | MF | 44 | 곽광선 | | 0 | 1 | 0 | 0 |
| 0 | 0 | 2 | 1 | | 최종환 | 25 | MF | MF | 7 | 한상운 | | 0 | 2 | 0 | 0 |
| 0 | 3 | 4(1) | | | 이천수 | 10 | MF | FW | 25 | 조동건 | | 1 | 3 | 0 | 0 |
| 0 | 2(2) | | 29 | | 디오고 | 19 | FW | FW | 26 | 이정협 | 24 | 1 | 1 | 0 | 0 |
| | | | | | 권정혁 | 31 | | | 31 | 김근배 | | | | | |
| | | | | 후0 | 임하람 | 24 | | | 4 | 최호정 | | | | | |
| | | | | | 용현진 | 2 | | | 8 | 임기훈 | 후24 | 0 | 1 | 0 | 0 |
| | | | | | 이석현 | 14 | 대기 | 대기 | 13 | 김지웅 | | | | | |
| | | | | 후36 | 문상윤 | 7 | | | 6 | 송원재 | | | | | |
| | | | | 후0 | 진성욱 | 29 | | | 34 | 박경익 | 후33 | 0 | 0 | 0 | 0 |
| | | | | | 이효균 | 28 | | | 38 | 이현웅 | 후0 | | | | |
| 0 | 1 | 16 | 12(8) | 0 | | | | | | | | 8(1) | 15 | 3 | 0 |

● 후반 19분 이보 PK-L-G (득점: 이보) 오른쪽

## 인천 2 : 1 포항

10월 11일 14:00 맑음 인천 전용 관중 4,176명
주심_김동진 부심_장준모·김성일 대기심_송민석 감독관_김용세

**인천 2** — 1 전반 1 / 1 후반 0 — **1 포항**

| 퇴장 | 경고 | 파울 | ST(유) | 교체 | 선수명 | 배번 | 위치 | 위치 | 배번 | 선수명 | 교체 | ST(유) | 파울 | 경고 | 퇴장 |
|---|---|---|---|---|---|---|---|---|---|---|---|---|---|---|---|
| 0 | 0 | 0 | 0 | | 유 현 | 51 | GK | GK | 1 | 신화용 | | 0 | 0 | 0 | 0 |
| 0 | 0 | 2 | 0 | | 박태민 | 13 | DF | DF | 2 | | | 2 | 0 | 0 | 0 |
| 0 | 0 | 1 | 0 | | 이윤표 | 16 | DF | DF | 24 | 배슬기 | 30 | 0 | 0 | 0 | 0 |
| 0 | 1 | 2 | 0 | | 안재준 | 20 | DF | DF | 6 | 김준수 | | 1(1) | 2 | 1 | 0 |
| 0 | 0 | 4 | 0 | | 김용환 | 26 | MF | MF | 27 | 박선주 | 22 | 1(1) | 1 | 0 | 0 |
| 0 | 0 | 4 | 0 | | 구본상 | 8 | MF | MF | 17 | 신광훈 | | 1(1) | 1 | 1 | 0 |
| 0 | 1 | 1 | | 24 | 김도혁 | 21 | MF | MF | 13 | 황지수 | | 0 | 1 | 0 | 0 |
| 0 | 0 | 0 | 0 | | 이 보 | 7 | MF | MF | 28 | 손준호 | | 0 | 5 | 0 | 0 |
| 0 | 0 | 1 | 0 | | 최종환 | 25 | MF | FW | 5 | 김태수 | | 0 | 0 | 0 | 0 |
| 0 | 2(2) | 6 | | | 이천수 | 10 | FW | FW | 23 | 유창현 | 11 | 1(1) | 2 | 0 | 0 |
| 0 | 0 | 1 | 0 | 29 | 디오 | 3 | FW | FW | 18 | 고무열 | | 5(4) | 5 | 1 | 0 |
| 0 | 0 | 0 | 0 | | 권정혁 | 41 | | | 41 | 김진영 | | | 0 | | |
| 0 | 0 | 0 | 0 | 후39 | 임하람 | 24 | | | 2 | 박희철 | | | 0 | | |
| 0 | 0 | 0 | 0 | | 용현진 | 2 | | | 22 | 김대호 | 후31 | | 0 | | |
| 0 | 0 | 0 | 0 | | 이석현 | 14 | 대기 | 대기 | 19 | 문창진 | | | 0 | | |
| 0 | 0 | 0 | 0 | 후31 | 문상윤 | 6 | | | 30 | 강상우 | 후39 | 2(2) | 0 | | |
| 0 | 1 | 3 | 1(1) | 후이 | 진성욱 | 29 | | | 20 | 윤준성 | | | 0 | | |
| 0 | 0 | 0 | 0 | | 이효균 | 28 | | | 11 | 강수일 | 후17 | | 0 | | |
| 0 | 2 | 22 | 3(3) | | | | | | | | | 12(11) | 23 | 2 | 0 |

●전반 2분 이천수 AKL FK R-ST-G (득점: 이천수) 오른쪽
●전반 8분 고무열 GA정면 R-ST-G득점: 고무열) 오른쪽
●후반 36분 최종환 PAR → 진성욱 GA정면내 R-ST-G득점: 진성욱, 도움 최종환 왼쪽

## 경남 0 : 2 성남

10월 11일 16:00 맑음 창원 축구센터 관중 3,942명
주심_이민후 부심_노태식·곽승순 대기심_유선호 감독관_강창구

**경남 0** — 0 전반 1 / 0 후반 1 — **2 성남**

| 퇴장 | 경고 | 파울 | ST(유) | 교체 | 선수명 | 배번 | 위치 | 위치 | 배번 | 선수명 | 교체 | ST(유) | 파울 | 경고 | 퇴장 |
|---|---|---|---|---|---|---|---|---|---|---|---|---|---|---|---|
| 0 | 0 | 0 | 0 | | 김영광 | 1 | GK | GK | 28 | 박준혁 | | 0 | 0 | 0 | 0 |
| 0 | 0 | 0 | 0 | 26 | 루 크 | 6 | DF | DF | 2 | 곽해성 | | 0 | 0 | 1 | 0 |
| 0 | 0 | 0 | 0 | | 박주성 | 27 | DF | DF | 24 | 장석원 | | 0 | 0 | 0 | 0 |
| 0 | 0 | 0 | 0 | | 여성해 | 90 | DF | DF | 26 | 임채민 | | 0 | 1 | 0 | 0 |
| 0 | 0 | 2 | 1 | | 김준엽 | 4 | DF | FW | 6 | 박진포 | | 0 | 0 | 0 | 0 |
| 0 | 0 | 0 | 0 | | 권완규 | 23 | DF | MF | 14 | 정선호 | | 2(1) | 1 | 0 | 0 |
| 0 | 0 | 0 | 0 | 11 | 진경선 | 7 | MF | MF | 7 | 김철호 | | 2 | 1 | 0 | 0 |
| 0 | 2 | 4(2) | | | 이창민 | 8 | MF | MF | 13 | 김동희 | 18 | 1 | 1 | 0 | 0 |
| 0 | 0 | 0 | 0 | | 이재안 | 13 | MF | MF | 12 | 바우지비아 | 4 | 0 | 0 | 0 | 0 |
| 0 | 0 | 0 | 0 | | 고재성 | 14 | MF | MF | 11 | 김태환 | | 0 | 1 | 0 | 0 |
| 0 | 1 | 1(1) | 10 | | 에 딘 | 28 | FW | FW | 9 | 김동섭 | 22 | 3(1) | 0 | 0 | 0 |
| 0 | 0 | 0 | 0 | | 김교빈 | 31 | | | 3 | 전상욱 | | 0 | | | |
| 0 | 0 | 0 | 0 | 후이 | 최영준 | 5 | | | 3 | 박희성 | | 0 | | | |
| 0 | 0 | 0 | 0 | | 문주원 | 18 | | | 29 | 유청윤 | | 0 | | | |
| 0 | 1 | 3 | 후이 | 안성빈 | 10 | 대기 | 대기 | 4 | 이요한 | 후이 | | 0 | | | |
| 0 | 0 | 0 | 0 | 후43 | 김슬기 | 11 | | | | 이종원 | 후30 | 1 | 0 | 0 | |
| 0 | 0 | 0 | 0 | | 이호석 | 16 | | | 17 | 이민우 | | 0 | | | |
| 0 | 0 | 0 | 0 | | 송수영 | 44 | | | 18 | 이창훈 | 후14 | 0 | | | |
| 0 | 0 | 12 | 13(3) | | | | | | | | | 8(3) | 11 | 0 | 0 |

●전반 19분 정선호 HL정면(득점: 정선호) 왼쪽
●후반 33분 김태환 GAL R-ST-G(득점: 김태환) 오른쪽

## 수원 2 : 1 전남

10월 11일 14:00 맑음 수원 월드컵 관중 18,371명
주심_최명용 부심_김용수·이정민 대기심_우상일 감독관_이영철

**수원 2** — 1 전반 0 / 1 후반 1 — **1 전남**

| 퇴장 | 경고 | 파울 | ST(유) | 교체 | 선수명 | 배번 | 위치 | 위치 | 배번 | 선수명 | 교체 | ST(유) | 파울 | 경고 | 퇴장 |
|---|---|---|---|---|---|---|---|---|---|---|---|---|---|---|---|
| 0 | 0 | 0 | 0 | | 정성룡 | 1 | GK | GK | 1 | 김병지 | | 0 | 0 | 0 | 0 |
| 0 | 1 | 1 | 0 | | 양상민 | 3 | DF | DF | 13 | 현영민 | | 1 | 1 | 1 | 0 |
| 0 | 0 | 1 | 0 | | 민상기 | 39 | DF | DF | 15 | 방대종 | | 0 | 2 | 1 | 0 |
| 0 | 0 | 1 | 1 | | 조성진 | 5 | DF | DF | 55 | 코 니 | | 0 | 0 | 1 | 0 |
| 0 | 0 | 1 | 0 | | 오범석 | 47 | DF | MF | 7 | 김영우 | | 0 | 1 | 0 | 0 |
| 0 | 0 | 0 | 8 | | 김은선 | 6 | MF | MF | 6 | 이승희 | | 1 | 2 | 1 | 0 |
| 0 | 0 | 1 | 0 | | 권창훈 | 22 | MF | MF | 24 | 김동철 | | 0 | 1 | 0 | 0 |
| 0 | 1 | 1 | 2(1) | | 염기훈 | 26 | MF | MF | 18 | 심동운 | | 2(1) | 2 | 1 | 0 |
| 0 | 2 | 3 | 12 | | 고차원 | 12 | FW | FW | 7 | 레안드리뉴 | 27 | 3(2) | 1 | 0 | 0 |
| 0 | 0 | 5(2) | | | 산토스 | 10 | FW | FW | 16 | 안용우 | | 0 | 1 | 0 | 0 |
| 0 | 4 | 0 | 14 | | 로 저 | 11 | FW | MF | 17 | 이종호 | 77 | 1 | 1 | 1 | 0 |
| 0 | 0 | 0 | 0 | | 노동건 | 21 | | | 31 | 김대호 | | 0 | | | |
| 0 | 0 | 0 | 0 | | 구자룡 | 15 | | | 5 | 임종은 | | 0 | | | |
| 0 | 0 | 0 | 0 | | 신세계 | 30 | | | 26 | 이중권 | | 0 | | | |
| 0 | 1(1) | | 후14 | 이상호 | 7 | 대기 | 대기 | 27 | 이인규 | 후44 | | 0 | | | |
| 0 | 0 | 0 | 0 | | 서정진 | 13 | | | 77 | 전현철 | 후36 | 0 | | | |
| 0 | | | 후22 | 김두현 | 8 | | | 20 | 박기동 | | 0 | | | | |
| 0 | 3(2) | | 후26 | 정대세 | 14 | | | | | | 0 | | | | |
| 0 | 1 | 11 | 14(7) | | | | | | | | | 11(3) | 16 | 7 | 0 |

●전반 13분 권창훈 PALTL ~ 산토스 GAL L-ST-G득점: 산토스, 도움: 권창훈 오른쪽
●후반 48분 김두현 PA내 ~ 산토스 GAR내 L-ST-G득점: 산토스, 도움: 김두현 왼쪽
●후반 16분 현영민 C.KL ~ 레안드리뉴 GAR내 H-ST-G (득점: 레안드리뉴, 도움: 현영민) 오른쪽

## 부산 2 : 1 제주

10월 12일 14:00 흐림 부산 아시아드 관중 2,008명
주심_김성호 부심_이규환·노수웅 대기심_유선호 감독관_김수현

**부산 2** — 1 전반 0 / 1 후반 1 — **1 제주**

| 퇴장 | 경고 | 파울 | ST(유) | 교체 | 선수명 | 배번 | 위치 | 위치 | 배번 | 선수명 | 교체 | ST(유) | 파울 | 경고 | 퇴장 |
|---|---|---|---|---|---|---|---|---|---|---|---|---|---|---|---|
| 0 | 0 | 0 | 0 | | 이범영 | 1 | GK | GK | 1 | 김호준 | | 0 | 0 | 0 | 0 |
| 0 | 0 | 0 | 0 | | 연제민 | 34 | DF | DF | 22 | 김수범 | | 0 | 0 | 1 | 0 |
| 0 | 0 | 1 | 0 | | 이경렬 | 5 | DF | DF | 5 | 오반석 | | 0 | 0 | 0 | 0 |
| 0 | 0 | 0 | 0 | | 유지훈 | 30 | DF | DF | 15 | 알렉스 | | 0 | 0 | 0 | 0 |
| 0 | 0 | 0 | 33 | | 닐손주니어 | 25 | MF | DF | 37 | 장은규 | | 0 | 3 | 1 | 0 |
| 0 | 0 | 0 | 33 | | 전성찬 | 22 | MF | MF | 14 | 윤빛가람 | | 2(1) | 1 | 0 | 0 |
| 0 | 0 | | 14 | | 주세종 | 24 | MF | FW | 19 | 드로겟 | | 3(2) | 1 | 1 | 0 |
| 0 | 2 | 1(1) | | | 최광희 | 77 | MF | MF | 9 | 황일수 | | 5(1) | 0 | 0 | 0 |
| 0 | 2 | 1(1) | | | 임상협 | 11 | FW | FW | 18 | 송진형 | 18 | 2 | 0 | 0 | 0 |
| 0 | | 3(2) | | | 파그너 | 51 | FW | FW | 26 | 박수창 | 9 | 1 | 0 | 0 | 0 |
| 0 | 0 | 0 | | | 이창근 | 21 | | | 21 | 김경민 | | 0 | | | |
| 0 | 0 | 0 | | | 김응진 | 5 | | | 8 | 황도연 | | 0 | | | |
| 0 | 0 | | 후이 | 박용지 | 9 | | | 4 | 오승범 | | 0 | | | | |
| 0 | 0 | | 후15 | 정석화 | 14 | 대기 | 대기 | 25 | 이현호 | | 0 | | | | |
| 0 | 0 | 0 | | | 김찬영 | 26 | | | 13 | 배일환 | 후31 | 0 | | | |
| 0 | 0 | 0 | | | 구현준 | 32 | | | 18 | 진대성 | 후40 | 0 | | | |
| 0 | 0 | | 후이 | 장학영 | 33 | | | 9 | 김 현 | 후이 | 1(1) | 0 | 0 | | |
| 0 | 1 | 11 | 5(3) | | | | | | | | | 14(6) | 7 | 2 | 0 |

●전반 8분 최광희 MF정면 ~ 파그너 PA정면내 R-ST-G득점: 파그너, 도움: 최광희 왼쪽
●후반 25분 주세종 MF정면 ~ 임상협 PA정면내 R-ST-G득점: 임상협, 도움: 주세종 가운데
●후반 14분 송진형 MF정면 ~ 드로겟 AKL L-ST-G득점: 드로겟, 도움: 송진형 오른쪽

## 전북 1 : 0 울산

10월 12일 14:00 흐림 전주 월드컵 관중 11,132명
주심_우상일 부심_손재선·최민병 대기심_김동진 감독관_한진원

**전북 1**    0 전반 0    1 후반 0    **0 울산**

| 퇴장 | 경고 | 파울 | ST(유) | 교체 | 선수명 | 배번 | 위치 | 위치 | 배번 | 선수명 | 교체 | ST(유) | 파울 | 경고 | 퇴장 |
|---|---|---|---|---|---|---|---|---|---|---|---|---|---|---|---|
| 0 | 0 | 0 | 0 | | 김민식 | 31 | GK | GK | 21 | 이희성 | | 0 | 0 | 0 | 0 |
| 0 | 0 | 0 | 0 | | 이재명 | 33 | DF | DF | 14 | 김영삼 | | 0 | 0 | 0 | 0 |
| 0 | 0 | 2 | 1 | | 신형민 | 22 | DF | DF | 3 | 정동호 | | 1 | 1 | 0 | 0 |
| 0 | 0 | 1 | 0 | | 최보경 | 6 | DF | DF | 22 | 김치곤 | | 0 | 2 | 0 | 0 |
| 0 | 0 | 1 | 0 | | 최철순 | 25 | DF | DF | 25 | 이재성 | | 0 | 1 | 0 | 0 |
| 0 | 0 | 3 | 1(1) | | 김남일 | 55 | MF | MF | 88 | 이 호 | | 0 | 4 | 1 | 0 |
| 0 | 1 | 1(1) | | 16 | 정 혁 | | MF | MF | 26 | 하성민 | 6 | 0 | 4 | 1 | 0 |
| 0 | 0 | 2 | 1(1) | | 이승기 | 17 | MF | MF | 16 | 김성환 | | 0 | 1 | 1 | 0 |
| 0 | 1 | 4(3) | | | 레오나르도 | 10 | MF | FW | 24 | 한재웅 | 7 | 1(1) | 2 | 1 | 0 |
| 0 | 1 | | 35 | | 이승현 | 14 | MF | FW | 33 | 조인형 | 5 | 1(1) | 1 | 0 | 0 |
| 0 | 3 | 5(2) | | | 카이오 | 9 | FW | FW | 21 | 김신욱 | | 1 | 2 | 0 | 0 |
| 0 | | | | | 이범수 | 21 | | | 40 | 이준식 | | 0 | | | |
| 0 | | | | | 이강진 | 28 | | | 6 | 박동혁 | 후27 | 1 | 1 | 0 | 0 |
| 0 | | | | | 이규로 | 2 | | | 7 | 고창현 | 후28 | 0 | | | |
| 0 | | | | | 권영진 | 27 | 대기 | 대기 | 5 | 서용덕 | 후17 | 0 | | | |
| 0 | 1 | 1(1) | | 후23 | 이승현 | 26 | | | 23 | 김인균 | | 0 | | | |
| 0 | | | | 후23 | 이상협 | 16 | | | 27 | 안진범 | | 0 | | | |
| 0 | | | | 후11 | 김동찬 | 35 | | | 11 | 따르따 | | 0 | | | |
| 0 | 0 | 17 | 15(9) | | | 0 | | | 0 | | | 5(2) | 20 | 2 | 0 |

●후반 24분 이재명 PAL EL ⌒카이오 GA정면 H-ST-G(득점: 카이오, 도움: 이재명) 왼쪽

## 인천 0 : 2 전북

10월 18일 14:00 맑음 인천 전용 관중 4,784명
주심_김성호 부심_노태식·이규환 대기심_최명용 감독관_하재훈

**인천 0**    0 전반 2    0 후반 0    **2 전북**

| 퇴장 | 경고 | 파울 | ST(유) | 교체 | 선수명 | 배번 | 위치 | 위치 | 배번 | 선수명 | 교체 | ST(유) | 파울 | 경고 | 퇴장 |
|---|---|---|---|---|---|---|---|---|---|---|---|---|---|---|---|
| 0 | 0 | 0 | 0 | | 유 현 | 51 | GK | GK | 1 | 권순태 | | 0 | 0 | 0 | 0 |
| 0 | 0 | 4 | 0 | | 박태민 | 13 | DF | DF | 33 | 이재명 | | 0 | 2 | 0 | 0 |
| 0 | 0 | 1 | 0 | | 이윤표 | 16 | DF | DF | 2 | 김기희 | | 0 | 0 | 0 | 0 |
| 0 | 0 | 0 | 0 | | 안재준 | 20 | DF | DF | 6 | 최보경 | | 0 | 1 | 0 | 0 |
| 0 | 0 | 1 | 0 | | 김용환 | 26 | DF | DF | 25 | 최철순 | 2 | 0 | 0 | 0 | 0 |
| 0 | 1 | 7 | 1 | | 구본상 | 8 | MF | MF | 55 | 김남일 | 1 | 0 | 3 | 0 | 0 |
| 0 | 1 | 2 | 0 | | 김도혁 | 21 | MF | MF | 17 | 신형민 | | 0 | 0 | 0 | 0 |
| 0 | 0 | 3(2) | | | 이 보 | 17 | MF | MF | 11 | 이승기 | | 1(1) | 2 | 1 | 0 |
| 0 | | | | | 최종환 | 25 | MF | FW | 10 | 레오나르도 | 35 | 0 | 1 | 0 | 0 |
| 0 | 1 | 1 | 0 | | 이천수 | 7 | MF | FW | 7 | 한교원 | | 3(1) | 1 | 0 | 0 |
| 0 | 1 | 1 | 29 | | 이효균 | 28 | FW | FW | 9 | 카이오 | | 0 | 1 | 0 | 0 |
| 0 | | | | | 권정혁 | 1 | | | 21 | 이범수 | | 0 | | | |
| 0 | | | | | 임하람 | 24 | | | 27 | 권경원 | | 0 | | | |
| 0 | | | | | 용현진 | 2 | | | 2 | 이규로 | 후39 | 0 | | | |
| 0 | | | | 후12 | 이석현 | 14 | 대기 | 대기 | 15 | 정 혁 | | 0 | | | |
| 0 | | | | 후30 | 문상윤 | 6 | | | 35 | 김동찬 | 후18 | 0 | | | |
| 0 | | | | 후0 | 진성욱 | 8 | | | 16 | 이상협 | | 0 | | | |
| 0 | | | | | 디오고 | 19 | | | 20 | 이동국 | 후18 | 2(1) | 0 | | |
| 0 | 4 | 22 | 6(2) | | | 0 | | | 0 | | | 8(4) | 16 | 0 | 0 |

●전반 35분 이승기 GAR ⌒한교원 GA정면 어 헤드킥 R-ST-G(득점: 한교원, 도움: 이승기) 오른쪽
●전반 38분 이재명 PAL내 ⌒이승기 GA정면 H-ST-G(득점: 이승기, 도움: 이재명) 오른쪽

## 상주 1 : 0 서울

10월 12일 16:00 흐림 상주 시민 관중 1,829명
주심_김상우 부심_전기록·윤광열 대기심_송민석 감독관_한병화

**상주 1**    0 전반 0    1 후반 0    **0 서울**

| 퇴장 | 경고 | 파울 | ST(유) | 교체 | 선수명 | 배번 | 위치 | 위치 | 배번 | 선수명 | 교체 | ST(유) | 파울 | 경고 | 퇴장 |
|---|---|---|---|---|---|---|---|---|---|---|---|---|---|---|---|
| 0 | 0 | 0 | 0 | | 홍정남 | 21 | GK | GK | 31 | 유상훈 | | 0 | 0 | 0 | 0 |
| 0 | 1 | 1 | 0 | | 김창훈 | 3 | DF | DF | 28 | 오스마르 | | 0 | 3 | 0 | 0 |
| 0 | 1 | 4 | 0 | | 최호정 | 5 | DF | DF | 26 | 김남춘 | | 1(1) | 0 | 1 | 0 |
| 0 | 0 | 1 | 0 | 28 | 곽광선 | 44 | DF | DF | 3 | 이웅희 | | 0 | 1 | 1 | 0 |
| 0 | 0 | 2 | 0 | | 강민수 | 6 | DF | MF | 2 | 최효진 | | 0 | 1 | 0 | 0 |
| 0 | 0 | 1 | | | 권순형 | 12 | MF | MF | 27 | 고광민 | 19 | 0 | 0 | 0 | 0 |
| 0 | 1 | 1 | 2(1) | | 양준아 | 14 | MF | MF | 22 | 고명진 | 16 | 2(1) | 0 | 0 | 0 |
| 0 | 2 | 1(1) | | | 서상민 | 7 | MF | MF | 29 | 이상협 | | 0 | 0 | 0 | 0 |
| 0 | 0 | 2(1) | 6 | | 한상운 | 17 | MF | MF | 13 | 고요한 | | 1 | 1 | 0 | 0 |
| 0 | | 1(1) | | | 조동건 | 25 | FW | FW | 9 | 에스쿠데로 | | 0 | 1 | 0 | 0 |
| 0 | 2 | 2(1) | 34 | | 이정협 | 26 | FW | FW | 15 | 최정후 | 11 | 0 | 3 | 0 | 0 |
| 0 | | | | | 김근배 | 31 | | | 38 | 양한빈 | | 0 | | | |
| 0 | | | | | 이용기 | 24 | | | 39 | 김동우 | | 0 | | | |
| 0 | | | | 후37 | 이재훈 | 4 | | | 16 | 강승조 | 후43 | 0 | | | |
| 0 | | | | | 장현우 | 35 | 대기 | 대기 | 18 | 김현성 | | 0 | | | |
| 0 | | | | 후42 | 송원재 | 6 | | | 11 | 몰리나 | 후15 | 0 | | | |
| 0 | | | | 후29 | 박경익 | 34 | | | 10 | 에벨톤 | | 0 | | | |
| 0 | | | | | 한경인 | 20 | | | 19 | 윤주태 | 후25 | 0 | | | |
| 0 | 2 | 15 | 11(5) | | | 0 | | | 0 | | | 4(2) | 15 | 3 | 0 |

●후반 5분 한상운 PAL ~ 이정협 GAL R- ST-G (득점: 이정협, 도움: 한상운) 왼쪽

## 전남 1 : 2 서울

10월 18일 14:00 맑음 광양 전용 관중 4,022명
주심_이민후 부심_손재선·지승민 대기심_유선호 감독관_김정식

**전남 1**    0 전반 0    1 후반 2    **2 서울**

| 퇴장 | 경고 | 파울 | ST(유) | 교체 | 선수명 | 배번 | 위치 | 위치 | 배번 | 선수명 | 교체 | ST(유) | 파울 | 경고 | 퇴장 |
|---|---|---|---|---|---|---|---|---|---|---|---|---|---|---|---|
| 0 | 0 | 0 | 0 | | 김병지 | 1 | GK | GK | 1 | 김용대 | | 0 | 0 | 0 | 0 |
| 0 | 0 | 4 | 1 | | 현영민 | 13 | DF | DF | 21 | 김진규 | | 0 | 1 | 0 | 0 |
| 0 | 1 | 3 | 0 | | 방대종 | 15 | DF | DF | 27 | 김주영 | | 1(1) | 3 | 1 | 0 |
| 0 | 1 | 1 | 0 | | 임종은 | 5 | DF | DF | 3 | 이웅희 | | 0 | 0 | 0 | 0 |
| 0 | 0 | 1 | 0 | 2 | 김영우 | 19 | DF | MF | 2 | 차두리 | | 1 | 0 | 0 | 0 |
| 0 | 0 | 1 | | | 이승희 | 6 | MF | MF | 7 | 김치우 | | 0 | 0 | 0 | 0 |
| 0 | 0 | 2 | | | 송창호 | 16 | MF | MF | 28 | 오스마르 | | 0 | 1 | 0 | 0 |
| 0 | 0 | 1 | | | 이종호 | 17 | MF | MF | 22 | 고명진 | | 0 | 0 | 0 | 0 |
| 0 | 1 | 4 | 1 | 55 | 김영욱 | 14 | MF | MF | 13 | 고요한 | 17 | 0 | 0 | 0 | 0 |
| 0 | 1 | | 25 | | 레안드리뉴 | 7 | MF | MF | 29 | 에스쿠데로 | 36 | 1 | 0 | 0 | 0 |
| 0 | | 4(2) | | | 스테보 | 10 | FW | FW | 11 | 몰리나 | | 6(5) | 1 | 1 | 0 |
| 0 | | | | | 김대호 | 31 | | | 38 | 양한빈 | | 0 | | | |
| 0 | | | | 후20 | 김태호 | 2 | | | 27 | 고광민 | | 0 | | | |
| 0 | | | | | 홍진기 | 4 | | | 17 | 최현태 | 후40 | 0 | | | |
| 0 | | | | | 김동철 | 24 | 대기 | 대기 | 24 | 윤일록 | | 0 | | | |
| 0 | | | | | 심동운 | 18 | | | 36 | 정조국 | 후33 | 0 | | | |
| 0 | 1(1) | | 후0 | | 안용우 | 7 | | | 10 | 에벨톤 | 후45 | 0 | | | |
| 0 | | | | 후26 | 코 니 | 55 | | | 14 | 박희성 | | 0 | | | |
| 0 | 2 | 15 | 12(3) | | | 0 | | | 0 | | | 10(6) | 7 | 0 | 0 |

●후반 34분 안용우 MFR ⌒스테보 PK지점 H-ST-G(득점: 스테보, 도움: 안용우) 가운데
●후반 12분 몰리나 PAR TLFK ⌒김주영 GA정면 H-ST-G (득점: 김주영, 도움: 몰리나) 왼쪽
●후반 19분 몰리나 PK-L-G (득점: 몰리나) 오른쪽

10월 18일 16:00 맑음 제주 월드컵 관중 17,484명
주심_우성일 부심_전기록·최민병 대기심_윤창수 감독관_이영철

**제주 3  0 전반 0 / 3 후반 0  0 포항**

| 퇴장 | 경고 | 파울 | ST(유) | 교체 | 선수명 | 배번 | 위치 | 위치 | 배번 | 선수명 | 교체 | ST(유) | 파울 | 경고 | 퇴장 |
|---|---|---|---|---|---|---|---|---|---|---|---|---|---|---|---|
| 0 | 0 | 0 | 0 | | 김호준 | 1 | GK | GK | 1 | 신화용 | | 0 | 0 | 0 | 0 |
| 0 | 0 | 2 | 0 | | 정다훤 | 2 | DF | DF | 3 | 김광석 | | 0 | 0 | 0 | 0 |
| 0 | 0 | 0 | 1(1) | | 오반석 | 5 | DF | DF | 24 | 배 슬기 | | 0 | 3 | 0 | 0 |
| 0 | 0 | 0 | 0 | | 알렉스 | 15 | DF | DF | 6 | 김준수 | | 0 | 0 | 2 | 0 |
| 0 | 0 | 2 | 1(1) | | 김수범 | 22 | MF | MF | 22 | 김대호 | | 0 | 0 | 0 | 0 |
| 0 | 0 | 1 | 0 | | 장은규 | 37 | MF | MF | 17 | 신광훈 | 3(2) | 0 | 0 | 1 | |
| 0 | 1 | 1 | 2(1) | 14 | 윤빛가람 | 14 | MF | MF | 9 | 황지수 | 23 | 1 | 0 | 0 | |
| 0 | | 5(1) | | | 드로겟 | 19 | FW | FW | 7 | 김재성 | 20 | 1(1) | 1 | 0 | |
| 0 | 0 | | | | 황일수 | | MF | MF | 28 | 손준호 | | 0 | 0 | | |
| 0 | | 18 | | | 배일환 | | FW | FW | 18 | 고무열 | 30 | 2(1) | 2 | 0 | |
| 0 | 3 | 4(1) | | | 김 현 | | FW | FW | 9 | 임상협 | | 0 | 5 | 0 | 0 |
| | | | | | 김경민 | 21 | | | 41 | 김진영 | | | | | |
| | | | | | 황도연 | 6 | | | 2 | 박희철 | | | | | |
| | | | | 후41 | 오승범 | | | | 32 | 김형일 | | | | | |
| | | | | | 이현호 | | | | 5 | 김태수 | | | | | |
| | | | | 후32 | 송진형 | | | | 30 | 강상우 | 후31 | | | | |
| | | | | 후40 | 진대성 | 18 | | | 20 | 윤준성 | 후39 | | | | |
| | | | | | 박수창 | 26 | | | 23 | 유창현 | 후30 | | | | |
| 0 | 0 | 11 | 13(5) | | | | | | | | | 9(4) | 19 | 3 | 0 |

- 후반 24분 배일환 HL정면 ⌒김현 PK우측지점 R-ST-G(득점: 김현, 도움: 배일환) 왼쪽
- 후반 36분 오반석 HLL ⌒드로겟 GAL R-ST-G 득점: 드로겟, 도움: 오반석) 가운데
- 후반 47분 김수범 PK지점 R-ST-G(득점: 김수범) 오른쪽

---

10월 19일 14:00 맑음 부산 아시아드 관중 7,608명
주심_최명용 부심_장준모·김성일 대기심_김종혁 감독관_김형남

**부산 4  1 전반 0 / 3 후반 0  0 경남**

| 퇴장 | 경고 | 파울 | ST(유) | 교체 | 선수명 | 배번 | 위치 | 위치 | 배번 | 선수명 | 교체 | ST(유) | 파울 | 경고 | 퇴장 |
|---|---|---|---|---|---|---|---|---|---|---|---|---|---|---|---|
| 0 | 0 | 0 | 0 | | 이범영 | 1 | GK | GK | 1 | 김영광 | | 0 | 0 | 0 | 0 |
| 0 | 0 | 2 | 1(1) | | 이경렬 | 5 | DF | MF | 7 | 진경선 | 22 | 0 | 2 | 1 | 0 |
| 0 | 0 | | | | 연제민 | 34 | DF | DF | 90 | 여성해 | | 0 | 2 | 1 | 0 |
| 0 | 0 | | | | 유지노 | 15 | DF | MF | 27 | 박주성 | | 0 | 1 | 0 | 0 |
| 0 | 0 | | | | 유지훈 | 30 | DF | DF | 3 | 스레텐 | | 0 | 3 | 1 | 0 |
| 0 | | 1 | 2(2) | | 닐손주니어 | 25 | MF | MF | 28 | 김완규 | | 0 | 1 | 0 | 0 |
| 0 | 2(2) | 14 | | | 전성찬 | 22 | MF | MF | 4 | 문주원 | 4 | 0 | 2 | 0 | 0 |
| 0 | 2 | 14 | | | 주세종 | 24 | MF | MF | 14 | 이창민 | | 3(2) | 3 | 0 | 0 |
| 0 | 2(1) | 33 | | | 최광희 | 77 | MF | FW | 17 | 이재안 | | 0 | 1 | 0 | 0 |
| 0 | 0 | | | | 박용지 | 9 | FW | FW | 13 | 고재성 | | 0 | 3 | 1 | 0 |
| 0 | | 1 | 2(2) | | 임상협 | 11 | FW | FW | 11 | 임상협 | 11 | 0 | | | |
| | | | | | 이창근 | 41 | | | 41 | 김교빈 | | | | | |
| | | | | | 김응진 | 5 | | | 4 | 김준엽 | 16 | | | | |
| | | | | | 윤동민 | 8 | | | 5 | 최성민 | | | | | |
| | | | | 후18 | 정석화 | 14 | 대기 | 대기 | 44 | 이한샘 | | | | | |
| | | | | 후40 | 김찬영 | 2 | | | 10 | 안성빈 | | | | | |
| | | | | 후 | 홍동현 | | | | 11 | 김도엽 | 후7 | 1(1) | 1 | 0 | 0 |
| | | | | 후 | 장학영 | 33 | | | 22 | 한의권 | 후27 | 1(1) | 2 | 0 | 0 |
| 0 | 0 | 8 | 13(12) | | | | | | | | | 5(4) | 23 | 4 | 0 |

- 전반 38분 주세종 C.KR ⌒닐손주니어 GA정면 H-ST-G(득점: 닐손주니어, 도움: 주세종) 가운데
- 후반 17분 임상협 PAL ⌒박용지 GAR내 R-ST-G(득점: 박용지, 도움: 임상협) 오른쪽
- 후반 29분 주세종 C.KR ⌒이경렬 GA정면내 H-ST-G(득점: 이경렬, 도움: 주세종) 가운데
- 후반 35분 장학영 MF정면→임상협 PAR내 R-ST-G(득점: 임상협, 도움: 장학영) 왼쪽

---

10월 19일 14:00 흐림 수원 월드컵 관중 23,104명
주심_고형진 부심_정해상·노수용 대기심_김성호 감독관_김진의

**수원 2  1 전반 1 / 1 후반 1  2 성남**

| 퇴장 | 경고 | 파울 | ST(유) | 교체 | 선수명 | 배번 | 위치 | 위치 | 배번 | 선수명 | 교체 | ST(유) | 파울 | 경고 | 퇴장 |
|---|---|---|---|---|---|---|---|---|---|---|---|---|---|---|---|
| 0 | 0 | 0 | 0 | | 정성룡 | 1 | GK | GK | 28 | 박준혁 | | 0 | 0 | 0 | 0 |
| 0 | 1 | 0 | | | 홍 철 | 17 | DF | DF | 2 | 곽해성 | 3 | 0 | 1 | 0 | 0 |
| 0 | 0 | 1 | | | 민상기 | 39 | DF | DF | 29 | 임채민 | | 0 | 1 | 0 | 0 |
| 0 | 0 | | | | 조성진 | 5 | DF | DF | 24 | 장석원 | | 0 | 0 | 0 | 0 |
| 0 | 0 | | | | 오범석 | 47 | DF | DF | 6 | 박진포 | | 0 | 1 | 1 | 0 |
| 0 | 0 | 1 | | 22 | 김은선 | 6 | MF | MF | 14 | 정선호 | | 0 | 1 | 0 | 0 |
| 0 | | 3(1) | | | 김두현 | 8 | MF | MF | 7 | 김철호 | 2 | 0 | 1 | 0 | |
| 0 | 1 | | | | 염기훈 | 26 | MF | MF | 13 | 김동희 | | 0 | 0 | 0 | |
| 0 | 1 | | | | 서정진 | 13 | MF | MF | 12 | 바우지비아 | 10 | 1(1) | 0 | 0 | |
| 0 | | 3 | | | 산토스 | 10 | MF | MF | 11 | 김태환 | | 0 | 1 | 1 | |
| 0 | 1 | 14 | | | 로 저 | 11 | FW | FW | 9 | 김동섭 | | 1(1) | 0 | 0 | |
| | | | | | 노동건 | 21 | | | 1 | 전상욱 | | | | | |
| | | | | | 구자룡 | | | | 3 | 박희성 | 후45 | | | | |
| | | | | 후16 | 이상호 | | 대기 | 대기 | 20 | 윤영선 | | | | | |
| | | | | 후27 | 권창훈 | 22 | | | 10 | 제파로프 | 후0 | 2(1) | 1 | 0 | 0 |
| | | | | | 배기종 | | | | 4 | 이민우 | | | | | |
| | | | | 후11 | 정대세 | 14 | | | 18 | 이창훈 | 후39 | | | | |
| 0 | 1 | 17 | 11(3) | | | | | | | | | 4(3) | 10 | 2 | 0 |

- 전반 2분 김두현 AK정면 H-ST-G(득점: 김두현) 오른쪽
- 전반 11분 정선호 MF정면→김동섭 PA정면 몸 맞고 골(득점: 김동섭, 도움: 정선호) 왼쪽
- 후반 36분 정대세 GAR내 R-ST-G(득점: 정대세) 가운데
- 후반 48분 임채민 자기측 MFL ⌒제파로프 GAL L-ST-G(득점: 제파로프, 도움: 임채민) 왼쪽

---

10월 19일 16:00 맑음 울산 문수 관중 13,827명
주심_유선호 부심_김용수·이정민 대기심_이민후 감독관_강창구

**울산 2  1 전반 1 / 1 후반 0  1 상주**

| 퇴장 | 경고 | 파울 | ST(유) | 교체 | 선수명 | 배번 | 위치 | 위치 | 배번 | 선수명 | 교체 | ST(유) | 파울 | 경고 | 퇴장 |
|---|---|---|---|---|---|---|---|---|---|---|---|---|---|---|---|
| 0 | 1 | 0 | 0 | | 김승규 | 18 | GK | GK | 21 | 홍정남 | | 0 | 0 | 0 | 0 |
| 0 | 0 | | | | 정동호 | 3 | DF | DF | 3 | 김창훈 | 34 | 1(1) | 2 | 1 | 0 |
| 0 | 0 | | | | 김치곤 | 22 | DF | DF | 5 | 최호정 | | 0 | 0 | 0 | 0 |
| 0 | 1 | | | | 이재성 | 15 | DF | DF | 44 | 곽광선 | | 2(1) | 1 | 0 | 0 |
| 0 | 0 | | | | 이 용 | 2 | DF | DF | 66 | 강민수 | | 0 | 1 | 0 | 0 |
| 0 | 0 | | | 88 | 고창현 | 88 | MF | MF | 17 | 이순형 | | 0 | 0 | 0 | 0 |
| 0 | 0 | | | | 김민균 | 23 | MF | MF | 4 | 양준아 | | 1 | 1 | 0 | 0 |
| 0 | 1 | | | | 따르따 | 26 | MF | MF | 16 | 서상민 | | 1(1) | 1 | 0 | 0 |
| 0 | 1(1) | 18 | | | 고창현 | 77 | MF | MF | 8 | 한상운 | | 0 | 2 | 0 | 0 |
| 0 | 3(2) | | | | 양동현 | 20 | FW | FW | 25 | 조동건 | 20 | 4(2) | 0 | 0 | 0 |
| 0 | 1(1) | | | | 유준수 | 17 | FW | FW | 26 | 이정협 | 6 | 1 | 2 | 0 | 0 |
| | | | | | 이희성 | | | | 41 | 김민식 | | | | | |
| | | | | | 김근환 | | | | 24 | 이용기 | | | | | |
| | | | | | 한재웅 | 24 | | | 27 | 안재훈 | | | | | |
| | | | | 후32 | 하성민 | 26 | 대기 | 대기 | 35 | 정현철 | | | | | |
| | 1(1) | | | 후11 | 김선민 | | | | 9 | 송용재 | 후14 | 1 | 0 | 0 | |
| | | | | | 박지훈 | | | | 34 | 박경익 | 후 | | | | |
| | 1(1) | | | 후11 | 안진범 | 27 | | | 20 | 한경인 | 후39 | | | | |
| | 2 | 16 | 8(6) | | | | | | | | | 15(8) | 15 | 5 | 0 |

- 전반 17분 유준수 PA정면 ⌒양동현 PK좌측지점 L-ST-G(득점: 양동현, 도움: 유준수) 가운데
- 후반 23분 양동현 PK-R-G (득점: 양동현) 오른쪽
- 전반 41분 김창훈 GAL L-ST-G(득점: 김창훈) 오른쪽

---

10월 26일 14:00 맑음 포항 스틸야드 관중 9,107명
주심_최명용 부심_정해상·노수용 대기심_정동식 감독관_김용세

**포항 3 | 0 전반 0 / 3 후반 0 | 0 상주**

| 퇴장 | 경고 | 파울 | ST(유) | 교체 | 선수명 | 배번 | 위치 | 위치 | 배번 | 선수명 | 교체 | ST(유) | 파울 | 경고 | 퇴장 |
|---|---|---|---|---|---|---|---|---|---|---|---|---|---|---|---|
| 0 | 0 | 0 | 0 | | 신화용 | 1 | GK | GK | 21 | 홍정남 | | 0 | 0 | 0 | 0 |
| 0 | 0 | 0 | 3(1) | | 김형일 | 32 | DF | DF | 4 | 김창훈 | 후27 | 2 | 0 | 0 | 0 |
| 0 | 0 | 2 | 1 | | 김원일 | 13 | DF | DF | 14 | 양준아 | | 0 | 4 | 0 | 0 |
| 0 | 0 | 2 | 0 | | 신광훈 | 17 | DF | DF | 28 | 안재훈 | | 0 | 2 | 0 | 0 |
| 0 | 0 | 2 | 0 | | 김대호 | 22 | DF | DF | 66 | 강민수 | | 0 | 1 | 1 | 0 |
| 0 | 1 | 0 | 1 | | 황지수 | 9 | MF | MF | 2 | 이후권 | | 1 | 0 | 0 | 0 |
| 0 | 0 | 2 | 0 | | 손준호 | 28 | MF | MF | 8 | 김호남 | | 1 | 0 | 0 | 0 |
| 0 | 0 | 2 | 0 | 30 | 유창현 | 23 | FW | MF | 12 | 김순형 | | 4 | 1 | 0 | 0 |
| 0 | 0 | 1 | 1(1) | | 김승대 | 24 | MF | MF | 34 | 박경익 | 38 | 1 | 0 | 0 | 0 |
| 0 | 1 | 5 | 3(1) | 15 | 김재성 | 7 | MF | FW | 25 | 조동건 | | 2 | 0 | 0 | 0 |
| 0 | 0 | 4 | 2 | | 강수일 | 11 | MF | FW | 30 | 하태균 | | 1 | 0 | 0 | 0 |
| | | | | | 김진영 | 41 | | | 41 | 박지영 | | | | | |
| | | | | | 박희철 | | | | 24 | 이용기 | | | | | |
| | | | | 후30 | 김태수 | | | | 32 | 김경민 | | | | | |
| | | | | | 이광훈 | 16 | 대기 | 대기 | 23 | 조호연 | | | | | |
| 0 | 0 | 1 | 1 | 후16 | 강상우 | 30 | | | 38 | 이현웅 | 후21 | 0 | | | |
| | | | | | 윤준성 | 20 | | | 20 | 한경인 | 후12 | 0 | | | |
| | | | | 후45 | 신영준 | 15 | | | 27 | 송제헌 | 후33 | 0 | | | |
| 0 | 2 | 19 | 12(3) | | | | | | | | | 3 | 17 | 2 | 0 |

●후반 19분 손준호 PAL ⌒김재성 PK지점 H-ST-G(득점: 김재성, 도움: 손준호) 왼쪽
●후반 43분 김승대 GAR R-ST-G(득점: 김승대) 왼쪽
●후반 49분 김형일 GA정면내 L-ST-G(득점: 김형일) 가운데

---

10월 26일 14:00 흐림 탄천 종합 관중 5,502명
주심_김동진 부심_손재선·윤광열 대기심_송민석 감독관_김형남

**성남 3 | 0 전반 1 / 3 후반 3 | 4 울산**

| 퇴장 | 경고 | 파울 | ST(유) | 교체 | 선수명 | 배번 | 위치 | 위치 | 배번 | 선수명 | 교체 | ST(유) | 파울 | 경고 | 퇴장 |
|---|---|---|---|---|---|---|---|---|---|---|---|---|---|---|---|
| 0 | 0 | 0 | 0 | | 박준혁 | 28 | GK | GK | 21 | 이희성 | | 0 | 0 | 1 | 0 |
| 0 | 0 | 0 | 0 | 22 | 곽해성 | 2 | DF | DF | 26 | 이용 | 후26 | 0 | 0 | 0 | 0 |
| 0 | 0 | 1 | 0 | | 임채민 | 26 | DF | DF | 3 | 정동호 | | 1(1) | 3 | 0 | 0 |
| 0 | 0 | 0 | 0 | | 장석원 | 24 | DF | DF | 22 | 김치곤 | | 3 | 0 | 0 | 0 |
| 0 | 1 | 3 | 1 | | 박진포 | 6 | DF | DF | 25 | 이재성 | | 3 | 0 | 0 | 0 |
| 0 | 0 | 2 | 1(1) | | 정선호 | 14 | MF | MF | 88 | 이호 | 후0 | 3(3) | 2 | 0 | 0 |
| 0 | 1 | 2 | 0 | | 김철호 | 32 | MF | MF | 8 | 서용덕 | 후27 | 0 | 2 | 0 | 0 |
| 0 | 1 | 2 | 0 | | 김동희 | 13 | MF | MF | 16 | 김성환 | | 3 | 0 | 0 | 0 |
| 0 | 3 | 3(3) | | | 제파로프 | 10 | MF | MF | 11 | 따르따 | | 3(2) | 1 | 0 | 0 |
| 0 | 1 | 2(1) | | | 김태환 | 11 | MF | MF | 17 | 유준수 | | 6 | 2 | 0 | 0 |
| 0 | 1 | 3(1) | 20 | | 김동섭 | 9 | FW | FW | 20 | 양동현 | | 1(1) | 0 | 0 | 0 |
| | | | | | 전상욱 | 40 | | | 40 | 이준식 | | | | | |
| | | | | 후27 | 이종원 | 22 | | | 6 | 박동혁 | 후29 | 1(1) | 0 | 0 | 0 |
| | | | | 후30 | 윤영선 | 20 | | | 26 | 하성민 | 후15 | 0 | 1 | 0 | 0 |
| | | | | 후27 | 이요한 | 4 | 대기 | 대기 | 15 | 백지훈 | | | | | |
| | | | | | 바우지비아 | 12 | | | 27 | 안진범 | 후12 | 1(1) | 1 | 0 | 0 |
| | | | | | 염유신 | 33 | | | 39 | 김근환 | | | | | |
| | | | | | 이창훈 | 18 | | | | | | | | | |
| 0 | 4 | 16 | 8(6) | | | | | | | | | 10(9) | 21 | 2 | 0 |

●후반 2분 제파로프 MFR TLFK ⌒김태환 PAR내 H-ST-G(득점: 김태환, 도움: 제파로프) 왼쪽
●후반 11분 제파로프 PK-L-G(득점: 제파로프) 왼쪽
●후반 22분 김동희GAL ⌒김동섭 GA정면 L-ST-G(득점: 김동섭, 도움: 김동희) 왼쪽
●전반 37분 양동현 MFR TL ~ 따르따 GAR L-ST-G(득점: 따르따, 도움: 양동현) 왼쪽
●후반 28분 안진범 PAL내 ~ 이호 GAL R-ST-G(득점: 이호, 도움: 안진범) 오른쪽
●후반 38분 양동현 PK-R-G(득점: 양동현) 왼쪽
●후반 39분 양동현 PAL H ⌒박동혁 PAR내 H-ST-G(득점: 박동혁, 도움: 양동현) 왼쪽

---

10월 26일 14:00 맑음 전주 월드컵 관중 19,385명
주심_김상우 부심_장준모·김성일 대기심_김영수 감독관_김수현

**전북 1 | 0 전반 0 / 1 후반 0 | 0 수원**

| 퇴장 | 경고 | 파울 | ST(유) | 교체 | 선수명 | 배번 | 위치 | 위치 | 배번 | 선수명 | 교체 | ST(유) | 파울 | 경고 | 퇴장 |
|---|---|---|---|---|---|---|---|---|---|---|---|---|---|---|---|
| 0 | 0 | 0 | 0 | | 권순태 | 1 | GK | GK | 1 | 정성룡 | | 0 | 0 | 0 | 0 |
| 0 | 0 | 1 | 0 | | 이주용 | 32 | DF | DF | 17 | 홍철 | 30 | 3 | 0 | 1 | 0 |
| 0 | 0 | 0 | 0 | | 윌킨슨 | 18 | DF | DF | 39 | 민상기 | | 1 | 2 | 1 | 0 |
| 0 | 0 | 3 | 0 | | 김기희 | 4 | DF | DF | 5 | 조성진 | | 0 | 1 | 0 | 0 |
| 0 | 0 | 1 | 0 | | 최철순 | 25 | DF | DF | 47 | 오범석 | | 0 | 3 | 0 | 0 |
| 0 | 1 | 2 | 2(1) | | 김남일 | 55 | MF | MF | 6 | 김은선 | | 1(1) | 1 | 4 | 0 |
| 0 | 1 | 3 | 0 | | 정혁 | 15 | MF | MF | 22 | 이상호 | 11 | 1 | 4 | 0 | 0 |
| 0 | 0 | 1 | 1 | 16 | 한교원 | 7 | MF | MF | 26 | 염기훈 | | 0 | 1 | 0 | 0 |
| 0 | 1 | 3 | 1(1) | | 레오나르도 | 10 | MF | MF | 12 | 고차원 | 10 | 0 | 2 | 0 | 0 |
| 0 | 0 | 2 | 1 | | 카이오 | 9 | MF | MF | 8 | 김두현 | | 0 | 0 | 1 | 0 |
| 0 | 2 | 1 | | 11 | 이동국 | 20 | FW | FW | 10 | 정대세 | 후0 | 4(2) | 1 | 4 | 0 |
| | | | | | 이범수 | 21 | | | 21 | 노동건 | | | | | |
| | | | | 후38 | 이보경 | 4 | | | 15 | 구자룡 | | | | | |
| | | | | | 이재명 | 3 | | | 3 | 양상민 | 후0 | | | | |
| | | | | 후19 | 이승기 | 26 | 대기 | 대기 | 22 | 권창훈 | | | | | |
| | | | | 후19 | 이상협 | 16 | | | 10 | 산토스 | 후15 | | | | |
| | | | | | | | | | 11 | 로저 | 후33 | | | | |
| 0 | 2 | 17 | 7(2) | | | | | | | | | 9(3) | 24 | 1 | 0 |

●후반 27분 김남일 GAR내 L-ST-G(득점: 김남일) 오른쪽

---

10월 26일 14:00 맑음 거제 공설 4,717명
주심_김종혁 부심_노태식·이규환 대기심_김성호 감독관_김정식

**경남 1 | 0 전반 0 / 1 후반 0 | 0 제주**

| 퇴장 | 경고 | 파울 | ST(유) | 교체 | 선수명 | 배번 | 위치 | 위치 | 배번 | 선수명 | 교체 | ST(유) | 파울 | 경고 | 퇴장 |
|---|---|---|---|---|---|---|---|---|---|---|---|---|---|---|---|
| 0 | 0 | 0 | 0 | | 손정현 | 31 | GK | GK | 1 | 김호준 | | 0 | 0 | 0 | 0 |
| 0 | 0 | 2 | 1 | | 스레텐 | 30 | DF | DF | 2 | 정다훤 | | 0 | 1 | 0 | 0 |
| 0 | 0 | 2 | 0 | | 박주성 | 27 | DF | DF | 5 | 오반석 | | 0 | 0 | 0 | 0 |
| 0 | 0 | 3 | 0 | | 김영빈 | 34 | DF | DF | 15 | 알렉스 | | 0 | 2 | 0 | 0 |
| 0 | 1 | 2 | 0 | | 이학민 | 2 | MF | DF | 22 | 김수범 | | 0 | 1 | 0 | 0 |
| 0 | 0 | 1 | 0 | | 안성빈 | 10 | MF | MF | 37 | 장은규 | | 0 | 1 | 0 | 0 |
| 0 | 1 | 2(1) | | | 진경선 | 5 | MF | MF | 14 | 윤빛가람 | | | | | |
| 0 | 1 | 1 | 0 | | 최영준 | 26 | MF | FW | 19 | 드로겟 | 18 | 0 | 0 | 0 | 0 |
| 0 | 1 | 6(1) | | | 송수영 | 16 | FW | FW | 10 | 황일수 | 후0 | | | | |
| 0 | 0 | 2 | 15 | | 이호석 | 44 | FW | FW | 9 | 배일환 | 후0 | | | | |
| 0 | 3 | 22 | | | 고재성 | 13 | FW | FW | 9 | 김현 | | | | | |
| | | | | | 김영광 | | | | 21 | 김형록 | | | | | |
| | | | | 후45 | 최성민 | 15 | | | 6 | 황도연 | | | | | |
| | | | | | 김준엽 | | | | 8 | 오승범 | | | | | |
| | | | | | 임광균 | 8 | 대기 | 대기 | 16 | 송진형 | 후0 | 1(1) | 0 | 0 | 0 |
| | | | | 후24 | 스토야노비치 | 9 | | | 25 | 이현호 | | | | | |
| | | | | 후24 | 한의권 | 22 | | | 26 | 박수창 | 후35 | 0 | | | |
| | | | | | 김슬기 | 33 | | | 18 | 진대성 | 후17 | 2(1) | | | |
| 0 | 0 | 14 | 15(3) | | | | | | | | | 5(2) | 12 | 0 | 0 |

●후반 38분 한의권 GA정면내 ~ 스토야노비치 GA정면내 R-ST-G(득점: 스토야노비치, 도움: 한의권) 왼쪽

## 10월 26일 14:00 흐림 서울 월드컵 관중 17,039명
주심_우상일 부심_김용수·이정민 대기심_매호영 감독관_한병화

**서울 1**  0 전반 1 / 1 후반 0  **1 부산**

| 퇴장 | 경고 | 파울 | ST(유) | 교체 | 선수명 | 배번 | 위치 | 위치 | 배번 | 선수명 | 교체 | ST(유) | 파울 | 경고 | 퇴장 |
|---|---|---|---|---|---|---|---|---|---|---|---|---|---|---|---|
| 0 | 0 | 0 | 0 | | 김용대 | 1 | GK | GK | 1 | 이범영 | | 0 | 0 | 0 | 0 |
| 0 | 0 | 2 | 1(1) | | 이웅희 | 3 | DF | DF | 6 | 이경렬 | | 1 | 1 | 0 | 0 |
| 0 | 0 | 1 | 2(1) | | 김진규 | 6 | DF | DF | 34 | 연제민 | | 0 | 5 | 0 | 0 |
| 0 | 0 | 1 | 1(1) | | 김주영 | 4 | MF | MF | 33 | 장학영 | 23 | 0 | 1 | 0 | 0 |
| 0 | 0 | 1 | 0 | | 김치우 | 7 | MF | DF | 30 | 유지훈 | | 1(1) | 1 | 0 | 0 |
| 0 | 1 | 0 | 0 | | 차두리 | 5 | MF | DF | 15 | 유지노 | | 0 | 0 | 0 | 0 |
| 0 | 0 | 2 | 1(1) | | 오스마르 | 28 | MF | MF | 25 | 닐손 주니어 | | 0 | 1 | 0 | 0 |
| 0 | 0 | 1 | | 29 | 고요한 | 13 | MF | MF | 24 | 주세종 | | 2 | 1 | 0 | 0 |
| 0 | 0 | 1 | 0 | | 고명진 | 22 | MF | MF | 22 | 전성찬 | 18 | 0 | 1 | 0 | 0 |
| 0 | | | 4(2) | | 몰리나 | 11 | FW | FW | 9 | 박용지 | 51 | 0 | 4 | 1 | 0 |
| 0 | | | 14 | | 에스쿠데로 | 9 | FW | FW | 11 | 박용태 | | 4(2) | 3 | 0 | 0 |
| 0 | | | | | 양한빈 | 38 | | | 21 | 이창근 | | | | | 0 |
| 0 | | | | | 최효진 | 2 | | | 5 | 김응진 | | | | | 0 |
| 0 | | | | | 고광민 | 27 | | | 14 | 정석화 | | | | | 0 |
| 0 | | | | 후33 | 이상협 | 대기 | | 대기 | 18 | 김용태 | 후29 | | | | 0 |
| 0 | | | | | 윤일록 | 24 | | | 23 | 김찬영 | 후41 | | | | 0 |
| 0 | | | | | 에벨톤 | 10 | | | 32 | 구현준 | | | | | 0 |
| 0 | 0 | 1(1) | 후o | | 박희성 | 14 | | | 51 | 파그너 | 후24 | 1 | | | 0 |
| 0 | 0 | 10 | 11(7) | | | | | | | | | 8(3) | 23 | 3 | 0 |

- 후반 23분 이웅희 GAR H → 박희성 GAL 내 H-ST-G(득점: 박희성, 도움: 이웅희) 왼쪽
- 전반 39분 임상협 GAR R-ST-G(득점: 임상협) 왼쪽

---

## 11월 01일 14:00 흐림 포항 스틸야드 관중 4,688명
주심_김상우 부심_장준모·김성일 대기심_김대용 감독관_김형남

**포항 1**  0 전반 1 / 1 후반 0  **1 제주**

| 퇴장 | 경고 | 파울 | ST(유) | 교체 | 선수명 | 배번 | 위치 | 위치 | 배번 | 선수명 | 교체 | ST(유) | 파울 | 경고 | 퇴장 |
|---|---|---|---|---|---|---|---|---|---|---|---|---|---|---|---|
| 0 | 0 | 0 | 0 | | 신화용 | 1 | GK | GK | 1 | 김호준 | | 0 | 0 | 0 | 0 |
| 0 | 0 | 0 | 0 | | 신형민 | 32 | DF | DF | 2 | 정다훤 | | 0 | 1 | 0 | 0 |
| 0 | 1 | 2 | 1(1) | | 김원일 | 13 | DF | DF | 5 | 오반석 | | 1(1) | 2 | 0 | 0 |
| 0 | 0 | 1 | 0 | | 신광훈 | 17 | DF | DF | 15 | 알렉스 | | 0 | 0 | 0 | 0 |
| 0 | 1 | | 1(1) | | 김대호 | 22 | DF | DF | 22 | 김수범 | | 0 | 0 | 0 | 0 |
| 0 | 1 | 1(1) | | 23 | 황지수 | 9 | MF | MF | 37 | 장은규 | 8 | 0 | 3 | 0 | 0 |
| 0 | 0 | | | | 손준호 | 28 | MF | MF | 14 | 윤빛가람 | | 1(1) | 0 | 1 | 0 |
| 0 | 0 | | | | 김태수 | 5 | MF | FW | 19 | 드로겟 | 18 | 0 | 0 | 0 | 0 |
| 0 | 0 | | | | 김승대 | 12 | FW | FW | 9 | 황일수 | | 2(1) | 3 | 0 | 0 |
| 0 | 1 | 2 | 2(2) | 20 | 신영준 | 23 | FW | FW | 13 | 배일환 | | 3(2) | 1 | 0 | 0 |
| 0 | 0 | 1 | 30 | | 고무열 | 18 | MF | FW | 9 | 김현 | 26 | 5 | 0 | 0 | |
| 0 | | | | | 김진영 | 41 | | | 41 | 김경민 | | | | | 0 |
| 0 | | | | | 박희철 | 2 | | | 24 | 이용 | | | | | 0 |
| 0 | | | | | 김광석 | | | | 8 | 오승범 | 후41 | | | | 0 |
| 0 | | | | | 이광훈 | 16 | 대기 | 대기 | 10 | 송진형 | | | | | 0 |
| 0 | | | | 후44 | 강상우 | 30 | | | 25 | 이현호 | | | | | 0 |
| 0 | | | | 후41 | 윤준성 | 23 | | | 18 | 진대성 | 후44 | | | | 0 |
| 0 | 0 | 2(1) | 후o | | 유창현 | 23 | | | 26 | 박수창 | 후30 | 1 | | | 0 |
| 0 | 3 | 11 | 9(6) | | | | | | | | | 7(5) | 23 | 2 | 0 |

- 후반 20분 김승대 PK지점 → 김원일 GA정면 몸 맞고 골(득점: 김원일, 도움: 김승대) 오른쪽
- 전반 25분 황일수 PAL ~ 윤빛가람 AKL R-ST-G(득점: 윤빛가람, 도움: 황일수) 오른쪽

---

## 10월 26일 14:00 흐림 인천 전용 관중 4,110명
주심_고형진 부심_전기록·서무희 대기심_김희곤 감독관_한진원

**인천 3**  1 전반 1 / 2 후반 2  **3 전남**

| 퇴장 | 경고 | 파울 | ST(유) | 교체 | 선수명 | 배번 | 위치 | 위치 | 배번 | 선수명 | 교체 | ST(유) | 파울 | 경고 | 퇴장 |
|---|---|---|---|---|---|---|---|---|---|---|---|---|---|---|---|
| 0 | 0 | 0 | 0 | | 유현 | 51 | GK | GK | 1 | 김병지 | | 0 | 0 | 0 | 0 |
| 0 | 0 | 1 | 0 | | 박태민 | 13 | DF | DF | 13 | 현영민 | 55 | 0 | 0 | 0 | 0 |
| 0 | 0 | 2 | 0 | | 이유표 | 16 | DF | DF | 4 | 홍진기 | | 0 | 2 | 1 | 0 |
| 0 | 0 | 0 | 0 | | 안재준 | 20 | DF | DF | 5 | 임종은 | | 0 | 0 | 0 | 0 |
| 0 | 0 | 6 | 0 | | 용현진 | 24 | DF | DF | 2 | 김태호 | | 0 | 1 | 0 | 0 |
| 0 | 0 | 1 | 2 | | 구본상 | 8 | MF | MF | 6 | 이재억 | | 1 | 3 | 1 | 0 |
| 0 | 1 | 4 | | | 김도혁 | 21 | MF | MF | 16 | 송창호 | 19 | 1 | 0 | 0 | 0 |
| 0 | | | 2(2) | | 이보 | 7 | MF | MF | 18 | 심동운 | 14 | 0 | 1 | 0 | 0 |
| 0 | 0 | 1 | | | 최종환 | 25 | MF | MF | 17 | 이종호 | | 2(1) | 0 | 0 | 0 |
| 0 | 1 | 3(1) | | | 이천수 | 10 | MF | MF | 25 | 안용우 | | 1(1) | 0 | 0 | 0 |
| 0 | 0 | 5 | 3(2) | 29 | 디오고 | 19 | FW | FW | 9 | 스테보 | | 2 | 3 | 0 | 0 |
| 0 | | | | | 권정혁 | 21 | | | 31 | 김대호 | | | | | 0 |
| 0 | | | | 후33 | 임하람 | 24 | | | 19 | 김영욱 | 후27 | 1 | 0 | | 0 |
| 0 | | | | | 권혁진 | 22 | | | 55 | 코니 | 후31 | 2(2) | 0 | | 0 |
| 0 | | | | | 이석현 | 대기 | | 대기 | 24 | 김동철 | | | | | 0 |
| 0 | | | 후08 | | 문상윤 | 7 | | | 14 | 김영욱 | | | | | 0 |
| 0 | | | 후19 | | 진성욱 | 29 | | | 7 | 레안드리뉴 | | | | | 0 |
| 0 | | | | | 이효균 | 28 | | | 20 | 박기동 | | | | | 0 |
| 0 | 1 | 20 | 14(8) | | | | | | | | | 9(4) | 13 | 2 | 0 |

- 전반 1분 이보 MF정면 ~ 디오고 PA정면내 R-ST-G(득점: 디오고, 도움: 이보) 왼쪽
- 후반 23분 이천수 PAR내 → 문상윤 GAR내 R-ST-G(득점: 문상윤, 도움: 이천수) 왼쪽
- 후반 34분 진성욱 GA정면내 R-ST-G(득점: 진성욱) 왼쪽
- 전반 15분 안용우 GAR L-ST-G(득점: 안용우) 왼쪽
- 후반 42분 김태호 MFR → 코니 PK우측지점 H-ST-G(득점: 코니, 도움: 김태호) 왼쪽
- 후반 49분 코니 GA정면내 R-ST-G(득점: 코니) 왼쪽

---

## 11월 01일 16:00 흐림 울산 문수 관중 2,016명
주심_이동준 부심_전기록·노태식 대기심_우상일 감독관_김진의

**울산 0**  0 전반 0 / 0 후반 3  **3 수원**

| 퇴장 | 경고 | 파울 | ST(유) | 교체 | 선수명 | 배번 | 위치 | 위치 | 배번 | 선수명 | 교체 | ST(유) | 파울 | 경고 | 퇴장 |
|---|---|---|---|---|---|---|---|---|---|---|---|---|---|---|---|
| 0 | 0 | 0 | 0 | | 김승규 | 18 | GK | GK | 1 | 정성룡 | | 0 | 0 | 0 | 0 |
| 0 | 0 | 0 | 0 | | 정동호 | 2 | DF | DF | 17 | 홍 철 | 3 | 2(1) | 0 | 0 | 0 |
| 0 | 0 | 2 | 1(1) | | 김치곤 | 22 | DF | DF | 39 | 민상기 | | 0 | 3 | 0 | 0 |
| 0 | 0 | 1 | 0 | | 이재성 | 25 | DF | DF | 30 | 조성진 | | 0 | 0 | 0 | 0 |
| 0 | 0 | 0 | 39 | | 이재원 | 4 | DF | DF | 47 | 오범석 | | 0 | 1 | 0 | 0 |
| 0 | 0 | 1 | 0 | | 김상환 | 16 | MF | MF | 6 | 김은선 | | 0 | 2 | 0 | 0 |
| 0 | 0 | 1 | 0 | | 하성민 | 26 | MF | MF | 8 | 김두현 | | 0 | 0 | 0 | 0 |
| 0 | 0 | 1 | 0 | | 따르따 | 11 | MF | MF | 26 | 염기훈 | | 2(2) | 0 | 0 | 0 |
| 0 | 0 | 1 | | 17 | 카 사 | 90 | MF | MF | 7 | 서정진 | 7 | 0 | 1 | 0 | 0 |
| 0 | 3 | 2(2) | | | 양동현 | 20 | FW | FW | 10 | 산토스 | 15 | 4(3) | 2 | 0 | 0 |
| 0 | 0 | 1 | | | 안진범 | 16 | FW | FW | 11 | 이상호 | | 2(2) | 1 | 0 | 0 |
| 0 | | | | | 이희성 | 21 | | | 21 | 노동건 | | | | | 0 |
| 0 | | | | 후31 | 김근환 | 39 | | | 15 | 구자룡 | 후43 | | | | 0 |
| 0 | | | | | 한재웅 | 24 | | | 3 | 양상민 | 후33 | | | | 0 |
| 0 | | | | | 고창현 | 대기 | | 대기 | 22 | 권창훈 | | | | | 0 |
| 0 | | | 후9 | | 유준수 | 17 | | | 7 | 이상호 | 후19 | 2(2) | | | 0 |
| 0 | 1 | 후22 | | | 박동혁 | 6 | | | 14 | 정대세 | | | | | 0 |
| 0 | 1 | 20 | 9(5) | | | | | | | | | 12(9) | 17 | 1 | 0 |

- 후반 11분 이재원 GA정면내 R 자책골(득점: 이재원) 오른쪽
- 후반 25분 산토스 GAL R-ST-G(득점: 산토스) 왼쪽
- 후반 41분 산토스 MFLTL → 이상호 PAR L-ST-G(득점: 이상호, 도움: 산토스) 왼쪽

11월 02일 14:00 맑음 서울 월드컵 관중 10,990명
주심_고형진 부심_정해상·윤광열 대기심_최명용 감독관_이영철

**서울 0** | 0 전반 0 / 0 후반 1 | **1 전북**

| 퇴장 | 경고 | 파울 | ST(유) | 교체 | 선수명 | 배번 | 위치 | 위치 | 배번 | 선수명 | 교체 | ST(유) | 파울 | 경고 | 퇴장 |
|---|---|---|---|---|---|---|---|---|---|---|---|---|---|---|---|
| 0 | 0 | 0 | 0 | | 유상훈 | 31 | GK | GK | 1 | 권순태 | | 0 | 0 | 0 | 0 |
| 0 | 0 | 2 | 1(1) | | 이웅희 | 3 | DF | DF | 18 | 윌킨슨 | | 0 | 2 | 1 | 0 |
| 0 | 0 | 3 | | | 김진규 | 6 | DF | DF | 4 | 최보경 | | 0 | 1 | | 0 |
| 0 | 0 | 3 | 0 | | 차두리 | 5 | DF | DF | 4 | 김기희 | | 0 | 4 | 0 | 0 |
| 0 | 0 | 2 | | | 최효진 | 2 | MF | MF | 3 | 이재명 | | 0 | 4 | | 0 |
| 0 | 1 | 1 | 1(1) | | 고광민 | 27 | MF | MF | 6 | 최철순 | | 0 | 4 | 1 | 0 |
| 0 | 1 | 1 | 2(1) | | 오스카 | 28 | MF | MF | 55 | 김남일 | 10 | 0 | 1 | | 0 |
| 0 | 1 | | | | 고명진 | 22 | MF | MF | 22 | 신형민 | | 0 | 1 | | 0 |
| 0 | 0 | 3(1) | 13 | | 에벨톤 | 10 | FW | MF | 11 | 이승기 | | 0 | 2 | | 0 |
| 0 | 1 | | 24 | | 몰리나 | 11 | FW | MF | 17 | 이재성 | | 3(1) | 1 | | 0 |
| 0 | 1 | 4 | 1(1) | 14 | 에스쿠데로 | 9 | FW | FW | 9 | 카이오 | | 4(2) | 2 | 0 | 0 |
| | | | | | 김용대 | 1 | | | 21 | 이범수 | | | | | |
| | | | | | 김남춘 | 26 | | | 5 | 정인환 | | | | | |
| | | | | | 이상협 | 29 | | | 2 | 이규로 | | | | | |
| 0 | | | | 후20 | 고요한 | 13 | 대기 | 대기 | 23 | 훈 | | | | | |
| | | | | | 심제혁 | 40 | | | 10 | 레오나르도 | 후38 | | | | |
| 0 | | | | 후34 | 윤일록 | 24 | | | 7 | 한교원 | | | | | |
| 0 | 1 | 0 | | 후34 | 박희성 | 14 | | | 16 | 이상협 | | | | | |
| 0 | 2 | 20 | 8(5) | | | 0 | | | 0 | | | 7(3) | 21 | 5 | 0 |

●후반 48분 이재성 PA내 ~ 카이오 GA정면 L-ST-G(득점: 카이오, 도움: 이재성) 왼쪽

---

11월 02일 14:00 흐림 상주 시민 관중 867명
주심_김종혁 부심_손재선·이규환 대기심_박병진 감독관_강창구

**상주 2** | 1 전반 3 / 1 후반 0 | **3 부산**

| 퇴장 | 경고 | 파울 | ST(유) | 교체 | 선수명 | 배번 | 위치 | 위치 | 배번 | 선수명 | 교체 | ST(유) | 파울 | 경고 | 퇴장 |
|---|---|---|---|---|---|---|---|---|---|---|---|---|---|---|---|
| 0 | 0 | 0 | 0 | | 홍정남 | 21 | GK | GK | 1 | 이범영 | | 0 | 0 | 0 | 0 |
| 0 | 0 | 0 | 34 | | 김창훈 | 35 | DF | DF | 34 | 연제민 | | 0 | 2 | 0 | 0 |
| 0 | 0 | 20 | | | 최호정 | 3 | DF | DF | 17 | 김응진 | | 0 | 1 | | 0 |
| 0 | | | | | 안재훈 | 28 | DF | DF | 30 | 유지훈 | | 0 | | | 0 |
| 0 | | | | | 곽광선 | 44 | DF | DF | 15 | 유지노 | | 0 | | | 0 |
| 0 | 1 | 2 | 2 | | 권순형 | 7 | MF | MF | 25 | 닐손 주니어 | | 1(1) | 1 | | 0 |
| 0 | 1 | | | | 양준아 | 14 | MF | MF | 22 | 전성찬 | 18 | 0 | 4 | | 0 |
| 0 | | 2(2) | | | 서상민 | 7 | MF | MF | 8 | 주세종 | | 0 | 4 | 0 | 0 |
| 0 | 3(1) | | | | 한상운 | 77 | MF | MF | 77 | 최광희 | 23 | 0 | | | 0 |
| 0 | 2 | | | | 조동건 | 25 | FW | FW | 51 | 파그너 | 9 | 3(2) | | 0 | 0 |
| 0 | 2 | | 30 | | 이정협 | 18 | FW | FW | 11 | 임상협 | | 4(3) | 0 | 0 | 0 |
| | | | | | 박지영 | 41 | | | 1 | 이창근 | | | | | |
| | | | | | 이후권 | 7 | | | 8 | 윤동민 | | | | | |
| | | | | | 이용기 | 24 | | | | 박용지 | 후39 | 1(1) | | | |
| 0 | | | | 후0 | 한경인 | 20 | 대기 | 대기 | 18 | 김용태 | 후8 | | | | |
| 0 | | | | 후0 | 박경의 | 34 | | | 23 | 김찬영 | 후14 | | | | |
| | | | | | 유수현 | 36 | | | 32 | 구현준 | | | | | |
| 0 | | | | 후34 | 박승일 | 30 | | | 33 | 장학영 | | | | | |
| 0 | 1 | 9 | 11(5) | | | 0 | | | 0 | | | 10(8) | 9 | 0 | 0 |

●전반 33분 한상운 GA정면 ~ 서상민 GAR R-ST-G(득점: 서상민, 도움: 한상운) 왼쪽
●후반 13분 박경익 PAL ~ 조동건 GAL H-ST-G 득점: 조동건, 도움: 박경익) 오른쪽

●전반 4분 임상협 GAR ~ 파그너 GAL R-ST-G(득점: 파그너, 도움: 임상협) 왼쪽
●전반 40분 파그너 AK정점 ~ 임상협 GAR R-ST-G(득점: 임상협,도움: 파그너) 왼쪽
●전반 46분 최광희 PAR ~ 임상협 GA정면 H-ST-G(득점: 임상협, 도움: 최광희) 오른쪽

---

11월 01일 14:00 흐림 광양 전용 관중 858명
주심_김성호 부심_김용수·이정민 대기심_매호영 감독관_하재훈

**전남 1** | 0 전반 1 / 1 후반 0 | **1 성남**

| 퇴장 | 경고 | 파울 | ST(유) | 교체 | 선수명 | 배번 | 위치 | 위치 | 배번 | 선수명 | 교체 | ST(유) | 파울 | 경고 | 퇴장 |
|---|---|---|---|---|---|---|---|---|---|---|---|---|---|---|---|
| 0 | 0 | | | | 김병지 | 1 | GK | GK | 28 | 박준혁 | | 0 | 0 | | |
| 0 | 0 | 2 | 1 | | 현영민 | 13 | DF | DF | 15 | 김평래 | | 0 | 1 | 0 | |
| 0 | 0 | | 55 | | 임종은 | 5 | DF | DF | 24 | 장석원 | 20 | 0 | 2 | 0 | |
| 0 | 1 | | | | 방대종 | 15 | DF | DF | 26 | 임채민 | | 0 | 0 | 0 | |
| 0 | 1 | 1 | | | 김태호 | 2 | DF | DF | 4 | 박희성 | | 0 | | 0 | |
| 0 | 1 | 1 | 24 | | 이승희 | 6 | MF | MF | 14 | 정선호 | | 1(1) | 0 | | |
| 0 | 1 | | | | 송창호 | 16 | MF | MF | 7 | 김철호 | | 0 | 1 | 0 | |
| 0 | 1 | 5 | 2(1) | | 이종호 | 17 | MF | MF | 13 | 김동희 | 16 | 0 | 0 | | |
| 0 | 0 | | | | 안용우 | 25 | MF | MF | 10 | 제파로프 | | 4(2) | 1 | 0 | |
| 0 | 1 | | | | 레안드리뉴 | 7 | MF | MF | 11 | 김태환 | | 0 | 0 | | |
| 0 | 1 | 2 | | | 스테보 | 10 | FW | FW | 9 | 김동섭 | 23 | 0 | 0 | | |
| | | | | | 김대호 | 31 | | | 1 | 전상욱 | | | | | |
| | | | | | 홍진기 | 4 | | | 20 | 윤영선 | 후25 | 1 | | | |
| 0 | | | | 후17 | 김동철 | 20 | | | 25 | 이요한 | | | | | |
| 0 | | | | 후0 | 김영우 | 19 | 대기 | 대기 | 33 | 염유신 | | | | | |
| | | | | | 이현승 | 8 | | | 12 | 바우지비아 | | | | | |
| | | | | | 김영욱 | 14 | | | 23 | 김영남 | 후13 | 0 | | | |
| 전33 | | | | | 코니 | 55 | | | 16 | 황의조 | 후38 | | | | |
| 0 | 3 | 19 | 8(2) | | | 0 | | | 0 | | | 7(3) | 4 | 2 | 0 |

●후반 40분 이종호 GA정면 R-ST-G(득점: 이종회) 오른쪽
●전반 45분 제파로프 PK-L-G (득점: 제파로프) 왼쪽

---

11월 02일 16:00 맑음 인천 전용 관중 2,025명
주심_송민석 부심_노수용·박상준 대기심_이민후 감독관_한병화

**인천 1** | 1 전반 0 / 0 후반 1 | **1 경남**

| 퇴장 | 경고 | 파울 | ST(유) | 교체 | 선수명 | 배번 | 위치 | 위치 | 배번 | 선수명 | 교체 | ST(유) | 파울 | 경고 | 퇴장 |
|---|---|---|---|---|---|---|---|---|---|---|---|---|---|---|---|
| 0 | 0 | | | | 유현 | 51 | GK | GK | 1 | 김영광 | | 0 | 0 | | |
| 0 | 1 | 3 | 0 | | 박태민 | 13 | DF | DF | 27 | 박주성 | | 0 | 0 | 0 | |
| 0 | 0 | 0 | | | 이윤표 | 16 | DF | DF | 34 | 김영빈 | | 0 | 3 | 0 | |
| 0 | 1 | | | | 안재준 | 28 | DF | DF | 30 | 스레텐 | | 0 | 2 | 0 | |
| 0 | 1 | | | | 김용환 | 3 | DF | DF | 2 | 안성남 | | 0 | 0 | | |
| 0 | 1 | 5 | 0 | | 구본상 | 8 | MF | MF | 2 | 이학민 | | 0 | 0 | | |
| 0 | 0 | | 2(1) | | 이석현 | 14 | MF | MF | 7 | 진경선 | 44 | 1(1) | 2 | 0 | |
| 0 | | | 1(1) | 33 | 이 보 | 7 | MF | MF | 26 | 최영준 | | 2(1) | 1 | 0 | |
| 0 | 1 | | | | 문상윤 | 6 | MF | MF | 16 | 송수영 | 22 | 2(2) | 1 | 0 | |
| 0 | 1 | 2 | | | 이천수 | 17 | FW | FW | 13 | 고재성 | | 0 | 0 | | |
| 0 | 1 | | 29 | | 디오고 | 19 | FW | FW | 9 | 스토야노비치 | 33 | 5(3) | 1 | 0 | |
| | | | | | 권정혁 | 21 | | | 41 | 김교빈 | | | | | |
| | | | | | 임하람 | 24 | | | 4 | 김준엽 | | | | | |
| 0 | | | | 후47 | 조수철 | 33 | 대기 | 대기 | 20 | 권완규 | | | | | |
| 0 | | | | 전39 | 최종환 | 17 | | | 44 | 여성해 | | | | | |
| 0 | | | | 후14 | 진성욱 | 29 | | | 22 | 한의권 | 후9 | 0 | | | |
| | | | | | 이효균 | 28 | | | 33 | 김슬기 | 후45 | | | | |
| 0 | 2 | 19 | 8(2) | | | 0 | | | 0 | | | 13(7) | 12 | 1 | 0 |

●전반 37분 이천수 PAR → 이석현 PA정면내 R-ST-G득점: 이석현, 도움: 이천수) 왼쪽
●후반 3분 스토야노비치 PK우측지점 R-ST-G(득점: 스토야노비치) 오른쪽

11월 08일 16:00 비 제주 월드컵 관중 1,125명
주심_ 이동준 부심_ 노수용·이정민 대기심_ 정동식 감독관_ 한진원

**제주 0**　0 전반 1 / 0 후반 2　**3 전북**

| 퇴장 | 경고 | 파울 | ST(유) | 교체 | 선수명 | 배번 | 위치 | 배번 | 선수명 | 교체 | ST(유) | 파울 | 경고 | 퇴장 |
|---|---|---|---|---|---|---|---|---|---|---|---|---|---|---|
| 0 | 0 | 0 | 0 | | 김호준 | 1 | GK | GK | 1 | 권순태 | | 0 | 0 | 0 | 0 |
| 0 | 0 | 0 | 0 | | 이현호 | 25 | DF | DF | 32 | 이주용 | | 0 | 3 | 0 | 0 |
| 0 | 1 | 2 | 0 | | 오반석 | 5 | DF | DF | 18 | 윌킨슨 | 1 | 0 | 0 | 0 | 0 |
| 1 | 0 | 3 | 0 | | 알렉스 | 15 | DF | DF | 4 | 김기희 | | 1 | 0 | 0 | 0 |
| 0 | 0 | 1 | 0 | | 김수범 | 22 | DF | DF | 2 | 이규로 | 6 | 1(1) | 2 | 1 | 0 |
| 0 | 0 | 1 | 0 | | 장은규 | 37 | MF | MF | 55 | 김남일 | | 0 | 1 | 0 | 0 |
| 0 | 2 | 1 | 3(1) | | 윤빛가람 | 14 | MF | MF | 22 | 신형민 | | 0 | 1 | 0 | 0 |
| 0 | 1 | 1 | 9 | | 드로겟 | 19 | FW | MF | 10 | 레오나르도 | 6(3) | 1 | 2 | 0 | 0 |
| 0 | | 3(1) | | | 황일수 | 11 | FW | MF | 11 | 이승기 | | 3(2) | 2 | 0 | 0 |
| 0 | 1 | 2(1) | 26 | | 송진형 | 10 | MF | MF | 17 | 이재성 | | 2(1) | 0 | 0 | 0 |
| 0 | | 2(1) | | | 배일환 | 13 | FW | FW | 9 | 카이오 | 16 | 2 | 0 | 0 | 0 |
| | | | | | 김경민 | 21 | | | 1 | 이범수 | | | | | |
| 0 | 1 | 1 | 0 | 전40 | 황도연 | | | | 6 | 최보경 | 후36 | 0 | | | |
| | | | | | 오승범 | 8 | | | 23 | 정훈 | | | | | |
| | | | | | 김영신 | 대기 | | 대기 | 15 | 정혁 | | | | | |
| | | | | | 진대성 | 18 | | | 26 | 이승현 | | | | | |
| 0 | 0 | 0 | 후41 | | 박수창 | 26 | | | 7 | 한교원 | 후14 | 3(1) | | | |
| 0 | 1 | 1(1) | 후9 | | 김현 | 9 | | | 16 | 이상협 | 후27 | 1(1) | 1 | | |
| 1 | 3 | 15 | 11(5) | | | 0 | | | 0 | | | 20(9) | 11 | 1 | 0 |

●전반 27분 레오나르도 AK정면 FK R-ST-G(득점: 레오나르도, 도움:) 왼쪽
●후반 4분 레오나르도 PAL내 ⌒ 이승기 GA정면내 R-ST-G(득점: 이승기, 도움: 레오나르도) 가운데
●후반 41분 김기희 PAR내 ⌒ 이상협 GAL내 L-ST-G(득점: 이상협, 도움: 김기희) 왼쪽

---

11월 09일 16:00 맑음 포항 스틸야드 관중 9,221명
주심_ 김영수 부심_ 김용수·최민병 대기심_ 김희곤 감독관_ 하재훈

**포항 2**　1 전반 1 / 1 후반 1　**2 울산**

| 퇴장 | 경고 | 파울 | ST(유) | 교체 | 선수명 | 배번 | 위치 | 배번 | 선수명 | 교체 | ST(유) | 파울 | 경고 | 퇴장 |
|---|---|---|---|---|---|---|---|---|---|---|---|---|---|---|
| 0 | 0 | 0 | 0 | 41 | 신화용 | 1 | GK | GK | 18 | 김승규 | | 0 | 0 | 0 | 0 |
| 0 | 0 | 0 | 1(1) | | 김형일 | 32 | DF | DF | 4 | 이재원 | | 0 | 2 | 0 | 0 |
| 0 | 0 | 0 | 0 | | 김원일 | 13 | DF | DF | 3 | 정동호 | | 0 | 4 | 1 | 0 |
| 0 | 1 | 1 | 0 | | 신광훈 | 17 | DF | DF | 22 | 김치곤 | 1(1) | 1 | 0 | 1 | 0 |
| 0 | 1 | 1 | 0 | | 김대호 | 22 | DF | DF | 25 | 이재성 | | 0 | 0 | 0 | 0 |
| 0 | 1 | 1(1) | 34 | | 황지수 | 9 | MF | MF | 88 | 이호 | | 0 | 3 | 0 | 0 |
| 0 | 1 | 1 | 0 | | 김태수 | 5 | MF | MF | 16 | 김성환 | | 0 | 1 | 1 | 0 |
| 0 | 2 | 0 | 28 | | 유창현 | 23 | FW | MF | 7 | 고창현 | 39 | 0 | 1 | 0 | 0 |
| 0 | 2 | 1(1) | | | 김승대 | 12 | FW | MF | 11 | 따르따 | 17 | 1 | 1 | 0 | 0 |
| 0 | 5(3) | 2 | | | 김재성 | 7 | MF | FW | 27 | 안진범 | 6 | 2(1) | 2 | 0 | 0 |
| 0 | 1 | 1 | | | 강수일 | 11 | MF | FW | 20 | 양동현 | | 3(3) | 1 | 1 | 0 |
| 0 | 0 | 0 | 0 | 전41 | 김진영 | 41 | | | 21 | 이희성 | | 0 | | | |
| | | | | | 박희철 | 2 | | | 6 | 박동혁 | 후39 | | | | |
| | | | | | 배슬기 | 24 | | | 26 | 하성민 | | | | | |
| 0 | 0 | 1 | 1(1) | 후8 | 손준호 | 28 | 대기 | 대기 | 14 | 김영삼 | | 0 | | | |
| | | | | | 강상우 | 30 | | | 17 | 유준수 | 후14 | | | | |
| 0 | 0 | 0 | 후43 | | 윤준성 | 20 | | | 13 | 김선민 | | 0 | | | |
| | | | | | 문창진 | 19 | | | 39 | 김근환 | 후22 | 0 | 3 | | |
| 0 | 2 | 16 | 13(8) | | | 0 | | | 0 | | | 7(5) | 23 | 3 | 0 |

●전반 5분 황지수 MFL ⌒ 김재성 PA정면내 L-ST-G(득점: 김재성, 도움: 황지수) 가운데
●후반 6분 유창현 AKL ⌒ 김승대 AKR R-ST-G(득점: 김승대, 도움: 유창현) 가운데
●전반 34분 고창현 PARFK ⌒ 김치곤 GA정면 H-ST-G(득점: 김치곤, 도움: 고창현) 가운데
●후반 13분 양동현 GAR R-ST-G(득점: 양동현) 왼쪽

---

11월 09일 14:00 맑음 수원 월드컵 관중 34,029명
주심_ 최명용 부심_ 손재선·이규환 대기심_ 김성호 감독관_ 김용세

**수원 0**　0 전반 0 / 0 후반 1　**1 서울**

| 퇴장 | 경고 | 파울 | ST(유) | 교체 | 선수명 | 배번 | 위치 | 배번 | 선수명 | 교체 | ST(유) | 파울 | 경고 | 퇴장 |
|---|---|---|---|---|---|---|---|---|---|---|---|---|---|---|
| 0 | 0 | 0 | 0 | | 정성룡 | 1 | GK | GK | 31 | 유상훈 | | 0 | 0 | 0 | 0 |
| 0 | 0 | 0 | 0 | | 홍철 | 17 | DF | DF | 3 | 이웅희 | | 0 | 2 | 0 | 0 |
| 0 | 1 | 4 | 2(2) | | 민상기 | 39 | DF | DF | 6 | 김진규 | | 1(1) | 1 | 0 | 0 |
| 0 | 2 | 2(1) | | | 헤이네르 | 45 | DF | DF | 26 | 김남춘 | | 1(1) | 1 | 0 | 0 |
| 0 | 0 | 1 | 0 | | 오범석 | 47 | DF | MF | 7 | 고광민 | | 1(1) | 1 | 0 | 0 |
| 0 | 1 | 4(1) | | | 김은선 | 6 | MF | MF | 5 | 차두리 | | 0 | 1 | 0 | 0 |
| 0 | 0 | | 22 | | 김두현 | 8 | MF | MF | 28 | 오스마르 | | 1 | 1 | 0 | 0 |
| 0 | 0 | 1(1) | | | 염기훈 | 26 | MF | MF | 22 | 고명진 | | 0 | 0 | 0 | 0 |
| 0 | 6(1) | | 14 | | 산토스 | 10 | MF | MF | 29 | 이상협 | | 0 | 0 | 0 | 0 |
| 0 | 0 | 1 | 0 | | 고차원 | 12 | FW | FW | 24 | 윤일록 | 40 | 2(2) | 0 | 0 | 0 |
| 0 | 1 | 2 | 2(1) | | 로저 | 11 | FW | FW | 14 | 박희성 | 9 | 1(1) | 0 | 0 | 0 |
| | | | | | 노동건 | 21 | | | 1 | 김용대 | | | | | |
| | | | | | 구자룡 | 15 | | | 7 | 김치우 | | | | | |
| | | | | | 양상민 | 3 | | | 25 | 김동석 | | | | | |
| 0 | 0 | 0 | 후27 | | 권창훈 | 22 | 대기 | 대기 | 22 | 고요한 | 후22 | 1(1) | 0 | | |
| | | | | | 서정진 | 13 | | | 40 | 심제혁 | 후47 | 0 | | | |
| 0 | 0 | 0 | 후14 | | 이상호 | 7 | | | 9 | 에스쿠데로 | 후22 | 0 | | | |
| 0 | 1 | 1(1) | 후35 | | 정대세 | 14 | | | 19 | 윤주태 | | | | | |
| 0 | 2 | 17 | 16(8) | | | 0 | | | 0 | | | 14(7) | 12 | 1 | 0 |

●후반 48분 고광민 PAL ⌒ 고요한 GA정면 H-ST-G(득점: 고요한, 도움: 고광민) 왼쪽

---

11월 08일 14:00 흐림 부산 아시아드 관중 3,012명
주심_ 이민후 부심_ 정해상·윤광열 대기심_ 김성호 감독관_ 김정식

**부산 1**　0 전반 0 / 1 후반 0　**0 인천**

| 퇴장 | 경고 | 파울 | ST(유) | 교체 | 선수명 | 배번 | 위치 | 배번 | 선수명 | 교체 | ST(유) | 파울 | 경고 | 퇴장 |
|---|---|---|---|---|---|---|---|---|---|---|---|---|---|---|
| 0 | 0 | 0 | 0 | | 이범영 | 1 | GK | GK | 51 | 유현 | | 0 | 0 | 0 | 0 |
| 0 | 0 | 1 | 0 | | 이경렬 | 6 | DF | DF | 24 | 임하람 | | 0 | 2 | 0 | 0 |
| 0 | 0 | 1 | 0 | | 연제민 | 34 | DF | DF | 16 | 이윤표 | | 0 | 0 | 0 | 0 |
| 0 | 0 | 0 | 0 | | 유지노 | 15 | DF | DF | 26 | 김용환 | | 0 | 2 | 0 | 0 |
| 0 | 0 | 0 | 0 | | 닐손주니어 | 25 | MF | MF | 33 | 최종환 | | 0 | 0 | 0 | 0 |
| 0 | 1 | 1(1) | | | 전성찬 | 22 | MF | MF | 33 | 조수철 | | 0 | 0 | 0 | 0 |
| 0 | | 1 | | | 주세종 | 24 | MF | MF | 21 | 김도혁 | 8 | 0 | 0 | 0 | 0 |
| 0 | | 2 | | | 최광희 | 77 | MF | FW | 11 | 문상윤 | 7 | 0 | 0 | 0 | 0 |
| 0 | 3(1) | | 9 | | 파그너 | 51 | FW | FW | 19 | 이보 | 20 | 0 | 0 | 0 | 0 |
| 0 | | 1 | | | 임상협 | 11 | FW | FW | 19 | 디오고 | | 2(1) | 2 | 0 | 0 |
| | | | | | 이창근 | 21 | | | 1 | 권정혁 | | | | | |
| | | | | | 김응진 | 5 | | | 5 | 김진환 | | | | | |
| | | | | | 윤동민 | 8 | | | 4 | 김원식 | | | | | |
| 0 | 0 | 0 | 후22 | | 박용지 | 9 | 대기 | 대기 | 7 | 권혁진 | 후39 | 0 | | | |
| | | | | | 정석화 | 14 | | | 14 | 이석현 | 후16 | 1 | | | |
| 0 | 0 | 0 | 후34 | | 김진영 | 13 | | | 23 | 남준재 | | 0 | | | |
| 0 | 0 | 0 | 후14 | | 장학영 | 33 | | | 28 | 이효균 | 후33 | 0 | | | |
| 0 | 13 | 4(2) | | | | 0 | | | 0 | | | 3(1) | 8 | 0 | 0 |

●후반 30분 장학영 MF정면 ~ 주세종 AKR R-ST-G(득점: 주세종, 도움: 장학영) 가운데

## 상주 1 : 1 성남

11월08일 14:00 흐림 상주 시민 관중 1,018명
주심_고형진 부심_전기록·장준모 대기심_우상일 감독관_김수현

**상주 1  0 전반 0 / 1 후반 1  1 성남**

| 퇴장 | 경고 | 파울 | ST(유) | 교체 | 선수명 | 배번 | 위치 | 위치 | 배번 | 선수명 | 교체 | ST(유) | 파울 | 경고 | 퇴장 |
|---|---|---|---|---|---|---|---|---|---|---|---|---|---|---|---|
| 0 | 0 | 0 |  |  | 홍정남 | 21 | GK | GK | 28 | 박준혁 |  |  | 0 | 0 | 0 |
| 0 | 0 | 1 |  |  | 김창훈 | 3 | DF | DF | 6 | 박진포 |  |  | 0 | 1 | 0 |
| 0 | 1 | 1 |  |  | 최호정 | 5 | DF | DF | 4 | 장석원 |  |  | 0 | 1 | 0 |
| 0 | 1 | 0 |  | 12 | 곽광선 | 44 | DF | DF | 26 | 임채민 |  |  | 0 | 2 | 0 |
| 0 | 1 | 0 |  |  | 강민수 | 66 | DF | DF | 2 | 곽해성 |  |  | 0 | 0 | 0 |
| 0 | 1 | 3 | 2 |  | 이후권 | 2 | MF | MF | 14 | 정선호 |  | 1(1) | 1 | 0 | 0 |
| 0 | 1 | 1(1) |  |  | 양준아 | 14 | MF | MF | 7 | 김철호 |  | 2 | 3 | 0 | 0 |
| 0 | 0 | 0 | 26 |  | 서상민 | 7 | MF | MF | 18 | 김동희 | 18 | 1 | 0 | 0 |  |
| 0 | 0 | 2(2) |  |  | 한상운 | 77 | MF | MF | 10 | 제파로프 |  | 2(1) | 1 | 0 |  |
| 0 | 6 | 2 |  |  | 조동건 | 25 | FW | MF | 11 | 김태환 |  |  | 0 | 1 | 0 |
| 0 | 1 | 1(1) | 34 |  | 박승일 | 20 | FW | FW | 9 | 김동섭 | 16 | 3 | 1 | 0 |  |
|  |  |  |  |  | 박지영 | 41 |  |  | 1 | 전상욱 |  |  |  |  |  |
|  |  |  |  |  | 이용기 | 24 |  |  | 29 | 유청윤 |  |  |  |  |  |
|  |  |  |  |  | 안재훈 |  |  |  | 4 | 이요한 |  |  |  |  |  |
| 0 | 0 | 1 | 후림 |  | 권순형 | 12 | 대기 | 대기 | 20 | 윤영선 |  |  |  |  |  |
|  |  |  |  |  | 경인오 |  |  |  | 15 | 김평래 |  |  |  |  |  |
|  |  |  | 후23 |  | 박경익 | 34 |  |  | 16 | 황의조 | 후29 |  |  |  |  |
|  |  |  | 후13 |  | 이정협 |  |  |  | 18 | 이창훈 | 후32 |  |  |  |  |
| 0 | 3 | 18 | 9(4) |  |  | 0 |  |  | 0 |  |  | 9(3) | 15 | 0 |  |

● 후반 28분 양준아 PK-L-G (득점: 양준아) 오른쪽
● 후반 18분 김태환 GAR ~ 김동희 GA정면내 R-ST-G(득점: 김동희, 도움: 김태환) 오른쪽

## 전북 1 : 0 포항

11월15일 14:30 맑음 전주 월드컵 관중 15,796명
주심_우상일 부심_전기록·손재선 대기심_유선호 감독관_김형남

**전북 1  1 전반 0 / 0 후반 0  0 포항**

| 퇴장 | 경고 | 파울 | ST(유) | 교체 | 선수명 | 배번 | 위치 | 위치 | 배번 | 선수명 | 교체 | ST(유) | 파울 | 경고 | 퇴장 |
|---|---|---|---|---|---|---|---|---|---|---|---|---|---|---|---|
| 0 | 0 | 0 |  |  | 권순태 | 1 | GK | GK | 31 | 김다솔 |  |  | 0 | 0 | 0 |
| 0 | 0 | 1 |  | 7 | 이주용 | 32 | DF | DF | 2 | 박선주 |  |  | 1 | 0 | 0 |
| 0 | 0 | 1 |  |  | 최보경 | 21 | DF | DF | 13 | 김원일 | 32 | 0 | 1 | 0 |  |
| 0 | 0 | 0 |  |  | 김기희 | 4 | DF | DF | 24 | 신광훈 |  |  | 0 | 0 | 0 |
| 0 | 0 | 1 |  |  | 최철순 | 25 | DF | DF | 22 | 박희철 |  |  | 0 | 2 | 0 |
| 0 | 0 |  |  | 16 | 김남일 | 55 | MF | MF | 7 | 황지수 |  | 1(1) | 0 | 0 |  |
| 0 | 1 | 3 |  |  | 신형민 | 22 | MF | MF | 55 | 김태수 |  | 2(2) | 1 | 0 |  |
| 0 | 1 | 1(1) | 15 |  | 레오나르도 | 28 | MF | MF | 28 | 손준호 |  | 0 |  |  |  |
| 0 | 0 |  |  |  | 이재성 | 17 | MF | MF | 12 | 김승대 |  | 0 |  |  |  |
| 0 | 1 |  |  |  | 이승기 | 11 | MF | MF | 20 | 강상우 | 20 | 1 |  |  |  |
| 0 | 1 | 7 | 3(3) | 20 | 카이오 | 9 | FW | MF | 7 | 김재성 |  |  | 0 |  |  |
|  |  |  |  |  | 이범수 | 41 |  |  | 21 | 김진영 |  |  |  |  |  |
|  |  |  |  |  | 정인환 |  |  |  | 6 | 김준수 |  |  |  |  |  |
| 0 | 1(1) | 후38 |  |  | 정 혁 | 15 | 대기 | 대기 | 32 | 김형일 | 후28 |  |  |  |  |
|  |  |  |  |  | 이승현 | 20 |  |  | 19 | 문창진 |  |  |  |  |  |
|  |  |  | 후16 |  | 이상협 | 15 |  |  | 20 | 윤준성 | 후33 |  |  |  |  |
|  |  |  | 후46 |  | 이동국 | 20 |  |  | 11 | 강수일 | 후0 |  |  |  |  |
| 0 | 3 | 19 | 9(6) |  |  | 0 |  |  | 0 |  |  | 5(4) | 24 | 1 |  |

● 전반 24분 레오나르도 PK지점 ~ 카이오 PK좌 측지점 L-ST-G(득점: 카이오, 도움: 레오나르도) 왼쪽

## 경남 3 : 1 전남

11월09일 14:00 맑음 창원 축구센터 관중 4,517명
주심_우상일 부심_노태식·김성일 대기심_김대용 감독관_김진의

**경남 3  2 전반 1 / 1 후반 0  1 전남**

| 퇴장 | 경고 | 파울 | ST(유) | 교체 | 선수명 | 배번 | 위치 | 위치 | 배번 | 선수명 | 교체 | ST(유) | 파울 | 경고 | 퇴장 |
|---|---|---|---|---|---|---|---|---|---|---|---|---|---|---|---|
| 0 | 0 | 0 |  |  | 손정현 | 31 | GK | GK | 1 | 김병지 |  |  | 0 | 0 | 0 |
| 0 | 0 | 1 | 0 |  | 스레텐 | 30 | DF | DF | 13 | 현영민 |  | 0 | 0 | 0 |  |
| 0 | 0 | 0 |  |  | 김영빈 | 34 | DF | DF | 5 | 임종은 |  | 0 | 0 | 0 |  |
| 0 | 0 | 0 |  |  | 박주성 | 27 | DF | DF | 15 | 방대종 |  | 1(1) | 1 | 0 |  |
| 0 | 0 | 1(1) |  |  | 안성빈 | 11 | MF | MF | 6 | 김동철 | 7 | 0 | 1 | 0 |  |
| 0 | 0 | 0 |  |  | 이학민 | 2 | MF | MF | 24 | 김동철 | 7 | 0 | 1 | 0 |  |
| 0 | 1 | 0 |  |  | 진경선 | 7 | MF | MF | 16 | 송창호 | 55 | 1(1) | 0 | 0 |  |
| 0 | 2 | 3(1) |  |  | 최영준 | 26 | MF | MF | 14 | 김영욱 |  | 2(1) | 1 | 0 |  |
| 0 | 0 | 0 | 90 |  | 고재성 | 13 | MF | MF | 25 | 안용우 |  | 3 | 2 | 1 | 0 |
| 0 | 0 | 0 |  |  | 송수영 | 16 | FW | FW | 10 | 이종호 | 7 | 5(2) | 1 | 0 |  |
| 0 | 0 | 4(2) | 44 |  | 스토야노비치 | 9 | FW | FW | 10 | 스테보 |  | 2(1) | 1 | 0 |  |
|  |  |  |  |  | 김영광 |  |  |  | 31 | 김대호 |  |  |  |  |  |
|  |  |  |  |  | 김 슬 기 | 33 |  |  | 2 | 김태호 | 전17 |  |  |  |  |
|  |  |  |  |  | 한의권 | 22 |  |  | 4 | 홍진호 |  |  |  |  |  |
|  |  |  |  |  | 최성민 | 15 | 대기 | 대기 | 20 | 송호희 |  |  |  |  |  |
|  |  |  | 후35 |  | 이호석 |  |  |  | 5 | 레안드리뉴 | 후0 |  |  |  |  |
|  |  |  | 후26 |  | 여성해 | 90 |  |  | 18 | 심동운 |  |  |  |  |  |
|  |  |  | 후13 |  | 권완규 | 23 |  |  | 55 | 코 니 | 후31 |  |  |  |  |
| 0 | 0 | 12 | 15(5) |  |  | 0 |  |  | 0 |  |  | 14(6) | 7 | 2 | 0 |

● 전반 25분 최영준 자기측HLR ~ 스토야노비치 GA정면 L-ST-G(득점: 스토야노비치, 도움: 최영준) 오른쪽
● 전반 33분 안성빈 GAL R-ST-G(득점: 안성빈) 왼쪽
● 후반 18분 송수영 GAR R-ST-G(득점: 송수영) 오른쪽
● 전반 9분 송창호 AK정면 R-ST-G(득점: 송창호) 오른쪽

## 서울 2 : 2 울산

11월16일 14:00 맑음 서울 월드컵 관중 14,836명
주심_김종혁 부심_정해상·김성일 대기심_우상일 감독관_김정식

**서울 2  2 전반 0 / 0 후반 2  2 울산**

| 퇴장 | 경고 | 파울 | ST(유) | 교체 | 선수명 | 배번 | 위치 | 위치 | 배번 | 선수명 | 교체 | ST(유) | 파울 | 경고 | 퇴장 |
|---|---|---|---|---|---|---|---|---|---|---|---|---|---|---|---|
| 0 | 0 | 0 |  |  | 유상훈 | 31 | GK | GK | 21 | 이희성 |  |  | 0 | 0 | 0 |
| 0 | 0 | 1 |  |  | 이웅희 | 3 | DF | DF | 26 | 이 용 | 40 | 0 | 0 | 0 |  |
| 0 | 0 | 0 |  |  | 김진규 | 6 | DF | DF | 14 | 김영삼 |  | 0 | 5 | 1 | 0 |
| 0 | 0 | 0 |  |  | 김주영 | 4 | DF | DF | 22 | 김치곤 |  | 0 | 1 | 0 |  |
| 0 | 0 | 0 |  |  | 고요한 | 13 | MF | DF | 13 | 이재성 |  | 1(1) | 1 | 0 |  |
| 0 | 0 | 0 |  |  | 고광민 | 27 | MF | MF | 88 | 김성환 |  | 0 |  |  |  |
| 0 | 0 | 0 |  |  | 오스마르 | 28 | MF | MF | 16 | 김성환 |  | 0 |  |  |  |
| 0 | 0 | 3(2) |  |  | 고명진 | 22 | MF | MF | 7 | 고창현 | 17 | 0 | 1 | 0 |  |
| 0 | 0 | 3(1) |  |  | 이상협 | 29 | MF | MF | 11 | 따르따 |  | 1(1) | 1 | 0 |  |
| 0 | 4 | 3(1) |  |  | 윤일록 | 24 | FW | MF | 7 | 안진범 |  | 0 |  |  |  |
| 0 | 0 | 4(2) | 40 |  | 에스쿠데로 | 9 | FW | FW | 9 | 양동현 |  | 1 | 3 | 0 |  |
|  |  |  |  |  | 김용대 |  |  |  | 40 | 이준식 | 전28 |  |  |  |  |
|  |  |  |  |  | 황현수 | 42 |  |  | 6 | 박동혁 |  |  |  |  |  |
|  |  |  | 후40 |  | 김치우 |  |  |  | 24 | 하성민 | 후24 |  |  |  |  |
|  |  |  | 후30 |  | 김동석 | 45 | 대기 | 대기 | 24 | 백지훈 |  |  |  |  |  |
|  |  |  |  |  | 심제혁 |  |  |  | 8 | 한재웅 |  |  |  |  |  |
|  |  |  |  |  | 윤주태 | 19 |  |  | 13 | 김선민 |  |  |  |  |  |
|  |  |  |  |  | 에벨톤 |  |  |  | 17 | 유준수 | 후10 | 2(1) | 0 | 0 |  |
| 0 | 0 | 14 | 16(5) |  |  | 0 |  |  | 0 |  |  | 6(4) | 18 | 2 | 0 |

● 전반 26분 고광민 MFL ~ 고명진 PA정면내 H-ST-G(득점: 고명진, 도움: 고광민) 가운데
● 전반 30분 에스쿠데로 PAL내 ~ 윤일록 GA정면 R-ST-G(득점: 윤일록, 도움: 에스쿠데로) 오른쪽
● 후반 16분 이재성 GAL L-ST-G(득점: 이재성) 왼쪽
● 후반 37분 따르따 GAL내 L-ST-G(득점: 따르따) 왼쪽

주심_유선호 부심_윤광열·서무희 대기심_매호영 감독관_하재훈

### 제주 0    0 전반 0 / 0 후반 1    1 수원

| 퇴장 | 경고 | 파울 | ST(유) | 교체 | 선수명 | 배번 | 위치 | 위치 | 배번 | 선수명 | 교체 | ST(유) | 파울 | 경고 | 퇴장 |
|---|---|---|---|---|---|---|---|---|---|---|---|---|---|---|---|
| 0 | 0 | 0 | 0 | | 김호준 | 1 | GK | GK | 21 | 노동건 | | 0 | 0 | 0 | 0 |
| 0 | 0 | 4 | 1 | | 정다훤 | 2 | DF | DF | 17 | 홍 철 | 1(1) | 1 | 0 | 0 | |
| 0 | 0 | 1 | 1 | | 오반석 | 5 | DF | DF | 39 | 민상기 | | 0 | 4 | 0 | 0 |
| 0 | 0 | 1 | 0 | 27 | 이 용 | 24 | DF | DF | 23 | 조성진 | | 0 | 0 | 0 | 0 |
| 0 | 0 | 5 | 0 | | 김수범 | 22 | DF | DF | 47 | 오범석 | | 0 | 1 | 0 | 0 |
| 0 | 0 | 0 | 0 | | 김영신 | 16 | MF | MF | 6 | 김은선 | | 1 | 1 | 0 | 0 |
| 0 | 0 | 0 | 1(1) | | 윤빛가람 | 14 | MF | MF | 7 | 이 현 | | 1(1) | 1 | 0 | 0 |
| 0 | 1 | 1 | 1 | | 드로겟 | 19 | FW | MF | 12 | 고차원 | 26 | 1 | 2 | 0 | 0 |
| 0 | 0 | 1 | 2 | | 황일수 | 11 | MF | MF | 10 | 산토스 | 22 | 0 | 1 | 0 | 0 |
| 0 | 0 | 0 | 0 | 13 | 송진형 | 10 | MF | MF | 7 | 이상호 | | 2 | 2 | 0 | 0 |
| 0 | 1 | 0 | 0 | | 김 현 | 9 | FW | FW | 14 | 정대세 | | 4(1) | 3 | 0 | 0 |
| 0 | 0 | 0 | 0 | | 김경민 | 21 | | | 41 | 이상욱 | | 0 | 0 | 0 | 0 |
| 0 | 0 | 0 | 0 | | 강준우 | 4 | | | 15 | 구자룡 | | 0 | 0 | 0 | 0 |
| 0 | 0 | 0 | 0 | 후36 | 김봉래 | 27 | | | 3 | 양상민 | | 0 | 0 | 0 | 0 |
| 0 | 0 | 0 | 0 | | 오승범 | 대기 | | 대기 | 47 | 최재수 | 후47 | 0 | 0 | 0 | 0 |
| 0 | 0 | 0 | 0 | | 장은규 | 37 | | | 13 | 서정진 | | 0 | 0 | 0 | 0 |
| 0 | 0 | 0 | 0 | 후19 | 배일환 | 13 | | | 22 | 권창훈 | 후20 | 1(1) | 0 | 0 | 0 |
| 0 | 0 | 0 | 0 | 후38 | 루이스 | 7 | | | 26 | 염기훈 | 후9 | 1 | 0 | 0 | 0 |
| 0 | 0 | 17 | 8(1) | | | 0 | | | 0 | | | 12(4) | 16 | 1 | 0 |

● 후반 28분 김두현 PAL FK R-ST-G (득점: 김두현) 왼쪽

주심_김상우 부심_김용수·장준모 대기심_정동식 감독관_이영철

### 부산 1    0 전반 0 / 1 후반 1    1 전남

| 퇴장 | 경고 | 파울 | ST(유) | 교체 | 선수명 | 배번 | 위치 | 위치 | 배번 | 선수명 | 교체 | ST(유) | 파울 | 경고 | 퇴장 |
|---|---|---|---|---|---|---|---|---|---|---|---|---|---|---|---|
| 0 | 0 | 0 | 0 | | 이범영 | 1 | GK | GK | 1 | 김병지 | | 0 | 0 | 0 | 0 |
| 0 | 0 | 1 | 0 | | 연제민 | 34 | DF | DF | 4 | 홍진기 | | 1 | 3 | 0 | 0 |
| 0 | 1 | 1 | 1 | | 이경렬 | 6 | DF | DF | 30 | 이재억 | | 2 | 1 | 0 | 0 |
| 0 | 0 | 1 | 0 | | 유지노 | 15 | DF | DF | 5 | 임종은 | | 0 | 1 | 1 | 0 |
| 0 | 0 | 0 | 3(2) | | 유지훈 | 30 | DF | DF | 2 | 김태호 | | 0 | 2 | 1 | 0 |
| 0 | 0 | 0 | 0 | | 닐손주니어 | 25 | MF | MF | 6 | 이승희 | | 0 | 3 | 1 | 0 |
| 0 | 1 | 3 | 2 | 23 | 주세종 | 24 | MF | MF | 18 | 심동운 | 17 | 2 | 0 | 0 | 0 |
| 0 | 0 | 1 | 51 | | 전성찬 | 22 | MF | MF | 8 | 심동운 | | 0 | 0 | 0 | 0 |
| 0 | 0 | 0 | 18 | | 최광희 | 77 | MF | MF | 25 | 안용우 | 14 | 1(1) | 1 | 0 | 0 |
| 0 | 0 | 2 | 0 | | 박용지 | 9 | FW | MF | 77 | 전현철 | | 7 | 1 | 2 | 0 |
| 0 | 0 | 0 | 4(3) | | 임상협 | 11 | FW | FW | 10 | 스테보 | | 2(2) | 0 | 1 | 0 |
| 0 | 0 | 0 | 0 | | 이창근 | 21 | | | 32 | 한유성 | | 0 | 0 | 0 | 0 |
| 0 | 0 | 0 | 0 | | 김응진 | 5 | | | 13 | 현영민 | | 0 | 0 | 0 | 0 |
| 0 | 0 | 0 | 0 | | 윤동민 | 8 | | | 55 | 코 니 | | 0 | 0 | 0 | 0 |
| 0 | 0 | 0 | 1(1) | 후9 | 김용태 | 18 | | 대기 | 14 | 김영욱 | 후47 | 0 | 0 | 0 | 0 |
| 0 | 1 | 0 | 0 | 후40 | 김찬영 | 23 | | | 8 | 이현승 | | 0 | 0 | 0 | 0 |
| 0 | 0 | 0 | 0 | | 장학영 | 33 | | | 7 | 이종호 | 후10 | 1 | 1 | 0 | 0 |
| 0 | 1 | 0 | 0 | 후22 | 파그너 | 51 | | | 17 | 레안드리뉴 | 후19 | 1(1) | 0 | 0 | 0 |
| 0 | 3 | 16 | 13(6) | | | 0 | | | 0 | | | 12(5) | 17 | 3 | 0 |

● 후반 23분 주세종 PAR TL ~ 김용태 PK좌측지점 L-ST-G(득점: 김용태, 도움: 주세종) 오른쪽

● 후반 26분 홍진기 GAR H⌒스테보 GAL내 R-ST-G(득점: 스테보, 도움: 홍진기) 오른쪽

주심_김성호 부심_노태식·노수용 대기심_이동준 감독관_김용세

### 인천 1    1 전반 0 / 0 후반 1    1 상주

| 퇴장 | 경고 | 파울 | ST(유) | 교체 | 선수명 | 배번 | 위치 | 위치 | 배번 | 선수명 | 교체 | ST(유) | 파울 | 경고 | 퇴장 |
|---|---|---|---|---|---|---|---|---|---|---|---|---|---|---|---|
| 0 | 0 | 1 | 0 | | 유 현 | 51 | GK | GK | 21 | 홍정남 | | 0 | 0 | 0 | 0 |
| 0 | 0 | 0 | 0 | | 박태민 | 13 | DF | DF | 2 | 김창훈 | | 0 | 0 | 0 | 0 |
| 0 | 0 | 3 | 0 | | 이윤표 | 16 | DF | DF | 14 | 양준아 | | 2(1) | 2 | 1 | 0 |
| 0 | 0 | 1 | 0 | | 안재준 | 20 | DF | DF | 28 | 안재훈 | | 1 | 1 | 0 | 0 |
| 0 | 0 | 0 | 0 | | 김용환 | 26 | DF | DF | 66 | 강민수 | | 0 | 0 | 0 | 0 |
| 0 | 0 | 0 | 0 | | 구본상 | 8 | MF | MF | 7 | 이 용 | 44 | 0 | 1 | 1 | 0 |
| 0 | 0 | 4 | 6(6) | | 김도혁 | 21 | MF | MF | 12 | 권순형 | | 1(1) | 0 | 0 | 0 |
| 0 | 0 | 0 | 4(2) | | 이 보 | 7 | MF | MF | 30 | 박승일 | | 0 | 0 | 0 | 0 |
| 0 | 0 | 4 | 4(1) | | 최종환 | 25 | MF | MF | 77 | 한상운 | | 2(2) | 1 | 0 | 0 |
| 0 | 0 | 3(1) | 6 | | 디오고 | 19 | FW | FW | 25 | 조동건 | | 1 | 0 | 0 | 0 |
| 0 | 0 | 2 | 1(1) | 29 | 이효균 | 28 | FW | FW | 34 | 박경익 | 후13 | 0 | 0 | 0 | 0 |
| 0 | 0 | 0 | 0 | | 권정혁 | 1 | | | 41 | 박지영 | | 0 | 0 | 0 | 0 |
| 0 | 0 | 0 | 0 | | 임하람 | 24 | | | 44 | 곽광선 | 전35 | 0 | 1 | 0 | 0 |
| 0 | 0 | 0 | 0 | | 권혁진 | 22 | | | 16 | 서상민 | 후0 | 0 | 0 | 0 | 0 |
| 0 | 0 | 0 | 0 | | 이석현 | 대기 | | 대기 | 20 | 한경인 | | 0 | 0 | 0 | 0 |
| 0 | 0 | 0 | 0 | 후34 | 문상윤 | 6 | | | 6 | 박경익 | 후13 | 0 | 0 | 0 | 0 |
| 0 | 0 | 2(1) | 0 | 후10 | 진성욱 | 29 | | | 36 | 유수현 | | 0 | 0 | 0 | 0 |
| 0 | 0 | 0 | 0 | | 이효균 | 28 | | | 27 | 송제헌 | | 0 | 0 | 0 | 0 |
| 0 | 0 | 18 | 22(13) | | | 0 | | | 0 | | | 8(3) | 19 | 5 | 0 |

● 전반 7분 이보 AKL ~ 김도혁 GAL L-ST-G(득점: 김도혁, 도움: 이보) 오른쪽

● 후반 20분 양준아 PK-L-G (득점: 양준아) 가운데

주심_송민석 부심_이규환·이정민 대기심_최명용 감독관_김수현

### 성남 1    1 전반 0 / 0 후반 1    1 경남

| 퇴장 | 경고 | 파울 | ST(유) | 교체 | 선수명 | 배번 | 위치 | 위치 | 배번 | 선수명 | 교체 | ST(유) | 파울 | 경고 | 퇴장 |
|---|---|---|---|---|---|---|---|---|---|---|---|---|---|---|---|
| 0 | 0 | 0 | 0 | | 박준혁 | 28 | GK | GK | 31 | 손정현 | | 0 | 0 | 0 | 0 |
| 0 | 0 | 0 | 0 | | 김평래 | 15 | DF | DF | 3 | 스레텐 | | 0 | 0 | 0 | 0 |
| 0 | 0 | 0 | 0 | | 윤영선 | 20 | DF | DF | 34 | 김영빈 | | 0 | 0 | 0 | 0 |
| 0 | 0 | 0 | 0 | | 임채민 | 5 | DF | DF | 27 | 박주성 | | 0 | 0 | 0 | 0 |
| 0 | 0 | 0 | 1 | | 박진포 | 6 | DF | DF | 4 | 안성빈 | | 0 | 0 | 0 | 0 |
| 0 | 0 | 1 | 2(1) | | 정선호 | 14 | MF | MF | 2 | 이학민 | | 0 | 1 | 0 | 0 |
| 0 | 0 | 4 | 1 | | 김철호 | 7 | MF | MF | 7 | 진경선 | | 4 | 1 | 0 | 0 |
| 0 | 0 | 0 | 3(2) | 12 | 김동희 | 13 | MF | MF | 26 | 최영준 | | 3(1) | 2 | 1 | 0 |
| 0 | 2 | 2(2) | | | 제파로프 | 10 | MF | FW | 13 | 고재성 | 14 | 1 | 2 | 0 | 0 |
| 0 | 1 | 1 | 1 | | 김태환 | 11 | MF | FW | 22 | 송수영 | | 1(1) | 0 | 0 | 0 |
| 0 | 0 | 2 | 16 | 2 | 김동섭 | 9 | FW | FW | 1 | 스토야노비치 | | 3(2) | 5 | 0 | 0 |
| 0 | 0 | 0 | 0 | | 전상욱 | 1 | | | 1 | 김영광 | | 0 | 0 | 0 | 0 |
| 0 | 0 | 0 | 0 | 전37 | 이요한 | 4 | | | 33 | 김슬기 | | 0 | 0 | 0 | 0 |
| 0 | 0 | 0 | 0 | | 곽해성 | 2 | | | 22 | 한의권 | 후43 | 0 | 0 | 0 | 0 |
| 0 | 0 | 0 | 0 | | 장석원 | 24 | | 대기 | 14 | 이창민 | 후24 | 0 | 0 | 0 | 0 |
| 0 | 0 | 0 | 0 | | 바우지비아 | 12 | | | 44 | 이호석 | | 0 | 0 | 0 | 0 |
| 0 | 0 | 0 | 0 | 후44 | 이종원 | 22 | | | 90 | 여성해 | | 0 | 0 | 0 | 0 |
| 0 | 0 | 0 | 0 | 후16 | 황의조 | 16 | | | 23 | 권완규 | 후17 | 0 | 0 | 0 | 0 |
| 0 | 0 | 8 | 11(6) | | | 0 | | | 0 | | | 12(4) | 19 | 1 | 0 |

● 전반 30분 박진포 PAR EL⌒제파로프 GAR H-ST-G(득점: 제파로프, 도움: 박진포) 왼쪽

● 후반 6분 송수영 AKR FK R-ST-G (득점: 송수영) 오른쪽

## 경기 1

11월 22일 16:00 흐림 수원월드컵 관중 14,135명
주심_이민후 부심_김용수·노태식 대기심_김동진 감독관_한병화

**수원 1** 　0 전반 0 / 1 후반 2　 **2 전북**

| 퇴장 | 경고 | 파울 | ST(유) | 교체 | 선수명 | 배번 | 위치 | 위치 | 배번 | 선수명 | 교체 | ST(유) | 파울 | 경고 | 퇴장 |
|---|---|---|---|---|---|---|---|---|---|---|---|---|---|---|---|
| 0 | 0 | 0 | 0 | | 노동건 | 21 | GK | GK | 1 | 권순태 | | 0 | 0 | 0 | 0 |
| 0 | 0 | 0 | 0 | | 홍 철 | 17 | DF | DF | 32 | 이주용 | | 0 | 0 | 0 | 0 |
| 0 | 0 | 2 | 2(1) | | 민상기 | 39 | DF | DF | 6 | 최보경 | | 0 | 2 | 0 | 0 |
| 0 | 0 | 0 | 0 | | 조성진 | 13 | DF | DF | 4 | 김기희 | | 0 | 0 | 0 | 0 |
| 0 | 1 | 2 | 1 | | 오범석 | 47 | DF | DF | 25 | 최철순 | | 0 | 0 | 0 | 0 |
| 0 | 0 | 2 | 1(1) | | 김은선 | 6 | MF | MF | 55 | 김남일 | 15 | 1 | 1 | 0 | 0 |
| 0 | 1 | 0 | | 8 | 권창훈 | 22 | MF | MF | 17 | 신형민 | 16 | 0 | 1 | 0 | 0 |
| 0 | 1 | 1 | 1(1) | 11 | 서정진 | 13 | MF | MF | 4 | 레오나르도 | | 0 | 2 | 0 | 0 |
| 0 | 0 | 1 | 0 | | 염기훈 | 26 | MF | MF | 17 | 이재성 | | 1(1) | 0 | 0 | 0 |
| 0 | 0 | 2 | 2(1) | | 산토스 | 10 | MF | MF | 10 | 이승기 | | 1 | 2 | 0 | 0 |
| 0 | 0 | | 3(2) | 7 | 정대세 | 14 | FW | FW | 9 | 카이오 | 26 | 1 | 1 | 0 | 0 |
| 0 | 0 | 0 | 0 | | 정성룡 | 21 | | | 21 | 이범수 | | 0 | 0 | 0 | 0 |
| 0 | 0 | 0 | 0 | | 구자룡 | 15 | | | 5 | 정인환 | | 0 | 0 | 0 | 0 |
| 0 | 0 | 0 | 0 | | 신세계 | 30 | | | 18 | 윌킨슨 | | 0 | 0 | 0 | 0 |
| 0 | 0 | 0 | 1 | 후25 | 이상호 | 7 | 대기 | 대기 | 15 | 정 혁 | 후28 | 1(1) | 1 | 0 | 0 |
| 0 | 0 | 0 | 0 | 후29 | 김두현 | 8 | | | 23 | 정 훈 | | 0 | 0 | 0 | 0 |
| 0 | 0 | 0 | 0 | | 고민성 | 24 | | | 26 | 이승현 | 후28 | 1(1) | 0 | 0 | 0 |
| 0 | 0 | 0 | 0 | 후36 | 로 저 | 11 | | | 16 | 이상협 | 후8 | 1(1) | 0 | 0 | 0 |
| 0 | 1 | 14 | 14(6) | | | | | | | | | 10(4) | 10 | 1 | 0 |

- 후반 3분 산토스 MFL ⌒정대세 GAR R-ST-G (득점: 정대세, 도움: 산토스) 오른쪽
- 후반 29분 이승기 PAR ~ 이승현 PAR내 R-ST-G(득점: 이승현, 도움: 이승기) 오른쪽
- 후반 44분 정혁 PAR R-ST-G(득점: 정혁) 오른쪽

## 경기 2

11월 26일 19:30 맑음 서울월드컵 관중 7,636명
주심_유선호 부심_노태식·이정민 대기심_김희곤 감독관_하재훈

**서울 0** 　0 전반 0 / 0 후반 0　 **0 포항**

| 퇴장 | 경고 | 파울 | ST(유) | 교체 | 선수명 | 배번 | 위치 | 위치 | 배번 | 선수명 | 교체 | ST(유) | 파울 | 경고 | 퇴장 |
|---|---|---|---|---|---|---|---|---|---|---|---|---|---|---|---|
| 0 | 0 | 0 | 0 | | 김용대 | 1 | GK | GK | 31 | 김다솔 | | 0 | 0 | 0 | 0 |
| 0 | 0 | 0 | 0 | | 김주영 | 4 | DF | DF | 3 | 김광석 | | 0 | 0 | 0 | 0 |
| 0 | 0 | 2 | 1 | | 김진규 | 6 | DF | DF | 24 | 배슬기 | | 0 | 1 | 0 | 0 |
| 0 | 0 | 0 | 0 | | 차두리 | 7 | DF | DF | 22 | 김준수 | | 0 | 0 | 0 | 0 |
| 0 | 0 | 1 | 0 | | 김치우 | 7 | MF | MF | 22 | 김대호 | | 0 | 2 | 0 | 0 |
| 0 | 0 | 3 | 1(1) | | 오스마르 | 28 | MF | MF | 17 | 신광훈 | | 1 | 2 | 1 | 0 |
| 0 | 0 | 0 | 0 | 25 | 이상협 | 29 | MF | MF | 9 | 황지수 | | 0 | 4 | 0 | 0 |
| 0 | 0 | 0 | 0 | | 윤일록 | 24 | MF | MF | 5 | 손준호 | | 0 | 2 | 1 | 0 |
| 0 | 0 | 2 | 4(2) | | 에스쿠데로 | 9 | MF | FW | 12 | 김승대 | 20 | 1 | 3 | 0 | 0 |
| 0 | 0 | 3(2) | | | 에벨톤 | 10 | MF | MF | 11 | 강수일 | 23 | 2(1) | 2 | 0 | 0 |
| 0 | 0 | 0 | 0 | 27 | 박희성 | 14 | FW | FW | 7 | 김재성 | 30 | 2(1) | 1 | 0 | 0 |
| 0 | 0 | 0 | 0 | | 양한빈 | 38 | | | 41 | 김진영 | | 0 | 0 | 0 | 0 |
| 0 | 0 | 0 | 0 | | 이웅희 | 4 | | | 30 | 강상우 | 후42 | 0 | 0 | 0 | 0 |
| 0 | 0 | 1 | 0 | 후22 | 김동석 | 25 | | | 19 | 문창진 | | 0 | 0 | 0 | 0 |
| 0 | 0 | 0 | 0 | 후17 | 고광민 | 27 | 대기 | 대기 | 33 | 유제호 | | 0 | 0 | 0 | 0 |
| 0 | 0 | 0 | 0 | | 정승용 | 32 | | | 20 | 윤준성 | 후50 | 0 | 0 | 0 | 0 |
| 0 | 1(1) | | | 후31 | 몰리나 | 11 | | | 23 | 유창현 | 후46 | 0 | 0 | 0 | 0 |
| 0 | 0 | 0 | 0 | | 심제혁 | 40 | | | | | | | | | |
| 0 | 0 | 13 | 13(6) | | | | | | | | | 6(2) | 16 | 2 | 0 |

## 경기 3

11월 22일 17:00 맑음 울산종합 관중 5,081명
주심_김성호 부심_손재선·장준모 대기심_김희곤 감독관_김정식

**울산 0** 　0 전반 0 / 0 후반 1　 **1 제주**

| 퇴장 | 경고 | 파울 | ST(유) | 교체 | 선수명 | 배번 | 위치 | 위치 | 배번 | 선수명 | 교체 | ST(유) | 파울 | 경고 | 퇴장 |
|---|---|---|---|---|---|---|---|---|---|---|---|---|---|---|---|
| 0 | 0 | 0 | 0 | | 김승규 | 18 | GK | GK | 1 | 김호준 | | 0 | 0 | 1 | 0 |
| 0 | 0 | 0 | 0 | | 이 유 | 2 | DF | DF | 2 | 정다훤 | | 0 | 2 | 1 | 0 |
| 0 | 0 | 0 | 1(1) | | 정동호 | 3 | DF | DF | 5 | 오반석 | | 0 | 0 | 0 | 0 |
| 0 | 0 | 1 | 0 | | 김치곤 | 22 | DF | DF | 24 | 이 용 | | 0 | 3 | 1 | 0 |
| 0 | 0 | 0 | 3(1) | | 이재성 | 8 | DF | DF | 2 | 김수범 | | 0 | 3 | 0 | 0 |
| 0 | 1 | 2 | 0 | | 하성민 | 26 | MF | MF | 14 | 김영신 | | 1 | 1 | 0 | 0 |
| 0 | 1 | 2 | | 20 | 김성환 | 16 | MF | MF | 14 | 윤빛가람 | | 0 | 1 | 0 | 0 |
| 0 | 0 | | 1(1) | 88 | 백지훈 | 15 | MF | MF | 11 | 황일수 | | 4(3) | 1 | 0 | 0 |
| 0 | 3 | 1(1) | | 7 | 따르따 | 15 | FW | MF | 19 | 드로겟 | | 4 | 1 | 0 | 0 |
| 0 | 0 | 1 | 0 | | 안진범 | 16 | FW | FW | 13 | 배일환 | | 0 | 0 | 0 | 0 |
| 0 | 0 | | 1(1) | | 유준수 | 17 | FW | FW | 9 | 김 봉 | | 0 | 0 | 0 | 0 |
| 0 | 0 | 0 | 0 | | 이준식 | 40 | | | 21 | 김경민 | | 0 | 0 | 0 | 0 |
| 0 | 0 | 0 | 0 | | 박동혁 | 6 | | | 4 | 강준우 | 후47 | 0 | 0 | 0 | 0 |
| 0 | 0 | 1 | 0 | 후6 | 이 호 | 88 | | | 27 | 김봉래 | | 0 | 0 | 0 | 0 |
| 0 | 0 | 0 | 0 | | 김영삼 | 14 | 대기 | 대기 | 35 | 김상욱 | | 0 | 0 | 0 | 0 |
| 0 | 0 | | 1(1) | 후36 | 고창현 | 7 | | | 9 | 오승범 | | 0 | 0 | 0 | 0 |
| 0 | 0 | 0 | 0 | | 한재웅 | 24 | | | 10 | 송진형 | 후21 | 0 | 0 | 0 | 0 |
| 0 | 0 | 0 | 0 | 후25 | 양동현 | 20 | | | 18 | 진대성 | 후42 | 1(1) | 0 | 0 | 0 |
| 0 | 2 | 8 | 14(7) | | | | | | | | | 8(4) | 15 | 3 | 0 |

- 후반 44분 진대성 PA정면 R-ST-G(득점: 진대성) 오른쪽

## 경기 4

11월 22일 14:00 맑음 양산종합 관중 3,227명
주심_고형진 부심_전기록·노수용 대기심_이동준 감독관_강창구

**경남 0** 　0 전반 0 / 0 후반 1　 **1 부산**

| 퇴장 | 경고 | 파울 | ST(유) | 교체 | 선수명 | 배번 | 위치 | 위치 | 배번 | 선수명 | 교체 | ST(유) | 파울 | 경고 | 퇴장 |
|---|---|---|---|---|---|---|---|---|---|---|---|---|---|---|---|
| 0 | 1 | 1 | 0 | | 손정현 | 31 | GK | GK | 1 | 이범영 | | 0 | 0 | 1 | 0 |
| 0 | 0 | 0 | 0 | | 스레텐 | 30 | DF | DF | 6 | 이경렬 | | 0 | 0 | 0 | 0 |
| 0 | 0 | 2 | 0 | | 김영빈 | 34 | DF | DF | 34 | 연제민 | | 0 | 0 | 0 | 0 |
| 0 | 1 | 1 | 0 | | 박주성 | 27 | DF | DF | 30 | 유지훈 | | 0 | 0 | 0 | 0 |
| 0 | 1 | 1 | 0 | | 안성빈 | 10 | DF | DF | 15 | 유지노 | | 0 | 3 | 1 | 0 |
| 0 | 0 | 2 | 1 | | 진경선 | 17 | MF | MF | 25 | 닐손주니어 | | 1(1) | 2 | 1 | 0 |
| 0 | 1 | 2 | 3(1) | | 이창민 | 14 | MF | MF | 22 | 전성찬 | 18 | 0 | 0 | 0 | 0 |
| 0 | | 1 | 2(2) | | 최영준 | 26 | MF | MF | 14 | 주세종 | | 0 | 2 | 0 | 0 |
| 0 | 1 | 2(2) | | 13 | 고재성 | 13 | MF | FW | 77 | 최광희 | 51 | 0 | 4 | 0 | 0 |
| 0 | 0 | 1(1) | | 9 | 송수용 | 9 | FW | FW | 8 | 박용지 | | 2(1) | 1 | 0 | 0 |
| 0 | | 2 | 3(2) | | 스토야노비치 | 9 | FW | FW | 11 | 임상협 | | 0 | 0 | 0 | 0 |
| 0 | 0 | 0 | 0 | | 김영광 | 1 | | | 21 | 이창근 | | 0 | 0 | 0 | 0 |
| 0 | 0 | 0 | 0 | 후41 | 김슬기 | 33 | | | 5 | 김응진 | | 0 | 0 | 0 | 0 |
| 0 | 0 | 0 | 0 | 후20 | 한의권 | 27 | | | 4 | 유동민 | 후46 | 0 | 0 | 0 | 0 |
| 0 | 0 | 0 | 0 | | 최성민 | 10 | 대기 | 대기 | 13 | 김용태 | 후13 | 0 | 0 | 0 | 0 |
| 0 | 0 | 0 | 0 | | 이호석 | 44 | | | 27 | 권진영 | | 0 | 0 | 0 | 0 |
| 0 | 0 | 0 | 0 | | 여성해 | 90 | | | 33 | 장학영 | | 0 | 0 | 0 | 0 |
| 0 | 0 | 0 | 0 | 후36 | 이학민 | 2 | | | 51 | 파그너 | 후35 | 0 | 0 | 0 | 0 |
| 0 | 4 | 17 | 11(6) | | | | | | | | | 3(2) | 16 | 3 | 0 |

- 후반 18분 닐손주니어 AKR FK R-ST-G (득점: 닐손주니어) 오른쪽

## 전남 3 : 1 상주

11월22일 14:00 맑음 광양전용 관중 1,023명
주심_송민석 부심_이규환·이정민 대기심_김영수 감독관_김수현

전남 3 | 2 전반 1 / 1 후반 0 | 1 상주

| 퇴장 | 경고 | 파울 | ST(유) | 교체 | 선수명 | 배번 | 위치 | 위치 | 배번 | 선수명 | 교체 | ST(유) | 파울 | 경고 | 퇴장 |
|---|---|---|---|---|---|---|---|---|---|---|---|---|---|---|---|
| 0 | 0 | 0 | 0 | | 김병지 | 1 | GK | GK | 21 | 홍정남 | | 0 | 0 | 0 | 0 |
| 0 | 0 | 2 | 0 | | 현영민 | 13 | DF | DF | 3 | 김창훈 | 27 | 0 | 0 | 0 | 0 |
| 0 | 0 | 0 | 0 | | 임종은 | 5 | DF | DF | 5 | 최호정 | | 1 | 2 | 0 | 0 |
| 0 | 0 | 1 | 0 | | 이재억 | 30 | DF | DF | 44 | 곽광선 | | 0 | 2 | 1 | 0 |
| 0 | 0 | 0 | 0 | | 박선용 | 3 | DF | DF | 66 | 강민수 | | 0 | 1 | 0 | 0 |
| 0 | 0 | 0 | 14 | | 박용재 | 22 | MF | MF | 2 | 이후권 | | 1 | 2 | 0 | 0 |
| 0 | 2 | 1(1) | 77 | | 레안드리뉴 | | MF | MF | 14 | 양준아 | | 1 | 0 | 0 | 0 |
| 0 | 0 | 1 | 1 | | 이인규 | 27 | MF | MF | 16 | 서상민 | | 0 | 2 | 0 | 0 |
| 0 | 1 | 3(1) | | | 안용우 | 25 | MF | MF | 77 | 한상운 | 26 | 1(1) | 1 | 0 | 0 |
| 0 | 0 | 0 | 17 | | 이종호 | 17 | MF | FW | 25 | 조동건 | | 4(1) | 1 | 1 | 0 |
| 0 | 1 | 3 | 6(5) | | 스테보 | 10 | FW | FW | 30 | 박승일 | | 0 | 0 | 0 | 0 |
| | | | 0 | | 한유성 | 32 | | | 24 | 이용기 | | | | | |
| | | | | 후25 | 김태호 | 2 | | | 29 | 김지웅 | | | | | |
| | | | | | 홍진기 | 4 | | 대기 | 20 | 한경인 | 후17 | | | | |
| | | | | | 방대종 | 15 | 대기 | | 36 | 유수현 | | | | | |
| | | | | 후9 | 김영욱 | 14 | | | 26 | 이정협 | 전38 | 1 | 0 | | |
| | | | | 후32 | 전현철 | 77 | | | 27 | 송제헌 | 후31 | 1 | 0 | | |
| | | | | | 박기동 | | | | | | | | | | |
| 0 | 1 | 13 | 12(8) | | | | | | | | | 10(2) | 13 | 2 | 0 |

● 전반 8분 레안드리뉴 MF정면 ~ 스테보 GAR R-ST-G(득점: 스테보, 도움: 레안드리뉴) 오른쪽
● 전반 34분 박용재 MFL ~ 레안드리뉴 MF정면 R-ST-G(득점: 레안드리뉴, 도움: 박용재) 왼쪽
● 후반 44분 이종호 MFRTL ⌒ 스테보 GAL R-ST-G(득점: 스테보, 도움: 이종호) 오른쪽

● 전반 25분 최호정 MFR ~ 조동건 PK좌측지점 오버헤드킥 R-ST-G(득점: 조동건, 도움: 최호정) 가운데

---

## 전북 1 : 1 울산

11월30일 14:00 비 전주월드컵 관중 6,769명
주심_이동준 부심_정해상·이정민 대기심_정동식 감독관_김정식

전북 1 | 0 전반 0 / 1 후반 1 | 1 울산

| 퇴장 | 경고 | 파울 | ST(유) | 교체 | 선수명 | 배번 | 위치 | 위치 | 배번 | 선수명 | 교체 | ST(유) | 파울 | 경고 | 퇴장 |
|---|---|---|---|---|---|---|---|---|---|---|---|---|---|---|---|
| 0 | 0 | 0 | 0 | | 권순태 | 1 | GK | GK | 18 | 김승규 | | 0 | 0 | 0 | 0 |
| 0 | 0 | 2 | 0 | | 이주용 | 32 | DF | DF | 2 | 이용 | | 0 | 3 | 0 | 0 |
| 0 | 1 | 3 | 0 | | 최보경 | 6 | DF | DF | 22 | 김영삼 | | 0 | 1 | 0 | 0 |
| 0 | 0 | 1 | 1(1) | | 윌킨슨 | 18 | DF | DF | 39 | 김치곤 | | 0 | 0 | 0 | 0 |
| 0 | 0 | 1 | | | 최철순 | 25 | DF | DF | 17 | 유준수 | | 1(1) | 0 | 1 | 0 |
| 0 | | | 1(1) | 7 | 정혁 | 15 | MF | MF | 88 | 이호 | | 0 | 1 | 0 | 0 |
| 0 | 1 | 1 | 5 | | 신형민 | 16 | MF | MF | 16 | 김성환 | | 3(2) | 2 | 1 | 0 |
| 0 | | | 2(1) | | 레오나르도 | 10 | MF | MF | 6 | 서용덕 | 24 | 0 | 2 | 0 | 0 |
| 0 | | 1(1) | 16 | | 이재성 | 17 | MF | MF | 11 | 따르따 | | 0 | 2 | 0 | 0 |
| 0 | | 1 | | | 이승기 | 11 | MF | MF | 27 | 안진범 | | 1(1) | 0 | 0 | 0 |
| 0 | | 2(1) | | | 카이오 | 9 | FW | FW | 20 | 양동현 | | 3 | 2 | 1 | 0 |
| | | | | | 이범수 | 21 | | | 40 | 이희성 | | 0 | 0 | 0 | 0 |
| | | | | 후34 | 정인환 | 5 | | | 26 | 박동혁 | 후20 | | | | |
| | | | | | 정훈 | 23 | | | 26 | 하성민 | | | | | |
| | | | | | 김남일 | 55 | 대기 | 대기 | 3 | 정동호 | 후22 | | | | |
| | | | | 후9 | 한교원 | 7 | | | 24 | 한재웅 | 후34 | 1 | | | |
| | | | | | 이승렬 | | | | 3 | 김선민 | | | | | |
| | | | | 후16 | 이상협 | | | | 25 | 이재성 | | | | | |
| 0 | 2 | 18 | 14(7) | | | | | | | | | 9(4) | 17 | 3 | 0 |

● 후반 21분 이승기 C.KR ~ 한교원 PK지점 R-ST-G(득점: 한교원, 도움: 이승기) 오른쪽

● 후반 15분 따르따 C.KR ~ 유준수 GA정면 H-ST-G(득점: 유준수, 도움: 따르따) 가운데

---

## 인천 0 : 1 성남

11월26일 19:30 맑음 인천전용 관중 2,224명
주심_김상우 부심_손재선·장준모 대기심_이동준 감독관_한진원

인천 0 | 0 전반 1 / 0 후반 0 | 1 성남

| 퇴장 | 경고 | 파울 | ST(유) | 교체 | 선수명 | 배번 | 위치 | 위치 | 배번 | 선수명 | 교체 | ST(유) | 파울 | 경고 | 퇴장 |
|---|---|---|---|---|---|---|---|---|---|---|---|---|---|---|---|
| 0 | 0 | 0 | 0 | | 유 | 51 | GK | GK | 28 | 박준혁 | | 0 | 0 | 0 | 0 |
| 0 | 1 | 3 | 0 | | 박태민 | 13 | DF | DF | 2 | 곽해성 | | 1 | 0 | 0 | 0 |
| 0 | 0 | 0 | 0 | | 이윤표 | 16 | DF | DF | 20 | 윤영선 | | 0 | 0 | 0 | 0 |
| 0 | 0 | 0 | 0 | | 안재준 | 20 | DF | DF | 26 | 임채민 | | 0 | 1 | 0 | 0 |
| 0 | 1 | 0 | 0 | | 김용환 | 3 | DF | DF | 6 | 박진포 | | 0 | 2 | 1 | 0 |
| 0 | 1 | 2 | | | 구본상 | 8 | MF | MF | 22 | 이종원 | 24 | 1(1) | 4 | 0 | 0 |
| 0 | 3 | 1 | 14 | | 김도혁 | 21 | MF | MF | 15 | 김평래 | | 0 | 0 | 0 | 0 |
| 0 | | 3(1) | | | 이 보 | 7 | MF | MF | 7 | 김철호 | 16 | 0 | 1 | 0 | 0 |
| 0 | 0 | | 6 | | 최종환 | 6 | MF | MF | 14 | 정선호 | | 2(1) | 1 | 0 | 0 |
| 0 | | 1(1) | 6 | | 이천수 | 10 | MF | MF | 11 | 김태환 | | 0 | 4 | 0 | 0 |
| 0 | 3 | 1 | | | 디오고 | 9 | FW | FW | 9 | 김동섭 | 18 | 1 | 3 | 0 | 0 |
| | | | | | 권정혁 | 1 | | | 1 | 전상욱 | | 0 | 0 | 0 | 0 |
| | | | | | 김진환 | | | | 4 | 박희성 | | | | | |
| | | | | | 전혁진 | | | | 29 | 유청윤 | | | | | |
| | | | | 후35 | 이석현 | | 대기 | 대기 | 24 | 장석원 | 후48 | | | | |
| | | | | | 조수철 | 33 | | | 12 | 바우지비아 | | | | | |
| | | | | 후0 | 문상윤 | | | | 18 | 이창훈 | 후37 | | | | |
| | | 2(1) | | 후 | 진성욱 | 29 | | | 16 | 황의조 | 후22 | 1 | | | |
| 0 | 3 | 18 | 11(4) | | | | | | | | | 7(3) | 15 | 4 | 0 |

● 전반 45분 김동섭 GAL R-ST-G(득점: 김동섭) 왼쪽

---

## 제주 1 : 2 서울

11월30일 14:00 흐리고비 제주월드컵 관중 4,862명
주심_송민석 부심_이규환·노수용 대기심_김동진 감독관_한병화

제주 1 | 1 전반 0 / 0 후반 2 | 2 서울

| 퇴장 | 경고 | 파울 | ST(유) | 교체 | 선수명 | 배번 | 위치 | 위치 | 배번 | 선수명 | 교체 | ST(유) | 파울 | 경고 | 퇴장 |
|---|---|---|---|---|---|---|---|---|---|---|---|---|---|---|---|
| 0 | 0 | 0 | 0 | | 김호준 | 1 | GK | GK | 1 | 김용대 | | 0 | 0 | 0 | 0 |
| 0 | 1 | 0 | 0 | | 김수범 | 22 | DF | DF | 2 | 김주영 | | 0 | 0 | 0 | 0 |
| 0 | 0 | 1 | 0 | | 오반석 | 5 | DF | DF | 3 | 이웅희 | | 0 | 0 | 0 | 0 |
| 0 | 0 | 0 | 0 | | 알렉스 | 15 | DF | DF | 13 | 고요한 | | 5 | 0 | 0 | 0 |
| 0 | 0 | 1 | 0 | | 김영신 | | MF | MF | 27 | 고광민 | | 0 | 0 | 0 | 0 |
| 0 | 1 | 2(1) | | | 윤빛가람 | 14 | MF | MF | 28 | 오스마르 | | 3(1) | 1 | 0 | 0 |
| 0 | | | | | 송진형 | 10 | MF | MF | 22 | 고명진 | 17 | 1 | 1 | 0 | 0 |
| 0 | | 6(4) | | | 황일수 | 11 | MF | MF | 24 | 윤일록 | | 0 | 2 | 0 | 0 |
| 0 | | | | | 드로겟 | 19 | MF | MF | 9 | 에스쿠데로 | | 0 | 0 | 0 | 0 |
| 0 | 0 | | 35 | | 배일환 | 6 | MF | MF | 10 | 에벨톤 | | 0 | 5 | 0 | 0 |
| 0 | 2 | 3(2) | | | 김현 | 21 | FW | FW | 14 | 박희성 | 25 | 0 | 1 | 0 | 0 |
| | | | | | 김경민 | 21 | | | 21 | 유상훈 | | 0 | 0 | 0 | 0 |
| | | | | 후24 | 김영후 | | | | 31 | 김진규 | | | | | |
| | | | | 후42 | 김상원 | 35 | | | 17 | 최현태 | 후29 | | | | |
| | | | | | 오승범 | | 대기 | 대기 | | 김치우 | | | | | |
| | | | | | 이현호 | 25 | | | | 차두리 | 후0 | | | | |
| | | | | | 루이스 | 7 | | | 11 | 몰리나 | 후26 | 4(1) | | | |
| | | | | 후19 | 진대성 | 18 | | | 40 | 심제혁 | | | | | |
| 1 | 2 | 6 | 12(7) | | | | | | | | | 14(5) | 15 | 0 | 0 |

● 전반 19분 김현 AK정면 ~ 황일수 PAL내 R-ST-G(득점: 황일수, 도움: 김현) 왼쪽

● 후반 24분 에벨톤 PAR ~ 윤일록 PK좌측지점 R-ST-G(득점: 윤일록, 도움: 에벨톤) 왼쪽
● 후반 44분 에스쿠데로 PAL내 ~ 오스마르 PK지점 R-ST-G(득점: 오스마르, 도움: 에스쿠데로) 오른쪽

## 포항 1 : 2 수원

11월 30일 14:00 흐리고 비 포항 스틸야드 관중 7,353명
주심_김종혁 부심_장준모·윤광열 대기심_김상우 감독관_이영철

| 0 | 전반 | 0 |
| 1 | 후반 | 2 |

| 퇴장 | 경고 | 파울 | ST(유) | 교체 | 선수명 | 배번 | 위치 | 위치 | 배번 | 선수명 | 교체 | ST(유) | 파울 | 경고 | 퇴장 |
|---|---|---|---|---|---|---|---|---|---|---|---|---|---|---|---|
| 0 | 0 | 0 | 0 | | 김다솔 | 31 | GK | GK | 1 | 정성룡 | | 0 | 0 | 0 | 0 |
| 0 | 0 | 0 | 1(1) | | 김광석 | 3 | DF | DF | 2 | 최재수 | | 0 | 0 | 0 | 0 |
| 0 | 0 | 2 | 1(1) | | 배슬기 | 24 | DF | DF | 39 | 민상기 | 15 | 0 | 1 | 0 | 0 |
| 0 | 0 | 0 | | 32 | 김준수 | 23 | DF | DF | 5 | 조성진 | | 0 | 0 | 0 | 0 |
| 0 | 0 | 1 | 0 | | 김대호 | 22 | MF | DF | 47 | 오범석 | | 0 | 3 | 0 | 0 |
| 0 | 0 | 1 | 0 | | 신광훈 | 17 | MF | MF | 6 | 김은선 | | 1 | 1 | 1 | 0 |
| 0 | 0 | 2 | 0 | | 황지수 | 9 | MF | MF | 16 | 조지훈 | 8 | 0 | 1 | 0 | 0 |
| 0 | 0 | 2 | 0 | | 김재성 | 7 | MF | MF | 12 | 고차원 | 26 | 0 | 1 | 0 | 0 |
| 0 | 0 | 1 | | 23 | 김승대 | 12 | FW | MF | 10 | 산토스 | | 4(1) | 2 | 1 | 0 |
| 0 | 0 | 4 | 0 | | 강수일 | 11 | FW | MF | 7 | 이상호 | | 1 | 1 | 0 | 0 |
| 0 | 0 | 1 | 0 | | 강상우 | 30 | FW | FW | 14 | 정대세 | | 4(4) | 3 | 1 | 0 |
| 0 | 0 | 0 | 0 | | 김진영 | 25 | | | 21 | 노동건 | | 0 | 0 | 0 | 0 |
| 0 | 0 | 0 | 0 | | 박희철 | 2 | | | 15 | 구자룡 | 후0 | | | | |
| 0 | 0 | 0 | 0 | 후41 | 김형일 | 32 | | | 27 | 이종성 | | | | | |
| 0 | 0 | 1 | 1(1) | 후0 | 문창진 | 19 | 대기 | 대기 | 8 | 김두현 | 후22 | | | | |
| | | | | | 신영준 | 15 | | | 9 | 오장은 | | | | | |
| | | | | | 박선주 | 27 | | | 26 | 염기훈 | 후14 | | | | |
| 0 | 0 | 1 | | 후24 | 유창현 | 23 | | | 13 | 서정진 | | | | | |
| 0 | 0 | 14 | 8(3) | | | | | | | | | 10(5) | 13 | 0 | 0 |

● 후반 3분 김승대 PAR FK→김광석 GAR R-ST-G(득점: 김광석, 도움: 김승대) 오른쪽
● 후반 34분 이상호 MFR H⌒산토스 PAR내 R-ST-G(득점: 산토스, 도움: 이상호) 가운데
● 후반 39분 염기훈 PAL⌒정대세 GA정면내 H-ST-G(득점: 정대세, 도움: 염기훈) 왼쪽

## 성남 1 : 0 부산

11월 29일 14:00 맑음 탄천 종합 관중 3,117명
주심_유선호 부심_노태식·김성일 대기심_우상일 감독관_김용세

| 0 | 전반 | 0 |
| 1 | 후반 | 0 |

| 퇴장 | 경고 | 파울 | ST(유) | 교체 | 선수명 | 배번 | 위치 | 위치 | 배번 | 선수명 | 교체 | ST(유) | 파울 | 경고 | 퇴장 |
|---|---|---|---|---|---|---|---|---|---|---|---|---|---|---|---|
| 0 | 1 | 0 | 0 | | 박준혁 | 28 | GK | GK | 21 | 이창근 | | 0 | 0 | 0 | 0 |
| 0 | 0 | 0 | 2(1) | | 곽해성 | 2 | DF | DF | 34 | 연제민 | | 0 | 3 | 0 | 0 |
| 0 | 0 | 1 | 0 | | 윤영선 | 20 | DF | DF | 6 | 이경렬 | | 0 | 1 | 1 | 0 |
| 0 | 0 | 1 | 0 | | 장석원 | 24 | DF | DF | 30 | 유지훈 | | 1 | 3 | 0 | 0 |
| 0 | 0 | 0 | 0 | | 박진포 | 6 | DF | MF | 5 | 닐손 주니어 | | 1 | 0 | 0 | 0 |
| 0 | 0 | 3 | 1 | | 이종원 | 22 | MF | MF | 77 | 최광희 | | 0 | 1 | 0 | 0 |
| 0 | 1 | 0 | 1(1) | | 정선호 | 14 | MF | MF | 14 | 정석화 | 22 | 0 | 0 | 1 | 0 |
| 0 | 0 | 0 | 0 | | 김동희 | 17 | MF | MF | 18 | 김용태 | | 0 | 3 | 0 | 0 |
| 0 | 0 | | 1(1) | 15 | 바우지비아 | 12 | MF | MF | 4 | 주세종 | | 1 | 2 | 1 | 0 |
| 0 | 0 | 1 | 0 | | 김태환 | 11 | MF | FW | 8 | 윤동민 | 23 | 0 | 2 | 0 | 0 |
| 0 | 0 | | | 16 | 김동섭 | 9 | FW | FW | 11 | 임상협 | 29 | 1 | 2 | 0 | 0 |
| | | | | | 전상욱 | 1 | | | 41 | 김기용 | | 0 | 0 | 0 | 0 |
| 0 | 0 | 0 | | 후48 | 이요한 | 4 | | | 7 | 한지호 | | | | | |
| | | | | | 유청윤 | 29 | | | 22 | 전성찬 | 후13 | 1 | | | |
| | | | | | 염유신 | 33 | 대기 | 대기 | 23 | 김찬희 | 후17 | 0 | | | |
| 0 | 0 | | | 후15 | 김평래 | 15 | | | 27 | 권진영 | | | | | |
| | | | | | 이창훈 | 18 | | | 29 | 김지민 | 후24 | 1 | | | |
| 0 | 0 | | | 후15 | 황의조 | 16 | | | 32 | 구현준 | | | | | |
| 0 | 2 | 13 | 6(5) | | | | | | | | | 7 | 16 | 2 | 0 |

● 후반 11분 곽해성 PAL R-ST-G(득점: 곽해성) 왼쪽

## 상주 3 : 1 경남

11월 29일 14:00 맑음 상주 시민 관중 873명
주심_최명용 부심_김용수·손재선 대기심_이민후 감독관_김형남

| 1 | 전반 | 0 |
| 2 | 후반 | 0 |

| 퇴장 | 경고 | 파울 | ST(유) | 교체 | 선수명 | 배번 | 위치 | 위치 | 배번 | 선수명 | 교체 | ST(유) | 파울 | 경고 | 퇴장 |
|---|---|---|---|---|---|---|---|---|---|---|---|---|---|---|---|
| 0 | 0 | 1 | 0 | | 박지영 | 41 | GK | GK | 31 | 손정현 | | 0 | 0 | 0 | 0 |
| 0 | 0 | 3 | 0 | | 김창훈 | 3 | DF | DF | 34 | 김영빈 | | 0 | 1 | 0 | 0 |
| 0 | 0 | 1 | 0 | | 최호정 | 5 | DF | DF | 27 | 박주성 | | 0 | 0 | 0 | 0 |
| 0 | 0 | 0 | 0 | | 이용기 | 24 | DF | DF | 30 | 스레텐 | | 0 | 1 | 0 | 0 |
| 0 | 0 | 0 | 0 | | 강민수 | 66 | DF | MF | 10 | 안성빈 | | 3(1) | 1 | 1 | 0 |
| 0 | 1 | 5 | 2 | | 양준아 | 14 | MF | DF | 2 | 이학민 | 33 | 0 | 1 | 0 | 0 |
| 0 | 0 | 0 | | 16 | 한경인 | 9 | MF | MF | 7 | 진경선 | | 2 | 0 | 0 | 0 |
| 0 | 1 | 1 | | 25 | 유수현 | 36 | MF | FW | 8 | 송수영 | 90 | 1 | 0 | 0 | 0 |
| 0 | 0 | 1 | 0 | | 이현승 | 38 | MF | FW | 16 | 송주한 | | 0 | 0 | 0 | 0 |
| 0 | 0 | | 4(3) | | 이정협 | 26 | FW | FW | 13 | 고재성 | | 1(1) | 0 | 0 | 0 |
| 0 | 0 | 3 | 4(2) | | 박승일 | 30 | FW | FW | 9 | 스토야노비치 | | 2(2) | 1 | 0 | 0 |
| | | | | | 홍정남 | 21 | | | 1 | 김영광 | | | | | |
| | | | | | 김진형 | 32 | | | 90 | 여성해 | 후30 | | | | |
| | | | | | 곽광선 | 44 | | | 4 | 김준엽 | | | | | |
| 0 | 0 | | 후31 | 이후권 | 2 | 대기 | 대기 | 10 | 최성민 | | | | | | |
| 0 | 0 | 3(2) | 후0 | 서상민 | 16 | | | 22 | 한의권 | 후13 | 1(1) | | | | |
| 0 | 0 | 2(1) | 후7 | 조동건 | 25 | | | 33 | 김슬기 | 후0 | | | | | |
| | | | | | 송제헌 | 27 | | | 44 | 이호석 | | | | | |
| 0 | 2 | 16 | 19(8) | | | | | | | | | 11(5) | 9 | 2 | 0 |

● 전반 25분 박승일 PAR⌒이정협 GAR H-ST-G(득점: 이정협, 도움: 박승일) 오른쪽
● 후반 28분 이현웅 GAR⌒이정협 GAL 내 H-ST-G(득점: 이정협, 도움: 이현웅) 왼쪽
● 후반 30분 조동건 PAR~서상민 GAR R-ST-G(득점: 서상민, 도움: 조동건) 왼쪽
● 전반 43분 스토야노비치 PK-R-G(득점: 스토야노비치) 왼쪽

## 전남 0 : 0 인천

11월 29일 14:00 맑음 광양 전용 관중 1,568명
주심_고형진 부심_전기록·곽승순 대기심_김영수 감독관_김진의

| 0 | 전반 | 0 |
| 0 | 후반 | 0 |

| 퇴장 | 경고 | 파울 | ST(유) | 교체 | 선수명 | 배번 | 위치 | 위치 | 배번 | 선수명 | 교체 | ST(유) | 파울 | 경고 | 퇴장 |
|---|---|---|---|---|---|---|---|---|---|---|---|---|---|---|---|
| 0 | 0 | 0 | 0 | | 김병지 | 1 | GK | GK | 51 | 유현 | | 0 | 0 | 0 | 0 |
| 0 | 0 | 4 | 0 | | 현영민 | 13 | DF | DF | 24 | 임하람 | | 1 | 3 | 0 | 0 |
| 0 | 0 | 1 | 0 | | 임종은 | 5 | DF | DF | 16 | 이윤표 | | 0 | 1 | 0 | 0 |
| 0 | 0 | 1 | 0 | | 방대종 | 15 | DF | DF | 20 | 안재준 | 5 | 0 | 1 | 0 | 0 |
| 0 | 0 | 1 | 0 | | 김태호 | 2 | DF | MF | 13 | 박태민 | | 0 | 0 | 0 | 0 |
| 0 | 0 | 1 | | 14 | 김동철 | 24 | MF | MF | 7 | 구본상 | | 1 | 5 | 0 | 0 |
| 0 | 0 | | 6 | | 레안드리뉴 | 11 | MF | MF | 33 | 조수철 | | 1 | 1 | 0 | 0 |
| 0 | 0 | | 2(1) | | 안용우 | 20 | MF | MF | 26 | 김용환 | | 2 | 3 | 0 | 0 |
| 0 | 0 | 2(1) | | 20 | 송창호 | 16 | MF | FW | 25 | 최종환 | | 0 | 2 | 0 | 0 |
| 0 | 0 | 1 | 0 | | 스테보 | 10 | FW | FW | 19 | 디오고 | | 3 | 1 | 0 | 0 |
| 0 | 0 | 1 | 0 | | 김대호 | 31 | FW | | 1 | 권정혁 | | | | | |
| | | | | | 박선용 | 5 | | | 5 | 전진환 | 후45 | | | | |
| | | | | | 홍진기 | 4 | | | 22 | 권혁진 | 후44 | | | | |
| 0 | 0 | | 전36 | 이승희 | 6 | 대기 | 대기 | 21 | 김도혁 | | | | | | |
| 0 | 0 | | 후42 | 김영욱 | 14 | | | 7 | 이 보 | | | | | | |
| | | | | | 심동운 | 18 | | | 23 | 남준재 | | | | | |
| 0 | 2(1) | 후13 | 박기동 | 20 | | | 28 | 이효균 | 후42 | | | | | | |
| 0 | 1 | 21 | 11(3) | | | | | | | | | 8 | 19 | 0 | 0 |

**제1조 (목적)**_ 본 대회요강은 (사)한국프로축구연맹(이하 '연맹')이 K LEAGUE CHALLENGE(이하 'K리그 챌린지')를 효율적으로 운영하기 위하여 대회 및 경기 운영에 관한 사항을 규정함을 목적으로 한다.

**제2조 (용어의 정의)**_ 본 대회요강에서 '대회'라 함은 정규 라운드(36R)와 챌린지 플레이오프(2R)를 모두 말하며, '클럽'이라 함은 연맹의 회원단체인 축구단을, '팀'이라 함은 해당 클럽의 팀을, '홈 클럽'이라 함은 홈경기를 개최하는 클럽을 지칭한다.

**제3조 (명칭)**_ 본 대회명은 '현대오일뱅크 K리그 챌린지'로 한다.

**제4조 (주최, 주관)**_ 본 대회는 연맹이 주최(대회를 총괄하여 책임지는 자)하고, 홈 클럽이 주관(주최자의 위임을 받아 대회를 운영하는 자)한다. 홈 클럽의 주관권은 제3자에게 양도할 수 없다.

**제5조 (참가 클럽)**_ 본 대회 참가 클럽(팀)은 총 8팀(강원FC, 대구FC, 대전 시티즌, 안산 경찰청 축구단, 광주FC, 수원FC안양, 고양 Hi FC, 부천FC, 충주 험멜)이다.

**제6조 (일정)**_ 본 대회는 2014.03.22(토) ~ 2014.11.30(일) 개최하며, 경기일정(대진)은 미리 정한 경기일정표에 의한다.

| 구분 | 일정 | 방식 | Round | 팀수 | 경기수 | 장소 |
|---|---|---|---|---|---|---|
| 정규 라운드 | 3.22(토)~ 11.16(일) | 4Round robin | 36R | 10팀 | 180경기 (팀당36) | 홈 클럽 경기장 |
| 챌린지 플레이오프 | 준PO, PO | 11.22(토)~ 11.30(일) | 토너먼트 | 2R | 3팀(최종순위 2~4위) | 2경기 | |
| 계 | | | | | 182경기 (팀당 36~38) | |

※본 대회 경기일정은 부득이한 사정에 따라 변경될 수 있음.

**제7조 (대회방식)**_
1. 10팀이 4Round robin(36라운드) 방식으로 정규 라운드 경쟁을 벌인다.
2. 정규 라운드(1~36R) 성적을 기준으로 1위팀은 K리그 클래식 자동승격, 2위부터 4위까지는 챌린지 플레이오프를 실시하여 승자가 K리그 클래식 11위 팀과 승격 플레이오프를 치른다.
3. 챌린지 플레이오프 방식(준PO, PO)은 정규라운드 3위와 4위가 3위팀 홈페어 준PO(단판 경기)를 실시하고 90분 경기 무승부시 3위팀을 승자로 한다. 준PO 승자는 정규 라운드 2위와 PO(단판 경기)를 실시하고 90분 경기 무승부시 2위팀을 승자로 한다. 챌린지 플레이오프 승자는 승격 플레이오프에 진출한다.
4. 최종 순위 결정은 제25조에 의한다.

**제8조 (경기장)**_
1. 모든 클럽은 최상의 상태에서 홈경기를 실시할 수 있도록 경기장을 유지·관리할 책임이 있다.
2. 본 대회는 원칙적으로 축구전용경기장에서 개최함을 권고한다.
3. 각 클럽은 경기장 시설(물)에 대해 연맹의 승인을 득하여야 한다.
4. 경기장은 연맹의 경기장 시설 기준을 준수하여야 하며, 다음 각 호의 조건을 충족하여야 한다.
   1) 그라운드는 천연잔디구장으로 길이 105m, 너비 68m, 잔디의 길이는 2~2.5cm를 권고한다.
   2) 그라운드 외측 주변에는 원칙적으로 축구전용경기장의 경우는 5m이상, 육상경기겸용경기장의 경우 1.5m 이상의 잔디 부분이 확보되어야 한다. (따라서 육상경기겸용경기장의 경우는 가로 108m 이상, 세로 71m 이상의 잔디 부분 확보)
   3) 골포스트 및 바는 흰색의 둥근 모양(직경12cm)으로 원칙적으로 매입식 이어야 한다. 또한 철제 이외 볼의 반발력에 영향을 줄 수 있는 보강재 사용을 금한다.
   4) 골네트는 원칙적으로 흰색(연맹의 승인을 득한 경우는 제외) 이어야 하며, 골네트는 골대 후방에 폴을 세워 안전한 방법으로 부착하여야 한다. 폴은 골대와 구별되는 어두운 색상이어야 한다.
   5) 코너 깃발은 연맹이 지정한 것을 사용하여야 한다.
   6) 각종 라인은 국제축구연맹(이하 'FIFA') 또는 아시아축구연맹(이하 'AFC')

이 정한 규격에 따라야 하며, 라인 폭은 12cm로 선명하고 명료하게 그려야 한다.(원칙적으로 페인트 방식으로 한다)
5. 필드(그라운드 및 그 주변 부분)에는 경기 운영에 영향을 주거나 선수에게 위험의 우려가 있는 것을 방치 또는 설치해서는 안 된다.
6. 그라운드에 물을 뿌리는 것은 경기개시 90분 전까지 완료하여야 한다.
7. 경기장 관중석은 좌석수 7,000명 이상을 충족하여야 한다. 이에 미달할 경우, 연맹의 사전 승인을 득하여야 한다.
8. 경기장은 다음 항목의 부대시설을 갖추도록 권고한다.
   1) 운영 본부실              2) 양 팀 선수대기실(냉·난방 및 냉·온수 가능)
   3) 심판대기실(냉·난방 및 냉·온수 가능)
   4) 실내 워밍업 지역      5) 경기감독관석 및 매치코디네이터석
   6) 경기기록실              7) 의무실
   8) 도핑검사실(냉·난방 및 냉·온수 가능)
   9) 통제실, 경찰 대기실, 소방 대기실
   10) 실내 기자회견장      11) 기자실 및 사진기자실
   12) 중계방송사룸(TV중계스태프용)              13) VIP룸
   14) 기자석              15) 장내방송 시스템 및 장내방송실
   16) TV중계 및 라디오 중계용 방송 부스      17) 전광판
   18) 출전선수명단 게시판
   19) 태극기, 대회기, 연맹기, 양 클럽 깃발을 게재할 수 있는 게양대
   20) 입장권 판매소          21) 종합 안내소
   22) 관중을 위한 응급실      23) 화장실
   24) 식음료 및 축구 관련 상품 판매소      25) TV카메라 설치 공간
   26) TV중계차 주차공간      27) 케이블 시설 공간
   28) 전송용기자재 등 설치 공간 29) 믹스드 존(Mixed Zone)
   30) 기타 연맹이 정하는 시설, 장비

**제9조 (조명장치)**_
1. 경기장에는 그라운드 어떠한 장소에도 평균 1,500lux 이상 조도를 가진 조명 장치를 설치하여 조명의 밝음을 균일하게 유지하여야 한다. 또한 정전에 대비하여 1,000lux 이상의 조도를 갖춘 비상조명 장치를 구비하여야 한다.
2. 홈 클럽은 경기장 조명 장치의 이상 유·무를 사전에 확인하여 장애를 미연에 방지하는 한편, 고장 시 신속하게 수리할 수 있도록 모든 조치와 최선의 노력을 다하여야 한다.

**제10조 (벤치)**_
1. 팀 벤치는 원칙적으로 다음 요건을 충족하여야 한다.
   1) FIFA가 정한 규격의 기술지역(테크니컬에어리어) 내에 설치하여야 한다.
   2) 벤치 터치라인으로부터 5m 이상 떨어지는 한편 그 끝이 하프라인으로부터 8m 떨어지는 위치에 설치하여야 한다.
   3) 투명한 재질의 지붕을 갖추고 있어야 하며, 최소 20인 이상 앉을 수 있는 좌석이 준비되어야 한다. (다만, 관중의 시야를 방해해서는 안 된다)
2. 홈 팀 벤치는 본부석에서 그라운드를 향해 좌측에 설치하여야 한다.
3. 홈, 원정 팀 벤치에는 팀명을 표기한 안내물을 부착하여야 한다.
4. 제4의 심판(대기심판) 벤치를 준비하여야 하며, 다음 요건을 충족하여야 한다.
   1) 벤치 터치라인으로부터 5m 이상 떨어지는 그라운드 중앙에 설치하여야 한다.
   2) 투명한 재질의 지붕을 갖추고 있어야 한다.(다만, 관중의 시야를 방해해서는 안 된다)
   3) 대기심판 벤치 내에는 최소 3인 이상 앉을 수 있는 좌석과 테이블이 준비되어야 한다.

**제11조 (의료시설)**_ 홈 클럽은 선수단, 관계자, 관중 등을 위해 경기개시 90분 전부터 경기종료 후 모든 관중 및 관계자가 퇴장할 때까지 의료진(의사, 간호사, 1급 응급구조사)과 특수구급차를 반드시 대기시켜야 한다. 이를 위반할 경우, 본 대회요강 제34조 3항에 의한다.

**제12조 (경기장에서의 고지)**_
1. 홈 클럽은 경기장에서 다음 각 항목 사항을 전광판 및 장내 아나운서(멘트)를 통해 고지하여야 한다.
   1) 선수, 심판 및 경기감독관 소개 2) 대회방식 및 경기방식

3) 대회 방식 및 경기 방식

4) K리그 선수 입장곡(K리그 앤섬 'Here is the Glory' BGM)

5) 선수 및 심판 교체

6) 득점자 및 득점시간(득점 직후에)

7) 추가시간(전·후반 전광판 고지 및 장내아나운서 멘트 동시 실시)

8) 다른 공식경기의 중간 결과 및 최종 결과

9) 관중 수(후반전 15~30분, 전광판 표출과 동시에 장내 아나운서 발표)

10) 앞 항 이외 연맹이 지정하는 사항

2. 홈 클럽은 경기 전·후 및 하프타임에 다음 각 항목 사항을 실시하는 것이 가능하다.

1) 다음 경기예정 및 안내　　2) 연맹의 사전 승인을 얻은 광고 선전

3) 음악방송　　　　　　　　4) 팀 또는 선수에 관한 정보 안내

5) 앞 항 이외 연맹의 승인을 얻은 사항

**제13조 (홈 경기장에서의 경기개최)** 각 클럽은 홈경기의 80% 이상을 홈 경기장에서 실시하여야 한다. 다만, 이사회의 승인을 얻은 경우는 제외된다.

**제14조 (경기장 점검)**

1. 홈 클럽이 기타 경기장에서 경기를 개최하고자 할 경우 해당 경기개최 30일 전까지 연맹에 시설 점검을 요청하여 경기장 실사를 받아야 하며, 연맹의 보완 지시가 있을 경우 이에 대한 이행 결과를 경기개최 15일 전까지 서면 보고하여야 한다.

2. 연맹은 서면보고접수 후 재점검을 통해 문제점 보완이 미흡하다고 판단될 경우 경기 개최를 불허한다. 이 경우 홈 클럽은 연고지역 내에서 'K리그 경기장 시설기준'에 부합하는 타 경기장(대체구장)을 선정하여 앞 1항의 절차에 따라 연맹의 승인을 받아야 한다.

3. 홈 클럽이 원하는 경기장에서 경기개최가 불가능하다고 판단될 경우, 본 대회요강 제16조 2항에 따른다. (연맹 규정 제3장 30조 2항)

4. 앞 3항을 이행하지 않는 클럽은 본 대회요강 제18조 1항에 따른다.(연맹 규정 제3장 32조 1항)

**제15조 (악천후의 경우 대비조치)**

1. 홈 클럽은 강설 또는 강우 등 악천후의 경우에도 홈경기를 개최할 수가 있도록 최선의 노력을 다하여야 한다.

2. 악천후로 인하여 경기개최가 불가능하다고 판단될 경우, 경기감독관은 경기개최 3시간 전까지 경기개최 중지를 결정하여야 한다.

**제16조 (경기중지 결정)**

1. 경기 전 또는 경기 중 중대한 불상사 등으로 경기를 계속하기 어려운 사태가 발생하였을 경우, 주심은 경기감독관에게 경기중지를 요청할 수 있으며, 경기감독관은 동 요청에 의거하여 홈 클럽 및 원정 클럽 관계자의 의견을 참고한 후 경기중지를 결정할 수 있다.

2. 앞 항의 경우 또는 관중의 난동 등으로 경기장의 질서 유지가 어려운 경우, 경기감독관은 주심의 경기중지 요청이 없더라도 경기중지를 결정할 수 있다.

3. 경기감독관은 경기중지 결정을 내린 후, 지체 없이 그 사유를 연맹에 보고하여야 한다.

**제17조 (재경기)**

1. 경기가 악천후, 천재지변 등 불가항력에 의하여 경기개최 불능 또는 중지(중단)되었을 경우, 재경기는 원칙적으로 익일 동일 경기장에서 개최한다. 단, 연기된 경기가 불가피한 사유로 다시 연기될 경우 개최일시 및 장소는 연맹이 정하여 추후 공시한다.

2. 경기장 준비부족, 시설미비 등 점검 미비에 따른 홈 클럽의 귀책사유로 인하여 경기개최 불능 또는 중지(중단)되었을 경우, 재경기는 원정 클럽의 홈 경기장에서 개최한다.

3. 재경기 방식에 대해서는 다음 각 호에 의한다.

1) 전 경기에서 양 클럽의 득실차가 없을 때는 90분간 재경기를 실시한다.

2) 이전 경기에서 양 클럽의 득실차가 있을 때는 중지 시점에서부터 잔여 시간만의 재경기를 실시한다.

4. 재경기 시, 앞 항 1호의 경우 이전 경기에서 발생된 경고, 퇴장 기록만이 인정되며 선수교체는 팀당 최대 3명까지 가능하다. 앞 항 2호의 경우 이전 경기에서 발생된 모든 기록이 인정되며 선수교체는 이전 경기를 포함하여 3명까지 할 수 있다.

5. 재경기 시, 이전 경기에서 발생된 경고 및 퇴장은 유효하며, 경고 및 퇴장에 대한 처벌(징계)은 경기순서대로 연계 적용한다.

**제18조 (귀책사유가 있는 클럽의 비용 보상)**

1. 홈 클럽의 귀책사유에 의해 경기개최 불능 또는 중지(중단)되었을 경우, 홈 클럽은 원정 클럽에 교통비 및 숙식비를 보상하여야 한다.

2. 원정 클럽의 귀책사유에 의해 경기개최 불능 또는 중지(중단)되었을 경우, 원정 클럽은 홈 클럽에 발생된 경기준비 비용 및 입장권 환불 수수료, 교통비 및 숙식비를 보상하여야 한다.

3. 앞 1항, 2항과 관련하여 천재지변 등 불가항력에 의한 경우는 제외한다.

**제19조 (패배로 간주되는 경우)**

1. 경기개최 거부 또는 속행 거부 등(경기장 질서문란, 관중의 난동 포함) 어느 한 클럽의 귀책사유로 인하여 경기개최 불능 또는 중지(중단)되었을 경우, 그 귀책사유가 있는 클럽이 0 : 3 패배한 것으로 간주한다.

2. 무자격 선수가 출전한 것이 경기 중 또는 경기 후 발각되어 경기종료 후 48시간 이내에 상대 클럽으로부터 이의가 제기된 경우, 무자격 선수가 출전한 클럽이 0 : 3 패배한 것으로 간주한다. 다만, 경기 중 무자격 선수가 출전한 것이 발각되었을 경우, 해당 선수를 퇴장시키고 경기는 속행한다.

3. 앞 1항, 2항에 따라 어느 한 클럽의 0 : 3 패배를 결정한 경우에도 양 클럽 선수의 개인기록(출전, 경고, 퇴장, 득점, 도움 등)은 그대로 인정한다.

4. 앞 2항의 무자격 선수는 연맹 미등록 선수, 경고누적 또는 퇴장으로 인하여 출전이 정지된 선수, 외국인 출전제한 규정을 위반한 선수 등 그 시점에서 경기출전 자격이 없는 모든 선수를 의미한다.

**제20조 (대회 중 잔여경기 포기)** 대회 중 잔여 경기를 포기하는 경우, 다음 각 항에 의한다.

1. 대회 전체 경기수의 3분의 2 이상을 수행하였을 경우, 지난 경기 결과를 그대로 인정하고, 잔여 경기는 포기한 클럽이 0 : 3 패배한 것으로 간주한다.

2. 대회 전체 경기 수의 3분의 2 이상을 수행하지 못했을 경우, 포기한 클럽과의 경기 결과를 모두 무효 처리한다.

**제21조 (경기결과 보고)** 모든 경기결과의 보고는 경기감독관 보고서, 심판 보고서, 경기기록지에 의한다.

**제22조 (경기규칙)** 본 대회의 경기는 FIFA 및 KFA의 경기규칙에 따라 실시되며, 특별한 사항이 발생할 시에는 연맹이 결정한다.

**제23조 (경기시간 준수)**

1. 본 대회는 90분(전·후반 각 45분) 경기를 실시한다.

2. 모든 클럽은 미리 정해진 경기시작 시간(킥오프 타임)과 경기 중 휴식시간(하프타임)을 반드시 준수하여야 한다. 하프타임 휴식은 15분을 초과할 수 없으며, 양 팀 출전선수는 후반전 출전을 위해 후반전 개시 3분 전(하프타임 12분)까지 심판진과 함께 대기 장소에 집결하여야 한다.

3. 경기시작 시간과 하프타임 시간을 준수하지 않아 경기가 지연될 경우, 귀책사유가 있는 해당 클럽에 제재금(100만 원 이상)을 부과할 수 있다. 동일 클럽이 위반 행위를 반복할 경우, 직전에 부과한 제재금의 2배를 부과할 수 있다.

**제24조 (승점)** 본 대회의 승점은 승자 3점, 무승부 1점, 패자 0점을 부여한다.

**제25조 (순위결정)**

1. 순위결정은 승점 → 득실차 → 다득점 → 다승 → 승자승 → 벌점 → 추첨 순서로 결정한다.

2. 최종순위 결정방식은 다음과 같다.

1) 최종순위는 정규라운드(1~36R) 성적에 따라 결정한다. 단, 정규라운드 2위~4위팀은 챌린지 플레이오프의 결과에 따라 최종순위를 결정한다.

2) 챌린지 플레이오프 승리(승격 플레이오프 진출) 팀을 2위로 한다.

3) 챌린지 플레이오프에서 패한(승격 플레이오프 진출 실패) 팀을 3위로 한다.

4) 챌린지 준플레이오프에서 패한(챌린지 플레이오프 진출 실패) 팀을 4위로 한다.

3. 벌점에 대한 기준은 다음과 같다.

1) 경고 및 퇴장 관련 벌점

① 경고 1점　② 경고 2회 퇴장 2점　③ 직접 퇴장 3점

④ 경고 1회 후 퇴장 4점

2) 상벌위원회 징계 관련 벌점

① 제재금 100만 원당 3점　② 출전정지 1경기당 3점

3) 코칭스태프 및 팀 스태프 퇴장, 클럽(임직원 포함)에 부과된 징계는 팀 벌점에 포함한다.
4. 개인기록 순위결정
   1) 개인기록순위 결정은 본 대회 정규라운드(1~36R) 성적만을 적용하여 결정한다.
   2) 득점(Goal) 개인기록순위 결정의 우선 순서는 다음과 같다.
      ① 최다득점선수  ② 출전경기가 적은 선수  ③ 출전시간이 적은 선수
   3) 도움(Assist) 개인기록순위 결정의 우선 순서는 다음과 같다.
      ① 최다도움선수  ② 출전경기가 적은 선수  ③ 출전시간이 적은 선수

**제26조 (시상)**  본 대회의 단체상 및 개인상 시상내역은 다음과 같다.

| 구분 | | 시상내역 | 비고 |
|---|---|---|---|
| 단체상 | 우승 | 상금 100,000,000원 + 트로피 | |
| 개인상 | 최다득점선수 | 상금 3,000,000원 + 상패 | 대회 개인기록 |
| | 최다도움선수 | 상금 1,500,000원 + 상패 | 대회 개인기록 |

**제27조 (출전자격)**
1. 연맹 규정 제2장 4조에 의거하여 연맹 등록이 완료된 선수만이 경기에 출전할 자격을 갖는다.
2. 연맹 규정 제2장 5조에 의거하여 연맹 등록이 완료된 코칭스태프 및 팀 스태프 중 출전선수명단에 등재된 자만이 벤치에 착석할 수 있으며, 경기 중 기술지역에서의 선수지도행위는 1명만이 할 수 있다.(통역 1명 대동 가능)
3. 제재 중인 지도자(코칭스태프, 팀 스태프 포함)는 다음 항목을 준수하여야 한다.
   1) 출전정지 제재 중이거나 경기 중 퇴장 조치된 지도자는 관중석, 선수대기실을 제외한 장소에 대해 출입이 제한되며, 그라운드에서 사전 훈련 및 경기 중 어떠한 지도(지시) 행위도 불가하다. 다만, 경기종료 후 개최되는 공식기자회견에는 참석할 수 있다.
   2) 징계 중인 지도자(원정 팀 포함)가 경기를 관전하고자 할 경우, 홈 클럽은 본부석 쪽에 좌석을 제공하여야 하며, 해당 지도자의 안전을 위한 조치를 하여야 한다.
   3) 상기 제1호를 위반할 경우, 상벌규정 제7장 제8조에 해당하는 제재를 부과할 수 있다.

**제28조 (출전선수명단 제출의무)**
1. 홈 클럽과 원정 클럽은 경기개시 90분 전까지 경기감독관에게 출전선수명단을 제출하여 승인을 받아야 하며, 출전선수 스타팅 포메이션(Starting Formation)을 별지로 함께 제출하여야 한다.
2. 출전선수명단에는 출전선수, 코칭스태프 및 팀 스태프 명단, 유니폼 색상이 포함되어야 하며, 제출된 인원만이 해당 경기 출전과 팀 벤치 착석 및 기술지역 출입, 선수 지도를 할 수 있다. 단, 출전선수명단에 등재할 수 있는 코칭스태프 및 팀 스태프의 수는 최대 8명(주치의, 통역 제외)까지로 한다.
3. 출전선수명단 승인(경기감독관 서명) 후에는 변경이 불가능하며, 승인 후 변경할 경우 선수 교체로 간주한다.
4. 본 대회의 출전선수명단은 18명을 원칙으로 하며, 다음 사항을 반드시 준수하여야 한다.
   1) 골키퍼(GK)는 반드시 국내 선수이어야 하며, 후보 골키퍼(GK)는 반드시 1명 이상 포함되어야 한다.
   2) 외국인선수의 경우, 출전선수명단에 3명까지 등록할 수 있으며 3명까지 경기에 출전이 가능하다. 단, AFC 가맹국 국적의 외국인선수는 1명에 한하여 추가 등록과 출전이 가능하다.
   3) 23세 이하(1991.01.01 이후 출생자) 국내선수는 출전선수명단에 최소 2명 이상 포함되어야 한다. 만일 23세 이하 국내선수가 1명 포함될 경우 출전선수명단은 17명으로 하며, 전혀 포함되지 않을 경우 출전선수명단은 16명으로 한다.
   4) 단, 군팀은 위 3)항에 적용받지 않으며, 군팀과 경기 시 그 상대팀도 위 3)항에 한시적으로 적용받지 아니한다.
   5) 군팀 선수는 2014년 9월 전역일(9월 9일 예정) 이후 원소속 팀을 상대로 경기 출전이 가능하다.
   6) 또한 23세 이하의 국내선수가 KFA 각급 대표팀 선수로 선발(소집일~해산일)될 경우, 소집 기간에 개최되는 경기에서 해당 클럽과 그 상대팀은 차출된 선수의 수(인원)만큼 엔트리 의무 등록 규정에 적용받지 아니한다. 차출

된 선수의 수가 동일하지 않을 경우 많은 팀을 기준으로 한다.
5. 순연 경기 및 재경기(90분 재경기에 한함)의 출전선수명단은 다시 제출하여야 한다.

**제29조 (선수교체)**
1. 본 대회의 선수 교체는 경기감독관이 승인한 출전선수명단에 의해 후보선수 명단 내에서만 가능하다.
2. 선수 교체는 90분 경기에서 3명까지 가능하다.

**제30조 (출전정지)**
1. 본 대회에서 경고누적에 의한 출전정지 및 퇴장(경고 2회 퇴장, 직접 퇴장, 경고 1회 후 직접 퇴장)에 의한 출전정지는 본 대회(챌린지 플레이오프 포함) 종료까지 연계 적용한다.
2. 경고누적에 의한 출전정지는 경고누적 3회 때마다 다음 1경기가 출전정지된다.
3. 1경기 경고2회 퇴장에 의한 출전정지는 다음 1경기가 출전 정지되며, 제재금은 오십만 원(500,000원)이 부과된다. 이 경고는 누적에 산입되지 않는다.
4. 직접 퇴장에 의한 출전정지는 다음 2경기가 출전 정지되며, 제재금은 칠십만 원(700,000원)이 부과 된다.
5. 경고 1회 후 직접 퇴장에 의한 출전정지는 다음 2경기가 출전 정지되며, 제재금은 일백만 원(1,000,000원)이 부과된다. 경고 1회는 유효하며, 누적에 산입된다.
6. 제재금은 출전 가능경기 1일전까지 반드시 해당자 명의로 납부하여야 한다. 이를 위반할 경우, 경기 출전이 불가하다. 출전 가능경기가 남아 있지 않을 경우, 본 대회 종료 15일 이내에 납부하여야 한다.
7. 상벌위원회 징계로 인한 출전정지는 시즌 및 대회에 관계없이 연계 적용한다.

**제31조 (유니폼)**
1. 본 대회는 반드시 연맹이 승인한 유니폼을 착용해야 한다.
2. 선수 번호(배번)는 1번~99번에 한정하며, 배번 1번은 GK에 한함)는 출전선수 명단에 기재된 선수 번호와 일치하여야 하며, 배번의 식별이 가능하도록 명확하게 표시되어 있어야 한다.
3. 팀의 주장은 주장인 것을 명확하게 표시하는 완장을 착용하여야 한다.
4. 경기에 출전하는 양 클럽의 유니폼은 연맹이 사전에 지정한 유니폼을 착용하여야 한다. 단, 부득이한 사정으로 유니폼 변경이 필요할 경우 연맹의 사전 승인을 득하여야 한다.
5. 동절기 방한용 내피 상의 또는 하의(타이즈)를 착용하고자 할 때는 유니폼(상·하의) 색상과 동일한 색상을 착용하여야 한다. 이를 위반할 경우 경기출전이 불가하다.
6. 스타킹과 발목밴드(테이핑)는 동일 색상(계열)이어야 한다. 이를 위반할 경우 경기출전이 불가하다.

**제32조 (사용구)**  본 대회의 공식 사용구는 아디다스 '브라주카(brazuca)'로 한다.

**제33조 (인터뷰 실시)**
1. 양 클럽 감독은 경기개시 60분~20분 전까지 미디어(취재기자에 한함)와 약식 인터뷰를 실시하여야 한다.
2. 홈 클럽은 경기종료 후 15분 이내에 실내기자회견을 개최하여야 한다. 단, 중계방송사의 요청이 있을 경우 플래시 인터뷰를 우선 실시하여야 하며, 플래시 인터뷰 이후 실내기자회견을 개최한다.
   제재 중인 지도자(코칭 스태프 및 팀 스태프 포함)도 경기 종료 후 실시되는 공식기자회견에는 연맹 규정 제3장 36조에 의거하여 참석하여야 한다.
3. 모든 기자회견은 연맹이 지정한 인터뷰 배경막(백드롭)을 배경으로 실시하여야 한다.
4. 인터뷰 대상은 미디어가 요청하는 선수와 양 클럽 감독으로 한다.
5. 인터뷰를 실시하지 않거나 참가하지 않을 경우, 해당 클럽과 선수, 감독에게 제재금(50만 원 이상)을 부과할 수 있다.
6. 홈 클럽은 공동취재구역인 믹스드 존(Mixed Zone)을 반드시 마련하여야 하고, 양 클럽 선수단은 경기종료 후 믹스드 존을 통과하여 이동하여야 하며, 미디어의 인터뷰 요청에 최대한 협조하여야 한다.
7. 인터뷰에서는 경기의 판정이나 심판과 관련하여 일체의 부정적인 언급이나 표현을 할 수 없으며, 위반 시 다음 각 호에 의한다.
   1) 각 클럽 소속 선수, 코칭스태프, 팀 스태프, 임직원 등 모든 관계자에게 적용되며, 위반할 시 연맹규정 제7장 8조를 적용하여 제재를 부과한다.

2) 공식 인터뷰뿐만 아니라 대중에게 공개될 수 있는 어떠한 경로를 통한 언급이나 표현에도 적용된다.

8. 경기 후 미디어 부재로 실내기자회견을 개최하지 않은 경우, 홈팀 홍보담당자는 양 클럽감독의 코멘트를 경기 종료 1시간 이내에 각 언론사에 배포한다.

**제34조 (중계방송협조)** 본 대회의 경기 중계방송 시 카메라나 중계석 위치 확보, 방송 인터뷰를 위해 모든 클럽은 중계 방송사와 연맹의 요청에 최대한 협조한다.

**제35조 (경기장 안전과 질서유지)**

1. 홈 클럽은 경기개시 180분 전부터 경기종료 후 모든 관중 및 관계자가 퇴장할 때까지 선수, 팀 스태프, 심판을 비롯한 전 관계자와 관중의 안전 및 질서 유지에 대한 의무와 책임이 있다.

2. 홈 클럽은 앞 항의 의무 실시를 위해 최선의 노력을 다해야 하며, 경기장 안전 및 질서를 어지럽히는 관중에 대해 그 입장을 제한하고 강제 퇴장시키는 등의 적절한 조치를 취할 수 있다.

3. 연맹, 홈 또는 원정 클럽, 선수, 코칭스태프 및 팀 스태프, 관계자를 비방하는 사안이나, 경기진행 및 안전에 지장을 줄 수 있는 모든 사안에 대해서는 경기 감독관의 지시에 의해 관련 클럽은 즉각 이를 시정 조치하여야 한다. 만일, 경기감독관의 지시에도 불구하고 시정 조치되지 않을 경우 상벌위원회의 심의에 의거, 해당 클럽에 제재(500만 원 이상)을 부과할 수 있다.

4. 관중의 소요, 난동으로 인하여 경기 진행에 문제가 발생하거나 선수, 심판, 코칭스태프 및 팀 스태프를 비롯한 관중의 안전과 경기장 질서 유지에 문제가 발생할 경우에는 관련 클럽이 사유를 불문하고 그에 대한 일체의 책임을 부담한다.

**제36조 (홈 경기 관리 책임자 선정 및 경기장 안전요강)** 모든 클럽은 경기장 안전 및 원활한 진행을 위해 홈경기 관리책임자 및 홈경기 안전책임자를 선정하여 연맹에 보고하여야 하며, 아래의 경기장 안전요강을 숙지하여 실행하고 관중에게 사전 공지 또는 고지하여야 한다. 또한 홈경기 관리책임자 및 홈경기 안전책임자는 경기감독관 및 매치코디네이터의 업무 및 지시 사항에 대해 최대한 협조하여야 한다.

1. 반입금지물: 경기장에 입장하려는 사람 또는 입장한 사람은 홈경기관리책임자가 특별히 필요 사항에 의해 허락했을 경우를 제외하고 다음 각 호에 명시된 것을 가지고 입장할 수 없다.
   1) 경기장 관리자에 의해 반입을 금지하고 있는 것
   2) 정치적, 사상적, 종교적인 주의 또는 주장 또는 관념을 표시하거나 또는 연상시키고 혹은 대회의 운영에 지장을 미칠 우려가 있는 게시판, 간판, 현수막, 플래카드, 문서, 도면, 인쇄물 등
   3) 연맹의 승인을 득하지 않은 특정의 회사 또는 영리기업의 광고를 목적으로 하여 특정의 회사명, 제품명 등을 표시한 것 (특정 회사, 제품 등을 연상시키는 것 포함)
   4) 그 외 경기운영 또는 진행을 방해하여 타인에게 불편을 주거나 또는 위험하게 하거나 혹은 그러한 우려가 있거나 또는 운영담당·보안담당, 경비종사원이 위험성을 인정하는 것

2. 금지행위: 경기장에 입장하려는 사람 또는 입장한 사람은 홈경기관리책임자가 특별히 필요 사항에 의해 허락했을 경우를 제외하고는 다음 각 호에 명시되는 행위를 해서는 안 된다.
   1) 경기장 관리자에 의해 금지되고 있는 행위
   2) 정당한 입장권 또는 통행증을 소지하지 않고 입장하는 것
   3) 항의 집회, 데모 등 대회의 원활한 운영을 저해할 우려가 있는 행위
   4) 알코올, 약물 그 외 물질을 소유 및 복용한 상태로 경기장에 입장하는 행위 또는 경기장에 이러한 물질을 방치해 두어 이것들의 영향에 의해 경기운

영 또는 타인의 행위 등을 저해하는 행위 (알코올 등의 영향에 의해 정상적인 행위를 할 수 없는 우려가 있는 상태일 경우 입장 불가)
   5) 해당 경기장(시설) 및 관련 장소에서 권유, 연설, 집회, 포교 등의 행위
   6) 정해진 장소 외에서 차량을 운전하거나 주차하는 것
   7) 상행위, 기부금 모집, 광고물의 게시 등의 행위
   8) 정해진 장소 외에 쓰레기 및 오물을 폐기하는 것
   9) 연맹의 승인 없이 영리목적으로 경기장면, 식전행사, 관객 등을 사진 또는 비디오로 촬영하는 것
   10) 연맹의 승인 없이 대회의 음성, 영상의 전부 또는 일부를 인터넷 및 미디어를 통해 전달하는 것
   11) 경기운영 또는 진행을 방해하여 타인에게 폐를 끼치거나 또는 위험을 미치거나 혹은 그러한 우려가 있으면서 경비종사원이 위험성을 인정하는 행위

3. 경기장 관련: 경기장에 입장하려는 사람 또는 입장한 사람은 다음 각 호에 명시하는 사항에 준수하여야 한다.
   1) 입장권, 신분증, 통행증 등의 제시가 요구되었을 때는 이것을 제시해야 함
   2) 안전 확보를 위해 수화물, 소지품 등의 검사가 요구되었을 때는 이것에 따라야 함
   3) 사건·사고가 발생하거나 또는 발생 우려가 예상되는 경우, 경비 종사원 또는 치안 당국의 지시, 안내, 유도 등에 따라 행동할 것

4. 입장거부 또는 퇴장명령
   1) 홈경기관리책임자는 상기 1항, 2항, 3항의 경기장 안전요강을 위반한 사람의 입장을 거부하여 경기장으로부터의 퇴장을 명할 수 있으며, 상기 1항에 의거하여 반입금지물 몰수 등 필요한 조치를 취할 수 있다.
   2) 홈경기관리책임자는 전항에 해당하는 사람 중에서 특히 고의, 상습으로 확인된 사람에 대해서는 이후 개최되는 연맹 주최의 공식경기에 입장을 거부할 수 있다.
   3) 홈경기관리책임자에 의해 입장이 거부되거나 경기장에서 퇴장을 받았던 사람은 입장권 구입 대금의 환불을 요구할 수 없다.

5. 권한의 위임: 홈경기관리책임자는 특정 시설에 대해 그 권한을 타인에게 위임할 수 있다.

6. 안전 가이드라인 준수: 모든 클럽은 연맹이 정한 'K리그 안전가이드라인'을 준수하여야 한다.

**제37조 (기타 유의사항)** 각 클럽은 아래의 사항을 숙지하고 준수하여야 한다.

1. 모든 취재 및 방송중계 활동을 위한 미디어 관련 입장자는 2014년도 미디어 가이드라인에 따라 입장하여야 하며 이를 준수하여야 한다.

2. 경기에 참가하는 선수단(코칭스태프, 팀 스태프 포함)은 경기시작 100분 전에 경기장에 도착하여야 한다.

3. 오픈경기는 본 경기 개최 1시간(60분) 전까지 반드시 종료되어야 하며, 경기 개최 7일전까지 연맹의 사전 승인을 받아야 한다.

4. 선수는 신체보호를 위해 반드시 정강이 보호대를 착용하고 경기에 임해야 한다.

5. 경기 중 클럽의 임원, 코칭스태프, 팀 스태프, 선수는 경기장 내에서 흡연을 할 수 없으며, 이를 위반할 경우 퇴장 조치한다.

6. 시상식에는 연맹이 지정한 클럽(팀)과 수상 후보자가 반드시 참석하여야 한다.

7. 체육진흥투표권(스포츠토토 등) 발매 이상 징후 대응경보 발생 시, 경기시작 90분 전 대응 미팅에 관계자(경기감독관, 매치코디네이터, 양 클럽 관계자 및 감독) 등이 참석하여야 한다.

**제38조 (부칙)** 본 대회요강에 명시되지 않은 사항은 연맹 규정 및 이사회 결정에 의거하여 결정 및 시행한다.

# 현대오일뱅크 K리그 챌린지 2014 경기일정표

| 경기일자 | 경기시간 | 경기번호 | 대진 | 경기장소 | 관중수 |
|---|---|---|---|---|---|
| 2014.03.22 | 14:00 | 1 | 강원 0 : 3 안산 | 강릉 | 1,814 |
|  | 14:00 | 2 | 대구 2 : 1 광주 | 대구 | 1,304 |
| 2014.03.22 | 16:00 | 3 | 수원FC 4 : 1 대전 | 수원W | 3,450 |
| 2014.03.23 | 14:00 | 4 | 부천 2 : 3 충주 | 부천 | 5,562 |
|  | 14:00 | 5 | 고양 1 : 1 안양 | 고양 | 1,842 |
|  | 16:00 | 6 | 안산 3 : 2 대구 | 안산 | 3,568 |
| 2014.03.29 | 16:00 | 7 | 안양 1 : 0 강원 | 안양 | 6,279 |
|  | 16:00 | 8 | 충주 2 : 1 수원FC | 충주 | 1,647 |
| 2014.03.30 | 14:00 | 9 | 대전 1 : 0 고양 | 대전W | 5,208 |
|  | 14:00 | 10 | 광주 2 : 0 부천 | 광주W | 4,846 |
|  | 14:00 | 11 | 광주 0 : 0 충주 | 광주W | 1,474 |
| 2014.04.05 | 14:00 | 12 | 강원 1 : 3 대전 | 원주 | 1,574 |
|  | 16:00 | 13 | 수원FC 0 : 3 안산 | 수원W | 1,167 |
| 2014.04.06 | 14:00 | 14 | 부천 0 : 1 안양 | 부천 | 1,508 |
|  | 14:00 | 15 | 대구 0 : 1 고양 | 대구 | 3,605 |
|  | 14:00 | 16 | 고양 1 : 0 수원FC | 고양 | 305 |
| 2014.04.12 | 16:00 | 17 | 충주 2 : 3 대구 | 충주 | 887 |
|  | 16:00 | 18 | 안양 2 : 0 안산 | 안양 | 1,805 |
| 2014.04.13 | 14:00 | 19 | 부천 2 : 2 강원 | 부천 | 1,239 |
|  | 14:00 | 20 | 대전 4 : 0 광주 | 대전W | 2,492 |
|  | 14:00 | 21 | 강원 0 : 1 대구 | 원주 | 833 |
| 2014.04.19 | 16:00 | 22 | 충주 0 : 4 대전 | 충주 | 626 |
|  | 16:00 | 23 | 수원FC 3 : 2 부천 | 수원W | 632 |
| 2014.04.20 | 14:00 | 24 | 광주 2 : 0 안양 | 광주W | 1,145 |
| 2014.04.26 | 14:00 | 26 | 대구 1 : 1 안양 | 대구 | 694 |
|  | 14:00 | 27 | 고양 1 : 1 충주 | 고양 | 332 |
|  |  | 28 | 강원 1 : 0 수원FC | 원주 | 987 |
| 2014.04.27 | 14:00 | 29 | 부천 1 : 2 대전 | 부천 | 893 |
|  | 14:00 | 30 | 안산 1 : 1 광주 | 광주W | 838 |
| 2014.05.03 | 14:00 | 31 | 광주 2 : 1 고양 | 광주W | 942 |
| 2014.05.04 | 14:00 | 32 | 대전 0 : 0 대구 | 대전W | 3,735 |
| 2014.05.05 | 14:00 | 34 | 안양 0 : 2 수원FC | 안양 | 3,250 |
|  | 16:00 | 35 | 충주 1 : 3 강원 | 충주 | 1,072 |
|  | 14:00 | 36 | 강원 2 : 1 광주 | 원주 | 582 |
| 2014.05.10 | 16:00 | 37 | 부천 1 : 0 고양 | 부천 | 852 |
|  | 16:00 | 38 | 수원FC 1 : 1 대구 | 수원W | 1,428 |
| 2014.05.11 | 14:00 | 39 | 대전 2 : 0 안산 | 대전W | 2,479 |
|  | 16:00 | 40 | 충주 2 : 1 안양 | 충주 | 792 |
| 2014.05.14 | 19:00 | 41 | 광주 1 : 0 수원FC | 광주W | 641 |
|  | 19:00 | 42 | 고양 2 : 3 강원 | 고양 | 426 |
|  | 19:30 | 44 | 안양 2 : 3 대전 | 안양 | 1,157 |
|  | 19:30 | 45 | 대구 0 : 1 부천 | 대구 | 568 |
| 2014.05.17 | 16:00 | 47 | 수원FC 1 : 1 고양 | 수원W | 1,064 |
|  | 14:00 | 46 | 대구 0 : 1 강원 | 대구 | 973 |
| 2014.05.18 | 14:00 | 49 | 광주 0 : 2 대전 | 광주W | 1,417 |
|  | 16:00 | 50 | 충주 0 : 2 부천 | 충주 | 919 |
| 2014.05.24 | 19:00 | 51 | 대전 2 : 0 수원FC | 대전W | 3,312 |
|  | 19:00 | 52 | 안양 2 : 0 대구 | 안양 | 1,160 |
| 2014.05.25 | 19:00 | 53 | 부천 1 : 1 광주 | 부천 | 947 |
|  | 19:00 | 54 | 강원 5 : 2 충주 | 춘천 | 481 |
| 2014.05.26 | 19:00 | 55 | 고양 2 : 0 안산 | 고양 | 352 |
|  | 19:00 | 56 | 고양 0 : 0 대전 | 고양 | 655 |
| 2014.05.31 | 19:00 | 57 | 수원FC 3 : 1 안양 | 수원W | 1,124 |
| 2014.06.01 | 19:00 | 58 | 강원 0 : 2 부천 | 강릉 | 3,066 |
|  | 19:00 | 59 | 충주 1 : 1 광주 | 충주 | 817 |
| 2014.06.02 | 19:00 | 60 | 대구 2 : 2 안산 | 대구 | 472 |
| 2014.06.06 | 19:00 | 61 | 안양 3 : 1 고양 | 안양 | 1,914 |
| 2014.06.07 | 19:00 | 62 | 대전 1 : 0 부천 | 대전W | 3,818 |
| 2014.06.08 | 19:00 | 64 | 광주 1 : 1 강원 | 광주W | 1,594 |
|  | 19:00 | 65 | 대구 0 : 2 충주 | 대구 | 598 |
| 2014.06.14 | 19:00 | 66 | 안양 2 : 1 광주 | 안양 | 1,459 |
|  | 19:00 | 67 | 부천 2 : 3 수원FC | 부천 | 1,151 |
| 2014.06.15 | 19:00 | 68 | 고양 1 : 2 대구 | 고양 | 501 |
|  | 19:00 | 69 | 강원 3 : 1 안산 | 강릉 | 682 |
| 2014.06.16 | 19:30 | 70 | 대전 1 : 0 충주 | 대전W | 2,901 |
| 2014.06.21 | 19:00 | 71 | 대구 2 : 3 대전 | 대구 | 1,048 |
|  | 19:00 | 72 | 충주 2 : 2 고양 | 충주 | 689 |
| 2014.06.22 | 19:00 | 73 | 강원 0 : 0 안양 | 춘천 | 525 |
|  | 19:00 | 74 | 수원FC 0 : 0 광주 | 수원W | 860 |
| 2014.06.23 | 20:00 | 75 | 부천 3 : 4 안산 | 부천 | 331 |
| 2014.06.28 | 19:00 | 76 | 안양 1 : 3 충주 | 안양 | 1,014 |
|  | 19:00 | 77 | 고양 1 : 0 부천 | 고양 | 562 |
| 2014.06.29 | 19:00 | 78 | 수원FC 1 : 1 강원 | 수원W | 936 |
|  | 17:00 | 79 | 안산 6 : 1 대전 | 안산 | 361 |
| 2014.06.30 | 19:00 | 80 | 광주 2 : 1 대구 | 광주W | 1,179 |
| 2014.07.05 | 19:00 | 81 | 안양 3 : 1 부천 | 안양 | 1,491 |
|  | 19:00 | 82 | 고양 2 : 4 광주 | 고양 | 439 |
| 2014.07.06 | 19:00 | 83 | 대전 2 : 2 강원 | 대전W | 2,519 |
|  | 19:00 | 84 | 대구 0 : 0 수원FC | 대구 | 598 |
| 2014.07.07 | 19:30 | 85 | 안산 0 : 0 고양 | 안산 | 421 |
|  | 19:00 | 86 | 강원 0 : 1 고양 | 춘천 | 615 |
| 2014.07.12 | 19:00 | 87 | 수원FC 1 : 1 충주 | 수원W | 885 |
|  | 19:30 | 88 | 안산 1 : 0 광주 | 안산 | 477 |
| 2014.07.13 | 19:00 | 89 | 대전 4 : 0 안양 | 대전W | 3,319 |
| 2014.07.16 | 19:00 | 90 | 부천 0 : 1 대구 | 부천 | 908 |
| 2014.07.16 | 19:00 | 43 | 충주 1 : 1 안산 | 충주 | 565 |
| 2014.07.19 | 19:00 | 91 | 부천 1 : 1 대전 | 부천 | 788 |
|  | 19:00 | 92 | 광주 2 : 0 수원FC | 광주W | 1,285 |
| 2014.07.20 | 19:00 | 93 | 고양 3 : 1 충주 | 고양 | 356 |
|  | 19:30 | 94 | 안산 2 : 1 대구 | 안산 | 457 |
| 2014.07.21 | 19:00 | 95 | 안양 2 : 1 강원 | 안양 | 1,344 |
| 2014.07.23 | 19:00 | 33 | 안산 1 : 2 부천 | 안산 | 223 |
| 2014.07.26 | 19:00 | 96 | 충주 0 : 3 대전 | 충주 | 774 |
|  | 19:00 | 97 | 대구 1 : 2 안양 | 대구 | 986 |
| 2014.07.27 | 19:00 | 98 | 광주 2 : 1 부천 | 광주W | 875 |
|  | 19:00 | 99 | 고양 0 : 3 수원FC | 고양 | 368 |
| 2014.07.28 | 19:30 | 100 | 안산 1 : 3 강원 | 안산 | 286 |
|  | 19:00 | 101 | 강원 2 : 1 수원FC | 춘천 | 549 |
| 2014.08.09 | 19:00 | 102 | 대전 1 : 0 고양 | 대전W | 5,118 |
|  | 19:00 | 103 | 안산 3 : 1 부천 | 안산 | 514 |
| 2014.08.10 | 19:00 | 104 | 충주 1 : 1 대구 | 충주 | 526 |
|  | 19:00 | 105 | 안양 0 : 2 광주 | 안양 | 415 |
| 2014.08.13 | 19:30 | 63 | 안산 4 : 3 수원FC | 안산 | 499 |
| 2014.08.16 | 19:00 | 106 | 부천 1 : 2 안양 | 부천 | 1,111 |
|  | 19:00 | 107 | 광주 0 : 0 충주 | 광주W | 1,251 |
|  | 19:00 | 108 | 고양 0 : 0 강원 | 고양 | 764 |
| 2014.08.17 | 19:00 | 109 | 수원FC 2 : 4 대구 | 수원W | 851 |
| 2014.08.23 | 19:00 | 111 | 대구 0 : 0 광주 | 대구 | 875 |
|  | 19:00 | 112 | 부천 0 : 1 강원 | 부천 | 751 |
| 2014.08.24 | 19:00 | 113 | 안양 1 : 1 대전 | 안양 | 937 |
|  | 19:00 | 114 | 충주 0 : 0 수원FC | 충주 | 807 |
| 2014.08.25 | 19:30 | 115 | 안산 1 : 1 고양 | 안산 | 431 |
| 2014.08.30 | 19:00 | 116 | 대전 1 : 0 대구 | 대전W | 3,828 |
|  | 19:00 | 117 | 고양 1 : 2 안양 | 고양 | 705 |
| 2014.08.31 | 19:00 | 118 | 광주 2 : 0 강원 | 광주W | 989 |
|  | 19:30 | 119 | 안산 2 : 0 충주 | 안산 | 482 |

| 경기일자 | 경기시간 | 경기번호 | 대진 | 경기장소 | 관중수 |
|---|---|---|---|---|---|
| 2014.09.01 | 19:30 | 120 | 수원FC 1 : 0 부천 | 수원W | 557 |
| 2014.09.06 | 19:00 | 121 | 부천 0 : 0 충주 | 부천 | 558 |
| | 19:00 | 122 | 대구 0 : 1 고양 | 대구 | 623 |
| | 19:00 | 123 | 광주 0 : 1 안산 | 광주W | 615 |
| 2014.09.07 | 19:00 | 124 | 강원 1 : 2 대전 | 춘천 | 471 |
| | 19:00 | 125 | 안양 0 : 3 수원FC | 안양 | 841 |
| 2014.09.13 | 19:00 | 126 | 충주 0 : 1 강원 | 충주 | 1,380 |
| | 19:00 | 127 | 광주 1 : 1 고양 | 광주W | 1,032 |
| | 19:00 | 128 | 수원FC 2 : 2 대전 | 수원W | 909 |
| 2014.09.14 | 19:00 | 129 | 대구 2 : 0 부천 | 대구 | 771 |
| | 19:00 | 130 | 안양 1 : 2 안산 | 안양 | 720 |
| 2014.09.17 | 19:00 | 131 | 충주 4 : 1 안양 | 충주 | 398 |
| | 19:00 | 132 | 강원 4 : 1 대구 | 춘천 | 217 |
| | 19:30 | 133 | 대전 0 : 1 광주 | 대전W | 1,253 |
| | 19:30 | 134 | 수원FC 2 : 1 안산 | 수원W | 405 |
| | 20:00 | 135 | 부천 0 : 1 고양 | 부천 | 305 |
| 2014.09.20 | 16:00 | 136 | 대전 1 : 1 충주 | 대전W | 5,834 |
| | 16:00 | 137 | 부천 2 : 2 안산 | 부천 | 588 |
| | 16:00 | 138 | 안양 1 : 0 고양 | 안양 | 665 |
| 2014.09.21 | 14:00 | 139 | 강원 2 : 4 광주 | 춘천 | 428 |
| | 14:00 | 140 | 대구 1 : 2 수원FC | 대구 | 643 |
| 2014.09.24 | 19:30 | 110 | 대전 0 : 0 안산 | 대전W | 1,260 |
| 2014.09.27 | 14:00 | 141 | 대구 1 : 0 대전 | 대구 | 685 |
| | 14:00 | 142 | 강원 2 : 0 부천 | 원주 | 564 |
| | 16:00 | 143 | 충주 2 : 2 안산 | 충주 | 412 |
| 2014.09.28 | 14:00 | 144 | 광주 1 : 2 안양 | 광주W | 677 |
| | 14:00 | 145 | 수원FC 1 : 1 고양 | 수원W | 528 |
| 2014.10.04 | 14:00 | 146 | 고양 2 : 2 대전 | 고양 | 788 |
| | 16:00 | 147 | 안산 0 : 3 안양 | 안산 | 705 |
| | 16:00 | 148 | 부천 0 : 1 대구 | 부천 | 377 |
| 2014.10.05 | 14:00 | 149 | 강원 1 : 0 충주 | 원주 | 529 |
| | 14:00 | 150 | 수원FC 0 : 0 광주 | 수원W | 474 |
| 2014.10.11 | 14:00 | 151 | 고양 0 : 0 부천 | 고양 | 488 |

| 경기일자 | 경기시간 | 경기번호 | 대진 | 경기장소 | 관중수 |
|---|---|---|---|---|---|
| | 14:00 | 152 | 광주 2 : 1 대구 | 광주W | 930 |
| | 16:00 | 153 | 안산 2 : 1 수원FC | 안산 | 310 |
| 2014.10.12 | 14:00 | 154 | 안양 4 : 1 충주 | 안양 | 899 |
| | 14:00 | 155 | 대전 3 : 0 강원 | 대전H | 1,527 |
| 2014.10.15 | 19:30 | 25 | 안산 0 : 0 고양 | 안산 | 217 |
| 2014.10.18 | 14:00 | 156 | 대전 1 : 3 안양 | 대전H | 3,581 |
| | 14:00 | 157 | 강원 1 : 0 고양 | 원주 | 671 |
| | 14:00 | 158 | 충주 2 : 1 광주 | 충주 | 382 |
| 2014.10.19 | 14:00 | 159 | 대구 1 : 2 안산 | 대구 | 1,483 |
| | 16:00 | 160 | 부천 2 : 2 수원FC | 부천 | 648 |
| 2014.10.25 | 14:00 | 161 | 광주 1 : 0 대전 | 광주W | 2,470 |
| | 14:00 | 162 | 안산 1 : 0 강원 | 안산 | 480 |
| | 16:00 | 163 | 안양 1 : 2 부천 | 안양 | 942 |
| 2014.10.26 | 14:00 | 164 | 고양 2 : 4 대구 | 고양 | 882 |
| | 14:00 | 165 | 수원FC 3 : 0 충주 | 수원W | 744 |
| 2014.11.01 | 14:00 | 166 | 안산 3 : 2 광주 | 안산 | 482 |
| | 16:00 | 167 | 수원FC 2 : 1 안양 | 수원W | 618 |
| | 16:00 | 168 | 대전 1 : 0 부천 | 대전H | 1,462 |
| 2014.11.02 | 14:00 | 169 | 대구 6 : 1 강원 | 대구 | 794 |
| | 14:00 | 170 | 충주 0 : 0 고양 | 충주 | 317 |
| 2014.11.05 | 19:30 | 48 | 안산 1 : 1 안양 | 안산 | 364 |
| 2014.11.08 | 14:00 | 171 | 부천 0 : 2 광주 | 부천 | 857 |
| | 14:00 | 172 | 대구 1 : 2 충주 | 대구 | 663 |
| | 16:00 | 173 | 대전 5 : 2 수원FC | 대전H | 3,892 |
| 2014.11.09 | 14:00 | 174 | 강원 2 : 0 안양 | 원주 | 3,556 |
| | 14:00 | 175 | 고양 2 : 1 안산 | 고양 | 252 |
| | 14:00 | 176 | 고양 0 : 0 광주 | 고양 | 491 |
| 2014.11.16 | 14:00 | 177 | 수원FC 1 : 2 강원 | 수원W | 1,191 |
| | 14:00 | 178 | 안양 2 : 2 대구 | 안양 | 2,006 |
| | 14:00 | 179 | 충주 1 : 1 부천 | 충주 | 928 |
| | 14:00 | 180 | 안산 1 : 1 대전 | 안산 | 484 |
| 2014.11.22 | 14:00 | 181 | 강원 0 : 1 광주 | 원주 | 1,065 |
| 2014.11.29 | 14:00 | 182 | 안산 0 : 3 광주 | 안산 | 2,767 |

## 강원 0 : 3 안산

3월 22일 14:00 맑음 강릉 종합 관중 1,814명
주심_김영수 부심_지승민·곽승순 대기심_서동진 감독관_전인석

**강원 0** — 0 전반 1 / 0 후반 2 — **3 안산**

| 퇴장 | 경고 | 파울 | ST(유) | 교체 | 선수명 | 배번 | 위치 | 위치 | 배번 | 선수명 | 교체 | ST(유) | 파울 | 경고 | 퇴장 |
|---|---|---|---|---|---|---|---|---|---|---|---|---|---|---|---|
| 0 | 0 | 0 | 0 | | 양동원 | 21 | GK | GK | 16 | 유 현 | | 0 | 0 | 0 | 0 |
| 0 | 0 | 4 | 0 | | 박대한 | 27 | DF | DF | 3 | 양상민 | | 1(1) | 1 | 0 | 0 |
| 0 | 0 | 1 | 0 | | 정헌식 | 30 | DF | DF | 11 | 최광희 | | 1 | 0 | 0 | |
| 0 | 1 | 1 | 0 | | 김오규 | 20 | DF | DF | 14 | 오범석 | | 1 | 0 | 0 | |
| 0 | 2 | 1 | 1(1) | | 서보민 | 17 | MF | MF | 7 | 이용래 | | 0 | 1 | 0 | 0 |
| 0 | 1 | 6 | 0 | | 김윤호 | 16 | MF | MF | 8 | 문기한 | | 0 | 1 | 0 | |
| 0 | 2 | 1(1) | 9 | | 치프리안 | 12 | MF | MF | 17 | 조재철 | 30 | 1(1) | 0 | 0 | |
| 0 | 1 | | 0 | | 최진호 | 10 | MF | MF | 21 | 이재권 | | 1 | 0 | 0 | |
| 0 | | | 2(1) | | 김동기 | 11 | FW | FW | 11 | 정조국 | 10 | 1 | 1 | 0 | |
| 0 | | | 2(1) | | 이우혁 | 7 | FW | FW | 9 | 고경민 | | 1(1) | 1 | 0 | 0 |
| | | | | | 강성관 | 25 | | | 1 | 전태현 | | | | | |
| | | | | | 한석종 | 25 | | | 5 | 이원재 | | | | | |
| | | | | | 정우인 | 4 | | | 26 | 안동은 | 후23 | | | | |
| | | | | | 배효성 | 5 | 대기 | 대기 | 12 | 김병석 | | | | | |
| | | | | 후34 | 이우혁 | 7 | | | 30 | 박희도 | 후15 | 2 | 1 | 0 | 0 |
| | | | | | 최인후 | 28 | | | 10 | 서동현 | 후42/76 | 1 | 1 | 0 | 0 |
| 0 | 3 | 0 | | 후22 | 김영후 | 13 | | | 13 | 윤준하 | | 0 | | | |
| 0 | 2 | 22 | 7(3) | | | 0 | | | 0 | | | 7(4) | 15 | 1 | 0 |

● 전반 3분 문기한 MFR ~ 정조국 AKR R-ST-G(득점: 정조국, 도움: 문기한) 왼쪽
● 후반 31분 양상민 PA정면 L-ST-G(득점: 양상민) 오른쪽
● 후반 38분 최광희 PAR ~ 고경민 GAL 내 H-ST-G(득점: 고경민, 도움: 최광희) 왼쪽

## 수원FC 4 : 1 대전

3월 22일 16:00 맑음 수원 월드컵 관중 3,450명
주심_매호영 부심_김영하·강동호 대기심_임원택 감독관_김진의

**수원FC 4** — 1 전반 1 / 3 후반 0 — **1 대전**

| 퇴장 | 경고 | 파울 | ST(유) | 교체 | 선수명 | 배번 | 위치 | 위치 | 배번 | 선수명 | 교체 | ST(유) | 파울 | 경고 | 퇴장 |
|---|---|---|---|---|---|---|---|---|---|---|---|---|---|---|---|
| 0 | 0 | 0 | 0 | | 이상기 | 43 | GK | GK | 31 | 김선규 | | 0 | 0 | 0 | 0 |
| 0 | 0 | 1 | 1(1) | | 이준호 | 14 | DF | DF | 33 | 윤원일 | | 0 | 1 | 0 | 0 |
| 0 | 3 | | 0 | | 오광진 | 20 | DF | DF | 3 | 장원석 | 30 | 0 | 1 | 0 | 0 |
| 0 | 0 | 1 | 0 | | 조태우 | 25 | DF | DF | 5 | 안영규 | | 0 | 1 | 1 | 0 |
| 0 | 0 | 3 | 1(1) 33 | | 김정빈 | 15 | MF | MF | 11 | 황지웅 | | 2(2) | 0 | 0 | 0 |
| 0 | 2 | | 2(2) | | 유수현 | 22 | MF | MF | 23 | 이광진 | | 2(1) | 3 | 0 | 0 |
| 0 | 2 | 3 | 1 | | 임성택 | 30 | MF | MF | 7 | 정석민 | | 0 | 2 | 0 | 0 |
| 0 | 0 | | 16 | | 김본광 | 32 | MF | MF | 14 | 서명원 | 20 | 1 | 0 | 0 | |
| 0 | 1 | | | | 김한원 | 10 | DF | DF | 9 | 이동현 | | 2(2) | 2 | 0 | 0 |
| 0 | 1 | 3 | | | 조진수 | 27 | FW | FW | 10 | 아드리아노 | | 3(3) | 2 | 0 | 0 |
| 0 | 0 | | | | 이정형 | 21 | | | 1 | 박주원 | | | | | |
| | | | | | 김혁진 | 3 | | | 8 | 임창우 | 후22 | | | | |
| 0 | | 3(1) | | 후10 | 권용현 | 16 | | | 30 | 송주한 | 후0 | | 1 | | |
| | | | | | 김민기 | 31 | 대기 | 대기 | 24 | 김성수 | | | | | |
| 0 | | | | 후37 | 김재환 | 3 | | | 16 | 황진산 | | | | | |
| | | | | | 하정헌 | 13 | | | 22 | 김찬희 | 후14 | 1 | 1 | 0 | |
| 0 | | 4(4) | | 후10 | 정민우 | 9 | | | 17 | 신동혁 | | 0 | | | |
| 0 | 1 | 16 | 15(10) | | | 0 | | | 0 | | | 11(8) | 23 | 2 | 0 |

● 전반 10분 김한원 AKL FK R-ST-G(득점: 김한원) 오른쪽
● 전반 32분 아드리아노 GAR내 R-ST-G(득점: 아드리아노) 오른쪽
● 후반 18분 김정빈 PAL내 L-ST-G(득점: 김정빈) 왼쪽
● 후반 21분 권용현 PAR ~ 정민우 GAR R-ST-G(득점: 정민우, 도움: 권용현) 왼쪽
● 후반 26분 김서준 PAR ~ 유수현 AKL L-ST-G(득점: 유수현, 도움: 김서준) 오른쪽

## 대구 2 : 1 광주

3월 22일 14:00 맑음 대구 스타디움 관중 1,304명
주심_김희곤 부심_최민병·박상준 대기심_박진호 감독관_한진원

**대구 2** — 1 전반 0 / 1 후반 0 — **1 광주**

| 퇴장 | 경고 | 파울 | ST(유) | 교체 | 선수명 | 배번 | 위치 | 위치 | 배번 | 선수명 | 교체 | ST(유) | 파울 | 경고 | 퇴장 |
|---|---|---|---|---|---|---|---|---|---|---|---|---|---|---|---|
| 0 | 0 | 0 | 0 | | 이양종 | 1 | GK | GK | 41 | 류원우 | | 0 | 0 | 0 | 0 |
| 0 | 0 | 1 | 1(1) | | 금교진 | 2 | DF | DF | 17 | 이종민 | | 1 | 1 | 0 | 0 |
| 0 | 0 | | | | 조영훈 | 13 | DF | DF | 2 | 정준연 | | 0 | 1 | 0 | 0 |
| 0 | 0 | 1 | 0 | | 허재원 | 8 | DF | DF | 3 | 전준형 | | 0 | 2 | 1 | 0 |
| 0 | 2 | 1 | | | 이준희 | 20 | DF | DF | 4 | 이 완 | | 0 | 2 | 0 | 0 |
| 0 | 1 | 1(1) | 25 | | 장백규 | 9 | MF | MF | 40 | 이찬동 | 22 | 1 | 4 | 0 | 0 |
| 0 | 0 | | | | 안상현 | 20 | MF | MF | 4 | 여 름 | | 2 | 0 | 0 | |
| 0 | 0 | | 26 | | 김대열 | 3 | MF | MF | 6 | 임선영 | 3(3) | 2 | 0 | 0 | |
| 0 | 1 | 1 | | | 신창무 | 14 | FW | FW | 14 | 이 찬 | | 1 | 0 | 0 | |
| 0 | 1 | 1 | | | 황순민 | 9 | FW | FW | 11 | 김호남 | | 2 | 0 | 0 | |
| 0 | 6 | 0 | 7 | | 한승엽 | 19 | FW | FW | 9 | 호마링요 | 26 | 2(1) | 3 | 0 | 0 |
| | | | | | 조현우 | 21 | | | | 제종현 | | | | | |
| | | | | | 노행석 | | | | 14 | 안종훈 | 후37 | | | | |
| | | | | | 박종진 | 24 | | | 24 | 오도현 | | | | | |
| | | | | | 김귀현 | 14 | 대기 | 대기 | 22 | 송한복 | 후30 | | | | |
| | | | | 후45 | 윤영승 | 26 | | | 24 | 오도현 | | | | | |
| | | | | 후23 | 마테우스 | 25 | | | 26 | 이진호 | 후17 | 2 | 1 | | |
| 0 | 2 | 1(1) | 후13 | | 조형익 | 7 | | | 23 | 정호정 | | 0 | | | |
| 0 | 0 | 15 | 6(4) | | | 0 | | | 0 | | | 12(4) | 20 | 1 | 0 |

● 전반 10분 장백규 PAR내 L-ST-G(득점: 장백규) 오른쪽
● 후반 35분 황순민 GAR L-ST-G(득점: 황순민) 왼쪽
● 전반 4분 이완 MFL ~ 임선영 GAR R-ST-G(득점: 임선영, 도움: 이완) 가운데
● 후반 23분 강지용 GAR L-ST-G(득점: 강지용) 왼쪽

## 부천 2 : 3 충주

3월 23일 14:00 맑음 부천 종합 관중 5,562명
주심_윤창수 부심_서무희·방기열 대기심_박병진 감독관_김정식

**부천 2** — 1 전반 1 / 1 후반 3 — **3 충주**

| 퇴장 | 경고 | 파울 | ST(유) | 교체 | 선수명 | 배번 | 위치 | 위치 | 배번 | 선수명 | 교체 | ST(유) | 파울 | 경고 | 퇴장 |
|---|---|---|---|---|---|---|---|---|---|---|---|---|---|---|---|
| 0 | 0 | 0 | 0 | | 양진웅 | 21 | GK | GK | 1 | 황성민 | | 0 | 0 | 0 | 0 |
| 0 | 0 | 1 | 1(1) 13 | | 유대현 | 22 | DF | DF | 7 | 김재훈 | | 0 | 2 | 0 | 0 |
| 0 | 1 | 3(2) | | | 강지용 | 5 | DF | DF | 36 | 김동권 | | 0 | 2 | 0 | 0 |
| 0 | 0 | 4 | 0 | | 박재홍 | 5 | DF | DF | 15 | 박태수 | | 0 | 2 | 1 | 0 |
| 0 | 0 | | 18 | | 전민권 | 3 | DF | DF | 4 | 이민규 | | 0 | 2 | 1 | 0 |
| 0 | 2(1) | | | | 김륜도 | 24 | MF | MF | 22 | 변 웅 | | 3(2) | 1 | 0 | 0 |
| 0 | 2 | 1(1) | | | 김태영 | 28 | MF | MF | 18 | 한상학 | | 4 | 0 | 0 | |
| 0 | 0 | | 34 | | 곽래승 | 25 | MF | MF | 21 | 양동협 | 28 | 2(2) | 2 | 0 | 0 |
| 0 | | | | | 유준영 | 19 | FW | FW | 14 | 조준재 | | 1 | 1 | 0 | 0 |
| 0 | | | | | 석동우 | 2 | FW | FW | 8 | 정성민 | | 4(3) | 0 | 0 | 0 |
| 0 | 5(4) | | | | 호드리고 | 11 | FW | FW | 10 | 정성민 | | 2(1) | 1 | 0 | 0 |
| | | | | | 강 훈 | 33 | | | 79 | 이정래 | | | | | |
| | | | | | 김건호 | 31 | | | 2 | 노연빈 | | | | | |
| 0 | 1 | 1(1) | 후0 | | 박재철 | | | | 42 | 정근희 | | | | | |
| | | | | | 최인창 | 18 | 대기 | 대기 | | 박진수 | 후0 | | | | |
| | | | | | 박용준 | 39 | | | 27 | 김한빈 | | | | | |
| | | | | 후15 | 주일태 | 13 | | | 28 | 김정훈 | 후39 | | | | |
| 0 | | | | | 한종우 | 14 | | | | 이완희 | 후18 | 2(1) | 0 | 0 | |
| 0 | 2 | 18 | 15(10) | | | 0 | | | 0 | | | 14(10) | 18 | 2 | 0 |

● 전반 21분 유준영 PAL ~ 호드리고 GAR H-ST-G(득점: 호드리고, 도움: 유준영) 오른쪽
● 후반 23분 강지용 GAR L-ST-G(득점: 강지용) 왼쪽
● 후반 10분 박태수 자기측 HLR ~ 정성민 PAL내 L-ST-G(득점: 정성민, 도움: 박태수) 왼쪽
● 후반 12분 변웅 AKL R-ST-G(득점: 변웅) 오른쪽
● 후반 25분 조준재 GAL ~ 이완희 PAL내 L-ST-G(득점: 이완희, 도움: 조준재) 오른쪽

Section 4 현대오일뱅크 K리그 챌린지 2014

3월23일 14:00 맑음 고양 종합 관중 1,842명
주심_김대용 부심_설귀선·박인선 대기심_정동식 감독관_강창구

**고양 1**　0 전반 0 / 1 후반 1　**1 안양**

| 퇴장 | 경고 | 파울 | ST(유) | 교체 | 선수명 | 배번 | 위치 | 위치 | 배번 | 선수명 | 교체 | ST(유) | 파울 | 경고 | 퇴장 |
|---|---|---|---|---|---|---|---|---|---|---|---|---|---|---|---|
| 0 | 0 | 0 | 0 | | 강진웅 | 1 | GK | GK | 1 | 이진형 | | 0 | 0 | 0 | 0 |
| 0 | 2 | 0 | 0 | 22 | 이세환 | 2 | DF | DF | 4 | 김효준 | | 0 | 1 | 1 | 0 |
| 0 | 2 | 0 | 0 | | 이 훈 | 5 | DF | DF | 79 | 박 민 | | 1 | 1 | 0 | 0 |
| 0 | 0 | 4 | 0 | | 여효진 | 19 | DF | DF | 17 | 이으뜸 | | 1 | 1 | 0 | 0 |
| 0 | 1 | 1 | 0 | | 윤동헌 | 21 | DF | DF | 90 | 구대영 | | 0 | 2 | 0 | 0 |
| 0 | 3 | 0 | | | 이도성 | 7 | MF | MF | 14 | 박정식 | | 0 | 1 | 0 | 0 |
| 0 | 1 | 1 | 2(2) | | 호 니 | 10 | MF | MF | 13 | 최진수 | 20 | 0 | 1 | 0 | 0 |
| 0 | 5 | 0 | | 14 | 박병원 | 15 | MF | MF | 77 | 김원민 | 11 | 3(1) | 2 | 0 | 0 |
| 0 | 2 | 0 | | | 오기재 | 20 | MF | MF | 7 | 정대선 | | 1 | 1 | 0 | 0 |
| 0 | 5 | 0 | | 11 | 주민규 | 18 | FW | FW | 8 | 박성지 | | 0 | 1 | 0 | 0 |
| 0 | 0 | 1 | 1(1) | | 알렉스 | 9 | FW | FW | 9 | 펠리피 | 99 | 3(1) | 1 | 0 | 0 |
| | | | | | 여명은 | 23 | | | 21 | 정민교 | | | | | |
| | | | | | 신재필 | 8 | | | 3 | 가솔현 | | | | | |
| 0 | 1 | 2 | 0 | 후 | 황규범 | 22 | | | 5 | 김태봉 | | | | | |
| | | | | | 최봉균 | 27 | 대기 | 대기 | 20 | 정다슬 | 후43 | 1(1) | 0 | 0 | 0 |
| 0 | 0 | 0 | 1(1)후40 | | 정민무 | 11 | | | 6 | 김종성 | | | | | |
| 0 | 1 | 1 | 1(1)후20 | | 이성재 | 14 | | | 11 | 조성준 | 후26 | 0 | 1 | 0 | 0 |
| 0 | 0 | 0 | 0 | | 한 빛 | 13 | | | 99 | 김재웅 | 후30 | 0 | | | |
| 0 | 2 | 28 | 5(5) | | | | | | | | | 11(3) | 11 | 1 | 0 |

● 후반 20분 이도성 PAL → 이성재 GAL내 R-ST-G(득점: 이성재, 도움: 이도성) 가운데
● 후반 21분 박성진 AK정면 ~ 김원민 PA정면내 R-ST-G(득점: 김원민, 도움: 박성진) 왼쪽

3월29일 16:00 흐림 안양 종합 관중 6,279명
주심_임원택 부심_양병은·강동호 대기심_김희곤 감독관_김용세

**안양 1**　0 전반 0 / 1 후반 0　**0 강원**

| 퇴장 | 경고 | 파울 | ST(유) | 교체 | 선수명 | 배번 | 위치 | 위치 | 배번 | 선수명 | 교체 | ST(유) | 파울 | 경고 | 퇴장 |
|---|---|---|---|---|---|---|---|---|---|---|---|---|---|---|---|
| 0 | 0 | 0 | 0 | | 이진형 | 1 | GK | GK | 1 | 황교충 | | 0 | 1 | 1 | 0 |
| 0 | 0 | 0 | 0 | | 김효준 | 4 | DF | DF | 6 | 최우재 | | 0 | 1 | 0 | 0 |
| 0 | 0 | 0 | 1 | | 박 민 | 79 | DF | DF | 30 | 정헌식 | | 0 | 3 | 1 | 0 |
| 0 | 0 | 0 | 0 | | 김태봉 | 22 | DF | DF | 5 | 배효성 | | 0 | 0 | 0 | 0 |
| 0 | 1 | 1 | 1(1) | | 이으뜸 | 17 | DF | DF | 11 | 박대한 | 11 | 1 | 1 | 0 | 0 |
| 0 | 0 | 0 | 0 | | 김종성 | 6 | MF | MF | 20 | 김오규 | | 0 | 1 | 0 | 0 |
| 0 | 1 | | 2(1) | | 최진수 | 13 | MF | MF | 15 | 김윤호 | | 0 | 1 | 0 | 0 |
| 0 | 1 | 2 | 1(1)후30 | | 김원민 | 77 | MF | MF | 10 | 최진호 | | 4(3) | 1 | 0 | 0 |
| 0 | 0 | 2 | | | 조성준 | 11 | MF | MF | 17 | 치프리안 | 17 | 4(2) | 2 | 0 | 0 |
| 0 | 0 | 1 | | | 박성지 | 8 | FW | FW | 19 | 김동기 | 99 | 1 | 3 | 0 | 0 |
| 0 | 3 | 0 | | | 펠리피 | 99 | FW | FW | 9 | 김영후 | | 1 | 1 | 0 | 0 |
| | | | | | 정민교 | 21 | | | 23 | 강성관 | | | | | |
| | | | | | 가솔현 | 3 | | | 4 | 정우인 | | | | | |
| | | | | | 구대영 | 90 | | | 7 | 이우혁 | | | | | |
| 0 | 0 | 0 | 0 | | 정다슬 | 20 | 대기 | 대기 | 18 | 서보민 | 후17 | 1 | 0 | 0 | 0 |
| 0 | 0 | | 3(1)후13 | | 바그너 | 7 | | | 16 | 이준엽 | | | | | |
| 0 | 0 | | 0 후22 | | 정대선 | 11 | | | 11 | 최승인 | 후40 | 0 | | | |
| 0 | 0 | | 1(1)후37 | | 백동규 | 30 | | | 99 | 조엘손 | 후23 | 1(1) | 1 | 0 | 0 |
| 0 | 1 | 8 | 9(5) | | | | | | | | | 13(7) | 16 | 3 | 0 |

● 후반 44분 이으뜸 PAL L-ST-G(득점: 이으뜸) 오른쪽

3월29일 16:00 흐림 안산 와스타디움 관중 3,568명
주심_정동식 부심_서무희·방기열 대기심_윤창수 감독관_이영철

**안산 3**　0 전반 2 / 3 후반 0　**2 대구**

| 퇴장 | 경고 | 파울 | ST(유) | 교체 | 선수명 | 배번 | 위치 | 위치 | 배번 | 선수명 | 교체 | ST(유) | 파울 | 경고 | 퇴장 |
|---|---|---|---|---|---|---|---|---|---|---|---|---|---|---|---|
| 0 | 0 | 1 | 0 | | 유 현 | 16 | GK | GK | 1 | 이양종 | | 0 | 0 | 0 | 0 |
| 0 | 0 | 1 | 2(1) | | 김재웅 | 3 | DF | DF | 22 | 이준희 | | 2 | 2 | 2 | 0 |
| 0 | 1 | 1 | 0 | | 최광희 | 11 | DF | DF | 8 | 허재원 | | 1(1) | 1 | 0 | 0 |
| 0 | 0 | 0 | 1(1) | | 오범석 | 14 | DF | DF | 13 | 조영훈 | | 1(1) | 1 | 0 | 0 |
| 0 | 0 | 0 | 0 | | 박종진 | 18 | DF | DF | 2 | 금교진 | | 1(1) | 4 | 0 | 0 |
| 0 | 1 | 1 | 2(1) | | 이용래 | 7 | MF | MF | 25 | 마테우스 | 19 | 0 | 1 | 1 | 0 |
| 0 | 2 | 1 | | | 문기한 | 8 | MF | MF | 20 | 안상현 | | 0 | 3 | 0 | 0 |
| 0 | 1 | 3 | 1(1) | 26 | 조재철 | 17 | MF | MF | 9 | 김대열 | | 0 | 1 | 0 | 0 |
| 0 | 2 | 5(5) | | 12 | 이재권 | 21 | MF | MF | 11 | 신창무 | 7 | 1 | 1 | 0 | 0 |
| 0 | 1 | | | 22 | 서동현 | 10 | FW | FW | 7 | 황순민 | 7 | 0 | 2 | 0 | 0 |
| 0 | 0 | 2 | | | 고경민 | 19 | FW | FW | 99 | 조나탄 | 30 | 2 | 4 | 0 | 0 |
| | | | | | 송유걸 | 25 | | | 16 | 박민선 | | | | | |
| | | | | | 이원재 | 5 | | | 6 | 김동진 | | | | | |
| | | | 후10 | | 안동은 | 24 | | | 6 | 노행석 | | | | | |
| | | | 후43 | | 김병석 | 12 | 대기 | 대기 | 14 | 김귀현 | 후21 | 1 | 1 | 0 | 0 |
| | | | | | 김도훈 | 24 | | | 19 | 장백규 | | | | | |
| | | | 후31 | | 안성빈 | 22 | | | 30 | 한승엽 | 후47 | 0 | | | |
| | | | | | 윤준하 | 13 | | | 3 | 조형익 | 후18 | 0 | | | |
| 0 | 2 | 15 | 13(9) | | | | | | | | | 8(4) | 23 | 3 | 0 |

● 후반 16분 고경민 GAL내 ~ 이재권 GA정면내 R-ST-G(득점: 이재권, 도움: 고경민) 왼쪽
● 후반 23분 이재권 AKL R-ST-G(득점: 이재권) 오른쪽
● 후반 34분 고경민 PAR ~ 이재권 PA정면 R-ST-G(득점: 이재권, 도움: 고경민) 왼쪽
● 전반 37분 이준희 PAL ~ 금교진 PAR내 R-ST-G(득점: 금교진, 도움: 이준희) 왼쪽
● 전반 42분 조영훈 PA정면내 R-ST-G(득점: 조영훈) 오른쪽

3월29일 16:00 비 충주 종합 관중 1,647명
주심_박진호 부심_설귀선·박상준 대기심_김대용 감독관_김수현

**충주 2**　2 전반 1 / 0 후반 1　**2 수원FC**

| 퇴장 | 경고 | 파울 | ST(유) | 교체 | 선수명 | 배번 | 위치 | 위치 | 배번 | 선수명 | 교체 | ST(유) | 파울 | 경고 | 퇴장 |
|---|---|---|---|---|---|---|---|---|---|---|---|---|---|---|---|
| 0 | 0 | 0 | 0 | | 황성민 | 1 | GK | GK | 43 | 이상기 | | 0 | 0 | 0 | 0 |
| 0 | 1 | 1 | 1 | | 김재훈 | 7 | DF | DF | 14 | 이준호 | | 0 | 2 | 0 | 0 |
| 0 | 1 | 2 | 0 | | 김동권 | 36 | DF | DF | 19 | 오광진 | 8 | 0 | 0 | 0 | 0 |
| 0 | 0 | 3 | 1 | | 박태수 | 15 | DF | DF | 25 | 조태우 | | 0 | 2 | 0 | 0 |
| 0 | 0 | 3 | 2 | | 이민규 | 3 | DF | MF | 7 | 김서준 | | 2 | 1 | 0 | 0 |
| 0 | 3 | | 3(1) | | 변 웅 | 22 | MF | MF | 15 | 김정빈 | 16 | 1 | 1 | 0 | 0 |
| 0 | 0 | 0 | | | 박진수 | 4 | MF | MF | 30 | 유수현 | 18 | 1 | 1 | 0 | 0 |
| 0 | 2 | 5(4) | | | 양동협 | 21 | MF | MF | 30 | 임성택 | | 1(1) | 1 | 0 | 0 |
| 0 | 1 | 1 | | 28 | 조준재 | 14 | MF | MF | 32 | 김본광 | | 3 | 1 | 0 | 0 |
| 0 | 1 | 8 | | | 한홍규 | 9 | FW | DF | 10 | 김한원 | | 0 | 1 | 1 | 0 |
| 0 | 2 | | 3(2) | | 정성민 | 10 | FW | FW | 11 | 박종찬 | | 0 | 1 | 1 | 0 |
| | | | | | 이정래 | 79 | | | 21 | 이정형 | | | | | |
| 0 | 0 | 3 | 0 후46 | | 노연빈 | 2 | | | 8 | 김혁진 | 후29 | | | | |
| | | | | | 정근희 | 42 | | | 16 | 권용현 | 후11 | 1(1) | 1 | 0 | 0 |
| | | | | | 한상학 | 18 | 대기 | 대기 | 31 | 김민기 | | | | | |
| | | | | | 김한빈 | 27 | | | 33 | 김정환 | | | | | |
| | | | 후40 | | 김정훈 | 28 | | | 13 | 하정헌 | | | | | |
| 0 | 0 | | 1(1)후46 | | 이완희 | 17 | | | 18 | 정민우 | 후17 | 2(2) | | | |
| 0 | 2 | 23 | 16(8) | | | | | | | | | 12(4) | 10 | 1 | 0 |

● 전반 6분 김재훈 PAR ~ 정성민 GA정면 H-ST-G(득점: 정성민, 도움: 김재훈) 오른쪽
● 전반 27분 조준재 GAL ~ 양동협 GAL내 H-ST-G(득점: 양동협, 도움: 조준재) 가운데
● 전반 39분 김서준 PAR ~ 임성택 GAR H-ST-G(득점: 임성택, 도움: 김서준) 왼쪽
● 후반 39분 김서준 MF정면 ~ 정민우 GAR R-ST-G(득점: 정민우, 도움: 김서준) 왼쪽

## 대전 4 : 1 고양

3월 30일 14:00 맑음 대전 월드컵 관중 5,208명
주심_ 서동진 부심_최민병·곽승순 대기심_매호영 감독관_전인석

**대전 4** — 0 전반 0 / 4 후반 1 — **1 고양**

| 퇴장 | 경고 | 파울 | ST(유) | 교체 | 선수명 | 배번 | 위치 | 위치 | 배번 | 선수명 | 교체 | ST(유) | 파울 | 경고 | 퇴장 |
|---|---|---|---|---|---|---|---|---|---|---|---|---|---|---|---|
| 0 | 0 | 0 | 0 | | 김선규 | 31 | GK | GK | | 강진웅 | | 0 | 0 | 0 | 0 |
| 0 | 0 | 0 | 1(1) | | 장원석 | 3 | DF | DF | 22 | 황규범 | | 0 | 1 | 0 | 0 |
| 0 | 0 | 3 | 0 | | 윤원일 | 33 | DF | DF | 5 | 이 훈 | | 2(1) | 2 | 0 | 0 |
| 0 | 0 | 1 | 0 | | 안영규 | 5 | DF | DF | 19 | 여호진 | | 0 | 0 | 0 | 0 |
| 0 | 0 | 1 | 3(2) | | 임창우 | 6 | DF | DF | 21 | 윤동헌 | | 1 | 0 | 0 | 0 |
| 0 | 0 | 1 | 2(2) | | 서명원 | 14 | MF | MF | 14 | 이도성 | 8 | 0 | 0 | 0 | 0 |
| 0 | 0 | 0 | 0 | | 정석민 | 7 | MF | MF | 10 | 호 니 | | 0 | 0 | 0 | 0 |
| 0 | 0 | 0 | 0 | | 이광진 | 23 | MF | MF | 15 | 박병원 | 14 | 1 | 0 | 0 | 0 |
| 0 | 0 | 2 | | 11 | 황진산 | 16 | MF | MF | 20 | 오기재 | 13 | 0 | 3 | 0 | 0 |
| 0 | 0 | 0 | 0 | | 이동현 | 9 | FW | FW | | 주민규 | | 1(1) | 2 | 0 | 0 |
| 0 | 0 | 4(2) | | 18 | 아드리아노 | 10 | FW | FW | 30 | 알렉스 | | 6(3) | 3 | 0 | 0 |
| 0 | 0 | 0 | 0 | | 박주원 | 1 | | | 23 | 여명용 | | 0 | 0 | 0 | 0 |
| 0 | 0 | 0 | 0 | | 송주한 | 30 | | | 8 | 신재필 | 후22 | 0 | 0 | 0 | 0 |
| 0 | 0 | 0 | 0 | | 김한섭 | 2 | | | 7 | 최봉도 | | 0 | 0 | 0 | 0 |
| 0 | 0 | 0 | 0 | | 김찬희 | 22 | 대기 | 대기 | 6 | 배민호 | | 0 | 0 | 0 | 0 |
| 0 | 0 | 0 | 후0 | | 황지웅 | | | | 11 | 정민우 | | 0 | 0 | 0 | 0 |
| 0 | 0 | 0 | 후0 | | 반델레이 | 9 | | | 14 | 이성재 | 후27 | 2 | 0 | 0 | 0 |
| 0 | 0 | 1(1) | 후33 | | 김은중 | 18 | | | 13 | 한 빛 | 후33 | 0 | 0 | 0 | 0 |
| 0 | 0 | 14 | 13(8) | | | | | | | | | 14(5) | 15 | 0 | 0 |

- 후반 3분 장원석 PAR FK L-ST-G (득점: 장원석) 왼쪽
- 후반 6분 아드리아노 GAR내 R-ST-G득점: 아드리아노) 왼쪽
- 후반 8분 정석민 자기측 HL정면 → 아드리아노 PK좌측지점 R-ST-G득점: 아드리아노, 도움: 정석민) 오른쪽
- 후반 23분 황지웅 MFL ⌒ 서명원 GAR L-ST-G (득점: 서명원, 도움: 황지웅) 오른쪽

- 후반 43분 주민규 PARL-ST-G(득점: 주민규) 왼쪽

## 광주 0 : 0 충주

4월 05일 14:00 맑음 광주 월드컵 관중 1,474 명
주심_ 매호영 부심_지승민·곽승순 대기심_정동식 감독관_김정식

**광주 0** — 0 전반 0 / 0 후반 0 — **0 충주**

| 퇴장 | 경고 | 파울 | ST(유) | 교체 | 선수명 | 배번 | 위치 | 위치 | 배번 | 선수명 | 교체 | ST(유) | 파울 | 경고 | 퇴장 |
|---|---|---|---|---|---|---|---|---|---|---|---|---|---|---|---|
| 0 | 0 | 0 | 0 | | 류원우 | 1 | GK | GK | 1 | 황성민 | | 0 | 0 | 0 | 0 |
| 0 | 0 | 1 | 1 | | 이종민 | 17 | DF | DF | 7 | 이재환 | | 0 | 2 | 0 | 0 |
| 0 | 0 | 0 | 0 | | 정준연 | 2 | DF | DF | 36 | 김동권 | | 0 | 1 | 1 | 0 |
| 0 | 0 | 3 | 1(1) | | 전준형 | 3 | DF | DF | 15 | 박태수 | | 0 | 2 | 0 | 0 |
| 0 | 1 | 6 | 0 | | 정호정 | 33 | DF | DF | 2 | 노연빈 | | 0 | 3 | 1 | 0 |
| 0 | 1 | 6 | 0 | | 이찬동 | 40 | MF | MF | 22 | 변 웅 | | 0 | 4 | 1 | 0 |
| 0 | 1 | 1 | 1(1) | | 여 름 | 4 | MF | MF | 4 | 박진수 | | 0 | 0 | 0 | 0 |
| 0 | | 3(1) | | | 임선영 | 5 | MF | MF | 21 | 양동협 | 27 | 0 | 3 | 0 | 0 |
| 0 | 1 | 2 | 26 | | 김민수 | 7 | FW | MF | 10 | 조준재 | | 0 | 3 | 0 | 0 |
| 0 | 0 | 3 | 4(2) | 14 | 김호남 | 11 | FW | FW | 9 | 한홍규 | 28 | 2(1) | 3 | 2 | 0 |
| 0 | 0 | 2 | | | 호마링요 | 9 | FW | FW | 11 | 김한욱 | | 1 | 3 | 0 | 0 |
| 0 | 0 | 0 | 0 | | 백민철 | 21 | | | 79 | 이정래 | | 0 | 0 | 0 | 0 |
| 0 | 0 | 0 | 0 | | 이 완 | 8 | | | 3 | 이민규 | 전8 | 0 | 0 | 0 | 0 |
| 0 | 0 | 0 | 후30 | | 안종훈 | 14 | | | 35 | 김성현 | | 0 | 0 | 0 | 0 |
| 0 | 0 | 0 | | | 김영빈 | 15 | 대기 | 대기 | 18 | 한상학 | | 0 | 0 | 0 | 0 |
| 0 | 0 | 0 | | | 오도현 | 24 | | | 27 | 김한빈 | 후44 | 0 | 0 | 0 | 0 |
| 0 | 1 | | 후30 | | 송승민 | 16 | | | 28 | 김정훈 | 후38 | 0 | 0 | 0 | 0 |
| 0 | 0 | | 후40 | | 이진호 | 26 | | | 39 | 김주형 | | 0 | 0 | 0 | 0 |
| 0 | 2 | 21 | 15(5) | | | | | | | | | 3(1) | 22 | 2 | 0 |

## 광주 2 : 0 부천

3월 30일 14:00 흐림 광주 월드컵 관중 4,846명
주심_ 박병진 부심_강도준·박인선 대기심_김영수 감독관_김형남

**광주 2** — 1 전반 0 / 1 후반 0 — **0 부천**

| 퇴장 | 경고 | 파울 | ST(유) | 교체 | 선수명 | 배번 | 위치 | 위치 | 배번 | 선수명 | 교체 | ST(유) | 파울 | 경고 | 퇴장 |
|---|---|---|---|---|---|---|---|---|---|---|---|---|---|---|---|
| 0 | 0 | 0 | 0 | | 류원우 | 41 | GK | GK | 21 | 양진웅 | | 0 | 0 | 0 | 0 |
| 0 | 0 | 3 | 2(1) | | 이종민 | 17 | DF | DF | 14 | 한종우 | | 0 | 0 | 0 | 0 |
| 0 | 0 | 0 | 0 | | 정준연 | 2 | DF | DF | 15 | 김건호 | | 0 | 4 | 0 | 0 |
| 0 | 0 | 1 | 0 | 24 | 전준형 | 3 | DF | DF | 6 | 강지용 | | 1(1) | 2 | 1 | 0 |
| 0 | 0 | 3 | 0 | | 정호정 | 33 | DF | DF | 4 | 박재홍 | | 0 | 2 | 1 | 0 |
| 0 | 0 | 1 | 0 | | 이찬동 | 40 | MF | MF | 20 | 김륜도 | | 0 | 2 | 1 | 0 |
| 0 | 0 | 3 | 1 | | 여 름 | 4 | MF | MF | 37 | 한상현 | 18 | 0 | 1 | 0 | 0 |
| 0 | 0 | 2 | 2(1) | | 임선영 | 5 | MF | MF | 34 | 박재철 | | 0 | 0 | 0 | 0 |
| 0 | 0 | 0 | 25 | | 김민수 | 7 | FW | FW | 7 | 석동우 | 39 | 1(1) | 1 | 0 | 0 |
| 0 | 0 | 1 | 3(1) | 8 | 김요남 | 11 | FW | FW | 10 | 이제승 | 88 | 0 | 4 | 0 | 0 |
| 0 | 2 | 2 | | | 호마링요 | 9 | FW | FW | 11 | 호드리고 | | 2(2) | 7 | 0 | 0 |
| 0 | 0 | 0 | | | 백민철 | 21 | | | 33 | 강 훈 | | 0 | 0 | 0 | 0 |
| 0 | 0 | 0 | 후46 | | 이 완 | 8 | | | 3 | 박종오 | | 0 | 0 | 0 | 0 |
| 0 | 0 | 0 | | | 안종훈 | 14 | | | 22 | 유대현 | | 0 | 0 | 0 | 0 |
| 0 | 0 | 0 | | | 오도현 | 15 | 대기 | 대기 | 88 | 공재선 | 후23 | 0 | 0 | 0 | 0 |
| 0 | 0 | 1 | 후42 | | 오도현 | | | | 28 | 김태영 | | 0 | 0 | 0 | 0 |
| 0 | 0 | 4 | 후20 | | 송승민 | 16 | | | 39 | 박용준 | 후11 | 0 | 0 | 0 | 0 |
| 0 | 0 | 1 | | | 이진호 | 26 | | | 18 | 최인창 | 전18 | 3(1) | 2 | 1 | 0 |
| 0 | 0 | 17 | 11(3) | | | | | | | | | 7(5) | 29 | 3 | 0 |

- 전반 3분 김민수 GA정면 H→임선영 PK좌측지점 R-ST-G득점: 임선영, 도움: 김민수) 왼쪽
- 후반 10분 이종민 PK-R-G (득점: 이종민) 왼쪽

## 강원 1 : 3 대전

4월 05일 14:00 흐림 원주 관중 1,574명
주심_ 김희곤 부심_서무희·박인선 대기심_박병진 감독관_하재훈

**강원 1** — 0 전반 1 / 1 후반 2 — **3 대전**

| 퇴장 | 경고 | 파울 | ST(유) | 교체 | 선수명 | 배번 | 위치 | 위치 | 배번 | 선수명 | 교체 | ST(유) | 파울 | 경고 | 퇴장 |
|---|---|---|---|---|---|---|---|---|---|---|---|---|---|---|---|
| 0 | 0 | 0 | 0 | | 황교훈 | 1 | GK | GK | 31 | 김선규 | | 0 | 0 | 0 | 0 |
| 0 | 0 | 0 | 3 | | 최우재 | 2 | DF | DF | 2 | 김한섭 | 11 | 0 | 0 | 0 | 0 |
| 0 | 0 | 0 | | | 김오규 | 20 | DF | DF | 33 | 윤원일 | | 1 | 1 | 0 | 0 |
| 0 | 0 | 1 | 0 | | 정현식 | 30 | DF | DF | 5 | 안영규 | | 1 | 2 | 0 | 0 |
| 0 | 0 | 1 | | | 박대한 | 27 | DF | DF | 30 | 송주한 | | 1 | 0 | 0 | 0 |
| 0 | 0 | 1 | | | 서보민 | 17 | MF | MF | 6 | 임창우 | | 0 | 0 | 0 | 0 |
| 0 | 1 | | 16 | | 최진호 | 10 | MF | MF | 23 | 이광진 | | 1(1) | 0 | 0 | 0 |
| 0 | 4 | 2(1) | | | 치프리안 | 12 | MF | FW | 14 | 서명원 | | 2(2) | 0 | 0 | 0 |
| 0 | 4 | 4(2) | | | 김영후 | 8 | FW | FW | 9 | 김찬희 | 19 | 2 | 3 | 0 | 0 |
| 0 | 0 | 3 | 11 | | 조엘손 | 99 | FW | FW | 10 | 아드리아노 | 24 | 3(1) | 3 | 0 | 0 |
| 0 | 0 | 0 | | | 양동원 | | | | | 박주원 | | 0 | 0 | 0 | 0 |
| 0 | 0 | 0 | | | 배효성 | | | | 24 | 김성수 | 후45 | 0 | 0 | 0 | 0 |
| 0 | 0 | 0 | 후9 | | 이재훈 | | | | 12 | 유성기 | | 0 | 0 | 0 | 0 |
| 0 | 0 | 0 | | | 정우인 | 4 | 대기 | 대기 | 19 | 이동현 | | 0 | 0 | 0 | 0 |
| 0 | 0 | 0 | | | 김윤호 | | | | 11 | 황지웅 | 후0 | 1 | 0 | 0 | 0 |
| 0 | 0 | 0 | 후12 | | 이준엽 | 16 | | | 9 | 반델레이 | 후14 | 2(2) | 2 | 0 | 0 |
| 0 | 0 | 1(1) | 후25 | | 최승인 | 11 | | | 18 | 김은중 | | 0 | 0 | 0 | 0 |
| 0 | 1 | 13 | 8(4) | | | | | | | | | 13(7) | 12 | 0 | 0 |

- 후반 40분 이우혁 MF정면 ⌒최승인 PAL내 발리슛 L-ST-G득점: 최승인, 도움: 이우혁) 오른쪽

- 전반 48분 송주한 PAL내 ~ 서명원 PA정면내 R-ST-G득점: 서명원, 도움: 송주한) 오른쪽
- 후반 6분 황지웅 GAL EL ~ 아드리아노 GA정면 R-ST-G득점: 아드리아노, 도움: 황지웅) 오른쪽
- 후반 39분 서명원 GAR ~ 반델레이 GA정면 R-ST-G득점: 반델레이, 도움: 서명원) 왼쪽

## 4월05일 16:00 흐림 수원월드컵 관중 1,167명
주심_김대용 부심_강도준·방기열 대기심_서동진 감독관_전인석

**수원FC 0** — 0 전반 0 / 0 후반 3 — **3 안산**

| 퇴장 | 경고 | 파울 | ST(유) | 교체 | 선수명 | 배번 | 위치 | 위치 | 배번 | 선수명 | 교체 | ST(유) | 파울 | 경고 | 퇴장 |
|---|---|---|---|---|---|---|---|---|---|---|---|---|---|---|---|
| 0 | 0 | 0 | 0 | | 이상기 | 43 | GK | GK | 16 | 유 현 | | 0 | 0 | 0 | 0 |
| 0 | 0 | 1 | 0 | | 이준호 | 14 | DF | DF | 3 | 양상민 | | 1(1) | 2 | 0 | 0 |
| 0 | 0 | 1 | 0 | | 조태우 | 25 | DF | DF | 11 | 최광희 | | 0 | 4 | 0 | 0 |
| 0 | 1 | 3 | 1(1) | 31 | 김서준 | 7 | MF | DF | 14 | 오범석 | | 0 | 4 | 1 | 0 |
| 0 | 0 | 0 | 0 | 18 | 김정빈 | 15 | MF | MF | 18 | 박종진 | | 1 | 2 | 0 | 0 |
| 0 | 0 | 1 | 0 | | 유수현 | 20 | MF | MF | 7 | 이용래 | | 1 | 2 | 0 | 0 |
| 0 | 0 | 1 | 1 | | 임성택 | 30 | MF | MF | 8 | 문기한 | | 0 | 2 | 0 | 0 |
| 0 | 0 | 1 | 0 | | 김본광 | 32 | DF | MF | 17 | 조재철 | 22 | 0 | 2 | 0 | 0 |
| 0 | 0 | 0 | 0 | | 김한원 | 10 | DF | MF | 21 | 이재권 | | 1 | 2 | 0 | 0 |
| 0 | 1 | 4 | 3(2) | | 박종찬 | 11 | FW | FW | 9 | 서동현 | 9 | 1 | 2 | 0 | 0 |
| 0 | 1 | 1 | 0 | 16 | 하정헌 | 13 | FW | FW | 19 | 고경민 | 26 | 2(2) | 2 | 0 | 0 |
| 0 | 0 | 0 | 0 | | 이정형 | 21 | | | 25 | 송유걸 | | 0 | 0 | 0 | 0 |
| 0 | 0 | 0 | 0 | | 이치준 | 3 | | | 5 | 이원재 | | 0 | 0 | 0 | 0 |
| 0 | 0 | 0 | 0 | | 김혁진 | 8 | | | 26 | 안동은 | 후44 | 0 | 0 | 0 | 0 |
| 0 | 0 | 0 | 0 | 전31 | 권용현 | 16 | 대기 | 대기 | 2 | 이 호 | | 0 | 0 | 0 | 0 |
| 0 | 0 | 2 | 0 | 후27 | 김민기 | 31 | | | 9 | 정조국 | 후0 | 6(6) | 1 | 0 | 0 |
| 0 | 0 | 0 | 0 | | 김재환 | 33 | | | 13 | 윤준하 | | 0 | 0 | 0 | 0 |
| 0 | 0 | 0 | 1 | 후0 | 정민우 | 18 | | | 22 | 안성빈 | 후26 | 0 | 1 | 0 | 0 |
| 0 | 3 | 15 | 6(3) | | | 0 | | | 0 | | | 13(9) | 26 | 1 | 0 |

- ●후반 4분 이용래 PAL ⌒ 고경민 GA정면 H-ST-G(득점: 고경민, 도움: 이용래) 가운데
- ●후반 12분 정조국 PAL FK R-ST-G(득점: 정조국) 왼쪽
- ●후반 50분 정조국 PAL내 L-ST-G(득점: 정조국) 오른쪽

## 4월06일 14:00 맑음 대구 스타디움 관중 3,605명
주심_윤창수 부심_양병은·설귀선 대기심_임원택 감독관_한병화

**대구 0** — 0 전반 0 / 0 후반 1 — **1 고양**

| 퇴장 | 경고 | 파울 | ST(유) | 교체 | 선수명 | 배번 | 위치 | 위치 | 배번 | 선수명 | 교체 | ST(유) | 파울 | 경고 | 퇴장 |
|---|---|---|---|---|---|---|---|---|---|---|---|---|---|---|---|
| 0 | 0 | 0 | 0 | | 이양종 | 1 | GK | GK | 23 | 여명용 | | 0 | 0 | 1 | 0 |
| 0 | 0 | 1 | 0 | | 김동진 | 16 | DF | DF | 22 | 황규범 | | 1 | 3 | 0 | 0 |
| 0 | 1 | 2 | 0 | | 허재원 | 8 | DF | DF | 8 | 신재필 | | 0 | 1 | 0 | 1 |
| 0 | 0 | 0 | 0 | | 조영훈 | 13 | DF | DF | 19 | 여효진 | | 0 | 2 | 1 | 0 |
| 0 | 0 | 1 | 0 | | 금교진 | 2 | DF | DF | 21 | 윤동헌 | 4 | 0 | 1 | 0 | 0 |
| 0 | 0 | 2 | 2(2) | 33 | 장백규 | 7 | MF | MF | 18 | 주민규 | | 1(1) | 6 | 1 | 0 |
| 0 | 0 | 1 | 0 | | 안상현 | 20 | MF | MF | 20 | 오기재 | | 1 | 2 | 1 | 0 |
| 0 | 0 | 1 | 0 | | 김대열 | 9 | MF | MF | 15 | 박병원 | | 1 | 1 | 0 | 0 |
| 0 | 0 | 2 | 3 | | 조형익 | 7 | MF | MF | 14 | 이성재 | 11 | 3 | 8 | 0 | 0 |
| 0 | 0 | 1 | 0 | | 황순민 | 10 | FW | FW | 10 | 호 니 | | 1(1) | 0 | 0 | 0 |
| 0 | 0 | 5 | 1 | 30 | 조나탄 | 99 | FW | FW | 30 | 알렉스 | | 5(3) | 0 | 0 | 0 |
| 0 | 0 | 0 | 0 | | 조현우 | 21 | | | 1 | 강진웅 | | 0 | 0 | 0 | 0 |
| 0 | 0 | 0 | 0 | | 박종진 | 24 | | | 3 | 배민호 | | 0 | 0 | 0 | 0 |
| 0 | 0 | 0 | 0 | | 노행석 | 6 | | | 4 | 최병도 | 후29 | 0 | 0 | 0 | 0 |
| 0 | 0 | 0 | 0 | | 김귀현 | 14 | 대기 | 대기 | 7 | 이도성 | 후15 | 0 | 1 | 0 | 0 |
| 0 | 0 | 0 | 0 | 후11 | 한승엽 | 30 | | | 11 | 황규환 | 후43 | 0 | 0 | 0 | 0 |
| 0 | 0 | 0 | 3(1) | 후11 | 정대교 | 33 | | | 17 | 이광재 | | 0 | 0 | 0 | 0 |
| 0 | 1 | 16 | 9(3) | | | 0 | | | 0 | | | 13(5) | 25 | 4 | 1 |

- ●후반 2분 알렉스 GAR R-ST-G(득점: 알렉스) 가운데

## 4월06일14:00 맑음 부천 종합 관중 1,508 명
주심_김영수 부심_김영하·박상준 대기심_박진호 감독관_김진의

**부천 0** — 0 전반 1 / 0 후반 0 — **1 안양**

| 퇴장 | 경고 | 파울 | ST(유) | 교체 | 선수명 | 배번 | 위치 | 위치 | 배번 | 선수명 | 교체 | ST(유) | 파울 | 경고 | 퇴장 |
|---|---|---|---|---|---|---|---|---|---|---|---|---|---|---|---|
| 0 | 0 | 0 | 0 | | 양진웅 | 21 | GK | GK | 1 | 이진형 | | 0 | 0 | 0 | 0 |
| 0 | 1 | 3 | 0 | | 석동우 | 2 | DF | DF | 4 | 김효준 | | 0 | 0 | 0 | 0 |
| 0 | 0 | 3 | 0 | | 강지용 | 6 | DF | DF | 79 | 박 민 | | 0 | 1 | 0 | 0 |
| 0 | 0 | 2 | 1(1) | | 한종우 | 14 | DF | DF | 22 | 김태봉 | | 0 | 1 | 0 | 0 |
| 0 | 1 | 2 | 1 | | 김건호 | 15 | DF | DF | 17 | 이으뜸 | | 2(1) | 1 | 0 | 0 |
| 0 | 0 | 1 | 1 | | 김륜도 | 20 | MF | MF | 6 | 김종성 | | 0 | 4 | 0 | 0 |
| 0 | 0 | 2 | 3(2) | 34 | 이경수 | 24 | FW | MF | 5 | 최진수 | 20 | 1(1) | 2 | 1 | 0 |
| 0 | 0 | 0 | 2(2) | 19 | 김태영 | 28 | MF | MF | 10 | 바그너 | 11 | 2(2) | 2 | 0 | 0 |
| 0 | 1 | 1 | 1(1) | 27 | 경재윤 | 88 | MF | MF | 7 | 정대선 | | 2(1) | 1 | 0 | 0 |
| 0 | 0 | 3 | 3(1) | | 호드리고 | 11 | FW | FW | 8 | 박성진 | | 0 | 1 | 0 | 0 |
| 0 | 0 | 3 | 4 | | 최인창 | 22 | FW | FW | 30 | 펠리피 | 30 | 1 | 1 | 0 | 0 |
| 0 | 0 | 0 | 0 | | 강 훈 | 33 | | | 21 | 정민호 | | 0 | 0 | 0 | 0 |
| 0 | 0 | 0 | 0 | | 박종오 | 3 | | | 5 | 정수호 | | 0 | 0 | 0 | 0 |
| 0 | 0 | 0 | 0 | | 박재홍 | 5 | | | 90 | 구대영 | | 0 | 0 | 0 | 0 |
| 0 | 0 | 0 | 0 | 후27 | 유준영 | 19 | 대기 | 대기 | 20 | 정다슬 | 후39 | 0 | 1 | 0 | 0 |
| 0 | 0 | 0 | 0 | | 김대현 | 22 | | | 11 | 조성준 | 후14 | 1(1) | 1 | 1 | 0 |
| 0 | 0 | 0 | 0 | 후0 | 이재승 | 27 | | | 30 | 백동규 | 후39 | 0 | 1 | 0 | 0 |
| 0 | 0 | 1 | 1(1) | 후16 | 박재철 | 34 | | | | | | | | | |
| 0 | 3 | 21 | 17(8) | | | 0 | | | 0 | | | 9(5) | 17 | 2 | 0 |

- ●전반 29분 최진수 PAL FK R-ST-G(득점: 최진수) 왼쪽

## 4월12일 14:00 흐림 고양 종합 관중 305명
주심_정동식 부심_서무희·곽승순 대기심_김동진 감독관_하재훈

**고양 1** — 0 전반 0 / 1 후반 0 — **0 수원FC**

| 퇴장 | 경고 | 파울 | ST(유) | 교체 | 선수명 | 배번 | 위치 | 위치 | 배번 | 선수명 | 교체 | ST(유) | 파울 | 경고 | 퇴장 |
|---|---|---|---|---|---|---|---|---|---|---|---|---|---|---|---|
| 0 | 1 | 0 | 0 | | 여명용 | 23 | GK | GK | 23 | 박형순 | | 0 | 0 | 0 | 0 |
| 0 | 0 | 2 | 0 | | 황규범 | 22 | DF | DF | 14 | 이준호 | | 1(1) | 2 | 0 | 0 |
| 0 | 0 | 1 | 0 | | 최병도 | 4 | DF | DF | 25 | 조태우 | | 0 | 3 | 0 | 0 |
| 0 | 0 | 2 | 0 | | 여효진 | 19 | DF | MF | 3 | 이치준 | | 0 | 2 | 0 | 0 |
| 0 | 0 | 2 | 0 | | 배민호 | 3 | DF | DF | 15 | 김정빈 | 8 | 1(1) | 1 | 0 | 0 |
| 0 | 1 | 3 | 0 | | 주민규 | 18 | MF | MF | 20 | 유수현 | | 2(1) | 1 | 0 | 0 |
| 0 | 1 | 0 | 0 | | 이도성 | 16 | MF | MF | 30 | 임성택 | 16 | 1 | 0 | 0 | 0 |
| 0 | 0 | 1 | 1(1) | 17 | 박병원 | 15 | MF | MF | 32 | 김본광 | | 6(4) | 6 | 1 | 0 |
| 0 | 0 | 1 | 1(1) | | 이성재 | 14 | MF | DF | 33 | 김재환 | | 0 | 0 | 0 | 0 |
| 0 | 0 | 2 | 0 | | 호 니 | 10 | FW | MF | 13 | 하정헌 | 11 | 1(1) | 1 | 0 | 0 |
| 0 | 0 | 2 | 2(2) | | 알렉스 | 30 | FW | FW | 18 | 정민우 | | 4(1) | 2 | 0 | 0 |
| 0 | 0 | 0 | 0 | | 강진웅 | 1 | | | 43 | 이상기 | | 0 | 0 | 0 | 0 |
| 0 | 0 | 2 | 0 | 전30 | 이세환 | 2 | | | 7 | 김서준 | | 0 | 0 | 0 | 0 |
| 0 | 0 | 2 | 0 | | 이희찬 | 16 | | | 8 | 김혁진 | 후35 | 0 | 0 | 0 | 0 |
| 0 | 0 | 0 | 0 | | 김상균 | 6 | 대기 | 대기 | 16 | 권용현 | 후8 | 0 | 1 | 0 | 0 |
| 0 | 0 | 0 | 0 | | 정민우 | 5 | | | 24 | 김재연 | | 0 | 0 | 0 | 0 |
| 0 | 0 | 0 | 0 | 후9 | 한 빛 | 13 | | | 31 | 김민기 | | 0 | 0 | 0 | 0 |
| 0 | 0 | 0 | 0 | 후46 | 이광재 | 17 | | | 11 | 박종찬 | 후8 | 3(1) | 0 | 0 | 0 |
| 0 | 3 | 20 | 4(4) | | | 0 | | | 0 | | | 19(10) | 19 | 1 | 0 |

- ●후반 3분 박병원 PAR ~ 알렉스 GAR R-ST-G(득점: 알렉스, 도움: 박병원) 왼쪽

## 충주 2 - 3 대구

4월 12일 16:00 흐림 충주 종합 관중 887명
주심_ 임원택 부심_ 김영하·박인선 대기심_ 김영수 감독관_ 한병화

|  |  |  | 0 | 전반 | 0 |  |  |  |  |
|---|---|---|---|---|---|---|---|---|---|
|  |  |  | 2 | 후반 | 3 |  |  |  |  |

| 퇴장 | 경고 | 파울 | ST(유) | 교체 | 선수명 | 배번 | 위치 | 위치 | 배번 | 선수명 | 교체 | ST(유) | 파울 | 경고 | 퇴장 |
|---|---|---|---|---|---|---|---|---|---|---|---|---|---|---|---|
| 0 | 0 | 0 | 0 |  | 황성민 | 1 | GK | GK | 21 | 이양종 |  | 0 | 0 | 0 | 0 |
| 0 | 0 | 0 | 0 |  | 김재훈 | 35 | DF | DF | 22 | 이준희 |  | 0 | 0 | 0 | 0 |
| 0 | 0 | 1 | 0 |  | 김성현 | 35 | DF | DF | 8 | 허재원 |  | 0 | 1 | 0 | 0 |
| 0 | 1 | 1 | 2(1) |  | 박태수 | 15 | DF | DF | 13 | 조영훈 |  | 2 | 2 | 0 | 0 |
| 0 | 1 | 1 | 0 |  | 이민규 | 3 | DF | DF | 2 | 금교진 |  | 0 | 4 | 0 | 0 |
| 0 | 0 | 2 | 1(1) |  | 변 웅 | 22 | MF | MF | 19 | 장백규 | 4(1) | 0 | 0 | 0 | 0 |
| 0 | 1 | 4 | 0 |  | 박진수 | 4 | MF | MF | 20 | 안상현 |  | 0 | 4 | 1 | 0 |
| 0 | 2 | 3(1) | 28 |  | 양동협 | 21 | MF | MF | 14 | 김대열 | 1(1) | 5 | 0 | 0 | 0 |
| 0 | 0 | 0 | 0 |  | 조준재 | 14 | MF | MF | 26 | 윤영승 | 6 | 1 | 1 | 0 | 0 |
| 0 | 3(2) |  |  |  | 한홍규 | 9 | FW | FW | 10 | 황순민 |  | 0 | 1 | 0 | 0 |
| 0 | 0 | 5 | 1(1) |  | 김성민 | 34 | FW | FW | 99 | 조나탄 | 7 | 3(2) | 2 | 0 | 0 |
| 0 | 0 | 0 | 0 |  | 이정래 | 79 |  |  | 31 | 박민선 |  | 0 | 0 | 0 | 0 |
| 0 | 0 | 0 | 0 | 전41 | 유종현 | 5 |  |  | 15 | 김주빈 |  | 0 | 0 | 0 | 0 |
| 0 | 0 | 0 | 0 |  | 박요한 | 11 |  |  | 6 | 노행석 | 후22 | 1(1) | 0 | 0 | 0 |
| 0 | 0 | 0 | 0 |  | 한상학 | 18 | 대기 | 대기 | 11 | 신창무 |  | 0 | 0 | 0 | 0 |
| 0 | 0 | 0 | 0 |  | 최승호 | 16 |  |  | 33 | 정대교 |  | 0 | 0 | 0 | 0 |
| 0 | 0 | 0 | 0 | 후26/30 | 김정훈 | 28 |  |  | 27 | 김흥일 |  | 0 | 0 | 0 | 0 |
| 0 | 0 | 0 | 0 | 후46 | 황완희 | 30 |  |  | 7 | 조형익 | 후18 | 0 | 0 | 0 | 0 |
| 0 | 2 | 13 | 11(5) |  |  | 0 |  |  | 0 |  |  | 12(5) | 20 | 2 | 0 |

● 후반 28초 박진수 MFR ⌒ 한홍규 GAL R-ST-G
(득점: 한홍규, 도움: 박진수) 오른쪽
● 후반 25분 한홍규 AKR L-ST-G(득점: 한홍규)
오른쪽
● 후반 14분 장백규 GAL L-ST-G(득점: 장백규) 오
른쪽
● 후반 37분 김대열 MFL FK R-ST-G(득점: 김대
열) 오른쪽
● 후반 48분 노행석 PAL내 L-ST-G(득점: 노행석)
왼쪽

## 부천 2 - 2 강원

4월 13일 14:00 맑음 부천 종합 관중 1,239명
주심_ 서동진 부심_ 강동호·방기열 대기심_ 고형진 감독관_ 김용세

|  |  |  | 0 | 전반 | 1 |  |  |  |  |
|---|---|---|---|---|---|---|---|---|---|
|  |  |  | 2 | 후반 | 1 |  |  |  |  |

| 퇴장 | 경고 | 파울 | ST(유) | 교체 | 선수명 | 배번 | 위치 | 위치 | 배번 | 선수명 | 교체 | ST(유) | 파울 | 경고 | 퇴장 |
|---|---|---|---|---|---|---|---|---|---|---|---|---|---|---|---|
| 0 | 0 | 0 | 0 |  | 양진웅 | 21 | GK | GK | 23 | 강성관 |  | 0 | 0 | 0 | 0 |
| 0 | 0 | 0 | 1(1) |  | 석동우 | 2 | DF | DF | 3 | 이재훈 |  | 0 | 1 | 0 | 0 |
| 0 | 0 | 0 | 0 |  | 박재홍 | 5 | DF | DF | 5 | 배효성 |  | 0 | 2 | 0 | 1 |
| 0 | 0 | 0 | 0 |  | 김건호 | 35 | DF | DF | 20 | 김오규 |  | 0 | 0 | 1 | 0 |
| 0 | 0 | 0 | 0 |  | 정홍연 | 55 | DF | DF | 13 | 박상진 |  | 0 | 0 | 0 | 0 |
| 0 | 0 | 0 | 0 | 14 | 김륜도 | 20 | MF | MF | 7 | 이우혁 |  | 1(1) | 1 | 0 | 0 |
| 0 | 0 | 1 | 0 |  | 김태영 | 28 | MF | MF | 25 | 한석종 | 2(2) | 0 | 1 | 0 | 0 |
| 0 | 0 | 1 | 0 |  | 박재철 | 34 | FW | MF | 12 | 치프리안 | 11 | 2 | 1 | 0 | 0 |
| 0 | 0 | 1 | 27 |  | 경재윤 | 88 | MF | MF | 11 | 최진호 |  | 0 | 0 | 0 | 0 |
| 0 | 0 | 0 | 0 |  | 호드리고 | 11 | FW | FW | 99 | 조엘손 | 4 | 1(1) | 1 | 0 | 0 |
| 0 | 4 | 3(2) |  |  | 최인창 | 18 | FW | MF | 19 | 김영후 | 1 | 4 | 1 | 0 | 0 |
| 0 | 0 | 0 | 0 |  | 강 훈 | 33 |  |  | 1 | 황교충 |  | 0 | 0 | 0 | 0 |
| 0 | 0 | 0 | 0 |  | 강지용 | 6 |  |  | 4 | 정우인 | 후40 | 0 | 0 | 0 | 0 |
| 0 | 0 | 0 | 0 | 후13 | 한종우 | 14 |  |  | 27 | 박대한 |  | 0 | 0 | 0 | 0 |
| 0 | 0 | 0 | 0 |  | 주일태 | 13 | 대기 | 대기 | 30 | 황진식 |  | 0 | 0 | 0 | 0 |
| 0 | 0 | 0 | 0 |  | 유준영 | 19 |  |  | 17 | 서보민 | 후28 | 0 | 0 | 0 | 0 |
| 0 | 0 | 2 | 1 | 전37 | 이제승 | 27 |  |  | 11 | 최승인 | 후19 | 1(1) | 0 | 0 | 0 |
| 0 | 0 | 0 | 0 | 후38 | 공민현 |  |  |  | 9 | 김영후 |  | 0 | 0 | 0 | 0 |
| 0 | 2 | 19 | 10(5) |  |  | 0 |  |  | 0 |  |  | 9(7) | 12 | 3 | 1 |

● 후반 3분 최인창 PAR H ⌒ 박재철 GAL 오버헤
드킥 R-ST-G(득점: 박재철, 도움: 최인창) 오른
쪽
● 후반 45분 정홍연 자기측 HLL ⌒ 최인창 PA정
면내 R-ST-G(득점: 최인창, 도움: 정홍연) 오른
쪽
● 전반 2분 조엘손 GA내 R-ST-G(득점: 조엘손)
왼쪽
● 후반 47분 한석종 PA정면내 ~ 이우혁 MF정면
R-ST-G(득점: 이우혁, 도움: 한석종) 오른쪽

## 안양 2 - 0 안산

4월 12일 16:00 흐림 안양 종합 관중 1,805명
주심_ 박병진 부심_ 양동은·설귀선 대기심_ 매호영 감독관_ 전인석

|  |  |  | 2 | 전반 | 0 |  |  |  |  |
|---|---|---|---|---|---|---|---|---|---|
|  |  |  | 0 | 후반 | 0 |  |  |  |  |

| 퇴장 | 경고 | 파울 | ST(유) | 교체 | 선수명 | 배번 | 위치 | 위치 | 배번 | 선수명 | 교체 | ST(유) | 파울 | 경고 | 퇴장 |
|---|---|---|---|---|---|---|---|---|---|---|---|---|---|---|---|
| 0 | 0 | 0 | 0 |  | 이진형 | 1 | GK | GK | 16 | 유 현 | 1 | 0 | 0 | 0 | 0 |
| 0 | 0 | 0 | 0 |  | 김효준 | 4 | DF | DF | 3 | 양상민 |  | 1 | 3 | 0 | 0 |
| 0 | 0 | 0 | 0 |  | 박 민 | 79 | DF | DF | 11 | 최광희 |  | 0 | 0 | 0 | 0 |
| 0 | 0 | 0 | 0 |  | 김태봉 | 22 | DF | DF | 18 | 박종진 | 1(1) | 2 | 0 | 0 | 0 |
| 0 | 0 | 1 | 1(1) |  | 이으뜸 | 17 | DF | DF | 26 | 안동은 | 1(1) | 0 | 0 | 0 | 0 |
| 0 | 1 | 1 | 0 |  | 김종성 | 6 | MF | MF | 17 | 이용래 | 1(1) | 1 | 4 | 0 | 0 |
| 0 | 0 | 0 | 0 |  | 최진수 | 13 | MF | MF | 8 | 문기한 | 22 | 0 | 5 | 1 | 0 |
| 0 | 2(1) | 11 |  |  | 바그너 | 10 | MF | MF | 14 | 오범석 |  | 0 | 5 | 0 | 0 |
| 0 | 1 | 1(1) | 9 |  | 정대선 | 7 | MF | MF | 21 | 이재권 |  | 0 | 2 | 1 | 0 |
| 0 | 1 | 1(1) | 30 |  | 박성진 | 8 | FW | FW | 9 | 정조국 | 5(4) | 2 | 1 | 0 | 0 |
| 0 | 1 | 3(2) | 11 |  | 김재웅 | 99 | FW | FW | 10 | 서동현 | 12 | 2 | 4 | 0 | 0 |
| 0 | 0 | 0 | 0 |  | 최필수 | 25 |  |  | 1 | 전태현 | 전36 | 0 | 0 | 0 | 0 |
| 0 | 0 | 0 | 0 |  | 정수호 | 5 |  |  | 5 | 이원재 |  | 0 | 0 | 0 | 0 |
| 0 | 0 | 0 | 0 |  | 구대영 | 90 |  |  | 20 | 이 호 |  | 0 | 0 | 0 | 0 |
| 0 | 0 | 0 | 0 | 후29 | 박정식 | 14 | 대기 | 대기 | 19 | 김병석 | 전44 | 1 | 0 | 0 | 0 |
| 0 | 0 | 0 | 0 | 후14 | 조성준 | 11 |  |  | 13 | 윤준하 |  | 0 | 0 | 0 | 0 |
| 0 | 0 | 0 | 0 |  | 펠리피 | 9 |  |  | 27 | 한덕희 |  | 0 | 0 | 0 | 0 |
| 0 | 0 | 0 | 0 | 후41 | 백동규 | 30 |  |  | 22 | 안성빈 | 후42 | 0 | 0 | 0 | 0 |
| 0 | 4 | 31 | 9(7) |  |  | 0 |  |  | 0 |  |  | 10(6) | 23 | 1 | 0 |

● 전반 31분 바그너 PK-R-G (득점: 바그너) 왼쪽
● 전반 42분 박민 PAL ⌒ 김재웅 GAR H-ST-G
(득점: 김재웅, 도움: 박민) 오른쪽

## 대전 4 - 0 광주

4월 13일 14:00 맑음 대전 월드컵 관중 2,492명
주심_ 박진호 부심_ 김성일·박상준 대기심_ 윤창수 감독관_ 김정식

|  |  |  | 1 | 전반 | 0 |  |  |  |  |
|---|---|---|---|---|---|---|---|---|---|
|  |  |  | 3 | 후반 | 0 |  |  |  |  |

| 퇴장 | 경고 | 파울 | ST(유) | 교체 | 선수명 | 배번 | 위치 | 위치 | 배번 | 선수명 | 교체 | ST(유) | 파울 | 경고 | 퇴장 |
|---|---|---|---|---|---|---|---|---|---|---|---|---|---|---|---|
| 0 | 0 | 0 | 0 |  | 김선규 | 31 | GK | GK | 41 | 류원우 |  | 0 | 0 | 0 | 0 |
| 0 | 0 | 2 | 0 |  | 임창우 | 6 | DF | DF | 17 | 이종민 |  | 0 | 0 | 0 | 0 |
| 0 | 0 | 1 | 1(1) | 37 | 윤원일 | 33 | DF | DF | 2 | 정준연 |  | 0 | 1 | 0 | 0 |
| 0 | 0 | 0 | 0 |  | 안영규 | 5 | DF | DF | 33 | 정준현 | 24 | 0 | 1 | 0 | 0 |
| 0 | 0 | 0 | 0 |  | 장원석 | 3 | DF | DF | 33 | 정호정 |  | 0 | 0 | 0 | 0 |
| 0 | 0 | 0 | 0 |  | 송주한 | 30 | MF | MF | 40 | 이찬동 |  | 1 | 4 | 0 | 0 |
| 0 | 0 | 0 | 0 |  | 정석민 | 7 | MF | MF | 6 | 여 름 | 25 | 0 | 1 | 0 | 0 |
| 0 | 0 | 1 | 0 |  | 이광진 | 20 | MF | FW | 7 | 김민수 | 2(1) | 1 | 2 | 0 | 0 |
| 0 | 0 | 0 | 0 |  | 서명원 | 14 | MF | FW | 21 | 김호남 |  | 0 | 0 | 0 | 0 |
| 0 | 4(2) | 11 |  |  | 김찬희 | 23 | FW | FW | 30 | 김호남 |  | 1 | 0 | 0 | 0 |
| 0 | 2 | 6(3) | 18 |  | 아드리아노 | 10 | FW | FW | 26 | 이진호 |  | 0 | 0 | 0 | 0 |
| 0 | 0 | 0 | 0 |  | 박주원 | 1 |  |  | 21 | 백민철 |  | 0 | 0 | 0 | 0 |
| 0 | 0 | 0 | 0 | 후32 | 김한섭 | 2 |  |  | 8 | 이 완 | 전16 | 0 | 1 | 0 | 0 |
| 0 | 0 | 0 | 0 |  | 이인식 | 37 |  |  | 3 | 호마링요 |  | 0 | 0 | 0 | 0 |
| 0 | 0 | 0 | 0 | 후24 | 김영승 | 22 | 대기 | 대기 | 10 | 파비오 |  | 0 | 0 | 0 | 0 |
| 0 | 0 | 0 | 0 |  | 황지웅 | 11 |  |  | 14 | 안종후 |  | 0 | 0 | 0 | 0 |
| 0 | 0 | 0 | 0 | 후28 | 황진산 | 8 |  |  | 24 | 오도현 | 후24 | 0 | 0 | 0 | 0 |
| 0 | 0 | 0 | 0 | 후28 | 김은중 | 18 |  |  | 25 | 송승민 | 후9 | 2(1) | 0 | 0 | 0 |
| 0 | 0 | 19 | 15(6) |  |  | 0 |  |  | 0 |  |  | 11(3) | 18 | 1 | 0 |

● 전반 41분 송주한 PAL H → 김찬희 PAL내 L-
ST-G(득점: 김찬희, 도움: 송주한) 왼쪽
● 후반 6분 장원석 자기측 MFL ⌒ 김찬희 PAR내
R-ST-G(득점: 김찬희, 도움: 장원석) 오른쪽
● 후반 19분 송주한 C.KR ⌒ 아드리아노 GA정면
H-ST-G(득점: 아드리아노, 도움: 송주한) 가운데
● 후반 25분 아드리아노 GA정면내 L-ST-G(득점: 아
드리아노) 왼쪽

4월 19일 14:00 맑음 원주 관중 833명
주심_매호영 부심_강도준·곽승순 대기심_김대용 감독관_한진원

**강원 0** | 0 전반 0 / 0 후반 1 | **1 대구**

| 퇴장 | 경고 | 파울 | ST(유) | 교체 | 선수명 | 배번 | 위치 | 위치 | 배번 | 선수명 | 교체 | ST(유) | 파울 | 경고 | 퇴장 |
|---|---|---|---|---|---|---|---|---|---|---|---|---|---|---|---|
| 0 | 1 | 1 | 0 | | 황교충 | 1 | GK | GK | 1 | 이양종 | | 0 | 0 | 0 | 0 |
| 0 | 0 | 1 | 0 | | 이재훈 | 3 | DF | DF | 22 | 이준희 | | 0 | 2 | 1 | 0 |
| 0 | 1 | 2 | 0 | | 김오규 | 20 | DF | DF | 13 | 허재원 | 13 | 1 | 1 | 0 | 0 |
| 0 | 1 | 3 | 0 | | 정우인 | 4 | DF | DF | 6 | 노행석 | | 0 | 1 | 0 | 0 |
| 0 | 0 | 2 | 0 | | 정헌식 | 30 | DF | DF | 2 | 금교진 | | 0 | 1 | 0 | 0 |
| 0 | 0 | 1 | 1 | | 한석종 | 25 | MF | MF | 19 | 장백규 | | 3(1) | 0 | 0 | 0 |
| 0 | 1 | 1 | 0 | | 이우혁 | 7 | MF | MF | 14 | 김대열 | | 2 | 0 | 0 | 0 |
| 0 | 1 | 1 | 2(1) | 17 | 치프리안 | 12 | MF | MF | 20 | 안상현 | | 0 | 3 | 1 | 0 |
| 0 | 1 | 1 | 0 | | 최진호 | 10 | MF | MF | 26 | 윤영승 | 15 | 2 | 1 | 0 | 0 |
| 0 | 1 | 2 | 0 | | 김동기 | 19 | FW | FW | 10 | 황순민 | | 1 | 0 | 0 | 0 |
| 0 | 1 | 1 | 2(2) | 11 | 조엘손 | 99 | FW | FW | 99 | 조나탄 | | 1(1) | 5 | 0 | 0 |
| 0 | 0 | 0 | 0 | | 양동원 | 21 | | | 31 | 박민선 | | 0 | 0 | 0 | 0 |
| 0 | 0 | 0 | 0 | | 박상진 | 13 | | | 15 | 김주빈 | 후27 | 0 | 0 | 0 | 0 |
| 0 | 0 | 0 | 0 | | 김윤호 | 15 | | | 13 | 조영훈 | 후7 | 1 | 2 | 0 | 0 |
| 0 | 0 | 0 | 0 | | 이창용 | 6 | 대기 | 대기 | 14 | 김귀현 | | 0 | 0 | 0 | 0 |
| 0 | | | 1(1) | 후27 | 서보민 | 11 | | | 17 | 노병준 | 후15 | 1(1) | 0 | 0 | 0 |
| 0 | 0 | | | 후9 | 최승인 | 17 | | | 19 | 조현익 | | 0 | 0 | 0 | 0 |
| 0 | 0 | | | 후36 | 김영후 | 9 | | | 30 | 한승엽 | | 0 | 0 | 0 | 0 |
| 0 | 4 | 16 | 12(5) | | | 0 | | | 0 | | | 12(3) | 16 | 2 | 0 |

●후반 34분 장백규 HLL TL ~ 조나탄 GAL R-ST-G(득점: 조나탄, 도움: 장백규) 오른쪽

---

4월 19일 16:00 맑음 수원월드컵 관중 632명
주심_김종혁 부심_김영하·설귀선 대기심_김희곤 감독관_이영철

**수원FC 3** | 1 전반 1 / 2 후반 1 | **2 부천**

| 퇴장 | 경고 | 파울 | ST(유) | 교체 | 선수명 | 배번 | 위치 | 위치 | 배번 | 선수명 | 교체 | ST(유) | 파울 | 경고 | 퇴장 |
|---|---|---|---|---|---|---|---|---|---|---|---|---|---|---|---|
| 0 | 0 | 0 | 0 | | 이상기 | 43 | GK | GK | 33 | 강훈 | | 0 | 0 | 0 | 0 |
| 0 | 0 | 0 | 1 | | 이준호 | 14 | DF | DF | 2 | 석동우 | | 0 | 2 | 0 | 0 |
| 0 | 0 | 0 | 0 | | 이치준 | 3 | MF | DF | 5 | 박재홍 | | 0 | 0 | 0 | 0 |
| 0 | 0 | 2(1) | | | 김서준 | 7 | MF | DF | 15 | 김건호 | | 1(1) | 1 | 1 | 0 |
| 0 | 0 | 0 | 0 | | 김정빈 | 15 | DF | DF | 55 | 정홍연 | | 0 | 0 | 0 | 0 |
| 0 | 0 | 0 | 2 | | 임성택 | 30 | MF | MF | 20 | 김륜도 | 88 | 1 | 2 | 1 | 0 |
| 0 | 1 | 3(2) | | | 김본광 | 32 | MF | MF | 7 | 이제승 | | 2(1) | 1 | 0 | 0 |
| 0 | 1 | 1 | 3(2) | | 김재환 | 33 | DF | MF | 28 | 김태영 | 19 | 1(1) | 1 | 0 | 0 |
| 0 | 0 | 0 | 0 | | 김한원 | 10 | DF | FW | 34 | 박재철 | 9 | 0 | 0 | 0 | 0 |
| 0 | 0 | 0 | 18 | | 박종찬 | 11 | FW | FW | 11 | 호드리고 | | 3(2) | 2 | 0 | 0 |
| 0 | 1 | 1(1) | 16 | | 하정헌 | 18 | FW | FW | 8 | 최인창 | | 3(3) | 2 | 0 | 0 |
| 0 | 0 | 0 | 0 | | 박형순 | 23 | | | 31 | 이희현 | | 0 | 0 | 0 | 0 |
| 0 | 0 | 0 | 0 | | 조태우 | 25 | | | 6 | 강지웅 | | 0 | 0 | 0 | 0 |
| 0 | 0 | 0 | 후39 | | 김혁진 | 8 | | | 22 | 유대현 | | 0 | 0 | 0 | 0 |
| 0 | 0 | 0 | 후8 | | 권용현 | 16 | 대기 | 대기 | 29 | 고보연 | | 0 | 0 | 0 | 0 |
| 0 | 0 | 0 | 0 | | 유수현 | 20 | | | 88 | 경재윤 | 후29 | 0 | 0 | 0 | 0 |
| 0 | 0 | 0 | 0 | | 김재연 | 24 | | | 19 | 유준영 | 후29 | 0 | 0 | 0 | 0 |
| 0 | 0 | 0 | 후14 | | 정민우 | 18 | | | 9 | 공민현 | 후10 | 3(2) | 0 | 0 | 0 |
| 0 | 1 | 9 | 10(4) | | | 0 | | | 0 | | | 14(10) | 12 | 2 | 0 |

●전반 46분 하정헌 PK-R-G(득점: 하정헌) 왼쪽
●후반 27분 정민우 PAL ~ 김본광 GAL L-ST-G(득점: 김본광, 도움: 정민우) 오른쪽
●후반 41분 정민우 PAR ~ 김본광 PA정면 L-ST-G(득점: 김본광, 도움: 정민우) 오른쪽
●전반 4분 최인창 GAR H ~ 김태영 GA정면내 R-ST-G(득점: 김태영, 도움: 최인창) 오른쪽
●후반 33분 유준영 PA정면 H ~ 최인창 GA정면 L-ST-G(득점: 최인창, 도움: 유준영) 오른쪽

---

4월 19일 16:00 맑음 충주종합 관중 626명
주심_김영수 부심_양병은·김경민 대기심_박병진 감독관_김진의

**충주 0** | 0 전반 2 / 0 후반 2 | **4 대전**

| 퇴장 | 경고 | 파울 | ST(유) | 교체 | 선수명 | 배번 | 위치 | 위치 | 배번 | 선수명 | 교체 | ST(유) | 파울 | 경고 | 퇴장 |
|---|---|---|---|---|---|---|---|---|---|---|---|---|---|---|---|
| 0 | 0 | 0 | 0 | | 황성민 | 1 | GK | GK | 31 | 김선규 | | 0 | 0 | 0 | 0 |
| 0 | 0 | 1 | 2(1) | | 김재훈 | 7 | DF | DF | 3 | 김한섭 | 3 | 0 | 1 | 0 | 0 |
| 0 | 0 | 3 | 0 | | 김동권 | 36 | DF | DF | 33 | 윤원일 | | 0 | 1 | 0 | 0 |
| 0 | 0 | 1 | 1 | | 박태수 | 15 | DF | DF | 5 | 안영규 | | 0 | 3 | 1 | 0 |
| 0 | 0 | 1 | 1(1) | 11 | 이민 | 3 | DF | DF | 12 | 유성기 | 11 | 0 | 1 | 0 | 0 |
| 0 | 0 | 4 | 0 | | 변웅 | 22 | MF | MF | 8 | 김종국 | 16 | 0 | 2 | 0 | 0 |
| 0 | 0 | 2 | 2(1) | | 박진수 | 4 | MF | MF | 7 | 정석민 | | 1 | 6 | 0 | 0 |
| 0 | 0 | 1 | 0 | 28 | 양동협 | 21 | MF | MF | 30 | 송주한 | | 2(1) | 2 | 0 | 0 |
| 0 | 0 | 0 | 0 | | 조준재 | 14 | MF | MF | 14 | 서명원 | | 2(1) | 2 | 0 | 0 |
| 0 | 0 | 2 | 0 | | 한홍규 | 9 | FW | FW | 9 | 김찬희 | | 5(2) | 4 | 1 | 0 |
| 0 | 0 | 3 | 1 | | 유종현 | 5 | FW | FW | 10 | 아드리아노 | | 3(3) | 0 | 0 | 0 |
| 0 | 0 | 0 | 0 | | 이정래 | 79 | | | 1 | 박주원 | | 0 | 0 | 0 | 0 |
| 0 | 0 | 0 | 0 | | 김성현 | 35 | | | 13 | 김상필 | | 0 | 0 | 0 | 0 |
| 0 | 0 | 0 | 후22 | | 박요한 | 11 | | | 4 | 장원석 | 후9 | 0 | 1 | 1 | 0 |
| 0 | 0 | 0 | 0 | | 김효일 | 38 | 대기 | 대기 | 22 | 김영승 | | 0 | 0 | 0 | 0 |
| 0 | 0 | 0 | 0 | | 최승호 | 16 | | | 16 | 황진산 | 후30 | 0 | 0 | 0 | 0 |
| 0 | 0 | 0 | 후34 | | 김정훈 | 28 | | | 11 | 황지웅 | 전36 | 2(2) | 0 | 0 | 0 |
| 0 | 0 | 0 | 후14 | | 정성민 | 10 | | | 19 | 이동현 | | 0 | 0 | 0 | 0 |
| 0 | 0 | 15 | 9(4) | | | 0 | | | 0 | | | 13(7) | 21 | 2 | 0 |

●전반 2분 송주한 C.KR ~ 김찬희 GAR EL R-ST-G(득점: 김찬희, 도움: 송주한) 왼쪽
●전반 41분 김종국 PA정면 ~ 아드리아노 AL R-ST-G(득점: 아드리아노, 도움: 김종국) 가운데
●후반 25분 서명원 PAR CK ~ 황지웅 GA정면 H-ST-G(득점: 황지웅, 도움: 서명원) 왼쪽
●후반 47분 김찬희 AK정면 ~ 아드리아노 AR R-ST-G(득점: 아드리아노, 도움: 김찬희) 오른쪽

---

4월 20일 14:00 맑음 광주월드컵 관중 1,145명
주심_윤창수 부심_최민병·서무희 대기심_서동진 감독관_전인석

**광주 2** | 1 전반 0 / 1 후반 0 | **0 안양**

| 퇴장 | 경고 | 파울 | ST(유) | 교체 | 선수명 | 배번 | 위치 | 위치 | 배번 | 선수명 | 교체 | ST(유) | 파울 | 경고 | 퇴장 |
|---|---|---|---|---|---|---|---|---|---|---|---|---|---|---|---|
| 0 | 0 | 0 | 0 | | 백민철 | 21 | GK | GK | 1 | 이진형 | | 0 | 1 | 0 | 0 |
| 0 | 0 | 3 | 0 | | 박진옥 | 19 | DF | DF | 4 | 김효준 | | 0 | 1 | 0 | 0 |
| 0 | 0 | 0 | 0 | | 김영빈 | 15 | DF | DF | 79 | 박민 | | 1 | 1 | 0 | 0 |
| 0 | 0 | 0 | 0 | | 정호정 | 33 | DF | DF | 22 | 김태봉 | | 0 | 1 | 0 | 0 |
| 0 | 0 | 5 | 0 | | 이완 | 8 | DF | DF | 17 | 이으뜸 | | 0 | 3 | 0 | 0 |
| 0 | 0 | 1 | 0 | | 송한복 | 22 | MF | MF | 16 | 김종성 | 9 | 1(1) | 1 | 1 | 0 |
| 0 | 0 | 0 | 0 | | 안종훈 | 14 | MF | MF | 14 | 박정식 | | 1 | 3 | 0 | 0 |
| 0 | 2 | 2(1) | | | 임선영 | 5 | MF | MF | 30 | 바그너 | 30 | 2 | 0 | 0 | 0 |
| 0 | 0 | 3 | 0 | | 송승민 | 25 | MF | MF | 13 | 최진수 | | 2 | 1 | 0 | 0 |
| 0 | 1 | 3(3) | 7 | | 김호남 | 11 | FW | FW | 8 | 박성진 | | 1 | 1 | 0 | 0 |
| 0 | 1 | 2 | 2(1) | | 호마링요 | 9 | FW | FW | 99 | 김재웅 | 77 | 0 | 1 | 0 | 0 |
| 0 | 0 | 0 | 0 | | 제종현 | 1 | | | 25 | 최필수 | | 0 | 0 | 0 | 0 |
| 0 | 0 | 0 | 후40 | | 여름 | 4 | | | 5 | 정수호 | | 0 | 0 | 0 | 0 |
| 0 | 0 | 0 | 후43 | | 최성규 | 6 | | | 23 | 조철인 | | 0 | 0 | 0 | 0 |
| 0 | 0 | 2(1) | 후22 | | 김민수 | 7 | 대기 | 대기 | 20 | 정다슬 | | 0 | 0 | 0 | 0 |
| 0 | 0 | 0 | 0 | | 김유성 | 16 | | | 77 | 김원민 | 후16 | 0 | 0 | 0 | 0 |
| 0 | 0 | 0 | 0 | | 권수현 | 23 | | | 9 | 펠리피 | 후0 | 0 | 0 | 0 | 0 |
| 0 | 0 | 0 | 0 | | 이찬동 | 40 | | | 30 | 백동규 | 후28 | 0 | 0 | 0 | 0 |
| 0 | 1 | 20 | 13(6) | | | 0 | | | 0 | | | 6(1) | 10 | 3 | 0 |

●전반 23분 송승민 PAR내 → 김호남 GAL R-ST-G(득점: 김호남, 도움: 송승민) 왼쪽
●후반 29분 송승민 PAL ~ 김민수 PK지점 L-ST-G(득점: 김민수, 도움: 송승민) 오른쪽

## 안산 0 : 0 고양

10월 15일 19:30 맑음 안산 와스타디움 관중 217명
주심_박진호 부심_지승민·박상준 대기심_매호영 감독관_하재훈

안산 0 | 0 전반 0 / 0 후반 0 | 0 고양

| 퇴장 | 경고 | 파울 | ST(유) | 교체 | 선수명 | 배번 | 위치 | 위치 | 배번 | 선수명 | 교체 | ST(유) | 파울 | 경고 | 퇴장 |
|---|---|---|---|---|---|---|---|---|---|---|---|---|---|---|---|
| 0 | 0 | 0 | 0 | | 전태현 | 1 | GK | GK | 1 | 강진웅 | | | | | |
| 0 | 0 | 1 | 0 | | 김병석 | 12 | DF | DF | 3 | 배민호 | | 0 | 1 | 0 | 0 |
| 0 | 0 | 2 | 1 | 32 | 박종진 | 18 | DF | DF | 4 | 최병도 | | 0 | 0 | 0 | 0 |
| 0 | 0 | 3 | 0 | | 이재권 | 21 | DF | DF | 22 | 황규범 | 24 | 0 | 2 | 0 | 0 |
| 0 | 0 | 1 | 0 | | 김성현 | 34 | DF | DF | 25 | 안현식 | | 1(1) | 1 | 1 | 0 |
| 0 | 0 | 1 | 0 | 28 | 박현범 | | MF | MF | 7 | 이도성 | 1 | 1 | 3 | 0 | 0 |
| 0 | 1 | 0 | 0 | | 이용래 | 17 | MF | MF | 19 | 여효진 | 5 | 0 | 1 | 0 | 0 |
| 0 | 0 | 1 | 1 | | 조재철 | 17 | MF | MF | 20 | 오기재 | | 0 | 3 | 1 | 0 |
| 0 | 1 | 2 | | 13 | 박희도 | 30 | FW | FW | 15 | 박병원 | | 3(2) | | | |
| 0 | 1 | 1 | | | 서동현 | 10 | FW | FW | 21 | 윤동헌 | 18 | 0 | 4 | 0 | 0 |
| 0 | 2 | | 3(1) | | 고경민 | 19 | FW | FW | 17 | 이광재 | | | | | |
| 0 | | | | | 유호준 | 15 | | | 23 | 여명용 | | 0 | 0 | 0 | |
| 0 | | | | 후38 | 강종국 | 28 | | | 5 | 이훈 | 후33 | 0 | | | |
| | | | | | 한덕희 | 27 | | | 6 | 김상균 | | | | | |
| | | | | | 박세환 | 대기 | 대기 | | 8 | 신재필 | | | | | |
| 0 | 0 | 1 | 0 | | 김신철 | 32 | | | 24 | 박성호 | 후37 | 0 | | | |
| 0 | | | 2(1) | 후22 | 윤준하 | 13 | | | 13 | 한빛 | | 0 | | | |
| 0 | 1 | 17 | 6(2) | | | 0 | | | 0 | | | 6(3) | 13 | 1 | 0 |

---

## 고양 1 : 1 충주

4월 26일 14:00 흐림 고양 종합 관중 332명
주심_박진호 부심_강동호·방기열 대기심_윤창수 감독관_강창구

고양 1 | 0 전반 1 / 1 후반 0 | 1 충주

| 퇴장 | 경고 | 파울 | ST(유) | 교체 | 선수명 | 배번 | 위치 | 위치 | 배번 | 선수명 | 교체 | ST(유) | 파울 | 경고 | 퇴장 |
|---|---|---|---|---|---|---|---|---|---|---|---|---|---|---|---|
| 0 | 0 | 0 | 0 | | 여명용 | 23 | GK | GK | 1 | 황성민 | | 0 | 0 | 0 | 0 |
| 0 | 0 | 4 | 0 | | 이세환 | 2 | DF | DF | 7 | 김재훈 | | 0 | 0 | 0 | 0 |
| 0 | 0 | 1 | 0 | | 최병도 | 36 | DF | DF | 36 | 김동권 | | 0 | 0 | 0 | 0 |
| 0 | 0 | 1 | 0 | | 여효진 | 19 | DF | DF | 15 | 박태수 | | 3(1) | 2 | 0 | 0 |
| 0 | 2 | 2(1) | | | 배민호 | 3 | DF | DF | 3 | 이민규 | 11 | 0 | 1 | 0 | 0 |
| 0 | 0 | 2 | 10 | | 안현식 | 25 | MF | MF | 22 | 변웅 | | 1 | 5 | 0 | 0 |
| 0 | 1 | 1 | | | 이도성 | 7 | MF | MF | 4 | 박진수 | | 0 | 0 | 0 | 0 |
| 0 | 1 | 1 | | | 박병원 | 15 | MF | MF | 21 | 양동협 | 27 | 1(1) | 2 | 0 | 0 |
| 0 | 0 | 1(1) | 21 | | 이성재 | 17 | MF | MF | 14 | 조준재 | | 1(1) | 1 | 0 | 0 |
| 0 | 1(1) | | | | 한빛 | 13 | FW | FW | 9 | 한홍규 | 5 | 2(1) | 2 | 0 | 0 |
| 0 | 2 | 3 | 4(2) | | 알렉스 | 30 | FW | FW | 10 | 정성민 | | 5 | 3 | 0 | 0 |
| | | | | | 강진웅 | 1 | | | 79 | 이정래 | | 0 | 0 | 0 | 0 |
| 0 | | | | | 이훈 | | | | 35 | 김성현 | | 0 | 0 | 0 | 0 |
| 0 | 2 | 0 | 후0 | | 윤동현 | 21 | | | 11 | 박요한 | 후22 | 0 | 1 | 1 | 0 |
| | | | | | 김상균 | 대기 | 대기 | | 27 | 한빈 | 후34 | 0 | 1 | 0 | 0 |
| | | | | | 정민무 | 11 | | | 16 | 최승호 | | 0 | 0 | 0 | 0 |
| 0 | | 3(2) | 후17 | | 호니 | | | | 28 | 김정훈 | | | | | |
| 0 | | | 후35 | | 이광재 | 17 | | | 5 | 유종현 | 후42 | 0 | 0 | 0 | 0 |
| 0 | 0 | 18 | 12(7) | | | 0 | | | 0 | | | 9(5) | 14 | 1 | 0 |

●후반 39분 알렉스 C.KR ~ 호니 GAL H-ST-G (득점: 호니, 도움: 알렉스) 왼쪽
●전반 46분 양동협 GAR내 EL ~ 정성민 GA정면 내 H-ST-G(득점: 정성민, 도움: 양동협) 가운데

---

## 대구 1 : 1 안양

4월 26일 14:00 맑음 대구 스타디움 관중 694명
주심_서동진 부심_지승민·김경민 대기심_김희곤 감독관_전인석

대구 1 | 0 전반 1 / 1 후반 0 | 1 안양

| 퇴장 | 경고 | 파울 | ST(유) | 교체 | 선수명 | 배번 | 위치 | 위치 | 배번 | 선수명 | 교체 | ST(유) | 파울 | 경고 | 퇴장 |
|---|---|---|---|---|---|---|---|---|---|---|---|---|---|---|---|
| 0 | 0 | 0 | 0 | | 이양종 | 1 | GK | GK | 1 | 이진형 | | 0 | 0 | 0 | 0 |
| 0 | 0 | 0 | 0 | | 이준희 | 22 | DF | DF | 2 | 김효준 | | 0 | 0 | 0 | 0 |
| 0 | 0 | 1 | 0 | | 노행석 | 6 | DF | DF | 5 | 정수호 | | 0 | 0 | 0 | 0 |
| 0 | 0 | 3 | 0 | | 조영훈 | 13 | DF | DF | 22 | 김태봉 | | 0 | 0 | 1 | 0 |
| 0 | 0 | 2 | 0 | | 금교진 | 2 | DF | DF | 17 | 이으뜸 | | 0 | 0 | 0 | 0 |
| 0 | 0 | 1 | 0 | | 장백규 | 19 | MF | MF | 14 | 박정식 | | 0 | 0 | 1 | 0 |
| 0 | 1 | 0 | | | 김대열 | 9 | MF | MF | 13 | 최진수 | 2 | 1 | 1 | 0 | |
| 0 | 0 | 0 | 20 | | 안상현 | | MF | MF | 16 | 주현재 | 14 | 1(1) | 1 | 0 | 0 |
| 0 | 0 | 1 | | | 김영승 | 26 | MF | MF | 8 | 박성진 | | 2 | 0 | 0 | 0 |
| 0 | 1 | 1 | 4(2) | | 황순민 | 10 | FW | FW | 9 | 펠리스 | 77 | 1 | 4 | 1 | 0 |
| 0 | 0 | 3 | 1 | 7 | 바그닝요 | | FW | FW | 11 | 바하닌 | | 4(1) | 2 | 1 | 0 |
| | | | | | 박민선 | 31 | | | 25 | 최필수 | | 0 | 0 | 0 | 0 |
| | | | | | 김주빈 | 15 | | | 3 | 가솔현 | | 0 | 0 | 0 | 0 |
| | | | | | 김동진 | 16 | | | 23 | 조철인 | | 0 | 0 | 0 | 0 |
| 0 | | | | | 김귀현 | 14 | 대기 | 대기 | 3 | 박정배 | 후29 | 0 | 0 | 0 | 0 |
| | | | | | 마테우스 | | | | 77 | 김원민 | 후8 | 0 | | | |
| 0 | 1 | 0 | 2 | 후0 | 노병준 | 17 | | | 7 | 정대선 | 후22 | 0 | | | |
| 0 | 0 | | | 후39 | 조형익 | 7 | | | 30 | 백동규 | | 0 | | | |
| 0 | 2 | 17 | 10(2) | | | 0 | | | 0 | | | 10(2) | 16 | 4 | 0 |

●후반 47분 장백규 PAL내 ~ 황순민 AK정면 L-ST-G(득점: 황순민, 도움: 장백규) 오른쪽
●전반 42분 박성진 PAR EL ~ 주현재 PK지점 R-ST-G(득점: 주현재, 도움: 박성진) 왼쪽

---

## 강원 1 : 0 수원FC

4월 27일 14:00 흐리고비 원주 관중 987명
주심_임원택 부심_양병은·박상준 대기심_김영수 감독관_김수현

강원 1 | 0 전반 0 / 0 후반 0 | 0 수원FC

| 퇴장 | 경고 | 파울 | ST(유) | 교체 | 선수명 | 배번 | 위치 | 위치 | 배번 | 선수명 | 교체 | ST(유) | 파울 | 경고 | 퇴장 |
|---|---|---|---|---|---|---|---|---|---|---|---|---|---|---|---|
| 0 | 0 | 1 | 0 | | 황교충 | 1 | GK | GK | 43 | 이상기 | | 0 | 0 | 0 | 0 |
| 0 | 0 | 1 | 0 | | 이재훈 | 3 | DF | DF | 14 | 이준호 | | 2 | 1 | 0 | 0 |
| 0 | 0 | 0 | 0 | | 정우인 | 4 | DF | DF | 25 | 조태우 | | 1 | 1 | 0 | 0 |
| 0 | 1 | 4 | 0 | | 정헌식 | 30 | MF | MF | 13 | 김정빈 | | 2(1) | 2 | 1 | 0 |
| 0 | 0 | 2 | 0 | | 김오규 | 20 | DF | DF | 20 | 이치준 | | 2(1) | 2 | 1 | 0 |
| 0 | 1 | 2 | 1 | | 이우혁 | 17 | MF | MF | | 유수현 | | 3(3) | 1 | 0 | 0 |
| 0 | 1 | 1 | | | 한석종 | 25 | MF | MF | 30 | 임성택 | 8 | 1 | 3 | 0 | 0 |
| 0 | 2 | 1 | 2 | | 치프리안 | 12 | MF | MF | 32 | 김본광 | | 0 | 3 | 0 | 0 |
| 0 | | | 4(3) | | 최진호 | | FW | FW | 33 | 김재환 | | 1 | 3 | 1 | 0 |
| 0 | 2 | 3(2) | 11 | | 조엘손 | 99 | FW | FW | 99 | 박종찬 | 18 | 3(3) | 1 | 2 | 0 |
| 0 | 1 | 15 | | | 김동기 | 21 | FW | FW | 18 | 하정헌 | 16 | 1(1) | 3 | 0 | 0 |
| | | | | | 양동원 | 21 | | | 23 | 박형순 | | 0 | 0 | 0 | 0 |
| | | | | | 박상진 | 13 | | | 7 | 김서준 | | 0 | 0 | 0 | 0 |
| 0 | | | 후46 | | 최우재 | 2 | | | 3 | 김혁진 | 후40 | 0 | 0 | 0 | 0 |
| 0 | | | 후39 | | 김윤호 | | 대기 | 대기 | 24 | 권용현 | | 1(1) | 2 | 0 | 0 |
| | | | | | 서보민 | 17 | | | 24 | 김재연 | | 0 | 0 | 0 | 0 |
| | | | | | 김영후 | | | | 31 | 김민기 | | 0 | 0 | 0 | 0 |
| 0 | | | 후10 | | 최승인 | 11 | | | 18 | 정민우 | 후0 | 1(1) | 0 | 0 | 0 |
| 0 | 2 | 17 | 13(6) | | | 0 | | | 0 | | | 15(10) | 20 | 3 | 0 |

●후반 20분 최진호 PAR EL ~ 김동기 PAL내 R-ST-G(득점: 김동기, 도움: 최진호) 오른쪽

## 4월27일 14:00 흐리고 비 부천 종합 관중 893명
주심_박병진 부심_최민병·서무회 대기심_매호영 감독관_한병화

**부천 1 — 2 대전**
1 전반 1
0 후반 1

| 퇴장 | 경고 | 파울 | ST(유) | 교체 | 선수명 | 배번 | 위치 | 위치 | 배번 | 선수명 | 교체 | ST(유) | 파울 | 경고 | 퇴장 |
|---|---|---|---|---|---|---|---|---|---|---|---|---|---|---|---|
| 0 | 0 | 0 | 0 |  | 강 훈 | 33 | GK | GK | 31 | 김선규 |  | 0 | 0 | 0 | 0 |
| 0 | 0 | 0 | 0 |  | 석동우 | 3 | DF | DF | 30 | 송주석 | 후16 | 0 | 0 | 0 | 0 |
| 0 | 1 | 2 | 2(1) |  | 강지웅 | 6 | DF | DF | 33 | 윤원일 |  | 0 | 0 | 0 | 0 |
| 0 | 0 | 0 | 0 |  | 유대현 | 22 | DF | DF | 5 | 안영규 |  | 0 | 2 | 0 | 0 |
| 0 | 0 | 0 | 0 |  | 정홍연 | 55 | DF | DF | 6 | 임창우 | 2(1) | 0 | 1 | 0 | 0 |
| 0 | 0 | 2 | 1 |  | 김륜도 | 20 | MF | MF | 3 | 장원석 |  | 0 | 1 | 0 | 0 |
| 0 | 0 | 0 | 3(1) |  | 이제승 | 27 | MF | MF | 7 | 정석민 |  | 0 | 4 | 0 | 0 |
| 0 | 0 | 0 | 9 |  | 김태영 | 28 | MF | MF | 8 | 김종국 | 18 | 0 | 1 | 1 | 0 |
| 0 | 4 | 1(1) | 24 |  | 호드리고 | 11 | FW | MF | 14 | 서명원 |  | 2 | 1 | 0 | 0 |
| 0 | 3 | 1(1) |  |  | 최인창 | 18 | FW | FW | 9 | 김찬희 | 11 | 2(1) | 2 | 1 | 0 |
| 0 | 1 | 0 | 19 |  | 박재철 | 34 | FW | FW | 10 | 아드리아노 |  | 4(1) | 2 | 1 | 0 |
| 0 | 0 | 0 |  |  | 이희현 | 31 |  |  | 1 | 박주원 |  | 0 | 0 | 0 | 0 |
|  |  |  |  |  | 박재호 | 5 |  |  | 13 | 김상필 |  |  |  |  |  |
|  |  |  |  |  | 주일태 | 13 |  |  | 2 | 김한섭 |  |  |  |  |  |
| 0 | 0 |  | 후13 |  | 유준영 | 19 | 대기 | 대기 | 2 | 김영승 |  |  |  |  |  |
|  |  |  |  |  | 고보연 | 29 |  |  | 16 | 황진산 | 후35 | 0 | 0 | 0 | 0 |
| 0 | 0 |  | 후23 |  | 공민현 | 9 |  |  | 7 | 황지웅 | 후○ |  |  |  |  |
| 0 | 0 | 2(1) | 후36 |  | 이경수 | 24 |  |  | 18 | 김은중 | 후23 | 0 | 0 | 0 | 0 |
| 0 | 1 | 14 | 11(5) |  |  | 0 |  |  |  |  |  | 13(3) | 20 | 3 | 0 |

●전반 17분 이제승 PA정면내 H ⌒ 호드리고 PAR내 R-ST-G(득점: 호드리고, 도움: 이제승) 오른쪽
●전반 11분 서명원 AK정면 H ⌒ 아드리아노 PAR내 R-ST-G(득점: 아드리아노, 도움: 서명원) 오른쪽
●후반 43분 황진산 MFL ⌒ 임창우 PA정면 내 H-ST-G(득점: 임창우, 도움: 황진산) 가운데

---

## 5월03일 14:00 맑음 광주 월드컵 관중 942명
주심_고형진 부심_김경민·곽승순 대기심_임원택 감독관_전인석

**광주 1 — 2 고양**
0 전반 0
1 후반 2

| 퇴장 | 경고 | 파울 | ST(유) | 교체 | 선수명 | 배번 | 위치 | 위치 | 배번 | 선수명 | 교체 | ST(유) | 파울 | 경고 | 퇴장 |
|---|---|---|---|---|---|---|---|---|---|---|---|---|---|---|---|
| 0 | 0 | 0 | 0 |  | 백민철 | 21 | GK | GK | 23 | 여명용 |  | 0 | 0 | 0 | 0 |
| 0 | 0 | 4 | 0 |  | 박진옥 | 19 | DF | DF | 2 | 이세환 | 22 | 0 | 1 | 1 | 0 |
| 0 | 0 | 3 | 1 |  | 김영빈 | 15 | DF | DF | 4 | 최병도 |  | 0 | 1 | 0 | 0 |
| 0 | 0 | 0 | 2 |  | 정호정 | 33 | DF | DF | 19 | 여효진 |  | 0 | 2 | 0 | 0 |
| 0 | 1 | 3 | 2(2) |  | 이 완 | 8 | DF | DF | 3 | 배민호 |  | 0 | 3 | 1 | 0 |
| 0 | 0 | 2 | 40 |  | 송한복 | 22 | MF | MF | 8 | 신재필 |  | 2 | 2 | 0 | 0 |
| 0 | 0 | 3 |  |  | 안종훈 | 14 | MF | MF | 7 | 이도성 |  | 0 | 5 | 0 | 0 |
| 0 | 0 | 0 |  |  | 김유성 | 16 | MF | MF | 15 | 박병원 | 17 | 0 | 2 | 0 | 0 |
| 0 | 1 | 3 | 1(1) |  | 송승민 | 25 | FW | FW | 18 | 주민규 |  | 0 | 0 | 0 | 0 |
| 0 | 0 | 1 |  |  | 김호남 | 11 | FW | FW | 11 | 정민우 | 21 | 0 | 2 | 0 | 0 |
| 0 | 0 | 1 |  |  | 호마링요 | 9 | FW | FW | 30 | 알렉스 |  | 5(2) | 1 | 0 | 0 |
| 0 | 0 | 0 |  |  | 제종현 | 1 |  |  | 1 | 강진웅 |  | 0 | 0 | 0 | 0 |
| 0 | 0 | 0 | 전18 |  | 정준연 | 2 |  |  | 25 | 오현식 |  | 0 | 0 | 0 | 0 |
|  |  |  |  |  | 최성환 | 6 |  |  | 21 | 윤동헌 | 후14 | 0 | 0 | 0 | 0 |
| 0 | 1(1) |  | 후22 |  | 김민수 | 7 | 대기 | 대기 | 22 | 황규범 | 후42 | 0 | 0 | 0 | 0 |
|  |  |  |  |  | 권수현 | 23 |  |  | 6 | 김상균 |  |  |  |  |  |
|  |  |  |  |  | 이진호 | 26 |  |  | 17 | 이광재 | 후29 | 0 | 0 | 0 | 0 |
| 0 | 2 | 29 | 10(4) |  |  | 0 |  |  |  |  |  | 7(2) | 19 | 2 | 0 |

●후반 18분 이완 AKR FK L-ST-G(득점: 이완, 도움) 왼쪽
●후반 44분 알렉스 AK정면 FK R-ST-G(득점: 알렉스) 오른쪽
●후반 46분 윤동헌 자기측 HLL → 알렉스 AK정면 R-ST-G(득점: 알렉스, 도움: 윤동헌) 오른쪽

---

## 4월27일 14:00 흐리고 비 광주 월드컵 관중 838명
주심_정동식 부심_김영하·박인선 대기심_김대용 감독관_김정식

**광주 1 — 1 안산**
1 전반 1
0 후반 0

| 퇴장 | 경고 | 파울 | ST(유) | 교체 | 선수명 | 배번 | 위치 | 위치 | 배번 | 선수명 | 교체 | ST(유) | 파울 | 경고 | 퇴장 |
|---|---|---|---|---|---|---|---|---|---|---|---|---|---|---|---|
| 0 | 0 | 0 | 0 |  | 백민철 | 21 | GK | GK | 16 | 유 현 |  | 0 | 0 | 0 | 0 |
| 0 | 0 | 0 | 0 |  | 박진옥 | 19 | DF | DF | 3 | 양상민 |  | 0 | 1 | 1 | 0 |
| 0 | 0 | 0 | 0 |  | 김영빈 | 15 | DF | DF | 11 | 최광희 |  | 1 | 1 | 0 | 0 |
| 0 | 0 | 3 | 0 |  | 정호정 | 33 | DF | DF | 14 | 오범석 |  | 1 | 0 | 0 | 0 |
| 0 | 1 | 2 | 0 |  | 이 완 | 8 | DF | DF | 4 | 박종진 |  | 0 | 1 | 0 | 0 |
| 0 | 0 | 3 | 1 |  | 송한복 | 22 | MF | MF | 7 | 이용래 |  | 0 | 3 | 0 | 0 |
| 0 | 0 | 0 | 4 |  | 안종훈 | 14 | MF | MF | 8 | 문기한 | 10 | 0 | 3 | 0 | 0 |
| 0 | 1(1) |  |  |  | 김유성 | 16 | MF | MF | 21 | 이재권 |  | 0 | 1 | 0 | 0 |
| 0 | 1 | 2 | 1 |  | 송승민 | 25 | FW | FW | 30 | 박희도 |  | 0 | 1 | 0 | 0 |
| 0 | 1 | 2 | 0 |  | 김호남 | 11 | FW | FW | 26 | 정조국 | 26 | 1(1) | 0 | 0 | 0 |
| 0 | 0 | 1 | 0 | 26 | 호마링요 | 9 | FW | FW | 19 | 고경민 |  | 0 | 1 | 0 | 0 |
| 0 | 0 | 0 |  |  | 제종현 | 1 |  |  | 25 | 송유걸 |  | 0 | 0 | 0 | 0 |
| 0 | 3 | 0 | 후18 |  | 여 름 | 4 |  |  | 5 | 이원재 |  | 0 | 0 | 0 | 0 |
|  |  |  |  |  | 최성환 | 6 |  |  | 26 | 안동은 | 후20 |  |  |  |  |
| 0 | 0 | 0 | 후27 |  | 김민수 | 7 | 대기 | 대기 | 12 | 김병석 |  | 0 | 0 | 0 | 0 |
|  |  |  |  |  | 권수현 | 23 |  |  | 2 | 김성현 | 후43 |  |  |  |  |
| 0 | 0 | 0 | 후39 |  | 이진호 | 26 |  |  | 10 | 서동현 | 후32 |  |  |  |  |
|  |  |  |  |  | 이찬동 | 40 |  |  | 22 | 안성빈 |  |  |  |  |  |
| 0 | 2 | 20 | 4(1) |  |  | 0 |  |  |  |  |  | 5(1) | 20 | 3 | 0 |

●전반 27분 양상민 GAR R 자책골(득점: 양상민)) 오른쪽
●전반 12분 정조국 PK-R-G(득점: 정조국) 왼쪽

---

## 5월04일 14:00 맑음 대전 월드컵 관중 3,735명
주심_류희선 부심_강동호·박상준 대기심_박진호 감독관_하재훈

**대전 0 — 0 대구**
0 전반 0
0 후반 0

| 퇴장 | 경고 | 파울 | ST(유) | 교체 | 선수명 | 배번 | 위치 | 위치 | 배번 | 선수명 | 교체 | ST(유) | 파울 | 경고 | 퇴장 |
|---|---|---|---|---|---|---|---|---|---|---|---|---|---|---|---|
| 0 | 0 | 0 | 0 |  | 김선규 | 31 | GK | GK | 1 | 이양종 |  | 0 | 0 | 0 | 0 |
| 0 | 0 | 1 | 1 |  | 장원석 | 3 | DF | DF | 22 | 이준희 |  | 0 | 2 | 0 | 0 |
| 0 | 0 | 2 | 0 |  | 윤원일 | 33 | DF | DF | 8 | 허재원 |  | 0 | 1 | 0 | 0 |
| 0 | 2 | 0 |  |  | 안영규 | 5 | DF | DF | 6 | 노행석 |  | 1 | 2 | 1 | 0 |
| 0 | 0 | 0 | 2 |  | 임창우 | 6 | DF | DF | 2 | 금교진 |  | 1 | 1 | 1 | 0 |
| 0 | 0 | 0 | 1 |  | 김종국 | 8 | MF | MF | 19 | 장백규 |  | 1(1) | 0 | 0 | 0 |
| 0 | 0 | 0 | 2 |  | 정석민 | 7 | MF | MF | 20 | 안상현 |  | 0 | 1 | 0 | 0 |
| 0 | 1(1) |  | 9 |  | 송주한 | 30 | MF | MF | 30 | 김대열 |  | 1(1) | 0 | 0 | 0 |
| 0 | 0 | 0 | 0 |  | 서명원 | 14 | MF | MF | 11 | 신창무 | 7 | 3(1) | 1 | 0 | 0 |
| 0 | 0 | 0 | 0 |  | 김찬희 | 20 | FW | FW | 9 | 황순민 |  | 0 | 1 | 0 | 0 |
| 0 | 1 | 3 | 0 |  | 아드리아노 | 10 | FW | FW | 30 | 한승엽 | 25 | 1(1) | 4 | 0 | 0 |
| 0 | 0 | 0 |  |  | 박주원 | 1 |  |  | 31 | 박민우 |  | 0 | 0 | 0 | 0 |
| 0 | 0 | 0 |  |  | 김성수 | 24 |  |  | 13 | 조영훈 |  | 0 | 0 | 0 | 0 |
| 0 | 0 | 0 | 후17 |  | 김한섭 | 9 |  |  | 15 | 김주빈 |  | 0 | 0 | 0 | 0 |
|  |  |  |  |  | 김영승 | 22 | 대기 | 대기 | 77 | 인준연 |  | 0 | 0 | 0 | 0 |
|  |  |  |  |  | 황진산 | 19 |  |  | 26 | 윤영승 |  |  |  |  |  |
| 0 | 1(1) |  | 후0 |  | 황지웅 | 11 |  |  | 25 | 마테우스 | 후26 | 0 | 0 | 0 | 0 |
| 0 | 0 |  | 후9 |  | 반델레이 | 9 |  |  | 7 | 조형의 | 후35 | 0 | 0 | 0 | 0 |
| 0 | 1 | 12 | 8(2) |  |  | 0 |  |  |  |  |  | 9(3) | 16 | 2 | 0 |

## 안산 1 : 2 부천

7월 23일 19:30 비 안산 와~스타디움 관중 223명
주심_김영수 부심_최민병·박상준 대기심_임원택 감독관_전인석

| 퇴장 | 경고 | 파울 | ST(유) | 교체 | 선수명 | 배번 | 위치 | 위치 | 배번 | 선수명 | 교체 | ST(유) | 파울 | 경고 | 퇴장 |
|---|---|---|---|---|---|---|---|---|---|---|---|---|---|---|---|
| 0 | 0 | 0 | 0 | | 전태현 | 1 | GK | GK | 40 | 하강진 | | 0 | 0 | 0 | 0 |
| 1 | 0 | 1 | 0 | | 김동우 | 4 | MF | MF | 19 | 안일주 | | 0 | 0 | 0 | 0 |
| 0 | 0 | 1 | 0 | | 최광희 | 11 | DF | DF | 5 | 박재홍 | | 0 | 2 | 0 | 0 |
| 0 | 0 | 1 | 0 | | 김병석 | 12 | DF | DF | 6 | 강지용 | | 1(1) | 2 | 0 | 0 |
| 0 | 1 | 2 | 0 | | 오범석 | 14 | DF | MF | 15 | 전광환 | | 0 | 0 | 0 | 0 |
| 0 | 1 | 2 | 2(2) | | 이용래 | 7 | MF | MF | 20 | 김륜도 | | 0 | 0 | 1 | 0 |
| 0 | 0 | 0 | | 21 | 문기한 | 8 | MF | MF | 27 | 이제승 | 29 | 0 | 3 | 0 | |
| 0 | 0 | 1 | 2(1) | 13 | 조재철 | 8 | MF | FW | 9 | 공민현 | | 1 | 4 | 1 | 0 |
| 0 | 0 | 1 | 1(1) | | 박희도 | 30 | MF | FW | 11 | 호드리고 | | 1 | 1 | 0 | 0 |
| 0 | 1 | 1 | 1 | | 서동현 | 10 | FW | FW | 25 | 곽래승 | | 1 | 1 | 0 | 0 |
| 0 | 1 | 1 | 1 | | 고경민 | 19 | FW | | | | | | | | |
| 0 | 0 | 0 | | | 유현 | 16 | | | 33 | 강훈 | | 0 | 0 | 0 | 0 |
| 0 | 0 | 0 | | | 이호 | 20 | | | 2 | 석동우 | | 0 | 0 | 0 | 0 |
| 0 | 0 | 0 | | | 송승주 | 31 | | | 3 | 박종오 | | 0 | 0 | 0 | 0 |
| 0 | 0 | 1 | | 후33 | 윤준하 | 13 | 대기 | 대기 | 13 | 고보연 | 후32 | 1(1) | 0 | 0 | 0 |
| 0 | 0 | 0 | | | 박종진 | 15 | | | 18 | 김용백 | | 0 | 0 | 0 | 0 |
| 0 | 0 | 0 | 1(1) | 전41 | 이재권 | 21 | | | 18 | 최인창 | 전31 | 0 | 4 | 1 | 0 |
| 0 | 0 | 0 | 3(2) | 후10 | 정조국 | 9 | | | 19 | 유준영 | 후14 | 1 | 1 | 0 | 0 |
| 0 | 3 | 10 | 11(7) | | | | | | | | | 5(4) | 18 | 3 | 0 |

- 후반 11분 박희도 PA정면 내 ~ 이재권 AK정면 L-ST-G득점: 이재권, 도움: 박희도) 왼쪽
- 후반 22분 유대현 PAR ⌒ 강지용 PA정면 내 H-ST-G득점: 강지용, 도움: 유대현) 오른쪽
- 후반 41분 고보연 GAR내 L-ST-G득점: 고보연) 왼쪽

---

## 충주 1 : 3 강원

5월 05일 16:00 맑음 충주 종합 관중 1,072명
주심_김동진 부심_지승민·설귀선 대기심_서동진 감독관_김용세

| 퇴장 | 경고 | 파울 | ST(유) | 교체 | 선수명 | 배번 | 위치 | 위치 | 배번 | 선수명 | 교체 | ST(유) | 파울 | 경고 | 퇴장 |
|---|---|---|---|---|---|---|---|---|---|---|---|---|---|---|---|
| 0 | 0 | 0 | 0 | | 황성민 | 1 | GK | GK | 1 | 황교충 | | 0 | 0 | 0 | 0 |
| 0 | 0 | 0 | | 11 | 김재환 | 3 | DF | DF | 4 | 이재훈 | | 0 | 0 | 0 | 0 |
| 0 | 2 | 2 | 0 | | 김동권 | 36 | DF | DF | 3 | 정우인 | | 0 | 0 | 0 | 0 |
| 0 | 0 | 4 | 1(1) | | 박태수 | 15 | DF | DF | 20 | 김오규 | | 0 | 0 | 0 | 0 |
| 0 | 1 | 1 | | | 이민규 | 3 | DF | DF | 30 | 정현식 | | 0 | 0 | 0 | 0 |
| 0 | 1 | 0 | 1(1) | | 변웅 | 22 | MF | MF | 7 | 이우혁 | | 2(1) | 0 | 1 | 0 |
| 0 | 0 | 1 | | | 박진수 | 4 | MF | MF | 8 | 김윤호 | | 0 | 0 | 0 | 0 |
| 0 | 0 | 2 | | 28 | 양동협 | 21 | MF | MF | 15 | 김윤호 | | 0 | 0 | 0 | 0 |
| 0 | 1 | 2(1) | | 35 | 조준재 | 18 | MF | MF | 99 | 조엘손 | 11 | 6(4) | 2 | 0 | 0 |
| 0 | 0 | 0 | | | 한홍규 | 9 | FW | FW | 10 | 최진호 | | 3(2) | 0 | 0 | 0 |
| 0 | 1 | 1 | | | 정성민 | 10 | FW | FW | 19 | 김동기 | | 3(3) | 3 | 0 | 0 |
| 0 | 0 | 0 | | | 이정래 | 79 | | | 21 | 양동원 | | 0 | 0 | 0 | 0 |
| 0 | 0 | 0 | | 후31 | 김성현 | 35 | | | 13 | 박상진 | | 0 | 0 | 0 | 0 |
| 0 | 0 | 0 | | 후15 | 박요한 | 11 | | | 5 | 배효성 | | 0 | 0 | 0 | 0 |
| 0 | 0 | 0 | | | 김한빈 | 27 | 대기 | 대기 | 17 | 서보민 | 후10 | 1 | 0 | 0 | 0 |
| 0 | 0 | 0 | | | 최승호 | 16 | | | 6 | 이창용 | | 0 | 0 | 0 | 0 |
| 0 | 0 | 0 | | 후0 | 김정훈 | 28 | | | 11 | 최승인 | 후31 | 1 | 0 | 0 | 0 |
| 0 | 0 | 0 | | | 유종현 | 5 | | | 9 | 김영후 | 후37 | 0 | 0 | 0 | 0 |
| 0 | 3 | 19 | 10(5) | | | | | | | | | 15(10) | 18 | 3 | 0 |

- 전반 26분 한홍규 AK정면 L-ST-G(득점: 한홍규) 왼쪽
- 전반 27분 김동기 GA정면내 R-ST-G(득점: 김동기) 가운데
- 후반 3분 이우혁 PA정면 FK R-ST-G (득점: 이우혁) 오른쪽
- 후반 30분 이우혁 MF정면 ~ 김동기 AL L-ST-G(득점: 김동기, 도움: 이우혁) 오른쪽

---

## 안양 0 : 2 수원FC

5월 05일 14:00 맑음 안양 종합 관중 3,250명
주심_매호영 부심_강도준·방기열 대기심_박병진 감독관_한진원

| 퇴장 | 경고 | 파울 | ST(유) | 교체 | 선수명 | 배번 | 위치 | 위치 | 배번 | 선수명 | 교체 | ST(유) | 파울 | 경고 | 퇴장 |
|---|---|---|---|---|---|---|---|---|---|---|---|---|---|---|---|
| 0 | 0 | 0 | 0 | | 이진형 | 1 | GK | GK | 23 | 박형순 | | 0 | 0 | 0 | 0 |
| 0 | 0 | 2 | 0 | | 김효준 | 4 | DF | DF | 14 | 이준호 | | 2(1) | 1 | 1 | 0 |
| 0 | 0 | 1 | 0 | | 정수호 | 5 | DF | DF | 25 | 조태우 | | 1 | 1 | 0 | 0 |
| 0 | 1 | 1 | | 22 | 구대영 | 90 | DF | MF | 3 | 이치준 | | 0 | 1 | 0 | 0 |
| 0 | 0 | 1 | 1 | | 이으뜸 | 17 | MF | MF | 6 | 김서준 | | 1 | 0 | 1 | 0 |
| 0 | 1 | 1 | 1 | | 정재용 | 42 | MF | MF | 8 | 김혁진 | 16 | 0 | 2 | 0 | 0 |
| 0 | 0 | 0 | | | 김원민 | 77 | MF | MF | 24 | 김정빈 | | 2(1) | 1 | 0 | 0 |
| 0 | 0 | 1 | 1 | | 주현재 | 16 | MF | MF | 30 | 임성택 | | 1 | 0 | 0 | 0 |
| 0 | 0 | 1 | | | 정대선 | 17 | FW | FW | 8 | 한원일 | | 0 | 0 | 0 | 0 |
| 0 | 0 | 0 | 1(1) | 23 | 바그너 | 7 | FW | FW | 11 | 박종찬 | 18 | 1 | 1 | 0 | 0 |
| 0 | 0 | 0 | | | 최필수 | 25 | | | 43 | 이상기 | | 0 | 0 | 0 | 0 |
| 0 | 0 | 0 | | | 가솔현 | 3 | | | 6 | 김영찬 | 후35 | 1 | 0 | 0 | 0 |
| 0 | 0 | 0 | | | 조성준 | 7 | | | 16 | 권용현 | 후0 | 1 | 0 | 0 | 0 |
| 0 | 0 | 0 | | | 이상우 | 19 | 대기 | 대기 | 9 | 우수현 | | 0 | 0 | 0 | 0 |
| 0 | 0 | 0 | | 후31 | 조철인 | 23 | | | 31 | 김민기 | | 0 | 0 | 0 | 0 |
| 0 | 0 | 0 | 4(2) | 후14 | 펠리피 | | | | 13 | 하정헌 | | 0 | 0 | 0 | 0 |
| 0 | 0 | 0 | | | 백동규 | 30 | | | 18 | 정민우 | 후0 | 1(1) | 0 | 0 | 0 |
| 0 | 1 | 11 | 11(4) | | | | | | | | | 9(5) | 15 | 2 | 0 |

- 후반 13분 김정빈 PAL ~ 정민우 PA정면내 L-ST-G(득점: 정민우, 도움: 김정빈) 왼쪽
- 후반 29분 권용현 GAR내 R-ST-G(득점: 권용현) 가운데

---

## 강원 2 : 1 광주

5월 10일 14:00 맑음 원주 관중 582명
주심_김대용 부심_서무희·방기열 대기심_매호영 감독관_전인석

| 퇴장 | 경고 | 파울 | ST(유) | 교체 | 선수명 | 배번 | 위치 | 위치 | 배번 | 선수명 | 교체 | ST(유) | 파울 | 경고 | 퇴장 |
|---|---|---|---|---|---|---|---|---|---|---|---|---|---|---|---|
| 0 | 0 | 0 | 0 | | 황교충 | 1 | GK | GK | 21 | 백민철 | | 0 | 0 | 0 | 0 |
| 0 | 0 | 1 | 0 | | 이재훈 | 3 | DF | DF | 19 | 박진옥 | | 1 | 2 | 0 | 0 |
| 0 | 0 | 1 | 0 | | 배효성 | 5 | DF | DF | 2 | 정준연 | | 0 | 1 | 0 | 0 |
| 0 | 0 | 1 | 0 | | 정우인 | 4 | DF | DF | 15 | 김영빈 | | 0 | 0 | 0 | 0 |
| 0 | 0 | 1 | 1 | | 김오규 | 20 | DF | DF | 8 | 이 완 | | 1 | 3 | 0 | 0 |
| 0 | 1 | 1 | | | 한석종 | 25 | MF | MF | 40 | 이찬동 | 13 | 4 | 1 | 0 | 0 |
| 0 | 1 | 1 | | | 이우혁 | 7 | MF | MF | 14 | 안종훈 | | 2(1) | 4 | 0 | 0 |
| 0 | 0 | 0 | | | 김윤호 | 8 | MF | MF | 23 | 권수현 | | 0 | 0 | 0 | 0 |
| 0 | 0 | 1 | | | 최진호 | 10 | MF | FW | 16 | 김유성 | | 1(1) | 1 | 0 | 0 |
| 0 | 3(2) | 17 | | | 조엘손 | 99 | FW | FW | 19 | 김민수 | | 3(1) | 1 | 0 | 0 |
| 0 | 1 | 1 | 11 | | 김동기 | 19 | FW | FW | 11 | 호마링요 | | 3(1) | 1 | 0 | 0 |
| 0 | 0 | 0 | | | 양동원 | 21 | | | 1 | 제종현 | | 0 | 0 | 0 | 0 |
| 0 | 0 | 0 | | | 박상진 | 13 | | | 6 | 최성환 | | 0 | 0 | 0 | 0 |
| 0 | 0 | 0 | | 후38 | 서보민 | 17 | 대기 | 대기 | 24 | 오도남 | 후24 | 0 | 0 | 0 | 0 |
| 0 | 0 | 0 | | | 이창용 | 6 | | | 13 | 마철준 | 후24 | 0 | 0 | 0 | 0 |
| 0 | 3(2) | 17 | | 후29 | 김영후 | 9 | | | 25 | 송승민 | | 0 | 0 | 0 | 0 |
| 0 | 1(1) | | | 후99 | 최승인 | 11 | | | 26 | 이진호 | 후45 | 0 | 0 | 0 | 0 |
| | | | | | | | | | 27 | 홍태곤 | | | | | |
| 0 | 1 | 13(6) | | | | | | | | | | 8(3) | 17 | 1 | 0 |

- 후반 21분 조엘손 GAL R-ST-G(득점: 조엘손) 가운데
- 후반 47분 김윤호 PAR EL ~ 김영후 GAL 내 H-ST-G(득점: 김영후, 도움: 김윤호) 왼쪽
- 후반 15분 안종훈 PAL ~ 호마링요 GAR L-ST-G(득점: 호마링요, 도움: 안종훈) 왼쪽

## 5월 10일 16:00 맑음 부천 종합 관중 852명
주심_김영수 부심_강도준·설귀선 대기심_서동진 감독관_김정식

| | 부천 | 1 | | 0 전반 0<br>1 후반 0 | | 0 | 고양 | |
|---|---|---|---|---|---|---|---|---|

| 퇴장 | 경고 | 파울 | ST(유) | 교체 | 선수명 | 배번 | 위치 | 위치 | 배번 | 선수명 | 교체 | ST(유) | 파울 | 경고 | 퇴장 |
|---|---|---|---|---|---|---|---|---|---|---|---|---|---|---|---|
| 0 | 0 | 0 | 0 | | 강 훈 | 33 | GK | GK | 23 | 여명용 | | 0 | 0 | 0 | 0 |
| 0 | 0 | 0 | 0 | | 석동우 | 2 | DF | DF | 2 | 이세환 | | 0 | 0 | 0 | 0 |
| 0 | 0 | 1 | 1(1) | | 강지용 | 6 | DF | DF | 4 | 최병도 | 25 | 0 | 1 | 0 | 0 |
| 0 | 0 | 2 | 0 | | 유대현 | 22 | DF | DF | 19 | 여효진 | | 0 | 1 | 0 | 0 |
| 0 | 0 | 2 | 0 | | 정홍연 | 55 | DF | DF | 3 | 배민호 | | 0 | 0 | 0 | 0 |
| 0 | 1 | 3 | 1 | 27 | 김륜도 | 20 | MF | MF | 8 | 신재필 | 17 | 0 | 1 | 0 | 0 |
| 0 | 1 | 1 | 2(1) | | 김태영 | 28 | MF | MF | 7 | 이도성 | | 1 | 1 | 0 | 0 |
| 0 | 1 | 6 | 0 | | 공민현 | 9 | MF | MF | 15 | 박병원 | | 0 | 1 | 0 | 0 |
| 0 | 0 | 2 | 1(1) | | 호드리고 | 11 | FW | FW | 18 | 주민규 | | 3(1) | 0 | 0 | 0 |
| 0 | 0 | 2 | 0 | | 최인창 | 18 | FW | FW | 13 | 한 빛 | 21 | 0 | 2 | 0 | 0 |
| 0 | 1 | 1(1) | 19 | | 박재현 | 10 | MF | MF | 30 | 알렉스 | | 4(2) | 0 | 0 | 0 |
| 0 | | | | | 이희현 | 31 | | | | 강진웅 | | | | | |
| 0 | 0 | 0 | | 후35 | 박재홍 | | | | 21 | 윤동헌 | 후39 | 1 | 1 | 0 | 0 |
| 0 | | | | | 한상빈 | 37 | | | 22 | 황규범 | | | | | |
| 0 | | | | | 주일태 | 13 | 대기 | 대기 | 25 | 안현식 | 후30 | | | | |
| 0 | 2(2) | 전40 | | | 윤준영 | 19 | | | 6 | 김상균 | | | | | |
| 0 | | | 후24 | | 이제승 | 27 | | | 11 | 정민무 | | | | | |
| 0 | | | | | 박경원 | 1 | | | 17 | 이광재 | 후35 | | | | |
| 0 | 3 | 19 | 10(6) | | | | 0 | | 0 | | | 9(3) | 12 | 1 | 0 |

●후반 27분 강지용 PAL내 ⌒유준영 GAR 내 H-
ST-G(득점: 유준영, 도움: 강지용) 오른쪽

---

## 5월 11일 14:00 흐림 대전 월드컵 관중 2,479명
주심_윤창수 부심_지승민·박인선 대기심_임원택 감독관_김수현

| | 대전 | 2 | | 2 전반 0<br>0 후반 0 | | 0 | 안산 | |
|---|---|---|---|---|---|---|---|---|

| 퇴장 | 경고 | 파울 | ST(유) | 교체 | 선수명 | 배번 | 위치 | 위치 | 배번 | 선수명 | 교체 | ST(유) | 파울 | 경고 | 퇴장 |
|---|---|---|---|---|---|---|---|---|---|---|---|---|---|---|---|
| 0 | 0 | 0 | 0 | | 김선규 | 31 | GK | GK | 16 | 유 현 | | 0 | 0 | 0 | 0 |
| 0 | 0 | 2 | 0 | | 장원석 | 3 | DF | DF | 3 | 양상민 | | 3(1) | 6 | 1 | 0 |
| 0 | 0 | 1 | 0 | | 윤원일 | 33 | DF | DF | 7 | 이용래 | | 0 | 3 | 0 | 0 |
| 0 | 0 | 1 | 0 | | 안영규 | 5 | DF | DF | 18 | 박종진 | | 0 | 2 | 0 | 0 |
| 0 | 0 | 1 | 0 | | 임창우 | 6 | DF | DF | 26 | 안동은 | 5 | 0 | 3 | 1 | 0 |
| 0 | 0 | 0 | 30 | | 김종국 | 8 | MF | MF | 6 | 문기한 | | 1 | 2 | 1 | 0 |
| 0 | 0 | 0 | 0 | | 정석민 | 7 | MF | MF | 21 | 이재권 | | 1(1) | 1 | 0 | 0 |
| 0 | 0 | 2 | 2(2) | | 황진산 | 8 | MF | MF | 20 | 안성빈 | | 4 | 1 | 1 | 0 |
| 0 | 1 | 1(1) | 11 | | 서명원 | 14 | MF | MF | 30 | 김희도 | | 0 | 1 | 0 | 0 |
| 0 | 0 | 1 | 0 | | 김찬희 | 20 | FW | FW | 16 | 서동현 | 32 | 2(2) | 1 | 0 | 0 |
| 0 | 1 | 4(3) | | | 아드리아노 | 19 | FW | FW | 23 | 고경민 | | 2(2) | 1 | 0 | 0 |
| 0 | | | | | 박주원 | 1 | | | | 송유걸 | | | | | |
| 0 | | | | | 김성수 | 24 | | | 5 | 이원재 | 후38 | | | | |
| 0 | | | | | 김한섭 | | | | 8 | 강철민 | | | | | |
| 0 | | | 후25 | | 송주한 | 30 | 대기 | 대기 | 4 | 박현범 | 후0 | 1 | | | |
| 0 | | | | | 황지웅 | 11 | | | 15 | 유호준 | | | | | |
| 0 | 0 | 2(1) | 후8 | | 김지웅 | | | | 24 | 김도훈 | | | | | |
| 0 | | | 후26 | | 반델레이 | 9 | | | 32 | 김신철 | 후26 | 2(1) | | | |
| 0 | 1 | 18 | 14(8) | | | | 0 | | 0 | | | 12(7) | 22 | 5 | 0 |

●전반 33분 황진산 MFLTL⌒아드리아노 GAL내
L-ST-G(득점: 아드리아노, 도움: 황진산) 오른쪽
●전반4 2분서명원 MFR⌒아드리아노 PAL내
L-ST-G(득점: 아드리아노, 도움: 서명원) 왼쪽

---

## 5월 10일 16:00 맑음 수원 월드컵 관중 1,428명
주심_김희곤 부심_양병은·곽승순 대기심_정동식 감독관_강창구

| | 수원FC | 1 | | 0 전반 0<br>1 후반 1 | | 1 | 대구 | |
|---|---|---|---|---|---|---|---|---|

| 퇴장 | 경고 | 파울 | ST(유) | 교체 | 선수명 | 배번 | 위치 | 위치 | 배번 | 선수명 | 교체 | ST(유) | 파울 | 경고 | 퇴장 |
|---|---|---|---|---|---|---|---|---|---|---|---|---|---|---|---|
| 0 | 0 | 0 | 0 | | 박형순 | 23 | GK | GK | 1 | 이양종 | | 0 | 0 | 0 | 0 |
| 0 | 0 | 2 | 2(2) | | 이준호 | 14 | DF | DF | 22 | 이준희 | | 0 | 1 | 1 | 0 |
| 0 | 0 | 2 | 0 | | 조태우 | 25 | DF | DF | 8 | 허재원 | | 0 | 1 | 0 | 0 |
| 0 | 0 | 3 | 4(2) | | 김서준 | 7 | MF | DF | 6 | 노행석 | | 2(1) | 2 | 0 | 0 |
| 0 | 0 | 4 | 1 | | 김정빈 | 15 | DF | DF | 3 | 금교진 | | 0 | 0 | 0 | 0 |
| 0 | 0 | 2 | 0 | | 유수현 | 8 | MF | MF | 19 | 장백규 | 13 | 0 | 1 | 0 | 0 |
| 0 | 1 | 1 | 1 | | 김재연 | 24 | MF | MF | 9 | 김대열 | | 0 | 2 | 0 | 0 |
| 0 | 0 | 3(1) | | | 김본광 | 2 | MF | MF | 20 | 안상현 | | 0 | 4 | 0 | 0 |
| 0 | 1 | 1 | 0 | | 김한원 | 10 | DF | MF | 11 | 신창무 | 26 | 0 | 1 | 0 | 0 |
| 0 | 0 | 1 | 16 | | 하정헌 | 18 | MF | FW | 7 | 조형익 | | 5(3) | 2 | 0 | 0 |
| 0 | 0 | 2 | 1 | 18 | 조진수 | 27 | FW | FW | 30 | 한승엽 | | 10 | 1 | 0 | 0 |
| 0 | | | | | 이상기 | 43 | | | 31 | 박민선 | | | | | |
| 0 | 0 | 1 | 1(1) | 후 | 김영찬 | 10 | | | 15 | 조영훈 | 후42 | | | | |
| 0 | | | | | 이치준 | 3 | | | 23 | 차두리 | | | | | |
| 0 | | | | | 김혁진 | | 대기 | 대기 | 77 | 인준연 | | | | | |
| 0 | | | 후8 | | 권용현 | 16 | | | 26 | 윤영승 | 후31 | | | | |
| 0 | | | | | 김민기 | 31 | | | 10 | 황순민 | 후6 | 2(1) | | | |
| 0 | 0 | 1(1) | 후8 | | 정민우 | 18 | | | 27 | 김흥일 | | | | | |
| 0 | 0 | 15 | 14(7) | | | | 0 | | 0 | | | 11(5) | 16 | 2 | 0 |

●후반 49분 김서준 PK-R-G(득점: 김서준) 왼쪽
●후반 10분 장백규 C.KL⌒노행석 GA정면 H-
ST-G(득점: 노행석, 도움: 장백규) 오른쪽

---

## 5월 11일 16:00 맑음 충주 종합 관중 792명
주심_박병진 부심_김영하·최민병 대기심_박진호 감독관_김형남

| | 충주 | 2 | | 0 전반 0<br>2 후반 1 | | 1 | 안양 | |
|---|---|---|---|---|---|---|---|---|

| 퇴장 | 경고 | 파울 | ST(유) | 교체 | 선수명 | 배번 | 위치 | 위치 | 배번 | 선수명 | 교체 | ST(유) | 파울 | 경고 | 퇴장 |
|---|---|---|---|---|---|---|---|---|---|---|---|---|---|---|---|
| 0 | 0 | 0 | 0 | | 황성민 | 1 | GK | GK | 1 | 이진형 | | 0 | 0 | 0 | 0 |
| 0 | 0 | 1 | 1(1) | | 박요한 | 11 | DF | DF | 7 | 김효준 | | 1 | 0 | 0 | 0 |
| 0 | 0 | 3 | 2(1) | | 유종현 | 5 | DF | DF | 2 | 정수호 | | 0 | 0 | 0 | 0 |
| 0 | 1 | 3 | 0 | | 박태수 | 15 | DF | DF | 22 | 김태봉 | | 0 | 0 | 0 | 0 |
| 0 | 0 | 1 | 0 | | 김한빈 | 27 | DF | DF | 17 | 이으뜸 | | 0 | 0 | 0 | 0 |
| 0 | 1 | 3 | 1(1) | 4 | 한상학 | 18 | DF | MF | 6 | 김종성 | | 1(1) | 0 | 0 | 0 |
| 0 | 0 | 3 | 0 | | 최승호 | 16 | MF | MF | 14 | 최진수 | | 3(1) | 1 | 1 | 0 |
| 0 | 3 | 3(2) | 22 | | 황재훈 | 7 | MF | MF | 16 | 주현재 | 77 | 1 | 3 | 0 | 0 |
| 0 | 0 | 2 | 0 | | 조준재 | 14 | MF | MF | 8 | 정대선 | 30 | 1 | 2 | 1 | 0 |
| 0 | 0 | 1 | 0 | | 황훈희 | 30 | MF | MF | 18 | 박성진 | | 0 | 1 | 0 | 0 |
| 0 | 4 | 3(3) | 10 | | 한홍규 | 9 | FW | FW | 99 | 펠리피 | | 0 | 2 | 0 | 0 |
| 0 | | | | | 이정래 | 79 | | | 25 | 최필수 | | | | | |
| 0 | | | | | 김성현 | 35 | | | 23 | 가솔현 | | | | | |
| 0 | | | | | 김재훈 | 7 | | | 23 | 조철인 | | | | | |
| 0 | | | | | 이민규 | | 대기 | 대기 | 77 | 김원민 | 후31 | | | | |
| 0 | | | 후37 | | 변 웅 | | | | 42 | 정재용 | | | | | |
| 0 | | | 후46 | | 박진수 | 4 | | | 99 | 김재웅 | 후20 | 1 | | | |
| 0 | | | 후26 | | 정성민 | 10 | | | 30 | 백동규 | 후37 | | | | |
| 0 | 2 | 17 | 15(9) | | | | 0 | | 0 | | | 11(5) | 20 | 1 | 0 |

●후반 29분 박태수 PA정면내 R-ST-G(득점: 박태수) 왼쪽
●후반 33분 최승호 C.KR⌒한상학 GA정면 H-
ST-G(득점: 한상학, 도움: 최승호) 왼쪽
●후반 16분 최진수 C.KR⌒김종성 GAL H-ST-G
(득점: 김종성, 도움: 최진수) 오른쪽

## 5월 14일 19:00 맑음 광주 월드컵 관중 641명
주심_ 서동진 부심_ 지승민·강도준 대기심_ 윤창수 감독관_ 강창구

| 광주 1 | 1 전반 0 | 0 후반 0 | 0 수원FC |
|---|---|---|---|

| 퇴장 | 경고 | 파울 | ST(유) | 교체 | 선수명 | 배번 | 위치 | 위치 | 배번 | 선수명 | 교체 | ST(유) | 파울 | 경고 | 퇴장 |
|---|---|---|---|---|---|---|---|---|---|---|---|---|---|---|---|
| 0 | 1 | 0 | 0 | | 백민철 | 21 | GK | GK | 23 | 박형순 | | 0 | 0 | 0 | 0 |
| 0 | 1 | 2 | 0 | | 박진옥 | 19 | DF | DF | 7 | 김영빈 | | 0 | 0 | 1 | 0 |
| 0 | 0 | 1 | 0 | | 최성환 | 6 | DF | DF | 14 | 이준호 | | 0 | 0 | 0 | 0 |
| 0 | 0 | 1 | 0 | | 김영빈 | 15 | DF | DF | 25 | 조태우 | | 1 | 1 | 0 | 0 |
| 0 | 0 | 2 | 1(1) | | 이 완 | 8 | DF | MF | 3 | 이치준 | | 2(1) | 1 | 0 | 0 |
| 0 | 0 | 1 | | 40 | 송한복 | 22 | MF | MF | 7 | 김서준 | 16 | 0 | 0 | 0 | 0 |
| 0 | 1 | 3 | 1(1) | | 안종훈 | 14 | MF | MF | 20 | 우수현 | | 2 | 3 | 1 | 0 |
| 0 | 1 | 2 | | | 김유성 | 16 | MF | MF | 30 | 임성택 | | 4(3) | 2 | 1 | 0 |
| 0 | 0 | 4 | 0 | | 김호남 | 18 | FW | DF | 32 | 김본광 | | 2 | 3 | 1 | 0 |
| 0 | 2 | 2(1) | | 25 | 김민수 | 7 | FW | FW | 27 | 조진수 | 18 | 1 | 1 | 0 | 0 |
| 0 | 1 | 5 | 5(1) | | 이 승 | 5 | FW | FW | 26 | 이 반 | | 0 | 0 | 0 | 0 |
| 0 | 0 | 0 | 0 | | 제종현 | 1 | | | 43 | 이상기 | | 0 | 0 | 0 | 0 |
| 0 | 0 | 0 | 1 | 후18 | 정준연 | | | | 15 | 김정빈 | | 0 | 0 | 0 | 0 |
| | | | | | 호마링요 | | | | 16 | 권용현 | 후0 | 0 | | 0 | |
| 0 | 0 | 0 | | 대기 | 마철준 | 13 | 대기 | | 24 | 김재연 | | 0 | 0 | 0 | 0 |
| 0 | 0 | 0 | | 후34 | 송승민 | 25 | | | 31 | 김민기 | | 0 | 0 | 0 | 0 |
| | | | | | 홍태곤 | 11 | | | 11 | 박종찬 | | 0 | 0 | 0 | 0 |
| 0 | 0 | 1(1) | | 후24 | 이찬동 | 40 | | | 18 | 정민우 | | 0 | 0 | 0 | 0 |
| 0 | 6 | 23 | 8(5) | | | 0 | | | 0 | | | 12(5) | 14 | 2 | 0 |

●전반 19분 이완 AK정면 L-ST-G(득점: 이완) 오른쪽

---

## 7월 16일 19:00 맑음 충주 종합 관중 565명
주심_ 박진호 부심_ 서무희·곽승순 대기심_ 김대용 감독관_ 김형남

| 충주 1 | 1 전반 1 | 0 후반 0 | 1 안산 |
|---|---|---|---|

| 퇴장 | 경고 | 파울 | ST(유) | 교체 | 선수명 | 배번 | 위치 | 위치 | 배번 | 선수명 | 교체 | ST(유) | 파울 | 경고 | 퇴장 |
|---|---|---|---|---|---|---|---|---|---|---|---|---|---|---|---|
| 0 | 0 | 0 | 0 | | 이정래 | 79 | GK | GK | 16 | 유 현 | | 0 | 0 | 0 | 0 |
| 0 | 0 | 1 | 0 | | 김재환 | 8 | DF | DF | 3 | 양상민 | | 2(1) | 1 | 0 | 0 |
| 0 | 0 | 1 | 1 | | 한상학 | 18 | DF | DF | 21 | 김동우 | | 1(1) | 0 | 1 | 0 |
| 0 | 0 | 2 | 0 | | 박태수 | 15 | DF | DF | 11 | 최광희 | | 2 | 1 | 0 | 0 |
| 0 | 0 | 1 | 0 | | 김한빈 | 27 | DF | DF | 12 | 김병석 | | 0 | 0 | 0 | 0 |
| 0 | 2 | 1 | | | 노연빈 | 2 | MF | MF | 4 | 이용래 | | 0 | 2 | 0 | 0 |
| 0 | 0 | 1 | 0 | | 최승호 | 16 | MF | MF | 14 | 오범석 | | 1 | 2 | 1 | 0 |
| 0 | 1 | 7 | 3(2) | 32 | 치프리안 | 83 | MF | MF | 17 | 조재철 | | 2(2) | 1 | 0 | 0 |
| 0 | 1 | 1 | 17 | | 지경득 | 14 | FW | FW | 10 | 고경민 | | 1(1) | 0 | 0 | 0 |
| 0 | 0 | 1 | 7 | | 김정훈 | 28 | FW | FW | 10 | 서동현 | | 3(2) | 1 | 0 | 0 |
| 0 | 1 | 6 | 2(2) | | 한홍규 | 13 | FW | FW | 13 | 윤준하 | | 2(2) | 2 | 0 | 0 |
| 0 | 0 | 0 | | | 박청효 | | | | 1 | 전태현 | | 0 | 0 | 0 | 0 |
| 0 | 0 | 0 | | | 박희성 | | | | 20 | 이 호 | | 0 | 0 | 0 | 0 |
| 0 | 0 | 0 | | | 권현민 | 40 | | | 32 | 김신철 | | 0 | 0 | 0 | 0 |
| 0 | 0 | 0 | | 대기 | 황재훈 | 55 | 대기 | | 2 | 강철민 | 후36 | 0 | 0 | 0 | 0 |
| 0 | 0 | 0 | 후41 | | 이준호 | 7 | | | 25 | 이준호 | 후25 | 0 | 0 | 0 | 0 |
| 0 | 1 | 0 | 후39 | | 양상준 | 18 | | | 8 | 박종진 | | 0 | 0 | 0 | 0 |
| 0 | 0 | 0 | 전43 | | 이완희 | 8 | | | 22 | 안성빈 | 전23 | 3 | 0 | 1 | 0 |
| 0 | 2 | 14 | 12(7) | | | 0 | | | 0 | | | 16(9) | 10 | 1 | 0 |

●전반 8분 김정훈 PAR내 R-ST-G(득점: 김정훈) 왼쪽

●전반 35분 조재철 GAL내 L-ST-G(득점: 조재철) 왼쪽

---

## 5월 14일 19:00 맑음 고양 종합 관중 426명
주심_ 정동식 부심_ 김영하·박상준 대기심_ 박병진 감독관_ 한진원

| 고양 2 | 2 전반 1 | 0 후반 2 | 3 강원 |
|---|---|---|---|

| 퇴장 | 경고 | 파울 | ST(유) | 교체 | 선수명 | 배번 | 위치 | 위치 | 배번 | 선수명 | 교체 | ST(유) | 파울 | 경고 | 퇴장 |
|---|---|---|---|---|---|---|---|---|---|---|---|---|---|---|---|
| 0 | 0 | 0 | 0 | 23 | 강진웅 | 21 | GK | GK | 1 | 황교충 | | 0 | 0 | 0 | 0 |
| 0 | 0 | 1 | | | 이세환 | 2 | DF | DF | 3 | 이재훈 | | 1 | 0 | 0 | 0 |
| 0 | 1 | 1(1) | | | 최병도 | 4 | DF | DF | 5 | 배효성 | | 2 | 1 | 0 | 0 |
| 0 | 1 | 2 | | | 여효진 | 19 | DF | DF | 4 | 정우인 | | 1 | 0 | 1 | 0 |
| 0 | 0 | 0 | | | 배민호 | 3 | DF | DF | 20 | 김오규 | | 0 | 1 | 0 | 0 |
| 0 | 0 | 3 | 21 | | 신재필 | 8 | MF | MF | 6 | 한석종 | | 1 | 1 | 0 | 0 |
| 0 | 1 | 1 | | | 이도성 | 7 | MF | MF | 7 | 이우혁 | | 2(1) | 1 | 0 | 0 |
| 0 | 0 | 1 | | | 박병원 | 6 | MF | MF | 15 | 김윤호 | | 0 | 1 | 0 | 0 |
| 0 | 0 | 3(2) | 17 | | 호 니 | 10 | MF | MF | 17 | 최진호 | | 5(4) | 0 | 0 | 0 |
| 0 | 3 | 1 | | | 주민규 | 18 | FW | FW | 12 | 조엘손 | | 5(5) | 2 | 4 | 0 |
| 0 | 1 | 5(3) | | | 알렉스 | 30 | FW | FW | 9 | 김동기 | | 2 | 2 | 0 | 0 |
| | | | 전33 | | 여명용 | 23 | | | 21 | 양동원 | | 0 | 0 | 0 | 0 |
| 0 | 0 | 0 | 후6 | | 윤동헌 | 21 | | | 13 | 박상진 | | 0 | 0 | 0 | 0 |
| | | | | | 황규범 | | | | 2 | 최우재 | | 0 | 0 | 0 | 0 |
| 0 | 0 | 0 | 대기 | | 안현식 | 25 | 대기 | | | 이창용 | | 0 | 0 | 0 | 0 |
| | | | | | 한 빛 | 17 | | | 17 | 서보민 | 후46 | 0 | 0 | 0 | 0 |
| | | | | | 정민무 | 11 | | | 10 | 치프리안 | 후42 | 1(1) | 0 | 0 | 0 |
| 0 | 0 | 0 | 후26 | | 이광재 | 17 | | | 9 | 김영후 | 전14 | 0 | 0 | 0 | 0 |
| 0 | 1 | 15 | 14(7) | | | 0 | | | 0 | | | 16(12) | 14 | 3 | 0 |

●전반 15분 알렉스 AKL ~ 주민규 AK정면 R-ST-G(득점: 주민규, 도움: 알렉스) 왼쪽

●전반 25분 알렉스 PK-R-G (득점: 알렉스) 오른쪽

●전반 27분 이우혁 PAL내 ~ 최진호 PA정면내 R-ST-G(득점: 최진호, 도움: 이우혁) 오른쪽

●후반 27분 이재훈 MFL ~ 최진호 AK정면 R-ST-G(득점: 최진호, 도움: 이재훈) 왼쪽

●후반 28분 최진호 AK내 R-ST-G(득점: 최진호) 가운데

---

## 5월 14일 19:30 맑음 안양 종합 관중 1,157명
주심_ 박진호 부심_ 강동호·서무희 대기심_ 김영수 감독관_ 김정식

| 안양 2 | 1 전반 1 | 1 후반 2 | 3 대전 |
|---|---|---|---|

| 퇴장 | 경고 | 파울 | ST(유) | 교체 | 선수명 | 배번 | 위치 | 위치 | 배번 | 선수명 | 교체 | ST(유) | 파울 | 경고 | 퇴장 |
|---|---|---|---|---|---|---|---|---|---|---|---|---|---|---|---|
| 0 | 0 | 0 | 0 | | 이진형 | 1 | GK | GK | 31 | 김선규 | | 0 | 0 | 0 | 0 |
| 0 | 0 | 1 | 1 | | 가솔현 | 3 | DF | DF | 3 | 장원석 | | 0 | 0 | 1 | 0 |
| 0 | 0 | 1 | | | 정수호 | 5 | DF | DF | 33 | 윤원일 | | 0 | 0 | 0 | 0 |
| 0 | 1 | 0 | | | 김태봉 | 22 | DF | DF | 5 | 안영규 | | 1(1) | 2 | 0 | 0 |
| 0 | 1 | 2 | | | 이으뜸 | 17 | DF | DF | 2 | 임창우 | | 1(1) | 1 | 0 | 0 |
| 0 | 1 | 0 | | | 김종성 | 6 | MF | MF | 6 | 김종국 | | 2(1) | 1 | 0 | 0 |
| 0 | 1 | 3 | | | 최진수 | 13 | MF | MF | 7 | 정석민 | | 2(2) | 1 | 0 | 0 |
| 0 | 0 | 1 | | | 주현재 | 14 | MF | MF | 8 | 황진산 | | 0 | 1 | 0 | 0 |
| 0 | 0 | 1 | | | 박성진 | 5 | MF | MF | 30 | 송주한 | | 1 | 0 | 0 | 0 |
| 0 | 2(1) | 42 | | | 김재웅 | 99 | FW | FW | 20 | 김찬희 | 18 | 1 | 1 | 0 | 0 |
| 0 | 5(4) | | | | 바그너 | 11 | FW | FW | 20 | 황지웅 | | 0 | 0 | 0 | 0 |
| 0 | 0 | 0 | | | 최필수 | 25 | | | 1 | 박주원 | | 0 | 0 | 0 | 0 |
| 0 | 0 | 0 | | | 남대식 | 55 | | | 37 | 이인식 | | 0 | 0 | 0 | 0 |
| 0 | 0 | 0 | | | 조철영 | 23 | | | 8 | 김한섭 | 후34 | 0 | 0 | 0 | 0 |
| 0 | 0 | 0 | 대기 | | 김원민 | 77 | 대기 | 대기 | 24 | 김성수 | | 0 | 0 | 0 | 0 |
| 0 | 0 | 0 | 후42 | | 정재용 | 42 | | | 19 | 이동현 | | 0 | 0 | 0 | 0 |
| 0 | 0 | 0 | 후15 | | 정대선 | 13 | | | 18 | 김은중 | 후38 | 0 | 0 | 0 | 0 |
| 0 | 1(1) | 후28 | | | 펠리피 | | | | | 반델레이 | 후0 | 2(1) | 1 | 0 | 0 |
| 0 | 0 | 9(7) | | | | 0 | | | 0 | | | 12(8) | 14 | 2 | 0 |

●전반 45분 가솔현 GAL내 ~ 김재웅 GAR내 R-ST-G(득점: 김재웅, 도움: 가솔현) 왼쪽

●후반 28분 김태봉 PAR내 ~ 펠리피 PA정면내 R-ST-G(득점: 펠리피, 도움: 김태봉) 왼쪽

●전반 27분 김찬희 MF정면 ~ 송주한 PAL L-ST-G(득점: 송주한, 도움: 김찬희) 오른쪽

●후반 9분 반델레이 PAR ~ 임창우 GAR R-ST-G(득점: 임창우, 도움: 반델레이) 왼쪽

●후반 12분 반델레이 GA정면 내 H-ST-G(득점: 반델레이) 가운데

## 대구 0 : 1 부천

5월 14일 19:30 흐림 대구 스타디움 관중 568명
주심_임원택 부심_최민병·박인선 대기심_매호영 감독관_전인석

대구 0 | 0 전반 1 / 0 후반 0 | 1 부천

| 퇴장 | 경고 | 파울 | ST(유) | 교체 | 선수명 | 배번 | 위치 | 위치 | 배번 | 선수명 | 교체 | ST(유) | 파울 | 경고 | 퇴장 |
|---|---|---|---|---|---|---|---|---|---|---|---|---|---|---|---|
| 0 | 0 | 0 | 0 | | 이양종 | 1 | GK | GK | 33 | 강 훈 | | 0 | 0 | 0 | 0 |
| 0 | 0 | 2 | 0 | | 이준희 | 22 | DF | DF | 2 | 석동우 | | 0 | 0 | 0 | 0 |
| 0 | 0 | 0 | 1 | | 허재원 | 8 | DF | DF | 5 | 박재홍 | | 0 | 2 | 0 | 0 |
| 0 | 0 | 0 | 0 | | 노행석 | 6 | DF | DF | 6 | 강지용 | 3 | 2(2) | 5 | 0 | 0 |
| 0 | 0 | 0 | 0 | 25 | 금교진 | 2 | DF | MF | 30 | 신호은 | 22 | 0 | 0 | 0 | 0 |
| 0 | 0 | 0 | 0 | | 신창무 | 11 | MF | MF | 55 | 정홍연 | | 0 | 0 | 0 | 0 |
| 0 | 1 | 3 | 1 | | 김대열 | 22 | MF | MF | 27 | 이제승 | | 3 | 2 | 0 | 0 |
| 0 | 0 | 0 | 0 | | 안상현 | 16 | MF | MF | 29 | 고보연 | 28 | 1 | 2 | 0 | 0 |
| 0 | 0 | 2(1) | 7 | | 김흥일 | 27 | MF | FW | 9 | 공민현 | | 4 | 0 | 0 | 0 |
| 0 | 2 | | 30 | | 황순민 | 10 | FW | FW | 18 | 최인창 | | 0 | 0 | 0 | 0 |
| 0 | 0 | 2(1) | | | 조형익 | 7 | FW | FW | 14 | 이경수 | | 3(2) | 0 | 1 | 0 |
| 0 | 0 | 0 | 0 | | 박민선 | 31 | | | 31 | 이희현 | | 0 | 0 | 0 | 0 |
| 0 | 0 | 0 | 0 | | 조영훈 | 13 | | | 3 | 박종오 | 후31 | 0 | 1 | 0 | 0 |
| 0 | 0 | 0 | 0 | | 김주빈 | 15 | | | 3 | 주일태 | | 0 | 0 | 0 | 0 |
| 0 | 0 | 0 | 0 | 후33 | 인준연 | 77 | 대기 | 대기 | 22 | 유대현 | 후0 | 0 | 0 | 0 | 0 |
| 0 | 0 | 0 | 0 | 후19 | 마테우스 | 25 | | | 19 | 유준영 | | 0 | 0 | 0 | 0 |
| 0 | 0 | 0 | 0 | | 윤영승 | 26 | | | 28 | 김태영 | 후36 | 0 | 1 | 0 | 0 |
| 0 | 0 | 0 | 0 | 후42 | 한승엽 | 16 | | | 11 | 호드리고 | | 0 | 0 | 0 | 0 |
| 0 | 1 | 10 | 8(2) | | | 0 | | | 0 | | | 10(4) | 17 | 1 | 0 |

● 전반 23분 강지용 GAR내 L-ST-G(득점: 강지용) 오른쪽

## 수원FC 1 : 1 고양

5월 17일 16:00 맑음 수원월드컵 관중 1,064명
주심_윤창수 부심_최민병·박인선 대기심_김대용 감독관_김수현

수원FC 1 | 0 전반 1 / 1 후반 0 | 1 고양

| 퇴장 | 경고 | 파울 | ST(유) | 교체 | 선수명 | 배번 | 위치 | 위치 | 배번 | 선수명 | 교체 | ST(유) | 파울 | 경고 | 퇴장 |
|---|---|---|---|---|---|---|---|---|---|---|---|---|---|---|---|
| 0 | 0 | 0 | 0 | | 이상기 | 43 | GK | GK | 23 | 여명용 | | 0 | 0 | 0 | 0 |
| 0 | 1 | 2 | 0 | | 김영창 | 6 | DF | DF | 4 | 배민호 | | 0 | 0 | 0 | 0 |
| 0 | 0 | 1 | 0 | | 이준호 | 14 | DF | DF | 30 | 최병도 | | 2 | 2 | 0 | 0 |
| 0 | 0 | 0 | 0 | | 조태우 | 25 | DF | DF | 22 | 황규범 | | 1 | 3 | 0 | 0 |
| 0 | 0 | 1 | 3(1) | 30 | 김서준 | 7 | MF | DF | 25 | 안현식 | | 0 | 2 | 1 | 0 |
| 0 | 0 | 3 | 2(1) | | 김정빈 | 16 | MF | MF | 7 | 이도성 | | 0 | 1 | 0 | 0 |
| 0 | 0 | 1 | 3(1) | | 권용현 | 16 | MF | MF | 8 | 신재필 | 17 | 1(1) | 1 | 0 | 0 |
| 0 | 0 | 3 | 0 | | 김재연 | 24 | MF | MF | 10 | 호 니 | | 2(2) | 0 | 0 | 0 |
| 0 | 0 | 1 | 13 | | 김본광 | 32 | MF | FW | 16 | 박병원 | | 2 | 1(1) | 1 | 0 |
| 0 | 3 | | 27 | | 박종찬 | 11 | FW | FW | 18 | 주민규 | | 5(1) | 4 | 1 | 0 |
| 0 | 0 | 0 | | | 정민우 | 18 | FW | FW | 30 | 알렉스 | | 6(2) | 1 | 0 | 0 |
| 0 | 0 | 0 | 0 | | 박형순 | 21 | | | 29 | 강진욱 | | 0 | 0 | 0 | 0 |
| 0 | 0 | 0 | 0 | | 이치준 | 3 | | | 2 | 이세환 | | 0 | 0 | 0 | 0 |
| 0 | 0 | 0 | 0 | | 김혁진 | 8 | | | 5 | 이 훈 | | 0 | 0 | 0 | 0 |
| 0 | 1(1) | 후27 | 임성택 | 30 | 대기 | | | 대기 | 6 | 김상균 | | 0 | 0 | 0 | 0 |
| 0 | 0 | 0 | 0 | | 김민기 | 31 | | | 11 | 정민무 | 후42 | 0 | 1 | 0 | 0 |
| 0 | 1 | 3 | 1 | 후8 | 하정헌 | 13 | | | 17 | 이광재 | 후10 | 0 | 1 | 0 | 0 |
| 0 | 0 | | | 후22 | 조진수 | 27 | | | 13 | 한 빛 | 후25 | 0 | 0 | 0 | 0 |
| 0 | 2 | 17 | 16(4) | | | 0 | | | 0 | | | 19(7) | 16 | 3 | 0 |

● 후반 26초 권용현 PA정면 ~ 김서준 GAR R-ST-G(득점: 김서준, 도움: 권용현) 왼쪽
● 전반 22분 주민규AKL ~ 알렉스 AK정면 R-ST-G(득점: 알렉스, 도움: 주민규) 오른쪽

## 대구 2 : 0 강원

5월 18일 14:00 맑음 대구 스타디움 관중 973명
주심_김영수 부심_강도준·방기열 대기심_박진호 감독관_김진의

대구 2 | 1 전반 0 / 1 후반 0 | 0 강원

| 퇴장 | 경고 | 파울 | ST(유) | 교체 | 선수명 | 배번 | 위치 | 위치 | 배번 | 선수명 | 교체 | ST(유) | 파울 | 경고 | 퇴장 |
|---|---|---|---|---|---|---|---|---|---|---|---|---|---|---|---|
| 0 | 0 | 0 | 0 | | 이양종 | 1 | GK | GK | 21 | 양동원 | | 0 | 0 | 0 | 0 |
| 0 | 0 | 1 | 0 | | 이준희 | 22 | DF | DF | 4 | 이재훈 | | 0 | 1 | 0 | 0 |
| 0 | 1 | 1 | 0 | | 허재원 | 8 | DF | DF | 5 | 배효성 | | 0 | 1 | 1 | 0 |
| 0 | 0 | 3 | 0 | | 노행석 | 6 | DF | DF | 4 | 정우인 | | 0 | 3 | 0 | 0 |
| 0 | 0 | 0 | 0 | | 박종진 | 24 | DF | DF | 20 | 김오규 | | 0 | 1 | 0 | 0 |
| 0 | 0 | 7 | 0 | | 김귀현 | 14 | MF | MF | 25 | 한석종 | 12 | 0 | 1 | 1 | 0 |
| 0 | 0 | 1 | 1 | 11 | 마테우스 | 25 | MF | MF | 7 | 이우혁 | | 1 | 1 | 0 | 0 |
| 0 | 0 | 1(1) | 15 | | 김대열 | 22 | MF | MF | 15 | 김윤호 | | 4 | 3 | 0 | 0 |
| 0 | 1 | 3(1) | | | 안상현 | 16 | MF | MF | 99 | 조엘손 | 17 | 2 | 1 | 0 | 0 |
| 0 | 0 | 2(2) | 80 | | 황순민 | 10 | MF | FW | 11 | 최진호 | | 0 | 1 | 0 | 0 |
| 0 | 2 | 3(2) | | | 조형익 | 7 | FW | FW | 9 | 김영후 | | 5(4) | 2 | 1 | 0 |
| 0 | 0 | 0 | 0 | | 박민선 | 31 | | | 31 | 홍상준 | | 0 | 0 | 0 | 0 |
| 0 | 0 | 0 | 0 | | 김동진 | 16 | | | 13 | 박상진 | | 0 | 0 | 0 | 0 |
| 0 | 0 | 0 | 0 | 후39 | 김주빈 | 15 | | | 30 | 정헌식 | | 0 | 0 | 0 | 0 |
| 0 | 0 | 0 | 0 | | 인준연 | 77 | 대기 | 대기 | | 이창용 | | 0 | 0 | 0 | 0 |
| 0 | 0 | 0 | 0 | 후12 | 신창무 | 11 | | | 22 | 이종인 | | 0 | 0 | 0 | 0 |
| 0 | 0 | 0 | 0 | | 김흥일 | 27 | | | 17 | 서보민 | 후16 | 0 | 0 | 0 | 0 |
| 0 | 0 | | 후45 | 네벨톤 | 80 | | | 12 | 치프리안 | 후30 | | 0 | 1 | 0 | 0 |
| 0 | 1 | 18 | 10(6) | | | 0 | | | 0 | | | 12(4) | 15 | 2 | 0 |

● 전반 6분 김대열 C.KL ~ 황순민 PAL내 L-ST-G (득점: 황순민, 도움: 김대열) 왼쪽
● 후반 38분 조형익 GA정면내 R-ST-G(득점: 조형익) 가운데

## 안산 1 : 1 안양

11월 05일 19:30 맑음 안산 와스타디움 관중 364명
주심_김영수 부심_전기록·이정민 대기심_유선호 감독관_전인석

안산 1 | 0 전반 0 / 1 후반 0 | 1 안양

| 퇴장 | 경고 | 파울 | ST(유) | 교체 | 선수명 | 배번 | 위치 | 위치 | 배번 | 선수명 | 교체 | ST(유) | 파울 | 경고 | 퇴장 |
|---|---|---|---|---|---|---|---|---|---|---|---|---|---|---|---|
| 0 | 0 | 0 | 0 | | 전태현 | 1 | GK | GK | 1 | 이진형 | | 0 | 0 | 0 | 0 |
| 0 | 0 | 1 | 0 | | 김병석 | 12 | DF | DF | 3 | 가솔현 | | 0 | 2 | 1 | 0 |
| 0 | 0 | 0 | 0 | | 서동현 | 10 | DF | DF | 30 | 백동규 | | 0 | 1 | 0 | 0 |
| 0 | 0 | 0 | 0 | | 이재권 | 21 | DF | DF | 20 | 김태봉 | | 0 | 1 | 0 | 0 |
| 0 | 2 | 1 | 30 | | 박현범 | 4 | MF | MF | 17 | 이으뜸 | | 0 | 0 | 0 | 0 |
| 0 | 2 | 1 | 30 | | 박현범 | 4 | MF | MF | 4 | 박정식 | | 1(1) | 2 | 0 | 0 |
| 0 | 0 | 0 | 0 | | 이용래 | 7 | MF | MF | 42 | 정재용 | | 1 | 1 | 0 | 0 |
| 0 | 0 | 33 | | | 조재철 | 17 | MF | DF | 5 | 김종성 | | 1(1) | 2 | 0 | 0 |
| 0 | 5(2) | | | | 고경민 | 19 | MF | FW | 11 | 조성준 | | 1 | 2 | 0 | 0 |
| 0 | 2 | 3 | 2(1) | | 유준수 | 15 | FW | FW | 16 | 주현재 | | 3(2) | 5 | 0 | 0 |
| 0 | 4 | 1 | 32 | | 윤준하 | 13 | FW | FW | 9 | 펠리피 | | 3(2) | 3 | 0 | 0 |
| 0 | 0 | 0 | 0 | | 김종국 | 28 | | | 25 | 최필수 | | 0 | 0 | 0 | 0 |
| 0 | 0 | 0 | 0 | 후26 | 김신철 | 32 | | | 4 | 김효준 | | 0 | 0 | 0 | 0 |
| 0 | 0 | 0 | 0 | | 한덕희 | 27 | | | 5 | 정수호 | | 0 | 0 | 0 | 0 |
| 0 | 0 | 0 | 0 | | 박세환 | 35 | 대기 | 대기 | 23 | 조철인 | | 0 | 0 | 0 | 0 |
| 0 | 0 | 0 | 0 | 후46 | 좌준협 | 33 | | | 38 | 고대우 | | 0 | 0 | 0 | 0 |
| 0 | 2(1) | 후0 | 박희도 | 30 | | | | 19 | 이상욱 | | | 0 | 0 | 0 | 0 |
| 0 | 0 | 16 | 11(4) | | | 0 | | | 0 | | | 10(6) | 19 | 1 | 0 |

● 후반 32분 김신철 PAL ~ 박희도 GA정면 R-ST-G(득점: 박희도, 도움: 김신철) 왼쪽
● 후반 4분 주현재 GA정면내 L-ST-G(득점: 주현재) 가운데

## 5월 18일 14:00 맑음 광주 월드컵 관중 1,417명
주심_매호영 부심_양병은·설귀선 대기심_박병진 감독관_한병화

**광주 0** / 0 전반 1 / 0 후반 1 / **2 대전**

| 퇴장 | 경고 | 파울 | ST(유) | 교체 | 선수명 | 배번 | 위치 | 위치 | 배번 | 선수명 | 교체 | ST(유) | 파울 | 경고 | 퇴장 |
|---|---|---|---|---|---|---|---|---|---|---|---|---|---|---|---|
| 0 | 0 | 0 | 0 | | 백민철 | 21 | GK | GK | 31 | 김선규 | | 0 | 0 | 0 | 0 |
| 0 | 0 | 1 | 0 | | 최진옥 | 19 | DF | DF | 3 | 장원석 | | 0 | 0 | 0 | 0 |
| 0 | 1 | 4 | 3(1) | | 최성환 | 22 | DF | DF | 30 | 송주한 | | 0 | 1 | 1 | 0 |
| 0 | 0 | 0 | 0 | | 김영빈 | 15 | DF | DF | 5 | 안영규 | | 0 | 2 | 0 | 0 |
| 0 | 1 | 2 | 2(1) | | 이 완 | 8 | DF | DF | 6 | 임창우 | | 0 | 1 | 0 | 0 |
| 0 | 0 | 3 | 0 | 40 | 송한복 | | MF | MF | 8 | 김종국 | | 1(1) | 2 | 0 | 0 |
| 0 | 0 | 1 | 1 | | 안종훈 | 14 | MF | MF | 21 | 정석민 | | 0 | 1 | 0 | 0 |
| 0 | 0 | 1 | 1 | 7 | 김유성 | 16 | MF | MF | 16 | 황진산 | | 1(1) | 0 | 0 | 0 |
| 0 | 1 | 2 | 1(2) | 2 | 김호남 | 11 | FW | MF | 11 | 황지웅 | 17 | 0 | 0 | 0 | 0 |
| 0 | | | 2(1) | | 송승민 | 25 | FW | FW | 20 | 김찬희 | 9 | 1(1) | 1 | 0 | 0 |
| 0 | 0 | 0 | 0 | | 이진호 | 26 | FW | FW | 10 | 아드리아노 | | 1 | 4 | 0 | 0 |
| | | | | | 제종현 | 1 | | | 1 | 박주원 | | | | | |
| | | | | 후39 | 정준연 | 2 | | | 37 | 이인식 | 후32 | | | | |
| | | | | 후26 | 김민수 | 7 | | | 2 | 김한섭 | | | | | |
| | | | | | 호마링요 | 9 | 대기 | 대기 | 24 | 김성수 | | | | | |
| | | | | | 마철준 | 13 | | | 17 | 신동혁 | | | | | |
| | | | | | 이종민 | 17 | | | 18 | 김은중 | | | | | |
| | | | | 후39 | 이찬동 | 40 | | | 9 | 반델레이 | 후8 | | | | |
| 0 | 1 | 19 | 11(5) | | | 0 | | | 0 | | | 5(4) | 15 | 2 | 0 |

●전반 8분 황진산 AK정면 R-ST-G(득점: 황진산) 왼쪽
●후반 36분 반델레이 자기측 HL정면 ~ 아드리아노 PK지점 R-ST-G(득점: 아드리아노, 도움: 반델레이) 왼쪽

## 5월 24일 19:00 맑음 대전 월드컵 관중 3,312명
주심_송민석 부심_서무희·곽승순 대기심_정동식 감독관_김진의

**대전 2** / 0 전반 0 / 2 후반 0 / **0 수원FC**

| 퇴장 | 경고 | 파울 | ST(유) | 교체 | 선수명 | 배번 | 위치 | 위치 | 배번 | 선수명 | 교체 | ST(유) | 파울 | 경고 | 퇴장 |
|---|---|---|---|---|---|---|---|---|---|---|---|---|---|---|---|
| 0 | 0 | 0 | 0 | | 김선규 | 31 | GK | GK | 23 | 박형순 | | 0 | 0 | 0 | 0 |
| 0 | 0 | 2 | 0 | 30 | 장원석 | 3 | DF | DF | 25 | 조태우 | | 0 | 0 | 0 | 0 |
| 0 | 0 | 1 | 0 | | 윤원일 | 33 | DF | MF | 3 | 이치준 | 27 | 1 | 0 | 0 | 0 |
| 0 | 0 | 0 | 0 | | 안영규 | 5 | DF | MF | 7 | 김서준 | | 3(1) | 1 | 1 | 0 |
| 0 | 1 | 2 | 1 | | 임창우 | 6 | DF | DF | 8 | 김혁진 | | 1 | 2 | 0 | 0 |
| 0 | 0 | 2 | 0 | | 김종국 | 8 | MF | MF | 4 | 김재연 | | 2 | 2 | 0 | 0 |
| 0 | 2 | 1 | 2 | | 정석민 | 7 | MF | MF | 30 | 임성택 | | 3(1) | 1 | 1 | 0 |
| 0 | 2 | 1 | 1 | | 황진산 | 16 | MF | DF | 31 | 김민기 | | 0 | 0 | 0 | 0 |
| 0 | | | 18 | | 서명원 | 14 | MF | DF | 32 | 김본광 | | 1 | 1 | 0 | 0 |
| 0 | | | 11 | | 반델레이 | 9 | FW | FW | 11 | 박종찬 | 18 | 1(1) | 1 | 0 | 0 |
| 0 | 3 | | 2(1) | | 아드리아노 | 10 | FW | MF | 16 | 김한원 | 16 | 1 | 1 | 0 | 0 |
| | | | | | 한상혁 | 32 | | | 43 | 이상기 | | 0 | 0 | 0 | 0 |
| | | | | 후29 | 송주한 | | | | 26 | 차준엽 | | | | | |
| | | | | | 이인식 | 37 | | | 15 | 김정빈 | | | | | |
| | | | | | 김영승 | 22 | 대기 | 대기 | 16 | 권용현 | 후14 | 0 | 0 | 0 | |
| | | | | | 김성수 | 24 | | | 29 | 노동건 | | | | | |
| | | 1(1) | 후36 | | 김은중 | | | | 18 | 정민우 | 후17 | 0 | 0 | 0 | |
| | | 1(1) | 후0 | | 황지웅 | | | | 27 | 조진수 | 후28 | 0 | 0 | 0 | |
| 0 | 2 | 18 | 6(3) | | | 0 | | | 0 | | | 13(3) | 12 | 2 | 0 |

●후반 15분 아드리아노 PK-R-G (득점: 아드리아노) 왼쪽
●후반 45분 아드리아노 PAL ~ 김은중 GA정면 R-ST-G(득점: 김은중, 도움: 아드리아노) 가운데

## 5월 18일 16:00 맑음 충주 종합 관중 919명
주심_김희곤 부심_강동호·곽승순 대기심_정동식 감독관_이영철

**충주 0** / 0 전반 1 / 0 후반 1 / **2 부천**

| 퇴장 | 경고 | 파울 | ST(유) | 교체 | 선수명 | 배번 | 위치 | 위치 | 배번 | 선수명 | 교체 | ST(유) | 파울 | 경고 | 퇴장 |
|---|---|---|---|---|---|---|---|---|---|---|---|---|---|---|---|
| 0 | 0 | 0 | 0 | | 황성민 | 1 | GK | GK | 33 | 강 훈 | | 0 | 0 | 0 | 0 |
| 0 | 0 | 2 | 0 | | 김재훈 | 2 | DF | DF | 2 | 석동우 | | 1 | 0 | 0 | 0 |
| 0 | 0 | 1 | 1 | | 유종현 | 5 | DF | DF | 6 | 강지용 | | 0 | 2 | 0 | 0 |
| 0 | 1 | 2 | 1(1) | | 박태수 | 15 | DF | DF | 22 | 유대현 | | 0 | 2 | 1 | 0 |
| 0 | 0 | 0 | 0 | | 이민규 | 3 | DF | MF | 55 | 정홍연 | | 0 | 1 | 0 | 0 |
| 0 | 0 | 1 | 0 | | 한상학 | 16 | MF | FW | 19 | 유준영 | | 1(1) | 0 | 0 | 0 |
| 0 | 0 | 1 | 2(2) | | 최승호 | 16 | MF | MF | 22 | 김륜도 | | 2(1) | 3 | 0 | 0 |
| 0 | 0 | | | 55 | 변 웅 | 22 | MF | MF | 27 | 이제승 | 5 | 1 | 1 | 0 | 0 |
| 0 | 0 | | 2(1) | | 조준재 | 14 | MF | MF | 9 | 공민현 | 29 | 0 | 0 | 0 | 0 |
| 0 | 1 | 2 | 0 | 30 | 임진욱 | 19 | MF | MF | 11 | 호드리고 | 24 | 2(2) | 2 | 0 | 0 |
| 0 | 0 | 1 | 0 | | 황훈규 | 18 | FW | FW | 10 | 최인창 | | 1(1) | 8 | 0 | 0 |
| | | | | | 이정래 | 79 | | | 31 | 이희현 | | | | | |
| | | | | | 김성현 | 35 | | | 5 | 박재홍 | 후10 | | | | |
| | | | | | 박요한 | 11 | | | 13 | 주일태 | | | | | |
| | | 1(1) | 후17 | | 황재훈 | 55 | 대기 | 대기 | 24 | 이경수 | 후30 | 1 | 0 | 0 | 0 |
| | | | 후27 | | 황훈희 | | | | 28 | 김태영 | | | | | |
| | | | | | 박진수 | 4 | | | 29 | 고보연 | 후46 | 1 | 1 | 0 | 0 |
| | | | 전43 | | 정성민 | 10 | | | 32 | 박경완 | | | | | |
| 0 | 2 | 11 | 11(5) | | | 0 | | | 0 | | | 9(5) | 21 | 1 | 0 |

●전반 19분 공민현 MFR ~ 호드리고 AKL R-ST-G(득점: 호드리고, 도움: 공민현) 왼쪽
●후반 41분 유준영 PAL R-ST-G(득점: 유준영) 오른쪽

## 5월 24일 19:00 흐림 안양 종합 관중 1,160명
주심_김대용 부심_지승민·박상준 대기심_매호영 감독관_김수현

**안양 2** / 2 전반 0 / 0 후반 0 / **0 대구**

| 퇴장 | 경고 | 파울 | ST(유) | 교체 | 선수명 | 배번 | 위치 | 위치 | 배번 | 선수명 | 교체 | ST(유) | 파울 | 경고 | 퇴장 |
|---|---|---|---|---|---|---|---|---|---|---|---|---|---|---|---|
| 0 | 0 | 0 | 0 | | 이진형 | 1 | GK | GK | 1 | 양지원 | | 0 | 0 | 0 | 0 |
| 0 | 0 | | 1(1) | | 가솔현 | 3 | DF | DF | 22 | 이준희 | | 1(1) | 1 | 0 | 0 |
| 0 | 0 | 0 | 0 | | 박 민 | 79 | DF | DF | 8 | 허재원 | | 0 | 0 | 0 | 0 |
| 0 | 0 | 2 | 0 | | 김태봉 | 22 | DF | DF | 6 | 노행석 | | 2(2) | 1 | 0 | 0 |
| 0 | 0 | 1 | 0 | | 이으뜸 | 17 | DF | DF | 24 | 박종진 | | 0 | 0 | 0 | 0 |
| 0 | 0 | 0 | 0 | | 정재용 | 42 | MF | MF | 14 | 김귀현 | 15 | 1 | 3 | 1 | 0 |
| 0 | 1 | 1 | 0 | 99 | 최진수 | 13 | MF | MF | 33 | 황순민 | | 2 | 2 | 0 | 0 |
| 0 | 0 | 0 | 0 | | 주현재 | 16 | MF | MF | 20 | 김대열 | | 2 | 1 | 0 | 0 |
| 0 | 0 | | 2(2) | | 조성준 | 7 | MF | DF | 4 | 인상현 | | 0 | 0 | 0 | 0 |
| 0 | 1 | 1 | 0 | 30 | 박성진 | 11 | MF | MF | 7 | 신창무 | 30 | 0 | 1 | 0 | 0 |
| 0 | 1 | 2 | 1 | | 펠리피 | 9 | FW | FW | 5 | 조나탄 | | 3(3) | 1 | 1 | 0 |
| | | | | | 최필수 | 21 | | | 31 | 박민선 | | | | | |
| | | | | | 정수호 | 30 | | | 18 | 이동명 | | | | | |
| | | | | | 조철인 | 23 | | | 13 | 김주빈 | 후31 | | | | |
| | | | 후24 | | 김원민 | 77 | 대기 | 대기 | 77 | 인준연 | | | | | |
| | | | | | 김종성 | | | | 33 | 장대교 | | | | | |
| | | | 후36 | | 김재웅 | | | | 27 | 김흥일 | | | | | |
| | | | | | 바 그 너 | 10 | | | 30 | 한승엽 | 후47 | | | | |
| 0 | 1 | 19 | 9(5) | | | 0 | | | 0 | | | 14(8) | 17 | 2 | 0 |

●전반 11분 김태봉 MFR ~ 조성준 PAR내 L-ST-G(득점: 조성준, 도움: 김태봉) 왼쪽
●전반 42분 이준희 GA정면내 R 자책골(득점: 이준희) 오른쪽

## 5월 25일 19:00 비 부천 종합 관중 947명
주심_박진호 부심_김영하·방기열 대기심_윤창수 감독관_전인석

**부천 1** | 0 전반 1 / 1 후반 0 | **1 광주**

| 퇴장 | 경고 | 파울 | ST(유) | 교체 | 선수명 | 배번 | 위치 | 위치 | 배번 | 선수명 | 교체 | ST(유) | 파울 | 경고 | 퇴장 |
|---|---|---|---|---|---|---|---|---|---|---|---|---|---|---|---|
| 0 | 0 | 0 | 0 | | 강 훈 | 33 | GK | GK | 41 | 류원우 | | 0 | 0 | 0 | 0 |
| 0 | 0 | 2 | 0 | | 석동우 | 2 | DF | DF | 19 | 박진옥 | 17 | 0 | 1 | 0 | 0 |
| 0 | 0 | 3 | 0 | | 강지용 | 6 | DF | DF | 6 | 최성환 | | 0 | 2 | 0 | 0 |
| 0 | 0 | 1 | 1 | | 유대현 | 22 | DF | DF | 15 | 김영빈 | | 0 | 1 | 0 | 0 |
| 0 | 0 | 4 | 0 | | 정홍연 | 55 | DF | DF | 8 | 이 완 | | 2(1) | 4 | 0 | 0 |
| 0 | 0 | 0 | 0 | 32 | 김륜도 | 20 | MF | MF | 40 | 이찬동 | | 2(1) | 4 | 0 | 0 |
| 0 | 1 | 1(1) | 27 | | 고보연 | 7 | MF | MF | 4 | 여 름 | | 5(1) | 0 | 0 | 0 |
| 0 | 1 | 2 | 1 | | 공민현 | 9 | FW | MF | 23 | 권수현 | | 1 | 0 | 0 | 0 |
| 0 | 1 | 1(1) | | | 호드리고 | 11 | FW | FW | 11 | 김호남 | | 0 | 0 | 0 | 0 |
| 0 | 0 | 5 | 0 | | 최인창 | 18 | FW | MF | 25 | 송승민 | 2 | 2 | 2 | 0 | 0 |
| 0 | 2 | 1 | 0 | 19 | 이경수 | 24 | FW | FW | 9 | 호마링요 | | 0 | 2 | 0 | 0 |
| 0 | 0 | 0 | 0 | | 이희현 | 31 | | | 21 | 백민철 | | 0 | 0 | 0 | 0 |
| 0 | 0 | 0 | 0 | | 박재홍 | 4 | | | 2 | 정준연 | | 0 | 0 | 0 | 0 |
| 0 | 0 | 0 | 0 | | 주일태 | 13 | | | 10 | 파비오 | 후10 | 2(2) | 0 | 2 | 0 |
| 0 | 0 | 2(2) | 후0 | | 유준영 | 19 | 대기 | 대기 | 7 | 김유성 | | 0 | 0 | 0 | 0 |
| 0 | 0 | 1 | 0 | 후0 | 이제승 | 27 | | | 17 | 이종민 | 후30 | 0 | 0 | 0 | 0 |
| 0 | 0 | 0 | 0 | | 김태영 | 28 | | | 24 | 오도현 | | 0 | 0 | 0 | 0 |
| 0 | 0 | 1 | 0 | 후25 | 박경완 | 32 | | | 27 | 홍태곤 | | 0 | 0 | 0 | 0 |
| 0 | 0 | 23 | 6(5) | | | 0 | | | 0 | | | 13(5) | 18 | 1 | 0 |

●후반 27분 호드리고 GAL내 R-ST-G득점: 호드리고 가운데
●전반 43분 이완 PAR FK L-ST-G (득점: 이완) 왼쪽

## 5월 26일 19:00 맑음 고양 종합 관중 352명
주심_임원택 부심_강도준·강동호 대기심_김영수 감독관_한병화

**고양 2** | 0 전반 0 / 2 후반 0 | **0 안산**

| 퇴장 | 경고 | 파울 | ST(유) | 교체 | 선수명 | 배번 | 위치 | 위치 | 배번 | 선수명 | 교체 | ST(유) | 파울 | 경고 | 퇴장 |
|---|---|---|---|---|---|---|---|---|---|---|---|---|---|---|---|
| 0 | 0 | 0 | 0 | | 여명용 | 23 | GK | GK | 25 | 송유걸 | | 0 | 0 | 0 | 0 |
| 0 | 0 | 2 | 2 | | 이세환 | 2 | DF | DF | 12 | 양상민 | | 0 | 1 | 1 | 0 |
| 0 | 0 | 1(1) | | | 최병도 | 5 | DF | DF | 13 | 김병석 | 21 | 2(1) | 2 | 0 | 0 |
| 0 | 1 | 1 | 0 | | 여효진 | 19 | DF | DF | 18 | 박종진 | | 0 | 0 | 0 | 0 |
| 0 | 0 | 0 | 0 | | 황규범 | 22 | DF | DF | 20 | 이 호 | | 0 | 2 | 1 | 0 |
| 0 | 0 | 1 | 2 | | 이도성 | 7 | MF | MF | 4 | 박현범 | | 1(1) | 2 | 0 | 0 |
| 0 | 0 | 0 | 0 | | 신재필 | 17 | MF | MF | 8 | 문기한 | | 0 | 2 | 1 | 0 |
| 0 | 1 | 4 | 1(1) | 13 | 정민우 | 11 | MF | MF | 22 | 안성빈 | | 0 | 2 | 0 | 0 |
| 0 | 1 | 2 | 1(1) | 21 | 박병원 | 15 | MF | MF | 30 | 박희도 | | 1(1) | 1 | 1 | 0 |
| 0 | 0 | 0 | 0 | | 주민규 | 18 | FW | FW | 10 | 서동현 | | 4(3) | 0 | 0 | 0 |
| 0 | 2 | 6(4) | | | 알렉스 | 30 | FW | FW | 19 | 고경민 | | 1(1) | 1 | 0 | 0 |
| 0 | 0 | 0 | 0 | | 강진웅 | 1 | | | 16 | 유 현 | | 0 | 0 | 0 | 0 |
| 0 | 0 | 0 | 0 | | 배민호 | 3 | | | 5 | 이원재 | | 0 | 0 | 0 | 0 |
| 0 | 0 | 0 | 0 | | 안현식 | 25 | | | 11 | 최광희 | 전35 | 0 | 0 | 0 | 0 |
| 0 | 0 | 0 | 0 | 후45 | 김상균 | 6 | 대기 | 대기 | 13 | 윤준하 | | 0 | 0 | 0 | 0 |
| 0 | 0 | 0 | 0 | 후45 | 윤동헌 | 21 | | | 17 | 조재철 | | 0 | 0 | 0 | 0 |
| 0 | 0 | 0 | 0 | 후0 | 이광재 | 17 | | | 27 | 이재권 | 후27 | 0 | 0 | 0 | 0 |
| 0 | 0 | 1(1) | 후11 | | 한 빛 | 13 | | | 9 | 정조국 | 후0 | 0 | 0 | 0 | 0 |
| 0 | 2 | 17 | 16(8) | | | 0 | | | 0 | | | 5(4) | 15 | 4 | 0 |

●후반 17분 박병원 PAL내 ~ 알렉스 PA정면내 R-ST-G득점: 알렉스, 도움: 박병원 오른쪽
●후반 33분 이광재 PAR내 ~ 알렉스 GAR R-ST-G득점: 알렉스, 도움: 이광재 왼쪽

## 5월 25일 19:00 비 춘천 송암 관중 481명
주심_서동진 부심_설귀선·박인선 대기심_박병진 감독관_김정식

**강원 5** | 3 전반 1 / 2 후반 1 | **2 충주**

| 퇴장 | 경고 | 파울 | ST(유) | 교체 | 선수명 | 배번 | 위치 | 위치 | 배번 | 선수명 | 교체 | ST(유) | 파울 | 경고 | 퇴장 |
|---|---|---|---|---|---|---|---|---|---|---|---|---|---|---|---|
| 0 | 0 | 0 | 0 | | 황교충 | 1 | GK | GK | 1 | 황성민 | | 0 | 0 | 0 | 0 |
| 0 | 0 | 0 | 0 | | 이재훈 | 3 | DF | DF | 35 | 김성현 | | 1 | 2 | 0 | 0 |
| 0 | 0 | 1 | 0 | | 배효성 | 5 | DF | DF | 5 | 유종현 | | 2(2) | 1 | 2 | 0 |
| 0 | 0 | 3 | 0 | | 정우인 | 4 | DF | DF | 4 | 박진수 | | 1 | 1 | 0 | 0 |
| 0 | 0 | 0 | 0 | | 김오규 | 20 | DF | DF | 27 | 김한빈 | | 0 | 1 | 0 | 0 |
| 0 | 0 | 6 | 0 | | 한석종 | 25 | MF | MF | 11 | 박요한 | | 0 | 0 | 0 | 0 |
| 0 | 0 | 2(1) | | | 이우혁 | 7 | MF | MF | 55 | 황재훈 | 24 | 3 | 1 | 0 | 0 |
| 0 | 3 | 2(1) | 19 | | 김윤호 | 15 | MF | MF | 22 | 변 웅 | | 0 | 1 | 1 | 0 |
| 0 | 1 | 2(1) | | | 조엘손 | 99 | MF | MF | 14 | 조준재 | 28 | 1(1) | 0 | 1 | 0 |
| 0 | 0 | 6(4) | 12 | | 최진호 | 10 | FW | FW | 8 | 이완희 | | 2(2) | 3 | 0 | 0 |
| 0 | | 3(1) | | | 김영후 | 6 | FW | FW | 18 | 한홍규 | | 5(1) | 1 | 0 | 0 |
| 0 | 0 | 0 | 0 | | 양동원 | 21 | | | 79 | 이정래 | | 0 | 0 | 0 | 0 |
| 0 | 0 | 0 | 0 | | 최우재 | 2 | | | 7 | 김재훈 | | 0 | 0 | 0 | 0 |
| 0 | 0 | 0 | 0 | | 박상진 | 13 | | | 31 | 한상학 | | 0 | 0 | 0 | 0 |
| 0 | 0 | 0 | 0 | 후32 | 이창용 | 23 | 대기 | 대기 | 23 | 김정훈 | 후22 | 1 | 3 | 1 | 0 |
| 0 | 0 | 0 | 0 | | 서보민 | 17 | | | 19 | 임진욱 | | 0 | 0 | 0 | 0 |
| 0 | 0 | 0 | 0 | 후41 | 치프리안 | 12 | | | 24 | 박세환 | 후46 | 0 | 1 | 0 | 0 |
| 0 | 0 | 0 | 0 | 후22 | 김동기 | 19 | | | 10 | 정성민 | 후14 | 0 | 0 | 0 | 0 |
| 0 | 0 | 15 | 15(8) | | | 0 | | | 0 | | | 17(6) | 19 | 2 | 0 |

●전반 32분 최진호 C.KL ⌒김영후 GA정면 H-ST-G(득점: 김영후, 도움: 최진호) 오른쪽
●전반 39분 최진호 GAL R-ST-G득점: 최진호 왼쪽
●전반 44분 최진호 PA정면내 R-ST-G득점: 최진호 왼쪽
●후반 7분 최진호 C.KR ⌒조엘손 GA정면 H-ST-G득점: 조엘손, 도움: 최진호 가운데
●후반 14분 김윤호 MF정면 H ⌒최진호 PA정면내 R-ST-G득점: 최진호, 도움: 김윤호 왼쪽

●전반 47분 한홍규 MFL FK R-ST-G득점: 한홍규 왼쪽
●후반 20분 김한빈 GAL ⌒이완희 GA정면 내 H-ST-G득점: 이완희, 도움: 김한빈 왼쪽

## 5월 31일 19:00 맑음 고양 종합 관중 655명
주심_김희곤 부심_김경민·방기열 대기심_서동진 감독관_김용세

**고양 0** | 0 전반 0 / 0 후반 0 | **0 대전**

| 퇴장 | 경고 | 파울 | ST(유) | 교체 | 선수명 | 배번 | 위치 | 위치 | 배번 | 선수명 | 교체 | ST(유) | 파울 | 경고 | 퇴장 |
|---|---|---|---|---|---|---|---|---|---|---|---|---|---|---|---|
| 0 | 0 | 0 | 0 | | 여명용 | 23 | GK | GK | 31 | 김선규 | | 0 | 0 | 0 | 0 |
| 0 | 1 | 2 | 0 | | 이세환 | 2 | DF | DF | 3 | 장원석 | | 1 | 1 | 0 | 0 |
| 0 | 0 | 0 | 1 | | 최병도 | 5 | DF | DF | 33 | 윤원일 | | 0 | 0 | 0 | 0 |
| 0 | 0 | 0 | 0 | | 여효진 | 19 | DF | DF | 5 | 안영규 | | 0 | 1 | 0 | 0 |
| 0 | 0 | 2 | 1 | | 황규범 | 22 | DF | DF | 6 | 임창우 | | 1 | 1 | 0 | 0 |
| 0 | 0 | 0 | 0 | | 이도성 | 7 | MF | MF | 8 | 김종국 | | 2(1) | 0 | 0 | 0 |
| 0 | 2 | 4(1) | | | 주민규 | 18 | MF | MF | 7 | 정석민 | | 0 | 0 | 0 | 0 |
| 0 | 1 | 3 | 17 | | 정민무 | 11 | MF | MF | 16 | 황진산 | 11 | 0 | 1 | 0 | 0 |
| 0 | 1 | 1 | 21 | | 박병원 | 15 | FW | FW | 14 | 서명원 | | 0 | 0 | 0 | 0 |
| 0 | 1 | 1 | | | 한 빛 | 13 | FW | FW | 11 | 김찬희 | | 2(1) | 4 | 0 | 0 |
| 0 | 1 | 3(1) | | | 알렉스 | 30 | FW | FW | 10 | 아드리아노 | 6 | 3(1) | 0 | 0 | 0 |
| 0 | 0 | 0 | 0 | | 강진웅 | 1 | | | 32 | 한상혁 | | 0 | 0 | 0 | 0 |
| 0 | 0 | 0 | 0 | | 배민호 | 3 | | | 30 | 송주한 | | 0 | 0 | 0 | 0 |
| 0 | 0 | 0 | 0 | 후0 | 안현식 | 25 | | | 13 | 김상필 | | 0 | 0 | 0 | 0 |
| 0 | 0 | 0 | 0 | 후36 | 윤동헌 | 21 | 대기 | 대기 | 24 | 김상수 | | 0 | 0 | 0 | 0 |
| 0 | 0 | 0 | 0 | | 신재필 | 16 | | | 9 | 반델레이 | 후9 | 0 | 0 | 0 | 0 |
| 0 | 0 | 0 | 0 | 후11 | 이광재 | 17 | | | 18 | 김은중 | 후29 | 1(1) | 0 | 0 | 0 |
| 0 | 0 | 0 | 0 | | 오기재 | 20 | | | 11 | 황지웅 | 전32 | 3 | 1 | 0 | 0 |
| 0 | 3 | 20 | 10(3) | | | 0 | | | 0 | | | 12(3) | 9 | 0 | 0 |

## 수원FC 3 : 1 안양

5월31일 19:00 맑음 수원월드컵 관중 1,124명
주심_이동준 부심_양병은·설귀선 대기심_임원택 감독관_김형남

| 1 전반 1 |
| 2 후반 0 |

| 퇴장 | 경고 | 파울 | ST(유) | 교체 | 선수명 | 배번 | 위치 | 위치 | 배번 | 선수명 | 교체 | ST(유) | 파울 | 경고 | 퇴장 |
|---|---|---|---|---|---|---|---|---|---|---|---|---|---|---|---|
| 0 | 0 | 0 | 0 | 23 | 이상기 | 43 | GK | GK | 1 | 이진형 | | 0 | 0 | 0 | 0 |
| 0 | 1 | 0 | 1 | 26 | 김영찬 | 6 | DF | DF | 3 | 가솔현 | | 1(1) | 1 | 0 | 0 |
| 0 | 0 | 0 | 0 | | 조태우 | 25 | DF | DF | 79 | 박 민 | | 0 | 1 | 0 | 0 |
| 0 | 0 | 3 | 0 | | 이치준 | | MF | DF | 22 | 김태봉 | | 0 | 0 | 1 | 0 |
| 0 | 0 | 0 | 0 | | 김서준 | 7 | MF | DF | 17 | 이으뜸 | | 0 | 0 | 1 | 0 |
| 0 | 0 | 1 | 0 | 11 | 김혁진 | 35 | MF | MF | 42 | 정재용 | | 1(1) | 2 | 1 | 0 |
| 0 | 0 | 0 | 0 | | 김정빈 | 15 | DF | MF | 13 | 최진수 | | 3(1) | 1 | 0 | 0 |
| 0 | 0 | 0 | 5(4) | | 권용현 | 16 | FW | MF | 16 | 주현재 | 77 | 1 | 0 | 0 | 0 |
| 0 | 1 | 3(2) | | | 임성택 | 30 | MF | MF | 11 | 조성준 | 10 | 1(1) | 2 | 1 | 0 |
| 0 | 1 | 4 | 2 | | 김본광 | | MF | FW | 8 | 박성진 | 99 | 0 | 1 | 0 | 0 |
| 0 | 1 | 6(2) | | | | | FW | FW | 9 | 펠리피 | | 3(2) | 3 | 0 | 0 |
| 0 | | | 후22 | 박형순 | 23 | | | | 25 | 최필수 | | 0 | 0 | 0 | 0 |
| 0 | | | 전43 | 차준엽 | 26 | | | | 5 | 정수호 | | 0 | 0 | 0 | 0 |
| 0 | | | | 김재연 | 24 | | | | 23 | 조철인 | | 0 | 0 | 0 | 0 |
| 0 | | | | 김민기 | 31 | 대기 | | 대기 | 77 | 김원민 | 후11 | 2(1) | 1 | 0 | 0 |
| 0 | | 1 | 2(2) | 후? | 박종찬 | | | | 6 | 김종성 | | 0 | 0 | 0 | 0 |
| 0 | | | | 하정헌 | 13 | | | | 99 | 김재웅 | 후40 | 0 | 1 | 0 | 0 |
| 0 | | | | 조진수 | 27 | | | | 10 | 바그너 | 후35 | 2(1) | 0 | 0 | 0 |
| 0 | 2 | 16 | 19(10) | | | | | 0 | | | | 13(7) | 12 | 3 | 0 |

●전반 7분 권용현 PAL내 ~ 정민우 GAL L-ST-G (득점: 정민우, 도움: 권용현) 오른쪽
●후반 38분 임성택 PAL내 R-ST-G(득점: 임성택) 오른쪽
●후반 41분 정민우 MF정면 ~ 박종찬 PAR내 R-ST-G(득점: 박종찬, 도움: 정민우) 왼쪽
●전반 40분 펠리피 PAL내 R-ST-G(득점: 펠리피) 오른쪽

## 충주 1 : 1 광주

6월01일 19:00 맑음 충주 종합 관중 817명
주심_정동식 부심_최민병·박상준 대기심_김영수 감독관_강창구

| 0 전반 1 |
| 1 후반 0 |

| 퇴장 | 경고 | 파울 | ST(유) | 교체 | 선수명 | 배번 | 위치 | 위치 | 배번 | 선수명 | 교체 | ST(유) | 파울 | 경고 | 퇴장 |
|---|---|---|---|---|---|---|---|---|---|---|---|---|---|---|---|
| 0 | 0 | 0 | 0 | | 이정래 | 79 | GK | GK | 41 | 류원우 | | 0 | 0 | 0 | 0 |
| 0 | 0 | 0 | 1 | | 박요한 | 11 | DF | DF | 17 | 이종민 | | 1(1) | 1 | 0 | 0 |
| 0 | 1 | 2 | 0 | | 유종현 | 5 | DF | DF | 6 | 최성환 | | 0 | 1 | 0 | 0 |
| 0 | 3 | 4 | 0 | | 박태수 | 15 | DF | DF | 15 | 김영빈 | | 0 | 0 | 0 | 0 |
| 0 | 1 | 3 | 0 | | 김한빈 | 27 | DF | DF | 8 | 이 완 | | 1(1) | 1 | 0 | 0 |
| 0 | 1 | 0 | 0 | | 최승호 | 7 | MF | MF | 40 | 안영규 | | 1 | 2 | 2 | 0 |
| 0 | 0 | 4 | 0 | | 박희성 | 4 | MF | MF | 4 | 여 름 | | 0 | 2 | 0 | 0 |
| 0 | 0 | 1 | 0 | | 임진욱 | | FW | MF | 2 | 파비오 | | 2 | 1 | 1 | 0 |
| 0 | 1 | 1 | 0 | | 황훈희 | 30 | FW | FW | 11 | 김호남 | 27 | 3(2) | 0 | 1 | 0 |
| 0 | 1 | 0 | 0 | | 정성민 | 10 | FW | FW | 16 | 김유성 | 25 | 2(1) | 0 | 0 | 0 |
| 0 | 1 | 1 | 0 | | 한홍규 | 18 | FW | FW | 9 | 호마링요 | | 2(1) | 2 | 0 | 0 |
| 0 | | | | 황성민 | 1 | | | | 21 | 제종현 | | 0 | 0 | 0 | 0 |
| 0 | | 1 | 2(2) | | 김재훈 | 7 | | | 2 | 정준연 | 후30 | 0 | 1 | 0 | 0 |
| 0 | | | | 김성현 | 35 | | | | 19 | 박진옥 | | 0 | 0 | 0 | 0 |
| 0 | | | | 이민규 | 3 | 대기 | | 대기 | 23 | 권수현 | | 0 | 0 | 0 | 0 |
| 0 | | | | 박진수 | | | | | 24 | 오도현 | | 0 | 0 | 0 | 0 |
| 0 | | 1 | 2(2) | 후29 | 박세환 | | | | 25 | 송승민 | 후23 | 1 | 0 | 0 | 0 |
| 0 | | 1(1) | 후16 | 이완희 | | | | | 27 | 홍태곤 | 후40 | 0 | 0 | 0 | 0 |
| 0 | 4 | 18 | 9(6) | | | | | 0 | | | | 11(6) | 14 | 2 | 0 |

●후반 18분 박요한 PAL TL 드로잉 ~ 이완희 GAR내 R-ST-G(득점: 이완희, 도움: 박요한) 왼쪽
●전반 21분 이종민 PAR내 L-ST-G(득점: 이종민) 왼쪽

## 강원 0 : 2 부천

6월01일 19:00 흐림 강릉 종합 관중 3,066명
주심_매호영 부심_지승민·곽승순 대기심_김성호 감독관_한진원

| 0 전반 0 |
| 0 후반 2 |

| 퇴장 | 경고 | 파울 | ST(유) | 교체 | 선수명 | 배번 | 위치 | 위치 | 배번 | 선수명 | 교체 | ST(유) | 파울 | 경고 | 퇴장 |
|---|---|---|---|---|---|---|---|---|---|---|---|---|---|---|---|
| 0 | 0 | 0 | 0 | | 황교충 | 1 | GK | GK | 33 | 강 훈 | | 0 | 0 | 0 | 0 |
| 0 | 0 | 2 | 0 | | 이재훈 | 3 | DF | DF | 2 | 석동우 | | 0 | 2 | 1 | 0 |
| 0 | 0 | 0 | 0 | | 배효성 | 5 | DF | DF | 6 | 강지용 | | 0 | 3 | 0 | 0 |
| 0 | 0 | 0 | 0 | | 정우인 | 4 | DF | DF | 4 | 유대현 | | 0 | 2 | 1 | 0 |
| 0 | 2 | 0 | 1 | | 김오규 | 20 | DF | DF | 55 | 정홍연 | | 0 | 1 | 0 | 0 |
| 0 | 1 | 1 | 19 | 한석종 | 25 | MF | MF | 20 | 김륜도 | | 0 | 1 | 0 | 0 |
| 0 | 0 | 1 | 1 | | 이우혁 | 7 | MF | MF | 27 | 이제승 | | 2(2) | 0 | 1 | 0 |
| 0 | 0 | 2 | 0 | | 김윤호 | 16 | MF | MF | 28 | 고보연 | | 0 | 1 | 0 | 0 |
| 0 | 1 | 6(5) | 12 | 조엘손 | 99 | FW | FW | 18 | 공민현 | | 2(1) | 4 | 0 | 0 |
| 0 | 0 | 2(1) | 17 | 최진호 | 11 | FW | FW | 32 | 호드리고 | | 4(2) | 2 | 1 | 0 |
| 0 | 1 | 5(2) | | 김영후 | 9 | FW | FW | 19 | 최인창 | | 1(1) | 2 | 0 | 0 |
| 0 | | | | 양동원 | 21 | | | | 31 | 이희현 | | 0 | 0 | 0 | 0 |
| 0 | | | | 최우재 | 2 | | | | 3 | 박종오 | | 0 | 0 | 0 | 0 |
| 0 | | | | 박상진 | 13 | | | | 13 | 주일태 | | 0 | 0 | 0 | 0 |
| 0 | | | | 이창용 | 6 | 대기 | | 대기 | 37 | 한상현 | | 0 | 0 | 0 | 0 |
| 0 | | | 후38 | 서보민 | 17 | | | | 19 | 유준영 | 후23 | 1(1) | 0 | 0 | 0 |
| 0 | 1 | 1(1) | 후21 | 치프리안 | 12 | | | | 28 | 김태영 | 후20 | 1 | 0 | 0 | 0 |
| 0 | | | 후8 | 김동기 | 19 | | | | 32 | 박경완 | 후39 | 0 | 0 | 0 | 0 |
| 0 | 0 | 11 | 16(9) | | | | | 0 | | | | 12(7) | 16 | 2 | 0 |

●후반 31분 호드리고 PK-R-G(득점: 호드리고) 왼쪽
●후반 42분 이제승 MF정면 L-ST-G(득점: 이제승) 가운데

## 대구 2 : 2 안산

6월02일 19:30 비 대구 스타디움 관중 472명
주심_박병진 부심_김영하·서무희 대기심_박진호 감독관_이영철

| 2 전반 1 |
| 0 후반 1 |

| 퇴장 | 경고 | 파울 | ST(유) | 교체 | 선수명 | 배번 | 위치 | 위치 | 배번 | 선수명 | 교체 | ST(유) | 파울 | 경고 | 퇴장 |
|---|---|---|---|---|---|---|---|---|---|---|---|---|---|---|---|
| 0 | 0 | 0 | 0 | | 이양종 | 1 | GK | GK | 16 | 유 현 | | 0 | 0 | 0 | 0 |
| 0 | 0 | 2 | 2(2) | | 이준희 | 22 | DF | DF | 5 | 이원재 | | 1(1) | 1 | 1 | 0 |
| 0 | 0 | 0 | 1 | | 허재원 | 8 | DF | DF | 11 | 최광희 | | 0 | 2 | 1 | 0 |
| 0 | 0 | 1 | 1(1) | | 노행석 | 14 | DF | DF | 28 | 오범석 | 28 | 0 | 4 | 0 | 0 |
| 0 | 0 | 0 | | | 이동명 | 18 | DF | DF | 18 | 박종진 | 9 | 0 | 0 | 0 | 0 |
| 0 | 0 | 1 | | | 김귀현 | 14 | MF | MF | 12 | 김병석 | | 0 | 2 | 0 | 0 |
| 0 | 1 | 24 | | 신창무 | 11 | MF | MF | 17 | 조재철 | | 1(1) | 2 | 1 | 0 |
| 0 | 0 | 3 | | | 김대열 | 9 | MF | MF | 39 | 고경민 | | 2(2) | 2 | 0 | 0 |
| 0 | 3 | 3(1) | 15 | 인준연 | 15 | MF | MF | 16 | 이재권 | | 0 | 3 | 0 | 0 |
| 0 | 3 | 2 | 1 | | 황순민 | 10 | MF | MF | 22 | 윤준하 | 22 | 1(1) | 3 | 0 | 0 |
| 0 | 1 | 2(1) | 99 | 조형익 | 7 | FW | FW | 30 | 박희도 | | 1(1) | 3 | 0 | 0 |
| 0 | | | | 박민선 | 31 | | | | 25 | 송유걸 | | 0 | 0 | 0 | 0 |
| 0 | | | 후30 | 박종진 | 5 | | | | 28 | 김종국 | 후27 | 0 | 0 | 0 | 0 |
| 0 | | | 후14 | 김주빈 | 15 | | | | 15 | 유호준 | | 0 | 0 | 0 | 0 |
| 0 | | | | 지병주 | | 대기 | | 대기 | 22 | 안성빈 | 후0 | 1 | 0 | 0 | 0 |
| 0 | | | | 김흥일 | 22 | | | | 32 | 김신철 | | 0 | 0 | 0 | 0 |
| 0 | 1 | 2(1) | 후38 | 한승엽 | 99 | | | | 전36 | 정조국 | 2(1) | | 0 | 0 | 0 | 0 |
| 0 | | | | 조나탄 | 99 | | | | 16 | 서동현 | | 0 | 0 | 0 | 0 |
| 0 | 1 | 19 | 15(6) | | | | | 0 | | | | 8(7) | 14 | 2 | 0 |

●전반 30분 황순민 C.KR ~ 이준희 GAL R-ST-G (득점: 이준희, 도움: 황순민) 가운데
●전반 37분 조형익 GAL내 R-ST-G(득점: 조형익) 왼쪽
●전반 5분 윤준하 GA정면내 몸 맞고 골(득점: 윤준하) 가운데
●후반 37분 안성빈 MFRTL ~ 이원재 GAL 내 H-ST-G(득점: 이원재, 도움: 안성빈) 오른쪽

## 6월 06일 19:00 맑음 안양 종합 관중 1,914명
주심_김영수 부심_서무희·곽승순 대기심_박병진 감독관_전인석

**안양 3**    0 전반 0 / 3 후반 1    **고양 1**

| 퇴장 | 경고 | 파울 | ST(유) | 교체 | 선수명 | 배번 | 위치 | 위치 | 배번 | 선수명 | 교체 | ST(유) | 파울 | 경고 | 퇴장 |
|---|---|---|---|---|---|---|---|---|---|---|---|---|---|---|---|
| 0 | 0 | 0 | 0 | | 이진형 | 1 | GK | GK | 23 | 여명용 | | 0 | 0 | 0 | 0 |
| 0 | 0 | 2 | 2(2) | | 가솔현 | 3 | DF | DF | 13 | 배민호 | | 1(1) | 0 | 0 | 0 |
| 0 | 0 | 2 | 0 | | 박 민 | 79 | DF | DF | 4 | 최병도 | | 0 | 0 | 0 | 0 |
| 0 | 0 | 1 | 1(1) | | 김태봉 | 22 | DF | DF | 19 | 여효진 | | 0 | 2 | 0 | 0 |
| 0 | 0 | 1 | 2(1) | | 이으뜸 | 17 | DF | DF | 22 | 황규범 | | 0 | 1 | 0 | 0 |
| 0 | 1 | 2 | 1 | | 정재용 | 42 | MF | MF | 20 | 안현식 | | 0 | 3 | 0 | 0 |
| 0 | 1 | 3 | 2(1) | | 최진수 | 13 | MF | MF | 8 | 이도성 | | 0 | 3 | 1 | 0 |
| 0 | 1 | 2 | 3(3) | 10 | 주현재 | 16 | MF | MF | 18 | 주민규 | | 3(1) | 2 | 1 | 0 |
| 0 | 0 | 1 | 7 | | 김원민 | 77 | MF | FW | 10 | 박병원 | | 1 | 1 | 0 | 0 |
| 0 | | 1 | 3(1) | | 박성진 | 8 | FW | FW | 17 | 이광재 | 21 | 2(1) | 1 | 2 | 0 |
| 0 | 3 | 1(1) | | 30 | 김재웅 | 99 | FW | FW | 30 | 알렉스 | | 1 | 3 | 0 | 0 |
| 0 | 0 | 0 | 0 | | 최필수 | 25 | | | 1 | 강진웅 | | 0 | 0 | 0 | 0 |
| 0 | 0 | 0 | | 후44 | 백동규 | 30 | | | 2 | 이세환 | | | | | |
| 0 | 0 | 0 | | | 조철인 | 23 | | | 8 | 신재필 | | | | | |
| 0 | 0 | 0 | | | 박정식 | 14 | 대기 | 대기 | 20 | 오기재 | | | | | |
| 0 | 0 | 0 | | | 김종성 | 6 | | | 21 | 윤동헌 | 후0 | | | | |
| 0 | 0 | 1 | 0 | 후26 | 정대선 | 7 | | | 10 | 호 니 | 후29 | 3(2) | | | |
| 0 | 0 | 0 | | 후35 | 바그너 | 10 | | | 13 | 한 빛 | 후14 | | | | |
| 0 | 3 | 16 | 16(10) | | | | 0 | 0 | | | | 12(5) | 19 | 2 | 0 |

●후반 12분 김태봉 GAR ~ 주현재 GA정면 L-ST-G(득점: 주현재, 도움: 김태봉) 오른쪽
●후반 34분 김태봉 자기측 HLR TL ⌒ 김재웅LR L-ST-G(득점: 김재웅, 도움: 김태봉) 왼쪽
●후반 42분 최진수 MFR FK ⌒ 가솔현 GA정면 R-ST-G(득점: 가솔현, 도움: 최진수) 왼쪽
●후반 48분 알렉스 PAR ~ 호니 PAR R-ST-G(득점: 호니, 도움: 알렉스) 왼쪽

## 8월 13일 19:30 흐리고비 안산 와스타디움 관중 499명
주심_이동준 부심_김성일·곽승순 대기심_김종혁 감독관_전인석

**안산 4**    0 전반 0 / 4 후반 3    **수원FC 3**

| 퇴장 | 경고 | 파울 | ST(유) | 교체 | 선수명 | 배번 | 위치 | 위치 | 배번 | 선수명 | 교체 | ST(유) | 파울 | 경고 | 퇴장 |
|---|---|---|---|---|---|---|---|---|---|---|---|---|---|---|---|
| 0 | 0 | 0 | 0 | | 송유걸 | 25 | GK | GK | | 박 | | 0 | 0 | 0 | 0 |
| 0 | 0 | 0 | 0 | | 이원재 | 5 | DF | DF | 5 | 블 | | 0 | 0 | 0 | 0 |
| 0 | 0 | 2 | 0 | | 김병석 | 12 | DF | DF | 17 | 김 | | 0 | 0 | 0 | 0 |
| 0 | 0 | 2 | 0 | | 박종진 | 18 | DF | DF | 3 | 김 | | 0 | 2(1) | 0 | 0 |
| 0 | 1 | 2 | 0 | | 김신철 | 32 | DF | DF | 14 | 이 | 7 | 1 | 1(1) | 0 | 0 |
| 0 | 0 | 1 | 1(1) | | 이용래 | 7 | MF | MF | 15 | 김 | | 3 | 0 | 1 | 0 |
| 0 | 0 | 2 | 0 | | 문기한 | 7 | MF | MF | 16 | 권 | | 2 | 0 | 0 | 0 |
| 0 | 1 | 1 | 2(1) | | 조재철 | 17 | MF | MF | 24 | 김 | 18 | 2 | 0 | 0 | 0 |
| 0 | 0 | 1 | | 21 | 박희도 | 30 | MF | FW | 13 | | 30 | | | | |
| 0 | 1 | 1 | 22 | | 서동현 | 10 | FW | FW | 9 | | | 3 | 1 | 5(3) | 0 |
| 0 | 1 | 6(4) | | | 고경민 | 19 | FW | FW | 13 | 배 | 30 | | | | |
| 0 | 0 | 0 | 0 | | 전태현 | | | | | | | | | | |
| 0 | 0 | 0 | | | 이 호 | 20 | | | | 차 | | | | | |
| 0 | 1(1) | 후37 | | | 박현범 | 4 | | | | 김 | 후34 | | | | |
| 0 | 0 | | | | 유호준 | 15 | 대기 | 대기 | 8 | 김 | | | | | |
| 0 | 0 | 후17 | | | 나 | | | | | 권 | | | | | |
| 0 | 0 | | | | 김원식 | 23 | | | | 임 | 후0 | | | | |
| 0 | 1 | 1(1) | 후6 | | 안성빈 | 22 | | | | 정 | 후0 | 1 | 0 | 1(1) | 0 |
| 0 | 2 | 14 | 14(8) | | | | 0 | 0 | | | | 15 | 3 | 14(1) | 0 |

●후반 15분 고경민 PK-R-G(득점: 고경민) 왼쪽
●후반 34분 고경민 PA정면내 R-ST-G(득점: 고경민) 왼쪽
●후반 40분 안성빈 PA정면내 L-ST-G(득점: 안성빈) 오른쪽
●후반 42분 이용래 GA정면 ~ 조재철 GAL R-ST-G(득점: 조재철, 도움: 이용래) 왼쪽

## 6월 07일 19:00 흐림 대전 월드컵 관중 3,818명
주심_김대용 부심_최민병·박상준 대기심_박진호 감독관_하재훈

**대전 1**    1 전반 0 / 0 후반 0    **부천 0**

| 퇴장 | 경고 | 파울 | ST(유) | 교체 | 선수명 | 배번 | 위치 | 위치 | 배번 | 선수명 | 교체 | ST(유) | 파울 | 경고 | 퇴장 |
|---|---|---|---|---|---|---|---|---|---|---|---|---|---|---|---|
| 0 | 0 | 0 | 0 | | 김선규 | 31 | GK | GK | 33 | 강 훈 | | 0 | 0 | 0 | 0 |
| 0 | 0 | 2 | 1 | | 장원석 | 3 | DF | DF | 2 | 석동우 | 19 | 0 | 2 | 0 | 0 |
| 0 | 0 | 2 | 0 | | 윤원일 | 33 | DF | DF | 6 | 강지용 | | 0 | 4 | 1 | 0 |
| 0 | 0 | 2 | 0 | | 이인식 | 37 | DF | DF | 4 | 유대현 | | 0 | 1 | 0 | 0 |
| 0 | 0 | 1 | 1(1) | | 임창우 | 5 | DF | DF | 55 | 정홍연 | | 0 | 1 | 1 | 0 |
| 0 | 0 | 1 | 0 | 16 | 안영규 | 5 | MF | MF | 20 | 김륜도 | | 0 | 2 | 0 | 0 |
| 0 | 0 | 1 | 1 | | 정석민 | 7 | MF | MF | 27 | 이제승 | 32 | 1 | 1 | 0 | 0 |
| 0 | 0 | 1 | 2(2) | | 김종국 | 7 | MF | MF | 24 | 고보연 | 24 | 1 | 0 | 0 | 0 |
| 0 | 0 | | 4(2) | | 서명원 | 14 | MF | FW | 9 | 공민현 | | 0 | 4 | 0 | 0 |
| 0 | 0 | 3 | 2(1) | 30 | 아드리아노 | 10 | MF | FW | 11 | 호드리고 | | 6(1) | 2 | 0 | 0 |
| 0 | 2 | 1(1) | | | 김찬희 | 20 | FW | FW | 18 | 최인창 | | 2 | 3 | 1 | 0 |
| 0 | 0 | 0 | 0 | | 박주원 | 1 | | | 30 | 이희현 | | 0 | 0 | 0 | 0 |
| 0 | 0 | 0 | | 후35 | 송주한 | 30 | | | 5 | 박재홍 | | | | | |
| 0 | 0 | 0 | | | 김영승 | 22 | | | 30 | 신호은 | | | | | |
| 0 | 0 | 0 | | 후28 | 황진산 | 16 | 대기 | 대기 | 19 | 유준영 | 후19 | 2 | | | |
| 0 | 0 | 0 | | 후19 | 반델레이 | 8 | | | 24 | 이경수 | 후37 | 2(1) | | | |
| | | | | | 김상필 | 13 | | | 28 | 김태영 | | | | | |
| | | | | | 황지웅 | 11 | | | 32 | 박경완 | 후27 | | | | |
| 0 | 2 | 13 | 13(7) | | | | 0 | 0 | | | | 14(2) | 16 | 2 | 0 |

●전반 34분 서명원 PA정면내 R-ST-G(득점: 서명원) 왼쪽

## 6월 08일 19:00 흐림 광주 월드컵 관중 1,594명
주심_임원택 부심_양병은·강동호 대기심_김희곤 감독관_김진의

**광주 1**    0 전반 0 / 1 후반 1    **강원 1**

| 퇴장 | 경고 | 파울 | ST(유) | 교체 | 선수명 | 배번 | 위치 | 위치 | 배번 | 선수명 | 교체 | ST(유) | 파울 | 경고 | 퇴장 |
|---|---|---|---|---|---|---|---|---|---|---|---|---|---|---|---|
| 0 | 0 | 0 | 0 | | 류원우 | 41 | GK | GK | 1 | 황교충 | | 0 | 0 | 0 | 0 |
| 1 | 0 | 1 | 1 | | 이종민 | 17 | DF | DF | 3 | 이재훈 | | 0 | 1 | 1 | 0 |
| 0 | 0 | 1 | 0 | | 정준연 | 2 | DF | DF | 5 | 배효성 | | 0 | 2 | 0 | 0 |
| 0 | 0 | 1 | 0 | | 김영빈 | 15 | DF | DF | 4 | 정우인 | | 0 | 1 | 0 | 0 |
| 0 | | 2 | 0 | | 이 완 | 8 | DF | DF | 20 | 김오규 | | 3(1) | 0 | 0 | 0 |
| 0 | 0 | 2 | 0 | | 오도현 | 24 | MF | MF | 6 | 이창용 | 17 | 0 | 0 | 0 | 0 |
| 0 | 0 | 2 | 1 | 33 | 여 름 | 4 | MF | MF | 7 | 정찬일 | | 1(1) | 2 | 0 | 0 |
| 0 | 6 | 4(3) | | | 파비오 | 10 | MF | MF | 25 | 한석종 | 22 | 0 | 3 | 0 | 0 |
| 0 | 0 | 1 | 0 | | 김호남 | 11 | FW | FW | 99 | 조엘손 | | 0 | 2 | 0 | 0 |
| 0 | 0 | | 25 | | 김민수 | 7 | FW | FW | 12 | 김영후 | | 1 | 4 | 0 | 0 |
| 0 | 1 | 1 | 5 | | 호마링요 | 9 | FW | FW | 19 | 김동기 | | 3 | 1 | 0 | 0 |
| | | | | | 제종현 | 1 | | | 21 | 양동원 | | | | | |
| 0 | 0 | | | 후26 | 임선영 | 5 | | | 6 | 최우재 | | | | | |
| | | | | | 마철준 | 13 | | | 13 | 박상진 | | | | | |
| 0 | 0 | | | | 김유성 | 16 | 대기 | 대기 | 22 | 이종인 | 후43 | | | | |
| | | | | | 박진옥 | 19 | | | 17 | 서보민 | 후17 | 2(2) | 0 | 0 | |
| 0 | 0 | | | 후12 | 송승민 | 16 | | | 12 | 치프리안 | 후27 | 0 | | | |
| 0 | 0 | | | 후40 | 정호정 | 33 | | | 28 | 최인후 | | | | | |
| 1 | 0 | 21 | 10(5) | | | | 0 | 0 | | | | 7(4) | 15 | 2 | 1 |

●후반 17분 이종민 PAR TL ⌒ 김호남 GAR H-ST-G(득점: 김호남, 도움: 이종민) 오른쪽
●후반 49분 이우혁 MFR ~ 서보민 AK정면 L-ST-G(득점: 서보민, 도움: 이우혁) 왼쪽

## 6월 08일 19:00 흐림 대구 스타디움 관중 598명
주심_ 윤창수 부심_ 지승민·박인선 대기심_ 매호영 감독관_ 한진원

**대구 2**  1 전반 0 / 1 후반 1  **1 충주**

| 퇴장 | 경고 | 파울 | ST(유) | 교체 | 선수명 | 배번 | 위치 | 위치 | 배번 | 선수명 | 교체 | ST(유) | 파울 | 경고 | 퇴장 |
|---|---|---|---|---|---|---|---|---|---|---|---|---|---|---|---|
| 0 | 0 | 0 | 0 | | 이양종 | 18 | GK | GK | 79 | 이정래 | | 0 | 0 | 0 | 0 |
| 0 | 0 | 1 | 0 | | 허재원 | 8 | DF | DF | 11 | 박요한 | | 0 | 1 | 1 | 0 |
| 0 | 1 | 2 | 0 | | 노행석 | 6 | DF | DF | 5 | 유종현 | | 1 | | | |
| 0 | 0 | 1 | 0 | | 금교진 | 2 | DF | DF | 15 | 박태수 | | 0 | 4 | 1 | 0 |
| 0 | 2 | 1(1) | | | 김주빈 | 11 | MF | MF | 3 | 이민규 | | 1 | 2 | 0 | 0 |
| 0 | 1 | 3 | 1 | | 김대열 | 9 | MF | MF | 16 | 최승호 | | 1 | 2 | 0 | 0 |
| 0 | 1 | 3 | 1 | 27 | 안상현 | 20 | MF | MF | 22 | 변웅 | | 1 | | | |
| 0 | 1 | 2(2) | 19 | | 윤영승 | 26 | FW | MF | 4 | 박진수 | 2 | 2(1) | 1 | 2 | 0 |
| 0 | | 1 | 0 | | 조형익 | 7 | FW | FW | 11 | 임진욱 | | 3(1) | 2 | 2 | 0 |
| 0 | | | | | 박민선 | 31 | | FW | 14 | 조준재 | 24 | 0 | 3 | 4 | 0 |
| 0 | | | | | 박성용 | 3 | | FW | 8 | 한홍규 | | | | | |
| 0 | | | | | 박종진 | 24 | 대기 | 대기 | 1 | 황성민 | | 0 | | | |
| 0 | | | | | 김귀현 | | | | 27 | 김한빈 | | | | | |
| 0 | | | | 후16 | 장백규 | 19 | | | 35 | 김성현 | | | | | |
| 0 | | | | 후32 | 김흥일 | 27 | | | | 노연빈 | 후26 | | | | |
| 0 | | | | 후16 | 조나탄 | 99 | | | | 박희성 | | | | | |
| | | | | | | | | | 24 | 박세환 | 후45 | | | | |
| | | | | | | | | | 8 | 이완희 | 후18 | | | | |
| 0 | 2 | 20 | 7(4) | | | 0 | | | 0 | | | 12(2) | 21 | 2 | 0 |

●전반 29분 신창무 MFR TLFK ⌒김주빈 GA정면 H-ST-G(득점: 김주빈, 도움: 신창무) 오른쪽
●후반 5분 한홍규 MFR ⌒임진욱 PA정면내 R-ST-G(득점: 임진욱, 도움: 한홍규) 왼쪽
●후반 37분 허재원 PA정면내 R-ST-G(득점: 허재원) 왼쪽

---

## 6월 14일 19:00 맑음 부천 종합 관중 1,151명
주심_ 정동식 부심_ 김경민·강동호 대기심_ 윤창수 감독관_ 강창구

**부천 2**  0 전반 2 / 2 후반 1  **3 수원FC**

| 퇴장 | 경고 | 파울 | ST(유) | 교체 | 선수명 | 배번 | 위치 | 위치 | 배번 | 선수명 | 교체 | ST(유) | 파울 | 경고 | 퇴장 |
|---|---|---|---|---|---|---|---|---|---|---|---|---|---|---|---|
| 0 | 0 | 0 | 0 | | 강훈 | 33 | GK | GK | 43 | 이상기 | | 0 | 1 | 0 | 1 |
| 0 | 0 | 1 | 1 | | 석동우 | 2 | DF | DF | 22 | 김영찬 | | 0 | 1 | 0 | 0 |
| 0 | 0 | 1 | 0 | 34 | 유대현 | 22 | DF | DF | 25 | 조태우 | | 0 | 0 | 0 | 0 |
| 0 | 0 | 0 | 0 | | 정홍연 | 55 | MF | MF | 7 | 김서준 | | 5(3) | | | |
| 0 | 0 | 2 | 0 | | 김륜도 | 20 | DF | DF | 8 | 김혁진 | | 0 | 0 | 1 | 0 |
| 0 | 0 | 4 | 3 | | 이제승 | 17 | MF | MF | 13 | 정정빈 | | 0 | 2 | 1 | 0 |
| 0 | 0 | 3 | 0 | | 고보연 | 29 | MF | MF | 14 | 권용현 | | 0 | | | |
| 0 | 1 | 3 | 1(1) | 19 | 박경완 | 32 | MF | MF | 24 | 김재연 | | 0 | 1 | 1 | 0 |
| 0 | 0 | 1 | 1 | | 공민현 | 18 | FW | FW | 30 | 임성택 | 26 | 0 | 1 | 0 | 0 |
| 0 | 1 | 6(2) | | | 호드리고 | 11 | FW | MF | 32 | 김본광 | 13 | 2(1) | 2 | 1 | 0 |
| 0 | 1 | 4(2) | | | 최인창 | 18 | FW | FW | 23 | 박종찬 | 18 | 2(1) | 2 | 1 | 0 |
| 0 | | | | | 이희현 | 31 | | | 23 | 박형순 | | 0 | | | |
| 0 | | | | 전32 | 박재홍 | | | | 26 | 차준엽 | 후39 | | | | |
| 0 | | | | | 신호은 | | | | 22 | 조용민 | | | | | |
| 0 | | | | 후0 | 유준수 | 19 | 대기 | 대기 | 31 | 김민기 | | 0 | | | |
| | | | | | 이경수 | 24 | | | 13 | 하정헌 | 후36 | 1(1) | | | |
| | | | | | 김태영 | 28 | | | 18 | 정민우 | 후22 | 0 | | | |
| | | | | 후41 | 박재철 | 34 | | | 27 | 조진수 | | 0 | | | |
| 0 | 3 | 24 | 18(6) | | | 0 | | | 0 | | | 12(6) | 12 | 3 | 0 |

●후반 19분 석동우 PAR ⌒최인창 GA정면 H-ST-G(득점: 최인창, 도움: 석동우) 오른쪽
●후반 27분 호드리고 PAR내 EL ⌒공민현 GAR R-ST-G(득점: 공민현, 도움: 호드리고) 오른쪽
●전반 13분 임성택 PAR내 ⌒박종찬 GA정면 H-ST-G(득점: 박종찬, 도움: 임성택) 오른쪽
●전반 16분 권용현 GAL내 ⌒김서준 GA정면 R-ST-G(득점: 김서준, 도움: 권용현) 가운데
●후반 37분 권용현 PA정면내 H ⌒하정헌 GAL L-ST-G(득점: 하정헌, 도움: 권용현) 왼쪽

---

## 6월 14일 19:00 맑음 안양 종합 관중 1,459명
주심_ 고형진 부심_ 지승민·박인선 대기심_ 서동진 감독관_ 김형남

**안양 2**  0 전반 0 / 2 후반 1  **1 광주**

| 퇴장 | 경고 | 파울 | ST(유) | 교체 | 선수명 | 배번 | 위치 | 위치 | 배번 | 선수명 | 교체 | ST(유) | 파울 | 경고 | 퇴장 |
|---|---|---|---|---|---|---|---|---|---|---|---|---|---|---|---|
| 0 | 0 | 0 | 0 | | 이진형 | 1 | GK | GK | 41 | 류원우 | | 0 | 0 | 0 | 0 |
| 0 | 0 | 1 | 0 | | 가솔현 | 3 | DF | DF | 19 | 박진옥 | 15 | 0 | 1 | 0 | 0 |
| 0 | 0 | 2(1) | 0 | 박민 | 79 | DF | DF | 2 | 정준연 | | 1 | 0 | 0 | 0 |
| 0 | 1 | 0 | 0 | | 김태봉 | 22 | DF | DF | 33 | 정호정 | | 1 | 0 | 0 | 0 |
| 0 | 2 | 2 | 1 | | 이으뜸 | 17 | DF | DF | 8 | 이완 | | 2 | 1 | 0 | 0 |
| 0 | 0 | 1 | 0 | | 정재용 | 42 | MF | MF | 40 | 이찬동 | | 0 | 1 | 1 | 0 |
| 0 | 0 | 1 | 0 | | 최진수 | 13 | MF | MF | 4 | 여름 | | 1(1) | 1 | 0 | 0 |
| 0 | 1 | 1 | 77 | 주현재 | 16 | MF | MF | 10 | 파비오 | 14 | 1 | 1 | 0 | 0 |
| 0 | 1 | 0 | | 정대선 | 7 | FW | FW | 11 | 김호남 | | 5(1) | 2 | 0 | 0 |
| 0 | 4 | 0 | | 박성진 | 8 | FW | FW | 7 | 김민수 | 25 | 3(2) | 0 | 0 | 0 |
| 0 | 1 | 4 | 1 | | 박성진 | 99 | FW | FW | 18 | 김선영 | | 1 | 2 | 0 | 0 |
| 0 | | | | | 최필수 | 25 | | | 1 | 제종현 | | 0 | | | |
| 0 | | | | | 백동규 | 30 | | | 14 | 안종훈 | 후28 | | | | |
| 0 | | | | | 송병용 | 36 | | | 15 | 김영빈 | 후15 | 2(1) | | | |
| 0 | | | | 후22 | 김종성 | 6 | 대기 | 대기 | 16 | 김유성 | | | | | |
| | | | | 후0 | 1(1) | 김원민 | 77 | | | 24 | 오도현 | | 0 | | | |
| | | | | 후41 | 펠리피 | 9 | | | 25 | 송승민 | 후15 | 0 | | | |
| | | | | | 바그너 | 10 | | | 27 | 홍태곤 | | 0 | | | |
| 0 | 2 | 23 | 7(2) | | | 0 | | | 0 | | | 19(5) | 13 | 2 | 0 |

●후반 48초 정대선 PAR TL ⌒박민 GAL 내 H-ST-G(득점: 박민, 도움: 정대선) 오른쪽
●후반 34분 최진수 MFR TL FK ⌒김원민 GAR H-ST-G(득점: 김원민, 도움: 최진수) 왼쪽
●후반 49분 이완 PAR ⌒김영빈 GAL H-ST-G(득점: 김영빈, 도움: 이완) 왼쪽

---

## 6월 15일 19:00 맑음 고양 종합 관중 501명
주심_ 박진호 부심_ 최민병·설귀선 대기심_ 김대용 감독관_ 김수현

**고양 1**  0 전반 0 / 1 후반 2  **2 대구**

| 퇴장 | 경고 | 파울 | ST(유) | 교체 | 선수명 | 배번 | 위치 | 위치 | 배번 | 선수명 | 교체 | ST(유) | 파울 | 경고 | 퇴장 |
|---|---|---|---|---|---|---|---|---|---|---|---|---|---|---|---|
| 0 | 0 | 0 | 0 | | 강진웅 | 1 | GK | GK | 31 | 박민선 | | 0 | 0 | 0 | 0 |
| 0 | 0 | 2 | 0 | | 이세환 | 2 | DF | DF | 22 | 이준희 | | 1(1) | 0 | 0 | 0 |
| 0 | 0 | 1 | 0 | | 최병도 | 4 | DF | DF | 8 | 허재원 | | 0 | 0 | 0 | 0 |
| 0 | 0 | 3 | 0 | | 여효진 | 19 | DF | DF | 6 | 노행석 | 11 | 0 | 0 | 0 | 0 |
| 0 | 0 | 1 | 1 | | 황규범 | 22 | DF | DF | 2 | 금교진 | | 0 | 0 | 0 | 0 |
| 0 | 0 | 3 | 1 | | 오기재 | 7 | MF | MF | 18 | 장백규 | | 2 | 0 | 0 | 0 |
| 0 | 1 | 1 | 13 | 도니 | 10 | MF | MF | 14 | 김귀현 | | 1(1) | 1 | 1 | 0 |
| 0 | 1 | 1 | 11 | 박병원 | 20 | MF | MF | 15 | 김주빈 | | 0 | 0 | 0 | 0 |
| 0 | 2(2) | | 윤동헌 | 8 | MF | MF | 26 | 윤영승 | 99 | 4(1) | 1 | 0 | 0 |
| 0 | 0 | 1 | | 이광재 | 17 | FW | FW | 7 | 마테우스 | | 0 | 4 | 0 | 0 |
| 0 | 2 | 4(4) | | 알렉스 | 30 | FW | FW | 9 | 조형익 | 33 | 1 | 3 | 0 | 0 |
| 0 | | | | | 여명상 | 23 | | | 18 | 이양종 | | 0 | | | |
| 0 | | | | | 배민호 | 3 | | | 3 | 박성용 | | 0 | | | |
| 0 | | | | | 이훈 | 5 | | | 18 | 이동명 | | 0 | | | |
| 0 | | | | | 김상균 | 4 | 대기 | 대기 | 28 | 임근영 | | 0 | | | |
| | | | | | 오기재 | 20 | | | 11 | 신창무 | 후23 | 0 | | | |
| | | | | 1(1) | 후34 | 정민무 | 11 | | | 33 | 정대교 | 후39 | 0 | | | |
| | | | | 후14 | 한빛 | 13 | | | 99 | 조나탄 | 후11 | 4(3) | | | |
| 0 | 1 | 10 | 11(7) | | | 0 | | | 0 | | | 13(6) | 13 | 1 | 0 |

●후반 41분 정민무 PAR내 ⌒알렉스 PAR내 R-ST-G(득점: 알렉스, 도움: 정민무) 왼쪽
●후반 28분 이준희 GAL EL ⌒조나탄 GA정면내 R-ST-G(득점: 조나탄, 도움: 이준희) 왼쪽
●후반 48분 허재원 AK정면 ⌒조나탄 GAR R-ST-G(득점: 조나탄, 도움: 허재원) 왼쪽

## 경기 1

6월 15일 19:00 맑음 강릉 종합 관중 682명
주심_ 김희곤 부심_ 강도준·방기열 대기심_ 김영수 감독관_ 이영철

**강원 3** — 0 전반 0 / 3 후반 1 — **1 안산**

| 퇴장 | 경고 | 파울 | ST(유) | 교체 | 선수명 | 배번 | 위치 | 위치 | 배번 | 선수명 | 교체 | ST(유) | 파울 | 경고 | 퇴장 |
|---|---|---|---|---|---|---|---|---|---|---|---|---|---|---|---|
| 0 | 0 | 0 | 0 | | 황교충 | 1 | GK | GK | 16 | 유 현 | | 0 | 1 | 0 | 0 |
| 0 | 0 | 3 | 0 | | 이재훈 | 3 | DF | DF | 2 | 양상민 | | 2(1) | 2 | 0 | 0 |
| 0 | 1 | 2 | 0 | | 정우인 | 4 | DF | DF | 5 | 이원재 | | 0 | 1 | 0 | 0 |
| 0 | 1 | 0 | 0 | | 김오규 | 20 | DF | DF | 6 | 김동우 | | 0 | 0 | 0 | 0 |
| 0 | 2 | 1 | | | 박상진 | 13 | DF | DF | 14 | 오범석 | | 1(1) | 1 | 1 | 0 |
| 0 | 0 | 5 | 0 | | 이창용 | 6 | MF | MF | 7 | 이용래 | | 1 | 3 | 0 | 0 |
| 0 | 1 | | | 17 | 이우혁 | | MF | MF | 11 | 문기한 | 11 | 1 | 0 | 0 | 0 |
| 0 | | | | | 한석종 | 25 | MF | MF | 17 | 조재철 | 22 | 0 | 1 | 1 | 0 |
| 0 | | 3(1) | | | 치프리안 | 12 | MF | MF | 21 | 이재권 | | 1 | 1 | 0 | 0 |
| 0 | | 6(5) | | 22 | 조엘손 | 99 | FW | FW | 13 | 윤준하 | 30 | 1 | 0 | 0 | 0 |
| 0 | 1 | | 15 | | 김동기 | 21 | FW | FW | 10 | 이효균 | | 1 | 2 | 0 | 0 |
| | | | | | 양동원 | 21 | | | 1 | 전태현 | | | | | |
| | | | | | 정헌식 | 30 | | | 12 | 김병석 | | | | | |
| | | | | | 최우재 | 2 | | | 18 | 박종진 | | | | | |
| | | | 후43 | | 이종인 | 22 | 대기 | 대기 | | 최광희 | 후13 | | | | |
| 0 | 0 | | 후28 | | 황순민 | 17 | | | 24 | 안성빈 | 후24 | 1 | 1 | 0 | 0 |
| 0 | 1 | | 후39 | | 김윤호 | | | | 27 | 한덕희 | | | | | |
| | | | | | 최승인 | 11 | | | 30 | 박희도 | 후0 | 2(1) | 0 | 0 | 0 |
| 0 | 3 | 20 | 12(6) | | | | | | | | | 10(3) | 12 | 2 | 0 |

●후반 2분 조엘손 GA정면 R-ST-G(득점: 조엘손) 왼쪽
●후반 19분 치프리안 PAL TL드로잉 ⌒ 조엘손 GA정면내 오버헤드킥 R-ST-G(득점: 조엘손, 도움: 치프리안) 가운데
●후반 38분 조엘손 PK-R-G (득점: 조엘손) 왼쪽
●후반 29분 오범석 GAR R-ST-G(득점: 오범석) 오른쪽

## 경기 2

6월 21일 19:00 흐림 대구 스타디움 관중 1,048명
주심_ 우상일 부심_ 김경민·곽승순 대기심_ 임원택 감독관_ 김용세

**대구 2** — 2 전반 2 / 0 후반 1 — **3 대전**

| 퇴장 | 경고 | 파울 | ST(유) | 교체 | 선수명 | 배번 | 위치 | 위치 | 배번 | 선수명 | 교체 | ST(유) | 파울 | 경고 | 퇴장 |
|---|---|---|---|---|---|---|---|---|---|---|---|---|---|---|---|
| 0 | 0 | 0 | 0 | | 박민선 | 31 | GK | GK | 31 | 김선규 | | 0 | 0 | 0 | 0 |
| 0 | 0 | 0 | 0 | | 이준희 | 22 | DF | DF | 3 | 장원석 | | 0 | 0 | 0 | 0 |
| 0 | 0 | 0 | 0 | | 허재원 | 8 | DF | DF | 30 | 송주한 | | 0 | 1 | 0 | 0 |
| 0 | 0 | 0 | 0 | | 노행석 | 6 | DF | DF | 5 | 안영규 | | 0 | 1 | 0 | 0 |
| 0 | 0 | 0 | 0 | | 이동명 | 18 | DF | DF | 6 | 임창우 | | 0 | 0 | 0 | 0 |
| 0 | 2 | | 12 | | 김귀현 | 14 | MF | MF | 7 | 정석민 | | 2(1) | 2 | 0 | 0 |
| 0 | 0 | | | | 김주빈 | 15 | MF | MF | 16 | 황진산 | 11 | 0 | 1 | 0 | 0 |
| 0 | | | | | 장백규 | 19 | MF | MF | 8 | 김종국 | | 3(1) | 0 | 0 | 0 |
| 0 | 1(1) | | 99 | | 김대열 | | FW | FW | 20 | 김찬희 | 18 | 2 | 3 | 0 | 0 |
| 0 | 1 | | 17 | | 윤영승 | 26 | MF | FW | 10 | 아드리아노 | | 3(2) | 1 | 1 | 0 |
| 0 | 1(1) | | | | 조형익 | 7 | FW | FW | 14 | 서명원 | 22 | 1(1) | 0 | 0 | 0 |
| | | | | | 이양종 | 1 | | | 1 | 박주원 | | | | | |
| | | | | | 박성용 | 3 | | | 37 | 이인식 | | | | | |
| | | | | | 금교진 | 2 | | | 22 | 김영승 | 후48 | | | | |
| | | | | | 임근영 | 28 | 대기 | 대기 | 24 | 김성수 | | | | | |
| 0 | | | 후29 | | 황순민 | 17 | | | 18 | 김은중 | 후21 | | | | |
| 0 | | | 후12 | | 노병준 | 17 | | | 11 | 황지웅 | 후4 | 2 | 0 | 0 | 0 |
| 0 | 1 | | 후0 | | 조나탄 | 99 | | | | | | | | | |
| 0 | 1 | 15 | 5(1) | | | | | | | | | 13(5) | 11 | 2 | 0 |

●전반 5분 김주빈 MF정면 ~ 조형익 GAL R-ST-G(득점: 조형익, 도움: 김주빈) 왼쪽
●전반 40분 장원석 GA정면내 자책골(득점: 장원석) 왼쪽
●전반 14분 김찬희 PAR 내 H ⌒ 정석민 AK정면 L-ST-G(득점: 정석민, 도움: 김찬희) 왼쪽
●전반 46분 서명원 MF정면 ~ 아드리아노 PAL R-ST-G(득점: 아드리아노, 도움: 서명원) 오른쪽
●후반 34분 황지웅 PAR ~ 김종국 PA정면내 R-ST-G(득점: 김종국, 도움: 황지웅) 왼쪽

## 경기 3

6월 16일 19:30 맑음 대전 월드컵 관중 2,901명
주심_ 박병진 부심_ 양병은·곽승순 대기심_ 임원택 감독관_ 한병화

**대전 1** — 0 전반 0 / 1 후반 0 — **0 충주**

| 퇴장 | 경고 | 파울 | ST(유) | 교체 | 선수명 | 배번 | 위치 | 위치 | 배번 | 선수명 | 교체 | ST(유) | 파울 | 경고 | 퇴장 |
|---|---|---|---|---|---|---|---|---|---|---|---|---|---|---|---|
| 0 | 0 | 0 | 0 | | 김선규 | 31 | GK | GK | 1 | 황성민 | | 0 | 0 | 0 | 0 |
| 0 | 0 | 1(1) | 37 | | 장원석 | 3 | DF | DF | 11 | 박요한 | | 0 | 0 | 0 | 0 |
| 0 | 0 | 1 | 0 | | 송주한 | 30 | DF | DF | 5 | 유종현 | | 0 | 0 | 0 | 0 |
| 0 | 0 | 1 | 0 | | 안영규 | 5 | DF | DF | 15 | 박태수 | | 2(1) | 1 | 0 | 0 |
| 0 | 0 | 3 | 0 | | 임창우 | 6 | DF | DF | 3 | 이민규 | | 0 | 0 | 0 | 0 |
| 0 | 0 | 4 | | | 김종국 | 8 | MF | MF | 2 | 노연빈 | | 0 | 1 | 0 | 0 |
| 0 | 1 | | | | 정석민 | 7 | MF | MF | 22 | 변 웅 | | 2 | 0 | 0 | 0 |
| 0 | 1(1) | | | | 황진산 | 16 | MF | MF | 10 | 정성민 | | 2 | 0 | 0 | 0 |
| 0 | 0 | | 18 | | 서명원 | 14 | MF | FW | 19 | 임진욱 | | 0 | 0 | 0 | 0 |
| 0 | 5(3) | | | | 아드리아노 | 9 | FW | FW | 14 | 조준재 | 24 | 1 | 1 | 0 | 0 |
| 0 | 3 | | 11 | | 김찬희 | 20 | FW | FW | 9 | 한홍규 | 8 | 1(1) | 2 | 0 | 0 |
| | | | | | 박주원 | 1 | | | 79 | 이정래 | | | | | |
| 0 | | | 후0 | | 이인식 | 37 | | | 27 | 김한빈 | | | | | |
| | | | | | 김영승 | 22 | | | 18 | 한상학 | | | | | |
| | | | | | 김성수 | 24 | 대기 | 대기 | 6 | 박희성 | | | | | |
| | | | | | 신동혁 | 17 | | | 6 | 박희성 | | | | | |
| 0 | | | 후25 | | 김은중 | 18 | | | 24 | 박세환 | 후44 | | | | |
| 0 | 2(1) | | 후0 | | 황지웅 | 11 | | | 8 | 이완희 | 후9 | 1 | | | |
| 0 | 0 | 24 | 17(6) | | | | | | | | | 6(2) | 14 | 1 | 0 |

●후반 30분 아드리아노 PAR내 R-ST-G(득점: 아드리아노) 왼쪽

## 경기 4

6월 21일 19:00 흐림 충주 종합 관중 689명
주심_ 매호영 부심_ 최민병·설귀선 대기심_ 김대웅 감독관_ 한진원

**충주 2** — 2 전반 0 / 0 후반 2 — **2 고양**

| 퇴장 | 경고 | 파울 | ST(유) | 교체 | 선수명 | 배번 | 위치 | 위치 | 배번 | 선수명 | 교체 | ST(유) | 파울 | 경고 | 퇴장 |
|---|---|---|---|---|---|---|---|---|---|---|---|---|---|---|---|
| 0 | 0 | 0 | 0 | | 황성민 | 1 | GK | GK | 23 | 여명용 | | 0 | 1 | 0 | 0 |
| 0 | 0 | 0 | 0 | | 박요한 | 11 | DF | DF | 2 | 이세환 | | 0 | 1 | 0 | 0 |
| 0 | 0 | 0 | 0 | | 유종현 | 5 | DF | DF | 4 | 최병도 | | 0 | 0 | 1 | 0 |
| 0 | 1 | 2 | 0 | | 한상학 | 18 | DF | DF | 19 | 여효진 | | 3 | 1 | 0 | 0 |
| 0 | 0 | 1 | 0 | | 이민규 | 3 | DF | DF | 22 | 황규범 | 3 | 0 | 1 | 0 | 0 |
| 0 | 0 | | | | 노연빈 | 2 | MF | MF | 7 | 이도성 | | 1 | 2 | 1 | 0 |
| 0 | 2 | 2(1) | | | 최승호 | 16 | MF | MF | 8 | 정민우 | | 2 | 0 | 0 | 0 |
| 0 | 3(1) | | | | 정성민 | 10 | MF | MF | 15 | 박병원 | 10 | 2(1) | 1 | 0 | 0 |
| 0 | 2(2) | | 14 | | 임진욱 | 19 | MF | MF | 21 | 윤동헌 | | 1(1) | 1 | 1 | 0 |
| 0 | 1 | | 3 | | 김병오 | 28 | FW | FW | 30 | 알렉스 | | 6(5) | 3 | 0 | 0 |
| 0 | 1(1) | | 2 | | 이완희 | 16 | FW | FW | 11 | 한 빛 | | | | | |
| | | | | | 이정래 | 79 | | | 1 | 강진웅 | | | | | |
| | | | | | 박희성 | 6 | | | 13 | 한 빛 | | | | | |
| | | | | 후24 | 박진수 | 4 | 대기 | 대기 | 3 | 배민호 | 후39 | | | | |
| 0 | | | 후12 | | 조준재 | 14 | | | 20 | 오기재 | | | | | |
| | | | | | 이준호 | 17 | | | 10 | 호 니 | 후0 | | | | |
| 0 | 1 | | 후20 | | 한홍규 | 9 | | | 17 | 이광재 | 후0 | 1(1) | 0 | 0 | 0 |
| 0 | 1 | 16 | 14(6) | | | | | | | | | 11(8) | 14 | 4 | 0 |

●전반 7분 이완희 PAL내 ~ 김정훈 GAL H-ST-G (득점: 김정훈, 도움: 이완희) 오른쪽
●전반 13분 임진욱 GAL내 EL L-ST-G(득점: 임진욱) 왼쪽
●후반 5분 호니 AK정면 ~ 알렉스 PK좌측지점 L-ST-G(득점: 알렉스, 도움: 호니) 가운데
●후반 47분 이광재 PAR내 ~ 알렉스 GA정면내 L-ST-G(득점: 알렉스, 도움: 이광재) 왼쪽

## 6월 22일 19:00 흐림 춘천 송암 관중 525명
주심_김상우 부심_김영하·박상준 대기심_정동식 감독관_김진의

| 강원 | 0 | 0 전반 0 | 0 안양 |
|---|---|---|---|
| | | 0 후반 0 | |

| 퇴장 | 경고 | 파울 | ST(유) | 교체 | 선수명 | 배번 | 위치 | 위치 | 배번 | 선수명 | 교체 | ST(유) | 파울 | 경고 | 퇴장 |
|---|---|---|---|---|---|---|---|---|---|---|---|---|---|---|---|
| 0 | 0 | 0 | 0 | | 황교충 | 1 | GK | GK | 1 | 이진형 | | 0 | 0 | 0 | 0 |
| 0 | 1 | 1 | 0 | | 박상진 | 13 | DF | DF | 79 | 박 민 | | 0 | 2 | 0 | 0 |
| 0 | 1 | 3 | 0 | | 최우재 | 2 | DF | DF | 3 | 가솔현 | | 0 | 1 | 0 | 0 |
| 0 | 1 | 1 | 0 | | 배효성 | 5 | DF | DF | 17 | 이으뜸 | | 0 | 2 | 0 | 0 |
| 0 | | 1 | 0 | | 이재훈 | 3 | DF | DF | 22 | 김태봉 | | 0 | 1 | 0 | 0 |
| 0 | 1 | 3 | 2(1) | | 한석종 | 25 | MF | MF | 42 | 정재용 | | 0 | 2 | 1 | 0 |
| 0 | | 2 | 0 | | 이창용 | 6 | MF | MF | 13 | 최진수 | | 3(1) | 1 | 0 | 0 |
| 0 | | 1 | 0 | 12 | 이우혁 | 7 | MF | MF | 77 | 김원민 | 6 | 1 | 0 | 0 | 0 |
| 0 | | 3 | 6(2) | 30 | 최진호 | 10 | FW | FW | 16 | 주현재 | 10 | 2 | 0 | 0 | |
| 0 | | | 1(1) | | 김동기 | 19 | FW | FW | 8 | 박성진 | | 1 | 1 | 0 | 0 |
| 0 | | 1 | 0 | 17 | 조엘손 | 99 | FW | FW | 10 | 펠리피 | 7 | 1 | 3 | 0 | |
| 0 | | | | | 홍상준 | 31 | | | 25 | 최필수 | | 0 | | | |
| 0 | | | | | 박대한 | 27 | | | 30 | 백동규 | | 0 | | | |
| 0 | | | | 후42 | 정헌식 | 30 | | | 90 | 구대영 | | 0 | | | |
| 0 | | | | 후32 | 서보민 | 17 | 대기 | 대기 | 14 | 박정식 | | 0 | | | |
| 0 | | | | | 이종인 | 2 | | | 6 | 김종성 | 후44 | 0 | | | |
| 0 | | | | 후28 | 치프리안 | 12 | | | 7 | 정대선 | 후21 | 2(2) | 1 | 0 | 0 |
| 0 | | | | | 최인후 | 28 | | | 10 | 바그너 | 후28 | 0 | | | |
| 0 | 3 | 16 | 12(4) | | | 0 | | | 0 | | | 10(4) | 14 | 2 | 0 |

## 6월 23일 20:00 흐림 부천 종합 관중 331명
주심_김동진 부심_지승민·서무희 대기심_김영수 감독관_전인석

| 부천 | 3 | 1 전반 3 | 4 안산 |
|---|---|---|---|
| | | 2 후반 1 | |

| 퇴장 | 경고 | 파울 | ST(유) | 교체 | 선수명 | 배번 | 위치 | 위치 | 배번 | 선수명 | 교체 | ST(유) | 파울 | 경고 | 퇴장 |
|---|---|---|---|---|---|---|---|---|---|---|---|---|---|---|---|
| 0 | 0 | 0 | 0 | | 강 훈 | 33 | GK | GK | 16 | 이 현 | | 0 | 1 | 1 | 0 |
| 0 | 0 | 4 | 0 | | 석동우 | 3 | DF | DF | 9 | 양상민 | | 2(1) | 2 | 1 | 0 |
| 0 | 0 | 3 | 1(1) | | 강지용 | 25 | MF | DF | 6 | 김동우 | | 1(1) | 0 | 1 | 0 |
| 0 | 0 | 1 | 0 | | 유대현 | 22 | MF | DF | 11 | 최광희 | | 0 | 2 | 0 | 0 |
| 0 | 0 | | 0 | | 정홍연 | 55 | DF | DF | 14 | 오범석 | | 1(1) | 3 | 0 | 0 |
| 0 | 0 | 1 | 0 | | 김륜도 | 20 | MF | MF | 7 | 이용래 | | 0 | 2 | 0 | 0 |
| 0 | 1 | 2 | 0 | | 이제승 | 6 | MF | MF | 8 | 문기한 | | 0 | 3 | 1 | 0 |
| 0 | 0 | 1 | | 19 | 김태영 | 28 | MF | MF | 17 | 조재철 | | 0 | 1 | 1 | 0 |
| 0 | | 3(2) | | | 공민현 | 18 | MF | MF | 21 | 이재권 | | 0 | 2 | 1 | 0 |
| 0 | 3(3) | | | | 호드리고 | 11 | FW | FW | 19 | 고경민 | | 3(3) | 1 | 0 | 0 |
| 0 | 0 | 0 | 0 | | 최인창 | 9 | FW | FW | 30 | 박희도 | | 2 | 2 | 1 | 0 |
| 0 | | | | | 이희현 | 31 | | | 25 | 송유걸 | | 0 | | | |
| 0 | | 1 | | | 박재홍 | 5 | | | 12 | 김병석 | 후12 | 1 | | | |
| 0 | 0 | 1(1) | 후0 | | 주일태 | 13 | | | 28 | 강종국 | 후35 | 0 | | | |
| 0 | 0 | 1(1) | 후0 | | 유준영 | 9 | 대기 | 대기 | 20 | 이 호 | | 0 | | | |
| 0 | | | | | 이경수 | 24 | | | 27 | 한덕희 | | 0 | | | |
| 0 | | | | 후37 | 고보연 | 19 | | | 31 | 송승주 | | 0 | | | |
| 0 | | | | | 박경완 | 32 | | | 9 | 정조국 | 후13 | 3(1) | 1 | 0 | 0 |
| 0 | 2 | 20 | 13(8) | | | 0 | | | 0 | | | 11(8) | 11 | 4 | 0 |

●전반 10분 김태영 MF정면 ~ 공민현 PAR내 R-ST-G득점: 공민현, 도움: 김태영 가운데
●후반 4분 이제승 MFR TL FK ⌐강지용 GA정면 H-ST-G득점: 강지용, 도움: 이제승 오른쪽
●후반 27분 호드리고 PK-R-G (득점: 호드리고) 왼쪽
●전반 12분 김동우 GAR 내 H-ST-G득점: 김동우 오른쪽
●전반 25분 박희도 MFR ⌐정조국 AKL L-ST-G (득점: 정조국, 도움: 박희도) 오른쪽
●전반 43분 박희도 PAL FK ⌐오범석 GA정면 H-ST-G(득점: 오범석, 도움: 박희도) 가운데
●후반 11분 이용래 MFL ~ 고경민 AKL R-ST-G 득점: 고경민, 도움: 이용래 오른쪽

## 6월 22일 19:00 흐림 수원월드컵 관중 860명
주심_유선호 부심_강도준·방기열 대기심_윤창수 감독관_하재훈

| 수원FC | 0 | 0 전반 0 | 0 광주 |
|---|---|---|---|
| | | 0 후반 0 | |

| 퇴장 | 경고 | 파울 | ST(유) | 교체 | 선수명 | 배번 | 위치 | 위치 | 배번 | 선수명 | 교체 | ST(유) | 파울 | 경고 | 퇴장 |
|---|---|---|---|---|---|---|---|---|---|---|---|---|---|---|---|
| 0 | 0 | 0 | 0 | | 박형순 | 23 | GK | GK | 1 | 제종현 | | 0 | 0 | 0 | 0 |
| 0 | 0 | 1 | 0 | | 김영찬 | 6 | DF | DF | 15 | 김영빈 | | 0 | 2 | 0 | 0 |
| 0 | 0 | 1 | 0 | | 조태우 | 25 | DF | DF | 2 | 정준연 | | 0 | 1 | 0 | 0 |
| 0 | 0 | 3 | 3 | | 김서준 | 7 | MF | DF | 3 | 전준형 | | 0 | 2 | 0 | 0 |
| 0 | | 2(1) | | 13 | 김혁진 | 8 | DF | DF | 33 | 정호정 | | 1 | 1 | 0 | 0 |
| 0 | 0 | 1 | 0 | | 김정빈 | 15 | DF | MF | 18 | 김우철 | 24 | 1 | 1 | 0 | |
| 0 | | 1 | | | 권용현 | 16 | MF | MF | 4 | 여 름 | | 1 | 1 | 0 | 0 |
| 0 | | 4(2) | | 3 | 조용민 | 22 | MF | MF | 14 | 안종훈 | | 1 | 1 | 0 | 0 |
| 0 | | | | | 임성택 | 30 | MF | FW | 27 | 파비오 | 27 | 4(1) | 0 | 0 | |
| 0 | | 2(1) | | | 김본광 | 33 | DF | FW | 11 | 김호남 | | 2 | 1 | 0 | 0 |
| 0 | | 2(1) | | 27 | 정민우 | 17 | FW | FW | 9 | 선선영 | | 4(2) | 2 | 1 | 0 |
| 0 | | | | | 이상기 | 43 | | | 41 | 류원우 | | 0 | | | |
| 0 | | | | | 차준엽 | 5 | | | 13 | 마철준 | | 0 | | | |
| 0 | | | | 후13 | 이치준 | 2 | | | 19 | 박진욱 | | 0 | | | |
| 0 | | | | | 김재연 | 24 | 대기 | 대기 | 23 | 권수현 | | 0 | | | |
| 0 | 1 | 2(1) | 후16 | | 하정헌 | 13 | | | 16 | 조 현 | 후37 | 0 | | | |
| 0 | | | 후35 | | 조진수 | 27 | | | 25 | 송승민 | 후20 | 0 | | | |
| | | | | | | | | | 27 | 홍태곤 | 후20 | 0 | | | |
| 0 | 0 | 13 | 19(8) | | | 0 | | | 0 | | | 12(3) | 12 | 2 | 0 |

●전반 41분 김재웅 PK-R-G (득점: 김재웅) 오른쪽

## 6월 28일 19:00 흐림 안양 종합 관중 1,014명
주심_김종혁 부심_정해상·노수용 대기심_이민후 감독관_이영철

| 안양 | 1 | 1 전반 2 | 3 충주 |
|---|---|---|---|
| | | 0 후반 1 | |

| 퇴장 | 경고 | 파울 | ST(유) | 교체 | 선수명 | 배번 | 위치 | 위치 | 배번 | 선수명 | 교체 | ST(유) | 파울 | 경고 | 퇴장 |
|---|---|---|---|---|---|---|---|---|---|---|---|---|---|---|---|
| 0 | 0 | 0 | 0 | | 이진형 | 1 | GK | GK | 1 | 황성민 | | 0 | 0 | 0 | 0 |
| 0 | 0 | 1 | 0 | | 가솔현 | 3 | DF | DF | 11 | 박요한 | | 0 | 1 | 0 | 0 |
| 0 | | | | | 박 민 | 79 | DF | DF | 5 | 유종현 | | 0 | 2 | 0 | 0 |
| 0 | | | | | 김태봉 | 22 | DF | DF | 15 | 박태수 | | 1(1) | 0 | 1 | 0 |
| 0 | | | | | 이으뜸 | 17 | DF | DF | 27 | 김한빈 | | 0 | 0 | 0 | 0 |
| 0 | | | | | 박정식 | 14 | MF | MF | 16 | 노연빈 | | 0 | 1 | 0 | 0 |
| 0 | | | | | 김종성 | 16 | MF | MF | | 최승호 | | 0 | | | |
| 0 | | | | | 주현재 | 16 | MF | MF | | 정성민 | | 2(1) | 0 | 0 | 0 |
| 0 | | 3(1) | | | 조성준 | 11 | MF | FW | 14 | 임진욱 | 14 | 2(2) | 1 | 0 | |
| 0 | 3(1) | | | | 박성진 | 11 | FW | FW | | 김정훈 | | 3(1) | 1 | 0 | 0 |
| 0 | 4(2) | 3 | | | 김재웅 | 99 | FW | FW | 99 | | | 2 | 4(1) | 3 | 0 |
| 0 | | | | | 최필수 | 25 | | | 79 | 이정래 | | 0 | | | |
| 0 | | | | | 백동규 | 30 | | | 6 | 박희성 | | 0 | | | |
| 0 | | | | | 구대영 | 90 | | | 4 | 한상학 | | 0 | | | |
| 0 | | | | | 정다슬 | 20 | 대기 | 대기 | 7 | 김재훈 | | 0 | | | |
| 0 | | | 후22 | | 정대선 | 7 | | | 14 | 조준재 | 후35 | 1(1) | 1 | 0 | 0 |
| 0 | 2(1) | | 후33 | | 펠리피 | 7 | | | 17 | 이준호 | 후43 | 0 | | | |
| 0 | | 2 | 후0 | | 바그너 | 10 | | | 7 | 김재훈 | | 0 | | | |
| 0 | 2 | 18 | 13(4) | | | 0 | | | 0 | | | 13(7) | 14 | 1 | 0 |

●전반 10분 박요한 자기측 MFR ⌐김정훈 PAR R-ST-G득점: 김정훈, 도움: 박요한 오른쪽
●전반 13분 박태수G ARH ⌐한홍규 GA정면 H-ST-G(득점: 한홍규, 도움: 박태수) 가운데
●후반 35분 박태수 자기측 MFL ⌐조준재 PAR내 R-ST-G(득점: 조준재, 도움: 박태수) 왼쪽

6월28일 19:00 흐리고비 고양종합 관중 562명
주심_김성호 부심_손재선·김성일 대기심_서동진 감독관_김형남

**고양 1**  전반 0 / 후반 0  **0 부천**

| 퇴장 | 경고 | 파울 | ST(유) | 교체 | 선수명 | 배번 | 위치 | 위치 | 배번 | 선수명 | 교체 | ST(유) | 파울 | 경고 | 퇴장 |
|---|---|---|---|---|---|---|---|---|---|---|---|---|---|---|---|
| 0 | 0 | 0 | 0 | | 강진웅 | 1 | GK | GK | 33 | 강 훈 | | 0 | 0 | 0 | 0 |
| 0 | 1 | 4 | 0 | | 이세환 | 4 | DF | DF | 13 | 강지용 | | 0 | 0 | 1 | 0 |
| 0 | 0 | 1 | 0 | | 최병도 | 2 | DF | MF | 3 | 주일태 | | 1(1) | 4 | 2 | 0 |
| 0 | 0 | 1 | 0 | | 여효진 | 19 | DF | MF | 22 | 유대현 | | 1 | 1 | 0 | 0 |
| 0 | 1 | 2 | 0 | | 황규범 | 22 | DF | DF | 55 | 정홍연 | | 0 | 0 | 0 | 0 |
| 0 | 1 | 2 | 0 | | 이도성 | 7 | MF | MF | 24 | 유준영 | 후0 | 0 | 0 | 0 | 0 |
| 0 | 0 | 2 | 3(2) | | 주민규 | 18 | MF | DF | 20 | 김륜도 | | 2(1) | 2 | 1 | 0 |
| 0 | 0 | 1 | 0 | ▲10 | 박병원 | 15 | MF | MF | 29 | 이제승 | | 0 | 1 | 0 | 0 |
| 0 | 0 | 2 | 5 | ▲21 | 윤동헌 | 8 | MF | FW | 9 | 공민현 | | 1 | 4 | 1 | 0 |
| 0 | 1 | 2 | | 14 | 한 빛 | 13 | FW | FW | 11 | 호드리고 | | | | | |
| 0 | 1 | 2 | 2(1) | | 이광재 | 16 | FW | FW | 18 | 안진범 | | 1(1) | 1 | 0 | 0 |
| 0 | 0 | 0 | 0 | | 정규민 | 29 | | | 31 | 이희현 | | 0 | | | |
| 0 | 0 | 0 | 0 | | 배민호 | 3 | | | 2 | 석동우 | 후0 | | | | |
| 0 | 0 | 0 | 0 | ▼30 | 이 훈 | 5 | | | 5 | 박재홍 | | | | | |
| 0 | 0 | 0 | 0 | | 김상균 | 6 | 대기 | 대기 | | 이경수 | 후25 | | | | |
| 0 | 0 | | 2(2) | ▼35 | 호 니 | 14 | | | 28 | 김태영 | | | | | |
| 0 | 1 | 0 | 0 | ▼16 | 호 니 | | | | 29 | 고보연 | 후15 | 1 | 2 | 1 | 0 |
| | | | | | 정민우 | 11 | | | 32 | 박경완 | | | | | |
| 0 | 4 | 20 | 12(7) | | | 0 | | | 0 | | | 9(3) | 18 | 2 | 0 |

● 전반 44분 이광재 PAL ~ 윤동헌 PA정면내 R-ST-G(득점: 윤동헌, 도움: 이광재) 가운데

---

6월29일 17:00 맑음 안산 와~스타디움 관중 361명
주심_류희선 부심_노태식·이규환 대기심_박병진 감독관_김정식

**안산 6**  전반 0 / 후반 1  **1 대전**
(1 전반 0 / 5 후반 1)

| 퇴장 | 경고 | 파울 | ST(유) | 교체 | 선수명 | 배번 | 위치 | 위치 | 배번 | 선수명 | 교체 | ST(유) | 파울 | 경고 | 퇴장 |
|---|---|---|---|---|---|---|---|---|---|---|---|---|---|---|---|
| 0 | 0 | 0 | 0 | | 유 현 | 16 | GK | GK | 31 | 김선규 | | 0 | 0 | 0 | 0 |
| 0 | 0 | 2 | 1(1) | 18 | 양상민 | 6 | DF | DF | 37 | 장원석 | | 0 | 0 | 0 | 0 |
| 0 | 0 | 2 | | | 김동우 | 6 | DF | DF | 33 | 윤원일 | | 0 | 1 | 0 | 0 |
| 0 | 1 | 1 | 0 | | 최광희 | 11 | DF | DF | 30 | 송주한 | | 0 | 1 | 0 | 0 |
| 0 | 0 | 5 | 0 | | 오범석 | 14 | DF | DF | 6 | 임창우 | | 0 | 2 | 0 | 0 |
| 0 | 0 | 0 | | 9 | 박현진 | 4 | MF | MF | 16 | 정석민 | 16 | 1 | 0 | 0 | 0 |
| 0 | 0 | 2 | 2(1) | | 이용래 | 7 | MF | MF | 9 | 황지웅 | 9 | 0 | 1 | 0 | 0 |
| 0 | 0 | 3 | 3(2) | | 조재철 | 17 | MF | MF | 8 | 김종국 | | 2(1) | 2 | 0 | 0 |
| 0 | 0 | 1 | 1(1) | 8 | 이재권 | 21 | MF | MF | 14 | 서명원 | | 2(1) | 1 | 0 | 0 |
| 0 | 0 | 2 | 4(2) | | 고경민 | 19 | FW | FW | 10 | 아드리아노 | | 5(4) | 0 | 2 | 0 |
| 0 | 0 | 2 | 5(4) | | 박희도 | 18 | FW | FW | 27 | 김찬희 | | 2 | 4 | 1 | 0 |
| 0 | 0 | 0 | 0 | | 송유걸 | 25 | | | 1 | 박주원 | | 0 | 0 | 0 | 0 |
| 0 | 0 | 0 | 0 | 후21 | 박종진 | 18 | | | 37 | 이인식 | 후0 | 0 | 0 | 0 | 0 |
| 0 | 0 | 0 | 0 | | 강종국 | 28 | | | 22 | 김영승 | | 0 | | | |
| 0 | 0 | 1 | 1(1) | 후29 | 문기한 | 8 | 대기 | 대기 | 24 | 김성수 | | 0 | | | |
| 0 | 0 | 0 | 0 | | 안성빈 | 22 | | | 16 | 황진산 | 후10 | 0 | | | |
| 0 | 0 | 0 | 0 | | 김신철 | 32 | | | 18 | 김은중 | | 0 | | | |
| 0 | 0 | 2 | 4(3) | 후21전2 | 정조국 | 9 | | | 9 | 반델레이 | 후0 | 1(1) | 3 | 0 | 0 |
| 0 | 1 | 19 | 21(15) | | | 0 | | | 0 | | | 14(7) | 13 | 1 | 0 |

● 전반 8분 최광희 PAR ~ 박희도GAR 내 H-ST-G(득점: 박희도, 도움: 최광희) 오른쪽
● 후반 6분 최광희 MFR ~ 정조국 GAR H-ST-G득점: 정조국, 도움: 최광희) 오른쪽
● 후반 15분 고경민 GA정면 내 H-ST-G(득점: 고경민) 가운데
● 후반 23분 조재철 MF정면 ~ 박희도 PAR내 L-ST-G(득점: 박희도, 도움: 조재철) 왼쪽
● 후반 37분 정조국 PAL EL ~ 문기한 PA정면 R-ST-G(득점: 문기한, 도움: 정조국) 오른쪽
● 후반 47분 정조국 PK-R-G (득점: 정조국) 왼쪽
● 후반 35분 반델레이 PAL내 오버헤드킥 R-ST-G(득점: 반델레이) 오른쪽

---

6월29일 19:00 맑음 수원월드컵 관중 936명
주심_최영준 부심_전기록·이정민 대기심_박진호 감독관_강창구

**수원FC 1**  전반 0 / 후반 1  **1 강원**

| 퇴장 | 경고 | 파울 | ST(유) | 교체 | 선수명 | 배번 | 위치 | 위치 | 배번 | 선수명 | 교체 | ST(유) | 파울 | 경고 | 퇴장 |
|---|---|---|---|---|---|---|---|---|---|---|---|---|---|---|---|
| 0 | 0 | 0 | 0 | | 박형순 | 23 | GK | GK | 1 | 황교충 | | 0 | 0 | 0 | 0 |
| 0 | 0 | 1 | 1(1) | | 김영찬 | 6 | DF | DF | 3 | 이재훈 | | 0 | 3 | 0 | 0 |
| 0 | 0 | 3 | 0 | | 조태우 | 25 | DF | DF | 5 | 배효성 | | 0 | 1 | 0 | 0 |
| 0 | 0 | 1 | 0 | | 이치준 | 14 | MF | DF | 4 | 정우인 | | 0 | 3 | 1 | 0 |
| 0 | 0 | 2 | 5(3) | | 김서준 | 7 | MF | DF | 20 | 김오규 | | 0 | 3 | 0 | 0 |
| 0 | 0 | 1 | 2(1) | | 김정빈 | 15 | MF | MF | 6 | 이창용 | | 0 | 5 | 1 | 0 |
| 0 | 0 | 0 | 3 | | 권용현 | 16 | MF | MF | 25 | 한석종 | | 2 | 1 | 0 | 0 |
| 0 | 0 | 1 | 1(1) | 18 | 임성택 | 30 | MF | MF | 7 | 정찬일 | 17 | 0 | 2 | 0 | 0 |
| 0 | 0 | 2 | | 22 | 김본광 | 22 | DF | FW | 99 | 세르징요 | 15 | 4(2) | 1 | 0 | 0 |
| 0 | 2 | 3 | 2(2) | 22 | 박종찬 | 11 | FW | FW | 10 | 최진호 | | 5(5) | 1 | 0 | 0 |
| 0 | 0 | 1 | 0 | 8 | 하정헌 | 18 | MF | FW | 9 | 김영후 | | 2(1) | 1 | 1 | 0 |
| | | | | | 이상기 | 43 | | | 31 | 홍상준 | | 0 | | | |
| 0 | 0 | 0 | 0 | | 차준엽 | 26 | | | 2 | 최우재 | 후42 | 0 | | | |
| 0 | 1 | 1(1) | | 후24 | 김혁진 | 8 | | | 13 | 박상진 | | 0 | | | |
| 0 | 0 | 3(1) | | 22 | 조용기 | 22 | 대기 | 대기 | 27 | 이종인 | | 0 | | | |
| 0 | 0 | 0 | 0 | | 김민기 | 31 | | | 17 | 서보민 | 후27 | 0 | | | |
| 0 | 0 | 3(1) | | 후14 | 정민우 | 18 | | | 15 | 김윤호 | 후21 | 1(1) | 0 | 0 | 0 |
| 0 | 0 | 0 | 0 | | 조진수 | 27 | | | 19 | 김동기 | | 0 | | | |
| 0 | 2 | 12 | 24(11) | | | 0 | | | 0 | | | 17(10) | 19 | 3 | 0 |

● 후반 49분 김영찬 PAL내 ~ 조용기 AK정면 R-ST-G(득점: 조용기, 도움: 김영찬) 왼쪽
● 후반 1분 최진호 GA정면내 R-ST-G(득점: 최진호) 왼쪽

---

6월30일 19:00 맑음 광주월드컵 관중 1,179명
주심_송민석 부심_김용수·윤광열 대기심_김희곤 감독관_한병화

**광주 2**  전반 1 / 후반 1  **1 대구**

| 퇴장 | 경고 | 파울 | ST(유) | 교체 | 선수명 | 배번 | 위치 | 위치 | 배번 | 선수명 | 교체 | ST(유) | 파울 | 경고 | 퇴장 |
|---|---|---|---|---|---|---|---|---|---|---|---|---|---|---|---|
| 0 | 0 | 0 | 0 | | 제종현 | 1 | GK | GK | 21 | 이양종 | | 0 | 0 | 0 | 0 |
| 0 | 0 | 0 | 0 | | 이종민 | 17 | DF | DF | 22 | 이준희 | | 0 | 2 | 0 | 0 |
| 0 | 0 | 0 | 0 | | 정준연 | 2 | DF | DF | 8 | 허재명 | | 4(2) | 1 | 0 | 0 |
| 0 | 0 | 0 | 0 | | 전준형 | 3 | DF | DF | 6 | 노행석 | | 0 | 0 | 0 | 0 |
| 0 | 0 | 0 | 0 | | 정호정 | 33 | DF | DF | 2 | 금교진 | | 0 | 0 | 0 | 0 |
| 0 | 0 | 3 | 1 | 24 | 이찬동 | 40 | MF | MF | 19 | 장백규 | 11 | 0 | 0 | 0 | 0 |
| 0 | 0 | 3 | 1 | | 여 름 | 4 | MF | MF | 15 | 김주빈 | | 0 | 0 | 0 | 0 |
| 0 | 0 | 2 | | | 안종훈 | 14 | MF | MF | 20 | 안상현 | | 0 | 0 | 0 | 0 |
| 0 | 2 | 2 | | 25 | 김민수 | 7 | FW | MF | 17 | 황순민 | | 0 | 0 | 0 | 0 |
| 0 | 1 | 3 | 2(1) | | 김호남 | 11 | FW | FW | 99 | 마테우스 | 99 | 0 | 0 | 0 | 0 |
| 0 | 3 | 3(2) | | | 이선영 | | MF | FW | 7 | 조형익 | | 2(1) | 1 | 1 | 0 |
| | | | | | 류원우 | 41 | | | 31 | 박민선 | | 0 | | | |
| 0 | 2(1) | 후11 | | | 파비오 | 2 | | | 3 | 김성용 | | 0 | | | |
| 0 | 0 | 0 | 0 | | 김영빈 | 15 | | | 14 | 김귀현 | | 0 | | | |
| 0 | 0 | 0 | 0 | | 김우철 | 18 | 대기 | 대기 | 9 | 김대열 | | 0 | | | |
| 0 | 0 | 0 | 0 | 후41 | 오도현 | 24 | | | 11 | 신창무 | 후33 | 0 | | | |
| 0 | 0 | 0 | 0 | 후30 | 송승민 | 25 | | | 17 | 노병준 | 후14 | 0 | | | |
| 0 | 0 | 0 | 0 | | 홍태곤 | 27 | | | 99 | 조나탄 | 후0 | 0 | | | |
| 0 | 1 | 15 | 10(4) | | | 0 | | | 0 | | | 6(3) | 15 | 2 | 0 |

● 전반 28분 김민수 GAL H ~ 임선영 GAR내 H-ST-G(득점: 임선영, 도움: 김민수) 오른쪽
● 후반 20분 이종민 PAR내 EL ~ 김호남 GAL내 H-ST-G(득점: 김호남, 도움: 이종민) 왼쪽
● 전반 42분 허재원 PK-R-G (득점: 허재원) 오른쪽

## 7월 05일 19:00 흐림 안양 종합 관중 1,491명
주심_ 매호영 부심_ 강도준·방기열 대기심_ 임원택 감독관_ 한병화

**안양 3 · 부천 1**  (1 전반 1 / 2 후반 0)

| 퇴장 | 경고 | 파울 | ST(유) | 교체 | 선수명 | 배번 | 위치 | 위치 | 배번 | 선수명 | 교체 | ST(유) | 파울 | 경고 | 퇴장 |
|---|---|---|---|---|---|---|---|---|---|---|---|---|---|---|---|
| 0 | 0 | 0 | 0 | | 최필수 | 25 | GK | GK | 33 | 강 훈 | | 0 | 0 | 0 | 0 |
| 0 | 0 | 0 | 0 | ▽ | 가솔현 | 5 | DF | DF | 2 | 석동우 | ▽19 | 0 | 2 | 0 | 0 |
| 0 | 0 | 0 | 1(1) | | 박 민 | 79 | DF | MF | 6 | 안일주 | | 0 | 3 | 0 | 0 |
| 0 | 0 | 1 | 2 | | 김태봉 | 22 | DF | DF | 4 | 강지용 | | 2 | 4 | 0 | 0 |
| 0 | 0 | 1 | 0 | | 이으뜸 | 17 | DF | DF | 15 | 전광환 | | 0 | 1 | 0 | 0 |
| 0 | 0 | 1 | 1 | | 최진수 | 13 | MF | DF | 22 | 유대현 | | 1(1) | 1 | 0 | 0 |
| 0 | 1 | 2 | 2(2) | | 정재용 | 42 | MF | DF | 55 | 정홍연 | | 0 | 2 | 1 | 0 |
| 0 | 0 | 0 | 0 | ▽ | 조성준 | 11 | MF | MF | 27 | 이제승 | ▽18 | 1(1) | 2 | 1 | 0 |
| 0 | 0 | 0 | 0 | ▽99 | 김원민 | 77 | MF | MF | 28 | 김태영 | △32 | 1(1) | 0 | 1 | 0 |
| 0 | 0 | 1 | 1(1) | | 박성진 | 8 | FW | FW | 9 | 공민현 | | 1 | 2 | 0 | 0 |
| 0 | 0 | 4 | 3(1) | ▽10 | 펠리피 | 9 | FW | FW | 11 | 호드리고 | | 2(2) | 3 | 0 | 0 |
| 0 | 0 | 0 | 0 | | 정민교 | 1 | | | 1 | 하강진 | | 0 | 0 | 0 | 0 |
| 0 | 0 | 0 | 0 | | 백동규 | 30 | | | 4 | 박재홍 | | 0 | 0 | 0 | 0 |
| 0 | 0 | 0 | 0 | | 구대영 | 90 | 대기 | 대기 | 30 | 신호은 | | 0 | 0 | 0 | 0 |
| 0 | 0 | 0 | 0 | △ | 김종성 | | | | 19 | 유준영 | △후 | 0 | 0 | 0 | 0 |
| 0 | 0 | 0 | 0 | △후35 | 정대선 | 7 | | | 20 | 김률도 | | 0 | 0 | 0 | 0 |
| 0 | 0 | 0 | 0 | △후41 | 바그너 | 10 | | | 32 | 박경원 | 후22 | 0 | 0 | 0 | 0 |
| 0 | 0 | 0 | 2(1) | △후21 | 김재웅 | 99 | | | 18 | 최인창 | 후14 | 0 | 0 | 0 | 0 |
| 0 | 2 | 13 | 13(6) | | | | | | | | | 10(5) | 24 | 1 | 0 |

● 전반 28분 김원민 GAR 내 H → 정재용 GAL 내 H-ST-G(득점: 정재용, 도움: 김원민) 왼쪽
● 후반 10분 최진수 PAR 내 H → 박민 GAL내 H-ST-G (득점: 박민, 도움: 최진수) 왼쪽
● 후반 24분 펠리피 PK-R-G (득점: 펠리피) 왼쪽

---

## 7월 06일 19:00 흐림 대전 월드컵 관중 2,519명
주심_ 이민후 부심_ 서무희·설귀선 대기심_ 정동식 감독관_ 김용세

**대전 2 · 강원 2**  (1 전반 1 / 1 후반 1)

| 퇴장 | 경고 | 파울 | ST(유) | 교체 | 선수명 | 배번 | 위치 | 위치 | 배번 | 선수명 | 교체 | ST(유) | 파울 | 경고 | 퇴장 |
|---|---|---|---|---|---|---|---|---|---|---|---|---|---|---|---|
| 0 | 0 | 0 | 0 | | 김선규 | 31 | GK | GK | 1 | 황교충 | | 0 | 0 | 0 | 0 |
| 0 | 0 | 2 | 0 | ▽ | 장원석 | 3 | DF | DF | 3 | 이재훈 | | 0 | 1 | 0 | 0 |
| 0 | 0 | 0 | 0 | | 윤원일 | 33 | DF | DF | 5 | 배효성 | | 0 | 0 | 0 | 0 |
| 0 | 0 | 2 | 3(1) | | 안영규 | 5 | DF | DF | 4 | 정우인 | | 0 | 0 | 0 | 0 |
| 0 | 0 | 0 | 0 | | 임창우 | 6 | DF | DF | 20 | 김오규 | | 1 | 0 | 0 | 0 |
| 0 | 0 | 0 | 1(1) | | 정석민 | 7 | MF | MF | 8 | 이창용 | | 0 | 0 | 0 | 0 |
| 0 | 0 | 1 | 1 | | 정종국 | 15 | MF | MF | 15 | 김윤호 | 91 | 2(1) | 1 | 0 | 0 |
| 0 | 0 | 1 | 3(1) | ▽ | 황진산 | 16 | MF | MF | 10 | 최진호 | | 0 | 0 | 0 | 0 |
| 0 | 1 | 5 | 1 | | 서명원 | 14 | MF | MF | 11 | 최진호 | | 0 | 0 | 0 | 0 |
| 0 | 1 | 1(1) | | | 아드리아노 | 10 | FW | FW | 90 | 알미르 | 1(1) | | | | |
| 0 | 1 | 5 | | ▽20 | 반델레이 | 9 | FW | FW | 88 | 알렉스 | | 3(1) | | | |
| 0 | 0 | 0 | 0 | △후 | 박주언 | 1 | | | 31 | 최우재 | 후19 | 0 | 0 | 0 | 0 |
| 0 | 0 | 0 | 0 | | 김한섭 | 2 | | | 91 | 산토스 | 후37 | 0 | 0 | 0 | 0 |
| 0 | 0 | 0 | 0 | | 송주한 | 30 | | | 17 | 서보민 | | 0 | 0 | 0 | 0 |
| 0 | 0 | 0 | 0 | | 김성수 | 24 | 대기 | 대기 | 1 | 우혁 | | 0 | 0 | 0 | 0 |
| 0 | 0 | 0 | 0 | △후 | 김찬희 | 20 | | | 99 | 조엘손 | | 0 | 0 | 0 | 0 |
| 0 | 0 | 0 | 0 | | 김은중 | | | | 19 | 김동기 | 후43 | 0 | 0 | 0 | 0 |
| 0 | 0 | 0 | 0 | 후14 | 황지웅 | 11 | | | | | | | | | |
| 0 | 3 | 18 | 18(5) | | | | | | | | | 9(3) | 12 | 2 | 1 |

● 전반 2분 장원석 C.KR ⌒ 안영규 GAL내 H-ST-G(득점: 안영규, 도움: 장원석) 가운데
● 후반 21분 아드리아노 PA정면 내 H⌒김찬희 AR R-ST-G(득점: 김찬희, 도움: 아드리아노) 오른쪽
● 전반 27분 최진호 자기측 HL정면 ~ 알렉스 PAL R-ST-G(득점: 알렉스, 도움: 최진호) 왼쪽
● 전반 33분 알렉스 HLR H → 알미르 GAR L-ST-G(득점: 알미르, 도움: 알렉스) 가운데

---

## 7월 05일 19:00 흐림 고양 종합 관중 439명
주심_ 서동진 부심_ 양병은·김경민 대기심_ 윤창수 감독관_ 전인석

**고양 2 · 광주 4**  (0 전반 1 / 2 후반 3)

| 퇴장 | 경고 | 파울 | ST(유) | 교체 | 선수명 | 배번 | 위치 | 위치 | 배번 | 선수명 | 교체 | ST(유) | 파울 | 경고 | 퇴장 |
|---|---|---|---|---|---|---|---|---|---|---|---|---|---|---|---|
| 0 | 0 | 0 | 0 | | 강진웅 | 1 | GK | GK | 1 | 제종현 | | 0 | 0 | 0 | 0 |
| 0 | 0 | 0 | 0 | ▽ | 배민호 | 3 | DF | DF | 17 | 이종민 | | 2(1) | 0 | 0 | 0 |
| 0 | 0 | 0 | 0 | | 최병도 | 4 | DF | DF | 2 | 정준연 | | 0 | 1 | 0 | 0 |
| 0 | 1 | 1 | 1 | | 여효진 | 19 | DF | DF | 3 | 전준형 | | 0 | 0 | 0 | 0 |
| 0 | 1 | 4 | 0 | | 황규범 | 22 | DF | DF | 33 | 정호정 | | 1 | | | |
| 0 | 0 | 0 | 3(2) | | 윤동헌 | 21 | MF | MF | 40 | 이찬동 | | 1 | 1 | 0 | 0 |
| 0 | 1 | | 1(1) | | 주민규 | 18 | MF | MF | 4 | 여름 | | 0 | 1 | 0 | 0 |
| 0 | 0 | 0 | 1 | △25 | 박병원 | 15 | MF | MF | | 안종훈 | ▽ | 1(1) | | | |
| 0 | 1 | 2 | 0 | | 이성재 | 14 | FW | FW | 37 | 김민수 | ▽ | | | | |
| 0 | 1 | 2 | 0 | | 한 빛 | | FW | FW | | 임선영 | | | | | |
| 0 | 0 | | 3(2) | ▽ | 이광재 | 17 | FW | FW | 10 | 파비오 | 후29 | | | | |
| 0 | 0 | 0 | 0 | | 여명용 | 23 | | | 41 | 류원우 | | 0 | 0 | 0 | 0 |
| 0 | 0 | 0 | 0 | | 이 훈 | 5 | | | 10 | 파비오 | 후29 | | | | |
| 0 | 0 | 0 | 0 | 후39 | 안현식 | 25 | 대기 | 대기 | 15 | 김영빈 | | 0 | 0 | 0 | 0 |
| 0 | 0 | 0 | 0 | | 김상균 | 4 | | | 16 | 김우철 | | 0 | 0 | 0 | 0 |
| 0 | 0 | 0 | 0 | 후0 | 오기재 | 20 | | | 24 | 오도현 | 후39 | 0 | 0 | 0 | 0 |
| 0 | 0 | 0 | 0 | 후0 | 호 니 | 24 | | | 37 | 박 현 | 후21 | 0 | 0 | 0 | 0 |
| 0 | 0 | 0 | 0 | | 정민무 | 11 | | | | | | | | | |
| 0 | 4 | 12 | 8(3) | | | | | | | | | 13(5) | 12 | 0 | 0 |

● 후반 19분 이광재 PAL ⌒ 윤동헌 GAL L-ST-G (득점: 윤동헌, 도움: 이광재) 왼쪽
● 후반 23분 임선영 GAL H 자책골(득점: 임선영) 왼쪽
● 전반 38분 이종민 PK-R-G (득점: 이종민) 왼쪽
● 후반 4분 안종훈 PAR내 ⌒ 임선영 GAR내 R-ST-G(득점: 임선영, 도움: 안종훈) 왼쪽
● 후반 34분 여름 PAR TL ~ 파비오 PAR내 R-ST-G(득점: 파비오, 도움: 여름) 가운데
● 후반 41분 이찬동 MF정면 R-ST-G(득점: 이찬동) 오른쪽

---

## 7월 06일 19:00 흐림 대구 스타디움 관중 598명
주심_ 김영수 부심_ 김영하·박상준 대기심_ 박병진 감독관_ 김형남

**대구 0 · 수원FC 0**  (0 전반 0 / 0 후반 0)

| 퇴장 | 경고 | 파울 | ST(유) | 교체 | 선수명 | 배번 | 위치 | 위치 | 배번 | 선수명 | 교체 | ST(유) | 파울 | 경고 | 퇴장 |
|---|---|---|---|---|---|---|---|---|---|---|---|---|---|---|---|
| 0 | 0 | 0 | 0 | | 이양종 | 1 | GK | GK | 23 | 박형순 | | 0 | 0 | 0 | 0 |
| 0 | 0 | 4 | 1 | | 이준희 | 22 | DF | DF | 1 | 김영찬 | | 1(1) | 1 | 0 | 0 |
| 0 | 0 | 1 | 0 | | 허재원 | 8 | DF | DF | 17 | 김창훈 | | 2 | 2 | 1 | 0 |
| 0 | 0 | 1 | 1 | | 노행석 | 6 | DF | DF | | 이치준 | | 1 | | | |
| 0 | 0 | 0 | 0 | | 금교진 | 3 | DF | DF | 7 | 김서준 | | 1 | 1 | 0 | 0 |
| 0 | 0 | 1 | 1(1) | | 김주빈 | 15 | MF | MF | 15 | 김혁진 | | 1(1) | | | |
| 0 | 0 | 0 | 0 | | 장백규 | 19 | MF | MF | | 김정빈 | | | | | |
| 0 | 0 | 0 | 0 | | 안상현 | | MF | MF | | 권용현 | | | | | |
| 0 | 0 | 0 | 0 | 25 | 황순민 | | MF | MF | | 임성택 | | 1(2) | | | |
| 0 | 1 | 0 | 2(1) | | 황순민 | 25 | FW | FW | 18 | 하정헌 | | 1 | | | |
| 0 | 0 | | 3(1) | 99 | 조형익 | 7 | FW | FW | 9 | 정민우 | | | | | |
| 0 | 0 | 0 | 0 | | 박민선 | 31 | | | 43 | 이상기 | | 0 | 0 | 0 | 0 |
| 0 | 0 | 0 | 0 | | 박성용 | | | | 4 | 손시헌 | | 0 | 0 | 0 | 0 |
| 0 | 0 | 0 | 0 | | 김귀현 | | 대기 | 대기 | 26 | 차준엽 | | 0 | 0 | 0 | 0 |
| 0 | 0 | 0 | 0 | | 김근연 | 28 | | | 31 | 김민기 | 후30 | 0 | 0 | 0 | 0 |
| 0 | 0 | 0 | 0 | 후14 | 마테우스 | 25 | | | 13 | 김한원 | 후20 | 0 | 0 | 0 | 0 |
| 0 | 0 | | 3(1) | 후14 | 노병준 | | | | 27 | 조진수 | | 0 | 0 | 0 | 0 |
| 0 | 3 | 19 | 12(1) | | | | | | | | | 13(3) | 14 | 3 | 0 |

## 7월 07일 19:30 맑음 안산 와스타디움 관중 421명
주심_김대용 부심_강동호·박인선 대기심_박진호 감독관_이영철

**안산 0** — 0 전반 0 / 0 후반 0 — **0 충주**

| 퇴장 | 경고 | 파울 | ST(유) | 교체 | 선수명 | 배번 | 위치 | 위치 | 배번 | 선수명 | 교체 | ST(유) | 파울 | 경고 | 퇴장 |
|---|---|---|---|---|---|---|---|---|---|---|---|---|---|---|---|
| 0 | 0 | 0 | 0 | | 유 현 | 16 | GK | GK | 79 | 이정래 | | 0 | 0 | 0 | 0 |
| 0 | 0 | 3 | 1(1) | | 양상식 | 3 | DF | DF | 11 | 박요한 | | 0 | 1 | 0 | 0 |
| 0 | 1 | 1 | 1(1) | | 김동우 | 5 | DF | DF | 5 | 유종현 | | 0 | 4 | 0 | 0 |
| 0 | 1 | 1 | 0 | | 오범석 | 14 | DF | DF | 15 | 박태수 | | 0 | 3 | 0 | 0 |
| 0 | 0 | 0 | 0 | | 박종진 | 18 | DF | DF | 27 | 김한빈 | | 1 | 1 | 0 | 0 |
| 0 | 0 | 1 | 0 | | 이용래 | 7 | MF | MF | 2 | 노연빈 | | 1 | 3 | 1 | 0 |
| 0 | 1 | 3(1) | | 22 | 이재권 | 21 | MF | MF | 16 | 최승호 | 83 | 2 | 2 | 0 | 0 |
| 0 | 1 | 1 | 0 | | 박희도 | 30 | MF | MF | 10 | 정성민 | | 2(1) | 1 | 0 | 0 |
| 0 | 1 | 0 | | 9 | 서동현 | 10 | FW | FW | 19 | 임진욱 | 14 | 0 | 0 | 0 | 0 |
| 0 | 0 | 1 | 1(1) | 8 | 고경민 | 19 | FW | FW | 28 | 김정훈 | | 3(1) | 2 | 0 | 0 |
| 0 | 0 | 0 | 0 | | 송유걸 | 25 | | | 8 | 이완희 | 9 | 4(2) | 1 | 0 | 0 |
| 0 | 0 | 0 | 0 | | 김병석 | 12 | | | 1 | 황성민 | | 0 | 0 | 0 | 0 |
| 0 | 1 | 1 | 0 | 후0 | 문기한 | 8 | | | 6 | 박희성 | | 0 | 0 | 0 | 0 |
| 0 | 0 | 0 | 0 | | 윤준하 | 13 | 대기 | 대기 | 18 | 한상학 | | 0 | 0 | 0 | 0 |
| 0 | 0 | 0 | 0 | 후25 | 안성빈 | 22 | | | 7 | 김재훈 | | 0 | 0 | 0 | 0 |
| 0 | 0 | 0 | 0 | | 한덕희 | 27 | | | 14 | 지경득 | 후15 | 1(1) | 0 | 0 | 0 |
| 0 | 0 | 1 | 4(1) | 전34 | 정조국 | 9 | | | 83 | 치프리안 | 후35 | 1(1) | 0 | 0 | 0 |
| | | | | | | | | | 9 | 한홍규 | 후42 | | | | |
| 0 | 3 | 11 | 13(5) | | 0 | | | | | 0 | | 15(6) | 18 | 1 | 0 |

## 7월 12일 19:00 흐림 수원 월드컵 관중 885명
주심_임원택 부심_지승민·서무희 대기심_김영수 감독관_전인석

**수원FC 1** — 1 전반 0 / 0 후반 1 — **1 충주**

| 퇴장 | 경고 | 파울 | ST(유) | 교체 | 선수명 | 배번 | 위치 | 위치 | 배번 | 선수명 | 교체 | ST(유) | 파울 | 경고 | 퇴장 |
|---|---|---|---|---|---|---|---|---|---|---|---|---|---|---|---|
| 0 | 0 | 0 | 0 | | 박형순 | 23 | GK | GK | 79 | 이정래 | | 0 | 0 | 0 | 0 |
| 0 | 0 | 1 | 1(1) | | 김영찬 | 6 | DF | DF | 7 | 김재훈 | | 0 | 1 | 0 | 0 |
| 0 | 0 | 1 | 1 | | 김창훈 | 17 | DF | DF | 5 | 유종현 | | 0 | 2 | 0 | 0 |
| 0 | 0 | 2 | 2(1) | | 이치준 | 3 | MF | MF | 15 | 박태수 | | 1 | 1 | 0 | 0 |
| 0 | 0 | 1 | 1 | | 김서준 | 7 | MF | DF | 27 | 김한빈 | | 1 | 0 | 0 | 0 |
| 0 | 1 | 1(1) | | 10 | 김혁진 | 8 | MF | MF | 2 | 노연빈 | | 1 | 2 | 0 | 0 |
| 0 | 0 | 0 | 0 | | 김정빈 | 15 | MF | MF | 16 | 최승호 | 83 | 1 | 0 | 0 | 0 |
| 0 | 0 | 0 | | 25 | 권용현 | 16 | MF | MF | 10 | 정성민 | | 2 | 1 | 0 | 0 |
| 0 | 1 | 1(1) | | 27 | 임성택 | 30 | FW | FW | 14 | 지경득 | 17 | 1(1) | 1 | 0 | 0 |
| 0 | 1 | 3 | | 32 | 김본광 | 32 | FW | FW | 28 | 김정훈 | | 1 | 1 | 0 | 0 |
| 0 | 3(2) | | | | 정민우 | 18 | FW | FW | 8 | 성임희 | 9 | 0 | 3 | 0 | 0 |
| 0 | 0 | 0 | 0 | 후37 | 조태우 | 25 | | | 1 | 황성민 | | 0 | 0 | 0 | 0 |
| 0 | 0 | 0 | 0 | | 차준엽 | 26 | | | 6 | 박희성 | | 0 | 0 | 0 | 0 |
| 0 | 0 | 0 | 0 | | 조용민 | 22 | | | 18 | 한상학 | | 0 | 0 | 0 | 0 |
| 0 | 0 | 0 | 0 | | 이상기 | 43 | 대기 | 대기 | 40 | 권현민 | | 0 | 0 | 0 | 0 |
| 0 | 0 | 0 | 0 | | 김민기 | 31 | | | 17 | 지준호 | 후19 | 1(1) | 0 | 0 | 0 |
| 0 | 0 | 1 | | 후28 | 김한원 | 10 | | | 83 | 치프리안 | 전44 | 2 | 1 | 0 | 0 |
| 0 | 0 | 0 | 0 | 후31 | 조진수 | 27 | | | 9 | 한홍규 | 후23 | 3(3) | 0 | 0 | 0 |
| 0 | 1 | 12 | 12(6) | | 0 | | | | | 0 | | 15(6) | 12 | 1 | 0 |

●전반 36분 김정빈 GAR → 임성택 GA정면내 L-ST-G(득점: 임성택, 도움: 김정빈) 가운데
●후반 38분 한홍규 GAR R-ST-G(득점: 한홍규) 왼쪽

## 7월 12일 19:00 흐림 춘천 송암 관중 615명
주심_정동식 부심_강동호·박인선 대기심_박진호 감독관_김수현

**강원 0** — 0 전반 1 / 0 후반 0 — **1 고양**

| 퇴장 | 경고 | 파울 | ST(유) | 교체 | 선수명 | 배번 | 위치 | 위치 | 배번 | 선수명 | 교체 | ST(유) | 파울 | 경고 | 퇴장 |
|---|---|---|---|---|---|---|---|---|---|---|---|---|---|---|---|
| 0 | 0 | 0 | 0 | | 황교충 | 1 | GK | GK | 1 | 강진웅 | | 0 | 0 | 0 | 0 |
| 0 | 0 | 0 | 0 | | 이재훈 | 3 | DF | DF | 2 | 이세환 | | 0 | 1 | 0 | 0 |
| 0 | 1 | 1 | 0 | | 배효성 | 5 | DF | DF | 4 | 배민호 | | 1 | 2 | 0 | 0 |
| 0 | 0 | 1 | 0 | | 정우인 | 4 | DF | DF | 3 | 최병도 | | 0 | 1 | 0 | 0 |
| 0 | 1 | 1 | 0 | | 김오규 | 20 | DF | DF | 25 | 안현식 | | 0 | 0 | 0 | 0 |
| 0 | 1 | 1(1) | | 19 | 한석종 | 25 | MF | MF | 7 | 이도성 | | 0 | 1 | 0 | 0 |
| 0 | 0 | 0 | 0 | | 이우혁 | 7 | MF | MF | 15 | 정재용 | 10 | 0 | 1 | 0 | 0 |
| 0 | 1 | 0(1) | | | 김윤호 | 15 | MF | FW | 15 | 박병원 | | 0 | 0 | 0 | 0 |
| 0 | 0 | 0 | 2 | | 조엘손 | 99 | MF | MF | 20 | 오기재 | | 5 | 1 | 0 | 0 |
| 0 | 2 | 4(2) | | | 알렉스 | 88 | FW | FW | 21 | 윤동헌 | 13 | 3(2) | 0 | 0 | 0 |
| 0 | 1 | 4 | 5(4) | | 알미르 | 90 | FW | FW | 18 | 주민규 | | 2(1) | 1 | 0 | 0 |
| 0 | 0 | 0 | 0 | | 양동원 | 21 | | | 23 | 여명용 | | 0 | 0 | 0 | 0 |
| 0 | 0 | 0 | 0 | 후13 | 최우재 | 2 | | | 0 | 이 훈 | 후26 | 0 | 0 | 0 | 0 |
| 0 | 0 | 0 | 0 | | 박대한 | 27 | | | 8 | 신재필 | | 0 | 0 | 0 | 0 |
| 0 | 0 | 0 | 0 | | 정헌식 | 30 | 대기 | 대기 | 6 | 김상균 | | 0 | 0 | 0 | 0 |
| 0 | 0 | 0 | 0 | 후38 | 서보민 | 17 | | | 13 | 한 빛 | 후16 | 1 | 1 | 0 | 0 |
| 0 | 0 | 0 | 0 | | 이종인 | 22 | | | 10 | 호 니 | 후0 | 0 | 0 | 0 | 0 |
| 0 | 0 | 0 | 0 | 전41 | 김동기 | 19 | | | 11 | 정민무 | | 0 | 0 | 0 | 0 |
| 0 | 2 | 14 | 13(8) | | 0 | | | | | 0 | | 8(3) | 10 | 2 | 0 |

●전반 15분 최병도 GA정면내 ~ 주민규 PAL내 R-ST-G(득점: 주민규, 도움: 최병도) 오른쪽

## 7월 12일 19:30 흐림 안산 와스타디움 관중 477명
주심_윤창수 부심_강도준·설귀선 대기심_매호영 감독관_한병화

**안산 1** — 1 전반 0 / 0 후반 0 — **0 광주**

| 퇴장 | 경고 | 파울 | ST(유) | 교체 | 선수명 | 배번 | 위치 | 위치 | 배번 | 선수명 | 교체 | ST(유) | 파울 | 경고 | 퇴장 |
|---|---|---|---|---|---|---|---|---|---|---|---|---|---|---|---|
| 0 | 0 | 0 | 0 | | 유 현 | 16 | GK | GK | 1 | 제종현 | | 0 | 0 | 0 | 0 |
| 0 | 0 | 2 | 1 | | 김동우 | 5 | DF | DF | 17 | 이종민 | | 1(1) | 2 | 0 | 0 |
| 0 | 0 | 0 | 0 | | 최광희 | 11 | DF | DF | 2 | 정준연 | | 0 | 0 | 0 | 0 |
| 0 | 0 | 1 | 1 | | 김병석 | 12 | DF | DF | 3 | 전준형 | | 2(1) | 1 | 0 | 0 |
| 0 | 1 | 1 | 0 | | 박종진 | 18 | DF | DF | 33 | 정호정 | | 1(1) | 0 | 0 | 0 |
| 0 | 0 | 0 | 2 | | 이용래 | 7 | MF | MF | 40 | 이찬동 | 24 | 2(1) | 1 | 1 | 0 |
| 0 | 0 | 3 | | 21 | 문기한 | 8 | MF | MF | 4 | 여 름 | | 2(2) | 1 | 0 | 0 |
| 0 | 0 | 0 | 0 | | 조재철 | | MF | MF | 19 | 이종호 | | | | | |
| 0 | 1 | 3 | 1 | | 박희도 | 30 | MF | MF | 5 | 김민수 | 30 | 1(1) | 0 | 0 | 0 |
| 0 | 1(1) | | | 22 | 서동현 | 10 | FW | FW | 11 | 김호남 | | 1(1) | 1 | 0 | 0 |
| 0 | 1 | 0 | 9 | | 고경민 | 19 | FW | FW | 5 | 임선영 | | 3 | 3 | 0 | 0 |
| 0 | 0 | 0 | 0 | | 전태현 | 1 | | | 41 | 류원우 | | 0 | 0 | 0 | 0 |
| 0 | 0 | 0 | 0 | | 이 호 | 20 | | | 10 | 파비오 | 후0 | 2(2) | 1 | 0 | 0 |
| 0 | 0 | 0 | 0 | | 윤준하 | 13 | | | 15 | 김영빈 | | 0 | 0 | 0 | 0 |
| 0 | 1 | 0 | | 후0 | 이재권 | 21 | 대기 | 대기 | 18 | 김우철 | | 0 | 0 | 0 | 0 |
| 0 | 0 | 0 | | 후35 | 안성빈 | 22 | | | 24 | 오도현 | 후0 | 0 | 0 | 0 | 0 |
| 0 | 0 | 0 | 0 | | 김신철 | 32 | | | 30 | 조용태 | 후40 | 0 | 0 | 0 | 0 |
| 0 | 1 | 2(1) | 후17 | | 정조국 | 9 | | | 37 | 박 현 | | 0 | 0 | 0 | 0 |
| 0 | 4 | 23 | 5(2) | | 0 | | | | | 0 | | 15(10) | 14 | 1 | 0 |

●전반 3분 문기한 PAR ⌒ 서동현 GAL H-ST-G (득점: 서동현, 도움: 문기한) 오른쪽

edition 4 2014년 경기기록부

## 7월 13일 19:00 맑음 대전 월드컵 관중 3,319명
주심_김희곤 부심_최민병·박인선 대기심_서동진 감독관_이영철

**대전 4**  　3 전반 0　　**0 안양**
　　　　　　1 후반 0

| 퇴장 | 경고 | 파울 | ST(유) | 교체 | 선수명 | 배번 | 위치 | 위치 | 배번 | 선수명 | 교체 | ST(유) | 파울 | 경고 | 퇴장 |
|---|---|---|---|---|---|---|---|---|---|---|---|---|---|---|---|
| 0 | 1 | 0 | 0 | | 박주원 | 1 | GK | GK | 1 | 이진형 | | 0 | 0 | 0 | 0 |
| 0 | 0 | 0 | 0 | | 장원석 | 3 | DF | DF | 4 | 가 솔 현 | | 0 | 1 | 0 | 0 |
| 0 | 1 | 1 | 0 | | 윤원일 | 33 | DF | DF | 79 | 박 민 | | 0 | 0 | 0 | 0 |
| 0 | 0 | 1 | 1 | | 임창우 | 6 | DF | DF | 90 | 구대영 | 22 | 0 | 0 | 0 | 0 |
| 0 | 0 | 0 | 0 | | 송주한 | 30 | DF | DF | 17 | 이으뜸 | | 3(1) | 0 | 0 | 0 |
| 0 | 0 | 4 | 1(1) | | 정석민 | 7 | MF | MF | 13 | 최진수 | 10 | 1(1) | 0 | 0 | 0 |
| 0 | 0 | 3 | | 11 | 김종국 | 8 | MF | MF | 14 | 김재웅 | | 1 | 1 | 0 | 0 |
| 0 | 0 | 0 | | | 안영규 | 5 | MF | MF | 99 | 김재웅 | | 4(2) | 1 | 0 | 0 |
| 0 | 2 | 4(1) | | | 마라낭 | 87 | MF | MF | 19 | 이상원 | 20 | 2 | 2 | 1 | 0 |
| 0 | | 6(4) | | | 아드리아노 | 10 | FW | FW | 8 | 박성진 | | 1(1) | 0 | 0 | 0 |
| 0 | 4 | 2(2) | | 9 | 김찬희 | 20 | FW | FW | 9 | 펠리피 | | 3(1) | 1 | 0 | 0 |
| | | | | | 한상혁 | 32 | | | 25 | 최필수 | | | | | |
| 0 | 0 | 1 | 0 | 전38 | 김한섭 | 3 | | | 30 | 백동규 | | | | | |
| | | | | | 김영승 | 22 | | | 22 | 김태봉 | 후18 | | | | |
| | | | | | 김성수 | 대기 | | 대기 | 20 | 정다슬 | 후28 | | | | |
| 0 | 0 | 2(2) | | 후22 | 반델레이 | 9 | | | 16 | 주현재 | | | | | |
| | | | | | 김은중 | 18 | | | 7 | 정대선 | | | | | |
| 0 | 0 | | | 후12 | 황지웅 | 11 | | | 10 | 바 그 너 | 후15 | 3(1) | | | |
| 0 | 2 | 16 | 22(10) | | | 0 | | | 0 | | | 20(7) | 7 | 1 | 0 |

● 전반 7분 아드리아노 PA정면 R-ST-G득점: 아드리아노 왼쪽
● 전반11분 김찬희 AK정면 가슴패스 아드리아노 AK정면 R-ST-G득점: 아드리아노, 도움: 김찬희 왼쪽
● 전반 28분 아드리아노 AK정면 ~ 김찬희 PAR내 R-ST-G득점: 김찬희, 도움: 아드리아노 왼쪽
● 후반 13분 김찬희 MF정면 ~ 아드리아노 PAR내 R-ST-G득점: 아드리아노, 도움: 김찬희 가운데

## 7월 19일 19:00 흐림 부천 종합 관중 788명
주심_박진호 부심_설귀선·곽승순 대기심_윤창수 감독관_강창구

**부천 1**  　1 전반 0　　**1 대전**
　　　　　　0 후반 1

| 퇴장 | 경고 | 파울 | ST(유) | 교체 | 선수명 | 배번 | 위치 | 위치 | 배번 | 선수명 | 교체 | ST(유) | 파울 | 경고 | 퇴장 |
|---|---|---|---|---|---|---|---|---|---|---|---|---|---|---|---|
| 0 | 0 | 0 | 0 | | 하강진 | 40 | GK | GK | 1 | 박주원 | | 0 | 0 | 0 | 0 |
| 0 | 0 | 0 | 1(1) | | | 4 | MF | DF | 8 | 임창우 | | 0 | 1 | 0 | 0 |
| 0 | 0 | 0 | 0 | | 강지용 | 6 | DF | DF | 5 | 안영규 | | 0 | 2 | 0 | 0 |
| 0 | 0 | 0 | 0 | | 전광환 | 15 | DF | DF | 30 | 송주한 | | 0 | 0 | 0 | 0 |
| 0 | 0 | 0 | 0 | | 유대현 | 22 | DF | MF | 2 | 김한섭 | 9 | 0 | 0 | 0 | 0 |
| 0 | 0 | 0 | 0 | | 정홍연 | 55 | MF | MF | 7 | 정석민 | | 1 | 2 | 0 | 0 |
| 0 | 0 | 0 | 0 | | 김륜도 | 20 | MF | MF | 11 | 황진산 | 11 | 1(1) | 0 | 0 | 0 |
| 0 | 3 | 5(2) | | | 이제승 | 27 | MF | MF | 8 | 장원석 | | 0 | 3 | 0 | 0 |
| 0 | 0 | 0 | 0 | | 공민현 | 9 | FW | FW | 87 | 마라낭 | | 1 | 1 | 0 | 0 |
| 0 | 0 | 0 | 0 | | 호드리고 | 11 | FW | FW | 10 | 아드리아노 | | 2(1) | 2 | 0 | 0 |
| 0 | 3 | 1(1) | | 25 | 최인창 | 25 | FW | FW | 20 | 김찬희 | 18 | 3(1) | 3 | 0 | 0 |
| | | | | | 강 훈 | 33 | | | 32 | 한상혁 | | | | | |
| | | | | 후0 | 석동우 | 2 | | | 37 | 이인식 | | | | | |
| | | | | 후25 | 박재홍 | 5 | | | 22 | 김영승 | | | | | |
| | | | | | 고보연 | 29 | 대기 | 대기 | 24 | 김성수 | | | | | |
| | | | | | 박경완 | 32 | | | 9 | 반델레이 | 후0 | 3(3) | 1 | 0 | 0 |
| | | | | | 유준영 | 19 | | | 18 | 김은중 | 후35 | 0 | 1 | 0 | 0 |
| | | | | 후39 | 곽래승 | 25 | | | 11 | 황지웅 | 전31 | 0 | 0 | 0 | 0 |
| 0 | 2 | 21 | 12(7) | | | 0 | | | 0 | | | 11(6) | 15 | 0 | 0 |

● 전반 28분 호드리고 PAR내 ⌒ 공민현 GA정면 H-ST-G득점: 공민현, 도움: 호드리고 오른쪽
● 후반 15분 반델레이 GAL내 EL H-ST-G득점: 반델레이 가운데

## 7월 13일 19:00 흐림 부천 종합 관중 908명
주심_박병진 부심_양병은·김경민 대기심_김대용 감독관_김용세

**부천 0**  　0 전반 0　　**1 대구**
　　　　　　0 후반 1

| 퇴장 | 경고 | 파울 | ST(유) | 교체 | 선수명 | 배번 | 위치 | 위치 | 배번 | 선수명 | 교체 | ST(유) | 파울 | 경고 | 퇴장 |
|---|---|---|---|---|---|---|---|---|---|---|---|---|---|---|---|
| 0 | 0 | 0 | 0 | | 하강진 | 40 | GK | GK | 1 | 이양규 | | 0 | 0 | 0 | 0 |
| 0 | 0 | 0 | 0 | | 안일주 | 4 | DF | DF | 16 | 김동진 | | 0 | 1 | 0 | 0 |
| 0 | 0 | 0 | 0 | | 강지용 | 6 | DF | DF | 3 | 박성용 | | 0 | 0 | 0 | 0 |
| 0 | 0 | 0 | 1 | | 전광환 | 15 | DF | DF | 8 | 허재원 | | 1 | 2 | 1 | 0 |
| 0 | 2 | 1 | 1 | | 유대현 | 22 | DF | DF | 22 | 이준희 | | 0 | 1 | 0 | 0 |
| 0 | 0 | 0 | 0 | | 정홍연 | 55 | MF | MF | 20 | 안상현 | | 1 | 1 | 0 | 0 |
| 0 | | 2(1) | | | 김륜도 | 20 | MF | MF | 19 | 장백규 | 27 | 0 | 2 | 0 | 0 |
| 0 | 1 | 1 | 28 | | 이제승 | 27 | MF | MF | 13 | 김대열 | | 1 | 2 | 0 | 0 |
| 0 | 0 | 3 | 2 | | 공민현 | 9 | FW | FW | 10 | 황순민 | | 0 | 0 | 0 | 0 |
| 0 | 2 | 2 | 19 | | 호드리고 | 11 | MF | MF | 17 | 노병준 | 25 | 0 | 0 | 0 | 0 |
| 0 | 3 | 0 | 25 | | 최인창 | 18 | FW | FW | 99 | 조나탄 | | 1(1) | 1 | 0 | 0 |
| | | | | | 강 훈 | 33 | | | 31 | 박민선 | | | | | |
| | | | | | 석동우 | 2 | | | 15 | 김주빈 | | | | | |
| | | | | | 박재홍 | 5 | | | 4 | 지병주 | | | | | |
| | | | | 후18 | 김태영 | 28 | 대기 | 대기 | 14 | 김귀현 | | | | | |
| | | | | | 박재철 | 34 | | | 25 | 마테우스 | 후16 | 1(1) | 1 | 0 | 0 |
| | 1(1) | | | 후29 | 유준영 | 19 | | | 27 | 김흥일 | 후43 | | | | |
| | | | | 후18 | 곽래승 | 25 | | | 7 | 조형익 | 후29 | 0 | 1 | 0 | 0 |
| 0 | 0 | 14 | 11(2) | | | 0 | | | 0 | | | 4(1) | 15 | 2 | 0 |

● 후반 46분 조형익 PAR ~ 마테우스 AK내 L-ST-G득점: 마테우스, 도움: 조형익 오른쪽

## 7월 19일 19:00 흐림 광주 월드컵 관중 1,285명
주심_김대용 부심_김경민·박인선 대기심_김성호 감독관_한진원

**광주 2**  　0 전반 0　　**0 수원FC**
　　　　　　2 후반 0

| 퇴장 | 경고 | 파울 | ST(유) | 교체 | 선수명 | 배번 | 위치 | 위치 | 배번 | 선수명 | 교체 | ST(유) | 파울 | 경고 | 퇴장 |
|---|---|---|---|---|---|---|---|---|---|---|---|---|---|---|---|
| 0 | 0 | 0 | 0 | | 제종현 | 1 | GK | GK | 23 | 박형순 | | 0 | 0 | 0 | 0 |
| 0 | 0 | 1 | 1(1) | | 이종민 | 17 | DF | DF | 6 | 김영찬 | | 0 | 1 | 1 | 0 |
| 0 | 0 | 0 | 0 | | 김영빈 | 5 | DF | DF | 17 | 김창훈 | | 0 | 0 | 0 | 0 |
| 0 | 1 | 3 | | | 마철준 | 13 | DF | MF | 7 | 김서준 | | 1 | 1 | 0 | 0 |
| 0 | 0 | 0 | 0 | | 정호정 | 33 | DF | MF | 8 | 김혁진 | 13 | 1 | 2 | 0 | 0 |
| 0 | 1 | 2 | 1(1) | | 이찬동 | 40 | MF | MF | 15 | 김정빈 | | 0 | 0 | 0 | 0 |
| 0 | 0 | 2 | | 10 | 여 름 | 3 | MF | MF | 14 | 권용현 | | 0 | 1 | 0 | 0 |
| 0 | 0 | 0 | | | 안종훈 | 24 | MF | MF | 30 | 임성택 | 25 | 0 | 2 | 0 | 0 |
| 0 | | | | | 박 현 | 37 | MF | FW | | | | | | | |
| 0 | | 6(4) | | | 김호남 | 11 | FW | FW | 18 | 정민우 | | 3(1) | 1 | 0 | 0 |
| 0 | 1 | | 16 | | 임선영 | 5 | FW | | 43 | 이상기 | | | | | |
| | | | | | 류범수 | 41 | | | 25 | 조태우 | 후32 | | | | |
| | | | | | 장준연 | 2 | | | 3 | 이치준 | | | | | |
| | | | | | 김민수 | 7 | | | 22 | 조용민 | 대기 | | | | |
| | 1(1) | | | 후7 | 파비오 | 8 | 대기 | 대기 | 31 | 김민기 | | | | | |
| | | | | | 김유성 | 16 | | | 13 | 하정헌 | 후32 | | | | |
| | | | | 후37 | 오도현 | 24 | | | 27 | 조진수 | 후32 | | | | |
| | | | | | 디 에 고 | 36 | | | | | | | | | |
| 0 | 2 | 21 | 10(7) | | | 0 | | | 0 | | | 5(1) | 15 | 3 | 0 |

● 후반 25분 여름 AKR ~ 파비오 GAR R-ST-G득점: 파비오, 도움: 여름 오른쪽
● 후반 45분 김호남 GAR R-ST-G득점: 김호남 오른쪽

## 7월 20일 19:00 맑음 고양 종합 관중 356명
주심_ 김영수 부심_ 최민병·박상준 대기심_ 박병진 감독관_ 김진의

| | 고양 | 3 | | 1 전반 0 / 2 후반 1 | | 1 | 충주 | |

| 퇴장 | 경고 | 파울 | ST(유) | 교체 | 선수명 | 배번 | 위치 | 위치 | 배번 | 선수명 | 교체 | ST(유) | 파울 | 경고 | 퇴장 |
|---|---|---|---|---|---|---|---|---|---|---|---|---|---|---|---|
| 0 | 0 | 0 | 0 | | 강진웅 | 1 | GK | GK | 79 | 이정래 | | 0 | 0 | 0 | 0 |
| 0 | 0 | 0 | 1(1) | | 이세환 | 2 | DF | DF | 14 | 박요한 | 1 | | 0 | 0 | 0 |
| 0 | 0 | 1 | | | 최병도 | 5 | DF | DF | 79 | 유종현 | | 1(1) | 2 | 0 | 0 |
| 0 | 0 | 1 | 0 | | 여효진 | 19 | DF | DF | 15 | 박태수 | | 0 | 3 | 1 | 0 |
| 0 | 0 | 1 | 0 | | 안현식 | 25 | DF | DF | 27 | 김한빈 | | 0 | 1 | 0 | 0 |
| 0 | 0 | 0 | 2(1) | | 이도성 | 7 | MF | MF | 7 | 노연빈 | | 0 | 1 | 0 | 0 |
| 0 | 0 | 0 | 2(1) | | 진민무 | 11 | MF | MF | 16 | 최승호 | | 0 | 0 | 0 | 0 |
| 0 | 0 | 0 | | 14 | 박병원 | | FW | FW | 10 | 정성민 | | 4(1) | 0 | 0 | 0 |
| 0 | 0 | 1 | 0 | 13 | 오기재 | 20 | MF | FW | 32 | 지경득 | | 0 | 0 | 0 | 0 |
| 0 | 1 | 0 | | | 윤동헌 | 21 | MF | MF | 28 | 김정훈 | | 2(1) | 2 | 0 | 0 |
| 0 | 1 | 4(2) | 5 | | 주민규 | 18 | FW | FW | 9 | 이완희 | | 4(2) | 1 | 1 | 0 |
| 0 | 0 | 0 | | | 여명 | 23 | | | 21 | 박청효 | | 0 | | | |
| 0 | 0 | 2 | 0 | 후39 | 이훈 | | | | 4 | 박진수 | 후34 | | | | |
| 0 | 0 | 0 | | | 황규범 | 22 | | | 18 | 한상학 | | | | | |
| 0 | 0 | 0 | | | 김상균 | 6 | 대기 | 대기 | 7 | 김재훈 | | | | | |
| 0 | 0 | 0 | | | 신재필 | | | | 17 | 이준호 | | | | | |
| 0 | 1 | 1(1) | 0 | 후35 | 한빛 | | | | 32 | 양상준 | 후28 | 0 | | | |
| 0 | 0 | 0 | | 후22 | 이성재 | 14 | | | 9 | 한홍규 | 후3 | 0 | | | |
| 0 | 0 | 13 | 12(7) | | | 0 | | | 0 | | | 16(5) | 15 | 2 | 0 |

- 전반 38분 박병원 PAL ⌒정민무 GAR R-ST-G (득점: 정민무, 도움: 박병원) 오른쪽
- 후반 19분 윤동헌 GAR ~ 이도성 GAL L-ST-G (득점: 이도성, 도움: 윤동헌) 오른쪽
- 후반 43분 최병도 MFLFK ⌒한빛 GAR H-ST-G (득점: 한빛, 도움: 최병도) 오른쪽
- 후반 8분 김정훈 C.KL ⌒정성민 GAL내 H-ST-G(득점: 정성민, 도움: 김정훈) 오른쪽

## 7월 21일 19:30 맑음 안양 종합 관중 1,344명
주심_ 서동진 부심_ 지승민·양병은 대기심_ 송민석 감독관_ 김형남

| | 안양 | 2 | | 0 전반 0 / 2 후반 1 | | 1 | 강원 | |

| 퇴장 | 경고 | 파울 | ST(유) | 교체 | 선수명 | 배번 | 위치 | 위치 | 배번 | 선수명 | 교체 | ST(유) | 파울 | 경고 | 퇴장 |
|---|---|---|---|---|---|---|---|---|---|---|---|---|---|---|---|
| 0 | 0 | 0 | 0 | | 이진형 | 1 | GK | GK | 21 | 양동원 | | 0 | 0 | 0 | 0 |
| 0 | 0 | 2 | 0 | | 가솔현 | 3 | DF | DF | 3 | 이재훈 | | 0 | 0 | 0 | 0 |
| 0 | 0 | 1 | 0 | | 박민 | 79 | DF | DF | 5 | 배효성 | | 0 | 0 | 0 | 0 |
| 0 | 1 | 2 | 0 | | 백동규 | 30 | DF | DF | 11 | 정우인 | 11 | 0 | 0 | 0 | 0 |
| 0 | 1 | 3 | 0 | | 이으뜸 | 17 | MF | DF | 20 | 김오규 | | 0 | 1 | 0 | 0 |
| 0 | 0 | 1 | 0 | | 김태봉 | 22 | MF | MF | 7 | 이우혁 | | 2(2) | 1 | 0 | 0 |
| 0 | 1 | 2(1) | 19 | | 정재용 | 42 | MF | MF | 4 | 최우재 | | 1(1) | 2 | 1 | 0 |
| 0 | 1 | 1 | | | 김종성 | 6 | MF | MF | 17 | 서보민 | | 0 | 1 | 0 | 0 |
| 0 | 1 | 2(1) | | | 최진수 | 13 | MF | MF | 15 | 김윤호 | 32 | 3(1) | 0 | 0 | 0 |
| 0 | | 2(1) | | | 정대선 | 7 | FW | FW | 90 | 알미르 | | 3(2) | 6 | 1 | 0 |
| 0 | 1 | | 90 | | 김재웅 | 99 | FW | FW | 19 | 김동기 | | 4(3) | 2 | 1 | 0 |
| 0 | 0 | 0 | 0 | | 최필수 | 25 | | | 1 | 황교충 | | 0 | | | |
| 0 | 0 | 0 | 0 | | 남대식 | 55 | | | 91 | 산토스 | | 0 | | | |
| 0 | 0 | | | 후51 | 구대영 | 90 | | | 25 | 한석종 | | 0 | | | |
| 1 | 0 | 0 | | 후34 | 주현재 | 16 | 대기 | 대기 | 22 | 이종인 | | 0 | | | |
| 0 | 1 | 0 | | 후43 | 이상원 | | | | 99 | 조엘손 | | 0 | | | |
| 0 | 0 | 0 | | | 정다슬 | 20 | | | 32 | 정찬일 | 후11 | 0 | | | |
| 0 | 0 | 0 | | | 펠리피 | 9 | | | 11 | 최승인 | 후17 | 1(1) | 1 | 0 | 0 |
| 1 | 5 | 25 | 8(4) | | | 0 | | | 0 | | | 18(10) | 21 | 4 | 2 |

- 후반 6분 이으뜸 PAL ⌒정재용 GA정면 H-ST-G(득점: 정재용, 도움: 이으뜸) 오른쪽
- 후반 12분 정재용 PK우측지점 R-ST-G(득점: 재용) 오른쪽
- 후반 39분 알미르 PK-L-G (득점: 알미르) 가운데

## 7월 20일 19:30 맑음 안산 와스타디움 관중 457명
주심_ 매호영 부심_ 김영하·방기열 대기심_ 정동식 감독관_ 전인석

| | 안산 | 2 | | 0 전반 0 / 2 후반 1 | | 1 | 대구 | |

| 퇴장 | 경고 | 파울 | ST(유) | 교체 | 선수명 | 배번 | 위치 | 위치 | 배번 | 선수명 | 교체 | ST(유) | 파울 | 경고 | 퇴장 |
|---|---|---|---|---|---|---|---|---|---|---|---|---|---|---|---|
| 0 | 0 | 0 | 0 | | 유현 | 16 | GK | GK | 1 | 이양종 | | 0 | 0 | 0 | 0 |
| 0 | 0 | 2 | 0 | | 양상민 | 3 | DF | DF | 16 | 김동진 | 2 | 0 | 1 | 0 | 0 |
| 0 | 0 | 0 | 24 | | 김동우 | | DF | DF | 3 | 박성용 | | 0 | 1 | 0 | 0 |
| 0 | 0 | | | | 김병석 | 12 | DF | DF | 6 | 노행석 | | 0 | 1 | 0 | 0 |
| 0 | 0 | 0 | | | 오범석 | 14 | DF | DF | 22 | 이준희 | | 2(2) | 1 | 0 | 0 |
| 0 | 0 | 0 | | | 이용래 | 7 | MF | MF | 14 | 김귀현 | | 0 | 1 | 0 | 0 |
| 0 | 0 | 0 | | | 조재철 | 17 | MF | MF | 20 | 안상현 | | 0 | 1 | 0 | 0 |
| 0 | 0 | 1 | 19 | | 이재권 | 21 | MF | MF | 25 | 마테우스 | | 1(1) | 1 | 0 | 0 |
| 0 | 2 | 3(1) | | | 박희도 | 30 | MF | MF | 10 | 황순민 | | 1(1) | 1 | 0 | 0 |
| 0 | 1 | 1(1) | | | 서동현 | 10 | FW | FW | 17 | 노병준 | | 3(2) | 1 | 0 | 0 |
| 0 | 0 | 0 | 13 | | 윤준하 | | FW | FW | 99 | 조나탄 | | 5(1) | 1 | 0 | 0 |
| 0 | 0 | 0 | 0 | | 전태현 | 1 | | | 21 | 박민선 | | 0 | | | |
| 0 | 0 | 0 | | 후10 | 최광희 | 11 | | | 15 | 김주빈 | | 0 | | | |
| 0 | 0 | 0 | 0 | | 박종진 | 28 | | | 2 | 금교진 | 후24 | 0 | | | |
| 0 | 0 | 0 | | | 문기한 | 8 | 대기 | 대기 | 13 | 김대열 | 후26 | 0 | | | |
| 0 | 1 | 0 | | 후34 | 한덕희 | 24 | | | 19 | 장백규 | | 0 | | | |
| 0 | 3(3) | | 전34 | | 고경민 | 19 | | | 7 | 조형익 | 후35 | 0 | | | |
| 0 | 0 | 11 | 10(5) | | | 0 | | | 0 | | | 12(6) | 11 | 0 | 0 |

- 후반 14분 최광희 PAR내 ⌒고경민 GAL 내 H-ST-G(득점: 고경민, 도움: 최광희) 왼쪽
- 후반 30분 최광희 PAR ⌒박희도 GAL H-ST-G 득점: 박희도, 도움: 최광희) 오른쪽
- 후반 4분 이준희 PAR ⌒노병준 PA정면내 L-ST-G(득점: 노병준, 도움: 이준희) 왼쪽

## 7월 26일 19:00 흐림 충주 종합 관중 774명
주심_ 윤창수 부심_ 강도준·방기열 대기심_ 박진호 감독관_ 전인석

| | 충주 | 0 | | 0 전반 2 / 0 후반 1 | | 3 | 대전 | |

| 퇴장 | 경고 | 파울 | ST(유) | 교체 | 선수명 | 배번 | 위치 | 위치 | 배번 | 선수명 | 교체 | ST(유) | 파울 | 경고 | 퇴장 |
|---|---|---|---|---|---|---|---|---|---|---|---|---|---|---|---|
| 0 | 1 | 0 | 0 | | 이정래 | 79 | GK | GK | 1 | 박주원 | | 0 | 0 | 0 | 0 |
| 0 | 3 | 0 | | | 박요한 | 11 | DF | DF | 5 | 강영우 | | 1 | 0 | 0 | 0 |
| 0 | 2 | 1 | 0 | | 유종현 | 5 | DF | DF | 3 | 안영규 | | 0 | 0 | 0 | 0 |
| 0 | 2 | 1 | | | 박태수 | 15 | DF | DF | 33 | 윤원일 | | 0 | 1 | 0 | 0 |
| 0 | 2 | 1(1) | | | 김한빈 | 27 | DF | DF | 30 | 장원석 | 30 | 0 | 0 | 0 | 0 |
| 0 | 0 | | | | 노연빈 | 7 | MF | MF | 7 | 정석민 | | 1(1) | 2 | 0 | 0 |
| 0 | 5(3) | | | | 치프리안 | 83 | MF | MF | 5 | 김종국 | | 0 | 0 | 0 | 0 |
| 0 | 2 | 2(1) | 8 | | 정성민 | | MF | MF | 10 | 아드리아노 | | 6(3) | 1 | 0 | 0 |
| 0 | 1 | | 32 | | 임진욱 | 19 | FW | FW | 87 | 마라냥 | | 0 | 0 | 0 | 0 |
| 0 | 0 | 1 | | | 김정훈 | 28 | FW | FW | 9 | 반델레이 | 18 | 1 | 1 | 0 | 0 |
| 0 | 1 | | 16 | | 한홍규 | 9 | FW | FW | 11 | 김찬희 | | 1 | 4 | 1 | 0 |
| 0 | 0 | 0 | | | 박청효 | 21 | | | 32 | 박주영 | | 0 | | | |
| 0 | 0 | | | | 김재훈 | | | | 37 | 이인식 | | 0 | | | |
| 0 | 0 | | | | 하파엘 | | | | 30 | 송주한 | 후6 | 0 | | | |
| 0 | 0 | 0 | 전45 | | 최승호 | 16 | 대기 | 대기 | 16 | 김영승 | | 0 | | | |
| 0 | 0 | | | | 변웅 | | | | 18 | 김은중 | 후39 | 0 | | | |
| 0 | 0 | 0 | | 후26 | 이준호 | | | | 11 | 황지웅 | 후9 | 0 | | | |
| 0 | 0 | 0 | | 후17 | 이완희 | 8 | | | | | | | | | |
| 0 | 2 | 13 | 12(6) | | | 0 | | | 0 | | | 14(5) | 15 | 0 | 0 |

- 전반 19분 장원석 C.KR ⌒정석민 GA정면내 H-ST-G (득점: 정석민, 도움: 장원석) 왼쪽
- 전반 42분 아드리아노 AK정면 FK R-ST-G (득점: 아드리아노) 왼쪽
- 후반 43분 아드리아노 GAL L-ST-G(득점: 아드리아노) 왼쪽

## 대구 1 : 2 안양

7월 26일 19:00 맑음 대구 스타디움 관중 986명
주심_임원택 부심_김경민·박상준 대기심_김영수 감독관_한병화

| | | | | | | | | 0 전반 2 | | | | | | | |
| | | | | | 대구 1 | | | 1 후반 0 | | 2 안양 | | | | | |

| 퇴장 | 경고 | 파울 | ST(유) | 교체 | 선수명 | 배번 | 위치 | 위치 | 배번 | 선수명 | 교체 | ST(유) | 파울 | 경고 | 퇴장 |
|---|---|---|---|---|---|---|---|---|---|---|---|---|---|---|---|
| 0 | 0 | 0 | 0 | | 이양종 | 1 | GK | GK | 1 | 이진형 | | 0 | 0 | 0 | 0 |
| 0 | 0 | 3 | 2(1) | | 김동진 | 16 | DF | DF | 30 | 백동규 | | 0 | 1 | 1 | 0 |
| 0 | 0 | 5 | | | 노행석 | 4 | DF | DF | 9 | 가솔현 | | 0 | 1 | 1 | 0 |
| 0 | 0 | 1 | 1(1) | | 허재원 | 8 | DF | DF | 17 | 이으뜸 | | 1 | 0 | 0 | 0 |
| 0 | 1 | 1 | | | 이준희 | 22 | DF | DF | 22 | 김태봉 | | 1 | 0 | 0 | 0 |
| 0 | 0 | 0 | 7 | | 마테우스 | 25 | MF | MF | 79 | 박 민 | | 0 | 0 | 0 | 0 |
| 0 | 0 | 2 | 2(1) | | 김대열 | 36 | MF | MF | 13 | 최진수 | 20 | 0 | 1 | 0 | 0 |
| 0 | 1 | 1 | | | 안상현 | 14 | MF | MF | 8 | 김종성 | | 0 | 2 | 1 | 0 |
| 0 | 0 | 2 | 3(2) | 15 | 노병준 | 17 | MF | MF | 42 | 정재용 | | 0 | 2 | 0 | 0 |
| 0 | 1 | 5(1) | | | 황순민 | 10 | FW | FW | 99 | 김재웅 | | 2(2) | 4 | 2 | 0 |
| 0 | 0 | 1 | | | 조나탄 | 99 | FW | FW | 7 | 정대선 | 90 | 1(1) | 2 | 0 | 0 |
| | | | | | 박민선 | 31 | | | 25 | 최필수 | | | | | |
| | | | | | 박종진 | 21 | | | 55 | 남대식 | | | | | |
| | | | | 후41 | 박성용 | 3 | | | 90 | 구대영 | 후30 | | | | |
| | | | | 후32 | 김주빈 | 15 | 대기 | 대기 | 20 | 정다슬 | 후43 | | | | |
| | | | | | 김귀현 | 14 | | | 10 | 바그너 | | | | | |
| | | | | | 임근영 | 28 | | | 8 | 박성진 | 후9 | | | | |
| 0 | 0 | 1 | 전12 | | 조형익 | 7 | | | 9 | 펠리피 | | | | | |
| 0 | 2 | 18 | 22(9) | | | | | | | | | 8(4) | 12 | 2 | 0 |

● 후반 5분 조형익의 MF정면 ⌒조나탄 AKR R-ST-G(득점: 조나탄, 도움: 조형익) 왼쪽
● 전반 32분 최진수 MF정면 ~ 정대선 MFR R-ST-G(득점: 정대선, 도움: 최진수) 왼쪽
● 전반 39분 허재원 GA정면내 L자책골(득점: 허재원) 가운데

## 고양 0 : 3 수원FC

7월 27일 19:00 맑음 고양 종합 관중 368명
주심_박병진 부심_강동호·곽승순 대기심_매호영 감독관_이영철

| | | | | | | | | 0 전반 2 | | | | | | | |
| | | | | | 고양 0 | | | 0 후반 1 | | 3 수원FC | | | | | |

| 퇴장 | 경고 | 파울 | ST(유) | 교체 | 선수명 | 배번 | 위치 | 위치 | 배번 | 선수명 | 교체 | ST(유) | 파울 | 경고 | 퇴장 |
|---|---|---|---|---|---|---|---|---|---|---|---|---|---|---|---|
| 0 | 0 | 0 | 0 | | 강진웅 | 1 | GK | GK | 23 | 박형순 | | 0 | 0 | 0 | 0 |
| 0 | 0 | 0 | | | 이세환 | 2 | DF | DF | 5 | 블라단 | | 0 | 2 | 0 | 0 |
| 0 | 0 | 0 | | | 최병도 | 5 | DF | DF | 14 | 김창훈 | | 0 | 0 | 0 | 0 |
| 0 | 0 | 1 | 3 | | 여효진 | 19 | DF | MF | 23 | 이치준 | | 1(1) | 1 | 0 | 0 |
| 0 | 0 | 0 | | | 안현식 | 25 | DF | DF | 7 | 김서준 | | 1(1) | 0 | 0 | 0 |
| 0 | 1 | 1 | | | 이도성 | 7 | MF | MF | 8 | 김혁진 | | 0 | 2 | 0 | 0 |
| 0 | 0 | 1 | | | 정민무 | 11 | FW | FW | 24 | 김재연 | | 0 | 1 | 0 | 0 |
| 0 | 4 | 4(3) | | | 박병원 | 8 | MF | MF | 10 | 임성택 | | 2(1) | 1 | 2 | 0 |
| 0 | 1 | 0 | | | 오기재 | 20 | MF | MF | 22 | 김본석 | | 1(1) | 2 | 0 | 0 |
| 0 | 2 | 9(6) | | | 주민규 | 18 | FW | FW | 10 | 자 파 | | 0 | 2 | 0 | 0 |
| | | | | | 여명운 | 23 | | | 43 | 이상기 | | | | | |
| | | | | 후35 | 배민호 | | | | 25 | 조태우 | | | | | |
| | | | | | 이 훈 | 5 | | | 15 | 김정빈 | | | | | |
| | | | | | 신재필 | 8 | 대기 | 대기 | 16 | 권용현 | 후21 | | | | |
| | | | | | 한 빛 | 13 | | | 22 | 조용민 | | | | | |
| 1(1) | | | 후26 | | 마이콘 | | | | 후39 | 하정헌 | | | | | |
| | | | | 후26 | 이광재 | 17 | | | 18 | 정민우 | 후26 | | | | |
| 0 | 1 | 12 | 18(10) | | | | | | | | | 9(6) | 18 | 2 | 0 |

● 전반 7분 김서준 AKL L-ST-G(득점: 김서준) 오른쪽
● 전반 14분 임성택 GAR L-ST-G(득점: 임성택) 왼쪽
● 후반 15분 박형순 자기측 PA정면내 ⌒자파 GAR R-ST-G(득점: 자파, 도움: 박형순) 오른쪽

## 광주 1 : 1 부천

7월 27일 19:00 맑음 광주 월드컵 관중 875명
주심_정동식 부심_지승민·김영하 대기심_서동진 감독관_김수현

| | | | | | | | | 1 전반 1 | | | | | | | |
| | | | | | 광주 1 | | | 0 후반 0 | | 1 부천 | | | | | |

| 퇴장 | 경고 | 파울 | ST(유) | 교체 | 선수명 | 배번 | 위치 | 위치 | 배번 | 선수명 | 교체 | ST(유) | 파울 | 경고 | 퇴장 |
|---|---|---|---|---|---|---|---|---|---|---|---|---|---|---|---|
| 0 | 0 | 0 | 0 | | 제종현 | 1 | GK | GK | 40 | 하강진 | | 0 | 0 | 0 | 0 |
| 0 | 1 | 3 | 3(2) | | 이종민 | 17 | DF | MF | 4 | 안일주 | | 0 | 0 | 0 | 0 |
| 0 | 0 | 0 | | | 김영빈 | 15 | DF | DF | 13 | 박재홍 | | 0 | 1 | 1 | 0 |
| 0 | 0 | 1 | | | 마철준 | 13 | DF | DF | 6 | 강지용 | | 0 | 4 | 1 | 0 |
| 0 | 0 | 3 | | | 정호정 | 33 | DF | MF | 7 | 전광환 | | 0 | 1 | 0 | 0 |
| 0 | 1 | 3 | | | 이찬동 | 40 | MF | FW | 22 | 유대현 | | 0 | 1 | 0 | 0 |
| 0 | 2 | 24 | | | 여 름 | 4 | MF | MF | 15 | 김륜도 | | 0 | 1 | 0 | 0 |
| 0 | 0 | 10 | | | 이종훈 | 7 | MF | MF | 29 | 고보연 | 13 | 0 | 0 | 0 | 0 |
| 0 | 1 | | | | 박 현 | 37 | FW | FW | 24 | 이경수 | | 1(1) | 1 | 0 | 0 |
| 0 | | 1(1) | | | 김호남 | 11 | MF | MF | 39 | 박용준 | | 1(1) | 0 | 0 | 0 |
| 0 | 0 | | | | 류언우 | 41 | | | 33 | 강 훈 | | | | | |
| | | | | | 정준연 | 2 | | | 2 | 석동우 | | | | | |
| | | | | | 김민수 | 7 | | | 3 | 박종오 | 후47 | | | | |
| | | | | 후45 | 파비오 | 9 | 대기 | 대기 | 13 | 주일태 | 후35 | | | | |
| | | | | 후36 | 오도현 | 24 | | | 28 | 김태영 | | | | | |
| 1(1) | | | 후23 | | 조용태 | 30 | | | 32 | 박경완 | | | | | |
| | | | | | 디에고 | 36 | | | 19 | 유준영 | 후26 | | | | |
| 0 | 2 | 13 | 11(5) | | | | | | | | | 2(2) | 14 | 2 | 0 |

● 전반 32분 김호남 PK-R-G(득점: 김호남) 오른쪽
● 전반 40초 박용준 PA정면내 L-ST-G(득점: 박용준) 오른쪽

## 안산 1 : 3 강원

7월 28일 19:30 흐림 안산 와스타디움 관중 286명
주심_김희곤 부심_서무희·설귀선 대기심_김대용 감독관_김용세

| | | | | | | | | 0 전반 3 | | | | | | | |
| | | | | | 안산 1 | | | 1 후반 0 | | 3 강원 | | | | | |

| 퇴장 | 경고 | 파울 | ST(유) | 교체 | 선수명 | 배번 | 위치 | 위치 | 배번 | 선수명 | 교체 | ST(유) | 파울 | 경고 | 퇴장 |
|---|---|---|---|---|---|---|---|---|---|---|---|---|---|---|---|
| 0 | 0 | 0 | 0 | | 유 현 | 16 | GK | GK | 21 | 양동원 | | 0 | 0 | 0 | 0 |
| 0 | 0 | 3 | 1 | | 양상민 | 3 | DF | DF | 2 | 이재훈 | | 0 | 0 | 0 | 0 |
| 0 | 0 | 11 | | | 이원재 | 4 | DF | DF | 5 | 배효성 | | 0 | 1 | 0 | 0 |
| 0 | 0 | | | | 김병석 | 12 | DF | DF | 4 | 정우인 | | 0 | 0 | 0 | 0 |
| 0 | 0 | | | | 오범석 | 47 | DF | DF | 30 | 정헌식 | | 0 | 0 | 0 | 0 |
| 0 | 0 | | | | 이용래 | 7 | MF | MF | 6 | 이창용 | | 0 | 0 | 0 | 0 |
| 0 | 3(1) | | | | 조재철 | 8 | MF | MF | 36 | 한석종 | | 1(1) | 1 | 0 | 0 |
| 0 | 1 | | | | 이재권 | 21 | MF | MF | 7 | 이우혁 | | 0 | 0 | 0 | 0 |
| 0 | 1 | | | | 박희도 | 5 | FW | MF | 90 | 김동기 | | 3(3) | 2 | 1 | 0 |
| 0 | 0 | | | | 서동현 | 90 | FW | FW | 11 | 알미르 | | 2(2) | 1 | 1 | 0 |
| 0 | 1 | | | | 윤준하 | 19 | FW | FW | 12 | 최진호 | | 2(2) | 1 | 1 | 0 |
| | | | | | 전태현 | 1 | | | 1 | 황교충 | | | | | |
| | | | | | 송승주 | 31 | | | 91 | 산토스 | | | | | |
| | | | | | 문기한 | 8 | | | 92 | 조민우 | | | | | |
| | | | 전15 | | 최광희 | | 대기 | 대기 | 22 | 이종인 | | | | | |
| | | | | | 김원식 | 23 | | | 17 | 서보민 | 후13 | | | | |
| 3(3) | | | 전41 | | 정조국 | | | | 15 | 김윤호 | 후26 | | | | |
| 5(3) | | | 후11 | | 고경민 | 19 | | | 11 | 최승인 | 후36 | | | | |
| 0 | 2 | 13 | 17(10) | | | | | | | | | 10(8) | 12 | 2 | 0 |

● 후반 12분 고경민 GAR R-ST-G(득점: 고경민) 오른쪽
● 전반 7분 정우인 자기측 HLR ⌒김동기 PA정면내 H-ST-G(득점: 김동기, 도움: 정우인) 오른쪽
● 전반 14분 알미르 PK-L-G (득점: 알미르) 왼쪽
● 전반 35분 최진호 PK-R-G (득점: 최진호) 왼쪽

## 강원 2 : 1 수원FC

8월 09일 19:00 맑음 춘천 송암 관중 549명
주심_ 매호영 부심_ 강도준·박상준 대기심_ 임원택 감독관_ 전인석

강원 2 / 2 전반 0 · 0 후반 1 / 1 수원FC

| 퇴장 | 경고 | 파울 | ST(유) | 교체 | 선수명 | 배번 | 위치 | 위치 | 배번 | 선수명 | 교체 | ST(유) | 파울 | 경고 | 퇴장 |
|---|---|---|---|---|---|---|---|---|---|---|---|---|---|---|---|
| 0 | 0 | 0 | 0 |  | 양동원 | 1 | GK | GK | 23 | 박형순 |  | 0 | 0 | 0 | 0 |
| 0 | 0 | 1 | 0 |  | 이재훈 | 4 | DF | DF | 5 | 블라단 | 1 | 0 | 0 | 0 |
| 0 | 1 | 2 | 0 |  | 배효성 | 5 | DF | DF | 17 | 김창훈 |  | 1(1) | 0 | 1 | 0 |
| 0 | 0 | 1 | 1(1) |  | 정우인 | 4 | DF | MF | 7 | 김서준 | 20 | 1 | 0 | 1 | 0 |
| 0 | 0 | 3 | 0 |  | 정현욱 | 30 | DF | MF | 8 | 김혁진 | 16 | 0 | 0 | 0 | 0 |
| 0 | 0 | 1 | 0 | △17 | 한석종 | 25 | MF | MF | 14 | 이준호 |  | 0 | 0 | 0 | 0 |
| 0 | 1 | 1 | 0 |  | 이우혁 | 7 | MF | MF | 24 | 김재연 |  | 2(1) | 0 | 0 | 0 |
| 0 | 1 | 0 | 0 |  | 이창용 | 4 | MF | MF | 30 | 임성택 | 18 | 1(1) | 0 | 0 | 0 |
| 0 | 0 | 1 | 4(1) |  | 알미르 | 90 | FW | MF | 32 | 김본광 |  | 2(1) | 0 | 0 | 0 |
| 0 | 0 | 4(1) |  |  | 알렉스 | 88 | FW | FW | 9 | 자 파 |  |  |  |  |  |
| 0 | 1 | 4(1) |  |  | 최진호 | 10 | FW | DF | 2 | 2 | 1 | 0 |  |  |  |
| 0 | 0 | 0 | 0 | 후 | 황교충 | 1 |  |  | 43 | 이상기 |  | 0 | 0 | 0 | 0 |
| 0 | 2 | 0 | 0 | 후25 | 최우재 | 2 |  |  | 6 | 김영찬 |  | 0 | 0 | 0 | 0 |
| 0 | 0 | 0 | 0 |  | 산토스 | 91 |  |  | 3 | 이치준 |  | 0 | 0 | 0 | 0 |
| 0 | 0 | 1 | 0 | 후17 | 서보민 | 17 | 대기 | 대기 | 15 | 김정빈 |  | 0 | 0 | 0 | 0 |
| 0 | 0 | 0 | 0 |  | 김윤호 | 15 |  |  | 16 | 권용현 | 후34 | 1(1) | 0 | 0 | 0 |
| 0 | 0 | 0 | 0 |  | 조엘손 | 99 |  |  | 20 | 김홍일 | 후4 | 0 |  |  |  |
| 0 | 0 | 0 | 0 |  | 최승인 | 11 |  |  | 18 | 정민우 | 후33 | 0 |  |  |  |
| 0 | 1 | 17 | 11(3) |  |  | 0 |  |  | 0 |  |  | 12(5) | 5 | 1 | 0 |

● 전반 23분 이창용 AK내 ~ 알렉스 PAR내 R-ST-G(득점: 알렉스, 도움: 이창용) 오른쪽
● 전반 40분 이재훈 PAL TL ~ 정우인 GA정면 H-ST-G(득점: 정우인, 도움: 이재훈) 왼쪽
● 후반 39분 권용현 GAL EL ~ 김본광 GA정면 L-ST-G(득점: 김본광, 도움: 권용현) 왼쪽

## 안산 3 : 1 부천

8월 09일 19:30 흐림 안산 와스타디움 관중 514명
주심_ 서동진 부심_ 김경민·방기열 대기심_ 박병진 감독관_ 김용세

안산 3 / 0 전반 0 · 3 후반 1 / 1 부천

| 퇴장 | 경고 | 파울 | ST(유) | 교체 | 선수명 | 배번 | 위치 | 위치 | 배번 | 선수명 | 교체 | ST(유) | 파울 | 경고 | 퇴장 |
|---|---|---|---|---|---|---|---|---|---|---|---|---|---|---|---|
| 0 | 0 | 0 | 0 |  | 전태현 | 1 | GK | GK | 40 | 하강진 |  | 0 | 0 | 0 | 0 |
| 0 | 0 | 1 | 1 |  | 이원재 | 4 | DF | DF | 2 | 안일주 |  | 0 | 0 | 0 | 0 |
| 0 | 0 | 1 | 0 |  | 김병석 | 12 | DF | DF | 6 | 강지용 | 1(1) | 0 | 0 | 0 |  |
| 0 | 1 | 1 | 31 | 박종진 | 31 | DF | MF | 21 | 전광환 | 21 | 0 | 0 | 0 | 0 |  |
| 0 | 1 | 1 | 27 | 이재권 | 21 | DF | MF | 22 | 유대현 |  | 0 | 0 | 0 | 0 |  |
| 0 | 0 | 0 | 1 |  | 박현범 | 4 | MF | MF | 55 | 정홍연 |  | 0 | 0 | 0 | 0 |
| 0 | 0 | 3(1) |  | 이용래 | 7 | MF | MF | 20 | 김륜도 | 1(1) | 1 | 0 | 0 |  |  |
| 0 | 0 | 0 | 0 |  | 조재철 | 17 | MF | MF | 27 | 이제승 | 19 | 2 | 0 | 0 | 0 |
| 0 | 0 | 1 | 0 |  | 박희도 | 30 | FW | FW | 9 | 공민현 |  | 0 | 0 | 0 | 0 |
| 0 | 0 | 1 | 0 |  | 서동현 | 10 | FW | FW | 11 | 호드리고 | 4(3) | 0 | 0 | 0 |  |
| 0 | 1 | 1 | 0 |  | 윤준하 | 18 | FW | FW | 39 | 최인창 | 22 | 3 | 0 | 0 |  |
| 0 | 0 | 0 | 0 |  | 송유걸 | 33 |  |  | 33 | 강 훈 |  | 0 | 0 | 0 | 0 |
| 0 | 0 | 0 | 0 |  | 이 호 | 20 |  |  | 29 | 박종오 |  | 0 | 0 | 0 | 0 |
| 0 | 0 | 0 | 0 | 후41 | 한덕희 | 26 |  |  | 21 | 정주일 | 후43 | 0 |  |  |  |
| 0 | 1(1) | 후34 | 송승주 | 31 | 대기 | 대기 | 23 | 고보연 |  | 0 | 0 | 0 | 0 |  |  |
| 0 | 0 | 0 | 0 |  | 문기한 | 8 |  |  | 39 | 박용준 | 후38 | 0 |  |  |  |
| 0 | 0 | 0 | 0 |  | 안성빈 | 24 |  |  | 24 | 이경수 |  | 0 | 0 | 0 | 0 |
| 0 | 전32 | 고경민 | 19 |  |  |  | 19 | 유준영 | 후19 | 0 |  |  |  |  |  |
| 0 | 1 | 9 | 12(5) |  |  | 0 |  |  | 0 |  |  | 8(7) | 13 | 2 | 0 |

● 후반 13분 박종진 PAR ~ 조재철 GAL R-ST-G(득점: 조재철, 도움: 박종진) 오른쪽
● 후반 20분 서동현 PAR ~ 이용래 PA정면 L-ST-G(득점: 이용래, 도움: 서동현) 왼쪽
● 후반 40분 송승주 PAR내 L-ST-G(득점: 송승주) 왼쪽
● 후반 25분 유준영 C.KL ~ 호드리고 GAL내 H-ST-G(득점: 호드리고, 도움: 유준영) 가운데

## 대전 1 : 0 고양

8월 09일 19:00 흐림 대전 월드컵 관중 5,118명
주심_ 김대용 부심_ 김영하·박인선 대기심_ 정동식 감독관_ 한진원

대전 1 / 1 전반 0 · 0 후반 0 / 0 고양

| 퇴장 | 경고 | 파울 | ST(유) | 교체 | 선수명 | 배번 | 위치 | 위치 | 배번 | 선수명 | 교체 | ST(유) | 파울 | 경고 | 퇴장 |
|---|---|---|---|---|---|---|---|---|---|---|---|---|---|---|---|
| 0 | 0 | 0 | 0 |  | 박주원 | 1 | GK | GK | 23 | 여명용 |  | 0 | 0 | 0 | 0 |
| 0 | 0 | 3 | 2(2) |  | 임창우 | 6 | DF | DF | 2 | 이세환 |  | 0 | 1 | 0 | 0 |
| 0 | 0 | 1 | 0 |  | 안영규 | 5 | DF | DF | 5 | 최병도 |  | 1(1) | 0 | 1 | 0 |
| 0 | 0 | 1 | 0 |  | 윤원일 | 33 | DF | DF | 19 | 여효진 |  | 0 | 2 | 0 | 0 |
| 0 | 0 | 3 | 0 | 30 | 장원석 | 3 | DF | DF | 25 | 안현식 |  | 1 | 2 | 1 | 0 |
| 0 | 0 | 2 | 1 |  | 정석민 | 7 | MF | MF | 7 | 이도성 |  | 2 | 0 | 1 | 0 |
| 0 | 0 | 3 | 0 |  | 김종국 | 6 | MF | MF | 8 | 박병원 |  | 2 | 0 | 0 | 0 |
| 0 | 0 | 2 | 0 |  | 마라낭 | 87 | MF | MF | 10 | 오기재 | 10 | 2 | 1 | 0 | 0 |
| 0 | 0 | 6(3) |  | 아드리아노 | 10 | MF | MF | 21 | 유동현 | 11 | 4(1) | 0 | 0 |  |  |
| 0 | 1 | 2(1) |  | 반델레이 | 9 | FW | FW | 17 | 이광재 | 9 | 0 | 2 | 0 |  |  |
| 0 | 0 | 6 | 20 | 김찬희 | 20 | FW | FW | 18 | 주민규 |  | 5 | 0 | 0 | 0 |  |
| 0 | 0 | 0 | 0 |  | 한상혁 | 31 |  |  | 32 | 강진웅 |  | 0 | 0 | 0 | 0 |
| 0 | 0 | 0 | 0 |  | 김한섭 | 2 |  |  | 22 | 황규범 |  | 0 | 0 | 0 | 0 |
| 0 | 0 | 0 | 0 |  | 송주한 | 30 |  |  | 5 | 오 훈 |  | 0 | 0 | 0 | 0 |
| 0 | 0 | 0 | 0 | 후 | 김대중 | 55 | 대기 | 대기 | 11 | 정민무 | 후32 | 0 |  |  |  |
| 0 | 0 | 0 | 0 |  | 김성수 | 24 |  |  | 9 | 마이콘 | 후19 | 1(1) | 0 |  |  |
| 0 | 0 | 0 | 0 |  | 김은중 | 18 |  |  | 16 | 오 나 |  | 0 |  |  |  |
| 0 | 1 | 19 | 15(7) |  |  | 0 |  |  | 0 |  |  | 15(5) | 11 | 2 | 0 |

● 전반 22분 정석민 GA정면내 R-ST-G(득점: 정석민) 오른쪽

## 충주 1 : 1 대구

8월 10일 19:00 비 충주 종합 관중 526명
주심_ 박진호 부심_ 양병은·설귀선 대기심_ 김희곤 감독관_ 김수현

충주 1 / 1 전반 0 · 0 후반 1 / 1 대구

| 퇴장 | 경고 | 파울 | ST(유) | 교체 | 선수명 | 배번 | 위치 | 위치 | 배번 | 선수명 | 교체 | ST(유) | 파울 | 경고 | 퇴장 |
|---|---|---|---|---|---|---|---|---|---|---|---|---|---|---|---|
| 0 | 0 | 0 | 0 |  | 황성민 | 1 | GK | GK | 31 | 박민선 | 1 | 0 | 0 | 0 | 0 |
| 0 | 0 | 1 | 0 |  | 박요한 | 11 | DF | DF | 22 | 이준희 |  | 0 | 0 | 0 | 0 |
| 0 | 0 | 1 | 1 |  | 유종현 | 5 | DF | DF | 8 | 노행석 |  | 1 | 0 | 0 | 0 |
| 0 | 0 | 1 | 0 |  | 이택기 | 4 | DF | DF | 6 | 허재원 |  | 1 | 0 | 0 | 0 |
| 0 | 0 | 1 | 27 | 김한빈 | 27 | DF | DF | 81 | 최원권 |  | 1(1) | 0 | 0 | 0 |  |
| 0 | 2 | 1(1) |  | 노연빈 | 6 | MF | MF | 4 | 김귀현 | 6 | 0 | 4 | 1 | 0 |  |
| 0 | 3 | 4(1) |  | 치프리안 | 83 | MF | MF | 17 | 노병준 | 33 | 2(1) | 1 | 0 | 0 |  |
| 0 | 0 | 3 | 0 |  | 박진수 | 4 | MF | MF | 20 | 안상현 |  | 1 | 0 | 0 | 0 |
| 0 | 2(2) | 14 | 임진욱 | 19 | FW | FW | 9 | 김대열 |  | 0 | 0 | 0 | 0 |  |  |
| 0 | 1 | 22 | 김정훈 | 22 | FW | MF | 11 | 황순민 |  | 0 | 0 | 0 | 0 |  |  |
| 0 | 4(3) | 95 | 정성민 | 10 | FW | FW | 99 | 조나탄 |  | 4(2) | 0 | 0 | 0 |  |  |
| 0 | 0 | 0 | 0 |  | 정 래 | 79 |  |  | 1 | 이양종 | 후12 | 0 |  |  |  |
| 0 | 0 | 0 | 0 |  | 김재훈 | 3 |  |  | 3 | 김동진 |  | 0 | 0 | 0 | 0 |
| 0 | 0 | 0 | 0 |  | 하파엘 | 7 |  |  | 5 | 박성용 |  | 0 | 0 | 0 | 0 |
| 0 | 0 | 0 | 0 | 후16 | 지경득 | 14 | 대기 | 대기 | 18 | 이동명 |  | 0 | 0 | 0 | 0 |
| 0 | 0 | 0 | 0 | 후37 | 변 웅 | 2 |  |  | 15 | 김주빈 |  | 0 | 0 | 0 | 0 |
| 0 | 0 | 0 | 0 |  | 양상준 | 33 |  |  | 33 | 정대교 | 후20 | 2(1) | 0 | 0 | 0 |
| 0 | 0 | 0 | 0 |  | 깔레오 | 95 |  |  | 27 | 김흥일 |  | 0 | 0 | 0 | 0 |
| 0 | 2(1) | 후30 |  | 14(8) |  | 0 |  |  | 0 |  |  | 11(6) | 16 | 1 | 0 |

● 전반 41분 김한빈 MFL ~ 임진욱 GAR R-ST-G(득점: 임진욱, 도움: 김한빈) 왼쪽
● 후반 14분 조나탄 PAR ~ 안상현 PAL내 R-ST-G(득점: 안상현, 도움: 조나탄) 오른쪽

## 8월 10일 19:00 비 안양 종합 관중 415명
주심_김영수 부심_최민병·곽승순 대기심_윤창수 감독관_김정식

| 안양 0 | 0 전반 1 | 1 광주 |
|---|---|---|
| | 0 후반 0 | |

| 퇴장 | 경고 | 파울 | ST(유) | 교체 | 선수명 | 배번 | 위치 | 위치 | 배번 | 선수명 | 교체 | ST(유) | 파울 | 경고 | 퇴장 |
|---|---|---|---|---|---|---|---|---|---|---|---|---|---|---|---|
| 0 | 0 | 0 | 0 | | 이진형 | 1 | GK | GK | 1 | 제종현 | | 0 | 0 | 0 | 0 |
| 0 | 1 | 1 | 0 | 8 | 가솔현 | 3 | DF | DF | 17 | 이종민 | | 1 | 0 | 0 | 0 |
| 0 | 0 | 1 | 0 | | 박민 | 79 | DF | DF | 15 | 김영빈 | | 1 | 1 | 0 | 0 |
| 0 | 0 | 3 | 0 | | 백동규 | 30 | DF | DF | 13 | 마철준 | | 1(1) | 0 | 0 | 0 |
| 0 | 0 | 0 | 2 | | 이으뜸 | 17 | DF | DF | 33 | 정호정 | | 0 | 0 | 0 | 0 |
| 0 | 0 | 2 | 1(1) | | 김태봉 | 22 | MF | MF | 24 | 오도현 | | 0 | 2 | 0 | 0 |
| 0 | 0 | 0 | 2(1) | 9 | 정재용 | 42 | MF | MF | 4 | 여름 | | 0 | 3 | 0 | 0 |
| 0 | 0 | 1 | 1 | | 김종성 | 6 | MF | MF | 38 | 윤상호 | 40 | 0 | 3 | 0 | 0 |
| 0 | 3 | 3(1) | | | 최진수 | 13 | MF | FW | 37 | 박현 | 16 | 3 | 2 | 0 | 0 |
| 0 | 1 | 1 | 2(1) | 10 | 정대선 | 7 | MF | FW | 11 | 김호남 | | 2(2) | 2 | 0 | 0 |
| 0 | 0 | 2 | 2(2) | | 김재웅 | 36 | FW | FW | 36 | 디에고 | 10 | 0 | 2 | 0 | 0 |
| 0 | 0 | 0 | 0 | | 최필수 | 25 | | | 41 | 류원우 | | 0 | 0 | 0 | 0 |
| 0 | 0 | 0 | 0 | | 구대영 | 90 | | | 2 | 정준연 | | 0 | 0 | 0 | 0 |
| 0 | 0 | 1 | 0 | | 정다슬 | 10 | | | 10 | 파비오 | 후23 | 1 | 1 | 0 | 0 |
| 0 | 0 | 0 | 0 | | 박정식 | 14 | 대기 | 대기 | 16 | 김유성 | 후43 | 0 | 1 | 0 | 0 |
| 0 | 1 | 0 | | 후20 | 박성진 | 8 | | | 18 | 김우철 | | 0 | 0 | 0 | 0 |
| 0 | 0 | 0 | | 후20 | 펠리피 | 9 | | | 25 | 송승민 | | 0 | 0 | 0 | 0 |
| 0 | 0 | 1 | | 후31 | 바그너 | 10 | | | 40 | 이찬동 | 후13 | 0 | 3 | 0 | 0 |
| 0 | 1 | 14 | 13(6) | | 0 | | | | | 0 | | 9(3) | 21 | 1 | 0 |

● 전반 14분 마철준 PA정면내 L-ST-G(득점: 마철준) 오른쪽

## 8월 16일 19:00 맑음 광주 월드컵 관중 1,251명
주심_김희곤 부심_강동호·박인선 대기심_서동진 감독관_김진의

| 광주 0 | 0 전반 0 | 0 충주 |
|---|---|---|
| | 0 후반 0 | |

| 퇴장 | 경고 | 파울 | ST(유) | 교체 | 선수명 | 배번 | 위치 | 위치 | 배번 | 선수명 | 교체 | ST(유) | 파울 | 경고 | 퇴장 |
|---|---|---|---|---|---|---|---|---|---|---|---|---|---|---|---|
| 0 | 0 | 0 | 0 | | 제종현 | 1 | GK | GK | 1 | 황성민 | | 0 | 0 | 0 | 0 |
| 0 | 0 | 1 | 1(1) | | 이종민 | 17 | DF | DF | 11 | 박요한 | | 0 | 3 | 0 | 0 |
| 0 | 1 | 2 | 1 | | 김영빈 | 15 | DF | DF | 5 | 유종현 | | 2 | 0 | 0 | 0 |
| 0 | 2 | 1 | | | 마철준 | 13 | DF | DF | 23 | 이택기 | | 0 | 0 | 0 | 0 |
| 0 | 0 | 3 | 1 | | 정호정 | 33 | DF | DF | 27 | 김한빈 | | 0 | 0 | 0 | 0 |
| 0 | 1 | 1 | | 40 | 오도현 | 24 | MF | MF | 6 | 노연빈 | | 1(1) | 0 | 0 | 0 |
| 0 | 3 | 1 | | | 여름 | 4 | MF | MF | 83 | 치프리안 | 22 | 2(2) | 0 | 1 | 0 |
| 0 | 1 | 1(1) | 10 | | 윤상호 | 38 | MF | MF | 4 | 박진수 | | 2 | 1 | 0 | 0 |
| 0 | 2 | 1 | | | 박현 | 37 | FW | FW | 19 | 임진욱 | 14 | 1 | 0 | 0 | 0 |
| 0 | 1 | 1 | | | 김호남 | 11 | FW | FW | 28 | 김정훈 | | 2(1) | 0 | 0 | 0 |
| 0 | 4 | 1(1) | 16 | | 디에고 | 10 | FW | FW | 9 | 정성민 | 9 | 0 | 0 | 0 | 0 |
| 0 | 0 | 0 | 0 | | 류원우 | 79 | | | | 이정래 | | 0 | 0 | 0 | 0 |
| 0 | 0 | 0 | 0 | | 정준연 | 2 | | | 18 | 한상학 | | 0 | 0 | 0 | 0 |
| 0 | 0 | 0 | 0 | | 이완 | 8 | | | 3 | 이민규 | | 0 | 0 | 0 | 0 |
| 0 | 0 | 2(2) | | 후0 | 파비오 | 10 | 대기 | 대기 | 14 | 지경득 | 후36 | 0 | 0 | 0 | 0 |
| 0 | | | | 후22 | 김유성 | 16 | | | 22 | 변웅 | 후24 | 0 | 1 | 1 | 0 |
| 0 | 0 | | | | 조용태 | 30 | | | 9 | 한홍규 | 후15 | 1 | 4 | 1 | 0 |
| 0 | 0 | 0 | | 후0 | 이찬동 | 40 | | | 95 | 깔레오 | | 0 | 0 | 0 | 0 |
| 0 | 2 | 18 | 10(5) | | 0 | | | | | 0 | | 11(4) | 9 | 2 | 0 |

## 8월 16일 19:00 맑음 부천 종합 관중 1,111명
주심_고형진 부심_정해상·이정민 대기심_매호영 감독관_전인석

| 부천 1 | 0 전반 1 | 2 안양 |
|---|---|---|
| | 1 후반 1 | |

| 퇴장 | 경고 | 파울 | ST(유) | 교체 | 선수명 | 배번 | 위치 | 위치 | 배번 | 선수명 | 교체 | ST(유) | 파울 | 경고 | 퇴장 |
|---|---|---|---|---|---|---|---|---|---|---|---|---|---|---|---|
| 0 | 0 | 0 | 0 | | 하강진 | 40 | GK | GK | 1 | 이진형 | | 0 | 0 | 0 | 0 |
| 0 | 0 | 2 | 5(2) | | 안일주 | 4 | DF | DF | 3 | 가솔현 | | 1(1) | 2 | 0 | 0 |
| 0 | 0 | 2 | | | 강지용 | 6 | DF | DF | 79 | 박민 | | 0 | 2 | 0 | 0 |
| 0 | 0 | 1 | 1 | | 전광환 | 15 | MF | MF | 17 | 이으뜸 | | 0 | 2 | 0 | 0 |
| 0 | 1 | 0 | | 21 | 유대현 | 22 | MF | MF | 22 | 김태봉 | | 0 | 1 | 0 | 0 |
| 0 | 1 | 0 | 0 | | 정홍연 | 55 | DF | DF | 6 | 김종성 | | 1(1) | 1 | 0 | 0 |
| 0 | 0 | 1 | 1(1) | | 김륜도 | 20 | FW | MF | 13 | 최진수 | | 3(1) | 1 | 0 | 0 |
| 0 | 1 | 2(1) | 19 | | 이제승 | 27 | MF | FW | 11 | 조성준 | 30 | 2(1) | 1 | 0 | 0 |
| 0 | 2 | 1 | | | 공민현 | 9 | MF | MF | 42 | 정재용 | 77 | 2(1) | 1 | 0 | 0 |
| 0 | 3 | 7(3) | | | 호드리고 | 11 | FW | FW | 8 | 박성진 | | 2(1) | 1 | 0 | 0 |
| 0 | 2(1) | 5 | | | 박신창 | 18 | FW | FW | 99 | 김재웅 | 90 | 1 | 4 | 1 | 0 |
| 0 | 0 | 0 | | | 강훈 | 33 | | | 25 | 최필수 | | 0 | 0 | 0 | 0 |
| 0 | 0 | 0 | | 후43 | 박재홍 | 5 | | | 30 | 백동규 | 후23 | 0 | 0 | 0 | 0 |
| 0 | 0 | 0 | 2 | 전41 | 정주일 | 21 | | | 90 | 구대영 | 후45 | 0 | 2 | 0 | 0 |
| 0 | | | | | 고보연 | | 대기 | 대기 | 7 | 정대선 | | 0 | | | |
| 0 | | | | | 이경수 | 24 | | | 77 | 김원민 | 후28 | 1 | 0 | 0 | 0 |
| 0 | | | | | 박용준 | 39 | | | 9 | 펠리피 | | 0 | 0 | 0 | 0 |
| 0 | 0 | 2 | 3(2) | 후0 | 유준영 | 10 | | | 10 | 바그너 | | 0 | 0 | 0 | 0 |
| 0 | 1 | 15 | 24(10) | | 0 | | | | | 0 | | 11(5) | 19 | 2 | 0 |

● 후반 25분 유준영 PA정면내 ~ 호드리고 PA정면내 R-ST-G(득점: 호드리고, 도움: 유준영) 오른쪽
● 전반 28분 박성진 PAR내 ~ 정재용 GA정면 H-ST-G(득점: 정재용, 도움: 박성진) 왼쪽
● 후반 11분 정재용 PA정면내 ~ 최진수 PAR내 R-ST-G(득점: 최진수, 도움: 정재용) 왼쪽

## 8월 16일 19:00 맑음 고양 종합 관중 764명
주심_임원택 부심_김경민·설귀선 대기심_박진호 감독관_김정식

| 고양 0 | 0 전반 0 | 0 강원 |
|---|---|---|
| | 0 후반 0 | |

| 퇴장 | 경고 | 파울 | ST(유) | 교체 | 선수명 | 배번 | 위치 | 위치 | 배번 | 선수명 | 교체 | ST(유) | 파울 | 경고 | 퇴장 |
|---|---|---|---|---|---|---|---|---|---|---|---|---|---|---|---|
| 0 | 0 | 0 | 0 | | 여명용 | 23 | GK | GK | 21 | 양동원 | | 0 | 0 | 0 | 0 |
| 0 | 0 | 0 | 0 | | 이세환 | 2 | DF | DF | 2 | 최우재 | | 0 | 2 | 0 | 0 |
| 0 | 0 | 1 | 0 | | 최병도 | 4 | DF | DF | 4 | 정우인 | | 0 | 3 | 0 | 0 |
| 0 | 1 | 2 | 0 | | 여효진 | 19 | DF | DF | 30 | 정헌식 | | 0 | 5 | 1 | 0 |
| 0 | 0 | 1 | 0 | | 안현식 | 25 | DF | MF | 3 | 이재훈 | | 0 | 2 | 0 | 0 |
| 0 | 1 | 0 | 0 | | 이도성 | 77 | MF | MF | 6 | 이창용 | | 1(1) | 3 | 0 | 0 |
| 0 | 0 | 1 | | 14 | 정민무 | 11 | MF | MF | 7 | 이우혁 | | 0 | 1 | 0 | 0 |
| 0 | 0 | 1 | | | 주민규 | 18 | MF | MF | 15 | 김동기 | 15 | 0 | 1 | 0 | 0 |
| 0 | 0 | 2(1) | | | 박병원 | 15 | MF | MF | 99 | 조엘손 | | 2(1) | 1 | 0 | 0 |
| 0 | 0 | 2(1) | | 9 | 이광재 | 17 | FW | FW | 9 | 김영후 | 10 | 2(1) | 1 | 0 | 0 |
| 0 | 0 | 1 | | | 유동현 | 21 | FW | FW | 11 | 최승인 | 88 | 0 | 4 | 0 | 0 |
| 0 | 0 | 0 | 0 | | 강진웅 | 1 | | | 1 | 황교충 | | 0 | 0 | 0 | 0 |
| 0 | | | | | 황규범 | 22 | | | 17 | 서보민 | | | | | |
| 0 | | | | | 이훈 | 5 | | | 25 | 한석종 | | | | | |
| 0 | | | | | 신재필 | 8 | 대기 | 대기 | 15 | 김윤호 | 후15 | | | | |
| 0 | | | | 후25 | 이성재 | 14 | | | 10 | 최진호 | 후27 | 0 | | | |
| 0 | | | | 후18 | 마이콘 | 9 | | | 90 | 알미르 | | 0 | | | |
| 0 | | | | | 한빛 | 13 | | | 88 | 알렉스 | 후27 | 1 | 1 | 0 | 0 |
| 0 | 1 | 14 | 5(1) | | 0 | | | | | 0 | | 6(3) | 21 | 1 | 0 |

## 8월 17일 19:00 흐림 수원 월드컵 관중 851명
주심_윤창수 부심_김영하·방기열 대기심_김영수 감독관_한병화

**수원FC 2**  1 전반 1 / 1 후반 3  **4 대구**

| 퇴장 | 경고 | 파울 | ST(유) | 교체 | 선수명 | 배번 | 위치 | 위치 | 배번 | 선수명 | 교체 | ST(유) | 파울 | 경고 | 퇴장 |
|---|---|---|---|---|---|---|---|---|---|---|---|---|---|---|---|
| 0 | 0 | 0 | 0 | | 박형순 | 23 | GK | GK | 21 | 조현우 | | 0 | 0 | 0 | 0 |
| 0 | 2 | 4 | 0 | | 블라단 | 5 | DF | DF | 22 | 이준희 | | 1(1) | 1 | 0 | 0 |
| 0 | 0 | 1 | 2(1) | | 김창훈 | 2 | DF | DF | 15 | 노행석 | | 3 | 1 | 0 | 0 |
| 0 | 0 | 1 | 0 | | 김서준 | 7 | MF | DF | 8 | 허재원 | | 1(1) | 1 | 1 | 0 |
| 0 | 1 | 1 | 1(1) | 16 | 김혁진 | 99 | MF | DF | 81 | 최원권 | | 1 | 1 | 0 | 0 |
| 0 | 1 | 1 | 3 | | 김재연 | 24 | MF | MF | 7 | 김주빈 | | 0 | 4 | 1 | 0 |
| 0 | 0 | 1 | 0 | 20 | 임성택 | 30 | MF | MF | 17 | 노병준 | | 3(2) | 1 | 1 | 0 |
| 0 | 0 | 0 | 0 | | 김본광 | 32 | MF | MF | 20 | 안상현 | 27 | 0 | 3 | 1 | 0 |
| 0 | 1 | | 1(1) | | 자파 | 9 | FW | MF | 9 | 김대열 | | 1(1) | 3 | 0 | 0 |
| 0 | 1 | 1 | 4(1) | | 김한원 | 10 | DF | MF | 10 | 황순민 | | 4 | 0 | 0 | 0 |
| 0 | 0 | | 2(1) | | 정민우 | 18 | MF | FW | 7 | 황일익 | 99 | 3(1) | 4 | 1 | 0 |
| | | | | | 이상기 | 43 | | | | 이양종 | 1 | | | | |
| | | | | | 이준호 | 14 | | | 16 | 김동진 | | | | | |
| | | | | | 차준호 | 26 | | | 3 | 박성용 | 후29 | | | | |
| | | | | 후10 | 이치돈 | 3 | 대기 | 대기 | 28 | 임근영 | | | | | |
| | | | | | 김정빈 | 15 | | | 33 | 정대교 | | | | | |
| | | | | 후0 | 권용현 | 16 | | | 27 | 김동일 | 후41 | | | | |
| | | | | 후39 | 김홍일 | 20 | | | 99 | 조나탄 | 후29 | 2(2) | | | |
| 0 | 4 | 17 | 11(5) | | | | 0 | 0 | | | | 17(8) | 16 | 4 | 0 |

●전반 27분 김서준 C.KL ⌒김창훈 GAR내 H-ST-G(득점: 김창훈, 도움: 김서준) 오른쪽
●후반 24분 김서준 PAL내 ⌒정민우 GA정면내 몸맞고 골(득점: 정민우, 도움: 김서준) 가운데

●전반 45분 김대열 MFR ⌒노병준 GAL내 R-ST-G(득점: 노병준, 도움: 김대열) 가운데
●후반 14분 허재원 PK-R-G(득점: 허재원) 오른쪽
●후반 46분 김대열 GA정면내 L-ST-G(득점: 김대열) 오른쪽
●후반 50분 황순민 AK정면 ~ 조나탄 PAR내 R-ST-G(득점: 조나탄, 도움: 황순민) 오른쪽

## 8월 23일 19:00 맑음 대구 스타디움 관중 875명
주심_서동진 부심_김경민·곽승순 대기심_송민석 감독관_김수현

**대구 0**  0 전반 0 / 0 후반 0  **0 광주**

| 퇴장 | 경고 | 파울 | ST(유) | 교체 | 선수명 | 배번 | 위치 | 위치 | 배번 | 선수명 | 교체 | ST(유) | 파울 | 경고 | 퇴장 |
|---|---|---|---|---|---|---|---|---|---|---|---|---|---|---|---|
| 0 | 0 | 0 | 0 | | 조현우 | 21 | GK | GK | 1 | 제종현 | | 0 | 0 | 0 | 0 |
| 0 | 0 | 4 | 0 | | 이준희 | 22 | DF | DF | 2 | 정준연 | | 0 | 0 | 0 | 0 |
| 0 | 0 | 0 | 0 | | 노행석 | 15 | DF | DF | 15 | 김영빈 | | 0 | 1 | 0 | 0 |
| 0 | 0 | 0 | 0 | | 허재원 | 8 | DF | DF | 13 | 마철준 | | 0 | 0 | 0 | 0 |
| 0 | 1 | 3 | 0 | 14 | 최원권 | 81 | DF | DF | 33 | 정호정 | | 1 | 1 | 0 | 0 |
| 0 | 1 | 3 | 0 | | 김주빈 | 7 | MF | MF | 40 | 이찬동 | | 0 | 4 | 1 | 0 |
| 0 | 2 | 4(1) | | | 노병준 | 17 | MF | MF | 4 | 여름 | | 0 | 3 | 1 | 0 |
| 0 | 0 | 0 | 0 | | 안상현 | 20 | MF | MF | 10 | 파비오 | 38 | 4 | 1 | 0 | 0 |
| 0 | 0 | 0 | 0 | | 김대열 | 9 | FW | MF | 37 | 박현 | 30 | 1 | 1 | 0 | 0 |
| 0 | 0 | 0 | 0 | | 황순민 | 10 | MF | MF | 11 | 김호남 | | 2(1) | 2 | 1 | 0 |
| 0 | | | 2(2) | | 조형익 | 7 | FW | FW | 36 | 디에고 | | 2 | 2 | 0 | 0 |
| | | | | | 이양종 | 41 | | | 41 | 류원우 | | | | | |
| | | | | | 김동진 | 16 | | | | 김민수 | 후30 | | | | |
| | | | | | 박성용 | 3 | | | | 이종민 | | | | | |
| | | | | 후40 | 김귀현 | 14 | 대기 | 대기 | | 김우철 | | | | | |
| | | | | | 정대교 | 33 | | | 24 | 오도현 | | | | | |
| | | | | 후32 | 김흥일 | 30 | | | 30 | 조용태 | 후30 | | | | |
| | | | | 후23 | 조나탄 | 99 | | | 38 | 윤상호 | 후44 | | | | |
| 0 | 1 | 16 | 10(1) | | | | 0 | 0 | | | | 11(1) | 23 | 4 | 0 |

## 9월 24일 19:30 흐림 대전 월드컵 관중 1,260명
주심_김대용 부심_강도준·최민수 대기심_김희곤 감독관_하재훈

**대전 0**  0 전반 0 / 0 후반 0  **0 안산**

| 퇴장 | 경고 | 파울 | ST(유) | 교체 | 선수명 | 배번 | 위치 | 위치 | 배번 | 선수명 | 교체 | ST(유) | 파울 | 경고 | 퇴장 |
|---|---|---|---|---|---|---|---|---|---|---|---|---|---|---|---|
| 0 | 0 | 0 | 0 | | 박주원 | 1 | GK | GK | 16 | 유현 | | 0 | 0 | 0 | 0 |
| 0 | 1 | 3 | 1 | | 송주한 | 30 | DF | DF | 5 | 이원재 | | 1(1) | 2 | 0 | 0 |
| 0 | 0 | 1 | 2(1) | | 안영규 | 5 | DF | DF | 6 | 김동우 | | 0 | 0 | 0 | 0 |
| 0 | 0 | 0 | 0 | | 윤원일 | 33 | DF | DF | 11 | 최광희 | | 0 | 0 | 0 | 0 |
| 0 | 0 | | 2(1) | | 장원석 | 3 | DF | DF | 21 | 이재권 | | 0 | 0 | 0 | 0 |
| 0 | 1 | 1 | | 17 | 마라냥 | 87 | MF | MF | 4 | 박현범 | 23 | 0 | 1 | 0 | 0 |
| 0 | 0 | 4 | | | 유성기 | 12 | MF | MF | 7 | 이용래 | | 4(1) | 1 | 0 | 0 |
| 0 | 0 | 0 | 0 | | 정석민 | 7 | MF | MF | 28 | 문기한 | | 0 | 1 | 0 | 0 |
| 0 | 1 | 3 | | 22 | 서명원 | 14 | MF | MF | 17 | 조재철 | | 2(1) | 0 | 0 | 0 |
| 0 | 0 | 2 | 7(2) | | 아드리아노 | 10 | FW | FW | 15 | 유호준 | 24 | 0 | 0 | 0 | 0 |
| 0 | 1 | 2 | | | 김찬희 | 20 | FW | FW | 19 | 고경민 | | 0 | 1 | 0 | 0 |
| | | | | | 김선규 | 31 | | | 1 | 전태현 | | | | | |
| | | | | | 김상필 | 18 | | | 18 | 박종진 | | | | | |
| | | | | | 김대중 | 55 | | | 23 | 김원식 | 후32 | 2(1) | | | |
| | | | | 후35 | 김영승 | 22 | 대기 | 대기 | 24 | 김도훈 | 후38 | | | | |
| | | | | | 신동혁 | 16 | | | 28 | 강종국 | 후20 | | | | |
| | | | | | 한진산 | 16 | | | 31 | 송승주 | | | | | |
| | | | 1(1) | 전09 | 황지웅 | 11 | | | 36 | 김신철 | | | | | |
| 0 | 1 | 14 | 21(6) | | | | 0 | 0 | | | | 13(5) | 8 | 0 | 0 |

## 8월 23일 19:00 맑음 부천 종합 관중 751명
주심_김상우 부심_정해상·이정민 대기심_김대용 감독관_김형남

**부천 0**  0 전반 0 / 0 후반 1  **1 강원**

| 퇴장 | 경고 | 파울 | ST(유) | 교체 | 선수명 | 배번 | 위치 | 위치 | 배번 | 선수명 | 교체 | ST(유) | 파울 | 경고 | 퇴장 |
|---|---|---|---|---|---|---|---|---|---|---|---|---|---|---|---|
| 0 | 0 | 0 | 0 | | 하강진 | 40 | GK | GK | 21 | 양동원 | | 0 | 0 | 0 | 0 |
| 0 | 0 | 1 | 1 | | 안일주 | 4 | DF | DF | 3 | 이재훈 | | 1 | 1 | 0 | 0 |
| 0 | 0 | 1 | 1 | | 박재홍 | 5 | DF | DF | 5 | 배효성 | | 0 | 0 | 0 | 0 |
| 0 | 0 | 0 | 0 | | 강지용 | 6 | DF | DF | 2 | 최우재 | 25 | 0 | 0 | 0 | 0 |
| 0 | 0 | 0 | 0 | | 전광환 | 18 | MF | MF | 30 | 정현식 | | 0 | 1 | 0 | 0 |
| 0 | 0 | 0 | 0 | | 정주일 | 21 | MF | MF | 7 | 이우혁 | | 0 | 1 | 0 | 0 |
| 0 | 0 | 3 | 0 | | 김륜도 | 20 | MF | MF | 8 | 이창용 | | 0 | 0 | 0 | 0 |
| 0 | 0 | 0 | 0 | | 김태영 | 28 | MF | MF | 90 | 알미르 | | 0 | 0 | 0 | 0 |
| 0 | 1 | 1 | | 18 | 공민현 | 9 | FW | FW | 19 | 김동기 | 9 | 0 | 0 | 0 | 0 |
| 0 | 1 | 3 | | 39 | 호드리고 | 11 | FW | FW | 10 | 최진호 | | 0 | 0 | 0 | 0 |
| 0 | 0 | 2 | | | 유준영 | 19 | FW | FW | 88 | 알렉스 | | 0 | 1 | 0 | 0 |
| | | | | | 강훈 | 33 | | | 1 | 황교충 | | | | | |
| | | | | | 박종오 | 3 | | | 91 | 산토스 | | | | | |
| | | | | | 유대현 | 22 | | | 15 | 김윤호 | 후42 | | | | |
| | | | | | 고보연 | 29 | 대기 | 대기 | 16 | 한석종 | 후5 | | | | |
| | | | | 후28 | 이제승 | 27 | | | 99 | 조엘손 | | | | | |
| | | | | 전0 | 박용준 | 39 | | | 11 | 최승인 | | | | | |
| | | | 2(1) | 후28 | 최인창 | 18 | | | 9 | 김영후 | 후19 | 2(2) | | | |
| 0 | 1 | 12 | 6(1) | | | | 0 | 0 | | | | 5(3) | 11 | 2 | 0 |

●후반 24분 최진호 GAL ~ 김영후 GAL L-ST-G(득점: 김영후, 도움: 최진호) 가운데

## 8월 24일 19:00 비 안양 종합 관중 937명
주심_박병진 부심_강도준·서무희 대기심_임원택 감독관_김용세

**안양 1** (전반 0–1 / 후반 1–0) **1 대전**

| 퇴장 | 경고 | 파울 | ST(유) | 교체 | 선수명 | 배번 | 위치 | 위치 | 배번 | 선수명 | 교체 | ST(유) | 파울 | 경고 | 퇴장 |
|---|---|---|---|---|---|---|---|---|---|---|---|---|---|---|---|
| 0 | 0 | 0 | 0 | | 이진형 | 1 | GK | GK | 1 | 박주원 | | 0 | 0 | 0 | 0 |
| 0 | 1 | 3 | 0 | | 가솔현 | 3 | DF | DF | 6 | 안창우 | | 0 | 1 | 0 | 0 |
| 0 | 1 | 0 | 0 | | 박민 | 79 | DF | DF | 33 | 윤원일 | | 0 | 2 | 0 | 0 |
| 0 | 1 | 5 | 0 | | 백동규 | 30 | DF | DF | 30 | 송주한 | | 0 | 1 | 0 | 0 |
| 0 | 0 | 1 | 1(1) | | 이으뜸 | 17 | DF | MF | 87 | 마라냥 | 18 | 4(2) | 2 | 1 | 0 |
| 0 | 0 | 1 | 1(1) | | 김태봉 | 22 | MF | MF | 16 | 김종국 | 16 | 2(2) | 1 | 1 | 0 |
| 0 | 0 | 0 | | 99 | 정재용 | 42 | MF | MF | 7 | 정석민 | | 3(2) | 1 | 1 | 0 |
| 0 | 1 | 3 | 0 | | 김종성 | 6 | MF | MF | 14 | 황지웅 | 14 | 0 | 0 | 1 | 0 |
| 0 | 0 | 2 | 1 | | 최진수 | 13 | MF | FW | 10 | 아드리아노 | | 3(2) | 4 | 1 | 0 |
| 0 | 1 | 1(1) | | 7 | 박성진 | | FW | FW | 20 | 김찬희 | | 2(1) | 1 | 0 | 0 |
| 0 | 2 | 1(1) | | 77 | 조성준 | 11 | FW | | 31 | 김선규 | | | | | |
| | | | | | 최필수 | 25 | | | 2 | 김한섭 | | | | | |
| | | | | | 구대영 | 90 | | | 3 | 장원석 | | | | | |
| | | | | | 정다슬 | 20 | | 대기 | 55 | 김대중 | | | | | |
| 0 | 1 | 2(1) | | 후31 | 김원민 | 7 | 대기 | | 16 | 황진산 | 후13 | | | | |
| 0 | 0 | | | 후42 | 정대선 | 7 | | | 14 | 서명원 | 전35 | | | | |
| | | | | | 펠리피 | | | | 18 | 김은중 | 후29 | | | | |
| 0 | 0 | 2 | 2(2) | 후22 | 김재웅 | 99 | | | | | | | | | |
| 0 | 2 | 15 | 13(7) | | | | | | | | | 15(9) | 14 | 1 | 0 |

● 후반 38분 가솔현 자기측 HL정면 ~ 김재웅 PAL내 L-ST-G(득점: 김재웅, 도움: 가솔현) 오른쪽
● 후반 36분 아드리아노 PA정면 내 H ~ 김찬희 GAR H-ST-G(득점: 김찬희, 도움: 아드리아노) 오른쪽

---

## 8월 25일 19:30 흐림 안산 와스타디움 관중 431명
주심_박진호 부심_박상준·박인선 대기심_매호영 감독관_강창구

**안산 1** (전반 1–1 / 후반 0–0) **1 고양**

| 퇴장 | 경고 | 파울 | ST(유) | 교체 | 선수명 | 배번 | 위치 | 위치 | 배번 | 선수명 | 교체 | ST(유) | 파울 | 경고 | 퇴장 |
|---|---|---|---|---|---|---|---|---|---|---|---|---|---|---|---|
| 0 | 0 | 0 | 0 | | 전태현 | 1 | GK | GK | 23 | 여명용 | | 0 | 0 | 0 | 0 |
| 0 | 0 | 0 | 0 | | 이원재 | 5 | DF | DF | 2 | 이세환 | | 0 | 1 | 1 | 0 |
| 0 | 0 | 1 | 1 | | 김병석 | 12 | DF | DF | 19 | 여효진 | | 0 | 2 | 1 | 0 |
| 0 | 0 | 3 | 0 | | 오범석 | 2 | DF | DF | 25 | 안현식 | | 0 | 0 | 0 | 0 |
| 0 | | | | | 이재권 | 21 | DF | MF | 7 | 이도성 | | 1 | 1 | 0 | 0 |
| 0 | | 1(1) | | | 이용래 | 4 | MF | MF | 14 | 정민무 | 후14 | 1 | 1 | 0 | 0 |
| 0 | 1 | 1(1) | | | 문기한 | 8 | MF | MF | 11 | 주민규 | | 1(1) | 1 | 0 | 0 |
| 0 | 1 | 4(3) | | | 고경민 | 13 | MF | MF | 15 | 박병원 | | 3(1) | 3 | 0 | 0 |
| 0 | | 4 | | | 안성빈 | 22 | MF | FW | 20 | 오기재 | 10 | 1 | 0 | 0 | 0 |
| 0 | 1 | 3(3) | 23 | | 서동현 | 23 | FW | FW | 21 | 윤동헌 | | 1 | 0 | 0 | 0 |
| 0 | 0 | | | | 윤준하 | 13 | FW | | 1 | 강진웅 | | | | | |
| | | | | | 유현 | | | | 22 | 황규범 | | | | | |
| | | | | | 박종진 | | | | 5 | 이훈 | | | | | |
| 0 | | | 후23 | | 박현범 | 4 | | | 13 | 한빛 | | | | | |
| 0 | | | 전28 | | 최광희 | 11 | 대기 | 대기 | 10 | 이성재 | 후0 | | | | |
| 0 | | | 후35 | | 김원식 | 23 | | | 17 | 이광재 | 후14 | | | | |
| | | | | | 김도훈 | 24 | | | | | | | | | |
| | | | | | 강종국 | | | | | | | | | | |
| 0 | 2 | 11 | 11(9) | | | | | | | | | 9(2) | 14 | 3 | 0 |

● 전반 27분 안성빈 MF정면 ~ 서동현 PA정면내 R-ST-G(득점: 서동현, 도움: 안성빈) 왼쪽
● 전반 31분 윤동헌 C.KR ~ 박병원 GAR내 H-ST-G(득점: 박병원, 도움: 윤동헌) 오른쪽

---

## 8월 24일 19:00 흐림 충주 종합 관중 807명
주심_정동식 부심_지승민·설귀선 대기심_유선호 감독관_전인석

**충주 0** (전반 0–0 / 후반 0–0) **0 수원FC**

| 퇴장 | 경고 | 파울 | ST(유) | 교체 | 선수명 | 배번 | 위치 | 위치 | 배번 | 선수명 | 교체 | ST(유) | 파울 | 경고 | 퇴장 |
|---|---|---|---|---|---|---|---|---|---|---|---|---|---|---|---|
| 0 | 0 | 0 | 0 | | 황성민 | 1 | GK | GK | 23 | 박형순 | | 0 | 0 | 0 | 0 |
| 0 | 0 | 0 | 0 | | 박요한 | 11 | DF | DF | 14 | 이준호 | | 1(1) | 0 | 0 | 0 |
| 0 | 1 | 2 | 4(2) | | 유종현 | 5 | DF | DF | 17 | 김창훈 | | 0 | 5 | 1 | 0 |
| 0 | 0 | 1 | 1(1) | | 박태수 | 15 | DF | DF | 26 | 차준엽 | | 0 | 2 | 0 | 0 |
| 0 | 0 | 1 | | | 노연빈 | 2 | DF | MF | 7 | 김서준 | 3 | 3 | 1 | 0 | 0 |
| 0 | 1(1) | | | | 이택기 | 23 | MF | MF | 15 | 김정빈 | | 1(1) | 1 | 0 | 0 |
| 0 | 0 | 2 | | 16 | 마상훈 | 16 | MF | MF | 32 | 김본광 | 16 | 0 | 0 | 0 | 0 |
| 0 | 0 | 2 | 2(1) | 83 | 박진수 | 4 | MF | FW | 9 | 자파 | | 7(3) | 1 | 0 | 0 |
| 0 | | 14 | | | 임진욱 | 19 | FW | DF | 10 | 김한원 | | 0 | 1 | 0 | 0 |
| 0 | 0 | 2(1) | | | 김정훈 | 28 | FW | FW | 20 | 정민우 | | 1 | 0 | 0 | 0 |
| 0 | 1 | 3 | 1 | 95 | 한홍규 | 9 | MF | | 43 | 이상기 | | | | | |
| 0 | 0 | | | | 이정민 | 18 | | | 3 | 이치준 | 후38 | | | | |
| | | | | | 한상학 | 18 | | | 8 | 김혁진 | | | | | |
| | | | | | 김한빈 | 27 | | | 16 | 권용현 | 후0 | | | | |
| 0 | 2(1) | | 후14 | | 지경득 | 14 | 대기 | 대기 | 20 | 김홍일 | 후38 | | | | |
| 0 | 5(3) | | 후19 | | 치프리안 | 83 | | | 22 | 조용민 | | | | | |
| 0 | | | | | 정성민 | 10 | | | 24 | 김재연 | | | | | |
| 0 | | | 후25 | | 깔레오 | 95 | | | | | | | | | |
| 0 | 2 | 15 | 19(10) | | | | | | | | | 14(5) | 12 | 3 | 0 |

---

## 8월 30일 19:00 맑음 대전 월드컵 관중 3,828명
주심_김영수 부심_지승민·설귀선 대기심_정동식 감독관_한병화

**대전 1** (전반 0–0 / 후반 1–0) **0 대구**

| 퇴장 | 경고 | 파울 | ST(유) | 교체 | 선수명 | 배번 | 위치 | 위치 | 배번 | 선수명 | 교체 | ST(유) | 파울 | 경고 | 퇴장 |
|---|---|---|---|---|---|---|---|---|---|---|---|---|---|---|---|
| 0 | 0 | 0 | 0 | | 박주원 | 1 | GK | GK | 21 | 조현우 | | 0 | 0 | 0 | 0 |
| 0 | 1 | 1(1) | | | 임창우 | 6 | DF | DF | 22 | 이준희 | | 4(2) | 2 | 1 | 0 |
| 0 | 0 | | | | 안영규 | 5 | DF | DF | 6 | 노행석 | | 1 | 1 | 0 | 0 |
| 0 | 0 | | | | 윤원일 | 33 | DF | DF | 4 | 허재원 | | 1 | 1 | 1 | 0 |
| 0 | 3 | 0 | | | 장원석 | 3 | DF | DF | 81 | 최원권 | | 1(1) | 4 | 1 | 0 |
| 0 | 1 | | | | 정석민 | 7 | MF | MF | 15 | 김주빈 | 14 | 1 | 0 | 0 | 0 |
| 0 | 2 | | | | 서명원 | 14 | MF | MF | 7 | 노병준 | | 0 | 0 | 1 | 0 |
| 0 | 4(2) | | | | 아드리아노 | 10 | MF | MF | 10 | 안상현 | | 0 | 0 | 0 | 0 |
| 0 | 6(3) | 1 | 1 | | 김찬희 | 20 | MF | MF | 27 | 김흥일 | 99 | | | | |
| 0 | 1 | | | | 반델레이 | 9 | FW | FW | 10 | 황순민 | 3 | 4(3) | 1 | 0 | 0 |
| 0 | 1 | 55 | | | 마라냥 | 87 | MF | MF | 7 | 조형익 | | | | | |
| | | | | | 김선규 | 31 | | | 1 | 이양종 | | | | | |
| 0 | | | 후45 | | 김한섭 | 2 | | | 16 | 김동진 | | | | | |
| | | | | | 송주한 | 30 | | | 40 | 박성용 | 후40 | 1(1) | 0 | 0 | 0 |
| 0 | | | 후41 | | 김대중 | 55 | 대기 | 대기 | 30 | 전형섭 | | | | | |
| | | | | | 황진산 | 16 | | | 14 | 김귀현 | 후34 | | | | |
| 0 | | | 후26 | | 황지웅 | 18 | | | 33 | 정대교 | | | | | |
| | | | | | | | | | 99 | 조나탄 | 후20 | 1 | 0 | 0 | 0 |
| 0 | 9 | 14(7) | | | | | | | | | | 20(9) | 18 | 5 | 0 |

● 후반 34분 황지웅 PAL EL ~ 아드리아노 GAL내 L-ST-G(득점: 아드리아노, 도움: 황지웅) 오른쪽

## 고양 1 : 2 안양

8월 30일 19:00 맑음 고양종합 관중 705명
주심_매호영 부심_강동호·곽승순 대기심_박병진 감독관_김정식

**고양 1 (0 전반 1 / 1 후반 1) 2 안양**

| 퇴장 | 경고 | 파울 | ST(유) | 교체 | 선수명 | 배번 | 위치 | 위치 | 배번 | 선수명 | 교체 | ST(유) | 파울 | 경고 | 퇴장 |
|---|---|---|---|---|---|---|---|---|---|---|---|---|---|---|---|
| 0 | 0 | 0 | 0 | | 여명용 | 23 | GK | GK | 21 | 이진형 | | 0 | 0 | 0 | 0 |
| 0 | 0 | 0 | 3(2) | | 이세환 | 2 | DF | DF | 3 | 가솔현 | | 1(1) | 4 | 0 | 0 |
| 0 | 0 | 0 | 1 | | 최병도 | 4 | DF | DF | 79 | 박민 | | 0 | 1 | 0 | 0 |
| 0 | 0 | 1 | 0 | | 여효진 | 19 | DF | DF | 17 | 이으뜸 | | 1 | 1 | 1 | 0 |
| 0 | 0 | 3 | 0 | 3 | 황규범 | 22 | DF | DF | 22 | 김태봉 | | 1 | 4 | 1 | 0 |
| 0 | 0 | 3 | 1(1) | | 이도성 | 7 | MF | MF | 20 | 김종성 | 20 | 1 | 4 | 1 | 0 |
| 0 | 0 | 2 | 2(1) | 17 | 정민우 | 11 | MF | MF | 13 | 최진수 | | 2 | 1 | 1 | 0 |
| 0 | 0 | 3 | 6(4) | | 박정규 | | MF | MF | 77 | 조성준 | 77 | 2(1) | 0 | 1 | 0 |
| 0 | 0 | 3 | 0 | | 박병원 | 15 | MF | MF | 42 | 정재용 | | 4(2) | 0 | 1 | 0 |
| 0 | 1 | 5 | 0 | | 오기재 | 20 | FW | FW | 7 | 박성진 | | 5(4) | 0 | 1 | 0 |
| 0 | 0 | 3(1) | | 14 | 윤동헌 | 21 | FW | FW | 9 | 김재웅 | 9 | 2(2) | 4 | 0 | 0 |
| 0 | 0 | 0 | 0 | | 강진웅 | 1 | | | 25 | 최필수 | | 0 | | | |
| 0 | 0 | 0 | 0 | 후38 | 배민호 | | | | 25 | 정수호 | | 0 | | | |
| 0 | 0 | 0 | 0 | | 이훈 | 5 | | | 90 | 구대영 | | 0 | | | |
| 0 | 0 | 0 | 0 | | 김상균 | 6 | 대기 | 대기 | 20 | 정다슬 | 후24 | 0 | | | |
| 0 | 1 | 2(2) | 후26 | | 이성재 | 14 | | | 77 | 김원민 | 후27 | 1 | | | |
| 0 | 0 | 0 | 0 | | 호니 | 10 | | | 7 | 정대선 | | 0 | | | |
| 0 | 0 | 0 | 0 | 후0 | 이광재 | 17 | | | 9 | 렐리피 | 후40 | 0 | | | |
| 0 | 2 | 19 | 20(12) | | | | 0 | | | | | 19(10) | 15 | 2 | 0 |

● 후반 41분 이성재 GA정면 L-ST-G(득점: 이성재) 가운데
● 전반 19분 이으뜸 PAL ⌒ 정재용 GA정면 H-ST-G(득점: 정재용, 도움: 이으뜸) 왼쪽
● 후반 47분 김원민 MFR ~ 박성진 GAR R-ST-G(득점: 박성진, 도움: 김원민) 왼쪽

---

## 안산 2 : 0 충주

8월 31일 19:30 맑음 안산 와스타디움 관중 482명
주심_김대용 부심_김영하·방기열 대기심_임원택 감독관_전인석

**안산 2 (1 전반 0 / 1 후반 0) 0 충주**

| 퇴장 | 경고 | 파울 | ST(유) | 교체 | 선수명 | 배번 | 위치 | 위치 | 배번 | 선수명 | 교체 | ST(유) | 파울 | 경고 | 퇴장 |
|---|---|---|---|---|---|---|---|---|---|---|---|---|---|---|---|
| 0 | 0 | 0 | 0 | | 유현 | 16 | GK | GK | 1 | 황성민 | | 0 | 0 | 0 | 0 |
| 0 | 0 | 1 | 0 | | 이원재 | 5 | DF | DF | 11 | 박요한 | | 0 | 0 | 0 | 0 |
| 0 | 0 | 1 | 0 | | 김병석 | 12 | DF | DF | 5 | 유종현 | | 0 | 0 | 0 | 0 |
| 0 | 0 | 1 | 1 | | 오범석 | 14 | DF | DF | 15 | 박태수 | | 0 | 2 | 0 | 0 |
| 0 | 2 | 0 | 0 | | 이재권 | 21 | DF | DF | 27 | 김한빈 | | 0 | 0 | 0 | 0 |
| 0 | 2 | 1(1) | | | 박현범 | 4 | MF | MF | 2 | 노연빈 | | 0 | 1 | 1 | 0 |
| 0 | 1 | 0 | 0 | 16 | 이용래 | 7 | MF | MF | 16 | 최승호 | 83 | 2(2) | 1 | 0 | 0 |
| 0 | 0 | 3 | 2 | | 조재철 | 17 | MF | MF | 4 | 임진욱 | 14 | 2(1) | 0 | 0 | 0 |
| 0 | 1 | 3 | 2(2) | | 고경민 | 19 | MF | MF | 7 | 임진욱 | | | | | |
| 0 | 0 | 1(1) | 24 | | 서동현 | 10 | FW | FW | 28 | 김정훈 | | 1(1) | 3 | 1 | 0 |
| 0 | 0 | 15 | | | 윤준하 | 13 | FW | FW | 11 | 정성민 | 8 | 1(1) | 0 | 0 | 0 |
| 0 | 0 | 0 | 0 | | 송유걸 | 25 | | | 79 | 이정빈 | | 0 | | | |
| 0 | 0 | 0 | 0 | | 박종진 | 18 | | | 23 | 이택기 | | 0 | | | |
| 0 | 1 | 2 | 후0 | | 문기한 | 8 | | | 22 | 변웅 | | 0 | | | |
| 0 | 0 | 0 | 0 | | 최광희 | 11 | 대기 | 대기 | 14 | 지경득 | 후15 | 0 | | | |
| 0 | 1 | 1 | 후37 | | 유호준 | | | | 83 | 치프리안 | 후6 | 4(3) | | | |
| 0 | 1 | 1 | 후34 | | 김도훈 | | | | 8 | 이완희 | 후31 | 0 | | | |
| 0 | 0 | 0 | 0 | | 안성빈 | 22 | | | 95 | 갈레오 | | 0 | | | |
| 0 | 3 | 19 | 10(5) | | | | 0 | | | | | 13(8) | 8 | 2 | 0 |

● 전반 21분 윤준하 PAL ~ 조재철 PA정면내 R-ST-G(득점: 조재철, 도움: 윤준하) 오른쪽
● 후반 1분 고경민 PAR ~ 서동현 PA정면내 R-ST-G(득점: 서동현, 도움: 고경민) 왼쪽

---

## 광주 2 : 0 강원

8월 31일 19:00 맑음 광주 월드컵 관중 989명
주심_우상일 부심_강도준·서무희 대기심_박진호 감독관_하재훈

**광주 2 (0 전반 0 / 2 후반 0) 0 강원**

| 퇴장 | 경고 | 파울 | ST(유) | 교체 | 선수명 | 배번 | 위치 | 위치 | 배번 | 선수명 | 교체 | ST(유) | 파울 | 경고 | 퇴장 |
|---|---|---|---|---|---|---|---|---|---|---|---|---|---|---|---|
| 0 | 0 | 0 | 0 | | 제종현 | 1 | GK | GK | 21 | 양동원 | | 0 | 0 | 0 | 0 |
| 0 | 0 | 0 | 1(1) | | 이종민 | 17 | DF | DF | 30 | 정헌식 | | 0 | 2 | 0 | 0 |
| 0 | 0 | 1 | 0 | | 정준연 | 2 | DF | DF | 20 | 김오규 | | 0 | 1 | 0 | 0 |
| 0 | 0 | 1 | 0 | | 마철준 | 13 | DF | DF | 6 | 이창용 | | 0 | 1 | 0 | 0 |
| 0 | 0 | 1 | 0 | | 정호정 | 33 | DF | DF | 3 | 이재689 | | 0 | 1 | 0 | 0 |
| 0 | 1 | 4 | 1 | | 오도현 | 8 | MF | MF | 19 | 김동기 | 11 | 0 | 5 | 1 | 0 |
| 0 | 0 | 4 | 1 | | 김유철 | 18 | MF | MF | 7 | 한석종 | 17 | 0 | 1 | 0 | 0 |
| 0 | 1 | 4 | 1 | 8 | 윤상호 | 38 | MF | MF | 25 | 이우혁 | | 2(1) | 0 | 0 | 0 |
| 0 | 1 | 4 | 1 | | 박현 | 37 | FW | FW | 90 | 알미르 | | 0 | 2 | 0 | 0 |
| 0 | 0 | 1 | 3(1) | 27 | 조용태 | 30 | FW | FW | 9 | 김영후 | 99 | 0 | 3 | 0 | 0 |
| 0 | 0 | 0 | 0 | | 송승민 | 25 | FW | FW | 10 | 최진호 | | 1 | 0 | 0 | 0 |
| 0 | 0 | 0 | 0 | | 류원우 | 41 | | | 1 | 황교충 | | 0 | | | |
| 0 | 0 | 0 | 0 | | 전준형 | 3 | | | 91 | 산토스 | | 0 | | | |
| 0 | 1 | 2 | 2(2) | 후12 | 김민수 | 7 | | | 92 | 조민우 | | 0 | | | |
| 0 | 0 | 0 | 0 | 후45 | 이완 | 8 | 대기 | 대기 | 15 | 김윤호 | | 0 | | | |
| 0 | 0 | 0 | 0 | | 파비오 | 10 | | | 17 | 서보민 | 후39 | 0 | | | |
| 0 | 0 | 0 | 0 | | 김유성 | 16 | | | 99 | 조엘손 | 후31 | 0 | | | |
| 0 | 0 | 0 | 0 | 후30 | 홍태곤 | 27 | | | 11 | 최승인 | 후27 | 0 | | | |
| 0 | 2 | 20 | 7(4) | | | | 0 | | | | | 3(1) | 18 | 1 | 0 |

● 후반 23분 정호정 PA내 EL ~ 조용태 GAL L-ST-G(득점: 조용태, 도움: 정호정) 오른쪽
● 후반 37분 김민수 PK좌측지점 L-ST-G(득점: 김민수) 오른쪽

---

## 수원FC 1 : 0 부천

9월 01일 19:30 흐리고비 수원 월드컵 관중 557명
주심_김희곤 부심_양병은·김경민 대기심_박병진 감독관_이영철

**수원FC 1 (1 전반 0 / 0 후반 0) 0 부천**

| 퇴장 | 경고 | 파울 | ST(유) | 교체 | 선수명 | 배번 | 위치 | 위치 | 배번 | 선수명 | 교체 | ST(유) | 파울 | 경고 | 퇴장 |
|---|---|---|---|---|---|---|---|---|---|---|---|---|---|---|---|
| 0 | 1 | 0 | 0 | | 이상기 | 43 | GK | GK | 33 | 강훈 | | 0 | 1 | 0 | 0 |
| 0 | 0 | 1 | 0 | | 블라단 | 5 | DF | DF | 4 | 안일주 | | 0 | 0 | 0 | 0 |
| 0 | 0 | 4 | 0 | | 이준호 | 14 | DF | DF | 7 | 박재홍 | 27 | 0 | 0 | 0 | 0 |
| 0 | 1 | 0 | 0 | | 김창훈 | 17 | DF | DF | 6 | 강지용 | | 2(1) | 1 | 1 | 0 |
| 0 | 1 | 1 | 0 | | 김서준 | 7 | MF | MF | 15 | 전광환 | | 1 | 0 | 0 | 0 |
| 0 | 0 | 6 | 0 | | 김정빈 | 15 | MF | MF | 5 | 정주일 | | 0 | 1 | 0 | 0 |
| 0 | 1 | 2 | 1(1) | 26 | 권용현 | 16 | MF | MF | 55 | 정홍연 | | 0 | 0 | 0 | 0 |
| 0 | 1 | 2 | 2(2) | 18 | 김홍일 | 20 | MF | MF | 20 | 김륜도 | | 2(1) | 2 | 0 | 0 |
| 0 | 3 | 3(3) | | | 임성택 | 30 | FW | FW | 39 | 박용준 | 24 | 1 | 1 | 0 | 0 |
| 0 | 0 | 3 | | | 자파 | 9 | FW | FW | 9 | 공민현 | | 0 | 2 | 0 | 0 |
| 0 | 1 | 0 | 1(1) | 32 | 김한원 | 10 | FW | FW | 18 | 유준영 | 18 | 1(1) | 1 | 0 | 0 |
| 0 | 0 | 0 | 0 | | 박형순 | 23 | | | 40 | 하강진 | | 0 | | | |
| 0 | 0 | 0 | 0 | 후33 | 차준엽 | 26 | | | 3 | 박종오 | | 0 | | | |
| 0 | 0 | 0 | 0 | | 김혁진 | 8 | | | 22 | 유대현 | | 0 | | | |
| 0 | 0 | 0 | 0 | | 조용민 | 22 | 대기 | 대기 | 27 | 이제승 | 후27 | 3(1) | | | |
| 0 | 0 | 0 | 0 | 후20 | 김본광 | 32 | | | 28 | 김태영 | | 0 | | | |
| 0 | 0 | 0 | 0 | 후14 | 정민우 | 18 | | | 24 | 김영주 | 후18 | 1 | | | |
| 0 | 0 | 0 | 0 | | | | | | 18 | 최인창 | 후8 | 1 | 1 | 1 | 0 |
| 0 | 5 | 23 | 7(7) | | | | 0 | | | | | 12(4) | 14 | 2 | 0 |

● 전반 22분 김서준 PA내 FK ~ 김한원 AK내 R-ST-G(득점: 김한원, 도움: 김서준) 왼쪽

## 부천 0 : 충주 0

9월 06일 19:00 맑음 부천 종합 관중 558명
주심_정동식 부심_지승민·강도준 대기심_김대용 감독관_한진원

부천 0 — 0 전반 0 / 0 후반 0 — 0 충주

| 퇴장 | 경고 | 파울 | ST(유) | 교체 | 선수명 | 배번 | 위치 | 위치 | 배번 | 선수명 | 교체 | ST(유) | 파울 | 경고 | 퇴장 |
|---|---|---|---|---|---|---|---|---|---|---|---|---|---|---|---|
| 0 | 0 | 0 | 0 | | 강 훈 | 33 | GK | GK | 1 | 황성민 | | 0 | 0 | 1 | 0 |
| 0 | 1 | 1 | 0 | | 안일주 | 4 | MF | DF | 27 | 김한내 | | 1(1) | 1 | 1 | 0 |
| 0 | 0 | 1 | 1 | | 박재홍 | 5 | DF | DF | 5 | 유종현 | | 0 | 0 | 0 | 0 |
| 0 | 0 | 3 | 0 | | 전광환 | 15 | DF | DF | 23 | 이택기 | | 1 | 1 | 0 | 0 |
| 0 | 0 | 1 | 0 | | 정주일 | 21 | DF | DF | 7 | 김재훈 | | 0 | 0 | 0 | 0 |
| 0 | 0 | 3 | 2(1) | 14 | 유대현 | 22 | MF | MF | 15 | 박태수 | | 0 | 3 | 0 | 0 |
| 0 | 0 | 1 | | | 정홍연 | 55 | DF | MF | 16 | 최승호 | 83 | 1 | 0 | 0 | 0 |
| 0 | 1 | 1 | | | 김륜도 | 20 | MF | MF | 4 | 박진수 | | 0 | 4 | 1 | 0 |
| 0 | 0 | | 18 | | 김태영 | 28 | MF | FW | 19 | 임진욱 | | 2(1) | 0 | 0 | 0 |
| 0 | | 7 | | | 유준영 | 19 | FW | FW | 14 | 지경득 | 22 | 1 | 1 | 0 | 0 |
| 0 | 2 | 1 | | | 공민현 | 9 | FW | FW | 9 | 한홍규 | 95 | 1 | 1 | 0 | 0 |
| 0 | 0 | 0 | | | 하강진 | 40 | | | 79 | 이정래 | | 0 | 0 | 0 | 0 |
| 0 | 1 | | | | 이희찬 | 17 | | | 18 | 한상학 | | 0 | 0 | 0 | 0 |
| 0 | 3 | 1 | 후13 | | 박정훈 | 7 | | | 40 | 권현민 | | 0 | 0 | 0 | 0 |
| 0 | 1 | | 후34 | | 한종우 | 11 | 대기 | 대기 | 17 | 이준호 | | 0 | 0 | 0 | 0 |
| 0 | 0 | | | | 이제승 | 27 | | | 83 | 치프리안 | 후20 | 0 | 0 | 0 | 0 |
| 0 | 1 | 1 | 1(1) | 후17 | 최인창 | 18 | | | 22 | 변 웅 | 후35 | 1(1) | 0 | 0 | 0 |
| 0 | 0 | 0 | | | 최낙민 | 26 | | | 95 | 깔레오 | 후26 | 0 | 0 | 0 | 0 |
| 0 | 2 | 16 | 7(2) | | | | | | | | | 8(4) | 12 | 5 | 0 |

## 광주 0 : 안산 1

9월 06일 19:00 맑음 광주 월드컵 관중 615명
주심_송민석 부심_곽승순·방기열 대기심_임원택 감독관_한병화

광주 0 — 0 전반 0 / 0 후반 1 — 1 안산

| 퇴장 | 경고 | 파울 | ST(유) | 교체 | 선수명 | 배번 | 위치 | 위치 | 배번 | 선수명 | 교체 | ST(유) | 파울 | 경고 | 퇴장 |
|---|---|---|---|---|---|---|---|---|---|---|---|---|---|---|---|
| 0 | 0 | 0 | 0 | | 제종현 | 1 | GK | GK | 16 | 유 현 | | 0 | 0 | 1 | 0 |
| 0 | 1 | 5 | 0 | | 이종민 | 17 | DF | DF | 5 | 이원재 | | 0 | 0 | 1 | 0 |
| 0 | | | | | 정준연 | 3 | DF | DF | 12 | 김병석 | | 0 | 1 | | |
| 0 | | 1 | 0 | | 마철준 | 13 | DF | DF | 18 | 박종진 | 31 | 1 | 3 | 1 | 0 |
| 0 | 0 | 3 | | | 정호정 | 33 | DF | DF | 21 | 이재권 | | 0 | 1 | | |
| 0 | 0 | 3 | | | 오도현 | 24 | MF | MF | 4 | 박현범 | | 0 | 1 | | |
| 0 | 3 | 2 | 27 | | 김우철 | 10 | MF | MF | 8 | 문기한 | 22 | 0 | 9 | | |
| 0 | 1 | 2(1) | 10 | | 윤상호 | 24 | MF | MF | 17 | 조재철 | | 0 | 3 | | |
| 0 | 1 | 2 | 6(3) | | 김호남 | 11 | FW | MF | 19 | 고경민 | | 3(2) | 0 | | |
| 0 | 1 | 2 | | | 조용태 | 30 | FW | FW | 10 | 서동현 | 28 | 2(1) | 2 | | |
| 0 | 2 | 1(1) | | | 송승민 | 25 | FW | FW | 13 | 윤준하 | | 1 | 1 | 1 | 0 |
| 0 | 0 | 0 | | | 류원우 | 41 | | | 1 | 전태현 | | 0 | 0 | 0 | 0 |
| 0 | 0 | | | | 전준형 | 3 | | | 6 | 김동우 | | 0 | 0 | | |
| 0 | 1 | | 후20 | | 김민수 | 7 | | | 31 | 송승주 | 후26 | 0 | 0 | | |
| 0 | 0 | | | | 이 완 | 8 | 대기 | 대기 | 15 | 유호준 | | 0 | 0 | | |
| 0 | 1 | | 후20 | | 파비오 | 20 | | | 7 | 안성빈 | 전40 | 2 | 0 | | |
| 0 | 0 | | | | 김영빈 | 15 | | | 27 | 한덕희 | | 0 | 0 | | |
| 0 | 1 | 1 | 0 | 후43 | 홍태곤 | 33 | | | 28 | 강종국 | 후42 | 0 | 0 | | |
| 0 | 6 | 14(6) | | | | | | | | | | 10(3) | 16 | 2 | 0 |

●후반 37분 이재권 PAL ⌒ 고경민 GAL H-ST-G
(득점: 고경민, 도움: 이재권) 오른쪽

## 대구 0 : 고양 1

9월 06일 19:00 맑음 대구 스타디움 관중 623명
주심_박병진 부심_김영하·양병은 대기심_서동진 감독관_하재훈

대구 0 — 0 전반 0 / 0 후반 1 — 1 고양

| 퇴장 | 경고 | 파울 | ST(유) | 교체 | 선수명 | 배번 | 위치 | 위치 | 배번 | 선수명 | 교체 | ST(유) | 파울 | 경고 | 퇴장 |
|---|---|---|---|---|---|---|---|---|---|---|---|---|---|---|---|
| 0 | 0 | 0 | 0 | | 조현우 | 21 | GK | GK | 1 | 강진웅 | | 0 | 0 | 0 | 0 |
| 0 | 0 | 2 | 0 | | 이준희 | 22 | DF | DF | 2 | 이세환 | | 0 | 0 | 0 | 0 |
| 0 | 0 | 5 | 2 | | 노행석 | 6 | DF | DF | 4 | 최병도 | | 0 | 1 | 1 | 0 |
| 0 | 1 | 1 | | | 허재원 | 8 | DF | DF | 25 | 안현식 | | 0 | 1 | 0 | 0 |
| 0 | 1 | 1 | 1 | | 최원권 | 81 | DF | DF | 22 | 황규범 | | 1 | 3 | 1 | 0 |
| 0 | 0 | 2 | 1 | | 김귀현 | 20 | MF | MF | 7 | 이도성 | | 1 | 2 | 0 | 0 |
| 0 | 1 | 3 | 1 | | 노병준 | 17 | MF | MF | 10 | 정민무 | 10 | 0 | 2 | 0 | 0 |
| 0 | 1 | 1 | | | 안상현 | 20 | MF | MF | 18 | 주민규 | | 2(2) | 3 | 0 | 0 |
| 0 | 1 | 1 | | | 김흥일 | 11 | MF | MF | 15 | 박병원 | | 2(1) | 2 | 0 | 0 |
| 0 | 1 | 1 | 33 | | 황순민 | 10 | MF | FW | 21 | 이재현 | 8 | 0 | 2 | 0 | 0 |
| 0 | 0 | 1(1) | 99 | | 조형익 | 7 | FW | FW | 9 | 윤동헌 | 5 | 6(3) | 0 | 0 | 0 |
| 0 | 0 | 0 | | | 이양종 | 1 | | | 23 | 여명용 | | 0 | 0 | 0 | 0 |
| 0 | 0 | | | | 김동진 | 16 | | | 3 | 배인호 | | 0 | 0 | | |
| 0 | 0 | | | | 박성용 | 6 | | | 5 | 이 훈 | 후35 | 0 | 0 | | |
| 0 | 0 | | | | 전형섭 | 30 | 대기 | 대기 | 8 | 신재필 | 후45 | 0 | 0 | | |
| 0 | 0 | | | | 김주빈 | 15 | | | 13 | 한 빛 | | 0 | 0 | | |
| 0 | 1 | | 후8 | | 정대교 | 33 | | | 10 | 호 니 | 후0 | 0 | 0 | | |
| 0 | 0 | 5(4) | 후0 | | 조나탄 | 99 | | | 17 | 이광재 | | 0 | 0 | | |
| 0 | 2 | 18 | 13(5) | | | | | | | | | 13(6) | 17 | 3 | 0 |

●후반 32분 주민규 PK-R-G (득점: 주민규) 오른쪽

## 강원 1 : 대전 2

9월 07일 19:00 맑음 춘천 송암 관중 471명
주심_김종혁 부심_최민병·설귀선 대기심_박진호 감독관_김형남

강원 1 — 0 전반 1 / 1 후반 1 — 2 대전

| 퇴장 | 경고 | 파울 | ST(유) | 교체 | 선수명 | 배번 | 위치 | 위치 | 배번 | 선수명 | 교체 | ST(유) | 파울 | 경고 | 퇴장 |
|---|---|---|---|---|---|---|---|---|---|---|---|---|---|---|---|
| 0 | 0 | 0 | 0 | | 양동원 | 21 | GK | GK | 1 | 박주원 | | 0 | 0 | 0 | 0 |
| 0 | 0 | 1 | 0 | 17 | 진민우 | 92 | DF | DF | 30 | 송주한 | | 0 | 0 | 0 | 0 |
| 0 | 0 | 0 | | | 김오규 | 20 | DF | DF | 5 | 안영규 | | 1(1) | 0 | 1 | 0 |
| 0 | 1 | 1(1) | | | 정우인 | 4 | DF | DF | 33 | 윤원일 | | 0 | 1 | 0 | 0 |
| 0 | 2 | 1 | | | 이재훈 | 3 | MF | DF | 3 | 장원석 | | 0 | 0 | 0 | 0 |
| 0 | 2 | 1 | | | 이우혁 | 6 | MF | MF | 8 | 마라냥 | | 3(2) | 1 | 0 | 0 |
| 0 | 1 | 1 | | | 이우혁 | 6 | MF | MF | 87 | 김종국 | 9 | 2(2) | 1 | 0 | 0 |
| 0 | 1 | | | | 김윤호 | 15 | MF | MF | 23 | 정석민 | | 2 | 1 | 1 | 0 |
| 0 | 1 | 3 | 11 | | 알미르 | 10 | FW | FW | 14 | 서명원 | 16 | 1(1) | 1 | 0 | 0 |
| 1 | 2 | 2(1) | 88 | | 김영후 | 9 | FW | FW | 10 | 아드리아노 | | 3(2) | 1 | 0 | 0 |
| 0 | 0 | 2 | | | 최진호 | 11 | FW | FW | 20 | 김찬희 | | 1(1) | 3 | 0 | 0 |
| 0 | 0 | 0 | | | 황교충 | 1 | | | 31 | 김선규 | | 0 | 0 | 0 | 0 |
| 0 | 0 | | | | 산토스 | 91 | | | 55 | 김한섭 | 후40 | 0 | 0 | | |
| 0 | 0 | | | | 박대한 | 27 | | | 22 | 김대중 | | 0 | 0 | | |
| 0 | 0 | | 후32 | | 서보민 | 17 | 대기 | 대기 | 22 | 김영승 | | 0 | 0 | | |
| 0 | | 2(2) | 후26 | | 알렉스 | 88 | | | 16 | 황진산 | 후26 | 0 | 0 | | |
| 0 | 0 | | | | 조엘손 | 99 | | | 37 | 반델레이 | 후37 | 0 | 0 | | |
| 0 | 1 | 1(1) | 후28 | | 최승인 | 11 | | | 18 | 김은중 | | 0 | 0 | | |
| 0 | 1 | 13 | 13(5) | | | | | | | | | 14(10) | 8 | 1 | 0 |

●후반 32분 이재훈 MFL TL ⌒ 알렉스 GA정면 H-ST-G (득점: 알렉스, 도움: 이재훈) 왼쪽
●전반 29분 정석민 자기측 센터서클 ~ 김찬희 PA정면내 R-ST-G (득점: 김찬희, 도움: 정석민) 오른쪽
●후반 43분 반델레이 MF정면 H⌒ 아드리아노 PAL내 R-ST-G (득점: 아드리아노, 도움: 반델레이) 오른쪽

## 안양 0 : 3 수원FC

9월 07일 19:00 맑음 안양 종합 관중 841명
주심_이민후 부심_서무회·박인선 대기심_매호영 감독관_김진의

0 전반 2
0 후반 1

| 퇴장 | 경고 | 파울 | ST(유) | 교체 | 선수명 | 배번 | 위치 | 위치 | 배번 | 선수명 | 교체 | ST(유) | 파울 | 경고 | 퇴장 |
|---|---|---|---|---|---|---|---|---|---|---|---|---|---|---|---|
| 0 | 0 | 0 | 0 | | 이진형 | 1 | GK | GK | 43 | 이상기 | | 0 | 0 | 0 | 0 |
| 0 | 1 | 2 | 0 | | 백동규 | 30 | DF | DF | 6 | 이준호 | | 0 | 3 | 0 | 0 |
| 0 | 0 | 3 | 0 | | 박 민 | 79 | DF | DF | 14 | 이준호 | | 0 | 0 | 0 | 0 |
| 0 | 0 | 1 | 1 | | 구대영 | 90 | DF | DF | 17 | 김창훈 | | 0 | 2 | 1 | 0 |
| 0 | 0 | 1 | 2(1) | | 김태봉 | 22 | DF | MF | 15 | 이치준 | | 0 | 2 | 1 | 0 |
| 0 | 0 | 0 | | 77 | 정다슬 | 20 | MF | MF | 16 | 김정빈 | | 3 | 1 | 1 | 0 |
| 0 | 0 | 0 | 4(1) | | 최진수 | 13 | MF | MF | 16 | 권용현 | 24 | 2(1) | 1 | 1 | 0 |
| 0 | 1 | 0 | 1(1) | 9 | 조성준 | 11 | MF | MF | 30 | 임성택 | 24 | 2(1) | 2 | 0 | 0 |
| 0 | 0 | 1 | 1 | | 정재용 | 42 | MF | MF | 31 | 김본광 | | 2(2) | 0 | 0 | 0 |
| 0 | 0 | 0 | 1 | | 박성진 | 8 | FW | FW | 9 | 자 파 | 18 | 3(1) | 0 | 1 | 0 |
| 0 | 0 | 1 | 1 | | 김재웅 | 99 | FW | FW | 10 | 김한원 | | 1(1) | 1 | 0 | 0 |
| 0 | 0 | 0 | 0 | | 최필수 | 25 | | | 23 | 박형순 | | 0 | | | |
| 0 | 0 | 0 | 0 | | 정수호 | 5 | | | 5 | 블라단 | | 0 | | | |
| 0 | 0 | 0 | 0 | | 조철인 | 23 | | | 26 | 차준엽 | | 0 | | | |
| 0 | 0 | 0 | 0 | 후6 | 박정식 | 14 | 대기 | 대기 | 8 | 김혁진 | 후23 | 0 | | | |
| 0 | 2 | 1 | 0 | 후6 | 김민균 | 77 | | | 20 | 김효일 | | 0 | | | |
| 0 | 0 | 0 | 0 | 후13 | 정대선 | 7 | | | 24 | 김재연 | 후34 | 0 | | | |
| 0 | 0 | 1 | 1 | 후28 | 펠리피 | 9 | | | 18 | 정민우 | 후23 | 1 | 1 | 0 | 0 |
| 0 | 1 | 13 | 13(4) | | | 0 | | | | | | 12(6) | 13 | 2 | 0 |

●전반 7분 김한원 MFL FK R-ST-G(득점: 김한원) 왼쪽
●전반 18분 자파 GAL L-ST-G(득점: 자파) 왼쪽
●후반 2분 김한원 PAR내 EL ⌒권용현 GAR내 H-ST-G(득점: 권용현, 도움: 김한원) 오른쪽

## 광주 1 : 1 고양

9월 13일 19:00 맑음 광주 월드컵 관중 1,032명
주심_윤창수 부심_강도준·박상준 대기심_송민석 감독관_한진원

0 전반 0
1 후반 1

| 퇴장 | 경고 | 파울 | ST(유) | 교체 | 선수명 | 배번 | 위치 | 위치 | 배번 | 선수명 | 교체 | ST(유) | 파울 | 경고 | 퇴장 |
|---|---|---|---|---|---|---|---|---|---|---|---|---|---|---|---|
| 0 | 0 | 0 | 0 | | 제종현 | 1 | GK | GK | 1 | 강진웅 | | 0 | 0 | 0 | 0 |
| 0 | 0 | 1 | 2(1) | | 이종민 | 17 | DF | DF | 2 | 이세환 | | 0 | 0 | 0 | 0 |
| 0 | 1 | 1 | 0 | | 정준연 | 2 | DF | DF | 4 | 최병도 | | 0 | 1 | 0 | 0 |
| 0 | 3 | 1 | 0 | | 김영빈 | 15 | DF | DF | 25 | 안현식 | | 0 | 0 | 0 | 0 |
| 0 | 0 | 1 | 0 | | 정호정 | 33 | DF | DF | 22 | 황규범 | | 0 | 3 | 0 | 0 |
| 0 | 1 | 5 | 0 | | 오도현 | 24 | MF | MF | 14 | 이도성 | | 0 | 1 | 0 | 0 |
| 0 | 0 | 4(3) | | | 여 름 | 38 | MF | MF | 7 | 정민무 | 21 | 2(1) | 3 | 1 | 0 |
| 0 | 0 | 0 | | | 윤상호 | 38 | MF | MF | 18 | 주민규 | | 4 | 0 | 0 | 0 |
| 0 | 1 | 1(1) | 11 | | 김민수 | 7 | FW | FW | 15 | 박병원 | | 3(2) | 1 | 0 | 0 |
| 0 | 3(1) | 37 | | | 조용태 | 30 | FW | FW | 20 | 오기재 | | 1 | 0 | 0 | 0 |
| 0 | 3 | 2(1) | | | 송승민 | 20 | FW | FW | 21 | 윤동헌 | | 3 | 0 | 0 | 0 |
| 0 | 0 | 0 | 0 | | 류원우 | 41 | | | | 여명용 | | 0 | | | |
| 0 | 0 | 0 | 0 | | 이 완 | 8 | | | 3 | 배민호 | | 0 | | | |
| 0 | 1 | 1(1) | 후0 | 김호남 | 11 | | | 19 | 여효진 | 후34 | 0 | 1 | 1 | 0 |
| 0 | 0 | 0 | 0 | | 마철준 | 13 | 대기 | 대기 | 8 | 신재필 | | 0 | | | |
| 0 | 0 | 0 | 0 | | 김우철 | | | | 13 | 한 빛 | | 0 | | | |
| 0 | 0 | 0 | 후39 | 박 현 | 37 | | | 30 | 오 닉 | | 0 | | | |
| 0 | 0 | 0 | 0 | | 이찬동 | 40 | | | 17 | 이광재 | | 0 | | | |
| 0 | 2 | 18 | 16(8) | | | 0 | | | | | | 8(3) | 19 | 3 | 0 |

●후반 33분 파비오 PK-R-G(득점: 파비오) 왼쪽
●후반 30분 박병원 GAR R-ST-G(득점: 박병원) 왼쪽

## 충주 0 : 1 강원

9월 13일 19:00 맑음 충주 종합 관중 1,380명
주심_박진호 부심_강동호·박인선 대기심_박병진 감독관_김진의

0 전반 0
0 후반 1

| 퇴장 | 경고 | 파울 | ST(유) | 교체 | 선수명 | 배번 | 위치 | 위치 | 배번 | 선수명 | 교체 | ST(유) | 파울 | 경고 | 퇴장 |
|---|---|---|---|---|---|---|---|---|---|---|---|---|---|---|---|
| 0 | 0 | 0 | 0 | | 박청효 | 21 | GK | GK | 21 | 양동원 | | 0 | 0 | 0 | 0 |
| 0 | 0 | 1 | 0 | | 김한빈 | 27 | DF | DF | 3 | 이재훈 | | 1(1) | 1 | 0 | 0 |
| 0 | 0 | 1 | 0 | | 유종현 | 5 | DF | DF | 5 | 배효성 | | 0 | 0 | 0 | 0 |
| 0 | 0 | 0 | 92 | | 이택기 | 23 | DF | DF | 2 | 정우인 | | 0 | 1 | 0 | 0 |
| 0 | 0 | 1 | 1 | | 박요한 | 11 | DF | DF | 20 | 김오규 | | 0 | 1 | 1 | 0 |
| 0 | 0 | 0 | 2 | | 노연빈 | 2 | MF | MF | 6 | 이창용 | | 1(1) | 2 | 0 | 0 |
| 0 | 3 | 2 | | | 정성민 | 10 | MF | MF | 7 | 이우혁 | | 2(1) | 1 | 1 | 0 |
| 0 | 0 | 2(1) | | | 박진수 | 4 | MF | MF | 90 | 알미르 | 17 | 0 | 1 | 0 | 0 |
| 0 | 0 | 0 | | | 임진욱 | 18 | FW | FW | 15 | 김윤호 | 11 | 0 | 0 | 0 | 0 |
| 0 | 0 | 1 | 14 | | 김정훈 | 28 | FW | FW | 19 | 동 기 | 92 | 1 | 1 | 0 | 0 |
| 0 | 0 | 1 | 16 | | 한홍규 | 7 | FW | FW | 11 | 최진호 | | 4 | 0 | 0 | 0 |
| 0 | 0 | 0 | 0 | | 이정래 | 79 | | | 1 | 황교충 | | 0 | | | |
| 0 | 0 | 0 | 후32 | 하파엘 | 11 | | | 92 | 조민우 | 후46 | 0 | 0 | 0 | 0 |
| 0 | 0 | 0 | 0 | | 김재học | | | | 27 | 박대한 | | 0 | | | |
| 0 | 0 | 0 | 후21 | 최승호 | 16 | 대기 | 대기 | 2 | 조인성 | | 0 | | | |
| 0 | 0 | 0 | 후16 | 지경득 | 17 | | | 17 | 서보민 | 후28 | 0 | | | |
| 0 | 0 | 0 | 0 | | 변 웅 | 22 | | | 99 | 조엘손 | | 0 | | | |
| 0 | 0 | 0 | 0 | | 깔레오 | 95 | | | 11 | 최승인 | 후17 | 1 | | | |
| 0 | 0 | 7 | 7(1) | | | 0 | | | | | | 7(3) | 17 | 1 | 0 |

●후반 21분 최진호 PAR ⌒이청용 GAL H-ST-G (득점: 이청용, 도움: 최진호) 오른쪽

## 수원FC 2 : 2 대전

9월 13일 19:00 맑음 수원 월드컵 관중 909명
주심_김대용 부심_양병은·곽승순 대기심_김영수 감독관_전인석

1 전반 1
1 후반 1

| 퇴장 | 경고 | 파울 | ST(유) | 교체 | 선수명 | 배번 | 위치 | 위치 | 배번 | 선수명 | 교체 | ST(유) | 파울 | 경고 | 퇴장 |
|---|---|---|---|---|---|---|---|---|---|---|---|---|---|---|---|
| 0 | 0 | 0 | 0 | | 이상기 | 43 | GK | GK | 1 | 박주원 | | 0 | 1 | 1 | 0 |
| 0 | 1 | 3 | 1 | | 김영찬 | 6 | DF | DF | 30 | 송주한 | | 0 | 0 | 1 | 0 |
| 0 | 0 | 1 | 0 | | 이준호 | 14 | DF | DF | 5 | 안영규 | | 0 | 0 | 0 | 0 |
| 0 | 0 | 0 | 0 | | 김창훈 | 17 | DF | DF | 33 | 윤원일 | | 0 | 1 | 0 | 0 |
| 0 | 0 | 0 | 24 | | 이치준 | 3 | MF | DF | 3 | 장원석 | | 1(1) | 1 | 1 | 0 |
| 0 | 0 | 0 | 2(1) | | 김정빈 | 16 | MF | MF | 87 | 마라낭 | 18 | 2 | 1 | 0 | 0 |
| 0 | 0 | 0 | 0 | | 권용현 | 16 | MF | MF | 8 | 김종국 | | 0 | 1 | 1 | 0 |
| 0 | 0 | 0 | 18 | | 임성택 | 30 | MF | MF | 7 | 정석민 | | 0 | 1 | 1 | 0 |
| 0 | 0 | 0 | | | 김본광 | 31 | MF | FW | 24 | 서 명 | 20 | 1 | 1 | 0 | 0 |
| 0 | 0 | 4(2) | | | 자 파 | 9 | FW | FW | 11 | 아드리아노 | | 4(2) | 1 | 1 | 0 |
| 0 | 0 | 1(1) | | | 김한원 | 10 | DF | FW | 20 | 김찬희 | | 2(2) | 7 | 1 | 0 |
| 0 | 0 | 0 | 0 | | 박형순 | 23 | | | 31 | 김선규 | | 0 | | | |
| 0 | 0 | 0 | 0 | | 블라단 | 5 | | | 38 | 김한섭 | | 0 | | | |
| 0 | 0 | 0 | 0 | | 김서준 | 7 | | | 3 | 대 중 | | 0 | | | |
| 0 | 0 | 0 | 후35 | 김혁진 | 8 | 대기 | 대기 | 24 | 김성수 | | 0 | | | |
| 0 | 0 | 0 | 0 | | 김효일 | 20 | | | 22 | 김영승 | | 0 | | | |
| 0 | 0 | 0 | 후34 | 김재연 | 24 | | | 11 | 황지웅 | 후10 | 0 | | | |
| 0 | 0 | 0 | 후40 | 정민우 | 18 | | | 18 | 김은중 | 후25 | 0 | 1 | 0 | 0 |
| 0 | 1 | 8 | 13(4) | | | 0 | | | | | | 7(5) | 18 | 4 | 0 |

●전반 46분 김한원 PK-R-G (득점: 김한원) 오른쪽
●후반 8분 자파 PK-R-G (득점: 자파) 오른쪽
●전반 25분 미라낭 MFR ⌒김찬희 PAL내 R-ST-G(득점: 김찬희, 도움: 미라낭) 왼쪽
●후반 30분 아드리아노 PK-R-G 득점: 아드리아노) 오른쪽

## 9월 14일 19:00 맑음 대구 스타디움 관중 771명
주심_ 우상일 부심_ 손재선·방기열 대기심_ 최명용 감독관_ 한병화

|  | 대구 2 | 0 전반 0 |  |  |
|---|---|---|---|---|
|  |  | 2 후반 0 | 0 부천 |  |

| 퇴장 | 경고 | 파울 | ST(유) | 교체 | 선수명 | 배번 | 위치 | 위치 | 배번 | 선수명 | 교체 | ST(유) | 파울 | 경고 | 퇴장 |
|---|---|---|---|---|---|---|---|---|---|---|---|---|---|---|---|
| 0 | 0 | 0 | 0 | | 조현우 | 21 | GK | GK | 33 | 강 훈 | | 0 | 0 | 0 | 0 |
| 0 | 0 | 3 | 0 | | 김동진 | 16 | DF | DF | 5 | 박재홍 | | 1(1) | 1 | 0 | 0 |
| 0 | 1 | 3 | 1(1) | | 노행석 | 6 | DF | DF | 55 | 강지용 | 55 | 0 | 3 | 0 | 0 |
| 0 | 0 | 1 | 0 | | 허재원 | 8 | DF | MF | 17 | 이희찬 | | 2 | 3 | 1 | 0 |
| 0 | 0 | 1 | 1(1) | | 최원권 | 81 | DF | DF | 21 | 정주일 | | 0 | 3 | 1 | 0 |
| 0 | 0 | 2 | 14 | | 김주빈 | 15 | MF | DF | 22 | 유대현 | | 0 | 1 | 1 | 0 |
| 0 | 0 | 1 | 2 | | 안상현 | 8 | MF | FW | 7 | 박정훈 | | 1 | 1 | 0 | 0 |
| 0 | 0 | 3 | 1 | | 정대교 | 33 | MF | MF | 14 | 한종우 | | 0 | 4 | 0 | 0 |
| 0 | 0 | 1 | 2(2) | 27 | 황순민 | 10 | MF | MF | 27 | 이제승 | | 3(1) | 3 | 1 | 0 |
| 0 | 2 | 2(1) | | | 조형익 | 7 | MF | FW | 28 | 김태영 | 20 | 1(1) | 0 | 0 | 0 |
| 0 | 1 | 4 | 2(2) | | 조나탄 | 99 | FW | FW | 26 | 복녹민 | 19 | 0 | 3 | 0 | 0 |
| 0 | 0 | 0 | 0 | | 이양종 | 1 | | | 40 | 하강진 | | 0 | 0 | 0 | 0 |
| 0 | 0 | 0 | 0 | 후39 | 이준희 | 22 | | | 4 | 안일주 | | 0 | 0 | 0 | 0 |
| 0 | 0 | 0 | 0 | | 박성용 | 3 | | | 13 | 주일태 | | 0 | 0 | 0 | 0 |
| 0 | 0 | 0 | 0 | | 박종진 | 24 | 대기 | 대기 | 55 | 정홍연 | 전23 | 0 | 0 | 0 | 0 |
| 0 | 0 | 1 | 0 | 전42 | 김귀현 | 14 | | | 20 | 김륜도 | 후12 | 0 | 1 | 0 | 0 |
| 0 | 0 | 0 | 0 | | 남세인 | 23 | | | 18 | 최인창 | | 0 | 0 | 0 | 0 |
| 0 | 0 | 1 | 0 | 후22 | 김흥일 | 27 | | | 19 | 유준영 | 후21 | 2(1) | 2 | 0 | 0 |
| 0 | 2 | 18 | 15(7) | | | 0 | | | 0 | | | 10(4) | 21 | 2 | 0 |

●후반 3분 조형의 GAL내 EL ∼ 조나탄 GAR내
  R-ST-G(득점: 조나탄, 도움: 조형의) 오른쪽
●후반 7분 노행석 GA정면내 R-ST-G(득점: 노행
  석) 가운데

## 9월 17일 19:00 맑음 충주 종합 관중 398명
주심_ 유선호 부심_ 강도준·방기열 대기심_ 김희곤 감독관_ 강창구

|  | 충주 4 | 1 전반 0 |  |  |
|---|---|---|---|---|
|  |  | 3 후반 1 | 1 안양 |  |

| 퇴장 | 경고 | 파울 | ST(유) | 교체 | 선수명 | 배번 | 위치 | 위치 | 배번 | 선수명 | 교체 | ST(유) | 파울 | 경고 | 퇴장 |
|---|---|---|---|---|---|---|---|---|---|---|---|---|---|---|---|
| 0 | 0 | 0 | 0 | | 박청효 | 21 | GK | GK | 1 | 이진형 | | 0 | 0 | 0 | 0 |
| 0 | 0 | 3 | 1(1) | | 노연빈 | 2 | DF | DF | 3 | 가솔현 | | 0 | 3 | 1 | 0 |
| 0 | 1 | 1 | 0 | | 유종현 | 5 | DF | DF | 30 | 백동규 | 99 | 0 | 3 | 0 | 0 |
| 0 | 0 | 1 | 0 | | 이택기 | 23 | DF | DF | 79 | 박 민 | | 2 | 2 | 0 | 0 |
| 0 | 0 | 0 | 0 | | 박요한 | 11 | MF | MF | 17 | 이으뜸 | | 0 | 0 | 0 | 0 |
| 0 | 0 | 7 | 1 | | 박태수 | 15 | MF | MF | 22 | 김태봉 | | 0 | 1 | 0 | 0 |
| 0 | 2 | 4(1) | 16 | | 치프리안 | 83 | MF | MF | 6 | 김종성 | | 0 | 1 | 1 | 0 |
| 0 | 1 | 3 | 2(1) | | 박진수 | 4 | MF | MF | 13 | 최진수 | 10 | 1 | 2 | 1 | 0 |
| 0 | 0 | 3(3) | 28 | | 임진욱 | 18 | FW | FW | 11 | 조성준 | | 3(1) | 0 | 0 | 0 |
| 0 | 0 | 0 | 0 | | 정성민 | 14 | FW | MF | 42 | 정재용 | 77 | 0 | 0 | 0 | 0 |
| 0 | 1 | 1 | 95 | | 지경득 | 17 | FW | FW | 99 | 조나탄 | | 0 | 0 | 0 | 0 |
| 0 | 0 | 0 | 0 | | 이정래 | 79 | | | 25 | 최필수 | | 0 | 0 | 0 | 0 |
| 0 | 0 | 0 | 0 | | 하파엘 | 92 | | | 4 | 김효준 | | 0 | 0 | 0 | 0 |
| 0 | 0 | 0 | 0 | | 김재훈 | 7 | | | 90 | 구대영 | | 0 | 0 | 0 | 0 |
| 0 | 0 | 0 | 0 | 후31 | 김승호 | 16 | 대기 | 대기 | 14 | 박정식 | | 0 | 0 | 0 | 0 |
| 0 | 0 | 2(1) | 후14 | 정진욱 | 28 | | | 77 | 김원민 | 후14 | 1 | 0 | 0 | 0 |
| 0 | 0 | 0 | 0 | | 한홍규 | 9 | | | 10 | 바그너 | 후30 | 1 | 0 | 0 | 0 |
| 0 | 0 | 0 | 0 | 후38 | 깔레오 | 95 | | | 99 | 김재웅 | 후0 | 1(1) | 2 | 0 | 0 |
| 0 | 2 | 21 | 19(9) | | | 0 | | | 0 | | | 9(2) | 14 | 4 | 0 |

●전반 39분 지경득 PAR EL → 박진수 PAL내
  R-ST-G(득점: 박진수, 도움: 지경득) 왼쪽
●후반 6분 노연빈 MFR R-ST-G(득점: 노연빈) 왼
  쪽
●후반 16분 지경득 AKR ∼ 임진욱 GAR R-ST-G
  (득점: 임진욱, 도움: 지경득) 왼쪽
●후반 36분 정성민 PK-R-G(득점: 정성민) 왼쪽

●후반 50분 김재웅 PK-R-G (득점: 김재웅) 왼쪽

## 9월 14일 19:00 흐림 안양 종합 관중 720명
주심_ 서동진 부심_ 지승민·김경민 대기심_ 김영수 감독관_ 김형남

|  | 안양 1 | 0 전반 0 |  |  |
|---|---|---|---|---|
|  |  | 1 후반 2 | 2 안산 |  |

| 퇴장 | 경고 | 파울 | ST(유) | 교체 | 선수명 | 배번 | 위치 | 위치 | 배번 | 선수명 | 교체 | ST(유) | 파울 | 경고 | 퇴장 |
|---|---|---|---|---|---|---|---|---|---|---|---|---|---|---|---|
| 0 | 0 | 0 | 0 | | 이진형 | 1 | GK | GK | 16 | 유 현 | | 0 | 0 | 0 | 0 |
| 0 | 0 | 1 | 0 | | 가솔현 | 3 | DF | DF | 6 | 김동우 | | 1 | 0 | 0 | 0 |
| 0 | 0 | 0 | 0 | | 백동규 | 30 | DF | DF | 11 | 최광희 | | 0 | 1 | 0 | 0 |
| 0 | 0 | 1 | 1(1) | 9 | 박 민 | 79 | DF | DF | 12 | 김병석 | | 1 | 0 | 0 | 0 |
| 0 | 1 | 1 | 1(1) | | 이으뜸 | 17 | MF | DF | 21 | 이재권 | | 1(1) | 4 | 0 | 0 |
| 0 | 0 | 0 | 0 | | 김태봉 | 22 | MF | MF | 4 | 박현범 | 24 | 2 | 1 | 0 | 0 |
| 0 | 0 | 2 | 2(1) | | 최진수 | 13 | MF | MF | 7 | 이용래 | | 2(1) | 0 | 0 | 0 |
| 0 | 0 | 1 | 1 | | 박정식 | 14 | MF | MF | 17 | 문기한 | 15 | 1 | 2 | 1 | 0 |
| 0 | 0 | 2 | 1(1) | 99 | 정재용 | 42 | FW | FW | 17 | 조재철 | | 1(1) | 3 | 1 | 0 |
| 0 | 1 | 0 | 77 | | 조성준 | 11 | FW | FW | 0 | 서동현 | 20 | 1(1) | 4 | 0 | 0 |
| 0 | 1 | 2 | 3(2) | | 박성진 | 8 | FW | FW | 13 | 윤준하 | | 1(1) | 4 | 0 | 0 |
| 0 | 0 | 0 | 0 | | 최필수 | 25 | | | 1 | 전태현 | | 0 | 0 | 0 | 0 |
| 0 | 0 | 0 | 0 | | 정수호 | 5 | | | 5 | 이원재 | | 0 | 0 | 0 | 0 |
| 0 | 0 | 0 | 0 | | 구대영 | 90 | | | 15 | 유호준 | 후29 | 0 | 0 | 0 | 0 |
| 0 | 0 | 0 | 0 | | 김종성 | 6 | 대기 | 대기 | 24 | 김도훈 | 후41 | 0 | 0 | 0 | 0 |
| 0 | 0 | 0 | 0 | 후35 | 김원민 | 77 | | | 23 | 김원식 | | 0 | 0 | 0 | 0 |
| 0 | 0 | 0 | 0 | 후36 | 펠리피 | 9 | | | 27 | 한덕희 | | 0 | 0 | 0 | 0 |
| 0 | 0 | 0 | 0 | 후22 | 김재웅 | 99 | | | 20 | 이 호 | 후38 | 0 | 0 | 0 | 0 |
| 0 | 3 | 15 | 9(6) | | | 0 | | | 0 | | | 10(5) | 18 | 2 | 0 |

●후반 8분 조성준 MF정면 ∼ 박성진 PAL내 L-
  ST-G(득점: 박성진, 도움: 조성준) 오른쪽
●후반 13분 윤준하 GA정면 R-ST-G(득점: 윤준
  하) 왼쪽
●후반 34분 윤준하 PAR내 ∼ 조재철 GA정면내
  R-ST-G(득점: 조재철, 도움: 윤준하) 가운데

## 9월 17일 19:00 흐림 춘천 송암 관중 217명
주심_ 김성호 부심_ 설귀선·양병은 대기심_ 김대용 감독관_ 김수현

|  | 강원 4 | 2 전반 0 |  |  |
|---|---|---|---|---|
|  |  | 2 후반 1 | 1 대구 |  |

| 퇴장 | 경고 | 파울 | ST(유) | 교체 | 선수명 | 배번 | 위치 | 위치 | 배번 | 선수명 | 교체 | ST(유) | 파울 | 경고 | 퇴장 |
|---|---|---|---|---|---|---|---|---|---|---|---|---|---|---|---|
| 0 | 0 | 0 | 0 | | 양동원 | 21 | GK | GK | 21 | 조현우 | | 0 | 0 | 0 | 0 |
| 0 | 0 | 1 | 1 | | 이재훈 | 3 | DF | DF | 16 | 김동진 | | 0 | 4 | 1 | 0 |
| 0 | 0 | 1 | 1(1) | | 배효성 | 5 | DF | DF | 6 | 노행석 | 3 | 0 | 4 | 0 | 0 |
| 0 | 0 | 0 | 0 | | 김오규 | 20 | DF | DF | 8 | 허재원 | | 0 | 1 | 0 | 0 |
| 0 | 1 | 4 | 1 | | 김윤호 | 15 | DF | DF | 81 | 최원권 | | 1 | 3 | 1 | 0 |
| 0 | 0 | 2 | 0 | | 정우인 | 4 | MF | MF | 14 | 김귀현 | 27 | 2 | 3 | 0 | 0 |
| 0 | 0 | 3 | 0 | | 이우혁 | 7 | MF | MF | 33 | 정대교 | 8 | 0 | 0 | 0 | 0 |
| 0 | 0 | 1 | 0 | | 이창용 | 6 | MF | MF | 20 | 안상현 | | 0 | 2 | 0 | 0 |
| 0 | 0 | 0 | 90 | | 서보민 | 17 | FW | FW | 10 | 황순민 | | 7(3) | 0 | 0 | 0 |
| 0 | 4(4) | 19 | | | 최진호 | 10 | MF | MF | 7 | 조형익 | | 2(1) | 1 | 0 | 0 |
| 0 | 1 | 3 | | | 최승인 | 9 | FW | FW | 99 | 조나탄 | | 3(1) | 3 | 1 | 0 |
| 0 | 0 | 0 | 0 | | 황교충 | 1 | | | 1 | 이양종 | | 0 | 0 | 0 | 0 |
| 0 | 0 | 0 | 0 | | 조민우 | 92 | | | 24 | 박종진 | | 0 | 0 | 0 | 0 |
| 0 | 0 | 0 | 0 | | 한석종 | 16 | | | 3 | 박성용 | 후6 | 0 | 0 | 0 | 0 |
| 0 | 0 | 0 | 0 | 후42 | 김동기 | 19 | 대기 | 대기 | 18 | 이동명 | 후42 | 1 | 0 | 0 | 0 |
| 0 | 0 | 0 | 0 | 후33 | 알미르 | 32 | | | 13 | 지병주 | | 0 | 0 | 0 | 0 |
| 0 | 0 | 2 | 후19 | 김영후 | 9 | | | 28 | 김근영 | | 0 | 0 | 0 | 0 |
| 0 | 0 | 0 | 0 | | | | | | 27 | 김흥일 | 후38 | 0 | 0 | 0 | 0 |
| 0 | 1 | 17 | 10(5) | | | 0 | | | 0 | | | 16(5) | 17 | 2 | 0 |

●전반 21분 최진호 PAR FK ∩ 배효성 GAL내
  H-ST-G(득점: 배효성, 도움: 최진호) 오른쪽
●전반 42분 최승인 GAL EL ∼ 최진호 GA정면
  L-ST-G(득점: 최진호, 도움: 최승인) 가운데
●후반 5분 최승인 PAR ∼ 최진호 GAR L-ST-G
  (득점: 최진호, 도움: 최승인) 왼쪽
●후반 28분 최진호 PK-R-G(득점: 최진호) 왼쪽

●후반 9분 정대교 AK L ∼ 황순민 GAL L-ST-G
  (득점: 황순민, 도움: 정대교) 왼쪽

## 9월 17일 19:30 맑음 대전 월드컵 관중 1,253명
주심_최명용 부심_서무희·김경민 대기심_매호영 감독관_전인석

**대전 0**  0 전반 0 / 0 후반 1  **1 광주**

| 퇴장 | 경고 | 파울 | ST(유) | 교체 | 선수명 | 배번 | 위치 | 위치 | 배번 | 선수명 | 교체 | ST(유) | 파울 | 경고 | 퇴장 |
|---|---|---|---|---|---|---|---|---|---|---|---|---|---|---|---|
| 0 | 0 | 0 | 0 | | 김선규 | 31 | GK | GK | 1 | 제종현 | | 0 | 0 | 1 | 0 |
| 0 | 0 | 1 | 0 | | 송주한 | 30 | DF | DF | 17 | 이종민 | | 1(1) | 0 | 1 | 0 |
| 0 | 0 | 1 | 0 | | 김대중 | 55 | DF | DF | 2 | 정준연 | | 0 | 0 | 0 | 0 |
| 0 | 0 | 1 | 0 | | 윤원일 | 33 | DF | DF | 13 | 마철준 | | 1(1) | 2 | 0 | 0 |
| 0 | 1 | 1 | 22 | | 김한섭 | 2 | DF | DF | 33 | 정호정 | | 0 | 1 | 0 | 0 |
| 0 | 0 | 2 | 0 | | 마라냥 | 87 | MF | MF | 40 | 이찬동 | | 1 | 5 | 1 | 0 |
| 0 | 0 | 3 | 1 | | 안영규 | 5 | MF | MF | 10 | 파비오 | | 0 | 3 | 0 | 0 |
| 0 | 1 | 1 | 1 | 11 | 황진산 | 16 | MF | MF | 38 | 윤상호 | | 0 | 3 | 0 | 0 |
| 0 | 0 | 0 | 3(2) | | 서명원 | 14 | MF | FW | 11 | 김호남 | 37 | 5(3) | 1 | 0 | 0 |
| 0 | 0 | 1 | 6(1) | | 아드리아노 | 10 | FW | FW | 30 | 조용태 | 8 | 3 | 0 | 0 | 0 |
| 0 | 0 | 3 | 0 | 18 | 김찬희 | 20 | FW | FW | 36 | 디에고 | | 1(1) | 4 | 1 | 0 |
| 0 | 0 | 0 | 0 | | 박주원 | 1 | | | 41 | 류원우 | | 0 | 0 | 0 | 0 |
| 0 | 0 | | | | 김상필 | 13 | | | 8 | 이 완 | 후45 | 0 | | | |
| 0 | 0 | | | | 이인식 | 37 | | | 15 | 김영빈 | | 0 | | | |
| 0 | 0 | | 후41 | | 김영승 | 22 | | 대기 | 대기 | 16 | 김유성 | | 0 | | | |
| 0 | 0 | 0 | | | 신동혁 | 11 | | | 18 | 김우철 | 후0 | 1 | 0 | | |
| 0 | 0 | | 후20 | | 황지웅 | 11 | | | 25 | 송승민 | | 0 | | | |
| 0 | 0 | | 후27 | | 김은중 | 18 | | | 37 | 박 현 | 후43 | 0 | | | |
| 0 | 1 | 13 | 11(3) | | | | 0 | | | | | 17(6) | 19 | 3 | 0 |

●후반 40분 김호남 MFL ~ 디에고 PA내 R-ST-G(득점: 디에고, 도움: 김호남) 오른쪽

## 9월 17일 20:00 맑음 부천 종합 관중 305명
주심_이민후 부심_지승민·박인선 대기심_김영수 감독관_하재훈

**부천 0**  0 전반 0 / 0 후반 1  **1 고양**

| 퇴장 | 경고 | 파울 | ST(유) | 교체 | 선수명 | 배번 | 위치 | 위치 | 배번 | 선수명 | 교체 | ST(유) | 파울 | 경고 | 퇴장 |
|---|---|---|---|---|---|---|---|---|---|---|---|---|---|---|---|
| 0 | 0 | 0 | 0 | | 하강진 | 40 | GK | GK | 23 | 여명용 | | 0 | 0 | 0 | 0 |
| 0 | 1 | 2 | 1(1) | | 안일주 | 4 | MF | DF | 3 | 배민호 | | 0 | 0 | 1 | 0 |
| 0 | 0 | 3 | 0 | | 박재홍 | 5 | DF | DF | 4 | 최병도 | | 1(1) | 1 | 1 | 0 |
| 0 | 0 | 2 | 0 | | 전광환 | 15 | DF | DF | 25 | 안현식 | | 0 | 0 | 0 | 0 |
| 0 | 0 | 2 | 1 | 27 | 이희찬 | 17 | DF | DF | 22 | 황규범 | | 1 | 4 | 0 | 0 |
| 0 | 0 | 0 | 0 | | 유대현 | 22 | DF | MF | 40 | 이도성 | | 0 | 3 | 1 | 0 |
| 0 | 0 | 1 | 0 | | 정홍연 | 55 | MF | MF | 20 | 오기재 | 6 | 0 | 4 | 1 | 0 |
| 0 | 1 | 1 | 1(1) | | 김륜도 | 20 | MF | MF | 15 | 박병원 | | 1 | 1 | 0 | 0 |
| 0 | 0 | 1 | 1 | | 공민현 | 9 | FW | FW | 21 | 윤동헌 | | 5 | 2 | 0 | 0 |
| 0 | 0 | 2 | 0 | 19 | 호드리고 | 11 | FW | FW | 10 | 이광재 | 10 | 2(1) | 1 | 0 | 0 |
| 0 | 1 | 2 | 1 | 7 | 최인창 | 18 | FW | FW | 18 | 주민규 | | 7(4) | 1 | 2 | 0 |
| 0 | 0 | 0 | 0 | | 강 훈 | 33 | | | 1 | 강진웅 | | 0 | | | |
| 0 | 0 | 0 | 0 | | 정주일 | 21 | | | 2 | 이세환 | | 0 | | | |
| 0 | 0 | | 2(1) 후0 | | 박정훈 | 7 | | | 5 | 이 훈 | 후37 | 0 | | | |
| 0 | 0 | 0 | 0 | | 한종우 | 14 | | 대기 | 대기 | 7 | 김상균 | 후29 | 0 | | | |
| 0 | 0 | 0 | 후10 | | 이제승 | 27 | | | 8 | 신재필 | | 0 | | | |
| 0 | 0 | 0 | 0 | | 김태영 | 28 | | | 10 | 호 니 | 후20 | 0 | | | |
| 0 | 2 | 3 | 후0 | | 유준영 | 19 | | | 14 | 이성재 | | 0 | | | |
| 0 | 1 | 19 | 14(3) | | | | 0 | | | | | 15(6) | 15 | 2 | 0 |

●전반 44분 최병도 GA정면 내 H-ST-G(득점: 최병도) 오른쪽

## 9월 17일 19:30 맑음 수원 월드컵 관중 405명
주심_우상일 부심_박상준·강동호 대기심_정동식 감독관_이영철

**수원FC 2**  2 전반 0 / 0 후반 1  **1 안산**

| 퇴장 | 경고 | 파울 | ST(유) | 교체 | 선수명 | 배번 | 위치 | 위치 | 배번 | 선수명 | 교체 | ST(유) | 파울 | 경고 | 퇴장 |
|---|---|---|---|---|---|---|---|---|---|---|---|---|---|---|---|
| 0 | 0 | 0 | 0 | | 이상기 | 43 | GK | GK | 1 | 송유걸 | | 0 | 0 | 0 | 0 |
| 0 | 0 | 0 | 2(1) | | 블라단 | 3 | DF | DF | 6 | 김동우 | | 0 | 2 | 1 | 0 |
| 0 | 0 | 2 | 0 | | 이준호 | 14 | DF | DF | 11 | 최광희 | 18 | 2 | 1 | 1 | 0 |
| 0 | 0 | 0 | 0 | | 김창훈 | 17 | DF | DF | 12 | 김병석 | | 0 | 1 | 0 | 0 |
| 0 | 0 | 2 | 2(1) | | 김서준 | 7 | MF | MF | 21 | 이재권 | | 0 | 2 | 0 | 0 |
| 0 | 0 | 1 | 1 | 16 | 김혁진 | 8 | MF | MF | 4 | 박현범 | | 1(1) | 1 | 0 | 0 |
| 0 | 0 | 0 | | 26 | 김정빈 | 15 | MF | MF | 7 | 이용래 | | 3(2) | 0 | 0 | 0 |
| 0 | 0 | 1 | 0 | | 김재연 | 24 | MF | MF | 17 | 조재철 | | 0 | 0 | 0 | 0 |
| 0 | 0 | 1 | 1(1) | | 임성택 | 30 | MF | MF | 19 | 고경민 | 22 | 1 | 1 | 0 | 0 |
| 0 | 0 | | 3(2) | | 자 파 | 9 | FW | FW | 10 | 서동현 | | 4(2) | 2 | 1 | 0 |
| 0 | 1 | 4 | 2(1) | | 김한원 | 10 | DF | FW | 13 | 윤준하 | 15 | 0 | 4 | 0 | 0 |
| 0 | 0 | 0 | 0 | | 박형순 | 21 | | | 1 | 전태현 | | 0 | | | |
| 0 | 0 | 1 | 0 후40 | | 김영찬 | 6 | | | 5 | 이원재 | | 0 | | | |
| 0 | 0 | 1 | 후27 | | 차준엽 | 26 | | | 18 | 박종진 | 후35 | 0 | | | |
| 0 | 0 | | 후41 | | 권용현 | 16 | | 대기 | 대기 | 32 | 김신철 | | 0 | | | |
| 0 | 0 | 0 | 0 | | 김홍일 | 20 | | | 23 | 김윤식 | | 0 | | | |
| 0 | 0 | 0 | 0 | | 김민기 | 13 | | | 15 | 유호준 | 후42 | 0 | | | |
| 0 | 0 | 0 | 0 | | 박종찬 | 11 | | | 22 | 안성빈 | 후0 | 1(1) | 1 | 1 | 0 |
| 0 | 1 | 13 | 11(6) | | | | 0 | | | | | 13(6) | 19 | 3 | 0 |

●전반 24분 이준호 PAR ~ 김서준 AK내 R-ST-G(득점: 김서준, 도움: 이준호) 오른쪽
●전반 36분 김한원 PK-R-G(득점: 김한원) 오른쪽
●후반 5분 이용래 AK정면 FK L-ST-G(득점: 이용래) 오른쪽

## 9월 20일 16:00 맑음 대전 월드컵 관중 5,834명
주심_매호영 부심_설귀선·박상준 대기심_임원택 감독관_김용세

**대전 1**  1 전반 0 / 0 후반 1  **1 충주**

| 퇴장 | 경고 | 파울 | ST(유) | 교체 | 선수명 | 배번 | 위치 | 위치 | 배번 | 선수명 | 교체 | ST(유) | 파울 | 경고 | 퇴장 |
|---|---|---|---|---|---|---|---|---|---|---|---|---|---|---|---|
| 0 | 0 | 0 | 0 | | 박주원 | 1 | GK | GK | 21 | 박청효 | | 0 | 0 | 0 | 0 |
| 0 | 0 | 0 | 0 | | 송주한 | 30 | DF | DF | 2 | 노연빈 | | 1 | 1 | 0 | 0 |
| 0 | 0 | 1 | 1 | | 안영규 | 5 | DF | DF | 92 | 하파엘 | | 2(1) | 0 | 0 | 0 |
| 0 | 0 | 1 | 0 | | 윤원일 | 33 | DF | DF | 23 | 이택기 | | 0 | 0 | 0 | 0 |
| 0 | 1 | 1 | 0 | | 장원석 | 3 | DF | DF | 7 | 김재훈 | | 0 | 0 | 0 | 0 |
| 0 | 0 | 1 | 1(1) | | 마라냥 | 87 | MF | MF | 15 | 박태수 | | 1 | 5 | 1 | 0 |
| 0 | 0 | 2 | 4(1) | 12 | 유성기 | 12 | MF | MF | 83 | 치프리안 | 16 | 3(2) | 2 | 1 | 0 |
| 0 | 0 | 0 | 0 | | 정석민 | 77 | MF | MF | 4 | 박진수 | | 1 | 0 | 0 | 0 |
| 0 | 0 | 3 | | 11 | 서명원 | 14 | FW | FW | 19 | 임진욱 | | 4(2) | 3 | 0 | 0 |
| 0 | | | 2(1) | | 아드리아노 | 10 | FW | FW | 99 | 정성민 | 9 | 1(1) | 2 | 1 | 0 |
| 0 | 2 | 1 | | | 김찬희 | 20 | FW | FW | 28 | 김정훈 | 17 | 1(1) | 0 | 2 | 0 |
| 0 | 0 | | | | 김선규 | 31 | | | 79 | 이정래 | | 0 | | | |
| 0 | 0 | | 후27 | | 김한섭 | 2 | | | 18 | 한상학 | | 0 | | | |
| 0 | 0 | | | | 김대중 | 55 | | | 27 | 김한빈 | | 0 | | | |
| 0 | 0 | | | | 김영승 | 22 | | 대기 | 대기 | 17 | 이준호 | 후31 | 0 | | | |
| 0 | 0 | | | | 신동혁 | 17 | | | 16 | 최승호 | 후14 | 0 | | | |
| 0 | 0 | | 후43 | | 황진산 | 11 | | | 22 | 변 웅 | | 0 | | | |
| 0 | 0 | | 후33 | | 황지웅 | 11 | | | 9 | 한홍규 | 후29 | 0 | | | |
| 0 | 1 | 12 | 13(3) | | | | 0 | | | | | 15(7) | 16 | 2 | 0 |

●전반 8분 안영규 GAL H → 아드리아노 GA정면 L-ST-G(득점: 아드리아노, 도움: 안영규) 왼쪽
●후반 22분 박태수 MF정면 ~ 임진욱 GAL R-ST-G(득점: 임진욱, 도움: 박태수) 오른쪽

## 9월20일 16:00 맑음 부천 종합 관중 588명
주심_윤창수 부심_서무희·김경민 대기심_이동준 감독관_김정식

**부천 2**   1 전반 1 / 1 후반 1   **2 안산**

| 퇴장 | 경고 | 파울 | ST(유) | 교체 | 선수명 | 배번 | 위치 | 위치 | 배번 | 선수명 | 교체 | ST(유) | 파울 | 경고 | 퇴장 |
|---|---|---|---|---|---|---|---|---|---|---|---|---|---|---|---|
| 0 | 0 | 0 | 0 | | 하강진 | 40 | GK | GK | 16 | 유 현 | | 0 | 0 | 0 | 0 |
| 0 | 0 | 0 | 0 | | 안일주 | 4 | MF | DF | 5 | 이원재 | 28 | 1(1) | 1 | 1 | 0 |
| 0 | 0 | 1 | 0 | | 박재홍 | 5 | DF | DF | 11 | 최광희 | | 0 | 1 | 1 | 0 |
| 0 | 2 | 1 | 0 | | 전광환 | 15 | DF | DF | 12 | 김병석 | | 0 | 1 | 1 | 0 |
| 0 | 0 | | | 28 | 이희찬 | 17 | DF | DF | 21 | 이재권 | | 1(1) | 4 | 1 | 0 |
| 0 | 6 | 1(1) | 27 | | 정주일 | 3 | FW | MF | 4 | 박현범 | | 0 | 1 | 0 | 0 |
| 1 | 2(1) | | | | 유대현 | 22 | DF | MF | 7 | 이용래 | | 0 | 1 | 0 | 0 |
| 0 | 0 | | | | 정홍연 | 55 | DF | MF | 17 | 조재철 | | 3(1) | 0 | 1 | 0 |
| 0 | 1 | 2(2) | | | 김륜도 | 20 | MF | MF | 19 | 고경민 | | 3(3) | 1 | 2 | 0 |
| 0 | 0 | | | | 공민현 | 9 | FW | FW | 9 | 서동현 | | 3(2) | 4 | 1 | 0 |
| 0 | 1(1) | | | | 유준영 | 19 | FW | FW | 13 | 윤준하 | 22 | 0 | 0 | 0 | 0 |
| 0 | 0 | | | | 강 진 | 33 | | | 25 | 손유걸 | | 0 | 0 | | |
| 0 | 0 | | | | 주일태 | 13 | | | 28 | 강종국 | 후11 | 0 | 0 | | |
| 0 | 0 | | | | 박정훈 | 7 | | | 8 | 문기한 | 후38 | 0 | 0 | | |
| 0 | | | 후35 | | 이제승 | 27 | 대기 | 대기 | 18 | 박종진 | | 0 | 0 | | |
| 0 | | | | | 김태영 | 28 | | | 20 | 안성빈 | 후31 | 2(1) | 3 | 1 | 0 |
| 0 | 0 | | | | 최낙민 | 26 | | | 23 | 김원식 | | 0 | 0 | | |
| 0 | 2(1) | | 후5 | | 최인창 | 16 | | | 15 | 유호준 | | 0 | 0 | | |
| 0 | 0 | 18 | 11(6) | | | | | | 0 | | | 12(8) | 18 | 3 | 0 |

● 전반 40분 유대현 PAL ~ 김륜도 AK정면 R-ST-G(득점: 김륜도, 도움: 유대현) 왼쪽
● 후반 9분 공민현 PAL EL ~ 최인창 GAR내 H-ST-G(득점: 최인창, 도움: 공민현) 오른쪽
● 전반 36분 안성빈 MFR ~ 고경민 GA정면내 R-ST-G(득점: 고경민, 도움: 안성빈) 오른쪽
● 후반 27분 서동현 PAR내 EL ~ 조재철 GA내 R-ST-G(득점: 조재철, 도움: 서동현) 가운데

---

## 9월21일 14:00 흐림 춘천 송암 관중 428명
주심_박병진 부심_지승민·방기열 대기심_유선호 감독관_전인석

**강원 2**   2 전반 0 / 0 후반 4   **4 광주**

| 퇴장 | 경고 | 파울 | ST(유) | 교체 | 선수명 | 배번 | 위치 | 위치 | 배번 | 선수명 | 교체 | ST(유) | 파울 | 경고 | 퇴장 |
|---|---|---|---|---|---|---|---|---|---|---|---|---|---|---|---|
| 0 | 0 | 0 | 0 | | 양동원 | 21 | GK | GK | 1 | 제종현 | | 0 | 0 | 0 | 0 |
| 0 | 0 | 1 | 0 | | 이재훈 | 3 | DF | DF | 17 | 이종민 | | 1(1) | 1 | 1 | 0 |
| 0 | 0 | | | | 배효성 | 5 | DF | DF | 2 | 정준연 | | 0 | 1 | 0 | 0 |
| 0 | 1 | 1 | 1(1) | | 김오규 | 20 | DF | DF | 13 | 마철준 | 15 | 0 | 0 | 0 | 0 |
| 0 | 1 | | | | 김윤호 | 16 | DF | DF | 33 | 정호정 | | 0 | 0 | 0 | 0 |
| 0 | 0 | 9 | | | 정우혁 | 4 | MF | MF | 40 | 이찬동 | | 0 | 1 | 0 | 0 |
| 0 | 3 | 1 | | | 이우혁 | 7 | MF | MF | 7 | 여 름 | | 0 | 1 | 0 | 0 |
| 0 | 1 | | | | 이창용 | 6 | MF | MF | 38 | 윤상호 | 24 | 1 | 0 | 0 | 0 |
| 0 | 1 | 3(2) | 90 | | 서보민 | 17 | FW | FW | 11 | 김호남 | | 2(1) | 4 | 1 | 0 |
| 0 | 1 | 2(2) | | | 최진호 | 10 | FW | FW | 30 | 조용태 | | 1 | 1 | 0 | 0 |
| 0 | 1 | 9 | | | 최승인 | 19 | FW | FW | 36 | 디에고 | 24 | 2(1) | 2 | 0 | 0 |
| 0 | 0 | | | | 황교늘 | 1 | | | 41 | 류원우 | | 0 | 0 | | |
| 0 | 0 | | | | 조민우 | 92 | | | 0 | 이 완 | | 0 | 0 | | |
| 0 | 0 | | | | 박대한 | 1 | | | 15 | 김영빈 | 후39 | 0 | 0 | | |
| 0 | 0 | | 후0 | | 이종성 | 22 | 대기 | 대기 | 18 | 김우철 | | 0 | 0 | | |
| 0 | 0 | | 후0 | | 알미르 | 90 | | | 24 | 오도현 | 후15 | 0 | 0 | | |
| 0 | 2(2) | | 후0 | | 김동기 | 5 | | | 25 | 송승민 | 후37 | 0 | 0 | | |
| 0 | 3(주) | | 후23 | | 김영후 | 9 | | | 37 | 박 현 | | 0 | 0 | | |
| 0 | 1 | 12 | 12(10) | | | | | | 0 | | | 8(6) | 19 | 1 | 0 |

● 전반 5분 서보민 MFL ~ 최진호 GAR H-ST-G(득점: 최진호, 도움: 서보민) 왼쪽
● 전반 12분 이우혁 C.KR ~ 김오규 GA정면 H-ST-G(득점: 김오규, 도움: 이우혁) 오른쪽
● 후반 3분 이종민 ~ 김호남 GAL내 EL L-ST-G(득점: 김호남, 도움: 이종민) 왼쪽
● 후반 10분 이종민 PAR내 EL ~ 파비오 GA정면 R-ST-G(득점: 파비오, 도움: 이종민) 가운데
● 후반 21분 파비오 PK-R-G (득점: 파비오) 왼쪽
● 후반 29분 디에고 PAL ~ 조용태 GAR L-ST-G (득점: 조용태, 도움: 디에고) 가운데

---

## 9월20일 16:00 맑음 안양 종합 관중 665명
주심_김영수 부심_양병은·곽승순 대기심_박진호 감독관_하재훈

**안양 0**   0 전반 0 / 0 후반 1   **1 고양**

| 퇴장 | 경고 | 파울 | ST(유) | 교체 | 선수명 | 배번 | 위치 | 위치 | 배번 | 선수명 | 교체 | ST(유) | 파울 | 경고 | 퇴장 |
|---|---|---|---|---|---|---|---|---|---|---|---|---|---|---|---|
| 0 | 0 | 0 | 0 | | 최필수 | 25 | GK | GK | 23 | 여명용 | | 0 | 0 | 0 | 0 |
| 0 | 1 | 1 | 0 | | 김효준 | 4 | DF | DF | 2 | 이세환 | | 1(1) | 2 | 0 | 0 |
| 0 | 0 | 0 | 0 | | 정다슬 | 20 | MF | DF | 4 | 최병도 | | 0 | 1 | 0 | 0 |
| 0 | 0 | 0 | 0 | | 백동규 | 30 | DF | DF | 25 | 안현식 | | 0 | 1 | 0 | 0 |
| 0 | 0 | | 1(1) | | 이으뜸 | 17 | DF | DF | 22 | 황규범 | 3 | 0 | 0 | 0 | 0 |
| 0 | 0 | | | | 김태봉 | 22 | MF | MF | 8 | 신재필 | 10 | 0 | 0 | 0 | 0 |
| 0 | 0 | 0 | | | 최진수 | 13 | MF | MF | 19 | 이 호 | | 1 | 1 | 0 | 0 |
| 0 | 0 | 0 | | | 박정식 | 14 | MF | MF | 15 | 박병원 | | 3(2) | 4 | 0 | 0 |
| 0 | 0 | 0 | 99 | | 김원민 | 77 | MF | MF | 14 | 윤동헌 | | 0 | 0 | 0 | 0 |
| 0 | 0 | 0 | 0 | | 박성진 | 8 | FW | MF | 14 | 이성재 | | 0 | 0 | 0 | 0 |
| 0 | 3(1) | | 7 | | 바그너 | 10 | FW | FW | 17 | 이광재 | 18 | 1 | 0 | 0 | 0 |
| 0 | 0 | | | | 정민교 | 21 | | | 1 | 강진웅 | | 0 | 0 | | |
| 0 | 0 | | | | 박 한 | 7 | | | 22 | 배민호 | 후45 | 0 | 0 | | |
| 0 | 0 | | | | 구대영 | 90 | | | 5 | 이 훈 | | 0 | 0 | | |
| 0 | 0 | | | | 김종성 | 6 | 대기 | 대기 | 13 | 김상균 | | 0 | 0 | | |
| 0 | | | 후17 | | 정대선 | 7 | | | 13 | 한 빛 | | 0 | 0 | | |
| 0 | | | 후36 | | 펠리피 | 11 | | | 10 | 호 니 | 후31 | 0 | 0 | | |
| 0 | | | 후23 | | 김재웅 | 99 | | | 18 | 주민규 | 후18 | 0 | 0 | | |
| 0 | 2 | 11 | 8(3) | | | | | | 0 | | | 7(4) | 18 | 2 | 0 |

● 후반 3분 윤동헌 C.KL ~ 이광재 GAL내 H-ST-G(득점: 이광재, 도움: 윤동헌) 오른쪽

---

## 9월21일 14:00 맑음 대구 스타디움 관중 643명
주심_정동식 부심_최민병·박인선 대기심_김대용 감독관_강창구

**대구 1**   0 전반 1 / 1 후반 1   **2 수원FC**

| 퇴장 | 경고 | 파울 | ST(유) | 교체 | 선수명 | 배번 | 위치 | 위치 | 배번 | 선수명 | 교체 | ST(유) | 파울 | 경고 | 퇴장 |
|---|---|---|---|---|---|---|---|---|---|---|---|---|---|---|---|
| 0 | 0 | 0 | 0 | | 조현우 | 21 | GK | GK | 43 | 이상기 | | 0 | 0 | 0 | 0 |
| 0 | 0 | 1 | 1(1) | | 김동진 | 16 | DF | DF | 5 | 블라단 | | 0 | 1 | 0 | 0 |
| 0 | 0 | 1 | 0 | | 박성용 | 3 | DF | DF | 14 | 이준호 | | 0 | 1 | 0 | 0 |
| 0 | 0 | 0 | 0 | | 노행석 | 6 | DF | MF | 13 | 김창훈 | | 0 | 0 | 0 | 0 |
| 0 | 1(1) | | | | 금교진 | 2 | DF | MF | 4 | 이치준 | 11 | 2(1) | 2 | 0 | 0 |
| 0 | 0 | | | | 허재원 | 8 | DF | MF | 7 | 김서준 | | 4(2) | 1 | 1 | 0 |
| 0 | 3 | | | | 장대희 | 33 | MF | MF | 17 | 김혁진 | | 0 | 0 | 0 | 0 |
| 0 | 0 | | | | 안상현 | 14 | MF | MF | 16 | 권용현 | | 2(1) | 2 | 0 | 0 |
| 0 | 1 | | | | 황순민 | 10 | MF | MF | 30 | 임성택 | | 3(2) | 0 | 1 | 0 |
| 0 | 3 | | | | 조나탄 | 99 | MF | MF | 8 | 김홍일 | 26 | 0 | 1 | 0 | 0 |
| 0 | 0 | | | | 조형익 | 7 | FW | FW | 9 | 자 파 | | 2 | 1 | 0 | 0 |
| 0 | 0 | | | | 이양종 | 1 | | | 23 | 박형순 | | 0 | 0 | | |
| 0 | 0 | | | | 박종진 | 24 | | | 6 | 김영찬 | | 0 | 0 | | |
| 0 | 0 | | | | 전형섭 | 30 | | | 26 | 차준엽 | 후24 | 0 | 0 | | |
| 0 | | | 후30 | | 김귀현 | 22 | 대기 | 대기 | 10 | 김정빈 | 후37 | 0 | 0 | | |
| 0 | 0 | | | | 남세인 | 13 | | | 24 | 김 본 | | 0 | 0 | | |
| 0 | | | 후7 | | 노병준 | 17 | | | 31 | 김민기 | | 0 | 0 | | |
| 0 | 0 | | | | 김흥일 | 27 | | | 11 | 박종찬 | 후34 | 0 | 0 | | |
| 0 | 2 | 15 | 12(4) | | | | | | 0 | | | 16(6) | 17 | 1 | 0 |

● 후반 28분 조나탄 AK내 ~ 금교진 AKR R-ST-G(득점: 금교진, 도움: 조나탄) 오른쪽
● 전반 24분 권용현 GA정면내 ~ 김서준 PAL내 L-ST-G(득점: 김서준, 도움: 권용현) 왼쪽
● 후반 32분 권용현 GAR ~ 임성택 GA정면내 R-ST-G(득점: 임성택, 도움: 권용현) 가운데

## 9월 27일 14:00 맑음 대구 스타디움 관중 685명

주심_서동진 부심_지승민·김경민 대기심_박진호 감독관_전인석

**대구 1 : 0 대전**
0 전반 0
1 후반 0

| 퇴장 | 경고 | 파울 | ST(유) | 교체 | 선수명 | 배번 | 위치 | 위치 | 배번 | 선수명 | 교체 | ST(유) | 파울 | 경고 | 퇴장 |
|---|---|---|---|---|---|---|---|---|---|---|---|---|---|---|---|
| 0 | 0 | 0 | 0 |  | 조현우 | 21 | GK | GK | 1 | 박주원 |  | 0 | 0 | 0 | 0 |
| 0 | 0 | 2 | 1(1) | 16 | 이준희 | 22 | DF | DF | 30 | 송주한 | 2 | 0 | 0 | 0 | 0 |
| 0 | 0 | 2 | 0 |  | 허재원 | 8 | DF | DF | 4 | 안영규 |  | 0 | 0 | 0 | 0 |
| 0 | 0 | 3 | 0 |  | 노행석 | 6 | DF | DF | 33 | 윤원일 |  | 0 | 0 | 0 | 0 |
| 0 | 0 | 0 | 0 |  | 최원권 | 81 | DF | DF | 3 | 장원석 |  | 0 | 0 | 0 | 0 |
| 0 | 0 | 4 | 0 |  | 마테우스 | 25 | MF | MF | 14 | 마라냥 | 24 | 2(1) | 1 | 0 | 0 |
| 0 | 0 | 1 | 0 |  | 박충진 | 5 | MF | MF | 12 | 유성기 |  | 0 | 4 | 0 | 0 |
| 0 | 0 | 1 | 0 |  | 김귀현 | 14 | MF | MF | 7 | 정석민 |  | 1 | 1 | 0 | 0 |
| 0 | 0 | 0 | 1 | 7 | 노병준 | 17 | MF | MF | 11 | 황지웅 |  | 1 | 0 | 0 | 0 |
| 0 | 0 | 1 | 1(1) | 3 | 황순민 | 10 | FW | FW | 10 | 아드리아노 |  | 4(1) | 1 | 0 | 0 |
| 0 | 0 | 1 | 6(3) |  | 조나탄 | 99 | FW | FW | 16 | 황진산 | 18 | 0 | 1 | 0 | 0 |
| 0 | 0 | 0 | 0 |  | 이양종 | 1 |  |  | 31 | 김선규 |  | 0 | 0 | 0 | 0 |
| 0 | 0 | 0 | 0 | 후34 | 김동진 |  |  |  | 16 | 김상필 |  | 0 | 0 | 0 | 0 |
| 0 | 0 | 0 | 0 | 후45 | 박성용 |  |  |  | 55 | 김대충 |  | 0 | 0 | 0 | 0 |
| 0 | 0 | 0 | 0 |  | 금교진 | 2 | 대기 | 대기 | 22 | 김영승 |  | 0 | 0 | 0 | 0 |
| 0 | 0 | 0 | 0 |  | 정대교 | 33 |  |  | 2 | 김한섭 | 후28 | 0 | 0 | 0 | 0 |
| 0 | 0 | 0 | 0 |  | 김홍일 | 27 |  |  | 24 | 김성수 | 후35 | 0 | 0 | 0 | 0 |
| 0 | 0 | 1 | 1 | 후9 | 조형익 |  |  |  | 18 | 김은중 | 후22 | 0 | 0 | 0 | 0 |
| 0 | 2 | 16 | 10(5) |  |  |  |  |  |  |  |  | 7(2) | 7 | 0 | 0 |

● 후반 21분 황순민 C.KL ⌒ 조나탄 GAR H-ST-G
(득점: 조나탄, 도움: 황순민) 오른쪽

## 9월 27일 16:00 맑음 충주 종합 관중 412명

주심_박병진 부심_양병은·곽승호 대기심_매호영 감독관_김수현

**충주 2 : 2 안산**
2 전반 0
0 후반 2

| 퇴장 | 경고 | 파울 | ST(유) | 교체 | 선수명 | 배번 | 위치 | 위치 | 배번 | 선수명 | 교체 | ST(유) | 파울 | 경고 | 퇴장 |
|---|---|---|---|---|---|---|---|---|---|---|---|---|---|---|---|
| 0 | 0 | 0 | 0 |  | 박청효 | 21 | GK | GK | 1 | 전태현 |  | 0 | 1 | 0 | 0 |
| 0 | 0 | 3 | 0 |  | 노연빈 | 2 | DF | DF | 12 | 박병석 |  | 0 | 0 | 0 | 0 |
| 0 | 0 | 2 | 0 |  | 유종현 | 5 | DF | DF | 8 | 박종진 |  | 1(1) | 1 | 0 | 0 |
| 0 | 0 | 1 | 0 |  | 이택기 | 23 | DF | DF | 21 | 이재권 |  | 0 | 0 | 0 | 0 |
| 0 | 0 | 1 | 0 |  | 박요한 | 11 | DF | DF | 28 | 강종국 |  | 0 | 0 | 0 | 0 |
| 0 | 0 | 1 | 1 |  | 박태수 | 15 | MF | MF | 4 | 박현범 | 27 | 0 | 1 | 0 | 0 |
| 0 | 1 | 1 | 2(2) | 22 | 치프리안 | 83 | MF | MF | 7 | 이용래 |  | 1 | 1 | 0 | 0 |
| 0 | 0 | 0 | 0 | 16 | 박진수 | 4 | MF | MF | 17 | 조재철 |  | 1 | 0 | 0 | 0 |
| 0 | 0 | 2 | 2(2) |  | 임진욱 | 19 | FW | FW | 19 | 고경민 | 15 | 1 | 0 | 0 | 0 |
| 0 | 1 | 2 | 3(1) |  | 정성민 | 10 | FW | FW | 10 | 서동현 |  | 4(2) | 1 | 0 | 0 |
| 0 | 0 | 1 | 1(1) | 28 | 지경득 | 17 | FW | FW | 18 | 박희도 | 32 | 1 | 1 | 0 | 0 |
| 0 |  |  |  |  | 이정래 | 79 |  |  | 30 | 박희도 |  | 0 | 0 | 0 | 0 |
| 0 |  |  |  |  | 하파엘 | 92 |  |  | 26 | 안동은 |  | 0 | 0 | 0 | 0 |
| 0 | 0 |  | 2(1) | 후22 | 김재훈 |  | 대기 | 대기 |  | 유호준 | 후17 | 0 | 0 | 0 | 0 |
| 0 |  |  | 0 | 후... | 최승호 | 16 |  |  |  | 한덕희 | 후34 | 0 | 0 | 0 | 0 |
| 0 |  |  | 1(1) | 후11 | 김정훈 | 28 |  |  | 32 | 김신철 | 전42 | 0 | 0 | 0 | 0 |
| 0 |  |  | 14(8) |  |  |  |  |  |  |  |  | 7(3) | 16 | 1 | 0 |

● 전반 21분 정성민 PK-R-G(득점: 정성민) 오른쪽
● 전반 45분 지경득 MFR ⌒ 임진욱 GAR R-ST-G
(득점: 임진욱, 도움: 지경득) 왼쪽
● 후반 17분 고경민 GAL R-ST-G(득점: 고경민) 오른쪽
● 후반 44분 이재권 AKL FK L-ST-G(득점: 이재권) 오른쪽

## 9월 27일 14:00 맑음 원주 관중 564명

주심_김영수 부심_설귀선·박상준 대기심_임원택 감독관_한진원

**강원 2 : 0 부천**
1 전반 0
1 후반 0

| 퇴장 | 경고 | 파울 | ST(유) | 교체 | 선수명 | 배번 | 위치 | 위치 | 배번 | 선수명 | 교체 | ST(유) | 파울 | 경고 | 퇴장 |
|---|---|---|---|---|---|---|---|---|---|---|---|---|---|---|---|
| 0 | 0 | 0 | 0 |  | 양동원 | 21 | GK | GK | 40 | 하강진 |  | 0 | 0 | 0 | 0 |
| 0 | 1 | 2 | 1 |  | 이재훈 | 3 | DF | DF | 2 | 안일주 |  | 0 | 0 | 0 | 0 |
| 0 | 1 | 3 | 0 |  | 배효성 | 5 | DF | DF | 6 | 강지용 |  | 1 | 0 | 0 | 0 |
| 0 | 0 | 0 | 0 |  | 정우인 | 4 | DF | DF | 5 | 전광환 |  | 0 | 0 | 0 | 0 |
| 0 | 0 | 0 | 0 | 15 | 백종환 | 77 | DF | MF | 17 | 이희찬 |  | 0 | 2 | 0 | 1 |
| 0 | 1 | 2 | 0 |  | 이우혁 | 6 | MF | MF | 21 | 정주일 | 18 | 1 | 0 | 0 | 0 |
| 0 | 0 | 0 | 1(1) |  | 한석종 | 16 | MF | MF | 7 | 주광선 |  | 0 | 1 | 0 | 0 |
| 0 | 0 | 0 | 2(1) |  | 장혁진 | 17 | MF | MF | 20 | 김륜도 |  | 1 | 2 | 0 | 0 |
| 0 | 0 | 1 | 2(2) |  | 알렉스 | 88 | FW | MF | 22 | 공민현 | 14 | 2 | 2 | 0 | 0 |
| 0 | 0 | 0 | 1(1) | 11 | 김영후 | 9 | FW | FW | 11 | 호드리고 |  | 4(1) | 1 | 0 | 0 |
| 0 | 1 | 1 |  | 19 | 최진호 | 10 | FW | FW | 19 | 유준영 |  | 2(1) | 1 | 0 | 0 |
| 0 |  |  |  |  | 홍상준 | 31 |  |  | 33 | 강훈 |  | 0 | 0 | 0 | 0 |
| 0 |  |  |  |  | 조민우 |  |  |  | 5 | 박재홍 |  | 0 | 0 | 0 | 0 |
| 0 |  |  |  | 후16 | 김윤호 | 15 |  |  | 22 | 유대현 |  | 0 | 0 | 0 | 0 |
| 0 |  |  |  |  | 서보민 |  | 대기 | 대기 | 7 | 박정훈 | 후25 | 0 | 0 | 0 | 0 |
| 0 |  |  |  |  | 정찬일 |  |  |  | 14 | 한종우 | 후32 | 0 | 0 | 0 | 0 |
| 0 |  |  |  | 후40 | 김동기 | 19 |  |  | 29 | 고보연 |  | 0 | 0 | 0 | 0 |
| 0 |  |  |  | 후27 | 최승인 | 11 |  |  | 18 | 최인창 | 후18 | 1 | 0 | 0 | 0 |
| 0 | 2 | 12 | 9(6) |  |  |  |  |  |  |  |  | 12(2) | 9 | 0 | 1 |

● 전반 16분 최진호 PA정면 ⌒ 김영후 PAR내 R-ST-G(득점: 김영후, 도움: 최진호) 가운데
● 후반 28분 최진호 PAL ⌒ 최승인 AKL L-ST-G 득점: 최승인, 도움: 최진호) 오른쪽

## 9월 28일 14:00 맑음 광주 월드컵 관중 677명

주심_정동식 부심_정해상·박인선 대기심_김성호 감독관_이영철

**광주 1 : 2 안양**
0 전반 1
1 후반 1

| 퇴장 | 경고 | 파울 | ST(유) | 교체 | 선수명 | 배번 | 위치 | 위치 | 배번 | 선수명 | 교체 | ST(유) | 파울 | 경고 | 퇴장 |
|---|---|---|---|---|---|---|---|---|---|---|---|---|---|---|---|
| 0 | 0 | 0 | 0 |  | 제종현 | 1 | GK | GK | 1 | 이진형 |  | 0 | 0 | 0 | 0 |
| 0 | 0 | 1 | 0 |  | 정준연 | 2 | DF | DF | 3 | 가솔현 |  | 0 | 0 | 0 | 0 |
| 0 | 1 | 1 |  |  | 김영빈 | 15 | DF | MF | 4 | 김효준 | 30 | 0 | 1 | 0 | 0 |
| 0 | 1 | 3 |  | 24 | 마철준 | 13 | DF | DF | 79 | 박민 |  | 1(1) | 2 | 0 | 0 |
| 0 | 1 | 3 | 0 |  | 정호정 | 33 | DF | DF | 17 | 이으뜸 |  | 0 | 0 | 0 | 0 |
| 0 |  | 4 | 0 |  | 이찬동 | 40 | MF | DF | 22 | 김태봉 |  | 1(1) | 1 | 0 | 0 |
| 0 |  | 3 | 2(2) |  | 파비오 | 8 | MF | MF | 5 | 정재용 |  | 0 | 0 | 0 | 0 |
| 0 |  |  | 5 |  | 윤상호 | 38 | MF | FW | 11 | 조성준 | 77 | 0 | 2 | 0 | 0 |
| 0 |  | 1 | 0 |  | 김호남 | 11 | FW | FW | 16 | 주현재 |  | 1(1) | 3 | 0 | 0 |
| 0 |  | 1 | 2(1) |  | 디에고 | 30 | FW | FW | 9 | 박성진 |  | 1(1) | 3 | 0 | 0 |
| 0 |  |  |  |  | 류원우 | 41 |  |  | 25 | 최필수 |  | 0 | 0 | 0 | 0 |
| 0 |  |  | 2(1) | 후0 | 임선영 | 5 |  |  | 30 | 백동규 | 후28 | 0 | 0 | 0 | 0 |
| 0 |  |  |  |  | 이완 |  |  |  | 90 | 구대영 |  | 0 | 0 | 0 | 0 |
| 0 |  |  |  |  | 김우철 |  | 대기 | 대기 | 7 | 정대선 | 후9 | 3(3) |  |  |  |
| 0 |  |  |  |  |  |  |  |  | 4 | 김원민 | 후40 | 1(1) |  |  |  |
| 0 |  |  |  | 후28 | 송승민 |  |  |  | 33 | 남궁도 |  |  |  |  |  |
| 0 |  |  |  |  | 박현 | 37 |  |  | 99 | 김재웅 |  |  |  |  |  |
| 0 | 1 | 18 | 9(4) |  |  |  |  |  |  |  |  | 7(7) | 13 | 0 | 0 |

● 후반 48분 김호남 PAL EL ⌒ 임선영 GAR내 H-ST-G(득점: 임선영, 도움: 김호남) 오른쪽
● 전반 43분 주현재 PAR ⌒ 박성진 GAR L-ST-G (득점: 박성진, 도움: 주현재) 왼쪽
● 후반 16분 정대선 PK-R-G(득점: 정대선) 왼쪽

**수원FC 1**

| | 0 전반 1 |
| | 1 후반 0 |

**1 고양**

| 퇴장 | 경고 | 파울 | ST(유) | 교체 | 선수명 | 배번 | 위치 | 위치 | 배번 | 선수명 | 교체 | ST(유) | 파울 | 경고 | 퇴장 |
|---|---|---|---|---|---|---|---|---|---|---|---|---|---|---|---|
| 0 | 0 | 0 | 0 | | 이상기 | 43 | GK | GK | 23 | 여명용 | | 0 | 0 | 0 | 0 |
| 0 | 0 | 0 | 0 | | 블라단 | 5 | DF | DF | 3 | 배민호 | 18 | 0 | 0 | 0 | 0 |
| 0 | 0 | 2 | 2 | 18 | 이준호 | 14 | DF | DF | 4 | 최병도 | | 0 | 0 | 1 | 0 |
| 0 | 1 | 1 | 1(1) | | 김창훈 | 17 | DF | DF | 25 | 안현식 | | 0 | 0 | 0 | 0 |
| 0 | 1 | 1(1) | | | 김서준 | 7 | MF | DF | 22 | 황규범 | | 1(1) | 5 | 1 | 0 |
| 0 | 0 | 2(1) | | | 김정빈 | 15 | MF | MF | 7 | 이도성 | | 0 | 2 | 0 | 0 |
| 0 | 0 | 0 | 0 | | 권용현 | 16 | MF | MF | 19 | 여효진 | | 0 | 3 | 0 | 0 |
| 0 | 0 | 0 | 0 | 11 | 김재연 | 24 | MF | MF | 20 | 오기재 | | 0 | 1 | 1 | 0 |
| 0 | 0 | 0 | 0 | 31 | 임성택 | 30 | MF | FW | 15 | 박병원 | 10 | 1 | 0 | 0 | 0 |
| 0 | 0 | 0 | 0 | | 자 파 | 9 | FW | FW | 21 | 유동현 | | 1 | 1 | 0 | 0 |
| 0 | 1 | 4 | 2(2) | | 김한원 | 10 | FW | FW | 17 | 이광재 | | 0 | 2 | 0 | 0 |
| 0 | 0 | 0 | 0 | | 박형순 | 23 | | | 1 | 강진웅 | | 0 | 0 | 0 | 0 |
| 0 | 0 | 0 | 0 | | 김영찬 | 6 | | | 5 | 이 훈 | | 0 | 0 | 0 | 0 |
| 0 | 0 | 0 | 0 | | 이치준 | 3 | | | 8 | 신재필 | | 0 | 0 | 0 | 0 |
| 0 | 0 | 0 | 0 | | 김 홍 일 | 20 | 대기 | 대기 | 10 | 호 니 | 후34 | 0 | 1 | 0 | 0 |
| 0 | 0 | 0 | 0 | 전29 | 김 민 기 | 31 | | | 13 | 한 빛 | | 0 | 0 | 0 | 0 |
| 0 | 0 | 0 | 0 | 후0 | 박충균 | 1 | | | 14 | 이성재 | 후31 | 0 | 4 | 1 | 0 |
| 0 | 0 | 0 | 0 | 후25 | 정 민 우 | 18 | | | 18 | 주 민 규 | 후14 | 0 | 5 | 0 | 0 |
| 0 | 2 | 11 | 11(5) | | | 0 | | | 0 | | | 3(2) | 20 | 2 | 0 |

● 후반 40분 김한원 PK-R-G(득점: 김한원) 오른쪽
● 전반 32분 박병원 GAR내 R-ST-G(득점: 박병원) 오른쪽

**안산 0**

| | 0 전반 2 |
| | 0 후반 1 |

**3 안양**

| 퇴장 | 경고 | 파울 | ST(유) | 교체 | 선수명 | 배번 | 위치 | 위치 | 배번 | 선수명 | 교체 | ST(유) | 파울 | 경고 | 퇴장 |
|---|---|---|---|---|---|---|---|---|---|---|---|---|---|---|---|
| 0 | 0 | 0 | 0 | | 전태현 | 1 | GK | GK | 1 | 이진형 | | 0 | 0 | 0 | 0 |
| 0 | 0 | 1 | 1 | | 김병석 | 12 | DF | DF | 3 | 가솔현 | | 0 | 2 | 0 | 0 |
| 0 | 0 | 0 | 0 | 27 | 박종진 | 18 | DF | DF | 30 | 백동규 | | 0 | 0 | 0 | 0 |
| 0 | 1 | 0 | 1 | | 이재권 | 21 | DF | MF | 22 | 김태봉 | | 0 | 1 | 0 | 0 |
| 0 | 1 | 0 | 0 | | 강종국 | 28 | DF | MF | 90 | 구대영 | | 0 | 4 | 0 | 0 |
| 0 | 1 | 3 | 2 | | 박현범 | 4 | MF | MF | 6 | 김종성 | 33 | 1 | 2 | 0 | 0 |
| 0 | 0 | 0 | 0 | | 이용래 | 7 | MF | MF | 13 | 최진수 | | 2(2) | 1 | 0 | 0 |
| 0 | 3 | 1(1) | | | 조재철 | 17 | MF | FW | 14 | 정대선 | 14 | 2(1) | 1 | 1 | 0 |
| 0 | 2 | 1(1) | | | 고경민 | 19 | FW | FW | 11 | 조성준 | 77 | 0 | 3 | 0 | 0 |
| 0 | 1 | 0 | 32 | | 윤준하 | 13 | FW | FW | 18 | 김대한 | | 4(3) | 0 | 1 | 0 |
| 0 | 2 | 0 | 1 | 34 | 유호준 | 99 | MF | MF | 99 | 김재웅 | | 3(1) | 5 | 1 | 0 |
| 0 | 0 | 0 | 0 | | 박희도 | 30 | | | 25 | 최필수 | | 0 | 0 | 0 | 0 |
| 0 | 0 | 0 | 0 | 후28 | 김성현 | 34 | | | 55 | 남대식 | | 0 | 0 | 0 | 0 |
| 0 | 0 | 0 | 0 | 후17 | 한덕희 | 27 | | | 23 | 조철인 | | 0 | 0 | 0 | 0 |
| 0 | 0 | 0 | 0 | | 좌준협 | 23 | 대기 | 대기 | 8 | 정형식 | 후35 | 0 | 0 | 0 | 0 |
| 0 | 0 | 0 | 0 | | 박세환 | 35 | | | 42 | 정재용 | | 0 | 0 | 0 | 0 |
| 0 | 1(1) | 후4 | 김신철 | 32 | | | | 77 | 김원민 | 후24 | 1(1) | 0 | 0 | 0 |
| 0 | 6 | 18 | 9(3) | | | 0 | | | 0 | | | 13(8) | 22 | 3 | 0 |

● 전반 4분 최진수 MFL ⌒ 박성진 GAR내 R-ST-G(득점: 박성진, 도움: 최진수) 왼쪽
● 전반 8분 김태봉 PAR내 ~ 박성진 PA정면내 R-ST-G(득점: 박성진, 도움: 김태봉) 가운데
● 후반 14분 최진수 MFL FK R-ST-G (득점: 최진수) 오른쪽

**고양 2**

| | 1 전반 1 |
| | 1 후반 1 |

**2 대전**

| 퇴장 | 경고 | 파울 | ST(유) | 교체 | 선수명 | 배번 | 위치 | 위치 | 배번 | 선수명 | 교체 | ST(유) | 파울 | 경고 | 퇴장 |
|---|---|---|---|---|---|---|---|---|---|---|---|---|---|---|---|
| 0 | 0 | 0 | 0 | | 여명용 | 23 | GK | GK | 1 | 박주원 | | 0 | 0 | 0 | 0 |
| 0 | 0 | 3 | 0 | | 배민호 | 3 | DF | DF | 3 | 장원석 | 55 | 1(1) | 0 | 0 | 0 |
| 0 | 1 | 1 | 0 | | 최병도 | 4 | DF | DF | 33 | 윤원일 | | 0 | 0 | 0 | 0 |
| 0 | 0 | 2 | 0 | | 안현식 | 25 | DF | DF | 19 | 이 호 | | 0 | 1 | 0 | 0 |
| 0 | 1 | 2 | 0 | | 황규범 | 22 | DF | DF | 4 | 김한섭 | | 1(1) | 2 | 0 | 0 |
| 0 | 1 | 2 | 1(1) | | 이도성 | 7 | MF | MF | 87 | 마라낭 | | 0 | 0 | 0 | 0 |
| 0 | 0 | 0 | 1(1) | | 여효진 | 19 | MF | MF | 7 | 정석민 | 6 | 2 | 2 | 0 | 0 |
| 0 | 2 | 2(1) | | | 오기재 | 20 | MF | MF | 5 | 안영규 | | 1 | 1 | 0 | 0 |
| 0 | 1 | 0 | 0 | | 박병원 | 15 | MF | MF | 30 | 송주한 | | 0 | 0 | 0 | 0 |
| 0 | 0 | 0 | 1 | 30 | 유동헌 | 11 | FW | FW | 9 | 반델레이 | | 0 | 5 | 1 | 0 |
| 0 | 1 | 3 | 3(2) | | 이광재 | 17 | FW | FW | 10 | 아드리아노 | | 3 | 2 | 0 | 0 |
| 0 | 0 | 0 | 0 | | 강진웅 | 1 | | | 31 | 김선규 | | 0 | 0 | 0 | 0 |
| 0 | 0 | 0 | 0 | | 이 훈 | 5 | | | 6 | 임창우 | 후24 | 1 | 0 | 0 | 0 |
| 0 | 0 | 0 | 0 | | 신재필 | 8 | | | 55 | 김대중 | 후0 | 0 | 1 | 0 | 0 |
| 1 | 0 | 2 | 0 | 후20 | 김지웅 | 30 | 대기 | 대기 | 12 | 유성기 | | 0 | 0 | 0 | 0 |
| 0 | 0 | 0 | 0 | | 한 빛 | 13 | | | 13 | 김상필 | | 0 | 0 | 0 | 0 |
| 0 | 0 | 0 | 0 | | 이성재 | 14 | | | 9 | 반델레이 | 전97 | 2(2) | 3 | 0 | 0 |
| 0 | 0 | 0 | 0 | | 박성호 | 24 | | | 11 | 황지웅 | | 0 | 0 | 0 | 0 |
| 1 | 4 | 19 | 9(6) | | | 0 | | | 0 | | | 10(4) | 22 | 2 | 0 |

● 전반 26분 유동헌 MFR ~ 이광재 GAR R-ST-G (득점: 이광재, 도움: 유동헌) 왼쪽
● 후반 28분 여효진 AK R R-ST-G(득점: 여효진) 오른쪽
● 전반 13분 김한섭 GAR R-ST-G(득점: 김한섭) 왼쪽
● 후반 32분 송주한 MFR FK ⌒ 반델레이 GAR H-ST-G (득점: 반델레이, 도움: 송주한) 왼쪽

**부천 0**

| | 0 전반 0 |
| | 0 후반 1 |

**1 대구**

| 퇴장 | 경고 | 파울 | ST(유) | 교체 | 선수명 | 배번 | 위치 | 위치 | 배번 | 선수명 | 교체 | ST(유) | 파울 | 경고 | 퇴장 |
|---|---|---|---|---|---|---|---|---|---|---|---|---|---|---|---|
| 0 | 0 | 0 | 0 | | 하강진 | 40 | GK | GK | 21 | 조현우 | | 0 | 0 | 0 | 0 |
| 0 | 0 | 1 | 0 | | 안일주 | 4 | DF | DF | 22 | 이준희 | | 0 | 0 | 0 | 0 |
| 0 | 0 | 1 | 0 | | 강지용 | 6 | DF | DF | 3 | 박성용 | | 1(1) | 1 | 0 | 0 |
| 0 | 0 | 2 | 0 | | 전광환 | 15 | DF | DF | 6 | 노행석 | | 0 | 0 | 0 | 0 |
| 0 | 1 | 4 | 4(2) | | 정주일 | 3 | MF | DF | 81 | 최원권 | 16 | 0 | 3 | 0 | 0 |
| 0 | 0 | 1 | 0 | | 유대현 | 22 | MF | MF | 25 | 마테우스 | | 1(1) | 4 | 0 | 0 |
| 0 | 0 | 0 | 1 | | 정홍연 | 55 | DF | MF | 20 | 안상현 | | 0 | 3 | 0 | 0 |
| 0 | 1 | 1 | 0 | | 김륜도 | 20 | MF | MF | 14 | 김귀현 | 24 | 0 | 2 | 0 | 0 |
| 0 | 0 | 0 | 0 | | 공민현 | 18 | MF | MF | 33 | 조형익 | | 0 | 0 | 0 | 0 |
| 0 | 2 | 4(3) | | | 호드리고 | 11 | FW | FW | 11 | 황순민 | | 2 | 1 | 1 | 0 |
| 0 | 1 | 1(1) | 18 | | 유준영 | 19 | FW | FW | 99 | 조나탄 | | 3(1) | 1 | 1 | 0 |
| 0 | 0 | 0 | 0 | | 강 훈 | 33 | | | 1 | 이양종 | | 0 | 0 | 0 | 0 |
| 0 | 0 | 0 | 0 | | 주일태 | 13 | | | 16 | 김동진 | 후43 | 0 | 0 | 0 | 0 |
| 0 | 0 | 0 | 0 | | 박정ون | 14 | | | 24 | 박종진 | 후33 | 0 | 1 | 0 | 0 |
| 0 | 0 | 0 | 0 | | 한종우 | 17 | 대기 | 대기 | 18 | 이동명 | | 0 | 0 | 0 | 0 |
| 0 | 0 | 0 | 0 | | 이제승 | 27 | | | 32 | 김대열 | | 0 | 0 | 0 | 0 |
| 0 | 0 | 0 | 0 | | 고보연 | 29 | | | 27 | 김흥일 | | 0 | 0 | 0 | 0 |
| 0 | 1 | 1(1) | 후34 | 최인창 | 18 | | | 33 | 정대교 | 후19 | 1 | 1 | 1 | 0 |
| 0 | 0 | 13 | 12(7) | | | 0 | | | 0 | | | 8(3) | 19 | 2 | 0 |

● 후반 22분 황순민 C,KR ⌒ 박성용 GAR H-ST-G(득점: 박성용, 도움: 황순민) 오른쪽

## 10월 05일 14:00 맑음 원주 관중 529명
주심_김희곤 부심_서무희·곽승순 대기심_매호영 감독관_한병화

**강원 1**  0 전반 0 / 1 후반 0  **0 충주**

| 퇴장 | 경고 | 파울 | ST(유) | 교체 | 선수명 | 배번 | 위치 | 위치 | 배번 | 선수명 | 교체 | ST(유) | 파울 | 경고 | 퇴장 |
|---|---|---|---|---|---|---|---|---|---|---|---|---|---|---|---|
| 0 | 0 | 0 | 0 | | 양동원 | 21 | GK | GK | 21 | 박청효 | | 0 | 0 | 0 | 0 |
| 0 | 0 | 0 | 0 | | 이재훈 | 3 | DF | DF | 2 | 노연빈 | | 0 | 0 | 0 | 0 |
| 0 | 0 | 1 | 0 | | 배효성 | 5 | DF | DF | 5 | 유종현 | | 0 | 0 | 0 | 0 |
| 0 | 0 | 2 | 0 | | 김오규 | 20 | DF | DF | 23 | 이택기 | | 0 | 0 | 0 | 0 |
| 0 | 0 | 2 | 2 | | 백종환 | 77 | DF | MF | 7 | 김재훈 | | 1(1) | 2 | 0 | 0 |
| 0 | 1 | 1 | 0 | 6 | 정우인 | 4 | MF | MF | 15 | 박태수 | 11 | 0 | 1 | 0 | 0 |
| 0 | 0 | 1 | 0 | | 이우혁 | 7 | MF | MF | 16 | 최승호 | | 2 | 1 | 1 | 0 |
| 0 | 0 | 1 | 1 | 17 | 장혁진 | 89 | MF | MF | 4 | 박진수 | | 1(1) | 1 | 0 | 1 |
| 0 | 1 | 1 | 2(2) | | 알렉스 | 88 | FW | FW | 19 | 임진욱 | | 1(1) | 3 | 0 | 0 |
| 0 | 0 | 0 | 3(2) | | 최진호 | 10 | FW | FW | 9 | 김정훈 | 9 | 3(1) | 0 | 0 | 0 |
| 0 | 1 | 0 | 2(1) | 9 | 최승인 | 11 | FW | FW | 28 | 김진규 | 32 | 3(1) | 0 | 0 | 0 |
| 0 | 0 | 0 | 0 | | 황교충 | | | | 79 | 이정래 | | 0 | 0 | 0 | 0 |
| 0 | 0 | 0 | 0 | | 조민우 | 92 | | | 18 | 한상학 | | 0 | 0 | 0 | 0 |
| 0 | 0 | 2 | 0 | ☆17 | 이창용 | 6 | | | 17 | 박요한 | 전5 | 0 | 0 | 0 | 0 |
| 0 | 1 | 0 | 1(1) | 후37 | 서보민 | 11 | 대기 | 대기 | 55 | 황재훈 | | 0 | 0 | 0 | 0 |
| | | | | | 정찬일 | 32 | | | 34 | 양상준 | 후31 | 0 | 0 | 0 | 0 |
| | | | | | 김동기 | 19 | | | 9 | 한홍규 | 후28 | 1(1) | 0 | 0 | 0 |
| | | | | 후23 | 김영후 | 9 | | | 22 | 변 | | 0 | 0 | 0 | 0 |
| 0 | 2 | 12 | 9(6) | | | | | | | | | 12(7) | 11 | 1 | 0 |

● 후반 42분 김영후 PA정면 H→서보민 AK정면
R-ST-G득점: 서보민, 도움: 김영후 왼쪽

---

## 10월 11일 14:00 맑음 고양종합 관중 488명
주심_박병진 부심_강도준·지승민 대기심_서동진 감독관_김진의

**고양 0**  0 전반 0 / 0 후반 0  **0 부천**

| 퇴장 | 경고 | 파울 | ST(유) | 교체 | 선수명 | 배번 | 위치 | 위치 | 배번 | 선수명 | 교체 | ST(유) | 파울 | 경고 | 퇴장 |
|---|---|---|---|---|---|---|---|---|---|---|---|---|---|---|---|
| 0 | 0 | 0 | 0 | | 강진웅 | 1 | GK | GK | 40 | 하강진 | | 0 | 0 | 0 | 0 |
| 0 | 0 | 0 | 0 | | 배민호 | 3 | DF | DF | 3 | 안일주 | | 0 | 5 | 0 | 0 |
| 0 | 0 | 1 | 0 | | 최병도 | 4 | DF | DF | 6 | 강지용 | | 0 | 4 | 1 | 0 |
| 0 | 0 | 0 | 0 | | 이 훈 | 5 | DF | DF | 15 | 전광환 | 29 | 0 | 3 | 0 | 0 |
| 0 | 0 | 3 | 0 | | 안현식 | 25 | DF | MF | 7 | 정주일 | 7 | 1 | 2 | 0 | 0 |
| 0 | 0 | 3 | 0 | | 이도성 | 7 | MF | MF | 6 | 유대현 | | 0 | 1 | 0 | 0 |
| 0 | 0 | 0 | 0 | 13 | 신재필 | 8 | MF | MF | 55 | 정홍연 | | 0 | 1 | 0 | 0 |
| 0 | 1 | 3 | 0 | | 여효진 | 19 | MF | MF | 20 | 김륜도 | | 0 | 1 | 0 | 0 |
| 0 | 1 | 3 | | 18 | 박병원 | 15 | FW | FW | 9 | 공민현 | | 3(2) | 1 | 0 | 0 |
| 0 | 0 | 1 | 1 | 24 | 윤동헌 | 21 | FW | FW | 21 | 호드리고 | | 5(1) | 5 | 0 | 0 |
| 0 | 1 | 0 | 1(1) | | 오기재 | 20 | FW | FW | 19 | 유준영 | 18 | 1(1) | 0 | 0 | 0 |
| | | | | | 여명융 | 23 | | | 33 | 강 훈 | | 0 | 0 | 0 | 0 |
| 0 | 0 | 0 | 0 | | 이세환 | 2 | | | 13 | 주일태 | | 0 | 0 | 0 | 0 |
| 0 | 0 | 1 | 0 | 후28 | 박성호 | 24 | | | 7 | 박정은 | 후41 | 0 | 0 | 0 | 0 |
| 0 | 0 | 0 | 0 | 후0 | 한 빛 | 6 | 대기 | 대기 | 27 | 이제승 | | 0 | 0 | 0 | 0 |
| | | | | | 이성재 | 14 | | | 28 | 김태영 | | 0 | 0 | 0 | 0 |
| 0 | 0 | 0 | 0 | 후39 | 주민규 | 18 | | | 29 | 고보연 | 후16 | 0 | 0 | 0 | 0 |
| | | | | | | | | | 18 | 최인창 | 후26 | 0 | 0 | 0 | 0 |
| 0 | 1 | 15 | 3(1) | | | | | | | | | 12(4) | 23 | 1 | 0 |

---

## 10월 05일 14:00 맑음 수원월드컵 관중 474명
주심_서동진 부심_강도준·김경민 대기심_김종혁 감독관_전인석

**수원FC 0**  0 전반 0 / 0 후반 0  **0 광주**

| 퇴장 | 경고 | 파울 | ST(유) | 교체 | 선수명 | 배번 | 위치 | 위치 | 배번 | 선수명 | 교체 | ST(유) | 파울 | 경고 | 퇴장 |
|---|---|---|---|---|---|---|---|---|---|---|---|---|---|---|---|
| 0 | 0 | 0 | 0 | | 박형순 | 23 | GK | GK | 1 | 제종현 | | 0 | 0 | 0 | 0 |
| 0 | 0 | 2 | 0 | | 블라단 | 5 | DF | DF | 17 | 이종민 | | 3(1) | 4 | 0 | 0 |
| 0 | 0 | 1 | 0 | | 김영찬 | 6 | DF | DF | 2 | 정준연 | | 0 | 2 | 1 | 0 |
| 0 | 1 | 1 | 0 | 24 | 이치준 | 3 | MF | DF | 33 | 정호정 | | 0 | 1 | 0 | 0 |
| 0 | 1 | 1 | 0 | | 김서준 | 7 | MF | DF | 40 | 이찬동 | 4 | 1 | 2 | 0 | 0 |
| 0 | 0 | 1 | 0 | 8 | 김정빈 | 15 | DF | MF | 10 | 파비오 | 34 | 1 | 1 | 0 | 0 |
| 0 | 0 | 1 | 1 | | 권용현 | 16 | MF | MF | 8 | 임선영 | | 3(1) | 1 | 0 | 0 |
| 0 | 2 | 2 | 0 | | 자 파 | 9 | MF | FW | 11 | 김호남 | | 2 | 0 | 0 | 0 |
| 0 | 0 | 0 | 0 | | 김한원 | 10 | DF | FW | 30 | 조용태 | | 2(1) | 0 | 0 | 0 |
| 0 | 0 | 3 | 1 | | 박종찬 | 11 | FW | FW | 36 | 디에고 | | 2(2) | 2 | 0 | 0 |
| 0 | 1 | 3 | 1 | | 민 우 | 18 | MF | | 41 | 류원우 | | 0 | 0 | 0 | 0 |
| 0 | 0 | 0 | 0 | | 이상기 | 43 | | | 3 | 전준형 | | 0 | 0 | 0 | 0 |
| 0 | 0 | 1 | 0 | 후31 | 김혁진 | 8 | | | 8 | 여 름 | 후37 | 0 | 0 | 0 | 0 |
| 0 | 0 | 0 | 0 | | 김홍일 | 20 | | | 8 | 완 | | 0 | 0 | 0 | 0 |
| 0 | 0 | 0 | 0 | | 조용민 | 22 | 대기 | 대기 | 34 | 안성남 | 후37 | 0 | 0 | 0 | 0 |
| 0 | 0 | 0 | 0 | 후46 | 김재연 | 24 | | | 37 | 박 현 | 전34 | 4(2) | 0 | 0 | 0 |
| 0 | 0 | 0 | 0 | | 조민형 | 29 | | | 38 | 윤상호 | | 0 | 0 | 0 | 0 |
| 0 | 0 | 0 | 0 | | 김민기 | 31 | | | | | | | | | |
| 0 | 4 | 18 | 1 | | | | | | | | | 17(6) | 14 | 1 | 0 |

---

## 10월 11일 14:00 맑음 광주월드컵 관중 930명
주심_매호영 부심_설귀선·서무희 대기심_임원택 감독관_전인석

**광주 2**  1 전반 1 / 1 후반 0  **1 대구**

| 퇴장 | 경고 | 파울 | ST(유) | 교체 | 선수명 | 배번 | 위치 | 위치 | 배번 | 선수명 | 교체 | ST(유) | 파울 | 경고 | 퇴장 |
|---|---|---|---|---|---|---|---|---|---|---|---|---|---|---|---|
| 0 | 0 | 0 | 0 | | 제종현 | 1 | GK | GK | 21 | 조현우 | | 0 | 0 | 0 | 0 |
| 0 | 0 | 2 | 2 | | 이종민 | 17 | DF | DF | 22 | 이준희 | | 1(1) | 1 | 1 | 0 |
| 0 | 1 | 3 | 0 | | 김영빈 | 15 | DF | DF | 8 | 허재원 | | 0 | 4 | 1 | 0 |
| 0 | 0 | 0 | 0 | | 마철준 | 13 | DF | DF | 81 | 최원권 | | 0 | 1 | 0 | 0 |
| 0 | 1 | 1 | 1(1) | 40 | 정호정 | 33 | DF | MF | 24 | 박종진 | | 0 | 1 | 0 | 0 |
| 0 | 1 | 2 | 0 | | 여 름 | 4 | MF | MF | 25 | 마테우스 | 7 | 2(2) | 1 | 0 | 0 |
| 0 | 0 | 4 | 4(4) | | 파비오 | 10 | MF | MF | 20 | 안상현 | | 0 | 0 | 0 | 0 |
| 0 | 1 | 1 | 1(1) | | 임선영 | 8 | MF | FW | 33 | 김대열 | 33 | 0 | 2 | 0 | 0 |
| 0 | 5 | 4(3) | | | 김호남 | 34 | FW | MF | 10 | 황순민 | | 1(1) | 2 | 0 | 0 |
| 0 | 0 | 0 | 1(1) | 37 | 조용태 | 30 | FW | FW | 99 | 조나탄 | | 1(1) | 1 | 1 | 0 |
| 0 | 1 | 1 | 1(1) | | 디에고 | 36 | FW | | 41 | 류원우 | | 0 | 0 | 0 | 0 |
| 0 | 0 | 0 | 0 | | 류원우 | 41 | | | 31 | 박민선 | | 0 | 0 | 0 | 0 |
| 0 | 0 | 0 | 0 | | 이 완 | 8 | | | 16 | 김동진 | | 0 | 0 | 0 | 0 |
| 0 | 0 | 0 | 0 | | 김유성 | 16 | | | 3 | 박성용 | | 0 | 0 | 0 | 0 |
| 0 | 0 | 0 | 0 | | 김우철 | 13 | 대기 | 대기 | 14 | 김귀현 | | 0 | 0 | 0 | 0 |
| 0 | 0 | 0 | 0 | 후30 | 박 현 | 37 | | | 33 | 정대교 | 후19 | 0 | 0 | 0 | 0 |
| 0 | 0 | 0 | 0 | 후41 | 윤상호 | 38 | | | 27 | 김동일 | | 0 | 0 | 0 | 0 |
| 0 | 0 | 0 | 0 | 후0 | 이찬동 | 40 | | | 7 | 조형익 | 후27 | 0 | 0 | 0 | 0 |
| 0 | 3 | 17 | 15(10) | | | | | | | | | 5(5) | 15 | 3 | 0 |

● 전반 17분 안성남 GAL H→파비오 AK정면 R-ST-G득점: 파비오, 도움: 안성남 오른쪽
● 후반 17분 정호정 PAL ~ 파비오 GA정면 R-ST-G득점: 파비오, 도움: 정호정 왼쪽
● 전반 9분 마테우스 GA정면 L-ST-G득점: 마테우스 왼쪽

10월 11일 16:00 맑음 안산 와스타디움 관중 310명
주심_ 김영수 부심_ 이규환·방기열 대기심_ 정동식 감독관_ 하재훈

**안산 2** 　 2 전반 1 / 0 후반 0 　 **1 수원FC**

| 퇴장 | 경고 | 파울 | ST(유) | 교체 | 선수명 | 배번 | 위치 | 위치 | 배번 | 선수명 | 교체 | ST(유) | 파울 | 경고 | 퇴장 |
|---|---|---|---|---|---|---|---|---|---|---|---|---|---|---|---|
| 0 | 0 | 1 | 0 | | 전태현 | 1 | GK | GK | 23 | 박형순 | | 0 | 0 | 0 | 0 |
| 0 | 1 | 2 | 2 | | 김병석 | 12 | DF | DF | 5 | 블라단 | | 0 | 2 | 0 | 0 |
| 0 | 1 | 2 | 1 | | 박종진 | 18 | DF | DF | 6 | 김영찬 | | 1(1) | 3 | 0 | 0 |
| 0 | 0 | 4 | 0 | | 김신철 | 32 | DF | DF | 17 | 김창훈 | | 0 | 0 | 0 | 0 |
| 0 | 0 | 0 | 0 | 35 | 박현범 | 4 | MF | MF | 7 | 김서준 | 3 | 0 | 2 | 0 | 0 |
| 0 | 1 | 3 | 0 | | 김성현 | 34 | DF | MF | 8 | 김혁진 | | 1 | 2 | 1 | 0 |
| 0 | 0 | 0 | 1 | | 이용래 | 7 | MF | MF | 15 | 김정빈 | | 1 | 0 | 0 | 0 |
| 0 | 0 | 2 | 3(2) | | 조재철 | 17 | MF | MF | 16 | 권용현 | 22 | 2(2) | 0 | 0 | 0 |
| 0 | 0 | 2 | 2(1) | 27 | 박희도 | 30 | MF | DF | 32 | 김본광 | 30 | 0 | 1 | 0 | 0 |
| 0 | 0 | 1 | 1(1) | 28 | 서동현 | 10 | FW | FW | 9 | 자 파 | | 4(1) | 2 | 0 | 0 |
| 0 | 0 | 1 | 2 | | 고경민 | 19 | FW | FW | 11 | 박종찬 | | 5(3) | 2 | 0 | 0 |
| 0 | 0 | 0 | 0 | | 유호준 | 15 | | | 43 | 이상기 | | 0 | 0 | 0 | 0 |
| 0 | 0 | 0 | 0 | 後30 | 강종국 | 28 | | | 3 | 이치준 | 後36 | 0 | 1 | 0 | 0 |
| 0 | 0 | 2 | 0 | 後9 | 한덕희 | 27 | | | 20 | 김홍일 | | 0 | 0 | 0 | 0 |
| 0 | 0 | 0 | 0 | 後42 | 박세환 | 35 | 대기 | 대기 | 22 | 조용민 | 後36 | 0 | 0 | 0 | 0 |
| 0 | 0 | 0 | 0 | | 윤준하 | 13 | | | 24 | 김재연 | | 0 | 0 | 0 | 0 |
| 0 | 3 | 20 | 12(4) | | | 0 | | | 0 | | | 14(7) | 15 | 1 | 0 |

- 전반 36분 김신철 MFL ↷ 서동현 GAL H-ST-G (득점: 서동현, 도움: 김신철) 왼쪽
- 전반 38분 고경민 PAL ↷ 조재철 PAR내 R-ST-G(득점: 조재철, 도움: 고경민) 왼쪽
- 전반 23분 박종찬 PAR CK ↷ 자파 GA정면 R-ST-G(득점: 자파, 도움: 박종찬) 왼쪽

10월 12일 14:00 흐림 대전 한밭 1,527명
주심_ 김대용 부심_ 장준모·김영하 대기심_ 서동진 감독관_ 김형남

**대전 3** 　 1 전반 0 / 2 후반 0 　 **0 강원**

| 퇴장 | 경고 | 파울 | ST(유) | 교체 | 선수명 | 배번 | 위치 | 위치 | 배번 | 선수명 | 교체 | ST(유) | 파울 | 경고 | 퇴장 |
|---|---|---|---|---|---|---|---|---|---|---|---|---|---|---|---|
| 0 | 0 | 0 | 0 | | 김선규 | 31 | GK | GK | 21 | 양동원 | | 0 | 0 | 0 | 0 |
| 0 | 0 | 1 | 0 | | 장원석 | 3 | DF | DF | 3 | 이재훈 | | 0 | 1 | 0 | 0 |
| 0 | 0 | 1 | 0 | | 이 호 | 19 | DF | DF | 5 | 배효성 | | 0 | 2 | 0 | 0 |
| 0 | 0 | 3 | 1(1) | | 안영규 | 5 | DF | DF | 20 | 김오규 | | 0 | 3 | 0 | 0 |
| 0 | 0 | 2 | 0 | 55 | 임창우 | 6 | DF | DF | 77 | 백종환 | | 0 | 2 | 1 | 0 |
| 0 | 0 | 0 | 0 | 27 | 마라낭 | 87 | MF | MF | 6 | 이창용 | | 0 | 2 | 0 | 0 |
| 0 | 0 | 3 | 0 | | 송주한 | 30 | MF | MF | 7 | 이우혁 | 4 | 0 | 2 | 0 | 0 |
| 0 | 1 | 1 | 2(2) | | 정석민 | 7 | MF | MF | 89 | 장혁진 | 9 | 0 | 2 | 0 | 0 |
| 0 | 0 | 2 | 1(1) | 12 | 김한섭 | 2 | MF | FW | 19 | 김동기 | 17 | 2(1) | 3 | 1 | 0 |
| 0 | 0 | 8 | 3(2) | | 아드리아노 | 10 | FW | FW | 10 | 최진호 | | 0 | 4 | 0 | 0 |
| 0 | 0 | 2 | 0 | | 반델레이 | 9 | FW | FW | 88 | 알렉스 | | 3(1) | 0 | 0 | 0 |
| 0 | 0 | 0 | 0 | | 박주원 | 1 | | | 1 | 황교충 | | 0 | 0 | 0 | 0 |
| 0 | 0 | 0 | 0 | | 김상필 | 13 | | | 92 | 조민우 | | 0 | 0 | 0 | 0 |
| 0 | 0 | 1 | 0 | 後33 | 김대중 | 55 | | | 2 | 최우재 | | 0 | 0 | 0 | 0 |
| 0 | 0 | 2 | 0 | 後12 | 유성기 | 12 | 대기 | 대기 | 4 | 정우인 | 後10 | 1 | 2 | 1 | 0 |
| 0 | 0 | 0 | 0 | | 신동혁 | 17 | | | 17 | 서보민 | 後32 | 0 | 1 | 0 | 0 |
| 0 | 0 | 0 | 0 | 後44 | 주익성 | 27 | | | 9 | 김영후 | 後18 | 2(1) | 2 | 0 | 0 |
| 0 | 0 | 0 | 0 | | 황진산 | 16 | | | 11 | 최승인 | | 0 | 0 | 0 | 0 |
| 0 | 1 | 26 | 7(6) | | | 0 | | | 0 | | | 8(3) | 26 | 3 | 0 |

- 전반 44분 정석민 GA정면내 L-ST-G(득점: 정석민) 왼쪽
- 후반 2분 장원석 HLLTL ↷ 아드리아노 PAR내 R-ST-G(득점: 아드리아노, 도움: 장원석) 오른쪽
- 후반 41분 김선규 자기측 PK지점 ↷ 아드리아노 PAR내 R-ST-G(득점: 아드리아노, 도움: 김선규) 오른쪽

10월 12일 14:00 맑음 안양 종합 관중 899명
주심_ 박진호 부심_ 박상준·김경민 대기심_ 정동식 감독관_ 김정식

**안양 4** 　 2 전반 0 / 2 후반 1 　 **1 충주**

| 퇴장 | 경고 | 파울 | ST(유) | 교체 | 선수명 | 배번 | 위치 | 위치 | 배번 | 선수명 | 교체 | ST(유) | 파울 | 경고 | 퇴장 |
|---|---|---|---|---|---|---|---|---|---|---|---|---|---|---|---|
| 0 | 0 | 0 | 0 | | 이진형 | 1 | GK | GK | 21 | 박청효 | | 0 | 0 | 0 | 0 |
| 0 | 0 | 1 | 0 | | 가솔현 | 3 | DF | DF | 27 | 김한빈 | | 0 | 1 | 0 | 0 |
| 0 | 0 | 4 | 1 | | 백동규 | 30 | DF | DF | 5 | 유종현 | | 0 | 2 | 0 | 0 |
| 0 | 0 | 0 | 1 | | 김태봉 | 22 | DF | DF | 23 | 이택기 | | 0 | 1 | 0 | 0 |
| 0 | 0 | 0 | 0 | | 구대영 | 90 | DF | DF | 7 | 김재훈 | | 0 | 1 | 0 | 0 |
| 0 | 0 | 3 | 3(1) | | 최진수 | 13 | MF | MF | 18 | 한상학 | 55 | 0 | 3 | 0 | 0 |
| 0 | 0 | 3 | 1 | | 정재용 | 42 | MF | MF | 83 | 치프리안 | | 7(3) | 0 | 0 | 0 |
| 0 | 0 | 0 | 3(2) | 77 | 정대선 | 7 | MF | MF | 4 | 박진수 | | 2(1) | 1 | 0 | 0 |
| 0 | 0 | 0 | 2(2) | 33 | 조성준 | 11 | MF | FW | 19 | 임진욱 | 17 | 2(2) | 3 | 0 | 0 |
| 0 | 0 | 3 | 1(1) | | 박성진 | 8 | FW | FW | 10 | 정성민 | 9 | 2(2) | 0 | 0 | 0 |
| 0 | 0 | 2 | 0 | 14 | 김재웅 | 99 | MF | FW | 28 | 김정훈 | | 2(1) | 0 | 0 | 0 |
| 0 | 0 | 0 | 0 | | 최필수 | 25 | | | 79 | 이정래 | | 0 | 0 | 0 | 0 |
| 0 | 0 | 0 | 0 | | 김효준 | 4 | | | 92 | 하파엘 | | 0 | 0 | 0 | 0 |
| 0 | 0 | 0 | 0 | | 이으뜸 | 17 | | | 11 | 박요한 | | 0 | 0 | 0 | 0 |
| 0 | 0 | 0 | 0 | | 조철인 | 23 | 대기 | 대기 | 55 | 황재훈 | 전40 | 1 | 0 | 0 | 0 |
| 0 | 0 | 0 | 0 | 後36 | 박정식 | 14 | | | 32 | 양상준 | | 0 | 0 | 0 | 0 |
| 0 | 0 | 1 | 2(1) | 後6 | 김원민 | 77 | | | 9 | 한홍규 | 後16 | 3 | 0 | 0 | 0 |
| 0 | 0 | 0 | 1 | 後41 | 남궁도 | 33 | | | 17 | 이준호 | 後32 | 0 | 1 | 0 | 0 |
| 0 | 0 | 17 | 15(7) | | | 0 | | | 0 | | | 19(9) | 13 | 0 | 0 |

- 전반 8분 최진수 MFL FK R-ST-G (득점: 최진수) 왼쪽
- 전반 11분 박성진GAR EL ~ 조성준 GAR내 R-ST-G(득점: 조성준, 도움: 박성진) 왼쪽
- 후반 1분 조성준 PAR내 ~ 박성진 GAR R-ST-G(득점: 박성진, 도움: 조성준) 왼쪽
- 후반 35분 박성진 PAL ~ 조성준 PAL내 R-ST-G(득점: 조성준, 도움: 박성진) 왼쪽
- 후반 31분 임진욱 PAR R-ST-G(득점: 임진욱) 왼쪽

10월 18일 14:00 맑음 대전 한밭 3,581명
주심_ 송민석 부심_ 양병은·강동호 대기심_ 박진호 감독관_ 전인석

**대전 1** 　 0 전반 1 / 1 후반 2 　 **3 안양**

| 퇴장 | 경고 | 파울 | ST(유) | 교체 | 선수명 | 배번 | 위치 | 위치 | 배번 | 선수명 | 교체 | ST(유) | 파울 | 경고 | 퇴장 |
|---|---|---|---|---|---|---|---|---|---|---|---|---|---|---|---|
| 0 | 0 | 0 | 0 | | 김선규 | 31 | GK | GK | 1 | 이진형 | | 0 | 0 | 0 | 0 |
| 0 | 0 | 1 | 0 | | 이 호 | 19 | DF | DF | 3 | 가솔현 | | 1 | 0 | 0 | 0 |
| 0 | 1 | 1 | 1 | | 안영규 | 5 | DF | DF | 30 | 백동규 | | 0 | 2 | 0 | 0 |
| 0 | 0 | 2 | 3(2) | | 임창우 | 6 | DF | MF | 22 | 김태봉 | | 1(1) | 0 | 0 | 0 |
| 0 | 0 | 3 | 0 | | 장원석 | 3 | MF | MF | 90 | 구대영 | | 1 | 1 | 0 | 0 |
| 0 | 0 | 1 | 0 | 14 | 황진산 | 16 | MF | MF | 13 | 최진수 | | 2 | 3 | 1 | 0 |
| 0 | 0 | 1 | 2 | | 정석민 | 7 | MF | MF | 42 | 정재용 | 4 | 2(1) | 2 | 1 | 0 |
| 0 | 0 | 2 | 1 | 12 | 김한섭 | 2 | MF | DF | 6 | 김종성 | | 1 | 2 | 0 | 0 |
| 0 | 0 | 0 | 4(1) | 55 | 마라낭 | 87 | FW | FW | 11 | 조성준 | 14 | 1 | 0 | 0 | 0 |
| 0 | 0 | 1 | 2(1) | | 반델레이 | 9 | FW | FW | 8 | 박성진 | | 3(2) | 5 | 0 | 0 |
| 0 | 0 | 3 | 2(1) | | 아드리아노 | 10 | FW | FW | 99 | 김재웅 | 77 | 4(1) | 2 | 1 | 0 |
| 0 | 0 | 0 | 0 | | 박주원 | 1 | | | 25 | 최필수 | | 0 | 0 | 0 | 0 |
| 0 | 0 | 0 | 0 | | 김상필 | 13 | | | 4 | 김효준 | 後29 | 0 | 0 | 0 | 0 |
| 0 | 0 | 0 | 0 | | 윤원일 | 33 | | | 17 | 이으뜸 | | 0 | 0 | 0 | 0 |
| 0 | 0 | 0 | 0 | 後26 | 김대중 | 55 | 대기 | 대기 | 7 | 정대선 | | 0 | 0 | 0 | 0 |
| 0 | 0 | 1 | 0 | 後5 | 유성기 | 12 | | | 14 | 박정식 | 後43 | 0 | 0 | 0 | 0 |
| 0 | 0 | 0 | 0 | | 주익성 | 27 | | | 77 | 김원민 | 後36 | 0 | 1 | 0 | 0 |
| 0 | 0 | 0 | 1(1) | 전32 | 서명원 | 14 | | | 33 | 남궁도 | | 0 | 0 | 0 | 0 |
| 0 | 1 | 16 | 16(6) | | | 0 | | | 0 | | | 16(5) | 18 | 3 | 0 |

- 후반 33분 유성기 GAL ~ 아드리아노 AK정면 R-ST-G(득점: 아드리아노, 도움: 유성기) 왼쪽
- 전반 9분 박성진 PAR내 EL ~ 정재용 GAR내 R-ST-G(득점: 정재용, 도움: 박성진) 오른쪽
- 후반 24분 김재웅 PAL내 R-ST-G(득점: 김재웅) 오른쪽
- 후반 41분 최진수 MFR → 김태봉 PAR내 R-ST-G(득점: 김태봉, 도움: 최진수) 왼쪽

## 강원 1 : 0 고양

10월 18일 14:00 맑음 원주 관중 671명
주심_임원택 부심_설귀선·박인선 대기심_매호영 감독관_김용세

강원 1 | 0 전반 0 | 1 후반 0 | 0 고양

| 퇴장 | 경고 | 파울 | ST(유) | 교체 | 선수명 | 배번 | 위치 | 위치 | 배번 | 선수명 | 교체 | ST(유) | 파울 | 경고 | 퇴장 |
|---|---|---|---|---|---|---|---|---|---|---|---|---|---|---|---|
| 0 | 0 | 0 | 0 | | 황교충 | 1 | GK | GK | 1 | 강진웅 | | 0 | 0 | 0 | 0 |
| 0 | 0 | 0 | 0 | | 이재훈 | 3 | DF | DF | 22 | 황규범 | | 0 | 3 | 1 | 0 |
| 0 | 0 | 1 | 1(1) | | 배효성 | 5 | DF | DF | 2 | 배민호 | | 0 | 0 | 0 | 0 |
| 0 | 0 | 1 | 0 | | 김오규 | 20 | DF | DF | 4 | 최병도 | | 1(1) | 0 | 0 | 0 |
| 0 | 0 | 3 | 0 | | 백종환 | 77 | DF | DF | 25 | 안현식 | | 0 | 0 | 0 | 0 |
| 0 | 1 | 4(1) | | | 이창용 | 6 | MF | MF | 7 | 이도성 | | 1 | 2 | 1 | 0 |
| 0 | 0 | 2(1) | 25 | | 정찬일 | 32 | MF | MF | 14 | 오 빛 | | 0 | 2 | 0 | 0 |
| 0 | 1 | 0 | 2 | | 장혁진 | 89 | MF | MF | 20 | 오기재 | 8 | 0 | 1 | 0 | |
| 0 | 1 | 4(1) | 19 | | 서보민 | 17 | FW | FW | 15 | 박병원 | | 1 | 2 | 1 | 0 |
| 0 | | 4(3) | | | 알렉스 | 88 | FW | FW | 17 | 이광재 | | 2 | 2 | 1 | 0 |
| 0 | 2 | 2(1) | 11 | | 최진호 | 10 | FW | FW | 24 | 박성호 | 18 | 0 | 1 | 0 | 0 |
| 0 | 0 | 0 | 0 | | 양동원 | 21 | | | 23 | 여명용 | | 0 | 0 | 0 | 0 |
| 0 | 0 | 0 | 0 | | 조민우 | 92 | | | | 이세환 | | 0 | 0 | 0 | 0 |
| 0 | 0 | 0 | 0 | | 최우재 | 2 | | | 5 | 이 훈 | | 0 | 0 | 0 | 0 |
| 0 | 0 | 0 | 0 | 후24 | 한석종 | 25 | 대기 | 대기 | | 신재필 | 후26 | | | | |
| 0 | 0 | 0 | 0 | 후30 | 김동기 | 19 | | | 21 | 윤동헌 | | | | | |
| 0 | 0 | 0 | 0 | 후44 | 최승인 | 18 | | | 18 | 주민규 | 후0 | 0 | 2 | 0 | 0 |
| 0 | 0 | 0 | 0 | | 알미르 | 90 | | | 14 | 이성재 | 후8 | 1 | 2 | 2 | 0 |
| 0 | 1 | 17 | 16(8) | | | | | | | | | 5(1) | 14 | 4 | 0 |

●후반 2분 장혁진 PAR FK ⌒배효성 GA정면
H-ST-G(득점: 배효성, 도움: 장혁진) 가운데

## 대구 1 : 2 안산

10월 19일 14:00 맑음 대구 스타디움 관중 1,483명
주심_박병진 부심_강도준·박상준 대기심_서동진 감독관_김수현

대구 1 | 1 전반 1 | 0 후반 2 | 2 안산

| 퇴장 | 경고 | 파울 | ST(유) | 교체 | 선수명 | 배번 | 위치 | 위치 | 배번 | 선수명 | 교체 | ST(유) | 파울 | 경고 | 퇴장 |
|---|---|---|---|---|---|---|---|---|---|---|---|---|---|---|---|
| 0 | 0 | 0 | 0 | | 조현우 | 21 | GK | GK | 1 | 전태현 | | 0 | 0 | 0 | 0 |
| 0 | 0 | 4 | 0 | | 이준희 | 22 | DF | DF | 12 | 김병석 | | 0 | 3 | 1 | 0 |
| 0 | 0 | 2 | 1 | | 박성용 | 5 | DF | DF | 4 | 이재권 | | 0 | 1 | 0 | 0 |
| 0 | 0 | 1 | 1 | | 허재원 | 8 | DF | DF | 32 | 김신철 | 18 | 0 | 3 | 0 | 0 |
| 0 | 0 | 1 | 0 | | 최원권 | 81 | DF | DF | 34 | 김성현 | | 1 | 1 | 0 | 0 |
| 0 | 0 | 3 | 2 | | 안상현 | 20 | MF | MF | 4 | 박현범 | 30 | 0 | 1 | 0 | 0 |
| 0 | 0 | 2 | 1 | | 김귀현 | 14 | MF | MF | 7 | 이용래 | | 2(2) | 2 | 1 | 0 |
| 0 | 2 | 1(1) | 7 | | 마테우스 | 25 | MF | MF | 3 | 조재철 | | 0 | 2 | 0 | 0 |
| 0 | 0 | 1 | 0 | | 황순민 | 10 | MF | MF | 12 | 고경민 | | 2(1) | 1 | 0 | 0 |
| 0 | 0 | | 33 | | 노병준 | 17 | FW | FW | 10 | 서동현 | | 1(1) | 3 | 0 | 0 |
| 0 | 0 | 6 | 6(1) | | 조나탄 | 99 | FW | FW | 13 | 윤준하 | 15 | 2 | 3 | 0 | 0 |
| 0 | 0 | 0 | 0 | | 이양종 | 1 | | | 28 | 김자철 | | 0 | 0 | 0 | 0 |
| 0 | 0 | 0 | 0 | | 김동진 | 16 | | | 18 | 박종진 | 후0 | | | | |
| 0 | 0 | 0 | 0 | 후31 | 박종진 | 24 | | | 27 | 한덕희 | | 0 | 0 | 0 | 0 |
| 0 | 0 | 0 | 0 | | 김대열 | 7 | 대기 | 대기 | 35 | 박세환 | | | | | |
| 0 | 0 | 0 | 0 | 후12 | 정대교 | 33 | | | 30 | 박희도 | 후0 | 2(1) | 0 | 0 | 0 |
| 0 | 0 | 0 | 0 | | 신창무 | 11 | | | 15 | 유호준 | 후32 | 1 | 1 | 0 | 0 |
| 0 | | 22 | 14(2) | | | | | | | | | 11(7) | 19 | 1 | 0 |

●전반 12분 조나탄 AKR R-ST-G(득점: 조나탄) 오른쪽
●후반 18분 윤준하 AKR ~ 이용래 GAR L-ST-G (득점: 이용래, 도움: 윤준하) 가운데
●후반 33분 박희도 PA정면 ~ 서동현 GA정면 R-ST-G(득점: 서동현, 도움: 박희도) 가운데

## 충주 2 : 1 광주

10월 18일 14:00 맑음 충주 종합 관중 382명
주심_정동식 부심_서무회·방기철 대기심_김영수 감독관_한진원

충주 2 | 1 전반 1 | 1 후반 0 | 1 광주

| 퇴장 | 경고 | 파울 | ST(유) | 교체 | 선수명 | 배번 | 위치 | 위치 | 배번 | 선수명 | 교체 | ST(유) | 파울 | 경고 | 퇴장 |
|---|---|---|---|---|---|---|---|---|---|---|---|---|---|---|---|
| 0 | 1 | 0 | 0 | | 박청효 | 21 | GK | GK | 1 | 제종현 | | 0 | 0 | 0 | 0 |
| 0 | 0 | 1 | 0 | | 박요한 | 11 | DF | DF | 17 | 이종민 | | 0 | 1 | 0 | 0 |
| 0 | 0 | 2 | 1(1) | | 유종현 | 5 | DF | DF | 15 | 김영빈 | | 0 | 0 | 0 | 0 |
| 0 | 0 | 1 | 0 | | 이택기 | 23 | DF | DF | 13 | 마철준 | | 0 | 2 | 0 | 0 |
| 0 | 0 | 1 | 0 | 27 | 김재훈 | 7 | DF | DF | 33 | 정호정 | | 2 | 0 | 0 | 0 |
| 0 | 2 | | 1(1) | | 노연빈 | 2 | MF | MF | 40 | 이찬동 | | 1 | 3 | 1 | 0 |
| 0 | 1 | 0 | 1 | | 최승호 | 16 | MF | MF | 10 | 파비오 | 38 | 0 | 4 | 0 | 0 |
| 0 | 0 | 0 | 0 | | 박진수 | 4 | MF | MF | 5 | 임선영 | | 2 | 0 | 0 | 0 |
| 0 | | 3 | 2 | | 임진욱 | 19 | FW | FW | 34 | 안성남 | | 3(2) | 1 | 0 | 0 |
| 0 | 1 | 4 | 3(1) | 10 | 한홍규 | 9 | FW | FW | 30 | 조용태 | | 1(1) | 1 | 0 | 0 |
| 0 | 0 | | 17 | | 김정훈 | 28 | FW | FW | 36 | 디에고 | 16 | 1(1) | 1 | 0 | 0 |
| 0 | | | | | 이정래 | 79 | | | 21 | 백민철 | | | | | |
| 0 | | | | | 하파엘 | | | | 2 | 정준연 | 후8 | | | | |
| 0 | 0 | 0 | 0 | 후13 | 김한빈 | 27 | | | 8 | 이 완 | | | | | |
| 0 | 0 | 0 | 0 | | 황재훈 | 55 | 대기 | 대기 | 16 | 김유성 | 후34 | | | | |
| 0 | | | | | 치프리안 | 83 | | | 24 | 오도현 | | | | | |
| 0 | 0 | 0 | 0 | 후25 | 정성민 | 10 | | | 37 | 박 현 | | | | | |
| 0 | 0 | 0 | 0 | 후45 | 이준호 | 17 | | | 38 | 윤상호 | 후14 | | | | |
| 0 | 4 | 19 | 8(3) | | | | | | | | | 9(4) | 14 | 1 | 0 |

●전반 33분 한홍규 PK-R-G (득점: 한홍규) 왼쪽
●후반 36분 최승호 PAR FK ⌒ 유종현 PA정면내 H-ST-G (득점: 유종현, 도움: 최승호) 왼쪽
●전반 40분 김영빈 MFR ~ 안성남 GAL R-ST-G (득점: 안성남, 도움: 김영빈) 왼쪽

## 부천 2 : 2 수원FC

10월 19일 16:00 흐림 부천 종합 관중 648명
주심_김희곤 부심_김경민·곽승순 대기심_매호영 감독관_한병화

부천 2 | 1 전반 1 | 1 후반 1 | 2 수원FC

| 퇴장 | 경고 | 파울 | ST(유) | 교체 | 선수명 | 배번 | 위치 | 위치 | 배번 | 선수명 | 교체 | ST(유) | 파울 | 경고 | 퇴장 |
|---|---|---|---|---|---|---|---|---|---|---|---|---|---|---|---|
| 0 | 1 | 0 | 0 | | 하강진 | 40 | GK | GK | 43 | 이상기 | | 0 | 0 | 0 | 0 |
| 0 | 0 | 1 | 0 | | 안일주 | 4 | MF | DF | 5 | 블라단 | | 0 | 1 | 0 | 0 |
| 0 | 1 | 1 | 2(2) | | 강지용 | 6 | DF | DF | 17 | 김창훈 | | 0 | 1 | 0 | 0 |
| 0 | 0 | 0 | 1 | | 전광환 | 15 | DF | MF | 7 | 김서준 | | 1 | 0 | 1 | 0 |
| 0 | 1 | 4(2) | 27 | | 정주일 | 21 | FW | MF | 21 | 김혁진 | | 0 | 2 | 1 | 0 |
| 0 | 0 | 6 | 0 | | 유대현 | 22 | DF | MF | 15 | 김정빈 | | 3(2) | 1 | 0 | 0 |
| 0 | 1 | 1 | 0 | | 정홍연 | 55 | MF | MF | 16 | 권용현 | 32 | 0 | 2 | 0 | 0 |
| 0 | 0 | 1 | 0 | | 김륜도 | 20 | MF | MF | 30 | 임성택 | | 1 | 0 | 0 | 0 |
| 0 | 0 | 5 | 2(1) | | 공민현 | 9 | MF | FW | 9 | 자 파 | | 1 | 3 | 0 | 0 |
| 0 | 0 | 1 | 1 | | 호드리고 | 11 | FW | FW | 10 | 김한원 | | 1(1) | 1 | 0 | 0 |
| 0 | 2 | 2(2) | | | 유준영 | 19 | FW | FW | 11 | 박종찬 | | 0 | 1 | 0 | 0 |
| 0 | | | | | 강 훈 | 33 | | | 23 | 박형순 | | | | | |
| 0 | 0 | 1 | 1 | 후39 | 이희찬 | 13 | | | 6 | 김종우 | | | | | |
| 0 | 0 | 0 | 0 | | 주일태 | 13 | | | | 이치준 | | | | | |
| 0 | 0 | 0 | 0 | | 박정훈 | 7 | 대기 | 대기 | 20 | 김홍일 | | | | | |
| 0 | 0 | 0 | 0 | 후33 | 이제승 | 27 | | | 24 | 김재연 | | | | | |
| 0 | | | | | 김태영 | 28 | | | 32 | 김본광 | 후23 | | | | |
| 0 | | | | | 최인창 | 18 | | | | 정 민 우 | 후11 | | | | |
| 0 | 3 | 19 | 13(7) | | | | | | | | | 8(4) | 12 | 1 | 0 |

●전반 12분 강지용 GA정면내 R-ST-G(득점: 강지용) 가운데
●후반 5분 공민현 GAR내 R-ST-G(득점: 공민현) 왼쪽
●전반 30분 임성택 PA정면내 ~ 김정빈 PA정면내 R-ST-G(득점: 김정빈, 도움: 임성택) 오른쪽
●후반 34분 정민우 GA정면 R-ST-G(득점: 정민우) 오른쪽

## 광주 1 : 0 대전

10월 25일 14:00 맑음 광주 월드컵 관중 2,470명
주심_ 김영수 부심_ 강도준·박상준 대기심_ 서동진 감독관_ 강창구

|  |  | 1 전반 0 |  |  |
|--|--|--|--|--|
|  |  | 0 후반 0 |  |  |

| 퇴장 | 경고 | 파울 | ST(유) | 교체 | 선수명 | 배번 | 위치 | 위치 | 배번 | 선수명 | 교체 | ST(유) | 파울 | 경고 | 퇴장 |
|---|---|---|---|---|---|---|---|---|---|---|---|---|---|---|---|
| 0 | 0 | 0 | 0 |  | 제종현 | 1 | GK | GK | 1 | 박주원 |  | 0 | 0 | 0 | 0 |
| 0 | 0 | 2 | 1 |  | 이종민 | 17 | DF | DF | 30 | 송주한 |  | 0 | 0 | 0 | 0 |
| 0 | 0 | 1 | 0 |  | 정준연 | 2 | DF | DF | 19 | 이 호 |  | 0 | 1 | 0 | 0 |
| 0 | 0 | 0 | 0 |  | 마철준 | 13 | MF | MF | 5 | 안영규 | 16 | 0 | 3 | 0 | 0 |
| 0 | 0 | 0 | 0 |  | 정호정 | 33 | DF | DF | 6 | 임창우 |  | 0 | 2 | 0 | 0 |
| 0 | 0 | 0 | 0 |  | 이찬동 | 40 | MF | DF | 2 | 김한섭 |  | 0 | 2 | 0 | 0 |
| 0 | 1 | 2 | 2(2) |  | 파비오 | 10 | MF | MF | 87 | 마라냥 | 18 | 0 | 1 | 0 | 0 |
| 0 | 1 | 3(1) |  |  | 임선영 | 11 | MF | MF | 7 | 정석민 |  | 1 | 1 | 1 | 0 |
| 0 | 4 | 1(1) | 30 |  | 안성남 | 34 | MF | MF | 8 | 김종국 | 12 | 2(2) | 1 | 0 | 0 |
| 0 | 1 | 4 | 2(1) |  | 김호남 | 11 | FW | FW | 14 | 서명원 |  | 0 | 4 | 0 | 0 |
| 0 | 1 | 2 | 1 |  | 디에고 | 36 | FW | FW | 9 | 반델레이 |  | 0 | 5 | 1 | 0 |
| 0 | 0 | 0 | 0 |  | 백민철 | 21 |  |  | 31 | 김선규 |  | 0 | 0 | 0 | 0 |
| 0 | 0 | 0 | 0 | 후29 | 여 름 | 4 |  |  | 55 | 김대중 |  | 0 | 0 | 0 | 0 |
| 0 | 0 | 0 | 0 |  | 이 완 | 8 |  |  | 17 | 신동혁 |  | 0 | 0 | 0 | 0 |
| 0 | 0 | 0 | 0 |  | 김영빈 | 15 | 대기 | 대기 | 16 | 황진산 | 후3 | 1 | 0 | 0 | 0 |
| 0 | 0 | 0 | 0 | 후17 | 오도현 | 24 |  |  | 12 | 유성기 | 후29 | 0 | 1 | 0 | 0 |
| 0 | 0 | 0 | 0 |  | 송승민 | 25 |  |  | 24 | 김성수 |  | 0 | 0 | 0 | 0 |
| 0 | 0 | 0 | 0 | 후37 | 조용태 | 30 |  |  | 18 | 김은중 | 후17 | 0 | 0 | 0 | 0 |
| 0 | 2 | 18 | 12(5) |  |  | 0 |  |  | 0 |  |  | 3(2) | 18 | 3 | 0 |

● 전반 19분 파비오 GAL EL ~ 임선영 GAL R-ST-G(득점: 임선영, 도움: 파비오) 오른쪽

## 안양 1 : 2 부천

10월 25일 16:00 맑음 안양 종합 관중 942명
주심_ 이동준 부심_ 김영하·방기열 대기심_ 윤창수 감독관_ 하재훈

|  |  | 0 전반 1 |  |  |
|--|--|--|--|--|
|  |  | 1 후반 1 |  |  |

| 퇴장 | 경고 | 파울 | ST(유) | 교체 | 선수명 | 배번 | 위치 | 위치 | 배번 | 선수명 | 교체 | ST(유) | 파울 | 경고 | 퇴장 |
|---|---|---|---|---|---|---|---|---|---|---|---|---|---|---|---|
| 0 | 0 | 0 | 0 |  | 이진형 | 1 | GK | GK | 33 | 강 훈 |  | 0 | 0 | 0 | 0 |
| 0 | 1 | 1 | 1 |  | 가솔현 | 3 | DF | DF | 4 | 안일주 |  | 0 | 1 | 0 | 0 |
| 0 | 0 | 0 | 0 |  | 백동규 | 30 | DF | DF | 5 | 강지용 |  | 0 | 0 | 0 | 0 |
| 0 | 0 | 0 | 22 |  | 변성환 | 35 | MF | DF | 15 | 전광환 | 17 | 1 | 1 | 0 | 0 |
| 0 | 0 | 2 | 1(1) |  | 구대영 | 90 | MF | FW | 21 | 정주일 |  | 1(1) | 0 | 0 | 0 |
| 0 | 0 | 4 | 4(2) |  | 최진수 | 13 | MF | MF | 77 | 유대현 |  | 1 | 3 | 0 | 0 |
| 0 | 0 | 2 |  |  | 김종성 | 55 | DF | DF | 55 | 정홍연 |  | 0 | 1 | 1 | 0 |
| 0 | 1 |  |  |  | 이으뜸 | 17 | FW | FW | 20 | 김륜도 |  | 1 | 1 | 0 | 0 |
| 0 | 2 |  |  |  | 조성준 | 11 | MF | MF | 9 | 공민현 |  | 3(1) | 2 | 0 | 0 |
| 0 | 0 | 1 |  |  | 박성진 | 13 | FW | FW | 11 | 호드리고 |  | 5(3) | 1 | 0 | 0 |
| 0 | 0 | 2 | 14 |  | 김원민 | 77 | FW | FW | 99 | 유준영 | 27 | 0 | 3 | 1 | 0 |
| 0 | 0 | 0 | 0 |  | 최필수 | 25 |  |  | 40 | 하강진 |  | 0 | 0 | 0 | 0 |
| 0 | 0 | 0 | 0 |  | 김효준 | 40 |  |  | 17 | 이희찬 | 후37 | 0 | 0 | 0 | 0 |
| 0 | 0 | 0 | 0 | 후0 | 김태봉 | 17 |  |  | 3 | 주일태 |  | 0 | 0 | 0 | 0 |
| 0 | 0 | 0 | 0 |  | 조철인 | 23 | 대기 | 대기 | 7 | 박정훈 |  | 0 | 0 | 0 | 0 |
| 0 | 0 | 0 | 0 | 후12 | 박정식 | 19 |  |  | 14 | 한종우 |  | 0 | 0 | 0 | 0 |
| 0 | 0 | 0 | 0 | 후33 | 정대선 |  |  |  | 27 | 이제승 | 후48 | 0 | 0 | 0 | 0 |
| 0 | 0 | 0 | 0 |  | 남궁도 | 33 |  |  | 18 | 최인창 |  | 0 | 0 | 0 | 0 |
| 0 | 1 | 16 | 9(3) |  |  | 0 |  |  |  |  |  | 12(5) | 18 | 3 | 0 |

● 후반 16분 최진수 PK-R-G(득점: 최진수) 오른쪽
● 전반 31분 유준영 CKL ~ 호드리고 GA정면 H-ST-G(득점: 호드리고, 도움: 유준영) 오른쪽
● 후반 31분 정주일 PAR TL ~ 호드리고 GAL H-ST-G(득점: 호드리고, 도움: 정주일) 왼쪽

## 안산 1 : 0 강원

10월 25일 14:00 맑음 안산 와스타디움 관중 480명
주심_ 매호영 부심_ 양병은·강동호 대기심_ 김희곤 감독관_ 전인석

|  |  | 1 전반 0 |  |  |
|--|--|--|--|--|
|  |  | 0 후반 0 |  |  |

| 퇴장 | 경고 | 파울 | ST(유) | 교체 | 선수명 | 배번 | 위치 | 위치 | 배번 | 선수명 | 교체 | ST(유) | 파울 | 경고 | 퇴장 |
|---|---|---|---|---|---|---|---|---|---|---|---|---|---|---|---|
| 0 | 0 | 0 | 0 |  | 전태현 | 1 | GK | GK | 1 | 황교충 |  | 0 | 0 | 0 | 0 |
| 0 | 0 | 1 | 0 | 33 | 강종국 | 28 | DF | DF | 3 | 이재훈 |  | 0 | 2 | 0 | 0 |
| 0 | 1 | 2 | 0 | 30 | 박종진 | 18 | DF | DF | 5 | 배효성 |  | 0 | 1 | 1 | 0 |
| 0 | 0 | 0 | 0 |  | 이재권 | 21 | DF | DF | 20 | 김오규 |  | 1 | 1 | 0 | 0 |
| 0 | 0 | 0 | 0 |  | 김성현 | 34 | DF | DF | 77 | 백종환 |  | 0 | 3 | 1 | 0 |
| 0 | 0 | 0 | 15 |  | 김현범 | 4 | MF | MF | 6 | 이창용 |  | 4(1) | 1 | 0 | 0 |
| 0 | 1 | 2(1) |  |  | 이용래 | 7 | MF | MF | 11 | 정찬일 | 11 | 1(1) | 2 | 1 | 0 |
| 0 | 0 | 0 |  |  | 조재철 | 17 | MF | MF | 89 | 장혁진 |  | 0 | 0 | 0 | 0 |
| 0 | 3 | 1(1) |  |  | 고경민 | 19 | MF | FW | 17 | 서보민 | 19 | 4(3) | 1 | 0 | 0 |
| 0 | 3 | 1(1) |  |  | 서동현 | 10 | FW | FW | 88 | 알렉스 | 99 | 4(2) | 0 | 0 | 0 |
| 0 | 0 | 0 |  |  | 윤준하 | 13 | FW | FW | 10 | 최진호 |  | 2(2) | 0 | 0 | 0 |
| 0 | 0 | 0 | 0 |  | 김신철 | 32 |  |  | 21 | 양동원 |  | 0 | 0 | 0 | 0 |
| 0 | 0 | 0 | 0 | 전41 | 좌슬협 | 33 |  |  | 2 | 최우재 |  | 0 | 0 | 0 | 0 |
| 0 | 0 | 0 | 0 |  | 한덕희 | 27 |  |  | 7 | 정우인 |  | 0 | 0 | 0 | 0 |
| 0 | 0 | 0 | 0 |  | 박세환 | 35 | 대기 | 대기 | 8 | 이우혁 |  | 0 | 0 | 0 | 0 |
| 0 | 0 | 0 | 0 | 후10 | 박희도 | 10 |  |  | 99 | 조엘손 | 후21 | 0 | 0 | 0 | 0 |
| 0 | 1 | 0 | 0 | 후29 | 유호준 | 15 |  |  | 11 | 최승인 | 후15 | 2 | 0 | 0 | 0 |
| 0 | 2 | 14 | 6(4) |  |  | 0 |  |  | 0 |  |  | 18(9) | 14 | 2 | 0 |

● 전반 32분 서동현 GAR R-ST-G(득점: 서동현) 가운데

## 고양 2 : 4 대구

10월 26일 14:00 흐림 고양 종합 관중 882명
주심_ 윤창수 부심_ 곽승순·김경민 대기심_ 이동준 감독관_ 이영철

|  |  | 0 전반 2 |  |  |
|--|--|--|--|--|
|  |  | 2 후반 2 |  |  |

| 퇴장 | 경고 | 파울 | ST(유) | 교체 | 선수명 | 배번 | 위치 | 위치 | 배번 | 선수명 | 교체 | ST(유) | 파울 | 경고 | 퇴장 |
|---|---|---|---|---|---|---|---|---|---|---|---|---|---|---|---|
| 0 | 0 | 0 | 0 |  | 여명용 | 23 | GK | GK | 21 | 조현우 |  | 0 | 0 | 0 | 0 |
| 0 | 0 | 0 | 0 |  | 이세환 | 2 | DF | DF | 22 | 이준희 |  | 0 | 0 | 0 | 0 |
| 0 | 0 | 1 | 0 |  | 황규범 | 2 | DF | DF | 8 | 허재원 |  | 0 | 1 | 0 | 0 |
| 0 | 0 | 0 | 0 |  | 최병도 | 4 | DF | DF | 6 | 노행석 |  | 0 | 1 | 0 | 0 |
| 0 | 0 | 2 | 1 |  | 안현식 | 17 | DF | DF | 81 | 최원권 |  | 0 | 0 | 0 | 0 |
| 0 | 0 | 1 |  |  | 이도성 | 7 | MF | MF | 20 | 안상현 |  | 1 | 2 | 0 | 0 |
| 0 | 0 | 1 | 10 |  | 오기재 | 21 | MF | MF | 25 | 마테우스 | 14 | 3(1) | 0 | 0 | 0 |
| 0 | 2 | 2(2) |  |  | 박병원 | 21 | FW | FW | 9 | 황순민 |  | 2(1) | 2 | 0 | 0 |
| 0 | 1 | 4(3) |  |  | 이광재 | 17 | FW | FW | 17 | 노병준 |  | 1 | 3 | 0 | 0 |
| 0 | 1 | 4(3) |  |  | 주민규 | 18 | FW | FW | 99 | 조나탄 |  | 3(3) | 1 | 0 | 0 |
| 0 | 0 | 0 | 0 |  | 강진웅 | 1 |  |  | 1 | 이양종 |  | 0 | 0 | 0 | 0 |
| 0 | 0 | 0 | 0 |  | 배민호 | 8 |  |  | 16 | 김동진 |  | 0 | 0 | 0 | 0 |
| 0 | 0 | 0 | 0 | 후37 | 한 빛 | 3 |  |  | 33 | 박성용 |  | 0 | 0 | 0 | 0 |
| 0 | 0 | 0 | 0 |  | 신재필 | 8 | 대기 | 대기 | 14 | 김귀현 | 후35 | 1(1) | 0 | 0 | 0 |
| 0 | 0 | 0 | 0 | 후26 | 호 니 | 9 |  |  | 23 | 정대교 |  | 0 | 0 | 0 | 0 |
| 0 | 1(1) | 0 | 0 |  | 윤동헌 |  |  |  | 20 | 정재용 | 후20 | 1(1) | 0 | 0 | 0 |
| 0 | 0 | 0 | 0 |  | 박성호 | 24 |  |  | 2 | 조형익 | 후43 | 0 | 0 | 0 | 0 |
| 0 | 1 | 11 | 15(12) |  |  | 0 |  |  |  |  |  | 9(8) | 18 | 2 | 0 |

● 후반 26분 윤동헌 PK-R-G(득점: 윤동헌) 왼쪽
● 후반 49분 주민규 GAL내 R-ST-G(득점: 주민규) 왼쪽
● 전반 18분 마테우스 MFL ~ 황순민 PAL L-ST-G(득점: 황순민, 도움: 마테우스) 왼쪽
● 전반 29분 이준희 MFL ~ 조나탄 GA정면 H-ST-G(득점: 조나탄, 도움: 이준희) 오른쪽
● 후반 36분 장백규 PAL내 L-ST-G(득점: 장백규) 오른쪽
● 후반 41분 노병준 PA정면내 ~ 김귀현 GAR R-ST-G(득점: 김귀현, 도움: 노병준) 왼쪽

## 수원FC 3 : 0 충주

10월 26일 14:00 흐림 수원 월드컵 관중 744명
주심_임원택 부심_최민병·박인선 대기심_박병진 감독관_김진의

수원FC 3 | 1 전반 0 / 2 후반 0 | 0 충주

| 퇴장 | 경고 | 파울 | ST(유) | 교체 | 선수명 | 배번 | 위치 | 위치 | 배번 | 선수명 | 교체 | ST(유) | 파울 | 경고 | 퇴장 |
|---|---|---|---|---|---|---|---|---|---|---|---|---|---|---|---|
| 0 | 0 | 0 | 0 | | 이 상 기 | 43 | GK | GK | 21 | 박 청 효 | | 0 | 0 | 0 | 0 |
| 0 | 0 | 3 | 0 | | 블 라 단 | 5 | DF | DF | 11 | 박 요 한 | | 0 | 2 | 0 | 0 |
| 0 | 0 | 1 | 0 | | 김 영 찬 | 8 | DF | DF | 5 | 유 종 현 | | 0 | 2 | 0 | 0 |
| 0 | 1 | 1 | 3(1) | | 김 서 준 | 7 | MF | DF | 23 | 이 택 기 | | 1 | 0 | 0 | 0 |
| 0 | 1 | 1 | 1(1) | | 김 정 빈 | 15 | MF | MF | 27 | 김 한 빈 | | 0 | 1 | 0 | 0 |
| 0 | 0 | 0 | 0 | 17 | 권 용 현 | 16 | MF | MF | 6 | 노 연 빈 | | 1(1) | 5 | 1 | 0 |
| 0 | 0 | 4 | 2(2) | | 임 성 택 | 30 | MF | MF | 16 | 최 승 호 | | 0 | 4 | 0 | 0 |
| 0 | 0 | 1 | 0 | | 김 본 광 | 32 | DF | MF | 4 | 박 진 수 | 55 | 2(1) | 2 | 0 | 0 |
| 0 | 0 | 0 | 0 | | 김 한 원 | 10 | FW | FW | 19 | 임 진 욱 | | 2(1) | 1 | 0 | 0 |
| 0 | 0 | 4 | 0 | 9 | 박 종 찬 | 11 | FW | FW | 9 | 한 홍 규 | | 0 | 2 | 0 | 0 |
| 0 | 0 | 2 | 4(3) | 22 | 정 민 우 | | FW | FW | 28 | 김 정 훈 | 17 | 3(3) | 2 | 1 | 0 |
| | | | | | 박 형 순 | | | | 1 | 황 성 민 | | 0 | 0 | 0 | 0 |
| | | | | 후35 | 김 창 훈 | | | | 92 | 하 파 엘 | | 0 | 0 | 0 | 0 |
| | | | | | 이 치 준 | 3 | | | 40 | 권 현 민 | | 0 | 0 | 0 | 0 |
| | | | | | 김 홍 일 | 20 | 대기 | 대기 | 7 | 황 재 훈 | 후26 | 1 | 0 | 0 | 0 |
| | | | | 후45 | 조 용 민 | 22 | | | 32 | 양 상 준 | | 0 | 0 | 0 | 0 |
| | | | | | 김 재 연 | 24 | | | 10 | 정 성 민 | 후11 | 1 | 1 | 0 | 0 |
| 0 | 0 | 4(3) | | 후0 | 자 파 | | FW | FW | 17 | 이 준 호 | 후35 | 1 | 1 | 1 | 0 |
| 0 | 0 | 16 | 15(10) | | | | | | 0 | | | 14(6) | 16 | 3 | 0 |

- ●전반 30분 김한원 PAR ~ 정민우 GA정면 L-ST-G(득점: 정민우, 도움: 김한원) 오른쪽
- ●후반 8분 정민우 PAL내 ~ 자파 GAL내 R-ST-G(득점: 자파, 도움: 정민우) 왼쪽
- ●후반 24분 김정빈 PAR내 R-ST-G(득점: 김정빈) 오른쪽

## 수원FC 2 : 1 안양

11월 01일 16:00 맑음 수원 월드컵 관중 618명
주심_박병진 부심_서무희·강동호 대기심_박진호 감독관_전인석

수원FC 2 | 0 전반 1 / 2 후반 0 | 1 안양

| 퇴장 | 경고 | 파울 | ST(유) | 교체 | 선수명 | 배번 | 위치 | 위치 | 배번 | 선수명 | 교체 | ST(유) | 파울 | 경고 | 퇴장 |
|---|---|---|---|---|---|---|---|---|---|---|---|---|---|---|---|
| 0 | 0 | 0 | 0 | | 이 상 기 | 43 | GK | GK | 1 | 이 진 형 | | 0 | 0 | 0 | 0 |
| 0 | 0 | 4 | 0 | | 블 라 단 | 5 | DF | DF | 30 | 백 동 규 | | 0 | 4 | 0 | 0 |
| 0 | 1 | 4 | 2(1) | | 김 창 훈 | 17 | DF | DF | 4 | 김 효 준 | | 0 | 1 | 0 | 0 |
| 0 | 0 | 2 | 0 | | 김 본 광 | 32 | DF | DF | 6 | 김 종 성 | | 0 | 1 | 0 | 0 |
| 0 | 0 | 1 | 1(1) | | 김 한 원 | 10 | DF | MF | 22 | 김 태 봉 | | 0 | 0 | 0 | 0 |
| 0 | 1 | 2 | | 22 | 김 서 준 | 7 | MF | MF | 90 | 구 대 영 | | 0 | 4 | 2 | 0 |
| 0 | 0 | 1 | 4(4) | | 김 정 빈 | 15 | MF | MF | 7 | 최 진 수 | | 1(1) | 4 | 1 | 0 |
| 0 | 0 | 1 | 0 | | 권 용 현 | 16 | MF | MF | 42 | 정 재 용 | | 3(1) | 0 | 0 | 0 |
| 0 | 1 | 1 | | 11 | 임 성 택 | 30 | MF | MF | 16 | 주 현 재 | 77 | 1(1) | 1 | 0 | 0 |
| 0 | 0 | 0 | 0 | | 자 파 | 9 | FW | FW | 8 | 박 성 진 | | 1(1) | 1 | 1 | 0 |
| 0 | 0 | 2 | 5(2) | | 박 종 찬 | 11 | FW | FW | 33 | 남 궁 도 | 9 | 1 | 4 | 0 | 0 |
| | | | | | 박 형 순 | | | | 25 | 최 필 수 | | 0 | 0 | 0 | 0 |
| | | | | | 김 영 찬 | 6 | | | 4 | 김 호 준 | | 0 | 0 | 0 | 0 |
| | | | | | 이 치 준 | 3 | | | 17 | 이 으 뜸 | | 0 | 0 | 0 | 0 |
| | | | | 후40 | 김 혁 진 | 8 | 대기 | 대기 | 77 | 김 원 민 | 후17 | 0 | 0 | 0 | 0 |
| | | | | 후39 | 조 용 민 | 22 | | | 14 | 박 정 식 | | 0 | 0 | 0 | 0 |
| | | | | | 김 재 연 | 24 | | | 9 | 정 대 선 | 후21 | 0 | 5 | 1 | 0 |
| 0 | 0 | 1 | | 후23 | 박 종 진 | 11 | | | 9 | 렐 리 피 | 후29 | 0 | 1 | 0 | 0 |
| 0 | 2 | 16 | 18(8) | | | | | | 0 | | | 8(4) | 36 | 5 | 0 |

- ●후반 6분 김한원 PAR내 ~ 김정빈 GAR내 L-ST-G(득점: 김정빈, 도움: 김한원) 왼쪽
- ●후반 52분 김한원 PK-R-G(득점: 김한원) 왼쪽
- ●전반 35분 정재용 MFL ~ 박성진 GAL내 R-ST-G(득점: 박성진, 도움: 정재용) 가운데

## 안산 3 : 2 광주

11월 01일 14:00 맑음 안산 와스타디움 관중 482명
주심_김희곤 부심_김영하·김경민 대기심_윤창수 감독관_김용세

안산 3 | 0 전반 2 / 3 후반 0 | 2 광주

| 퇴장 | 경고 | 파울 | ST(유) | 교체 | 선수명 | 배번 | 위치 | 위치 | 배번 | 선수명 | 교체 | ST(유) | 파울 | 경고 | 퇴장 |
|---|---|---|---|---|---|---|---|---|---|---|---|---|---|---|---|
| 0 | 0 | 0 | 0 | | 전 태 현 | 1 | GK | GK | 1 | 제 종 현 | | 0 | 0 | 0 | 0 |
| 0 | 0 | 0 | 0 | | 김 병 석 | 12 | DF | DF | 17 | 이 종 민 | 2 | 1 | 0 | 0 | 0 |
| 0 | 0 | 0 | 0 | 18 | 김 신 철 | 32 | DF | DF | 2 | 정 준 연 | | 0 | 0 | 0 | 0 |
| 0 | 1 | 5 | 1(1) | | 이 재 권 | 21 | DF | DF | 13 | 마 철 준 | | 0 | 0 | 0 | 0 |
| 0 | 1 | 2 | 0 | | 김 성 현 | 34 | DF | DF | 33 | 정 호 정 | | 0 | 1 | 0 | 0 |
| 0 | 0 | 1 | 0 | 15 | 박 현 범 | 4 | MF | MF | 40 | 이 찬 동 | 27 | 1 | 4 | 1 | 0 |
| 0 | 0 | 2 | 1 | | 이 용 래 | 7 | MF | MF | 10 | 파 비 오 | 24 | 3(3) | 4 | 0 | 0 |
| 0 | 1 | 2(1) | | | 조 재 철 | 17 | MF | MF | 34 | 임 선 영 | | 3(1) | 1 | 1 | 0 |
| 0 | 0 | 1 | 0 | | 고 경 민 | 19 | MF | FW | 34 | 안 성 남 | | 1(1) | 3 | 1 | 0 |
| 0 | 3 | 1(1) | | | 서 동 현 | 10 | FW | FW | 11 | 김 호 남 | | 1(1) | 2 | 0 | 0 |
| 0 | 1 | 5 | 0 | 27 | 윤 준 하 | 13 | FW | FW | 36 | 디 에 고 | | 5 | 1 | 0 | 0 |
| | | | | | 강 종 국 | 28 | | | 21 | 백 민 철 | | 0 | 0 | 0 | 0 |
| 0 | 0 | 0 | 1 | 전30 | 박 종 진 | 18 | | | 4 | 여 름 | 후19 | 0 | 4 | 0 | 0 |
| | | | | 후46 | 한 덕 희 | 27 | | | 41 | 이 완 | | 0 | 0 | 0 | 0 |
| | | | | | 박 세 환 | 35 | 대기 | 대기 | 15 | 김 영 빈 | | 0 | 0 | 0 | 0 |
| | | | | | 박 희 도 | 30 | | | 24 | 오 도 현 | 후24 | 3 | 0 | 0 | 0 |
| | | | | | 좌 준 협 | 33 | | | 27 | 홍 태 곤 | 후38 | 1 | 0 | 0 | 0 |
| 0 | 0 | | | 후0 | 유 호 준 | 15 | | | 30 | 조 용 태 | | 0 | 0 | 0 | 0 |
| 0 | 3 | 21 | 9(3) | | | | | | 0 | | | 12(5) | 19 | 0 | 0 |

- ●후반 17분 마철준 GA정면 R자책골(득점: 마철준) 오른쪽
- ●후반 34분 이재권 GA정면 R-ST-G(득점: 이재권) 오른쪽
- ●후반 44분 이재권 자기측 MFL ⌒ 서동현 GAL R-ST-G(득점: 서동현, 도움: 이재권) 왼쪽
- ●전반 8분 디에고 GA정면 ~ 임선영 GAR R-ST-G(득점: 임선영, 도움: 디에고) 왼쪽
- ●전반 13분 김호남 PAR ~ 안성남 GA정면 R-ST-G(득점: 안성남, 도움: 김호남) 오른쪽

## 대전 1 : 0 부천

11월 01일 16:00 흐림 대전 한밭 1,462명
주심_정동식 부심_최민병·곽승순 대기심_임원택 감독관_김수현

대전 1 | 0 전반 0 / 1 후반 0 | 0 부천

| 퇴장 | 경고 | 파울 | ST(유) | 교체 | 선수명 | 배번 | 위치 | 위치 | 배번 | 선수명 | 교체 | ST(유) | 파울 | 경고 | 퇴장 |
|---|---|---|---|---|---|---|---|---|---|---|---|---|---|---|---|
| 0 | 0 | 0 | 0 | | 박 주 원 | 1 | GK | GK | 33 | 강 훈 | | 0 | 1 | 1 | 0 |
| 0 | 0 | 2 | 0 | | 장 원 석 | 3 | DF | MF | 4 | 안 일 주 | | 0 | 4 | 0 | 0 |
| 0 | 0 | 0 | 0 | | 송 주 한 | 30 | DF | DF | 6 | 강 지 용 | | 0 | 1 | 0 | 0 |
| 0 | 0 | 1 | 0 | | 안 영 규 | 5 | DF | DF | 15 | 전 광 환 | | 0 | 2 | 0 | 0 |
| 0 | 0 | 1 | 3(1) | | 임 창 우 | 6 | DF | MF | 21 | 정 주 일 | 18 | 2 | 0 | 0 | 0 |
| 0 | 1 | 2 | 1(1) | | 정 석 민 | 7 | MF | DF | 22 | 유 대 현 | | 1(1) | 1 | 0 | 0 |
| 0 | 1 | 1 | | | 김 한 섭 | 2 | MF | DF | 55 | 정 홍 연 | | 0 | 0 | 0 | 0 |
| 0 | 0 | 1 | | 23 | 김 종 국 | 8 | MF | MF | 20 | 김 륜 도 | | 0 | 1 | 0 | 0 |
| 0 | 2 | 3(1) | | 19 | 유 성 기 | 12 | FW | FW | 9 | 공 민 현 | | 0 | 3 | 1 | 0 |
| 0 | 1 | 3(1) | | 19 | 김 은 중 | 18 | FW | FW | 11 | 호 드 리 고 | | 3(1) | 2 | 0 | 0 |
| 0 | 0 | 1 | 0 | | 서 명 원 | 14 | FW | FW | 10 | 유 준 영 | | 1 | 1 | 0 | 0 |
| | | | | | 김 선 규 | 31 | | | 40 | 허 강 진 | | 0 | 0 | 0 | 0 |
| | | | | | 김 대 중 | 55 | | | 13 | 주 일 태 | | 0 | 0 | 0 | 0 |
| | | | | 후33 | 이 호 | 19 | | | 17 | 이 희 찬 | | 0 | 0 | 0 | 0 |
| | | | | | 유 원 일 | 33 | 대기 | 대기 | 14 | 한 종 우 | | 0 | 0 | 0 | 0 |
| | | | | 후23 | 이 광 진 | 23 | | | 10 | 이 제 승 | | 0 | 0 | 0 | 0 |
| | | | | | 김 성 수 | 24 | | | 28 | 김 태 영 | | 0 | 0 | 0 | 0 |
| 0 | 1 | | | 전36 | 반델레이 | 9 | | | 18 | 최 인 창 | 후33 | 2(1) | 2 | 0 | 0 |
| 0 | 2 | 15 | 10(3) | | | | | | 0 | | | 8(3) | 12 | 2 | 0 |

- ●후반 7분 김은중 PK우측지점 H ~ 정석민 AK정면 R-ST-G(득점: 정석민, 도움: 김은중) 왼쪽

11월 02일 14:00 흐림 대구 스타디움 관중 794명
주심_ 서동진 부심_ 박인선·방기열 대기심_ 김영수 감독관_ 김정식

| 대구 6 | | | | | | | | 2 전반 0 / 4 후반 1 | | | | 강원 1 | | |

| 퇴장 | 경고 | 파울 | ST(유) | 교체 | 선수명 | 배번 | 위치 | 위치 | 배번 | 선수명 | 교체 | ST(유) | 파울 | 경고 | 퇴장 |
|---|---|---|---|---|---|---|---|---|---|---|---|---|---|---|---|
| 0 | 0 | 0 | 0 | | 조현우 | 21 | GK | GK | 21 | 양동원 | | 0 | 0 | 0 | 0 |
| 0 | 0 | 0 | | | 이준희 | 22 | DF | DF | 2 | 이재훈 | | 0 | 4 | 1 | 0 |
| 0 | 0 | 1 | 1 | | 허재원 | 8 | DF | DF | 5 | 배효성 | | 1 | 1 | 1 | 0 |
| 0 | 0 | 2 | 0 | | 노행석 | 20 | DF | DF | 20 | 김오규 | | 1 | 0 | 0 | 0 |
| 0 | 0 | 2(1) | | | 최원권 | 81 | DF | DF | 77 | 백종환 | | 1 | 2 | 0 | 0 |
| 0 | 0 | 1 | 0 | | 안상현 | 20 | MF | MF | 32 | 정찬일 | 25 | 0 | 1 | 0 | |
| 0 | 6 | 1 | | | 김대열 | 9 | MF | MF | 4 | 이창용 | | 0 | 3 | 1 | 0 |
| 0 | 1 | 2 | 11 | | 장백규 | 19 | MF | MF | 89 | 장혁진 | | 1 | 0 | 0 | 0 |
| 0 | 1 | 2(1) | | | 황순민 | 10 | MF | FW | 10 | 최진호 | 88 | | 0 | 0 | 0 |
| 0 | 0 | 5(4) | | | 노병준 | 17 | MF | FW | 9 | 김영후 | | 4(1) | 0 | 0 | 0 |
| 0 | 3 | 6(4) | 33 | | 조나탄 | 99 | FW | FW | 15 | 서보민 | | 1 | 0 | 0 | 0 |
| 0 | | | | | 이양종 | 16 | | | 1 | 황교순 | | 0 | | | |
| 0 | | | | | 김동진 | 16 | | | 2 | 최우재 | | 0 | | | |
| 0 | | | | | 박종진 | 24 | | | 4 | 정우인 | | 0 | | | |
| 0 | | | | 대기 | 지병주 | 4 | 대기 | 대기 | 15 | 김윤호 | 후25 | 0 | | | |
| 0 | | | | 후32 | 김귀현 | 14 | | | 25 | 한석종 | 후0 | 1 | 1 | 0 | 0 |
| 0 | | | | 후40 | 정대교 | 33 | | | 88 | 알렉스 | 후12 | 6(3) | 2 | 1 | 0 |
| 0 | | | | 후36 | 신창무 | 11 | | | 19 | 김동기 | | 0 | | | |
| 0 | 0 | 18 | 17(10) | | 0 | | | | | 0 | | 15(4) | 13 | 4 | 0 |

- 전반 25분 조나탄 GA정면내 H-ST-G(득점: 조나탄) 가운데
- 전반 41분 황순민 MF정면 ~ 조나탄 AK정면 R-ST-G(득점: 조나탄, 도움: 황순민) 왼쪽
- 후반 6분 노병준 PAL R-ST-G(득점: 노병준) 오른쪽
- 후반 9분 조나탄 GAR내 R-ST-G(득점: 조나탄) 오른쪽
- 후반 12분 장백규 PAR내 ~ 노병준 GAL L-ST-G(득점: 노병준, 도움: 장백규) 왼쪽
- 후반 26분 허재원 자기측 MFL ⌒ 조나탄 PAL내 R-ST-G(득점: 조나탄, 도움: 허재원) 오른쪽

- 후반 28분 알렉스 AK내 R-ST-G(득점: 알렉스) 오른쪽

---

11월 08일 14:00 흐림 부천 종합 관중 857명
주심_ 유선호 부심_ 양병은·김경민 대기심_ 박진호 감독관_ 이영철

| 부천 0 | | | | | | | | 0 전반 0 / 0 후반 2 | | | | 광주 2 | | |

| 퇴장 | 경고 | 파울 | ST(유) | 교체 | 선수명 | 배번 | 위치 | 위치 | 배번 | 선수명 | 교체 | ST(유) | 파울 | 경고 | 퇴장 |
|---|---|---|---|---|---|---|---|---|---|---|---|---|---|---|---|
| 0 | 0 | 0 | 0 | | 강훈 | 33 | GK | GK | 1 | 제종현 | | 0 | 0 | 0 | 0 |
| 0 | 0 | 1 | 0 | | 안일주 | 4 | DF | DF | 17 | 이종민 | | 0 | 0 | 0 | 0 |
| 0 | 0 | 3 | 0 | | 강지용 | 6 | DF | DF | 2 | 정준연 | | 0 | 1 | 0 | 0 |
| 0 | 0 | 4 | 0 | | 전광환 | 15 | DF | DF | 15 | 김영빈 | | 0 | 1 | 1 | 0 |
| 0 | 0 | 0 | 27 | | 정주일 | 21 | FW | FW | 40 | 이완 | 2(1) | 1 | 0 | 0 | |
| 0 | 1 | 0 | | | 유대현 | 22 | MF | MF | 4 | 안종훈 | | 1 | 3 | 0 | 0 |
| 0 | 0 | 0 | | | 정홍연 | 55 | DF | FW | 16 | 여름 | | 0 | 2 | 0 | 0 |
| 0 | 1 | 1 | 18 | | 박정호 | 7 | FW | FW | 34 | 임선영 | 24 | 2(1) | 2 | 0 | 0 |
| 0 | 0 | 1 | | | 김륜도 | 20 | FW | FW | 11 | 김호남 | | 2(2) | 0 | 0 | 0 |
| 0 | 1 | 0 | | | 공민현 | 9 | MF | MF | 36 | 디에고 | | 4(1) | 1 | 1 | 0 |
| 0 | 4 | 1(1) | | | 호드리고 | 11 | FW | FW | 21 | 백민철 | | 0 | | | |
| 0 | | | | | 하강진 | 41 | | | 10 | 파비오 | 후13 | 1(1) | 1 | 0 | 0 |
| 0 | | | | | 주일태 | 7 | | | 24 | 오도현 | 후40 | 1 | 1 | 0 | 0 |
| 0 | | | | | 이희찬 | 17 | | | 25 | 송승민 | | 0 | | | |
| 0 | | | | 대기 | 한종우 | 14 | 대기 | 대기 | 30 | 조용태 | 후40 | 0 | | | |
| 0 | 3(1) | 후0 | | | 이제승 | 27 | | | 37 | 박현 | | 0 | | | |
| 0 | | | | | 김태영 | 8 | | | 38 | 윤상호 | | 0 | | | |
| 0 | | | | 후38 | 최인창 | 18 | | | | | | | | | |
| 0 | 2 | 23 | 8(3) | | 0 | | | | | 0 | | 17(8) | 13 | 2 | 0 |

- 후반 33분 이종민 PAR내 ~ 디에고 GA정면내 H-ST-G(득점: 디에고, 도움: 이종민) 왼쪽
- 후반 36분 김호남 MFL → 파비오 GAR R-ST-G(득점: 파비오, 도움: 김호남) 왼쪽

---

11월 02일 14:00 맑음 충주 종합 관중 317명
주심_ 김대용 부심_ 양병은·최민병 대기심_ 매호영 감독관_ 한진원

| 충주 0 | | | | | | | | 0 전반 0 / 0 후반 0 | | | | 고양 0 | | |

| 퇴장 | 경고 | 파울 | ST(유) | 교체 | 선수명 | 배번 | 위치 | 위치 | 배번 | 선수명 | 교체 | ST(유) | 파울 | 경고 | 퇴장 |
|---|---|---|---|---|---|---|---|---|---|---|---|---|---|---|---|
| 0 | 0 | 0 | 0 | | 황성민 | 1 | GK | GK | 1 | 강진웅 | | 0 | 0 | 0 | 0 |
| 0 | 0 | 0 | 0 | | 박요한 | 11 | DF | DF | 2 | 이세환 | | 0 | 0 | 0 | 0 |
| 0 | 0 | 3 | 0 | | 유종현 | 5 | DF | DF | 3 | 배민호 | | 0 | 0 | 0 | 0 |
| 0 | 1 | 1 | | | 이택기 | 23 | DF | DF | 4 | 최병도 | | 1(1) | 1 | 0 | 0 |
| 0 | 1 | 2 | 0 | | 김재훈 | 7 | DF | DF | 25 | 안현식 | | 1 | 1 | 0 | 0 |
| 0 | 1 | 2 | | | 노연빈 | 8 | MF | MF | 19 | 여효진 | 8 | 0 | 3 | 0 | 0 |
| 0 | 1 | 1 | 4 | | 최승호 | 16 | MF | MF | 20 | 오기재 | 6 | 1(1) | 0 | 1 | 0 |
| 0 | 1 | 2(1) | | | 양상준 | 32 | FW | MF | 15 | 박병원 | | 0 | 1 | 0 | 0 |
| 0 | 2 | 8 | | | 한홍규 | 9 | FW | MF | 17 | 이광재 | | 1 | 1 | 0 | 0 |
| 0 | 2(1) | | | | 김정훈 | 28 | FW | FW | 30 | 김지웅 | | 0 | 4 | 0 | 0 |
| 0 | | | | | 박청효 | 21 | | | 23 | 여명용 | | 0 | | | |
| 0 | | | | | 하파엘 | 92 | | | 3 | 배민호 | | 0 | | | |
| 0 | 1 | | | | 김한빈 | 22 | | | 5 | 이훈 | | 0 | | | |
| 0 | | | | 대기 | 황재훈 | 55 | 대기 | 대기 | 6 | 김상균 | 후20 | 0 | | | |
| 0 | 2(1) | 후30 | | | 박진수 | 4 | | | 8 | 신재필 | 후33 | 0 | | | |
| 0 | | | | 후24 | 이완희 | 8 | | | 13 | 한빛 | | 0 | | | |
| 0 | | | | 후40 | 이준호 | 17 | | | 24 | 박성호 | | 0 | | | |
| 0 | 1 | 12 | 13(5) | | 0 | | | | | 0 | | 5(2) | 12 | 1 | 0 |

- 후반 13분 안상현 HLL → 최원권 MFR R-ST-G(득점: 최원권, 도움: 안상현) 왼쪽

---

11월 08일 14:00 흐림 대구 스타디움 관중 663명
주심_ 김상우 부심_ 서무희·곽승순 대기심_ 김대용 감독관_ 하재훈

| 대구 1 | | | | | | | | 0 전반 0 / 1 후반 2 | | | | 충주 2 | | |

| 퇴장 | 경고 | 파울 | ST(유) | 교체 | 선수명 | 배번 | 위치 | 위치 | 배번 | 선수명 | 교체 | ST(유) | 파울 | 경고 | 퇴장 |
|---|---|---|---|---|---|---|---|---|---|---|---|---|---|---|---|
| 0 | 0 | 0 | 0 | | 조현우 | 21 | GK | GK | 1 | 황성민 | | 0 | 0 | 0 | 0 |
| 0 | 1 | 1 | 1 | | 이준희 | 22 | DF | DF | 11 | 박요한 | | 0 | 0 | 0 | 0 |
| 0 | 0 | 4 | 1 | | 허재원 | 8 | DF | DF | 23 | 유종현 | | 1(1) | 1 | 0 | 0 |
| 0 | 0 | 4 | 1 | | 노행석 | 20 | DF | DF | 23 | 이택기 | | 0 | 0 | 0 | 0 |
| 0 | 1 | 1(1) | | | 최원권 | 81 | DF | DF | 7 | 김재훈 | | 0 | 1 | 0 | 0 |
| 0 | 0 | 1 | 0 | | 안상현 | 20 | MF | MF | 2 | 노연빈 | | 1 | 1 | 0 | 0 |
| 0 | 0 | 2 | 1 | | 김대열 | 9 | MF | MF | 16 | 최승호 | | 1 | 0 | 0 | 0 |
| 0 | 3 | 3(1) | 25 | | 장백규 | 19 | MF | FW | 4 | 정성민 | | 1(1) | 2 | 0 | 0 |
| 0 | 3 | 2(1) | | | 황순민 | 10 | MF | FW | 32 | 양상준 | | 3 | 0 | 0 | 0 |
| 0 | 3 | 2 | | | 노병준 | 17 | MF | FW | 9 | 한홍규 | 8 | 3(1) | 1 | 0 | 0 |
| 0 | 0 | 3(1) | | | 조나탄 | 99 | FW | FW | 28 | 김정훈 | 17 | 1 | 3 | 0 | 0 |
| 0 | | | | | 이양종 | 79 | | | 21 | 박청효 | | 0 | | | |
| 0 | | | | | 김동진 | 16 | | | 92 | 하파엘 | | 0 | | | |
| 0 | | | | | 박종진 | 24 | | | 40 | 권현민 | | 0 | | | |
| 0 | | | | 대기 | 김귀현 | 14 | 대기 | 대기 | 55 | 황재훈 | | 0 | | | |
| 0 | | | | | 마테우스 | 25 | | | 4 | 박진수 | 후46 | 0 | | | |
| 0 | | | | | 정대교 | 33 | | | 8 | 이완희 | 후28 | 0 | | | |
| 0 | | | | | 신창무 | 11 | | | 17 | 이준호 | 후35 | 0 | | | |
| 0 | 4 | 15 | 19(8) | | 0 | | | | | 0 | | 10(5) | 15 | 1 | 0 |

- 후반 5분 최승호 PA정면 ~ 정성민 GAL L-ST-G(득점: 정성민, 도움: 최승호) 오른쪽
- 후반 49분 박진수 PAL ~ 유종현 GA정면내 R-ST-G(득점: 유종현, 도움: 박진수) 왼쪽

## 11월08일 16:00 흐림 대전 한밭 3,892명
주심_김종혁 부심_지승민·방기열 대기심_윤창수 감독관_한병화

### 대전 5 : 2 수원FC
2 전반 0
3 후반 2

| 퇴장 | 경고 | 파울 | ST(유) | 교체 | 선수명 | 배번 | 위치 | 위치 | 배번 | 선수명 | 교체 | ST(유) | 파울 | 경고 | 퇴장 |
|---|---|---|---|---|---|---|---|---|---|---|---|---|---|---|---|
| 0 | 0 | 0 | 0 | | 박주원 | 1 | GK | GK | 43 | 이상기 | | 0 | 0 | 0 | 0 |
| 0 | 0 | 2 | 2(1) | | 장원석 | 3 | DF | DF | 6 | 블라단 | 1(1) | 2 | 1 | | 0 |
| 0 | 0 | 2 | 0 | | 송주한 | 30 | DF | DF | 17 | 김창훈 | 3 | 0 | 0 | 0 | 0 |
| 0 | 1 | 1 | 0 | | 안영규 | 5 | DF | MF | 7 | 김서준 | 3 | 0 | 0 | 0 | 0 |
| 0 | 0 | 2 | 0 | | 임창우 | 6 | DF | MF | 8 | 김혁진 | 1 | 1 | 1 | 1 | 0 |
| 0 | 0 | 2 | 1(1) | 33 | 서명원 | 14 | MF | MF | 15 | 김정빈 | 1 | 1 | 2 | 0 | 0 |
| 0 | 2 | | 3(1) | | 이광진 | 23 | MF | MF | 16 | 권용현 | | 3(1) | 1 | 0 | 0 |
| 0 | 1 | 3 | 3(1) | | 김종국 | 7 | MF | MF | 30 | 임성택 | | 3(1) | 1 | 0 | 0 |
| 0 | 1 | 3 | | 24 | 김한섭 | | MF | DF | 32 | 김본광 | | 2 | 2 | 0 | 0 |
| 0 | | | 4(2) | | 김은중 | 18 | FW | FW | 11 | 자 파 | | 3(1) | 1 | 0 | 0 |
| 0 | 0 | 3 | 4(2) | 22 | 반델레이 | 9 | FW | FW | 9 | 김한원 | | 1(1) | 1 | 1 | 0 |
| 0 | 0 | 0 | 0 | | 김선규 | 1 | | | 23 | 박형순 | | 0 | | | |
| 0 | 0 | 0 | 0 | | 김대중 | 55 | | | 28 | 김영찬 | 후28 | 1(1) | | | |
| 0 | 0 | 0 | 0 | | 이 호 | 19 | | | 33 | 이치준 | 후33 | 0 | | | |
| 0 | 0 | 0 | 후27 | 윤원일 | 33 | 대기 | 대기 | 22 | 조용민 | | | 0 | | | |
| 0 | 0 | 0 | 후38 | 김승승 | 22 | | | 24 | 김재연 | | | 0 | | | |
| 0 | 0 | 0 | 후32 | 김성수 | | | | 11 | 박종찬 | | 3(1) | | | | |
| 0 | 0 | 0 | 0 | | 유성기 | 12 | | | 13 | 하정헌 | | 0 | | | |
| 0 | 1 | 18 | 18(8) | | | 0 | | | 0 | | | 19(6) | 12 | 2 | 0 |

- 전반 20분 서명원 AK정면 R-ST-G득점: 서명원) 오른쪽
- 전반 31분 김한섭 PAR ~ 반델레이 PK지점 R-ST-G득점: 반델레이, 도움: 김한섭) 오른쪽
- 후반 12분 김은중 PK-R-G득점: 김은중) 왼쪽
- 후반 14분 김한섭 PAR ~ 반델레이 PK지점 R-ST-G득점: 반델레이, 도움: 김한섭) 왼쪽
- 후반 43분 김은중 AK정면 R-ST-G득점: 김은중) 오른쪽
- 후반 39분 임성택 GAL R-ST-G득점: 임성택) 왼쪽
- 후반 46분 권용현 PK지점 ~ 박종찬 GAL R-ST-G득점: 박종찬, 도움: 권용현) 왼쪽

## 11월09일 14:00 맑음 고양 종합 관중 252명
주심_서동진 부심_설귀선·박인선 대기심_임원택 감독관_김형남

### 고양 2 : 1 안산
1 전반 0
1 후반 1

| 퇴장 | 경고 | 파울 | ST(유) | 교체 | 선수명 | 배번 | 위치 | 위치 | 배번 | 선수명 | 교체 | ST(유) | 파울 | 경고 | 퇴장 |
|---|---|---|---|---|---|---|---|---|---|---|---|---|---|---|---|
| 0 | 0 | 0 | 0 | | 강진웅 | 1 | GK | GK | 28 | 강종국 | | 0 | 0 | 0 | 0 |
| 0 | 0 | 2 | 3(2) | | 이세환 | 2 | DF | DF | 12 | 김병석 | 10 | 0 | 0 | 0 | 0 |
| 0 | 1 | 3 | 0 | | 황규범 | 3 | DF | DF | 18 | 박종진 | | 0 | 2 | 1 | 0 |
| 0 | 1 | 1 | 0 | | 최병도 | 4 | DF | DF | 4 | 이재권 | 4 | 0 | 0 | 0 | 0 |
| 0 | 1 | 1 | 0 | | 안현식 | 25 | DF | MF | 34 | 김성현 | | 0 | 0 | 0 | 0 |
| 0 | 0 | 1 | 0 | | 여효진 | 19 | MF | MF | 27 | 한덕희 | | 1 | 1 | 0 | 0 |
| 0 | 0 | 1 | 1 | | 오기재 | 7 | MF | MF | 33 | 좌준협 | | 0 | 0 | 0 | 0 |
| 0 | 1 | 5 | 1 | 8 | 이도성 | 7 | MF | MF | 35 | 박세환 | | 4(2) | 1 | 1 | 0 |
| 0 | 0 | 3(1) | 24 | 윤동헌 | 21 | FW | MF | 19 | 고경민 | 17 | 2(1) | 1 | 1 | 0 |
| 0 | 0 | 0 | | 이광재 | 17 | FW | FW | 15 | 유호준 | | 2(2) | 0 | 0 | 0 |
| 0 | 0 | 2(1) | | 김지웅 | 30 | FW | FW | 7 | 윤준하 | | 1(1) | 0 | 0 | 0 |
| 0 | 0 | 0 | 0 | | 여명은 | 3 | | | 1 | 전태현 | | 0 | | | |
| 0 | 0 | 0 | 0 | | 배민호 | 6 | | | 32 | 박현범 | 후32 | 0 | | | |
| 0 | 0 | 0 | 0 | | 김상균 | 5 | | | 7 | 이용래 | | 0 | | | |
| 0 | 0 | 0 | 후45 | 신재필 | 8 | 대기 | 대기 | 16 | 조재철 | 후16 | 0 | | | |
| 0 | 0 | 0 | 0 | | 박병원 | 15 | | | 10 | 서동현 | 후0 | 1 | 1 | 0 | 0 |
| 0 | 3 | 16 | 10(4) | | | 0 | | | 0 | | | 10(6) | 14 | 5 | 0 |

- 전반 35분 오기재 GA정면내 ~ 이세환 GA정면내 R-ST-G득점: 이세환, 도움: 오기재) 오른쪽
- 후반 40분 윤준하 PK-R-G득점: 윤준하) 오른쪽
- 후반 11분 여효진 자기측 HLL ⌒ 김지웅 KR R-ST-G득점: 김지웅, 도움: 여효진) 가운데

## 11월09일 14:00 맑음 원주 관중 3,556명
주심_송민석 부심_김영하·박상준 대기심_매호영 감독관_전인석

### 강원 2 : 0 안양
1 전반 0
1 후반 0

| 퇴장 | 경고 | 파울 | ST(유) | 교체 | 선수명 | 배번 | 위치 | 위치 | 배번 | 선수명 | 교체 | ST(유) | 파울 | 경고 | 퇴장 |
|---|---|---|---|---|---|---|---|---|---|---|---|---|---|---|---|
| 0 | 0 | 0 | 0 | | 황교충 | 1 | GK | GK | 1 | 이진형 | | 0 | 0 | 0 | 0 |
| 0 | 0 | 5 | 0 | | 백종환 | 77 | DF | DF | 3 | 가솔현 | | 0 | 0 | 0 | 0 |
| 0 | 0 | 0 | 0 | | 최우재 | 2 | DF | DF | 30 | 백동규 | | 0 | 2 | 0 | 0 |
| 0 | 0 | 1 | 0 | | 김오규 | 20 | DF | MF | 22 | 김태봉 | | 0 | 0 | 0 | 0 |
| 0 | 0 | 1 | 1 | 15 | 박상진 | 13 | MF | MF | 90 | 구대영 | | 1 | 2 | 1 | 0 |
| 0 | 3 | 0 | 89 | 이우혁 | 4 | MF | MF | 42 | 정재용 | | 1(1) | 0 | 0 | 0 |
| 0 | 0 | 1 | 0 | | 정우인 | | MF | MF | 6 | 김종성 | | 0 | 0 | 0 | 0 |
| 0 | 0 | 6 | 0 | 5 | 정찬일 | 32 | MF | FW | 16 | 조성준 | | 1 | 0 | 0 | 0 |
| 0 | 0 | 3 | 2(2) | | 서보민 | 17 | FW | FW | 16 | 주현재 | 17 | 1(1) | 3 | 1 | 0 |
| 0 | 1 | 4(2) | | 최진호 | 16 | FW | FW | 8 | 알렉스 | | 1(1) | 1 | 0 | 0 |
| 0 | 3 | 5(2) | | 알렉스 | 88 | FW | FW | 9 | 렐리 | 후36 | 0 | | | |
| 0 | 0 | 0 | 0 | | 양동원 | 21 | | | 25 | 최필수 | | 0 | | | |
| 0 | 0 | 0 | 후39 | 배효성 | 5 | | | 4 | 김효준 | | 0 | | | |
| 0 | 0 | 0 | 후29 | 장혁진 | 89 | | | 7 | 정수호 | | 0 | | | |
| 0 | 1 | 0 | 후36 | 김윤호 | 15 | 대기 | 대기 | 17 | 이으뜸 | 후31 | 0 | | | |
| 0 | 0 | 0 | 0 | | 김영후 | 9 | | | 5 | 김재웅 | 후8 | 1(1) | 2 | 1 | 0 |
| 0 | 0 | 0 | 0 | | 최승인 | 11 | | | 99 | 김재웅 | 후8 | 1(1) | | | |
| 0 | 0 | 0 | 0 | | 알미르 | 90 | | | 9 | 렐리 | 후36 | 0 | | | |
| 0 | 0 | 27 | 12(6) | | | 0 | | | 0 | | | 8(3) | 13 | 2 | 0 |

- 전반 19분 알렉스 PK-R-G득점: 알렉스) 오른쪽
- 후반 40분 서보민 PA정면 FK R-ST-G득점: 서보민) 오른쪽

## 11월16일 14:00 맑음 고양 종합 관중 491명
주심_김희곤 부심_박상준·강동호 대기심_정동식 감독관_김용세

### 고양 0 : 0 광주
0 전반 0
0 후반 0

| 퇴장 | 경고 | 파울 | ST(유) | 교체 | 선수명 | 배번 | 위치 | 위치 | 배번 | 선수명 | 교체 | ST(유) | 파울 | 경고 | 퇴장 |
|---|---|---|---|---|---|---|---|---|---|---|---|---|---|---|---|
| 0 | 0 | 0 | 0 | | 강진웅 | 1 | GK | GK | 1 | 제종현 | | 0 | 0 | 0 | 0 |
| 0 | 0 | 3 | 0 | | 이세환 | 2 | DF | DF | 17 | 이종민 | | 0 | 4 | 1 | 0 |
| 0 | 0 | 2 | 0 | | 황규범 | 22 | DF | DF | 2 | 정준연 | | 0 | 0 | 0 | 0 |
| 0 | 0 | 2 | 0 | | 최병도 | 4 | DF | DF | 15 | 김영빈 | | 1 | 0 | 0 | 0 |
| 0 | 0 | 0 | 0 | | 안현식 | 25 | DF | MF | | 이 완 | | 0 | 0 | 0 | 0 |
| 0 | 1 | 1 | 8 | 여효진 | 19 | MF | MF | 40 | 이찬동 | | 2(1) | 2 | 1 | 0 |
| 0 | 0 | 0 | 1 | | 오기재 | 7 | MF | MF | | 여 름 | | 1 | 1 | 0 | 0 |
| 0 | 0 | 1 | 0 | | 이도성 | 7 | MF | MF | 38 | 윤상호 | | 1(1) | 3 | 0 | 0 |
| 0 | 1(1) | 24 | 윤동헌 | 21 | FW | FW | 30 | 조용태 | 37 | 1(1) | 1 | 0 | 0 |
| 0 | 0 | 2 | | 이광재 | 17 | FW | FW | 11 | 김호남 | | 1(1) | 0 | 0 | 0 |
| 0 | 2 | 1(1) | | 김지웅 | 30 | FW | FW | | 임선영 | | 0 | | | |
| 0 | 0 | 0 | 0 | | 여명은 | 3 | | | 21 | 민병철 | | 0 | | | |
| 0 | 0 | 0 | 0 | | 배민호 | 6 | | | 3 | 전준형 | | 0 | | | |
| 0 | 0 | 0 | 0 | | 이 훈 | 5 | | | 10 | 파비오 | 후14/34 | 0 | | | |
| 0 | 0 | 0 | 후23 | 신재필 | 8 | 대기 | 대기 | 18 | 김우철 | | 0 | | | |
| 0 | 0 | 0 | 0 | | 호 니 | 10 | | | 25 | 송승민 | | 0 | | | |
| 0 | 0 | 0 | 0 | | 한 빛 | 13 | | | 34 | 안성남 | 후18 | 2 | 2 | 0 | 0 |
| 0 | 0 | 0 | 후41 | 박성호 | 24 | | | 37 | 박 현 | 후38 | 0 | | | |
| 0 | 1 | 5(2) | | | 0 | | | 0 | | | 9(4) | 16 | 3 | 0 |

## 수원FC 1 — 2 강원

| | 0 전반 0 |
|---|---|
| | 1 후반 2 |

| 퇴장 | 경고 | 파울 | ST(유) | 교체 | 선수명 | 배번 | 위치 | 위치 | 배번 | 선수명 | 교체 | ST(유) | 파울 | 경고 | 퇴장 |
|---|---|---|---|---|---|---|---|---|---|---|---|---|---|---|---|
| 0 | 0 | 0 | 0 | | 이 상 욱 | 43 | GK | GK | 1 | 황 교 충 | | 0 | 0 | 0 | 0 |
| 0 | 1 | 2 | 0 | | 김 영 찬 | 6 | DF | DF | 3 | 이 재 훈 | | 0 | 1 | 0 | 0 |
| 0 | 0 | 3 | 0 | | 김 창 훈 | 17 | DF | DF | 4 | 최 우 재 | 5 | 1(1) | 1 | 1 | 0 |
| 0 | 0 | 0 | 0 | 22 | 김 서 준 | 17 | MF | DF | 20 | 김 오 규 | | 0 | 0 | 0 | 0 |
| 0 | 0 | 0 | 0 | | 김 정 빈 | 15 | MF | DF | 77 | 백 종 환 | 15 | 0 | 0 | 0 | 0 |
| 0 | 1 | 3 | 0 | | 권 용 현 | 16 | MF | MF | 4 | 정 우 인 | | 0 | 1 | 0 | 0 |
| 0 | 2 | 1(1) | | | 임 성 택 | 30 | MF | MF | 32 | 정 찬 일 | 6 | 2(1) | 6 | 1 | 0 |
| 0 | 2 | 1(1) | | | 김 본 광 | 32 | MF | MF | 89 | 장 혁 진 | | 2(2) | 2 | 0 | 0 |
| 0 | 2 | 3(3) | | | 자 파 | 9 | MF | FW | 17 | 서 보 민 | | 4 | 1 | 0 | 0 |
| 0 | 1 | 0 | 0 | | 김 한 원 | 10 | DF | FW | 10 | 최 진 호 | | 2(2) | 2 | 0 | 0 |
| 0 | 0 | 2 | 1(1) | | 김 종 찬 | 11 | FW | FW | 88 | 알 렉 스 | 3 | 3(2) | 4 | 0 | 0 |
| 0 | 0 | 0 | 0 | | 박 형 순 | 23 | | | 21 | 양 동 원 | | 0 | 0 | 0 | 0 |
| 0 | 0 | 0 | 0 | | 블 라 단 | 5 | | | 5 | 배 효 성 | 후14 | 0 | 1 | 0 | 0 |
| 0 | 0 | 0 | 0 | | 이 치 준 | 3 | | | 6 | 이 창 용 | 후43 | 0 | 1 | 0 | 0 |
| 0 | 1 | 1 | 0 | 후28 | 김 혁 진 | 8 | 대기 | 대기 | 25 | 한 석 종 | | 0 | 0 | 0 | 0 |
| 0 | 0 | 0 | 0 | 후44 | 조 용 민 | 22 | | | 15 | 김 윤 호 | 전44 | 0 | 2 | 0 | 0 |
| 0 | 0 | 0 | 0 | | 김 재 연 | 24 | | | 9 | 김 영 후 | | 0 | 0 | 0 | 0 |
| 0 | 0 | 0 | 0 | | 조 진 수 | 27 | | | 90 | 알 미 르 | | 0 | 0 | 0 | 0 |
| 0 | 4 | 18 | 7(6) | | | 0 | | | 0 | | | 14(8) | 22 | 3 | 0 |

● 후반 31분 김한원 PK-R-G(득점: 김한원) 오른쪽
● 후반 11분 장혁진 PAR TL FK ⌒ 최우재(GAR내 H-ST-G(득점: 최우재, 도움: 장혁진) 가운데
● 후반 18분 정찬일 MF정면 ~ 최진호 PAR내 R-ST-G(득점: 최진호, 도움: 정찬일) 왼쪽

---

## 충주 1 — 1 부천

| | 1 전반 1 |
|---|---|
| | 0 후반 0 |

| 퇴장 | 경고 | 파울 | ST(유) | 교체 | 선수명 | 배번 | 위치 | 위치 | 배번 | 선수명 | 교체 | ST(유) | 파울 | 경고 | 퇴장 |
|---|---|---|---|---|---|---|---|---|---|---|---|---|---|---|---|
| 0 | 0 | 0 | 0 | | 황 성 민 | 1 | GK | GK | 33 | 강 훈 | | 0 | 0 | 0 | 0 |
| 0 | 0 | 0 | 0 | | 박 요 한 | 11 | DF | DF | 4 | 안 일 주 | | 0 | 1 | 0 | 0 |
| 0 | 0 | 1 | 1 | | 유 종 현 | 5 | DF | DF | 5 | 강 지 용 | | 0 | 1 | 0 | 0 |
| 0 | 0 | 0 | 2 | | 이 택 기 | 23 | DF | DF | 15 | 전 광 환 | | 0 | 1 | 0 | 0 |
| 0 | 0 | 0 | 1 | | 김 재 훈 | 7 | DF | FW | 21 | 정 주 일 | | 1(1) | 0 | 0 | 0 |
| 0 | 0 | 2 | 0 | | 노 연 빈 | 2 | MF | MF | 4 | 유 대 현 | | 0 | 1 | 0 | 0 |
| 0 | 1 | 1 | 1 | | 최 승 호 | 16 | MF | DF | 55 | 정 홍 연 | | 0 | 0 | 0 | 0 |
| 0 | 1 | 1 | 4 | | 정 성 민 | 10 | MF | MF | 20 | 김 륜 도 | | 2 | 0 | 0 | 0 |
| 0 | 0 | 0 | 0 | | 양 상 준 | 32 | FW | FW | 9 | 공 민 현 | | 2(2) | 1 | 1 | 0 |
| 0 | 1 | 4 | 1 | | 한 홍 규 | 9 | FW | FW | 11 | 호드리고 | | 2(1) | 3 | 1 | 0 |
| 0 | 1 | 1 | 0 | | 김 정 훈 | 28 | FW | FW | 19 | 유 준 영 | | 1(1) | 0 | 0 | 0 |
| 0 | 0 | 0 | 0 | | 이 정 래 | 79 | | | 40 | 하 강 진 | | 0 | 0 | 0 | 0 |
| 0 | 0 | 0 | 0 | | 송 민 국 | 1 | | | 17 | 이 희 찬 | | 0 | 0 | 0 | 0 |
| 0 | 0 | 0 | 0 | | 변 웅 | 22 | | | 2 | 박 정 훈 | 후17 | 1(1) | 1 | 0 | 0 |
| 0 | 0 | 0 | 0 | | 황 재 훈 | 3 | 대기 | 대기 | 14 | 한 종 우 | | 0 | 0 | 0 | 0 |
| 0 | 0 | 0 | 0 | 전16 | 박 진 수 | 4 | | | 27 | 이 제 승 | | 0 | 0 | 0 | 0 |
| 0 | 0 | 0 | 0 | 후14 | 이 완 희 | 3 | | | 28 | 김 태 영 | | 0 | 0 | 0 | 0 |
| 0 | 0 | 0 | 0 | 후40 | 이 준 호 | 17 | | | 18 | 최 인 창 | | 0 | 0 | 0 | 0 |
| 0 | 1 | 13 | 8(2) | | | 0 | | | 0 | | | 6(5) | 14 | 2 | 0 |

● 전반 45분 김재훈 MFL FK R-ST-G(득점: 김재훈) 오른쪽
● 전반 16분 유준영 AKL R-ST-G(득점: 유준영) 왼쪽

---

## 안양 2 — 2 대구

| | 0 전반 1 |
|---|---|
| | 2 후반 1 |

| 퇴장 | 경고 | 파울 | ST(유) | 교체 | 선수명 | 배번 | 위치 | 위치 | 배번 | 선수명 | 교체 | ST(유) | 파울 | 경고 | 퇴장 |
|---|---|---|---|---|---|---|---|---|---|---|---|---|---|---|---|
| 0 | 0 | 0 | 0 | | 이 진 형 | 1 | GK | GK | 21 | 조 현 우 | | 0 | 0 | 1 | 0 |
| 0 | 1 | 4 | 0 | | 가 솔 현 | 3 | DF | DF | 16 | 김 동 진 | | 0 | 4 | 1 | 0 |
| 0 | 0 | 1 | 0 | | 백 동 규 | 30 | DF | DF | 8 | 허 재 원 | 6 | 0 | 1 | 0 | 0 |
| 0 | 0 | 1 | 0 | | 김 태 봉 | 22 | MF | DF | 3 | 박 성 용 | | 0 | 3 | 0 | 0 |
| 0 | 1 | 1 | 17 | | 구 대 영 | 90 | MF | DF | 81 | 최 원 권 | | 0 | 0 | 0 | 0 |
| 0 | 0 | 4(2) | | | 최 진 수 | 13 | MF | MF | 20 | 안 상 현 | | 1(1) | 2 | 1 | 0 |
| 0 | 0 | 1 | 1 | | 정 재 용 | 42 | MF | MF | 9 | 김 대 열 | | 1(1) | 4 | 1 | 0 |
| 0 | 1 | 1(1) | 16 | | 김 종 성 | 6 | DF | MF | 19 | 장 백 규 | | 1 | 0 | 1 | 0 |
| 0 | 1 | 4(3) | | | 조 성 준 | 11 | FW | MF | 17 | 노 병 준 | | 2 | 1 | 0 | 0 |
| 0 | 5 | 2 | 7 | | 김 재 웅 | 99 | MF | MF | 33 | 정 대 교 | 25 | 1 | 1 | 0 | 0 |
| 0 | 0 | 4(2) | | | 박 성 진 | 8 | FW | FW | 99 | 조 나 탄 | | 3(2) | 1 | 0 | 0 |
| 0 | 0 | 0 | 0 | | 최 필 수 | 25 | | | 1 | 이 양 종 | | 0 | 0 | 0 | 0 |
| 0 | 0 | 0 | 0 | | 김 효 준 | 4 | | | 24 | 박 종 진 | | 0 | 0 | 0 | 0 |
| 0 | 1 | 1(1) | 후11 | 이 으 뜸 | 17 | | | 6 | 노 행 석 | 후0 | 0 | 0 | 0 | 0 |
| 0 | 0 | 0 | 0 | | 박 정 식 | 14 | 대기 | 대기 | 4 | 지 병 주 | | 0 | 0 | 0 | 0 |
| 0 | 0 | 0 | 0 | 후40 | 도 화 성 | 7 | | | 28 | 김 근 철 | | 0 | 0 | 0 | 0 |
| 0 | 0 | 1 | 1(1) | 후11 | 주 현 재 | 16 | | | 25 | 마테우스 | 후8 | 0 | 0 | 0 | 0 |
| 0 | 0 | 0 | 0 | | 펠 리 피 | 9 | | | 11 | 신 창 무 | | 0 | 0 | 0 | 0 |
| 0 | 2 | 19 | 19(10) | | | 0 | | | 0 | | | 10(4) | 18 | 2 | 0 |

● 후반 13분 조성준 GAL내 R-ST-G(득점: 조성준) 가운데
● 후반 14분 최진수 PA정면 ~ 박성진 GAR R-ST-G(득점: 박성진, 도움: 최진수) 왼쪽
● 전반 18분 노병준 C.KR ⌒ 조나탄 PK좌측지점 R-ST-G(득점: 조나탄, 도움: 노병준) 왼쪽
● 후반 9분 노병준 PALFK ⌒ 김대열 GA정면내 H-ST-G(득점: 김대열, 도움: 노병준) 오른쪽

---

## 안산 1 — 1 대전

| | 0 전반 1 |
|---|---|
| | 1 후반 0 |

| 퇴장 | 경고 | 파울 | ST(유) | 교체 | 선수명 | 배번 | 위치 | 위치 | 배번 | 선수명 | 교체 | ST(유) | 파울 | 경고 | 퇴장 |
|---|---|---|---|---|---|---|---|---|---|---|---|---|---|---|---|
| 0 | 0 | 0 | 0 | | 전 태 현 | 1 | GK | GK | 31 | 김 선 규 | | 0 | 0 | 0 | 0 |
| 0 | 0 | 1 | 0 | | 김 병 석 | 12 | DF | DF | 12 | 유 성 기 | | 1(1) | 4 | 1 | 0 |
| 0 | 0 | 0 | 0 | 21 | 한 덕 희 | 27 | DF | DF | 13 | 김 상 필 | | 0 | 0 | 0 | 0 |
| 0 | 0 | 0 | 0 | | 김 성 현 | 34 | DF | DF | 55 | 김 대 중 | | 0 | 1 | 0 | 0 |
| 0 | 2 | 6(2) | | | 김 신 철 | 32 | DF | DF | 2 | 김 한 섭 | | 0 | 0 | 0 | 0 |
| 0 | 0 | 2 | 0 | | 유 호 준 | 11 | MF | MF | 22 | 김 영 승 | | 2(1) | 0 | 1 | 0 |
| 0 | 0 | 1 | 0 | | 좌 준 협 | 33 | MF | MF | 24 | 김 성 수 | 15 | 0 | 0 | 0 | 0 |
| 0 | 0 | 0 | 0 | | 조 재 철 | 17 | MF | MF | 23 | 이 광 진 | | 0 | 0 | 0 | 0 |
| 0 | 0 | 0 | 30 | | 박 세 환 | 35 | MF | MF | 11 | 황 지 웅 | | 0 | 0 | 0 | 0 |
| 0 | 2 | 2(1) | | | 강 종 국 | 28 | FW | FW | 7 | 정 석 민 | 27 | 3(1) | 1 | 1 | 0 |
| 0 | 3 | 1(1) | | | 윤 준 하 | 10 | FW | FW | 10 | 아드리아노 | | 3(3) | 2 | 0 | 0 |
| 0 | 0 | 0 | 0 | | 서 동 현 | 9 | | | 32 | 한 상 혁 | | 0 | 0 | 0 | 0 |
| 0 | 1 | 1 | 2(1) | 전17 | 이 재 권 | 21 | | | 4 | 김 윤 재 | | 0 | 0 | 0 | 0 |
| 0 | 1 | 1(1) | 후5 | 이 용 래 | 7 | 대기 | 대기 | 15 | 곽 재 민 | 후0 | 0 | 1 | 0 | 0 |
| 0 | 0 | 0 | 0 | 전35 | 박 희 도 | 30 | | | 29 | 김 연 수 | | 0 | 0 | 0 | 0 |
| 0 | 3 | 24 | 17(7) | | | 0 | | | 0 | | | 9(6) | 14 | 2 | 0 |

● 후반 28분 윤준하 GAL R-ST-G(득점: 윤준하) 오른쪽
● 전반 25분 유성기 PAR ~ 김영승 GAR R-ST-G(득점: 김영승, 도움: 유성기) 오른쪽

11월22일 14:00 흐리고비 원주 관중 1,065명
주심_최명용 부심_김성일·방기열 대기심_김대용 감독관_전인석

**강원 0** | 0 전반 0 | **1 광주**
| | 0 후반 1 | |

| 퇴장 | 경고 | 파울 | ST(유) | 교체 | 선수명 | 배번 | 위치 | 위치 | 배번 | 선수명 | 교체 | ST(유) | 파울 | 경고 | 퇴장 |
|---|---|---|---|---|---|---|---|---|---|---|---|---|---|---|---|
| 0 | 0 | 0 | 0 | | 황교충 | 1 | GK | GK | 1 | 제종현 | | 0 | 0 | 1 | 0 |
| 0 | 0 | 0 | | | 이재훈 | 3 | DF | DF | 17 | 이종민 | | 0 | 0 | 0 | 0 |
| 0 | 0 | 1 | 2(1) | | 최우재 | 2 | DF | DF | 2 | 정준연 | | 0 | 0 | 0 | 0 |
| 0 | 0 | 0 | | | 김오규 | 20 | DF | DF | 15 | 김영빈 | | 0 | 2 | 0 | 0 |
| 0 | 0 | 4 | 0 | | 백종환 | 77 | DF | DF | 8 | 이완 | | 0 | 1 | 0 | 0 |
| 0 | 0 | 1 | 3(1) | | 장혁진 | 89 | MF | MF | 40 | 이찬동 | | 0 | 4 | 0 | 0 |
| 0 | 0 | 3 | 0 | | 정우인 | 4 | MF | MF | 4 | 여름 | | 4 | 1 | 0 | 0 |
| 0 | 0 | 1 | 1(1) | 90 | 정찬일 | 32 | MF | MF | 5 | 임선영 | | 2 | 0 | 0 | 0 |
| 0 | 0 | 1 | 4(3) | 92 | 서보민 | 17 | FW | FW | 30 | 조용태 | 25 | 0 | 0 | 0 | 0 |
| 0 | 0 | 0 | | | 최진호 | 10 | FW | FW | 11 | 김호남 | 38 | 4(1) | 0 | 0 | 0 |
| 0 | 0 | 1 | 2(1) | 9 | 알렉스 | 88 | FW | FW | 24 | 디에고 | 34 | 1(1) | 1 | 0 | 0 |
| 0 | 0 | 0 | 0 | | 양동원 | 21 | | | 21 | 백민철 | | 0 | 0 | 0 | 0 |
| 0 | 0 | 2 | 0 | 후42 | 조민우 | 92 | | | 3 | 전준형 | | 0 | 0 | 0 | 0 |
| 0 | 0 | 0 | 0 | | 김윤호 | 15 | | | 18 | 김우철 | 후31 | 0 | 1 | 0 | 0 |
| 0 | 0 | 0 | | 대기 | 이창용 | 6 | 대기 | 대기 | 25 | 송승민 | 후49 | 0 | 0 | 0 | 0 |
| 0 | 0 | 0 | | | 이우혁 | 7 | | | 34 | 안성남 | | 0 | 0 | 0 | 0 |
| 0 | 0 | 3 | 0 | 후14 | 김영후 | 9 | | | 37 | 박현 | | 0 | 0 | 0 | 0 |
| 0 | 0 | 0 | 1(1) | 후22 | 알미르 | 90 | | | 38 | 윤상호 | 후45 | 0 | 0 | 0 | 0 |
| 0 | 0 | 16 | 13(8) | | | 0 | | | 0 | | | 7(2) | 17 | 2 | 0 |

● 후반 8분 임선영 MFR ~ 김호남 GAR R-ST-G (득점: 김호남, 도움: 임선영) 오른쪽

---

11월29일 14:00 맑음 안산 와스타디움 관중 2,767명
주심_김성호 부심_서무희·강동호 대기심_매호영 감독관_전인석

**안산 0** | 0 전반 0 | **3 광주**
| | 0 후반 3 | |

| 퇴장 | 경고 | 파울 | ST(유) | 교체 | 선수명 | 배번 | 위치 | 위치 | 배번 | 선수명 | 교체 | ST(유) | 파울 | 경고 | 퇴장 |
|---|---|---|---|---|---|---|---|---|---|---|---|---|---|---|---|
| 0 | 0 | 0 | 0 | | 전태현 | 1 | GK | GK | 1 | 제종현 | | 0 | 0 | 0 | 0 |
| 0 | 0 | 0 | 0 | | 김병석 | 12 | DF | DF | 17 | 이종민 | | 1 | 2 | 0 | 0 |
| 0 | 0 | 0 | 0 | 27 | 박종진 | 18 | DF | DF | 2 | 정준연 | | 0 | 2 | 0 | 0 |
| 0 | 0 | 3 | 0 | | 김성현 | 34 | DF | DF | 15 | 김영빈 | | 0 | 3 | 1 | 0 |
| 0 | 2 | 2 | 0 | | 이재권 | 21 | DF | DF | 8 | 이완 | | 0 | 3 | 0 | 0 |
| 0 | 1 | 1 | 0 | | 이용래 | 7 | MF | MF | 40 | 이찬동 | | 1 | 4 | 1 | 0 |
| 0 | 0 | 1 | 1 | 13 | 고경민 | 19 | MF | MF | 4 | 여름 | 10 | 1 | 1 | 0 | 0 |
| 0 | 0 | 0 | 0 | | 조재철 | 17 | MF | MF | 5 | 임선영 | | 3(3) | 2 | 0 | 0 |
| 0 | 0 | 0 | 0 | 30 | 김신철 | 32 | MF | MF | 30 | 조용태 | 13 | 3(1) | 1 | 0 | 0 |
| 0 | 2 | 2 | 3(1) | | 서동현 | 10 | FW | FW | 11 | 김호남 | | 2 | 0 | 0 | 0 |
| 0 | 0 | 0 | 4(1) | | 유호준 | 15 | FW | FW | 24 | 디에고 | 24 | 3(1) | 2 | 0 | 0 |
| 0 | 0 | 0 | 0 | | 박현범 | 4 | | | 21 | 백민철 | | 0 | 0 | 0 | 0 |
| 0 | 0 | 0 | 0 | | 강종국 | 28 | | | 10 | 파비오 | 후20 | 2(2) | 0 | 0 | 0 |
| 0 | 0 | 0 | 0 | 후34 | 한덕희 | 27 | | | 13 | 마철준 | 후35 | 0 | 0 | 0 | 0 |
| 0 | 0 | 1 | 0 | 전26 | 박희도 | 30 | 대기 | 대기 | 24 | 오도현 | 후45 | 0 | 0 | 0 | 0 |
| 0 | 0 | 0 | 0 | | 좌준협 | 33 | | | 25 | 송승민 | | 0 | 0 | 0 | 0 |
| 0 | 0 | 0 | 0 | | 박세환 | 35 | | | 34 | 안성남 | | 0 | 0 | 0 | 0 |
| 0 | 0 | 0 | 0 | 후28 | 윤준하 | 13 | | | 38 | 윤상호 | | 0 | 0 | 0 | 0 |
| 0 | 5 | 9 | 9(2) | | | 0 | | | 0 | | | 16(7) | 17 | 2 | 0 |

● 후반 25분 이종민 PAR ~ 파비오 GAL내 R-ST-G(득점: 파비오, 도움: 이종민) 왼쪽
● 후반 26분 김호남 PAL내 ~ 파비오 GA정면내 R-ST-G(득점: 파비오, 도움: 김호남) 오른쪽
● 후반 31분 파비오 MF정면 → 디에고 PA정면내 R-ST-G(득점: 디에고, 도움: 파비오) 왼쪽

제1조 (목적)_ 본 대회요강은 K LEAGUE CLASSIC 11위 클럽(이하: 경남FC)과 K LEAGUE CHALLENGE 플레이오프 승자 클럽(이하: 광주FC) 간의 승강 플레이오프를 효율적으로 운영하기 위하여 대회 및 경기 운영에 관한 사항을 규정함을 목적으로 한다.

제2조 (용어의 정의)_ 본 대회요강에서 '클럽'이라 함은 연맹의 회원단체인 축구단을, '홈 클럽'이라 함은 홈경기를 개최하는 클럽을 지칭한다.

제3조 (명칭)_ 본 대회명은 '현대오일뱅크 K리그 승강 플레이오프'로 한다.

제4조 (주최, 주관)_ 본 대회는 연맹이 주최(대회를 총괄하여 책임지는 자)하고, 홈 클럽이 주관(주최자의 위임을 받아 대회를 운영하는 자)한다. 연맹은 경기의 주관권을 각 홈클럽 클럽에 위탁하며 홈 클럽의 주관권은 제3자에게 양도할 수 없다.

제5조 (승강 플레이오프)_ 경남FC와 광주FC는 승강 플레이오프를 실시하여 그 승자가 2015년 클래식 리그에 참가하고 패자는 2015년 챌린지 리그에 참가한다.

제6조 (일정)_ 본 대회는 2014.12.03(수), 12.06(토) 양일간 개최하며, 경기일정(대진)은 아래의 경기일정표에 의한다.

| 구분 | | 경기일 | 경기시간 | 대진 | 장소 |
|---|---|---|---|---|---|
| 승강 플레이 오프 | 1차전 | 12.03 (수) | 19:00 | 광주FC vs 경남FC | 광주월드컵 경기장 |
| | 2차전 | 12.06 (토) | 14:00 | 경남FC vs 광주FC | 창원축구센터 |

제7조 (경기 개시 시간)_ 경기 시간은 사전에 연맹이 지정한 경기시간에 의한다.

제8조 (대회방식)_
1. 본 대회 방식은 Home & Away 방식에 의해 2경기가 실시되며 K리그 챌린지 1위 클럽이 1차전 홈경기를 실시한다.
2. 승강 플레이오프는 1차전, 2차전 각 90분(전/후반45분) 경기를 개최한다.
3. 1, 2차전이 종료된 시점에서 승리수가 많은 팀을 승자로 한다.
4. 1, 2차전이 종료된 시점에서 승리수가 같은 경우에는 다음 순서에 의해 승자를 결정한다.
   1) 1, 2차전 90분 경기 합산 득실차
   2) 합산 득실차가 동일한 경우, 원정다득점(원정득점 2배) 적용
   3) 합산 득실차와 원정경기 득점이 동일할 경우, 연장전(전/후반15분) 개최 (연장전은 원정 다득점 미적용)
   4) 연장전 무승부 시, 승부차기로 승리팀 최종 결정(PK방식 각 클럽 5명씩 승패가 결정되지 않을 경우, 6명 이후는 1명씩 승패가 결정날 때 까지)

제9조 (경기장)_
1. 모든 클럽은 최상의 상태에서 홈경기를 실시할 수 있도록 경기장을 유지·관리할 책임이 있다.
2. 본 대회는 원칙적으로 축구전용경기장에서 개최함을 권고한다.
3. 각 클럽은 경기장 시설(물)에 대해 연맹의 승인을 득하여야 한다.
4. 경기장은 연맹의 경기장 시설 기준을 준수하여야 하며, 다음 각 호의 조건을 충족하여야 한다.
   1) 그라운드는 천연잔디구장으로 길이 105m, 너비 68m, 잔디의 길이는 2~2.5cm를 권고한다.
   2) 그라운드 외측 주변에는 원칙적으로 축구전용경기장의 경우는 5m이상, 육상경기겸용경기장의 경우 1.5m 이상의 잔디 부분이 확보되어야 한다. (따라서 육상경기겸용경기장의 경우는 가로 108m 이상, 세로 71m 이상의 잔디 부분 확보)
   3) 골포스트 및 바는 흰색의 둥근 모양(직경 12cm)으로 원칙적으로 매입식이어야 한다. 또한 철제 이외 불의 반발력에 영향을 줄 수 있는 보강재 사용을 금한다.
   4) 골네트는 원칙적으로 흰색(연맹의 승인을 득한 경우는 제외) 이어야 하며, 골네트는 골대 후방에 폴을 세워 안전한 방법으로 부착하여야 한다. 폴은 골대와 구별되는 어두운 색상이어야 한다.
   5) 코너 깃발은 연맹이 지정한 것을 사용하여야 한다.

6) 각종 라인은 국제축구연맹(이하 'FIFA') 또는 아시아축구연맹(이하 'AFC')이 정한 규격에 따라야 하며, 라인 폭은 12cm로 선명하고 명료하게 그려야 한다.(원칙적으로 페인트 방식으로 한다)
5. 필드(그라운드 및 그 주변 부분)에는 경기 운영에 영향을 주거나 선수에게 위험의 우려가 있는 것을 방치 또는 설치해서는 안 된다.
6. 그라운드에 물을 뿌리는 것은 경기개시 90분 전까지 완료하여야 한다.
7. 경기장 관중석은 클래식 구단의 경우, 좌석수 10,000명 이상, 챌린지 구단의 경우 좌석수 7,000명 이상을 충족하여야 한다. 이에 미달할 경우, 연맹의 사전 승인을 득하여야 한다.
8. 경기장은 다음 항목의 부대시설을 갖추도록 권고한다.
   1) 운영 본부실                     2) 양팀 선수대기실(냉·난방 및 냉·온수 가능)
   3) 심판대기실(냉·난방 및 냉·온수 가능)        4) 실내 워밍업 지역
   5) 경기감독관석 및 매치코디네이터석            6) 경기기록석
   7) 의무실                        8) 도핑검사실(냉·난방 및 냉·온수 가능)
   9) 통제실, 경찰 대기실, 소방 대기실          10) 실내 기자회견장
   11) 기자실 및 사진기자실      12) 중계방송용사룸(TV중계스태프용)
   13) VIP룸                     14) 기자석
   15) 장내방송 시스템 및 장내방송실
   16) TV중계 및 라디오 중계용 방송 부스
   17) 동영상 표출이 가능한 대형 전광판            18) 출전선수명단 게시판
   19) 태극기, 대회기, 연맹기, 양 클럽 깃발을 게재할 수 있는 게양대
   20) 입장권 판매소        21) 종합 안내소        22) 관중을 위한 응급실
   23) 화장실              24) 식료품 및 축구 관련 상품 판매소
   25) TV카메라 설치 공간      26) TV중계차 주차 공간
   27) 케이블 시설 공간      28) 전송용기자재 등 설치 공간
   29) 믹스드 존(Mixed Zone)    30) 기타 연맹이 정하는 시설, 장비

제10조 (조명장치)_
1. 경기장에는 그라운드 어떠한 장소에도 평균 1,500lux 이상 조도를 가진 조명장치를 설치하여 조명의 밝음을 균일하게 유지하여야 한다. 또한 정전에 대비하여 1,000lux 이상의 조도를 갖춘 비상조명 장치를 구비하여야 한다.
2. 홈 클럽은 경기장 조명 장치의 이상 유·무를 사전에 확인하여 장애를 미연에 방지하는 한편, 고장 시 신속하게 수리할 수 있도록 모든 조치와 최선의 노력을 다하여야 한다.

제11조 (벤치)_
1. 팀 벤치는 원칙적으로 다음 요건을 충족하여야 한다.
   1) FIFA가 정한 규격의 기술지역(테크니컬에어리어) 내에 설치하여야 한다.
   2) 벤치 터치라인으로부터 5m 이상 떨어지는 한편 그 끝이 하프라인으로부터 8m 떨어지는 위치에 설치하여야 한다.
   3) 투명한 재질의 지붕을 갖추고 있어야 하며, 최소 20인 이상 앉을 수 있는 좌석이 준비되어야 한다. (다만, 관중의 시야를 방해해서는 안 된다)
2. 홈 팀 벤치는 본부석에서 그라운드를 향해 좌측에 설치하여야 한다.
3. 홈, 원정 팀 벤치에는 팀명을 표기한 안내물을 부착하여야 한다.
4. 제4의 심판(대기심판) 벤치를 준비하여야 하며, 다음 요건을 충족하여야 한다.
   1) 벤치 터치라인으로부터 5m 이상 떨어지는 그라운드 중앙에 설치하여야 한다.
   2) 투명한 재질의 지붕을 갖추고 있어야 한다.(다만, 관중의 시야를 방해해서는 안 된다)
   3) 대기심판 벤치 내에는 최소 3인 이상 앉을 수 있는 좌석과 테이블이 준비되어야 한다.

제12조 (의료시설)_ 홈 클럽은 선수단, 관계자, 관중 등을 위해 경기개시 90분 전부터 경기종료 후 모든 관중 및 관계자가 퇴장할 때까지 의료진(의사, 간호사, 1급 응급구조사)과 특수구급차를 반드시 대기시켜야 한다. 이를 위반할 경우, 본 대회요강 제29조 3항에 의한다.

제13조 (경기장에서의 고지)_
1. 홈 클럽은 경기장에서 다음 각 항목 사항을 전광판 및 장내 아나운서(멘트)를 통해 고지하여야 한다.

1) 공식 대회명칭(반드시 지정된 방식 및 형태에 맞게 전광판 노출)

2) 선수, 심판 및 경기감독관 소개　3) 대회방식 및 경기방식

4) K리그 선수 입장곡(K리그 앤섬 'Here is the Glory' BGM)

5) 선수 및 심판 교체　　　　6) 득점자 및 득점시간(득점 직후에)

7) 추가시간(전·후반 전광판 고지 및 장내 아나운서 멘트 동시 실시)

8) 다른 공식경기의 중간 결과 및 최종 결과

9) 관중 수(후반전 15~30분 발표)　10) 앞 항 이외 연맹이 지정하는 사항

2. 홈 클럽은 경기 전·후 및 하프타임에 다음 각 호의 사항을 실시하는 것이 가능하다.

1) 다음 경기예정 및 안내　　2) 연맹의 사전 승인을 얻은 광고 선전

3) 음악방송　　　　　　　　4) 팀 또는 선수에 관한 정보 안내

5) 앞 항 이외 연맹의 승인을 얻은 사항

### 제14조 (악천후의 경우 대비조치)

1. 홈 클럽은 강설 또는 강우 등 악천후의 경우에도 홈경기를 개최할 수가 있도록 최선의 노력을 다하여야 한다.

2. 악천후로 인하여 경기개최가 불가능하다고 판단될 경우, 경기감독관은 경기개최 3시간 전까지 경기개최 중지를 결정하여야 한다.

### 제15조 (경기중지 결정)

1. 경기 전 또는 경기 중 중대한 불상사 등으로 경기를 계속하기 어려운 사태가 발생하였을 경우, 주심은 경기감독관에게 경기중지를 요청할 수 있으며, 경기감독관은 동 요청에 의거하여 홈 클럽 및 원정 클럽 관계자의 의견을 참고한 후 경기중지를 결정할 수 있다.

2. 앞 항의 경우 또는 관중의 난동 등으로 경기장의 질서 유지가 어려운 경우, 경기감독관은 주심의 경기중지 요청이 없더라도 경기중지를 결정할 수 있다.

3. 경기감독관은 경기중지 결정을 내린 후, 지체 없이 그 사유를 연맹에 보고하여야 한다.

### 제16조 (재경기)

1. 경기가 악천후, 천재지변 등 불가항력에 의하여 경기개최 불능 또는 중지(중단)되었을 경우, 재경기는 원칙적으로 익일 동일 경기장에서 개최한다. 단, 연기된 경기가 불가피한 사유로 다시 연기될 경우 개최일시 및 장소는 연맹이 정하여 추후 공시한다.

2. 경기장 준비부족, 시설미비 등 점검 미비에 따른 홈 클럽의 귀책사유로 인하여 경기개최 불능 또는 중지(중단)되었을 경우, 재경기는 원정 클럽의 홈 경기장에서 개최한다.

3. 재경기 방식에 대해서는 다음 각 호에 의한다.

1) 이전 경기에서 양 클럽의 득실차가 없을 때는 90분간 재경기를 실시한다.

2) 이전 경기에서 양 클럽의 득실차가 있을 때는 중지 시점으로부터 잔여 시간만의 재경기를 실시한다.

4. 재경기 시, 앞 항 1호의 경우 이전 경기에서 발생된 경고, 퇴장 기록만이 인정되며 선수교체는 팀당 최대 3명까지 가능하다. 앞 항 2호의 경우 이전 경기에서 발생된 모든 기록이 인정되며 선수교체는 이전 경기를 포함하여 3명까지 할 수 있다.

5. 재경기 시, 이전 경기에서 발생된 경고 및 퇴장은 유효하며, 경고 및 퇴장에 대한 처벌(징계)은 경기순서대로 연계 적용한다.

6. 심판은 교체 배정할 수 있다.

### 제17조 (귀책사유가 있는 클럽의 비용 보상)

1. 홈 클럽의 귀책사유에 의해 경기개최 불능 또는 중지(중단)되었을 경우, 홈 클럽은 원정 클럽에 교통비 및 숙식비를 보상하여야 한다.

2. 원정 클럽의 귀책사유에 의해 경기개최 불능 또는 중지(중단)되었을 경우, 원정 클럽은 홈 클럽에 발생한 경기준비 비용 및 입장권 환불 수수료, 교통비 및 숙식비를 보상하여야 한다.

3. 앞 1항, 2항과 관련하여 천재지변 등 불가항력에 의한 경우는 제외한다.

### 제18조 (패배로 간주되는 경우)

1. 경기개최 거부 또는 속행 거부 등(경기장 질서문란, 관중의 난동 포함) 어느 한 클럽의 귀책사유로 인하여 경기개최 불능 또는 중지(중단)되었을 경우, 그 귀책사유가 있는 클럽이 0 : 3 패배한 것으로 간주한다.

2. 무자격 선수가 출장한 것이 경기 중 또는 경기 후 발각되어 경기종료 후 48시간 이내에 상대 클럽으로 부터 이의가 제기된 경우, 무자격 선수가 출장한 클럽이 0 : 3 패배한 것으로 간주한다. 다만, 경기 중 무자격 선수가 출장한 것이 발각되었을 경우, 해당 선수를 퇴장시키고 경기는 속행한다.

3. 앞 1항, 2항에 따라 어느 한 클럽의 0 : 3 패배를 결정한 경우에도 양 클럽 선수의 개인기록(출장, 경고, 퇴장, 득점, 도움 등)은 그대로 인정한다.

4. 앞 2항의 무자격 선수는 연맹 미등록 선수, 경고누적 또는 퇴장으로 인하여 출전이 정지된 선수, 외국인 출전제한 규정을 위반한 선수 등 그 시점에서 경기출전 자격이 없는 모든 선수를 의미한다.

### 제19조 (경기규칙) 본 대회의 경기는 FIFA 및 KFA의 경기규칙에 따라 실시되며, 특별한 사항이 발생 시에는 연맹이 결정한다.

### 제20조 (경기시간 준수)

1. 본 대회는 90분(전·후반 각 45분) 경기를 실시한다.

2. 모든 클럽은 미리 정해진 경기시작 시간(킥오프 타임)과 경기 중 휴식시간(하프타임)을 반드시 준수하여야 한다. 하프타임 휴식은 15분을 초과할 수 없으며, 양팀 출전선수는 후반전 출전을 위해 후반전 개시 3분 전(하프타임 12분)까지 심판진과 함께 대기 장소에 집결하여야 한다.

3. 경기시작 시간과 하프타임 시간을 준수하지 않아 경기가 지연될 경우, 귀책사유가 있는 해당 클럽에 제재금(100만 원 이상)을 부과할 수 있다. 동일 클럽이 위반 행위를 반복할 경우, 직전에 부과된 제재금의 2배를 부과할 수 있다.

### 제21조 (출전자격)

1. 연맹 규정 제2장 4조에 의거하여 연맹 등록이 완료된 선수만이 경기에 출전할 자격을 갖는다.

2. 연맹 규정 제2장 5조에 의거하여 연맹 등록이 완료된 코칭스태프 및 팀 스태프 중 출전선수명단에 등재된 자만이 벤치에 착석할 수 있으며, 경기 중 기술지역에서의 선수지도행위는 1명만이 할 수 있다.(통역 1명 대동 가능)

3. 제재 중인 지도자(코칭스태프, 팀 스태프 포함)는 다음 항목을 준수하여야 한다.

1) 출장정지 제재 중이거나 경기 중 퇴장 조치된 지도자는 관중석, 선수대기실을 제외한 지역에 대해 출입이 제한되며, 그라운드에서 사전 훈련 및 경기 중 어떠한 지도(지시) 행위도 불가하다. 다만, 경기종료 후 개최되는 공식기자회견에는 참석할 수 있다.

2) 징계 중인 지도자(원정 팀 포함)가 경기를 관전하고자 할 경우, 홈 클럽은 본부석 쪽에 좌석을 제공하여야 하며, 해당 지도자의 안전을 위한 조치를 하여야 한다.

3) 상기 제1호를 위반할 경우, 연맹 규정 제7장 8조에 해당하는 제재를 부과할 수 있다.

### 제22조 (출전선수명단 제출의무)

1. 홈 클럽과 원정 클럽은 경기개시 90분 전까지 경기감독관에게 출전선수명단을 제출하여 승인을 받아야 한다.

2. 출전선수명단에는 출전선수, 코칭스태프 및 팀 스태프 명단, 유니폼 색상이 포함되어야 하며, 제출된 인원만이 해당 경기 출전과 팀 벤치 착석 및 기술지역 출입, 선수 지도를 할 수 있다. 단, 출전선수명단에 등재할 수 있는 코칭스태프 및 팀 스태프의 수는 최대 8명(주치의, 통역 제외)까지로 한다.

3. 출전선수명단 승인(경기감독관 서명) 후에는 변경이 불가능하며, 승인 후 변경할 경우 선수 교체로 간주한다.

4. 본 대회의 출전선수명단은 18명을 원칙으로 하며, 다음 사항을 반드시 준수하여야 한다.

3) 23세 이하(1991.01.01이후 출생자) 국내선수는 출전선수명단에 최소 2명 이상 포함되어야 한다. 만일, 23세 이하 국내선수가 포함되어 있지 않을 경우 해당 인원만큼 출전선수명단에서 제외한다(즉, 23세 이하 국내선수가 1명 포함될 경우, 출전선수명단은 17명으로 하며, 전혀 포함되지 않을 경우 출전선수 명단은 16명으로 한다).

4) 군(軍), 경(警) 팀은 본항 3)호에 적용받지 않으며, 군(軍), 경(警) 팀과 경기 시, 그 상대팀도 3)호에 적용받지 않는다.

5) 군(軍), 경(警) 팀 선수는 2014년 9월 전역일(9월 9일, 9월 26일) 이후 원소속팀을 상대로 경기 출전이 가능하다.

6) 또한, 23세 이하의 국내선수가 KFA 각급 대표팀 선수로 선발(소집일~해산일)될 경우, 소집 기간에 개최 되는 경기에서 해당 클럽과 그 상대팀은 차출된 선수의 수(인원)만큼 엔트리 의무 등록 규정에 적용 받지 아니한다.

차출된 선수의 수가 동일하지 않을 경우 많은 팀을 기준으로 한다.

5. 순연 경기 및 재경기(90분 재경기에 한함)의 출전선수명단은 다시 제출하여야 한다.

**제23조 (선수교체)**

1. 본 대회의 선수 교체는 경기감독관이 승인한 출전선수명단에 의해 후보선수 명단 내에서만 가능하다.

2. 선수 교체는 90분 경기에서 3명까지 가능하다. 연장전은 최대 2명을 교체할 수 있다.

3. 승부차기는 선수 교체가 허용되지 않는다. 단, 연장전에 허용된 최대수(2명)의 교체를 다하지 못한 팀이 승부차기를 행할 때, 골키퍼(GK)가 부상을 이유로 임무를 계속할 수 없다면 교체 할 수 있다.

**제24조 (출전정지)**

1. K리그 클래식 및 챌린지에서 받은 경고, 퇴장에 의한 출전정지는 연계 적용하지 않는다.

2. 승강 플레이오프 1차전에서 받은 퇴장(경고 2회 퇴장 포함)은 다음경기 (2차전)에 출전정지 적용된다.

3. 대한축구협회 및 한국프로축구연맹 상벌위원회에서 받은 출전정지 징계는 연계 적용한다.

**제25조 (유니폼)**

1. 본 대회는 반드시 연맹이 승인한 유니폼을 착용해야 한다.

2. 선수 번호(배번)는 1번~99번으로 한정하며, 배번 1번은 GK에 한함)는 출전선수명단에 기재된 선수 번호와 일치하여야 하며, 배번의 식별이 가능하도록 명확하게 표시되어 있어야 한다.

3. 팀의 주장은 주장인 것을 명확하게 표시하는 완장을 착용하여야 한다.

4. 경기에 참가하는 모든 클럽은 제1유니폼과 제2유니폼을 필히 지참하여야 한다. 경기에 출전하는 양 클럽의 유니폼 색상이 동일할 경우, 원정 클럽이 교체 착용하는 것을 원칙으로 하되, 그래도 색상 식별이 명확하지 않을 경우에는 경기감독관의 결정에 따른다. 이 경우 홈 클럽도 경기감독관의 결정에 따라 교체 착용하여야 한다.

5. 동절기 방한용 내피 상의 또는 하의(타이즈)를 착용하고자 할 때는 유니폼(상·하의) 색상과 동일한 색상을 착용하여야 한다. 이를 위반할 경우 경기출전이 불가하다.

6. 스타킹과 발목밴드(테이핑)는 동일 색상(계열)이어야 한다. 이를 위반할 경우 경기출전이 불가하다.

**제26조 (사용구)** 본 대회의 공식 사용구는 아디다스 '브라주카(brazuca)'로 한다.

**제27조 (인터뷰 실시)**

1. 양 클럽 감독은 경기개시 60분~20분 전까지 미디어(취재기자에 한함)와 약식 인터뷰를 실시하여야 한다.

2. 홈 클럽은 경기종료 후 15분 이내에 실내기자회견을 개최하여야 한다. 단, 중계방송사의 요청이 있을 경우 플래시 인터뷰를 우선 실시하여야 하며, 플래시 인터뷰 이후 실내기자회견을 개최한다.

제재 중인 지도자(코칭 스태프 및 팀 스태프 포함)도 경기 종료 후 실시되는 공식기자회견에는 연맹 규정 제3장 36조에 의거하여 참석하여야 한다.

3. 모든 기자회견은 연맹이 지정한 인터뷰 배경막(백드롭)을 배경으로 실시하여야 한다.

4. 인터뷰 대상은 미디어가 요청하는 선수와 양 클럽 감독으로 한다.

5. 인터뷰를 실시하지 않거나 참가하지 않을 경우, 해당 클럽과 선수, 감독에게 제재금(50만 원 이상)을 부과할 수 있다.

6. 홈 클럽은 공동취재구역인 믹스드 존(Mixed Zone)을 반드시 마련하여야 하고, 양 클럽 선수단은 경기종료 후 믹스드 존을 통과하여 이동하여야 하며, 미디어의 인터뷰 요청에 최대한 협조하여야 한다.

7. 인터뷰에서는 경기의 판정이나 심판과 관련하여 일체의 부정적인 언급이나 표현을 할 수 없으며, 위반 시 다음 각 호에 의한다.

   1) 각 클럽 소속 선수, 코칭스태프, 팀 스태프, 임직원 등 모든 관계자에게 적용되며, 위반할 시 연맹 규정 제7장 8조에 해당하는 제재를 부과할 수 있다.

   2) 공식 인터뷰뿐만 아니라 대중에게 공개될 수 있는 어떠한 경로를 통한 언급이나 표현에도 적용된다.

**제28조 (중계방송협조)**

1. 시합의 TV방송권 및 라디오 방송권은 K리그에 귀속된다.

2. 본 대회의 경기 중계방송 시 카메라나 중계석 위치 확보, 방송 인터뷰를 위해 모든 클럽은 중계 방송사와 연맹의 요청에 최대한 협조한다.

**제29조 (경기장 안전과 질서유지)**

1. 홈 클럽은 경기개시 180분 전부터 경기종료 후 모든 관중 및 관계자가 퇴장할 때까지 선수, 팀 스태프, 심판을 비롯한 전 관계자와 관중의 안전 및 질서유지에 대한 의무와 책임이 있다.

2. 홈 클럽은 앞 항의 의무 실시를 위해 최선의 노력을 다해야 하며, 경기장 안전 및 질서를 어지럽히는 관중에 대해 그 입장을 제한하고 강제 퇴장시키는 등의 적정한 조치를 취할 수 있다.

3. 연맹, 홈 또는 원정 클럽, 선수, 코칭스태프 및 팀 스태프, 관계자를 비방하는 사안이나, 경기진행 및 안전에 지장을 줄 수 있는 모든 사안에 대해서는 경기감독관의 지시에 의해 관련 클럽은 즉각 이를 시정 조치하여야 한다. 만일, 경기감독관의 지시에도 불구하고 시정 조치되지 않을 경우 상벌위원회의 심의에 의거, 해당 클럽에 제재(500만 원 이상)를 부과할 수 있다.

4. 관중의 소요, 난동으로 인하여 경기 진행에 문제가 발생하거나, 선수, 심판, 코칭스태프 및 팀 스태프를 비롯한 관중의 안전과 경기장 질서 유지에 문제가 발생할 경우에는 관련 클럽이 사유를 불문하고 그에 대한 일체의 책임을 부담한다.

**제30조 (홈경기 관리책임자, 홈경기 안전책임자 선정 및 경기장 안전요강)** 모든 클럽은 경기장 안전 및 원활한 진행을 위해 홈경기 관리책임자 및 홈경기 안전책임자를 선정하여 연맹에 보고하여야 하며, 아래의 경기장 안전요강을 숙지하여 실행하고 관중에게 사전 공지 또는 고지하여야 한다. 또한 홈경기 관리책임자 및 홈경기 안전책임자는 경기감독관 및 매치코디네이터의 업무 및 지시 사항에 대해 최대한 협조하여야 한다.

1. 반입금지물: 경기장에 입장하려는 사람 또는 입장한 사람은 홈경기 관리책임자 및 홈경기 안전책임자가 특별히 필요사항에 의해 허락했을 경우를 제외하고 다음 각 호에 명시된 것을 가지고 입장할 수 없다.

   1) 경기장 관리자에 의해 반입을 금지하고 있는 것

   2) 정치적, 사상적, 종교적인 주의 또는 주장 또는 관념을 표시하거나 또는 연상시키고자 하는 대회의 운영에 지장을 미칠 우려가 있는 게시판, 간판, 현수막, 플래카드, 문서, 도면, 인쇄물 등

   3) 연맹의 승인을 득하지 않은 특정의 회사 또는 영리기업의 광고를 목적으로 하여 특정의 회사명, 제품명 등을 표시한 것 (특정 회사, 제품을 연상시키는 것 포함)

   4) 그 외 경기운영 또는 진행을 방해하여 타인에게 불편을 주거나 또는 위험하게 하거나 혹은 그러한 우려가 있거나 또는 운영담당·보안담당, 경비종사원이 위험성을 인정하는 것

2. 금지행위: 경기장에 입장하려는 사람 또는 입장한 사람은 홈경기 관리책임자 및 홈경기 안전책임자가 특별히 필요사항에 의해 허락했을 경우를 제외하고는 다음 각 호에 명시되는 행위를 해서는 안 된다.

   1) 경기장 관리자에 의해 금지되고 있는 행위

   2) 정당한 입장권 또는 통행증을 소지하지 않고 입장하는 것

   3) 항의 집회, 데모 등 대회의 원활한 운영을 저해할 우려가 있는 행위

   4) 알코올, 약물 그 외 물질을 소유 및 복용한 상태로 경기장에 입장하는 행위 또는 경기장에 이러한 물질을 방치해 두어 이것들의 영향에 의해 경기운영 또는 타인의 행위 등을 저해하는 행위(알코올 등의 영향에 의해 정상적인 행위를 할 수 없는 우려가 있는 상태일 경우 입장 불가)

   5) 해당 경기장(시설) 및 관련 장소에서 권유, 연설, 집회, 포교 등의 행위

   6) 정해진 장소 외에서 차량을 운전하거나 주차하는 것

   7) 상행위, 기부금 모집, 광고물의 게시 등의 행위

   8) 정해진 장소 외에 쓰레기 및 오물을 폐기하는 것

   9) 연맹의 승인 없이 영리목적으로 경기장면, 식전행사, 관객 등을 사진 또는 비디오로 촬영하는 것

   10) 연맹의 승인 없이 대회의 음성, 영상의 전부 또는 일부를 인터넷 및 미디어를 통해 전달하는 것

   11) 경기운영 또는 진행을 방해하여 타인에게 폐를 끼치거나 또는 위험을 미치거나 혹은 그러한 우려가 있으면서 경비종사원이 위험성을 인정한 행위

3. 경기장 관련: 경기장에 입장하려는 사람 또는 입장한 사람은 다음 각 호에 명시하는 사항에 준수하여야 한다.
  1) 입장권, 신분증, 통행증 등의 제시가 요구되었을 때는 이것을 제시해야 함
  2) 안전 확보를 위해 수화물, 소지품 등의 검사가 요구되었을 때는 이것에 따라야 함
  3) 사건·사고가 발생하거나 또는 발생 우려가 예상되는 경우, 경비 종사원 또는 치안 당국의 지시, 안내, 유도 등에 따라 행동할 것
4. 입장거부 또는 퇴장명령
  1) 홈경기 관리책임자 및 홈경기 안전책임자는 상기 1항, 2항, 3항의 경기장 안전요강을 위반하는 사람의 입장을 거부하여 경기장으로부터의 퇴장을 명할 수 있으며, 상기 1항에 의거하여 반입금지물 몰수 등 필요한 조치를 취할 수 있다.
  2) 홈경기 관리책임자 및 홈경기 안전책임자는 전항에 해당하는 사람 중에서 특히 고의, 상습으로 확인된 사람에 대해서는 이후 개최되는 연맹 주최의 공식경기에 입장을 거부할 수 있다.
  3) 홈경기 관리책임자 및 홈경기 안전책임자에 의해 입장이 거부되거나 경기장에서 퇴장을 받게된 사람은 입장권 구입 대금의 환불을 요구할 수 없다.
5. 권한의 위임: 홈경기 관리책임자는 특정 시설에 대해 그 권한을 타인에게 위임할 수 있다.
6. 안전 가이드라인 준수: 모든 클럽은 연맹이 정한 'K리그 안전가이드라인'을 준수하여야 한다.

**제31조 (기타 유의사항)_** 각 클럽은 아래의 사항을 숙지하고 준수하여야 한다.
1. 양 클럽 감독 및 선수 1명(연맹 지정)은 사전에 연맹이 지정한 미디어 데이에 반드시 참석해야 한다. 미디어 데이에 참석하지 않을 경우, 연맹 규정 제7장 8조에 해당하는 제재를 부과할 수 있다.
2. 모든 취재 및 방송중계 활동을 위한 미디어 관련 입장자는 2014년도 미디어 가이드라인에 따라 입장하여야 하며 이를 준수하여야 한다.
3. 경기에 참가하는 선수단(코칭스태프, 팀 스태프 포함)은 경기시작 100분 전에 경기장에 도착하여야 한다.
4. 오픈경기는 본 경기 개최 1시간(60분) 전까지 반드시 종료되어야 하며, 경기 개최 7일전까지 연맹의 사전 승인을 얻어야 한다.
5. 선수는 신체보호를 위해 반드시 정강이 보호대를 착용하고 경기에 임해야 한다.
6. 경기 중 클럽의 임원, 코칭스태프, 팀 스태프, 선수는 경기장 내에서 흡연을 할 수 없으며, 이를 위반할 경우 퇴장 조치한다.
7. 체육진흥투표권(스포츠토토 등) 발매 이상 징후 대응경보 발생 시, 경기시작 90분 전 대응 미팅에 관계자(경기감독관, 매치코디네이터, 양 클럽 관계자 및 감독) 등이 참석하여야 한다.

**제32조 (마케팅 권리)_**
1. 모든 상업적 권리는 연맹이 보유한다.
2. 홈경기 개최에 필요한 관련 제작물은 홈경기를 개최하는 해당 구단이 제작한다.
3. 본 대회를 활용한 모든 상업 활동은 본 규정에 따라 연맹의 사전 승인을 득해야 한다.

**제33조 (부칙)_** 본 대회요강에 명시되지 않은 사항은 연맹 규정에 의거하여 결정 및 시행한다.

## 현대오일뱅크 K리그 승강 플레이오프 2014 경기일정표

| 경기일자 | 경기시간 | 경기번호 | 대진 | | | 경기장소 | 관중 |
|---|---|---|---|---|---|---|---|
| 2014.12.03 | 19:00 | 1 | 광주 | 3:1 | 경남 | 광주W | 2,667 |
| 2014.12.06 | 14:00 | 2 | 경남 | 1:1 | 광주 | 창원C | 1,969 |

## 현대오일뱅크 K리그 승강 플레이오프 경기기록부

12월 03일 19:00 비 광주 월드컵 관중 2,667명
주심_유선호 부심_노태식·이정민·김성호·우상일 대기심_고형진 감독관_전인석

**광주 3** [1 전반 1 / 1 후반 0] **1 경남**

| 퇴장 | 경고 | 파울 | ST(유) | 교체 | 선수명 | 배번 | 위치 | 위치 | 배번 | 선수명 | 교체 | ST(유) | 파울 | 경고 | 퇴장 |
|---|---|---|---|---|---|---|---|---|---|---|---|---|---|---|---|
| 0 | 0 | 0 | 0 | | 제종현 | 1 | GK | GK | 31 | 손정현 | | 0 | 0 | 0 | 0 |
| 0 | 0 | 2 | 0 | | 이종민 | 17 | DF | DF | 30 | 스레텐 | | 1(1) | 4 | 1 | 0 |
| 0 | 0 | 0 | 0 | | 정준연 | 2 | DF | DF | 27 | 박주성 | | 0 | 0 | 0 | 0 |
| 0 | 0 | 1 | 0 | | 김영빈 | 15 | DF | DF | 34 | 김영빈 | 17 | 0 | 0 | 0 | 0 |
| 0 | 0 | 0 | 0 | | 이 완 | 8 | DF | DF | 10 | 안성빈 | | 0 | 0 | 0 | 0 |
| 0 | 0 | 4 | | 24 | 이찬동 | 40 | MF | MF | 7 | 진경선 | | 0 | 1 | 0 | 0 |
| 0 | 0 | 0 | | | 여 름 | 4 | MF | MF | 14 | 이창민 | | 2(1) | 1 | 0 | 0 |
| 0 | 0 | 3 | 1(1) | | 임선영 | 5 | MF | MF | 26 | 최영준 | | 0 | 2 | 0 | 0 |
| 0 | 0 | | 1(1) | | 조용태 | 18 | MF | FW | 16 | 송수영 | | 2(2) | 2 | 0 | 0 |
| 0 | 0 | 0 | | | 김호남 | 11 | FW | FW | 13 | 고재성 | 22 | 1 | 0 | 0 | 0 |
| 0 | 0 | | 2(2) | 10 | 디에고 | 36 | FW | FW | 9 | 스토야노비치 | | 1(1) | 3 | 0 | 0 |
| 0 | 0 | | | | 백민철 | 21 | | | 1 | 김영광 | | | | | |
| 0 | 0 | 0 | | 후36 | 파비오 | 10 | | | 4 | 김준엽 | 후30 | | | | |
| 0 | 0 | 0 | | | 마철준 | 13 | | | 후18 | 고재성 | | | | | |
| 0 | 0 | 0 | | 후42 | 오도현 | 24 | 대기 | 대기 | 15 | 최성민 | | | | | |
| 0 | 0 | 0 | | 후26 | 송승민 | 25 | | | 2 | 이학민 | | | | | |
| 0 | 0 | 0 | | | 안성남 | 34 | | | 17 | 이재안 | 후13 | | | | |
| | | | | | 윤상호 | | | | 22 | 한의권 | 후21 | | | | |
| 0 | 0 | 16 | 7(4) | | | | | | | | | 8(5) | 16 | 1 | 0 |

●전반 20분 여름 MFR ~ 조용태 MF정면 L-ST-G(득점: 조용태, 도움: 여름) 오른쪽
●후반 3분 디에고 GAL R-ST-G(득점: 디에고) 오른쪽
●후반 40분 스레텐 GAR내 자책골(득점: 스레텐) 오른쪽
●전반 32분 고재성 AK정면 ~ 스토야노비치 GAR R-ST-G(득점: 스토야노비치, 도움: 고재성) 왼쪽

---

12월 06일 14:00 맑음 창원 축구센터 관중 1,969명
주심_김상우 부심_손재선·장준모·김성호·유선호 대기심_최명용 감독관_전인석

**경남 1** [0 전반 0 / 1 후반 1] **1 광주**

| 퇴장 | 경고 | 파울 | ST(유) | 교체 | 선수명 | 배번 | 위치 | 위치 | 배번 | 선수명 | 교체 | ST(유) | 파울 | 경고 | 퇴장 |
|---|---|---|---|---|---|---|---|---|---|---|---|---|---|---|---|
| 0 | 0 | 0 | 0 | | 김영광 | 1 | GK | GK | 1 | 제종현 | | 0 | 0 | 0 | 0 |
| 0 | 1 | 3 | 0 | | 여성해 | 90 | DF | DF | 17 | 이종민 | | 0 | 0 | 0 | 0 |
| 0 | 1 | 0 | 0 | | 스레텐 | 30 | DF | DF | 2 | 정준연 | | 0 | 0 | 0 | 0 |
| 0 | 1 | 2 | 1 | 13 | 김준엽 | 4 | DF | DF | 15 | 김영빈 | | 0 | 0 | 0 | 0 |
| 0 | 1 | 1 | | 13 | 안성빈 | 10 | DF | DF | 8 | 이 완 | | 1 | 1 | 0 | 0 |
| 0 | 1 | | 4(3) | | 최영준 | 26 | MF | MF | 40 | 이찬동 | | 0 | 0 | 0 | 0 |
| 0 | 2 | 1 | | | 진경선 | 7 | MF | MF | 4 | 여 름 | | 2 | 1 | 0 | 0 |
| 0 | | | 4(3) | | 송수영 | 16 | MF | MF | 5 | 임선영 | 24 | 0 | 1 | 0 | 0 |
| 0 | 1 | 2 | | | 이학민 | 2 | MF | FW | 30 | 조용태 | 10 | 1 | 0 | 0 | 0 |
| 0 | | 4(2) | | 22 | 고재성 | 14 | FW | FW | 11 | 김호남 | | 4(2) | 1 | 0 | 0 |
| 0 | 1 | 0 | 0 | | 스토야노비치 | 9 | FW | FW | 36 | 디에고 | 25 | 1(1) | 0 | 0 | 0 |
| 0 | 0 | 0 | 0 | | 손정현 | 31 | | | 21 | 백민철 | | | | | |
| 0 | 0 | 0 | 0 | | 최성민 | 15 | | | 10 | 파비오 | 후19 | | | | |
| 0 | 0 | | 후18 | | 고재성 | 13 | | | 24 | 오도현 | 후45 | | | | |
| 0 | 0 | | 후42 | 22 | 김영빈 | 34 | 대기 | 대기 | 25 | 송승민 | 전14 | 2 | 1 | 1 | 0 |
| 0 | 0 | | 후43 | | 이호석 | 44 | | | 33 | 정호정 | | | | | |
| 0 | 0 | | 후32 | | 한의권 | 22 | | | 34 | 안성남 | | | | | |
| | | | | | 김 슬기 | 33 | | | 38 | 윤상호 | | | | | |
| 0 | 9 | 14 | 14(6) | | | | | | | | | 10(3) | 10 | 2 | 0 |

●후반 25분 최영준 PAR내 ~ 송수영 GAL내 L-ST-G(득점: 송수영, 도움: 최영준) 왼쪽
●후반 30분 여름 PAR내 EL ~ 김호남 GAL내 EL H-ST-G(득점: 김호남, 도움: 여름) 왼쪽

## 하나은행 K리그 올스타전 2014 with 팀 박지성

■2014년 7월 25일(금) 20:00　■장소 : 서울월드컵경기장

| | TEAM K리그　6 : 6　TEAM 박지성 | | | |
|---|---|---|---|---|
| 감독_<br>황선홍 | 김승규(GK) | 선수 | 김병지(GK) | 감독_<br>거스 히딩크 |
| 김승규(전28) | 이용 | | 미야모토 | |
| 윤빛가람(도움: 이승기)(전30) | 김진규(후25 윌킨슨) | | 오범석 | 강수일(도움: 김재성)(전7) |
| 임상협(도움: 김태환)(후6) | 홍철 | | 김형일 | 정대세(도움: 이영표)(전19) |
| 이동국(도움: 임상협)(후8) | 윌킨슨 | | 김재성 | 정조국(도움: 강수일)(전21) |
| 이동국(도움: 김태환)(후28) | 김두현 | | 강수일(후29 김형일) | 박지성(도움: 김용환)(후18) |
| 이종호(도움: 윤빛가람)(후33) | 이승기 | | 이영표 | 김현(도움: 이천수)(후26) |
| | 윤빛가람(후25 이승기) | | 문창진 | 이천수(후40) |
| | 염기훈 | | 박지성(후13 김재성) | |
| | 김신욱 | | 정조국 | |
| | 이근호 | | 정대세 | |
| | 이범영(후11 김승규) | | 최은성(후0 김병지) | |
| | 차두리 | | 김용환(후0 오범석) | |
| | 이윤표(후0 김진규) | | 박동혁 | |
| | 임상협(후0 염기훈) | | 현영민(후0 이영표) | |
| | 김태환(후0 김두현) | | 김치곤(후0 미야모토) | |
| | 이재안(후0 이용) | | 이천수(후0 강수일) | |
| | 김승대(후0 윤빛가람) | | 백지훈(전31 박지성) | |
| | 이종호(후0) | | 김은중(후0 정조국) | |
| | 이동국(후0 김신욱) | | 김현(후0 정대세) | |

## 2014 아디다스 올인 K리그 주니어 대회요강

**제1조 (대회명)**_ 본 대회는 '2014 아디다스 K리그 주니어'라 한다.

**제2조 (주최, 주관, 후원)**_ 본 대회는 사단법인 대한축구협회(이하 '협회')와 사단법인 한국프로축구연맹(이하 '연맹')이 공동 주최하며, 주관은 해당 팀 프로구단(이하 '구단')이며, 아디다스 코리아에서 후원한다.

**제3조 (대회조직위원회 구성)**_ 본 대회의 원활한 운영을 위해 주최 측은 대회운영본부(이하 '운영본부')를 별도로 구성한다.

**제4조 (대회기간, 일자, 장소, 대회방식)**_

1. 대회기간: 3월 15일 ~ 9월 27일

2. 대회일자: 토요일 개최를 원칙으로 하며, 경기시간은 14시 기준으로 하며 혹서기(6~9월 둘째주)에는 16시를 기준으로 한다. 단, 마지막 라운드의 모든 경기는 반드시 동일한(지정된) 일자와 시간에 실시해야 한다.

3. 대회장소: FIFA 경기규칙에 준하는 경기장으로 구단 연고지역 내에서 개최하는 것을 원칙으로 한다. 천연 잔디 구장 개최를 원칙으로 하되, 사전 운영본부의 승인을 득할 경우 인조 잔디구장의 개최도 가능하다.

4. 경우에 따라 일정 및 장소는 변경될 수 있으며, 팀 사정으로 인한 일정 변경 시 양 구단의 합의 후 반드시 경기 7일 전까지 운영본부의 승인을 얻어야 한다.

5. 대회방식: 풀리그 1Round robin[총 210경기(팀당 20경기)]

| 참가팀수 | 참가팀명 (학교명) |
|---|---|
| 21개<br>팀 | 포항(포항제철고), 부산(개성고), 강원(강릉제일고), 제주(제주U-18), 광주(금호고), 울산(현대고), 전북(영생고), 수원(매탄고), 경남(진주고), 서울(오산고), 상주(용운고), 인천(대건고), 대구(현풍고), 전남(광양제철고), 성남(풍생고), 대전(충남기계공고), 부천(부천FC1995 U-18), 고양(고양HIFC U-18), 수원F(수원FC U-18), 안양(안양공고), 충주(충주상고) |

**제5조 (참가팀, 선수, 지도자의 자격)**_

1. 본 대회의 참가자격은 2014년도 협회에 등록을 필한 U-18 클럽팀(고교팀 포함)과 선수, 임원, 지도자에 한한다. 단, 지도자의 경우 협회 지도자 자격증 2급 이상을 취득한 자에 한해 참가가 가능하다.

2. 징계 중인 임원(지도자 포함)의 경우 선수단 보호 및 관리를 위해 참가를 신청할 수 있다. 단, 벤치 착석 및 선수 지도는 징계해제 이후부터 할 수 있다.

3. 징계 중인 선수의 경우 대회기간 중징계가 해제되는 선수에 한해 참가를 신청할 수 있다. 단, 벤치 착석 및 경기 출전은 징계해제 이후부터 할 수 있다.

4. 지도자와 임원은 시기에 상관없이 등록을 신청할 수 있으나 협회 등록 및 변경 등록 승인을 받은 후 지도할 수 있다.

**제6조 (선수의 등록 및 리그 참가신청)**_

1. 정기 등록은 매년 1월부터 3월 중 협회가 지정하는 기간에 실시한다.

2. 추가 등록은 5월과 7월에 실시한다(토, 일요일, 법정 공휴일, 근로자의 날 제외).

3. 선수는 협회가 지정한 정기 등록 기간(1~3월 중) 및 5, 7월에 추가 등록한 후 리그 참가신청을 하여야 한다.

4. 등록기간 중 등록 승인을 받았으나 리그 참가신청을 하지 못한 선수는 매월 1~3일(4~10월, 기준 협회 근무일 3일) 내에 리그참가신청이 가능하다.

5. 선수의 리그 출전은 리그 참가신청 승인을 받은 날로부터 2일 이후부터 경기에 출전할 수 있다.

6. 선수는 팀당 14명 이상 99명까지 리그 참가 신청을 할 수 있다. 단, 고등부 클럽팀의 경우 선수는 팀당 25명 이상 99명까지 참가 신청을 할 수 있으며, 배번은 1번부터 99번까지 가능하며, 중복되지 않아야 한다.

7. 선수는 리그 참가 신청 이후 유니폼 번호를 변경할 수 없다. 단, 선수의 이적이나 탈퇴로 인해 유니폼 번호가 결번될 경우, 추가로 리그 참가 신청을 하는 선수는 비어 있는 번호를 사용할 수 있다.

**제7조 (선수 활동의 개시)**_

1. 동일 시도로의 이적은 3개월 이후, 타 시도로의 이적은 6개월 이후 참가가 가능하다. (예 : 선수가 3월 1일 같은 시도 이적으로 3개월 출전정지를 받을 경우 6월 1일부터 출전 가능)

2. 학교팀 간의 이적인 경우 해당 하교 재학 기간(생활기록부)을 기준으로 하며, 동일 연령부의 클럽팀 간의 이적 및 학교팀과 클럽팀 간의 이적인 경우 이적 동의서 상의 이적일을 기준으로 한다. 단, 이적일은 선수가 전 소속팀에서 최종 출전한 경기일 이후여야 한다.

3. 해체된 팀의 선수가 다른 팀으로 이적할 경우, 시기에 상관없이 등록 승인을 받은 후 대회에 참가 신청이 가능하며 참가 승인일로 부터 2일 이후 경기에 출전할 수 있다.

4. 해외의 학교 또는 팀으로 그 소속을 옮긴 선수가 귀국하여 원래의 국내 소속팀으로 등록하고자 할 경우에는 시기에 상관없이 등록 승인을 받은 후 리그 참가신청이 가능하며 참가 승인을 받은 날로부터 2일 이후 경기에 출전할 수 있다.

5. 신규 등록(최초 등록) 선수는 리그 참가 승인일로부터 2일 이후에경기에 출전할 수 있다.

6. 유급 선수는 유급 직전 년도에 최종 출전한 경기일 이후부터 등록 당해 년도에 출전 가능하다.

7. 유급 선수의 리그 출전은 2015년부터 팀당 2명까지만 해당 경기에 출전할 수 있다.

8. 단, 본 조항은 본 대회에만 해당되며, 방학 중 대회는 별도의 규정에 의한다.

**제8조 (경기규칙)** 본 대회는 FIFA(국제축구연맹, 이하 'FIFA') 경기규칙에 준하여 실시하며, 특별한 사항은 운영본부가 결정한다.

**제9조 (경기시간)** 본 대회의 경기 시간은 전·후반 각 45분씩으로 하고, 필요 시 전·후반 각 15분의 연장전을 실시하며, 하프타임 휴식 시간은 '10분 전후'로 하되 15분을 초과하지 않으며, 원활한 경기 진행을 위해 운영본부의 통제에 따라야 한다.

**제10조 (공식 사용구)** 본 대회의 공식 사용구는 '낫소 프리미엄 패트리어트'로 한다.

**제11조 (순위결정 및 왕중왕전 진출)**

1. 본 대회 승점은 승 3점, 무 1점, 패 0점으로 한다.

2. 본 대회 순위결정은 리그 최종성적을 기준으로 승점을 우선으로 하되, 승점이 같은 경우 '골득실차 - 다득점 - 승자승(승점 → 골 득실차 순으로 비교) - 페어플레이 점수 - 추첨' 순으로 정한다. 단, 3개팀 이상이 다득점까지 동률일 경우 승자승을 적용하지 않고 '페어플레이 점수 - 추첨' 순으로 순위를 결정한다.

> ※ 페어플레이 점수 부여 방식: 벌점 누게가 낮은 팀이 상위 순위에 랭크됨
> : 선수는 경고 1점, 경고누적 퇴장 2점, 직접 퇴장 3점의 벌점을 부여
> : 지도자 및 임원 퇴장 시에는 각 벌점 4점 부여
> : 징계위원회 회부에 따른 결정 사항에 따라 경고 1점, 출전정지 1경기당 2점의 벌점 부여
> (기간으로 부여되는 경우 1개월 기준으로 4경기 출전정지로 간주함)
> : 위 사항은 선수 및 지도자, 임원 개인별로 각각 적용됨
> : 리그징계위원회에 의해 결정된 팀 경고는 5점의 벌점 부여

3. 순위결정에 의해 1위~8위팀이 왕중왕전에 자동 진출한다.

※ 특별한 사유가 발생할 경우 중앙 조직위원회에서 변경하여 결정할 수 있다.

**제12조 (선수의 출전 및 교체)**

1. 본 대회의 경기에 참가하는 팀은 출전 선수 명단을 해당 팀에서 대한축구협회 인터넷 등록 사이트(joinkfa.com)로 접속하여 출력 후, 경기 개시 60분 전까지 출전 선수 18명 (선발 출전 11명과 교체 대상 7명)의 명단과 AD카드를 해당 리그운영경기감독관에게 제출해야 함을 원칙으로 한다.

1) 선발 출전선수 11명은 AD카드를 소지하고 장비 검사를 받아야 한다.

2) 경기 중 교체 선수는 본인의 AD카드를 직접 감독관 또는 대기심판에게 제출하여 교체 승인을 받은 후 교체하여야 한다.

3) AD카드를 제출하지 않은 선수는 해당 경기에 출전할 수 없다.

2. 선수교체는 팀당 7명 이내로 하되, 경기 개시 전에 제출된 교체 대상 선수(7명)에 한한다.

3. 팀이 출전선수 명단을 제출한 후 선발 출전 선수를 교체 하고자 할 경우,

1) 위 2항에 제출된 교체 대상선수 7명 중 경기 개시 전 까지 '리그운영감독관 승인하에' 교체할 수 있다.

2) 이 경우 선수 교체로 간주하지 않는다.

3) 경기 개시 전 선발 출전 선수와 교체 선수가 바뀐 것을 주심에게 알리지 않았을 경우에는 FIFA 경기규칙 내 「규칙 3 — 위반과 처벌」 규정에 따른다.

4. 다음과 같은 조건의 선수가 경기에 출전하였을 경우에는 즉시 퇴장조치 후 (교체 불가) 경기는 계속 진행하며, 해당 팀의 지도자에 대해서는 리그징계위원회에 회부한다.

1) 참가 신청서 명단에는 있으나 출전 선수 명단에 없는 선수

2) 이적 후 출전 정지 기간 미경과 선수    3) 징계기간 미경과 선수

4) 유급선수의 경우 유급 직전연도 리그 출전일이 미경과한 선수

※ 2,3,4의 경우 초중고 축구리그 운영 규정 부록5(유형별 긴급제재 징계 기준표)에 따른다.

5. 단, 4.의 2), 3), 4)의 경우 본 대회에서는 팀 승점을 3점 감점하고 왕중왕전에서는 실격패 처리한다.

**제13조 (벤치 착석 대상)**

1. 경기 중 벤치에 앉을 수 있는 사람은 리그 참가 신청 명단에 기재된 지도자 및 선수, 임원(축구부장, 트레이너, 의무, 행정 등)에 의한다.

2. 임원의 경우 벤치 착석은 가능하나 지도는 불가하다.

3. 지도자, 임원은 반드시 자격증 또는 AD카드를 패용하고 팀 벤치에 착석 하여야 한다.

4. 징계 중인 지도자, 임원, 선수는 징계 해제 이후부터 벤치에 착석할 수 있다.

5. 경기 중 팀 벤치에서의 전자 통신기기를 사용한 의사소통은 불가하다.

**제14조 (경기 운영)**

1. 홈 팀은 다음과 같은 경기 시설, 물품, 인력을 준비해야 할 의무가 있다.

1). 시설 : 경기장라인, 코너기, 팀 벤치, 본부석/심판석(의자, 책상, 텐트), 스코어보드/팀명, 점수판), 의료인식 대기석, 선수/심판대기실, 골대/골망, 화장실

2) 물품 : 시합구, 볼펌프, 들것, 교체판, 스태프 조끼, 리그 현수막, 벤치팀명 부착물, 구급장비가 부착된 구급차

3) 인력 : 경기운영 보조요원, 안전/시설담당, 의료진, 볼보이, 들것요원

4) 기타 : 지정 병원

2. 홈팀은 경기 중 또는 경기 전, 후에 선수, 코칭스태프, 심판을 비롯한 전 관계자와 관중의 안전 및 질서 유지에 대한 의무와 책임이 있다.

**제15조 (응급치료비 보조)**

1. 경기 중 발생한 부상선수에 대한 치료비는 구단 명의의 공문으로 중앙조직위원회로 신청한다.

2. 최초 부상일로부터 발생시 20일 이내 신청하여야 하며, 기한 내 신청하지 않은 팀 또는 단체는 지원 대상에서 제외된다.

3. 경기 당일 발생한 응급치료비에 한하여 200,000원까지만 지원한다.

4. 제출서류: 1) 해당 팀 소속 구단 명의 공문 1부

2) 해당선수가 출전한 경기의 리그운영감독관 보고서 사본 1부

※리그운영감독관 보고서에 있는 부상선수 발생 보고서에 기재된 선수에 한하여 치료비 지급

3) 진료영수증 원본    4) 해당선수 소속 구단 계좌사본

**제16조 (재경기 실시)**

1. 불가항력적인 사유(필드상황, 날씨, 정전에 의한 조명 문제 등)로 인해 경기 중단 또는 진행이 불가능하게 된 경기를 '순연경기'라 하고, 순연된 경기의 개최를 '재경기'라 한다.

2. 재경기는 중앙 조직위원회 또는 운영본부가 결정하는 일시, 장소에서 실시한다.

3. 득점차가 있을 때는 중단 시점에서 부터 잔여 시간만의 재경기를 갖는다.

1) 출전선수 및 교체대상 선수의 명단은 순연경기 중단 시점과 동일하여야 한다.

2) 선수교체는 순연경기를 포함하여 팀당 7명 이내로 한다.

3) 순연경기에서 발생된 모든 기록(득점, 도움, 경고, 퇴장 등)은 유효 하다.

4. 득점차가 없을 때는 전·후반 경기를 새로 시작한다.

1) 출전선수 및 교체대상 선수의 명단은 순연경기와 동일하지 않아도 된다.

2) 선수교체는 순연경기와 관계없이 팀당 7명 이내로 한다.

3) 경기 기록은 순연경기에서 발생된 경고, 퇴장 기록만 인정 한다.

5. 경고(2회 누적 포함), 퇴장, 징계 등 출전정지 대상자는 경기번호의 변동에 관계없이 가장 가까운 일정의 경기 순서대로 연계 적용한다.

6. 심판은 교체 배정할 수 있다.

**제17조 (출전정지)**

1. 본 대회에서 경고누적에 의한 출전정지는 경고누적 2회 때마다 다음 1경기가 출전 정지된다.

2. 퇴장(1경기 경고 2회 퇴장, 직접 퇴장, 경고 1회 후 직접 퇴장)에 의한 출전정지는 다음 1경기가 출전정지된다. 단, 경고 1회 후 직접 퇴장의 경우 경고 1회는 유효하며 누적에 산입된다.

3. 당해 연도 소속팀 이적에 따른 해당 선수 경고(경고누적포함), 퇴장은 이적한 팀에 연계 적용한다.

4. 본 대회 최종 경기에서 받은 퇴장(경고2회 퇴장, 직접 퇴장, 경고 1회 후 직접 퇴장)에 한하여 왕중왕전에 연계 적용한다.

5. 팀 벤치 또는 선수 대기실을 포함한 경기장 내에서 흡연을 금하며, 이를 위반

할 경우 퇴장 조치한다.

6. 경기 도중 선수들을 터치라인 근처로 불러 모아 경기를 중단시키는 지도자 또는 임원은 즉시 퇴장 조치하고 리그 징계위원회에 회부한다.

7. 주심의 허락 없이 경기장에 무단 입장하거나, 시설 및 기물 파괴, 폭력 조장(선동), 오물투척 등 질서위반 행위를 한 지도자와 임원은 즉시 퇴장 조치하고 리그 징계위원회에 회부한다.

## 제18조 (실격)

1. 실격이라 함은 경기 결과에 관계없이 해당 경기에 대한 팀의 자격 상실을 말한다.

2. 다음 경우에 해당하는 팀은 실격으로 처리한다.

   1) 팀이 일정표의 경기 개시 시각 15분 전까지 경기장에 도착하지 않을 경우. 단, 천재지변 등 불가피한 사유는 제외한다.

   2) 등록은 하였으나 리그 참가신청서 명단에 없는 선수가 출전했을 경우.

   3) 경기 당일 첫 번째 경기를 갖는 팀의 경우 일정표 상에 명시된 경기 개시 시간 15분 전까지 AD카드 소지자가 7명 미만일 경우 실격처리 한다.

   4) 경기 당일 첫 번째 경기 이후 경기를 갖는 팀의 경우 앞 경기 종료 15분 전까지 AD 카드 소지자가 7명 미만일 경우 실격처리 한다.

   5) 경기 도중 심판 판정 또는 기타 사유로 팀이 경기를 지연하거나 집단으로 경기장을 이탈한 뒤 감독관 등으로부터 경기 재개 통보를 받은 후 3분 이내에 경기에 임하지 않을 경우.

   6) 위 '마'의 경기 지연 또는 경기장 이탈 행위를 한 팀이 3분 이내에 경기에 임했으나 경기 재개 후 재차 경기를 지연하거나 집단으로 경기장을 이탈한 뒤, 감독관 등으로부터 경기 재개 통보를 받은 후 주어진 3분 중에서 잔여 시간 내에 경기를 재개하지 않을 경우.

   7) 등록하지 않은 선수가 경기에 출전한 경우.

   8) 다른 선수의 AD카드를 제출 후 경기에 참가시킨 경우.

   9) 그 외의 경기 참가 자격 위반 행위나 경기 포기 행위를 할 경우.

3. 해당 경기 실격 팀에 대해서는 패 처리하며, 상대팀에게는 스코어 3 : 0 승리로 처리한다. 또한 본 대회에서는 승점 3점을 준다. 단, 세 골 차 이상으로 승리했거나 이기고 있었을 경우에는 해당 스코어를 그대로 인정한다.

4. 실격 경기라 하더라도 득점, 경고, 퇴장 등 양팀 선수 개인의 경기 기록은 인정한다.

## 제19조 (몰수)

1. 몰수라 함은 본 대회 모든 경기에 대한 팀의 자격 상실을 말한다.

2. 다음 경우에 해당하는 팀은 몰수로 처리한다.

   1) 참가 신청 후 본 대회 전체 일정에 대한 불참 의사를 밝힌 경우

   2) 본 대회의 잔여 경기를 더 이상 치를 수 없는 상황이 발생한 경우

   3) 본 대회에서 실격을 2회 당한 경우

3. 본 대회에서 몰수팀이 발생할 때, 해당 몰수 팀이 치른 경기수가 10경기(팀당 경기수의 50%) 미만인 경우, 몰수 팀과의 경기에서 얻은 승점 및 스코어를 모두 무효 처리한다. 단, 10경기 이상인 경우 몰수 팀의 이전 경기결과를 인정하되, 잔여경기는 3 : 0으로 처리한다.

4. 몰수 팀과의 경기라 하더라도 출전, 득점, 경고, 퇴장 등 양팀 선수 개인의 경기 기록은 인정한다.

## 제20조 (징계 회부 사항)

1. 퇴장 사유의 경중에 따라 추가로 잔여경기의 출전금지 횟수를 결정할 경우.

2. 징계 중인 지도자는 팀 벤치 및 공개된 장소에서의 지도 행위를 금지하며, 이를 위반하였을 경우.

3. 경기 중 벤치 이외의 장소에서 팀을 지도한 지도자, 임원의 경우.

4. 경기 중 앰프를 사용한 응원은 금지되며, 이를 위반할 경우.

5. 몰수 및 실격에 따른 관련자 및 팀의 경우(단, 실격의 경우 사안의 경중에 따라 결정).

6. 등록 및 참가신청과 관련된 문제로 인해 징계 심의가 필요할 경우.

7. 근거 없이 경기 진행에 지장을 주는 항의를 하였다고 판단될 경우.

8. 기타 대회 중 발생한 경기장 질서문란 행위 및 경기 중 또는 경기 후에라도 심각한 반칙행위나 불법행위가 적발되어 징계심의가 필요하다고 인정되는 경우.

9. 유급선수가 유급 직전 년도에 최종 출전한 경기일이 경과하지 않은 상태에서

출전하였을 경우.

10. 경기 중 폭언, 폭설(욕설), 인격모독, 성희롱 행위를 한 지도자, 임원, 선수의 경우.

## 제21조 (시상) 본 대회의 시상 내역은 다음과 같다.

1. 단체상: 우승, 준우승, 3위, 페어플레이팀상

2. 개인상: 최우수선수상, 득점상, 수비상, GK상, 지도자상(감독, 코치)

3. 득점상의 경우 다득점 선수 → 출전경기수가 적은선수 → 출전시간이 적은 선수 순서로 한다.

4. 득점상의 경우 3명 이상일 때는 시상을 취소한다.

5. 대회 중 퇴장조치를 받은 선수 및 지도자는 경중에 따라 시상에서 제외될 수 있다.

6. 본 대회 및 왕중왕전에서 실격 이상의 팀징계를 받을 경우 모든 시상 및 포상에 대한 지급대상에서 제외될 수 있으며, 또한 환수조치 할 수 있다.

7. 기타 시상에 관련한 사항은 운영본부 결정에 의한다.

## 제22조 (도핑)

1. 도핑방지규정은 선수의 건강보호와 공정한 경기운영을 위함이며, 협회에 등록된 선수 및 임원은 한국도핑방지위원회[www.kada-ad.or.kr]의 규정을 숙지하고 준수할 의무가 있다.

2. 본 대회 기간 중 한국도핑방지위원회(이하 'KADA')에서 불특정 지목되어진 선수는 KADA에서 시행하는 도핑검사 절차를 반드시 준수해야 한다.

3. 본 대회 전 또는 기간 중 치료를 위해 금지약물을 복용할 경우, KADA의 지침에 따라 해당 선수는 치료 목적 사용면책(이하'TUE') 신청서를 작성/제출해야 한다.

4. 협회 등록 소속 선수 및 관계자 (감독, 코치, 트레이너, 팀의무, 기타임원 등) 모든 관계자는 항상 도핑을 방지할 의무가 있으며, 본 규정에 따라 KADA의 도핑검사 절차에 어떠한 방식으로도 관여할 수 없다.

5. 도핑검사 후 금지물질이 검출 된 경우 KADA의 제재 조치를 따라야 한다.

## 제22조 (기타)

1. 참가신청서 제출 시 주 유니폼과 보조유니폼을 구분 제출하여야 하며, 경기 출전 시 각 팀은 주 유니폼과 보조 유니폼을 필히 지참해야 한다. 양 팀 주 유니폼의 색상이 동일할 때는 원정 팀이 보조 유니폼을 착용한다. 이럴 경우에도 색상 구분이 명확하지 않을 경우 홈 팀이 보조 유니폼을 착용한다.

2. 경기에 출전하는 선수의 상하 유니폼 번호는 반드시 참가신청서에 기재된 것과 동일하여야 한다. 동일하지 않을 경우 해당 선수는 참가 신청서에 기재된 번호가 새겨진 유니폼으로 갈아입고 출전하여야 한다. 이를 위반하는 선수는 해당 경기에 출전할 수 없다. 참가신청서의 번호와 다른 번호의 유니폼을 착용하여 이를 지적받고도 정정하지 않을 경우 선수는 해당경기의 출전을 금한다. 단, 유니폼의 선수 배번은 명확히 식별할 수 있도록 제작한다.

3. 경기에 출전하는 모든 선수들(선발 11명 외 교체선수 포함)은 AD카드를 지참하여 경기 출전 전 리그감독관에게 확인 및 제출해야 한다. AD카드를 지참하지 않았을 시 해당 선수는 경기에 출전하지 못한다. 교체 선수는 본인의 AD 카드를 지참 후 감독관에게 직접 제출하여 교체 승인 후 교체되어야 한다.

4. 선수보호를 위해 반드시 정강이 보호대(Shin Guard)를 착용해야 한다.

5. 기능성 의류를 입고 출전할 때는 상하 유니폼과 각각 동일한 색상을 입어야 한다.

6. 주장 선수는 주장 완장을 차고 경기에 출전해야 한다.

7. 지도자는 신분확인을 위해 지도자 자격증(2급 이상)을 반드시 소지해야 한다.

8. 대회에 참가하는 모든 선수는 참가신청에서 반드시 의료적으로 신체에 이상이 없는 선수(심장 질환 및 호흡기 질환 등 의료학적 이상이 없는 선수)를 출전시켜야 하며, 문제가 발생할 경우 해당 팀에서 모든 책임을 감수하여야 한다.

9. 참가팀은 의무적으로 선수보호를 위한 보험에 가입하여야 하며, 기타 안전대책을 강구하여 반드시 시행해야 한다. 소속 선수들의 안전을 위해 경기 참가 전에 건강상태 등을 점검하여야 한다.

10. 모든 제소는 육하원칙에 의해 팀 대표(단장) 명의의 공문으로만 가능하고, 경기 개시 24시간 전 또는 경기 종료 후 48시간 이내에 하여야 하며, 경기 중 제소는 허용하지 않으며, 심판판정에 대한 제소는 제소대상에서 제외함을 원칙으로 한다.

11. 리그에 참가하는 팀은 반드시 리그운영규정을 확인하고 숙지해야 할 의무

가 있다. 미확인(숙지)에 따른 불이익은 해당 팀이 감수하여야 한다.

12. 대회운영은 협회 국내대회승인 및 운영규정에 의거하여 실시한다.

**제24조 (마케팅 권리)**

1. 본 대회 마케팅과 관련된 모든 권리는 운영본부에 있으며, 미 승인된 마케팅의 활동은 일체 금지한다.
2. 참가팀은 운영본부의 상업적 권리 사용에 대해 적극 협조하여야 한다.

**제25조 (부칙)**

1. 본 대회규정에 명시되지 않은 사항은 운영본부의 결정 및 전국 초중고 축구 리그 운영 규정에 의한다.
2. 대회 중 징계사항은 대회운영본부의 확인 후, 초중고 리그 징계위원회의 결정에 의한다.

## 2014 아디다스 올인 K리그 주니어 경기일정표

| 경기일자 | 경기시간 | 경기번호 | 대진 | 경기장 |
|---|---|---|---|---|
| 03.15(토) | 14:00 | 1 | 전남 1 : 0 광주 | 송죽구장 |
| | 14:00 | 2 | 포항 0 : 0 인천 | 포철중 |
| | 13:00 | 3 | 대전 3 : 1 경남 | 충남기계공고 |
| | 14:00 | 4 | 수원 3 : 0 고양 | 수원W보조 |
| | 14:00 | 5 | 강원 5 : 0 수원FC | 강릉제일고 |
| | 14:00 | 6 | 제주 1 : 1 전북 | 걸매B구장 |
| | 14:00 | 7 | 대구 1 : 1 성남 | 현풍고 |
| | 14:00 | 8 | 충주 4 : 4 서울 | 충주상고 |
| | 14:00 | 9 | 상주 1 : 3 부산 | 상주시민운동장 |
| | 14:00 | 10 | 안양 0 : 2 울산 | 석수체육공원 |
| 03.22(토) | 14:00 | 11 | 안양 0 : 0 부산 | 석수체육공원 |
| | 14:00 | 12 | 고양 0 : 2 제주 | 중산구장 |
| | 14:00 | 13 | 충주 2 : 0 수원FC | 충주상고 |
| | 14:00 | 14 | 수원 4 : 3 포항 | 수원W보조 |
| | 14:00 | 15 | 대전 0 : 1 전남 | 충남기계공고 |
| | 14:00 | 16 | 광주 1 : 1 대구 | 금호고 |
| | 14:00 | 17 | 울산 2 : 0 강원 | 서부B구장 |
| | 14:00 | 18 | 인천 0 : 1 상주 | 중구국민체육센터 |
| | 14:00 | 19 | 전북 3 : 2 강원 | 전주W보조 |
| | 14:00 | 20 | 성남 0 : 0 부천 | 탄천변구장 |
| 03.29(토) | 14:00 | 21 | 서울 1 : 1 수원 | 챔피언스파크 |
| | 14:00 | 22 | 인천 0 : 0 울산 | 중구국민체육센터 |
| | 14:00 | 23 | 경남 2 : 2 충주 | 진주모덕 |
| | 14:00 | 24 | 광주 2 : 0 고양 | 금호고 |
| | 14:00 | 25 | 부산 2 : 1 성남 | 강서체육공원 |
| | 14:00 | 26 | 강원 0 : 3 제주 | 강릉제일고 |
| | 13:00 | 27 | 대구 3 : 0 대전 | 달성종합스포츠파크 |
| | 14:00 | 28 | 부천 1 : 3 전북 | 부천종합보조 |
| | 14:00 | 29 | 상주 2 : 0 안양 | 상주생활체육공원 |
| | 14:00 | 30 | 수원FC 0 : 5 포항 | 수원W보조 |
| 04.05(토) | 14:00 | 31 | 고양 0 : 3 인천 | 중산구장 |
| | 14:00 | 32 | 안양 2 : 1 부천 | 석수체육공원 |
| | 14:00 | 33 | 충주 2 : 0 대구 | 충주상고 |
| | 14:00 | 34 | 제주 0 : 0 경남 | 걸매B구장 |
| | 14:00 | 35 | 대전 3 : 1 수원FC | 충남기계공고 |
| | 14:00 | 36 | 수원 2 : 0 강원 | 수원W보조 |
| | 14:00 | 37 | 전북 3 : 3 울산 | 전주W보조 |
| | 11:00 | 38 | 서울 0 : 3 광주 | 챔피언스파크 |
| | 14:00 | 39 | 포항 3 : 1 상주 | 포철중 |
| | 14:00 | 40 | 전남 1 : 0 성남 | 송죽구장 |
| 04.12(토) | 14:00 | 42 | 전남 0 : 1 인천 | 송죽구장 |
| | 14:00 | 43 | 성남 4 : 0 고양 | 탄천변구장 |
| | 14:00 | 44 | 부산 2 : 1 전북 | 강서체육공원 |
| | 14:00 | 45 | 울산 1 : 3 경남 | 서부B구장 |
| | 14:00 | 46 | 강원 1 : 0 광주 | 강릉제일고 |
| | 14:00 | 47 | 대구 2 : 0 서울 | 현풍고 |
| | 14:00 | 48 | 상주 1 : 0 제주 | 경북대 상주캠퍼스 |
| | 14:00 | 49 | 수원FC 0 : 5 수원 | 수원W보조 |
| | 14:00 | 50 | 대전 3 : 0 부천 | 충남기계공고 |
| 04.19(토) | 14:00 | 51 | 고양 0 : 4 울산 | 중산구장 |
| | 14:00 | 52 | 대구 0 : 1 전남 | 현풍고 |
| | 14:00 | 53 | 제주 4 : 2 부산 | 걸매B구장 |
| | 14:00 | 54 | 대전 2 : 4 성남 | 충남기계공고 |
| | 14:00 | 55 | 경남 2 : 1 안양 | 진주모덕 |
| | 14:00 | 56 | 광주 5 : 0 수원FC | 금호고 |
| | 14:00 | 57 | 수원 4 : 0 부천 | 수원W보조 |
| | 14:00 | 58 | 전북 1 : 4 강원 | 전주W보조 |
| | 14:00 | 59 | 서울 1 : 1 상주 | 챔피언스파크 |
| | 14:00 | 60 | 인천 1 : 0 충주 | 송도LNG |
| 04.26(토) | 14:00 | 61 | 포항 1 : 0 대전 | 포철중 |
| | 14:00 | 62 | 전남 0 : 0 고양 | 송죽구장 |
| | 14:00 | 63 | 광주 4 : 1 전북 | 금호고 |
| | 14:00 | 64 | 경남 1 : 0 부산 | 진주모덕 |
| | 14:00 | 65 | 강원 1 : 1 대구 | 강릉제일고 |
| | 14:00 | 66 | 충주 0 : 0 수원 | 충주상고 |
| | 14:00 | 67 | 부천 1 : 2 울산 | 부천종합보조 |
| | 14:00 | 68 | 상주 1 : 1 성남 | 경북대 상주캠퍼스 |
| | 14:00 | 69 | 안양 1 : 2 서울 | 석수체육공원 |
| | 14:00 | 70 | 수원FC 0 : 3 제주 | 수원W보조 |
| 05.03(토) | 14:00 | 41 | 포항 3 : 0 충주 | 포철중 |
| 05.10(토) | 14:00 | 71 | 안양 1 : 1 인천 | 석수체육공원 |
| | 14:00 | 72 | 고양 0 : 2 충주 | 대화구장 |
| | 14:00 | 73 | 대구 4 : 0 부천 | 현풍고 |
| | 14:00 | 75 | 대전 3 : 1 포항 | 충남기계공고 |
| | 14:00 | 76 | 울산 9 : 0 수원FC | 서부B구장 |
| | 14:00 | 77 | 부산 0 : 0 전남 | 강서체육공원 |
| | 14:00 | 78 | 수원 1 : 2 상주 | 수원W보조 |
| | 14:00 | 79 | 성남 3 : 3 전북 | 성남1종합 |
| | 14:00 | 80 | 서울 0 : 1 경남 | 챔피언스파크 |
| 05.17(토) | 14:00 | 81 | 서울 2 : 2 강원 | 챔피언스파크 |
| | 14:00 | 82 | 인천 2 : 0 부산 | 인천축구전용경기장 |
| | 14:00 | 83 | 전남 1 : 0 울산 | 송죽구장 |
| | 14:00 | 84 | 포항 1 : 2 광주 | 포철중 |
| | 14:00 | 85 | 전북 2 : 0 안양 | 전주W보조 |
| | 14:00 | 86 | 대전 4 : 1 고양 | 충남기계공고 |
| | 14:00 | 87 | 경남 0 : 1 대구 | 진주모덕 |
| | 14:00 | 88 | 충주 0 : 2 성남 | 충주상고 |
| | 14:00 | 89 | 부천 1 : 4 제주 | 삼산월드체육관 |
| | 14:00 | 90 | 수원FC 0 : 3 상주 | 수원W보조 |
| 05.24(토) | 14:00 | 91 | 수원FC 0 : 2 인천 | 수원W보조 |
| | 14:00 | 92 | 고양 0 : 3 경남 | 중산구장 |
| | 14:00 | 93 | 상주 6 : 2 부천 | 상주생활체육공원 |
| | 14:00 | 94 | 대구 2 : 3 수원 | 현풍고 |
| | 14:00 | 95 | 강원 2 : 1 안양 | 강릉제일고 |
| | 14:00 | 96 | 제주 1 : 0 서울 | 걸매B구장 |
| | 14:00 | 97 | 울산 5 : 1 성남 | 서부B구장 |

| 경기일자 | 경기시간 | 경기번호 | 대진 | | | 경기장 |
|---|---|---|---|---|---|---|
| | 14:00 | 98 | 광주 | 3:0 | 충주 | 금호고 |
| | 14:00 | 99 | 부산 | 2:3 | 대전 | 개성고 |
| | 14:00 | 100 | 전남 | 1:2 | 포항 | 송죽구장 |
| 05.31(토) | 14:00 | 101 | 포항 | 2:1 | 서울 | 포철중 |
| | 14:00 | 102 | 전북 | 2:1 | 대전 | 전주W보조 |
| | 14:00 | 103 | 성남 | 2:3 | 광주 | 탄천변구장 |
| | 14:00 | 104 | 부산 | 4:0 | 수원FC | 개성고 |
| | 14:00 | 105 | 수원 | 0:0 | 인천 | 수원W보조 |
| | 14:00 | 106 | 울산 | 3:1 | 충주 | 서부B구장 |
| | 14:00 | 107 | 경남 | 1:1 | 상주 | 진주모덕 |
| | 14:00 | 109 | 안양 | 0:1 | 대구 | 석수체육공원 |
| 06.01(일) | 16:00 | 146 | 강원 | 3:0 | 부천 | 강릉종합 |
| 06.06(금) | 16:00 | 175 | 강원 | 1:2 | 포항 | 강릉제일고 |
| 06.14(토) | 16:00 | 111 | 상주 | 7:2 | 고양 | 상주생활체육공원 |
| | 16:00 | 112 | 대구 | 0:2 | 전북 | 현풍고 |
| | 16:00 | 113 | 충주 | 2:2 | 강원 | 충주상고 |
| | 16:00 | 114 | 수원FC | 0:5 | 안양 | 수원W보조 |
| | 16:00 | 115 | 경남 | 5:1 | 부천 | 진주모덕 |
| | 16:00 | 116 | 대전 | 3:0 | 제주 | 충남기계공고 |
| | 16:00 | 117 | 성남 | 0:0 | 포항 | 성남1종합 |
| | 16:00 | 118 | 전남 | 1:1 | 수원 | 송죽구장 |
| | 14:00 | 119 | 인천 | 1:2 | 광주 | 인천축구전용경기장 |
| | 16:00 | 120 | 서울 | 1:1 | 부산 | 챔피언스파크 |
| 06.21(토) | 16:00 | 121 | 포항 | 3:0 | 경남 | 포철중 |
| | 16:00 | 122 | 전북 | 0:1 | 서울 | 전주W보조 |
| | 16:00 | 123 | 울산 | 2:0 | 수원 | 서부B구장 |
| | 16:00 | 124 | 광주 | 1:1 | 상주 | 금호고 |
| | 16:00 | 125 | 부산 | 8:0 | 부천 | 개성고 |
| | 16:00 | 126 | 강원 | 3:0 | 인천 | 강릉제일고 |
| | 16:00 | 127 | 수원FC | 1:3 | 성남 | 수원W보조 |
| | 16:00 | 128 | 제주 | 0:1 | 전남 | 걸매B구장 |
| | 16:00 | 129 | 안양 | 0:0 | 충주 | 석수체육공원 |
| | 16:00 | 130 | 고양 | 1:2 | 대구 | 중산구장 |
| 06.28(토) | 16:00 | 131 | 부천 | 0:5 | 서울 | 부천종합보조 |
| | 16:00 | 132 | 상주 | 0:0 | 충주 | 상주생활체육공원 |
| | 16:00 | 133 | 대구 | 1:1 | 제주 | 현풍고 |
| | 16:00 | 134 | 부산 | 3:1 | 울산 | 개성고 |
| | 16:00 | 135 | 수원 | 2:1 | 성남 | 수원W보조 |
| | 16:00 | 136 | 대전 | 2:2 | 안양 | 충남기계공고 |
| | 16:00 | 137 | 경남 | 0:1 | 광주 | 진주모덕 |
| | 16:00 | 138 | 인천 | 0:1 | 전북 | 송도LNG |
| | 16:00 | 139 | 포항 | 2:0 | 고양 | 포철중 |
| | 16:00 | 140 | 전남 | 9:1 | 수원FC | 송죽구장 |
| 07.05(토) | 16:00 | 141 | 서울 | 1:2 | 전남 | 챔피언스파크 |
| | 16:00 | 142 | 전북 | 3:4 | 수원 | 전주W보조 |
| | 16:00 | 143 | 성남 | 1:2 | 경남 | 탄천변구장 |
| | 16:00 | 144 | 울산 | 3:0 | 포항 | 서부B구장 |
| | 16:00 | 145 | 광주 | 5:0 | 안양 | 금호고 |
| | 16:00 | 110 | 부천 | 0:1 | 고양 | 부천종합보조 |
| | 16:00 | 147 | 제주 | 0:1 | 인천 | 걸매B구장 |
| | 16:00 | 148 | 충주 | 1:3 | 부산 | 충주상고 |
| | 16:00 | 149 | 상주 | 0:1 | 대전 | 상주생활체육공원 |
| | 16:00 | 150 | 수원FC | 2:4 | 대구 | 수원W보조 |
| 07.12(토) | 16:00 | 151 | 안양 | 0:1 | 제주 | 석수체육공원 |
| | 16:00 | 152 | 부천 | 0:2 | 포항 | 부천종합보조 |
| | 16:00 | 153 | 고양 | 0:3 | 부산 | 중산구장 |
| | 16:00 | 154 | 충주 | 2:0 | 전남 | 충주상고 |

| 경기일자 | 경기시간 | 경기번호 | 대진 | | | 경기장 |
|---|---|---|---|---|---|---|
| | 16:00 | 155 | 대구 | 1:2 | 상주 | 현풍고 |
| | 16:00 | 157 | 대전 | 3:2 | 울산 | 충남기계공고 |
| | 16:00 | 158 | 경남 | 2:2 | 강원 | 진주모덕 |
| | 16:00 | 159 | 전북 | 2:0 | 수원FC | 전주W보조 |
| | 16:00 | 160 | 인천 | 0:1 | 서울 | 송도LNG |
| 08.15(금) | 15:00 | 108 | 강원 | 1:3 | 전남 | 강릉제일고 |
| | 16:00 | 74 | 제주 | 0:0 | 포항 | 걸매B구장 |
| 08.21(목) | 16:00 | 163 | 포항 | 1:2 | 안양 | 포철중 |
| 08.23(토) | 16:00 | 164 | 인천 | 2:0 | 대전 | 송도LNG |
| | 16:00 | 165 | 광주 | 2:2 | 울산 | 금호고 |
| | 16:00 | 166 | 부산 | 3:2 | 대구 | 개성고 |
| | 16:00 | 167 | 제주 | 1:1 | 수원 | 걸매B구장 |
| | 16:00 | 168 | 상주 | 2:1 | 강원 | 상주생활체육공원 |
| | 16:00 | 169 | 고양 | 1:4 | 전북 | 중산구장 |
| | 16:00 | 170 | 수원FC | 2:6 | 경남 | 수원W보조 |
| | 16:00 | 161 | 전남 | 5:0 | 부천 | 송죽구장 |
| | 16:00 | 162 | 성남 | 1:3 | 서울 | 탄천변구장 |
| 08.30(토) | 16:00 | 176 | 수원 | 2:1 | 대전 | 수원W보조 |
| | 16:00 | 177 | 울산 | 2:0 | 대구 | 서부B구장 |
| | 16:00 | 179 | 성남 | 1:0 | 인천 | 탄천변구장 |
| | 11:00 | 180 | 서울 | 2:1 | 고양 | 챔피언스파크 |
| | 16:00 | 171 | 안양 | 2:3 | 전남 | 석수체육공원 |
| | 16:00 | 172 | 부천 | 1:3 | 수원FC | 부천종합보조 |
| | 16:00 | 173 | 충주 | 0:0 | 제주 | 충주상고 |
| | 16:00 | 174 | 부산 | 3:4 | 광주 | 개성고 |
| 09.06(토) | 16:00 | 156 | 수원 | 2:3 | 광주 | 수원클럽하우스 |
| | 16:00 | 184 | 경남 | 1:1 | 인천 | 진주모덕 |
| | 11:00 | 178 | 전북 | 2:2 | 상주 | 전주W보조 |
| 09.13(토) | 16:00 | 181 | 전남 | 3:0 | 전북 | 송죽구장 |
| | 16:00 | 182 | 대전 | 2:1 | 충주 | 충남기계공고 |
| | 16:00 | 183 | 울산 | 0:1 | 서울 | 서부B구장 |
| | 16:00 | 185 | 강원 | 1:4 | 부산 | 강릉제일고 |
| | 16:00 | 186 | 대구 | 1:0 | 포항 | 현풍고 |
| | 16:00 | 187 | 제주 | 0:0 | 성남 | 걸매B구장 |
| | 16:00 | 188 | 부천 | 0:5 | 광주 | 부천종합보조 |
| | 16:00 | 189 | 안양 | 1:1 | 수원 | 석수체육공원 |
| | 16:00 | 190 | 수원FC | 1:2 | 고양 | 수원W보조 |
| 09.20(토) | 14:00 | 191 | 고양 | 0:1 | 강원 | 중산구장 |
| | 14:00 | 192 | 상주 | 0:0 | 전남 | 상주생활체육공원 |
| | 14:00 | 193 | 제주 | 1:3 | 울산 | 걸매B구장 |
| | 14:00 | 194 | 충주 | 0:1 | 전북 | 충주상고 |
| | 14:00 | 195 | 광주 | 2:0 | 대전 | 금호고 |
| | 12:45 | 196 | 수원 | 1:2 | 경남 | 수원W경기장 |
| | 14:00 | 197 | 인천 | 4:0 | 부천 | 송도LNG |
| | 14:00 | 198 | 서울 | 6:0 | 수원FC | 챔피언스파크 |
| | 14:00 | 199 | 포항 | 2:1 | 부산 | 포철중 |
| | 14:00 | 200 | 성남 | 2:5 | 안양 | 탄천변구장 |
| 09.27(토) | 14:00 | 201 | 성남 | 1:3 | 강원 | 탄천변구장 |
| | 14:00 | 202 | 서울 | 3:1 | 대전 | 챔피언스파크 |
| | 14:00 | 203 | 전북 | 1:0 | 포항 | 전주W보조 |
| | 14:00 | 204 | 경남 | 0:2 | 전남 | 진주모덕 |
| | 14:00 | 205 | 인천 | 7:2 | 대구 | 송도LNG |
| | 14:00 | 206 | 울산 | 0:1 | 상주 | 강동A구장 |
| | 14:00 | 207 | 광주 | 1:2 | 제주 | 금호고 |
| | 14:00 | 208 | 부산 | 2:1 | 수원 | 개성고 |
| | 14:00 | 209 | 충주 | 1:0 | 부천 | 충주상고 |
| | 14:00 | 210 | 고양 | 0:2 | 안양 | 중산구장 |

## 2014 아디다스 올인 K리그 주니어 리그 팀 순위

| 순위 | 구단 | 경기수 | 승점 | 승 | 무 | 패 | 득점 | 실점 | 득실차 |
|---|---|---|---|---|---|---|---|---|---|
| 1 | 광주 | 20 | 48 | 15 | 3 | 2 | 52 | 18 | 34 |
| 2 | 전남 | 20 | 45 | 14 | 3 | 3 | 39 | 11 | 28 |
| 3 | 포항 | 20 | 41 | 13 | 2 | 5 | 35 | 17 | 18 |
| 4 | 울산 | 20 | 39 | 12 | 3 | 5 | 47 | 20 | 27 |
| 5 | 상주 | 20 | 37 | 10 | 7 | 3 | 34 | 21 | 13 |
| 6 | 부산 | 20 | 36 | 11 | 3 | 6 | 48 | 26 | 22 |
| 7 | 인천 | 20 | 35 | 10 | 5 | 5 | 28 | 14 | 14 |
| 8 | 수원 | 20 | 33 | 9 | 6 | 5 | 35 | 21 | 14 |
| 9 | 서울 | 20 | 32 | 9 | 5 | 6 | 35 | 24 | 11 |
| 10 | 경남 | 20 | 32 | 9 | 5 | 6 | 34 | 26 | 8 |
| 11 | 대전 | 20 | 32 | 10 | 2 | 8 | 38 | 31 | 7 |
| 12 | 제주 | 20 | 31 | 8 | 7 | 5 | 24 | 16 | 8 |
| 13 | 전북 | 20 | 29 | 8 | 5 | 7 | 36 | 35 | 1 |
| 14 | 강원 | 20 | 25 | 7 | 4 | 9 | 33 | 35 | -2 |
| 15 | 대구 | 20 | 25 | 7 | 4 | 9 | 28 | 30 | -2 |
| 16 | 충주 | 20 | 23 | 5 | 8 | 7 | 21 | 26 | -5 |
| 17 | 안양 | 20 | 20 | 5 | 5 | 10 | 25 | 30 | -5 |
| 18 | 성남 | 20 | 17 | 4 | 5 | 11 | 31 | 38 | -7 |
| 19 | 고양 | 20 | 6 | 2 | 0 | 18 | 9 | 56 | -47 |
| 20 | 수원FC | 20 | 3 | 1 | 0 | 19 | 12 | 83 | -71 |
| 21 | 부천 | 20 | 0 | 0 | 0 | 20 | 8 | 73 | -65 |

## 2014 아디다스 올인 K리그 주니어 리그 득점 순위

| 순위 | 선수명 | 구단명 | 득점 | 경기수 | 교체수 | 경기당득점 |
|---|---|---|---|---|---|---|
| 1 | 나 상 호 | 광주 | 22 | 18 | 2 | 1,22 |
| 2 | 이 동 준 | 부산 | 19 | 20 | 5 | 0,95 |
| 3 | 황 희 찬 | 포항 | 14 | 15 | 1 | 0,93 |
| 4 | 이 지 환 | 대구 | 12 | 18 | 1 | 0,67 |
| 5 | 신 호 진 | 전남 | 11 | 19 | 3 | 0,58 |
| 6 | 고 민 혁 | 울산 | 10 | 19 | 8 | 0,53 |
| 7 | 한 석 희 | 강원 | 9 | 12 | 9 | 0,75 |
| 8 | 정 문 철 | 광주 | 9 | 18 | 14 | 0,5 |
| 9 | 윤 용 호 | 수원 | 8 | 16 | 9 | 0,5 |
| 10 | 김 민 준 | 서울 | 8 | 17 | 4 | 0,47 |
| 10 | 윤 준 혁 | 수원FC | 8 | 17 | 4 | 0,47 |
| 12 | 이 제 호 | 인천 | 7 | 16 | 8 | 0,44 |
| 13 | 장 원 빈 | 수원 | 7 | 17 | 10 | 0,41 |
| 14 | 이 기 현 | 상주 | 7 | 17 | 2 | 0,41 |
| 15 | 오 인 표 | 울산 | 7 | 19 | 11 | 0,37 |
| 16 | 김 무 건 | 제주 | 7 | 19 | 6 | 0,37 |
| 17 | 남 윤 재 | 대전 | 7 | 20 | 13 | 0,35 |
| 18 | 황 인 겸 | 제주 | 6 | 13 | 6 | 0,46 |
| 19 | 고 석 | 성남 | 6 | 16 | 13 | 0,38 |
| 20 | 장 윤 호 | 전북 | 6 | 16 | 4 | 0,38 |
| 21 | 김 경 우 | 포항 | 6 | 17 | 16 | 0,35 |
| 22 | 안 은 산 | 울산 | 6 | 19 | 7 | 0,32 |
| 23 | 박 정 호 | 전북 | 6 | 19 | 5 | 0,32 |
| 24 | 김 진 규 | 부산 | 6 | 19 | 2 | 0,32 |
| 25 | 추 정 호 | 전남 | 6 | 20 | 17 | 0,3 |
| 26 | 이 승 빈 | 대전 | 5 | 10 | 6 | 0,5 |
| 27 | 최 성 민 | 대전 | 5 | 14 | 12 | 0,36 |
| 28 | 정 성 욱 | 서울 | 5 | 16 | 17 | 0,31 |
| 29 | 김 재 형 | 포항 | 5 | 16 | 15 | 0,31 |
| 30 | 조 은 종 | 대전 | 5 | 16 | 8 | 0,31 |
| 31 | 이 승 민 | 성남 | 5 | 16 | 6 | 0,31 |
| 32 | 김 태 성 | 상주 | 5 | 17 | 19 | 0,29 |
| 33 | 이 동 경 | 울산 | 5 | 17 | 14 | 0,29 |
| 34 | 황 인 범 | 대전 | 5 | 18 | 9 | 0,28 |
| 35 | 조 수 빈 | 전북 | 5 | 18 | 21 | 0,28 |
| 36 | 김 승 호 | 안양 | 5 | 18 | 10 | 0,28 |
| 37 | 김 원 중 | 충주 | 5 | 18 | 3 | 0,28 |
| 38 | 박 형 민 | 인천 | 5 | 19 | 17 | 0,26 |
| 39 | 박 하 빈 | 울산 | 5 | 19 | 13 | 0,26 |
| 40 | 나 성 은 | 전북 | 5 | 19 | 5 | 0,26 |
| 41 | 고 유 성 | 상주 | 5 | 20 | 19 | 0,25 |
| 42 | 전 현 근 | 경남 | 5 | 20 | 17 | 0,25 |
| 43 | 신 창 렬 | 부산 | 4 | 12 | 3 | 0,33 |
| 44 | 임 준 식 | 대전 | 4 | 13 | 14 | 0,31 |
| 45 | 김 상 현 | 전남 | 4 | 14 | 15 | 0,29 |
| 46 | 이 영 찬 | 서울 | 4 | 14 | 6 | 0,29 |
| 47 | 조 상 현 | 서울 | 4 | 15 | 10 | 0,27 |
| 48 | 이 건 우 | 충주 | 4 | 17 | 7 | 0,24 |
| 49 | 김 도 현 | 대구 | 4 | 17 | 6 | 0,24 |
| 50 | 이 진 환 | 부산 | 4 | 18 | 20 | 0,22 |
| 51 | 박 성 환 | 경남 | 4 | 18 | 15 | 0,22 |
| 52 | 홍 승 기 | 강원 | 4 | 18 | 9 | 0,22 |
| 52 | 황 민 웅 | 전북 | 4 | 18 | 9 | 0,22 |
| 54 | 이 찬 욱 | 강원 | 4 | 18 | 2 | 0,22 |
| 54 | 황 기 욱 | 서울 | 4 | 18 | 2 | 0,22 |
| 56 | 황 준 호 | 부산 | 4 | 19 | 17 | 0,21 |
| 57 | 윤 대 원 | 경남 | 4 | 19 | 5 | 0,21 |
| 58 | 이 상 기 | 포항 | 4 | 19 | 3 | 0,21 |
| 59 | 최 범 경 | 인천 | 4 | 19 | 2 | 0,21 |
| 60 | 박 상 혁 | 수원 | 3 | 7 | 6 | 0,43 |
| 61 | 최 병 근 | 안양 | 3 | 10 | 4 | 0,3 |
| 62 | 정 준 혁 | 서울 | 3 | 11 | 8 | 0,27 |
| 63 | 성 호 영 | 부산 | 3 | 12 | 13 | 0,25 |
| 64 | 김 재 훈 | 안양 | 3 | 12 | 6 | 0,25 |
| 65 | 허 동 국 | 경남 | 3 | 13 | 14 | 0,23 |
| 66 | 김 예 일 | 울산 | 3 | 14 | 11 | 0,21 |

| 순위 | 선수명 | 구단명 | 득점 | 경기수 | 교체수 | 경기당득점 |
|---|---|---|---|---|---|---|
| 67 | 김 명 수 | 강원 | 3 | 14 | 7 | 0.21 |
| 68 | 유 승 민 | 전북 | 3 | 15 | 16 | 0.2 |
| 69 | 장 오 혁 | 성남 | 3 | 15 | 13 | 0.2 |
| 70 | 나 준 수 | 수원 | 3 | 15 | 12 | 0.2 |
| 71 | 최 명 준 | 강원 | 3 | 15 | 6 | 0.2 |
| 72 | 박 일 권 | 광주 | 3 | 15 | 4 | 0.2 |
| 73 | 이 정 철 | 성남 | 3 | 15 | 3 | 0.2 |
| 74 | 김 태 한 | 대구 | 3 | 15 | 0 | 0.2 |
| 75 | 도 용 욱 | 부산 | 3 | 16 | 17 | 0.19 |
| 76 | 주 현 호 | 수원 | 3 | 16 | 14 | 0.19 |
| 77 | 김 준 형 | 경남 | 3 | 16 | 10 | 0.19 |
| 78 | 강 해 인 | 안양 | 3 | 16 | 9 | 0.19 |
| 79 | 정 경 훈 | 충주 | 3 | 17 | 4 | 0.18 |
| 80 | 정 재 영 | 강원 | 3 | 17 | 1 | 0.18 |
| 80 | 박 인 서 | 광주 | 3 | 17 | 1 | 0.18 |
| 82 | 이 준 수 | 상주 | 3 | 18 | 14 | 0.17 |
| 83 | 손 민 우 | 광주 | 3 | 18 | 3 | 0.17 |
| 83 | 김 강 국 | 수원 | 3 | 18 | 3 | 0.17 |
| 85 | 백 재 호 | 충주 | 3 | 18 | 0 | 0.17 |
| 86 | 이 희 균 | 광주 | 3 | 19 | 18 | 0.16 |
| 86 | 김 진 야 | 인천 | 3 | 19 | 18 | 0.16 |
| 88 | 김 성 건 | 전남 | 3 | 19 | 10 | 0.16 |
| 89 | 박 성 열 | 경남 | 3 | 19 | 5 | 0.16 |
| 90 | 이 민 혁 | 제주 | 3 | 19 | 4 | 0.16 |
| 91 | 채 현 기 | 광주 | 3 | 19 | 0 | 0.16 |

## 2014 아디다스 올인 K리그 주니어 리그 도움 순위

| 순위 | 선수명 | 구단명 | 도움 | 경기수 | 교체수 | 경기당도움 |
|---|---|---|---|---|---|---|
| 1 | 한 범 서 | 전북 | 9 | 19 | 7 | 0.47 |
| 2 | 손 민 우 | 광주 | 8 | 18 | 3 | 0.44 |
| 3 | 장 윤 호 | 전북 | 7 | 16 | 4 | 0.44 |
| 4 | 이 영 찬 | 서울 | 6 | 14 | 6 | 0.43 |
| 5 | 주 종 대 | 광주 | 6 | 18 | 15 | 0.33 |
| 6 | 김 진 규 | 부산 | 6 | 19 | 2 | 0.32 |
| 7 | 이 동 준 | 부산 | 6 | 20 | 5 | 0.3 |
| 8 | 강 동 완 | 상주 | 6 | 20 | 4 | 0.3 |
| 9 | 이 주 현 | 부산 | 5 | 9 | 8 | 0.56 |
| 10 | 이 상 현 | 경남 | 5 | 15 | 2 | 0.33 |
| 11 | 이 준 호 | 충주 | 5 | 16 | 19 | 0.31 |
| 12 | 나 상 호 | 광주 | 5 | 18 | 2 | 0.28 |
| 12 | 이 찬 욱 | 강원 | 5 | 18 | 2 | 0.28 |
| 14 | 박 성 열 | 경남 | 5 | 19 | 5 | 0.26 |
| 15 | 이 상 기 | 포항 | 5 | 19 | 3 | 0.26 |
| 16 | 박 찬 길 | 포항 | 4 | 13 | 4 | 0.31 |
| 17 | 박 철 | 강원 | 4 | 13 | 4 | 0.31 |
| 18 | 나 준 수 | 수원 | 4 | 15 | 12 | 0.27 |

| 순위 | 선수명 | 구단명 | 도움 | 경기수 | 교체수 | 경기당도움 |
|---|---|---|---|---|---|---|
| 19 | 황 희 찬 | 포항 | 4 | 15 | 1 | 0.27 |
| 20 | 김 태 성 | 상주 | 4 | 17 | 19 | 0.24 |
| 21 | 황 인 범 | 대전 | 4 | 17 | 5 | 0.24 |
| 22 | 김 민 준 | 서울 | 4 | 17 | 4 | 0.24 |
| 23 | 이 진 환 | 부산 | 4 | 18 | 20 | 0.22 |
| 24 | 이 준 수 | 상주 | 4 | 18 | 14 | 0.22 |
| 24 | 정 문 철 | 광주 | 4 | 18 | 14 | 0.22 |
| 26 | 이 종 현 | 전남 | 4 | 18 | 13 | 0.22 |
| 27 | 김 기 영 | 울산 | 4 | 19 | 3 | 0.21 |
| 28 | 황 준 호 | 부산 | 4 | 19 | 17 | 0.21 |
| 29 | 표 건 희 | 인천 | 4 | 19 | 14 | 0.21 |
| 30 | 오 인 표 | 울산 | 4 | 19 | 11 | 0.21 |
| 31 | 김 성 건 | 전남 | 4 | 19 | 10 | 0.21 |
| 32 | 윤 대 원 | 경남 | 4 | 19 | 5 | 0.21 |
| 32 | 나 성 은 | 전북 | 4 | 19 | 5 | 0.21 |
| 34 | 전 정 호 | 수원FC | 4 | 19 | 2 | 0.21 |
| 35 | 이 진 현 | 포항 | 4 | 20 | 16 | 0.2 |
| 36 | 김 상 수 | 안양 | 4 | 20 | 3 | 0.2 |
| 37 | 유 주 안 | 수원 | 3 | 7 | 7 | 0.43 |
| 38 | 최 익 진 | 전남 | 3 | 11 | 8 | 0.27 |
| 39 | 백 무 길 | 대구 | 3 | 11 | 4 | 0.27 |
| 40 | 임 준 식 | 대전 | 3 | 13 | 14 | 0.23 |
| 41 | 최 성 민 | 대전 | 3 | 14 | 12 | 0.21 |
| 42 | 최 명 준 | 강원 | 3 | 15 | 6 | 0.2 |
| 43 | 김 재 형 | 포항 | 3 | 16 | 15 | 0.19 |
| 44 | 김 준 형 | 경남 | 3 | 16 | 10 | 0.19 |
| 45 | 윤 용 호 | 수원 | 3 | 16 | 5 | 0.19 |
| 46 | 오 승 훈 | 성남 | 3 | 16 | 5 | 0.19 |
| 47 | 이 동 경 | 울산 | 3 | 17 | 14 | 0.18 |
| 48 | 이 유 현 | 전남 | 3 | 17 | 0 | 0.18 |
| 49 | 김 승 호 | 안양 | 3 | 18 | 10 | 0.17 |
| 50 | 홍 승 기 | 강원 | 3 | 18 | 9 | 0.17 |
| 51 | 김 성 주 | 성남 | 3 | 19 | 3 | 0.16 |
| 52 | 남 수 용 | 안양 | 3 | 19 | 0 | 0.16 |
| 53 | 남 윤 재 | 대전 | 3 | 20 | 13 | 0.15 |
| 54 | 이 정 기 | 서울 | 3 | 20 | 1 | 0.15 |

# AFC 챔피언스리그 2014

| 그룹 E | 경기 | 승 | 무 | 패 | 득 | 실 | 득실 | 승점 |
|---|---|---|---|---|---|---|---|---|
| 포항 스틸러스 (KOR) | 6 | 3 | 3 | 0 | 11 | 6 | 5 | 12 |
| Cerezo Osaka (JPN) | 6 | 2 | 2 | 2 | 10 | 9 | 1 | 8 |
| Buriram United (THA) | 6 | 1 | 3 | 2 | 5 | 9 | -4 | 6 |
| Shandong Luneng FC (CHN) | 6 | 1 | 2 | 3 | 9 | 11 | -2 | 5 |

| 그룹 G | 경기 | 승 | 무 | 패 | 득 | 실 | 득실 | 승점 |
|---|---|---|---|---|---|---|---|---|
| Guangzhou Evergrande (CHN) | 6 | 3 | 1 | 2 | 10 | 8 | 2 | 10 |
| 전북 현대 모터스 (KOR) | 6 | 2 | 2 | 2 | 8 | 7 | 1 | 8 |
| Melbourne Victory (AUS) | 6 | 2 | 2 | 2 | 9 | 9 | 0 | 8 |
| Yokohama F Marinos (JPN) | 6 | 2 | 1 | 3 | 7 | 10 | -3 | 7 |

| 그룹 F | 경기 | 승 | 무 | 패 | 득 | 실 | 득실 | 승점 |
|---|---|---|---|---|---|---|---|---|
| FC서울 (KOR) | 6 | 3 | 2 | 1 | 9 | 6 | 3 | 11 |
| Sanfrecce Hiroshima (JPN) | 6 | 2 | 3 | 1 | 9 | 8 | 1 | 9 |
| Beijing Guoan (CHN) | 6 | 1 | 3 | 2 | 7 | 8 | -1 | 6 |
| Central Coast Mariners (AUS) | 6 | 2 | 0 | 4 | 4 | 7 | -3 | 6 |

| 그룹 H | 경기 | 승 | 무 | 패 | 득 | 실 | 득실 | 승점 |
|---|---|---|---|---|---|---|---|---|
| Western Sydney Wanderers (AUS) | 6 | 4 | 0 | 2 | 11 | 5 | 6 | 12 |
| Kawasaki Frontale (JPN) | 6 | 4 | 0 | 2 | 7 | 5 | 2 | 12 |
| 울산 현대 (KOR) | 6 | 2 | 1 | 3 | 8 | 10 | -2 | 7 |
| Guizhou Renhe (CHN) | 6 | 1 | 1 | 4 | 4 | 10 | -6 | 4 |

| ● 16강(1차전) | 전북 현대 | 1 : 2 | 포항 스틸러스 |
|---|---|---|---|
| 05.06 | 이재성 54' | 득점자 | 손준호 58'<br>고무열 74' |
| 전주월드컵경기장, 한국 | | 관중: 19,327 | |

| ● 16강(1차전) | Kawasaki Frontale | 2 : 3 | FC서울 |
|---|---|---|---|
| 05.07 | Yukobayashi 49'<br>Renato 61' | 득점자 | 에스쿠데로 51'<br>김치우 83'<br>윤일록 90+3' |
| Kawasaki Todoroki Stadium, Kawasaki, JAPAN | | 관중: 9,161 | |

| ● 16강(2차전) | 포항 스틸러스 | 1 : 0 | 전북 현대 |
|---|---|---|---|
| 05.13 | 김승대 6' | 득점자 | |
| 포항 스틸야드, 한국 | | 관중: 13,155 | |

| ● 16강(2차전) | FC서울 | 1 : 2 | Kawasaki Frontale |
|---|---|---|---|
| 05.14 | 에스쿠데로 8' | 득점자 | Yukobayash i29'<br>Morishimayasuhito 90+2' |
| 서울월드컵경기장, 한국 | | 관중: 12,287 | |

| ● 8강(1차전) | 포항 스틸러스 | 0 : 0 | FC서울 |
|---|---|---|---|
| 08.20 | | 득점자 | |
| 포항 스틸야드, 한국 | | 관중: 6,553 | |

| ● 8강(2차전) | FC서울 | 0 : 0<br>(PK 3:0) | 포항 스틸러스 |
|---|---|---|---|
| 08.27 | | 득점자 | |
| 서울월드컵경기장, 한국 | | 관중: 14,122 | |

| ● 4강(1차전) | FC서울 | 0 : 0 | Western Sydney Wanderers |
|---|---|---|---|
| 09.17 | | 득점자 | |
| 서울월드컵경기장, 한국 | | 관중: 12,901 | |

| ● 4강(2차전) | Western Sydney Wanderers | 2 : 0 | FC서울 |
|---|---|---|---|
| 10.01 | Mateopoljak 3'<br>Shannoncole 64' | 득점자 | |
| Parramatta Stadium, Sydney, Australia | | 관중: 18,896 | |

## 2014년 A매치 경기 기록

---

● 친선경기　2014년 01월 25일(토) 15시 00분　● 장소: 미국 LA 콜리세움 메모리얼 스타디움

### 한국　1 : 0　코스타리카

| 감독_<br>홍명보<br><br>김신욱(전9) | | 김승규(GK)<br>강민수<br>김기희<br>김민우<br>김진수<br>이용<br>고요한(후32 김태환)<br>박종우(후44 송진형)<br>이명주<br>김신욱(후41 이승기)<br>이근호 | 선수 | Leonel MOREIRA(GK)<br>CHRISTOPHER<br>Johnny ACOSTA<br>Michael UMANA<br>Roy MILLER<br>Oscar ESTEBAN(후38 Carlos HERNANDEZ)<br>Pablo HERRERA(후14 Dave MYRIE)<br>Randall BRENES<br>Yeltsinl GNACIO(후30Jose MIGUEL)<br>Jairo ALBERTO(후14Mauricio CASTILLO)<br>Marco URENA(후35Jonathan MCDONALD) | 감독_ Jorge Luis PINTO<br>(콜롬비아) |

---

● 친선경기　2014년 01월 29일(수) 20시 00분　● 장소: 미국 샌안토니오 알라모돔

### 한국　0 : 4　멕시코

| 감독_<br>홍명보 | | 김승규(GK)<br>강민수<br>김기희<br>김진수(후22 김대호)<br>박진포<br>김태환<br>박종우(후32 송진형)<br>염기훈(후1 김민우)<br>이명주(후1 이호)<br>김신욱(후1 이승기)<br>이근호(후15 고요한) | 선수 | Alfredo TALAVERA(GK)<br>Diego REYES<br>Francisco JAVIER(후9Enrique PEREZ)<br>Isaac BRIZUELA<br>Miguel PONCE(후1 Jorge TORRES)<br>Rafael MARQUEZ(후1 Juan CARLOS)<br>Alan PULIDO<br>Carlos PENA(후1 Luis MONTES)<br>Juan JOSE(후9 Jesus ZAVALA)<br>Rodolfo PIZARRO<br>Oribe PERALTA(후9 Aldo DENIGRIS) | 감독_ Miguel HERRERA<br>(멕시코)<br><br>Alan PULIDO<br>(전45, 후40, 후44)<br>Oribe PERALTA(전36) |

---

● 친선경기　2014년 02월 01일(토) 14시 00분　● 장소: 미국 LA 칼슨

### 한국　0 : 2　미국

| 감독_<br>홍명보 | | 정성룡(GK)<br>김기희<br>김민우<br>김주영<br>김진수(후33 김태환)<br>이용<br>고요한<br>박종우<br>이호(후24 이명주)<br>김신욱<br>이근호(후24 이승기) | 선수 | Nick RIMANDO(GK)<br>Brad EVANS(후29 DeAndre YEDLIN)<br>Mate BESLER(후17 Clarence GOODSON)<br>Michael PARK<br>Omar GONZALEZ<br>Brad DAVIS(후30 Luis GIL)<br>Graham ZUSI(후37 Eric ALEXANDER)<br>Kyle BECKERMAN<br>Landon DONOBAN<br>Mix DISKERUD(후17 Benny FEILHABER)<br>Cris WONDOLOWSKI(후17 Eddie JOHNSON) | 감독_ Jurgen KLISMANN<br>(독일)<br><br>Cris WONDOLOWSKI<br>(전3,후15) |

---

● 친선경기　2014년 03월 06일(목) 02시 00분　● 장소: 그리스 아테네 카라이스카키스 스타디움

### 한국　2 : 0　그리스

| 감독_<br>홍명보<br><br>박주영(전18)<br>손흥민(후9) | | 정성룡(GK)<br>김영권<br>김진수<br>이용<br>홍정호<br>구자철(후39 이근호)<br>기성용(후41 하대성)<br>손흥민(후28 김보경)<br>이청용<br>한국영<br>박주영(후1 김신욱) | 선수 | G. PANAGIOTIS(GK)<br>C. CHOSE<br>K. KOSTAS<br>M. GIANNIS(후1 K. GIORGOS)<br>M. KOSTAS<br>M. KOSTAS(후14 F. GIANNIS)<br>P. AVRAAN<br>S. DIMITRIS(후1 C. LAZAROS)<br>S. GIORGOS<br>T. ALEXANDROS(후14 P. DIMITRIS)<br>T. VASSILIS(후37 T. GIORGOS) | 감독_ Fernando SANTOS<br>(포르투갈) |

---

● 친선경기　2014년 05월 28일(수) 20시 00분　● 장소: 서울월드컵경기장

### 한국　0 : 1　튀니지

| 감독_<br>홍명보 | | 정성룡(GK)<br>김영권<br>윤석영<br>이용<br>홍정호(후16 곽태휘)<br>기성용(후32 하대성) | 선수 | Ben Mustapha FAROUK(GK)<br>Aymen ABDENNOUR<br>Bilel MOHSNI<br>Hamza MATHLOUTHI<br>Selim BENDJEMIA(후12 Ammar JEMAL)<br>Syam BENYOUSSEF | 감독_ Georges LEEKENS<br>(벨기에)<br><br>Zouhaier DHAOUADI<br>(전43) |

| | | | |
|---|---|---|---|
| 손흥민(후23 김보경) | | Stephane Houcine NATER | |
| 이청용(후37 지동원) | | Wissem YAHYA | |
| 한국영 | | Yacine MIKARI(후12 Khaled KORBI) | |
| 구자철(후15 이근호) | | Zouhaier DHAOUADI(후41 Hamza YOUNES) | |
| 박주영(후30 김신욱) | | Issam JEMAA | |

---

• 친선경기　2014년 06월 09일(월) 19시 00분　　•장소: 미국 마이애미 선라이프 스타디움

### 한국 0 : 4 가나

| | | 선수 | | |
|---|---|---|---|---|
| 감독_ 홍명보 | 정성룡(GK) | 선수 | Fatau DAUDA(GK) | 감독_ James APPIAH (가나) |
| | 곽태휘(후1 홍정호) | | Andre AYEW(후28 Albert ADOMAH) | |
| | 김영권 | | Asamoah GYAN(후19 Wakaso MUBARAK) | Jordan AYEW (전10, 후8, 후44) |
| | 김창수(후5 이용) | | Harrison AFFUL | |
| | 윤석영(후37 박주호) | | John BOYE | Asamoah GYAN (전43) |
| | 기성용 | | Jonathan MENSAH | |
| | 손흥민(후30 지동원) | | Kevin-Prince BOATENG(후11Christian ATSU) | |
| | 이청용 | | Kwadwo ASAMOAH | |
| | 한국영 | | Majeed WARIS(전6 Jordan AYEW) | |
| | 구자철(후12 김보경) | | Mohammed RABIU | |
| | 박주영(후19 이근호) | | (후13 Emmanuel AGYEMANG-BADU) | |
| | | | Sulley MUNTARI(후13 Afriyie ACQUAH) | |

---

• 2014 FIFA 브라질월드컵 조별리그 H조 1차전　2014년 06월 17일(화) 18시 00분　　•장소: 브라질 쿠이아바 아레나 판타나우

### 한국 1 : 1 러시아

| | | 선수 | | |
|---|---|---|---|---|
| 감독_ 홍명보 | 정성룡(GK) | 선수 | Igor AKINFEEV(GK) | 감독_ Fabio CAPELLO (이탈리아) |
| | 김영권 | | Alexander KOKORIN | |
| 이근호(후23) | 윤석영 | | Alexander SAMEDOV | Aleksandr KERZHAKOV (후29) |
| | 이용 | | Andrey ESHCHENKO | |
| | 홍정호(후28 황석호) | | Denis GLUSHAKOV(후27 Igor DENISOV) | |
| | 기성용 | | Dmitry KOMBAROV | |
| | 손흥민(후39 김보경) | | Oleg SHATOV(후14 Alan DZAGOEV) | |
| | 이청용 | | Sergeyl GNASHEVICH | |
| | 한국영 | | Vasily BEREZUTSKIY | |
| | 구자철 | | Victor FAYZULIN | |
| | 박주영(후11 이근호) | | Yury ZHIRKOV(후26Aleksandr KERZHAKOV) | |

---

• 2014 FIFA 브라질월드컵 조별리그 H조 2차전　2014년 06월 22일(일) 16시 00분　　•장소: 브라질 포르투 알레그리 에스타디우 베이라-리우

### 한국 2 : 4 알제리

| | | 선수 | | |
|---|---|---|---|---|
| 감독_ 홍명보 | 정성룡(GK) | 선수 | Rais MBOLHI(GK) | 감독_ Vahid HALILHODZIC (보스니아 헤르체고비나) |
| | 김영권 | | Abodelmoumene DJABOU(후28 NabilGHILAS) | |
| 손흥민(후5) | 윤석영 | | Aissa MANDI | Islam SLIMANI(전26) |
| 한국영(후27) | 이용 | | Carl MEDJANI | Rafik HALLICHE(전28) |
| | 홍정호 | | Djamel MESBAH | Abodelmoumene DJABOU(전38) |
| | 기성용 | | Islam SLIMANI | |
| | 손흥민 | | Madjid BOUGUERRA(후44 Esseid BELKALEM) | Yacine BRAHIMI(후17) |
| | 이청용(후19 이근호) | | Nabil BENTALEB | |
| | 한국영(후33 지동원) | | Rafik HALLICHE | |
| | 구자철 | | Sofiane FEGHOULI | |
| | 박주영(후12 김신욱) | | Yacine BRAHIMI(후32 Medhi LACEN) | |

---

• 2014 FIFA 브라질월드컵 조별리그 H조 3차전　2014년 6월 26일(목) 17시 00분　　•장소: 브라질 상파울루 아레나 코린티안스

### 한국 0 : 1 벨기에

| | | 선수 | | |
|---|---|---|---|---|
| 감독_ 홍명보 | 김승규(GK) | 선수 | Thibaut COURTOIS(GK) | 감독_ Marc WILMOTS (벨기에) |
| | 김영권 | | Adnan JANUZAJ(후15 Nacer CHADLI) | |
| | 윤석영 | | Anthony VANDENBORRE | Jan VERTONGHEN(후33) |
| | 이용 | | Daniel VANBUYTEN | |
| | 홍정호 | | Dries MERTENS(후15 Divock ORIGI) | |
| | 기성용 | | Jan VERTONGHEN | |
| | 손흥민(후28 지동원) | | Kevin MIRALLAS(후43 Eden HAZARD) | |
| | 이청용 | | Marouane FELLAINI | |
| | 한국영(후1 이근호) | | Moussa DEMBELE | |
| | 구자철 | | Nicolas LOMBAERTS | |
| | 김신욱(후21 김보경) | | Steven DEFOUR | |

---

• 친선경기　2014년 09월 05일(금) 20시 00분　　•장소: 부천종합운동장

### 한국 3 : 1 베네수엘라

| | | 선수 | | |
|---|---|---|---|---|
| 코치_ | 김진현(GK) | 선수 | Daniel HERNANDEZ(GK) | 감독_ Noel Sanvicente |

| 신태용 | | 김영권 | Gabriel CICHERO | (베네수엘라) |
|---|---|---|---|---|
| 이명주(전33) | | 김주영(후19 임채민) | Grenddy PEROZO | Mario RONDON(전21) |
| 이동국(후7, 후18) | | 차두리 | Oswaldo VIZCARRONDO | |
| | | 기성용(후28 박종우) | Roberto ROSALES | |
| | | 김민우(후36 김창수) | Alejandro GUERRA | |
| | | 손흥민 | Edgar JIMENEZ(후16 LuisManuel SEIJAS) | |
| | | 이명주 | Mario RONDON(후23 Nicolas FEDOR) | |
| | | 이청용(후42 한교원) | Tomas RINCON | |
| | | 이동국(후33 이근호) | JoseSalomon RONDON | |
| | | 조영철(후1 한국영) | (후28 Alexander GONZALEZ) | |
| | | | Josef MARTINEZ(후11 Juan FALCON) | |

---

**● 친선경기**　2014년 09월 08일(월) 20시 00분　**● 장소: 고양종합운동장**

**한국　0 : 1　우루과이**

| 코치_ | | 이범영(GK) | 선수 | Martin SILVA(GK) | 코치_ Celso OTERO |
|---|---|---|---|---|---|
| 신태용 | | 김영권 | | Diego GODIN | (우루과이) |
| | | 김주영 | | Egidio AREVALO | |
| | | 김창수 | | Jose GIMENEZ | Jose GIMENEZ(후23) |
| | | 차두리(후33 이용) | | Martin CACERES | |
| | | 기성용 | | Maximiliano PEREIRA | |
| | | 박종우(후29 한국영) | | (후44 Matias AGUIRREGARAY) | |
| | | 손흥민 | | Camilo MAYADA(후44 Matias CORUJO) | |
| | | 이명주(후13 남태희) | | Cristian RODRIGUEZ(전23 Alvaro PEREIRA) | |
| | | 이청용 | | Nicolas LODEIRO | |
| | | 이동국(후24 이근호) | | (후16 Giorgian DEARRASCAETA) | |
| | | | | Abel HERNANDEZ(후32 Diego ROLAN) | |
| | | | | Edinson CAVANI(후11 Cristian STUANI) | |

---

**● 친선경기**　2014년 10월 10일(금) 20시 00분　**● 장소: 천안종합운동장**

**한국　2 : 0　파라과이**

| 감독_ 울리 | | 김진현(GK) | 선수 | Antony SILVA(GK) | 감독_ Victor Genes |
|---|---|---|---|---|---|
| 슈틸리케(독일) | | 곽태휘 | | Gustavo GOMEZ | (파라과이) |
| | | 김기희(후44 김영권) | | Ivan PIRIS | |
| 김민우(전27) | | 이용 | | Leonardo CACERES(후1 Julian BENITEZ) | |
| 남태희(전32) | | 홍철 | | Pablo AGUILAR | |
| | | 기성용(후35 박종우) | | Celso ORTIZ(후23 Silvio TORALES) | |
| | | 김민우(후26 한교원) | | Marcelo ESTIGARRIBIA(전36 David MENDOZA) | |
| | | 남태희(후32 이명주) | | Marcos RIVEROS | |
| | | 이청용(후1 손흥민) | | Nestor ORTIGOZA(후1 Jorge ROJAS) | |
| | | 조영철(후15 이동국) | | Derlis GONZALEZ(후23 Cecilio DOMINGUEZ) | |
| | | 한국영 | | Roque SANTACRUZ(후33 Cristian OVELAR) | |

---

**● 친선경기**　2014년 10월 14일(화) 20시 00분　**● 장소: 서울월드컵경기장**

**한국　1 : 3　코스타리카**

| 감독_ 울리 | | 김승규(GK) | 선수 | Keilor NAVAS(GK) | 감독대행_ Paulo |
|---|---|---|---|---|---|
| 슈틸리케(독일) | | 김영권 | | Christian GAMBOA(후38 Roy MILLER) | WANCHOPE (영국) |
| | | 김주영 | | Junior DIAZ | |
| 이동국(전45) | | 장현수 | | Michael UMANA | Celso BORGES |
| | | 차두리(후41 이용) | | Oscar DUARTE | (전38, 후2) |
| | | 기성용 | | Celso BORGES | Oscar DUARTE(후32) |
| | | 남태희(후21 한국영) | | Johan VENEGAS(후30 Jhonny ACOSTA) | |
| | | 박주호(전20 김민우) | | Yeltsin TEJEDA | |
| | | 손흥민(후38 한교원) | | Bryan RUIZ | |
| | | 이청용 | | David RAMIREZ(후41 Alvaro SABORIO) | |
| | | 이동국 | | Joel CAMPBELL(후43 John Jairo RUIZ) | |

---

**● 친선경기**　2014년 11월 14일(금) 16시 30분　**● 장소: 요르단 암만 킹압둘라 스타디움**

**한국　1 : 0　요르단**

| 감독_ 울리 | | 정성룡(GK) | 선수 | Yassin MUTAZ(GK) | 감독_ Ray WILKINS |
|---|---|---|---|---|---|
| 슈틸리케(독일) | | 김영권 | | Bani Yassin ANAS | (영국) |
| | | 박주호(후1 윤석영) | | Domairi MOHAMMAD | |
| 한교원(전33) | | 차두리(후1 김창수) | | Khattab TAREQ | |
| | | 홍정호 | | Zharan ODAI | |
| | | 김민우(후26 손흥민) | | Adnan SHARIF(후13 Rateb MOHAMMAD) | |
| | | 남태희(후37 구자철) | | Aedll Fattah HASSAN(후20 Sraiwa AHMAD) | |
| | | 한교원(후20 이청용) | | Al-Saifi ODAI | |

| | | | |
|---|---|---|---|
| | 한국영<br>박주영<br>조영철(후1 장현수) | Bani Ateya KHALIL(후29 Sraiwa ABDULLAH)<br>Shaqran ALA'A(후13 Rateb Saleh)<br>Hayel AHMED | |

---

- 친선경기　2014년 11월 18일(화) 16:25　● 장소: 이란 테헤란 아자디 스타디움

### 한국　0 : 1　이란

| 감독_ 울리<br>슈틸리케(독일) | 김진현(GK)<br>곽태휘<br>김창수<br>박주호<br>윤석영(후44 차두리)<br>장현수<br>구자철(후38 남태희)<br>기성용<br>손흥민<br>이청용(후38 조영철)<br>이근호(후27 박주영) | 선수 | Ali Reza HAGHIGHI(GK)<br>Ali Rea JAHANBAKHSH(후28 Omid EBRAHIMI)<br>Ehsan Haji SAFI<br>Khosro HEIDARI(후17 Vorya GHAFOURI)<br>Pejman MONTAZERI<br>Seyed Jalai HOSSEINI<br>Andranik TEIMORIAN<br>Ashkan DEJAGAH<br>Javad NEKOUNAM<br>Masoud SHOJAEE(후14 Soroush RAFIEI)<br>Rea Ghoochannejhad(후14 Sardar AZMOUN) | 감독_ Carlos QUEIROZ<br>(포르투갈)<br><br>Sardar AZMOUN(후37) |

---

## 2014 하나은행 FA컵

### 2라운드

- 2014년 4월 9일(수)　● 장소: 안산 와 스타디움

#### 안산 경찰청　2　(2 PSO 4)　2　경주 한수원

| 조재철(전7)<br>안성빈(전38) | 전태현 안동은(후25 오범석) 이원재(후25 양상민)<br>김병석 문기한 박종진 이재권 조재철(후2 윤준하)<br>고경민 서동현 안성빈(후46 최광희) | 선수 | 함석민 김민호(후41 돈지덕) 김태은 이영균 한영구<br>강성복 손설민(후1 진창수) 유만기 조주영(후31<br>김창대, 김영남 유동민(후51 김오성) | 김영남(후13,<br>후19) |

---

- 2014년 4월 9일(수)　● 장소: 대구스타디움

#### 대구FC　3 : 0　동의대

| 윤영승(후9)<br>신창무(후26)<br>한승엽(후32) | 이양종 김주빈 노행석 박성용(후1 안상현)<br>이준희(후36 박종진) 김귀현 신창무 이동명 정대교<br>한승엽 네벨톤(후1 윤영승) | 선수 | 김태호 김도현 이종훈 장학재 장희망 한동훈<br>김양우(후20 송유경) 김창오 이명건(후27 김근호)<br>임종준 박동섭(후1 곽성환) | |

---

- 2014년 4월 9일(수)　● 장소: 강릉종합운동장

#### 강원FC　3 : 2　용인시청

| 김오규(전22)<br>최진호(전37)<br>김동기(후2) | 황교충 김오규 박상진(후44 정우인) 배효성 이재훈<br>이우혁 한석종 김동기 최진호(후43 서보민)<br>조엘손(후34 최승인) 치프리안 | 선수 | 백선규 민경일 이선후 이재영 이재준 김민오<br>문규현 주광선 홍ued기(후34 오창영) 오세진(후10<br>양승원) 전명근(후10 배해민) | 배해민(후29)<br>문규현(후37) |

---

- 2014년 4월 9일(수)　● 장소: 수원종합운동장

#### 수원FC　4 : 3　화성FC

| 하정헌(전8, 후8)<br>김본광(전25)<br>정민우(후45) | 이정형, 김재환, 이준호, 조태우, 권용현(후17<br>임성택), 김민기(후1 유수현), 김서준, 김혁진, 정민우,<br>하정헌(후44 박종찬), 김본광 | 선수 | 임형근, 김종수, 안승훈, 이현민, 하재훈, 김건후(후12<br>김진솔, 후43 이슬기), 김희철(후1 정배근), 김동욱,<br>김형필, 김효기, 전보훈 | 전보훈(전27)<br>김동욱(후4)<br>김효기(후19) |

---

- 2014년 4월 9일(수)　● 장소: 충주종합운동장

#### 충주 험멜　2　(2 PSO 4)　2　아주대

| 한홍규(후12)<br>김성민(후8) | 황성민 김동권 김재훈 이민규 양동협 황재훈(후46<br>변웅) 김성민(후36 유종현) 김정훈(후18 황훈희)<br>한상학(후8 박진수) 한홍규 김성현 | 선수 | 김영기 김경재 이지민 조원형 곽성욱(후17 허재녕)<br>김han길(연주3 이재민) 정호영(후12 최대식)<br>강태웅(연전5 박준수) 윤태수 조주영 조진흠 | 조주영(후29)<br>강태웅(후22) |

---

- 2014년 4월 9일(수)　● 장소: 광주월드컵경기장

#### 광주FC　2 : 1　고양 Hi FC

| 호마링요<br>(연전10)<br>송승민(연후11) | 백민철 이종민 전준형 정준연 정호정 여름(후45<br>권수현) 이찬동 임선영 김민수(후35 호마링요)<br>김호남(연전1 안종훈) 이진호(후35 송승민) | 선수 | 여명용 신재필 여효진 오기재(후36 한빛) 최병도<br>황규범 박병원(연전11 배민호) 주민규 알렉스<br>이성재(후31 정민무) 호니(전39 이도성) | 알렉스(연후6) |

---

- 2014년 4월 9일(수)　● 장소: 안양종합운동장

#### FC안양　2 : 0　성균관대

| 김재웅(전32)<br>백동규(후36) | 이진형 구대영 남대식 백동규 정수호 조철인<br>박정식 정다슬 주현재(후29 박성진) 김재웅(후40<br>정재용) 조성준(후29 바그너) | 선수 | 김선우 김성현 박종호 이영광(전15 정동윤)<br>김총명(후6 위현욱) 이형진 최영호 황인욱(후16<br>김준영) 김kan 양기훈 유승완 | |

---

● 2014년 4월 9일(수)　　● 장소: 목포축구센터

| | 목포시청 | 1 : 2 | 대전 시티즌 | |
|---|---|---|---|---|
| 정수빈(전2) | 이상화 강민 김동민 김세영(후8 정선호)<br>강석구(후24 장재우) 김민상 조범석 천제훈 류선곤<br>정수빈(후12 이제규) 한재만 | 선수 | 박주원 김상필 김성수(후1 김찬희) 김영승<br>신동혁(후1 황지웅) 이인식 황진산 송주한 유성기<br>이동현 디오고(후22 곽재민) | 김찬희(후5)<br>김영승(후10) |

● 2014년 4월 9일(수)　　● 장소: 부천종합운동장

| | 부천FC | 4 : 0 | 상지대 | |
|---|---|---|---|---|
| 김태영<br>(전30,전41)<br>호드리고<br>(후2,후43) | 양진웅 강지용 김건호 경재윤 김태영(후26 이경수)<br>석동우 한종우(후1 정홍연) 김륜도 박재철<br>최인창(후6 유준영) 호드리고 | 선수 | 황인혁 박남선 이대성(후29 이호걸) 이형준<br>김승연(후1 홍창오) 김희수 박병현 이주성 임재래<br>김진성(후1 곽병석) 송명석 | |

## 32강전

● 2014년 4월 30일(수)　　● 장소: 강릉종합경기장

| | 강원FC | 3 : 2 | 홍익대 | |
|---|---|---|---|---|
| 김영후(전16)<br>조엘손(후37)<br>최승인(연전8) | 황교충 김오규 이재훈 정우인 이우혁(후26 서보민)<br>치프리안(후1 최승인) 한석종 김동기(후34 조엘손)<br>김영후(연전14 김윤호) 정현식 최진호 | 선수 | 이영창 김선훈(후23 장혁진) 황재성 김기태<br>심현성(후1 배지훈) 안태현 우혜성 이규성<br>강민성(연후1 류현규) 차민승(후38 이승현) 최정우 | 강민성(전5)<br>차민승(후7) |

● 2014년 5월 21일(수)　　● 장소: 대전월드컵경기장

| | 대전 시티즌 | 1 : 2 | 포천시민축구단 | |
|---|---|---|---|---|
| 김은중(후2) | 박주원 김상필 김한섭(후24 주익성) 김성수 김영승<br>신동혁(후1 황지웅) 이인식 김은중 송주한 유성기<br>이동현(후1 김찬희) | 선수 | 이승규 김성진 김승명 이상돈 이종민 김민 김준태<br>안성남 전재희(후42 서동현) 정대환(후24 견희재)<br>심영성(후38 김강민) | 전재희(전38)<br>심영성(후3) |

● 2014년 4월 30일(수)　　● 장소 : 광양축구전용구장

| | 전남 드래곤즈 | 1 : 3 | 전북 현대 모터스 | |
|---|---|---|---|---|
| 박준태(전45) | 김병지 김동철 박선용 방대종 코니 레안드리뉴<br>(후26 이종호) 송창호(후41 임종은) 이중권 박준태<br>심동운 전현철(후41 스테보) | 선수 | 권순태 권경원(후24 이재성) 이강진 정인환 최보경<br>최철순 이규로 이주용(후36 박세직) 김인성(후15<br>이상협) 이승렬 카이오 | 최보경(전42)<br>카이오(후39,<br>후45) |

● 2014년 4월 30일(수)　　● 장소: 울산 문수축구경기장

| | 울산 현대 | 3 : 1 | 숭실대 | |
|---|---|---|---|---|
| 강민수(전15)<br>박동혁(후6)<br>유준수(후18) | 이희성 강민수(후21 조인형) 박동혁 이명재<br>정동호 김민균 김선민 김용태 김신욱(후1 한상운)<br>알미르(후14 박용지) 유준수 | 선수 | 노충재 박대권 박지우 이광민 (후1 양성식) 이진영<br>(후1 이건희) 임동혁 민현홍 은성수 이태희 김진혁<br>박성부(후21 양길우) | 은성수(후35) |

● 2014년 4월 30일(수)　　● 장소: 제주월드컵경기장

| | 제주 유나이티드 | 3 (4 PSO 5) 3 | 수원FC | |
|---|---|---|---|---|
| 박수창(전26)<br>진대성(후44)<br>김재연(연전3<br>자책) | 김경민 강준우 이용 김봉래(연전1 황도연)<br>김상원(후19 김영신) 박수창 장은규 좌훈협 진대성<br>이현호(후39 스토키치) 허범산(후11 김수범) | 선수 | 박형순 김재환(후1 하정헌) 이준호(후32 임성택)<br>조태우 권용현 김서준 김재연 김혁진(연전9 김민기)<br>유수현 김본광 조진수(후15 정민우) | 김혁진(전39,<br>후10)<br>정민우(후38) |

● 2014년 4월 30일(수)　　● 장소: 부산 아시아드 주경기장

| | 부산 아이파크 | 1 (5 PSO 3) 1 | 중랑 코러스 무스탕 | |
|---|---|---|---|---|
| 파그너(후13) | 이범영 권진영 김찬영 박준강 이원영 전성찬(후5<br>양동현) 정석화 파그너 김익현(연전10 주세종)<br>코마젝(후24 홍동현) 한지호(후15 임상협) | 선수 | 조영호 김충섭(연전5 위상혁) 박명서 임장원 권혁관<br>김건우(후18 김성현) 김성빈 임윤식(후33 노영균)<br>지용기 허재원 김승현(후18 정훈찬) | 김성현(후43) |

● 2014년 4월 30일(수)　　● 장소: 상주시민운동장

| | 상주 상무 | 0 (4 PSO 3) 0 | 수원 삼성 블루윙즈 | |
|---|---|---|---|---|
| | 홍정남 고재성(후37 장혁진) 김창훈 이용기(연전10<br>김경민) 박승일(후6 이정협) 박태웅 양준아 정훈<br>최호정 김동찬 송제헌(연후1 조호연) | 선수 | 정성룡 헤이네르(연전1 민상기) 홍철 김은선<br>산토스(후31 로저) 서정진 (후21 배기종) 염기훈<br>오장은 조성진 조지훈 (후11 김두현) 정대세 | |

● 2014년 4월 30일(수)　　● 장소: 강릉종합경기장

| | 강릉시청 | 2 : 1 | 경남FC | |
|---|---|---|---|---|
| 고병욱(후18)<br>윤성우(후28) | 전홍석 강영연 김규태 이종혁 고병욱 (후23<br>윤종필) 국승은 김준범 김태진 (후42 이강민)<br>윤성우 이현창 김정주(후38 손현우) | 선수 | 김영광 고래세 이한샘 보산치치 이호석 (후21<br>송수영) 최영준 김인한(후1 스토야노비치) 김준엽<br>박지민(후15 조용태) 송호영 우주성 | 송수영(후30) |

- 2014년 4월 30일(수) ● 장소: 서울월드컵경기장

### FC서울 3 : 2 인천유나이티드

| 심제혁(전1)<br>고광민(후1)<br>이웅희(연후4) | 김용대 김주영 이웅희 최효진 고광민 (후26<br>에스쿠데로) 심상민 이상협 정승용 (연전15 김진규)<br>최현태 심제혁 (후32 강승조) 하파엘 (연전6 정동철) | 선수 | 조수혁 김용환 이상희 임하람 김도혁 (후15<br>조수철) 배승진(후43 김봉진) 이석현 최종환 권혁진<br>(후36 남준재) 주앙파울로(연전12 윤상호) 진성욱 | 주앙파울로<br>(전40)<br>이석현(후20) |

- 2014년 4월 30일(수) ● 장소: 광주월드컵경기장

### 광주FC 1 : 0 부천FC

| 김유성(전13) | 제종현 박진옥 이완 (후35 정호정) 최성환 김우철<br>(후22 홍태곤) 김유성 (후13 오도현) 이찬동 권수현<br>김민수 김영빈 이진호 | 선수 | 강훈 강지용 유대현 정홍연 석동우 이제승 (후1<br>김태영) 공민현 (후25 유준수) 김륜도 박재철 (후30<br>이경수) 최인창 호드리고 | |

- 2014년 4월 30일(수) ● 장소: 안양종합운동장

### FC안양 0 (3 PSO 4) 0 포항 스틸러스

| | 이진형 구대영 김종성 김효준 정수호 김원민<br>(연전7 펠리페) 이으뜸 주현재(후40 바그너) 최진수<br>박성진 정대선(연전14 김태봉) | 선수 | 신화용 김광석 김원일 박희철(후42 김대호) 신광훈<br>김재성(후1 고무열) 손준호 이명주 황지수 강수일<br>(후16 문창진) 김승대 | |

- 2014년 4월 30일(수) ● 장소: 탄천종합운동장

### 성남FC 1 : 0 대구FC

| 황의조(전35) | 전상욱 심우연 임채민 김평래 박희성 이종원<br>정선호 제파로프(후25 김동희) 이민우(후43 윤영선)<br>이창훈(후17 기가) 황의조 | 선수 | 박민선 노행석 이준희 허재원 김귀현 김대열(후13<br>안상현) 마테우스 이명현 김흥일(후23 네벨톤)<br>정대교(전37 신창무) 조형익 | |

## 16강전

- 2014년 7월 16일(수) ● 장소: 강릉종합경기장

### 강원FC 2 (3 PSO 2) 2 울산 현대 미포조선

| 서보민(후19)<br>알렉스(후36) | 양동원 김오규 배효성 이재훈 이창용 정우인<br>이우혁(후 김동기) 김윤호 알렉스(연전19 최승인)<br>알미르(연전12 한석종) 조엘손 (후13 서보민) | 선수 | 구상민(연후12 박완선) 송주호 이용준 김평진(후40<br>태현찬) 오윤석 정경호 정현식 김용진 알렉스<br>이동현(후19 알리송) 황철환(후25 한건용) | 정우인(전15)<br>이용준(전36) |

- 2014년 7월 16일(수) ● 장소: 천안축구센터

### 천안시청 0 : 1 상주 상무

| | 김지성 김성진 김종명(후33 김도민) 조혁 김태훈<br>(후36 이효정) 송한복 안동혁 박동혁 안성현<br>조성빈(후41 황성근) 한지성 | 선수 | 홍정남 곽광선 송원재(후24 강민수) 안재훈 백종환<br>서상민 이승현(후9 한상운) 정훈 최호정 김동찬<br>송제헌(후1 하태균) | 한상운(후30) |

- 2014년 7월 16일(수) ● 장소: 부산 아시아드 주경기장

### 부산 아이파크 3 : 2 수원FC

| 주세종(전22)<br>임상협(후33)<br>파그너(연전2) | 이범영 김찬영 박준강 이경렬 장학영 닐손 주니어<br>(연후8 이원영) 임상협 정석화(후9 한지호)<br>주세종(연전1 김신영) 파그너 홍동현(후38 김익현) | 선수 | 박형순 김창훈 조태우 권용현(후17 하정헌) 김서준<br>김혁진(후17 조용민) 이치준(연전13 김영찬) 정민우<br>김본광 김한원 임성택(연후4 김민기) | 김한원(전13,<br>후36) |

- 2014년 7월 16일(수) ● 장소: 탄천종합운동장

### 성남FC 2 : 1 광주FC

| 정선호(전31)<br>김동희(연전7) | 전상욱 박진포 윤영선 임채민 김철호(후1 제파로프)<br>김태환 김평래 이종원 정선호(후11 김동희)<br>곽해성(연후14 박희성) 김동섭(후37 황의조) | 선수 | 제종현 이종민 전준형(전44 김영빈) 정준연 정호정<br>여름 이찬호 임선영 김민수(후22 박현) 김호남<br>(후22 조용태 연후7 디에고) 파비오 | 파비오(후31) |

- 2014년 7월 16일(수) ● 장소: 울산 문수 축구경기장

### 울산 현대 1 : 2 전북 현대 모터스

| 카사(전45) | 김승규 카사 김근환 김치곤 이용 김성환 김영태<br>(후19 정동호) 안진범 조인형(후19 김신욱)<br>박용지(후42 김영삼) 이재원 | 선수 | 권순태 권경원(후34 정인환) 권영진 이강진 이재명<br>최보경 이규로 이재성 김인성(후20 레오나르도)<br>이상협(후20 이동국) 한교원 | 이상협(전21)<br>한교원(후15) |

- 2014년 7월 16일(수) ● 장소: 서울월드컵경기장

### FC서울 2 (4 PSO 2) 2 포항 스틸러스

| 윤주태(후45)<br>고광민(연후8) | 유상훈 고요한(후9 윤일록) 김주영 김진규(후17<br>윤주태) 김치우 오스마르 이웅희 차두리 고명진<br>몰리나(후29 고광민) 에스쿠데로(연후6 강승조) | 선수 | 신화용 김광석 김대호 김원일(전39 김형일)<br>박선주(후34 김재성) 신광훈 손준호 황지수(연후14<br>박희철) 강수일 김승대 이광혁 이광혁(후20 문창진) | 김형일(후10)<br>강수일(연후15) |

## 8강전

| | | | |
|---|---|---|---|
| ● 2014년 8월 13일(수) | ● 장소: 부산 아시아드 주경기장 | | |

**부산 아이파크  1 : 2  FC서울**

| 파그너(전2) | 이범영 연제민 유지노 이경렬 장학영 닐손 주니어<br>(연후1 짜시오) 전성훈(후15 김익현) 주세종(연후10<br>김신영) 파그너 박용지(후25 임상협) 한지호 | 선수 | 유상훈 김주영 김진규 오스마르 이웅희 차두리<br>고광민(연전12 최현태) 고명진 에벨톤(후37 최정한)<br>윤일록(후15 몰리나) 박희성(후15 에스쿠데로) | 박희성(전39)<br>에스쿠데로(연<br>전10) |

| | | | |
|---|---|---|---|
| ● 2014년 8월 13일(수) | ● 장소 : 전주월드컵경기장 | | |

**전북 현대 모터스  3 : 2  강릉시청**

| 이상협(후4)<br>카이오(후42<br>후44) | 권순태 권경원 이강진 이재명 김남일(후25 카이오)<br>레오나르도 리치 (후4 이상성) 이규로 김인성(후4<br>이승기) 이상협 이승렬 | 선수 | 전홍식 유수철 이종혁 조성혁 고병욱(후30 이성민)<br>김석현 김태진(후15 김상준) 손현우 윤성우(후21<br>이준엽) 이강민 김정주 | 고병욱(전36)<br>이강민(후38) |

| | | | |
|---|---|---|---|
| ● 2014년 8월 13일(수) | ● 장소: 탄천종합운동장 | | |

**성남FC  2 : 1  영남대**

| 이창훈(전22)<br>김동섭(후32) | 전상욱 박진포 이요한 장석원 김영남(후1 김철호)<br>정선호 제파로프 곽해성(후42 박희성) 김동섭<br>이창훈 황의조(후20 이민우) | 선수 | 김형근 김종혁 손민재(후25 박세진) 이청웅<br>임진우(후1 이중서) 정광채 김기만(후18 박지홍)<br>류재문 최광수 장순규 정원진 | 장순규(후36) |

| | | | |
|---|---|---|---|
| ● 2014년 8월 13일(수) | ● 장소: 상주시민운동장 | | |

**상주 상무  1 (6 PSO 5) 1  강원FC**

| 권순형(전33) | 홍정남 강민수 고재성 곽광선 김창훈(후1 이승현)<br>권순형(후34 송제헌) 유지훈 정훈 최호정<br>이정협(연전9 박경익) 조동건(후18 양준아) | 선수 | 양동원 김오규 배효성 이재훈 이창용 정우인(후6<br>최우재) 이우혁 김동기 알렉스 알미르 (연후10<br>조엘손) 최진호(후36 김영후) | 알미르(후18) |

## 4강전

| | | | |
|---|---|---|---|
| ● 2014년 10월 22일(수) | ● 장소: 상주시민운동장 | | |

**상주 상무  0 : 1  FC서울**

| | 홍정남 강민수 곽광선 김창훈(후28 안재훈)<br>송원재(전32 이정협) 권순형 서성민 양준아 최호정<br>조동건(후40 송제헌) 한상운 | 선수 | 유상훈 고요한(후44 최현태) 김주영 김진규 김치우<br>오스마르 이웅희 차두리 고명진 몰리나(후25<br>정조국 에스쿠데로(후35 고광민) | 김주영(전8) |

| | | | |
|---|---|---|---|
| ● 2014년 10월 22일(수) | ● 장소: 전주월드컵경기장 | | |

**전북 현대 모터스  0 (4 PSO 5) 0  성남FC**

| | 권순태 김기희 신형민 윌킨슨 이재명(연전1 이주용)<br>정혁(후11 카이오) 최철순 이승기 이승현(후11<br>레오나르도) 이동국 한교원 | 선수 | 박준혁(연후14 전상욱) 박진포 이요한(연후7 김평래)<br>임채민 장석원 김철호(연후2 이창훈) 김태환 정선호<br>곽해성 김동섭 김동희(후35 윤영선) |  |

## 결승전

| | | | |
|---|---|---|---|
| ● 2014년 11월 23일(일) | ● 장소: 서울월드컵경기장 | | |

**FC서울  0 (2 PSO 4) 0  성남FC**

| | 김용대(연후14 유상훈) 고요한 김주영 김진규<br>오스마르 이웅희 차두리 고광민 에스쿠데로(후29<br>윤주태) 윤일록(연전5 몰리나) 이상협(연후2 강승조) | 선수 | 박준혁 박진포 윤영선 이요한 (후30 이종원) 임채민<br>김태환 정선호 제파로프 곽해성 김동섭<br>김동희(후42 황의조) | |
| | 오스마르(×) - 김진규(○) - 몰리나(×) - 강승조(○) | 승부<br>차기 | 정선호(○) - 제파로프(○) - 임채민(○) - 김동섭(○) | |

Section 5

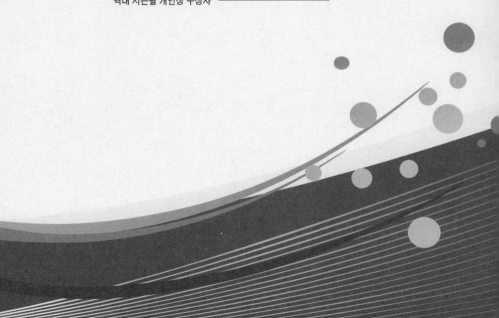

시 즌 별 기 타 기 록

# 역대 시즌별 팀 순위

| 연도 | 구분 | 대회명 | 단계 | 1위 | 2위 | 3위 | 4위 | 5위 | 6위 | 7위 |
|---|---|---|---|---|---|---|---|---|---|---|
| 1983 | 정규리그 | 83 수퍼리그 | | 할렐루야<br>6승 8무 2패 | 대우<br>6승 7무 3패 | 유공<br>5승 7무 4패 | 포항제철<br>6승 4무 6패 | 국민은행<br>3승 2무 11패 | | |
| 1984 | 정규리그 | 84 축구대제전 수퍼리그 | 전기 | 유공<br>9승 2무 3패 | 대우<br>9승 2무 3패 | 현대<br>6승 6무 2패 | 할렐루야<br>5승 4무 5패 | 럭키금성<br>5승 3무 6패 | 포항제철<br>3승 5무 6패 | 한일은행<br>3승 4무 7패 |
| | | | 후기 | 대우<br>8승 4무 2패 | 현대<br>7승 3무 4패 | 포항제철<br>7승 2무 5패 | 할렐루야<br>5승 5무 4패 | 유공<br>4승 7무 3패 | 한일은행<br>2승 7무 5패 | 럭키금성<br>3승 3무 8패 |
| | | | 챔피언결정전 | 대우<br>1승 1무 | 유공<br>1무 1패 | | | | | |
| 1985 | 정규리그 | 85 축구대제전 수퍼리그 | | 럭키금성<br>10승 7무 4패 | 포항제철<br>9승 7무 5패 | 대우<br>9승 7무 5패 | 현대<br>10승 4무 7패 | 유공<br>7승 5무 9패 | 상무<br>6승 7무 8패 | 한일은행<br>3승 10무 8패 |
| 1986 | 정규리그 | 86 축구대제전 | 춘계 | 포항제철<br>3승 6무 1패 | 럭키금성<br>3승 5무 2패 | 유공<br>4승 2무 4패 | 대우<br>4승 2무 4패 | 한일은행<br>3승 3무 4패 | 현대<br>2승 4무 4패 | |
| | | | 추계 | 럭키금성<br>7승 2무 1패 | 현대<br>5승 4무 1패 | 대우<br>6승 4패 | 유공<br>3승 3무 4패 | 포항제철<br>2승 5무 3패 | 한일은행<br>1승 4무 8패 | |
| | | | 챔피언결정전 | 포항제철<br>1승 1무 | 럭키금성<br>1무 1패 | | | | | |
| | 리그컵 | 86 프로축구선수권대회 | | 현대<br>10승 3무 3패 | 대우<br>7승 2무 7패 | 유공<br>4승 7무 5패 | 포항제철<br>6승 1무 9패 | 럭키금성<br>4승 5무 7패 | | |
| 1987 | 정규리그 | 87 한국프로축구대회 | | 대우<br>16승 14무 2패 | 포항제철<br>16승 8무 8패 | 유공<br>9승 9무 14패 | 현대<br>7승 12무 13패 | 럭키금성<br>7승 7무 18패 | | |
| 1988 | 정규리그 | 88 한국프로축구대회 | | 포항제철<br>9승 9무 6패 | 현대<br>10승 5무 9패 | 유공<br>8승 8무 8패 | 럭키금성<br>6승 11무 7패 | 대우<br>8승 5무 11패 | | |
| 1989 | 정규리그 | 89 한국프로축구대회 | | 유공<br>17승 15무 8패 | 럭키금성<br>15승 17무 8패 | 대우<br>14승 14무 12패 | 포항제철<br>13승 14무 13패 | 일화<br>6승 21무 13패 | 현대<br>7승 15무 18패 | |
| 1990 | 정규리그 | 90 한국프로축구대회 | | 럭키금성<br>14승 11무 5패 | 대우<br>12승 11무 7패 | 포항제철<br>9승 10무 11패 | 유공<br>8승 12무 10패 | 현대<br>6승 14무 10패 | 일화<br>10승 7무 13패 | |
| 1991 | 정규리그 | 91 한국프로축구대회 | | 대우<br>17승 18무 5패 | 현대<br>13승 16무 11패 | 포항제철<br>12승 15무 13패 | 유공<br>10승 17무 13패 | 일화<br>13승 11무 16패 | LG<br>9승 15무 16패 | |
| 1992 | 정규리그 | 92 한국프로축구대회 | | 포항제철<br>13승 9무 8패 | 일화<br>10승 14무 6패 | 현대<br>13승 6무 11패 | LG<br>8승 13무 9패 | 대우<br>7승 14무 9패 | 유공<br>7승 8무 15패 | |
| | 리그컵 | 92 아디다스컵 | | 일화<br>7승 3패 | LG<br>5승 5패 | 포항제철<br>5승 5패 | 유공<br>6승 4패 | 현대<br>4승 6패 | 대우<br>3승 7패 | |
| 1993 | 정규리그 | 93 한국프로축구대회 | | 일화<br>13승 11무 6패 | LG<br>10승 11무 9패 | 현대<br>10승 10무 10패 | 포항제철<br>8승 14무 8패 | 유공<br>7승 13무 10패 | 대우<br>5승 15무 10패 | |
| | 리그컵 | 93 아디다스컵 | | 포항제철<br>4승 1패 | 현대<br>4승 1패 | 대우<br>3승 2패 | LG<br>3승 2패 | 일화<br>2승 3패 | 유공<br>5패 | |
| 1994 | 정규리그 | 94 하이트배 코리안리그 | | 일화<br>15승 9무 6패 | 유공<br>14승 9무 7패 | 포항제철<br>13승 11무 6패 | 현대<br>11승 13무 7패 | LG<br>12승 7무 11패 | 대우<br>7승 6무 17패 | 전북버팔로<br>3승 5무 22패 |
| | 리그컵 | 94 아디다스컵 | | 유공<br>3승 2무 1패 | LG<br>3승 2무 1패 | 대우<br>3승 2무 1패 | 일화<br>2승 2무 2패 | 현대<br>1승 3무 2패 | 전북버팔로<br>2승 4패 | 포항제철<br>1승 2무 3패 |
| 1995 | 정규리그 | 95 하이트배 코리안리그 | 전기 | 일화<br>10승 3무 1패 | 현대<br>7승 5무 2패 | 포항<br>7승 5무 2패 | 대우<br>5승 3무 6패 | 유공<br>4승 4무 6패 | 전남<br>4승 2무 8패 | 전북<br>4승 10패 |
| | | | 후기 | 포항<br>8승 5무 1패 | 유공<br>5승 5무 4패 | 현대<br>4승 7무 3패 | 전북<br>5승 4무 5패 | 전남<br>4승 5무 5패 | LG<br>3승 6무 5패 | 일화<br>3승 3무 5패 |
| | | | 참피온 | 일화<br>1승 2무 | 포항<br>2무 1패 | | | | | |
| | 리그컵 | 95 아디다스컵 | | 현대<br>5승 2무 | 일화<br>3승 4무 | 대우<br>2승 3무 2패 | 전북<br>2승 2무 3패 | 유공<br>2승 3무 2패 | LG<br>1승 3무 3패 | 포항<br>1승 3무 3패 |
| 1996 | 정규리그 | 96 라피도컵 프로축구대회 | 전기 | 울산<br>11승 3무 2패 | 포항<br>10승 5무 1패 | 수원<br>9승 3무 4패 | 부천<br>5승 5무 6패 | 전북<br>5승 4무 7패 | 전남<br>5승 3무 8패 | 부산<br>4승 3무 9패 |
| | | | 후기 | 수원<br>9승 6무 1패 | 부천<br>8승 4무 4패 | 포항<br>7승 5무 4패 | 부산<br>6승 5무 5패 | 천안<br>6승 3무 7패 | 전남<br>4승 6무 6패 | 전북<br>3승 7무 8패 |
| | | | 참피온 | 울산<br>1승 1패 | 수원<br>1승 1패 | | | | | |
| | 리그컵 | 96 아디다스컵 | | 부천<br>5승 2무 1패 | 포항<br>3승 3무 2패 | 부산<br>3승 3무 2패 | 울산<br>3승 2무 3패 | 천안<br>3승 2무 3패 | 수원<br>3승 2무 3패 | 전북<br>2승 3무 3패 |
| 1997 | 정규리그 | 97 라피도컵 프로축구대회 | | 부산<br>11승 4무 3패 | 전남<br>10승 6무 2패 | 울산<br>8승 6무 4패 | 포항<br>8승 6무 4패 | 수원<br>7승 7무 4패 | 전북<br>6승 8무 4패 | 대전<br>3승 7무 8패 |
| | 리그컵 | 97 아디다스컵 | | 부산<br>4승 4무 1패 | 전남<br>3승 5무 1패 | 울산<br>3승 5무 1패 | 천안<br>3승 5무 1패 | 부천<br>3승 4무 2패 | 수원<br>2승 5무 2패 | 포항<br>2승 4무 3패 |
| | | 97 프로스펙스컵 | A조 | 포항<br>4승 4무 | 전남<br>4승 4무 | 안양<br>2승 4무 2패 | 울산<br>2승 2무 4패 | 전북<br>2무 6패 | | |
| | | | B조 | 부산<br>5승 2무 1패 | 수원<br>5승 2무 1패 | 부천<br>3승 3무 2패 | 천안<br>3승 4무 1패 | 대전<br>1무 7패 | | |
| | | | 4강전 | 부산<br>2승 1무 | 포항<br>1승 1무 1패 | 전남<br>1패 | 수원<br>1패 | | | |

| 8위 | 9위 | 10위 | 11위 | 12위 | 13위 | 14위 | 15위 | 16위 |
|---|---|---|---|---|---|---|---|---|
| **국민은행**<br>1승 4무 9패 | | | | | | | | |
| **국민은행**<br>2승 4무 8패 | | | | | | | | |
| | | | | | | | | |
| **할렐루야**<br>3승 7무 11패 | | | | | | | | |
| | | | | | | | | |
| | | | | | | | | |
| | | | | | | | | |
| | | | | | | | | |
| | | | | | | | | |
| | | | | | | | | |
| | | | | | | | | |
| | | | | | | | | |
| | | | | | | | | |
| | | | | | | | | |
| | | | | | | | | |
| | | | | | | | | |
| | | | | | | | | |
| | | | | | | | | |
| | | | | | | | | |
| **LG**<br>2승 4무 8패 | | | | | | | | |
| 대우<br>4승 2무 8패 | | | | | | | | |
| | | | | | | | | |
| **전남**<br>1승 3무 3패 | | | | | | | | |
| **안양**<br>4승 3무 9패 | **천안**<br>2승 5무 9패 | | | | | | | |
| 안양<br>4승 5무 7패 | 울산<br>5승 11패 | | | | | | | |
| | | | | | | | | |
| **안양**<br>2승 3무 3패 | **전남**<br>1승 2무 5패 | | | | | | | |
| **천안**<br>2승 7무 9패 | 안양<br>1승 8무 9패 | **부천**<br>2승 5무 11패 | | | | | | |
| 대전<br>1승 4무 4패 | 전북<br>1승 4무 4패 | 안양<br>6무 3패 | | | | | | |
| | | | | | | | | |
| | | | | | | | | |
| | | | | | | | | |

| 연도 | 구분 | 대회명 | | 1위 | 2위 | 3위 | 4위 | 5위 | 6위 | 7위 |
|---|---|---|---|---|---|---|---|---|---|---|
| 1998 | 정규리그 | 98 현대컵 K-리그 | 일반 | 수원 12승 6패 | 울산 11승 7패 | 포항 10승 8패 | 전남 9승 9패 | 부산 10승 8패 | 전북 9승 9패 | 부천 9승 9패 |
| | | | PO | 수원 1승 1무 | 울산 1승 1무 2패 | 포항 2승 1패 | 전남 1패 | | | |
| | 리그컵 | 98 필립모리스 코리아컵 | | 부산 8승 1패 | 부천 6승 3패 | 안양 5승 4패 | 수원 5승 4패 | 천안 5승 4패 | 대전 3승 6패 | 전북 3승 6패 |
| | | 98 아디다스 코리아컵 | A조 | 울산 5승 3패 | 안양 4승 4패 | 수원 6승 2패 | 대전 3승 5패 | 포항 2승 6패 | | |
| | | | B조 | 부천 6승 2패 | 포항 4승 4패 | 전남 3승 5패 | 전북 4승 4패 | 천안 3승 5패 | | |
| | | | 4강전 | 울산 2승 1무 | 부천 1승 1무 1패 | 포항 1패 | 안양 1패 | | | |
| 1999 | 정규리그 | 99 바이코리아컵 K-리그 | 일반 | 수원 21승 6패 | 부천 18승 9패 | 전남 17승 10패 | 부산 14승 13패 | 포항 12승 15패 | 울산 12승 15패 | 전북 12승 15패 |
| | | | PO | 수원 2승 | 부산 3승 2패 | 부천 2패 | 전남 1패 | | | |
| | 리그컵 | 99 아디다스컵 | | 수원 3승 | 안양 3승 1패 | 전남 1승 1패 | 포항 2승 1패 | 울산 1패 | 천안 1패 [공동6위] | 대전 1패 [공동6위] |
| | | 99 대한화재컵 | A조 | 수원 5승 3패 | 부산 5승 3패 | 부천 4승 4패 | 대전 3승 5패 | 포항 3승 5패 | | |
| | | | B조 | 울산 5승 3패 | 천안 5승 3패 | 전북 4승 4패 | 안양 4승 4패 | 전남 2승 6패 | | |
| | | | 4강전 | 수원 2승 1무 | 부산 1승 1무 1패 | 천안 1무[공동3위] | 울산 1무[공동3위] | | | |
| 2000 | 정규리그 | 2000 삼성 디지털 K-리그 | 일반 | 안양 19승 8패 | 성남 18승 9패 | 전북 15승 12패 | 부천 16승 11패 | 수원 14승 13패 | 부산 11승 16패 | 전남 12승 15패 |
| | | | PO | 안양 2승 | 부천 2승 3패 | 성남 1승 1패 | 전북 1패 | | | |
| | 리그컵 | 2000 아디다스컵 | | 수원 3승 | 성남 2승 1패 | 전남 2승 1패 | 안양 1승 1패 | 대전 1패 | 울산 1승 1패 | 부산 1승 1패 |
| | | 2000 대한화재컵 | A조 | 부천 6승 2패 | 포항 4승 4패 | 전북 3승 5패 | 수원 4승 4패 | 안양 3승 5패 | | |
| | | | B조 | 전남 6승 2패 | 성남 4승 4패 | 울산 5승 3패 | 부산 3승 5패 | 대전 2승 6패 | | |
| | | | 4강전 | 부천 2승 | 전남 1승 1패 | 포항 1패 | 성남 1패 | | | |
| 2001 | 정규리그 | 2001 포스코 K-리그 | | 성남 11승 12무 4패 | 안양 11승 10무 6패 | 수원 12승 5무 10패 | 부산 10승 11무 6패 | 포항 10승 8무 9패 | 울산 10승 6무 11패 | 부천 7승 14무 6패 |
| | 리그컵 | 아디다스컵 2001 | A조 | 수원 5승 3패 | 성남 5승 3패 | 포항 4승 4패 | 안양 3승 5패 | 전남 3승 5패 | | |
| | | | B조 | 부산 6승 2패 | 전북 5승 3패 | 대전 4승 4패 | 울산 3승 5패 | 부천 2승 6패 | | |
| | | | 4강전 | 수원 2승 1무 | 부산 1승 1무 1패 | 성남 1무 | 전북 1패 | | | |
| 2002 | 정규리그 | 2002 삼성 파브 K-리그 | | 성남 14승 7무 6패 | 울산 13승 8무 6패 | 수원 12승 9무 6패 | 안양 11승 7무 9패 | 전남 9승 10무 8패 | 포항 9승 9무 9패 | 전북 8승 11무 8패 |
| | 리그컵 | 아디다스컵 2002 | A조 | 수원 4승 4패 | 성남 5승 3패 | 부천 4승 4패 | 전북 4승 4패 | 포항 3승 5패 | | |
| | | | B조 | 안양 7승 1패 | 울산 5승 3패 | 전남 3승 5패 | 대전 3승 5패 | 부산 2승 6패 | | |
| | | | 4강전 | 성남 2승 1무 | 울산 1승 1무 1패 | 수원 1패 | 안양 1패 | | | |
| 2003 | 정규리그 | 삼성 하우젠 K-리그 2003 | | 성남 27승 10무 7패 | 울산 20승 13무 11패 | 수원 19승 15무 10패 | 전남 17승 20무 7패 | 전북 18승 15무 11패 | 대전 18승 11무 15패 | 포항 17승 13무 14패 |
| 2004 | 정규리그 | 삼성 하우젠 K-리그 2004 | 전기 | 포항 6승 5무 1패 | 전북 5승 5무 2패 | 울산 5승 5무 2패 | 수원 5승 3무 4패 | 서울 3승 7무 2패 | 전남 3승 6무 3패 | 광주상무 3승 6무 3패 |
| | | | 후기 | 수원 7승 2무 3패 | 전남 6승 4무 2패 | 울산 6승 3무 3패 | 인천 4승 5무 3패 | 서울 4승 5무 3패 | 부산 4승 4무 4패 | 대구 4승 4무 4패 |
| | | | PO | 수원 2승 | 포항 1승 1무 | 울산 1패 | 전남 1패 | | | |
| | 리그컵 | 삼성 하우젠컵 2004 | | 성남 6승 4무 2패 | 대전 5승 5무 2패 | 수원 4승 7무 1패 | 전북 5승 4무 3패 | 울산 4승 5무 3패 | 전남 5승 1무 6패 | 포항 4승 3무 5패 |
| 2005 | 정규리그 | 삼성 하우젠 K-리그 2005 | 전기 | 부산 7승 4무 1패 | 인천 7승 3무 2패 | 울산 7승 1무 4패 | 포항 6승 3무 3패 | 서울 4승 5무 3패 | 성남 4승 4무 4패 | 부천 4승 4무 4패 |
| | | | 후기 | 성남 8승 3무 1패 | 부천 8승 2무 2패 | 울산 6승 3무 3패 | 대구 6승 3무 3패 | 인천 6승 3무 3패 | 포항 4승 5무 3패 | 대전 4승 4무 4패 |
| | | | PO | 울산 2승 1무 | 인천 2승 1무 | 성남 1패 | 부산 1패 | | | |
| | 리그컵 | 삼성 하우젠컵 2005 | | 수원 7승 4무 1패 | 울산 6승 5무 1패 | 포항 4승 8무 | 부천 5승 3무 4패 | 서울 5승 2무 5패 | 인천 4승 3무 5패 | 대구 4승 3무 5패 |

| 8위 | 9위 | 10위 | 11위 | 12위 | 13위 | 14위 | 15위 | 16위 |
|---|---|---|---|---|---|---|---|---|
| | 대전 6승 12패 | 천안 5승 13패 | | | | | | |
| 울산 3승 6패 | 포항 4승 5패 | 전남 3승 6패 | | | | | | |
| | | | | | | | | |
| 대전 9승 18패 | 안양 10승 17패 | 천안 10승 17패 | | | | | | |
| 부천 1패 | 전북 1패 | 부산 1패 | | | | | | |
| | | | | | | | | |
| 대전 10승 17패 | 포항 12승 15패 | 울산 8승 19패 | | | | | | |
| 포항 1패 | 부천 1패[공동9위] | 전북 1패[공동9위] | | | | | | |
| | | | | | | | | |
| 전남 6승 10무 11패 | 전북 5승 10무 12패 | 대전 5승 10무 12패 | | | | | | |
| | | | | | | | | |
| 부천 8승 8무 11패 | 부산 6승 8무 13패 | 대전 1승 11무 15패 | | | | | | |
| | | | | | | | | |
| 안양 14승 14무 16패 | 부산 13승 10무 21패 | 광주상무 13승 7무 24패 | 대구 7승 16무 21패 | 부천 3승 12무 29패 | | | | |
| 성남 4승 3무 5패 | 부산 2승 8무 2패 | 대구 3승 3무 6패 | 대전 2승 6무 4패 | 부천 1승 8무 3패 | 인천 2승 3무 7패 | | | |
| 광주상무 3승 5무 4패 | 성남 3승 5무 4패 | 부천 3승 5무 4패 | 대전 4승 2무 6패 | 전북 3승 3무 6패 | 포항 2승 3무 7패 | | | |
| 대구 2승 9무 1패 | 인천 3승 6무 3패 | 광주상무 4승 2무 6패 | 부천 2승 6무 4패 | 서울 2승 4무 6패 | 부산 2승 4무 6패 | | | |
| 대전 2승 8무 2패 | 수원 3승 5무 4패 | 전남 3승 5무 4패 | 전북 2승 3무 7패 | 대구 2승 3무 7패 | 광주상무 1승 3무 8패 | | | |
| 수원 3승 5무 4패 | 서울 3승 4무 5패 | 전남 4승 1무 7패 | 광주상무 3승 2무 7패 | 전북 2승 3무 7패 | 부산 3무 9패 | | | |
| | | | | | | | | |
| 성남 3승 5무 4패 | 전남 3승 5무 4패 | 대전 3승 4무 5패 | 광주상무 3승 3무 6패 | 전북 2승 5무 5패 | 부산 2승 4무 6패 | | | |

| 연도 | 구분 | 대회명 | | 1위 | 2위 | 3위 | 4위 | 5위 | 6위 | 7위 |
|---|---|---|---|---|---|---|---|---|---|---|
| 2006 | 정규리그 | 삼성 하우젠 K-리그 2006 | 전기 | 성남 10승 2무 1패 | 포항 6승 4무 3패 | 대전 4승 7무 2패 | 서울 3승 7무 3패 | 전남 2승 10무 1패 | 부산 4승 4무 5패 | 전북 3승 7무 3패 |
| | | | 후기 | 수원 8승 3무 2패 | 포항 7승 4무 2패 | 서울 6승 5무 2패 | 대구 6승 3무 4패 | 울산 5승 5무 3패 | 인천 5승 4무 4패 | 전남 5승 3무 5패 |
| | | | PO | 성남 3승 | 수원 1승 2패 | 포항 1패 | 서울 1패 | | | |
| | 리그컵 | 삼성 하우젠컵 2006 | | 성남 8승 3무 2패 | 수원 6승 4무 3패 | 경남 7승 1무 5패 | 대전 5승 6무 2패 | 울산 6승 3무 4패 | 전북 6승 2무 5패 | 전남 6승 2무 5패 |
| 2007 | 정규리그 | 삼성 하우젠 K-리그 2007 | 일반 | 성남 16승 7무 3패 | 수원 15승 6무 7패 | 울산 12승 9무 5패 | 경남 13승 9무 8패 | 포항 11승 6무 9패 | 대전 10승 7무 9패 | 서울 8승 13무 5패 |
| | | | PO | 포항 5승 | 성남 2패 | 수원 1패 | 울산 1승 1패 | 경남 1패 | 대전 1패 | |
| | 리그컵 | 삼성 하우젠컵 2007 | A조 | 울산 5승 4무 1패 | 인천 6승 1무 4패 | 대구 4승 1무 5패 | 전북 3승 3무 4패 | 포항 2승 5무 6패 | 제주 2승 2무 6패 | |
| | | | B조 | 서울 6승 3무 1패 | 수원 5승 2무 3패 | 광주상무 3승 3무 4패 | 부산 2승 5무 3패 | 대전 2승 5무 3패 | 경남 1승 4무 5패 | |
| | | | PO | 울산 2승 | 서울 1승 1패 | 수원 1승 1패 | 인천 1승 1패 | 전남 1패 | 성남 1패 | |
| 2008 | 정규리그 | 삼성 하우젠 K-리그 2008 | 일반 | 수원 17승 3무 6패 | 서울 15승 9무 2패 | 성남 15승 6무 5패 | 울산 14승 7무 5패 | 포항 13승 5무 8패 | 전북 11승 4무 11패 | 인천 9승 9무 8패 |
| | | | PO | 수원 1승 1무 | 서울 1승 1패 | 울산 2승 1패 | 전북 1승 1패 | 성남 1패 | 포항 1패 | |
| | 리그컵 | 삼성 하우젠컵 2008 | A조 | 수원 6승 3무 1패 | 부산 5승 1무 4패 | 서울 4승 2무 4패 | 경남 3승 4무 3패 | 제주 2승 3무 5패 | 인천 2승 3무 5패 | |
| | | | B조 | 전북 5승 4무 1패 | 성남 5승 2무 4패 | 울산 4승 4무 2패 | 대전 4승 2무 4패 | 대구 3승 2무 5패 | 광주상무 3무 7패 | |
| | | | PO | 수원 2승 | 전남 2승 1패 | 포항 1승 1패 | 전북 1패 | 성남 1패 | 부산 1패 | |
| 2009 | 정규리그 | 2009 K-리그 | 일반 | 전북 17승 6무 5패 | 포항 14승 11무 3패 | 서울 16승 5무 7패 | 성남 13승 6무 9패 | 인천 11승 10무 7패 | 전남 11승 9무 8패 | 경남 10승 10무 8패 |
| | | | 챔피언십 | 전북 1승 1무 | 성남 3승 1무 1패 | 포항 1패 | 전남 1승 1패 | 서울 1패 | 인천 1패 | |
| | 리그컵 | 피스컵 코리아 2009 | A조 | 성남 3승 2무 | 인천 2승 1무 1패 | 대구 2승 1무 2패 | 전남 1승 1무 2패 | 대전 2승 3패 | 강원 1승 4패 | |
| | | | B조 | 제주 3승 1무 | 부산 2승 2무 | 전북 1승 1무 2패 | 경남 1승 1무 3패 | 광주상무 1무 3패 | | |
| | | | PO | 포항 4승 1무 1패 | 수원 3승 1무 2패 | 2승 2패[공동3위] | 2승 1무 1패[공동3위] | 1승 1패[공동5위] | 인천 1무 1패[공동5위] | 제주 2패[공동5위] |
| 2010 | 정규리그 | 쏘나타 K리그 2010 | 일반 | 서울 20승 2무 6패 | 제주 17승 8무 3패 | 전북 15승 6무 7패 | 울산 15승 6무 7패 | 성남 13승 9무 6패 | 경남 13승 9무 6패 | 수원 12승 5무 11패 |
| | | | 챔피언십 | 서울 1승 1무 | 제주 1승 1무 | 전북 2승 1패 | 성남 1승 1패 | 울산 1패 | 경남 1패 | |
| | 리그컵 | 포스코컵 2010 | A조 | 전북 3승 1무 | 경남 3승 1무 | 수원 2승 2무 | 전남 2승 1무 1패 | 강원 4패 | | |
| | | | B조 | 서울 2승 2무 | 제주 2승 1무 1패 | 울산 1승 2무 1패 | 성남 3무 1패 | 광주상무 2무 2패 | | |
| | | | C조 | 부산 3승 1무 | 대구 2승 2무 | 포항 2승 2패 | 인천 1승 2무 1패 | 대전 1승 1무 2패 | | |
| | | | 본선토너먼트 | 서울 3승 | 전북 2승 1패 | 경남 1승 1패[공동3위] | 수원 1승 1패[공동3위] | 부산 1패 [공동5위] | 대구 1패 [공동5위] | 제주 1패 [공동5위] |
| 2011 | 정규리그 | 현대오일뱅크 K리그 2011 | 일반 | 전북 18승 9무 3패 | 포항 17승 8무 5패 | 서울 16승 7무 7패 | 수원 17승 4무 9패 | 부산 13승 7무 10패 | 울산 13승 7무 10패 | 전남 11승 10무 9패 |
| | | | 챔피언십 | 전북 2승 | 울산 2승 2패 | 포항 1패 | 수원 1승 1패 | 서울 1패 | 부산 1패 | |
| | 리그컵 | 러시앤캐시컵 2011 | A조 | 포항 4승 1패 | 경남 3승 1무 1패 | 성남 2승 2무 1패 | 인천 1승 2무 2패 | 대구 1승 2무 2패 | 대전 1무 4패 | |
| | | | B조 | 부산 4승 1패 | 울산 4승 1패 | 전남 3승 1무 1패 | 강원 1승 4패 | 상주 1승 무 4패 | 광주 1승 4패 | |
| | | | 본선토너먼트 | 울산 3승 | 부산 2승 | 경남 1승 1패[공동3위] | 수원 1패 [공동3위] | 제주 1패 [공동5위] | 포항 1패 [공동5위] | 서울 1패 [공동5위] |
| 2012 | 정규리그 | 현대오일뱅크 K리그 2012 | 일반 | 서울 19승 7무 4패 | 전북 17승 8무 5패 | 수원 15승 8무 7패 | 울산 15승 8무 7패 | 포항 15승 5무 10패 | 부산 12승 10무 8패 | 제주 11승 10무 9패 |
| | | | 그룹A | 서울 10승 2무 2패 | 포항 8승 3무 3패 | 전북 5승 5무 4패 | 제주 5승 5무 4패 | 수원 5승 5무 4패 | 울산 3승 6무 5패 | 경남 2승 4무 8패 |
| | | | 그룹B | | | | | | | |
| | | | 최종 | 서울 29승 9무 6패 | 전북 22승 13무 7패 | 포항 23승 8무 13패 | 수원 20승 13무 11패 | 울산 18승 14무 12패 | 제주 16승 15무 13패 | 부산 13승 14무 17패 |

| 8위 | 9위 | 10위 | 11위 | 12위 | 13위 | 14위 | 15위 | 16위 |
|---|---|---|---|---|---|---|---|---|
| 수원 3승7무3패 | 울산 3승6무4패 | 인천 2승8무3패 | 대구 2승7무4패 | 광주상무 2승7무4패 | 경남 3승4무6패 | 제주 1승6무6패 | | |
| 부산 5승3무5패 | 성남 4승5무4패 | 제주 4승4무5패 | 경남 4승1무8패 | 대전 3승3무7패 | 전북 2승4무7패 | 광주상무 3승1무9패 | | |
| 제주 6승2무5패 | 포항 6승1무6패 | 부산 4승2무7패 | 광주상무 4승2무7패 | 수원 2승6무5패 | 대구 2승6무5패 | 인천 1승4무8패 | | |
| 전북 9승0무8패 | 인천 8승9무9패 | 전남 7승9무10패 | 제주 8승6무12패 | 대구 6승6무14패 | 부산 4승8무14패 | 광주상무 2승6무18패 | | |
| 경남 10승5무11패 | 전남 8승5무13패 | 제주 7승7무12패 | 대구 8승2무16패 | 부산 5승7무14패 | 대전 3승12무11패 | 광주상무 3승7무16패 | | |
| 울산 9승0무10패 | 대전 8승9무11패 | 수원 8승8무12패 | 광주상무 9승3무16패 | 부산 7승8무13패 | 강원 7승7무14패 | 제주 7승7무14패 | 대구 5승8무15패 | |
| 수원 2패[공동5위] | | | | | | | | |
| 부산 8승0무11패 | 포항 8승9무11패 | 전남 8승8무12패 | 인천 8승7무13패 | 강원 8승6무14패 | 대전 5승7무16패 | 광주상무 3승10무15패 | 대구 5승4무19패 | |
| 울산 1패[공동5위] | | | | | | | | |
| 경남 12승6무12패 | 제주 10승10무10패 | 성남 9승8무13패 | 광주 9승8무13패 | 대구 8승9무13패 | 인천 6승14무10패 | 상주 7승8무15패 | 대전 6승9무15패 | 강원 3승6무21패 |
| 전북 1패[공동5위] | | | | | | | | |
| 경남 12승4무14패 | 인천 10승10무10패 | 대구 10승9무11패 | 성남 10승7무13패 | 전남 7승8무15패 | 대전 7승7무16패 | 광주 6승9무15패 | 상주 7승6무17패 | 강원 7승4무19패 |
| 부산 1승4무9패 | | | | | | | | |
| | 인천 7승6무1패 | 강원 7승3무4패 | 전남 6승6무2패 | 대구 6승4무4패 | 대전 6승4무4패 | 광주 4승6무4패 | 성남 4승3무7패 | 상주 14패 |
| 경남 14승8무22패 | 인천 17승16무11패 | 대구 16승13무15패 | 전남 13승14무17패 | 성남 14승10무20패 | 대전 13승11무20패 | 강원 14승7무23패 | 광주 10승15무19패 | 상주 7승6무31패 |

| 연도 | 구분 | 대회명 | | 1위 | 2위 | 3위 | 4위 | 5위 | 6위 | 7위 |
|---|---|---|---|---|---|---|---|---|---|---|
| 2013 | 클래식/정규리그 | 현대오일뱅크 K리그 클래식 | 일반 | 포항 14승 7무 5패 | 울산 14승 6무 6패 | 전북 14승 6무 6패 | 서울 13승 7무 7패 | 수원 12승 5무 9패 | 인천 11승 8무 7패 | 부산 11승 8무 7패 |
| | | | 그룹A | 포항 7승 4무 1패 | 울산 8승 1무 3패 | 서울 4승 4무 4패 | 전북 4승 3무 5패 | 수원 3승 3무 6패 | 부산 3승 3무 6패 | 인천 1승 6무 5패 |
| | | | 그룹B | | | | | | | |
| | | | 최종 | 포항 21승 11무 6패 | 울산 22승 7무 9패 | 전북 18승 9무 11패 | 서울 17승 11무 10패 | 수원 15승 8무 15패 | 부산 14승 10무 14패 | 인천 12승 14무 12패 |
| | 챌린지/정규리그 | 현대오일뱅크 K리그 챌린지 | | 상주 23승 8무 4패 | 경찰 20승 4무 11패 | 광주 16승 5무 14패 | 수원FC 13승 8무 14패 | 안양 12승 9무 14패 | 고양 10승 11무 14패 | 부천 8승 9무 18패 |
| | 승강PO | 현대오일뱅크 K리그 승강 플레이오프 | | 상주 1승 1패 | 강원 1승 1패 | | | | | |
| 2014 | 클래식/정규리그 | 현대오일뱅크 K리그 클래식 | 일반 | 전북 20승 8무 5패 | 수원 16승 10무 7패 | 포항 16승 7무 10패 | 서울 13승 11무 9패 | 제주 13승 11무 9패 | 울산 13승 8무 12패 | 전남 13승 6무 14패 |
| | | | 그룹A | 전북 4승 1무 0패 | 수원 3승 0무 1패 | 서울 2승 2무 1패 | 제주 1승 1무 3패 | 포항 0승 3무 2패 | 울산 0승 3무 2패 | |
| | | | 그룹B | | | | | | | 부산 3승 1무 1패 |
| | | | 최종 | 전북 24승 9무 5패 | 수원 19승 10무 9패 | 서울 15승 13무 10패 | 포항 16승 10무 12패 | 제주 14승 12무 12패 | 울산 14승 9무 15패 | 전남 13승 11무 14패 |
| | 챌린지/정규리그 | 현대오일뱅크 K리그 챌린지 | 일반 | 대전 20승 10무 6패 | 안산 16승 11무 9패 | 강원 16승 6무 14패 | 광주 13승 12무 11패 | 안양 15승 6무 15패 | 수원FC 12승 12무 12패 | 대구 13승 8무 15패 |
| | | | PO | 광주 2승 | 안산 1패 | 강원 1패 | | | | |
| | | | 최종 | 대전 20승 10무 6패 | 광주 15승 12무 11패 | 안산 16승 11무 10패 | 강원 16승 6무 14패 | 안양 15승 6무 15패 | 수원FC 12승 12무 12패 | 대구 13승 8무 15패 |
| | 승강PO | 현대오일뱅크 K리그 승강 플레이오프 | | 광주 1승 1무 | 경남 1무 1패 | | | | | |

## 역대 대회방식 변천사

| 연도 | 정규리그 | | | 리그컵 | |
|---|---|---|---|---|---|
| | 대회명 | 방식 | 경기수(참가팀) | 대회명(방식) | 경기수(참가팀) |
| 1983 | 83 수퍼리그 | 단일리그 | 40경기 (5팀) | - | - |
| 1984 | 84 축구대제전 수퍼리그 | 전후기리그, 챔피언결정전 | 114경기 (8팀) | - | - |
| 1985 | 85 축구대제전 수퍼리그 | 단일리그 | 84경기 (8팀) | - | - |
| 1986 | 86 축구대제전 | 춘계리그, 추계리그, 챔피언결정전 | 62경기 (6팀) | 86 프로축구선수권대회 | 40경기 (5팀) |
| 1987 | 87 한국프로축구대회 | 단일리그 | 80경기 (5팀) | - | - |
| 1988 | 88 한국프로축구대회 | 단일리그 | 60경기 (5팀) | - | - |
| 1989 | 89 한국프로축구대회 | 단일리그 | 120경기 (6팀) | - | - |
| 1990 | 90 한국프로축구대회 | 단일리그 | 90경기 (6팀) | - | - |
| 1991 | 91 한국프로축구대회 | 단일리그 | 120경기 (6팀) | - | - |
| 1992 | 92 한국프로축구대회 | 단일리그 | 92경기 (6팀) | 92 아디다스컵(신설) | 30경기 (6팀) |
| 1993 | 93 한국프로축구대회 | 단일리그 | 90경기 (6팀) | 93 아디다스컵 | 15경기 (6팀) |
| 1994 | 94 하이트배 코리안리그 | 단일리그 | 105경기 (7팀) | 94 아디다스컵 | 21경기 (7팀) |
| 1995 | 95 하이트배 코리안리그 | 전후기리그, 챔피언결정전 | 115경기 (8팀) | 95 아디다스컵 | 28경기 (8팀) |
| 1996 | 96 라피도컵 프로축구대회 | 전후기리그, 챔피언결정전 | 146경기 (9팀) | 96 아디다스컵 | 36경기 (9팀) |
| 1997 | 97 라피도컵 프로축구대회 | 단일리그 | 90경기 (10팀) | 97 아디다스컵 | 45경기(10팀) |
| | | | | 97 프로스펙스컵(조별리그) | 44경기(10팀) |
| 1998 | 98 현대컵 K-리그 | 단일리그, 4강결승 (준플레이오프, 플레이오프, 챔피언결정전 등 5경기) | 95경기(10팀) | 98 필립모리스코리아컵 | 45경기(10팀) |
| | | | | 98 아디다스코리아컵(조별리그) | 44경기(10팀) |
| 1999 | 99 바이코리아컵 K-리그 | 단일리그, 4강결승 (준플레이오프, 플레이오프, 챔피언결정전 등 5경기) | 140경기(10팀) | 99 대한화재컵(조별리그) | 44경기(10팀) |
| | | | | 99 아디다스컵(토너먼트) | 9경기(10팀) |
| 2000 | 2000 삼성 디지털 K-리그 | 단일리그, 4강결승 (준플레이오프, 플레이오프, 챔피언결정전 등 5경기) | 140경기(10팀) | 2000 대한화재컵(조별리그) | 43경기(10팀) |
| | | | | 2000 아디다스컵(토너먼트) | 9경기(10팀) |
| 2001 | 2001 포스코 K-리그 | 단일리그(3라운드) | 135경기(10팀) | 아디다스컵 2001(조별리그) | 44경기(10팀) |

| 8위 | 9위 | 10위 | 11위 | 12위 | 13위 | 14위 | 15위 | 16위 |
|---|---|---|---|---|---|---|---|---|
| 성남 11승 7무 8패 | 제주 10승 9무 7패 | 전남 6승 11무 9패 | 경남 4승 10무 12패 | 대구 4승 8무 14패 | 강원 2승 9무 15패 | 대전 2승 8무 16패 | | |
| 강원 6승 3무 3패 | 성남 6승 2무 4패 | 제주 6승 1무 5패 | 대전 5승 3무 4패 | 경남 4승 3무 5패 | 대구 2승 6무 4패 | 전남 3승 2무 7패 | | |
| 성남 17승 9무 12패 | 제주 16승 10무 12패 | 전남 9승 13무 16패 | 경남 8승 13무 17패 | 강원 8승 12무 18패 | 대구 6승 14무 18패 | 대전 7승 11무 20패 | | |
| 충주 7승 8무 20패 | | | | | | | | |
| | | | | | | | | |
| 인천 8승 6무 14패 | 부산 7승 12무 14패 | 성남 7승 10무 16패 | 경남 6승 13무 14패 | 상주 6승 11무 16패 | | | | |
| 성남 2승 3무 0패 | 전남 1승 3무 1패 | 상주 1승 2무 2패 | 경남 1승 2무 2패 | 인천 0승 3무 2패 | | | | |
| 부산 10승 13무 15 | 성남 9승 13무 16패 | 인천 8승 16무 14패 | 경남 7승 15무 16패 | 상주 7승 13무 18패 | | | | |
| 고양 11승 14무 11패 | 충주 6승 16무 14패 | 부천 6승 9무 21패 | | | | | | |
| 고양 11승 14무 11패 | 충주 6승 16무 14패 | 부천 6승 9무 21패 | | | | | | |
| | | | | | | | | |

| 연도 | 정규리그 | | | 리그컵 | |
|---|---|---|---|---|---|
| | 대회명 | 방식 | 경기수(참가팀) | 대회명(방식) | 경기수(참가팀) |
| 2002 | 2002 삼성 파브 K-리그 | 단일리그(3라운드) | 135경기(10팀) | 아디다스컵 2002(조별리그) | 44경기(10팀) |
| 2003 | 삼성 하우젠 K-리그 2003 | 단일리그(4라운드) | 264경기(12팀) | - | - |
| 2004 | 삼성 하우젠 K-리그 2004 | 전후기리그, 4강결승 (전기우승 - 통합차상위전, 후기우승 - 통합최상위전, 챔피언결정전) | 160경기(13팀) | 삼성 하우젠컵 2004 | 78경기(13팀) |
| 2005 | 삼성 하우젠 K-리그 2005 | 전후기리그, 4강결승 (전기우승 - 통합차상위전, 후기우승 - 통합최상위전, 챔피언결정전) | 160경기(13팀) | 삼성 하우젠컵 2005 | 78경기(13팀) |
| 2006 | 삼성 하우젠 K-리그 2006 | 전후기리그, 4강결승 (전기우승 - 통합차상위전, 후기우승 - 통합최상위전, 챔피언결정전) | 186경기(14팀) | 삼성 하우젠컵 2006 | 91경기(14팀) |
| 2007 | 삼성 하우젠 K-리그 2007 | 6강플레이오프, 준플레이오프, 플레이오프, 챔피언결정전 | 188경기(14팀) | 삼성 하우젠컵 2007(조별리그) | 65경기(14팀) |
| 2008 | 삼성 하우젠 K-리그 2008 | 6강플레이오프, 준플레이오프, 플레이오프, 챔피언결정전 | 188경기(14팀) | 삼성 하우젠컵 2008(조별리그) | 65경기(14팀) |
| 2009 | 2009 K-리그 | 6강플레이오프, 준플레이오프, 플레이오프, 챔피언결정전 | 216경기(15팀) | 피스컵 코리아2009(조별리그) | 39경기(15팀) |
| 2010 | 쏘나타 K리그 2010 | 6강플레이오프, 준플레이오프, 플레이오프, 챔피언결정전 | 216경기(15팀) | 포스코컵 2010(조별리그) | 37경기(15팀) |
| 2011 | 현대오일뱅크 K리그 2011 | 6강플레이오프, 준플레이오프, 플레이오프, 챔피언결정전 | 246경기(16팀) | 러시앤캐시컵 2011(조별리그) | 37경기(16팀) |
| 2012 | 현대오일뱅크 K리그 2012 | 단일리그 / 상하위 스플릿리그(그룹A, 그룹B) | 352경기(16팀) | - | - |
| 2013 | 현대오일뱅크 K리그 클래식 | 1부리그 단일리그 / 상하위 스플릿리그(그룹A, 그룹B) | 266경기(14팀) | - | - |
| | 현대오일뱅크 K리그 챌린지 | 2부리그 단일리그 | 140경기(8팀) | | |
| | 현대오일뱅크 K리그 승강 플레이오프 | 승강 플레이오프 | 2경기(2팀) | | |
| 2014 | 현대오일뱅크 K리그 클래식 | 1부리그 단일리그 / 상하위 스플릿리그(그룹A, 그룹B) | 228경기(12팀) | - | - |
| | 현대오일뱅크 K리그 챌린지 | 2부리그 단일리그 | 182경기(10팀) | | |
| | 현대오일뱅크 K리그 승강 플레이오프 | 승강 플레이오프 | 2경기(2팀) | | |

## 역대 승점제도 변천사

| 연도 | 대회 | 승점현황 |
|---|---|---|
| 1983 | 수퍼리그 | 90분승 2점, 무승부 1점 |
| 1984 | 축구대제전 수퍼리그 | 90분승 3점, 득점무승부 2점, 무득점무승부 1점 |
| 1985 | 축구대제전 수퍼리그 | |
| 1986 | 축구대제전 | |
| | 프로축구선수권대회 | |
| 1987 | 한국프로축구대회 | |
| 1988 | 한국프로축구대회 | 90분승 2점, 무승부 1점 |
| 1989 | 한국프로축구대회 | |
| 1990 | 한국프로축구대회 | |
| 1991 | 한국프로축구대회 | |
| 1992 | 한국프로축구대회 | |
| | 아디다스컵 | 90분승 3점, 무승부 시 승부차기 (승 1.5점, 패 1점), 연장전 없음 |
| 1993 | 한국프로축구대회 | 90분승 4점, 무승부 시 승부차기 (승 2점, 패 1점), 연장전 없음 |
| | 아디다스컵 | 90분승 2점, 무승부 시 승부차기 승 2점 |
| 1994 | 하이트배 코리안리그 | 90분승 3점, 무승부 1점 |
| | 아디다스컵 | |
| 1995 | 하이트배 코리안리그 | |
| | 아디다스컵 | |
| 1996 | 라피도컵 프로축구대회 | 90분승 3점, 무승부 1점 |
| | 아디다스컵 | |
| 1997 | 라피도컵 프로축구대회 | |
| | 아디다스컵 | |
| | 프로스펙스컵(조별리그) | |
| 1998 | 현대컵 K-리그 | |
| | 필립모리스코리아컵 | |
| | 아디다스코리아컵(조별리그) | |
| 1999 | 바이코리아컵 K-리그 | 90분승 3점, 연장승 2점, 승부차기 승 1점 |
| | 대한화재컵(조별리그) | |
| | 아디다스컵(토너먼트) | |
| 2000 | 삼성 디지털 K-리그 | |
| | 대한화재컵(조별리그) | |
| | 아디다스컵(토너먼트) | |
| 2001 | 포스코 K-리그 | 90분승 3점, 무승부 1점 |
| | 아디다스컵(조별리그) | 90분승 3점, 연장승 2점, 승부차기 승 1점 |
| 2002 | 삼성 파브 K-리그 | 90분승 3점, 무승부 1점 |
| | 아디다스컵(조별리그) | 90분승 3점, 연장승 2점, 승부차기 승 1점 |
| 2003 | 삼성 하우젠 K-리그 | 90분승 3점, 무승부 1점 |
| 2004 | 삼성 하우젠 K-리그 | |
| | 삼성 하우젠컵 | |
| 2005 | 삼성 하우젠 K-리그 | |
| | 삼성 하우젠컵 | |
| 2006 | 삼성 하우젠 K-리그 | |
| | 삼성 하우젠컵 | |
| 2007 | 삼성 하우젠 K-리그 | |
| | 삼성 하우젠컵(조별리그) | |
| 2008 | 삼성 하우젠 K-리그 | |
| | 삼성 하우젠컵(조별리그) | |
| 2009 | K-리그 | |
| | 피스컵 코리아(조별리그) | |
| 2010 | 쏘나타 K리그 | |
| | 포스코컵(조별리그) | |
| 2011 | 현대오일뱅크 K리그 | |
| | 러시앤캐시컵(조별리그) | |
| 2012 | 현대오일뱅크 K리그 | |
| 2013 | 현대오일뱅크 K리그 클래식 | |
| | 현대오일뱅크 K리그 챌린지 | |
| 2014 | 현대오일뱅크 K리그 클래식 | |
| | 현대오일뱅크 K리그 챌린지 | |

## 신인선수선발 제도 변천사

| 연도 | 방식 |
|---|---|
| 1983~1987 | 자유선발 |
| 1988~2001 | 드래프트 |
| 2002~2005 | 자유선발 |
| 2006~2012 | 드래프트 |
| 2013~2015 | 드래프트+자유선발 |

## 외국인 선수 보유 및 출전한도 변천사

| 연도 | 등록인원 | 출전인원 | 비고 |
|---|---|---|---|
| 1983~1993 | 2 | 2 | |
| 1994 | 3 | 2 | 출전인원은 2명으로 하되 대표선수 차출에 비례하여 3명 이상 차출 시 3명 출전가능 |
| 1995 | 3 | 3 | |
| 1996~2000 | 5 | 3 | 1996년부터 외국인 GK 출전제한 (1996년 전 경기 출전, 1997년 2/3 출전, 1998년 1/3 출전 가능) 1999년부터 외국인 GK 영입금지 |
| 2001~2002 | 7 | 3 | 월드컵 지원으로 인한 대표선수 차출로 한시적 운영 |
| 2003~2004 | 5 | 3 | |
| 2005 | 4 | 3 | |
| 2006~2008 | 3 | 3 | |
| 2009~ | 3+1 | 3+1 | 아시아 쿼터(1명) 시행 |

## 역대 관중 기록 _ 1983~2012년

| 연도 | 경기수(경기일) | 총관중수 | 평균 관중수 | 우승팀 | 비고 |
|---|---|---|---|---|---|
| 1983 | 40 (20) | 419,478 | 20,974 | 할렐루야 | |
| 1984 | 114 (58) | 536,801 | 9,255 | 대우 | 챔피언결정전 포함 |
| 1985 | 84 (42) | 226,486 | 5,393 | 럭키금성 | |
| 1986 | 102 (53) | 179,752 | 3,392 | 포항제철 | 챔피언결정전 포함 |
| 1987 | 78 | 341,330 | 4,376 | 대우 | 총 80경기 중 부산 기권승 2경기 제외 |
| 1988 | 60 | 360,650 | 6,011 | 포항제철 | |
| 1989 | 120 | 778,000 | 6,483 | 유공 | |
| 1990 | 90 | 527,850 | 5,865 | 럭키금성 | |
| 1991 | 121 | 1,480,127 | 12,232 | 대우 | 올스타전 포함 |
| 1992 | 123 | 1,353,573 | 11,005 | 포항제철 | 챔피언결정전, 올스타전 포함 |
| 1993 | 105 | 851,190 | 8,107 | 일화 | |
| 1994 | 126 | 893,217 | 7,089 | 일화 | |
| 1995 | 144 | 1,516,514 | 10,531 | 일화 | 챔피언결정전, 올스타전 포함 |
| 1996 | 182 | 1,911,347 | 10,502 | 울산 현대 | 챔피언결정전 포함 |
| 1997 | 180 | 1,218,836 | 6,771 | 부산 대우 | 올스타전포함 |
| 1998 | 185 | 2,179,288 | 11,780 | 수원 삼성 | 플레이오프, 올스타전 포함 |
| 1999 | 195(191) | 2,752,953 | 14,413 | 수원 삼성 | 수퍼컵, 올스타전, 플레이오프 포함 |
| 2000 | 194(190) | 1,909,839 | 10,052 | 안양 LG | 수퍼컵, 올스타전, 플레이오프 포함 |
| 2001 | 181 | 2,306,861 | 12,745 | 성남 일화 | 수퍼컵, 올스타전 포함 |
| 2002 | 181 | 2,651,901 | 14,651 | 성남 일화 | 수퍼컵, 올스타전 포함 |
| 2003 | 265 | 2,448,868 | 9,241 | 성남 일화 | 올스타전 포함 |
| 2004 | 240 | 2,429,422 | 10,123 | 수원 삼성 | 수퍼컵, 올스타전 포함 |
| 2005 | 240 | 2,873,351 | 11,972 | 울산 현대 | 수퍼컵, 올스타전 포함 |
| 2006 | 279 | 2,455,484 | 8,801 | 성남 일화 | 수퍼컵, 올스타전 포함 |
| 2007 | 254 | 2,746,749 | 10,814 | 포항 스틸러스 | |
| 2008 | 253 | 2,945,400 | 11,642 | 수원 삼성 | |
| 2009 | 256 | 2,811,561 | 10,983 | 전북 현대 | 올스타전 포함 |
| 2010 | 254 | 2,735,904 | 10,771 | FC서울 | 올스타전 포함 |
| 2011 | 283 | 3,030,586 | 10,709 | 전북 현대 | |
| 2012 | 352(338) | 2,419,143 | 7,157 | FC서울 | 올스타전 포함, 인천 무관중 경기 제외, 상주 기권경기 제외 |
| 계 | | 51,292,461 | | | |

- 1999, 2000 아디다스컵 5경기 기준
- 1일 2경기 또는 3경기 시 1경기로 평균처리

## 역대 관중 기록 _ K리그 클래식

| 연도 | 경기수 | 총관중수 | 평균 관중수 | 우승팀 | 비고 |
|---|---|---|---|---|---|
| 2013 | 266 | 2,036,413 | 7,656 | 포항 스틸러스 | |
| 2014 | 228 | 1,808,220 | 7,931 | 전북 현대 | |
| 계 | | 3,844,633 | | | |

## 역대 관중 기록 _ K리그 챌린지

| 연도 | 경기수 | 총관중수 | 평균 관중수 | 우승팀 | 비고 |
|---|---|---|---|---|---|
| 2013 | 140 | 235,846 | 1,685 | 상주 상무 | |
| 2014 | 182 | 221,799 | 1,219 | 대전 시티즌 | |
| 계 | | 457,645 | | | |

## 역대 관중 기록 _ 승강 플레이오프

| 연도 | 경기수 | 총관중수 | 평균 관중수 | 승격팀 | 비고 |
|---|---|---|---|---|---|
| 2013 | 2 | 10,550 | 5,275 | 상주 상무 | 클래식 13위팀 vs 챌린지 1위팀 |
| 2014 | 2 | 4,636 | 2,318 | 광주FC | 클래식 11위팀 vs 챌린지 2~4위 플레이오프 진출팀 |
| 계 | | 15,186 | | | |

## 역대 시즌별 개인상 수상자

| 구분 | 감독상 | MVP | 득점상 | 도움상 | 감투상 | 모범상 | 베스트 11 GK | 베스트 11 DF | 베스트 11 MF | 베스트 11 FW | 심판상 | 우수 GK상 | 수비상 | 신인 선수상 | 특별상 |
|---|---|---|---|---|---|---|---|---|---|---|---|---|---|---|---|
| 1983 | 함흥철(할렐) | 박성화(할렐) | 박윤기(유공) | 박창선(할렐) | 이강조(유공) | 이춘석(대우) | 조병득(할렐) | 박성화(할렐)<br>김철수(포철)<br>장외룡(대우)<br>이강조(유공) | 조광래(대우)<br>박창선(할렐) | 박윤기(유공)<br>이길용(포철)<br>이춘석(대우)<br>김용세(유공) | | 조병득(할렐) | | | * 인기상: 조광래(대우)<br>* 응원상: 국민은행 |
| 1984 | 장운수(대우) | 박창선(대우) | 백종철(현대) | 렌스베르겐(현대) | 정용환(대우) | 조영증(럭금) | 오연교(유공) | 정용환(대우)<br>박경훈(포철)<br>박성화(할렐)<br>정종수(유공) | 박창선(대우)<br>허정무(현대)<br>조영증(럭금) | 최순호(포철)<br>이태호(대우)<br>백종철(현대) | 나윤식 | 오연교(유공) | | | |
| 1985 | 박세학(럭금) | 한문배(럭금) | 피아퐁(럭금) | 피아퐁(럭금) | 김용세(유공) | 최강희(현대) | 김현태(럭금) | 장외룡(대우)<br>한문배(럭금)<br>최강희(현대)<br>김철수(포철) | 박상인(할렐)<br>이흥실(포철)<br>박항서(럭금) | 김용세(유공)<br>피아퐁(럭금)<br>강득수(럭금) | 최길수 | 김현태(럭금) | | 이흥실(포철) | |
| 1986 | 최은택(포철) | 이흥실(포철)<br>최강희(현대) | 정해원(대우)<br>함현기(현대) | 강득수(럭금)<br>전영수(현대) | 민진홍(대우) | 박성화(포철) | 김현태(럭금) | 조영증(럭금)<br>김평석(현대)<br>최강희(현대)<br>박노봉(대우) | 조민국(럭금)<br>이흥실(포철)<br>윤성효(한일) | 김용세(유공)<br>정해원(대우)<br>함현기(현대) | 심건택 | 김현태(럭금)<br>호성호(현대) | | 함현기(현대) | 정해원(대우) |
| 1987 | 이차만(대우) | 정해원(대우) | 최상국(포철) | 최상국(포철) | 최기봉(유공) | 박노봉(대우) | 김풍주(대우) | 최기봉(유공)<br>정용환(대우)<br>박경훈(포철)<br>구상범(럭금) | 김삼수(현대)<br>노수진(유공)<br>이흥실(포철) | 최상국(포철)<br>정해원(대우)<br>김주성(대우) | 박경인 | 조병득(포철) | | 김주성(대우) | |
| 1988 | 이회택(포철) | 박경훈(포철) | 이기근(포철) | 김종부(포철) | 최진한(럭금)<br>손형선(대우) | 최강희(현대) | 오연교(현대) | 최강희(현대)<br>최태진(대우)<br>손형선(대우)<br>강태식(포철) | 최진한(럭금)<br>김상호(포철)<br>황보관(유공) | 이기근(포철)<br>함현기(현대)<br>신동철(유공) | 이도하 | 오연교(현대) | | 황보관(유공) | |
| 1989 | 김정남(유공) | 노수진(유공) | 조긍연(포철) | 이흥실(포철) | 조긍연(포철) | 강재순(현대) | 차상광(럭금) | 임종헌(일화)<br>조윤환(유공)<br>최윤겸(유공)<br>이영익(럭금) | 이흥실(포철)<br>조덕제(대우)<br>강재순(현대) | 윤상철(럭금)<br>조긍연(포철)<br>노수진(유공) | | 차상광(럭금) | | 고정운(일화) | |
| 1990 | 고재욱(럭금) | 최진한(럭금) | 윤상철(럭금) | 최대식(럭금) | 최태진(럭금) | 이태호(대우) | 유대순(유공) | 최영준(럭금)<br>이재희(대우)<br>최태진(럭금)<br>임종헌(일화) | 최진한(럭금)<br>이흥실(포철)<br>송주석(현대) | 윤상철(럭금)<br>이태호(대우)<br>최대식(럭금) | 길기철 | 유대순(유공) | | 송주석(현대) | |
| 1991 | 비츠케이(대우) | 정용환(대우) | 이기근(포철) | 김준현(유공) | 최진한(유공) | 정용환(대우) | 김풍주(대우) | 정용환(대우)<br>박현용(유공)<br>테드(유공) | 김현석(현대)<br>이영진(LG)<br>김주성(현대)<br>최강희(현대)<br>이상윤(일화) | 이기근(포철)<br>고정운(일화) | 이상용 | | 박현용(대우) | 조우석(일화) | |
| 1992 | 이회택(포철) | 홍명보(포철) | 임근재(LG) | 신동철(유공) | 박창현(포철) | 이태호(대우) | 사리체프(일화) | 홍명보(포철)<br>이종화(일화)<br>박정배(LG) | 신홍기(현대)<br>김현석(현대)<br>신태용(일화)<br>박태하(포철)<br>신동철(유공) | 박창현(포철)<br>임근재(LG) | 노병일 | | 사리체프(일화) | 신태용(일화) | |
| 1993 | 박종환(일화) | 이상윤(일화) | 차상해(포철) | 윤상철(LG) | 윤상철(LG) | 최영일(현대) | 사리체프(일화) | 최영일(현대)<br>이종화(일화)<br>유동관(포철) | 김판근(대우)<br>신태용(일화)<br>김동해(LG)<br>이상윤(일화)<br>김봉길(유공) | 차상해(포철)<br>윤상철(LG) | 김광택 | | 이종화(일화) | 정광석(대우) | |
| 1994 | 박종환(일화) | 고정운(일화) | 윤상철(LG) | 고정운(일화) | 이광종(유공) | 정종수(현대) | 사리체프(일화) | 안익수(일화)<br>유상철(현대)<br>홍명보(포철)<br>허기태(유공) | 신태용(일화)<br>고정운(일화)<br>황보관(대우) | 윤상철(LG)<br>라데(포철)<br>김경래(버팔로) | 박해용 | | 사리체프(일화) | 최용수(LG) | |
| 1995 | 박종환(일화) | 신태용(일화) | 노상래(전남) | 아미르(대우) | | | 사리체프(일화) | 최영일(현대)<br>홍명보(포항)<br>허기태(유공) | 신태용(일화)<br>고정운(일화)<br>김현석(현대)<br>김판근(LG)<br>아미르(대우) | 황선홍(포항)<br>노상래(전남) | 김진옥 | | | 노상래(전남) | |

| 구분 | 감독상 | MVP | 득점상 | 도움상 | 베스트 11 | | | | 최우수 주심상 | 최우수 부심상 | 신인선수상 | 특별상 | 판타스틱 플레이어상 |
|---|---|---|---|---|---|---|---|---|---|---|---|---|---|
| | | | | | GK | DF | MF | FW | | | | | |
| 1996 | 고재욱 (울산) | 김현석 (울산) | 신태용 (천안) | 라데 (포항) | 김병지 (울산) | 윤성효(수원) 허기태(부천) | 김주성(부산) 신태용(천안) 홍명보(포항) 김현석(울산) | 바데아(수원) 하석주(부산) | 라데(포항) 세르게이 (부천) | 김용대 | 김회성 | 박건하(수원) | | |
| 1997 | 이차만 (부산) | 김주성 (부산) | 김현석 (울산) | 데니스 (수원) | 신범철 (부산) | 김주성(부산) 안익수(포항) | 마시엘(전남) 김현석(울산) 김인완(전남) 정재권(부산) | 신진원(대전) 이진행(수원) | 마니치(부산) 스카첸코 (전남) | 이재성 | 곽경만 | 신진원(대전) | | |
| 1998 | 김호 (수원) | 고종수 (수원) | 유상철 (울산) | 정정수 (울산) | 김병지 (울산) | 안익수(포항) 이임생(부천) | 마시엘(전남) 고종수(수원) 백승철(포항) 정정수(울산) | 유상철(울산) 안정환(부산) | 사샤(수원) 김현석(울산) | 한병화 | 김회성 | 이동국(포항) | 김병지(울산) | |
| 1999 | 김호 (수원) | 안정환 (부산) | 사샤 (수원) | 변재섭 (전북) | 이운재 (수원) | 신홍기(수원) 마시엘(전남) | 김주성(부산) 강철(부천) | 서정원(수원) 고종수(수원) 데니스(수원) 고정운(포항) | 안정환(부산) 사샤(수원) | 한병화 | 김용대 | 이성재(부천) | 이용발(부천) | |
| 2000 | 조광래 (안양) | 최용수 (안양) | 김도훈 (전북) | 안드레 (안양) | 신의손 (안양) | 강철(부천) 김현숙(수원) | 이임생(부천) 전경준(부천) | 안드레(안양) 신태용(성남) 데니스(수원) | 최용수(안양) 김도훈(전북) | 이상용 | 곽경만 | 양현정(전북) | 이용발(부천) 조성환(부천) | |
| 2001 | 차경복 (성남) | 신태용 (성남) | 산드로 (안양) | 우르모브 (부산) | 신의손 (안양) | 우르모브(부산) 김용희(성남) | 김현수(성남) 이영표(안양) | 신태용(성남) 서정원(수원) 송종국(부산) 남기일(부천) | 우성용(부산) 산드로(수원) | 김진욱 | 김계수 | 송종국(부산) | 신의손(안양) 이용발(부천) | |
| 2002 | 차경복 (성남) | 김대의 (성남) | 에드밀손 (전북) | 이천수 (울산) | 이운재 (수원) | 김현수(성남) 최진철(전북) | 김태영(전남) 홍명보(포항) | 신태용(성남) 이천수(울산) 안드레(안양) 서정원(수원) | 김대의(성남) 유상철(울산) | 권종철 | 원창호 | 이천수(울산) | 김기동(부천) 이용발(전북) | |
| 2003 | 차경복 (성남) | 김도훈 (성남) | 김도훈 (성남) | 에드밀손 (전북) | 서동명 (울산) | 최진철(전북) 김태영(전남) | 김현수(성남) 산토스(포항) | 이관우(수원) 이성남(성남) 신태용(성남) 김남일(전남) | 김도훈(성남) 마그노(전북) | 권종철 | 김선기 | 정조국(안양) | | |
| 2004 | 차범근 (수원) | 나드손 (수원) | 모따 (전남) | 홍순학 (대구) | 이운재 (수원) | 산토스(포항) 무사(수원) | 유경렬(울산) 곽희주(수원) | 김동진(서울) 따바레즈(포항) 김두현(수원) 김대의(수원) | 나드손(수원) 모따(전남) | 이상용 | 원창호 | 문민귀(포항) | 김병지(포항) 조준호(부천) 신태용(성남) | |
| 2005 | 장외룡 (인천) | 이천수 (울산) | 마차도 (울산) | 히칼도 (서울) | 김병지 (포항) | 조용형(부천) 임중용(인천) | 김영철(성남) 유경렬(울산) | 이천수(울산) 김두현(성남) 이호(울산) 조원희(수원) | 박주영(서울) 마차도(울산) | 이영철 | 원창호 | 박주영(서울) | 조준호(부천) 김병지(포항) | |
| 2006 | 김학범 (성남) | 김두현 (성남) | 우성용 (성남) | 슈바 (대전) | 박호진 (수원) | 마토(수원) 장학영(성남) | 김영철(성남) 최진철(전북) | 김두현(성남) 이관우(수원) 백지훈(수원) 뽀뽀(부산) | 우성용(성남) 김은중(서울) | 이영철 | 안상기 | 염기훈(전북) | 김병지(서울) 최은성(대전) 이정래(경남) | |
| 2007 | 파리아스 (포항) | 따바레즈 (포항) | 까보레 (경남) | 따바레즈 (포항) | 김병지 (서울) | 마토(수원) 장학영(성남) | 황재원(포항) 아디(서울) | 따바레즈(포항) 이관우(수원) 김기동(포항) 김두현(성남) | 까보레(경남) 이근호(대구) | 이상용 | 강창구 | 하태균(수원) | 김병지(서울) 김영철(성남) 김용대(성남) 장학영(성남) 염동균(전남) | |
| 2008 | 차범근 (수원) | 이운재 (수원) | 두두 (성남) | 브라질리 아(울산) | 이운재 (수원) | 아디(서울) 박동혁(울산) | 마토(수원) 최효진(포항) | 기성용(서울) 이청용(서울) 조원희(수원) 김형범(전북) | 에두(수원) 이근호(대구) | 고금복 | 손재선 | 이승렬(서울) | 백민철(대구) | |
| 2009 | 최강희 (전북) | 이동국 (전북) | 이동국 (전북) | 루이스 (전북) | 신화용 (포항) | 김형일(포항) 최효진(포항) | 황재원(포항) 김상식(전북) | 최태욱(전북) 기성용(서울) 에닝요(전북) 김정우(성남) | 이동국(전북) 데닐손(포항) | 최광보 | 원창호 | 김영후(강원) | 김영광(울산) 김병지(경남) | 이동국 (전북) |
| 2010 | 박경훈 (제주) | 김은중 (제주) | 유병수 (인천) | 구자철 (제주) | 김용대 (서울) | 최효진(서울) 사샤(성남) | 아디(서울) 홍정호(제주) | 구자철(제주) 에닝요(전북) 몰리나(서울) 윤빛가람(경남) | 김은중(제주) 데얀(서울) | 최명용 | 정해상 | 윤빛가람 (경남) | 김용대(서울) 김병지(경남) 백민철(대구) | 구자철 (제주) |
| 2011 | 최강희 (전북) | 이동국 (전북) | 데얀 (서울) | 이동국 (전북) | 김영광 (울산) | 박원재(전북) 조성환(전북) | 곽태휘(울산) 최철순(전북) | 염기훈(수원) 윤빛가람(경남) 하대성(서울) 에닝요(전북) | 이동국(전북) 데얀(서울) | 최광보 | 김정식 | 이승기(광주) | | 이동국 (전북) |
| 2012 | 최용수 (서울) | 데얀 (서울) | 데얀 (서울) | 몰리나 (서울) | 김용대 (서울) | 아디(서울) 정인환(인천) | 곽태휘(울산) 김창수(부산) | 몰리나(서울) 황진성(포항) 하대성(서울) 이근호(울산) | 데얀(서울) 이동국(전북) | 최명용 | 김용수 | 이명주(포항) | 김병지(경남) | 데얀 (서울) |
| 2013 클래식 | 황선홍 (포항) | 김신욱 (울산) | 데얀 (서울) | 몰리나 (서울) | 김승규 (울산) | 아디(서울) 김원일(포항) | 김치곤(울산) 이용(울산) | 고무열(포항) 이명주(포항) 하대성(서울) 레오나르도(전북) | 데얀(서울) 김신욱(울산) | 유선호 | 손재선 | **영플레이어상:** 고무열(포항) | 권정혁(인천) | 김신욱 (울산) |
| 2013 챌린지 | 박항서 (상주) | 이근호 (상주) | 이근호 (상주) | 염기훈 (경찰/ 수원)* | 김호준 (제주/ 제주)* | 최철순(상주) 이재성(상주) | 김형일(상주/포항)* 오범석(경찰) | 염기훈(경찰/수원)* 이호(상주) 최진수(안양) 김영후(강원) | 이근호(상주) 알렉스(고양) | | | **영플레이어상:** 김승대(포항) | | |
| 2014 클래식 | 최강희 (전북) | 이동국 (전북) | 산토스 (수원) | 이승기 (전북) | 권순태 (전북) | 홍철(수원) 윌킨슨(전북) | 김주영(서울) 차두리(서울) | 임상협(부산) 이승기(전북) 한교원(전북) | 이동국(전북) 산토스(수원) | 최명용 | 노태식 | **영플레이어상:** 김승대(포항) | 김병지(전남) | 이동국 (전북) |
| 2014 챌린지 | 조진호 (대전) | 아드리아 노(대전) | 아드리아 노(대전) | 최진호 (강원) | 박주원 (대전) | 이재권(안산) 윤원일(대전) | 허재원(대구) 임창우(대전) | 김호남(광주) 이용래(안산) 최진수(안양) | 아드리아노(대전) 알렉스(강원) | | | | | |

K LEAGUE ANNUAL REPORT 2015

# 2015 K 리 그 연 감 : 1 9 8 3 ~ 2 0 1 4

ⓒ (사) 한국프로축구연맹, 2015

엮은이 | (사) 한국프로축구연맹
펴낸이 | 김종수
펴낸곳 | 도서출판 한울

초판 1쇄 인쇄 | 2015년 2월 25일
초판 1쇄 발행 | 2015년 3월 10일

주소 | 413-120 경기도 파주시 광인사길 153  한울시소빌딩 3층
전화 | 031-955-0655
팩스 | 031-955-0656
홈페이지 | www.hanulbooks.co.kr
등록번호 | 제406-2003-000051호

ISBN  978-89-460-4966-6    03690
* 책값은 겉표지에 있습니다.

이 도서의 국립중앙도서관 출판예정도서목록(CIP)은 서지정보유통지원시스템 홈페
이지(http://seoji.nl.go.kr)와  국가자료공동목록시스템(http://www.nl.go.kr/kolisnet)에
서 이용하실 수 있습니다. (CIP제어번호 : CIP2015005406)